KODEX
DES INTERNATIONALEN RECHTS

Herausgeber: Univ.-Prof. Dr. Werner Doralt

Redaktion: Dr. Veronika Doralt

IFRS RECHNUNGS-LEGUNGS-STANDARDS 2024

bearbeitet von

Univ.-Prof. Dr. Dr. h. c. Alfred WAGENHOFER
Universität Graz

Rubbeln Sie Ihren persönlichen Code frei und laden Sie diesen Kodexband kostenlos in die Kodex App!

Linde

KODEX
DES INTERNATIONALEN RECHTS

ISBN 978-3-7143-0386-5
LINDE VERLAG Ges. m. b. H., 1210 Wien, Scheydgasse 24
Telefon: 01/24 630 Serie, Telefax: 01/24 630-23 DW

Satz und Layout: psb, Berlin

Druck und Bindung: Czech Print Center, Ostrava

Alle Angaben in diesem Fachbuch (sowie in darauf aufbauenden Online-Angeboten, E-Books, Apps udgl.)
erfolgen trotz sorgfältiger Bearbeitung ohne Gewähr; eine Haftung des Verlages, des Autors,
des Herausgebers sowie der Entwickler ist ausgeschlossen.

VORWORT ZUR 27. AUFLAGE

Die Neuauflage des KODEX enthält alle bis zum 1.1.2024 in der EU anerkannten IFRS, IAS und IFRIC- und SIC-Interpretationen in der aktuellen Fassung, wie sie von der EU übernommen wurden. Überarbeitungen von Standards durch spätere Standards wurden zur Gänze in die betreffenden Textstellen eingearbeitet. Ein Hinweis auf die Überarbeitung findet sich am Beginn eines jeden Standards und jeder Interpretation, aus dem auch die Quelle hervorgeht. Für alte Standards und Interpretationen sowie frühere Fassungen und Geltungszeiträume wird auf die Vorauflagen des KODEX verwiesen.

Die Neuauflage enthält folgende Änderungen:

- Am 26.9.2023 wurde eine neue konsolidierte Fassung der in der EU übernommenen IFRS verlautbart (VO (EU) 2023/1803), welche die frühere konsolidierte Fassung (VO (EG) 1126/2008) ersetzt. Damit wurden nicht nur alle bis dahin erfolgten Änderungen eingearbeitet, sondern auch die deutsche Übersetzung aller IFRS korrigiert und sprachlich verbessert.
- IAS 12 *Ertragsteuern* – Internationale Steuerreform – Säule-2-Mustervorschriften (anzuwenden unmittelbar nach Veröffentlichung, das war der 9.11.2023, bzw. auf Geschäftsjahre, die ab 1.1.2023 beginnen).
- IFRS 16 *Leasingverhältnisse* – Leasingverbindlichkeit in einer Sale-and-Leaseback-Transaktion (anzuwenden spätestens ab 1.1.2024).
- IAS 1 *Darstellung des Abschlusses* – Einstufung von Schulden als kurz- oder langfristig und Langfristige Schulden mit Nebenbedingungen (anzuwenden spätestens ab 1.1.2024).

Eine am 25.5.2024 vom IASB herausgegebene Änderung von IAS 7 *Kapitalflussrechnungen* mit zusätzlichen Angabepflichten in Bezug auf Lieferkettenfinanzierungsgeschäfte (anzuwenden ab 1.1.2024) befindet sich noch im Übernahmeverfahren der EU und ist daher in der EU noch nicht in Kraft.

Graz, im Jänner 2024 *Alfred Wagenhofer*

EINFÜHRUNG IN DIE IFRS

Alfred Wagenhofer

Dieser KODEX umfasst alle in der Europäischen Union anerkannten International Financial Reporting Standards (IFRS), die vom International Accounting Standards Board (IASB) und dessen Vorgänger International Accounting Standards Committee (IASC) herausgegeben wurden. Die **IFRS Accounting Standards** schließen neben den ebenso bezeichneten Standards auch die International Accounting Standards (IAS) sowie die Interpretationen des IFRS Interpretations Committee (IFRIC) und des früheren Standing Interpretations Committee (SIC) ein.

Das IASB

Das IASC wurde bereits 1973 gegründet und in 2001 in das IASB umstrukturiert. Das Ziel war und ist die Erarbeitung hochwertiger, verständlicher und durchsetzbarer Standards der Rechnungslegung. Das IASB hat sich als globaler Standardsetter für die Finanzberichterstattung etabliert; die IFRS werden derzeit in über 140 Staaten anerkannt und verwendet.

Das IASB selbst hat seinen Sitz in London und besteht aus normalerweise 14 Mitgliedern, die einen breiten fachlichen und geografischen Hintergrund aufweisen. Dahinter steht eine Organisation mit über 100 Mitarbeitern, die die fachliche Unterstützung im Rahmen der Prozesse des Standardsetting liefern, aber auch Beratung für die Implementierung in Staaten und für Schulungen in den IFRS machen. Zusätzlich gibt es mit dem IFRS Interpretations Committee ein Komitee, das Zweifelsfragen in der Anwendung berät und offizielle Interpretationen der IFRS erarbeitet. Weitere Komitees dienen der Beratung des IASB zum Standardsetting. Das IASB arbeitet des Weiteren mit nationalen Standardsettern und anderen internationalen Gruppierungen zusammen.

Institutionell über dem IASB steht die privatrechtlich organisierte IFRS Foundation, die in den USA eingetragen ist und von Treuhändern, den IFRS Foundation Trustees, beaufsichtigt wird. Öffentliche Rechenschaft gibt die IFRS Foundation einem Monitoring Board. Die Finanzierung erfolgt zum Teil direkt durch Staaten, vielfach im Wege einer Umlagefinanzierung, durch internationale Organisationen und durch Spenden von globalen Unternehmen und Wirtschaftsprüfungsgesellschaften.

Im November 2021 wurde neben dem IASB ein zweiter unabhängiger Standardsetter unter dem Dach der IFRS Foundation eingerichtet, das International Sustainability Standards Board (ISSB). Es entwickelt die **IFRS Sustainability Disclosure Standards** (IFRS SDS) für die internationale Nachhaltigkeitsberichterstattung. Der Hauptsitz des ISSB ist in Frankfurt, aber es hat regionale Zentren in allen Regionen der Welt eingerichtet.

Die IFRS Accounting Standards

Die Rechnungslegungsstandards des IASB werden in einem formellen Verfahren (*Due Process*) entwickelt, der mit der Aufnahme ins Arbeitsprogramm beginnt, dann meist mit einem Diskussionspapier (*Discussion Paper*) weitergeht, bevor ein Entwurf (*Exposure Draft*) und dann der Standard veröffentlicht werden. Die Öffentlichkeit hat im Rahmen dieses Verfahrens mehrfach Gelegenheit, zu den Vorschlägen des IASB Stellung zu nehmen.

Die wesentlichen Verlautbarungen des IASB umfassen folgende Quellen, die im Folgenden als IFRS-Rechnungslegung oder kurz als IFRS bezeichnet werden:

– **IFRS** und **IAS**: Diese enthalten die wesentlichen Standards zur Rechnungslegung. Jeder Standard behandelt ein bestimmtes Thema, das breit oder auch sehr eng sein kann. Die Standards sind nach dem Zeitpunkt ihres Entstehens nummeriert, beginnend mit IAS 1 bis IAS 41 als diejenigen Standards, die das frühere IASC veröffentlichte. Die nachfolgend vom IASB entwickelten Standards heißen IFRS, beginnend mit IFRS 1. Davon zu unterscheiden sind die IFRS Sustainability Disclosure Standards, die aktuell IFRS S1 und IFRS S2 umfassen.

Der Aufbau der IAS und IFRS ist ähnlich. Jeder Standard beginnt mit einer Einleitung, in welcher der Zweck des Standards erklärt wird, darauf folgen die Zielsetzung und der Anwendungsbereich des Standards. Je nach Thema kommen dann die eigentlichen Regelungen zu Bilanzansatz, Bewertung, Präsentation und Angaben. Begriffsdefinitionen, Übergangsvorschriften und Anwendungsleitlinien ergänzen den Standard. Weitere Materialien zu den jeweiligen Standards umfassen Leitlinien für die Anwendung, erläuternde Beispiele sowie die Grundlagen der Beschlussfassung.

- **IFRIC- und SIC-Interpretationen:** Diese Interpretationen enthalten spezifische Einzelfragen zu bestimmten Standards. Sie sind genauso verbindlich anzuwenden wie die Standards selbst.

Rahmenkonzept für die Finanzberichterstattung

Den IFRS liegt ein Rahmenkonzept für die Finanzberichterstattung (*Conceptual Framework for Financial Reporting*) zugrunde, welches die wesentlichen konzeptionellen Grundlagen der IFRS enthält. Das Rahmenkonzept ist explizit kein Standard und hat daher keinen Vorrang gegenüber den Regelungen in den Standards.

Das ursprüngliche Rahmenkonzept stammt aus 1989, es wurde 2002 im Zuge des Übernahmeverfahrens der IFRS durch die EU den Kommentaren zur IAS VO „angesichts seiner Bedeutung bei der Lösung von Rechnungslegungsfragen" (so Rechtliche Grundlagen Punkt 1.2, Abschn. 2.1.5. im KODEX) beigefügt.

Im März 2018 veröffentlichte das IASB ein wesentlich überarbeitetes Rahmenkonzept, das viele detailliertere Grundsätze der Rechnungslegung nach IFRS enthält. **Da das Rahmenkonzept kein Standard ist, unterliegt es nicht dem Anerkennungsverfahren in der EU und gehört damit nicht zum Rechtsbestand in der EU.** Daher ist es in diesem KODEX nicht enthalten.

Zweck des Rahmenkonzepts ist es, (i) dem IASB als konsistente Grundlage und Referenz für die Entwicklung von IFRS zu dienen, (ii) Anwender bei der Entwicklung von Rechnungslegungsgrundsätzen zu unterstützen, wenn es für bestimmte Sachverhalte keinen IFRS gibt (Lückenfüllung), und (iii) allen Adressaten beim Verständnis und der Interpretation der IFRS zu dienen.

Der Inhalt des Rahmenkonzepts umfasst:

1. Kapitel: Zielsetzung, Nützlichkeit und Grenzen der Finanzberichterstattung für allgemeine Zwecke
2. Kapitel: Qualitative Merkmale nützlicher Finanzinformationen
3. Kapitel: Abschlüsse und berichtende Einheit
4. Kapitel: Elemente des Abschlusses
5. Kapitel: Ansatz und Ausbuchung
6. Kapitel: Bewertung
7. Kapitel: Darstellung und Angaben
8. Kapitel: Kapital- und Kapitalerhaltungskonzepte

In den IFRS wird an mehreren Stellen auf das Rahmenkonzept verwiesen. Ein Verweis betrifft ein sogenanntes „Override" in IAS 1.15–24. Grundsätzlich wird danach davon ausgegangen, dass eine den tatsächlichen Verhältnissen entsprechende Darstellung im Abschluss erfordert, dass sie mit den im Rahmenkonzept enthaltenen Definitionen und Erfassungskriterien für Vermögenswerte, Schulden, Erträge und Aufwendungen übereinstimmt. Wenn dies in seltenen Fällen nicht der Fall sein sollte, regeln IAS 1.28 sowie IAS 8.11 f. und 8.21, wie dann die Rechnungslegung erfolgen soll.

Der Großteil der **Verweise auf das Rahmenkonzept** bezieht sich auf die **Definition der Elemente eines Abschlusses**, nämlich Vermögenswerte, Schulden, Erträge und Aufwendungen (siehe z.B. IAS 1.28 und 1.89).

- Ein Vermögenswert ist definiert als gegenwärtige wirtschaftliche Ressource, die vom Unternehmen als Ergebnis vergangener Ereignisse beherrscht wird.
- Eine wirtschaftliche Ressource ist dabei ein Recht, das die Möglichkeit einräumt, wirtschaftliche Vorteile zu erzeugen.
- Eine Schuld ist eine gegenwärtige Verpflichtung des Unternehmens als Ursache vergangener Ereignisse, eine wirtschaftliche Ressource zu übertragen.
- Eigenkapital ist die Residualgröße der Vermögenswerte abzüglich der Schulden.
- Erträge sind Erhöhungen der Vermögenswerte oder Minderungen der Schulden, die das Eigenkapital erhöhen, ausgenommen Kapitalerhöhungen.
- Aufwendungen sind entsprechend Minderungen der Vermögenswerte oder Erhöhungen von Schulden, ausgenommen Kapitalrückzahlungen oder Ausschüttungen.

Dies ist z.B. bei einem Unternehmenszusammenschluss relevant (IFRS 3.11), weil sich die Ansatzregeln dafür von dem üblichen Vorgehen unterscheiden. IFRS 3.21B regelt eine Ausnahme von der Anwendung dieser Regelung für übernommene mögliche Abgabenverpflichtungen gemäß IFRIC 21. IAS 34.31 und 34.33 verweisen auf die Elemente des Abschlusses bei der Aufstellung von Zwischenabschlüssen. IFRS 6.10 verweist für den Ansatz von Vermögenswerten aus Erschließung von Bodenschätzen auf das Rahmenkonzept. Und SIC-32 verweist darauf bei der Erfassung von Ausgaben für Internetdienstleistungen als Aufwand.

Die Ansatzfähigkeit und Ansatzpflicht von Vermögenswerten und Schulden erfordert, dass die jeweilige Definition erfüllt ist und dadurch relevante Information gegeben und eine glaubwürdige Darstellung erreicht wird. Dies kann z.B. dann nicht zutreffen, wenn es unsicher ist, ob ein Vermögenswert oder eine Schuld existiert oder, wenn Existenz vorliegt, die Wahrscheinlichkeit eines Zu- oder Abflusses wirtschaftlicher Vorteile niedrig ist.

Keine direkten Verweise gibt es auf andere Kapitel des Rahmenkonzepts. Dies betrifft einmal die **qualitativen Merkmale nützlicher Finanzinformationen**:
- Fundamentale Merkmale umfassen Relevanz, Wesentlichkeit und glaubwürdige Darstellung.
- Verbessernde Merkmale umfassen Vergleichbarkeit, Verifizierbarkeit, Zeitnähe und Verständlichkeit.

Bei der Bewertung werden keine spezifischen Grundsätze aufgestellt, sondern nur **Bewertungskonzepte** dargestellt. Diese sind historische Anschaffungskosten und Tageswerte, wie insbesondere beizulegender Zeitwert, Nutzungswert, Erfüllungsbetrag und Wiederbeschaffungswert.

Das letzte Kapitel des Rahmenkonzepts, Kapital- und Kapitalerhaltungskonzepte, entspricht demjenigen im Rahmenkonzept 1989 und ist gegenwärtig nicht relevant.

Weitere Verlautbarungen des IASB

Das IASB gibt weitere Dokumente heraus, wie insbesondere die folgenden:
- **Leitlinien** (*Practice Statements*) sind Verlautbarungen, die für einen vollen IFRS-Abschluss nicht verpflichtend anzuwenden sind. Derzeit gibt es zwei solcher Dokumente:
  - Practice Statement 1: *Lageberichterstattung (Management Commentary)* (2010). Dies ist für Unternehmen in der EU nicht relevant, da der Inhalt des Lageberichts in der Bilanzrichtlinie – und der entsprechenden Umsetzung in nationales Recht – geregelt ist.
  - Practice Statement 2: *Treffen von Entscheidungen über Wesentlichkeit (Making Materiality Judgements)* (2017). Dieses Dokument erläutert die Vorgehensweise bei der Beurteilung von Wesentlichkeit bei der Abschlusserstellung.
- Die **IFRS-Taxonomie** enthält eine vollständige Liste spezifischer *Tags* (Etiketten) für alle Elemente eines IFRS-Abschlusses und des Anhangs in XBRL (eXtensible Business Reporting Language). In der EU müssen IFRS-Abschlüsse seit 2020 (der Anhang ab 2022) in XHTML und iXBRL (inline XBRL) veröffentlicht werden. Dies ermöglicht es, den Abschluss in einem Web-Browser für Menschen und gleichzeitig maschinell lesbar und auswertbar zu machen.

- **Rechnungslegungsstandards für kleine und mittelgroße Unternehmen** (KMUs) (*IFRS for SMEs Standard*) (2009, mit nachträglichen Änderungen) sind Standards, die auf den vollen IFRS basieren, jedoch Anpassungen an die Bedürfnisse nichtkapitalmarktorientierter Unternehmen enthalten. Beispielsweise entfallen einige Standards zu Themen, die wenig relevant für KMUs sind, werden Vereinfachungen oder Wahlrechte gewährt und weniger Angaben gefordert. Die Anwendung in der EU ist grundsätzlich nicht vorgesehen.

IFRS, wie sie in der Europäischen Union anzuwenden sind

Die EU ist einer der Hauptanwender der IFRS weltweit. Die rechtliche Grundlage dafür schafft die im Jahr 2002 beschlossene IAS-Verordnung VO (EG), Nr. 1606/2002, gemäß welcher kapitalmarktorientierte Mutterunternehmen mit Sitz in der EU seit 2005 (mit bestimmten Ausnahmen seit 2007) ihre Konzernabschlüsse nach IFRS aufstellen müssen. Diese Verordnung bindet diese Unternehmen unmittelbar. Darüber hinaus ermächtigt die IAS-Verordnung die Mitgliedstaaten, IFRS für Konzernabschlüsse von nicht kapitalmarktorientierten Unternehmen und für Jahresabschlüsse (Einzelabschlüsse) zu erlauben oder vorzuschreiben. Diese Möglichkeiten werden in den Mitgliedstaaten in unterschiedlichem Ausmaß vorgesehen. In Deutschland besteht gemäß § 315a HGB und in Österreich gemäß § 245a UGB ein Wahlrecht für nicht kapitalmarktorientierte Unternehmen, ihre Konzernabschlüsse entweder nach nationalen Rechnungslegungsvorschriften oder nach IFRS aufzustellen. In Deutschland ist es gemäß § 325 Abs 2a HGB zusätzlich möglich, für Offenlegungszwecke IFRS-Jahresabschlüsse aufzustellen; dies entbindet diese Unternehmen jedoch nicht von der Aufstellung eines HGB-Jahresabschlusses. Andere Mitgliedstaaten ermöglichen auch die Aufstellung von Jahresabschlüssen von IFRS wahlweise oder sogar verpflichtend. Die IFRS for SMEs sind in der EU nicht anerkannt.

Die IAS-Verordnung sieht ein Anerkennungsverfahren durch die EU vor, das jeder IFRS (Standards und Interpretationen) durchlaufen muss, bevor er in der EU angewandt werden kann. Dieses Verfahren umfasst mehrere Stufen: Die European Financial Reporting Advisory Group (EFRAG) prüft den IFRS inhaltlich und erstellt einen Vorschlag für seine Anerkennung. Die Europäische Kommission schlägt hierauf die Annahme oder Ablehnung des IFRS vor. Nach Stellungnahme des Regelungsausschusses (Accounting Regulatory Committee, ARC) wird der Vorschlag an den EU-Rat und das EU-Parlament zur Entscheidung weitergeleitet. Nach Zustimmung dieser beiden Gremien wird der jeweilige IFRS schließlich im Wege einer Änderung der IAS-Verordnung in das EU-Recht übernommen. Dazu muss jeder IFRS in sämtliche Landessprachen der Mitgliedstaaten übersetzt werden. Dieses Anerkennungsverfahren dauert aufgrund dieser Vorgehensweise relativ lange, meist rund um ein Jahr. Aus diesem Grunde kann es vorkommen, dass ein vom IASB verlautbarter IFRS bereits in Kraft tritt, aber in der EU erst danach anerkannt wurde und damit auch erst mit Verspätung angewandt werden darf.

Vom Anerkennungsverfahren sind nur die eigentlichen Standards (IFRS, IAS, IFRIC- und SIC-Interpretationen) umfasst, nicht jedoch vom IASB zusätzlich veröffentlichte Materialien. Diese Materialien sind formal nicht Bestandteil der IFRS in der EU und daher in diesem KODEX nicht enthalten.

Das **Anerkennungsverfahren** führt zu folgenden **Besonderheiten bei den in der EU anerkannten IFRS**, die deshalb formal als IFRS, wie sie in der Europäischen Union anzuwenden sind, bezeichnet werden:

1. Das **Rahmenkonzept für die Finanzberichterstattung** unterliegt nicht dem Anerkennungsverfahren in der EU. Es gibt auch aktuell keine offizielle deutsche Übersetzung. Daher ist das Rahmenkonzept in diesem KODEX nicht enthalten. Zu den Inhalten des Rahmenkonzepts siehe weiter oben.
2. IFRS 14 *Regulatory Deferral Accounts* vom Januar 2014 mit Inkrafttreten am 1.1.2016 enthält **Erleichterungen für Erstanwender von IFRS**, die regulatorische Abgrenzungsposten erfasst haben. Dieser Standard ist in der EU nicht anerkannt.

3. IFRS 17 *Versicherungsverträge* enthält eine Verpflichtung zur **Gruppierung von Versicherungsverträgen in Jahreskohorten**. Diese Rechnungslegungsmethode spiegelt gemäß den Erwägungen der Europäischen Kommission nicht immer das Geschäftsmodell oder die Merkmale von generationsübergreifend mutualisierten und Cashflow-angepassten Verträgen wider. Die IAS-VO räumt Unternehmen mit solchen Verträgen ein Wahlrecht ein, die Gruppierung solcher Verträge in Jahreskohorten nicht anzuwenden.

4. In der neuen konsolidierten Fassung der IFRS (VO (EU) 2023/1803) werden Paragraphen in **Anwendungsleitlinien** (als Anhang zu den Standards) mit **AL** und der jeweiligen Nummer bezeichnet. In der englischen Originalfassung handelt es sich um Application Guidance, abgekürzt AG und die jeweilige Nummer.

INHALTSVERZEICHNIS

1. **Rechtliche Grundlagen**
   - 1/1. IAS-Verordnung (EG) Nr. 1606/2002 13
   - 1/2. Kommentare zu bestimmten Artikeln der Verordnung (EG) Nr. 1606/2002 19

2. **International Accounting Standards**
   - 2/1. IAS 1: Darstellung des Abschlusses 29
   - 2/2. IAS 2: Vorräte 53
   - 2/3. IAS 7: Kapitalflussrechnung 59
   - 2/4. IAS 8: Rechnungslegungsmethoden, Änderungen von rechnungslegungsbezogenen Schätzungen und Fehler 69
   - 2/5. IAS 10: Ereignisse nach dem Abschlussstichtag 79
   - 2/6. IAS 12: Ertragsteuern 83
   - 2/7. IAS 16: Sachanlagen 107
   - 2/8. IAS 19: Leistungen an Arbeitnehmer 119
   - 2/9. IAS 20: Bilanzierung und Darstellung von Zuwendungen der öffentlichen Hand 151
   - 2/10. IAS 21: Auswirkungen von Wechselkursänderungen 157
   - 2/11. IAS 23: Fremdkapitalkosten 167
   - 2/12. IAS 24: Angaben über Beziehungen zu nahestehenden Unternehmen und Personen 171
   - 2/13. IAS 26: Bilanzierung und Berichterstattung von Altersversorgungsplänen 177
   - 2/14. IAS 27: Einzelabschlüsse 183
   - 2/15. IAS 28: Anteile an assoziierten Unternehmen und Gemeinschaftsunternehmen 187
   - 2/16. IAS 29: Rechnungslegung in Hochinflationsländern 197
   - 2/17. IAS 32: Finanzinstrumente: Darstellung 201
   - 2/18. IAS 33: Ergebnis je Aktie 227
   - 2/19. IAS 34: Zwischenberichterstattung 241
   - 2/20. IAS 36: Wertminderung von Vermögenswerten 251
   - 2/21. IAS 37: Rückstellungen, Eventualverbindlichkeiten und Eventualforderungen 279
   - 2/22. IAS 38: Immaterielle Vermögenswerte 291
   - 2/23. IAS 39: Finanzinstrumente: Ansatz und Bewertung 311
   - 2/24. IAS 40: Als Finanzinvestition gehaltene Immobilien 333
   - 2/25. IAS 41: Landwirtschaft 347

3. **International Financial Reporting Standards**
   - 3/1. IFRS 1: Erstmalige Anwendung der International Financial Reporting Standards 357
   - 3/2. IFRS 2: Anteilsbasierte Vergütung 379
   - 3/3. IFRS 3: Unternehmenszusammenschlüsse 405
   - 3/4. IFRS 5: Zur Veräußerung gehaltene langfristige Vermögenswerte und aufgegebene Geschäftsbereiche 437
   - 3/5. IFRS 6: Exploration und Evaluierung von Bodenschätzen 447
   - 3/6. IFRS 7: Finanzinstrumente: Angaben 451
   - 3/7. IFRS 8: Geschäftssegmente 485
   - 3/8. IFRS 9: Finanzinstrumente 493
   - 3/9. IFRS 10: Konzernabschlüsse 607
   - 3/10. IFRS 11: Gemeinschaftliche Vereinbarungen 639
   - 3/11. IFRS 12: Angaben zu Anteilen an anderen Unternehmen 655
   - 3/12. IFRS 13: Bewertung zum beizulegenden Zeitwert 669
   - 3/13. IFRS 15: Erlöse aus Verträgen mit Kunden 699
   - 3/14. IFRS 16: Leasingverhältnisse 735
   - 3/15. IFRS 17: Versicherungsverträge 765

4. SIC-Interpretationen

4/1.	SIC-7:	Einführung des Euro	827
4/2.	SIC-10:	Zuwendungen der öffentlichen Hand – Kein spezifischer Zusammenhang mit betrieblichen Tätigkeiten	828
4/3.	SIC-25:	Ertragsteuern – Änderungen im Steuerstatus eines Unternehmens oder seiner Anteilseigner	829
4/4.	SIC-29:	Dienstleistungskonzessionsvereinbarungen: Angaben	830
4/5.	SIC-32:	Immaterielle Vermögenswerte – Kosten von Internetseiten	832

5. IFRIC-Interpretationen

5/1.	IFRIC 1:	Änderungen bestehender Rückstellungen für Entsorgungs-, Wiederherstellungs- und ähnliche Verpflichtungen	837
5/2.	IFRIC 2:	Geschäftsanteile an Genossenschaften und ähnliche Instrumente	839
5/3.	IFRIC 5:	Rechte auf Anteile an Fonds für Entsorgung, Rekultivierung und Umweltsanierung	845
5/4.	IFRIC 6:	Verbindlichkeiten, die sich aus einer Teilnahme an einem spezifischen Markt ergeben – Elektro- und Elektronik-Altgeräte	847
5/5.	IFRIC 7:	Anwendung des Anpassungsansatzes nach IAS 29 „Rechnungslegung in Hochinflationsländern"	849
5/6.	IFRIC 10:	Zwischenberichterstattung und Wertminderung	850
5/7.	IFRIC 12:	Dienstleistungskonzessionsvereinbarungen	851
5/8.	IFRIC 14:	IAS 19 – Die Begrenzung eines leistungsorientierten Vermögenswertes, Mindestdotierungsverpflichtungen und ihre Wechselwirkung	856
5/9.	IFRIC 16:	Absicherung einer Nettoinvestition in einem ausländischen Geschäftsbetrieb	860
5/10.	IFRIC 17:	Sachdividenden an Eigentümer	867
5/11.	IFRIC 19:	Tilgung finanzieller Verbindlichkeiten durch Eigenkapitalinstrumente	870
5/12.	IFRIC 20:	Abraumbeseitigungskosten im Tagebau	872
5/13.	IFRIC 21:	Abgaben	875
5/14.	IFRIC 22:	Fremdwährungstransaktionen und im Voraus erbrachte oder erhaltene Gegenleistungen	877
5/15.	IFRIC 23:	Unsicherheit bezüglich der ertragsteuerlichen Behandlung	879

Glossar Englisch-Deutsch ... 883
Glossar Deutsch-Englisch ... 892

Stichwortverzeichnis ... 901

1. Grundlagen

1. Rechtliche Grundlagen

1. **Rechtliche Grundlagen**
   - 1/1. IAS-Verordnung (EG) Nr. 1606/2002 15
   - 1/2. Kommentare zu bestimmten Artikeln der Verordnung (EG) Nr. 1606/2002 19

1/1. VERORDNUNG (EG) Nr. 1606/2002
Anwendung internationaler Rechnungslegungsstandards

DAS EUROPÄISCHE PARLAMENT UND DER RAT DER EUROPÄISCHEN UNION –

gestützt auf den Vertrag zur Gründung der Europäischen Gemeinschaft, insbesondere auf Artikel 95 Absatz 1,

auf Vorschlag der Kommission ([1]),

([1]) ABl. C 154 E vom 29.5.2001, S. 285.

nach Stellungnahme des Wirtschafts- und Sozialausschusses ([2]),

([2]) ABl. C 260 vom 17.9.2001, S. 86.

gemäß dem Verfahren des Artikels 251 des Vertrags ([3]),

([3]) Stellungnahme des Europäischen Parlaments vom 12. März 2002 (noch nicht im Amtsblatt veröffentlicht) und Beschluss des Rates vom 7. Juni 2002.

in Erwägung nachstehender Gründe:

(1) Auf der Tagung des Europäischen Rates vom 23./24. März 2000 in Lissabon wurde die Notwendigkeit einer schnelleren Vollendung des Binnenmarktes für Finanzdienstleistungen hervorgehoben, das Jahr 2005 als Frist für die Umsetzung des Aktionsplans der Kommission für Finanzdienstleistungen gesetzt und darauf gedrängt, dass Schritte unternommen werden, um die Vergleichbarkeit der Abschlüsse kapitalmarktorientierter Unternehmen zu verbessern.

(2) Um zu einer Verbesserung der Funktionsweise des Binnenmarkts beizutragen, müssen kapitalmarktorientierte Unternehmen dazu verpflichtet werden, bei der Aufstellung ihrer konsolidierten Abschlüsse ein einheitliches Regelwerk internationaler Rechnungslegungsstandards von hoher Qualität anzuwenden. Überdies ist es von großer Bedeutung, dass an den Finanzmärkten teilnehmende Unternehmen der Gemeinschaft Rechnungslegungsstandards anwenden, die international anerkannt sind und wirkliche Weltstandards darstellen. Dazu bedarf es einer zunehmenden Konvergenz der derzeitig international angewandten Rechnungslegungsstandards, mit dem Ziel, letztlich zu einem einheitlichen Regelwerk weltweiter Rechnungslegungsstandards zu gelangen.

(3) Die Richtlinie 78/660/EWG des Rates vom 25. Juli 1978 über den Jahresabschluss von Gesellschaften bestimmter Rechtsformen ([4]), die Richtlinie 83/349/EWG des Rates vom 13. Juni 1983 über den konsolidierten Abschluss ([5]), die Richtlinie 86/635/EWG des Rates vom 8. Dezember 1986 über den Jahresabschluss und den konsolidierten Abschluss von Banken und anderen Finanzinstituten ([6]) und die Richtlinie 91/674/EWG des Rates vom 19. Dezember 1991 über den Jahresabschluss und den konsolidierten Abschluss von Versicherungsunternehmen ([7]) richten sich auch an kapitalmarktorientierte Gesellschaften in der Gemeinschaft. Die in diesen Richtlinien niedergelegten Rechnungslegungsvorschriften können den hohen Grad an Transparenz und Vergleichbarkeit der Rechnungslegung aller kapitalmarktorientierten Gesellschaften in der Gemeinschaft als unabdingbare Voraussetzung für den Aufbau eines integrierten Kapitalmarkts, der wirksam, reibungslos und effizient funktioniert, nicht gewährleisten. Daher ist es erforderlich, den für kapitalmarktorientierte Gesellschaften geltenden Rechtsrahmen zu ergänzen.

([4]) ABl. 222 vom 14.8.1978, S. 11. Richtlinie zuletzt geändert durch Richtlinie 2001/65/EG des Europäischen Parlaments und des Rates (ABl. 283 vom 27.10.2001, S. 28).
([5]) ABl. 193 vom 18.7.1983, S. 1. Richtlinie zuletzt geändert durch Richtlinie 2001/65/EG des Europäischen Parlaments und des Rates.
([6]) ABl. 372 vom 31.12.1986, S. 1. Richtlinie zuletzt geändert durch Richtlinie 2001/65/EG des Europäischen Parlaments und des Rates.
([7]) ABl. 374 vom 31.12.1991, S. 7.

(4) Diese Verordnung zielt darauf ab, einen Beitrag zur effizienten und kostengünstigen Funktionsweise des Kapitalmarkts zu leisten. Der Schutz der Anleger und der Erhalt des Vertrauens in die Finanzmärkte sind auch ein wichtiger Aspekt der Vollendung des Binnenmarkts in diesem Bereich. Mit dieser Verordnung wird der freie Kapitalverkehr im Binnenmarkt gestärkt und ein Beitrag dazu geleistet, dass die Unternehmen in der Gemeinschaft in die Lage versetzt werden, auf den gemeinschaftlichen Kapitalmärkten und auf den Weltkapitalmärkten unter gleichen Wettbewerbsbedingungen um Finanzmittel zu konkurrieren.

(5) Für die Wettbewerbsfähigkeit der gemeinschaftlichen Kapitalmärkte ist es von großer Bedeutung, dass eine Konvergenz der in Europa auf die Aufstellung von Abschlüssen angewendeten Normen mit internationalen Rechnungslegungsstandards erreicht wird, die weltweit für grenzübergreifende Geschäfte oder für die Zulassung an allen Börsen der Welt genutzt werden können.

(6) Am 13. Juni 2000 hat die Kommission ihre Mitteilung mit dem Titel „Rechnungslegungsstrategie der EU: Künftiges Vorgehen" veröffentlicht, in der vorgeschlagen wird, dass alle kapitalmarktorientierten Gesellschaften in der Gemeinschaft ihre konsolidierten Abschlüsse spätestens ab dem Jahr 2005 nach einheitlichen Rechnungslegungsstandards, den „International Accounting Standards" (IAS), aufstellen.

(7) Die „International Accounting Standards" (IAS) werden vom „International Accounting Standards Committee" (IASC) entwickelt, dessen Zweck darin besteht, ein einheitliches Regelwerk weltweiter Rechnungslegungsstandards aufzubauen. Im Anschluss an die Umstrukturierung des IASC hat der neue Board als eine seiner ersten Entscheidungen am 1. April 2001 das IASC in „In-

1/1. IAS-VO
Präambel

ternational Accounting Standards Board" (IASB) und die IAS mit Blick auf künftige internationale Rechnungslegungsstandards in „International Financial Reporting Standards" (IFRS) umbenannt. Die Anwendung dieser Standards sollte, so weit wie irgend möglich und sofern sie einen hohen Grad an Transparenz und Vergleichbarkeit der Rechnungslegung in der Gemeinschaft gewährleisten, für alle kapitalmarktorientierten Gesellschaften in der Gemeinschaft zur Pflicht gemacht werden.

(8) Die zur Durchführung dieser Verordnung erforderlichen Maßnahmen sollten gemäß dem Beschluss 1999/468/EG des Rates vom 28. Juni 1999 zur Festlegung der Modalitäten für die Ausübung der der Kommission übertragenen Durchführungsbefugnisse (¹) erlassen werden; beim Erlass dieser Maßnahmen sollte die Erklärung zur Umsetzung der Rechtsvorschriften im Bereich der Finanzdienstleistungen, die die Kommission am 5. Februar 2002 vor dem Europäischen Parlament abgegeben hat, gebührend berücksichtigt werden.

(¹) ABl. 184 vom 17.7.1999, S. 23.

(9) Die Übernahme eines internationalen Rechnungslegungsstandards zur Anwendung in der Gemeinschaft setzt voraus, dass er erstens die Grundanforderung der genannten Richtlinien des Rates erfüllt, d. h. dass seine Anwendung den tatsächlichen Verhältnissen entsprechendes Bild der Vermögens-, Finanz- und Ertragslage eines Unternehmens vermittelt – ein Prinzip, das im Lichte der genannten Richtlinien des Rates zu verstehen ist, ohne dass damit eine strenge Einhaltung jeder einzelnen Bestimmung dieser Richtlinien erforderlich wäre; zweitens, dass er gemäß den Schlussfolgerungen des Rates vom 17. Juli 2000 dem europäischen öffentlichen Interesse entspricht und drittens, dass er grundlegende Kriterien hinsichtlich der Informationsqualität erfüllt, die gegeben sein muss, damit die Abschlüsse für die Adressaten von Nutzen sind.

(10) Ein Technischer Ausschuss für Rechnungslegung wird die Kommission bei der Bewertung internationaler Rechnungslegungsstandards unterstützen und beraten.

(11) Der Anerkennungsmechanismus sollte sich der vorgeschlagenen internationalen Rechnungslegungsstandards unverzüglich annehmen und auch die Möglichkeit bieten, über internationale Rechnungslegungsstandards im Kreise der Hauptbetroffenen, insbesondere der nationalen standardsetzenden Gremien für Rechnungslegung, der Aufsichtsbehörden in den Bereichen Wertpapiere, Banken und Versicherungen, der Zentralbanken einschließlich der EZB, der mit der Rechnungslegung befassten Berufsstände sowie der Adressaten und der Aufsteller von Abschlüssen, zu beraten, nachzudenken und Informationen dazu auszutauschen. Der Mechanismus sollte ein Mittel sein, das gemeinsame Verständnis übernommener internationaler Rechnungslegungsstandards in der Gemeinschaft zu fördern.

(12) Entsprechend dem Verhältnismäßigkeitsprinzip sind die in dieser Verordnung getroffenen Maßnahmen, welche die Anwendung eines einheitlichen Regelwerks von internationalen Rechnungslegungsgrundsätzen für alle kapitalmarktorientierten Gesellschaften vorsehen, notwendig, um das Ziel einer wirksamen und kostengünstigen Funktionsweise der Kapitalmärkte der Gemeinschaft und damit die Vollendung des Binnenmarktes zu erreichen.

(13) Nach demselben Grundsatz ist es erforderlich, dass den Mitgliedstaaten im Hinblick auf Jahresabschlüsse die Wahl gelassen wird, kapitalmarktorientierten Gesellschaften die Aufstellung nach den internationalen Rechnungslegungsstandards, die nach dem Verfahren dieser Verordnung angenommen wurden, zu gestatten oder vorzuschreiben. Die Mitgliedstaaten können diese Möglichkeit bzw. diese Vorschrift auch auf die konsolidierten Abschlüsse und/oder Jahresabschlüsse anderer Gesellschaften ausdehnen.

(14) Damit ein Gedankenaustausch erleichtert wird und die Mitgliedstaaten ihre Standpunkte koordinieren können, sollte die Kommission den Regelungsausschuss für Rechnungslegung regelmäßig über laufende Vorhaben, Thesenpapiere, spezielle Recherchen und Exposure Drafts, die vom IASB veröffentlicht werden, sowie über die anschließenden fachlichen Arbeiten des Technischen Ausschusses unterrichten. Ferner ist es wichtig, dass der Regelungsausschuss für Rechnungslegung frühzeitig unterrichtet wird, wenn die Kommission die Übernahme eines internationalen Rechnungslegungsstandards nicht vorschlagen will.

(15) Bei der Erörterung der vom IASB im Rahmen der Entwicklung von internationalen Rechnungslegungsstandards (IFRS und SIC/IFRIC) veröffentlichten Dokumente und Papiere und bei der Ausarbeitung diesbezüglicher Standpunkte sollte die Kommission der Notwendigkeit Rechnung tragen, Wettbewerbsnachteile für die auf dem Weltmarkt tätigen europäischen Unternehmen zu vermeiden; ferner sollte sie, so weit wie irgend möglich die von den Delegationen im Regelungsausschuss für Rechnungslegung zum Ausdruck gebrachten Ansichten berücksichtigen. Die Kommission wird in den Organen des IASB vertreten sein.

(16) Angemessene und strenge Durchsetzungsregelungen sind von zentraler Bedeutung, um das Vertrauen der Anleger in die Finanzmärkte zu stärken. Die Mitgliedstaaten müssen aufgrund von Artikel 10 des Vertrags alle geeigneten Maßnahmen zur Gewährleistung der Einhaltung internationaler Rechnungslegungsstandards treffen. Die Kommission beabsichtigt, sich mit den Mitgliedstaaten insbesondere über den Ausschuss der europäischen Wertpapierregulierungsbehörden (CESR) ins Benehmen zu setzen, um ein gemeinsames Konzept für die Durchsetzung zu entwickeln.

(17) Ferner muss den Mitgliedstaaten gestattet werden, die Anwendung bestimmter Vorschriften bis 2007 zu verschieben, und zwar für alle Gemeinschaftsunternehmen, deren Wertpapiere sowohl in der Gemeinschaft als auch in einem Drittland zum Handel in einem geregelten Markt zugelassen sind und die ihren konsolidierten Abschlüssen bereits

primär andere international anerkannte Rechnungslegungsgrundsätze zugrunde legen, sowie für Gesellschaften, von denen ausschließlich Schuldtitel zum Handel in einem geregelten Markt zugelassen sind. Es ist jedoch unverzichtbar, dass bis spätestens 2007 die IAS als einheitliches Regelwerk globaler internationaler Rechnungslegungsstandards für alle Gemeinschaftsunternehmen gelten, deren Wertpapiere zum Handel in einem geregelten Gemeinschaftsmarkt zugelassen sind.

(18) Um den Mitgliedstaaten und Gesellschaften die zur Anwendung internationaler Rechnungslegungsstandards erforderlichen Anpassungen zu ermöglichen, ist es erforderlich, dass bestimmte Vorschriften erst im Jahr 2005 Anwendung finden. Für die erstmalige Anwendung der IAS durch die Gesellschaften infolge des Inkrafttretens dieser Verordnung sollten geeignete Vorschriften erlassen werden. Diese Vorschriften sollten auf internationaler Ebene ausgearbeitet werden, damit die internationale Anerkennung der festgelegten Lösungen sichergestellt ist –

HABEN FOLGENDE VERORDNUNG ERLASSEN:

Artikel 1
Ziel

Gegenstand dieser Verordnung ist die Übernahme und Anwendung internationaler Rechnungslegungsstandards in der Gemeinschaft, mit dem Ziel, die von Gesellschaften im Sinne des Artikels 4 vorgelegten Finanzinformationen zu harmonisieren, um einen hohen Grad an Transparenz und Vergleichbarkeit der Abschlüsse und damit eine effiziente Funktionsweise des Kapitalmarkts in der Gemeinschaft und im Binnenmarkt sicherzustellen.

Artikel 2
Begriffsbestimmungen

Im Sinne dieser Verordnung bezeichnen „internationale Rechnungslegungsstandards" die „International Accounting Standards" (IAS), die „International Financial Reporting Standards" (IFRS) und damit verbundene Auslegungen (SIC/IFRIC-Interpretationen), spätere Änderungen dieser Standards und damit verbundene Auslegungen sowie künftige Standards und damit verbundene Auslegungen, die vom International Accounting Standards Board (IASB) herausgegeben oder angenommen wurden.

Artikel 3
Übernahme und Anwendung internationaler Rechnungslegungsstandards

(1) Die Kommission beschließt über die Anwendbarkeit von internationalen Rechnungslegungsstandards in der Gemeinschaft. Diese Maßnahmen zur Änderung nicht wesentlicher Bestimmungen dieser Verordnung durch Ergänzung werden nach dem in Artikel 6 Absatz 2 genannten Regelungsverfahren mit Kontrolle erlassen.

(2) Die internationalen Rechnungslegungsstandards können nur übernommen werden, wenn sie – dem Prinzip des Artikels 2 Absatz 3 der Richtlinie 78/660/EWG und des Artikels 16 Absatz 3 der Richtlinie 83/349/EWG nicht zuwiderlaufen sowie dem europäischen öffentlichen Interesse entsprechen und – den Kriterien der Verständlichkeit, Erheblichkeit, Verlässlichkeit und Vergleichbarkeit genügen, die Finanzinformationen erfüllen müssen, um wirtschaftliche Entscheidungen und die Bewertung der Leistung einer Unternehmensleitung zu ermöglichen.

(3) Bis zum 31. Dezember 2002 entscheidet die Kommission nach dem Verfahren des Artikels 6 Absatz 2 über die Anwendbarkeit der bei Inkrafttreten dieser Verordnung vorliegenden internationalen Rechnungslegungsstandards in der Gemeinschaft.

(4) Übernommene internationale Rechnungslegungsstandards werden als Kommissionsverordnung vollständig in allen Amtssprachen der Gemeinschaft im *Amtsblatt der Europäischen Gemeinschaften* veröffentlicht.

Artikel 4
Konsolidierte Abschlüsse von kapitalmarktorientierten Gesellschaften

Für Geschäftsjahre, die am oder nach dem 1. Januar 2005 beginnen, stellen Gesellschaften, die dem Recht eines Mitgliedstaates unterliegen, ihre konsolidierten Abschlüsse nach den internationalen Rechnungslegungsstandards auf, die nach dem Verfahren des Artikels 6 Absatz 2 übernommen wurden, wenn am jeweiligen Bilanzstichtag ihre Wertpapiere in einem beliebigen Mitgliedstaat zum Handel in einem geregelten Markt im Sinne des Artikels 1 Absatz 13 der Richtlinie 93/22/EWG des Rates vom 10. Mai 1993 über Wertpapierdienstleistungen ([1]) zugelassen sind.

([1]) ABl. 141 vom 11.6.1993, S. 27. Richtlinie zuletzt geändert durch die Richtlinie 2000/64/EG des Europäischen Parlaments und des Rates (ABl. 290 vom 17.11.2000, S. 27).

Artikel 5
Wahlrecht in Bezug auf Jahresabschlüsse und hinsichtlich nicht kapitalmarktorientierter Gesellschaften

Die Mitgliedstaaten können gestatten oder vorschreiben, dass

a) Gesellschaften im Sinne des Artikels 4 ihre Jahresabschlüsse,

b) Gesellschaften, die nicht solche im Sinne des Artikels 4 sind, ihre konsolidierten Abschlüsse und/oder ihre Jahresabschlüsse

nach den internationalen Rechnungslegungsstandards aufstellen, die nach dem Verfahren des Artikels 6 Absatz 2 angenommen wurden.

Artikel 6
Ausschussverfahren

(1) Die Kommission wird durch einen Regelungsausschuss für Rechnungslegung (im Folgenden „Ausschuss" genannt) unterstützt.

(2) Wird auf diesen Absatz Bezug genommen, so gelten Artikel 5a Absätze 1 bis und Artikel 7

des Beschlusses 1999/468/EG unter Beachtung von dessen Artikel 8.

(3) (aufgehoben)

Artikel 7
Berichterstattung und Koordinierung

(1) Die Kommission setzt sich mit dem Ausschuss regelmäßig über den Stand laufender Vorhaben des IASB und über die vom IASB veröffentlichten Dokumente ins Benehmen, um die Standpunkte zu koordinieren und um Erörterungen über die Übernahme von gegebenenfalls aus diesen Vorhaben und Dokumenten hervorgehenden Standards zu erleichtern.

(2) Die Kommission erstattet dem Ausschuss gebührend und frühzeitig Bericht, wenn sie die Übernahme eines Standards nicht vorschlagen will.

Artikel 8
Mitteilungspflicht

Ergreifen die Mitgliedstaaten Maßnahmen nach Artikel 5, so teilen sie diese der Kommission und den anderen Mitgliedstaaten unverzüglich mit.

Artikel 9
Übergangsbestimmungen

In Abweichung von Artikel 4 können die Mitgliedstaaten vorsehen, dass jener Artikel 4 für Gesellschaften,

a) von denen lediglich Schuldtitel zum Handel in einem geregelten Markt eines Mitgliedstaats im Sinne von Artikel 1 Absatz 13 der Richtlinie 93/22/EWG zugelassen sind oder

b) deren Wertpapiere zum öffentlichen Handel in einem Nichtmitgliedstaat zugelassen sind und die zu diesem Zweck seit einem Geschäftsjahr, das vor der Veröffentlichung dieser Verordnung im *Amtsblatt der Europäischen Gemeinschaften* begann, international anerkannte Standards anwenden,

erst für die Geschäftsjahre Anwendung finden, die am oder nach dem 1. Januar 2007 beginnen.

Artikel 10
Unterrichtung und Überprüfung

Die Kommission überprüft die Funktionsweise dieser Verordnung und erstattet dem Europäischen Parlament und dem Rat bis zum 1. Juli 2007 darüber Bericht.

Artikel 11
Inkrafttreten

Diese Verordnung tritt am dritten Tag nach ihrer Veröffentlichung im Amtsblatt der Europäischen Gemeinschaften in Kraft.

Diese Verordnung ist in allen ihren Teilen verbindlich und gilt unmittelbar in jedem Mitgliedstaat.

Geschehen zu Brüssel am 19. Juli 2002.

# 1/2. IAS-VO Komm

1/2. Kommentare zu bestimmten Artikeln der Verordnung (EG) Nr. 1606/2002

Kommentare zu bestimmten Artikeln der Verordnung (EG) Nr. 1606/2002 des Europäischen Parlaments und des Rates vom 19. Juli 2002 betreffend die Anwendung internationaler Rechnungslegungsstandards und zur Vierten Richtlinie 78/660/EWG des Rates vom 25. Juli 1978 sowie zur Siebenten Richtlinie 83/349/EWG des Rates vom 13. Juni 1983 über Rechnungslegung

INHALTSVERZEICHNIS

1. EINLEITUNG
2. DIE IAS-VERORDNUNG
2.1. Artikel 3: Übernahme und Anwendung internationaler Rechnungslegungsstandards
2.1.1. *Kriterien für die Freigabe der IAS*
2.1.2. *Sprachen für die Veröffentlichung und Zugang zum Text der IAS*
2.1.3. *Noch nicht freigegebene IAS und von der EU abgelehnte IAS*
2.1.4. *In die Bilanzierungsgrundsätze aufzunehmende Erklärung*
2.1.5. *Status des IASB-Rahmenkonzepts, der Anhänge zu den IAS und der Umsetzungsleitlinien für die IAS*
2.2. Artikel 4: Konsolidierte Abschlüsse von kapitalmarktorientierten Gesellschaften
2.2.1. *Definition von „Gesellschaften"*
2.2.2. *Definition der „konsolidierten Abschlüsse"*
a) *Allgemeine Anforderung*
b) *Ausnahmen von der Erstellung konsolidierter Abschlüsse*
c) *Ausschluss von der Konsolidierung*
2.2.3. *Vorschriften über die Zwischenberichterstattung*
2.3. Anwendung der IAS vor 2005
2.4. Klärung von Artikel 9

3. INTERAKTION ZWISCHEN DER IAS-VERORDNUNG UND DEN RECHNUNGSLEGUNGSRICHTLINIEN
3.1. Jahresabschlüsse und konsolidierte Abschlüsse börsennotierter EU-Gesellschaften
3.2. Jahresabschlüsse und konsolidierte Abschlüsse nicht börsennotierter Gesellschaften
3.3. Artikel der umgesetzten Rechnungslegungsrichtlinien, die auch nach dem Erlass der IAS-Verordnung auf die Gesellschaften Anwendung finden
3.4. IAS als Teil der nationalen Rechnungslegungsvorschriften

4. ASPEKTE DER OFFENLEGUNG
4.1. Anforderungen der Mitgliedstaaten in Bezug auf weitere über die IAS hinausgehende Offenlegungen
4.2. IAS-Formate und Kontenrahmen

5. ANHANG

1. EINLEITUNG

1. Die Verordnung (EG) Nr. 1606/2002 des Europäischen Parlaments und des Rates vom 19. Juli 2002 betreffend die Anwendung internationaler Rechnungslegungsstandards[1] (IAS-Verordnung) harmonisiert die Finanzinformationen, die von kapitalmarktorientierten Unternehmen vorzulegen sind, um einen hohen Grad an Transparenz und Vergleichbarkeit der Abschlüsse zu gewährleisten.

[1] ABl. L 243 vom 11.9.2002, S. 1

2. Die Vierte Richtlinie 78/660/EWG des Rates vom 25. Juli 1978[2] und die Siebente Richtlinie 83/349/EWG des Rates vom 13. Juni 1983[3] sind die Hauptharmonisierungsinstrumente im Rechnungslegungsbereich der Europäischen Union.

[2] ABl. L 222 vom 14.8.1978, S. 11, Richtlinie zuletzt geändert durch Richtlinie 2003/51/EG des Europäischen Parlaments und des Rates (Abl. L 178 vom 17.07.2003, S.16)
[3] ABl. L 193 vom 18.7.1983, S. 1, Richtlinie zuletzt geändert durch Richtlinie 2003/51/EG des Europäischen Parlaments und des Rates (Abl. L 178 vom 17.07.2003, S.16)

3. In diesem Papier nimmt die Kommission zu Themen Stellung, die anscheinend einer maßgebenden Klärung bedürfen. Die Auswahl der Themen wurde infolge von Diskussionen im Regelungsausschuss für Rechnungslegung, der gemäß Artikel 6 der IAS-Verordnung eingesetzt wurde, und sowie Diskussionen im Kontaktausschuss getroffen, der aufgrund von Artikel 52 der Vierten Richtlinie besteht.

4. Die in diesem Arbeitspapier zum Ausdruck gebrachten Auffassungen entsprechen nicht unbedingt denen der Mitgliedstaaten und sollten für diese keinerlei Verpflichtungen darstellen. Auch greifen sie nicht der Interpretation durch den Europäischen Gerichtshof vor, die er – in seiner Funktion als letztverantwortliche Instanz für die Auslegung des Vertrages und des Sekundärrechts – für die betreffenden Fragen vornehmen könnte.

5. Sowohl der Regelungsausschuss für Rechnungslegung als auch der Kontaktausschuss bestehen aus Vertretern der Mitgliedstaaten und der Kommission. Ersterer unterstützt die Kommission bei der Freigabe von IAS; der Kontaktausschuss hat hingegen die wichtige Aufgabe, eine harmonisierte Anwendung der Rechnungslegungsrichtlinien mittels regelmäßiger Sitzungen zu erleichtern, in denen vor allem praktische Probleme zur Sprache kommen, die bei der Umsetzung der Richtlinien in die Praxis entstehen.

6. Die „International Accounting Standards" (IAS) und die „Interpretations of the Standing Interpretations Committee" (SIC), auf die in diesem Arbeitspapier Bezug genommen wird, sind jene, die vom „International Accounting Standards Board" (IASB) im April 2001 angenommen wurden, als der IASB den IAS-Korpus übernahm, der von seinem Vorgängergremium, dem „International Accounting Standards Committee" (IASC) ausgearbeitet worden war. Die internationalen Rechnungslegungsstandards, die der IASB entwickeln wird, werden „International Financial Reporting Standards" (IFRS) heißen und die Interpretationen der IFRS werden als Interpretationen (IFRIC) des „International Financial Reporting Interpretations Committee" veröffentlicht werden.

7. In diesem Arbeitspapier werden die IAS und die IFRS entweder als IAS oder IFRS bezeichnet; SIC und IFRIC werden entweder als SIC oder IFRIC bezeichnet.

2. DIE IAS-VERORDNUNG

2.1. Artikel 3: Übernahme und Anwendung internationaler Rechnungslegungsstandards

2.1.1. Kriterien für die Freigabe der IAS

Ob ein Standard für die Anwendung in der EU zweckmäßig sein wird, hängt davon ab, ob er bestimmte in der IAS-Verordnung festgeschriebene Kriterien erfüllt oder nicht. Diesen Kriterien zufolge:

- dürfen die IAS nicht dem Prinzip des Artikels 16 Absatz 3 der Richtlinie 83/349/EWG des Rates und des Artikels 2 Absatz 3 der Richtlinie 78/660/EWG des Rates zuwiderlaufen und
- haben dem europäischen öffentlichen Interesse zu entsprechen und
- müssen den Kriterien der Verständlichkeit, Erheblichkeit, Verlässlichkeit und Vergleichbarkeit genügen, die Finanzinformationen erfüllen müssen, um wirtschaftliche Entscheidungen und die Bewertung der Leistung einer Unternehmensleitung zu ermöglichen.

Die Analyse besteht nun darin, abzuwägen, ob die Anwendung eines bestimmten Standards zu einem den tatsächlichen Verhältnissen entsprechenden Bild der Finanzlage und der Leistungsfähigkeit eines Unternehmens im Lichte der oben genannten Richtlinien des Rates führt, ohne dass dies eine strenge Konformität mit jeder einzelnen Richtlinienbestimmung zu beinhalten hätte.

2.1.2. Sprachen für die Veröffentlichung und Zugang zum Text der IAS

Die angenommenen IAS und SIC sind frei verfügbar (via Amtsblatt) in allen öffentlichen Sprachen der Gemeinschaft. Die angenommenen IAS und SIC werden in allen Sprachen der Gemeinschaft im Amtsblatt der Europäischen Union veröffentlicht. Sie sind auch auf folgender Website abzurufen:

http://europa.eu.int/comm/internal_market/accounting/index_en.htm

2.1.3. Noch nicht freigegebene IAS und von der EU abgelehnte IAS

In den Fällen, in denen die IAS-Verordnung Anwendung findet, schreibt sie vor, dass die Abschlüsse gemäß den freigegebenen IAS zu erstellen sind, d.h. IAS, die die EU aufgrund der IAS-Verordnung angenommen hat. Wurde ein Standard folglich noch nicht freigegeben, sind die Unternehmen, die ihre Abschlüsse gemäß der IAS-Verordnung erstellen, nicht gehalten und in bestimmten Fällen sogar nicht autorisiert, diesen Standard zugrunde zu legen.

In dem Maße, wie ein Standard der von der EU noch nicht freigegeben wurde mit den bereits freigegebenen Standards kohärent ist und auch den Bedingungen des IAS 1 Absatz 22[4] genügt, kann er als Anhaltspunkt verwendet werden.

[4] Wenn ein spezifischer International Accounting Standard und eine Interpretation des Standing Interpretations Committee fehlt, entwickelt das Management nach eigenem Urteil Bilanzierungs- und Bewertungsmethoden, die den Abschlussadressaten die jeweils nützlichsten Informationen zur Verfügung stellen. Bei diesem Urteil beachtet das Management Folgendes:
(a) die Anforderungen und Anwendungsleitlinien in International Accounting Standards, die ähnliche und verwandte Fragen behandeln;
(b) die Definitionen sowie die Ansatz- und Bewertungskriterien für Vermögenswerte, Schulden, Erträge und Aufwendungen, die im IASC-Rahmenkonzept dargelegt sind; und
(c) Erklärungen anderer Standardsetter und anerkannte Branchenpraktiken, soweit, aber nur soweit, als diese mit (a) und (b) dieses Paragraphen übereinstimmen.

In dem Maße, wie ein Standard der von der EU abgelehnt wurde mit den bereits freigegebenen Standards kohärent ist und auch den Bedingungen des IAS 1 Absatz 22 genügt, kann er als Anhaltspunkt verwendet werden.

In dem Maße, wie ein abgelehnter Standard mit einem bereits freigegebenen Standard kollidiert, z.B. wenn ein freigegebener Standard geändert wird, darf der abgelehnte Standard nicht angewandt werden. Das Unternehmen muss hingegen voll den von der EU freigegebenen Standard anwenden.

IAS 1 schreibt vor, dass der Anhang Informationen über die Grundlage der Erstellung des Abschlusses und die spezifischen ausgewählten und angewandten Bilanzierungsgrundsätze enthalten muss. Diesen Anforderungen zufolge bedarf es einer klaren Offenlegung sowohl der angewandten Standards als auch anderer Standards oder Leitlinien, die das Unternehmen infolge von IAS 1 Absatz 20 und 22 anwendet.

2.1.4. In die Bilanzierungsgrundsätze aufzunehmende Erklärung

In der IAS-Verordnung ist rechtlich festgeschrieben, dass die Abschlüsse gemäß den *angenommenen* IAS zu erstellen sind, d.h. gemäß den von der EU freigegebenen IAS. Auf diesen Punkt ist in den Bilanzierungsgrundsätzen deutlich einzugehen. Infolge der Umbenennung der International

Accounting Standards in International Financial Reporting Standards und übereinstimmend mit den Leitlinien im ‚Vorwort zu den International Accounting Standards' sollte eine derartige Erklärung darauf Bezug nehmen, dass der Abschluss gemäß ‚... sämtlicher International Financial Reporting Standards' erstellt wurde, die ‚zwecks Anwendung in der Europäischen Union angenommen wurden.'

Führt die Anwendung der angenommenen IFRS jedoch zu Abschlüssen, die mit sämtlichen IFRS kohärent sind, da keine Standards abgelehnt und alle vom IASB veröffentlichten Standards freigegeben wurden, dann müsste es nicht mehr ‚zwecks Anwendung in der Europäischen Union', sondern einfach ‚in Übereinstimmung mit allen International Financial Reporting Standards' heißen.

2.1.5. Status des IASB-Rahmenkonzepts, der Anhänge zu den IAS und der Umsetzungsleitlinien für die IAS

In IAS 1 heißt es, dass die Anwendung der International Accounting Standards (IAS) und der Interpretationen des Standing Interpretations Committee (SIC) (Interpretationen) ggf. ergänzt um zusätzliche Angaben in nahezu allen Fällen zu Abschlüssen führt, die ein den tatsächlichen Verhältnissen entsprechendes Bild vermitteln. Weiter heißt es in IAS 1, dass ein Abschluss nicht mit den IAS und den Interpretationen als übereinstimmend bezeichnet werden kann, solange er nicht sämtlichen Anforderungen jedes anzuwendenden Standards und jeder anzuwendenden Interpretation genügt.

In den IAS sind die Vorschriften für den Ansatz, die Bewertung, die Darstellung und die Offenlegung festgelegt, die für Geschäfte und Geschäftsvorfälle gelten, die bei der Erstellung allgemeiner Abschlüsse von großer Bedeutung sind. Die IAS basieren auf auf dem *Rahmenkonzept für die Aufstellung und Darstellung von Abschlüssen* („das Rahmenkonzept"), das die Konzeptionen darlegt, die die Grundlage für die in den allgemeinen Abschlüssen präsentierten Informationen bilden. Ziel des Rahmenkonzepts ist es, die kohärente und logische Formulierung der IAS zu erleichtern.

Das Rahmenkonzept als solches ist kein IAS oder eine Interpretation und muss folglich auch nicht in das Gemeinschaftsrecht übernommen werden. Nichtsdestoweniger bildet es die Grundlage für die Urteilsbildung bei der Lösung von Rechnungslegungsproblemen. Dies ist vor allem in Situationen wichtig, in denen es keinen spezifischen Standard oder eine spezifische Interpretation zwecks Anwendung auf einen bestimmten Posten im Abschluss gibt. In diesen Fällen fordern die IAS von der Unternehmensleitung, ihren Sachverstand bei der Entwicklung und Anwendung von Bilanzierungsgrundsätzen einzusetzen, die zur Erstellung von einschlägigen und verlässlichen Informationen führen. Im Rahmen einer derartigen Urteilsbildung fordern die IAS von der Unternehmensleitung, u.a die Definitionen, Ansatzkriterien und Bewertungskonzepte des Rahmenkonzepts zu berücksichtigen.

Finden ein IAS oder eine Interpretation auf einen Abschlussposten Anwendung, ist die Unternehmensleitung in gleicher Weise gehalten, den auf diesen Posten anzuwendenden Bilanzierungsgrundsatz auszuwählen, indem sie auch die Anhänge zu dem Standard, die nicht Bestandteil des IAS sind (wie die Grundlage für Schlussfolgerungen) und die Anleitung zur Umsetzung berücksichtigt, die für den entsprechenden IAS veröffentlicht wurden.

Angesichts seiner Bedeutung bei der Lösung von Rechnungslegungsfragen wurde das IASB-Rahmenkonzept diesem Arbeitspapier angefügt. Die Anwender von IAS sollten zudem einzelne IAS und Interpretationen einsehen, um sicherzustellen, dass etwaige Anhänge und Umsetzungsleitlinien bei der Bestimmung der angemessenen Anwendung der IAS entsprechend berücksichtigt werden.

2.2. Artikel 4: Konsolidierte Abschlüsse von kapitalmarktorientierten Gesellschaften

2.2.1. Definition von „Gesellschaften"

Artikel 4 und 5 der IAS-Verordnung verweisen auf ‚Gesellschaften'. Diese sind im Vertrag von Rom in Artikel 48 (ex-Artikel 58) wie folgt definiert:

Artikel 48 (ex-Artikel 58) zweiter Absatz:

...

„Unter „Gesellschaften oder Unternehmen" versteht man Gesellschaften oder Unternehmen, die nach dem Zivil- oder dem Handelsrecht gegründet wurden, einschließlich Genossenschaften, und andere juristische Personen, die unter das öffentliche Recht oder unter das Privatrecht fallen, ausgenommen jener, die keinen Erwerbscharakter haben."

Diese Definition untermauert den Anwendungsbereich jeder der nachfolgend genannten einschlägigen Rechnungslegungsrichtlinien, die als Rechtsgrundlage Artikel 54 des Vertrags (neuer Artikel 44) haben, der wiederum auf Artikel 58 des Vertrags (neuer Artikel 48) Bezug nimmt:

- Vierte Richtlinie 78/660/EWG des Rates vom 25. Juli 1978 aufgrund von Artikel 54 Absatz 3 Buchstabe g des Vertrages (neue Vertragsversion: Artikel 44 Absatz 2 Buchstabe g) über den Jahresabschluss von Gesellschaften bestimmter Rechtsformen[5]; diese Richtlinie schreibt die Anforderungen für die Erstellung der Jahresabschlüsse fest.

[5] ABl. L 222 vom 14.8.1978, S. 11, Richtlinie zuletzt geändert durch Richtlinie 2003/51/EG (ABl. L 178 vom 17.07. 2003, S. 16)

- Siebente Richtlinie 83/349/EWG des Rates vom 13. Juni 1983 aufgrund von Artikel 54 Absatz 3 Buchstabe g des Vertrages (neue Vertragsversion: Artikel 44 Absatz 2 Buchstabe g) über den konsolidierten Abschluss[6]; diese Richtlinie schreibt die Anforderungen für die Erstellung konsolidierter Abschlüsse fest.

---
[6] ABl. L 193 vom 18.7.1983, S. 1, Richtlinie zuletzt geändert durch Richtlinie 2003/51/EG (ABl. L 178 vom 17.07.2003, S. 16)

- Richtlinie 86/635/EWG des Rates vom 8. Dezember 1986 über den Jahresabschluss und den konsolidierten Abschluss von Banken und anderen Finanzinstituten[7]; diese Richtlinie regelt die diese Institute betreffenden Fragen (unter Berücksichtigung von Artikel 54 Absatz 3 Buchstabe g des Vertrages/neue Vertragsversion: Artikel 44 Absatz 2 Buchstabe g); und

---
[7] ABl. L 372 vom 31. 12. 1986, S.1, Richtlinie zuletzt geändert durch Richtlinie 2003/51/EG (ABl. L 178 vom 17.07.2003, S.16)

- Richtlinie 91/674/EWG des Rates vom 19. Dezember 1991 über den Jahresabschluss und den konsolidierten Abschluss von Versicherungsunternehmen[8]; diese Richtlinie legt die spezifischen Anforderungen für die Erstellung der Abschlüsse dieser Unternehmen fest (unter Berücksichtigung von Artikel 54 des Vertrages/neue Vertragsversion: Artikel 44).

---
[8] ABl. L 374 vom 31. 12. 1991, S. 7, Richtlinie zuletzt geändert durch Richtlinie 2003/51/EG (ABl. L 178 vom 17.07. 2003, S.16)

Die IAS-Verordnung gilt lediglich für EU-Gesellschaften. Sie legt keinerlei Anforderungen für Nicht-EU-Gesellschaften fest.

2.2.2. Definition der „konsolidierten Abschlüsse"

Da sich die IAS-Verordnung lediglich auf ‚konsolidierte Abschlüsse' bezieht, wird sie nur dann wirksam, wenn diese konsolidierten Abschlüsse von anderer Seite gefordert werden.

Die Klärung der Frage, ob eine Gesellschaft zur Erstellung eines konsolidierten Abschlusses verpflichtet ist oder nicht, wird nach wie vor durch Bezugnahme auf das einzelstaatliche Recht erfolgen, das infolge der Siebenten Richtlinie erlassen wurde. Um alle Zweifel auszuräumen, sei an zweiter Stelle darauf verwiesen, dass diesbezüglich die folgenden Artikel der Siebenten Richtlinie zugrunde gelegt werden: die Artikel 1, 2, 3(1) 4, 5–9, 11, und 12.

Auf diese Anforderungen wird nachfolgend weiter eingegangen.

a) Allgemeine Anforderung

Vorbehaltlich bestimmter Ausnahmen (s. nachfolgend Buchstabe b), legt die Siebente Richtlinie 83/349/EWG des Rates die Fälle fest, in denen eine Gesellschaft konsolidierte Abschlüsse zu erstellen hat.

Ist in diesen Fällen (gemäß dem nationalen Recht) die Erstellung konsolidierter Abschlüsse erforderlich, so gelten die Anforderungen der IAS-Verordnung für derlei Abschlüsse.

b) Ausnahmen von der Erstellung konsolidierter Abschlüsse

Die Ausnahmen von der allgemeinen Anforderung zur Erstellung konsolidierter Abschlüsse sind in den Artikeln 5, 7–11 der Siebenten Richtlinie 83/349/EWG des Rates genannt. Darüber hinaus enthält Artikel 6 dieser Richtlinie eine Ausnahmeregelung, die sich allein an dem Kriterium der Größe ausrichtet.

Ist eine Gesellschaft, infolge einer Befreiung im nationalen Recht, die aus den Rechnungslegungsrichtlinien abgeleitet wurde, nicht gehalten konsolidierte Abschlüsse zu erstellen, finden die Anforderungen der IAS-Verordnung in Bezug auf diese Abschlüsse keine Anwendung, da es keine derartigen Abschlüsse gibt, auf die man diese Erfordernisse anwenden könnte.

c) Ausschluss von der Konsolidierung

Die Artikel 13 bis 15 der Siebenten Richtlinie enthalten bestimmte Ausnahmen vom Anwendungsbereich der Konsolidierung.

Wie oben erwähnt bestimmt das nationale aus den Rechnungslegungsrichtlinien abgeleitete Recht, ob konsolidierte Abschlüsse erforderlich sind oder nicht. Werden sie benötigt, so legen die in den übernommenen IAS festgelegten Anforderungen den Anwendungsbereich der Konsolidierung und folglich die Unternehmen fest, die in diese konsolidierten Abschlüsse einzubeziehen sind als auch die Art und Weise, wie dies geschehen soll.

Folglich sind die Ausschlüsse vom Anwendungsbereich der Konsolidierung, die aus den Rechnungslegungsrichtlinien abgeleitet wurden, nicht relevant, denn die konsolidierten Abschlüsse werden gemäß den freigegebenen IAS erstellt.

2.2.3. Vorschriften über die Zwischenberichterstattung

Es bestehen keine direkten Auswirkungen auf die Vorschriften über Zwischenberichterstattung, da der Anwendungsbereich der IAS-Verordnung lediglich den Jahresabschluss und den konsolidierten Abschluss abdeckt.

Ist ein Unternehmen jedoch gehalten, einen Zwischenbericht zu erstellen und erfolgt dies auf einer Basis, die mit dem Jahresabschluss (oder dem konsolidierten Abschluss) kohärent ist, ist klar, dass der Übergang zu den IAS indirekte Auswirkungen zeigt.

An dieser Stelle sei darauf verwiesen, dass die Kommission unlängst einen Vorschlag für eine Richtlinie über die Harmonisierung der Transparenzanforderungen vorgelegt hat, die Informationen über Emittenten betreffen, deren Wertpapiere zum Handel auf einem geregelten Markt zugelassen sind und zur Änderung von Richtlinie 2001/34/EG. Diese Richtlinie schreibt Anforderungen für die Offenlegung periodischer und laufender Informationen über Emittenten fest, deren Wertpapiere bereits zum Handel auf einem geregelten Markt zugelassen sind, der in einem Mitgliedstaat belegen ist oder dort betrieben wird. Weitere diesbezügliche Informationen sind auf folgender Website abrufbar: http://europa.eu.int/comm/internal_market/en/finances/mobil/transparency/index.htm

Der Ausschuss der europäischen Wertpapierregulierungsbehörden CESR („Committee of European Securities Regulators") hat den Entwurf einer Empfehlung betreffend zusätzliche Leitlinien für den Übergang zu den IFRS im Jahr 2005 zwecks öffentlicher Konsultation vorgelegt. In dieser Empfehlung werden eine Reihe von Vorschlägen für den reibungslosen Übergang zu den IAS im Jahr 2005 mittels angemessener Zwischeninformationen gemacht. So empfiehlt der CESR, dass die Marktteilnehmer während des gesamten Jahres 2005 Finanzinformationen erhalten, die mit den auf den IAS basierenden Informationen kohärent sind, die sie für das am oder nach dem 31. Dezember endende Geschäftsjahr 2005 erhalten werden. Börsennotierte Gesellschaften werden deshalb aufgefordert, bei der Erstellung von Zwischenberichten die gleichen IAS-Bewertungs- und -Ansatz-Prinzipien wie für ihren IAS-Jahresabschlussbericht zugrunde zu legen. Weitere Informationen sind auf der Website des CESR abrufbar unter: www.europefesco.org.

2.3. Anwendung der IAS vor 2005

Im Falle der börsennotierten Gesellschaften[9] ist die IAS-Verordnung direkt auf die konsolidierten Abschlüsse anwendbar. Artikel 4 der IAS-Verordnung legt indes keine Anforderungen vor 2005 fest und sieht auch keinerlei freiwillige vorzeitige Annahme vor.

[9] Unter ‚börsennotierten Gesellschaften' versteht man jene, deren Wertpapiere zum Handel auf einem geregelten Markt eines jeden Mitgliedstaats zugelassen sind (im Sinne von Artikel 1 Absatz 13 der Richtlinie 93/22/EWG des Rates vom 10. Mai 1993 über Wertpapierdienstleistungen).

Dies legt nahe, dass allein auf der Grundlage der IAS-Verordnung angenommene (d.h. freigegebene) IAS nicht vor 2005 statthaft sind oder verlangt werden können.

Am 13. Juni 2000 verabschiedete die Kommission jedoch ihre Mitteilung mit dem Titel „*Die Rechnungslegungsstrategie der EU: Das weitere Vorgehen*" (KOM (2000) 359, 13.06.2000). Darin wurde vorgeschlagen, allen börsennotierten EU-Unternehmen die Erstellung ihrer konsolidierten Abschlüsse auf der Grundlage einheitlicher Rechnungslegungsstandards, und zwar den „International Accounting Standards" (IAS), spätestens ab 2005 vorzuschreiben. Diese Strategie wurde von der Kommission und den Mitgliedstaaten mittels der IAS-Verordnung übernommen.

Wenn die Mitgliedstaaten folglich den börsennotierten Unternehmen auf der Grundlage nationaler Vorschriften die Erstellung ihrer konsolidierten Abschlüsse für das Geschäftsjahr vor 2005 gemäß den IAS gestatten oder obligatorisch vorschreiben, wäre dies durchaus mit der oben genannten Strategie vereinbar.

Im Falle nicht kapitalmarktorientierter Unternehmen (und der Jahresabschlüsse) gilt die IAS-Verordnung via der Option für die Mitgliedstaaten in Artikel 5. Dieser Artikel enthält keine zeitliche Referenz. Folglich können die Mitgliedstaaten – sobald sie es wünschen – den nicht notierten Gesellschaften die Erstellung ihrer Jahresabschlüsse und konsolidierten Abschlüsse gemäß den freigegebenen IAS gestatten oder vorschreiben.

2.4. Klärung von Artikel 9

Übt ein Mitgliedstaat die Option des Artikel 9 Buchstabe b der IAS-Verordnung aus, so gilt die Ausnahme bis 2007 lediglich für Gesellschaften, die international anerkannte Standards als Grundlage für ihre primären Abschlüsse im Rahmen der gesetzlich vorgeschriebenen konsolidierten Abschlüsse verwenden, sofern sie außerhalb der EU an einer Börse notiert sind. Diese Regelung gilt nicht bei Zugrundelegung der nationalen GAAP, selbst wenn eine Überleitung auf die international anerkannten Standards – entweder im Rahmen oder gesondert von den gesetzlich vorgeschriebenen konsolidierten Abschlüssen – vorgenommen wird. Auch gilt die Ausnahmeregelung bis 2007 nicht, wenn nicht gesetzlich vorgeschriebene Abschlüsse auf der Grundlage international anerkannter Standards erstellt werden.

Schließlich gilt die Ausnahmeregelung nicht für Fälle, in denen die geforderte Einhaltung der nationalen GAAP auch zur Einhaltung der international anerkannten Standards führt. Ein solche Übereinstimmung kann vorübergehend sein – ausschlaggebend ist vielmehr, ob die international anerkannten Standards als Grundlage für die Erstellung der primären Abschlüsse zulässig sind und ob sie so angenommen wurden.

3. INTERAKTION ZWISCHEN DER IAS-VERORDNUNG UND DEN RECHNUNGSLEGUNGSRICHTLINIEN

3.1. Jahresabschlüsse und konsolidierte Abschlüsse börsennotierter EU-Gesellschaften

Artikel 5 der IAS-Verordnung enthält eine Option, der zufolge die Mitgliedstaaten die Anwendung angenommener IAS bei der Erstellung des Jahresabschlusses börsennotierter EU-Unternehmen gestatten oder vorschreiben können.

In Bezug auf die konsolidierten Abschlüsse börsennotierter EU-Gesellschaften ist die IAS-Verordnung unmittelbar auf die Gesellschaft anwendbar, da der Abschluss erstellt. Die Rechnungslegungsrichtlinien gelten hingegen aufgrund ihrer Umsetzung in nationales Recht.

Folglich gibt es keine direkte Interaktion zwischen einer Richtlinie und einer Verordnung, da nur letztere unmittelbar auf die Gesellschaften anwendbar ist. Eher geht es um die Interaktion zwischen nationalem Recht und der IAS-Verordnung.

Die Frage der Interaktion ist nur in dem Maße relevant, wie die nationalen Rechtsvorschriften dasselbe Thema wie die IAS-Verordnung behandeln. Einige Aspekte des nationalen Rechts, die durch die Umsetzung der Rechnungslegungsrichtlinien eingeflossen sind, behandeln Fragen, die außerhalb des Anwendungsbereichs der IAS-Verordnung liegen und auch in Zukunft Anwendung finden, wie z.B. der Lagebericht (Vierte Richtlinie, Art. 46). Die IAS-Verordnung betrifft jedoch lediglich die ‚konsolidierten Abschlüsse' (zusammen mit bestimmten Optionen in Bezug auf den Jahresabschluss). Folglich fallen die zusätzlichen Informationen im Lagebericht selbst oder in ihn (und den konsolidierten Lagebericht) begleitenden Dokumenten nicht in den Anwendungsbereich der IAS-Verordnung.

Andere in den Rechnungslegungsrichtlinien behandelte Fragen, die nicht in den Anwendungsbereich der IAS-Verordnung fallen und auch in Zukunft Gültigkeit haben werden, sind:

- Veröffentlichung: Artikel 47 der Vierten und Artikel 38 der Siebenten Richtlinie;
- Abschlussprüfung: Artikel 48 und 51 der Vierten Richtlinie und Artikel 37 der Siebenten Richtlinie;
- Sonstige Fragen: Artikel 53 der Vierten Richtlinie.

In dem Maße, wie der Anwendungsbereich derselbe ist (d. h. wenn der konsolidierte Abschluss und der Jahresabschluss gleichermaßen betroffen sind), sieht die Interaktion wie folgt aus:

Gemäß der IAS-Verordnung darf keine aus den Rechnungslegungsrichtlinien umgesetzte Bestimmung eine Gesellschaft daran hindern oder dahingehend einschränken, dass sie die übernommenen IAS vollumfänglich anwendet oder deren Wahlmöglichkeit in Anspruch nimmt.

Anders ausgedrückt bedeutet dies, dass eine Gesellschaft die freigegebenen IAS anwendet, und zwar unabhängig von allen etwaigen den IAS zuwiderlaufenden, mit ihnen kollidierenden oder sie einschränkenden Bestimmungen des nationalen Rechts. Folglich können die Mitgliedstaaten in den IAS explizit enthaltene Wahlmöglichkeiten nicht einschränken.

In einem auf Grundsätzen basierenden System wie den IAS wird es immer Transaktionen oder Vereinbarungen geben, die nicht von expliziten Regeln abgedeckt sind. In diesen Fällen fordern die IAS vom Management, nach eigenem Urteil die zweckmäßigsten Bilanzierungs- und Bewertungsmethoden zu entwickeln (s. IAS 1, Ziffer 22). Dennoch handelt es sich bei diesem Urteil nicht um die freie Wahl des Managements, denn die IAS sehen vor, dass es sich auf das IASB-Rahmenkonzept, Definitionen, andere Standards und allgemein anerkannte Verhaltensregeln zu gründen hat. Infolge der Anwendung der gemäß der IAS-Verordnung angenommenen IAS können die nationalen Bestimmungen durch Festlegung besonderer Behandlungsweisen die erforderliche oben genannte Urteilsbildung weder einschränken noch behindern.

Da die IAS-Verordnung unmittelbar anwendbar ist, müssen die Mitgliedstaaten zusichern, dass sie nicht versuchen werden, die Gesellschaft zusätzlichen nationalen Bestimmungen zu unterwerfen, die dazu daran hindern, die gemäß der IAS-Verordnung angenommenen IAS einzuhalten, weil sie diesen zuwiderlaufen, mit ihnen kollidieren oder diese einschränken.

3.2. Jahresabschlüsse und konsolidierte Abschlüsse nicht börsennotierter Gesellschaften

Artikel 5 der IAS-Verordnung enthält eine Option, der zufolge die Mitgliedstaaten die Anwendung angenommener IAS bei der Erstellung des Jahresabschlusses und/ oder des konsolidierten Abschlusses nicht börsennotierter EU-Unternehmen gestatten oder vorschreiben können.

Schreibt ein Mitgliedstaat die Zugrundelegung der IAS infolge von Artikel 5 der IAS-Verordnung vor, so sind die IAS direkt auf die Abschlüsse dieser Gesellschaft anwendbar.

Die gleiche Interaktion wie bei dem konsolidierten Abschluss börsennotierter EU-Gesellschaften erfolgt also auch bei dem Jahresabschluss und dem konsolidierten Abschluss nicht börsennotierter Gesellschaften, die infolge der Inanspruchnahme der Option von Artikel 5 der IAS-Verordnung durch die Mitgliedstaaten erstellt werden.

Diese Interaktion ist dieselbe, unabhängig davon, ob die Abschlüsse gemäß den IAS aufgrund einer *Verpflichtung* oder infolge einer *Option* erstellt werden, die der Gesellschaft durch das nationale Recht aufgrund von Artikel 5 eingeräumt wird.

3.3. Artikel der umgesetzten Rechnungslegungsrichtlinien, die auch nach dem Erlass der IAS-Verordnung auf die Gesellschaften Anwendung finden

Auf die allgemeine Interaktion zwischen der IAS-Verordnung und den umgesetzten Rechnungslegungsrichtlinien wird in den Absätzen 3.1. und 4.1. eingegangen. Die spezifische Interaktion betreffend die Unternehmensteile, die in die konsolidierten gemäß den angenommenen IAS zu erstellenden Abschlüsse einzubeziehen sind, ist Gegenstand von Absatz 2.2.2.

Ein Unternehmen, das gehalten ist, **konsolidierte Abschlüsse** zu erstellen und das in den Anwendungsbereich der IAS-Verordnung fällt, weil entweder Artikel 4 oder Artikel 5 der IAS-Verordnung anwendbar ist, ist gehalten, die nationalen Rechtsvorschriften einzuhalten, die aufgrund jener Artikel der Vierten und der Siebenten Richtlinie umgesetzt wurden, die Fragen der Abschlussprüfung, des konsolidierten Lageberichts und bestimmter Offenlegungsaspekte betreffen, die über den Anwendungsbereich der „International Accounting Standards" hinausgehen. Um alle Zweifel auszuräumen, seien hier noch einmal die Artikel der Vierten und der Siebenten Richtlinie genannt, die nach wie vor für die konsolidierten Abschlüsse relevant bleiben:

(a) Im Falle der Vierten Richtlinie: Artikel 58 Buchstabe c; und
(b) Im Falle der Siebenten Richtlinie: Artikel 34 Absatz 2 bis 5, Artikel 34 Absatz 9, Artikel 34 Absatz 12, Artikel 34 Absatz 13, Artikel 35 Absatz 1 sowie die Artikel 36, 37 und 38.

Ein Unternehmen, das gehalten ist, **Jahresabschlüsse** zu erstellen und das in den Anwendungsbereich der IAS-Verordnung fällt, weil Artikel 5 der IAS-Verordnung anwendbar ist, ist gehalten, die nationalen Rechtsvorschriften zu respektieren, die aufgrund jener Artikel der Vierten und der Siebenten Richtlinie umgesetzt wurden, die Fragen der Abschlussprüfung, des Lageberichts und bestimmter Offenlegungsaspekte betreffen, die über den Anwendungsbereich der „International Accounting Standards" hinausgehen. Um alle Zweifel auszuräumen, seien hier noch einmal die Artikel der Vierten und der Siebenten Richtlinie genannt, die nach wie vor für die Jahresabschlüsse relevant bleiben.:

(a) Im Falle der Vierten Richtlinie: die Artikel 11, 12, 27, Artikel 43 Absatz 1 Ziffern 2, 9, 12, und 13, Artikel 45 Absatz 1, Artikel 46, Artikel 47 Absatz 1 und 1 a sowie Absatz 2 letzter Satz, die Artikel 48, 49, 51 und 51 a, 53, 56 Absatz 2 und die Artikel 57 und 58.
(b) Im Falle der Siebenten Richtlinie: Artikel 9 Absatz 2.

3.4. IAS als Teil der nationalen Rechnungslegungsvorschriften

Gesellschaften, die nicht unter die IAS-Verordnung fallen, müssen nach wie vor den Bestimmungen des einzelstaatlichen Rechts auf dem Gebiet der Rechnungslegung genügen, das aus den EU-Rechnungslegungsrichtlinien abgeleitet wurde und als Grundlage für ihre Abschlüsse dient.

Sofern ein bestimmter IAS mit einer Bestimmung der EU-Rechnungslegungsrichtlinien kohärent ist, können die Mitgliedstaaten vorschreiben, dass dieser IAS von den Unternehmen angewandt wird. Diese Anforderung könnte freilich auch auf alle IAS und Interpretationen ausgedehnt werden.

In diesen Fällen unterliegt die Gesellschaft weiterhin den Bestimmungen des nationalen Rechts und die Beschränkung bezüglich zusätzlicher Bewertungs- oder Offenlegungsanforderungen durch das nationale Recht, auf die in den Abschnitten 3.1. und 4.1. eingegangen wird, entfällt hier.

4. ASPEKTE DER OFFENLEGUNG

4.1. Anforderungen der Mitgliedstaaten in Bezug auf weitere über die IAS hinausgehende Offenlegungen

Der maximale Nutzen der Zugrundelegung eines einheitlichen Finanzberichterstattungsrahmens, so wie er von der IAS-Verordnung angestrebt wird, um alle relevanten Abschlüsse unmittelbar vergleichbar zu machen, wird dann erreicht, wenn die Mitgliedstaaten im Jahresabschluss oder im konsolidierten Abschluss, die gemäß der in der IAS-Verordnung freigegebenen IAS erstellt wurden, nicht qualitative oder quantitative Offenlegungen fordern, die für einen Abschluss mit allgemeinem Verwendungszweck nicht relevant sind, oder Informationen, die besser gesondert zu veröffentlichen sind.

Übereinstimmend mit der Interaktion zwischen einzelstaatlichem Recht und den IAS, auf die in Abschnitt 3.1. eingegangen wurde, können zusätzliche Offenlegungsanforderungen im nationalen Recht, die entweder aufgrund der EU-Rechnungslegungsrichtlinien umgesetzt oder aber aufgrund der Eigeninitiative der Mitgliedstaaten aufgenommen wurden, weiterhin Gültigkeit behalten, sofern sie für derlei Abschlüsse mit allgemeinem Verwendungszweck relevant sind und nicht in den Anwendungsbereich der freigegebenen IAS fallen.

Zusätzliche Offenlegung könnte beispielsweise von den Aufsichtsbehörden oder den Wertpapierregulierungsbehörden in Fragen gefordert werden, die Folgendes betreffen:

- Informationen sind offenzulegen, die außerhalb des durch die IAS-Verordnung geregelten Jahresabschlusses (oder des konsolidierten Abschlusses) fallen, wie z.B. jene im Lagebericht oder in einer gesonderten Aufstellung, die dem Abschluss beigefügt ist, oder
- Informationen, die im Anhang zum Jahresabschluss (oder zum konsolidierten Abschluss), die unter die IAS-Verordnung fallen, offenzulegen sind, wenn das betreffende Thema als für diese allgemeinen Abschlüsse von großer Bedeutung betrachtet wird (z.B. Offenlegungen im Zusammenhang mit der ‚Corporate Governance', wie die Einzelvergütung der Managementkräfte), aber außerhalb des Anwendungsbereichs der IAS fällt, da es für die Erstellung des den tatsächlichen Verhältnissen entsprechenden Bildes im Sinne der IAS nicht erforderlich ist.

4.2. IAS-Formate und Kontenrahmen

In den IAS wird die Art und Weise beschrieben, wie die Posten ermittelt werden, die in der Gewinn- und Verlustrechnung bzw. in der Bilanz auszuweisen sind.

In Bezug auf die Gewinn- und Verlustrechnung gestatten die IAS zwei Ansätze, und zwar der Ausweis nach *Funktion* oder nach *Wesensart* des Postens. Wurde der Ausweis nach Funktion gewählt, sind ebenfalls bestimmte zusätzliche Informationen über die Wesensart beizubringen. Der Ausweis nach Funktion bzw. Wesensart folgt den gleichen Grundsätzen wie jene, die die alternativen Gliederungen in der Vierten Richtlinie regeln.

In Bezug auf die Bilanz werden die Aktiva entweder nach ihrer Liquidität oder nach dem Kriterium kurzfristig/nicht kurzfristig ausgewiesen. Diese Zuordnungen ähneln stark jenen, die in der Vierten Richtlinie verwendet werden, die eine Unterscheidung zwischen Anlage- und Umlaufvermögen sowie zwischen kurz- und langfristigen Verbindlichkeiten vorsieht.

Da die IAS lediglich für eine externe Finanzberichterstattung zu allgemeinen Zwecken gelten, sehen sie keinerlei explizite Anforderungen für die Struktur von internen Managementinformationen vor (wie z. B. den Kontenrahmen), die von einem Unternehmen geführt werden müssen. Allerdings sollten diese internen Informationen zumindest so ausreichend sein, dass sie die Erstellung von Informationen unterlegen, die für die externe Finanzberichterstattung benötigt werden.

1/2. IAS-VO Komm

Da die IAS-Verordnung direkt auf einzelne Gesellschaften anwendbar ist, können die Mitgliedstaaten nicht ihre eigenen Formate vorschreiben, sondern müssen die angenommenen IAS verwenden.

2. IAS

2. International Accounting Standards

2. **International Accounting Standards**

2/1.	IAS 1:	*Darstellung des Abschlusses*	29
2/2.	IAS 2:	*Vorräte*	53
2/3.	IAS 7:	*Kapitalflussrechnung*	59
2/4.	IAS 8:	*Rechnungslegungsmethoden, Änderungen von rechnungslegungsbezogenen Schätzungen und Fehler*	69
2/5.	IAS 10:	*Ereignisse nach dem Abschlussstichtag*	79
2/6.	IAS 12:	*Ertragsteuern*	83
2/7.	IAS 16:	*Sachanlagen*	107
2/8.	IAS 19:	*Leistungen an Arbeitnehmer*	119
2/9.	IAS 20:	*Bilanzierung und Darstellung von Zuwendungen der öffentlichen Hand*	151
2/10.	IAS 21:	*Auswirkungen von Wechselkursänderungen*	157
2/11.	IAS 23:	*Fremdkapitalkosten*	167
2/12.	IAS 24:	*Angaben über Beziehungen zu nahestehenden Unternehmen und Personen*	171
2/13.	IAS 26:	*Bilanzierung und Berichterstattung von Altersversorgungsplänen*	177
2/14.	IAS 27:	*Einzelabschlüsse*	183
2/15.	IAS 28:	*Anteile an assoziierten Unternehmen und Gemeinschaftsunternehmen*	187
2/16.	IAS 29:	*Rechnungslegung in Hochinflationsländern*	197
2/17.	IAS 32:	*Finanzinstrumente: Darstellung*	201
2/18.	IAS 33:	*Ergebnis je Aktie*	227
2/19.	IAS 34:	*Zwischenberichterstattung*	241
2/20.	IAS 36:	*Wertminderung von Vermögenswerten*	251
2/21.	IAS 37:	*Rückstellungen, Eventualverbindlichkeiten und Eventualforderungen*	279
2/22.	IAS 38:	*Immaterielle Vermögenswerte*	291
2/23.	IAS 39:	*Finanzinstrumente: Ansatz und Bewertung*	311
2/24.	IAS 40:	*Als Finanzinvestition gehaltene Immobilien*	333
2/25.	IAS 41:	*Landwirtschaft*	347

2/1. IAS 1

INTERNATIONAL ACCOUNTING STANDARD 1
Darstellung des Abschlusses

IAS 1, VO (EU) 2023/1803 idF VO (EU) 2023/2822

Gliederung	§§
ZIELSETZUNG	1
ANWENDUNGSBEREICH	2–6
DEFINITIONEN	7–8A
ABSCHLUSS	9–46
Zweck des Abschlusses	9
Vollständiger Abschluss	10–14
Allgemeine Merkmale	15–46
Vermittlung eines den tatsächlichen Verhältnissen entsprechenden Bilds und Übereinstimmung mit den IFRS	15–24
Unternehmensfortführung	25–26
Konzept der Periodenabgrenzung	27–28
Wesentlichkeit und Zusammenfassung von Posten	29–31
Saldierung von Posten	32–35
Häufigkeit der Berichterstattung	36–37
Vergleichsinformationen	38–44
Darstellungsstetigkeit	45–46
STRUKTUR UND INHALT	47–138
Einführung	47–48
Bezeichnung des Abschlusses	49–53
Bilanz	54–80A
Informationen, die in der Bilanz darzustellen sind	54–59
Unterscheidung kurzfristig/langfristig	60–65
Kurzfristige Vermögenswerte	66–68
Kurzfristige Schulden	69–76B
Informationen, die entweder in der Bilanz oder im Anhang darzustellen sind	77–80A
Darstellung von Gewinn oder Verlust und sonstigem Ergebnis	81A–81B
Informationen, die im Teil „Gewinn oder Verlust" oder in der gesonderten Gewinn- und Verlustrechnung auszuweisen sind	82
Informationen, die im Teil „sonstiges Ergebnis" auszuweisen sind	82A–87
Gewinn oder Verlust der Periode	88–89
Sonstiges Ergebnis in der Periode	90–96
Informationen, die in der Darstellung/den Darstellungen von Gewinn oder Verlust und sonstigem Ergebnis oder im Anhang auszuweisen sind	97–105
Eigenkapitalveränderungsrechnung	106–110
Informationen, die in der Eigenkapitalveränderungsrechnung darzustellen sind	106
Informationen, die entweder in der Eigenkapitalveränderungsrechnung oder im Anhang darzustellen sind	106A–110
Kapitalflussrechnung	111
Anhangangaben	112–138
Struktur	112–116
Angaben zu den Rechnungslegungsmethoden	117–124
Quellen von Schätzungsunsicherheiten	125–133
Kapital	134–136
Als Eigenkapital eingestufte kündbare Finanzinstrumente	136A
Weitere Angaben	137–138
ÜBERGANGSVORSCHRIFTEN UND ZEITPUNKT DES INKRAFTTRETENS	139–139W
RÜCKNAHME VON IAS 1 (ÜBERARBEITET 2003)	140

ZIELSETZUNG

1 Dieser Standard schreibt die Grundlagen für die Darstellung eines Abschlusses für allgemeine Zwecke vor, um die Vergleichbarkeit sowohl mit den Abschlüssen des eigenen Unternehmens aus vorangegangenen Perioden als auch mit den Abschlüssen anderer Unternehmen zu gewährleisten. Er enthält grundlegende Vorschriften für die Darstellung von Abschlüssen, Anwendungsleitlinien für deren Struktur und Mindestanforderungen an deren Inhalt.

ANWENDUNGSBEREICH

2 Ein Unternehmen hat diesen Standard anzuwenden, wenn es Abschlüsse für allgemeine Zwecke gemäß den International Financial Reporting Standards (IFRS) aufstellt und vorlegt.

3 Die Erfassungs-, Bewertungs- und Angabevorschriften für bestimmte Geschäftsvorfälle und sonstige Ereignisse werden in anderen IFRS behandelt.

4 Dieser Standard gilt nicht für die Struktur und den Inhalt verkürzter Zwischenabschlüsse, die gemäß IAS 34 *Zwischenberichterstattung* aufgestellt werden. Die Paragraphen 15–35 sind hingegen auf solche Zwischenabschlüsse anzuwenden. Dieser Standard gilt gleichermaßen für alle Unternehmen, unabhängig davon, ob sie einen Konzernabschluss gemäß IFRS 10 *Konzernabschlüsse*, oder einen Einzelabschluss gemäß IAS 27 *Einzelabschlüsse* vorlegen.

5 Die in diesem Standard verwendete Terminologie ist für gewinnorientierte Unternehmen einschließlich Unternehmen des öffentlichen Sektors geeignet. Nicht gewinnorientierte Unternehmen des privaten oder öffentlichen Sektors, die diesen Standard anwenden, müssen gegebenenfalls Bezeichnungen für einzelne Posten im Abschluss und für den Abschluss selbst anpassen.

6 In gleicher Weise haben Unternehmen, die kein Eigenkapital gemäß IAS 32 *Finanzinstrumente: Darstellung* haben (z. B. bestimmte offene Investmentfonds), sowie Unternehmen, deren Kapital kein Eigenkapital darstellt (z. B. bestimmte Genossenschaften) die Darstellung der Anteile der Mitglieder bzw. Anteilseigner im Abschluss entsprechend anzupassen.

DEFINITIONEN

7 Folgende Begriffe werden in diesem Standard mit der angegebenen Bedeutung verwendet:

Der Begriff *Rechnungslegungsmethoden* wird in Paragraph 5 des IAS 8 *Rechnungslegungsmethoden, Änderungen von rechnungslegungsbezogenen Schätzungen und Fehler* definiert und im vorliegenden Standard mit derselben Bedeutung verwendet.

Ein *Abschluss für allgemeine Zwecke* (auch als „Abschluss" bezeichnet) soll den Bedürfnissen von Adressaten gerecht werden, die nicht in der Lage sind, einem Unternehmen die Veröffentlichung von Berichten vorzuschreiben, die auf ihre spezifischen Informationsbedürfnisse zugeschnitten sind.

Undurchführbar: Die Anwendung einer Vorschrift gilt dann als undurchführbar, wenn sie trotz aller angemessenen Anstrengungen des Unternehmens nicht angewandt werden kann.

International Financial Reporting Standards (IFRS) sind die vom International Accounting Standards Board (IASB) herausgegebenen Standards und Interpretationen. Sie umfassen

a) International Financial Reporting Standards,
b) International Accounting Standards,
c) IFRIC-Interpretationen und
d) SIC-Interpretationen.([1])

([1]) Die IFRS-Definition wurde geändert, um den 2010 in der geänderten Satzung der IFRS-Stiftung vorgenommenen Namensänderungen Rechnung zu tragen.

Wesentlich:

Informationen sind wesentlich, wenn angemessenerweise erwartet werden kann, dass ihre Auslassung, fehlerhafte Darstellung oder Verschleierung die von den Hauptadressaten eines Abschlusses für allgemeine Zwecke, der Finanzinformationen zum berichtenden Unternehmen enthält, getroffenen Entscheidungen beeinflusst.

Wesentlichkeit hängt von der Art oder dem Umfang der Informationen oder von beidem ab. Ein Unternehmen beurteilt, ob eine Information für sich allein genommen oder in Verbindung mit anderen Informationen vor dem Hintergrund seines gesamten Abschlusses wesentlich ist.

Eine Information ist verschleiert, wenn sie so kommuniziert wird, dass sie für die Hauptadressaten des Abschlusses eine ähnliche Wirkung hat wie ihre Auslassung oder fehlerhafte Darstellung. Es folgen einige Beispiele für Situationen, die zu einer verschleierten Darstellung von Informationen führen können:

a) Die Information über einen wesentlichen Posten, einen wesentlichen Geschäftsvorfall oder ein wesentliches sonstiges Ereignis ist im Abschluss enthalten, aber vage oder unklar formuliert.
b) Die Information über einen wesentlichen Posten, einen wesentlichen Geschäftsvorfall oder ein wesentliches sonstiges Ereignis ist über den gesamten Abschluss verstreut dargestellt.
c) Nicht ähnliche Posten, Geschäftsvorfälle oder sonstige Ereignisse sind in unangemessener Weise aggregiert dargestellt.
d) Ähnliche Posten, Geschäftsvorfälle oder sonstige Ereignisse sind in unangemessener Weise getrennt dargestellt.
e) Die Verständlichkeit des Abschlusses wird dadurch eingeschränkt, dass wesentliche Informationen in unwesentlichen Informationen versteckt dargestellt werden, sodass die Hauptadressaten nicht erkennen können, welche Informationen wesentlich sind.

Um beurteilen zu können, ob angemessenerweise erwartet werden kann, dass eine in seinem Abschluss für allgemeine Zwecke enthaltene Information die von den Hauptadressaten getroffenen Entscheidungen beeinflusst, muss ein Unternehmen die Eigenschaften dieser Adressaten und gleichzeitig die eigene Unternehmenssituation berücksichtigen.

Viele bestehende und potenzielle Investoren, Kreditgeber und andere Gläubiger können von den berichtenden Unternehmen nicht verlangen, dass diese ihnen die Informationen direkt zur Verfügung stellen und stützen sich daher in Bezug auf zahlreiche Finanzinformationen auf deren Abschlüsse für allgemeine Zwecke. Sie sind daher die Hauptadressaten der Abschlüsse für allgemeine Zwecke. Die Abschlüsse richten sich an Adressaten, die eine angemessene Kenntnis geschäftlicher und wirtschaftlicher Tätigkeiten besitzen und die Informationen sorgfältig lesen und prüfen. Auch fachkundige und sorgfältige Adressaten müssen zuweilen die Hilfe eines Beraters in Anspruch nehmen, um Informationen über komplexe wirtschaftliche Phänomene zu verstehen.

Der *Anhang* enthält zusätzliche Angaben zur Bilanz, zur Darstellung/zu den Darstellungen von Gewinn oder Verlust und sonstigem Ergebnis, zur Eigenkapitalveränderungsrechnung und zur Kapitalflussrechnung. Anhangangaben enthalten verbale Beschreibungen und Aufgliederungen der in diesen Abschlussbestandteilen enthaltenen Posten sowie Informationen über nicht ansatzpflichtige Posten.

Das *sonstige Ergebnis* umfasst Ertrags- und Aufwandsposten (einschließlich Umgliederungsbeträgen), die nach anderen IFRS nicht erfolgswirksam erfasst werden dürfen oder müssen.

Das sonstige Ergebnis setzt sich aus folgenden Bestandteilen zusammen:

a) Veränderungen der Neubewertungsrücklage (siehe IAS 16 *Sachanlagen* und IAS 38 *Immaterielle Vermögenswerte*),

b) Neubewertungen von leistungsorientierten Plänen (siehe IAS 19 *Leistungen an Arbeitnehmer*),

c) Gewinne und Verluste aus der Umrechnung des Abschlusses eines ausländischen Geschäftsbetriebs (siehe IAS 21 *Auswirkungen von Wechselkursänderungen*),

d) Gewinne und Verluste aus Finanzinvestitionen in Eigenkapitalinstrumente, die gemäß Paragraph 5.7.5 von IFRS 9 *Finanzinstrumente* als zum beizulegenden Zeitwert erfolgsneutral im sonstigen Ergebnis bewertet designiert wurden,

da) Gewinne und Verluste aus finanziellen Vermögenswerten, die gemäß Paragraph 4.1.2A von IFRS 9 zum beizulegenden Zeitwert erfolgsneutral im sonstigen Ergebnis bewertet werden,

e) der effektive Teil der Gewinne und Verluste aus Sicherungsinstrumenten bei einer Absicherung von Zahlungsströmen und Gewinne und Verluste aus Sicherungsinstrumenten zur Absicherung von Finanzinvestitionen in Eigenkapitalinstrumente, die gemäß Paragraph 5.7.5 von IFRS 9 zum beizulegenden Zeitwert erfolgsneutral im sonstigen Ergebnis bewertet werden (siehe Kapitel 6 von IFRS 9),

f) bei bestimmten Verbindlichkeiten, die als erfolgswirksam zum beizulegenden Zeitwert bewertet designiert wurden, der Betrag der Änderung des beizulegenden Zeitwerts, der auf Änderungen beim Ausfallrisiko der Verbindlichkeit zurückzuführen ist (siehe Paragraph 5.7.7 von IFRS 9),

g) Wertänderungen des Zeitwerts von Optionen bei Trennung eines Optionskontrakts in inneren Wert und Zeitwert, wobei nur die Änderungen des inneren Werts als Sicherungsinstrument designiert sind (siehe Kapitel 6 von IFRS 9),

h) Wertänderungen des Terminelements von Termingeschäften bei Trennung eines Termingeschäfts in Terminelement und Kassaelement, wobei nur die Änderungen des Kassaelements als Sicherungsinstrument designiert sind, sowie Wertänderungen des Währungsbasis-Spreads eines Finanzinstruments, wenn dies aus der Designation dieses Finanzinstruments als Sicherungsinstrument ausgenommen ist (siehe Kapitel 6 von IFRS 9),

i) versicherungstechnische Finanzerträge und -aufwendungen aus gezeichneten Verträgen im Anwendungsbereich von IFRS 17 *Versicherungsverträge*, die von einer erfolgswirksamen Erfassung ausgeschlossen werden, wenn die Gesamtsumme der versicherungstechnischen Finanzerträge oder -aufwendungen aufgegliedert wird, um einen Betrag erfolgswirksam zu erfassen, der durch eine systematische Aufteilung unter Anwendung von Paragraph 88(b) des IFRS 17 bestimmt wird, oder mit dem Betrag bestimmt wird, mit dem Bewertungsinkonsistenzen mit den Finanzerträgen oder -aufwendungen aus den zugrunde liegenden Referenzwerten unter Anwendung von Paragraph 89(b) des IFRS 17 eliminiert werden, und

j) versicherungstechnische Finanzerträge und -aufwendungen aus gehaltenen Rückversicherungsverträgen, die von einer erfolgswirksamen Erfassung ausgeschlossen werden, wenn die Gesamtsumme der versicherungstechnischen Finanzerträge oder -aufwendungen aus der Rückversicherung aufgegliedert wird, um einen Betrag erfolgswirksam zu erfassen, der durch eine systematische Aufteilung unter Anwendung von Paragraph 88(b) des IFRS 17 bestimmt wird.

Eigentümer **sind die Inhaber von Instrumenten, die als Eigenkapital eingestuft werden.**

Gewinn oder Verlust ist die Summe der Erträge abzüglich Aufwendungen, ohne Berücksichtigung der Bestandteile des sonstigen Ergebnisses.

Umgliederungsbeträge sind Beträge, die in der aktuellen oder einer früheren Periode als sonstiges Ergebnis erfasst wurden und in der aktuellen Periode erfolgswirksam umgegliedert werden.

Das *Gesamtergebnis* ist die Veränderung des Eigenkapitals in einer Periode infolge von Geschäftsvorfällen und sonstigen Ereignissen, mit Ausnahme von Veränderungen, die sich aus Geschäftsvorfällen mit Eigentümern ergeben, die in ihrer Eigenschaft als Eigentümer handeln.

Das Gesamtergebnis umfasst alle Bestandteile des „Gewinns oder Verlusts" und des „sonstigen Ergebnisses".

8 In diesem Standard werden die Begriffe „sonstiges Ergebnis", „Gewinn oder Verlust" und „Gesamtergebnis" verwendet; es steht einem Unternehmen jedoch frei, hierfür andere Bezeichnungen zu verwenden, solange deren Bedeutung klar verständlich ist. Beispielsweise könnte der Gewinn oder Verlust mit dem Begriff „Überschuss" bzw. „Fehlbetrag" bezeichnet werden.

8A Die folgenden Begriffe werden in IAS 32 *Finanzinstrumente: Darstellung* erläutert und im vorliegenden Standard in der in IAS 32 genannten Bedeutung verwendet:

a) als Eigenkapitalinstrument eingestuftes kündbares Finanzinstrument (Erläuterung siehe IAS 32 Paragraphen 16A und 16B),

b) als Eigenkapitalinstrument eingestuftes Instrument, das das Unternehmen dazu verpflichtet, einer anderen Partei im Falle der Liquidation einen proportionalen Anteil an seinem Nettovermögen zu überlassen (Erläuterung siehe IAS 32 Paragraphen 16C und 16D).

ABSCHLUSS

Zweck des Abschlusses

9 Ein Abschluss ist eine strukturierte Abbildung der Vermögens-, Finanz- und Ertragslage eines Unternehmens. Die Zielsetzung eines Abschlusses ist es, Informationen über die Vermögens-, Finanz- und Ertragslage und die Zahlungsströme eines Unternehmens bereitzustellen, die für ein breites Spektrum von Adressaten nützlich sind, um wirtschaftliche Entscheidungen zu treffen. Ein Abschluss legt ebenfalls Rechenschaft über die Ergebnisse der Verwaltung des dem Management anvertrauten Vermögens ab. Um diese Zielsetzung zu erfüllen, enthält ein Abschluss Informationen über

a) Vermögenswerte,
b) Schulden,
c) Eigenkapital,
d) Erträge und Aufwendungen, einschließlich Gewinne und Verluste,
e) Kapitalzuführungen von Eigentümern und Ausschüttungen an Eigentümer, die jeweils in ihrer Eigenschaft als Eigentümer handeln, und
f) Zahlungsströme eines Unternehmens.

Diese Informationen helfen den Adressaten zusammen mit den anderen Informationen im Anhang, die künftigen Zahlungsströme des Unternehmens sowie insbesondere deren Zeitpunkt und Sicherheit des Entstehens vorauszusagen.

Vollständiger Abschluss

10 Ein vollständiger Abschluss besteht aus

a) einer Bilanz zum Abschlussstichtag,
b) einer Darstellung von Gewinn oder Verlust und sonstigem Ergebnis („Gesamtergebnisrechnung") für die Periode,
c) einer Eigenkapitalveränderungsrechnung für die Periode,
d) einer Kapitalflussrechnung für die Periode,
e) dem Anhang, einschließlich wesentlicher Angaben zu den Rechnungslegungsmethoden und sonstiger Erläuterungen,
ea) Vergleichsinformationen für die vorangegangene Periode gemäß den Paragraphen 38 und 38A und
f) einer Bilanz zu Beginn der vorangegangenen Periode, wenn ein Unternehmen eine Rechnungslegungsmethode rückwirkend anwendet oder Posten im Abschluss rückwirkend anpasst oder gemäß den Paragraphen 40A–40D umgliedert.

Ein Unternehmen kann für diese Bestandteile andere Bezeichnungen als die in diesem Standard vorgesehenen Begriffe verwenden. So kann ein Unternehmen beispielsweise die Bezeichnung „Gesamtergebnisrechnung" anstelle von „Darstellung von Gewinn oder Verlust und sonstiges Ergebnis" verwenden.

10A Ein Unternehmen kann seinen Gewinn/Verlust und sein sonstiges Ergebnis in einer einzigen fortlaufenden Darstellung ausweisen, in die Gewinn oder Verlust und das sonstige Ergebnis in getrennten Teilen ausgewiesen werden. Diese fortlaufende Darstellung enthält an erster Stelle den Teil „Gewinn und Verlust", unmittelbar gefolgt von dem Teil „sonstiges Ergebnis". Ein Unternehmen kann den Teil „Gewinn oder Verlust" auch in einer gesonderten Gewinn- und Verlustrechnung darstellen. Ist dies der Fall, muss diese der Gesamtergebnisrechnung unmittelbar vorangehen; letztere wiederum muss mit dem Gewinn oder Verlust beginnen.

11 Ein Unternehmen hat alle Bestandteile des Abschlusses in einem vollständigen Abschluss gleichwertig darzustellen.

12 [gestrichen]

13 Viele Unternehmen veröffentlichen neben dem Abschluss einen durch das Management erstellten Bericht über die Unternehmenslage, der die wesentlichen Merkmale der Vermögens-, Finanz- und Ertragslage des Unternehmens sowie die wichtigsten Unsicherheiten, denen sich das

Unternehmen gegenübersieht, beschreibt und erläutert. Ein solcher Bericht könnte einen Überblick geben über

a) die Hauptfaktoren und Einflüsse, welche die Ertragslage bestimmen, einschließlich Veränderungen des Umfelds, in dem das Unternehmen tätig ist, die Reaktionen des Unternehmens auf diese Veränderungen und deren Auswirkungen sowie die Investitionspolitik des Unternehmens, durch die die Ertragslage erhalten und verbessert werden soll, einschließlich der Dividendenpolitik,
b) die Finanzierungsquellen des Unternehmens und das vom Unternehmen angestrebte Verhältnis von Fremd- zu Eigenkapital und
c) die gemäß den IFRS nicht in der Bilanz ausgewiesenen Ressourcen.

14 Viele Unternehmen veröffentlichen außerhalb ihres Abschlusses auch Berichte und Aufstellungen, wie Umweltberichte und Wertschöpfungsrechnungen, insbesondere in Branchen, in denen Umweltberichte von Bedeutung sind, und in Fällen, in denen Arbeitnehmer als eine bedeutende Adressatengruppe betrachtet werden. Die Berichte und Aufstellungen, die außerhalb des Abschlusses veröffentlicht werden, fallen nicht in den Anwendungsbereich der IFRS.

Allgemeine Merkmale

Vermittlung eines den tatsächlichen Verhältnissen entsprechenden Bilds und Übereinstimmung mit den IFRS

15 Abschlüsse haben die Vermögens-, Finanz- und Ertragslage sowie die Zahlungsströme eines Unternehmens den tatsächlichen Verhältnissen entsprechend darzustellen. Eine den tatsächlichen Verhältnissen entsprechende Darstellung erfordert, dass die Auswirkungen der Geschäftsvorfälle sowie der sonstigen Ereignisse und Bedingungen gemäß den im *Rahmenkonzept für die Finanzberichterstattung (Rahmenkonzept)* enthaltenen Definitionen und Erfassungskriterien für Vermögenswerte, Schulden, Erträge und Aufwendungen glaubwürdig dargestellt werden. Die Anwendung der IFRS, gegebenenfalls um zusätzliche Angaben ergänzt, führt annahmegemäß zu Abschlüssen, die ein den tatsächlichen Verhältnissen entsprechendes Bild vermitteln.

16 Ein Unternehmen, dessen Abschluss mit den IFRS in Einklang steht, hat dies in einer ausdrücklichen und uneingeschränkten Erklärung der Übereinstimmung im Anhang anzugeben. Ein Unternehmen darf einen Abschluss nur dann als mit den IFRS übereinstimmend bezeichnen, wenn er sämtliche Vorschriften der IFRS erfüllt.

17 Unter nahezu allen Umständen wird ein den tatsächlichen Verhältnissen entsprechendes Bild durch Übereinstimmung mit den anzuwendenden IFRS erreicht. Um ein den tatsächlichen Verhältnissen entsprechendes Bild zu vermitteln, hat ein Unternehmen außerdem Folgendes zu leisten:

a) Auswahl und Anwendung der Rechnungslegungsmethoden gemäß IAS 8 *Rechnungslegungsmethoden, Änderungen von rechnungslegungsbezogenen Schätzungen und Fehler.* In IAS 8 ist eine Hierarchie der maßgeblichen Leitlinien aufgeführt, die das Management beim Fehlen eines spezifischen IFRS für einen Posten berücksichtigt,
b) Darstellung von Informationen, einschließlich der Rechnungslegungsmethoden, auf eine Weise, die zu relevanten, verlässlichen, vergleichbaren und verständlichen Informationen führt,
c) Bereitstellung zusätzlicher Angaben, wenn die Einhaltung der IFRS-Vorschriften allein nicht ausreicht, um die Auswirkungen einzelner Geschäftsvorfälle sowie sonstiger Ereignisse und Bedingungen auf die Vermögens-, Finanz- und Ertragslage des Unternehmens verstehen zu können.

18 Die Anwendung ungeeigneter Rechnungslegungsmethoden kann weder durch die Angabe der angewandten Methoden noch durch Anhangangaben oder zusätzliche Erläuterungen behoben werden.

19 In den äußerst seltenen Fällen, in denen das Management zu dem Ergebnis gelangt, dass die Einhaltung einer in einem IFRS enthaltenen Vorschrift so irreführend wäre, dass sie zu einem Konflikt mit dem im *Rahmenkonzept* dargestellten Zweck des Abschlusses führen würde, hat ein Unternehmen unter Beachtung der Vorgaben des Paragraphen 20 von dieser Vorschrift abzuweichen, sofern die geltenden rechtlichen Rahmenbedingungen eine solche Abweichung erfordern oder ansonsten nicht untersagen.

20 Weicht ein Unternehmen von einer in einem IFRS enthaltenen Vorschrift gemäß Paragraph 19 ab, hat es Folgendes anzugeben:

a) dass das Management zu dem Ergebnis gekommen ist, dass der Abschluss die Vermögens-, Finanz- und Ertragslage sowie die Zahlungsströme des Unternehmens den tatsächlichen Verhältnissen entsprechend darstellt,
b) dass es die anzuwendenden IFRS befolgt hat, aber von einer bestimmten Vorschrift abgewichen ist, um ein den tatsächlichen Verhältnissen entsprechendes Bild zu vermitteln,
c) die Bezeichnung des IFRS, von dem das Unternehmen abgewichen ist, die Art der Abweichung einschließlich der Bilanzierungsweise, die der IFRS erfordern würde, den Grund, warum diese Bilanzierungsweise unter den gegebenen Umständen so irreführend wäre, dass sie zu einem Konflikt mit dem im Rahmenkonzept dargestellten Zielsetzung des Abschlusses führen würde, und die Bilanzierungsweise, die angewandt wurde, und

d) für jede dargestellte Periode die finanziellen Auswirkungen der Abweichung auf jeden Abschlussposten, der bei Einhaltung der Vorschrift ausgewiesen worden wäre.

21 Ist ein Unternehmen in einer früheren Periode von einer in einem IFRS enthaltenen Vorschrift abgewichen und wirkt sich eine solche Abweichung auf Beträge im Abschluss der aktuellen Periode aus, sind die in den Paragraphen 20(c) und (d) vorgeschriebenen Angaben zu machen.

22 Paragraph 21 gilt beispielsweise dann, wenn ein Unternehmen in einer früheren Periode bei der Bewertung von Vermögenswerten oder Schulden von einer in einem IFRS enthaltenen Vorschrift abgewichen ist, und zwar so, dass sich aufgrund der Abweichung die Bewertung der Vermögenswerte und der Schulden ändert, die im Abschluss des Unternehmens für die aktuelle Periode ausgewiesen sind.

23 In den äußerst seltenen Fällen, in denen das Management zu dem Ergebnis gelangt, dass die Einhaltung einer in einem IFRS enthaltenen Vorschrift so irreführend wäre, dass sie zu einem Konflikt mit dem im *Rahmenkonzept* dargestellten Zweck des Abschlusses führen würde, die geltenden rechtlichen Rahmenbedingungen aber ein Abweichen von der Vorschrift verbieten, hat das Unternehmen die für irreführend erachteten Aspekte bestmöglich zu verringern, indem es Folgendes angibt:
a) die Bezeichnung des betreffenden IFRS, die Art der Vorschrift und den Grund, warum die Einhaltung der Vorschrift unter den gegebenen Umständen so irreführend ist, dass sie nach Ansicht des Managements zu einem Konflikt mit dem im *Rahmenkonzept* dargestellten Zweck des Abschlusses führt, und
b) für jede dargestellte Periode die Anpassungen, die nach Ansicht des Managements bei jedem Posten im Abschluss zur Vermittlung eines den tatsächlichen Verhältnissen entsprechenden Bildes erforderlich wären.

24 Zwischen einer einzelnen Information und der Zielsetzung des Abschlusses besteht dann ein Konflikt im Sinne der Paragraphen 19–23, wenn diese Information die Geschäftsvorfälle, sonstigen Ereignisse und Bedingungen nicht so glaubwürdig darstellt, wie sie es entweder vorgibt oder es angemessenerweise erwartet werden kann, und sie folglich die wirtschaftlichen Entscheidungen der Abschlussadressaten beeinflussen dürfte. Bei der Prüfung, ob die Einhaltung einer bestimmten Vorschrift in einem IFRS irreführend wäre, sie zu einem Konflikt mit dem im *Rahmenkonzept* dargestellten Zweck des Abschlusses führen würde, berücksichtigt das Management,
a) warum der Zweck des Abschlusses unter den gegebenen Umständen nicht erreicht wird und
b) wie sich die besonderen Umstände des Unternehmens von denen anderer Unternehmen, die die Vorschrift einhalten, unterscheiden. Wenn andere Unternehmen unter ähnlichen Umständen die Vorschrift einhalten, gilt die widerlegbare Vermutung, dass die Einhaltung der Vorschrift durch das Unternehmen nicht so irreführend wäre, dass sie zu einem Konflikt mit dem im *Rahmenkonzept* dargestellten Zweck des Abschlusses führen würde.

Unternehmensfortführung

25 Bei der Aufstellung eines Abschlusses hat das Management die Fähigkeit des Unternehmens, den Geschäftsbetrieb fortzuführen, einzuschätzen. Ein Abschluss ist solange auf der Grundlage der Annahme der Unternehmensfortführung aufzustellen, bis das Management entweder beabsichtigt, das Unternehmen aufzulösen oder das Geschäft einzustellen oder bis das Management keine realistische Alternative mehr hat, als so zu handeln. Wenn dem Management bei seiner Einschätzung wesentliche Unsicherheiten bekannt sind, die sich auf Ereignisse oder Bedingungen beziehen und die erhebliche Zweifel an der Fähigkeit des Unternehmens zur Fortführung seines Geschäftsbetriebs aufwerfen, sind diese Unsicherheiten anzugeben. Wird der Abschluss nicht auf der Grundlage der Annahme der Unternehmensfortführung aufgestellt, ist diese Tatsache zusammen mit den Grundlagen, auf denen der Abschluss basiert, und dem Grund, warum von einer Fortführung des Unternehmens nicht ausgegangen wird, anzugeben.

26 Bei der Einschätzung, ob die Annahme der Unternehmensfortführung angemessen ist, zieht das Management sämtliche verfügbaren Informationen über die Zukunft in Betracht, die mindestens zwölf Monate nach dem Abschlussstichtag umfasst, aber nicht auf diesen Zeitraum beschränkt ist. Der Umfang der Berücksichtigung ist von den Gegebenheiten jedes einzelnen Sachverhalts abhängig. Verfügte ein Unternehmen in der Vergangenheit über einen rentablen Geschäftsbetrieb und hat es schnellen Zugriff auf Finanzquellen, kann es ohne eine detaillierte Analyse die Schlussfolgerung ziehen, dass die Annahme der Unternehmensfortführung als Grundlage der Rechnungslegung angemessen ist. In anderen Fällen wird das Management zahlreiche Faktoren im Zusammenhang mit der derzeitigen und künftigen Rentabilität, Schuldentilgungsplänen und potenziellen Refinanzierungsquellen berücksichtigen müssen, um festzustellen, dass die Annahme der Unternehmensfortführung angemessen ist.

Konzept der Periodenabgrenzung

27 Ein Unternehmen hat seinen Abschluss, mit Ausnahme der Kapitalflussrechnung, nach dem Konzept der Periodenabgrenzung aufzustellen.

28 Wird der Abschluss nach dem Konzept der Periodenabgrenzung erstellt, sind Posten dann als Vermögenswerte, Schulden, Eigenkapital, Erträge und Aufwendungen (die Bestandteile des Abschlusses) zu erfassen, wenn sie die im *Rahmenkonzept* für die betreffenden Elemente enthaltenen Definitionen und Erfassungskriterien erfüllen.

Wesentlichkeit und Zusammenfassung von Posten

29 Ein Unternehmen hat jede wesentliche Gruppe ähnlicher Posten gesondert darzustellen. Posten einer nicht ähnlichen Art oder Funktion werden gesondert dargestellt, sofern sie nicht unwesentlich sind.

30 Abschlüsse resultieren aus der Verarbeitung einer großen Anzahl von Geschäftsvorfällen oder sonstigen Ereignissen, die strukturiert werden, indem sie gemäß ihrer Art oder ihrer Funktion zu Gruppen zusammengefasst werden. In der abschließenden Phase des Zusammenfassungs- und Gliederungsprozesses werden die zusammengefassten und gegliederten Daten dargestellt, die als Posten im Abschluss ausgewiesen werden. Ist ein Posten für sich allein betrachtet nicht wesentlich, wird er mit anderen Posten entweder in einem bestimmten Abschlussbestandteil oder in den Anhangangaben zusammengefasst. Ein Posten, der nicht wesentlich genug ist, um eine gesonderte Darstellung in den genannten Abschlussbestandteilen zu rechtfertigen, kann dennoch eine gesonderte Darstellung in den Anhangangaben rechtfertigen.

30A Bei der Anwendung dieses Standards und anderer IFRS entscheidet das Unternehmen unter Berücksichtigung aller maßgeblichen Sachverhalte und Umstände, wie es die Informationen in den Abschlussbestandteilen einschließlich der Anhangangaben zusammenfasst. Ein Unternehmen darf die Verständlichkeit seiner Abschlussbestandteile nicht erschweren, indem es wesentliche Informationen dadurch verschleiert, dass es sie zusammen mit unwesentlichen Informationen aufführt oder dass es wesentliche Posten unterschiedlicher Art oder Funktion zusammenfasst.

31 Einige IFRS nennen die Informationen, die in den Abschlussbestandteilen einschließlich der Anhangangaben enthalten sein müssen. Ein Unternehmen braucht einer bestimmten Angabepflicht eines IFRS nicht nachzukommen, wenn die anzugebende Information nicht wesentlich ist. Dies gilt selbst dann, wenn der IFRS bestimmte Anforderungen oder Mindestanforderungen vorgibt. Ein Unternehmen hat außerdem die Bereitstellung zusätzlicher Angaben in Betracht zu ziehen, wenn die Einhaltung der IFRS-Vorschriften allein nicht ausreicht, um die Auswirkungen einzelner Geschäftsvorfälle sowie sonstiger Ereignisse und Bedingungen auf die Vermögens-, Finanz- und Ertragslage des Unternehmens verstehen zu können.

Saldierung von Posten

32 Ein Unternehmen darf Vermögenswerte und Schulden sowie Erträge und Aufwendungen nicht miteinander saldieren, sofern nicht die Saldierung von einem IFRS vorgeschrieben oder gestattet wird.

33 Ein Unternehmen hat Vermögenswerte und Schulden sowie Erträge und Aufwendungen gesondert auszuweisen. Saldierungen in der Gesamtergebnisrechnung, in der Bilanz oder in der gesonderten Gewinn- und Verlustrechnung (sofern aufgestellt) vermindern die Fähigkeit der Adressaten, Geschäftsvorfälle, sonstige Ereignisse oder Bedingungen zu verstehen und die künftigen Zahlungsströme des Unternehmens zu schätzen, es sei denn, die Saldierung spiegelt den wirtschaftlichen Gehalt eines Geschäftsvorfalls oder eines sonstigen Ereignisses wider. Die Bewertung von Vermögenswerten nach Abzug von Wertberichtigungen – beispielsweise Abschläge für veraltete Bestände und Wertberichtigungen von zweifelhaften Forderungen – ist keine Saldierung.

34 Gemäß IFRS 15 *Erlöse aus Verträgen mit Kunden* hat ein Unternehmen die Erlöse aus Verträgen mit Kunden in einer Höhe zu erfassen, die der Gegenleistung entspricht, die das Unternehmen im Austausch für die Übertragung der zugesagten Güter oder Dienstleistungen erwartet. So muss der erfasste Umsatzbetrag die vom Unternehmen gewährten Preisnachlässe und Mengenrabatte berücksichtigen. Ein Unternehmen wickelt im Verlauf seiner gewöhnlichen Geschäftstätigkeit auch Geschäftsvorfälle ab, die selbst zu keinen Umsatzerlösen führen, die aber zusammen mit den Hauptumsatzaktivitäten anfallen. Die Ergebnisse solcher Geschäftsvorfälle sind durch die Saldierung aller Erträge mit den dazugehörigen Aufwendungen, die durch denselben Geschäftsvorfall entstehen, darzustellen, wenn diese Darstellung den wirtschaftlichen Gehalt des Geschäftsvorfalls oder des sonstigen Ereignisses widerspiegelt. Es folgen einige Beispiele:

a) ein Unternehmen stellt Gewinne und Verluste aus der Veräußerung langfristiger Vermögenswerte einschließlich Finanzinvestitionen und betrieblicher Vermögenswerte dar, indem es vom Betrag der Veräußerungsgegenleistung den Buchwert der Vermögenswerte und die damit in Zusammenhang stehenden Veräußerungskosten abzieht, und

b) ein Unternehmen darf Ausgaben in Verbindung mit einer Rückstellung, die gemäß IAS 37 *Rückstellungen, Eventualverbindlichkeiten und Eventualforderungen* angesetzt wird und die gemäß einer vertraglichen Vereinbarung mit einem Dritten (z. B. Lieferantengewährleistung) erstattet werden, mit der entsprechenden Rückerstattung saldieren.

35 Außerdem stellt ein Unternehmen Gewinne und Verluste saldiert dar, die aus einer Gruppe von ähnlichen Geschäftsvorfällen entstehen, beispielsweise Gewinne und Verluste aus der Währungsumrechnung oder solche, die aus Finanzinstrumenten entstehen, die zu Handelszwecken gehalten werden. Ein Unternehmen hat solche Gewinne und Verluste jedoch, sofern sie wesentlich sind, gesondert auszuweisen.

Häufigkeit der Berichterstattung

36 Ein Unternehmen hat mindestens jährlich einen vollständigen Abschluss (einschließlich Vergleichsinformationen) aufzustellen. Wenn sich der Abschlussstichtag ändert und der Abschluss für einen Zeitraum aufgestellt wird, der länger oder kürzer als ein Jahr ist, hat ein Unternehmen

zusätzlich zur Periode, auf die sich der Abschluss bezieht, Folgendes anzugeben:
a) den Grund für die Verwendung einer längeren bzw. kürzeren Berichtsperiode und
b) die Tatsache, dass Beträge des Abschlusses nicht vollständig vergleichbar sind.

37 Normalerweise stellt ein Unternehmen einen Abschluss gleichbleibend für einen Zeitraum von einem Jahr auf. Allerdings bevorzugen einige Unternehmen aus praktischen Gründen, über eine Periode von 52 Wochen zu berichten. Dieser Standard schließt diese Vorgehensweise nicht aus.

Vergleichsinformationen

Mindestvergleichsinformationen

38 Sofern die IFRS nicht etwas anderes erlauben oder verlangen, hat ein Unternehmen für alle im Abschluss der aktuellen Periode enthaltenen quantitativen Informationen Vergleichsinformationen hinsichtlich der vorangegangenen Periode darzustellen. Vergleichsinformationen sind in die verbalen und beschreibenden Informationen einzubeziehen, wenn sie für das Verständnis des Abschlusses der aktuellen Berichtsperiode von Bedeutung sind.

38A Ein Unternehmen hat mindestens zwei Bilanzen, zwei Gesamtergebnisrechnungen, zwei gesonderte Gewinn- und Verlustrechnungen (falls erstellt), zwei Kapitalflussrechnungen und zwei Eigenkapitalveränderungsrechnungen und die zugehörigen Anhangangaben vorzulegen.

38B In manchen Fällen sind verbale Informationen, die in den Abschlüssen der vorangegangenen Periode/der vorangegangenen Perioden gemacht wurden, auch für die aktuelle Berichtsperiode von Bedeutung. Beispielsweise gibt ein Unternehmen in der aktuellen Berichtsperiode die Einzelheiten eines Rechtsstreits an, dessen Ausgang am Ende der vorangegangenen Berichtsperiode unsicher war und der noch entschieden werden muss. Die Adressaten können Nutzen aus der Angabe der Information ziehen, dass am Ende der vorangegangenen Berichtsperiode eine Unsicherheit bestand, und aus der Angabe von Informationen über die Schritte, die während der Periode unternommen worden sind, um diese Unsicherheit zu beseitigen.

Zusätzliche Vergleichsinformationen

38C Ein Unternehmen kann zusätzlich zu den nach den IFRS vorgeschriebenen Mindestvergleichsabschlussbestandteilen Vergleichsinformationen vorlegen, sofern diese Informationen gemäß den IFRS erstellt werden. Diese Vergleichsinformationen können aus einem oder mehreren der in Paragraph 10 aufgeführten Abschlussbestandteile bestehen, brauchen aber keinen vollständigen Abschluss zu umfassen. In diesem Fall hat das Unternehmen die zugehörigen Anhangangaben für diese zusätzlichen Abschlussbestandteile vorzulegen.

38D Ein Unternehmen kann z. B. eine dritte Darstellung von Gewinn oder Verlust und sonstigem Ergebnis vorlegen (dadurch würden die aktuelle Periode, die vorangegangene Periode und eine zusätzliche Vergleichsperiode dargestellt). Das Unternehmen ist jedoch nicht verpflichtet, eine dritte Bilanz, eine dritte Kapitalflussrechnung oder eine dritte Eigenkapitalveränderungsrechnung (d. h. einen zusätzlichen Abschluss zu Vergleichszwecken) vorzulegen. Demgegenüber ist das Unternehmen verpflichtet, im Anhang zum Abschluss die Vergleichsinformationen für diese zusätzliche Darstellung von Gewinn oder Verlust und sonstigem Ergebnis darzustellen.

39–40 [gestrichen]

Änderung der Rechnungslegungsmethode, rückwirkende Berichtigung oder Umgliederung

40A Ein Unternehmen hat zusätzlich zu den Mindestvergleichsabschlussbestandteilen gemäß Paragraph 38A eine dritte Bilanz zum Beginn der vorangegangenen Periode vorzulegen, wenn
a) **es eine Rechnungslegungsmethode rückwirkend anwendet, eine rückwirkende Berichtigung von Abschlussposten vornimmt oder Abschlussposten umgliedert und**
b) **die rückwirkende Anwendung, die rückwirkende Berichtigung oder die Umgliederung eine wesentliche Auswirkung auf die Informationen in der Bilanz zu Beginn der vorangegangenen Periode hat.**

40B In den in Paragraph 40A genannten Fällen hat ein Unternehmen drei Bilanzen zu folgenden Terminen vorzulegen:
a) zum Ende der aktuellen Periode,
b) zum Ende der vorangegangenen Periode und
c) zu Beginn der vorangegangenen Periode.

40C Ist ein Unternehmen verpflichtet, gemäß Paragraph 40A eine zusätzliche Bilanz vorzulegen, muss es die in den Paragraphen 41–44 und IAS 8 vorgeschriebenen Angaben machen. Allerdings sind die zugehörigen Anhangangaben zur Eröffnungsbilanz zu Beginn der vorangegangenen Periode nicht erforderlich.

40D Der Stichtag dieser Eröffnungsbilanz ist der Beginn der vorangegangenen Periode, unabhängig davon, ob der Abschluss eines Unternehmens Vergleichsinformationen für frühere Perioden umfasst (so wie in Paragraph 38C gestattet).

41 Ändert ein Unternehmen die Darstellung oder Gliederung von Posten im Abschluss, hat es, außer wenn undurchführbar, auch die Vergleichsbeträge umzugliedern. Gliedert ein Unternehmen die Vergleichsbeträge um, muss es folgende Angaben machen (einschließlich zum Beginn der vorangegangenen Periode):
a) **Art der Umgliederung,**
b) **Betrag jedes umgegliederten Postens bzw. jeder umgegliederten Postengruppe und**
c) **Grund für die Umgliederung.**

42 Ist die Umgliederung der Vergleichsbeträge undurchführbar, sind folgende Angaben erforderlich:

a) der Grund für die unterlassene Umgliederung und
b) die Art der Anpassungen, die bei einer Umgliederung erfolgt wären.

43 Die Verbesserung der Vergleichbarkeit der Angaben zwischen den einzelnen Perioden hilft den Adressaten bei wirtschaftlichen Entscheidungen; insbesondere können für Prognosezwecke Trends in den Finanzinformationen beurteilt werden. Unter bestimmten Umständen ist es undurchführbar, die Vergleichsbeträge für eine bestimmte vorangegangene Periode umzugliedern und so eine Vergleichbarkeit mit der aktuellen Periode zu erreichen. Beispielsweise ist es möglich, dass ein Unternehmen Daten in der vorangegangenen Periode/den vorangegangenen Perioden auf eine Art erhoben hat, die eine Umgliederung nicht zulässt, und eine Wiederherstellung der Informationen undurchführbar ist.

44 IAS 8 führt aus, welche Anpassungen der Vergleichsinformationen bei der Änderung einer Rechnungslegungsmethode oder der Berichtigung eines Fehlers erforderlich sind.

Darstellungsstetigkeit

45 Ein Unternehmen hat die Darstellung und den Ausweis von Posten im Abschluss von einer Periode zur nächsten beizubehalten, es sei denn,
a) aufgrund einer wesentlichen Änderung des Tätigkeitsfelds des Unternehmens oder einer Überprüfung der Darstellung seines Abschlusses zeigt sich, dass eine Änderung der Darstellung oder der Gliederung unter Berücksichtigung der in IAS 8 enthaltenen Kriterien zur Auswahl bzw. zur Anwendung der Rechnungslegungsmethoden zu einer besser geeigneten Darstellungsform führt, oder
b) ein IFRS schreibt eine geänderte Darstellung vor.

46 Ein bedeutender Erwerb, eine bedeutende Veräußerung oder eine Überprüfung der Darstellungsform des Abschlusses könnte beispielsweise nahelegen, dass der Abschluss auf eine andere Art und Weise darzustellen ist. Ein Unternehmen ändert die Darstellungsform nur dann, wenn aufgrund der Änderungen Informationen gegeben werden, die zuverlässig und für die Adressaten relevanter sind, und die geänderte Darstellungsform wahrscheinlich Bestand haben wird, damit die Vergleichbarkeit nicht beeinträchtigt wird. Wird die Darstellungsform in einer solchen Weise geändert, gliedert ein Unternehmen seine Vergleichsinformationen gemäß Paragraph 41 und 42 um.

STRUKTUR UND INHALT

Einführung

47 Dieser Standard verlangt bestimmte Angaben in der Bilanz, der Gesamtergebnisrechnung, der gesonderten Gewinn- und Verlustrechnung (sofern aufgestellt) und in der Eigenkapitalveränderungsrechnung und schreibt die Angabe weiterer Posten wahlweise in dem entsprechenden Abschlussbestandteil oder im Anhang vor. IAS 7 *Kapitalflussrechnung* legt die Vorschriften an die Darstellung der Informationen zu Zahlungsströmen dar.

48 In diesem Standard wird der Begriff „Angabe" teilweise im weiteren Sinne als Posten verwendet, die im Abschluss aufzuführen sind. Angaben sind auch nach anderen IFRS vorgeschrieben. Sofern in diesem Standard oder in einem anderen IFRS nicht anders angegeben, sind solche Angaben im Abschluss zu machen.

Bezeichnung des Abschlusses

49 Ein Unternehmen hat einen Abschluss eindeutig als solchen zu bezeichnen und von anderen Informationen, die im gleichen Dokument veröffentlicht werden, zu unterscheiden.

50 IFRS werden nur auf den Abschluss angewandt und nicht unbedingt auf andere Informationen, die in einem Geschäftsbericht, in gesetzlich vorgeschriebenen Unterlagen oder in einem anderen Dokument dargestellt werden. Daher ist es wichtig, dass Adressaten in der Lage sind, auf der Grundlage der IFRS erstellten Informationen von anderen Informationen zu unterscheiden, die für Adressaten nützlich sein können, aber nicht Gegenstand des Standards sind.

51 Ein Unternehmen hat jeden Bestandteil des Abschlusses und die Anhangangaben eindeutig zu bezeichnen. Zusätzlich sind die folgenden Informationen deutlich sichtbar darzustellen und zu wiederholen, falls es für das Verständnis der dargestellten Informationen notwendig ist:
a) der Name des berichtenden Unternehmens oder andere Mittel der Identifizierung sowie etwaige Änderungen dieser Angaben gegenüber dem vorangegangenen Abschlussstichtag,
b) ob es sich um den Abschluss eines einzelnen Unternehmens oder eines Konzerns handelt,
c) der Abschlussstichtag oder die Periode, auf die sich der Abschluss oder die Anhangangaben beziehen,
d) die Darstellungswährung laut Definition in IAS 21 und
e) wie weit bei der Darstellung von Beträgen im Abschluss gerundet wurde.

52 Ein Unternehmen erfüllt die Vorschriften in Paragraph 51, indem es die Seiten, Aufstellungen, Anhangangaben, Spalten u. ä. mit entsprechenden Überschriften versieht. Die Wahl der besten Darstellungsform solcher Informationen erfordert eine Ermessensausübung. Veröffentlicht ein Unternehmen den Abschluss beispielsweise in elektronischer Form, werden möglicherweise keine getrennten Seiten verwendet; in diesem Fall sind die oben aufgeführten Angaben dergestalt zu machen, dass das Verständnis der im Abschluss enthaltenen Informationen gewährleistet ist.

53 Zum besseren Verständnis des Abschlusses stellt ein Unternehmen Informationen häufig in

2/1. IAS 1
53 – 58

Tausend- oder Millioneneinheiten der Darstellungswährung dar. Dies ist akzeptabel, solange das Unternehmen angibt, wie weit gerundet wurde, und es keine wesentlichen Informationen auslässt.

Bilanz

Informationen, die in der Bilanz darzustellen sind

54 In der Bilanz sind zumindest folgende Posten darzustellen:
a) Sachanlagen,
b) als Finanzinvestitionen gehaltene Immobilien,
c) immaterielle Vermögenswerte,
d) finanzielle Vermögenswerte (ohne die Beträge, die unter (e), (h) und (i) ausgewiesen werden),
da) Portfolios von Verträgen im Anwendungsbereich von IFRS 17, die Vermögenswerte sind, aufgegliedert wie in Paragraph 78 von IFRS 17 verlangt,
e) nach der Equity-Methode bilanzierte Beteiligungen,
f) biologische Vermögenswerte im Anwendungsbereich von IAS 41 *Landwirtschaft*,
g) Vorräte,
h) Forderungen aus Lieferungen und Leistungen und sonstige Forderungen,
i) Zahlungsmittel und Zahlungsmitteläquivalente,
j) die Summe der Vermögenswerte, die gemäß IFRS 5 *Zur Veräußerung gehaltene langfristige Vermögenswerte und aufgegebene Geschäftsbereiche* als zur Veräußerung gehalten eingestuft sind, und der Vermögenswerte, die zu einer als zur Veräußerung gehalten eingestuften Veräußerungsgruppe gehören,
k) Verbindlichkeiten aus Lieferungen und Leistungen und sonstige Verbindlichkeiten,
l) Rückstellungen,
m) finanzielle Verbindlichkeiten (ohne die Beträge, die unter (k) und (l) ausgewiesen werden),
ma) Portfolios von Verträgen im Anwendungsbereich von IFRS 17, die Verbindlichkeiten sind, aufgegliedert wie in Paragraph 78 von IFRS 17 verlangt,
n) Steuerschulden und -erstattungsansprüche gemäß IAS 12 *Ertragsteuern*,
o) latente Steueransprüche und -schulden gemäß IAS 12,
p) die Schulden, die den Veräußerungsgruppen zugeordnet sind, die gemäß IFRS 5 als zur Veräußerung gehalten eingestuft sind,
q) nicht beherrschende Anteile, die im Eigenkapital dargestellt werden, und
r) gezeichnetes Kapital und Rücklagen, die den Eigentümern der Muttergesellschaft zuzuordnen sind.

55 Ein Unternehmen hat in der Bilanz zusätzliche Posten (gegebenenfalls durch Einzeldarstellung der unter Paragraph 54 aufgeführten Posten), Überschriften und Zwischensummen darzustellen, wenn eine solche Darstellung für das Verständnis der Vermögens- und Finanzlage des Unternehmens relevant ist.

55A Zwischensummen, die ein Unternehmen gemäß Paragraph 55 darstellt,
a) müssen aus Posten mit gemäß den IFRS angesetzten und bewerteten Beträgen bestehen,
b) müssen in einer Weise dargestellt und bezeichnet sein, die klar erkennen lässt, welche Posten in der Zwischensumme zusammengefasst sind,
c) müssen gemäß Paragraph 45 von Periode zu Periode stetig dargestellt werden und
d) dürfen nicht stärker hervorgehoben werden als die gemäß den IFRS in der Bilanz darzustellenden Zwischensummen und Summen.

56 Wenn ein Unternehmen lang- und kurzfristige Vermögenswerte bzw. lang- und kurzfristige Schulden in der Bilanz getrennt ausweist, dürfen latente Steueransprüche (-schulden) nicht als kurzfristige Vermögenswerte (Schulden) ausgewiesen werden.

57 Dieser Standard schreibt nicht die Reihenfolge oder die Gliederung vor, in der ein Unternehmen die Posten darstellt. Paragraph 54 enthält lediglich eine Liste von Posten, die ihrem Wesen oder ihrer Funktion nach so unterschiedlich sind, dass sie einen getrennten Ausweis in der Bilanz erforderlich machen. Ferner gilt:
a) Posten werden hinzugefügt, wenn der Umfang, die Art oder die Funktion eines Postens oder eine Zusammenfassung ähnlicher Posten so sind, dass eine gesonderte Darstellung für das Verständnis der Vermögens- und Finanzlage des Unternehmens relevant ist und
b) die verwendeten Bezeichnungen, die Reihenfolge der Posten oder die Zusammenfassung ähnlicher Posten können der Art des Unternehmens und seinen Geschäftsvorfällen entsprechend geändert werden, um Informationen bereitzustellen, die für das Verständnis der Vermögens- und Finanzlage des Unternehmens relevant sind. Beispielsweise kann ein Finanzinstitut die oben stehenden Beschreibungen anpassen, um Informationen bereitzustellen, die für die Geschäftstätigkeit eines Finanzinstituts relevant sind.

58 Die Entscheidung des Unternehmens, ob zusätzliche Posten gesondert ausgewiesen werden, basiert auf einer Einschätzung
a) der Art und der Liquidität von Vermögenswerten,
b) der Funktion der Vermögenswerte innerhalb des Unternehmens und

c) der Beträge, der Art und des Fälligkeitszeitpunkts von Schulden.

59 Die Anwendung unterschiedlicher Bewertungsgrundlagen für verschiedene Gruppen von Vermögenswerten lässt vermuten, dass sie sich in ihrer Art oder Funktion unterscheiden und deshalb als gesonderte Posten auszuweisen sind. Beispielsweise können bestimmte Gruppen von Sachanlagen gemäß IAS 16 zu Anschaffungs- oder Herstellungskosten oder zu neubewerteten Beträgen bilanziert werden.

Unterscheidung kurzfristig/langfristig

60 Ein Unternehmen hat kurz- und langfristige Vermögenswerte und kurz- und langfristige Schulden in seiner Bilanz gesondert gemäß den Paragraphen 66-76B auszuweisen, es sei denn, ein liquiditätsbasierter Ausweis liefert verlässliche und relevantere Informationen. Ist Letzteres der Fall, hat das Unternehmen alle Vermögenswerte und Schulden nach ihrer Liquidität auszuweisen.

61 Unabhängig davon, welche Methode der Darstellung gewählt wird, hat ein Unternehmen für jeden Vermögens- und Schuldposten, der Beträge zusammenfasst, von denen erwartet wird, dass sie

a) **spätestens zwölf Monate nach dem Abschlussstichtag bzw.**

b) **nach mehr als zwölf Monaten nach dem Abschlussstichtag realisiert oder erfüllt werden den Betrag anzugeben, von dem erwartet wird, dass er nach mehr als zwölf Monaten realisiert oder erfüllt wird.**

62 Bietet ein Unternehmen Güter oder Dienstleistungen innerhalb eines eindeutig identifizierbaren Geschäftszyklus an, so vermittelt eine getrennte Untergliederung von kurzfristigen und langfristigen Vermögenswerten und Schulden in der Bilanz nützliche Informationen, indem Nettovermögenswerte, die sich fortlaufend als kurzfristiges Nettobetriebskapital umschlagen, von denen unterschieden werden, die langfristigen Tätigkeiten des Unternehmens dienen. Zugleich werden Vermögenswerte, deren Realisierung innerhalb des laufenden Geschäftszyklus erwartet wird, und Schulden, deren Erfüllung in derselben Periode fällig wird, herausgestellt.

63 Bei bestimmten Unternehmen, wie beispielsweise Finanzinstituten, bietet die Darstellung der Vermögens- und Schuldposten aufsteigend oder absteigend nach Liquidität Informationen, die zuverlässig und gegenüber der Darstellung nach Fristigkeiten relevanter sind, da das Unternehmen keine Waren oder Dienstleistungen innerhalb eines eindeutig identifizierbaren Geschäftszyklus anbietet.

64 Bei der Anwendung von Paragraph 60 darf das Unternehmen einige Vermögenswerte und Schulden nach Liquidität anordnen und andere wiederum nach Fristigkeiten darstellen, wenn hierdurch zuverlässige und relevante Informationen zu erzielen sind. Eine gemischte Aufstellung ist möglicherweise dann angezeigt, wenn das Unternehmen in unterschiedlichen Geschäftsfeldern tätig ist.

65 Informationen über die erwarteten Realisierungszeitpunkte von Vermögenswerten und Schulden sind nützlich, um die Liquidität und Zahlungsfähigkeit eines Unternehmens zu beurteilen. IFRS 7 *Finanzinstrumente: Angaben* verlangt die Angabe der Fälligkeitstermine sowohl von finanziellen Vermögenswerten als auch von finanziellen Verbindlichkeiten. Finanzielle Vermögenswerte enthalten Forderungen aus Lieferungen und Leistungen sowie sonstige Forderungen, und finanzielle Verbindlichkeiten enthalten Verbindlichkeiten aus Lieferungen und Leistungen sowie sonstige Verbindlichkeiten. Informationen über den erwarteten Zeitpunkt der Realisierung von nicht monetären Vermögenswerten, wie z. B. Vorräten, und der Erfüllung von nicht monetären Schulden, wie z. B. Rückstellungen, sind ebenfalls nützlich, und zwar unabhängig davon, ob die Vermögenswerte und Schulden als langfristig oder kurzfristig eingestuft sind oder nicht. Beispielsweise gibt ein Unternehmen den Buchwert der Vorräte an, deren Realisierung nach mehr als zwölf Monaten nach dem Abschlussstichtag erwartet wird.

Kurzfristige Vermögenswerte

66 Ein Unternehmen hat einen Vermögenswert in folgenden Fällen als kurzfristig einzustufen:

a) **die Realisierung des Vermögenswerts wird innerhalb des normalen Geschäftszyklus erwartet, oder der Vermögenswert wird zum Verkauf oder Verbrauch innerhalb dieses Zeitraums gehalten,**

b) **der Vermögenswert wird primär für Handelszwecke gehalten,**

c) **die Realisierung des Vermögenswerts wird innerhalb von zwölf Monaten nach dem Abschlussstichtag erwartet oder**

d) **es handelt sich um Zahlungsmittel oder Zahlungsmitteläquivalente (gemäß der Definition in IAS 7), es sei denn, der Tausch oder die Nutzung des Vermögenswerts zur Erfüllung einer Verpflichtung sind für einen Zeitraum von mindestens zwölf Monaten nach dem Abschlussstichtag eingeschränkt.**

Alle anderen Vermögenswerte sind als langfristig einzustufen.

67 Dieser Standard verwendet den Begriff „langfristig", um damit materielle, immaterielle und finanzielle Vermögenswerte mit langfristigem Charakter zu erfassen. Er untersagt nicht die Verwendung anderer Bezeichnungen, solange deren Bedeutung klar verständlich ist.

68 Der Geschäftszyklus eines Unternehmens ist der Zeitraum zwischen dem Erwerb von Vermögenswerten, die in einen Prozess eingehen, und deren Realisierung in Zahlungsmittel oder Zahlungsmitteläquivalente. Ist der normale Geschäftszyklus des Unternehmens nicht eindeutig

identifizierbar, wird von einem Zeitraum von zwölf Monaten ausgegangen. Kurzfristige Vermögenswerte umfassen Vorräte und Forderungen aus Lieferungen und Leistungen, die als Teil des normalen Geschäftszyklus verkauft, verbraucht und realisiert werden, selbst wenn deren Realisierung nicht innerhalb von zwölf Monaten nach dem Abschlussstichtag erwartet wird. Zu kurzfristigen Vermögenswerten gehören ferner Vermögenswerte, die vorwiegend zu Handelszwecken gehalten werden (als Beispiel hierfür seien einige finanzielle Vermögenswerte angeführt, die die Definition von „zu Handelszwecken gehalten" gemäß IFRS 9 erfüllen) sowie der kurzfristige Teil langfristiger finanzieller Vermögenswerte.

Kurzfristige Schulden

69 Ein Unternehmen hat eine Schuld in folgenden Fällen als kurzfristig einzustufen:
a) **die Erfüllung der Schuld wird innerhalb des gewöhnlichen Geschäftszyklus erwartet,**
b) **die Schuld wird primär zu Handelszwecken gehalten,**
c) **die Schuld ist innerhalb von zwölf Monaten nach dem Abschlussstichtag zu erfüllen oder**
d) **das Unternehmen hat am Abschlussstichtag nicht das Recht, die Erfüllung der Schuld um mindestens zwölf Monate nach dem Abschlussstichtag zu verschieben.**

Alle anderen Schulden sind als langfristig einzustufen.

Gewöhnlicher Geschäftszyklus (Paragraph 69 Buchstabe a)

70 Einige kurzfristige Schulden, wie Verbindlichkeiten aus Lieferungen und Leistungen sowie Rückstellungen für personalbezogene Aufwendungen und andere betriebliche Aufwendungen bilden einen Teil des kurzfristigen Betriebskapitals, das im gewöhnlichen Geschäftszyklus des Unternehmens gebraucht wird. Solche betrieblichen Posten werden selbst dann als kurzfristige Schulden eingestuft, wenn sie später als zwölf Monate nach dem Abschlussstichtag fällig werden. Zur Unterteilung der Vermögenswerte und der Schulden des Unternehmens wird derselbe Geschäftszyklus herangezogen. Ist der gewöhnliche Geschäftszyklus des Unternehmens nicht eindeutig identifizierbar, wird von einem Zeitraum von zwölf Monaten ausgegangen.

Primär zu Handelszwecken gehalten (Paragraph 69 Buchstabe b) oder innerhalb von zwölf Monaten nach dem Abschlussstichtag zu erfüllen (Paragraph 69 Buchstabe c)

71 Andere kurzfristige Schulden werden zwar nicht als Teil des gewöhnlichen Geschäftszyklus erfüllt, sie sind aber innerhalb von zwölf Monaten nach dem Abschlussstichtag zu erfüllen oder sie werden vorwiegend zu Handelszwecken gehalten. Hierzu gehören beispielsweise finanzielle Verbindlichkeiten, die die Definition von „zu Handelszwecken gehalten" gemäß IFRS 9 erfüllen, Kontokorrentkredite, der kurzfristige Teil langfristiger finanzieller Verbindlichkeiten, Dividendenverbindlichkeiten, Ertragsteuern und sonstige nicht handelbare Verbindlichkeiten. Finanzielle Verbindlichkeiten, die die langfristige Finanzierung sichern (und somit nicht zum im gewöhnlichen Geschäftszyklus verwendeten Betriebskapital gehören) und die nicht innerhalb von zwölf Monaten nach dem Abschlussstichtag zu erfüllen sind, gelten vorbehaltlich der Paragraphen 72A-75 als langfristige finanzielle Verbindlichkeiten.

72. Ein Unternehmen hat seine finanziellen Verbindlichkeiten als kurzfristig einzustufen, wenn sie innerhalb von zwölf Monaten nach dem Abschlussstichtag zu erfüllen sind; dies gilt selbst dann, wenn
a) die ursprüngliche Laufzeit einen Zeitraum von mehr als zwölf Monaten umfasst und
b) eine Vereinbarung zur langfristigen Refinanzierung bzw. Umschuldung der Zahlungsverpflichtungen nach dem Abschlussstichtag, jedoch vor Freigabe des Abschlusses zur Veröffentlichung geschlossen wird.

Recht auf Verschiebung der Erfüllung um mindestens zwölf Monate (Paragraph 69 Buchstabe d)

72A Das Recht eines Unternehmens, die Erfüllung einer Schuld um mindestens zwölf Monate nach dem Abschlussstichtag zu verschieben, muss Substanz haben und zum Abschlussstichtag bestehen (siehe Paragraphen 72B-75).

72B Das Recht eines Unternehmens, die Erfüllung einer Schuld aus einer Kreditvereinbarung um mindestens zwölf Monate nach dem Abschlussstichtag zu verschieben, kann an die Voraussetzung geknüpft sein, dass das Unternehmen in dieser Kreditvereinbarung festgelegte Bedingungen (im Folgenden „Nebenbedingungen") erfüllt. Für die Zwecke der Anwendung von Paragraph 69 Buchstabe d
a) haben solche Nebenbedingungen einen Einfluss darauf, ob dieses Recht – wie in den Paragraphen 74-75 dargestellt – am Abschlussstichtag besteht, wenn das Unternehmen die Nebenbedingung am oder vor dem Abschlussstichtag erfüllen muss. Eine solche Nebenbedingung hat selbst dann einen Einfluss darauf, ob das Recht am Abschlussstichtag besteht, wenn die Einhaltung der Nebenbedingung erst nach dem Abschlussstichtag beurteilt wird (z. B. eine Nebenbedingung, die die Vermögens- und Finanzlage des Unternehmens am Abschlussstichtag betrifft, deren Einhaltung aber erst nach dem Abschlussstichtag beurteilt wird);
b) haben solche Nebenbedingungen keinen Einfluss darauf, ob dieses Recht am Abschlussstichtag besteht, wenn das Unternehmen die Nebenbedingung erst nach dem Abschlussstichtag erfüllen muss (z. B. eine Nebenbe-

dingung, die die Vermögens- und Finanzlage des Unternehmens sechs Monate nach dem Abschlussstichtag betrifft).

73 Hat ein Unternehmen am Abschlussstichtag das Recht, eine Verpflichtung im Rahmen einer bestehenden Kreditvereinbarung für mindestens zwölf Monate nach dem Abschlussstichtag zu verlängern, so stuft es die Verpflichtung selbst dann als langfristig ein, wenn sie ansonsten innerhalb eines kürzeren Zeitraums fällig wäre. Verfügt das Unternehmen nicht über ein solches Recht, so berücksichtigt es die Möglichkeit einer Refinanzierung nicht und stuft die betreffende Verpflichtung als kurzfristig ein.

74 Wird eine Nebenbedingung einer langfristigen Kreditvereinbarung von einem Unternehmen am oder vor dem Abschlussstichtag verletzt, sodass die Schuld jederzeit auf Nachfrage fällig werden kann, so hat es die Schuld selbst dann als kurzfristig einzustufen, wenn der Kreditgeber nach dem Abschlussstichtag und vor der Freigabe des Abschlusses zur Veröffentlichung nicht mehr auf Zahlung aufgrund der Verletzung besteht. Die Schuld wird deshalb als kurzfristig eingestuft, weil das Unternehmen am Abschlussstichtag nicht das Recht hat, ihre Erfüllung um mindestens zwölf Monate nach dem Abschlussstichtag zu verschieben.

75 Ein Unternehmen stuft die Schuld hingegen als langfristig ein, wenn der Kreditgeber bis zum Abschlussstichtag eine Nachfrist von mindestens zwölf Monate nach dem Abschlussstichtag bewilligt hat, in der das Unternehmen die Verletzung abstellen und der Kreditgeber keine sofortige Rückzahlung verlangen kann.

75A Keinen Einfluss auf die Einstufung einer Schuld hat die Wahrscheinlichkeit, mit der das Unternehmen von seinem Recht Gebrauch machen wird, die Erfüllung der Schuld um mindestens zwölf Monate nach dem Abschlussstichtag zu verschieben. Erfüllt eine Schuld die in Paragraph 69 für eine Einstufung als langfristig genannten Kriterien, ist sie selbst dann als langfristig einzustufen, wenn das Management die Absicht hat oder erwartet, dass das Unternehmen die Schuld innerhalb von zwölf Monaten nach dem Abschlussstichtag erfüllt, oder wenn das Unternehmen die Schuld zwischen dem Abschlussstichtag und dem Tag der Freigabe des Abschlusses zur Veröffentlichung erfüllt. Allerdings muss das Unternehmen in den zuvor genannten Fällen unter Umständen Informationen zum Erfüllungszeitpunkt angeben, damit die Abschlussadressaten die Auswirkungen der Schuld auf die Vermögens- und Finanzlage des Unternehmens nachvollziehen können (siehe Paragraphen 17 Buchstabe c und 76 Buchstabe d).

76 Wenn zwischen dem Abschlussstichtag und dem Tag der Freigabe des Abschlusses zur Veröffentlichung die folgenden Ereignisse eintreten, sind diese als nicht berücksichtigungspflichtige Ereignisse gemäß IAS 10 *Ereignisse nach dem Abschlussstichtag* anzugeben:

a) Langfristige Refinanzierung einer als kurzfristig eingestuften Schuld (siehe Paragraph 72),

b) Abstellung einer Verletzung einer als kurzfristig eingestuften langfristigen Kreditvereinbarung (siehe Paragraph 74),

c) Gewährung einer Nachfrist durch den Kreditgeber zur Abstellung der Verletzung einer als kurzfristig eingestuften langfristigen Kreditvereinbarung (siehe Paragraph 75) und

d) Erfüllung einer als langfristig eingestuften Schuld (siehe Paragraph 75A).

76ZA Bei der Anwendung der Paragraphen 69-75 könnte ein Unternehmen Schulden aus Kreditvereinbarungen als langfristig einstufen, wenn das Recht des Unternehmens, die Erfüllung dieser Schulden zu verschieben, an die Voraussetzung geknüpft ist, dass es innerhalb von zwölf Monaten nach dem Abschlussstichtag Nebenbedingungen erfüllt (siehe Paragraph 72B Buchstabe b). In solchen Fällen hat ein Unternehmen Angaben im Anhang zu machen, die es den Abschlussadressaten ermöglichen, das Risiko zu verstehen, dass die Schulden innerhalb von zwölf Monaten nach dem Abschlussstichtag rückzahlbar werden könnten, und u. a. Folgendes umfassen:

a) Angaben zu den Nebenbedingungen (einschließlich ihrer Art und des Zeitpunkts, zu dem sie vom Unternehmen erfüllt werden müssen) und den Buchwert der zugehörigen Schulden,

b) gegebenenfalls Tatsachen und Umstände, die darauf hindeuten, dass das Unternehmen Schwierigkeiten mit der Erfüllung der Nebenbedingungen haben könnte – z. B. dass das Unternehmen während oder nach dem Berichtszeitraum Maßnahmen getroffen hat, um eine potenzielle Verletzung zu vermeiden oder abzumildern. Zu solchen Tatsachen und Umständen könnte auch gehören, dass das Unternehmen die Nebenbedingungen nicht erfüllt hätte, wenn deren Einhaltung anhand der Umstände des Unternehmens am Abschlussstichtag beurteilt würde.

Erfüllung (Paragraph 69 Buchstaben a, c und d)

76A Für die Zwecke der Einstufung einer Schuld als kurz- oder langfristig bezeichnet „Erfüllung" eine Übertragung an die Gegenpartei, die die Tilgung der Schuld zur Folge hat. Eine solche Übertragung könnte bestehen aus:

a) Zahlungsmitteln oder anderen wirtschaftlichen Ressourcen wie Gütern oder Dienstleistungen, oder

b) Eigenkapitalanteilen des Unternehmens, sofern nicht Paragraph 76B gilt.

76B Kann eine Schuld nach Wahl der Gegenpartei durch die Übertragung von eigenen Eigenkapitalinstrumenten des Unternehmens erfüllt werden, bleibt die Einstufung der Schuld

2/1. IAS 1
76B – 81B

als kurz- oder langfristig hiervon unberührt, wenn das Unternehmen die Option in Anwendung von IAS 32 *Finanzinstrumente: Darstellung* als Eigenkapitalinstrument einstuft und sie getrennt von der Schuld als Eigenkapitalkomponente eines zusammengesetzten Finanzinstruments erfasst.

Informationen, die entweder in der Bilanz oder im Anhang darzustellen sind

77 Ein Unternehmen hat weitere Unterposten entweder in der Bilanz oder in den Anhangangaben in einer für die Geschäftstätigkeit des Unternehmens geeigneten Weise anzugeben.

78 Der durch Untergliederungen gegebene Detaillierungsgrad hängt von den Vorschriften der IFRS und von Größe, Art und Funktion der einbezogenen Beträge ab. Zur Ermittlung der Grundlage von Untergliederungen zieht ein Unternehmen auch die in Paragraph 58 enthaltenen Entscheidungskriterien heran. Die Angabepflichten variieren für jeden Posten, beispielsweise:

a) Sachanlagen werden gemäß IAS 16 in Gruppen aufgegliedert,
b) Forderungen werden in Forderungen aus Lieferungen und Leistungen, Forderungen gegen nahestehende Unternehmen und Personen sowie in Vorauszahlungen und sonstige Beträge gegliedert,
c) Vorräte werden gemäß IAS 2 *Vorräte* in Gruppen wie etwa Handelswaren, Roh-, Hilfs- und Betriebsstoffe, unfertige Erzeugnisse und Fertigerzeugnisse gegliedert,
d) Rückstellungen werden in Rückstellungen für Leistungen an Arbeitnehmer und sonstige Rückstellungen gegliedert und
e) Eigenkapital und Rücklagen werden in verschiedene Gruppen, wie beispielsweise eingezahltes Kapital, Agio und Rücklagen gegliedert.

79 Ein Unternehmen hat entweder in der Bilanz oder in der Eigenkapitalveränderungsrechnung oder im Anhang Folgendes anzugeben:

a) für jede Klasse von Anteilen
   i) ie Zahl der genehmigten Anteile,
   ii) die Zahl der ausgegebenen und voll eingezahlten Anteile und die Anzahl der ausgegebenen und nicht voll eingezahlten Anteile,
   iii) den Nennwert der Anteile oder die Aussage, dass die Anteile keinen Nennwert haben,
   iv) eine Überleitungsrechnung der Zahl der im Umlauf befindlichen Anteile am Anfang und am Abschlussstichtag,
   v) die Rechte, Vorzugsrechte und Beschränkungen für die jeweilige Kategorie von Anteilen einschließlich Beschränkungen bei der Ausschüttung von Dividenden und der Rückzahlung des Kapitals,
   vi) Anteile an dem Unternehmen, die von dem Unternehmen selbst, seinen Tochterunternehmen oder assoziierten Unternehmen gehalten werden, und
   vii) Anteile, die für die Ausgabe aufgrund von Optionen und Verkaufsverträgen zurückgehalten werden, unter Angabe der Modalitäten und Beträge, und
b) eine Beschreibung von Art und Zweck jeder Rücklage innerhalb des Eigenkapitals.

80 Ein Unternehmen ohne gezeichnetes Kapital, wie etwa eine Personengesellschaft oder ein Treuhandfonds, hat Informationen anzugeben, die dem in Paragraph 79(a) verlangten gleichwertig sind und Bewegungen während der Periode in jeder Eigenkapitalkategorie sowie die Rechte, Vorzugsrechte und Beschränkungen jeder Eigenkapitalkategorie zeigen.

80A Hat ein Unternehmen

a) ein als Eigenkapitalinstrument eingestuftes kündbares Finanzinstrument oder
b) ein als Eigenkapitalinstrument eingestuftes Instrument, das das Unternehmen dazu verpflichtet, einer anderen Partei im Falle der Liquidation einen proportionalen Anteil an seinem Nettovermögen zu überlassen,

zwischen finanziellen Verbindlichkeiten und Eigenkapital umgegliedert, so hat es den in jeder Kategorie (d. h. bei den finanziellen Verbindlichkeiten oder dem Eigenkapital) ein bzw. ausgegliederten Betrag sowie den Zeitpunkt und die Gründe für die Umgliederung anzugeben.

Darstellung von Gewinn oder Verlust und sonstigem Ergebnis

81A Die Darstellung von Gewinn oder Verlust und sonstigem Ergebnis (Gesamtergebnisrechnung) muss neben den Teilen „Gewinn oder Verlust" und „sonstiges Ergebnis" Folgendes ausweisen:

a) den Gewinn oder Verlust,
b) das sonstige Ergebnis insgesamt,
c) das Gesamtergebnis für die Periode, d. h. die Summe aus Gewinn oder Verlust und sonstigem Ergebnis.

Stellt ein Unternehmen eine gesonderte Gewinn- und Verlustrechnung auf, so sieht es in der Gesamtergebnisrechnung von dem Teil „Gewinn oder Verlust" ab.

81B Ein Unternehmen hat zusätzlich zu den Teilen „Gewinn oder Verlust" sowie „sonstiges Ergebnis" die folgenden Posten als Ergebniszuordnung für den Gewinn oder Verlust und das sonstige Ergebnis der Periode auszuweisen:

a) den Gewinn oder Verlust der Periode, der
   i) nicht beherrschenden Anteilen und
   ii) den Eigentümern des Mutterunternehmens zuzuordnen ist.
b) das Gesamtergebnis für die Periode, das

i) nicht beherrschenden Anteilen und
ii) den Eigentümern des Mutterunternehmens zuzuordnen ist.

Weist ein Unternehmen den Gewinn oder Verlust in einer gesonderten Gewinn- und Verlustrechnung aus, muss diese die unter (a) verlangten Angaben enthalten.

Informationen, die im Teil „Gewinn oder Verlust" oder in der gesonderten Gewinn- und Verlustrechnung auszuweisen sind

81 [gestrichen]

82 Zusätzlich zu den in anderen IFRS vorgeschriebenen Posten sind im Teil „Gewinn oder Verlust" oder in der gesonderten Gewinn- und Verlustrechnung für die betreffende Periode die folgenden Posten auszuweisen:

a) Umsatzerlöse, wobei getrennt ausgewiesen werden
    i) die nach der Effektivzinsmethode berechneten Zinserträge und
    ii) versicherungstechnische Erträge (siehe IFRS 17),
aa) Gewinne und Verluste aus der Ausbuchung von finanziellen Vermögenswerten, die zu fortgeführten Anschaffungskosten bewertet werden,
ab) versicherungstechnische Aufwendungen aus ausgestellten Verträgen im Anwendungsbereich von IFRS 17 (siehe IFRS 17),
ac) Erträge oder Aufwendungen aus gehaltenen Rückversicherungsverträgen (siehe IFRS 17),
b) Finanzierungsaufwendungen,
ba) Wertminderungsaufwendungen (einschließlich Rückbuchungen von Wertminderungsaufwendungen oder -erträgen), die gemäß Abschnitt 5.5 von IFRS 9 bestimmt werden,
bb) versicherungstechnische Finanzerträge oder -aufwendungen aus ausgestellten Verträgen im Anwendungsbereich von IFRS 17 (siehe IFRS 17),
bc) Finanzerträge oder -aufwendungen aus gehaltenen Rückversicherungsverträgen (siehe IFRS 17),
c) Gewinn- oder Verlustanteil von assoziierten Unternehmen und Gemeinschaftsunternehmen, die nach der Equity-Methode bilanziert werden,
ca) wenn ein finanzieller Vermögenswert aus der Gruppe der Bewertung zu fortgeführten Anschaffungskosten in die Gruppe der erfolgswirksamen Bewertung zum beizulegenden Zeitwert umgegliedert wird, sämtliche Gewinne oder Verluste, die sich aus einer Differenz zwischen den bisherigen fortgeführten Anschaffungskosten des finanziellen Vermögenswerts und seinem beizulegenden Zeitwert zum Zeitpunkt der Umgliederung (wie in IFRS 9 definiert) ergeben,
cb) wenn ein finanzieller Vermögenswert aus der Kategorie der erfolgsneutralen Bewertung zum beizulegenden Zeitwert im sonstigen Ergebnis in die Kategorie der erfolgswirksamen Bewertung zum beizulegenden Zeitwert umgegliedert wird, sämtliche kumulierten Gewinne oder Verluste, die zuvor im sonstigen Ergebnis erfasst wurden und erfolgswirksam umgegliedert werden,
d) Steueraufwendungen,
e) [gestrichen]
ea) ein gesonderter Betrag für die Summe aufgegebener Geschäftsbereiche (siehe IFRS 5).
(f)–(i) [gestrichen]

Informationen, die im Teil „sonstiges Ergebnis" auszuweisen sind

82A Im Teil „sonstiges Ergebnis" sind für die Beträge der Periode nachfolgende Posten auszuweisen:

a) Posten des sonstigen Ergebnisses (mit Ausnahme der Beträge nach Paragraph b), nach Art des Betrags eingestuft und getrennt nach den Posten, die gemäß anderen IFRS
    i) nicht zu einem späteren Zeitpunkt erfolgswirksam umgegliedert werden, und
    ii) zu einem späteren Zeitpunkt erfolgswirksam umgegliedert werden, sofern bestimmte Bedingungen erfüllt sind.
b) Anteil von assoziierten Unternehmen und Gemeinschaftsunternehmen, die nach der Equity-Methode bilanziert werden, am sonstigen Ergebnis, getrennt nach den Posten, die gemäß anderen IFRS
    i) nicht zu einem späteren Zeitpunkt erfolgswirksam umgegliedert werden, und
    ii) zu einem späteren Zeitpunkt erfolgswirksam umgegliedert werden, sofern bestimmte Bedingungen erfüllt sind.

83–84 [gestrichen]

85 Ein Unternehmen hat in der/den Darstellung/en von Gewinn oder Verlust und sonstigem Ergebnis zusätzliche Posten (gegebenenfalls durch Einzelausweis der unter Paragraph 82 aufgeführten Posten), Überschriften und Zwischensummen einzufügen, wenn ein solcher Ausweis für das Verständnis der Ertragslage des Unternehmens relevant ist.

85A Zwischensummen, die ein Unternehmen gemäß Paragraph 85 ausweist,

a) müssen aus Posten mit gemäß den IFRS angesetzten und bewerteten Beträgen bestehen,
b) müssen in einer Weise ausgewiesen und bezeichnet sein, die klar erkennen lässt, welche

Posten in der Zwischensumme zusammengefasst sind,
c) müssen gemäß Paragraph 45 von Periode zu Periode stetig ausgewiesen werden und
d) dürfen nicht stärker hervorgehoben werden als die gemäß den IFRS in der Darstellung/den Darstellungen von Gewinn oder Verlust und sonstigem Ergebnis auszuweisenden Zwischensummen und Summen.

85B Ein Unternehmen hat die Posten in der Darstellung/den Darstellungen von Gewinn oder Verlust und sonstigem Ergebnis so darzustellen, dass eine Abstimmung zwischen den gemäß Paragraph 85 dargestellten Zwischensummen und den Zwischensummen oder Summen, die die IFRS für solche Abschlussbestandteile vorschreiben, möglich ist.

86 Da sich die Auswirkungen der verschiedenen Tätigkeiten, Geschäftsvorfälle und sonstigen Ereignisse hinsichtlich ihrer Häufigkeit, ihres Gewinn- oder Verlustpotenzials sowie ihrer Vorhersagbarkeit unterscheiden, hilft die Darstellung der Erfolgsbestandteile beim Verständnis der erreichten Erfolgslage des Unternehmens sowie bei der Vorhersage der künftigen Erfolgslage. Ein Unternehmen nimmt in die Darstellung/die Darstellungen von Gewinn oder Verlust und sonstigem Ergebnis zusätzliche Posten auf und ändert die Bezeichnung und Gliederung einzelner Posten, wenn dies zur Erläuterung der Erfolgsbestandteile notwendig ist. Dabei müssen Faktoren wie Wesentlichkeit, Art und Funktion der Ertrags- und Aufwandsposten berücksichtigt werden. Beispielsweise kann ein Finanzinstitut die oben beschriebenen Darstellungen anpassen, um Informationen bereitzustellen, die für die Geschäftstätigkeit eines Finanzinstituts relevant sind. Ertrags- und Aufwandsposten werden nur saldiert, wenn die Bedingungen des Paragraphen 32 erfüllt sind.

87 Ein Unternehmen darf weder in der Darstellung/den Darstellungen von Gewinn oder Verlust und sonstigem Ergebnis noch im Anhang Ertrags- oder Aufwandsposten als außerordentliche Posten darstellen.

Gewinn oder Verlust der Periode

88 Ein Unternehmen hat alle Ertrags- und Aufwandsposten der Periode erfolgswirksam zu erfassen, es sei denn, etwas anderes ist durch einen IFRS gestattet oder vorgeschrieben.

89 Einige IFRS nennen Umstände, aufgrund derer bestimmte Posten nicht in den Gewinn oder Verlust der aktuellen Periode eingehen. IAS 8 behandelt zwei solcher Fälle: die Berichtigung von Fehlern und die Auswirkungen von Änderungen der Rechnungslegungsmethoden. Andere IFRS verlangen oder gestatten, dass Bestandteile des sonstigen Ergebnisses, die im Sinne des *Rahmenkonzepts* als Erträge oder Aufwendungen zu definieren sind, bei der Ermittlung des Gewinns oder Verlusts unberücksichtigt bleiben (siehe Paragraph 7).

Sonstiges Ergebnis in der Periode

90 Ein Unternehmen hat entweder in der Darstellung von Gewinn oder Verlust und sonstigem Ergebnis oder im Anhang den Betrag der Ertragsteuern anzugeben, der auf die einzelnen Posten des sonstigen Ergebnisses, einschließlich der Umgliederungsbeträge, entfällt.

91 Ein Unternehmen kann die Posten des sonstigen Ergebnisses wie folgt darstellen:
a) nach Berücksichtigung aller damit verbundenen steuerlichen Auswirkungen oder
b) vor Berücksichtigung der mit diesen Posten verbundenen steuerlichen Auswirkungen, wobei die Summe der Ertragsteuern auf diese Posten als zusammengefasster Betrag ausgewiesen wird.

Wählt ein Unternehmen Alternative (b), hat es die Steuer auf die Posten aufzuteilen, die anschließend erfolgswirksam in den Teil „Gewinn oder Verlust" umgegliedert werden könnten, und die Posten, die anschließend nicht in den Teil „Gewinn oder Verlust" umgegliedert werden.

92 Ein Unternehmen hat Umgliederungsbeträge anzugeben, die sich auf Bestandteile des sonstigen Ergebnisses beziehen.

93 In anderen IFRS ist festgelegt, ob und wann Beträge, die vorher im sonstigen Ergebnis erfasst wurden, erfolgswirksam umgegliedert werden. Solche Umgliederungen werden in diesem Standard als „Umgliederungsbeträge" bezeichnet. Ein Umgliederungsbetrag wird mit dem zugehörigen Bestandteil des sonstigen Ergebnisses in der Periode berücksichtigt, in welcher der Betrag erfolgswirksam umgegliedert wird. Diese Beträge wurden in der aktuellen oder einer früheren Periode möglicherweise als nicht realisierte Gewinne im sonstigen Ergebnis ausgewiesen. Um eine doppelte Erfassung im Gesamtergebnis zu vermeiden, sind solche nicht realisierten Gewinne vom sonstigen Ergebnis in der Periode abzuziehen, in der die realisierten Gewinne erfolgswirksam umgegliedert werden.

94 Ein Unternehmen kann Umgliederungsbeträge in der Darstellung/den Darstellungen von Gewinn oder Verlust und sonstigem Ergebnis oder im Anhang darstellen. Bei einer Darstellung der Umgliederungsbeträge im Anhang sind die Posten des sonstigen Ergebnisses nach Berücksichtigung zugehöriger Umgliederungsbeträge anzugeben.

95 Umgliederungsbeträge entstehen beispielsweise beim Verkauf eines ausländischen Geschäftsbetriebs (siehe IAS 21) oder wenn abgesicherte erwartete Zahlungsströme sich auf den Gewinn oder Verlust auswirken (siehe Paragraph 6.5.11(d) von IFRS 9 in Zusammenhang mit der Absicherung von Zahlungsströmen).

96 Umgliederungsbeträge fallen bei Veränderungen der Neubewertungsrücklage, die gemäß IAS 16 oder IAS 38 erfasst werden, oder bei Neubewertungen leistungsorientierter Pläne, die gemäß IAS 19 erfasst werden, nicht an. Diese Bestandteile werden im sonstigen Ergebnis erfasst und in späteren Perioden nicht erfolgswirksam

umgegliedert. Veränderungen der Neubewertungsrücklage können in späteren Perioden bei Nutzung des Vermögenswerts oder bei seiner Ausbuchung in die Gewinnrücklagen umgegliedert werden (siehe IAS 16 und IAS 38). Gemäß IFRS 9 entstehen keine Umgliederungsbeträge, wenn eine Absicherung von Zahlungsströmen oder die Bilanzierung des Zeitwerts einer Option (oder des Terminelements eines Termingeschäfts oder des Währungsbasis-Spreads eines Finanzinstruments) zu Beträgen führt, die aus der Rücklage für die Absicherung von Zahlungsströmen bzw. einer gesonderten Eigenkapitalkomponente ausgebucht und direkt in die erstmaligen Anschaffungskosten oder in den sonstigen Buchwert eines Vermögenswerts oder einer Verbindlichkeit einbezogen werden. Diese Beträge werden direkt den Vermögenswerten oder Verbindlichkeiten zugeordnet.

Informationen, die in der Darstellung/den Darstellungen von Gewinn oder Verlust und sonstigem Ergebnis oder im Anhang auszuweisen sind

97 Wenn Ertrags- oder Aufwandsposten wesentlich sind, hat ein Unternehmen Art und Betrag dieser Posten gesondert anzugeben.

98 Umstände, die zu einer gesonderten Angabe von Ertrags- und Aufwandsposten führen, können sein:
a) außerplanmäßige Abschreibung der Vorräte auf den Nettoveräußerungswert oder der Sachanlagen auf den erzielbaren Betrag sowie die Wertaufholung solcher außerplanmäßigen Abschreibungen,
b) eine Umstrukturierung der Tätigkeiten eines Unternehmens und die Auflösung von Rückstellungen für Umstrukturierungsaufwand,
c) Veräußerung von Posten der Sachanlagen,
d) Veräußerung von Finanzanlagen,
e) aufgegebene Geschäftsbereiche,
f) Beendigung von Rechtsstreitigkeiten und
g) sonstige Auflösungen von Rückstellungen.

99 Ein Unternehmen hat den im Gewinn oder Verlust erfassten Aufwand aufzugliedern und dabei Gliederungskriterien anzuwenden, die entweder auf der Art der Aufwendungen oder auf deren Funktion innerhalb des Unternehmens beruhen je nachdem, welche Darstellungsform verlässliche und relevantere Informationen ermöglicht.

100 Unternehmen wird empfohlen, die in Paragraph 99 vorgeschriebene Aufgliederung in der Darstellung/den Darstellungen von Gewinn oder Verlust und sonstigem Ergebnis auszuweisen.

101 Aufwendungen werden unterteilt, um die Erfolgsbestandteile, die sich bezüglich Häufigkeit, Gewinn- oder Verlustpotenzial und Vorhersagbarkeit unterscheiden können, hervorzuheben. Diese Informationen können auf zwei verschiedene Arten dargestellt werden.

102 Die erste Art der Aufgliederung wird als „Gesamtkostenverfahren" bezeichnet. Aufwendungen, die Bestandteile des Gewinns oder Verlusts sind, werden nach ihrer Art zusammengefasst (beispielsweise Abschreibungen, Materialeinkauf, Transportkosten, Leistungen an Arbeitnehmer, Werbekosten) und nicht nach ihrer Zugehörigkeit auf die einzelnen Funktionsbereiche des Unternehmens verteilt. Diese Methode ist einfach anzuwenden, da die betrieblichen Aufwendungen den einzelnen Funktionsbereichen nicht zugeordnet werden müssen. Es folgt ein Beispiel für eine Gliederung nach dem Gesamtkostenverfahren:

Umsatzerlöse	X
Sonstige Erträge	X
Veränderung des Bestands an Fertigerzeugnissen und unfertigen Erzeugnissen	X
Aufwendungen für Roh-, Hilfs- und Betriebsstoffe	X
Aufwendungen für Leistungen an Arbeitnehmer	X
Aufwand für planmäßige Abschreibungen	X
Andere Aufwendungen	X
Gesamtaufwand	(X)
Gewinn vor Steuern	X

103 Die zweite Art der Aufgliederung wird als „Umsatzkostenverfahren" bezeichnet und unterteilt die Aufwendungen nach ihrer funktionalen Zugehörigkeit als Teile der Umsatzkosten, beispielsweise der Aufwendungen für Vertriebs- oder Verwaltungstätigkeiten. Das Unternehmen hat diesem Verfahren zufolge zumindest die Umsatzkosten gesondert von anderen Aufwendungen auszuweisen. Diese Methode bietet den Adressaten oft relevantere Informationen als die Aufteilung nach Aufwandsarten, aber die Zuordnung von Aufwendungen zu Funktionen kann willkürlich sein und beruht auf erheblichen Ermessensentscheidungen. Es folgt ein Beispiel für eine Gliederung nach dem Umsatzkostenverfahren:

Umsatzerlöse	X
Umsatzkosten	(X)
Bruttogewinn	X
Sonstige Erträge	X
Vertriebskosten	(X)
Verwaltungsaufwendungen	(X)
Andere Aufwendungen	(X)
Gewinn vor Steuern	X

104 Ein Unternehmen, welches das Umsatzkostenverfahren anwendet, hat zusätzliche Informationen über die Art der Aufwendungen, einschließlich des Aufwands für planmäßige Abschreibungen sowie Leistungen an Arbeitnehmer, anzugeben.

105 Die Wahl zwischen dem Umsatzkosten- und dem Gesamtkostenverfahren hängt von histori-

schen und branchenbezogenen Faktoren und von der Art des Unternehmens ab. Beide Verfahren geben Hinweise auf die Kosten, die sich direkt oder indirekt mit der Höhe des Umsatzes oder der Produktion des Unternehmens verändern können. Da jede der beiden Darstellungsformen für unterschiedliche Unternehmenstypen vorteilhaft ist, verpflichtet dieser Standard das Management zur Wahl der Darstellungsform, die zuverlässig und relevanter ist. Da Informationen über die Art von Aufwendungen für die Prognose künftiger Zahlungsströme nützlich sind, werden bei Anwendung des Umsatzkostenverfahrens zusätzliche Angaben verlangt. In Paragraph 104 hat der Begriff „Leistungen an Arbeitnehmer" dieselbe Bedeutung wie in IAS 19.

Eigenkapitalveränderungsrechnung

Informationen, die in der Eigenkapitalveränderungsrechnung darzustellen sind

106 Ein Unternehmen hat gemäß Paragraph 10 eine Eigenkapitalveränderungsrechnung zu erstellen. Diese muss Folgendes enthalten:

a) das Gesamtergebnis für die Periode, wobei die Beträge, die den Eigentümern des Mutterunternehmens und den nicht beherrschenden Anteilen insgesamt zuzuordnen sind, getrennt auszuweisen sind;
b) für jede Eigenkapitalkomponente die Auswirkungen einer rückwirkenden Anwendung oder rückwirkenden Berichtigung, die gemäß IAS 8 erfasst wurde, und
c) [gestrichen]
d) für jede Eigenkapitalkomponente eine Überleitung vom Buchwert zu Beginn der Periode zum Buchwert am Ende der Periode, wobei (zumindest) die Veränderungen gesondert auszuweisen sind, die zurückzuführen sind auf
   i) Gewinn oder Verlust,
   ii) sonstiges Ergebnis und
   iii) Geschäftsvorfälle mit Eigentümern, die in ihrer Eigenschaft als Eigentümer handeln, wobei Kapitalzuführungen von Eigentümern und Ausschüttungen an Eigentümer sowie Veränderungen bei Eigentumsanteilen an Tochterunternehmen, die keinen Verlust der Beherrschung nach sich ziehen, gesondert auszuweisen sind.

Informationen, die entweder in der Eigenkapitalveränderungsrechnung oder im Anhang darzustellen sind

106A Ein Unternehmen hat entweder in der Eigenkapitalveränderungsrechnung oder im Anhang für jede Eigenkapitalkomponente eine nach Posten gegliederte Aufgliederung des sonstigen Ergebnisses darzustellen (siehe Paragraph 106 (d) (ii)).

107 Ein Unternehmen hat entweder in der Eigenkapitalveränderungsrechnung oder im Anhang die Höhe der Dividenden, die während der Berichtsperiode als Ausschüttungen an die Eigentümer erfasst werden, sowie den betreffenden Dividendenbetrag je Anteil anzugeben.

108 Zu den in Paragraph 106 genannten Eigenkapitalbestandteilen gehören beispielsweise jede Kategorie des eingebrachten Kapitals, der kumulierte Saldo jeder Kategorie des sonstigen Ergebnisses und die Gewinnrücklagen.

109 Veränderungen des Eigenkapitals eines Unternehmens zwischen dem Beginn und dem Ende der Berichtsperiode spiegeln die Zu- oder Abnahme seines Nettovermögens während der Periode wider. Mit Ausnahme von Änderungen, die sich aus Transaktionen mit Eigentümern, die in ihrer Eigenschaft als Eigentümer handeln (z. B. Kapitaleinlagen, Rückerwerb von Eigenkapitalinstrumenten des Unternehmens und Dividenden), sowie den unmittelbar damit zusammenhängenden Transaktionskosten ergeben, stellt die Gesamtveränderung des Eigenkapitals während der betreffenden Periode den Gesamtertrag bzw. -aufwand einschließlich der Gewinne und Verluste dar, die während der betreffenden Periode durch die Aktivitäten des Unternehmens entstehen.

110 Nach IAS 8 sind zur Berücksichtigung von Änderungen der Rechnungslegungsmethoden, soweit durchführbar, rückwirkende Anpassungen erforderlich, sofern die Übergangsvorschriften in einem anderen IFRS keine andere Erfassung vorschreiben. Ebenso sind nach IAS 8, soweit durchführbar, rückwirkende Berichtigungen von Fehlern erforderlich. Rückwirkende Anpassungen und rückwirkende Berichtigungen stellen keine Eigenkapitalveränderungen dar, sondern sind Anpassungen des Anfangssaldos der Gewinnrücklagen, sofern nicht in einem IFRS eine rückwirkende Anpassung eines anderen Eigenkapitalbestandteils verlangt. Paragraph 106(b) schreibt die Angabe der Gesamtanpassung für jeden Eigenkapitalposten, die sich aus Änderungen der Rechnungslegungsmethoden und – getrennt davon – aus der Fehlerberichtigung ergibt, in der Eigenkapitalveränderungsrechnung vor. Diese Anpassungen sind für jede Vorperiode sowie für den Periodenanfang anzugeben.

Kapitalflussrechnung

111 Die Kapitalflussrechnung bietet den Adressaten eine Grundlage für die Beurteilung der Fähigkeit des Unternehmens, Zahlungsmittel und Zahlungsmitteläquivalente zu erwirtschaften, sowie des Bedarfs des Unternehmens, diese Zahlungsströme zu verwenden. IAS 7 legt die Vorschriften für die Darstellung und Angabe von Informationen zu Zahlungsströmen fest.

Anhangangaben

Struktur

112 Der Anhang hat

a) Informationen über die Grundlagen der Aufstellung des Abschlusses und die spezifischen Rechnungslegungsmethoden,

die gemäß den Paragraphen 117–124 angewandt worden sind, darzulegen,
b) die nach IFRS erforderlichen Informationen zu geben, die nicht in den anderen Abschlussbestandteilen ausgewiesen sind, und
c) Informationen zu vermitteln, die nicht in anderen Abschlussbestandteilen ausgewiesen werden, für das Verständnis derselben jedoch relevant sind.

113 Ein Unternehmen hat die Anhangangaben, soweit durchführbar, systematisch darzustellen. Bei der Festlegung der Darstellungssystematik hat das Unternehmen zu berücksichtigen, wie sich diese auf die Verständlichkeit und Vergleichbarkeit seiner Abschlüsse auswirkt. Jeder Posten in der Bilanz, der Darstellung/den Darstellungen von Gewinn oder Verlust und sonstigem Ergebnis, der Eigenkapitalveränderungsrechnung und der Kapitalflussrechnung muss mit einem Querverweis auf sämtliche zugehörigen Informationen im Anhang versehen sein.

114 Eine systematische Ordnung oder Gliederung der Anhangangaben bedeutet beispielsweise,
a) dass Tätigkeitsbereiche hervorgehoben werden, die nach Einschätzung des Unternehmens für das Verständnis seiner Vermögens-, Finanz- und Ertragslage besonders relevant sind, indem beispielsweise Informationen zu bestimmten betrieblichen Tätigkeiten zusammengefasst werden,
b) dass Informationen über Posten, die in ähnlicher Weise bewertet werden, beispielsweise über zum beizulegenden Zeitwert bewertete Vermögenswerte, zusammengefasst werden, oder
c) dass die Posten in der Reihenfolge ausgewiesen sind, in der sie in der Darstellung/den Darstellungen von Gewinn oder Verlust und sonstigem Ergebnis und der Bilanz aufgeführt sind, nämlich
   i) Erklärung der Übereinstimmung mit den IFRS (siehe Paragraph 16),
   ii) wesentliche Angaben zu den Rechnungslegungsmethoden (siehe Paragraph 117),
   iii) ergänzende Informationen zu den in der Bilanz, der Darstellung/den Darstellungen von Gewinn oder Verlust und sonstigem Ergebnis, der Eigenkapitalveränderungsrechnung und der Kapitalflussrechnung dargestellten Posten in der Reihenfolge, in der jeder Abschlussbestandteil und jeder Posten dargestellt wird, und
   iv) sonstige Angaben, einschließlich
      (1) Eventualverbindlichkeiten (siehe IAS 37) und nicht angesetzte vertragliche Verpflichtungen und
      (2) nichtfinanzielle Angaben, z. B. die Ziele und Methoden des Finanzrisikomanagements des Unternehmens (siehe IFRS 7).

115 [gestrichen]

116 Ein Unternehmen kann Informationen über die Grundlagen der Aufstellung des Abschlusses und die spezifischen Rechnungslegungsmethoden als gesonderten Teil des Abschlusses darstellen.

Angaben zu den Rechnungslegungsmethoden

117 Ein Unternehmen hat wesentliche Angaben zu seinen Rechnungslegungsmethoden zu machen (siehe Paragraph 7). Angaben zu Rechnungslegungsmethoden sind wesentlich, wenn bei gemeinsamer Betrachtung mit anderen im Abschluss eines Unternehmens enthaltenen Informationen vernünftigerweise erwartet werden kann, dass sie die Entscheidungen beeinflussen, die die Hauptadressaten eines Abschlusses für allgemeine Zwecke auf der Grundlage des jeweiligen Abschlusses treffen.

117A Angaben zu Rechnungslegungsmethoden, die sich auf unwesentliche Geschäftsvorfälle, sonstige Ereignisse oder Bedingungen beziehen, sind ebenfalls unwesentlich und müssen nicht gemacht werden. Angaben zu Rechnungslegungsmethoden können jedoch aufgrund der Art der zugehörigen Geschäftsvorfälle, sonstigen Ereignisse oder Bedingungen wesentlich sein, selbst wenn die entsprechenden Beträge unwesentlich sind. Allerdings sind nicht alle Angaben zu Rechnungslegungsmethoden, die sich auf wesentliche Geschäftsvorfälle, sonstige Ereignisse oder Bedingungen beziehen, an sich wesentlich.

117B Angaben zu Rechnungslegungsmethoden sind dann als wesentlich zu betrachten, wenn die Adressaten des Abschlusses eines Unternehmens sie benötigen, um andere wesentliche Informationen im Abschluss zu verstehen. So dürfte ein Unternehmen Angaben zu Rechnungslegungsmethoden für seinen Abschluss als wesentlich betrachten, wenn sich die jeweiligen Angaben auf wesentliche Geschäftsvorfälle, sonstige Ereignisse oder Bedingungen beziehen und
a) das Unternehmen seine Rechnungslegungsmethoden während der Berichtsperiode geändert hat und diese Änderung zu einer wesentlichen Änderung der Angaben im Abschluss geführt hat,
b) das Unternehmen die Rechnungslegungsmethode aus den nach den IFRS zulässigen Optionen ausgewählt hat – ein solcher Fall könnte eintreten, wenn sich das Unternehmen dafür entscheidet, als Finanzinvestition gehaltene Immobilien nicht zum beizulegenden Zeitwert, sondern zu den historischen Anschaffungskosten zu bewerten,
c) die Rechnungslegungsmethode in Ermangelung eines speziell auf den betreffenden Fall anwendbaren IFRS gemäß IAS 8 entwickelt wurde,
d) sich die Rechnungslegungsmethode auf einen Bereich bezieht, für den sich das Unternehmen bei der Anwendung einer Rechnungs-

legungsmethode in erheblichem Umfang auf eine Ermessensausübung bzw. Annahmen stützen muss, und das Unternehmen die jeweiligen Ermessensentscheidungen oder Annahmen gemäß den Paragraphen 122 und 125 angibt oder

e) die vorgeschriebene Bilanzierung für diese komplex ist, und die Adressaten des Abschlusses die betreffenden wesentlichen Geschäftsvorfälle, sonstigen Ereignisse oder Bedingungen andernfalls nicht verstehen würden – ein solcher Fall könnte eintreten, wenn ein Unternehmen auf eine Kategorie wesentlicher Geschäftsvorfälle mehr als einen IFRS anwendet.

117C Angaben zu Rechnungslegungsmethoden, die sich vorrangig darauf beziehen, wie ein Unternehmen die Vorschriften der IFRS auf seine eigene Situation angewendet hat, vermitteln unternehmensspezifische Informationen, die für die Abschlussadressaten nützlicher sind als standardisierte Angaben oder Angaben, die lediglich die Vorschriften der IFRS reproduzieren oder zusammenfassen.

117D Liefert ein Unternehmen unwesentliche Angaben zu seinen Rechnungslegungsmethoden, so dürfen diese wesentlichen Angaben zu den Rechnungslegungsmethoden nicht verschleiern.

117E Gelangt ein Unternehmen zu dem Schluss, dass Angaben zu Rechnungslegungsmethoden unwesentlich sind, lässt dies die damit zusammenhängenden Angabepflichten anderer IFRS unberührt.

118 [gestrichen]
119 [gestrichen]
120 [gestrichen]
121 [gestrichen]

122 Ein Unternehmen muss zusammen mit den wesentlichen Angaben zu den Rechnungslegungsmethoden oder sonstigen Erläuterungen Angaben dazu machen, welche Ermessensentscheidungen – außer solchen, bei denen Schätzungen einfließen (siehe Paragraph 125) – das Management bei der Anwendung der Rechnungslegungsmethoden getroffen hat und welche Ermessensentscheidungen die Beträge im Abschluss am stärksten beeinflussen.

123 Die Anwendung der Rechnungslegungsmethoden unterliegt verschiedenen Ermessensausübungen des Managements – abgesehen von solchen, bei denen Schätzungen einfließen –, die die Beträge im Abschluss erheblich beeinflussen können. Das Management übt beispielsweise seinen Ermessensspielraum aus, wenn es festlegt,

a) [gestrichen]
b) wann alle wesentlichen mit dem rechtlichen Eigentum verbundenen Risiken und Chancen der finanziellen Vermögenswerte und – bei Leasinggebern – des Leasingvermögens auf andere Unternehmen übertragen werden,
c) ob es sich bei bestimmten Warenverkaufsgeschäften im Wesentlichen um Finanzierungsvereinbarungen handelt, durch die folglich keine Umsatzerlöse erzielt werden, und
d) ob die Vertragsbedingungen eines finanziellen Vermögenswerts zu festgelegten Zeitpunkten zu Zahlungsströmen führen, die ausschließlich Tilgungs- und Zinszahlungen auf den ausstehenden Kapitalbetrag darstellen.

124 Einige gemäß Paragraph 122 erforderlichen Angaben werden von anderen IFRS vorgeschrieben. So hat ein Unternehmen zum Beispiel nach IFRS 12 *Angaben zu Anteilen an anderen Unternehmen* anzugeben, welche Ermessensentscheidungen es bei der Beurteilung getroffen hat, ob es ein anderes Unternehmen beherrscht. Nach IAS 40 *Als Finanzinvestition gehaltene Immobilien* sind die vom Unternehmen entwickelten Kriterien anzugeben, nach denen zwischen als Finanzinvestition gehaltenen, vom Eigentümer selbst genutzten Immobilien und Immobilien, die zum Verkauf im Rahmen der gewöhnlichen Geschäftstätigkeit gehalten werden, unterschieden wird, sofern eine Zuordnung Schwierigkeiten bereitet.

Quellen von Schätzungsunsicherheiten

125 Ein Unternehmen hat im Anhang die wichtigsten zukunftsbezogenen Annahmen anzugeben und Angaben über sonstige am Abschlussstichtag wesentliche Quellen von Schätzungsunsicherheiten zu machen, durch die ein beträchtliches Risiko entstehen kann, dass innerhalb des nächsten Geschäftsjahrs eine wesentliche Anpassung der Buchwerte der ausgewiesenen Vermögenswerte und Schulden erforderlich wird. Bezüglich solcher Vermögenswerte und Schulden sind im Anhang

a) **ihre Art und**
b) **ihre Buchwerte am Abschlussstichtag anzugeben.**

126 Zur Bestimmung der Buchwerte bestimmter Vermögenswerte und Schulden ist eine Schätzung der Auswirkungen ungewisser künftiger Ereignisse auf solche Vermögenswerte und Schulden am Abschlussstichtag erforderlich. Fehlen beispielsweise kürzlich festgestellte Marktpreise, sind zukunftsbezogene Schätzungen erforderlich, um den erzielbaren Betrag bestimmter Gruppen von Sachanlagen, die Folgen technischer Veralterung für Bestände, Rückstellungen, die von dem künftigen Ausgang von Gerichtsverfahren abhängen, sowie langfristige Verpflichtungen gegenüber Arbeitnehmern, wie beispielsweise Pensionszusagen, zu bewerten. Diese Schätzungen beziehen Annahmen über Faktoren wie Risikoanpassungen von Zahlungsströmen oder der Abzinsungssätze, künftige Gehaltsentwicklungen und künftige, andere Kosten beeinflussende Preisänderungen mit ein.

127 Die Annahmen sowie die sonstigen Quellen von Schätzungsunsicherheiten, die gemäß Paragraph 125 angegeben werden, beziehen sich auf Schätzungen, die eine besonders schwierige, subjektive oder komplizierte Ermessensentscheidung des Managements erfordern. Je höher die Anzahl der Variablen bzw. der Annahmen, die sich auf

die mögliche künftige Beseitigung bestehender Unsicherheiten auswirken, desto subjektiver und schwieriger wird die Ermessensausübung, sodass die Wahrscheinlichkeit einer nachträglichen, wesentlichen Anpassung der angesetzten Buchwerte der betreffenden Vermögenswerte und Schulden in der Regel im gleichen Maße steigt.

128 Die in Paragraph 125 vorgeschriebenen Angaben sind nicht für Vermögenswerte und Schulden erforderlich, bei denen ein beträchtliches Risiko besteht, dass sich ihre Buchwerte innerhalb des nächsten Geschäftsjahrs wesentlich verändern, wenn diese am Abschlussstichtag zum beizulegenden Zeitwert auf der Basis eines an einem aktiven Markt notierten Preises für einen identischen Vermögenswert oder eine identische Schuld bewertet werden. Zwar besteht die Möglichkeit einer wesentlichen Änderung der beizulegenden Zeitwerte innerhalb des nächsten Geschäftsjahrs, doch sind diese Änderungen nicht auf Annahmen oder sonstige Quellen einer Schätzungsunsicherheit am Abschlussstichtag zurückzuführen.

129 Ein Unternehmen macht die in Paragraph 125 vorgeschriebenen Angaben auf eine Weise, die es den Adressaten erleichtert, die Ermessensausübung des Managements bezüglich der Zukunft und anderer wesentlicher Quellen von Schätzungsunsicherheiten zu verstehen. Die Art und der Umfang der gemachten Angaben hängen von der Art der Annahmen sowie anderen Umständen ab. Es folgen einige Beispiele für die Art der erforderlichen Angaben:

a) die Art der Annahme bzw. der sonstigen Schätzungsunsicherheit,
b) die Sensitivität der Buchwerte hinsichtlich der Methoden, der Annahmen und der Schätzungen, die der Berechnung der Buchwerte zugrunde liegen unter Angabe der Gründe für die Sensitivität,
c) die erwartete Beseitigung einer Unsicherheit sowie die Bandbreite der angemessenerweise für möglich gehaltenen Gewinne oder Verluste innerhalb des nächsten Geschäftsjahrs bezüglich der Buchwerte der betreffenden Vermögenswerte und Schulden, und
d) eine Erläuterung der Anpassungen früherer Annahmen bezüglich solcher Vermögenswerte und Schulden, sofern die Unsicherheit weiter bestehen bleibt.

130 Dieser Standard schreibt einem Unternehmen nicht die Angabe von Budgets oder Prognosen im Rahmen des Paragraphen 125 vor.

131 Manchmal ist die Angabe des Umfangs der möglichen Auswirkungen einer Annahme bzw. einer anderen Quelle von Schätzungsunsicherheiten am Abschlussstichtag undurchführbar. In solchen Fällen hat das Unternehmen anzugeben, dass es aufgrund bestehender Kenntnisse im Rahmen des Möglichen liegt, dass innerhalb des nächsten Geschäftsjahrs von der Annahme abweichende Ergebnisse eine wesentliche Anpassung des Buchwerts der betreffenden Vermögenswerte bzw. Schulden erforderlich machen könnten. In allen Fällen hat das Unternehmen die Art und den Buchwert der von der Annahme betroffenen einzelnen Vermögenswerte und Schulden (bzw. Gruppen von Vermögenswerten oder Schulden) anzugeben.

132 Die in Paragraph 122 vorgeschriebenen Angaben zu Ermessensentscheidungen des Managements bei der Anwendung der Rechnungslegungsmethoden des Unternehmens gelten nicht für die Angabe der Quellen von Schätzungsunsicherheiten gemäß Paragraph 125.

133 Andere IFRS verlangen die Angabe einiger Annahmen, die ansonsten gemäß Paragraph 125 erforderlich wären. Nach IAS 37 sind beispielsweise unter bestimmten Voraussetzungen die wesentlichen Annahmen bezüglich künftiger Ereignisse anzugeben, die die Rückstellungsarten beeinflussen könnten. Nach IFRS 13 *Bewertung zum beizulegenden Zeitwert* sind die wesentlichen Annahmen (einschließlich des Bewertungsverfahrens/der Bewertungsverfahren und der Eingangsparameter) anzugeben, die das Unternehmen in die Ermittlung des beizulegenden Zeitwerts von Vermögenswerten und Schulden einfließen lässt, die zum beizulegenden Zeitwert bilanziert werden.

Kapital

134 Ein Unternehmen hat Angaben zu machen, die den Abschlussadressaten eine Beurteilung seiner Ziele, Methoden und Prozesse des Kapitalmanagements ermöglichen.

135 Zur Einhaltung des Paragraphen 134 hat das Unternehmen die folgenden Angaben zu machen:

a) qualitative Angaben zu seinen Zielen, Methoden und Prozessen beim Kapitalmanagement, einschließlich
  i) einer Beschreibung dessen, was als Kapital gemanagt wird,
  ii) für den Fall, dass ein Unternehmen externen Kapitalanforderungen unterliegt – der Art dieser Anforderungen und der Art und Weise, wie sie in das Kapitalmanagement einbezogen werden, und
  iii) Angaben darüber, wie es seine Ziele für das Kapitalmanagement erfüllt,
b) zusammenfassende quantitative Angaben darüber, was als Kapital gemanagt wird. Einige Unternehmen betrachten bestimmte finanzielle Verbindlichkeiten (wie einige Formen nachrangiger Verbindlichkeiten) als Teil des Kapitals. Für andere Unternehmen hingegen fallen bestimmte Eigenkapitalbestandteile (wie solche, die aus der Absicherung von Zahlungsströmen resultieren) nicht unter das Kapital,
c) jede Veränderung, die gegenüber der vorangegangenen Periode bei (a) und (b) eingetreten ist,
d) Angaben darüber, ob es in der Periode alle etwaigen externen Kapitalanforderungen erfüllt hat, denen es unterliegt,

2/1. IAS 1
135 – 139F

e) für den Fall, dass das Unternehmen solche externen Kapitalanforderungen nicht erfüllt hat, die Konsequenzen dieser Nichterfüllung.

Das Unternehmen stützt die vorstehend genannten Angaben auf die Informationen, die den Mitgliedern des Managements in Schlüsselpositionen intern vorgelegt werden.

136 Ein Unternehmen kann sein Kapital auf unterschiedliche Weise managen und einer Reihe unterschiedlicher Kapitalanforderungen unterliegen. So kann ein Konglomerat im Versicherungs- und Bankgeschäft tätige Unternehmen umfassen, wobei diese Unternehmen ihrer Tätigkeit in verschiedenen Rechtskreisen nachgehen können. Würden zusammengefasste Angaben zu Kapitalanforderungen und zur Art und Weise des Kapitalmanagements keine sachdienlichen Informationen ergeben oder den Abschlussadressaten ein verzerrtes Bild der Kapitalressourcen eines Unternehmens vermitteln, so hat das Unternehmen zu jeder Kapitalanforderung, der es unterliegt, gesonderte Angaben zu machen.

Als Eigenkapital eingestufte kündbare Finanzinstrumente

136A Zu kündbaren Finanzinstrumenten, die als Eigenkapitalinstrumente eingestuft sind, hat ein Unternehmen folgende Angaben zu machen (sofern diese nicht bereits an anderer Stelle zu finden sind):

a) zusammengefasste quantitative Daten zu dem als Eigenkapital eingestuften Betrag,

b) Ziele, Methoden und Verfahren, mit deren Hilfe das Unternehmen seiner Verpflichtung nachkommen will, die Instrumente zurückzukaufen oder zunehmen, wenn die Inhaber dies verlangen, einschließlich aller Änderungen gegenüber der vorangegangenen Periode,

c) der bei Rücknahme oder Rückkauf dieser Klasse von Finanzinstrumenten erwartete Mittelabfluss und

d) Informationen darüber, wie der bei Rücknahme oder Rückkauf erwartete Mittelabfluss ermittelt wurde.

Weitere Angaben

137 Das Unternehmen hat im Anhang Folgendes anzugeben:

a) die Dividendenzahlungen des Unternehmens, die vorgeschlagen oder beschlossen wurden, bevor der Abschluss zur Veröffentlichung freigegeben wurde, die aber nicht als Ausschüttungen an die Eigentümer während der Periode im Abschluss erfasst wurden, sowie den Betrag je Anteil und

b) den Betrag der kumulierten noch nicht erfassten Vorzugsdividenden.

138 Ein Unternehmen hat Folgendes anzugeben, wenn diese Angaben nicht schon an anderer Stelle in Informationen enthalten sind, die zusammen mit dem Abschluss veröffentlicht werden:

a) den Sitz und die Rechtsform des Unternehmens, das Land, in dem es als juristische Person registriert ist, und die Adresse des eingetragenen Sitzes (oder des Hauptgeschäftssitzes, wenn dieser vom eingetragenen Sitz abweicht),

b) eine Beschreibung der Art der Geschäftstätigkeit des Unternehmens und seiner Haupttätigkeiten,

c) den Namen des Mutterunternehmens und des obersten Mutterunternehmens des Konzerns und

d) wenn seine Lebensdauer begrenzt ist, die Angabe der Lebensdauer.

ÜBERGANGSVORSCHRIFTEN UND ZEITPUNKT DES INKRAFTTRETENS

139 Dieser Standard ist auf Geschäftsjahre anzuwenden, die am oder nach dem 1. Januar 2009 beginnen. Eine frühere Anwendung ist zulässig. Wendet ein Unternehmen diesen Standard auf eine frühere Periode an, hat es dies anzugeben.

139A Durch IFRS 27 (in der 2008 geänderten Fassung) wurde Paragraph 106 geändert. Diese Änderung ist auf Geschäftsjahre anzuwenden, die am oder nach dem 1. Juli 2009 beginnen. Wendet ein Unternehmen IAS 27 (geändert 2008) auf eine frühere Periode an, so hat es auf diese Periode auch diese Änderung anzuwenden. Diese Änderung ist rückwirkend anzuwenden.

139B Durch *Kündbare Finanzinstrumente und bei Liquidation entstehende Verpflichtungen* (im Februar 2008 veröffentlichte Änderungen an IAS 32 und IAS 1) wurden der Paragraph 138 geändert und die Paragraphen 8A, 80A und 136A eingefügt. Diese Änderungen sind auf Geschäftsjahre anzuwenden, die am oder nach dem 1. Januar 2009 beginnen. Eine frühere Anwendung ist zulässig. Wendet ein Unternehmen diese Änderungen auf eine frühere Periode an, so muss es dies angeben und gleichzeitig die entsprechenden Änderungen an IAS 32, IAS 39, IFRS 7 und IFRIC 2 *Geschäftsanteile an Genossenschaften und ähnliche Instrumente* anwenden.

139C Die Paragraphen 68 und 71 wurden im Rahmen der *Verbesserungen der IFRS* vom Mai 2008 geändert. Diese Änderungen sind auf Geschäftsjahre anzuwenden, die am oder nach dem 1. Januar 2009 beginnen. Eine frühere Anwendung ist zulässig. Wendet ein Unternehmen diese Änderungen auf eine frühere Periode an, hat es dies anzugeben.

139D [gestrichen]

139E [gestrichen]

139F Im Rahmen der *Verbesserungen der IFRS* vom Mai 2010 wurden die Paragraphen 106 und 107 geändert und Paragraph 106A eingefügt. Diese Änderungen sind auf Geschäftsjahre anzuwenden, die am oder nach dem 1. Januar 2011 beginnen. Eine frühere Anwendung ist zulässig.

2/1. IAS 1
139G – 139V

139G [gestrichen]

139H Durch IFRS 10 und IFRS 12, veröffentlicht im Mai 2011, wurden die Paragraphen 4, 119, 123 und 124 geändert. Ein Unternehmen hat diese Änderungen anzuwenden, wenn es IFRS 10 und IFRS 12 anwendet.

139I Durch IFRS 13, veröffentlicht im Mai 2011, wurden die Paragraphen 128 und 133 geändert. Wendet ein Unternehmen IFRS 13 an, sind diese Änderungen ebenfalls anzuwenden.

139J Mit *Darstellung von Posten des sonstigen Ergebnisses* (Änderungen an IAS 1), veröffentlicht im Juni 2011, wurden die Paragraphen 7, 10, 82, 85–87, 90, 91, 94, 100 und 115 geändert, die Paragraphen 10A, 81A, 81B und 82A eingefügt und die Paragraphen 12, 81, 83 und 84 gestrichen. Unternehmen haben diese Änderungen auf Geschäftsjahre anzuwenden, die am oder nach dem 1. Juli 2012 beginnen. Eine frühere Anwendung ist zulässig. Wendet ein Unternehmen diese Änderungen auf eine frühere Periode an, hat es dies anzugeben.

139K Durch IAS 19 *Leistungen an Arbeitnehmer* (in der im Juni 2011 geänderten Fassung) wurde die Definition für „sonstiges Ergebnis" in Paragraph 7 und Paragraph 96 geändert. Ein Unternehmen hat diese Änderungen anzuwenden, wenn es IAS 19 (in der im Juni 2011 geänderten Fassung) anwendet.

139L Mit den im Mai 2012 veröffentlichten *Jährlichen Verbesserungen, Zyklus 2009–2011* wurden die Paragraphen 10, 38 und 41 geändert, die Paragraphen 39–40 gestrichen sowie die Paragraphen 38A–38D und 40A–40D eingefügt. Diese Änderung ist rückwirkend gemäß IAS 8 *Rechnungslegungsmethoden, Änderungen von rechnungslegungsbezogenen Schätzungen und Fehler* auf Geschäftsjahre anzuwenden, die am oder nach dem 1. Januar 2013 beginnen. Eine frühere Anwendung ist zulässig. Wendet ein Unternehmen diese Änderungen auf eine frühere Periode an, hat es dies anzugeben.

139M [gestrichen]

139N Mit dem im Mai 2014 veröffentlichten IFRS 15 *Erlöse aus Verträgen mit Kunden* wurde Paragraph 34 geändert. Wendet ein Unternehmen IFRS 15 an, hat es diese Änderungen ebenfalls anzuwenden.

139O Durch IFRS 9 (in der im Juli 2014 veröffentlichten Fassung) wurden die Paragraphen 7, 68, 71, 82, 93, 95, 96, 106 und 123 geändert und die Paragraphen 139E, 139G und 139M gestrichen. Wendet ein Unternehmen IFRS 9 an, hat es diese Änderungen ebenfalls anzuwenden.

139P Mit der im Dezember 2014 veröffentlichten Verlautbarung *Angabeninitiative* (Änderungen an IAS 1) wurden die Paragraphen 10, 31, 54–55, 82A, 85, 113–114, 117, 119 und 122 geändert, die Paragraphen 30A, 55A und 85A–85B eingefügt und die Paragraphen 115 und 120 gestrichen. Diese Änderungen sind auf Geschäftsjahre anzuwenden, die am oder nach dem 1. Januar 2016 beginnen. Eine frühere Anwendung ist zulässig. Die Unternehmen sind nicht verpflichtet, in Bezug auf diese Änderungen die in den Paragraphen 28–30 von IAS 8 geforderten Angaben zu machen.

139Q Durch IFRS 16 *Leasingverhältnisse*, veröffentlicht im Januar 2016, wurde Paragraph 123 geändert. Wendet ein Unternehmen IFRS 16 an, hat es diese Änderung ebenfalls anzuwenden.

139R Durch IFRS 17, veröffentlicht im Mai 2017, wurden die Paragraphen 7, 54 und 82 geändert. Mit der im Juni 2020 veröffentlichten Verlautbarung *Änderungen an IFRS 17*, wurde Paragraph 54 geändert. Wendet ein Unternehmen IFRS 17 an, sind diese Änderungen ebenfalls anzuwenden.

139S Durch die 2018 veröffentlichte Verlautbarung *Änderungen der Verweise auf das Rahmenkonzept in IFRS-Standards* wurden die Paragraphen 7, 15, 19–20, 23–24, 28 und 89 geändert. Diese Änderungen sind auf Geschäftsjahre anzuwenden, die am oder nach dem 1. Januar 2020 beginnen. Eine frühere Anwendung ist zulässig, wenn das Unternehmen gleichzeitig alle anderen mit der Verlautbarung *Änderungen der Verweise auf das Rahmenkonzept in IFRS-Standards* einhergehenden Änderungen anwendet. Die Änderungen an IAS 1 sind gemäß IAS 8 *Rechnungslegungsmethoden, Änderungen von rechnungslegungsbezogenen Schätzungen und Fehler* rückwirkend anzuwenden. Sollte das Unternehmen jedoch feststellen, dass eine rückwirkende Anwendung nicht durchführbar oder mit unangemessenem Kosten- oder Zeitaufwand verbunden wäre, hat es die Änderungen an IAS 1 mit Verweis auf die Paragraphen 23–28, 50–53 und 54F von IAS 8 anzuwenden.

139T Mit der im Oktober 2018 veröffentlichten Verlautbarung *Definition von „wesentlich"* (Änderungen an IAS 1 und IAS 8) wurden Paragraph 7 von IAS 1 und Paragraph 5 von IAS 8 geändert und Paragraph 6 von IAS 8 gestrichen. Diese Änderungen sind prospektiv auf Geschäftsjahre anzuwenden, die am oder nach dem 1. Januar 2020 beginnen. Eine frühere Anwendung ist zulässig. Wendet ein Unternehmen diese Änderungen auf eine frühere Periode an, hat es dies anzugeben.

139U Durch *Einstufung von Schulden als kurz- oder langfristig*, veröffentlicht im Januar 2020, wurden die Paragraphen 69, 73, 74 und 76 geändert und die Paragraphen 72A, 75A, 76A und 76B eingefügt. Diese Änderungen sind rückwirkend gemäß IAS 8 erstmals in der Berichtsperiode eines am oder nach dem 1. Januar 2024 beginnenden Geschäftsjahrs anzuwenden. Eine frühere Anwendung ist zulässig. Wendet ein Unternehmen diese Änderungen auf eine frühere Periode nach Veröffentlichung von *Langfristige Schulden mit Nebenbedingungen* (siehe Paragraph 139W) an, so hat es auf diese Periode auch *Langfristige Schulden mit Nebenbedingungen* anzuwenden. Wendet ein Unternehmen *Einstufung von Schulden als kurz- oder langfristig* auf eine frühere Periode an, so hat es

139V Mit der im Februar 2021 veröffentlichten Verlautbarung *Angabe von Bilanzierungs- und Bewertungsmethoden* wurden die Paragraphen 7, 10, 114, 117 und 122 geändert, die Paragraphen 117A–117E angefügt und die Paragraphen 118, 119 und 121 gestrichen. Außerdem wurde mit der genannten Verlautbarung das IFRS-Leitliniendokument 2 *Fäl-*

len von Wesentlichkeitsentscheidungen geändert. Die Änderungen an IAS 1 sind auf Geschäftsjahre anzuwenden, die am oder nach dem 1. Januar 2023 beginnen. Eine frühere Anwendung ist zulässig. Wendet ein Unternehmen diese Änderungen auf eine frühere Periode an, hat es dies anzugeben.

139W Durch *Langfristige Schulden mit Nebenbedingungen*, veröffentlicht im Oktober 2022, wurden die Paragraphen 60, 71, 72A, 74 und 139U geändert und die Paragraphen 72B und 76ZA eingefügt. Ein Unternehmen hat
a) die Änderung an Paragraph 139U unmittelbar bei Veröffentlichung von *Langfristige Schulden mit Nebenbedingungen* anzuwenden;
b) alle anderen Änderungen rückwirkend gemäß IAS 8 auf Geschäftsjahre anzuwenden, die am oder nach dem 1. Januar 2024 beginnen. Eine frühere Anwendung ist zulässig. Wendet ein Unternehmen diese Änderungen auf eine frühere Periode an, so hat es auf diese Periode auch *Einstufung von Schulden als kurz- oder langfristig* anzuwenden. Wendet ein Unternehmen *Langfristige Schulden mit Nebenbedingungen* auf eine frühere Periode an, hat es dies anzugeben.

RÜCKNAHME VON IAS 1 (ÜBERARBEITET 2003)

140 Der vorliegende Standard ersetzt IAS 1 *Darstellung des Abschlusses* (überarbeitet 2003) in der 2005 geänderten Fassung.

INTERNATIONAL ACCOUNTING STANDARD 2
Vorräte

IAS 2, VO (EU) 2023/1803

Gliederung	§§
ZIELSETZUNG	1
ANWENDUNGSBEREICH	2–5
DEFINITIONEN	6–8
BEWERTUNG VON VORRÄTEN	9–33
Anschaffungs- oder Herstellungskosten von Vorräten	10–22
Kosten des Erwerbs	11
Herstellungskosten	12–14
Sonstige Kosten	15–19
Anschaffungs- oder Herstellungskosten landwirtschaftlicher Erzeugnisse in Form von Ernten von biologischen Vermögenswerten	20
Verfahren zur Bemessung der Anschaffungs- oder Herstellungskosten	21–22
Kosten-Zuordnungsverfahren	23–27
Nettoveräußerungswert	28–33
ERFASSUNG ALS AUFWAND	34–35
ANGABEN	36–39
ZEITPUNKT DES INKRAFTTRETENS	40–40G
RÜCKNAHME ANDERER VERLAUTBARUNGEN	41–42

ZIELSETZUNG

1 Zielsetzung dieses Standards ist die Regelung der Bilanzierung von Vorräten. Die primäre Fragestellung ist dabei die Höhe der Anschaffungs- oder Herstellungskosten, die als Vermögenswert anzusetzen und fortzuschreiben sind, bis die entsprechenden Erlöse erfasst werden. Dieser Standard enthält Anwendungsleitlinien für die Ermittlung der Anschaffungs- oder Herstellungskosten und deren nachfolgende Erfassung als Aufwand einschließlich etwaiger Abwertungen auf den Nettoveräußerungswert. Er beinhaltet außerdem Anleitungen zu den Verfahren, wie Anschaffungs- oder Herstellungskosten den Vorräten zugeordnet werden.

ANWENDUNGSBEREICH

2 Dieser Standard ist auf alle Vorräte anzuwenden mit folgenden Ausnahmen:
a) [gestrichen]
b) Finanzinstrumente (siehe IAS 32 *Finanzinstrumente: Darstellung* und IFRS 9 *Finanzinstrumente*) und
c) biologische Vermögenswerte, die mit landwirtschaftlicher Tätigkeit im Zusammenhang stehen, und landwirtschaftliche Erzeugnisse zum Zeitpunkt der Ernte (siehe IAS 41 *Landwirtschaft*).

3 Dieser Standard ist nicht auf die Bewertung folgender Vorräte anzuwenden:
a) Vorräte von Erzeugern land- und forstwirtschaftlicher Erzeugnisse, landwirtschaftliche Erzeugnisse nach der Ernte sowie Mineralien und mineralische Stoffe jeweils insoweit, als diese Erzeugnisse nach der gut eingeführten Praxis ihrer Branche zum Nettoveräußerungswert bewertet werden. Werden solche Vorräte zum Nettoveräußerungswert bewertet, werden Wertänderungen erfolgswirksam in der Periode der Änderung erfasst.
b) **Vorräte von Warenmaklern/-händlern, die ihre Vorräte zum beizulegenden Zeitwert abzüglich der Verkaufskosten bewerten. Werden solche Vorräte zum beizulegenden Zeitwert abzüglich der Verkaufskosten bewertet, werden die Wertänderungen erfolgswirksam in der Periode der Änderung erfasst.**

4 Die in Paragraph 3(a) genannten Vorräte werden in bestimmten Stadien der Produktion zum Nettoveräußerungswert bewertet. Dies ist beispielsweise dann der Fall, wenn landwirtschaftliche Erzeugnisse geerntet oder Mineralien gefördert worden sind und ihr Verkauf durch ein Termingeschäft oder eine staatliche Garantie abgesichert ist; des Weiteren, wenn ein aktiver Markt besteht, auf dem das Risiko der Unverkäuflichkeit vernachlässigt werden kann. Diese Vorräte sind nur von den Bewertungsvorschriften dieses Standards ausgeschlossen.

5 Makler/Händler kaufen bzw. verkaufen Waren für andere oder auf eigene Rechnung. Die in Paragraph 3(b) genannten Vorräte werden hauptsächlich mit der Absicht erworben, sie kurzfristig zu verkau-

fen und einen Gewinn aus den Preisschwankungen oder der Makler-/Händlermarge zu erzielen. Wenn diese Vorräte zum beizulegenden Zeitwert abzüglich der Verkaufskosten bewertet werden, sind sie nur von den Bewertungsvorschriften dieses Standards ausgeschlossen.

DEFINITIONEN

6 Die folgenden Begriffe werden in diesem Standard mit der angegebenen Bedeutung verwendet:

Vorräte **sind Vermögenswerte,**

a) **die zum Verkauf im Rahmen der gewöhnlichen Geschäftstätigkeit gehalten werden,**

b) **die sich in der Herstellung für einen solchen Verkauf befinden, oder**

c) **die als Roh-, Hilfs- und Betriebsstoffe dazu bestimmt sind, bei der Herstellung oder der Erbringung von Dienstleistungen verbraucht zu werden.**

Der *Nettoveräußerungswert* **ist der geschätzte, im Rahmen der gewöhnlichen Geschäftstätigkeit erzielbare Verkaufserlös abzüglich der geschätzten Kosten bis zur Fertigstellung und der geschätzten notwendigen Vertriebskosten.**

Der *beizulegende Zeitwert* **ist der Preis, der in einem gewöhnlichen Geschäftsvorfall zwischen Marktteilnehmern am Bewertungsstichtag für den Verkauf eines Vermögenswerts eingenommen bzw. für die Übertragung einer Schuld gezahlt würde. (Siehe IFRS 13** *Bewertung zum beizulegenden Zeitwert***.)**

7 Der Nettoveräußerungswert bezieht sich auf den Nettobetrag, den ein Unternehmen aus dem Verkauf der Vorräte im Rahmen der gewöhnlichen Geschäftstätigkeit zu erzielen erwartet. Der beizulegende Zeitwert spiegelt den Preis wider, für den dieselben Vorräte im Hauptmarkt oder vorteilhaftesten Markt für den betreffenden Vorrat in einem gewöhnlichen Geschäftsvorfall zwischen Marktteilnehmern am Bewertungsstichtag verkauft werden könnten. Ersterer ist ein unternehmensspezifischer Wert; letzterer ist es nicht. Der Nettoveräußerungswert von Vorräten kann von dem beizulegenden Zeitwert abzüglich der Verkaufskosten abweichen.

8 Vorräte umfassen zum Weiterverkauf erworbene Güter, wie beispielsweise vom einem Einzelhändler zum Weiterverkauf erworbene Handelsgüter, oder Grundstücke und Gebäude, die zum Weiterverkauf gehalten werden. Des Weiteren umfassen Vorräte vom Unternehmen hergestellte Fertigerzeugnisse und unfertige Erzeugnisse sowie Roh-, Hilfs- und Betriebsstoffe vor Eingang in den Herstellungsprozess. Kosten, die einem Unternehmen im Zusammenhang mit der Erfüllung eines Vertrags mit einem Kunden entstehen und die nicht die Entstehung von Vorräten (oder Vermögenswerten im Sinne anderer Standards) zur Folge haben, werden nach IFRS 15 *Erlöse aus Verträgen mit Kunden* bilanziert.

BEWERTUNG VON VORRÄTEN

9 Vorräte sind mit dem niedrigeren Wert aus Anschaffungs- oder Herstellungskosten und Nettoveräußerungswert zu bewerten.

Anschaffungs- oder Herstellungskosten von Vorräten

10 In die Anschaffungs- oder Herstellungskosten von Vorräten sind alle Kosten des Erwerbs und der Herstellung sowie sonstige Kosten einzubeziehen, die angefallen sind, um die Vorräte an ihren derzeitigen Ort zu bringen und in ihren derzeitigen Zustand zu versetzen.

Kosten des Erwerbs

11 Die Kosten des Erwerbs von Vorräten umfassen den Erwerbspreis, Einfuhrzölle und andere Steuern (sofern es sich nicht um solche handelt, die das Unternehmen später von den Steuerbehörden zurückerlangen kann), Transport- und Abwicklungskosten sowie sonstige Kosten, die dem Erwerb von Fertigerzeugnissen, Materialien und Leistungen einzeln zugeordnet werden können. Skonti, Rabatte und andere vergleichbare Beträge werden bei der Ermittlung der Kosten des Erwerbs abgezogen.

Herstellungskosten

12 Die Herstellungskosten von Vorräten umfassen die Kosten, die den Produktionseinheiten einzeln zuordenbar sind, wie beispielsweise Fertigungslöhne. Weiterhin umfassen sie systematisch zugeordnete fixe und variable Produktionsgemeinkosten, die bei der Verarbeitung der Ausgangsstoffe zu Fertigerzeugnissen anfallen. Fixe Produktionsgemeinkosten sind solche nicht einzeln der Produktion zuordenbare Kosten, die unabhängig vom Produktionsvolumen relativ konstant anfallen, wie beispielsweise planmäßige Abschreibungen und Instandhaltungskosten von Betriebsgebäuden und -einrichtungen, in die Produktion einfließende Nutzungsrechte sowie die Kosten von Fabrikmanagement und Verwaltung. Variable Produktionsgemeinkosten sind solche nicht einzeln der Produktion zuordenbare Kosten, die unmittelbar oder nahezu unmittelbar mit dem Produktionsvolumen variieren, wie beispielsweise Materialgemeinkosten und Fertigungsgemeinkosten.

13 Die Zuordnung fixer Produktionsgemeinkosten zu den Herstellungskosten basiert auf der normalen Kapazität der Produktionsanlagen. Die normale Kapazität ist das Produktionsvolumen, das im Durchschnitt über eine Anzahl von Perioden oder Saisons unter normalen Umständen und unter Berücksichtigung von Ausfällen aufgrund planmäßiger Instandhaltungen erwartet werden kann. Das tatsächliche Produktionsniveau kann zugrunde gelegt werden, wenn es der Normalkapazität nahekommt. Der auf die einzelne Produktionseinheit entfallende Betrag der fixen Gemeinkosten erhöht sich infolge eines geringeren Produktionsvolumens oder eines Betriebsstillstandes nicht. Nicht zugeordnete Gemeinkosten sind in der Periode ihres Anfalls als Aufwand zu erfassen. In Perioden mit

außergewöhnlich hohem Produktionsvolumen mindert sich der auf die einzelne Produktionseinheit entfallende Betrag der fixen Gemeinkosten, sodass die Vorräte nicht über den Herstellungskosten bewertet werden. Variable Produktionsgemeinkosten werden den einzelnen Produktionseinheiten auf der Grundlage des tatsächlichen Einsatzes der Produktionsmittel zugeordnet.

14 Ein Produktionsprozess kann dazu führen, dass mehr als ein Produkt gleichzeitig produziert wird. Dies ist beispielsweise bei der Kuppelproduktion von zwei Hauptprodukten oder eines Haupt- und eines Nebenprodukts der Fall. Wenn die Herstellungskosten jedes Produkts nicht einzeln feststellbar sind, werden sie den Produkten auf einer vernünftigen und stetigen Basis zugeordnet. Die Zuordnung kann beispielsweise auf dem relativen Verkaufswert des jeweiligen Produkts basieren, und zwar entweder in der Produktionsphase, in der die Produkte einzeln identifizierbar werden, oder nach Beendigung der Produktion. Die meisten Nebenprodukte sind ihrer Art nach unbedeutend. Wenn dies der Fall ist, werden sie häufig zum Nettoveräußerungswert bewertet, und dieser Wert wird von den Herstellungskosten des Hauptprodukts abgezogen. Damit unterscheidet sich der Buchwert des Hauptprodukts nicht wesentlich von seinen Herstellungskosten.

Sonstige Kosten

15 Sonstige Kosten werden nur insoweit in die Anschaffungs- oder Herstellungskosten der Vorräte einbezogen, als sie angefallen sind, um die Vorräte an ihren derzeitigen Ort zu bringen und in ihren derzeitigen Zustand zu versetzen. Beispielsweise kann es sachgerecht sein, nicht produktionsbezogene Gemeinkosten oder die Kosten der Produktentwicklung für bestimmte Kunden in die Herstellungskosten der Vorräte einzubeziehen.

16 Es folgen einige Beispiele für Kosten, die aus den Anschaffungs- oder Herstellungskosten von Vorräten ausgeschlossen sind und in der Periode ihres Anfalls als Aufwand behandelt werden:
a) außergewöhnliche Beträge für Materialabfälle, Fertigungslöhne oder andere Produktionskosten,
b) Lagerkosten, es sei denn, dass diese im Produktionsprozess vor einer weiteren Produktionsstufe erforderlich sind,
c) Verwaltungsgemeinkosten, die nicht dazu beitragen, die Vorräte an ihren derzeitigen Ort zu bringen und in ihren derzeitigen Zustand zu versetzen, und
d) Vertriebskosten.

17 IAS 23 *Fremdkapitalkosten* identifiziert die bestimmten Umstände, bei denen Fremdkapitalkosten in die Anschaffungs- oder Herstellungskosten von Vorräten einbezogen werden.

18 Ein Unternehmen kann beim Erwerb von Vorräten Zahlungsziele in Anspruch nehmen. Wenn die Vereinbarung effektiv ein Finanzierungselement enthält, wird dieses Element, beispielsweise eine Differenz zwischen dem Erwerbspreis mit normalem Zahlungsziel und dem bezahlten Betrag, während des Finanzierungszeitraums als Zinsaufwand erfasst.

19 [gestrichen]

Anschaffungs- oder Herstellungskosten landwirtschaftlicher Erzeugnisse in Form von Ernten von biologischen Vermögenswerten

20 Nach IAS 41 *Landwirtschaft* werden Vorräte, die landwirtschaftliche Erzeugnisse umfassen und die ein Unternehmen von seinen biologischen Vermögenswerten geerntet hat, beim erstmaligen Ansatz zum Zeitpunkt der Ernte zum beizulegenden Zeitwert abzüglich der Verkaufskosten bewertet. Dies sind die Anschaffungs- oder Herstellungskosten der Vorräte zum Zeitpunkt der Anwendung dieses Standards.

Verfahren zur Bemessung der Anschaffungs- oder Herstellungskosten

21 Zur Bemessung der Anschaffungs- und Herstellungskosten von Vorräten können vereinfachende Verfahren, wie beispielsweise die Standardkostenmethode oder die retrograde Methode, angewandt werden, wenn die Ergebnisse den tatsächlichen Anschaffungs- oder Herstellungskosten nahekommen. Standardkosten berücksichtigen die normale Höhe des Materialeinsatzes und der Löhne sowie die normale Leistungsfähigkeit und Kapazitätsauslastung. Sie werden regelmäßig überprüft und, falls notwendig, an die aktuellen Gegebenheiten angepasst.

22 Die retrograde Methode wird häufig im Einzelhandel angewandt, um eine große Anzahl rasch wechselnder Vorratsposten mit ähnlichen Gewinnmargen zu bewerten, für die es nicht praktikabel ist, andere Verfahren zur Bemessung der Anschaffungs- und Herstellungskosten zu verwenden. Die Anschaffungskosten der Vorräte werden durch Abzug einer angemessenen prozentualen Bruttogewinnmarge vom Verkaufspreis der Vorräte ermittelt. Der angewandte Prozentsatz berücksichtigt dabei auch solche Vorräte, deren ursprünglicher Verkaufspreis herabgesetzt worden ist. Häufig wird ein Durchschnittsprozentsatz für jede Einzelhandelsabteilung verwendet.

Kosten-Zuordnungsverfahren

23 Die Anschaffungs- oder Herstellungskosten solcher Vorräte, die normalerweise nicht austauschbar sind, und solcher Güter oder Leistungen, die für spezifische Projekte hergestellt und ausgesondert werden, sind durch Einzelzuordnung ihrer individuellen Anschaffungs- oder Herstellungskosten zu bestimmen.

24 Eine Einzelzuordnung der Anschaffungs- oder Herstellungskosten bedeutet, dass bestimmten Vorräten spezifische Anschaffungs- oder Herstellungskosten zugeordnet werden. Dies ist das geeignete Verfahren für solche Gegenstände, die für ein spezifisches Projekt ausgesondert worden sind, unabhängig davon, ob sie angeschafft oder hergestellt worden sind. Eine Einzelzuordnung ist

jedoch ungeeignet, wenn es sich um eine große Anzahl von Vorräten handelt, die normalerweise untereinander austauschbar sind. Unter diesen Umständen könnten die Gegenstände, die in den Vorräten verbleiben, danach ausgewählt werden, dass sie im Voraus festgelegte Auswirkungen auf den Periodengewinn oder -verlust haben.

25 Die Anschaffungs- oder Herstellungskosten von Vorräten, die nicht in Paragraph 23 behandelt werden, sind nach dem First-in-First-out-Verfahren (FIFO) oder nach der Durchschnittsmethode zu bestimmen. Ein Unternehmen hat für alle Vorräte, die von ähnlicher Beschaffenheit und Verwendung für das Unternehmen sind, dasselbe Kosten-Zuordnungsverfahren anzuwenden. Für Vorräte von unterschiedlicher Beschaffenheit oder Verwendung können unterschiedliche Zuordnungsverfahren gerechtfertigt sein.

26 Vorräte, die in einem Geschäftssegment verwendet werden, können beispielsweise für das Unternehmen eine andere Verwendung haben als die gleiche Art von Vorräten, die in einem anderen Geschäftssegment eingesetzt werden. Ein Unterschied im geografischen Standort von Vorräten (oder in den jeweiligen Steuervorschriften) ist jedoch allein nicht ausreichend, um die Anwendung unterschiedlicher Kosten-Zuordnungsverfahren zu rechtfertigen.

27 Das FIFO-Verfahren geht von der Annahme aus, dass die zuerst erworbenen bzw. erzeugten Vorräte zuerst verkauft werden und folglich die am Ende der Periode verbleibenden Vorräte diejenigen sind, die zuletzt gekauft oder hergestellt worden sind. Bei Anwendung der Durchschnittsmethode werden die Anschaffungs- oder Herstellungskosten von Vorräten als durchschnittlich gewichtete Anschaffungs- oder Herstellungskosten ähnlicher Vorräte zu Beginn der Periode und der Anschaffungs- oder Herstellungskosten ähnlicher während der Periode gekaufter oder hergestellter Vorratsgegenstände ermittelt. Der Durchschnitt kann je nach den Gegebenheiten des Unternehmens auf periodischer Basis oder gleitend bei jeder zusätzlich erhaltenen Lieferung berechnet werden.

Nettoveräußerungswert

28 Die Anschaffungs- oder Herstellungskosten von Vorräten sind unter Umständen nicht erzielbar, wenn die Vorräte beschädigt, ganz oder teilweise veraltet sind oder wenn ihr Verkaufspreis zurückgegangen ist. Die Anschaffungs- oder Herstellungskosten von Vorräten können ferner nicht zu erzielen sein, wenn die geschätzten Kosten der Fertigstellung oder die geschätzten bis zum Verkauf anfallenden Kosten gestiegen sind. Die Abwertung der Vorräte auf den niedrigeren Nettoveräußerungswert folgt der Ansicht, dass Vermögenswerte nicht mit höheren Beträgen bilanziert werden dürfen, als bei ihrem Verkauf oder Gebrauch voraussichtlich zu realisieren sind.

29 Abwertungen von Vorräten auf den Nettoveräußerungswert erfolgen im Regelfall in Form von Einzelwertberichtigungen. Unter bestimmten Umständen kann es jedoch sachgerecht sein, ähnliche oder miteinander zusammenhängende Vorräte zusammenzufassen. Dies kann etwa bei Vorräten der Fall sein, die derselben Produktlinie angehören und einen ähnlichen Zweck oder Endgebrauch haben, in demselben geografischen Gebiet produziert und vermarktet werden und nicht auf praktikable Weise unabhängig von anderen Gegenständen aus dieser Produktlinie bewertet werden können. Es ist nicht sachgerecht, Vorräte qua Zugehörigkeit zu einer bestimmten Gruppe, zum Beispiel Fertigerzeugnisse, oder alle Vorräte eines bestimmten Geschäftssegments abzuwerten.

30 Schätzungen des Nettoveräußerungswerts basieren auf den verlässlichsten Anhaltspunkten, die zum Zeitpunkt der Schätzungen im Hinblick auf den für die Vorräte voraussichtlich erzielbaren Betrag verfügbar sind. Diese Schätzungen berücksichtigen Preis- oder Kostenänderungen, die in unmittelbarem Zusammenhang mit Vorgängen nach der Berichtsperiode stehen, insoweit, als diese Vorgänge Verhältnisse aufhellen, die bereits am Ende der Berichtsperiode bestanden haben.

31 Schätzungen des Nettoveräußerungswerts berücksichtigen weiterhin den Zweck, zu dem die Vorräte gehalten werden. Zum Beispiel basiert der Nettoveräußerungswert der Menge der Vorräte, die zur Erfüllung abgeschlossener Liefer- und Leistungsverträge gehalten werden, auf den vertraglich vereinbarten Preisen. Wenn die Verkaufsverträge nur einen Teil der Vorräte betreffen, basiert der Nettoveräußerungswert für den darüber hinausgehenden Teil auf allgemeinen Verkaufspreisen. Rückstellungen können aus abgeschlossenen Verkaufsverträgen über Vorräte, die über die vorhandenen Bestände hinausgehen, oder von abgeschlossenen Einkaufsverträgen entstehen. Diese Rückstellungen werden nach IAS 37 *Rückstellungen, Eventualverbindlichkeiten und Eventualforderungen* behandelt.

32 Roh-, Hilfs- und Betriebsstoffe, die für die Herstellung von Vorräten bestimmt sind, werden nicht auf einen unter ihren Anschaffungs- oder Herstellungskosten liegenden Wert abgewertet, wenn die Fertigerzeugnisse, in die sie eingehen, voraussichtlich zu den Herstellungskosten oder darüber verkauft werden können. Wenn jedoch ein Preisrückgang für diese Stoffe darauf hindeutet, dass die Herstellungskosten der Fertigerzeugnisse über dem Nettoveräußerungswert liegen, werden die Stoffe auf den Nettoveräußerungswert abgewertet. Unter diesen Umständen können die Wiederbeschaffungskosten der Stoffe die beste verfügbare Bewertungsgrundlage für den Nettoveräußerungswert sein.

33 Der Nettoveräußerungswert wird in jeder Folgeperiode neu ermittelt. Wenn die Umstände, die vorher zu einer Abwertung der Vorräte auf einen Wert unter ihre Anschaffungs- oder Herstellungskosten geführt haben, nicht länger bestehen oder wenn es aufgrund geänderter wirtschaftlicher Gegebenheiten eindeutige Anhaltspunkte für eine Erhöhung des Nettoveräußerungswerts gibt, wird der Betrag der Abwertung insoweit aufgeholt (d. h.

die Aufholung beschränkt sich auf den Betrag der ursprünglichen Abwertung), dass der neue Buchwert dem niedrigeren Wert aus Anschaffungs- oder Herstellungskosten und berichtigtem Nettoveräußerungswert entspricht. Dies ist beispielsweise der Fall, wenn sich Vorräte, die aufgrund eines Rückgangs ihres Verkaufspreises zum Nettoveräußerungswert bilanziert wurden, in einer Folgeperiode noch im Bestand befinden und sich ihr Verkaufspreis wieder erhöht hat.

ERFASSUNG ALS AUFWAND

34 Wenn Vorräte verkauft worden sind, ist der Buchwert dieser Vorräte in der Berichtsperiode als Aufwand zu erfassen, in der die zugehörigen Erträge erfasst wurden. Alle Abwertungen von Vorräten auf den Nettoveräußerungswert sowie alle Verluste bei den Vorräten sind in der Periode als Aufwand zu erfassen, in der die Abwertungen vorgenommen wurden oder die Verluste eingetreten sind. Alle Wertaufholungen bei Vorräten, die sich aus einer Erhöhung des Nettoveräußerungswerts ergeben, sind als Verminderung des als Aufwand erfassten Betrags der Vorräte in der Periode zu erfassen, in der die Wertaufholung eintritt.

35 Vorräte können auch anderen Vermögenswerten zugeordnet werden, zum Beispiel dann, wenn Vorräte als Teil selbsterstellter Sachanlagen verwendet werden. Vorräte, die auf diese Weise einem anderen Vermögenswert zugeordnet worden sind, werden über die Nutzungsdauer dieses Vermögenswerts als Aufwand erfasst.

ANGABEN

36 Abschlüsse haben die folgenden Angaben zu enthalten:

a) **die für die Bewertung von Vorräten angewandten Rechnungslegungsmethoden einschließlich der Kosten-Zuordnungsverfahren,**

b) **den Gesamtbuchwert der Vorräte und die Buchwerte in einer unternehmensspezifischen Klassifizierung,**

c) **den Buchwert der zum beizulegenden Zeitwert abzüglich Verkaufskosten bilanzierten Vorräte,**

d) **den Betrag der Vorräte, die als Aufwand in der Berichtsperiode erfasst worden sind,**

e) **den Betrag von Abwertungen von Vorräten, die nach Paragraph 34 in der Berichtsperiode als Aufwand erfasst worden sind,**

f) **den Betrag von vorgenommenen Wertaufholungen, die nach Paragraph 34 als Verminderung des als Aufwand erfassten Betrags der Vorräte in der Berichtsperiode erfasst worden sind,**

g) **die Umstände oder Ereignisse, die zu der Wertaufholung der Vorräte nach Paragraph 34 geführt haben, und**

h) **den Buchwert der Vorräte, die als Sicherheit für Schulden verpfändet sind.**

37 Informationen über die Buchwerte von Vorräten nach Klassifizierung und das Ausmaß der Veränderungen dieser Vermögenswerte sind für die Abschlussadressaten nützlich. Verbreitet sind Untergliederungen der Vorräte in Handelsgüter, Roh-, Hilfs- und Betriebsstoffe, unfertige Erzeugnisse und Fertigerzeugnisse.

38 Der Betrag der Vorräte, der während der Periode als Aufwand erfasst worden ist und der oft als Umsatzkosten bezeichnet wird, umfasst die Kosten, die zuvor Teil der Bewertung der verkauften Vorräte waren, sowie die nicht zugeordneten Produktionsgemeinkosten und außergewöhnliche Produktionskosten der Vorräte. Die unternehmensspezifischen Umstände können die Einbeziehung weiterer Kosten, wie beispielsweise Vertriebskosten, rechtfertigen.

39 Einige Unternehmen verwenden eine Gliederung für die Gewinn- und Verlustrechnung, die dazu führt, dass andere Beträge als die während der Berichtsperiode erfassten Anschaffungs- und Herstellungskosten der Vorräte angegeben werden. In diesem Format gliedert ein Unternehmen den Aufwand auf und wendet dabei Gliederungskriterien an, die auf dem Gesamtkostenverfahren beruhen. In diesem Fall gibt das Unternehmen die als Aufwand erfassten Kosten für Rohstoffe und Verbrauchsgüter, Personalkosten und andere Kosten zusammen mit dem Betrag der Nettobestandsveränderungen des Vorratsvermögens in der Periode an.

ZEITPUNKT DES INKRAFTTRETENS

40 Dieser Standard ist auf Geschäftsjahre anzuwenden, die am oder nach dem 1. Januar 2005 beginnen. Eine frühere Anwendung wird empfohlen. Wendet ein Unternehmen diesen Standard für Berichtsperioden an, die vor dem 1. Januar 2005 beginnen, hat es dies anzugeben.

40A [gestrichen]

40B [gestrichen]

40C Durch IFRS 13, veröffentlicht im Mai 2011, wurde die Definition des beizulegenden Zeitwerts in Paragraph 6 geändert. Außerdem wurde Paragraph 7 geändert. Wendet ein Unternehmen IFRS 13 an, sind diese Änderungen ebenfalls anzuwenden.

40D [gestrichen]

40E Durch IFRS 15 *Erlöse aus Verträgen mit Kunden*, veröffentlicht im Mai 2014, wurden die Paragraphen 2, 8, 29 und 37 geändert und Paragraph 19 gestrichen. Wendet ein Unternehmen IFRS 15 an, sind diese Änderungen ebenfalls anzuwenden.

40F Durch IFRS 9, veröffentlicht im Juli 2014, wurde Paragraph 2 geändert und wurden die Paragraphen 40A, 40B und 40D gestrichen. Wendet ein Unternehmen IFRS 9 an, hat es diese Änderungen ebenfalls anzuwenden.

40G Durch IFRS 16 *Leasingverhältnisse*, veröffentlicht im Januar 2016, wurde Paragraph 12 geändert. Wendet ein Unternehmen IFRS 16 an, hat es diese Änderung ebenfalls anzuwenden.

2/2. IAS 2

RÜCKNAHME ANDERER VERLAUTBARUNGEN

41 Der vorliegende Standard ersetzt IAS 2 *Vorräte* (überarbeitet 1993).

42 Dieser Standard ersetzt SIC-1 *Stetigkeit – Unterschiedliche Verfahren zur Zuordnung der Anschaffungs- oder Herstellungskosten von Vorräten.*

INTERNATIONAL ACCOUNTING STANDARD 7
Kapitalflussrechnung(¹)

IAS 7, VO (EU) 2023/1803

Gliederung	§§
ZIELSETZUNG	
ANWENDUNGSBEREICH	1–3
NUTZEN VON KAPITALFLUSSINFORMATIONEN	4–5
DEFINITIONEN	6–9
Zahlungsmittel und Zahlungsmitteläquivalente	7–9
DARSTELLUNG DER KAPITALFLUSSRECHNUNG	10–17
Betriebliche Tätigkeit	12–15
Investitionstätigkeit	16
Finanzierungstätigkeit	17
DARSTELLUNG DER ZAHLUNGSSTRÖME AUS DER BETRIEBLICHEN TÄTIGKEIT	18–20
DARSTELLUNG DER ZAHLUNGSSTRÖME AUS INVESTITIONS- UND FINANZIERUNGSTÄTIGKEIT	21
SALDIERTE DARSTELLUNG DER ZAHLUNGSSTRÖME	22–24
ZAHLUNGSSTRÖME IN FREMDWÄHRUNG	25–30
ZINSEN UND DIVIDENDEN	31–34
ERTRAGSTEUERN	35–36
BETEILIGUNGEN AN TOCHTERUNTERNEHMEN, ASSOZIIERTEN UNTERNEHMEN UND GEMEINSCHAFTSUNTERNEHMEN	37–38
ÄNDERUNGEN DER BETEILIGUNGSQUOTE AN TOCHTERUNTERNEHMEN UND SONSTIGEN GESCHÄFTSEINHEITEN	39–42B
NICHT ZAHLUNGSWIRKSAME TRANSAKTIONEN	43–44
VERÄNDERUNGEN DER VERBINDLICHKEITEN AUS FINANZIERUNGSTÄTIGKEITEN	44A–44E
BESTANDTEILE DER ZAHLUNGSMITTEL UND ZAHLUNGSMITTELÄQUIVALENTE	45–47
WEITERE ANGABEN	48–52
ZEITPUNKT DES INKRAFTTRETENS	53–61

ZIELSETZUNG

Informationen über die Zahlungsströme eines Unternehmens vermitteln den Abschlussadressaten eine Grundlage zur Beurteilung der Fähigkeit des Unternehmens, Zahlungsmittel und Zahlungsmitteläquivalente zu erwirtschaften, sowie zur Einschätzung des Liquiditätsbedarfs des Unternehmens. Die von den Adressaten getroffenen wirtschaftlichen Entscheidungen setzen eine Einschätzung der Fähigkeit eines Unternehmens zum Erwirtschaften von Zahlungsmitteln und Zahlungsmitteläquivalenten sowie des Zeitpunkts und der Wahrscheinlichkeit des Erwirtschaftens voraus.

Die Zielsetzung dieses Standards besteht darin, Informationen über die historischen Bewegungen der Zahlungsmittel und Zahlungsmitteläquivalente eines Unternehmens bereitzustellen. Diese Informationen werden durch eine Kapitalflussrechnung zur Verfügung gestellt, welche die Zahlungsströme der Berichtsperiode nach betrieblicher Tätigkeit, Investitions- und Finanzierungstätigkeit gliedert.

ANWENDUNGSBEREICH

1 Ein Unternehmen hat eine Kapitalflussrechnung gemäß den Vorschriften dieses Standards zu erstellen und als integralen Bestandteil des Abschlusses für jede Periode darzustellen, für die Abschlüsse aufgestellt werden.

2 Dieser Standard ersetzt den im Juli 1977 verabschiedeten IAS 7 *Kapitalflussrechnung*.

3 Die Adressaten des Abschlusses eines Unternehmens sind daran interessiert, auf welche Weise

---

(¹) Im September 2007 änderte der IASB infolge einer 2007 erfolgten Überarbeitung von IAS 1 Darstellung des Abschlusses den englischen Titel von IAS 7 von Cash Flow Statements in Statement of Cash Flows um. In der deutschen Übersetzung wurde der Titel Kapitalflussrechnungen, jetzt Kapitalflussrechnung, beibehalten.

das Unternehmen Zahlungsmittel und Zahlungsmitteläquivalente erwirtschaftet und verwendet. Dies gilt unabhängig von der Art der Tätigkeiten des Unternehmens und unabhängig davon, ob Zahlungsmittel als das Produkt des Unternehmens betrachtet werden können, wie es bei einem Finanzinstitut der Fall ist. Im Grunde genommen benötigen Unternehmen Zahlungsmittel aus denselben Gründen, wie unterschiedlich ihre wesentlichen erlösbringenden Tätigkeiten auch sein mögen. Sie benötigen Zahlungsmittel zur Durchführung ihrer Tätigkeiten, zur Erfüllung ihrer finanziellen Verpflichtungen sowie zur Zahlung von Dividenden an ihre Investoren. Deshalb sind diesem Standard zufolge alle Unternehmen zur Aufstellung einer Kapitalflussrechnung verpflichtet.

NUTZEN VON KAPITALFLUSS-INFORMATIONEN

4 In Verbindung mit den übrigen Bestandteilen des Abschlusses liefert die Kapitalflussrechnung Informationen, anhand derer die Abschlussadressaten die Änderungen im Nettovermögen eines Unternehmens und seine Finanzstruktur (einschließlich Liquidität und Solvenz) bewerten können. Weiterhin können die Adressaten die Fähigkeit des Unternehmens zur Beeinflussung der Höhe und des zeitlichen Anfalls von Zahlungsströmen bewerten, die es ihm erlaubt, auf veränderte Umstände und Möglichkeiten zu reagieren. Kapitalflussinformationen sind hilfreich für die Beurteilung der Fähigkeit eines Unternehmens, Zahlungsmittel und Zahlungsmitteläquivalente zu erwirtschaften, und ermöglichen den Abschlussadressaten die Entwicklung von Modellen zur Beurteilung und zum Vergleich des Barwerts der künftigen Zahlungsströme verschiedener Unternehmen. Darüber hinaus verbessert eine Kapitalflussrechnung die Vergleichbarkeit der Darstellung der Ertragskraft unterschiedlicher Unternehmen, da die Auswirkungen der Verwendung verschiedener Bilanzierungs- und Bewertungsmethoden für dieselben Geschäftsvorfälle und Ereignisse eliminiert werden.

5 Historische Informationen über Zahlungsströme werden häufig als Indikator für den Betrag, den Zeitpunkt und die Wahrscheinlichkeit künftiger Zahlungsströme herangezogen. Außerdem sind die Informationen nützlich, um die Genauigkeit in der Vergangenheit vorgenommener Einschätzungen künftiger Zahlungsströme zu prüfen und die Beziehung zwischen der Rentabilität und dem Netto-Zahlungsstrom sowie die Auswirkungen von Preisänderungen zu untersuchen.

DEFINITIONEN

6 Die folgenden Begriffe werden in diesem Standard mit der angegebenen Bedeutung verwendet:

Zahlungsmittel **umfassen Barmittel und Sichteinlagen.**

Zahlungsmitteläquivalente **sind kurzfristige hochliquide Finanzinvestitionen, die jederzeit in festgelegte Zahlungsmittelbeträge umgewandelt werden können und nur unwesentlichen Wertschwankungsrisiken unterliegen.**

Zahlungsströme **sind Zuflüsse und Abflüsse von Zahlungsmitteln und Zahlungsmitteläquivalenten.**

Betriebliche Tätigkeiten **sind die wesentlichen erlösbringenden Tätigkeiten des Unternehmens sowie andere Tätigkeiten, die nicht den Investitions- oder Finanzierungstätigkeiten zuzuordnen sind.**

Investitionstätigkeiten **sind der Erwerb und die Veräußerung langfristiger Vermögenswerte und sonstiger Finanzinvestitionen, die nicht zu den Zahlungsmitteläquivalenten gehören.**

Finanzierungstätigkeiten **sind Tätigkeiten, die sich auf den Umfang und die Zusammensetzung des eingebrachten Eigenkapitals und der Fremdkapitalaufnahme des Unternehmens auswirken.**

Zahlungsmittel und Zahlungsmitteläquivalente

7 Zahlungsmitteläquivalente dienen dazu, kurzfristigen Zahlungsverpflichtungen nachkommen zu können. Sie werden gewöhnlich nicht zu Investitions- oder anderen Zwecken gehalten. Eine Finanzinvestition wird nur dann als Zahlungsmitteläquivalent eingestuft, wenn sie jederzeit in einen festgelegten Zahlungsmittelbetrag umgewandelt werden kann und nur unwesentlichen Wertschwankungsrisiken unterliegt. Aus diesem Grund gehört eine Finanzinvestition im Regelfall nur dann zu den Zahlungsmitteläquivalenten, wenn sie – gerechnet vom Erwerbszeitpunkt – eine Restlaufzeit von nicht mehr als etwa drei Monaten besitzt. Eigenkapitalbeteiligungen gehören grundsätzlich nicht zu den Zahlungsmitteläquivalenten, es sei denn, sie sind ihrem Wesen nach Zahlungsmitteläquivalente, wie beispielsweise im Fall von Vorzugsanteilen mit kurzer Restlaufzeit und festgelegtem Einlösungszeitpunkt.

8 Verbindlichkeiten gegenüber Banken gehören grundsätzlich zu den Finanzierungstätigkeiten. In einigen Ländern bilden Kontokorrentkredite, die auf Anforderung rückzahlbar sind, jedoch einen integralen Bestandteil der Zahlungsmitteldisposition des Unternehmens. In diesen Fällen werden Kontokorrentkredite den Zahlungsmitteln und Zahlungsmitteläquivalenten zugerechnet. Ein Merkmal solcher Vereinbarungen mit den Banken sind häufige Schwankungen des Kontosaldos zwischen Soll- und Haben-Beständen.

9 Bewegungen zwischen den Komponenten der Zahlungsmittel oder Zahlungsmitteläquivalente sind nicht als Zahlungsströme zu betrachten, da diese Komponenten Teil der Zahlungsmitteldisposition eines Unternehmens sind und nicht Teil der betrieblichen Tätigkeit, der Investitions- oder der Finanzierungstätigkeit. Zur Zahlungsmitteldisposition gehört auch die Investition überschüssiger Zahlungsmittel in Zahlungsmitteläquivalente.

DARSTELLUNG DER KAPITALFLUSS-RECHNUNG

10 Die Kapitalflussrechnung hat Zahlungsströme der Periode zu enthalten, die nach betrieblicher Tätigkeit, Investitions- und Finanzierungstätigkeit gegliedert werden.

11 Ein Unternehmen stellt die Zahlungsströme aus betrieblicher Tätigkeit, Investitions- und Finanzierungstätigkeit in einer Weise dar, die seiner jeweiligen Geschäftstätigkeit möglichst angemessen ist. Die Gliederung nach Tätigkeitsbereichen liefert Informationen, anhand derer die Adressaten die Auswirkungen dieser Tätigkeiten auf die Vermögens- und Finanzlage des Unternehmens und die Höhe seiner Zahlungsmittel und Zahlungsmitteläquivalente beurteilen können. Weiterhin können diese Informationen eingesetzt werden, um die Beziehungen zwischen diesen Tätigkeiten zu bewerten.

12 Ein einziger Geschäftsvorfall umfasst unter Umständen Zahlungsströme, die unterschiedlichen Tätigkeiten zuzuordnen sind. Wenn die Rückzahlung eines Darlehens beispielsweise sowohl Zinsen als auch Tilgung umfasst, kann der Zinsanteil unter Umständen als betriebliche Tätigkeit, der Tilgungsanteil als Finanzierungstätigkeit eingestuft werden.

Betriebliche Tätigkeit

13 Die Zahlungsströme aus der betrieblichen Tätigkeit sind ein Schlüsselindikator dafür, in welchem Ausmaß es durch die Unternehmenstätigkeit gelungen ist, Zahlungsmittelüberschüsse zu erwirtschaften, die ausreichen, um Verbindlichkeiten zu tilgen, die Leistungsfähigkeit des Unternehmens zu erhalten, Dividenden zu zahlen und Investitionen zu tätigen, ohne dabei auf Quellen der Außenfinanzierung angewiesen zu sein. Informationen über die genauen Bestandteile der historischen Zahlungsströme aus betrieblicher Tätigkeit sind in Verbindung mit anderen Informationen von Nutzen, um künftige Zahlungsströme aus betrieblicher Tätigkeit zu prognostizieren.

14 Zahlungsströme aus der betrieblichen Tätigkeit stammen in erster Linie aus der erlösbringenden Tätigkeit des Unternehmens. Daher resultieren sie im Allgemeinen aus Geschäftsvorfällen und anderen Ereignissen, die in die Ermittlung des Gewinns oder Verlusts eingehen. Es folgen einige Beispiele für Zahlungsströme aus der betrieblichen Tätigkeit:

a) Zahlungseingänge aus dem Verkauf von Gütern und der Erbringung von Dienstleistungen,
b) Zahlungseingänge aus Nutzungsentgelten, Honoraren, Provisionen und anderen Erlösen,
c) Auszahlungen an Lieferanten für Güter und Dienstleistungen,
d) Auszahlungen an und für Beschäftigte,
e) [gestrichen]
f) Zahlungen oder Rückerstattungen von Ertragsteuern, es sei denn, die Zahlungen können der Finanzierungs- und Investitionstätigkeit zugeordnet werden, und
g) Einzahlungen und Auszahlungen aus für Handelszwecke gehaltene Kontrakte.

Einige Geschäftsvorfälle, wie der Verkauf einer Sachanlage, führen zu einem Gewinn bzw. Verlust, der sich erfolgswirksam auswirkt. Die entsprechenden Zahlungsströme sind jedoch Zahlungsströme aus der Investitionstätigkeit. Auszahlungen für die Herstellung oder für den Erwerb von Vermögenswerten, die zur Weitervermietung und zum anschließenden Verkauf gehalten werden, so wie in Paragraph 68A von IAS 16 *Sachanlagen* beschrieben, sind Zahlungsströme aus betrieblichen Tätigkeiten. Die Bareinnahmen aus Miete und anschließendem Verkauf dieser Vermögenswerte sind ebenfalls Zahlungsströme aus der betrieblichen Tätigkeit.

15 Ein Unternehmen hält unter Umständen Wertpapiere und Anleihen zu Handelszwecken. In diesem Fall ähneln diese Posten den zur Weiterveräußerung bestimmten Vorräten. Aus diesem Grund werden Zahlungsströme aus dem Erwerb und Verkauf derartiger Wertpapiere als betriebliche Tätigkeit eingestuft. Ähnlich gelten von Finanzinstituten gewährte Kredite und Darlehen im Regelfall als betriebliche Tätigkeit, da sie mit der wesentlichen erlösbringenden Tätigkeit dieses Unternehmens in Zusammenhang stehen.

Investitionstätigkeit

16 Die gesonderte Angabe der Zahlungsströme aus der Investitionstätigkeit ist von Bedeutung, da die Zahlungsströme das Ausmaß angeben, in dem Ausgaben für Ressourcen getätigt wurden, die künftige Erträge und Zahlungsströme erwirtschaften sollen. Nur Ausgaben, die zu in der Bilanz angesetzten Vermögenswerten führen, können als Investitionstätigkeit eingestuft werden. Es folgen einige Beispiele für Zahlungsströme aus der Investitionstätigkeit:

a) Auszahlungen für die Beschaffung von Sachanlagen, immateriellen und anderen langfristigen Vermögenswerten. Hierzu zählen auch Auszahlungen für aktivierte Entwicklungskosten und für selbst erstellte Sachanlagen,
b) Einzahlungen aus dem Verkauf von Sachanlagen, immateriellen und anderen langfristigen Vermögenswerten,
c) Auszahlungen für den Erwerb von Eigenkapital oder Schuldinstrumenten anderer Unternehmen und von Anteilen an Gemeinschaftsunternehmen (sofern diese Titel nicht als Zahlungsmitteläquivalente betrachtet oder zu Handelszwecken gehalten werden),
d) Einzahlungen aus der Veräußerung von Eigenkapital- oder Schuldinstrumenten anderer Unternehmen und von Anteilen an Gemeinschaftsunternehmen (sofern diese Titel nicht als Zahlungsmitteläquivalente betrachtet oder zu Handelszwecken gehalten werden),
e) Auszahlungen für Dritten gewährte Kredite und Darlehen (mit Ausnahme der von einem

Finanzinstitut gewährten Kredite und Darlehen),

f) Einzahlungen aus der Tilgung von Dritten gewährten Krediten und Darlehen (mit Ausnahme der von einem Finanzinstitut gewährten Kredite und Darlehen),

g) Auszahlungen für standardisierte und andere Termingeschäfte, Options- und Swap-Geschäfte, es sei denn, diese Kontrakte werden zu Handelszwecken gehalten oder die Auszahlungen werden als Finanzierungstätigkeit eingestuft, und

h) Einzahlungen aus standardisierten und anderen Termingeschäften, Options- und Swap-Geschäften, es sei denn, diese Kontrakte werden zu Handelszwecken gehalten oder die Einzahlungen werden als Finanzierungstätigkeit eingestuft.

Wenn ein Kontrakt als Sicherungsbeziehung, die sich auf ein bestimmbares Grundgeschäft bezieht, bilanziert wird, werden die Zahlungsströme des Kontrakts auf dieselbe Art und Weise eingestuft wie die Zahlungsströme des Grundgeschäfts.

Finanzierungstätigkeit

17 Die gesonderte Angabe der Zahlungsströme aus der Finanzierungstätigkeit ist von Bedeutung, da sie für die Schätzung von Ansprüchen auf künftige Zahlungsströme der Kapitalgeber gegenüber dem Unternehmen nützlich sind. Es folgen einige Beispiele für Zahlungsströme aus der Finanzierungstätigkeit:

a) Einzahlungen aus der Ausgabe von Anteilen oder anderen Eigenkapitalinstrumenten,

b) Auszahlungen an Eigentümer zum Erwerb oder Rückkauf von (eigenen) Anteilen an dem Unternehmen,

c) Einzahlungen aus der Ausgabe von Schuldverschreibungen, Schuldscheinen, Anleihen und hypothekarisch unterlegten Schuldtiteln sowie aus der Aufnahme von Darlehen und Hypotheken oder aus der Aufnahme von sonstigem kurz- oder langfristigem Fremdkapital,

d) Auszahlungen für die Rückzahlung von Ausleihungen und

e) Auszahlungen von Leasingnehmern zur Tilgung von Schulden aus Leasingverträgen.

DARSTELLUNG DER ZAHLUNGSSTRÖME AUS DER BETRIEBLICHEN TÄTIGKEIT

18 Ein Unternehmen hat Zahlungsströme aus der betrieblichen Tätigkeit in einer der beiden folgenden Formen darzustellen:

a) direkte Methode, wobei die Hauptklassen der Bruttoeinzahlungen und Bruttoauszahlungen angegeben werden oder

b) indirekte Methode, wobei der Periodengewinn oder -verlust um Auswirkungen nicht zahlungswirksamer Geschäftsvorfälle oder Abgrenzungen von vergangenen oder künftigen betrieblichen Ein- oder Auszahlungen (einschließlich Rückstellungen) sowie um Ertrags- oder Aufwandsposten, die den Zahlungsströmen aus der Investitions- oder der Finanzierungstätigkeit zuzuordnen sind, angepasst wird.

19 Unternehmen wird empfohlen, die Zahlungsströme aus der betrieblichen Tätigkeit nach der direkten Methode darzustellen. Die direkte Methode stellt Informationen zur Verfügung, welche die Schätzung künftiger Zahlungsströme erleichtern können und bei Anwendung der indirekten Methode nicht verfügbar sind. Bei Anwendung der direkten Methode können Informationen über die Hauptklassen von Bruttoeinzahlungen und Bruttoauszahlungen folgendermaßen abgeleitet werden:

a) aus der Buchhaltung des Unternehmens oder

b) durch Bereinigung des Umsatzerlöse und der Umsatzkosten (Zinsen und ähnliche Erträge sowie Zinsaufwendungen und ähnliche Aufwendungen bei einem Finanzinstitut) sowie anderer Posten der Gesamtergebnisrechnung um

i) Veränderungen der Periode bei den Vorräten und den Forderungen und Verbindlichkeiten aus Lieferungen und Leistungen,

ii) andere zahlungsunwirksame Posten und

iii) andere Posten, deren zahlungswirksame Auswirkungen Zahlungsströme aus der Investitions- oder Finanzierungstätigkeit darstellen.

20 Bei Anwendung der indirekten Methode wird der Netto-Zahlungsstrom aus der betrieblichen Tätigkeit durch Bereinigung des Periodengewinns oder -verlusts um die folgenden Größen ermittelt:

a) Veränderungen der Periode bei den Vorräten und den Forderungen und Verbindlichkeiten aus Lieferungen und Leistungen,

b) zahlungsunwirksame Posten, wie beispielsweise planmäßige Abschreibungen, Rückstellungen, latente Steuern, unrealisierte Fremdwährungsgewinne und -verluste und nicht ausgeschüttete Gewinne von assoziierten Unternehmen und

c) alle anderen Posten, deren zahlungswirksame Auswirkungen Zahlungsströme aus der Investitions- oder Finanzierungstätigkeit darstellen.

Alternativ kann der Netto-Zahlungsstrom aus der betrieblichen Tätigkeit auch in der indirekten Methode durch Gegenüberstellung der Aufwendungen und Erträge aus der Gesamtergebnisrechnung sowie der Änderungen der Vorräte und der Forderungen und Verbindlichkeiten aus Lieferungen und Leistungen im Laufe der Periode dargestellt werden.

DARSTELLUNG DER ZAHLUNGSSTRÖME AUS INVESTITIONS- UND FINANZIERUNGSTÄTIGKEIT

21 Ein Unternehmen hat die Hauptklassen der Bruttoeinzahlungen und Bruttoauszahlun-

gen, die aus der Investitions- und der Finanzierungstätigkeit entstehen, separat auszuweisen. Ausgenommen sind die Fälle, in denen die in den Paragraphen 22 und 24 beschriebenen Zahlungsströme saldiert ausgewiesen werden.

SALDIERTE DARSTELLUNG DER ZAHLUNGSSTRÖME

22 Für Zahlungsströme, die aus den folgenden betrieblichen Tätigkeiten, Investitions- oder Finanzierungstätigkeiten entstehen, ist ein saldierter Ausweis zulässig:

a) **Einzahlungen und Auszahlungen im Namen von Kunden, wenn die Zahlungsströme eher auf Tätigkeiten des Kunden als auf Tätigkeiten des Unternehmens zurückzuführen sind, und**

b) **Einzahlungen und Auszahlungen für Posten mit großer Umschlagshäufigkeit, großen Beträgen und kurzen Laufzeiten.**

23 Beispiele für die in Paragraph 22(a) genannten Einzahlungen und Auszahlungen sind:

a) Annahme und Rückzahlung von Sichteinlagen bei einer Bank,

b) von einer Anlagegesellschaft für Kunden gehaltene Finanzmittel und

c) Mieten, die für Grundstückseigentümer eingezogen und an diese weitergeleitet werden.

23A Beispiele für die in Paragraph 22(b) genannten Einzahlungen und Auszahlungen sind Einzahlungen und Auszahlungen für

a) Darlehensbeträge gegenüber Kreditkartenkunden,

b) den Kauf und Verkauf von Finanzinvestitionen und

c) sonstiges kurzfristiges Fremdkapital, wie beispielsweise Kredite mit einer Laufzeit von bis zu drei Monaten.

24 Für Zahlungsströme aus einer der folgenden Tätigkeiten eines Finanzinstituts ist eine saldierte Darstellung möglich:

a) **Einzahlungen und Auszahlungen für die Annahme und die Rückzahlung von Einlagen mit fester Laufzeit,**

b) **Platzierung von Einlagen bei Finanzinstituten und Rücknahme von Einlagen anderer Finanzinstitute und**

c) **Kredite und Darlehen für Kunden und die Rückzahlung dieser Kredite und Darlehen.**

ZAHLUNGSSTRÖME IN FREMDWÄHRUNG

25 Zahlungsströme, die aus Geschäftsvorfällen in einer Fremdwährung entstehen, sind in der funktionalen Währung des Unternehmens zu erfassen, indem der Fremdwährungsbetrag mit dem zum Zahlungszeitpunkt gültigen Umrechnungskurs zwischen der funktionalen Währung und der Fremdwährung in die funktionale Währung umgerechnet wird.

26 Die Zahlungsströme eines ausländischen Tochterunternehmens sind mit dem zum Zahlungszeitpunkt geltenden Wechselkurs zwischen der funktionalen Währung und der Fremdwährung in die funktionale Währung umzurechnen.

27 Zahlungsströme, die in einer Fremdwährung abgewickelt werden, sind gemäß IAS 21 *Auswirkungen von Wechselkursänderungen* auszuweisen. Dabei ist die Verwendung eines Wechselkurses zulässig, der dem tatsächlichen Kurs in etwa entspricht. So kann beispielsweise für die Erfassung von Fremdwährungstransaktionen oder für die Umrechnung der Zahlungsströme eines ausländischen Tochterunternehmens ein gewogener Periodendurchschnittskurs verwendet werden. Eine Umrechnung der Zahlungsströme eines ausländischen Tochterunternehmens zum Kurs am Abschlussstichtag ist jedoch gemäß IAS 21 nicht zulässig.

28 Nicht realisierte Gewinne und Verluste aus Wechselkursänderungen sind nicht als Zahlungsströme zu betrachten. Die Auswirkungen von Wechselkursänderungen auf Zahlungsmittel und Zahlungsmitteläquivalente, die in Fremdwährung gehalten werden oder fällig sind, werden jedoch in der Kapitalflussrechnung erfasst, um den Bestand an Zahlungsmitteln und Zahlungsmitteläquivalenten zu Beginn und am Ende der Periode abzustimmen. Dieser Betrag wird getrennt von den Zahlungsströmen aus betrieblicher Tätigkeit, Investitions- und Finanzierungstätigkeit ausgewiesen und umfasst die Differenzen etwaiger Wechselkursänderungen, die entstanden wären, wenn diese Zahlungsströme mit dem Stichtagskurs umgerechnet worden wären.

29 [gestrichen]

30 [gestrichen]

ZINSEN UND DIVIDENDEN

31 Zahlungsströme aus erhaltenen und gezahlten Zinsen und Dividenden sind jeweils gesondert anzugeben. Jede Ein- und Auszahlung ist stetig von Periode zu Periode entweder als betriebliche Tätigkeit, Investitions- oder Finanzierungstätigkeit einzustufen.

32 Der Gesamtbetrag der während einer Periode gezahlten Zinsen wird in der Kapitalflussrechnung angegeben unabhängig davon, ob der Betrag erfolgswirksam erfasst oder nach IAS 23 *Fremdkapitalkosten* aktiviert wurde.

33 Gezahlte Zinsen sowie erhaltene Zinsen und Dividenden werden bei einem Finanzinstitut im Normalfall als Zahlungsströme aus der betrieblichen Tätigkeit eingestuft. Im Hinblick auf andere Unternehmen besteht jedoch kein Einvernehmen über die Zuordnung dieser Zahlungsströme. Gezahlte Zinsen und erhaltene Zinsen und Dividenden können als Zahlungsströme aus der betrieblichen Tätigkeit eingestuft werden, da sie in die Ermittlung des Periodengewinns oder -verlusts eingehen. Alternativ können gezahlte Zinsen und erhaltene Zinsen und Dividenden als Zahlungsströme aus Finanzierungs- bzw. Investitionstätigkeit eingestuft

werden, da sie Finanzierungsaufwendungen oder Erträge aus Investitionen sind.

34 Gezahlte Dividenden können als Zahlungsströme aus der Finanzierungstätigkeit eingestuft werden, da es sich um Finanzierungsaufwendungen handelt. Alternativ können gezahlte Dividenden als Bestandteil der Zahlungsströme aus der betrieblichen Tätigkeit eingestuft werden, damit die Fähigkeit eines Unternehmens, Dividenden aus Zahlungsströmen aus der betrieblichen Tätigkeit zu zahlen, leichter beurteilt werden kann.

ERTRAGSTEUERN

35 Zahlungsströme aus Ertragsteuern sind gesondert anzugeben und als Zahlungsströme aus der betrieblichen Tätigkeit einzustufen, es sei denn, sie können bestimmten Finanzierungs- und Investitionstätigkeiten zugeordnet werden.

36 Ertragsteuern entstehen aus Geschäftsvorfällen, die zu Zahlungsströmen führen, die in einer Kapitalflussrechnung als betriebliche Tätigkeit, Investitions- oder Finanzierungstätigkeit eingestuft werden. Während Investitions- oder Finanzierungstätigkeiten in der Regel der entsprechende Steueraufwand zugeordnet werden kann, ist die Bestimmung der damit verbundenen steuerbezogenen Zahlungsströme häufig nicht durchführbar, und die Zahlungsströme erfolgen unter Umständen in einer anderen Periode als die Zahlungsströme des zugrunde liegenden Geschäftsvorfalls. Aus diesem Grund werden gezahlte Steuern im Regelfall als Zahlungsströme aus der betrieblichen Tätigkeit eingestuft. Wenn die Zuordnung der steuerbezogenen Zahlungsströme zu einem Geschäftsvorfall, der zu Zahlungsströmen aus der Investitions- oder Finanzierungstätigkeit führt, jedoch praktisch möglich ist, werden die steuerbezogenen Zahlungsströme ebenso als Investitions- bzw. Finanzierungstätigkeit eingestuft. Wenn die steuerbezogenen Zahlungsströme mehr als einer Tätigkeit zugeordnet werden, wird der Gesamtbetrag der gezahlten Steuern angegeben.

BETEILIGUNGEN AN TOCHTERUNTERNEHMEN, ASSOZIIERTEN UNTERNEHMEN UND GEMEINSCHAFTSUNTERNEHMEN

37 Bei der Bilanzierung einer Beteiligung an einem assoziierten Unternehmen, einem Gemeinschaftsunternehmen oder einem Tochterunternehmen nach der Equity- oder der Anschaffungskostenmethode beschränkt sich der Investor seine Darstellung in der Kapitalflussrechnung auf die Zahlungsströme zwischen ihm und dem Beteiligungsunternehmen, beispielsweise auf Dividenden und Kredite.

38 Ein Unternehmen, das seine Anteile an einem assoziierten Unternehmen oder einem Gemeinschaftsunternehmen nach der Equity-Methode bilanziert, nimmt nur die Zahlungsströme in die Kapitalflussrechnung auf, die mit seiner Beteiligung an dem assoziierten Unternehmen oder dem Gemeinschaftsunternehmen sowie den Ausschüttungen und anderen Ein- und Auszahlungen zwischen ihm und dem assoziierten Unternehmen oder dem Gemeinschaftsunternehmen in Zusammenhang stehen.

ÄNDERUNGEN DER BETEILIGUNGSQUOTE AN TOCHTERUNTERNEHMEN UND SONSTIGEN GESCHÄFTSEINHEITEN

39 Die Summe der Zahlungsströme aus der Erlangung oder dem Verlust der Beherrschung über Tochterunternehmen oder sonstige Geschäftseinheiten ist gesondert darzustellen und als Investitionstätigkeit einzustufen.

40 Ein Unternehmen hat im Hinblick auf die Erlangung oder den Verlust der Beherrschung über Tochterunternehmen oder sonstige Geschäftseinheiten, die während der Periode erfolgten, die folgenden zusammenfassenden Angaben zu machen:

a) **das gesamte gezahlte oder erhaltene Entgelt,**

b) **den Teil des Entgelts, der aus Zahlungsmitteln und Zahlungsmitteläquivalenten bestand,**

c) **den Betrag der Zahlungsmittel und Zahlungsmitteläquivalente der Tochterunternehmen oder sonstigen Geschäftseinheiten, über welche die Beherrschung erlangt oder verloren wurde, und**

d) **die Beträge der nach Hauptgruppen gegliederten Vermögenswerte und Schulden mit Ausnahme der Zahlungsmittel und Zahlungsmitteläquivalente der Tochterunternehmen oder sonstigen Geschäftseinheiten, über welche die Beherrschung erlangt oder verloren wurde.**

40A Eine Investmentgesellschaft im Sinne von IFRS 10 *Konzernabschlüsse* braucht die Paragraphen 40(c) bzw. 40(d) nicht auf eine Beteiligung an einem Tochterunternehmen anzuwenden, die erfolgswirksam zum beizulegenden Zeitwert zu bewerten ist.

41 Die gesonderte Darstellung der Auswirkungen der Zahlungsströme aus der Erlangung oder dem Verlust der Beherrschung über Tochterunternehmen oder sonstige Geschäftseinheiten als eigenständige Posten sowie die gesonderte Angabe der Beträge der erworbenen oder veräußerten Vermögenswerte und Schulden erleichtert die Unterscheidung dieser Zahlungsströme von den Zahlungsströmen aus der übrigen betrieblichen Tätigkeit, Investitions- und Finanzierungstätigkeit. Die Auswirkungen der Zahlungsströme aus dem Verlust der Beherrschung werden nicht mit denen aus der Erlangung der Beherrschung saldiert.

42 Die Summe des Betrags der als Entgelt für die Erlangung oder den Verlust der Beherrschung über Tochterunternehmen oder sonstige Geschäftseinheiten gezahlten oder erhaltenen Mittel wird in der Kapitalflussrechnung abzüglich der im Rahmen solcher Geschäftsvorfälle, Ereignisse oder veränderten Umstände erworbenen oder veräußerten

Zahlungsmittel und Zahlungsmitteläquivalente ausgewiesen.

42A Zahlungsströme aus Änderungen der Beteiligungsquote an einem Tochterunternehmen, die nicht in einem Verlust der Beherrschung resultieren, sind als Zahlungsströme aus der Finanzierungstätigkeit einzustufen, es sei denn, das Tochterunternehmen wird von einer Investmentgesellschaft im Sinne von IFRS 10 gehalten und muss erfolgswirksam zum beizulegenden Zeitwert bewertet werden.

42B Änderungen der Beteiligungsquote an einem Tochterunternehmen, die nicht in einem Verlust der Beherrschung resultieren, wie beispielsweise ein späterer Kauf oder Verkauf von Eigenkapitalinstrumenten eines Tochterunternehmens, werden als Eigenkapitaltransaktionen bilanziert (siehe IFRS 10), es sei denn, das Tochterunternehmen wird von einer Investmentgesellschaft gehalten und muss erfolgswirksam zum beizulegenden Zeitwert bewertet werden. Demzufolge werden die daraus resultierenden Zahlungsströme genauso wie die anderen in Paragraph 17 beschriebenen Geschäftsvorfälle mit Eigentümern eingestuft.

NICHT ZAHLUNGSWIRKSAME TRANSAKTIONEN

43 Investitions- und Finanzierungstransaktionen, für die keine Zahlungsmittel oder Zahlungsmitteläquivalente eingesetzt werden, sind nicht Bestandteil der Kapitalflussrechnung. Solche Transaktionen sind an anderer Stelle im Abschluss derart anzugeben, dass alle notwendigen Informationen über diese Investitions- und Finanzierungstätigkeiten bereitgestellt werden.

44 Viele Investitions- und Finanzierungstätigkeiten haben keine direkten Auswirkungen auf die laufenden Zahlungsströme, beeinflussen jedoch die Kapital- und Vermögensstruktur eines Unternehmens. Der Ausschluss nicht zahlungswirksamer Transaktionen aus der Kapitalflussrechnung steht mit der Zielsetzung der Kapitalflussrechnung im Einklang, da diese Posten nicht zu Zahlungsströmen in der aktuellen Berichtsperiode führen. Beispiele für nicht zahlungswirksame Transaktionen sind:
a) der Erwerb von Vermögenswerten durch Übernahme direkt damit verbundener Schulden oder durch ein Leasingverhältnis,
b) der Erwerb eines Unternehmens gegen Ausgabe von Anteilen und
c) die Umwandlung von Schulden in Eigenkapital.

VERÄNDERUNGEN DER VERBINDLICHKEITEN AUS FINANZIERUNGSTÄTIGKEITEN

44A Ein Unternehmen hat Angaben zu machen, anhand deren die Abschlussadressaten Veränderungen der Verbindlichkeiten aus Finanzierungstätigkeiten, einschließlich Veränderungen durch Zahlungsströme und nicht zahlungswirksame Veränderungen, beurteilen können.

44B Soweit zur Erfüllung der Anforderung nach Paragraph 44A erforderlich, gibt ein Unternehmen folgende Veränderungen der Verbindlichkeiten aus Finanzierungstätigkeiten an:
a) Veränderungen durch Zahlungsströme aus der Finanzierungtätigkeit,
b) Veränderungen aufgrund der Erlangung oder des Verlustes der Beherrschung über Tochterunternehmen oder sonstige Geschäftseinheiten,
c) die Auswirkung von Wechselkursänderungen,
d) Veränderungen beizulegender Zeitwerte und
e) sonstige Veränderungen.

44C Verbindlichkeiten aus Finanzierungstätigkeiten sind Verbindlichkeiten, bei denen Zahlungsströme in der Kapitalflussrechnung bisher oder in Zukunft als Zahlungsströme aus der Finanzierungstätigkeit eingestuft werden. Die Angabepflicht nach Paragraph 44A gilt auch für Veränderungen bei finanziellen Vermögenswerten (beispielsweise Vermögenswerte zur Absicherung von Verbindlichkeiten aus Finanzierungstätigkeiten), wenn Zahlungsströme aus diesen finanziellen Vermögenswerten bisher oder in Zukunft als Zahlungsströme aus Finanzierungstätigkeiten berücksichtigt werden.

44D Eine Möglichkeit zur Erfüllung der Angabepflicht nach Paragraph 44A besteht in der Bereitstellung einer Überleitungsrechnung der Eröffnungs- und Schlusssalden in der Bilanz für Verbindlichkeiten aus Finanzierungstätigkeiten, einschließlich der Veränderungen gemäß Paragraph 44B. Wenn ein Unternehmen eine solche Überleitungsrechnung veröffentlicht, macht es ausreichende Angaben, um den Abschlussadressaten eine Zuordnung der in die Überleitungsrechnung aufgenommenen Posten zur Bilanz und zur Kapitalflussrechnung zu ermöglichen.

44E Liefert ein Unternehmen die nach Paragraph 44A erforderlichen Angaben in Kombination mit Angaben zu Veränderungen bei anderen Vermögenswerten und Verbindlichkeiten, so gibt es Veränderungen von Verbindlichkeiten aus Finanzierungstätigkeiten getrennt von Veränderungen dieser anderen Vermögenswerte und Verbindlichkeiten an.

BESTANDTEILE DER ZAHLUNGSMITTEL UND ZAHLUNGSMITTELÄQUIVALENTE

45 Ein Unternehmen hat die Bestandteile der Zahlungsmittel und Zahlungsmitteläquivalente anzugeben und eine Überleitungsrechnung zu erstellen, in der die Beträge der Kapitalflussrechnung den entsprechenden Bilanzposten gegenübergestellt werden.

46 Angesichts der Vielfalt der weltweiten Praktiken zur Zahlungsmitteldisposition und der Konditionen von Kreditinstituten sowie zur Erfüllung des IAS 1 *Darstellung des Abschlusses* gibt ein Unternehmen die gewählte Methode für die Be-

stimmung der Zusammensetzung der Zahlungsmittel und Zahlungsmitteläquivalente an.

47 Die Auswirkungen von Änderungen der Methode zur Bestimmung der Zusammensetzung der Zahlungsmittel und Zahlungsmitteläquivalente, wie beispielsweise eine Änderung in der Einstufung von Finanzinstrumenten, die ursprünglich dem Beteiligungsportfolio des Unternehmens zugeordnet waren, werden nach IAS 8 *Rechnungslegungsmethoden, Änderungen rechnungslegungsbezogener Schätzungen und Fehler* dargestellt.

WEITERE ANGABEN

48 Ein Unternehmen hat in Verbindung mit einer Stellungnahme des Managements den Betrag an wesentlichen Zahlungsmitteln und Zahlungsmitteläquivalenten anzugeben, die vom Unternehmen gehalten werden und über die der Konzern nicht verfügen kann.

49 Unter verschiedenen Umständen kann ein Konzern nicht über Zahlungsmittel und Zahlungsmitteläquivalente eines Unternehmens verfügen. Dazu zählen beispielsweise Zahlungsmittel und Zahlungsmitteläquivalente, die von einem Tochterunternehmen in einem Land gehalten werden, in dem Devisenverkehrskontrollen oder andere gesetzliche Einschränkungen zum Tragen kommen, und das Mutterunternehmen oder andere Tochterunternehmen nicht uneingeschränkt über die Bestände verfügen können.

50 Zusätzliche Angaben können für die Adressaten von Bedeutung sein, um die Finanzlage und Liquidität eines Unternehmens einschätzen zu können. Solche Angaben (in Verbindung mit einer Erläuterung des Managements) werden empfohlen und können folgende Punkte enthalten:

a) Betrag der nicht ausgenutzten Kreditlinien, die für die künftige betriebliche Tätigkeit und zur Erfüllung von Verpflichtungen eingesetzt werden könnten, unter Angabe aller Beschränkungen der Verwendung dieser Kreditlinien,

b) die Summe des Betrags der Zahlungsströme, die Erweiterungen der Betriebskapazität betreffen, im Unterschied zu den Zahlungsströmen, die zur Erhaltung der Betriebskapazität erforderlich sind, und

c) Betrag der Zahlungsströme aus betrieblicher Tätigkeit, aus der Investitionstätigkeit und aus der Finanzierungstätigkeit, aufgegliedert nach den einzelnen berichtspflichtigen Segmenten (siehe IFRS 8 *Geschäftssegmente*).

51 Durch die gesonderte Angabe von Zahlungsströmen, die eine Erhöhung der Betriebskapazität betreffen, und Zahlungsströmen, die zur Erhaltung der Betriebskapazität erforderlich sind, kann der Adressat der Kapitalflussrechnung beurteilen, ob das Unternehmen ausreichende Investitionen zur Erhaltung seiner Betriebskapazität vornimmt. Nimmt das Unternehmen nur unzureichende Investitionen zur Erhaltung seiner Betriebskapazität vor, schadet es unter Umständen der künftigen Rentabilität zugunsten der kurzfristigen Liquidität und der Ausschüttungen an Eigentümer.

52 Die Angabe segmentierter Zahlungsströme verhilft den Adressaten der Kapitalflussrechnung zu einem besseren Verständnis der Beziehung zwischen den Zahlungsströmen des Unternehmens als Ganzem und den Zahlungsströmen seiner Bestandteile sowie der Verfügbarkeit und Variabilität der segmentierten Zahlungsströme.

ZEITPUNKT DES INKRAFTTRETENS

53 Dieser Standard ist verbindlich auf Abschlüsse für Berichtsperioden anzuwenden, die am oder nach dem 1. Januar 1994 beginnen.

54 Durch IAS 27 (in der 2008 geänderten Fassung) wurden die Paragraphen 39–42 geändert und die Paragraphen 42A und 42B eingefügt. Diese Änderungen sind auf Geschäftsjahre anzuwenden, die am oder nach dem 1. Juli 2009 beginnen. Wendet ein Unternehmen IAS 27 (geändert 2008) auf eine frühere Periode an, so hat es auf diese Periode auch die genannten Änderungen anzuwenden. Diese Änderungen sind rückwirkend anzuwenden.

55 Durch die *Verbesserungen der IFRS*, veröffentlicht im Mai 2008, wurde Paragraph 14 geändert. Diese Änderung ist auf Geschäftsjahre anzuwenden, die am oder nach dem 1. Januar 2009 beginnen. Eine frühere Anwendung ist zulässig. Wendet ein Unternehmen diese Änderung auf eine frühere Periode an, hat es dies anzugeben und Paragraph 68A von IAS 16 anzuwenden.

56 Durch die *Verbesserungen der IFRS*, veröffentlicht im April 2009, wurde Paragraph 16 geändert. Diese Änderung ist auf Geschäftsjahre anzuwenden, die am oder nach dem 1. Januar 2010 beginnen. Eine frühere Anwendung ist zulässig. Wendet ein Unternehmen die Änderung für eine frühere Periode an, hat es dies anzugeben.

57 Durch IFRS 10 und IFRS 11 *Gemeinschaftliche Vereinbarungen*, veröffentlicht im Mai 2011, wurden die Paragraphen 37, 38 und 42B geändert und Paragraph 50(b) wurde gestrichen. Wendet ein Unternehmen IFRS 10 und IFRS 11 an, hat es diese Änderungen ebenfalls anzuwenden.

58 Mit der im Oktober 2012 veröffentlichten Verlautbarung *Investmentgesellschaften* (Investment Entities) (Änderungen an IFRS 10, IFRS 12 und IAS 27) wurden die Paragraphen 42A und 42B geändert und Paragraph 40A eingefügt. Diese Änderungen sind auf Geschäftsjahre anzuwenden, die am oder nach dem 1. Januar 2014 beginnen. Eine frühere Anwendung ist zulässig. Wendet ein Unternehmen diese Änderungen früher an, hat es alle in der Verlautbarung enthaltenen Änderungen gleichzeitig anzuwenden.

59 Durch IFRS 16 *Leasingverhältnisse*, veröffentlicht im Januar 2016, wurden die Paragraphen 17 und 44 geändert. Wendet ein Unternehmen IFRS 16 an, sind diese Änderungen ebenfalls anzuwenden.

60 Mit der im Januar 2016 veröffentlichten Änderung des IAS 7 *Angabeninitiative* wurden die Paragraphen 44A–44E eingefügt. Diese Ände-

rungen sind auf Geschäftsjahre anzuwenden, die am oder nach dem 1. Januar 2017 beginnen. Eine frühere Anwendung ist zulässig. Wenn das Unternehmen diese Änderungen erstmals anwendet, so ist es nicht verpflichtet, Vergleichsinformationen zu früheren Perioden bereitzustellen.

61 Durch IFRS 17 *Versicherungsverträge*, veröffentlicht im Mai 2017, wurde Paragraph 14 geändert. Wendet ein Unternehmen IFRS 17 an, ist diese Änderung ebenfalls anzuwenden.

INTERNATIONAL ACCOUNTING STANDARD 8
Rechnungslegungsmethoden, Änderungen von rechnungslegungsbezogenen Schätzungen und Fehler

IAS 8, VO (EU) 2023/1803

Gliederung	§§
ZIELSETZUNG	1–2
ANWENDUNGSBEREICH	3–4
DEFINITIONEN	5–6
RECHNUNGSLEGUNGSMETHODEN	7–31
Auswahl und Anwendung der Rechnungslegungsmethoden	7–12
Stetigkeit der Rechnungslegungsmethoden	13
Änderungen von Rechnungslegungsmethoden	14–31
Anwendung von Änderungen der Rechnungslegungsmethoden	19–27
Angaben	28–31
RECHNUNGSLEGUNGSBEZOGENE SCHÄTZUNGEN	32–40
Änderungen von rechnungslegungsbezogenen Schätzungen	34–40
Anwendung von Änderungen von rechnungslegungsbezogenen Schätzungen	36–38
Angaben	39–40
FEHLER	41–49
Einschränkungen bei rückwirkender Berichtigung	43–48
Angaben von Fehlern aus früheren Perioden	49
UNDURCHFÜHRBARKEIT HINSICHTLICH RÜCKWIRKENDER ANWENDUNG UND RÜCKWIRKENDER BERICHTIGUNG	50–53
ZEITPUNKT DES INKRAFTTRETENS UND ÜBERGANGSVORSCHRIFTEN	54–54I
RÜCKNAHME ANDERER VERLAUTBARUNGEN	55–56

ZIELSETZUNG

1 Dieser Standard schreibt die Kriterien zur Auswahl und Änderung der Rechnungslegungsmethoden sowie die bilanzielle Behandlung und Angabe von Änderungen der Rechnungslegungsmethoden, Änderungen von rechnungslegungsbezogenen Schätzungen sowie Fehlerkorrekturen vor. Der Standard soll die Relevanz und Zuverlässigkeit des Abschlusses eines Unternehmens sowie die Vergleichbarkeit dieser Abschlüsse im Zeitablauf sowie mit den Abschlüssen anderer Unternehmen verbessern.

2 Die Bestimmungen zur Angabe von Rechnungslegungsmethoden – davon ausgenommen: Änderungen von Rechnungslegungsmethoden – sind in IAS 1 *Darstellung des Abschlusses* aufgeführt.

ANWENDUNGSBEREICH

3 Dieser Standard ist bei der Auswahl und Anwendung von Rechnungslegungsmethoden sowie zur Bilanzierung von Änderungen der Rechnungslegungsmethoden, Änderungen von rechnungslegungsbezogenen Schätzungen und Korrekturen von Fehlern aus früheren Perioden anzuwenden.

4 Die steuerlichen Auswirkungen der Korrekturen von Fehlern aus früheren Perioden und von rückwirkenden Anpassungen zur Umsetzung der Änderungen von Rechnungslegungsmethoden werden nach IAS 12 *Ertragsteuern* bilanziert und angegeben.

DEFINITIONEN

5 Die folgenden Begriffe werden in diesem Standard mit der angegebenen Bedeutung verwendet:

Rechnungslegungsmethoden sind die besonderen Prinzipien, grundlegende Überlegungen, Konventionen, Regeln und Praktiken, die ein Unternehmen bei der Aufstellung und Darstellung eines Abschlusses anwendet.

Rechnungslegungsbezogene Schätzungen sind in Abschlüssen angegebene Geldbeträge, die mit Bewertungsunsicherheit behaftet sind.

International Financial Reporting Standards **(IFRS)** sind die vom International Accounting Standards Board (IASB) herausgegebenen Standards und Interpretationen. Sie umfassen

a) International Financial Reporting Standards,

b) International Accounting Standards,

c) IFRIC-Interpretationen und

2/4. IAS 8
5 – 10

d) SIC-Interpretationen([1]).

([1]) Die IFRS-Definition wurde geändert, um den 2010 in der geänderten *Satzung der IFRS-Stiftung* vorgenommenen Namensänderungen Rechnung zu tragen.

Der Begriff *„wesentlich"* ist in Paragraph 7 von IAS 1 definiert und wird im vorliegenden Standard mit derselben Bedeutung verwendet.

Fehler aus früheren Perioden sind Auslassungen oder fehlerhafte Darstellungen in den Abschlüssen eines Unternehmens für eine oder mehrere Perioden, die sich aus einer Nicht- oder Fehlanwendung von zuverlässigen Informationen ergeben haben, die

a) zu dem Zeitpunkt, zu dem die Abschlüsse für die entsprechenden Perioden zur Veröffentlichung freigegeben wurden, zur Verfügung standen, und

b) den Erwartungen zufolge hätten eingeholt und bei der Aufstellung und Darstellung der entsprechenden Abschlüsse berücksichtigt werden müssen.

Diese Fehler umfassen die Auswirkungen von Rechenfehlern, Fehlern bei der Anwendung von Rechnungslegungsmethoden, Flüchtigkeitsfehlern oder Fehlinterpretationen von Sachverhalten sowie die Auswirkungen von Betrugsfällen.

Die *rückwirkende Anwendung* besteht darin, eine neue Rechnungslegungsmethode auf Geschäftsvorfälle, sonstige Ereignisse und Bedingungen so anzuwenden, als wäre die Rechnungslegungsmethode stets angewandt worden.

Die *rückwirkende Berichtigung* ist die Korrektur einer Erfassung, Bewertung und Angabe von Beträgen aus Bestandteilen eines Abschlusses, als ob ein Fehler in einer früheren Periode nie aufgetreten wäre.

Undurchführbar: Die Anwendung einer Vorschrift gilt dann als undurchführbar, wenn sie trotz aller angemessenen Anstrengungen des Unternehmens nicht angewandt werden kann. Für eine bestimmte frühere Periode ist die rückwirkende Anwendung einer Änderung einer Rechnungslegungsmethode bzw. eine rückwirkende Berichtigung zur Fehlerkorrektur dann undurchführbar, wenn

a) die Auswirkungen der rückwirkenden Anwendung bzw. rückwirkenden Berichtigung nicht zu ermitteln sind,

b) die rückwirkende Anwendung bzw. rückwirkende Berichtigung Annahmen über die mögliche Absicht des Managements in der entsprechenden Periode erfordert oder

c) die rückwirkende Anwendung bzw. rückwirkende Berichtigung umfangreiche Schätzungen der Beträge erforderlich macht und es unmöglich ist, objektiv die Informationen aus diesen Schätzungen, die

i) einen Anhaltspunkt für die Umstände vermitteln, die zu dem Zeitpunkt/den Zeitpunkten bestanden, zu dem/denen die entsprechenden Beträge zu erfassen, zu bewerten oder anzugeben sind, und

ii) zur Verfügung gestanden hätten, als der Abschluss für jene frühere Periode zur Veröffentlichung freigegeben wurde,

von sonstigen Informationen zu unterscheiden.

Die *prospektive Anwendung* der Änderung einer Rechnungslegungsmethode bzw. der Erfassung der Auswirkung der Änderung einer rechnungslegungsbezogenen Schätzung besteht darin,

a) die neue Rechnungslegungsmethode auf Geschäftsvorfälle, sonstige Ereignisse und Bedingungen anzuwenden, die nach dem Zeitpunkt der Änderung der Rechnungslegungsmethode eintreten, und

b) die Auswirkung der Änderung einer rechnungslegungsbezogenen Schätzung in der aktuellen Berichtsperiode und in zukünftigen Perioden anzusetzen, die von der Änderung betroffen sind.

6 [gestrichen]

RECHNUNGSLEGUNGSMETHODEN

Auswahl und Anwendung der Rechnungslegungsmethoden

7 Bezieht sich ein IFRS ausdrücklich auf einen Geschäftsvorfall oder auf sonstige Ereignisse oder Bedingungen, so ist bzw. sind die Rechnungslegungsmethode(n) für den entsprechenden Posten zu ermitteln, indem der IFRS angewandt wird.

8 Die IFRS legen Rechnungslegungsmethoden fest, die aufgrund einer Schlussfolgerung des IASB zu einem Abschluss führen, der relevante und zuverlässige Informationen über die Geschäftsvorfälle, sonstigen Ereignisse und Bedingungen enthält, für die sie gelten. Diese Methoden müssen nicht angewandt werden, wenn die Auswirkung ihrer Anwendung unwesentlich ist. Es ist jedoch nicht angemessen, unwesentliche Abweichungen von den IFRS vorzunehmen oder unberichtigt zu lassen, um eine bestimmte Darstellung der Vermögens-, Finanz- und Ertragslage oder der Zahlungsströme eines Unternehmens zu erzielen.

9 Die IFRS gehen mit Anwendungsleitlinien einher, um Unternehmen bei der Umsetzung der Vorschriften zu helfen. In den Anwendungsleitlinien wird klar festgelegt, ob sie ein integraler Bestandteil der IFRS sind. Ist letzteres der Fall, sind die Anwendungsleitlinien verbindlich. Anwendungsleitlinien, die kein integraler Bestandteil der IFRS sind, enthalten keine Vorschriften zu den Abschlüssen.

10 Bei Geschäftsvorfällen, sonstigen Ereignissen oder Bedingungen, für die kein IFRS ausdrücklich gilt, hat das Management nach eigenem Ermessen darüber zu entscheiden, welche Rechnungslegungsmethode zu entwi-

ckeln und anzuwenden ist, um Informationen bereitstellen zu können, die
a) für die wirtschaftliche Entscheidungsfindung der Adressaten von Bedeutung sind, und
b) zuverlässig sind, in dem Sinne, dass der Abschluss
   i) die Vermögens-, Finanz- und Ertragslage sowie die Zahlungsströme des Unternehmens den tatsächlichen Verhältnissen entsprechend darstellt,
   ii) den wirtschaftlichen Gehalt von Geschäftsvorfällen und sonstigen Ereignissen und Bedingungen widerspiegelt und nicht nur deren rechtliche Form,
   iii) neutral ist, das heißt frei von verzerrenden Einflüssen,
   iv) vorsichtig ist und
   v) in allen wesentlichen Gesichtspunkten vollständig ist.

11 Bei seiner Ermessensentscheidung nach Paragraph 10 hat das Management sich auf folgende Quellen – in absteigender Reihenfolge – zu beziehen und deren Anwendbarkeit zu berücksichtigen:
a) die Vorschriften der IFRS, die ähnliche und verwandte Fragen behandeln, und
b) die im *Rahmenkonzept für die Finanzberichterstattung (Rahmenkonzept)* enthaltenen Definitionen, Erfassungskriterien und Bewertungskonzepte für Vermögenswerte, Schulden, Erträge und Aufwendungen([2]).

([2]) In Paragraph 54G ist dargelegt, wie diese Vorschrift für Salden regulatorischer Posten geändert wird.

12 Bei seiner Ermessensentscheidung nach Paragraph 10 kann das Management außerdem die jüngsten Verlautbarungen anderer Standardisierungsgremien, die ein ähnliches konzeptionelles Rahmenkonzept zur Entwicklung von Rechnungslegungsstandards einsetzen, sowie sonstige Rechnungslegungs-Verlautbarungen und anerkannte Branchenpraktiken berücksichtigen, sofern sie nicht mit den in Paragraph 11 enthaltenen Quellen in Konflikt stehen.

Stetigkeit der Rechnungslegungsmethoden

13 Ein Unternehmen hat seine Rechnungslegungsmethoden für ähnliche Geschäftsvorfälle, sonstige Ereignisse und Bedingungen stetig auszuwählen und anzuwenden, es sei denn, ein IFRS erlaubt bzw. schreibt die Kategorisierung von Sachverhalten vor, für die andere Rechnungslegungsmethoden zutreffend sind. Sofern ein IFRS eine derartige Kategorisierung vorschreibt oder erlaubt, ist eine geeignete Rechnungslegungsmethode auszuwählen und stetig für jede Kategorie anzuwenden.

Änderungen von Rechnungslegungsmethoden

14 Ein Unternehmen darf eine Rechnungslegungsmethode nur dann ändern, wenn die Änderung
a) aufgrund eines IFRS erforderlich ist oder
b) dazu führt, dass der Abschluss zuverlässige und relevantere Informationen über die Auswirkungen von Geschäftsvorfällen, sonstigen Ereignissen oder Bedingungen auf die Vermögens-, Finanz- oder Ertragslage oder die Zahlungsströme des Unternehmens vermittelt.

15 Die Adressaten der Abschlüsse müssen in der Lage sein, die Abschlüsse eines Unternehmens im Zeitablauf vergleichen zu können, um Tendenzen in der Vermögens-, Finanz- und Ertragslage sowie der Zahlungsströme zu erkennen. Daher sind in jeder Periode und von einer Periode auf die nächste stets dieselben Rechnungslegungsmethoden anzuwenden, es sei denn, die Änderung einer Rechnungslegungsmethode entspricht einem der in Paragraph 14 aufgeführten Kriterien.

16 Die folgenden Fälle sind keine Änderung der Rechnungslegungsmethoden:
a) die Anwendung einer Rechnungslegungsmethode auf Geschäftsvorfälle, sonstige Ereignisse oder Bedingungen, die sich grundsätzlich von früheren Geschäftsvorfällen oder sonstigen Ereignissen oder Bedingungen unterscheiden, und
b) die Anwendung einer neuen Rechnungslegungsmethode auf Geschäftsvorfälle oder sonstige Ereignisse oder Bedingungen, die früher nicht vorgekommen sind oder unwesentlich waren.

17 Die erstmalige Anwendung einer Methode zur Neubewertung von Vermögenswerten nach IAS 16 *Sachanlagen* oder IAS 38 *Immaterielle Vermögenswerte* ist eine Änderung einer Rechnungslegungsmethode, die als Neubewertung im Rahmen des IAS 16 bzw. IAS 38 und nicht nach Maßgabe dieses Standards zu behandeln ist.

18 Die Paragraphen 19–31 finden auf die in Paragraphen 17 beschriebene Änderung der Rechnungslegungsmethode keine Anwendung.

Anwendung von Änderungen der Rechnungslegungsmethoden

19 Vorbehaltlich Paragraph 23 gilt Folgendes:
a) Ein Unternehmen hat eine Änderung der Rechnungslegungsmethode aus der erstmaligen Anwendung eines IFRS nach den ggf. bestehenden spezifischen Übergangsvorschriften für den IFRS zu bilanzieren und
b) sofern ein Unternehmen eine Rechnungslegungsmethode nach erstmaliger Anwendung eines IFRS ändert, der keine spezifischen Übergangsvorschriften zur entsprechenden Änderung enthält, oder aber die Rechnungslegungsmethode freiwillig

ändert, so hat es die Änderung rückwirkend anzuwenden.

20 Im Sinne dieses Standards handelt es sich bei einer frühzeitigen Anwendung eines IFRS nicht um eine freiwillige Änderung der Rechnungslegungsmethode.

21 Bei Fehlen eines IFRS, der sich ausdrücklich auf einen Geschäftsvorfall, ein sonstiges Ereignis oder eine Bedingung bezieht, kann das Management nach Paragraph 12 eine Rechnungslegungsmethode nach den jüngsten Verlautbarungen anderer Standardisierungsgremien anwenden, die ein ähnliches konzeptionelles Rahmenkonzept zur Entwicklung von Rechnungslegungsstandards einsetzen. Falls das Unternehmen sich nach einer Änderung einer derartigen Verlautbarung dafür entscheidet, eine Rechnungslegungsmethode zu ändern, so ist diese Änderung als freiwillige Änderung der Rechnungslegungsmethode zu bilanzieren und anzugeben.

Rückwirkende Anwendung

22 Wenn eine Änderung einer Rechnungslegungsmethode nach Paragraph 19(a) oder (b) rückwirkend angewendet wird, hat das Unternehmen vorbehaltlich Paragraph 23 den Eröffnungsbilanzwert eines jeden Bestandteils des Eigenkapitals für die früheste dargestellte Periode sowie die sonstigen Vergleichsbeträge für jede frühere dargestellte Periode so anzupassen, als ob die neue Rechnungslegungsmethode stets angewandt worden wäre.

Einschränkungen im Hinblick auf rückwirkende Anwendung

23 Ist eine rückwirkende Anwendung nach Paragraph 19(a) oder (b) vorgeschrieben, so ist eine Änderung der Rechnungslegungsmethode rückwirkend anzuwenden, es sei denn, dass die Ermittlung der periodenspezifischen Effekte oder der kumulierten Auswirkung der Änderung undurchführbar ist.

24 Wenn die Ermittlung der periodenspezifischen Effekte einer Änderung der Rechnungslegungsmethode bei Vergleichsinformationen für eine oder mehrere ausgewiesene Perioden undurchführbar ist, so hat das Unternehmen die neue Rechnungslegungsmethode auf die Buchwerte der Vermögenswerte und Schulden zu Beginn der frühesten Periode, für die die rückwirkende Anwendung durchführbar ist – dies kann auch die aktuelle Berichtsperiode sein – anzuwenden und die Eröffnungsbilanzwerte eines jeden betroffenen Eigenkapitalbestandteils für die entsprechende Periode entsprechend anzupassen.

25 Wenn die Ermittlung des kumulierten Effekts der Anwendung einer neuen Rechnungslegungsmethode auf alle früheren Perioden zu Beginn der aktuellen Berichtsperiode undurchführbar ist, so hat das Unternehmen die Vergleichsinformationen dahin gehend anzupassen, dass die neue Rechnungslegungsmethode prospektiv vom frühestmöglichen Zeitpunkt an angewandt wird.

26 Wenn ein Unternehmen eine neue Rechnungslegungsmethode rückwirkend anwendet, so hat es die neue Rechnungslegungsmethode auf Vergleichsinformationen für frühere Perioden, so weit zurück, wie dies durchführbar ist, anzuwenden. Die rückwirkende Anwendung auf eine frühere Periode ist nur durchführbar, wenn die kumulierte Auswirkung auf die Beträge in sowohl der Eröffnungs- als auch der Abschlussbilanz für die entsprechende Periode ermittelt werden kann. Der Anpassungsbetrag für frühere Perioden, die nicht im Abschluss dargestellt sind, wird im Eröffnungsbilanzwert jedes betroffenen Eigenkapitalbestandteils der frühesten dargestellten Periode verrechnet. Normalerweise werden die Gewinnrücklagen angepasst. Allerdings kann auch jeder andere Eigenkapitalbestandteil (beispielsweise, um einem IFRS zu entsprechen) angepasst werden. Jede andere Information, die sich auf frühere Perioden bezieht, beispielsweise Zeitreihen von Finanzkennzahlen, wird ebenfalls so weit zurück, wie dies durchführbar ist, rückwirkend angepasst.

27 Ist die rückwirkende Anwendung einer neuen Rechnungslegungsmethode für ein Unternehmen undurchführbar, weil es die kumulierte Auswirkung der Anwendung auf alle früheren Perioden nicht ermitteln kann, so hat das Unternehmen die neue Rechnungslegungsmethode gemäß Paragraph 25 prospektiv ab Beginn der frühestmöglichen Periode anzuwenden. Daher lässt das Unternehmen den Anteil der kumulierten Anpassung von Vermögenswerten, Schulden und Eigenkapital vor dem entsprechenden Zeitpunkt außer Acht. Die Änderung einer Rechnungslegungsmethode ist selbst dann zulässig, wenn die prospektive Anwendung der entsprechenden Methode für frühere Perioden undurchführbar ist. Die Paragraphen 50–53 enthalten Leitlinien dafür, wann die Anwendung einer neuen Rechnungslegungsmethode auf eine oder mehrere frühere Perioden undurchführbar ist.

Angaben

28 Wenn die erstmalige Anwendung eines IFRS Auswirkungen auf die aktuelle Berichtsperiode oder eine frühere Periode hat oder derartige Auswirkungen haben würde, die Ermittlung des Anpassungsbetrags aber undurchführbar ist, oder wenn die Anwendung Auswirkungen auf zukünftige Perioden haben könnte, hat das Unternehmen Folgendes anzugeben:

a) **den Titel des IFRS,**
b) **falls zutreffend, dass die Rechnungslegungsmethode gemäß den Übergangsvorschriften geändert wird,**
c) **die Art der Änderung der Rechnungslegungsmethode,**
d) **falls zutreffend, eine Beschreibung der Übergangsvorschriften,**
e) **falls zutreffend, die Übergangsvorschriften, die eine Auswirkung auf zukünftige Perioden haben könnten,**

f) den Anpassungsbetrag für die aktuelle Berichtsperiode sowie, soweit durchführbar, für jede frühere dargestellte Periode
    i)   für jeden einzelnen betroffenen Posten des Abschlusses und
    ii) sofern IAS 33 *Ergebnis je Aktie* auf das Unternehmen anwendbar ist, für das unverwässerte und das verwässerte Ergebnis je Aktie
g) den Anpassungsbetrag, sofern durchführbar, im Hinblick auf Perioden vor denjenigen, die ausgewiesen werden, und
h) sofern eine rückwirkende Anwendung nach Paragraph 19(a) oder (b) für eine bestimmte frühere Periode, oder aber für Perioden, die vor den ausgewiesenen Perioden liegen, undurchführbar ist, so sind die Umstände darzustellen, die zu jenem Zustand geführt haben und es ist anzugeben, wie und ab wann die Änderung der Rechnungslegungsmethode angewandt wurde.

In den Abschlüssen späterer Perioden müssen diese Angaben nicht wiederholt werden.

29 Sofern eine freiwillige Änderung der Rechnungslegungsmethode Auswirkungen auf die aktuelle Berichtsperiode oder eine frühere Periode hat oder derartige Auswirkungen haben würde, die Ermittlung des Anpassungsbetrags aber undurchführbar ist, oder wenn die Änderung Auswirkungen auf zukünftige Perioden haben könnte, hat das Unternehmen Folgendes anzugeben:

a) die Art der Änderung der Rechnungslegungsmethode,
b) die Gründe, aus denen die Anwendung der neuen Rechnungslegungsmethode zuverlässige und relevantere Informationen vermittelt,
c) den Anpassungsbetrag für die aktuelle Berichtsperiode sowie, soweit durchführbar, für jede frühere dargestellte Periode
    i)   für jeden einzelnen betroffenen Posten des Abschlusses und
    ii) sofern IAS 33 auf das Unternehmen anwendbar ist, für das unverwässerte und das verwässerte Ergebnis je Aktie,
d) den Anpassungsbetrag, sofern durchführbar, im Hinblick auf Perioden vor denjenigen, die ausgewiesen werden, und
e) sofern eine rückwirkende Anwendung für eine bestimmte frühere Periode, oder aber für Perioden, die vor den ausgewiesenen Perioden liegen, undurchführbar ist, so sind die Umstände darzustellen, die zu jenem Zustand geführt haben und es ist anzugeben, wie und ab wann die Änderung der Rechnungslegungsmethode angewandt wurde.

In den Abschlüssen späterer Perioden müssen diese Angaben nicht wiederholt werden.

30 Wenn ein Unternehmen einen neuen IFRS nicht angewandt hat, der herausgegeben wurde, aber noch nicht in Kraft getreten ist, so hat das Unternehmen Folgendes anzugeben:

a) diese Tatsache und
b) bekannte bzw. angemessen einschätzbare Informationen, die zur Beurteilung der möglichen Auswirkungen einer Anwendung des neuen IFRS auf den Abschluss des Unternehmens in der Periode der erstmaligen Anwendung relevant sind.

31 Unter Berücksichtigung des Paragraphen 30 erwägt ein Unternehmen die Angabe

a) des Titels des neuen IFRS,
b) der Art der bevorstehenden Änderung/en der Rechnungslegungsmethode,
c) des Zeitpunkts, ab welchem die Anwendung des IFRS vorgeschrieben ist,
d) des Zeitpunkts, ab welchem es die erstmalige Anwendung des IFRS beabsichtigt, und
e) entweder
    i)   einer Erörterung der erwarteten Auswirkungen der erstmaligen Anwendung des IFRS auf den Abschluss des Unternehmens oder
    ii) wenn diese Auswirkungen unbekannt oder nicht angemessen einschätzbar sind, einer Erklärung mit diesem Inhalt.

RECHNUNGSLEGUNGSBEZOGENE SCHÄTZUNGEN

32 Eine Rechnungslegungsmethode kann vorschreiben, dass Posten in Abschlüssen unter Berücksichtigung von Bewertungsunsicherheiten bewertet werden, d. h. die Rechnungslegungsmethode kann vorschreiben, solche Posten in Geldbeträgen zu bewerten, die nicht direkt feststellbar sind und deshalb geschätzt werden müssen. In einem solchen Fall entwickelt ein Unternehmen eine rechnungslegungsbezogene Schätzung, um das in der Rechnungslegungsmethode festgelegte Ziel zu erreichen. Die Entwicklung von rechnungslegungsbezogenen Schätzungen erfolgt auf der Grundlage von Ermessensentscheidungen oder Annahmen, die auf den zuletzt verfügbaren verlässlichen Informationen beruhen. Beispiele für rechnungslegungsbezogene Schätzungen sind

a) eine Wertberichtigung für erwartete Kreditverluste unter Anwendung von IFRS 9 *Finanzinstrumente,*
b) der Nettoveräußerungswert von Vorräten unter Anwendung von IAS 2 *Vorräte,*
c) der beizulegende Zeitwert eines Vermögenswerts oder einer Schuld unter Anwendung von IFRS 13 *Bewertung zum beizulegenden Zeitwert,*
d) der Abschreibungsaufwand bei einer Sachanlage unter Anwendung von IAS 16 und
e) eine Rückstellung für die Verpflichtungen aus Gewährleistungen unter Anwendung von IAS

37 *Rückstellungen, Eventualverbindlichkeiten und Eventualforderungen.*

32A Bei der Entwicklung einer rechnungslegungsbezogenen Schätzung legt ein Unternehmen Wertermittlungsverfahren und Eingangsparameter zugrunde. Zu den Wertermittlungsverfahren gehören Schätzverfahren (z. B. Verfahren zur Bemessung einer Wertberichtigung für erwartete Kreditverluste unter Anwendung von IFRS 9) und Bewertungsverfahren (z. B. Verfahren zur Bewertung eines Vermögenswerts oder einer Schuld zum beizulegenden Zeitwert unter Anwendung von IFRS 13).

32B In den IFRS wird der Begriff „Schätzung" in bestimmten Fällen für eine Schätzung verwendet, bei der es sich nicht um eine rechnungslegungsbezogene Schätzung im Sinne dieses Standards handelt. So bezieht sich der Begriff in einigen Fällen beispielsweise auf Eingangsparameter, die bei der Entwicklung von rechnungslegungsbezogenen Schätzungen zugrunde gelegt werden.

33 Die Verwendung angemessener Schätzungen ist bei der Aufstellung von Abschlüssen unumgänglich und beeinträchtigt deren Verlässlichkeit nicht.

Änderungen von rechnungslegungsbezogenen Schätzungen

34 Eine rechnungslegungsbezogene Schätzung muss unter Umständen geändert werden, wenn sich die Umstände, auf deren Grundlage sie erfolgt ist, ändern oder neue Informationen, neue Entwicklungen oder mehr Erfahrung vorliegen. Naturgemäß kann sich die Änderung einer rechnungslegungsbezogenen Schätzung nicht auf frühere Perioden beziehen und gilt auch nicht als Fehlerkorrektur.

34A Die Auswirkungen der Änderung eines Eingangsparameters oder eines Wertermittlungsverfahrens auf eine rechnungslegungsbezogene Schätzung sind Änderungen von rechnungslegungsbezogenen Schätzungen, es sei denn, sie ergeben sich aus der Berichtigung von Fehlern aus früheren Perioden.

35 Eine Änderung der verwendeten Bewertungsgrundlage ist eine Änderung einer Rechnungslegungsmethode und keine Änderung einer rechnungslegungsbezogenen Schätzung. Wenn es schwierig ist, eine Änderung einer Rechnungslegungsmethode von einer Änderung einer rechnungslegungsbezogenen Schätzung zu unterscheiden, gilt die entsprechende Änderung als eine Änderung einer rechnungslegungsbezogenen Schätzung.

Anwendung von Änderungen von rechnungslegungsbezogenen Schätzungen

36 Die Auswirkung der Änderung einer rechnungslegungsbezogenen Schätzung, bei der es sich nicht um eine Änderung im Sinne des Paragraphen 37 handelt, ist prospektiv erfolgswirksam zu erfassen in

a) der Periode der Änderung, wenn die Änderung nur diese Periode betrifft, oder

b) der Periode der Änderung und in zukünftigen Perioden, sofern die Änderung sowohl die Berichtsperiode als auch zukünftige Perioden betrifft.

37 Soweit eine Änderung einer rechnungslegungsbezogenen Schätzung zu Änderungen der Vermögenswerte oder Schulden führt oder sich auf einen Eigenkapitalposten bezieht, hat die Erfassung dadurch zu erfolgen, dass der Buchwert des entsprechenden Vermögenswerts oder der entsprechenden Schuld oder des entsprechenden Eigenkapitalpostens in der Periode der Änderung angepasst wird.

38 Die prospektive Erfassung der Auswirkung der Änderung einer rechnungslegungsbezogenen Schätzung bedeutet, dass die Änderung ab dem Zeitpunkt, zu dem sie vorgenommen wurde, auf Geschäftsvorfälle, sonstige Ereignisse und Bedingungen angewandt wird. Die Änderung einer rechnungslegungsbezogenen Schätzung kann nur den Gewinn oder Verlust der aktuellen Berichtsperiode, oder aber den Gewinn oder Verlust sowohl der aktuellen Berichtsperiode als auch zukünftiger Perioden betreffen. So betrifft beispielsweise die Änderung einer Wertberichtigung für erwartete Kreditverluste nur den Gewinn oder Verlust der Berichtsperiode und wird daher in dieser erfasst. Dagegen betrifft die Änderung einer Schätzung der Nutzungsdauer oder des erwarteten Abschreibungsverlaufs des künftigen wirtschaftlichen Nutzens eines abschreibungsfähigen Vermögenswerts den Abschreibungsaufwand der aktuellen Berichtsperiode und jeder folgenden Periode der verbleibenden Restnutzungsdauer des Vermögenswerts. In beiden Fällen wird die Auswirkung der Änderung, die sich auf die aktuelle Periode bezieht, als Ertrag oder Aufwand in der Berichtsperiode erfasst, soweit diese betreffen. Die mögliche Auswirkung auf zukünftige Perioden wird in diesen als Ertrag oder Aufwand erfasst.

Angaben

39 Ein Unternehmen hat die Art und den Betrag einer Änderung einer rechnungslegungsbezogenen Schätzung anzugeben, die eine Auswirkung in der aktuellen Berichtsperiode hat oder von der erwartet wird, dass sie Auswirkungen in zukünftigen Perioden hat, es sei denn, dass die Angabe der Schätzung dieser Auswirkung auf zukünftige Perioden undurchführbar ist.

40 Erfolgt die Angabe des Betrags der Auswirkung auf zukünftige Perioden nicht, weil die Schätzung dieser Auswirkung undurchführbar ist, so hat das Unternehmen auf diesen Umstand hinzuweisen.

FEHLER

41 Fehler können im Hinblick auf die Erfassung, Bewertung, Darstellung oder auf Angaben zu Bestandteilen eines Abschlusses entstehen. Ein Abschluss steht nicht im Einklang mit den IFRS, wenn er entweder wesentliche Fehler oder aber absichtlich herbeigeführte unwesentliche Fehler enthält, um eine bestimmte Darstellung der Vermögens-,

Finanz- oder Ertragslage oder der Zahlungsströme des Unternehmens zu erreichen. Potenzielle Fehler in der aktuellen Berichtsperiode, die in dieser Periode entdeckt werden, sind zu korrigieren, bevor der Abschluss zur Veröffentlichung freigegeben wird. Jedoch werden wesentliche Fehler mitunter erst in einer nachfolgenden Periode entdeckt, und diese Fehler aus früheren Perioden werden in den Vergleichsinformationen im Abschluss für diese nachfolgende Periode korrigiert (siehe Paragraphen 42–47).

42 Vorbehaltlich Paragraph 43 hat ein Unternehmen wesentliche Fehler aus früheren Perioden im ersten vollständigen Abschluss, der nach der Entdeckung der Fehler zur Veröffentlichung freigegeben wurde, rückwirkend zu korrigieren, indem
a) die Vergleichsbeträge für die dargestellten früheren Perioden, in denen der Fehler auftrat, berichtigt werden, oder
b) wenn der Fehler vor der frühesten dargestellten Periode aufgetreten ist, die Eröffnungssalden von Vermögenswerten, Schulden und Eigenkapital für die früheste dargestellte Periode berichtigt werden.

Einschränkungen bei rückwirkender Berichtigung

43 Ein Fehler aus einer früheren Periode ist durch rückwirkende Berichtigung zu korrigieren, es sei denn, die Ermittlung der periodenspezifischen Effekte oder der kumulierten Auswirkung des Fehlers ist undurchführbar.

44 Wenn die Ermittlung der periodenspezifischen Effekte eines Fehlers auf die Vergleichsinformationen für eine oder mehrere frühere dargestellte Perioden undurchführbar ist, so hat das Unternehmen die Eröffnungssalden von Vermögenswerten, Schulden und Eigenkapital für die früheste Periode zu berichtigen, für die eine rückwirkende Berichtigung durchführbar ist (es kann sich dabei um die aktuelle Berichtsperiode handeln).

45 Wenn die Ermittlung der kumulierten Auswirkung eines Fehlers auf alle früheren Perioden am Anfang der aktuellen Berichtsperiode undurchführbar ist, so hat das Unternehmen die Vergleichsinformationen dahin gehend zu berichtigen, dass der Fehler prospektiv ab dem frühestmöglichen Zeitpunkt korrigiert wird.

46 Die Korrektur eines Fehlers aus einer früheren Periode ist für die Periode, in der er entdeckt wurde, erfolgsneutral zu erfassen. Jede Information, die sich auf frühere Perioden bezieht, wie beispielsweise Zeitreihen von Finanzkennzahlen, wird so weit zurück berichtet, wie dies durchführbar ist.

47 Ist die betragsmäßige Ermittlung eines Fehlers (beispielsweise bei der Fehlanwendung einer Rechnungslegungsmethode) für alle früheren Perioden undurchführbar, so hat das Unternehmen die Vergleichsinformationen nach Paragraph 45 ab dem frühestmöglichen Zeitpunkt prospektiv zu berichten. Daher lässt das Unternehmen den Anteil der kumulierten Berichtigung von Vermögenswerten, Schulden und Eigenkapital vor dem entsprechenden Zeitpunkt außer Acht. Die Paragraphen 50–53 enthalten Leitlinien dafür, wann die Korrektur eines Fehlers für eine oder mehrere frühere Perioden undurchführbar ist.

48 Korrekturen von Fehlern werden getrennt von Änderungen der rechnungslegungsbezogenen Schätzungen behandelt. Rechnungslegungsbezogene Schätzungen sind ihrer Natur nach Annäherungen, die unter Umständen geändert werden müssen, sobald zusätzliche Informationen bekannt werden. Beispielsweise handelt es sich bei einem Gewinn oder Verlust als Ergebnis eines Haftungsverhältnisses nicht um die Korrektur eines Fehlers.

Angaben von Fehlern aus früheren Perioden

49 Wenn Paragraph 42 angewandt wird, hat ein Unternehmen Folgendes anzugeben:
a) die Art des Fehlers aus einer früheren Periode,
b) die betragsmäßige Korrektur, soweit durchführbar, für jede frühere dargestellte Periode
   i) für jeden einzelnen betroffenen Posten des Abschlusses und
   ii) sofern IAS 33 auf das Unternehmen anwendbar ist, für das unverwässerte und das verwässerte Ergebnis je Aktie,
c) die betragsmäßige Korrektur am Anfang der frühesten dargestellten Periode und
d) wenn eine rückwirkende Berichtigung für eine bestimmte frühere Periode undurchführbar ist, so sind die Umstände darzustellen, die zu diesem Zustand geführt haben, und es ist anzugeben, wie und ab wann der Fehler korrigiert wurde.

In den Abschlüssen späterer Perioden müssen diese Angaben nicht wiederholt werden.

UNDURCHFÜHRBARKEIT HINSICHTLICH RÜCKWIRKENDER ANWENDUNG UND RÜCKWIRKENDER BERICHTIGUNG

50 Die Anpassung von Vergleichsinformationen für eine oder mehrere frühere Perioden zur Erzielung der Vergleichbarkeit mit der aktuellen Berichtsperiode kann unter bestimmten Umständen undurchführbar sein. Beispielsweise wurden die Daten in der früheren Periode/den früheren Perioden eventuell nicht auf eine Art und Weise erfasst, die entweder die rückwirkende Anwendung einer neuen Rechnungslegungsmethode (darunter auch, im Sinne der Paragraphen 51–53, die prospektive Anwendung auf frühere Perioden) oder eine rückwirkende Berichtigung ermöglicht, um einen Fehler in einer früheren Periode zu korrigieren; auch kann die Wiederherstellung von Informationen undurchführbar sein.

51 Oftmals ist es bei der Anwendung einer Rechnungslegungsmethode auf Bestandteile eines

2/4. IAS 8
51 – 54G

Abschlusses, die im Zusammenhang mit Geschäftsvorfällen und sonstigen Ereignissen oder Bedingungen erfasst bzw. anzugeben sind, erforderlich, Schätzungen zu machen. Der Schätzungsprozess ist von Natur aus subjektiv, und Schätzungen können nach dem Abschlussstichtag entwickelt werden. Die Entwicklung von Schätzungen ist potenziell schwieriger, wenn eine Rechnungslegungsmethode rückwirkend angewandt wird oder eine Berichtigung rückwirkend vorgenommen wird, um einen Fehler aus einer früheren Periode zu korrigieren, weil ein eventuell längerer Zeitraum zurückliegt, seitdem der betreffende Geschäftsvorfall bzw. ein sonstiges Ereignis oder eine Bedingung eingetreten sind. Die Zielsetzung von Schätzungen im Zusammenhang mit früheren Perioden bleibt jedoch die gleiche wie für Schätzungen in der aktuellen Berichtsperiode, nämlich, dass die Schätzung die Umstände widerspiegeln soll, die zur Zeit des Geschäftsvorfalls oder des sonstigen Ereignisses oder der Bedingung existierten.

52 Daher verlangt die rückwirkende Anwendung einer neuen Rechnungslegungsmethode oder die Korrektur eines Fehlers aus einer früheren Periode Informationen, die

a) einen Anhaltspunkt für die Umstände erbringen, die zu dem Zeitpunkt/den Zeitpunkten existierten, als der Geschäftsvorfall oder das sonstige Ereignis oder die Bedingung eintraten, und

b) zur Verfügung gestanden hätten, als die Abschlüsse für jene frühere Periode zur Veröffentlichung freigegeben wurden,

von sonstigen Informationen zu unterscheiden. Für manche Arten von Schätzungen (z. B. eine Ermittlung des beizulegenden Zeitwerts, die auf wesentlichen, nicht beobachtbaren Eingangsparametern basiert) ist die Unterscheidung dieser Informationsarten undurchführbar. Erfordert eine rückwirkende Anwendung oder eine rückwirkende Berichtigung eine umfangreiche Schätzung, für die es unmöglich ist, diese beiden Informationsarten voneinander zu unterscheiden, so ist die rückwirkende Anwendung der neuen Rechnungslegungsmethode bzw. die rückwirkende Korrektur des Fehlers aus einer früheren Periode undurchführbar.

53 Wird in einer früheren Periode eine neue Rechnungslegungsmethode angewandt oder eine Betragskorrektur vorgenommen, so sind keine nachträglichen Erkenntnisse zu verwenden; dies bezieht sich auf Annahmen hinsichtlich der Absichten des Managements in einer früheren Periode sowie auf Schätzungen der in einer früheren Periode erfassten, bewerteten oder angegebenen Beträge. Berichtigt ein Unternehmen beispielsweise einen Fehler, der in einer früheren Periode bei der Ermittlung seiner Rückstellung für den kumulierten Krankengeldanspruch nach IAS 19 *Leistungen an Arbeitnehmer* unterlaufen ist, lässt es Informationen über eine ungewöhnlich heftige Grippesaison während der nächsten Periode außer Acht, die zur Verfügung standen, nachdem der Abschluss für die frühere Periode zur Veröffentlichung freigegeben wurde. Die Tatsache, dass zur Änderung von Vergleichsinformationen für frühere Perioden oftmals umfangreiche Schätzungen erforderlich sind, verhindert keine zuverlässige Anpassung bzw. Korrektur der Vergleichsinformationen.

ZEITPUNKT DES INKRAFTTRETENS UND ÜBERGANGSVORSCHRIFTEN

54 Dieser Standard ist auf Geschäftsjahre anzuwenden, die am oder nach dem 1. Januar 2005 beginnen. Eine frühere Anwendung wird empfohlen. Wendet ein Unternehmen diesen Standard für Berichtsperioden an, die vor dem 1. Januar 2005 beginnen, hat es dies anzugeben.

54A [gestrichen]

54B [gestrichen]

54C Durch IFRS 13 *Bewertung zum beizulegenden Zeitwert*, veröffentlicht im Mai 2011, wurde Paragraph 52 geändert. Wendet ein Unternehmen IFRS 13 an, ist diese Änderung ebenfalls anzuwenden.

54D [gestrichen]

54E Durch IFRS 9 *Finanzinstrumente*, veröffentlicht im Juli 2014, wurde Paragraph 53 geändert und wurden die Paragraphen 54A, 54B und 54D gestrichen. Wendet ein Unternehmen IFRS 9 an, hat es diese Änderungen ebenfalls anzuwenden.

54F Durch die 2018 veröffentlichte Verlautbarung *Änderungen der Verweise auf das Rahmenkonzept in IFRS-Standards* wurden die Paragraphen 6 und 11(b) geändert. Diese Änderungen sind auf Geschäftsjahre anzuwenden, die am oder nach dem 1. Januar 2020 beginnen. Eine frühere Anwendung ist zulässig, wenn das Unternehmen gleichzeitig alle anderen mit der Verlautbarung *Änderungen der Verweise auf das Rahmenkonzept in IFRS-Standards* einhergehenden Änderungen anwendet. Gemäß dem vorliegenden Standard sind die Änderungen an den Paragraphen 6 und 11(b) rückwirkend anzuwenden. Sollte das Unternehmen jedoch feststellen, dass eine rückwirkende Anwendung undurchführbar oder mit unangemessenem Kosten- oder Zeitaufwand verbunden wäre, sind die Änderungen an den Paragraphen 6 und 11(b) mit Verweis auf die Paragraphen 23–28 dieses Standards anzuwenden. Wenn die rückwirkende Anwendung einer in der Verlautbarung *Änderungen der Verweise auf das Rahmenkonzept in IFRS- Standards* enthaltenen Änderungen mit unangemessenem Kosten- oder Zeitaufwand verbunden wäre, so ist bei der Anwendung der Paragraphen 23–28 des vorliegenden Standards jeder Verweis (außer dem im letzten Satz des Paragraphen 27) auf „undurchführbar" als „mit unangemessenem Kosten- oder Zeitaufwand verbunden" und jeder Verweis auf „durchführbar" als „ohne unangemessenen Kosten- oder Zeitaufwand möglich" zu verstehen.

54G Wendet ein Unternehmen IFRS 14 *Regulatorische Abgrenzungsposten* nicht an, so hat es bei der Anwendung des Paragraphen 11(b) auf die Salden regulatorischer Posten weiterhin die im *Rahmenkonzept für die Aufstellung und Darstellung von Abschlüssen*[3] und nicht auf die im

Rahmenkonzept für die Finanzberichterstattung enthaltenen Definitionen, Erfassungskriterien und Bewertungskonzepte Bezug zu nehmen und deren Anwendbarkeit zu erwägen. Der Saldo eines regulatorischen Postens ist der Saldo eines jeden Aufwands- (oder Ertrags-)postens, der nicht nach einem anderen anwendbaren IFRS-Standard als Vermögenswert oder Schuld erfasst wird, sondern vom Preisregulierer in die Festlegung des Preises/der Preise, der/die den Kunden in Rechnung gestellt werden kann/können, einbezogen oder voraussichtlich einbezogen wird. Ein Preisregulierer ist ein autorisiertes Organ, das aufgrund seiner Satzung oder kraft Rechtsvortrags dazu ermächtigt ist, einen für ein Unternehmen verbindlichen Preis oder ein für ein Unternehmen verbindliches Preisspektrum festzulegen. Der Preisregulierer kann eine vom Unternehmen unabhängige Institution oder ein verbundenes Unternehmen, einschließlich des Leitungsorgans des Unternehmens, sein, wenn diese/s satzungsbedingt oder aufgrund von Rechtsvorschriften dazu verpflichtet ist, Preise sowohl im Interesse der Kunden als auch zur Sicherstellung der finanziellen Tragfähigkeit des Unternehmens festzusetzen.

(^{3}) Hiermit ist das vom IASB 2001 übernommene IASC-*Rahmenkonzept für die Finanzberichterstattung* gemeint. [Anmerkung des Verfassers: Ein Auszug aus dem vom IASB 2001 angenommenen IASC-*Rahmenkonzept für die Finanzberichterstattung* ist auf der Website der Stiftung unter „Supporting Implementation"/„Supporting Implementation by IFRS Standard"/„IAS 8" zu finden.]

54H Mit der im Oktober 2018 veröffentlichten Verlautbarung *Definition von „wesentlich"* (Änderungen an IAS 1 und IAS 8) wurden Paragraph 7 von IAS 1 und Paragraph 5 von IAS 8 geändert und Paragraph 6 von IAS 8 gestrichen. Diese Änderungen sind prospektiv auf Geschäftsjahre anzuwenden, die am oder nach dem 1. Januar 2020 beginnen. Eine frühere Anwendung ist zulässig. Wendet ein Unternehmen diese Änderungen früher an, hat es dies anzugeben.

54I Mit der im Februar 2021 veröffentlichten Verlautbarung *Definition von rechnungslegungsbezogenen Schätzungen* wurden die Paragraphen 5, 32, 34, 38 und 48 geändert und die Paragraphen 32A, 32B und 34A angefügt. Diese Änderungen sind auf Geschäftsjahre anzuwenden, die am oder nach dem 1. Januar 2023 beginnen. Eine frühere Anwendung ist zulässig. Ein Unternehmen hat diese Änderungen auf Änderungen von rechnungslegungsbezogenen Schätzungen und Änderungen von Rechnungslegungsmethoden anzuwenden, die zum oder nach dem Beginn des ersten Geschäftsjahres, in dem es diese Änderungen anwendet, eintreten.

RÜCKNAHME ANDERER VERLAUTBARUNGEN

55 Dieser Standard ersetzt IAS 8 *Periodenergebnis, grundlegende Fehler und Änderungen der Rechnungslegungsmethoden* (überarbeitet 1993).

56 Dieser Standard ersetzt die folgenden Interpretationen:

a) SIC-2 *Stetigkeit – Aktivierung von Fremdkapitalkosten* und

b) SIC-18 *Stetigkeit – Alternative Verfahren*.

INTERNATIONAL ACCOUNTING STANDARD 10
Ereignisse nach dem Abschlussstichtag

IAS 10, VO (EU) 2023/1803

Gliederung	§§
ZIELSETZUNG	1
ANWENDUNGSBEREICH	2
DEFINITIONEN	3–7
ERFASSUNG UND BEWERTUNG	8–13
Berücksichtigungspflichtige Ereignisse nach dem Abschlussstichtag	8–9
Nicht zu berücksichtigende Ereignisse nach dem Abschlussstichtag	10–11
Dividenden	12–13
UNTERNEHMENSFORTFÜHRUNG	14–16
ANGABEN	17–22
Zeitpunkt der Freigabe zur Veröffentlichung	17–18
Aktualisierung der Angaben über Gegebenheiten am Abschlussstichtag	19–20
Nicht zu berücksichtigende Ereignisse nach dem Abschlussstichtag	21–22
ZEITPUNKT DES INKRAFTTRETENS	23–23C
RÜCKNAHME VON IAS 10 (ÜBERARBEITET 1999)	24

ZIELSETZUNG

1 Zielsetzung dieses Standards ist es, Folgendes zu regeln:
a) wann ein Unternehmen Ereignisse nach dem Abschlussstichtag in seinem Abschluss zu berücksichtigen hat und
b) welche Angaben ein Unternehmen über den Zeitpunkt, zu dem der Abschluss zur Veröffentlichung freigegeben wurde, und über Ereignisse nach dem Abschlussstichtag zu machen hat.

Der Standard verlangt außerdem, dass ein Unternehmen seinen Abschluss nicht auf der Grundlage der Annahme der Unternehmensfortführung aufstellt, wenn Ereignisse nach dem Abschlussstichtag anzeigen, dass die Annahme der Unternehmensfortführung unangemessen ist.

ANWENDUNGSBEREICH

2 Dieser Standard ist auf die Bilanzierung und Angabe von Ereignissen nach dem Abschlussstichtag anzuwenden.

DEFINITIONEN

3 Die folgenden Begriffe werden in diesem Standard mit der angegebenen Bedeutung verwendet:

Ereignisse nach dem Abschlussstichtag sind vorteilhafte oder nachteilige Ereignisse, die zwischen dem Abschlussstichtag und dem Tag eintreten, an dem der Abschluss zur Veröffentlichung freigegeben wird. Es wird dabei zwischen zwei Arten von Ereignissen unterschieden:

a) Ereignisse, die weitere Anhaltspunkte für Gegebenheiten liefern, die bereits am Abschlussstichtag vorgelegen haben *(berücksichtigungspflichtige Ereignisse nach dem Abschlussstichtag)* und

b) **Ereignisse, die Gegebenheiten anzeigen, die nach dem Abschlussstichtag eingetreten sind** *(nicht zu berücksichtigende Ereignisse nach dem Abschlussstichtag).*

4 Verfahren für die Freigabe des Abschlusses zur Veröffentlichung können sich je nach Managementstruktur, gesetzlichen Vorschriften und den Abläufen bei den Vorarbeiten und der Erstellung des Abschlusses voneinander unterscheiden.

5 In einigen Fällen ist ein Unternehmen verpflichtet, seinen Abschluss den Anteilseignern zur Genehmigung vorzulegen, nachdem der Abschluss veröffentlicht wurde. In solchen Fällen gilt der Abschluss zum Zeitpunkt der Veröffentlichung als zur Veröffentlichung freigegeben, und nicht erst, wenn die Anteilseigner den Abschluss genehmigen.

Beispiel

Das Management erstellt den Abschluss zum 31. Dezember 20X1 am 28. Februar 20X2 im Entwurf. Am 18. März 20X2 prüft das Geschäftsführungs- und/oder Aufsichtsorgan den Abschluss und gibt ihn zur Veröffentlichung frei. Das Unternehmen gibt sein Ergebnis und weitere ausgewählte finanzielle Informationen am 19. März 20X2 bekannt. Der Abschluss wird den Anteilseignern und anderen Personen am 1. April 20X2 zugänglich gemacht. Der Abschluss wird auf der Jahresversammlung der Anteilseigner am 15. Mai 20X2 genehmigt und dann am 17. Mai 20X2 bei einer Aufsichtsbehörde eingereicht.

Der Abschluss wird am 18. März 20X2 zur Veröffentlichung freigegeben (Tag der Freigabe zur

Veröffentlichung durch das Geschäftsführungs- und/oder Aufsichtsorgan.

6 In einigen Fällen ist das Management des Unternehmens verpflichtet, den Abschluss einem Aufsichtsorgan (das ausschließlich aus nicht der Geschäftsführung angehörenden Personen besteht) zur Genehmigung vorzulegen. In solchen Fällen ist der Abschluss zur Veröffentlichung freigegeben, wenn das Management die Vorlage an das Aufsichtsorgan genehmigt.

Beispiel

Am 18. März 20X2 gibt das Management den Abschluss zur Weitergabe an das Aufsichtsorgan frei. Das Aufsichtsorgan besteht ausschließlich aus nicht der Geschäftsführung angehörenden Personen und kann Arbeitnehmervertreter und externe Interessenvertreter einschließen. Das Aufsichtsorgan genehmigt den Abschluss am 26. März 20X2. Der Abschluss wird den Anteilseignern und anderen Personen am 1. April 20X2 zugänglich gemacht. Die Anteilseigner genehmigen den Abschluss auf ihrer Jahreshauptversammlung am 15. Mai 20X2 und der Abschluss wird dann am 17. Mai 20X2 bei einer Aufsichtsbehörde eingereicht.

Der Abschluss wird am 18. März 20X2 zur Veröffentlichung freigegeben (Tag der Freigabe zur Vorlage an das Aufsichtsorgan durch das Management).

7 Ereignisse nach dem Abschlussstichtag schließen alle Ereignisse bis zu dem Zeitpunkt ein, an dem der Abschluss zur Veröffentlichung freigegeben wird, auch wenn diese Ereignisse nach Ergebnisbekanntgabe oder der Veröffentlichung anderer ausgewählter finanzieller Informationen eintreten.

ERFASSUNG UND BEWERTUNG

Berücksichtigungspflichtige Ereignisse nach dem Abschlussstichtag

8 Ein Unternehmen hat die in seinem Abschluss erfassten Beträge anzupassen, damit berücksichtigungspflichtige Ereignisse nach dem Abschlussstichtag abgebildet werden.

9 Im Folgenden werden Beispiele von berücksichtigungspflichtigen Ereignissen nach dem Abschlussstichtag genannt, die ein Unternehmen dazu verpflichten, die im Abschluss erfassten Beträge anzupassen oder Sachverhalte zu erfassen, die bislang nicht erfasst waren:

a) die Beilegung eines gerichtlichen Verfahrens nach dem Abschlussstichtag, womit bestätigt wird, dass das Unternehmen eine gegenwärtige Verpflichtung zum Abschlussstichtag hatte. Jede zuvor angesetzte Rückstellung in Bezug auf dieses gerichtliche Verfahren wird vom Unternehmen nach IAS 37 *Rückstellungen, Eventualverbindlichkeiten und Eventualforderungen* angepasst oder eine neue Rückstellung wird angesetzt. Das Unternehmen gibt nicht bloß eine Eventualverbindlichkeit an, weil die Beilegung zusätzliche Anhaltspunkte liefert, die nach Paragraph 16 von IAS 37 berücksichtigt werden,

b) das Erlangen von Informationen nach dem Abschlussstichtag darüber, dass ein Vermögenswert am Abschlussstichtag wertgemindert war oder dass der Betrag eines früher erfassten Wertminderungsaufwands für diesen Vermögenswert angepasst werden muss. Beispiel:
   i) das nach dem Abschlussstichtag eingeleitete Insolvenzverfahren eines Kunden, das im Regelfall bestätigt, dass die Bonität des Kunden am Abschlussstichtag beeinträchtigt war, und
   ii) der Verkauf von Vorräten nach dem Abschlussstichtag kann einen Anhaltspunkt für den Nettoveräußerungswert am Abschlussstichtag liefern,

c) die nach dem Abschlussstichtag erfolgte Ermittlung der Anschaffungskosten für erworbene Vermögenswerte oder der Erlöse für vor dem Abschlussstichtag verkaufte Vermögenswerte,

d) die nach dem Abschlussstichtag erfolgte Ermittlung der Beträge für Zahlungen aus Gewinn- oder Erfolgsbeteiligungsplänen, wenn das Unternehmen am Abschlussstichtag eine gegenwärtige rechtliche oder faktische Verpflichtung hatte, solche Zahlungen aufgrund von vor diesem Zeitpunkt liegenden Ereignissen zu leisten (siehe IAS 19 *Leistungen an Arbeitnehmer*),

e) die Entdeckung eines Betrugs oder von Fehlern, die zeigt, dass der Abschluss falsch ist.

Nicht zu berücksichtigende Ereignisse nach dem Abschlussstichtag

10 Ein Unternehmen darf die im Abschluss erfassten Beträge nicht anpassen, um nicht zu berücksichtigende Ereignisse nach dem Abschlussstichtag abzubilden.

11 Ein Beispiel für nicht zu berücksichtigende Ereignisse nach dem Abschlussstichtag ist das Sinken des beizulegenden Zeitwerts von Finanzinvestitionen zwischen dem Abschlussstichtag und dem Tag, an dem der Abschluss zur Veröffentlichung freigegeben wird. Das Sinken des beizulegenden Zeitwerts hängt in der Regel nicht mit der Beschaffenheit der Finanzinvestitionen am Abschlussstichtag zusammen, sondern spiegelt Umstände wider, die nachträglich eingetreten sind. Daher passt ein Unternehmen die im Abschluss für Finanzinvestitionen erfassten Beträge nicht an. Gleichermaßen aktualisiert ein Unternehmen nicht die für Finanzinvestitionen angegebenen Beträge zum Abschlussstichtag, obwohl es notwendig sein kann, zusätzliche Angaben nach Paragraph 21 zu machen.

Dividenden

12 Wenn ein Unternehmen nach dem Abschlussstichtag Dividenden für Inhaber von Eigenkapitalinstrumenten (wie in IAS 32 *Finanzinstrumente: Darstellung* definiert) beschließt,

darf das Unternehmen diese Dividenden zum Abschlussstichtag nicht als Schulden ansetzen.

13 Wenn Dividenden nach der Berichtsperiode, aber vor der Freigabe des Abschlusses zur Veröffentlichung beschlossen werden, werden diese Dividenden am Abschlussstichtag nicht als Schulden angesetzt, da zu dem Zeitpunkt keine Verpflichtung dazu besteht. Diese Dividenden werden nach IAS 1 *Darstellung des Abschlusses* im Anhang angegeben.

UNTERNEHMENSFORTFÜHRUNG

14 Ein Unternehmen darf seinen Abschluss nicht auf der Grundlage der Annahme der Unternehmensfortführung aufstellen, wenn das Management nach dem Abschlussstichtag entweder beabsichtigt, das Unternehmen aufzulösen, den Geschäftsbetrieb einzustellen oder keine realistische Alternative mehr hat, als so zu handeln.

15 Eine Verschlechterung der Vermögens-, Finanz- und Ertragslage nach dem Abschlussstichtag kann ein Hinweis darauf sein, dass es notwendig ist, zu prüfen, ob die Aufstellung des Abschlusses unter der Annahme der Unternehmensfortführung weiterhin angemessen ist. Ist die Annahme der Unternehmensfortführung nicht länger angemessen, wirkt sich dies so entscheidend aus, dass dieser Standard eine fundamentale Änderung der Grundlage der Rechnungslegung fordert und nicht nur die Anpassung der im Rahmen der ursprünglichen Grundlage der Rechnungslegung erfassten Beträge.

16 IAS 1 spezifiziert die geforderten Angaben, wenn

a) der Abschluss nicht unter der Annahme der Unternehmensfortführung erstellt wird oder

b) dem Management wesentliche Unsicherheiten in Verbindung mit Ereignissen und Gegebenheiten bekannt sind, die erhebliche Zweifel an der Fortführbarkeit des Unternehmens aufwerfen. Die Ereignisse und Gegebenheiten, die Angaben erfordern, können nach dem Abschlussstichtag entstehen.

ANGABEN

Zeitpunkt der Freigabe zur Veröffentlichung

17 Ein Unternehmen hat den Zeitpunkt anzugeben, an dem der Abschluss zur Veröffentlichung freigegeben wurde und wer diese Freigabe vorgenommen hat. Wenn die Eigentümer des Unternehmens oder andere Personen die Möglichkeit haben, den Abschluss nach der Veröffentlichung zu ändern, hat das Unternehmen dies anzugeben.

18 Für die Abschlussadressaten ist es wichtig zu wissen, wann der Abschluss zur Veröffentlichung freigegeben wurde, da der Abschluss keine Ereignisse nach diesem Zeitpunkt widerspiegelt.

Aktualisierung der Angaben über Gegebenheiten am Abschlussstichtag

19 Wenn ein Unternehmen Informationen über Gegebenheiten, die bereits am Abschlussstichtag bestanden haben, nach dem Abschlussstichtag erhält, hat es die betreffenden Angaben auf der Grundlage der neuen Informationen zu aktualisieren.

20 In einigen Fällen ist es notwendig, dass ein Unternehmen die Angaben im Abschluss aktualisiert, um die nach dem Abschlussstichtag erhaltenen Informationen widerzuspiegeln, auch wenn die Informationen nicht die Beträge betreffen, die im Abschluss erfasst sind. Ein Beispiel für die Notwendigkeit der Aktualisierung der Angaben ist ein erst nach dem Abschlussstichtag vorliegender Nachweis für das Vorliegen einer Eventualverbindlichkeit, die bereits am Abschlussstichtag bestanden hat. Zusätzlich zu der Betrachtung, ob die Eventualverbindlichkeit als Rückstellung nach IAS 37 zu erfassen oder zu ändern ist, aktualisiert ein Unternehmen seine Angaben über die Eventualverbindlichkeit auf der Grundlage dieses Nachweises.

Nicht zu berücksichtigende Ereignisse nach dem Abschlussstichtag

21 Sind nicht zu berücksichtigende Ereignisse nach dem Abschlussstichtag wesentlich, ist unter normalen Umständen davon auszugehen, dass ihre Nichtangabe die Entscheidungen, die die Hauptadressaten eines Abschlusses für allgemeine Zwecke, der Finanzinformationen zum berichtenden Unternehmen enthält, auf der Grundlage dieses Abschlusses treffen, beeinflussen. Demzufolge hat ein Unternehmen folgende Informationen zu jeder bedeutenden Kategorie von nicht zu berücksichtigenden Ereignissen nach dem Abschlussstichtag anzugeben:

a) die Art des Ereignisses und

b) eine Schätzung der finanziellen Auswirkungen oder eine Aussage darüber, dass eine solche Schätzung nicht vorgenommen werden kann.

22 Im Folgenden werden Beispiele von nicht zu berücksichtigenden Ereignissen nach dem Abschlussstichtag genannt, die im Allgemeinen anzugeben sind:

a) ein umfangreicher Unternehmenszusammenschluss nach dem Abschlussstichtag (IFRS 3 *Unternehmenszusammenschlüsse* erfordert in solchen Fällen besondere Angaben) oder die Veräußerung eines umfangreichen Tochterunternehmens,

b) Bekanntgabe eines Plans für die Aufgabe von Geschäftsbereichen,

c) umfangreiche Käufe von Vermögenswerten, Einstufung von Vermögenswerten als zur Veräußerung gehalten nach IFRS 5 *Zur Veräußerung gehaltene langfristige Vermögenswerte und aufgegebene Geschäftsbereiche*, andere Veräußerungen von Vermögenswerten oder Enteignung von umfangreichen Vermögenswerten durch die öffentliche Hand,

- d) die Zerstörung einer bedeutenden Produktionsstätte durch einen Brand nach dem Abschlussstichtag,
- e) Bekanntgabe oder Beginn der Durchführung einer umfangreichen Restrukturierung (siehe IAS 37),
- f) umfangreiche Transaktionen in Bezug auf Stammaktien und potenzielle Stammaktien nach dem Abschlussstichtag (IAS 33 *Ergebnis je Aktie* verlangt von einem Unternehmen, eine Beschreibung solcher Transaktionen anzugeben mit Ausnahme der Transaktionen, die Ausgaben von Gratisaktien bzw. Bonusaktien, Aktiensplits oder umgekehrte Aktiensplits betreffen, welche alle nach IAS 33 berücksichtigt werden müssen),
- g) außergewöhnlich große Änderungen der Preise von Vermögenswerten oder der Wechselkurse nach dem Abschlussstichtag,
- h) Änderungen der Steuersätze oder Steuervorschriften, die nach dem Abschlussstichtag in Kraft treten oder angekündigt werden und wesentliche Auswirkungen auf tatsächliche und latente Steueransprüche und -schulden haben (siehe IAS 12 *Ertragsteuern*),
- i) Eingehen wesentlicher Verpflichtungen oder Eventualverbindlichkeiten, zum Beispiel durch Zusage beträchtlicher Gewährleistungen, und
- j) Beginn umfangreicher Rechtsstreitigkeiten, die ausschließlich aufgrund von Ereignissen entstehen, die nach dem Abschlussstichtag eingetreten sind.

ZEITPUNKT DES INKRAFTTRETENS

23 Dieser Standard ist auf Geschäftsjahre anzuwenden, die am oder nach dem 1. Januar 2005 beginnen. Eine frühere Anwendung wird empfohlen. Wendet ein Unternehmen diesen Standard für Berichtsperioden an, die vor dem 1. Januar 2005 beginnen, hat es dies anzugeben.

23A Durch IFRS 13 Bewertung zum beizulegenden Zeitwert, veröffentlicht im Mai 2011, wurde Paragraph 11 geändert. Wendet ein Unternehmen IFRS 13 an, ist diese Änderung ebenfalls anzuwenden.

23B Durch IFRS 9 *Finanzinstrumente*, veröffentlicht im Juli 2014, wurde Paragraph 9 geändert. Wendet ein Unternehmen IFRS 9 an, ist diese Änderung ebenfalls anzuwenden.

23C Mit der im Oktober 2018 veröffentlichten Verlautbarung *Definition von „wesentlich"* (Änderungen an IAS 1 und IAS 8) wurde Paragraph 21 geändert. Diese Änderung ist prospektiv auf Geschäftsjahre anzuwenden, die am oder nach dem 1. Januar 2020 beginnen. Eine frühere Anwendung ist zulässig. Wendet ein Unternehmen diese Änderung früher an, hat es dies anzugeben. Ein Unternehmen hat diese Änderung anzuwenden, wenn es die geänderte Definition von „wesentlich" in Paragraph 7 von IAS 1 und in den Paragraphen 5 und 6 von IAS 8 anwendet.

RÜCKNAHME VON IAS 10 (ÜBERARBEITET 1999)

24 Dieser Standard ersetzt IAS 10 *Ereignisse nach dem Abschlussstichtag* (überarbeitet 1999).

2/6. IAS 12

INTERNATIONAL ACCOUNTING STANDARD 12
Ertragsteuern

IAS 12, VO (EU) 2023/1803 idF VO (EU) 2023/2468

Gliederung	§§
ZIELSETZUNG	
ANWENDUNGSBEREICH	1–4A
DEFINITIONEN	5–11
Steuerliche Basis	*7–11*
ANSATZ TATSÄCHLICHER STEUERSCHULDEN UND TATSÄCHLICHER STEUERANSPRÜCHE	12–14
ANSATZ LATENTER STEUERSCHULDEN UND LATENTER STEUERANSPRÜCHE	
ZU VERSTEUERNDE TEMPORÄRE DIFFERENZEN	15–45
Unternehmenszusammenschlüsse	*19*
Vermögenswerte, die zum beizulegenden Zeitwert bilanziert werden	*20*
Geschäfts- oder Firmenwert	*21–21B*
Erstmaliger Ansatz eines Vermögenswerts oder einer Schuld	*22–23*
Abzugsfähige temporäre Differenzen	*24–33*
Geschäfts- oder Firmenwert	*32A*
Erstmaliger Ansatz eines Vermögenswerts oder einer Schuld	*33*
Noch nicht genutzte steuerliche Verluste und noch nicht genutzte Steuergutschriften	*34–36*
Erneute Beurteilung von nicht angesetzten latenten Steueransprüchen	*37*
Beteiligungen an Tochterunternehmen, Zweigniederlassungen und assoziierten Unternehmen sowie Anteile an gemeinschaftlichen Vereinbarungen	*38–45*
BEWERTUNG	46–56
ANSATZ TATSÄCHLICHER UND LATENTER STEUERN	57–68C
Erfolgswirksam erfasste Posten	*58–60*
Posten, die außerhalb des Gewinns oder Verlusts erfasst werden	*61–65A*
Latente Steuern als Folge eines Unternehmenszusammenschlusses	*66–68*
Tatsächliche und latente Steuern aus anteilsbasierten Vergütungen	*68A–68C*
DARSTELLUNG	69–78
Steueransprüche und Steuerschulden	*69–76*
Saldierung	*71–76*
Steueraufwand	*77–78*
Dem Gewinn oder Verlust aus gewöhnlicher Tätigkeit zuzurechnender Steueraufwand (Steuerertrag)	*77*
Währungsdifferenzen aus latenten Auslandssteuerschulden oder -ansprüchen	*78*
ANGABEN	79–88D
Internationale Steuerreform – Säule-2-Mustervorschriften	*88A–88D*
ZEITPUNKT DES INKRAFTTRETENS	89–98M
RÜCKNAHME VON SIC-21	99

ZIELSETZUNG

Zielsetzung dieses Standards ist die Regelung der Bilanzierung von Ertragsteuern. Die grundsätzliche Fragestellung bei der Bilanzierung von Ertragsteuern ist die Behandlung gegenwärtiger und künftiger steuerlicher Konsequenzen aus

a) der künftigen Realisierung (Erfüllung) des Buchwerts von Vermögenswerten (Schulden), welche in der Bilanz eines Unternehmens angesetzt sind, und

b) Geschäftsvorfällen und anderen Ereignissen der aktuellen Berichtsperiode, die im Abschluss eines Unternehmens erfasst sind.

Es ist dem Ansatz eines Vermögenswerts oder einer Schuld inhärent, dass das berichtende Unternehmen erwartet, den Buchwert dieses Vermögenswerts zu realisieren bzw. diese Schuld zum Buchwert zu erfüllen. Falls es wahrscheinlich ist, dass die Realisierung oder die Erfüllung dieses Buchwerts zu zukünftigen höheren (niedrigeren)

Steuerzahlungen führen würde, als dies der Fall wäre, wenn eine solche Realisierung oder eine solche Erfüllung keine steuerlichen Konsequenzen hätte, dann verlangt dieser Standard von einem Unternehmen, von bestimmten begrenzten Ausnahmen abgesehen, den Ansatz einer latenten Steuerschuld (eines latenten Steueranspruchs).

Dieser Standard verlangt von einem Unternehmen, dass es die steuerlichen Konsequenzen von Geschäftsvorfällen und anderen Ereignissen grundsätzlich auf die gleiche Weise bilanziert wie die Geschäftsvorfälle und anderen Ereignisse selbst. Für Geschäftsvorfälle und andere Ereignisse, die erfolgswirksam erfasst werden, werden alle damit verbundenen steuerlichen Auswirkungen ebenfalls erfolgswirksam erfasst. Für Geschäftsvorfälle und andere Ereignisse, die außerhalb des Gewinns oder Verlusts (entweder im sonstigen Ergebnis oder direkt im Eigenkapital) erfasst werden, werden alle damit verbundenen steuerlichen Auswirkungen ebenfalls nicht erfolgswirksam (entweder im sonstigen Ergebnis oder direkt im Eigenkapital) erfasst. Gleichermaßen beeinflusst der Ansatz latenter Steueransprüche und latenter Steuerschulden aus einem Unternehmenszusammenschluss den Betrag des aus diesem Unternehmenszusammenschluss entstandenen Geschäfts- oder Firmenwerts oder den Betrag des aus dem Erwerb zu einem Preis unter dem Marktwert erfassten Gewinns.

Dieser Standard befasst sich ebenfalls mit dem Ansatz latenter Steueransprüche aus bislang ungenutzten steuerlichen Verlusten oder noch nicht genutzten Steuergutschriften, der Darstellung von Ertragsteuern im Abschluss und den Angabepflichten in Bezug auf Informationen zu den Ertragsteuern.

ANWENDUNGSBEREICH

1 Dieser Standard ist bei der Bilanzierung von Ertragsteuern anzuwenden.

2 Für die Zwecke dieses Standards umfassen Ertragsteuern alle in- und ausländischen Steuern auf Grundlage des zu versteuernden Gewinns. Zu den Ertragsteuern gehören auch Steuern wie Quellensteuern, welche von einem Tochterunternehmen, einem assoziierten Unternehmen und einer gemeinschaftlichen Vereinbarung aufgrund von Ausschüttungen an das berichtende Unternehmen geschuldet werden.

3 [gestrichen]

4 Dieser Standard befasst sich nicht mit den Methoden der Bilanzierung von Zuwendungen der öffentlichen Hand (siehe IAS 20 *Bilanzierung und Darstellung von Zuwendungen der öffentlichen Hand*) oder von investitionsabhängigen Steuergutschriften. Dieser Standard befasst sich jedoch mit der Bilanzierung temporärer Differenzen, die aus solchen öffentlichen Zuwendungen oder investitionsabhängigen Steuergutschriften resultieren können.

4A Dieser Standard gilt für Ertragsteuern, die sich aus geltenden oder angekündigten Steuervorschriften zur Umsetzung der von der Organisation für wirtschaftliche Zusammenarbeit und Entwicklung (OECD) veröffentlichten Säule- 2-Mustervorschriften ergeben, worunter auch Steuervorschriften fallen, mit denen die in diesen Regeln beschriebenen anerkannten nationalen Ergänzungssteuern implementiert werden. Diese Steuervorschriften und die sich daraus ergebenden Ertragsteuern werden im Folgenden als „Säule-2-Gesetze" bzw. „Säule-2-Ertragsteuern" bezeichnet. Abweichend von den Anforderungen dieses Standards darf ein Unternehmen latente Steueransprüche und latente Steuerschulden im Zusammenhang mit Säule-2-Ertragsteuern weder ansetzen noch angeben.

DEFINITIONEN

5 Die folgenden Begriffe werden in diesem Standard mit der angegebenen Bedeutung verwendet:

Das *bilanzielle Ergebnis vor Steuern* ist der Gewinn oder Verlust einer Periode vor Abzug des Steueraufwands.

Der *zu versteuernde Gewinn (der steuerliche Verlust)* ist der nach den steuerlichen Vorschriften ermittelte Gewinn oder Verlust der Periode, aufgrund dessen die Ertragsteuern zahlbar (erstattungsfähig) sind.

Der *Steueraufwand (Steuerertrag)* ist die Summe des Betrags aus tatsächlichen Steuern und latenten Steuern, die in die Ermittlung des Gewinns oder Verlusts der Periode eingeht.

Die *tatsächlichen Ertragsteuern* sind der Betrag der geschuldeten (erstattungsfähigen) Ertragsteuern, der aus dem zu versteuernden Gewinn (steuerlichen Verlust) der Periode resultiert.

Die *latenten Steuerschulden* sind die Beträge an Ertragsteuern, die in zukünftigen Perioden resultierend aus zu versteuernden temporären Differenzen zahlbar sind.

Die *latenten Steueransprüche* sind die Beträge an Ertragsteuern, die in zukünftigen Perioden erstattungsfähig sind und aus

a) abzugsfähigen temporären Differenzen,
b) dem Vortrag noch nicht genutzter steuerlicher Verluste und
c) dem Vortrag noch nicht genutzter Steuergutschriften resultieren.

Temporäre Differenzen sind Unterschiedsbeträge zwischen dem Buchwert eines Vermögenswerts oder einer Schuld in der Bilanz und seiner bzw. ihrer steuerlichen Basis. Temporäre Differenzen können entweder

a) *zu versteuernde temporäre Differenzen* sein, die temporäre Differenzen darstellen, die zu steuerpflichtigen Beträgen bei der Ermittlung des zu versteuernden Gewinns (steuerlichen Verlustes) zukünftiger Perioden führen, wenn der Buchwert des Vermögenswerts realisiert oder die Schuld erfüllt wird, oder

b) *abzugsfähige temporäre Differenzen* sein, die temporäre Differenzen darstellen, die zu Beträgen führen, die bei der Ermittlung des zu versteuernden Gewinns (steuerlichen Verlustes) zukünftiger Perioden abzugsfähig sind, wenn der Buchwert des Vermögenswerts realisiert oder die Schuld erfüllt wird.

Die *steuerliche Basis* eines Vermögenswerts oder einer Schuld ist der diesem Vermögenswert oder dieser Schuld für steuerliche Zwecke beizulegende Betrag.

6 Der Steueraufwand (Steuerertrag) umfasst den tatsächlichen Steueraufwand (tatsächlichen Steuerertrag) und den latenten Steueraufwand (latenten Steuerertrag).

Steuerliche Basis

7 Die steuerliche Basis eines Vermögenswerts ist der Betrag, der für steuerliche Zwecke von allen zu versteuernden wirtschaftlichen Vorteilen abgezogen werden kann, die einem Unternehmen bei Realisierung des Buchwerts des Vermögenswerts zufließen werden. Sind diese wirtschaftlichen Vorteile nicht zu versteuern, dann ist die steuerliche Basis des Vermögenswerts gleich seinem Buchwert.

Beispiele

1. *Eine Maschine kostet 100. In der aktuellen Berichtsperiode und in früheren Perioden wurde für steuerliche Zwecke bereits eine Abschreibung von 30 abgezogen, und die verbleibenden Anschaffungskosten sind in zukünftigen Perioden entweder als Abschreibung oder durch einen Abzug bei der Veräußerung steuerlich abzugsfähig. Die sich aus der Nutzung der Maschine ergebenden Umsatzerlöse sind zu versteuern, ebenso ist jeder Veräußerungsgewinn aus dem Verkauf der Maschine zu versteuern bzw. jeder Veräußerungsverlust für steuerliche Zwecke abzugsfähig. Die steuerliche Basis der Maschine beträgt 70.*
2. *Forderungen aus Zinsen haben einen Buchwert von 100. Die damit verbundenen Zinserlöse werden bei Zufluss besteuert. Die steuerliche Basis der Zinsforderungen beträgt null.*
3. *Forderungen aus Lieferungen und Leistungen haben einen Buchwert von 100. Die damit verbundenen Umsatzerlöse wurden bereits in den zu versteuernden Gewinn (den steuerlichen Verlust) einbezogen. Die steuerliche Basis der Forderungen aus Lieferungen und Leistungen beträgt 100.*
4. *Dividendenforderungen gegen ein Tochterunternehmen haben einen Buchwert von 100. Die Dividenden sind nicht zu versteuern. Dem Grunde nach ist der gesamte Buchwert des Vermögenswerts von dem zufließenden wirtschaftlichen Nutzen abzugsfähig. Folglich beträgt die steuerliche Basis der Dividendenforderungen 100([1]).*

([1]) Bei dieser Analyse bestehen keine zu versteuernden temporären Differenzen. Eine alternative Analyse besteht darin, dass der Dividendenforderung die steuerliche Basis null zugeordnet wird und auf die sich ergebenden zu versteuernde temporäre Differenz von 100 ein Steuersatz von null angewandt wird. In beiden Fällen besteht keine latente Steuerschuld.

5. *Eine Darlehensforderung hat einen Buchwert von 100. Die Rückzahlung des Darlehens zieht keine steuerlichen Konsequenzen nach sich. Die steuerliche Basis des Darlehens beträgt 100.*

8 Die steuerliche Basis einer Schuld ist deren Buchwert abzüglich aller Beträge, die für steuerliche Zwecke hinsichtlich dieser Schuld in zukünftigen Perioden abzugsfähig sind. Im Falle von im Voraus gezahlten Umsatzerlösen ist die steuerliche Basis der sich ergebenden Schuld ihr Buchwert abzüglich aller Beträge aus diesen Umsatzerlösen, die in Folgeperioden nicht besteuert werden.

Beispiele

1. *Kurzfristige Schulden schließen Aufwandsabgrenzungen (sonstige Verbindlichkeiten) mit einem Buchwert von 100 ein. Der damit verbundene Aufwand wird für steuerliche Zwecke bei Zahlung erfasst. Die steuerliche Basis der sonstigen Verbindlichkeiten ist null.*
2. *Kurzfristige Schulden schließen vorausbezahlte Zinserlöse mit einem Buchwert von 100 ein. Der damit verbundene Zinserlös wurde bei Zufluss besteuert. Die steuerliche Basis der vorausbezahlten Zinsen ist null.*
3. *Kurzfristige Schulden schließen Aufwandsabgrenzungen (sonstige Verbindlichkeiten) mit einem Buchwert von 100 ein. Der damit verbundene Aufwand wurde für steuerliche Zwecke bereits abgezogen. Die steuerliche Basis der sonstigen Verbindlichkeiten ist 100.*
4. *Kurzfristige Schulden schließen passivierte Geldbußen und -strafen mit einem Buchwert von 100 ein. Geldbußen und -strafen sind steuerlich nicht abzugsfähig. Die steuerliche Basis der passivierten Geldbußen und -strafen beträgt 100([1]).*

([1]) Bei dieser Analyse bestehen keine abzugsfähigen temporären Differenzen. Eine alternative Analyse besteht darin, dass dem Gesamtbetrag der zahlbaren Geldstrafen und Geldbußen eine steuerliche Basis null zugeordnet wird und ein Steuersatz von null auf die sich ergebende abzugsfähige temporäre Differenz von 100 angewandt wird. In beiden Fällen besteht kein latenter Steueranspr uch.

5. *Eine Darlehensverbindlichkeit hat einen Buchwert von 100. Die Rückzahlung des Darlehens zieht keine steuerlichen Konsequenzen nach sich. Die steuerliche Basis des Darlehens beträgt 100.*

9 Einige Sachverhalte haben zwar eine steuerliche Basis, sie sind jedoch in der Bilanz nicht als Vermögenswerte oder Schulden angesetzt. Beispielsweise werden Forschungskosten bei der Bestimmung des bilanziellen Ergebnisses vor Steuern in der Periode, in welcher sie anfallen, als Aufwand angesetzt, während ihr Abzug bei der Ermittlung des zu versteuernden Gewinns (steuerlichen Ver-

lusts) möglicherweise erst in einer späteren Periode zulässig ist. Der Unterschiedsbetrag zwischen der steuerlichen Basis der Forschungskosten, der von den Steuerbehörden als ein in zukünftigen Perioden abzugsfähiger Betrag anerkannt wird, und dem Buchwert von null ist eine abzugsfähige temporäre Differenz, die einen latenten Steueranspruch zur Folge hat.

10 Ist die steuerliche Basis eines Vermögenswerts oder einer Schuld nicht unmittelbar erkennbar, ist es hilfreich, das Grundprinzip, auf dem dieser Standard aufgebaut ist, heranzuziehen: Ein Unternehmen hat, mit wenigen festgelegten Ausnahmen, eine latente Steuerschuld (einen latenten Steueranspruch) dann anzusetzen, wenn die Realisierung oder die Erfüllung des Buchwerts des Vermögenswerts oder der Schuld zu zukünftigen höheren (niedrigeren) Steuerzahlungen führen würde, als dies der Fall wäre, wenn eine solche Realisierung oder Erfüllung keine steuerlichen Konsequenzen hätte. Beispiel C nach Paragraph 51A stellt Umstände dar, in denen es hilfreich sein kann, dieses Grundprinzip heranzuziehen, beispielsweise, wenn die steuerliche Basis eines Vermögenswerts oder einer Schuld von der erwarteten Art der Realisierung oder Erfüllung abhängt.

11 In einem Konzernabschluss werden temporäre Differenzen durch den Vergleich der Buchwerte von Vermögenswerten und Schulden im Konzernabschluss mit der zutreffenden steuerlichen Basis ermittelt. Die steuerliche Basis wird durch Bezugnahme auf eine Steuererklärung für den Konzern in den Ländern ermittelt, in denen eine solche Steuererklärung abgegeben wird. In anderen Ländern wird die steuerliche Basis durch Bezugnahme auf die Steuererklärungen der einzelnen Unternehmen des Konzerns ermittelt.

ANSATZ TATSÄCHLICHER STEUERSCHULDEN UND TATSÄCHLICHER STEUERANSPRÜCHE

12 Die tatsächlichen Ertragsteuern für die laufende und frühere Perioden sind in dem Umfang, in dem sie noch nicht bezahlt sind, als Schuld anzusetzen. Falls der auf die laufende und frühere Perioden entfallende und bereits bezahlte Betrag den für diese Perioden geschuldeten Betrag übersteigt, so ist der Unterschiedsbetrag als Vermögenswert anzusetzen.

13 Der in der Erstattung tatsächlicher Ertragsteuern einer früheren Periode bestehende Vorteil eines steuerlichen Verlustrücktrags ist als Vermögenswert anzusetzen.

14 Wenn ein steuerlicher Verlust zu einem Verlustrücktrag und zur Erstattung tatsächlicher Ertragsteuern einer früheren Periode genutzt wird, so setzt ein Unternehmen den Erstattungsanspruch als einen Vermögenswert in der Periode an, in der der steuerliche Verlust entsteht, da es wahrscheinlich ist, dass der Nutzen aus dem Erstattungsanspruch dem Unternehmen zufließen wird und verlässlich ermittelt werden kann.

ANSATZ LATENTER STEUERSCHULDEN UND LATENTER STEUERANSPRÜCHE

ZU VERSTEUERNDE TEMPORÄRE DIFFERENZEN

15 Für alle zu versteuernden temporären Differenzen ist eine latente Steuerschuld anzusetzen, es sei denn, die latente Steuerschuld erwächst aus

a) dem erstmaligen Ansatz des Geschäfts- oder Firmenwerts oder

b) dem erstmaligen Ansatz eines Vermögenswerts oder einer Schuld bei einem Geschäftsvorfall, der

    i) kein Unternehmenszusammenschluss ist,

    ii) zum Zeitpunkt des Geschäftsvorfalls weder das bilanzielle Ergebnis vor Steuern noch den zu versteuernden Gewinn (den steuerlichen Verlust) beeinflusst und

    iii) zum Zeitpunkt des Geschäftsvorfalls keine zu versteuernden und abzugsfähigen temporären Differenzen in gleicher Höhe bewirkt.

Bei zu versteuernden temporären Differenzen in Verbindung mit Beteiligungen an Tochterunternehmen, Zweigniederlassungen und assoziierten Unternehmen sowie Anteilen an gemeinschaftlichen Vereinbarungen ist jedoch eine latente Steuerschuld gemäß Paragraph 39 anzusetzen.

16 Definitionsgemäß wird bei dem Ansatz eines Vermögenswerts angenommen, dass sein Buchwert durch einen wirtschaftlichen Nutzen, der dem Unternehmen in zukünftigen Perioden zufließt, realisiert wird. Wenn der Buchwert des Vermögenswerts seine steuerliche Basis übersteigt, wird der Betrag des zu versteuernden wirtschaftlichen Nutzens den steuerlich abzugsfähigen Betrag übersteigen. Dieser Unterschiedsbetrag ist eine zu versteuernde temporäre Differenz, und die Zahlungsverpflichtung für die auf ihn in zukünftigen Perioden entstehenden Ertragsteuern ist eine latente Steuerschuld. Wenn das Unternehmen den Buchwert des Vermögenswerts realisiert, löst sich die zu versteuernde temporäre Differenz auf, und das Unternehmen erzielt einen zu versteuernden Gewinn. Dadurch ist es wahrscheinlich, dass das Unternehmen durch den Abfluss eines wirtschaftlichen Nutzens in Form von Steuerzahlungen belastet wird. Daher sind gemäß diesem Standard alle latenten Steuerschulden anzusetzen, ausgenommen bei Vorliegen gewisser Sachverhalte, die in den Paragraphen 15 und 39 beschrieben werden.

Beispiel

Ein Vermögenswert mit Anschaffungskosten von 150 hat einen Buchwert von 100. Die kumulierte Abschreibung für Steuerzwecke beträgt 90, und der Steuersatz ist 25 %.

Die steuerliche Basis des Vermögenswerts beträgt 60 (Anschaffungskosten von 150 abzüglich der kumulierten steuerlichen Abschreibung von 90). Um den Buchwert von 100 zu realisieren, muss das Unternehmen ein zu versteuerndes Ergebnis von 100 erzielen, es kann aber lediglich eine steuerliche Abschreibung von 60 erfassen. Als Folge wird das Unternehmen bei Realisierung des Buchwerts des Vermögenswerts Ertragsteuern von 10 (25 % von 40) bezahlen. Der Unterschiedsbetrag zwischen dem Buchwert von 100 und der steuerlichen Basis von 60 ist eine zu versteuernde temporäre Differenz von 40. Daher setzt das Unternehmen eine latente Steuerschuld von 10 (25 % von 40) an, die die Ertragsteuern darstellt, die es bei Realisierung des Buchwerts des Vermögenswerts zu bezahlen hat.

17 Einige temporäre Differenzen können entstehen, wenn Ertrag oder Aufwand in einer Periode in das bilanzielle Ergebnis vor Steuern einbezogen werden, aber in einer anderen Periode in den zu versteuernden Gewinn einfließen. Solche temporären Differenzen werden oft als zeitliche Ergebnisunterschiede bezeichnet. Im Folgenden sind Beispiele von temporären Differenzen dieser Art aufgeführt. Es handelt sich dabei um zu versteuernde temporäre Differenzen, welche folglich zu latenten Steuerschulden führen:

a) Zinserlöse werden im bilanziellen Ergebnis vor Steuern auf Grundlage einer zeitlichen Abgrenzung erfasst, sie können jedoch gemäß einigen Steuergesetzgebungen zum Zeitpunkt des Zuflusses der Zahlung als zu versteuernder Gewinn behandelt werden. Die steuerliche Basis aller derartigen in der Bilanz angesetzten Forderungen ist null, weil die Umsatzerlöse den zu versteuernden Gewinn erst mit Erhalt der Zahlung beeinflussen.

b) Die zur Ermittlung des zu versteuernden Gewinns (steuerlichen Verlusts) verwendete Abschreibung kann sich von der zur Ermittlung des bilanziellen Ergebnisses vor Steuern verwendeten unterscheiden. Die temporäre Differenz ist der Unterschiedsbetrag zwischen dem Buchwert des Vermögenswerts und seiner steuerlichen Basis, der sich aus den ursprünglichen Anschaffungs- oder Herstellungskosten des Vermögenswerts abzüglich aller von den Steuerbehörden im Rahmen des zu versteuernden Gewinns der laufenden und für frühere Perioden zugelassenen Abschreibungen auf diesen Vermögenswert berechnet. Eine zu versteuernde temporäre Differenz entsteht und erzeugt eine latente Steuerschuld, wenn die steuerliche Abschreibungsrate über der berichteten planmäßigen Abschreibung liegt (falls die steuerliche Abschreibung langsamer ist als die berichtete planmäßige, entsteht eine abzugsfähige temporäre Differenz, die zu einem latenten Steueranspruch führt).

c) Entwicklungskosten können bei der Ermittlung des bilanziellen Ergebnisses vor Steuern zunächst aktiviert und in späteren Perioden abgeschrieben werden; bei der Ermittlung des zu versteuernden Gewinns werden sie jedoch in der Periode abgezogen, in der sie anfallen. Solche Entwicklungskosten haben eine steuerliche Basis von null, da sie bereits vom zu versteuernden Gewinn abgezogen wurden. Die temporäre Differenz ist der Unterschiedsbetrag zwischen dem Buchwert der Entwicklungskosten und ihrer steuerlichen Basis von null.

18 Temporäre Differenzen entstehen ebenfalls, wenn

a) die bei einem Unternehmenszusammenschluss erworbenen identifizierbaren Vermögenswerte und die übernommenen Schulden gemäß IFRS 3 *Unternehmenszusammenschlüsse* mit ihren beizulegenden Zeitwerten angesetzt werden, jedoch keine entsprechende Bewertungsanpassung für Steuerzwecke erfolgt (siehe Paragraph 19),

b) Vermögenswerte neu bewertet werden und für Steuerzwecke keine entsprechende Bewertungsanpassung durchgeführt wird (siehe Paragraph 20),

c) ein Geschäfts- oder Firmenwert bei einem Unternehmenszusammenschluss entsteht (siehe Paragraph 21),

d) die steuerliche Basis eines Vermögenswerts oder einer Schuld beim erstmaligen Ansatz von dessen bzw. deren anfänglichem Buchwert abweicht, beispielsweise, wenn ein Unternehmen steuerfreie Zuwendungen der öffentlichen Hand für bestimmte Vermögenswerte erhält (siehe Paragraphen 22 und 33), oder

e) der Buchwert von Beteiligungen an Tochterunternehmen, Zweigniederlassungen und assoziierten Unternehmen oder Anteilen an gemeinschaftlichen Vereinbarungen sich verändert hat, sodass er sich von der steuerlichen Basis der Beteiligung oder des Anteils unterscheidet (siehe Paragraphen 38–45).

Unternehmenszusammenschlüsse

19 Die bei einem Unternehmenszusammenschluss erworbenen identifizierbaren Vermögenswerte und die übernommenen Schulden werden mit begrenzten Ausnahmen mit ihren beizulegenden Zeitwerten zum Erwerbszeitpunkt angesetzt. Temporäre Differenzen entstehen, wenn die steuerliche Basis der erworbenen identifizierbaren Vermögenswerte oder übernommenen identifizierbaren Schulden vom Unternehmenszusammenschluss nicht oder anders beeinflusst wird. Wenn beispielsweise der Buchwert eines Vermögenswerts auf seinen beizulegenden Zeitwert erhöht wird, die steuerliche Basis des Vermögenswerts jedoch weiterhin dem Betrag der Anschaffungs- oder Herstellungskosten des früheren Eigentümers entspricht, führt dies zu einer zu versteuernden temporären Differenz, aus der eine latente Steuerschuld resultiert. Die sich ergebende latente Steuerschuld beeinflusst den Geschäfts- oder Firmenwert (siehe Paragraph 66).

Vermögenswerte, die zum beizulegenden Zeitwert bilanziert werden

20 IFRS gestatten oder verlangen, dass bestimmte Vermögenswerte zum beizulegenden Zeitwert bilanziert oder neubewertet werden (siehe zum Beispiel IAS 16 *Sachanlagen*, IAS 38 *Immaterielle Vermögenswerte*, IAS 40 *Als Finanzinvestition gehaltene Immobilien*, IFRS 9 *Finanzinstrumente* und IFRS 16 *Leasingverhältnisse*). In manchen Rechtskreisen beeinflusst die Neubewertung oder eine andere Anpassung eines Vermögenswerts auf den beizulegenden Zeitwert den zu versteuernden Gewinn (den steuerlichen Verlust) der laufenden Berichtsperiode. Als Folge davon wird die steuerliche Basis des Vermögenswerts angepasst, und es entstehen keine temporären Differenzen. In anderen Steuerrechtsordnungen beeinflusst die Neubewertung oder Anpassung eines Vermögenswerts nicht den zu versteuernden Gewinn der Periode der Neubewertung oder der Anpassung, und demzufolge wird die steuerliche Basis des Vermögenswerts nicht angepasst. Trotzdem führt die künftige Realisierung des Buchwerts zu einem zu versteuernden Zufluss an wirtschaftlichem Nutzen für das Unternehmen und der Betrag, der für Steuerzwecke abzugsfähig ist, wird von dem des wirtschaftlichen Nutzens abweichen. Der Unterschiedsbetrag zwischen dem Buchwert eines neubewerteten Vermögenswerts und seiner steuerlichen Basis ist eine temporäre Differenz und führt zu einer latenten Steuerschuld oder einem latenten Steueranspruch. Dies trifft auch zu, wenn

a) das Unternehmen keine Veräußerung des Vermögenswerts beabsichtigt. In solchen Fällen wird der neubewertete Buchwert des Vermögenswerts durch seine Nutzung realisiert, und dies erzeugt ein zu versteuerndes Ergebnis, das die in den Folgeperioden steuerlich zulässigen Abschreibungen übersteigt, oder

b) die Steuer auf Kapitalerträge aufgeschoben wird, wenn die Erlöse aus dem Verkauf des Vermögenswerts in ähnliche Vermögenswerte wieder investiert werden. In solchen Fällen wird die Steuerzahlung endgültig bei Verkauf oder Nutzung der ähnlichen Vermögenswerte fällig.

Geschäfts- oder Firmenwert

21 Der bei einem Unternehmenszusammenschluss entstehende Geschäfts- oder Firmenwert wird mit dem Betrag bewertet, um den (a) (b) übersteigt:

a) die Summe aus
   i) der übertragenen Gegenleistung, die gemäß IFRS 3 im Allgemeinen zu dem zum Erwerbszeitpunkt geltenden beizulegenden Zeitwert bestimmt wird,
   ii) dem Betrag aller nicht beherrschenden Anteile an dem erworbenen Unternehmen, die gemäß IFRS 3 angesetzt werden, und
   iii) dem zum Erwerbszeitpunkt geltenden beizulegenden Zeitwert des zuvor vom Erwerber gehaltenen Eigenkapitalanteils an dem erworbenen Unternehmen, wenn es sich um einen sukzessiven Unternehmenszusammenschluss handelt;

b) der Saldo der zum Erwerbszeitpunkt bestehenden und gemäß IFRS 3 bewerteten Beträge der erworbenen identifizierbaren Vermögenswerte und der übernommenen Schulden.

Viele Steuerbehörden gestatten bei der Ermittlung des zu versteuernden Gewinns keine Verminderungen des Buchwerts des Geschäfts- oder Firmenwerts als abzugsfähigen betrieblichen Aufwand. Außerdem sind die Anschaffungskosten des Geschäfts- oder Firmenwerts nach solchen Rechtsordnungen häufig nicht abzugsfähig, wenn ein Tochterunternehmen sein zugrunde liegendes Geschäft veräußert. Bei dieser Rechtslage hat der Geschäfts- oder Firmenwert eine steuerliche Basis von null. Jeglicher Unterschiedsbetrag zwischen dem Buchwert des Geschäfts- oder Firmenwerts und seiner steuerlichen Basis von null ist eine zu versteuernde temporäre Differenz. Dieser Standard erlaubt jedoch nicht den Ansatz der entstehenden latenten Steuerschuld, weil der Geschäfts- oder Firmenwert als ein Restwert bewertet wird und der Ansatz der latenten Steuerschuld wiederum eine Erhöhung des Buchwerts des Geschäfts- oder Firmenwerts zur Folge hätte.

21A Nachträgliche Verringerungen einer latenten Steuerschuld, die nicht angesetzt ist, da sie aus einem erstmaligen Ansatz eines Geschäfts- oder Firmenwerts hervorging, werden angesehen, als wären sie aus dem erstmaligen Ansatz des Geschäfts- oder Firmenwerts entstanden und daher gemäß Paragraph 15(a) nicht angesetzt. Wenn beispielsweise ein Unternehmen einen bei einem Unternehmenszusammenschluss erworbenen Geschäfts- oder Firmenwert, der eine steuerliche Basis von null hat, mit 100 WE ansetzt, untersagt Paragraph 15(a) dem Unternehmen, die daraus entstehende latente Steuerschuld anzusetzen. Wenn das Unternehmen nachträglich einen Wertminderungsaufwand von 20 WE für diesen Geschäfts- oder Firmenwert ansetzt, so wird der Betrag der zu versteuernden temporären Differenz in Bezug auf den Geschäfts- oder Firmenwert von 100 WE auf 80 WE vermindert mit einer sich daraus ergebenden Wertminderung der nicht angesetzten latenten Steuerschuld. Diese Wertminderung der nicht angesetzten latenten Steuerschuld wird angesehen, als wäre sie aus dem erstmaligen Ansatz des Geschäfts- oder Firmenwerts entstanden, und ist daher gemäß Paragraph 15(a) vom Ansatz ausgenommen.

21B Latente Steuerschulden für zu versteuernde temporäre Differenzen werden jedoch in Bezug auf den Geschäfts- oder Firmenwert in dem Maße angesetzt, in dem sie nicht aus dem erstmaligen Ansatz des Geschäfts- oder Firmenwerts hervorgehen. Wenn ein bei einem Unternehmenszusammenschluss erworbener Geschäfts- oder Firmenwert beispielsweise mit 100 WE angesetzt wird und mit einem Satz von 20 Prozent pro Jahr steuerlich abzugsfähig ist, beginnend im Erwerbsjahr, so beläuft sich die steuerliche Basis des Geschäfts- oder Firmenwerts bei erstmaligem Ansatz auf 100 WE und am Ende des Erwerbsjahrs auf 80 WE. Wenn der Buchwert des Geschäfts- oder Firmenwerts am Ende des Erwerbsjahrs unverändert bei 100 WE liegt, entsteht am Ende dieses Jahrs eine zu versteuernde temporäre Differenz von 20 WE. Da diese zu versteuernde temporäre Differenz sich nicht auf den erstmaligen Ansatz des Geschäfts- oder Firmenwerts bezieht, wird die daraus entstehende latente Steuerschuld angesetzt.

Erstmaliger Ansatz eines Vermögenswerts oder einer Schuld

22 Beim erstmaligen Ansatz eines Vermögenswerts oder einer Schuld kann eine temporäre Differenz entstehen, beispielsweise, wenn der Betrag der Anschaffungs- oder Herstellungskosten eines Vermögenswerts teilweise oder insgesamt steuerlich nicht abzugsfähig ist. Die Bilanzierungsmethode für eine derartige temporäre Differenz hängt von der Art des Geschäftsvorfalls ab, welcher dem erstmaligen Ansatz des Vermögenswerts oder der Schuld zugrunde lag:
a) Bei einem Unternehmenszusammenschluss setzt ein Unternehmen alle latenten Steuerschulden oder latenten Steueransprüche an, und dies beeinflusst die Höhe des Geschäfts- oder Firmenwerts oder den Gewinn aus einem Erwerb zu einem Preis unter dem Marktwert (siehe Paragraph 19).
b) Falls der Geschäftsvorfall entweder das bilanzielle Ergebnis vor Steuern oder das zu versteuernde Ergebnis beeinflusst oder zu versteuernde und abzugsfähige temporäre Differenzen in gleicher Höhe bewirkt, setzt ein Unternehmen alle latenten Steuerschulden oder latenten Steueransprüche an und erfasst den sich ergebenden latenten Steueraufwand oder Steuerertrag (siehe Paragraph 59).
c) Falls es sich bei dem Geschäftsvorfall nicht um einen Unternehmenszusammenschluss handelt und der Geschäftsvorfall weder das bilanzielle Ergebnis vor Steuern noch das zu versteuernde Ergebnis beeinflusst und keine zu versteuernden und abzugsfähigen temporären Differenzen in gleicher Höhe bewirkt, würde ein Unternehmen, falls keine Befreiung gemäß den Paragraphen 15 und 24 möglich ist, die sich ergebenden latenten Steuerschulden oder latenten Steueransprüche ansetzen und den Buchwert des Vermögenswerts oder der Schuld in Höhe des gleichen Betrags anpassen. Ein Abschluss würde jedoch durch solche Anpassungen unklarer. Aus diesem Grund gestattet dieser Standard es einem Unternehmen nicht, die sich ergebende latente Steuerschuld oder den sich ergebenden latenten Steueranspruch anzusetzen, und zwar weder beim erstmaligen Ansatz noch in den Folgeperioden (siehe nachstehendes Beispiel). Auch spätere Änderungen bei den nicht angesetzten latenten Steuerschulden

oder -ansprüchen, die sich aus der planmäßigen Abschreibung des Vermögenswerts ergeben, werden vom Unternehmen nicht berücksichtigt.

Beispiel zur Veranschaulichung des Paragraphen 22(c)

Ein Unternehmen beabsichtigt, einen Vermögenswert mit Anschaffungskosten von 1 000 während seiner Nutzungsdauer von fünf Jahren zu verwenden und ihn dann zu einem Restwert von null zu veräußern. Der Steuersatz beträgt 40 %. Die planmäßige Abschreibung des Vermögenswerts ist steuerlich nicht abzugsfähig. Jeder Kapitalertrag bei einem Verkauf wäre steuerfrei, und jeder Verlust wäre nicht abzugsfähig.

Bei der Realisierung des Buchwerts des Vermögenswerts erzielt das Unternehmen ein zu versteuerndes Ergebnis von 1 000 und bezahlt Steuern von 400. Das Unternehmen setzt die sich ergebende latente Steuerschuld von 400 nicht an, da sie aus dem erstmaligen Ansatz des Vermögenswerts stammt.

In der Folgeperiode beträgt der Buchwert des Vermögenswerts 800. Bei der Erzielung eines zu versteuernden Ergebnisses von 800 bezahlt das Unternehmen Steuern in Höhe von 320. Das Unternehmen setzt die latente Steuerschuld von 320 nicht an, da sie aus dem erstmaligen Ansatz des Vermögenswerts stammt.

22A Es ist möglich, dass ein Geschäftsvorfall, bei dem es sich nicht um einen Unternehmenszusammenschluss handelt, zum erstmaligen Ansatz eines Vermögenswerts und einer Schuld führt und zum Zeitpunkt des Geschäftsvorfalls weder das bilanzielle Ergebnis vor Steuern noch das zu versteuernde Ergebnis beeinflusst. Beispielsweise setzt ein Leasingnehmer am Bereitstellungsdatum in der Regel eine Leasingverbindlichkeit und den entsprechenden Betrag als Teil der Kosten eines Nutzungsrechts an. Je nach anwendbarem Steuerrecht können bei einem solchen Geschäftsvorfall beim erstmaligen Ansatz des Vermögenswerts und der Schuld zu versteuernde und abzugsfähige temporäre Differenzen in gleicher Höhe entstehen. Die in den Paragraphen 15 und 24 vorgesehene Befreiung gilt nicht für solche temporären Differenzen, und ein Unternehmen hat daraus resultierende latente Steuerschulden und latente Steueransprüche anzusetzen.

23 Gemäß IAS 32 *Finanzinstrumente: Darstellung* stuft der Emittent zusammengesetzter Finanzinstrumente (beispielsweise einer Wandelschuldverschreibung) die Schuldkomponente des Instruments als eine Schuld und die Eigenkapitalkomponente als Eigenkapital ein. In manchen Rechtskreisen ist beim erstmaligen Ansatz die steuerliche Basis der Schuldkomponente gleich dem anfänglichen Betrag der Summe aus Schuld- und Eigenkapitalkomponente. Die entstehende zu versteuernde temporäre Differenz ergibt sich daraus, dass der erstmalige Ansatz der Eigenkapitalkomponente getrennt von demjenigen der Schuldkomponente erfolgt. Daher ist die in Paragraph 15 (b) dar-

2/6. IAS 12
23 – 26

gestellte Ausnahme nicht anwendbar. Demzufolge setzt ein Unternehmen die sich ergebende latente Steuerschuld an. Gemäß Paragraph 61A wird die latente Steuerschuld unmittelbar dem Buchwert der Eigenkapitalkomponente belastet. Gemäß Paragraph 58 werden nachfolgende Änderungen der latenten Steuerschuld erfolgswirksam als latenter Steueraufwand (Steuerertrag) angesetzt.

Abzugsfähige temporäre Differenzen

24 Ein latenter Steueranspruch ist für alle abzugsfähigen temporären Differenzen in dem Umfang anzusetzen, in dem es wahrscheinlich ist, dass ein zu versteuernder Gewinn verfügbar sein wird, gegen das die abzugsfähige temporäre Differenz verwendet werden kann, es sei denn, der latente Steueranspruch stammt aus dem erstmaligen Ansatz eines Vermögenswerts oder einer Schuld zu einem Geschäftsvorfall, der

a) **kein Unternehmenszusammenschluss ist,**
b) **zum Zeitpunkt des Geschäftsvorfalls weder das bilanzielle Ergebnis vor Steuern noch das zu versteuernde Ergebnis (den steuerlichen Verlust) beeinflusst und**
c) **zum Zeitpunkt des Geschäftsvorfalls keine zu versteuernden und abzugsfähigen temporären Differenzen in gleicher Höhe bewirkt.**

Für abzugsfähige temporäre Differenzen in Verbindung mit Beteiligungen an Tochterunternehmen, Zweigniederlassungen und assoziierten Unternehmen sowie Anteilen an gemeinschaftlichen Vereinbarungen ist ein latenter Steueranspruch jedoch gemäß Paragraph 44 anzusetzen.

25 Definitionsgemäß wird beim Ansatz einer Schuld angenommen, dass deren Buchwert in künftigen Perioden durch einen Abfluss von Unternehmensressourcen mit wirtschaftlichem Nutzen erfüllt wird. Beim Abfluss der Ressourcen vom Unternehmen können alle Beträge oder ein Teil davon bei der Ermittlung des zu versteuernden Gewinns einer Periode, die zeitlich auf die Periode der Passivierung der Schuld folgt, abzugsfähig sein. In solchen Fällen besteht eine temporäre Differenz zwischen dem Buchwert der Schuld und ihrer steuerlichen Basis. Dementsprechend entsteht ein latenter Steueranspruch im Hinblick auf die in künftigen Perioden erstattungsfähigen Ertragsteuern, wenn dieser Teil der Schuld bei der Ermittlung des zu versteuernden Gewinns abzugsfähig ist. Ist analog der Buchwert eines Vermögenswerts geringer als seine steuerliche Basis, entsteht aus dem Unterschiedsbetrag ein latenter Steueranspruch in Bezug auf die in künftigen Perioden erstattungsfähigen Ertragsteuern.

Beispiel

Ein Unternehmen setzt eine Schuld von 100 für kumulierte Gewährleistungskosten hinsichtlich eines Produkts an. Die Gewährleistungskosten für dieses Produkt sind für steuerliche Zwecke erst zu dem Zeitpunkt abzugsfähig, an dem das Unternehmen Gewährleistungsverpflichtungen zahlt. Der Steuersatz beträgt 25 %.

Die steuerliche Basis der Schuld ist null (Buchwert von 100 abzüglich des Betrags, der im Hinblick auf die Schulden in zukünftigen Perioden steuerlich abzugsfähig ist). Mit der Erfüllung der Schuld zu ihrem Buchwert verringert das Unternehmen seinen künftigen zu versteuernden Gewinn um einen Betrag von 100 und verringert folglich seine zukünftigen Steuerzahlungen um 25 (25 % von 100). Der Unterschiedsbetrag zwischen dem Buchwert von 100 und der steuerlichen Basis von null ist eine abzugsfähige temporäre Differenz von 100. Daher setzt das Unternehmen einen latenten Steueranspruch von 25 (25 % von 100) an, vorausgesetzt, es ist wahrscheinlich, dass das Unternehmen in zukünftigen Perioden einen ausreichenden zu versteuerndes Gewinn erwirtschaftet, um aus der Verringerung der Steuerzahlungen einen Vorteil zu ziehen.

26 Im Folgenden sind Beispiele von abzugsfähigen temporären Differenzen aufgeführt, die latente Steueransprüche zur Folge haben:

a) Kosten der betrieblichen Altersversorgung können bei der Ermittlung des bilanziellen Ergebnisses vor Steuern entsprechend der Leistungserbringung durch den Arbeitnehmer abgezogen werden. Der Abzug zur Ermittlung des zu versteuernden Gewinns ist hingegen erst zulässig, wenn die Beiträge vom Unternehmen in einen Pensionsfonds eingezahlt werden oder wenn betriebliche Altersversorgungsleistungen vom Unternehmen bezahlt werden. Es besteht eine temporäre Differenz zwischen dem Buchwert der Schuld und ihrer steuerlichen Basis, wobei die steuerliche Basis der Schuld im Regelfall null ist. Eine derartige abzugsfähige temporäre Differenz hat einen latenten Steueranspruch zur Folge, da die Verminderung des zu versteuernden Gewinns durch die Bezahlung von Beiträgen oder Versorgungsleistungen für das Unternehmen einen Zufluss an wirtschaftlichem Nutzen bedeutet.

b) Forschungskosten werden in der Periode, in der sie anfallen, als Aufwand bei der Ermittlung des bilanziellen Ergebnisses vor Steuern angesetzt, der Abzug bei der Ermittlung des zu versteuernden Gewinns (steuerlichen Verlustes) ist möglicherweise erst in einer späteren Periode zulässig. Der Unterschiedsbetrag zwischen der steuerlichen Basis der Forschungskosten als dem Betrag, dessen Abzug in zukünftigen Perioden von den Steuerbehörden erlaubt wird, und dem Buchwert von null ist eine abzugsfähige temporäre Differenz, die einen latenten Steueranspruch zur Folge hat.

c) Die bei einem Unternehmenszusammenschluss erworbenen identifizierbaren Vermögenswerte und übernommenen Schulden werden mit begrenzten Ausnahmen mit ihren beizulegenden Zeitwerten zum Erwerbszeitpunkt angesetzt. Wird eine übernommene Schuld zum Erwerbszeitpunkt angesetzt, die damit verbundenen Kosten bei der Ermittlung des zu versteuernden Gewinns aber erst in einer späteren Periode in Abzug gebracht, entsteht eine abzugsfähige temporäre Differenz, die einen latenten Steueranspruch zur Folge hat. Ein latenter Steueranspruch entsteht ebenfalls, wenn der beizulegende Zeitwert eines erworbenen identifizierbaren Vermögenswerts geringer als seine steuerliche Basis ist. In beiden Fällen beeinflusst der sich ergebende latente Steueranspruch den Geschäfts- oder Firmenwert (siehe Paragraph 66).

d) Bestimmte Vermögenswerte können zum beizulegenden Zeitwert bilanziert oder neubewertet werden, ohne dass eine entsprechende Bewertungsanpassung für steuerliche Zwecke durchgeführt wird (siehe Paragraph 20). Es entsteht eine abzugsfähige temporäre Differenz, wenn die steuerliche Basis des Vermögenswerts seinen Buchwert übersteigt.

Beispiel zur Veranschaulichung des Paragraphen 26(d)

Identifizierung einer abzugsfähigen temporären Differenz am Ende von Jahr 2:

Unternehmen A kauft zu Beginn von Jahr 1 für 1000 WE einen Schuldtitel mit einem Nominalwert von 1000 WE, zahlbar bei Fälligkeit in 5 Jahren mit einem Zinssatz von 2 %, zahlbar am Ende jeden Jahrs. Der Effektivzinssatz beträgt 2 %. Der Schuldtitel wird zum beizulegenden Zeitwert bewertet.

Am Ende von Jahr 2 hat sich der beizulegende Zeitwert des Schuldtitels aufgrund eines Anstiegs der Zinssätze auf 5 % auf 918 WE verringert. Wenn Unternehmen A den Schuldtitel weiter hält, wird es wahrscheinlich alle vertraglich festgelegten Zahlungsströme vereinnahmen.

Etwaige Gewinne (Verluste) aus dem Schuldtitel sind erst zu versteuern (abzugsfähig), wenn sie realisiert werden. Gewinne (Verluste) aus der Veräußerung oder bei Fälligkeit des Schuldtitels werden für steuerliche Zwecke als Differenz zwischen dem vereinnahmten Betrag und den ursprünglichen Kosten des Schuldtitels berechnet. Die steuerliche Basis des Schuldtitels sind somit seine ursprünglichen Kosten.

Die Differenz zwischen dem Buchwert des Schuldtitels in der Bilanz des Unternehmens A in Höhe von 918 WE und seiner steuerlichen Basis in Höhe von 1000 WE ergibt am Ende des Jahrs 2 eine abzugsfähige temporäre Differenz von 82 WE (siehe Paragraphen 20 und 26(d)), und zwar unabhängig davon, ob das Unternehmen A erwartet, den Buchwert des Schuldtitels durch Veräußerung oder durch Nutzung (d. h. Halten und Vereinnahmen der vertraglich festgelegten Zahlungsströme) oder durch eine Kombination aus beiden, zu realisieren.

Dies ist darauf zurückzuführen, dass abzugsfähige temporäre Differenzen Unterschiedsbeträge zwischen dem Buchwert eines Vermögenswerts oder einer Schuld in der Bilanz und seiner/ihrer steuerlichen Basis sind, die zu Beträgen führen, die bei der Ermittlung des zu versteuernden Gewinns (steuerlichen Verlusts) zukünftiger Perioden abzugsfähig sind, wenn der Buchwert des Vermögenswerts realisiert oder eine Schuld erfüllt wird (siehe Paragraph 5). Unternehmen A kann bei der Ermittlung des zu versteuernden Gewinns (steuerlichen Verlustes) bei Veräußerung oder bei Fälligkeit einen Abzug in Höhe der steuerlichen Basis des Vermögenswerts von 1000 WE geltend machen.

27 Die Auflösung abzugsfähiger temporärer Differenzen führt zu Abzügen bei der Ermittlung des zu versteuernden Gewinns zukünftiger Perioden. Der wirtschaftliche Nutzen in der Form verminderter Steuerzahlungen fließt dem Unternehmen allerdings nur dann zu, wenn es ausreichende zu versteuernde Gewinne erzielt, gegen die die Abzüge saldiert werden können. Daher setzt ein Unternehmen latente Steueransprüche nur an, wenn es wahrscheinlich ist, dass zu versteuernde Gewinne zur Verfügung stehen, gegen welche die abzugsfähigen temporären Differenzen verwendet werden können.

27A Bei der Beurteilung, ob zu versteuernde Gewinne zur Verfügung stehen, gegen welche die abzugsfähigen temporären Differenzen verwendet werden können, berücksichtigt das Unternehmen etwaige im Steuerrecht bestehende Beschränkungen hinsichtlich der Quellen zu versteuernder Gewinne, gegen die es bei der Auflösung der abzugsfähigen temporären Differenz Abzüge vornehmen kann. Enthält das Steuerrecht keine solchen Beschränkungen, prüft das Unternehmen jede abzugsfähige temporäre Differenz in Kombination mit allen anderen abzugsfähigen temporären Differenzen. Beschränkt das Steuerrecht dagegen die Möglichkeit zur Verwendung von Verlusten zum Abzug von Einkünften einer bestimmten Art, so wird die abzugsfähige temporäre Differenz nur in Kombination mit anderen abzugsfähigen temporären Differenzen der entsprechenden Art beurteilt.

28 Es ist wahrscheinlich, dass der zu versteuernde Gewinn, gegen den eine abzugsfähige temporäre Differenz verwendet werden kann, zur Verfügung stehen wird, wenn ausreichende zu versteuernde temporäre Differenzen in Bezug auf dieselbe Steuerbehörde und dasselbe Steuersubjekt vorhanden sind, deren Auflösung erwartet wird

a) in derselben Periode wie die erwartete Auflösung der abzugsfähigen temporären Differenz oder

b) in Perioden, in die steuerliche Verluste aus dem latenten Steueranspruch zurückgetragen oder vorgetragen werden können.

In solchen Fällen wird der latente Steueranspruch in der Periode, in der die abzugsfähigen temporären Differenzen entstehen, angesetzt.

29 Liegen keine ausreichenden zu versteuernden temporären Differenzen in Bezug auf dieselbe Steuerbehörde und dasselbe Steuersubjekt vor, wird der latente Steueranspruch in dem Umfang angesetzt, in dem

a) es wahrscheinlich ist, dass dem Unternehmen ausreichende zu versteuernde Gewinne in Bezug auf dieselbe Steuerbehörde und dasselbe Steuersubjekt in der Periode der Auflösung der abzugsfähigen temporären Differenz (oder in den Perioden, in die ein steuerlicher Verlust infolge eines latenten Steueranspruches zurückgetragen oder vorgetragen werden kann) zur Verfügung stehen werden. Bei der Einschätzung, ob ein ausreichender zu versteuernder Gewinn in künftigen Perioden zur Verfügung stehen wird,

   i) vergleicht ein Unternehmen die abzugsfähigen temporären Differenzen mit künftigen zu versteuernden Gewinnen ohne steuerliche Abzugsmöglichkeiten aufgrund der Auflösung der abzugsfähigen temporären Differenzen. Dieser Vergleich zeigt, inwieweit die künftigen zu versteuernden Gewinne des Unternehmens für einen Abzug der Beträge aus der Auflösung der abzugsfähigen temporären Differenzen ausreichen; und

   ii) lässt ein Unternehmen zu versteuernde Beträge außer Acht, die sich aus dem in künftigen Perioden erwarteten Entstehen von abzugsfähigen temporären Differenzen ergeben, weil der latente Steueranspruch aus diesen abzugsfähigen temporären Differenzen seinerseits einen künftigen zu versteuernden Gewinn voraussetzt, um genutzt zu werden; oder

b) sich dem Unternehmen Steuergestaltungsmöglichkeiten zur Erzeugung eines zu versteuernden Gewinns in geeigneten Perioden bieten.

29A Bei der Schätzung der voraussichtlichen künftigen zu versteuernden Gewinne kann die Realisierung eines Teils der Vermögenswerte eines Unternehmens mit einem über dem Buchwert liegenden Betrag angenommen werden, wenn ausreichende Nachweise dafür vorliegen, dass das Unternehmen einen solchen Betrag erzielen wird. Wird zum Beispiel ein Vermögenswert zum beizulegenden Zeitwert bewertet, prüft das Unternehmen, ob ausreichende Nachweise dafür vorliegen, dass es den Vermögenswert wahrscheinlich mit einem über dem Buchwert liegenden Betrag realisieren kann. Dies kann beispielsweise der Fall sein, wenn ein Unternehmen erwartet, einen festverzinslichen Schuldtitel zu halten und die vertraglich festgelegten Zahlungsströme zu vereinnahmen.

30 Steuergestaltungsmöglichkeiten sind Möglichkeiten, die das Unternehmen ergreifen kann, um in einer bestimmten Periode ein zu versteuerndes Ergebnis zu erzeugen oder zu erhöhen, bevor ein steuerlicher Verlustvortrag oder eine vorgetragene Steuergutschrift verfällt. Beispielsweise kann nach manchen Steuergesetzgebungen der zu versteuernde Gewinn wie folgt erzeugt oder erhöht werden:

a) durch Wahl der Besteuerung von Zinserträgen entweder auf der Grundlage des Zuflussprinzips oder der Abgrenzung als ausstehende Forderung,

b) durch ein Hinausschieben von bestimmten zulässigen Abzügen vom zu versteuernden Gewinn,

c) durch Verkauf und möglicherweise Leaseback von Vermögenswerten, die einen Wertzuwachs erfahren haben, für die aber die steuerliche Basis noch nicht angepasst wurde, um diesen Wertzuwachs zu erfassen, und

d) durch Verkauf eines Vermögenswerts, der ein steuerfreies Ergebnis erzeugt (wie, nach manchen Steuergesetzgebungen möglich, einer Staatsobligation), damit ein anderer Vermögenswert gekauft werden kann, der zu versteuerndes Ergebnis erzeugt.

Wenn durch die Nutzung von Steuergestaltungsmöglichkeiten ein zu versteuernder Gewinn von einer späteren Periode in eine frühere Periode vorgezogen wird, hängt die Verwertung eines steuerlichen Verlustvortrags oder einer vorgetragenen Steuergutschrift noch von Vorhandensein künftiger zu versteuernder Gewinne ab, welche aus anderen Quellen als aus künftig noch entstehenden temporären Differenzen stammen.

31 Weist ein Unternehmen in der näheren Vergangenheit eine Folge von Verlusten auf, so hat es die Anwendungsleitlinien in den Paragraphen 35 und 36 zu beachten.

32 [gestrichen]

Geschäfts- oder Firmenwert

32A Wenn der Buchwert eines bei einem Unternehmenszusammenschluss entstehenden Geschäfts- oder Firmenwerts geringer als seine steuerliche Basis ist, entsteht aus dem Unterschiedsbetrag ein latenter Steueranspruch. Der latente Steueranspruch, der aus dem erstmaligen Ansatz des Geschäfts- oder Firmenwerts hervorgeht, ist im Rahmen der Bilanzierung eines Unternehmenszusammenschlusses in dem Umfang anzusetzen, in dem es wahrscheinlich ist, dass ein zu versteuernder Gewinn bestehen wird, gegen den die abzugsfähigen temporären Differenzen verwendet werden können.

Erstmaliger Ansatz eines Vermögenswerts oder einer Schuld

33 Ein Fall eines latenten Steueranspruchs aus dem erstmaligen Ansatz eines Vermögenswerts liegt vor, wenn eine nicht zu versteuernde Zuwendung der öffentlichen Hand hinsichtlich eines Vermögenswerts bei der Bestimmung des Buchwerts des Vermögenswerts in Abzug gebracht wird, jedoch für steuerliche Zwecke nicht von dem abschreibungsfähigen Betrag (anders gesagt: der steuerlichen Basis) des Vermögenswerts abgezogen wird. Der Buchwert des Vermögenswerts ist geringer als seine steuerliche Basis, und dies führt zu einer abzugsfähigen temporären Differenz. Zuwendungen der öffentlichen Hand dürfen ebenfalls

als passivischer Abgrenzungsposten angesetzt werden. In diesem Fall ergibt der Unterschiedsbetrag zwischen dem passivischen Abgrenzungsposten und seiner steuerlichen Basis von null eine abzugsfähige temporäre Differenz. Unabhängig von der vom Unternehmen gewählten Darstellungsmethode darf das Unternehmen den sich ergebenden latenten Steueranspruch aufgrund der in Paragraph 22 aufgeführten Begründung nicht ansetzen.

Noch nicht genutzte steuerliche Verluste und noch nicht genutzte Steuergutschriften

34 Ein latenter Steueranspruch für den Vortrag noch nicht genutzter steuerlicher Verluste und noch nicht genutzter Steuergutschriften ist in dem Umfang anzusetzen, in dem es wahrscheinlich ist, dass ein künftiger zu versteuernder Gewinn zur Verfügung stehen wird, gegen den die noch nicht genutzten steuerlichen Verluste und noch nicht genutzten Steuergutschriften verwendet werden können.

35 Die Kriterien für den Ansatz latenter Steueransprüche aus Vorträgen noch nicht genutzter steuerlicher Verluste und Steuergutschriften sind die gleichen wie die Kriterien für den Ansatz latenter Steueransprüche aus abzugsfähigen temporären Differenzen. Allerdings spricht das Vorhandensein noch nicht genutzter steuerlicher Verluste deutlich dafür, dass ein künftiger zu versteuernder Gewinn möglicherweise nicht zur Verfügung stehen wird. Weist ein Unternehmen in der näheren Vergangenheit eine Reihe von Verlusten auf, kann es daher latente Steueransprüche aus ungenutzten steuerlichen Verlusten oder ungenutzten Steuergutschriften nur in dem Umfang ansetzen, in dem es über ausreichende zu versteuernde temporäre Differenzen verfügt oder soweit überzeugende Nachweise dafür vorliegen, dass ein ausreichender zu versteuernder Gewinn zur Verfügung stehen wird, gegen den die ungenutzten steuerlichen Verluste oder ungenutzten Steuergutschriften vom Unternehmen verwendet werden können. In solchen Fällen sind gemäß Paragraph 82 der Betrag des latenten Steueranspruches und die Art der Nachweise, die den Ansatz rechtfertigen, anzugeben.

36 Bei der Beurteilung der Wahrscheinlichkeit, ob ein zu versteuernder Gewinn zur Verfügung stehen wird, gegen den noch nicht genutzte steuerliche Verluste oder noch nicht genutzte Steuergutschriften verwendet werden können, sind von einem Unternehmen die folgenden Kriterien zu beachten:

a) ob das Unternehmen ausreichende zu versteuernde temporäre Differenzen in Bezug auf dieselbe Steuerbehörde und dasselbe Steuersubjekt hat, woraus zu versteuernde Beträge erwachsen, gegen die die noch nicht genutzten steuerlichen Verluste oder noch nicht genutzten Steuergutschriften vor ihrem Verfall verwendet werden können,

b) ob es wahrscheinlich ist, dass das Unternehmen zu versteuernde Gewinne erzielen wird, bevor die noch nicht genutzten steuerlichen Verluste oder noch nicht genutzten Steuergutschriften verfallen,

c) ob die noch nicht genutzten steuerlichen Verluste aus identifizierbaren Ursachen stammen, welche aller Wahrscheinlichkeit nach nicht wieder auftreten, und

d) ob dem Unternehmen Steuergestaltungsmöglichkeiten (siehe Paragraph 30) zur Verfügung stehen, die einen zu versteuernden Gewinn in der Periode erzeugen, in der die noch nicht genutzten steuerlichen Verluste oder noch nicht genutzten Steuergutschriften verwendet werden können.

Der latente Steueranspruch wird in dem Umfang nicht angesetzt, in dem es unwahrscheinlich erscheint, dass der zu versteuernde Gewinn zur Verfügung stehen wird, gegen den die noch nicht genutzten steuerlichen Verluste oder noch nicht genutzten Steuergutschriften verwendet werden können.

Erneute Beurteilung von nicht angesetzten latenten Steueransprüchen

37 Ein Unternehmen hat zu jedem Abschlussstichtag nicht angesetzte latente Steueransprüche erneut zu beurteilen. Das Unternehmen setzt einen bislang nicht angesetzten latenten Steueranspruch in dem Umfang an, in dem es wahrscheinlich geworden ist, dass ein künftiger zu versteuernder Gewinn die Realisierung des latenten Steueranspruchs gestatten wird. Beispielsweise kann eine Verbesserung des Geschäftsumfelds es wahrscheinlicher erscheinen lassen, dass das Unternehmen in der Lage sein wird, in der Zukunft einen ausreichenden zu versteuernden Gewinn für den latenten Steueranspruch zu erzeugen, um die in Paragraph 24 oder 34 beschriebenen Ansatzkriterien zu erfüllen. Ein anderes Beispiel liegt vor, wenn ein Unternehmen latente Steueransprüche zum Zeitpunkt eines Unternehmenszusammenschlusses oder nachfolgend erneut beurteilt (siehe Paragraphen 67 und 68).

Beteiligungen an Tochterunternehmen, Zweigniederlassungen und assoziierten Unternehmen sowie Anteile an gemeinschaftlichen Vereinbarungen

38 Temporäre Differenzen entstehen, wenn der Buchwert von Beteiligungen an Tochterunternehmen, Zweigniederlassungen und assoziierten Unternehmen oder Anteilen an gemeinschaftlichen Vereinbarungen (d. h. der Anteil des Mutterunternehmens oder des Investors am Nettovermögen des Tochterunternehmens, der Zweigniederlassung, des assoziierten Unternehmens oder des Unternehmens, an dem Beteiligungen gehalten werden, einschließlich des Buchwerts eines Geschäfts- oder Firmenwerts) sich gegenüber der steuerlichen Basis der Beteiligung oder des Anteils (welcher häufig gleich den Anschaffungskosten ist) unterschiedlich entwickelt. Solche Unterschiede können aus einer Reihe unterschiedlicher Umstände entstehen, beispielsweise

a) dem Vorhandensein nicht ausgeschütteter Gewinne von Tochterunternehmen, Zweig-

niederlassungen, assoziierten Unternehmen und gemeinschaftlichen Vereinbarungen,
b) Änderungen der Wechselkurse, wenn ein Mutterunternehmen und sein Tochterunternehmen ihren jeweiligen Sitz in unterschiedlichen Ländern haben, und
c) einer Verminderung des Buchwerts der Beteiligung an einem assoziierten Unternehmen auf seinen erzielbaren Betrag.

Im Konzernabschluss kann sich die temporäre Differenz von der temporären Differenz für diese Beteiligung im Einzelabschluss des Mutterunternehmens unterscheiden, falls das Mutterunternehmen die Beteiligung in seinem Einzelabschluss zu den Anschaffungskosten oder dem Neubewertungsbetrag bilanziert.

39 Ein Unternehmen hat eine latente Steuerschuld für alle zu versteuernden temporären Differenzen in Verbindung mit Beteiligungen an Tochterunternehmen, Zweigniederlassungen und assoziierten Unternehmen und Anteilen an gemeinschaftlichen Vereinbarungen anzusetzen, ausgenommen in dem Umfang, in dem die beiden folgenden Bedingungen erfüllt sind:

a) das Mutterunternehmen, der Investor, das Partnerunternehmen oder der gemeinschaftlich Tätige ist in der Lage, den zeitlichen Verlauf der Auflösung der temporären Differenz zu steuern, und

b) es ist wahrscheinlich, dass sich die temporäre Differenz in absehbarer Zeit nicht auflösen wird.

40 Da ein Mutterunternehmen die Dividendenpolitik seines Tochterunternehmens beherrscht, ist es in der Lage, den Zeitpunkt der Auflösung der temporären Differenzen in Verbindung mit dieser Beteiligung zu steuern (einschließlich der temporären Differenzen, die nicht nur aus thesaurierten Gewinnen, sondern auch aus Unterschiedsbeträgen infolge von Währungsumrechnung resultieren). Außerdem wäre es häufig in der Praxis nicht möglich, den Betrag der Ertragsteuern zu bestimmen, der bei Auflösung der temporären Differenz zahlbar wäre. Daher hat das Mutterunternehmen eine latente Steuerschuld nicht anzusetzen, wenn es bestimmt hat, dass diese Gewinne in absehbarer Zeit nicht ausgeschüttet werden. Die gleichen Überlegungen gelten für Beteiligungen an Zweigniederlassungen.

41 Ein Unternehmen bewertet die nicht monetären Vermögenswerte und Schulden in seiner funktionalen Währung (siehe IAS 21 *Auswirkungen von Wechselkursänderungen*). Wird der zu versteuernde Gewinn oder der steuerliche Verlust (und somit die steuerliche Basis seiner nicht monetären Vermögenswerte und Schulden) in der Fremdwährung ausgedrückt, so haben Änderungen der Wechselkurse temporäre Differenzen zur Folge, woraus sich eine latente Steuerschuld oder (unter Beachtung des Paragraphen 24) ein latenter Steueranspruch ergibt. Die sich ergebende latente Steuer wird erfolgswirksam erfasst (siehe Paragraph 58).

42 Ein Investor, der eine Beteiligung an einem assoziierten Unternehmen hält, beherrscht dieses Unternehmen nicht und ist im Regelfall nicht in einer Position, dessen Dividendenpolitik zu bestimmen. Daher setzt ein Investor eine latente Steuerschuld aus einer zu versteuernden temporären Differenz in Verbindung mit seiner Beteiligung am assoziierten Unternehmen an, falls nicht in einem Vertrag bestimmt ist, dass die Gewinne des assoziierten Unternehmens in absehbarer Zeit nicht ausgeschüttet werden. In einigen Fällen ist ein Investor möglicherweise nicht in der Lage, den Betrag der Steuern zu ermitteln, die bei der Realisierung der Anschaffungskosten seiner Beteiligung an einem assoziierten Unternehmen fällig wären. Er kann jedoch in solchen Fällen ermitteln, dass diese einem Mindestbetrag entsprechen oder ihn übersteigen. In solchen Fällen wird die latente Steuerschuld mit diesem Betrag bewertet.

43 Die zwischen den Parteien einer gemeinschaftlichen Vereinbarung getroffene Vereinbarung befasst sich im Regelfall mit der Gewinnaufteilung und der Festsetzung, ob Entscheidungen in diesen Angelegenheiten die einstimmige Zustimmung aller Parteien oder einer Gruppe der Parteien erfordern. Wenn das Partnerunternehmen oder der gemeinschaftlich Tätige den Zeitpunkt der Ausschüttung seines Anteils an den Gewinnen der gemeinschaftlichen Vereinbarung steuern kann und wenn es wahrscheinlich ist, dass sein Gewinnanteil in absehbarer Zeit nicht ausgeschüttet wird, wird eine latente Steuerschuld nicht angesetzt.

44 Ein Unternehmen hat einen latenten Steueranspruch für alle abzugsfähigen temporären Differenzen aus Beteiligungen an Tochterunternehmen, Zweigniederlassungen und assoziierten Unternehmen sowie Anteilen an gemeinschaftlichen Vereinbarungen ausschließlich in dem Umfang anzusetzen, in dem es wahrscheinlich ist,

a) dass sich die temporäre Differenz in absehbarer Zeit auflösen wird und

b) dass der zu versteuernde Gewinn zur Verfügung stehen wird, gegen den die temporäre Differenz verwendet werden kann.

45 Bei der Entscheidung, ob ein latenter Steueranspruch für abzugsfähige temporäre Differenzen in Verbindung mit seinen Beteiligungen an Tochterunternehmen, Zweigniederlassungen und assoziierten Unternehmen sowie seinen Anteilen an gemeinschaftlichen Vereinbarungen anzusetzen ist, hat ein Unternehmen die in den Paragraphen 28 bis 31 beschriebenen Anwendungsleitlinien zu beachten.

BEWERTUNG

46 Tatsächliche Ertragsteuerschulden (Ertragsteueransprüche) für die laufende Berichtsperiode und für frühere Perioden sind mit dem Betrag zu bewerten, in dessen Höhe eine Zahlung an die Steuerbehörden (eine Erstattung von den Steuerbehörden) erwartet wird, und zwar auf der Grundlage von Steuersätzen (und

Steuervorschriften), die am Abschlussstichtag gelten oder angekündigt sind.

47 **Latente Steueransprüche und latente Steuerschulden sind anhand der Steuersätze zu bewerten, deren Gültigkeit für die Periode, in der ein Vermögenswert realisiert wird oder eine Schuld erfüllt wird, erwartet wird. Dabei werden die Steuersätze (und Steuervorschriften) verwendet, die am Abschlussstichtag gelten oder angekündigt sind.**

48 Tatsächliche und latente Steueransprüche und Steuerschulden sind im Regelfall anhand der Steuersätze (und Steuervorschriften) zu bewerten, die Gültigkeit haben. In manchen Steuergesetzgebungen hat die Ankündigung von Steuersätzen (und Steuervorschriften) durch die Regierung jedoch die Wirkung einer tatsächlichen Inkraftsetzung. Die Inkraftsetzung kann erst mehrere Monate nach der Ankündigung erfolgen. Unter diesen Umständen sind Steueransprüche und Steuerschulden auf der Grundlage des angekündigten Steuersatzes (und der angekündigten Steuervorschriften) zu bewerten.

49 Sind unterschiedliche Steuersätze auf unterschiedliche Höhen des zu versteuernden Ergebnisses anzuwenden, sind latente Steueransprüche und latente Steuerschulden mit den Durchschnittssätzen zu bewerten, deren Anwendung auf den zu versteuernden Gewinn (den steuerlichen Verlust) in den Perioden erwartet wird, in denen sich die temporären Differenzen den Erwartungen zufolge auflösen werden.

50 [gestrichen]

51 Bei der Bewertung latenter Steuerschulden und latenter Steueransprüche sind die steuerlichen Konsequenzen zu berücksichtigen, die daraus resultieren, in welcher Art und Weise ein Unternehmen zum Abschlussstichtag erwartet, den Buchwert seiner Vermögenswerte zu realisieren oder seiner Schulden zu erfüllen.

51A Nach manchen Steuergesetzgebungen kann die Art und Weise, in der ein Unternehmen den Buchwert eines Vermögenswerts realisiert oder den Buchwert einer Schuld erfüllt, entweder einen oder beide der folgenden Parameter beeinflussen:

a) den anzuwendenden Steuersatz, wenn das Unternehmen den Buchwert des Vermögenswerts realisiert oder den Buchwert der Schuld erfüllt, und

b) die steuerliche Basis des Vermögenswerts (der Schuld).

In solchen Fällen bewertet ein Unternehmen latente Steuerschulden und latente Steueransprüche unter Anwendung des Steuersatzes und der steuerlichen Basis, die der erwarteten Art und Weise der Realisierung oder der Erfüllung entsprechen.

Beispiel A

Eine Sachanlage hat einen Buchwert von 100 und eine steuerliche Basis von 60. Ein Steuersatz von 20 % wäre bei einem Verkauf der Sachanlage anwendbar, und ein Steuersatz von 30 % wäre bei anderen Erträgen anwendbar.

Das Unternehmen setzt eine latente Steuerschuld von 8 (20 % von 40) an, falls es erwartet, die Sachanlage ohne weitere Nutzung zu verkaufen, und eine latente Steuerschuld von 12 (30 % von 40), falls es erwartet, die Sachanlage zu behalten und durch ihre Nutzung ihren Buchwert zu realisieren.

Beispiel B

Eine Sachanlage mit Anschaffungskosten von 100 und einem Buchwert von 80 wird für 150 neu bewertet. Für steuerliche Zwecke erfolgt keine entsprechende Bewertungsanpassung. Die kumulierte planmäßige Abschreibung für Steuerzwecke beträgt 30, und der Steuersatz ist 30 %. Falls die Sachanlage für mehr als die Anschaffungskosten verkauft wird, wird die kumulierte Abschreibung von 30 in das zu versteuernde Ergebnis einbezogen, die Verkaufserlöse, welche die Anschaffungskosten übersteigen, sind aber nicht zu versteuern.

Die steuerliche Basis der Sachanlage ist 70, und es liegt eine zu versteuernde temporäre Differenz von 80 vor. Falls das Unternehmen erwartet, den Buchwert durch die Nutzung der Sachanlage zu realisieren, muss es ein zu versteuerndes Ergebnis von 150 erzeugen, kann aber lediglich Abschreibungen von 70 in Abzug bringen. Auf dieser Grundlage besteht eine latente Steuerschuld von 24 (30 % von 80). Erwartet das Unternehmen die Realisierung des Buchwerts durch den sofortigen Verkauf der Sachanlage für 150, wird die latente Steuerschuld wie folgt berechnet:

	Zu versteuernde temporäre Differenz	Steuersatz	Latente Steuerschuld
Kumulierte steuerliche Abschreibung	30	30 %	9
Die Anschaffungskosten übersteigender Erlös	50	null	–
Summe	80		9

(Hinweis: Gemäß Paragraph 61A wird die zusätzliche latente Steuer, die aus der Neubewertung erwächst, im sonstigen Ergebnis erfasst.)

2/6. IAS 12
51A – 51C

Beispiel C

Der Sachverhalt entspricht Beispiel B, mit folgender Ausnahme: Falls die Sachanlage für mehr als die Anschaffungskosten verkauft wird, wird die kumulierte steuerliche Abschreibung in das zu versteuernde Ergebnis aufgenommen (besteuert zu 30 %) und der Verkaufserlös wird mit 40 % besteuert (nach Abzug von inflationsbereinigten Anschaffungskosten von 110).

Falls das Unternehmen erwartet, den Buchwert durch die Nutzung der Sachanlage zu realisieren, muss es ein zu versteuerndes Ergebnis von 150 erzeugen, kann aber lediglich Abschreibungen von 70 in Abzug bringen. Auf dieser Grundlage beträgt die steuerliche Basis 70, es besteht eine zu versteuernde temporäre Differenz von 80, und - wie in Beispiel B - eine latente Steuerschuld von 24 (30 % von 80).

Falls das Unternehmen erwartet, den Buchwert durch den sofortigen Verkauf der Sachanlage für 150 zu realisieren, kann es die indizierten Anschaffungskosten von 110 in Abzug bringen. Der Reinerlös von 40 wird mit 40 % besteuert. Zusätzlich wird die kumulierte Abschreibung von 30 in das zu versteuernde Ergebnis mit aufgenommen und mit 30 % besteuert. Auf dieser Grundlage beträgt die steuerliche Basis 80 (110 abzüglich 30), es besteht eine zu versteuernde temporäre Differenz von 70 und eine latente Steuerschuld von 25 (40 % von 40 und 30 % von 30). Ist die steuerliche Basis in diesem Beispiel nicht unmittelbar erkennbar, kann es hilfreich sein, das in Paragraph 10 beschriebene Grundprinzip heranzuziehen.

(Hinweis: Gemäß Paragraph 61A wird die zusätzliche latente Steuer, die aus der Neubewertung erwächst, im sonstigen Ergebnis erfasst.)

51B Ergibt sich aus einem nach dem Neubewertungsmodell in IAS 16 bewerteten nicht planmäßig abzuschreibenden Vermögenswert eine latente Steuerschuld oder ein latenter Steueranspruch, ist bei der Bewertung der latenten Steuerschuld oder des latenten Steueranspruchs den steuerlichen Konsequenzen Rechnung zu tragen, die sich aus der Realisierung des Buchwerts dieses Vermögenswerts durch seinen Verkauf ergäben, unabhängig davon, nach welcher Methode der Buchwert ermittelt worden ist. Sieht das Steuerrecht für den zu versteuernden Betrag aus dem Verkauf eines Vermögenswerts einen anderen Steuersatz vor als für den zu versteuernden Betrag aus der Nutzung eines Vermögenswerts, so ist bei der Bewertung der mit einem nicht planmäßig abzuschreibenden Vermögenswert im Zusammenhang stehenden latenten Steuerschuld oder des entsprechenden latenten Steueranspruchs deshalb erstgenannter Steuersatz anzuwenden.

51C Ergibt sich aus einer nach dem Zeitwertmodell in IAS 40 bewerteten, als Finanzinvestition gehaltenen Immobilie eine latente Steuerschuld oder ein latenter Steueranspruch, besteht die widerlegbare Vermutung, dass der Buchwert der als Finanzinvestition gehaltenen Immobilie durch Verkauf realisiert wird. Sofern diese Vermutung nicht widerlegt ist, ist bei der Bewertung der latenten Steuerschuld oder des latenten Steueranspruchs daher den steuerlichen Konsequenzen einer vollständigen Realisierung des Buchwerts der Immobilie durch Verkauf Rechnung zu tragen. Diese Vermutung ist widerlegt, wenn die als Finanzinvestition gehaltene Immobilie abschreibungsfähig ist und im Rahmen eines Geschäftsmodells gehalten wird, das darauf abzielt, den gesamten wirtschaftlichen Nutzen dieser Immobilie im Laufe der Zeit im Wesentlichen zu verbrauchen statt sie zu verkaufen. Wird die Vermutung widerlegt, gelten die Vorschriften der Paragraphen 51 und 51A.

Beispiel zur Veranschaulichung des Paragraphen 51C

Eine als Finanzinvestition gehaltene Immobilie mit Anschaffungskosten von 100 und einem beizulegenden Zeitwert von 150 wird nach dem Zeitwertmodell in IAS 40 bewertet. Sie umfasst ein Grundstück mit Anschaffungskosten von 40 und einem beizulegenden Zeitwert von 60 sowie ein Gebäude mit Anschaffungskosten von 60 und einem beizulegenden Zeitwert von 90. Die Nutzungsdauer des Grundstücks ist unbegrenzt.

Die kumulierte Abschreibung des Gebäudes zu Steuerzwecken beträgt 30. Nicht realisierte Änderungen des beizulegenden Zeitwerts der als Finanzinvestition gehaltenen Immobilie wirken sich nicht auf den zu versteuernden Gewinn aus. Wird die als Finanzinvestition gehaltene Immobilie für mehr als die Anschaffungskosten verkauft, wird die Wertaufholung der kumulierten steuerlichen Abschreibung von 30 in den zu versteuernden Gewinn aufgenommen und mit einem regulären Satz von 30 % versteuert. Für Verkaufserlöse, die über die Anschaffungskosten hinausgehen, sieht das Steuerrecht Steuersätze von 25 % (Vermögenswerte, die weniger als zwei Jahre gehalten werden) und 20 % (Vermögenswerte, die zwei Jahre oder länger gehalten werden) vor.

Da die als Finanzinvestition gehaltene Immobilie nach dem Zeitwertmodell in IAS 40 bewertet wird, besteht die widerlegbare Vermutung, dass das Unternehmen den Buchwert dieser Immobilie vollständig durch Verkauf realisieren wird. Wird diese Vermutung nicht widerlegt, spiegelt die latente Steuer auch dann die steuerlichen Konsequenzen der vollständigen Realisierung des Buchwerts der Immobilie durch Verkauf wider, wenn das Unternehmen vor dem Verkauf mit Mieteinnahmen aus dieser Immobilie rechnet. Bei Verkauf ist die steuerliche Basis des Grundstücks 40 und liegt eine zu versteuernde temporäre Differenz von 20 (60 – 40) vor. Bei Verkauf ist die steuerliche Basis des Gebäudes 30 (60 – 30) und es liegt eine zu versteuernde temporäre Differenz von 60 (90 – 30) vor. Damit beträgt die zu versteuernde temporäre Differenz für die als Finanzinvestition gehaltene Immobilie insgesamt 80 (20 + 60).

Gemäß Paragraph 47 ist der Steuersatz der für die Periode, in der die als Finanzinvestition gehaltene Immobilie realisiert wird, erwartete Satz. Falls das Unternehmen erwartet, die Immobilie nach einer Haltezeit von mehr als zwei Jahren zu veräußern, errechnet sich die daraus resultierende latente Steuerschuld deshalb wie folgt:

	Zu versteuernde temporäre Differenz	Steuersatz	Latente Steuerschuld
Kumulierte steuerliche Abschreibung	30	30 %	9
Die Anschaffungskosten übersteigender Erlös	50	20 %	10
Summe	80		19

Falls das Unternehmen erwartet, die Immobilie nach einer Haltezeit von weniger als zwei Jahren zu veräußern, würde in der obigen Berechnung auf die über die Anschaffungskosten hinausgehenden Erlöse anstelle des Satzes von 20 % ein Satz von 25 % angewandt.

Wird das Gebäude stattdessen im Rahmen eines Geschäftsmodells gehalten, das darauf abzielt, den gesamten wirtschaftlichen Nutzen des Gebäudes im Laufe der Zeit im Wesentlichen zu verbrauchen, statt es zu verkaufen, wäre diese Vermutung für das Gebäude widerlegt. Das Grundstück dagegen ist nicht abschreibungsfähig. Für das Grundstück wäre die Vermutung der Realisierung durch Verkauf deshalb nicht widerlegt. Dementsprechend würde die latente Steuerschuld die steuerlichen Konsequenzen einer Realisierung des Buchwerts des Gebäudes durch Nutzung und des Buchwerts des Grundstücks durch Verkauf widerspiegeln.

Bei Nutzung ist die steuerliche Basis des Gebäudes 30 (60 − 30) und liegt eine zu versteuernde temporäre Differenz von 60 (90 − 30) vor, woraus sich eine latente Steuerschuld von 18 (30 % von 60) ergibt.

Bei Verkauf ist die steuerliche Basis des Grundstücks 40 und liegt eine zu versteuernde temporäre Differenz von 20 (60 − 40) vor, woraus sich eine latente Steuerschuld von 4 (20 % von 20) ergibt.

Wird die Vermutung der Realisierung durch Verkauf für das Gebäude widerlegt, beträgt die latente Steuerschuld für die als Finanzinvestition gehaltene Immobilie folglich 22 (18 + 4).

51D Die widerlegbare Vermutung nach Paragraph 51C gilt auch dann, wenn sich aus der Bewertung einer als Finanzinvestition gehaltenen Immobilie bei einem Unternehmenszusammenschluss eine latente Steuerschuld oder ein latenter Steueranspruch ergibt und das Unternehmen diese als Finanzinvestition gehaltene Immobilie in der Folge nach dem Modell des beizulegenden Zeitwerts bewertet.

51E Von den Paragraphen 51B–51D unberührt bleibt die Pflicht, bei Ansatz und Bewertung latenter Steueransprüche nach den Grundsätzen der Paragraphen 24–33 (abzugsfähige temporäre Differenzen) und 34–36 (noch nicht genutzte steuerliche Verluste und noch nicht genutzte Steuergutschriften) dieses Standards zu verfahren.

52 [verschoben und in 51A umnummeriert]

52A In manchen Rechtskreisen sind Ertragsteuern einem erhöhten oder verminderten Steuersatz unterworfen, falls das Nettoergebnis oder die Gewinnrücklagen teilweise oder vollständig als Dividenden an die Anteilseigner des Unternehmens ausgezahlt werden. In einigen anderen Rechtskreisen werden Ertragsteuern erstattet oder sind nachzuzahlen, falls das Nettoergebnis oder die Gewinnrücklagen teilweise oder vollständig als Dividenden an die Anteilseigner des Unternehmens ausgezahlt werden. Unter diesen Umständen sind die tatsächlichen und latenten Steueransprüche bzw. Steuerschulden mit dem Steuersatz, der auf nicht ausgeschüttete Gewinne anzuwenden ist, zu bewerten.

52B [gestrichen]

Beispiel zur Veranschaulichung der Paragraphen 52A und 57A

Das folgende Beispiel behandelt die Bewertung von tatsächlichen und latenten Steueransprüchen und -schulden eines Unternehmens in einem Land, in dem die Ertragsteuern auf nicht ausgeschüttete Gewinne (50 %) höher sind und ein Betrag erstattet wird, wenn die Gewinne ausgeschüttet werden. Der Steuersatz auf ausgeschüttete Gewinne beträgt 35 %. Am Abschlussstichtag, 31. Dezember 20X1, hat das Unternehmen keine Verbindlichkeiten für Dividenden, die zur Auszahlung nach dem Abschlussstichtag vorgeschlagen oder beschlossen wurden, zu passivieren. Daraus resultiert, dass im Jahr 20X1 keine Dividenden berücksichtigt wurden. Das zu versteuernde Ergebnis für das Jahr 20X1 beträgt 100 000. Die zu versteuernde temporäre Differenz für das Jahr 20X1 beträgt 40 000.

Das Unternehmen setzt eine tatsächliche Steuerschuld und einen tatsächlichen Steueraufwand von 50 000 an. Es wird kein Vermögenswert für den potenziell für künftige Dividendenzahlungen zu erstattenden Betrag angesetzt. Das Unternehmen setzt auch eine latente Steuerschuld und einen latenten Steueraufwand von 20 000 (50 % von 40 000) an, die die Ertragsteuern darstellen, die das Unternehmen bezahlen wird, wenn es den Buchwert der Vermögenswerte realisiert oder den Buchwert der Schulden erfüllt, und zwar auf der Grundlage des Steuersatzes für nicht ausgeschüttete Gewinne.

Am 15. März 20X2 setzt das Unternehmen Dividenden aus früheren Betriebsergebnissen in Höhe von 10 000 als Verbindlichkeiten an.

Das Unternehmen setzt am 15. März 20X2 die Erstattung von Ertragsteuern in Höhe von 1500 (15 % der als Verbindlichkeit angesetzten Dividendenzahlung) als einen tatsächlichen Steueranspruch und als eine Minderung des Ertragsteueraufwands für das Jahr 20X2 an.

53 Latente Steueransprüche und latente Steuerschulden sind nicht abzuzinsen

54 Die verlässliche Ermittlung latenter Steueransprüche und latenter Steuerschulden auf der Grundlage einer Abzinsung erfordert eine detaillierte Aufstellung des zeitlichen Verlaufs der Auflösung jeder temporären Differenz. In vielen Fällen ist eine solche Aufstellung nicht durchführbar oder aufgrund ihrer Komplexität nicht vertretbar. Demzufolge ist die Verpflichtung zu einer Abzinsung latenter Steueransprüche und latenter Steuerschulden nicht sachgerecht. Ein Wahlrecht zur Abzinsung würde zu latenten Steueransprüchen und latenten Steuerschulden führen, die zwischen den Unternehmen nicht vergleichbar wären. Daher ist gemäß diesem Standard die Abzinsung latenter Steueransprüche und latenter Steuerschulden weder erforderlich noch gestattet.

55 Die Bestimmung temporärer Differenzen erfolgt aufgrund des Buchwerts eines Vermögenswerts oder einer Schuld. Dies trifft auch dann zu, wenn der Buchwert seinerseits auf Grundlage einer Abzinsung ermittelt wurde, beispielsweise im Falle von Pensionsverpflichtungen (siehe IAS 19 *Leistungen an Arbeitnehmer*).

56 Der Buchwert eines latenten Steueranspruchs ist zu jedem Abschlussstichtag zu überprüfen. Ein Unternehmen hat den Buchwert eines latenten Steueranspruchs in dem Umfang zu mindern, in dem es nicht mehr wahrscheinlich ist, dass ein versteuernder Gewinn zur Verfügung stehen wird, um den latenten Steueranspruch entweder teilweise oder insgesamt zu nutzen. Alle derartigen Minderungen sind in dem Umfang wieder aufzuholen, in dem es wahrscheinlich wird, dass ein ausreichender zu versteuernder Gewinn zur Verfügung stehen wird.

ANSATZ TATSÄCHLICHER UND LATENTER STEUERN

57 Die Bilanzierung der Auswirkungen tatsächlicher und latenter Steuern eines Geschäftsvorfalls oder eines anderen Ereignisses hat mit der Bilanzierung des Geschäftsvorfalls oder des Ereignisses selbst konsistent zu sein. Dieses Prinzip wird in den Paragraphen 58 bis 68C festgelegt.

57A Ein Unternehmen hat ertragsteuerliche Konsequenzen von Dividendenzahlungen (im Sinne von IFRS 9) dann zu erfassen, wenn es die Verpflichtung zur Dividendenausschüttung ansetzt. Ertragsteuerliche Konsequenzen von Dividendenzahlungen sind mehr mit Geschäften oder Ereignissen der Vergangenheit verbunden, die ausschüttungsfähige Gewinne generiert haben, als mit der Ausschüttung an die Eigentümer. Aus diesem Grund sind ertragsteuerliche Konsequenzen von Dividendenzahlungen – je nachdem, wie das Unternehmen diese vergangenen Geschäfte oder Ereignisse ursprünglich erfasst hat – im Periodenergebnis, im sonstigen Ergebnis oder Eigenkapital zu erfassen.

Erfolgswirksam erfasste Posten

58 Tatsächliche und latente Steuern sind als Ertrag oder Aufwand zu erfassen und in den Gewinn oder Verlust der Periode einzubeziehen, ausgenommen in dem Umfang, in dem die Steuer herrührt aus

a) einem Geschäftsvorfall oder Ereignis, der bzw. das in derselben oder einer anderen Periode außerhalb des Gewinns oder Verlusts entweder im sonstigen Ergebnis oder direkt im Eigenkapital angesetzt wird (siehe Paragraphen 61A–65), oder

b) einem Unternehmenszusammenschluss (mit Ausnahme des Erwerbs eines Tochterunternehmens durch eine Investmentgesellschaft im Sinne von IFRS 10 *Konzernabschlüsse*, wenn das Tochterunternehmen erfolgswirksam zum beizulegenden Zeitwert bewertet werden muss) (siehe Paragraphen 66–68).

59 Die meisten latenten Steuerschulden und latenten Steueransprüche entstehen dort, wo Ertrag oder Aufwand in das bilanzielle Ergebnis vor Steuern einbezogen wird, jedoch im zu versteuernden Gewinn (steuerlichen Verlust) einer anderen Periode erfasst werden. Die sich daraus ergebende latente Steuer wird erfolgswirksam erfasst. Beispiele dafür sind:

a) Zinsen, Nutzungsentgelte oder Dividenden werden rückwirkend geleistet und gemäß IFRS 15 *Erlöse aus Verträgen mit Kunden*, IAS 39 *Finanzinstrumente : Ansatz und Bewertung* oder IFRS 9 *Finanzinstrumente* in das bilanzielle Ergebnis vor Steuern einbezogen, die Berücksichtigung im zu versteuernden Gewinn (steuerlichen Verlust) erfolgt dagegen auf Grundlage des Zahlungsmittelflusses;

b) Kosten für immaterielle Vermögenswerte werden gemäß IAS 38 aktiviert und erfolgswirksam planmäßig abgeschrieben, der Abzug für steuerliche Zwecke erfolgt aber, wenn sie anfallen.

60 Der Buchwert latenter Steueransprüche und latenter Steuerschulden kann sich verändern, auch wenn der Betrag der damit verbundenen temporären Differenzen nicht geändert wird. Dies kann beispielsweise aus Folgendem resultieren:

a) einer Änderung der Steuersätze oder Steuervorschriften,

b) einer erneuten Beurteilung der Realisierbarkeit latenter Steueransprüche oder

c) einer Änderung der erwarteten Art und Weise der Realisierung eines Vermögenswerts.

Die sich ergebende latente Steuer ist erfolgswirksam zu erfassen, ausgenommen in dem Umfang, in dem sie sich auf Posten bezieht, welche früher außerhalb des Gewinns oder Verlusts erfasst wurden (siehe Paragraph 63).

Posten, die außerhalb des Gewinns oder Verlusts erfasst werden

61 [gestrichen]

61A Tatsächliche Ertragsteuern und latente Steuern sind außerhalb des Gewinns oder Verlusts zu erfassen, wenn sich die Steuer auf Posten bezieht, die in derselben oder einer anderen Periode außerhalb des Gewinns oder Verlusts erfasst werden. Dementsprechend sind tatsächliche Ertragsteuern und latente Steuern in Zusammenhang mit Posten, die in derselben oder einer anderen Periode

a) im sonstigen Ergebnis erfasst werden, im sonstigen Ergebnis zu erfassen (siehe Paragraph 62).
b) direkt im Eigenkapital erfasst werden, direkt im Eigenkapital zu erfassen (siehe Paragraph 62A).

62 Die International Financial Reporting Standards verlangen oder erlauben die Erfassung bestimmter Posten im sonstigen Ergebnis. Beispiele solcher Posten sind:

a) eine Änderung im Buchwert infolge einer Neubewertung von Sachanlagen (siehe IAS 16) und
b) [gestrichen]
c) Währungsdifferenzen infolge einer Umrechnung des Abschlusses eines ausländischen Geschäftsbetriebs (siehe IAS 21).
d) [gestrichen]

62A Die International Financial Reporting Standards verlangen oder erlauben die unmittelbare Gutschrift oder Belastung bestimmter Posten im Eigenkapital. Beispiele solcher Posten sind:

a) eine Anpassung des Anfangssaldos der Gewinnrücklagen infolge einer Änderung der Rechnungslegungsmethoden, die rückwirkend angewandt wird, oder infolge einer Fehlerkorrektur (siehe IAS 8 *Rechnungslegungsmethoden, Änderungen von rechnungslegungsbezogenen Schätzungen und Fehler*) und
b) beim erstmaligen Ansatz der Eigenkapitalkomponente eines zusammengesetzten Finanzinstruments entstehende Beträge (siehe Paragraph 23).

63 In außergewöhnlichen Umständen kann es schwierig sein, den Betrag der tatsächlichen und latenten Steuer zu ermitteln, der sich auf Posten bezieht, die außerhalb des Gewinns oder Verlusts (entweder im sonstigen Ergebnis oder direkt im Eigenkapital) erfasst werden. Dies kann beispielsweise der Fall sein, wenn

a) die Ertragsteuersätze abgestuft sind und es unmöglich ist, den Steuersatz zu ermitteln, zu dem ein bestimmter Bestandteil des zu versteuernden Gewinns (steuerlichen Verlusts) besteuert wurde,
b) eine Änderung des Steuersatzes oder anderer Steuervorschriften einen latenten Steueranspruch oder eine latente Steuerschuld beeinflusst, der bzw. die vollständig oder teilweise mit einem Posten in Zusammenhang steht, der vorher außerhalb des Gewinns oder Verlusts erfasst wurde, oder
c) ein Unternehmen entscheidet, dass ein latenter Steueranspruch anzusetzen ist oder nicht mehr in voller Höhe anzusetzen ist und der latente Steueranspruch sich (insgesamt oder teilweise) auf einen Posten bezieht, der vorher außerhalb des Gewinns oder Verlusts erfasst wurde.

In solchen Fällen wird die tatsächliche und latente Steuer in Bezug auf Posten, die außerhalb des Gewinns oder Verlusts erfasst werden, auf Basis einer angemessenen anteiligen Verteilung der tatsächlichen und latenten Steuer des Unternehmens in der betreffenden Steuergesetzgebung errechnet, oder es wird ein anderes Verfahren gewählt, welches unter den vorliegenden Umständen eine sachgerechtere Verteilung ermöglicht.

64 IAS 16 legt nicht fest, ob ein Unternehmen in jeder Periode einen Betrag aus der Neubewertungsrücklage in die Gewinnrücklagen zu übertragen hat, der dem Unterschiedsbetrag zwischen der planmäßigen Abschreibung eines neubewerteten Vermögenswerts und der planmäßigen Abschreibung auf Basis der Anschaffungs- oder Herstellungskosten dieses Vermögenswerts entspricht. Falls ein Unternehmen eine solche Übertragung durchführt, ist der zu übertragende Betrag nach Abzug aller damit verbundenen latenten Steuern zu ermitteln. Entsprechende Überlegungen finden Anwendung auf Übertragungen bei der Veräußerung von Sachanlagen.

65 Wird ein Vermögenswert für steuerliche Zwecke neubewertet und bezieht sich diese Neubewertung auf eine bilanzielle Neubewertung einer früheren Periode oder auf eine, die den Erwartungen zufolge in einer künftigen Periode durchgeführt werden soll, werden die steuerlichen Auswirkungen sowohl der Neubewertung des Vermögenswerts als auch der Anpassung der steuerlichen Basis im sonstigen Ergebnis in den Perioden erfasst, in denen sie sich ereignen. Ist die Neubewertung für steuerliche Zwecke jedoch nicht mit einer bilanziellen Neubewertung einer früheren oder einer für zukünftige Perioden erwarteten bilanziellen Neubewertung verbunden, werden die steuerlichen Auswirkungen der Anpassung der steuerlichen Basis erfolgswirksam erfasst.

65A Wenn ein Unternehmen Dividenden an seine Anteilseigner zahlt, ist es unter Umständen verpflichtet, einen Teil der Dividenden im Namen der Anteilseigner an die Steuerbehörden zu zahlen. In vielen Ländern wird diese Steuer als Quellensteuer bezeichnet. Ein solcher Betrag, der an die Steuerbehörden zu zahlen ist oder gezahlt wurde, ist direkt mit dem Eigenkapital als Teil der Dividenden zu verrechnen.

Latente Steuern als Folge eines Unternehmenszusammenschlusses

66 Wie in den Paragraphen 19 und 26(c) erläutert, können temporäre Differenzen bei einem Unternehmenszusammenschluss entstehen. Gemäß IFRS 3 setzt ein Unternehmen alle sich ergebenden latenten Steueransprüche (in dem Umfang, in dem sie die Ansatzkriterien des Paragraphen 24 erfüllen) oder latenten Steuerschulden als identifizierbare Vermögenswerte und Schulden zum Erwerbszeitpunkt an. Folglich beeinflussen jene latenten Steueransprüche und latenten Steuerschulden den Betrag des Geschäfts- oder Firmenwerts oder den Gewinn, der aus einem Erwerb zu einem Preis unter Marktwert erfasst wurde. Gemäß Paragraph 15(a) setzt ein Unternehmen jedoch keine latenten Steuerschulden an, die aus dem erstmaligen Ansatz eines Geschäfts- oder Firmenwerts entstanden sind.

67 Infolge eines Unternehmenszusammenschlusses könnte sich die Wahrscheinlichkeit, dass ein Erwerber einen latenten Steueranspruch aus der Zeit vor dem Zusammenschluss realisiert, ändern. Ein Erwerber kann es für wahrscheinlich halten, dass er seinen eigenen latenten Steueranspruch, der vor dem Unternehmenszusammenschluss nicht angesetzt war, realisieren wird. Beispielsweise kann ein Erwerber in der Lage sein, den Vorteil seiner noch nicht genutzten steuerlichen Verluste gegen den zukünftigen zu versteuernden Gewinn des erworbenen Unternehmens zu verwenden. Infolge eines Unternehmenszusammenschlusses könnte es alternativ nicht mehr wahrscheinlich sein, dass mit zukünftig zu versteuerndem Gewinn der latente Steueranspruch realisiert werden kann. In solchen Fällen erfasst der Erwerber eine Änderung des latenten Steueranspruchs in der Periode des Unternehmenszusammenschlusses, schließt diese Änderung jedoch nicht als Teil der Bilanzierung des Unternehmenszusammenschlusses ein. Deshalb berücksichtigt der Erwerber ihn bei der Bewertung des Geschäfts- oder Firmenwerts oder des Gewinns aus einem Erwerb zu einem Preis unter dem Marktwert, der bei einem Unternehmenszusammenschluss erfasst wird, nicht.

68 Der potenzielle Nutzen eines ertragsteuerlichen Verlustvortrags oder anderer latenter Steueransprüche des erworbenen Unternehmens könnte die Kriterien für einen gesonderten Ansatz zum Zeitpunkt des erstmaligen Ansatzes eines Unternehmenszusammenschlusses nicht erfüllen, aber könnte nachträglich realisiert werden.

Ein Unternehmen hat erworbene latente Steuervorteile, die es nach dem Unternehmenszusammenschluss realisiert, wie folgt zu erfassen:

a) Erworbene latente Steuervorteile, die innerhalb des Bewertungszeitraums erfasst werden und sich aus neuen Informationen über Fakten und Umstände ergeben, die zum Erwerbszeitpunkt bestanden, sind zur Verringerung des Buchwerts eines Geschäfts- oder Firmenwerts, der in Zusammenhang mit diesem Erwerb steht, anzuwenden. Wenn der Buchwert dieses Geschäfts- oder Firmenwerts gleich null ist, sind alle verbleibenden latenten Steuervorteile im Ergebnis zu erfassen.

b) Alle anderen realisierten erworbenen latenten Steuervorteile sind im Ergebnis zu erfassen (oder nicht im Ergebnis, sofern es dieser Standards verlangt).

Tatsächliche und latente Steuern aus anteilsbasierten Vergütungen

68A In manchen Rechtskreisen kann ein Unternehmen im Zusammenhang mit Vergütungen, die in Anteilen, Anteilsoptionen oder anderen Eigenkapitalinstrumenten des Unternehmens abgegolten werden, einen Steuerabzug (d. h. einen Betrag, der bei der Ermittlung des zu versteuernden Gewinns abzugsfähig ist) in Anspruch nehmen. Die Höhe dieses Steuerabzugs kann sich vom kumulativen Vergütungsaufwand unterscheiden und in einer späteren Bilanzierungsperiode anfallen. Beispielsweise kann ein Unternehmen in einigen Rechtskreisen den Verbrauch der als Gegenleistung für gewährte Anteilsoptionen erhaltenen Arbeitsleistungen gemäß IFRS 2 *Anteilsbasierte Vergütung* als Aufwand erfassen, jedoch erst bei Ausübung der Anteilsoptionen einen Steuerabzug geltend machen, dessen Höhe nach dem Anteilspreis des Unternehmens am Tag der Ausübung bewertet wird.

68B Wie bei den in den Paragraphen 9 und 26(b) erörterten Forschungskosten ist der Unterschiedsbetrag zwischen der steuerlichen Basis der bisher erhaltenen Arbeitsleistungen (als Betrag, dessen Abzug in den zukünftigen Perioden von den Steuerbehörden gestattet wird) und dem Buchwert von null eine abzugsfähige temporäre Differenz, die einen latenten Steueranspruch zur Folge hat. Ist der Betrag, dessen Abzug in zukünftigen Perioden von den Steuerbehörden erlaubt ist, am Ende der Berichtsperiode nicht bekannt, ist er anhand der zu diesem Zeitpunkt verfügbaren Informationen zu schätzen. Wenn beispielsweise die Höhe des Betrags, der von den Steuerbehörden als in künftigen Perioden abzugsfähig anerkannt wird, vom Anteilspreis des Unternehmens in einem künftigen Zeitpunkt abhängig ist, muss zur Ermittlung der abzugsfähigen temporären Differenz der Anteilspreis des Unternehmens am Ende der Berichtsperiode herangezogen werden.

68C Wie in Paragraph 68A aufgeführt, kann sich der steuerlich absetzbare Betrag (oder der gemäß Paragraph 68B berechnete voraussichtliche künftige Steuerabzug) von dem dazugehörigen kumulativen Vergütungsaufwand unterscheiden. Paragraph 58 des Standards verlangt, dass tatsächliche und latente Steuern als Ertrag oder Aufwand zu erfassen und in den Gewinn oder Verlust der Periode einzubeziehen sind, ausgenommen in dem Umfang, in dem die Steuer (a) aus einem Geschäftsvorfall oder einem Ereignis herrührt, der bzw. das in derselben oder einer anderen Periode außerhalb des Gewinns oder Verlusts erfasst wird, oder (b) aus einem Unternehmenszusammenschluss (mit Ausnahme des Erwerbs eines Tochterunternehmens durch eine Investmentgesellschaft, wenn das Tochterunternehmen erfolgswirksam zum beizulegenden Zeitwert bewertet werden muss).

Wenn der steuerlich absetzbare Betrag (oder der geschätzte künftige Steuerabzug) den Betrag des dazugehörigen kumulativen Vergütungsaufwands übersteigt, weist dies darauf hin, dass sich der Steuerabzug nicht nur auf den Vergütungsaufwand, sondern auch auf einen Eigenkapitalposten bezieht. In dieser Situation ist der Überschuss der verbundenen tatsächlichen und latenten Steuern direkt im Eigenkapital zu erfassen.

DARSTELLUNG

Steueransprüche und Steuerschulden
69 [gestrichen]
70 [gestrichen]

Saldierung

71 Ein Unternehmen hat tatsächliche Steueransprüche und tatsächliche Steuerschulden nur dann zu saldieren, wenn es
a) **ein einklagbares Recht hat, die erfassten Beträge miteinander zu verrechnen, und**
b) **beabsichtigt, entweder den Ausgleich auf Nettobasis herbeizuführen oder gleichzeitig mit der Realisierung des betreffenden Vermögenswerts die dazugehörige Schuld abzulösen.**

72 Obwohl tatsächliche Steueransprüche und Steuerschulden voneinander getrennt angesetzt und bewertet werden, erfolgt eine Saldierung in der Bilanz dann, wenn die Kriterien analog erfüllt sind, die für Finanzinstrumente in IAS 32 angegeben sind. Ein Unternehmen wird im Regelfall ein einklagbares Recht zur Aufrechnung eines tatsächlichen Steueranspruchs gegen eine tatsächliche Steuerschuld haben, wenn diese in Verbindung mit Ertragsteuern stehen, die von derselben Steuerbehörde erhoben werden, und die Steuerbehörde dem Unternehmen gestattet, eine einzige Nettozahlung zu leisten oder zu empfangen.

73 In einem Konzernabschluss wird ein tatsächlicher Steueranspruch eines Konzernunternehmens nur dann gegen eine tatsächliche Steuerschuld eines anderen Konzernunternehmens saldiert, wenn die betreffenden Unternehmen ein einklagbares Recht haben, nur eine einzige Nettozahlung zu leisten oder zu empfangen, und die Unternehmen beabsichtigen, auch lediglich eine Nettozahlung zu leisten oder zu empfangen bzw. gleichzeitig den Anspruch zu realisieren und die Schuld abzulösen.

74 Ein Unternehmen hat latente Steueransprüche und latente Steuerschulden nur dann zu saldieren, wenn
a) **das Unternehmen ein einklagbares Recht zur Aufrechnung tatsächlicher Steueransprüche gegen tatsächliche Steuerschulden hat und**
b) **die latenten Steueransprüche und die latenten Steuerschulden sich auf Ertragsteuern beziehen, die von derselben Steuerbehörde erhoben werden für**
   i) **entweder dasselbe Steuersubjekt oder**
   ii) **unterschiedliche Steuersubjekte, die beabsichtigen, in jeder künftigen Periode, in der die Ablösung oder Realisierung erheblicher Beträge an latenten Steuerschulden bzw. Steueransprüchen zu erwarten ist, entweder den Ausgleich der tatsächlichen Steuerschulden und Steueransprüche auf Nettobasis herbeizuführen oder gleichzeitig mit der Realisierung der Ansprüche die Schulden abzulösen.**

75 Um das Erfordernis einer detaillierten Aufstellung des zeitlichen Verlaufs der Auflösung jeder einzelnen temporären Differenz zu vermeiden, verlangt dieser Standard von einem Unternehmen die Saldierung eines latenten Steueranspruchs gegen eine latente Steuerschuld desselben Steuersubjektes nur dann, wenn diese sich auf Ertragsteuern beziehen, die von derselben Steuerbehörde erhoben werden, und das Unternehmen ein einklagbares Recht auf Aufrechnung tatsächlicher Steueransprüche gegen tatsächliche Steuerschulden hat.

76 In seltenen Fällen kann ein Unternehmen ein einklagbares Recht auf Aufrechnung haben und beabsichtigen, nur für einige Perioden einen Ausgleich auf Nettobasis durchzuführen, aber nicht für andere. In solchen seltenen Fällen kann eine detaillierte Aufstellung erforderlich sein, damit verlässlich ermittelt werden kann, ob die latente Steuerschuld eines Steuersubjekts zu erhöhten Steuerzahlungen in derselben Periode führen wird, in der ein latenter Steueranspruch eines anderen Steuersubjekts zu verminderten Zahlungen dieses zweiten Steuersubjekts führen wird.

Steueraufwand

Dem Gewinn oder Verlust aus gewöhnlicher Tätigkeit zuzurechnender Steueraufwand (Steuerertrag)

77 Der dem Gewinn oder Verlust aus gewöhnlicher Tätigkeit zuzurechnende Steueraufwand (Steuerertrag) ist in der Darstellung/den Darstellungen von Gewinn oder Verlust und sonstigem Ergebnis als Ergebnisbestandteil darzustellen.

77A [gestrichen]

Währungsdifferenzen aus latenten Auslandssteuerschulden oder -ansprüchen

78 IAS 21 verlangt die Erfassung bestimmter Währungsdifferenzen als Aufwand oder Ertrag, legt aber nicht fest, wo solche Unterschiedsbeträge in der Gesamtergebnisrechnung auszuweisen sind. Sind entsprechend Währungsdifferenzen aus latenten Auslandssteuerschulden oder latenten Auslandssteueransprüchen in der Gesamtergebnisrechnung erfasst, können demzufolge solche Unterschiedsbeträge auch als latenter Steuerauf-

wand (Steuerertrag) ausgewiesen werden, falls anzunehmen ist, dass dieser Ausweis für die Informationsinteressen der Abschlussadressaten am geeignetsten ist.

ANGABEN

79 Die Hauptbestandteile des Steueraufwands (Steuerertrags) sind getrennt anzugeben.

80 Zu den Bestandteilen des Steueraufwands (Steuerertrags) kann Folgendes gehören:
a) tatsächlicher Steueraufwand (Steuerertrag),
b) alle in der Periode erfassten Anpassungen für periodenfremde tatsächliche Ertragsteuern,
c) der Betrag des latenten Steueraufwands (Steuerertrags), der auf das Entstehen bzw. die Auflösung temporärer Differenzen zurückzuführen ist,
d) der Betrag des latenten Steueraufwands (Steuerertrags), der auf Änderungen der Steuersätze oder der Einführung neuer Steuern beruht,
e) der Betrag der Minderung des tatsächlichen Ertragsteueraufwands aufgrund der Nutzung bisher nicht berücksichtigter steuerlicher Verluste, aufgrund von Steuergutschriften oder infolge einer bisher nicht berücksichtigten temporären Differenz einer früheren Periode,
f) der Betrag der Minderung des latenten Steueraufwands aufgrund bisher nicht berücksichtigter steuerlicher Verluste, aufgrund von Steuergutschriften oder infolge einer bisher nicht berücksichtigten temporären Differenz einer früheren Periode,
g) der latente Steueraufwand infolge einer Abwertung oder Aufholung einer früheren Abwertung eines latenten Steueranspruchs gemäß Paragraph 56 und
h) der Betrag des Ertragsteueraufwands (Ertragsteuerertrags), der aus Änderungen der Rechnungslegungsmethoden und Fehlern resultiert, die nach IAS 8 erfolgswirksam erfasst wurden, weil sie nicht rückwirkend berücksichtigt werden können.

81 Weiterhin ist ebenfalls getrennt anzugeben:
a) die Summe des Betrags tatsächlicher und latenter Steuern resultierend aus Posten, die direkt dem Eigenkapital belastet oder gutgeschrieben werden (siehe Paragraph 62A),
ab) der mit jedem Bestandteil des sonstigen Ergebnisses in Zusammenhang stehende Ertragsteuerbetrag (siehe Paragraph 62 und IAS 1 (in der 2007 überarbeiteten Fassung)),
b) [gestrichen]
c) eine Erläuterung der Beziehung zwischen dem Steueraufwand (Steuerertrag) und dem bilanziellen Ergebnis vor Steuern in einer der beiden oder in beiden folgenden Formen:
  i) eine Überleitungsrechnung zwischen dem Steueraufwand (Steuerertrag) und dem Produkt aus dem bilanziellen Ergebnis vor Steuern und dem anzuwendenden Steuersatz/den anzuwendenden Steuersätzen, wobei auch die Basis anzugeben ist, auf der der anzuwendende Steuersatz berechnet wurde/die anzuwendenden Steuersätze berechnet wurden, oder
  ii) eine Überleitungsrechnung zwischen dem durchschnittlichen effektiven Steuersatz und dem anzuwendenden Steuersatz, wobei auch die Grundlage anzugeben ist, auf der der anzuwendende Steuersatz berechnet wurde,
d) eine Erläuterung zu Änderungen des anzuwendenden Steuersatzes/der anzuwendenden Steuersätze im Vergleich zu der vorherigen Bilanzierungsperiode,
e) der Betrag (und, falls erforderlich, das Datum des Verfalls) der abzugsfähigen temporären Differenzen, der noch nicht genutzten steuerlichen Verluste und der noch nicht genutzten Steuergutschriften, für welche in der Bilanz kein latenter Steueranspruch angesetzt wurde,
f) die Summe des Betrags temporärer Differenzen im Zusammenhang mit Beteiligungen an Tochterunternehmen, Zweigniederlassungen und assoziierten Unternehmen sowie Anteilen an gemeinschaftlichen Vereinbarungen, für die keine latenten Steuerschulden angesetzt worden sind (siehe Paragraph 39),
g) bezüglich jeder Art temporärer Differenzen und jeder Art noch nicht genutzter steuerlicher Verluste und noch nicht genutzter Steuergutschriften:
  i) der Betrag der latenten Steueransprüche und latenten Steuerschulden, die in der Bilanz für jede dargestellte Periode angesetzt wurden,
  ii) der Betrag der erfolgswirksam erfassten latenten Steuerertrags oder Steueraufwands, falls dies nicht bereits aus den Änderungen der in der Bilanz angesetzten Beträge hervorgeht,
h) der Steueraufwand hinsichtlich aufgegebener Geschäftsbereiche für
  i) den auf die Aufgabe entfallenden Gewinn oder Verlust und
  ii) den Gewinn oder Verlust, soweit er aus der gewöhnlichen Tätigkeit des aufgegebenen Geschäftsbereiches für die Periode resultiert, zusammen mit den Vergleichszahlen für jede dargestellte frühere Periode,
i) der Betrag der ertragsteuerlichen Konsequenzen von Dividendenzahlungen an die Anteilseigner des Unternehmens, die

vorgeschlagen oder beschlossen wurden, bevor der Abschluss zur Veröffentlichung genehmigt wurde, die aber nicht als Verbindlichkeit im Abschluss angesetzt wurden,

j) wenn ein Unternehmenszusammenschluss, bei dem das Unternehmen der Erwerber ist, eine Änderung des Betrags verursacht, der für die latenten Steueransprüche vor dem Erwerb angesetzt wurde (siehe Paragraph 67), der Betrag dieser Änderung und

k) wenn die bei einem Unternehmenszusammenschluss erworbenen latenten Steuervorteile nicht zum Erwerbszeitpunkt erfasst wurden, sondern erst danach (siehe Paragraph 68), eine Beschreibung des Ereignisses oder der Änderung des Umstands, welche begründen, dass die latenten Steuervorteile erfasst werden.

82 Ein Unternehmen hat den Betrag eines latenten Steueranspruchs und die Art der Nachweise für seinen Ansatz anzugeben, wenn

a) die Realisierung des latenten Steueranspruchs von künftigen zu versteuernden Gewinnen abhängt, die höher als die Ergebniseffekte aus der Auflösung bestehender zu versteuernder temporärer Differenzen sind, und

b) das Unternehmen in der laufenden Periode oder der Vorperiode in demselben Steuerrechtskreis, auf den sich der latente Steueranspruch bezieht, Verluste erlitten hat.

82A Unter den Umständen, wie sie in Paragraph 52A beschrieben sind, hat ein Unternehmen die Art der potenziellen ertragsteuerlichen Konsequenzen, die sich durch die Zahlung von Dividenden an die Anteilseigner ergeben, anzugeben. Zusätzlich hat das Unternehmen die Beträge der potenziellen ertragsteuerlichen Konsequenzen, die praktisch bestimmbar sind, anzugeben und es hat anzugeben, ob irgendwelche nicht praktisch bestimmbaren potenziellen ertragsteuerlichen Konsequenzen vorhanden sind.

83 [gestrichen]

84 Die nach Paragraph 81(c) verlangten Angaben ermöglichen es Abschlussadressaten, zu verstehen, ob die Beziehung zwischen dem Steueraufwand (Steuerertrag) und dem bilanziellen Ergebnis vor Steuern ungewöhnlich ist, und die maßgeblichen Faktoren zu verstehen, die diese Beziehung in der Zukunft beeinflussen könnten. Die Beziehung zwischen dem Steueraufwand (Steuerertrag) und dem bilanziellen Ergebnis vor Steuern kann durch steuerfreie Umsatzerlöse, bei der Ermittlung des zu versteuernden Gewinns (steuerlichen Verlustes) nicht abzugsfähigen Aufwand sowie durch die Auswirkungen steuerlicher Verluste und ausländischer Steuersätze beeinflusst werden.

85 Bei der Erklärung der Beziehung zwischen dem Steueraufwand (Steuerertrag) und dem bilanziellen Ergebnis vor Steuern ist ein Steuersatz anzuwenden, der für die Informationsinteressen der Abschlussadressaten am geeignetsten ist. Häufig ist der geeignetste Steuersatz der inländische Steuersatz des Landes, in dem das Unternehmen seinen Sitz hat. Dieser ergibt sich aus der Addition der auf nationaler Ebene erhobenen Steuersätze mit den auf lokaler Ebene erhobenen Steuersätzen, die auf der Grundlage eines im Wesentlichen vergleichbaren Niveaus des zu versteuernden Gewinns (steuerlichen Verlusts) berechnet werden. Für ein Unternehmen, das in verschiedenen Steuerrechtskreisen tätig ist, kann es sinnvoller sein, anhand der für die einzelnen Steuerrechtskreise gültigen inländischen Steuersätze verschiedene Überleitungsrechnungen zu erstellen und diese zusammenzufassen. Das folgende Beispiel zeigt, wie sich die Auswahl des anzuwendenden Steuersatzes auf die Darstellung der Überleitungsrechnung auswirkt.

Beispiel zur Veranschaulichung von Paragraph 85

Im Jahr 19X2 erzielt ein Unternehmen in seinem eigenen Steuerrechtskreis (Land A) ein bilanzielles Ergebnis vor Steuern von 1500 (19X1: 2000) und in Land B von 1500 (19X1: 500). Der Steuersatz beträgt 30 % in Land A und 20 % in Land B. In Land A sind Aufwendungen von 100 (19X1: 200) steuerlich nicht abzugsfähig.

Nachstehend ein Beispiel einer Überleitungsrechnung für einen inländischen Steuersatz.

	19X1	19X2
Bilanzielles Ergebnis vor Steuern	2500	3000
Steuer zum inländischen Steuersatz von 30 %	750	900
Steuerauswirkung von steuerlich nicht abzugsfähigen Aufwendungen	60	30
Auswirkung der niedrigeren Steuersätze in Land B	(50)	(150)
Steueraufwand	760	780

Es folgt ein Beispiel einer Überleitungsrechnung, in der getrennte Überleitungsrechnungen für jeden einzelnen nationalen Steuerrechtskreis zusammengefasst wurden. Nach dieser Methode erscheint die Auswirkung der Unterschiedsbeträge zwischen dem eigenen inländischen Steuersatz des berichtenden Unternehmens und dem inländischen Steuersatz in anderen Steuerrechtskreisen nicht als ein getrennter Posten in der Überleitungsrechnung. Ein Unternehmen hat möglicherweise die Auswirkungen maßgeblicher Änderungen in den Steuersätzen oder die strukturelle Zusammensetzung von in unterschiedlichen Steuerrechtskreisen erzielten Gewinnen zu erörtern, um die Änderungen im anzuwendenden Steuersatz/den anzuwendenden Steuersätzen wie gemäß Paragraph 81(d) verlangt, zu erklären.

Bilanzielles Ergebnis vor Steuern	2500	3000
Steuer zum inländischen Steuersatz anzuwenden auf Gewinne in dem betreffenden Land	700	750

Steuerauswirkung von steuerlich nicht abzugsfähigen Aufwendungen	60	30
Steueraufwand	760	780

86 Der durchschnittliche effektive Steuersatz ist der Steueraufwand (Steuerertrag), geteilt durch das bilanzielle Ergebnis vor Steuern.

87 Es ist häufig nicht praktikabel, den Betrag der nicht angesetzten latenten Steuerschulden aus Beteiligungen an Tochterunternehmen, Zweigniederlassungen und assoziierten Unternehmen sowie Anteilen an gemeinschaftlichen Vereinbarungen zu berechnen (siehe Paragraph 39). Daher verlangt dieser Standard von einem Unternehmen die Angabe der Summe des Betrags der zugrunde liegenden temporären Differenzen, aber er verlangt keine Angabe der latenten Steuerschulden. Wo dies praktikabel ist, wird dem Unternehmen dennoch empfohlen, die Beträge der nicht angesetzten latenten Steuerschulden anzugeben, da diese Angaben für die Adressaten des Abschlusses nützlich sein könnten.

87A Nach Paragraph 82A hat ein Unternehmen die Art der potenziellen ertragsteuerlichen Konsequenzen, die aus der Zahlung von Dividenden an die Anteilseigner resultieren würden, anzugeben. Ein Unternehmen gibt die wichtigen Bestandteile des ertragsteuerlichen Systems und die Faktoren an, die den Betrag der potenziellen ertragsteuerlichen Konsequenzen von Dividenden beeinflussen.

87B Mitunter wird es nicht durchführbar sein, den gesamten Betrag der potenziellen ertragsteuerlichen Konsequenzen, die aus der Zahlung von Dividenden an die Anteilseigner resultieren würden, zu berechnen. Dies könnte zum Beispiel der Fall sein, wenn ein Unternehmen eine große Anzahl von ausländischen Tochtergesellschaften hat. Auch unter diesen Umständen kann es jedoch möglich sein, einen Teilbetrag leicht zu ermitteln Zum Beispiel könnten in einem Konzern ein Mutterunternehmen und einige der Tochterunternehmen Ertragsteuern zu einem höheren Satz auf nicht ausgeschüttete Gewinne gezahlt haben und wissen, welcher Betrag zurückerstattet würde, wenn die Dividenden später an die Anteilseigner aus den konsolidierten Gewinnrücklagen gezahlt werden. In diesem Fall ist der erstattungsfähige Betrag anzugeben. Gegebenenfalls muss das Unternehmen auch angeben, dass weitere potenzielle ertragsteuerliche Konsequenzen praktisch nicht bestimmbar sind. Im Abschluss des Mutterunternehmens sind Angaben über die potenziellen ertragsteuerlichen Konsequenzen zu machen, soweit vorhanden, die sich auf die Gewinnrücklagen des Mutterunternehmens beziehen.

87C Ein Unternehmen, das die Angaben nach Paragraph 82A machen muss, könnte darüber hinaus auch verpflichtet sein, Angaben zu den temporären Differenzen, die aus Beteiligungen an Tochterunternehmen, Zweigniederlassungen und assoziierten Unternehmen oder Anteilen an gemeinschaftlichen Vereinbarungen stammen, zu machen. In diesem Fall beachtet das Unternehmen dies bei der Ermittlung der Angaben, die nach Paragraph 82A zu machen sind. Ein Unternehmen kann zum Beispiel verpflichtet sein, die Summe des Betrags temporärer Differenzen im Zusammenhang mit Beteiligungen an Tochterunternehmen, für die keine latenten Steuerschulden angesetzt worden sind (siehe auch Paragraph 81(f)), anzugeben. Wenn es nicht praktikabel ist, den Betrag der nicht angesetzten latenten Steuerschulden zu berechnen (siehe Paragraph 87), könnte es sein, dass sich potenzielle ertragsteuerliche Konsequenzen, die sich aus Dividenden in Bezug auf diese Tochterunternehmen ergeben, praktisch nicht ermitteln lassen.

88 Ein Unternehmen gibt alle steuerbezogenen Eventualverbindlichkeiten und Eventualforderungen – gemäß IAS 37 *Rückstellungen, Eventualverbindlichkeiten und Eventualforderungen* – an. Eventualverbindlichkeiten und Eventualforderungen können beispielsweise aus ungelösten Streitigkeiten mit den Steuerbehörden stammen. Ähnlich hierzu gibt ein Unternehmen, wenn Änderungen der Steuersätze oder Steuervorschriften nach dem Abschlussstichtag in Kraft treten oder angekündigt werden, alle wesentlichen Auswirkungen dieser Änderungen auf seine tatsächlichen und latenten Steueransprüche bzw. -schulden an (siehe IAS 10 *Ereignisse nach dem Abschlussstichtag*).

Internationale Steuerreform – Säule-2-Mustervorschriften

88A Hat ein Unternehmen die Ausnahme von Ansatz und Angabe latenter Steueransprüche und latenter Steuerschulden im Zusammenhang mit Säule-2-Ertragsteuern angewendet (siehe Paragraph 4A), so hat es dies anzugeben.

88B Ein Unternehmen hat den tatsächlichen Steueraufwand (-ertrag) im Zusammenhang mit Säule-2-Ertragsteuern gesondert anzugeben.

88C In Perioden, in denen Säule-2-Gesetze gelten oder angekündigt, aber noch nicht in Kraft sind, hat ein Unternehmen vorhandene oder angemessen abschätzbare Informationen anzugeben, anhand derer sich die Abschlussadressaten ein Bild davon machen können, welche Belastung dem Unternehmen durch diese Gesetze aus Säule-2-Ertragsteuern entsteht.

88D Um die in Paragraph 88C genannten Angabeziel zu erreichen, hat ein Unternehmen am Ende der Berichtsperiode qualitative und quantitative Angaben zu seiner Belastung durch Säule-2-Ertragsteuern zu machen. Diese Angaben müssen nicht alle spezifischen Anforderungen der Säule-2-Gesetze erfüllen und können als indikative Bandbreite geliefert werden. Sind keine Informationen vorhanden oder sind diese nicht angemessen abschätzbar, hat ein Unternehmen stattdessen eine diesbezügliche Erklärung abzugeben und Angaben über seine Fortschritte bei der Beurteilung seiner Belastung zu machen.

Beispiele zur Veranschaulichung der Paragraphen 88C–88D

Beispiele für Angaben, die ein Unternehmen machen könnte, um die in den Paragraphen 88C-88D genannte Zielsetzung zu erreichen und die dort genannten Anforderungen zu erfüllen, sind

a) *qualitative Angaben beispielsweise darüber, inwieweit das Unternehmen von Säule-2-Gesetzen betroffen ist und über die wesentlichen Rechtskreise, in denen es zu einer Belastung durch Säule-2-Ertragsteuern kommen könnte, und*

b) *quantitative Angaben, wie beispielsweise*
   i) *die indikative Angabe des Anteils der Unternehmensgewinne, der Säule-2-Ertragsteuern unterliegen könnte, und des für diese Gewinne geltenden durchschnittlichen effektiven Steuersatzes oder*
   ii) *die indikative Angabe, wie sich der durchschnittliche effektive Steuersatz des Unternehmens geändert hätte, wären die Säule-2-Gesetze in Kraft gewesen.*

ZEITPUNKT DES INKRAFTTRETENS

89 Dieser Standard ist verbindlich auf Abschlüsse für Berichtsperioden anzuwenden, die am oder nach dem 1. Januar 1998 beginnen, es sei denn, in Paragraph 91 ist etwas anderes festgelegt. Wenn ein Unternehmen diesen Standard auf Berichtsperioden anwendet, die vor dem 1. Januar 1998 beginnen, hat das Unternehmen anzugeben, dass es diesen Standard anstelle von IAS 12 *Bilanzierung von Ertragsteuern*, genehmigt 1979, angewendet hat.

90 Dieser Standard ersetzt den 1979 genehmigten IAS 12 *Bilanzierung von Ertragsteuern*.

91 Die Paragraphen 52A, 52B, 65A, 81(i), 82A, 87A, 87B, 87C und die Streichung der Paragraphen 3 und 50 sind verbindlich auf Jahresabschlüsse eines am oder nach dem 1. Januar 2001 beginnenden Geschäftsjahrs([1]) anzuwenden. Eine frühere Anwendung wird empfohlen. Wenn die frühere Anwendung den Abschluss beeinflusst, so ist dies anzugeben.

([1]) In Übereinstimmung mit der im Jahr 1998 verabschiedeten, sprachlich präziseren Bestimmung für den Zeitpunkt des Inkrafttretens bezieht sich Paragraph 91 auf „Abschlüsse eines Geschäftsjahrs". Paragraph 89 bezieht sich auf „Abschlüsse einer Berichtsperiode".

92 Durch IAS 1 (in der 2007 überarbeiteten Fassung) wurde die in allen IAS/IFRS verwendete Terminologie geändert. Außerdem wurden die Paragraphen 23, 52, 58, 60, 62, 63, 65, 68C, 77 und 81 geändert, Paragraph 61 gestrichen und die Paragraphen 61A, 62A und 77A eingefügt. Diese Änderungen sind auf Geschäftsjahre anzuwenden, die am oder nach dem 1. Januar 2009 beginnen. Wendet ein Unternehmen IAS 1 (überarbeitet 2007) auf eine frühere Periode an, so hat es auf diese Periode auch diese Änderungen anzuwenden.

93 Paragraph 68 ist vom Zeitpunkt des Inkrafttretens von IFRS 3 (in der 2008 überarbeiteten Fassung) prospektiv auf den Ansatz latenter Steueransprüche, die bei einem Unternehmenszusammenschluss erworben wurden, anzuwenden.

94 Daher dürfen Unternehmen die Bilanzierung früherer Unternehmenszusammenschlüsse nicht anpassen, wenn Steuervorteile die Kriterien für eine gesonderte Erfassung zum Erwerbszeitpunkt nicht erfüllten und nach dem Erwerbszeitpunkt erfasst werden, es sei denn die Steuervorteile werden innerhalb des Bewertungszeitraums erfasst und stammen von neuen Informationen über Fakten und Umstände, die zum Erwerbszeitpunkt bestanden. Sonstige angesetzte Steuervorteile sind erfolgswirksam zu erfassen (oder außerhalb des Gewinns oder Verlusts, sofern es dieser Standards verlangt).

95 Durch IFRS 3 (in der 2008 überarbeiteten Fassung) wurden die Paragraphen 21 und 67 geändert und die Paragraphen 32A und 81(j) und (k) eingefügt. Diese Änderungen sind auf Geschäftsjahre anzuwenden, die am oder nach dem 1. Juli 2009 beginnen. Wendet ein Unternehmen IFRS 3 (überarbeitet 2008) auf eine frühere Periode an, so hat es auf diese Periode auch diese Änderungen anzuwenden.

96 [gestrichen]

97 [gestrichen]

98 Durch *Latente Steuern: Realisierung zugrunde liegender Vermögenswerte*, veröffentlicht im Dezember 2010, wurde Paragraph 52 in Paragraph 51A umbenannt, wurden Paragraph 10 und die Beispiele im Anschluss an Paragraph 51A geändert und die Paragraphen 51B und 51C samt nachfolgendem Beispiel sowie die Paragraphen 51D, 51E und 99 eingefügt. Diese Änderungen sind auf Geschäftsjahre anzuwenden, die am oder nach dem 1. Januar 2012 beginnen. Eine frühere Anwendung ist zulässig. Wendet ein Unternehmen die Änderungen auf eine frühere Periode an, hat es dies anzugeben.

98A Durch IFRS 11 *Gemeinschaftliche Vereinbarungen*, veröffentlicht im Mai 2011, wurden die Paragraphen 2, 15, 18(e), 24, 38, 39, 43–45, 81(f), 87 und 87C geändert. Wendet ein Unternehmen IFRS 11 an, hat es diese Änderungen ebenfalls anzuwenden.

98B Durch *Darstellung von Posten des sonstigen Ergebnisses* (Änderungen an IAS 1), veröffentlicht im Juni 2011, wurde Paragraph 77 geändert und Paragraph 77A gestrichen. Wendet ein Unternehmen IAS 1 (in der im Juni 2011 geänderten Fassung) an, hat es diese Änderungen ebenfalls anzuwenden.

98C Durch die im Oktober 2012 veröffentlichte Verlautbarung *Investmentgesellschaften* (Investment Entities) (Änderungen an IFRS 10, IFRS 12 und IAS 27) wurden die Paragraphen 58 und 68C geändert. Diese Änderungen sind auf Geschäftsjahre anzuwenden, die am oder nach dem 1. Januar 2014 beginnen. Eine frühere Anwendung ist zulässig. Wendet ein Unternehmen diese Änderungen früher an, hat es alle in der Verlautbarung

Investmentgesellschaften enthaltenen Änderungen gleichzeitig anzuwenden.

98D [gestrichen]

98E Durch IFRS 15 *Erlöse aus Verträgen mit Kunden*, veröffentlicht im Mai 2014, wurde Paragraph 59 geändert. Wendet ein Unternehmen IFRS 15 an, hat es diese Änderung ebenfalls anzuwenden.

98F Durch IFRS 9, veröffentlicht im Juli 2014, wurde Paragraph 20 geändert und wurden die Paragraphen 96, 97 und 98D gestrichen. Wendet ein Unternehmen IFRS 9 an, hat es diese Änderungen ebenfalls anzuwenden.

98G Durch IFRS 16, veröffentlicht im Januar 2016, wurde Paragraph 20 geändert. Wendet ein Unternehmen IFRS 16 an, hat es diese Änderung ebenfalls anzuwenden.

98H Durch *Ansatz latenter Steueransprüche für nicht realisierte Verluste* (Änderungen an IAS 12), veröffentlicht im Januar 2016, wurden Paragraph 29 geändert und die Paragraphen 27A, 29A sowie das Beispiel nach Paragraph 26 eingefügt. Diese Änderungen sind auf Geschäftsjahre anzuwenden, die am oder nach dem 1. Januar 2017 beginnen. Eine frühere Anwendung ist zulässig. Wendet ein Unternehmen diese Änderungen auf eine frühere Periode an, hat es dies anzugeben. Diese Änderungen sind gemäß IAS 8 *Rechnungslegungsmethoden, Änderungen von rechnungslegungsbezogenen Schätzungen und Fehler* rückwirkend anzuwenden. Bei der erstmaligen Anwendung der Änderung kann die Veränderung des Eigenkapitalanfangssaldos der frühesten Vergleichsperiode jedoch im Anfangssaldo der Gewinnrücklagen (oder ggf. unter einer anderen Eigenkapitalkomponente) angesetzt werden, ohne dass der Wechsel dem Anfangssaldo der Gewinnrücklagen und sonstigen Eigenkapitalkomponenten zugeordnet wird. Macht ein Unternehmen von dieser Möglichkeit Gebrauch, hat es dies anzugeben.

98I Durch die im Dezember 2017 veröffentlichten *Jährlichen Verbesserungen an den IFRS-Standards, Zyklus 2015–2017*, wurde Paragraph 57A eingefügt und Paragraph 52B gestrichen. Diese Änderungen sind auf Geschäftsjahre anzuwenden, die am oder nach dem 1. Januar 2019 beginnen. Eine frühere Anwendung ist zulässig. Wendet ein Unternehmen diese Änderungen zu einem früheren Zeitpunkt an, hat es dies anzugeben. Bei der erstmaligen Anwendung dieser Änderungen hat das Unternehmen diese auf ertragsteuerliche Konsequenzen von Dividendenzahlungen anzuwenden, die bei oder nach Beginn der frühesten Vergleichsperiode erfasst wurden.

98J Mit der im Mai 2021 veröffentlichten Verlautbarung *Latente Steuern, die sich auf Vermögenswerte und Schulden beziehen, die aus einem einzigen Geschäftsvorfall entstehen* wurden die Paragraphen 15, 22 und 24 geändert und Paragraph 22A hinzugefügt. Diese Änderungen sind gemäß den Paragraphen 98K–98L auf jährliche Berichtsperioden anzuwenden, die am oder nach dem 1. Januar 2023 beginnen. Eine frühere Anwendung ist zulässig. Wendet ein Unternehmen die Änderungen auf eine frühere Periode an, hat es dies anzugeben.

98K Die Verlautbarung *Latente Steuern, die sich auf Vermögenswerte und Schulden beziehen, die aus einem einzigen Geschäftsvorfall entstehen* ist auf Geschäftsvorfälle anzuwenden, die bei oder nach Beginn der frühesten dargestellten Vergleichsperiode eintreten.

98L Ein Unternehmen, das die Verlautbarung *Latente Steuern, die sich auf Vermögenswerte und Schulden beziehen, die aus einem einzigen Geschäftsvorfall entstehen* anwendet, hat außerdem zu Beginn der frühesten dargestellten Vergleichsperiode

a) einen latenten Steueranspruch in dem Umfang anzusetzen, in dem es wahrscheinlich ist, dass ein zu versteuernder Gewinn bestehen wird, gegen den die abzugsfähige temporäre Differenz verwendet werden kann, und eine latente Steuerschuld anzusetzen für alle abzugsfähigen und zu versteuernden temporären Differenzen im Zusammenhang mit

   i) Nutzungsrechten und Leasingverbindlichkeiten sowie

   ii) Entsorgungs-, Wiederherstellungs- und ähnlichen Verpflichtungen und den entsprechenden Beträgen, die als Teil der Anschaffungskosten des zugehörigen Vermögenswerts erfasst werden, und

b) die kumulierte Auswirkung der erstmaligen Anwendung der Änderungen als Berichtigung des Eröffnungsbilanzwerts der Gewinnrücklagen (oder – soweit sachgerecht – einer anderen Eigenkapitalkomponente) zu diesem Zeitpunkt anzusetzen.

98M Durch *Internationale Steuerreform – Säule-2-Mustervorschriften*, veröffentlicht im Mai 2023, wurden die Paragraphen 4A und 88A–88D eingefügt. Ein Unternehmen hat

a) die Paragraphen 4A und 88A unmittelbar nach Veröffentlichung dieser Änderungen und rückwirkend gemäß IAS 8 anzuwenden und

b) die Paragraphen 88B–88D auf Geschäftsjahre anzuwenden, die am oder nach dem 1. Januar 2023 beginnen. Die in diesen Paragraphen verlangten Angaben müssen nicht für Zwischenberichtsperioden gemacht werden, die am oder vor dem 31. Dezember 2023 enden.

RÜCKNAHME VON SIC-21

99 Die in *Latente Steuern: Realisierung zugrunde liegender Vermögenswerte* vom Dezember 2010 vorgenommenen Änderungen ersetzen die SIC-Interpretation 21 *Ertragsteuern – Realisierung von neubewerteten, nicht planmäßig abzuschreibenden Vermögenswerten*.

INTERNATIONAL ACCOUNTING STANDARD 16
Sachanlagen

IAS 16, VO (EU) 2023/1803

Gliederung	§§
ZIELSETZUNG	1
ANWENDUNGSBEREICH	2–5
DEFINITIONEN	6
ANSATZ	7–14
Erstmalige Anschaffungs- oder Herstellungskosten	11
Nachträgliche Anschaffungs- oder Herstellungskosten	12–14
BEWERTUNG BEI ERSTMALIGEM ANSATZ	15–28
Bestandteile der Anschaffungs- oder Herstellungskosten	16–22A
Bestimmung der Anschaffungs- und Herstellungskosten	23–28
FOLGEBEWERTUNG	29–66
Anschaffungskostenmodell	30
Neubewertungsmodell	31–42
Planmäßige Abschreibung	43–62A
Abschreibungsbetrag und Abschreibungsperiode	50–59
Abschreibungsmethode	60–62A
Wertminderung	63–64
Entschädigung für Wertminderung	65–66
AUSBUCHUNG	67–72
ANGABEN	73–79
ÜBERGANGSVORSCHRIFTEN	80–80D
ZEITPUNKT DES INKRAFTTRETENS	81–81N
RÜCKNAHME ANDERER VERLAUTBARUNGEN	82–83

ZIELSETZUNG

1 Zielsetzung dieses Standards ist es, die Bilanzierungsmethoden für Sachanlagen vorzuschreiben, damit Abschlussadressaten Informationen über Investitionen eines Unternehmens in Sachanlagen und Änderungen solcher Investitionen erkennen können. Die grundsätzlichen Fragen zur Bilanzierung von Sachanlagen betreffen den Ansatz der Vermögenswerte, die Bestimmung ihrer Buchwerte und der im Zusammenhang mit ihnen zu erfassenden Abschreibungs- und Wertminderungsaufwendungen.

ANWENDUNGSBEREICH

2 Dieser Standard ist auf die Bilanzierung von Sachanlagen anzuwenden, es sei denn, dass ein anderer Standard eine andere Bilanzierungsmethode erfordert oder zulässt.

3 Dieser Standard ist nicht anwendbar auf:
a) Sachanlagen, die gemäß IFRS 5 *Zur Veräußerung gehaltene langfristige Vermögenswerte und aufgegebene Geschäftsbereiche* als zur Veräußerung gehalten eingestuft werden.
b) biologische Vermögenswerte, die mit landwirtschaftlicher Tätigkeit im Zusammenhang stehen; eine Ausnahme bilden fruchttragende Pflanzen (siehe IAS 41 *Landwirtschaft*). Dieser Standard ist auf fruchttragende Pflanzen, nicht jedoch auf deren Erzeugnisse anwendbar.
c) den Ansatz und die Bewertung von Vermögenswerten aus Exploration und Evaluierung (siehe IFRS 6 *Exploration und Evaluierung von Bodenschätzen*).
d) Abbau- und Schürfrechte sowie Bodenschätze wie Öl, Erdgas und ähnliche nicht-regenerative Ressourcen.

Er gilt jedoch für Sachanlagen, die verwendet werden, um die unter b) bis d) beschriebenen Vermögenswerte zu entwickeln oder instand zu halten.

4 [gestrichen]

5 Ein Unternehmen, das für als Finanzinvestition gehaltene Immobilien das Anschaffungskostenmodell gemäß IAS 40 *Als Finanzinvestition gehaltene Immobilien* anwendet, hat für eigene als Finanzinvestition gehaltene Immobilien das Anschaffungskostenmodell dieses Standards anzuwenden.

DEFINITIONEN

6 Die folgenden Begriffe werden in diesem Standard mit der angegebenen Bedeutung verwendet:

2/7. IAS 16
6 – 11

Eine *fruchttragende Pflanze* ist eine lebende Pflanze, die
a) zur Herstellung oder Lieferung landwirtschaftlicher Erzeugnisse verwendet wird,
b) den Erwartungen zufolge mehr als eine Periode Frucht tragen wird und
c) mit Ausnahme des Verkaufs nach Ende der Nutzbarkeit nur mit sehr geringer Wahrscheinlichkeit als landwirtschaftliches Erzeugnis verkauft wird.

(In den Paragraphen 5A–5B von IAS 41 wird diese Definition einer fruchttragenden Pflanze weiter ausgeführt.)

Der *Buchwert* ist der Betrag, mit dem ein Vermögenswert nach Abzug aller kumulierten planmäßigen Abschreibungen und kumulierten Wertminderungsaufwendungen erfasst wird.

Anschaffungs- oder Herstellungskosten sind der zum Erwerb oder zur Herstellung eines Vermögenswertes entrichtete Betrag an Zahlungsmitteln oder Zahlungsmitteläquivalenten oder der beizulegende Zeitwert einer anderen Entgeltform zum Zeitpunkt des Erwerbs oder der Herstellung oder, falls zutreffend, der Betrag, der diesem Vermögenswert beim erstmaligen Ansatz gemäß den besonderen Bestimmungen anderer IFRS, wie beispielsweise IFRS 2 *Anteilsbasierte Vergütung*, beigelegt wird.

Der *Abschreibungsbetrag* ist die Differenz zwischen den Anschaffungs- oder Herstellungskosten eines Vermögenswerts oder eines Ersatzbetrags und dem Restwert.

Planmäßige Abschreibung ist die systematische Verteilung des Abschreibungsbetrags eines Vermögenswerts über dessen Nutzungsdauer.

Der *unternehmensspezifische Wert* ist der Barwert der Zahlungsströme, von denen ein Unternehmen erwartet, dass sie aus der fortgesetzten Nutzung eines Vermögenswerts und seinem Abgang am Ende seiner Nutzungsdauer oder bei Begleichung einer Schuld entstehen.

Der *beizulegende Zeitwert* ist der Preis, der in einem gewöhnlichen Geschäftsvorfall zwischen Marktteilnehmern am Bewertungsstichtag für den Verkauf eines Vermögenswerts eingenommen bzw. für die Übertragung einer Schuld gezahlt würde. (Siehe IFRS 13 *Bewertung zum beizulegenden Zeitwert*.)

Ein *Wertminderungsaufwand* ist der Betrag, um den der Buchwert eines Vermögenswerts seinen erzielbaren Betrag übersteigt.

Sachanlagen umfassen materielle Vermögenswerte,
a) die für Zwecke der Herstellung oder der Lieferung von Gütern und Dienstleistungen, zur Vermietung an Dritte oder für Verwaltungszwecke gehalten werden, und
b) die den Erwartungen zufolge länger als eine Periode genutzt werden.

Der *erzielbare Betrag* ist der höhere der beiden Beträge aus beizulegendem Zeitwert eines Vermögenswerts abzüglich Veräußerungskosten und Nutzungswert.

Der *Restwert* eines Vermögenswerts ist der geschätzte Betrag, den ein Unternehmen derzeit bei Abgang des Vermögenswerts nach Abzug der bei Abgang voraussichtlich anfallenden Ausgaben erhalten würde, wenn der Vermögenswert alters- und zustandsmäßig schon am Ende seiner Nutzungsdauer angelangt wäre.

Die *Nutzungsdauer* ist
a) der Zeitraum, über den ein Vermögenswert voraussichtlich von einem Unternehmen nutzbar ist, oder
b) die voraussichtlich durch den Vermögenswert im Unternehmen zu erzielende Anzahl an Produktionseinheiten oder ähnlichen Maßgrößen.

ANSATZ

7 Die Anschaffungs- oder Herstellungskosten einer Sachanlage sind nur dann als Vermögenswert anzusetzen, wenn
a) es wahrscheinlich ist, dass ein mit der Sachanlage verbundener künftiger wirtschaftlicher Nutzen dem Unternehmen zufließen wird, und wenn
b) die Anschaffungs- oder Herstellungskosten der Sachanlage verlässlich ermittelt werden können.

8 Posten wie Ersatzteile, Bereitschaftsausrüstungen und Wartungsgeräte werden gemäß diesem IFRS angesetzt, wenn sie die Definition des Begriffs „Sachanlage" erfüllen. Ansonsten werden diese Posten als Vorräte behandelt.

9 Dieser Standard schreibt für den Ansatz keine Maßeinheit hinsichtlich einer Sachanlage vor. Demzufolge ist bei der Anwendung der Ansatzkriterien auf die unternehmensspezifischen Gegebenheiten eine Ermessensausübung erforderlich. Es kann angemessen sein, einzelne unbedeutende Gegenstände, wie Press-, Gussformen und Werkzeuge, zusammenzufassen und die Kriterien auf den zusammengefassten Wert anzuwenden.

10 Ein Unternehmen bewertet alle Kosten für Sachanlagen nach diesem Ansatzgrundsatz zu dem Zeitpunkt, an dem sie anfallen. Hierzu zählen die anfänglich für den Erwerb oder die Herstellung der Sachanlage angefallenen Kosten sowie die späteren Kosten für ihren Ausbau, ihre teilweise Ersetzung oder ihre Instandhaltung. Zu den Anschaffungs- oder Herstellungskosten für eine Sachanlage können auch Kosten zählen, die im Zusammenhang mit der Anmietung von Vermögenswerten anfallen, die für den Bau, den Ausbau, die teilweise Ersetzung oder die Instandhaltung der Sachanlage verwendet werden, wie die planmäßige Abschreibung von Nutzungsrechten.

Erstmalige Anschaffungs- oder Herstellungskosten

11 Sachanlagen können aus Gründen der Sicherheit oder des Umweltschutzes erworben werden.

Der Erwerb solcher Gegenstände steigert zwar nicht direkt den künftigen wirtschaftlichen Nutzen einer bereits vorhandenen Sachanlage, er kann aber notwendig sein, um den künftigen wirtschaftlichen Nutzen aus den anderen Vermögenswerten des Unternehmens zu gewinnen. Solche Sachanlagen können als Vermögenswerte angesetzt werden, da sie es einem Unternehmen ermöglichen, künftig einen höheren wirtschaftlichen Nutzen aus den verbundenen Vermögenswerten zu ziehen, als es ohne den Erwerb möglich gewesen wäre. So kann beispielsweise ein Chemieunternehmen bestimmte neue chemische Bearbeitungsverfahren einrichten, um die Umweltschutzvorschriften für die Herstellung und Lagerung gefährlicher chemischer Stoffe zu erfüllen. Damit verbundene Betriebsverbesserungen werden als Vermögenswert angesetzt, da das Unternehmen ohne sie keine Chemikalien herstellen und verkaufen kann. Der aus solchen Vermögenswerten und damit verbundenen Vermögenswerten entstehende Buchwert wird jedoch auf Wertminderung gemäß IAS 36 *Wertminderung von Vermögenswerten* überprüft.

Nachträgliche Anschaffungs- oder Herstellungskosten

12 Nach den Ansatzkriterien in Paragraph 7 erfasst ein Unternehmen die laufenden Wartungskosten für eine Sachanlage nicht in ihrem Buchwert. Diese Kosten werden sofort erfolgswirksam erfasst. Kosten für die laufende Wartung setzen sich vor allem aus Kosten für Lohn und Verbrauchsgüter zusammen und können auch Kosten für Kleinteile beinhalten. Der Zweck dieser Aufwendungen wird häufig als „Reparaturen und Instandhaltungen" der Sachanlagen beschrieben.

13 Teile einiger Sachanlagen bedürfen in regelmäßigen Zeitabständen gegebenenfalls eines Ersatzes. Das gilt beispielsweise für einen Hochofen, der nach einer bestimmten Gebrauchszeit auszufüttern ist, oder für Flugzeugteile wie Sitze und Bordküchen, die über die Lebensdauer des Flugzeuges mehrfach ausgetauscht werden. Sachanlagen können auch erworben werden, um einen nicht so häufig wiederkehrenden Ersatz vorzunehmen, wie den Ersatz der Innenwände eines Gebäudes, oder um einen einmaligen Ersatz vorzunehmen. Nach dem Ansatzgrundsatz in Paragraph 7 erfasst ein Unternehmen im Buchwert einer Sachanlage die Anschaffungs- oder Herstellungskosten für den Ersatz eines Teils eines solchen Gegenstands zum Zeitpunkt des Anfalls der Kosten, wenn die Ansatzkriterien erfüllt sind. Der Buchwert jener Teile, die ersetzt wurden, wird gemäß den Ausbuchungsbestimmungen dieses Standards ausgebucht (siehe Paragraph 67–72).

14 Eine Voraussetzung für die Fortführung des Betriebs einer Sachanlage (z. B. eines Flugzeugs) kann die Durchführung regelmäßiger größerer Wartungen sein, ungeachtet dessen, ob Teile ersetzt werden. Bei Durchführung jeder größeren Wartung werden die Kosten im Buchwert der Sachanlage als Ersatz erfasst, wenn die Ansatzkriterien erfüllt sind. Jeder verbleibende Buchwert der Kosten für die vorhergehende Wartung (im Unterschied zu physischen Teilen) wird ausgebucht. Dies erfolgt ungeachtet dessen, ob die Kosten der vorhergehenden Wartung der Transaktion zugeordnet wurden, bei der die Sachanlage erworben oder hergestellt wurde. Falls erforderlich, können die geschätzten Kosten einer zukünftigen ähnlichen Wartung als Anhaltspunkt für die Kosten verwendet werden, die zum Zeitpunkt des Erwerbs oder der Herstellung der Sachanlage für den jetzigen Wartungsbestandteil angefallen sind.

BEWERTUNG BEI ERSTMALIGEM ANSATZ

15 Eine Sachanlage, die als Vermögenswert anzusetzen ist, ist bei erstmaligem Ansatz mit ihren Anschaffungs- oder Herstellungskosten zu bewerten.

Bestandteile der Anschaffungs- oder Herstellungskosten

16 Die Anschaffungs- oder Herstellungskosten einer Sachanlage umfassen

a) den Erwerbspreis einschließlich Einfuhrzölle und nicht erstattungsfähiger Umsatzsteuern nach Abzug von Rabatten, Boni und Skonti,

b) alle einzeln zuordenbaren Kosten, die anfallen, um den Vermögenswert zu seinem Standort und in den Zustand zu bringen, der erforderlich ist, damit er in der vom Management beabsichtigten Weise genutzt werden kann

c) die erstmalig geschätzten Kosten für den Abbruch und die Beseitigung des Gegenstands sowie für die Wiederherstellung des Standorts, an dem er sich befindet, aus der Verpflichtung, die ein Unternehmen entweder bei Erwerb des Gegenstands oder in Folge eingeht, wenn es ihn während einer bestimmten Periode zu anderen Zwecken als zur Herstellung von Vorräten benutzt hat.

17 Beispiele für einzeln zuordenbare Kosten sind:

a) Kosten für Leistungen an Arbeitnehmer (wie in IAS 19 *Leistungen an Arbeitnehmer* definiert), die direkt aufgrund der Herstellung oder Anschaffung der Sachanlage anfallen,

b) Kosten der Standortvorbereitung,

c) Kosten der erstmaligen Lieferung und Verbringung,

d) Installations- und Montagekosten,

e) Kosten für Testläufe, mit denen überprüft wird, ob der Vermögenswert ordnungsgemäß funktioniert (d. h. es wird beurteilt, ob der Vermögenswert technisch und physisch so leistungsfähig ist, dass er für die Produktion oder für Lieferungen oder Leistungen, für Zwecke der Vermietung an Dritte oder für administrative Zwecke eingesetzt werden kann), und

f) Honorare.

2/7. IAS 16
18 – 24

18 Ein Unternehmen wendet IAS 2 *Vorräte* an für die Kosten aus Verpflichtungen für den Abbruch, die Beseitigung und die Wiederherstellung des Standorts, an dem sich ein Gegenstand befindet, die während einer bestimmten Periode infolge der Nutzung des Gegenstands zur Herstellung von Vorräten in der besagten Periode eingegangen wurden. Die Verpflichtungen für Kosten, die gemäß IAS 2 oder IAS 16 bilanziert werden, werden gemäß IAS 37 *Rückstellungen, Eventualverbindlichkeiten und Eventualforderungen* angesetzt und bewertet.

19 Beispiele für Kosten, die nicht zu den Anschaffungs- oder Herstellungskosten von Sachanlagen gehören, sind

a) Kosten für die Eröffnung einer neuen Betriebsstätte,

b) Kosten für die Einführung eines neuen Produkts oder einer neuen Dienstleistung (einschließlich Kosten für Werbung und verkaufsfördernde Maßnahmen),

c) Kosten für Geschäftstätigkeiten an einem neuen Standort oder mit einer neuen Kundengruppe (einschließlich Schulungskosten) und

d) Verwaltungs- und andere allgemeine Gemeinkosten.

20 Der Ansatz von Anschaffungs- und Herstellungskosten im Buchwert einer Sachanlage endet, wenn sie sich an ihrem Standort und in dem Zustand befindet, der erforderlich ist, damit sie in der vom Management beabsichtigten Weise genutzt werden kann. Kosten, die bei der Nutzung oder Verlagerung einer Sachanlage anfallen, sind nicht im Buchwert dieses Gegenstands enthalten. Die nachstehenden Kosten gehören beispielsweise nicht zum Buchwert einer Sachanlage:

a) Kosten, die anfallen, während eine Sachanlage sich in einem Zustand befindet, der die vom Management beabsichtigte Nutzung ermöglicht, jedoch noch in Betrieb gesetzt werden muss oder ihren Betrieb noch nicht voll aufgenommen hat,

b) anfängliche Betriebsverluste, wie diejenigen, die anfallen, bis sich die Nachfrage nach der Produktion des Vermögenswerts aufgebaut hat, und

c) Kosten für die Verlagerung oder Umstrukturierung eines Teils oder der gesamten Geschäftstätigkeit des Unternehmens.

20A Gegenstände können produziert werden, während eine Sachanlage zu ihrem Standort und in den Zustand gebracht wird, der erforderlich ist, damit sie in der vom Management beabsichtigten Weise genutzt werden kann (wie Muster, die im Zuge der Überprüfung, ob der Vermögenswert ordnungsgemäß funktioniert, gefertigt werden). Ein Unternehmen erfasst die Erlöse aus dem Verkauf solcher Gegenstände und die Kosten dieser Gegenstände gemäß den anwendbaren Standards in der Gewinn- und Verlustrechnung. Das Unternehmen bemisst die Kosten dieser Gegenstände nach den Bewertungsvorschriften von IAS 2.

21 Einige Geschäftstätigkeiten treten bei der Herstellung oder Entwicklung einer Sachanlage auf, sind jedoch nicht notwendig, um sie zu ihrem Standort und in den Zustand zu bringen, der erforderlich ist, damit sie in der vom Management beabsichtigten Weise genutzt werden kann. Diese Nebentätigkeiten können vor den oder während der Herstellungs- oder Entwicklungstätigkeiten auftreten. Einnahmen können zum Beispiel erzielt werden, indem der Standort für ein Gebäude vor Baubeginn als Parkplatz genutzt wird. Da Nebentätigkeiten nicht notwendig sind, um eine Sachanlage zu ihrem Standort zu bringen und in einen Zustand zu versetzen, der die vom Management beabsichtigte Nutzung ermöglicht, werden die Erträge und dazugehörigen Aufwendungen der Nebentätigkeiten erfolgswirksam erfasst und in ihren entsprechenden Ertrags- und Aufwandsposten ausgewiesen.

22 Die Ermittlung der Herstellungskosten für selbst hergestellte Vermögenswerte folgt denselben Grundsätzen, die auch beim Erwerb von Vermögenswerten angewandt werden. Wenn ein Unternehmen ähnliche Vermögenswerte für den Verkauf im Rahmen seiner normalen Geschäftstätigkeit herstellt, sind die Herstellungskosten eines Vermögenswerts normalerweise dieselben wie für die Herstellung der zu veräußernden Gegenstände (siehe IAS 2). Daher sind etwaige interne Gewinne aus diesen Kosten herauszurechnen. Gleichermaßen stellen auch die Kosten für außergewöhnliche Mengen an Ausschuss, unnötigen Arbeitsaufwand oder andere verschwendete Ressourcen keine Bestandteile der Herstellungskosten des selbst hergestellten Vermögenswerts dar. IAS 23 *Fremdkapitalkosten* legt Kriterien für die Aktivierung von Zinsen als Bestandteil des Buchwerts einer selbst erstellten Sachanlage fest.

22A Fruchttragende Pflanzen sind, bevor sie sich an ihrem Standort und in einem Zustand befinden, der die vom Management beabsichtigte Nutzung ermöglicht, in gleicher Weise zu bilanzieren wie selbst erstellte Sachanlagen. Die Bestimmungen zur „Herstellung" in diesem Standard sollten daher so verstanden werden, dass sie die erforderlichen Arbeiten zur Kultivierung der fruchttragenden Pflanzen einschließen, bis diese sich an ihrem Standort und in einem Zustand befinden, der die vom Management beabsichtigte Nutzung ermöglicht.

Bestimmung der Anschaffungs- und Herstellungskosten

23 Die Anschaffungs- oder Herstellungskosten einer Sachanlage entsprechen dem Gegenwert des Barpreises zum Erfassungszeitpunkt. Wird die Zahlung über das normale Zahlungsziel hinaus aufgeschoben, wird die Differenz zwischen dem Gegenwert des Barpreises und der zu leistenden Gesamtzahlung über den Zeitraum des Zahlungsziels als Zinsen erfasst, wenn diese Zinsen nicht gemäß IAS 23 aktiviert werden.

24 Eine oder mehrere Sachanlagen können im Tausch gegen nicht-monetäre Vermögenswerte

oder eine Kombination von monetären und nichtmonetären Vermögenswerten erworben werden. Die folgenden Ausführungen beziehen sich nur auf einen Tausch von einem nicht-monetären Vermögenswert gegen einen anderen, finden aber auch auf alle anderen im vorstehenden Satz genannten Tauschvorgänge Anwendung. Die Anschaffungskosten einer solchen Sachanlage werden zum beizulegenden Zeitwert bewertet, es sei denn, a) dem Tauschgeschäft fehlt es an wirtschaftlicher Substanz oder b) weder der beizulegende Zeitwert des erhaltenen Vermögenswerts noch der des aufgegebenen Vermögenswerts ist verlässlich ermittelbar. Der erworbene Gegenstand wird in dieser Art bewertet, auch wenn ein Unternehmen den aufgegebenen Vermögenswert nicht sofort ausbuchen kann. Wenn der erworbene Gegenstand nicht zum beizulegenden Zeitwert bewertet wird, werden die Anschaffungskosten zum Buchwert des aufgegebenen Vermögenswerts bewertet.

25 Ein Unternehmen beurteilt, ob ein Tauschgeschäft wirtschaftliche Substanz hat, indem es prüft, in welchem Umfang sich die künftigen Zahlungsströme infolge der Transaktion voraussichtlich ändern. Ein Tauschgeschäft hat wirtschaftliche Substanz, wenn

a) die Zusammensetzung (Risiko, Zeitpunkt und Betrag) der Zahlungsströme des erhaltenen Vermögenswerts sich von der Zusammensetzung der Zahlungsströme des übertragenen Vermögenswerts unterscheidet oder
b) der unternehmensspezifische Wert des Teils der Geschäftstätigkeiten des Unternehmens, der von der Transaktion betroffen ist, sich aufgrund des Tauschgeschäfts ändert und
c) die Differenz in (a) oder (b) im Verhältnis zum beizulegenden Zeitwert der getauschten Vermögenswerte signifikant ist.

Für den Zweck der Bestimmung, ob ein Tauschgeschäft wirtschaftliche Substanz hat, spiegelt der unternehmensspezifische Wert des Teils der Geschäftstätigkeiten des Unternehmens, der von der Transaktion betroffen ist, Zahlungsströme nach Steuern wider. Das Ergebnis dieser Analysen kann eindeutig sein, ohne dass ein Unternehmen detaillierte Kalkulationen erbringen muss.

26 Der beizulegende Zeitwert eines Vermögenswerts gilt als verlässlich ermittelbar, wenn a) die Schwankungsbandbreite der angemessenen Ermittlungen des beizulegenden Zeitwerts für diesen Vermögenswert nicht signifikant ist oder b) die Eintrittswahrscheinlichkeiten der verschiedenen Schätzungen innerhalb dieser Bandbreite angemessen beurteilt und bei der Ermittlung des beizulegenden Zeitwerts verwendet werden können. Wenn ein Unternehmen den beizulegenden Zeitwert des erhaltenen Vermögenswerts oder des aufgegebenen Vermögenswerts verlässlich ermitteln kann, wird der beizulegende Zeitwert des aufgegebenen Vermögenswerts benutzt, um die Anschaffungskosten des erhaltenen Vermögenswerts zu ermitteln, es sei denn, der beizulegende Zeitwert des erhaltenen Vermögenswerts ist der offensichtlichere.

27 [gestrichen]

28 Der Buchwert einer Sachanlage kann gemäß IAS 20 *Bilanzierung und Darstellung von Zuwendungen der öffentlichen Hand* um Zuwendungen der öffentlichen Hand gemindert werden.

FOLGEBEWERTUNG

29 Ein Unternehmen wählt als Rechnungslegungsmethode entweder das Anschaffungskostenmodell nach Paragraph 30 oder das Neubewertungsmodell nach Paragraph 31 aus und wendet dann die gewählte Methode auf eine gesamte Gruppe von Sachanlagen an.

29A Einige Unternehmen betreiben intern oder extern einen Investmentfonds, der für die Anleger Leistungen erbringt, die sich nach der Anzahl der Fondsanteile richten. Ebenso zeichnen einige Unternehmen Gruppen von Versicherungsverträgen mit direkter Überschussbeteiligung und halten die zugrunde liegenden Referenzwerte. Einige solcher Fonds oder zugrunde liegender Referenzwerte umfassen auch vom Eigentümer selbst genutzte Immobilien. Auf vom Eigentümer selbst genutzte Immobilien, die Teil eines solchen Fonds sind, oder die zugrunde liegenden Referenzwerte sind, wendet das Unternehmen IAS 16 an. Ungeachtet von Paragraph 29 kann das Unternehmen wählen, solche Immobilien unter Anwendung des Modells des beizulegenden Zeitwerts nach IAS 40 zu bewerten. Für die Zwecke dieses Wahlrechts umfassen Versicherungsverträge auch Kapitalanlageverträge mit ermessensabhängiger Überschussbeteiligung. (Siehe IFRS 17 *Versicherungsverträge* in Bezug auf die in diesem Paragraphen verwendeten Begriffe, die in dem genannten Standard definiert sind)

29B Ein Unternehmen hat die vom Eigentümer selbst genutzten Immobilien, die unter Anwendung von Paragraph 29A nach dem Modell der beizulegenden Zeitwerts für als Finanzinvestitionen gehaltene Immobilien bewertet werden, als eine getrennte Gruppe von Sachanlagen zu behandeln.

Anschaffungskostenmodell

30 Nach dem Ansatz als Vermögenswert ist eine Sachanlage zu ihren Anschaffungs- oder Herstellungskosten abzüglich der kumulierten planmäßigen Abschreibungen und kumulierten Wertminderungsaufwendungen zu bilanzieren.

Neubewertungsmodell

31 Eine Sachanlage, deren beizulegender Zeitwert verlässlich ermittelt werden kann, ist nach dem Ansatz als Vermögenswert zu einem Neubewertungsbetrag zu bilanzieren, der seinem beizulegenden Zeitwert zum Zeitpunkt der Neubewertung abzüglich nachfolgender kumulierter planmäßiger Abschreibungen und nachfolgender kumulierter Wertminderungsaufwendungen entspricht. Neubewertungen sind in hinreichend regelmäßigen Abständen vorzunehmen, um sicherzustellen, dass der Buchwert

nicht wesentlich von dem abweicht, was unter Verwendung des beizulegenden Zeitwerts zum Abschlussstichtag ermittelt würde.

32 [gestrichen]

33 [gestrichen]

34 Die Häufigkeit der Neubewertungen hängt von den Änderungen des beizulegenden Zeitwerts der Sachanlagen ab, die neu bewertet werden. Eine erneute Bewertung ist erforderlich, wenn beizulegender Zeitwert und Buchwert eines neu bewerteten Vermögenswerts wesentlich voneinander abweichen. Bei manchen Sachanlagen kommt es zu signifikanten Schwankungen des beizulegenden Zeitwerts, die eine jährliche Neubewertung erforderlich machen. Derart häufige Neubewertungen sind bei Sachanlagen, bei denen sich der beizulegende Zeitwert nur geringfügig ändert, nicht erforderlich. Stattdessen kann es hier notwendig sein, den Gegenstand nur alle drei oder fünf Jahre neu zu bewerten.

35 Bei Neubewertung einer Sachanlage wird deren Buchwert an den Neubewertungsbetrag angepasst. Zum Zeitpunkt der Neubewertung wird der Vermögenswert wie folgt behandelt:

a) der Bruttobuchwert wird in einer Weise angepasst, die mit der Neubewertung des Buchwerts in Einklang steht. So kann der Bruttobuchwert beispielsweise unter Bezugnahme auf beobachtbare Marktdaten oder proportional zur Änderung des Buchwerts angepasst werden. Die kumulierte planmäßige Abschreibung zum Zeitpunkt der Neubewertung wird so angepasst, dass sie nach Berücksichtigung kumulierter Wertminderungsaufwendungen der Differenz zwischen dem Bruttobuchwert und dem Buchwert der Sachanlage entspricht; oder

b) die kumulierte planmäßige Abschreibung wird gegen den Bruttobuchwert der Sachanlage ausgebucht.

Der Betrag, um den die kumulierte Abschreibung angepasst wird, ist Bestandteil der Erhöhung oder Verringerung des Buchwerts, der gemäß den Paragraphen 39 und 40 zu behandeln ist.

36 Wird eine Sachanlage neu bewertet, ist die ganze Gruppe der Sachanlagen, zu der der Gegenstand gehört, neu zu bewerten.

37 Unter einer Gruppe von Sachanlagen wird eine Zusammenfassung von Vermögenswerten verstanden, die sich durch ähnliche Art und ähnliche Verwendung in einem Unternehmen auszeichnen. Beispiele für eigenständige Gruppen sind:

a) unbebaute Grundstücke,
b) Grundstücke und Gebäude,
c) Maschinen und technische Anlagen,
d) Schiffe,
e) Flugzeuge,
f) Kraftfahrzeuge,
g) Betriebsausstattung,
h) Büroausstattung und
i) fruchttragende Pflanzen.

38 Die Gegenstände innerhalb einer Gruppe von Sachanlagen sind gleichzeitig neu zu bewerten, um eine selektive Neubewertung von Vermögenswerten und eine Mischung aus fortgeführten Anschaffungs- oder Herstellungskosten und Neubewertungsbeträgen zu verschiedenen Zeitpunkten im Abschluss zu vermeiden. Jedoch darf eine Gruppe von Vermögenswerten auf fortlaufender Basis neu bewertet werden, sofern ihre Neubewertung in einer kurzen Zeitspanne vollendet wird und die Neubewertungen aktuell gehalten werden.

39 Führt eine Neubewertung zu einer Erhöhung des Buchwerts eines Vermögenswerts, ist die Wertsteigerung im sonstigen Ergebnis zu erfassen und im Eigenkapital im Posten Neubewertungsrücklage zu kumulieren. Allerdings wird der Wertzuwachs in dem Umfang erfolgswirksam erfasst, in dem er einer in der Vergangenheit erfolgswirksam erfassten Abwertung desselben Vermögenswerts aufgrund einer Neubewertung entspricht.

40 Führt eine Neubewertung zu einer Verringerung des Buchwerts eines Vermögenswerts, ist die Wertminderung erfolgswirksam zu erfassen. Die Wertminderung ist jedoch direkt im sonstigen Ergebnis zu erfassen, soweit sie das Guthaben der Neubewertungsrücklage in Bezug auf diesen Vermögenswert nicht übersteigt. Durch die im sonstigen Ergebnis erfasste Wertminderung reduziert sich der Betrag, der im Eigenkapital im Posten Neubewertungsrücklage kumuliert wird.

41 Bei einer Sachanlage kann die Neubewertungsrücklage im Eigenkapital direkt den Gewinnrücklagen zugeführt werden, sofern der Vermögenswert ausgebucht ist. Bei Stilllegung oder Veräußerung des Vermögenswerts kann es zu einer Übertragung der gesamten Rücklage kommen. Ein Teil der Rücklage kann allerdings schon bei Nutzung des Vermögenswerts durch das Unternehmen übertragen werden. In diesem Fall ist die übertragene Rücklage die Differenz zwischen der planmäßigen Abschreibung auf Basis des neu bewerteten Buchwerts und der planmäßigen Abschreibung auf Basis historischer Anschaffungs- oder Herstellungskosten. Übertragungen von der Neubewertungsrücklage in die Gewinnrücklagen erfolgen erfolgsneutral.

42 Die sich aus der Neubewertung von Sachanlagen eventuell ergebenden Konsequenzen für die Ertragsteuern werden gemäß IAS 12 *Ertragsteuern* erfasst und angegeben.

Planmäßige Abschreibung

43 Jeder Teil einer Sachanlage mit Anschaffungs- oder Herstellungskosten, die im Verhältnis zu den gesamten Anschaffungs- oder Herstellungskosten der Sachanlage bedeutsam sind, wird getrennt planmäßig abgeschrieben.

44 Ein Unternehmen ordnet den erstmalig angesetzten Betrag einer Sachanlage ihren bedeutsamen Teilen zu und schreibt jedes dieser Teile

getrennt ab. Es kann zum Beispiel angemessen sein, das Flugwerk und die Triebwerke eines Flugzeugs getrennt planmäßig abzuschreiben. Wenn ein Unternehmen für ein Operating-Leasingverhältnis, bei dem es der Leasinggeber ist, Sachanlagen erwirbt, kann es ebenso angemessen sein, Beträge, die sich in den Anschaffungskosten dieses Vermögenswerts widerspiegeln und die hinsichtlich der Marktbedingungen günstigen oder ungünstigen Leasingbedingungen zuzuordnen sind, getrennt planmäßig abzuschreiben.

45 Ein bedeutsamer Teil einer Sachanlage kann eine Nutzungsdauer und eine Abschreibungsmethode haben, die identisch mit denen eines anderen bedeutsamen Teils desselben Gegenstands sind. Diese Teile können bei der Bestimmung des Abschreibungsaufwands zusammengefasst werden.

46 Soweit ein Unternehmen einige Teile einer Sachanlage getrennt planmäßig abschreibt, schreibt es auch den Rest des Gegenstands getrennt planmäßig ab. Der Rest besteht aus den Teilen des Gegenstands, die einzeln nicht bedeutsam sind. Wenn ein Unternehmen unterschiedliche Erwartungen in diese Teile setzt, können Angleichungsmethoden erforderlich werden, um den Rest in einer Weise planmäßig abzuschreiben, die den Abschreibungsverlauf und/oder die Nutzungsdauer der Teile genau wiedergibt.

47 Ein Unternehmen kann sich auch für die getrennte planmäßige Abschreibung der Teile eines Gegenstands entscheiden, deren Anschaffungs- oder Herstellungskosten im Verhältnis zu den gesamten Anschaffungs- oder Herstellungskosten des Gegenstands nicht bedeutsam sind.

48 Die planmäßige Abschreibung für jede Periode ist erfolgswirksam zu erfassen, soweit er nicht in die Buchwerte anderer Vermögenswerte einzubeziehen ist.

49 Die planmäßige Abschreibung einer Periode ist in der Regel erfolgswirksam zu erfassen. Mitunter wird jedoch der künftige wirtschaftliche Nutzen eines Vermögenswerts durch die Herstellung anderer Vermögenswerte verbraucht. In diesem Fall stellt die planmäßige Abschreibung einen Teil der Herstellungskosten des anderen Vermögenswerts dar und wird in dessen Buchwert einbezogen. Beispielsweise ist die planmäßige Abschreibung von technischen Anlagen und Betriebs- und Geschäftsausstattung in den Herstellungskosten von Vorräten enthalten (siehe IAS 2). Gleichermaßen kann die planmäßige Abschreibung von Sachanlagen, die für Entwicklungstätigkeiten genutzt werden, in die Herstellungskosten eines immateriellen Vermögenswerts, der gemäß IAS 38 *Immaterielle Vermögenswerte* erfasst wird, eingerechnet werden.

Abschreibungsbetrag und Abschreibungsperiode

50 Der Abschreibungsbetrag eines Vermögenswerts ist planmäßig über seine Nutzungsdauer zu verteilen.

51 Der Restwert und die Nutzungsdauer eines Vermögenswerts sind mindestens zum Ende jedes Geschäftsjahrs zu überprüfen, und wenn die Erwartungen von früheren Einschätzungen abweichen, sind Änderungen als Änderungen rechnungslegungsbezogener Schätzungen gemäß IAS 8 Rechnungslegungsmethoden, Änderungen von rechnungslegungsbezogenen Schätzungen und Fehler auszuweisen.

52 Planmäßige Abschreibungen werden so lange, wie der Restwert des Vermögenswerts nicht höher als der Buchwert ist, erfasst, auch wenn der beizulegende Zeitwert des Vermögenswerts seinen Buchwert übersteigt. Reparatur und Instandhaltung eines Vermögenswerts widersprechen nicht der Notwendigkeit, planmäßige Abschreibungen vorzunehmen.

53 Der Abschreibungsbetrag eines Vermögenswerts wird nach Abzug seines Restwerts ermittelt. In der Praxis ist der Restwert oft unbedeutend und daher für die Berechnung des Abschreibungsbetrags unwesentlich.

54 Der Restwert eines Vermögenswerts kann bis zu einem Betrag ansteigen, der entweder dem Buchwert entspricht oder ihn übersteigt. Wenn dies der Fall ist, ist die planmäßige Abschreibung des Vermögenswerts null, solange der Restwert anschließend nicht unter den Buchwert des Vermögenswerts gefallen ist.

55 Die planmäßige Abschreibung eines Vermögenswerts beginnt, wenn er zur Verfügung steht, d. h. wenn er sich an seinem Standort und in dem Zustand befindet, der erforderlich ist, damit er in der vom Management beabsichtigten Weise genutzt werden kann. Die planmäßige Abschreibung eines Vermögenswerts endet an dem Tag, an dem der Vermögenswert gemäß IFRS 5 als zur Veräußerung gehalten eingestuft (oder in eine als zur Veräußerung gehalten eingestufte Veräußerungsgruppe aufgenommen) wird, spätestens jedoch an dem Tag, an dem er ausgebucht wird, je nachdem, welcher Zeitpunkt früher liegt. Demzufolge hört die planmäßige Abschreibung nicht auf, wenn der Vermögenswert nicht mehr genutzt wird oder aus dem tatsächlichen Gebrauch ausgeschieden ist, es sei denn, der Vermögenswert ist voll abgeschrieben. Allerdings kann die planmäßige Abschreibung bei verbrauchsabhängigen Abschreibungsmethoden null sein, wenn keine Produktion läuft.

56 Der künftige wirtschaftliche Nutzen eines Vermögenswerts wird vom Unternehmen grundsätzlich durch dessen Nutzung verbraucht. Wenn der Vermögenswert ungenutzt bleibt, können jedoch andere Faktoren, wie technische und gewerbliche Veralterung und Verschleiß, den potenziellen Nutzen mindern. Bei der Bestimmung der Nutzungsdauer eines Vermögenswerts werden deshalb alle folgenden Faktoren berücksichtigt:

a) die erwartete Nutzung des Vermögenswerts. Diese wird durch Berücksichtigung der Kapazität oder der Ausbringungsmenge des Vermögenswerts ermittelt;

b) die erwartete physische Verschleiß in Abhängigkeit von Betriebsfaktoren wie der Anzahl der Schichten, in denen der Vermögenswert genutzt wird, und dem Reparatur- und Instandhaltungsprogramm sowie der Wartung und Pflege des Vermögenswerts während der Stillstandszeiten;

c) die technische oder gewerbliche Veralterung, die auf Änderungen oder Verbesserungen in der Produktion oder auf Änderungen in der Marktnachfrage nach den von diesem Vermögenswert erzeugten Gütern oder Leistungen zurückzuführen ist. Wird für die Zukunft mit einem Rückgang des Verkaufspreises eines mithilfe dieses Vermögenswerts erzeugten Produkts gerechnet, könnte dies ein Indikator dafür sein, dass sich der künftige wirtschaftliche Nutzen des Vermögenswerts aufgrund der für ihn erwarteten technischen oder gewerblichen Veralterung vermindert;

d) rechtliche oder ähnliche Nutzungsbeschränkungen des Vermögenswerts wie das Ablaufen zugehöriger Leasingverträge.

57 Die Nutzungsdauer eines Vermögenswerts wird nach der voraussichtlichen Nutzbarkeit für das Unternehmen definiert. Die Investitionspolitik des Unternehmens kann vorsehen, dass Vermögenswerte nach einer bestimmten Zeit oder nach dem Verbrauch eines bestimmten Teils des künftigen wirtschaftlichen Nutzens des Vermögenswerts veräußert werden. Daher kann die voraussichtliche Nutzungsdauer eines Vermögenswerts kürzer sein als seine wirtschaftliche Nutzungsdauer. Die Schätzung der voraussichtlichen Nutzungsdauer des Vermögenswerts bedarf einer Ermessensentscheidung, der Erfahrungswerte des Unternehmens mit vergleichbaren Vermögenswerten zugrunde liegen.

58 Grundstücke und Gebäude sind trennbare Vermögenswerte und als solche zu bilanzieren, auch wenn sie zusammen erworben wurden. Grundstücke haben mit einigen Ausnahmen, wie Steinbrüche und Müllgruben, eine unbegrenzte Nutzungsdauer und werden deshalb nicht planmäßig abgeschrieben. Gebäude haben eine begrenzte Nutzungsdauer und stellen daher abschreibungsfähige Vermögenswerte dar. Eine Wertsteigerung eines Grundstücks, auf dem ein Gebäude steht, berührt nicht die Bestimmung des Abschreibungsbetrags des Gebäudes.

59 Wenn die Anschaffungskosten für Grundstücke die Kosten für Abbau, Beseitigung und Wiederherstellung des Grundstücks beinhalten, so wird dieser Anteil des Grundstückswerts über den Zeitraum planmäßig abgeschrieben, in dem Nutzen durch die Einbringung dieser Kosten erzielt wird. In einigen Fällen kann das Grundstück selbst eine begrenzte Nutzungsdauer haben, es wird dann in der Weise planmäßig abgeschrieben, dass der daraus entstehende Nutzen widergespiegelt wird.

Abschreibungsmethode

60 Die Abschreibungsmethode hat dem erwarteten Verlauf des Verbrauchs des künftigen wirtschaftlichen Nutzens des Vermögenswerts durch das Unternehmen zu entsprechen.

61 Die Abschreibungsmethode für Vermögenswerte ist mindestens am Ende eines jeden Geschäftsjahrs zu überprüfen. Sofern erhebliche Änderungen in dem erwarteten künftigen wirtschaftlichen Nutzenverlauf der Vermögenswerte eingetreten sind, ist die Methode anzupassen, um den geänderten Verlauf widerzuspiegeln. Solch eine Änderung wird als Änderung einer rechnungslegungsbezogenen Schätzung gemäß IAS 8 dargestellt.

62 Für die planmäßige Abschreibung kommt eine Vielzahl an Methoden in Betracht, um den Abschreibungsbetrag eines Vermögenswerts systematisch über seine Nutzungsdauer zu verteilen. Zu diesen Methoden zählen die lineare und degressive Abschreibung sowie die leistungsabhängige planmäßige Abschreibung. Die lineare planmäßige Abschreibung ergibt einen konstanten Betrag über die Nutzungsdauer, sofern sich der Restwert des Vermögenswerts nicht ändert. Die degressive Abschreibungsmethode führt zu im Laufe der Nutzungsdauer abnehmenden Abschreibungen. Die leistungsabhängige Abschreibungsmethode ergibt eine Abschreibung auf der Grundlage der voraussichtlichen Nutzung oder Leistung. Das Unternehmen wählt die Methode aus, die am genauesten den erwarteten Verlauf des Verbrauchs des künftigen wirtschaftlichen Nutzens des Vermögenswerts widerspiegelt. Diese Methode ist von Periode zu Periode stetig anzuwenden, es sei denn, dass sich der erwartete Verlauf des Verbrauchs jenes künftigen wirtschaftlichen Nutzens ändert.

62A Eine Abschreibungsmethode, die sich auf die Umsatzerlöse aus einer Tätigkeit stützt, die die Verwendung eines Vermögenswerts einschließt, ist nicht als sachgerecht zu betrachten. Die Umsatzerlöse aus einer Tätigkeit, die die Verwendung eines Vermögenswerts einschließt, spiegeln im Allgemeinen andere Faktoren als den Verbrauch des wirtschaftlichen Nutzens des Vermögenswerts wider. So werden die Umsatzerlöse beispielsweise durch andere Inputfaktoren und Prozesse, durch die Absatzmenge und durch Veränderungen bei Absatzvolumen und -preisen beeinflusst. Die Preiskomponente der Umsatzerlöse kann durch Inflation beeinflusst werden, was sich nicht auf den Verbrauch eines Vermögenswerts auswirkt.

Wertminderung

63 Um festzustellen, ob ein Gegenstand der Sachanlagen wertgemindert ist, wendet ein Unternehmen IAS 36 *Wertminderung von Vermögenswerten* an. Dieser Standard erklärt, wie ein Unternehmen den Buchwert seiner Vermögenswerte überprüft, wie es den erzielbaren Betrag eines Vermögenswerts ermittelt, und wann es einen Wertminderungsaufwand erfasst oder aufhebt.

64 [gestrichen]

Entschädigung für Wertminderung

65 Entschädigungen von Dritten für wertgeminderte, untergegangene oder außer Betrieb genommene Sachanlagen sind erfolgswirksam zu erfassen, wenn die Entschädigungen zu Forderungen werden.

66 Wertminderungen oder der Untergang von Sachanlagen, damit verbundene Ansprüche auf oder Zahlungen von Entschädigungen von Dritten und jeglicher nachfolgender Erwerb oder nachfolgende Herstellung von Ersatzvermögenswerten sind einzelne wirtschaftliche Ereignisse und sind als solche separat wie folgt zu bilanzieren:

a) Wertminderungen von Sachanlagen werden gemäß IAS 36 erfasst,
b) Ausbuchungen von stillgelegten oder abgegangenen Sachanlagen werden nach diesem Standard ermittelt,
c) Entschädigungen von Dritten für wertgeminderte, untergegangene oder außer Betrieb genommene Sachanlagen sind erfolgswirksam zu erfassen, wenn sie zur Forderung werden, und
d) die Anschaffungs- oder Herstellungskosten von Sachanlagen, die als Ersatz instandgesetzt, erworben oder hergestellt wurden, werden nach diesem Standard ermittelt.

AUSBUCHUNG

67 Der Buchwert einer Sachanlage ist auszubuchen
a) bei Abgang oder
b) wenn kein weiterer wirtschaftlicher Nutzen aus seiner Nutzung oder seinem Abgang zu erwarten ist.

68 Die aus der Ausbuchung einer Sachanlage resultierenden Gewinne oder Verluste sind erfolgswirksam zu erfassen, wenn der Gegenstand ausgebucht wird (sofern IFRS 16 *Leasingverhältnisse* bei Sale-and-Leaseback-Transaktionen nichts anderes verlangt). Gewinne sind nicht als Umsatzerlöse auszuweisen.

68A Ein Unternehmen jedoch, das im Rahmen seiner gewöhnlichen Geschäftstätigkeit regelmäßig Sachanlagen verkauft, die es zwecks Weitervermietung gehalten hat, überträgt diese Vermögenswerte zum Buchwert in die Vorräte, wenn sie nicht mehr vermietet werden und zum Verkauf anstehen. Die Erlöse aus dem Verkauf dieser Vermögenswerte werden gemäß IFRS 15 *Erlöse aus Verträgen mit Kunden* als Umsatzerlöse erfasst. IFRS 5 findet keine Anwendung, wenn Vermögenswerte, die im Rahmen der gewöhnlichen Geschäftstätigkeit zum Verkauf gehalten werden, in die Vorräte übertragen werden.

69 Der Abgang einer Sachanlage kann auf verschiedene Arten erfolgen (z. B. Verkauf, Eintritt in ein Finanzierungsleasing oder Schenkung). Als Abgangsdatum einer Sachanlage gilt das Datum, an dem der Empfänger – gemäß den Vorschriften über die Erfüllung der Leistungsverpflichtung in IFRS 15 – die Verfügungsgewalt darüber erlangt. IFRS 16 wird auf Abgänge durch Sale-and-Leaseback-Transaktionen angewandt.

70 Wenn ein Unternehmen nach dem Ansatzgrundsatz in Paragraph 7 im Buchwert einer Sachanlage die Anschaffungs- oder Herstellungskosten für den Ersatz eines Teils des Gegenstands erfasst, dann bucht es den Buchwert des ersetzten Teils aus, ungeachtet dessen, ob das ersetzte Teil separat planmäßig abgeschrieben wurde. Sollte die Ermittlung des Buchwerts des ersetzten Teils für ein Unternehmen praktisch nicht durchführbar sein, kann es die Kosten für den Ersatz als Anhaltspunkt für die Anschaffungs- oder Herstellungskosten des ersetzten Teils zum Zeitpunkt seines Kaufs oder seiner Herstellung verwenden.

71 Der Gewinn oder Verlust aus der Ausbuchung einer Sachanlage ist als Differenz zwischen dem Nettoveräußerungserlös, sofern vorhanden, und dem Buchwert des Gegenstands zu bestimmen.

72 Die Höhe der im Falle der Ausbuchung einer Sachanlage erfolgswirksam zu erfassenden Gegenleistung ergibt sich aus den Vorschriften über die Bestimmung des Transaktionspreises in IFRS 15 Paragraphen 47 bis 72. Spätere Änderungen des erfolgswirksam erfassten geschätzten Gegenleistungsbetrags werden gemäß den Bestimmungen über Änderungen des Transaktionspreises in IFRS 15 erfasst.

ANGABEN

73 Für jede Gruppe von Sachanlagen sind im Abschluss folgende Angaben erforderlich:
a) die Bewertungsgrundlagen für die Bestimmung des Bruttobuchwerts,
b) die verwendeten Abschreibungsmethoden,
c) die zugrunde gelegten Nutzungsdauern oder Abschreibungssätze,
d) der Bruttobuchwert und die kumulierten planmäßigen Abschreibungen (zusammengefasst mit den kumulierten Wertminderungsaufwendungen) zu Beginn und zum Ende der Periode und
e) eine Überleitung des Buchwerts zu Beginn und zum Ende der Periode unter gesonderter Angabe der
   i) Zugänge,
   ii) Vermögenswerte, die gemäß IFRS 5 als zur Veräußerung gehalten eingestuft sind oder zu einer als zur Veräußerung gehalten eingestuften Veräußerungsgruppe gehören, und anderer Abgänge,
   iii) Erwerbe durch Unternehmenszusammenschlüsse,
   iv) Wertsteigerungen oder Abwertungen aufgrund von Neubewertungen gemäß den Paragraphen 31, 39 und 40 und von im sonstigen Ergebnis erfassten oder aufgeholten Wertminderungsaufwendungen gemäß IAS 36,
   v) gemäß IAS 36 erfolgswirksam erfassten Wertminderungsaufwendungen,
   vi) gemäß IAS 36 erfolgswirksam aufgeholten Wertminderungsaufwendungen,
   vii) planmäßigen Abschreibungen,

viii) Nettoumrechnungsdifferenzen aufgrund der Umrechnung des Abschlusses von der funktionalen Währung in eine andere Darstellungswährung, einschließlich der Umrechnung einer ausländischen Betriebsstätte in die Darstellungswährung des berichtenden Unternehmens, und

ix) anderen Änderungen.

74 Folgende Angaben müssen in den Abschlüssen ebenso enthalten sein:

a) das Vorhandensein und die Beträge von Beschränkungen von Verfügungsrechten sowie als Sicherheiten für Schulden verpfändete Sachanlagen,

b) der Betrag an Ausgaben, der im Buchwert einer Sachanlage während ihrer Herstellung erfasst wird, und

c) der Betrag für vertragliche Verpflichtungen für den Erwerb von Sachanlagen.

74A Nachstehend genannte Beträge sind in den Abschlüssen ebenso anzugeben, sofern sie nicht gesondert in der Gesamtergebnisrechnung ausgewiesen werden:

a) der Betrag der in der Gewinn- und Verlustrechnung erfassten Entschädigungen von Dritten für wertgeminderte, untergegangene oder außer Betrieb genommene Sachanlagen und

b) die Beträge der gemäß Paragraph 20A in der Gewinn- und Verlustrechnung erfassten Erlöse und Kosten für Gegenstände, die nicht im Rahmen der gewöhnlichen Geschäftstätigkeit des Unternehmens hergestellt wurden, und die Angabe, in welchem bzw. welchen Posten der Gesamtergebnisrechnung derartige Erlöse und Kosten enthalten sind.

75 Die Wahl der Abschreibungsmethode und die Schätzung der Nutzungsdauer von Vermögenswerten bedürfen einer Ermessensentscheidung. Deshalb gibt die Angabe der angewandten Methoden und der geschätzten Nutzungsdauern oder Abschreibungsraten den Abschlussadressaten Informationen, die es ihnen erlauben, die vom Management gewählten Rechnungslegungsmethoden einzuschätzen und Vergleiche mit anderen Unternehmen vorzunehmen. Aus ähnlichen Gründen ist es erforderlich, Angaben zu machen über

a) die planmäßige Abschreibung einer Periode, unabhängig davon, ob sie erfolgswirksam erfasst wird oder als Teil der Anschaffungs- und Herstellungskosten anderer Vermögenswerte, und

b) die kumulierte planmäßige Abschreibung am Ende der Periode.

76 Gemäß IAS 8 hat ein Unternehmen die Art und Auswirkung einer veränderten rechnungslegungsbezogenen Schätzung, die eine Auswirkung in der aktuellen Periode hat oder von der erwartet wird, dass sie Auswirkungen in folgenden Perioden hat, darzulegen. Bei Sachanlagen entstehen möglicherweise derartige Angaben aus Änderungen von Schätzungen in Bezug auf

a) Restwerte,

b) geschätzte Kosten für den Abbruch, die Beseitigung oder die Wiederherstellung von Sachanlagen,

c) Nutzungsdauern und

d) Abschreibungsmethoden.

77 Werden Sachanlagen neu bewertet, ist zusätzlich zu den in IFRS 13 vorgeschriebenen Angaben anzugeben:

a) der Stichtag der Neubewertung,

b) ob ein unabhängiger Gutachter hinzugezogen wurde,

c) [gestrichen]

d) [gestrichen]

e) für jede neu bewertete Gruppe von Sachanlagen der Buchwert, der angesetzt worden wäre, wenn die Vermögenswerte nach dem Anschaffungskostenmodell bewertet worden wären, und

f) die Neubewertungsrücklage mit Angabe der Veränderung in der Periode und eventuell bestehender Ausschüttungsbeschränkungen an die Anteilseigner.

78 Gemäß IAS 36 macht ein Unternehmen Angaben über wertgeminderte Sachanlagen zusätzlich zu den gemäß Paragraph 73 (e)(iv)–(vi) erforderlichen Informationen.

79 Die Adressaten des Abschlusses können ebenso die folgenden Angaben als entscheidungsrelevant erachten:

a) den Buchwert vorübergehend ungenutzter Sachanlagen,

b) den Bruttobuchwert voll abgeschriebener, aber noch genutzter Sachanlagen,

c) den Buchwert von Sachanlagen, die nicht mehr genutzt werden und die nicht gemäß IFRS 5 als zur Veräußerung gehalten eingestuft werden, und

d) bei Anwendung des Anschaffungskostenmodells die Angabe des beizulegenden Zeitwerts der Sachanlagen, sofern dieser wesentlich vom Buchwert abweicht.

Daher wird den Unternehmen die Angabe dieser Beträge empfohlen.

ÜBERGANGSVORSCHRIFTEN

80 Die Vorschriften der Paragraphen 24–26 hinsichtlich der erstmaligen Bewertung einer Sachanlage, die in einem Tauschvorgang erworben wurde, sind nur auf künftige Transaktionen prospektiv anzuwenden.

80A Durch die *Jährlichen Verbesserungen an den IFRS-Standards, Zyklus 2010–2012*, wurde Paragraph 35 geändert. Ein Unternehmen hat diese Änderung auf alle Neubewertungen anzuwenden, die in Geschäftsjahren, die zu oder nach dem Zeitpunkt der erstmaligen Anwendung dieser Änderung beginnen, sowie im unmittelbar vorangehenden Geschäftsjahr erfasst werden. Ein Unternehmen kann auch für jedes früher dargestellte Geschäftsjahr angepasste Vergleichsangaben vorlegen, ist hierzu aber nicht verpflichtet. Legt ein Unternehmen für frühere Geschäftsjahre nicht angepasste Vergleichsinformationen vor, hat es diese klar zu kennzeichnen, darauf hinzuweisen, dass sie auf einer anderen Grundlage beruhen und diese Grundlage zu erläutern.

80B In der Berichtsperiode, in der die Verlautbarung *Landwirtschaft: Fruchttragende Pflanzen* (Änderungen an IAS 16 und IAS 41) erstmals angewendet wird, braucht das Unternehmen die gemäß IAS 8 Paragraph 28(f) für die laufende Periode vorgeschriebenen quantitativen Angaben nicht zu machen. Es muss jedoch die gemäß IAS 8 Paragraph 28(f) vorgeschriebenen quantitativen Angaben für jede frühere dargestellte Periode machen.

80C Ein Unternehmen kann eine fruchttragende Pflanze zu Beginn der frühesten im Abschluss dargestellten Berichtsperiode, in der das Unternehmen die Verlautbarung *Landwirtschaft: Fruchttragende Pflanzen* (Änderungen an IAS 16 und IAS 41) erstmals anwendet, zu ihrem beizulegenden Zeitwert bewerten und diesen beizulegenden Zeitwert als Ersatz für Anschaffungs- oder Herstellungskosten an diesem Datum verwenden. Jede Differenz zwischen dem früheren Buchwert und dem beizulegenden Zeitwert ist zu Beginn der frühesten dargestellten Periode im Anfangssaldo der Gewinnrücklagen auszuweisen.

80D Durch die im Mai 2020 veröffentlichte Verlautbarung *Sachanlagen – Einnahmen vor der beabsichtigten Nutzung* wurden die Paragraphen 17 und 74 geändert und die Paragraphen 20A und 74A eingefügt. Ein Unternehmen hat diese Änderungen rückwirkend anzuwenden, allerdings nur auf Sachanlagen, die an ihren Standort und in den Zustand gebracht werden, der erforderlich ist, damit sie zu oder nach Beginn der frühesten im Abschluss dargestellten Periode, in der das Unternehmen die Änderungen erstmals anwendet, in der vom Management beabsichtigten Weise genutzt werden können. Das Unternehmen erfasst die kumulierte Auswirkung der erstmaligen Anwendung der Änderungen zu Beginn dieser frühesten dargestellten Periode als Anpassung des Anfangssaldos der Gewinnrücklagen (oder einer anderen als sachgerecht angesehenen Eigenkapitalkomponente).

ZEITPUNKT DES INKRAFTTRETENS

81 Dieser Standard ist auf Geschäftsjahre anzuwenden, die am oder nach dem 1. Januar 2005 beginnen. Eine frühere Anwendung wird empfohlen. Wendet ein Unternehmen diesen Standard auf Berichtsperioden an, die vor dem 1. Januar 2005 beginnen, hat es dies anzugeben.

81A Die Änderungen in Paragraph 3 sind auf Geschäftsjahre anzuwenden, die am oder nach dem 1. Januar 2006 beginnen. Wendet ein Unternehmen IFRS 6 auf eine frühere Periode an, sind auch diese Änderungen auf jene frühere Periode anzuwenden.

81B Durch IAS 1 *Darstellung des Abschlusses* (in der 2007 überarbeiteten Fassung) wurde die in allen IAS/IFRS verwendete Terminologie geändert. Außerdem wurden die Paragraphen 39, 40 und 73(e)(iv) geändert. Diese Änderungen sind auf Geschäftsjahre anzuwenden, die am oder nach dem 1. Januar 2009 beginnen. Wendet ein Unternehmen IAS 1 (überarbeitet 2007) auf eine frühere Periode an, so hat es auf diese Periode auch diese Änderungen anzuwenden.

81C Durch IFRS 3 *Unternehmenszusammenschlüsse* (in der 2008 überarbeiteten Fassung) wurde Paragraph 44 geändert. Diese Änderung ist auf Geschäftsjahre anzuwenden, die am oder nach dem 1. Juli 2009 beginnen. Wendet ein Unternehmen IFRS 3 (überarbeitet 2008) auf eine frühere Periode an, so hat es auf diese Periode auch diese Änderung anzuwenden.

81D Durch *Verbesserungen an den IFRS*, veröffentlicht im Mai 2008, wurden die Paragraphen 6 und 69 geändert und Paragraph 68A eingefügt. Diese Änderungen sind auf Geschäftsjahre anzuwenden, die am oder nach dem 1. Januar 2009 beginnen. Eine frühere Anwendung ist zulässig. Wendet ein Unternehmen diese Änderungen auf eine frühere Periode an, so hat es dies anzugeben und die entsprechenden Änderungen an IAS 7 *Kapitalflussrechnung* gleichzeitig anzuwenden.

81E Durch *Verbesserungen an den IFRS*, veröffentlicht im Mai 2008, wurde Paragraph 5 geändert. Diese Änderung ist prospektiv auf Geschäftsjahre anzuwenden, die am oder nach dem 1. Januar 2009 beginnen. Eine frühere Anwendung ist zulässig, sofern das Unternehmen gleichzeitig die Änderungen an den Paragraphen 8, 9, 22, 48, 53, 53A, 53B, 54, 57 und 85B von IAS 40 anwendet. Wendet ein Unternehmen diese Änderungen auf eine frühere Periode an, hat es dies anzugeben.

81F Durch IFRS 13, veröffentlicht im Mai 2011, wurden die Definition des beizulegenden Zeitwerts und die Definition des erzielbaren Betrags in Paragraph 6 geändert. Außerdem wurden die Paragraphen 26, 35 und 77 geändert und die Paragraphen 32 und 33 gestrichen. Wendet ein Unternehmen IFRS 13 an, hat es diese Änderungen ebenfalls anzuwenden.

81G Durch die *Jährlichen Verbesserungen, Zyklus 2009–2011*, veröffentlicht im Mai 2012, wurde Paragraph 8 geändert. Diese Änderung ist rückwirkend gemäß IAS 8 *Rechnungslegungsmethoden, Änderungen von rechnungslegungsbezogenen Schätzungen und Fehler* auf Geschäftsjahre anzuwenden, die am oder nach dem 1. Januar 2013 beginnen. Eine frühere Anwendung ist zulässig. Wendet ein Unternehmen diese Änderung auf eine frühere Periode an, hat es dies anzugeben.

81H Durch die *Jährlichen Verbesserungen an den IFRS, Zyklus 2010–2012*, veröffentlicht im Dezember 2013, wurde Paragraph 35 geändert und Paragraph 80A eingefügt. Diese Änderung ist auf Geschäftsjahre anzuwenden, die am oder nach dem 1. Juli 2014 beginnen. Eine frühere Anwendung ist zulässig. Wendet ein Unternehmen diese Änderung auf eine frühere Periode an, hat es dies anzugeben.

81I Durch *Klarstellung akzeptabler Abschreibungsmethoden* (Änderungen an IAS 16 und IAS 38), veröffentlicht im Mai 2014, wurde Paragraph 56 geändert und Paragraph 62A eingefügt. Diese Änderungen sind prospektiv auf am oder nach dem 1. Januar 2016 beginnende Geschäftsjahre anzuwenden. Eine frühere Anwendung ist zulässig. Wendet ein Unternehmen diese Änderungen auf eine frühere Periode an, hat es dies anzugeben.

81J Durch IFRS 15 *Erlöse aus Verträgen mit Kunden*, veröffentlicht im Mai 2014, wurden die Paragraphen 68A, 69 und 72 geändert. Wendet ein Unternehmen IFRS 15 an, hat es diese Änderungen ebenfalls anzuwenden.

81K Durch die im Juni 2014 veröffentlichte Verlautbarung *Landwirtschaft: Fruchttragende Pflanzen* (Änderungen an IAS 16 und IAS 41) wurden die Paragraphen 3, 6 und 37 geändert sowie die Paragraphen 22A und 80B–80C eingefügt. Diese Änderungen sind auf Geschäftsjahre anzuwenden, die am oder nach dem 1. Januar 2016 beginnen. Eine frühere Anwendung ist zulässig. Wendet ein Unternehmen diese Änderungen auf eine frühere Periode an, hat es dies anzugeben. Diese Änderungen sind mit Ausnahme der Darlegungen in Paragraph 80C gemäß IAS 8 rückwirkend anzuwenden.

81L Durch IFRS 16, veröffentlicht im Januar 2016, wurden die Paragraphen 4 und 27 gestrichen und die Paragraphen 5, 10, 44 und 68–69 geändert.

Wendet ein Unternehmen IFRS 16 an, hat es diese Änderungen ebenfalls anzuwenden.

81M Durch IFRS 17, veröffentlicht im Mai 2017, wurden die Paragraphen 29A und 29B eingefügt. Wendet ein Unternehmen IFRS 17 an, hat es diese Änderungen ebenfalls anzuwenden.

81N Durch die im Mai 2020 veröffentlichte Verlautbarung *Sachanlagen – Einnahmen vor der beabsichtigten Nutzung* wurden die Paragraphen 17 und 74 geändert und die Paragraphen 20A, 74A und 80D eingefügt. Diese Änderungen sind auf Geschäftsjahre anzuwenden, die am oder nach dem 1. Januar 2022 beginnen. Eine frühere Anwendung ist zulässig. Wendet ein Unternehmen diese Änderungen auf eine frühere Periode an, hat es dies anzugeben.

RÜCKNAHME ANDERER VERLAUTBARUNGEN

82 Dieser Standard ersetzt IAS 16 *Sachanlagen* (überarbeitet 1998).

83 Dieser Standard ersetzt die folgenden Interpretationen:

a) SIC-6 *Kosten der Anpassung vorhandener Software*
b) SIC-14 *Sachanlagen – Entschädigung für die Wertminderung oder den Verlust von Gegenständen* und
c) SIC-23 *Sachanlagen – Kosten für Großinspektionen oder Generalüberholungen*.

2/8. IAS 19

INTERNATIONAL ACCOUNTING STANDARD 19
Leistungen an Arbeitnehmer

IAS 19, VO (EU) 2023/1803

Gliederung	§§
ZIELSETZUNG	1
ANWENDUNGSBEREICH	2–7
DEFINITIONEN	8
KURZFRISTIG FÄLLIGE LEISTUNGEN AN ARBEITNEHMER	9–25
Ansatz und Bewertung	11–24
Alle kurzfristig fälligen Leistungen an Arbeitnehmer	11–12
Kurzfristig fällige Abwesenheitsvergütungen	13–18
Gewinn- und Erfolgsbeteiligungspläne	29–24
Angaben	25
LEISTUNGEN NACH BEENDIGUNG DES ARBEITSVERHÄLTNISSES: UNTERSCHEIDUNG ZWISCHEN BEITRAGSORIENTIERTEN UND LEISTUNGSORIENTIERTEN PLÄNEN	26–49
Gemeinschaftliche Pläne mehrerer Arbeitgeber	32–39
Leistungsorientierte Pläne, die Risiken auf verschiedene Unternehmen unter gemeinsamer Beherrschung verteilen	40–42
Staatliche Pläne	43–45
Versicherte Leistungen	46–49
LEISTUNGEN NACH BEENDIGUNG DES ARBEITSVERHÄLTNISSES: BEITRAGSORIENTIERTE PLÄNE	50–54
Ansatz und Bewertung	51–52
Angaben	53–54
LEISTUNGEN NACH BEENDIGUNG DES ARBEITSVERHÄLTNISSES: LEISTUNGSORIENTIERTE PLÄNE	55–152
Ansatz und Bewertung	56–60
Bilanzierung der faktischen Verpflichtung	61–62
Bilanz	63–65
Ansatz und Bewertung: Barwert leistungsorientierter Verpflichtungen und laufender Dienstzeitaufwand	66–98
Versicherungsmathematische Bewertungsmethode	67–69
Zuordnung von Leistungen zu Dienstjahren	70–74
Versicherungsmathematische Annahmen	75–80
Versicherungsmathematische Annahmen: Sterbewahrscheinlichkeit	81–82
Versicherungsmathematische Annahmen: Abzinsungssatz	83–86
Versicherungsmathematische Annahmen: Gehälter, Leistungen und Kosten medizinischer Versorgung	87–98
Nachzuverrechnender Dienstzeitaufwand und Gewinne oder Verlust aus der Abgeltung	99–112
Nachzuverrechnender Dienstzeitaufwand	102–108
Gewinne oder Verluste aus der Abgeltung	109–112
Ansatz und Bewertung: Planvermögen	113–119
Beizulegender Zeitwert des Planvermögens	113–115
Erstattungen	116–119
Kostenkomponenten leistungsorientierter Pläne	120–130
Laufender Dienstzeitaufwand	122A
Nettozinsen auf die Nettoschuld (den Nettovermögenswert) aus einem leistungsorientierten Plan	123–126

2/8. IAS 19
1 – 5

Neubewertungen der Nettoschuld (des Nettovermögenswerts) aus einem leistungsorientierten Plan	127–130
Darstellung	131–134
Saldierung	131–132
Unterscheidung von Kurz- und Langfristigkeit	133
Kostenkomponenten leistungsorientierter Pläne	134
Angaben	135–152
Merkmale leistungsorientierter Pläne und damit verbundene Risiken	139
Erläuterung der Beträge im Abschluss	140–144
Höhe, Zeitpunkt und Unsicherheit künftiger Zahlungsströme	145–147
Gemeinschaftliche Pläne mehrerer Arbeitgeber	148
Leistungsorientierte Pläne, die Risiken auf verschiedene Unternehmen unter gemeinsamer Beherrschung verteilen	149–150
Angabepflichten in anderen IFRS	151–152
ANDERE LANGFRISTIG FÄLLIGE LEISTUNGEN AN ARBEITNEHMER	153–154
Ansatz und Bewertung	155–157
Angaben	158
LEISTUNGEN AUS ANLASS DER BEENDIGUNG DES ARBEITS-VERHÄLTNISSES	159–171
Ansatz	165–168
Bewertung	169–170
Angaben	171
ÜBERGANGSVORSCHRIFTEN UND ZEITPUNKT DES INKRAFTTRETENS	172–179
ANHANG A: ANWENDUNGSLEITLINIEN	A1

ZIELSETZUNG

1 Ziel des vorliegenden Standards ist die Regelung der Bilanzierung und der Angabepflichten für Leistungen an Arbeitnehmer. Nach diesem Standard ist ein Unternehmen verpflichtet,

a) eine Schuld anzusetzen, wenn ein Arbeitnehmer Arbeitsleistungen im Austausch gegen in der Zukunft zu zahlende Leistungen an Arbeitnehmer erbracht hat, und

b) einen Aufwand anzusetzen, wenn das Unternehmen den wirtschaftlichen Nutzen aus der im Austausch für Leistungen an Arbeitnehmer von einem Arbeitnehmer erbrachten Arbeitsleistung vereinnahmt hat.

ANWENDUNGSBEREICH

2 Dieser Standard ist von Arbeitgebern bei der Bilanzierung sämtlicher Leistungen an Arbeitnehmer anzuwenden, ausgenommen Leistungen, auf die IFRS 2 *Anteilsbasierte Vergütung* **Anwendung findet.**

3 Der Standard behandelt nicht die Berichterstattung von Versorgungsplänen für Arbeitnehmer (siehe IAS 26 *Bilanzierung und Berichterstattung von Altersversorgungsplänen*).

4 Der Standard bezieht sich unter anderem auf Leistungen an Arbeitnehmer, die

a) gemäß formellen Plänen oder anderen formellen Vereinbarungen zwischen einem Unternehmen und einzelnen Arbeitnehmern, Arbeitnehmergruppen oder deren Vertretern gewährt werden,

b) gemäß gesetzlichen Bestimmungen oder im Rahmen von tarifvertraglichen Vereinbarungen gewährt werden, durch die Unternehmen verpflichtet sind, Beiträge zu Plänen des Staates, eines Bundeslands, eines Industriezweigs oder zu anderen gemeinschaftlichen Plänen mehrerer Arbeitgeber zu leisten, oder

c) gemäß betrieblicher Praxis, die eine faktische Verpflichtung begründet, gewährt werden. Betriebliche Praxis begründet faktische Verpflichtungen, wenn das Unternehmen keine realistische Alternative zur Zahlung der Leistungen an Arbeitnehmer hat. Eine faktische Verpflichtung ist beispielsweise dann gegeben, wenn eine Änderung der üblichen betrieblichen Praxis zu einer unannehmbaren Schädigung des sozialen Klimas im Betrieb führen würde.

5 Leistungen an Arbeitnehmer beinhalten

a) kurzfristig fällige Leistungen an Arbeitnehmer wie die nachfolgend aufgeführten, sofern davon ausgegangen wird, dass diese innerhalb von zwölf Monaten nach dem Abschlussstichtag des Geschäftsjahrs, in dem die Arbeitnehmer die entsprechende Arbeitsleistung erbringen, vollständig beglichen werden:

　i) Löhne, Gehälter und Sozialversicherungsbeiträge,

　ii) Urlaubs- und Krankengeld,

　iii) Gewinn- und Erfolgsbeteiligungen sowie

　iv) geldwerte Leistungen (wie medizinische Versorgung, Unterbringung und Dienstwagen sowie kostenlose oder vergünstigte Güter oder Dienstleistungen) für aktive Arbeitnehmer,

b) Leistungen nach Beendigung des Arbeitsverhältnisses wie
   i) Altersversorgungsleistungen (beispielweise Renten und einmalige Zahlungen bei Renteneintritt) sowie
   ii) sonstige Leistungen nach Beendigung des Arbeitsverhältnisses wie Lebensversicherungen und medizinische Versorgung nach Beendigung des Arbeitsverhältnisses,

c) andere langfristig fällige Leistungen an Arbeitnehmer, wie
   i) langfristig fällige Leistungen für bezahlte Abwesenheiten wie Sonderurlaub nach langjähriger Dienstzeit oder Urlaub zur persönlichen Weiterbildung,
   ii) Jubiläumsgelder oder andere Leistungen für langjährige Dienstzeiten sowie
   iii) langfristig fällige Leistungen bei Erwerbsunfähigkeit sowie

d) Leistungen aus Anlass der Beendigung des Arbeitsverhältnisses.

6 Leistungen an Arbeitnehmer beinhalten Leistungen sowohl an die Arbeitnehmer selbst als auch an von diesen wirtschaftlich abhängige Personen und können durch Zahlung (oder die Bereitstellung von Gütern oder Dienstleistungen) an die Arbeitnehmer direkt, an deren Ehepartner, Kinder oder sonstige von den Arbeitnehmern wirtschaftlich abhängige Personen oder an andere, wie z. B. Versicherungsunternehmen, erfüllt werden.

7 Ein Arbeitnehmer kann für ein Unternehmen Arbeitsleistungen auf Vollzeit- oder Teilzeitbasis, dauerhaft oder gelegentlich oder auch auf befristeter Basis erbringen. Für die Zwecke dieses Standards zählen Mitglieder des Geschäftsführungs- und/oder Aufsichtsorgans und sonstiges leitendes Personal zu den Arbeitnehmern.

DEFINITIONEN

8 Die folgenden Begriffe werden im vorliegenden Standard mit der angegebenen Bedeutung verwendet:

Leistungen an Arbeitnehmer – Definitionen

Leistungen an Arbeitnehmer sind alle Formen von Gegenleistungen, die ein Unternehmen im Austausch für die von Arbeitnehmern erbrachte Arbeitsleistung oder aus Anlass der Beendigung des Arbeitsverhältnisses gewährt.

Kurzfristig fällige Leistungen an Arbeitnehmer sind Leistungen an Arbeitnehmer (außer Leistungen aus Anlass der Beendigung des Arbeitsverhältnisses), bei denen zu erwarten ist, dass sie innerhalb von zwölf Monaten nach dem Abschlussstichtag des Geschäftsjahrs, in dem die Arbeitnehmer die entsprechende Arbeitsleistung erbringen, vollständig beglichen werden.

Leistungen nach Beendigung des Arbeitsverhältnisses sind Leistungen an Arbeitnehmer (außer Leistungen aus Anlass der Beendigung des Arbeitsverhältnisses und kurzfristig fällige Leistungen an Arbeitnehmer), die nach Beendigung des Arbeitsverhältnisses zu zahlen sind.

Andere langfristig fällige Leistungen an Arbeitnehmer sind alle Leistungen an Arbeitnehmer, mit Ausnahme von kurzfristig fälligen Leistungen an Arbeitnehmer, Leistungen nach Beendigung des Arbeitsverhältnisses und Leistungen aus Anlass der Beendigung des Arbeitsverhältnisses.

Leistungen aus Anlass der Beendigung des Arbeitsverhältnisses sind Leistungen an Arbeitnehmer, die im Austausch für die Beendigung des Arbeitsverhältnisses eines Arbeitnehmers gezahlt werden und daraus resultieren, dass entweder

a) ein Unternehmen die Beendigung des Arbeitsverhältnisses eines Arbeitnehmers vor dem regulären Renteneintrittszeitpunkt beschlossen hat oder

b) ein Arbeitnehmer im Austausch für die Beendigung des Arbeitsverhältnisses einem Leistungsangebot zugestimmt hat.

Definitionen in Bezug auf die Einstufung von Plänen

Pläne für Leistungen nach Beendigung des Arbeitsverhältnisses sind formelle oder informelle Vereinbarungen, durch die ein Unternehmen einem oder mehreren Arbeitnehmern Leistungen nach Beendigung des Arbeitsverhältnisses gewährt.

Beitragsorientierte Pläne sind Pläne für Leistungen nach Beendigung des Arbeitsverhältnisses, bei denen ein Unternehmen festgelegte Beiträge an eine eigenständige Einheit (einen Fonds) entrichtet und weder rechtlich noch faktisch zur Zahlung darüber hinausgehender Beiträge verpflichtet ist, wenn der Fonds nicht über ausreichende Vermögenswerte verfügt, um alle Leistungen an Arbeitnehmer in Bezug auf Arbeitsleistungen der Arbeitnehmer in der aktuellen Berichtsperiode und früheren Perioden zu erbringen.

Leistungsorientierte Pläne sind Pläne für Leistungen nach Beendigung des Arbeitsverhältnisses, die nicht unter die Definition der beitragsorientierten Pläne fallen.

Gemeinschaftliche Pläne mehrerer Arbeitgeber sind beitragsorientierte (außer staatlichen Plänen) oder leistungsorientierte Pläne (außer staatlichen Plänen), bei denen

a) Vermögenswerte zusammengeführt werden, die von verschiedenen, nicht einer gemeinschaftlichen Beherrschung unterliegenden Unternehmen in den Plan eingebracht wurden, und

b) diese Vermögenswerte zur Gewährung von Leistungen an Arbeitnehmer aus mehr als einem Unternehmen verwendet werden, ohne dass die Beitrags- und Leistungshöhe von dem Unternehmen, in dem die entsprechenden Arbeitnehmer beschäftigt sind, abhängen.

Definitionen in Bezug auf die Nettoschuld (den Nettovermögenswert) aus einem leistungsorientierten Plan

Die *Nettoschuld* (der Nettovermögenswert) aus einem leistungsorientierten Plan ist die Unter- oder Überdeckung nach Berücksichtigung der Auswirkung der Begrenzung eines Nettovermögenswerts aus einem leistungsorientierten Plan auf die Obergrenze für den Vermögenswert.

Eine *Unter- oder Überdeckung* ist
a) der Barwert der leistungsorientierten Verpflichtung abzüglich
b) des beizulegenden Zeitwerts eines etwaigen Planvermögens.

Die *Obergrenze für den Vermögenswert* ist der Barwert eines wirtschaftlichen Nutzens in Form von Rückerstattungen aus dem Plan oder Minderungen künftiger Beitragszahlungen an den Plan.

Der *Barwert einer leistungsorientierten Verpflichtung* ist der ohne Abzug von Planvermögen beizulegende Barwert erwarteter künftiger Zahlungen, die erforderlich sind, um aufgrund von Arbeitnehmerleistungen in der aktuellen Berichtsperiode oder früheren Perioden entstandenen Verpflichtungen abgelten zu können.

Planvermögen umfasst
a) Vermögen, das durch einen langfristig ausgelegten Fonds zur Erfüllung von Leistungen an Arbeitnehmer gehalten wird, und
b) qualifizierende Versicherungspolicen.

Vermögen, das durch einen langfristig ausgelegten Fonds zur Erfüllung von Leistungen an Arbeitnehmer gehalten wird, ist Vermögen (außer nicht übertragbaren Finanzinstrumenten, die vom berichtenden Unternehmen ausgegeben wurden), das

a) von einer Einheit (einem Fonds) gehalten wird, die von dem berichtenden Unternehmen rechtlich unabhängig ist und die ausschließlich besteht, um Leistungen an Arbeitnehmer zu zahlen oder zu finanzieren, und
b) verfügbar ist, um ausschließlich die Leistungen an Arbeitnehmer zu zahlen oder zu finanzieren, aber nicht für die Gläubiger des berichtenden Unternehmens verfügbar ist (auch nicht im Falle eines Insolvenzverfahrens), und das nicht an das berichtende Unternehmen zurückgezahlt werden kann, es sei denn
   i) das verbleibende Vermögen des Fonds reicht aus, um alle Leistungsverpflichtungen gegenüber den Arbeitnehmern, die mit dem Plan oder dem berichtenden Unternehmen verbunden sind, zu erfüllen oder
   ii) das Vermögen wird an das berichtende Unternehmen zurückgezahlt, um Leistungen an Arbeitnehmer, die bereits gezahlt wurden, zu erstatten.

Eine *qualifizierende Versicherungspolice* ist eine Versicherungspolice[1] eines Versicherers, der nicht zu den nahestehenden Unternehmen und Personen des berichtenden Unternehmens gehört (wie in IAS 24 *Angaben über Beziehungen zu nahestehenden Unternehmen und Personen* definiert), wenn die Erlöse aus dem Vertrag

[1] Eine qualifizierende Versicherungspolice ist nicht notwendigerweise ein Versicherungsvertrag gemäß der Definition in IFRS 17 *Versicherungsverträge*.

a) nur verwendet werden können, um Leistungen an Arbeitnehmer aus einem leistungsorientierten Plan zu zahlen oder zu finanzieren, und
b) nicht den Gläubigern des berichtenden Unternehmens zur Verfügung stehen (auch nicht im Falle eines Insolvenzverfahrens) und nicht an das berichtende Unternehmen gezahlt werden können, es sei denn
   i) die Erlöse stellen Überschüsse dar, die für die Erfüllung sämtlicher Leistungsverpflichtungen gegenüber Arbeitnehmern im Zusammenhang mit der Versicherungspolice nicht benötigt werden, oder
   ii) die Erlöse werden an das berichtende Unternehmen zurückgezahlt, um bereits gezahlte Leistungen an Arbeitnehmer zu erstatten.

Der beizulegende Zeitwert ist der Preis, der in einem gewöhnlichen Geschäftsvorfall zwischen Marktteilnehmern am Bewertungsstichtag für den Verkauf eines Vermögenswerts eingenommen bzw. für die Übertragung einer Schuld gezahlt würde. (Siehe IFRS 13 Bewertung zum beizulegenden Zeitwert.)

Definitionen in Bezug auf die Kosten aus leistungsorientierten Plänen

Dienstzeitaufwand umfasst Folgendes:
a) *laufenden Dienstzeitaufwand*: Dies ist der Anstieg des Barwerts einer leistungsorientierten Verpflichtung, der auf die Arbeitsleistung von Arbeitnehmern in der aktuellen Berichtsperiode entfällt,
b) *nachzuverrechnenden Dienstzeitaufwand*: Dies ist die Veränderung des Barwerts der leistungsorientierten Verpflichtung für Arbeitsleistung vorangegangener Perioden, die aus einer Änderung (Einführung, Rücknahme oder Änderungen eines leistungsorientierten Plans) oder einer Kürzung des Plans (einer erheblichen unternehmensseitigen Senkung der Anzahl in einem Plan erfasster Arbeitnehmer) entsteht, und
c) Gewinne oder Verluste bei Abgeltung.

Nettozinsen auf die Nettoschuld (den Nettovermögenswert) aus einem leistungsorientierten

Plan sind aufgrund des Verstreichens von Zeit während der Berichtsperiode eintretende Veränderungen der Nettoschuld (des Nettovermögenswerts) aus einem leistungsorientierten Plan.

Neubewertungen der Nettoschuld (des Nettovermögenswerts) aus einem leistungsorientierten Plan umfassen

a) versicherungsmathematische Gewinne und Verluste,
b) den Ertrag aus dem Planvermögen unter Ausschluss von Beträgen, die in den Nettozinsen auf die Nettoschuld (den Nettovermögenswert) aus einem leistungsorientierten Plan enthalten sind, und
c) Veränderungen bei der Auswirkung der Obergrenze für den Vermögenswert unter Ausschluss von Beträgen, die in den Nettozinsen auf die Nettoschuld (den Nettovermögenswert) aus einem leistungsorientierten Planenthalten sind.

Versicherungsmathematische Gewinne und Verluste sind Veränderungen des Barwerts der leistungsorientierten Verpflichtung aufgrund von

a) erfahrungsbedingten Anpassungen (die Auswirkungen der Abweichungen zwischen früheren versicherungsmathematischen Annahmen und der tatsächlichen Entwicklung) und
b) Auswirkungen von Änderungen versicherungsmathematischer Annahmen.

Der *Ertrag aus dem Planvermögen* setzt sich aus Zinsen, Dividenden und sonstigen Erträgen aus dem Planvermögen zusammen und umfasst auch realisierte und nicht realisierte Gewinne oder Verluste aus dem Planvermögen, abzüglich

a) etwaiger Kosten für die Verwaltung des Planvermögens und
b) vom Plan selbst zu entrichtender Steuern, soweit es sich nicht um Steuern handelt, die bereits in die versicherungsmathematischen Annahmen eingeflossen sind, die zur Ermittlung des Barwerts der leistungsorientierten Verpflichtung verwendet werden.

Eine *Abgeltung* ist eine Vereinbarung, wonach alle weiteren rechtlichen und faktischen Verpflichtungen in Bezug auf einen Teil oder die Gesamtheit der in einem leistungsorientierten Plan zugesagten Leistungen eliminiert werden, soweit es sich nicht um eine in den Regelungen des Plans vorgesehene und in den versicherungsmathematischen Annahmen enthaltene Zahlung von Leistungen direkt an Arbeitnehmer oder zu deren Gunsten handelt.

KURZFRISTIG FÄLLIGE LEISTUNGEN AN ARBEITNEHMER

9 Kurzfristig fällige Leistungen an Arbeitnehmer umfassen Posten gemäß nachstehender Aufzählung, sofern davon ausgegangen wird, dass diese innerhalb von zwölf Monaten nach dem Abschlussstichtag des Geschäftsjahrs, in dem die Arbeitnehmer die betreffende Arbeitsleistung erbringen, vollständig beglichen werden:

a) Löhne, Gehälter und Sozialversicherungsbeiträge,
b) Urlaubs- und Krankengeld,
c) Gewinn- und Erfolgsbeteiligungen und
d) geldwerte Leistungen (wie medizinische Versorgung, Unterbringung und Dienstwagen sowie kostenlose oder vergünstigte Güter oder Dienstleistungen) für aktive Arbeitnehmer.

10 Ein Unternehmen muss eine kurzfristig fällige Leistung an Arbeitnehmer nicht umgliedern, wenn sich die Erwartungen des Unternehmens bezüglich des Zeitpunkts der Abgeltung vorübergehend ändern. Verändern sich jedoch die Merkmale der Leistung (beispielsweise Umstellung von einer nicht ansammelbaren Leistung auf eine ansammelbare Leistung) oder sind Erwartungen bezüglich des Zeitpunkts der Abgeltung nicht vorübergehender Natur, hat das Unternehmen zu prüfen, ob die Leistung noch der Definition einer kurzfristig fälligen Leistung an Arbeitnehmer entspricht.

Ansatz und Bewertung

Alle kurzfristig fälligen Leistungen an Arbeitnehmer

11 Hat ein Arbeitnehmer im Verlauf der Bilanzierungsperiode Arbeitsleistungen für ein Unternehmen erbracht, ist von dem Unternehmen der nicht abgezinste Betrag der kurzfristig fälligen Leistung zu erfassen, der voraussichtlich im Austausch für diese Arbeitsleistung gezahlt wird, und zwar

a) als Schuld (passivische Abgrenzung) nach Abzug bereits geleisteter Zahlungen. Übersteigt der bereits gezahlte Betrag den nicht abgezinsten Betrag der Leistungen, so hat das Unternehmen die Differenz als Vermögenswert zu aktivieren (aktivische Abgrenzung), soweit die Vorauszahlung beispielsweise zu einer Verringerung künftiger Zahlungen oder einer Rückerstattung führen wird.
b) als Aufwand, es sei denn, ein anderer IFRS verlangt oder erlaubt die Einbeziehung der Leistungen in die Anschaffungs- oder Herstellungskosten eines Vermögenswerts (siehe z. B. IAS 2 *Vorräte* und IAS 16 *Sachanlagen*).

12 In den Paragraphen 13, 16 und 19 wird erläutert, wie ein Unternehmen Paragraph 11 auf kurzfristig fällige Leistungen an Arbeitnehmer in Form von vergüteter Abwesenheit und Gewinn- und Erfolgsbeteiligung anzuwenden hat.

Kurzfristig fällige Abwesenheitsvergütungen

13 Ein Unternehmen hat die erwarteten Kosten für kurzfristig fällige Leistungen an Arbeitnehmer in Form von vergüteten Abwesenheiten gemäß Paragraph 11 wie folgt zu erfassen:

a) im Falle ansammelbarer Ansprüche, sobald die Arbeitnehmer Arbeitsleistungen erbracht haben, durch die sich ihre Ansprüche auf vergütete künftige Abwesenheit erhöhen.
b) im Falle nicht ansammelbarer Ansprüche zu dem Zeitpunkt, zu dem die Abwesenheit eintritt.

14 Ein Unternehmen kann aus verschiedenen Gründen Vergütungen bei Abwesenheit von Arbeitnehmern zahlen, z. B. bei Urlaub, Krankheit, vorübergehender Arbeitsunfähigkeit, Erziehungsurlaub, Schöffentätigkeit oder bei Ableistung von Militärdienst. Ansprüche auf vergütete Abwesenheiten werden unterteilt in
a) ansammelbare Ansprüche und
b) nicht ansammelbare Ansprüche.

15 Ansammelbare Ansprüche auf vergütete Abwesenheit sind solche, die vorgetragen werden und in künftigen Perioden genutzt werden können, wenn der Anspruch in der aktuellen Berichtsperiode nicht voll ausgeschöpft wird. Ansammelbare Ansprüche auf vergütete Abwesenheit können entweder unverfallbar (d. h. Arbeitnehmer haben bei ihrem Ausscheiden aus dem Unternehmen Anspruch auf einen Barausgleich für nicht in Anspruch genommene Leistungen) oder verfallbar sein (d. h. Arbeitnehmer haben bei ihrem Ausscheiden aus dem Unternehmen keinen Anspruch auf Barausgleich für nicht in Anspruch genommene Leistungen). Eine Verpflichtung entsteht, wenn Arbeitnehmer Arbeitsleistungen erbringen, durch die sich ihr Anspruch auf künftige vergütete Abwesenheit erhöht. Die Verpflichtung entsteht selbst dann und ist zu erfassen, wenn die Ansprüche auf vergütete Abwesenheit verfallbar sind, wobei allerdings die Bewertung dieser Verpflichtung davon beeinflusst wird, dass Arbeitnehmer möglicherweise aus dem Unternehmen ausscheiden, bevor sie die angesammelten verfallbaren Ansprüche nutzen.

16 Ein Unternehmen hat die erwarteten Kosten ansammelbarer Ansprüche auf vergütete Abwesenheit mit dem zusätzlichen Betrag zu bewerten, den das Unternehmen aufgrund der zum Abschlussstichtag angesammelten, nicht genutzten Ansprüche voraussichtlich zahlen muss.

17 Bei dem im vorangegangenen Paragraphen beschriebenen Verfahren wird die Verpflichtung mit dem Betrag der zusätzlichen Zahlungen angesetzt, die voraussichtlich allein aufgrund der Tatsache entstehen, dass die Leistung ansammelbar ist. In vielen Fällen bedarf es keiner detaillierten Berechnungen des Unternehmens, um abschätzen zu können, dass keine wesentliche Verpflichtung aus ungenutzten Ansprüchen auf vergütete Abwesenheit existiert. Zum Beispiel ist eine Krankengeldverpflichtung wahrscheinlich nur dann wesentlich, wenn im Unternehmen formell oder informell Einvernehmen darüber herrscht, dass ungenutzte vergütete Abwesenheit für Krankheit als bezahlter Jahresurlaub genommen werden kann.

Beispiel zur Veranschaulichung der Paragraphen 16 und 17
Ein Unternehmen beschäftigt 100 Mitarbeiter, die jeweils Anspruch auf fünf bezahlte Krankheitstage pro Jahr haben. Nicht in Anspruch genommene Krankheitstage können ein Kalenderjahr vorgetragen werden. Krankheitstage werden zuerst mit den Ansprüchen des laufenden Jahrs und dann mit den etwaigen übertragenen Ansprüchen aus dem vorangegangenen Jahr (auf LIFO-Basis) verrechnet. Zum 31. Dezember 20X1 belaufen sich die durchschnittlich ungenutzten Ansprüche auf zwei Tage je Arbeitnehmer. Das Unternehmen erwartet, dass die bisherigen Erfahrungen auch in Zukunft zutreffen, und geht davon aus, dass in 20X2 92 Arbeitnehmer nicht mehr als fünf bezahlte Krankheitstage und die restlichen acht Arbeitnehmer im Durchschnitt sechseinhalb Tage in Anspruch nehmen werden.

Das Unternehmen erwartet, dass es aufgrund der 31. Dezember 20X1 angesammelten Ansprüche für zusätzliche zwölf Krankentage zahlen wird (das entspricht je eineinhalb Tagen für acht Arbeitnehmer). Daher setzt das Unternehmen eine Schuld in Höhe von 12 Tagen Krankengeld an.

18 Nicht ansammelbare Ansprüche auf vergütete Abwesenheit können nicht vorgetragen werden: Sie verfallen, soweit die Ansprüche in der aktuellen Berichtsperiode nicht vollständig genutzt werden, und berechtigen Arbeitnehmer auch nicht zum Erhalt eines Barausgleichs für ungenutzte Ansprüche bei Ausscheiden aus dem Unternehmen. Dies ist üblicherweise der Fall bei Krankengeld (soweit ungenutzte Ansprüche der Vergangenheit künftige Ansprüche nicht erhöhen), Erziehungsurlaub und vergüteter Abwesenheit bei Schöffentätigkeit oder Militärdienst. Ein Unternehmen erfasst eine Schuld oder einen Aufwand nicht vor dem Zeitpunkt der Abwesenheit, da die Arbeitsleistung der Arbeitnehmer den Wert des Leistungsanspruchs nicht erhöht.

Gewinn- und Erfolgsbeteiligungspläne
19 Ein Unternehmen hat die erwarteten Kosten eines Gewinn- oder Erfolgsbeteiligungsplanes gemäß Paragraph 11 nur dann zu erfassen, wenn
a) **das Unternehmen aufgrund von Ereignissen der Vergangenheit gegenwärtig eine rechtliche oder faktische Verpflichtung hat, solche Leistungen zu gewähren und**
b) **die Höhe der Verpflichtung verlässlich geschätzt werden kann.**

Eine gegenwärtige Verpflichtung besteht nur dann, wenn das Unternehmen keine realistische Alternative zur Zahlung hat.

20 Einige Gewinnbeteiligungspläne sehen vor, dass Arbeitnehmer nur dann einen Gewinnanteil erhalten, wenn sie für einen festgelegten Zeitraum beim Unternehmen bleiben. Im Rahmen solcher Pläne entsteht dennoch eine faktische Verpflichtung für das Unternehmen, da Arbeit-

nehmer Arbeitsleistung erbringen, durch die sich der zu zahlende Betrag erhöht, sofern sie bis zum Ende des festgesetzten Zeitraums im Unternehmen verbleiben. Bei der Bewertung solcher faktischen Verpflichtungen ist zu berücksichtigen, dass möglicherweise einige Arbeitnehmer ausscheiden, ohne eine Gewinnbeteiligung zu erhalten.

Beispiel zur Veranschaulichung des Paragraphen 20

Ein Gewinnbeteiligungsplan verpflichtet ein Unternehmen zur Zahlung eines bestimmten Anteils vom Jahresgewinn an Arbeitnehmer, die während des ganzen Jahres beschäftigt sind. Wenn im Laufe des Jahres keine Arbeitnehmer ausscheiden, werden die insgesamt auszuzahlenden Gewinnbeteiligungen für das Jahr 3 % des Gewinns betragen. Das Unternehmen schätzt, dass sich die Zahlungen aufgrund der Mitarbeiterfluktuation auf 2,5 % des Gewinns reduzieren.

Das Unternehmen erfasst eine Schuld und einen Aufwand in Höhe von 2,5 % des Gewinns.

21 Möglicherweise ist ein Unternehmen rechtlich nicht zur Zahlung von Erfolgsbeteiligungen verpflichtet. In einigen Fällen ist dies jedoch betriebliche Praxis. In diesen Fällen besteht eine faktische Verpflichtung, da das Unternehmen keine realistische Alternative zur Zahlung der Erfolgsbeteiligung hat. Bei der Bewertung der faktischen Verpflichtung ist zu berücksichtigen, dass möglicherweise einige Arbeitnehmer ausscheiden, ohne eine Erfolgsbeteiligung zu erhalten.

22 Eine verlässliche Schätzung einer rechtlichen oder faktischen Verpflichtung eines Unternehmens hinsichtlich eines Gewinn- oder Erfolgsbeteiligungsplans ist nur dann möglich, wenn

a) die formellen Regelungen des Plans eine Formel zur Bestimmung der Leistungshöhe enthalten,

b) das Unternehmen die zu zahlenden Beträge festlegt, bevor der Abschluss zur Veröffentlichung genehmigt wurde oder

c) aufgrund früherer Praktiken die Höhe der faktischen Verpflichtung des Unternehmens eindeutig bestimmt ist.

23 Eine Verpflichtung aus Gewinn- und Erfolgsbeteiligungsplänen beruht auf der Arbeitsleistung der Arbeitnehmer und nicht auf einem Rechtsgeschäft mit den Eigentümern des Unternehmens. Deswegen werden die Kosten eines Gewinn- und Erfolgsbeteiligungsplans nicht als Gewinnausschüttung, sondern als Aufwand erfasst.

24 Werden Zahlungen aus Gewinn- und Erfolgsbeteiligungsplänen nicht innerhalb von zwölf Monaten nach dem Abschlussstichtag des Geschäftsjahrs, in dem die Arbeitnehmer die entsprechende Arbeitsleistung erbringen, vollständig beglichen, so fallen sie unter andere langfristig fällige Leistungen an Arbeitnehmer (siehe die Paragraphen 153–158).

Angaben

25 Obgleich dieser Standard keine besonderen Angaben zu kurzfristig fälligen Leistungen an Arbeitnehmer vorschreibt, können solche Angaben nach Maßgabe anderer IFRS erforderlich sein. Zum Beispiel sind nach IAS 24 Angaben zu Leistungen für das Management in Schlüsselpositionen zu machen. Nach IAS 1 *Darstellung des Abschlusses* ist der Aufwand für Leistungen an Arbeitnehmer anzugeben.

LEISTUNGEN NACH BEENDIGUNG DES ARBEITSVERHÄLTNISSES: UNTERSCHEIDUNG ZWISCHEN BEITRAGSORIENTIERTEN UND LEISTUNGSORIENTIERTEN PLÄNEN

26 Leistungen nach Beendigung des Arbeitsverhältnisses umfassen u.a.

a) Altersversorgungsleistungen (beispielsweise Renten und einmalige Zahlungen bei Renteneintritt) und

b) sonstige Leistungen nach Beendigung des Arbeitsverhältnisses wie Lebensversicherungen und medizinische Versorgung nach Beendigung des Arbeitsverhältnisses.

Vereinbarungen, nach denen ein Unternehmen solche Leistungen gewährt, werden als Pläne für Leistungen nach Beendigung des Arbeitsverhältnisses bezeichnet. Dieser Standard ist auf alle derartigen Vereinbarungen anzuwenden, unabhängig davon, ob diese die Errichtung einer eigenständigen Einheit vorsehen, an die Beiträge entrichtet und aus der Leistungen erbracht werden, oder nicht.

27 Pläne für Leistungen nach Beendigung des Arbeitsverhältnisses werden in Abhängigkeit von ihrem wirtschaftlichen Gehalt, der sich aus den grundlegenden Leistungsbedingungen und -voraussetzungen des Plans ergibt, entweder als leistungsorientiert oder als beitragsorientiert eingestuft.

28 Im Rahmen beitragsorientierter Pläne ist die rechtliche oder faktische Verpflichtung eines Unternehmens auf den vom Unternehmen vereinbarten Beitrag zum Fonds begrenzt. Damit richtet sich die Höhe der Leistungen nach Beendigung des Arbeitsverhältnisses, die der Arbeitnehmer erhält, nach der Höhe der Beiträge, die das Unternehmen (und manchmal auch dessen Arbeitnehmer) an den betreffenden Plan oder an ein Versicherungsunternehmen gezahlt haben, sowie der Rendite aus der Anlage dieser Beiträge. Folglich werden das versicherungsmathematische Risiko (dass Leistungen geringer ausfallen können als erwartet) und das Anlagerisiko (dass die angelegten Vermögenswerte nicht ausreichen, um die erwarteten Leistungen zu erbringen) letztlich vom Arbeitnehmer getragen.

29 Beispiele für Situationen, in denen die Verpflichtung eines Unternehmens nicht auf die vereinbarten Beitragszahlungen an den Fonds begrenzt ist, liegen dann vor, wenn die rechtliche oder faktische Verpflichtung des Unternehmens dadurch gekennzeichnet ist, dass

a) die in einem Plan enthaltene Leistungsformel nicht ausschließlich auf die Beiträge abstellt, sondern dem Unternehmen die Zahlung weiterer Beiträge vorschreibt, falls das Vermögen nicht ausreicht, um die in der Leistungsformel des Plans vorgesehenen Leistungen zu erfüllen,

b) eine bestimmte Mindestverzinsung der Beiträge entweder mittelbar über einen Leistungsplan oder unmittelbar garantiert wurde, oder

c) betriebsübliche Praktiken eine faktische Verpflichtung begründen. Eine faktische Verpflichtung kann beispielsweise entstehen, wenn ein Unternehmen in der Vergangenheit stets die Leistungen für ausgeschiedene Arbeitnehmer erhöht hat, um sie an die Inflation anzupassen, selbst wenn dazu keine rechtliche Verpflichtung bestand.

30 Im Rahmen leistungsorientierter Pläne

a) besteht die Verpflichtung des Unternehmens in der Gewährung der zugesagten Leistungen an aktive und ausgeschiedene Arbeitnehmer und

b) werden das versicherungsmathematische Risiko (d. h., dass die Leistungen höhere Kosten als erwartet verursachen) sowie das Anlagerisiko letztlich vom Unternehmen getragen. Sollte die tatsächliche Entwicklung ungünstiger verlaufen als dies nach den versicherungsmathematischen Annahmen oder Renditeannahmen über die Vermögensanlage erwartet wurde, so kann sich die Verpflichtung des Unternehmens erhöhen.

31 In den Paragraphen 32–49 wird die Unterscheidung zwischen beitragsorientierten und leistungsorientierten Plänen in Bezug auf gemeinschaftliche Pläne mehrerer Arbeitgeber, leistungsorientierte Pläne mit Risikoverteilung zwischen Unternehmen unter gemeinsamer Beherrschung und staatliche Pläne sowie in Bezug auf versicherte Leistungen erläutert.

Gemeinschaftliche Pläne mehrerer Arbeitgeber

32 Ein gemeinschaftlicher Plan mehrerer Arbeitgeber ist von einem Unternehmen nach den Regelungen des Plans (einschließlich faktischer Verpflichtungen, die über die formalen Regelungen des Plans hinausgehen) als beitragsorientierter Plan oder als leistungsorientierter Plan einzustufen.

33 Nimmt ein Unternehmen an einem leistungsorientierten gemeinschaftlichen Plan mehrerer Arbeitgeber teil, hat das Unternehmen, sofern Paragraph 34 nicht anwendbar ist,

a) seinen Anteil an der leistungsorientierten Verpflichtung, dem Planvermögen und den mit dem Plan verbundenen Kosten genauso zu bilanzieren wie bei jedem anderen leistungsorientierten Plan und

b) die gemäß den Paragraphen 135–148 (mit Ausnahme von Paragraph 148(d)) erforderlichen Angaben zu machen.

34 Falls keine ausreichenden Informationen zur Verfügung stehen, um einen leistungsorientierten gemeinschaftlichen Plan mehrerer Arbeitgeber wie einen leistungsorientierten Plan zu bilanzieren, hat das Unternehmen

a) den Plan wie einen beitragsorientierten Plan zu bilanzieren, d. h. gemäß den Paragraphen 51 und 52, und

b) die in Paragraph 148 vorgeschriebenen Angaben zu machen.

35 Ein leistungsorientierter gemeinschaftlicher Plan mehrerer Arbeitgeber liegt beispielsweise dann vor, wenn

a) der Plan durch Umlagebeiträge finanziert wird, mit denen die in derselben Periode fälligen Leistungen voraussichtlich voll gezahlt werden können, während die in der aktuellen Berichtsperiode erdienten künftigen Leistungen aus künftigen Beiträgen gezahlt werden, und

b) sich die Höhe der Leistungen an Arbeitnehmer nach der Länge ihrer Dienstzeiten bemisst und die am Plan teilnehmenden Unternehmen keine realistische Möglichkeit zur Beendigung ihrer Mitgliedschaft haben, ohne einen Beitrag für die bis zum Tag des Ausscheidens aus dem Plan erdienten Leistungen ihrer Arbeitnehmer zu zahlen. Ein solcher Plan beinhaltet versicherungsmathematische Risiken für das Unternehmen: Falls die tatsächlichen Kosten der bis zum Abschlussstichtag bereits erdienten Leistungen höher sind als erwartet, wird das Unternehmen entweder seine Beiträge erhöhen oder die Arbeitnehmer davon überzeugen müssen, Leistungsminderungen zu akzeptieren. Aus diesem Grund ist ein solcher Plan ein leistungsorientierter Plan.

36 Wenn ausreichende Informationen über einen leistungsorientierten gemeinschaftlichen Plan mehrerer Arbeitgeber verfügbar sind, erfasst das Unternehmen seinen Anteil an der leistungsorientierten Verpflichtung, dem Planvermögen und den Kosten für Leistungen nach Beendigung des Arbeitsverhältnisses in der gleichen Weise wie für jeden anderen leistungsorientierten Plan. Doch ist ein Unternehmen möglicherweise nicht in der Lage, seinen Anteil an der Vermögens-, Finanz- und Ertragslage des Plans für Bilanzierungszwecke hinreichend verlässlich zu bestimmen. Dies kann der Fall sein, wenn

a) der Plan die teilnehmenden Unternehmen versicherungsmathematischen Risiken in Bezug auf die aktiven und ausgeschiedenen Arbeitnehmer der anderen Unternehmen aussetzt, und so im Ergebnis keine stetige und verlässliche Grundlage für die Zuordnung der Verpflichtung, des Planvermögens und der Kosten auf die einzelnen, teilnehmenden Unternehmen existiert oder

b) das Unternehmen keinen Zugang zu ausreichenden Informationen über den Plan hat, die den Vorschriften dieses Standards genügen.

In diesen Fällen bilanziert das Unternehmen den Plan wie einen beitragsorientierten Plan und macht die in Paragraph 148 vorgeschriebenen Angaben.

37 Es kann eine vertragliche Vereinbarung zwischen dem gemeinschaftlichen Plan mehrerer Arbeitgeber und dessen Teilnehmern bestehen, worin festgelegt ist, wie die Überdeckung im Plan an die Teilnehmer verteilt wird (oder die Unterdeckung finanziert wird). Ein Teilnehmer eines gemeinschaftlichen Plans mehrerer Arbeitgeber mit einer derartigen Vereinbarung, der als beitragsorientierter Plan gemäß Paragraph 34 bilanziert wird, hat den Vermögenswert oder die Schuld aus der vertraglichen Vereinbarung anzusetzen und die daraus entstehenden Erträge oder Aufwendungen erfolgswirksam zu erfassen.

Beispiel zur Veranschaulichung des Paragraphen 37

Ein Unternehmen nimmt an einem leistungsorientierten gemeinschaftlichen Plan mehrerer Arbeitgeber teil, der jedoch keine auf IAS 19 basierenden Bewertungen des Plans erstellt. Das Unternehmen bilanziert den Plan daher als beitragsorientierten Plan. Eine nicht auf IAS 19 basierende Bewertung der Finanzierung weist eine Unterdeckung des Plans von 100 Mio. WE([2]) auf. Der Plan hat mit den teilnehmenden Arbeitgebern vertraglich einen Beitragsplan vereinbart, der innerhalb der nächsten fünf Jahre die Unterdeckung ausgleichen wird. Die vertraglich vereinbarten Gesamtbeiträge des Unternehmens belaufen sich auf 8 Mio. WE.

([2]) In diesem Standard werden Geldbeträge in „Währungseinheiten (WE)" ausgedrückt.

Das Unternehmen setzt die Schuld für die Beiträge nach Berücksichtigung des Zeitwerts des Geldes an und erfasst den entsprechenden Aufwand erfolgswirksam.

38 Gemeinschaftliche Pläne mehrerer Arbeitgeber unterscheiden sich von gemeinschaftlich verwalteten Plänen. Ein gemeinschaftlich verwalteter Plan stellt lediglich eine Zusammenfassung von Plänen einzelner Arbeitgeber, die es diesen ermöglicht, ihre jeweiligen Planvermögen für Zwecke der gemeinsamen Anlage zusammenzulegen und die Kosten der Vermögensanlage und der allgemeinen Verwaltung zu senken, wobei die Ansprüche der verschiedenen Arbeitgeber aber getrennt bleiben und nur Leistungen an ihre jeweiligen Arbeitnehmer betreffen. Gemeinschaftlich verwaltete Pläne verursachen keine besonderen Bilanzierungsprobleme, weil die erforderlichen Informationen jederzeit verfügbar sind, um sie wie jeden anderen Plan eines einzelnen Arbeitgebers zu behandeln, und weil solche Pläne die teilnehmenden Unternehmen keinen versicherungsmathematischen Risiken in Bezug auf aktive und ausgeschiedene Arbeitnehmer der anderen Unternehmen aussetzen. Die Definitionen in diesem Standard verpflichten ein Unternehmen, einen gemeinschaftlich verwalteten Plan entsprechend den Regelungen des Plans (einschließlich möglicher faktischer Verpflichtungen, die über die formalen Regelungen hinausgehen) als einen beitragsorientierten Plan oder einen leistungsorientierten Plan einzustufen.

39 Bei der Feststellung, wann eine im Zusammenhang mit der Auflösung eines leistungsorientierten gemeinschaftlichen Plans mehrerer Arbeitgeber oder des Ausscheidens des Unternehmens aus einem leistungsorientierten gemeinschaftlichen Plan mehrerer Arbeitgeber entstandene Schuld anzusetzen ist und wie sie zu bewerten ist, hat ein Unternehmen IAS 37 *Rückstellungen, Eventualverbindlichkeiten und Eventualforderungen* anzuwenden.

Leistungsorientierte Pläne, die Risiken auf verschiedene Unternehmen unter gemeinsamer Beherrschung verteilen

40 Leistungsorientierte Pläne, die Risiken auf mehrere Unternehmen unter gemeinsamer Beherrschung verteilen, wie auf ein Mutterunternehmen und seine Tochterunternehmen, gelten nicht als gemeinschaftliche Pläne mehrerer Arbeitgeber.

41 Ein an einem solchen Plan teilnehmendes Unternehmen hat Informationen über den gesamten Plan einzuholen, der nach dem vorliegenden Standard auf Grundlage von Annahmen, die für den gesamten Plan gelten, bewertet wird. Besteht eine vertragliche Vereinbarung oder eine ausgewiesene Richtlinie, die Nettokosten aus dem gesamten, gemäß dem vorliegenden Standard bewerteten leistungsorientierten Plan den einzelnen Konzernunternehmen anzulasten, so hat das Unternehmen die angelasteten Nettokosten aus dem leistungsorientierten Plan in seinem Einzelabschluss zu erfassen. Gibt es keine derartige Vereinbarung oder Richtlinie, sind die Nettokosten aus dem leistungsorientierten Plan von dem Konzernunternehmen, das das rechtliche Trägerunternehmen des Plans ist, in seinem Einzelabschluss zu erfassen. Die anderen Konzernunternehmen haben in ihren Einzelabschlüssen einen Aufwand zu erfassen, der ihrem in der betreffenden Berichtsperiode zu zahlenden Beitrag entspricht.

42 Für jedes einzelne Konzernunternehmen stellt die Teilnahme an einem solchen Plan einen Geschäftsvorfall mit nahestehenden Unternehmen und Personen dar. Daher hat ein Unternehmen in seinem Einzelabschluss die in Paragraph 149 vorgeschriebenen Angaben zu machen.

Staatliche Pläne

43 Ein Unternehmen hat einen staatlichen Plan genauso zu behandeln wie einen gemeinschaftlichen Plan mehrerer Arbeitgeber (siehe Paragraphen 32–39).

44 Staatliche Pläne werden durch den Gesetzgeber festgelegt, um alle Unternehmen (oder alle Unternehmen einer bestimmten Kategorie, wie z. B. in einem bestimmten Industriezweig) zu erfassen, und sie werden vom Staat, von regionalen oder überregionalen Einrichtungen des öffentlichen Rechts oder anderen Stellen (z. B. eigens dafür geschaffenen autonomen Institutionen) betrieben, welche nicht der Beherrschung oder Einflussnahme

des berichtenden Unternehmens unterliegen. Einige von Unternehmen eingerichtete Pläne erbringen sowohl Pflichtleistungen – und ersetzen insofern die andernfalls über einen staatlichen Plan zu versichernden Leistungen – als auch zusätzliche freiwillige Leistungen. Solche Pläne sind keine staatlichen Pläne.

45 Staatliche Pläne werden als leistungsorientiert oder als beitragsorientiert eingestuft, je nachdem, welche Verpflichtung dem Unternehmen aus dem Plan erwächst. Viele staatliche Pläne werden nach dem Umlageprinzip finanziert: Die Beiträge werden ausreichend hoch angesetzt, damit die in derselben Periode fälligen Leistungen voraussichtlich voll gezahlt werden können; künftige, in der laufenden Periode erdiente Leistungen werden aus künftigen Beiträgen erbracht. Dennoch besteht bei staatlichen Plänen in den meisten Fällen keine rechtliche oder faktische Verpflichtung des Unternehmens zur Zahlung dieser künftigen Leistungen: Es ist nur dazu verpflichtet, die fälligen Beiträge zu entrichten, und wenn das Unternehmen keine dem staatlichen Plan angehörenden Mitarbeiter mehr beschäftigt, ist es auch nicht verpflichtet, die in früheren Jahren erdienten Leistungen der eigenen Mitarbeiter zu erbringen. Deswegen sind staatliche Pläne im Regelfall beitragsorientierte Pläne. Ist ein staatlicher Plan jedoch ein leistungsorientierter Plan, wendet ein Unternehmen die Vorschriften der Paragraphen 32–39 an.

Versicherte Leistungen

46 Ein Unternehmen kann einen Plan für Leistungen nach Beendigung des Arbeitsverhältnisses durch Zahlung von Versicherungsprämien finanzieren. Ein solcher Plan ist als beitragsorientierter Plan zu behandeln, es sei denn, das Unternehmen ist (unmittelbar oder mittelbar über den Plan) rechtlich oder faktisch dazu verpflichtet,

a) **die Leistungen bei Fälligkeit entweder unmittelbar an die Arbeitnehmer zu zahlen oder**

b) **zusätzliche Beträge zu entrichten, falls der Versicherer nicht alle in der laufenden oder in früheren Perioden erdienten Leistungen zahlt.**

Wenn eine solche rechtliche oder faktische Verpflichtung beim Unternehmen verbleibt, ist der Plan als leistungsorientierter Plan zu behandeln.

47 Die durch eine Versicherungspolice versicherten Leistungen müssen keine direkte oder automatische Beziehung zur Verpflichtung des Unternehmens haben. Bei versicherten Plänen für Leistungen nach Beendigung des Arbeitsverhältnisses gilt die gleiche Unterscheidung zwischen Bilanzierung und Finanzierung wie bei anderen fondsfinanzierten Plänen.

48 Wenn ein Unternehmen eine Verpflichtung zu einer nach Beendigung des Arbeitsverhältnisses zu erbringenden Leistung über Beiträge zu einer Versicherungspolice finanziert und gemäß dieser eine rechtliche oder faktische Verpflichtung bei dem Unternehmen verbleibt (unmittelbar oder mittelbar über den Plan, durch den Mechanismus bei der Festlegung zukünftiger Beiträge oder, weil der Versicherer ein nahestehendes Unternehmen ist), ist die Zahlung der Versicherungsprämien nicht als beitragsorientierte Vereinbarung einzustufen. Daraus folgt, dass das Unternehmen

a) die qualifizierende Versicherungspolice als Planvermögen erfasst (siehe Paragraph 8) und

b) andere Versicherungspolicen als Erstattungsansprüche ansetzt (wenn die Policen das Kriterium des Paragraphen 116 erfüllen).

49 Ist eine Versicherungspolice auf den Namen eines einzelnen Planbegünstigten oder auf eine Gruppe von Planbegünstigten ausgestellt und das Unternehmen weder rechtlich noch faktisch verpflichtet, mögliche Verluste aus der Versicherungspolice auszugleichen, so ist das Unternehmen auch nicht dazu verpflichtet, Leistungen unmittelbar an die Arbeitnehmer zu zahlen; die alleinige Verantwortung zur Zahlung der Leistungen liegt dann beim Versicherer. Im Rahmen solcher Verträge stellt die Zahlung der festgelegten Versicherungsprämien grundsätzlich die Abgeltung der Leistungsverpflichtung an Arbeitnehmer dar und nicht lediglich eine Finanzinvestition zur Erfüllung der Verpflichtung. Folglich existieren bei dem Unternehmen kein diesbezüglicher Vermögenswert und keine diesbezügliche Schuld mehr. Ein Unternehmen behandelt derartige Zahlungen daher wie Beiträge an einen beitragsorientierten Plan.

LEISTUNGEN NACH BEENDIGUNG DES ARBEITSVERHÄLTNISSES: BEITRAGSORIENTIERTE PLÄNE

50 Die Bilanzierung beitragsorientierter Pläne ist einfach, weil die Verpflichtung des berichtenden Unternehmens in jeder Periode durch die für diese Periode zu entrichtenden Beiträge bestimmt wird. Deswegen sind zur Bewertung von Verpflichtung oder Aufwand des Unternehmens keine versicherungsmathematischen Annahmen erforderlich, und es können keine versicherungsmathematischen Gewinne oder Verluste entstehen. Darüber hinaus werden die Verpflichtungen auf nicht abgezinster Basis bewertet, es sei denn, sie werden voraussichtlich nicht innerhalb von zwölf Monaten nach dem Abschlussstichtag des Geschäftsjahrs, in dem die Arbeitnehmer die entsprechende Arbeitsleistung erbringen, vollständig beglichen.

Ansatz und Bewertung

51 Hat ein Arbeitnehmer im Verlauf einer Periode Arbeitsleistungen erbracht, so hat das Unternehmen den im Austausch für die Arbeitsleistung zu zahlenden Beitrag an einen beitragsorientierten Plan wie folgt zu erfassen:

a) **als Schuld (abzugrenzender Aufwand) nach Abzug bereits entrichteter Beträge. Übersteigt der bereits gezahlte Beitrag denjenigen Betrag, der der bis zum Abschlussstichtag erbrachten Arbeitsleistung** entspricht, so hat das Unternehmen die Differenz als Vermögenswert zu aktivieren (aktivische Abgrenzung), sofern die Vorauszahlung beispielsweise zu einer Verringerung künftiger Zahlungen oder einer Rückerstattung führen wird.

b) als Aufwand, es sei denn, ein anderer IFRS verlangt oder erlaubt die Einbeziehung des Beitrags in die Anschaffungs- oder Herstellungskosten eines Vermögenswerts (siehe z. B. IAS 2 und IAS 16).

52 Soweit Beiträge an einen beitragsorientierten Plan voraussichtlich nicht innerhalb von zwölf Monaten nach dem Abschlussstichtag des Geschäftsjahrs, in dem der Arbeitnehmer die entsprechende Arbeitsleistung erbringen, vollständig beglichen werden, sind sie unter Anwendung des in Paragraph 83 angegebenen Abzinsungssatzes abzuzinsen.

Angaben

53 Der als Aufwand für einen beitragsorientierten Plan erfasste Betrag ist im Abschluss des Unternehmens anzugeben.

54 Falls IAS 24 dies vorschreibt, sind Angaben über Beiträge an beitragsorientierte Versorgungspläne für das Management in Schlüsselpositionen zu machen.

LEISTUNGEN NACH BEENDIGUNG DES ARBEITSVERHÄLTNISSES: LEISTUNGSORIENTIERTE PLÄNE

55 Die Bilanzierung leistungsorientierter Pläne ist komplex, weil zur Bewertung von Verpflichtung und Aufwand versicherungsmathematische Annahmen erforderlich sind und versicherungsmathematische Gewinne und Verluste auftreten können. Darüber hinaus wird die Verpflichtung auf abgezinster Basis bewertet, da sie möglicherweise erst viele Jahre nach Erbringung der damit zusammenhängenden Arbeitsleistung der Arbeitnehmer gezahlt wird.

Ansatz und Bewertung

56 Leistungsorientierte Pläne können durch die Zahlung von Beiträgen des Unternehmens, manchmal auch seiner Arbeitnehmer, an eine vom berichtenden Unternehmen unabhängige, rechtlich selbstständige Einheit oder einen Fonds, aus der/dem die Leistungen an die Arbeitnehmer gezahlt werden, ganz oder teilweise finanziert sein, oder sie bestehen ohne Fondsdeckung. Die Zahlung der über einen Fonds finanzierten Leistungen hängt bei deren Fälligkeit nicht nur von den Vermögens- und Finanzlage und dem Anlageerfolg des Fonds ab, sondern auch von der Fähigkeit und Bereitschaft des Unternehmens, etwaige Fehlbeträge im Vermögen des Fonds auszugleichen. Daher trägt letztlich das Unternehmen die mit dem Plan verbundenen versicherungsmathematischen Risiken und Anlagerisiken. Der für einen leistungsorientierten Plan zu erfassende Aufwand entspricht daher nicht notwendigerweise dem in der Periode fälligen Beitrag.

57 Die Bilanzierung leistungsorientierter Pläne durch ein Unternehmen umfasst folgende Schritte:

a) Die Bestimmung der Unter- oder Überdeckung. Dies beinhaltet
   i) die Anwendung einer versicherungsmathematischen Methode, nämlich der Methode der laufenden Einmalprämien, zur verlässlichen Schätzung der Kosten, die dem Unternehmen für die Leistungen, die Arbeitnehmer im Austausch für in der laufenden Periode und in früheren Perioden erbrachte Arbeitsleistungen erdient haben, tatsächlich entstehen (siehe Paragraphen 67–69). Dazu muss ein Unternehmen bestimmen, zu welchem Teil die Leistungen der laufenden und früheren Perioden zuzuordnen sind (siehe Paragraphen 70–74), und Einschätzungen (versicherungsmathematische Annahmen) zu demographischen Variablen (z. B. Mitarbeiterfluktuation und Sterbewahrscheinlichkeit) sowie zu finanziellen Variablen (z. B. künftige Gehaltssteigerungen und Kostentrends für medizinische Versorgung) vornehmen, die die Kosten für die zugesagten Leistungen beeinflussen (siehe Paragraphen 75–98).
   ii) die Abzinsung dieser Leistungen zur Bestimmung des Barwerts der leistungsorientierten Verpflichtung und des laufenden Dienstzeitaufwands (siehe Paragraphen 67–69 und 83–86).
   iii) den Abzug des beizulegenden Zeitwerts eines etwaigen Planvermögens (siehe Paragraphen 113–115) vom Barwert der leistungsorientierten Verpflichtung.

b) die Bestimmung der Höhe der Nettoschuld (des Nettovermögenswerts) aus einem leistungsorientierten Plan als Betrag der gemäß (a) bestimmten Unter- oder Überdeckung, berichtigt um die Auswirkung der Begrenzung eines Nettovermögenswerts aus einem leistungsorientierten Plan auf die Obergrenze für den Vermögenswert (siehe Paragraph 64).

c) die Bestimmung der folgenden, erfolgswirksam zu erfassenden Beträge:
   i) laufender Dienstzeitaufwand (siehe Paragraphen 70–74 und Paragraph 122A),
   ii) nachzuverrechnender Dienstzeitaufwand und Gewinn oder Verlust aus der Abgeltung (siehe Paragraphen 99–112),
   iii) Nettozinsen auf die Nettoschuld (den Nettovermögenswert) aus einem leistungsorientierten Plan (siehe Paragraphen 123–126).

d) die Bestimmung der Neubewertungen der Nettoschuld (des Nettovermögenswerts) aus einem leistungsorientierten Plan; diese sind unter „Sonstiges Ergebnis" anzusetzen und setzen sich zusammen aus

i) versicherungsmathematischen Gewinnen und Verlusten (siehe Paragraphen 128 und 129),
ii) dem Ertrag aus Planvermögen unter Ausschluss von Beträgen, die in den Nettozinsen auf die Nettoschuld (den Nettovermögenswert) aus einem leistungsorientierten Plan enthalten sind (siehe Paragraph 130), und
iii) Veränderungen in der Auswirkung der Obergrenze für den Vermögenswert (siehe Paragraph 64) unter Ausschluss von Beträgen, die in den Nettozinsen auf die Nettoschuld (den Nettovermögenswert) aus einem leistungsorientierten Plan enthalten sind.

Wenn ein Unternehmen mehr als einen leistungsorientierten Plan hat, ist diese Vorgehensweise auf jeden wesentlichen Plan gesondert anzuwenden.

58 Ein Unternehmen hat die Nettoschuld (den Nettovermögenswert) aus einem leistungsorientierten Plan so regelmäßig zu bestimmen, dass sichergestellt ist, dass sich die im Abschluss angesetzten Beträge nicht wesentlich von den Beträgen unterscheiden, die sich bei Bestimmung am Abschlussstichtag ergäben.

59 Der vorliegende Standard empfiehlt, schreibt aber nicht vor, dass ein Unternehmen in die Bewertung aller wesentlichen Verpflichtungen zu einer nach Beendigung des Arbeitsverhältnisses zu erbringenden Leistung einen qualifizierten Versicherungsmathematiker einbezieht. Ein Unternehmen kann aus praktischen Gründen einen qualifizierten Versicherungsmathematiker damit beauftragen, vor dem Abschlussstichtag eine detaillierte Bewertung der Verpflichtung durchzuführen. Die Ergebnisse dieser Bewertung werden jedoch aktualisiert, um wesentlichen Geschäftsvorfällen und anderen wesentlichen Veränderungen (einschließlich Veränderungen bei Marktwerten und Zinssätzen) bis zum Abschlussstichtag Rechnung zu tragen.

60 In einigen Fällen können die in diesem Standard dargestellten detaillierten Berechnungen durch Schätzungen, Durchschnittsbildung und vereinfachte Berechnungen verlässlich angenähert werden.

Bilanzierung der faktischen Verpflichtung

61 Ein Unternehmen hat nicht nur die aus den formalen Regelungen eines leistungsorientierten Plans resultierenden rechtlichen Verpflichtungen zu bilanzieren, sondern auch alle faktischen Verpflichtungen, die aus betriebsüblichen Praktiken resultieren. Betriebliche Praxis begründet faktische Verpflichtungen, wenn das Unternehmen keine realistische Alternative zur Zahlung der Leistungen an Arbeitnehmer hat. Eine faktische Verpflichtung ist beispielsweise dann gegeben, wenn eine Änderung der üblichen betrieblichen Praxis zu einer unannehmbaren Schädigung des sozialen Klimas im Betrieb führen würde.

62 Die formalen Regelungen eines leistungsorientierten Plans können es einem Unternehmen gestatten, sich von seinen Verpflichtungen aus dem Plan zu befreien. Dennoch ist es für ein Unternehmen in der Regel schwierig, sich von seinen Verpflichtungen aus dem Plan (ohne Zahlung) zu befreien, wenn die Arbeitnehmer gehalten werden sollen. Solange keine Anhaltspunkte für das Gegenteil vorliegen, erfolgt daher die Bilanzierung von nach Beendigung des Arbeitsverhältnisses zu erbringenden Leistungen unter der Annahme, dass ein Unternehmen, das seinen Arbeitnehmern gegenwärtig solche Leistungen zusagt, dies während der erwarteten Restlebensarbeitszeit der Arbeitnehmer auch weiterhin tun wird.

Bilanz

63 Ein Unternehmen hat die Nettoschuld (den Nettovermögenswert) aus einem leistungsorientierten Plan in der Bilanz anzusetzen.

64 Erzielt ein Unternehmen bei einem leistungsorientierten Plan eine Überdeckung, hat es den Nettovermögenswert aus dem leistungsorientierten Plan zum niedrigeren der folgenden Beträge zu bewerten:

a) der Überdeckung des leistungsorientierten Plans und

b) der Obergrenze für den Vermögenswert, die anhand des in Paragraph 83 aufgeführten Abzinsungssatzes bestimmt wird.

65 Ein Nettovermögenswert aus dem leistungsorientierten Plan kann entstehen, wenn ein solcher Plan überdotiert ist oder versicherungsmathematische Gewinne entstanden sind. In diesen Fällen setzt das Unternehmen einen Nettovermögenswert aus einem leistungsorientierten Plan an, da

a) das Unternehmen Verfügungsmacht über eine Ressource besitzt, d. h. die Möglichkeit hat, aus der Überdeckung künftigen Nutzen zu ziehen;

b) diese Verfügungsmacht Ergebnis von Ereignissen der Vergangenheit ist (vom Unternehmen gezahlte Beiträge und von den Arbeitnehmern erbrachte Arbeitsleistung) und

c) dem Unternehmen daraus künftige wirtschaftlicher Nutzen entsteht, und zwar entweder in Form geminderter künftiger Beitragszahlungen oder in Form von Rückerstattungen, entweder unmittelbar an das Unternehmen selbst oder mittelbar an einen anderen Plan mit Unterdeckung. Die Obergrenze für den Vermögenswert ist der Barwert dieses künftigen Nutzens.

Ansatz und Bewertung: Barwert leistungsorientierter Verpflichtungen und laufender Dienstzeitaufwand

66 Die tatsächlichen Kosten eines leistungsorientierten Plans können durch viele Variablen beeinflusst werden, wie Endgehälter, Mitarbeiterfluktuation und Sterbewahrscheinlichkeit, Arbeitnehmerbeiträge und Kostentrends im Bereich der medizinischen Versorgung. Die tatsächlichen

Kosten des Plans sind ungewiss und diese Ungewissheit besteht in der Regel über einen langen Zeitraum. Um den Barwert von Verpflichtungen zu einer nach Beendigung des Arbeitsverhältnisses zu erbringenden Leistung und den damit verbundenen Dienstzeitaufwand einer Periode zu bestimmen, ist es erforderlich,

a) eine versicherungsmathematische Bewertungsmethode anzuwenden (siehe Paragraphen 67–69),
b) die Leistungen den Dienstjahren der Arbeitnehmer zuzuordnen (siehe Paragraphen 70–74) und
c) versicherungsmathematische Annahmen zu treffen (siehe Paragraphen 75–98).

Versicherungsmathematische Bewertungsmethode

67 Zur Bestimmung des Barwerts einer leistungsorientierten Verpflichtung, des damit verbundenen Dienstzeitaufwands und, falls zutreffend, des nachzuverrechnenden Dienstzeitaufwands hat ein Unternehmen die Methode der laufenden Einmalprämien anzuwenden.

68 Die Methode der laufenden Einmalprämien (mitunter auch als Anwartschaftsansammlungsverfahren oder Anwartschaftsbarwertverfahren bezeichnet, weil Leistungsbausteine linear pro-rata oder der Planformel folgend den Dienstjahren zugeordnet werden) geht davon aus, dass in jedem Dienstjahr ein zusätzlicher Teil des Leistungsanspruchs erdient wird (siehe Paragraphen 70–74) und bewertet jeden dieser Leistungsbausteine separat, um so die endgültige Verpflichtung aufzubauen (siehe Paragraphen 75–98).

Beispiel zur Veranschaulichung des Paragraphen 68

Bei Beendigung des Arbeitsverhältnisses ist eine einmalige Kapitalleistung in Höhe von 1 % des Endgehalts für jedes geleistete Dienstjahr zu zahlen. Im ersten Dienstjahr beträgt das Gehalt 10 000 WE und wird voraussichtlich jedes Jahr um 7 % ansteigen (bezogen auf den Vorjahresstand). Der angewendete Abzinsungssatz beträgt 10 % per annum. Die folgende Tabelle veranschaulicht, wie sich die Verpflichtung für einen Mitarbeiter aufbaut, dessen Ausscheiden am Ende des 5. Dienstjahrs erwartet wird, wobei unterstellt wird, dass die versicherungsmathematischen Annahmen keinen Änderungen unterliegen. Zur Vereinfachung wird im Beispiel die ansonsten erforderliche Berücksichtigung der Wahrscheinlichkeit vernachlässigt, dass der Arbeitnehmer vor oder nach diesem Zeitpunkt ausscheidet.

Jahr	1	2	3	4	5
	WE	WE	WE	WE	WE
Leistung erdient in					
– früheren Dienstjahren	0	131	262	393	524
– dem laufenden Dienstjahr (1 % des Endgehalts)	131	131	131	131	131
– dem laufenden und früheren Dienstjahren	131	262	393	524	655
Verpflichtung zu Beginn des Berichtszeitraums	—	89	196	324	476
Zinsen von 10 %	—	9	20	33	48
Laufender Dienstzeitaufwand	89	98	108	119	131
Verpflichtung am Ende des Berichtszeitraums	89	196	324	476	655

Hinweis:
1. *Die Verpflichtung zu Beginn des Berichtszeitraums entspricht dem Barwert der Leistungen, die früheren Dienstjahren zugeordnet werden.*
2. *Der laufende Dienstzeitaufwand entspricht dem Barwert der Leistungen, die dem laufenden Dienstjahr zugeordnet werden.*
3. *Die Verpflichtung am Ende des Berichtszeitraums entspricht dem Barwert der Leistungen, die dem laufenden und früheren Dienstjahren zugeordnet werden.*

69 Die gesamte Verpflichtung zu einer nach Beendigung des Arbeitsverhältnisses zu erbringenden Leistung ist vom Unternehmen abzuzinsen, auch wenn ein Teil der Verpflichtung voraussichtlich innerhalb von zwölf Monaten nach dem Abschlussstichtag abgegolten wird.

Zuordnung von Leistungen zu Dienstjahren

70 Bei der Bestimmung des Barwerts seiner leistungsorientierten Verpflichtungen, des damit verbundenen Dienstzeitaufwands und, sofern zutreffend, des nachzuverrechnenden Dienstzeitaufwands hat das Unternehmen die Leistungen den Dienstjahren so zuzuordnen, wie es die Planformel vorgibt. Begründet die in späteren Dienstjahren erbrachte Arbeitsleistung der Arbeitnehmer jedoch wesentlich höhere Anwartschaften als die in früheren Dienstjahren erbrachte Arbeitsleistung, so ist die Leistungszuordnung linear vorzunehmen, und zwar

a) **ab dem Zeitpunkt, zu dem die Arbeitsleistung des Arbeitnehmers erstmalig zu Leistungen aus dem Plan führt (unabhängig davon, ob die Gewährung der Leistungen vom Fortbestand des Arbeitsverhältnisses abhängig ist oder nicht), bis**
b) **zu dem Zeitpunkt, ab dem die weitere Arbeitsleistung des Arbeitnehmers die Leistungen aus dem Plan, von Erhöhungen wegen Gehaltssteigerungen abgesehen, nicht mehr wesentlich erhöht.**

71 Die Methode der laufenden Einmalprämien verlangt, dass das Unternehmen der laufenden Periode (zwecks Bestimmung des laufenden Dienstzeitaufwands) sowie der laufenden und früheren Perioden (zwecks Bestimmung des gesamten Barwerts der leistungsorientierten Verpflichtung) Leistungsteile zuordnet. Leistungsteile werden jenen Perioden zugeordnet, in denen die Verpflichtung, diese nach Beendigung des Arbeitsverhältnisses zu gewähren, entsteht. Diese Verpflichtung entsteht in dem Maße, wie die Arbeitnehmer ihre Arbeitsleistungen im Austausch für Leistungen nach Beendigung des Arbeitsverhältnisses erbringen, die ein Unternehmen in späteren Berichtsperioden zu zahlen erwartet. Versicherungsmathematische Verfahren versetzen das Unternehmen in die Lage, diese Verpflichtung hinreichend verlässlich zu bewerten, um den Ansatz einer Schuld zu begründen.

Beispiele zur Veranschaulichung des Paragraphen 71

1   *Ein leistungsorientierter Plan sieht bei Renteneintritt eine einmalige Zahlung von 100 WE für jedes Dienstjahr vor.*

    Jedem Dienstjahr wird eine Leistung von 100 WE zugeordnet. Der laufende Dienstzeitaufwand entspricht dem Barwert von 100 WE. Der gesamte Barwert der leistungsorientierten Verpflichtung entspricht dem Barwert von 100 WE, multipliziert mit der Anzahl der bis zum Abschlussstichtag geleisteten Dienstjahre.

    Wenn die Leistung unmittelbar beim Ausscheiden des Arbeitnehmers aus dem Unternehmen fällig wird, geht der erwartete Zeitpunkt des Ausscheidens des Arbeitnehmers in die Berechnung des laufenden Dienstzeitaufwands und des Barwerts der leistungsorientierten Verpflichtung ein. Folglich sind beide Werte – wegen des Abzinsungseffekts – geringer als die Beträge, die sich bei Ausscheiden des Mitarbeiters am Abschlussstichtag ergeben würden.

2   *Ein Plan sieht eine monatliche Rente von 0,2 % des Endgehalts für jedes Dienstjahr vor. Die Rente ist ab Vollendung des 65. Lebensjahres zu zahlen.*

    Jedem Dienstjahr wird eine Leistung in Höhe des zum erwarteten Zeitpunkt des Renteneintritts ermittelten Barwerts einer lebenslangen monatlichen Rente von 0,2 % des geschätzten Endgehalts zugeordnet. Der laufende Dienstzeitaufwand entspricht dem Barwert dieser Leistung. Der Barwert der leistungsorientierten Verpflichtung entspricht dem Barwert monatlicher Rentenzahlungen in Höhe von 0,2 % des Endgehalts, multipliziert mit der Anzahl der bis zum Abschlussstichtag geleisteten Dienstjahre. Der laufende Dienstzeitaufwand und der Barwert der leistungsorientierten Verpflichtung werden abgezinst, weil die Rentenzahlungen erst mit Vollendung des 65. Lebensjahrs beginnen.

72 Die erbrachte Arbeitsleistung eines Arbeitnehmers führt bei leistungsorientierten Plänen selbst dann zu einer Verpflichtung, wenn die Gewährung der Leistungen vom Fortbestand des Arbeitsverhältnisses abhängt (die Leistungen also noch nicht unverfallbar sind). Eine Arbeitsleistung, die vor Eintreten der Unverfallbarkeit erbracht wurde, begründet eine faktische Verpflichtung, weil die bis zur vollen Anspruchsberechtigung noch zu erbringende Arbeitsleistung an jedem folgenden Abschlussstichtag sinkt. Das Unternehmen berücksichtigt bei der Bewertung seiner leistungsorientierten Verpflichtung die Wahrscheinlichkeit, dass einige Mitarbeiter die Unverfallbarkeitsvoraussetzungen nicht erfüllen. Auch wenn verschiedene Leistungen nach Beendigung des Arbeitsverhältnisses nur dann gezahlt werden, wenn nach dem Ausscheiden eines Arbeitnehmers ein bestimmtes Ereignis eintritt, z. B. im Falle der medizinischen Versorgung nach Beendigung des Arbeitsverhältnisses, entsteht gleichermaßen eine Verpflichtung bereits mit der Erbringung der Arbeitsleistung des Arbeitnehmers, wenn diese einen Leistungsanspruch bei Eintreten des bestimmten Ereignisses begründet. Die Wahrscheinlichkeit, dass das bestimmte Ereignis eintritt, beeinflusst die Verpflichtung in ihrer Höhe, nicht jedoch dem Grunde nach.

Beispiele zur Veranschaulichung des Paragraphen 72

1   *Ein Plan zahlt eine Leistung von 100 WE für jedes Dienstjahr. Nach zehn Dienstjahren wird die Anwartschaft unverfallbar.*

    Jedem Dienstjahr wird eine Leistung von 100 WE zugeordnet. In jedem der ersten zehn Jahre ist im laufenden Dienstzeitaufwand und im Barwert der Verpflichtung die Wahrscheinlichkeit zu berücksichtigen, dass der Arbeitnehmer eventuell keine zehn Dienstjahre vollendet.

2   *Aus einem Plan wird eine Leistung von 100 WE für jedes Dienstjahr gewährt, wobei Dienstjahre vor Vollendung des 25. Lebensjahrs ausgeschlossen sind. Die Anwartschaft ist sofort unverfallbar.*

    Den vor Vollendung des 25. Lebensjahrs erbrachten Dienstjahren wird keine Leistung zugeordnet, da die vor diesem Zeitpunkt erbrachte Arbeitsleistung (unabhängig vom Fortbestand des Arbeitsverhältnisses) keine Anwartschaft auf Leistungen begründet. Jedem Folgejahr wird eine Leistung von 100 WE zugeordnet.

73 Die Verpflichtung erhöht sich bis zu dem Zeitpunkt, ab dem weitere Arbeitsleistungen zu keiner wesentlichen Erhöhung der Leistungen mehr führen. Daher werden alle Leistungen Perioden zugeordnet, die zu diesem Zeitpunkt oder vorher enden. Die Leistung wird den einzelnen Bilanzierungsperioden nach Maßgabe der im Plan enthaltenen Formel zugeordnet. Begründet die in späteren Jahren erbrachte Arbeitsleistung eines Arbeitnehmers jedoch wesentlich höhere Anwart-

schaften als die in früheren Jahren erbrachte, so hat das Unternehmen die Leistungen linear auf die Berichtsperioden bis zu dem Zeitpunkt zu verteilen, ab dem weitere Arbeitsleistungen des Arbeitnehmers zu keiner wesentlichen Erhöhung der Anwartschaft mehr führen. Begründet ist dies dadurch, dass letztlich die im gesamten Zeitraum erbrachte Arbeitsleistung zu einer Anwartschaft auf diesem höheren Niveau führt.

Beispiele zur Veranschaulichung des Paragraphen 73

1 Ein Plan sieht eine einmalige Kapitalleistung von 1000 WE vor, die nach zehn Dienstjahren unverfallbar wird. Für nachfolgende Dienstjahre sieht der Plan keine weiteren Leistungen mehr vor.

Jedem der ersten 10 Jahre wird eine Leistung von 100 WE (1000 WE geteilt durch 10) zugeordnet.

Im laufenden Dienstzeitaufwand für jedes der ersten zehn Jahre ist die Wahrscheinlichkeit zu berücksichtigen, dass der Arbeitnehmer eventuell vor Vollendung von zehn Dienstjahren ausscheidet. Den folgenden Jahren wird keine Leistung zugeordnet.

2 Ein Plan zahlt bei Renteneintritt eine einmalige Kapitalleistung von 2000 WE an alle Arbeitnehmer, die im Alter von 55 Jahren nach zwanzig Dienstjahren noch im Unternehmen beschäftigt sind oder an Arbeitnehmer, die unabhängig von ihrer Dienstzeit im Alter von 65 Jahren noch im Unternehmen beschäftigt sind.

Arbeitnehmer, die vor Vollendung des 35. Lebensjahrs eintreten, erwerben erst mit Vollendung des 35. Lebensjahres eine Anwartschaft auf Leistungen aus diesem Plan (ein Arbeitnehmer könnte mit 30 aus dem Unternehmen ausscheiden und mit 33 zurückkehren, ohne dass dies Auswirkungen auf die Höhe oder die Fälligkeit der Leistung hätte). Die Gewährung dieser Leistungen hängt von der Erbringung künftiger Arbeitsleistung ab. Zudem führt die Erbringung von Arbeitsleistung nach Vollendung des 55. Lebensjahrs nicht zu einer wesentlichen Erhöhung der Anwartschaft. Für diese Arbeitnehmer ordnet das Unternehmen jedem Dienstjahr zwischen Vollendung des 35. und des 55. Lebensjahrs eine Leistung von 100 WE (2000 WE geteilt durch 20) zu.

Für Arbeitnehmer, die im Alter von 55 Jahren eintreten, führt eine Dienstzeit von mehr als 10 Jahren nicht zu einer wesentlichen Erhöhung der Anwartschaft. Jedem der ersten 10 Dienstjahre dieser Arbeitnehmer ordnet das Unternehmen eine Leistung von 200 WE zu (2000 WE geteilt durch 10).

Im laufenden Dienstzeitaufwand und im Barwert der Verpflichtung ist für alle Arbeitnehmer die Wahrscheinlichkeit zu berücksichtigen, dass die für die Leistung erforderlichen Dienstjahre eventuell nicht erreicht werden.

3 Ein Plan für Leistungen der medizinischen Versorgung nach Beendigung des Arbeitsverhältnisses erstattet dem Arbeitnehmer 40 % der Kosten für medizinische Versorgung nach Beendigung des Arbeitsverhältnisses, wenn er nach mehr als 10 und weniger als 20 Dienstjahren ausscheidet und 50 % der Kosten, wenn er nach 20 oder mehr Jahren ausscheidet.

Nach Maßgabe der Leistungsformel des Plans ordnet das Unternehmen jedem der ersten 10 Dienstjahre 4 % (40 % geteilt durch 10) und jedem der folgenden 10 Dienstjahre 1 % (10 % geteilt durch 10) des Barwerts der erwarteten Kosten für medizinische Versorgung zu. Im laufenden Dienstzeitaufwand eines jeden Dienstjahrs wird die Wahrscheinlichkeit berücksichtigt, dass der Arbeitnehmer die für die gesamten oder anteiligen Leistungen erforderlichen Dienstjahre eventuell nicht erreicht. Für Arbeitnehmer, deren Ausscheiden innerhalb der ersten zehn Jahre erwartet wird, wird keine Leistung zugeordnet.

4 Ein Plan für Leistungen der medizinischen Versorgung nach Beendigung des Arbeitsverhältnisses erstattet dem Arbeitnehmer 10 % der Kosten für medizinische Versorgung nach Beendigung des Arbeitsverhältnisses, wenn er nach mehr als 10 und weniger als 20 Dienstjahren ausscheidet und 50 % der Kosten, wenn er nach 20 oder mehr Jahren ausscheidet.

Arbeitsleistung in späteren Jahren berechtigt zu wesentlich höheren Leistungen als Arbeitsleistung in früheren Jahren der Dienstzeit. Für Arbeitnehmer, deren Ausscheiden nach 20 oder mehr Jahren erwartet wird, wird die Leistung daher linear gemäß Paragraph 71 verteilt. Die Erbringung von Arbeitsleistung nach 20 Jahren führt zu keiner wesentlichen Erhöhung der zugesagten Leistung. Deswegen wird jedem der ersten 20 Jahre ein Leistungsteil von 2,5 % des Barwerts der erwarteten Kosten der medizinischen Versorgung zugeordnet (50 % geteilt durch 20).

Für Arbeitnehmer, deren Ausscheiden zwischen dem zehnten und dem zwanzigsten Jahr erwartet wird, wird jedem der ersten 10 Jahre eine Teilleistung von 1 % des Barwerts der erwarteten Kosten für die medizinische Versorgung zugeordnet.

Für diese Arbeitnehmer wird den Dienstjahren zwischen dem Ende des zehnten Jahrs und dem geschätzten Datum des Ausscheidens keine Leistung zugeordnet.

Für Arbeitnehmer, deren Ausscheiden innerhalb der ersten zehn Jahre erwartet wird, wird keine Leistung zugeordnet.

74 Entspricht die Höhe der zugesagten Leistung einem konstanten Anteil am Endgehalt für jedes Dienstjahr, so haben künftige Gehaltssteigerungen zwar Auswirkungen auf den zur Erfüllung der am Abschlussstichtag bestehenden, auf frühere Dienstjahre zurückgehenden Verpflichtung nötigen Betrag, sie führen jedoch nicht zu einer Erhöhung der Verpflichtung selbst. Deswegen

a) begründen Gehaltssteigerungen in Bezug auf Paragraph 70(b) keine zusätzliche Leistung an Arbeitnehmer, obwohl sich die Leistungshöhe am Endgehalt bemisst, und

b) entspricht die jeder Berichtsperiode zugeordnete Leistung in ihrer Höhe einem konstanten Anteil desjenigen Gehalts, auf das sich die Leistung bezieht.

Beispiel zur Veranschaulichung des Paragraphen 74

Den Arbeitnehmern steht eine Leistung in Höhe von 3 % des Endgehalts für jedes Dienstjahr vor Vollendung des 55. Lebensjahrs zu.

Jedem Dienstjahr bis zur Vollendung des 55. Lebensjahrs wird eine Leistung in Höhe von 3 % des geschätzten Endgehalts zugeordnet. Dieses ist der Zeitpunkt, ab dem weitere Arbeitsleistung zu keiner wesentlichen Erhöhung der Leistung aus dem Plan mehr führt. Dienstzeiten nach Vollendung des 55. Lebensjahrs wird keine Leistung zugeordnet.

Versicherungsmathematische Annahmen

75 Versicherungsmathematische Annahmen müssen unvoreingenommen und aufeinander abgestimmt sein.

76 Versicherungsmathematische Annahmen sind die bestmögliche Einschätzung eines Unternehmens zu Variablen, die die tatsächlichen Kosten für Leistungen nach Beendigung des Arbeitsverhältnisses bestimmen. Die versicherungsmathematischen Annahmen umfassen

a) demografische Annahmen über die künftige Zusammensetzung der aktiven und ausgeschiedenen Arbeitnehmer (und deren Angehörigen), die für Leistungen infrage kommen). Derartige demografische Annahmen beziehen sich auf

　i) die Sterbewahrscheinlichkeit (siehe Paragraphen 81 und 82),

　ii) Fluktuations-, Invalidisierungs- und Frühverrentungsraten der Mitarbeiter,

　iii) den Anteil der begünstigten Arbeitnehmer mit Angehörigen, die für Leistungen infrage kommen,

　iv) den Anteil der begünstigten Arbeitnehmer, die jeweils eine bestimmte, nach den Regelungen des Plans verfügbare Auszahlungsform wählen, und

　v) die Raten der Inanspruchnahme von Leistungen aus Plänen zur medizinischen Versorgung.

b) finanzielle Annahmen, zum Beispiel in Bezug auf

　i) den Abzinsungssatz (siehe Paragraphen 83–86),

　ii) das Leistungsniveau, unter Ausschluss etwaiger von den Arbeitnehmern zu tragenden Kosten für Leistungen, sowie das künftige Gehalt (siehe Paragraphen 87–95),

　iii) im Falle von Leistungen im Rahmen der medizinischen Versorgung, die künftigen Kosten im Bereich der medizinischen Versorgung, einschließlich der Kosten für die Behandlung von Ansprüchen (d. h. bei der Bearbeitung und Klärung von Ansprüchen entstehende Kosten einschließlich der Honorare für Rechtsberatung und Sachverständige (siehe Paragraphen 96–98), und

　iv) vom Plan zu tragende Steuern auf Beiträge für Dienstzeiten vor dem Abschlussstichtag oder auf Leistungen, die auf diese Dienstzeiten zurückgehen.

77 Versicherungsmathematische Annahmen sind unvoreingenommen, wenn sie weder unvorsichtig noch übertrieben vorsichtig sind.

78 Versicherungsmathematische Annahmen sind aufeinander abgestimmt, wenn sie die wirtschaftlichen Zusammenhänge zwischen Faktoren wie Inflation, Lohn- und Gehaltssteigerungen und Abzinsungssätzen widerspiegeln. Beispielsweise haben alle Annahmen, die in jeder künftigen Periode von einem bestimmten Inflationsniveau abhängen (wie Annahmen zu Zinssätzen, zu Lohn- und Gehaltssteigerungen und zu Steigerungen von Leistungen), für jede dieser Perioden von dem gleichen Inflationsniveau auszugehen.

79 Die Annahmen zum Abzinsungssatz und andere finanzielle Annahmen werden vom Unternehmen mit nominalen (nominal festgesetzten) Werten festgelegt, es sei denn, Schätzungen auf Basis realer (inflationsbereinigter) Werte sind verlässlicher, wie z. B. in einer hochinflationären Volkswirtschaft (siehe IAS 29 *Rechnungslegung in Hochinflationsländern*) oder in Fällen, in denen die Leistung an einen Index gekoppelt ist und zugleich ein liquider Markt für indexgebundene Anleihen in derselben Währung und mit derselben Laufzeit vorhanden ist.

80 Annahmen zu finanziellen Variablen haben auf den am Abschlussstichtag bestehenden Erwartungen des Marktes für den Zeitraum zu beruhen, über den die Verpflichtungen zu erfüllen sind.

Versicherungsmathematische Annahmen: Sterbewahrscheinlichkeit

81 Bei der Bestimmung seiner Annahmen zur Sterbewahrscheinlichkeit hat ein Unternehmen seine bestmögliche Einschätzung der Sterbewahrscheinlichkeit der begünstigten Arbeitnehmer sowohl während des Arbeits-

verhältnisses als auch nach dessen Beendigung zugrunde zu legen.

82 Bei der Einschätzung der tatsächlichen Kosten für die Leistung berücksichtigt ein Unternehmen erwartete Veränderungen bei der Sterbewahrscheinlichkeit, indem es beispielsweise Standardsterbetafeln durch Einschätzungen des Sinkens von Sterbewahrscheinlichkeiten abändert.

Versicherungsmathematische Annahmen: Abzinsungssatz

83 Der Zinssatz, der zur Abzinsung der Verpflichtungen für die nach Beendigung des Arbeitsverhältnisses zu erbringenden Leistungen (fondsfinanziert oder nicht fondsfinanziert) herangezogen wird, ist auf Grundlage der Renditen zu bestimmen, die am Abschlussstichtag für hochwertige Unternehmensanleihen am Markt erzielt werden. Für Währungen ohne liquiden Markt für solche hochwertigen Unternehmensanleihen sind stattdessen die (am Abschlussstichtag geltenden) Marktrenditen für auf diese Währung lautende Staatsanleihen zu verwenden. Währung und Laufzeiten der zugrunde gelegten Unternehmens- oder Staatsanleihen haben mit der Währung und den voraussichtlichen Fristigkeiten der Verpflichtungen zu nach Beendigung des Arbeitsverhältnisses zu erbringenden Leistungen übereinzustimmen.

84 Der Abzinsungssatz ist eine versicherungsmathematische Annahme mit wesentlicher Auswirkung. Der Abzinsungssatz reflektiert den Zeitwert des Geldes, nicht jedoch das versicherungsmathematische Risiko oder das mit der Anlage des Fondsvermögens verbundene Anlagerisiko. Weiterhin gehen weder das unternehmensspezifische Ausfallrisiko, das die Gläubiger des Unternehmens tragen, noch das Risiko, dass die künftige Entwicklung von den versicherungsmathematischen Annahmen abweichen kann, in diesen Zinssatz ein.

85 Der Abzinsungssatz berücksichtigt die voraussichtliche Auszahlung der Leistungen im Zeitablauf. In der Praxis wird ein Unternehmen dies häufig durch die Verwendung eines einzigen gewichteten Durchschnittszinssatzes erreichen, in dem sich die geschätzten Fälligkeiten, die geschätzte Höhe und die Währung der zu zahlenden Leistungen widerspiegeln.

86 In einigen Fällen ist möglicherweise kein liquider Markt für Anleihen mit ausreichend langen Laufzeiten vorhanden, die den geschätzten Fristigkeiten aller Leistungszahlungen entsprechen. In diesen Fällen verwendet ein Unternehmen für die Abzinsung kurzfristigerer Zahlungen die jeweils aktuellen Marktzinssätze für entsprechende Laufzeiten, während es die Abzinsungssätze für längerfristige Fälligkeiten durch Extrapolation der aktuellen Marktzinssätze entlang der Zinskurve schätzt. Die Höhe des gesamten Barwerts einer leistungsorientierten Verpflichtung dürfte durch den Abzinsungssatz für den Teil der Leistungen, der erst nach Endfälligkeit der zur Verfügung stehenden Unternehmens- oder Staatsanleihen zu zahlen ist, kaum besonders empfindlich beeinflusst werden.

Versicherungsmathematische Annahmen: Gehälter, Leistungen und Kosten medizinischer Versorgung

87 Bei der Bewertung leistungsorientierter Verpflichtungen legt ein Unternehmen Folgendes zugrunde:
a) die aufgrund der Regelungen des Plans (oder aufgrund einer faktischen Verpflichtung auch über die Planregelungen hinaus) am Abschlussstichtag zugesagten Leistungen,
b) geschätzte künftige Gehaltssteigerungen, die sich auf die zu zahlenden Leistungen auswirken,
c) die Auswirkung von Begrenzungen des Arbeitgeberanteils an den Kosten künftiger Leistungen,
d) Beiträge von Arbeitnehmern oder Dritten, die zu einer Verminderung der tatsächlichen Kosten des Unternehmens für diese Leistungen führen, und
e) die geschätzten künftigen Änderungen beim Niveau staatlicher Leistungen, die sich auf die nach Maßgabe des leistungsorientierten Plans zu zahlenden Leistungen auswirken, jedoch nur dann, wenn entweder
 i) diese Änderungen bereits vor dem Abschlussstichtag in Kraft getreten sind oder
 ii) die Erfahrungen der Vergangenheit oder andere Anhaltspunkte darauf hindeuten, dass sich die staatlichen Leistungen in einer einigermaßen vorhersehbaren Weise ändern werden, z. B. in Anlehnung an künftige Veränderungen der allgemeinen Preis- oder Gehaltsniveaus.

88 Die versicherungsmathematischen Annahmen spiegeln Änderungen der künftigen Leistungen wider, die sich am Abschlussstichtag aus den formalen Regelungen eines Plans (oder einer faktischen, darüber hinausgehenden Verpflichtung) ergeben. Dies ist z. B. der Fall, wenn
a) das Unternehmen in der Vergangenheit stets die Leistungen erhöht hat, beispielsweise um die Auswirkungen der Inflation zu mindern, und nichts darauf hindeutet, dass diese Praxis in Zukunft geändert wird,
b) das Unternehmen entweder aufgrund der formalen Regelungen eines Plans (oder aufgrund einer faktischen, darüber hinausgehenden Verpflichtung) oder aufgrund gesetzlicher Bestimmungen eine etwaige Überdeckung im Plan zugunsten der begünstigten Arbeitnehmer verwenden muss (siehe Paragraph 108 (c)) oder
c) Leistungen aufgrund eines Leistungsziels oder aufgrund anderer Kriterien schwanken.

In den Regelungen des Plans kann beispielsweise festgelegt sein, dass bei unzureichendem Planvermögen verminderte Leistungen gezahlt oder zusätzliche Beiträge von den Arbeitnehmern verlangt werden. Die Bewertung der Verpflichtung spiegelt die bestmögliche Einschätzung der Auswirkungen des Leitungsziels oder anderer Kriterien wider.

89 Die versicherungsmathematischen Annahmen berücksichtigen nicht Änderungen der künftigen Leistungen, die sich am Abschlussstichtag nicht aus den formalen Regelungen des Plans (oder einer faktischen Verpflichtung) ergeben. Derartige Änderungen führen zu

a)   nachzuverrechnendem Dienstzeitaufwand, soweit sie die Höhe von Leistungen für vor der Änderung erbrachte Arbeitsleistung ändern, und

b)   laufendem Dienstzeitaufwand in den Perioden nach der Änderung, soweit sie die Höhe von Leistungen für nach der Änderung erbrachte Arbeitsleistung ändern.

90 Schätzungen künftiger Gehaltssteigerungen berücksichtigen Inflation, Dauer der Betriebszugehörigkeit, Beförderungen und andere maßgebliche Faktoren wie Angebot und Nachfrage auf dem Arbeitsmarkt.

91 Einige leistungsorientierte Pläne begrenzen die Beiträge, die ein Unternehmen zu zahlen hat. Bei den tatsächlichen Kosten der Leistungen wird die Auswirkung einer Beitragsbegrenzung berücksichtigt. Die Auswirkung einer Beitragsbegrenzung wird für der kürzeren der folgenden Zeiträume ermittelt:

a)   die geschätzte Lebensdauer des Unternehmens und

b)   die geschätzte Laufzeit des Plans.

92 Einige leistungsorientierte Pläne sehen eine Beteiligung der Arbeitnehmer oder Dritter an den Kosten des Plans vor. Arbeitnehmerbeiträge bedeuten für das Unternehmen eine Senkung der Kosten für die Leistungen. Ein Unternehmen prüft, ob Beiträge Dritter die Kosten der Leistungen für das Unternehmen senken oder ob sie ein Erstattungsanspruch gemäß Beschreibung in Paragraph 116 sind. Arbeitnehmerbeiträge oder Beiträge Dritter sind entweder in den formalen Regelungen des Plans festgelegt (oder ergeben sich aus einer faktischen, darüber hinausgehenden Verpflichtung) oder sie sind freiwillig. Freiwillige Beiträge von Arbeitnehmern oder Dritten vermindern bei Einzahlung der betreffenden Beiträge in den Plan den Dienstzeitaufwand.

93 In den formalen Regelungen des Plans festgelegte Beiträge von Arbeitnehmern oder Dritten vermindern entweder den Dienstzeitaufwand (wenn sie mit der Arbeitsleistung verknüpft sind) oder beeinflussen die Neubewertungen der Nettoschuld (des Nettovermögenswerts) aus einem leistungsorientierten Plan, wenn sie nicht mit der Arbeitsleistung verknüpft sind. Nicht mit der Arbeitsleistung verknüpft sind Beiträge beispielsweise, wenn sie zur Minderung einer Unterdeckung erforderlich sind, die aus Verlusten im Planvermögen oder aus versicherungsmathematischen Verlusten entstanden ist. Sind Beiträge von Arbeitnehmern oder Dritten mit der Arbeitsleistung verknüpft, so vermindern sie den Dienstzeitaufwand wie folgt:

a)   wenn die Höhe der Beiträge von der Anzahl der Dienstjahre abhängig ist, hat ein Unternehmen die Beiträge den Dienstzeiten nach derselben Methode zuzuordnen, wie Paragraph 70 es für die Zuordnung der Bruttoleistung vorschreibt (d. h. entweder nach der Beitragsformel des Plans oder linear), oder

b)   wenn die Höhe der Beiträge nicht von der Anzahl der Dienstjahre abhängig ist, ist es dem das Unternehmen gestattet, solche Beiträge als Minderung des Dienstzeitaufwands in der Periode zu erfassen, in der die zugehörige Arbeitsleistung erbracht wird. Von der Anzahl der Dienstjahre unabhängig sind Beiträge beispielsweise, wenn sie einen festen Prozentsatz des Gehalts des Arbeitnehmers oder einen festen Betrag über die Dienstzeit hinweg ausmachen oder vom Alter des Arbeitnehmers abhängen.

Die entsprechenden Anwendungsleitlinien sind in Paragraph A1 enthalten.

94 Änderungen der Beiträge von Arbeitnehmern oder Dritten, bei denen die Zuordnung zu Dienstzeiten nach Paragraph 93(a) erfolgt, führen zu

a)   laufendem und nachzuverrechnendem Dienstzeitaufwand (sofern die Änderungen nicht in den formalen Regelungen eines Plans festgelegt sind und sich nicht aus einer faktischen Verpflichtung ergeben) oder

b)   versicherungsmathematischen Gewinnen und Verlusten (sofern die Änderungen in den formalen Regelungen eines Plans festgelegt sind oder sich aus einer faktischen Verpflichtung ergeben).

95 Einige Leistungen nach Beendigung des Arbeitsverhältnisses sind an Variablen wie z. B. das Niveau staatlicher Altersversorgungsleistungen oder das der staatlichen medizinischen Versorgung gebunden. Bei der Bewertung dieser Leistungen werden die bestmöglichen Einschätzungen dieser Variablen aufgrund der Erfahrungen der Vergangenheit und anderer verlässlicher Anhaltspunkte berücksichtigt.

96 Bei den Annahmen zu den Kosten medizinischer Versorgung sind erwartete Kostentrends für medizinische Dienstleistungen aufgrund von Inflation oder spezifischer Anpassungen der medizinischen Kosten zu berücksichtigen.

97 Die Bewertung von medizinischen Leistungen nach Beendigung des Arbeitsverhältnisses erfordert Annahmen über Höhe und Häufigkeit künftiger Ansprüche und über die Kosten zur Erfüllung dieser Ansprüche. Kosten der künftigen medizinischen Versorgung werden vom Unternehmen anhand eigener, aus Erfahrungswerten der Vergangenheit gewonnenen Daten geschätzt, wobei – falls erforderlich – Erfahrungswerte anderer Unternehmen, Versicherungsunternehmen,

medizinischer Dienstleister und anderer Quellen hinzugezogen werden können. In die Schätzung der Kosten künftiger medizinischer Versorgung gehen die Auswirkungen technologischen Fortschritts, Änderungen der Inanspruchnahme von Gesundheitsfürsorgeleistungen oder der Bereitstellungsstrukturen sowie Änderungen des Gesundheitszustands der begünstigten Arbeitnehmer ein.

98 Die Höhe der geltend gemachten Ansprüche und deren Häufigkeit hängen insbesondere von Alter, Gesundheitszustand und Geschlecht der Arbeitnehmer (und ihrer Angehörigen) ab, wobei jedoch auch andere Faktoren wie der geografische Standort von Bedeutung sein können. Deswegen sind Erfahrungswerte aus der Vergangenheit anzupassen, soweit die demografische Zusammensetzung des vom Plan erfassten Personenbestands von der Zusammensetzung des Bestands abweicht, der den Daten zugrunde liegt. Eine Anpassung ist auch dann erforderlich, wenn aufgrund verlässlicher Anhaltspunkte davon ausgegangen werden kann, dass sich historische Trends nicht fortsetzen werden.

Nachzuverrechnender Dienstzeitaufwand und Gewinne oder Verlust aus der Abgeltung

99 Bei der Bestimmung des nachzuverrechnenden Dienstzeitaufwands oder eines Gewinns oder Verlusts aus der Abgeltung hat ein Unternehmen eine Neubewertung der Nettoschuld (des Nettovermögenswerts) aus einem leistungsorientierten Plan vorzunehmen; hierbei stützt es sich auf den aktuellen beizulegenden Zeitwert des Planvermögens und aktuelle versicherungsmathematische Annahmen (unter Einschluss aktueller Marktzinssätze und anderer aktueller Marktpreise), in denen sich Folgendes widerspiegelt:
a) die gemäß dem Plan vorgesehenen Leistungen und das Planvermögen vor der Änderung, Kürzung oder Abgeltung des Plans und
b) die gemäß dem Plan vorgesehenen Leistungen und das Planvermögen nach der Änderung, Kürzung oder Abgeltung des Plans.

100 Ein Unternehmen muss keine Unterscheidung zwischen nachzuverrechnendem Dienstzeitaufwand, der sich aus einer Planänderung ergibt, nachzuverrechnendem Dienstzeitaufwand, der aus einer Kürzung entsteht, und Gewinn oder Verlust aus einer Abgeltung vornehmen, wenn diese Geschäftsvorfälle gleichzeitig eintreten. In bestimmten Fällen tritt eine Planänderung vor einer Abgeltung auf; dies trifft beispielsweise zu, wenn ein Unternehmen die Leistungen im Rahmen des Plans ändert und diese geänderten Leistungen zu einem späteren Zeitpunkt abgilt. In derartigen Fällen setzt ein Unternehmen den nachzuverrechnenden Dienstzeitaufwand vor einem Gewinn oder Verlust aus der Abgeltung an.

101 Eine Abgeltung tritt dann gleichzeitig mit einer Änderung und Kürzung eines Plans ein, wenn dieser mit dem Ergebnis beendet wird, dass die Verpflichtung abgegolten wird und der Plan nicht mehr existiert. Die Beendigung eines Plans stellt jedoch dann keine Abgeltung dar, wenn der Plan durch einen neuen ersetzt wird, der im Wesentlichen die gleichen Leistungen vorsieht.

101A Bei einer Planänderung, -kürzung oder -abgeltung hat das Unternehmen einen etwaigen nachzuverrechnenden Dienstzeitaufwand oder einen aus der Abgeltung entstehenden Gewinn oder Verlust gemäß den Paragraphen 99–101 und 102–112 anzusetzen und zu bewerten. Die Auswirkung der Obergrenze für den Vermögenswert ist dabei außer Acht zu lassen. Anschließend hat das Unternehmen die Auswirkung der Obergrenze für den Vermögenswert nach der Planänderung, -kürzung oder -abgeltung zu bestimmen und Veränderungen in der Auswirkung gemäß Paragraph 57(d) anzusetzen.

Nachzuverrechnender Dienstzeitaufwand

102 Nachzuverrechnender Dienstzeitaufwand ist die Veränderung des Barwerts einer leistungsorientierten Verpflichtung, die aus einer Planänderung oder -kürzung entsteht.

103 Ein Unternehmen hat nachzuverrechnenden Dienstzeitaufwand zum früheren der folgenden Zeitpunkte als Aufwand zu erfassen:
a) **dem Zeitpunkt, an dem die Änderung oder Kürzung des Plans eintritt, und**
b) **dem Zeitpunkt, an dem das Unternehmen verbundene Restrukturierungskosten (siehe IAS 37) oder Leistungen aus Anlass der Beendigung des Arbeitsverhältnisses (siehe Paragraph 165) erfasst.**

104 Eine Planänderung liegt vor, wenn ein Unternehmen einen leistungsorientierten Plan einführt oder zurückzieht oder Leistungen, die im Rahmen eines bestehenden leistungsorientierten Plan zu zahlen sind, ändert.

105 Eine Plankürzung liegt vor, wenn ein Unternehmen die Anzahl der durch einen Plan erfassten Arbeitnehmer erheblich verringert. Eine Plankürzung kann die Folge eines einzelnen Ereignisses wie einer Betriebsschließung, der Aufgabe eines Geschäftsbereichs oder einer Beendigung oder Aussetzung eines Plans sein.

106 Der nachzuverrechnende Dienstzeitaufwand kann entweder positiv (wenn Leistungen eingeführt oder geändert werden und sich daraus eine Zunahme des Barwerts der leistungsorientierten Verpflichtung ergibt) oder negativ sein (wenn Leistungen gestrichen oder in der Weise verändert werden, dass der Barwert der leistungsorientierten Verpflichtung sinkt).

107 Reduziert ein Unternehmen im Rahmen eines bestehenden leistungsorientierten Plans zu zahlende Leistungen, und erhöht es gleichzeitig andere Leistungen, die denselben Arbeitnehmern im Rahmen des Plans zu zahlen sind, dann behandelt es die Änderung als eine einzige Nettoänderung.

108 Nachzuverrechnender Dienstzeitaufwand beinhaltet nicht

a) die Auswirkungen von Unterschieden zwischen tatsächlichen und ursprünglich angenommenen Gehaltssteigerungen auf die Höhe der in früheren Jahren erdienten Leistungen (nachzuverrechnender Dienstzeitaufwand entsteht nicht, da die Gehaltsentwicklung über die versicherungsmathematischen Annahmen berücksichtigt ist),
b) zu hoch oder zu niedrig geschätzte freiwillige Rentenerhöhungen, wenn das Unternehmen faktisch verpflichtet ist, derartige Erhöhungen zu gewähren (nachzuverrechnender Dienstzeitaufwand entsteht nicht, da solche Steigerungen über die versicherungsmathematischen Annahmen berücksichtigt sind),
c) geschätzte Auswirkungen von Leistungsverbesserungen aus versicherungsmathematischen Gewinnen oder aus Erträgen aus dem Planvermögen, die im Abschluss erfasst wurden, wenn das Unternehmen aufgrund der formalen Regelungen des Plans (oder aufgrund einer faktischen, über diese Regelungen hinausgehenden Verpflichtung) oder aufgrund rechtlicher Bestimmungen dazu verpflichtet ist, eine etwaige Überdeckung im Plan zugunsten der vom Plan erfassten Arbeitnehmer zu verwenden, und zwar selbst dann, wenn die Leistungserhöhung noch nicht formal zuerkannt wurde (in diesem Fall entsteht kein nachzuverrechnender Dienstzeitaufwand, da die resultierende höhere Verpflichtung ein versicherungsmathematischer Verlust ist, siehe Paragraph 88), und
d) der Zuwachs an unverfallbaren Leistungen (d. h. Leistungen, deren Gewährung nicht vom künftigen Fortbestand des Arbeitsverhältnisses abhängt, siehe Paragraph 72), wenn – ohne dass neue oder verbesserte Leistungen vorliegen – Arbeitnehmer Unverfallbarkeitsbedingungen erfüllen (in diesem Fall entsteht kein nachzuverrechnender Dienstzeitaufwand, weil das Unternehmen die geschätzten Kosten für die Gewährung der Leistungen als laufenden Dienstzeitaufwand in der Periode erfasst, in der die Arbeitsleistung erbracht wurde).

Gewinne oder Verluste aus der Abgeltung

109 Der Gewinn oder Verlust aus einer Abgeltung entspricht der Differenz zwischen

a) dem Barwert der leistungsorientierten Verpflichtung, die abgegolten wird, wobei der Barwert am Tag der Abgeltung bestimmt wird, und
b) dem Abgeltungspreis; dieser schließt eventuell übertragenes Planvermögen sowie unmittelbar vom Unternehmen in Verbindung mit der Abgeltung geleistete Zahlungen ein.

110 Ein Unternehmen hat einen Gewinn oder Verlust aus der Abgeltung eines leistungsorientierten Plans zum Zeitpunkt der Abgeltung zu erfassen.

111 Eine Abgeltung liegt vor, wenn ein Unternehmen eine Vereinbarung eingeht, wonach alle weiteren rechtlichen und faktischen Verpflichtungen in Bezug auf einen Teil oder die Gesamtheit der in einem leistungsorientierten Plan zugesagten Leistungen eliminiert werden, soweit es sich nicht um eine in den Regelungen des Plans vorgesehene und in den versicherungsmathematischen Annahmen enthaltene Zahlung von Leistungen direkt an Arbeitnehmer oder zu deren Gunsten handelt. Werden beispielsweise erhebliche Verpflichtungen eines Arbeitgebers aus dem Versorgungsplan mittels Erwerb einer Versicherungspolice einmalig übertragen, stellt dies eine Abgeltung dar; eine im Rahmen eines Plans erfolgte einmalige Zahlung an begünstigte Arbeitnehmer als Gegenleistung für deren Verzicht auf bestimmte Leistungen nach Beendigung des Arbeitsverhältnisses stellt dagegen keine Abgeltung dar.

112 In manchen Fällen erwirbt ein Unternehmen eine Versicherungspolice, um alle Ansprüche, die auf Arbeitsleistungen der Arbeitnehmer in der laufenden oder früheren Periode zurückgehen, abzudecken. Der Erwerb einer solchen Police ist keine Abgeltung, wenn das Unternehmen für den Fall, dass der Versicherer die in der Versicherungspolice vorgesehenen Leistungen nicht zahlt, die rechtliche oder faktische Verpflichtung (siehe Paragraph 46) zur Zahlung weiterer Beträge behält. Die Paragraphen 116–119 behandeln Ansatz und Bewertung von Erstattungsansprüchen aus Versicherungspolicen, die kein Planvermögen sind.

Ansatz und Bewertung: Planvermögen

Beizulegender Zeitwert des Planvermögens

113 Der beizulegende Zeitwert des Planvermögens wird bei der Ermittlung der Unter- oder Überdeckung vom Barwert der leistungsorientierten Verpflichtung abgezogen.

114 Nicht zum Planvermögen zählen fällige, aber noch nicht an den Fonds entrichtete Beiträge des berichtenden Unternehmens sowie nicht übertragbare Finanzinstrumente, die vom Unternehmen emittiert und vom Fonds gehalten werden. Das Planvermögen wird gemindert um jegliche Schulden des Fonds, die nicht im Zusammenhang mit Leistungen an Arbeitnehmer stehen, zum Beispiel Verbindlichkeiten aus Lieferungen und Leistungen oder andere Verbindlichkeiten und Schulden, die aus derivativen Finanzinstrumenten resultieren.

115 Soweit zum Planvermögen qualifizierende Versicherungspolicen gehören, die alle oder einige der zugesagten Leistungen hinsichtlich ihres Betrags und ihrer Fälligkeiten genau abdecken, ist der beizulegende Zeitwert der Versicherungspolicen annahmegemäß gleich dem Barwert der abgedeckten Verpflichtungen (vorbehaltlich jeder zu erfassenden Reduzierung, wenn die Beträge, die aus den Versicherungspolicen beansprucht werden, nicht voll erzielbar sind).

Erstattungen

116 Nur wenn so gut wie sicher ist, dass eine andere Partei die Ausgaben zur Erfüllung der leistungsorientierten Verpflichtung teilweise oder ganz erstatten wird, hat ein Unternehmen

a) seinen Erstattungsanspruch als gesonderten Vermögenswert anzusetzen. Das Unternehmen hat den Vermögenswert zum beizulegenden Zeitwert zu bewerten.

b) Änderungen des beizulegenden Zeitwerts seines Erstattungsanspruchs in der gleichen Weise aufzugliedern und zu erfassen wie Änderungen des beizulegenden Zeitwerts des Planvermögens (siehe Paragraphen 124 und 125). Die gemäß Paragraph 120 erfassten Kostenkomponenten eines leistungsorientierten Plans können nach Abzug der Beträge, die sich auf Änderungen des Buchwerts des Erstattungsanspruchs beziehen, erfasst werden.

117 In einigen Fällen kann ein Unternehmen von einer anderen Partei, zum Beispiel einem Versicherer, erwarten, dass diese die Ausgaben zur Erfüllung der leistungsorientierten Verpflichtung ganz oder teilweise zahlt. Qualifizierende Versicherungspolicen, wie in Paragraph 8 definiert, sind Planvermögen. Ein Unternehmen bilanziert qualifizierende Versicherungspolicen genauso wie jedes andere Planvermögen und Paragraph 116 findet keine Anwendung (siehe auch Paragraphen 46–49 und 115).

118 Ist eine auf ein Unternehmen ausgestellte Versicherungspolice keine qualifizierende Versicherungspolice, dann ist diese auch kein Planvermögen. In solchen Fällen wird Paragraph 116 angewendet: Das Unternehmen erfasst seinen Erstattungsanspruch aus der Versicherungspolice als separaten Vermögenswert und nicht als einen Abzug bei der Ermittlung der Unter- oder Überdeckung eines leistungsorientierten Plans. Paragraph 140(b) verpflichtet das Unternehmen zu einer kurzen Beschreibung des Zusammenhangs zwischen Erstattungsanspruch und zugehöriger Verpflichtung.

119 Entsteht der Erstattungsanspruch aus einer Versicherungspolice, die einige oder alle der aus einem leistungsorientierten Plan zu zahlenden Leistungen hinsichtlich ihres Betrages und ihrer Fälligkeiten genau abdeckt, ist der beizulegende Zeitwert des Erstattungsanspruchs annahmegemäß gleich dem Barwert der zugehörigen Verpflichtung (vorbehaltlich jeder zu erfassenden Reduzierung, wenn die Erstattung nicht voll erzielbar ist).

Kostenkomponenten leistungsorientierter Pläne

120 Ein Unternehmen hat die Kostenkomponenten eines leistungsorientierten Plans wie folgt zu erfassen, es sei denn, ein anderer IFRS verlangt oder erlaubt deren Einbeziehung in die Anschaffungs- oder Herstellungskosten eines Vermögenswerts:

a) Dienstzeitaufwand (siehe Paragraphen 66–112 und Paragraph 122A) erfolgswirksam,

b) Nettozinsen auf die Nettoschuld (den Nettovermögenswert) aus einem leistungsorientierten Plan (siehe Paragraphen 123–126) erfolgswirksam und

c) Neubewertungen der Nettoschuld (des Nettovermögenswerts) aus einem leistungsorientierten Plan (siehe Paragraphen 127–130) im sonstigen Ergebnis.

121 Andere IFRS schreiben vor, dass die Kosten für bestimmte Leistungen an Arbeitnehmer in die Anschaffungs- oder Herstellungskosten von Vermögenswerten, beispielsweise Vorräte und Sachanlagen, einbezogen werden (siehe IAS 2 und IAS 16). In die Anschaffungs- und Herstellungskosten von Vermögenswerten einbezogene Kosten von Leistungen nach Beendigung des Arbeitsverhältnisses beinhalten auch einen angemessenen Anteil der in Paragraph 120 aufgeführten Komponenten.

122 Neubewertungen der Nettoschuld (des Nettovermögenswerts) aus einem leistungsorientierten Plan, die im sonstigen Ergebnis erfasst werden, dürfen in einer nachfolgenden Periode nicht erfolgswirksam umgegliedert werden. Das Unternehmen kann diese im sonstigen Ergebnis erfassten Beträge jedoch innerhalb des Eigenkapitals umgliedern.

Laufender Dienstzeitaufwand

122A Der laufende Dienstzeitaufwand ist anhand versicherungsmathematischer Annahmen zu bestimmen, die zu Beginn des Geschäftsjahrs festgelegt wurden. Nimmt ein Unternehmen allerdings eine Neubewertung der Nettoschuld (des Nettovermögenswerts) aus einem leistungsorientierten Plan nach Paragraph 99 vor, so hat es den laufenden Dienstzeitaufwand für den nach der Änderung, Kürzung oder Abgeltung des Plans noch verbleibenden Teil des Geschäftsjahrs zu bestimmen und sich dabei auf die versicherungsmathematischen Annahmen zu stützen, die für die Neubewertung der Nettoschuld (des Nettovermögenswerts) gemäß Paragraph 99(b) herangezogen wurden.

Nettozinsen auf die Nettoschuld (den Nettovermögenswert) aus einem leistungsorientierten Plan

123 Nettozinsen auf die Nettoschuld (den Nettovermögenswert) aus einem leistungsorientierten Plan sind mittels Multiplikation der Nettoschuld (des Nettovermögenswerts) mit dem in Paragraph 83 beschriebenen Abzinsungssatz zu ermitteln.

123A Zur Bestimmung der Nettozinsen gemäß Paragraph 123 hat ein Unternehmen die Nettoschuld (den Nettovermögenswert) aus einem leistungsorientierten Plan und den Abzinsungssatz zugrunde zu legen, wobei beide Größen jeweils zu Beginn des Geschäftsjahrs festgelegt werden. Nimmt ein Unternehmen allerdings eine Neubewertung der Nettoschuld (des Nettovermögenswerts) gemäß **Paragraph 99 vor, so hat es die Nettozinsen für den nach der Änderung, Kürzung oder Abgeltung des Plans noch verbleibenden Teil des Geschäftsjahrs zu bestimmen und sich dabei zu stützen auf**

a) **die (den) gemäß Paragraph 99(b) bestimmte(n) Nettoschuld (Nettovermögenswert) aus einem leistungsorientierten Plan und**

b) **den Abzinsungssatz, der zur Neubewertung der Nettoschuld (des Nettovermögenswerts) aus einem leistungsorientierten Plan gemäß Paragraph 99(b) herangezogen wurde.**

Bei der Anwendung des Paragraphen 123A hat das Unternehmen auch alle etwaigen Änderungen bei der Nettoschuld (dem Nettovermögenswert) aus einem leistungsorientierten Plan zu berücksichtigen, die während der Berichtsperiode aufgrund von Beitrags- oder Leistungszahlungen eingetreten sind.

124 Nettozinsen auf die Nettoschuld (den Nettovermögenswert) aus einem leistungsorientierten Plan können angesehen werden als die Zusammensetzung von Zinserträgen aus dem Planvermögen, Zinsaufwendungen für die leistungsorientierte Verpflichtung und Zinsen auf die Auswirkung der in Paragraph 64 erwähnten Obergrenze für den Vermögenswert.

125 Zinserträge aus dem Planvermögen sind ein Bestandteil des Ertrags aus dem Planvermögen. Sie werden durch Multiplikation des beizulegenden Zeitwerts des Planvermögens mit dem in Paragraph 123A beschriebenen Abzinsungssatz ermittelt. Der beizulegende Zeitwert des Planvermögens ist zu Beginn des Geschäftsjahrs zu bestimmen. Nimmt ein Unternehmen allerdings eine Neubewertung der Nettoschuld (des Nettovermögenswerts) aus einem leistungsorientierten Plan gemäß Paragraph 99 vor, so hat es die Zinserträge für den nach der Änderung, Kürzung oder Abgeltung des Plans noch verbleibenden Teil des Geschäftsjahrs zu bestimmen und sich dabei auf die Planvermögen zu stützen, das für die Neubewertung der Nettoschuld (des Nettovermögenswerts) gemäß Paragraph 99(b) herangezogen wurde. Bei der Anwendung des Paragraphen 125 hat das Unternehmen auch alle etwaigen Änderungen beim Planvermögen zu berücksichtigen, die während der Berichtsperiode aufgrund von Beitrags- oder Leistungszahlungen eingetreten sind. Die Differenz zwischen den Zinserträgen aus dem Planvermögen und dem Ertrags aus dem Planvermögen wird in die Neubewertung der Nettoschuld (des Nettovermögenswerts) aus einem leistungsorientierten Plan einbezogen.

126 Die Zinsen auf die Auswirkung der Obergrenze für den Vermögenswert sind Bestandteil der gesamten Änderung der Auswirkung der Obergrenze für den Vermögenswert. Ihre Ermittlung erfolgt mittels Multiplikation der Auswirkung der Obergrenze für den Vermögenswert mit dem in Paragraph 123A beschriebenen Abzinsungssatz. Die Auswirkung der Obergrenze für den Vermögenswert ist zu Beginn des Geschäftsjahrs zu bestimmen. Nimmt ein Unternehmen allerdings eine Neubewertung der Nettoschuld (des Nettovermögenswerts) aus einem leistungsorientierten Plan gemäß Paragraph 99 vor, so hat es die Zinsen auf die Auswirkung der Obergrenze für den Vermögenswert für den nach der Änderung, Kürzung oder Abgeltung des Plans noch verbleibenden Teil des Geschäftsjahrs zu bestimmen und dabei alle etwaigen Änderungen bei der Auswirkung der Obergrenze für den Vermögenswert zu berücksichtigen, die gemäß Paragraph 101A bestimmt wurden. Die Differenz zwischen den Zinsen auf die Auswirkung der Obergrenze für den Vermögenswert und der gesamten Veränderung der Auswirkung der Obergrenze für den Vermögenswert wird in die Neubewertung der Nettoschuld (des Nettovermögenswerts) aus einem leistungsorientierten Plan einbezogen.

Neubewertungen der Nettoschuld (des Nettovermögenswerts) aus einem leistungsorientierten Plan

127 Neubewertungen der Nettoschuld (des Nettovermögenswerts) aus einem leistungsorientierten Plan umfassen

a) versicherungsmathematische Gewinne und Verluste (siehe Paragraphen 128 und 129),

b) den Ertrag aus dem Planvermögen (siehe Paragraph 130) unter Ausschluss von Beträgen, die in den Nettozinsen auf die Nettoschuld (den Nettovermögenswert) aus einem leistungsorientierten Plan enthalten sind (siehe Paragraph 125), und

c) Änderungen der Auswirkung der Obergrenze für den Vermögenswert unter Ausschluss der Beträge, die in den Nettozinsen auf die Nettoschuld (den Nettovermögenswert) aus einem leistungsorientierten Plan enthalten sind (siehe Paragraph 126).

128 Versicherungsmathematische Gewinne und Verluste entstehen aus Zu- oder Abnahmen des Barwerts der leistungsorientierten Verpflichtung, die aufgrund von Veränderungen bei den versicherungsmathematischen Annahmen und erfahrungsbedingten Anpassungen eintreten. Zu den Gründen für das Entstehen versicherungsmathematischer Gewinne und Verluste gehören beispielsweise

a) unerwartet hohe oder niedrige Fluktuations- oder Frühverrentungsraten oder Sterblichkeitsquoten der Mitarbeiter; unerwartet hohe oder niedrige Steigerungen bei Gehältern und Leistungen (sofern die formalen oder faktischen Regelungen eines Plans Leistungsanhebungen zum Inflationsausgleich vorsehen) oder bei den Kosten der medizinischen Versorgung,

b) die Auswirkung von Änderungen bei den Annahmen im Hinblick auf die Optionen für Leistungszahlungen,

c) die Auswirkung von Änderungen bei den Schätzungen der Fluktuations- oder Frühverrentungsraten oder Sterblichkeitsquoten der Mitarbeiter; Steigerungen bei Gehältern und Leistungen (sofern die formalen oder faktischen Regelungen eines Plans Leistungsanhebungen zum Inflationsausgleich vorsehen) oder bei den Kosten der medizinischen Versorgung und

d) die Auswirkung von Änderungen des Abzinsungssatzes.

129 In versicherungsmathematischen Gewinnen und Verlusten sind keine Änderungen des Barwerts der leistungsorientierten Verpflichtung enthalten, die durch die Einführung, Änderung, Kürzung oder Abgeltung des leistungsorientierten Plans hervorgerufen werden; ebenfalls nicht enthalten sind Änderungen bei den im Rahmen des leistungsorientierten Plans zu zahlenden Leistungen. Änderungen dieser Art führen zu nachzuverrechnendem Dienstzeitaufwand oder zu Gewinnen oder Verlusten bei der Abgeltung.

130 Bei der Ermittlung des Ertrags aus dem Planvermögen zieht ein Unternehmen die Kosten für die Verwaltung des Planvermögens sowie alle vom Plan selbst zu entrichtenden Steuern ab, soweit es sich nicht um Steuern handelt, die bereits in die versicherungsmathematischen Annahmen eingeflossen sind, die zur Bewertung der leistungsorientierten Verpflichtung verwendet werden (Paragraph 76). Sonstige Verwaltungskosten werden vom Ertrag aus dem Planvermögen nicht abgezogen.

Darstellung

Saldierung

131 Ein Unternehmen hat einen Vermögenswert aus einem Plan nur dann mit der Schuld aus einem anderen Plan zu saldieren, wenn das Unternehmen

a) ein einklagbares Recht hat, die Überdeckung des einen Plans zur Abgeltung von Verpflichtungen aus dem anderen Plan zu verwenden und

b) beabsichtigt, entweder die Abgeltung der Verpflichtungen auf Nettobasis herbeizuführen, oder gleichzeitig mit der Verwertung der Überdeckung des einen Plans seine Verpflichtung aus dem anderen Plan abzugelten.

132 Die Kriterien für eine Saldierung gleichen annähernd denen für Finanzinstrumente gemäß IAS 32 *Finanzinstrumente: Darstellung*.

Unterscheidung von Kurz- und Langfristigkeit

133 Einige Unternehmen unterscheiden zwischen kurzfristigen und langfristigen Vermögenswerten oder Schulden. Dieser Standard regelt nicht, ob ein Unternehmen eine diesbezügliche Unterscheidung nach kurz- und langfristigen Aktiva oder Passiva aus Leistungen nach Beendigung des Arbeitsverhältnisses vorzunehmen hat.

Kostenkomponenten leistungsorientierter Pläne

134 Paragraph 120 schreibt vor, dass ein Unternehmen den Dienstzeitaufwand und die Nettozinsen auf die Nettoschuld (den Nettovermögenswert) aus einem leistungsorientierten Plan erfolgswirksam anzusetzen hat. Dieser Standard regelt nicht, wie ein Unternehmen Dienstzeitaufwand und Nettozinsen auf die Nettoschuld (den Nettovermögenswert) aus einem leistungsorientierten Plan darzustellen hat. Bei der Darstellung dieser Komponenten legt das Unternehmen IAS 1 zugrunde.

Angaben

135 Ein Unternehmen hat Angaben zu machen, die

a) die Merkmale seiner leistungsorientierten Pläne und der damit verbundenen Risiken erläutern (siehe Paragraph 139),

b) die in seinen Abschlüssen ausgewiesenen Beträge, die sich aus seinen leistungsorientierten Plänen ergeben (siehe Paragraphen 140–144), feststellen und erläutern und

c) beschreiben, in welcher Weise seine leistungsorientierten Pläne die Höhe, den Zeitpunkt und die Unsicherheit der künftigen Zahlungsströme des Unternehmens beeinflussen könnten (siehe Paragraphen 145–147).

136 Zur Erfüllung der in Paragraph 135 beschriebenen Zielsetzungen hat ein Unternehmen alle nachstehend genannten Gesichtspunkte zu berücksichtigen:

a) den zur Erfüllung der Angabepflichten notwendigen Detaillierungsgrad,

b) das Gewicht, das auf jede der verschiedenen Vorschriften zu legen ist,

c) den Umfang vorzunehmender Zusammenfassungen oder Aufgliederungen und

d) die Notwendigkeit zusätzlicher Informationen für Abschlussadressaten, damit diese die angegebenen quantitativen Informationen beurteilen können.

137 Reichen die gemäß diesem Standard und anderen IFRS gemachten Angaben zur Erfüllung der Zielsetzungen in Paragraph 135 nicht aus, hat ein Unternehmen zusätzliche Angaben zu machen, um diese Zielsetzungen zu erfüllen. Ein Unternehmen kann beispielsweise eine Aufgliederung des Barwerts der leistungsorientierten Verpflichtung vorlegen, in der zwischen der Art, den Merkmalen und den Risiken der Verpflichtung unterschieden wird. In einer solchen Angabe kann unterschieden werden

a) zwischen Beträgen, die aktiven begünstigten Arbeitnehmern, ausgeschiedenen Anwärtern und Rentnern geschuldet werden,

b) zwischen unverfallbaren Leistungen und angesammelten, aber nicht unverfallbar gewordenen Leistungen,

c) zwischen bedingten Leistungen, künftigen Gehaltssteigerungen zuzuordnenden Beträgen und sonstigen Leistungen.

138 Ein Unternehmen hat zu beurteilen, ob bei allen oder einigen Angaben eine Aufgliederung nach Plänen oder Gruppen von Plänen mit erheblich

voneinander abweichenden Risiken vorzunehmen ist. Ein Unternehmen kann beispielsweise Angaben über Pläne nach einem oder mehreren der folgenden Merkmale aufgliedern:
a) unterschiedliche geografische Standorte,
b) unterschiedliche Merkmale wie Festgehaltspläne, Endgehaltspläne oder Pläne für medizinische Versorgung nach Beendigung des Arbeitsverhältnisses,
c) unterschiedliche regulatorische Rahmenbedingungen,
d) unterschiedliche Berichtssegmente,
e) unterschiedliche Finanzierungsvereinbarungen (z. B. nicht fondsfinanziert, ganz oder teilweise fondsfinanziert).

Merkmale leistungsorientierter Pläne und damit verbundene Risiken

139 Ein Unternehmen hat folgende Angaben zu machen:
a) Informationen über die Merkmale seiner leistungsorientierten Pläne, unter Einschluss
   i) der Art der durch den Plan bereitgestellten Leistungen (z. B. leistungsorientierter Plan auf Endgehaltsbasis oder beitragsbasierter Plan mit Garantie),
   ii) einer Beschreibung des regulatorischen Rahmens, innerhalb dessen der Versorgungsplan betrieben wird, beispielsweise der Höhe eventueller Mindestdotierungsverpflichtungen sowie möglicher Auswirkungen des regulatorischen Rahmens auf den Plan; dies kann beispielsweise die Obergrenze für den Vermögenswert betreffen (siehe Paragraph 64),
   iii) einer Beschreibung der Verantwortlichkeiten anderer Einheiten für die Führung des Plans; dies kann beispielsweise die Verantwortlichkeiten von Treuhändern oder Mitgliedern der Aufsichtsorgane des Plans betreffen.
b) eine Beschreibung der Risiken, denen das Unternehmen durch den Plan ausgesetzt ist; hier ist das Hauptaugenmerk auf ungewöhnliche, unternehmens- oder planspezifische Risiken sowie erhebliche Risikokonzentrationen zu richten. Ist das Planvermögen hauptsächlich in eine Gruppe von Anlagen wie beispielsweise Immobilien investiert, kann für das Unternehmen durch den Plan eine Konzentration von Immobilienmarktrisiken entstehen.
c) eine Beschreibung etwaiger Änderungen, Kürzungen und Abgeltungen des Plans.

Erläuterung der Beträge im Abschluss

140 Ein Unternehmen hat, sofern zutreffend, für jeden der folgenden Posten eine Überleitungsrechnung von den Eröffnungs- zu den Schlusssalden vorzulegen:

a) die Nettoschuld (den Nettovermögenswert) aus einem leistungsorientierten Plan mit getrennten Überleitungsrechnungen für
   i) das Planvermögen,
   ii) den Barwert der leistungsorientierten Verpflichtung,
   iii) die Auswirkung der Obergrenze für den Vermögenswert,
b) etwaige Erstattungsansprüche. Ein Unternehmen hat außerdem eine Beschreibung der Beziehung zwischen einem etwaigen Erstattungsanspruch und der zugehörigen Verpflichtung abzugeben.

141 In jeder der in Paragraph 140 aufgeführten Überleitungsrechnungen sind außerdem, falls zutreffend, jeweils die folgenden Posten aufzuführen:
a) laufender Dienstzeitaufwand.
b) Zinserträge oder -aufwendungen.
c) Neubewertungen der Nettoschuld (des Nettovermögenswerts) aus einem leistungsorientierten Plan mit getrenntem Ausweis
   i) des Ertrags aus dem Planvermögen unter Ausschluss von Beträgen, die in den in (b) aufgeführten Zinsen enthalten sind,
   ii) versicherungsmathematischer Gewinne und Verluste, die aus Veränderungen bei den demografischen Annahmen entstehen (siehe Paragraph 76(a)),
   iii) versicherungsmathematischer Gewinne und Verluste, die aus Veränderungen bei den finanziellen Annahmen entstehen (siehe Paragraph 76(b)),
   iv) Veränderungen der Auswirkung einer Begrenzung eines Nettovermögenswerts aus einem leistungsorientierten Plan auf die Obergrenze für den Vermögenswert unter Ausschluss von Beträgen, die in den Zinsen in (b) enthalten sind. Ein Unternehmen hat außerdem anzugeben, wie den verfügbaren maximalen wirtschaftlichen Nutzen ermittelt hat, d.h. ob es den Nutzen in Form von Rückerstattungen, in Form von geminderten künftigen Beitragszahlungen oder einer Kombination aus beidem erhalten würde.
d) nachzuverrechnender Dienstzeitaufwand sowie Gewinne und Verluste aus Abgeltungen. Nach Paragraph 100 ist es zulässig, dass zwischen nachzuverrechnendem Dienstzeitaufwand und Gewinnen und Verlusten aus Abgeltungen keine Unterscheidung getroffen wird, wenn diese zusammen eintreten.
e) die Auswirkung von Wechselkursänderungen.
f) Beiträge zum Plan; dabei sind Beiträge des Arbeitgebers und Beiträge der begünstigten Arbeitnehmer getrennt auszuweisen.
g) aus dem Plan geleistete Zahlungen. Dabei ist der im Zusammenhang mit Abgeltungen gezahlte Betrag getrennt auszuweisen.

h) die Auswirkungen von Unternehmenszusammenschlüssen und -veräußerungen.

142 Ein Unternehmen hat den beizulegenden Zeitwert des Planvermögens in Gruppen aufzugliedern, bei denen nach der Art und den Risiken der betreffenden Vermögenswerte unterschieden wird; dabei erfolgt in jeder Planvermögensgruppe eine weitere Unterteilung in Vermögenswerte, für die eine Marktpreisnotierung in einem aktiven Markt besteht (gemäß Definition in IFRS 13 *Bewertung zum beizulegenden Zeitwert*) und Vermögenswerte, bei denen dies nicht der Fall ist. Ein Unternehmen könnte unter Berücksichtigung des in Paragraph 136 angegebenen Umfangs der Angabepflichten beispielsweise folgende Posten unterscheiden:

a) Zahlungsmittel und Zahlungsmitteläquivalente,
b) Eigenkapitalinstrumente (getrennt nach Art der Branche, Unternehmensgröße, geografischem Gebiet etc.),
c) Schuldinstrumente (getrennt nach Art des Emittenten, Bonität, geografischem Gebiet etc.),
d) Immobilien (getrennt nach geografischem Gebiet etc.),
e) Derivate (getrennt nach Art des dem Kontrakt zugrunde liegenden Risikos, z. B. Zinskontrakte, Devisenkontrakte, Eigenkapitalkontrakte, Kreditkontrakte, Langlebigkeits-Swaps etc.),
f) Investmentfonds (getrennt nach Art des Fonds),
g) forderungsbesicherte Wertpapiere und
h) strukturierte Schuldtitel.

143 Ein Unternehmen hat den beizulegenden Zeitwert seiner eigenen, als Planvermögen gehaltenen übertragbaren Finanzinstrumente anzugeben; dasselbe gilt für den beizulegenden Zeitwert des Planvermögens in Form von Immobilien oder anderen Vermögenswerten, die das Unternehmen selbst nutzt.

144 Ein Unternehmen hat die erheblichen versicherungsmathematischen Annahmen anzugeben, die zur Ermittlung des Barwerts der leistungsorientierten Verpflichtung eingesetzt werden (siehe Paragraph 76). Eine solche Angabe muss in absoluten Werten erfolgen (z. B. als absoluter Prozentsatz und nicht nur als Spanne zwischen verschiedenen Prozentsätzen und anderen Variablen). Legt ein Unternehmen für eine Gruppe von Plänen zusammenfassende Angaben vor, hat es diese Angaben in Form von gewichteten Durchschnitten oder vergleichsweise engen Bandbreiten zu machen.

Höhe, Zeitpunkt und Unsicherheit künftiger Zahlungsströme

145 Ein Unternehmen hat folgende Angaben zu machen:

a) eine Sensitivitätsanalyse jeder erheblichen versicherungsmathematischen Annahme (gemäß Angabe nach Paragraph 144) zum Abschlussstichtag, in der aufgezeigt wird, in welcher Weise die leistungsorientierte Verpflichtung durch Veränderungen bei den maßgeblichen versicherungsmathematischen Annahmen, die zu diesem Zeitpunkt angemessenerweise für möglich gehalten wurden, beeinflusst worden wäre,
b) die Methoden und Annahmen, die bei der Erstellung der in (a) vorgeschriebenen Sensitivitätsanalyse verwendet wurden, sowie die Grenzen dieser Methoden,
c) die Änderungen bei den Methoden und Annahmen, die bei der Erstellung der in (a) vorgeschriebenen Sensitivitätsanalyse verwendet wurden, im Vergleich zur vorangegangenen Berichtsperiode sowie die Gründe für diese Änderungen.

146 Ein Unternehmen hat eine Beschreibung der Strategien vorzulegen, die der Versorgungsplan bzw. das Unternehmen zum Ausgleich der Risiken auf der Aktiv- und Passivseite verwendet; hierunter fällt auch die Verwendung von Annuitäten und anderen Verfahren wie Langlebigkeits-Swaps zum Zweck des Risikomanagements.

147 Um einen Hinweis auf die Auswirkung des leistungsorientierten Plans auf die künftigen Zahlungsströme des Unternehmens zu geben, hat ein Unternehmen folgende Angaben zu machen:

a) eine Beschreibung der Finanzierungsvereinbarungen und Finanzierungsrichtlinien, die sich auf die künftigen Beiträge auswirken,
b) die für das folgende Geschäftsjahr erwarteten Beiträge zum Plan,
c) Informationen über das Fälligkeitsprofil der leistungsorientierten Verpflichtung. Hierunter fallen die gewichtete durchschnittliche Laufzeit der leistungsorientierten Verpflichtung sowie eventuell weitere Angaben über die zeitliche Verteilung der Leistungszahlungen, beispielsweise in Form einer Fälligkeitsanalyse der Leistungszahlungen.

Gemeinschaftliche Pläne mehrerer Arbeitgeber

148 Nimmt ein Unternehmen an einem leistungsorientierten gemeinschaftlichen Plan mehrerer Arbeitgeber teil, so hat das Unternehmen folgende Angaben zu machen:

a) eine Beschreibung der Finanzierungsvereinbarungen einschließlich einer Beschreibung der Methode, die zur Ermittlung des Beitragssatzes des Unternehmens verwendet wird, sowie einer Beschreibung der Mindestdotierungsverpflichtungen.
b) eine Beschreibung des Umfangs, in dem das Unternehmen gemäß den Regelungen und Bedingungen des gemeinschaftlichen Plans mehrerer Arbeitgeber für Verpflichtungen anderer Unternehmen gegenüber dem Plan haftbar sein kann.
c) eine Beschreibung einer etwaigen vereinbarten Zuweisung einer Unter- oder Überdeckung bei
   i) Beendigung des Plans oder

ii) Ausscheiden des Unternehmens aus dem Plan.

d) bilanziert das Unternehmen diesen Plan so, als handele es sich um einen beitragsorientierten Plan nach Paragraph 34, hat es zusätzlich zu den in (a)–(c) vorgeschriebenen Angaben und anstelle der in den Paragraphen 139–147 vorgeschriebenen Angaben Folgendes darzulegen:
  i) den Sachverhalt, dass es sich bei dem Plan um einen leistungsorientierten Plan handelt,
  ii) den Grund für das Fehlen ausreichender Informationen, die das Unternehmen in die Lage versetzen würden, den Plan als leistungsorientierten Plan zu bilanzieren,
  iii) die für das folgende Geschäftsjahr erwarteten Beiträge zum Plan,
  iv) Informationen über eine Unter- oder Überdeckung des Plans, die sich auf die Höhe künftiger Beitragszahlungen auswirken könnte; hierunter fallen auch die Grundlage, auf die sich das Unternehmen bei der Ermittlung der Unter- oder Überdeckung gestützt hat, sowie eventuelle Konsequenzen für das Unternehmen,
  v) ein Hinweis auf den Umfang, in dem das Unternehmen im Vergleich zu anderen teilnehmenden Unternehmen am Plan teilnimmt. Messgrößen, die einen solchen Hinweis geben könnten, sind beispielsweise der Anteil des Unternehmens an den gesamten Beiträgen zum Plan oder der Anteil des Unternehmens an der Gesamtzahl der aktiven und pensionierten begünstigten Arbeitnehmer sowie der ehemaligen begünstigten Arbeitnehmer mit Leistungsansprüchen, sofern diese Informationen zur Verfügung stehen.

Leistungsorientierte Pläne, die Risiken auf verschiedene Unternehmen unter gemeinsamer Beherrschung verteilen

149 Nimmt ein Unternehmen an einem leistungsorientierten Plan teil, der Risiken zwischen verschiedenen Unternehmen unter gemeinsamer Beherrschung aufteilt, hat es folgende Angaben zu machen:

a) die vertragliche Vereinbarung oder erklärte Richtlinie zur Anlastung der Nettokosten aus dem leistungsorientierten Plan oder den Sachverhalt, dass eine solche Richtlinie nicht besteht,
b) die Richtlinie für die Ermittlung des Beitrags, den das Unternehmen zu zahlen hat,
c) in Fällen, in denen das Unternehmen eine Zuweisung der Nettokosten aus dem leistungsorientierten Plan gemäß Paragraph 41 bilanziert, sämtliche Informationen über den Plan, die insgesamt in den Paragraphen 135–147 vorgeschrieben werden,
d) in Fällen, in denen das Unternehmen den für die Periode zu zahlenden Beitrag gemäß Paragraph 41 bilanziert, sämtliche Informationen über den Plan, die insgesamt in den Paragraphen 135–137, 139, 142–144 und 147 (a) und (b) vorgeschrieben werden.

150 Die in Paragraph 149(c) und (d) vorgeschriebenen Informationen können mittels Querverweis auf Angaben im Abschluss eines anderen Konzernunternehmens ausgewiesen werden, wenn
a) im Abschluss des betreffenden Konzernunternehmens die verlangten Informationen über den Plan getrennt bestimmt und angegeben werden, und
b) der Abschluss des betreffenden Konzernunternehmens Abschlussadressaten zu denselben Bedingungen und zur selben Zeit wie oder früher als der Abschluss des Unternehmens zur Verfügung steht.

Angabepflichten in anderen IFRS

151 Falls IAS 24 dies vorschreibt, hat das Unternehmen Angaben zu machen über
a) Geschäftsvorfälle zwischen Plänen für Leistungen nach Beendigung des Arbeitsverhältnisses und nahestehenden Unternehmen und Personen und
b) Leistungen nach Beendigung des Arbeitsverhältnisses für das Management in Schlüsselpositionen.

152 Falls IAS 37 dies vorschreibt, macht das Unternehmen Angaben über Eventualverbindlichkeiten, die aus Leistungsverpflichtungen nach Beendigung des Arbeitsverhältnisses resultieren.

ANDERE LANGFRISTIG FÄLLIGE LEISTUNGEN AN ARBEITNEHMER

153 Andere langfristig fällige Leistungen an Arbeitnehmer umfassen unter anderem die folgenden Leistungen, sofern sie nicht voraussichtlich innerhalb von zwölf Monaten nach dem Abschlussstichtag des Geschäftsjahrs, in dem die Arbeitnehmer die betreffende Arbeitsleistung erbringen, vollständig beglichen werden:
a) langfristig fällige Leistungen für bezahlte Abwesenheiten wie Sonderurlaub nach langjähriger Dienstzeit oder Urlaub zur persönlichen Weiterbildung,
b) Jubiläumsgelder oder andere Leistungen für langjährige Dienstzeiten;
c) langfristig fällige Leistungen bei Erwerbsunfähigkeit,
d) Gewinn- und Erfolgsbeteiligungen und
e) aufgeschobene Vergütungen.

154 Die Bewertung anderer langfristig fälliger Leistungen an Arbeitnehmer unterliegt für gewöhnlich nicht den gleichen Unsicherheiten wie dies bei Leistungen nach Beendigung des Arbeitsverhältnisses der Fall ist. Aus diesem Grund

schreibt dieser Standard eine vereinfachte Bilanzierungsmethode für andere langfristig fällige Leistungen an Arbeitnehmer vor. Anders als bei der für Leistungen nach Beendigung des Arbeitsverhältnisses vorgeschriebenen Bilanzierung werden Neubewertungen bei dieser Methode nicht im sonstigen Ergebnis angesetzt.

Ansatz und Bewertung

155 Bei Ansatz und Bewertung der Über- oder Unterdeckung eines Versorgungsplans für andere langfristig fällige Leistungen an Arbeitnehmer hat ein Unternehmen die Paragraphen 56–98 und 113–115 anzuwenden. Bei Ansatz und Bewertung von Erstattungsansprüchen hat ein Unternehmen die Paragraphen 116–119 anzuwenden.

156 In Bezug auf andere langfristig fällige Leistungen an Arbeitnehmer hat ein Unternehmen die Nettosumme der folgenden Beträge erfolgswirksam anzusetzen, es sei denn, ein anderer IFRS verlangt oder erlaubt die Einbeziehung der Leistungen in die Anschaffungs- oder Herstellungskosten eines Vermögenswerts:

a) Dienstzeitaufwand (siehe Paragraphen 66–112 und Paragraph 122A),

b) Nettozinsen auf die Nettoschuld (den Nettovermögenswert) aus einem leistungsorientierten Plan (siehe Paragraphen 123–126) und

c) Neubewertungen der Nettoschuld (des Nettovermögenswerts) aus einem leistungsorientierten Plan (siehe Paragraphen 127–130).

157 Zu den anderen langfristig fälligen Leistungen an Arbeitnehmer gehören auch die langfristigen Leistungen bei Erwerbsunfähigkeit. Hängt die Höhe der zugesagten Leistung von der Dauer der Dienstzeit ab, so entsteht die Verpflichtung mit der Ableistung der Dienstzeit. In die Bewertung der Verpflichtung gehen die Wahrscheinlichkeit des Eintretens von Leistungsfällen und die wahrscheinliche Dauer der Zahlungen ein. Ist die Höhe der zugesagten Leistung ungeachtet der Dienstjahre für alle erwerbsunfähigen Arbeitnehmer gleich, werden die erwarteten Kosten für diese Leistungen bei Eintreten des Ereignisses, durch das die Erwerbsunfähigkeit verursacht wird, erfasst.

Angaben

158 Dieser Standard verlangt keine besonderen Angaben über andere langfristig fällige Leistungen an Arbeitnehmer, jedoch können solche Angaben nach Maßgabe anderer IFRS erforderlich sein. Zum Beispiel sind nach IAS 24 Angaben zu Leistungen für das Management in Schlüsselpositionen zu machen. Nach IAS 1 ist der Aufwand für Leistungen an Arbeitnehmer anzugeben.

LEISTUNGEN AUS ANLASS DER BEENDIGUNG DES ARBEITSVERHÄLTNISSES

159 In diesem Standard werden Leistungen aus Anlass der Beendigung des Arbeitsverhältnisses getrennt von anderen Leistungen an Arbeitnehmer behandelt, weil das Entstehen einer Verpflichtung durch die Beendigung des Arbeitsverhältnisses und nicht durch die vom Arbeitnehmer geleistete Arbeit begründet ist. Leistungen aus Anlass der Beendigung des Arbeitsverhältnisses entstehen entweder aufgrund der Entscheidung eines Unternehmens, das Arbeitsverhältnis zu beenden, oder der Entscheidung eines Arbeitnehmers, im Austausch für die Beendigung des Arbeitsverhältnisses ein Angebot des Unternehmens zur Zahlung von Leistungen anzunehmen.

160 Bei Leistungen an Arbeitnehmer, die aus einer Beendigung des Arbeitsverhältnisses auf Verlangen des Arbeitnehmers, ohne entsprechendes Angebot des Unternehmens entstehen, sowie bei Leistungen aufgrund zwingender Vorschriften bei Renteneintritt handelt es sich um Leistungen nach Beendigung des Arbeitsverhältnisses. Sie fallen daher nicht unter die Leistungen aus Anlass der Beendigung des Arbeitsverhältnisses. Mitunter bieten Unternehmen bei einer Beendigung des Arbeitsverhältnisses auf Verlangen des Arbeitnehmers niedrigere Leistungen aus Anlass der Beendigung des Arbeitsverhältnisses (d. h. dem Wesen nach keine Leistungen bei Beendigung des Arbeitsverhältnisses) als bei einer Beendigung des Arbeitsverhältnisses auf Verlangen des Unternehmens. Die Differenz zwischen der Leistung, die bei Beendigung des Arbeitsverhältnisses auf Verlangen des Arbeitnehmers fällig wird, und der höheren Leistung bei Beendigung des Arbeitsverhältnisses auf Verlangen des Unternehmens stellt eine Leistung aus Anlass der Beendigung des Arbeitsverhältnisses dar.

161 Die Form der an den Arbeitnehmer gezahlten Leistung legt nicht fest, ob sie im Austausch für erbrachte Arbeitsleistungen oder im Austausch für die Beendigung des Arbeitsverhältnisses mit dem Arbeitnehmer gewährt wird. Leistungen aus Anlass der Beendigung des Arbeitsverhältnisses sind in der Regel einmalige Zahlungen, können aber auch Folgendes umfassen:

a) Verbesserung der Leistungen nach Beendigung des Arbeitsverhältnisses entweder mittelbar über einen Versorgungsplan oder unmittelbar,

b) Lohnfortzahlung bis zum Ende einer bestimmten Kündigungsfrist, ohne dass der Arbeitnehmer weitere Arbeitsleistung erbringt, die dem Unternehmen wirtschaftlichen Nutzen verschafft.

162 Indikatoren, dass eine Leistung an Arbeitnehmer im Austausch für Arbeitsleistungen gewährt wird, sind u. a.:

a) Die Leistung hängt von der Erbringung künftiger Arbeitsleistungen ab (hierunter fallen auch Leistungen, die mit der Erbringung weiterer Arbeitsleistungen steigen).

b) Die Leistung wird gemäß den Regelungen eines Versorgungsplans gewährt.

163 Mitunter werden Leistungen aus Anlass der Beendigung des Arbeitsverhältnisses gemäß den Regelungen eines bestehenden Versorgungsplans gewährt. Solche Bedingungen können beispielsweise gesetzlich, im Anstellungsvertrag oder im Tarifvertrag verankert sein oder sich stillschweigend aus der bisherigen betrieblichen Praxis bei der Gewährung ähnlicher Leistungen ergeben. Weitere Beispiele sind Fälle, in denen ein Unternehmen ein Angebot für Leistungen macht, das nicht nur kurzfristig gilt, oder in denen zwischen dem Angebot und dem erwarteten Zeitpunkt der tatsächlichen Beendigung des Arbeitsverhältnisses mehr als nur ein kurzer Zeitraum liegt; trifft dies zu, prüft das Unternehmen, ob es damit einen neuen Versorgungsplan begründet hat und ob die Leistungen, die im Rahmen dieses Plans angeboten werden, Leistungen aus Anlass der Beendigung des Arbeitsverhältnisses oder Leistungen nach Beendigung des Arbeitsverhältnisses sind. Leistungen an Arbeitnehmer, die gemäß den Regelungen eines Versorgungsplans gewährt werden, sind Leistungen aus Anlass der Beendigung des Arbeitsverhältnisses, wenn sie aus der Entscheidung eines Unternehmens zur Beendigung des Arbeitsverhältnisses entstehen und nicht davon abhängen, ob künftig Arbeitsleistungen erbracht werden.

164 Einige Leistungen an Arbeitnehmer werden unabhängig vom Grund des Ausscheidens gewährt. Die Zahlung solcher Leistungen ist gewiss (vorbehaltlich der Erfüllung etwaiger Unverfallbarkeits- oder Mindestdienstzeitkriterien), der Zeitpunkt der Zahlung ist jedoch ungewiss. Obwohl solche Leistungen in einigen Ländern als Entschädigungen, Abfindungen oder Abfertigungen bezeichnet werden, sind sie Leistungen nach Beendigung des Arbeitsverhältnisses und nicht Leistungen aus Anlass der Beendigung des Arbeitsverhältnisses, sodass ein Unternehmen sie demzufolge auch wie Leistungen nach Beendigung des Arbeitsverhältnisses bilanziert.

Ansatz

165 Ein Unternehmen hat eine Schuld oder einen Aufwand für Leistungen aus Anlass der Beendigung des Arbeitsverhältnisses zum früheren der folgenden Zeitpunkte zu erfassen:

a) wenn das Unternehmen das Angebot derartiger Leistungen nicht mehr zurückziehen kann und

b) wenn das Unternehmen Kosten für eine Restrukturierung ansetzt, die in den Anwendungsbereich von IAS 37 fällt und die Zahlung von Leistungen aus Anlass der Beendigung des Arbeitsverhältnisses beinhaltet.

166 Bei Leistungen aus Anlass der Beendigung des Arbeitsverhältnisses, die infolge der Entscheidung eines Arbeitnehmers, ein Angebot von Leistungen im Austausch für die Beendigung des Arbeitsverhältnisses anzunehmen, zu zahlen sind, entspricht der Zeitpunkt, an dem das Unternehmen das Angebot der Leistungen aus Anlass der Beendigung des Arbeitsverhältnisses nicht mehr zurückziehen kann, dem früheren der folgenden Zeitpunkte:

a) dem Zeitpunkt, an dem der Arbeitnehmer das Angebot annimmt, und

b) dem Zeitpunkt, an dem eine Beschränkung der Fähigkeit des Unternehmens, das Angebot zurückzuziehen, wirksam wird (beispielsweise aufgrund einer gesetzlichen, aufsichtsbehördlichen oder vertraglichen Vorschrift oder sonstiger Beschränkungen). Dieser Zeitpunkt würde also eintreten, wenn das Angebot unterbreitet wird, sofern die Beschränkung zum Zeitpunkt des Angebots bereits bestand.

167 Bei Leistungen aus Anlass der Beendigung des Arbeitsverhältnisses, die infolge der Entscheidung eines Unternehmens, das Arbeitsverhältnis eines Arbeitnehmers zu beenden, zu zahlen sind, ist dem Unternehmen die Rücknahme des Angebots nicht mehr möglich, wenn es die betroffenen Arbeitnehmer über einen Plan hinsichtlich der Beendigung des Arbeitsverhältnisses informiert hat, der sämtliche nachstehenden Kriterien erfüllt:

a) Die für die Umsetzung des Plans erforderlichen Maßnahmen deuten darauf hin, dass an dem Plan wahrscheinlich keine wesentlichen Änderungen mehr vorgenommen werden.

b) Der Plan nennt die Anzahl der Arbeitnehmer, deren Arbeitsverhältnis beendet werden soll, deren Tätigkeitskategorien oder Aufgabenbereiche sowie deren Standorte (der Plan muss aber nicht jeden einzelnen Arbeitnehmer nennen) und den erwarteten Umsetzungszeitpunkt.

c) Der Plan legt die Leistungen aus Anlass der Beendigung des Arbeitsverhältnisses, die Arbeitnehmer erhalten werden, hinreichend detailliert fest, sodass Arbeitnehmer Art und Höhe der Leistungen, die sie bei Beendigung ihres Arbeitsverhältnisses erhalten werden, ermitteln können.

168 Setzt ein Unternehmen Leistungen aus Anlass der Beendigung des Arbeitsverhältnisses an, muss es unter Umständen auch eine Ergänzung des Plans oder eine Kürzung anderer Leistungen an Arbeitnehmer bilanzieren (siehe Paragraph 103).

Bewertung

169 Ein Unternehmen hat Leistungen aus Anlass der Beendigung des Arbeitsverhältnisses beim erstmaligen Ansatz zu bewerten und spätere Änderungen entsprechend der Art der Leistungen an Arbeitnehmer zu bewerten und anzusetzen; in Fällen, in denen die Leistungen aus Anlass der Beendigung des Arbeitsverhältnisses eine Verbesserung der Leistungen nach Beendigung des Arbeitsverhältnisses darstellen, hat das Unternehmen jedoch die Vorschriften

für Leistungen nach Beendigung des Arbeitsverhältnisses anzuwenden. Andernfalls

a) hat das Unternehmen in Fällen, in denen die Leistungen aus Anlass der Beendigung des Arbeitsverhältnisses voraussichtlich innerhalb von zwölf Monaten nach dem Abschlussstichtag des Geschäftsjahrs, in dem die Leistungen aus Anlass der Beendigung des Arbeitsverhältnisses angesetzt werden, vollständig beglichen werden, die Vorschriften für kurzfristig fällige Leistungen an Arbeitnehmer anzuwenden.

b) hat das Unternehmen in Fällen, in denen die Leistungen aus Anlass der Beendigung des Arbeitsverhältnisses voraussichtlich nicht innerhalb von zwölf Monaten nach dem Abschlussstichtag des Geschäftsjahrs vollständig beglichen werden, die Vorschriften für andere langfristig fällige Leistungen an Arbeitnehmer anzuwenden.

170 Da Leistungen aus Anlass der Beendigung des Arbeitsverhältnisses nicht im Austausch für Arbeitsleistungen gewährt werden, sind die Paragraphen 70–74, die sich auf die Zuordnung von Leistungen auf Dienstjahre beziehen, hier nicht maßgeblich.

Beispiel zur Veranschaulichung der Paragraphen 159–170

Hintergrund

Infolge eines kürzlich erfolgten Erwerbs plant ein Unternehmen, ein Werk in zehn Monaten zu schließen und zu diesem Zeitpunkt die Arbeitsverhältnisse aller in dem Werk verbliebenen Arbeitnehmer zu beenden. Da das Unternehmen für die Fertigstellung einiger Aufträge die Fachkenntnisse der im Werk beschäftigten Arbeitnehmer benötigt, gibt es folgenden Plan hinsichtlich der Beendigung des Arbeitsverhältnisses bekannt.

Jeder Arbeitnehmer, der bis zur Werksschließung bleibt und seine Arbeitsleistung erbringt, erhält zum Zeitpunkt der Beendigung des Arbeitsverhältnisses eine Barzahlung in Höhe von 30 000 WE. Arbeitnehmer, die vor der Werksschließung ausscheiden, erhalten 10 000 WE.

Im Werk sind 120 Arbeitnehmer beschäftigt. Zum Zeitpunkt der Bekanntgabe des Plans geht das Unternehmen davon aus, dass 20 von ihnen vor der Schließung ausscheiden werden. Die insgesamt erwarteten Mittelabflüsse im Rahmen des Plans betragen also 3 200 000 WE (d. h. 20 × 10 000 WE + 100 × 30 000 WE). Wie in Paragraph 160 vorgeschrieben, bilanziert das Unternehmen Leistungen, die im Austausch für eine Beendigung des Arbeitsverhältnisses gewährt werden, als Leistungen aus Anlass der Beendigung des Arbeitsverhältnisses und Leistungen, die im Austausch für Arbeitsleistungen gezahlt werden, als kurzfristig fällige Leistungen an Arbeitnehmer.

Leistungen aus Anlass der Beendigung des Arbeitsverhältnisses

Die im Austausch für die Beendigung des Arbeitsverhältnisses gezahlte Leistung beträgt 10 000 WE. Dies ist der Betrag, den ein Unternehmen für die Beendigung des Arbeitsverhältnisses zu zahlen hat, unabhängig davon, ob die Arbeitnehmer bis zur Schließung des Werks bleiben und Arbeitsleistung erbringen, oder ob sie vor der Schließung ausscheiden. Auch wenn die Arbeitnehmer vor der Schließung ausscheiden können, ist die Beendigung der Arbeitsverhältnisse aller Arbeitnehmer die Folge der Unternehmensentscheidung, das Werk zu schließen und deren Arbeitsverhältnisse zu beenden (d. h. alle Arbeitnehmer scheiden aus dem Arbeitsverhältnis aus, wenn das Werk schließt). Deshalb setzt das Unternehmen eine Schuld von 1 200 000 WE (d. h. 120 × 10 000 WE) für die gemäß dem Versorgungsplan gewährten Leistungen aus Anlass der Beendigung des Arbeitsverhältnisses an; abhängig davon, welcher der Zeitpunkte früher eintritt, erfolgt der Ansatz entweder zu dem Zeitpunkt, zu dem der Plan zur Beendigung des Arbeitsverhältnisses bekannt gegeben wird, oder zu dem Zeitpunkt, zu dem das Unternehmen die mit der Werksschließung verbundenen Restrukturierungskosten ansetzt.

Im Austausch für Arbeitsleistung gezahlte Leistungen

Die zusätzlichen Leistungen, die Arbeitnehmer erhalten, wenn sie über den vollen Zehnmonatszeitraum Arbeitsleistungen erbringen, gelten im Austausch für Arbeitsleistungen, die während der Dauer dieses Zeitraums erbracht werden. Das Unternehmen bilanziert sie als kurzfristig fällige Leistungen an Arbeitnehmer, weil es davon ausgeht, sie innerhalb von zwölf Monaten nach dem Abschlussstichtag des Geschäftsjahrs abzugelten. In diesem Beispiel ist keine Abzinsung erforderlich, sodass in jedem Monat während der Dienstzeit von zehn Monaten ein Aufwand von 200 000 WE (d. h. 2 000 000 ÷ 10) angesetzt wird, mit einem entsprechenden Anstieg im Buchwert der Schuld.

Angaben

171 Obgleich dieser Standard keine besonderen Angaben zu Leistungen aus Anlass der Beendigung des Arbeitsverhältnisses vorschreibt, können solche Angaben nach Maßgabe anderer IFRS erforderlich sein. Zum Beispiel sind nach IAS 24 Angaben zu Leistungen für das Management in Schlüsselpositionen zu machen. Nach IAS 1 ist der Aufwand für Leistungen an Arbeitnehmer anzugeben.

ÜBERGANGSVORSCHRIFTEN UND ZEITPUNKT DES INKRAFTTRETENS

172 Dieser Standard ist auf Geschäftsjahre anzuwenden, die am oder nach dem 1. Januar 2013 beginnen. Eine frühere Anwendung ist zulässig. Wendet ein Unternehmen diesen Standard auf eine frühere Periode an, hat es dies anzugeben.

173 Ein Unternehmen hat diesen Standard gemäß IAS 8 *Rechnungslegungsmethoden, Änderungen*

von rechnungslegungsbezogenen Schätzungen und Fehler rückwirkend anzuwenden, es sei denn,

a) ein Unternehmen braucht den Buchwert von Vermögenswerten, die nicht in den Anwendungsbereich dieses Standards fallen, nicht um Änderungen bei den Kosten für Leistungen an Arbeitnehmer anzupassen, die bereits vor dem Zeitpunkt der erstmaligen Anwendung im Buchwert enthalten waren. Der Zeitpunkt der erstmaligen Anwendung entspricht dem Beginn der frühesten Berichtsperiode, die im ersten Abschluss, in dem das Unternehmen diesen Standard anwendet, ausgewiesen wird.

b) ein Unternehmen braucht in Abschlüssen für vor dem 1. Januar 2014 beginnende Berichtsperioden keine Vergleichsinformationen auszuweisen, die nach Paragraph 145 über die Sensitivität der leistungsorientierten Verpflichtung vorgeschrieben sind.

174 Durch IFRS 13, veröffentlicht im Mai 2011, wurden die Definition des beizulegenden Zeitwerts in Paragraph 8 sowie Paragraph 113 geändert. Wendet ein Unternehmen IFRS 13 an, sind diese Änderungen ebenfalls anzuwenden.

175 Mit der im November 2013 veröffentlichten Verlautbarung *Leistungsorientierte Pläne: Arbeitnehmerbeiträge* (Änderungen an IAS 19) wurden die Paragraphen 93–94 geändert. Ein Unternehmen hat diese Änderungen nach IAS 8 *Rechnungslegungsmethoden, Änderungen von rechnungslegungsbezogenen Schätzungen und Fehler* rückwirkend auf Geschäftsjahre anzuwenden, die am oder nach dem 1. Juli 2014 beginnen. Eine frühere Anwendung ist zulässig. Wendet ein Unternehmen diese Änderungen auf eine frühere Periode an, hat es dies anzugeben.

176 Durch die *Jährlichen Verbesserungen an den IFRS, Zyklus 2012–2014*, veröffentlicht im September 2014, wurde Paragraph 83 geändert und Paragraph 177 eingefügt. Diese Änderungen sind auf Geschäftsjahre anzuwenden, die am oder nach dem 1. Januar 2016 beginnen. Eine frühere Anwendung ist zulässig. Wendet ein Unternehmen diese Änderung auf eine frühere Periode an, hat es dies anzugeben.

177 Die in Paragraph 176 vorgenommenen Änderungen sind mit Beginn der frühesten Vergleichsperiode, die im ersten nach diesen Änderungen erstellten Abschluss dargestellt ist, anzuwenden. Alle Anpassungen aufgrund der erstmaligen Anwendung sind in den Gewinnrücklagen zu Beginn dieser Periode zu erfassen.

178 Durch IFRS 17, veröffentlicht im Mai 2017, wurde die Fußnote zu Paragraph 8 geändert. Wendet ein Unternehmen IFRS 17 an, sind diese Änderung ebenfalls anzuwenden.

179 Durch die im Februar 2018 veröffentlichte Verlautbarung *Planänderung, -kürzung oder -abgeltung* (Änderungen an IAS 19) wurden die Paragraphen 101A, 122A und 123A eingefügt und die Paragraphen 57, 99, 120, 123, 125, 126 und 156 geändert. Diese Änderungen sind auf Planänderungen, -kürzungen oder -abgeltungen anzuwenden, die zu oder nach Beginn des ersten Geschäftsjahrs eintreten, welches am oder nach dem 1. Januar 2019 beginnt. Eine frühere Anwendung ist zulässig. Wendet ein Unternehmen diese Änderungen früher an, hat es dies anzugeben.

Anhang A
Anwendungsleitlinien

Dieser Anhang ist integraler Bestandteil des Standards. Er beschreibt die Anwendung der Paragraphen 92–93 und hat die gleiche bindende Kraft wie die anderen Teile des Standards.

A1 Die Bilanzierungsvorschriften für Beiträge von Arbeitnehmern oder Dritten sind in nachstehender Übersicht dargestellt.

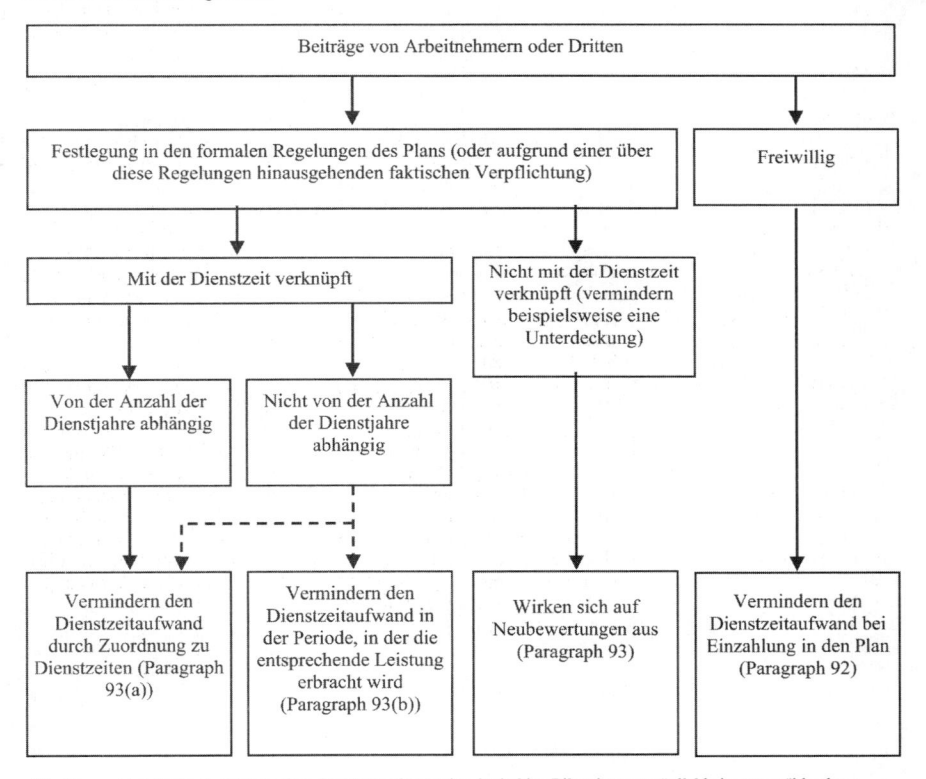

```
                    Beiträge von Arbeitnehmern oder Dritten
                              │                    │
                              ▼                    ▼
     Festlegung in den formalen Regelungen       Freiwillig
     des Plans (oder aufgrund einer über
     diese Regelungen hinausgehenden
     faktischen Verpflichtung)
              │
      ┌───────┴───────┐
      ▼               ▼
  Mit der          Nicht mit der Dienstzeit
  Dienstzeit       verknüpft (vermindern
  verknüpft        beispielsweise eine
                   Unterdeckung)
      │
  ┌───┴────┐
  ▼        ▼
 Von der   Nicht von der
 Anzahl    Anzahl der
 der       Dienstjahre
 Dienst-   abhängig
 jahre
 abhängig
  │         ╎
  ▼         ▼                      ▼                      ▼
Vermindern  Vermindern den      Wirken sich auf      Vermindern den
den         Dienstzeitaufwand   Neubewertungen       Dienstzeitaufwand
Dienstzeit- in der Periode,     aus (Paragraph 93)   bei Einzahlung
aufwand     in der die                                in den Plan
durch       entsprechende                             (Paragraph 92)
Zuordnung   Leistung erbracht
zu Dienst-  wird
zeiten      (Paragraph 93(b))
(Paragraph
93(a))
```

(1) Die gestrichelte Linie zeigt an, dass das Unternehmen eine der beiden Bilanzierungsmöglichkeiten auswählen kann.

INTERNATIONAL ACCOUNTING STANDARD 20
Bilanzierung und Darstellung von Zuwendungen der öffentlichen Hand(¹)

IAS 20, VO (EU) 2023/1803

Gliederung	§§
ANWENDUNGSBEREICH	1–2
DEFINITIONEN	3–6
ZUWENDUNGEN DER ÖFFENTLICHEN HAND	7–33
Nicht monetäre Zuwendungen der öffentlichen Hand	23
Darstellung von Zuwendungen für Vermögenswerte	24–28
Darstellung von erfolgsbezogenen Zuwendungen	29–31
Rückzahlung von Zuwendungen der öffentlichen Hand	32–33
BEIHILFEN DER ÖFFENTLICHEN HAND	34–38
ANGABEN	39
ÜBERGANGSVORSCHRIFTEN	40
ZEITPUNKT DES INKRAFTTRETENS	41–48

ANWENDUNGSBEREICH

1 Dieser Standard ist auf die Bilanzierung und Darstellung von Zuwendungen der öffentlichen Hand sowie auf die Angaben sonstiger Unterstützungsmaßnahmen der öffentlichen Hand anzuwenden.

2 Folgende Fragestellungen werden in diesem Standard nicht behandelt:

a) die besonderen Probleme, die sich aus der Bilanzierung von Zuwendungen der öffentlichen Hand in Abschlüssen ergeben, die die Auswirkungen von Preisänderungen berücksichtigen, sowie die Frage, wie sich Zuwendungen der öffentlichen Hand auf zusätzliche Informationen ähnlicher Art auswirken;

b) Beihilfen der öffentlichen Hand, die sich für ein Unternehmen als Vorteile bei der Ermittlung des zu versteuernden Gewinns oder steuerlichen Verlusts auswirken oder die auf der Grundlage der Einkommensteuerschuld bestimmt oder begrenzt werden. Beispiele dafür sind Steuerstundungen, investitionsabhängige Steuergutschriften, erhöhte Abschreibungsmöglichkeiten und ermäßigte Einkommensteuersätze;

c) Beteiligungen der öffentlichen Hand an Unternehmen;

d) Zuwendungen der öffentlichen Hand, die von IAS 41 *Landwirtschaft* abgedeckt werden.

DEFINITIONEN

3 Die folgenden Begriffe werden in diesem Standard mit der angegebenen Bedeutung verwendet:

Öffentliche Hand bezieht sich auf Regierungsbehörden, Institutionen mit hoheitlichen Aufgaben und ähnliche Körperschaften, unabhängig davon, ob diese auf lokaler, nationaler oder internationaler Ebene angesiedelt sind.

Beihilfen der öffentlichen Hand sind Maßnahmen der öffentlichen Hand, die dazu bestimmt sind, einem Unternehmen oder einer Reihe von Unternehmen, die bestimmte Kriterien erfüllen, einen besonderen wirtschaftlichen Vorteil zu gewähren. Beihilfen der öffentlichen Hand im Sinne dieses Standards umfassen keine indirekt bereitgestellten Vorteile aufgrund von Fördermaßnahmen, die auf die allgemeinen Handelsbedingungen Einfluss nehmen, wie beispielsweise die Bereitstellung von Infrastruktur in Entwicklungsgebieten oder die Auferlegung von Handelsbeschränkungen für Wettbewerber.

Zuwendungen der öffentlichen Hand sind Beihilfen der öffentlichen Hand, die einem Unternehmen durch Übertragung von Mitteln gewährt werden und die zum Ausgleich für die vergangene oder künftige Erfüllung bestimmter Bedingungen im Zusammenhang mit den betrieblichen Tätigkeiten des Unternehmens dienen. Davon ausgeschlossen sind bestimmte Formen von Beihilfen der öffentlichen Hand, die sich nicht angemessen bewerten lassen,

---

(¹) Durch die *Verbesserungen der IFRS*, veröffentlicht im Mai 2008, hat der IASB-Board die in diesem Standard verwendete Terminologie geändert, um die Kohärenz mit den anderen IFRS zu gewährleisten:
a) „zu versteuerndes Einkommen" wird geändert in „zu versteuernder Gewinn oder steuerlicher Verlust",
b) „als Ertrag/ Aufwand zu erfassen" wird geändert in „erfolgswirksam zu erfassen",
c) „dem Eigenkapital unmittelbar zuordnen" wird geändert in „nicht erfolgswirksam erfassen", und
d) „Berichtigung einer Schätzung" wird geändert in „Änderung einer Schätzung".

sowie Geschäfte mit der öffentlichen Hand, die von der normalen Tätigkeit des Unternehmens nicht unterschieden werden können.([2])

([2]) Siehe auch SIC-10 *Beihilfen der öffentlichen Hand – Kein spezifischer Zusammenhang mit betrieblichen Tätigkeiten.*

Zuwendungen für Vermögenswerte sind Zuwendungen der öffentlichen Hand, die an die Hauptbedingung geknüpft sind, dass ein Unternehmen, um die Zuwendungsvoraussetzungen zu erfüllen, langfristige Vermögenswerte kauft, herstellt oder auf andere Weise erwirbt. Damit können auch Nebenbedingungen verbunden sein, die die Art oder den Standort der Vermögenswerte oder die Perioden, während derer sie zu erwerben oder zu halten sind, beschränken.

Erfolgsbezogene Zuwendungen sind Zuwendungen der öffentlichen Hand, die sich nicht auf Vermögenswerte beziehen.

Erlassbare Darlehen sind Darlehen, die der Darlehensgeber mit der Zusage gewährt, die Rückzahlung unter bestimmten im Voraus festgelegten Bedingungen zu erlassen.

Der *beizulegende Zeitwert* ist der Preis, der in einem gewöhnlichen Geschäftsvorfall zwischen Marktteilnehmern am Bewertungsstichtag für den Verkauf eines Vermögenswerts eingenommen bzw. für die Übertragung einer Schuld gezahlt würde. (Siehe IFRS 13 *Bewertung zum beizulegenden Zeitwert.*)

4 Beihilfen der öffentlichen Hand können vielfache Formen annehmen und variieren sowohl in der Art der gewährten Beihilfe als auch in den Bedingungen, die daran üblicherweise geknüpft sind. Der Zweck einer Beihilfe kann darin bestehen, ein Unternehmen zu ermutigen, eine Tätigkeit aufzunehmen, die es nicht aufgenommen hätte, wenn die Beihilfe nicht gewährt worden wäre.

5 Der Erhalt von Beihilfen der öffentlichen Hand durch ein Unternehmen kann aus zwei Gründen für die Aufstellung des Abschlusses wesentlich sein. Erstens muss bei erfolgter Mittelübertragung eine sachgerechte Behandlung für die Bilanzierung der Übertragung gefunden werden. Zweitens ist die Angabe des Umfangs wünschenswert, in dem das Unternehmen während der Berichtsperiode von derartigen Beihilfen profitiert hat. Dies erleichtert den Vergleich mit Abschlüssen früherer Perioden und mit denen anderer Unternehmen.

6 Zuwendungen der öffentlichen Hand werden mitunter anders bezeichnet, beispielsweise als Zuschüsse, Subventionen oder als Prämien.

ZUWENDUNGEN DER ÖFFENTLICHEN HAND

7 Eine Erfassung von Zuwendungen der öffentlichen Hand, einschließlich nicht monetärer Zuwendungen zum beizulegenden Zeitwert, erfolgt nur dann, wenn eine angemessene Sicherheit darüber besteht, dass

a) das Unternehmen die damit verbundenen Bedingungen erfüllen wird und

b) die Zuwendungen gewährt werden.

8 Zuwendungen der öffentlichen Hand werden nur erfasst, wenn eine angemessene Sicherheit darüber besteht, dass das Unternehmen die damit verbundenen Bedingungen erfüllen wird und dass die Zuwendungen gewährt werden. Der Zufluss einer Zuwendung liefert für sich allein keinen schlüssigen Nachweis dafür, dass die mit der Zuwendung verbundenen Bedingungen erfüllt worden sind oder werden.

9 Die Art, in der eine Zuwendung gewährt wird, berührt die Bilanzierungsmethode, die auf die Zuwendung anzuwenden ist, nicht. Die Zuwendung ist in derselben Weise zu bilanzieren, unabhängig davon, ob sie als Zahlung oder als Verringerung einer Verpflichtung gegenüber der öffentlichen Hand empfangen wurde.

10 Ein erlassbares Darlehen der öffentlichen Hand wird als Zuwendung der öffentlichen Hand behandelt, wenn angemessene Sicherheit darüber besteht, dass das Unternehmen die Bedingungen für den Erlass des Darlehens erfüllen wird.

10A Der Vorteil aus einem öffentlichen Darlehen zu einem unter dem Marktzins liegenden Zinssatz wird wie eine Zuwendung der öffentlichen Hand behandelt. Das Darlehen wird gemäß IFRS 9 *Finanzinstrumente* angesetzt und bewertet. Der Vorteil aus dem unter dem Marktzins liegenden Zinssatz wird als Differenz zwischen dem nach IFRS 9 ermittelten ursprünglichen Buchwert des Darlehens und den erhaltenen Zahlungen bestimmt. Der Vorteil ist gemäß diesem Standard zu bilanzieren. Bei der Bestimmung der Kosten, die der mit dem Darlehen verbundene Vorteil kompensieren soll, hat ein Unternehmen die Bedingungen und Verpflichtungen zu berücksichtigen, die zu erfüllen waren oder in Zukunft noch zu erfüllen sind

11 Ist eine Zuwendung der öffentlichen Hand bereits erfasst worden, so ist jede damit verbundene Eventualverbindlichkeit oder Eventualforderung gemäß IAS 37 *Rückstellungen, Eventualverbindlichkeiten und Eventualforderungen* zu behandeln.

12 Zuwendungen der öffentlichen Hand sind planmäßig erfolgswirksam zu erfassen, und zwar im Verlauf der Perioden, in denen das Unternehmen die entsprechenden Kosten, die die Zuwendungen der öffentlichen Hand kompensieren sollen, als Aufwendungen ansetzt.

13 Für die Behandlung von Zuwendungen der öffentlichen Hand existieren zwei grundlegende Methoden: die Methode der Behandlung als Eigenkapital, wonach die Zuwendung nicht erfolgswirksam erfasst wird, und die Methode der erfolgswirksamen Behandlung der Zuwendungen, wonach die Zuwendung über eine oder mehrere Perioden erfolgswirksam erfasst wird.

14 Die Verfechter der Behandlung als Eigenkapital argumentieren in folgender Weise:

a) Zuwendungen der öffentlichen Hand sind eine Finanzierungshilfe, die in der Bilanz auch als solche zu behandeln ist und die erfolgswirksam erfasst wird, um mit den Aufwendungen saldiert zu werden, zu deren Finanzierung die Zuwendung gewährt wurde. Da keine Rückzahlung zu erwarten ist, sind sie nicht erfolgswirksam zu erfassen.

b) Es ist unangemessen, die Zuwendungen der öffentlichen Hand erfolgswirksam zu erfassen, da sie nicht verdient worden sind, sondern einen von der öffentlichen Hand gewährten Anreiz darstellen, ohne dass entsprechender Aufwand entsteht.

15 Die Argumente für eine erfolgswirksame Behandlung lauten folgendermaßen:

a) Da Zuwendungen der öffentlichen Hand Mittel sind, die nicht von den Anteilseignern zugeführt werden, dürfen sie nicht unmittelbar dem Eigenkapital zugeordnet werden, sondern sind erfolgswirksam in den entsprechenden Perioden zu erfassen.

b) Zuwendungen der öffentlichen Hand sind selten unentgeltlich. Das Unternehmen verdient sie durch die Beachtung der Bedingungen und mit der Erfüllung der vorgesehenen Verpflichtungen. Sie sollten daher erfolgswirksam erfasst werden, und zwar im Verlauf der Perioden, in denen das Unternehmen die entsprechenden Kosten, die die Zuwendungen der öffentlichen Hand kompensieren sollen, als Aufwendungen ansetzt.

c) Da Einkommensteuern und andere Steuern Aufwendungen sind, ist es logisch, auch Zuwendungen der öffentlichen Hand, die eine Ausdehnung der Steuerpolitik darstellen, erfolgswirksam zu erfassen.

16 Für die Methode der erfolgswirksamen Behandlung von Zuwendungen der öffentlichen Hand ist es von grundlegender Bedeutung, dass die Zuwendungen der öffentlichen Hand planmäßig erfolgswirksam erfasst werden, und zwar im Verlauf der Perioden, in denen das Unternehmen die entsprechenden Kosten, die die Zuwendungen der öffentlichen Hand kompensieren sollen, als Aufwendungen ansetzt. Die erfolgswirksame Erfassung von Zuwendungen der öffentlichen Hand auf der Grundlage ihres Zuflusses steht nicht in Übereinstimmung mit der Grundvoraussetzung der Periodenabgrenzung (siehe IAS 1 *Darstellung des Abschlusses*), und eine Erfassung bei Zufluss der Zuwendung ist nur zulässig, wenn für die Periodisierung der Zuwendung keine andere Grundlage als die des Zuflusszeitpunkts verfügbar ist.

17 In den meisten Fällen sind die Perioden, über welche die im Zusammenhang mit einer Zuwendung der öffentlichen Hand anfallenden Aufwendungen erfasst werden, leicht feststellbar. Daher werden Zuwendungen, die mit bestimmten Aufwendungen zusammenhängen, in der gleichen Periode wie diese Aufwendungen erfasst. Entsprechend werden Zuwendungen für abschreibungsfähige Vermögenswerte über die Perioden und in dem Verhältnis erfolgswirksam erfasst, in dem die Abschreibung auf diese Vermögenswerte angesetzt wird.

18 Zuwendungen der öffentlichen Hand, die im Zusammenhang mit nicht abschreibungsfähigen Vermögenswerten gewährt werden, können ebenfalls die Erfüllung bestimmter Verpflichtungen voraussetzen und werden dann erfolgswirksam während der Perioden erfasst, die durch Aufwendungen infolge der Erfüllung der Verpflichtungen belastet werden. Beispielsweise kann eine Zuwendung in Form von Grund und Boden an die Bedingung gebunden sein, auf diesem Grundstück ein Gebäude zu errichten, und es kann angemessen sein, die Zuwendung während der Lebensdauer des Gebäudes erfolgswirksam zu erfassen.

19 Zuwendungen können auch Teil eines Bündels finanzieller oder steuerlicher Fördermaßnahmen sein, die an eine Reihe von Bedingungen geknüpft sind. In solchen Fällen ist die Feststellung der Bedingungen, die die Aufwendungen der Perioden verursachen, in denen die Zuwendung vereinnahmt wird, sorgfältig durchzuführen. So kann es angemessen sein, einen Teil der Zuwendung auf der einen und einen anderen Teil auf einer anderen Grundlage zu verteilen.

20 Eine Zuwendung der öffentlichen Hand, die als Ausgleich für bereits angefallene Aufwendungen oder Verluste oder zur sofortigen finanziellen Unterstützung ohne künftig damit verbundenen Aufwand gezahlt wird, ist erfolgswirksam in der Periode zu erfassen, in der der entsprechende Anspruch entsteht.

21 In einigen Fällen kann eine Zuwendung der öffentlichen Hand gewährt werden, um ein Unternehmen sofort finanziell zu unterstützen, ohne dass mit dieser Zuwendung ein Anreiz verbunden wäre, bestimmte Aufwendungen zu tätigen. Derartige Zuwendungen können auf ein bestimmtes Unternehmen beschränkt sein und stehen unter Umständen nicht einer ganzen Klasse von Begünstigten zur Verfügung. Diese Umstände können eine erfolgswirksame Erfassung einer Zuwendung in der Periode erforderlich machen, in der das Unternehmen für eine Zuwendung in Betracht kommt, mit entsprechender Angabepflicht, um sicherzustellen, dass ihre Auswirkungen klar zu erkennen sind.

22 Eine Zuwendung der öffentlichen Hand kann einem Unternehmen aus Ausgleich für Aufwendungen oder Verlusten, die bereits in einer vorangegangenen Periode entstanden sind, gewährt werden. Solche Zuwendungen sind erfolgswirksam in der Periode zu erfassen, in der der entsprechende Anspruch entsteht, mit entsprechender Angabepflicht, um sicherzustellen, dass ihre Auswirkungen klar zu erkennen sind.

Nicht monetäre Zuwendungen der öffentlichen Hand

23 Eine Zuwendung der öffentlichen Hand kann als ein nicht monetärer Vermögenswert, wie beispielsweise Grund und Boden oder andere Ressourcen, zur Verwertung im Unternehmen übertragen werden. Unter diesen Umständen gilt es als übliches Verfahren, den beizulegenden Zeitwert des nicht monetären Vermögenswerts zu bestimmen und sowohl die Zuwendung als auch den Vermögenswert zu diesem beizulegenden Zeitwert zu bilanzieren. Als Alternative wird mitunter sowohl der

Vermögenswert als auch die Zuwendung zu einem Merkposten bzw. zu einem Merkposten angesetzt.

Darstellung von Zuwendungen für Vermögenswerte

24 Zuwendungen der öffentlichen Hand für Vermögenswerte, einschließlich nicht monetärer Zuwendungen zum beizulegenden Zeitwert, sind in der Bilanz entweder als passivischer Abgrenzungsposten darzustellen oder bei der Bestimmung des Buchwerts des Vermögenswerts abzusetzen.

25 Die beiden Methoden der Darstellung von Zuwendungen (oder von entsprechenden Teilen der Zuwendungen) für Vermögenswerte sind im Abschluss als gleichwertig zu betrachten.

26 Der einen Methode zufolge wird die Zuwendung als passivischer Abgrenzungsposten berücksichtigt, die während der Nutzungsdauer des Vermögenswerts auf einer planmäßigen Grundlage erfolgswirksam zu erfassen ist.

27 Nach der anderen Methode wird die Zuwendung bei der Bestimmung des Buchwerts des Vermögenswerts abgezogen. Die Zuwendung wird mittels eines reduzierten Abschreibungsbetrags über die Nutzungsdauer des abschreibungsfähigen Vermögenswerts erfolgswirksam erfasst.

28 Der Erwerb von Vermögenswerten und die damit zusammenhängenden Zuwendungen können in den Zahlungsströmen eines Unternehmens größere Bewegungen verursachen. Aus diesem Grund und zur Darstellung der Bruttoinvestitionen in Vermögenswerte werden diese Bewegungen oft als gesonderte Posten in der Kapitalflussrechnung angegeben, und zwar unabhängig davon, ob die Zuwendung von dem entsprechenden Vermögenswert zum Zweck der Darstellung in der Bilanz abgezogen wird oder nicht.

Darstellung von erfolgsbezogenen Zuwendungen

29 Erfolgsbezogene Zuwendungen werden entweder gesondert oder unter einem Hauptposten, wie beispielsweise „sonstige Erträge", als Ergebnisbestandteil dargestellt, oder sie werden von den entsprechenden Aufwendungen abgezogen.

29A [gestrichen]

30 Die Befürworter der ersten Methode vertreten die Meinung, dass es unangebracht ist, Ertrags- und Aufwandsposten zu saldieren, und dass die Trennung der Zuwendung von den Aufwendungen den Vergleich mit anderen Aufwendungen, die nicht von einer Zuwendung beeinflusst sind, erleichtert. In Bezug auf die zweite Methode wird der Standpunkt vertreten, dass die Aufwendungen dem Unternehmen nicht entstanden wären, wenn die Zuwendung nicht verfügbar gewesen wäre, und dass die Darstellung der Aufwendungen ohne Saldierung der Zuwendung aus diesem Grund irreführend sein könnte.

31 Beide Vorgehensweisen sind als akzeptable Methoden zur Darstellung von erfolgsbezogenen Zuwendungen zu betrachten. Die Angabe der Zuwendungen kann für das richtige Verständnis von Abschlüssen notwendig sein. Es ist normalerweise angemessen, die Auswirkung von Zuwendungen auf jeden gesondert darzustellenden Ertrags- oder Aufwandsposten anzugeben.

Rückzahlung von Zuwendungen der öffentlichen Hand

32 Eine Zuwendung der öffentlichen Hand, die rückzahlungspflichtig wird, ist als Änderung einer rechnungslegungsbezogenen Schätzung zu behandeln (vgl. IAS 8 *Rechnungslegungsmethoden, Änderungen von rechnungslegungsbezogenen Schätzungen und Fehler*). Die Rückzahlung einer erfolgsbezogenen Zuwendung ist zunächst mit dem nicht amortisierten, passivischen Abgrenzungsposten aus der Zuwendung zu verrechnen. Soweit die Rückzahlung diesen passivischen Abgrenzungsposten übersteigt oder für den Fall, dass ein solcher nicht vorhanden ist, ist die Rückzahlung unmittelbar erfolgswirksam zu erfassen. Rückzahlungen von Zuwendungen für Vermögenswerte sind durch Zuschreibung zum Buchwert des Vermögenswerts oder durch Verminderung des passivischen Abgrenzungspostens um den rückzahlungspflichtigen Betrag zu korrigieren. Die kumulative zusätzliche Abschreibung, die ohne die Zuwendung bis zu diesem Zeitpunkt zu erfassen gewesen wäre, ist unmittelbar erfolgswirksam zu erfassen.

33 Umstände, die Anlass für eine Rückzahlung von Zuwendungen für Vermögenswerte sind, können es erforderlich machen, eine mögliche Wertminderung des neuen Buchwerts in Erwägung zu ziehen.

BEIHILFEN DER ÖFFENTLICHEN HAND

34 Die Definition der Zuwendungen der öffentlichen Hand in Paragraph 3 schließt bestimmte Formen von Beihilfen der öffentlichen Hand, die sich nicht angemessen bewerten lassen, aus; dies gilt ebenso für Geschäfte mit der öffentlichen Hand, die von der normalen Tätigkeit des Unternehmens nicht unterschieden werden können.

35 Beispiele für Beihilfen, die sich nicht angemessen bewerten lassen, sind die unentgeltliche technische oder Marktschließungs-Beratung und die Bereitstellung von Garantien. Ein Beispiel für eine Beihilfe, die nicht von der normalen Tätigkeit des Unternehmens unterschieden werden kann, ist die staatliche Beschaffungspolitik, die für einen Teil des Umsatzes verantwortlich ist. Das Vorhandensein des Vorteils mag dabei zwar nicht infrage gestellt sein, doch jeder Versuch, die betriebliche Tätigkeit von der Beihilfe der öffentlichen Hand zu trennen, könnte leicht willkürlich sein.

36 Die Bedeutung des Vorteils mit Bezug auf die vorgenannten Beispiele kann sich so darstellen, dass Art, Umfang und Laufzeit der Beihilfe anzugeben sind, damit der Abschluss nicht irreführend ist.

37 [gestrichen]

38 Dieser Standard behandelt die Bereitstellung von Infrastruktur durch Verbesserung des allge-

meinen Verkehrs- und Kommunikationsnetzes und die Bereitstellung verbesserter Versorgungsanlagen, wie Bewässerung oder Wassernetze, die auf dauernder, unbestimmter Basis zum Vorteil eines ganzen Gemeinwesens verfügbar sind, nicht als Beihilfen der öffentlichen Hand.

ANGABEN

39 Folgende Angaben sind erforderlich:
a) **die auf Zuwendungen der öffentlichen Hand angewandte Rechnungslegungsmethode, einschließlich der im Abschluss angewandten Darstellungsmethoden,**
b) **Art und Umfang der im Abschluss erfassten Zuwendungen der öffentlichen Hand und ein Hinweis auf andere Formen von Beihilfen der öffentlichen Hand, von denen das Unternehmen unmittelbar begünstigt wurde, und**
c) **unerfüllte Bedingungen und andere Erfolgsunsicherheiten im Zusammenhang mit im Abschluss erfassten Beihilfen der öffentlichen Hand.**

ÜBERGANGSVORSCHRIFTEN

40 Unternehmen, die den Standard erstmals anwenden, haben
a) **die Angabepflichten zu erfüllen, wo dies angemessen ist, und**
b) **entweder**
  i) **ihren Abschluss wegen des Wechsels der Rechnungslegungsmethoden gemäß IAS 8 anzupassen oder**
  ii) **die Bilanzierungsvorschriften des Standards nur auf solche Zuwendungen oder Teile davon anzuwenden, für die der Anspruch oder die Rückzahlung nach dem Zeitpunkt des Inkrafttretens des Standards entsteht.**

ZEITPUNKT DES INKRAFTTRETENS

41 Dieser Standard ist verbindlich auf Abschlüsse für Berichtsperioden anzuwenden, die am oder nach dem 1. Januar 1984 beginnen.

42 Durch IAS 1 (überarbeitet 2007) wurde die in den IAS/IFRS verwendete Terminologie geändert. Außerdem wurde Paragraph 29A eingefügt. Diese Änderungen sind auf Geschäftsjahre anzuwenden, die am oder nach dem 1. Januar 2009 beginnen. Wendet ein Unternehmen IAS 1 (in der 2007 überarbeiteten Fassung) auf eine frühere Periode an, so hat es auf diese Periode auch diese Änderungen anzuwenden.

43 Im Rahmen der *Verbesserungen der IFRS*, veröffentlicht im Mai 2008, wurde Paragraph 37 gestrichen und Paragraph 10A eingefügt. Ein Unternehmen kann diese Änderungen prospektiv auf öffentliche Darlehen anwenden, die es in Berichtsperioden, die am oder nach dem 1. Januar 2009 beginnen, erhalten hat. Eine frühere Anwendung ist zulässig. Wendet ein Unternehmen diese Änderungen auf eine frühere Periode an, hat es dies anzugeben.

44 [gestrichen]

45 Durch IFRS 13, veröffentlicht im Mai 2011, wurde die Definition des beizulegenden Zeitwerts in Paragraph 3 geändert. Wendet ein Unternehmen IFRS 13 an, hat es diese Änderung ebenfalls anzuwenden.

46 Mit *Darstellung von Posten des sonstigen Ergebnisses* (Änderungen an IAS 1), veröffentlicht im Juni 2011, wurde Paragraph 29 geändert und Paragraph 29A gestrichen. Wendet ein Unternehmen IAS 1 in der im Juni 2011 geänderten Fassung an, hat es diese Änderungen ebenfalls anzuwenden.

47 [gestrichen]

48 Durch IFRS 9 in der im Juli 2014 veröffentlichten Fassung wurde Paragraph 10A geändert und wurden die Paragraphen 44 und 47 gestrichen. Wendet ein Unternehmen IFRS 9 an, hat es diese Änderungen ebenfalls anzuwenden.

INTERNATIONAL ACCOUNTING STANDARD 21
Auswirkungen von Wechselkursänderungen

IAS 21, VO (EU) 2023/1803

Gliederung	§§
ZIELSETZUNG	1–2
ANWENDUNGSBEREICH	3–7
DEFINITIONEN	8–16
Ausführungen zu den Definitionen	9–16
Funktionale Währung	9–14
Nettoinvestition in einen ausländischen Geschäftsbetrieb	15–15A
Monetäre Posten	16
ZUSAMMENFASSUNG DES IN DIESEM STANDARD VORGESCHRIEBENEN ANSATZES	17–19
BILANZIERUNG VON FREMDWÄHRUNGSTRANSAKTIONEN IN DER FUNKTIONALEN WÄHRUNG	20–37
Erstmaliger Ansatz	20–22
Bilanzierung in Folgeperioden	23–26
Erfassung von Umrechnungsdifferenzen	27–34
Wechsel der funktionalen Währung	35–37
VERWENDUNG EINER ANDEREN DARSTELLUNGSWÄHRUNG ALS DER FUNKTIONALEN WÄHRUNG	38–49
Umrechnung in die Darstellungswährung	38–43
Umrechnung eines ausländischen Geschäftsbetriebs	44–47
Abgang oder Teilabgang eines ausländischen Geschäftsbetriebs	48–49
STEUERLICHE AUSWIRKUNGEN SÄMTLICHER UMRECHNUNGSDIFFERENZEN	50
ANGABEN	51–57
ZEITPUNKT DES INKRAFTTRETENS UND ÜBERGANGSVORSCHRIFTEN	58–60K
RÜCKNAHME ANDERER VERLAUTBARUNGEN	61–62

ZIELSETZUNG

1 Für ein Unternehmen gibt es zwei Möglichkeiten, ausländische Geschäftsbeziehungen einzugehen. Entweder in Form von Geschäftsvorfällen in Fremdwährung oder in Form ausländischer Geschäftsbetriebe. Außerdem kann ein Unternehmen seinen Abschluss in einer Fremdwährung darstellen. Ziel dieses Standards ist es zu regeln, wie Fremdwährungstransaktionen und ausländische Geschäftsbetriebe in den Abschluss eines Unternehmens einzubeziehen sind und wie ein Abschluss in eine Darstellungswährung umzurechnen ist.

2 Die grundsätzliche Fragestellung lautet, welcher Wechselkurs/welche Wechselkurse heranzuziehen sind und wie die Auswirkungen von Wechselkursänderungen im Abschluss zu berücksichtigen sind.

ANWENDUNGSBEREICH

3 Dieser Standard ist anzuwenden auf[1]

a) die Bilanzierung von Geschäftsvorfällen und Salden in Fremdwährungen, mit Ausnahme von Geschäftsvorfällen und Salden, die sich auf Derivate beziehen, welche in den Anwendungsbereich von IFRS 9 *Finanzinstrumente* fallen,

b) die Umrechnung der Vermögens-, Finanz- und Ertragslage ausländischer Geschäftsbetriebe, die durch Vollkonsolidierung oder durch die Equity-Methode in den Abschluss des Unternehmens einbezogen sind, und

c) die Umrechnung der Vermögens-, Finanz- und Ertragslage eines Unternehmens in eine Darstellungswährung.

4 IFRS 9 ist auf viele Fremdwährungsderivate anzuwenden, die folglich aus dem Anwendungsbereich des vorliegenden Standards ausgeschlossen sind. Alle Fremdwährungsderivate, die nicht in den Anwendungsbereich von IFRS 9 fallen (z. B. einige Fremdwährungsderivate, die in andere Verträge Kontrakte sind), fallen dagegen in den Anwendungsbereich des vorliegenden Standards. Der vorliegende Standard ist ferner anzuwenden, wenn ein Unternehmen Beträge im Zusammenhang mit Derivaten von seiner funktionalen Währung in seine Darstellungswährung umrechnet.

---
[1] Siehe auch SIC-7 *Einführung des Euro.*

5 Dieser Standard gilt nicht für die Bilanzierung von Sicherungsgeschäften für Fremdwährungsposten, einschließlich der Absicherung einer Nettoinvestition in einen ausländischen Geschäftsbetrieb. Für die Bilanzierung von Sicherungsgeschäften ist IFRS 9 maßgeblich.

6 Der vorliegende Standard ist auf die Darstellung des Abschlusses eines Unternehmens in einer Fremdwährung anzuwenden und beschreibt, welche Anforderungen der daraus resultierende Abschluss erfüllen muss, um als mit den International Financial Reporting Standards (IFRS) übereinstimmend bezeichnet werden zu können. Bei Fremdwährungsumrechnungen von Finanzinformationen, die diese Anforderungen nicht erfüllen, legt dieser Standard die anzugebenden Informationen fest.

7 Nicht anzuwenden ist dieser Standard auf die Darstellung der Zahlungsströme aus Fremdwährungstransaktionen in einer Kapitalflussrechnung oder die Umrechnung der Zahlungsströme eines ausländischen Geschäftsbetriebs (siehe dazu IAS 7 *Kapitalflussrechnung*).

DEFINITIONEN

8 Die folgenden Begriffe werden in diesem Standard mit der angegebenen Bedeutung verwendet:

Der *Stichtagskurs* ist der Kassakurs einer Währung am Abschlussstichtag.

Eine *Umrechnungsdifferenz* ist die Differenz, die sich ergibt, wenn die gleiche Anzahl von Währungseinheiten zu unterschiedlichen Wechselkursen in eine andere Währung umgerechnet wird.

Der *Wechselkurs* ist das Umtauschverhältnis zwischen zwei Währungen.

Der *beizulegende Zeitwert* ist der Preis, der in einem gewöhnlichen Geschäftsvorfall zwischen Marktteilnehmern am Bewertungsstichtag für den Verkauf eines Vermögenswerts eingenommen bzw. für die Übertragung einer Schuld gezahlt würde. (Siehe IFRS 13 *Bewertung zum beizulegenden Zeitwert*.)

Eine *Fremdwährung* ist jede Währung außer der funktionalen Währung des berichtenden Unternehmens.

Ein *ausländischer Geschäftsbetrieb* ist ein Tochterunternehmen, ein assoziiertes Unternehmen, eine gemeinschaftliche Vereinbarung oder eine Niederlassung des berichtenden Unternehmens, dessen/deren Geschäftstätigkeit in einem anderen Land angesiedelt ist oder in einer anderen Währung ausgeübt wird oder sich auf ein anderes Land oder eine andere Währung als die des berichtenden Unternehmens erstreckt.

Die *funktionale Währung* ist die Währung des primären Wirtschaftsumfelds, in dem das Unternehmen tätig ist.

Ein *Konzern* ist ein Mutterunternehmen mit allen seinen Tochterunternehmen.

Monetäre Posten sind gehaltene Währungseinheiten sowie Vermögenswerte und Schulden, für die das Unternehmen eine feste oder bestimmbare Anzahl von Währungseinheiten erhält oder zahlen muss.

Eine *Nettoinvestition in einen ausländischen Geschäftsbetrieb* ist die Höhe des Anteils des berichtenden Unternehmens am Nettovermögen dieses Geschäftsbetriebs.

Die *Darstellungswährung* ist die Währung, in der die Abschlüsse dargestellt werden.

Der *Kassakurs* ist der Wechselkurs bei sofortiger Ausführung.

Ausführungen zu den Definitionen

Funktionale Währung

9 Das primäre Wirtschaftsumfeld eines Unternehmens ist normalerweise das Umfeld, in dem es hauptsächlich Zahlungsmittel erwirtschaftet und aufwendet. Bei der Bestimmung seiner funktionalen Währung hat ein Unternehmen die folgenden Faktoren zu berücksichtigen:

a) die Währung,
   i) die den größten Einfluss auf die Verkaufspreise seiner Güter und Dienstleistungen hat (dies ist häufig die Währung, in der die Verkaufspreise der Waren und Dienstleistungen angegeben und abgerechnet werden), und
   ii) des Landes, dessen Wettbewerbskräfte und Bestimmungen für die Verkaufspreise seiner Waren und Dienstleistungen ausschlaggebend sind,
b) die Währung, die den größten Einfluss auf die Lohn-, Material- und sonstigen mit der Bereitstellung der Güter und Dienstleistungen zusammenhängenden Kosten hat (dies ist häufig die Währung, in der diese Kosten angegeben und abgerechnet werden.)

10 Die folgenden Faktoren können ebenfalls Anhaltspunkte für die funktionale Währung eines Unternehmens geben:

a) die Währung, in der Mittel aus Finanzierungstätigkeiten (z. B. Ausgabe von Schuldverschreibungen oder Eigenkapitalinstrumenten) generiert werden,
b) die Währung, in der Einnahmen aus betrieblicher Tätigkeit normalerweise einbehalten werden.

11 Bei der Bestimmung der funktionalen Währung eines ausländischen Geschäftsbetriebs und der Entscheidung, ob dessen funktionale Währung mit der des berichtenden Unternehmens identisch ist (in diesem Kontext entspricht das berichtende Unternehmen dem Unternehmen, das den ausländischen Geschäftsbetrieb als Tochterunternehmen, Niederlassung, assoziiertes Unternehmen oder gemeinschaftliche Vereinbarung unterhält), werden die folgenden Faktoren herangezogen:

a) ob die Tätigkeit des ausländischen Geschäftsbetriebs als erweiterter Bestandteil des berichtenden Unternehmens oder weitgehend unabhängig ausgeübt wird. Ersteres ist beispielsweise der Fall, wenn der ausländische Geschäftsbetrieb ausschließlich vom berichtenden Unternehmen eingeführte Güter verkauft und die erzielten Einnahmen wieder an dieses zurückleitet. Dagegen ist ein Geschäftsbetrieb als weitgehend unabhängig zu bezeichnen, wenn er überwiegend in seiner Landeswährung Zahlungsmittel und andere monetäre Posten ansammelt, Aufwendungen tätigt, Erträge erwirtschaftet und Fremdkapital aufnimmt.

b) ob die Geschäftsvorfälle mit dem berichtenden Unternehmen bezogen auf das Gesamtgeschäftsvolumen des ausländischen Geschäftsbetriebs ein großes oder geringes Gewicht haben.

c) ob sich die Zahlungsströme aus der Tätigkeit des ausländischen Geschäftsbetriebs direkt auf die Zahlungsströme des berichtenden Unternehmens auswirken und jederzeit dorthin zurückgeleitet werden können.

d) ob die Zahlungsströme aus der Tätigkeit des ausländischen Geschäftsbetriebs ausreichen, um vorhandene und im Rahmen des normalen Geschäftsgangs erwartete Schuldverpflichtungen zu bedienen, ohne dass hierfür Mittel vom berichtenden Unternehmen bereitgestellt werden.

12 Wenn sich aus den obigen Indikatoren kein einheitliches Bild ergibt und die funktionale Währung nicht klar ersichtlich ist, bestimmt die Geschäftsleitung nach eigenem Ermessen die funktionale Währung, welche die wirtschaftlichen Auswirkungen der zugrunde liegenden Geschäftsvorfälle, Ereignisse und Umstände am glaubwürdigsten darstellt. Dabei berücksichtigt die Geschäftsleitung vorrangig die in Paragraph 9 genannten primären Faktoren und erst dann die Indikatoren in den Paragraphen 10 und 11, die als zusätzliche unterstützende Anhaltspunkte zur Bestimmung der funktionalen Währung eines Unternehmens dienen sollen.

13 Die funktionale Währung eines Unternehmens spiegelt die zugrunde liegenden Geschäftsvorfälle, Ereignisse und Umstände wider, die für das Unternehmen relevant sind. Daraus folgt, dass eine funktionale Währung nach ihrer Ermittlung nur dann geändert wird, wenn sich diese zugrunde liegenden Geschäftsvorfälle, Ereignisse und Umstände geändert haben.

14 Handelt es sich bei der funktionalen Währung um die Währung eines Hochinflationslandes, werden die Abschlüsse des Unternehmens gemäß IAS 29 *Rechnungslegung in Hochinflationsländern* angepasst. Ein Unternehmen kann eine Anpassung gemäß IAS 29 nicht dadurch umgehen, dass es beispielsweise eine andere funktionale Währung festlegt als die, die nach dem vorliegenden Standard ermittelt würde (z. B. die funktionale Währung des Mutterunternehmens).

Nettoinvestition in einen ausländischen Geschäftsbetrieb

15 Ein Unternehmen kann monetäre Posten in Form einer ausstehenden Forderung oder Verbindlichkeit gegenüber einem ausländischen Geschäftsbetrieb haben. Ein Posten, dessen Abwicklung auf absehbare Zeit weder geplant noch wahrscheinlich ist, stellt im Wesentlichen einen Teil der Nettoinvestition in diesen ausländischen Geschäftsbetrieb dar und wird gemäß den Paragraphen 32 und 33 behandelt. Zu solchen monetären Posten können langfristige Forderungen oder Darlehen, nicht jedoch Forderungen oder Verbindlichkeiten aus Lieferungen und Leistungen gezählt werden.

15A Bei dem Unternehmen, das über einen monetären Posten in Form einer ausstehenden Forderung oder Verbindlichkeit gegenüber einem in Paragraph 15 beschriebenen ausländischen Geschäftsbetrieb verfügt, kann es sich um jede Tochtergesellschaft des Konzerns handeln. Zum Beispiel: Ein Unternehmen hat zwei Tochtergesellschaften A und B, wobei B ein ausländischer Geschäftsbetrieb ist. Tochtergesellschaft A gewährt Tochtergesellschaft B einen Kredit. Die Forderung von Tochtergesellschaft A gegenüber Tochtergesellschaft B würde einen Teil der Nettoinvestition des Unternehmens in Tochtergesellschaft B darstellen, wenn die Rückzahlung des Darlehens auf absehbare Zeit weder geplant noch wahrscheinlich ist. Dies würde auch dann gelten, wenn die Tochtergesellschaft A selbst ein ausländischer Geschäftsbetrieb wäre.

Monetäre Posten

16 Das wesentliche Merkmal eines monetären Postens ist das Recht auf Erhalt (oder Verpflichtung zur Zahlung) einer festen oder bestimmbaren Anzahl von Währungseinheiten. Dazu zählen beispielsweise bar auszuzahlende Renten und andere Leistungen an Arbeitnehmer; bar zu begleichende Verpflichtungen; Leasingverbindlichkeiten; und Bardividenden, die als Verbindlichkeit erfasst werden. Auch ein Vertrag über den Erhalt (oder die Lieferung) einer variablen Anzahl von eigenen Eigenkapitalinstrumenten des Unternehmens oder einer variablen Menge von Vermögenswerten, bei denen der zu erhaltende (oder zu zahlende) beizulegende Zeitwert einer festen oder bestimmbaren Anzahl von Währungseinheiten entspricht, ist als monetärer Posten anzusehen. Umgekehrt besteht das wesentliche Merkmal eines nicht monetären Postens darin, dass er mit keinerlei Recht auf Erhalt (bzw. keinerlei Verpflichtung zur Zahlung) einer festen oder bestimmbaren Anzahl von Währungseinheiten verbunden ist. Dazu zählen beispielsweise Vorauszahlungen für Güter und Dienstleistungen; Geschäfts- oder Firmenwert; immaterielle Vermögenswerte; Vorräte; Sachanlagen; Nutzungsrechte; sowie Verpflichtungen, die durch nicht monetäre Vermögenswerte erfüllt werden.

ZUSAMMENFASSUNG DES IN DIESEM STANDARD VORGESCHRIEBENEN ANSATZES

17 Bei der Erstellung des Abschlusses ermittelt jedes Unternehmen – unabhängig davon, ob es sich um ein konzernunverbundenes Unternehmen, ein Unternehmen mit ausländischem Geschäftsbetrieb (z. B. ein Mutterunternehmen) oder einen ausländischen Geschäftsbetrieb (z. B. ein Tochterunternehmen oder eine Niederlassung) handelt – gemäß den Paragraphen 9–14 seine funktionale Währung. Das Unternehmen rechnet die Fremdwährungsposten in die funktionale Währung um und weist die Auswirkungen einer solchen Umrechnung gemäß den Paragraphen 20–37 und 50 aus.

18 Viele berichtende Unternehmen bestehen aus mehreren Einzelunternehmen (so umfasst ein Konzern ein Mutterunternehmen und ein oder mehrere Tochterunternehmen). Verschiedene Arten von Unternehmen, ob Mitglieder eines Konzerns oder sonstige Unternehmen, können Beteiligungen an assoziierten Unternehmen oder gemeinschaftlichen Vereinbarungen haben. Sie können auch Niederlassungen unterhalten. Es ist erforderlich, dass die Vermögens-, Finanz- und Ertragslage jedes einzelnen Unternehmens, das in das berichtende Unternehmen integriert ist, in die Währung umgerechnet wird, in der das berichtende Unternehmen seinen Abschluss darstellt. Dieser Standard gestattet es einem berichtenden Unternehmen, seine Darstellungswährung (oder -währungen) frei zu wählen. Die Vermögens-, Finanz- und Ertragslage jedes einzelnen Unternehmens innerhalb des berichtenden Unternehmens, dessen funktionale Währung von der Darstellungswährung abweicht, ist gemäß den Paragraphen 38–50 umzurechnen.

19 Dieser Standard gestattet es auch einem konzernunverbundenen Unternehmen, das einen Abschluss erstellt, oder einem Unternehmen, das einen Einzelabschluss nach IAS 27 *Einzelabschlüsse* erstellt, den Abschluss in jeder beliebigen Währung (oder Währungen) darzustellen. Weicht die Darstellungswährung eines Unternehmens von seiner funktionalen Währung ab, ist seine Vermögens-, Finanz- und Ertragslage ebenfalls gemäß den Paragraphen 38–50 in die Darstellungswährung umzurechnen.

BILANZIERUNG VON FREMDWÄHRUNGSTRANSAKTIONEN IN DER FUNKTIONALEN WÄHRUNG

Erstmaliger Ansatz

20 Eine Fremdwährungstransaktion ist ein Geschäftsvorfall, dessen Wert in einer Fremdwährung angegeben ist oder der die Erfüllung in einer Fremdwährung erfordert, einschließlich Geschäftsvorfällen, die auftreten, wenn ein Unternehmen

a) Güter oder Dienstleistungen kauft oder verkauft, deren Preise in einer Fremdwährung angegeben sind,
b) Mittel aufnimmt oder verleiht, wobei der Wert der Verbindlichkeiten oder Forderungen in einer Fremdwährung angegeben ist, oder
c) auf sonstige Weise Vermögenswerte erwirbt oder veräußert oder Schulden eingeht oder begleicht, deren Wert in einer Fremdwährung angegeben ist.

21 Die Fremdwährungstransaktion ist erstmalig in der funktionalen Währung anzusetzen, indem der Fremdwährungsbetrag mit dem am jeweiligen Tag des Geschäftsvorfalls gültigen Kassakurs zwischen der funktionalen Währung und der Fremdwährung umgerechnet wird.

22 Der Tag des Geschäftsvorfalls ist der Tag, an dem der Geschäftsvorfall erstmals gemäß den IFRS ansetzbar ist. Aus praktischen Erwägungen wird häufig ein Kurs verwendet, der einen Näherungswert für den aktuellen Kurs am Tag des Geschäftsvorfalls darstellt. So kann beispielsweise der Durchschnittskurs einer Woche oder eines Monats für alle Geschäftsvorfälle in der jeweiligen Fremdwährung verwendet werden. Bei stark schwankenden Wechselkursen ist jedoch die Verwendung von Durchschnittskursen für einen Zeitraum unangemessen.

Bilanzierung in Folgeperioden

23 Zu jedem Abschlussstichtag sind

a) monetäre Posten in einer Fremdwährung zum Stichtagskurs umzurechnen,

b) nicht monetäre Posten, die zu historischen Anschaffungs- oder Herstellungskosten in einer Fremdwährung bewertet wurden, zum Kurs am Tag des Geschäftsvorfalls umzurechnen und

c) nicht monetäre Posten, die zu ihrem beizulegenden Zeitwert in einer Fremdwährung bewertet wurden, zu dem Kurs umzurechnen, der am Tag der Ermittlung des beizulegenden Zeitwerts gültig war.

24 Der Buchwert eines Postens wird in Verbindung mit anderen einschlägigen Standards ermittelt. Beispielsweise können Sachanlagen zum beizulegenden Zeitwert oder zu den historischen Anschaffungs- oder Herstellungskosten gemäß IAS 16 *Sachanlagen* bewertet werden. Unabhängig davon, ob der Buchwert zu den historischen Anschaffungs- oder Herstellungskosten oder zum beizulegenden Zeitwert bestimmt wird, hat bei einer Ermittlung dieses Werts in einer Fremdwährung eine Umrechnung in die funktionale Währung gemäß diesem Standard zu erfolgen.

25 Der Buchwert einiger Posten wird durch den Vergleich von zwei oder mehr Beträgen ermittelt. Beispielsweise entspricht der Buchwert von Vorräten gemäß IAS 2 *Vorräte* den Anschaffungs- bzw. Herstellungskosten oder dem Nettoveräußerungswert, je nachdem, welcher dieser Beträge der niedrigere ist. Auf ähnliche Weise wird gemäß IAS 36 *Wertminderung von Vermögenswerten* ein Vermögenswert, bei dem ein Anhaltspunkt für eine Wertminderung vorliegt, zum Buchwert vor Erfassung des möglichen Wertminderungsaufwands oder zu seinem erzielbaren Betrag angesetzt, je nachdem, welcher von beiden der niedrigere ist. Handelt es sich dabei um einen nicht monetären

Vermögenswert, der in einer Fremdwährung bewertet wird, ergibt sich der Buchwert aus einem Vergleich zwischen

a) den Anschaffungs- oder Herstellungskosten oder gegebenenfalls dem Buchwert, die bzw. der zum Wechselkurs am Tag der Ermittlung dieses Werts umgerechnet werden bzw. wird (d. h. zum Kurs am Tag des Geschäftsvorfalls bei einem Posten, der zu den historischen Anschaffungs- oder Herstellungskosten bewertet wird), und

b) dem Nettoveräußerungswert oder gegebenenfalls dem erzielbaren Betrag, der zum Wechselkurs am Tag der Ermittlung dieses Werts umgerechnet wird (d. h. zum Stichtagskurs am Abschlussstichtag).

Dieser Vergleich kann dazu führen, dass ein Wertminderungsaufwand in der funktionalen Währung, nicht aber in der Fremdwährung erfasst wird oder umgekehrt.

26 Sind mehrere Wechselkurse verfügbar, wird der Kurs verwendet, zu dem die zukünftigen Zahlungsströme, die durch den Geschäftsvorfall oder Saldo dargestellt werden, hätten abgerechnet werden können, wenn sie am Bewertungsstichtag stattgefunden hätten. Sollte der Umtausch zwischen zwei Währungen vorübergehend ausgesetzt sein, ist der erste darauf folgende Kurs zu verwenden, zu dem ein Umtausch wieder möglich war.

Erfassung von Umrechnungsdifferenzen

27 Wie in den Paragraphen 3(a) und 5 angemerkt, werden Sicherungsgeschäfte für Fremdwährungsposten gemäß IFRS 9 bilanziert. Bei der Bilanzierung von Sicherungsgeschäften ist ein Unternehmen verpflichtet, bestimmte Umrechnungsdifferenzen anders zu behandeln, als es den Bestimmungen dieses Standards entspricht. IFRS 9 verlangt beispielsweise, dass Umrechnungsdifferenzen bei monetären Posten, die als Sicherungsinstrumente zum Zweck der Absicherung von Zahlungsströmen eingesetzt werden, in dem Umfang der Wirksamkeit des Sicherungsgeschäfts zunächst im sonstigen Ergebnis zu erfassen sind.

28 Umrechnungsdifferenzen, die sich aus dem Umstand ergeben, dass monetäre Posten zu einem anderen Kurs abgewickelt oder umgerechnet werden als dem, zu dem sie bei der erstmaligen Erfassung während der Berichtsperiode oder in früheren Abschlüssen umgerechnet wurden, sind mit Ausnahme der in Paragraph 32 beschriebenen Fälle in der Berichtsperiode, in der diese Differenzen entstehen, erfolgswirksam zu erfassen.

29 Eine Umrechnungsdifferenz ergibt sich, wenn bei monetären Posten aus einer Fremdwährungstransaktion am Tag des Geschäftsvorfalls und am Tag der Abwicklung unterschiedliche Wechselkurse bestehen. Erfolgt die Abwicklung des Geschäftsvorfalls innerhalb derselben Bilanzierungsperiode wie die erstmalige Erfassung, wird die Umrechnungsdifferenz in dieser Periode berücksichtigt. Wird der Geschäftsvorfall jedoch in einer späteren Bilanzierungsperiode abgewickelt, so wird die Umrechnungsdifferenz, die in jeder dazwischen liegenden Periode bis zur Periode, in welcher der Ausgleich erfolgt, erfasst wird, durch die Änderungen der Wechselkurse während der Periode bestimmt.

30 Wird ein Gewinn oder Verlust aus einem nicht monetären Posten im sonstigen Ergebnis erfasst, ist jeder Umrechnungsbestandteil dieses Gewinns oder Verlusts ebenfalls im sonstigen Ergebnis zu erfassen. Umgekehrt gilt: Wird ein Gewinn oder Verlust aus einem nicht monetären Posten erfolgswirksam erfasst, ist jeder Umrechnungsbestandteil dieses Gewinns oder Verlusts ebenfalls erfolgswirksam zu erfassen.

31 Andere IFRS schreiben die Erfassung von Gewinnen und Verlusten im sonstigen Ergebnis vor. Beispielsweise besteht nach IAS 16 die Verpflichtung, bestimmte Gewinne und Verluste aus der Neubewertung von Sachanlagen im sonstigen Ergebnis zu erfassen. Wird ein solcher Vermögenswert in einer Fremdwährung bewertet, ist der neubewertete Betrag gemäß Paragraph 23(c) zum Kurs am Tag der Wertermittlung umzurechnen, was zu einer Umrechnungsdifferenz führt, die ebenfalls im sonstigen Ergebnis zu erfassen ist.

32 Umrechnungsdifferenzen aus einem monetären Posten, der Teil einer Nettoinvestition des berichtenden Unternehmens in einen ausländischen Geschäftsbetrieb ist (siehe Paragraph 15), sind im Einzelabschluss des berichtenden Unternehmens oder gegebenenfalls im Einzelabschluss des ausländischen Geschäftsbetriebs erfolgswirksam zu erfassen. In dem Abschluss, der den ausländischen Geschäftsbetrieb und das berichtende Unternehmen enthält (z. B. dem Konzernabschluss, wenn der ausländische Geschäftsbetrieb ein Tochterunternehmen ist), werden solche Umrechnungsdifferenzen zunächst im sonstigen Ergebnis erfasst und bei einer Veräußerung der Nettoinvestition gemäß Paragraph 48 aus dem Eigenkapital erfolgswirksam umgegliedert.

33 Wenn ein monetärer Posten Teil einer Nettoinvestition des berichtenden Unternehmens in einen ausländischen Geschäftsbetrieb ist und in der funktionalen Währung des berichtenden Unternehmens angegeben wird, ergeben sich in den Einzelabschlüssen des ausländischen Geschäftsbetriebs Umrechnungsdifferenzen gemäß Paragraph 28. Wird ein solcher Posten in der funktionalen Währung des ausländischen Geschäftsbetriebs angegeben, entsteht im Einzelabschluss des berichtenden Unternehmens eine Umrechnungsdifferenz gemäß Paragraph 28. Wird ein solcher Posten in einer anderen Währung als der funktionalen Währung des berichtenden Unternehmens oder des ausländischen Geschäftsbetriebs angegeben, entstehen im Einzelabschluss des berichtenden Unternehmens und in den Einzelabschlüssen des ausländischen Geschäftsbetriebs Umrechnungsdifferenzen gemäß Paragraph 28. Derartige Umrechnungsdifferenzen werden in den Abschlüssen, die den ausländischen Geschäftsbetrieb und das berichtende Unternehmen

umfassen (d. h. Abschlüssen, in denen der ausländische Geschäftsbetrieb konsolidiert oder nach der Equity-Methode bilanziert wird), im sonstigen Ergebnis erfasst.

34 Führt ein Unternehmen seine Bücher und Aufzeichnungen in einer anderen Währung als seiner funktionalen Währung, sind bei der Erstellung seines Abschlusses alle Beträge gemäß den Paragraphen 20–26 in die funktionale Währung umzurechnen. Daraus ergeben sich die gleichen Beträge in der funktionalen Währung, wie wenn die Posten ursprünglich in der funktionalen Währung erfasst worden wären. Beispielsweise werden monetäre Posten zum Stichtagskurs und nicht monetäre Posten, die zu den historischen Anschaffungs- oder Herstellungskosten bewertet werden, zum Wechselkurs am Tag des Geschäftsvorfalls, der zu ihrer Erfassung geführt hat, in die funktionale Währung umgerechnet.

Wechsel der funktionalen Währung

35 Bei einem Wechsel der funktionalen Währung hat das Unternehmen die für die neue funktionale Währung geltenden Umrechnungsverfahren prospektiv ab dem Zeitpunkt des Wechsels anzuwenden.

36 Wie in Paragraph 13 erwähnt, spiegelt die funktionale Währung eines Unternehmens die zugrunde liegenden Geschäftsvorfälle, Ereignisse und Umstände wider, die für das Unternehmen relevant sind. Daraus folgt, dass eine funktionale Währung nach ihrer Ermittlung nur dann geändert werden kann, wenn sich diese zugrunde liegenden Geschäftsvorfälle, Ereignisse und Umstände geändert haben. Ein Wechsel der funktionalen Währung kann beispielsweise dann angebracht sein, wenn sich die Währung, die den größten Einfluss auf die Verkaufspreise der Güter und Dienstleistungen eines Unternehmens hat, ändert.

37 Die Auswirkungen eines Wechsels der funktionalen Währung werden prospektiv bilanziert. Das bedeutet, dass ein Unternehmen alle Posten zum Kurs am Tag des Wechsels in die neue funktionale Währung umrechnet. Die daraus resultierenden umgerechneten Beträge der nicht monetären Vermögenswerte werden als historische Anschaffungs- oder Herstellungskosten dieser Posten behandelt. Umrechnungsdifferenzen aus der Umrechnung eines ausländischen Geschäftsbetriebs, die bisher gemäß den Paragraphen 32 und 39(c) im sonstigen Ergebnis erfasst wurden, werden erst bei dessen Veräußerung aus dem Eigenkapital erfolgswirksam umgegliedert.

VERWENDUNG EINER ANDEREN DARSTELLUNGSWÄHRUNG ALS DER FUNKTIONALEN WÄHRUNG

Umrechnung in die Darstellungswährung

38 Ein Unternehmen kann seinen Abschluss in jeder beliebigen Währung (oder Währungen) darstellen. Weicht die Darstellungswährung von der funktionalen Währung des Unternehmens ab, ist seine Vermögens-, Finanz- und Ertragslage in die Darstellungswährung umzurechnen. Beispielsweise gibt ein Konzern, der aus mehreren Einzelunternehmen mit verschiedenen funktionalen Währungen besteht, die Vermögens-, Finanz- und Ertragslage der einzelnen Unternehmen in einer gemeinsamen Währung an, sodass ein Konzernabschluss aufgestellt werden kann.

39 Die Vermögens-, Finanz- und Ertragslage eines Unternehmens, dessen funktionale Währung keine Währung eines Hochinflationslandes ist, wird nach folgendem Verfahren in eine andere Darstellungswährung umgerechnet:

a) Vermögenswerte und Schulden sind für jede vorgelegte Bilanz (d. h. einschließlich Vergleichsinformationen) zum jeweiligen Abschlussstichtagskurs umzurechnen,

b) Erträge und Aufwendungen sind für jede Darstellung von Gewinn oder Verlust und sonstigem Ergebnis (d. h. einschließlich Vergleichsinformationen) zum Wechselkurs am Tag des Geschäftsvorfalls umzurechnen, und

c) alle sich ergebenden Umrechnungsdifferenzen sind im sonstigen Ergebnis zu erfassen.

40 Aus praktischen Erwägungen wird zur Umrechnung von Ertrags- und Aufwandsposten häufig ein Kurs verwendet, der einen Näherungswert für den Umrechnungskurs am Tag des Geschäftsvorfalls darstellt, beispielsweise der Durchschnittskurs einer Periode. Bei stark schwankenden Wechselkursen ist jedoch die Verwendung von Durchschnittskursen für einen Zeitraum unangemessen.

41 Die in Paragraph 39(c) genannten Umrechnungsdifferenzen ergeben sich aus

a) der Umrechnung von Erträgen und Aufwendungen zu den Wechselkursen an den Tagen der Geschäftsvorfälle und der Vermögenswerte und Schulden zum Stichtagskurs und

b) der Umrechnung des Eröffnungsbilanzwerts des Nettovermögens zu einem Stichtagskurs, der vom vorherigen Stichtagskurs abweicht.

Diese Umrechnungsdifferenzen werden nicht erfolgswirksam erfasst, weil die Veränderungen bei den Wechselkursen nur einen geringen oder überhaupt keinen direkten Einfluss auf den gegenwärtigen und künftigen operativen Cashflow haben. Der kumulierte Betrag der Umrechnungsdifferenzen wird bis zum Abgang des ausländischen Geschäftsbetriebs in einem separaten Bestandteil des Eigenkapitals ausgewiesen. Beziehen sich die Umrechnungsdifferenzen auf einen ausländischen Geschäftsbetrieb, der konsolidiert wird, jedoch nicht vollständig im Eigentum des Mutterunternehmens steht, so sind die kumulierten Umrechnungsdifferenzen, die aus nicht beherrschenden Anteilen stammen und diesen zuzurechnen sind, diesen nicht beherrschenden Anteilen zuzuweisen und als Teil derer in der Konzernbilanz anzusetzen.

42 Die Vermögens-, Finanz- und Ertragslage eines Unternehmens, dessen funktionale Währung die Währung eines Hochinflations-

landes ist, wird nach folgenden Verfahren in eine andere Darstellungswährung umgerechnet:
a) Alle Beträge (d. h. Vermögenswerte, Schulden, Eigenkapitalposten, Erträge und Aufwendungen, einschließlich Vergleichsinformationen) sind zum Stichtagskurs der letzten Bilanz umzurechnen, mit folgender Ausnahme:
b) Bei der Umrechnung von Beträgen in die Währung eines Nicht-Hochinflationslandes sind als Vergleichswerte die Beträge heranzuziehen, die im betreffenden Vorjahresabschluss als Beträge des aktuellen Jahres ausgewiesen wurden (d. h. es erfolgt keine Anpassung zur Berücksichtigung späterer Preis- oder Wechselkursänderungen).

43 Handelt es sich bei der funktionalen Währung eines Unternehmens um die Währung eines Hochinflationslandes, hat das Unternehmen seinen Abschluss gemäß IAS 29 anzupassen, bevor es die in Paragraph 42 beschriebene Umrechnungsmethode anwendet; davon ausgenommen sind Vergleichsbeträge, die in die Währung eines Nicht-Hochinflationslandes umgerechnet werden (siehe Paragraph 42(b)). Wenn ein bisheriges Hochinflationsland nicht mehr als solches eingestuft wird und das Unternehmen seinen Abschluss nicht mehr gemäß IAS 29 anpasst, sind als historische Anschaffungs- oder Herstellungskosten für die Umrechnung in die Darstellungswährung die an das Preisniveau angepassten Beträge maßgeblich, die zu dem Zeitpunkt galten, an dem das Unternehmen mit der Anpassung seines Abschlusses aufgehört hat.

Umrechnung eines ausländischen Geschäftsbetriebs

44 Die Paragraphen 45–47 sind zusätzlich zu den Paragraphen 38–43 anzuwenden, wenn die Vermögens-, Finanz- und Ertragslage eines ausländischen Geschäftsbetriebs in eine Darstellungswährung umgerechnet wird, damit der ausländische Geschäftsbetrieb durch Vollkonsolidierung oder durch die Equity-Methode in den Abschluss des berichtenden Unternehmens einbezogen werden kann.

45 Die Einbeziehung der Vermögens-, Finanz- und Ertragslage eines ausländischen Geschäftsbetriebs in den Abschluss des berichtenden Unternehmens folgt den üblichen Konsolidierungsverfahren. Dazu zählen etwa die Eliminierung konzerninterner Salden und konzerninterne Transaktionen eines Tochterunternehmens (siehe IFRS 10 *Konzernabschlüsse*). Ein konzerninterner monetärer Vermögenswert (oder eine konzerninterne monetäre Verbindlichkeit), ob kurzfristig oder langfristig, darf jedoch nur dann mit einer entsprechenden konzerninternen Vermögenswert (oder einer konzerninternen Verbindlichkeit) verrechnet werden, wenn das Ergebnis von Währungsschwankungen im Konzernabschluss ausgewiesen wird. Dies ist deshalb der Fall, weil der monetäre Posten eine Verpflichtung darstellt, eine Währung in eine andere umzuwandeln, und das berichtende Unternehmen einen Gewinn oder Verlust aus Währungsschwankungen zu verzeichnen hat. Demgemäß wird eine derartige Umrechnungsdifferenz im Konzernabschluss des berichtenden Unternehmens weiter erfolgswirksam erfasst, es sei denn, sie stammt aus Umständen, die in Paragraph 32 beschrieben wurden; in diesen Fällen wird sie bis zur Veräußerung des ausländischen Geschäftsbetriebs im sonstigen Ergebnis erfasst und in einem separaten Bestandteil des Eigenkapitals kumuliert.

46 Wird der Abschluss eines ausländischen Geschäftsbetriebs zu einem anderen Stichtag als dem des berichtenden Unternehmens aufgestellt, so erstellt dieser ausländische Geschäftsbetrieb häufig einen zusätzlichen Abschluss zu dem Stichtag des berichtenden Unternehmens. Ist dies nicht der Fall, so kann gemäß IFRS 10 ein abweichender Stichtag verwendet werden, sofern die Differenz nicht größer als drei Monate ist und Anpassungen für die Auswirkungen aller bedeutenden Geschäftsvorfälle oder Ereignisse vorgenommen werden, die zwischen den abweichenden Stichtagen eingetreten sind. In einem solchen Fall werden die Vermögenswerte und Schulden des ausländischen Geschäftsbetriebs zum Wechselkurs am Abschlussstichtag des ausländischen Geschäftsbetriebs umgerechnet. Treten bis zum Abschlussstichtag des berichtenden Unternehmens erhebliche Wechselkursänderungen ein, so werden diese gemäß IFRS 10 angepasst. Derselbe Ansatz gilt für die Anwendung der Equity-Methode auf assoziierte Unternehmen und Gemeinschaftsunternehmen gemäß IAS 28 (in der 2011 geänderten Fassung).

47 Jeglicher im Zusammenhang mit dem Erwerb eines ausländischen Geschäftsbetriebs entstehende Geschäfts- oder Firmenwert und sämtliche der beizulegenden Zeitwert ausgerichteten Anpassungen des Buchwerts der Vermögenswerte und Schulden, die aus dem Erwerb dieses ausländischen Geschäftsbetriebs resultieren, sind als Vermögenswerte und Schulden des ausländischen Geschäftsbetriebs zu behandeln. Sie werden daher in der funktionalen Währung des ausländischen Geschäftsbetriebs angegeben und sind gemäß den Paragraphen 39 und 42 zum Stichtagskurs umzurechnen.

Abgang oder Teilabgang eines ausländischen Geschäftsbetriebs

48 Beim Abgang eines ausländischen Geschäftsbetriebs sind die entsprechenden kumulierten Umrechnungsdifferenzen, die bis zu diesem Zeitpunkt im sonstigen Ergebnis erfasst und in einem separaten Bestandteil des Eigenkapitals kumuliert wurden, in derselben Periode, in der auch der Gewinn oder Verlust aus dem Abgang erfasst wird, erfolgswirksam umzugliedern (als Umgliederungsbetrag) (siehe IAS 1 *Darstellung des Abschlusses* (überarbeitet 2007)).

48A Zusätzlich zum Abgang des gesamten Anteils eines Unternehmens an einem ausländischen Geschäftsbetrieb werden folgende Teilabgänge als Abgänge bilanziert,
a) wenn der Teilabgang mit einem Verlust der Beherrschung eines Tochterunternehmens,

zu dem ein ausländischer Geschäftsbetrieb gehört, einhergeht, unabhängig davon, ob das Unternehmen nach dem Teilabgang einen nicht beherrschenden Anteil am ehemaligen Tochterunternehmen zurückbehält, und

b) wenn es sich bei dem zurückbehaltenen Anteil nach dem Teilabgang eines Anteils an einer gemeinschaftlichen Vereinbarung oder nach dem Teilabgang eines Anteils an einem assoziierten Unternehmen, zu dem ein ausländischer Geschäftsbetrieb gehört, um einen finanziellen Vermögenswert handelt, zu dem ein ausländischer Geschäftsbetrieb gehört.

48B Beim Abgang eines Tochterunternehmens, zu dem ein ausländischer Geschäftsbetrieb gehört, sind die kumulierten zu diesem ausländischen Geschäftsbetrieb gehörenden Umrechnungsdifferenzen, die den nicht beherrschenden Anteilen zugeordnet waren, auszubuchen, aber nicht erfolgswirksam umzugliedern.

48C Bei einem Teilabgang eines Tochterunternehmens, zu dem ein ausländischer Geschäftsbetrieb gehört, ist der entsprechende Anteil an den kumulierten Umrechnungsdifferenzen, die im sonstigen Ergebnis erfasst sind, den nicht beherrschenden Anteilen an diesem ausländischen Geschäftsbetrieb wieder zuzuordnen. Bei allen anderen Teilabgängen eines ausländischen Geschäftsbetriebs hat das Unternehmen nur den entsprechenden Anteil der kumulierten Umrechnungsdifferenzen, der im sonstigen Ergebnis erfasst war, erfolgswirksam umzugliedern.

48D Ein Teilabgang eines Anteils eines Unternehmens an einem ausländischen Geschäftsbetrieb ist jegliche Verringerung der Beteiligungsquote eines Unternehmens an einem ausländischen Geschäftsbetrieb; davon ausgenommen sind jene in Paragraph 48A dargestellten Verringerungen, die als Abgänge bilanziert werden.

49 Ein Unternehmen kann seinen Anteil an einem ausländischen Geschäftsbetrieb durch Verkauf, Liquidation, Kapitalrückzahlung oder Aufgabe der Gesamtheit oder eines Teils des Geschäftsbetriebs ganz oder teilweise abgeben. Eine außerplanmäßige Abschreibung des Buchwerts eines ausländischen Geschäftsbetriebs aufgrund eigener Verluste oder aufgrund einer vom Investor erfassten Wertminderung ist nicht als Teilabgang zu betrachten. Folglich wird auch kein Teil der Umrechnungsgewinne oder -verluste, die im sonstigen Ergebnis erfasst sind, zum Zeitpunkt der außerplanmäßigen Abschreibung erfolgswirksam umgegliedert.

STEUERLICHE AUSWIRKUNGEN SÄMTLICHER UMRECHNUNGSDIFFERENZEN

50 Gewinne und Verluste aus Fremdwährungstransaktionen sowie Umrechnungsdifferenzen aus der Umrechnung der Vermögens-, Finanz- und Ertragslage eines Unternehmens (einschließlich eines ausländischen Geschäftsbetriebs) können steuerliche Auswirkungen haben, die gemäß IAS 12 *Ertragsteuern* bilanziert werden.

ANGABEN

51 Die Bestimmungen zur funktionalen Währung in den Paragraphen 53 und 55–57 beziehen sich im Falle eines Konzerns auf die funktionale Währung des Mutterunternehmens.

52 Ein Unternehmen hat Folgendes anzugeben:

a) den Betrag der Umrechnungsdifferenzen, der erfolgswirksam erfasst wurde; davon ausgenommen sind Umrechnungsdifferenzen aus Finanzinstrumenten, die gemäß IFRS 9 erfolgswirksam zum beizulegenden Zeitwert bewertet werden, und

b) den Saldo der Umrechnungsdifferenzen, der im sonstigen Ergebnis erfasst und in einem separaten Bestandteil des Eigenkapitals kumuliert wurde, und eine Überleitungsrechnung des Betrags solcher Umrechnungsdifferenzen zum Beginn und am Ende der Berichtsperiode.

53 Wenn die Darstellungswährung nicht der funktionalen Währung entspricht, ist dieser Umstand zusammen mit der Nennung der funktionalen Währung und einer Begründung für die Verwendung einer abweichenden Währung anzugeben.

54 Bei einem Wechsel der funktionalen Währung des berichtenden Unternehmens oder eines wesentlichen ausländischen Geschäftsbetriebs sind dieser Umstand und die Gründe anzugeben, die zur Umstellung der funktionalen Währung geführt haben.

55 Stellt ein Unternehmen seinen Abschluss in einer anderen Währung als seiner funktionalen Währung dar, darf es den Abschluss nur dann als mit den IFRS übereinstimmend bezeichnen, wenn dieser sämtliche Vorschriften aller anzuwendenden IFRS, einschließlich der in den Paragraphen 39 und 42 dargelegten Umrechnungsmethode erfüllt.

56 Ein Unternehmen stellt seinen Abschluss oder andere Finanzinformationen mitunter in einer anderen Währung als seiner funktionalen Währung dar, ohne die Anforderungen von Paragraph 55 zu erfüllen. Beispielsweise kommt es vor, dass ein Unternehmen nur ausgewählte Posten seines Abschlusses in eine andere Währung umrechnet. Oder ein Unternehmen, dessen funktionale Währung nicht die Währung eines Hochinflationslandes ist, rechnet seinen Abschluss in eine andere Währung um, indem es für alle Posten den letzten Stichtagskurs verwendet. Derartige Umrechnungen entsprechen nicht den IFRS, und es sind die in Paragraph 57 genannten Angaben erforderlich.

57 Stellt ein Unternehmen seinen Abschluss oder andere Finanzinformationen in einer anderen Währung als seiner funktionalen oder seiner Darstellungswährung dar und werden die Anforderungen von Paragraph 55 nicht erfüllt, so hat das Unternehmen

a) die Informationen deutlich als zusätzliche Informationen zu kennzeichnen, um sie von den mit den IFRS übereinstimmenden Informationen zu unterscheiden,
b) die Währung anzugeben, in der die zusätzlichen Informationen dargestellt werden, und
c) die funktionale Währung des Unternehmens und die verwendete Umrechnungsmethode zur Ermittlung der zusätzlichen Informationen anzugeben.

ZEITPUNKT DES INKRAFTTRETENS UND ÜBERGANGSVORSCHRIFTEN

58 Dieser Standard ist auf Geschäftsjahre anzuwenden, die am oder nach dem 1. Januar 2005 beginnen. Eine frühere Anwendung wird empfohlen. Wendet ein Unternehmen diesen Standard auf Berichtsperioden an, die vor dem 1. Januar 2005 beginnen, hat es dies anzugeben.

58A Durch die im Dezember 2005 veröffentlichte Änderung an IAS 21 *Nettoinvestition in einen ausländischen Geschäftsbetrieb* wurde Paragraph 15A eingefügt und Paragraph 33 geändert. Diese Änderungen sind auf Geschäftsjahre anzuwenden, die am oder nach dem 1. Januar 2006 beginnen. Eine frühere Anwendung wird empfohlen.

59 Ein Unternehmen hat Paragraph 47 prospektiv auf alle Erwerbe anzuwenden, die nach Beginn der Berichtsperiode, in der dieser Standard erstmalig angewendet wird, stattfinden. Eine rückwirkende Anwendung des Paragraphen 47 auf frühere Erwerbe ist zulässig. Beim Erwerb eines ausländischen Geschäftsbetriebs, der prospektiv behandelt wird, jedoch vor dem Zeitpunkt der erstmaligen Anwendung dieses Standards stattgefunden hat, darf das Unternehmen keine Anpassung der Vorjahre vornehmen und kann daher, sofern angemessen, den Geschäfts- oder Firmenwert und die Anpassungen an die beizulegenden Zeitwert im Zusammenhang mit diesem Erwerb als Vermögenswerte und Schulden des Unternehmens und nicht als Vermögenswerte und Schulden des ausländischen Geschäftsbetriebs behandeln. Der Geschäfts- oder Firmenwert und die Anpassungen an den beizulegenden Zeitwert sind daher bereits in der funktionalen Währung des berichtenden Unternehmens angegeben, oder es handelt sich um nicht monetäre Fremdwährungsposten, die zu dem zum Zeitpunkt des Erwerbs geltenden Wechselkurs umgerechnet werden.

60 Alle anderen Änderungen, die sich aus der Anwendung dieses Standards ergeben, sind gemäß den Vorschriften von IAS 8 *Rechnungslegungsmethoden, Änderungen von rechnungslegungsbezogenen Schätzungen und Fehler* zu bilanzieren.

60A Durch IAS 1 (in der 2007 überarbeiteten Fassung) wurde die in den IAS/IFRS verwendete Terminologie geändert. Außerdem wurden die Paragraphen 27, 30–33, 37, 39, 41, 45, 48 und 52 geändert. Diese Änderungen sind auf Geschäftsjahre anzuwenden, die am oder nach dem 1. Januar 2009 beginnen. Wendet ein Unternehmen IAS 1 (überarbeitet 2007) auf eine frühere Periode an, so hat es auf diese Periode auch diese Änderungen anzuwenden.

60B Mit der 2008 geänderten Fassung von IAS 27 wurden die Paragraphen 48A–48D eingefügt und Paragraph 49 geändert. Diese Änderungen sind prospektiv auf Geschäftsjahre anzuwenden, die am oder nach dem 1. Juli 2009 beginnen. Wendet ein Unternehmen IAS 27 (geändert 2008) auf eine frühere Periode an, sind auch die Änderungen auf diese frühere Periode anzuwenden.

60C [gestrichen]

60D Durch die *Verbesserungen der IFRS*, veröffentlicht im Mai 2010, wurde Paragraph 60B geändert. Diese Änderung ist auf Geschäftsjahre anzuwenden, die am oder nach dem 1. Juli 2010 beginnen. Eine frühere Anwendung ist zulässig.

60E [gestrichen]

60F Durch IFRS 10 und IFRS 11 *Gemeinschaftliche Vereinbarungen*, veröffentlicht im Mai 2011, wurden die Paragraphen 3(b), 8, 11, 18, 19, 33, 44–46 und 48A geändert. Wendet ein Unternehmen IFRS 10 und IFRS 11 an, hat es diese Änderungen ebenfalls anzuwenden.

60G Durch IFRS 13, veröffentlicht im Mai 2011, wurden die Definition des beizulegenden Zeitwerts in Paragraph 8 und der Paragraph 23 geändert. Wendet ein Unternehmen IFRS 13 an, hat es diese Änderungen ebenfalls anzuwenden.

60H Durch *Darstellung von Posten des sonstigen Ergebnisses* (Änderungen an IAS 1), veröffentlicht im Juni 2011, wurde Paragraph 39 geändert. Wendet ein Unternehmen IAS 1 (in der im Juni 2011 geänderten Fassung) an, ist diese Änderung ebenfalls anzuwenden.

60I [gestrichen]

60J Durch IFRS 9, veröffentlicht im Juli 2014, wurden die Paragraphen 3, 4, 5, 27 und 52 geändert und die Paragraphen 60C, 60E und 60I gestrichen. Wendet ein Unternehmen IFRS 9 an, hat es diese Änderungen ebenfalls anzuwenden.

60K Durch IFRS 16 *Leasingverhältnisse*, veröffentlicht im Januar 2016, wurde Paragraph 16 geändert. Wendet ein Unternehmen IFRS 16 an, hat es diese Änderung ebenfalls anzuwenden.

RÜCKNAHME ANDERER VERLAUTBARUNGEN

61 Dieser Standard ersetzt IAS 21 *Auswirkungen von Wechselkursänderungen* (überarbeitet 1993).

62 Dieser Standard ersetzt die folgenden Interpretationen:
a) SIC-11 *Fremdwährung – Aktivierung von Verlusten aus erheblichen Währungsabwertungen,*
b) SIC-19 *Berichtswährung – Bewertung und Darstellung von Abschlüssen gemäß IAS 21 und IAS 29* und
c) SIC-30 *Berichtswährung – Umrechnung von der Bewertungs- in die Darstellungswährung.*

INTERNATIONAL ACCOUNTING STANDARD 23
Fremdkapitalkosten

IAS 23, VO (EU) 2023/1803

Gliederung	§§
GRUNDPRINZIP	1
ANWENDUNGSBEREICH	2–4
DEFINITIONEN	5–7
ANSATZ	8–25
Aktivierbare Fremdkapitalkosten	10–15
Buchwert des qualifizierten Vermögenswerts ist höher als der erzielbare Betrag	16
Beginn der Aktivierung	17–19
Unterbrechung der Aktivierung	20–21
Beendigung der Aktivierung	22–25
ANGABEN	26
ÜBERGANGSVORSCHRIFTEN	27–28A
ZEITPUNKT DES INKRAFTTRETENS	29–29D
RÜCKNAHME VON IAS 23 (ÜBERARBEITET 1993)	30

GRUNDPRINZIP

1 Fremdkapitalkosten, die einzeln dem Erwerb, dem Bau oder der Herstellung eines qualifizierten Vermögenswerts zugeordnet werden können, gehören zu den Anschaffungs- oder Herstellungskosten dieses Vermögenswerts. Andere Fremdkapitalkosten werden als Aufwand erfasst.

ANWENDUNGSBEREICH

2 Dieser Standard ist auf die bilanzielle Behandlung von Fremdkapitalkosten anzuwenden.

3 Der Standard befasst sich nicht mit den tatsächlichen oder kalkulatorischen Kosten des Eigenkapitals, was auch bevorrechtigte Kapitalbestandteile, die nicht als Schuld einzustufen sind, einschließt.

4 Ein Unternehmen ist nicht verpflichtet, den Standard auf Fremdkapitalkosten anzuwenden, die einzeln dem Erwerb, dem Bau oder der Herstellung folgender Vermögenswerte zugeordnet werden können:

a) qualifizierte Vermögenswerte, die zum beizulegenden Zeitwert bewertet werden, wie beispielsweise biologische Vermögenswerte im Anwendungsbereich von IAS 41 *Landwirtschaft*, oder
b) Vorräte, die in großen Mengen wiederholt gefertigt oder auf andere Weise hergestellt werden.

DEFINITIONEN

5 In diesem Standard werden die folgenden Begriffe mit der angegebenen Bedeutung verwendet:

Fremdkapitalkosten sind Zinsen und sonstige Kosten, die bei einem Unternehmen im Zusammenhang mit der Aufnahme von Fremdkapital anfallen.

Ein *qualifizierter Vermögenswert* ist ein Vermögenswert, für den ein beträchtlicher Zeitraum erforderlich ist, um ihn in seinen beabsichtigten gebrauchs- oder verkaufsfähigen Zustand zu versetzen.

6 Fremdkapitalkosten können Folgendes umfassen:

a) Zinsaufwand, der nach der in IFRS 9 beschriebenen Effektivzinsmethode berechnet wird,
b) [gestrichen]
c) [gestrichen]
d) Finanzierungskosten aus Finanzierungs-Leasingverhältnissen, die gemäß IFRS 16 *Leasingverhältnisse* erfasst werden, und
e) Währungsdifferenzen aus Fremdwährungskrediten, soweit sie als Zinskorrektur anzusehen sind.

7 Je nach Art der Umstände kommen als qualifizierte Vermögenswerte in Betracht:

a) Vorräte,
b) Fabrikationsanlagen,
c) Energieversorgungseinrichtungen,
d) immaterielle Vermögenswerte,
e) als Finanzinvestitionen gehaltene Immobilien,
f) fruchttragende Pflanzen.

Finanzielle Vermögenswerte und Vorräte, die über einen kurzen Zeitraum gefertigt oder auf andere Weise hergestellt werden, sind keine qualifizierten Vermögenswerte. Gleiches gilt für Vermögenswerte, die bereits bei Erwerb in ihrem beabsichtigten gebrauchs- oder verkaufsfähigen Zustand sind.

ANSATZ

8 Fremdkapitalkosten, die einzeln dem Erwerb, dem Bau oder der Herstellung eines qualifizierten Vermögenswerts zugeordnet werden können, sind als Teil der Anschaffungs- oder Herstellungskosten dieses Vermögenswerts zu aktivieren. Andere Fremdkapitalkosten sind in der Periode ihres Anfalls als Aufwand zu erfassen.

9 Fremdkapitalkosten, die einzeln dem Erwerb, dem Bau oder der Herstellung eines qualifizierten Vermögenswerts zugeordnet werden können, gehören zu den Anschaffungs- oder Herstellungskosten dieses Vermögenswerts. Solche Fremdkapitalkosten werden als Teil der Anschaffungs- oder Herstellungskosten des Vermögenswerts aktiviert, wenn wahrscheinlich ist, dass dem Unternehmen hieraus künftiger wirtschaftlicher Nutzen erwächst und die Kosten verlässlich ermittelt werden können. Wenn ein Unternehmen IAS 29 *Rechnungslegung in Hochinflationsländern* anwendet, hat es gemäß Paragraph 21 des genannten Standards jenen Teil der Fremdkapitalkosten als Aufwand zu erfassen, der als Ausgleich für die Inflation im entsprechenden Zeitraum dient.

Aktivierbare Fremdkapitalkosten

10 Fremdkapitalkosten, die einzeln dem Erwerb, dem Bau oder der Herstellung eines qualifizierten Vermögenswerts zugeordnet werden können, sind solche Fremdkapitalkosten, die vermieden worden wären, wenn die Ausgaben für den qualifizierten Vermögenswert nicht getätigt worden wären. Wenn ein Unternehmen speziell für die Beschaffung eines bestimmten qualifizierten Vermögenswerts Mittel aufnimmt, können die Fremdkapitalkosten, die diesem qualifizierten Vermögenswert einzeln zugeordnet werden können, ohne Weiteres bestimmt werden.

11 Es kann schwierig sein, einen direkten Zusammenhang zwischen bestimmten Fremdkapitalaufnahmen und einem qualifizierten Vermögenswert festzustellen und die Fremdkapitalaufnahmen zu bestimmen, die andernfalls hätten vermieden werden können. Solche Schwierigkeiten ergeben sich beispielsweise, wenn die Finanzierungstätigkeit eines Unternehmens zentral koordiniert wird. Schwierigkeiten treten auch dann auf, wenn ein Konzern verschiedene Schuldinstrumente mit unterschiedlichen Zinssätzen in Anspruch nimmt und diese Mittel zu unterschiedlichen Bedingungen an andere Unternehmen des Konzerns ausleiht. Andere Komplikationen erwachsen aus der Inanspruchnahme von Fremdwährungskrediten oder von Krediten, die an Fremdwährungen gekoppelt sind, wenn der Konzern in Hochinflationsländern tätig ist, sowie aus Wechselkursschwankungen. Dies führt dazu, dass der Betrag der Fremdkapitalkosten, die einzeln einem qualifizierten Vermögenswert zugeordnet werden können, schwierig zu bestimmen ist und einer Ermessensentscheidung bedarf.

12 Hat ein Unternehmen Fremdmittel speziell für die Beschaffung eines qualifizierten Vermögenswerts aufgenommen, ist der Betrag der für diesen Vermögenswert aktivierbaren Fremdkapitalkosten als die tatsächlich in der Periode aufgrund dieser Fremdkapitalaufnahme angefallenen Fremdkapitalkosten abzüglich etwaiger Anlageerträge aus der vorübergehenden Zwischenanlage dieser Mittel zu bestimmen.

13 Die Finanzierungsvereinbarungen für einen qualifizierten Vermögenswert können dazu führen, dass ein Unternehmen die Mittel erhält und ihm die damit verbundenen Fremdkapitalkosten entstehen, bevor diese Mittel ganz oder teilweise für Zahlungen für den qualifizierten Vermögenswert verwendet werden. In einem solchen Fall werden die Mittel häufig vorübergehend bis zur Verwendung für den qualifizierten Vermögenswert angelegt. Bei der Bestimmung des Betrags der aktivierbaren Fremdkapitalkosten einer Periode werden alle Anlageerträge aus derartigen Finanzinvestitionen von den angefallenen Fremdkapitalkosten abgezogen.

14 Hat ein Unternehmen Fremdmittel allgemein aufgenommen und für die Beschaffung eines qualifizierten Vermögenswerts verwendet hat, ist der Betrag der aktivierbaren Fremdkapitalkosten durch Anwendung eines Finanzierungskostensatzes auf die Ausgaben für diesen Vermögenswert zu bestimmen. Als Finanzierungskostensatz ist der gewogene Durchschnitt der Fremdkapitalkosten für sämtliche Kredite des Unternehmens zugrunde zu legen, die während der Periode bestanden haben. Allerdings hat ein Unternehmen Fremdkapitalkosten, die Fremdkapital betreffen, das speziell für die Beschaffung eines qualifizierten Vermögenswerts aufgenommen wurde, solange aus dieser Berechnung auszunehmen, bis die Arbeiten, die erforderlich sind, um den Vermögenswert für seinen beabsichtigten Gebrauch oder Verkauf vorzubereiten, im Wesentlichen fertiggestellt sind. Die während einer Periode aktivierten Fremdkapitalkosten dürfen die in der betreffenden Periode angefallenen Fremdkapitalkosten nicht übersteigen.

15 In manchen Fällen ist es angebracht, alle Fremdkapitalaufnahmen des Mutterunternehmens und seiner Tochterunternehmen in die Berechnung des gewogenen Durchschnitts der Fremdkapitalkosten einzubeziehen. In anderen Fällen ist es angebracht, dass jedes Tochterunternehmen den für seine eigenen Fremdkapitalaufnahmen geltenden gewogenen Durchschnitt der Fremdkapitalkosten verwendet.

Buchwert des qualifizierten Vermögenswerts ist höher als der erzielbare Betrag

16 Ist der Buchwert oder sind die letztlich zu erwartenden Anschaffungs- oder Herstellungskosten des qualifizierten Vermögenswerts höher als sein erzielbarer Betrag oder sein Nettoveräußerungswert, so wird der Buchwert gemäß den Vorschriften anderer Standards außerplanmäßig abgeschrieben oder ausgebucht. In bestimmten Fällen wird der Betrag der außerplanmäßigen Abschreibung oder

Ausbuchung gemäß diesen anderen Standards später wieder zugeschrieben bzw. eingebucht.

Beginn der Aktivierung

17 Ein Unternehmen hat mit der Aktivierung der Fremdkapitalkosten als Teil der Anschaffungs- oder Herstellungskosten eines qualifizierten Vermögenswerts am Anfangszeitpunkt zu beginnen. Der Anfangszeitpunkt für die Aktivierung ist der Tag, an dem das Unternehmen alle folgenden Bedingungen erfüllt:
a) **es fallen Ausgaben für den Vermögenswert an,**
b) **es fallen Fremdkapitalkosten an, und**
c) **es werden die erforderlichen Arbeiten durchgeführt, um den Vermögenswert für seinen beabsichtigten Gebrauch oder Verkauf herzurichten.**

18 Ausgaben für einen qualifizierten Vermögenswert umfassen nur solche Ausgaben, die durch Barzahlungen, Übertragung anderer Vermögenswerte oder die Übernahme verzinslicher Schulden erfolgt sind. Die Ausgaben werden um alle in Verbindung mit dem Vermögenswert erhaltenen Abschlagszahlungen und Zuwendungen gekürzt (siehe IAS 20 *Bilanzierung und Darstellung von Zuwendungen der öffentlichen Hand*). Der durchschnittliche Buchwert des Vermögenswerts während einer Periode einschließlich der früher aktivierten Fremdkapitalkosten ist in der Regel ein angemessener Näherungswert für die Ausgaben, auf die der Finanzierungskostensatz in der betreffenden Periode angewendet wird.

19 Die Arbeiten, die erforderlich sind, um den Vermögenswert für seinen beabsichtigten Gebrauch oder Verkauf herzurichten, umfassen mehr als die physische Herstellung des Vermögenswerts. Darin eingeschlossen sind auch technische und administrative Arbeiten vor dem Beginn der physischen Herstellung, wie beispielsweise die Tätigkeiten, die mit der Einholung von Genehmigungen vor Beginn der physischen Herstellung verbunden sind. Davon ausgeschlossen ist jedoch das bloße Halten eines Vermögenswerts ohne jedwede Bearbeitung oder Entwicklung, die seinen Zustand verändert. Beispielsweise werden Fremdkapitalkosten, die während der Erschließung unbebauter Grundstücke anfallen, in der Periode aktiviert, in der die mit der Erschließung zusammenhängenden Arbeiten unternommen werden. Werden jedoch für Bebauungszwecke erworbene Grundstücke ohne eine damit verbundene Erschließungstätigkeit gehalten, sind Fremdkapitalkosten, die während dieser Zeit anfallen, nicht aktivierbar.

Unterbrechung der Aktivierung

20 Ein Unternehmen hat die Aktivierung von Fremdkapitalkosten zu unterbrechen, wenn es die aktive Entwicklung eines qualifizierten Vermögenswerts für einen längeren Zeitraum unterbricht.

21 Bei einem Unternehmen können Fremdkapitalkosten während eines längeren Zeitraumes anfallen, in dem das Unternehmen die Arbeiten, die erforderlich sind, um einen Vermögenswert für den beabsichtigten Gebrauch oder Verkauf herzurichten, unterbrochen hat. Bei diesen Kosten handelt es sich um Kosten für das Halten teilweise fertiggestellter Vermögenswerte, die nicht aktivierbar sind. Im Regelfall unterbricht ein Unternehmen die Aktivierung von Fremdkapitalkosten allerdings nicht, wenn das Unternehmen während einer Periode wesentliche technische und administrative Leistungen erbracht hat. Ein Unternehmen unterbricht die Aktivierung von Fremdkapitalkosten ferner nicht, wenn eine vorübergehende Verzögerung notwendiger Prozessbestandteil ist, um den Vermögenswert für seinen beabsichtigten Gebrauch oder Verkauf herzurichten. Beispielsweise läuft die Aktivierung über einen solchen Zeitraum weiter, um den sich Brückenbauarbeiten aufgrund hoher Wasserstände verzögern, sofern mit derartigen Wasserständen innerhalb der Bauzeit in der betreffenden geographischen Region üblicherweise zu rechnen ist.

Beendigung der Aktivierung

22 Ein Unternehmen hat die Aktivierung von Fremdkapitalkosten zu beenden, wenn im Wesentlichen alle Arbeiten abgeschlossen sind, um den qualifizierten Vermögenswert für seinen beabsichtigten Gebrauch oder Verkauf herzurichten.

23 Ein Vermögenswert ist in der Regel dann für seinen beabsichtigten Gebrauch oder Verkauf fertiggestellt, wenn die physische Herstellung des Vermögenswerts abgeschlossen ist, auch wenn routinemäßige Verwaltungsarbeiten noch andauern. Wenn lediglich geringfügige Veränderungen ausstehen, wie die Ausstattung eines Gebäudes nach den Angaben des Käufers oder Benutzers, deutet dies darauf hin, dass im Wesentlichen alle Arbeiten abgeschlossen sind.

24 Wenn ein Unternehmen die Herstellung eines qualifizierten Vermögenswerts in Teilen abgeschlossen hat und die einzelnen Teile nutzbar sind, während der Herstellungsprozess für weitere Teile fortgesetzt wird, hat das Unternehmen die Aktivierung der Fremdkapitalkosten zu beenden, wenn im Wesentlichen alle Arbeiten abgeschlossen sind, um den betreffenden Teil für den beabsichtigten Gebrauch oder Verkauf herzurichten.

25 Ein Gewerbepark mit mehreren Gebäuden, die jeweils einzeln genutzt werden können, ist ein Beispiel für einen qualifizierten Vermögenswert, bei dem einzelne Teile nutzbar sind, während andere Teile noch erstellt werden. Ein Beispiel für einen qualifizierten Vermögenswert, der fertiggestellt sein muss, bevor irgendein Teil genutzt werden kann, ist eine industrielle Anlage mit verschiedenen Prozessen, die nacheinander in verschiedenen Teilen der Anlage am selben Standort ablaufen, wie beispielsweise ein Stahlwerk.

ANGABEN

26 Ein Unternehmen hat Folgendes anzugeben:
a) den Betrag der in der Periode aktivierten Fremdkapitalkosten und
b) den Finanzierungskostensatz, der bei der Bestimmung der aktivierbaren Fremdkapitalkosten zugrunde gelegt worden ist.

ÜBERGANGSVORSCHRIFTEN

27 Sofern die Anwendung dieses Standards zu einer Änderung der Rechnungslegungsmethoden führt, hat ein Unternehmen den Standard auf die Fremdkapitalkosten für qualifizierte Vermögenswerte anzuwenden, deren Anfangszeitpunkt für die Aktivierung am oder nach dem Tag des Inkrafttretens liegt.

28 Ein Unternehmen kann jedoch einen beliebigen Tag vor dem Zeitpunkt des Inkrafttretens bestimmen und den Standard auf die Fremdkapitalkosten für alle qualifizierten Vermögenswerte anwenden, deren Anfangszeitpunkt für die Aktivierung am oder nach diesem Tag liegt.

28A Durch die *Jährlichen Verbesserungen an den IFRS-Standards, Zyklus 2015–2017*, veröffentlicht im Dezember 2017, wurde Paragraph 14 geändert. Diese Änderung ist auf Fremdkapitalkosten anzuwenden, die mit oder nach Beginn des Geschäftsjahrs anfallen, in dem die Änderungen zum ersten Mal angewandt werden.

ZEITPUNKT DES INKRAFTTRETENS

29 Dieser Standard ist auf Geschäftsjahre anzuwenden, die am oder nach dem 1. Januar 2009 beginnen. Eine frühere Anwendung ist zulässig. Wendet ein Unternehmen diesen Standard auf Berichtsperioden an, die vor dem 1. Januar 2009 beginnen, hat es dies anzugeben.

29A Durch die *Verbesserungen der IFRS*, veröffentlicht im Mai 2008, wurde Paragraph 6 geändert. Diese Änderung ist auf Geschäftsjahre anzuwenden, die am oder nach dem 1. Januar 2009 beginnen. Eine frühere Anwendung ist zulässig. Wendet ein Unternehmen diese Änderung auf eine frühere Periode an, hat es dies anzugeben.

29B Durch IFRS 9, veröffentlicht im Juli 2014, wurde Paragraph 6 geändert. Wendet ein Unternehmen IFRS 9 an, hat es diese Änderung ebenfalls anzuwenden.

29C Durch IFRS 16, veröffentlicht im Januar 2016, wurde Paragraph 6 geändert. Wendet ein Unternehmen IFRS 16 an, hat es diese Änderung ebenfalls anzuwenden.

29D Durch die *Jährlichen Verbesserungen an den IFRS-Standards, Zyklus 2015–2017*, veröffentlicht im Dezember 2017, wurde Paragraph 14 geändert und Paragraph 28A eingefügt. Diese Änderungen sind auf Geschäftsjahre anzuwenden, die am oder nach dem 1. Januar 2019 beginnen. Eine frühere Anwendung ist zulässig. Wendet ein Unternehmen diese Änderungen zu einem früheren Zeitpunkt an, hat es dies anzugeben.

RÜCKNAHME VON IAS 23 (ÜBERARBEITET 1993)

30 Der vorliegende Standard ersetzt IAS 23 *Fremdkapitalkosten* (überarbeitet 1993).

INTERNATIONAL ACCOUNTING STANDARD 24
Angaben über Beziehungen zu nahestehenden Unternehmen und Personen

IAS 24, VO (EU) 2023/1803

Gliederung	§§
ZIELSETZUNG	1
ANWENDUNGSBEREICH	2–4
ZWECK DER ANGABEN ÜBER BEZIEHUNGEN ZU NAHESTEHENDEN UNTERNEHMEN UND PERSONEN	5–8
DEFINITIONEN	9–12
ANGABEN	13–27
Alle Unternehmen	13–24
Einer öffentlichen Hand nahestehende Unternehmen	25–27
ZEITPUNKT DES INKRAFTTRETENS UND ÜBERGANGSVORSCHRIFTEN	28–28C
RÜCKNAHME VON IAS 24 (2003)	29

ZIELSETZUNG

1 Dieser Standard soll sicherstellen, dass die Abschlüsse eines Unternehmens alle Angaben enthalten, die notwendig sind, um auf die Möglichkeit hinzuweisen, dass die Vermögens- und Finanzlage und der Gewinn oder Verlust des Unternehmens durch die Existenz nahestehender Unternehmen und Personen sowie durch Geschäftsvorfälle mit und Forderungen und Verbindlichkeiten (einschließlich Verpflichtungen) gegenüber diesen beeinflusst werden können.

ANWENDUNGSBEREICH

2 Dieser Standard ist anzuwenden bei
a) der Ermittlung von Beziehungen zu und Geschäftsvorfällen mit nahestehenden Unternehmen und Personen,
b) der Ermittlung der zwischen einem Unternehmen und den ihm nahestehenden Unternehmen und Personen bestehenden Forderungen und Verbindlichkeiten (einschließlich Verpflichtungen),
c) der Ermittlung der Umstände, unter denen die unter (a) und (b) genannten Sachverhalte angegeben werden müssen, und
d) der Bestimmung der zu diesen Sachverhalten zu machenden Angaben.

3 Nach diesem Standard sind Beziehungen zu nahestehenden Unternehmen und Personen, Geschäftsvorfälle mit und Forderungen und Verbindlichkeiten (einschließlich Verpflichtungen) gegenüber diesen in den Konzern- und Einzelabschlüssen von Mutterunternehmen oder von Investoren, unter deren gemeinschaftlicher Führung oder erheblichem Einfluss ein Beteiligungsunternehmen steht, gemäß IFRS 10 *Konzernabschlüsse* oder IAS 27 *Einzelabschlüsse* anzugeben. Dieser Standard ist auch auf Einzelabschlüsse anzuwenden.

4 Geschäftsvorfälle mit und Forderungen und Verbindlichkeiten gegenüber nahestehenden Unternehmen und Personen, bei denen es sich um andere Unternehmen des Konzerns handelt, sind im Abschluss des Unternehmens anzugeben. Konzerninterne Geschäftsvorfälle und Forderungen und Verbindlichkeiten werden bei der Aufstellung des Konzernabschlusses eliminiert; davon ausgenommen sind solche zwischen einer Investmentgesellschaft und ihren erfolgswirksam zum beizulegenden Zeitwert bewerteten Tochterunternehmen.

ZWECK DER ANGABEN ÜBER BEZIEHUNGEN ZU NAHESTEHENDEN UNTERNEHMEN UND PERSONEN

5 Beziehungen zu nahestehenden Unternehmen und Personen sind in Handel und Gewerbe gängige Praxis. So wickeln Unternehmen oftmals Teile ihrer Tätigkeiten über Tochterunternehmen, Gemeinschaftsunternehmen oder assoziierte Unternehmen ab. In einem solchen Fall hat das Unternehmen die Möglichkeit, durch Beherrschung, gemeinschaftliche Führung oder maßgeblichen Einfluss auf die Finanz- und Geschäftspolitik des Beteiligungsunternehmens einzuwirken.

6 Eine Beziehung zu nahestehenden Unternehmen und Personen kann sich auf die Vermögens- und Finanzlage und den Gewinn oder Verlust eines Unternehmens auswirken. Nahestehende Unternehmen und Personen tätigen möglicherweise Geschäfte, die fremde Dritte nicht tätigen würden. So wird ein Unternehmen, das seinem Mutterunternehmen Güter zu Anschaffungs- oder Herstellungskosten verkauft, diese möglicherweise nicht zu den gleichen Konditionen an andere Kunden verkaufen. Auch werden Geschäftsvorfälle zwischen nahestehenden Unternehmen und Personen möglicherweise nicht zu den gleichen Beträgen abgewickelt wie zwischen fremden Dritten.

7 Eine Beziehung zu nahestehenden Unternehmen und Personen kann sich auch dann auf die Vermögens- und Finanzlage und den Gewinn oder Verlust eines Unternehmens auswirken, wenn keine Geschäfte mit nahestehenden Unternehmen und Personen stattfinden. Die bloße Existenz der Beziehung kann ausreichen, um die Geschäfte des berichtenden Unternehmens mit Dritten zu beeinflussen. So könnte beispielsweise ein Tochterunternehmen seine Beziehungen zu einem Handelspartner beenden, weil eine Schwestergesellschaft, die in demselben Geschäftsfeld wie der frühere Geschäftspartner tätig ist, vom Mutterunternehmen erworben wurde. Ebenso gut könnte eine Partei aufgrund des maßgeblichen Einflusses einer anderen Partei eine Handlung unterlassen – ein Tochterunternehmen könnte beispielsweise von seinem Mutterunternehmen die Anweisung erhalten, keine Forschungs- und Entwicklungstätigkeiten auszuführen.

8 Sind die Abschlussadressaten über die Geschäftsvorfälle, Forderungen und Verbindlichkeiten (einschließlich Verpflichtungen) und Beziehungen eines Unternehmens mit bzw. gegenüber nahestehenden Unternehmen und Personen im Bilde, kann dies aus den genannten Gründen ihre Beurteilung der Geschäftstätigkeit des Unternehmens und der bestehenden Risiken und Chancen beeinflussen.

DEFINITIONEN

9 Die folgenden Begriffe werden in diesem Standard mit der angegebenen Bedeutung verwendet:

Nahestehende Unternehmen und Personen sind Personen oder Unternehmen, die dem abschlusserstellenden Unternehmen (in diesem Standard „berichtendes Unternehmen" genannt) nahestehen.

a) Eine Person oder ein naher Familienangehöriger dieser Person steht einem berichtenden Unternehmen nahe, wenn sie/er
   i) das berichtende Unternehmen beherrscht oder an dessen gemeinschaftlicher Führung beteiligt ist,
   ii) maßgeblichen Einfluss auf das berichtende Unternehmen hat oder
   iii) im Management des berichtenden Unternehmens oder eines Mutterunternehmens des berichtenden Unternehmens eine Schlüsselposition bekleidet.

b) Ein Unternehmen steht einem berichtenden Unternehmen nahe, wenn eine der folgenden Bedingungen erfüllt ist:
   i) Das Unternehmen und das berichtende Unternehmen gehören zu demselben Konzern (was bedeutet, dass Mutterunternehmen, Tochterunternehmen und Schwestergesellschaften alle einander nahestehen).
   ii) Eines der beiden Unternehmen ist ein assoziiertes Unternehmen oder ein Gemeinschaftsunternehmen des anderen (oder ein assoziiertes Unternehmen oder ein Gemeinschaftsunternehmen eines Unternehmens eines Konzerns, dem auch das andere Unternehmen angehört).
   iii) Beide Unternehmen sind Gemeinschaftsunternehmen desselben Dritten.
   iv) Eines der beiden Unternehmen ist ein Gemeinschaftsunternehmen eines dritten Unternehmens und das andere ist ein assoziiertes Unternehmen dieses dritten Unternehmens.
   v) Bei dem Unternehmen handelt es sich um einen Plan für Leistungen nach Beendigung des Arbeitsverhältnisses zugunsten der Arbeitnehmer entweder des berichtenden Unternehmens oder eines dem berichtenden Unternehmen nahestehenden Unternehmens. Handelt es sich bei dem berichtenden Unternehmen selbst um einen solchen Plan, sind auch die in diesen Plan einzahlenden Arbeitgeber als dem berichtenden Unternehmen nahestehend zu betrachten.
   vi) Das Unternehmen wird von einer unter (a) genannten Person beherrscht oder steht unter gemeinschaftlicher Führung, an der eine unter (a) genannte Person beteiligt ist.
   vii) Eine unter (a)(i) genannte Person hat maßgeblichen Einfluss auf das Unternehmen oder bekleidet im Management des Unternehmens (oder eines Mutterunternehmens des Unternehmens) eine Schlüsselposition.
   viii) Das Unternehmen oder ein Mitglied des Konzerns, dem es angehört, erbringt für das berichtende Unternehmen oder dessen Mutterunternehmen Leistungen im Bereich des Managements in Schlüsselpositionen.

Ein *Geschäftsvorfall mit nahestehenden Unternehmen und Personen* ist eine Übertragung von Ressourcen, Dienstleistungen oder Verpflichtungen zwischen einem berichtenden Unternehmen und einem nahestehenden Unternehmen/einer nahestehenden Person, unabhängig davon, ob dafür ein Entgelt in Rechnung gestellt wird.

Nahe Familienangehörige einer Person sind Familienmitglieder, von denen angenommen werden kann, dass sie bei ihren Transaktionen mit dem Unternehmen auf die Person Einfluss nehmen oder von ihr beeinflusst werden können. Dazu gehören

a) Kinder und Ehegatte oder Lebenspartner dieser Person,

b) Kinder des Ehegatten oder Lebenspartners dieser Person und

c) abhängige Angehörige dieser Person oder des Ehegatten oder Lebenspartners dieser Person.

Vergütungen umfassen sämtliche Leistungen an Arbeitnehmer (gemäß Definition in IAS 19 *Leistungen an Arbeitnehmer*), einschließlich solcher, auf die IFRS 2 Anteilsbasierte Vergütung anzuwenden ist. Leistungen an Arbeitnehmer sind jede Form von Vergütung, die von dem Unternehmen oder in dessen Namen als Gegenleistung für erhaltene Dienstleistungen gezahlt wurde, zu zahlen ist oder bereitgestellt wird Dazu gehören auch Gegenleistungen, die von dem Unternehmen für ein Mutterunternehmen erbracht werden. Vergütungen umfassen

a) kurzfristig fällige Leistungen an Arbeitnehmer wie Löhne, Gehälter und Sozialversicherungsbeiträge, Urlaubs- und Krankengeld, Gewinn- und Erfolgsbeteiligungen (sofern diese innerhalb von zwölf Monaten nach Ende der Berichtsperiode zu zahlen sind) sowie geldwerte Leistungen (wie medizinische Versorgung, Wohnung und Dienstwagen sowie kostenlose oder vergünstigte Güter oder Dienstleistungen) für aktive Arbeitnehmer,

b) Leistungen nach Beendigung des Arbeitsverhältnisses wie Renten, sonstige Altersversorgungsleistungen, Lebensversicherungen und medizinische Versorgung,

c) andere langfristig fällige Leistungen an Arbeitnehmer wie Sonderurlaub nach langjähriger Dienstzeit oder vergütete Dienstfreistellungen, Jubiläumsgelder oder andere Leistungen für langjährige Dienstzeit, langfristige Leistungen bei Erwerbsunfähigkeit und – sofern diese Leistungen nicht vollständig innerhalb von zwölf Monaten nach Ende der Berichtsperiode zu zahlen sind – Gewinn- und Erfolgsbeteiligungen sowie später fällige Vergütungsbestandteile,

d) Leistungen aus Anlass der Beendigung des Arbeitsverhältnisses und

e) anteilsbasierte Vergütungen.

Mitglieder des Managements in Schlüsselpositionen sind Personen, die direkt oder indirekt für die Planung, Leitung und Überwachung der Tätigkeiten des Unternehmens zuständig und verantwortlich sind; dies schließt Mitglieder der Geschäftsführungs- und Aufsichtsorgane ein.

Öffentliche Hand bezieht sich auf Regierungsbehörden, Institutionen mit hoheitlichen Aufgaben und ähnliche Körperschaften, unabhängig davon, ob diese auf lokaler, nationaler oder internationaler Ebene angesiedelt sind.

Der öffentlichen Hand nahestehende Unternehmen sind Unternehmen, die von einer öffentlichen Hand beherrscht werden oder unter gemeinschaftlicher Führung oder maßgeblichem Einfluss einer öffentlichen Hand stehen.

Die Begriffe „Beherrschung" und „Investmentgesellschaft" sowie „gemeinschaftliche Führung" und „maßgeblicher Einfluss" werden in IFRS 10, IFRS 11 *Gemeinschaftliche Vereinbarungen* bzw. IAS 28 *Beteiligungen an assoziierten Unternehmen und Gemeinschaftsunternehmen* definiert; im vorliegenden Standard werden sie gemäß den dort festgelegten Bedeutungen verwendet.

10 Bei der Betrachtung aller möglichen Beziehungen zu nahestehenden Unternehmen und Personen wird auf den wirtschaftlichen Gehalt der Beziehung und nicht allein auf die rechtliche Gestaltung abgestellt.

11 Im Rahmen dieses Standards sind nicht als nahestehende Unternehmen und Personen anzusehen:

a) zwei Unternehmen, die lediglich ein Geschäftsleitungsmitglied oder ein anderes Mitglied des Managements in einer Schlüsselposition gemeinsam haben, oder bei denen ein Mitglied des Managements in einer Schlüsselposition bei dem einen Unternehmen maßgeblichen Einfluss auf das andere Unternehmen hat,

b) zwei Partnerunternehmen, die lediglich die gemeinschaftliche Führung eines Gemeinschaftsunternehmens ausüben,

c) i) Kapitalgeber,
   ii) Gewerkschaften,
   iii) öffentliche Versorgungsunternehmen und
   iv) Behörden und Institutionen einer öffentlichen Hand, die das berichtende Unternehmen weder beherrscht noch gemeinschaftlich führt noch maßgeblich beeinflusst,

   lediglich aufgrund ihrer gewöhnlichen Geschäftsbeziehungen mit einem Unternehmen (dies gilt auch, wenn sie den Handlungsspielraum eines Unternehmens einengen oder am Entscheidungsprozess mitwirken können),

d) einzelne Kunden, Lieferanten, Franchisegeber, Vertriebspartner oder Generalvertreter, mit denen ein Unternehmen ein signifikantes Geschäftsvolumen abwickelt, lediglich aufgrund der daraus resultierenden wirtschaftlichen Abhängigkeit.

12 In der Definition des Begriffs „nahestehende Unternehmen und Personen" schließt „assoziiertes Unternehmen" auch Tochterunternehmen des assoziierten Unternehmens und „Gemeinschaftsunternehmen" auch Tochterunternehmen des Gemeinschaftsunternehmens ein. Aus diesem Grund sind beispielsweise das Tochterunternehmen eines assoziierten Unternehmens und der Investor, der maßgeblichen Einfluss auf das assoziierte Unternehmen hat, als gegenseitig nahestehend zu betrachten.

ANGABEN

Alle Unternehmen

13 Beziehungen zwischen einem Mutter- und seinen Tochterunternehmen sind anzugeben, unabhängig davon, ob Geschäftsvorfälle zwischen ihnen stattgefunden haben. Ein Unternehmen hat den Namen seines Mutterunternehmens und, falls abweichend, die oberste beherrschende Partei anzugeben. Veröffentlicht weder das Mutterunternehmen noch die oberste beherrschende Partei einen Konzernabschluss, ist auch der Name des nächsthöheren Mutterunternehmens, das einen Konzernabschluss veröffentlicht, anzugeben.

14 Damit sich die Abschlussadressaten ein Urteil darüber bilden können, wie sich Beziehungen zu nahestehenden Unternehmen und Personen auf ein Unternehmen auswirken, ist es angebracht, die Beziehungen zu nahestehenden Unternehmen und Personen anzugeben, bei denen ein Beherrschungsverhältnis vorliegt, und zwar unabhängig davon, ob es zwischen den nahestehenden Unternehmen und Personen Geschäftsvorfälle gegeben hat.

15 Die Pflicht zur Angabe von Beziehungen zu nahestehenden Unternehmen und Personen zwischen einem Mutter- und seinen Tochterunternehmen besteht zusätzlich zu den Angabepflichten in IAS 27 und IFRS 12 *Angaben zu Anteilen an anderen Unternehmen.*

16 In Paragraph 13 wird auf das nächsthöhere Mutterunternehmen verwiesen. Dabei handelt es sich um das erste Mutterunternehmen über dem unmittelbaren Mutterunternehmen, das einen Konzernabschluss veröffentlicht.

17 Ein Unternehmen hat die Vergütung der Mitglieder seines Managements in Schlüsselpositionen sowohl insgesamt als auch gesondert für jede der folgenden Kategorien anzugeben:

a) kurzfristig fällige Leistungen an Arbeitnehmer,
b) Leistungen nach Beendigung des Arbeitsverhältnisses,
c) andere langfristig fällige Leistungen,
d) Leistungen aus Anlass der Beendigung des Arbeitsverhältnisses und
e) anteilsbasierte Vergütungen.

17A Erhält ein Unternehmen von einem anderen Unternehmen („leistungserbringendes Unternehmen") Leistungen im Bereich des Managements in Schlüsselpositionen, ist es nicht verpflichtet, die Anforderungen des Paragraphen 17 auf die vom leistungserbringenden Unternehmen an seine Mitarbeiter oder Mitglieder des Geschäftsführungs- und/oder Aufsichtsorgans gezahlten oder zahlbaren Vergütungen anzuwenden.

18 Hat es bei einem Unternehmen in den Perioden, auf die sich die Abschlüsse beziehen, Geschäftsvorfälle mit nahestehenden Unternehmen oder Personen gegeben, so hat das Unternehmen die Art seiner Beziehung zu den nahestehenden Unternehmen oder Personen anzugeben sowie Informationen über diese Geschäftsvorfälle und Forderungen und Verbindlichkeiten (einschließlich Verpflichtungen) darzulegen, die die Abschlussadressaten benötigen, um die möglichen Auswirkungen dieser Beziehung auf den Abschluss nachzuvollziehen. Diese Angabepflichten bestehen zusätzlich zu den in Paragraph 17 genannten. Diese Angaben müssen zumindest Folgendes umfassen:

a) die Höhe der Geschäftsvorfälle,
b) die Höhe der Forderungen und Verbindlichkeiten, einschließlich Verpflichtungen, und
   i) deren Bedingungen und Konditionen – u. a., ob eine Besicherung besteht – sowie die Art der Leistungserfüllung und
   ii) Einzelheiten gewährter oder erhaltener Garantien,
c) mit den Forderungen und Verbindlichkeiten zusammenhängende Rückstellungen für zweifelhafte Forderungen und
d) den während der Periode erfassten Aufwand für uneinbringliche oder zweifelhafte Forderungen gegenüber nahestehenden Unternehmen und Personen.

18A Beträge, die das Unternehmen für Leistungen eines anderen Unternehmens (leistungserbringendes Unternehmen) im Bereich des Managements in Schlüsselpositionen aufgewendet hat, sind anzugeben.

19 Die nach Paragraph 18 erforderlichen Angaben sind für jede der folgenden Kategorien gesondert zu machen:

a) das Mutterunternehmen,
b) Unternehmen, die an der gemeinschaftlichen Führung des Unternehmens beteiligt sind oder maßgeblichen Einfluss auf das Unternehmen haben,
c) Tochterunternehmen,
d) assoziierte Unternehmen,
e) Gemeinschaftsunternehmen, bei denen das Unternehmen ein Partnerunternehmen ist,
f) Mitglieder des Managements in Schlüsselpositionen des Unternehmens oder dessen Mutterunternehmens und
g) sonstige nahestehende Unternehmen und Personen.

20 Die in Paragraph 19 vorgeschriebene Aufschlüsselung der an nahestehende Unternehmen und Personen zu zahlenden oder von diesen zu fordernden Beträge in verschiedene Kategorien von nahestehenden Unternehmen und Personen stellt eine Erweiterung der Angabepflichten nach IAS 1 *Darstellung des Abschlusses* für die Informationen dar, die entweder in der Bilanz oder im Anhang darzustellen sind. Die Kategorien werden erweitert, um eine umfassendere Aufgliederung der Salden nahestehender Unternehmen und Personen bereitzustellen, und sind auf Geschäftsvorfälle

mit nahestehenden Unternehmen und Personen anzuwenden.

21 Es folgen Beispiele von Geschäftsvorfällen, die anzugeben sind, wenn sie sich auf nahestehende Unternehmen oder Personen beziehen:
a) Käufe oder Verkäufe (fertiger oder unfertiger) Güter,
b) Käufe oder Verkäufe von Grundstücken, Bauten und anderen Vermögenswerten,
c) Erbringung oder Erhalt von Dienstleistungen,
d) Leasingverhältnisse,
e) Transfers von Dienstleistungen im Bereich Forschung und Entwicklung,
f) Transfers aufgrund von Lizenzvereinbarungen,
g) Transfers im Rahmen von Finanzierungsvereinbarungen (einschließlich Darlehen und Kapitaleinlagen in Form von Bar- oder Sacheinlagen),
h) Gewährung von Bürgschaften oder Sicherheiten,
i) Verpflichtungen, bei künftigem Eintreten oder Ausbleiben eines bestimmten Ereignisses etwas Bestimmtes zu tun, worunter auch (erfasste und nicht erfasste) noch zu erfüllende Verträge([1]) fallen, und

([1]) In IAS 37 *Rückstellungen, Eventualverbindlichkeiten und Eventualforderungen* werden noch zu erfüllende Verträge definiert als Verträge, bei denen beide Parteien ihre Verpflichtungen in keiner Weise oder teilweise zu gleichen Teilen erfüllt haben.

j) die Erfüllung von Verbindlichkeiten für Rechnung des Unternehmens oder durch das Unternehmen für Rechnung dieses nahestehenden Unternehmens/dieser nahestehenden Person.

22 Die Teilnahme eines Mutter- oder Tochterunternehmens an einem leistungsorientierten Plan, der die Risiken zwischen den Unternehmen eines Konzerns aufteilt, stellt einen Geschäftsvorfall zwischen nahestehenden Unternehmen und Personen dar (siehe IAS 19 (in der 2011 geänderten Fassung) Paragraph 42).

23 Die Angabe, dass Geschäftsvorfälle mit nahestehenden Unternehmen und Personen unter den gleichen Bedingungen abgewickelt wurden wie Geschäftsvorfälle mit unabhängigen Geschäftspartnern, ist nur zulässig, wenn dies nachgewiesen werden kann.

24 Ähnliche Posten dürfen zusammengefasst angegeben werden, es sei denn, eine gesonderte Angabe ist erforderlich, um die Auswirkungen der Geschäftsvorfälle mit nahestehenden Unternehmen und Personen auf den Abschluss des Unternehmens beurteilen zu können.

Einer öffentlichen Hand nahestehende Unternehmen

25 Ein berichtendes Unternehmen ist von der in Paragraph 18 festgelegten Pflicht zur Angabe von Geschäftsvorfällen mit und Forderungen und Verbindlichkeiten (einschließlich Verpflichtungen) gegenüber nahestehenden Unternehmen und Personen befreit, wenn es sich bei diesen Unternehmen und Personen handelt um
a) eine öffentliche Hand, die das berichtende Unternehmen beherrscht oder an dessen gemeinschaftlicher Führung beteiligt ist oder maßgeblichen Einfluss auf das berichtende Unternehmen hat, und
b) ein anderes Unternehmen, das als nahestehend zu betrachten ist, weil dieselbe öffentliche Hand sowohl das berichtende als auch dieses andere Unternehmen beherrscht oder an deren gemeinschaftlicher Führung beteiligt ist oder maßgeblichen Einfluss auf diese hat.

26 Nimmt ein berichtendes Unternehmen die in Paragraph 25 genannte Befreiung in Anspruch, hat es zu den dort genannten Geschäftsvorfällen und den dazugehörigen Forderungen und Verbindlichkeiten Folgendes anzugeben:
a) den Namen der öffentlichen Hand und die Art ihrer Beziehung zum berichtenden Unternehmen (d. h. Beherrschung, gemeinschaftliche Führung oder maßgeblicher Einfluss),
b) die folgenden Informationen, und zwar so detailliert, dass die Abschlussadressaten des Unternehmens die Auswirkungen der Geschäftsvorfälle mit nahestehenden Unternehmen und Personen auf dessen Abschluss beurteilen können:
   i) Art und Höhe jedes Geschäftsvorfalls, der für sich genommen signifikant ist, und
   ii) einen Hinweis auf den qualitativen oder quantitativen Umfang der anderen Geschäftsvorfälle, die zwar nicht für sich genommen, aber in ihrer Gesamtheit signifikant sind. Hierunter fallen u. a. die in Paragraph 21 genannten Arten von Geschäftsvorfällen.

27 Bei Ausübung seines Ermessens zur Bestimmung des Grads der Detailliertheit der in Paragraph 26(b) vorgeschriebenen Angaben trägt das berichtende Unternehmen der Nähe der Beziehung zu nahestehenden Unternehmen und Personen sowie anderen für die Bestimmung der Signifikanz des Geschäftsvorfalls relevanten Faktoren Rechnung, d. h., ob der Geschäftsvorfall
a) von seinem Umfang her signifikant ist,
b) zu nicht marktüblichen Bedingungen stattgefunden hat,
c) außerhalb des regulären Tagesgeschäfts anzusiedeln ist, wie der Kauf oder Verkauf von Unternehmen,
d) Regulierungs- oder Aufsichtsbehörden gemeldet wird,
e) der oberen Führungsebene gemeldet wird,

2/12. IAS 24

f) von den Anteilseignern genehmigt werden muss.

ZEITPUNKT DES INKRAFTTRETENS UND ÜBERGANGSVORSCHRIFTEN

28 Dieser Standard ist rückwirkend auf Geschäftsjahre anzuwenden, die am oder nach dem 1. Januar 2011 beginnen. Eine frühere Anwendung – des gesamten Standards oder der in den Paragraphen 25–27 vorgesehenen Teilbefreiung von einer öffentlichen Hand nahestehenden Unternehmen – ist zulässig. Wendet ein Unternehmen den gesamten Standard oder die Teilbefreiung für Berichtsperioden an, die vor dem 1. Januar 2011 beginnen, hat es dies anzugeben.

28A Durch IFRS 10, IFRS 11 *Gemeinschaftliche Vereinbarungen* und IFRS 12, veröffentlicht im Mai 2011, wurden die Paragraphen 3, 9, 11(b), 15, 19(b) und (e) und 25 geändert. Wendet ein Unternehmen IFRS 10, IFRS 11 und IFRS 12 an, sind diese Änderungen ebenfalls anzuwenden.

28B Mit der im Oktober 2012 veröffentlichten Verlautbarung *Investmentgesellschaften* (Investment Entities) (Änderungen an IFRS 10, IFRS 12 und IAS 27) wurden die Paragraphen 4 und 9 geändert. Diese Änderungen sind auf Geschäftsjahre anzuwenden, die am oder nach dem 1. Januar 2014 beginnen. Eine frühere Anwendung ist zulässig. Wendet ein Unternehmen diese Änderungen früher an, hat es alle in der Verlautbarung *Investmentgesellschaften* enthaltenen Änderungen gleichzeitig anzuwenden.

28C Mit den im Dezember 2013 veröffentlichten *Jährlichen Verbesserungen an den IFRS, Zyklus 2010–2012*, wurde Paragraph 9 geändert und wurden die Paragraphen 17A und 18A eingefügt. Diese Änderung sind auf Geschäftsjahre anzuwenden, die am oder nach dem 1. Juli 2014 beginnen. Eine frühere Anwendung ist zulässig. Wendet ein Unternehmen diese Änderung auf eine frühere Periode an, hat es dies anzugeben.

RÜCKNAHME VON IAS 24 (2003)

29 Dieser Standard ersetzt IAS 24 *Angaben über Beziehungen zu nahestehenden Unternehmen und Personen* (in der 2003 überarbeiteten Fassung).

INTERNATIONAL ACCOUNTING STANDARD 26
Bilanzierung und Berichterstattung von Altersversorgungsplänen

IAS 26, VO (EU) 2023/1803

Gliederung	§§
ANWENDUNGSBEREICH	1–7
DEFINITIONEN	8–12
BEITRAGSORIENTIERTE PLÄNE	13–16
LEISTUNGSORIENTIERTE PLÄNE	17–31
Versicherungsmathematischer Barwert der zugesagten Versorgungsleistungen	23–26
Häufigkeit versicherungsmathematischer wertungen	27
Inhalt des Abschlusses	28–31
ALLE PLÄNE	32–36
Bewertung des Planvermögens	32–33
Angaben	34–36
ZEITPUNKT DES INKRAFTTRETENS	37–38

ANWENDUNGSBEREICH

1 Dieser Standard ist auf Abschlüsse von Altersversorgungsplänen, bei denen die Erstellung solcher Abschlüsse vorgesehen ist, anzuwenden.

2 Altersversorgungspläne werden mitunter auch anders bezeichnet, beispielsweise als „Pensionsordnungen", „Versorgungswerke" oder „Betriebsrentenordnungen". Dieser Standard betrachtet einen Altersversorgungsplan als eine von den Arbeitgebern und den Begünstigten des Plans losgelöste Berichtseinheit. Alle anderen Standards sind auf die Abschlüsse von Altersversorgungsplänen anzuwenden, soweit sie nicht durch diesen Standard ersetzt werden.

3 Dieser Standard befasst sich mit der Bilanzierung und Berichterstattung eines Plans für die Gesamtheit aller Begünstigten. Er beschäftigt sich nicht mit Berichten an einzelne Begünstigte im Hinblick auf ihre Altersversorgungsansprüche.

4 IAS 19 *Leistungen an Arbeitnehmer* behandelt die Bestimmung der Aufwendungen für Versorgungsleistungen in den Abschlüssen von Arbeitgebern, die über solche Pläne verfügen. Der vorliegende Standard ergänzt daher IAS 19.

5 Ein Altersversorgungsplan kann entweder beitrags- oder leistungsorientiert sein. Bei vielen ist die Schaffung getrennter Fonds erforderlich, in die Beiträge einbezahlt und aus denen die Versorgungsleistungen ausbezahlt werden; die Fonds können, müssen aber nicht über folgende Merkmale verfügen: rechtliche Eigenständigkeit und Vorhandensein von Treuhändern. Dieser Standard gilt unabhängig davon, ob ein solcher Fonds geschaffen wurde und ob Treuhänder vorhanden sind.

6 Altersversorgungspläne, deren Vermögenswerte bei Versicherungsunternehmen angelegt werden, unterliegen denselben Rechnungslegungs- und Finanzierungsvorschriften wie selbstverwaltete Anlagen. Demgemäß fallen diese Pläne in den Anwendungsbereich dieses Standards, es sei denn, die Vereinbarung mit dem Versicherungsunternehmen ist im Namen eines bezeichneten Begünstigten oder einer Gruppe von Begünstigten abgeschlossen worden und die Verpflichtung aus der Versorgungszusage obliegt allein dem Versicherungsunternehmen.

7 Dieser Standard befasst sich nicht mit anderen Leistungsformen aus Arbeitsverhältnissen wie Abfindungen bei Beendigung des Arbeitsverhältnisses, Vereinbarungen über später fällige Vergütungsbestandteile, Vergütungen bei Ausscheiden nach langer Dienstzeit, Vorruhestandsregelungen oder Sozialpläne, Gesundheits- und Fürsorgeregelungen oder Erfolgsbeteiligungen. Öffentliche Sozialversicherungssysteme sind von dem Anwendungsbereich dieses Standards ebenfalls ausgeschlossen.

DEFINITIONEN

8 Die folgenden Begriffe werden in diesem Standard mit der angegebenen Bedeutung verwendet:

Altersversorgungspläne sind Vereinbarungen, durch die ein Unternehmen seinen Mitarbeitern Versorgungsleistungen bei oder nach Beendigung des Arbeitsverhältnisses gewährt (entweder in Form einer Jahresrente oder in Form einer einmaligen Zahlung), sofern solche Versorgungsleistungen bzw. die dafür erbrachten Beiträge vor der Pensionierung der Mitarbeiter aufgrund einer vertraglichen Vereinbarung oder aufgrund der betrieblichen Praxis bestimmt oder geschätzt werden können.

Beitragsorientierte Pläne sind Altersversorgungspläne, bei denen die als Versorgungsleistung zu zahlenden Beträge durch die Beiträge zu einem Fonds und den daraus erzielten Anlageerträgen bestimmt werden.

Leistungsorientierte Pläne sind Altersversorgungspläne, bei denen die als Versorgungsleistung zu zahlenden Beträge nach Maßgabe einer Formel bestimmt werden, die üblicherweise das Einkommen des Arbeitnehmers und/oder die Jahre seiner Dienstzeit berücksichtigt.

Fondsfinanzierung ist der Vermögenstransfer vom Arbeitgeber zu einer vom Unternehmen getrennten Einheit (einem Fonds), um die Erfüllung künftiger Verpflichtungen zur Zahlung von Altersversorgungsleistungen sicherzustellen.

Außerdem werden im Rahmen dieses Standards die folgenden Begriffe verwendet:

Die *Begünstigten* sind die Mitglieder eines Altersversorgungsplans und andere Personen, die gemäß dem Plan Ansprüche auf Leistungen haben.

Das für Leistungen zur Verfügung stehende Nettovermögen umfasst alle Vermögenswerte eines Altersversorgungsplans, abzüglich der Verbindlichkeiten mit Ausnahme des versicherungsmathematischen Barwerts der zugesagten Versorgungsleistungen.

Der versicherungsmathematische Barwert der zugesagten Versorgungsleistungen ist der Barwert der künftig zu erwartenden Versorgungszahlungen des Altersversorgungsplans an aktive und bereits ausgeschiedene Arbeitnehmer, soweit diese der bereits geleisteten Dienstzeit als erdient zuzurechnen sind.

Unverfallbare Leistungen sind erworbene Ansprüche auf künftige Leistungen, die nach den Bedingungen eines Altersversorgungsplans nicht von der Fortsetzung des Arbeitsverhältnisses abhängig sind.

9 Einige Altersversorgungspläne haben Geldgeber, die nicht mit den Arbeitgebern identisch sind; dieser Standard bezieht sich auch auf die Abschlüsse solcher Pläne.

10 Die Mehrzahl der Altersversorgungspläne beruht auf formalen Vereinbarungen. Einige Pläne sind ohne formale Grundlage, haben aber durch die bestehende Praxis des Arbeitgebers Verpflichtungscharakter erlangt. Selbst wenn einige Pläne den Arbeitgebern gestatten, ihre Verpflichtungen nach den Plänen einzuschränken, ist es im Allgemeinen für einen Arbeitgeber schwierig, einen Altersversorgungsplan außer Kraft zu setzen, wenn die Arbeitnehmer gehalten werden sollen. Für einen vertraglich geregelten Versorgungsplan gelten dieselben Grundsätze für Bilanzierung und Berichterstattung wie für einen Versorgungsplan ohne formale Grundlage.

11 Viele Altersversorgungspläne sehen die Bildung von separaten Fonds zur Entgegennahme von Beiträgen und für die Auszahlung von Leistungen vor. Solche Fonds können von Personen verwaltet werden, welche das Fondsvermögen in unabhängiger Weise betreuen. Diese Personen werden in einigen Ländern als Treuhänder bezeichnet. Der Begriff Treuhänder wird in diesem Standard verwendet, um solche Personen zu bezeichnen, und zwar unabhängig davon, ob ein Treuhandfonds gebildet worden ist.

12 Altersversorgungspläne werden im Regelfall entweder als beitragsorientierte Pläne oder als leistungsorientierte Pläne bezeichnet. Beide verfügen über ihre eigenen charakteristischen Merkmale. Gelegentlich bestehen Pläne, welche Merkmale von beiden aufweisen. Solche Mischpläne werden im Rahmen dieses Standards wie leistungsorientierte Pläne behandelt.

BEITRAGSORIENTIERTE PLÄNE

13 Der Abschluss eines beitragsorientierten Plans hat eine Aufstellung des für Leistungen zur Verfügung stehenden Nettovermögens sowie eine Beschreibung der Grundsätze der Fondsfinanzierung zu enthalten.

14 Bei einem beitragsorientierten Plan ergibt sich die Höhe der zukünftigen Versorgungsleistungen für einen Begünstigten aus den Beiträgen des Arbeitgebers, des Begünstigten oder beiden sowie aus der Wirtschaftlichkeit und den Anlageerträgen des Fonds. Im Allgemeinen wird der Arbeitgeber durch seine Beiträge an den Fonds von seinen Verpflichtungen befreit. Die Beratung durch einen Versicherungsmathematiker ist im Regelfall nicht vorgeschrieben, obwohl eine solche Beratung manchmal in Anspruch genommen wird, um die künftigen Versorgungsleistungen, die sich unter Zugrundelegung der gegenwärtigen Beiträge und unterschiedlicher Niveaus zukünftiger Beiträge und Anlageerträge ergeben, zu schätzen.

15 Die Begünstigten sind an den Aktivitäten des Plans interessiert, da diese eine direkte Auswirkung auf die Höhe ihrer zukünftigen Versorgungsleistungen haben. Die Begünstigten möchten auch erfahren, ob Beiträge eingegangen sind und eine ordnungsgemäße Kontrolle stattgefunden hat, um ihre Ansprüche zu schützen. Ein Arbeitgeber hat ein Interesse an einer wirtschaftlichen und unparteiischen Durchführung des Plans.

16 Zielsetzung der Berichterstattung von beitragsorientierten Plänen ist die regelmäßige Bereitstellung von Informationen über den Plan und die Ertragskraft der Kapitalanlagen. Dieses Ziel wird im Allgemeinen durch die Bereitstellung eines Abschlusses erfüllt, der Folgendes enthält:

a) eine Beschreibung der maßgeblichen Tätigkeiten in der Periode und der Auswirkung aller Änderungen in Bezug auf den Versorgungsplan sowie seiner Mitglieder und der Vertragsbedingungen,

b) Aufstellungen zu den Geschäftsvorfällen und der Ertragskraft der Kapitalanlagen der Periode sowie zu der Vermögens- und Finanzlage des Versorgungsplans am Ende der Periode und

c) eine Beschreibung der Kapitalanlagepolitik.

LEISTUNGSORIENTIERTE PLÄNE

17 Der Abschluss eines leistungsorientierten Plans hat zu enthalten entweder
a) eine Aufstellung, aus der Folgendes zu ersehen ist:
   i) das für Leistungen zur Verfügung stehende Nettovermögen,
   ii) der versicherungsmathematische Barwert der zugesagten Versorgungsleistungen, wobei zwischen unverfallbaren und verfallbaren Ansprüchen unterschieden wird, und
   iii) eine sich ergebende Vermögensüber- oder -unterdeckung, oder
b) eine Aufstellung des für Leistungen zur Verfügung stehenden Nettovermögens, einschließlich entweder
   i) einer Angabe, die den versicherungsmathematischen Barwert der zugesagten Versorgungsleistungen, unterschieden nach unverfallbaren und verfallbaren Ansprüchen, offen legt, oder
   ii) eines Verweises auf diese Information in einem beigefügten Gutachten eines Versicherungsmathematikers.

Falls zum Abschlussstichtag keine versicherungsmathematische Bewertung erfolgt ist, ist die aktuellste Bewertung als Grundlage heranzuziehen und ist der Bewertungsstichtag anzugeben.

18 Für die Zwecke des Paragraphen 17 sind dem versicherungsmathematischen Barwert der zugesagten Versorgungsleistungen die gemäß den Regelungen des Plans für die bisher erbrachte Dienstzeit zugesagten Versorgungsleistungen zugrunde zu legen; hierbei dürfen entweder die gegenwärtigen oder die erwarteten künftigen Gehaltsniveaus berücksichtigt werden, wobei die verwendete Rechnungsgrundlage anzugeben ist. Auch jede Änderung der versicherungsmathematischen Annahmen, die sich erheblich auf den versicherungsmathematischen Barwert der zugesagten Versorgungsleistungen ausgewirkt hat, ist anzugeben.

19 Der Abschluss hat die Beziehung zwischen dem versicherungsmathematischen Barwert der zugesagten Versorgungsleistungen und dem für Leistungen zur Verfügung stehenden Nettovermögen sowie die Grundsätze für die über den Fonds erfolgende Finanzierung der zugesagten Versorgungsleistungen zu erläutern.

20 Die Zahlung zugesagter Versorgungsleistungen hängt bei einem leistungsorientierten Plan auch von dessen Vermögens- und Finanzlage und der Fähigkeit der Beitragszahler, auch künftig Beiträge zu leisten, sowie von der Ertragskraft der Kapitalanlagen in dem Fonds und der Wirtschaftlichkeit des Plans ab.

21 Ein leistungsorientierter Plan benötigt regelmäßige Beratung durch einen Versicherungsmathematiker, um seine Vermögens- und Finanzlage zu beurteilen, die Berechnungsannahmen zu überprüfen und um Empfehlungen für zukünftige Beitragsniveaus zu erhalten.

22 Ziel der Berichterstattung eines leistungsorientierten Plans ist es, in regelmäßigen Zeitabständen Informationen über seine Kapitalanlagen und Aktivitäten zu geben; diese müssen geeignet sein, das Verhältnis von angesammelten Ressourcen zu den Versorgungsleistungen im Zeitablauf zu beurteilen. Dieses Ziel wird im Allgemeinen durch die Bereitstellung eines Abschlusses erfüllt, der Folgendes enthält:
a) eine Beschreibung der maßgeblichen Tätigkeiten in der Periode und der Auswirkung aller Änderungen in Bezug auf den Versorgungsplan sowie seiner Mitglieder und der Vertragsbedingungen,
b) Aufstellungen zu den Geschäftsvorfällen und der Ertragskraft der Kapitalanlagen in der Periode sowie zu der Vermögens- und Finanzlage des Versorgungsplans am Ende der Periode,
c) versicherungsmathematische Angaben, entweder als Teil der Aufstellungen oder durch einen separaten Bericht, und
d) eine Beschreibung der Kapitalanlagepolitik.

Versicherungsmathematischer Barwert der zugesagten Versorgungsleistungen

23 Der Barwert der zu erwartenden Zahlungen eines Altersversorgungsplans kann unter Verwendung der gegenwärtigen oder der bis zur Pensionierung des Begünstigten erwarteten künftigen Gehaltsniveaus berechnet und berichtet werden.

24 Die Verwendung eines Ansatzes, der gegenwärtige Gehälter berücksichtigt, wird u. a. damit begründet, dass
a) der versicherungsmathematische Barwert der zugesagten Versorgungsleistungen, definiert als Summe der Beträge, die jedem einzelnen Begünstigten derzeit zuzuordnen sind, auf diese Weise objektiver bestimmt werden kann als bei Zugrundelegung der erwarteten künftigen Gehaltsniveaus, weil weniger Annahmen zu treffen sind,
b) auf die Gehaltssteigerung zurückgehende Leistungserhöhungen erst zum Zeitpunkt der Gehaltssteigerung zu einer Verpflichtung des Plans werden und
c) der versicherungsmathematische Barwert der zugesagten Versorgungsleistungen unter dem Ansatz des gegenwärtigen Gehaltsniveaus im Falle einer Schließung oder Einstellung eines Versorgungsplans im Allgemeinen in engerer Beziehung zu dem zu zahlenden Betrag steht.

25 Die Verwendung eines Ansatzes, der die erwarteten künftigen Gehaltsniveaus berücksichtigt, wird u. a. damit begründet, dass
a) Finanzinformationen ausgehend von der Prämisse der Unternehmensfortführung erstellt werden sollten, ohne Rücksicht darauf, dass

Annahmen zu treffen und Schätzungen vorzunehmen sind;

b) sich bei Plänen, die auf das Entgelt zum Zeitpunkt der Pensionierung abstellen, die Leistungen nach den Gehältern zum Zeitpunkt oder nahe dem Zeitpunkt der Pensionierung bestimmen; daher sind Gehälter, Beitragsniveaus und Verzinsung zu projizieren; und

c) die Außerachtlassung künftiger Gehaltssteigerungen angesichts der Tatsache, dass der Finanzierung von Fonds überwiegend Gehaltsprojektionen zugrunde liegen, möglicherweise dazu führen kann, dass der Fonds eine offensichtliche Überdotierung aufweist, obwohl dies in Wirklichkeit nicht der Fall ist, oder er sich als angemessen dotiert darstellt, obwohl in Wirklichkeit eine Unterdotierung vorliegt.

26 Die Angabe des versicherungsmathematischen Barwerts zugesagter Versorgungsleistungen unter Berücksichtigung des gegenwärtigen Gehaltsniveaus in einem Abschluss des Plans dient als Hinweis auf die zum Zeitpunkt des Abschlusses bestehende Verpflichtung für erworbene Versorgungsleistungen. Die Angabe des versicherungsmathematischen Barwerts zugesagter Versorgungsleistungen unter Berücksichtigung der künftigen Gehälter dient ausgehend von der Prämisse der Unternehmensfortführung als Hinweis auf das Ausmaß der potenziellen Verpflichtung, wobei diese Prämisse im Allgemeinen die Grundlage der Fondsfinanzierung darstellt. Zusätzlich zur Angabe des versicherungsmathematischen Barwerts zugesagter Versorgungsleistungen sind eventuell ausreichende Erläuterungen nötig, um genau anzugeben, in welchem Umfeld dieser Wert zu verstehen ist. Eine derartige Erläuterung kann in Form von Informationen über die Angemessenheit der geplanten zukünftigen Fondsfinanzierung und der Finanzierungspolitik aufgrund der Gehaltsprojektionen erfolgen. Dies kann in den Abschluss oder in das Gutachten des Versicherungsmathematikers einbezogen werden.

Häufigkeit versicherungsmathematischer Bewertungen

27 In vielen Ländern werden versicherungsmathematische Bewertungen nicht häufiger als alle drei Jahre erstellt. Falls zum Abschlussstichtag keine versicherungsmathematische Bewertung erstellt wurde, ist die aktuellste Bewertung als Grundlage heranzuziehen und der Bewertungsstichtag anzugeben.

Inhalt des Abschlusses

28 Bei leistungsorientierten Plänen sind die Angaben in einem der nachfolgend beschriebenen Formate darzustellen, die die unterschiedliche Praxis bei der Angabe und Darstellung versicherungsmathematischer Informationen widerspiegeln:

a) als Abschluss mit einer Aufstellung, die das für Leistungen zur Verfügung stehende Nettovermögen, den versicherungsmathematischen Barwert der zugesagten Versorgungsleistungen und eine sich ergebende Vermögensüber- oder -unterdeckung zeigt. Der Abschluss des Plans beinhaltet auch Veränderungsrechnungen in Bezug auf das für Leistungen zur Verfügung stehende Nettovermögen und den versicherungsmathematischen Barwert der zugesagten Versorgungsleistungen. Dem Abschluss kann auch ein separates versicherungsmathematisches Gutachten beigefügt sein, welches den versicherungsmathematischen Barwert der zugesagten Versorgungsleistungen bestätigt;

b) als Abschluss mit einer Aufstellung des für Leistungen zur Verfügung stehenden Nettovermögens und einer Veränderungsrechnung in Bezug auf das für Leistungen zur Verfügung stehende Nettovermögen; Der versicherungsmathematische Barwert der zugesagten Versorgungsleistungen wird im Anhang angegeben. Dem Abschluss kann auch ein versicherungsmathematisches Gutachten beigefügt sein, welches den versicherungsmathematischen Barwert der zugesagten Versorgungsleistungen bestätigt; oder

c) als Abschluss mit einer Aufstellung des für Leistungen zur Verfügung stehenden Nettovermögens und einer Veränderungsrechnung in Bezug auf das für Leistungen zur Verfügung stehende Nettovermögen, wobei der versicherungsmathematische Barwert der zugesagten Versorgungsleistungen in einem separaten versicherungsmathematischen Gutachten angegeben ist.

In jedem der gezeigten Formate kann dem Abschluss auch ein Bericht des Treuhänders in Form eines Berichtes des Managements sowie ein Kapitalanlagebericht beigefügt werden.

29 Die Befürworter der in den Paragraphen 28(a) und (b) gezeigten Formate vertreten die Auffassung, dass die Quantifizierung der zugesagten Versorgungsleistungen und anderer gemäß diesen Ansätzen gegebener Informationen es den Abschlussadressaten erleichtert, die gegenwärtige Lage des Plans und die Wahrscheinlichkeit, dass dieser seine Verpflichtungen erfüllen kann, zu beurteilen. Sie sind auch der Ansicht, dass die Abschlüsse in sich vollständig sein müssen und nicht auf begleitende Aufstellungen bauen dürfen. Mitunter wird jedoch auch die Auffassung vertreten, dass das unter Paragraph 28(a) beschriebene Format den Eindruck einer bestehenden Verbindlichkeit hervorrufen könnte, wobei der versicherungsmathematische Barwert der zugesagten Versorgungsleistungen nach dieser Auffassung nicht alle Merkmale einer Verbindlichkeit besitzt.

30 Die Befürworter des in Paragraph 28(c) gezeigten Formats vertreten die Auffassung, dass der versicherungsmathematische Barwert der zugesagten Versorgungsleistungen nicht in eine Aufstellung des für Versorgungsleistungen zur Verfügung stehenden Nettovermögens, wie in Paragraph 28(a) gezeigt, einzubeziehen ist oder gemäß Paragraph 28 (b) im Anhang anzugeben ist,

da dies einen direkten Vergleich mit dem Planvermögen nach sich ziehen würde und ein derartiger Vergleich nicht zulässig sein könnte. Dabei wird vorgebracht, dass Versicherungsmathematiker nicht notwendigerweise die versicherungsmathematischen Barwerte der zugesagten Versorgungsleistungen mit den Marktwerten der Kapitalanlagen vergleichen, sondern hierzu stattdessen möglicherweise den Barwert der aus diesen Kapitalanlagen erwarteten Mittelzuflüsse heranziehen. Daher ist es nach Auffassung derjenigen, die dieses Format bevorzugen, unwahrscheinlich, dass ein solcher Vergleich die generelle Beurteilung des Plans durch den Versicherungsmathematiker wiedergibt und so Missverständnisse entstehen. Zudem wird vorgebracht, dass die Informationen über die zugesagten Versorgungsleistungen, ob quantifiziert oder nicht, nur im gesonderten versicherungsmathematischen Gutachten aufgeführt werden sollten, da dort angemessene Erläuterungen gegeben werden können.

31 In diesem Standard wird die Auffassung akzeptiert, dass es gestattet werden sollte, die Angaben zu zugesagten Versorgungsleistungen in einem gesonderten versicherungsmathematischen Gutachten aufzuführen. Dagegen werden die Argumente gegen eine Quantifizierung des versicherungsmathematischen Barwerts der zugesagten Versorgungsleistungen abgelehnt. Dementsprechend sind die in Paragraph 28(a) und (b) beschriebenen Formate gemäß diesem Standard akzeptabel. Dies gilt auch für das in Paragraph 28(c) beschriebene Format, sofern dem Abschluss das versicherungsmathematische Gutachten, welches den versicherungsmathematischen Barwert der zugesagten Versorgungsleistungen aufzeigt, beigefügt wird und die Angaben einen Verweis auf das Gutachten enthalten.

ALLE PLÄNE

Bewertung des Planvermögens

32 Die Kapitalanlagen des Altersversorgungsplans sind zum beizulegenden Zeitwert zu bilanzieren. Bei marktfähigen Wertpapieren ist der beizulegende Zeitwert gleich dem Marktwert. Enthält ein Plan Kapitalanlagen, für die eine Schätzung des beizulegenden Zeitwerts nicht möglich ist, ist der Grund für die Nichtverwendung des beizulegenden Zeitwerts anzugeben.

33 Bei marktfähigen Wertpapieren ist der beizulegende Zeitwert normalerweise gleich dem Marktwert, da dieser für die Wertpapiere am Abschlussstichtag und für deren Ertragskraft der Periode den zweckmäßigsten Bewertungsmaßstab darstellt. Für Wertpapiere mit einem festen Rückkaufswert, die erworben wurden, um die Verpflichtungen des Plans oder bestimmte Teile davon abzudecken, können Beträge auf der Grundlage der endgültigen Rückkaufswerte unter Annahme einer bis zur Fälligkeit konstanten Rendite bilanziert werden. Ist eine Schätzung des beizulegenden Zeitwerts von Kapitalanlagen des Plans nicht möglich, wie im Fall einer hundertprozentigen Beteiligung an einem Unternehmen, ist der Grund für die Nichtverwendung des beizulegenden Zeitwerts anzugeben. In dem Maße, wie Kapitalanlagen zu anderen Beträgen als den Marktwerten oder beizulegenden Zeitwerten bilanziert werden, ist der beizulegende Zeitwert im Allgemeinen ebenfalls anzugeben. Die im Rahmen der betrieblichen Tätigkeit des Fonds genutzten Vermögenswerte sind gemäß den entsprechenden Standards zu bilanzieren.

Angaben

34 Im Abschluss eines leistungs- oder beitragsorientierten Altersversorgungsplans sind ergänzend folgende Angaben zu machen:
a) **eine Bewegungsbilanz des für Leistungen zur Verfügung stehenden Nettovermögens,**
b) **wesentliche Angaben zu Rechnungslegungsmethoden und**
c) **eine Beschreibung des Plans und der Auswirkung aller Änderungen im Plan während der Periode.**

35 Falls zutreffend, beinhalten Abschlüsse, die von Altersversorgungsplänen erstellt werden, Folgendes:
a) eine Aufstellung des für Leistungen zur Verfügung stehenden Nettovermögens, mit Angabe:
  i) der in geeigneter Weise aufgegliederten Vermögenswerte zum Ende der Periode,
  ii) der Grundlage der Bewertung der Vermögenswerte,
  iii) der Einzelheiten zu jeder einzelnen Kapitalanlage, die entweder 5 % des für Leistungen zur Verfügung stehenden Nettovermögens oder 5 % einer Wertpapiergattung oder -art übersteigt,
  iv) der Einzelheiten jeder Beteiligung am Arbeitgeber und
  v) anderer Verbindlichkeiten als dem versicherungsmathematischen Barwert der zugesagten Versorgungsleistungen,
b) eine Bewegungsbilanz des für Leistungen zur Verfügung stehenden Nettovermögens, die die folgenden Posten aufzeigt:
  i) Arbeitgeberbeiträge,
  ii) Arbeitnehmerbeiträge,
  iii) Anlageerträge wie Zinsen und Dividenden,
  iv) sonstige Erträge,
  v) gezahlte oder zu zahlende Leistungen (beispielsweise aufgegliedert nach Leistungen für Alterspensionen, Todes- und Erwerbsunfähigkeitsfälle sowie einmalige Zahlungen),
  vi) Verwaltungsaufwand,
  vii) andere Aufwendungen,
  viii) Ertragsteuern,
  ix) Gewinne und Verluste aus der Veräußerung von Kapitalanlagen und Wertänderungen der Kapitalanlagen und

x) Vermögensübertragungen von und an andere/n Pläne/n,

c) eine Beschreibung der Grundsätze der Fondsfinanzierung,

d) bei leistungsorientierten Plänen der versicherungsmathematische Barwert der zugesagten Versorgungsleistungen (eventuell unterschieden nach unverfallbaren und verfallbaren Ansprüchen) auf der Grundlage der gemäß diesem Plan zugesagten Versorgungsleistungen und der bereits geleisteten Dienstzeit sowie unter Berücksichtigung der gegenwärtigen oder der erwarteten künftigen Gehaltsniveaus; diese Angaben können in einem beigefügten versicherungsmathematischen Gutachten enthalten sein, das in Verbindung mit dem zugehörigen Abschluss zu lesen ist, und

e) bei leistungsorientierten Plänen eine Beschreibung der maßgeblichen versicherungsmathematischen Annahmen und der zur Berechnung des versicherungsmathematischen Barwerts der zugesagten Versorgungsleistungen verwendeten Methode.

36 Der Abschluss eines Altersversorgungsplans enthält eine Beschreibung des Plans, entweder als Teil des Abschlusses oder in einem separaten Bericht. Darin kann Folgendes enthalten sein:

a) die Namen der Arbeitgeber und der vom Plan erfassten Arbeitnehmergruppen,

b) die Anzahl der Begünstigten, welche Leistungen erhalten, und die Anzahl der anderen Begünstigten, in geeigneter Gruppierung,

c) die Art des Plans – beitrags- oder leistungsorientiert,

d) eine Angabe dazu, ob Begünstigte an den Plan Beiträge leisten,

e) eine Beschreibung der den Begünstigten zugesagten Versorgungsleistungen,

f) eine Beschreibung aller Regelungen hinsichtlich einer Schließung des Plans und

g) Veränderungen in den Posten (a) bis (f) während der Periode, die durch den Abschluss behandelt wird.

Es ist nicht unüblich, auf andere den Plan beschreibende Unterlagen, die den Abschlussadressaten in einfacher Weise zugänglich sind, zu verweisen und lediglich Angaben zu nachträglichen Veränderungen aufzuführen.

ZEITPUNKT DES INKRAFTTRETENS

37 Dieser Standard ist verbindlich auf Abschlüsse von Altersversorgungsplänen für Berichtsperioden anzuwenden, die am oder nach dem 1. Januar 1988 beginnen.

38 Mit der im Februar 2021 veröffentlichten Verlautbarung *Angabe von Bilanzierungs- und Bewertungsmethoden,* mit der IAS 1 *Darstellung des Abschlusses* und das IFRS-Leitliniendokument 2 *Fällen von Wesentlichkeitsentscheidungen* geändert werden, wurde Paragraph 34 geändert. Diese Änderung ist auf Geschäftsjahre anzuwenden, die am oder nach dem 1. Januar 2023 beginnen. Eine frühere Anwendung ist zulässig. Wendet ein Unternehmen diese Änderung auf eine frühere Periode an, hat es dies anzugeben.

INTERNATIONAL ACCOUNTING STANDARD 27
Einzelabschlüsse

IAS 27, VO (EU) 2023/1803

Gliederung	§§
ZIEL	1
ANWENDUNGSBEREICH	2–3
DEFINITIONEN	4–8A
AUFSTELLUNG EINES EINZELABSCHLUSSES	9–14
ANGABEN	15–17
ZEITPUNKT DES INKRAFTTRETENS UND ÜBERGANGSVORSCHRIFTEN	18–18J
Verweise auf IFRS 9	19
RÜCKNAHME VON IAS 27 (2008)	20

ZIEL

1 Mit diesem Standard sollen die Vorschriften festgelegt werden, die für die Bilanzierung und Darstellung von Beteiligungen an Tochterunternehmen, Gemeinschaftsunternehmen und assoziierten Unternehmen gelten, wenn ein Unternehmen einen Einzelabschluss aufstellt.

ANWENDUNGSBEREICH

2 Dieser Standard ist bei der Bilanzierung von Beteiligungen an Tochterunternehmen, Gemeinschaftsunternehmen und assoziierten Unternehmen anzuwenden, wenn ein Unternehmen sich dafür entscheidet oder durch lokale Vorschriften gezwungen ist, einen Einzelabschluss aufzustellen.

3 Der vorliegende Standard schreibt nicht vor, welche Unternehmen Einzelabschlüsse zu erstellen haben. Er ist anzuwenden, wenn ein Unternehmen einen Einzelabschluss aufstellt, der den International Financial Reporting Standards entspricht.

DEFINITIONEN

4 Die folgenden Begriffe werden in diesem Standard mit der angegebenen Bedeutung verwendet:

Ein *Konzernabschluss* ist der Abschluss eines Konzerns, in dem Vermögenswerte, Schulden, Eigenkapital, Erträge, Aufwendungen und Zahlungsströme des Mutterunternehmens und seiner Tochterunternehmen so dargestellt werden, als handele es sich um ein einziges Unternehmen.

Einzelabschlüsse sind die von einem Unternehmen aufgestellten Abschlüsse, bei denen das Unternehmen vorbehaltlich der Vorschriften dieses Standards wählen kann, ob es seine Beteiligungen an Tochterunternehmen, Gemeinschaftsunternehmen und assoziierten Unternehmen zu Anschaffungskosten, nach IFRS 9 *Finanzinstrumente*, oder nach der in IAS 28 *Beteiligungen an assoziierten Unternehmen und Gemeinschaftsunternehmen* beschriebenen Equity-Methode bilanziert.

5 Die folgenden Begriffe sind in Anhang A von IFRS 10 *Konzernabschlüsse*, Anhang A von IFRS 11 *Gemeinschaftliche Vereinbarungen*, und Paragraph 3 von IAS 28 definiert:
– Assoziiertes Unternehmen,
– Beherrschung eines Beteiligungsunternehmens,
– Equity-Methode,
– Konzern,
– Investmentgesellschaft,
– Gemeinschaftliche Führung,
– Gemeinschaftsunternehmen,
– Gemeinschaftsunternehmen,
– Mutterunternehmen,
– Maßgeblicher Einfluss,
– Tochterunternehmen.

6 Einzelabschlüsse werden zusätzlich zu einem Konzernabschluss oder dem Abschluss eines Investors vorgelegt, der keine Beteiligungen an Tochterunternehmen, sondern Beteiligungen an assoziierten Unternehmen oder Gemeinschaftsunternehmen hält, bei dem die Beteiligungen an assoziierten Unternehmen oder Gemeinschaftsunternehmen gemäß IAS 28 anhand der Equity-Methode zu bilanzieren sind, sofern nicht die in den Paragraphen 8–8A genannten Umstände vorliegen.

7 Der Abschluss eines Unternehmens, das weder ein Tochterunternehmen noch ein assoziiertes Unternehmen besitzt oder Partnerunternehmen eines Gemeinschaftsunternehmens ist, stellt keinen Einzelabschluss dar.

8 Ein Unternehmen, das nach Paragraph 4(a) von IFRS 10 von der Aufstellung eines Konzernabschlusses oder nach Paragraph 17 von IAS 28 (in der 2011 geänderten Fassung) von der Anwendung der Equity-Methode befreit ist, kann einen Einzelabschluss als seinen einzigen Abschluss vorlegen.

8A Eine Investmentgesellschaft, die für die laufende Berichtsperiode und für alle dargestellten Vergleichsperioden verpflichtet ist, für alle ihre Tochterunternehmen die Ausnahme von der

Konsolidierung nach Paragraph 31 von IFRS 10 anzuwenden, stellt als ihren einzigen Abschluss einen Einzelabschluss auf.

AUFSTELLUNG EINES EINZELABSCHLUSSES

9 Ein Einzelabschluss ist mit Ausnahme der in Paragraph 10 aufgeführten Fälle gemäß allen maßgeblichen IFRS aufzustellen.

10 Stellt ein Unternehmen einen Einzelabschluss auf, so hat es Beteiligungen an Tochterunternehmen, Gemeinschaftsunternehmen und assoziierten Unternehmen entweder

a) zu Anschaffungskosten oder
b) gemäß IFRS 9 oder
c) anhand der in IAS 28 beschriebenen Equity-Methode zu bilanzieren.

Ein Unternehmen muss für alle Kategorien von Beteiligungen dieselben Rechnungslegungsmethoden anwenden. Zu Anschaffungskosten oder anhand der Equity-Methode bilanzierte Beteiligungen sind nach IFRS 5 *Zur Veräußerung gehaltene langfristige Vermögenswerte und aufgegebene Geschäftsbereiche* zu bilanzieren, wenn sie als zur Veräußerung oder zur Ausschüttung gehalten eingestuft werden (oder zu einer Veräußerungsgruppe gehören, die als zur Veräußerung oder zur Ausschüttung gehalten eingestuft ist). Die Bewertung der nach IFRS 9 bilanzierten Beteiligungen wird unter diesen Umständen beibehalten.

11 Entscheidet sich ein Unternehmen nach Paragraph 18 von IAS 28 (in der 2011 geänderten Fassung) dafür, seine Beteiligungen an assoziierten Unternehmen oder Gemeinschaftsunternehmen nach IFRS 9 erfolgswirksam zum beizulegenden Zeitwert zu bewerten, so hat es diese Beteiligungen in seinem Einzelabschluss in derselben Weise zu bilanzieren.

11A Ist ein Mutterunternehmen nach Paragraph 31 von IFRS 10 verpflichtet, seine Beteiligung an einem Tochterunternehmen nach IFRS 9 erfolgswirksam zum beizulegenden Zeitwert zu bewerten, so hat diese Beteiligung an einem Tochterunternehmen in seinem Einzelabschluss in derselben Weise zu bilanzieren.

11B Ein Mutterunternehmen, das den Status einer Investmentgesellschaft verliert oder erwirbt, hat diese Änderung seines Status ab dem Zeitpunkt, zu dem diese Änderung eintritt, wie folgt zu bilanzieren:

a) Wenn ein Unternehmen den Status einer Investmentgesellschaft verliert, hat es seine Beteiligung an einem Tochterunternehmen nach Paragraph 10 zu bilanzieren. Der Zeitpunkt der Statusänderung gilt als fiktives Erwerbsdatum. Bei der Bilanzierung der Beteiligung nach Paragraph 10 stellt der beizulegende Zeitwert des Tochterunternehmens zum fiktiven Erwerbsdatum die übertragene fiktive Gegenleistung dar.

i) [gestrichen]

ii) [gestrichen]

b) Wenn ein Unternehmen den Status einer Investmentgesellschaft erwirbt, hat es eine Beteiligung an einem Tochterunternehmen nach IFRS 9 erfolgswirksam zum beizulegenden Zeitwert zu bilanzieren. Die Differenz zwischen dem bisherigen Buchwert des Tochterunternehmens und seinem beizulegenden Zeitwert zum Zeitpunkt der Statusänderung des Investors ist als Gewinn oder Verlust erfolgswirksam zu erfassen. Der kumulierte Betrag eines etwaigen zuvor im sonstigen Ergebnis für diese Tochterunternehmen erfassten Gewinns oder Verlusts wird so behandelt, als hätte die Investmentgesellschaft diese Tochterunternehmen zum Zeitpunkt der Statusänderung veräußert.

12 Dividenden aus einem Tochterunternehmen, einem Gemeinschaftsunternehmen oder einem assoziierten Unternehmen sind im Einzelabschluss des Unternehmens zu erfassen, wenn dem Unternehmen der Rechtsanspruch auf die Dividende entsteht. Die Dividende wird erfolgswirksam erfasst, sofern das Unternehmen sich nicht für die Anwendung der Equity-Methode entscheidet, bei der die Dividende als Verminderung des Buchwerts der Beteiligung erfasst wird.

13 Strukturiert ein Mutterunternehmen seinen Konzern um, indem es ein neues Unternehmen als Mutterunternehmen einsetzt, und dabei

a) das neue Mutterunternehmen durch Ausgabe von Eigenkapitalinstrumenten im Tausch gegen bestehende Eigenkapitalinstrumente des ursprünglichen Mutterunternehmens die Beherrschung über das ursprüngliche Mutterunternehmen erlangt,

b) die Vermögenswerte und Schulden des neuen Konzerns und des ursprünglichen Konzerns unmittelbar vor und nach der Umstrukturierung gleich sind und

c) die Eigentümer des ursprünglichen Mutterunternehmens vor der Umstrukturierung unmittelbar vor und nach der Umstrukturierung die gleichen Anteile (absolut wie relativ) am Nettovermögen des ursprünglichen bzw. des neuen Konzerns halten,

und das neue Mutterunternehmen seine Beteiligung am ursprünglichen Mutterunternehmen nach Paragraph 10a in seinem Einzelabschluss erfasst, so hat das neue Mutterunternehmen als Anschaffungskosten den Buchwert seiner Beteiligung an den Eigenkapitalposten anzusetzen, die zum Zeitpunkt der Umstrukturierung im Einzelabschluss des ursprünglichen Mutterunternehmens ausgewiesen sind.

14 Auch ein Unternehmen, bei dem es sich nicht um ein Mutterunternehmen handelt, könnte ein neues Unternehmen als sein Mutterunternehmen einsetzen und dabei die in Paragraph 13 genannten Kriterien erfüllen. Für solche Umstrukturierungen gelten die Vorschriften des Paragraphen 13 ebenfalls. Verweise auf das „ursprüngliche Mutterunternehmen" und den „ursprünglichen Konzern" sind in einem solchen Fall als Verweise auf das „ursprüngliche Unternehmen" zu verstehen.

ANGABEN

15 Ein Unternehmen hat bei den Angaben in seinem Einzelabschluss alle maßgeblichen IFRS, einschließlich der Vorschriften in den Paragraphen 16 und 17, anzuwenden.

16 Entscheidet sich ein Mutterunternehmen nach Paragraph 4 von IFRS 10, keinen Konzernabschluss aufzustellen, und stellt es stattdessen einen Einzelabschluss auf, so muss dieser folgende Angaben enthalten:

a) die Tatsache, dass es sich bei dem Abschluss um einen Einzelabschluss handelt; dass von der Befreiung von der Konsolidierung Gebrauch gemacht wurde; Name und Hauptniederlassung (und Gründungsland, falls abweichend) des Unternehmens, dessen Konzernabschluss nach den Vorschriften der International Financial Reporting Standards zu Veröffentlichungszwecken erstellt wurde; und die Anschrift, unter welcher der Konzernabschluss erhältlich ist,

b) eine Auflistung bedeutender Beteiligungen an Tochterunternehmen, Gemeinschaftsunternehmen und assoziierten Unternehmen unter Angabe

   i) des Namens dieser Beteiligungsunternehmen,
   ii) der Hauptniederlassung (und Gründungsland, falls abweichend) dieser Beteiligungsunternehmen,
   iii) seiner Beteiligungsquote (und seiner Stimmrechtsquote, falls abweichend) an diesen Beteiligungsunternehmen,

c) eine Beschreibung der Bilanzierungsmethode der unter (b) aufgeführten Beteiligungen.

16A Stellt eine Investmentgesellschaft, bei der es sich um ein Mutterunternehmen (jedoch kein Mutterunternehmen im Sinne von Paragraph 16) handelt, nach Paragraph 8A einen Einzelabschluss als ihren einzigen Abschluss auf, so hat sie dies anzugeben. In diesem Fall hat die Investmentgesellschaft auch die Angabepflichten für Investmentgesellschaften in IFRS 12 *Angaben zu Anteilen an anderen Unternehmen* zu erfüllen.

17 Stellt ein Mutterunternehmen (bei dem es sich nicht um ein Mutterunternehmen im Sinne der Paragraphen 16–16A handelt) oder ein Investor, der an der gemeinschaftlichen Führung eines Beteiligungsunternehmens beteiligt ist oder einen maßgeblichen Einfluss auf ein Beteiligungsunternehmen hat, Einzelabschlüsse auf, so hat das Mutterunternehmen oder der Investor anzugeben, welche der Abschlüsse, auf die sie sich beziehen, nach IFRS 10, IFRS 11 oder IAS 28 (in der 2011 geänderten Fassung) aufgestellt wurden. Das Mutterunternehmen oder der Investor hat in seinem Einzelabschluss zusätzlich folgende Angaben zu machen:

a) die Tatsache, dass es sich bei den Abschlüssen um Einzelabschlüsse handelt und die Gründe, warum die Abschlüsse aufgestellt wurden, sofern nicht gesetzlich vorgeschrieben,

b) eine Auflistung bedeutender Beteiligungen an Tochterunternehmen, Gemeinschaftsunternehmen und assoziierten Unternehmen unter Angabe

   i) des Namens dieser Beteiligungsunternehmen,
   ii) der Hauptniederlassung (und Gründungsland, falls abweichend) dieser Beteiligungsunternehmen,
   iii) seiner Beteiligungsquote (und seiner Stimmrechtsquote, falls abweichend) an diesen Beteiligungsunternehmen,

c) eine Beschreibung der Bilanzierungsmethode der unter (b) aufgeführten Beteiligungen.

ZEITPUNKT DES INKRAFTTRETENS UND ÜBERGANGSVORSCHRIFTEN

18 Dieser Standard ist auf Geschäftsjahre anzuwenden, die am oder nach dem 1. Januar 2013 beginnen. Eine frühere Anwendung ist zulässig. Wendet ein Unternehmen diesen Standard früher an, hat es dies anzugeben und IFRS 10, IFRS 11, IFRS 12 und IAS 28 (in der 2011 geänderten Fassung) gleichzeitig anzuwenden.

18A Durch die im Oktober 2012 veröffentlichte Verlautbarung *Investmentgesellschaften* (Investment Entities) (Änderungen an IFRS 10, IFRS 12 und IAS 27) wurden die Paragraphen 5, 6, 17 und 18 geändert und die Paragraphen 8A, 11A–11B, 16A und 18B–18I eingefügt. Diese Änderungen sind auf Geschäftsjahre anzuwenden, die am oder nach dem 1. Januar 2014 beginnen. Eine frühere Anwendung ist zulässig. Wendet ein Unternehmen diese Änderungen früher an, hat es dies anzugeben und alle in der Verlautbarung *Investmentgesellschaften* enthaltenen Änderungen gleichzeitig anzuwenden.

18B Kommt ein Mutterunternehmen zum Zeitpunkt der erstmaligen Anwendung der durch die Verlautbarung *Investmentgesellschaften* vorgenommenen Änderungen (für die Zwecke dieses IFRS ist dies der Beginn des Geschäftsjahrs, für das diese Änderungen erstmals angewendet werden) zu dem Schluss, dass es eine Investmentgesellschaft ist, hat es auf seine Beteiligung an einem Tochterunternehmen die Paragraphen 18C–18I anzuwenden.

18C Zum Zeitpunkt der erstmaligen Anwendung hat eine Investmentgesellschaft, die ihre Beteiligung an einem Tochterunternehmen bisher zu Anschaffungskosten bewertet hat, diese Beteiligung erfolgswirksam zum beizulegenden Zeitwert zu bewerten, als ob die Vorschriften dieses IFRS schon immer in Kraft gewesen wären. Die Investmentgesellschaft nimmt rückwirkend eine Anpassung für das dem Zeitpunkt der erstmaligen Anwendung

unmittelbar vorausgehende Geschäftsjahr sowie eine Anpassung der Gewinnrücklagen zu Beginn der unmittelbar vorausgehenden Periode um eine etwaige Differenz zwischen folgenden Werten vor:
a) dem bisherigen Buchwert der Beteiligung und
b) dem beizulegenden Zeitwert der Beteiligung des Investors an dem Tochterunternehmen.

18D Zum Zeitpunkt der erstmaligen Anwendung hat eine Investmentgesellschaft, die ihre Beteiligung an einem Tochterunternehmen bisher zum beizulegenden Zeitwert erfolgsneutral im sonstigen Ergebnis bewertet hat, diese Beteiligung auch weiterhin zum beizulegenden Zeitwert zu bewerten. Der kumulierte Betrag etwaiger Anpassungen des beizulegenden Zeitwerts, der bisher im sonstigen Ergebnis erfasst wurde, ist zu Beginn des dem Zeitpunkt der erstmaligen Anwendung unmittelbar vorausgehenden Geschäftsjahrs in die Gewinnrücklagen umzugliedern.

18E Zum Zeitpunkt der erstmaligen Anwendung darf eine Investmentgesellschaft ihre bisherige Bilanzierung eines Anteils an einem Tochterunternehmen, für den sie bisher die in Paragraph 10 vorgesehene Möglichkeit zur erfolgswirksamen Bewertung zum beizulegenden Zeitwert gemäß IFRS 9 in Anspruch genommen hat, nicht anpassen.

18F Bis zur erstmaligen Anwendung von IFRS 13 *Bewertung zum beizulegenden Zeitwert* hat eine Investmentgesellschaft die beizulegenden Zeitwerte zu verwenden, die bisher den Investoren oder dem Management vorgelegt wurden, sofern diese Werte dem Betrag entsprechen, zu dem die Beteiligung am Tag der Bewertung zwischen sachverständigen, vertragswilligen und voneinander unabhängigen Geschäftspartnern zu marktüblichen Bedingungen hätte getauscht werden können.

18G Ist die Bewertung einer Beteiligung an einem Tochterunternehmen gemäß den Paragraphen 18C–18F undurchführbar (im Sinne von IAS 8 *Rechnungslegungsmethoden, Änderungen von rechnungslegungsbezogenen Schätzungen und Fehler*), hat eine Investmentgesellschaft die Vorschriften dieses IFRS zu Beginn der frühsten Periode anzuwenden, für die eine Anwendung der Paragraphen 18C–18F durchführbar ist; dies kann die aktuelle Berichtsperiode sein. Der Investor hat rückwirkend eine Anpassung für das Geschäftsjahr vorzunehmen, das dem Zeitpunkt der erstmaligen Anwendung unmittelbar vorausgeht, es sei denn, der Beginn der frühesten Periode, für die die Anwendung dieses Paragraphen durchführbar ist, ist die aktuelle Berichtsperiode. Liegt der Zeitpunkt, zu dem die Ermittlung des beizulegenden Zeitwerts des Tochterunternehmens für die Investmentgesellschaft durchführbar ist, vor dem Beginn der unmittelbar vorausgehenden Berichtsperiode, hat der Investor zu Beginn der unmittelbar vorausgehenden Berichtsperiode eine Anpassung des Eigenkapitals um eine etwaige Differenz zwischen folgenden Werten vorzunehmen:
a) dem bisherigen Buchwert der Beteiligung und
b) dem beizulegenden Zeitwert der Beteiligung des Investors an dem Tochterunternehmen.

Ist die früheste Periode, für die eine Anwendung dieses Paragraphen durchführbar ist, die aktuelle Berichtsperiode, so ist die Anpassung des Eigenkapitals zu Beginn der aktuellen Berichtsperiode zu erfassen.

18H Hat eine Investmentgesellschaft vor dem Zeitpunkt der erstmaligen Anwendung der durch die Verlautbarung *Investmentgesellschaften* vorgenommenen Änderungen eine Beteiligung an einem Tochterunternehmen veräußert oder die Beherrschung über das Tochterunternehmen verloren, so ist sie nicht verpflichtet, für diese Beteiligung eine Anpassung der bisherigen Bilanzierung vorzunehmen.

18I Ungeachtet der Verweise auf das Geschäftsjahr, das dem Zeitpunkt der erstmaligen Anwendung unmittelbar vorausgeht (die „unmittelbar vorausgehende Berichtsperiode") in den Paragraphen 18C–18G kann ein Unternehmen auch angepasste Vergleichsinformationen für frühere dargestellte Perioden vorlegen, ist dazu aber nicht verpflichtet. Legt ein Unternehmen angepasste Vergleichsinformationen für frühere Perioden vor, sind alle Verweise auf die „unmittelbar vorausgehende Berichtsperiode" in den Paragraphen 18C–18G als die „früheste dargestellte angepasste Vergleichsperiode" zu verstehen. Stellt ein Unternehmen für frühere Perioden keine angepassten Vergleichsinformationen dar, hat es die nicht angepassten Informationen klar zu kennzeichnen; außerdem hat es darauf hinzuweisen, dass diese Informationen auf einer anderen Grundlage beruhen, und diese Grundlage zu erläutern.

18J Durch die im August 2014 veröffentlichte Verlautbarung *Equity-Methode in Einzelabschlüssen* (Equity Method in Separate Financial Statements) (Änderungen an IAS 27) wurden die Paragraphen 4–7, 10, 11B und 12 geändert. Diese Änderungen sind nach IAS 8 *Rechnungslegungsmethoden, Änderungen von rechnungslegungsbezogenen Schätzungen und Fehler* rückwirkend auf Geschäftsjahre anzuwenden, die am oder nach dem 1. Januar 2016 beginnen. Eine frühere Anwendung ist zulässig. Wendet ein Unternehmen diese Änderungen auf eine frühere Periode an, hat es dies anzugeben.

Verweise auf IFRS 9

19 Wendet ein Unternehmen diesen Standard an, aber noch nicht IFRS 9, so ist jeder Verweis auf IFRS 9 als Verweis auf IAS 39 *Finanzinstrumente: Ansatz und Bewertung* zu verstehen.

RÜCKNAHME VON IAS 27 (2008)

20 Dieser Standard wird gleichzeitig mit IFRS 10 veröffentlicht. Die beiden IFRS ersetzen zusammen IAS 27 *Konzern- und Einzelabschlüsse* (in der 2008 geänderten Fassung).

INTERNATIONAL ACCOUNTING STANDARD 28
Anteile an assoziierten Unternehmen und Gemeinschaftsunternehmen

IAS 28, VO (EU) 2023/1803

Gliederung	§§
ZIEL	1
ANWENDUNGSBEREICH	2
DEFINITIONEN	3–4
MASSGEBLICHER EINFLUSS	5–9
EQUITY-METHODE	10–15
ANWENDUNG DER EQUITY-METHODE	16–43
Ausnahmen von der Anwendung der Equity-Methode	17–19
Einstufung als „zur Veräußerung gehalten"	20–21
Beendigung der Anwendung der Equity-Methode	22–24
Änderungen der Beteiligungsquote	25
Verfahren der Equity-Methode	26–39
Wertminderungsaufwand	40–43
EINZELABSCHLUSS	44
ZEITPUNKT DES INKRAFTTRETENS UND ÜBERGANGSVORSCHRIFTEN	45–45K
Verweise auf IFRS 9	46
RÜCKNAHME VON IAS 28 (2003)	47

ZIEL

1 Ziel dieses Standards ist die Regelung der Bilanzierung von Beteiligungen an assoziierten Unternehmen und die Festlegung der Vorschriften für die Anwendung der Equity-Methode für die Bilanzierung von Beteiligungen an assoziierten Unternehmen und Gemeinschaftsunternehmen.

ANWENDUNGSBEREICH

2 Dieser Standard gilt für alle Unternehmen, die als Investoren an der gemeinschaftlichen Führung eines Beteiligungsunternehmens beteiligt sind oder maßgeblichen Einfluss auf ein Beteiligungsunternehmen haben.

DEFINITIONEN

3 Die folgenden Begriffe werden in diesem Standard mit der angegebenen Bedeutung verwendet:

Ein *assoziiertes Unternehmen* ist ein Unternehmen, auf das der Investor maßgeblichen Einfluss hat.

Ein *Konzernabschluss* ist der Abschluss eines Konzerns, in dem Vermögenswerte, Schulden, Eigenkapital, Erträge, Aufwendungen und Zahlungsströme des Mutterunternehmens und seiner Tochterunternehmen so dargestellt werden, als handele es sich um ein einziges Unternehmen.

Die *Equity-Methode* ist eine Bilanzierungsmethode, bei der die Beteiligung zunächst mit den Anschaffungskosten angesetzt wird, dieser Ansatz aber in der Folge um etwaige Veränderungen beim Anteil des Investors am Nettovermögen des Beteiligungsunternehmens angepasst wird. Der Gewinn oder Verlust des Investors schließt dessen Anteil am Gewinn oder Verlust des Beteiligungsunternehmens ein und das sonstige Ergebnis des Investors schließt dessen Anteil am sonstigen Ergebnis des Beteiligungsunternehmens ein.

Eine *gemeinschaftliche Vereinbarung* ist eine Vereinbarung, bei der zwei oder mehr Parteien die gemeinschaftliche Führung innehaben.

Gemeinschaftliche Führung ist die vertraglich geregelte Teilung der Beherrschung einer Vereinbarung, die nur dann gegeben ist, wenn Entscheidungen über die maßgeblichen Tätigkeiten die einstimmige Zustimmung der sich die Beherrschung teilenden Parteien erfordern.

Ein *Gemeinschaftsunternehmen* ist eine gemeinschaftliche Vereinbarung, bei der die Parteien, die die gemeinschaftliche Führung der Vereinbarung innehaben, Rechte am Nettovermögen der Vereinbarung haben.

Ein *Partnerunternehmen* bezeichnet einen Partner an einem Gemeinschaftsunternehmen, der an der gemeinschaftlichen Führung dieses Gemeinschaftsunternehmens beteiligt ist.

Maßgeblicher Einfluss ist die Möglichkeit, an den finanz- und geschäftspolitischen Entscheidungen des Beteiligungsunternehmens mitzuwirken, nicht aber die Beherrschung oder die gemeinschaftliche Führung der Entscheidungsprozesse.

4 Die folgenden Begriffe werden in Paragraph 4 von IAS 27 *Einzelabschlüsse* und in Anhang A von IFRS 10 *Konzernabschlüsse* definiert und im vorliegenden Standard mit der in den oben genannten IFRS angegebenen Bedeutung verwendet:
– Beherrschung eines Beteiligungsunternehmens,
– Konzern,
– Mutterunternehmen,
– Einzelabschluss,
– Tochterunternehmen.

MASSGEBLICHER EINFLUSS

5 Hält ein Unternehmen direkt oder indirekt (z. B. durch Tochterunternehmen) 20 % oder mehr der Stimmrechte an einem Beteiligungsunternehmen, so wird vermutet, dass ein maßgeblicher Einfluss des Unternehmens vorliegt, es sei denn, dies kann eindeutig widerlegt werden. Umgekehrt wird bei einem direkt oder indirekt (z. B. durch Tochterunternehmen) gehaltenen Stimmrechtsanteil des Unternehmens von weniger als 20 % vermutet, dass das Unternehmen nicht über maßgeblichen Einfluss verfügt, es sei denn, dieser Einfluss kann eindeutig nachgewiesen werden. Ein erheblicher Anteilsbesitz oder eine Mehrheitsbeteiligung eines anderen Investors schließen nicht notwendigerweise aus, dass ein Unternehmen über maßgeblichen Einfluss verfügt.

6 Das Vorliegen eines oder mehrerer der folgenden Indikatoren lässt in der Regel auf einen maßgeblichen Einfluss des Unternehmens schließen:
a) Zugehörigkeit zum Geschäftsführungs- und/oder Aufsichtsorgan oder einem gleichartigen Leitungsgremium des Beteiligungsunternehmens,
b) Teilnahme an den Entscheidungsprozessen, einschließlich der Teilnahme an Entscheidungen über Dividenden oder sonstige Ausschüttungen,
c) wesentliche Geschäftsvorfälle zwischen dem Unternehmen und seinem Beteiligungsunternehmen,
d) Austausch von Führungspersonal oder
e) Bereitstellung bedeutender technischer Informationen.

7 Ein Unternehmen kann Anteilsoptionsscheine, Anteilskaufoptionen, Schuld- oder Eigenkapitalinstrumente, die in Stammanteile oder in ähnliche Instrumente eines anderen Unternehmens umwandelbar sind, halten, deren Ausübung oder Umwandlung dem ausübenden Unternehmen die Möglichkeit gibt, zusätzliche Stimmrechte über die Finanz- und Geschäftspolitik eines anderen Unternehmens zu erlangen oder die Stimmrechte eines anderen Anteilseigners über diese zu beschränken (d. h. potenzielle Stimmrechte). Bei der Beurteilung der Frage, ob ein Unternehmen über maßgeblichen Einfluss verfügt, werden die Existenz und die Auswirkungen potenzieller Stimmrechte, die gegenwärtig ausgeübt oder umgewandelt werden können, einschließlich der von anderen Unternehmen gehaltenen potenziellen Stimmrechte berücksichtigt. Potenzielle Stimmrechte sind nicht als gegenwärtig ausübungsfähig oder umwandelbar anzusehen, wenn sie zum Beispiel erst zu einem künftigen Termin oder bei Eintreten eines künftigen Ereignisses ausgeübt oder umgewandelt werden können.

8 Bei der Beurteilung der Frage, ob potenzielle Stimmrechte zum maßgeblichen Einfluss beitragen, prüft das Unternehmen alle Fakten und Umstände, die die potenziellen Stimmrechte beeinflussen (einschließlich der Bedingungen für die Ausübung dieser Rechte und sonstiger vertraglicher Vereinbarungen, gleich ob in der Einzelfallbetrachtung oder im Zusammenhang), mit Ausnahme der Handlungsabsichten des Managements und der finanziellen Möglichkeiten einer Ausübung oder Umwandlung dieser potenziellen Rechte.

9 Ein Unternehmen verliert seinen maßgeblichen Einfluss über ein Beteiligungsunternehmen in dem Moment, in dem es die Möglichkeit verliert, an dessen finanz- und geschäftspolitischen Entscheidungsprozessen teilzuhaben. Dies kann mit oder ohne Änderung der absoluten oder relativen Eigentumsverhältnisse der Fall sein. Ein solcher Verlust kann beispielsweise eintreten, wenn ein assoziiertes Unternehmen unter die Kontrolle staatlicher Behörden, Gerichte, Zwangsverwalter oder Aufsichtsbehörden gerät. Er könnte auch das Ergebnis einer vertraglichen Vereinbarung sein.

EQUITY-METHODE

10 Bei der Equity-Methode wird die Beteiligung an einem assoziierten Unternehmen oder Gemeinschaftsunternehmen zunächst mit den Anschaffungskosten angesetzt. In der Folge erhöht oder verringert sich der Buchwert der Beteiligung entsprechend dem Anteil des Investors am Gewinn oder Verlust des Beteiligungsunternehmens. Der Anteil des Investors am Gewinn oder Verlust des Beteiligungsunternehmens wird im Gewinn oder Verlust des Investors erfasst. Vom Beteiligungsunternehmen empfangene Ausschüttungen vermindern den Buchwert der Beteiligung. Änderungen des Buchwerts können auch aufgrund von Änderungen der Beteiligungsquote des Investors notwendig sein, welche sich aufgrund von Änderungen im sonstigen Ergebnis des Beteiligungsunternehmens ergeben. Solche Änderungen entstehen unter anderem infolge einer Neubewertung von Sachanlagevermögen und aus der Umrechnung von Fremdwährungsabschlüssen. Der Anteil des Investors an diesen Änderungen wird im sonstigen Ergebnis des Investors erfasst (siehe IAS 1 *Darstellung des Abschlusses*).

11 Werden Erträge auf Basis der erhaltenen Dividenden angesetzt, so spiegelt dies unter Umständen nicht in angemessener Weise die Erträge wider, die ein Investor aus einer Beteiligung an einem assoziierten Unternehmen oder einem Gemeinschaftsunternehmen erzielt hat, da die Dividenden u. U. nur unzureichend in Relation

zur Ertragskraft des assoziierten Unternehmens oder des Gemeinschaftsunternehmens stehen. Da der Investor in die gemeinschaftliche Führung des Beteiligungsunternehmens involviert ist oder über maßgeblichen Einfluss auf das Beteiligungsunternehmen verfügt, hat er ein Interesse an der Ertragskraft des assoziierten Unternehmens oder des Gemeinschaftsunternehmens und demzufolge an der Verzinsung des eingesetzten Kapitals. Diese Beteiligung an der Ertragskraft bilanziert der Investor, indem er den Umfang seines Abschlusses um seinen Anteil am Gewinn oder Verlust eines solchen Beteiligungsunternehmens erweitert. Dementsprechend bietet die Anwendung der Equity-Methode mehr Informationen über das Nettovermögen und den Gewinn oder Verlust des Investors.

12 Wenn potenzielle Stimmrechte oder sonstige Derivate mit potenziellen Stimmrechten bestehen, wird der Anteil eines Unternehmens an einem assoziierten Unternehmen oder einem Gemeinschaftsunternehmen lediglich auf Grundlage der bestehenden Beteiligungsquote und nicht unter Berücksichtigung der möglichen Ausübung oder Umwandlung potenzieller Stimmrechte oder sonstiger derivativer Instrumente bestimmt, es sei denn, Paragraph 13 findet Anwendung.

13 In einigen Fällen hat ein Unternehmen dem wirtschaftlichen Gehalt nach ein Eigentumsrecht infolge einer Transaktion, die ihm Zugang zu den mit einem Eigentumsanteil verbundenen wirtschaftlichen Erfolgen verschafft. Unter diesen Umständen wird der dem Unternehmen zugewiesene Anteil unter Berücksichtigung der letztlichen Ausübung dieser potenziellen Stimmrechte und sonstigen derivativen Instrumente festgelegt, aufgrund deren das Unternehmen derzeit Zugang zu den wirtschaftlichen Erfolgen hat.

14 IFRS 9 *Finanzinstrumente* findet keine Anwendung auf Beteiligungen an assoziierten Unternehmen und Gemeinschaftsunternehmen, deren Bilanzierung nach der Equity-Methode erfolgt. Wenn Instrumente mit potenziellen Stimmrechten ihrem wirtschaftlichen Gehalt nach derzeit Zugang zu den mit einem Eigentumsanteil an einem assoziierten Unternehmen oder einem Gemeinschaftsunternehmen verbundenen wirtschaftlichen Erfolgen verschaffen, unterliegen die Instrumente nicht IFRS 9. In allen anderen Fällen werden Instrumente mit potenziellen Stimmrechten an einem assoziierten Unternehmen oder einem Gemeinschaftsunternehmen nach IFRS 9 bilanziert.

14A Ein Unternehmen wendet IFRS 9 zudem auf sonstige Finanzinstrumente an einem assoziierten Unternehmen oder einem Gemeinschaftsunternehmen an, auf die die Equity-Methode nicht angewendet wird. Hierzu gehören langfristige Anteile, die dem wirtschaftlichen Gehalt nach der Nettoinvestition des Unternehmens in das assoziierte Unternehmen oder das Gemeinschaftsunternehmen zuzuordnen sind (siehe Paragraph 38). Bevor ein Unternehmen Paragraph 38 und die Paragraphen 40–43 des vorliegenden Standards anwendet, wendet es auf solche langfristigen Anteile IFRS 9 an. Bei der Anwendung von IFRS 9 berücksichtigt das Unternehmen keine Änderungen des Buchwerts der langfristigen Anteile, die sich aus der Anwendung des vorliegenden Standards ergeben.

15 Sofern eine Beteiligung oder ein Teil einer Beteiligung an einem assoziierten Unternehmen oder Gemeinschaftsunternehmen nach IFRS 5 *Zur Veräußerung gehaltene langfristige Vermögenswerte und aufgegebene Geschäftsbereiche* nicht als zur Veräußerung gehalten eingestuft wurde, ist die Beteiligung oder ein zurückbehaltener Teil der Beteiligung, der nicht als zur Veräußerung gehalten eingestuft wurde, als langfristiger Vermögenswert einzustufen.

ANWENDUNG DER EQUITY-METHODE

16 Ein Unternehmen, das in die gemeinschaftliche Führung eines Beteiligungsunternehmens involviert ist oder maßgeblichen Einfluss auf ein Beteiligungsunternehmen hat, hat seine Beteiligung an einem assoziierten Unternehmen oder einem Gemeinschaftsunternehmen nach der Equity-Methode zu bilanzieren, es sei denn, die Beteiligung fällt unter die Ausnahmeregelung nach den Paragraphen 17–19.

Ausnahmen von der Anwendung der Equity-Methode

17 Ein Unternehmen muss die Equity-Methode nicht auf seine Beteiligung an einem assoziierten Unternehmen oder einem Gemeinschaftsunternehmen anwenden, wenn das Unternehmen ein Mutterunternehmen ist, das nach der Ausnahme vom Anwendungsbereich gemäß Paragraph 4a von IFRS 10 von der Aufstellung eines Konzernabschlusses befreit ist oder wenn alle folgenden Punkte zutreffen:

a) Das Unternehmen ist ein hundertprozentiges Tochterunternehmen oder ein teilweise im Eigentum eines anderen Unternehmens stehendes Tochterunternehmen und die anderen Eigentümer, einschließlich der nicht stimmberechtigten, sind darüber unterrichtet, dass das Unternehmen die Equity-Methode nicht anwendet, und erheben dagegen keine Einwände.

b) Die Schuld- oder Eigenkapitalinstrumente des Unternehmens werden an keinem öffentlichen Markt (einer inländischen oder ausländischen Wertpapierbörse oder am Freiverkehrsmarkt, einschließlich lokaler und regionaler Märkte) gehandelt.

c) Das Unternehmen hat seine Abschlüsse nicht zum Zweck der Emission von Finanzinstrumenten jeglicher Kategorie an einem öffentlichen Markt bei einer Börsenaufsicht oder sonstigen Aufsichtsbehörde eingereicht oder beabsichtigt dies zu tun.

d) Das oberste oder ein zwischengeschaltetes Mutterunternehmen des Unternehmens stellt einen IFRS-konformen Abschluss auf, der veröffentlicht wird und in dem Tochtergesellschaften entweder konsolidiert oder nach

IFRS 10 erfolgswirksam zum beizulegenden Zeitwert bewertet werden.

18 Wenn eine Beteiligung an einem assoziierten Unternehmen oder einem Gemeinschaftsunternehmen direkt oder indirekt von einem Unternehmen gehalten wird, bei dem es sich um eine Wagniskapital-Organisation, einen offenen Investmentfonds, einen Unit Trust oder ein ähnliches Unternehmen, einschließlich einer fondsgebundenen Versicherung, handelt, kann das Unternehmen diese Beteiligung erfolgswirksam zum beizulegenden Zeitwert nach IFRS 9 bewerten. Ein Beispiel für eine fondsgebundene Versicherung sind Fonds, die von einem Unternehmen als zugrunde liegende Posten für eine Gruppe von Versicherungsverträgen mit direkter Überschussbeteiligung gehalten werden. Für die Zwecke dieses Wahlrechts umfassen Versicherungsverträge auch Kapitalanlageverträge mit ermessensabhängiger Überschussbeteiligung. Diese Entscheidung ist für jedes assoziierte Unternehmen oder Gemeinschaftsunternehmen bei dessen erstmaligem Ansatz gesondert zu treffen. (Siehe IFRS 17 *Versicherungsverträge* in Bezug auf die in diesem Paragraphen verwendeten Begriffe, die in diesem Standard definiert sind.)

19 Hält ein Unternehmen eine Beteiligung an einem assoziierten Unternehmen, von der ein Teil indirekt über ein Unternehmen gehalten wird, bei dem es sich um eine Wagniskapital-Organisation, einen Investmentfonds, einen Unit Trust oder ähnliche Unternehmen, einschließlich fondsgebundener Versicherungen, handelt, kann sich das Unternehmen dafür entscheiden, diesen Teil der Beteiligung am assoziierten Unternehmen erfolgswirksam zum beizulegenden Zeitwert nach IFRS 9 zu bewerten, unabhängig davon, ob die Wagniskapital-Organisation, der Investmentfonds, der Unit Trust oder ähnliche Unternehmen, einschließlich fondsgebundener Versicherungen, maßgeblichen Einfluss auf diesen Teil der Beteiligung haben. Entscheidet sich das Unternehmen für diesen Ansatz, hat es die Equity-Methode auf den verbleibenden Teil seiner Beteiligung an einem assoziierten Unternehmen anzuwenden, der nicht von einer Wagniskapital-Organisation, einem Investmentfonds, einem Unit Trust oder ähnlichen Unternehmen, einschließlich fondsgebundener Versicherungen, gehalten wird.

Einstufung als „zur Veräußerung gehalten"

20 Ein Unternehmen hat IFRS 5 auf eine Beteiligung oder einen Teil einer Beteiligung an einem assoziierten Unternehmen oder einem Gemeinschaftsunternehmen anzuwenden, die/der die Kriterien für die Einstufung als „zur Veräußerung gehalten" erfüllt. Jeder zurückbehaltene Teil einer Beteiligung an einem assoziierten Unternehmen oder einem Gemeinschaftsunternehmen, der nicht als zur „Veräußerung gehalten" eingestuft wurde, ist nach der Equity-Methode zu bilanzieren, bis dass der Teil, der als „zur Veräußerung gehalten" eingestuft wurde, veräußert wird. Nach der Veräußerung hat ein Unternehmen jeden zurückbehaltenen Anteil an einem assoziierten Unternehmen oder Gemeinschaftsunternehmen nach IFRS 9 zu bilanzieren, es sei denn, bei dem zurückbehaltenen Anteil handelt es sich weiterhin um ein assoziiertes Unternehmen oder ein Gemeinschaftsunternehmen; in diesem Fall wendet das Unternehmen die Equity-Methode an.

21 Wenn eine Beteiligung oder ein Teil einer Beteiligung an einem assoziierten Unternehmen oder Gemeinschaftsunternehmen, die/der bisher unter die Einstufung „zur Veräußerung gehalten" fiel, die hierfür erforderlichen Kriterien nicht mehr erfüllt, muss sie/er ab dem Zeitpunkt, ab dem sie/er als „zur Veräußerung gehalten" eingestuft wurde, rückwirkend nach der Equity-Methode bilanziert werden. Die Abschlüsse für die Perioden seit der Einstufung als „zur Veräußerung gehalten" sind entsprechend anzupassen.

Beendigung der Anwendung der Equity-Methode

22 Ein Unternehmen hat die Anwendung der Equity-Methode ab dem Zeitpunkt, an dem es sich bei seiner Beteiligung nicht mehr um eine Beteiligung an einem assoziierten Unternehmen oder einem Gemeinschaftsunternehmen handelt, in folgender Weise zu beenden:

a) Wird die Beteiligung zu einer Beteiligung an einem Tochterunternehmen, bilanziert das Unternehmen seine Beteiligung nach IFRS 3 *Unternehmenszusammenschlüsse* und IFRS 10.

b) Handelt es sich beim zurückbehaltenen Anteil am ehemaligen assoziierten Unternehmen oder Gemeinschaftsunternehmen um einen finanziellen Vermögenswert, hat das Unternehmen den zurückbehaltenen Anteil zum beizulegenden Zeitwert zu bewerten. Der beizulegende Zeitwert des zurückbehaltenen Anteils entspricht seinem beizulegenden Zeitwert beim erstmaligen Ansatz als finanzieller Vermögenswert nach IFRS 9. Das Unternehmen hat eine etwaige Differenz zwischen den folgenden Werten erfolgswirksam zu erfassen:

   i) dem beizulegenden Zeitwert eines etwaigen zurückbehaltenen Anteils und etwaige Erlöse aus der Veräußerung eines Teils des Anteils an dem assoziierten Unternehmen oder Gemeinschaftsunternehmen und

   ii) dem Buchwert der Beteiligung zum Zeitpunkt der Beendigung der Anwendung der Equity-Methode.

c) Beendet ein Unternehmen die Anwendung der Equity-Methode, hat es, falls in Bezug auf diese Beteiligung bisher im sonstigen Ergebnis erfasste Beträge auf derselben Grundlage zu bilanzieren wie für den Fall, dass das Beteiligungsunternehmen die dazugehörigen Vermögenswerte und Schulden direkt veräußert hätte.

23 Falls daher ein zuvor vom Beteiligungsunternehmen im sonstigen Ergebnis erfasster Gewinn oder Verlust bei der Veräußerung der

dazugehörigen Vermögenswerte oder Schulden erfolgswirksam umgegliedert würde, gliedert das Unternehmen den Gewinn oder Verlust erfolgswirksam um (als einen Umgliederungsbetrag), wenn es die Anwendung der Equity-Methode beendet. Hat z. B. ein assoziiertes Unternehmen oder ein Gemeinschaftsunternehmen kumulierte Umrechnungsdifferenzen aus der Tätigkeit eines ausländischen Geschäftsbetriebs und beendet das Unternehmen die Anwendung der Equity-Methode, hat das Unternehmen den zuvor im sonstigen Ergebnis erfassten Gewinn oder Verlust in Bezug auf den ausländischen Geschäftsbetrieb erfolgswirksam umzugliedern.

24 Wird eine Beteiligung an einem assoziierten Unternehmen zu einer Beteiligung an einem Gemeinschaftsunternehmen oder eine Beteiligung an einem Gemeinschaftsunternehmen zu einer Beteiligung an einem assoziierten Unternehmen, wendet das Unternehmen die Equity-Methode weiterhin an und bewertet den zurückbehaltenen Anteil nicht neu.

Änderungen der Beteiligungsquote

25 Wenn sich die Beteiligungsquote eines Unternehmens an einem assoziierten Unternehmen oder einem Gemeinschaftsunternehmen verringert hat, die Beteiligung aber weiterhin als Beteiligung an einem assoziierten Unternehmen bzw. Gemeinschaftsunternehmen eingestuft wird, hat das Unternehmen den Teil des zuvor im sonstigen Ergebnis erfassten Gewinns oder Verlusts, der auf die Verringerung der Beteiligungsquote entfällt, erfolgswirksam umzugliedern, wenn dieser Gewinn oder Verlust bei Veräußerung der dazugehörigen Vermögenswerte und Schulden erfolgswirksam umzugliedern wäre.

Verfahren der Equity-Methode

26 Viele der für die Anwendung der Equity-Methode sachgerechten Verfahren ähneln den in IFRS 10 beschriebenen Konsolidierungsverfahren. Außerdem werden die Ansätze, die den Konsolidierungsverfahren beim Erwerb eines Tochterunternehmens zugrunde liegen, auch bei der Bilanzierung des Erwerbs einer Beteiligung an einem assoziierten Unternehmen oder einem Gemeinschaftsunternehmen übernommen.

27 Der Anteil eines Konzerns an einem assoziierten Unternehmen oder einem Gemeinschaftsunternehmen ist die Summe der vom Mutterunternehmen und seinen Tochterunternehmen daran gehaltenen Anteile. Die von den anderen assoziierten Unternehmen oder Gemeinschaftsunternehmen des Konzerns gehaltenen Anteile bleiben für diese Zwecke unberücksichtigt. Wenn ein assoziiertes Unternehmen oder ein Gemeinschaftsunternehmen Tochterunternehmen, assoziierte Unternehmen oder Gemeinschaftsunternehmen besitzt, sind bei der Anwendung der Equity-Methode die Gewinn oder Verlust, das sonstige Ergebnis und das Nettovermögen zu berücksichtigen, wie sie im Abschluss des assoziierten Unternehmens oder des Gemeinschaftsunternehmens (einschließlich dessen Anteils am Gewinn oder Verlust, sonstigen Ergebnis und Nettovermögen seiner assoziierten Unternehmen und Gemeinschaftsunternehmen) nach etwaigen Anpassungen zur Anwendung einheitlicher Rechnungslegungsmethoden (siehe Paragraphen 35 und 36A) ausgewiesen werden.

28 Gewinne und Verluste aus „Upstream"- und „Downstream"-Transaktionen zwischen einem Unternehmen (einschließlich seiner konsolidierten Tochterunternehmen) und seinem assoziierten Unternehmen oder Gemeinschaftsunternehmen sind im Abschluss des Unternehmens nur entsprechend den Anteilen unabhängiger Investoren am assoziierten Unternehmen oder Gemeinschaftsunternehmen zu erfassen. „Upstream"-Transaktionen sind beispielsweise Verkäufe von Vermögenswerten eines assoziierten Unternehmens oder eines Gemeinschaftsunternehmens an den Investor. „Downstream"-Transaktionen sind beispielsweise Verkäufe oder Einlagen von Vermögenswerten eines Investors an bzw. in sein assoziiertes Unternehmen oder Gemeinschaftsunternehmen. Der Anteil des Investors am Gewinn oder Verlust des assoziierten Unternehmens oder Gemeinschaftsunternehmens aus solchen Transaktionen wird eliminiert.

29 Lassen „Downstream"-Transaktionen darauf schließen, dass der Nettoveräußerungswert der zu veräußernden oder einzubringenden Vermögenswerte abgenommen hat oder eine Wertminderung dieser Vermögenswerte eingetreten ist, sind diese Verluste vom Investor in voller Höhe anzusetzen. Lassen „Upstream"-Transaktionen darauf schließen, dass der Nettoveräußerungswert der zu erwerbenden Vermögenswerte abgenommen hat oder eine Wertminderung dieser Vermögenswerte eingetreten ist, hat der Investor seinen Anteil an diesen Verlusten anzusetzen.

30 Die Einlage eines nichtmonetären Vermögenswerts in ein assoziiertes Unternehmen oder ein Gemeinschaftsunternehmen im Austausch für einen Eigenkapitalanteil an diesem assoziierten Unternehmen oder Gemeinschaftsunternehmen ist nach Paragraph 28 zu bilanzieren, es sei denn, der Einlage fehlt es an wirtschaftlicher Substanz im Sinne dieses in IAS 16 *Sachanlagen* erläuterten Begriffs. Fehlt es einer solchen Einlage an wirtschaftlicher Substanz, wird der Gewinn oder Verlust als nicht realisiert betrachtet und nicht ausgewiesen, es sei denn, Paragraph 31 findet ebenfalls Anwendung. Solche nicht realisierten Gewinne und Verluste sind gegen die nach der Equity-Methode bilanzierte Beteiligung zu verrechnen und dürfen in der Konzernbilanz des Unternehmens oder der Bilanz des Unternehmens, in der die Beteiligungen nach der Equity-Methode bilanziert werden, nicht als erfolgsneutral abgegrenzte Gewinne oder Verluste dargestellt werden.

31 Erhält ein Unternehmen über einen Eigenkapitalanteil an einem assoziierten Unternehmen oder einem Gemeinschaftsunternehmen hinaus monetäre oder nichtmonetäre Vermögenswerte, weist das Unternehmen den Teil des sich aus der nichtmonetären Einlage ergebenden Gewinns oder

Verlusts, der sich auf die erhaltenen monetären oder nichtmonetären Vermögenswerte bezieht, in voller Höhe erfolgswirksam aus.

32 Eine Beteiligung wird von dem Zeitpunkt an nach der Equity-Methode bilanziert, ab dem die Kriterien eines assoziierten Unternehmens oder eines Gemeinschaftsunternehmens erfüllt sind. Bei dem Beteiligungserwerb ist jede Differenz zwischen den Anschaffungskosten der Beteiligung und dem Anteil des Unternehmens am beizulegenden Nettozeitwert der identifizierbaren Vermögenswerte und Schulden des Beteiligungsunternehmens wie folgt zu bilanzieren:

a) Der mit einem assoziierten Unternehmen oder einem Gemeinschaftsunternehmen verbundene Geschäfts- oder Firmenwert ist im Buchwert der Beteiligung enthalten. Die planmäßige Abschreibung dieses Geschäfts- oder Firmenwerts ist untersagt.

b) Jeder Betrag, um den der Anteil des Unternehmens am beizulegenden Nettozeitwert der identifizierbaren Vermögenswerte und Schulden des Beteiligungsunternehmens die Anschaffungskosten der Beteiligung übersteigt, ist bei der Bestimmung des Anteils des Unternehmens am Gewinn oder Verlust des assoziierten Unternehmens oder des Gemeinschaftsunternehmens in der Periode, in der die Beteiligung erworben wurde, als Ertrag enthalten.

Der Anteil des Unternehmens an den vom assoziierten Unternehmen oder vom Gemeinschaftsunternehmen nach Erwerb verzeichneten Gewinnen oder Verlusten wird sachgerecht angepasst, um beispielsweise die planmäßige Abschreibung zu berücksichtigen, die bei abschreibungsfähigen Vermögenswerten auf der Basis ihrer beizulegenden Zeitwerte zum Erwerbszeitpunkt berechnet wird. Gleiches gilt für vom assoziierten Unternehmen oder Gemeinschaftsunternehmen erfasste Wertminderungsaufwendungen, z. B. für den Geschäfts- oder Firmenwert oder für Sachanlagen.

33 Das Unternehmen verwendet bei der Anwendung der Equity-Methode den letzten verfügbaren Abschluss des assoziierten Unternehmens oder des Gemeinschaftsunternehmens. Weicht der Abschlussstichtag des Unternehmens von dem des assoziierten Unternehmens oder des Gemeinschaftsunternehmens ab, muss das assoziierte Unternehmen oder das Gemeinschaftsunternehmen zur Verwendung durch das Unternehmen einen Zwischenabschluss auf den Stichtag des Unternehmens aufstellen, es sei denn, dies ist undurchführbar.

34 Wird nach Paragraph 33 der bei der Anwendung der Equity-Methode herangezogene Abschluss eines assoziierten Unternehmens oder eines Gemeinschaftsunternehmens zu einem vom Unternehmen abweichenden Stichtag aufgestellt, so sind für die Auswirkungen bedeutender Geschäftsvorfälle oder anderer Ereignisse, die zwischen diesem Stichtag und dem Abschlussstichtag des Unternehmens eingetreten sind, Anpassungen vorzunehmen. In jedem Fall darf der Zeitraum zwischen dem Abschlussstichtag des assoziierten Unternehmens oder des Gemeinschaftsunternehmens und dem Abschlussstichtag des Unternehmens nicht mehr als drei Monate betragen. Die Länge der Berichtsperioden und die Abweichungen zwischen den Abschlussstichtagen müssen von Periode zu Periode gleich bleiben.

35 Bei der Aufstellung des Abschlusses des Unternehmens sind für gleichartige Geschäftsvorfälle und Ereignisse unter ähnlichen Umständen einheitliche Rechnungslegungsmethoden anzuwenden.

36 Wenn ein assoziiertes Unternehmen oder ein Gemeinschaftsunternehmen für gleichartige Geschäftsvorfälle und Ereignisse unter ähnlichen Umständen andere Rechnungslegungsmethoden anwendet als das Unternehmen, sind für den Fall, dass der Abschluss des assoziierten Unternehmens oder des Gemeinschaftsunternehmens vom Unternehmen für die Anwendung der Equity-Methode herangezogen wird, die Rechnungslegungsmethoden an diejenigen des Unternehmens anzupassen, es sei denn, Paragraph 36A findet Anwendung.

36A Besitzt ein Unternehmen, das selbst keine Investmentgesellschaft ist, Anteile an einem assoziierten Unternehmen oder einem Gemeinschaftsunternehmen, das eine Investmentgesellschaft ist, kann es ungeachtet der Bestimmung in Paragraph 36 bei der Anwendung der Equity-Methode die Bewertung zum beizulegenden Zeitwert, die diese Investmentgesellschaft (assoziiertes Unternehmen oder Gemeinschaftsunternehmen) bei ihren Anteilen an Tochtergesellschaften vornimmt, beibehalten. Diese Entscheidung ist für jede Investmentgesellschaft (assoziiertes Unternehmen oder Gemeinschaftsunternehmen) gesondert zu treffen a) zu dem Zeitpunkt des erstmaligen Ansatzes der Investmentgesellschaft (assoziiertes Unternehmen oder Gemeinschaftsunternehmen), b) zu dem Zeitpunkt, zu dem das assoziierte Unternehmen oder das Gemeinschaftsunternehmen eine Investmentgesellschaft wird, oder c) zu dem Zeitpunkt, zu dem die Investmentgesellschaft (assoziiertes Unternehmen oder Gemeinschaftsunternehmen) erstmals ein Mutterunternehmen wird – je nachdem, welcher dieser Zeitpunkte der späteste ist.

37 Falls ein assoziiertes Unternehmen oder ein Gemeinschaftsunternehmen kumulative Vorzugsanteile ausgegeben hat, die von anderen Parteien als dem Unternehmen gehalten werden und als Eigenkapital ausgewiesen sind, berechnet das Unternehmen seinen Anteil an Gewinn oder Verlust nach Abzug der Dividende auf diese Vorzugsanteile, unabhängig davon, ob ein Dividendenbeschluss vorliegt.

38 Wenn der Anteil eines Unternehmens an den Verlusten eines assoziierten Unternehmens oder eines Gemeinschaftsunternehmens dem Wert seines Anteils an dem assoziierten Unternehmen oder Gemeinschaftsunternehmen entspricht oder diesen übersteigt, erfasst das Unternehmen keine weiteren Verlustanteile. Der Wert des Anteils an

einem assoziierten Unternehmen oder einem Gemeinschaftsunternehmen ist der nach der Equity-Methode ermittelte Buchwert der Beteiligung an dem assoziierten Unternehmen oder dem Gemeinschaftsunternehmen zuzüglich sämtlicher langfristigen Anteile, die dem wirtschaftlichen Gehalt nach der Nettoinvestition des Unternehmens in das assoziierte Unternehmen oder das Gemeinschaftsunternehmen zuzuordnen sind. So stellt ein Posten, dessen Abwicklung auf absehbare Zeit weder geplant noch wahrscheinlich ist, seinem wirtschaftlichen Gehalt nach eine Erhöhung der Beteiligung an dem assoziierten Unternehmen oder dem Gemeinschaftsunternehmen dar. Solche Posten können Vorzugsanteile und langfristige Forderungen oder Darlehen einschließen, nicht aber Forderungen und Verbindlichkeiten aus Lieferungen und Leistungen oder langfristige Forderungen, für die angemessene Sicherheiten bestehen, wie etwa besicherte Kredite. Verluste, die nach der Equity-Methode erfasst werden und die Beteiligung des Unternehmens am Stammkapital übersteigen, werden den anderen Bestandteilen des Anteils des Unternehmens am assoziierten Unternehmen oder Gemeinschaftsunternehmen in umgekehrter Rangreihenfolge (d. h. ihrer Priorität bei der Liquidierung) zugeordnet.

39 Nachdem der Wert des Anteils des Unternehmens auf null reduziert ist, werden zusätzliche Verluste nur in dem Umfang berücksichtigt und als Schuld angesetzt, wie das Unternehmen rechtliche oder faktische Verpflichtungen eingegangen ist oder Zahlungen für das assoziierte Unternehmen oder das Gemeinschaftsunternehmen geleistet hat. Weist das assoziierte Unternehmen oder das Gemeinschaftsunternehmen zu einem späteren Zeitpunkt Gewinne aus, berücksichtigt das Unternehmen seinen Anteil an den Gewinnen erst dann, wenn der Gewinnanteil die noch nicht erfassten anteiligen Verluste abdeckt.

Wertminderungsaufwand

40 Nach Anwendung der Equity-Methode, einschließlich der Berücksichtigung von Verlusten des assoziierten Unternehmens oder des Gemeinschaftsunternehmens gemäß Paragraph 38, hat das Unternehmen unter Anwendung der Paragraphen 41A–41C zu bestimmen, ob objektive Anhaltspunkte für eine Wertminderung der Nettoinvestition in das assoziierte Unternehmen oder Gemeinschaftsunternehmen vorliegen.

41 [gestrichen]

41A Die Nettoinvestition in ein assoziiertes Unternehmen oder Gemeinschaftsunternehmen ist nur dann wertgemindert und es fallen nur dann Wertminderungsaufwendungen an, wenn infolge eines oder mehrerer Ereignisse, die nach der erstmaligen Ansatz der Nettoinvestition eingetreten sind („Verlustereignis"), ein objektiver Anhaltspunkt für eine Wertminderung vorliegt und dieses Verlustereignis (diese Verlustereignisse) eine verlässlich schätzbare Auswirkung auf die geschätzten künftigen Zahlungsströme aus der Nettoinvestition hat (haben). Möglicherweise lässt sich nicht ein einzelnes, singuläres Ereignis als Grund für die Wertminderung identifizieren. Vielmehr könnte ein Zusammentreffen mehrerer Ereignisse die Wertminderung verursacht haben. Erwartete Verluste aus künftigen Ereignissen dürfen ungeachtet der Wahrscheinlichkeit ihres Eintretens nicht erfasst werden. Als objektive Anhaltspunkte für eine Wertminderung der Nettoinvestition gelten auch beobachtbare Daten zu den folgenden Verlustereignissen, von denen das Unternehmen Kenntnis erlangt:

a) erhebliche finanzielle Schwierigkeiten des assoziierten Unternehmens oder Gemeinschaftsunternehmens,

b) ein Vertragsbruch wie beispielsweise ein Zahlungsausfall oder -verzug durch das assoziierte Unternehmen oder Gemeinschaftsunternehmen,

c) Zugeständnisse, die das Unternehmen gegenüber dem assoziierten Unternehmen oder Gemeinschaftsunternehmen aus wirtschaftlichen oder rechtlichen Gründen im Zusammenhang mit den finanziellen Schwierigkeiten des assoziierten Unternehmens oder Gemeinschaftsunternehmens macht, ansonsten aber nicht gewähren würde,

d) es wird wahrscheinlich, dass das assoziierte Unternehmen oder Gemeinschaftsunternehmen in Insolvenz oder ein sonstiges Sanierungsverfahren geht, oder

e) der durch finanzielle Schwierigkeiten des assoziierten Unternehmens oder Gemeinschaftsunternehmens bedingte Wegfall eines aktiven Markts für die Nettoinvestition.

41B Der Wegfall eines aktiven Markts infolge der Einstellung des öffentlichen Handels mit Eigenkapital- oder Finanzinstrumenten des assoziierten Unternehmens oder Gemeinschaftsunternehmens ist kein Anhaltspunkt für eine Wertminderung. Eine Herabstufung des Bonitätsratings eines assoziierten Unternehmens oder Gemeinschaftsunternehmens oder ein Rückgang des beizulegenden Zeitwerts des assoziierten Unternehmens oder Gemeinschaftsunternehmens ist an sich noch kein Anhaltspunkt für eine Wertminderung, kann aber zusammen mit anderen verfügbaren Informationen ein Anhaltspunkt für eine Wertminderung sein.

41C Zusätzlich zu den in Paragraph 41A genannten Arten von Ereignissen sind auch Informationen über signifikante Änderungen mit nachteiligen Folgen, die in dem technologischen, marktbezogenen, wirtschaftlichen oder rechtlichen Umfeld, in welchem das assoziierte Unternehmen oder Gemeinschaftsunternehmen tätig ist, eingetreten sind, ein objektiver Anhaltspunkt für eine Wertminderung der Nettoinvestition in die Eigenkapitalinstrumente des assoziierten Unternehmens oder Gemeinschaftsunternehmens, der anzeigt, dass die Anschaffungskosten für die Investition in das Eigenkapitalinstrument möglicherweise nicht zurückerlangt werden können. Ein signifikanter oder länger anhaltender Rückgang des beizulegenden Zeitwerts einer Finanzinvestition in ein Eigenkapitalinstrument unter dessen Anschaffungskosten ist ebenfalls ein objektiver Anhaltspunkt für eine Wertminderung.

42 Da der im Buchwert einer Nettoinvestition in ein assoziiertes Unternehmen oder Gemeinschaftsunternehmen enthaltene Geschäfts- oder Firmenwert nicht getrennt ausgewiesen wird, wird er nicht gemäß den Vorschriften für die Überprüfung auf Wertminderung beim Geschäfts- oder Firmenwert nach IAS 36 *Wertminderung von Vermögenswerten* separat auf Wertminderung geprüft. Stattdessen wird der gesamte Buchwert der Beteiligung nach IAS 36 als ein einziger Vermögenswert auf Wertminderung geprüft, indem sein erzielbarer Betrag (der höhere der beiden Beträge aus Nutzungswert und beizulegendem Zeitwert abzüglich Veräußerungskosten) mit dem Buchwert immer dann verglichen wird, wenn sich bei der Anwendung der Paragraphen 41A–41C Hinweise darauf ergeben, dass die Nettoinvestition wertgemindert sein könnte. Ein Wertminderungsaufwand, der unter diesen Umständen erfasst wird, wird keinem Vermögenswert zugeordnet und somit auch nicht dem Geschäfts- oder Firmenwert, der Teil des Buchwerts der Nettoinvestition in das assoziierte Unternehmen oder das Gemeinschaftsunternehmen ist. Folglich wird jede Wertaufholung nach IAS 36 in dem Umfang erfasst, in dem der erzielbare Betrag der Nettoinvestition anschließend steigt. Bei der Bestimmung des Nutzungswerts der Nettoinvestition schätzt ein Unternehmen

a) seinen Anteil am Barwert der geschätzten künftigen Zahlungsströme, die von dem assoziierten Unternehmen oder Gemeinschaftsunternehmen voraussichtlich erwirtschaftet werden, einschließlich der Zahlungsströme aus den Tätigkeiten des assoziierten Unternehmens oder Gemeinschaftsunternehmens und der Erlöse aus der endgültigen Veräußerung der Beteiligung, oder

b) den Barwert der geschätzten künftigen Zahlungsströme, die aus den Dividenden der Beteiligung und ihrer endgültigen Veräußerung resultieren.

Bei sachgemäßen Annahmen führen beide Methoden zu demselben Ergebnis.

43 Der für eine Beteiligung an einem assoziierten Unternehmen oder einem Gemeinschaftsunternehmen erzielbare Betrag wird für jedes assoziierte Unternehmen oder Gemeinschaftsunternehmen einzeln bestimmt, es sei denn, ein einzelnes assoziiertes Unternehmen oder Gemeinschaftsunternehmen erzeugt keine Mittelzuflüsse aus der fortgesetzten Nutzung, die von denen anderer Vermögenswerte des Unternehmens die Beteiligung haltenden Unternehmens größtenteils unabhängig sind.

EINZELABSCHLUSS

44 Eine Beteiligung an einem assoziierten Unternehmen oder Gemeinschaftsunternehmen ist im Einzelabschluss eines Unternehmens nach Paragraph 10 von IAS 27 (in der 2011 geänderten Fassung) zu bilanzieren.

ZEITPUNKT DES INKRAFTTRETENS UND ÜBERGANGSVORSCHRIFTEN

45 Dieser Standard ist auf Geschäftsjahre anzuwenden, die am oder nach dem 1. Januar 2013 beginnen. Eine frühere Anwendung ist zulässig. Wendet ein Unternehmen diesen Standard früher an, hat es dies anzugeben und IFRS 10, IFRS 11 *Gemeinschaftliche Vereinbarungen*, IFRS 12 *Angaben zu Anteilen an anderen Unternehmen* und IAS 27 (in der 2011 geänderten Fassung) gleichzeitig anzuwenden.

45A Durch IFRS 9 in der im Juli 2014 veröffentlichten Fassung wurden die Paragraphen 40–42 geändert und die Paragraphen 41A–41C eingefügt. Wendet ein Unternehmen IFRS 9 an, hat es diese Änderungen ebenfalls anzuwenden.

45B Mit der im August 2014 veröffentlichten Verlautbarung *Equity-Methode in Einzelabschlüssen* (Equity Method in Separate Financial Statements) (Änderungen an IAS 27) wurde Paragraph 25 geändert. Diese Änderung ist nach IAS 8 *Rechnungslegungsmethoden, Änderungen von rechnungslegungsbezogenen Schätzungen und Fehler* rückwirkend auf Geschäftsjahre anzuwenden, die am oder nach dem 1. Januar 2016 beginnen. Eine frühere Anwendung ist zulässig. Wendet ein Unternehmen diese Änderung auf eine frühere Periode an, hat es dies anzugeben.

45D Mit der im Dezember 2014 veröffentlichten Verlautbarung *Investmentgesellschaften: Anwendung der Ausnahme von der Konsolidierungspflicht* (Änderungen an IFRS 10, IFRS 12 und IAS 28) wurden die Paragraphen 17, 27 und 36 geändert und Paragraph 36A eingefügt. Diese Änderungen sind auf Geschäftsjahre anzuwenden, die am oder nach dem 1. Januar 2016 beginnen. Eine frühere Anwendung ist zulässig. Wendet ein Unternehmen diese Änderungen auf eine frühere Periode an, hat es dies anzugeben.

45E Durch die *Jährlichen Verbesserungen an den IFRS-Standards, Zyklus 2014–2016*, veröffentlicht im Dezember 2016, wurden die Paragraphen 18 und 36A geändert. Diese Änderungen sind nach IAS 8 rückwirkend auf Geschäftsjahre anzuwenden, die am oder nach dem 1. Januar 2018 beginnen. Eine frühere Anwendung ist zulässig. Wendet ein Unternehmen diese Änderungen auf eine frühere Periode an, hat es dies anzugeben.

45F Durch IFRS 17, veröffentlicht im Mai 2017, wurde Paragraph 18 geändert. Wendet ein Unternehmen IFRS 17 an, ist diese Änderung ebenfalls anzuwenden.

45G Mit der im Oktober 2017 veröffentlichten Verlautbarung *Langfristige Anteile an assoziierten Unternehmen und Gemeinschaftsunternehmen* wurde Paragraph 14A eingefügt und Paragraph 41 gestrichen. Diese Änderungen sind mit Ausnahme der Darlegungen in den Paragraphen 45H–45K auf Geschäftsjahre, die am oder nach dem 1. Januar 2019 beginnen, nach IAS 8 rückwirkend anzuwenden. Eine frühere Anwendung ist zulässig. Wendet ein Unternehmen diese Änderungen früher an, hat es dies anzugeben.

45H Ein Unternehmen, das die Änderungen in Paragraph 45G erstmals bei der erstmaligen Anwendung von IFRS 9 anwendet, hat auf die in Paragraph 14A beschriebenen langfristigen Anteile die Übergangsvorschriften von IFRS 9 anzuwenden.

45I Ein Unternehmen, das die Änderungen in Paragraph 45G erstmals nach der erstmaligen Anwendung von IFRS 9 anwendet, wendet die in IFRS 9 festgelegten Übergangsvorschriften an, die für die Anwendung der Vorschriften von Paragraph 14A auf langfristige Anteile erforderlich sind. Dabei sind Verweise auf den Zeitpunkt der erstmaligen Anwendung in IFRS 9 als Bezugnahmen auf den Beginn des Geschäftsjahrs zu verstehen, in dem das Unternehmen die Änderungen erstmals anwendet (Zeitpunkt der erstmaligen Anwendung der Änderungen). Das Unternehmen ist nicht verpflichtet, frühere Berichtsperioden anzupassen, um der Anwendung der Änderungen Rechnung zu tragen. Das Unternehmen darf frühere Berichtsperioden nur anpassen, wenn dabei keine nachträglichen Erkenntnisse verwendet werden.

45J Ein Unternehmen, das die Änderungen in Paragraph 45G erstmals anwendet und nach IFRS 4 *Versicherungsverträge* die vorübergehende Befreiung von der Anwendung von IFRS 9 in Anspruch nimmt, ist nicht verpflichtet, frühere Berichtsperioden anzupassen, um der Anwendung der Änderungen Rechnung zu tragen. Das Unternehmen darf frühere Berichtsperioden nur anpassen, wenn dabei keine nachträglichen Erkenntnisse verwendet werden.

45K Passt ein Unternehmen frühere Berichtsperioden in Anwendung des Paragraphen 45I oder 45J nicht an, so erfasst es zum Zeitpunkt der ersten Anwendung der Änderungen in der Eröffnungsbilanz der Gewinnrücklagen (oder, falls angemessen, einer anderen Eigenkapitalkategorie) eine etwaige Differenz zwischen

a) dem bisherigen Buchwert der in Paragraph 14A beschriebenen langfristigen Anteile zu diesem Zeitpunkt und
b) dem Buchwert dieser langfristigen Anteile zu diesem Zeitpunkt.

Verweise auf IFRS 9

46 Wendet ein Unternehmen diesen Standard, aber noch nicht IFRS 9 an, so ist jeder Verweis auf IFRS 9 als Verweis auf IAS 39 verstehen.

RÜCKNAHME VON IAS 28 (2003)

47 Dieser Standard ersetzt IAS 28 *Anteile an assoziierten Unternehmen* (in der 2003 überarbeiteten Fassung).

INTERNATIONAL ACCOUNTING STANDARD 29
Rechnungslegung in Hochinflationsländern(¹)

IAS 29, VO (EU) 2023/1803

Gliederung	§§
ANWENDUNGSBEREICH	1–4
ANPASSUNG DES ABSCHLUSSES	5–37
Abschlüsse auf Basis historischer Anschaffungs- und Herstellungskosten	11–28
Bilanz	11–25
Gesamtergebnisrechnung	26
Gewinn oder Verlust aus der Nettoposition der monetären Posten	27–28
Abschlüsse zu Tageswerten	29–31
Bilanz	29
Gesamtergebnisrechnung	30
Gewinn oder Verlust aus der Nettoposition der monetären Posten	31
Steuern	32
Kapitalflussrechnung	33
Vergleichszahlen	34
Konzernabschlüsse	35–36
Auswahl und Verwendung des allgemeinen Preisindex	37
BEENDIGUNG DER HOCHINFLATION IN EINER VOLKSWIRTSCHAFT	38
ANGABEN	39–40
ZEITPUNKT DES INKRAFTTRETENS	41

ANWENDUNGSBEREICH

1 Dieser Standard ist auf Einzel- und Konzernabschlüsse von Unternehmen anzuwenden, deren funktionale Währung die eines Hochinflationslandes ist.

2 In einem Hochinflationsland ist eine Berichterstattung über die Vermögens-, Finanz- und Ertragslage in der lokalen Währung ohne Anpassung nicht zweckmäßig. Der Kaufkraftverlust ist so enorm, dass der Vergleich mit Beträgen, die aus früheren Geschäftsvorfällen und anderen Ereignissen resultieren, sogar innerhalb einer Bilanzierungsperiode irreführend ist.

3 Dieser Standard legt nicht fest, ab welcher Inflationsrate Hochinflation vorliegt. Die Notwendigkeit einer Anpassung des Abschlusses gemäß diesem Standard ist eine Ermessensfrage. Allerdings gibt es im wirtschaftlichen Umfeld eines Landes Anhaltspunkte, die auf Hochinflation hindeuten, nämlich u. a. folgende:

a) Die Bevölkerung bevorzugt es, ihr Vermögen in nicht monetären Vermögenswerten oder in einer relativ stabilen Fremdwährung zu halten. Beträge in Inlandswährung werden unverzüglich investiert, um die Kaufkraft zu erhalten.

b) Die Bevölkerung rechnet nicht in der Inlandswährung, sondern in einer relativ stabilen Fremdwährung. Preise können in dieser Währung angegeben werden.

c) Verkäufe und Käufe auf Kredit werden zu Preisen getätigt, die den für die Kreditlaufzeit erwarteten Kaufkraftverlust berücksichtigen, selbst wenn die Laufzeit nur kurz ist.

d) Zinssätze, Löhne und Preise sind an einen Preisindex gebunden.

e) Die kumulative Inflationsrate innerhalb von drei Jahren nähert sich oder überschreitet 100 %.

4 Es ist wünschenswert, dass alle Unternehmen, die in der Währung eines bestimmten Hochinflationslandes bilanzieren, diesen Standard ab demselben Zeitpunkt anwenden. In jedem Fall ist er vom Beginn der Berichtsperiode an anzuwenden, in der das Unternehmen erkennt, dass in dem Land, in dessen Währung es bilanziert, Hochinflation herrscht.

ANPASSUNG DES ABSCHLUSSES

5 Dass sich Preise im Laufe der Zeit ändern, ist auf verschiedene spezifische oder allgemeine politische, wirtschaftliche und gesellschaftliche

---

(¹) Durch die *Verbesserungen der IFRS* vom Mai 2008 hat der IASB-Board die in IAS 29 verwendete Terminologie wie folgt geändert, um die Kohärenz mit den anderen IAS/IFRS zu gewährleisten: a) „Marktwert" wird in „beizulegender Zeitwert" und b) „Ergebnis" („results of operations") sowie „Ergebnis" („net income") werden in „Gewinn oder Verlust" geändert.

Kräfte zurückzuführen. Spezifische Kräfte, wie Änderungen bei Angebot und Nachfrage und technischer Fortschritt, führen unter Umständen dazu, dass einzelne Preise unabhängig voneinander erheblich steigen oder sinken. Darüber hinaus führen allgemeine Kräfte unter Umständen zu einer Änderung des allgemeinen Preisniveaus und somit der allgemeinen Kaufkraft.

6 Unternehmen, die ihre Abschlüsse auf der Basis historischer Anschaffungs- und Herstellungskosten erstellen, tun dies ungeachtet der Änderungen des allgemeinen Preisniveaus oder bestimmter Preissteigerungen der angesetzten Vermögenswerte oder Schulden. Eine Ausnahme bilden die Vermögenswerte und Schulden, die das Unternehmen zum beizulegenden Zeitwert ansetzen muss oder dies freiwillig tut. So können z. B. Sachanlagen zum beizulegenden Zeitwert neu bewertet werden und biologische Vermögenswerte müssen in der Regel zum beizulegenden Zeitwert angesetzt werden. Einige Unternehmen erstellen ihre Abschlüsse jedoch nach dem Konzept der Tageswerte, das den Auswirkungen bestimmter Preisänderungen bei im Bestand befindlichen Vermögenswerten Rechnung trägt.

7 In einem Hochinflationsland sind Abschlüsse unabhängig davon, ob sie auf dem Konzept der historischen Anschaffungs- und Herstellungskosten oder dem der Tageswerte basieren, nur zweckmäßig, wenn sie in der am Abschlussstichtag geltenden Maßeinheit ausgedrückt sind. Daher gilt dieser Standard für den Abschluss von Unternehmen, die in der Währung eines Hochinflationslandes bilanzieren. Die in diesem Standard geforderten Informationen in Form einer Ergänzung zu einem nicht angepassten Abschluss darzustellen, ist nicht zulässig. Auch von einer separaten Darstellung des Abschlusses vor der Anpassung wird abgeraten.

8 Der Abschluss eines Unternehmens, dessen funktionale Währung die eines Hochinflationslandes ist, ist unabhängig davon, ob er auf dem Konzept der historischen Anschaffungs- und Herstellungskosten oder dem der Tageswerte basiert, in der am Abschlussstichtag geltenden Maßeinheit auszudrücken. Die in IAS 1 *Darstellung des Abschlusses* **(in der 2007 überarbeiteten Fassung) geforderten Vergleichszahlen zur Vorperiode sowie alle anderen Informationen zu früheren Perioden sind ebenfalls in der am Abschlussstichtag geltenden Maßeinheit anzugeben. Für die Darstellung von Vergleichsbeträgen in einer anderen Darstellungswährung sind die Paragraphen 42(b) und 43 von IAS 21** *Auswirkungen von Wechselkursänderungen* **maßgeblich.**

9 Der Gewinn oder Verlust aus der Nettoposition der monetären Posten ist erfolgswirksam zu erfassen und gesondert anzugeben.

10 Zur Anpassung des Abschlusses gemäß diesem Standard müssen bestimmte Verfahren angewandt sowie Ermessensentscheidungen getroffen werden. Eine periodenübergreifend stetige Anwendung dieser Verfahren und Ermessensentscheidungen ist wichtiger als die Exaktheit der daraus in den angepassten Abschlüssen resultierenden Beträge.

Abschlüsse auf Basis historischer Anschaffungs- und Herstellungskosten

Bilanz

11 Beträge in der Bilanz, die noch nicht in der am Abschlussstichtag geltenden Maßeinheit ausgedrückt sind, werden anhand eines allgemeinen Preisindex angepasst.

12 Monetäre Posten werden nicht angepasst, da sie bereits in der am Abschlussstichtag geltenden Geldeinheit ausgedrückt sind. Monetäre Posten sind im Bestand befindliche Geldmittel oder Posten, für die das Unternehmen Geld zahlt oder erhält.

13 Forderungen und Verbindlichkeiten, die vertraglich an Preisveränderungen gekoppelt sind, wie Indexanleihen und -kredite, werden vertragsgemäß angeglichen, um den zum Abschlussstichtag ausstehenden Betrag zu ermitteln. Diese Posten werden in der angepassten Bilanz zu diesem angeglichenen Betrag geführt.

14 Alle anderen Vermögenswerte und Schulden sind nicht monetär. Manche dieser nicht monetären Posten werden zu den am Abschlussstichtag geltenden Beträgen geführt, beispielsweise zum Nettoveräußerungswert und zum beizulegenden Zeitwert, und somit nicht angepasst. Alle anderen nicht monetären Vermögenswerte und Schulden werden angepasst.

15 Die meisten nicht monetären Posten werden zu ihren Anschaffungs- oder Herstellungskosten bzw. fortgeführten Anschaffungs- oder Herstellungskosten angesetzt und damit zu dem zum Erwerbszeitpunkt geltenden Betrag ausgewiesen. Die angepassten bzw. fortgeführten Anschaffungs- oder Herstellungskosten jedes Postens werden bestimmt, indem man auf die historischen Anschaffungs- oder Herstellungskosten und die kumulierten planmäßigen Abschreibungen die zwischen Anschaffungsdatum und Abschlussstichtag eingetretene Veränderung eines allgemeinen Preisindex anwendet. Sachanlagen, Vorräte an Rohstoffen und Waren, Geschäfts- oder Firmenwerte, Patente, Warenzeichen und ähnliche Vermögenswerte werden somit ab ihrem Anschaffungsdatum angepasst. Vorräte an Halb- und Fertigerzeugnissen werden ab dem Datum angepasst, an dem die Anschaffungs- und Herstellungskosten angefallen sind.

16 In einigen seltenen Fällen lässt sich das Datum der Anschaffung der Sachanlagen aufgrund unvollständiger Aufzeichnungen möglicherweise nicht mehr genau feststellen oder schätzen. Unter diesen Umständen kann es bei erstmaliger Anwendung dieses Standards erforderlich sein, zur Ermittlung des Ausgangswerts für die Anpassung dieser Posten auf eine unabhängige professionelle Bewertung zurückzugreifen.

17 Es ist möglich, dass für die Perioden, für die dieser Standard eine Anpassung der Sachanlagen vorschreibt, kein allgemeiner Preisindex zur Verfügung steht. In diesen Fällen kann es erforderlich sein, auf eine Schätzung zurückzugreifen, die beispielsweise auf den Bewegungen des Wechsel-

kurses der funktionalen Währung gegenüber einer relativ stabilen Fremdwährung basiert.

18 Bei einigen nicht monetären Posten wird nicht der Wert zum Zeitpunkt der Anschaffung oder des Abschlussstichtags, sondern ein anderer angesetzt. Dies gilt beispielsweise für Sachanlagen, die zu einem früheren Zeitpunkt neu bewertet wurden. In diesen Fällen wird der Buchwert ab dem Datum der Neubewertung angepasst.

19 Der angepasste Wert eines nicht monetären Postens wird den einschlägigen IFRS entsprechend vermindert, wenn er den erzielbaren Betrag überschreitet. Bei Sachanlagen, Geschäfts- oder Firmenwerten, Patenten und Warenzeichen wird der angepasste Wert in solchen Fällen deshalb auf den erzielbaren Betrag und bei Vorräten auf den Nettoveräußerungswert herabgesetzt.

20 Es besteht die Möglichkeit, dass ein Beteiligungsunternehmen, das nach der Equity-Methode bilanziert wird, in der Währung eines Hochinflationslandes berichtet. Die Bilanz und die Gesamtergebnisrechnung eines solchen Beteiligungsunternehmens werden gemäß diesem Standard angepasst, damit der Anteil des Eigentümers am Nettovermögen und am Gewinn oder Verlust errechnet werden kann. Werden die angepassten Abschlüsse des Beteiligungsunternehmens in einer Fremdwährung ausgewiesen, so werden sie zum Stichtagskurs umgerechnet.

21 Die Auswirkungen der Inflation werden im Regelfall in den Fremdkapitalkosten erfasst. Es ist nicht sachgerecht, eine kreditfinanzierte Investition anzupassen und gleichzeitig den Teil der Fremdkapitalkosten zu aktivieren, der als Ausgleich für die Inflation im entsprechenden Zeitraum gedient hat. Dieser Teil der Fremdkapitalkosten wird in der Periode, in der diese Kosten anfallen, als Aufwand erfasst.

22 Ein Unternehmen kann Vermögenswerte im Rahmen einer Vereinbarung erwerben, die eine zinsfreie Stundung der Zahlung ermöglicht. Wenn die Zurechnung eines Zinsbetrags nicht durchführbar ist, werden solche Vermögenswerte ab dem Zahlungs- und nicht ab dem Erwerbszeitpunkt angepasst.

23 [gestrichen]

24 Zu Beginn der ersten Periode der Anwendung dieses Standards werden die Bestandteile des Eigenkapitals, mit Ausnahme der Gewinnrücklagen sowie etwaiger Neubewertungsrücklagen, vom Zeitpunkt ihrer Zuführung in das Eigenkapital anhand eines allgemeinen Preisindex angepasst. Alle in früheren Perioden entstandenen Neubewertungsrücklagen werden eliminiert. Angepasste Gewinnrücklagen werden aus allen anderen Beträgen in der angepassten Bilanz abgeleitet.

25 Am Ende der ersten Periode und in den folgenden Perioden werden sämtliche Bestandteile des Eigenkapitals jeweils vom Beginn der Periode oder vom Zeitpunkt einer gegebenenfalls späteren Zuführung an anhand eines allgemeinen Preisindex angepasst. Die Änderungen des Eigenkapitals in der Periode werden gemäß IAS 1 angegeben.

Gesamtergebnisrechnung

26 Nach diesem Standard sind alle Posten der Gesamtergebnisrechnung in der am Abschlussstichtag geltenden Maßeinheit auszudrücken. Dies bedeutet, dass alle Beträge anhand des allgemeinen Preisindex anzupassen sind und zwar ab dem Zeitpunkt, zu dem die jeweiligen Erträge und Aufwendungen erstmals im Abschluss erfasst wurden.

Gewinn oder Verlust aus der Nettoposition der monetären Posten

27 Hat ein Unternehmen in einer Periode der Inflation mehr monetäre Forderungen als Verbindlichkeiten, so verliert es an Kaufkraft, während ein Unternehmen mit mehr monetären Verbindlichkeiten als Forderungen an Kaufkraft gewinnt, sofern die Forderungen und Verbindlichkeiten nicht an einen Preisindex gekoppelt sind. Ein solcher Gewinn oder Verlust aus der Nettoposition der monetären Posten lässt sich aus der Differenz aus der Anpassung der nicht monetären Vermögenswerte, des Eigenkapitals und der Posten der Gesamtergebnisrechnung sowie der Angleichung der indexgebundenen Forderungen und Verbindlichkeiten ableiten. Ein solcher Gewinn oder Verlust kann geschätzt werden, indem die Änderung eines allgemeinen Preisindex auf den gewichteten Durchschnitt der in der Berichtsperiode verzeichneten Differenz zwischen monetären Forderungen und Verbindlichkeiten angewandt wird.

28 Der Gewinn bzw. Verlust aus der Nettoposition der monetären Posten wird erfolgswirksam erfasst. Die nach Paragraph 13 erfolgte Angleichung der Forderungen und Verbindlichkeiten, die vertraglich an Preisänderungen gebunden sind, wird mit dem Gewinn oder Verlust aus der Nettoposition der monetären Posten saldiert. Andere Ertrags- und Aufwandsposten wie Zinserträge und Zinsaufwendungen sowie Währungsumrechnungsdifferenzen in Verbindung mit investierten und aufgenommenen liquiden Mitteln werden auch mit der Nettoposition der monetären Posten in Beziehung gesetzt. Obwohl diese Posten gesondert angegeben werden, kann es hilfreich sein, sie in der Gesamtergebnisrechnung zusammen mit dem Gewinn oder Verlust aus der Nettoposition der monetären Posten darzustellen.

Abschlüsse zu Tageswerten

Bilanz

29 Die zu Tageswerten angegebenen Posten werden nicht angepasst, da sie bereits in der am Abschlussstichtag geltenden Maßeinheit angegeben sind. Andere Posten in der Bilanz werden nach den Paragraphen 11 bis 25 angepasst.

Gesamtergebnisrechnung

30 Vor der Anpassung weist die zu Tageswerten aufgestellte Gesamtergebnisrechnung die Kosten zum Zeitpunkt der damit verbundenen Geschäftsvorfälle oder anderen Ereignisse aus. Umsatzkosten und planmäßige Abschreibungen werden zu den Tageswerten zum Zeitpunkt ihres Verbrauchs erfasst;

Umsatzerlöse und andere Aufwendungen werden zu dem zum Zeitpunkt ihres Anfallens geltenden Geldbetrag erfasst. Daher sind alle Beträge anhand eines allgemeinen Preisindex in die am Abschlussstichtag geltende Maßeinheit umzurechnen.

Gewinn oder Verlust aus der Nettoposition der monetären Posten

31 Der Gewinn oder Verlust aus der Nettoposition der monetären Posten wird nach den Paragraphen 27 und 28 bilanziert.

Steuern

32 Die Anpassung des Abschlusses gemäß diesem Standard kann zu Differenzen zwischen dem in der Bilanz ausgewiesenen Buchwert der einzelnen Vermögenswerte und Schulden und deren steuerlichen Basis führen. Diese Differenzen werden nach IAS 12 *Ertragsteuern* bilanziert.

Kapitalflussrechnung

33 Nach diesem Standard sind alle Posten der Kapitalflussrechnung in der am Abschlussstichtag geltenden Maßeinheit auszudrücken.

Vergleichszahlen

34 Vergleichszahlen für die vorangegangene Berichtsperiode werden unabhängig davon, ob sie auf dem Konzept der historischen Anschaffungs- und Herstellungskosten oder dem der Tageswerte basieren, anhand eines allgemeinen Preisindex angepasst, damit der Vergleichsabschluss in der am Abschlussstichtag geltenden Maßeinheit dargestellt ist. Informationen zu früheren Perioden werden ebenfalls in der am Abschlussstichtag geltenden Maßeinheit ausgedrückt. Für die Darstellung von Vergleichsbeträgen in einer anderen Darstellungswährung sind die Paragraphen 42(b) und 43 von IAS 21 maßgeblich.

Konzernabschlüsse

35 Ein Mutterunternehmen, das in der Währung eines Hochinflationslandes berichtet, kann Tochterunternehmen haben, die ihren Abschluss ebenfalls in der Währung eines hochinflationären Landes erstellen. Der Abschluss jedes dieser Tochterunternehmen ist anhand eines allgemeinen Preisindex des Landes anzupassen, in dessen Währung das Tochterunternehmen bilanziert, bevor er vom Mutterunternehmen in den Konzernabschluss einbezogen wird. Handelt es sich bei dem Tochterunternehmen um ein ausländisches Tochterunternehmen, so wird der angepasste Abschluss zum Stichtagskurs umgerechnet. Die Abschlüsse von Tochterunternehmen, die nicht in der Währung eines Hochinflationslandes berichten, werden gemäß IAS 21 behandelt.

36 Werden Abschlüsse mit unterschiedlichen Abschlussstichtagen konsolidiert, sind alle Posten – ob monetär oder nicht – an die am Stichtag des Konzernabschlusses geltende Maßeinheit anzupassen.

Auswahl und Verwendung des allgemeinen Preisindex

37 Zur Anpassung des Abschlusses gemäß diesem Standard muss ein allgemeiner Preisindex herangezogen werden, der die Veränderungen in der allgemeinen Kaufkraft widerspiegelt. Es ist wünschenswert, dass alle Unternehmen, die in der Währung derselben Volkswirtschaft berichten, denselben Index verwenden.

BEENDIGUNG DER HOCHINFLATION IN EINER VOLKSWIRTSCHAFT

38 Wenn ein bisheriges Hochinflationsland nicht mehr als solches eingestuft wird und das Unternehmen aufhört, seinen Abschluss gemäß diesem Standard zu erstellen, sind die Beträge, die in der am Ende der vorangegangenen Berichtsperiode geltenden Maßeinheit ausgedrückt sind, als Grundlage für die Buchwerte in seinem darauffolgenden Abschluss heranzuziehen.

ANGABEN

39 Angegeben werden muss,

a) **dass der Abschluss und die Vergleichszahlen für frühere Perioden aufgrund von Änderungen der allgemeinen Kaufkraft der funktionalen Währung angepasst wurden und daher in der am Abschlussstichtag geltenden Maßeinheit angegeben sind,**

b) **ob der Abschluss auf dem Konzept historischer Anschaffungs- und Herstellungskosten oder dem Konzept der Tageswerte basiert und**

c) **Art sowie Höhe des Preisindex am Abschlussstichtag sowie Veränderungen des Index während der aktuellen und der vorangegangenen Periode.**

40 Die in diesem Standard geforderten Angaben sind notwendig, um die Grundlage für die Behandlung von Inflationsauswirkungen im Abschluss zu verdeutlichen. Ferner sind sie dazu bestimmt, weitere Informationen zu geben, die für das Verständnis dieser Grundlage und der daraus resultierenden Beträge notwendig sind.

ZEITPUNKT DES INKRAFTTRETENS

41 Dieser Standard ist verbindlich auf Abschlüsse für Berichtsperioden anzuwenden, die am oder nach dem 1. Januar 1990 beginnen.

2/17. IAS 32

INTERNATIONAL ACCOUNTING STANDARD 32
Finanzinstrumente: Darstellung

IAS 32, VO (EU) 2023/1803

Gliederung	§§
ZIELSETZUNG	1–3
ANWENDUNGSBEREICH	4–10
DEFINITIONEN (SIEHE AUCH PARAGRAPHEN A3–A23)	11–14
DARSTELLUNG	15–95
Schulden und Eigenkapital (siehe auch Paragraphen A13–A14J und A25–A29A)	15–27
Kündbare Instrumente	16A–16B
Instrumente oder Bestandteile derselben, die das Unternehmen dazu verpflichten, einer anderen Partei im Falle der Liquidation einen proportionalen Anteil an seinem Nettovermögen zu überlassen	16C–16D
Umgliederung von kündbaren Instrumenten und von Instrumenten, die das Unternehmen dazu verpflichten, einer anderen Partei im Falle der Liquidation einen proportionalen Anteil an seinem Nettovermögen zu überlassen	16E–16F
Keine vertragliche Verpflichtung zur Lieferung von Zahlungsmitteln oder anderen finanziellen Vermögenswerten (Paragraph 16(a))	17–20
Erfüllung in eigenen Eigenkapitalinstrumenten des Unternehmens (Paragraph 16(b))	21–24
Bedingte Erfüllungsvereinbarungen	25
Erfüllungswahlrecht	26–27
Zusammengesetzte Finanzinstrumente (siehe auch Paragraphen AL30–A35 und erläuternde Beispiele 9–12)	28–32
Eigene Anteile (siehe auch Paragraph AL36)	33–34
Zinsen, Dividenden, Verluste und Gewinne (siehe auch Paragraph AL37)	35–41
Saldierung von finanziellen Vermögenswerten und finanziellen Verbindlichkeiten (siehe auch Paragraphen AL38A–AL38F und AL39)	42–95
ZEITPUNKT DES INKRAFTTRETENS UND ÜBERGANGSVORSCHRIFTEN	96–97T
RÜCKNAHME ANDERER VERLAUTBARUNGEN	98–100
ANHANG: ANWENDUNGSLEITLINIEN	
IAS 32 Finanzinstrumente: Darstellung	AL1–AL2
DEFINITIONEN (PARAGRAPHEN 11–14)	AL3–AL24
Finanzielle Vermögenswerte und finanzielle Verbindlichkeiten	AL3–AL12
Eigenkapitalinstrumente	AL13–AL14J
Klasse von Instrumenten, die allen anderen im Rang nachgeht (Paragraph 16A(b) und 16C(b))	AL14A–AL14D
Für das Instrument über seine Laufzeit insgesamt erwartete Zahlungsströme (Paragraph 16A(e))	AL14E
Transaktionen eines Instrumenteninhabers, der nicht Eigentümer des Unternehmens ist (Paragraphen 16A und 16C)	AL14F–AL14I
Keine anderen Finanzinstrumente oder Verträge über die gesamten Zahlungsströme, die die Restrendite ihrer Inhaber erheblich beschränken oder festlegen (Paragraphen 16B und 16D)	AL14J
Derivative Finanzinstrumente	AL15–AL19
Verträge über den Kauf oder Verkauf eines nichtfinanziellen Postens (Paragraphen 8–10)	AL20–AL24
DARSTELLUNG	AL25–AL40
Schulden und Eigenkapital (Paragraphen 15–27)	AL25–AL29A
Keine vertragliche Verpflichtung zur Lieferung von Zahlungsmitteln oder anderen finanziellen Vermögenswerten (Paragraphen 17–20)	AL25–AL26
Erfüllung in eigenen Eigenkapitalinstrumenten des Unternehmens (Paragraphen 21–24)	AL27
Bedingte Erfüllungsvereinbarungen (Paragraph 25)	AL28

2/17. IAS 32
1 – 4

Behandlung im Konzernabschluss AL29–AL29A
Zusammengesetzte Finanzinstrumente (Paragraphen 28–32) AL30–AL35
Eigene Anteile (Paragraphen 33 und 34) AL36
Zinsen, Dividenden, Verluste und Gewinne (Paragraphen 35–41) AL37
Saldierung eines finanziellen Vermögenswerts und einer finanziellen Verbindlichkeit (Paragraphen 42– 50) AL38–AL40
Kriterium, demzufolge ein Unternehmen „zum gegenwärtigen Zeitpunkt ein einklagbares Recht hat, die erfassten Beträge miteinander zu verrechnen" (Paragraph 42(a)) AL38A–AL38D
Kriterium, dass ein Unternehmen „beabsichtigt, entweder den Ausgleich auf Nettobasis herbeizuführen, oder gleichzeitig mit der Verwertung des betreffenden Vermögenswerts die dazugehörige Verbindlichkeit abzulösen" (Paragraph 42(b)) AL38E–AL40

ZIELSETZUNG

1 [gestrichen]

2 Zielsetzung dieses Standards ist es, Grundsätze für die Darstellung von Finanzinstrumenten als Verbindlichkeiten oder Eigenkapital und für die Saldierung von finanziellen Vermögenswerten und finanziellen Verbindlichkeiten aufzustellen. Dies bezieht sich auf die Einstufung von Finanzinstrumenten – aus Sicht des Emittenten – als finanzielle Vermögenswerte, finanzielle Verbindlichkeiten und Eigenkapitalinstrumente, die Einstufung der damit verbundenen Zinsen, Dividenden, Verluste und Gewinne sowie die Voraussetzungen für die Saldierung von finanziellen Vermögenswerten und finanziellen Verbindlichkeiten.

3 Die im vorliegenden Standard enthaltenen Grundsätze ergänzen die Grundsätze für den Ansatz und die Bewertung finanzieller Vermögenswerte und finanzieller Verbindlichkeiten in IFRS 9 *Finanzinstrumente* und für die diesbezüglichen Angaben in IFRS 7 *Finanzinstrumente: Angaben.*

ANWENDUNGSBEREICH

4 Dieser Standard ist von allen Unternehmen auf alle Arten von Finanzinstrumenten anzuwenden; davon ausgenommen sind

a) **Anteile an Tochterunternehmen, assoziierten Unternehmen und Gemeinschaftsunternehmen, die gemäß IFRS 10** *Konzernabschlüsse***, IAS 27** *Einzelabschlüsse* **oder IAS 28** *Beteiligungen an assoziierten Unternehmen und Gemeinschaftsunternehmen* **bilanziert werden. In einigen Fällen muss oder darf ein Unternehmen jedoch nach IFRS 10, IAS 27 oder IAS 28 einen Anteil an einem Tochterunternehmen, einem assoziierten Unternehmen oder einem Gemeinschaftsunternehmen gemäß IFRS 9 bilanzieren; in diesen Fällen gelten die Vorschriften des vorliegenden Standards. Der vorliegende Standard ist auch auf Derivate anzuwenden, die an einen Anteil an einem Tochterunternehmen, einem assoziierten Unternehmen oder einem Gemeinschaftsunternehmen gebunden sind.**

b) **Rechte und Verpflichtungen eines Arbeitgebers aus Altersversorgungsplänen, für die IAS 19** *Leistungen an Arbeitnehmer* **gilt.**

c) [gestrichen]

d) **Versicherungsverträge im Sinne der Definition in IFRS 17** *Versicherungsverträge* **oder Kapitalanlageverträge mit ermessensabhängiger Überschussbeteiligung im Anwendungsbereich von IFRS 17. Anzuwenden ist der vorliegende Standard allerdings auf**

 i) **Derivate, die in Verträge im Anwendungsbereich von IFRS 17 eingebettet sind, falls das Unternehmen diese Verträge nach IFRS 9 getrennt bilanzieren muss.**

 ii) **Kapitalanlagekomponenten, die von Verträgen im Anwendungsbereich von IFRS 17 abgetrennt sind, wenn IFRS 17 eine solche Abtrennung vorschreibt, es sei denn, bei der abgetrennten Kapitalanlagekomponente handelt es sich um einen Kapitalanlagevertrag mit ermessensabhängiger Überschussbeteiligung im Anwendungsbereich von IFRS 17.**

 iii) **die Rechte und Pflichten eines Versicherers aus Versicherungsverträgen, die die Definition von finanziellen Garantien erfüllen, wenn der Versicherer die Verträge nach IFRS 9 ansetzt und bewertet. Der Versicherer hat jedoch IFRS 17 anzuwenden, wenn er das Wahlrecht nach Paragraph 7(e) von IFRS 17 ausübt, die Verträge nach IFRS 17 anzusetzen und zu bewerten.**

 iv) **die Rechte und Pflichten eines Unternehmens, bei denen es sich um Finanzinstrumente handelt, die aus Kreditkartenverträgen oder ähnlichen Kredit- und Zahlungsmöglichkeiten bietenden Verträgen entstehen, und die ein Unternehmen ausgibt und die Definition eines Versicherungsvertrags erfüllen, wenn das Unternehmen gemäß Paragraph 7(h) von IFRS 17 und Paragraph 2.1(e) (iv) von IFRS 9 auf diese Rechte und Pflichten IFRS 9 anwendet.**

 v) **die Rechte und Pflichten eines Unternehmens, bei denen es sich um Finanzinstrumente handelt, die aus Versi-**

cherungsverträgen entstehen, die ein Unternehmen ausgibt, die den Schadenersatz im Versicherungsfall auf den Betrag begrenzen, der ansonsten erforderlich wäre, um die durch den Vertrag begründete Verpflichtung des Versicherungsnehmers zu erfüllen, wenn das Unternehmen das Wahlrecht nach Paragraph 8A von IFRS 17 ausübt, auf solche Verträge IFRS 9 anstatt IFRS 17 anzuwenden.

e) [gestrichen]
f) Finanzinstrumente, Verträge und Verpflichtungen im Zusammenhang mit anteilsbasierten Vergütungen, auf die IFRS 2 Anteilsbasierte Vergütung Anwendung findet, ausgenommen
   i) in den Anwendungsbereich der Paragraphen 8–10 des vorliegenden Standards fallende Verträge, auf die der vorliegende Standard anzuwenden ist,
   ii) die Paragraphen 33 und 34 des vorliegenden Standards, die auf eigene Anteile anzuwenden sind, die im Rahmen von Mitarbeiteranteilsoptionsplänen, Mitarbeiteranteilskaufplänen und allen anderen anteilsbasierten Vergütungsvereinbarungen erworben, verkauft, ausgegeben oder eingezogen werden.

5–7 [gestrichen]

8 Dieser Standard ist auf Verträge über den Kauf oder Verkauf eines nichtfinanziellen Postens anzuwenden, die durch einen Nettoausgleich in bar oder in anderen Finanzinstrumenten oder durch den Tausch von Finanzinstrumenten, so als handle es sich bei den Verträgen um Finanzinstrumente, erfüllt werden können; davon ausgenommen sind Verträge, die zwecks Empfang oder Lieferung nichtfinanzieller Posten gemäß dem erwarteten Einkaufs-, Verkaufs- oder Nutzungsbedarf des Unternehmens geschlossen wurden und in diesem Sinne weiter behalten werden. Dieser Standard ist allerdings auf Verträge anzuwenden, die im Unternehmen gemäß Paragraph 2.5 von IFRS 9 *Finanzinstrumente* als erfolgswirksam zum beizulegenden Zeitwert bewertet designiert.

9 Die Abwicklung eines Vertrags über den Kauf oder Verkauf eines nichtfinanziellen Postens durch Nettoausgleich in bar oder in anderen Finanzinstrumenten oder den Tausch von Finanzinstrumenten kann unter unterschiedlichen Rahmenbedingungen erfolgen, zu denen u. a. folgende zählen:

a) die Vertragsbedingungen gestatten es jedem Kontrahenten, den Vertrag durch Nettoausgleich in bar oder in anderen Finanzinstrumenten bzw. durch Tausch von Finanzinstrumenten abzuwickeln,
b) die Möglichkeit zu einem Nettoausgleich in bar oder in anderen Finanzinstrumenten bzw. durch Tausch von Finanzinstrumenten ist zwar nicht explizit in den Vertragsbedingungen vorgesehen, doch erfüllt das Unternehmen ähnliche Verträge für gewöhnlich durch Nettoausgleich in bar oder einem anderen Finanzinstrument bzw. durch Tausch von Finanzinstrumenten (sei es durch Abschluss gegenläufiger Verträge mit der Vertragspartei oder durch Verkauf des Vertrags vor dessen Ausübung oder Verfall),
c) bei ähnlichen Verträgen nimmt das Unternehmen den Vertragsgegenstand für gewöhnlich an und veräußert ihn kurz nach der Anlieferung wieder, um Gewinne aus kurzfristigen Schwankungen von Preisen oder Händlermargen zu erzielen, und
d) der nichtfinanzielle Posten, der Gegenstand des Vertrags ist, kann jederzeit in Zahlungsmittel umgewandelt werden.

Ein Vertrag, auf den (b) oder (c) zutrifft, wird nicht zwecks Empfang oder Lieferung nichtfinanzieller Posten gemäß dem erwarteten Einkaufs-, Verkaufs- oder Nutzungsbedarf des Unternehmens geschlossen und fällt somit in den Anwendungsbereich dieses Standards. Andere Verträge, auf die Paragraph 8 zutrifft, werden im Hinblick darauf geprüft, ob sie zwecks Empfang oder Lieferung nichtfinanzieller Posten gemäß dem erwarteten Einkaufs-, Verkaufs- oder Nutzungsbedarf des Unternehmens geschlossen wurden und weiterhin zu diesem Zweck gehalten werden und somit in den Anwendungsbereich dieses Standards fallen.

10 Eine geschriebene Option auf den Kauf oder Verkauf eines nichtfinanziellen Postens, der durch Nettoausgleich in bar oder in anderen Finanzinstrumenten bzw. durch Tausch von Finanzinstrumenten gemäß Paragraph 9 (a) oder (d) erfüllt werden kann, fällt in den Anwendungsbereich dieses Standards. Solch ein Vertrag kann nicht zwecks Empfang oder Lieferung nichtfinanzieller Postens gemäß dem erwarteten Einkaufs-, Verkaufs- oder Nutzungsbedarf des Unternehmens geschlossen werden.

DEFINITIONEN (SIEHE AUCH PARAGRAPHEN A3–A23)

11 Die folgenden Begriffe werden in diesem Standard mit der angegebenen Bedeutung verwendet:

Ein *Finanzinstrument* ist ein Vertrag, der gleichzeitig bei dem einen Unternehmen zu einem finanziellen Vermögenswert und bei dem anderen Unternehmen zu einer finanziellen Verbindlichkeit oder einem Eigenkapitalinstrument führt.

Finanzielle Vermögenswerte umfassen

a) Zahlungsmittel,
b) ein Eigenkapitalinstrument eines anderen Unternehmens,
c) ein vertragliches Recht darauf,
   i) Zahlungsmittel oder andere finanzielle Vermögenswerte von einem anderen Unternehmen zu erhalten oder

ii) finanzielle Vermögenswerte oder finanzielle Verbindlichkeiten mit einem anderen Unternehmen zu für das Unternehmen potenziell vorteilhaften Bedingungen zu tauschen, oder

d) einen Vertrag, der in eigenen Eigenkapitalinstrumenten des Unternehmens erfüllt wird oder werden kann und bei dem es sich um Folgendes handelt:

i) ein nicht derivatives Finanzinstrument, durch das das Unternehmen verpflichtet ist oder verpflichtet werden kann, eine variable Anzahl eigener Eigenkapitalinstrumente des Unternehmens zu erhalten, oder

ii) ein derivatives Finanzinstrument, das nicht durch Austausch eines festen Betrags an Zahlungsmitteln oder anderen finanziellen Vermögenswerten gegen eine feste Anzahl eigener Eigenkapitalinstrumente des Unternehmens erfüllt wird oder werden kann. Nicht als eigene Eigenkapitalinstrumente eines Unternehmens gelten zu diesem Zweck kündbare Finanzinstrumente, die gemäß den Paragraphen 16A und 16B als Eigenkapitalinstrumente eingestuft sind, Instrumente, die das Unternehmen dazu verpflichten, einer anderen Partei im Falle der Liquidation einen proportionalen Anteil an seinem Nettovermögen zu liefern und die gemäß den Paragraphen 16C und 16D als Eigenkapitalinstrumente eingestuft sind, oder Instrumente, bei denen es sich um Verträge über den künftigen Empfang oder die künftige Lieferung von eigenen Eigenkapitalinstrumenten des Unternehmens handelt.

Eine finanzielle Verbindlichkeit ist eine Schuld und umfasst

a) eine vertragliche Verpflichtung,

i) einem anderen Unternehmen Zahlungsmittel oder einen anderen finanziellen Vermögenswert zu liefern oder

ii) mit einem anderen Unternehmen finanzielle Vermögenswerte oder finanzielle Verbindlichkeiten zu für das Unternehmen potenziell nachteiligen Bedingungen zu tauschen, oder

b) einen Vertrag, der in eigenen Eigenkapitalinstrumenten des Unternehmens erfüllt wird oder werden kann und bei dem es sich um Folgendes handelt:

i) ein nicht derivatives Finanzinstrument, durch das das Unternehmen verpflichtet ist oder verpflichtet werden kann, eine variable Anzahl eigener Eigenkapitalinstrumente des Unternehmens zu liefern, oder

ii) ein derivatives Finanzinstrument, das nicht durch Austausch eines festen Betrags an Zahlungsmitteln oder anderen finanziellen Vermögenswerten gegen eine feste Anzahl eigener Eigenkapitalinstrumente des Unternehmens erfüllt wird oder werden kann. Rechte, Optionen oder Optionsscheine, die zum Erwerb einer festen Anzahl eigener Eigenkapitalinstrumente des Unternehmens zu einem festen Betrag in beliebiger Währung berechtigen, stellen zu diesem Zweck Eigenkapitalinstrumente dar, wenn das Unternehmen sie anteilsgemäß allen gegenwärtigen Inhabern derselben Klasse seiner eigenen nicht derivativen Eigenkapitalinstrumente anbietet. Nicht als Eigenkapitalinstrumente eines Unternehmens gelten zu diesem Zweck hingegen kündbare Finanzinstrumente, die gemäß den Paragraphen 16A und 16B als Eigenkapitalinstrumente eingestuft sind, Instrumente, die das Unternehmen dazu verpflichten, einer anderen Partei im Falle der Liquidation einen proportionalen Anteil an seinem Nettovermögen zu überlassen und die gemäß den Paragraphen 16C und 16D als Eigenkapitalinstrumente eingestuft sind, oder Instrumente, bei denen es sich um Verträge über den künftigen Empfang oder die künftige Lieferung eigener Eigenkapitalinstrumente des Unternehmens handelt.

Abweichend davon wird ein Instrument, das der Definition einer finanziellen Verbindlichkeit entspricht, als Eigenkapitalinstrument eingestuft, wenn es alle in den Paragraphen 16A und 16B oder 16C und 16D beschriebenen Merkmale aufweist und die dort genannten Bedingungen erfüllt.

Ein *Eigenkapitalinstrument* ist ein Vertrag, der einen Residualanspruch an den Vermögenswerten eines Unternehmens nach Abzug aller dazugehörigen Schulden begründet.

Der *beizulegende Zeitwert* ist der Preis, der in einem gewöhnlichen Geschäftsvorfall zwischen Marktteilnehmern am Bewertungsstichtag für den Verkauf eines Vermögenswerts eingenommen bzw. für die Übertragung einer Schuld gezahlt würde. (Siehe IFRS 13 *Bewertung zum beizulegenden Zeitwert*.)

Ein *kündbares Instrument* ist ein Finanzinstrument, das seinen Inhaber dazu berechtigt, es gegen Zahlungsmittel oder andere finanzielle Vermögenswerte an den Emittenten zurückzugeben, oder das bei Eintreten eines ungewissen künftigen Ereignisses, bei Ableben des Inhabers oder bei dessen Eintritt in den Ruhestand automatisch an den Emittenten zurückgeht.

12 Die folgenden Begriffe sind in Anhang A von IFRS 9 oder in Paragraph 9 von IAS 39 *Finanzinstrumente: Ansatz und Bewertung* definiert und

werden im vorliegenden Standard mit den in IAS 39 und IFRS 9 angegebenen Bedeutungen verwendet:

- Fortgeführte Anschaffungskosten eines finanziellen Vermögenswerts oder einer finanziellen Verbindlichkeit,
- Ausbuchung,
- Derivat,
- Effektivzinsmethode,
- Finanzielle Garantie,
- Finanzielle Verbindlichkeit, die erfolgswirksam zum beizulegenden Zeitwert bewertet wird,
- Feste Verpflichtung,
- Künftige Transaktion,
- Wirksamkeit der Absicherung,
- Grundgeschäft,
- Sicherungsinstrument,
- Zu Handelszwecken gehalten,
- Marktüblicher Kauf oder Verkauf,
- Transaktionskosten.

13 Die Begriffe „Vertrag" und „vertraglich" beziehen sich in diesem Standard auf eine Vereinbarung zwischen zwei oder mehr Vertragsparteien, die normalerweise aufgrund ihrer rechtlichen Durchsetzbarkeit klare, für die einzelnen Vertragsparteien kaum oder gar nicht vermeidbare wirtschaftliche Folgen hat. Verträge und damit auch Finanzinstrumente können die verschiedensten Formen annehmen und müssen nicht in Schriftform abgefasst sein.

14 Der Begriff „Unternehmen" umfasst in diesem Standard Einzelpersonen, Personengesellschaften, Kapitalgesellschaften, Treuhänder und öffentliche Institutionen.

DARSTELLUNG

Schulden und Eigenkapital (siehe auch Paragraphen A13–A14J und A25–A29A)

15 Der Emittent eines Finanzinstruments hat das Finanzinstrument oder dessen Bestandteile beim erstmaligen Ansatz nach der wirtschaftlichen Substanz der vertraglichen Vereinbarung und den Begriffsbestimmungen für finanzielle Verbindlichkeiten, finanzielle Vermögenswerte und Eigenkapitalinstrumente entsprechend als finanzielle Verbindlichkeit, finanziellen Vermögenswert oder Eigenkapitalinstrument einzustufen.

16 Wenn ein Emittent die Begriffsbestimmungen in Paragraph 11 zur Einstufung eines Finanzinstruments als Eigenkapitalinstrument oder als finanzielle Verbindlichkeit anwendet, ist nur dann ein Eigenkapitalinstrument gegeben, wenn die nachfolgenden Bedingungen (a) und (b) kumulativ erfüllt sind.

a) Das Finanzinstrument enthält keine vertragliche Verpflichtung,

  i) einem anderen Unternehmen Zahlungsmittel oder einen anderen finanziellen Vermögenswert zu liefern, oder

  ii) mit einem anderen Unternehmen finanzielle Vermögenswerte oder finanzielle Verbindlichkeiten zu potenziell nachteiligen Bedingungen für den Emittenten auszutauschen.

b) Kann oder wird das Finanzinstrument in eigenen Eigenkapitalinstrumenten des Emittenten erfüllt werden, handelt es sich um

  i) ein nicht derivatives Finanzinstrument, das für den Emittenten nicht mit einer vertraglichen Verpflichtung zur Lieferung einer variablen Anzahl eigener Eigenkapitalinstrumente verbunden ist, oder

  ii) ein Derivat, das vom Emittenten nur durch Austausch eines festen Betrags an Zahlungsmitteln oder anderen finanziellen Vermögenswerten gegen eine feste Anzahl eigener Eigenkapitalinstrumente erfüllt wird. Rechte, Optionen oder Optionsscheine, die zum Erwerb einer festen Anzahl eigener Eigenkapitalinstrumente des Unternehmens zu einem festen Betrag in beliebiger Währung berechtigen, stellen zu diesem Zweck Eigenkapitalinstrumente dar, wenn das Unternehmen sie anteilsgemäß allen gegenwärtigen Inhabern derselben Klasse seiner eigenen, nicht derivativen Eigenkapitalinstrumente anbietet. Nicht als eigene Eigenkapitalinstrumente des Emittenten gelten hingegen zu diesem Zweck Instrumente, die alle in den Paragraphen 16A und 16B oder 16C und 16D beschriebenen Merkmale aufweisen und die dort genannten Bedingungen erfüllen, sowie Instrumente, die Verträge über den künftigen Empfang oder die künftige Lieferung eigener Eigenkapitalinstrumente des Emittenten darstellen.

Eine vertragliche Verpflichtung, die zum künftigen Empfang oder zur künftigen Lieferung eigener Eigenkapitalinstrumente des Emittenten führt oder führen kann, aber nicht die vorstehenden Bedingungen (a) und (b) erfüllt, ist kein Eigenkapitalinstrument; dies gilt auch, wenn die vertragliche Verpflichtung aus einem derivativen Finanzinstrument resultiert. Abweichend davon wird ein Instrument, das der Definition einer finanziellen Verbindlichkeit entspricht, als Eigenkapitalinstrument eingestuft, wenn es alle in den Paragraphen 16A und 16B oder 16C und 16D beschriebenen Merkmale aufweist und die dort genannten Bedingungen erfüllt.

Kündbare Instrumente

16A Der Emittent eines kündbaren Finanzinstruments ist vertraglich dazu verpflichtet, das Instrument bei Ausübung der Kündigungsoption gegen Zahlungsmittel oder einen anderen finanziellen Vermögenswert zurückzukaufen oder zurückzunehmen. Abweichend von der Definition einer finanziellen Verbindlichkeit wird ein Instrument, das mit einer solchen Verpflichtung verbunden ist, als Eigenkapitalinstrument eingestuft, wenn es alle folgenden Merkmale aufweist:

a) Es gibt dem Inhaber das Recht, im Falle der Liquidation des Unternehmens einen proportionalen Anteil an dessen Nettovermögen zu erhalten. Das Nettovermögen eines Unternehmens stellen die Vermögenswerte dar, die nach Abzug aller anderen Forderungen gegen das Unternehmen verbleiben. Den proportionalen Anteil erhält man, indem

   i) das Nettovermögen des Unternehmens bei Liquidation in Einheiten gleichen Betrags unterteilt und

   ii) dieser Betrag mit der Anzahl der vom Inhaber des Finanzinstruments gehaltenen Einheiten multipliziert wird.

b) Das Instrument zählt zu der Klasse von Instrumenten, die allen anderen im Rang nachgeht. Das Instrument fällt in diese Klasse, wenn es die folgenden Voraussetzungen erfüllt:

   i) Es hat keinen Vorrang vor anderen Forderungen gegen das in Liquidation befindliche Unternehmen und

   ii) es muss nicht in ein anderes Instrument umgewandelt werden, um in die nachrangigste Klasse von Instrumenten zu fallen.

c) Alle Finanzinstrumente der nachrangigsten Klasse haben dieselben Merkmale. Sie sind beispielsweise allesamt kündbar, und die Formel oder Methode zur Berechnung des Rückkaufs- oder Rücknahmepreises ist für alle Instrumente dieser Klasse gleich;

d) Abgesehen von der vertraglichen Verpflichtung des Emittenten, das Instrument gegen Zahlungsmittel oder einen anderen finanziellen Vermögenswert zurückzukaufen oder zurückzunehmen, ist das Instrument nicht mit der vertraglichen Verpflichtung verbunden, einem anderen Unternehmen Zahlungsmittel oder einen anderen finanziellen Vermögenswert zu liefern oder mit einem anderen Unternehmen finanzielle Vermögenswerte oder finanzielle Verbindlichkeiten zu für das Unternehmen potenziell nachteiligen Bedingungen auszutauschen, und es stellt keinen Vertrag dar, der nach Buchstabe (b) der Definition des Begriffs „finanzielle Verbindlichkeiten" in eigenen Eigenkapitalinstrumenten des Unternehmens erfüllt wird oder werden kann.

e) Die für das Instrument über seine Laufzeit insgesamt erwarteten Zahlungsströme beruhen im Wesentlichen auf den Gewinnen oder Verlusten während der Laufzeit, auf Veränderungen, die in dieser Zeit an bilanzwirksamen Nettovermögenswerten eintreten, oder auf Veränderungen, die während

der Laufzeit beim beizulegenden Zeitwert der bilanzwirksamen und –unwirksamen Nettovermögenswerte des Unternehmens zu verzeichnen sind (mit Ausnahme etwaiger Auswirkungen des Instruments selbst).

16B Ein Instrument wird dann als Eigenkapitalinstrument eingestuft, wenn es alle oben genannten Merkmale aufweist und darüber hinaus der Emittent keine weiteren Finanzinstrumente oder Verträge hält, auf die Folgendes zutrifft:

a) die gesamten Zahlungsströme beruhen im Wesentlichen auf Gewinnen oder Verlusten, auf Veränderungen bei den bilanzwirksamen Nettovermögenswerten oder auf Veränderungen beim beizulegenden Zeitwert der bilanzwirksamen und -unwirksamen Nettovermögenswerte des Unternehmens (mit Ausnahme etwaiger Auswirkungen der Instrumente oder Verträge selbst), und

b) sie beschränken die Restrendite für die Inhaber des kündbaren Instruments erheblich oder legen diese fest.

Nicht berücksichtigen darf das Unternehmen hierbei nichtfinanzielle Verträge, die mit dem Inhaber eines in Paragraph 16A beschriebenen Instruments geschlossen wurden und bei denen die Konditionen denen eines entsprechenden Vertrags, der zwischen einer dritten Partei und dem emittierenden Unternehmen geschlossen werden könnte, ähnlich sind. Kann das Unternehmen nicht feststellen, ob diese Bedingung erfüllt ist, so darf es das kündbare Instrument nicht als Eigenkapitalinstrument einstufen.

Instrumente oder Bestandteile derselben, die das Unternehmen dazu verpflichten, einer anderen Partei im Falle der Liquidation einen proportionalen Anteil an seinem Nettovermögen zu überlassen

16C Einige Finanzinstrumente sind für das emittierende Unternehmen mit der vertraglichen Verpflichtung verbunden, einem anderen Unternehmen im Falle der Liquidation einen proportionalen Anteil an seinem Nettovermögen zu überlassen. Die Verpflichtung entsteht entweder, weil die Liquidation gewiss ist und sich der Kontrolle des Unternehmens entzieht (wie bei Unternehmen, deren Lebensdauer von Anfang an begrenzt ist) oder ungewiss ist, dem Inhaber des Instruments aber als Option zur Verfügung steht. Abweichend von der Definition einer finanziellen Verbindlichkeit wird ein Instrument, das mit einer solchen Verpflichtung verbunden ist, als Eigenkapitalinstrument eingestuft, wenn es alle folgenden Merkmale aufweist:

a) Es gibt dem Inhaber das Recht, im Falle der Liquidation des Unternehmens einen proportionalen Anteil an dessen Nettovermögen zu erhalten. Das Nettovermögen eines Unternehmens stellen die Vermögenswerte dar, die nach Abzug aller anderen Forderungen gegen das Unternehmen verbleiben. Den proportionalen Anteil erhält man, indem

i) das Nettovermögen des Unternehmens bei Liquidation in Einheiten gleichen Betrags unterteilt und
   ii) dieser Betrag mit der Anzahl der vom Inhaber des Finanzinstruments gehaltenen Einheiten multipliziert wird.
b) Das Instrument zählt zu der Klasse von Instrumenten, die allen anderen im Rang nachgeht. Das Instrument fällt in diese Klasse, wenn es die folgenden Voraussetzungen erfüllt:
   i) Es hat keinen Vorrang vor anderen Forderungen gegen das in Liquidation befindliche Unternehmen und
   ii) es muss nicht in ein anderes Instrument umgewandelt werden, um in die nachrangigste Klasse von Instrumenten zu fallen.
c) Alle Finanzinstrumente der nachrangigsten Klasse müssen für das emittierende Unternehmen mit der gleichen vertraglichen Verpflichtung verbunden sein, im Falle der Liquidation einen proportionalen Anteil an seinem Nettovermögen zu liefern.

16D Ein Instrument wird dann als Eigenkapitalinstrument eingestuft, wenn es alle oben genannten Merkmale aufweist und darüber hinaus der Emittent keine weiteren Finanzinstrumente oder Verträge hält, auf die Folgendes zutrifft:
a) Die gesamten Zahlungsströme beruhen im Wesentlichen auf Gewinnen oder Verlusten, auf Veränderungen bei den bilanzwirksamen Nettovermögenswerten oder auf Veränderungen beim beizulegenden Zeitwert der bilanzwirksamen und -unwirksamen Nettovermögenswerte des Unternehmens (mit Ausnahme etwaiger Auswirkungen der Instrumente oder Verträge selbst), und
b) sie beschränken die Restrendite für die Inhaber des kündbaren Instruments erheblich oder legen diese fest.

Nicht berücksichtigen darf das Unternehmen hierbei nichtfinanzielle Verträge, die mit dem Inhaber eines in Paragraph 16C beschriebenen Instruments geschlossen wurden und deren Konditionen denen eines entsprechenden Vertrags, der zwischen einer dritten Partei und dem emittierenden Unternehmen geschlossen werden könnte, ähnlich sind. Kann das Unternehmen nicht feststellen, ob diese Bedingung erfüllt ist, so darf es das Instrument nicht als Eigenkapitalinstrument einstufen.

Umgliederung von kündbaren Instrumenten und von Instrumenten, die das Unternehmen dazu verpflichten, einer anderen Partei im Falle der Liquidation einen proportionalen Anteil an seinem Nettovermögen zu überlassen

16E Ein Finanzinstrument ist nach den Paragraphen 16A und 16B oder 16C und 16D ab dem Zeitpunkt als Eigenkapitalinstrument einzustufen, ab dem es alle in diesen Paragraphen beschriebenen Merkmale aufweist und die dort genannten Bedingungen erfüllt. Umzugliedern ist ein Finanzinstrument zu dem Zeitpunkt, zu dem es nicht mehr alle in diesen Paragraphen beschriebenen Merkmale aufweist oder die dort genannten Bedingungen nicht mehr kumulativ erfüllt. Nimmt ein Unternehmen beispielsweise alle von ihm emittierten nicht kündbaren Instrumente zurück und weisen sämtliche im Umlauf befindlichen kündbaren Instrumente alle in den Paragraphen 16A und 16B beschriebenen Merkmale auf und erfüllen alle dort beschriebenen Bedingungen, so hat das Unternehmen die kündbaren Instrumente zu dem Zeitpunkt in Eigenkapitalinstrumente umzugliedern, zu dem es die nicht kündbaren Instrumente zurücknimmt.

16F Die Umgliederung eines Instruments gemäß Paragraph 16E ist von dem Unternehmen wie folgt zu bilanzieren:
a) Ein Eigenkapitalinstrument ist zu dem Zeitpunkt in eine finanzielle Verbindlichkeit umzugliedern, zu dem es nicht mehr alle in den Paragraphen 16A und 16B oder 16C und 16D beschriebenen Merkmale aufweist oder die dort genannten Bedingungen nicht mehr erfüllt. Die finanzielle Verbindlichkeit ist zu ihrem beizulegenden Zeitwert zum Zeitpunkt der Umgliederung zu bewerten. Das Unternehmen hat jede Differenz zwischen dem Buchwert des Eigenkapitalinstruments und dem beizulegenden Zeitwert der finanziellen Verbindlichkeit zum Zeitpunkt der Umgliederung im Eigenkapital zu erfassen.
b) Eine finanzielle Verbindlichkeit ist zu dem Zeitpunkt in Eigenkapital umzugliedern, zu dem das Instrument alle in den Paragraphen 16A und 16B oder 16C und 16D beschriebenen Merkmale aufweist und die dort genannten Bedingungen erfüllt. Ein Eigenkapitalinstrument ist mit dem Buchwert der finanziellen Verbindlichkeit zum Zeitpunkt der Umgliederung zu bewerten.

Keine vertragliche Verpflichtung zur Lieferung von Zahlungsmitteln oder anderen finanziellen Vermögenswerten (Paragraph 16(a))

17 Außer unter den in den Paragraphen 16A und 16B bzw. 16C und 16D beschriebenen Umständen ist ein wichtiger Anhaltspunkt bei der Entscheidung darüber, ob ein Finanzinstrument eine finanzielle Verbindlichkeit oder ein Eigenkapitalinstrument darstellt, das Vorliegen einer vertraglichen Verpflichtung, wonach die eine Vertragspartei (der Emittent) entweder der anderen (dem Inhaber) Zahlungsmittel oder andere finanzielle Vermögenswerte liefern oder mit dem Inhaber finanzielle Vermögenswerte oder finanzielle Verbindlichkeiten unter für den Emittenten potenziell nachteiligen Bedingungen tauschen muss. Auch wenn der Inhaber eines Eigenkapitalinstruments u. U. zum Empfang einer anteiligen Dividende oder anderer Ausschüttungen aus dem Eigenkapital berechtigt ist, unterliegt der Emittent doch keiner vertraglichen Verpflichtung zu derartigen Ausschüttungen, da von ihm die Lieferung von Zahlungsmitteln oder

anderen finanziellen Vermögenswerten an eine andere Vertragspartei nicht verlangt werden kann.

18 Die Einstufung in der Bilanz des Unternehmens wird durch die wirtschaftliche Substanz eines Finanzinstruments und nicht allein durch seine rechtliche Form bestimmt. Wirtschaftliche Substanz und rechtliche Form stimmen zwar in der Regel, aber nicht immer überein. So stellen einige Finanzinstrumente rechtlich zwar Eigenkapital dar, sind aber aufgrund ihrer wirtschaftlichen Substanz Verbindlichkeiten, während andere Finanzinstrumente sowohl Merkmale von Eigenkapitalinstrumenten als auch Merkmale finanzieller Verbindlichkeiten aufweisen. Hierzu folgende Beispiele:

a) Ein Vorzugsanteil, der die obligatorische Rücknahme durch den Emittenten zu einem festen oder bestimmbaren Geldbetrag und zu einem festen oder bestimmbaren Zeitpunkt vorsieht oder dem Inhaber das Recht einräumt, vom Emittenten die Rücknahme des Finanzinstruments zu bzw. nach einem bestimmten Termin und zu einem festen oder bestimmbaren Geldbetrag zu verlangen, ist als finanzielle Verbindlichkeit einzustufen.

b) Finanzinstrumente, die den Inhaber berechtigen, sie gegen Zahlungsmittel oder andere finanzielle Vermögenswerte an den Emittenten zurückzugeben („kündbare Instrumente"), stellen mit Ausnahme der nach den Paragraphen 16A und 16B oder 16C und 16D als Eigenkapitalinstrumente eingestuften Instrumente finanzielle Verbindlichkeiten dar. Ein Finanzinstrument ist selbst dann eine finanzielle Verbindlichkeit, wenn der Betrag an Zahlungsmitteln oder anderen finanziellen Vermögenswerten auf der Grundlage eines Indexes oder einer anderen veränderlichen Bezugsgröße ermittelt wird. Wenn der Inhaber über das Wahlrecht verfügt, das Finanzinstrument gegen Zahlungsmittel oder andere finanzielle Vermögenswerte an den Emittenten zurückzugeben, erfüllt das kündbare Finanzinstrument die Definition einer finanziellen Verbindlichkeit, sofern es sich nicht um ein nach den Paragraphen 16A und 16B oder 16C und 16D als Eigenkapitalinstrument eingestuftes Instrument handelt. So können offene Investmentfonds, Unit Trusts, Personengesellschaften und bestimmte Genossenschaften ihre Anteilseigner bzw. Gesellschafter mit dem Recht ausstatten, ihre Anteile an dem Emittenten jederzeit gegen Zahlungsmittel in Höhe ihres anteiligen Anteils am Eigenkapital des Emittenten einzulösen. Dies hat zur Folge, dass die Anteile von Anteilseignern oder Gesellschaftern mit Ausnahme der nach den Paragraphen 16A und 16B oder 16C und 16D als Eigenkapitalinstrumente eingestuften Instrumente als finanzielle Verbindlichkeiten klassifiziert werden. Eine Einstufung als finanzielle Verbindlichkeit schließt jedoch die Verwendung beschreibender Zusätze wie „Anspruch der Anteilseigner auf das Nettovermögen" und „Anspruch der Anteilseigner auf Änderungen im Nettovermögen" im Abschluss eines Unternehmens, das über kein gezeichnetes Kapital verfügt (wie dies bei einigen Investmentfonds und Unit Trusts der Fall ist, siehe erläuterndes Beispiel 7), oder die Verwendung zusätzlicher Angaben, aus denen hervorgeht, dass die Gesamtheit der von den Anteilseignern gehaltenen Anteile Posten wie Rücklagen, die der Definition von Eigenkapital entsprechen, und kündbare Finanzinstrumente, die dieser Definition nicht entsprechen, umfasst, nicht aus (siehe erläuterndes Beispiel 8).

19 Kann sich ein Unternehmen bei der Erfüllung einer vertraglichen Verpflichtung nicht uneingeschränkt der Lieferung von Zahlungsmitteln oder anderen finanziellen Vermögenswerten entziehen, so entspricht diese Verpflichtung mit Ausnahme der nach den Paragraphen 16A und 16B oder 16C und 16D als Eigenkapitalinstrumente eingestuften Instrumente der Definition einer finanziellen Verbindlichkeit. Hierzu folgende Beispiele:

a) Ist die Fähigkeit eines Unternehmens zur Erfüllung der vertraglichen Verpflichtung beispielsweise durch fehlenden Zugang zu Fremdwährung oder die Notwendigkeit, von einer Aufsichtsbehörde eine Zahlungsgenehmigung zu erlangen, beschränkt, so entbindet dies das Unternehmen nicht von seiner vertraglichen Verpflichtung bzw. beeinträchtigt nicht das vertragliche Recht des Inhabers bezüglich des Finanzinstruments.

b) Eine vertragliche Verpflichtung, die nur dann zu erfüllen ist, wenn eine Vertragspartei ihr Rückkaufsrecht in Anspruch nimmt, stellt eine finanzielle Verbindlichkeit dar, weil sich das Unternehmen in diesem Fall nicht uneingeschränkt der Lieferung von Zahlungsmitteln oder anderen finanziellen Vermögenswerten entziehen kann.

20 Ein Finanzinstrument, das nicht ausdrücklich eine vertragliche Verpflichtung zur Lieferung von Zahlungsmitteln oder anderen finanziellen Vermögenswerten enthält, kann eine solche Verpflichtung auch indirekt über die Vertragsbedingungen begründen, Hierzu folgende Beispiele:

a) Ein Finanzinstrument kann eine nichtfinanzielle Verpflichtung enthalten, die nur dann zu erfüllen ist, wenn das Unternehmen keine Ausschüttung vornimmt oder das Instrument nicht zurückkauft. Kann das Unternehmen die Lieferung von Zahlungsmitteln oder anderen finanziellen Vermögenswerten nur durch Erfüllung der nichtfinanziellen Verpflichtung vermeiden, ist das Finanzinstrument als finanzielle Verbindlichkeit einzustufen.

b) Ein Finanzinstrument ist auch dann eine finanzielle Verbindlichkeit, wenn das Unternehmen zur Erfüllung

   i) Zahlungsmittel oder andere finanzielle Vermögenswerte oder

   ii) eigene Anteile, deren Wert wesentlich höher angesetzt wird als der der Zahlungsmittel oder anderen finanziellen Vermögenswerte, liefern muss.

Auch wenn das Unternehmen vertraglich nicht ausdrücklich zur Lieferung von Zahlungsmitteln oder anderen finanziellen Vermögenswerten verpflichtet ist, wird es sich aufgrund des Werts der Anteile für einen Ausgleich in bar entscheiden. In jedem Fall wird dem Inhaber die Auszahlung eines Betrags garantiert, der der wirtschaftlichen Substanz nach mindestens dem bei Wahl einer Vertragserfüllung in bar zu entrichtenden Betrag entspricht (siehe Paragraph 21).

Erfüllung in eigenen Eigenkapitalinstrumenten des Unternehmens (Paragraph 16(b))

21 Der Umstand, dass ein Vertrag den Empfang oder die Lieferung von eigenen Eigenkapitalinstrumenten des Unternehmens nach sich ziehen kann, reicht allein nicht aus, um ihn als Eigenkapitalinstrument einzustufen. Ein Unternehmen kann vertraglich berechtigt oder verpflichtet sein, eine variable Anzahl eigener Anteile oder anderer Eigenkapitalinstrumente zu empfangen oder zu liefern, deren Höhe so bemessen wird, dass der beizulegende Zeitwert der zu empfangenden oder zu liefernden Eigenkapitalinstrumente des Unternehmens dem in Bezug auf das vertragliche Recht oder die vertragliche Verpflichtung festgelegten Betrag entspricht. Das vertragliche Recht oder die vertragliche Verpflichtung kann sich auf einen festen Betrag oder auf einen ganz oder teilweise in Abhängigkeit von einer anderen Variablen als dem Marktpreis der eigenen Eigenkapitalinstrumente (z. B. einem Zinssatz, einem Warenpreis oder dem Preis für ein Finanzinstrument) schwankenden Betrag beziehen. Zwei Beispiele hierfür sind (a) ein Vertrag zur Lieferung von eigenen Eigenkapitalinstrumenten eines Unternehmens im Wert von 100 WE[1] und (b) ein Vertrag zur Lieferung von eigenen Eigenkapitalinstrumenten des Unternehmens im Wert von 100 Unzen Gold. Auch wenn ein solcher Vertrag durch Lieferung von eigenen Eigenkapitalinstrumenten erfüllt werden muss oder kann, stellt er eine finanzielle Verbindlichkeit des Unternehmens dar. Es handelt sich nicht um ein Eigenkapitalinstrument, weil das Unternehmen zur Erfüllung des Vertrags eine variable Anzahl eigener Eigenkapitalinstrumente verwendet. Dementsprechend begründet der Vertrag keinen Residualanspruch an den Vermögenswerten des Unternehmens nach Abzug aller Schulden.

[1] In diesem Standard werden Geldbeträge in „Währungseinheiten" (WE) angegeben.

22 Abgesehen von den in Paragraph 22A genannten Fällen ist ein Vertrag, zu dessen Erfüllung das Unternehmen eine feste Anzahl eigener Eigenkapitalinstrumente gegen einen festen Betrag an Zahlungsmitteln oder anderen finanziellen Vermögenswerten (erhält oder) liefert, als Eigenkapitalinstrument einzustufen. So stellt eine ausgegebene Anteilsoption, die die Vertragspartei gegen Entrichtung eines festgelegten Preises oder eines festgelegten Kapitalbetrags einer Anleihe zum Kauf einer festen Anzahl von Anteilen des Unternehmens berechtigt, ein Eigenkapitalinstrument dar. Sollte sich der beizulegende Zeitwert eines Vertrags infolge von Schwankungen der Marktzinssätze ändern, ohne dass sich dies auf die Höhe der bei Vertragserfüllung zu entrichtenden Zahlungsmittel oder anderen Vermögenswerte oder die Anzahl der zu liefernden oder zu erhaltenden Eigenkapitalinstrumente auswirkt, so schließt dies die Einstufung des Vertrags als Eigenkapitalinstrument nicht aus. Sämtliche erhaltenen Gegenleistungen (wie beispielsweise das Agio auf eine geschriebene Option oder ein Optionsschein auf die eigenen Anteile des Unternehmens) werden direkt zum Eigenkapital hinzugerechnet. Sämtliche gewährten Gegenleistungen (wie beispielsweise das auf eine erworbene Option gezahlte Agio) werden direkt vom Eigenkapital abgezogen. Änderungen des beizulegenden Zeitwerts eines Eigenkapitalinstruments sind nicht im Abschluss auszuweisen.

22A Handelt es sich bei den eigenen Eigenkapitalinstrumenten des Unternehmens, die es bei Vertragserfüllung entgegenzunehmen oder zu liefern hat, um kündbare Finanzinstrumente, die alle in den Paragraphen 16A und 16B beschriebenen Merkmale aufweisen und die dort genannten Bedingungen erfüllen, oder um Instrumente, die das Unternehmen dazu verpflichten, einer anderen Partei im Falle der Liquidation einen proportionalen Anteil an seinem Nettovermögen zu überlassen und die alle in den Paragraphen 16C und 16D beschriebenen Merkmale aufweisen und die dort genannten Bedingungen erfüllen, so ist der Vertrag als finanzieller Vermögenswert bzw. finanzielle Verbindlichkeit einzustufen. Dies gilt auch für Verträge, zu deren Erfüllung das Unternehmen im Austausch gegen einen festen Betrag an Zahlungsmitteln oder anderen finanziellen Vermögenswerten eine feste Anzahl dieser Instrumente zu liefern hat.

23 Abgesehen von den in den Paragraphen 16A und 16B oder 16C und 16D beschriebenen Umständen begründet ein Vertrag, der ein Unternehmen zum Kauf eigener Eigenkapitalinstrumente gegen Zahlungsmittel oder andere finanzielle Vermögenswerte verpflichtet, eine finanzielle Verbindlichkeit in Höhe des Barwerts des Rückzahlungsbetrags (beispielsweise in Höhe des Barwerts des Rückkaufpreises eines Termingeschäfts, des Ausübungskurses einer Option oder eines anderen Rückzahlungsbetrags). Dies ist auch dann der Fall, wenn der Vertrag selbst ein Eigenkapitalinstrument ist. Ein Beispiel hierfür ist die aus einem Termingeschäft resultierende Verpflichtung eines Unternehmens, eigene Eigenkapitalinstrumente gegen Zahlungsmittel zurückzuerwerben. Beim erstmaligen Ansatz ist die finanzielle Verbindlichkeit zum Barwert des Rückzahlungsbetrags anzusetzen und aus dem Eigenkapital umzugliedern. Anschließend wird sie gemäß IFRS 9 bewertet. Läuft der Vertrag aus, ohne dass eine Lieferung erfolgt, wird der Buchwert der finanziellen Verbindlichkeit wieder in das Eigenkapital umgegliedert. Die vertragliche Verpflichtung eines Unternehmens zum Kauf eigener Eigenkapitalinstrumente begründet auch dann eine

finanzielle Verbindlichkeit in Höhe des Barwerts des Rückzahlungsbetrags, wenn die Kaufverpflichtung nur bei Ausübung des Rückgaberechts durch die Vertragspartei (z. B. durch Inanspruchnahme einer geschriebenen Verkaufsoption, welche die Vertragspartei zum Verkauf der Eigenkapitalinstrumente an das Unternehmen zu einem festen Preis berechtigt) zu erfüllen ist.

24 Ein Vertrag, zu dessen Erfüllung das Unternehmen eine feste Anzahl eigener Eigenkapitalinstrumente gegen einen variablen Betrag an Zahlungsmitteln oder anderen finanziellen Vermögenswerten liefert oder erhält, ist als finanzieller Vermögenswert bzw. finanzielle Verbindlichkeit einzustufen. Ein Beispiel ist ein Vertrag, bei dem das Unternehmen 100 eigene Eigenkapitalinstrumente gegen Zahlungsmittel im Wert von 100 Unzen Gold liefert.

Bedingte Erfüllungsvereinbarungen

25 Ein Finanzinstrument kann das Unternehmen zur Lieferung von Zahlungsmitteln oder anderen Vermögenswerten oder zu einer anderen als finanzielle Verbindlichkeit einzustufenden Erfüllung verpflichten, die vom Eintreten oder Nichteintreten ungewisser künftiger Ereignisse (oder dem Ausgang ungewisser Umstände), die außerhalb der Kontrolle sowohl des Emittenten als auch des Inhabers des Instruments liegen, abhängig sind; hierzu zählen beispielsweise Änderungen eines Aktienindex, Verbraucherpreisindex, Zinssatzes oder steuerlicher Vorschriften oder die künftigen Erträge, das Periodenergebnis oder der Verschuldungsgrad des Emittenten. Der Emittent eines solchen Instruments kann sich der Lieferung von Zahlungsmitteln oder anderen finanziellen Vermögenswerten (oder einer anderen als finanzielle Verbindlichkeit einzustufenden Erfüllung des Vertrags) nicht uneingeschränkt entziehen, sodass eine finanzielle Verbindlichkeit des Emittenten vorliegt, es sei denn,

a) der Teil der bedingten Erfüllungsvereinbarung, der eine Erfüllung in Zahlungsmitteln oder anderen finanziellen Vermögenswerten (oder eine andere als finanzielle Verbindlichkeit einzustufende Art der Erfüllung) erforderlich machen könnte, besteht nicht wirklich,

b) vom Emittenten kann nur im Falle seiner Liquidation verlangt werden, die Verpflichtung in Zahlungsmitteln oder anderen finanziellen Vermögenswerten (oder auf eine andere als finanzielle Verbindlichkeit einzustufende Weise) zu erfüllen, oder

c) das Instrument weist alle in den Paragraphen 16A und 16B beschriebenen Merkmale auf und erfüllt die dort genannten Bedingungen.

Erfüllungswahlrecht

26 Ein Derivat, das einer Vertragspartei die Art der Erfüllung freistellt (der Emittent oder Inhaber kann sich z. B. für einen Nettoausgleich in bar oder durch den Tausch von Anteilen gegen Zahlungsmittel entscheiden), stellt einen finanziellen Vermögenswert oder eine finanzielle Verbindlichkeit dar, sofern nicht alle Erfüllungsalternativen zu einer Einstufung als Eigenkapitalinstrument führen würden.

27 Ein Beispiel für ein als finanzielle Verbindlichkeit einzustufendes Derivat mit Erfüllungswahlrecht ist eine Anteilsoption, bei der der Emittent die Wahl hat, ob er diese in bar oder durch den Tausch eigener Anteile gegen Zahlungsmittel erfüllt. Ähnliches gilt für einige Verträge über den Kauf oder Verkauf eines nichtfinanziellen Postens gegen eigene Eigenkapitalinstrumente des Unternehmens, die ebenfalls in den Anwendungsbereich dieses Standards fallen, da sie wahlweise durch Lieferung des nichtfinanziellen Postens oder durch einen Nettoausgleich in bar oder in anderen Finanzinstrumenten erfüllt werden können (siehe Paragraphen 8–10). Solche Verträge sind finanzielle Vermögenswerte oder finanzielle Verbindlichkeiten und keine Eigenkapitalinstrumente.

Zusammengesetzte Finanzinstrumente (siehe auch Paragraphen AL30–A35 und erläuternde Beispiele 9–12)

28 Der Emittent eines nicht derivativen Finanzinstruments hat anhand der Vertragsbedingungen des Finanzinstruments festzustellen, ob das Instrument sowohl eine Schuld- als auch eine Eigenkapitalkomponente enthält. Diese Komponenten sind zu trennen und gemäß Paragraph 15 als finanzielle Verbindlichkeiten, finanzielle Vermögenswerte oder Eigenkapitalinstrumente einzustufen.

29 Bei einem Finanzinstrument, das (a) eine finanzielle Verbindlichkeit des Unternehmens begründet und (b) seinem Inhaber eine Option auf Umwandlung in ein Eigenkapitalinstrument des Unternehmens garantiert, sind diese beiden Komponenten vom Unternehmen getrennt zu erfassen. Wandelschuldverschreibungen oder ähnliche Instrumente, die der Inhaber in eine feste Anzahl von Stammanteilen des Unternehmens umwandeln kann, sind Beispiele für zusammengesetzte Finanzinstrumente. Aus Sicht des Unternehmens besteht ein solches Instrument aus zwei Komponenten: einer finanziellen Verbindlichkeit (einer vertraglichen Vereinbarung zur Lieferung von Zahlungsmitteln oder anderen finanziellen Vermögenswerten) und einem Eigenkapitalinstrument (einer Kaufoption, die dem Inhaber für einen bestimmten Zeitraum das Recht auf Umwandlung in eine feste Anzahl von Stammanteilen des Unternehmens garantiert). Wirtschaftlich gesehen hat die Emission eines solchen Finanzinstruments im Wesentlichen die gleichen Auswirkungen wie die Emission eines Schuldinstruments mit Vereinbarung der Möglichkeit vorzeitiger Erfüllung, das gleichzeitig mit einem Bezugsrecht auf Stammanteilen verknüpft ist, oder die Emission eines Schuldinstruments mit abtrennbaren Optionsscheinen zum Erwerb von Anteilen. Dementsprechend hat ein Unternehmen in allen Fällen dieser Art die

Schuld- und die Eigenkapitalkomponenten getrennt in seiner Bilanz auszuweisen.

30 Die Einstufung der Schuld- und Eigenkapitalkomponente eines wandelbaren Instruments wird auch dann beibehalten, wenn sich die Wahrscheinlichkeit ändert, dass die Tauschoption ausgeübt wird; dies gilt auch dann, wenn die Ausübung der Tauschoption für einige Inhaber wirtschaftlich vorteilhaft erscheint. Die Inhaber handeln nicht immer in der erwarteten Weise, weil zum Beispiel die steuerlichen Folgen aus der Umwandlung bei jedem Inhaber unterschiedlich sein können. Darüber hinaus ändert sich die Wahrscheinlichkeit der Umwandlung von Zeit zu Zeit. Die vertragliche Verpflichtung des Unternehmens zu künftigen Zahlungen bleibt so lange bestehen, bis sie durch Umwandlung, Fälligkeit des Instruments oder andere Umstände getilgt ist.

31 In IFRS 9 geht es um die Bewertung finanzieller Vermögenswerte und finanzieller Verbindlichkeiten. Eigenkapitalinstrumente sind Finanzinstrumente, die einen Residualanspruch an den Vermögenswerten eines Unternehmens nach Abzug aller dazugehörigen Schulden begründen. Bei der Aufteilung des erstmaligen Buchwerts eines zusammengesetzten Finanzinstruments auf die Eigen- und Schuldkomponente wird der Eigenkapitalkomponente der Restwert zugewiesen, der sich nach Abzug des getrennt für die Schuldkomponente ermittelten Betrags vom beizulegenden Zeitwert des gesamten Instruments ergibt. Der Wert der derivativen Ausstattungsmerkmale (z. B. einer Kaufoption), die in ein zusammengesetztes Finanzinstrument eingebettet sind und keine Eigenkapitalkomponente darstellen (z. B. eine Option zur Umwandlung in ein Eigenkapitalinstrument), wird der Schuldkomponente hinzugerechnet. Die Summe der Buchwerte, die beim erstmaligen Ansatz in der Bilanz für die Schuld- und die Eigenkapitalkomponente ermittelt werden, ist in jedem Fall gleich dem beizulegenden Zeitwert, der für das Finanzinstrument als Ganzes anzusetzen wäre. Durch den getrennten erstmaligen Ansatz der Komponenten des Instruments entstehen keine Gewinne oder Verluste.

32 Bei dem in Paragraph 31 beschriebenen Ansatz bestimmt der Emittent einer in Stammanteile umwandelbaren Anleihe zunächst den Buchwert der Schuldkomponente, indem er den beizulegenden Zeitwert einer ähnlichen, nicht mit einer Eigenkapitalkomponente verbundenen Verbindlichkeit (einschließlich aller eingebetteten derivativen Ausstattungsmerkmale ohne Eigenkapitalcharakter) ermittelt. Der Buchwert eines Eigenkapitalinstruments, der durch die Option auf Umwandlung des Instruments in Stammanteile repräsentiert wird, ergibt sich danach durch Subtraktion des beizulegenden Zeitwerts der finanziellen Verbindlichkeit vom beizulegenden Zeitwert des gesamten zusammengesetzten Finanzinstruments.

Eigene Anteile (siehe auch Paragraph AL36)

33 Erwirbt ein Unternehmen seine eigenen Eigenkapitalinstrumente zurück, so sind diese Instrumente („eigene Anteile") vom Eigenkapital abzuziehen. Weder Kauf noch Verkauf, Ausgabe oder Einziehung von eigenen Eigenkapitalinstrumenten werden erfolgswirksam erfasst. Solche eigenen Anteile können vom Unternehmen selbst oder von anderen Konzernunternehmen erworben und gehalten werden. Alle gezahlten oder erhaltenen Gegenleistungen sind direkt im Eigenkapital zu erfassen.

33A Einige Unternehmen betreiben intern oder extern einen Investmentfonds, der für die Anleger Leistungen erbringt, die sich nach der Anzahl der Fondsanteile richten. Für die an diese Anleger auszuzahlenden Beträge setzen diese Unternehmen finanzielle Verbindlichkeiten an. Ebenso zeichnen einige Unternehmen Gruppen von Versicherungsverträgen mit direkter Überschussbeteiligung und halten die zugrunde liegenden Referenzwerte. Einige dieser Fonds oder zugrunde liegenden Referenzwerte umfassen eigene Anteile des Unternehmens. Ungeachtet von Paragraph 33 kann ein Unternehmen wählen, einen eigenen Anteil, der Teil eines solchen Fonds oder ein zugrunde liegender Referenzwert ist, nicht vom Eigenkapital abzuziehen, allerdings nur dann, wenn das Unternehmen seine eigenen Eigenkapitalinstrumente zu diesen Zwecken zurückwirbt. Das Unternehmen kann stattdessen wählen, diesen eigenen Anteil weiterhin als Eigenkapital zu bilanzieren und das zurückerworbene Instrument so zu bilanzieren, als sei es ein finanzieller Vermögenswert, und dieses Instrument gemäß IFRS 9 erfolgswirksam zum beizulegenden Zeitwert zu bewerten. Diese Entscheidung ist unwiderruflich und wird für jedes Instrument einzeln getroffen. Für die Zwecke dieses Wahlrechts umfassen Versicherungsverträge auch Kapitalanlageverträge mit ermessensabhängiger Überschussbeteiligung. (Siehe IFRS 17 in Bezug auf die in diesem Paragraphen verwendeten Begriffe, die in IFRS 17 definiert sind.)

34 Der Betrag der gehaltenen eigenen Anteile ist gemäß IAS 1 *Darstellung des Abschlusses* in der Bilanz oder im Anhang gesondert auszuweisen. Beim Rückerwerb eigener Eigenkapitalinstrumente von nahestehende Unternehmen und Personen sind die Angabepflichten gemäß IAS 24 *Angaben über Beziehungen zu nahestehenden Unternehmen und Personen* zu beachten.

Zinsen, Dividenden, Verluste und Gewinne (siehe auch Paragraph AL37)

35 Zinsen, Dividenden, Verluste und Gewinne im Zusammenhang mit Finanzinstrumenten oder einer ihrer Komponenten, die finanzielle Verbindlichkeiten darstellen, sind erfolgswirksam zu erfassen. Ausschüttungen an Inhaber eines Eigenkapitalinstruments sind vom Unternehmen direkt im Eigenkapital zu erfassen. Die Transaktionskosten einer Eigenkapitaltransaktion sind als Abzug vom Eigenkapital zu bilanzieren.

35A Die Ertragsteuern im Zusammenhang mit Ausschüttungen an Inhaber eines Eigenkapitalinstruments und den Transaktionskosten einer

Eigenkapitaltransaktion sind gemäß IAS 12 *Ertragsteuern* zu bilanzieren.

36 Die Einstufung eines Finanzinstruments als finanzielle Verbindlichkeit oder als Eigenkapitalinstrument ist ausschlaggebend dafür, ob die mit diesem Instrument verbundenen Zinsen, Dividenden, Verluste und Gewinne erfolgswirksam erfasst werden. Daher sind auch Dividendenausschüttungen für als Verbindlichkeiten angesetzte Anteile genauso als Aufwand zu erfassen wie beispielsweise Zinsen für eine Anleihe. Entsprechend sind auch mit der Rücknahme oder der Refinanzierung von finanziellen Verbindlichkeiten verbundene Gewinne oder Verluste erfolgswirksam zu erfassen, während hingegen die Rücknahme oder die Refinanzierung von Eigenkapitalinstrumenten als Bewegungen im Eigenkapital abgebildet werden. Änderungen des beizulegenden Zeitwerts eines Eigenkapitalinstruments sind nicht im Abschluss auszuweisen.

37 Einem Unternehmen entstehen bei Ausgabe oder Erwerb eigener Eigenkapitalinstrumente in der Regel verschiedene Kosten. Hierzu zählen beispielsweise Register- und andere behördliche Gebühren, Honorare für Rechtsberater, Wirtschaftsprüfer und andere professionelle Berater, Druckkosten und Börsenumsatzsteuern. Die Transaktionskosten einer Eigenkapitaltransaktion sind als Abzug vom Eigenkapital zu bilanzieren, soweit es sich um zusätzliche, der Eigenkapitaltransaktion einzeln zuordenbare Kosten handelt, die andernfalls vermieden worden wären. Die Kosten einer eingestellten Eigenkapitaltransaktion sind als Aufwand zu erfassen.

38 Transaktionskosten, die mit der Ausgabe eines zusammengesetzten Finanzinstruments verbunden sind, sind der Schuld- und Eigenkapitalkomponente des Finanzinstruments in dem Verhältnis zuzurechnen, wie die empfangene Gegenleistung zugeordnet wurde. Transaktionskosten, die sich insgesamt auf mehr als eine Transaktion beziehen, wie Kosten eines gleichzeitigen Zeichnungsangebots für neue Anteile und für die Börsennotierung bereits ausgegebener Anteile sind anhand eines sinnvollen, bei ähnlichen Transaktionen verwendeten Schlüssels auf die einzelnen Transaktionen umzulegen.

39 Der Betrag der Transaktionskosten, der in der Periode als Abzug vom Eigenkapital bilanziert wurde, ist nach IAS 1 gesondert anzugeben.

40 Als Aufwendungen eingestufte Dividenden können in der Darstellung/den Darstellungen von Gewinn oder Verlust und sonstigem Ergebnis entweder mit Zinsaufwendungen für andere Verbindlichkeiten in einem Posten zusammengefasst oder gesondert ausgewiesen werden. Zusätzlich zu den Vorschriften dieses Standards sind bei Zinsen und Dividenden die Angabepflichten nach IAS 1 und IFRS 7 zu beachten. Sofern jedoch, beispielsweise im Hinblick auf die steuerliche Abzugsfähigkeit, Unterschiede in der Behandlung von Dividenden und Zinsen bestehen, ist ein gesonderter Ausweis in der Darstellung/den Darstellungen von Gewinn oder Verlust und sonstigem Ergebnis wünschenswert. Bei den Angaben zu steuerlichen Einflüssen sind die Vorschriften nach IAS 12 zu erfüllen.

41 Gewinne und Verluste infolge von Änderungen des Buchwerts einer finanziellen Verbindlichkeit sind selbst dann erfolgswirksam zu erfassen, wenn sie sich auf ein Instrument beziehen, das einen Residualanspruch auf die Vermögenswerte des Unternehmens im Austausch gegen Zahlungsmittel oder andere finanzielle Vermögenswerte begründet (siehe Paragraph 18(b)). Nach IAS 1 sind Gewinne und Verluste, die durch die Neubewertung eines derartigen Instruments entstehen, gesondert in der Gesamtergebnisrechnung auszuweisen, wenn dies für die Erläuterung der Ertragslage des Unternehmens relevant ist.

Saldierung von finanziellen Vermögenswerten und finanziellen Verbindlichkeiten (siehe auch Paragraphen AL38A–AL38F und AL39)

42 Finanzielle Vermögenswerte und Verbindlichkeiten sind nur dann zu saldieren und als Nettobetrag in der Bilanz auszuweisen, wenn ein Unternehmen

a) zum gegenwärtigen Zeitpunkt ein einklagbares Recht hat, die erfassten Beträge miteinander zu verrechnen, und

b) beabsichtigt, entweder den Ausgleich auf Nettobasis herbeizuführen, oder gleichzeitig mit der Verwertung des betreffenden Vermögenswerts die dazugehörige Verbindlichkeit abzulösen.

Wenn die Übertragung eines finanziellen Vermögenswerts die Voraussetzungen für eine Ausbuchung nicht erfüllt, dürfen der übertragene Vermögenswert und die verbundene Verbindlichkeit bei der Bilanzierung nicht saldiert werden (siehe Paragraph 3.2.22 von IFRS 9).

43 Finanzielle Vermögenswerte und finanzielle Verbindlichkeiten müssen diesem Standard zufolge auf Nettobasis dargestellt werden, wenn dadurch die erwarteten künftigen Zahlungsströme eines Unternehmens aus dem Ausgleich von zwei oder mehreren verschiedenen Finanzinstrumenten abgebildet werden. Wenn ein Unternehmen das Recht hat, einen einzelnen Nettobetrag zu erhalten bzw. zu zahlen und dies auch zu tun beabsichtigt, hat es tatsächlich nur einen einzigen finanziellen Vermögenswert bzw. nur eine einzige finanzielle Verbindlichkeit. In anderen Fällen werden die finanziellen Vermögenswerte und finanziellen Verbindlichkeiten entsprechend ihrer Eigenschaft als Ressource oder Verpflichtung des Unternehmens voneinander getrennt dargestellt. Ein Unternehmen hat die gemäß den Paragraphen 13B–13E von IFRS 7 für angesetzte Finanzinstrumente verlangten Informationen anzugeben, sofern diese Instrumente in den Anwendungsbereich des Paragraphen 13A von IFRS 7 fallen.

44 Die Saldierung eines angesetzten finanziellen Vermögenswerts mit einer angesetzten finanziellen Verbindlichkeit einschließlich der Darstellung des Nettobetrags ist von der Ausbuchung eines finanziellen Vermögenswerts und einer

Verbindlichkeit in der Bilanz zu unterscheiden. Während die Saldierung nicht zur Erfassung von Gewinnen und Verlusten führt, hat die Ausbuchung eines Finanzinstruments aus der Bilanz nicht nur den Abgang eines bis dahin bilanzwirksamen Postens, sondern möglicherweise auch die Erfassung von Gewinnen oder Verlusten zur Folge.

45 Der Anspruch auf Saldierung ist ein auf vertraglicher oder anderer Grundlage beruhendes einklagbares Recht eines Schuldners, eine Verbindlichkeit gegenüber einem Gläubiger ganz oder teilweise mit einer eigenen Forderung gegenüber diesem Gläubiger zu verrechnen oder anderweitig zu eliminieren. In außergewöhnlichen Fällen kann ein Schuldner berechtigt sein, eine Forderung gegenüber einem Dritten mit einer Verbindlichkeit gegenüber einem Gläubiger zu verrechnen, vorausgesetzt, dass zwischen allen drei Beteiligten eine eindeutige Vereinbarung über den Anspruch auf Saldierung vorliegt. Da der Anspruch auf Saldierung ein Rechtsanspruch ist, sind die Bedingungen, unter denen Saldierungsvereinbarungen gültig sind, abhängig von den Gebräuchen des Rechtskreises, in dem sie getroffen werden; daher sind im Einzelfall immer die für das Vertragsverhältnis zwischen den Parteien maßgeblichen Rechtsvorschriften zu berücksichtigen.

46 Besteht ein einklagbares Recht auf Saldierung eines finanziellen Vermögenswerts mit einer finanziellen Verbindlichkeit, wirkt sich dies nicht nur auf die Rechte und Pflichten aus, die mit dem betreffenden finanziellen Vermögenswert und der betreffenden finanziellen Verbindlichkeit verbunden sind, sondern kann auch die Ausfall- und Liquiditätsrisiken des Unternehmens beeinflussen. Das Bestehen eines solchen Rechts stellt für sich genommen aber noch keine hinreichende Voraussetzung für die Saldierung von Vermögens- und Schuldposten dar. Wenn nicht die Absicht besteht, von diesem Recht auch tatsächlich Gebrauch zu machen oder die jeweiligen Forderungen und Verbindlichkeiten zum selben Zeitpunkt zu bedienen, wirkt es sich weder auf die Höhe noch auf den Zeitpunkt der künftigen Zahlungsströme eines Unternehmens aus. Beabsichtigt ein Unternehmen jedoch, von dem Anspruch auf Saldierung Gebrauch zu machen oder die jeweiligen Forderungen und Verbindlichkeiten zum selben Zeitpunkt zu bedienen, spiegelt die Nettodarstellung des Vermögenswerts und der Verbindlichkeit die Höhe und den Zeitpunkt erwarteter künftiger Zahlungsströme sowie die mit diesen Zahlungsströmen verbundenen Risiken besser wider als die Bruttodarstellung. Die bloße Absicht einer oder beider Vertragsparteien, Forderungen und Verbindlichkeiten auf Nettobasis ohne rechtlich bindende Vereinbarung auszugleichen, stellt keine ausreichende Grundlage für eine bilanzielle Saldierung dar, da die mit den einzelnen finanziellen Vermögenswerten und Verbindlichkeiten verbundenen Rechte und Pflichten unverändert fortbestehen.

47 Die Absichten eines Unternehmens bezüglich der Erfüllung von einzelnen Vermögens- und Schuldposten können durch die üblichen Geschäftspraktiken, die Anforderungen der Finanzmärkte und andere Umstände beeinflusst werden, die die Fähigkeit zur Bedienung auf Nettobasis oder zur gleichzeitigen Bedienung begrenzen. Hat ein Unternehmen einen Anspruch auf Saldierung, beabsichtigt aber nicht, auf Nettobasis auszugleichen bzw. den Vermögenswert zu verwerten und gleichzeitig die Verbindlichkeit zu begleichen, werden die Auswirkungen dieses Anspruchs auf das Ausfallrisiko, dem das Unternehmen ausgesetzt ist, gemäß Paragraph 36 von IFRS 7 angegeben.

48 Der gleichzeitige Ausgleich von zwei Finanzinstrumenten kann zum Beispiel durch direkten Austausch oder über eine Clearingstelle in einem organisierten Finanzmarkt erfolgen. In solchen Fällen findet tatsächlich nur ein einziger Finanzmitteltransfer statt, wobei weder ein Ausfall- noch ein Liquiditätsrisiko besteht. Erfolgt der Ausgleich über zwei voneinander getrennte (zu erhaltende bzw. zu leistende) Zahlungen, kann ein Unternehmen im Hinblick auf den vollen Betrag der betreffenden finanziellen Forderungen durchaus einem Ausfallrisiko und im Hinblick auf den vollen Betrag der finanziellen Verbindlichkeit einem Liquiditätsrisiko ausgesetzt sein. Auch wenn sie nur kurzzeitig auftreten, können solche Risikopositionen erheblich sein. Die Verwertung eines finanziellen Vermögenswerts und die Begleichung einer finanziellen Verbindlichkeit werden nur dann als gleichzeitig behandelt, wenn die Geschäftsvorfälle zum selben Zeitpunkt stattfinden.

49 In den nachstehend genannten Fällen sind die in Paragraph 42 genannten Voraussetzungen im Allgemeinen nicht erfüllt, sodass eine Saldierung unangemessen ist,

a) wenn mehrere verschiedene Finanzinstrumente kombiniert werden, um die Merkmale eines einzelnen Finanzinstruments (eines „synthetischen Finanzinstruments") nachzuahmen,

b) wenn aus Finanzinstrumenten mit gleichem Risikoprofil, aber unterschiedlichen Vertragsparteien finanzielle Vermögenswerte und Verbindlichkeiten resultieren (wie bei einem Portfolio von Termingeschäften oder anderen Derivaten),

c) wenn finanzielle oder andere Vermögenswerte als Sicherheit für finanzielle Verbindlichkeiten ohne Rückgriffsrecht verpfändet wurden,

d) wenn finanzielle Vermögenswerte von einem Schuldner zur Begleichung einer Verpflichtung in ein Treuhandverhältnis gegeben werden, ohne dass diese Vermögenswerte vom Gläubiger zum Ausgleich der Verbindlichkeit akzeptiert worden sind (beispielsweise eine Tilgungsfondsvereinbarung), oder

e) wenn bei Verpflichtungen, die aus Schadensereignissen entstehen, zu erwarten ist, dass diese durch Ersatzleistungen von Dritten beglichen werden, weil aus einem Versicherungsvertrag ein entsprechender Entschädigungsanspruch abgeleitet werden kann.

50 Ein Unternehmen, das mit einer einzigen Vertragspartei eine Reihe von Geschäften mit Finanz-

instrumenten tätigt, kann mit dieser Vertragspartei einen Globalverrechnungsvertrag schließen. Ein solcher Vertrag sieht für den Fall von Nichtzahlung oder Kündigung bei einem einzigen Instrument die sofortige Aufrechnung bzw. Abwicklung aller unter den Rahmenvertrag fallenden Finanzinstrumente vor. Solche Rahmenverträge werden für gewöhnlich von Finanzinstituten verwendet, um sich gegen Verluste aus eventuellen Insolvenzverfahren oder anderen Umständen zu schützen, die dazu führen können, dass die Vertragspartei ihren Verpflichtungen nicht nachkommen kann. Ein Globalverrechnungsvertrag schafft normalerweise nur einen bedingten Anspruch auf Saldierung, der nur dann im Rechtsweg durchgesetzt werden kann und die Verwertung oder Begleichung eines einzelnen finanziellen Vermögenswerts oder einer einzelnen finanziellen Verbindlichkeit nur dann beeinflussen kann, wenn ein tatsächlicher Zahlungsverzug oder andere Umstände vorliegen, mit denen im gewöhnlichen Geschäftsverlauf nicht zu rechnen ist. Ein Globalverrechnungsvertrag stellt für sich genommen keine Grundlage für eine Saldierung in der Bilanz dar, es sei denn, die Saldierungsvoraussetzungen gemäß Paragraph 42 sind ebenfalls erfüllt. Wenn finanzielle Vermögenswerte und finanzielle Verbindlichkeiten im Rahmen eines Globalverrechnungsvertrages nicht miteinander saldiert werden, sind die Auswirkungen des Vertrags auf das Ausfallrisiko, dem das Unternehmen ausgesetzt ist, gemäß Paragraph 36 von IFRS 7 anzugeben.

51 – 95 [gestrichen]

ZEITPUNKT DES INKRAFTTRETENS UND ÜBERGANGSVORSCHRIFTEN

96 Dieser Standard ist auf Geschäftsjahre anzuwenden, die am oder nach dem 1. Januar 2005 beginnen. Eine frühere Anwendung ist zulässig. Eine Anwendung dieses Standards auf Geschäftsjahre, die vor dem 1. Januar 2005 beginnen, ist jedoch nur bei gleichzeitiger Anwendung von IAS 39 (veröffentlicht im Dezember 2003) in der im März 2004 geänderten Fassung gestattet. Wendet ein Unternehmen diesen Standard auf Berichtsperioden an, die vor dem 1. Januar 2005 beginnen, hat es dies anzugeben.

96A Gemäß *Kündbare Finanzinstrumente und bei Liquidation entstehende Verpflichtungen* (im Februar 2008 veröffentlichte Änderungen an IAS 32 und IAS 1) sind Finanzinstrumente, die alle in den Paragraphen 16A und 16B oder 16C und 16D beschriebenen Merkmale aufweisen und die dort genannten Bedingungen erfüllen, als Eigenkapitalinstrumente einzustufen; darüber hinaus wurden mit dem genannten Dokument die Paragraphen 11, 16, 17–19, 22, 23, 25, AL13, AL14 und AL27 geändert und die Paragraphen 16A–16F, 22A, 96B, 96C, 97C, AL14A– AL14J und AL29A eingefügt. Diese Änderungen sind auf Geschäftsjahre anzuwenden, die am oder nach dem 1. Januar 2009 beginnen. Eine frühere Anwendung ist zulässig. Wendet ein Unternehmen die Änderungen auf eine frühere Periode an, hat es dies anzugeben und gleichzeitig die entsprechenden Änderungen an IAS 1, IAS 39, IFRS 7 und IFRIC 2 anzuwenden.

96B *Kündbare Finanzinstrumente und bei Liquidation entstehende Verpflichtungen* sieht eine eingeschränkte Ausnahme vom Anwendungsbereich vor, die von einem Unternehmen folglich nicht analog anzuwenden ist.

96C Die Einstufung von Instrumenten im Rahmen dieser Ausnahme ist auf die Bilanzierung der betreffenden Instrumente nach IAS 1, IAS 32, IAS 39, IFRS 7 und IFRS 9 zu beschränken. Im Rahmen anderer Standards, wie IFRS 2, sind Instrumente dagegen nicht als Eigenkapitalinstrumente einzustufen.

97 Dieser Standard ist rückwirkend anzuwenden.

97A Durch IAS 1 (in der 2007 überarbeiteten Fassung) wurde die in den IAS/IFRS verwendete Terminologie geändert. Außerdem wurde Paragraph 40 geändert. Diese Änderung ist auf Geschäftsjahre anzuwenden, die am oder nach dem 1. Januar 2009 beginnen. Wendet ein Unternehmen IAS 1 (überarbeitet 2007) auf eine frühere Periode an, so hat es auf diese Periode auch diese Änderungen anzuwenden.

97B Durch IFRS 3 *Unternehmenszusammenschlüsse* (in der 2008 überarbeiteten Fassung) wurde Paragraph 4(c) gestrichen. Diese Änderung ist auf Geschäftsjahre anzuwenden, die am oder nach dem 1. Juli 2009 beginnen. Wendet ein Unternehmen IFRS 3 (überarbeitet 2008) auf eine frühere Periode an, so hat es auf diese frühere Periode auch die Änderung anzuwenden. Die Änderung ist jedoch nicht auf bedingte Gegenleistungen anzuwenden, die aus einem Unternehmenszusammenschluss stammen, bei dem der Erwerbszeitpunkt vor der Anwendung von IFRS 3 (überarbeitet 2008) liegt. Eine solche Gegenleistung ist stattdessen nach den Paragraphen 65A–65E der 2010 geänderten Fassung von IFRS 3 zu bilanzieren.

97C Wendet ein Unternehmen die in Paragraph 96A genannten Änderungen an, so muss es ein zusammengesetztes Finanzinstrument, das mit der Verpflichtung verbunden ist, einer anderen Partei bei Liquidation einen proportionalen Anteil an seinem Nettovermögen zu überlassen, in eine Schuld- und eine Eigenkapitalkomponente aufspalten. Wenn die Schuldkomponente nicht länger aussteht, würde eine rückwirkende Anwendung dieser Änderungen an IAS 32 die Aufteilung in zwei Eigenkapitalkomponenten erfordern. Die erste wäre den Gewinnrücklagen zuzuordnen und wäre der kumulierte Zinszuwachs der Schuldkomponente. Die andere wäre die ursprüngliche Eigenkapitalkomponente. Steht die Schuldkomponente zum Zeitpunkt der Anwendung der Änderungen nicht mehr aus, so muss das Unternehmen diese beiden Komponenten folglich nicht voneinander trennen.

97D Durch *Verbesserungen an den IFRS*, veröffentlicht im Mai 2008, wurde Paragraph 4 geändert. Diese Änderung ist auf Geschäftsjahre anzuwenden, die am oder nach dem 1. Januar 2009 beginnen. Eine frühere Anwendung ist zulässig. Wendet ein Unternehmen die Änderung auf eine frühere Periode an, so hat es dies anzugeben und die Änderungen an Paragraph 3 von IFRS 7, Paragraph 1 von IAS 28 und Paragraph 1 von IAS 31, veröffentlicht im Mai 2008, gleichzeitig anzuwenden. Ein Unternehmen kann die Änderungen prospektiv anwenden.

97E Durch *Klassifizierung von Bezugsrechten* (veröffentlicht im Oktober 2009) wurden die Paragraphen 11 und 16 geändert. Diese Änderungen sind auf Geschäftsjahre anzuwenden, die am oder nach dem 1. Februar 2010 beginnen. Eine frühere Anwendung ist zulässig. Wendet ein Unternehmen diese Änderungen auf eine frühere Periode an, hat es dies anzugeben.

97F [gestrichen]

97G Durch die *Verbesserungen der IFRS*, veröffentlicht im Mai 2010, wurde Paragraph 97B geändert. Diese Änderung ist auf Geschäftsjahre anzuwenden, die am oder nach dem 1. Juli 2010 beginnen. Eine frühere Anwendung ist zulässig.

97H [gestrichen]

97I Durch IFRS 10 und IFRS 11 *Gemeinschaftliche Vereinbarungen*, veröffentlicht im Mai 2011, wurden die Paragraphen 4(a) und AL29 geändert. Wendet ein Unternehmen IFRS 10 und IFRS 11 an, hat es diese Änderungen ebenfalls anzuwenden.

97J Durch IFRS 13, veröffentlicht im Mai 2011, wurde die Definition des beizulegenden Zeitwerts in Paragraph 11 geändert und wurden die Paragraphen 23 und AL31 geändert. Wendet ein Unternehmen IFRS 13 an, sind diese Änderungen ebenfalls anzuwenden.

97K Durch *Darstellung von Posten des sonstigen Ergebnisses* (Änderungen an IAS 1), veröffentlicht im Juni 2011, wurde Paragraph 40 geändert. Wendet ein Unternehmen IAS 1 (in der im Juni 2011 geänderten Fassung) an, hat es diese Änderung ebenfalls anzuwenden.

97L Durch *Saldierung von finanziellen Vermögenswerten und finanziellen Verbindlichkeiten* (Änderungen an IAS 32), veröffentlicht im Dezember 2011, wurde Paragraph AL38 gestrichen und wurden die Paragraphen AL38A–AL38F eingefügt. Diese Änderungen sind auf Geschäftsjahre anzuwenden, die am oder nach dem 1. Januar 2014 beginnen. Diese Änderungen sind rückwirkend anzuwenden. Eine frühere Anwendung ist zulässig. Wendet ein Unternehmen diese Änderungen ab einem früheren Zeitpunkt an, so hat es dies anzugeben und außerdem die Angaben gemäß *Angaben – Saldierung von finanziellen Vermögenswerten und finanziellen Verbindlichkeiten* (Änderungen an IFRS 7), veröffentlicht im Dezember 2011, zu machen.

97M Mit der im Dezember 2011 veröffentlichten Verlautbarung *Angaben – Saldierung von finanziellen Vermögenswerten und finanziellen Verbindlichkeiten* (Änderungen an IFRS 7) wurde Paragraph 43 dahin gehend geändert, dass ein Unternehmen dazu verpflichtet wird, die in den Paragraphen 13B–13E von IFRS 7 verlangten Angaben zu angesetzten finanziellen Vermögenswerten im Anwendungsbereich des Paragraphen 13A von IFRS 7 zu machen. Diese Änderung ist auf Geschäftsjahre, die am oder nach dem 1. Januar 2013 beginnen, sowie auf Zwischenberichtsperioden innerhalb dieser Geschäftsjahre anzuwenden. Ein Unternehmen hat die durch diese Änderung verlangten Angaben rückwirkend zu machen.

97N Durch die *Jährlichen Verbesserungen, Zyklus 2009–2011*, veröffentlicht im Mai 2012, wurden die Paragraphen 35, 37 und 39 geändert und Paragraph 35A eingefügt. Diese Änderung ist rückwirkend gemäß IAS 8 *Rechnungslegungsmethoden, Änderungen von rechnungslegungsbezogenen Schätzungen und Fehler* auf Geschäftsjahre anzuwenden, die am oder nach dem 1. Januar 2013 beginnen. Eine frühere Anwendung ist zulässig. Wendet ein Unternehmen diese Änderungen auf eine frühere Periode an, hat es dies anzugeben.

97O Durch die im Oktober 2012 veröffentlichte Verlautbarung *Investmentgesellschaften* (Investment Entities) (Änderungen an IFRS 10, IFRS 12 und IAS 27) wurde Paragraph 4 geändert. Diese Änderung ist auf Geschäftsjahre anzuwenden, die am oder nach dem 1. Januar 2014 beginnen. Eine frühere Anwendung ist zulässig. Wendet ein Unternehmen diese Änderung früher an, hat es alle in der Verlautbarung *Investmentgesellschaften* enthaltenen Änderungen gleichzeitig anzuwenden.

97P [gestrichen]

97Q Durch IFRS 15 *Erlöse aus Verträgen mit Kunden*, veröffentlicht im Mai 2014, wurde Paragraph AL21 geändert. Wendet ein Unternehmen IFRS 15 an, ist diese Änderung ebenfalls anzuwenden.

97R Durch IFRS 9 (in der im Juli 2014 veröffentlichten Fassung) wurden die Paragraphen 3, 4, 8, 12, 23, 31, 42, 96C, AL2 und AL30 geändert und die Paragraphen 97F, 97H und 97P gestrichen. Wendet ein Unternehmen IFRS 9 an, hat es diese Änderungen ebenfalls anzuwenden.

97S Durch IFRS 16 *Leasingverhältnisse*, veröffentlicht im Januar 2016, wurden die Paragraphen AL9 und AL10 geändert. Wendet ein Unternehmen IFRS 16 an, sind diese Änderungen ebenfalls anzuwenden.

97T Durch IFRS 17, veröffentlicht im Mai 2017, wurden die Paragraphen 4, AL8 und AL36 geändert und Paragraph 33A eingefügt. Durch die im Juni 2020 veröffentlichte Verlautbarung *Änderungen an IFRS 17* wurde Paragraph 4 nochmals geändert. Wendet ein Unternehmen IFRS 17 an, sind diese Änderungen ebenfalls anzuwenden.

RÜCKNAHME ANDERER VERLAUTBARUNGEN

98 Dieser Standard ersetzt IAS 32 *Finanzinstrumente: Ansatz und Bewertung*, überarbeitet im Jahr 2000([2]).

([2]) Im August 2005 hat der IASB alle Angabepflichten zu Finanzinstrumenten in den IFRS 7 *Finanzinstrumente: Angaben* verlagert.

99 Dieser Standard ersetzt die folgenden Interpretationen:

a) SIC-5 *Klassifizierung von Finanzinstrumenten – Bedingte Erfüllungsvereinbarungen,*
b) SIC-16 *Gezeichnetes Kapital – Rückgekaufte eigene Eigenkapitalinstrumente (eigene Anteile)* und
c) SIC-17 *Eigenkapital – Kosten einer Eigenkapitaltransaktion.*

100 Dieser Standard widerruft die Entwurfsfassung der SIC-Interpretation D34 *Financial Instruments – Instruments or Rights Redeemable by the Holder.*

Anhang
ANWENDUNGSLEITLINIEN

IAS 32 Finanzinstrumente: Darstellung

Dieser Anhang ist integraler Bestandteil des Standards.

AL1 In diesen Anwendungsleitlinien wird die Umsetzung bestimmter Aspekte des Standards erläutert.

AL2 Der Standard behandelt nicht den Ansatz bzw. die Bewertung von Finanzinstrumenten. Die Vorschriften bezüglich des Ansatzes und der Bewertung von finanziellen Vermögenswerten und finanziellen Verbindlichkeiten sind in IFRS 9 dargelegt.

DEFINITIONEN (PARAGRAPHEN 11–14)

Finanzielle Vermögenswerte und finanzielle Verbindlichkeiten

AL3 Zahlungsmittel (flüssige Mittel) stellen einen finanziellen Vermögenswert dar, weil sie das Austauschmedium und deshalb die Grundlage sind, auf der alle Geschäftsvorfälle im Abschluss bewertet und erfasst werden. Eine Einzahlung flüssiger Mittel auf ein laufendes Konto bei einer Bank oder einem ähnlichen Finanzinstitut ist ein finanzieller Vermögenswert, weil sie das vertragliche Recht des Einzahlenden darstellt, Zahlungsmittel von dem Finanzinstitut zu erhalten bzw. einen Scheck oder ein ähnliches Finanzinstrument zugunsten eines Gläubigers zur Begleichung einer finanziellen Verbindlichkeit zu verwenden.

AL4 Typische Beispiele für finanzielle Vermögenswerte, die ein vertragliches Recht darstellen, zu einem künftigen Zeitpunkt Zahlungsmittel zu erhalten, und korrespondierend für finanzielle Verbindlichkeiten, die eine vertragliche Verpflichtung darstellen, zu einem künftigen Zeitpunkt Zahlungsmittel zu liefern, sind

a) Forderungen und Verbindlichkeiten aus Lieferungen und Leistungen,
b) Wechselforderungen und Wechselverbindlichkeiten,
c) Darlehensforderungen und Darlehensverbindlichkeiten und
d) Anleiheforderungen und Anleiheverbindlichkeiten.

In allen Fällen steht dem vertraglichen Recht der einen Vertragspartei, Zahlungsmittel zu erhalten (oder der Verpflichtung, Zahlungsmittel abzugeben), korrespondierend die vertragliche Zahlungsverpflichtung (oder das Recht, Zahlungsmittel zu erhalten) der anderen Vertragspartei gegenüber.

AL5 Andere Arten von Finanzinstrumenten sind solche, bei denen der (erwartete bzw. hingegebene) wirtschaftliche Nutzen nicht in Zahlungsmitteln, sondern in einem anderen finanziellen Vermögenswert besteht. Eine in Staatsanleihen zahlbare Wechselverbindlichkeit räumt dem Inhaber beispielsweise das vertragliche Recht ein und verpflichtet den Emittenten vertraglich zur Übergabe von Staatsanleihen und nicht von Zahlungsmitteln. Staatsanleihen sind finanzielle Vermögenswerte, weil sie eine Verpflichtung des emittierenden Staats auf Lieferung von Zahlungsmitteln darstellen. Wechsel stellen daher für den Wechselinhaber finanzielle Vermögenswerte dar, während sie für den Wechselemittenten finanzielle Verbindlichkeiten repräsentieren.

AL6 Ewige Schuldinstrumente (wie beispielsweise ewige schuldrechtliche Papiere, ungesicherte Schuldverschreibungen und Schuldscheine) räumen dem Inhaber normalerweise ein vertragliches Recht darauf ein, auf unbestimmte Zeit zu festgesetzten Terminen Zinszahlungen zu erhalten. Der Inhaber hat hierbei entweder kein Recht auf Rückerhalt des Kapitalbetrags, oder er hat dieses Recht zu Bedingungen, die den Erhalt sehr unwahrscheinlich machen bzw. ihn auf einen Termin in ferner Zukunft festlegen. Ein Unternehmen kann beispielsweise ein Finanzinstrument emittieren, mit dem es sich für alle Ewigkeit zu jährlichen Zahlungen zu einem vereinbarten Zinssatz von 8 % des ausgewiesenen Nennwerts oder Kapitalbetrags von 1 000 WE[3] verpflichtet. Wenn der marktgängige Zinssatz für das Finanzinstrument bei Ausgabe 8 % beträgt, übernimmt der Emittent eine vertragliche Verpflichtung zu einer Reihe von künftigen Zinszahlungen, deren beizulegender Zeitwert (Barwert) beim erstmaligen Ansatz 1 000 WE beträgt. Der Inhaber bzw. der Emittent des Finanzinstruments hat einen finanziellen Vermögenswert bzw. eine finanzielle Verbindlichkeit.

[3] In diesen Leitlinien werden Geldbeträge in „Währungseinheiten" (WE) angegeben.

AL7 Ein vertragliches Recht auf oder eine vertragliche Verpflichtung zu Empfang, Lieferung oder Austausch von Finanzinstrumenten stellt selbst ein Finanzinstrument dar. Eine Kette von vertraglich vereinbarten Rechten oder Verpflichtungen erfüllt die Definition eines Finanzinstruments, wenn sie letztendlich zum Empfang oder zur Abgabe von Zahlungsmitteln oder zum Erwerb oder zur Emission von Eigenkapitalinstrumenten führt.

AL8 Die Fähigkeit zur Wahrnehmung eines vertraglichen Rechts oder die Pflicht zur Erfüllung einer vertraglichen Verpflichtung kann unbedingt oder abhängig vom Eintreten eines künftigen Ereignisses sein. Zum Beispiel ist eine Bürgschaft ein dem Kreditgeber vertraglich eingeräumtes Recht auf Empfang von Zahlungsmitteln durch den

Bürgen und eine korrespondierende vertragliche Verpflichtung des Bürgen zur Leistung einer Zahlung an den Kreditgeber, wenn der Kreditnehmer seinen Verpflichtungen nicht nachkommt. Das vertragliche Recht und die vertragliche Verpflichtung bestehen aufgrund früherer Rechtsgeschäfte oder Geschäftsvorfälle (Übernahme der Bürgschaft), selbst wenn die Fähigkeit des Kreditgebers zur Wahrnehmung seines Rechts und die Anforderung an den Bürgen, seinen Verpflichtungen nachzukommen, von einem künftigen Verzug des Kreditnehmers abhängig sind. Vom Eintreten bestimmter Ereignisse abhängige Rechte und Verpflichtungen erfüllen die Definition von finanziellen Vermögenswerten bzw. finanziellen Verbindlichkeiten, selbst wenn solche Vermögenswerte und Verbindlichkeiten nicht immer im Abschluss ausgewiesen werden. Einige dieser bedingten Rechte und Verpflichtungen können Versicherungsverträge im Anwendungsbereich von IFRS 17 sein.

AL9 Ein Leasingverhältnis begründet in der Regel einen Anspruch des Leasinggebers auf Erhalt bzw. die Verpflichtung des Leasingnehmers zur Leistung einer Reihe von Zahlungen, die im Wesentlichen integrierten Tilgungs- und Zinszahlungen bei einem Darlehensvertrag entsprechen. Der Leasinggeber verbucht seine Investition als ausstehende Forderung aufgrund eines Finanzierungsleasingverhältnisses und nicht den dem Finanzierungsleasing zugrunde liegenden Vermögenswert. Somit betrachtet der Leasinggeber ein Finanzierungsleasingverhältnis als Finanzinstrument. Gemäß IFRS 16 erfasst ein Leasinggeber seinen Anspruch auf Erhalt von Leasingzahlungen im Rahmen eines Operating-Leasingverhältnisses nicht. Der Leasinggeber verbucht weiterhin den zugrunde liegenden Vermögenswert und nicht die gemäß Leasingvertrag ausstehende Forderung. Somit betrachtet der Leasinggeber ein Operating-Leasingverhältnis nicht als Finanzinstrument, außer im Hinblick auf einzelne jeweils fällige Zahlungen des Leasingnehmers.

AL10 Materielle Vermögenswerte (wie Vorräte oder Sachanlagen), geleaste Vermögenswerte und immaterielle Vermögenswerte (wie Patente oder Warenrechte) gelten nicht als finanzielle Vermögenswerte. Mit der Verfügungsgewalt über materielle Vermögenswerte, geleaste Vermögenswerte und immaterielle Vermögenswerte ist zwar die Möglichkeit verbunden, Zahlungsmittelzuflüsse oder den Zufluss anderer finanzieller Vermögenswerte zu generieren, sie führt aber nicht zu einem Rechtsanspruch auf Zahlungsmittel oder andere finanzielle Vermögenswerte.

AL11 Vermögenswerte (wie aktivische Abgrenzungen), bei denen der künftige wirtschaftliche Nutzen in Empfang von Waren oder Dienstleistungen und nicht im Recht auf Erhalt von Zahlungsmitteln oder anderen finanziellen Vermögenswerten besteht, sind keine finanziellen Vermögenswerte. Auch Posten wie passivische Abgrenzungen und die meisten Gewährleistungs- bzw. Garantieverpflichtungen gelten nicht als finanzielle Verbindlichkeiten, da die aus ihnen resultierenden Nutzenabflüsse in der Bereitstellung von Gütern und Dienstleistungen und nicht in einer vertraglichen Verpflichtung zur Abgabe von Zahlungsmitteln oder anderen finanziellen Vermögenswerten bestehen.

AL12 Schulden oder Vermögenswerte, die nicht auf einer vertraglichen Vereinbarung basieren (wie Ertragsteuern, die aufgrund gesetzlicher Vorschriften erhoben werden), gelten nicht als finanzielle Verbindlichkeiten oder finanzielle Vermögenswerte. Die Bilanzierung von Ertragsteuern wird in IAS 12 behandelt. Auch die in IAS 37 *Rückstellungen, Eventualverbindlichkeiten und Eventualforderungen* definierten faktischen Verpflichtungen werden nicht durch Verträge begründet und stellen keine finanziellen Verbindlichkeiten dar.

Eigenkapitalinstrumente

AL13 Beispiele für Eigenkapitalinstrumente sind u. a. nicht kündbare Stammanteile, einige kündbare Instrumente (siehe Paragraphen 16A und 16B), einige Instrumente, die das Unternehmen dazu verpflichten, einer anderen Partei im Falle der Liquidation einen proportionalen Anteil an seinem Nettovermögen zu überlassen (siehe Paragraphen 16C und 16D), einige Arten von Vorzugsanteilen (siehe Paragraphen AL25 und AL26) sowie Optionsscheine oder geschriebene Verkaufsoptionen, die den Inhaber zur Zeichnung oder zum Kauf einer festen Anzahl nicht kündbarer Stammanteile des emittierenden Unternehmens gegen einen festen Betrag an Zahlungsmitteln oder anderen finanziellen Vermögenswerten berechtigen. Die Verpflichtung eines Unternehmens, gegen einen festen Betrag an Zahlungsmitteln oder anderen finanziellen Vermögenswerten eine feste Anzahl eigener Eigenkapitalinstrumente auszugeben oder zu erwerben, ist (abgesehen von den in Paragraph 22A genannten Fällen) als Eigenkapitalinstrument des Unternehmens einzustufen. Wird das Unternehmen in einem solchen Vertrag jedoch zur Abgabe von Zahlungsmitteln oder anderen finanziellen Vermögenswerten verpflichtet, so entsteht (sofern es sich nicht um einen Vertrag handelt, der gemäß den Paragraphen 16A und 16B oder 16C und 16D als Eigenkapitalinstrument eingestuft ist) gleichzeitig eine Verbindlichkeit in Höhe des Barwerts des Rückzahlungsbetrags (siehe Paragraph AL27(a)). Ein Emittent nicht kündbarer Stammanteile geht eine Verbindlichkeit ein, wenn er förmliche Schritte für eine Ausschüttung einleitet und damit den Anteilseignern gegenüber rechtlich dazu verpflichtet wird. Dies kann nach einer Dividendenerklärung der Fall sein oder wenn das Unternehmen liquidiert wird und alle nach Begleichung der Schulden verbliebenen Vermögenswerte auf die Anteilseigner zu verteilen sind.

AL14 Eine erworbene Kaufoption oder ein ähnlicher erworbener Vertrag, der ein Unternehmen gegen Abgabe eines festen Betrags an Zahlungsmitteln oder anderen finanziellen Vermögenswerten zum Rückkauf einer festen Anzahl eigener Eigenkapitalinstrumente berechtigt, stellt (abgesehen von den in Paragraph 22A genannten Fällen) keinen finanziellen Vermögenswert des Unternehmens dar. Stattdessen werden sämtliche für einen solchen Vertrag entrichteten Gegenleistungen vom Eigenkapital abgezogen.

Klasse von Instrumenten, die allen anderen im Rang nachgeht (Paragraph 16A(b) und 16C(b))

AL14A Eines der in den Paragraphen 16A und 16C genannten Merkmale ist, dass das Finanzinstrument in die Klasse von Instrumenten fällt, die allen anderen im Rang nachgeht.

AL14B Bei der Entscheidung darüber, ob ein Instrument in die nachrangigste Klasse fällt, bewertet das Unternehmen den Anspruch, der im Falle der Liquidation mit diesem Instrument verbunden ist, zu den zum Zeitpunkt der Einstufung herrschenden Bedingungen. Tritt bei maßgeblichen Umständen eine Veränderung ein, so hat das Unternehmen die Einstufung zu überprüfen. Gibt ein Unternehmen beispielsweise ein anderes Finanzinstrument aus oder nimmt ein solches zurück, so kann dies die Einstufung des betreffenden Instruments in die nachrangigste Instrumentenklasse infrage stellen.

AL14C Bei Liquidation des Unternehmens mit einem Vorzugsrecht verbunden zu sein, bedeutet nicht, dass das Instrument zu einem proportionalen Anteil am Nettovermögen des Unternehmens berechtigt. Im Falle der Liquidation mit einem Vorzugsrecht verbunden ist beispielsweise ein Instrument, das den Inhaber bei Liquidation nicht nur zu einem Anteil am Nettovermögen des Unternehmens, sondern auch zu einer festen Dividende berechtigt, während die anderen Instrumente in der nachrangigsten Klasse, die zu einem proportionalen Anteil am Nettovermögen berechtigen, bei Liquidation nicht mit dem gleichen Recht verbunden sind.

AL14D Verfügt ein Unternehmen nur über eine Klasse von Finanzinstrumenten, so ist diese so zu behandeln, als ginge sie allen anderen im Rang nach.

Für das Instrument über seine Laufzeit insgesamt erwartete Zahlungsströme (Paragraph 16A(e))

AL14E Die für das Instrument über seine Laufzeit insgesamt erwarteten Zahlungsströme müssen im Wesentlichen auf den Gewinnen oder Verlusten während der Laufzeit, auf Veränderungen, die in dieser Zeit bei den bilanzwirksamen Nettovermögenswerten eintreten, oder auf Veränderungen, die während der Laufzeit beim beizulegenden Zeitwert der bilanzwirksamen und -unwirksamen Nettovermögenswerte des Unternehmens zu verzeichnen sind, beruhen. Gewinne oder Verluste sowie Veränderungen bei den bilanzwirksamen Nettovermögenswerten werden gemäß den einschlägigen IFRS bewertet.

Transaktionen eines Instrumenteninhabers, der nicht Eigentümer des Unternehmens ist (Paragraphen 16A und 16C)

AL14F Der Inhaber eines kündbaren Finanzinstruments oder eines Instruments, das das Unternehmen dazu verpflichtet, einer anderen Partei im Falle der Liquidation einen proportionalen Anteil an seinem Nettovermögen zu überlassen, kann in den anderen Eigenschaft als der eines Eigentümers Transaktionen mit dem Unternehmen eingehen. So kann es sich bei dem Inhaber des Instruments auch um einen Beschäftigten des Unternehmens handeln. In diesem Fall sind bei der Beurteilung der Frage, ob das Instrument nach Paragraph 16A oder nach Paragraph 16C als Eigenkapitalinstrument einzustufen ist, nur die Zahlungsströme und die Vertragsbedingungen zu berücksichtigen, die sich auf den Inhaber des Instruments in seiner Eigenschaft als Eigentümer beziehen.

AL14G Ein Beispiel hierfür ist eine Kommanditgesellschaft mit beschränkt und voll haftenden Gesellschaftern. Einige der voll haftenden Gesellschafter können dem Unternehmen gegenüber eine Garantie abgeben und dafür eine Vergütung erhalten. In solchen Fällen beziehen sich die Garantie und die damit verbundenen Zahlungsströme auf die Instrumenteninhaber in ihrer Eigenschaft als Garantiegeber und nicht als Eigentümer. Deshalb würden eine solche Garantie und die damit verbundenen Zahlungsströme nicht dazu führen, dass die voll haftenden Gesellschafter den beschränkt haftenden gegenüber als nachrangig eingestuft werden, und würden diese Garantie und die damit verbundenen Zahlungsströme bei der Beurteilung der Frage, ob die Vertragsbedingungen der Instrumente der beschränkt und voll haftenden Gesellschafter identisch sind, außer Acht gelassen.

AL14H Ein weiteres Beispiel ist eine Gewinn- oder Verlustbeteiligungsvereinbarung, bei der den Instrumenteninhabern die Gewinne bzw. Verluste nach Maßgabe der im laufenden und vorangegangenen Geschäftsjahr/en geleisteten Dienste oder getätigten Geschäftsabschlüsse zugeteilt werden. Derartige Vereinbarungen werden mit den Instrumenteninhabern in ihrer Eigenschaft als Nichteigentümer geschlossen und sollten bei der Beurteilung der Frage, ob die in den Paragraphen 16A oder 16C genannten Merkmale gegeben sind, außer Acht gelassen werden. Gewinn oder Verlustbeteiligungsvereinbarungen, bei denen den Instrumenteninhabern Gewinne oder Verluste nach Maßgabe des Nennbetrags ihrer Instrumente im Vergleich zu anderen Instrumenten derselben Klasse zugeteilt werden, sind dagegen Transaktionen, bei denen die Instrumenteninhaber in ihrer Eigenschaft als Eigentümer agieren, und sind deshalb bei der Beurteilung der Frage, ob die in den Paragraphen 16A oder 16C genannten Merkmale gegeben sind, zu berücksichtigen.

AL14I Zahlungsströme und Vertragsbedingungen einer Transaktion zwischen dem Instrumenteninhaber (als Nichteigentümer) und dem emittierenden Unternehmen müssen ähnlich sein wie bei einer entsprechenden Transaktion, die zwischen einer dritten Partei und dem emittierenden Unternehmen stattfinden könnte.

Keine anderen Finanzinstrumente oder Verträge über die gesamten Zahlungsströme, die die Restrendite ihrer Inhaber erheblich beschränken oder festlegen (Paragraphen 16B und 16D)

AL14J Ein Finanzinstrument, das ansonsten die in den Paragraphen 16A oder 16C genannten Kriterien erfüllt, wird als Eigenkapital eingestuft, wenn das Unternehmen keine anderen Finanzinstrumente oder Verträge hält, bei denen a) die gesamten Zahlungsströme im Wesentlichen auf Gewinnen oder Verlusten, auf Veränderungen bei den bilanzwirksamen Nettovermögenswerten oder auf Veränderungen beim beizulegenden Zeitwert der bilanzwirksamen und -unwirksamen Nettovermögenswerte des Unternehmens beruhen, und die b) die Restrendite erheblich beschränken oder festlegen. Folgende Instrumente dürften, wenn sie unter handelsüblichen Vertragsbedingungen mit fremden Dritten geschlossen werden, einer Einstufung von Instrumenten, die ansonsten die in Paragraphen 16A oder 16C genannten Kriterien erfüllen, als Eigenkapital nicht im Wege stehen:

a) Instrumente, deren gesamte Zahlungsströme sich im Wesentlichen auf bestimmte Vermögenswerte des Unternehmens stützen,
b) Instrumente, deren gesamte Zahlungsströme sich auf einen Prozentsatz der Erlöse stützen,
c) Verträge, mit denen einzelne Mitarbeiter eine Vergütung für ihre dem Unternehmen geleisteten Dienste erhalten sollen,
d) Verträge, die als Gegenleistung für erbrachte Dienste oder gelieferte Waren zur Zahlung eines unerheblichen Prozentsatzes des Gewinns verpflichten.

Derivative Finanzinstrumente

AL15 Finanzinstrumente umfassen originäre Instrumente (wie Forderungen, Zahlungsverpflichtungen oder Eigenkapitalinstrumente) und derivative Finanzinstrumente (wie Optionen, standardisierte und andere Termingeschäfte, Zinsswaps oder Währungsswaps). Derivative Finanzinstrumente erfüllen die Definition eines Finanzinstruments und fallen daher in den Anwendungsbereich dieses Standards.

AL16 Derivative Finanzinstrumente begründen Rechte und Verpflichtungen, sodass Finanzrisiken, die in den zugrunde liegenden originären Finanzinstrumenten enthalten sind, als separate Rechte und Verpflichtungen zwischen den Vertragsparteien übertragen werden können. Zu Beginn räumen derivative Finanzinstrumente einer Vertragspartei ein vertragliches Recht auf Austausch von finanziellen Vermögenswerten oder finanziellen Verbindlichkeiten mit der anderen Vertragspartei unter potenziell vorteilhaften Bedingungen ein bzw. verpflichten vertraglich zum Austausch von finanziellen Vermögenswerten oder finanziellen Verbindlichkeiten mit der anderen Vertragspartei unter potenziell nachteiligen Bedingungen. Im Allgemeinen[4] führen sie bei Vertragsabschluss jedoch nicht zu einer Übertragung des zugrunde liegenden originären Finanzinstruments, und auch die Erfüllung solcher Verträge ist nicht unbedingt mit einer Übertragung des originären Finanzinstruments verknüpft. Einige Finanzinstrumente schließen sowohl ein Recht auf Austausch als auch eine Verpflichtung zum Austausch ein. Da die Bedingungen des Austauschs zu Beginn der Laufzeit des derivativen Finanzinstruments festgelegt werden und die Kurse auf den Finanzmärkten ständigen Veränderungen unterworfen sind, können die Bedingungen im Laufe der Zeit entweder vorteilhaft oder nachteilig werden.

[4] Dies trifft auf die meisten, jedoch nicht alle Derivate zu. Beispielsweise wird bei einigen kombinierten Zins-Währungsswaps der Nennbetrag bei Vertragsabschluss getauscht (und bei Vertragserfüllung zurückgetauscht).

AL17 Eine Verkaufs- oder Kaufoption auf den Austausch finanzieller Vermögenswerte oder finanzieller Verbindlichkeiten (also anderer Finanzinstrumente als den eigenen Eigenkapitalinstrumenten des Unternehmens) räumt dem Inhaber ein Recht auf einen potenziellen künftigen wirtschaftlichen Nutzen aufgrund der Veränderungen im beizulegenden Zeitwert des Finanzinstruments ein, das dem Kontrakt zugrunde liegt. Umgekehrt geht der Stillhalter einer Option eine Verpflichtung ein, auf einen potenziellen künftigen wirtschaftlichen Nutzen zu verzichten bzw. potenzielle Verluste aufgrund der Veränderungen im beizulegenden Zeitwert des betreffenden Finanzinstrumentes zu tragen. Das vertragliche Recht des Inhabers und die Verpflichtung des Stillhalters erfüllen die definitorischen Merkmale eines finanziellen Vermögenswerts bzw. einer finanziellen Verbindlichkeit. Das einem Optionsvertrag zugrunde liegende Finanzinstrument kann ein beliebiger finanzieller Vermögenswert einschließlich Anteilen anderer Unternehmen und verzinslicher Instrumente sein. Eine Option kann den Stillhalter verpflichten, ein Schuldinstrument zu emittieren, anstatt einen finanziellen Vermögenswert zu übertragen, doch würde das dem Optionsvertrag zugrunde liegende Finanzinstrument bei Ausübung des Optionsrechts einen finanziellen Vermögenswert des Inhabers darstellen. Das Recht des Optionsinhabers auf Austausch der Vermögenswerte unter potenziell vorteilhaften Bedingungen und die Verpflichtung des Stillhalters zur Abgabe von Vermögenswerten unter potenziell nachteiligen Bedingungen sind von den zugrunde liegenden, bei Ausübung der Option auszutauschenden finanziellen Vermögenswerten zu unterscheiden. Die Art des Inhaberrechts und der Verpflichtung des Stillhalters bleiben von der Wahrscheinlichkeit der Ausübung des Optionsrechts unberührt.

AL18 Ein weiteres Beispiel für ein derivatives Finanzinstrument ist ein Termingeschäft, das in sechs Monaten zu erfüllen ist und in dem ein Käufer sich verpflichtet, im Austausch gegen festverzinsliche Staatsanleihen mit einem Nennbetrag von 1 000 000 WE Zahlungsmittel im Wert von 1 000 000 WE zu liefern, und der Verkäufer sich verpflichtet, im Austausch gegen Zahlungsmittel im Wert von 1 000 000 WE festverzinsliche Staatsanleihen mit einem Nennbetrag von 1 000 000

2/17. IAS 32
AL18 – AL23

WE zu liefern. Während des Zeitraums von sechs Monaten haben beide Vertragsparteien ein vertragliches Recht und eine vertragliche Verpflichtung zum Austausch von Finanzinstrumenten. Wenn der Marktpreis der Staatsanleihen über 1 000 000 WE steigt, sind die Bedingungen für den Käufer vorteilhaft und für den Verkäufer nachteilig; wenn der Marktpreis unter 1 000 000 WE fällt, ist das Gegenteil der Fall. Der Käufer hat ein vertragliches Recht (einen finanziellen Vermögenswert) ähnlich dem Recht aufgrund einer gehaltenen Kaufoption und eine vertragliche Verpflichtung (eine finanzielle Verbindlichkeit) ähnlich einer Verpflichtung aufgrund einer geschriebenen Verkaufsoption; der Verkäufer hat hingegen ein vertragliches Recht (einen finanziellen Vermögenswert) ähnlich dem Recht aufgrund einer gehaltenen Verkaufsoption und eine vertragliche Verpflichtung (eine finanzielle Verbindlichkeit) ähnlich einer Verpflichtung aufgrund einer geschriebenen Kaufoption. Wie bei Optionen stellen diese vertraglichen Rechte und Verpflichtungen finanzielle Vermögenswerte und finanzielle Verbindlichkeiten dar, die von den den Geschäften zugrunde liegenden Finanzinstrumenten (den auszutauschenden Staatsanleihen und Zahlungsmitteln) zu trennen und zu unterscheiden sind. Beide Vertragsparteien eines Termingeschäfts gehen eine zu einem vereinbarten Zeitpunkt zu erfüllende Verpflichtung ein, während die Erfüllung bei einem Optionsvertrag nur dann erfolgt, wenn der Inhaber der Option dies wünscht.

AL19 Viele andere Arten von derivativen Finanzinstrumenten enthalten ein Recht auf bzw. eine Verpflichtung zu künftigem Austausch, einschließlich Zins- und Währungsswaps, Zinsobergrenzen, Collars und Zinsuntergrenzen, Darlehenszusagen, NIFs (Note Issuance Facilities) und Akkreditive. Ein Zinsswap kann als Variante eines Termingeschäfts betrachtet werden, bei dem die Vertragsparteien übereinkommen, künftig eine Reihe von Geldbeträgen auszutauschen, wobei der eine Betrag aufgrund eines variablen Zinssatzes und der andere aufgrund eines festen Zinssatzes berechnet wird. Futures-Kontrakte stellen eine weitere Variante von Termingeschäften dar, die sich hauptsächlich dadurch unterscheiden, dass die Verträge standardisiert sind und an Börsen gehandelt werden.

Verträge über den Kauf oder Verkauf eines nichtfinanziellen Postens (Paragraphen 8–10)

AL20 Verträge über den Kauf oder Verkauf eines nichtfinanziellen Postens erfüllen nicht die Definition eines Finanzinstruments, weil das vertragliche Recht einer Vertragspartei auf den Empfang nichtfinanzieller Vermögenswerte oder Dienstleistungen und die korrespondierende Verpflichtung der anderen Vertragspartei nicht für beide Vertragsparteien einen bestehenden Rechtsanspruch oder eine Verpflichtung auf Empfang, Lieferung oder Übertragung eines finanziellen Vermögenswerts begründen. Beispielsweise gelten Verträge, die eine Erfüllung ausschließlich durch Erhalt oder Lieferung eines nichtfinanziellen Vermögenswerts (beispielsweise eine Option, ein standardisiertes oder anderes Termingeschäft über Silber) vorsehen, nicht als Finanzinstrumente. Dies trifft auf viele Warenverträge zu. Einige Warenverträge sind der Form nach standardisiert und werden in organisierten Märkten auf ähnliche Weise wie einige derivative Finanzinstrumente gehandelt. Ein standardisiertes Warentermingeschäft kann beispielsweise sofort gegen Bargeld gekauft und verkauft werden, weil es an einer Börse zum Handel zugelassen ist und häufig den Besitzer wechseln kann. Die Vertragsparteien, die den Vertrag kaufen bzw. verkaufen, handeln allerdings im Grunde genommen mit der dem Vertrag zugrunde liegenden Ware. Die Fähigkeit, einen Warenvertrag gegen Zahlungsmittel zu kaufen bzw. zu verkaufen, die Leichtigkeit, mit der der Warenvertrag gekauft bzw. verkauft werden kann, und die Möglichkeit, einen Barausgleich mit der Verpflichtung zu vereinbaren, die Ware zu erhalten bzw. zu liefern, ändern die grundlegende Eigenschaft nicht in einer Weise, dass ein Finanzinstrument gebildet würde. Dennoch fallen einige Verträge über den Kauf oder Verkauf nichtfinanzieller Posten, die durch einen Nettoausgleich in bar oder anderen Finanzinstrumenten erfüllt werden können oder bei denen der nichtfinanzielle Posten jederzeit in Zahlungsmittel umgewandelt werden kann, in den Anwendungsbereich dieses Standards, so als handle es sich um Finanzinstrumente (siehe Paragraph 8).

AL21 Sofern in IFRS 15 *Erlöse aus Verträgen mit Kunden* nichts anderes festgelegt ist, begründet ein Vertrag, der den Erhalt bzw. die Lieferung materieller Vermögenswerte enthält, weder einen finanziellen Vermögenswert bei der einen Vertragspartei noch eine finanzielle Verbindlichkeit bei der anderen, es sei denn, dass eine entsprechende Zahlung oder Teilzahlung auf einen Zeitpunkt nach Übertragung der materiellen Vermögenswerte verschoben wird. Dies ist beim Kauf oder Verkauf von Gütern mittels Handelskredit der Fall.

AL22 Einige Verträge beziehen sich zwar auf Waren, enthalten aber keine Erfüllung durch physische Entgegennahme bzw. Lieferung von Waren. Bei diesen Verträgen erfolgt die Erfüllung durch Barzahlungen, deren Höhe anhand einer im Vertrag festgelegten Formel bestimmt wird, und nicht durch Zahlung von Festbeträgen. Der Kapitalwert einer Anleihe kann beispielsweise durch Zugrundelegung des Marktpreises für Öl berechnet werden, der bei Fälligkeit der Anleihe für eine feste Ölmenge besteht. Der Kapitalwert wird im Hinblick auf den Warenpreis indiziert, aber ausschließlich mit Zahlungsmitteln erbracht. Solche Verträge stellen Finanzinstrumente dar.

AL23 Die Definition des Begriffs „Finanzinstrument" umfasst auch Verträge, die zusätzlich zu finanziellen Vermögenswerten bzw. finanziellen Verbindlichkeiten zu nichtfinanziellen Vermögenswerten bzw. nichtfinanziellen Verbindlichkeiten führen. Solche Finanzinstrumente räumen einer Vertragspartei häufig eine Option auf Austausch eines finanziellen Vermögenswerts gegen einen nichtfinanziellen Vermögenswert ein. Eine an

Öl gebundene Anleihe beispielsweise kann dem Inhaber das Recht auf Erhalt von regelmäßigen Zinszahlungen in festen zeitlichen Abständen und auf Erhalt eines festen Betrags an Zahlungsmitteln bei Fälligkeit mit der Option einräumen, den Kapitalbetrag gegen eine feste Menge an Öl einzutauschen. Ob die Ausübung einer solchen Option vorteilhaft ist, hängt davon ab, wie stark sich der beizulegende Zeitwert des Öls in Bezug auf das in der Anleihe festgesetzte Tauschverhältnis von Zahlungsmitteln gegen Öl (den Tauschpreis) verändert. Die Absichten des Anleihegläubigers, eine Option auszuüben, beeinflussen nicht die wirtschaftliche Substanz derjenigen Teile, die Vermögenswerte darstellen. Der finanzielle Vermögenswert des Inhabers und die finanzielle Verbindlichkeit des Emittenten machen die Anleihe zu einem Finanzinstrument, unabhängig von anderen Arten von Vermögenswerten und Schulden, die ebenfalls geschaffen werden.

AL24 [gestrichen]

DARSTELLUNG

Schulden und Eigenkapital (Paragraphen 15–27)

Keine vertragliche Verpflichtung zur Lieferung von Zahlungsmitteln oder anderen finanziellen Vermögenswerten (Paragraphen 17–20)

AL25 Vorzugsanteile können bei der Emission mit verschiedenen Rechten ausgestattet werden. Bei der Einstufung eines Vorzugsanteils als finanzielle Verbindlichkeit oder als Eigenkapitalinstrument beurteilt ein Emittent die einzelnen Rechte, die mit dem Anteil verbunden sind, um zu bestimmen, ob er die wesentlichen Merkmale einer finanziellen Verbindlichkeit aufweist. So beinhaltet ein Vorzugsanteil, der eine Rücknahme zu einem bestimmten Zeitpunkt oder auf Wunsch des Inhabers vorsieht, eine finanzielle Verbindlichkeit, da der Emittent zur Abgabe finanzieller Vermögenswerte an den Anteilsinhaber verpflichtet ist. Auch wenn ein Emittent der vertraglich vereinbarten Rücknahmeverpflichtung von Vorzugsanteilen aus Mangel an Finanzmitteln, aufgrund einer gesetzlich vorgeschriebenen Verfügungsbeschränkung oder ungenügender Gewinne oder Rücklagen u. U. nicht nachkommen kann, wird die Verpflichtung dadurch nicht hinfällig. Eine Option des Emittenten auf Rückkauf der Anteile gegen Zahlungsmittel erfüllt nicht die Definition einer finanziellen Verbindlichkeit, da der Emittent in diesem Fall keine gegenwärtige Verpflichtung zur Übertragung finanzieller Vermögenswerte auf die Anteilseigner hat, sondern die Rücknahme der Anteile ausschließlich in seinem Ermessen liegt. Eine Verpflichtung kann allerdings entstehen, wenn der Emittent seine Option ausübt; normalerweise geschieht dies, indem er die Anteilseigner formell von der Rückkaufabsicht unterrichtet.

AL26 Wenn Vorzugsanteile nicht rücknahmefähig sind, hängt die angemessene Einstufung von den anderen mit ihnen verbundenen Rechten ab. Die Einstufung erfolgt nach Maßgabe der wirtschaftlichen Substanz der vertraglichen Vereinbarungen und der Begriffsbestimmungen für finanzielle Verbindlichkeiten und Eigenkapitalinstrumente. Wenn Ausschüttungen an Inhaber kumulativer oder nichtkumulativer Vorzugsanteile im Ermessensspielraum des Emittenten liegen, gelten die Anteile als Eigenkapitalinstrumente. Nicht beeinflusst wird die Einstufung eines Vorzugsanteils als Eigenkapitalinstrument oder als finanzielle Verbindlichkeit beispielsweise durch

a) Ausschüttungen in der Vergangenheit,
b) die Absicht, künftig Ausschüttungen vorzunehmen,
c) eine mögliche nachteilige Auswirkung auf den Kurs der Stammanteile des Emittenten, falls keine Ausschüttungen vorgenommen werden (aufgrund von Beschränkungen hinsichtlich der Zahlung von Dividenden auf Stammanteile, wenn keine Dividenden auf Vorzugsanteile gezahlt werden),
d) die Höhe der Rücklagen des Emittenten,
e) eine Gewinn- oder Verlusterwartung des Emittenten für eine Berichtsperiode oder
f) die Fähigkeit oder Unfähigkeit des Emittenten, die Höhe seines Periodengewinns oder -verlusts zu beeinflussen.

Erfüllung in eigenen Eigenkapitalinstrumenten des Unternehmens (Paragraphen 21–24)

AL27 Die folgenden Beispiele veranschaulichen, wie die verschiedenen Arten von Verträgen über die eigenen Eigenkapitalinstrumente eines Unternehmens einzustufen sind:

a) Ein Vertrag, zu dessen Erfüllung das Unternehmen ohne künftige Gegenleistung eine feste Anzahl eigener Eigenkapitalinstrumente erhält oder liefert oder eine feste Anzahl eigener Anteile gegen einen festen Betrag an Zahlungsmitteln oder anderen finanziellen Vermögenswerten tauscht, ist (abgesehen von den in Paragraph 22A genannten Fällen) als Eigenkapitalinstrument einzustufen. Dementsprechend werden im Rahmen eines solchen Vertrags empfangene oder gezahlte Gegenleistungen direkt dem Eigenkapital zugeschrieben bzw. davon abgezogen. Ein Beispiel hierfür ist eine ausgegebene Anteilsoption, die die andere Vertragspartei gegen Zahlung eines festen Betrags an Zahlungsmitteln zum Kauf einer festen Anzahl von Anteilen des Unternehmens berechtigt. Ist das Unternehmen jedoch vertraglich verpflichtet, seine eigenen Anteile zu einem fest vereinbarten oder bestimmbaren Zeitpunkt oder auf Verlangen gegen Zahlungsmittel oder andere finanzielle Vermögenswerte zu kaufen (zurückzukaufen), hat es (abgesehen von Instrumenten, die alle in den Paragraphen 16A und 16B oder 16C und 16D beschriebenen Merkmale aufweisen und die dort genannten Bedingungen erfüllen) gleichzeitig eine finanzielle Verbindlichkeit in Höhe des Barwerts des Rückzahlungsbetrags anzusetzen. Ein Beispiel hierfür ist die Verpflichtung eines Unternehmens bei einem Termingeschäft, eine feste Anzahl eigener Anteile gegen einen festen Betrag an Zahlungsmitteln zurückzukaufen.

b) Die Verpflichtung eines Unternehmens zum Kauf eigener Anteile gegen Zahlungsmittel begründet (mit Ausnahme der in den Paragraphen 16A und 16B oder 16C und 16D genannten Fälle) auch dann eine finanzielle Verbindlichkeit in Höhe des Barwerts des Rückzahlungsbetrags, wenn die Anzahl der Anteile, zu deren Rückkauf das Unternehmen verpflichtet ist, nicht festgelegt ist oder die Verpflichtung nur bei Ausübung des Rückgaberechts durch die andere Vertragspartei zu erfüllen ist. Ein Beispiel für eine solche bedingte Verpflichtung ist eine ausgegebene Option, die das Unternehmen zum Rückkauf eigener Anteile verpflichtet, wenn die Vertragspartei die Option ausübt.

c) Ein in bar oder durch andere finanzielle Vermögenswerte erfüllter Vertrag stellt (mit Ausnahme der in den Paragraphen 16A und 16B oder 16C und 16D genannten Fälle) auch dann einen finanziellen Vermögenswert bzw. eine finanzielle Verbindlichkeit dar, wenn der zu erhaltende bzw. abzugebende Betrag an Zahlungsmitteln oder anderen finanziellen Vermögenswerten auf Änderungen des Marktpreises der eigenen Eigenkapitalinstrumente des Unternehmens beruht. Ein Beispiel hierfür ist eine Anteilsoption mit Nettobarausgleich.

d) Ein Vertrag, der durch eine variable Anzahl eigener Anteile des Unternehmens erfüllt wird, dessen Wert einem festen Betrag oder einem von Änderungen einer zugrunde liegenden Variablen (beispielsweise eines Warenpreises) abhängigen Betrag entspricht, stellt einen finanziellen Vermögenswert bzw. eine finanzielle Verbindlichkeit dar. Ein Beispiel hierfür ist eine geschriebene Option auf den Kauf von Gold, die bei Ausübung netto in eigenen Eigenkapitalinstrumenten des Unternehmens erfüllt wird, wobei sich die Anzahl der abzugebenden Instrumente nach dem Wert des Optionskontrakts bemisst. Ein derartiger Vertrag stellt auch dann einen finanziellen Vermögenswert bzw. eine finanzielle Verbindlichkeit dar, wenn die zugrunde liegende Variable der Kurs der eigenen Anteile des Unternehmens und nicht das Gold ist. Auch ein Vertrag, der einen Ausgleich durch eine feste Anzahl eigener Anteile des Unternehmens vorsieht, die jedoch mit unterschiedlichen Rechten ausgestattet werden, sodass der Erfüllungsbetrag einem festen Betrag oder einem auf Änderungen einer zugrunde liegenden Variablen basierenden Betrag entspricht, ist als finanzieller Vermögenswert bzw. als finanzielle Verbindlichkeit einzustufen.

Bedingte Erfüllungsvereinbarungen (Paragraph 25)

AL28 Besteht ein Teil einer bedingten Erfüllungsvereinbarung, der einen Ausgleich in bar oder anderen finanziellen Vermögenswerten (oder eine andere als finanzielle Verbindlichkeit einzustufende Art der Erfüllung) erforderlich machen könnte, nicht wirklich, so hat die Erfüllungsvereinbarung gemäß Paragraph 25 keinen Einfluss auf die Einstufung eines Finanzinstruments. Somit ist ein Vertrag, der nur dann in bar oder durch eine variable Anzahl eigener Anteile zu erfüllen ist, wenn ein extrem seltenes, äußerst ungewöhnliches und sehr unwahrscheinliches Ereignis eintritt, als Eigenkapitalinstrument einzustufen. Auch die Erfüllung durch eine feste Anzahl eigener Anteile des Unternehmens kann unter bestimmten Umständen, die sich der Kontrolle des Unternehmens entziehen, vertraglich ausgeschlossen sein; ist das Eintreten dieser Umstände jedoch höchst unwahrscheinlich, ist eine Einstufung als Eigenkapitalinstrument angemessen.

Behandlung im Konzernabschluss

AL29 Im Konzernabschluss weist ein Unternehmen die nicht beherrschenden Anteile – also die Anteile Dritter am Eigenkapital und Periodenergebnis seiner Tochterunternehmen – gemäß IAS 1 und IFRS 10 aus. Bei der Einstufung eines Finanzinstruments (oder eines seiner Bestandteile) im Konzernabschluss bestimmt ein Unternehmen anhand aller zwischen den Konzernmitgliedern und den Inhabern des Instruments vereinbarten Vertragsbedingungen, ob das Instrument den Konzern als Ganzes zur Lieferung von Zahlungsmitteln oder anderer finanzieller Vermögenswerte oder zu einer anderen Art der Erfüllung verpflichtet, die eine Einstufung als Verbindlichkeit nach sich zieht. Wenn ein Tochterunternehmen in einem Konzern ein Finanzinstrument emittiert und ein Mutterunternehmen oder ein anderes Konzernunternehmen mit den Inhabern des Instruments direkt zusätzliche Vertragsbedingungen (beispielsweise eine Garantie) vereinbart, liegen die Ausschüttungen oder die Rücknahme möglicherweise nicht mehr im Ermessen des Konzerns. Auch wenn es im Einzelabschluss des Tochterunternehmens angemessen sein kann, diese zusätzlichen Bedingungen bei der Einstufung des Instruments auszuklammern, sind die Auswirkungen anderer Vereinbarungen zwischen den Konzernmitgliedern und den Inhabern des Instruments zu berücksichtigen, um zu gewährleisten, dass der Konzernabschluss die vom Konzern als Ganzem eingegangenen Verträge und Transaktionen widerspiegelt. Soweit eine derartige Verpflichtung oder Erfüllungsvereinbarung besteht, ist das Instrument (oder dessen Bestandteil, auf den sich die Verpflichtung bezieht) im Konzernabschluss als finanzielle Verbindlichkeit einzustufen.

AL29A Nach den Paragraphen 16A und 16B oder 16C und 16D werden bestimmte Arten von Instrumenten, die für das Unternehmen mit einer vertraglichen Verpflichtung verbunden sind, als

Eigenkapitalinstrumente eingestuft. Dies stellt eine Ausnahme von den allgemeinen Einstufungsgrundsätzen dieses Standards dar. Nicht anzuwenden ist diese Ausnahme bei der Einstufung nicht beherrschender Anteile im Konzernabschluss. Aus diesem Grund werden Instrumente, die nach den Paragraphen 16A und 16B oder den Paragraphen 16C und 16D im Einzelabschluss als Eigenkapital eingestuft sind und bei denen es sich um nicht beherrschende Anteile handelt, im Konzernabschluss als Verbindlichkeiten eingestuft.

Zusammengesetzte Finanzinstrumente (Paragraphen 28–32)

AL30 Paragraph 28 gilt nur für die Emittenten nicht derivativer zusammengesetzter Finanzinstrumente. Zusammengesetzte Finanzinstrumente werden in Paragraph 28 nicht aus Sicht der Inhaber behandelt. In IFRS 9 werden die Einstufung und die Bewertung von finanziellen Vermögenswerten, bei denen es sich um zusammengesetzte Finanzinstrumente handelt, aus Sicht der Inhaber behandelt.

AL31 Ein typisches Beispiel für ein zusammengesetztes Finanzinstrument ist ein Schuldinstrument, das eine eingebettete Tauschoption wie in Stammanteile des Emittenten wandelbare Anleihen enthält und keine anderen Merkmale eines eingebetteten Derivats aufweist. Paragraph 28 verlangt vom Emittenten eines solchen Finanzinstruments, die Schuld- und die Eigenkapitalkomponente in der Bilanz wie folgt getrennt auszuweisen:

a) Die Verpflichtung des Emittenten zu regelmäßigen Zins- und Kapitalzahlungen stellt eine finanzielle Verbindlichkeit dar, die solange besteht, wie das Instrument nicht gewandelt wird. Beim erstmaligen Ansatz entspricht der beizulegende Zeitwert der Schuldkomponente dem Barwert der vertraglich festgelegten künftigen Zahlungsströme, die zum Marktzinssatz abgezinst werden, der zu diesem Zeitpunkt für Finanzinstrumente gültig ist, die einen vergleichbaren Kreditstatus haben und bei den gleichen Bedingungen zu im Wesentlichen den gleichen Zahlungsströmen führen, bei denen aber keine Tauschoption vorliegt.

b) Das Eigenkapitalinstrument besteht in einer eingebetteten Option auf Wandlung der Verbindlichkeit in Eigenkapital des Emittenten. Diese Option hat beim erstmaligen Ansatz auch dann einen Wert, wenn sie aus dem Geld ist.

AL32 Bei Wandlung eines wandelbaren Instruments zum Fälligkeitstermin wird die Schuldkomponente ausgebucht und im Eigenkapital erfasst. Die ursprüngliche Eigenkapitalkomponente wird weiterhin als Eigenkapital geführt (kann jedoch von einem Eigenkapitalposten in einen anderen umgebucht werden). Bei der Umwandlung zum Fälligkeitstermin entsteht kein Gewinn oder Verlust.

AL33 Wird ein wandelbares Instrument durch frühzeitige Rücknahme oder frühzeitigen Rückkauf, bei dem die ursprünglichen Wandlungsrechte unverändert bestehen bleiben, vor seiner Fälligkeit getilgt, werden das entrichtete Entgelt und alle Transaktionskosten für den Rückkauf oder die Rücknahme zum Zeitpunkt der Transaktion den Schuld- und Eigenkapitalkomponenten des Instruments zugeordnet. Die Aufteilung der entrichteten Entgelte und Transaktionskosten auf die beiden Komponenten muss gemäß den Paragraphen 28–32 nach derselben Methode erfolgen wie die ursprüngliche Aufteilung der vom Unternehmen bei der Emission des wandelbaren Instruments vereinnahmten Erlöse.

AL34 Nach der Aufteilung des Entgelts sind alle daraus resultierenden Gewinne oder Verluste nach den für die jeweilige Komponente maßgeblichen Rechnungslegungsgrundsätzen zu behandeln:

a) der Gewinn oder Verlust, der sich auf die Schuldkomponente bezieht, wird erfolgswirksam erfasst, und

b) der Betrag des Entgelts, der sich auf die Eigenkapitalkomponente bezieht, wird im Eigenkapital erfasst.

AL35 Ein Unternehmen kann die Bedingungen eines wandelbaren Instruments ändern, um eine frühzeitige Wandlung herbeizuführen, beispielsweise durch das Angebot eines günstigeren Umtauschverhältnisses oder die Zahlung eines zusätzlichen Entgelts bei Wandlung vor einem festgesetzten Termin. Die Differenz, die zum Zeitpunkt der Änderung der Bedingungen zwischen dem beizulegenden Zeitwert des Entgelts, das der Inhaber bei Wandlung des Instruments gemäß den geänderten Bedingungen erhält, und dem beizulegenden Zeitwert des Entgelts, das der Inhaber gemäß den ursprünglichen Bedingungen erhalten hätte, besteht, wird erfolgswirksam als Aufwand erfasst.

Eigene Anteile (Paragraphen 33 und 34)

AL36 Die eigenen Eigenkapitalinstrumente eines Unternehmens werden unabhängig vom Grund ihres Rückkaufs nicht als finanzieller Vermögenswert angesetzt. Paragraph 33 schreibt vor, dass zurückgekaufte eigene Eigenkapitalinstrumente vom Eigenkapital abzuziehen sind (aber siehe auch Paragraph 33A). Hält ein Unternehmen dagegen eigene Eigenkapitalinstrumente im Namen Dritter, wie dies etwa bei einem Finanzinstitut der Fall ist, das eigene Eigenkapitalinstrumente im Namen eines Kunden hält, liegt ein Vermittlungsgeschäft vor, sodass diese Bestände nicht in die Bilanz des Unternehmens einfließen.

Zinsen, Dividenden, Verluste und Gewinne (Paragraphen 35–41)

AL37 Das folgende Beispiel veranschaulicht die Anwendung des Paragraphen 35 auf ein zusammengesetztes Finanzinstrument. Es wird von der Annahme ausgegangen, dass ein nicht kumulativer Vorzugsanteil in fünf Jahren gegen Zahlungsmittel rückgabepflichtig ist, die Zahlung von Dividenden vor dem Rücknahmetermin jedoch im Ermessen des Unternehmens liegt. Ein solches Instrument ist ein zusammengesetztes Finanzinstrument, dessen Schuldkomponente dem Barwert des Rückzahlungsbetrags entspricht. Die Aufzinsung dieser Komponente wird erfolgswirksam erfasst und als Zinsaufwendungen eingestuft. Alle gezahlten Dividenden beziehen sich auf die Eigenkapitalkomponente und werden dementsprechend als Ausschüttung des Gewinns oder Verlusts erfasst. Eine ähnliche Bilanzierungsweise fände auch dann Anwendung, wenn die Rücknahme nicht obligatorisch ist, sondern auf Wunsch des Inhabers erfolgte oder die Verpflichtung bestünde, den Anteil in eine variable Anzahl von Stammanteilen umzuwandeln, deren Höhe einem festen Betrag oder einem von Änderungen einem zugrunde liegenden Variablen (beispielsweise einer Ware) abhängigen Betrag entspricht. Werden dem Rückzahlungsbetrag jedoch noch nicht gezahlte Dividenden hinzugefügt, stellt das gesamte Instrument eine Verbindlichkeit dar. In diesem Fall sind alle Dividenden als Zinsaufwendungen einzustufen.

Saldierung eines finanziellen Vermögenswerts und einer finanziellen Verbindlichkeit (Paragraphen 42–50)

AL38 [gestrichen]

Kriterium, demzufolge ein Unternehmen „zum gegenwärtigen Zeitpunkt ein einklagbares Recht hat, die erfassten Beträge miteinander zu verrechnen" (Paragraph 42(a))

AL38A Ein Anspruch auf Saldierung kann zum gegenwärtigen Zeitpunkt bereits bestehen oder durch ein künftiges Ereignis ausgelöst werden (so kann der Anspruch beispielsweise durch das Eintreten eines künftigen Ereignisses wie eines Ausfalls, einer Insolvenz oder eines Konkurses einer der Vertragsparteien entstehen oder durchsetzbar werden). Selbst wenn der Anspruch auf Saldierung nicht von einem künftigen Ereignis abhängt, ist er möglicherweise nur im Rahmen der gewöhnlichen Geschäftstätigkeit oder nur im Falle eines Ausfalls, einer Insolvenz oder eines Konkurses einer oder sämtlicher Vertragsparteien durchsetzbar.

AL38B Um das Kriterium in Paragraph 42(a) zu erfüllen, muss ein Unternehmen zum gegenwärtigen Zeitpunkt einen einklagbaren Anspruch auf Saldierung haben. Dies bedeutet, dass der Anspruch auf Saldierung

a) nicht von einem künftigen Ereignis abhängen darf, und
b) in allen nachfolgend genannten Situationen einklagbar sein muss:
   i) im Rahmen der gewöhnlichen Geschäftstätigkeit,
   ii) im Falle eines Ausfalls und
   iii) im Falle einer Insolvenz oder eines Konkurses

des Unternehmens und aller anderen Vertragsparteien.

AL38C Art und Umfang des Anspruchs auf Saldierung, einschließlich der an die Ausübung des Anspruchs geknüpften Bedingungen und des Umstands, ob der Anspruch im Falle eines Ausfalls, einer Insolvenz oder eines Konkurses weiter fortbestehen würde, können von einer Rechtsordnung zur anderen variieren. Folglich kann nicht davon ausgegangen werden, dass der Anspruch auf Saldierung außerhalb der gewöhnlichen Geschäftstätigkeit automatisch zur Verfügung steht. So kann z. B. das Konkurs- oder Insolvenzrecht eines Landes den Anspruch auf Saldierung bei einem Konkurs oder einer Insolvenz in bestimmten Fällen untersagen oder einschränken.

AL38D Bei der Feststellung, ob der Anspruch auf Saldierung im Rahmen der gewöhnlichen Geschäftstätigkeit, bei Ausfall, Insolvenz oder Konkurs des Unternehmens und aller anderen Vertragsparteien einklagbar ist (wie in Paragraph AL38B(b) festgelegt), sind die auf die Beziehungen zwischen den Parteien anwendbaren Rechtsvorschriften (wie z. B. Vertragsbestimmungen, die auf einen Vertrag anwendbare Recht oder die auf die Parteien anwendbaren Ausfall-, Insolvenz- oder Konkursvorschriften) zu berücksichtigen.

Kriterium, dass ein Unternehmen „beabsichtigt, entweder den Ausgleich auf Nettobasis herbeizuführen, oder gleichzeitig mit der Verwertung des betreffenden Vermögenswerts die dazugehörige Verbindlichkeit abzulösen" (Paragraph 42(b))

AL38E Um das Kriterium in Paragraph 42(b) zu erfüllen, muss ein Unternehmen beabsichtigen, entweder den Ausgleich auf Nettobasis herbeizuführen oder gleichzeitig mit der Verwertung des betreffenden Vermögenswerts die dazugehörige Verbindlichkeit abzulösen. Das Unternehmen kann zwar einen Anspruch auf Herbeiführung eines Ausgleichs auf Nettobasis haben, aber dennoch den Vermögenswert verwerten und die Verbindlichkeit gesondert begleichen.

AL38F Kann ein Unternehmen Beträge so begleichen, dass das Ergebnis tatsächlich dem Ausgleich auf Nettobasis entspricht, erfüllt das Unternehmen das Kriterium für diesen Ausgleich in Paragraph 42(b). Dieser Fall ist nur dann gegeben, wenn der Bruttoausgleichsmechanismus Merkmale aufweist, die ein Ausfall- und Liquiditätsrisiko beseitigen oder zu einem unwesentlichen Ausfall- und Liquiditätsrisiko führen und die Forderungen und Verbindlichkeiten in einem einzigen Erfüllungsprozess oder -zyklus ausgleicht. So würde beispielsweise ein Bruttoausgleichsverfahren, das sämtliche der nachfolgend genannten Merkmale aufweist, das Nettoausgleichskriterium in Paragraph 42(b) erfüllen:

a) finanzielle Vermögenswerte und finanzielle Verbindlichkeiten, die für eine Saldierung infrage kommen, werden zum selben Zeitpunkt zur Ausführung gegeben,
b) sobald die finanziellen Vermögenswerte und finanziellen Verbindlichkeiten zur Ausführung gegeben wurden, besteht für die Parteien eine Verpflichtung zum Ausgleich,

c) Zahlungsströme aus Vermögenswerten und Verbindlichkeiten können sich nicht ändern, sobald letztere zur Ausführung gegeben wurden (es sei denn, die Ausführung kommt nicht zustande – siehe nachfolgend (d)),

d) Vermögenswerte und Verbindlichkeiten, die durch Wertpapiere besichert sind, werden mittels eines Wertpapierübertragungs- oder durch ein ähnliches System ausgeglichen (z. B. Lieferung gegen Zahlung), sodass der Ausgleich für die entsprechende Forderung oder Verbindlichkeit, die durch die Wertpapiere unterlegt ist, nicht zustande kommt, wenn die Wertpapierübertragung nicht zustande kommt (und umgekehrt),

e) jede im Sinne von (d) nicht zustande gekommene Transaktion wird erneut zur Ausführung gegeben, bis sie ausgeglichen ist,

f) der Ausgleich wird von derselben Institution vorgenommen (z. B. einer Abwicklungsbank, einer Zentralbank oder einem Zentralverwahrer), und

g) es besteht eine untertägige Kreditlinie, die ausreichende Überziehungsbeträge zur Verfügung stellt, um die Ausführung der Zahlungen am Erfüllungstag für jede Partei zu ermöglichen, und es ist so gut wie sicher, dass diese untertägige Kreditlinie nach Inanspruchnahme wieder ausgeglichen wird.

AL39 Der Standard sieht keine spezielle Behandlung für sogenannte „synthetische Finanzinstrumente" vor, worunter Gruppen einzelner Finanzinstrumente zu verstehen sind, die erworben und gehalten werden, um die Eigenschaften eines anderen Finanzinstruments nachzuahmen. Eine variabel verzinsliche langfristige Anleihe, die mit einem Zinsswap kombiniert wird, der den Erhalt variabler Zahlungen und die Leistung fester Zahlungen enthält, synthetisiert beispielsweise eine festverzinsliche langfristige Anleihe. Jedes der einzelnen Finanzinstrumente eines „synthetischen Finanzinstruments" stellt ein vertragliches Recht bzw. eine vertragliche Verpflichtung mit eigenen Laufzeiten und Vertragsbedingungen dar, sodass jedes Instrument für sich übertragen oder verrechnet werden kann. Jedes Finanzinstrument ist Risiken ausgesetzt, die von denen anderer Finanzinstrumente abweichen können. Wenn das eine Finanzinstrument eines „synthetischen Finanzinstruments" ein Vermögenswert und das andere eine Schuld ist, werden diese dementsprechend nur dann auf Nettobasis in der Unternehmensbilanz saldiert und ausgewiesen, wenn sie die Saldierungskriterien in Paragraph 42 erfüllen.

AL40 [gestrichen]

INTERNATIONAL ACCOUNTING STANDARD 33
Ergebnis je Aktie

IAS 33, VO (EU) 2023/1803

Gliederung	§§
ZIELSETZUNG	1
ANWENDUNGSBEREICH	2–4A
DEFINITIONEN	5–8
BEWERTUNG	9–63
Unverwässertes Ergebnis je Aktie	9–29
Ergebnis	12–18
Aktien	19–29
Verwässertes Ergebnis je Aktie	30–63
Ergebnis	33–35
Aktien	36–40
Potenzielle Stammaktien mit Verwässerungseffekt	41–63
RÜCKWIRKENDE ANPASSUNGEN	64–65
DARSTELLUNG	66–69
ANGABEN	70–73A
ZEITPUNKT DES INKRAFTTRETENS	74–74E
RÜCKNAHME ANDERER VERLAUTBARUNGEN	75–76
ANHANG A: ANWENDUNGSLEITLINIEN	
Der dem Mutterunternehmen zuzurechnende Gewinn oder Verlust	A1
Bezugsrechtsausgabe	A2
Kontrollgröße	A3
Durchschnittlicher Marktpreis der Stammaktien	A4–A5
Optionen, Optionsscheine und ihre Äquivalente	A6–A9
Geschriebene Verkaufsoptionen	A10
Instrumente von Tochterunternehmen, Gemeinschaftsunternehmen oder assoziierten Unternehmen	A11–A12
Partizipierende Eigenkapitalinstrumente und aus zwei Gattungen bestehende Stammaktien	A13–A14
Teilweise bezahlte Aktien	A15–A16

ZIELSETZUNG

1 Ziel dieses Standards ist die Festlegung von Leitlinien für die Ermittlung und Darstellung des Ergebnisses je Aktie, um die Ertragskraft unterschiedlicher Unternehmen in einer Berichtsperiode und ein- und desselben Unternehmens in unterschiedlichen Berichtsperioden besser miteinander vergleichen zu können. Auch wenn die Aussagefähigkeit der Daten zum Ergebnis je Aktie aufgrund unterschiedlicher Rechnungslegungsmethoden bei der Ermittlung des „Ergebnisses" eingeschränkt ist, verbessert ein auf einheitliche Weise festgelegter Nenner die Finanzberichterstattung. Das Hauptaugenmerk dieses Standards liegt auf der Bestimmung des Nenners bei der Berechnung des Ergebnisses je Aktie.

ANWENDUNGSBEREICH

2 Dieser Standard ist anwendbar auf:

a) den Einzelabschluss eines Unternehmens,
   i) dessen Stammaktien oder potenzielle Stammaktien öffentlich (d. h. an einer in- oder ausländischen Börse oder außerbörslich, einschließlich an lokalen und regionalen Märkten) gehandelt werden, oder
   ii) das seinen Abschluss zwecks Emission von Stammaktien auf einem öffentlichen Markt bei einer Wertpapieraufsichts- oder anderen Regulierungsbehörde einreicht, und

b) den Konzernabschluss eines Konzerns mit einem Mutterunternehmen,
   i) dessen Stammaktien oder potenzielle Stammaktien öffentlich (d. h. an einer in- oder ausländischen Börse oder außerbörslich, einschließlich

an lokalen und regionalen Märkten) gehandelt werden, oder

ii) das seinen Abschluss zwecks Emission von Stammaktien auf einem öffentlichen Markt bei einer Wertpapieraufsichts- oder anderen Regulierungsbehörde einreicht.

3 Ein Unternehmen, das das Ergebnis je Aktie angibt, hat dieses gemäß diesem Standard zu ermitteln und anzugeben.

4 Legt ein Unternehmen sowohl Konzernabschlüsse als auch Einzelabschlüsse nach IFRS 10 *Konzernabschlüsse* bzw. IAS 27 *Einzelabschlüsse* vor, so müssen sich die im vorliegenden Standard geforderten Angaben lediglich auf die konsolidierten Informationen stützen. Ein Unternehmen, das sich zur Angabe des Ergebnisses je Aktie auf der Grundlage seines Einzelabschlusses entscheidet, hat diese Ergebnisse ausschließlich in der Gesamtergebnisrechnung des Einzelabschlusses, nicht aber im Konzernabschluss anzugeben.

4A Stellt ein Unternehmen die Ergebnisbestandteile gemäß Paragraph 10A von IAS 1 *Darstellung des Abschlusses* (in der 2011 geänderten Fassung) in einer gesonderten Gewinn- und Verlustrechnung dar, so hat es das Ergebnis je Aktie nur dort auszuweisen.

DEFINITIONEN

5 Die folgenden Begriffe werden in diesem Standard mit der angegebenen Bedeutung verwendet:

Unter *Verwässerungsschutz* versteht man eine Erhöhung des Ergebnisses je Aktie bzw. eine Reduzierung des Verlusts je Aktie aufgrund der Annahme, dass wandelbare Instrumente umgewandelt, Optionen oder Optionsscheine ausgeübt oder Stammaktien unter bestimmten Voraussetzungen ausgegeben werden.

Eine *Vereinbarung zur bedingten Aktienausgabe* ist eine Vereinbarung zur Ausgabe von Aktien, die an die Erfüllung bestimmter Bedingungen geknüpft ist.

Bedingt emissionsfähige Aktien sind Stammaktien, die gegen eine geringe oder gar keine Zahlung oder andere Art von Gegenleistung ausgegeben werden, sofern bestimmte Voraussetzungen einer Vereinbarung zur bedingten Aktienausgabe erfüllt sind.

Unter *Verwässerung* versteht man eine Reduzierung des Gewinns je Aktie bzw. eine Erhöhung des Verlusts je Aktie aufgrund der Annahme, dass wandelbare Instrumente umgewandelt, Optionen oder Optionsscheine ausgeübt oder Stammaktien unter bestimmten Voraussetzungen ausgegeben werden.

Optionen, Optionsscheine und ihre Äquivalente sind Finanzinstrumente, die ihren Inhaber zum Kauf von Stammaktien berechtigen.

Eine *Stammaktie* ist ein Eigenkapitalinstrument, das allen anderen Arten von Eigenkapitalinstrumenten nachgeordnet ist.

Eine *potenzielle Stammaktie* ist ein Finanzinstrument oder sonstiger Vertrag, das bzw. der dem Inhaber ein Anrecht auf Stammaktien verbriefen kann.

Verkaufsoptionen auf Stammaktien sind Verträge, die es dem Inhaber ermöglichen, über einen bestimmten Zeitraum Stammaktien zu einem bestimmten Kurs zu verkaufen.

6 Stammaktien erhalten erst einen Anteil am Ergebnis, nachdem andere Aktienarten, wie etwa Vorzugsaktien, bedient wurden. Ein Unternehmen kann unterschiedliche Arten von Stammaktien emittieren. Stammaktien derselben Art verleihen dasselbe Anrecht auf den Bezug von Dividenden.

7 Beispiele für potenzielle Stammaktien sind

a) finanzielle Verbindlichkeiten oder Eigenkapitalinstrumente, einschließlich Vorzugsaktien, die in Stammaktien umgewandelt werden können,

b) Optionen und Optionsscheine,

c) Aktien, die bei Erfüllung vertraglicher Bedingungen, wie dem Erwerb eines Unternehmens oder anderer Vermögenswerte, ausgegeben werden.

8 In IAS 32 *Finanzinstrumente: Darstellung* definierte Begriffe werden im vorliegenden Standard mit der in Paragraph 11 von IAS 32 angegebenen Bedeutung verwendet, sofern nichts anderes angegeben ist. IAS 32 definiert die Begriffe Finanzinstrument, finanzieller Vermögenswert, finanzielle Verbindlichkeit und Eigenkapitalinstrument und liefert Hinweise zur Anwendung dieser Definitionen. IFRS 13 *Bewertung zum beizulegenden Zeitwert* definiert den Begriff beizulegender Zeitwert und legt die Vorschriften zur Anwendung dieser Definition fest.

BEWERTUNG

Unverwässertes Ergebnis je Aktie

9 Ein Unternehmen hat für den den Stammaktionären des Mutterunternehmens zurechenbaren Gewinn oder Verlust das unverwässerte Ergebnis je Aktie zu ermitteln; sofern ein entsprechender Ausweis erfolgt, gilt dies auch für den diesen Stammaktionären zurechenbaren Gewinn oder Verlust aus fortzuführenden Geschäftsbereichen ein unverwässertes Ergebnis je Aktie darzustellen.

10 Das unverwässerte Ergebnis je Aktie ist zu ermitteln, indem der den Stammaktionären des Mutterunternehmens zustehende Gewinn oder Verlust (Zähler) durch die gewichtete durchschnittliche Anzahl der innerhalb der Berichtsperiode im Umlauf gewesenen Stammaktien (Nenner) dividiert wird.

11 Die Angabe des unverwässerten Ergebnisses je Aktie dient dem Zweck, einen Maßstab für die Beteiligung jeder Stammaktie eines Mutterunter-

nehmens an der Ertragskraft des Unternehmens während des Berichtszeitraums bereitzustellen.

Ergebnis

12 Zur Ermittlung des unverwässerten Ergebnisses je Aktie sind die Beträge, die den Stammaktionären des Mutterunternehmens zugerechnet werden können im Hinblick auf
a) **den Gewinn oder Verlust aus fortzuführenden Geschäftsbereichen, der auf das Mutterunternehmen entfällt, und**
b) **den dem Mutterunternehmen zuzurechnenden Gewinn oder Verlust**
die Beträge in (a) und (b), bereinigt um die Nachsteuerbeträge von Vorzugsdividenden, Differenzen bei Erfüllung von Vorzugsaktien sowie ähnlichen Auswirkungen aus der Einstufung von Vorzugsaktien als Eigenkapital.

13 Alle Ertrags- und Aufwandsposten, die Stammaktionären des Mutterunternehmens zuzurechnen sind und in einer Periode erfasst werden, darunter auch Steueraufwendungen und als Verbindlichkeiten eingestufte Dividenden auf Vorzugsaktien, sind in die Ermittlung des Gewinns oder Verlusts, der den Stammaktionären des Mutterunternehmens zuzurechnen ist, einzubeziehen (siehe IAS 1).

14 Vom Gewinn oder Verlust abgezogen werden
a) der Nachsteuerbetrag jedweder für diese Periode beschlossener Vorzugsdividenden auf nicht kumulative Vorzugsaktien und
b) der Nachsteuerbetrag der in dieser Periode für kumulative Vorzugsaktien benötigten Vorzugsdividenden, unabhängig davon, ob die Dividenden beschlossen wurden oder nicht. Nicht im Betrag der für diese Periode beschlossenen Vorzugsdividenden enthalten sind die während dieser Periode für frühere Perioden gezahlten oder beschlossenen Vorzugsdividenden auf kumulative Vorzugsaktien.

15 Vorzugsaktien, die mit einer niedrigen Ausgangsdividende ausgestattet sind, um einem Unternehmen einen Ausgleich dafür zu schaffen, dass es die Vorzugsaktien mit einem Abschlag verkauft hat, oder in späteren Perioden zu einer höheren Dividende berechtigen, um den Investoren einen Ausgleich dafür zu bieten, dass sie die Vorzugsaktien mit einem Aufschlag erwerben, werden auch als Vorzugsaktien mit steigender Gewinnberechtigung bezeichnet. Jeder Ausgabeabschlag bzw. -aufschlag bei Erstemission von Vorzugsaktien mit steigender Gewinnberechtigung wird unter Anwendung der Effektivzinsmethode den Gewinnrücklagen zugeführt und zur Ermittlung des Ergebnisses je Aktie als Vorzugsdividende behandelt.

16 Vorzugsaktien können durch ein Angebot des Unternehmens an die Inhaber zurückgekauft werden. Übersteigt der beizulegende Zeitwert der Vorzugsaktien dabei ihren Buchwert, so stellt diese Differenz für die Vorzugsaktionäre eine Rendite dar und für das Unternehmen eine Belastung seiner Gewinnrücklagen dar. Dieser Betrag wird bei der Berechnung des den Stammaktionären des Mutterunternehmens zurechenbaren Gewinns oder Verlusts in Abzug gebracht.

17 Ein Unternehmen kann eine vorgezogene Umwandlung wandelbarer Vorzugsaktien herbeiführen, indem es die ursprünglichen Umwandlungsbedingungen vorteilhaft ändert oder ein zusätzliches Entgelt zahlt. Der Betrag, um den der beizulegende Zeitwert der Stammaktien bzw. des sonstigen gezahlten Entgelts den beizulegenden Zeitwert der unter den ursprünglichen Umwandlungsbedingungen auszugebenden Stammaktien übersteigt, stellt für die Vorzugsaktionäre eine Rendite dar und wird bei der Ermittlung des den Stammaktionären des Mutterunternehmens zuzurechnenden Gewinns oder Verlusts in Abzug gebracht.

18 Sobald der Buchwert der Vorzugsaktien den beizulegenden Zeitwert des für sie gezahlten Entgelts übersteigt, wird der Differenzbetrag bei der Ermittlung des den Stammaktionären des Mutterunternehmens zuzurechnenden Gewinns oder Verlusts hinzugezählt.

Aktien

19 Zur Berechnung des unverwässerten Ergebnisses je Aktie ist die Anzahl der Stammaktien die gewichtete durchschnittliche Anzahl der während der Periode im Umlauf gewesenen Stammaktien.

20 Die Verwendung der gewichteten durchschnittlichen Anzahl der Stammaktien trägt dem Umstand Rechnung, dass während der Periode möglicherweise nicht immer die gleiche Anzahl an Stammaktien in Umlauf war und das gezeichnete Kapital deshalb Schwankungen unterlegen haben kann. Die gewichtete durchschnittliche Anzahl der Stammaktien, die während der Periode in Umlauf sind, ist die Anzahl an Stammaktien, die am Anfang der Periode in Umlauf waren, bereinigt um die Anzahl an Stammaktien, die während der Periode zurückgekauft oder ausgegeben wurden, multipliziert mit einem Zeitgewichtungsfaktor. Der Zeitgewichtungsfaktor ist das Verhältnis zwischen der Anzahl von Tagen, an denen sich die betreffenden Aktien in Umlauf befanden, und der Gesamtzahl von Tagen der Periode. Ein angemessener Näherungswert für den gewichteten Durchschnitt ist in vielen Fällen ausreichend.

21 Normalerweise werden Aktien mit der Fälligkeit des Entgelts (im Allgemeinen dem Tag ihrer Emission) in den gewichteten Durchschnitt einbezogen. So werden
a) Stammaktien, die gegen Barzahlung ausgegeben wurden, dann einbezogen, wenn die Geldzahlung eingefordert werden kann,
b) Stammaktien, die gegen die freiwillige Wiederanlage von Dividenden auf Stamm- oder Vorzugsaktien ausgegeben wurden, einbezogen, sobald die Dividenden wiederangelegt sind,
c) Stammaktien, die infolge einer Umwandlung eines Schuldinstruments in Stammaktien aus-

gegeben wurden, ab dem Tag einbezogen, an dem keine Zinsen mehr anfallen,

d) Stammaktien, die anstelle von Zinsen oder Kapital auf andere Finanzinstrumente ausgegeben wurden, ab dem Tag einbezogen, an dem keine Zinsen mehr anfallen,

e) Stammaktien, die im Austausch für die Erfüllung einer Schuld des Unternehmens ausgegeben wurden, ab dem Erfüllungstag einbezogen,

f) Stammaktien, die anstelle von liquiden Mitteln als Gegenleistung für den Erwerb eines Vermögenswerts ausgegeben wurden, ab dem Datum der Erfassung des entsprechenden Erwerbs einbezogen, und

g) Stammaktien, die für die Erbringung von Dienstleistungen an das Unternehmen ausgegeben wurden, mit Erbringung der Dienstleistungen einbezogen.

Der Zeitpunkt der Einbeziehung von Stammaktien ergibt sich aus den Bedingungen ihrer Emission. Der wirtschaftliche Gehalt eines jeden im Zusammenhang mit der Emission stehenden Vertrags ist angemessen zu prüfen.

22 Stammaktien, die als Teil der übertragenen Gegenleistung bei einem Unternehmenszusammenschluss ausgegeben wurden, sind in die durchschnittliche gewichtete Anzahl der Aktien ab dem Erwerbszeitpunkt einzubeziehen. Dies ist darauf zurückzuführen, dass der Erwerber die Gewinne und Verluste des erworbenen Unternehmens von diesem Zeitpunkt an in seine Gesamtergebnisrechnung mit einbezieht.

23 Stammaktien, die bei Umwandlung eines wandlungspflichtigen Instruments ausgegeben werden, sind ab dem Zeitpunkt des Vertragsabschlusses in die Ermittlung des unverwässerten Ergebnisses je Aktie einzubeziehen.

24 Bedingt emissionsfähige Aktien werden als in Umlauf befindlich behandelt und erst ab dem Zeitpunkt in die Ermittlung des unverwässerten Ergebnisses je Aktie einbezogen, zu dem alle erforderlichen Voraussetzungen erfüllt (d. h. die Ereignisse eingetreten sind). Aktien, die ausschließlich nach Ablauf einer bestimmten Zeitspanne emissionsfähig sind, gelten nicht als bedingt emissionsfähige Aktien, da der Ablauf der Spanne gewiss ist. In Umlauf befindliche, bedingt rückgabefähige (d. h. unter dem Vorbehalt des Rückrufs stehende) Stammaktien gelten nicht als in Umlauf befindlich und werden solange bei der Ermittlung des unverwässerten Ergebnisses je Aktie unberücksichtigt gelassen, bis der Vorbehalt des Rückrufs nicht mehr gilt.

25 [gestrichen]

26 Die gewichtete durchschnittliche Anzahl der in der Periode und allen übrigen dargestellten Perioden in Umlauf befindlichen Stammaktien ist zu berichtigen, wenn ein Ereignis eintritt, das die Anzahl der in Umlauf befindlichen Stammaktien verändert, ohne dass damit eine entsprechende Änderung der Ressourcen einhergeht; die Umwandlung potenzieller Stammaktien gilt nicht als ein solches Ereignis.

27 Nachstehend eine Reihe von Beispielen dafür, in welchen Fällen Stammaktien emittiert werden können oder die Anzahl der in Umlauf befindlichen Aktien verringert werden kann, ohne dass es zu einer entsprechenden Änderung der Ressourcen kommt:

a) eine Kapitalerhöhung aus Gesellschaftsmitteln oder Ausgabe von Gratisaktien (auch als Dividende in Form von Aktien bezeichnet),

b) ein Gratiselement bei jeder anderen Emission, beispielsweise einer Ausgabe von Bezugsrechten an die bestehenden Aktionäre,

c) ein Aktiensplit und

d) ein umgekehrter Aktiensplit (Aktienzusammenlegung).

28 Bei einer Kapitalerhöhung aus Gesellschaftsmitteln, einer Ausgabe von Gratisaktien oder einem Aktiensplit werden Stammaktien ohne zusätzliche Gegenleistung an die bestehenden Aktionäre ausgegeben. Damit erhöht sich die Anzahl der in Umlauf befindlichen Stammaktien, ohne dass es zu einer Erhöhung der Ressourcen kommt. Die Anzahl der vor Eintreten des Ereignisses in Umlauf befindlichen Stammaktien wird so um die anteilige Veränderung der Anzahl umlaufender Stammaktien berichtigt, als wäre das Ereignis zu Beginn der ersten dargestellten Periode eingetreten. Beispielsweise wird bei einer zwei-zu-eins-Ausgabe von Gratisaktien die Anzahl der vor der Emission in Umlauf befindlichen Stammaktien mit dem Faktor 3 multipliziert, um die neue Gesamtzahl an Stammaktien zu ermitteln, bzw. mit dem Faktor 2, um die Anzahl der zusätzlichen Stammaktien zu erhalten.

29 In der Regel verringert sich bei einer Zusammenlegung von Stammaktien die Anzahl der in Umlauf befindlichen Stammaktien, ohne dass es zu einer entsprechenden Verringerung der Ressourcen kommt. Findet insgesamt jedoch ein Aktienrückkauf zum beizulegenden Zeitwert statt, so ist die zahlenmäßige Verringerung der in Umlauf befindlichen Stammaktien das Ergebnis einer entsprechenden Abnahme an Ressourcen. Ein Beispiel hierfür wäre eine mit einer Sonderdividende verbundene Aktienzusammenlegung. Die gewichtete durchschnittliche Anzahl der Stammaktien, die sich in der Periode, in der die Zusammenlegung erfolgt, in Umlauf befinden, wird zu dem Zeitpunkt, zu dem die Sonderdividende erfasst wird, an die verringerte Anzahl von Stammaktien angepasst.

Verwässertes Ergebnis je Aktie

30 Ein Unternehmen hat das verwässerte Ergebnis je Aktie für den den Stammaktionären des Mutterunternehmens zurechenbaren Gewinn oder Verlust zu ermitteln; sofern ein entsprechender Ausweis erfolgt, ist auch für den diesen Stammaktionären zurechenbaren Gewinn oder Verlust aus fortzuführenden Geschäftsbereichen ein verwässertes Ergebnis je Aktie darzustellen.

31 Zur Berechnung des verwässerten Ergebnisses je Aktie hat ein Unternehmen den den Stammaktionären des Mutterunternehmens zurechenbaren Gewinn oder Verlust und die gewichtete durchschnittliche Anzahl der in Umlauf befindlichen Aktien um alle Verwässerungseffekte potenzieller Stammaktien zu bereinigen.

32 Mit der Ermittlung des verwässerten Ergebnisses je Aktie wird dasselbe Ziel verfolgt wie mit der Ermittlung des unverwässerten Ergebnisses – nämlich, einen Maßstab für die Beteiligung jeder Stammaktie an der Ertragskraft eines Unternehmens zu schaffen – und gleichzeitig alle während der Periode in Umlauf befindlichen potenziellen Stammaktien mit Verwässerungseffekten zu berücksichtigen. Infolgedessen wird

a) der den Stammaktionären des Mutterunternehmens zurechenbare Gewinn oder Verlust um die Nachsteuerbeträge der Dividenden und Zinsen, die in der Periode für potenzielle Stammaktien mit Verwässerungseffekten erfasst werden, erhöht und um alle sonstigen Änderungen bei Ertrag oder Aufwand, die sich aus der Umwandlung der verwässernden potenziellen Stammaktien ergäben, bereinigt und

b) die gewichtete durchschnittliche Anzahl der in Umlauf befindlichen Stammaktien um die gewichtete durchschnittliche Anzahl der zusätzlichen Stammaktien erhöht, die sich unter der Annahme einer Umwandlung aller verwässernden potenziellen Stammaktien in Umlauf befunden hätten.

Ergebnis

33 Zur Berechnung des verwässerten Ergebnisses je Aktie hat ein Unternehmen den den Stammaktionären des Mutterunternehmens zurechenbaren gemäß Paragraph 12 ermittelten Gewinn oder Verlust um die Nachsteuerwirkungen folgender Posten zu bereinigen:

a) alle Dividenden oder sonstigen Posten im Zusammenhang mit verwässernden potenziellen Stammaktien, die bei Berechnung des den Stammaktionären des Mutterunternehmens zurechenbaren Gewinns oder Verlusts, der gemäß Paragraph 12 ermittelt wurde, abgezogen werden,

b) alle Zinsen, die in der Periode im Zusammenhang mit verwässernden potenziellen Stammaktien erfasst wurden, und

c) alle sonstigen Änderungen im Ertrag oder Aufwand, die sich aus der Umwandlung der verwässernden potenziellen Stammaktien ergäben.

34 Nach der Umwandlung potenzieller Stammaktien in Stammaktien fallen die in Paragraph 33(a)–(c) genannten Posten nicht mehr an. Stattdessen sind die neuen Stammaktien zur Teilnahme am Gewinn oder Verlust berechtigt, der den Stammaktionären des Mutterunternehmens zusteht. Somit wird der nach Paragraph 12 ermittelte Gewinn oder Verlust, der den Stammaktionären des Mutterunternehmens zusteht, um die in Paragraph 33(a)–(c) genannten Sachverhalte sowie die zugehörigen Steuern bereinigt. Die mit potenziellen Stammaktien verbundenen Aufwendungen umfassen die nach der Effektivzinsmethode bilanzierten Transaktionskosten und Disagios (siehe IFRS 9).

35 Aus der Umwandlung potenzieller Stammaktien können sich Änderungen bei den Erträgen oder Aufwendungen ergeben. So kann eine Verringerung der Zinsaufwendungen für potenzielle Stammaktien und die daraus folgende Erhöhung des Gewinns bzw. Reduzierung des Verlusts eine Erhöhung des Aufwands für einen ermessensunabhängigen Gewinnbeteiligungsplan für Arbeitnehmer zur Folge haben. Zur Berechnung des verwässerten Ergebnisses je Aktie wird der den Stammaktionären des Mutterunternehmens zurechenbare Gewinn oder Verlust um alle derartigen Änderungen bei den Erträgen oder Aufwendungen bereinigt.

Aktien

36 Bei der Berechnung des verwässerten Ergebnisses je Aktie entspricht die Anzahl der Stammaktien der gemäß den Paragraphen 19 und 26 berechneten gewichteten durchschnittlichen Anzahl der Stammaktien plus der gewichteten durchschnittlichen Anzahl der Stammaktien, die bei Umwandlung aller verwässernden potenziellen Stammaktien in Stammaktien ausgegeben würden. Die Umwandlung verwässernder potenzieller Stammaktien in Stammaktien gilt mit dem Beginn der Periode als erfolgt oder, falls dieses Datum auf einen späteren Tag fällt, mit dem Tag, an dem die potenziellen Stammaktien emittiert wurden.

37 Verwässernde potenzielle Stammaktien sind gesondert für jede dargestellte Periode zu ermitteln. Bei den in den Zeitraum vom Geschäftsjahresbeginn bis zum Zwischenberichtstermin einbezogenen verwässernden potenziellen Stammaktien handelt es sich nicht um einen gewichteten Durchschnitt der einzelnen Zwischenberechnungen.

38 Potenzielle Stammaktien werden für die Periode gewichtet, in der sie im Umlauf sind. Potenzielle Stammaktien, die während der Periode eingezogen wurden oder verfallen sind, werden bei der Berechnung des verwässerten Ergebnisses je Aktie nur für den Teil der Periode berücksichtigt, in dem sie im Umlauf waren. Potenzielle Stammaktien, die während der Periode in Stammaktien umgewandelt werden, werden vom Periodenbeginn bis zum Datum der Umwandlung in die Berechnung des verwässerten Ergebnisses je Aktie einbezogen. Vom Zeitpunkt der Umwandlung an werden die daraus resultierenden Stammaktien sowohl in das unverwässerte als auch das verwässerte Ergebnis je Aktie einbezogen.

39 Die Bestimmung der Anzahl der bei der Umwandlung verwässernder potenzieller Stammaktien auszugebenden Stammaktien erfolgt zu den für die potenziellen Stammaktien geltenden Bedingungen. Sofern für die Umwandlung mehr als eine Grundlage besteht, wird bei der Berechnung das aus

Sicht des Inhabers der potenziellen Stammaktien vorteilhafteste Umwandlungsverhältnis oder der günstigste Ausübungskurs zugrunde gelegt.

40 Ein Tochterunternehmen, Gemeinschaftsunternehmen oder assoziiertes Unternehmen kann an Parteien, mit Ausnahme des Mutterunternehmens oder der Investoren, die an der gemeinschaftlichen Führung beteiligt sind oder maßgeblichem Einfluss auf das Beteiligungsunternehmen haben, potenzielle Stammaktien ausgeben, die entweder in Stammaktien des Tochterunternehmens, Gemeinschaftsunternehmens oder assoziierten Unternehmens oder in Stammaktien des Mutterunternehmens oder von Investoren, die an der gemeinschaftlichen Führung des Beteiligungsunternehmens beteiligt sind oder maßgeblichen Einfluss auf das Beteiligungsunternehmen haben (des berichtenden Unternehmens) wandelbar sind. Haben diese potenziellen Stammaktien des Tochterunternehmens, Gemeinschaftsunternehmens oder assoziierten Unternehmens einen Verwässerungseffekt auf das unverwässerte Ergebnis je Aktie des berichtenden Unternehmens, sind sie in die Ermittlung des verwässerten Ergebnisses je Aktie einzubeziehen.

Potenzielle Stammaktien mit Verwässerungseffekt

41 Potenzielle Stammaktien sind nur dann als verwässernd zu betrachten, wenn ihre Umwandlung in Stammaktien das Ergebnis je Aktie aus fortzuführenden Geschäftsbereichen kürzen bzw. den Periodenverlust je Aktie aus fortzuführenden Geschäftsbereichen erhöhen würde.

42 Ein Unternehmen verwendet den auf das Mutterunternehmen entfallenden Gewinn oder Verlust aus fortzuführenden Geschäftsbereichen als Kontrollgröße um festzustellen, ob bei potenziellen Stammaktien eine Verwässerung oder ein Verwässerungsschutz vorliegt. Der dem Mutterunternehmen zurechenbare Gewinn oder Verlust aus fortzuführenden Geschäftsbereichen wird gemäß Paragraph 12 bereinigt und schließt dabei Posten aus aufgegebenen Geschäftsbereichen aus.

43 Bei potenziellen Stammaktien liegt ein Verwässerungsschutz vor, wenn ihre Umwandlung in Stammaktien das Ergebnis je Aktie aus fortzuführenden Geschäftsbereichen erhöhen bzw. den Verlust je Aktie aus fortzuführenden Geschäftsbereichen reduzieren würde. Die Berechnung des verwässerten Ergebnisses je Aktie erfolgt nicht unter der Annahme einer Umwandlung, Ausübung oder weiteren Emission von potenziellen Stammaktien, bei denen ein Verwässerungsschutz in Bezug auf das Ergebnis je Aktie vorliegen würde.

44 Bei der Beurteilung der Frage, ob bei potenziellen Stammaktien eine Verwässerung oder ein Verwässerungsschutz vorliegt, sind alle Emissionen oder Emissionsfolgen potenzieller Stammaktien getrennt statt in Summe zu betrachten. Die Reihenfolge, in der potenzielle Stammaktien beurteilt werden, kann einen Einfluss auf die Einschätzung haben, ob sie zu einer Verwässerung beitragen. Um die Verwässerung des unverwässerten Ergebnisses je Aktie zu maximieren, wird daher jede Emission oder Emissionsfolge potenzieller Stammaktien in der Reihenfolge vom höchsten bis zum geringsten Verwässerungseffekt betrachtet, d. h. potenzielle Stammaktien, bei denen ein Verwässerungseffekt vorliegt, mit dem geringsten „Ergebnis je zusätzlicher Aktie" werden vor denjenigen mit einem höheren Ergebnis je zusätzlicher Aktie in die Berechnung des verwässerten Ergebnisses je Aktie einbezogen. Optionen und Optionsscheine werden in der Regel zuerst berücksichtigt, weil sie den Zähler der Berechnung nicht beeinflussen.

Optionen, Optionsscheine und ihre Äquivalente

45 Bei der Berechnung des verwässerten Ergebnisses je Aktie hat ein Unternehmen von der Ausübung verwässernder Optionen und Optionsscheine des Unternehmens auszugehen. Die angenommenen Erlöse aus diesen Instrumenten werden so behandelt, als wären sie im Zuge der Emission von Stammaktien zum durchschnittlichen Marktpreis der Stammaktien während der Periode angefallen. Die Differenz zwischen der Anzahl der ausgegebenen Stammaktien und der Anzahl der Stammaktien, die zum durchschnittlichen Marktpreis der Stammaktien während der Periode ausgegeben worden wären, ist als Ausgabe von Stammaktien ohne Gegenleistung zu behandeln.

46 Optionen und Optionsscheine sind als verwässernd zu betrachten, wenn sie zur Ausgabe von Stammaktien zu einem geringeren Preis als dem durchschnittlichen Marktpreis der Stammaktien während der Periode führen würden. Der Betrag der Verwässerung ist der durchschnittliche Marktpreis von Stammaktien während der Periode abzüglich des Ausgabepreises. Zur Ermittlung des verwässerten Ergebnisses je Aktie wird daher unterstellt, dass potenzielle Stammaktie die beiden folgenden Elemente umfassen:

a) einen Vertrag zur Ausgabe einer bestimmten Anzahl von Stammaktien zu ihrem durchschnittlichen Marktpreis während der Periode. Bei diesen Stammaktien wird davon ausgegangen, dass sie einen marktgerechten Kurs aufweisen und weder ein Verwässerungseffekt noch ein Verwässerungsschutz vorliegt. Sie bleiben bei der Berechnung des verwässerten Ergebnisses je Aktie unberücksichtigt;

b) einen Vertrag zur entgeltlosen Ausgabe der verbleibenden Stammaktien. Diese Stammaktien erzielen keine Erlöse und wirken sich nicht auf den den im Umlauf befindlichen Stammaktien zuzurechnenden Gewinn oder Verlust aus. Daher liegt bei diesen Aktien ein Verwässerungseffekt vor, und sie sind bei der Berechnung des verwässerten Ergebnisses je Aktie zu den im Umlauf befindlichen Stammaktien hinzuzuzählen.

47 Bei Optionen und Optionsscheinen tritt ein Verwässerungseffekt nur dann ein, wenn der durchschnittliche Marktpreis der Stammaktien während der Periode den Ausübungspreis der Optionen oder

Optionsscheine übersteigt (d. h. wenn sie „im Geld" sind). In Vorjahren angegebene Ergebnisse je Aktie werden nicht rückwirkend um Kursveränderungen bei den Stammaktien berichtigt.

47A Bei Aktienoptionen und anderen anteilsbasierten Vergütungsvereinbarungen, für die IFRS 2 *Anteilsbasierte Vergütung* gilt, müssen der in Paragraph 46 genannte Ausgabepreis und der in Paragraph 47 genannte Ausübungspreis den (gemäß IFRS 2 bewerteten) beizulegenden Zeitwert aller Güter oder Dienstleistungen enthalten, die das Unternehmen künftig im Rahmen der Aktienoption oder einer anderen anteilsbasierten Vergütungsvereinbarung zu liefern bzw. zu erbringen sind.

48 Mitarbeiteraktienoptionen mit festen oder bestimmbaren Laufzeiten und verfallbare Stammaktien werden bei der Ermittlung des verwässerten Ergebnisses je Aktie als Optionen behandelt, obgleich sie eventuell von einer Anwartschaft abhängig sind. Sie werden zum Tag der Gewährung als im Umlauf befindlich behandelt. Leistungsabhängige Mitarbeiteraktienoptionen werden als bedingt emissionsfähige Aktien behandelt, weil ihre Ausgabe neben dem Ablauf einer Zeitspanne auch von der Erfüllung bestimmter Bedingungen abhängig ist.

WandelbareInstrumente

49 Der Verwässerungseffekt wandelbarer Instrumente ist gemäß den Paragraphen 33 und 36 im verwässerten Ergebnis je Aktie darzustellen.

50 Bei wandelbaren Vorzugsaktien liegt ein Verwässerungsschutz immer dann vor, wenn die Dividende, die in der laufenden Periode für diese Aktien beschlossen wurde bzw. aufgelaufen ist, bei einer Umwandlung je erhaltener Stammaktie das unverwässerte Ergebnis je Aktie übersteigt. Bei wandelbaren Schuldtiteln liegt ein Verwässerungsschutz vor, wenn die zu erhaltende Verzinsung (nach Steuern und sonstigen Änderungen bei den Erträgen oder Aufwendungen) je Stammaktie bei einer Umwandlung das unverwässerte Ergebnis je Aktie übersteigt.

51 Die Rückzahlung oder vorgenommene Umwandlung wandelbarer Vorzugsaktien betrifft unter Umständen nur einen Teil der zuvor in Umlauf befindlichen wandelbaren Vorzugsaktien. Um zu ermitteln, ob bei den übrigen in Umlauf befindlichen Vorzugsaktien ein Verwässerungseffekt vorliegt, wird in diesen Fällen ein in Paragraph 17 genanntes zusätzliches Entgelt den Aktien zugerechnet, die zurückgezahlt oder umgewandelt werden. Zurückgezahlte oder umgewandelte und nicht zurückgezahlte oder umgewandelte Aktien werden getrennt voneinander betrachtet.

Bedingtemissionsfähige Aktien

52 Wie bei der Ermittlung des unverwässerten Ergebnisses je Aktie werden auch bedingt emissionsfähige Aktien als in Umlauf befindlich behandelt und in die Berechnung des verwässerten Ergebnisses je Aktie einbezogen, sofern die Bedingungen erfüllt (d. h. die Ereignisse eingetreten sind). Bedingt emissionsfähige Aktien werden mit Beginn der Periode (oder ab dem Tag der Vereinbarung zur bedingten Aktienausgabe, falls dieser Termin später liegt) einbezogen. Falls die Bedingungen nicht erfüllt sind, basiert die Anzahl der bedingt emissionsfähigen Aktien, die in die Berechnung des verwässerten Ergebnisses je Aktie einbezogen werden, auf der Anzahl an Aktien, die auszugeben wären, falls das Ende der Periode mit dem Ende des Zeitraums, innerhalb dessen die Bedingung eintreten kann, zusammenfiele. Sind die Bedingungen bei Ablauf der Periode, innerhalb der sie eintreten können, nicht erfüllt, sind rückwirkende Anpassungen nicht erlaubt.

53 Besteht die Bedingung einer bedingten Emission in der Erzielung oder Aufrechterhaltung eines bestimmten Ergebnisses für eine Periode und wurde dieser Betrag zum Ende des Berichtszeitraums zwar erzielt, muss darüber hinaus aber für eine weitere Periode gehalten werden, so gelten die zusätzlichen Stammaktien als in Umlauf befindlich, falls bei der Ermittlung des verwässerten Ergebnisses je Aktie ein Verwässerungseffekt eintritt. In diesem Fall basiert die Ermittlung des verwässerten Ergebnisses je Aktie auf der Zahl von Stammaktien, die ausgegeben würden, wenn das Ergebnis am Ende der Berichtsperiode mit dem Ergebnis am Ende der Periode, innerhalb der die Bedingung eintreten kann, identisch wäre. Da sich das Ergebnis in einer künftigen Periode verändern kann, werden bedingt emissionsfähige Aktien nicht vor Ende der Periode, innerhalb der diese Bedingung eintreten kann, in die Ermittlung des unverwässerten Ergebnisses einbezogen, da nicht alle erforderlichen Voraussetzungen erfüllt sind.

54 Die Zahl der bedingt emissionsfähigen Aktien kann vom künftigen Marktpreis der Stammaktien abhängen. Sollte dies zu einer Verwässerung führen, so basiert die Ermittlung des verwässerten Ergebnisses je Aktie auf der Zahl von Stammaktien, die ausgegeben würden, wenn der Marktpreis am Ende der Berichtsperiode mit dem Marktpreis am Ende der Periode, innerhalb der diese Bedingung eintreten kann, identisch wäre. Basiert die Bedingung auf einem Durchschnitt der Marktpreise über einen über die Berichtsperiode hinausgehenden Zeitraum, wird der Durchschnitt für den abgelaufenen Zeitraum zugrunde gelegt. Da sich der Marktpreis in einer künftigen Periode verändern kann, werden bedingt emissionsfähige Aktien nicht vor Ende der Periode, innerhalb der diese Bedingung eintreten kann, in die Ermittlung des unverwässerten Ergebnisses je Aktie einbezogen, da nicht alle erforderlichen Voraussetzungen erfüllt sind.

55 Die Zahl der bedingt emissionsfähigen Aktien kann vom künftigen Ergebnis und den künftigen Kursen der Stammaktien abhängen. In solchen Fällen basiert die Zahl der Stammaktien, die in die Berechnung des verwässerten Ergebnisses je Aktie einbezogen werden, auf beiden Bedingungen (also dem bis dahin erzielten Ergebnis und dem aktuellen Marktpreis am Ende des Berichtszeitraums). Bedingt emissionsfähige Aktien werden erst in die

Ermittlung des verwässerten Ergebnisses je Aktie einbezogen, wenn beide Bedingungen erfüllt sind.

56 In anderen Fällen hängt die Zahl der bedingt emissionsfähigen Aktien von einer anderen Bedingung als dem Ergebnis oder Marktpreis (beispielsweise der Eröffnung einer bestimmten Zahl an Einzelhandelsgeschäften) ab. In diesen Fällen werden die bedingt emissionsfähigen Aktien unter der Annahme, dass die Bedingung bis zum Ende der Periode, innerhalb der sie eintreten kann, unverändert bleibt, mit dem Stand am Ende des Berichtszeitraums entsprechend in die Berechnung des verwässerten Ergebnisses je Aktie einbezogen.

57 Bedingt emissionsfähige potenzielle Stammaktien (mit Ausnahme solcher, die einer Vereinbarung zur bedingten Aktienausgabe unterliegen, wie bedingt emissionsfähige wandelbare Instrumente) werden folgendermaßen in die Berechnung des verwässerten Ergebnisses je Aktie einbezogen:

a) Ein Unternehmen stellt fest, ob man bei den potenziellen Stammaktien davon ausgehen kann, dass sie aufgrund der für sie festgelegten Emissionsbedingungen nach Maßgabe der Bestimmungen über bedingt emissionsfähige Stammaktien in den Paragraphen 52–56 emissionsfähig sind, und

b) sollten sich diese potenziellen Stammaktien im verwässerten Ergebnis je Aktie niederschlagen, stellt ein Unternehmen die entsprechenden Auswirkungen auf die Berechnung des verwässerten Ergebnisses je Aktie nach Maßgabe der Bestimmungen über Optionen und Optionsscheine (Paragraphen 45–48), der Bestimmungen über wandelbare Instrumente (Paragraphen 49–51), der Bestimmungen über Verträge, die in Stammaktien oder liquiden Mitteln erfüllt werden (Paragraphen 58–61) bzw. sonstiger Bestimmungen fest.

Bei der Ermittlung des verwässerten Ergebnisses je Aktie wird jedoch nur von einer Ausübung bzw. Umwandlung ausgegangen, wenn bei ähnlichen im Umlauf befindlichen potenziellen und unbedingten Stammaktien die gleiche Annahme zugrunde gelegt wird.

Verträge, die in Stammaktien oder liquiden Mitteln erfüllt werden können

58 Hat ein Unternehmen einen Vertrag geschlossen, bei dem das Unternehmen zwischen einer Erfüllung in Stammaktien oder in liquiden Mitteln wählen kann, so hat das Unternehmen davon auszugehen, dass der Vertrag in Stammaktien erfüllt wird, wobei die daraus resultierenden potenziellen Stammaktien in das verwässerte Ergebnis je Aktie einzubeziehen sind, sofern ein Verwässerungseffekt vorliegt.

59 Wird ein solcher Vertrag zu Bilanzierungszwecken als Vermögenswert oder Schuld dargestellt oder enthält er eine Eigenkapital- und eine Schuldkomponente, so hat das Unternehmen im Zähler um etwaige Änderungen beim Gewinn oder Verlust zu bereinigen, die sich während der Periode ergeben hätten, wäre der Vertrag in vollem Umfang als Eigenkapitalinstrument eingestuft worden. Bei dieser Bereinigung wird ähnlich verfahren wie bei den nach Paragraph 33 erforderlichen Anpassungen.

60 Bei Verträgen, die nach Wahl des Inhabers in Stammaktien oder liquiden Mitteln erfüllt werden können, ist bei der Berechnung des verwässerten Ergebnisses je Aktie die Option mit dem stärkeren Verwässerungseffekt zugrunde zu legen.

61 Ein Beispiel für einen Vertrag, bei dem die Erfüllung in Stammaktien oder liquiden Mitteln erfolgen kann, ist ein Schuldinstrument, das dem Unternehmen bei Fälligkeit das uneingeschränkte Recht einräumt, den Kapitalbetrag in liquiden Mitteln oder in eigenen Stammaktien zu leisten. Ein weiteres Beispiel ist eine geschriebene Verkaufsoption, deren Inhaber die Wahl zwischen Erfüllung in Stammaktien oder in liquiden Mitteln hat.

Gekaufte Optionen

62 Verträge wie gekaufte Verkaufsoptionen und gekaufte Kaufoptionen (also Optionen, die das Unternehmen auf die eigenen Stammaktien hält) werden nicht in die Berechnung des verwässerten Ergebnisses je Aktie einbezogen, weil dies einem Verwässerungsschutz gleichkäme. Die Verkaufsoption würde nur ausgeübt, wenn der Ausübungspreis den Marktpreis überstiege, und die Kaufoption würde nur ausgeübt, wenn der Ausübungspreis unter dem Marktpreis läge.

Geschriebene Verkaufsoptionen

63 Verträge, die das Unternehmen zum Rückkauf seiner eigenen Aktien verpflichten (wie geschriebene Verkaufsoptionen und Terminkäufe), kommen bei der Berechnung des verwässerten Ergebnisses je Aktie zum Tragen, wenn ein Verwässerungseffekt vorliegt. Wenn diese Verträge innerhalb der Periode „im Geld" sind (d. h. der Ausübungs- oder Erfüllungspreis den durchschnittlichen Marktpreis in der Periode übersteigt), so ist der potenzielle Verwässerungseffekt auf das Ergebnis je Aktie folgendermaßen zu ermitteln:

a) **es ist anzunehmen, dass am Anfang der Periode eine ausreichende Menge an Stammaktien (zum durchschnittlichen Marktpreis während der Periode) emittiert wird, um die Mittel zur Vertragserfüllung zu beschaffen,**

b) **es ist anzunehmen, dass die Erlöse aus der Emission zur Vertragserfüllung (also zum Rückkauf der Stammaktien) verwendet werden, und**

c) **die zusätzlichen Stammaktien (die Differenz zwischen den als emittiert angenommenen Stammaktien und den aus der Vertragserfüllung vereinnahmten Stammaktien) sind in die Berechnung des verwässerten Ergebnisses je Aktie einzubeziehen.**

RÜCKWIRKENDE ANPASSUNGEN

64 Nimmt die Zahl der in Umlauf befindlichen Stammaktien oder potenziellen Stammaktien durch eine Kapitalerhöhung aus Gesellschaftsmitteln, eine Emission von Gratisaktien oder einen Aktiensplitt zu bzw. durch einen umgekehrten Aktiensplitt ab, so ist die Berechnung des unverwässerten und verwässerten Ergebnisses je Aktie für alle dargestellten Perioden rückwirkend anzupassen. Treten diese Änderungen nach dem Abschlussstichtag, aber vor der Genehmigung zur Veröffentlichung des Abschlusses ein, sind die Berechnungen je Aktie für den Abschluss, der für diese Periode vorgelegt wird, sowie für die Abschlüsse aller früheren Perioden auf der Grundlage der neuen Zahl an Aktien vorzunehmen. Dabei ist anzugeben, dass die Berechnungen pro Aktie derartigen Änderungen in der Zahl der Aktien Rechnung tragen. Darüber hinaus sind für alle dargestellten Perioden das unverwässerte und das verwässerte Ergebnis je Aktie auch im Hinblick auf die Auswirkungen von rückwirkend berücksichtigten Fehlern und Anpassungen, die durch Änderungen der Rechnungslegungsmethoden bedingt sind, anzupassen.

65 Ein Unternehmen darf das verwässerte Ergebnis je Aktie, die in früheren Perioden ausgewiesen wurde, nicht aufgrund von Änderungen der Berechnungsannahmen zur Ergebnisermittlung je Aktie oder zwecks Umwandlung potenzieller Stammaktien in Stammaktien rückwirkend anpassen.

DARSTELLUNG

66 Ein Unternehmen hat in seiner Gesamtergebnisrechnung für jede Gattung von Stammaktien mit unterschiedlichem Anrecht auf Teilnahme am Gewinn oder Verlust das unverwässerte und das verwässerte Ergebnis je Aktie aus dem den Stammaktionären des Mutterunternehmens zurechenbaren Gewinn oder Verlust aus fortzuführenden Geschäftsbereichen sowie aus dem den Stammaktionären des Mutterunternehmens zurechenbaren Gewinn oder Verlust auszuweisen. Ein Unternehmen hat das unverwässerte und das verwässerte Ergebnis je Aktie in allen dargestellten Perioden gleichrangig auszuweisen.

67 Das Ergebnis je Aktie ist für jede Periode auszuweisen, für die eine Gesamtergebnisrechnung vorgelegt wird. Wird das verwässerte Ergebnis je Aktie für mindestens eine Periode ausgewiesen, so ist es, selbst wenn es dem unverwässerten Ergebnis je Aktie entspricht, für sämtliche dargestellten Perioden auszuweisen. Stimmen unverwässertes und verwässertes Ergebnis je Aktie überein, so kann der doppelte Ausweis in einer Zeile in der Gesamtergebnisrechnung erfolgen.

67A Stellt ein Unternehmen die Ergebnisbestandteile gemäß Paragraph 10A von IAS 1 (in der 2011 geänderten Fassung) in einer gesonderten Gewinn- und Verlustrechnung dar, so hat es das unverwässerte und verwässerte Ergebnis je Aktie gemäß den Vorschriften der Paragraph 66 und 67 in dieser gesonderten Gewinn- und Verlustrechnung auszuweisen.

68 Ein Unternehmen, das die Aufgabe eines Geschäftsbereichs berichtet, hat die unverwässerten und verwässerten Beträge je Aktie für den aufgegebenen Geschäftsbereich entweder in der Gesamtergebnisrechnung oder im Anhang auszuweisen.

68A Stellt ein Unternehmen die Ergebnisbestandteile gemäß Paragraph 10A von IAS 1 (in der 2011 geänderten Fassung) in einer gesonderten Gewinn- und Verlustrechnung dar, so hat es das unverwässerte und verwässerte Ergebnis je Aktie für den aufgegebenen Geschäftsbereich gemäß den Vorschriften in Paragraph 68 in dieser gesonderten Gewinn- und Verlustrechnung oder im Anhang auszuweisen.

69 Ein Unternehmen hat das unverwässerte und das verwässerte Ergebnis je Aktie auch dann auszuweisen, wenn die Beträge negativ (also als Verlust je Aktie) ausfallen.

ANGABEN

70 Ein Unternehmen hat Folgendes anzugeben:

a) die Beträge, die es bei der Berechnung des unverwässerten und verwässerten Ergebnisses je Aktie als Zähler verwendet, sowie eine Überleitung der entsprechenden Beträge zu dem dem Mutterunternehmen zurechenbaren Gewinn oder Verlust. Der Überleitungsrechnung muss zu entnehmen sein, wie sich die einzelnen Gattungen von Instrumenten auf das Ergebnis je Aktie auswirken.

b) die gewichtete durchschnittliche Anzahl der Stammaktien, der bei der Berechnung des unverwässerten und des verwässerten Ergebnisses je Aktie als Nenner verwendet wurde, sowie eine Überleitungsrechnung dieser Nenner zueinander. Der Überleitungsrechnung muss zu entnehmen sein, wie sich die einzelnen Gattungen von Instrumenten auf das Ergebnis je Aktie auswirken.

c) die Instrumente (einschließlich bedingt emissionsfähiger Aktien), die das unverwässerte Ergebnis je Aktie in Zukunft potenziell verwässern könnten, aber nicht in die Berechnung des verwässerten Ergebnisses je Aktie eingeflossen sind, weil sie für die dargestellte Periode/die dargestellten Perioden einer Verwässerung entgegenwirken.

d) eine Beschreibung der Transaktionen mit Stammaktien oder potenziellen Stammaktien – mit Ausnahme derjenigen, die gemäß Paragraph 64 berücksichtigt werden–, die nach dem Abschlussstichtag zustande kommen und die, wenn sie vor Ende der Berichtsperiode stattgefunden hätten, die Zahl der am Ende der Periode in Umlauf befindlichen Stammaktien oder potenziellen Stammaktien erheblich verändert hätten.

71 Beispiele für die in Paragraph 70(d) genannten Transaktionen sind
a) die Ausgabe von Aktien gegen liquide Mittel,
b) die Ausgabe von Aktien, wenn die Erlöse dazu verwendet werden, zum Abschlussstichtag bestehende Schulden oder in Umlauf befindliche Vorzugsaktien zu tilgen,
c) die Rücknahme von in Umlauf befindlichen Stammaktien,
d) die Umwandlung oder Ausübung des Bezugsrechtes potenzieller, sich zum Abschlussstichtag im Umlauf befindlicher Stammaktien in Stammaktien,
e) die Ausgabe von Optionen, Optionsscheinen oder wandelbaren Instrumenten und
f) die Erfüllung von Bedingungen, die die Ausgabe bedingt emissionsfähiger Aktien zur Folge hätten.

Die Ergebnisse je Aktie werden nicht um Transaktionen bereinigt, die nach dem Abschlussstichtag eintreten, da diese den zur Generierung des Gewinns oder Verlusts verwendeten Kapitalbetrag nicht beeinflussen.

72 Finanzinstrumente und sonstige Verträge, die zu potenziellen Stammaktien führen, können Bedingungen enthalten, die die Bestimmung des unverwässerten und verwässerten Ergebnisses je Aktie beeinflussen. Diese Bedingungen können entscheidend dafür sein, ob bei potenziellen Stammaktien ein Verwässerungseffekt vorliegt und, falls dies auf die gewichtete durchschnittliche Anzahl der in Umlauf befindlichen Aktien sowie alle daraus resultierenden Bereinigungen des den Stammaktionären zuzurechnenden Gewinns oder Verlusts auswirkt. Die Angabe der Vertragsbedingungen dieser Finanzinstrumente und anderer Verträge wird empfohlen, sofern dies nicht ohnehin vorgeschrieben ist (s. IFRS 7 *Finanzinstrumente: Angaben*).

73 Falls ein Unternehmen zusätzlich zum unverwässerten und verwässerten Ergebnis je Aktie Beträge je Aktie angibt, die mittels eines in der Gesamtergebnisrechnung enthaltenen Bestandteils ermittelt werden, der von diesem Standard nicht vorgeschrieben ist, so sind derartige Beträge unter Verwendung der gemäß diesem Standard ermittelten gewichteten durchschnittlichen Anzahl von Stammaktien zu bestimmen. Unverwässerte und verwässerte Beträge je Aktie, die sich auf einen derartigen Bestandteil beziehen, sind gleichrangig anzugeben und im Anhang auszuweisen. Ein Unternehmen hat auf die Grundlage zur Ermittlung des Nenners/der Nenner hinzuweisen, einschließlich der Angabe, ob es sich bei den entsprechenden Beträgen je Aktie um Vor- oder Nachsteuerbeträge handelt. Bei Verwendung eines Bestandteils der Gesamtergebnisrechnung, der nicht als eigenständiger Posten in der Gesamtergebnisrechnung ausgewiesen wird, ist eine Überleitung zwischen diesem verwendeten Bestandteil zu einem in der Gesamtergebnisrechnung ausgewiesenen Posten herzustellen.

73A Paragraph 73 ist auch auf ein Unternehmen anzuwenden, das zusätzlich zum unverwässerten und verwässerten Ergebnis je Aktie Beträge je Aktie angibt, die mittels eines Ergebnisbestandteils, der nicht von diesem Standard vorgeschrieben wird, ermittelt werden.

ZEITPUNKT DES INKRAFTTRETENS

74 Dieser Standard ist auf Geschäftsjahre anzuwenden, die am oder nach dem 1. Januar 2005 beginnen. Eine frühere Anwendung wird empfohlen. Wendet ein Unternehmen diesen Standard für Berichtsperioden an, die vor dem 1. Januar 2005 beginnen, hat es dies anzugeben.

74A Durch IAS 1 (in der 2007 überarbeiteten Fassung) wurde die in den IAS/IFRS verwendete Terminologie geändert. Außerdem wurden in den Paragraphen 4A, 67A, 68A und 73A eingefügt. Diese Änderungen sind auf Geschäftsjahre anzuwenden, die am oder nach dem 1. Januar 2009 beginnen. Wendet ein Unternehmen IAS 1 (überarbeitet 2007) auf eine frühere Periode an, so hat es auf diese Periode auch diese Änderungen anzuwenden.

74B Durch IFRS 10 und IFRS 11 *Gemeinschaftliche Vereinbarungen*, veröffentlicht im Mai 2011, wurden die Paragraphen 4, 40 und A11 geändert. Wendet ein Unternehmen IFRS 10 und IFRS 11 an, hat es diese Änderungen ebenfalls anzuwenden.

74C Durch IFRS 13, veröffentlicht im Mai 2011, wurden die Paragraphen 8, 47A und A2 geändert. Wendet ein Unternehmen IFRS 13 an, sind diese Änderungen ebenfalls anzuwenden.

74D Durch *Darstellung von Posten des sonstigen Ergebnisses* (Änderungen an IAS 1), veröffentlicht im Juni 2011, wurden die Paragraphen 4A, 67A, 68A und 73A geändert. Wendet ein Unternehmen IAS 1 (in der im Juni 2011 geänderten Fassung) an, sind diese Änderungen ebenfalls anzuwenden.

74E Durch IFRS 9 *Finanzinstrumente* (in der im Juli 2014 veröffentlichten Fassung) wurde Paragraph 34 geändert. Wendet ein Unternehmen IFRS 9 an, ist diese Änderung ebenfalls anzuwenden.

RÜCKNAHME ANDERER VERLAUTBARUNGEN

75 Dieser Standard ersetzt IAS 33 *Ergebnis je Aktie* (veröffentlicht 1997).

76 Dieser Standard ersetzt SIC-24 *Ergebnis je Aktie – Finanzinstrumente und sonstige Verträge, die in Aktien erfüllt werden können*.

Anhang A
ANWENDUNGSLEITLINIEN

Dieser Anhang ist integraler Bestandteil des Standards.

Der dem Mutterunternehmen zuzurechnende Gewinn oder Verlust

A1 Zur Berechnung des Ergebnisses je Aktie auf der Grundlage des Konzernabschlusses bezieht sich der dem Mutterunternehmen zuzurechnende Gewinn oder Verlust auf den Gewinn oder Verlust des konsolidierten Unternehmens nach Berücksichtigung von nicht beherrschenden Anteilen.

Bezugsrechtsausgabe

A2 Durch die Ausgabe von Stammaktien zum Zeitpunkt der Ausübung oder Umwandlung potenzieller Stammaktien entsteht im Regelfall kein Bonuselement, weil die potenziellen Stammaktien normalerweise zum beizulegenden Zeitwert ausgegeben werden, was zu einer proportionalen Änderung der dem Unternehmen zur Verfügung stehenden Ressourcen führt. Bei einer Ausgabe von Bezugsrechten liegt der Ausübungskurs jedoch häufig unter dem beizulegenden Zeitwert der Aktien, sodass hier ein Bonuselement vorliegt (siehe Paragraph 27(b)). Wird allen gegenwärtigen Aktionären eine Bezugsrechtsausgabe angeboten, ist die Zahl der Stammaktien, die zu verwenden ist, um für alle Perioden vor der Bezugsrechtsausgabe das unverwässerte und das verwässerte Ergebnis je Aktie zu berechnen, gleich der Zahl der sich vor der Ausgabe in Umlauf befindlichen Stammaktien, multipliziert mit folgendem Faktor:

$$\frac{\text{Beizulegender Zeitwert je Aktie unmittelbar vor der Bezugsrechtsausübung}}{\text{Theoretischer Zeitwert je Aktie nach dem Bezugsrecht}}$$

Der theoretische Zeitwert je Aktie nach dem Bezugsrecht wird berechnet, indem die Summe der beizulegenden Zeitwerte der Aktien unmittelbar vor Ausübung der Bezugsrechte zu den Erlösen aus der Ausübung der Bezugsrechte hinzugezählt und durch die Anzahl der sich nach Ausübung der Bezugsrechte in Umlauf befindlichen Aktien geteilt wird. In Fällen, in denen die Bezugsrechte vor dem Ausübungsdatum getrennt von den Aktien öffentlich gehandelt werden sollen, wird der beizulegende Zeitwert am Schluss des letzten Handelstages, an dem die Aktien gemeinsam mit den Bezugsrechten gehandelt werden, ermittelt.

Kontrollgröße

A3 Um die Anwendung des in den Paragraphen 42 und 43 beschriebenen Begriffs der Kontrollgröße zu veranschaulichen, soll angenommen werden, dass ein Unternehmen aus fortzuführenden Geschäftsbereichen einen dem Mutterunternehmen zurechenbaren Gewinn von 4800 WE([1]), aus aufgegebenen Geschäftsbereichen einen dem Mutterunternehmen zurechenbaren Verlust von (7200 WE), einen dem Mutterunternehmen zurechenbaren Verlust von (2400 WE) und 2000 Stammaktien sowie 400 in Umlauf befindliche potenzielle Stammaktien hat. Das unverwässerte Ergebnis des Unternehmens je Aktie beträgt in diesem Fall 2,40 WE für fortzuführende Geschäftsbereiche, (3,60 WE) für aufgegebene Geschäftsbereiche und (1,20 WE) für den Verlust. Die 400 potenziellen Stammaktien werden in die Berechnung des verwässerten Ergebnisses je Aktie einbezogen, weil das resultierende Ergebnis von 2,00 WE je Aktie für fortzuführende Geschäftsbereiche verwässernd wirkt, wenn keine Auswirkung dieser 400 potenziellen Stammaktien auf den Gewinn oder Verlust angenommen wird. Weil der dem Mutterunternehmen zurechenbare Gewinn aus fortzuführenden Geschäftsbereichen die Kontrollgröße ist, bezieht das Unternehmen auch diese 400 potenziellen Stammaktien in die Berechnung der übrigen Ergebnisse je Aktie ein, obwohl die resultierenden Ergebnisse je Aktie für die ihnen vergleichbaren unverwässerten Ergebnisse je Aktie einen Verwässerungsschutz darstellen; d. h., der Verlust je Aktie geringer ist [(3,00 WE) je Aktie für den Verlust aus aufgegebenen Geschäftsbereichen und (1,00 WE) je Aktie für den Verlust].

([1]) In diesen Leitlinien werden Geldbeträge in „Währungseinheiten" (WE) angegeben.

Durchschnittlicher Marktpreis der Stammaktien

A4 Zur Berechnung des verwässerten Ergebnisses je Aktie wird der durchschnittliche Marktpreis der Stammaktien, von deren Ausgabe ausgegangen wird, auf der Basis des durchschnittlichen Marktpreises während der Periode errechnet. Theoretisch könnte jede Markttransaktion mit den Stammaktien eines Unternehmens in die Bestimmung des durchschnittlichen Marktpreises einbezogen werden. In der Praxis reicht jedoch für gewöhnlich ein einfacher Durchschnitt aus den wöchentlichen oder monatlichen Kursen aus.

A5 Im Allgemeinen sind die Schlusskurse für die Berechnung des durchschnittlichen Marktpreises ausreichend. Schwanken die Kurse allerdings mit großer Bandbreite, ergibt ein Durchschnitt aus den Höchst- und Tiefstkursen normalerweise einen repräsentativeren Kurs. Der durchschnittliche Marktpreis ist stets nach derselben Methode zu ermitteln, es sei denn, diese ist wegen geänderter Bedingungen nicht mehr repräsentativ. So könnte z. B. ein Unternehmen, das zur Errechnung des durchschnittlichen Marktpreises über mehrere Jahre hinweg relativ stabiler Kurse hinweg die Schlusskurse benutzt, zur Durchschnittsbildung aus Höchst- und Tiefstkursen übergehen, wenn starke Kursschwankungen einsetzen und die Schlusskurse keinen repräsentativen Durchschnittskurs mehr ergeben.

Optionen, Optionsscheine und ihre Äquivalente

A6 Es wird davon ausgegangen, dass Optionen oder Optionsscheine für den Kauf wandelbarer Instrumente immer dann für diesen Zweck ausgeübt werden, wenn die Durchschnittskurse sowohl der wandelbaren Instrumente als auch der nach der Umwandlung zu beziehenden Stammaktien über dem Ausübungskurs der Optionen oder Optionsscheine liegen. Von einer Ausübung wird jedoch nur dann ausgegangen, wenn auch bei etwaigen ähnlichen in Umlauf befindlichen wandelbaren Instrumenten von einer Umwandlung ausgegangen wird.

A7 Optionen oder Optionsscheine können die Andienung schuldrechtlicher oder anderer Wertpapiere des Unternehmens (oder seines Mutterunternehmens oder eines Tochterunternehmens) zur Zahlung des gesamten Ausübungspreises oder eines Teiles davon ermöglichen oder erfordern. Bei der Berechnung des verwässerten Ergebnisses je Aktie wirken diese Optionen oder Optionsscheine verwässernd, wenn (a) der durchschnittliche Marktpreis der zugehörigen Stammaktien für die Periode den Ausübungskurs überschreitet oder (b) der Verkaufskurs des anzudienenden Instrumentes unter dem liegt, zu dem das Instrument der Options- oder Optionsscheinvereinbarung entsprechend angedient werden kann und der sich ergebende Abschlag zu einem effektiven Ausübungskurs unter dem Marktpreis für die Stammaktien führt, die nach der Ausübung bezogen werden können. Bei der Berechnung des verwässerten Ergebnisses je Aktie wird davon ausgegangen, dass diese Optionen oder Optionsscheine ausgeübt und die schuldrechtlichen oder anderen Wertpapiere angedient werden sollen. Ist die Andienung liquider Mittel für den Options- oder Optionsscheininhaber vorteilhafter und lässt der Vertrag dies zu, wird von der Andienung liquider Mittel ausgegangen. Zinsen (abzüglich Steuern) auf schuldrechtliche Wertpapiere, von deren Andienung ausgegangen wird, werden dem Zähler als Berichtigung wieder hinzugerechnet.

A8 Ähnlich behandelt werden Vorzugsaktien mit ähnlichen Bestimmungen oder andere Wertpapiere, deren Umwandlungsoptionen dem Investor eine Barzahlung zu einem günstigeren Umwandlungssatz erlauben.

A9 Bei bestimmten Optionen oder Optionsscheinen sehen die Vertragsbedingungen eventuell vor, dass die durch Ausübung dieser Instrumente erzielten Erlöse für den Rückkauf schuldrechtlicher oder anderer Wertpapiere des Unternehmens (oder seines Mutter- oder eines Tochterunternehmens) verwendet werden. Bei der Berechnung des verwässerten Ergebnisses je Aktie wird davon ausgegangen, dass diese Optionen oder Optionsscheine ausgeübt werden und der Erlös für den Kauf der schuldrechtlichen Wertpapiere zum durchschnittlichen Marktpreis und nicht für den Kauf von Stammaktien verwendet wird. Sollte der durch die angenommene Ausübung erzielte Erlös jedoch über den für den angenommenen Kauf schuldrechtlicher Wertpapiere aufgewandten Betrag hinausgehen, so wird diese Differenz bei der Berechnung des verwässerten Ergebnisses je Aktie berücksichtigt (d. h., es wird davon ausgegangen, dass sie für den Rückkauf von Stammaktien eingesetzt wurde). Zinsen (abzüglich Steuern) auf schuldrechtliche Wertpapiere, von deren Kauf ausgegangen wird, werden dem Zähler als Berichtigung wieder hinzugerechnet.

Geschriebene Verkaufsoptionen

A10 Zur Erläuterung der Anwendung von Paragraph 63 soll angenommen werden, dass sich von einem Unternehmen 120 geschriebene Verkaufsoptionen auf seine Stammaktien mit einem Ausübungskurs von 35 WE in Umlauf befinden. Der durchschnittliche Marktpreis für die Stammaktien des Unternehmens in der Periode beträgt 28 WE. Bei der Berechnung des verwässerten Ergebnisses je Aktie geht das Unternehmen davon aus, dass es zur Erfüllung seiner Verkaufsverpflichtung von 4200 WE zu Periodenbeginn 150 Aktien zu je 28 WE ausgegeben hat. Die Differenz zwischen den 150 ausgegebenen Stammaktien und den 120 Stammaktien aus der Erfüllung der Verkaufsoption (30 zusätzliche Stammaktien) wird bei der Berechnung des verwässerten Ergebnisses je Aktie auf den Nenner aufaddiert.

Instrumente von Tochterunternehmen, Gemeinschaftsunternehmen oder assoziierten Unternehmen

A11 Potenzielle Stammaktien eines Tochterunternehmens, Gemeinschaftsunternehmens oder assoziierten Unternehmens, die entweder in Stammaktien des Tochterunternehmens, Gemeinschaftsunternehmens oder assoziierten Unternehmens oder in Stammaktien des Mutterunternehmens oder von Investoren, die an der gemeinschaftlichen Führung des Beteiligungsunternehmens beteiligt sind oder einen maßgeblichem Einfluss auf das Beteiligungsunternehmen haben, (des berichtenden Unternehmens) umgewandelt werden können, werden wie folgt in die Berechnung des verwässerten Ergebnisses je Aktie einbezogen:

a) Durch ein Tochterunternehmen, Gemeinschaftsunternehmen oder assoziiertes Unternehmen ausgegebene Instrumente, die ihren Inhabern den Bezug von Stammaktien des Tochterunternehmens, Gemeinschaftsunternehmens oder assoziierten Unternehmens ermöglichen, werden in die Berechnung des verwässerten Ergebnisses je Aktie des Tochterunternehmens, Gemeinschaftsunternehmens oder assoziierten Unternehmens einbezogen. Dieses Ergebnis je Aktie wird dann vom berichtenden Unternehmen in dessen Berechnungen des Ergebnisses je Aktie einbezogen, und zwar auf der Grundlage, dass das berichtende Unternehmen die Instrumente des Tochterunternehmens, Gemeinschaftsunternehmens oder assoziierten Unternehmens hält.

b) Instrumente eines Tochterunternehmens, Gemeinschaftsunternehmens oder assoziierten Unternehmens, die in Stammaktien des berichtenden Unternehmens umgewandelt werden können, werden für die Berechnung des verwässerten Ergebnisses je Aktie als den potenziellen Stammaktien des berichtenden Unternehmens gehörend betrachtet. Ebenso werden auch von einem Tochterunternehmen, Gemeinschaftsunternehmen oder assoziierten Unternehmen für den Kauf von Stammaktien des berichtenden Unternehmens ausgegebene Optionen oder Optionsscheine bei der Berechnung des konsolidierten verwässerten Ergebnisses je Aktie als zu den potenziellen Stammaktien des berichtenden Unternehmens gehörend betrachtet.

A12 Um zu bestimmen, wie sich Instrumente, die von einem berichtenden Unternehmen ausgegeben wurden und in Stammaktien eines Tochterunternehmens, Gemeinschaftsunternehmens oder assoziierten Unternehmens umgewandelt werden können, auf das Ergebnis je Aktie auswirken, wird von der Umwandlung der Instrumente ausgegangen und der Zähler (der den Stammaktionären des Mutterunternehmens zurechenbare Gewinn oder Verlust) gemäß Paragraph 33 dementsprechend angepasst. Zusätzlich dazu wird der Zähler in Bezug auf jede Änderung angepasst, die im Gewinn oder Verlust des berichtenden Unternehmens auftritt (z. B. Erträge nach der Dividenden- oder nach der Equity-Methode) und der erhöhten Stammaktienzahl des Tochterunternehmens, Gemeinschaftsunternehmens oder assoziierten Unternehmens zuzurechnen ist, die sich als Folge der angenommenen Umwandlung in Umlauf befindet. Der Nenner ist bei der Berechnung des verwässerten Ergebnisses je Aktie nicht betroffen, weil die Zahl der in Umlauf befindlichen Stammaktien des berichtenden Unternehmens sich bei Annahme der Umwandlung nicht ändern würde.

Partizipierende Eigenkapitalinstrumente und aus zwei Gattungen bestehende Stammaktien

A13 Zum Eigenkapital einiger Unternehmen gehören
a)   Instrumente, die nach einer festgelegten Formel (z. B. zwei zu eins) an Stammaktien-Dividenden beteiligt werden, wobei in einigen Fällen für die Gewinnbeteiligung eine Obergrenze (z. B. bis zu einem bestimmten Höchstbetrag je Aktie) besteht,
b)   eine Stammaktien-Gattung, deren Dividendensatz von dem der anderen Stammaktien-Gattung abweicht, ohne jedoch vorrangige oder vorgehende Rechte zu haben.

A14 Zur Berechnung des verwässerten Ergebnisses je Aktie wird bei den in Paragraph A13 bezeichneten Instrumenten, die in Stammaktien umgewandelt werden können, von einer Umwandlung ausgegangen, wenn sie eine verwässernde Wirkung hat. Für die nicht in eine Stammaktien-Gattung umwandelbaren Instrumente wird der Gewinn oder Verlust entsprechend ihren Dividendenrechten oder anderen Rechten auf Beteiligung an nicht ausgeschütteten Gewinnen den unterschiedlichen Aktiengattungen und partizipierenden Eigenkapitalinstrumenten zugewiesen. Zur Berechnung des unverwässerten und verwässerten Ergebnisses je Aktie,

a)   wird der den Stammaktieninhabern des Mutterunternehmens zurechenbare Gewinn oder Verlust (durch Gewinnreduzierung und Verlusterhöhung) um den Betrag der Dividenden angepasst, der in der Periode für jede Aktiengattung beschlossen wurde, sowie um den vertraglichen Betrag der Dividenden (oder Zinsen auf Gewinnschuldverschreibungen), der für die Periode zu zahlen ist (z. B. ausgeschüttete, aber noch nicht ausgezahlte kumulative Dividenden).

b)   wird der verbleibende Gewinn oder Verlust den Stammaktien und partizipierenden Eigenkapitalinstrumenten in dem Umfang zugeteilt, in dem jedes Instrument am Ergebnis beteiligt ist, so, als sei der gesamte Gewinn oder Verlust ausgeschüttet worden. Der gesamte jeder Gattung von Eigenkapitalinstrumenten zugewiesene Gewinn oder Verlust wird durch Addition des aus Dividenden und aus Gewinnbeteiligung zugeteilten Betrags bestimmt.

c)   wird der Gesamtbetrag des jeder Gattung von Eigenkapitalinstrumenten zugewiesenen Gewinns oder Verlusts durch die Zahl der in Umlauf befindlichen Instrumente geteilt, denen das Ergebnis zugewiesen wird, um das Ergebnis je Aktie für das Instrument zu bestimmen.

Zur Berechnung des verwässerten Ergebnisses je Aktie werden alle potenziellen Stammaktien, die als ausgegeben gelten, in die in Umlauf befindlichen Stammaktien einbezogen.

Teilweise bezahlte Aktien

A15 Werden Stammaktien ausgegeben, jedoch nicht voll bezahlt, werden sie bei der Berechnung des unverwässerten Ergebnisses je Aktie in dem Umfang als Bruchteil einer Stammaktie angesehen, in dem sie während der Periode in Relation zu einer voll bezahlten Stammaktie dividendenberechtigt sind.

A16 Soweit teilweise bezahlte Aktien während der Periode nicht dividendenberechtigt sind, werden sie bei der Berechnung des verwässerten Ergebnisses je Aktie analog zu Optionen oder Optionsscheinen behandelt. Der unbezahlte Restbetrag gilt als für den Kauf von Stammaktien verwendeter Erlös. Die Zahl der in das verwässerte Ergebnis je Aktie einbezogenen Aktien ist die Differenz zwischen der Zahl der gezeichneten Aktien und der Zahl der Aktien, die als gekauft gelten.

INTERNATIONAL ACCOUNTING STANDARD 34
Zwischenberichterstattung

IAS 34, VO (EU) 2023/1803

Gliederung	§§
ZIELSETZUNG	
ANWENDUNGSBEREICH	1–3
DEFINITIONEN	4
INHALT EINES ZWISCHENBERICHTS	5–25
Mindestbestandteile eines Zwischenberichts	8–8A
Form und Inhalt von Zwischenabschlüssen	9–14
Erhebliche Ereignisse und Geschäftsvorfälle	15–16
Weitere Angaben	16A–18
Angabe der Übereinstimmung mit den IFRS	19
Perioden, für die Zwischenabschlüsse aufzustellen sind	20–22
Wesentlichkeit	23–25
ANGABEN IN JÄHRLICHEN ABSCHLÜSSEN	26–27
ERFASSUNG UND BEWERTUNG	28–42
Dieselben Rechnungslegungsmethoden wie im jährlichen Abschluss	28–36
Saisonal, konjunkturell oder gelegentlich erzielte Erträge	37–38
Aufwendungen, die während des Geschäftsjahrs unregelmäßig anfallen	39
Anwendung der Erfassungs- und Bewertungsgrundsätze	40
Verwendung von Schätzungen	41–42
ANPASSUNG BEREITS DARGESTELLTER ZWISCHENBERICHTSPERIODEN	43–45
ZEITPUNKT DES INKRAFTTRETENS	46–60

ZIELSETZUNG

Die Zielsetzung dieses Standards ist, den Mindestinhalt eines Zwischenberichts sowie die Grundsätze für die Erfassung und Bewertung in einem vollständigen oder verkürzten Abschluss für eine Zwischenberichtsperiode vorzuschreiben. Eine rechtzeitige und verlässliche Zwischenberichterstattung erlaubt Investoren, Gläubigern und anderen Adressaten, die Fähigkeit eines Unternehmens, Periodenüberschüsse und Mittelzuflüsse zu erzeugen, sowie seine Vermögenslage und Liquidität besser zu beurteilen.

ANWENDUNGSBEREICH

1 Dieser Standard schreibt weder vor, welche Unternehmen Zwischenberichte zu veröffentlichen haben, noch wie häufig oder innerhalb welchen Zeitraums nach dem Ablauf einer Zwischenberichtsperiode dies zu erfolgen hat. Jedoch verlangen Regierungen, Aufsichtsbehörden, Börsen und mit der Rechnungslegung befassende Berufsverbände oft von Unternehmen, deren Schuld- oder Eigenkapitaltitel öffentlich gehandelt werden, die Veröffentlichung von Zwischenberichten. Dieser Standard ist anzuwenden, wenn ein Unternehmen pflichtgemäß oder freiwillig einen Zwischenbericht gemäß den International Financial Reporting Standards (IFRS) veröffentlicht. Das International Accounting Standards Committee([1]) empfiehlt Unternehmen, deren Wertpapiere öffentlich gehandelt werden, Zwischenberichte bereitzustellen, die hinsichtlich Erfassung, Bewertung und Angaben den Grundsätzen dieses Standards entsprechen. Unternehmen, deren Wertpapiere öffentlich gehandelt werden, wird insbesondere empfohlen,

([1]) Der International Accounting Standards Board, der seine Tätigkeit im Jahr 2001 aufnahm, hat die Funktionen des International Accounting Standards Committee übernommen.

a) Zwischenberichte wenigstens zum Ende der ersten Hälfte des Geschäftsjahrs bereitzustellen und

b) ihre Zwischenberichte innerhalb von 60 Tagen nach Abschluss der Zwischenberichtsperiode verfügbar zu machen.

2 Jeder Finanzbericht, ob Abschluss eines Geschäftsjahrs oder Zwischenbericht, ist hinsichtlich seiner Konformität mit den IFRS gesondert zu beurteilen. Die Tatsache, dass ein Unternehmen während eines bestimmten Geschäftsjahrs keine Zwischenberichterstattung vorgenommen hat oder Zwischenberichte erstellt hat, die nicht diesem Standard entsprechen, darf das Unternehmen nicht davon abhalten, den IFRS entsprechende Abschlüsse eines Geschäftsjahrs zu erstellen, wenn ansonsten auch so verfahren wird.

3 Wenn der Zwischenbericht eines Unternehmens als mit den IFRS übereinstimmend bezeichnet wird, hat er allen Vorschriften dieses Standards zu entsprechen. Paragraph 19 schreibt dafür bestimmte Angaben vor.

DEFINITIONEN

4 Die folgenden Begriffe werden in diesem Standard mit der angegebenen Bedeutung verwendet:

Eine *Zwischenberichtsperiode* ist eine Finanzberichtsperiode, die kürzer als ein gesamtes Geschäftsjahr ist.

Ein *Zwischenbericht* ist ein Finanzbericht, der einen vollständigen Abschluss (wie in IAS 1 *Darstellung des Abschlusses* (in der 2007 überarbeiteten Fassung) beschrieben) oder einen verkürzten Abschluss (wie in diesem Standard beschrieben) für eine Zwischenberichtsperiode enthält.

INHALT EINES ZWISCHENBERICHTS

5 IAS 1 definiert für einen vollständigen Abschluss folgende Bestandteile:
a) eine Bilanz zum Abschlussstichtag,
b) eine Darstellung von Gewinn oder Verlust und sonstigem Ergebnis („Gesamtergebnisrechnung") für die Periode,
c) eine Eigenkapitalveränderungsrechnung für die Periode,
d) eine Kapitalflussrechnung für die Periode,
e) den Anhang einschließlich wesentlicher Angaben zu Rechnungslegungsmethoden und sonstiger Erläuterungen,
ea) Vergleichsinformationen für die vorangegangene Periode gemäß den Paragraphen 38 und 38A von IAS 1 und
f) eine Bilanz zu Beginn der vorangegangenen Periode, wenn ein Unternehmen eine Rechnungslegungsmethode rückwirkend anwendet oder Posten im Abschluss rückwirkend anpasst oder gemäß den Paragraphen 40A–40D von IAS 1 umgliedert.

Ein Unternehmen kann für diese Bestandteile andere Bezeichnungen als die in diesem Standard vorgesehenen Begriffe verwenden. So kann ein Unternehmen beispielsweise die Bezeichnung „Gesamtergebnisrechnung" anstelle von „Darstellung von Gewinn oder Verlust und sonstigem Ergebnis" verwenden.

6 Im Interesse rechtzeitiger Informationen, aus Kostengesichtspunkten und um eine Wiederholung bereits berichteter Informationen zu vermeiden, kann ein Unternehmen dazu verpflichtet sein oder sich freiwillig dafür entscheiden, an Zwischenberichtsterminen weniger Informationen bereitzustellen als in seinen Abschlüssen eines Geschäftsjahrs. Gemäß diesem Standard muss ein Zwischenbericht mindestens einen verkürzten Abschluss und ausgewählte erläuternde Anhangangaben enthalten. Der Zwischenbericht soll eine Aktualisierung des letzten Abschlusses eines Geschäftsjahrs darstellen. Dementsprechend konzentriert er sich auf neue Tätigkeiten, Ereignisse und Umstände und wiederholt nicht bereits berichtete Informationen.

7 Die Vorschriften in diesem Standard sollen den Unternehmen nicht verbieten bzw. sie nicht davon abhalten, anstelle eines verkürzten Abschlusses und ausgewählter erläuternder Anhangangaben einen vollständigen Abschluss (wie in IAS 1 beschrieben) als Zwischenbericht zu veröffentlichen. Dieser Standard verbietet nicht und hält Unternehmen auch nicht davon ab, mehr als das Minimum der von diesem Standard vorgeschriebenen Posten oder ausgewählten erläuternden Anhangangaben in verkürzte Zwischenberichte aufzunehmen. Die in diesem Standard enthaltenen Anwendungsleitlinien für Erfassung und Bewertung gelten auch für vollständige Abschlüsse einer Zwischenberichtsperiode; solche Abschlüsse würden sowohl alle von diesem Standard verlangten Angaben (insbesondere die ausgewählten Anhangangaben in Paragraph 16A) als auch die von anderen IFRS geforderten Angaben umfassen.

Mindestbestandteile eines Zwischenberichts

8 Ein Zwischenbericht hat mindestens die folgenden Bestandteile zu enthalten:
a) eine verkürzte Bilanz,
b) eine verkürzte Darstellung oder verkürzte Darstellungen von Gewinn oder Verlust und sonstigem Ergebnis,
c) eine verkürzte Eigenkapitalveränderungsrechnung,
d) eine verkürzte Kapitalflussrechnung und
e) ausgewählte erläuternde Anhangangaben.

8A Stellt ein Unternehmen die Ergebnisbestandteile gemäß Paragraph 10A von IAS 1 (in der 2011 geänderten Fassung) in einer gesonderten Gewinn- und Verlustrechnung dar, so hat es die verkürzten Zwischenberichtsdaten dort auszuweisen.

Form und Inhalt von Zwischenabschlüssen

9 Wenn ein Unternehmen einen vollständigen Abschluss in seinem Zwischenbericht veröffentlicht, haben Form und Inhalt der Bestandteile des Abschlusses die Vorschriften von IAS 1 an vollständige Abschlüsse zu erfüllen.

10 Wenn ein Unternehmen einen verkürzten Abschluss in seinem Zwischenbericht veröffentlicht, hat dieser verkürzte Abschluss mindestens jede der Überschriften und Zwischensummen zu enthalten, die in seinem letzten Abschluss eines Geschäftsjahrs enthalten waren, sowie die von diesem Standard vorgeschriebenen ausgewählten erläuternden Anhangangaben. Zusätzliche Posten oder Anhangangaben sind einzubeziehen, wenn ihr Weglassen den Zwischenbericht irreführend erscheinen lassen würde.

11 Ein Unternehmen hat in dem Abschlussbestandteil, der die einzelnen Gewinn- oder Verlustposten für eine Zwischenberichtsperiode darstellt, das unverwässerte und das ver-

wässerte Ergebnis je Aktie für diese Periode darzustellen, wenn das Unternehmen IAS 33 *Ergebnis je Aktie* unterliegt.([2])

([2]) Dieser Paragraph wurde durch die *Verbesserungen der IFRS* (veröffentlicht im Mai 2008) geändert, um den Anwendungsbereich von IAS 34 zu klären.

11A Stellt ein Unternehmen die Ergebnisbestandteile gemäß Paragraph 10A von IAS 1 (in der 2011 geänderten Fassung) in einer gesonderten Gewinn- und Verlustrechnung dar, so hat es das unverwässerte und das verwässerte Ergebnis je Aktie dort auszuweisen.

12 IAS 1 (in der 2007 überarbeiteten Fassung) enthält Anwendungsleitlinien zur Struktur des Abschlusses. Die Anwendungsleitlinien für IAS 1 geben Beispiele dafür, auf welche Weise die Darstellung der Bilanz, der Gesamtergebnisrechnung und der Eigenkapitalveränderungsrechnung erfolgen kann.

14 Ein Zwischenbericht wird auf konsolidierter Basis aufgestellt, wenn der letzte Abschluss eines Geschäftsjahrs des Unternehmens ein Konzernabschluss war. Der Einzelabschluss des Mutterunternehmens stimmt mit dem Konzernabschluss in dem letzten Geschäftsbericht nicht überein oder ist damit nicht vergleichbar. Wenn der Geschäftsbericht eines Unternehmens zusätzlich zum Konzernabschluss den Einzelabschluss des Mutterunternehmens enthält, verlangt oder verbietet dieser Standard nicht die Einbeziehung des Einzelabschlusses des Mutterunternehmens in den Zwischenbericht des Unternehmens.

Erhebliche Ereignisse und Geschäftsvorfälle

15 Ein Unternehmen hat in seinen Zwischenbericht Informationen über Ereignisse und Geschäftsvorfälle aufzunehmen, die für das Verständnis der Veränderungen, die seit Ende des letzten Geschäftsjahrs bei der Vermögens-, Finanz- und Ertragslage des Unternehmens eingetreten sind, erheblich sind. Mit den Informationen über diese Ereignisse und Geschäftsvorfälle hat ein Unternehmen die im letzten Geschäftsbericht enthaltenen einschlägigen Informationen zu aktualisieren.

15A Ein Adressat des Zwischenberichts eines Unternehmens wird auch Zugang zum letzten Geschäftsbericht dieses Unternehmens haben. Der Anhang eines Zwischenberichts muss deshalb keine Informationen enthalten, bei denen es sich nur um relativ unerhebliche Aktualisierungen der im Anhang des letzten Geschäftsberichtes enthaltenen Informationen handelt.

15B Nachstehend eine Aufstellung von Ereignissen und Geschäftsvorfällen, die bei Erheblichkeit angegeben werden müssten. Diese Aufzählung ist nicht abschließend:

a) Abwertung von Vorräten auf den Nettoveräußerungswert und Wertaufholung solcher Abschreibungen,

b) Erfassung eines Aufwands aus der Wertminderung von finanziellen Vermögenswerten, Sachanlagen, immateriellen Vermögenswerten, Vermögenswerten aus Verträgen mit Kunden oder anderen Vermögenswerten sowie Aufholung solcher Wertminderungsaufwendungen,

c) Auflösung etwaiger Rückstellungen für Restrukturierungsmaßnahmen,

d) Anschaffungen und Veräußerungen von Sachanlagen,

e) Verpflichtungen zum Kauf von Sachanlagen,

f) Beendigung von Rechtsstreitigkeiten,

g) Korrekturen von Fehlern aus früheren Perioden,

h) Veränderungen des Geschäftsumfelds oder der wirtschaftlichen Rahmenbedingungen, die sich auf den beizulegenden Zeitwert der finanziellen Vermögenswerte und finanziellen Verbindlichkeiten des Unternehmens auswirken, unabhängig davon, ob diese Vermögenswerte oder Verbindlichkeiten zum beizulegenden Zeitwert oder zu fortgeführten Anschaffungskosten angesetzt werden,

i) jeder Kreditausfall oder Bruch einer Kreditvereinbarung, der nicht am bzw. bis zum Abschlussstichtag beseitigt wurde,

j) Geschäftsvorfälle mit nahestehenden Unternehmen und Personen,

k) Umgliederungen zwischen den verschiedenen Stufen der Fair-Value-Hierarchie, die zur Bestimmung des beizulegenden Zeitwerts von Finanzinstrumenten zugrunde gelegt wird,

l) Änderungen bei der Einstufung finanzieller Vermögenswerte, die auf eine geänderte Zweckbestimmung oder Nutzung dieser Vermögenswerte zurückzuführen sind, und

m) Änderungen bei Eventualverbindlichkeiten oder Eventualforderungen.

15C Für viele der in Paragraph 15B genannten Posten enthalten die einzelnen IFRS Anwendungsleitlinien zu den entsprechenden Angabepflichten. Ist ein Ereignis oder Geschäftsvorfall für das Verständnis der Veränderungen, die seit dem letzten Geschäftsjahr bei der Vermögens-, Finanz- oder Ertragslage eines Unternehmens eingetreten sind, erheblich, sollten die im Abschluss des letzten Geschäftsjahrs dazu enthaltenen Angaben im Zwischenbericht des Unternehmens erläutert und aktualisiert werden.

16 [gestrichen]

Weitere Angaben

16A Zusätzlich zur Angabe erheblicher Ereignisse und Geschäftsvorfälle gemäß den Paragraphen 15–15C hat ein Unternehmen die nachstehenden Informationen in die Anhangangaben seines Zwischenabschlusses aufzunehmen oder an anderer Stelle des Zwischenberichts offenzulegen. Die folgenden Angaben sind entweder im Zwischenabschluss selbst zu machen oder, mittels Querverweisen im Zwischenabschluss, in anderen Erklärungen, wie beispielsweise einem Lagebericht oder einem Bericht über die Risiken, die für die Abschlussadressaten

2/19. IAS 34
16A

zu denselben Bedingungen und zu demselben Zeitpunkt wie der Zwischenabschluss verfügbar sind. Sind die durch Querverweise aufgenommenen Angaben für die Abschlussadressaten nicht zu denselben Bedingungen und zu demselben Zeitpunkt verfügbar, gilt der Zwischenabschluss als unvollständig. Diese Angaben sind normalerweise auf einen Zeitraum zu beziehen, der vom Geschäftsjahresbeginn bis zum Zwischenberichtstermin währt:

a) eine Erklärung, dass im Zwischenabschluss dieselben Rechnungslegungsmethoden und Berechnungsmethoden angewandt werden wie im letzten Abschluss eines Geschäftsjahrs oder, wenn diese Methoden geändert worden sind, eine Beschreibung der Art und Auswirkung der Änderung.

b) erläuternde Bemerkungen über die Saisoneinflüsse oder die Konjunktureinflüsse auf die Geschäftstätigkeit innerhalb der Zwischenberichtsperiode.

c) Art und Umfang von Sachverhalten, die Vermögenswerte, Schulden, Eigenkapital, Periodenergebnis oder Zahlungsströme beeinflussen und die aufgrund ihrer Art, ihres Ausmaßes oder ihrer Häufigkeit ungewöhnlich sind.

d) Art und Umfang von Änderungen bei Schätzungen von Beträgen, die in früheren Zwischenberichtsperioden des aktuellen Geschäftsjahrs dargestellt wurden, oder Änderungen bei Schätzungen von Beträgen, die in früheren Geschäftsjahren dargestellt wurden.

e) Emissionen, Rückkäufe und Rückzahlungen von Schuldverschreibungen oder Eigenkapitaltiteln.

f) gezahlte Dividenden (zusammengefasst oder je Anteil), gesondert für Stammanteile und sonstige Anteile.

g) die folgenden Segmentinformationen (die Angabe von Segmentinformationen in einem Zwischenbericht eines Unternehmens wird nur verlangt, wenn IFRS 8 *Geschäftssegmente* das Unternehmen zur Angabe der Segmentinformationen in seinem Abschluss eines Geschäftsjahrs verpflichtet):

   i) Umsatzerlöse von externen Kunden, wenn sie in den Messwert des Segmentgewinns oder -verlusts mit einbezogen sind, der vom Hauptentscheidungsträger überprüft wird oder diesem ansonsten regelmäßig übermittelt wird.

   ii) Umsatzerlöse, die zwischen den Segmenten erwirtschaftet werden, wenn sie in den Messwert des Segmentgewinns oder -verlusts mit einbezogen sind, der vom Hauptentscheidungsträger überprüft wird oder diesem ansonsten regelmäßig übermittelt wird.

   iii) den Messwert des Segmentgewinns oder -verlusts.

   iv) einen Messwert der gesamten Vermögenswerte und der gesamten Schulden für ein bestimmtes berichtspflichtiges Segment, wenn diese Beträge dem Hauptentscheidungsträger regelmäßig übermittelt werden und deren Höhe sich im Vergleich zu den Angaben im letzten Abschluss eines Geschäftsjahrs für dieses berichtspflichtige Segment wesentlich verändert hat.

   v) eine Beschreibung der Unterschiede im Vergleich zum letzten Abschluss eines Geschäftsjahrs, die sich in der Segmentierungsgrundlage oder in der Bemessungsgrundlage des Segmentgewinns oder -verlusts ergeben haben.

   vi) eine Überleitungsrechnung für den Gesamtbetrag der Messwerte des Gewinns oder Verlusts der berichtspflichtigen Segmente zum Gewinn oder Verlust des Unternehmens vor Steueraufwand (Steuerertrag) und Aufgabe von Geschäftsbereichen. Weist ein Unternehmen indes berichtspflichtigen Segmenten Posten wie Steueraufwand (Steuerertrag) zu, kann das Unternehmen seine Überleitungsrechnung für den Gesamtbetrag der Messwerte des Gewinns oder Verlusts der Segmente zum Gewinn oder Verlust des Unternehmens unter Einbeziehung dieser Posten erstellen. Wesentliche Überleitungsposten sind in dieser Überleitungsrechnung gesondert zu identifizieren und zu beschreiben.

h) nach der Zwischenberichtsperiode eingetretene Ereignisse, die im Abschluss der Zwischenberichtsperiode nicht berücksichtigt wurden.

i) die Auswirkung von Änderungen in der Zusammensetzung eines Unternehmens während der Zwischenberichtsperiode, einschließlich Unternehmenszusammenschlüsse, der Erlangung oder des Verlusts der Beherrschung über Tochterunternehmen und langfristige Finanzinvestitionen, Restrukturierungsmaßnahmen sowie der Aufgabe von Geschäftsbereichen. Im Fall von Unternehmenszusammenschlüssen hat das Unternehmen die in IFRS 3 *Unternehmenszusammenschlüsse* verlangten Angaben zu machen.

j) bei Finanzinstrumenten die in den Paragraphen 91–93(h), 94–96, 98 und 99 von IFRS 13 *Bewertung zum beizulegenden Zeitwert* und in den Paragraphen 25, 26 und 28–30 von IFRS 7 *Finanzinstrumente: Angaben* vorgeschriebenen Angaben zum beizulegenden Zeitwert.

k) für Unternehmen, die Investmentgesellschaften im Sinne von IFRS 10 *Konzernabschlüsse* werden oder es nicht mehr sind, die in Paragraph 9B von IFRS 12 *Angaben zu Anteilen an anderen Unternehmen* verlangten Angaben.

l) die gemäß den Anforderungen der Paragraphen 114–115 von IFRS 15 *Erlöse aus Verträgen mit Kunden* aufgeschlüsselten Erlöse aus Verträgen mit Kunden.

17–18 [gestrichen]

Angabe der Übereinstimmung mit den IFRS

19 Wenn der Zwischenbericht eines Unternehmens den Vorschriften dieses Standards entspricht, ist dies anzugeben. Ein Zwischenbericht darf nur dann als mit den IFRS übereinstimmend bezeichnet werden, wenn er allen Vorschriften der IFRS entspricht.

Perioden, für die Zwischenabschlüsse aufzustellen sind

20 Zwischenberichte haben (verkürzte oder vollständige) Zwischenabschlüsse für Perioden wie folgt zu enthalten:

a) eine Bilanz zum Ende der aktuellen Zwischenberichtsperiode und eine vergleichende Bilanz zum Ende des unmittelbar vorangegangenen Geschäftsjahrs.

b) Darstellungen von Gewinn oder Verlust und sonstigem Ergebnis für die aktuelle Zwischenberichtsperiode sowie vom Beginn des aktuellen Geschäftsjahrs bis zum Zwischenberichtstermin kumuliert, mit vergleichenden Darstellungen von Gewinn oder Verlust und sonstigem Ergebnis für die vergleichbaren Zwischenberichtsperioden (zur aktuellen und zu der vom Beginn des Geschäftsjahrs bis zum kumulierten Zwischenberichtstermin fortgeführten Zwischenberichtsperiode) des unmittelbar vorangegangenen Geschäftsjahrs. Gemäß IAS 1 (in der 2011 geänderten Fassung) kann ein Zwischenbericht für jede Berichtsperiode eine Darstellung/Darstellungen von Gewinn oder Verlust und sonstigem Ergebnis enthalten.

c) eine Eigenkapitalveränderungsrechnung vom Beginn des aktuellen Geschäftsjahrs bis zum Zwischenberichtstermin kumuliert, mit einer vergleichenden Aufstellung für die vergleichbare Berichtsperiode vom Beginn des Geschäftsjahrs an bis zum Zwischenberichtstermin des unmittelbar vorangegangenen Geschäftsjahrs.

d) eine vom Beginn des aktuellen Geschäftsjahrs bis zum Zwischenberichtstermin erstellte Kapitalflussrechnung, mit einer vergleichenden Aufstellung für die vergleichbare Berichtsperiode vom Beginn des Geschäftsjahrs an bis zum Zwischenberichtstermin des unmittelbar vorangegangenen Geschäftsjahrs.

21 Für ein Unternehmen, dessen Geschäfte stark saisonabhängig sind, können Finanzinformationen über die zwölf Monate vor dem Zwischenberichtsstichtag sowie Vergleichsinformationen für die vorangegangene zwölfmonatige Berichtsperiode nützlich sein. Dementsprechend wird Unternehmen, deren Geschäfte stark saisonabhängig sind, empfohlen, solche Informationen zusätzlich zu den in dem vorangegangenen Paragraphen verlangten Informationen zu geben.

22 Teil A der zu diesem Standard gehörenden erläuternden Beispiele veranschaulicht die darzustellenden Berichtsperioden von einem Unternehmen, das halbjährlich berichtet, sowie von einem Unternehmen, das vierteljährlich berichtet.

Wesentlichkeit

23 Bei der Entscheidung darüber, wie ein Posten zum Zweck der Zwischenberichterstattung zu erfassen, zu bewerten, einzustufen oder anzugeben ist, ist die Wesentlichkeit im Verhältnis zu den Finanzdaten der Zwischenberichtsperiode einzuschätzen. Bei der Einschätzung der Wesentlichkeit ist zu beachten, dass Bewertungen in der Zwischenberichtsperiode unter Umständen in einem größeren Umfang auf Schätzungen aufbauen als die Bewertungen von jährlichen Finanzdaten.

24 IAS 1 *Darstellung des Abschlusses* enthält eine Definition für wesentliche Informationen und verlangt die getrennte Angabe wesentlicher Posten, darunter (beispielsweise) aufgegebene Geschäftsbereiche, und IAS 8 *Rechnungslegungsmethoden, Änderungen von rechnungslegungsbezogenen Schätzungen und Fehler* verlangt die Angabe von Änderungen von rechnungslegungsbezogenen Schätzungen, von Fehlern und Änderungen der Rechnungslegungsmethoden. Beide Standards enthalten keine quantifizierten Leitlinien hinsichtlich der Wesentlichkeit.

25 Während die Einschätzung der Wesentlichkeit immer Ermessensentscheidungen erfordert, stützt dieser Standard aus Gründen der Verständlichkeit der Zwischenberichtszahlen die Entscheidung über Erfassung und Angabe von Daten auf die Daten für die Zwischenberichtsperiode selbst. So werden beispielsweise ungewöhnliche Posten, Änderungen der Rechnungslegungsmethoden oder der rechnungslegungsbezogenen Schätzungen sowie Fehler auf der Grundlage der Wesentlichkeit im Verhältnis zu den Daten der Zwischenberichtsperiode erfasst und angegeben, um irreführende Schlussfolgerungen zu vermeiden, die aus der Nichtangabe resultieren könnten. Das übergeordnete Ziel ist sicherzustellen, dass ein Zwischenbericht alle Informationen enthält, die für ein Verständnis der Vermögens-, Finanz- und Ertragslage eines Unternehmens während der Zwischenberichtsperiode wesentlich sind.

ANGABEN IN JÄHRLICHEN ABSCHLÜSSEN

26 Wenn eine Schätzung eines in einer Zwischenberichtsperiode berichteten Betrags während der abschließenden Zwischenberichtspe-

riode eines Geschäftsjahrs erheblich geändert wird, aber kein gesonderter Finanzbericht für diese abschließende Zwischenberichtsperiode veröffentlicht wird, sind die Art und der Betrag dieser Änderung der Schätzung im Anhang des jährlichen Abschlusses eines Geschäftsjahrs für dieses Geschäftsjahr anzugeben.

27 IAS 8 verlangt die Angabe der Art und (falls durchführbar) des Betrags einer Änderung der Schätzung, die entweder eine wesentliche Auswirkung auf die Berichtsperiode hat oder von der angenommen wird, dass sie eine wesentliche Auswirkung auf folgende Berichtsperioden haben wird. Paragraph 16A(d) dieses Standards verlangt entsprechende Angaben in einem Zwischenbericht. Beispiele umfassen Änderungen der Schätzung in der abschließenden Zwischenberichtsperiode, die sich auf Abwertungen von Vorräten, Restrukturierungsmaßnahmen oder Wertminderungsaufwand beziehen, die in einer früheren Zwischenberichtsperiode des Geschäftsjahrs berichtet wurden. Die vom vorangegangenen Paragraphen verlangten Angaben stimmen mit den Vorschriften von IAS 8 überein und sollen eng im Anwendungsbereich sein – sie beziehen sich nur auf die Änderung einer Schätzung. Ein Unternehmen ist nicht dazu verpflichtet, zusätzliche Finanzinformationen der Zwischenberichtsperiode in seinen Abschluss eines Geschäftsjahrs einzubeziehen.

ERFASSUNG UND BEWERTUNG

Dieselben Rechnungslegungsmethoden wie im jährlichen Abschluss

28 Ein Unternehmen hat in seinen Zwischenabschlüssen dieselben Rechnungslegungsmethoden anzuwenden, die es in seinen jährlichen Abschlüssen eines Geschäftsjahrs anwendet, mit Ausnahme von Änderungen der Rechnungslegungsmethoden, die nach dem Stichtag des letzten Abschlusses eines Geschäftsjahrs vorgenommen wurden und in dem nächsten Abschluss eines Geschäftsjahrs wiederzugeben sind. Die Häufigkeit der Berichterstattung eines Unternehmens (jährlich, halb- oder vierteljährlich) darf die Höhe des Jahresergebnisses jedoch nicht beeinflussen. Um diese Zielsetzung zu erreichen, sind Bewertungen in Zwischenberichten unterjährig auf einer vom Geschäftsjahresbeginn bis zum Zwischenberichtstermin kumulierten Grundlage vorzunehmen.

29 Durch die Vorschrift, dass ein Unternehmen dieselben Rechnungslegungsmethoden in seinen Zwischenabschlüssen wie in seinen Abschlüssen eines Geschäftsjahrs anzuwenden hat, könnte der Eindruck entstehen, dass Bewertungen in der Zwischenberichtsperiode so vorgenommen werden, als ob jede Zwischenberichtsperiode als unabhängige Berichterstattungsperiode alleine zu betrachten wäre. Bei der Vorschrift, dass die Häufigkeit der Berichterstattung eines Unternehmens nicht die Bewertung seiner Jahresergebnisse beeinflussen darf, erkennt Paragraph 28 jedoch an, dass eine Zwischenberichtsperiode Teil eines umfassenderen Geschäftsjahrs ist. Unterjährige Bewertungen vom Beginn des Geschäftsjahrs bis zum Zwischenberichtstermin können die Änderungen von Schätzungen von Beträgen einschließen, die in früheren Zwischenberichtsperioden des aktuellen Geschäftsjahrs berichtet wurden. Dennoch sind die Grundsätze zur Erfassung von Vermögenswerten, Schulden, Erträgen und Aufwendungen für die Zwischenberichtsperioden dieselben wie in den Jahresabschlüssen.

30 Zur Veranschaulichung:

a) Die Grundsätze zur Erfassung und Bewertung von Aufwendungen aus Abwertungen von Vorräten, Restrukturierungsmaßnahmen oder Wertminderungen in einer Zwischenberichtsperiode sind dieselbe wie die, die ein Unternehmen befolgen würde, wenn es nur einen Abschluss eines Geschäftsjahrs aufstellen würde. Wenn jedoch solche Sachverhalte in einer Zwischenberichtsperiode erfasst und bewertet werden und in einer der folgenden Zwischenberichtsperioden des Geschäftsjahrs Schätzungen geändert werden, wird die ursprüngliche Schätzung in der folgenden Zwischenberichtsperiode entweder durch eine Abgrenzung von zusätzlichen Aufwendungen oder durch die Wertaufholung des bereits erfassten Betrags geändert.

b) Ausgaben, die am Ende einer Zwischenberichtsperiode nicht die Definition eines Vermögenswerts erfüllen, werden in der Bilanz nicht abgegrenzt, um entweder zukünftige Informationen darüber abzuwarten, ob die Definition eines Vermögenswerts erfüllt wurde, oder um die Erträge über die Zwischenberichtsperioden innerhalb eines Geschäftsjahrs zu glätten.

c) Ertragsteueraufwand wird in jeder Zwischenberichtsperiode auf der Grundlage der bestmöglichen Schätzung des gewichteten durchschnittlichen jährlichen Ertragsteuersatzes erfasst, der für das gesamte Geschäftsjahr erwartet wird. Beträge, die für den Ertragsteueraufwand in einer Zwischenberichtsperiode abgegrenzt worden, werden gegebenenfalls in einer nachfolgenden Zwischenberichtsperiode des Geschäftsjahrs angepasst, wenn sich die Schätzung des jährlichen Ertragsteuersatzes ändert.

31 Gemäß dem *Rahmenkonzept für die Finanzberichterstattung (Rahmenkonzept)* ist unter „Erfassung" der Einbezug eines Sachverhalts in der Bilanz oder in der Gewinn- und Verlustrechnung, der die Definition eines Abschlusspostens und die Kriterien für die Erfassung erfüllt, zu verstehen. Die Definitionen von Vermögenswerten, Schulden, Erträgen und Aufwendungen sind für die Erfassung sowohl am Abschlussstichtag als auch am Zwischenberichtsstichtag von grundlegender Bedeutung.

32 Für Vermögenswerte werden dieselben Kriterien hinsichtlich der Beurteilung des künftigen wirtschaftlichen Nutzens an Zwischenberichts-

terminen und am Ende des Geschäftsjahrs eines Unternehmens angewandt. Ausgaben, die aufgrund ihrer Art am Ende des Geschäftsjahrs nicht die Bedingungen für einen Vermögenswert erfüllen würden, würden diese Bedingungen auch an Zwischenberichtsterminen nicht erfüllen. Gleichfalls hat eine Schuld an einem Zwischenberichtsstichtag ebenso wie am Abschlussstichtag eine zu diesem Zeitpunkt bestehende Verpflichtung darzustellen.

33 Ein essenzielles Merkmal von Erträgen und Aufwendungen ist, dass die entsprechenden Zugänge und Abgänge von Vermögenswerten und Schulden schon stattgefunden haben. Wenn diese Zugänge oder Abgänge stattgefunden haben, werden die zugehörigen Erträge und Aufwendungen erfasst; in allen anderen Fällen werden sie nicht erfasst. Das *Rahmenkonzept* gestattet jedoch nicht die Erfassung von Sachverhalten in der Bilanz, die nicht die Definition von Vermögenswerten oder Schulden erfüllen.

34 Bei der Bewertung der in seinen Abschlüssen dargestellten Vermögenswerten, Schulden, Erträgen, Aufwendungen und Zahlungsströmen ist es einem Unternehmen, das nur jährlich berichtet, möglich, Informationen zu berücksichtigen, die im Laufe des gesamten Geschäftsjahrs verfügbar werden. Tatsächlich beruhen seine Bewertungen auf einer vom Geschäftsjahresbeginn an bis zum Berichtstermin kumulierten Grundlage.

35 Ein Unternehmen, das halbjährlich berichtet, verwendet Informationen, die in der Jahresmitte oder kurz danach verfügbar sind, um die Bewertungen in seinem Abschluss für die erste sechsmonatige Berichtsperiode durchzuführen, und Informationen, die am Jahresende oder kurz danach verfügbar sind, für die zwölfmonatige Berichtsperiode. Die Bewertungen für die zwölf Monate werden mögliche Änderungen von Schätzungen von Beträgen widerspiegeln, die für die erste sechsmonatige Berichtsperiode angegeben wurden. Die im Zwischenbericht für die erste sechsmonatige Berichtsperiode berichteten Beträge werden nicht rückwirkend angepasst. Die Paragraphen 16A(d) und 26 schreiben jedoch vor, dass Art und Betrag jeder erheblichen Änderung von Schätzungen angegeben wird.

36 Ein Unternehmen, das häufiger als halbjährlich berichtet, bewertet Erträge und Aufwendungen auf einer von Geschäftsjahresbeginn an bis zum Zwischenberichtstermin kumulierten Grundlage für jede Zwischenberichtsperiode, indem es Informationen verwendet, die verfügbar sind, wenn der jeweilige Abschluss aufgestellt wird. Erträge und Aufwendungen, die in der aktuellen Zwischenberichtsperiode dargestellt werden, spiegeln alle Änderungen von Schätzungen von Beträgen wider, die in früheren Zwischenberichtsperioden des Geschäftsjahrs dargestellt wurden. Die in früheren Zwischenberichtsperioden berichteten Beträge werden nicht rückwirkend angepasst. Die Paragraphen 16A(d) und 26 schreiben jedoch vor, dass Art und Betrag jeder erheblichen Änderung von Schätzungen angegeben wird.

Saisonal, konjunkturell oder gelegentlich erzielte Erträge

37 Erträge, die innerhalb eines Geschäftsjahrs saisonal bedingt, konjunkturell bedingt oder gelegentlich erzielt werden, dürfen am Zwischenberichtsstichtag nicht vorgezogen oder abgegrenzt werden, wenn das Vorziehen oder die Abgrenzung am Ende des Geschäftsjahrs des Unternehmens nicht angemessen wäre.

38 Beispiele umfassen Dividendenerträge, Nutzungsentgelte und Zuwendungen der öffentlichen Hand. Darüber hinaus erwirtschaften einige Unternehmen durchweg mehr Erträge in bestimmten Zwischenberichtsperioden eines Geschäftsjahrs als in anderen Zwischenberichtsperioden, beispielsweise saisonale Erträge von Einzelhändlern. Solche Erträge werden bei ihrer Entstehung erfasst.

Aufwendungen, die während des Geschäftsjahrs unregelmäßig anfallen

39 Aufwendungen, die während des Geschäftsjahrs eines Unternehmens unregelmäßig anfallen, sind für Zwecke der Zwischenberichterstattung nur dann vorzuziehen oder abzugrenzen, wenn es auch am Ende des Geschäftsjahrs angemessen wäre, diese Art der Aufwendungen vorzuziehen oder abzugrenzen.

Anwendung der Erfassungs- und Bewertungsgrundsätze

40 Teil B der zu diesem Standard gehörenden erläuternden Beispiele enthält Beispiele zur Anwendung der allgemeinen, in den Paragraphen 28–39 dargestellten Erfassungs- und Bewertungsgrundsätze.

Verwendung von Schätzungen

41 Bei der Bewertung in einem Zwischenbericht ist sicherzustellen, dass die resultierenden Informationen verlässlich sind und dass alle wesentlichen Finanzinformationen, die für ein Verständnis der Vermögens-, Finanz- und Ertragslage des Unternehmens relevant sind, angemessen angegeben werden. Auch wenn die Bewertungen in Geschäftsberichten und in Zwischenberichten oft auf angemessenen Schätzungen beruhen, wird die Aufstellung von Zwischenberichten in der Regel eine umfangreichere Verwendung von Schätzungsmethoden erfordern als die der jährlichen Rechnungslegung.

42 Teil C der zu diesem Standard gehörenden erläuternden Beispiele enthält Beispiele für die Verwendung von Schätzungen in Zwischenberichtsperioden.

ANPASSUNG BEREITS DARGESTELLTER ZWISCHENBERICHTSPERIODEN

43 Eine Änderung der Rechnungslegungsmethode ist mit Ausnahme solcher, für die ein neuer IFRS Übergangsvorschriften festlegt, darzustellen,

a) **indem eine Anpassung der Abschlüsse früherer Zwischenberichtsperioden des ak-**

tuellen Geschäftsjahrs und vergleichbarer Zwischenberichtsperioden früherer Geschäftsjahre, die im jährlichen Abschluss nach IAS 8 anzupassen sind, vorgenommen wird, oder

b) wenn die Ermittlung der kumulierten Auswirkung der Anwendung einer neuen Rechnungslegungsmethode auf alle früheren Perioden am Anfang des Geschäftsjahrs undurchführbar ist, indem eine Anpassung der Abschlüsse früherer Zwischenberichtsperioden des laufenden Geschäftsjahrs sowie vergleichbarer Zwischenberichtsperioden früherer Geschäftsjahre dahin gehend vorgenommen wird, dass die neue Rechnungslegungsmethode prospektiv ab dem frühestmöglichen Zeitpunkt angewandt wird.

44 Eine Zielsetzung des vorangegangenen Grundsatzes ist sicherzustellen, dass eine einzige Rechnungslegungsmethode auf eine bestimmte Gruppe von Geschäftsvorfällen über das gesamte Geschäftsjahr angewendet wird. Gemäß IAS 8 wird eine Änderung der Rechnungslegungsmethode durch die rückwirkende Anwendung widergespiegelt, wobei Finanzinformationen aus früheren Berichtsperioden so weit wie vergangenheitsbezogen möglich angepasst werden. Wenn jedoch die Ermittlung des kumulierten Anpassungsbetrags, der sich auf die früheren Geschäftsjahre bezieht, undurchführbar ist, ist gemäß IAS 8 die neue Methode prospektiv ab dem frühestmöglichen Zeitpunkt anzuwenden. Der Grundsatz in Paragraph 43 führt dazu, dass vorgeschrieben wird, dass alle Änderungen der Rechnungslegungsmethode innerhalb des aktuellen Geschäftsjahrs entweder rückwirkend oder, wenn dies undurchführbar ist, prospektiv spätestens ab Anfang des laufenden Geschäftsjahrs zur Anwendung kommen.

45 Mit der Zulassung der Darstellung von Änderungen der Rechnungslegungsmethoden an einem Zwischenberichtstermin innerhalb des Geschäftsjahrs würde die Anwendung zweier verschiedener Rechnungslegungsmethoden auf eine bestimmte Gruppe von Geschäftsvorfällen innerhalb eines einzelnen Geschäftsjahrs zugelassen. Das Resultat wären Verteilungsschwierigkeiten bei der Zwischenberichterstattung, unklare Betriebsergebnisse und eine erschwerte Analyse und Verständlichkeit der Informationen im Zwischenbericht.

ZEITPUNKT DES INKRAFTTRETENS

46 Dieser Standard ist verbindlich auf Abschlüsse für Berichtsperioden anzuwenden, die am oder nach dem 1. Januar 1999 beginnen. Eine frühere Anwendung wird empfohlen.

47 Durch IAS 1 (in der 2007 überarbeiteten Fassung) wurde die in den IAS/IFRS verwendete Terminologie geändert. Außerdem wurden die Paragraphen 4, 5, 8, 11, 12 und 20 geändert, Paragraph 13 wurde gestrichen, und die Paragraphen 8A und 11A wurden eingefügt. Diese Änderungen sind auf Geschäftsjahre anzuwenden, die am oder nach dem 1. Januar 2009 beginnen. Wendet ein Unternehmen IAS 1 (überarbeitet 2007) auf eine frühere Periode an, so hat es auf diese frühere Periode auch diese Änderungen anzuwenden.

48 Durch IFRS 3 (in der 2008 überarbeiteten Fassung) wurde Paragraph 16(i) geändert. Diese Änderung ist auf Geschäftsjahre anzuwenden, die am oder nach dem 1. Juli 2009 beginnen. Wendet ein Unternehmen IFRS 3 (überarbeitet 2008) auf eine frühere Periode an, so hat es auf diese frühere Periode auch diese Änderung anzuwenden.

49 Durch die *Verbesserungen an den IFRS*, veröffentlicht im Mai 2010, wurden die Paragraphen 15, 27, 35 und 36 geändert, die Paragraphen 15A–15C und 16A eingefügt und die Paragraphen 16–18 gestrichen. Diese Änderungen sind auf Geschäftsjahre anzuwenden, die am oder nach dem 1. Januar 2011 beginnen. Eine frühere Anwendung ist zulässig. Wendet ein Unternehmen die Änderungen auf eine frühere Periode an, hat es dies anzugeben.

50 Durch IFRS 13, veröffentlicht im Mai 2011, wurde Paragraph 16A(j) eingefügt. Wendet ein Unternehmen IFRS 13 an, ist diese Änderung ebenfalls anzuwenden.

51 Durch *Darstellung von Posten des sonstigen Ergebnisses* (Änderungen an IAS 1), veröffentlicht im Juni 2011, wurden die Paragraphen 8, 8A, 11A und 20 geändert. Wendet ein Unternehmen IAS 1 (in der im Juni 2011 geänderten Fassung) an, sind diese Änderungen ebenfalls anzuwenden.

52 Durch die *Jährlichen Verbesserungen, Zyklus 2009–2011*, veröffentlicht im Mai 2012, wurde Paragraph 5 infolge der Änderung an IAS 1 *Darstellung des Abschlusses* geändert. Diese Änderung ist rückwirkend gemäß IAS 8 *Rechnungslegungsmethoden, Änderungen von rechnungslegungsbezogenen Schätzungen und Fehler* auf Geschäftsjahre anzuwenden, die am oder nach dem 1. Januar 2013 beginnen. Eine frühere Anwendung ist zulässig. Wendet ein Unternehmen diese Änderung auf eine frühere Periode an, hat es dies anzugeben.

53 Durch die *Jährlichen Verbesserungen, Zyklus 2009–2011*, veröffentlicht im Mai 2012, wurde Paragraph 16A geändert. Diese Änderung ist rückwirkend gemäß IAS 8 *Rechnungslegungsmethoden, Änderungen von rechnungslegungsbezogenen Schätzungen und Fehler* auf Geschäftsjahre anzuwenden, die am oder nach dem 1. Januar 2013 beginnen. Eine frühere Anwendung ist zulässig. Wendet ein Unternehmen diese Änderung auf eine frühere Periode an, hat es dies anzugeben.

54 Durch die im Oktober 2012 veröffentlichte Verlautbarung *Investmentgesellschaften* (Investment Entities) (Änderungen an IFRS 10, IFRS 12 und IAS 27) wurde Paragraph 16A eingefügt. Diese Änderung ist auf Geschäftsjahre anzuwenden, die am oder nach dem 1. Januar 2014 beginnen. Eine frühere Anwendung der Verlautbarung *Investmentgesellschaften* (Investment Entities) ist zulässig. Wendet ein Unternehmen diese Änderung früher an, hat es alle in der Verlautbarung enthaltenen Änderungen gleichzeitig anzuwenden.

55 Durch IFRS 15 *Erlöse aus Verträgen mit Kunden*, veröffentlicht im Mai 2014, wurden die

Paragraphen 15B und 16A geändert. Wendet ein Unternehmen IFRS 15 an, sind diese Änderungen ebenfalls anzuwenden.

56 Durch die *Jährlichen Verbesserungen an den IFRS-Standards Zyklus 2012–2014*, veröffentlicht im September 2014, wurde Paragraph 16A geändert. Diese Änderung ist rückwirkend gemäß IAS 8 *Rechnungslegungsmethoden, Änderungen von rechnungslegungsbezogenen Schätzungen und Fehler* auf Geschäftsjahre anzuwenden, die am oder nach dem 1. Januar 2016 beginnen. Eine frühere Anwendung ist zulässig. Wendet ein Unternehmen diese Änderung früher an, hat es dies anzugeben.

57 Durch die im Dezember 2014 veröffentlichte Verlautbarung *Angabeninitiative* (Änderungen an IAS 1) wurde Paragraph 5 geändert. Diese Änderung ist auf Geschäftsjahre anzuwenden, die am oder nach dem 1. Januar 2016 beginnen. Eine frühere Anwendung ist zulässig.

58 Durch die 2018 veröffentlichte Verlautbarung *Änderungen der Verweise auf das Rahmenkonzept in IFRS-Standards* wurden die Paragraphen 31 und 33 geändert. Diese Änderungen sind auf Geschäftsjahre anzuwenden, die am oder nach dem 1. Januar 2020 beginnen. Eine frühere Anwendung ist zulässig, wenn das Unternehmen gleichzeitig alle anderen mit der Verlautbarung *Änderungen der Verweise auf das Rahmenkonzept in IFRS-Standards* einhergehenden Änderungen anwendet. Die Änderungen an IAS 34 sind gemäß IAS 8 *Rechnungslegungsmethoden, Änderungen von rechnungslegungsbezogenen Schätzungen und Fehler* rückwirkend anzuwenden. Sollte das Unternehmen jedoch feststellen, dass eine rückwirkende Anwendung nicht durchführbar oder mit unangemessenem Kosten- oder Zeitaufwand verbunden wäre, hat es die Änderungen an IAS 34 mit Verweis auf die Paragraphen 43–45 dieses Standards und die Paragraphen 23–28, 50–53 und 54F von IAS 8 anzuwenden.

59 Durch die im Oktober 2018 veröffentlichte Verlautbarung *Definition von „wesentlich"* (Änderungen an IAS 1 und IAS 8) wurde Paragraph 24 geändert. Diese Änderung ist prospektiv auf Geschäftsjahre anzuwenden, die am oder nach dem 1. Januar 2020 beginnen. Eine frühere Anwendung ist zulässig. Wendet ein Unternehmen diese Änderung früher an, hat es dies anzugeben. Ein Unternehmen hat diese Änderung anzuwenden, wenn es die geänderte Definition von „wesentlich" in Paragraph 7 von IAS 1 und den Paragraphen 5 und 6 von IAS 8 anwendet.

60 Mit der im Februar 2021 veröffentlichten Verlautbarung *Angabe von Bilanzierungs- und Bewertungsmethoden,* mit der IAS 1 und das IFRS-Leitliniendokument 2 *Fällen von Wesentlichkeitsentscheidungen* geändert werden, wurde Paragraph 5 geändert. Diese Änderung ist auf Geschäftsjahre anzuwenden, die am oder nach dem 1. Januar 2023 beginnen. Eine frühere Anwendung ist zulässig. Wendet ein Unternehmen diese Änderung auf eine frühere Berichtsperiode an, hat es dies anzugeben.

INTERNATIONAL ACCOUNTING STANDARD 36
Wertminderung von Vermögenswerten

IAS 36, VO (EU) 2023/1803

Gliederung	§§
ZIELSETZUNG	1
ANWENDUNGSBEREICH	2–5
DEFINITIONEN	6
IDENTIFIZIERUNG EINES VERMÖGENSWERTS, DER WERTGEMINDERT SEIN KÖNNTE	7–17
ERMITTLUNG DES ERZIELBAREN BETRAGS	18–57
Ermittlung des erzielbaren Betrags eines immateriellen Vermögenswerts mit unbegrenzter Nutzungsdauer	24
Beizulegender Zeitwert abzüglich Veräußerungskosten	25–29
Nutzungswert	30–57
Grundlage für die Schätzungen der künftigen Zahlungsströme	33–38
Zusammensetzung der Schätzungen der künftigen Zahlungsströme	39–53A
Künftige Zahlungsströme in Fremdwährung	54
Abzinsungssatz	55–57
ERFASSUNG UND BEWERTUNG EINES WERTMINDERUNGSAUFWANDS	58–64
ZAHLUNGSMITTELGENERIERENDE EINHEITEN UND GESCHÄFTS- ODER FIRMENWERT	65–108
Identifizierung der zahlungsmittelgenerierenden Einheit, zu der ein Vermögenswert gehört	66–73
Erzielbarer Betrag und Buchwert einer zahlungsmittelgenerierenden Einheit	74–103
Geschäfts- oder Firmenwert	80–99
Gemeinschaftliche Vermögenswerte	100–103
Wertminderungsaufwand für eine zahlungsmittelgenerierende Einheit	104–108
WERTAUFHOLUNG	109–125
Wertaufholung für einen einzelnen Vermögenswert	117–121
Wertaufholung für eine zahlungsmittelgenerierende Einheit	122–123
Wertaufholung für einen Geschäfts- oder Firmenwert	124–125
ANGABEN	126–137
Schätzungen, die zur Ermittlung der erzielbaren Beträge der zahlungsmittelgenerierenden Einheiten, die einen Geschäfts- oder Firmenwert oder immaterielle Vermögenswerte mit unbegrenzter Nutzungsdauer enthalten, verwendet werden	134–137
ÜBERGANGSVORSCHRIFTEN UND ZEITPUNKT DES INKRAFTTRETENS	138–140N
RÜCKNAHME VON IAS 36 (VERÖFFENTLICHT 1998)	141
ANHANG A: DIE ANWENDUNG VON BARWERTVERFAHREN ZUR ERMITTLUNG DES NUTZUNGSWERTS	
Die Bestandteile einer Barwert-Ermittlung	A1–A2
Allgemeine Grundsätze	A3
Traditioneller Ansatz und „erwarteter Zahlungsstrom"-Ansatz zur Darstellung des Barwerts	A4–A14
Traditioneller Ansatz	A4–A6
„Erwarteter Zahlungsstrom"-Ansatz	A7–A14
Abzinsungssatz	A15–A21
ANHANG C: ÜBERPRÜFUNG VON ZAHLUNGSMITTELGENERIERENDEN EINHEITEN MIT EINEM GESCHÄFTS- ODER FIRMENWERT UND NICHT BEHERRSCHENDEN ANTEILEN AUF WERTMINDERUNG	C1
Zuordnung eines Geschäfts- oder Firmenwerts	C2
Überprüfung auf Wertminderung	C3–C4
Zuordnung eines Wertminderungsaufwands	C5–C9

2/20. IAS 36

ZIELSETZUNG

1 Die Zielsetzung dieses Standards ist es, die Verfahren vorzuschreiben, die ein Unternehmen anwendet, um sicherzustellen, dass seine Vermögenswerte nicht mit einem höheren Wert als ihrem erzielbaren Betrag bewertet werden. Ein Vermögenswert wird mit einem höheren Wert als seinem erzielbaren Betrag bewertet, wenn sein Buchwert den Betrag übersteigt, der durch die Nutzung oder den Verkauf des Vermögenswerts erzielt werden könnte. Wenn dies der Fall ist, wird der Vermögenswert als wertgemindert bezeichnet und der Standard verlangt, dass das Unternehmen einen Wertminderungsaufwand erfasst. Der Standard konkretisiert ebenso, wann ein Unternehmen einen Wertminderungsaufwand aufzuholen hat, und schreibt Angaben vor.

ANWENDUNGSBEREICH

2 Dieser Standard ist bei der Bilanzierung von Wertminderungen aller Vermögenswerten anzuwenden; davon ausgenommen sind:
a) **Vorräte (siehe IAS 2** *Vorräte***),**
b) **Vertragsvermögenswerte und Vermögenswerte aus Kosten, die im Zusammenhang mit der Anbahnung oder Erfüllung eines Vertrags entstehen und gemäß IFRS 15** *Erlöse aus Verträgen mit Kunden* **erfasst werden,**
c) **latente Steueransprüche (siehe IAS 12** *Ertragsteuern***),**
d) **Vermögenswerte, die aus Leistungen an Arbeitnehmer resultieren (siehe IAS 19** *Leistungen an Arbeitnehmer***),**
e) **finanzielle Vermögenswerte, die in den Anwendungsbereich von IFRS 9** *Finanzinstrumente* **fallen,**
f) **als Finanzinvestition gehaltene Immobilien, die zum beizulegenden Zeitwert bewertet werden (siehe IAS 40** *Als Finanzinvestition gehaltene Immobilien***),**
g) **mit landwirtschaftlicher Tätigkeit im Zusammenhang stehende biologische Vermögenswerte im Anwendungsbereich von IAS 41** *Landwirtschaft***, die zum beizulegenden Zeitwert abzüglich Verkaufskosten bewertet werden,**
h) **Verträge im Anwendungsbereich von IFRS 17** *Versicherungsverträge***, die Vermögenswerte sind, und alle als Vermögenswert angesetzten Abschlusskosten im Sinne der Definition in IFRS 17 und**
i) **langfristige Vermögenswerte (oder Veräußerungsgruppen), die gemäß IFRS 5** *Zur Veräußerung gehaltene langfristige Vermögenswerte und aufgegebene Geschäftsbereiche* **als zur Veräußerung gehalten eingestuft werden.**

3 Dieser Standard gilt nicht für Wertminderungen von Vorräten, Vermögenswerten aus Fertigungsaufträgen, latenten Steueransprüchen, in Verbindung mit Leistungen an Arbeitnehmer entstehenden Vermögenswerten oder Vermögenswerten, die als zur Veräußerung gehalten eingestuft werden (oder zu einer als zur Veräußerung gehalten eingestuften Veräußerungsgruppe gehören), da die auf diese Vermögenswerte anwendbaren bestehenden IAS/IFRS Vorschriften für den Ansatz und die Bewertung dieser Vermögenswerte enthalten.

4 Dieser Standard ist auf finanzielle Vermögenswerte anzuwenden, die wie folgt eingestuft sind:
a) Tochterunternehmen, wie in IFRS 10 *Konzernabschlüsse* definiert,
b) assoziierte Unternehmen, wie in IAS 28 *Beteiligungen an assoziierten Unternehmen und Gemeinschaftsunternehmen* definiert, und
c) Gemeinschaftsunternehmen, wie in IFRS 11 *Gemeinschaftliche Vereinbarungen* definiert.

Bei Wertminderungen anderer finanzieller Vermögenswerte ist IFRS 9 heranzuziehen.

5 Dieser Standard ist nicht auf finanzielle Vermögenswerte, die in den Anwendungsbereich von IFRS 9 fallen, auf als Finanzinvestition gehaltene Immobilien, die zum beizulegenden Zeitwert innerhalb des Anwendungsbereichs von IAS 40 bewertet werden, oder auf biologische Vermögenswerte, die mit landwirtschaftlicher Tätigkeit in Zusammenhang stehen und die innerhalb des Anwendungsbereichs von IAS 41 zum beizulegenden Zeitwert abzüglich Verkaufskosten bewertet werden, anzuwenden. Dieser Standard ist jedoch auf Vermögenswerte anzuwenden, die zum Neubewertungsbetrag (d. h. dem beizulegenden Zeitwert zum Zeitpunkt der Neubewertung abzüglich späterer, kumulierter planmäßiger Abschreibungen und abzüglich späterer, kumulierten Wertminderungsaufwands) nach anderen Standards, wie den Neubewertungsmodellen gemäß IAS 16 *Sachanlagen* und IAS 38 *Immaterielle Vermögenswerte* angesetzt werden. Die einzige Differenz zwischen dem beizulegenden Zeitwert eines Vermögenswerts und dessen beizulegendem Zeitwert abzüglich Veräußerungskosten besteht in den zusätzlichen Kosten, die dem Abgang des Vermögenswerts einzeln zugeordnet werden können.

a) i) Wenn die Veräußerungskosten unbedeutend sind, ist der erzielbare Betrag des neu bewerteten Vermögenswerts notwendigerweise fast identisch mit oder größer als dessen Neubewertungsbetrag. Nach Anwendung der Vorschriften für eine Neubewertung ist es in diesem Fall unwahrscheinlich, dass der neu bewertete Vermögenswert wertgemindert ist, und eine Schätzung des erzielbaren Betrags ist nicht notwendig.
   ii) [gestrichen]
b) [gestrichen]
c) Wenn die Veräußerungskosten nicht unbedeutend sind, ist der beizulegende Zeitwert abzüglich Veräußerungskosten des neu bewerteten Vermögenswerts notwendigerweise geringer als sein beizulegender Zeitwert. Deshalb wird der neu bewertete Vermögenswert

wertgemindert sein, wenn sein Nutzungswert geringer ist als sein Neubewertungsbetrag. Nach Anwendung der Vorschriften für eine Neubewertung wendet ein Unternehmen in diesem Fall diesen Standard an, um zu ermitteln, ob der Vermögenswert wertgemindert sein könnte.

DEFINITIONEN

6 Die folgenden Begriffe werden im vorliegenden Standard mit der angegebenen Bedeutung verwendet:

Der *Buchwert* ist der Betrag, mit dem ein Vermögenswert nach Abzug aller kumulierten planmäßigen Abschreibungen und aller kumulierten Wertminderungsaufwendungen angesetzt wird.

Eine *zahlungsmittelgenerierende Einheit* ist die kleinste identifizierbare Gruppe von Vermögenswerten, die Mittelzuflüsse erzeugt, die weitgehend unabhängig von den Mittelzuflüssen anderer Vermögenswerte oder anderer Gruppen von Vermögenswerten sind.

Gemeinschaftliche Vermögenswerte sind Vermögenswerte, außer dem Geschäfts- oder Firmenwert, die zu den künftigen Zahlungsströmen sowohl der zu prüfenden zahlungsmittelgenerierenden Einheit als auch anderer zahlungsmittelgenerierender Einheiten beitragen.

Die *Veräußerungskosten* sind zusätzliche Kosten, die dem Abgang eines Vermögenswerts oder einer zahlungsmittelgenerierenden Einheit einzeln zugeordnet werden können, mit Ausnahme der Finanzierungskosten und des Ertragsteueraufwands.

Der *Abschreibungsbetrag* umfasst die Anschaffungs- oder Herstellungskosten eines Vermögenswerts oder einen Ersatzbetrag abzüglich des Restwerts des Vermögenswerts.

Die *planmäßige Abschreibung* ist die systematische Verteilung des Abschreibungsbetrags eines Vermögenswerts über dessen Nutzungsdauer.([1])

([1]) Im Fall eines immateriellen Vermögenswerts wird im Englischen im Allgemeinen der Begriff „amortisation" anstelle von „depreciation" verwendet. Im Deutschen heißt es in beiden Fällen (planmäßige) Abschreibung. Die beiden englischen Ausdrücke haben dieselbe Bedeutung.

Der *beizulegende Zeitwert* ist der Preis, der in einem gewöhnlichen Geschäftsvorfall zwischen Marktteilnehmern am Bewertungsstichtag für den Verkauf eines Vermögenswerts eingenommen bzw. für die Übertragung einer Schuld gezahlt würde. (Siehe IFRS 13 *Bewertung zum beizulegenden Zeitwert*.)

Ein *Wertminderungsaufwand* ist der Betrag, um den der Buchwert eines Vermögenswerts oder einer zahlungsmittelgenerierenden Einheit seinen/ihren erzielbaren Betrag übersteigt.

Der *erzielbare Betrag* eines Vermögenswerts oder einer zahlungsmittelgenerierenden Einheit ist der höhere der beiden Beträge aus beizulegendem Zeitwert abzüglich Veräußerungskosten und Nutzungswert.

Die *Nutzungsdauer* ist
a) die voraussichtliche Nutzungszeit des Vermögenswerts im Unternehmen oder
b) die voraussichtlich durch den Vermögenswert im Unternehmen zu erzielende Anzahl an Produktionseinheiten oder ähnlichen Maßgrößen.

Der *Nutzungswert* ist der Barwert der künftigen Zahlungsströme, der voraussichtlich aus einem Vermögenswert oder einer zahlungsmittelgenerierenden Einheit abgeleitet werden kann.

IDENTIFIZIERUNG EINES VERMÖGENSWERTS, DER WERTGEMINDERT SEIN KÖNNTE

7 Die Paragraphen 8–17 konkretisieren, wann der erzielbare Betrag zu bestimmen ist. In diesen Vorschriften wird der Begriff „ein Vermögenswert" verwendet, sie sind aber ebenso auf einen einzelnen Vermögenswert wie auf eine zahlungsmittelgenerierende Einheit anzuwenden. Der übrige Teil dieses Standards ist folgendermaßen aufgebaut:

a) Die Paragraphen 18–57 enthalten die Vorschriften für die Ermittlung des erzielbaren Betrags. Auch in diesen Vorschriften wird der Begriff „ein Vermögenswert" verwendet, sie sind aber ebenso auf einen einzelnen Vermögenswert wie auf eine zahlungsmittelgenerierende Einheit anzuwenden.

b) Die Paragraphen 58–108 enthalten die Vorschriften für die Erfassung und die Bewertung von Wertminderungsaufwendungen. Die Erfassung und die Bewertung von Wertminderungsaufwendungen für einzelne Vermögenswerte, außer dem Geschäfts- oder Firmenwert, werden in den Paragraphen 58–64 behandelt. Die Paragraphen 65–108 behandeln die Erfassung und Bewertung von Wertminderungsaufwendungen für zahlungsmittelgenerierende Einheiten und den Geschäfts- oder Firmenwert.

c) Die Paragraphen 109–116 enthalten die Vorschriften für die Aufholung eines in früheren Perioden für einen Vermögenswert oder eine zahlungsmittelgenerierende Einheit erfassten Wertminderungsaufwands. Auch in diesen Vorschriften wird der Begriff „ein Vermögenswert" verwendet, sie sind aber ebenso auf einen einzelnen Vermögenswert wie auf eine zahlungsmittelgenerierende Einheit anzuwenden. Zusätzliche Vorschriften sind für einen einzelnen Vermögenswert in den Paragraphen 117–121, für eine zahlungsmittelgenerierende Einheit in den Paragraphen 122 und 123 und für den Geschäfts- oder Firmenwert in den Paragraphen 124 und 125 festgelegt.

d) Die Paragraphen 126–133 konkretisieren die Informationen, die über Wertminderungsaufwendungen und Wertaufholungen für Vermögenswerte und zahlungsmittelgenerierende Einheiten anzugeben sind. Die Paragraphen

134–137 konkretisieren zusätzliche Angabepflichten für zahlungsmittelgenerierende Einheiten, denen ein Geschäfts- oder Firmenwert bzw. immaterielle Vermögenswerte mit unbegrenzter Nutzungsdauer zwecks Überprüfung auf Wertminderung zugeordnet wurden.

8 Ein Vermögenswert ist wertgemindert, wenn sein Buchwert seinen erzielbaren Betrag übersteigt. Die Paragraphen 12–14 beschreiben einige Anhaltspunkte dafür, dass eine Wertminderung eingetreten sein könnte. Wenn einer dieser Anhaltspunkte vorliegt, ist ein Unternehmen verpflichtet, eine formelle Schätzung des erzielbaren Betrags vorzunehmen. Wenn kein Anhaltspunkt für eine Wertminderung vorliegt, braucht ein Unternehmen nach diesem Standard mit Ausnahme der in Paragraph 10 beschriebenen Fälle keine formale Schätzung des erzielbaren Betrags vorzunehmen.

9 Ein Unternehmen hat an jedem Abschlussstichtag zu beurteilen, ob ein Anhaltspunkt dafür vorliegt, dass ein Vermögenswert wertgemindert sein könnte. Wenn ein solcher Anhaltspunkt vorliegt, hat das Unternehmen den erzielbaren Betrag des Vermögenswerts zu schätzen.

10 Unabhängig davon, ob ein Anhaltspunkt für eine Wertminderung vorliegt, hat ein Unternehmen auch

a) einen immateriellen Vermögenswert mit einer unbestimmten Nutzungsdauer oder einen noch nicht nutzungsbereiten immateriellen Vermögenswert jährlich auf Wertminderung zu überprüfen, indem es seinen Buchwert mit seinem erzielbaren Betrag vergleicht. Diese Überprüfung auf Wertminderung kann zu jedem Zeitpunkt innerhalb des Geschäftsjahrs durchgeführt werden, vorausgesetzt, sie wird jedes Jahr zum gleichen Zeitpunkt durchgeführt. Verschiedene immaterielle Vermögenswerte können zu unterschiedlichen Zeiten auf Wertminderung überprüft werden. Wenn ein solcher immaterieller Vermögenswert jedoch erstmals im aktuellen Geschäftsjahr angesetzt wurde, muss dieser immaterielle Vermögenswert vor Ende des aktuellen Geschäftsjahrs auf Wertminderung überprüft werden;

b) den bei einem Unternehmenszusammenschluss erworbenen Geschäfts- oder Firmenwert jährlich auf Wertminderung gemäß den Paragraphen 80–99 zu überprüfen.

11 Die Fähigkeit eines immateriellen Vermögenswerts, einen für die Erzielung seines Buchwerts ausreichenden künftigen wirtschaftlichen Nutzen zu erzeugen, unterliegt in der Zeit, bis der Vermögenswert zur Nutzung zur Verfügung steht, für gewöhnlich größerer Ungewissheit, als nachdem er nutzungsbereit ist. Daher verlangt dieser Standard von einem Unternehmen, den Buchwert eines noch nicht zur Nutzung verfügbaren immateriellen Vermögenswerts mindestens jährlich auf Wertminderung zu überprüfen.

12 Bei der Beurteilung der Frage, ob ein Anhaltspunkt dafür vorliegt, dass ein Vermögenswert wertgemindert sein könnte, hat ein Unternehmen mindestens die folgenden Anhaltspunkte zu berücksichtigen:

Externe Informationsquellen

a) Es bestehen beobachtbare Anhaltspunkte dafür, dass der Wert des Vermögenswerts während der Periode deutlich stärker gesunken ist als dies durch den Zeitablauf oder die gewöhnliche Nutzung zu erwarten wäre.

b) Während der Periode sind signifikante Veränderungen mit nachteiligen Folgen für das Unternehmen im technischen, marktbezogenen, wirtschaftlichen oder rechtlichen Umfeld, in welchem das Unternehmen tätig ist, oder in Bezug auf den Markt, für den der Vermögenswert bestimmt ist, eingetreten oder werden in näherer Zukunft eintreten.

c) Die Marktzinssätze oder andere Marktrenditen haben sich während der Periode erhöht und solche Erhöhungen werden sich wahrscheinlich auf den Abzinsungssatz, der für die Berechnung des Nutzungswerts herangezogen wird, auswirken und den erzielbaren Betrag des Vermögenswerts wesentlich vermindern.

d) Der Buchwert des Nettovermögens des Unternehmens ist größer als seine Marktkapitalisierung.

Interne Informationsquellen

e) Es liegen Anhaltspunkte für eine Überalterung oder einen physischen Schaden eines Vermögenswerts vor.

f) Während der Periode sind signifikante Veränderungen mit nachteiligen Folgen für das Unternehmen in dem Umfang oder der Weise, in dem bzw. der der Vermögenswert genutzt wird oder voraussichtlich genutzt werden wird, eingetreten oder werden für die nähere Zukunft erwartet. Diese Veränderungen umfassen die Stilllegung des Vermögenswerts, Planungen für die Einstellung oder Restrukturierung des Bereichs, zu dem ein Vermögenswert gehört, Planungen für den Abgang eines Vermögenswerts vor dem ursprünglich erwarteten Zeitpunkt und die Neueinschätzung der Nutzungsdauer eines Vermögenswerts als begrenzt anstatt unbegrenzt.[2]

[2] Sobald ein Vermögenswert die Kriterien erfüllt, um als „zur Veräußerung gehalten" eingestuft zu werden (oder Teil einer Gruppe ist, die als zur Veräußerung gehalten eingestuft wird), wird er vom Anwendungsbereich dieses Standards ausgeschlossen und gemäß IFRS 5 *Zur Veräußerung gehaltene langfristige Vermögenswerte und aufgegebene Geschäftsbereiche* bilanziert.

g) Das interne Berichtswesen liefert Anhaltspunkte dafür, dass die wirtschaftliche Ertragskraft eines Vermögenswerts schlechter ist oder sein wird als erwartet.

Dividende von einem Tochterunternehmen, Gemeinschaftsunternehmen oder assoziierten Unternehmen

h) Für eine Beteiligung an einem Tochterunternehmen, Gemeinschaftsunternehmen oder assoziierten Unternehmen erfasst der Investor eine Dividende aus der Beteiligung, und es liegen Anhaltspunkte dafür vor, dass

   i) der Buchwert der Beteiligung im Einzelabschluss höher ist als die Buchwerte der Netto-Vermögenswerte des Beteiligungsunternehmens im Konzernabschluss, einschließlich des damit verbunden Geschäfts- oder Firmenwerts, oder

   ii) die Dividende höher ist als das Gesamtergebnis des Tochterunternehmens, Gemeinschaftsunternehmens oder assoziierten Unternehmens in der Periode, in der die Dividende beschlossen wird.

13 Die Liste in Paragraph 12 ist nicht abschließend. Ein Unternehmen kann weitere Anhaltspunkte, dass ein Vermögenswert wertgemindert sein könnte, identifizieren, und diese würden das Unternehmen ebenso verpflichten, den erzielbaren Betrag des Vermögenswerts zu bestimmen, oder im Falle eines Geschäfts- oder Firmenwerts eine Überprüfung auf Wertminderung gemäß den Paragraphen 80–99 vorzunehmen.

14 Anhaltspunkte aus dem internen Berichtswesen, die darauf hindeuten, dass ein Vermögenswert wertgemindert sein könnte, schließen folgende Faktoren ein:

a) Zahlungsströme für den Erwerb des Vermögenswerts, oder nachfolgende Mittelerfordernisse für den Betrieb oder die Unterhaltung des Vermögenswerts, die signifikant höher sind als ursprünglich geplant,

b) tatsächliche Netto-Zahlungsströme oder betriebliche Gewinne oder Verluste, die aus der Nutzung des Vermögenswerts resultieren, die signifikant schlechter sind als ursprünglich geplant,

c) ein wesentlicher Rückgang der geplanten Netto-Zahlungsströme oder des betrieblichen Ergebnisses oder eine signifikante Erhöhung der geplanten Verluste, die aus der Nutzung des Vermögenswerts resultieren, oder

d) betriebliche Verluste oder Nettomittelabflüsse in Bezug auf den Vermögenswert, wenn die gegenwärtigen Beträge für die aktuelle Periode mit den veranschlagten Beträgen für die Zukunft zusammengefasst werden.

15 Wie in Paragraph 10 angegeben, verlangt dieser Standard, dass ein immaterieller Vermögenswert mit unbegrenzter Nutzungsdauer oder einer, der noch nicht zur Nutzung verfügbar ist, und ein Geschäfts- oder Firmenwert mindestens jährlich auf Wertminderung zu überprüfen sind. Außer in den Fällen, in denen die Vorschriften in Paragraph 10 anzuwenden sind, ist bei der Feststellung, ob der erzielbare Betrag eines Vermögenswerts zu schätzen ist, das Konzept der Wesentlichkeit heranzuziehen. Wenn frühere Berechnungen beispielsweise zeigen, dass der erzielbare Betrag eines Vermögenswerts erheblich über dessen Buchwert liegt, braucht das Unternehmen den erzielbaren Betrag des Vermögenswerts nicht erneut zu schätzen, soweit sich keine Ereignisse ereignet haben, die diese Differenz beseitigt haben könnten. Ebenso kann eine frühere Analyse zeigen, dass der erzielbare Betrag eines Vermögenswerts auf einen (oder mehrere) der in Paragraph 12 aufgelisteten Anhaltspunkte nicht sensibel reagiert.

16 Zur Veranschaulichung von Paragraph 15 ist ein Unternehmen, wenn die Marktzinssätze oder andere Markttrendien während der Periode gestiegen sind, in den folgenden Fällen nicht verpflichtet, eine formale Schätzung des erzielbaren Betrags eines Vermögenswerts vorzunehmen:

a) wenn der Abzinsungssatz, der bei der Berechnung des Nutzungswerts des Vermögenswerts verwendet wird, wahrscheinlich nicht von der Erhöhung dieser Marktsätze beeinflusst wird. Eine Erhöhung der kurzfristigen Zinssätze muss sich beispielsweise nicht wesentlich auf den Abzinsungssatz auswirken, der für einen Vermögenswert verwendet wird, der noch eine lange Restnutzungsdauer hat;

b) wenn der Abzinsungssatz, der bei der Berechnung des Nutzungswerts des Vermögenswerts verwendet wird, wahrscheinlich von der Erhöhung dieser Marktsätze betroffen ist, aber eine frühere Sensitivitätsanalyse des erzielbaren Betrags zeigt, dass

   i) es unwahrscheinlich ist, dass es zu einer wesentlichen Verringerung des erzielbaren Betrags kommen wird, weil die künftigen Zahlungsströme wahrscheinlich ebenso steigen werden (in einigen Fällen kann ein Unternehmen beispielsweise in der Lage sein zu zeigen, dass es seine Erlöse anpasst, um jegliche Erhöhungen der Marktzinssätze zu kompensieren), oder

   ii) es unwahrscheinlich ist, dass die Abnahme des erzielbaren Betrags einen wesentlichen Wertminderungsaufwand zur Folge hat.

17 Wenn ein Anhaltspunkt dafür vorliegt, dass ein Vermögenswert wertgemindert sein könnte, kann dies darauf hindeuten, dass die Restnutzungsdauer, die Abschreibungsmethode oder der Restwert des Vermögenswerts überprüft und entsprechend dem auf den Vermögenswert anwendbaren Standard angepasst werden muss, auch wenn kein Wertminderungsaufwand für den Vermögenswert erfasst wird.

ERMITTLUNG DES ERZIELBAREN BETRAGS

18 Dieser Standard definiert den erzielbaren Betrag als den höheren der beiden Beträge aus beizu-

legendem Zeitwert abzüglich Veräußerungskosten und Nutzungswert eines Vermögenswerts oder einer zahlungsmittelgenerierenden Einheit. Die Paragraphen 19–57 enthalten die Vorschriften für die Ermittlung des erzielbaren Betrags. In diesen Vorschriften wird der Begriff „ein Vermögenswert" verwendet, sie sind aber ebenso auf einen einzelnen Vermögenswert wie auf eine zahlungsmittelgenerierende Einheit anzuwenden.

19 Es ist nicht immer erforderlich, sowohl den beizulegenden Zeitwert abzüglich Veräußerungskosten als auch den Nutzungswert eines Vermögenswerts zu bestimmen. Wenn einer dieser Werte den Buchwert des Vermögenswerts übersteigt, ist der Vermögenswert nicht wertgemindert und es ist nicht erforderlich, den anderen Wert zu schätzen.

20 Es kann möglich sein, den beizulegenden Zeitwert abzüglich Veräußerungskosten auch dann zu ermitteln, wenn es keinen an einem aktiven Markt notierten Preis für einen identischen Vermögenswert gibt. In einigen Fällen wird es indes nicht möglich sein, den beizulegenden Zeitwert abzüglich Veräußerungskosten zu ermitteln, weil es keine Grundlage für eine verlässliche Schätzung des Preises gibt, der in einem geordneten Geschäftsvorfall zwischen Marktteilnehmern am Bewertungsstichtag für den Verkauf des Vermögenswerts unter aktuellen Marktbedingungen eingenommen würde. In diesem Fall kann das Unternehmen den Nutzungswert des Vermögenswerts als seinen erzielbaren Betrag verwenden.

21 Liegt kein Grund zu der Annahme vor, dass der Nutzungswert eines Vermögenswerts seinen beizulegenden Zeitwert abzüglich Veräußerungskosten wesentlich übersteigt, kann der beizulegende Zeitwert abzüglich der Veräußerungskosten als erzielbarer Betrag des Vermögenswerts angesehen werden. Dies ist häufig bei Vermögenswerten der Fall, die zu Veräußerungszwecken gehalten werden. Das liegt daran, dass der Nutzungswert eines Vermögenswerts, der zu Veräußerungszwecken gehalten wird, hauptsächlich aus den Nettoveräußerungserlösen besteht, da die künftigen Zahlungsströme aus der fortgesetzten Nutzung des Vermögenswerts bis zu seinem Abgang wahrscheinlich unbedeutend sein werden.

22 Der erzielbare Betrag ist für einen einzelnen Vermögenswert zu bestimmen, es sei denn, ein Vermögenswert erzeugt keine Mittelzuflüsse, die weitgehend unabhängig von denen anderer Vermögenswerte oder anderer Gruppen von Vermögenswerten sind. Wenn dies der Fall ist, ist der erzielbare Betrag für die zahlungsmittelgenerierende Einheit zu bestimmen, zu der der Vermögenswert gehört (siehe Paragraphen 65–103), es sei denn, dass entweder

a) der beizulegende Zeitwert abzüglich Veräußerungskosten des Vermögenswerts höher ist als sein Buchwert oder

b) der Nutzungswert des Vermögenswerts Schätzungen zufolge nahezu dem beizulegenden Zeitwert abzüglich Veräußerungskosten entspricht, und der beizulegende Zeitwert abzüglich Veräußerungskosten ermittelt werden kann.

23 In einigen Fällen können Schätzungen, Durchschnittswerte und rechnerisch abgekürzte Verfahren angemessene Annäherungen an die in diesem Standard dargestellten ausführlichen Berechnungen zur Bestimmung des beizulegenden Zeitwerts abzüglich Veräußerungskosten oder des Nutzungswerts liefern.

Ermittlung des erzielbaren Betrags eines immateriellen Vermögenswerts mit unbegrenzter Nutzungsdauer

24 Paragraph 10 verlangt, dass ein immaterieller Vermögenswert mit unbegrenzter Nutzungsdauer jährlich auf Wertminderung zu überprüfen ist, wobei sein Buchwert mit seinem erzielbaren Betrag verglichen wird, unabhängig davon, ob es einen Anhaltspunkt für eine Wertminderung gibt. Die jüngsten ausführlichen Berechnungen des erzielbaren Betrags eines solchen Vermögenswerts, der in einer vorhergehenden Periode ermittelt wurde, können jedoch für die Überprüfung auf Wertminderung dieses Vermögenswerts in der aktuellen Periode verwendet werden, vorausgesetzt, dass alle nachstehenden Kriterien erfüllt sind:

a) wenn der immaterielle Vermögenswert keine Mittelzuflüsse aus der fortgesetzten Nutzung erzeugt, die von denen anderer Vermögenswerte oder Gruppen von Vermögenswerten weitgehend unabhängig sind, und daher als Teil der zahlungsmittelgenerierenden Einheit, zu der er gehört, auf Wertminderung überprüft wird, haben sich die diese Einheit bildenden Vermögenswerte und Schulden seit der letzten Berechnung des erzielbaren Betrags nicht wesentlich geändert,

b) die letzte Berechnung des erzielbaren Betrags ergab einen Betrag, der den Buchwert des Vermögenswerts wesentlich übersteigt, und

c) auf der Grundlage einer Analyse der seit der letzten Berechnung des erzielbaren Betrags eingetretenen Ereignisse und geänderten Umstände ist die Wahrscheinlichkeit, dass bei einer aktuellen Ermittlung der erzielbare Betrag niedriger als der Buchwert des Vermögenswerts sein würde, sehr gering.

Beizulegender Zeitwert abzüglich Veräußerungskosten

25–27 [gestrichen]

28 Sofern die Veräußerungskosten nicht als Schulden angesetzt wurden, werden sie bei der Ermittlung des beizulegenden Zeitwerts abzüglich Veräußerungskosten abgezogen. Beispiele für derartige Kosten sind Gerichts- und Anwaltskosten, Börsenumsatzsteuern und ähnliche Transaktionssteuern, die Kosten für die Beseitigung des Vermögenswerts und die einzeln zuordenbaren zusätzlichen Kosten, um den Vermögenswert in den entsprechenden Zustand für seinen Verkauf zu versetzen. Leistungen aus Anlass der Beendigung des Arbeitsverhältnisses (wie in IAS 19 definiert)

und Kosten, die mit der Verringerung oder Reorganisation eines Geschäftsfelds nach dem Verkauf eines Vermögenswerts verbunden sind, sind indes keine einzeln zuordenbaren zusätzlichen Kosten für die Veräußerung des Vermögenswerts.

29 Mitunter erfordert die Veräußerung eines Vermögenswerts, dass der Käufer eine Schuld übernimmt, und für den Vermögenswert und die Schuld ist nur ein einziger beizulegender Zeitwert abzüglich Veräußerungskosten vorhanden. Paragraph 78 erläutert, wie in solchen Fällen zu verfahren ist.

Nutzungswert

30 In der Berechnung des Nutzungswerts eines Vermögenswerts müssen sich die folgenden Elemente widerspiegeln:
a) **eine Schätzung der künftigen Zahlungsströme, die das Unternehmen durch den Vermögenswert zu erzielen erwartet,**
b) **Erwartungen im Hinblick auf eventuelle wertmäßige oder zeitliche Veränderungen dieser künftigen Zahlungsströme,**
c) **der Zinseffekt, der durch den aktuellen risikolosen Marktzinssatz dargestellt wird,**
d) **der Preis für die mit dem Vermögenswert verbundene Unsicherheit und**
e) **andere Faktoren, wie Illiquidität, die Marktteilnehmer bei der Preisfindung für die künftigen Zahlungsströme, die das Unternehmen durch den Vermögenswert zu erzielen erwartet, widerspiegeln würden.**

31 Die Schätzung des Nutzungswerts eines Vermögenswerts umfasst die folgenden Schritte:
a) die Schätzung der künftigen Zahlungsströme aus der fortgesetzten Nutzung des Vermögenswerts und aus seiner letztlichen Veräußerung und
b) die Anwendung eines angemessenen Abzinsungssatzes für diese künftigen Zahlungsströme.

32 Die in Paragraph 30(b), (d) und (e) aufgeführten Elemente können entweder als Anpassungen der künftigen Zahlungsströme oder als Anpassung des Abzinsungssatzes widergespiegelt werden. Welchen Ansatz ein Unternehmen auch anwendet, um Erwartungen hinsichtlich eventueller wertmäßiger oder zeitlicher Änderungen der künftigen Zahlungsströme widerzuspiegeln, muss das Ergebnis letztlich den erwarteten Barwert der künftigen Zahlungsströme, d. h. den gewichteten Durchschnitt aller möglichen Ergebnisse widerspiegeln. Anhang A enthält zusätzliche Leitlinien für die Anwendung der Barwert-Verfahren, um den Nutzungswert eines Vermögenswerts zu bewerten.

Grundlage für die Schätzungen der künftigen Zahlungsströme

33 Bei der Ermittlung des Nutzungswerts hat ein Unternehmen
a) **die Zahlungsstrom-Prognosen auf angemessene und vertretbare Annahmen zu gründen, die die bestmögliche vom Management vorgenommene Einschätzung der ökonomischen Rahmenbedingungen repräsentieren, die für die Restnutzungsdauer eines Vermögenswerts bestehen werden. Größeres Gewicht ist dabei auf externe Anhaltspunkte zu legen.**
b) **die Zahlungsstrom-Prognosen auf die jüngsten vom Management genehmigten Finanzplänen/Vorhersagen zu gründen, die jedoch alle geschätzten künftigen Mittelzuflüsse bzw. Mittelabflüsse, die aus künftigen Restrukturierungsmaßnahmen oder aus der Verbesserung bzw. Erhöhung der Ertragskraft des Vermögenswerts erwartet werden, auszuschließen haben. Auf diesen Finanzplänen/Vorhersagen basierende Prognosen haben sich auf einen Zeitraum von maximal fünf Jahren zu erstrecken, es sei denn, ein längerer Zeitraum gerechtfertigt werden kann.**
c) **die Zahlungsstrom-Prognosen jenseits des Zeitraums zu schätzen, auf den sich die jüngsten Finanzpläne/Vorhersagen beziehen, unter Anwendung einer gleichbleibenden oder rückläufigen Wachstumsrate für die Folgejahre durch eine Extrapolation der Prognosen, die auf den Finanzplänen/Vorhersagen beruhen, es sei denn, dass eine steigende Rate gerechtfertigt werden kann. Diese Wachstumsrate darf die langfristige Durchschnittswachstumsrate für die Produkte, die Branchen oder das Land bzw. die Länder, in dem/denen das Unternehmen tätig ist, oder für den Markt, in welchem der Vermögenswert genutzt wird, nicht überschreiten, es sei denn, dass eine höhere Rate gerechtfertigt werden kann.**

34 Das Management beurteilt die Angemessenheit der Annahmen, auf denen seine aktuellen Zahlungsstrom-Prognosen beruhen, indem es die Gründe für Differenzen zwischen den vorherigen Zahlungsstrom-Prognosen und den tatsächlichen Zahlungsströmen überprüft. Das Management hat sicherzustellen, dass die Annahmen, auf denen die tatsächlichen Zahlungsstrom-Prognosen beruhen, mit den tatsächlichen Ergebnissen der Vergangenheit übereinstimmen, vorausgesetzt, dass die Auswirkungen von Ereignissen und Umständen, die eingetreten sind, nachdem die tatsächlichen Zahlungsströme generiert waren, dies als angemessen erscheinen lassen.

35 Detaillierte, eindeutige und verlässliche Finanzpläne/Vorhersagen für künftige Zahlungsströme für Perioden von mehr als fünf Jahren sind in der Regel nicht verfügbar. Aus diesem Grund beruhen die Schätzungen des Managements über die künftigen Zahlungsströme auf den jüngsten Finanzplänen/Vorhersagen für einen Zeitraum von maximal fünf Jahren. Das Management kann auch auf Finanzplänen/Vorhersagen basierende Zahlungsstrom-Prognosen verwenden, die sich für einen Zeitraum von mehr als fünf Jahren erstrecken, wenn es sich sicher ist, dass diese Prognosen verlässlich sind und es basierend auf Erfahrungen

der Vergangenheit seine Fähigkeit nachweisen kann, die Zahlungsströme über den entsprechenden längeren Zeitraum genau vorherzusagen.

36 Zahlungsstrom-Prognosen bis zum Ende der Nutzungsdauer eines Vermögenswerts werden durch Extrapolation der Zahlungsstrom-Prognosen auf der Basis der Finanzpläne/Vorhersagen unter Verwendung einer Wachstumsrate für die Folgejahre vorgenommen. Diese Rate ist gleichbleibend oder fallend, es sei denn, dass eine Steigerung der Rate objektiven Informationen über den Verlauf des Lebenszyklus eines Produkts oder einer Branche entspricht. Falls angemessen, ist die Wachstumsrate null oder negativ.

37 Soweit die Bedingungen günstig sind, werden Wettbewerber wahrscheinlich in den Markt eintreten und das Wachstum beschränken. Deshalb ist es für ein Unternehmen schwierig, die durchschnittliche historische Wachstumsrate für die Produkte, die Branchen, das Land oder die Länder, in dem/denen das Unternehmen tätig ist, oder für den Markt, in dem der Vermögenswert genutzt wird, über einen längeren Zeitraum (beispielsweise zwanzig Jahre) zu überschreiten.

38 Bei der Verwendung der Informationen aus den Finanzplänen/Vorhersagen berücksichtigt ein Unternehmen, ob die Informationen auf angemessenen und vertretbaren Annahmen beruhen und die bestmögliche Einschätzung des Managements hinsichtlich der ökonomischen Rahmenbedingungen, die während der Restnutzungsdauer eines Vermögenswerts bestehen werden, darstellen.

Zusammensetzung der Schätzungen der künftigen Zahlungsströme

39 In die Schätzungen der künftigen Zahlungsströme sind die folgenden Elemente einzubeziehen:

a) **Prognosen der Mittelzuflüsse aus der fortgesetzten Nutzung des Vermögenswerts,**
b) **Prognosen der Mittelabflüsse, die notwendigerweise entstehen, um Mittelzuflüsse aus der fortgesetzten Nutzung eines Vermögenswerts zu erzielen (einschließlich der Mittelabflüsse zur Vorbereitung des Vermögenswerts für seine Nutzung) und die dem Vermögenswert einzeln oder auf einer angemessenen und stetigen Basis zugeordnet werden können, und**
c) **Netto-Zahlungsströme, die ggf. für den Abgang des Vermögenswerts am Ende seiner Nutzungsdauer eingehen (oder gezahlt werden).**

40 Schätzungen der künftigen Zahlungsströme und des Abzinsungssatzes spiegeln stetige Annahmen über die auf die allgemeine Inflation zurückzuführenden Preissteigerungen wider. Wenn der Abzinsungssatz die Wirkung von Preissteigerungen, die auf die allgemeine Inflation zurückzuführen sind, einbezieht, werden die künftigen Zahlungsströme in nominalen Beträgen geschätzt. Wenn der Abzinsungssatz die Wirkung von Preissteigerungen, die auf die allgemeine Inflation zurückzuführen sind, nicht einbezieht, werden die künftigen Zahlungsströme in realen Beträgen geschätzt (schließen aber künftige spezifische Preissteigerungen oder -senkungen ein).

41 Die Prognosen der Mittelabflüsse schließen sowohl jene für die tägliche Wartung des Vermögenswerts als auch künftige Gemeinkosten ein, die der Nutzung des Vermögenswerts einzeln zugeordnet oder auf einer angemessenen und stetigen Basis zugeordnet werden können.

42 Wenn der Buchwert eines Vermögenswerts noch nicht alle Mittelabflüsse enthält, die anfallen werden, bevor dieser nutzungs- oder verkaufsbereit ist, enthält die Schätzung der künftigen Mittelabflüsse eine Schätzung aller weiteren künftigen Mittelabflüsse, die voraussichtlich anfallen werden, bevor der Vermögenswert nutzungs- oder verkaufsbereit ist. Dies ist beispielsweise der Fall für ein im Bau befindliches Gebäude oder bei einem noch nicht abgeschlossenen Entwicklungsprojekt.

43 Um Doppelzählungen zu vermeiden, beziehen die Schätzungen der künftigen Zahlungsströme die folgenden Faktoren nicht mit ein:

a) Mittelzuflüsse von Vermögenswerten, die Mittelzuflüsse erzeugen, die weitgehend unabhängig von den Mittelzuflüssen des zu überprüfenden Vermögenswerts sind (beispielsweise finanzielle Vermögenswerte wie Forderungen), und
b) Mittelabflüsse, die sich auf als Schulden angesetzte Verpflichtungen beziehen (beispielsweise Verbindlichkeiten, Pensionen oder Rückstellungen).

44 Künftige Zahlungsströme sind für einen Vermögenswert in seinem gegenwärtigen Zustand zu schätzen. Schätzungen der künftigen Zahlungsströme dürfen nicht die geschätzten künftigen Mittelzu- und -abflüsse umfassen, deren Entstehung erwartet wird aufgrund

a) **einer künftigen Restrukturierung, zu der ein Unternehmen noch nicht verpflichtet ist, oder**
b) **einer Verbesserung oder Erhöhung der Ertragskraft des Vermögenswerts.**

45 Da die künftigen Zahlungsströme ausgehend vom gegenwärtigen Zustand eines Vermögenswerts geschätzt werden, spiegelt der Nutzungswert nicht die folgenden Faktoren wider:

a) künftige Mittelabflüsse oder die zugehörigen Kosteneinsparungen (beispielsweise durch die Verminderung des Personalaufwands) oder der erwartete Nutzen aus einer künftigen Restrukturierung, zu der ein Unternehmen noch nicht verpflichtet ist, oder
b) künftige Mittelabflüsse, die die Ertragskraft des Vermögenswerts verbessern oder erhöhen werden, oder die zugehörigen Mittelzuflüsse, die aus solchen Mittelabflüssen erwartet werden.

46 Eine Restrukturierung ist ein Programm, das vom Management geplant und kontrolliert wird und entweder das von dem Unternehmen abgedeckte

Geschäftsfeld oder die Art, in der dieses Geschäft durchgeführt wird, wesentlich verändert. IAS 37 *Rückstellungen, Eventualverbindlichkeiten und Eventualforderungen* konkretisiert, wann sich ein Unternehmen zu einer Restrukturierung verpflichtet hat.

47 Wenn ein Unternehmen zu einer Restrukturierung verpflichtet ist, sind wahrscheinlich einige Vermögenswerte von der Restrukturierung betroffen. Sobald das Unternehmen zur Restrukturierung verpflichtet ist,

a) spiegeln seine zwecks Bestimmung des Nutzungswerts erfolgenden Schätzungen der künftigen Mittelzu- und -abflüsse die Kosteneinsparungen und den sonstigen Nutzen aus der Restrukturierung wider (auf Basis der jüngsten vom Management gebilligten Finanzpläne/Vorhersagen) und

b) werden seine Schätzungen künftiger Mittelabflüsse für die Restrukturierung in einer Restrukturierungsrückstellung gemäß IAS 37 erfasst.

Das erläuternde Beispiel 5 veranschaulicht die Auswirkung einer künftigen Restrukturierung auf die Berechnung des Nutzungswerts.

48 Bis ein Unternehmen Mittelabflüsse tätigt, die die Ertragskraft des Vermögenswerts verbessern oder erhöhen, enthalten die Schätzungen der künftigen Zahlungsströme keine geschätzten künftigen Mittelzuflüsse, die infolge der Erhöhung des mit dem Mittelabfluss verbundenen wirtschaftlichen Nutzens erwartet werden (siehe erläuterndes Beispiel 6).

49 Schätzungen der künftigen Zahlungsströme umfassen auch künftige Mittelabflüsse, die erforderlich sind, um den wirtschaftlichen Nutzen des Vermögenswerts auf dem gegenwärtigen Niveau zu halten. Wenn eine zahlungsmittelgenerierende Einheit aus Vermögenswerten mit verschiedenen geschätzten Nutzungsdauern besteht, die alle für den laufenden Betrieb der Einheit notwendig sind, wird bei der Schätzung der mit der Einheit verbundenen künftigen Zahlungsströme der Ersatz von Vermögenswerten mit kürzerer Nutzungsdauer als Teil der täglichen Wartung der Einheit betrachtet. Ebenso wird, wenn ein einzelner Vermögenswert aus Bestandteilen mit unterschiedlichen Nutzungsdauern besteht, der Ersatz der Bestandteile mit kürzerer Nutzungsdauer als Teil der täglichen Wartung des Vermögenswerts betrachtet, wenn die vom Vermögenswert generierten künftigen Zahlungsströme geschätzt werden.

50 In den Schätzungen der künftigen Zahlungsströme sind folgende Elemente nicht enthalten:

a) **Mittelzu- oder -abflüsse aus Finanzierungstätigkeiten oder**

b) **Ertragsteuereinnahmen oder -zahlungen.**

51 Geschätzte künftige Zahlungsströme spiegeln Annahmen wider, die der Art und Weise der Bestimmung des Abzinsungssatzes entsprechen. Andernfalls würden die Auswirkungen einiger Annahmen doppelt berücksichtigt oder außer Acht gelassen werden. Da der Zinseffekt bei der Abzinsung der künftigen Zahlungsströme berücksichtigt wird, schließen diese Zahlungsströme Mittelzu- oder -abflüsse aus Finanzierungstätigkeit aus. Da der Abzinsungssatz auf einer Vor-Steuer-Basis bestimmt wird, werden auch die künftigen Zahlungsströme auf einer Vor-Steuer-Basis geschätzt.

52 Die Schätzung der Netto-Zahlungsströme, die für den Abgang eines Vermögenswerts am Ende seiner Nutzungsdauer eingehen (oder gezahlt werden), muss dem Betrag entsprechen, den ein Unternehmen aus dem Verkauf des Vermögenswerts unter marktüblichen Bedingungen zwischen sachverständigen, vertragswilligen und voneinander unabhängigen Geschäftspartnern nach Abzug der geschätzten Veräußerungskosten erzielen könnte.

53 Die Schätzung der Netto-Zahlungsströme, die für den Abgang eines Vermögenswerts am Ende seiner Nutzungsdauer eingehen (oder gezahlt werden), ist in einer ähnlichen Weise wie beim beizulegenden Zeitwert abzüglich Veräußerungskosten eines Vermögenswerts zu bestimmen, außer dass bei der Schätzung dieser Netto-Zahlungsströme

a) ein Unternehmen die Preise verwendet, die zum Zeitpunkt der Schätzung für ähnliche Vermögenswerte gelten, die das Ende ihrer Nutzungsdauer erreicht haben und die unter Bedingungen betrieben wurden, die mit den Bedingungen vergleichbar sind, unter denen der Vermögenswert genutzt werden soll,

b) das Unternehmen diese Preise im Hinblick auf die Auswirkungen künftiger Preiserhöhungen aufgrund der allgemeinen Inflation und spezieller künftiger Preissteigerungen/-senkungen anpasst. Wenn die Schätzungen der künftigen Zahlungsströme aus der fortgesetzten Nutzung des Vermögenswerts und des Abzinsungssatzes die Wirkung der allgemeinen Inflation indes nicht einbeziehen, dann berücksichtigt das Unternehmen diese Wirkung auch nicht bei der Schätzung der Netto-Zahlungsströme des Abgangs.

53A Der beizulegende Zeitwert weicht vom Nutzungswert ab. Der beizulegende Zeitwert spiegelt die Annahmen wider, die Marktteilnehmer bei der Preisbildung für den Vermögenswert anwenden würden. Der Nutzungswert dagegen spiegelt die Auswirkungen von Faktoren wider, die nur für das Unternehmen zutreffen können und für Unternehmen im Allgemeinen nicht unbedingt anwendbar sind. Beispielsweise werden die folgenden Faktoren, soweit sie Marktteilnehmern im Allgemeinen nicht ohne Weiteres zur Verfügung stehen würden, nicht im beizulegenden Zeitwert abgebildet:

a) der zusätzliche Wert, der sich aus der Zusammenfassung von Vermögenswerten (beispielsweise aus der Schaffung eines Portfolios von als Finanzinvestitionen gehaltenen Immobilien an verschiedenen Standorten) ergibt,

b) Synergien zwischen dem zu bewertenden und anderen Vermögenswerten,

c) Rechtsansprüche oder rechtliche Einschränkungen, die ausschließlich für den gegenwärtigen Eigentümer des Vermögenswerts bestehen, und
d) Steuervorteile oder Steuerbelastungen, die ausschließlich für den gegenwärtigen Eigentümer des Vermögenswerts bestehen.

Künftige Zahlungsströme in Fremdwährung

54 Künftige Zahlungsströme werden in der Währung geschätzt, in der sie generiert werden, und werden mit einem für diese Währung angemessenen Abzinsungssatz abgezinst. Ein Unternehmen rechnet den Barwert mithilfe des am Tag der Berechnung des Nutzungswerts geltenden Devisenkassakurses um.

Abzinsungssatz

55 Bei dem Abzinsungssatz/den Abzinsungssätzen muss es sich um einen Zinssatz/Zinssätze vor Steuern handeln, der/die die gegenwärtigen Marktbewertungen folgender Faktoren widerspiegelt/widerspiegeln:
a) des Zinseffekts und
b) der speziellen Risiken eines Vermögenswerts, für die die geschätzten künftigen Zahlungsströme nicht angepasst wurden.

56 Ein Zinssatz, der die gegenwärtigen Marktbewertungen des Zinseffekts und der speziellen Risiken eines Vermögenswerts widerspiegelt, ist die Rendite, die Investoren verlangen würden, wenn sie eine Finanzinvestition zu wählen hätten, die Zahlungsströme über Beträge, Zeiträume und Risikoprofile erzeugen würde, die vergleichbar mit denen wären, die das Unternehmen von dem Vermögenswert zu erzielen erwartet. Dieser Zinssatz ist auf Basis des Zinssatzes zu schätzen, der bei gegenwärtigen Markttransaktionen für ähnliche Vermögenswerte verwendet wird, oder auf Basis der durchschnittlich gewichteten Kapitalkosten eines börsennotierten Unternehmens, das einen einzelnen Vermögenswert (oder einen Bestand an Vermögenswerten) hält, der mit dem zu überprüfenden Vermögenswert im Hinblick auf das Nutzungspotenzial und die Risiken vergleichbar ist. Der Abzinsungssatz/die Abzinsungssätze, der/die zur Berechnung des Nutzungswerts eines Vermögenswerts verwendet wird/werden, darf/dürfen jedoch keine Risiken widerspiegeln, für die die geschätzten künftigen Zahlungsströme bereits angepasst wurden. Andernfalls würden die Auswirkungen einiger Annahmen doppelt berücksichtigt.

57 Wenn ein vermögenswertspezifischer Zinssatz nicht direkt über den Markt erhältlich ist, verwendet ein Unternehmen für die Schätzung des Abzinsungssatzes Ersatzfaktoren zur Schätzung des Abzinsungssatzes. Anhang A enthält zusätzliche Leitlinien zur Schätzung von Abzinsungssätzen unter diesen Umständen.

ERFASSUNG UND BEWERTUNG EINES WERTMINDERUNGSAUFWANDS

58 Die Paragraphen 59–64 enthalten die Vorschriften für die Erfassung und Bewertung eines Wertminderungsaufwands für einen einzelnen Vermögenswert mit Ausnahme eines Geschäfts- oder Firmenwerts. Die Erfassung und Bewertung des Wertminderungsaufwands einer zahlungsmittelgenerierenden Einheit und eines Geschäfts- oder Firmenwerts werden in den Paragraphen 65–108 behandelt.

59 Nur dann, wenn der erzielbare Betrag eines Vermögenswerts geringer als sein Buchwert ist, ist der Buchwert des Vermögenswerts auf seinen erzielbaren Betrag zu verringern. Diese Verringerung stellt einen Wertminderungsaufwand dar.

60 Ein Wertminderungsaufwand ist sofort erfolgswirksam zu erfassen, es sei denn, dass der Vermögenswert zum Neubewertungsbetrag nach einem anderen Standard (beispielsweise nach dem Neubewertungsmodell in IAS 16) bilanziert wird. Jeder Wertminderungsaufwand eines neu bewerteten Vermögenswerts ist als eine Abwertung aufgrund einer Neubewertung gemäß diesem anderen Standard zu behandeln.

61 Ein Wertminderungsaufwand eines nicht neu bewerteten Vermögenswerts wird erfolgswirksam erfasst. Ein Wertminderungsaufwand eines neu bewerteten Vermögenswerts wird dahingegen im sonstigen Ergebnis erfasst, soweit der Wertminderungsaufwand nicht den in der Neubewertungsrücklage für denselben Vermögenswert ausgewiesenen Betrag übersteigt. Ein solcher Wertminderungsaufwand eines neu bewerteten Vermögenswerts führt zu einer Minderung der entsprechenden Neubewertungsrücklage.

62 Wenn der geschätzte Betrag des Wertminderungsaufwands größer ist als der Buchwert des zugehörigen Vermögenswerts, hat ein Unternehmen nur dann eine Schuld anzusetzen, wenn dies von einem anderen Standard verlangt wird.

63 Nach der Erfassung eines Wertminderungsaufwands ist die planmäßige Abschreibung eines Vermögenswerts in künftigen Perioden anzupassen, um den berichtigten Buchwert des Vermögenswerts, abzüglich eines etwaigen Restwerts systematisch über seine Restnutzungsdauer zu verteilen.

64 Wenn ein Wertminderungsaufwand erfasst worden ist, werden alle damit in Beziehung stehenden latenten Steueransprüche oder -schulden nach IAS 12 bestimmt, indem der berichtigte Buchwert des Vermögenswerts mit seiner steuerlichen Basis verglichen wird (siehe erläuterndes Beispiel 3).

ZAHLUNGSMITTELGENERIERENDE EINHEITEN UND GESCHÄFTS- ODER FIRMENWERT

65 Die Paragraphen 66–108 und Anhang C enthalten die Vorschriften für die Identifizierung der zahlungsmittelgenerierenden Einheit, zu der ein Vermögenswert gehört, sowie für die Bestimmung des Buchwerts und die Erfassung der Wertminderungsaufwendungen für zahlungsmittelgenerierende Einheiten und Geschäfts- oder Firmenwerte.

Identifizierung der zahlungsmittelgenerierenden Einheit, zu der ein Vermögenswert gehört

66 Wenn ein Anhaltspunkt dafür vorliegt, dass ein Vermögenswert wertgemindert sein könnte, ist der erzielbare Betrag für den einzelnen Vermögenswert zu schätzen. Falls es nicht möglich ist, den erzielbaren Betrag für den einzelnen Vermögenswert zu schätzen, hat ein Unternehmen den erzielbaren Betrag der zahlungsmittelgenerierenden Einheit zu bestimmen, zu der der Vermögenswert gehört (die zahlungsmittelgenerierende Einheit des Vermögenswerts).

67 Der erzielbare Betrag eines einzelnen Vermögenswerts kann nicht bestimmt werden, wenn
a) der Nutzungswert des Vermögenswerts Schätzungen zufolge nicht nahezu seinem beizulegenden Zeitwert abzüglich Veräußerungskosten entspricht (wenn beispielsweise die künftigen Zahlungsströme aus der fortgesetzten Nutzung des Vermögenswerts nicht als unbedeutend eingeschätzt werden können) und
b) der Vermögenswert keine Mittelzuflüsse erzeugt, die weitgehend unabhängig von denen anderer Vermögenswerte sind.

In derartigen Fällen kann ein Nutzungswert und demzufolge ein erzielbarer Betrag nur für die zahlungsmittelgenerierende Einheit des Vermögenswerts bestimmt werden.

Beispiel
Ein Bergbauunternehmen besitzt eine private Eisenbahn zur Unterstützung seiner Bergbautätigkeit. Die private Eisenbahn könnte nur zum Schrottwert verkauft werden und sie erzeugt keine Mittelzuflüsse, die weitgehend unabhängig von den Mittelzuflüssen der anderen Vermögenswerte des Bergwerks sind.

Es ist nicht möglich, den erzielbaren Betrag der privaten Eisenbahn zu schätzen, weil ihr Nutzungswert nicht bestimmt werden kann und wahrscheinlich von dem Schrottwert abweicht. Deshalb schätzt das Unternehmen den erzielbaren Betrag der zahlungsmittelgenerierenden Einheit, zu der die private Eisenbahn gehört, d. h. des Bergwerks als Ganzes.

68 Wie in Paragraph 6 definiert, ist die zahlungsmittelgenerierende Einheit eines Vermögenswerts die kleinste Gruppe von Vermögenswerten, die den Vermögenswert enthält und Mittelzuflüsse erzeugt, die weitgehend unabhängig von den Mittelzuflüssen anderer Vermögenswerte oder anderer Gruppen von Vermögenswerten sind. Die Identifizierung der zahlungsmittelgenerierenden Einheit eines Vermögenswerts erfordert eine Ermessensentscheidung. Wenn der erzielbare Betrag nicht für einen einzelnen Vermögenswert bestimmt werden kann, identifiziert ein Unternehmen die kleinste Zusammenfassung von Vermögenswerten, die weitgehend unabhängige Mittelzuflüsse erzeugt.

Beispiel
Eine Busgesellschaft bietet Beförderungsleistungen im Rahmen eines Vertrags mit einer Gemeinde an, der auf fünf verschiedenen Strecken jeweils einen Mindestservice verlangt. Die auf jeder Strecke eingesetzten Vermögenswerte und die Zahlungsströme von jeder Strecke können gesondert identifiziert werden. Auf einer der Strecken wird ein erheblicher Verlust erwirtschaftet.

Da das Unternehmen nicht die Möglichkeit hat, eine der Busrouten einzuschränken, sind die niedrigste Einheit identifizierbarer Mittelzuflüsse, die weitgehend von den Mittelzuflüssen anderer Vermögenswerte oder anderer Gruppen von Vermögenswerten unabhängig sind, die von den fünf Routen gemeinsam erzeugten Mittelzuflüsse. Die zahlungsmittelgenerierende Einheit für jede der Strecken ist die Busgesellschaft als Ganzes.

69 Mittelzuflüsse sind die Zuflüsse von Zahlungsmitteln und Zahlungsmitteläquivalenten, die von Parteien außerhalb des Unternehmens zufließen. Bei der Identifizierung, ob die Mittelzuflüsse von einem Vermögenswert (oder einer Gruppe von Vermögenswerten) weitgehend von den Mittelzuflüssen anderer Vermögenswerte (oder anderer Gruppen von Vermögenswerten) unabhängig sind, berücksichtigt ein Unternehmen verschiedene Faktoren einschließlich der Frage, wie das Management die Unternehmenstätigkeiten steuert (z. B. nach Produktlinien, Geschäftsfeldern, einzelnen Standorten, Bezirken oder regionalen Gebieten), oder wie das Management Entscheidungen über die Fortsetzung oder den Abgang der Vermögenswerte bzw. die Einstellung von Unternehmenstätigkeiten trifft. Das erläuternde Beispiel 1 enthält Beispiele für die Identifizierung einer zahlungsmittelgenerierenden Einheit.

70 Wenn ein aktiver Markt für die von einem Vermögenswert oder einer Gruppe von Vermögenswerten produzierten Erzeugnisse oder erstellten Dienstleistungen besteht, ist dieser Vermögenswert oder diese Gruppe von Vermögenswerten als eine zahlungsmittelgenerierende Einheit zu identifizieren, auch wenn die produzierten Erzeugnisse oder erstellten Dienstleistungen ganz oder teilweise intern genutzt werden. Wenn die von einem Vermögenswert oder einer zahlungsmittelgenerierenden Einheit erzeugten Mittelzuflüsse von der Berechnung interner Verrechnungspreise betroffen sind, so hat ein Unternehmen die bestmögliche Schätzung des Managements über den künftigen Preis/die künftigen Preise, der/die bei Transaktionen zu marktüblichen Bedingungen erzielt werden könnte/könnten, zu verwenden bei der Schätzung
a) der künftigen Mittelzuflüsse, die die zur Bestimmung des Nutzungswerts des Vermögenswerts oder der zahlungsmittelgenerierenden Einheit verwendet werden, und
b) der künftigen Mittelabflüsse, die zur Bestimmung des Nutzungswerts aller anderen

von der Berechnung interner Verrechnungspreise betroffenen Vermögenswerte oder zahlungsmittelgenerierenden Einheiten verwendet werden.

71 Auch wenn ein Teil oder die gesamten produzierten Erzeugnisse und erstellten Dienstleistungen, die von einem Vermögenswert oder einer Gruppe von Vermögenswerten erzeugt werden, von anderen Einheiten des Unternehmens genutzt werden (beispielsweise Produkte für eine Zwischenstufe im Produktionsprozess), bildet dieser Vermögenswert oder diese Gruppe von Vermögenswerten eine gesonderte zahlungsmittelgenerierende Einheit, wenn das Unternehmen diese produzierten Erzeugnisse und erstellten Dienstleistungen auf einem aktiven Markt verkaufen könnte. Das liegt daran, dass der Vermögenswert oder die Gruppe von Vermögenswerten Mittelzuflüsse erzeugen kann, die weitgehend von den Mittelzuflüssen von anderen Vermögenswerten oder anderen Gruppen von Vermögenswerten unabhängig wären. Bei der Verwendung von Informationen, die auf Finanzplänen/Vorhersagen basieren, die sich auf eine solche zahlungsmittelgenerierende Einheit oder auf einen anderen Vermögenswert bzw. eine andere zahlungsmittelgenerierende Einheit, die von der internen Verrechnungspreisermittlung betroffen ist, beziehen, passt ein Unternehmen diese Informationen an, wenn die internen Verrechnungspreise nicht die bestmögliche Schätzung des Managements über die künftigen Preise, die bei Transaktionen zu marktüblichen Bedingungen erzielt werden könnten, widerspiegeln.

72 **Zahlungsmittelgenerierende Einheiten sind von Periode zu Periode für dieselben Vermögenswerte oder Arten von Vermögenswerten stetig zu identifizieren, es sei denn, dass eine Änderung gerechtfertigt ist.**

73 Wenn ein Unternehmen bestimmt, dass ein Vermögenswert zu einer anderen zahlungsmittelgenerierenden Einheit als in den vorangegangenen Perioden gehört oder dass die Arten von Vermögenswerten, die zu der zahlungsmittelgenerierenden Einheit des Vermögenswerts zusammengefasst werden, sich geändert haben, verlangt Paragraph 130 Angaben über die zahlungsmittelgenerierende Einheit, wenn ein Wertminderungsaufwand für die zahlungsmittelgenerierende Einheit erfasst oder aufgeholt wird.

Erzielbarer Betrag und Buchwert einer zahlungsmittelgenerierenden Einheit

74 Der erzielbare Betrag einer zahlungsmittelgenerierenden Einheit ist der höhere der beiden Beträge aus beizulegendem Zeitwert abzüglich Veräußerungskosten und Nutzungswert einer zahlungsmittelgenerierenden Einheit. Für den Zweck der Bestimmung des erzielbaren Betrags einer zahlungsmittelgenerierenden Einheit ist jeder Verweis in den Paragraphen 19–57 auf „einen Vermögenswert" als Verweis auf „eine zahlungsmittelgenerierende Einheit" zu verstehen.

75 **Der Buchwert einer zahlungsmittelgenerierenden Einheit ist in Übereinstimmung mit der Art, in der der erzielbare Betrag einer zahlungsmittelgenerierenden Einheit bestimmt wird, zu ermitteln.**

76 Der Buchwert einer zahlungsmittelgenerierenden Einheit

a) enthält den Buchwert nur solcher Vermögenswerte, die der zahlungsmittelgenerierenden Einheit einzeln zugeordnet oder auf einer angemessenen und stetigen Basis zugeordnet werden können und die künftige Mittelzuflüsse erzeugen werden, die bei der Bestimmung des Nutzungswerts der zahlungsmittelgenerierenden Einheit verwendet wurden; und

b) enthält nicht den Buchwert einer angesetzten Schuld, es sei denn, dass der erzielbare Betrag der zahlungsmittelgenerierenden Einheit nicht ohne die Berücksichtigung dieser Schuld bestimmt werden kann.

Das liegt daran, dass der beizulegende Zeitwert abzüglich Veräußerungskosten und der Nutzungswert einer zahlungsmittelgenerierenden Einheit unter Ausschluss der Zahlungsströme bestimmt werden, die sich auf die Vermögenswerte beziehen, die nicht Teil der zahlungsmittelgenerierenden Einheit sind und unter Ausschluss der bereits angesetzten Schulden (siehe Paragraphen 28 und 43).

77 Soweit Vermögenswerte für die Beurteilung der Erzielbarkeit zusammengefasst werden, ist es wichtig, in die zahlungsmittelgenerierende Einheit alle Vermögenswerte einzubeziehen, die den entsprechenden Strom von Mittelzuflüssen erzeugen oder zu dessen Erzeugung verwendet werden. Andernfalls könnte die zahlungsmittelgenerierende Einheit als voll erzielbar erscheinen, obwohl tatsächlich ein Wertminderungsaufwand eingetreten ist. In einigen Fällen können gewisse Vermögenswerte einer zahlungsmittelgenerierenden Einheit nicht auf einer angemessenen und stetigen Basis zugeordnet werden, obwohl sie zu den geschätzten künftigen Zahlungsströmen einer zahlungsmittelgenerierenden Einheit beitragen. Dies kann beim Geschäfts- oder Firmenwert oder bei gemeinschaftlichen Vermögenswerten, wie den Vermögenswerten der Hauptverwaltung der Fall sein. In den Paragraphen 80–103 wird erläutert, wie mit diesen Vermögenswerten bei der Überprüfung auf zahlungsmittelgenerierenden Einheiten auf Wertminderung zu verfahren ist.

78 Es kann notwendig sein, gewisse angesetzte Schulden zu berücksichtigen, um den erzielbaren Betrag einer zahlungsmittelgenerierenden Einheit zu bestimmen. Dies könnte auftreten, wenn der Verkauf einer zahlungsmittelgenerierenden Einheit den Käufer verpflichtet, die Schuld zu übernehmen. In diesem Fall entspricht der beizulegende Zeitwert abzüglich Veräußerungskosten (oder die geschätzten Zahlungsströme aus dem endgültigen Abgang) einer zahlungsmittelgenerierenden Einheit dem Preis für den gemeinsamen Verkauf der Vermögenswerte der zahlungsmittelgenerierenden Einheit und der Schuld, abzüglich der Veräußerungskosten. Um einen aussagekräftigen Vergleich zwischen dem Buchwert der zahlungsmittelgenerierenden

Einheit und ihrem erzielbaren Betrag anzustellen, wird der Buchwert der Schuld bei der Bestimmung beider Werte, also sowohl des Nutzungswerts als auch des Buchwerts der zahlungsmittelgenerierenden Einheit, abgezogen.

Beispiel

Eine Gesellschaft betreibt ein Bergwerk in einem Staat, in dem der Eigentümer gesetzlich verpflichtet ist, den Bereich der Förderung nach Beendigung der Abbautätigkeiten wiederherzustellen. Die Kosten der Wiederherstellung schließen die Wiederherstellung der Oberfläche mit ein, welche entfernt werden musste, bevor die Abbautätigkeiten beginnen konnten. Eine Rückstellung für die Kosten der Wiederherstellung der Oberfläche wurde zu dem Zeitpunkt der Entfernung der Oberfläche angesetzt. Der zurückgestellte Betrag wurde als Teil der Anschaffungskosten des Bergwerks erfasst und über die Nutzungsdauer des Bergwerks planmäßig abgeschrieben. Der Buchwert der Rückstellung für die Kosten der Wiederherstellung beträgt 500 WE([a]), dies entspricht dem Barwert der Kosten der Wiederherstellung.

([a]) In diesem Standard werden Geldbeträge in „Währungseinheiten" (WE) angegeben.

Das Unternehmen überprüft das Bergwerk auf Wertminderung. Die zahlungsmittelgenerierende Einheit des Bergwerks ist das Bergwerk als Ganzes. Das Unternehmen hat verschiedene Kaufangebote für das Bergwerk zu einem Preis von 800 WE erhalten. Dieser Preis berücksichtigt die Tatsache, dass der Käufer die Verpflichtung zur Wiederherstellung der Oberfläche übernehmen wird. Die Veräußerungskosten für das Bergwerk sind unbedeutend. Der Nutzungswert des Bergwerks beträgt annähernd 1200 WE, ohne die Kosten der Wiederherstellung. Der Buchwert des Bergwerks beträgt 1000 WE.

Der beizulegende Zeitwert abzüglich Veräußerungskosten beträgt für die zahlungsmittelgenerierende Einheit 800 WE. Dieser Wert berücksichtigt die Kosten der Wiederherstellung, die bereits zurückgestellt worden sind. Infolgedessen wird der Nutzungswert der zahlungsmittelgenerierenden Einheit nach der Berücksichtigung der Kosten der Wiederherstellung bestimmt und auf 700 WE geschätzt (1200 WE minus 500 WE). Der Buchwert der zahlungsmittelgenerierenden Einheit beträgt 500 WE, dies entspricht dem Buchwert des Bergwerks (1000 WE), nach Abzug des Buchwerts der Rückstellung für die Kosten der Wiederherstellung (500 WE). Der erzielbare Betrag der zahlungsmittelgenerierenden Einheit ist also höher als ihr Buchwert.

79 Aus praktischen Gründen wird der erzielbare Betrag einer zahlungsmittelgenerierenden Einheit mitunter nach Berücksichtigung von Vermögenswerten bestimmt, die nicht Teil der zahlungsmittelgenerierenden Einheit sind (beispielsweise Forderungen oder andere finanzielle Vermögenswerte), oder bereits angesetzter Schulden (beispielsweise Verbindlichkeiten, Pensionen und andere Rückstellungen). In diesen Fällen wird der Buchwert der zahlungsmittelgenerierenden Einheit um den Buchwert solcher Vermögenswerte erhöht und um den Buchwert solcher Schulden vermindert.

Geschäfts- oder Firmenwert

Zuordnung von Geschäfts- oder Firmenwert zu zahlungsmittelgenerierenden Einheiten

80 Zum Zweck der Überprüfung auf Wertminderung muss ein Geschäfts- oder Firmenwert, der bei einem Unternehmenszusammenschluss erworben wurde, vom Übernahmetag an jeder der zahlungsmittelgenerierenden Einheiten bzw. Gruppen von zahlungsmittelgenerierenden Einheiten des erwerbenden Unternehmens, die aus den Synergien des Zusammenschlusses voraussichtlich Nutzen ziehen werden, zugeordnet werden, unabhängig davon, ob andere Vermögenswerte oder Schulden des erworbenen Unternehmens diesen Einheiten oder Gruppen von Einheiten zugewiesen werden. **Jede Einheit oder Gruppe von Einheiten, der der Geschäfts- oder Firmenwert so zugeordnet worden ist,**

a) **hat die niedrigste Ebene innerhalb des Unternehmens darzustellen, auf der der Geschäfts- oder Firmenwert für interne Managementzwecke überwacht wird, und**

b) **darf nicht größer sein als ein Geschäftssegment vor Zusammenfassung, wie es in Paragraph 5 von IFRS 8** *Geschäftssegmente* **definiert ist.**

81 Der bei einem Unternehmenszusammenschluss angesetzte Geschäfts- oder Firmenwert ist ein Vermögenswert, der den künftigen wirtschaftlichen Nutzen anderer bei dem Unternehmenszusammenschluss erworbener Vermögenswerte darstellt, die nicht einzeln identifiziert und getrennt angesetzt werden können. Der Geschäfts- oder Firmenwert erzeugt keine Zahlungsströme, die unabhängig von anderen Vermögenswerten oder Gruppen von Vermögenswerten sind, und trägt oft zu den Zahlungsströmen mehrerer zahlungsmittelgenerierender Einheiten bei. Mitunter kann ein Geschäfts- oder Firmenwert nicht ohne Willkür einzelnen zahlungsmittelgenerierenden Einheiten, sondern nur Gruppen von zahlungsmittelgenerierenden Einheiten zugeordnet werden. Daraus folgt, dass die niedrigste Ebene innerhalb des Unternehmens, auf der der Geschäfts- oder Firmenwert für interne Managementzwecke überwacht wird, zuweilen mehrere zahlungsmittelgenerierende Einheiten, auf die sich der Geschäfts- oder Firmenwert zwar bezieht, denen er jedoch nicht zugeordnet werden kann, umfasst. Die in den Paragraphen 83–99 und Anhang C aufgeführten Verweise auf zahlungsmittelgenerierende Einheiten, denen ein Geschäfts- oder Firmenwert zugeordnet ist, sind ebenso als Verweise auf Gruppen von zahlungsmittelgenerierenden Einheiten, denen ein Geschäfts- oder Firmenwert zugeordnet ist, zu verstehen.

82 Die Anwendung der Vorschriften in Paragraph 80 führt dazu, dass der Geschäfts- oder

Firmenwert auf einer Ebene auf Wertminderung überprüft wird, die die Art und Weise der Führung der Geschäftstätigkeit des Unternehmens widerspiegelt, mit der der Geschäfts- oder Firmenwert natürlich verbunden wäre. Die Entwicklung zusätzlicher Berichtssysteme ist daher in der Regel nicht erforderlich.

83 Eine zahlungsmittelgenerierende Einheit, der ein Geschäfts- oder Firmenwert zwecks Überprüfung auf Wertminderung zugeordnet ist, fällt eventuell nicht mit der Ebene zusammen, der der Geschäfts- oder Firmenwert gemäß IAS 21 *Auswirkungen von Wechselkursänderungen* für die Bewertung von Währungsgewinnen/-verlusten zugeordnet ist. Wenn ein Unternehmen nach IAS 21 beispielsweise verpflichtet ist, den Geschäfts- oder Firmenwert für die Bewertung von Fremdwährungsgewinnen und -verlusten einer relativ niedrigen Ebene zuzuordnen, wird damit nicht verlangt, dass die Überprüfung auf Wertminderung des Geschäfts- oder Firmenwerts auf derselben Ebene zu erfolgen hat, es sei denn, der Geschäfts- oder Firmenwert wird auch auf dieser Ebene für interne Managementzwecke überwacht.

84 Wenn die erstmalige Zuordnung eines bei einem Unternehmenszusammenschluss erworbenen Geschäfts- oder Firmenwerts nicht vor Ende des Geschäftsjahrs, in dem der Unternehmenszusammenschluss stattfand, erfolgen kann, muss die erstmalige Zuordnung vor dem Ende des ersten Geschäftsjahrs, das nach dem Erwerbszeitpunkt beginnt, erfolgt sein.

85 Wenn die erstmalige Bilanzierung für einen Unternehmenszusammenschluss am Ende der Periode, in der der Zusammenschluss stattfand, nur vorläufig erfolgen kann, hat der Erwerber gemäß IFRS 3 *Unternehmenszusammenschlüsse*

a) mit jenen vorläufigen Werten den Zusammenschluss zu bilanzieren und

b) etwaige Anpassungen dieser vorläufigen Werte infolge der Fertigstellung der erstmaligen Bilanzierung innerhalb des Bewertungszeitraums, der zwölf Monate nach dem Erwerbszeitpunkt nicht überschreiten darf, zu erfassen.

Unter diesen Umständen könnte es auch nicht möglich sein, die erstmalige Zuordnung des bei dem Zusammenschluss angesetzten Geschäfts- oder Firmenwerts vor dem Ende der Berichtsperiode, in der der Zusammenschluss stattfand, fertigzustellen. Wenn dies der Fall ist, gibt das Unternehmen die in Paragraph 133 geforderten Informationen an.

86 Wenn ein Geschäfts- oder Firmenwert einer zahlungsmittelgenerierenden Einheit zugeordnet wurde, und das Unternehmen einen Geschäftsbereich innerhalb dieser Einheit veräußert, so ist der mit diesem veräußerten Geschäftsbereich verbundene Geschäfts- oder Firmenwert

a) **bei der Feststellung des Gewinns oder Verlusts aus der Veräußerung in den Buchwert des Geschäftsbereiches einzubeziehen und**

b) **auf der Grundlage des relativen Werts des veräußerten Geschäftsbereichs und des zurückbehaltenen Teils der zahlungsmittelgenerierenden Einheit zu bewerten, es sei denn, das Unternehmen kann nachweisen, dass eine andere Methode den mit dem veräußerten Geschäftsbereich besser widerspiegelt.**

Beispiel

Ein Unternehmen verkauft für 100 WE einen Geschäftsbereich, der Teil einer zahlungsmittelgenerierenden Einheit war, der ein Geschäfts- oder Firmenwert zugeordnet worden ist. Der der Einheit zugeordnete Geschäfts- oder Firmenwert kann nicht identifiziert oder mit einer Gruppe von Vermögenswerten auf einer niedrigeren Ebene als dieser Einheit verbunden werden, es sei denn willkürlich. Der erzielbare Betrag des zurückbehaltenen Teils der zahlungsmittelgenerierenden Einheit beträgt 300 WE.

Da der der zahlungsmittelgenerierenden Einheit zugeordnete Geschäfts- oder Firmenwert nicht ohne Willkür identifiziert oder mit einer Gruppe von Vermögenswerten auf einer niedrigeren Ebene als dieser Einheit verbunden werden kann, wird der mit diesem veräußerten Geschäftsbereich verbundene Geschäfts- oder Firmenwert auf der Grundlage des relativen Werts des veräußerten Geschäftsbereichs und des zurückbehaltenen Teils der Einheit bewertet. 25 Prozent des der zahlungsmittelgenerierenden Einheit zugeordneten Geschäfts- oder Firmenwerts sind deshalb im Buchwert des verkauften Geschäftsbereichs enthalten.

87 Wenn ein Unternehmen seine Berichtsstruktur in einer Weise reorganisiert, die die Zusammensetzung einer oder mehrerer zahlungsmittelgenerierender Einheiten, denen ein Geschäfts- oder Firmenwert zugeordnet ist, ändert, muss der Geschäfts- oder Firmenwert den betroffenen Einheiten neu zugeordnet werden. Diese Neuzuordnung hat unter Anwendung eines Ansatzes relativer Werte zu erfolgen, der dem ähnlich ist, der verwendet wird, wenn ein Unternehmen einen Geschäftsbereich innerhalb einer zahlungsmittelgenerierenden Einheit veräußert, es sei denn, das Unternehmen kann nachweisen, dass eine andere Methode den mit den reorganisierten Einheiten verbundenen Geschäfts- oder Firmenwert besser widerspiegelt.

Beispiel

Der Geschäfts- oder Firmenwert wurde bisher der zahlungsmittelgenerierenden Einheit A zugeordnet. Der A zugeordnete Geschäfts- oder Firmenwert kann nicht identifiziert oder mit einer Gruppe von Vermögenswerten auf einer niedrigeren Ebene als A verbunden werden, es sei denn willkürlich. A soll aufgeteilt und in drei andere zahlungsmittelgenerierende Einheiten, B, C und D, integriert werden.

Da der zu A zugeordnete Geschäfts- oder Firmenwert nicht ohne Willkür identifiziert oder mit einer Gruppe von Vermögenswerten auf einer niedrigeren Ebene als A verbunden werden kann, wird er auf der Grundlage des relativen Werts der drei Teile von A, bevor diese Teile in B, C und D integriert werden, den Einheiten B, C und D neu zugeordnet.

Überprüfung von zahlungsmittelgenerierenden Einheiten mit einem Geschäfts- oder Firmenwert auf Wertminderung

88 Wenn sich der Geschäfts- oder Firmenwert, wie in Paragraph 81 beschrieben, auf eine zahlungsmittelgenerierende Einheit bezieht, dieser jedoch nicht zugeordnet ist, so ist die Einheit auf Wertminderung zu überprüfen, wann immer es einen Anhaltspunkt dafür gibt, dass die Einheit wertgemindert sein könnte, indem der Buchwert der Einheit ohne den Geschäfts- oder Firmenwert mit ihrem erzielbaren Betrag verglichen wird. Jeglicher Wertminderungsaufwand ist gemäß Paragraph 104 zu erfassen.

89 Wenn eine zahlungsmittelgenerierende Einheit, wie in Paragraph 88 beschrieben, in ihrem Buchwert einen immateriellen Vermögenswert mit unbegrenzter Nutzungsdauer oder einen noch nicht nutzungsbereiten Vermögenswert enthält, und dieser Vermögenswert nur als Teil der zahlungsmittelgenerierenden Einheit auf Wertminderung überprüft werden kann, so verlangt Paragraph 10, dass diese Einheit auch jährlich auf Wertminderung geprüft wird.

90 Eine zahlungsmittelgenerierende Einheit, der ein Geschäfts- oder Firmenwert zugeordnet worden ist, ist jährlich und, wann immer es einen Anhaltspunkt dafür gibt, dass die Einheit wertgemindert sein könnte, auf Wertminderung zu überprüfen, indem der Buchwert der Einheit, einschließlich des Geschäfts- oder Firmenwerts, mit dem erzielbaren Betrag der Einheit verglichen wird. Wenn der erzielbare Betrag der Einheit höher ist als ihr Buchwert, so sind die Einheit und der ihr zugeordnete Geschäfts- oder Firmenwert als nicht wertgemindert anzusehen. Wenn der Buchwert der Einheit höher ist als ihr erzielbarer Betrag, so hat das Unternehmen den Wertminderungsaufwand gemäß Paragraph 104 zu erfassen.

91–95 [gestrichen]

Zeitpunkt der Überprüfungen auf Wertminderung

96 Die jährliche Überprüfung auf Wertminderung für zahlungsmittelgenerierenden Einheiten mit zugeordnetem Geschäfts- oder Firmenwert kann im Laufe des Geschäftsjahrs jederzeit durchgeführt werden, vorausgesetzt, dass die Prüfung jedes Jahr zur selben Zeit stattfindet. Verschiedene zahlungsmittelgenerierende Einheiten können zu unterschiedlichen Zeiten auf Wertminderung überprüft werden. Wenn jedoch einige oder alle Geschäfts- oder Firmenwerte, die einer zahlungsmittelgenerierenden Einheit zugeordnet sind, bei einem Unternehmenszusammenschluss im Laufe des aktuellen Geschäftsjahrs erworben wurden, so ist diese Einheit vor Ablauf des aktuellen jährlichen Geschäftsjahrs auf Wertminderung zu überprüfen.

97 Wenn die Vermögenswerte, aus denen die zahlungsmittelgenerierende Einheit besteht, der ein Geschäfts- oder Firmenwert zugeordnet worden ist, zur selben Zeit auf Wertminderung überprüft werden wie die Einheit, die den Geschäfts- oder Firmenwert enthält, so sind sie vor der den Geschäfts- oder Firmenwert enthaltenen Einheit auf Wertminderung zu überprüfen. Ähnlich ist es, wenn die zahlungsmittelgenerierenden Einheiten, aus denen eine Gruppe von zahlungsmittelgenerierenden Einheiten besteht, der ein Geschäfts- oder Firmenwert zugeordnet worden ist, zur selben Zeit auf Wertminderung geprüft werden wie die Gruppe von Einheiten, die den Geschäfts- oder Firmenwert enthält; in diesem Fall sind die einzelnen Einheiten vor der den Geschäfts- oder Firmenwert enthaltenen Gruppe von Einheiten auf Wertminderung zu überprüfen.

98 Zum Zeitpunkt der Überprüfung einer zahlungsmittelgenerierenden Einheit, der ein Geschäfts- oder Firmenwert zugeordnet worden ist, auf Wertminderung könnte es einen Anhaltspunkt auf eine Wertminderung bei einem Vermögenswert innerhalb der Einheit, die den Geschäfts- oder Firmenwert enthält, geben. Unter diesen Umständen überprüft das Unternehmen zuerst den Vermögenswert auf Wertminderung und erfasst jeglichen Wertminderungsaufwand für diesen Vermögenswert, ehe es die den Geschäfts- oder Firmenwert enthaltende zahlungsmittelgenerierende Einheit auf Wertminderung überprüft. Entsprechend könnte es einen Anhaltspunkt für eine Wertminderung bei einer zahlungsmittelgenerierenden Einheit innerhalb einer Gruppe von Einheiten, die den Geschäfts- oder Firmenwert enthält, geben. Unter diesen Umständen überprüft das Unternehmen zuerst die zahlungsmittelgenerierende Einheit auf Wertminderung und erfasst jeglichen Wertminderungsaufwand für diese Einheit, ehe es die Gruppe von Einheiten, der der Geschäfts- oder Firmenwert zugeordnet ist, auf Wertminderung überprüft.

99 Die jüngste ausführliche, in einer vorhergehenden Periode durchgeführte Berechnung des erzielbaren Betrags einer zahlungsmittelgenerierenden Einheit, der ein Geschäfts- oder Firmenwert zugeordnet worden ist, kann für die Überprüfung dieser Einheit auf Wertminderung in der aktuellen Periode verwendet werden, vorausgesetzt, dass alle folgenden Kriterien erfüllt sind:

a) die Vermögenswerte und Schulden, die diese Einheit bilden, haben sich seit der jüngsten Berechnung des erzielbaren Betrags nicht wesentlich geändert,

b) die jüngste Berechnung des erzielbaren Betrags ergab einen Betrag, der den Buchwert der Einheit wesentlich überstieg, und

c) auf der Grundlage einer Analyse der seit der jüngsten Berechnung des erzielbaren

Betrags eingetretenen Ereignisse und geänderten Umstände ist die Wahrscheinlichkeit, dass bei einer aktuellen Ermittlung der erzielbare Betrag niedriger als der aktuelle Buchwert der Einheit sein würde, sehr gering.

Gemeinschaftliche Vermögenswerte

100 Gemeinschaftliche Vermögenswerte umfassen Vermögenswerte des Konzerns oder einzelner Unternehmensbereiche, wie das Gebäude der Hauptverwaltung oder eines Geschäftsbereichs, EDV-Ausrüstung oder ein Forschungszentrum. Die Struktur eines Unternehmens bestimmt, ob ein Vermögenswert die Definition dieses Standards für gemeinschaftliche Vermögenswerte einer bestimmten zahlungsmittelgenerierenden Einheit erfüllt. Die charakteristischen Merkmale von gemeinschaftlichen Vermögenswerten sind, dass sie keine Mittelzuflüsse erzeugen, die unabhängig von anderen Vermögenswerten oder Gruppen von Vermögenswerten sind, und dass ihr Buchwert der zu prüfenden zahlungsmittelgenerierenden Einheit nicht vollständig zugeordnet werden kann.

101 Da gemeinschaftliche Vermögenswerte keine gesonderten Mittelzuflüsse erzeugen, kann der erzielbare Betrag eines einzelnen gemeinschaftlichen Vermögenswerts nicht bestimmt werden, sofern das Management nicht den Verkauf des Vermögenswerts beschlossen hat. Wenn daher ein Anhaltspunkt dafür vorliegt, dass ein gemeinschaftlicher Vermögenswert wertgemindert sein könnte, wird der erzielbare Betrag für die zahlungsmittelgenerierende Einheit oder die Gruppe von zahlungsmittelgenerierenden Einheiten bestimmt, zu der der gemeinschaftliche Vermögenswert gehört, der dann mit dem Buchwert dieser zahlungsmittelgenerierenden Einheit oder Gruppe von zahlungsmittelgenerierenden Einheiten verglichen wird. Jeglicher Wertminderungsaufwand ist gemäß Paragraph 104 zu erfassen.

102 Bei der Überprüfung einer zahlungsmittelgenerierenden Einheit auf Wertminderung hat ein Unternehmen alle gemeinschaftlichen Vermögenswerte zu bestimmen, die zu der zu überprüfenden zahlungsmittelgenerierenden Einheit in Beziehung stehen. Wenn ein Teil des Buchwerts eines gemeinschaftlichen Vermögenswerts

a) dieser Einheit auf einer angemessenen und stetigen Basis zugeordnet werden kann, hat das Unternehmen den Buchwert der Einheit, einschließlich des Teils des Buchwerts des gemeinschaftlichen Vermögenswerts, der der Einheit zugeordnet ist, mit deren erzielbaren Betrag zu vergleichen. Jeglicher Wertminderungsaufwand ist gemäß Paragraph 104 zu erfassen.

b) dieser Einheit nicht auf einer angemessenen und stetigen Basis zugeordnet werden kann, hat das Unternehmen
   i) den Buchwert der Einheit ohne den gemeinschaftlichen Vermögenswert mit deren erzielbaren Betrag zu vergleichen und jeglichen Wertminderungsaufwand gemäß Paragraph 104 zu erfassen,
   ii) die kleinste Gruppe von zahlungsmittelgenerierenden Einheiten zu bestimmen, die die zu überprüfende zahlungsmittelgenerierende Einheit enthält und der ein Teil des Buchwerts des gemeinschaftlichen Vermögenswerts auf einer angemessenen und stetigen Basis zugeordnet werden kann, und
   iii) den Buchwert dieser Gruppe von zahlungsmittelgenerierenden Einheiten, einschließlich des Teils des Buchwerts des gemeinschaftlichen Vermögenswerts, der dieser Gruppe von Einheiten zugeordnet ist, mit dem erzielbaren Betrag der Gruppe von Einheiten zu vergleichen. Jeglicher Wertminderungsaufwand ist gemäß Paragraph 104 zu erfassen.

103 Das erläuternde Beispiel 8 veranschaulicht die Anwendung dieser Vorschriften auf gemeinschaftliche Vermögenswerte.

Wertminderungsaufwand für eine zahlungsmittelgenerierende Einheit

104 Ein Wertminderungsaufwand ist nur dann für eine zahlungsmittelgenerierende Einheit (die kleinste Gruppe von zahlungsmittelgenerierenden Einheiten, der ein Geschäfts- oder Firmenwert bzw. ein gemeinschaftlicher Vermögenswert zugeordnet worden ist) zu erfassen, wenn der erzielbare Betrag für die Einheit (Gruppe von Einheiten) geringer ist als der Buchwert der Einheit (Gruppe von Einheiten). Der Wertminderungsaufwand ist folgendermaßen zu verteilen, um den Buchwert der Vermögenswerte der Einheit (Gruppe von Einheiten) in der folgenden Reihenfolge zu vermindern:

a) zuerst den Buchwert jeglichen Geschäfts- oder Firmenwerts, der der zahlungsmittelgenerierenden Einheit (Gruppe von Einheiten) zugeordnet ist, und

b) dann anteilig die anderen Vermögenswerte der Einheit (Gruppe von Einheiten) auf Basis des Buchwerts jedes einzelnen Vermögenswerts der Einheit (Gruppe von Einheiten).

Diese Verminderungen der Buchwerte sind als Wertminderungsaufwendungen für einzelne Vermögenswerte zu behandeln und gemäß Paragraph 60 zu erfassen.

105 Bei der Zuordnung eines Wertminderungsaufwands gemäß Paragraph 104 darf ein Unternehmen den Buchwert eines Vermögenswerts nicht unter den höchsten der folgenden Werte vermindern:

a) seinen beizulegenden Zeitwert abzüglich Veräußerungskosten (sofern ermittelbar),

b) seinen Nutzungswert (sofern bestimmbar) und
c) null.

Der Betrag des Wertminderungsaufwands, der andernfalls dem Vermögenswert zugeordnet worden wäre, ist anteilig den anderen Vermögenswerten der Einheit (Gruppe von Einheiten) zuzuordnen.

106 Ist es nicht durchführbar, den für jeden einzelnen Vermögenswert der zahlungsmittelgenerierenden Einheit erzielbaren Betrag zu schätzen, verlangt dieser Standard eine willkürliche Zuordnung des Wertminderungsaufwands auf die Vermögenswerte der Einheit, mit Ausnahme des Geschäfts- oder Firmenwerts, da alle Vermögenswerte der zahlungsmittelgenerierenden Einheit miteinander verknüpft sind.

107 Wenn der erzielbare Betrag eines einzelnen Vermögenswerts nicht bestimmt werden kann (siehe Paragraph 67),
a) wird ein Wertminderungsaufwand für den Vermögenswert erfasst, wenn dessen Buchwert größer ist als der höhere der beiden Beträge aus beizulegendem Zeitwert abzüglich Veräußerungskosten und dem Ergebnis der in den Paragraphen 104 und 105 beschriebenen Zuordnungsverfahren, und
b) wird kein Wertminderungsaufwand für den Vermögenswert erfasst, wenn die damit verbundene zahlungsmittelgenerierende Einheit nicht wertgemindert ist. Dies gilt auch dann, wenn der beizulegende Zeitwert abzüglich Veräußerungskosten des Vermögenswerts unter dessen Buchwert liegt.

Beispiel

Eine Maschine wurde beschädigt, funktioniert aber noch, wenn auch nicht so gut wie vor der Beschädigung. Der beizulegende Zeitwert abzüglich Veräußerungskosten der Maschine ist geringer als deren Buchwert. Die Maschine erzeugt keine unabhängigen Mittelzuflüsse. Die kleinste identifizierbare Gruppe von Vermögenswerten, die die Maschine umfasst und die Mittelzuflüsse erzeugt, die weitgehend unabhängig von den Mittelzuflüssen anderer Vermögenswerte sind, ist die Produktionslinie, zu der die Maschine gehört. Der erzielbare Betrag der Produktionslinie zeigt, dass die Produktionslinie als Ganzes nicht wertgemindert ist.

Annahme 1: Die vom Management genehmigten Pläne/Vorhersagen enthalten keine Verpflichtung des Managements, die Maschine zu ersetzen.

Der erzielbare Betrag der Maschine allein kann nicht geschätzt werden, da der Nutzungswert der Maschine
  a) von deren beizulegendem Zeitwert abzüglich Veräußerungskosten abweichen kann, und
  b) nur für die zahlungsmittelgenerierende Einheit, zu der die Maschine gehört (die Produktionslinie), bestimmt werden kann.

Die Produktionslinie ist nicht wertgemindert. Deshalb wird kein Wertminderungsaufwand für die Maschine erfasst. Dennoch kann es notwendig sein, dass das Unternehmen den Abschreibungszeitraum oder die Abschreibungsmethode für die Maschine neu festsetzt. Vielleicht ist ein kürzerer Abschreibungszeitraum oder eine schnellere Abschreibungsmethode erforderlich, um die erwartete Restnutzungsdauer der Maschine oder den Verlauf, nach dem der wirtschaftliche Nutzen von dem Unternehmen voraussichtlich verbraucht wird, widerzuspiegeln.

Annahme 2: Die vom Management gebilligten Pläne/Vorhersagen enthalten eine Verpflichtung des Managements, die Maschine zu ersetzen und sie in naher Zukunft zu verkaufen. Die Zahlungsströme aus der fortgesetzten Nutzung der Maschine bis zu ihrem Verkauf werden als unbedeutend eingeschätzt.

Der Nutzungswert der Maschine entspricht Schätzungen zufolge nahezu dem beizulegenden Zeitwert abzüglich Veräußerungskosten. Der erzielbare Betrag der Maschine kann demzufolge bestimmt werden, und die zahlungsmittelgenerierende Einheit, zu der die Maschine gehört (d. h. die Produktionslinie), wird nicht berücksichtigt. Da der beizulegende Zeitwert abzüglich Veräußerungskosten der Maschine geringer ist als deren Buchwert, wird ein Wertminderungsaufwand für die Maschine erfasst.

108 Nach Anwendung der Vorschriften der Paragraphen 104 und 105 ist eine Schuld für jeden verbleibenden Restbetrag eines Wertminderungsaufwands einer zahlungsmittelgenerierenden Einheit nur dann anzusetzen, wenn dies von einem anderen IFRS verlangt wird.

WERTAUFHOLUNG

109 Die Paragraphen 110–116 enthalten die Vorschriften für die Aufholung eines in früheren Perioden für einen Vermögenswert oder eine zahlungsmittelgenerierende Einheit erfassten Wertminderungsaufwands. In diesen Vorschriften wird der Begriff „ein Vermögenswert" verwendet, sie sind aber ebenso auf einen einzelnen Vermögenswert wie auf eine zahlungsmittelgenerierende Einheit anzuwenden. Zusätzliche Vorschriften sind für einen einzelnen Vermögenswert in den Paragraphen 117–121, für eine zahlungsmittelgenerierende Einheit in den Paragraphen 122 und 123 und für den Geschäfts- oder Firmenwert in den Paragraphen 124 und 125 festgelegt.

110 Ein Unternehmen hat an jedem Abschlussstichtag zu prüfen, ob ein Anhaltspunkt dafür vorliegt, dass ein Wertminderungsaufwand, der für einen Vermögenswert mit Ausnahme eines Geschäfts- oder Firmenwerts in früheren Perioden erfasst worden ist, nicht länger besteht oder sich vermindert haben könnte. Wenn ein solcher Anhaltspunkt vorliegt, hat das Unternehmen den erzielbaren Betrag dieses Vermögenswerts zu schätzen.

111 Bei der Beurteilung, ob ein Anhaltpunkt dafür vorliegt, dass ein Wertminderungsaufwand, der für einen Vermögenswert mit Ausnahme eines Geschäfts- oder Firmenwerts in früheren Perioden erfasst wurde, nicht länger besteht oder sich verringert haben könnte, hat ein Unternehmen mindestens die folgenden Anhaltspunkte zu berücksichtigen:

Externe Informationsquellen

a) Es bestehen beobachtbare Anhaltspunkte dafür, dass der Wert des Vermögenswerts während der Periode signifikant gestiegen ist.

b) Während der Periode sind signifikante Veränderungen mit günstigen Folgen für das Unternehmen im technischen, marktbezogenen, wirtschaftlichen oder rechtlichen Umfeld, in welchem das Unternehmen tätig ist oder in Bezug auf den Markt, für den der Vermögenswert bestimmt ist, eingetreten, oder werden in näherer Zukunft eintreten.

c) Die Marktzinssätze oder andere Marktrenditen sind während der Periode gesunken, und diese Rückgänge werden sich wahrscheinlich auf den Abzinsungssatz, der für die Berechnung des Nutzungswerts herangezogen wird, auswirken und den erzielbaren Betrag des Vermögenswerts wesentlich erhöhen.

Interne Informationsquellen

d) Während der Periode sind signifikante Veränderungen mit günstigen Folgen für das Unternehmen in dem Umfang oder der Weise, in dem bzw. der der Vermögenswert genutzt wird oder voraussichtlich genutzt werden wird, eingetreten oder werden für die nähere Zukunft erwartet. Diese Veränderungen umfassen Kosten, die während der Periode entstanden sind, um die Ertragskraft eines Vermögenswerts zu verbessern bzw. zu erhöhen oder den Betrieb zu restrukturieren, zu dem der Vermögenswert gehört.

e) Das interne Berichtswesen liefert Anhaltspunkte dafür, dass die wirtschaftliche Ertragskraft eines Vermögenswerts besser ist oder sein wird als erwartet.

112 Die Anhaltspunkte für eine mögliche Verringerung eines Wertminderungsaufwands in Paragraph 111 spiegeln weitgehend die Anhaltspunkte für einen möglichen Wertminderungsaufwand nach Paragraph 12 wider.

113 Wenn ein Anhaltspunkt dafür vorliegt, dass ein erfasster Wertminderungsaufwand für einen Vermögenswert mit Ausnahme eines Geschäfts- oder Firmenwerts nicht mehr länger besteht oder sich verringert hat, kann dies darauf hindeuten, dass die Restnutzungsdauer, die Abschreibungsmethode oder der Restwert überprüft und gemäß dem auf den Vermögenswert anzuwendenden IFRS angepasst werden muss, auch wenn kein Wertminderungsaufwand für den Vermögenswert aufgeholt wird.

114 Ein in früheren Perioden für einen Vermögenswert mit Ausnahme eines Geschäfts- oder Firmenwerts erfasster Wertminderungsaufwand ist nur dann aufzuholen, wenn sich seit der Erfassung des letzten Wertminderungsaufwands eine Änderung in den Schätzungen ergeben hat, die bei der Bestimmung des erzielbaren Betrags herangezogen wurden. Wenn dies der Fall ist, ist der Buchwert des Vermögenswerts auf seinen erzielbaren Betrag zu erhöhen, es sei denn, Paragraph 117 sieht etwas Anderes vor. Diese Erhöhung ist eine Wertaufholung.

115 Eine Wertaufholung spiegelt eine Erhöhung des geschätzten Leistungspotenzials eines Vermögenswerts entweder durch Nutzung oder Verkauf seit dem Zeitpunkt wider, an dem ein Unternehmen zuletzt einen Wertminderungsaufwand für diesen Vermögenswert erfasst hat. Paragraph 130 verlangt von einem Unternehmen, die Änderung von Schätzungen zu identifizieren, die einen Anstieg des geschätzten Leistungspotenzials begründen. Beispiele für Änderungen von Schätzungen umfassen:

a) eine Änderung der Grundlage des erzielbaren Betrags (d. h., ob der erzielbare Betrag auf dem beizulegenden Zeitwert abzüglich Veräußerungskosten oder auf dem Nutzungswert basiert),

b) falls der erzielbare Betrag auf dem Nutzungswert basierte, eine Änderung des Betrags oder des zeitlichen Anfalls der geschätzten künftigen Zahlungsströme oder des Abzinsungssatzes, oder

c) falls der erzielbare Betrag auf dem beizulegenden Zeitwert abzüglich Veräußerungskosten basierte, eine Änderung der Schätzung der Bestandteile des beizulegenden Zeitwerts abzüglich Veräußerungskosten.

116 Der Nutzungswert eines Vermögenswerts kann den Buchwert des Vermögenswerts aus dem einfachen Grund übersteigen, dass sich der Barwert der künftigen Mittelzuflüsse erhöht, wenn diese zeitlich näherkommen. Das Leistungspotenzial des Vermögenswerts hat sich indes nicht erhöht. Ein Wertminderungsaufwand wird daher nicht nur wegen des Zeitablaufs (manchmal als Abwicklung der Diskontierung oder Aufzinsung bezeichnet) aufgeholt, auch wenn der erzielbare Betrag des Vermögenswerts dessen Buchwert übersteigt.

Wertaufholung für einen einzelnen Vermögenswert

117 Der infolge einer Wertaufholung erhöhte Buchwert eines Vermögenswerts mit Ausnahme eines Geschäfts- oder Firmenwerts darf nicht den Buchwert übersteigen, der (abzüglich planmäßiger Abschreibungen) bestimmt worden wäre, wenn in früheren Jahren kein Wertminderungsaufwand erfasst worden wäre.

118 Jede Erhöhung des Buchwerts eines Vermögenswerts, mit Ausnahme eines Geschäfts- oder Firmenwerts, über den Buchwert hinaus, der (abzüglich planmäßiger Abschreibungen) bestimmt worden wäre, wenn in den früheren Jahren kein Wertminderungsaufwand erfasst worden wäre, ist eine Neubewertung. Bei der Bilanzierung einer solchen Neubewertung wendet ein Unternehmen den auf den Vermögenswert anwendbaren IFRS an.

119 Eine Wertaufholung eines Vermögenswerts, mit Ausnahme eines Geschäfts- oder Firmenwerts, ist sofort erfolgswirksam zu erfassen, es sei denn, dass der Vermögenswert zum Neubewertungsbetrag nach einem anderen IFRS (beispielsweise nach dem Modell der Neubewertung in IAS 16) bilanziert wird. Jede Wertaufholung eines neu bewerteten Vermögenswerts ist als Wertsteigerung aufgrund einer Neubewertung gemäß diesem anderen IFRS zu behandeln.

120 Eine Wertaufholung eines neu bewerteten Vermögenswerts wird im sonstigen Ergebnis mit einer entsprechenden Erhöhung der Neubewertungsrücklage für diesen Vermögenswert erfasst. Bis zu dem Betrag jedoch, zu dem ein Wertminderungsaufwand für denselben neu bewerteten Vermögenswert vorher erfolgswirksam erfasst wurde, wird eine Wertaufholung ebenso erfolgswirksam erfasst.

121 Nachdem eine Wertaufholung erfasst worden ist, ist die planmäßige Abschreibung des Vermögenswerts in künftigen Perioden anzupassen, um den berichtigten Buchwert des Vermögenswerts abzüglich eines etwaigen Restbuchwerts systematisch auf seine Restnutzungsdauer zu verteilen.

Wertaufholung für eine zahlungsmittelgenerierende Einheit

122 Eine Wertaufholung für eine zahlungsmittelgenerierende Einheit ist den Vermögenswerten der Einheit, bis auf den Geschäfts- oder Firmenwert, anteilig auf Basis des Buchwerts dieser Vermögenswerte zuzuordnen. Diese Erhöhungen der Buchwerte sind als Wertaufholungen für einzelne Vermögenswerte zu behandeln und gemäß Paragraph 119 zu erfassen.

123 Bei der Zuordnung einer Wertaufholung für eine zahlungsmittelgenerierende Einheit gemäß Paragraph 122 ist der Buchwert eines Vermögenswerts nicht über den niedrigeren der folgenden Werte zu erhöhen:

a) seinen erzielbaren Betrag (sofern bestimmbar) und
b) den Buchwert, der (abzüglich planmäßiger Abschreibungen) bestimmt worden wäre, wenn in früheren Perioden kein Wertminderungsaufwand für den Vermögenswert erfasst worden wäre.

Der Betrag der Wertaufholung, der andernfalls dem Vermögenswert zugeordnet worden wäre, ist anteilig den anderen Vermögenswerten der Einheit, mit Ausnahme des Geschäfts- oder Firmenwerts, zuzuordnen.

Wertaufholung für einen Geschäfts- oder Firmenwert

124 Ein für einen Geschäfts- oder Firmenwert erfasster Wertminderungsaufwand darf nicht in einer nachfolgenden Periode aufgeholt werden.

125 IAS 38 *Immaterielle Vermögenswerte* verbietet den Ansatz eines selbst geschaffenen Geschäfts- oder Firmenwerts. Bei jeder Erhöhung des erzielbaren Betrags des Geschäfts- oder Firmenwerts, die in Perioden nach der Erfassung des Wertminderungsaufwands für diesen Geschäfts- oder Firmenwert stattfindet, wird es sich wahrscheinlich eher um einen selbst geschaffenen Geschäfts- oder Firmenwert als um eine für den erworbenen Geschäfts- oder Firmenwert erfasste Wertaufholung handeln.

ANGABEN

126 Ein Unternehmen hat für jede Gruppe von Vermögenswerten die folgenden Angaben zu machen:

a) die Höhe der während der Periode erfolgswirksam erfassten Wertminderungsaufwendungen und der/die Posten der Gesamtergebnisrechnung, in dem/denen diese Wertminderungsaufwendungen enthalten sind,

b) die Höhe der während der Periode erfolgswirksam erfassten Wertaufholungen und der/die Posten der Gesamtergebnisrechnung, in dem/denen solche Wertaufholungen enthalten sind,

c) die Höhe der Wertminderungsaufwendungen bei neu bewerteten Vermögenswerten, die während der Periode im sonstigen Ergebnis erfasst wurden,

d) die Höhe der Wertaufholungen bei neu bewerteten Vermögenswerten, die während der Periode im sonstigen Ergebnis erfasst wurden.

127 Eine Gruppe von Vermögenswerten ist eine Zusammenfassung von Vermögenswerten, die hinsichtlich ihrer Art und Verwendung innerhalb der Geschäftstätigkeit eines Unternehmens ähnlich sind.

128 Die in Paragraph 126 verlangten Informationen können gemeinsam mit anderen Informationen für diese Gruppe von Vermögenswerten angegeben werden. Diese Informationen könnten beispielsweise in eine Überleitungsrechnung des Buchwerts der Sachanlagen am Anfang und am Ende der Periode, wie in IAS 16 gefordert, einbezogen werden.

129 Ein Unternehmen, das gemäß IFRS 8 Segmentinformationen darstellt, hat für jedes berichtspflichtige Segment folgende Angaben zu machen:

a) die Höhe der Wertminderungsaufwendungen, die während der Periode erfolgswirksam und im sonstigen Ergebnis erfasst wurden,

b) die Höhe der Wertaufholungen, die während der Periode erfolgswirksam und im sonstigen Ergebnis erfasst wurden.

130 Ein Unternehmen hat für einen einzelnen Vermögenswert (einschließlich Geschäfts- oder Firmenwert) oder eine zahlungsmittelgenerierende Einheit, für den bzw. die während der Periode ein Wertminderungsaufwand erfasst oder aufgeholt wurde, Folgendes anzugeben:

a) die Ereignisse und Umstände, die zu der Erfassung oder Wertaufholung geführt haben,
b) die Höhe des erfassten oder aufgeholten Wertminderungsaufwands,
c) für einen einzelnen Vermögenswert:
   i) die Art des Vermögenswerts und
   ii) falls das Unternehmen gemäß IFRS 8 Segmentinformationen darstellt, das berichtspflichtige Segment, zu dem der Vermögenswert gehört,
d) für eine zahlungsmittelgenerierende Einheit:
   i) eine Beschreibung der zahlungsmittelgenerierenden Einheit (beispielsweise, ob es sich dabei um eine Produktlinie, ein Werk, eine Geschäftstätigkeit, einen geografischen Bereich oder ein berichtspflichtiges Segment, wie in IFRS 8 definiert, handelt),
   ii) die Höhe des erfassten oder aufgeholten Wertminderungsaufwands für jede Gruppe von Vermögenswerten und, falls das Unternehmen gemäß IFRS 8 Segmentinformationen darstellt, für jedes berichtspflichtige Segment, und
   iii) wenn sich die Zusammenfassung von Vermögenswerten für die Identifizierung der zahlungsmittelgenerierenden Einheit seit der vorhergehenden Schätzung des etwaig erzielbaren Betrags der zahlungsmittelgenerierenden Einheit geändert hat, eine Beschreibung der gegenwärtigen und der früheren Art der Zusammenfassung der Vermögenswerte sowie der Gründe für die Änderung der Art, wie die zahlungsmittelgenerierende Einheit identifiziert wird,
e) den für den Vermögenswert (die zahlungsmittelgenerierende Einheit) erzielbaren Betrag und ob der für den Vermögenswert (die zahlungsmittelgenerierende Einheit) erzielbare Betrag dessen (deren) beizulegendem Zeitwert abzüglich Veräußerungskosten oder dessen (deren) Nutzungswert entspricht,
f) wenn der erzielbare Betrag dem beizulegenden Zeitwert abzüglich Veräußerungskosten entspricht, hat das Unternehmen Folgendes anzugeben:
   i) die Stufe der Bewertungshierarchie (siehe IFRS 13), auf der die Bewertung des Vermögenswerts (der zahlungsmittelgenerierenden Einheit) zum beizulegenden Zeitwert insgesamt eingeordnet wird (wobei unberücksichtigt bleibt, ob die „Veräußerungskosten" beobachtbar sind),
   ii) bei Bewertungen zum beizulegenden Zeitwert, die auf Stufe 2 und 3 der Bewertungshierarchie eingeordnet sind, eine Beschreibung der zur Bewertung zum beizulegenden Zeitwert abzüglich Veräußerungskosten eingesetzten Bewertungstechnik/Bewertungstechniken. Wurde die Bewertungstechnik geändert, hat das Unternehmen dies ebenfalls anzugeben und die Änderung zu begründen, und
   iii) bei Bewertungen zum beizulegenden Zeitwert, die auf Stufe 2 und 3 der Bewertungshierarchie eingeordnet sind, jede wesentliche Annahme, auf die das Management die Bestimmung des beizulegenden Zeitwerts abzüglich Veräußerungskosten gestützt hat. Wesentliche Annahmen sind solche, auf die der für den Vermögenswert (die zahlungsmittelgenerierende Einheit) erzielbare Betrag am empfindlichsten reagiert. Wird der beizulegende Zeitwert abzüglich Veräußerungskosten im Rahmen einer Barwertermittlung bestimmt, hat das Unternehmen auch den/die bei der laufenden und der vorherigen Bewertung verwendeten Abzinsungssatz/Abzinsungssätze anzugeben,
g) wenn der erzielbare Betrag der Nutzungswert ist, den Abzinsungssatz/die Abzinsungssätze, der/die bei der gegenwärtigen und der vorhergehenden Schätzung (sofern vorhanden) des Nutzungswerts benutzt wurde/wurden.

131 Ein Unternehmen hat für die Summe der Wertminderungsaufwendungen und die Summe der Wertaufholungen, die während der Periode erfasst wurden und für die keine Angaben gemäß Paragraph 130 gemacht wurden, die folgenden Informationen anzugeben:

a) die wichtigsten Gruppen von Vermögenswerten, die von Wertminderungsaufwendungen betroffen sind, sowie die wichtigsten Gruppen von Vermögenswerten, die von Wertaufholungen betroffen sind,
b) die wichtigsten Ereignisse und Umstände, die zur Erfassung dieser Wertminderungsaufwendungen und Wertaufholungen geführt haben.

132 Einem Unternehmen wird empfohlen, die während der Periode verwendeten Annahmen zur Bestimmung des erzielbaren Betrags der Vermögenswerte (der zahlungsmittelgenerierenden

Einheiten) anzugeben. Paragraph 134 verlangt indes von einem Unternehmen, Angaben über die Schätzungen zu machen, die für die Ermittlung des erzielbaren Betrags einer zahlungsmittelgenerierenden Einheit verwendet wurden, wenn ein Geschäfts- oder Firmenwert oder ein immaterieller Vermögenswert mit unbegrenzter Nutzungsdauer in dem Buchwert der Einheit enthalten ist.

133 Wenn gemäß Paragraph 84 ein Teil eines Geschäfts- oder Firmenwerts, der während der Periode bei einem Unternehmenszusammenschluss erworben wurde, zum Abschlussstichtag keiner zahlungsmittelgenerierenden Einheit (Gruppe von Einheiten) zugeordnet worden ist, müssen der Betrag des nicht zugeordneten Geschäfts- oder Firmenwerts sowie die Gründe, warum dieser Betrag nicht zugeordnet worden ist, angegeben werden.

Schätzungen, die zur Ermittlung der erzielbaren Beträge der zahlungsmittelgenerierenden Einheiten, die einen Geschäfts- oder Firmenwert oder immaterielle Vermögenswerte mit unbegrenzter Nutzungsdauer enthalten, verwendet werden

134 Ein Unternehmen hat für jede zahlungsmittelgenerierende Einheit (Gruppe von Einheiten), für die der Buchwert des Geschäfts- oder Firmenwerts oder der immateriellen Vermögenswerte mit unbegrenzter Nutzungsdauer, die dieser Einheit (Gruppe von Einheiten) zugeordnet sind, signifikant ist im Vergleich zum Unternehmens-Gesamtbuchwert des Geschäfts- oder Firmenwerts oder der immateriellen Vermögenswerte mit unbegrenzter Nutzungsdauer, die unter (a) bis (f) verlangten Angaben zu machen:

a) der Buchwert des der Einheit (Gruppe von Einheiten) zugeordneten Geschäfts- oder Firmenwerts,

b) der Buchwert der der Einheit (Gruppe von Einheiten) zugeordneten immateriellen Vermögenswerte mit unbegrenzter Nutzungsdauer,

c) die Grundlage, auf der der erzielbare Betrag der Einheit (Gruppe von Einheiten) bestimmt worden ist (d. h. der Nutzungswert oder der beizulegende Zeitwert abzüglich Veräußerungskosten),

d) wenn der erzielbare Betrag der Einheit (Gruppe von Einheiten) auf dem Nutzungswert basiert:
  i) jede wesentliche Annahme, auf der das Management seine Zahlungsstrom-Prognosen für den durch die jüngsten Finanzpläne/Vorhersagen abgedeckten Zeitraum aufgebaut hat. Die wesentlichen Annahmen sind diejenigen, auf die der erzielbare Betrag der Einheit (Gruppe von Einheiten) am sensibelsten reagiert,
  ii) eine Beschreibung des Managementansatzes zur Bestimmung des jeder wesentlichen Annahme zugewiesenen Werts/der jeder wesentlichen Annahme zugewiesenen Werte, ob diese Werte Erfahrungen der Vergangenheit widerspiegeln, oder ob sie ggf. mit externen Informationsquellen übereinstimmen, und wenn nicht, auf welche Art und aus welchem Grund sie sich von Erfahrungen der Vergangenheit oder externen Informationsquellen unterscheiden,
  iii) der Zeitraum, für den das Management die Zahlungsströme basierend auf vom Management genehmigten Finanzplänen/Vorhersagen geplant hat, und wenn nicht, für jede zahlungsmittelgenerierende Einheit (Gruppe von Einheiten) ein Zeitraum von mehr als fünf Jahren verwendet wird, eine Erklärung über den Grund, der diesen längeren Zeitraum rechtfertigt,
  iv) die Wachstumsrate, die zur Extrapolation der Zahlungsstrom-Prognosen jenseits des Zeitraums verwendet wird, auf den sich die jüngsten Finanzpläne/Vorhersagen beziehen, und die Rechtfertigung für die Anwendung einer jeglichen Wachstumsrate, die die langfristige durchschnittliche Wachstumsrate für die Produkte, Industriezweige oder das Land bzw. die Länder, in welchem/n das Unternehmen tätig ist oder für den Markt, für den die Einheit (Gruppe von Einheiten) bestimmt ist, übersteigt,
  v) der auf die Zahlungsstrom-Prognosen angewendete Abzinsungssatz/die auf die Zahlungsstrom-Prognosen angewendeten Abzinsungssätze,

e) wenn der erzielbare Betrag der Einheit (Gruppe von Einheiten) auf dem beizulegenden Zeitwert abzüglich Veräußerungskosten basiert, das/die für die Ermittlung des beizulegenden Zeitwerts abzüglich Veräußerungskosten verwendete Bewertungsverfahren/verwendeten Bewertungsverfahren. Ein Unternehmen braucht die in IFRS 13 vorgeschriebenen Angaben nicht vorzulegen. Wenn der beizulegende Zeitwert abzüglich Veräußerungskosten nicht anhand einer Marktpreisnotierung für eine identische Einheit (Gruppe von Einheiten) ermittelt wird, hat ein Unternehmen folgende Angaben zu machen:
  i) jede wesentliche Annahme, die das Management bei der Bestimmung des beizulegenden Zeitwerts abzüglich Veräußerungskosten zugrunde legt. Die wesentlichen Annahmen sind diejenigen, auf die der erzielbare Betrag der Einheit (Gruppe von Einheiten) am sensibelsten reagiert;
  ii) eine Beschreibung des Managementansatzes zur Bestimmung der (des)

jeder wesentlichen Annahme zugewiesenen Werte(s), ob diese Werte Erfahrungen der Vergangenheit widerspiegeln, oder ob sie ggf. mit externen Informationsquellen übereinstimmen, und wenn nicht, auf welche Art und aus welchem Grund sie sich von Erfahrungen der Vergangenheit oder externen Informationsquellen unterscheiden;

(iiA) die Stufe der Bewertungshierarchie (siehe IFRS 13), auf der die Bewertung zum beizulegenden Zeitwert insgesamt eingeordnet wird (wobei unberücksichtigt bleibt, ob die Veräußerungskosten beobachtbar sind);

(iiB) wurde das Bewertungsverfahren geändert, die Änderung und der Grund bzw. die Gründe für die Änderung.

Wird der beizulegende Zeitwert abzüglich Veräußerungskosten unter Zugrundelegung diskontierter Zahlungsstrom-Prognosen ermittelt, hat ein Unternehmen die folgenden Angaben zu machen:

iii) der Zeitraum, für den das Management Zahlungsströme prognostiziert hat,

iv) die Wachstumsrate, die zur Extrapolation der Zahlungsstrom-Prognosen verwendet wurde,

v) der auf die Zahlungsstrom-Prognosen angewendete Abzinsungssatz/die auf die Zahlungsstrom-Prognosen angewendeten Abzinsungssätze,

f) wenn eine angemessenerweise für möglich gehaltene Änderung einer wesentlichen Annahme, auf der das Management seine Bestimmung des erzielbaren Betrags der Einheit (Gruppe von Einheiten) aufgebaut hat, zur Folge hätte, dass der Buchwert der Einheit (Gruppe von Einheiten) deren erzielbaren Betrag übersteigen würde:

i) der Betrag, um den der erzielbare Betrag der Einheit (Gruppe von Einheiten) deren Buchwert übersteigt,

ii) der der wesentlichen Annahme zugewiesene Wert,

iii) der Betrag, um den der der wesentlichen Annahme zugewiesene Wert geändert werden müsste – nach Berücksichtigung aller nachfolgenden Auswirkungen dieser Änderung auf die anderen Variablen, die in die Ermittlung des erzielbaren Betrages einfließen – damit der erzielbare Betrag der Einheit (Gruppe von Einheiten) gleich deren Buchwert ist.

135 Wenn ein Teil oder der gesamte Buchwert eines Geschäfts- oder Firmenwerts oder der immateriellen Vermögenswerte mit unbegrenzter Nutzungsdauer mehreren zahlungsmittelgenerierenden Einheiten (Gruppen von Einheiten) zugeordnet ist, und der auf diese Weise jeder einzelnen Einheit (Gruppe von Einheiten) zugeordnete Betrag im Vergleich zum Unternehmens-Gesamtbuchwert des Geschäfts- oder Firmenwerts oder der immateriellen Vermögenswerte mit unbegrenzter Nutzungsdauer nicht signifikant, ist diese Tatsache zusammen mit der Summe der Buchwerte des Geschäfts- oder Firmenwerts oder der immateriellen Vermögenswerte mit unbegrenzter Nutzungsdauer, die diesen Einheiten (Gruppen von Einheiten) zugeordnet sind, anzugeben. Wenn darüber hinaus die erzielbaren Beträge irgendeiner dieser Einheiten (Gruppen von Einheiten) auf denselben wesentlichen Annahmen beruhen und die Summe der Buchwerte des Geschäfts- oder Firmenwerts oder der immateriellen Vermögenswerte mit unbegrenzter Nutzungsdauer, die diesen Einheiten zugeordnet sind, im Vergleich zum Unternehmens- Gesamtbuchwert des Geschäfts- oder Firmenwerts oder der immateriellen Vermögenswerte mit unbegrenzter Nutzungsdauer des Unternehmens signifikant ist, so hat ein Unternehmen dies anzugeben und dabei folgende Angaben zu machen:

a) die Summe der Buchwerte des diesen Einheiten (Gruppen von Einheiten) zugeordneten Geschäfts- oder Firmenwerts,

b) die Summe der Buchwerte der diesen Einheiten (Gruppen von Einheiten) zugeordneten immateriellen Vermögenswerte mit unbegrenzter Nutzungsdauer,

c) eine Beschreibung der wesentlichen Annahme/Annahmen,

d) eine Beschreibung des Managementansatzes zur Bestimmung des/der der/den wesentlichen Annahme/ Annahmen zugewiesenen Werts/Werte, ob diese Werte Erfahrungen der Vergangenheit widerspiegeln, oder ob sie ggf. mit externen Informationsquellen übereinstimmen, und wenn nicht, auf welche Art und aus welchem Grund sie sich von Erfahrungen der Vergangenheit oder externen Informationsquellen unterscheiden,

e) wenn eine angemessenerweise für möglich gehaltene Änderung der wesentlichen Annahme/Annahmen zur Folge hätte, dass die Summe der Buchwerte der Einheiten (Gruppen von Einheiten) die Summe von deren erzielbaren Beträgen übersteigen würde:

i) der Betrag, um den die Summe der erzielbaren Beträge der Einheiten (Gruppen von Einheiten) die Summe von deren Buchwerten übersteigt,

ii) der/die der wesentlichen Annahme/den wesentlichen Annahmen zugewiesene Wert/zugewiesenen Werte,

iii) der Betrag, um den der der wesentlichen Annahme zugewiesene Wert/ die den wesentlichen Annahmen zugewiesenen Werte geändert werden müsste/müssten – nach Berücksichtigung aller nachfolgenden Auswirkungen dieser Änderung auf die anderen Variablen, die in die Ermittlung des erzielbaren Betrags einfließen – damit die Summe der erzielbaren Beträge der Einheiten (Gruppen von Einheiten) gleich der Summe von deren Buchwerten ist.

136 Die jüngste ausführliche Berechnung des erzielbaren Betrags einer zahlungsmittelgenerierenden Einheit (Gruppe von Einheiten), der in einer vorhergehenden Periode ermittelt wurde, kann gemäß Paragraph 24 oder 99 vorgetragen werden und für die Überprüfung dieser Einheit (Gruppe von Einheiten) auf Wertminderung in der aktuellen Periode verwendet werden, vorausgesetzt, dass bestimmte Kriterien erfüllt sind. Ist dies der Fall, beziehen sich die Informationen für diese Einheit (Gruppe von Einheiten), die in den in den Paragraphen 134 und 135 verlangten Angaben enthalten sind, auf die vorgetragene Berechnung des erzielbaren Betrags.

137 Das erläuternde Beispiel 9 veranschaulicht die in den Paragraphen 134 und 135 verlangten Angaben.

ÜBERGANGSVORSCHRIFTEN UND ZEITPUNKT DES INKRAFTTRETENS

138 [gestrichen]

139 Ein Unternehmen hat diesen Standard anzuwenden:

a) auf einen Geschäfts- oder Firmenwert und immaterielle Vermögenswerte, die bei Unternehmenszusammenschlüssen, für die das Datum des Vertragsabschlusses am oder nach dem 31. März 2004 liegt, erworben worden sind, und

b) prospektiv auf alle anderen Vermögenswerte ab Beginn des ersten Geschäftsjahrs, das am oder nach dem 31. März 2004 beginnt.

140 Unternehmen, auf die Paragraph 139 anwendbar ist, wird empfohlen, diesen Standard vor dem in Paragraph 139 angegebenen Zeitpunkt des Inkrafttretens anzuwenden. Wendet ein Unternehmen diesen Standard vor dem Zeitpunkt des Inkrafttretens an, hat es jedoch gleichzeitig IFRS 3 und IAS 38 (in der 2004 überarbeiteten Fassung) anzuwenden.

140A Durch IAS 1 *Darstellung des Abschlusses* (in der 2007 überarbeiteten Fassung) wurde die in den IAS/IFRS verwendete Terminologie geändert. Außerdem wurden die Paragraphen 61, 120, 126 und 129 geändert. Diese Änderungen sind auf Geschäftsjahre anzuwenden, die am oder nach dem 1. Januar 2009 beginnen. Wendet ein Unternehmen IAS 1 (überarbeitet 2007) auf eine frühere Periode an, so hat es auf diese frühere Periode auch diese Änderungen anzuwenden.

140B Durch IFRS 3 (in der 2008 überarbeiteten Fassung) wurden die Paragraphen 65, 81, 85 und 139 geändert, die Paragraphen 91–95 und 138 gestrichen und Anhang C eingefügt. Diese Änderungen sind auf Geschäftsjahre anzuwenden, die am oder nach dem 1. Juli 2009 beginnen. Wendet ein Unternehmen IFRS 3 (überarbeitet 2008) auf eine frühere Periode an, so hat es auf diese frühere Periode auch diese Änderungen anzuwenden.

140C Durch die *Verbesserungen an den IFRS*, veröffentlicht im Mai 2008, wurde Paragraph 134(e) geändert. Diese Änderung ist auf Geschäftsjahre anzuwenden, die am oder nach dem 1. Januar 2009 beginnen. Eine frühere Anwendung ist zulässig. Wendet ein Unternehmen diese Änderung früher an, hat es dies anzugeben.

140D Durch *Anschaffungskosten von Anteilen an Tochterunternehmen, gemeinschaftlich geführten Unternehmen oder assoziierten Unternehmen* (Änderungen an IFRS 1 *Erstmalige Anwendung der International Financial Reporting Standards* und IAS 27), veröffentlicht im Mai 2008, wurde Paragraph 12(h) eingefügt. Diese Änderung ist prospektiv auf Geschäftsjahre anzuwenden, die am oder nach dem 1. Januar 2009 beginnen. Eine frühere Anwendung ist zulässig. Wendet ein Unternehmen die damit verbundenen Änderungen in den Paragraphen 4 und 38A von IAS 27 auf eine frühere Periode an, so ist gleichzeitig die Änderung des Paragraphen 12(h) anzuwenden.

140E Durch die *Verbesserungen an den IFRS*, veröffentlicht im April 2009, wurde Paragraph 80(b) geändert. Diese Änderung ist prospektiv auf Geschäftsjahre anzuwenden, die am oder nach dem 1. Januar 2010 beginnen. Eine frühere Anwendung ist zulässig. Wendet ein Unternehmen diese Änderung früher an, hat es dies anzugeben.

140F [gestrichen]

140G [gestrichen]

140H Durch IFRS 10 und IFRS 11, veröffentlicht im Mai 2011, wurden Paragraph 4, die Überschrift über Paragraph 12 (h) und Paragraph 12(h) geändert. Wendet ein Unternehmen IFRS 10 und IFRS 11 an, hat es diese Änderungen ebenfalls anzuwenden.

140I Durch IFRS 13, veröffentlicht im Mai 2011, wurden die Paragraphen 5, 6, 12, 20, 22, 28, 78, 105, 111, 130 und 134 geändert, die Paragraphen 25–27 gestrichen und Paragraph 53A eingefügt. Wendet ein Unternehmen IFRS 13 an, sind diese Änderungen ebenfalls anzuwenden.

140J Im Mai 2013 wurden die Paragraphen 130 und 134 sowie die Überschrift des Paragraphen 138 geändert. Diese Änderungen sind rückwirkend auf Geschäftsjahre anzuwenden, die am oder nach dem 1. Januar 2014 beginnen. Eine frühere Anwendung ist zulässig. Diese Änderungen dürfen nur in Berichtsperioden (einschließlich Vergleichsperioden) angewandt werden, in denen auch IFRS 13 angewandt wird.

140K [gestrichen]

140L Durch IFRS 15 *Erlöse aus Verträgen mit Kunden*, veröffentlicht im Mai 2014, wurde Paragraph 2 geändert. Wendet ein Unternehmen IFRS

15 an, ist die betreffende Änderung ebenfalls anzuwenden.

140M Durch IFRS 9 in der im Juli 2014 veröffentlichten Fassung, wurden die Paragraphen 2, 4 und 5 geändert und die Paragraphen 140F, 140G und 140K gestrichen. Wendet ein Unternehmen IFRS 9 an, hat es diese Änderungen ebenfalls anzuwenden.

140N Durch IFRS 17, veröffentlicht im Mai 2017, wurde Paragraph 2 geändert. Mit der im Juni 2020 veröffentlichten Verlautbarung *Änderungen an IFRS 17*, wurde Paragraph 2 geändert. Wendet ein Unternehmen IFRS 17 an, sind diese Änderungen ebenfalls anzuwenden.

RÜCKNAHME VON IAS 36 (VERÖFFENTLICHT 1998)

141 Dieser Standard ersetzt IAS 36 *Wertminderung von Vermögenswerten* (veröffentlicht 1998).

Anhang A
DIE ANWENDUNG VON BARWERT-VERFAHREN ZUR ERMITTLUNG DES NUTZUNGSWERTS

Dieser Anhang ist integraler Bestandteil des Standards. Er enthält zusätzliche Leitlinien für die Anwendung von Barwert-Verfahren zur Ermittlung des Nutzungswerts. Der in den Leitlinien verwendete Begriff „Vermögenswert" bezieht sich ebenso auf eine Gruppe von Vermögenswerten, die eine zahlungsmittelgenerierende Einheit bilden.

Die Bestandteile einer Barwert-Ermittlung

A1 Die folgenden Elemente erfassen gemeinsam die wirtschaftlichen Unterschiede zwischen Vermögenswerten

a) eine Schätzung der künftigen Zahlungsströme bzw. in komplexeren Fällen von Serien künftiger Zahlungsströme, die das Unternehmen durch die Vermögenswerte zu erzielen erwartet,

b) Erwartungen im Hinblick auf eventuelle wertmäßige oder zeitliche Veränderungen dieser Zahlungsströme,

c) der Zinseffekt, der durch den aktuellen risikolosen Marktzinssatz dargestellt wird,

d) der Preis für die mit dem Vermögenswert verbundene Unsicherheit und

e) andere, manchmal nicht identifizierbare Faktoren (wie Illiquidität), die Marktteilnehmer bei der Preisfindung für die künftigen Zahlungsströme, die das Unternehmen durch die Vermögenswerte zu erzielen erwartet, widerspiegeln würden.

A2 Dieser Anhang stellt zwei Ansätze zur Berechnung des Barwerts gegenüber, jeder von ihnen kann den Umständen entsprechend für die Schätzung des Nutzungswerts eines Vermögenswerts verwendet werden. Beim „traditionellen" Ansatz sind die Anpassungen für die in Paragraph A1 beschriebenen Faktoren (b)–(e) im Abzinsungssatz enthalten. Beim „erwarteter Zahlungsstrom"-Ansatz führen die Faktoren (b), (d) und (e) als Anpassungen zu den risikobereinigten erwarteten Zahlungsströmen. Welchen Ansatz ein Unternehmen auch anwendet, um Erwartungen hinsichtlich eventueller wertmäßiger oder zeitlicher Änderungen der künftigen Zahlungsströme widerzuspiegeln, letztlich muss der erwartete Barwert der künftigen Zahlungsströme, d. h. der gewichtete Durchschnitt aller möglichen Ergebnisse widergespiegelt werden.

Allgemeine Grundsätze

A3 Die Verfahren, die zur Schätzung künftiger Zahlungsströme und Zinssätze verwendet werden, variieren von einer Situation zur anderen, je nach den Umständen, die den betreffenden Vermögenswert umgeben. Die folgenden allgemeinen Grundsätze regeln jedoch jede Anwendung von Barwert-Verfahren bei der Bewertung von Vermögenswerten:

a) Zinssätze, die zur Abzinsung von Zahlungsströmen verwendet werden, haben die Annahmen widerzuspiegeln, die mit denen der geschätzten Zahlungsströme übereinstimmen. Andernfalls würden die Auswirkungen einiger Annahmen doppelt berücksichtigt oder außer Acht gelassen. Ein Abzinsungssatz von 12 Prozent könnte beispielsweise auf vertragliche Zahlungsströme einer Darlehensforderung angewandt werden. Dieser Satz spiegelt die Erwartungen über künftige Zahlungsverzug bzw. -ausfall bei Darlehen mit besonderen Merkmalen wider. Derselbe Zinssatz von 12 Prozent ist nicht zur Abzinsung erwarteter Zahlungsströme zu verwenden, da solche Zahlungsströme bereits die Annahmen über künftigen Zahlungsverzug bzw. -ausfall widerspiegeln.

b) Geschätzte Zahlungsströme und Abzinsungssätze müssen sowohl frei von verzerrenden Einflüssen als auch von Faktoren sein, die nicht mit dem betreffenden Vermögenswert in Verbindung stehen. Ein verzerrender Einfluss wird beispielsweise in die Bewertung eingebracht, wenn geschätzte Netto-Zahlungsströme absichtlich zu niedrig dargestellt werden, um die offensichtliche künftige Rentabilität eines Vermögenswerts zu verbessern.

c) Geschätzte Zahlungsströme oder Abzinsungssätze müssen die Bandbreite möglicher Ergebnisse widerspiegeln anstelle eines einzigen Betrags, bei dem es sich um den wahrscheinlichsten Betrag oder um den Mindest- oder Höchstbetrag handelt.

Traditioneller Ansatz und „erwarteter Zahlungsstrom"-Ansatz zur Darstellung des Barwerts

Traditioneller Ansatz

A4 Bei Anwendungen der Bilanzierung eines Barwerts wird traditionell ein einziger Satz geschätzter Zahlungsströme und ein einziger Abzinsungssatz verwendet, der oft als der „dem Risiko entsprechende Zinssatz" beschrieben wird. In der

Tat beruht der traditionelle Ansatz auf der Annahme, dass eine einzige Abzinsungssatz-Regel alle Erwartungen über die künftigen Zahlungsströme und den angemessenen Risikozuschlag enthalten kann. Daher legt der traditionelle Ansatz größten Wert auf die Auswahl des Abzinsungssatzes.

A5 Unter gewissen Umständen, wenn beispielsweise vergleichbare Vermögenswerte auf dem Markt beobachtet werden können, ist es relativ einfach, den traditionellen Ansatz anzuwenden. Für Vermögenswerte mit vertraglichen Zahlungsströmen stimmt dies mit der Art und Weise überein, in der die Marktteilnehmer die Vermögenswerte beschreiben, wie bei „einer 12-prozentigen Anleihe".

A6 Der traditionelle Ansatz kann jedoch bestimmte komplexe Bewertungsprobleme nicht angemessen behandeln, wie beispielsweise die Bewertung nichtfinanzieller Vermögenswerte, für die es keinen Markt oder keine Vergleichsbasis gibt. Eine angemessene Suche nach dem „dem Risiko entsprechenden Zinssatz" erfordert eine Analyse von zumindest zweierlei – einem Vermögenswert, der auf dem Markt existiert und einen beobachteten Zinssatz hat und dem zu bewertenden Vermögenswert. Der entsprechende Abzinsungssatz für die zu bewertenden Zahlungsströme muss aus dem in diesem anderen Vermögenswert erkennbaren Zinssatz hergeleitet werden. Um diese Herleitung durchführen zu können, müssen die Merkmale der Zahlungsströme des anderen Vermögenswerts ähnlich derer des zu bewertenden Vermögenswerts sein. Daher muss für die Bewertung folgendermaßen vorgegangen werden:

a) Identifizierung des Satzes von Zahlungsströmen, die abgezinst werden,
b) Identifizierung eines anderen Vermögenswerts auf dem Markt, der ähnliche Zahlungsstrom-Merkmale zu haben scheint,
c) Vergleich der Zahlungsstrom-Sätze in beiden Fällen um sicherzustellen, dass sie ähnlich sind (zum Beispiel: Sind beide Sätze vertragliche Zahlungsströme, oder ist der eine ein vertraglicher und der andere ein geschätzter Zahlungsstrom?),
d) Beurteilung, ob es in dem einen Fall ein Element gibt, das es in dem anderen nicht gibt (zum Beispiel: Ist einer weniger liquide als der andere?), und
e) Beurteilung, ob beide Zahlungsstrom-Sätze sich bei sich ändernden wirtschaftlichen Bedingungen voraussichtlich ähnlich verhalten (d. h. variieren).

„Erwarteter Zahlungsstrom"-Ansatz

A7 In gewissen Situationen ist der „erwarteter Zahlungsstrom"-Ansatz ein effektiveres Bewertungsinstrument als der traditionelle Ansatz. Bei der Erarbeitung einer Bewertung verwendet der „erwarteter Zahlungsstrom"-Ansatz alle Erwartungen über mögliche Zahlungsströme anstelle des einzigen Zahlungsstroms, der am wahrscheinlichsten ist. Beispielsweise könnte ein Zahlungsstrom 100 WE, 200 WE oder 300 WE sein mit Wahrscheinlichkeiten von 10 Prozent bzw. 60 Prozent oder 30 Prozent. Der erwartete Zahlungsstrom beträgt 220 WE. Der „erwarteter Zahlungsstrom"-Ansatz unterscheidet sich somit vom traditionellen Ansatz dadurch, dass er sich auf die direkte Analyse der betreffenden Zahlungsströme und auf präzisere Darstellungen der bei der Bewertung verwendeten Annahmen konzentriert.

A8 Der „erwarteter Zahlungsstrom"-Ansatz erlaubt auch die Anwendung des Barwert-Verfahrens, wenn der zeitliche Anfall der Zahlungsströme ungewiss ist. So könnte z. B. in einem, in zwei oder in drei Jahren mit 10-, 60- bzw. 30-prozentiger Wahrscheinlichkeit ein Zahlungsstrom von 1000 WE vereinnahmt werden. Das nachstehende Beispiel zeigt die Berechnung des erwarteten Barwerts in diesem Fall.

Barwert von 1000 WE in 1 Jahr zu 5 %	952,38 WE	
Wahrscheinlichkeit	10,00 %	95,24 WE
Barwert von 1000 WE in 2 Jahren zu 5,25 %	902,73 WE	
Wahrscheinlichkeit	60,00 %	541,64 WE
Barwert von 1000 WE in 3 Jahren zu 5,50 %	851,61 WE	
Wahrscheinlichkeit	30,00 %	255,48 WE
Erwarteter Barwert		892,36 WE

A9 Der erwartete Barwert von 892,36 WE unterscheidet sich von der traditionellen Auffassung einer bestmöglichen Schätzung von 902,73 WE (die 60 Prozent Wahrscheinlichkeit). Eine auf dieses Beispiel angewendete traditionelle Barwertberechnung erfordert eine Entscheidung darüber, welche möglichen Zeitpunkte der Zahlungsströme anzusetzen sind, und würde demzufolge die Wahrscheinlichkeiten anderer Zeitpunkte nicht widerspiegeln. Das beruht darauf, dass bei einer traditionellen Berechnung des Barwerts der Abzinsungssatz keine Ungewissheiten über die Zeitpunkte widerspiegeln kann.

A10 Die Verwendung von Wahrscheinlichkeiten ist ein wesentliches Element des „erwarteter Zahlungsstrom"-Ansatzes. Mitunter wird die Frage aufgeworfen, ob die Zuweisung von Wahrscheinlichkeiten zu stark subjektiven Schätzungen eine höhere Präzision vermuten lässt, als sie tatsächlich existiert. Die richtige Anwendung des traditionellen Ansatzes (wie in Paragraph A6 beschrieben) erfordert hingegen dieselben Schätzungen und dieselbe Subjektivität ohne die rechnerische Transparenz des „erwarteter Zahlungsstrom"-Ansatzes zu liefern.

A11 Viele in der gegenwärtigen Praxis entwickelte Schätzungen beinhalten bereits informell die Elemente der erwarteten Zahlungsströme. Außerdem werden Rechnungsleger oft mit der Notwendigkeit konfrontiert, einen Vermögenswert unter Verwendung begrenzter Informationen über die Wahrscheinlichkeiten möglicher Zahlungsströme zu bewerten. Ein Rechnungsleger könnte

2/20. IAS 36
A11 – A19

beispielsweise mit den folgenden Situationen konfrontiert werden:

a) Der geschätzte Betrag liegt zwischen 50 WE und 250 WE, aber kein Betrag, der in diesem Bereich liegt, kommt eher in Frage als ein anderer Betrag. Auf der Grundlage dieser begrenzten Information beläuft sich der geschätzte erwartete Zahlungsstrom auf 150 WE [(50 + 250)/2].

b) Der geschätzte Betrag liegt zwischen 50 WE und 250 WE und der wahrscheinlichste Betrag ist 100 WE. Die mit jedem Betrag verbundenen Wahrscheinlichkeiten sind unbekannt. Auf der Grundlage dieser begrenzten Information beläuft sich der geschätzte erwartete Zahlungsstrom auf 133,33 WE [(50 + 100 +250)/3].

c) Der geschätzte Betrag beträgt 50 WE (10 Prozent Wahrscheinlichkeit), 250 WE (30 Prozent Wahrscheinlichkeit) oder 100 WE (60 Prozent Wahrscheinlichkeit). Auf der Grundlage dieser begrenzten Information beläuft sich der geschätzte erwartete Zahlungsstrom auf 140 WE [(50 x 0,10) + (250 x 0,30) + (100 x 0,60)].

In jedem Fall liefert der geschätzte erwartete Zahlungsstrom voraussichtlich eine bessere Schätzung des Nutzungswerts als der Mindestbetrag, der wahrscheinlichste Betrag oder der Höchstbetrag für sich alleine genommen.

A12 Die Anwendung eines „erwarteter Cashflow"-Ansatzes ist von Kosten-Nutzen-Sachzwängen abhängig. In manchen Fällen kann ein Unternehmen Zugriff auf zahlreiche Daten haben und somit viele Zahlungsstrom-Szenarien entwickeln. In anderen Fällen kann es sein, dass ein Unternehmen nicht mehr als die allgemeinen Darstellungen über die Schwankung der Zahlungsströme entwickeln kann, ohne dass erhebliche Kosten anfallen. Das Unternehmen muss die Kosten für den Erhalt zusätzlicher Informationen gegen die zusätzliche Verlässlichkeit, die diese Informationen für die Bewertung bringen werden, abwägen.

A13 Zuweilen wird geltend gemacht, das „erwarteter Cashflow"-Verfahren sei ungeeignet für die Bewertung eines einzelnen Postens oder eines Postens mit einer begrenzten Anzahl möglicher Ergebnisse. Als Beispiel wird ein Vermögenswert mit zwei möglichen Ergebnissen angeführt: eine 90-prozentige Wahrscheinlichkeit, dass der Zahlungsstrom 10 WE und eine 10-prozentige Wahrscheinlichkeit, dass der Zahlungsstrom 1000 WE betragen wird. Sie stellen fest, dass der erwartete Zahlungsstrom in diesem Beispiel 109 WE beträgt und kritisieren dieses Ergebnis, weil es keinen der Beträge darstellt, die letztlich bezahlt werden könnten.

A14 Ansichten wie die gerade dargelegte spiegeln die zugrunde liegende Uneinigkeit hinsichtlich der Bewertungsziele wider. Wenn die Kumulierung der einzugehenden Kosten die Zielsetzung ist, könnten die erwarteten Zahlungsströme keine repräsentativ glaubwürdige Schätzung der erwarteten Kosten erzeugen. Dieser Standard befasst sich indes mit der Ermittlung des erzielbaren Betrags eines Vermögenswerts. Der erzielbare Betrag des Vermögenswerts aus diesem Beispiel ist voraussichtlich nicht 10 WE, selbst wenn dies der wahrscheinlichste Zahlungsstrom ist. Der Grund hierfür ist, dass eine Bewertung von 10 WE nicht die Ungewissheit des Zahlungsstroms bei der Bewertung des Vermögenswerts beinhaltet. Stattdessen wird der ungewisse Zahlungsstrom dargestellt, als wäre er ein gewisser Zahlungsstrom. Kein rational handelndes Unternehmen würde einen Vermögenswert mit diesen Merkmalen für 10 WE verkaufen.

Abzinsungssatz

A15 Welchen Ansatz ein Unternehmen auch für die Ermittlung des Nutzungswerts eines Vermögenswerts wählt, die Zinssätze, die zur Abzinsung der Zahlungsströme verwendet werden, dürfen nicht die Risiken widerspiegeln, aufgrund derer die geschätzten Zahlungsströme angepasst worden sind. Andernfalls würden die Auswirkungen einiger Annahmen doppelt berücksichtigt.

A16 Wenn ein vermögenswertspezifischer Zinssatz nicht direkt über den Markt erhältlich ist, verwendet das Unternehmen Ersatzwerte zur Schätzung des Abzinsungssatzes. Ziel ist es, so weit wie möglich die Marktbeurteilung folgender Faktoren zu schätzen:

a) des Zinseffekts für die Perioden bis zum Ende der Nutzungsdauer des Vermögenswerts und

b) der in Paragraph A1 beschriebenen Faktoren (b), (d) und (e), soweit diese Faktoren nicht zu Anpassungen bei den geschätzten Zahlungsströmen geführt haben.

A17 Als Ausgangspunkt kann ein Unternehmen bei der Erstellung einer solchen Schätzung die folgenden Zinssätze berücksichtigen:

a) die durchschnittlich gewichteten Kapitalkosten des Unternehmens, die mithilfe von Verfahren wie dem Capital Asset Pricing Model bestimmt werden können,

b) den Zinssatz für Neukredite des Unternehmens und

c) andere marktübliche Fremdkapitalzinssätze.

A18 Diese Zinssätze müssen jedoch angepasst werden,

a) um die Art und Weise widerzuspiegeln, auf die der Markt die spezifischen Risiken, die mit den geschätzten Zahlungsströmen verbunden sind, bewerten würde, und

b) um Risiken auszuschließen, die für die geschätzten Zahlungsströme der Vermögenswerte nicht relevant sind, oder aufgrund derer bereits eine Anpassung der geschätzten Zahlungsströme vorgenommen wurde.

Berücksichtigt werden Risiken wie das Länderrisiko, das Währungsrisiko und das Preisrisiko.

A19 Der Abzinsungssatz ist unabhängig von der Kapitalstruktur des Unternehmens und von der Art und Weise, wie das Unternehmen den Kauf des Vermögenswerts finanziert, weil die künftig erwarteten Zahlungsströme aus dem Vermögenswert nicht von der Art und Weise abhängen, wie das Unternehmen den Kauf des Vermögenswerts finanziert hat.

A20 Paragraph 55 verlangt, dass der verwendete Abzinsungssatz ein Vor-Steuer-Zinssatz ist. Wenn daher die Grundlage für die Schätzung des Abzinsungssatzes eine Betrachtung nach Steuern ist, ist diese Grundlage anzupassen, um einen Zinssatz vor Steuern widerzuspiegeln.

A21 Ein Unternehmen verwendet normalerweise einen einzigen Abzinsungssatz zur Schätzung des Nutzungswerts eines Vermögenswerts. Ein Unternehmen verwendet indes unterschiedliche Abzinsungssätze für die verschiedenen künftigen Perioden, wenn der Nutzungswert sensibel auf die unterschiedlichen Risiken in den verschiedenen Perioden oder auf die Laufzeitstruktur der Zinssätze reagiert.

Anhang C
ÜBERPRÜFUNG VON ZAHLUNGSMITTELGENERIERENDEN EINHEITEN MIT EINEM GESCHÄFTS- ODER FIRMENWERT UND NICHT BEHERRSCHENDEN ANTEILEN AUF WERTMINDERUNG

Dieser Anhang ist integraler Bestandteil des Standards.

C1 Gemäß IFRS 3 (in der 2008 überarbeiteten Fassung) bewertet und erfasst der Erwerber den Geschäfts- oder Firmenwert zum Erwerbszeitpunkt als den Unterschiedsbetrag zwischen (a) und (b) wie folgt:
a) die Summe aus:
   i) der übertragenen Gegenleistung, die gemäß IFRS 3 im Allgemeinen zu dem zum Erwerbszeitpunkt geltenden beizulegenden Zeitwert bestimmt wird,
   ii) dem Betrag aller nicht beherrschenden Anteile an dem erworbenen Unternehmen, die gemäß IFRS 3 bewertet werden, und
   iii) dem zum Erwerbszeitpunkt geltenden beizulegenden Zeitwert des zuvor vom Erwerber gehaltenen Eigenkapitalanteils an dem erworbenen Unternehmen, wenn es sich um einen sukzessiven Unternehmenszusammenschluss handelt.
b) der Saldo der zum Erwerbszeitpunkt bestehenden und gemäß IFRS 3 bewerteten Beträge der erworbenen identifizierbaren Vermögenswerte und der übernommenen Schulden.

Zuordnung eines Geschäfts- oder Firmenwerts

C2 Paragraph 80 dieses Standards schreibt vor, dass ein Geschäfts- oder Firmenwert, der bei einem Unternehmenszusammenschluss erworben wurde, den zahlungsmittelgenerierenden Einheiten bzw. den Gruppen von zahlungsmittelgenerierenden Einheiten des Erwerbers, für die aus den Synergien des Zusammenschlusses ein Nutzen erwartet wird, zuzuordnen ist, unabhängig davon, ob andere Vermögenswerte oder Schulden des erworbenen Unternehmens diesen Einheiten oder Gruppen von Einheiten zugewiesen werden. Es ist möglich, dass einige der aus einem Unternehmenszusammenschluss entstandenen Synergien einer zahlungsmittelgenerierenden Einheit zugeordnet werden, an der der nicht beherrschende Anteil nicht beteiligt ist.

Überprüfung auf Wertminderung

C3 Eine Überprüfung auf Wertminderung schließt den Vergleich des erzielbaren Betrags einer zahlungsmittelgenerierenden Einheit mit dem Buchwert der zahlungsmittelgenerierenden Einheit ein.

C4 Wenn ein Unternehmen nicht beherrschende Anteile als seinen proportionalen Anteil an den identifizierbaren Netto-Vermögenswerten eines Tochterunternehmens zum Erwerbszeitpunkt und nicht mit dem beizulegenden Zeitwert bestimmt, wird der den nicht beherrschenden Anteilen zuzurechnende Geschäfts- oder Firmenwert in den erzielbaren Betrag der dazugehörigen zahlungsmittelgenerierenden Einheit einbezogen, aber nicht im Konzernabschluss des Mutterunternehmens angesetzt. Folglich wird ein hochgerechneter Bruttobetrag des Buchwerts der Einheit zugeordneten Geschäfts- oder Firmenwerts ermittelt, um den dem nicht beherrschenden Anteil zuzurechnenden Geschäfts- oder Firmenwert einzubeziehen. Dieser hochgerechnete Buchwert wird dann mit dem erzielbaren Betrag der Einheit verglichen, um zu bestimmen, ob die zahlungsmittelgenerierende Einheit wertgemindert ist.

Zuordnung eines Wertminderungsaufwands

C5 Nach Paragraph 104 muss ein identifizierter Wertminderungsaufwand zuerst zugeordnet werden, um den Buchwert des der Einheit zugewiesenen Geschäfts- oder Firmenwerts zu vermindern, und dann anderen Vermögenswerten der Einheit anteilig auf der Basis des Buchwerts eines jeden Vermögenswerts der Einheit zugewiesen werden.

C6 Wenn ein Tochterunternehmen oder ein Teil eines Tochterunternehmens mit einem nicht beherrschenden Anteil selbst eine zahlungsmittelgenerierende Einheit ist, wird der Wertminderungsaufwand zwischen dem Mutterunternehmen und dem nicht beherrschenden Anteil auf derselben Basis wie der Gewinn oder Verlust aufgeteilt.

C7 Wenn ein Tochterunternehmen oder ein Teil eines Tochterunternehmens mit einem nicht beherrschenden Anteil zu einer größeren zahlungsmittelgenerierenden Einheit gehört, werden die Wertminderungsaufwendungen des Geschäfts- oder Firmenwerts den Teilen der zahlungsmittelgenerierenden Einheit, die einen nicht beherrschenden Anteil haben und den Teilen, die keinen haben, zugeordnet. Die Wertminderungsaufwendungen sind den Teilen der zahlungsmittelgenerierenden Einheit auf folgender Grundlage zuzuordnen:

a) in dem Umfang, in dem sich die Wertminderung auf den in der zahlungsmittelgenerierenden Einheit enthaltenen Geschäfts- oder Firmenwert bezieht, auf der Grundlage der relativen Buchwerte des Geschäfts- oder Firmenwerts der Teile vor der Wertminderung, und

b) in dem Umfang, in dem sich die Wertminderung auf die in der zahlungsmittelgenerierenden Einheit enthaltenen identifizierbaren Vermögenswerte bezieht, auf der Grundlage der relativen Buchwerte der identifizierbaren Netto- Vermögenswerte der Teile vor der Wertminderung. Diese Wertminderungen werden den Vermögenswerten der Teile jeder Einheit anteilig zugeordnet, basierend auf dem Buchwert jedes Vermögenswerts des jeweiligen Teils.

In den Teilen, die einen nicht beherrschenden Anteil haben, wird der Wertminderungsaufwand zwischen dem Mutterunternehmen und dem nicht beherrschenden Anteil gleichermaßen, wie es beim Gewinn oder Verlust der Fall ist, aufgeteilt.

C8 Wenn sich ein einem nicht beherrschenden Anteil zugeordneter Wertminderungsaufwand auf den Geschäfts- oder Firmenwert bezieht, der nicht im Konzernabschluss des Mutterunternehmens angesetzt ist (siehe Paragraph C4), wird diese Wertminderung nicht als ein Wertminderungsaufwand des Geschäfts- oder Firmenwerts erfasst. In diesen Fällen wird nur der Wertminderungsaufwand, der sich auf den dem Mutterunternehmen zugeordneten Geschäfts- oder Firmenwert bezieht, als ein Wertminderungsaufwand des Geschäfts- oder Firmenwerts erfasst.

C9 Das erläuternde Beispiel 7 veranschaulicht die Überprüfung auf Wertminderung einer zahlungsmittelgenerierenden Einheit mit einem Geschäfts- oder Firmenwert, die kein hundertprozentiges Tochterunternehmen ist.

INTERNATIONAL ACCOUNTING STANDARD 37
Rückstellungen, Eventualverbindlichkeiten und Eventualforderungen

IAS 37, VO (EU) 2023/1803

Gliederung	§§
ZIELSETZUNG	
ANWENDUNGSBEREICH	1–9
DEFINITIONEN	10–13
Rückstellungen und sonstige Schulden	11
Beziehung zwischen Rückstellungen und Eventualverbindlichkeiten	12–13
ANSATZ	14–35
Rückstellungen	14–26
Gegenwärtige Verpflichtung	15–16
Ereignis der Vergangenheit	17–22
Wahrscheinlicher Abfluss von Ressourcen mit wirtschaftlichem Nutzen	23–24
Verlässliche Schätzung der Verpflichtung	25–26
Eventualverbindlichkeiten	27–30
Eventualforderungen	31–35
BEWERTUNG	36–52
Bestmögliche Schätzung	36–41
Risiken und Unsicherheiten	42–44
Barwert	45–47
Künftige Ereignisse	48–50
Erwarteter Abgang von Vermögenswerten	51–52
ERSTATTUNGEN	53–58
ANPASSUNG DER RÜCKSTELLUNGEN	59–60
VERBRAUCH VON RÜCKSTELLUNGEN	61–62
ANWENDUNG DER BILANZIERUNGS- UND BEWERTUNGSVORSCHRIFTEN	63–83
Künftige betriebliche Verluste	63–65
Belastende Verträge	66–69
Restrukturierungsmaßnahmen	70–83
ANGABEN	84–92
ÜBERGANGSVORSCHRIFTEN	93–94A
ZEITPUNKT DES INKRAFTTRETENS	95–105

ZIELSETZUNG

Zielsetzung dieses Standards ist es sicherzustellen, dass auf Rückstellungen, Eventualverbindlichkeiten und Eventualforderungen angemessene Ansatzkriterien und Bewertungsgrundlagen angewandt werden und dass der Anhang ausreichende Angaben enthält, die den Abschlussadressaten die Beurteilung von Art, Fälligkeit und Höhe derselben ermöglichen.

ANWENDUNGSBEREICH

1 Dieser Standard ist von allen Unternehmen auf die Bilanzierung und Bewertung von Rückstellungen, Eventualverbindlichkeiten und Eventualforderungen anzuwenden; hiervon ausgenommen sind

a) diejenigen, die aus noch zu erfüllenden Verträgen resultieren, es sei denn, der Vertrag ist belastend, und
b) [gestrichen]
c) diejenigen, die von einem anderen Standard abgedeckt werden.

2 Nicht anzuwenden ist dieser Standard auf Finanzinstrumente (einschließlich Garantien), die in den Anwendungsbereich von IFRS 9 *Finanzinstrumente* fallen.

3 Noch zu erfüllende Verträge sind Verträge, bei denen beide Parteien ihre Verpflichtungen in keiner Weise oder teilweise zu gleichen Teilen erfüllt haben. Dieser Standard ist nicht auf noch zu erfüllende Verträge anzuwenden, es sei denn, diese sind belastend.

2/21. IAS 37

4 [gestrichen]

5 Wenn ein anderer Standard eine bestimmte Art von Rückstellung, Eventualverbindlichkeit oder Eventualforderung behandelt, hat ein Unternehmen den betreffenden Standard anstelle dieses Standards anzuwenden. So werden zum Beispiel bestimmte Rückstellungsarten in Standards zu folgenden Themen behandelt:

a) [gestrichen]
b) Ertragsteuern (siehe IAS 12 *Ertragsteuern*);
c) Leasingverhältnisse (siehe IFRS 16 *Leasingverhältnisse*). Dieser Standard gilt jedoch für alle Leasingverhältnisse, die vor dem Bereitstellungsdatum gemäß der Definition in IFRS 16 belastend werden. Dieser Standard gilt außerdem für kurzfristige Leasingverhältnisse und Leasingverhältnisse, bei denen der zugrunde liegende Vermögenswert von geringem Wert ist, die gemäß Paragraph 6 von IFRS 16 bilanziert werden und die belastend geworden sind;
d) Leistungen an Arbeitnehmer (siehe IAS 19 *Leistungen an Arbeitnehmer*);
e) Versicherungsverträge und andere Verträge im Anwendungsbereich von IFRS 17 *Versicherungsverträge*;
f) bedingte Gegenleistung eines Erwerbers bei einem Unternehmenszusammenschluss (siehe IFRS 3 *Unternehmenszusammenschlüsse*) und
g) Erlöse aus Verträgen mit Kunden (siehe IFRS 15 *Erlöse aus Verträgen mit Kunden*). Da IFRS 15 aber keine Vorschriften für belastende oder belastend gewordene Verträge mit Kunden enthält, gilt für solche Verträge der vorliegende Standard.

6 [gestrichen]

7 Der vorliegende Standard definiert Rückstellungen als Schulden, die bezüglich ihrer Fälligkeit oder ihrer Höhe ungewiss sind. In einigen Ländern wird der Begriff „Rückstellungen" auch im Zusammenhang mit Posten wie Abschreibungen, Wertminderung von Vermögenswerten und Wertberichtigungen von zweifelhaften Forderungen verwendet: dies sind Anpassungen der Buchwerte von Vermögenswerten; sie werden im vorliegenden Standard nicht behandelt.

8 Andere Standards legen fest, ob Ausgaben als Vermögenswerte oder als Aufwendungen behandelt werden. Diese Frage wird im vorliegendem Standard nicht behandelt. Entsprechend wird eine Aktivierung der bei der Bildung der Rückstellung angesetzten Aufwendungen durch diesen Standard weder verboten noch vorgeschrieben.

9 Dieser Standard ist auf Rückstellungen für Restrukturierungsmaßnahmen (einschließlich aufgegebene Geschäftsbereiche) anzuwenden. Wenn eine Restrukturierungsmaßnahme der Definition eines aufgegebenen Geschäftsbereichs entspricht, können zusätzliche Angaben nach IFRS 5 *Zur Veräußerung gehaltene langfristige Vermögenswerte und aufgegebene Geschäftsbereiche* erforderlich werden.

DEFINITIONEN

10 Die folgenden Begriffe werden in diesem Standard mit der angegebenen Bedeutung verwendet:

Eine *Rückstellung* ist eine Schuld, die bezüglich ihrer Fälligkeit oder ihrer Höhe ungewiss ist.

Eine *Schuld*([1]) ist eine gegenwärtige Verpflichtung des Unternehmens, die aus Ereignissen der Vergangenheit entsteht und deren Erfüllung für das Unternehmen mit einem Abfluss von Ressourcen mit wirtschaftlichem Nutzen verbunden sein dürfte.

([1]) Die in diesem Standard zugrunde gelegte Definition von Schuld ist nach der Überarbeitung der entsprechenden Definition in dem 2018 veröffentlichten *Rahmenkonzept für die Finanzberichterstattung* nicht angepasst worden.

Ein *verpflichtendes Ereignis* ist ein Ereignis, das zu einer rechtlichen oder faktischen Verpflichtung führt, zu deren Erfüllung es für das Unternehmen keine realistische Alternative gibt.

Eine *rechtliche Verpflichtung* ist eine Verpflichtung, die sich ableitet aus

a) einem Vertrag (aufgrund seiner expliziten oder impliziten Bedingungen),
b) Rechtsvorschriften oder
c) sonstigen unmittelbaren Auswirkungen von Rechtsvorschriften.

Eine *faktische Verpflichtung* ist eine aus den Handlungen eines Unternehmens entstehende Verpflichtung, wenn

a) das Unternehmen durch sein bisher übliches Geschäftsgebaren, öffentlich angekündigte Maßnahmen oder eine ausreichend spezifische, aktuelle Aussage anderen Parteien gegenüber die Übernahme gewisser Verpflichtungen zum Ausdruck gebracht hat und
b) das Unternehmen dadurch bei den anderen Parteien eine gerechtfertigte Erwartung geweckt hat, dass es diesen Verpflichtungen nachkommt.

Eine *Eventualverbindlichkeit* ist

a) eine mögliche Verpflichtung, die aus Ereignissen der Vergangenheit entsteht und deren Existenz durch das Eintreten oder Nichteintreten eines oder mehrerer unsicherer künftiger Ereignisse, die nicht vollständig unter der Kontrolle des Unternehmens stehen, erst noch bestätigt wird, oder
b) eine gegenwärtige Verpflichtung, die aus Ereignissen der Vergangenheit entsteht, jedoch nicht angesetzt wird, weil
   i) ein Abfluss von Ressourcen mit wirtschaftlichem Nutzen zur Erfüllung dieser Verpflichtung nicht wahrscheinlich ist oder
   ii) die Höhe der Verpflichtung nicht ausreichend verlässlich bestimmt werden kann.

Eine *Eventualforderung* ist ein möglicher Vermögenswert, der aus Ereignissen der Vergangenheit entsteht und dessen Existenz durch das Eintreten oder Nichteintreten eines oder mehrerer unsicherer künftiger Ereignisse, die nicht vollständig unter der Kontrolle des Unternehmens stehen, erst noch bestätigt wird.

Ein *belastender Vertrag* ist ein Vertrag, bei dem die unvermeidbaren Kosten zur Erfüllung der vertraglichen Verpflichtungen höher sind als der erwartete wirtschaftliche Nutzen.

Eine *Restrukturierungsmaßnahme* ist ein Programm, das vom Management geplant und kontrolliert wird und entweder
a) das von dem Unternehmen abgedeckte Geschäftsfeld oder
b) die Art, in der dieses Geschäft durchgeführt wird, wesentlich verändert.

Rückstellungen und sonstige Schulden

11 Rückstellungen können dadurch von sonstigen Schulden, wie z. B. Verbindlichkeiten aus Lieferungen und Leistungen sowie abgegrenzten Schulden unterschieden werden, dass bei ihnen Unsicherheiten hinsichtlich des Zeitpunkts oder der Höhe der zu ihrer Erfüllung künftig erforderlichen Ausgaben bestehen. Als Beispiel:
a) Verbindlichkeiten aus Lieferungen und Leistungen sind Schulden zur Zahlung von erhaltenen oder gelieferten Gütern oder Dienstleistungen, die vom Lieferanten in Rechnung gestellt oder formal vereinbart wurden, und
b) abgegrenzte Schulden sind Schulden zur Zahlung von erhaltenen oder gelieferten Gütern oder Dienstleistungen, die weder bezahlt wurden, noch vom Lieferanten in Rechnung gestellt oder formal vereinbart wurden. Hierzu gehören auch Mitarbeitern geschuldete Beträge (zum Beispiel im Zusammenhang mit der Abgrenzung von Urlaubsgeldern). Auch wenn die Höhe oder der zeitliche Anfall der abgegrenzten Schulden mitunter geschätzt werden muss, ist die Unsicherheit im Allgemeinen deutlich geringer als bei Rückstellungen.

Abgegrenzte Schulden werden häufig als Teil der Verbindlichkeiten aus Lieferungen und Leistungen und sonstige Verbindlichkeiten ausgewiesen, wohingegen der Ausweis von Rückstellungen separat erfolgt.

Beziehung zwischen Rückstellungen und Eventualverbindlichkeiten

12 Im Allgemeinen betrachtet sind alle Rückstellungen als eventual anzusehen, da sie hinsichtlich ihrer Fälligkeit oder ihrer Höhe ungewiss sind. Nach der Definition dieses Standards wird der Begriff „eventual" jedoch für Schulden und Vermögenswerte verwendet, die nicht angesetzt werden, weil sie durch das Eintreten oder Nichteintreten eines oder mehrerer unsicherer künftiger Ereignisse bedingt sind, die nicht vollständig unter der Kontrolle des Unternehmens stehen. Des Weiteren wird der Begriff „Eventualverbindlichkeit" für Schulden verwendet, die die Ansatzkriterien nicht erfüllen.

13 Dieser Standard unterscheidet zwischen
a) Rückstellungen – die als Schulden angesetzt werden (unter der Annahme, dass eine verlässliche Schätzung möglich ist), da sie gegenwärtige Verpflichtungen sind und zur Erfüllung der Verpflichtungen ein Abfluss von Mitteln mit wirtschaftlichem Nutzen wahrscheinlich ist, und
b) Eventualverbindlichkeiten – die nicht als Schulden angesetzt werden, da sie entweder
   i) mögliche Verpflichtungen sind, weil die Verpflichtung des Unternehmens, die zu einem Abfluss von Ressourcen mit wirtschaftlichem Nutzen führen kann, noch bestätigt werden muss, oder
   ii) gegenwärtige Verpflichtungen sind, die nicht den Ansatzkriterien dieses Standards genügen (entweder, weil ein Abfluss von Ressourcen mit wirtschaftlichem Nutzen zur Erfüllung dieser Verpflichtungen nicht wahrscheinlich ist oder weil die Höhe der Verpflichtung nicht ausreichend verlässlich geschätzt werden kann).

ANSATZ

Rückstellungen

14 Eine Rückstellung ist dann anzusetzen, wenn
a) einem Unternehmen aus einem Ereignis der Vergangenheit eine gegenwärtige Verpflichtung (rechtlich oder faktisch) entstanden ist,
b) der Abfluss von Ressourcen mit wirtschaftlichem Nutzen zur Erfüllung dieser Verpflichtung wahrscheinlich ist und
c) eine verlässliche Schätzung der Höhe der Verpflichtung möglich ist.

Sind diese Bedingungen nicht erfüllt, ist keine Rückstellung anzusetzen.

Gegenwärtige Verpflichtung

15 Vereinzelt gibt es Fälle, in denen unklar ist, ob eine gegenwärtige Verpflichtung existiert. In diesen Fällen führt ein Ereignis der Vergangenheit zu einer gegenwärtigen Verpflichtung, wenn unter Berücksichtigung aller verfügbaren Anhaltspunkte mehr für das Bestehen einer gegenwärtigen Verpflichtung zum Abschlussstichtag als dagegen spricht.

16 In fast allen Fällen wird es eindeutig sein, ob ein Ereignis der Vergangenheit zu einer gegenwärtigen Verpflichtung geführt hat. In Ausnahmefällen, zum Beispiel in einem Rechtsstreit, kann strittig sein, ob bestimmte Ereignisse eingetreten sind oder diese zu einer gegenwärtigen Verpflichtung geführt haben. In diesem Fall bestimmt ein Unternehmen unter Berücksichtigung aller ver-

fügbaren Anhaltspunkte, einschließlich z. B. der Meinung von Sachverständigen, ob zum Abschlussstichtag eine gegenwärtige Verpflichtung besteht. Die zugrunde liegenden Anhaltspunkte umfassen alle zusätzlichen durch Ereignisse nach dem Abschlussstichtag entstandenen Anhaltspunkte. Auf der Grundlage dieser Anhaltspunkte

a) setzt das Unternehmen eine Rückstellung an (sofern die Ansatzkriterien erfüllt sind), wenn zum Abschlussstichtag mehr für das Bestehen einer gegenwärtigen Verpflichtung als dagegen spricht, und

b) gibt das Unternehmen eine Eventualverbindlichkeit an, wenn mehr Gründe für das Nichtbestehen einer gegenwärtigen Verpflichtung zum Abschlussstichtag sprechen als dagegen, es sei denn, ein Abfluss von Ressourcen mit wirtschaftlichem Nutzen ist sehr unwahrscheinlich (siehe Paragraph 86).

Ereignis der Vergangenheit

17 Ein Ereignis der Vergangenheit, das zu einer gegenwärtigen Verpflichtung führt, wird als verpflichtendes Ereignis bezeichnet. Ein Ereignis ist ein verpflichtendes Ereignis, wenn ein Unternehmen keine realistische Alternative zur Erfüllung der durch dieses Ereignis entstandenen Verpflichtung hat. Das ist nur der Fall,

a) wenn die Erfüllung einer Verpflichtung rechtlich durchgesetzt werden kann, oder

b) wenn, im Falle einer faktischen Verpflichtung, das Ereignis (das aus einer Handlung des Unternehmens bestehen kann) gerechtfertigte Erwartungen bei anderen Parteien hervorruft, dass das Unternehmen die Verpflichtung erfüllen wird.

18 Abschlüsse befassen sich mit der Vermögens- und Finanzlage eines Unternehmens zum Abschlussstichtag und nicht mit der möglichen künftigen Lage. Für Aufwendungen der künftigen Geschäftstätigkeit wird daher keine Rückstellung angesetzt. In der Bilanz eines Unternehmens werden ausschließlich Schulden angesetzt, die zum Abschlussstichtag bestehen.

19 Rückstellungen werden nur für diejenigen aus Ereignissen der Vergangenheit entstandenen Verpflichtungen angesetzt, die unabhängig von den künftigen Handlungen (z. B. der künftigen Geschäftstätigkeit) eines Unternehmens bestehen. Beispiele für solche Verpflichtungen sind Strafgelder oder Kosten für die Beseitigung unrechtmäßiger Umweltschäden; diese beiden Fälle würden unabhängig von den künftigen Handlungen des Unternehmens bei Erfüllung zu einem Abfluss von Ressourcen mit wirtschaftlichem Nutzen führen. Entsprechend setzt ein Unternehmen eine Rückstellung für die Kosten der Beseitigung einer Ölanlage oder eines Kernkraftwerkes insoweit an, als das Unternehmen zur Beseitigung bereits entstandener Schäden verpflichtet ist. Dagegen kann ein Unternehmen aufgrund von wirtschaftlichem Druck oder Rechtsvorschriften Ausgaben planen oder vornehmen müssen, um seine Betriebstätigkeit künftig in einer bestimmten Weise zu ermöglichen (zum Beispiel die Installation von Rauchfiltern in einer bestimmten Fabrikart). Da das Unternehmen diese Ausgaben durch seine künftigen Handlungen vermeiden kann, zum Beispiel durch Änderung der Verfahren, hat es keine gegenwärtige Verpflichtung für diese künftigen Ausgaben und bildet auch keine Rückstellung.

20 Eine Verpflichtung betrifft immer eine andere Partei, gegenüber der die Verpflichtung besteht. Die Kenntnis oder Identifikation der Partei, gegenüber der die Verpflichtung besteht, ist jedoch nicht notwendig – sie kann sogar gegenüber der Öffentlichkeit in ihrer Gesamtheit bestehen. Da eine Verpflichtung immer eine Zusage an eine andere Partei beinhaltet, entsteht durch eine Entscheidung des Managements bzw. eines Aufsichtsorgans noch keine faktische Verpflichtung zum Abschlussstichtag, wenn diese nicht den davon betroffenen Parteien vor dem Abschlussstichtag ausreichend ausführlich mitgeteilt wurde, sodass die Mitteilung eine gerechtfertigte Erwartung bei den Betroffenen hervorgerufen hat, dass das Unternehmen seinen Verpflichtungen nachkommt.

21 Ein Ereignis, das nicht unverzüglich zu einer Verpflichtung führt, kann aufgrund von Gesetzesänderungen oder Handlungen des Unternehmens (zum Beispiel eine ausreichend spezifische öffentliche Aussage) zu einem späteren Zeitpunkt zu einer Verpflichtung führen. Beispielsweise kann zum Zeitpunkt der Verursachung von Umweltschäden keine Verpflichtung zur Beseitigung der Folgen bestehen. Die Verursachung der Schäden wird jedoch zu einem verpflichtenden Ereignis, wenn ein neues Gesetz die Beseitigung bestehender Schäden vorschreibt oder das Unternehmen öffentlich die Verantwortung für die Beseitigung in einer Weise übernimmt, dass dadurch eine faktische Verpflichtung entsteht.

22 Wenn einzelne Bestimmungen eines Gesetzesentwurfs noch nicht endgültig feststehen, besteht eine Verpflichtung nur dann, wenn die Verabschiedung des Gesetzesentwurfs so gut wie sicher ist. Für die Zwecke dieses Standards wird eine solche Verpflichtung als rechtliche Verpflichtung behandelt. Aufgrund unterschiedlicher Verfahren bei der Verabschiedung von Gesetzen kann hier kein einzelnes Ereignis spezifiziert werden, bei dem die Verabschiedung des Gesetzes so gut wie sicher ist. In vielen Fällen dürfte es nicht möglich sein, die tatsächliche Verabschiedung eines Gesetzes mit Sicherheit vorherzusagen, solange es nicht verabschiedet ist.

Wahrscheinlicher Abfluss von Ressourcen mit wirtschaftlichem Nutzen

23 Damit eine Schuld die Voraussetzungen für den Ansatz erfüllt, muss nicht nur eine gegenwärtige Verpflichtung existieren, auch der Abfluss von Ressourcen mit wirtschaftlichem Nutzen muss im Zusammenhang mit der Erfüllung der Verpflichtung wahrscheinlich sein. Für die Zwecke dieses Standards(²) wird ein Abfluss von Ressourcen oder ein anderes Ereignis als wahrscheinlich an-

gesehen, wenn mehr dafür als dagegen spricht, d. h. die Wahrscheinlichkeit, dass das Ereignis eintritt, ist größer als die Wahrscheinlichkeit, dass es nicht eintritt. Ist die Existenz einer gegenwärtigen Verpflichtung nicht wahrscheinlich, so gibt das Unternehmen eine Eventualverbindlichkeit an, es sei denn, ein Abfluss von Ressourcen mit wirtschaftlichem Nutzen ist sehr unwahrscheinlich (siehe Paragraph 86).

(²) Die Auslegung von „wahrscheinlich" in diesem Standard als „es spricht mehr dafür als dagegen" ist nicht zwingend auf andere Standards anwendbar.

24 Bei einer Vielzahl ähnlicher Verpflichtungen (z. B. Produktgarantien oder Ähnlichem) wird die Wahrscheinlichkeit eines Mittelabflusses bestimmt, indem die Gruppe der Verpflichtungen als Ganzes betrachtet wird. Auch wenn die Wahrscheinlichkeit eines Abflusses im Einzelfall gering sein dürfte, kann ein Abfluss von Ressourcen zur Erfüllung dieser Gruppe von Verpflichtungen insgesamt durchaus wahrscheinlich sein. Ist dies der Fall, wird eine Rückstellung angesetzt (sofern die anderen Ansatzkriterien erfüllt sind).

Verlässliche Schätzung der Verpflichtung

25 Die Verwendung von Schätzungen ist ein wesentlicher Bestandteil bei der Aufstellung von Abschlüssen und beeinträchtigt nicht deren Verlässlichkeit. Dies gilt insbesondere im Falle von Rückstellungen, die naturgemäß in höherem Maße unsicher sind als die meisten anderen Bilanzposten. Von äußerst seltenen Fällen abgesehen dürfte ein Unternehmen in der Lage sein, ein Spektrum möglicher Ergebnisse zu bestimmen und daher auch eine Schätzung der Verpflichtung vornehmen zu können, die für den Ansatz einer Rückstellung ausreichend verlässlich ist.

26 In äußerst seltenen Fällen kann eine bestehende Schuld nicht angesetzt werden, und zwar dann, wenn keine verlässliche Schätzung möglich ist. Diese Schuld wird als Eventualverbindlichkeit angegeben (siehe Paragraph 86).

Eventualverbindlichkeiten

27 Ein Unternehmen darf keine Eventualverbindlichkeit ansetzen.

28 Eine Eventualverbindlichkeit ist nach Paragraph 86 anzugeben, es sei denn, die Möglichkeit eines Abflusses von Ressourcen mit wirtschaftlichem Nutzen ist sehr unwahrscheinlich.

29 Haftet ein Unternehmen gesamtschuldnerisch für eine Verpflichtung, wird der Teil der Verpflichtung, dessen Übernahme durch andere Parteien erwartet wird, als Eventualverbindlichkeit behandelt. Das Unternehmen setzt eine Rückstellung für den Teil der Verpflichtung an, für den ein Abfluss von Ressourcen mit wirtschaftlichem Nutzen wahrscheinlich ist; dies gilt nicht in den äußerst seltenen Fällen, in denen keine verlässliche Schätzung möglich ist.

30 Eventualverbindlichkeiten können sich anders entwickeln als ursprünglich erwartet. Daher werden sie laufend daraufhin beurteilt, ob ein Abfluss von Ressourcen mit wirtschaftlichem Nutzen wahrscheinlich geworden ist. Ist ein Abfluss von künftigem wirtschaftlichem Nutzen für einen zuvor als Eventualverbindlichkeit behandelten Posten wahrscheinlich geworden, so wird eine Rückstellung im Abschluss der Berichtsperiode angesetzt, in der die Änderung in Bezug auf die Wahrscheinlichkeit eintritt (mit Ausnahme der äußerst seltenen Fälle, in denen keine verlässliche Schätzung möglich ist).

Eventualforderungen

31 Ein Unternehmen darf keine Eventualforderungen ansetzen.

32 Eventualforderungen entstehen normalerweise aus ungeplanten oder unerwarteten Ereignissen, durch die dem Unternehmen die Möglichkeit eines Zuflusses von wirtschaftlichem Nutzen entsteht. Ein Beispiel ist ein Anspruch, den ein Unternehmen in einem gerichtlichen Verfahren mit unsicherem Ausgang durchzusetzen versucht.

33 Eventualforderungen werden nicht im Abschluss angesetzt, da dadurch Erträge angesetzt würden, die möglicherweise nie realisiert werden. Ist die Realisation von Erträgen jedoch so gut wie sicher, ist der betreffende Vermögenswert nicht mehr als Eventualforderung anzusehen und dessen Ansatz angemessen.

34 Eventualforderungen sind nach Paragraph 89 anzugeben, wenn der Zufluss wirtschaftlichen Nutzens wahrscheinlich ist.

35 Eventualforderungen werden laufend beurteilt, um sicherzustellen, dass etwaige Entwicklungen im Abschluss angemessen widergespiegelt werden. Wenn ein Zufluss wirtschaftlichen Nutzens so gut wie sicher geworden ist, werden der Vermögenswert und der diesbezügliche Ertrag im Abschluss des Berichtszeitraums erfasst, in dem die Änderung eintritt. Ist ein Zufluss wirtschaftlichen Nutzens wahrscheinlich geworden, gibt das Unternehmen eine Eventualforderung an (siehe Paragraph 89).

BEWERTUNG

Bestmögliche Schätzung

36 Der als Rückstellung angesetzte Betrag stellt die bestmögliche Schätzung der Ausgabe dar, die zur Erfüllung der gegenwärtigen Verpflichtung zum Abschlussstichtag erforderlich ist.

37 Die bestmögliche Schätzung der zur Erfüllung der gegenwärtigen Verpflichtung erforderlichen Ausgabe ist der Betrag, den das Unternehmen bei vernünftiger Betrachtung zur Erfüllung der Verpflichtung zum Abschlussstichtag oder zur Übertragung der Verpflichtung auf einen Dritten zu diesem Termin zahlen müsste. Oft dürfte die Erfüllung oder Übertragung einer Verpflichtung zum Abschlussstichtag unmöglich oder über die Maßen teuer sein. Die Schätzung des vom Unternehmen bei vernünftiger Betrachtung zur Erfüllung oder zur Übertragung der Verpflichtung zu zahlenden Betrags stellt trotzdem die bestmögliche

Schätzung der zur Erfüllung der gegenwärtigen Verpflichtung zum Abschlussstichtag erforderlichen Ausgaben dar.

38 Die Schätzungen von Ergebnis und finanzieller Auswirkung hängen von Beurteilungen nach Ermessen des Managements, zusammen mit Erfahrungswerten aus ähnlichen Transaktionen und, gelegentlich, unabhängigen Sachverständigengutachten ab. Die zugrunde liegenden Anhaltspunkte umfassen alle zusätzlichen, durch Ereignisse nach dem Abschlussstichtag entstandenen Anhaltspunkte.

39 Unsicherheiten in Bezug auf den als Rückstellung anzusetzenden Betrag werden in Abhängigkeit von den Umständen unterschiedlich behandelt. Wenn die zu bewertende Rückstellung eine große Anzahl von Positionen umfasst, wird die Verpflichtung durch Gewichtung aller möglichen Ergebnisse mit den damit verbundenen Wahrscheinlichkeiten geschätzt. Dieses statistische Schätzungsverfahren wird als Erwartungswertmethode bezeichnet. Daher wird je nach Eintrittswahrscheinlichkeit eines Verlustbetrags, zum Beispiel 60 Prozent oder 90 Prozent, eine unterschiedlich hohe Rückstellung gebildet. Bei einer Bandbreite möglicher Ergebnisse, innerhalb derer die Wahrscheinlichkeit der einzelnen Punkte gleich groß ist, wird der Mittelpunkt der Bandbreite verwendet.

Beispiel

Ein Unternehmen verkauft Güter mit einer Gewährleistung, nach der Kunden eine Erstattung der Reparaturkosten für Produktionsfehler erhalten, die innerhalb der ersten sechs Monate nach Kauf entdeckt werden. Bei kleineren Fehlern an allen verkauften Produkten würden Reparaturkosten in Höhe von 1 Million entstehen. Bei größeren Fehlern an allen verkauften Produkten würden Reparaturkosten in Höhe von 4 Millionen entstehen. Erfahrungswert und künftige Erwartungen des Unternehmens deuten darauf hin, dass 75 Prozent der verkauften Güter keine Fehler haben werden, 20 Prozent kleinere Fehler und 5 Prozent größere Fehler aufweisen dürften. Nach Paragraph 24 bestimmt ein Unternehmen die Wahrscheinlichkeit eines Abflusses der Verpflichtungen aus Gewährleistungen insgesamt.

Der Erwartungswert für die Reparaturkosten beträgt:

(75 % von null) + (20 % von 1 Mio.) + (5 % von 4 Mio.) = 400 000

40 Wenn eine einzelne Verpflichtung bewertet wird, dürfte das jeweils wahrscheinlichste Ergebnis die bestmögliche Schätzung der Schuld darstellen. Aber auch in einem derartigen Fall betrachtet das Unternehmen die Möglichkeit anderer Ergebnisse. Wenn andere mögliche Ergebnisse entweder größtenteils über oder größtenteils unter dem wahrscheinlichsten Ergebnis liegen, ist die bestmögliche Schätzung ein höherer bzw. niedrigerer Betrag. Ein Beispiel: Wenn ein Unternehmen einen schwerwiegenden Fehler in einer großen, für einen Kunden gebauten Anlage beheben muss und das einzeln betrachtete, wahrscheinlichste Ergebnis sein mag, dass die Reparatur beim ersten Versuch erfolgreich ist und 1 000 kostet, wird dennoch eine höhere Rückstellung gebildet, wenn ein wesentliches Risiko besteht, dass weitere Reparaturen erforderlich sein werden.

41 Die Bewertung der Rückstellung erfolgt vor Steuern, da die steuerlichen Konsequenzen von Rückstellungen und Veränderungen von Rückstellungen in IAS 12 behandelt werden.

Risiken und Unsicherheiten

42 Bei der bestmöglichen Schätzung einer Rückstellung sind die unvermeidbar mit vielen Ereignissen und Umständen verbundenen Risiken und Unsicherheiten zu berücksichtigen.

43 Risiko beschreibt die Unsicherheit zukünftiger Entwicklungen. Eine Risikoanpassung kann den Betrag erhöhen, mit dem eine Schuld bewertet wird. Bei einer Beurteilung nach Ermessen unter unsicheren Umständen ist Vorsicht angebracht, damit Erträge bzw. Vermögenswerte nicht überbewertet und Aufwendungen bzw. Schulden nicht unterbewertet werden. Unsicherheiten rechtfertigen jedoch nicht die Bildung übermäßiger Rückstellungen oder eine vorsätzliche Überbewertung von Schulden. Wenn zum Beispiel die prognostizierten Kosten eines besonders nachteiligen Ergebnisses vorsichtig ermittelt werden, so wird dieses Ergebnis nicht absichtlich so behandelt, als sei es wahrscheinlicher als es tatsächlich ist. Sorgfalt ist notwendig, um die doppelte Berücksichtigung von Risiken und Unsicherheiten und die daraus resultierende Überbewertung einer Rückstellung zu vermeiden.

44 Die Angabe von Unsicherheiten im Zusammenhang mit der Höhe der Ausgaben wird in Paragraph 85(b) behandelt.

Barwert

45 Bei einer wesentlichen Wirkung des Zinseffekts ist eine Rückstellung in Höhe des Barwerts der im Zusammenhang mit der Erfüllung der Verpflichtung erwarteten Ausgaben anzusetzen.

46 Aufgrund des Zinseffekts sind Rückstellungen für bald nach dem Abschlussstichtag erfolgende Mittelabflüsse belastender als diejenigen für Mittelabflüsse in derselben Höhe zu einem späteren Zeitpunkt. Wenn die Wirkung wesentlich ist, werden Rückstellungen daher abgezinst.

47 Der Abzinsungssatz ist/Die Abzinsungssätze sind ein Satz/Sätze vor Steuern, der/die die aktuellen Markterwartungen im Hinblick auf den Zinseffekt sowie die für die Schuld spezifischen Risiken widerspiegelt/ widerspiegeln. Risiken, an die die Schätzungen künftiger Zahlungsströme angepasst wurden, dürfen keine Auswirkung auf den Abzinsungssatz/die Abzinsungssätze haben.

Künftige Ereignisse

48 Künftige Ereignisse, die den zur Erfüllung einer Verpflichtung erforderlichen Be-

trag beeinflussen können, sind bei der Höhe einer Rückstellung zu berücksichtigen, sofern es ausreichende objektive Anhaltspunkte für deren Eintreten gibt.

49 Erwartete künftige Ereignisse können bei der Bewertung von Rückstellungen von besonderer Bedeutung sein. Ein Unternehmen kann beispielsweise der Ansicht sein, dass die Kosten für Aufräumarbeiten bei Stilllegung eines Standorts durch künftige technologische Veränderungen reduziert werden. Der angesetzte Betrag berücksichtigt eine angemessene Einschätzung technisch geschulter, objektiver Dritter und berücksichtigt alle verfügbaren Anhaltspunkte für zum Zeitpunkt der Aufräumarbeiten verfügbare Technologien. Daher sind beispielsweise die mit der zunehmenden Erfahrung bei Anwendung gegenwärtiger Technologien erwarteten Kostenminderungen oder die erwarteten Kosten für die Anwendung gegenwärtiger Technologien auf – verglichen mit den vorher ausgeführten Arbeiten – größere und komplexere Aufräumarbeiten zu berücksichtigen. Ein Unternehmen trifft jedoch keine Annahmen hinsichtlich der Entwicklung einer vollständig neuen Technologie für Aufräumarbeiten, wenn dies nicht durch ausreichend objektive Anhaltspunkte gestützt wird.

50 Die Wirkung möglicher neuer Rechtsvorschriften wird bei der Bewertung gegenwärtiger Verpflichtungen berücksichtigt, wenn ausreichend objektive Anhaltspunkte vorliegen, dass die Verabschiedung der Rechtsvorschriften so gut wie sicher ist. Die Vielzahl von Situationen in der Praxis macht die Festlegung eines einzelnen Ereignisses, das in jedem Fall ausreichend objektive Anhaltspunkte liefern würde, unmöglich. Die Anhaltspunkte müssen sich sowohl auf die Rechtsvorschriften als auch darauf, dass eine zeitnahe Verabschiedung und Umsetzung so gut wie sicher ist, erstrecken. In vielen Fällen dürften bis zur Verabschiedung der neuen Rechtsvorschriften keine ausreichenden objektiven Anhaltspunkte vorliegen.

Erwarteter Abgang von Vermögenswerten

51 Gewinne aus dem erwarteten Abgang von Vermögenswerten sind bei der Bildung einer Rückstellung nicht zu berücksichtigen.

52 Gewinne aus dem erwarteten Abgang von Vermögenswerten werden bei der Bildung einer Rückstellung nicht berücksichtigt; dies gilt selbst dann, wenn der erwartete Abgang eng mit dem Ereignis verbunden ist, aufgrund dessen die Rückstellung gebildet wird. Stattdessen erfasst das Unternehmen Gewinne aus dem erwarteten Abgang von Vermögenswerten zu dem Zeitpunkt, der in dem für die betreffenden Vermögenswerte maßgeblichen Standard vorgesehen ist.

ERSTATTUNGEN

53 Wenn erwartet wird, dass die Erfüllung einer zurückgestellten Verpflichtung erforderlichen Ausgaben ganz oder teilweise von einer anderen Partei erstattet werden, ist die Erstattung nur dann zu erfassen, wenn es so gut wie sicher ist, dass das Unternehmen die Erstattung bei Erfüllung der Verpflichtung erhält. Die Erstattung ist als separater Vermögenswert zu behandeln. Der für die Erstattung angesetzte Betrag darf die Höhe der Rückstellung nicht übersteigen.

54 In der Gesamtergebnisrechnung kann der Aufwand zur Bildung einer Rückstellung nach Abzug der Erstattung netto erfasst werden.

55 In einigen Fällen kann ein Unternehmen von einer anderen Partei ganz oder teilweise die Zahlung der zur Erfüllung der zurückgestellten Verpflichtung erforderlichen Ausgaben erwarten (beispielsweise aufgrund von Versicherungsverträgen, Entschädigungsklauseln oder Gewährleistungen von Lieferanten). Entweder erstattet die andere Partei die vom Unternehmen gezahlten Beträge oder sie zahlt diese direkt.

56 In den meisten Fällen bleibt das Unternehmen für den gesamten entsprechenden Betrag haftbar, sodass es den gesamten Betrag begleichen muss, falls die Zahlung durch Dritte aus irgendeinem Grunde nicht erfolgt. In dieser Situation wird eine Rückstellung in voller Höhe der Schuld und ein separater Vermögenswert für die erwartete Erstattung angesetzt, wenn es so gut wie sicher ist, dass das Unternehmen die Erstattung bei Begleichung der Schuld erhalten wird.

57 In einigen Fällen ist das Unternehmen bei Nichtzahlung Dritter für die entsprechenden Kosten nicht haftbar. In diesem Fall hat das Unternehmen keine Schuld für diese Kosten und sie werden nicht in die Rückstellung einbezogen.

58 Wie in Paragraph 29 dargelegt, ist eine Verpflichtung, für die ein Unternehmen gesamtschuldnerisch haftet, in dem Maße eine Eventualverbindlichkeit, in dem eine Erfüllung der Verpflichtung durch andere Parteien erwartet wird.

ANPASSUNG DER RÜCKSTELLUNGEN

59 Rückstellungen sind zu jedem Abschlussstichtag zu prüfen und anzupassen, damit sie die aktuell bestmögliche Schätzung widerspiegeln. Wenn es nicht mehr wahrscheinlich ist, dass mit der Erfüllung der Verpflichtung ein Abfluss von Ressourcen mit wirtschaftlichem Nutzen verbunden ist, ist die Rückstellung aufzulösen.

60 Bei Abzinsung spiegelt sich der Zeitablauf in der periodischen Erhöhung des Buchwerts einer Rückstellung wider. Diese Erhöhung wird als Fremdkapitalkosten erfasst.

VERBRAUCH VON RÜCKSTELLUNGEN

61 Eine Rückstellung ist nur für Ausgaben zu verbrauchen, für die sie ursprünglich gebildet wurde.

62 Gegen die ursprüngliche Rückstellung dürfen nur Ausgaben aufgerechnet werden, für die sie auch gebildet wurde. Die Aufrechnung einer Ausgabe gegen eine für einen anderen Zweck gebildete Rückstellung würde die Wirkung zweier unterschiedlicher Ereignisse verbergen.

ANWENDUNG DER BILANZIERUNGS- UND BEWERTUNGSVORSCHRIFTEN

Künftige betriebliche Verluste

63 Im Zusammenhang mit künftigen betrieblichen Verlusten sind keine Rückstellungen anzusetzen.

64 Künftige betriebliche Verluste entsprechen nicht der Definition einer Schuld nach Paragraph 10 und den in Paragraph 14 dargelegten allgemeinen Ansatzkriterien für Rückstellungen.

65 Die Erwartung künftiger betrieblicher Verluste ist ein Anzeichen für eine mögliche Wertminderung bestimmter Vermögenswerte des Geschäftsbereichs. Ein Unternehmen prüft diese Vermögenswerte nach IAS 36 *Wertminderung von Vermögenswerten* auf Wertminderung.

Belastende Verträge

66 Hat ein Unternehmen einen belastenden Vertrag, ist die gegenwärtige vertragliche Verpflichtung als Rückstellung anzusetzen und zu bewerten.

67 Zahlreiche Verträge (beispielsweise einige Standard-Kaufaufträge) können ohne Zahlung einer Entschädigung an eine andere Partei storniert werden; daher besteht in diesen Fällen keine Verpflichtung. Andere Verträge begründen sowohl Rechte als auch Verpflichtungen für jede Vertragspartei. Wenn die Umstände dazu führen, dass ein solcher Vertrag belastend wird, fällt der Vertrag unter den Anwendungsbereich dieses Standards und es besteht eine anzusetzende Schuld. Noch zu erfüllende Verträge, die nicht belastend sind, fallen nicht in den Anwendungsbereich dieses Standards.

68 Dieser Standard definiert einen belastenden Vertrag als einen Vertrag, bei dem die unvermeidbaren Kosten zur Erfüllung der vertraglichen Verpflichtungen höher sind als der daraus erwartete wirtschaftliche Nutzen. Die unvermeidbaren Kosten unter einem Vertrag spiegeln den Mindestbetrag aus dem Ausstieg aus dem Vertrag anfallenden Nettokosten wider; diese stellen den niedrigeren Betrag aus den Kosten der Erfüllung und etwaigen aus der Nichterfüllung resultierenden Entschädigungszahlungen oder Strafgeldern dar.

68A Die Kosten der Erfüllung eines Vertrags umfassen die Kosten, die dem Vertrag einzeln zuordenbar sind. Die Kosten, die einem Vertrag einzeln zuordenbar sind, umfassen sowohl

a) die durch die Erfüllung dieses Vertrags verursachten zusätzlichen Kosten – wie direkte Lohn- und Materialkosten – als auch

b) die Zuweisung weiterer der Vertragserfüllung einzeln zuordenbarer Kosten – wie z. B. anteilige Abschreibung einer unter anderem zur Vertragserfüllung genutzten Sachanlage.

69 Bevor eine gesonderte Rückstellung für einen belastenden Vertrag gebildet wird, erfasst ein Unternehmen jeglichen Wertminderungsaufwand für die im Rahmen der Vertragserfüllung verwendeten Vermögenswerte (siehe IAS 36).

Restrukturierungsmaßnahmen

70 Die folgenden als Beispiel angeführten Ereignisse können unter die Definition einer Restrukturierungsmaßnahme fallen:

a) Verkauf oder Beendigung eines Geschäftszweigs,

b) die Stilllegung von Standorten in einem Land oder einer Region oder die Verlegung von Geschäftstätigkeiten von einem Land oder einer Region in ein anderes bzw. eine andere,

c) Änderungen in der Struktur des Managements, z. B. Auflösung einer Managementebene, und

d) grundsätzliche Reorganisation mit wesentlichen Auswirkungen auf Art und Schwerpunkt der Geschäftstätigkeit des Unternehmens.

71 Eine Rückstellung für Restrukturierungskosten wird nur angesetzt, wenn die in Paragraph 14 aufgeführten allgemeinen Ansatzkriterien für Rückstellungen erfüllt sind. In den Paragraphen 72-83 ist dargelegt, wie die allgemeinen Ansatzkriterien auf Restrukturierungen anzuwenden sind.

72 Eine faktische Verpflichtung zur Restrukturierung entsteht nur, wenn ein Unternehmen

a) **einen detaillierten, formalen Restrukturierungsplan hat, in dem zumindest die folgenden Angaben enthalten sind:**

   i) **er betroffene Geschäftsbereich oder Teil eines Geschäftsbereichs,**

   ii) **die wichtigsten betroffenen Standorte,**

   iii) **Standort, Funktion und ungefähre Anzahl der Arbeitnehmer, die für die Beendigung ihres Beschäftigungsverhältnisses eine Abfindung erhalten werden,**

   iv) **die entstehenden Ausgaben sowie**

   v) **der Umsetzungszeitpunkt des Plans, und**

b) **bei den Betroffenen durch den Beginn der Umsetzung des Plans oder die Ankündigung seiner wesentlichen Bestandteile den Betroffenen gegenüber eine gerechtfertigte Erwartung geweckt hat, dass die Restrukturierungsmaßnahmen durchgeführt werden.**

73 Anhaltspunkte für den Beginn der Umsetzung eines Restrukturierungsplans in einem Unternehmen wären beispielsweise die Demontage einer Anlage oder der Verkauf von Vermögenswerten oder die öffentliche Ankündigung der Hauptpunkte des Plans. Eine öffentliche Ankündigung eines detaillierten Restrukturierungsplans stellt nur dann eine faktische Verpflichtung zur Restrukturierung dar, wenn sie in einer Weise und so detailliert (d. h. unter Angabe der Hauptpunkte im Plan) erfolgt, dass sie bei anderen Parteien, z. B. Kunden, Lieferanten und Mitarbeitern (oder deren Vertretern) gerechtfertigte Erwartungen hervorruft, dass das Unternehmen die Restrukturierung durchführen wird.

74 Voraussetzung dafür, dass ein Plan durch die Bekanntgabe an die Betroffenen zu einer faktischen Verpflichtung führt, ist, dass der Beginn der Umsetzung zum frühestmöglichen Zeitpunkt geplant ist und in einem Zeitrahmen vollzogen wird, der bedeutende Änderungen am Plan unwahrscheinlich erscheinen lässt. Wenn der Beginn der Restrukturierungsmaßnahmen erst nach einer längeren Verzögerung erwartet wird oder ein unverhältnismäßig langer Zeitraum für die Durchführung vorgesehen ist, ist es unwahrscheinlich, dass der Plan bei anderen die gerechtfertigte Erwartung einer gegenwärtigen Absicht des Unternehmens zur Restrukturierung weckt, denn der Zeitrahmen gestattet dem Unternehmen, Änderungen am Plan vorzunehmen.

75 Allein durch einen Restrukturierungsbeschluss des Managements oder eines Aufsichtsorgans vor dem Abschlussstichtag entsteht noch keine faktische Verpflichtung zum Abschlussstichtag, sofern das Unternehmen nicht vor dem Abschlussstichtag

a) mit der Umsetzung des Restrukturierungsplans begonnen hat oder
b) den Betroffenen gegenüber die Hauptpunkte des Restrukturierungsplans ausreichend detailliert angekündigt hat, um in diesen eine gerechtfertigte Erwartung zu wecken, dass die Restrukturierung von dem Unternehmen durchgeführt wird.

Wenn ein Unternehmen mit der Umsetzung eines Restrukturierungsplans erst nach dem Abschlussstichtag beginnt oder den Betroffenen die Hauptpunkte erst nach dem Abschlussstichtag ankündigt, ist eine Angabe gemäß IAS 10 *Ereignisse nach dem Abschlussstichtag* erforderlich, sofern die Restrukturierung wesentlich ist und unter normalen Umständen davon auszugehen ist, dass ihre Nichtangabe die von den Hauptadressaten eines Abschlusses für allgemeine Zwecke, der Finanzinformationen zum berichtenden Unternehmen enthält, getroffenen Entscheidungen beeinflusst.

76 Auch wenn allein durch die Entscheidung des Managements noch keine faktische Verpflichtung entstanden ist, kann, zusammen mit anderen früheren Ereignissen, eine Verpflichtung aus einer solchen Entscheidung entstehen. Beispielsweise können Verhandlungen über Abfindungszahlungen mit Arbeitnehmervertretern oder Verhandlungen zum Verkauf von Geschäftsbereichen mit Käufern unter dem Vorbehalt der Zustimmung des Aufsichtsorgans abgeschlossen werden. Nachdem die Zustimmung erteilt und den anderen Parteien mitgeteilt wurde, hat das Unternehmen eine faktische Verpflichtung zur Restrukturierung, wenn die Bedingungen in Paragraph 72 erfüllt sind.

77 In einigen Ländern liegt die letztliche Entscheidungsbefugnis bei einem Organ, in dem auch Vertreter anderer Interessen als die des Managements (z. B. Arbeitnehmer) vertreten sind, oder eine Bekanntgabe gegenüber diesen Vertretern kann vor der Entscheidung dieses Organs erforderlich sein. Da eine Entscheidung durch ein solches Organ die Bekanntgabe an die genannten Vertreter erfordert, kann hieraus eine faktische Verpflichtung zur Restrukturierung resultieren.

78 Aus dem Verkauf von Geschäftsbereichen entsteht erst dann eine Verpflichtung, wenn das Unternehmen den Verkauf verbindlich abgeschlossen hat, d. h. ein bindender Kaufvertrag existiert.

79 Auch wenn das Unternehmen eine Entscheidung zum Verkauf eines Geschäftsbereichs getroffen und diese Entscheidung öffentlich angekündigt hat, kann der Verkauf nicht als verpflichtend angesehen werden, solange kein Käufer identifiziert wurde und kein bindender Kaufvertrag existiert. Bevor nicht ein bindender Kaufvertrag besteht, kann das Unternehmen seine Meinung noch ändern und wird tatsächlich andere Maßnahmen ergreifen müssen, wenn kein Käufer zu akzeptablen Bedingungen gefunden werden kann. Wenn der Verkauf eines Geschäftsbereichs im Rahmen einer Restrukturierung geplant ist, werden die Vermögenswerte des Geschäftsbereichs nach IAS 36 auf Wertminderung geprüft. Wenn ein Verkauf nur Teil einer Restrukturierung darstellt, kann für die anderen Teile der Restrukturierung eine faktische Verpflichtung entstehen, bevor ein bindender Kaufvertrag existiert.

80 Eine Restrukturierungsrückstellung darf nur die direkt im Zusammenhang mit der Restrukturierung entstehenden Ausgaben enthalten, die sowohl

a) **zwangsläufig im Zuge der Restrukturierung entstehen als auch**
b) **nicht mit den laufenden Tätigkeiten des Unternehmens im Zusammenhang stehen.**

81 Eine Restrukturierungsrückstellung enthält keine Aufwendungen für

a) Umschulung oder Versetzung weiterbeschäftigter Mitarbeiter,
b) Marketing oder
c) Investitionen in neue Systeme und Vertriebsnetze.

Diese Ausgaben entstehen für die künftige Geschäftstätigkeit und stellen zum Abschlussstichtag keine Restrukturierungsverpflichtungen dar. Solche Ausgaben werden auf derselben Grundlage erfasst, als wären sie unabhängig von einer Restrukturierung entstanden.

82 Bis zum Tag einer Restrukturierung entstehende, identifizierbare künftige betriebliche Verluste werden nicht als Rückstellung behandelt, es sei denn sie stehen mit einem belastenden Vertrag im Sinne des Paragraphen 10 im Zusammenhang.

83 Gemäß Paragraph 51 sind Gewinne aus dem erwarteten Abgang von Vermögenswerten bei der Bewertung einer Restrukturierungsrückstellung nicht zu berücksichtigen; dies gilt selbst, wenn der Verkauf der Vermögenswerte als Teil der Restrukturierung geplant ist.

ANGABEN

84 Ein Unternehmen hat für jede Gruppe von Rückstellungen die folgenden Angaben zu machen:
a) den Buchwert zu Beginn und zum Ende der Berichtsperiode,
b) zusätzliche, in der Berichtsperiode gebildete Rückstellungen, einschließlich der Erhöhung von bestehenden Rückstellungen,
c) während der Berichtsperiode verwendete (d. h. entstandene und gegen die Rückstellung verrechnete) Beträge,
d) nicht verwendete Beträge, die während der Berichtsperiode aufgelöst wurden, und
e) die Erhöhung des während der Berichtsperiode aufgrund des Zeitablaufs abgezinsten Betrags und die Auswirkung von Änderungen des Abzinsungssatzes.

Vergleichsinformationen sind nicht erforderlich.

85 Ein Unternehmen hat für jede Gruppe von Rückstellungen die folgenden Angaben zu machen:
a) eine kurze Beschreibung der Art der Verpflichtung sowie der erwarteten Zeitpunkte resultierender Abflüsse von wirtschaftlichem Nutzen;
b) die Angabe von Unsicherheiten hinsichtlich des Betrags oder der Zeitpunkte dieser Abflüsse. Falls die Angabe von adäquaten Informationen erforderlich ist, hat ein Unternehmen die wesentlichen Annahmen für künftige Ereignisse nach Paragraph 48 anzugeben und
c) die Höhe aller erwarteten Erstattungen unter Angabe der Höhe der Vermögenswerte, die für die jeweilige erwartete Erstattung angesetzt wurden.

86 Sofern die Möglichkeit eines Abflusses bei der Erfüllung nicht sehr unwahrscheinlich ist, hat ein Unternehmen für jede Gruppe von Eventualverbindlichkeiten zum Abschlussstichtag eine kurze Beschreibung der Eventualverbindlichkeit und, falls durchführbar, die folgenden Angaben zu machen:
a) eine Schätzung der finanziellen Auswirkungen, bewertet nach den Paragraphen 36–52,
b) die Angabe von Unsicherheiten hinsichtlich des Betrags oder der Zeitpunkte von Abflüssen und
c) die Möglichkeit einer Erstattung.

87 Bei der Bestimmung, welche Rückstellungen oder Eventualverbindlichkeiten zu einer Gruppe zusammengefasst werden können, muss überlegt werden, ob die Positionen ihrer Art nach ausreichend ähnlich sind, sodass eine zusammenfassende Angabe der Vorschriften des Paragraphen 85(a) und (b) und 86(a) und (b) erfüllen würde. Es kann daher angebracht sein, Beträge für Gewährleistungen für unterschiedliche Produkte als eine Rückstellungsgruppe zu behandeln; es wäre jedoch nicht angebracht, Beträge für normale Gewährleistungsrückstellungen und Beträge, die Gegenstand eines Rechtsstreits sind, als eine Gruppe von Rückstellungen zu behandeln.

88 Wenn aus denselben Umständen eine Rückstellung und eine Eventualverbindlichkeit entstehen, erfolgt die nach den Paragraphen 84–86 erforderliche Angabe durch das Unternehmen in einer Art und Weise, die den Zusammenhang zwischen der Rückstellung und der Eventualverbindlichkeit aufzeigt.

89 Ist ein Zufluss von wirtschaftlichem Nutzen wahrscheinlich, so hat ein Unternehmen eine kurze Beschreibung der Art der Eventualforderungen zum Abschlussstichtag und, wenn durchführbar, eine Schätzung der finanziellen Auswirkungen, bewertet auf der Grundlage der Vorschriften für Rückstellungen in den Paragraphen 36–52 anzugeben.

90 Es ist wichtig, dass bei Angaben zu Eventualforderungen irreführende Angaben zur Wahrscheinlichkeit des Entstehens von Erträgen vermieden werden.

91 Werden nach den Paragraphen 86 und 89 erforderliche Angaben aus Gründen der Undurchführbarkeit nicht gemacht, so ist dies anzugeben.

92 In äußerst seltenen Fällen kann die teilweise oder vollständige Angabe von Informationen nach den Paragraphen 84–89 in der Lage des Unternehmens in einem mit anderen Parteien geführten Rechtsstreit über den Gegenstand der Rückstellungen, Eventualverbindlichkeiten oder Eventualforderungen ernsthaft beeinträchtigen. In diesen Fällen muss das Unternehmen die Angaben nicht machen, es hat jedoch den allgemeinen Charakter des Rechtsstreits darzulegen, sowie die Tatsache, dass gewisse Angaben nicht gemacht wurden und die Gründe dafür.

ÜBERGANGSVORSCHRIFTEN

93 Die Auswirkungen der Anwendung dieses Standards zum Zeitpunkt seines Inkrafttretens (oder früher) ist als eine Berichtigung des Eröffnungsbilanzwerts der Gewinnrücklagen in der Berichtsperiode zu erfassen, in der der Standard erstmals angewendet wird. Unternehmen wird empfohlen, jedoch nicht zwingend vorgeschrieben, die Anpassung der Eröffnungsbilanz der Gewinnrücklagen für die früheste angegebene Berichtsperiode vorzunehmen und die Vergleichsinformationen anzupassen. Falls Vergleichsinformationen nicht angepasst werden, ist dies anzugeben.

94 [gestrichen]

94A Durch die im Mai 2020 veröffentlichte Verlautbarung *Belastende Verträge – Kosten für die Erfüllung eines Vertrags* wurde Paragraph 68A eingefügt und Paragraph 69 geändert. Ein Unternehmen hat diese Änderungen auf Verträge anzuwenden, bei denen es zu Beginn des Geschäftsjahrs, in dem es die Änderungen erstmals anwendet (dem

Zeitpunkt der erstmaligen Anwendung), noch nicht alle seine Verpflichtungen erfüllt hat. Vergleichsinformationen sind nicht anzupassen. Stattdessen hat das Unternehmen die kumulierte Auswirkung der erstmaligen Anwendung der Änderungen als Berichtigung des Eröffnungsbilanzwerts für die Gewinnrücklagen (oder eine andere als sachgerecht angesehene Eigenkapitalkomponente) zum Zeitpunkt der erstmaligen Anwendung zu erfassen.

ZEITPUNKT DES INKRAFTTRETENS

95 Dieser Standard ist verbindlich auf Jahresabschlüsse eines am oder nach dem 1. Juli 1999 beginnenden Geschäftsjahrs anzuwenden. Eine frühere Anwendung wird empfohlen. Wenn ein Unternehmen diesen Standard auf Berichtsperioden an, die vor dem 1. Juli 1999 beginnen, hat es dies anzugeben.

96 [gestrichen]

97 [gestrichen]

98 [gestrichen]

99 Durch die im Dezember 2013 veröffentlichten *Jährlichen Verbesserungen an den IFRS-Standards, Zyklus 2010–2012*, wurde aufgrund der Änderung von IFRS 3 Paragraph 5 geändert. Ein Unternehmen hat diese Änderung prospektiv auf Unternehmenszusammenschlüsse anzuwenden, für die die Änderung von IFRS 3 gilt.

100 Durch IFRS 15 *Erlöse aus Verträgen mit Kunden*, veröffentlicht im Mai 2014, wurde Paragraph 5 geändert und Paragraph 6 gestrichen. Wendet ein Unternehmen IFRS 15 an, sind diese Änderungen ebenfalls anzuwenden.

101 Durch IFRS 9 (in der im Juli 2014 veröffentlichten Fassung) wurde Paragraph 2 geändert und wurden die Paragraphen 97 und 98 gestrichen. Wendet ein Unternehmen IFRS 9 an, hat es diese Änderungen ebenfalls anzuwenden.

102 Durch IFRS 16, veröffentlicht im Januar 2016, wurde Paragraph 5 geändert. Wendet ein Unternehmen IFRS 16 an, hat es diese Änderung ebenfalls anzuwenden.

103 Durch IFRS 17, veröffentlicht im Mai 2017, wurde Paragraph 5 geändert. Wendet ein Unternehmen IFRS 17 an, ist diese Änderung ebenfalls anzuwenden.

104 Durch die im Oktober 2018 veröffentlichte Verlautbarung *Definition von „wesentlich"* (Änderungen an IAS 1 und IAS 8) wurde Paragraph 75 geändert. Diese Änderungen sind prospektiv auf Geschäftsjahre anzuwenden, die am oder nach dem 1. Januar 2020 beginnen. Eine frühere Anwendung ist zulässig. Wendet ein Unternehmen diese Änderungen früher an, hat es dies anzugeben. Wendet ein Unternehmen die geänderte Definition von „wesentlich" in Paragraph 7 von IAS 1 und in den Paragraphen 5 und 6 von IAS 8 an, hat es diese Änderungen ebenfalls anzuwenden.

105 Durch die im Mai 2020 veröffentlichte Verlautbarung *Belastende Verträge – Kosten für die Erfüllung eines Vertrags* wurden die Paragraphen 68A und 94A eingefügt und Paragraph 69 geändert. Diese Änderungen sind auf Geschäftsjahre anzuwenden, die am oder nach dem 1. Januar 2022 beginnen. Eine frühere Anwendung ist zulässig. Wendet ein Unternehmen diese Änderungen früher an, hat es dies anzugeben.

INTERNATIONAL ACCOUNTING STANDARD 38
Immaterielle Vermögenswerte

IAS 38, VO (EU) 2023/1803

Gliederung	§§
ZIELSETZUNG	1
ANWENDUNGSBEREICH	2–7
DEFINITIONEN	8–17
Immaterielle Vermögenswerte	9–17
Identifizierbarkeit	11–12
Verfügungsmacht	13–16
Künftiger wirtschaftlicher Nutzen	17
ANSATZ UND BEWERTUNG	18–67
Gesonderter Erwerb	25–32
Erwerb im Rahmen eines Unternehmenszusammenschlusses	33–43
Bei einem Unternehmenszusammenschluss erworbener immaterieller Vermögenswert	35–41
Nachträgliche Ausgaben für ein erworbenes laufendes Forschungs- und Entwicklungsprojekt	42–43
Erwerb durch eine Zuwendung der öffentlichen Hand	44
Tausch von Vermögenswerten	45–47
Selbst geschaffener Geschäfts- oder Firmenwert	48–50
Selbst geschaffene immaterielle Vermögenswerte	51–67
Forschungsphase	54–56
Entwicklungsphase	57–64
Herstellungskosten eines selbst geschaffenen immateriellen Vermögenswerts	65–67
ERFASSUNG EINES AUFWANDS	68–71
Keine Erfassung früherer Aufwendungen als Vermögenswert	71
FOLGEBEWERTUNG	72–87
Anschaffungskostenmodell	74
Neubewertungsmodell	75–87
NUTZUNGSDAUER	88–96
IMMATERIELLE VERMÖGENSWERTE MIT BEGRENZTER NUTZUNGSDAUER	97–106
Abschreibungszeitraum und Abschreibungsmethode	97–99
Restwert	100–103
Überprüfung des Abschreibungszeitraums und der Abschreibungsmethode	104–106
IMMATERIELLE VERMÖGENSWERTE MIT UNBEGRENZTER NUTZUNGSDAUER	107–110
Überprüfung der Einschätzung der Nutzungsdauer	109–110
ERZIELBARKEIT DES BUCHWERTS – WERTMINDERUNGSAUFWAND	111
STILLLEGUNGEN UND ABGÄNGE	112–117
ANGABEN	118–128
Allgemeines	118–123
Folgebewertung von immateriellen Vermögenswerten nach dem Neubewertungsmodell	124–125
Forschungs- und Entwicklungsausgaben	126–127
Sonstige Informationen	128
ÜBERGANGSVORSCHRIFTEN UND ZEITPUNKT DES INKRAFTTRETENS	129–132
Tausch von ähnlichen Vermögenswerten	131
Frühzeitige Anwendung	132
RÜCKNAHME VON IAS 38 (VERÖFFENTLICHT 1998)	133

2/22. IAS 38
1 – 7

ZIELSETZUNG

1 Zielsetzung dieses Standards ist die Regelung der Bilanzierung immaterieller Vermögenswerte, die in keinem anderen Standard konkret behandelt werden. Dieser Standard verlangt von einem Unternehmen den Ansatz eines immateriellen Vermögenswerts nur dann, wenn bestimmte Kriterien erfüllt sind. Der Standard bestimmt ferner, wie der Buchwert immaterieller Vermögenswerte zu ermitteln ist, und verlangt bestimmte Angaben in Bezug auf immaterielle Vermögenswerte.

ANWENDUNGSBEREICH

2 Dieser Standard ist auf die Bilanzierung immaterieller Vermögenswerte anzuwenden. Davon ausgenommen sind

a) immaterielle Vermögenswerte, die in den Anwendungsbereich eines anderen Standards fallen,

b) finanzielle Vermögenswerte, wie sie in IAS 32 Finanzinstrumente: Darstellung definiert sind,

c) der Ansatz und die Bewertung von Vermögenswerten für Exploration und Evaluierung (siehe IFRS 6 *Exploration und Evaluierung von Bodenschätzen*) und

d) Ausgaben für die Erschließung oder die Förderung und den Abbau von Mineralien, Öl, Erdgas und ähnlichen nicht regenerativen Ressourcen.

3 Wenn ein anderer Standard die Bilanzierung für eine bestimmte Art eines immateriellen Vermögenswerts vorschreibt, wendet ein Unternehmen diesen anderen Standard anstatt des vorliegenden Standards an. Der vorliegende Standard ist beispielsweise nicht anzuwenden auf

a) immaterielle Vermögenswerte, die von einem Unternehmen zur Veräußerung im Rahmen der gewöhnlichen Geschäftstätigkeit gehalten werden (siehe IAS 2 *Vorräte*),

b) latente Steueransprüche (siehe IAS 12 *Ertragsteuern*),

c) Leasingverhältnisse, die immaterielle Vermögenswerte zum Gegenstand haben und gemäß IFRS 16 *Leasingverhältnisse* bilanziert werden,

d) Vermögenswerte, die aus Leistungen an Arbeitnehmer resultieren (siehe IAS 19 *Leistungen an Arbeitnehmern*),

e) finanzielle Vermögenswerte, wie sie in IAS 32 definiert sind. Der Ansatz und die Bewertung einiger finanzieller Vermögenswerte werden von IFRS 10 *Konzernabschlüsse*, IAS 27 *Einzelabschlüsse* und IAS 28 *Beteiligungen an assoziierten Unternehmen und Gemeinschaftsunternehmen* abgedeckt,

f) einen bei einem Unternehmenszusammenschluss erworbenen Geschäfts- oder Firmenwert (siehe IFRS 3 *Unternehmenszusammenschlüsse*),

g) Verträge im Anwendungsbereich von IFRS 17 *Versicherungsverträge* und alle als Vermögenswert angesetzten Abschlusskosten im Sinne der Definition in IFRS 17,

h) langfristige immaterielle Vermögenswerte, die gemäß IFRS 5 *Zur Veräußerung gehaltene langfristige Vermögenswerte und aufgegebene Geschäftsbereiche* als zur Veräußerung gehalten eingestuft werden (oder in einer als zur Veräußerung gehalten eingestuften Veräußerungsgruppe enthalten sind),

i) Vermögenswerte aus Verträgen mit Kunden, die gemäß IFRS 15 *Erlöse aus Verträgen mit Kunden* erfasst werden.

4 Einige immaterielle Vermögenswerte können in oder auf einer physischen Substanz enthalten sein, wie beispielsweise einer Compact Disk (im Fall von Computersoftware), einem Rechtsdokument (im Falle einer Lizenz oder eines Patents) oder einem Film. Bei der Feststellung, ob ein Vermögenswert, der sowohl immaterielle als auch materielle Elemente in sich vereint, gemäß IAS 16 *Sachanlagen* oder als immaterieller Vermögenswert gemäß dem vorliegenden Standard zu behandeln ist, beurteilt ein Unternehmen nach eigenem Ermessen, welches Element wesentlicher ist. Beispielsweise ist die Computersoftware für eine computergesteuerte Werkzeugmaschine, die ohne diese bestimmte Software nicht betriebsfähig ist, integraler Bestandteil der zugehörigen Hardware und wird daher als Sachanlage behandelt. Gleiches gilt für das Betriebssystem eines Computers. Wenn die Software kein integraler Bestandteil der zugehörigen Hardware ist, wird die Computersoftware als immaterieller Vermögenswert behandelt.

5 Dieser Standard bezieht sich u. a. auf Ausgaben für Werbung, Aus- und Weiterbildung, Gründung und Anlauf eines Geschäftsbetriebs sowie Forschungs- und Entwicklungstätigkeiten. Forschungs- und Entwicklungstätigkeiten zielen auf die Wissenserweiterung ab. Obwohl diese Tätigkeiten zu einem Vermögenswert mit physischer Substanz (z. B. einem Prototypen) führen können, ist das physische Element des Vermögenswerts sekundär im Vergleich zu seiner immateriellen Komponente, d. h. das durch ihn verkörperte Wissen.

6 Rechte, die ein Leasingnehmer im Rahmen von Lizenzvereinbarungen beispielsweise für Filme, Videoaufnahmen, Theaterstücke, Manuskripte, Patente und Urheberrechte hält, fallen in den Anwendungsbereich des vorliegenden Standards und sind aus dem Anwendungsbereich von IFRS 16 ausgeschlossen.

7 Der Ausschluss aus dem Anwendungsbereich eines Standards kann vorliegen, wenn Tätigkeiten oder Geschäftsvorfälle so speziell sind, dass sie zu Rechnungslegungsfragen führen, die gegebenenfalls auf eine andere Art und Weise zu behandeln sind. Derartige Fragen entstehen bei der Bilanzierung der Ausgaben für die Erschließung oder die Förderung und den Abbau von Erdöl, Erdgas und Bodenschätzen bei der rohstoffgewinnenden Industrie sowie im Fall von Versicherungsverträ-

gen. Aus diesem Grund bezieht sich der vorliegende Standard nicht auf Ausgaben für derartige Tätigkeiten und Verträge. Dieser Standard gilt jedoch für sonstige immaterielle Vermögenswerte (z. B. Computersoftware) und sonstige Ausgaben (z. B. Kosten für die Gründung und den Anlauf eines Geschäftsbetriebs), die in der rohstoffgewinnenden Industrie oder bei Versicherern genutzt werden bzw. anfallen.

DEFINITIONEN

8 Die folgenden Begriffe werden in diesem Standard in der angegebenen Bedeutung verwendet:

Planmäßige Abschreibung ist die systematische Verteilung des Abschreibungsbetrags eines immateriellen Vermögenswerts über dessen Nutzungsdauer.

Ein *Vermögenswert*([1]) ist eine Ressource,

([1]) Die in diesem Standard zugrunde gelegte Definition von Vermögenswert ist nach der Überarbeitung der entsprechenden Definition in dem 2018 veröffentlichten *Rahmenkonzept für die Finanzberichterstattung* nicht angepasst worden.

a) über die ein Unternehmen aufgrund von Ereignissen der Vergangenheit die Verfügungsmacht hat und
b) von der erwartet wird, dass dem Unternehmen durch sie künftiger wirtschaftlicher Nutzen zufließt.

Der *Buchwert* ist der Betrag, mit dem ein Vermögenswert in der Bilanz nach Abzug aller auf ihn entfallenden kumulierten planmäßigen Abschreibungen und kumulierten Wertminderungsaufwendungen angesetzt wird.

Die *Anschaffungs- oder Herstellungskosten* sind der zum Erwerb oder zur Herstellung eines Vermögenswerts aufgewendete Betrag an Zahlungsmitteln oder Zahlungsmitteläquivalenten bzw. der beizulegende Zeitwert einer anderen Gegenleistung zum Zeitpunkt des Erwerbs bzw. der Herstellung, oder falls zutreffend, der Betrag, der diesem Vermögenswert beim erstmaligen Ansatz gemäß den besonderen Vorschriften anderer IFRS, wie z. B. IFRS 2 *Anteilsbasierte Vergütung*, beigelegt wird.

Der *Abschreibungsbetrag* ist die Differenz zwischen den Anschaffungs- oder Herstellungskosten eines Vermögenswerts oder einem Ersatzbetrag und dem Restwert.

Entwicklung ist die Anwendung von Forschungsergebnissen oder von anderem Wissen auf einen Plan oder Entwurf für die Produktion von neuen oder beträchtlich verbesserten Materialien, Vorrichtungen, Produkten, Verfahren, Systemen oder Dienstleistungen, bevor die Entwicklung findet dabei vor Beginn der kommerziellen Produktion oder Nutzung statt.

Der *unternehmensspezifische Wert* ist der Barwert der Zahlungsströme, von denen ein Unternehmen erwartet, dass sie aus der fortgesetzten Nutzung eines Vermögenswerts und

seinem Abgang am Ende seiner Nutzungsdauer oder bei Begleichung einer Schuld entstehen.

Der *beizulegende Zeitwert* ist der Preis, der in einem gewöhnlichen Geschäftsvorfall zwischen Marktteilnehmern am Bewertungsstichtag für den Verkauf eines Vermögenswerts eingenommen bzw. für die Übertragung einer Schuld gezahlt würde. (Siehe IFRS 13 *Bewertung zum beizulegenden Zeitwert*.)

Ein *Wertminderungsaufwand* ist der Betrag, um den der Buchwert eines Vermögenswerts seinen erzielbaren Betrag übersteigt.

Ein *immaterieller Vermögenswert* ist ein identifizierbarer, nichtmonetärer Vermögenswert ohne physische Substanz.

Monetäre Vermögenswerte sind im Bestand befindliche Geldmittel und Vermögenswerte, für die das Unternehmen einen festen oder bestimmbaren Geldbetrag erhält.

Forschung ist die eigenständige und planmäßige Suche mit der Aussicht, zu neuen wissenschaftlichen oder technischen Erkenntnissen zu gelangen.

Der *Restwert* eines immateriellen Vermögenswerts ist der geschätzte Betrag, den ein Unternehmen gegenwärtig bei Abgang des Vermögenswerts nach Abzug der geschätzten Veräußerungskosten erhalten würde, wenn der Vermögenswert alters- und zustandsgemäß schon am Ende seiner Nutzungsdauer angelangt wäre.

Die *Nutzungsdauer* ist

a) der Zeitraum, über den ein Vermögenswert voraussichtlich von einem Unternehmen nutzbar ist, oder
b) die voraussichtlich durch den Vermögenswert im Unternehmen zu erzielende Anzahl an Produktionseinheiten oder ähnlichen Messgrößen.

Immaterielle Vermögenswerte

9 Unternehmen verwenden häufig Ressourcen ein und gehen Schulden ein im Hinblick auf die Anschaffung, Entwicklung, Erhaltung oder Wertsteigerung immaterieller Ressourcen, wie beispielsweise wissenschaftliche oder technische Erkenntnisse, Entwurf und Implementierung neuer Verfahren oder Systeme, Lizenzen, geistiges Eigentum, Marktkenntnisse und Warenzeichen (einschließlich Markennamen und Verlagsrechte). Gängige Beispiele für Rechte und Werte, die unter diese Oberbegriffe fallen, sind Computersoftware, Patente, Urheberrechte, Filmmaterial, Kundenlisten, Hypothekenbedienungsrechte, Fischereilizenzen, Importquoten, Franchiseverträge, Kunden- oder Lieferantenbeziehungen, Kundenloyalität, Marktanteile und Absatzrechte.

10 Nicht alle der in Paragraph 9 beschriebenen Sachverhalte erfüllen die Definition eines immateriellen Vermögenswerts, d. h. Identifizierbarkeit, Verfügungsmacht über eine Ressource und Bestehen eines künftigen wirtschaftlichen Nutzens. Wenn ein in den Anwendungsbereich dieses Stan-

dards fallender Sachverhalt die Definition eines immateriellen Vermögenswerts nicht erfüllt, werden die Ausgaben für seinen Erwerb oder seine interne Herstellung in der Periode als Aufwand erfasst, in der sie anfallen. Wird der Posten jedoch bei einem Unternehmenszusammenschluss erworben, ist er Teil des zum Erwerbszeitpunkt angesetzten Geschäfts- oder Firmenwerts (siehe Paragraph 68).

Identifizierbarkeit

11 Die Definition eines immateriellen Vermögenswerts verlangt, dass ein immaterieller Vermögenswert identifizierbar ist, um ihn vom Geschäfts- oder Firmenwert unterscheiden zu können. Der bei einem Unternehmenszusammenschluss angesetzte Geschäfts- oder Firmenwert ist ein Vermögenswert, der den künftigen wirtschaftlichen Nutzen anderer bei dem Unternehmenszusammenschluss erworbener Vermögenswerte darstellt, die nicht einzeln identifiziert und getrennt angesetzt werden können. Der künftige wirtschaftliche Nutzen kann das Ergebnis von Synergien zwischen den erworbenen identifizierbaren Vermögenswerten sein oder aber aus Vermögenswerten resultieren, die einzeln nicht im Abschluss angesetzt werden können.

12 Ein Vermögenswert ist identifizierbar, wenn er entweder

a) **separierbar ist, d. h. er kann vom Unternehmen getrennt und verkauft, übertragen, lizenziert, vermietet oder getauscht werden; dies kann einzeln oder in Verbindung mit einem Vertrag, einem identifizierbaren Vermögenswert oder einer identifizierbaren Schuld unabhängig davon erfolgen, ob das Unternehmen dies zu tun beabsichtigt, oder**

b) **er aus vertraglichen oder anderen Rechten entsteht, unabhängig davon, ob diese Rechte übertragbar oder vom Unternehmen oder von anderen Rechten und Verpflichtungen separierbar sind.**

Verfügungsmacht

13 Ein Unternehmen hat Verfügungsmacht über einen Vermögenswert, wenn es in der Lage ist, sich den künftigen wirtschaftlichen Nutzen, der aus der zugrunde liegenden Ressource zufließt, zu verschaffen, und es den Zugriff Dritter auf diesen Nutzen beschränken kann. Die Verfügungsmacht eines Unternehmens über den künftigen wirtschaftlichen Nutzen aus einem immateriellen Vermögenswert basiert normalerweise auf einklagbaren Rechten. Sind derartige Rechte nicht vorhanden, gestaltet sich der Nachweis der Verfügungsmacht schwieriger. Allerdings ist die Einklagbarkeit eines Rechts keine notwendige Voraussetzung für Verfügungsmacht, da ein Unternehmen in der Lage sein kann, auf andere Weise Verfügungsmacht über den künftigen wirtschaftlichen Nutzen auszuüben.

14 Marktkenntnisse und technische Erkenntnisse können zu künftigem wirtschaftlichen Nutzen führen. Ein Unternehmen hat Verfügungsmacht über diesen Nutzen, wenn das Wissen geschützt wird, beispielsweise durch Rechte wie Urheberrechte, eine Beschränkung eines Handelsvertrags (wo zulässig) oder durch eine den Arbeitnehmern rechtlich auferlegte Vertraulichkeitspflicht.

15 Ein Unternehmen kann über ein Team von Fachkräften verfügen und in der Lage sein, zusätzliche Mitarbeiterfähigkeiten zu identifizieren, die aufgrund von Schulungsmaßnahmen zu einem künftigen wirtschaftlichen Nutzen führen. Das Unternehmen kann auch erwarten, dass die Arbeitnehmer ihre Fähigkeiten dem Unternehmen weiterhin zur Verfügung stellen werden. In der Regel hat ein Unternehmen jedoch keine hinreichende Verfügungsmacht über den erwarteten künftigen wirtschaftlichen Nutzen, der ihm durch ein Team von Fachkräften und Schulungsmaßnahmen erwächst, damit diese Werte die Definition eines immateriellen Vermögenswerts erfüllen. Aus einem ähnlichen Grund ist es unwahrscheinlich, dass eine bestimmte Management- oder fachliche Begabung die Definition eines immateriellen Vermögenswerts erfüllt, es sei denn, dass deren Nutzung und der Erhalt des von ihr zu erwartenden künftigen wirtschaftlichen Nutzens durch Rechte geschützt sind und sie zudem die übrigen Definitionskriterien erfüllt.

16 Ein Unternehmen kann über einen Kundenstamm oder Marktanteil verfügen und erwarten, dass die Kunden dem Unternehmen aufgrund seiner Bemühungen, Kundenbeziehungen und Kundenloyalität aufzubauen, treu bleiben werden. Fehlen jedoch die Rechte zum Schutz oder sonstige Mittel und Wege zur Kontrolle der Kundenbeziehungen oder der Loyalität der Kunden gegenüber dem Unternehmen, so hat das Unternehmen in der Regel eine unzureichende Verfügungsmacht über den erwarteten wirtschaftlichen Nutzen aus Kundenbeziehungen und Kundenloyalität, als dass solche Werte (z. B. Kundenstamm, Marktanteile, Kundenbeziehungen, Kundenloyalität) die Definition eines immateriellen Vermögenswerts erfüllen könnten. Sind derartige Rechte zum Schutz der Kundenbeziehungen nicht vorhanden, bilden Tauschgeschäfte für dieselben oder ähnliche nicht vertragliche Kundenbeziehungen (wenn es sich nicht um einen Teil eines Unternehmenszusammenschlusses handelt) den Anhaltspunkt, dass ein Unternehmen dennoch in der Lage ist, Verfügungsmacht über den erwarteten künftigen wirtschaftlichen Nutzen aus den Kundenbeziehungen auszuüben. Da solche Tauschgeschäfte auch den Anhaltspunkt bilden, dass Kundenbeziehungen separierbar sind, erfüllen diese Kundenbeziehungen die Definition eines immateriellen Vermögenswerts.

Künftiger wirtschaftlicher Nutzen

17 Der künftige wirtschaftliche Nutzen aus einem immateriellen Vermögenswert kann Erlöse aus dem Verkauf von Produkten oder der Erbringung von Dienstleistungen, Kosteneinsparungen oder andere Vorteile, die sich für das Unternehmen aus der Nutzung des Vermögenswerts ergeben, enthalten. So ist es beispielsweise wahrscheinlich, dass die Nutzung geistigen Eigentums in einem

Herstellungsverfahren eher die künftigen Herstellungskosten reduziert, als dass es zu künftigen Erlössteigerungen führt.

ANSATZ UND BEWERTUNG

18 Der Ansatz eines Postens als immateriellen Vermögenswert verlangt von einem Unternehmen den Nachweis, dass dieser Posten
a) die Definition eines immateriellen Vermögenswerts (siehe Paragraphen 8–17) und
b) die Ansatzkriterien erfüllt (siehe Paragraphen 21–23).

Diese Vorschrift gilt für Anschaffungs- oder Herstellungskosten, die erstmalig beim Erwerb oder der Erzeugung von selbst geschaffenen immateriellen Vermögenswerten entstehen, und für Kosten, die nachträglich anfallen, um dem Vermögenswert etwas hinzuzufügen, ihn teilweise zu ersetzen oder zu warten.

19 Die Paragraphen 25–32 befassen sich mit der Anwendung der Ansatzkriterien auf einzeln erworbene immaterielle Vermögenswerte, und die Paragraphen 33–43 befassen sich mit deren Anwendung auf immaterielle Vermögenswerte, die bei einem Unternehmenszusammenschluss erworben wurden. Paragraph 44 behandelt die Bewertung beim erstmaligen Ansatz von immateriellen Vermögenswerten, die durch eine Zuwendung der öffentlichen Hand erworben wurden, die Paragraphen 45–47 den Tausch von immateriellen Vermögenswerten und die Paragraphen 48–50 die Behandlung von selbst geschaffenem Geschäfts- oder Firmenwert. Die Paragraphen 51–67 befassen sich mit dem erstmaligen Ansatz und der Bewertung beim erstmaligen Ansatz von selbst geschaffenen immateriellen Vermögenswerten.

20 Immaterielle Vermögenswerte sind von Natur aus so beschaffen, dass es in vielen Fällen keine Erweiterungen eines solchen Vermögenswerts bzw. keinen Ersatz von Teilen eines solchen gibt. Demzufolge werden die meisten nachträglichen Ausgaben wahrscheinlich eher den erwarteten künftigen wirtschaftlichen Nutzen eines bestehenden immateriellen Vermögenswerts erhalten, als die Definition eines immateriellen Vermögenswerts und die Ansatzkriterien dieses Standards erfüllen. Zudem ist es oftmals schwierig, nachträgliche Ausgaben einem bestimmten immateriellen Vermögenswert einzeln zuzuordnen und nicht dem Unternehmen als Ganzes. Aus diesem Grund werden nachträgliche Ausgaben – Ausgaben, die nach erstmaligem Ansatz eines erworbenen immateriellen Vermögenswerts oder nach der Fertigstellung eines selbst geschaffenen immateriellen Vermögenswerts anfallen – nur selten im Buchwert eines Vermögenswerts erfasst. In Übereinstimmung mit Paragraph 63 werden nachträgliche Ausgaben für Markennamen, Drucktitel, Verlagsrechte, Kundenlisten und ihrem Wesen nach ähnliche Sachverhalte (ob extern erworben oder selbst geschaffen) immer sofort erfolgswirksam erfasst. Dies beruht darauf, dass solche Ausgaben nicht von den Ausgaben für die Entwicklung des Unternehmens als Ganzes unterschieden werden können.

21 Ein immaterieller Vermögenswert ist nur dann anzusetzen, wenn
a) es wahrscheinlich ist, dass dem Unternehmen der erwartete künftige wirtschaftliche Nutzen aus dem Vermögenswert zufließen wird, und
b) die Anschaffungs- oder Herstellungskosten des Vermögenswerts verlässlich ermittelt werden können.

22 Ein Unternehmen hat die Wahrscheinlichkeit eines erwarteten künftigen wirtschaftlichen Nutzens anhand von angemessenen und vertretbaren Annahmen zu beurteilen; diese Annahmen beruhen auf der bestmöglichen Einschätzung seitens des Managements in Bezug auf die wirtschaftlichen Rahmenbedingungen, die während der Nutzungsdauer des Vermögenswerts bestehen werden.

23 Ein Unternehmen schätzt nach eigenem Ermessen aufgrund der zum Zeitpunkt des erstmaligen Ansatzes zur Verfügung stehenden Anhaltspunkte den Grad der Sicherheit ein, der dem Zufluss an künftigen wirtschaftlichen Nutzen aus der Nutzung des Vermögenswerts zuzuschreiben ist, wobei externen Anhaltspunkten größeres Gewicht beizumessen ist.

24 Ein immaterieller Vermögenswert ist beim erstmaligen Ansatz mit seinen Anschaffungs- oder Herstellungskosten zu bewerten.

Gesonderter Erwerb

25 Der Preis, den ein Unternehmen für den gesonderten Erwerb eines immateriellen Vermögenswerts zahlt, wird normalerweise die Erwartungen in Bezug auf die Wahrscheinlichkeit widerspiegeln, dass der erwartete künftige wirtschaftliche Nutzen aus dem Vermögenswert dem Unternehmen zufließen wird. Mit anderen Worten: Das Unternehmen erwartet, dass ein Zufluss von wirtschaftlichem Nutzen entsteht, selbst wenn der Zeitpunkt oder die Höhe des Zuflusses unsicher sind. Das Ansatzkriterium der Wahrscheinlichkeit in Paragraph 21(a) wird daher für gesondert erworbene immaterielle Vermögenswerte stets als erfüllt angesehen.

26 Zudem können die Anschaffungskosten des gesondert erworbenen immateriellen Vermögenswerts für gewöhnlich verlässlich ermittelt werden. Dies gilt insbesondere dann, wenn die Gegenleistung für den Erwerb in Zahlungsmitteln oder sonstigen monetären Vermögenswerten besteht.

27 Die Anschaffungskosten eines gesondert erworbenen immateriellen Vermögenswerts umfassen
a) den Erwerbspreis einschließlich Einfuhrzölle und nicht erstattungsfähiger Umsatzsteuern nach Abzug von Rabatten, Boni und Skonti und
b) Kosten, die der Vorbereitung des Vermögenswerts auf die beabsichtigte Nutzung einzeln zugeordnet werden können.

28 Beispiele für Kosten, die einzeln zugeordnet werden können, sind

a) Aufwendungen für Leistungen an Arbeitnehmer (wie in IAS 19 definiert), die direkt anfallen, wenn der Vermögenswert in seinen betriebsbereiten Zustand versetzt wird,

b) Honorare, die direkt anfallen, wenn der Vermögenswert in seinen betriebsbereiten Zustand versetzt wird, und

c) Kosten für Testläufe, mit denen überprüft wird, ob der Vermögenswert ordnungsgemäß funktioniert.

29 Beispiele für Ausgaben, die nicht Teil der Anschaffungs- oder Herstellungskosten eines immateriellen Vermögenswerts sind

a) Kosten für die Einführung eines neuen Produkts oder einer neuen Dienstleistung (einschließlich Kosten für Werbung und verkaufsfördernde Maßnahmen),

b) Kosten für Geschäftstätigkeiten an einem neuen Standort oder mit einer neuen Kundengruppe (einschließlich Personalschulungskosten) und

c) Verwaltungs- und andere Gemeinkosten.

30 Der Ansatz als Anschaffungs- oder Herstellungskosten im Buchwert eines immateriellen Vermögenswerts endet, wenn der Vermögenswert sich in dem Zustand befindet, der erforderlich ist, damit er in der vom Management beabsichtigten Weise genutzt werden kann. Kosten, die bei der Nutzung oder Verlagerung eines immateriellen Vermögenswerts anfallen, sind somit nicht im Buchwert dieses Vermögenswerts eingeschlossen. Die nachstehenden Kosten sind beispielsweise nicht im Buchwert eines immateriellen Vermögenswerts erfasst:

a) Kosten, die anfallen, wenn ein Vermögenswert, dessen Zustand die vom Management beabsichtigte Nutzung ermöglicht, noch in Betrieb gesetzt werden muss, und

b) anfängliche Betriebsverluste, wie diejenigen, die anfallen, bis sich die Nachfrage nach den Produkten des Vermögenswerts aufgebaut hat.

31 Einige Tätigkeiten werden bei der Entwicklung eines immateriellen Vermögenswerts durchgeführt, sind jedoch nicht notwendig, um den Vermögenswert in den Zustand zu bringen, der erforderlich ist, damit er in der vom Management beabsichtigten Weise genutzt werden kann. Diese Nebentätigkeiten können vor den oder während der Entwicklungstätigkeiten auftreten. Da Nebentätigkeiten nicht notwendig sind, um den Vermögenswert in den Zustand zu bringen, der erforderlich ist, damit er in der vom Management beabsichtigten Weise genutzt werden kann, werden die Erträge und dazugehörigen Aufwendungen der Nebentätigkeiten unmittelbar erfolgswirksam erfasst und in ihren entsprechenden Ertrags- und Aufwandsposten ausgewiesen.

32 Wird die Zahlung für einen immateriellen Vermögenswert über das normale Zahlungsziel hinaus aufgeschoben, entsprechen seine Anschaffungskosten dem Gegenwert des Barpreises. Die Differenz zwischen diesem Betrag und der zu leistenden Gesamtzahlung wird über den Zeitraum des Zahlungsziels als Zinsaufwand erfasst, es sei denn, dass sie gemäß IAS 23 *Fremdkapitalkosten* aktiviert wird.

Erwerb im Rahmen eines Unternehmenszusammenschlusses

33 Wenn ein immaterieller Vermögenswert gemäß IFRS 3 *Unternehmenszusammenschlüsse* bei einem Unternehmenszusammenschluss erworben wird, entsprechen die Anschaffungskosten dieses immateriellen Vermögenswerts seinem beizulegenden Zeitwert zum Erwerbszeitpunkt. Der beizulegende Zeitwert eines immateriellen Vermögenswerts wird widerspiegeln, wie Marktteilnehmer zum Erwerbszeitpunkt die Wahrscheinlichkeit einschätzen, dass der erwartete künftige wirtschaftliche Nutzen aus dem Vermögenswert dem Unternehmen zufließen wird. Mit anderen Worten: Das Unternehmen erwartet, dass ein Zufluss von wirtschaftlichem Nutzen entsteht, selbst wenn der Zeitpunkt oder die Höhe des Zuflusses unsicher sind. Das Ansatzkriterium der Wahrscheinlichkeit in Paragraph 21(a) wird daher für immaterielle Vermögenswerte, die bei einem Unternehmenszusammenschluss erworben wurden, stets als erfüllt angesehen. Wenn ein bei einem Unternehmenszusammenschluss erworbener Vermögenswert separierbar ist oder sich aus vertraglichen oder sonstigen Rechten ergibt, liegen genügend Informationen vor, um den beizulegenden Zeitwert des Vermögenswerts verlässlich zu ermitteln. Somit wird das Kriterium der verlässlichen Bestimmung in Paragraph 21(b) für immaterielle Vermögenswerte, die bei einem Unternehmenszusammenschluss erworben wurden, stets als erfüllt angesehen.

34 Gemäß diesem Standard und IFRS 3 (in der 2008 überarbeiteten Fassung) setzt ein Erwerber einen immateriellen Vermögenswert des erworbenen Unternehmens zum Erwerbszeitpunkt separat vom Geschäfts- oder Firmenwert an, unabhängig davon, ob der Vermögenswert vor dem Unternehmenszusammenschluss vom erworbenen Unternehmen angesetzt wurde. Das bedeutet, dass der Erwerber ein laufendes Forschungs- und Entwicklungsprojekt des erworbenen Unternehmens als einen vom Geschäfts- oder Firmenwert getrennten Vermögenswert ansetzt, wenn das Projekt die Definition eines immateriellen Vermögenswerts erfüllt. Ein laufendes Forschungs- und Entwicklungsprojekt eines erworbenen Unternehmens erfüllt die Definition eines immateriellen Vermögenswerts, wenn es

a) die Definition eines Vermögenswerts erfüllt und

b) identifizierbar ist, d. h. wenn es separierbar ist oder sich aus vertraglichen oder sonstigen Rechten ergibt.

Bei einem Unternehmenszusammenschluss erworbener immaterieller Vermögenswert

35 Wenn ein bei einem Unternehmenszusammenschluss erworbener immaterieller Vermögenswert separierbar ist oder sich aus vertraglichen oder sonstigen Rechten ergibt, liegen genügend Informationen vor, um den beizulegenden Zeitwert des Vermögenswerts verlässlich zu ermitteln. Wenn es für die Schätzungen, die zur Bestimmung des beizulegenden Zeitwerts eines immateriellen Vermögenswerts benutzt werden, eine Reihe möglicher Ergebnisse mit verschiedenen Wahrscheinlichkeiten gibt, geht diese Unsicherheit in die Bestimmung des beizulegenden Zeitwerts des Vermögenswerts ein.

36 Ein bei einem Unternehmenszusammenschluss erworbener immaterieller Vermögenswert könnte separierbar sein, jedoch nur in Verbindung mit einem Vertrag oder einem identifizierbaren Vermögenswert bzw. einer identifizierbaren Schuld. In diesen Fällen setzt der Erwerber den immateriellen Vermögenswert separat vom Geschäfts- oder Firmenwert, aber zusammen mit dem zugehörigen Posten an.

37 Der Erwerber kann eine Gruppe von einander ergänzenden immateriellen Vermögenswerten als einen einzigen Vermögenswert ansetzen, sofern die einzelnen Vermögenswerte eine ähnliche Nutzungsdauer haben. Zum Beispiel werden die Begriffe „Marke" und „Markenname" häufig als Synonyme für Warenzeichen und andere Zeichen benutzt. Es handelt sich hierbei jedoch um allgemeine Marketing-Begriffe, die üblicherweise eine Gruppe einander ergänzender Vermögenswerte bezeichnen, wie ein Warenzeichen (oder eine Dienstleistungsmarke) samt zugehörigem Handelsnamen, zugehöriger Rezepturen und zugehörigem technologischen Wissen.

38–41 [gestrichen]

Nachträgliche Ausgaben für ein erworbenes laufendes Forschungs- und Entwicklungsprojekt

42 Forschungs- oder Entwicklungsausgaben, die

a) **sich auf ein laufendes Forschungs- oder Entwicklungsprojekt beziehen, das gesondert oder bei einem Unternehmenszusammenschluss erworben und als ein immaterieller Vermögenswert angesetzt wurde, und**

b) **nach dem Erwerb dieses Projekts anfallen, sind gemäß den Paragraphen 54–62 zu bilanzieren.**

43 Die Anwendung der Vorschriften in den Paragraphen 54–62 bedeutet, dass nachträgliche Ausgaben für ein laufendes Forschungs- oder Entwicklungsprojekt, das gesondert oder bei einem Unternehmenszusammenschluss erworben und als ein immaterieller Vermögenswert angesetzt wurde,

a) bei ihrem Anfall als Aufwand erfasst werden, wenn es sich um Forschungsausgaben handelt,

b) bei ihrem Anfall als Aufwand erfasst werden, wenn es sich um Entwicklungsausgaben handelt, die nicht die Ansatzkriterien eines immateriellen Vermögenswerts gemäß **Paragraph 57** erfüllen, und

c) zum Buchwert des erworbenen laufenden Forschungs- oder Entwicklungsprojekts hinzugefügt werden, wenn es sich um Entwicklungsausgaben handelt, die die Ansatzkriterien gemäß Paragraph 57 erfüllen.

Erwerb durch eine Zuwendung der öffentlichen Hand

44 In manchen Fällen kann ein immaterieller Vermögenswert durch eine Zuwendung der öffentlichen Hand kostenlos oder für eine nominelle Gegenleistung erworben werden. Dies kann geschehen, wenn die öffentliche Hand einem Unternehmen immaterielle Vermögenswerte überträgt oder zuteilt, wie beispielsweise Flughafenlanderechte, Lizenzen zum Betreiben von Rundfunk- oder Fernsehanstalten, Importlizenzen oder -quoten oder Zugangsrechte für sonstige begrenzt zugängliche Ressourcen. Gemäß IAS 20 *Bilanzierung und Darstellung von Zuwendungen der öffentlichen Hand* kann sich ein Unternehmen beim erstmaligen Ansatz dafür entscheiden, sowohl den immateriellen Vermögenswert als auch die Zuwendung mit dem beizulegenden Zeitwert anzusetzen. Entscheidet sich ein Unternehmen dafür, den Vermögenswert beim erstmaligen Ansatz nicht mit dem beizulegenden Zeitwert anzusetzen, setzt das Unternehmen den Vermögenswert beim erstmaligen Ansatz zu einem nominellen Wert an (die andere durch IAS 20 gestattete Methode), zuzüglich aller Ausgaben, die der Vorbereitung des Vermögenswerts auf den beabsichtigten Gebrauch einzeln zugeordnet werden können.

Tausch von Vermögenswerten

45 Ein oder mehrere immaterielle Vermögenswerte können im Tausch gegen nichtmonetäre Vermögenswerte oder eine Kombination von monetären und nichtmonetären Vermögenswerten erworben werden. Die folgenden Ausführungen beziehen sich nur auf einen Tausch von einem nichtmonetären Vermögenswert gegen einen anderen, finden aber auch auf alle anderen im vorstehenden Satz genannten Tauschvorgänge Anwendung. Die Anschaffungskosten eines solchen immateriellen Vermögenswerts werden mit dem beizulegenden Zeitwert bewertet, es sei denn, (a) dem Tauschgeschäft fehlt es an wirtschaftlicher Substanz oder (b) weder der beizulegende Zeitwert des erhaltenen Vermögenswerts noch der des hingegebenen Vermögenswerts ist verlässlich ermittelbar. Der erworbene Vermögenswert wird in dieser Art bewertet, auch wenn ein Unternehmen den hingegebenen Vermögenswert nicht sofort ausbuchen kann. Wenn der erworbene Vermögenswert nicht zum beizulegenden Zeitwert bewertet wird, werden die Anschaffungskosten zum Buchwert des hingegebenen Vermögenswerts bewertet.

46 Ein Unternehmen beurteilt, ob ein Tauschgeschäft wirtschaftliche Substanz hat, indem es prüft, in welchem Umfang sich die künftigen Zahlungsströme infolge der Transaktion voraussichtlich ändern. Ein Tauschgeschäft hat wirtschaftliche Substanz, wenn

a) die Zusammensetzung (d. h. Risiko, Zeitpunkt und Betrag) der Zahlungsströme des erhaltenen Vermögenswerts sich von der Zusammensetzung des übertragenen Vermögenswerts unterscheidet oder
b) der unternehmensspezifische Wert des Teils der Geschäftstätigkeiten des Unternehmens, der von der Transaktion betroffen ist, sich aufgrund des Tauschgeschäfts ändert und
c) die Differenz in (a) oder (b) im Verhältnis zum beizulegenden Zeitwert der getauschten Vermögenswerte signifikant ist.

Für den Zweck der Beurteilung, ob ein Tauschgeschäft wirtschaftliche Substanz hat, spiegelt der unternehmensspezifische Wert des Teils der Geschäftstätigkeiten des Unternehmens, der von der Transaktion betroffen ist, Zahlungsströme nach Steuern wider. Das Ergebnis dieser Analysen kann eindeutig sein, ohne dass ein Unternehmen detaillierte Kalkulationen erbringen muss.

47 Nach Paragraph 21(b) ist die verlässliche Ermittlung der Anschaffungs- oder Herstellungskosten eines Vermögenswerts eine Voraussetzung für den Ansatz eines immateriellen Vermögenswerts. Der beizulegende Zeitwert eines immateriellen Vermögenswerts gilt als verlässlich ermittelbar, wenn (a) die Schwankungsbreite angemessener Ermittlungen des beizulegenden Zeitwerts für diesen Vermögenswert nicht signifikant ist oder (b) die Eintrittswahrscheinlichkeiten der verschiedenen Schätzungen innerhalb dieser Bandbreite angemessen beurteilt und bei der Ermittlung des beizulegenden Zeitwerts verwendet werden können. Wenn ein Unternehmen den beizulegenden Zeitwert entweder des erhaltenen Vermögenswerts oder des hingegebenen Vermögenswerts verlässlich ermitteln kann, dann wird der beizulegende Zeitwert des hingegebenen Vermögenswerts benutzt, um die Anschaffungskosten zu ermitteln, es sei denn, der beizulegende Zeitwert des erhaltenen Vermögenswerts ist der offensichtlichere.

Selbst geschaffener Geschäfts- oder Firmenwert

48 Ein selbst geschaffener Geschäfts- oder Firmenwert darf nicht aktiviert werden.

49 In manchen Fällen fallen Ausgaben für die Erzeugung eines künftigen wirtschaftlichen Nutzens an, ohne dass ein immaterieller Vermögenswert geschaffen wird, der die Ansatzkriterien dieses Standards erfüllt. Derartige Ausgaben werden oft als Beitrag zum selbst geschaffenen Geschäfts- oder Firmenwert beschrieben. Ein selbst geschaffener Geschäfts- oder Firmenwert wird nicht als Vermögenswert angesetzt, da dieser keine in der Verfügungsmacht des Unternehmens stehende identifizierbare Ressource (d. h. er ist weder separierbar noch aus vertraglichen oder sonstigen Rechten entstanden) ist, die verlässlich zu Herstellungskosten bewertet werden kann.

50 In den zu irgendeinem Zeitpunkt auftretenden Unterschieden zwischen dem beizulegenden Zeitwert eines Unternehmens und dem Buchwert seiner identifizierbaren Nettovermögenswerte kann eine Reihe von Faktoren erfasst sein, die den beizulegenden Zeitwert des Unternehmens beeinflussen. Derartige Unterschiede gehören jedoch nicht zu den Anschaffungs- oder Herstellungskosten eines in der Verfügungsmacht des Unternehmens stehenden immateriellen Vermögenswerts.

Selbst geschaffene immaterielle Vermögenswerte

51 Manchmal ist es schwierig zu beurteilen, ob ein selbst geschaffener immaterieller Vermögenswert ansetzbar ist, da Probleme bestehen bei

a) der Feststellung, ob und wann es einen identifizierbaren Vermögenswert gibt, der einen erwarteten künftigen wirtschaftlichen Nutzen erzeugen wird, und
b) der verlässlichen Ermittlung der Herstellungskosten des Vermögenswerts. In manchen Fällen können die Kosten für die interne Herstellung eines immateriellen Vermögenswerts nicht von den Kosten unterschieden werden, die mit der Erhaltung oder Erhöhung des selbst geschaffenen Geschäfts- oder Firmenwerts des Unternehmens oder mit dem Tagesgeschäft in Verbindung stehen.

Neben den allgemeinen Vorschriften für den Ansatz und die Bewertung beim erstmaligen Ansatz eines immateriellen Vermögenswerts wendet ein Unternehmen daher die Vorschriften und Anwendungsleitlinien der Paragraphen 52–67 auf alle selbst geschaffenen immateriellen Vermögenswerte an.

52 Um zu beurteilen, ob ein selbst geschaffener immaterieller Vermögenswert die Ansatzkriterien erfüllt, unterteilt ein Unternehmen den Herstellungsprozess dieses Vermögenswerts in

a) eine Forschungsphase und
b) eine Entwicklungsphase.

Ungeachtet der Definition der Begriffe „Forschung" und „Entwicklung" haben die Begriffe „Forschungsphase" und „Entwicklungsphase" im Sinne dieses Standards eine umfassendere Bedeutung.

53 Kann ein Unternehmen die Forschungsphase nicht von der Entwicklungsphase eines internen Projekts zur Schaffung eines immateriellen Vermögenswerts unterscheiden, behandelt das Unternehmen die mit diesem Projekt verbundenen Ausgaben so, als wären sie nur in der Forschungsphase angefallen.

Forschungsphase

54 Ein aus der Forschung (oder der Forschungsphase eines internen Projekts) entstehender immaterieller Vermögenswert darf nicht

angesetzt werden. Ausgaben für Forschung (oder in der Forschungsphase eines internen Projekts) sind in der Periode als Aufwand zu erfassen, in der sie anfallen.

55 In der Forschungsphase eines internen Projekts kann ein Unternehmen nicht nachweisen, dass ein immaterieller Vermögenswert existiert, der einen voraussichtlichen künftigen wirtschaftlichen Nutzen erzeugen wird. Daher werden diese Ausgaben in der Periode als Aufwand erfasst, in der sie anfallen.

56 Beispiele für Forschungsaktivitäten sind:
a) Aktivitäten, die auf die Erlangung neuer Erkenntnisse ausgerichtet sind,
b) die Suche nach sowie die Beurteilung und endgültige Auswahl von Anwendungen für Forschungsergebnisse und für anderes Wissen
c) die Suche nach Alternativen für Materialien, Vorrichtungen, Produkte, Verfahren, Systeme oder Dienstleistungen und
d) die Formulierung, der Entwurf sowie die Beurteilung und endgültige Auswahl von möglichen Alternativen für neue oder verbesserte Materialien, Vorrichtungen, Produkte, Verfahren, Systeme oder Dienstleistungen.

Entwicklungsphase

57 Ein aus der Entwicklung (oder der Entwicklungsphase eines internen Projekts) entstehender immaterieller Vermögenswert ist nur dann anzusetzen, wenn ein Unternehmen alle folgenden Punkte nachweisen kann:
a) Die Fertigstellung des immateriellen Vermögenswerts kann technisch soweit realisiert werden, dass er genutzt oder verkauft werden kann.
b) Das Unternehmen beabsichtigt, den immateriellen Vermögenswert fertigzustellen und ihn zu nutzen oder zu verkaufen.
c) Das Unternehmen ist in der Lage, den immateriellen Vermögenswert zu nutzen oder zu verkaufen.
d) Die Art und Weise, wie der immaterielle Vermögenswert voraussichtlich einen künftigen wirtschaftlichen Nutzen erzeugen wird. Das Unternehmen kann u. a. die Existenz eines Markts für die Produkte des immateriellen Vermögenswerts oder für den immateriellen Vermögenswert an sich oder, falls er intern genutzt werden soll, den Nutzen des immateriellen Vermögenswerts nachweisen.
e) Adäquate technische, finanzielle und sonstige Ressourcen sind verfügbar, sodass die Entwicklung abgeschlossen und der immaterielle Vermögenswert genutzt oder verkauft werden kann.
f) Das Unternehmen ist in der Lage, die Ausgaben, die dem immateriellen Vermögenswert während seiner Entwicklung zugeordnet werden können, verlässlich zu ermitteln.

58 In der Entwicklungsphase eines internen Projekts kann ein Unternehmen in manchen Fällen einen immateriellen Vermögenswert identifizieren und nachweisen, dass der Vermögenswert einen voraussichtlichen künftigen wirtschaftlichen Nutzen erzeugen wird. Dies ist darauf zurückzuführen, dass ein Projekt in der Entwicklungsphase weiter vorangeschritten ist als in der Forschungsphase.

59 Beispiele für Entwicklungsaktivitäten sind
a) der Entwurf, die Konstruktion und das Testen von Prototypen und Modellen vor Beginn der eigentlichen Produktion oder Nutzung,
b) der Entwurf von Werkzeugen, Spannvorrichtungen, Prägestempeln und Gussformen unter Verwendung neuer Technologien,
c) der Entwurf, die Konstruktion und der Betrieb einer Pilotanlage, die von ihrer Größe her für eine kommerzielle Produktion wirtschaftlich ungeeignet ist, und
d) der Entwurf, die Konstruktion und das Testen einer ausgewählten Alternative für neue oder verbesserte Materialien, Vorrichtungen, Produkte, Verfahren, Systeme oder Dienstleistungen.

60 Um nachzuweisen, wie ein immaterieller Vermögenswert einen voraussichtlichen künftigen wirtschaftlichen Nutzen erzeugen wird, beurteilt ein Unternehmen den aus dem Vermögenswert zu erzielenden künftigen wirtschaftlichen Nutzen, indem es die Grundsätze in IAS 36 *Wertminderung von Vermögenswerten* anwendet. Wird der Vermögenswert nur in Verbindung mit anderen Vermögenswerten einen wirtschaftlichen Nutzen erzeugen, wendet das Unternehmen das in IAS 36 behandelte Konzept der zahlungsmittelgenerierenden Einheiten an.

61 Ob Ressourcen vorhanden sind, sodass ein immaterieller Vermögenswert fertiggestellt und genutzt und der Nutzen aus ihm erlangt werden kann, lässt sich beispielsweise anhand eines Unternehmensplans nachweisen, der die benötigten technischen, finanziellen und sonstigen Ressourcen sowie die Fähigkeit des Unternehmens zur Sicherung dieser Ressourcen zeigt. In einigen Fällen weist ein Unternehmen die Verfügbarkeit von Fremdkapital mittels einer vom Kreditgeber erhaltenen Absichtserklärung, den Plan zu finanzieren, nach.

62 Die Kostenrechnungssysteme eines Unternehmens können oftmals die Herstellungskosten eines selbst geschaffenen immateriellen Vermögenswerts verlässlich ermitteln, wie beispielsweise Gehälter und sonstige Ausgaben, die bei der Sicherung von Urheberrechten oder Lizenzen oder bei der Entwicklung von Computersoftware anfallen.

63 Selbst geschaffene Markennamen, Drucktitel, Verlagsrechte, Kundenlisten sowie ihrem Wesen nach ähnliche Sachverhalte dürfen nicht als immaterielle Vermögenswerte angesetzt werden.

64 Ausgaben für selbst geschaffene Markennamen, Drucktitel, Verlagsrechte, Kundenlisten sowie dem Wesen nach ähnliche Sachverhalte können

nicht von den Ausgaben für die Entwicklung des Unternehmens als Ganzes unterschieden werden. Aus diesem Grund werden solche Sachverhalte nicht als immaterielle Vermögenswerte angesetzt.

Herstellungskosten eines selbst geschaffenen immateriellen Vermögenswerts

65 Die Herstellungskosten eines selbst geschaffenen immateriellen Vermögenswerts im Sinne des Paragraphen 24 entsprechen der Summe der Ausgaben, die ab dem Zeitpunkt anfallen, ab dem der immaterielle Vermögenswert die in den Paragraphen 21, 22 und 57 beschriebenen Ansatzkriterien erstmals erfüllt. Paragraph 71 untersagt die Nachaktivierung von Ausgaben, die zuvor bereits als Aufwand erfasst wurden.

66 Die Herstellungskosten eines selbst geschaffenen immateriellen Vermögenswerts umfassen alle Kosten, die dem Entwurf, der Herstellung und der Vorbereitung des Vermögenswerts mit dem Ziel, ihn in einen Zustand zu versetzen, der die vom Management beabsichtigte Nutzung ermöglicht, einzeln zugeordnet werden können. Beispiele für Kosten, die einzeln zugeordnet werden können, sind

a) Kosten für Materialien und Dienstleistungen, die bei der Erzeugung des immateriellen Vermögenswerts genutzt oder verbraucht werden,
b) Aufwendungen für Leistungen an Arbeitnehmer (wie in IAS 19 definiert), die bei der Erzeugung des immateriellen Vermögenswerts anfallen,
c) Registrierungsgebühren eines Rechtsanspruchs und
d) planmäßige Abschreibungen der Patente und Lizenzen, die zur Erzeugung des immateriellen Vermögenswerts genutzt werden.

IAS 23 bestimmt, nach welchen Kriterien Zinsen als Teil der Herstellungskosten eines selbst geschaffenen immateriellen Vermögenswerts angesetzt werden.

67 Keine Bestandteile der Herstellungskosten eines selbst geschaffenen immateriellen Vermögenswerts sind

a) Vertriebs- und Verwaltungsgemeinkosten sowie sonstige Gemeinkosten, es sei denn, diese Kosten können der Vorbereitung des Vermögenswerts auf die Nutzung einzeln zugeordnet werden,
b) identifizierte Ineffizienzen und anfängliche Betriebsverluste, die auftreten, bevor der Vermögenswert seine geplante Ertragskraft erreicht hat, und
c) Ausgaben für die Schulung von Mitarbeitern im Umgang mit dem Vermögenswert.

Beispiel zur Veranschaulichung von Paragraph 65

Ein Unternehmen entwickelt ein neues Produktionsverfahren. Die in 20X5 angefallenen Ausgaben beliefen sich auf 1000 WE(ª), wovon 900 WE vor dem 1. Dezember 20X5 und 100 WE zwischen dem 1. Dezember 20X5 und dem 31. Dezember 20X5 anfielen. Das Unternehmen kann nachweisen, dass das Produktionsverfahren zum 1. Dezember 20X5 die Kriterien für einen Ansatz als immaterieller Vermögenswert erfüllte. Der erzielbare Betrag des in diesem Verfahren verankerten Know-hows (einschließlich künftiger Zahlungsmittelabflüsse, um das Verfahren vor seiner eigentlichen Nutzung fertigzustellen) wird auf 500 WE geschätzt.

(ª) In diesem Standard werden Geldbeträge in „Währungseinheiten" (WE) angegeben.

Ende 20X5 wird das Produktionsverfahren als immaterieller Vermögenswert mit Herstellungskosten in Höhe von 100 WE angesetzt (Ausgaben, die seit dem Zeitpunkt der Erfüllung der Ansatzkriterien, d. h. dem 1. Dezember 20X5, angefallen sind). Die Ausgaben in Höhe von 900 WE, die vor dem 1. Dezember 20X5 angefallen waren, werden als Aufwand erfasst, da die Ansatzkriterien erst ab dem 1. Dezember 20X5 erfüllt wurden. Diese Ausgaben sind nicht Teil der in der Bilanz angesetzten Herstellungskosten des Produktionsverfahrens.

Im Jahr 20X6 betragen die angefallenen Ausgaben 2000 WE. Ende 20X6 wird der erzielbare Betrag des in diesem Verfahren verankerten Know-hows (einschließlich künftiger Zahlungsmittelabflüsse, um das Verfahren vor seiner eigentlichen Nutzung fertigzustellen) auf 1900 WE geschätzt.

Ende 20X6 belaufen sich die Herstellungskosten des Produktionsverfahrens auf 2100 WE (Ausgaben von 100 WE werden Ende 20X5 angesetzt plus Ausgaben von 2000 WE im Jahr 20X6). Das Unternehmen erfasst einen Wertminderungsaufwand in Höhe von 200 WE, um den Buchwert des Verfahrens vor dem Wertminderungsaufwand (2100 WE) an seinen erzielbaren Betrag (1900 WE) anzupassen. Dieser Wertminderungsaufwand wird in einer Folgeperiode aufgeholt, wenn die in IAS 36 dargelegten Vorschriften für eine Wertaufholung erfüllt sind.

ERFASSUNG EINES AUFWANDS

68 Ausgaben für einen immateriellen Posten sind in der Periode als Aufwand zu erfassen, in der sie anfallen, es sei denn, dass

a) sie Teil der Anschaffungs- oder Herstellungskosten eines immateriellen Vermögenswerts sind, der die Ansatzkriterien erfüllt (siehe Paragraphen 18–67), oder

b) der Posten bei einem Unternehmenszusammenschluss erworben wird und nicht als immaterieller Vermögenswert angesetzt werden kann. Ist dies der Fall, sind sie Teil des Betrags, der zum Erwerbszeitpunkt als Geschäfts- oder Firmenwert angesetzt wird (siehe IFRS 3).

69 Manchmal entstehen Ausgaben, mit denen für ein Unternehmen ein künftiger wirtschaftlicher Nutzen erzielt werden soll, ohne dass ein immaterieller Vermögenswert oder sonstiger Vermögenswert erworben oder geschaffen wird, der

angesetzt werden kann. Im Falle der Lieferung von Gütern setzt ein Unternehmen solche Ausgaben dann als Aufwand an, wenn es ein Recht auf Zugang zu diesen Gütern erhält. Im Falle der Erbringung von Dienstleistungen setzt ein Unternehmen solche Ausgaben dann als Aufwand an, wenn es die Dienstleistungen erhält. Beispielsweise werden Ausgaben für Forschung, außer wenn sie bei einem Unternehmenszusammenschluss anfallen, in der Periode als Aufwand erfasst, in der sie anfallen (siehe Paragraph 54). Weitere Beispiele für Ausgaben, die in der Periode als Aufwand erfasst werden, in der sie anfallen, sind

a) Ausgaben für die Gründung und den Anlauf eines Geschäftsbetriebs (d. h. Gründungs- und Anlaufkosten), es sei denn, diese Ausgaben sind in den Anschaffungs- oder Herstellungskosten einer Sachanlage gemäß IAS 16 enthalten. Zu den Gründungs- und Anlaufkosten zählen Gründungskosten wie Rechts- und sonstige Kosten, die bei der Gründung einer juristischen Einheit anfallen, Ausgaben für die Eröffnung einer neuen Betriebsstätte oder eines neuen Geschäfts (d. h. Eröffnungskosten) oder Ausgaben für die Aufnahme neuer Tätigkeitsbereiche oder die Einführung neuer Produkte oder Verfahren (d. h. Anlaufkosten);
b) Ausgaben für Aus- und Weiterbildungsaktivitäten;
c) Ausgaben für Werbekampagnen und Maßnahmen der Verkaufsförderung (einschließlich Versandhauskataloge);
d) Ausgaben für die Verlegung oder Reorganisation von Unternehmensteilen oder des gesamten Unternehmens.

69A Ein Unternehmen hat ein Recht auf Zugang zu Gütern, wenn diese in seinem Eigentum stehen. Ebenso hat ein Unternehmen ein Recht auf Zugang zu Gütern, die gemäß einem Liefervertrag von einem Lieferanten hergestellt wurden und das Unternehmen ihre Lieferung gegen Bezahlung verlangen kann. Dienstleistungen gelten dann als erhalten, wenn sie von einem Dienstleister gemäß einem Dienstleistungsvertrag mit dem Unternehmen erbracht werden und nicht, wenn das Unternehmen sie zur Erbringung einer anderen Dienstleistung nutzt (wie z. B. für Kundenwerbung).

70 Paragraph 68 schließt den Ansatz einer Vorauszahlung als Vermögenswert nicht aus, wenn die Zahlung für die Lieferung von Gütern vor dem Erhalt des Rechts seitens des Unternehmens auf Zugang zu diesen Gütern erfolgte. Ebenso schließt Paragraph 68 den Ansatz einer Vorauszahlung als Vermögenswert nicht aus, wenn die Zahlung für die Erbringung von Dienstleistungen vor dem Erhalt der Dienstleistungen erfolgte.

Keine Erfassung früherer Aufwendungen als Vermögenswert

71 Ausgaben für einen immateriellen Posten, die ursprünglich als Aufwand erfasst wurden, sind zu einem späteren Zeitpunkt nicht als Teil der Anschaffungs- oder Herstellungskosten eines immateriellen Vermögenswerts anzusetzen.

FOLGEBEWERTUNG

72 Ein Unternehmen hat als seine Rechnungslegungsmethode entweder das Anschaffungskostenmodell gemäß Paragraph 74 oder das Neubewertungsmodell gemäß Paragraph 75 zu wählen. Wird ein immaterieller Vermögenswert nach dem Neubewertungsmodell bilanziert, sind alle anderen Vermögenswerte seiner Gruppe ebenfalls nach demselben Modell zu bilanzieren, es sei denn, dass kein aktiver Markt für diese Vermögenswerte existiert.

73 Eine Gruppe immaterieller Vermögenswerte ist eine Zusammenfassung von Vermögenswerten, die hinsichtlich ihrer Art und Verwendung innerhalb der Geschäftstätigkeit eines Unternehmens ähnlich sind. Die Posten innerhalb einer Gruppe immaterieller Vermögenswerte sind gleichzeitig neu zu bewerten, um zu vermeiden, dass Vermögenswerte selektiv neubewertet werden und dass Beträge in den Abschlüssen dargestellt werden, die eine Mischung aus Anschaffungs- oder Herstellungskosten und neu bewerteten Beträgen zu unterschiedlichen Zeitpunkten darstellen.

Anschaffungskostenmodell

74 Nach dem erstmaligen Ansatz ist ein immaterieller Vermögenswert mit seinen Anschaffungs- oder Herstellungskosten zu bilanzieren, abzüglich aller kumulierten planmäßigen Abschreibungen und aller kumulierten Wertminderungsaufwendungen.

Neubewertungsmodell

75 Nach dem erstmaligen Ansatz ist ein immaterieller Vermögenswert mit einem Neubewertungsbetrag fortzuführen, der seinem beizulegenden Zeitwert zum Zeitpunkt der Neubewertung, abzüglich nachfolgender kumulierter planmäßiger Abschreibungen und nachfolgender kumulierter Wertminderungsaufwendungen, entspricht. Im Rahmen der unter diesen Standard fallenden Neubewertungen ist der beizulegende Zeitwert unter Bezugnahme auf einen aktiven Markt zu bestimmen. Neubewertungen sind mit einer solchen Regelmäßigkeit vorzunehmen, dass der Buchwert des Vermögenswerts nicht wesentlich von seinem beizulegenden Zeitwert am Abschlussstichtag abweicht.

76 Das Neubewertungsmodell untersagt
a) die Neubewertung immaterieller Vermögenswerte, die zuvor nicht als Vermögenswerte angesetzt wurden, oder
b) den erstmaligen Ansatz immaterieller Vermögenswerte mit von ihren Anschaffungs- oder Herstellungskosten abweichenden Beträgen.

77 Das Neubewertungsmodell wird angewandt, nachdem ein Vermögenswert erstmalig mit seinen Anschaffungs- oder Herstellungskosten angesetzt wurde. Wird allerdings nur ein Teil der Anschaf-

fungs- oder Herstellungskosten eines immateriellen Vermögenswerts als Vermögenswert angesetzt, da der Vermögenswert die Ansatzkriterien erst zu einem späteren Zeitpunkt erfüllt hat (siehe Paragraph 65), kann das Neubewertungsmodell auf den gesamten Vermögenswert angewandt werden. Zudem kann das Neubewertungsmodell auf einen immateriellen Vermögenswert angewandt werden, der durch eine Zuwendung der öffentlichen Hand zuging und zu einem nominellen Wert angesetzt wurde (siehe Paragraph 44).

78 Auch wenn ein aktiver Markt für einen immateriellen Vermögenswert normalerweise nicht existiert, kann dies dennoch vorkommen. Zum Beispiel kann in manchen Ländern ein aktiver Markt für frei übertragbare Taxilizenzen, Fischereilizenzen oder Produktionsquoten bestehen. Allerdings gibt es keinen aktiven Markt für Markennamen, Drucktitel bei Zeitungen, Musik- und Filmverlagsrechte, Patente oder Warenzeichen, da jeder dieser Vermögenswerte einzigartig ist. Und obwohl immaterielle Vermögenswerte gekauft und verkauft werden, werden Verträge zwischen einzelnen Käufern und Verkäufern ausgehandelt, und Transaktionen finden relativ selten statt. Aus diesen Gründen bildet der für einen Vermögenswert gezahlte Preis möglicherweise keinen ausreichenden Anhaltspunkt für den beizulegenden Zeitwert eines anderen. Darüber hinaus stehen der Öffentlichkeit die Preise oft nicht zur Verfügung.

79 Die Häufigkeit von Neubewertungen ist abhängig vom Ausmaß der Schwankung (Volatilität) des beizulegenden Zeitwerts der einer Neubewertung unterliegenden immateriellen Vermögenswerte. Weicht der beizulegende Zeitwert eines neu bewerteten Vermögenswerts wesentlich von seinem Buchwert ab, ist eine weitere Neubewertung notwendig. Manche immateriellen Vermögenswerte können erhebliche und starke Schwankungen ihres beizulegenden Zeitwerts erfahren, wodurch eine jährliche Neubewertung erforderlich wird. Derartig häufige Neubewertungen sind bei immateriellen Vermögenswerten mit nur unerheblichen Bewegungen des beizulegenden Zeitwerts nicht notwendig.

80 Bei Neubewertung eines immateriellen Vermögenswerts wird dessen Buchwert an den Neubewertungsbetrag angepasst. Zum Zeitpunkt der Neubewertung wird der Vermögenswert wie folgt behandelt:

a) Der Bruttobuchwert wird in einer Weise angepasst, die mit der Neubewertung des Buchwerts in Einklang steht. So kann der Bruttobuchwert beispielsweise unter Bezugnahme auf beobachtbare Marktdaten oder proportional zur Veränderung des Buchwerts angepasst werden. Die kumulierte planmäßige Abschreibung zum Zeitpunkt der Neubewertung wird so berichtigt, dass sie nach Berücksichtigung kumulierter Wertminderungsaufwendungen der Differenz zwischen dem Bruttobuchwert und dem Buchwert des Vermögenswerts entspricht; oder

b) die kumulierte planmäßige Abschreibung wird gegen den Bruttobuchwert des Vermögenswerts ausgebucht.

Der Betrag, um den die kumulierte planmäßige Abschreibung angepasst wird, ist Bestandteil der Erhöhung oder Verringerung des Buchwerts, der gemäß den Paragraphen 85 und 86 bilanziert wird.

81 Kann ein immaterieller Vermögenswert einer Gruppe von neu bewerteten immateriellen Vermögenswerten aufgrund der fehlenden Existenz eines aktiven Markts für diesen Vermögenswert nicht neu bewertet werden, ist der Vermögenswert mit seinen Anschaffungs- oder Herstellungskosten, abzüglich aller kumulierten planmäßigen Abschreibungen und Wertminderungsaufwendungen, anzusetzen.

82 Kann der beizulegende Zeitwert eines neu bewerteten immateriellen Vermögenswerts nicht länger unter Bezugnahme auf einen aktiven Markt ermittelt werden, entspricht der Buchwert des Vermögenswerts seinem Neubewertungsbetrag, der zum Zeitpunkt der letzten Neubewertung unter Bezugnahme auf den aktiven Markt ermittelt wurde, abzüglich aller nachfolgenden kumulierten planmäßigen Abschreibungen und nachfolgenden kumulierten Wertminderungsaufwendungen.

83 Die Tatsache, dass ein aktiver Markt nicht länger für einen neu bewerteten immateriellen Vermögenswert besteht, kann darauf hindeuten, dass der Vermögenswert möglicherweise in seinem Wert gemindert ist und gemäß IAS 36 geprüft werden muss.

84 Kann der beizulegende Zeitwert des Vermögenswerts zu einem nachfolgenden Bewertungsstichtag unter Bezugnahme auf einen aktiven Markt bestimmt werden, wird ab diesem Zeitpunkt das Neubewertungsmodell angewandt.

85 Führt eine Neubewertung zu einer Erhöhung des Buchwerts eines immateriellen Vermögenswerts, ist die Wertsteigerung im sonstigen Ergebnis zu erfassen und im Eigenkapital im Posten Neubewertungsrücklage zu kumulieren. Allerdings wird die Wertsteigerung in dem Umfang erfolgswirksam erfasst, in dem sie eine in der Vergangenheit erfolgswirksam erfasste Abwertung desselben Vermögenswerts aufgrund einer Neubewertung aufholt.

86 Führt eine Neubewertung zu einer Verringerung des Buchwerts eines immateriellen Vermögenswerts, ist die Wertminderung erfolgswirksam zu erfassen. Die Wertminderung ist jedoch im sonstigen Ergebnis zu erfassen, soweit sie ein Guthaben der Neubewertungsrücklage in Bezug auf diesen Vermögenswert nicht übersteigt. Durch die im sonstigen Ergebnis erfasste Wertminderung reduziert sich der Betrag, der im Eigenkapital im Posten Neubewertungsrücklage kumuliert wird.

87 Die im Eigenkapital eingestellte kumulative Neubewertungsrücklage kann bei Realisierung direkt in die Gewinnrücklagen umgebucht werden. Die gesamte Rücklage kann bei Stilllegung

oder Veräußerung des Vermögenswerts realisiert werden. Ein Teil der Rücklage kann jedoch realisiert werden, während der Vermögenswert vom Unternehmen genutzt wird; in solch einem Fall entspricht der realisierte Rücklagenbetrag der Differenz zwischen der planmäßigen Abschreibung auf Basis des neu bewerteten Buchwerts des Vermögenswerts und der planmäßigen Abschreibung, die auf Basis der historischen Anschaffungs- oder Herstellungskosten des Vermögenswerts erfasst worden wäre. Die Umbuchung von der Neubewertungsrücklage in die Gewinnrücklagen erfolgt nicht erfolgswirksam.

NUTZUNGSDAUER

88 Ein Unternehmen hat zu beurteilen, ob die Nutzungsdauer eines immateriellen Vermögenswerts begrenzt oder unbegrenzt ist, und, wenn die Nutzungsdauer begrenzt ist, die Laufzeit dieser Nutzungsdauer bzw. die Anzahl der Produktions- oder ähnlichen Einheiten, die diese Nutzungsdauer bilden, zu bestimmen. Ein immaterieller Vermögenswert ist von einem Unternehmen so anzusehen, als habe er eine unbegrenzte Nutzungsdauer, wenn es aufgrund einer Analyse aller relevanten Faktoren keine vorhersehbare Begrenzung der Periode gibt, in der der Vermögenswert voraussichtlich Nettomittelzuflüsse für das Unternehmen erzeugen wird.

89 Die Bilanzierung eines immateriellen Vermögenswerts basiert auf seiner Nutzungsdauer. Ein immaterieller Vermögenswert mit begrenzter Nutzungsdauer wird planmäßig abgeschrieben (siehe Paragraphen 97–106), ein immaterieller Vermögenswert mit unbegrenzter Nutzungsdauer hingegen nicht (siehe Paragraphen 107–110). Die erläuternden Beispiele zu diesem Standard veranschaulichen die Ermittlung der Nutzungsdauer für verschiedene immaterielle Vermögenswerte und die daraus folgende Bilanzierung dieser Vermögenswerte, je nach ihrer ermittelten Nutzungsdauer.

90 Bei der Ermittlung der Nutzungsdauer eines immateriellen Vermögenswerts werden viele Faktoren in Betracht gezogen, so auch

a) die voraussichtliche Nutzung des Vermögenswerts durch das Unternehmen und die Frage, ob der Vermögenswert unter einem anderen Management effizient eingesetzt werden könnte,

b) für den Vermögenswert typische Produktlebenszyklen und öffentliche Informationen über die geschätzte Nutzungsdauer von ähnlichen Vermögenswerten, die auf ähnliche Weise genutzt werden,

c) technische, technologische, kommerzielle oder andere Arten der Veraltung,

d) die Stabilität der Branche, in der der Vermögenswert zum Einsatz kommt, und Änderungen in der Gesamtnachfrage nach den Produkten oder Dienstleistungen, die mit dem Vermögenswert erzeugt werden,

e) voraussichtliche Handlungen seitens der Wettbewerber oder potenzieller Konkurrenten,

f) die Höhe der Erhaltungsausgaben, die zur Erzielung des erwarteten künftigen wirtschaftlichen Nutzens aus dem Vermögenswert erforderlich sind, sowie die Fähigkeit und Absicht des Unternehmens, dieses Niveau zu erreichen,

g) der Zeitraum der Verfügungsmacht über den Vermögenswert und rechtliche oder ähnliche Beschränkungen hinsichtlich der Nutzung des Vermögenswerts, wie beispielsweise das Auslaufen zugehöriger Leasingverhältnisse, und

h) die Frage, ob die Nutzungsdauer des Vermögenswerts von der Nutzungsdauer anderer Vermögenswerte des Unternehmens abhängt.

91 Der Begriff „unbegrenzt" hat nicht dieselbe Bedeutung wie „endlos". Die Nutzungsdauer eines immateriellen Vermögenswerts spiegelt nur die Höhe der künftigen Erhaltungsausgaben wider, die zur Erhaltung des Vermögenswerts auf dem Niveau der Ertragskraft, die zum Zeitpunkt der Schätzung der Nutzungsdauer des Vermögenswerts festgestellt wurde, erforderlich sind, sowie die Fähigkeit und Absicht des Unternehmens, dieses Niveau zu erreichen. Eine Schlussfolgerung, dass die Nutzungsdauer eines immateriellen Vermögenswerts unbegrenzt ist, sollte nicht davon abhängen, dass die geplanten künftigen Ausgaben höher sind als diejenigen, die zur Erhaltung des Vermögenswerts auf diesem Niveau der Ertragskraft erforderlich sind.

92 Angesichts der raschen technologischen Entwicklung sind Computersoftware und viele andere immaterielle Vermögenswerte technologischer Veraltung ausgesetzt. Daher wird ihre Nutzungsdauer oftmals kurz sein. Wird für die Zukunft mit einem Rückgang des Verkaufspreises eines mithilfe eines immateriellen Vermögenswerts erzeugten Produkts gerechnet, könnte dies ein Indikator dafür sein, dass sich der künftige wirtschaftliche Nutzen des Vermögenswerts aufgrund der für ihn erwarteten technischen oder gewerblichen Veraltung vermindert.

93 Die Nutzungsdauer eines immateriellen Vermögenswerts kann sehr lang sein bzw. sogar unbegrenzt. Bei Ungewissheit ist es gerechtfertigt, die Nutzungsdauer eines immateriellen Vermögenswerts vorsichtig zu schätzen, allerdings rechtfertigt sie nicht die Wahl einer unrealistisch kurzen Nutzungsdauer.

94 Die Nutzungsdauer eines immateriellen Vermögenswerts, der sich aus vertraglichen oder sonstigen Rechten ergibt, darf den Zeitraum der vertraglichen oder sonstigen Rechte nicht überschreiten, kann jedoch kürzer sein, je nachdem über welchen Zeitraum das Unternehmen diesen Vermögenswert voraussichtlich nutzt. Wenn die vertraglichen oder sonstigen Rechte für eine begrenzte Dauer mit der Möglichkeit der Verlängerung übertragen werden, darf die Nutzungsdauer des immateriellen Ver-

mögenswerts den Verlängerungszeitraum/die Verlängerungszeiträume nur mit einschließen, wenn es Anhaltspunkte dafür gibt, dass eine Verlängerung durch das Unternehmen ohne erhebliche Kosten möglich ist. Die Nutzungsdauer eines zurückerworbenen Rechts, das bei einem Unternehmenszusammenschluss als immaterieller Vermögenswert angesetzt wird, ist der verbleibende in dem Vertrag, durch den dieses Recht zugestanden wurde, vereinbarte Zeitraum und darf keine Verlängerungszeiträume einschließen.

95 Es kann sowohl wirtschaftliche als auch rechtliche Faktoren geben, die die Nutzungsdauer eines immateriellen Vermögenswerts beeinflussen. Wirtschaftliche Faktoren bestimmen den Zeitraum, über den ein künftiger wirtschaftlicher Nutzen dem Unternehmen erwächst. Rechtliche Faktoren können den Zeitraum begrenzen, in dem ein Unternehmen Verfügungsmacht über den Zugriff auf diesen Nutzen besitzt. Die Nutzungsdauer entspricht dem kürzeren der durch diese Faktoren bestimmten Zeiträume.

96 Unter anderem die folgenden Faktoren deuten darauf hin, dass ein Unternehmen die vertraglichen oder sonstigen Rechte ohne erhebliche Kosten verlängern könnte:
a) es gibt Anhaltspunkte dafür, die möglicherweise auf Erfahrungen basieren, dass die vertraglichen oder sonstigen Rechte verlängert werden. Wenn die Verlängerung von der Zustimmung eines Dritten abhängt, gehört der Anhaltspunkt dafür, dass der Dritte seine Zustimmung geben wird, dazu;
b) es gibt Anhaltspunkte dafür, dass etwaige Voraussetzungen für eine Verlängerung erfüllt sind, sowie
c) die Verlängerungskosten sind für das Unternehmen unerheblich im Vergleich zu dem künftigen wirtschaftlichen Nutzen, der dem Unternehmen durch diese Verlängerung zufließen wird.

Falls die Verlängerungskosten im Vergleich zu dem künftigen wirtschaftlichen Nutzen, der dem Unternehmen voraussichtlich durch diese Verlängerung zufließen wird, erheblich sind, stellen die Verlängerungskosten dem Wesen nach die Kosten für die Anschaffung eines neuen immateriellen Vermögenswerts zum Verlängerungszeitpunkt dar.

IMMATERIELLE VERMÖGENSWERTE MIT BEGRENZTER NUTZUNGSDAUER

Abschreibungszeitraum und Abschreibungsmethode

97 Der Abschreibungsbetrag eines immateriellen Vermögenswerts mit begrenzter Nutzungsdauer ist planmäßig über seine Nutzungsdauer zu verteilen. Die planmäßige Abschreibung beginnt, sobald der Vermögenswert nutzungsbereit ist, d. h. wenn er sich an seinem Standort und in dem Zustand befindet, der erforderlich ist, damit er in der vom Management beabsichtigten Weise genutzt werden kann. Die planmäßige Abschreibung ist zu dem früheren der folgenden Zeitpunkte zu beenden: der Zeitpunkt, zu dem der Vermögenswert gemäß IFRS 5 als zur Veräußerung gehalten eingestuft (oder in eine als zur Veräußerung gehalten eingestufte Veräußerungsgruppe aufgenommen) wird, und der Zeitpunkt, zu dem er ausgebucht wird. Die verwendete Abschreibungsmethode hat dem erwarteten Verlauf des Verbrauchs des künftigen wirtschaftlichen Nutzens des Vermögenswerts durch das Unternehmen zu entsprechen. Kann dieser Verlauf nicht verlässlich ermittelt werden, ist die lineare Abschreibungsmethode anzuwenden. Die für jede Periode anfallenden planmäßigen Abschreibungen sind erfolgswirksam zu erfassen, es sei denn, dieser oder ein anderer Standard erlaubt oder verlangt, dass sie in den Buchwert eines anderen Vermögenswerts einzubeziehen sind.

98 Für die systematische Verteilung des Abschreibungsbetrags eines Vermögenswerts über dessen Nutzungsdauer können verschiedene Abschreibungsmethoden herangezogen werden. Zu diesen Methoden zählen die lineare und die degressive sowie die leistungsabhängige planmäßige Abschreibung. Die anzuwendende Methode wird auf der Grundlage des erwarteten Verlaufs des Verbrauchs des künftigen wirtschaftlichen Nutzens dieses Vermögenswerts ausgewählt und von Periode zu Periode stetig angewandt, es sei denn, der erwartete Verlauf des Verbrauchs des künftigen wirtschaftlichen Nutzens ändert sich.

98A Es besteht die widerlegbare Vermutung, dass eine Abschreibungsmethode, die sich auf die Umsatzerlöse aus einer Tätigkeit stützt, die die Verwendung eines immateriellen Vermögenswerts einschließt, als nicht sachgerecht zu betrachten ist. Umsatzerlöse aus einer Tätigkeit, die die Verwendung eines immateriellen Vermögenswerts einschließt, spiegeln in der Regel Faktoren wider, die nicht unmittelbar mit dem Verbrauch des wirtschaftlichen Nutzens dieses immateriellen Vermögenswerts in Verbindung stehen. So werden die Umsatzerlöse beispielsweise durch andere Inputfaktoren und Prozesse, durch die Absatzmenge und durch Veränderungen bei Absatzvolumen und -preisen beeinflusst. Die Preiskomponente der Umsatzerlöse kann durch Inflation beeinflusst werden, was sich nicht auf den Verbrauch eines Vermögenswerts auswirkt. Diese Vermutung kann nur widerlegt werden, wenn
a) der immaterielle Vermögenswert gemäß Paragraph 98C nach seinen Erlösen bemessen wird oder
b) nachgewiesen werden kann, dass eine starke Korrelation zwischen den Erlösen und dem Verbrauch des wirtschaftlichen Nutzens des immateriellen Vermögenswerts besteht.

98B Bei der Wahl einer sachgerechten Abschreibungsmethode nach Paragraph 98 könnte das Unternehmen den für den immateriellen Vermögenswert maßgeblichen begrenzenden Faktor bestimmen. So könnte beispielsweise im einem

Vertrag, der die Rechte des Unternehmens auf Nutzung eines immateriellen Vermögenswerts regelt, diese Nutzung auf eine im Voraus festgelegte Anzahl von Jahren (d. h. einen Zeitraum), auf eine bestimmte Stückzahl oder auf einen Gesamtbetrag der zu erzielenden Umsatzerlöse begrenzt sein. Für die Feststellung der sachgerechten Abschreibungsbasis könnte die Ermittlung eines solchen maßgeblichen begrenzenden Faktors als Ausgangspunkt dienen, doch kann auch eine andere Basis herangezogen werden, wenn diese den erwarteten Verlauf des Verbrauchs des wirtschaftlichen Nutzens genauer abbildet.

98C In Fällen, in denen der für einen immateriellen Vermögenswert maßgebliche begrenzende Faktor die Erreichung einer Umsatzschwelle ist, können die zu erzielenden Umsatzerlöse eine angemessene Abschreibungsgrundlage darstellen. So könnte ein Unternehmen beispielsweise eine Konzession zur Exploration und Förderung von Gold aus einer Goldmine erwerben. Der Vertrag könnte vorsehen, dass er endet, wenn mit der Förderung Gesamtumsatzerlöse in bestimmter Höhe erzielt wurden (so könnte der Vertrag die Goldförderung aus der Mine so lange zugestehen, bis mit dem Verkauf des Goldes Gesamtumsatzerlöse von 2 Mrd. WE erzielt wurden), und weder eine zeitliche noch eine mengenmäßige Vorgabe enthalten. In einem anderen Beispiel könnte das Recht auf Betrieb einer mautpflichtigen Straße so lange bestehen, bis mit den Gebühreneinnahmen Gesamtumsatzerlöse in bestimmter Höhe erzielt wurden (so könnte der Vertrag den Betrieb der mautpflichtigen Strecke so lange zugestehen, bis die Gesamtgebühreneinnahmen 100 Mio. WE erreichen). In Fällen, in denen im Vertrag über die Nutzung des immateriellen Vermögenswerts die Umsatzerlöse als maßgeblicher begrenzender Faktor festgelegt sind, könnten die zu erzielenden Erlöse eine angemessene Grundlage für die planmäßige Abschreibung des immateriellen Vermögenswerts darstellen, sofern für die zu erzielenden Umsatzerlöse im Vertrag ein fester Gesamtbetrag vorgesehen ist, auf dessen Grundlage die Abschreibung zu bestimmen ist.

99 Planmäßige Abschreibungen werden in der Regel erfolgswirksam erfasst. Manchmal fließt jedoch der künftige wirtschaftliche Nutzen eines Vermögenswerts in die Herstellung anderer Vermögenswerte ein. In diesem Fall stellt die planmäßige Abschreibung einen Teil der Herstellungskosten des anderen Vermögenswerts dar und wird in dessen Buchwert einbezogen. Beispielsweise wird die planmäßige Abschreibung auf immaterielle Vermögenswerte, die in einem Produktionsverfahren verwendet werden, in den Buchwert der Vorräte einbezogen (siehe IAS 2 *Vorräte*).

Restwert

100 Der Restwert eines immateriellen Vermögenswerts mit begrenzter Nutzungsdauer ist mit null anzusetzen, es sei denn, dass

a) eine Verpflichtung seitens einer dritten Partei besteht, den Vermögenswert am Ende seiner Nutzungsdauer zu erwerben, oder

b) ein aktiver Markt (gemäß Definition in IFRS 13) für den Vermögenswert besteht und

  i) der Restwert unter Bezugnahme auf diesen Markt ermittelt werden kann und

  ii) es wahrscheinlich ist, dass ein solcher Markt am Ende der Nutzungsdauer des Vermögenswerts bestehen wird.

101 Der Abschreibungsbetrag eines Vermögenswerts mit begrenzter Nutzungsdauer wird nach Abzug seines Restwerts ermittelt. Ein anderer Restwert als null impliziert, dass ein Unternehmen von einer Veräußerung des immateriellen Vermögenswerts vor dem Ende seiner wirtschaftlichen Nutzungsdauer ausgeht.

102 Eine Schätzung des Restwerts eines Vermögenswerts beruht auf dem bei Abgang erzielbaren Betrag unter Verwendung von Preisen, die zum Zeitpunkt der Schätzung für den Verkauf eines ähnlichen Vermögenswerts gelten, der das Ende seiner Nutzungsdauer erreicht hat und unter ähnlichen Bedingungen zum Einsatz kam wie der künftig einzusetzende Vermögenswert. Der Restwert wird mindestens am Ende jedes Geschäftsjahrs überprüft. Eine Änderung des Restwerts eines Vermögenswerts wird als Änderung einer Schätzung gemäß IAS 8 *Rechnungslegungsmethoden, Änderungen von rechnungslegungsbezogenen Schätzungen und Fehler* bilanziert.

103 Der Restwert eines Vermögenswerts kann bis zu einem Betrag ansteigen, der entweder dem Buchwert des Vermögenswerts entspricht oder ihn übersteigt. Wenn dies der Fall ist, ist die planmäßige Abschreibung des Vermögenswerts null, solange der Restwert anschließend nicht unter den Buchwert des Vermögenswerts gefallen ist.

Überprüfung des Abschreibungszeitraums und der Abschreibungsmethode

104 Der Abschreibungszeitraum und die Abschreibungsmethode sind für einen immateriellen Vermögenswert mit begrenzter Nutzungsdauer mindestens zum Ende jedes Geschäftsjahrs zu überprüfen. Unterscheidet sich die erwartete Nutzungsdauer des Vermögenswerts von vorangegangenen Schätzungen, ist der Abschreibungszeitraum entsprechend zu ändern. Hat sich der erwartete Verlauf des Verbrauchs des künftigen wirtschaftlichen Nutzens des Vermögenswerts geändert, ist die Abschreibungsmethode anzupassen, um dem veränderten Verlauf Rechnung zu tragen. Derartige Änderungen sind als Änderungen einer rechnungslegungsbezogenen Schätzung gemäß IAS 8 zu bilanzieren.

105 Während der Lebensdauer eines immateriellen Vermögenswerts kann es sich zeigen, dass die Schätzung hinsichtlich seiner Nutzungsdauer nicht sachgerecht ist. Beispielsweise kann die Erfassung eines Wertminderungsaufwands darauf

hindeuten, dass der Abschreibungszeitraum geändert werden muss.

106 Der Verlauf des künftigen wirtschaftlichen Nutzens, der einem Unternehmen aus einem immateriellen Vermögenswert voraussichtlich zufließen wird, kann sich mit der Zeit ändern. Beispielsweise kann es sich zeigen, dass eine degressive Abschreibungsmethode geeigneter ist als eine lineare. Ein weiteres Beispiel besteht darin, dass sich die Nutzung der mit einer Lizenz verbundenen Rechte verzögert, bis in Bezug auf andere Bestandteile des Unternehmensplans Maßnahmen ergriffen worden sind. In diesem Fall kann der wirtschaftliche Nutzen aus dem Vermögenswert möglicherweise erst in späteren Perioden erzielt werden.

IMMATERIELLE VERMÖGENSWERTE MIT UNBEGRENZTER NUTZUNGSDAUER

107 Ein immaterieller Vermögenswert mit unbegrenzter Nutzungsdauer darf nicht planmäßig abgeschrieben werden.

108 Nach IAS 36 ist ein Unternehmen verpflichtet, einen immateriellen Vermögenswert mit unbegrenzter Nutzungsdauer auf Wertminderung zu überprüfen, indem es seinen erzielbaren Betrag
a) jährlich und
b) wann immer es einen Anhaltspunkt dafür gibt, dass der immaterielle Vermögenswert wertgemindert sein könnte, mit seinem Buchwert vergleicht.

Überprüfung der Einschätzung der Nutzungsdauer

109 Die Nutzungsdauer eines immateriellen Vermögenswerts, der nicht planmäßig abgeschrieben wird, ist in jeder Periode zu überprüfen, um zu ermitteln, ob für diesen Vermögenswert die Ereignisse und Umstände weiterhin die Einschätzung einer unbegrenzten Nutzungsdauer rechtfertigen. Ist dies nicht der Fall, ist die Änderung der Einschätzung der Nutzungsdauer von unbegrenzt auf begrenzt als Änderung einer rechnungslegungsbezogenen Schätzung gemäß IAS 8 zu bilanzieren.

110 Gemäß IAS 36 ist die Neueinschätzung der Nutzungsdauer eines immateriellen Vermögenswerts als begrenzt und nicht mehr als unbegrenzt ein Hinweis darauf, dass dieser Vermögenswert wertgemindert sein könnte. Demzufolge prüft das Unternehmen den Vermögenswert auf Wertminderung, indem es seinen erzielbaren Betrag, ermittelt gemäß IAS 36, mit seinem Buchwert vergleicht und jeden Überschuss des Buchwerts über den erzielbaren Betrag als Wertminderungsaufwand erfasst.

ERZIELBARKEIT DES BUCHWERTS – WERTMINDERUNGSAUFWAND

111 Um zu beurteilen, ob ein immaterieller Vermögenswert in seinem Wert gemindert ist, wendet ein Unternehmen IAS 36 an. Dieser Standard erklärt, wann und wie ein Unternehmen den Buchwert seiner Vermögenswerte überprüft, wie es den erzielbaren Betrag eines Vermögenswerts ermittelt und wann es einen Wertminderungsaufwand erfasst oder aufholt.

STILLLEGUNGEN UND ABGÄNGE

112 Ein immaterieller Vermögenswert ist auszubuchen
a) bei Abgang oder
b) wenn kein künftiger wirtschaftlicher Nutzen aus seiner Nutzung oder seinem Abgang zu erwarten ist.

113 Der aus der Ausbuchung eines immateriellen Vermögenswerts resultierende Gewinn oder Verlust entspricht der Differenz zwischen dem eventuellen Nettoveräußerungserlös und dem Buchwert des Vermögenswerts. Diese Differenz ist bei Ausbuchung des Vermögenswerts erfolgswirksam zu erfassen (sofern IFRS 16 bei Sale-and-Leaseback-Transaktionen nichts anderes vorschreibt). Gewinne sind nicht als Umsatzerlöse auszuweisen.

114 Der Abgang eines immateriellen Vermögenswerts kann auf verschiedene Arten erfolgen (z. B. Verkauf, Eintritt in ein Finanzierungsleasingverhältnis oder Schenkung). Als Abgangsdatum eines immateriellen Vermögenswerts gilt das Datum, an dem der Empfänger – gemäß den Vorschriften über die Erfüllung der Leistungsverpflichtung in IFRS 15 – die Verfügungsmacht über den Vermögenswert erlangt. IFRS 16 ist auf Abgänge durch Sale-and- Leaseback-Transaktionen anzuwenden.

115 Wenn ein Unternehmen nach dem Ansatzgrundsatz in Paragraph 21 im Buchwert eines Vermögenswerts die Anschaffungs- oder Herstellungskosten für den Ersatz eines Teils des immateriellen Vermögenswerts erfasst, dann bucht es das Buchwert des ersetzten Teils aus. Wenn es dem Unternehmen nicht möglich ist, den Buchwert des ersetzten Teils zu ermitteln, kann es die Anschaffungs- oder Herstellungskosten für den Ersatz als Hinweis für die Anschaffungs- oder Herstellungskosten des ersetzten Teils zum Zeitpunkt seines Erwerbs oder seiner Herstellung nehmen.

115A Wird ein bei einem Unternehmenszusammenschluss zurückerworbenes Recht zu einem späteren Zeitpunkt an einen Dritten weitergegeben (verkauft), ist der dazugehörige Buchwert, sofern vorhanden, zu verwenden, um den Gewinn bzw. Verlust aus der Weitergabe zu bestimmen.

116 Die Höhe der im Falle der Ausbuchung eines immateriellen Vermögenswerts erfolgswirksam zu erfassenden Gegenleistung ergibt sich aus den Vorschriften über die Bestimmung des Transaktionspreises in IFRS 15 Paragraphen 47 bis 72. Spätere Änderungen des erfolgswirksam erfassten geschätzten Gegenleistungsbetrags werden gemäß den Vorschriften über Änderungen des Transaktionspreises in IFRS 15 erfasst.

117 Die planmäßige Abschreibung eines immateriellen Vermögenswerts mit begrenzter Nutzungsdauer endet nicht, wenn der immaterielle Vermögenswert nicht mehr genutzt wird, sofern der Vermögenswert nicht voll abgeschrieben ist

oder gemäß IFRS 5 als zur Veräußerung gehalten eingestuft wird (oder zu einer als zur Veräußerung gehalten eingestuften Veräußerungsgruppe gehört).

ANGABEN

Allgemeines

118 Ein Unternehmen hat für jede Gruppe immaterieller Vermögenswerte folgende Angaben zu machen, wobei zwischen selbst geschaffenen immateriellen Vermögenswerten und sonstigen immateriellen Vermögenswerten zu unterscheiden ist:

a) ob die Nutzungsdauern unbegrenzt oder begrenzt sind, und wenn die Nutzungsdauer begrenzt ist, die zugrunde gelegten Nutzungsdauern oder die angewandten Abschreibungssätze,

b) die für immaterielle Vermögenswerte mit begrenzter Nutzungsdauer verwendeten Abschreibungsmethoden,

c) der Bruttobuchwert und die kumulierten planmäßigen Abschreibungen (zusammengefasst mit den kumulierten Wertminderungsaufwendungen) zu Beginn und zum Ende der Periode,

d) der/die Posten der Gesamtergebnisrechnung, in dem/denen die planmäßigen Abschreibungen immaterieller Vermögenswerte enthalten sind,

e) eine Überleitung des Buchwerts zu Beginn und zum Ende der Periode unter gesonderter Angabe der

    i) Zugänge, wobei solche aus unternehmensinterner Entwicklung, solche aus gesondertem Erwerb und solche aus Unternehmenszusammenschlüssen separat zu bezeichnen sind,

    ii) Vermögenswerte, die gemäß IFRS 5 als zur Veräußerung gehalten eingestuft werden oder zu einer als zur Veräußerung gehalten eingestuften Veräußerungsgruppe gehören, und anderer Abgänge,

    iii) Wertsteigerungen oder Wertminderungen während der Periode aufgrund von Neubewertungen gemäß den Paragraphen 75, 85 und 86 und von im sonstigen Ergebnis erfassten oder aufgeholten Wertminderungsaufwendungen gemäß IAS 36 (falls vorhanden),

    iv) Wertminderungsaufwendungen, die während der Periode erfolgswirksam gemäß IAS 36 erfasst wurden (falls vorhanden),

    v) Wertminderungsaufwendungen, die während der Periode erfolgswirksam gemäß IAS 36 aufgeholt wurden (falls vorhanden),

    vi) planmäßigen Abschreibungen, die während der Periode erfasst wurden,

    vii) Nettoumrechnungsdifferenzen aufgrund der Umrechnung des Abschlusses in die Darstellungswährung und der Umrechnung einer ausländischen Betriebsstätte in die Darstellungswährung des Unternehmens und

    viii) sonstigen Buchwertänderungen während der Periode.

119 Eine Gruppe immaterieller Vermögenswerte ist eine Zusammenfassung von Vermögenswerten, die hinsichtlich ihrer Art und Verwendung innerhalb der Geschäftstätigkeit eines Unternehmens ähnlich sind. Beispiele für separate Gruppen können sein:

a) Markennamen,

b) Drucktitel und Verlagsrechte,

c) Computersoftware,

d) Lizenzen und Franchiseverträge,

e) Urheberrechte, Patente und sonstige gewerbliche Schutzrechte, Nutzungs- und Betriebskonzessionen,

f) Rezepturen, Modelle, Entwürfe und Prototypen und

g) immaterielle Vermögenswerte in Entwicklung.

Die oben bezeichneten Gruppen werden in kleinere (größere) Gruppen aufgegliedert (zusammengefasst), wenn den Abschlussadressaten dadurch relevantere Informationen zur Verfügung gestellt werden.

120 Zusätzlich zu den in Paragraph 118 (e)(iii)–(v) verlangten Informationen macht ein Unternehmen nach IAS 36 Angaben über im Wert geminderte immaterielle Vermögenswerte.

121 IAS 8 verlangt von einem Unternehmen die Angabe der Art und des Betrags einer Änderung in einer rechnungslegungsbezogenen Schätzung, die entweder eine wesentliche Auswirkung auf die aktuelle Berichtsperiode hat oder von der angenommen wird, dass sie eine wesentliche Auswirkung auf spätere Perioden haben wird. Derartige Angaben resultieren möglicherweise aus Änderungen in Bezug auf

a) die Einschätzung der Nutzungsdauer eines immateriellen Vermögenswerts,

b) die Abschreibungsmethode oder

c) Restwerte.

122 Darüber hinaus hat ein Unternehmen Folgendes anzugeben:

a) für einen immateriellen Vermögenswert, dessen Nutzungsdauer als unbegrenzt eingeschätzt wurde, den Buchwert dieses Vermögenswerts und die Gründe für die Einschätzung seiner Nutzungsdauer als unbegrenzt. Im Rahmen der Begründung hat das Unternehmen den Faktor/die Faktoren zu beschreiben, der/die bei der Feststellung der unbegrenzten Nutzungsdauer des Vermögenswerts eine wesentliche Rolle spielte/spielten;

b) eine Beschreibung, den Buchwert und den verbleibenden Abschreibungszeitraum eines jeden einzelnen immateriellen Vermögenswerts, der für den Abschluss des Unternehmens von wesentlicher Bedeutung ist;

c) für immaterielle Vermögenswerte, die durch eine Zuwendung der öffentlichen Hand erworben und zunächst mit dem beizulegenden Zeitwert angesetzt wurden (siehe Paragraph 44):
   i) den beizulegenden Zeitwert, der für diese Vermögenswerte zunächst angesetzt wurde,
   ii) ihren Buchwert und
   iii) ob sie in der Folgebewertung nach dem Anschaffungskostenmodell oder nach dem Neubewertungsmodell bewertet werden;

d) das Vorhandensein Bestehen und die Buchwerte immaterieller Vermögenswerte, mit denen ein beschränktes Eigentumsrecht verbunden ist, und die Buchwerte immaterieller Vermögenswerte, die als Sicherheit für Schulden verpfändet sind

e) den Betrag für vertragliche Verpflichtungen für den Erwerb immaterieller Vermögenswerte.

123 Wenn ein Unternehmen den Faktor/die Faktoren beschreibt, der/die bei der Feststellung, dass die Nutzungsdauer eines immateriellen Vermögenswerts unbegrenzt ist, eine wesentliche Rolle spielte/spielten, berücksichtigt das Unternehmen die in Paragraph 90 aufgeführten Faktoren.

Folgebewertung von immateriellen Vermögenswerten nach dem Neubewertungsmodell

124 Werden immaterielle Vermögenswerte zu ihrem Neubewertungsbetrag bilanziert, hat das Unternehmen folgende Angaben zu machen:

a) für jede Gruppe immaterieller Vermögenswerte:
   i) den Stichtag der Neubewertung,
   ii) den Buchwert der neu bewerteten immateriellen Vermögenswerte und
   iii) den Buchwert, der angesetzt worden wäre, wenn die neu bewertete Gruppe von immateriellen Vermögenswerten in der Folgebewertung nach dem Anschaffungskostenmodell in Paragraph 74 bewertet worden wäre, und

b) den Betrag der sich auf immaterielle Vermögenswerte beziehenden Neubewertungsrücklage zu Beginn und zum Ende der Periode unter Angabe der Änderungen während der Periode und jeglicher Ausschüttungsbeschränkungen an die Anteilseigner.

c) [gestrichen]

125 Für Angabezwecke kann es erforderlich sein, die Gruppen neu bewerteter Vermögenswerte in größere Gruppen zusammenzufassen. Gruppen werden jedoch nicht zusammengefasst, wenn dies zu einer Kombination einer Gruppe von immateriellen Vermögenswerten führen würde, die sowohl nach dem Anschaffungskostenmodell als auch nach dem Neubewertungsmodell bewertete Beträge enthält.

Forschungs- und Entwicklungsausgaben

126 Ein Unternehmen hat die Summe der Ausgaben für Forschung und Entwicklung anzugeben, die während der Periode als Aufwand erfasst wurden.

127 Forschungs- und Entwicklungsausgaben umfassen sämtliche Ausgaben, die Forschungs- oder Entwicklungsaktivitäten einzeln zugeordnet werden können (siehe die Paragraphen 66 und 67 als Orientierungshilfe für die Arten von Ausgaben, die im Rahmen der Angabevorschrift in Paragraph 126 einzubeziehen sind).

Sonstige Informationen

128 Einem Unternehmen wird empfohlen, aber nicht vorgeschrieben, die folgenden Informationen anzugeben:

a) eine Beschreibung jedes voll abgeschriebenen, aber noch genutzten immateriellen Vermögenswerts und

b) eine kurze Beschreibung wesentlicher immaterieller Vermögenswerte, die in der Verfügungsmacht des Unternehmens stehen, jedoch nicht als Vermögenswerte angesetzt sind, da sie die Ansatzkriterien in diesem Standard nicht erfüllten oder weil sie vor Inkrafttreten der im Jahr 1998 veröffentlichten Fassung von IAS 38 *Immaterielle Vermögenswerte* erworben oder geschaffen wurden.

ÜBERGANGSVORSCHRIFTEN UND ZEITPUNKT DES INKRAFTTRETENS

129 [gestrichen]

130 Ein Unternehmen hat diesen Standard anzuwenden

a) bei der Bilanzierung immaterieller Vermögenswerte, die bei einem Unternehmenszusammenschluss erworben wurden, bei dem das Datum des Vertragsabschlusses der 31. März 2004 oder ein späteres Datum ist, und

b) prospektiv bei der Bilanzierung aller anderen immateriellen Vermögenswerte in Jahresabschlüssen eines am oder nach dem 31. März 2004 beginnenden Geschäftsjahrs. Das Unternehmen hat somit den zu dem Zeitpunkt angesetzten Buchwert der immateriellen Vermögenswerte nicht anzupassen. Zu diesem Zeitpunkt hat das Unternehmen jedoch diesen Standard zur Neueinschätzung der Nutzungsdauer solcher immaterieller Vermögenswerte anzuwenden. Falls infolge dieser Neueinschätzung das Unternehmen seine Einschätzung der Nutzungsdauer eines Vermögenswerts ändert, ist diese Änderung gemäß IAS 8 als eine Änderung einer Schätzung zu bilanzieren.

130A Die Änderungen in Paragraph 2 sind auf Geschäftsjahre anzuwenden, die am oder nach dem 1. Januar 2006 beginnen. Wendet ein Unternehmen IFRS 6 auf eine frühere Periode an, so hat es auf diese Periode auch diese Änderungen anzuwenden.

130B Infolge von IAS 1 *Darstellung des Abschlusses* (in der 2007 überarbeiteten Fassung) wurde die in den IAS/IFRS verwendete Terminologie geändert. Außerdem wurden die Paragraphen 85, 86 und 118(e)(iii) geändert. Diese Änderungen sind auf Geschäftsjahre anzuwenden, die am oder nach dem 1. Januar 2009 beginnen. Wendet ein Unternehmen IAS 1 (überarbeitet 2007) auf eine frühere Periode an, sind auf diese Periode auch diese Änderungen anzuwenden.

130C Durch IFRS 3 (in der 2008 überarbeiteten Fassung) wurden die Paragraphen 12, 33–35, 68, 69, 94 und 130 geändert, die Paragraphen 38 und 129 gestrichen sowie Paragraph 115A eingefügt. Durch die *Verbesserungen der IFRS*, veröffentlicht im April 2009, wurden die Paragraphen 36 und 37 geändert. Diese Änderungen sind prospektiv auf Geschäftsjahre anzuwenden, die am oder nach dem 1. Juli 2009 beginnen. Für immaterielle Vermögenswerte und den Geschäfts- oder Firmenwert bei früheren Unternehmenszusammenschlüssen angesetzte Beträge sind daher nicht anzupassen. Wendet ein Unternehmen IFRS 3 (überarbeitet 2008) auf eine frühere Periode an, so hat es dies anzugeben und auf diese Periode auch diese Änderungen anzuwenden.

130D Durch die *Verbesserungen der IFRS*, veröffentlicht im Mai 2008 wurden die Paragraphen 69, 70 und 98 geändert und Paragraph 69A eingefügt. Diese Änderungen sind auf Geschäftsjahre anzuwenden, die am oder nach dem 1. Januar 2009 beginnen. Eine frühere Anwendung ist zulässig. Wendet ein Unternehmen diese Änderungen auf eine frühere Periode an, hat es dies anzugeben.

130E [gestrichen]

130F Durch IFRS 10 und IFRS 11 *Gemeinschaftliche Vereinbarungen*, veröffentlicht im Mai 2011, wurde Paragraph 3(e) geändert. Wendet ein Unternehmen IFRS 10 und IFRS 11 an, ist diese Änderung ebenfalls anzuwenden.

130G Durch IFRS 13, veröffentlicht im Mai 2011, wurden die Paragraphen 8, 33, 47, 50, 75, 78, 82, 84, 100 und 124 geändert und die Paragraphen 39–41 sowie 130E gestrichen. Wendet ein Unternehmen IFRS 13 an, sind diese Änderungen ebenfalls anzuwenden.

130H Durch die *Jährlichen Verbesserungen an den IFRS-Standards, Zyklus 2010–2012*, veröffentlicht im Dezember 2013, wurde Paragraph 80 geändert. Ein Unternehmen hat diese Änderung auf Geschäftsjahre anzuwenden, die am oder nach dem 1. Juli 2014 beginnen. Eine frühere Anwendung ist zulässig. Wendet ein Unternehmen diese Änderung auf eine frühere Periode an, hat es dies anzugeben.

130I Ein Unternehmen hat die durch die *Jährlichen Verbesserungen an den IFRS-Standards, Zyklus 2010–2012*, vorgenommene Änderung auf alle Neubewertungen anzuwenden, die in Geschäftsjahren erfasst werden, die zu oder nach dem Zeitpunkt der erstmaligen Anwendung dieser Änderung beginnen, sowie im unmittelbar vorangehenden Geschäftsjahr erfasst werden. Ein Unternehmen kann auch für jegliche früher dargestellte Geschäftsjahre angepasste Vergleichsangaben vorlegen, ist hierzu aber nicht verpflichtet. Stellt ein Unternehmen für frühere Perioden keine angepassten Vergleichsinformationen dar, hat es die nicht angepassten Informationen klar zu kennzeichnen; außerdem hat es darauf hinzuweisen, dass diese Informationen auf einer anderen Grundlage beruhen, und diese Grundlage zu erläutern.

130J Mit der im Mai 2014 veröffentlichten *Klarstellung akzeptabler Abschreibungsmethoden* (Änderungen an IAS 16 und IAS 38) wurden die Paragraphen 92 und 98 geändert und die Paragraphen 98A–98C eingefügt. Diese Änderungen sind prospektiv auf Geschäftsjahre anzuwenden, die am oder nach dem 1. Januar 2016 beginnen. Eine frühere Anwendung ist zulässig. Wendet ein Unternehmen diese Änderungen auf eine frühere Periode an, hat es dies anzugeben.

130K Mit dem im Mai 2014 veröffentlichten IFRS 15 *Erlöse aus Verträgen mit Kunden* wurden die Paragraphen 3, 114 und 116 geändert. Wendet ein Unternehmen IFRS 15 an, sind diese Änderungen ebenfalls anzuwenden.

130L Durch IFRS 16, veröffentlicht im Januar 2016, wurden die Paragraphen 3, 6, 113 und 114 geändert. Wendet ein Unternehmen IFRS 16 an, sind diese Änderungen ebenfalls anzuwenden.

130M Durch IFRS 17, veröffentlicht im Mai 2017, wurde Paragraph 3 geändert. Mit der im Juni 2020 veröffentlichten Verlautbarung *Änderungen an IFRS 17*, wurde Paragraph 3 geändert. Wendet ein Unternehmen IFRS 17 an, sind diese Änderungen ebenfalls anzuwenden.

Tausch von ähnlichen Vermögenswerten

131 Die Vorschrift in den Paragraphen 129 und 130(b), diesen Standard prospektiv anzuwenden, bedeutet, dass bei der Bewertung eines Tauschs von Vermögenswerten vor Inkrafttreten dieses Standards auf der Grundlage des Buchwerts des hingegebenen Vermögenswerts das Unternehmen den Buchwert des erworbenen Vermögenswerts nicht anpasst, um den beizulegenden Zeitwert zum Erwerbszeitpunkt widerzuspiegeln.

Frühzeitige Anwendung

132 Unternehmen, auf die der Paragraph 130 anwendbar ist, wird empfohlen, diesen Standard vor dem in Paragraph 130 spezifizierten Zeitpunkt des Inkrafttretens anzuwenden. Wendet ein Unternehmen diesen Standard vor dem Zeitpunkt des Inkrafttretens an, hat es gleichzeitig IFRS 3 und IAS 36 (in der 2004 überarbeiteten Fassung) anzuwenden.

RÜCKNAHME VON IAS 38 (VERÖFFENTLICHT 1998)

133 Der vorliegende Standard ersetzt IAS 38 *Immaterielle Vermögenswerte* (veröffentlicht 1998).

INTERNATIONAL ACCOUNTING STANDARD 39
Finanzinstrumente: Ansatz und Bewertung

IAS 39, VO (EU) 2023/1803

Gliederung	§§
ANWENDUNGSBEREICH	2–7
DEFINITIONEN	8–70
SICHERUNGSBEZIEHUNGEN	71–102Z3
Sicherungsinstrumente	*72–77*
Qualifizierende Instrumente	*72–73*
Designation von Sicherungsinstrumenten	*74–77*
Grundgeschäfte	*78–84*
Qualifizierende Grundgeschäfte	*78–80*
Designation finanzieller Posten als Grundgeschäfte	*81–81A*
Designation nichtfinanzieller Posten als Grundgeschäfte	*82*
Designation von Gruppen von Posten als Grundgeschäfte	*83–84*
Bilanzierung von Sicherungsbeziehungen	*85–102*
Absicherung des beizulegenden Zeitwerts	*89–94*
Absicherung von Zahlungsströmen	*95–101*
Absicherungen einer Nettoinvestition	*102*
Befristete Ausnahmen von der Anwendung spezieller Vorschriften für die Bilanzierung von Sicherungsbeziehungen	*102A–102O*
Anforderung einer „hohen Wahrscheinlichkeit" bei der Absicherung von Zahlungsströmen	*102D*
Umgliederung des im sonstigen Ergebnis erfassten kumulierten Gewinns oder Verlusts	*102E*
Beurteilung der Wirksamkeit	*102F–102G*
Designation finanzieller Posten als Grundgeschäfte	*102H–102I*
Ende der Anwendung	*102J–102O*
Weitere durch die Reform der Referenzzinsätze bedingte vorübergehende Ausnahmen	*102P–102Z3*
Bilanzierung von Sicherungsbeziehungen	*102P–102U*
Bilanzierung qualifizierender Sicherungsbeziehungen	*102V–102X*
Gruppen von Grundgeschäften	*102Y–102Z*
Designation finanzieller Posten als Grundgeschäfte	*102Z1–102Z3*
ZEITPUNKT DES INKRAFTTRETENS UND ÜBERGANGSVORSCHRIFTEN	103–108K
RÜCKNAHME ANDERER VERLAUTBARUNGEN	109–110
ANHANG A: Anwendungsleitlinien	AL1–AL93
SICHERUNGSBEZIEHUNGEN (Paragraphen 71–102)	AL94–AL131
Sicherungsinstrumente (Paragraphen 72–77)	*AL94–AL97*
Qualifizierende Instrumente (Paragraphen 72 und 73)	*AL94–AL97*
Grundgeschäfte (Paragraphen 78–84)	*AL98–101*
Qualifizierende Grundgeschäfte (Paragraphen 78–80)	*AL98–AL99BA*
Designation finanzieller Posten als Grundgeschäfte (Paragraphen 81 und 81A)	*AL99C–AL99F*
Designation nichtfinanzieller Posten als Grundgeschäfte (Paragraph 82)	*AL100*
Designation von Gruppen von Posten als Grundgeschäfte (Paragraphen 83 und 84)	*AL101*
Bilanzierung von Sicherungsbeziehungen (Paragraphen 85–102)	*AL102–AL131*
Beurteilung der Wirksamkeit der Absicherung	*AL105–AL113A*
Bilanzierung der Absicherung des beizulegenden Zeitwerts zur Absicherung eines Portfolios gegen Zinsänderungsrisiken	*AL114–AL131*
ÜBERGANGSVORSCHRIFTEN (PARAGRAPHEN 103–108C)	AL133

ANWENDUNGSBEREICH

2 Dieser Standard ist von allen Unternehmen auf sämtliche Finanzinstrumente anzuwenden, die in den Anwendungsbereich von IFRS 9 Finanzinstrumente fallen, sofern und soweit

a) IFRS 9 die Anwendung der in diesem Standard enthaltenen Vorschriften zur Bilanzierung von Sicherungsbeziehungen zulässt und

b) das Finanzinstrument Teil einer Sicherungsbeziehung ist, die für die Bilanzierung von Sicherungsbeziehungen gemäß dem vorliegenden Standard infrage kommt.

2A–7 [gestrichen]

DEFINITIONEN

8 Die in IFRS 13, IFRS 9 und IAS 32 definierten Begriffe werden im vorliegenden Standard mit der in Anhang A von IFRS 13, Anhang A von IFRS 9 und Paragraph 11 von IAS 32 angegebenen Bedeutung verwendet. IFRS 13, IFRS 9 und IAS 32 definieren die folgenden Begriffe:

- Fortgeführte Anschaffungskosten eines finanziellen Vermögenswerts oder einer finanziellen Verbindlichkeit,
- Ausbuchung,
- Derivat,
- Effektivzinsmethode,
- Effektivzinssatz,
- Eigenkapitalinstrument,
- Beizulegender Zeitwert,
- Finanzieller Vermögenswert,
- Finanzinstrument,
- Finanzielle Verbindlichkeit

und geben Leitlinien zur Anwendung dieser Definitionen.

9 Die folgenden Begriffe werden in diesem Standard mit der angegebenen Bedeutung verwendet:

Definitionen zur Bilanzierung von Sicherungsbeziehungen

Eine *feste Verpflichtung* ist eine rechtlich bindende Vereinbarung zum Austausch einer bestimmten Menge an Ressourcen zu einem festgesetzten Preis und einem festgesetzten Zeitpunkt oder Zeitpunkten.

Eine *erwartete Transaktion* ist eine noch nicht fest zugesagte, aber voraussichtlich eintretende künftige Transaktion.

Ein *Sicherungsinstrument* ist ein designierter derivativer oder (im Falle einer Absicherung von Währungsrisiken) nicht derivativer finanzieller Vermögenswert bzw. eine nicht derivative finanzielle Verbindlichkeit, von deren beizulegendem Zeitwert oder Zahlungsströmen erwartet wird, dass sie Veränderungen des beizulegenden Zeitwerts oder der Zahlungsströme eines designierten Grundgeschäfts kompensieren (in den Paragraphen 72–77 und Anhang A Paragraphen AL94–AL97 wird die Definition des Begriffs „Sicherungsinstrument" weiter ausgeführt).

Ein *Grundgeschäft* ist ein Vermögenswert, eine Schuld, eine feste Verpflichtung, eine mit hoher Wahrscheinlichkeit eintretende erwartete Transaktion oder eine Nettoinvestition in einen ausländischen Geschäftsbetrieb, der/die (a) das Unternehmen dem Risiko einer Veränderung des beizulegenden Zeitwerts oder der künftigen Zahlungsströme aussetzt und (b) als abgesichert designiert wird (in den Paragraphen 78–84 und Anhang A Paragraphen AL98–AL101 wird die Definition des Begriffs „Grundgeschäft" weiter ausgeführt).

Unter *Wirksamkeit der Absicherung* versteht man das Ausmaß, in dem Veränderungen beim beizulegenden Zeitwert oder den Zahlungsströmen des Grundgeschäfts, die einem abgesicherten Risiko zugerechnet werden können, durch Veränderungen beim beizulegenden Zeitwert oder den Zahlungsströmen des Sicherungsinstruments ausgeglichen werden (siehe Anhang A Paragraphen AL105–AL113A).

10–70 [gestrichen]

SICHERUNGSBEZIEHUNGEN

71 Wenn ein Unternehmen IFRS 9 anwendet und seine Rechnungslegungsmethoden nicht so gewählt hat, dass weiterhin die Vorschriften zur Bilanzierung von Sicherungsbeziehungen des vorliegenden Standards angewandt werden (siehe Paragraph 7.2.21 von IFRS 9), hat es die Vorschriften zur Bilanzierung von Sicherungsbeziehungen in Kapitel 6 von IFRS 9 anzuwenden. Bei der Absicherung des beizulegenden Zeitwerts eines prozentualen Anteils eines Portfolios von finanziellen Vermögenswerten oder Verbindlichkeiten gegen das Zinsänderungsrisiko kann ein Unternehmen allerdings gemäß Paragraph 6.1.3 von IFRS 9 anstatt den Vorschriften in IFRS 9 die Vorschriften zur Bilanzierung von Sicherungsbeziehungen gemäß dem vorliegenden Standard anwenden. In diesem Fall muss das Unternehmen auch die besonderen Vorschriften zur Bilanzierung der Absicherung des beizulegenden Zeitwerts bei der Absicherung eines Portfolios gegen das Zinsänderungsrisiko anwenden (siehe Paragraphen 81A, 89A und A114–A132).

Sicherungsinstrumente

Qualifizierende Instrumente

72 Sofern die in Paragraph 88 genannten Bedingungen erfüllt sind, werden in diesem Standard die Umstände, unter denen ein Derivat als Sicherungsinstrument designiert werden kann, nicht beschränkt; davon ausgenommen sind nur bestimmte geschriebene Optionen (siehe Anhang A Paragraph A94). Nichtderivative finanzielle Vermögenswerte oder Verbindlichkeiten können jedoch nur als Sicherungsinstrumente designiert werden, wenn sie der Absicherung eines Währungsrisikos dienen sollen.

73 Für die Bilanzierung von Sicherungsbeziehungen können als Sicherungsinstrumente nur Finanzinstrumente designiert werden, an denen eine nicht zum berichtenden Unternehmen gehörende externe Partei (d. h. außerhalb des Konzerns oder des einzelnen Unternehmens, über den/das berichtet wird) beteiligt ist. Zwar können einzelne Unternehmen innerhalb eines Konzerns oder einzelne Abteilungen innerhalb eines Unternehmens mit anderen Unternehmen desselben Konzerns oder anderen Abteilungen desselben Unternehmens Sicherungsbeziehungen eingehen, doch werden solche konzerninternen Transaktionen bei der Konsolidierung eliminiert und kommen somit für eine Bilanzierung von Sicherungsbeziehungen im Konzernabschluss nicht infrage. Sie können jedoch die Bedingungen für eine Bilanzierung von Sicherungsbeziehungen in den Einzelabschlüssen einzelner Unternehmen des Konzerns erfüllen, sofern sie nicht zu dem Einzelunternehmen gehören, über das berichtet wird.

Designation von Sicherungsinstrumenten

74 In der Regel existiert für ein Sicherungsinstrument in seiner Gesamtheit nur ein einziger beizulegender Zeitwert, und die Faktoren, die bei diesem zu Veränderungen führen, bedingen sich gegenseitig. Daher wird eine Sicherungsbeziehung von einem Unternehmen stets für ein Sicherungsinstrument in seiner Gesamtheit designiert. Die einzigen zulässigen Ausnahmen sind

a) die Trennung eines Optionskontrakts in inneren Wert und Zeitwert, wobei nur die Veränderung des inneren Werts einer Option als Sicherungsinstrument designiert und die Veränderung des Zeitwerts ausgeklammert wird, sowie

b) die Trennung von Zinskomponente und Kassakurs eines Terminkontrakts.

Diese Ausnahmen werden zugelassen, da der innere Wert der Option und die Prämie eines Terminkontrakts in der Regel getrennt bewertet werden können. Eine dynamische Sicherungsstrategie, bei der sowohl der innere Wert als auch der Zeitwert eines Optionskontrakts bewertet werden, kann die Bedingungen für die Bilanzierung von Sicherungsbeziehungen erfüllen.

75 In einer Sicherungsbeziehung kann ein Teil des gesamten Sicherungsinstruments, beispielsweise 50 Prozent des Nominalvolumens, als Sicherungsinstrument designiert werden. Jedoch kann eine Sicherungsbeziehung nicht nur für einen Teil der Zeit, über die das Sicherungsinstrument noch läuft, designiert werden.

76 Ein einzelnes Sicherungsinstrument kann zur Absicherung verschiedener Risiken eingesetzt werden, wenn (a) die abzusichernden Risiken eindeutig ermittelt werden können, (b) die Wirksamkeit der Absicherung nachgewiesen werden kann und (c) es möglich ist, eine exakte Zuordnung des Sicherungsinstruments zu den verschiedenen Risikopositionen zu gewährleisten.

77 Zwei oder mehr Derivate oder Anteile davon (oder im Falle der Absicherung eines Währungsrisikos zwei oder mehr nichtderivative Instrumente oder Anteile davon bzw. eine Kombination aus derivativen und nicht derivativen Instrumenten oder Anteilen davon) können auch dann in Verbindung berücksichtigt und zusammen als Sicherungsinstrument designiert werden, wenn das aus einigen Derivaten resultierende Risiko/die aus einigen Derivaten resultierenden Risiken das aus anderen resultierende Risiko/die aus anderen resultierenden Risiken ausgleicht/ausgleichen. Ein Collar oder ein anderes derivatives Finanzinstrument, bei dem eine geschriebene Option mit einer erworbenen Option kombiniert wird, erfüllt jedoch nicht die Anforderungen an ein Sicherungsinstrument, wenn es sich netto um eine geschriebene Option handelt (für die eine Nettoprämie vereinnahmt wird). Ebenso können zwei oder mehr Finanzinstrumente (oder Anteile davon) als Sicherungsinstrumente designiert werden, jedoch nur, wenn keines von ihnen eine geschriebene Option bzw. netto eine geschriebene Option ist.

Grundgeschäfte

Qualifizierende Grundgeschäfte

78 Ein Grundgeschäft kann ein bilanzierter Vermögenswert oder eine bilanzierte Schuld, eine bilanzunwirksame feste Verpflichtung, eine mit hoher Wahrscheinlichkeit eintretende erwartete Transaktion oder eine Nettoinvestition in einen ausländischen Geschäftsbetrieb sein. Dabei kann es sich (a) um einen einzelnen Vermögenswert, eine einzelne Schuld, eine einzelne feste Verpflichtung, eine mit hoher Wahrscheinlichkeit eintretende erwartete Einzeltransaktion oder eine einzelne Nettoinvestition in einen ausländischen Geschäftsbetrieb oder (b) um eine Gruppe von Vermögenswerten, Schulden, festen Verpflichtungen, erwarteten und mit hoher Wahrscheinlichkeit eintretenden künftigen Transaktionen oder Nettoinvestitionen in ausländische Geschäftsbetriebe mit vergleichbarem Risikoprofil oder (c) bei der Absicherung eines Portfolios gegen Zinsänderungsrisiken um einen Teil eines Portfolios an finanziellen Vermögenswerten oder Verbindlichkeiten, die demselben Risiko unterliegen, handeln.

79 [gestrichen]

80 Für die Bilanzierung von Sicherungsbeziehungen können als Grundgeschäfte nur Vermögenswerte, Schulden, feste Verpflichtungen oder mit hoher Wahrscheinlichkeit eintretende erwartete Transaktionen designiert werden, an denen eine nicht zum Unternehmen gehörende externe Partei beteiligt ist. Daraus folgt, dass Transaktionen zwischen Unternehmen desselben Konzerns nur in den Einzelabschlüssen dieser Unternehmen, nicht aber im Konzernabschluss als Sicherungsbeziehungen bilanziert werden können; davon ausgenommen ist der Konzernabschluss einer Investmentgesellschaft im Sinne von IFRS 10, in dem Transaktionen zwischen einer Investmentgesellschaft und ihren erfolgswirksam zum beizulegenden Zeitwert be-

werteten Tochterunternehmen im Konzernabschluss nicht eliminiert werden. Eine Ausnahme stellt das Währungsrisiko aus einem konzerninternen monetären Posten (z. B. einer Verbindlichkeit/ Forderung zwischen zwei Tochtergesellschaften) dar, das die Voraussetzung für ein Grundgeschäft im Konzernabschluss erfüllt, wenn es zu Gewinnen oder Verlusten aus einer Wechselkursrisikoposition führt, die gemäß IAS 21 *Auswirkungen von Wechselkursänderungen* bei der Konsolidierung nicht vollständig eliminiert werden. Gemäß IAS 21 werden Wechselkursgewinne und -verluste von konzerninternen monetären Posten bei der Konsolidierung nicht vollständig eliminiert, wenn der konzerninterne monetäre Posten zwischen zwei Unternehmen des Konzerns mit unterschiedlichen funktionalen Währungen abgewickelt wird. Des Weiteren können Währungsrisiken einer mit hoher Wahrscheinlichkeit eintretenden künftigen konzerninternen Transaktion die Kriterien eines Grundgeschäfts für den Konzernabschluss erfüllen, sofern die Transaktion in einer anderen Währung als der funktionalen Währung des Unternehmens, das diese Transaktion abschließt, abgewickelt wird und sich das Währungsrisiko im Konzerngewinn oder -verlust niederschlägt.

Designation finanzieller Posten als Grundgeschäfte

81 Ist das Grundgeschäft ein finanzieller Vermögenswert oder eine finanzielle Verbindlichkeit, so kann sich die Absicherung – sofern deren Wirksamkeit ermittelt werden kann – auf Risiken beschränken, denen lediglich ein Teil seiner Zahlungsströme oder seines beizulegenden Zeitwerts ausgesetzt ist (wie ein oder mehrere ausgewählte vertragliche Zahlungsströme oder Teile derer oder ein Anteil am beizulegenden Zeitwert). So kann beispielsweise ein identifizierbarer und gesondert bewertbarer Teil des Zinsrisikos eines zinstragenden Vermögenswerts oder einer zinstragenden Verbindlichkeit als ein abgesichertes Risiko designiert werden (wie z. B. ein risikoloser Zinssatz oder ein Referenzzinsteil des gesamten Zinsrisikos eines abgesicherten Finanzinstruments).

81A Bei der Absicherung des beizulegenden Zeitwerts gegen das Zinsänderungsrisiko eines Portfolios finanzieller Vermögenswerte oder Verbindlichkeiten (und nur in Falle einer solchen Absicherung) kann der abgesicherte Teil anstatt als einzelner Vermögenswert (oder einzelne Verbindlichkeit) in Form eines Währungsbetrags (z. B. eines Dollar-, Euro-, Pfund- oder Rand-Betrags) designiert werden. Auch wenn das Portfolio für Zwecke des Risikomanagements Vermögenswerte und Verbindlichkeiten beinhalten kann, ist der designierte Betrag ein Betrag von Vermögenswerten oder ein Betrag von Verbindlichkeiten. Die Festlegung eines Nettobetrags aus Vermögenswerten und Verbindlichkeiten ist nicht zulässig. Das Unternehmen kann einen Teil des mit diesem designierten Betrag verbundenen Zinsänderungsrisikos absichern. So kann es beispielsweise bei der Absicherung eines Portfolios aus vorzeitig rückzahlbaren Vermögenswerten etwaige Veränderungen des beizulegenden Zeitwerts, die auf Änderungen beim abgesicherten Zinssatz zurückzuführen sind, auf Grundlage der erwarteten statt der vertraglichen Zinsanpassungstermine absichern. [...].

Designation nichtfinanzieller Posten als Grundgeschäfte

82 Handelt es sich bei dem Grundgeschäft nicht um einen finanziellen Vermögenswert oder eine finanzielle Verbindlichkeit, so ist es entweder als ein gegen Währungsrisiken oder als ein insgesamt gegen alle Risiken abgesichertes Geschäft zu designieren, denn zu ermitteln, in welchem Verhältnis die Veränderungen bei Zahlungsströmen und beizulegendem Zeitwert den einzelnen Risiken zuzuordnen sind, wäre mit Ausnahme des Währungsrisikos äußerst schwierig.

Designation von Gruppen von Posten als Grundgeschäfte

83 Ähnliche Vermögenswerte oder Verbindlichkeiten sind nur dann zusammenzufassen und als Gruppe gegen Risiken abzusichern, wenn die einzelnen Vermögenswerte oder Verbindlichkeiten in der Gruppe demselben, als abgesichert designierten Risikofaktor unterliegen. Des Weiteren muss zu erwarten sein, dass die dem abgesicherten Risiko der einzelnen Posten der Gruppe zuzuordnende Veränderung des beizulegenden Zeitwerts zu der dem abgesicherten Risiko der gesamten Gruppe zuzuordnenden Veränderung des beizulegenden Zeitwerts in etwa in einem proportionalen Verhältnis steht.

84 Da ein Unternehmen die Wirksamkeit einer Absicherung beurteilt, indem es die Veränderung des beizulegenden Zeitwerts oder der Zahlungsströme eines Sicherungsinstruments (oder einer Gruppe ähnlicher Sicherungsinstrumente) mit den entsprechenden Änderungen beim Grundgeschäft (oder einer Gruppe ähnlicher Grundgeschäfte) vergleicht, kommt ein Vergleich, bei dem ein Sicherungsinstrument nicht einem bestimmten Grundgeschäft, sondern einer gesamten Nettoposition (z. B. dem Saldo aller festverzinslichen Vermögenswerte und festverzinslichen Verbindlichkeiten mit ähnlichen Laufzeiten) gegenübergestellt wird, nicht für eine Bilanzierung von Sicherungsbeziehungen infrage.

Bilanzierung von Sicherungsbeziehungen

85 Bei der Bilanzierung von Sicherungsbeziehungen wird berücksichtigt, dass Veränderungen des beizulegenden Zeitwerts des Sicherungsinstruments und des Grundgeschäfts gegenläufige Auswirkungen auf den Gewinn und Verlust haben.

86 Es gibt drei Arten von Sicherungsbeziehungen:

a) ***Absicherung des beizulegenden Zeitwerts:*** **Eine Absicherung des Risikos, dass sich der beizulegende Zeitwert eines bilanzierten Vermögenswerts oder einer bilanzierten**

Schuld oder einer bilanzunwirksamen festen Verpflichtung oder eines genau bezeichneten Teils eines solchen Vermögenswerts, einer solchen Schuld oder festen Verpflichtung verändert, sofern diese mögliche Veränderung auf ein bestimmtes Risiko zurückzuführen ist und sich auf den Gewinn oder Verlust auswirken könnte.

b) *Absicherung von Zahlungsströmen:* Eine Absicherung gegen das Risiko schwankender Zahlungsströme, das (i) auf ein bestimmtes mit dem bilanzierten Vermögenswert oder der bilanzierten Schuld (wie beispielsweise ein Teil oder alle künftigen Zinszahlungen einer variabel verzinslichen Verbindlichkeit) oder dem mit einer mit hoher Wahrscheinlichkeit eintretenden erwarteten Transaktion verbundenen Risiko zurückzuführen ist und (ii) sich auf den Gewinn oder Verlust auswirken könnte.

c) *Absicherung einer Nettoinvestition in einen ausländischen Geschäftsbetrieb* im Sinne von IAS 21.

87 Eine Absicherung des Währungsrisikos einer festen Verpflichtung kann als eine Absicherung des beizulegenden Zeitwerts oder als eine Absicherung von Zahlungsströmen bilanziert werden.

88 Eine Sicherungsbeziehung erfüllt nur dann die Voraussetzungen für die Bilanzierung von Sicherungsbeziehungen gemäß den Paragraphen 89–102, wenn alle folgenden Bedingungen erfüllt sind:

a) Zu Beginn der Absicherung sind sowohl die Sicherungsbeziehung als auch die Risikomanagementzielsetzungen und -strategien, die das Unternehmen im Hinblick auf die Absicherung verfolgt, formal zu designieren und zu dokumentieren. Diese Dokumentation hat die Festlegung des Sicherungsinstruments, des Grundgeschäfts oder der abgesicherten Transaktion und die Art des abzusichernden Risikos zu beinhalten sowie eine Beschreibung, wie das Unternehmen die Wirksamkeit des Sicherungsinstruments bei der Kompensation der Risiken aus Veränderungen des beizulegenden Zeitwerts oder der Zahlungsströme des Grundgeschäfts bestimmen wird.

b) Es wird davon ausgegangen, dass das Ziel, Veränderungen bei beizulegendem Zeitwert oder Zahlungsströmen, die dem abgesicherten Risiko zuzuordnen sind, und für diese spezielle Sicherungsbeziehung ursprünglich dokumentierten Risikomanagementstrategie entsprechend zu kompensieren, mit der betreffenden Absicherung mit hoher Wahrscheinlichkeit erreicht wird (siehe Anhang A Paragraphen AL105–AL113A).

c) Bei Absicherungen von Zahlungsströmen muss eine der Absicherung zugrunde liegende erwartete Transaktion eine hohe Eintrittswahrscheinlichkeit haben und Risiken im Hinblick auf Schwankungen der Zahlungsströme ausgesetzt sein, die sich letztlich im Gewinn oder Verlust niederschlagen könnten.

d) Die Wirksamkeit der Absicherung ist verlässlich bestimmbar, d. h. der beizulegende Zeitwert oder die Zahlungsströme des Grundgeschäfts, die auf das abgesicherte Risiko zurückzuführen sind, und der beizulegende Zeitwert des Sicherungsinstruments können verlässlich ermittelt werden.

e) Die Sicherungsbeziehung wird fortlaufend bewertet und für sämtliche Rechnungslegungsperioden, für die sie designiert wurde, als faktisch hoch wirksam beurteilt.

Absicherung des beizulegenden Zeitwerts

89 Erfüllt eine Absicherung des beizulegenden Zeitwerts im Verlauf der Periode die in Paragraph 88 genannten Voraussetzungen, so ist sie wie folgt zu bilanzieren:

a) der Gewinn oder Verlust aus der Neubewertung des Sicherungsinstruments zum beizulegenden Zeitwert (für ein derivatives Sicherungsinstrument) oder die Währungskomponente seines gemäß IAS 21 bewerteten Buchwerts (für ein nichtderivatives Sicherungsinstrument) ist erfolgswirksam zu erfassen, und

b) der dem abgesicherten Risiko zuzuordnende Gewinn oder Verlust aus dem Grundgeschäft führt zu einer Anpassung des Buchwerts des Grundgeschäfts und ist erfolgswirksam zu erfassen. Dies gilt für den Fall, dass das Grundgeschäft ansonsten zu den Anschaffungskosten bewertet wird. Der dem abgesicherten Risiko zuzuordnende Gewinn oder Verlust ist erfolgswirksam zu erfassen, wenn es sich bei dem Grundgeschäft um einen finanziellen Vermögenswert handelt, der gemäß Paragraph 4.1.2A von IFRS 9 zum beizulegenden Zeitwert erfolgsneutral im sonstigen Ergebnis bewertet wird.

89A Bei einer Absicherung des beizulegenden Zeitwerts gegen das Zinsänderungsrisiko eines Teils eines Portfolios finanzieller Vermögenswerte oder finanzieller Verbindlichkeiten (und nur im Falle einer solchen Absicherung) kann die Vorschrift von Paragraph 89(b) erfüllt werden, indem der dem Grundgeschäft zuzuordnende Gewinn oder Verlust entweder durch

a) einen einzelnen gesonderten Posten innerhalb der Vermögenswerte für jene Zinsanpassungsperioden, in denen das Grundgeschäft ein Vermögenswert ist, oder

b) einen einzelnen gesonderten Posten innerhalb der Verbindlichkeiten für jene Zinsanpassungsperioden, in denen das Grundgeschäft eine Verbindlichkeit ist, ausgewiesen wird.

Die unter (a) und (b) genannten gesonderten Posten sind in unmittelbarer Nähe der finanziellen Vermögenswerte bzw. Verbindlichkeiten darzustellen.

Die in diesen gesonderten Posten ausgewiesenen Beträge sind bei der Ausbuchung der dazugehörigen Vermögenswerte oder Verbindlichkeiten aus der Bilanz zu entfernen.

90 Werden nur bestimmte mit dem Grundgeschäft verbundene Risiken abgesichert, sind erfasste Veränderungen des beizulegenden Zeitwerts eines Grundgeschäfts, die nicht dem abgesicherten Risiko zuzuordnen sind, gemäß Paragraph 5.7.1 von IFRS 9 zu erfassen.

91 Ein Unternehmen hat die in Paragraph 89 dargelegte Bilanzierung von Sicherungsbeziehungen künftig einzustellen, wenn

a) das Sicherungsinstrument ausläuft oder veräußert, beendet oder ausgeübt wird. In diesem Sinne gilt die Ersetzung oder Fortsetzung eines Sicherungsinstruments durch ein anderes nicht als Auslaufen oder Beendigung, wenn eine derartige Ersetzung oder Fortsetzung Teil der dokumentierten Sicherungsstrategie des Unternehmens ist. In diesem Sinne liegt ebenfalls kein Auslaufen oder keine Beendigung eines Sicherungsinstruments vor, wenn

   i) die Parteien des Sicherungsinstruments infolge bestehender oder neu erlassener Rechts- oder Regulierungsvorschriften vereinbaren, dass eine oder mehrere Clearing-Partei oder -Parteien ihre ursprüngliche Gegenpartei ersetzt oder ersetzen und zur neuen Gegenpartei aller Parteien wird oder werden. Eine Clearing-Gegenpartei in diesem Sinne ist eine zentrale Gegenpartei (mitunter „Clearingstelle" oder „Clearinghaus" genannt) oder ein bzw. mehrere Unternehmen, wie ein Mitglied einer Clearingstelle oder ein Kunde eines Mitglieds einer Clearingstelle, die als Gegenpartei auftreten, damit das Clearing durch eine zentrale Gegenpartei erfolgt. Ersetzen die Parteien des Sicherungsinstruments ihre ursprünglichen Gegenparteien allerdings durch unterschiedliche Gegenparteien, so gilt dieser Paragraph nur dann, wenn jede dieser Parteien ihr Clearing bei derselben zentralen Gegenpartei durchführt;

   ii) etwaige andere Änderungen beim Sicherungsinstrument nicht über den für eine solche Ersetzung der Gegenpartei notwendigen Umfang hinausgehen. Auch müssen derartige Änderungen auf solche beschränkt sein, die den Bedingungen entsprechen, die zu erwarten wären, wenn das Sicherungsinstrument von Anfang an bei der Clearing-Gegenpartei gecleart worden wäre. Hierzu zählen auch Änderungen bei den Anforderungen an Sicherheiten, den Rechten auf Aufrechnung von Forderungen und Verbindlichkeiten und den erhobenen Entgelten;

b) die Sicherungsbeziehung nicht mehr die in Paragraph 88 genannten Kriterien für die Bilanzierung von Sicherungsbeziehungen erfüllt, oder

c) das Unternehmen die Designation zurückzieht.

92 Jede auf Paragraph 89(b) beruhende Anpassung des Buchwerts eines abgesicherten Finanzinstruments, das zu fortgeführten Anschaffungskosten bewertet wird (oder im Falle einer Absicherung eines Portfolios gegen Zinsänderungsrisiken des gesonderten Bilanzpostens, wie in Paragraph 89A beschrieben) ist erfolgswirksam abzuschreiben. Sobald es eine Anpassung gibt, kann die Abschreibung beginnen, sie muss aber spätestens zu dem Zeitpunkt beginnen, an dem das Grundgeschäft nicht mehr um Veränderungen des beizulegenden Zeitwerts, die auf das abzusichernde Risiko zurückzuführen sind, angepasst wird. Die Anpassung basiert auf einem zum Zeitpunkt des Abschreibungsbeginns neu berechneten Effektivzinssatz. Wenn jedoch im Falle einer Absicherung des beizulegenden Zeitwerts gegen Zinsänderungsrisiken eines Portfolios finanzieller Vermögenswerte oder finanzieller Verbindlichkeiten (und nur bei einer solchen Absicherung) eine Abschreibung unter Einsatz eines neu berechneten Effektivzinssatzes nicht durchführbar ist, so ist der Anpassungsbetrag linear abzuschreiben. Der Anpassungsbetrag ist bis zur Fälligkeit des Finanzinstruments oder im Falle der Absicherung eines Portfolios gegen Zinsänderungsrisiken bei Ablauf der entsprechenden Zinsanpassungstermins vollständig abzuschreiben.

93 Wird eine bilanzunwirksame feste Verpflichtung als Grundgeschäft designiert, so wird die nachfolgende kumulierte Veränderung des beizulegenden Zeitwerts der festen Verpflichtung, die dem abgesicherten Risiko zuzuordnen ist, als Vermögenswert oder Verbindlichkeit mit einem entsprechenden Gewinn oder Verlust erfolgswirksam erfasst (siehe Paragraph 89(b)). Die Veränderungen des beizulegenden Zeitwerts des Sicherungsinstruments sind ebenfalls erfolgswirksam zu erfassen.

94 Geht ein Unternehmen eine feste Verpflichtung ein, einen Vermögenswert zu erwerben oder eine Schuld zu übernehmen, der/die im Rahmen einer Absicherung eines beizulegenden Zeitwerts Grundgeschäft darstellt, wird der Buchwert des Vermögenswerts oder der Schuld, der aus der Erfüllung der festen Verpflichtung des Unternehmens hervorgeht, im Zugangszeitpunkt um die kumulierte Veränderung des beizulegenden Zeitwerts der festen Verpflichtung, der auf das in der Bilanz erfasste abgesicherte Risiko zurückzuführen ist, angepasst.

Absicherung von Zahlungsströmen

95 Erfüllt die Absicherung von Zahlungsströmen im Verlauf der Periode die in Para-

graph 88 genannten Voraussetzungen, so hat die Bilanzierung folgendermaßen zu erfolgen:
a) der Teil des Gewinns oder Verlusts aus einem Sicherungsinstrument, der als wirksame Absicherung ermittelt wird (siehe Paragraph 88), ist im sonstigen Ergebnis zu erfassen, und
b) der unwirksame Teil des Gewinns oder Verlusts aus dem Sicherungsinstruments ist erfolgswirksam zu erfassen.

96 Ausführlicher dargestellt wird eine Absicherung von Zahlungsströmen folgendermaßen bilanziert:
a) die eigenständige, mit dem Grundgeschäft verbundene Eigenkapitalkomponente wird um den niedrigeren der folgenden Beträge (in absoluten Zahlen) angepasst:
　i) den kumulierten Gewinn oder Verlust aus dem Sicherungsinstrument seit Beginn der Sicherungsbeziehung, und
　ii) die kumulierte Veränderung des beizulegenden Zeitwerts (Barwerts) der erwarteten künftigen Zahlungsströme aus dem Grundgeschäft seit Beginn der Sicherungsbeziehung,
b) ein verbleibender Gewinn oder Verlust aus einem Sicherungsinstrument oder einer designierten Komponente davon (das keine wirksame Absicherung darstellt) wird erfolgswirksam erfasst, und
c) sofern die dokumentierte Risikomanagementstrategie eines Unternehmens für eine bestimmte Sicherungsbeziehung einen bestimmten Teil des Gewinns oder Verlusts oder damit verbundener Zahlungsströme aus einem Sicherungsinstrument von der Beurteilung der Wirksamkeit der Absicherung ausschließt (siehe Paragraphen 74, 75 und 88(a)), so ist dieser ausgeschlossene Gewinn- oder Verlustteil gemäß Paragraph 5.7.1 von IFRS 9 zu erfassen.

97 Resultiert eine Absicherung einer erwarteten Transaktion später im Ansatz eines finanziellen Vermögenswerts oder einer finanziellen Verbindlichkeit, sind die damit verbundenen Gewinne oder Verluste, die gemäß Paragraph 95 im sonstigen Ergebnis erfasst wurden, in derselben Periode oder denselben Perioden, in der/denen die abgesicherten erwarteten Zahlungsströme erfolgswirksam werden (z. B. in den Perioden, in denen Zinserträge oder Zinsaufwendungen erfasst werden), erfolgswirksam umzugliedern und als Umgliederungsbetrag auszuweisen (siehe IAS 1 (in der 2007 überarbeiteten Fassung)). Erwartet ein Unternehmen jedoch, dass der gesamte oder ein Teil des im sonstigen Ergebnis erfassten Verlusts in einer oder mehreren der folgenden Perioden nicht wieder hereingeholt wird, hat es den voraussichtlich nicht wieder hereingeholten Betrag als Umgliederungsbetrag erfolgswirksam umzubuchen.

98 Resultiert eine Absicherung einer erwarteten Transaktion später im Ansatz eines nichtfinanziellen Vermögenswerts oder einer nichtfinanziellen Verbindlichkeit oder wird eine erwartete Transaktion für einen nichtfinanziellen Vermögenswert oder eine nichtfinanzielle Verbindlichkeit zu einer festen Verpflichtung, für die die Bilanzierung für die Absicherung des beizulegenden Zeitwerts angewendet wird, hat das Unternehmen den nachfolgenden Punkt (a) oder (b) anzuwenden:
a) Die entsprechenden Gewinne und Verluste, die gemäß Paragraph 95 im sonstigen Ergebnis erfasst wurden, sind in derselben Periode oder denselben Perioden, in der/denen der erworbene Vermögenswert oder die übernommene Schuld erfolgswirksam wird (wie z. B. in den Perioden, in denen Abschreibungsaufwendungen oder Umsatzkosten erfasst werden), erfolgswirksam umzugliedern und als Umgliederungsbetrag auszuweisen (siehe IAS 1 (überarbeitet 2007)). Erwartet ein Unternehmen jedoch, dass der gesamte oder ein Teil des im sonstigen Ergebnis erfassten Verlusts in einer oder mehreren der folgenden Perioden nicht wieder hereingeholt wird, hat es den voraussichtlich nicht wieder hereingeholten Betrag erfolgswirksam umzugliedern und als Umgliederungsbetrag auszuweisen.
b) Die entsprechenden Gewinne und Verluste, die gemäß Paragraph 95 im sonstigen Ergebnis erfasst wurden, werden entfernt und Teil der Anschaffungskosten im Zugangszeitpunkt oder eines anderweitigen Buchwerts des Vermögenswerts oder der Schuld.

99 Ein Unternehmen hat sich bei seiner Rechnungslegungsmethode entweder für Punkt (a) oder für (b) des Paragraphen 98 zu entscheiden und diese Methode konsequent auf alle Sicherungsbeziehungen anzuwenden, auf die sich Paragraph 98 bezieht.

100 Bei anderen als den in Paragraph 97 und 98 angeführten Absicherungen von Zahlungsströmen sind die Beträge, die im sonstigen Ergebnis erfasst wurden, in derselben Periode oder denselben Perioden, in der/denen die abgesicherten erwarteten Zahlungsströme erfolgswirksam werden (z. B. wenn ein erwarteter Verkauf stattfindet), erfolgswirksam umzugliedern und als Umgliederungsbetrag auszuweisen (siehe IAS 1 (überarbeitet 2007)).

101 In allen nachstehend genannten Fällen hat ein Unternehmen die in den Paragraphen 95–100 beschriebene Bilanzierung von Sicherungsbeziehungen einzustellen:
a) Das Sicherungsinstrument läuft aus oder wird veräußert, beendet oder ausgeübt. In diesem Fall verbleibt der kumulierte Gewinn oder Verlust aus dem Sicherungsinstrument, der seit der Periode, als die Absicherung als wirksam eingestuft wurde,

im sonstigen Ergebnis erfasst wurde (siehe Paragraph 95(a)), als gesonderter Posten im Eigenkapital, bis die erwartete Transaktion eingetreten ist. Tritt die Transaktion ein, kommen die Paragraphen 97, 98 und 100 zur Anwendung. Für die Zwecke dieses Unterabsatzes gilt die Ersetzung oder Fortsetzung eines Sicherungsinstruments durch ein anderes Sicherungsinstrument nicht als Auslaufen oder Beendigung, wenn eine solche Ersetzung oder Fortsetzung Teil der dokumentierten Sicherungsstrategie des Unternehmens ist. Für die Zwecke dieses Unterabsatzes liegt ebenfalls kein Auslaufen oder keine Beendigung des Sicherungsinstruments vor, wenn

  i) die Parteien des Sicherungsinstruments infolge bestehender oder neu erlassener Rechts- oder Regulierungsvorschriften vereinbaren, dass eine oder mehrere Clearing-Parteien ihre ursprüngliche Gegenpartei ersetzen und diese die neue Gegenpartei aller Parteien wird. Eine Clearing-Gegenpartei in diesem Sinne ist eine zentrale Gegenpartei (mitunter „Clearingstelle" oder „Clearinghaus" genannt) oder ein bzw. mehrere Unternehmen, wie ein Mitglied einer Clearingstelle oder ein Kunde eines Mitglieds einer Clearingstelle, die als Gegenpartei auftreten, damit das Clearing durch eine zentrale Gegenpartei erfolgt. Ersetzen die Parteien des Sicherungsinstruments ihre ursprünglichen Gegenparteien allerdings durch unterschiedliche Gegenparteien, so gilt dieser Paragraph nur dann, wenn jede dieser Parteien ihr Clearing bei derselben zentralen Gegenpartei durchführt.

  ii) etwaige andere Änderungen beim Sicherungsinstrument nicht über den für eine solche Ersetzung der Gegenpartei notwendigen Umfang hinausgehen. Auch müssen derartige Änderungen auf solche beschränkt sein, die den Bedingungen entsprechen, die zu erwarten wären, wenn das Sicherungsinstrument von Anfang an bei der Clearing-Gegenpartei gecleart worden wäre. Hierzu zählen auch Änderungen bei den Anforderungen an Sicherheiten, den Rechten auf Aufrechnung von Forderungen und Verbindlichkeiten und den erhobenen Entgelten.

b) Die Sicherungsbeziehung erfüllt nicht mehr die in Paragraph 88 genannten Kriterien für die Bilanzierung von Sicherungsbeziehungen. In diesem Fall verbleibt der kumulierte Gewinn oder Verlust aus dem Sicherungsinstrument, der seit der Periode, als die Absicherung als wirksam eingestuft wurde, im sonstigen Ergebnis erfasst wird (siehe Paragraph 95(a)), als gesonderter Posten im Eigenkapital, bis die erwartete Transaktion eingetreten ist. Tritt die Transaktion ein, kommen die Paragraphen 97, 98 und 100 zur Anwendung.

c) Mit dem Eintreten der erwarteten Transaktion wird nicht mehr gerechnet, sodass in diesem Fall alle entsprechenden kumulierten Gewinne oder Verluste aus dem Sicherungsinstrument, die seit der Periode, als die Absicherung als wirksam eingestuft wurde, im sonstigen Ergebnis erfasst wurden (siehe Paragraph 95(a)), erfolgswirksam umzugliedern und als Umgliederungsbetrag auszuweisen sind. Auch wenn das Eintreten einer erwarteten Transaktion nicht mehr hoch wahrscheinlich ist (siehe Paragraph 88(c)), kann damit jedoch immer noch gerechnet werden.

d) Das Unternehmen zieht die Designation zurück. Für Absicherungen einer erwarteten Transaktion wird der kumulierte Gewinn oder Verlust aus dem Sicherungsinstrument, der seit der Periode, als die Sicherungsbeziehung als wirksam eingestuft wurde, im sonstigen Ergebnis erfasst wird (siehe Paragraph 95(a)), weiterhin gesondert im Eigenkapital ausgewiesen, bis die erwartete Transaktion eingetreten ist oder deren Eintreten nicht mehr erwartet wird. Tritt die Transaktion ein, kommen die Paragraphen 97, 98 und 100 zur Anwendung. Wenn das Eintreten der Transaktion nicht mehr erwartet wird, ist der im sonstigen Ergebnis erfasste kumulierte Gewinn oder Verlust erfolgswirksam umzugliedern und als Umgliederungsbetrag auszuweisen.

Absicherungen einer Nettoinvestition

102 Absicherungen einer Nettoinvestition in einen ausländischen Geschäftsbetrieb, einschließlich einer Absicherung eines monetären Postens, der als Teil der Nettoinvestition behandelt wird (siehe IAS 21), sind in gleicher Weise zu bilanzieren wie die Absicherung von Zahlungsströmen:

a) der Teil des Gewinns oder Verlusts aus einem Sicherungsinstrument, der als wirksame Absicherung ermittelt wird (siehe Paragraph 88) ist im sonstigen Ergebnis zu erfassen, und

b) der nicht wirksame Teil ist erfolgswirksam zu erfassen.

Der Gewinn oder Verlust aus einem Sicherungsinstrument, der dem wirksamen Teil der Sicherungsbeziehung zuzurechnen ist und im sonstigen Ergebnis erfasst wurde, ist bei der Veräußerung oder teilweisen Veräußerung des ausländischen Geschäftsbetriebs gemäß IAS 21 Paragraph 48–49 erfolgswirksam umzugliedern und als Umgliederungsbetrag (siehe IAS 1 (überarbeitet 2007)) auszuweisen.

Befristete Ausnahmen von der Anwendung spezieller Vorschriften für die Bilanzierung von Sicherungsbeziehungen

102A Ein Unternehmen hat die Paragraphen 102D–102N und 108G auf alle Sicherungsbeziehungen anzuwenden, die von der Reform der Referenzzinssätze unmittelbar betroffen sind. Diese Paragraphen gelten ausschließlich für Sicherungsbeziehungen der genannten Art. Eine Sicherungsbeziehung ist nur dann unmittelbar von der Reform der Referenzzinssätze betroffen, wenn die Reform Unsicherheiten in Bezug auf Folgendes aufwirft:

a) den als abgesichertes Risiko designierten (vertraglich oder nicht vertraglich spezifizierten) Referenzzinssatz und/oder
b) den Zeitpunkt oder die Höhe referenzzinssatzbasierter Zahlungsströme des Grundgeschäfts oder des Sicherungsinstruments.

102B Für die Zwecke der Anwendung der Paragraphen 102D–102N bezeichnet der Begriff „Reform der Referenzzinssätze" die marktweite Reform von Referenzzinssätzen, einschließlich ihrer Ablösung durch einen alternativen Referenzzinssatz, wie sie sich aus den Empfehlungen im Bericht des Finanzstabilitätsrates „Reforming Major Interest Rate Benchmarks"([1]) vom Juli 2014 ergibt.

([1]) Dieser Bericht ist abrufbar unter: http://www.fsb.org/wp-content/uploads/r_140722.pdf.

102C Die in den Paragraphen 102D–102N vorgesehenen Ausnahmen gelten nur für die dort genannten Vorschriften. Ein Unternehmen hat alle anderen Vorschriften für die Bilanzierung von Sicherungsbeziehungen auch weiterhin auf die von der Reform der Referenzzinssätze unmittelbar betroffenen Sicherungsbeziehungen anzuwenden.

Anforderung einer „hohen Wahrscheinlichkeit" bei der Absicherung von Zahlungsströmen

102D Für die Zwecke der Anwendung der Anforderung nach Paragraph 88(c), wonach eine erwartete Transaktion eine hohe Eintrittswahrscheinlichkeit haben muss, hat ein Unternehmen anzunehmen, dass sich der (vertraglich oder nichtvertraglich spezifizierte) Referenzzinssatz, auf dem die abgesicherten Zahlungsströme beruhen, durch die Reform der Referenzzinssätze nicht verändert.

Umgliederung des im sonstigen Ergebnis erfassten kumulierten Gewinns oder Verlusts

102E Für die Zwecke der Anwendung der Anforderung nach Paragraph 101(c) hat ein Unternehmen bei der Beurteilung der Frage, ob mit dem Eintreten der erwarteten Transaktion nicht mehr zu rechnen ist, anzunehmen, dass sich der (vertraglich oder nichtvertraglich spezifizierte) Referenzzinssatz, auf dem die abgesicherten Zahlungsströme beruhen, durch die Reform der Referenzzinssätze nicht verändert.

Beurteilung der Wirksamkeit

102F Für die Zwecke der Anwendung der Anforderung der Paragraphen 88(b) und AL105(a) hat ein Unternehmen anzunehmen, dass sich der (vertraglich oder nichtvertraglich spezifizierte) Referenzzinssatz, auf dem die abgesicherten Zahlungsströme und/oder das abgesicherte Risiko beruhen, oder der Referenzzinssatz, auf dem die Zahlungsströme des Sicherungsinstruments beruhen, durch die Reform der Referenzzinssätze nicht verändert.

102G Für die Zwecke der Anwendung der Anforderung des Paragraphen 88(e) muss ein Unternehmen eine Sicherungsbeziehung nicht beenden, wenn die tatsächlichen Ergebnisse der Absicherung nicht den Anforderungen des Paragraphen AL105(b) entsprechen. Um sämtliche Zweifel auszuschließen, hat ein Unternehmen für die Beurteilung der Frage, ob die Sicherungsbeziehung beendet werden muss, alle anderen Bedingungen des Paragraphen 88 anzuwenden, einschließlich der in Paragraph 88(b) vorgesehenen prospektiven Beurteilung.

Designation finanzieller Posten als Grundgeschäfte

102H Sofern nicht Paragraph 102I anwendbar ist, muss ein Unternehmen bei der Absicherung eines nichtvertraglich spezifizierten Referenzteils des Zinsänderungsrisikos die Anforderungen der Paragraphen 81 und AL99F (wonach der designierte Teil gesondert identifizierbar sein muss) nur zu Beginn der Sicherungsbeziehung erfüllen.

102I Wenn ein Unternehmen entsprechend seiner Sicherungsdokumentation eine Sicherungsbeziehung häufig erneuert (d. h. beendet und neu beginnt), da sich sowohl das Sicherungsinstrument als auch das Grundgeschäft häufig ändern (d. h. das Unternehmen einen dynamischen Prozess anwendet, bei dem sowohl die Grundgeschäfte als auch die zur Steuerung dieses Risikos eingesetzten Sicherungsinstrumente nicht lange dieselben bleiben), muss es die Anforderungen der Paragraphen 81 und AL99F (wonach der designierte Teil gesondert identifizierbar sein muss) nur bei der erstmaligen Designation eines Grundgeschäfts in dieser Sicherungsbeziehung erfüllen. Wurde ein Grundgeschäft bei seiner erstmaligen Designation in einer Sicherungsbeziehung einer Beurteilung unterzogen, so muss es unabhängig davon, ob diese Beurteilung zu Beginn der Sicherungsbeziehung oder danach erfolgte, bei einer neuerlichen Designation innerhalb derselben Sicherungsbeziehung nicht erneut beurteilt werden.

Ende der Anwendung

102J Ein Unternehmen hat die Anwendung des Paragraphen 102D auf ein Grundgeschäft prospektiv zum früheren der nachstehend genannten Zeitpunkte einzustellen:

a) wenn die durch die Reform der Referenzzinssätze bedingte Unsicherheit, was den Zeitpunkt und die Höhe der referenzzinssatzbasierten Zahlungsströme aus dem Grundgeschäft angeht, nicht mehr besteht und
b) wenn die Sicherungsbeziehung, zu der das Grundgeschäft gehört, beendet wird.

2/23. IAS 39
102K – 102Q

102K Ein Unternehmen hat die Anwendung des Paragraphen 102E prospektiv zum früheren der nachstehend genannten Zeitpunkte einzustellen:
a) wenn die durch die Reform der Referenzzinssätze bedingte Unsicherheit, was den Zeitpunkt und die Höhe der referenzinssatzbasierten künftigen Zahlungsströme aus dem Grundgeschäft angeht, nicht mehr besteht und
b) wenn der im sonstigen Ergebnis erfasste kumulierte Gewinn oder Verlust aus dieser beendeten Sicherungsbeziehung in voller Höhe erfolgswirksam umgegliedert wurde.

102L Ein Unternehmen hat die Anwendung des Paragraphen 102F in folgenden Fällen prospektiv einzustellen:
a) bei einem Grundgeschäft, wenn die durch die Reform der Referenzzinssätze bedingte Unsicherheit, was das abgesicherte Risiko oder den Zeitpunkt und die Höhe der referenzinssatzbasierten Zahlungsströme aus dem Grundgeschäft angeht, nicht mehr besteht und
b) bei einem Sicherungsinstrument, wenn die durch die Reform der Referenzzinssätze bedingte Unsicherheit, was den Zeitpunkt und die Höhe der referenzinssatzbasierten Zahlungsströme aus dem Sicherungsinstrument angeht, nicht mehr besteht.

Wenn die Sicherungsbeziehung, zu der das Grundgeschäft und das Sicherungsinstrument gehören, vor dem in Paragraph 102L(a) oder dem in Paragraph 102L(b) genannten Datum beendet wird, hat das Unternehmen die Anwendung des Paragraphen 102F auf diese Sicherungsbeziehung zum Zeitpunkt der Beendigung prospektiv einzustellen.

102M Ein Unternehmen hat die Anwendung des Paragraphen 102G auf eine Sicherungsbeziehung prospektiv zum früheren der nachstehend genannten Zeitpunkte einzustellen:
a) wenn die durch die Reform der Referenzzinssätze bedingte Unsicherheit, was das abgesicherte Risiko sowie den Zeitpunkt und die Höhe der referenzinssatzbasierten Zahlungsströme aus dem Grundgeschäft und dem Sicherungsinstrument angeht, nicht mehr besteht und
b) wenn die Sicherungsbeziehung, auf die die Ausnahme angewandt wird, beendet wird.

102N Wenn ein Unternehmen eine Gruppe von Geschäften als Grundgeschäft oder eine Kombination von Finanzinstrumenten als Sicherungsinstrument designiert, hat es die Anwendung der Paragraphen 102D–102G auf ein einzelnes Grundgeschäft oder Finanzinstrument gemäß den Paragraphen 102J, 102K, 102L oder 102M – je nachdem, welcher im Einzelfall einschlägig ist – einzustellen, wenn die durch die Reform der Referenzzinssätze bedingte Unsicherheit, was das abgesicherte Risiko und/oder den Zeitpunkt und die Höhe der referenzinssatzbasierten Zahlungsströme aus diesem Grundgeschäft oder Finanzinstrument angeht, nicht mehr besteht.

102O Ein Unternehmen hat die Anwendung der Paragraphen 102H und 102I prospektiv zum früheren der nachstehend genannten Zeitpunkte einzustellen:
a) wenn an dem nicht vertraglich spezifizierten Risikoanteil unter Anwendung des Paragraphen 102P Änderungen vorgenommen werden, die aufgrund der Reform der Referenzzinssätze erforderlich sind, oder
b) wenn die Sicherungsbeziehung, in der der nicht vertraglich spezifizierte Risikoanteil designiert ist, beendet wird.

Weitere durch die Reform der Referenzzinssätze bedingte vorübergehende Ausnahmen

Bilanzierung von Sicherungsbeziehungen

102P Sobald die Bestimmungen der Paragraphen 102D–102I auf eine Sicherungsbeziehung nicht mehr anwendbar sind (siehe die Paragraphen 102J–102O), hat ein Unternehmen die formale Designation der jeweiligen Sicherungsbeziehung in der zuvor dokumentierten Weise anzupassen, um den aufgrund der Reform der Referenzzinssätze erforderlichen Änderungen Rechnung zu tragen, d. h. die Änderungen stehen im Einklang mit den Bestimmungen der Paragraphen 5.4.6–5.4.8 von IFRS 9. In diesem Zusammenhang ist die Designation der Sicherungsbeziehung nur anzupassen, wenn eine oder mehrere der folgenden Änderungen vorgenommen werden:
a) eine Designation eines alternativen (vertraglich oder nichtvertraglich spezifizierten) Referenzzinssatzes als abgesichertes Risiko,
b) eine Anpassung der Beschreibung des Grundgeschäfts, einschließlich der Beschreibung des designierten Teils der abgesicherten Zahlungsströme oder des abgesicherten beizulegenden Zeitwerts,
c) eine Anpassung der Beschreibung des Sicherungsinstruments oder
d) eine Anpassung der Beschreibung der Art und Weise, wie das Unternehmen die Wirksamkeit der Absicherung beurteilen wird.

102Q Die Bestimmungen des Paragraphen 102P(c) sind auch anzuwenden, wenn die folgenden drei Bedingungen erfüllt sind:
a) das Unternehmen nimmt eine aufgrund der Reform der Referenzzinssätze erforderliche Änderung auf andere Weise vor als durch eine Änderung der Basis für die Ermittlung der vertraglichen Zahlungsströme des Sicherungsinstruments (wie in Paragraph 5.4.6 von IFRS 9 beschrieben),
b) das ursprüngliche Sicherungsinstrument wird nicht ausgebucht, und
c) die gewählte Vorgehensweise ist wirtschaftlich gleichwertig mit einer Änderung der Basis für die Ermittlung der vertraglichen Zahlungsströme des ursprünglichen Sicherungsinstruments (wie in den Paragraphen 5.4.7 und 5.4.8 von IFRS 9 beschrieben).

102R Die Bestimmungen der Paragraphen 102D–102I können zu unterschiedlichen Zeitpunkten ihre Anwendbarkeit verlieren. Daher kann ein Unternehmen in Anwendung des Paragraphen 102P dazu verpflichtet sein, die formale Designation seiner Sicherungsbeziehungen zu unterschiedlichen Zeitpunkten anzupassen oder die formale Designation einer Sicherungsbeziehung mehr als einmal anzupassen. Nur dann, wenn eine solche Änderung an der Designation der Sicherungsbeziehung vorgenommen wird, hat ein Unternehmen je nach Fall die Paragraphen 102V–102Z2 anzuwenden. Ein Unternehmen hat zudem Paragraph 89 (bei einer Absicherung des beizulegenden Zeitwerts) oder Paragraph 96 (bei einer Absicherung von Zahlungsströmen) anzuwenden, um etwaige Veränderungen des beizulegenden Zeitwerts des Grundgeschäfts oder des Sicherungsinstruments zu bilanzieren.

102S Eine Sicherungsbeziehung ist gemäß Paragraph 102P spätestens bis zum Ende jener Berichtsperiode anzupassen, in der eine aufgrund der Reform der Referenzzinssätze erforderliche Änderung des abgesicherten Risikos, des Grundgeschäfts oder des Sicherungsinstruments vorgenommen wird. Der Klarheit halber sei darauf hingewiesen, dass eine solche Anpassung der formalen Designation einer Sicherungsbeziehung weder die Beendigung der Sicherungsbeziehung noch die Designation einer neuen Sicherungsbeziehung darstellt.

102T Werden zusätzlich zu den aufgrund der Reform der Referenzzinssätze erforderlichen Änderungen weitere Änderungen an dem/der in einer Sicherungsbeziehung designierten finanziellen Vermögenswert oder finanziellen Verbindlichkeit (wie in den Paragraphen 5.4.6–5.4.8 von IFRS 9 beschrieben) oder an der Designation der Sicherungsbeziehung (gemäß Paragraph 102P) vorgenommen, so hat ein Unternehmen zunächst die geltenden Anforderungen dieses Standards anzuwenden, um zu ermitteln, ob diese zusätzlichen Änderungen die Beendigung der Bilanzierung von Sicherungsbeziehungen bewirken. Führen die zusätzlichen Änderungen nicht zur Beendigung der Bilanzierung von Sicherungsbeziehungen, hat ein Unternehmen die formale Designation der Sicherungsbeziehung gemäß Paragraph 102P anzupassen.

102U Die in den Paragraphen 102V–102Z3 vorgesehenen Ausnahmen gelten nur für die dort genannten Anforderungen. Auf Sicherungsbeziehungen, die von der Reform der Referenzzinssätze unmittelbar betroffen sind, sind alle anderen in diesem Standard enthaltenen Vorschriften zur Bilanzierung von Sicherungsbeziehungen anzuwenden, einschließlich der in Paragraph 88 genannten Kriterien.

Bilanzierung qualifizierender Sicherungsbeziehungen

Rückwirkende Beurteilung der Wirksamkeit

102V Für die Zwecke der Beurteilung der rückwirkenden Wirksamkeit einer Sicherungsbeziehung auf kumulativer Basis in Anwendung des Paragraphen 88(e) – und nur zu für diese Zwecke – darf sich ein Unternehmen dafür entscheiden, die kumulierten Veränderungen des beizulegenden Zeitwerts des Grundgeschäfts und des Sicherungsinstruments zu dem Zeitpunkt auf null zurückzusetzen, ab dem es Paragraph 102G gemäß der Anforderung des Paragraphen 102M nicht mehr anwendet. Diese Entscheidung kann für jede Sicherungsbeziehung gesondert getroffen werden (d. h. auf Grundlage jeder einzelnen Sicherungsbeziehung).

Absicherung von Zahlungsströmen

102W Für die Zwecke der Anwendung des Paragraphen 97 wird zu dem Zeitpunkt, zu dem ein Unternehmen die Beschreibung eines Grundgeschäfts gemäß Paragraph 102P(b) anpasst, unterstellt, dass der im sonstigen Ergebnis erfasste kumulierte Ertrag oder Aufwand auf dem alternativen Referenzzinssatz basiert, anhand dessen die abgesicherten künftigen Zahlungsströme ermittelt werden.

102X Wird bei einer beendeten Sicherungsbeziehung der Referenzzinssatz, auf dem die abgesicherten künftigen Zahlungsströme basierten, entsprechend den Anforderungen der Reform der Referenzzinssätze geändert, so wird für die Zwecke der Anwendung des Paragraphen 101(c) hinsichtlich der Feststellung, ob mit dem Eintreten der abgesicherten künftigen Zahlungsströme zu rechnen ist, unterstellt, dass der im sonstigen Ergebnis für die jeweilige Sicherungsbeziehung erfasste kumulierte Betrag auf dem alternativen Referenzzinssatz basiert, auf dem die abgesicherten künftigen Zahlungsströme beruhen werden.

Gruppen von Grundgeschäften

102Y Wenn ein Unternehmen Paragraph 102P auf Gruppen von Geschäften anwendet, die bei einer Absicherung des beizulegenden Zeitwerts oder bei einer Absicherung von Zahlungsströmen als Grundgeschäfte designiert werden, hat es die Grundgeschäfte auf Basis des abgesicherten Referenzzinssatzes Untergruppen zuzuordnen und für jede Untergruppe den Referenzzinssatz als abgesichertes Risiko zu designieren. Bei einer Sicherungsbeziehung, bei der eine Gruppe von Grundgeschäften gegen Änderungen eines von der Reform der Referenzzinssätze betroffenen Referenzzinssatzes abgesichert wird, könnten zum Beispiel die abgesicherten Zahlungsströme oder der abgesicherte beizulegende Zeitwert einiger Grundgeschäfte der Gruppe auf einen alternativen Referenzzinssatz umgestellt werden, bevor dies bei anderen Grundgeschäften der Gruppe der Fall ist. In diesem Beispiel würde das Unternehmen in Anwendung des Paragraphen 102P den alternativen Referenzzinssatz als abgesichertes Risiko für diese relevante Untergruppe von Grundgeschäften designieren. Für die andere Untergruppe von Grundgeschäften würde das Unternehmen weiterhin den geltenden Referenzzinssatz als abgesichertes Risiko designieren, bis die abgesicherten Zahlungsströme oder der abgesicherte beizulegende Zeitwert dieser Grundgeschäfte auf den alternativen Referenzzinssatz umgestellt werden, oder die Grundgeschäfte auslaufen und durch Grundgeschäfte ersetzt werden, denen der alternative Referenzzinssatz zugrunde liegt.

102Z Ein Unternehmen hat für jede Untergruppe separat zu beurteilen, ob sie die in den Paragraphen 78 und 83 genannten Anforderungen an ein geeignetes Grundgeschäft erfüllt. Erfüllt eine Untergruppe die Anforderungen der Paragraphen 78 und 83 nicht, hat das Unternehmen die Bilanzierung von Sicherungsbeziehungen prospektiv für die Sicherungsbeziehung in ihrer Gesamtheit einzustellen. Ein Unternehmen hat auch die Vorschriften der Paragraphen 89 oder 96 anzuwenden, um eine Unwirksamkeit hinsichtlich der Sicherungsbeziehung in ihrer Gesamtheit zu bilanzieren.

Designation finanzieller Posten als Grundgeschäfte

102Z1 Ein alternativer Referenzzinssatz, der als nichtvertraglich spezifizierter Risikoanteil designiert und zum Zeitpunkt der Designation nicht separat identifizierbar ist (siehe die Paragraphen 81 und AL99F), wird nur dann als separat identifizierbar zu diesem Zeitpunkt unterstellt, wenn das Unternehmen vernünftigerweise davon ausgehen kann, dass der alternative Referenzzinssatz innerhalb eines Zeitraums von 24 Monaten ab dem Zeitpunkt der Designation als Risikokomponente separat identifizierbar sein wird. Der Zeitraum von 24 Monaten gilt gesondert für jeden alternativen Referenzzinssatz und beginnt ab dem Zeitpunkt, an dem das Unternehmen den jeweiligen alternativen Referenzzinssatz erstmals als nichtvertraglich spezifizierten Risikoanteil designiert hat (d. h. der Zeitraum von 24 Monaten gilt eigenständig für jeden Zinssatz).

102Z2 Wenn ein Unternehmen zu einem späteren Zeitpunkt vernünftigerweise davon ausgehen muss, dass der alternative Referenzzinssatz innerhalb von 24 Monaten ab dem Zeitpunkt, zu dem das Unternehmen ihn erstmals als nichtvertraglich spezifizierten Risikoanteil designiert hat, nicht separat identifizierbar sein wird, hat es die Anwendung der in Paragraph 102Z1 genannten Anforderung auf diesen alternativen Referenzzinssatz zu beenden und die Bilanzierung von Sicherungsbeziehungen ab dem Zeitpunkt dieser Neubeurteilung prospektiv für alle Sicherungsbeziehungen, bei denen der alternative Referenzzinssatz als nicht vertraglich spezifizierter Risikoanteil designiert wurde, einzustellen.

102Z3 Zusätzlich zu den in Paragraph 102P genannten Sicherungsbeziehungen hat ein Unternehmen die Bestimmungen der Paragraphen 102Z1 und 102Z2 auf neue Sicherungsbeziehungen anzuwenden, bei denen ein alternativer Referenzzinssatz als nicht vertraglich spezifizierter Risikoanteil designiert wird (siehe die Paragraphen 81 und AL99F), wenn der jeweilige Risikoanteil aufgrund der Reform der Referenzzinssätze zum Zeitpunkt seiner Designation nicht separat identifizierbar ist.

ZEITPUNKT DES INKRAFTTRETENS UND ÜBERGANGSVORSCHRIFTEN

103 Dieser Standard (einschließlich der im März 2004 veröffentlichten Änderungen) ist auf Geschäftsjahre anzuwenden, die am oder nach dem 1. Januar 2005 beginnen. Eine frühere Anwendung ist zulässig. Dieser Standard (einschließlich der im März 2004 veröffentlichten Änderungen) darf nicht auf vor dem 1. Januar 2005 beginnende Geschäftsjahre angewandt werden, es sei denn, das Unternehmen wendet IAS 32 (veröffentlicht im Dezember 2003) ebenfalls an. Wendet ein Unternehmen diesen Standard auf Berichtsperioden an, die vor dem 1. Januar 2005 beginnen, hat es dies anzugeben.

103A [gestrichen]

103B [gestrichen]

103C Durch IAS 1 (überarbeitet 2007) wurde die in den IAS/IFRS verwendete Terminologie geändert. Außerdem wurden die Paragraphen 95(a), 97, 98, 100, 102, 108 und AL99B geändert. Diese Änderungen sind auf Geschäftsjahre anzuwenden, die am oder nach dem 1. Januar 2009 beginnen. Wendet ein Unternehmen IAS 1 (überarbeitet 2007) auf eine frühere Periode an, so hat es auf diese Periode auch diese Änderungen anzuwenden.

103D [gestrichen]

103E Durch IFRS 27 (in der 2008 geänderten Fassung) wurde Paragraph 102 geändert. Diese Änderung ist auf Geschäftsjahre anzuwenden, die am oder nach dem 1. Juli 2009 beginnen. Wendet ein Unternehmen IAS 27 (geändert 2008) auf eine frühere Periode an, so hat es auf diese Periode auch die genannte Änderung anzuwenden.

103F [gestrichen]

103G Die Paragraphen AL99BA, AL99E, AL99F, AL110A und AL110B sind gemäß IAS 8 *Rechnungslegungsmethoden, Änderungen von rechnungslegungsbezogenen Schätzungen und Fehler* rückwirkend auf Geschäftsjahre anzuwenden, die am oder nach dem 1. Juli 2009 beginnen. Eine frühere Anwendung ist zulässig. Wendet ein Unternehmen *Geeignete Grundgeschäfte* (Änderung an IAS 39) auf Berichtsperioden an, die vor dem 1. Juli 2009 beginnen, hat es dies anzugeben.

103H–103J [gestrichen]

103K Durch die *Verbesserungen an den IFRS*, veröffentlicht im April 2009, wurden die Paragraphen 2(g), 97 und 100 geändert. Die Änderungen dieser Paragraphen sind für Geschäftsjahre, die am oder nach dem 1. Januar 2010 beginnen, prospektiv auf alle noch nicht abgelaufenen Verträge anzuwenden. Eine frühere Anwendung ist zulässig. Wendet ein Unternehmen die Änderungen auf eine frühere Berichtsperiode an, hat es dies anzugeben.

103L–103P [gestrichen]

103Q Durch IFRS 13, veröffentlicht im Mai 2011, wurde(n) die Paragraphen 9, 13, 28, 47, 88, AL46, AL52, AL64, AL76, AL76A, AL80, AL81 und AL96 geändert, der Paragraph 43A eingefügt und die Paragraphen 48–49, AL69–AL75, AL77–AL79 und AL82 gestrichen. Wendet ein Unternehmen

IFRS 13 an, sind diese Änderungen ebenfalls anzuwenden.

103R Durch die im Oktober 2012 veröffentlichte Verlautbarung *Investmentgesellschaften* (Investment Entities) (Änderungen an IFRS 10, IFRS 12 und IAS 27) wurden die Paragraphen 2 und 80 geändert. Diese Änderungen sind auf Geschäftsjahre anzuwenden, die am oder nach dem 1. Januar 2014 beginnen. Eine frühere Anwendung ist zulässig. Wendet ein Unternehmen diese Änderungen früher an, hat es alle in der Verlautbarung enthaltenen Änderungen gleichzeitig anzuwenden.

103S [gestrichen]

103T Durch IFRS 15 *Erlöse aus Verträgen mit Kunden*, veröffentlicht im Mai 2014, wurden die Paragraphen 2, 9, 43, 47, 55, AL2, AL4 und AL48 geändert und die Paragraphen 2A, 44A, 55A sowie AL8A–AL8C eingefügt. Wendet ein Unternehmen IFRS 15 an, sind diese Änderungen ebenfalls anzuwenden.

103U Durch IFRS 9 (in der im Juli 2014 veröffentlichten Fassung) wurden die Paragraphen 2, 8, 9, 71, 88–90, 96, AL95, AL114, AL118 und die Überschriften vor A133 geändert und die Paragraphen 1, 4–7, 10–70, 103B, 103D, 103F–103J, 103L–103P, 103S, 105–107A, 108E–108F, AL1–AL93 und AL96 gestrichen. Wendet ein Unternehmen IFRS 9 an, hat es diese Änderungen ebenfalls anzuwenden.

103V [Dieser Paragraph wurde für Unternehmen eingefügt, die IFRS 9 nicht angewendet hatten.].

104 Soweit in Paragraph 108 nicht anders festgelegt, ist dieser Standard rückwirkend anzuwenden. Der Eröffnungsbilanzwert der Gewinnrücklagen für die früheste vorangegangene dargestellte Periode sowie alle anderen Vergleichsbeträge sind so anzupassen, als wäre dieser Standard immer angewandt worden, es sei denn, eine solche Anpassung wäre undurchführbar. Ist dies der Fall, hat das Unternehmen dies anzugeben und aufzuführen, inwieweit die Informationen angepasst wurden.

105–107A [gestrichen]

108 Ein Unternehmen darf den Buchwert nichtfinanzieller Vermögenswerte und nichtfinanzieller Verbindlichkeiten nicht anpassen, um Gewinne und Verluste aus Absicherungen von Zahlungsströmen, die vor dem Beginn des Geschäftsjahrs, in dem der vorliegende Standard zuerst angewendet wurde, in den Buchwert eingeschlossen waren, auszuschließen. Zu Beginn der Berichtsperiode, in der der vorliegende Standard erstmalig angewendet wird, ist jeder nicht erfolgswirksam (im sonstigen Ergebnis oder direkt im Eigenkapital) erfasste Betrag für eine Absicherung einer festen Verpflichtung, die gemäß diesem Standard als eine Absicherung eines beizulegenden Zeitwerts behandelt wird, in einen Vermögenswert oder eine Verbindlichkeit umzugliedern, mit Ausnahme einer Absicherung des Währungsrisikos, die weiterhin als Absicherung von Zahlungsströmen behandelt wird.

108A Der letzte Satz des Paragraphen 80 sowie die Paragraphen AL99A und AL99B sind auf Geschäftsjahre anzuwenden, die am oder nach dem 1. Januar 2006 beginnen. Eine frühere Anwendung wird empfohlen. Wenn ein Unternehmen eine erwartete externe Transaktion, die

a) auf die funktionale Währung des Unternehmens lautet, das die Transaktion abschließt,

b) zu einem Risiko führt, das sich auf den Konzerngewinn oder -verlust auswirkt (d. h. auf eine andere Währung als die Darstellungswährung des Konzerns lautet), und

c) die Kriterien für die Bilanzierung von Sicherungsbeziehungen erfüllen würde, wenn sie nicht auf die funktionale Währung des abschließenden Unternehmens lautete,

als Grundgeschäft designiert hat, kann es auf die Periode/die Perioden vor dem Zeitpunkt der Anwendung des letzten Satzes des Paragraphen 80 und der Paragraphen AL99A und AL99B im Konzernabschluss die Bilanzierung für Sicherungsbeziehungen anwenden.

108B Ein Unternehmen muss den Paragraphen AL99B nicht auf Vergleichsinformationen anwenden, die sich auf Perioden vor dem Zeitpunkt der Anwendung des letzten Satzes des Paragraphen 80 und des Paragraphen AL99A beziehen.

108C Durch die *Verbesserungen der IFRS*, veröffentlicht im Mai 2008, wurden die Paragraphen 73 und AL8 geändert. Durch die *Verbesserungen der IFRS*, veröffentlicht im April 2009, wurde Paragraph 80 geändert. Diese Änderungen sind auf Geschäftsjahre anzuwenden, die am oder nach dem 1. Januar 2009 beginnen. Eine frühere Anwendung ist zulässig. Wendet ein Unternehmen diese Änderungen für eine frühere Berichtsperiode an, hat es dies anzugeben.

108D Durch die im Juni 2013 unter dem Titel *Novation von Derivaten und Fortsetzung der Bilanzierung von Sicherungsgeschäften* veröffentlichten Änderungen an IAS 39 wurden die Paragraphen 91 und 101 geändert und der Paragraph AL113A eingefügt. Diese Paragraphen sind auf Geschäftsjahre anzuwenden, die am oder nach dem 1. Januar 2014 beginnen. Diese Änderungen sind gemäß IAS 8 *Rechnungslegungsmethoden, Änderungen von rechnungslegungsbezogenen Schätzungen und Fehler* rückwirkend anzuwenden. Eine frühere Anwendung ist zulässig. Wendet ein Unternehmen diese Änderungen auf eine frühere Periode an, hat es dies anzugeben.

108E–108F [gestrichen]

108G Durch die im September 2019 veröffentlichte Verlautbarung *Reform der Referenzinssätze*, mit der IFRS 9, IAS 39 und IFRS 7 geändert wurden, wurden die Paragraphen 102A–102N eingefügt. Diese Änderungen sind auf Geschäftsjahre anzuwenden, die am oder nach dem 1. Januar 2020 beginnen. Eine frühere Anwendung ist zulässig. Wendet ein Unternehmen diese Änderungen auf eine frühere Periode an, hat es dies anzugeben. Diese Änderungen sind rückwirkend nur auf Sicherungsbeziehungen anzuwenden, die zu Beginn des Berichtszeitraums, in dem das Unternehmen diese Änderungen erstmals anwendet, bereits bestanden oder danach designiert wurden, und auf den im sonstigen Ergebnis erfassten Gewinn oder Verlust, der zu Beginn der Berichtsperiode, in der das Unternehmen diese Änderungen erstmals anwendet, bereits angefallen war.

108H Durch die im August 2020 veröffentlichte Verlautbarung *Reform der Referenzzinsätze – Phase 2*, mit der IFRS 9, IAS 39, IFRS 7, IFRS 4 und IFRS 16 geändert wurden, wurde(n) die Paragraphen 102O–102Z3 und 108I–108K eingefügt und Paragraph 102M geändert. Diese Änderungen sind auf Geschäftsjahre anzuwenden, die am oder nach dem 1. Januar 2021 beginnen. Eine frühere Anwendung ist zulässig. Wendet ein Unternehmen diese Änderungen auf eine frühere Periode an, hat es dies anzugeben. Soweit in den Paragraphen 108I–108K nicht anders festgelegt, sind diese Änderungen gemäß IAS 8 rückwirkend anzuwenden.

108I Ein Unternehmen darf eine neue Sicherungsbeziehung (z. B. wie in Paragraph 102Z3 beschrieben) nur prospektiv designieren (d. h. in Vorperioden darf ein Unternehmen keine neue Sicherungsbeziehung designieren). Ein Unternehmen hat eine beendete Sicherungsbeziehung nur dann wieder herzustellen, wenn die folgenden Bedingungen erfüllt sind:

a) Das Unternehmen hatte die jeweilige Sicherungsbeziehung nur aufgrund von Veränderungen beendet, die die Reform der Referenzzinssätze notwendig gemacht hatte, und das Unternehmen hätte die Sicherungsbeziehung nicht beenden müssen, wenn diese Änderungen zu diesem Zeitpunkt bereits angewandt worden wären, und

b) zu Beginn der Berichtsperiode, in der ein Unternehmen diese Änderungen erstmals anwendet (Datum der erstmaligen Anwendung der Änderungen), erfüllt die beendete Sicherungsbeziehung die Voraussetzungen für die Bilanzierung von Sicherungsbeziehungen (nach Berücksichtigung der Änderungen).

108J Falls ein Unternehmen eine beendete Sicherungsbeziehung in Anwendung des Paragraphen 108I wieder herstellt, hat es die in den Paragraphen 102Z1 und 102Z2 enthaltenen Bezugnahmen auf den Zeitpunkt der erstmaligen Designation des alternativen Referenzzinssatzes als nichtvertraglich spezifizierten Risikoanteil als Bezugnahmen auf den Zeitpunkt der erstmaligen Anwendung der Änderungen auszulegen (d. h. der Zeitraum von 24 Monaten für den jeweiligen alternativen Referenzzinssatz, der als nichtvertraglich spezifizierter Risikoanteil designiert ist, beginnt mit dem Zeitpunkt der erstmaligen Anwendung dieser Änderungen).

108K Ein Unternehmen ist nicht verpflichtet, Vorperioden anzupassen, um der Anwendung dieser Änderungen Rechnung zu tragen. Ein Unternehmen darf Vorperioden nur dann anpassen, wenn dabei keine nachträglichen Erkenntnisse verwendet werden. Passt ein Unternehmen Vorperioden nicht an, hat es etwaige Differenzen zwischen dem bisherigen Buchwert und dem Buchwert zu Beginn des Geschäftsjahrs, in das der Zeitpunkt der erstmaligen Anwendung der Änderungen fällt, im Eröffnungsbilanzwert der Gewinnrücklagen (oder einer anderen als sachgerecht angesehenen Eigenkapitalkomponente) des Geschäftsjahrs zu erfassen, in das der Zeitpunkt der erstmaligen Anwendung der Änderungen fällt.

RÜCKNAHME ANDERER VERLAUTBARUNGEN

109 Dieser Standard ersetzt IAS 39 *Finanzinstrumente: Ansatz und Bewertung* in der im Oktober 2000 überarbeiteten Fassung.

110 Dieser Standard und die dazugehörigen Anwendungsleitlinien ersetzen die vom IAS 39 Implementation Guidance Committee herausgegebenen Anwendungsleitlinien, die vom früheren IASC festgelegt wurden.

Anhang A
Anwendungsleitlinien

Dieser Anhang ist integraler Bestandteil des Standards.

AL1–AL93 [gestrichen]

SICHERUNGSBEZIEHUNGEN (Paragraphen 71–102)

Sicherungsinstrumente (Paragraphen 72–77)

Qualifizierende Instrumente (Paragraphen 72 und 73)

AL94 Der mögliche Verlust aus einer von einem Unternehmen geschriebenen Option kann erheblich höher ausfallen als der mögliche Wertzuwachs des dazugehörigen Grundgeschäfts. Mit anderen Worten: Eine geschriebene Option ist kein wirksames Mittel zur Reduzierung des Gewinn- oder Verlustrisikos eines Grundgeschäfts. Eine geschriebene Option erfüllt daher nicht die Kriterien eines Sicherungsinstruments, es sei denn, sie wird zur Glattstellung einer erworbenen Option eingesetzt; hierzu gehören auch Optionen, die in ein anderes Finanzinstrument eingebettet sind (beispielsweise eine geschriebene Kaufoption, mit der das Risiko aus einer kündbaren Verbindlichkeit abgesichert werden soll). Eine erworbene Option hingegen führt zu potenziellen Gewinnen, die entweder den Verlusten entsprechen oder höher sind; sie beinhaltet daher die Möglichkeit, das Gewinn- oder Verlustrisiko aus Veränderungen des beizulegenden Zeitwerts oder der Zahlungsströme zu reduzieren. Sie kann folglich die Kriterien eines Sicherungsinstruments erfüllen.

AL95 Ein zu fortgeführten Anschaffungskosten bewerteter finanzieller Vermögenswert kann zur Absicherung eines Währungsrisikos als Sicherungsinstrument designiert werden.

AL96 [gestrichen]

AL97 Die eigenen Eigenkapitalinstrumente eines Unternehmens sind keine finanziellen Vermögenswerte oder Verbindlichkeiten des Unternehmens und können daher nicht als Sicherungsinstrumente designiert werden.

Grundgeschäfte (Paragraphen 78–84)

Qualifizierende Grundgeschäfte (Paragraphen 78–80)

AL98 Eine feste Verpflichtung zum Erwerb eines Unternehmens im Rahmen eines Unternehmenszusammenschlusses kann – mit Ausnahme der damit verbundenen Währungsrisiken – nicht als Grundgeschäft gelten, da die anderen abzusichernden Risiken nicht gesondert ermittelt und bewertet werden können. Bei diesen anderen Risiken handelt es sich um allgemeine Geschäftsrisiken.

AL99 Eine nach der Equity-Methode bilanzierte Finanzinvestition kann kein Grundgeschäft zur Absicherung des beizulegenden Zeitwerts sein, da bei der Equity-Methode der Anteil des Investors am Gewinn oder Verlust des assoziierten Unternehmens und nicht die Veränderung des beizulegenden Zeitwerts der Finanzinvestition erfolgswirksam erfasst wird. Aus einem ähnlichen Grund kann eine Finanzinvestition in ein konsolidiertes Tochterunternehmen kein Grundgeschäft zur Absicherung des beizulegenden Zeitwerts sein, da bei einer Konsolidierung der Gewinn oder Verlust der Tochtergesellschaft und nicht etwaige Veränderungen des beizulegenden Zeitwerts der Finanzinvestition erfolgswirksam erfasst werden. Anders verhält es sich bei der Absicherung einer Nettoinvestition in einen ausländischen Geschäftsbetrieb, da es sich hierbei um die Absicherung eines Währungsrisikos handelt und nicht um die Absicherung des beizulegenden Zeitwerts hinsichtlich etwaiger Änderungen des Investitionswerts.

AL99A In Paragraph 80 heißt es, dass das Währungsrisiko einer mit hoher Wahrscheinlichkeit eintretenden künftigen konzerninternen Transaktion die Kriterien eines Grundgeschäfts bei einer Absicherung von Zahlungsströmen für den Konzernabschluss erfüllen kann, sofern die Transaktion in einer anderen Währung als der funktionalen Währung des Unternehmens, das diese Transaktion abschließt, abgewickelt wird und sich das Währungsrisiko im Konzerngewinn oder -verlust niederschlägt. Diesbezüglich kann es sich bei einem Unternehmen um ein Mutterunternehmen, Tochterunternehmen, assoziiertes Unternehmen, ein Gemeinschaftsunternehmen oder eine Niederlassung handeln. Wenn das Währungsrisiko einer erwarteten künftigen konzerninternen Transaktion sich nicht im Konzerngewinn oder -verlust niederschlägt, kann die konzerninterne Transaktion nicht die Definition eines Grundgeschäfts erfüllen. Dies ist in der Regel der Fall bei Zahlungen von Nutzungsentgelten, Zinsen oder Verwaltungsgebühren zwischen Mitgliedern desselben Konzerns, sofern es sich nicht um eine entsprechende externe Transaktion handelt. Wenn das Währungsrisiko einer erwarteten künftigen konzerninternen Transaktion sich jedoch im Konzerngewinn oder -verlust niederschlägt, kann die konzerninterne Transaktion die Definition eines Grundgeschäfts erfüllen. Ein Beispiel hierfür sind erwartete Verkäufe oder Käufe von Vorräten zwischen Mitgliedern desselben Konzerns, wenn die Vorräte an eine Partei außerhalb des Konzerns weiterverkauft werden. Ebenso kann ein erwarteter künftiger Verkauf von Sachanlagen des Konzernunternehmens, welches diese gefertigt hat, an ein anderes Konzernunternehmen, welches diese Sachanlagen in seinem Betrieb benutzen wird, den Konzerngewinn oder -verlust beeinflussen. Dies könnte beispielsweise der Fall sein, weil die Sachanlage von dem erwerbenden Unternehmen abgeschrieben wird, und der erstmalig für diese Sachanlage angesetzte Betrag sich ändern könnte, wenn die erwartete künftige konzerninterne Transaktion in einer anderen Währung als der funktionalen Währung des erwerbenden Unternehmens abgewickelt wird.

AL99B Wenn eine Absicherung einer erwarteten konzerninternen Transaktion die Kriterien für eine Bilanzierung als Sicherungsbeziehung erfüllt, sind alle gemäß Paragraph 95(a) im sonstigen Ergebnis erfassten Gewinne oder Verluste in derselben Periode oder denselben Perioden, in der/denen das Währungsrisiko der abgesicherten Transaktion das Konzernergebnis beeinflusst, erfolgswirksam umzugliedern und als Umgliederungsbeträge auszuweisen.

AL99BA Ein Unternehmen kann in einer Sicherungsbeziehung alle Veränderungen der Zahlungsströme oder des beizulegenden Zeitwerts eines Grundgeschäfts designieren. Es können auch nur die oberhalb oder unterhalb eines festgelegten Preises oder einer anderen Variablen liegenden Veränderungen der Zahlungsströme oder des beizulegenden Zeitwerts eines Grundgeschäfts designiert werden (einseitiges Risiko). Bei einem Grundgeschäft spiegelt der innere Wert einer Option, die (in der Annahme, dass ihre wesentlichen Bedingungen denen des designierten Risikos entsprechen) als Sicherungsinstrument erworben wurde, ein einseitiges Risiko wider, ihr Zeitwert dagegen nicht. Ein Unternehmen kann beispielsweise die Schwankung künftiger Zahlungsstrom-Ergebnisse designieren, die aus einer Preiserhöhung bei einem erwarteten Warenkauf resultieren. In einem solchen Fall werden nur Zahlungsstrom-Verluste designiert, die aus der Erhöhung des Preises oberhalb des festgelegten Grenzwerts resultieren. Das abgesicherte Risiko umfasst nicht den Zeitwert einer erworbenen Option, da der Zeitwert kein Bestandteil der erwarteten Transaktion ist, der den Gewinn oder Verlust beeinflusst (Paragraph 86(b)).

Designation finanzieller Posten als Grundgeschäfte (Paragraphen 81 und 81A)

AL99C Ein Unternehmen kann […] alle Zahlungsströme des gesamten finanziellen Vermögenswerts oder der gesamten finanziellen Verbindlichkeit als Grundgeschäft designieren und sie gegen nur ein bestimmtes Risiko absichern (z. B. gegen Änderungen, die der Veränderung des LIBOR zuzuordnen sind). Beispielsweise kann ein Unternehmen im Falle einer finanziellen Verbindlichkeit, deren Effektivzinssatz 100 Basispunkte unter dem LIBOR liegt, die gesamte Verbindlichkeit (d. h den Kapitalbetrag zuzüglich der Zinsen zum LIBOR abzüglich 100 Basispunkte) als Grundgeschäft

2/23. IAS 39
AL99C – AL100

designieren und die gesamte Verbindlichkeit gegen auf Veränderungen des LIBORs zurückzuführende Veränderungen des beizulegenden Zeitwerts oder der Zahlungsströme absichern. Das Unternehmen kann auch eine andere Sicherungsquote als eins zu eins wählen, um die Wirksamkeit der Absicherung, wie in Paragraph AL100 beschrieben, zu verbessern.

AL99D Wenn ein festverzinsliches Finanzinstrument einige Zeit nach seiner Emission abgesichert wird und sich die Zinssätze zwischenzeitlich geändert haben, kann das Unternehmen einen Teil designieren, der einem Referenzzinssatz entspricht [...]. Als Beispiel wird angenommen, dass ein Unternehmen einen festverzinslichen finanziellen Vermögenswert über 100 WE mit einem Effektivzinssatz von 6 Prozent zu einem Zeitpunkt erwirbt, zu dem der LIBOR 4 Prozent beträgt. Die Absicherung dieses Vermögenswerts beginnt zu einem späteren Zeitpunkt, zu dem der LIBOR auf 8 Prozent gestiegen ist und der beizulegende Zeitwert des Vermögenswerts auf 90 WE gefallen ist. Das Unternehmen berechnet, dass der Effektivzinssatz 9,5 Prozent betragen würde, wenn es den Vermögenswert zu dem Zeitpunkt erworben hätte, als es ihn erstmalig als Grundgeschäft zu seinem zu diesem Zeitpunkt geltenden beizulegenden Zeitwert von 90 WE designiert hätte. [...]. Das Unternehmen kann einen Anteil des LIBOR von 8 Prozent bestimmen, der zum einen Teil aus den vertraglichen Zinszahlungen und zum anderen Teil aus der Differenz zwischen dem aktuellen beizulegenden Zeitwert (d. h 90 WE) und dem bei Fälligkeit zu zahlenden Betrag (d. h. 100 WE) besteht.

AL99E Nach Paragraph 81 kann ein Unternehmen auch einen Teil der Veränderung des beizulegenden Zeitwerts oder der Zahlungsstrom-Schwankungen eines Finanzinstruments designieren. So können beispielsweise

a) alle Zahlungsströme eines Finanzinstruments für Veränderungen der Zahlungsströme oder des beizulegenden Zeitwerts, die einigen (aber nicht allen) Risiken zuzuordnen sind, designiert werden, oder

b) einige (aber nicht alle) Zahlungsströme eines Finanzinstruments für Veränderungen der Zahlungsströme oder des beizulegenden Zeitwerts, die allen bzw. nur einigen Risiken zuzuordnen sind, designiert werden (d. h. ein „Teil" der Zahlungsströme des Finanzinstruments kann für Änderungen, die allen bzw. nur einigen Risiken zuzuordnen sind, designiert werden).

AL99F Die designierten Risiken und Teilrisiken sind dann für eine Bilanzierung als Sicherungsbeziehung geeignet, wenn sie einzeln identifizierbare Bestandteile des Finanzinstruments sind, und Veränderungen der Zahlungsströme oder des beizulegenden Zeitwerts des gesamten Finanzinstruments, die auf Veränderungen der designierten Risiken und Teilrisiken beruhen, verlässlich ermittelt werden können. Es folgen einige Beispiele:

a) Bei festverzinslichen Finanzinstrumenten, die für den Fall, dass sich ihr beizulegender Zeitwert durch Änderung eines risikolosen Zinssatzes oder Referenzzinssatzes ändert, abgesichert sind, wird der risikolose Zinssatz oder Referenzzinssatz in der Regel sowohl als einzeln identifizierbarer Bestandteil des Finanzinstruments als auch als verlässlich ermittelbar betrachtet.

b) Die Inflation ist weder einzeln identifizierbar noch verlässlich ermittelbar und kann nicht als Risiko oder Teil eines Finanzinstruments designiert werden, es sei denn, die unter (c) genannten Anforderungen sind erfüllt.

c) Ein vertraglich genau designierter Inflationsanteil der Zahlungsströme einer anerkannten inflationsgebundenen Anleihe ist (unter der Voraussetzung, dass keine separate Bilanzierung als eingebettetes Derivat erforderlich ist) so lange einzeln identifizierbar und verlässlich ermittelbar, wie andere Zahlungsströme des Instruments von dem Inflationsanteil nicht betroffen sind.

Designation nichtfinanzieller Posten als Grundgeschäfte (Paragraph 82)

AL100 Preisänderungen eines Bestandteils oder einer Komponente eines nichtfinanziellen Vermögenswerts oder einer nichtfinanziellen Verbindlichkeit haben in der Regel keine vorhersehbaren, getrennt bestimmbaren Auswirkungen auf den Preis des Postens, die mit den Auswirkungen z. B. einer Änderung des Marktzinses auf den Kurs einer Anleihe vergleichbar wären. Daher kann ein nichtfinanzieller Vermögenswert oder eine nichtfinanzielle Verbindlichkeit nur insgesamt oder für Währungsrisiken als Grundgeschäft bestimmt werden. Gibt es einen Unterschied zwischen den Bedingungen des Sicherungsinstruments und des Grundgeschäfts (wie für die Absicherung eines geplanten Kaufs von brasilianischem Kaffee durch ein Forwardgeschäft auf den Kauf von kolumbianischem Kaffee zu ansonsten vergleichbaren Bedingungen), kann die Sicherungsbeziehung dennoch als solche gelten, sofern alle Voraussetzungen aus Paragraph 88, einschließlich derjenigen, dass die Absicherung als faktisch hoch wirksam beurteilt wird, erfüllt sind. Für diesen Zweck kann der Wert des Sicherungsinstruments größer oder kleiner als der des Grundgeschäfts sein, wenn dadurch die Wirksamkeit der Sicherungsbeziehung verbessert wird. Eine Regressionsanalyse könnte beispielsweise durchgeführt werden, um einen statistischen Zusammenhang zwischen dem Grundgeschäft (z. B. einer Transaktion mit brasilianischem Kaffee) und dem Sicherungsinstrument (z. B. einer Transaktion mit kolumbianischem Kaffee) aufzustellen. Gibt es einen validen statistischen Zusammenhang zwischen den beiden Variablen (d. h zwischen dem Preis je Einheit von brasilianischem Kaffee und kolumbianischem Kaffee), kann die Steigung der Regressionskurve zur Feststellung der Sicherungsquote, die die erwartete Wirksamkeit maximiert, verwendet werden. Liegt beispielsweise die Steigung der Regressionskurve bei 1,02, maximiert eine Sicherungsquote, die auf 0,98 Mengeneinheiten der Grundgeschäfte zu 1,00 Mengeneinheiten des Sicherungsinstruments basiert, die erwartete Wirksamkeit. Die Sicherungsbeziehung kann jedoch zu einer Unwirksamkeit führen, die im Zeitraum der Sicherungsbeziehung erfolgswirksam erfasst wird.

Designation von Gruppen von Posten als Grundgeschäfte (Paragraphen 83 und 84)

AL101 Eine Absicherung einer gesamten Nettoposition (z. B. des Saldos aller festverzinslichen Vermögenswerte und festverzinslichen Verbindlichkeiten mit ähnlichen Laufzeiten) im Gegensatz zu einer Absicherung eines einzelnen Postens erfüllt nicht die Kriterien für eine Bilanzierung als Sicherungsgeschäft. Allerdings können bei einem solchen Sicherungszusammenhang annähernd die gleichen Auswirkungen auf den Gewinn oder Verlust erzielt werden wie bei einer Bilanzierung von Sicherungsbeziehungen, wenn nur ein Teil der zugrunde liegenden Posten als Grundgeschäft bestimmt wird. Wenn beispielsweise eine Bank über Vermögenswerte von 100 WE und Verbindlichkeiten in Höhe von 90 WE verfügt, deren Risiken und Laufzeiten ähnlich sind, und die Bank das verbleibende Nettorisiko von 10 WE absichert, so kann sie 10 WE dieser Vermögenswerte als Grundgeschäft bestimmen. Eine solche Bestimmung kann erfolgen, wenn es sich bei den besagten Vermögenswerten und Verbindlichkeiten um festverzinsliche Instrumente handelt, was in diesem Fall einer Absicherung des beizulegenden Zeitwerts entspricht, oder wenn es sich um variabel verzinsliche Instrumente handelt, wobei es sich dann um eine Absicherung von Zahlungsströmen handelt. Ähnlich wäre dies im Falle eines Unternehmens, das eine feste Verpflichtung zum Kauf in einer Fremdwährung in Höhe von 100 WE sowie eine feste Verpflichtung zum Verkauf in dieser Währung in Höhe von 90 WE eingegangen ist; in diesem Fall kann es den Nettobetrag von 10 WE durch den Kauf eines Derivats absichern, das als Sicherungsinstrument zum Erwerb von 10 WE als Teil der festen Verpflichtung zum Kauf von 100 WE bestimmt wird.

Bilanzierung von Sicherungsbeziehungen (Paragraphen 85–102)

AL102 Ein Beispiel für die Absicherung des beizulegenden Zeitwerts ist die Absicherung des Risikos aus einer Veränderung des beizulegenden Zeitwerts eines festverzinslichen Schuldinstruments aufgrund einer Zinsänderung. Eine solche Sicherungsbeziehung kann vonseiten des Emittenten oder des Inhabers des Schuldinstruments eingegangen werden.

AL103 Ein Beispiel für eine Absicherung von Zahlungsströmen ist der Einsatz eines Swap-Kontrakts, mit dem variabel verzinsliche Verbindlichkeiten gegen festverzinsliche Verbindlichkeiten getauscht werden (d. h eine Absicherung gegen Risiken aus einer künftigen Transaktion, wobei die abgesicherten künftigen Zahlungsströme hierbei die künftigen Zinszahlungen darstellen).

AL104 Die Absicherung einer festen Verpflichtung (z. B. eine Absicherung gegen Risiken einer Änderung des Kraftstoffpreises im Rahmen einer nicht bilanzierten vertraglichen Verpflichtung eines Energieversorgers zum Kauf von Kraftstoff zu einem festgesetzten Preis) ist eine Absicherung des Risikos einer Veränderung des beizulegenden Zeitwerts. Demzufolge stellt solch eine Sicherungsbeziehung eine Absicherung des beizulegenden Zeitwerts dar. Nach Paragraph 87 könnte jedoch eine Absicherung des Währungsrisikos einer festen Verpflichtung alternativ als eine Absicherung von Zahlungsströmen bilanziert werden.

Beurteilung der Wirksamkeit der Absicherung

AL105 Eine Sicherungsbeziehung wird nur dann als hoch wirksam angesehen, wenn die beiden folgenden Voraussetzungen erfüllt sind:

a) Zu Beginn der Sicherungsbeziehung und in den Folgeperioden wird erwartet, dass die Absicherung in Bezug auf die Erreichung eines Ausgleichs der auf das abgesicherte Risiko zurückzuführenden Veränderungen des beizulegenden Zeitwerts oder der Zahlungsströme innerhalb der für die Absicherung relevanten Periode hochwirksam ist. Eine solche Einschätzung kann auf verschiedene Weise nachgewiesen werden, u. a. durch einen Vergleich bisheriger Veränderungen des beizulegenden Zeitwerts oder der Zahlungsströme des Grundgeschäfts, die auf das abgesicherte Risiko zurückzuführen sind, mit bisherigen Veränderungen des beizulegenden Zeitwerts oder der Zahlungsströme des Sicherungsinstruments oder durch den Nachweis einer hohen statistischen Korrelation zwischen dem beizulegenden Zeitwert oder den Zahlungsströmen des Grundgeschäfts und denen des Sicherungsinstruments. Das Unternehmen kann eine andere Sicherungsquote als eins zu eins wählen, um die Wirksamkeit der Absicherung, wie in Paragraph AL100 beschrieben, zu verbessern.

b) Die aktuellen Ergebnisse der Sicherungsbeziehung liegen innerhalb einer Bandbreite von 80–125 Prozent. Sehen die aktuellen Ergebnisse so aus, dass beispielsweise der Verlust aus einem Sicherungsinstrument 120 WE und der Gewinn aus dem monetären Instrument 100 WE beträgt, so kann die Kompensation anhand der Berechnung 120/100 bewertet werden, was einem Ergebnis von 120 Prozent entspricht, oder anhand der Berechnung 100/120, was einem Ergebnis von 83 Prozent entspricht. Angenommen, dass in diesem Beispiel die Sicherungsbeziehung die Voraussetzungen unter (a) erfüllt, würde das Unternehmen daraus schließen, dass die Sicherungsbeziehung in hohem Maße wirksam gewesen ist.

AL106 Eine Beurteilung der Wirksamkeit von Sicherungsbeziehungen hat mindestens zum Zeitpunkt der Aufstellung des Jahresabschlusses oder des Zwischenabschlusses zu erfolgen.

AL107 Dieser Standard schreibt keine bestimmte Methode zur Beurteilung der Wirksamkeit der Absicherung vor. Die von einem Unternehmen gewählte Methode zur Beurteilung der Wirksamkeit der Absicherung richtet sich nach seiner Risikomanagementstrategie. Wenn beispielsweise die Risikomanagementstrategie eines Unternehmens vorsieht, die Höhe des Sicherungsinstruments periodisch anzupassen, um Änderungen der abgesicherten Position widerzuspiegeln, braucht das Unternehmen nur für die Periode bis zur nächsten Anpassung des Sicherungsinstruments den Nachweis zu erbringen, dass die Sicherungsbeziehung als in hohem Maße wirksam eingeschätzt wird. In manchen Fällen werden für verschiedene Arten von Sicherungsbeziehungen unterschiedliche Methoden verwendet. In der Dokumentation seiner Sicherungsstrategie macht ein Unternehmen Angaben über die zur Beurteilung der Wirksamkeit eingesetzten Methoden und Verfahren. Diese sollten auch angeben, ob bei der Beurteilung sämtliche Gewinne oder Verluste aus einem Sicherungsinstrument berücksichtigt werden oder ob der Zeitwert des Instruments unberücksichtigt bleibt.

AL107A […]

AL108 Sind die wesentlichen Bedingungen des Sicherungsinstruments und des abgesicherten Vermögenswerts, der abgesicherten Schuld, der festen Verpflichtung oder der mit hoher Wahrscheinlichkeit eintretenden erwarteten Transaktion gleich, so ist wahrscheinlich, dass sich die Veränderungen der beizulegenden Zeitwerts und der Zahlungsströme, die auf das abgesicherte Risiko zurückzuführen sind, gegenseitig vollständig ausgleichen, und zwar sowohl zu Beginn der Sicherungsbeziehung als auch danach. So ist beispielsweise ein Zinsswap voraussichtlich eine wirksame Absicherung, wenn Nominal- und Kapitalbetrag, Laufzeiten, Zinsanpassungstermine, die Zeitpunkte der Zins- und Tilgungsein- und -auszahlungen sowie die Bemessungsgrundlage zur Festsetzung der Zinsen für das Sicherungsinstrument und das Grundgeschäft gleich sind. Außerdem ist die Absicherung eines erwarteten Warenkaufs, dessen Eintreten hoch wahrscheinlich ist, durch ein Forwardgeschäft voraussichtlich hoch wirksam, sofern

a) das Forwardgeschäft den Erwerb einer Ware derselben Art und Menge, zu demselben Zeitpunkt und Ort wie das erwartete Grundgeschäft zum Gegenstand hat,

b) der beizulegende Zeitwert des Forwardgeschäfts zu Beginn null ist und

c) entweder die Änderung des Disagios oder des Agios des Forwardgeschäfts aus der Beurteilung der Wirksamkeit herausgenommen und direkt erfolgswirksam erfasst wird oder die Veränderung der erwarteten Zahlungsströme aus der mit hoher Wahrscheinlichkeit eintretenden erwarteten Transaktion auf dem Forwardkurs der zugrunde liegenden Ware basiert.

AL109 Manchmal kompensiert das Sicherungsinstrument nur einen Teil des abgesicherten Risikos. So dürfte eine Sicherungsbeziehung nur zum Teil wirksam sein, wenn das Sicherungsinstrument und das Grundgeschäft auf verschiedene Währungen lauten und beide sich nicht parallel entwickeln. Desgleichen dürfte die Absicherung eines Zinsrisikos mithilfe eines derivativen Finanzinstruments nur bedingt wirksam sein, wenn ein Teil der Veränderung des beizulegenden Zeitwerts des derivativen Finanzinstruments auf das Ausfallrisiko der Gegenseite zurückzuführen ist.

AL110 Um die Kriterien für eine Bilanzierung als Sicherungsbeziehung zu erfüllen, muss sich die Sicherungsbeziehung nicht nur auf allgemeine Geschäftsrisiken des Unternehmens, sondern auf ein bestimmtes, identifizier- und bestimmbares Risiko beziehen und sich letztlich auf den Gewinn oder Verlust des Unternehmens auswirken. Die Absicherung gegen Veralterung von materiellen Vermögenswerten oder gegen das Risiko einer staatlichen Enteignung von Gegenständen kann nicht als Sicherungsbeziehung bilanziert werden, denn die Wirksamkeit lässt sich nicht bewerten, da die hiermit verbundenen Risiken nicht verlässlich ermittelt werden können.

AL110A Nach Paragraph 74(a) kann ein Unternehmen inneren Wert und Zeitwert eines Optionskontrakts voneinander trennen und nur die Änderung des inneren Werts des Optionskontrakts als Sicherungsinstrument designieren. Eine solche Designation kann zu einer Sicherungsbeziehung führen, mit der sich Veränderungen der Zahlungsströme, die durch ein abgesichertes einseitiges Risiko einer erwarteten Transaktion bedingt sind, äußerst wirksam kompensieren lassen, wenn die wesentlichen Bedingungen der erwarteten Transaktion und des Sicherungsinstruments gleich sind.

AL110B Designiert ein Unternehmen eine erworbene Option zur Gänze als Sicherungsinstrument eines einseitigen Risikos einer erwarteten Transaktion, wird die Sicherungsbeziehung nicht gänzlich wirksam sein, da die gezahlte Optionsprämie den Zeitwert einschließt, ein designiertes einseitiges Risiko Paragraph AL99BA zufolge den Zeitwert einer Option aber nicht einschließt. In diesem Fall wird es folglich keinen vollständigen Ausgleich zwischen den Zahlungsströmen aus dem Zeitwert der gezahlten Optionsprämie und dem designierten abgesicherten Risiko geben.

AL111 Im Falle eines Zinsänderungsrisikos kann die Wirksamkeit der Absicherung durch die Erstellung eines Fälligkeitsplans für finanzielle Vermögenswerte und Verbindlichkeiten bewertet werden, aus dem das Nettozinsänderungsrisiko für jede Periode hervorgeht, vorausgesetzt, das Nettorisiko ist mit einem besonderen Vermögenswert oder einer besonderen Verbindlichkeit verbunden (oder einer besonderen Gruppe von Vermögenswerten oder Verbindlichkeiten bzw. einem bestimmten Teil davon), auf den/die das Nettorisiko zurückzuführen ist, und die Wirksamkeit der Absicherung wird in Bezug auf diesen Vermögenswert oder diese Verbindlichkeit beurteilt.

AL112 Bei der Beurteilung der Wirksamkeit einer Absicherung berücksichtigt ein Unternehmen in der Regel den Zeitwert des Geldes. Der feste Zinssatz eines Grundgeschäfts muss dabei nicht exakt mit dem festen Zinssatz eines zur Absicherung des beizulegenden Zeitwerts designierten Swaps übereinstimmen. Auch muss der variable Zinssatz eines zinstragenden Vermögenswerts oder einer zinstragenden Verbindlichkeit nicht mit dem variablen Zinssatz eines zur Absicherung von Zahlungsströmen designierten Swaps übereinstimmen. Der beizulegende Zeitwert eines Swaps ergibt sich aus seinem Nettoausgleich. So können die festen und variablen Zinssätze eines Swaps ausgetauscht werden, ohne dass dies Auswirkungen auf den Nettoausgleich hat, wenn beide in gleicher Höhe getauscht werden.

AL113 Wenn die Kriterien für die Wirksamkeit der Absicherung nicht erfüllt werden, stellt das Unternehmen die Bilanzierung der jeweiligen Sicherungsbeziehung ab dem Zeitpunkt ein, an dem die Wirksamkeit der Sicherungsbeziehung letztmals nachgewiesen wurde. Wenn jedoch ein Unternehmen das Ereignis oder die Änderung des Umstands, wodurch die Sicherungsbeziehung die Wirksamkeitskriterien nicht mehr erfüllte, identifiziert und nachweist, dass die Sicherungsbeziehung vor Eintreten des Ereignisses oder des geänderten Umstands wirksam war, stellt das Unternehmen die Bilanzierung der Sicherungsbeziehung ab dem Zeitpunkt des Ereignisses oder der Änderung des Umstands ein.

AL113A Der Klarheit halber sind die Auswirkungen der Ersetzung der ursprünglichen Gegenpartei durch eine Clearing- Gegenpartei und der in Paragraph 91(a) (ii) und Paragraph 101(a) (ii) dargelegten dazugehörigen Änderungen bei der Bewertung der Sicherungsinstrumente und damit auch bei der Beurteilung und Bewertung der Wirksamkeit der Absicherung zu berücksichtigen.

Bilanzierung der Absicherung des beizulegenden Zeitwerts zur Absicherung eines Portfolios gegen Zinsänderungsrisiken

AL114 Für die Absicherung eines beizulegenden Zeitwerts gegen das mit einem Portfolio von finanziellen Vermögenswerten oder finanziellen Verbindlichkeiten verbundene Zinsänderungsrisiko wären die Anforderungen dieses Standards erfüllt, wenn das Unternehmen die unter den nachstehenden Punkten (a)–(i) und den Paragraphen AL115– AL132 dargelegten Verfahren einhält.

a) Das Unternehmen identifiziert als Teil seines Risikomanagementprozesses ein Portfolio von Posten, deren Zinsänderungsrisiken abgesichert werden sollen. Das Portfolio kann nur Vermögenswerte, nur Verbindlichkeiten oder auch beides, Vermögenswerte und Verbindlichkeiten umfassen. Das Unternehmen kann zwei oder mehr Portfolios bestimmen, wobei es die nachstehenden Anleitungen für jedes Portfolio gesondert anwendet.

b) Das Unternehmen teilt das Portfolio nach Zinsanpassungsperioden auf, die nicht auf vertraglich fixierten, sondern vielmehr auf erwarteten Zinsanpassungsterminen basieren. Diese Aufteilung in Zinsanpassungsperioden kann auf verschiedene Weise durchgeführt werden, einschließlich in Form einer Aufstellung von Zahlungsströmen in den Perioden, in denen sie den Erwartungen zufolge anfallen, oder einer Aufstellung von nominalen Kapitalbeträgen in allen Perioden, bis zum erwarteten Zeitpunkt der Zinsanpassung.

c) Auf Grundlage dieser Aufteilung legt das Unternehmen den Betrag fest, den es absichern möchte. Als Grundgeschäft designiert das Unternehmen aus dem identifizierten Portfolio einen Betrag von Vermögenswerten oder Verbindlichkeiten (jedoch keinen Nettobetrag), der dem abzusichernden Betrag entspricht. […]

d) Das Unternehmen designiert das abzusichernde Zinsänderungsrisiko. Dieses Risiko könnte einen Teil des Zinsänderungsrisikos jedes Postens innerhalb der abgesicherten Position darstellen, wie beispielsweise ein Referenzzinssatz (z. B. LIBOR).

e) Das Unternehmen designiert ein oder mehrere Sicherungsinstrumente für jede Zinsanpassungsperiode.

f) Gemäß den zuvor erwähnten Designationen aus (c)–(e) beurteilt das Unternehmen zu Beginn und in den Folgeperioden, ob es die Sicherungsbeziehung innerhalb der für die Absicherung relevanten Periode als in hohem Maße wirksam einschätzt.

g) Das Unternehmen bewertet regelmäßig die Veränderung des beizulegenden Zeitwerts des Grundgeschäfts (wie unter (c) designiert), die auf das abgesicherte Risiko zurückzuführen ist (wie unter (d) designiert) […]. Sofern bestimmt wird, dass die Sicherungsbeziehung zum Zeitpunkt ihrer Beurteilung gemäß der vom Unternehmen dokumentierten Methode zur Beurteilung der Wirksamkeit tatsächlich in hohem Maße wirksam war, erfasst das Unternehmen die Veränderung des beizulegenden Zeitwerts des Grundgeschäfts erfolgswirksam im Gewinn oder Verlust und in einem der beiden Posten der Bilanz, wie in Paragraph 89A beschrieben. Die Veränderung des beizulegenden Zeitwerts braucht nicht einzelnen Vermögenswerten oder Verbindlichkeiten zugeordnet zu werden.

h) Das Unternehmen bestimmt die Veränderung des beizulegenden Zeitwerts des Sicherungsinstruments/der Sicherungsinstrumente (wie unter (e) designiert) und erfasst sie erfolgswirksam als Gewinn oder Verlust. Der beizulegende Zeitwert des Sicherungsinstruments/ der Sicherungsinstrumente wird in der Bilanz als Vermögenswert oder Verbindlichkeit angesetzt.

i) Jede Unwirksamkeit[2] wird als Differenz zwischen der unter (g) genannten Veränderung des beizulegenden Zeitwerts und der unter

2/23. IAS 39
AL114 – AL120

(h) genannten Änderung des beizulegenden Zeitwerts erfolgswirksam erfasst.

(²) In diesem Zusammenhang gelten dieselben Wesentlichkeitsüberlegungen wie für alle IAS/IFRS.

AL115 Nachstehend wird dieser Ansatz detaillierter beschrieben. Der Ansatz ist nur auf eine Absicherung des beizulegenden Zeitwerts gegen ein Zinsänderungsrisiko in Bezug auf ein Portfolio von finanziellen Vermögenswerten oder finanziellen Verbindlichkeiten anzuwenden.

AL116 Das in Paragraph AL114(a) identifizierte Portfolio könnte Vermögenswerte und Verbindlichkeiten beinhalten. Alternativ könnte es sich auch um ein Portfolio handeln, das nur Vermögenswerte oder nur Verbindlichkeiten umfasst. Das Portfolio wird verwendet, um die Höhe der abzusichernden Vermögenswerte oder Verbindlichkeiten zu bestimmen. Das Portfolio als solches wird jedoch nicht als Grundgeschäft designiert.

AL117 Bei der Anwendung von Paragraph AL114(b) legt das Unternehmen den erwarteten Zinsanpassungstermin eines Postens auf den früheren der folgenden Zeitpunkte fest: den Zeitpunkt, zu dem dieser Posten den Erwartungen zufolge fällig wird oder den Zeitpunkt, zu dem er an die Marktzinsen angepasst wird. Die erwarteten Zinsanpassungstermine werden zu Beginn der Sicherungsbeziehung und während ihrer Laufzeit geschätzt, sie basieren auf historischen Erfahrungen und anderen verfügbaren Informationen, einschließlich Informationen und Erwartungen über Vorfälligkeitsquoten, Zinssätzen und der Wechselwirkung zwischen diesen. Ohne unternehmensspezifische Erfahrungswerte oder bei unzureichenden Erfahrungswerten verwenden Unternehmen die Erfahrungen vergleichbarer Unternehmen für vergleichbare Finanzinstrumente. Diese Schätzwerte werden regelmäßig überprüft und im Hinblick auf Erfahrungswerte angepasst. Im Falle eines festverzinslichen, vorzeitig rückzahlbaren Postens ist der erwartete Zinsanpassungstermin der Zeitpunkt, zu dem die Rückzahlung erwartet wird, es sei denn, es findet zu einem früheren Zeitpunkt eine Zinsanpassung an Marktzinsen statt. Bei einer Gruppe von vergleichbaren Posten kann die Aufteilung in Perioden aufgrund von erwarteten Zinsanpassungsterminen in der Form durchgeführt werden, dass ein Prozentsatz der Gruppe und nicht einzelne Posten jeder Periode zugewiesen werden. Für solche Zuordnungszwecke können auch andere Methoden verwendet werden. Für die Zuordnung von Tilgungsdarlehen auf Perioden, die auf erwarteten Zinsanpassungsterminen basieren, kann beispielsweise ein Multiplikator für Vorfälligkeitsquoten verwendet werden. Die Methode für eine solche Zuordnung hat jedoch in Übereinstimmung mit den Risikomanagementverfahren und -zielsetzungen des Unternehmens zu erfolgen.

AL118 Ein Beispiel für die in Paragraph AL114(c) beschriebene Designation: Wenn ein Unternehmen in einer bestimmten Zinsanpassungsperiode schätzt, dass es festverzinsliche Vermögenswerte von 100 WE und festverzinsliche Verbindlichkeiten von 80 WE hat, und beschließt, die gesamte Nettoposition von 20 WE abzusichern, so designiert es Vermögenswerte in Höhe von 20 WE (einen Teil der Vermögenswerte) als Grundgeschäft. Die Designation wird als „Betrag einer Währung" (z. B. ein Betrag in Dollar, Euro, Pfund oder Rand") und nicht als einzelne Vermögenswerte ausgedrückt. Daraus folgt, dass alle Vermögenswerte (oder Verbindlichkeiten), aus denen der abgesicherte Betrag resultiert, d. h. im vorstehenden Beispiel alle Vermögenswerte von 100 WE, Posten sein müssen, deren beizulegender Zeitwert sich bei Änderung des abgesicherten Zinssatzes ändern [...].

AL119 Das Unternehmen hat auch die anderen in Paragraph 88(a) aufgeführten Anforderungen zur Bestimmung und Dokumentation zu erfüllen. Die Unternehmenspolitik bezüglich aller Faktoren, die zur Identifizierung des abzusichernden Betrags und zur Beurteilung der Wirksamkeit verwendet werden, wird bei einer Absicherung eines Portfolios gegen Zinsänderungsrisiken durch die Designation und Dokumentation festgelegt; dies beinhaltet Folgendes:

a) welche Vermögenswerte und Verbindlichkeiten in die Absicherung des Portfolios einzubeziehen sind und auf welcher Basis sie aus dem Portfolio entfernt werden können;

b) wie Zinsanpassungstermine geschätzt werden, welche Annahmen von Zinssätzen den Schätzungen von Vorfälligkeitsquoten unterliegen und welches die Basis für die Änderung dieser Schätzungen ist. Für die erstmaligen Schätzungen, die zu dem Zeitpunkt erfolgen, zu dem ein Vermögenswert oder eine Verbindlichkeit in das abgesicherte Portfolio eingebracht wird, und für alle späteren Korrekturen dieser Schätzwerte wird dieselbe Methode verwendet;

c) Anzahl und Dauer der Zinsanpassungsperioden;

d) wie häufig das Unternehmen die Wirksamkeit überprüfen wird [...];

e) die verwendete Methode, um den Betrag der Vermögenswerte oder Verbindlichkeiten, die als Grundgeschäft designiert werden, zu bestimmen [...];

f) [...]. ob das Unternehmen die Wirksamkeit für jede Zinsanpassungsperiode einzeln oder für alle Perioden gemeinsam prüfen wird oder eine Kombination von beidem durchführen wird.

Die für die Bestimmung und Dokumentation der Sicherungsbeziehung festgelegten Methoden haben den Risikomanagementverfahren und -zielsetzungen des Unternehmens zu entsprechen. Die Methoden dürfen nicht willkürlich sein werden. Sie müssen auf Grundlage der Änderungen der Bedingungen am Markt und anderer Faktoren gerechtfertigt sein und auf den Risikomanagementverfahren und -zielsetzungen des Unternehmens beruhen und mit diesen in Einklang stehen.

AL120 Das Sicherungsinstrument, auf das in Paragraph AL114(e) verwiesen wird, kann ein einzelnes Derivat oder ein Portfolio von Derivaten sein, die alle dem nach Paragraph AL114(d) designierten abgesicherten Zinsänderungsrisiko ausgesetzt sind (z. B. ein Portfolio von Zinsswaps die alle an den LIBOR gebunden sind). Ein solches Portfolio von Derivaten kann gegenläufige Risikopositionen enthalten. Es darf jedoch keine geschriebenen Optionen oder geschriebenen Nettooptionen enthalten, weil der Standard([3]) nicht zulässt, dass solche Optionen als Sicherungsinstrumente designiert werden (außer wenn eine geschriebene Option zum Ausgleich einer Kaufoption eingesetzt wird). Wenn das Sicherungsinstrument den nach Paragraph AL114(c) designierten Betrag für mehr als eine Zinsanpassungsperiode absichert, wird er allen abzusichernden Perioden zugeordnet. Das gesamte Sicherungsinstrument muss jedoch diesen Zinsanpassungsperioden zugeordnet werden, da der Standard([4]) untersagt, eine Sicherungsbeziehung nur für einen Teil der Zeit, über die das Sicherungsinstrument noch läuft, zu designieren.

([3]) Siehe Paragraphen 77 und AL94.
([4]) Siehe Paragraph 75.

AL121 Bewertet ein Unternehmen die Veränderung des beizulegenden Zeitwerts eines vorzeitig rückzahlbaren Postens gemäß Paragraph AL114(g), wird der beizulegende Zeitwert des vorzeitig rückzahlbaren Postens auf zwei Arten durch die Änderung des Zinssatzes beeinflusst: Die Änderung des Zinssatzes beeinflusst den beizulegenden Zeitwert der vertraglichen Zahlungsströme und den beizulegenden Zeitwert der Vorfälligkeitsoption, die in dem vorzeitig rückzahlbaren Posten enthalten ist. Paragraph 81 des Standards gestattet einem Unternehmen, einen Teil eines finanziellen Vermögenswerts oder einer finanziellen Verbindlichkeit, der einem gemeinsamen Risiko ausgesetzt ist, als Grundgeschäft zu designieren, sofern die Wirksamkeit bewertet werden kann. […].

AL122 Der Standard gibt nicht die Methoden vor, die zur Bestimmung des in Paragraph AL114(g) genannten Betrags, das heißt der Veränderung des beizulegenden Zeitwerts des Grundgeschäfts, die auf das abgesicherte Risiko zurückzuführen ist, zu verwenden sind. […]. Es ist unangebracht zu vermuten, dass Veränderungen des beizulegenden Zeitwerts des Grundgeschäfts den Änderungen des Sicherungsinstruments wertmäßig gleichen.

AL123 Wenn das Grundgeschäft für eine bestimmte Zinsanpassungsperiode ein Vermögenswert ist, verlangt Paragraph 89A, dass die Veränderung seines Werts in einem gesonderten Posten innerhalb der Vermögenswerte dargestellt wird. Wenn dagegen das Grundgeschäft für eine bestimmte Zinsanpassungsperiode eine Verbindlichkeit ist, wird die Veränderung ihres Werts in einem gesonderten Posten innerhalb der Verbindlichkeiten dargestellt. Hierbei handelt es sich um die gesonderten Posten, auf die sich Paragraph AL114(g) bezieht. Eine detaillierte Zuordnung zu einzelnen Vermögenswerten (oder Verbindlichkeiten) wird nicht verlangt.

AL124 Aus Paragraph AL114(i) geht hervor, dass Unwirksamkeit in dem Umfang auftritt, in dem die Veränderung des beizulegenden Zeitwerts des dem abgesicherten Risiko zuzuordnenden Grundgeschäfts sich von der Änderung des beizulegenden Zeitwerts des Sicherungsderivats unterscheidet. Eine solche Differenz kann aus verschiedenen Gründen auftreten, u. a.:

a) […]
b) Posten aus dem abgesicherten Portfolio wurden wertgemindert oder ausgebucht,
c) die Zahlungstermine des Sicherungsinstruments und des Grundgeschäfts sind verschieden und
d) andere Gründe […].

Eine solche Unwirksamkeit([5]) ist zu identifizieren und erfolgswirksam zu erfassen.

([5]) In diesem Zusammenhang gelten dieselben Wesentlichkeitsüberlegungen wie für alle IAS/IFRS.

AL125 Die Wirksamkeit der Absicherung wird im Allgemeinen verbessert,

a) wenn das Unternehmen Posten mit verschiedenen Rückzahlungsmöglichkeiten auf eine Art aufteilt, die den unterschiedlichen Verhaltensweisen bei der vorzeitigen Rückzahlung Rechnung trägt.
b) wenn die Anzahl der Posten im Portfolio größer ist. Wenn nur wenige Posten zu dem Portfolio gehören, ist eine relativ hohe Unwirksamkeit wahrscheinlich, wenn bei einem der Posten eine vorzeitige Rückzahlung früher oder später als erwartet erfolgt. Umfasst das Portfolio dagegen viele Posten, kann das Verhalten in Bezug auf vorzeitige Rückzahlungen genauer vorausgesagt werden.
c) wenn die verwendeten Zinsanpassungsperioden kürzer sind (z. B. Zinsanpassungsperioden von 1 Monat anstelle von 3 Monaten). Kürzere Zinsanpassungsperioden verringern den Effekt von Inkongruenz zwischen dem Zinsanpassungs- und dem Zahlungstermin (innerhalb der Zinsanpassungsperioden) des Grundgeschäfts und des Sicherungsinstruments.
d) je größer die Häufigkeit ist, mit der der Betrag des Sicherungsinstruments angepasst wird, um Änderungen des Grundgeschäfts widerzuspiegeln (z. B. aufgrund veränderter Erwartungen in Bezug auf vorzeitige Rückzahlungen).

AL126 Ein Unternehmen überprüft regelmäßig die Wirksamkeit. […]

AL127 Bei der Bewertung der Wirksamkeit unterscheidet das Unternehmen zwischen Überarbeitungen der geschätzten Zinsanpassungstermine der bestehenden Vermögenswerte (oder Verbindlichkeiten) und der Emission neuer Vermögenswerte (oder Verbindlichkeiten), wobei nur erstere Unwirksamkeit auslösen. […]. Sobald eine Unwirksamkeit, wie zuvor erwähnt, erfasst wurde, erstellt das Unternehmen für jede Zinsanpassungs-

2/23. IAS 39
AL127 – AL133

periode eine neue Schätzung der gesamten Vermögenswerte (oder Verbindlichkeiten), wobei neue Vermögenswerte (oder Verbindlichkeiten), die seit der letzten Überprüfung der Wirksamkeit emittiert wurden, einbezogen werden, und bestimmt einen neuen Betrag für das Grundgeschäft und einen neuen Prozentsatz für die Absicherung. [...]

AL128 Posten, die ursprünglich in eine Zinsanpassungsperiode aufgeteilt wurden, können ausgebucht sein, da vorzeitige Rückzahlungen oder Abschreibungen aufgrund von Wertminderung oder Verkauf früher als erwartet stattfanden. In diesem Falle ist der Änderungsbetrag des beizulegenden Zeitwerts des gesonderten Postens (siehe Paragraph AL114(g)), der sich auf den ausgebuchten Posten bezieht, aus der Bilanz zu entfernen und in den Gewinn oder Verlust, der bei der Ausbuchung des Postens entsteht, einzubeziehen. Zu diesem Zweck ist es notwendig, die Zinsanpassungsperiode/die Zinsanpassungsperioden zu kennen, der/denen der ausgebuchte Posten zugeteilt war, um ihn aus dieser/diesen zu entfernen und um folglich den Betrag aus dem gesonderten Posten (siehe Paragraph AL114(g)) zu entfernen. Wenn bei der Ausbuchung eines Postens die Zinsanpassungsperiode bestimmt werden kann, zu der er gehörte, wird er aus dieser Periode entfernt. Ist dies nicht möglich, wird er aus der frühesten Periode entfernt, wenn die Ausbuchung aufgrund höher als erwarteter vorzeitiger Rückzahlungen stattfand, oder in einer systematischen und vernünftigen Weise allen Perioden zugeordnet, die den ausgebuchten Posten enthalten, sofern der Posten verkauft oder wertgemindert wurde.

AL129 Jeder sich auf eine bestimmte Periode beziehende Betrag, der bei Ablauf der Periode nicht ausgebucht wurde, wird zu diesem Zeitpunkt erfolgswirksam erfasst (siehe Paragraph 89A). [...].

AL130 [...].

AL131 Wenn der abgesicherte Betrag für die Zinsanpassungsperiode verringert wird, ohne dass die zugehörigen Vermögenswerte (oder Verbindlichkeiten) ausgebucht werden, ist der zu der Wertminderung gehörende Betrag, der in dem gesonderten Posten, wie in Paragraph AL114(g) beschrieben, enthalten ist, gemäß Paragraph 92 abzuschreiben.

AL132 Möglicherweise möchte ein Unternehmen den in den Paragraphen AL114–AL131 dargelegten Ansatz auf die Absicherung eines Portfolios, das zuvor als Absicherung von Zahlungsströmen gemäß IAS 39 bilanziert wurde, anwenden. Ein solches Unternehmen würde den vorherigen Einsatz der Absicherung von Zahlungsströmen gemäß Paragraph 101(d) rückgängig machen und die Anforderungen des genannten Paragraphen anwenden. Es würde gleichzeitig das Sicherungsgeschäft als Absicherung des beizulegenden Zeitwerts neu designieren und den in den Paragraphen AL114–AL131 beschriebenen Ansatz prospektiv auf die nachfolgenden Bilanzierungsperioden anwenden.

ÜBERGANGSVORSCHRIFTEN (PARAGRAPHEN 103–108C)

AL133 Ein Unternehmen kann eine künftige konzerninterne Transaktion als ein Grundgeschäft zu Beginn eines Geschäftsjahrs, das am oder nach dem 1. Januar 2005 beginnt (oder im Sinne einer Anpassung der Vergleichsinformationen zu Beginn einer früheren Vergleichsperiode), im Rahmen einer Sicherungsbeziehung designiert haben, die die Voraussetzungen für eine Sicherungsbeziehung gemäß diesem Standard erfüllt (in der durch den letzten Satz von Paragraph 80 geänderten Fassung). Ein solches Unternehmen kann diese Designation dazu nutzen, die Bilanzierung von Sicherungsbeziehungen auf den Konzernabschluss ab Beginn des Geschäftsjahrs anzuwenden, das am oder nach dem 1. Januar 2005 beginnt (oder zu Beginn einer früheren Vergleichsperiode). Ein solches Unternehmen hat ebenso die Paragraphen AL99A und AL99B ab Beginn des Geschäftsjahrs anzuwenden, das am oder nach dem 1. Januar 2005 beginnt. Gemäß Paragraph 108B muss es jedoch Paragraph AL99B nicht auf Vergleichsinformationen für frühere Perioden anwenden.

INTERNATIONAL ACCOUNTING STANDARD 40
Als Finanzinvestition gehaltene Immobilien

IAS 40, VO (EU) 2023/1803

Gliederung	§§
ZIELSETZUNG	1
ANWENDUNGSBEREICH	2–4
DEFINITIONEN	5
EINSTUFUNG EINER IMMOBILIE ALS EINE ALS FINANZINVESTITION GEHALTENE ODER VOM EIGENTÜMER SELBST GENUTZTE IMMOBILIE	6–15
ANSATZ	16–19A
BEWERTUNG BEI ERSTMALIGEM ANSATZ	20–29A
FOLGEBEWERTUNG	30–56
Rechnungslegungsmethode	30–32C
Modell des beizulegenden Zeitwerts	33–52
Fehlende Möglichkeit, den beizulegenden Zeitwert verlässlich zu ermitteln	53–55
Anschaffungskostenmodell	56
ÜBERTRAGUNGEN	57–65
ABGÄNGE	66–73
ANGABEN	74–79
Modell des beizulegenden Zeitwerts und Anschaffungskostenmodell	74–75
Modell des beizulegenden Zeitwerts	76–78
Anschaffungskostenmodell	79
ÜBERGANGSVORSCHRIFTEN	80–84A
Modell des beizulegenden Zeitwerts	80–82
Anschaffungskostenmodell	83–84
Unternehmenszusammenschlüsse	84A
IFRS 16	84B–84E
Übertragungen in den und aus dem Bestand der als Finanzinvestition gehaltenen Immobilien	84C–84E
ZEITPUNKT DES INKRAFTTRETENS	85–85H
RÜCKNAHME VON IAS 40 (2000)	86

ZIELSETZUNG

1 Zielsetzung dieses Standards ist die Regelung der Bilanzierung von als Finanzinvestition gehaltenen Immobilien und der damit verbundenen Angabeerfordernisse.

ANWENDUNGSBEREICH

2 Dieser Standard ist auf Ansatz, Bewertung und Angabe von als Finanzinvestition gehaltenen Immobilien anzuwenden.

3 [gestrichen]

4 Dieser Standard ist nicht anwendbar auf

a) biologische Vermögenswerte, die mit landwirtschaftlicher Tätigkeit im Zusammenhang stehen (siehe IAS 41 *Landwirtschaft* und IAS 16 *Sachanlagen*), und

b) Abbau- und Schürfrechte sowie Bodenschätze wie Öl, Erdgas und ähnliche nicht-regenerative Ressourcen.

DEFINITIONEN

5 Die folgenden Begriffe werden in diesem Standard mit der angegebenen Bedeutung verwendet:

Der *Buchwert* ist der Betrag, mit dem ein Vermögenswert in der Bilanz angesetzt wird.

Anschaffungs- oder Herstellungskosten sind der zum Erwerb oder zur Herstellung eines Vermögenswerts aufgewendete Betrag an Zahlungsmitteln oder Zahlungsmitteläquivalenten oder der beizulegende Zeitwert einer anderen Gegenleistung zum Zeitpunkt des Erwerbs oder der Herstellung oder, falls zutreffend, der Betrag, der diesem Vermögenswert beim erstmaligen Ansatz gemäß den besonderen Bestimmungen anderer IFRS, wie IFRS 2 *Anteilsbasierte Vergütung*, beigelegt wird.

Der *beizulegende Zeitwert* ist der Preis, der in einem gewöhnlichen Geschäftsvorfall zwischen Marktteilnehmern am Bewertungsstichtag für den Verkauf eines Vermögenswerts eingenommen bzw. für die Übertragung einer Schuld gezahlt würde. (Siehe IFRS 13 *Bewertung zum beizulegenden Zeitwert.*)

Als *Finanzinvestition gehaltene Immobilien* sind Immobilien (Grundstücke oder Gebäude – oder Teile von Gebäuden – oder beides), die (vom Eigentümer oder vom Leasingnehmer als Nutzungsrecht) zur Erzielung von Mieteinnahmen und/oder zum Zweck der Wertsteigerung gehalten werden und nicht

a) zur Herstellung oder Lieferung von Gütern bzw. zur Erbringung von Dienstleistungen oder für Verwaltungszwecke eingesetzt werden oder

b) im Rahmen der gewöhnlichen Geschäftstätigkeit des Unternehmens verkauft werden.

Vom *Eigentümer selbst genutzte Immobilien* sind Immobilien, die (vom Eigentümer oder vom Leasingnehmer als Nutzungsrecht) zum Zweck der Herstellung oder der Lieferung von Gütern bzw. der Erbringung von Dienstleistungen oder für Verwaltungszwecke gehalten werden.

EINSTUFUNG EINER IMMOBILIE ALS EINE ALS FINANZINVESTITION GEHALTENE ODER VOM EIGENTÜMER SELBST GENUTZTE IMMOBILIE

6 [gestrichen]

7 Als Finanzinvestition gehaltene Immobilien werden zur Erzielung von Mieteinnahmen und/oder zum Zweck der Wertsteigerung gehalten. Daher erzeugen als Finanzinvestition gehaltene Immobilien Zahlungsströme, die weitgehend unabhängig von den anderen vom Unternehmen gehaltenen Vermögenswerten anfallen. Darin unterscheiden sich als Finanzinvestition gehaltene Immobilien von vom Eigentümer selbst genutzten Immobilien. Die Herstellung oder die Lieferung von Gütern bzw. die Erbringung von Dienstleistungen (oder die Nutzung der Immobilien für Verwaltungszwecke) führt zu Zahlungsströmen, die nicht nur den als Finanzinvestition gehaltenen Immobilien, sondern auch anderen Vermögenswerten, die im Herstellungs- oder Lieferprozess genutzt werden, zuzuordnen sind. IAS 16 ist auf eigene, vom Eigentümer selbst genutzte Immobilien anzuwenden und IFRS 16 *Leasingverhältnisse* auf von einem Leasingnehmer in Form von Nutzungsrechten gehaltene, vom Eigentümer selbst genutzte Immobilien.

8 Beispiele für als Finanzinvestition gehaltene Immobilien sind

a) Grundstücke, die langfristig zum Zweck der Wertsteigerung und nicht kurzfristig zum Verkauf im Rahmen der gewöhnlichen Geschäftstätigkeit gehalten werden,

b) Grundstücke, die für eine noch unbestimmte künftige Nutzung gehalten werden. (Legt ein Unternehmen nicht fest, ob das Grundstück zur Selbstnutzung oder kurzfristig zum Verkauf im Rahmen der gewöhnlichen Geschäftstätigkeit gehalten wird, gilt das Grundstück als zum Zweck der Wertsteigerung gehalten),

c) ein Gebäude, welches sich im Eigentum des Unternehmens befindet (oder ein vom Unternehmen gehaltenes Nutzungsrecht für ein Gebäude) und im Rahmen eines oder mehrerer Operating-Leasingverhältnisse vermietet wird,

d) ein leer stehendes Gebäude, welches zur Vermietung im Rahmen eines oder mehrerer Operating-Leasingverhältnisse gehalten wird,

e) Immobilien, die für die zukünftige Nutzung als Finanzinvestition erstellt oder entwickelt werden.

9 Beispiele, die keine als Finanzinvestition gehaltenen Immobilien darstellen und daher nicht in den Anwendungsbereich dieses Standards fallen, sind

a) Immobilien, die zum Verkauf im Rahmen der gewöhnlichen Geschäftstätigkeit vorgesehen sind oder die sich im Erstellungs- oder Entwicklungsprozess für einen solchen Verkauf befinden (siehe IAS 2 *Vorräte*), beispielsweise Immobilien, die ausschließlich zum Zweck der Weiterveräußerung in naher Zukunft oder zum Zweck der Entwicklung und des Weiterverkaufs erworben wurden,

b) [gestrichen]

c) vom Eigentümer selbst genutzte Immobilien (siehe IAS 16 und IFRS 16), darunter (unter anderem) Immobilien, die künftig vom Eigentümer selbst genutzt werden sollen, Immobilien, die für die zukünftige Entwicklung und anschließende Selbstnutzung gehalten werden, von Arbeitnehmern genutzte Immobilien (unabhängig davon, ob die Arbeitnehmer einen marktgerechten Mietzins zahlen oder nicht) und vom Eigentümer selbst genutzte Immobilien, die zur Weiterveräußerung bestimmt sind,

d) [gestrichen]

e) Immobilien, die im Rahmen eines Finanzierungsleasingverhältnisses an ein anderes Unternehmen vermietet wurden.

10 Einige Immobilien werden teilweise zur Erzielung von Mieteinnahmen oder zum Zweck der Wertsteigerung und teilweise zum Zweck der Herstellung oder Lieferung von Gütern bzw. der Erbringung von Dienstleistungen oder für Verwaltungszwecke gehalten. Wenn diese Teile gesondert verkauft (oder im Rahmen eines Finanzierungsleasingverhältnisses gesondert vermietet) werden können, bilanziert das Unternehmen diese Teile getrennt. Können die Teile nicht gesondert verkauft werden, stellen die gehaltenen Immobilien nur dann eine Finanzinvestition dar, wenn der Anteil, der für Zwecke der Herstellung oder Lieferung von Gütern bzw. Erbringung von Dienstleistungen oder für Verwaltungszwecke gehalten wird, unbedeutend ist.

11 In einigen Fällen bietet ein Unternehmen den Mietern von ihm gehaltener Immobilien Nebenleistungen an. Ein Unternehmen behandelt solche Immobilien dann als Finanzinvestition, wenn die

Leistungen für die Vereinbarung insgesamt unbedeutend sind. Ein Beispiel hierfür sind Sicherheits- und Instandhaltungsleistungen seitens des Eigentümers eines Verwaltungsgebäudes für die das Gebäude nutzenden Mieter.

12 In anderen Fällen sind die erbrachten Leistungen wesentlich. Besitzt und führt ein Unternehmen beispielsweise ein Hotel, ist der den Gästen angebotene Service von wesentlicher Bedeutung für die Vereinbarung insgesamt. Daher ist ein vom Eigentümer geführtes Hotel eine vom Eigentümer selbst genutzte und keine als Finanzinvestition gehaltene Immobilie.

13 Ob die Nebenleistungen so bedeutend sind, dass Immobilien nicht die Kriterien einer Finanzinvestition erfüllen, kann schwierig zu bestimmen sein. Beispielsweise überträgt der Hoteleigentümer manchmal einige Verantwortlichkeiten im Rahmen eines Geschäftsführungsvertrags auf Dritte. Die Regelungen solcher Verträge variieren beträchtlich. Auf der einen Seite kann die Position des Eigentümers de facto der eines passiven Investors entsprechen. Auf der anderen Seite kann der Eigentümer einfach alltägliche Funktionen ausgelagert haben, während er weiterhin die wesentlichen Risiken aus Schwankungen der Zahlungsströme, die aus dem Betrieb des Hotels herrühren, trägt.

14 Die Feststellung, ob eine Immobilie die Kriterien einer Finanzinvestition erfüllt, erfordert eine Ermessensausübung. Damit ein Unternehmen diese Ermessensausübung einheitlich in Übereinstimmung mit der Definition für als Finanzinvestition gehaltene Immobilien und den damit verbundenen Anwendungsleitlinien in den Paragraphen 7–13 vornehmen kann, legt es hierfür Kriterien fest. Gemäß Paragraph 75(c) ist ein Unternehmen zur Angabe dieser Kriterien verpflichtet, falls die Zuordnung Schwierigkeiten bereitet.

14A Eine Ermessensausübung ist auch erforderlich, um zu bestimmen, ob es sich beim Erwerb einer als Finanzinvestition gehaltenen Immobilie um den Erwerb eines Vermögenswerts oder einer Gruppe von Vermögenswerten oder um einen Unternehmenszusammenschluss im Anwendungsbereich von IFRS 3 *Unternehmenszusammenschlüsse* handelt. Bei der Bestimmung, ob es sich um einen Unternehmenszusammenschluss handelt, sollte IFRS 3 zugrunde gelegt werden. Die Erörterung in den Paragraphen 7–14 des vorliegenden Standards bezieht sich auf die Frage, ob eine Immobilie vom Eigentümer selbst genutzt wird oder als Finanzinvestition gehalten wird, und nicht darauf, ob der Erwerb der Immobilie einen Unternehmenszusammenschluss im Sinne von IFRS 3 darstellt oder nicht. Um zu bestimmen, ob ein bestimmtes Geschäft der Definition eines Unternehmenszusammenschlusses in IFRS 3 entspricht und eine als Finanzinvestition gehaltene Immobilie im Sinne des vorliegenden Standards umfasst, müssen beide Standards unabhängig voneinander angewandt werden.

15 In einigen Fällen besitzt ein Unternehmen Immobilien, die an sein Mutterunternehmen oder ein anderes Tochterunternehmen vermietet und von diesen genutzt werden. Die Immobilien stellen im Konzernabschluss keine als Finanzinvestition gehaltenen Immobilien dar, da sie aus der Sicht des Konzerns selbstgenutzt sind. Aus der Sicht des Unternehmens, welches Eigentümer der Immobilie ist, handelt es sich jedoch um eine als Finanzinvestition gehaltene Immobilie, sofern die Definition nach Paragraph 5 erfüllt ist. Daher behandelt der Leasinggeber die Immobilie in seinem Einzelabschluss als Finanzinvestition.

ANSATZ

16 Eigene als Finanzinvestition gehaltene Immobilien sind nur dann als Vermögenswert anzusetzen, wenn

a) **es wahrscheinlich ist, dass dem Unternehmen der künftige wirtschaftliche Nutzen, der mit den als Finanzinvestition gehaltenen Immobilien verbunden ist, zufließen wird und**

b) **die Anschaffungs- oder Herstellungskosten der als Finanzinvestition gehaltenen Immobilien verlässlich ermittelt werden können.**

17 Nach diesem Ansatz bewertet ein Unternehmen alle Anschaffungs- oder Herstellungskosten der als Finanzinvestition gehaltenen Immobilien zu dem Zeitpunkt, zu dem sie anfallen. Hierzu zählen die anfänglich anfallenden Kosten für den Erwerb von als Finanzinvestition gehaltenen Immobilien sowie die späteren Kosten für ihren Ausbau, ihre teilweise Ersetzung oder ihre Instandhaltung.

18 Gemäß dem Ansatz in Paragraph 16 beinhaltet der Buchwert von als Finanzinvestition gehaltenen Immobilien nicht die Kosten der täglichen Instandhaltung dieser Immobilien. Diese Kosten werden sofort erfolgswirksam erfasst. Bei den Kosten der täglichen Instandhaltung handelt es sich in erster Linie um Personalkosten und Kosten für Verbrauchsgüter, die auch Kosten für kleinere Teile umfassen können. Als Zweck dieser Aufwendungen wird häufig „Reparaturen und Instandhaltung" der Immobilie angegeben.

19 Ein Teil der als Finanzinvestition gehaltenen Immobilien kann durch Ersetzung erworben worden sein. Beispielsweise können die ursprünglichen Innenwände durch neue Wände ersetzt worden sein. Gemäß dem Ansatz berücksichtigt ein Unternehmen, sofern die Ansatzkriterien erfüllt sind, im Buchwert von als Finanzinvestition gehaltenen Immobilien die Kosten für die Ersetzung eines Teils bestehender als Finanzinvestition gehaltener Immobilien zu dem Zeitpunkt, zu dem sie anfallen. Der Buchwert der ersetzten Teile wird gemäß den in diesem Standard enthaltenen Ausbuchungsvorschriften ausgebucht.

19A Eine von einem Leasingnehmer als Finanzinvestition in Form eines Nutzungsrechts gehaltene Immobilie ist nach IFRS 16 zu bilanzieren.

BEWERTUNG BEI ERSTMALIGEM ANSATZ

20 Eigene als Finanzinvestition gehaltene

Immobilien sind bei Zugang mit ihren Anschaffungs- oder Herstellungskosten zu bewerten. Die Transaktionskosten sind in die erstmalige Bewertung mit einzubeziehen.

21 Die Anschaffungs- oder Herstellungskosten der erworbenen als Finanzinvestition gehaltenen Immobilien umfassen den Kaufpreis und alle etwaigen Ausgaben, die einzeln zugeordnet werden können. Zu den Ausgaben, die einzeln zugeordnet werden können, zählen beispielsweise Honorare und Gebühren für Rechtsberatung, auf die Übertragung der Immobilien anfallende Steuern und andere Transaktionskosten.

22 [gestrichen]

23 Die Anschaffungs- oder Herstellungskosten der als Finanzinvestition gehaltenen Immobilien erhöhen sich nicht durch

a) Anlaufkosten (es sei denn, diese sind notwendig, um die als Finanzinvestition gehaltenen Immobilien in den Zustand zu versetzen, der erforderlich ist, damit sie in der vom Management beabsichtigten Weise genutzt werden können),

b) anfängliche Betriebsverluste, die anfallen, bevor die als Finanzinvestition gehaltenen Immobilien die geplante Belegungsquote erreichen, oder

c) außergewöhnlich hohe Materialabfälle, Personalkosten oder andere Ressourcen, die bei der Erstellung oder Entwicklung der als Finanzinvestition gehaltenen Immobilien anfallen.

24 Erfolgt die Bezahlung einer als Finanzinvestition gehaltenen Immobilie auf Ziel, entsprechen die Anschaffungs- oder Herstellungskosten dem Gegenwert des Barpreises. Die Differenz zwischen diesem Betrag und der zu leistenden Gesamtzahlung wird über den Zeitraum des Zahlungsziels als Zinsaufwand erfasst.

25 [gestrichen]

26 [gestrichen]

27 Eine oder mehrere als Finanzinvestition gehaltene Immobilien können im Tausch gegen einen oder mehrere nichtmonetäre Vermögenswerte oder eine Kombination aus monetären und nichtmonetären Vermögenswerten erworben werden. Die folgenden Ausführungen beziehen sich auf einen Tausch von einem nichtmonetären Vermögenswert gegen einen anderen, finden aber auch auf alle anderen im vorstehenden Satz genannten Tauschvorgänge Anwendung. Die Anschaffungs- oder Herstellungskosten solcher als Finanzinvestition gehaltenen Immobilien werden mit dem beizulegenden Zeitwert bewertet, es sei denn, (a) dem Tauschgeschäft fehlt es an wirtschaftlicher Substanz oder (b) weder der beizulegende Zeitwert des erhaltenen noch der hingegebenen Vermögenswerts ist verlässlich ermittelbar. Der erworbene Vermögenswert wird in dieser Art bewertet, auch wenn ein Unternehmen den hingegebenen Vermögenswert nicht sofort ausbuchen kann. Wenn der erworbene Vermögenswert nicht zum beizulegenden Zeitwert bewertet wird, werden die Anschaffungs- oder Herstellungskosten zum Buchwert des hingegebenen Vermögenswerts bewertet.

28 Ein Unternehmen beurteilt, ob ein Tauschgeschäft wirtschaftliche Substanz hat, indem es prüft, in welchem Umfang sich die künftigen Zahlungsströme infolge der Transaktion voraussichtlich ändern. Ein Tauschgeschäft hat wirtschaftliche Substanz, wenn

a) die Zusammensetzung (Risiko, Zeitpunkt und Betrag) der Zahlungsströme des erhaltenen Vermögenswerts sich von der Zusammensetzung der Zahlungsströme des übertragenen Vermögenswerts unterscheidet,

b) der unternehmensspezifische Wert jenes Teils der Geschäftstätigkeit des Unternehmens, der von der Transaktion betroffen ist, sich durch das Tauschgeschäft ändert und

c) die Differenz in (a) oder (b) im Verhältnis zum beizulegenden Zeitwert der getauschten Vermögenswerte signifikant ist.

Für den Zweck der Beurteilung, ob ein Tauschgeschäft wirtschaftliche Substanz hat, spiegelt der unternehmensspezifische Wert des Teils der Geschäftstätigkeit des Unternehmens, der von der Transaktion betroffen ist, Zahlungsströme nach Steuern wider. Das Ergebnis dieser Analysen kann eindeutig sein, ohne dass ein Unternehmen detaillierte Kalkulationen erbringen muss.

29 Der beizulegende Zeitwert eines Vermögenswerts gilt als verlässlich ermittelbar, wenn (a) die Schwankungsbandbreite angemessener Ermittlungen des beizulegenden Zeitwerts für diesen Vermögenswert nicht signifikant ist oder (b) die Eintrittswahrscheinlichkeiten der verschiedenen Schätzungen innerhalb dieser Bandbreite angemessen beurteilt werden und bei der Ermittlung des beizulegenden Zeitwerts verwendet werden können. Wenn ein Unternehmen den beizulegenden Zeitwert entweder des erhaltenen Vermögenswerts oder des hingegebenen Vermögenswerts verlässlich ermitteln kann, wird der beizulegende Zeitwert des hingegebenen Vermögenswerts benutzt, um die Anschaffungs- oder Herstellungskosten zu ermitteln, es sei denn, der beizulegende Zeitwert des erhaltenen Vermögenswerts ist der offensichtlichere.

29A Eine von einem Leasingnehmer als Finanzinvestition in Form eines Nutzungsrechts gehaltene Immobilie wird bei Zugang gemäß IFRS 16 mit ihren Anschaffungs- oder Herstellungskosten bewertet.

FOLGEBEWERTUNG

Rechnungslegungsmethode

30 Mit der in Paragraph 32A dargelegten Ausnahme hat ein Unternehmen als seine Rechnungslegungsmethode entweder das Modell des beizulegenden Zeitwerts gemäß den Paragraphen 33–55 oder das Anschaffungskostenmodell gemäß Paragraph 56 zu wählen und diese Methode auf alle als Finanzinvestition gehaltenen Immobilien anzuwenden.

31 IAS 8 *Rechnungslegungsmethoden, Änderungen von rechnungslegungsbezogenen Schätzungen und Fehler* schreibt vor, dass eine freiwillige Änderung einer Rechnungslegungsmethode nur dann vorgenommen werden darf, wenn die Änderung zu einem Abschluss führt, der verlässliche und relevantere Informationen über die Auswirkungen der Geschäftsvorfälle, sonstiger Ereignisse oder Bedingungen auf die Vermögens-, Finanz- und Ertragslage oder die Zahlungsströme des Unternehmens gibt. Es ist höchst unwahrscheinlich, dass ein Wechsel vom Modell des beizulegenden Zeitwerts zum Anschaffungskostenmodell eine relevantere Darstellung zur Folge haben wird.

32 Der vorliegende Standard verlangt von allen Unternehmen die Ermittlung des beizulegenden Zeitwerts der als Finanzinvestition gehaltenen Immobilien, sei es zum Zweck der Bewertung (wenn das Unternehmen das Modell des beizulegenden Zeitwerts verwendet) oder der Angabe (wenn es sich für das Anschaffungskostenmodell entschieden hat). Obwohl ein Unternehmen nicht dazu verpflichtet ist, wird ihm empfohlen, den beizulegenden Zeitwert der als Finanzinvestition gehaltenen Immobilien auf der Grundlage einer Bewertung durch einen unabhängigen Gutachter, der eine anerkannte, sachgerechte berufliche Qualifikation und aktuelle Erfahrungen mit der Lage und der Art der zu bewertenden Immobilien hat, zu bestimmen.

32A Ein Unternehmen kann
a) **für alle als Finanzinvestition gehaltenen Immobilien, die Schulden bedecken, deren Erträge direkt von dem beizulegenden Zeitwert von spezifizierten Vermögenswerten einschließlich von diesen als Finanzinvestition gehaltenen Immobilien bzw. den Erträgen aus diesen als Finanzinvestition gehaltenen Immobilien bestimmt werden, entweder das Modell des beizulegenden Zeitwerts oder das Anschaffungskostenmodell wählen und**
b) **ungeachtet der in (a) getroffenen Wahl für alle anderen als Finanzinvestition gehaltenen Immobilien entweder das Modell des beizulegenden Zeitwerts oder das Anschaffungskostenmodell wählen.**

32B Einige Unternehmen betreiben intern oder extern einen Investmentfonds, der für die Anleger Leistungen erbringt, die sich nach der Anzahl der Fondsanteile richten. Ebenso zeichnen einige Unternehmen Versicherungsverträge mit direkter Überschussbeteiligung, unter deren zugrunde liegenden Referenzwerten sich auch als Finanzinvestition gehaltene Immobilien befinden. Nur für die Zwecke der Paragraphen 32A–32B umfassen Versicherungsverträge auch Kapitalanlageverträge mit ermessensabhängiger Überschussbeteiligung. Paragraph 32A untersagt einem Unternehmen, die im Fonds gehaltenen Immobilien (bzw. Immobilien, bei denen es sich um zugrunde liegende Referenzwerte handelt) teilweise zu Anschaffungskosten und teilweise zum beizulegenden Zeitwert zu bewerten. (Siehe IFRS 17 *Versicherungsverträge* in Bezug auf die in diesem Paragraphen verwendeten Begriffe, die in IFRS 17 definiert sind.)

32C Wenn ein Unternehmen für die beiden in Paragraph 32A beschriebenen Kategorien verschiedene Modelle wählt, sind Verkäufe von als Finanzinvestition gehaltenen Immobilien zwischen Beständen, die nach verschiedenen Modellen bewertet werden, zum beizulegenden Zeitwert anzusetzen und die kumulierten Veränderungen des beizulegenden Zeitwerts sind erfolgswirksam zu erfassen. Wenn eine als Finanzinvestition gehaltene Immobilie von einem Bestand, für den das Modell des beizulegenden Zeitwerts verwendet wird, an einen Bestand, für den das Anschaffungskostenmodell verwendet wird, verkauft wird, wird demzufolge der beizulegende Zeitwert der Immobilie zum Zeitpunkt des Verkaufs als deren Anschaffungskosten angesehen.

Modell des beizulegenden Zeitwerts

33 Nach dem erstmaligen Ansatz hat ein Unternehmen, welches das Modell des beizulegenden Zeitwerts gewählt hat, alle als Finanzinvestition gehaltenen Immobilien mit Ausnahme der in Paragraph 53 beschriebenen Fälle mit dem beizulegenden Zeitwert zu bewerten.

34 [gestrichen]

35 Ein Gewinn oder Verlust, der durch die Veränderung des beizulegenden Zeitwerts der als Finanzinvestition gehaltenen Immobilien entsteht, ist in der Periode, in der er entstanden ist, erfolgswirksam zu erfassen.

36–39 [gestrichen]

40 Bei der Ermittlung des beizulegenden Zeitwerts der als Finanzinvestition gehaltenen Immobilien gemäß IFRS 13 hat ein Unternehmen zu gewährleisten, dass sich im beizulegenden Zeitwert neben anderen Dingen die Mieterträge aus den gegenwärtigen Mietverhältnissen sowie andere Annahmen widerspiegeln, auf die sich Marktteilnehmer bei der Preisbildung für die als Finanzinvestition gehaltene Immobilie unter den aktuellen Marktbedingungen stützen würden.

40A Verwendet ein Leasingnehmer für die Bewertung einer als Finanzinvestition gehaltenen Immobilie, für die er ein Nutzungsrecht hat, das Modell des beizulegenden Zeitwerts, so bewertet er das Nutzungsrecht – und nicht den zugrunde liegenden Vermögenswert – zum beizulegenden Zeitwert.

41 IFRS 16 nennt die Grundlage für den erstmaligen Ansatz der Anschaffungskosten für eine von einem Leasingnehmer als Finanzinvestition in Form eines Nutzungsrechts gehaltene Immobilie. Gemäß Paragraph 33 ist für eine von einem Leasingnehmer als Finanzinvestition in Form eines Nutzungsrechts gehaltene Immobilie gegebenenfalls eine Neubewertung mit dem beizulegenden Zeitwert erforderlich, wenn das Unternehmen das Modell des beizulegenden Zeitwerts wählt. Erfolgen die Leasingzahlungen zu Marktpreisen, sollte der beizulegende Zeitwert einer von einem Leasingnehmer als Finanzinvestition in Form eines

Nutzungsrechts gehaltenen Immobilie zum Erwerbszeitpunkt abzüglich aller erwarteten Leasingzahlungen (einschließlich der Leasingzahlungen im Zusammenhang mit den erfassten Leasingverbindlichkeiten) null sein. Die Neubewertung eines Nutzungsrechts von den Anschaffungskosten gemäß IFRS 16 zum beizulegenden Zeitwert gemäß Paragraph 33 (unter Berücksichtigung der Vorschriften in Paragraph 50) darf daher zu keinem anfänglichen Gewinn oder Verlust führen, sofern der beizulegende Zeitwert nicht zu verschiedenen Zeitpunkten ermittelt wird. Dies könnte dann der Fall sein, wenn nach dem ersten Ansatz das Modell des beizulegenden Zeitwerts gewählt wird.

42–47 [gestrichen]

48 Wenn ein Unternehmen eine als Finanzinvestition gehaltene Immobilie erstmals erwirbt (oder wenn eine bereits vorhandene Immobilie nach einer Nutzungsänderung erstmals als Finanzinvestition gehalten wird), können in Ausnahmefällen eindeutige Anhaltspunkte dafür vorliegen, dass die Bandbreite angemessener Ermittlungen für den beizulegenden Zeitwert so groß und die Eintrittswahrscheinlichkeiten der verschiedenen Ergebnisse so schwierig zu ermitteln sind, dass die Verwendung eines einzelnen Messwerts für den beizulegenden Zeitwert nicht zweckmäßig ist. Dies kann darauf hindeuten, dass der beizulegende Zeitwert der als Finanzinvestition gehaltenen Immobilie nicht fortlaufend verlässlich ermittelbar ist (siehe Paragraph 53).

49 [gestrichen]

50 Bei der Bestimmung des Buchwerts von als Finanzinvestition gehaltenen Immobilien nach dem Modell des beizulegenden Zeitwerts hat das Unternehmen Vermögenswerte und Schulden, die bereits als solche einzeln erfasst wurden, nicht erneut anzusetzen. Es folgen einige Beispiele:

a) Ausstattungsgegenstände wie Aufzug oder Klimaanlage sind häufig ein integraler Bestandteil des Gebäudes und im Allgemeinen in den beizulegenden Zeitwert der als Finanzinvestition gehaltenen Immobilie mit einzubeziehen und nicht gesondert als Sachanlage zu erfassen.

b) Der beizulegende Zeitwert eines im möblierten Zustand vermieteten Bürogebäudes schließt im Allgemeinen den beizulegenden Zeitwert der Möbel mit ein, da die Mieteinnahmen sich auf das möblierte Bürogebäude beziehen. Sind Möbel im beizulegenden Zeitwert der als Finanzinvestition gehaltenen Immobilie enthalten, erfasst das Unternehmen die Möbel nicht als gesonderten Vermögenswert.

c) Der beizulegende Zeitwert der als Finanzinvestition gehaltenen Immobilie beinhaltet nicht im Voraus bezahlte oder abgegrenzte Mieten aus Operating-Leasingverhältnissen, da das Unternehmen diese als gesonderte Schuld oder gesonderten Vermögenswert erfasst.

d) Der beizulegende Zeitwert einer von einem Leasingnehmer als Finanzinvestition in Form eines Nutzungsrechts gehaltenen Immobilie spiegelt die zu erwartenden Zahlungsströme (einschließlich der zu erwartenden variablen Leasingzahlungen) wider. Wurden bei der Bewertung einer Immobilie die erwarteten Zahlungen nicht berücksichtigt, müssen daher zur Bestimmung des Buchwerts von als Finanzinvestition gehaltenen Immobilien nach dem Modell des beizulegenden Zeitwerts alle erfassten Schulden aus dem Leasingverhältnis wieder hinzugefügt werden.

51 [gestrichen]

52 In einigen Fällen erwartet ein Unternehmen, dass der Barwert der mit einer als Finanzinvestition gehaltenen Immobilie verbundenen Auszahlungen (ausgenommen Auszahlungen, die sich auf erfasste Schulden beziehen) den Barwert der damit zusammenhängenden Einzahlungen übersteigt. Zur Beurteilung, ob eine Schuld anzusetzen ist, und wenn ja, wie diese zu bewerten ist, zieht ein Unternehmen IAS 37 *Rückstellungen, Eventualverbindlichkeiten und Eventualforderungen* heran.

Fehlende Möglichkeit, den beizulegenden Zeitwert verlässlich zu ermitteln

53 Es besteht die widerlegbare Vermutung, dass ein Unternehmen in der Lage ist, den beizulegenden Zeitwert einer als Finanzinvestition gehaltenen Immobilie fortlaufend verlässlich zu ermitteln. In Ausnahmefällen liegen jedoch in Situationen, in denen ein Unternehmen eine als Finanzinvestition gehaltene Immobilie erstmals erwirbt (oder wenn eine bereits vorhandene Immobilie nach einer Nutzungsänderung erstmals als Finanzinvestition gehalten wird), eindeutige Anhaltspunkte dafür vor, dass eine fortlaufende verlässliche Ermittlung des beizulegenden Zeitwerts der als Finanzinvestition gehaltenen Immobilie nicht möglich ist. Dies wird nur dann der Fall sein, wenn der Markt für vergleichbare Immobilien inaktiv ist (wenn es z. B. kaum aktuelle Geschäftsvorfälle gibt, Preisnotierungen nicht aktuell sind oder beobachtete Transaktionspreise darauf hindeuten, dass der Verkäufer zum Verkauf gezwungen war) und anderweitige verlässliche Ermittlungen für den beizulegenden Zeitwert (beispielsweise basierend auf diskontierten Zahlungsstrom-Prognosen) nicht verfügbar sind. Kommt ein Unternehmen zu dem Schluss, dass der beizulegende Zeitwert einer als Finanzinvestition gehaltenen, in der Erstellung befindlichen Immobilie nicht verlässlich zu ermitteln ist, geht aber davon aus, dass der beizulegende Zeitwert der Immobilie nach Fertigstellung verlässlich ermittelbar sein wird, so bewertet es die als Finanzinvestition gehaltene, in der Erstellung befindliche Immobilie solange zu den Herstellungskosten, bis entweder der beizulegende Zeitwert ermittelt werden kann oder die Erstellung abgeschlossen ist (je nachdem, welcher Zeitpunkt früher liegt). Lässt sich der beizulegende Zeitwert einer als Finanz-

investition gehaltenen Immobilie (bei der es sich nicht um eine in der Erstellung befindliche Immobilie handelt) nach Auffassung des Unternehmens nicht fortlaufend verlässlich ermittelt, so hat das Unternehmen die als Finanzinvestition gehaltene Immobilie im Falle eigener als Finanzinvestition gehaltener Immobilien gemäß IAS 16 und im Falle von von einem Leasingnehmer als Finanzinvestition gehaltenen Immobilien in Form von Nutzungsrechten gemäß IFRS 16 nach dem Anschaffungskostenmodell zu bewerten. Der Restwert der als Finanzinvestition gehaltenen Immobilie ist mit null anzunehmen. Das Unternehmen hat bis zum Abgang der als Finanzinvestition gehaltenen Immobilie weiterhin IAS 16 bzw. IFRS 16 anzuwenden

53A Sobald ein Unternehmen in der Lage ist, den beizulegenden Zeitwert der als Finanzinvestition gehaltenen, in der Erstellung befindlichen Immobilie, die zuvor zu den Herstellungskosten bewertet wurde, verlässlich zu ermitteln, hat es diese Immobilie zum beizulegenden Zeitwert anzusetzen. Nach Abschluss der Erstellung dieser Immobilie wird davon ausgegangen, dass der beizulegende Zeitwert verlässlich ermittelbar ist. Sollte dies nicht der Fall sein, ist die Immobilie gemäß Paragraph 53 im Falle eigener als Finanzinvestition gehaltener Immobilien gemäß IAS 16 und im Falle von von einem Leasingnehmer als Finanzinvestition gehaltenen Immobilien in Form von Nutzungsrechten gemäß IFRS 16 nach dem Anschaffungskostenmodell zu bewerten.

53B Die Vermutung, dass der beizulegende Zeitwert einer in der Erstellung befindlichen, als Finanzinvestition gehaltenen Immobilie verlässlich ermittelbar ist, kann lediglich beim erstmaligen Ansatz widerlegt werden. Ein Unternehmen, das eine in der Erstellung befindliche, als Finanzinvestition gehaltene Immobilie zum beizulegenden Zeitwert bewertet hat, kann nicht den Schluss ziehen, dass der beizulegende Zeitwert einer als Finanzinvestition gehaltenen Immobilie, deren Erstellung abgeschlossen ist, nicht verlässlich ermittelbar ist.

54 In den Ausnahmefällen, in denen ein Unternehmen aus den in Paragraph 53 genannten Gründen gezwungen ist, eine als Finanzinvestition gehaltene Immobilie nach dem Anschaffungskostenmodell gemäß IAS 16 oder IFRS 16 zu bewerten, bewertet es seine gesamten sonstigen als Finanzinvestition gehaltenen Immobilien, einschließlich der in der Erstellung befindlichen, zum beizulegenden Zeitwert. In diesen Fällen kann ein Unternehmen zwar für eine einzelne als Finanzinvestition gehaltene Immobilie das Anschaffungskostenmodell anwenden, hat jedoch alle anderen Immobilien nach dem Modell des beizulegenden Zeitwerts zu bilanzieren.

55 Hat ein Unternehmen eine als Finanzinvestition gehaltene Immobilie bisher zum beizulegenden Zeitwert bewertet, hat es die Immobilie bis zu ihrem Abgang (oder bis zu dem Zeitpunkt, ab dem die Immobilie selbst genutzt oder für einen späteren Verkauf im Rahmen der gewöhnlichen Geschäftstätigkeit entwickelt wird) weiterhin zum beizulegenden Zeitwert zu bewerten, auch wenn vergleichbare Markttransaktionen seltener auftreten oder Marktpreise seltener verfügbar sind.

Anschaffungskostenmodell

56 Sofern sich ein Unternehmen nach dem erstmaligen Ansatz für das Anschaffungskostenmodell entschieden, hat es seine als Finanzinvestition gehaltenen Immobilien wie folgt zu bewerten:

a) gemäß IFRS 5 *Zur Veräußerung gehaltene langfristige Vermögenswerte und aufgegebene Geschäftsbereiche*, sofern sie als zur Veräußerung gehalten eingestuft werden können (oder zu einer als zur Veräußerung gehalten eingestuften Veräußerungsgruppe gehören),

b) gemäß IFRS 16, sofern sie von einem Leasingnehmer in Form eines Nutzungsrechts und nicht gemäß IFRS 5 zur Veräußerung gehalten werden, und

c) in allen anderen Fällen nach den Vorschriften für das Anschaffungskostenmodell gemäß IAS 16.

ÜBERTRAGUNGEN

57 Ein Unternehmen hat eine Immobilie nur dann in den oder aus dem Bestand der als Finanzinvestition gehaltenen Immobilien zu übertragen, wenn eine Nutzungsänderung vorliegt. Eine Nutzungsänderung liegt vor, wenn eine Immobilie die Definition für eine als Finanzinvestition gehaltene Immobilie neu erfüllt oder nicht mehr erfüllt und Anhaltspunkte für eine Nutzungsänderung vorliegen. Die alleinige Absicht des Managements, eine Immobilie einer anderen Nutzung zuzuführen, stellt keinen solchen Anhaltspunkt dar. Zu den Beispielen für Anhaltspunkte für Nutzungsänderungen gehören die folgenden:

a) Beginn der Selbstnutzung oder der Entwicklung mit der Absicht der Selbstnutzung für eine Übertragung aus dem Bestand der als Finanzinvestition gehaltenen Immobilien in den Bestand der selbst genutzten Immobilien,

b) Beginn der Entwicklung mit der Absicht des Verkaufs, d. h. Übertragung aus dem Bestand der als Finanzinvestition gehaltenen Immobilien in das Vorratsvermögen,

c) Ende der Selbstnutzung, d. h. Übertragung aus dem Bestand der vom Eigentümer selbst genutzten Immobilien in den Bestand der als Finanzinvestition gehaltenen Immobilien, und

d) Beginn eines Operating-Leasingverhältnisses mit einem Dritten für eine Übertragung aus dem Vorratsvermögen in den Bestand der als Finanzinvestition gehaltenen Immobilien.

e) [gestrichen]

58 Trifft ein Unternehmen die Entscheidung, eine als Finanzinvestition gehaltene Immobilie ohne Entwicklung zu veräußern, behandelt es die Immobilie solange weiter als Finanzinvestition und stuft sie nicht als Vorratsvermögen ein, bis sie ausgebucht (und damit aus der Bilanz entfernt) wird. Ebenso wird eine als Finanzinvestition gehaltene bestehende Immobilie, die ein Unternehmen zu entwickeln beginnt, um sie weiter als Finanzinvestition zu halten, während der Entwicklung nicht in den Bestand der vom Eigentümer selbst genutzten Immobilien übertragen, sondern weiter als Finanzinvestition eingestuft.

59 Die Paragraphen 60–65 behandeln Fragen des Ansatzes und der Bewertung, die das Unternehmen bei der Anwendung des Modells des beizulegenden Zeitwerts für als Finanzinvestition gehaltene Immobilien zu berücksichtigen hat. Wenn ein Unternehmen das Anschaffungskostenmodell anwendet, führen Übertragungen zwischen dem Bestand der als Finanzinvestition gehaltenen, dem Bestand der vom Eigentümer selbst genutzten Immobilien und dem Vorratsvermögen für Bewertungs- oder Angabezwecke weder zu einer Buchwertänderung der übertragenen Immobilien noch zu einer Veränderung ihrer Anschaffungs- oder Herstellungskosten.

60 Bei einer Übertragung aus dem Bestand der als Finanzinvestition gehaltenen und zum beizulegenden Zeitwert bewerteten Immobilien in den Bestand der vom Eigentümer selbst genutzten Immobilien oder in das Vorratsvermögen entsprechen die Anschaffungs- oder Herstellungskosten der Immobilie für die Folgebewertung gemäß IAS 16, IFRS 16 oder IAS 2 deren beizulegendem Zeitwert zum Zeitpunkt der Nutzungsänderung.

61 Wird eine vom Eigentümer selbst genutzte zu einer als Finanzinvestition gehaltenen Immobilie, die zum beizulegenden Zeitwert bewertet wird, hat ein Unternehmen bis zum Zeitpunkt der Nutzungsänderung für Immobilien in seinem Eigentum IAS 16 und für Immobilien, die von einem Leasingnehmer als Finanzinvestition in Form eines Nutzungsrechts gehalten werden, IFRS 16 anzuwenden. Das Unternehmen hat eine zu diesem Zeitpunkt bestehende Differenz zwischen dem nach IAS 16 bzw. IFRS 16 ermittelten Buchwert der Immobilien und dem beizulegenden Zeitwert in derselben Weise zu behandeln wie eine Neubewertung gemäß IAS 16.

62 Bis zu dem Zeitpunkt, an dem eine vom Eigentümer selbstgenutzte Immobilie zu einer als Finanzinvestition gehaltenen und zum beizulegenden Zeitwert bewerteten Immobilie wird, hat ein Unternehmen die Immobilie (bzw. das Nutzungsrecht) planmäßig abzuschreiben und jegliche eingetretene Wertminderungsaufwendung zu erfassen. Das Unternehmen behandelt eine zu diesem Zeitpunkt bestehende Differenz zwischen dem nach IAS 16 bzw. IFRS 16 ermittelten Buchwert der Immobilien und dem beizulegenden Zeitwert in derselben Weise wie eine Neubewertung gemäß IAS 16. Mit anderen Worten:

a) Jede auftretende Minderung des Buchwerts der Immobilie ist erfolgswirksam zu erfassen. In dem Umfang, in dem jedoch ein der Immobilie zuzurechnender Betrag in der Neubewertungsrücklage eingestellt ist, ist die Minderung im sonstigen Ergebnis zu erfassen und die Neubewertungsrücklage innerhalb des Eigenkapitals entsprechend zu kürzen.

b) Eine sich ergebende Erhöhung des Buchwerts ist folgendermaßen zu behandeln:
   i) Soweit die Erhöhung einem früheren Wertminderungsaufwand für diese Immobilie entspricht, ist die Erhöhung erfolgswirksam zu erfassen. Der erfolgswirksam erfasste Betrag darf nicht höher sein als der Betrag, der zur Aufstockung auf den Buchwert benötigt wird, der sich ohne die Erfassung des Wertminderungsaufwands (abzüglich mittlerweile vorgenommener planmäßiger Abschreibungen) ergeben hätte.
   ii) Ein noch verbleibender Teil der Erhöhung wird im sonstigen Ergebnis erfasst und führt zu einer Erhöhung der Neubewertungsrücklage innerhalb des Eigenkapitals. Bei einem anschließenden Abgang der als Finanzinvestition gehaltenen Immobilie kann die Neubewertungsrücklage unmittelbar in die Gewinnrücklagen umgebucht werden. Die Übertragung aus der Neubewertungsrücklage in die Gewinnrücklagen erfolgt nicht erfolgswirksam.

63 Bei einer Übertragung aus dem Vorratsvermögen in die als Finanzinvestition gehaltenen Immobilien, die dann zum beizulegenden Zeitwert bewertet werden, ist eine zu diesem Zeitpunkt bestehende Differenz zwischen dem beizulegenden Zeitwert der Immobilie und dem vorherigen Buchwert erfolgswirksam zu erfassen.

64 Die bilanzielle Behandlung von Übertragungen aus dem Vorratsvermögen in die als Finanzinvestition gehaltenen Immobilien, die dann zum beizulegenden Zeitwert bewertet werden, entspricht der Behandlung einer Veräußerung von Vorräten.

65 Wenn ein Unternehmen die Erstellung oder Entwicklung einer selbst erstellten und als Finanzinvestition gehaltenen Immobilie abschließt, die dann zum beizulegenden Zeitwert bewertet wird, ist eine zu diesem Zeitpunkt bestehende Differenz zwischen dem beizulegenden Zeitwert der Immobilie und dem vorherigen Buchwert erfolgswirksam zu erfassen.

ABGÄNGE

66 Eine als Finanzinvestition gehaltene Immobilie ist bei ihrem Abgang oder dann, wenn sie dauerhaft nicht mehr genutzt werden soll und ein zukünftiger wirtschaftlicher Nutzen aus ihrem Abgang nicht mehr erwartet wird, auszubuchen (und damit aus der Bilanz zu entfernen).

67 Der Abgang einer als Finanzinvestition gehaltenen Immobilie kann durch den Verkauf oder den Abschluss eines Finanzierungsleasingverhältnisses erfolgen. Als Abgangsdatum einer veräußerten als Finanzinvestition gehaltenen Immobilie gilt das Datum, an dem der Empfänger – gemäß den Vorschriften über die Erfüllung der Leistungsverpflichtung in IFRS 15 – die Verfügungsmacht darüber erlangt. IFRS 16 ist beim Abgang infolge des Abschlusses eines Finanzierungsleasings oder einer Sale-and-Leaseback-Transaktion anzuwenden.

68 Wenn ein Unternehmen gemäß dem Ansatzgrundsatz in Paragraph 16 die Kosten für die Ersetzung eines Teils einer als Finanzinvestition gehaltenen Immobilie im Buchwert berücksichtigt, hat es den Buchwert des ersetzten Teils auszubuchen. Bei als Finanzinvestition gehaltenen Immobilien, die nach dem Anschaffungskostenmodell bilanziert werden, kann es vorkommen, dass ein ersetztes Teil nicht gesondert planmäßig abgeschrieben wurde. Sollte die Ermittlung des Buchwerts des ersetzten Teils für ein Unternehmen praktisch nicht durchführbar sein, kann es die Kosten für die Ersetzung als Anhaltspunkt für die Anschaffungs- oder Herstellungskosten des ersetzten Teils zum Zeitpunkt seines Kaufs oder seiner Erstellung verwenden. Beim Modell des beizulegenden Zeitwerts spiegelt der beizulegende Zeitwert der als Finanzinvestition gehaltenen Immobilien unter Umständen bereits die Wertminderung des zu ersetzenden Teils wider. In anderen Fällen kann es schwierig sein zu erkennen, um wie viel der beizulegende Zeitwert für das ersetzte Teil gemindert werden sollte. Sollte eine Minderung des beizulegenden Zeitwerts für das ersetzte Teil praktisch nicht durchführbar sein, können alternativ die Kosten für die Ersetzung in den Buchwert des Vermögenswerts einbezogen werden. Anschließend erfolgt eine Neubewertung des beizulegenden Zeitwerts, wie sie bei Zugängen ohne eine Ersetzung erforderlich wäre.

69 Gewinne oder Verluste, die bei Stilllegung oder Abgang von als Finanzinvestition gehaltenen Immobilien entstehen, sind als Differenz zwischen dem Nettoveräußerungserlös und dem Buchwert des Vermögenswerts zu bestimmen und in der Periode der Stilllegung bzw. des Abgangs erfolgswirksam zu erfassen (sofern IFRS 16 bei Sale-and-Leaseback-Transaktionen nichts anderes verlangt).

70 Die Höhe der Gegenleistung, die bei der Ausbuchung einer als Finanzinvestition gehaltenen Immobilie im Gewinn oder Verlust auszuweisen ist, wird gemäß den Vorschriften zur Bestimmung des Transaktionspreises in den Paragraphen 47–72 von IFRS 15 bestimmt. Spätere Änderungen an der geschätzten Höhe der im Gewinn oder Verlust auszuweisenden Gegenleistung werden gemäß den in IFRS 15 festgelegten Vorschriften für Änderungen des Transaktionspreises bilanziert.

71 Ein Unternehmen wendet IAS 37 oder – soweit sachgerecht – andere Standards auf etwaige Schulden an, die nach dem Abgang einer als Finanzinvestition gehaltenen Immobilie verbleiben.

72 Entschädigungen von Dritten für die Wertminderung, den Verlust oder die Aufgabe von als Finanzinvestition gehaltenen Immobilien sind bei Erhalt der Entschädigung erfolgswirksam zu erfassen.

73 Wertminderungen oder der Verlust von als Finanzinvestition gehaltenen Immobilien, damit verbundene Ansprüche auf oder Zahlungen von Entschädigung von Dritten und jegliche nachfolgende Kauf bzw. jegliche nachfolgende Erstellung von Ersatzvermögenswerten stellen einzelne wirtschaftliche Ereignisse dar und sind gesondert wie folgt zu bilanzieren:

a) Wertminderungen von als Finanzinvestition gehaltenen Immobilien werden gemäß IAS 36 erfasst,

b) Stilllegungen oder Abgänge von als Finanzinvestition gehaltenen Immobilien werden gemäß den Paragraphen 66–71 des vorliegenden Standards erfasst,

c) Entschädigungen von Dritten für die Wertminderung, den Verlust oder die Aufgabe von als Finanzinvestition gehaltenen Immobilien werden bei Erhalt der Entschädigung erfolgswirksam erfasst und

d) die Anschaffungs- oder Herstellungskosten von Vermögenswerten, die instand gesetzt oder als Ersatz gekauft oder erstellt wurden, werden gemäß den Paragraphen 20–29 des vorliegenden Standards ermittelt.

ANGABEN

Modell des beizulegenden Zeitwerts und Anschaffungskostenmodell

74 Die unten aufgeführten Angaben sind zusätzlich zu denen nach IFRS 16 zu machen. Gemäß IFRS 16 gelten für den Eigentümer einer als Finanzinvestition gehaltenen Immobilie die Angabepflichten für einen Leasinggeber zu den von ihm abgeschlossenen Leasingverhältnissen. Ein Leasingnehmer, welcher eine als Finanzinvestition in Form eines Nutzungsrechts gehaltene Immobilie hält, macht die von einem Leasingnehmer gemäß IFRS 16 zu machenden Angaben sowie für alle Operating-Leasingverhältnisse, die er abgeschlossen hat, die von einem Leasinggeber gemäß IFRS 16 zu machenden Angaben.

75 Ein Unternehmen hat Folgendes anzugeben:

a) **ob es das Modell des beizulegenden Zeitwerts oder das Anschaffungskostenmodell anwendet.**

b) **[gestrichen]**

c) **sofern eine Zuordnung Schwierigkeiten bereitet (siehe Paragraph 14), die vom Unternehmen verwendeten Kriterien, nach denen zwischen als Finanzinvestition gehaltenen, vom Eigentümer selbst genutzten und Immobilien, die zum Verkauf im Rahmen der gewöhnlichen Geschäftstätigkeit gehalten werden, unterschieden wird.**

d) **[gestrichen]**

e) das Ausmaß, in dem der beizulegende Zeitwert der als Finanzinvestition gehaltenen Immobilien (wie in den Abschlüssen bewertet oder angegeben) auf der Grundlage einer Bewertung durch einen unabhängigen Gutachter basiert, der eine anerkannte, sachgerechte berufliche Qualifikation und aktuelle Erfahrungen mit der Lage und der Art der zu bewertenden, als Finanzinvestition gehaltenen Immobilien hat. Hat eine solche Bewertung nicht stattgefunden, ist dies anzugeben.

f) die erfolgswirksam erfassten Beträge für
  i) Mieteinnahmen aus als Finanzinvestition gehaltenen Immobilien
  ii) direkte betriebliche Aufwendungen (einschließlich Reparaturen und Instandhaltung), die denjenigen als Finanzinvestition gehaltenen Immobilien einzeln zurechenbar sind, mit denen während der Periode Mieteinnahmen erzielt wurden,
  iii) direkte betriebliche Aufwendungen (einschließlich Reparaturen und Instandhaltung), die denjenigen als Finanzinvestition gehaltenen Immobilien einzeln zurechenbar sind, mit denen während der Periode keine Mieteinnahmen erzielt wurden, und
  iv) die kumulierte Veränderung des beizulegenden Zeitwerts, die beim Verkauf einer als Finanzinvestition gehaltenen Immobilie von einem Bestand von Vermögenswerten, in dem das Anschaffungskostenmodell verwendet wird, an einen Bestand, in dem das Modell des beizulegenden Zeitwerts verwendet wird, erfolgswirksam erfasst wird (siehe Paragraph 32C).

g) die Existenz und die Höhe von Beschränkungen hinsichtlich der Veräußerbarkeit von als Finanzinvestition gehaltenen Immobilien oder der Überweisung von Erträgen und Veräußerungserlösen.

h) vertragliche Verpflichtungen, als Finanzinvestition gehaltene Immobilien zu kaufen, zu erstellen oder zu entwickeln, oder solche für Reparaturen, Instandhaltung oder Verbesserungen.

Modell des beizulegenden Zeitwerts

76 Zusätzlich zu den nach Paragraph 75 vorgeschriebenen Angaben hat ein Unternehmen, welches das Modell des beizulegenden Zeitwerts gemäß den Paragraphen 33–55 anwendet, eine Überleitungsrechnung zu erstellen, die die Entwicklung des Buchwerts der als Finanzinvestition gehaltenen Immobilien zu Beginn und zum Ende der Periode zeigt und dabei Folgendes darstellt:

a) Zugänge, wobei diejenigen Zugänge gesondert anzugeben sind, die auf einen Erwerb entfallen, und diejenigen, die auf im Buchwert eines Vermögenswerts erfasste nachträgliche Ausgaben entfallen,

b) Zugänge, die aus einem Erwerb im Rahmen von Unternehmenszusammenschlüssen resultieren,

c) Vermögenswerte, die gemäß IFRS 5 als zur Veräußerung gehalten eingestuft werden oder zu einer als zur Veräußerung gehalten eingestuften Veräußerungsgruppe gehören, und andere Abgänge,

d) Nettogewinne oder -verluste aus der Berichtigung des beizulegenden Zeitwerts,

e) Nettoumrechnungsdifferenzen aus der Umrechnung von Abschlüssen in eine andere Darstellungswährung und aus der Umrechnung eines ausländischen Geschäftsbetriebs in die Darstellungswährung des berichtenden Unternehmens,

f) Übertragungen in das bzw. aus dem Vorratsvermögen und in bzw. aus der Kategorie der vom Eigentümer selbst genutzten Immobilien und

g) sonstige Änderungen.

77 Wird die Bewertung einer als Finanzinvestition gehaltenen Immobilie für Abschlusszwecke erheblich angepasst, beispielsweise um wie in Paragraph 50 beschrieben einen erneuten Ansatz von Vermögenswerten oder Schulden zu vermeiden, die bereits als gesonderte Vermögenswerte und Schulden erfasst wurden, hat das Unternehmen eine Überleitungsrechnung zwischen der ursprünglichen Bewertung und der in den Abschlüssen enthaltenen angepassten Bewertung zu erstellen, in der der Gesamtbetrag aller erfassten wieder hinzugefügten Leasingverbindlichkeiten und alle anderen wesentlichen Anpassungen gesondert dargestellt sind.

78 In den in Paragraph 53 beschriebenen Ausnahmefällen, in denen ein Unternehmen als Finanzinvestition gehaltene Immobilien nach dem Anschaffungskostenmodell gemäß IAS 16 oder gemäß IFRS 16 bewertet, hat die in Paragraph 76 vorgeschriebene Überleitungsrechnung die Beträge dieser als Finanzinvestition gehaltenen Immobilien getrennt von den Beträgen der anderen als Finanzinvestition gehaltenen Immobilien auszuweisen. Zusätzlich hat ein Unternehmen Folgendes anzugeben:

a) eine Beschreibung der als Finanzinvestition gehaltenen Immobilien,

b) eine Erklärung, warum der beizulegende Zeitwert nicht verlässlich ermittelt werden kann,

c) wenn möglich, die Schätzungsbandbreite, in der der beizulegende Zeitwert höchstwahrscheinlich liegt, und

d) bei Abgang von als Finanzinvestition gehaltenen Immobilien, die nicht zum beizulegenden Zeitwert bewertet wurden,
  i) den Umstand, dass das Unternehmen als Finanzinvestition gehaltene Immobilien veräußert hat, die nicht

zum beizulegenden Zeitwert bewertet wurden,
ii) den Buchwert dieser als Finanzinvestition gehaltenen Immobilien zum Zeitpunkt des Verkaufs und
iii) den als Gewinn oder Verlust erfassten Betrag.

Anschaffungskostenmodell

79 Zusätzlich zu den nach Paragraph 75 vorgeschriebenen Angaben hat ein Unternehmen, das das Anschaffungskostenmodell gemäß Paragraph 56 anwendet, Folgendes anzugeben:
a) die verwendeten Abschreibungsmethoden,
b) die zugrunde gelegten Nutzungsdauern oder Abschreibungssätze,
c) den Bruttobuchwert und die kumulierten panmäßigen Abschreibungen (zusammengefasst mit den kumulierten Wertminderungsaufwendungen) zu Beginn und zum Ende der Periode,
d) eine Überleitungsrechnung, welche die Entwicklung des Buchwerts der als Finanzinvestition gehaltenen Immobilien zu Beginn und zum Ende der gesamten Periode zeigt und dabei Folgendes darstellt:
  i) Zugänge, wobei diejenigen Zugänge gesondert anzugeben sind, die auf einen Erwerb entfallen, und diejenigen, die auf als Vermögenswert erfasste nachträgliche Ausgaben entfallen,
  ii) Zugänge, die aus einem Erwerb im Rahmen von Unternehmenszusammenschlüssen resultieren,
  iii) Vermögenswerte, die gemäß IFRS 5 als zur Veräußerung gehalten eingestuft werden oder zu einer als zur Veräußerung gehalten eingestuften Veräußerungsgruppe gehören, und andere Abgänge,
  iv) planmäßige Abschreibungen,
  v) den Betrag der Wertminderungsaufwendungen, der während der Periode gemäß IAS 36 erfasst wurde, und den Betrag an wieder aufgeholten Wertminderungsaufwendungen,
  vi) Nettoumrechnungsdifferenzen aus der Umrechnung von Abschlüssen in eine andere Darstellungswährung und aus der Umrechnung eines ausländischen Geschäftsbetriebs in die Darstellungswährung des berichtenden Unternehmens,
  vii) Übertragungen in das bzw. aus dem Vorratsvermögen in die bzw. aus der Kategorie der vom Eigentümer selbst genutzten Immobilien und
  viii) sonstige Änderungen,
e) den beizulegenden Zeitwert der als Finanzinvestition gehaltenen Immobilien. In den in Paragraph 53 beschriebenen Ausnahmefällen, in denen ein Unternehmen den beizulegenden Zeitwert der als Finanzinvestition gehaltenen Immobilien nicht verlässlich ermitteln kann, hat es Folgendes anzugeben:
  i) eine Beschreibung der als Finanzinvestition gehaltenen Immobilien,
  ii) eine Erklärung, warum der beizulegende Zeitwert nicht verlässlich ermittelt werden kann, und
  iii) wenn möglich, die Schätzungsbandbreite, innerhalb der der beizulegende Zeitwert höchstwahrscheinlich liegt.

ÜBERGANGSVORSCHRIFTEN

Modell des beizulegenden Zeitwerts

80 Ein Unternehmen, das bisher IAS 40 (2000) angewandt hat und sich erstmals dafür entscheidet, einige oder alle im Rahmen von Operating-Leasingverhältnissen geleasten Immobilien als Finanzinvestition einzustufen und zu bilanzieren, hat die Auswirkung dieser Entscheidung als eine Anpassung des Eröffnungsbilanzwerts der Gewinnrücklagen in der Periode zu erfassen, in der die Entscheidung erstmals getroffen wurde. Ferner gilt Folgendes:
a) Hat das Unternehmen früher (im Abschluss oder anderweitig) den beizulegenden Zeitwert dieser Immobilien in vorhergehenden Perioden angegeben und wurde der beizulegende Zeitwert auf einer Grundlage ermittelt, die der Definition des beizulegenden Zeitwerts in IFRS 13 genügt, wird dem Unternehmen empfohlen, aber nicht vorgeschrieben,
  i) den Eröffnungsbilanzwert der Gewinnrücklagen für die früheste ausgewiesene Periode, für die der beizulegende Zeitwert veröffentlicht wurde, anzupassen und
  ii) die Vergleichsinformationen für diese Perioden anzupassen.
b) Hat das Unternehmen früher keine der unter a) beschriebenen Informationen veröffentlicht, sind die Vergleichsinformationen nicht anzupassen und ist diese Tatsache anzugeben.

81 Dieser Standard schreibt eine andere Behandlung vor als IAS 8. Nach IAS 8 sind Vergleichsinformationen anzupassen, es sei denn, dies ist in der Praxis nicht durchführbar.

82 Wenn ein Unternehmen zum ersten Mal diesen Standard anwendet, umfasst die Anpassung des Eröffnungsbilanzwerts der Gewinnrücklagen die Umgliederung aller Beträge, die für als Finanzinvestition gehaltene Immobilien in der Neubewertungsrücklage erfasst wurden.

Anschaffungskostenmodell

83 IAS 8 ist auf alle Änderungen der Rechnungslegungsmethoden anzuwenden, die vorgenommen werden, wenn ein Unternehmen diesen

Standard zum ersten Mal anwendet und sich für das Anschaffungskostenmodell entscheidet. Zu den Auswirkungen einer Änderung der Rechnungslegungsmethoden gehört auch die Umgliederung aller Beträge, die für als Finanzinvestition gehaltene Immobilien in der Neubewertungsrücklage erfasst wurden.

84 Die Vorschriften der Paragraphen 27–29 bezüglich der erstmaligen Bewertung von als Finanzinvestition gehaltenen Immobilien, die durch einen Tausch von Vermögenswerten erworben werden, sind nur prospektiv auf künftige Transaktionen anzuwenden.

Unternehmenszusammenschlüsse

84A Durch die *Jährlichen Verbesserungen, Zyklus 2011–2013*, veröffentlicht im Dezember 2013, wurden Paragraph 14A und eine Überschrift vor Paragraph 6 eingefügt. Ein Unternehmen hat diese Änderungen ab Beginn der ersten Berichtsperiode, in der diese Änderung angewandt wird, prospektiv auf jeden Erwerb einer als Finanzinvestition gehaltenen Immobilie anzuwenden. Die Bilanzierung für in früheren Perioden erworbene, als Finanzinvestition gehaltene Immobilien ist somit nicht anzupassen. Ein Unternehmen kann allerdings beschließen, die Änderung auf einzelne Erwerbungen von als Finanzinvestition gehaltenen Immobilien anzuwenden, die vor Beginn des ersten Geschäftsjahrs, das am oder nach dem Datum des Inkrafttretens der Änderung beginnt, getätigt wurden, wenn das Unternehmen über die zur Anwendung der Änderung auf frühere Erwerbungen erforderlichen Informationen verfügt.

IFRS 16

84B Bei der erstmaligen Anwendung von IFRS 16 und der damit in Verbindung stehenden Änderungen dieses Standards hat das Unternehmen für seine in Form von Nutzungsrechten als Finanzinvestition gehaltenen Immobilien die in Anhang C von IFRS 16 festgelegten Übergangsvorschriften anzuwenden.

Übertragungen in den und aus dem Bestand der als Finanzinvestition gehaltenen Immobilien

84C Mit der im Dezember 2016 veröffentlichten Verlautbarung *Übertragungen in den und aus dem Bestand der als Finanzinvestition gehaltenen Immobilien* (Änderungen an IAS 40) wurden die Paragraphen 57–58 geändert. Diese Änderungen sind auf Nutzungsänderungen anzuwenden, die zu oder nach Beginn des Geschäftsjahrs eintreten, in dem die Änderungen zum ersten Mal angewendet werden (Zeitpunkt der erstmaligen Anwendung). Zum Zeitpunkt der erstmaligen Anwendung hat ein Unternehmen die Einstufung seiner zu diesem Zeitpunkt gehaltenen Immobilien zu überprüfen und diese gegebenenfalls gemäß den Paragraphen 7–14 neu einzustufen, um sicherzustellen, dass ihre Einstufung den Gegebenheiten zu diesem Zeitpunkt entspricht.

84D Unbeschadet der Vorschriften in Paragraph 84C darf ein Unternehmen die Änderungen an den Paragraphen 57–58 gemäß IAS 8 nur dann rückwirkend anwenden, wenn dabei keine nachträglichen Erkenntnisse verwendet werden.

84E Stuft ein Unternehmen Immobilien in Anwendung des Paragraphen 84C zum Zeitpunkt der erstmaligen Anwendung neu ein, so hat es

a) die Umgliederung unter Beachtung der Vorschriften der Paragraphen 59–64 zu bilanzieren. Bei der Anwendung der Paragraphen 59–64 hat ein Unternehmen
   i) den Zeitpunkt der Nutzungsänderung als Zeitpunkt der ersten Anwendung zugrunde zu legen und
   ii) sämtliche Beträge, die gemäß den Paragraphen 59–64 erfolgswirksam erfasst worden wären, als Anpassung der Eröffnungsbilanz der Gewinnrücklagen zum Zeitpunkt der ersten Anwendung zu erfassen.

b) sämtliche gemäß Paragraph 84C in den oder aus dem Bestand der als Finanzinvestition gehaltenen Immobilien umgegliederten Beträge anzugeben. Das Unternehmen hat die umgegliederten Beträge in einer Überleitungsrechnung gemäß den Paragraphen 76 und 79 auszuweisen, welche die Entwicklung des Buchwerts der als Finanzinvestition gehaltenen Immobilien zu Beginn und zum Ende der Periode zeigt.

ZEITPUNKT DES INKRAFTTRETENS

85 Dieser Standard ist auf Geschäftsjahre anzuwenden, die am oder nach dem 1. Januar 2005 beginnen. Eine frühere Anwendung wird empfohlen. Wendet ein Unternehmen diesen Standard auf Geschäftsjahre an, die vor dem 1. Januar 2005 beginnen, hat es dies anzugeben.

85A Infolge von IAS 1 *Darstellung des Abschlusses* (in der 2007 überarbeiteten Fassung) wurde die in den IAS/IFRS verwendete Terminologie geändert. Außerdem wurde Paragraph 62 geändert. Diese Änderungen sind auf Geschäftsjahre anzuwenden, die am oder nach dem 1. Januar 2009 beginnen. Wendet ein Unternehmen IAS 1 (überarbeitet 2007) auf eine frühere Periode an, so hat es auf diese Periode auch diese Änderungen anzuwenden.

85B Durch die *Verbesserungen der IFRS*, veröffentlicht im Mai 2008, wurden die Paragraphen 8, 9, 48, 53, 54 und 57 geändert, Paragraph 22 wurde gestrichen und die Paragraphen 53A und 53B wurden eingefügt. Diese Änderungen sind prospektiv auf Geschäftsjahre anzuwenden, die am oder nach dem 1. Januar 2009 beginnen. Ein Unternehmen kann die Änderungen auf in der Erstellung befindliche, als Finanzinvestition gehaltene Immobilien ab jedem beliebigen Stichtag vor dem 1. Januar 2009 anwenden, sofern die jeweils beizulegenden Zeitwerte der sich noch in der Erstellung befindlichen, als Finanzinvestition gehaltenen Immobilien zu den jeweiligen Stichtagen ermittelt wurden.

Eine frühere Anwendung ist zulässig. Wendet ein Unternehmen diese Änderungen auf eine frühere Periode an, hat es dies anzugeben und gleichzeitig die Änderungen an Paragraph 5 und Paragraph 81E von IAS 16 *Sachanlagen* anzuwenden.

85C Durch IFRS 13, veröffentlicht im Mai 2011, wurde die Definition des beizulegenden Zeitwerts in Paragraph 5 geändert. Außerdem wurden die Paragraphen 26, 29, 32, 40, 48, 53, 53B, 78–80 und 85B geändert sowie die Paragraphen 36–39, 42–47, 49, 51 und 75(d) gestrichen. Wendet ein Unternehmen IFRS 13 an, sind diese Änderungen ebenfalls anzuwenden.

85D Durch die *Jährlichen Verbesserungen, Zyklus 2011–2013*, veröffentlicht im Dezember 2013, wurden vor Paragraph 6 und nach Paragraph 84 Überschriften eingefügt und die Paragraphen 14A und 84A eingefügt. Diese Änderungen sind auf Geschäftsjahre anzuwenden, die am oder nach dem 1. Juli 2014 beginnen. Eine frühere Anwendung ist zulässig. Wendet ein Unternehmen diese Änderungen auf eine frühere Periode an, hat es dies anzugeben.

85E Durch IFRS 15 *Erlöse aus Verträgen mit Kunden*, veröffentlicht im Mai 2014, wurden die Paragraphen 3(b), 9, 67 und 70 geändert. Wendet ein Unternehmen IFRS 15 an, sind diese Änderungen ebenfalls anzuwenden.

85F Durch IFRS 16, veröffentlicht im Januar 2016, wurde der Anwendungsbereich von IAS 40 dahin gehend geändert, dass eine als Finanzinvestition gehaltene Immobilie einerseits eine eigene als Finanzinvestition gehaltene Immobilie und andererseits eine Immobilie, für die der Leasingnehmer ein Nutzungsrecht hat, sein kann. Durch IFRS 16 wurden die Paragraphen 5, 7, 8, 9, 16, 20, 30, 41, 50, 53, 53A, 54, 56, 60, 61, 62, 67, 69, 74, 75, 77 und 78 geändert. Außerdem wurden die Paragraphen 19A, 29A, 40A und 84B samt zugehöriger Überschriften eingefügt sowie die Paragraphen 3, 6, 25, 26 und 34 gestrichen. Wendet ein Unternehmen IFRS 16 an, sind diese Änderungen ebenfalls anzuwenden.

85G Mit der im Dezember 2016 veröffentlichten Verlautbarung *Übertragungen in den und aus dem Bestand der als Finanzinvestition gehaltenen Immobilien* (Änderungen an IAS 40) wurden die Paragraphen 57–58 geändert und die Paragraphen 84C–84E eingefügt. Diese Änderungen sind auf Geschäftsjahre anzuwenden, die am oder nach dem 1. Januar 2018 beginnen. Eine frühere Anwendung ist zulässig. Wendet ein Unternehmen diese Änderungen früher an, hat es dies anzugeben.

85H Durch IFRS 17, veröffentlicht im Mai 2017, wurde Paragraph 32B geändert. Wendet ein Unternehmen IFRS 17 an, ist diese Änderung ebenfalls anzuwenden.

RÜCKNAHME VON IAS 40 (2000)

86 Der vorliegende Standard ersetzt IAS 40 *Als Finanzinvestition gehaltene Immobilien* (veröffentlicht 2000).

INTERNATIONAL ACCOUNTING STANDARD 41
Landwirtschaft

IAS 41, VO (EU) 2023/1803

Gliederung	§§
ZIELSETZUNG	
ANWENDUNGSBEREICH	1–4
DEFINITIONEN	5–9
Definitionen, die mit der Landwirtschaft im Zusammenhang stehen	5–7
Allgemeine Definitionen	8–9
ANSATZ UND BEWERTUNG	10–33
Gewinne und Verluste	26–29
Fehlende Möglichkeit, den beizulegenden Zeitwert verlässlich zu ermitteln	30–33
ZUWENDUNGEN DER ÖFFENTLICHEN HAND	34–38
ANGABEN	39–57
Allgemeines	40–53
Zusätzliche Angaben für biologische Vermögenswerte, wenn der beizulegende Zeitwert nicht verlässlich ermittelt werden kann	54–56
Zuwendungen der öffentlichen Hand	57
ZEITPUNKT DES INKRAFTTRETENS UND ÜBERGANGSVORSCHRIFTEN	58–65

ZIELSETZUNG

Zielsetzung dieses Standards ist die Regelung der Bilanzierung, der Darstellung im Abschluss und der Angabepflichten für landwirtschaftliche Tätigkeit.

ANWENDUNGSBEREICH

1 Dieser Standard ist für die Rechnungslegung über folgende Punkte anzuwenden, wenn sie mit einer landwirtschaftlichen Tätigkeit im Zusammenhang stehen:

a) biologische Vermögenswerte, mit Ausnahme von fruchttragenden Pflanzen,

b) landwirtschaftliche Erzeugnisse zum Zeitpunkt der Ernte und

c) Zuwendungen der öffentlichen Hand, die in den Paragraphen 34 und 35 behandelt werden.

2 Dieser Standard ist nicht anzuwenden auf

a) Grundstücke, die mit landwirtschaftlicher Tätigkeit im Zusammenhang stehen (siehe IAS 16, *Sachanlagen* und IAS 40, *Als Finanzinvestition gehaltene Immobilien*);

b) fruchttragende Pflanzen, die mit landwirtschaftlicher Tätigkeit im Zusammenhang stehen (siehe IAS 16). Auf die Erzeugnisse dieser fruchttragenden Pflanzen ist der Standard jedoch anzuwenden;

c) Zuwendungen der öffentlichen Hand, die mit fruchttragenden Pflanzen im Zusammenhang stehen (siehe IAS 20, *Bilanzierung und Darstellung von Zuwendungen der öffentlichen Hand*);

d) immaterielle Vermögenswerte, die mit landwirtschaftlicher Tätigkeit im Zusammenhang stehen (siehe IAS 38, *Immaterielle Vermögenswerte*);

e) Nutzungsrechte aus einem Grundstücksleasing, das mit einer landwirtschaftlichen Tätigkeit in Verbindung steht, (siehe IFRS 16 *Leasingverhältnisse*).

3 Dieser Standard ist auf landwirtschaftliche Erzeugnisse, welche die geernteten Erzeugnisse der biologischen Vermögenswerte des Unternehmens darstellen, zum Zeitpunkt der Ernte anzuwenden. Danach ist IAS 2 *Vorräte* oder ein anderer anwendbarer Standard anzuwenden. Dementsprechend behandelt dieser Standard nicht die Verarbeitung landwirtschaftlicher Erzeugnisse nach der Ernte, beispielsweise die Verarbeitung von Trauben zu Wein durch einen Winzer, der die Trauben selbst angebaut hat. Obwohl diese Verarbeitung eine logische und natürliche Ausdehnung landwirtschaftlicher Tätigkeit sein kann, und die stattfindenden Vorgänge eine gewisse Ähnlichkeit zur biologischen Transformation aufweisen können, fällt eine solche Verarbeitung nicht in die in diesem Standard zugrunde gelegte Definition der landwirtschaftlichen Tätigkeit.

4 Die folgende Tabelle enthält Beispiele für biologische Vermögenswerte, landwirtschaftliche Erzeugnisse und Produkte, die das Ergebnis der Verarbeitung nach der Ernte darstellen:

2/25. IAS 41 4–6

Biologische Vermögenswerte	Landwirtschaftliche Erzeugnisse	Produkte aus Weiterverarbeitung nach der Ernte
Schafe	Wolle	Garne, Teppiche
Bäume einer Waldflur	Gefällte Bäume	Bauholz, Nutzholz
Milchvieh	Milch	Käse
Schweine	Schlachtkörper	Würste, geräucherte Schinken
Baumwollpflanzen	Geerntete Baumwolle	Fäden, Kleidung
Zuckerrohr	Geerntetes Zuckerrohr	Zucker
Tabakpflanzen	Gepflückte Blätter	Getrockneter Tabak
Teesträucher	Gepflückte Blätter	Tee
Weinstöcke	Gepflückte Trauben	Wein
Obstbäume	Gepflücktes Obst	Verarbeitetes Obst
Ölpalmen	Gepflückte Früchte	Palmöl
Kautschukbäume	Geernteter Latex	Gummiwaren

Einige Pflanzen, zum Beispiel Teesträucher, Weinstöcke, Ölpalmen und Kautschukbäume, erfüllen in der Regel die Definition einer fruchttragenden Pflanze und fallen in den Anwendungsbereich von IAS 16. Die Erzeugnisse, die auf fruchttragenden Pflanzen wachsen, zum Beispiel Teeblätter, Weintrauben, Palmölfrüchte und Latex, fallen jedoch in den Anwendungsbereich von IAS 41.

DEFINITIONEN

Definitionen, die mit der Landwirtschaft im Zusammenhang stehen

5 Die folgenden Begriffe werden in diesem Standard mit der angegebenen Bedeutung verwendet:

Landwirtschaftliche Tätigkeit liegt vor, wenn ein Unternehmen die biologische Transformation oder Ernte biologischer Vermögenswerte betreibt, um diese abzusetzen oder in landwirtschaftliche Erzeugnisse oder in zusätzliche biologische Vermögenswerte umzuwandeln.

Ein *landwirtschaftliches Erzeugnis* ist das geerntete Erzeugnis der biologischen Vermögenswerte des Unternehmens.

Eine *fruchttragende Pflanze* ist eine lebende Pflanze, die

a) zur Herstellung oder Gewinnung landwirtschaftlicher Erzeugnisse verwendet wird,
b) den Erwartungen zufolge mehr als eine Periode Frucht tragen wird und
c) mit Ausnahme des Verkaufs nach Ende der Nutzbarkeit nur mit sehr geringer Wahrscheinlichkeit als landwirtschaftliches Erzeugnis verkauft wird.

Ein *biologischer Vermögenswert* ist ein lebendes Tier oder eine lebende Pflanze.

Die *biologische Transformation* umfasst den Prozess des Wachstums, des Rückgangs, der Fruchtbringung und der Vermehrung, welcher qualitative oder quantitative Änderungen eines biologischen Vermögenswerts verursacht.

Verkaufskosten sind die zusätzlichen Kosten, die dem Verkauf eines Vermögenswerts einzeln zugeordnet werden können, mit Ausnahme der Finanzierungskosten und der Ertragsteuern.

Eine *Gruppe biologischer Vermögenswerte* ist die Zusammenfassung ähnlicher lebender Tiere oder Pflanzen.

Ernte ist die Abtrennung des Erzeugnisses von dem biologischen Vermögenswert oder das Ende der Lebensprozesse eines biologischen Vermögenswerts.

5A Keine fruchttragenden Pflanzen sind

a) Pflanzen, die kultiviert werden, um als landwirtschaftliches Erzeugnis geerntet zu werden (zum Beispiel Bäume, die als Nutzholz angebaut werden),
b) Pflanzen, die kultiviert werden, um landwirtschaftliche Erzeugnisse zu gewinnen, wenn mehr als nur eine sehr geringe Wahrscheinlichkeit besteht, dass das Unternehmen auch die Pflanze selbst als landwirtschaftliches Erzeugnis ernten und verkaufen wird (zum Beispiel Bäume, die sowohl um der Früchte als auch um des Nutzholzes willen kultiviert werden); Verkäufe nach Ende der Nutzbarkeit sind hiervon ausgenommen und
c) einjährige Kulturen (zum Beispiel Mais und Weizen).

5B Wenn fruchttragende Pflanzen nicht mehr zur Gewinnung landwirtschaftlicher Erzeugnisse genutzt werden, können sie gefällt/abgeschnitten und verkauft werden, zum Beispiel als Brennholz. Solche Verkäufe nach Ende der Nutzbarkeit sind mit der Definition einer fruchttragenden Pflanze vereinbar.

5C Die Erzeugnisse, die auf fruchttragenden Pflanzen wachsen, sind biologische Vermögenswerte.

6 Die landwirtschaftliche Tätigkeit deckt eine breite Spanne von Tätigkeiten ab, zum Beispiel Viehzucht, Forstwirtschaft, jährliche oder kontinuierliche Ernte, Kultivierung von Obstgärten und Plantagen, Blumenzucht und Aquakultur

(einschließlich Fischzucht). Innerhalb dieser Vielfalt bestehen bestimmte gemeinsame Merkmale:
a) *Fähigkeit zur Änderung.* Lebende Tiere und Pflanzen sind zur biologischen Transformation fähig;
b) *Management der Änderung.* Das Management fördert die biologische Transformation durch Verbesserung oder zumindest Stabilisierung der Bedingungen, die für den Ablauf des Prozesses notwendig sind (beispielsweise Nahrungssituation, Feuchtigkeit, Temperatur, Fruchtbarkeit und Helligkeit). Ein solches Management unterscheidet die landwirtschaftliche Tätigkeit von anderen Tätigkeiten. Beispielsweise ist die Nutzung unbewirtschafteter Ressourcen (wie Hochseefischerei und Entwaldung) keine landwirtschaftliche Tätigkeit; und
c) *Beurteilung von Änderungen.* Die durch biologische Transformation oder Ernte herbeigeführte Änderung der Qualität (beispielsweise genetische Eigenschaften, Dichte, Reife, Fettabdeckung, Proteingehalt und Faserstärke) oder Quantität (beispielsweise Nachkommenschaft, Gewicht, Kubikmeter, Faserlänge oder -dicke und die Anzahl der Knospen) wird als routinemäßige Managementfunktion d beurteilt und überwacht.

7 Biologische Transformation führt zu folgenden Arten von Ergebnissen:
a) Änderungen des Vermögenswerts durch (i) Wachstum (eine Zunahme der Quantität oder Verbesserung der Qualität eines Tieres oder einer Pflanze), (ii) Rückgang (eine Abnahme der Quantität oder Verschlechterung der Qualität eines Tieres oder einer Pflanze), oder (iii) Vermehrung (Erzeugung zusätzlicher lebender Tiere oder Pflanzen) oder
b) Produktion landwirtschaftlicher Erzeugnisse wie Latex, Teeblätter, Wolle und Milch.

Allgemeine Definitionen

8 Die folgenden Begriffe werden in diesem Standard mit der angegebenen Bedeutung verwendet:

Der *Buchwert* ist der Betrag, mit dem ein Vermögenswert in der Bilanz angesetzt wird.

Der *beizulegende Zeitwert* ist der Preis, der in einem gewöhnlichen Geschäftsvorfall zwischen Marktteilnehmern am Bewertungsstichtag für den Verkauf eines Vermögenswerts eingenommen bzw. für die Übertragung einer Schuld gezahlt würde. (Siehe IFRS 13 *Bewertung zum beizulegenden Zeitwert*.)

Zuwendungen der öffentlichen Hand sind in IAS 20 definiert.

9 [gestrichen]

ANSATZ UND BEWERTUNG

10 Ein Unternehmen hat biologische Vermögenswerte und landwirtschaftliche Erzeugnisse nur dann anzusetzen, wenn

a) das Unternehmen aufgrund von Ereignissen der Vergangenheit Verfügungsmacht über den Vermögenswert hat,

b) es wahrscheinlich ist, dass dem Unternehmen ein mit dem Vermögenswert verbundener künftiger wirtschaftlicher Nutzen zufließen wird, und

c) der beizulegende Zeitwert oder die Anschaffungs- oder Herstellungskosten des Vermögenswerts verlässlich ermittelt werden können.

11 Bei landwirtschaftlichen Tätigkeiten kann die Verfügungsmacht beispielsweise durch das rechtliche Eigentum an einem Rind und durch das Brandzeichen oder eine andere Markierung, die bei Erwerb, Geburt oder Entwöhnung des Kalbes von der Mutterkuh angebracht wurde, nachgewiesen werden. Der künftige Nutzen wird gewöhnlich durch die Bewertung der wesentlichen körperlichen Eigenschaften ermittelt.

12 Ein biologischer Vermögenswert ist beim erstmaligen Ansatz und an jedem Abschlussstichtag zu seinem beizulegenden Zeitwert abzüglich der Verkaufskosten zu bewerten; davon ausgenommen ist der in Paragraph 30 beschriebene Fall, in dem der beizulegende Zeitwert nicht verlässlich bewertet werden kann.

13 Landwirtschaftliche Erzeugnisse, die von den biologischen Vermögenswerten des Unternehmens geerntet werden, sind zum Zeitpunkt der Ernte mit dem beizulegenden Zeitwert abzüglich der Verkaufskosten zu bewerten. Für die Anwendung von IAS 2 *Vorräte* oder eines anderen anwendbaren Standards stellt eine solche Bewertung die Anschaffungs- oder Herstellungskosten zu diesem Zeitpunkt dar.

14 [gestrichen]

15 Die Bewertung eines biologischen Vermögenswerts oder eines landwirtschaftlichen Erzeugnisses zum beizulegenden Zeitwert kann vereinfacht werden durch die Gruppierung biologischer Vermögenswerte oder landwirtschaftlicher Erzeugnisse nach wesentlichen Eigenschaften, beispielsweise nach Alter oder Qualität. Als Grundlage für die Preisbildung wählt ein Unternehmen die Eigenschaften aus, die den auf dem Markt herangezogenen entsprechen.

16 Unternehmen schließen oft Verträge ab, um ihre biologischen Vermögenswerte oder landwirtschaftlichen Erzeugnisse zu einem späteren Zeitpunkt zu verkaufen. Die Vertragspreise sind nicht notwendigerweise für die Ermittlung des beizulegenden Zeitwerts relevant, da der beizulegende Zeitwert die aktuellen Marktbedingungen widerspiegelt, unter denen am Markt teilnehmende Käufer und Verkäufer eine Geschäftsbeziehung eingehen würden. Demnach ist der beizulegende Zeitwert eines biologischen Vermögenswerts oder eines landwirtschaftlichen Erzeugnisses aufgrund der Existenz eines Vertrags nicht anzupassen. In einigen Fällen kann der Vertrag über den Verkauf eines biologischen Vermögenswerts oder landwirtschaftlichen Erzeugnisses ein belastender Vertrag

sein, wie in IAS 37 *Rückstellungen, Eventualverbindlichkeiten und Eventualforderungen* definiert. Auf belastende Verträge ist IAS 37 anzuwenden.

17–21 [gestrichen]

22 Ein Unternehmen berücksichtigt nicht die Zahlungsströme für die Finanzierung der Vermögenswerte oder für die Wiederherstellung biologischer Vermögenswerte nach der Ernte (beispielsweise die Kosten für die Wiederanpflanzung von Bäumen einer Waldflur nach der Abholzung).

23 [gestrichen]

24 Die Anschaffungs- oder Herstellungskosten können mitunter dem beizulegenden Zeitwert näherungsweise entsprechen, insbesondere wenn
a) seit der erstmaligen Kostenverursachung kaum biologische Transformation stattgefunden hat (beispielsweise unmittelbar vor dem Abschlussstichtag gepflanzte Sämlinge oder neu erworbener Viehbestand) oder
b) der Einfluss der biologischen Transformation auf den Preis voraussichtlich nicht wesentlich ist (beispielsweise das Anfangswachstum in einem 30-jährigen Produktionszyklus eines Kiefernbestandes).

25 Biologische Vermögenswerte sind oft körperlich mit dem Grundstück verbunden (beispielsweise Bäume in einer Waldflur). Möglicherweise besteht kein eigenständiger Markt für biologische Vermögenswerte, die mit dem Grundstück verbunden sind, jedoch ein aktiver Markt für die kombinierten Vermögenswerte, d. h. biologische Vermögenswerte, unbestellte Grundstücke und Bodenverbesserungen als ein Bündel. Ein Unternehmen kann die Informationen über die kombinierten Vermögenswerte zur Ermittlung des beizulegenden Zeitwerts der biologischen Vermögenswerte nutzen. Beispielsweise kann zur Bestimmung des beizulegenden Zeitwerts der biologischen Vermögenswerte der beizulegende Zeitwert des unbestellten Grundstücks und der Bodenverbesserungen von dem beizulegenden Zeitwert der kombinierten Vermögenswerte abgezogen werden.

Gewinne und Verluste

26 Ein Gewinn oder Verlust, der beim erstmaligen Ansatz eines biologischen Vermögenswerts zum beizulegenden Zeitwert abzüglich Verkaufskosten und durch eine Änderung des beizulegenden Zeitwerts abzüglich der Verkaufskosten eines biologischen Vermögenswerts entsteht, ist in der Periode, in der er angefallen ist, erfolgswirksam zu erfassen.

27 Ein Verlust kann beim erstmaligen Ansatz eines biologischen Vermögenswerts entstehen, weil bei der Ermittlung des beizulegenden Zeitwerts abzüglich der Verkaufskosten eines biologischen Vermögenswerts die Verkaufskosten abgezogen werden. Ein Gewinn kann beim erstmaligen Ansatz eines biologischen Vermögenswerts entstehen, wenn beispielsweise ein Kalb geboren wird.

28 Ein Gewinn oder Verlust, der beim erstmaligen Ansatz von landwirtschaftlichen Erzeugnissen zum beizulegenden Zeitwert abzüglich der Verkaufskosten entsteht, ist in der Periode, in der er angefallen ist, erfolgswirksam zu erfassen.

29 Ein Gewinn oder Verlust kann beim erstmaligen Ansatz von landwirtschaftlichen Erzeugnissen als Folge der Ernte entstehen.

Fehlende Möglichkeit, den beizulegenden Zeitwert verlässlich zu ermitteln

30 Es wird angenommen, dass der beizulegende Zeitwert für einen biologischen Vermögenswert verlässlich ermittelt werden kann. Diese Annahme kann jedoch lediglich beim erstmaligen Ansatz eines biologischen Vermögenswerts widerlegt werden, für den keine Marktpreisnotierungen verfügbar sind und für den alternative Ermittlungen des beizulegenden Zeitwerts als eindeutig nicht verlässlich gelten. In einem solchen Fall ist dieser biologische Vermögenswert mit seinen Anschaffungs- oder Herstellungskosten abzüglich aller kumulierten planmäßigen Abschreibungen und aller kumulierten Wertminderungsaufwendungen zu bewerten. Sobald der beizulegende Zeitwert eines solchen biologischen Vermögenswerts verlässlich ermittelbar wird, hat ein Unternehmen ihn zum beizulegenden Zeitwert abzüglich der Verkaufskosten zu bewerten. Der beizulegende Zeitwert gilt als verlässlich ermittelbar, sobald ein langfristiger biologischer Vermögenswert gemäß IFRS 5 *Zur Veräußerung gehaltene langfristige Vermögenswerte und aufgegebene Geschäftsbereiche* **die Kriterien für eine Einstufung als zur Veräußerung gehalten erfüllt (oder in eine als zur Veräußerung gehalten eingestufte Veräußerungsgruppe aufgenommen wird).**

31 Die Annahme in Paragraph 30 kann lediglich beim erstmaligen Ansatz widerlegt werden. Ein Unternehmen, das bislang einen biologischen Vermögenswert zum beizulegenden Zeitwert abzüglich der Verkaufskosten bewertet hat, fährt mit der Bewertung des biologischen Vermögenswerts zum beizulegenden Zeitwert abzüglich der Verkaufskosten bis zum Abgang fort.

32 In jedem Fall bewertet ein Unternehmen landwirtschaftliche Erzeugnisse zum Zeitpunkt der Ernte zum beizulegenden Zeitwert abzüglich der Verkaufskosten. Dieser Standard folgt der Auffassung, dass der beizulegende Zeitwert der landwirtschaftlichen Erzeugnisse zum Zeitpunkt der Ernte immer verlässlich ermittelt werden kann.

33 Bei der Ermittlung der Anschaffungs- oder Herstellungskosten, der kumulierten planmäßigen Abschreibungen und der kumulierten Wertminderungsaufwendungen berücksichtigt ein Unternehmen IAS 2, IAS 16 und IAS 36 *Wertminderung von Vermögenswerten*.

ZUWENDUNGEN DER ÖFFENTLICHEN HAND

**34 Eine unbedingte Zuwendung der öffentlichen Hand, die mit einem biologischen Vermögenswert im Zusammenhang steht, der zum beizulegenden Zeitwert abzüglich der Verkaufskosten bewertet wird, ist nur dann erfolgswirksam zu erfassen, wenn die Zuwendung der öffentlichen Hand einforderbar wird.

35 Wenn eine Zuwendung der öffentlichen Hand (einschließlich einer Zuwendung der öffentlichen Hand für die Nichtausübung einer bestimmten landwirtschaftlichen Tätigkeit), die mit einem biologischen Vermögenswert im Zusammenhang steht, der zum beizulegenden Zeitwert abzüglich der Verkaufskosten bewertet wird, bedingt ist, hat ein Unternehmen die Zuwendung der öffentlichen Hand nur dann erfolgswirksam zu erfassen, wenn die mit der Zuwendung der öffentlichen Hand verbundenen Bedingungen eingetreten sind.

36 Die Bedingungen für Zuwendungen der öffentlichen Hand sind vielfältig. Beispielsweise kann eine Zuwendung der öffentlichen Hand an die Bedingung geknüpft sein, dass ein Unternehmen eine bestimmte Fläche fünf Jahre bewirtschaftet und die Rückzahlung aller Zuwendungen der öffentlichen Hand vorsehen, wenn das Unternehmen die Fläche weniger als fünf Jahre bewirtschaftet. In diesem Fall wird die Zuwendung der öffentlichen Hand erst nach Ablauf der fünf Jahre erfolgswirksam erfasst. Wenn die Bedingungen der Zuwendung der öffentlichen Hand es jedoch erlauben, einen Teil der Zuwendung aufgrund des Zeitablaufs zu behalten, erfasst das Unternehmen diesen Teil der Zuwendung der öffentlichen Hand zeitproportional im Gewinn oder Verlust.

37 Wenn eine Zuwendung der öffentlichen Hand mit einem biologischen Vermögenswert im Zusammenhang steht, der zu seinen Anschaffungs- oder Herstellungskosten abzüglich aller kumulierten planmäßigen Abschreibungen und aller kumulierten Wertminderungsaufwendungen bewertet wird (siehe Paragraph 30), ist IAS 20 anzuwenden.

38 Dieser Standard schreibt eine andere Behandlung als IAS 20 vor, wenn eine Zuwendung der öffentlichen Hand mit einem biologischen Vermögenswert im Zusammenhang steht, der zum beizulegenden Zeitwert abzüglich der Verkaufskosten bewertet wird, oder wenn eine Zuwendung der öffentlichen Hand die Nichtausübung einer bestimmten landwirtschaftlichen Tätigkeit verlangt. IAS 20 wird lediglich auf eine Zuwendung der öffentlichen Hand angewendet, die mit einem biologischen Vermögenswert im Zusammenhang steht, der zu seinen Anschaffungs- oder Herstellungskosten abzüglich aller kumulierten planmäßigen Abschreibungen und aller kumulierten Wertminderungsaufwendungen bewertet wird.

ANGABEN

39 [gestrichen]

Allgemeines

40 Ein Unternehmen hat den Gesamtbetrag des Gewinns oder Verlusts anzugeben, der während der laufenden Periode beim erstmaligen Ansatz biologischer Vermögenswerte und landwirtschaftlicher Erzeugnisse und durch die Änderung des beizulegenden Zeitwerts abzüglich der Verkaufskosten der biologischen Vermögenswerte entsteht.

41 Ein Unternehmen hat jede Gruppe von biologischen Vermögenswerten zu beschreiben.

42 Die nach Paragraph 41 geforderten Angaben können in Form verbaler oder wertmäßiger Beschreibungen erfolgen.

43 Einem Unternehmen wird empfohlen, eine wertmäßige Beschreibung jeder Gruppe von biologischen Vermögenswerten zur Verfügung zu stellen, erforderlichenfalls unterschieden nach verbrauchbaren und produzierenden biologischen Vermögenswerten oder nach reifen und unreifen biologischen Vermögenswerten. Beispielsweise kann ein Unternehmen den Buchwert von verbrauchbaren biologischen Vermögenswerten und von produzierenden biologischen Vermögenswerten nach Gruppen angeben. Ein Unternehmen kann diese Buchwerte weiter nach reifen und unreifen Vermögenswerten unterteilen. Diese Unterscheidungen stellen Informationen zur Verfügung, die hilfreich sein können, um den zeitlichen Anfall künftiger Zahlungsströme abschätzen zu können. Ein Unternehmen gibt die Grundlage für solche Unterscheidungen an.

44 Verbrauchbare biologische Vermögenswerte sind solche, die als landwirtschaftliche Erzeugnisse geerntet oder als biologische Vermögenswerte verkauft werden sollen. Beispiele für verbrauchbare biologische Vermögenswerte sind der Viehbestand für die Fleischproduktion, der Viehbestand für den Verkauf, Fische in Farmen, Getreide wie Mais und Weizen, die Erzeugnisse, die auf fruchttragenden Pflanzen wachsen, sowie Bäume, die als Nutzholz wachsen. Produzierende biologische Vermögenswerte unterscheiden sich von verbrauchbaren biologischen Vermögenswerten; zum Beispiel Viehbestand, der für die Milchproduktion gehalten wird, oder Obstbäume, deren Früchte geerntet werden. Produzierende biologische Vermögenswerte sind keine landwirtschaftlichen Erzeugnisse, sondern dienen der Gewinnung landwirtschaftlicher Erzeugnisse.

45 Biologische Vermögenswerte können entweder als reife oder als unreife biologische Vermögenswerte eingestuft werden. Reife biologische Vermögenswerte sind solche, die den Erntegrad erlangt haben (für verbrauchbare biologische Vermögenswerte) oder gewöhnliche Ernten tragen können (für produzierende biologische Vermögenswerte).

46 Wenn nicht an anderer Stelle innerhalb von Informationen, die mit dem Abschluss veröffentlicht werden, angegeben, hat ein Unternehmen Folgendes zu beschreiben:

a) die Art seiner Tätigkeiten, die mit jeder Gruppe von biologischen Vermögenswerten verbunden sind und

b) nichtfinanzielle Messgrößen oder Schätzungen für die körperlichen Mengen

i) jeder Gruppe von biologischen Vermögenswerten des Unternehmens zum Periodenende und
ii) der Produktion landwirtschaftlicher Erzeugnisse während der Periode.

47–48 [gestrichen]

49 Ein Unternehmen hat Folgendes anzugeben:
a) die Existenz und die Buchwerte biologischer Vermögenswerte, mit denen ein beschränktes Eigentumsrecht verbunden ist, und die Buchwerte biologischer Vermögenswerte, die als Sicherheit für Verbindlichkeiten begeben sind,
b) den Betrag von Verpflichtungen für die Entwicklung oder den Erwerb von biologischen Vermögenswerten und
c) Finanzrisikomanagementstrategien, die mit der landwirtschaftlichen Tätigkeit im Zusammenhang stehen.

50 Ein Unternehmen hat eine Überleitungsrechnung der Änderungen des Buchwerts der biologischen Vermögenswerte zwischen dem Beginn und dem Ende der Berichtsperiode anzugeben. Die Überleitungsrechnung hat Folgendes zu enthalten:
a) den Gewinn oder Verlust aufgrund von Änderungen der beizulegenden Zeitwerte abzüglich der Verkaufskosten,
b) Erhöhungen infolge von Käufen,
c) Verringerungen, die Verkäufen und biologischen Vermögenswerten, die gemäß IFRS 5 als zur Veräußerung gehalten eingestuft werden (oder zu einer als zur Veräußerung gehalten eingestuften Veräußerungsgruppe gehören), zuzurechnen sind,
d) Verringerungen infolge der Ernte,
e) Erhöhungen, die aus Unternehmenszusammenschlüssen resultieren,
f) Nettoumrechnungsdifferenzen aus der Umrechnung von Abschlüssen in eine andere Darstellungswährung und aus der Umrechnung eines ausländischen Geschäftsbetriebs in die Darstellungswährung des berichtenden Unternehmens und
g) sonstige Änderungen.

51 Der beizulegende Zeitwert abzüglich der Verkaufskosten eines biologischen Vermögenswerts kann sich infolge von körperlichen Änderungen und infolge von Preisänderungen auf dem Markt ändern. Eine gesonderte Angabe von körperlichen Änderungen und von Preisänderungen ist nützlich, um die Ertragskraft der Berichtsperiode und die Zukunftsaussichten zu beurteilen, insbesondere wenn ein Produktionszyklus länger als ein Jahr dauert. In solchen Fällen wird einem Unternehmen empfohlen, den erfolgswirksam berücksichtigten Betrag der Änderung des beizulegenden Zeitwerts abzüglich der Verkaufskosten aufgrund von körperlichen Änderungen und aufgrund von Preisänderungen je Gruppe oder auf andere Weise anzugeben. Diese Informationen sind grundsätzlich weniger nützlich, wenn der Produktionszyklus weniger als ein Jahr dauert (beispielsweise bei der Hühnerzucht oder dem Getreideanbau).

52 Biologische Transformation führt zu vielen Arten der körperlichen Änderung – Wachstum, Rückgang, Fruchtbringung und Vermehrung –, welche sämtlich beobachtbar und bewertbar sind. Jede dieser körperlichen Änderungen hat einen unmittelbaren Bezug zu künftigen wirtschaftlichen Nutzen. Eine Änderung des beizulegenden Zeitwerts eines biologischen Vermögenswerts aufgrund der Ernte ist ebenfalls eine körperliche Änderung.

53 Landwirtschaftliche Tätigkeit ist häufig klimatischen, krankheitsbedingten und anderen natürlichen Risiken ausgesetzt. Tritt ein Ereignis ein, durch das ein wesentlicher Ertrags- bzw. Aufwandsposten entsteht, sind die Art und der Betrag dieses Postens gemäß IAS 1 *Darstellung des Abschlusses* anzugeben. Beispiele für solche Ereignisse sind das Ausbrechen einer Viruserkrankung, eine Überschwemmung, starke Dürre oder Frost sowie eine Insektenplage.

Zusätzliche Angaben für biologische Vermögenswerte, wenn der beizulegende Zeitwert nicht verlässlich ermittelt werden kann

54 Wenn ein Unternehmen biologische Vermögenswerte am Periodenende zu ihren Anschaffungs- oder Herstellungskosten abzüglich aller kumulierten planmäßigen Abschreibungen und aller kumulierten Wertminderungsaufwendungen (siehe Paragraph 30) bewertet, hat ein Unternehmen für solche biologischen Vermögenswerte Folgendes anzugeben:
a) eine Beschreibung der biologischen Vermögenswerte,
b) eine Erklärung, warum der beizulegende Zeitwert nicht verlässlich ermittelt werden kann,
c) sofern möglich eine Schätzungsbandbreite, innerhalb welcher der beizulegende Zeitwert höchstwahrscheinlich liegt,
d) die verwendete Abschreibungsmethode,
e) die verwendeten Nutzungsdauern oder Abschreibungssätze und
f) den Bruttobuchwert und die kumulierten planmäßigen Abschreibungen (zusammengefasst mit den kumulierten Wertminderungsaufwendungen) zu Beginn und zum Ende der Periode.

55 Wenn ein Unternehmen während der Berichtsperiode biologische Vermögenswerte zu ihren Anschaffungs- oder Herstellungskosten abzüglich aller kumulierten planmäßigen Abschreibungen und aller kumulierten Wertminderungsaufwendungen (siehe Paragraph 30) bewertet, hat ein Unternehmen jeden Abgang solcher biologischer Vermögenswerte erfassten Gewinn oder Verlust anzugeben; in der in Paragraph 50 verlangten Überleitungsrechnung

sind die Beträge, die mit solchen biologischen Vermögenswerten im Zusammenhang stehen, gesondert anzugeben. Die Überleitungsrechnung muss zusätzlich die folgenden erfolgswirksam erfassten Beträge, die mit diesen biologischen Vermögenswerten im Zusammenhang stehen, enthalten:
a) Wertminderungsaufwendungen,
b) Wertaufholungen aufgrund früherer Wertminderungsaufwendungen und
c) planmäßige Abschreibungen.

56 Wenn der beizulegende Zeitwert der biologischen Vermögenswerte, die bislang zu den Anschaffungs- oder Herstellungskosten abzüglich aller kumulierten planmäßigen Abschreibungen und aller kumulierten Wertminderungsaufwendungen bewertet wurden, während der Berichtsperiode verlässlich ermittelbar wird, hat ein Unternehmen für diese biologischen Vermögenswerte Folgendes anzugeben:
a) eine Beschreibung der biologischen Vermögenswerte,
b) eine Begründung, warum der beizulegende Zeitwert verlässlich ermittelbar wurde, und
c) die Auswirkung der Änderung.

Zuwendungen der öffentlichen Hand

57 Ein Unternehmen hat folgende mit der in diesem Standard abgedeckten landwirtschaftlichen Tätigkeit in Verbindung stehenden Punkte anzugeben:
a) die Art und das Ausmaß der im Abschluss erfassten öffentlichen Zuwendungen der öffentlichen Hand,
b) unerfüllte Bedingungen und andere Erfolgsunsicherheiten im Zusammenhang mit Zuwendungen der öffentlichen Hand und
c) wesentliche zu erwartende Verringerungen des Umfangs der Zuwendungen der öffentlichen Hand.

ZEITPUNKT DES INKRAFTTRETENS UND ÜBERGANGSVORSCHRIFTEN

58 Dieser Standard ist verbindlich auf Jahresabschlüsse für Berichtsperioden anzuwenden, die am oder nach dem 1. Januar 2003 beginnen. Eine frühere Anwendung wird empfohlen. Wendet ein Unternehmen diesen Standard auf Berichtsperioden an, die vor dem 1. Januar 2003 beginnen, hat es dies anzugeben.

59 Dieser Standard enthält keine besonderen Übergangsvorschriften. Die erstmalige Anwendung dieses Standards wird gemäß IAS 8 *Rechnungslegungsmethoden, Änderungen von rechnungslegungsbezogenen Schätzungen und Fehler* behandelt.

60 Durch die *Verbesserungen der IFRS*, veröffentlicht im Mai 2008, wurden die Paragraphen 5, 6, 17, 20 und 21 geändert und Paragraph 14 gestrichen. Ein Unternehmen hat diese Änderungen prospektiv auf Geschäftsjahre anzuwenden, die am oder nach dem 1. Januar 2009 beginnen. Eine frühere Anwendung ist zulässig. Wendet ein Unternehmen diese Änderungen auf eine frühere Periode an, hat es dies anzugeben.

61 Durch IFRS 13, veröffentlicht im Mai 2011, wurden die Paragraphen 8, 15, 16, 25 und 30 geändert sowie die Paragraphen 9, 17–21, 23, 47 und 48 gestrichen. Wendet ein Unternehmen IFRS 13 an, sind diese Änderungen ebenfalls anzuwenden.

62 Mit der im Juni 2014 veröffentlichten Verlautbarung *Landwirtschaft: Fruchttragende Pflanzen* (Änderungen an IAS 16 und IAS 41) wurden die Paragraphen 1–5, 8, 24 und 44 geändert sowie die Paragraphen 5A–5C und 63 eingefügt. Diese Änderungen sind auf Geschäftsjahre anzuwenden, die am oder nach dem 1. Januar 2016 beginnen. Eine frühere Anwendung ist zulässig. Wendet ein Unternehmen diese Änderungen auf eine frühere Periode an, hat es dies anzugeben. Diese Änderungen sind rückwirkend gemäß IAS 8 anzuwenden.

63 In der Berichtsperiode, in der die Verlautbarung *Landwirtschaft: Fruchttragende Pflanzen* (Änderungen an IAS 16 und IAS 41) erstmals angewendet wird, braucht das Unternehmen die gemäß IAS 8 Paragraph 28(f) für die laufende Periode vorgeschriebenen quantitativen Angaben nicht zu machen. Es hat jedoch die gemäß IAS 8 Paragraph 28(f) vorgeschriebenen quantitativen Angaben für jede frühere dargestellte Periode zu machen.

64 Durch IFRS 16, veröffentlicht im Januar 2016, wurde Paragraph 2 geändert. Wendet ein Unternehmen IFRS 16 hat, hat es diese Änderung ebenfalls anzuwenden.

65 Durch die *Jährlichen Verbesserungen an den IFRS-Standards 2018–2020*, veröffentlicht im Mai 2020, wurde Paragraph 22 geändert. Diese Änderung ist auf Bewertungen zum beizulegenden Zeitwert anzuwenden, die zu oder nach Beginn des ersten Geschäftsjahrs vorgenommen werden, das am oder nach dem 1. Januar 2022 beginnt. Eine frühere Anwendung ist zulässig. Wendet ein Unternehmen die Änderung auf eine frühere Periode an, hat es dies anzugeben

3. IFRS

3. International Financial Reporting Standards

3. **International Financial Reporting Standards**

3/1.	IFRS 1:	*Erstmalige Anwendung der International Financial Reporting Standards*	357
3/2.	IFRS 2:	*Anteilsbasierte Vergütung*	379
3/3.	IFRS 3:	*Unternehmenszusammenschlüsse*	405
3/4.	IFRS 5:	*Zur Veräußerung gehaltene langfristige Vermögenswerte und aufgegebene Geschäftsbereiche*	437
3/5.	IFRS 6:	*Exploration und Evaluierung von Bodenschätzen*	447
3/6.	IFRS 7:	*Finanzinstrumente: Angaben*	451
3/7.	IFRS 8:	*Geschäftssegmente*	485
3/8.	IFRS 9:	*Finanzinstrumente*	493
3/9.	IFRS 10:	*Konzernabschlüsse*	607
3/10.	IFRS 11:	*Gemeinschaftliche Vereinbarungen*	639
3/11.	IFRS 12:	*Angaben zu Anteilen an anderen Unternehmen*	655
3/12.	IFRS 13:	*Bewertung zum beizulegenden Zeitwert*	669
3/13.	IFRS 15:	*Erlöse aus Verträgen mit Kunden*	699
3/14.	IFRS 16:	*Leasingverhältnisse*	735
3/15.	IFRS 17:	*Versicherungsverträge*	765

3/1. IFRS 1

INTERNATIONAL FINANCIAL REPORTING STANDARD 1
Erstmalige Anwendung der International Financial Reporting Standards

IFRS 1, VO (EU) 2023/1803

Gliederung	§§
ZIELSETZUNG	1
ANWENDUNGSBEREICH	2–5
ANSATZ UND BEWERTUNG	6–19
IFRS-Eröffnungsbilanz	6
Rechnungslegungsmethoden	7–12
Ausnahmen zur rückwirkenden Anwendung anderer IFRS	12–17
Schätzungen	14–17
Befreiungen von anderen IFRS	18–19
DARSTELLUNG UND ANGABEN	20–33
Vergleichsinformationen	21–22
Nicht mit IFRS übereinstimmende Vergleichsinformationen und Zusammenfassungen historischer Daten	22
Erläuterung des Übergangs auf IFRS	23–33
Überleitungsrechnungen	24–28
Designation finanzieller Vermögenswerte und finanzieller Verbindlichkeiten	29–29A
Verwendung des beizulegenden Zeitwerts als Ersatz für Anschaffungs- oder Herstellungskosten	30
Verwendung des als Ersatz für Anschaffungskosten angesetzten Werts für Beteiligungen an Tochterunternehmen, Gemeinschaftsunternehmen und assoziierten Unternehmen	31
Verwendung des als Ersatz für Anschaffungs- oder Herstellungskosten angesetzten Werts für Vermögenswerte aus Öl und Gas	31A
Verwendung des als Ersatz für Anschaffungs- oder Herstellungskosten angesetzten Werts bei preisregulierten Geschäftsvorfällen	31B
Verwendung des als Ersatz für Anschaffungs- oder Herstellungskosten angesetzten Werts nach einer ausgeprägten Hochinflation	31C
Zwischenberichte	32–33
ZEITPUNKT DES INKRAFTTRETENS	34–39AH
RÜCKNAHME VON IFRS 1 (VERÖFFENTLICHT 2003)	40
ANHANG A: DEFINITIONEN	
ANHANG B: AUSNAHMEN ZUR RÜCKWIRKENDEN ANWENDUNG ANDERER IFRS	B1
Ausbuchung finanzieller Vermögenswerte und finanzieller Verbindlichkeiten	B2–B3
Bilanzierung von Sicherungsbeziehungen	B4–B6
Nicht beherrschende Anteile	B7
Einstufung und Bewertung finanzieller Vermögenswerte	B8–B8C
Wertminderung finanzieller Vermögenswerte	B8D–B8G
Eingebettete Derivate	B9
Darlehen der öffentlichen Hand	B10–B12
Versicherungsverträge	B13
Latente Steuern im Zusammenhang mit Leasingverhältnissen und Entsorgungs-, Wiederherstellungs- und ähnlichen Verpflichtungen	B14
ANHANG C: BEFREIUNGEN FÜR UNTERNEHMENSZUSAMMENSCHLÜSSE	C1–C5
ANHANG D: BEFREIUNGEN VON ANDEREN IFRS	D1
Anteilsbasierte Vergütungen	D2–D4

3/1. IFRS 1

Als Ersatz für Anschaffungs- oder Herstellungskosten angesetzter Wert	D5–D8B
Leasingverhältnisse	D9–D11
Kumulierte Umrechnungsdifferenzen	D12–D13A
Beteiligungen an Tochterunternehmen, Gemeinschaftsunternehmen und assoziierten Unternehmen	D14–D15A
Vermögenswerte und Schulden von Tochterunternehmen, assoziierten Unternehmen und Gemeinschaftsunternehmen	D16–D17
Zusammengesetzte Finanzinstrumente	D18
Designation von früher angesetzten Finanzinstrumenten	D19–D19C
Bewertung von finanziellen Vermögenswerten und finanziellen Verbindlichkeiten beim erstmaligen Ansatz zum beizulegenden Zeitwert	D20
In den Anschaffungs- oder Herstellungskosten der Sachanlagen enthaltene Entsorgungsverpflichtungen	D21–D21A
Finanzielle Vermögenswerte oder immaterielle Vermögenswerte, die gemäß IFRIC 12 bilanziert werden	D22
Fremdkapitalkosten	D23–D24
Tilgung finanzieller Verbindlichkeiten durch Eigenkapitalinstrumente	D25
Ausgeprägte Hochinflation	D26–D30
Gemeinschaftliche Vereinbarungen	D31
Abraumkosten in der Produktionsphase eines Tagebaubergwerks	D32
Designation von Verträgen über den Kauf oder Verkauf eines nichtfinanziellen Postens	D33
Umsatzerlöse	D34–D35
Fremdwährungstransaktionen und im Voraus erbrachte oder erhaltene Gegenleistungen	D36

ANHANG E: KURZZEITIGE BEFREIUNGEN VON IFRS

Befreiung von der Vorschrift, Vergleichsinformationen für IFRS 9 anzupassen	E1–E7
Unsicherheit bezüglich der ertragsteuerlichen Behandlung	E8

ZIELSETZUNG

1 Zielsetzung dieses IFRS ist es sicherzustellen, dass der *erste IFRS-Abschluss* eines Unternehmens und dessen Zwischenberichte, die einen Teil der in diesem ersten Abschluss erfassten Periode abdecken, hochwertige Informationen enthalten, die

a) für Abschlussadressaten transparent und über alle dargestellten Perioden hinweg vergleichbar sind,

b) einen geeigneten Ausgangspunkt für die Rechnungslegung gemäß den *International Financial Reporting Standards (IFRS)* darstellen und

c) zu Kosten erstellt werden können, die den Nutzen nicht übersteigen.

ANWENDUNGSBEREICH

2 Ein Unternehmen hat diesen IFRS auf

a) seinen ersten IFRS-Abschluss und

b) ggf. jeden Zwischenbericht, den es gemäß IAS 34 *Zwischenberichterstattung* erstellt und der einen Teil der in seinem ersten IFRS-Abschluss erfassten Periode abdeckt, anzuwenden.

3 Der erste IFRS-Abschluss eines Unternehmens ist der erste Abschluss des Geschäftsjahrs, in dem das Unternehmen die IFRS durch eine in diesem Abschluss enthaltene ausdrückliche und uneingeschränkte Erklärung der Übereinstimmung mit den IFRS anwendet. Ein Abschluss gemäß IFRS ist der erste IFRS-Abschluss eines Unternehmens, falls das Unternehmen beispielsweise

a) seinen letzten vorherigen Abschluss

 i) gemäß nationalen Vorschriften, die nicht in jeder Hinsicht mit IFRS übereinstimmen,

 ii) in jeder Hinsicht entsprechend den IFRS, jedoch ohne eine in dem Abschluss enthaltene ausdrückliche und uneingeschränkte Erklärung der Übereinstimmung mit den IFRS,

 iii) mit einer ausdrücklichen Erklärung der Übereinstimmung mit einigen, jedoch nicht allen IFRS,

 iv) gemäß nationalen, von IFRS abweichenden Vorschriften unter Verwendung einzelner IFRS zur Berücksichtigung von Posten, für die keine nationalen Vorgaben bestanden, oder

 v) gemäß nationalen Vorschriften mit einer Überleitung einiger Beträge auf gemäß IFRS ermittelte Beträge erstellt hat,

b) nur zur internen Nutzung einen Abschluss gemäß IFRS erstellt hat, ohne diesen den Eigentümern des Unternehmens oder sonstigen externen Abschlussadressaten zur Verfügung zu stellen,

c) für Konsolidierungszwecke ein Konzernberichtspaket gemäß IFRS erstellt hat, ohne einen kompletten Abschluss gemäß Definition in IAS 1 *Darstellung des Abschlusses* (in der 2007 überarbeiteten Fassung) zu erstellen, oder
d) für frühere Perioden keine Abschlüsse vorgelegt hat.

4 Dieser IFRS ist anzuwenden, falls ein Unternehmen zum ersten Mal IFRS anwendet. Er ist nicht anzuwenden, falls ein Unternehmen beispielsweise

a) keine weiteren Abschlüsse gemäß nationalen Vorschriften mehr vorlegt und in der Vergangenheit solche Abschlüsse sowie zusätzliche Abschlüsse mit einer ausdrücklichen und uneingeschränkten Bestätigung der Übereinstimmung mit den IFRS vorgelegt hat,
b) im vorigen Jahr Abschlüsse gemäß nationalen Vorschriften vorgelegt hat, die eine ausdrückliche und uneingeschränkte Erklärung der Übereinstimmung mit den IFRS enthalten, oder
c) im vorigen Jahr Abschlüsse vorgelegt hat, die eine ausdrückliche und uneingeschränkte Erklärung der Übereinstimmung mit den IFRS enthalten, selbst wenn die Abschlussprüfer für diese Abschlüsse einen eingeschränkten Bestätigungsvermerk erteilt haben.

4A Unbeschadet der Vorschriften in den Paragraphen 2 und 3 muss ein Unternehmen, das die IFRS in einer früheren Berichtsperiode angewendet hat, dessen letzter Jahresabschluss aber keine ausdrückliche und uneingeschränkte Erklärung der Übereinstimmung mit den IFRS enthielt, entweder diesen IFRS oder die IFRS rückwirkend gemäß IAS 8 *Rechnungslegungsmethoden, Änderungen von rechnungslegungsbezogenen Schätzungen und Fehler* so anwenden, als hätte das Unternehmen die IFRS kontinuierlich angewendet.

4B Entscheidet sich ein Unternehmen gegen die Anwendung dieses IFRS gemäß Paragraph 4A, hat es dennoch zusätzlich zu den Angabepflichten von IAS 8 die Angabepflichten in den Paragraphen 23A–23B von IFRS 1 zu erfüllen.

5 Dieser IFRS gilt nicht für Änderungen der Rechnungslegungsmethoden eines Unternehmens, das die IFRS bereits anwendet. Solche Änderungen werden in

a) den Vorschriften hinsichtlich der Änderungen von Rechnungslegungsmethoden in IAS 8 *Rechnungslegungsmethoden, Änderungen von rechnungslegungsbezogenen Schätzungen und Fehler* und
b) spezifischen Übergangsvorschriften anderer IFRS behandelt.

ANSATZ UND BEWERTUNG

IFRS-Eröffnungsbilanz

6 Zum *Zeitpunkt des Übergangs auf IFRS* hat ein Unternehmen eine *IFRS-Eröffnungsbilanz* zu erstellen und vorzulegen. Diese stellt den Ausgangspunkt seiner Rechnungslegung gemäß IFRS dar.

Rechnungslegungsmethoden

7 Ein Unternehmen hat in seiner IFRS-Eröffnungsbilanz und für alle in seinem ersten IFRS-Abschluss dargestellten Perioden dieselben Rechnungslegungsmethoden anzuwenden. Diese Rechnungslegungsmethoden müssen allen IFRS entsprechen, die am Ende seiner *ersten IFRS-Berichtsperiode* gelten (mit Ausnahme der in den Paragraphen 13–19 sowie den Anhängen B–E genannten Fälle).

8 Ein Unternehmen darf keine unterschiedlichen, früher geltenden IFRS-Versionen anwenden. Ein neuer, noch nicht verbindlicher IFRS darf von einem Unternehmen angewendet werden, falls für diesen IFRS eine frühere Anwendung zulässig ist.

Beispiel: Einheitliche Anwendung der jüngsten IFRS-Versionen

Hintergrund

Das Ende der ersten IFRS-Berichtsperiode von Unternehmen A ist der 31. Dezember 20X5. Unternehmen A entschließt sich, in diesem Abschluss lediglich Vergleichsinformationen für ein Jahr darzustellen (siehe Paragraph 21). Der Zeitpunkt des Übergangs auf IFRS ist daher der Beginn des Geschäftsjahrs am 1. Januar 20X4 (oder entsprechend das Ende des Geschäftsjahrs am 31. Dezember 20X3). Unternehmen A hat seinen Abschluss jedes Jahr zum 31. Dezember (bis einschließlich zum 31. Dezember 20X4) nach vorherigen Rechnungslegungsgrundsätzen vorgelegt.

Anwendung der Vorschriften

Unternehmen A hat die IFRS anzuwenden, die für Perioden gelten, die am 31. Dezember 20X5 enden, und zwar

a) *bei der Erstellung und Darstellung seiner IFRS-Eröffnungsbilanz zum 1. Januar 20X4 und*
b) *bei der Erstellung und Darstellung seiner Bilanz zum 31. Dezember 20X5 (einschließlich der Vergleichszahlen für 20X4), seiner Gesamtergebnisrechnung, seiner Eigenkapitalveränderungsrechnung und seiner Kapitalflussrechnung für das Jahr bis zum 31. Dezember 20X5 (einschließlich der Vergleichszahlen für 20X4) sowie der Angaben (einschließlich Vergleichsinformationen für 20X4).*

Falls ein neuer IFRS noch nicht verbindlich ist, aber eine frühere Anwendung zulässt, darf Unternehmen A diesen IFRS in seinem ersten IFRS-Abschluss anwenden, ist dazu jedoch nicht verpflichtet.

9 Die Übergangsvorschriften anderer IFRS gelten für Änderungen der Rechnungslegungsmethoden eines Unternehmens, das IFRS bereits anwendet; sie gelten nicht für den Übergang eines erstmaligen Anwenders auf IFRS, mit Ausnahme

der in den Anhängen B–E beschriebenen Regelungen.

10 Mit Ausnahme der in den Paragraphen 13–19 und den Anhängen B–E beschriebenen Fälle ist ein Unternehmen dazu verpflichtet, in seiner IFRS-Eröffnungsbilanz
a) alle Vermögenswerte und Schulden anzusetzen, deren Ansatz nach den IFRS vorgeschrieben ist,
b) keine Posten als Vermögenswerte oder Schulden anzusetzen, falls die IFRS deren Ansatz nicht erlauben,
c) alle Posten umzugliedern, die nach vorherigen Rechnungslegungsgrundsätzen als eine bestimmte Kategorie Vermögenswert, Schuld oder Bestandteil des Eigenkapitals angesetzt wurden, gemäß den IFRS jedoch eine andere Kategorie Vermögenswert, Schuld oder Bestandteil des Eigenkapitals darstellen, und
d) die IFRS bei der Bewertung aller angesetzten Vermögenswerte und Schulden anzuwenden.

11 Die Rechnungslegungsmethoden, die ein Unternehmen in seiner IFRS-Eröffnungsbilanz verwendet, können sich von den Methoden der zum selben Zeitpunkt verwendeten vorherigen Rechnungslegungsgrundsätze unterscheiden. Die sich ergebenden Anpassungen resultieren aus Ereignissen und Geschäftsvorfällen vor dem Zeitpunkt des Übergangs auf IFRS. Ein Unternehmen hat solche Anpassungen daher zum Zeitpunkt des Übergangs auf IFRS direkt in den Gewinnrücklagen (oder, falls angemessen, in einer anderen Eigenkapitalkategorie) zu erfassen.

12 Dieser IFRS legt zwei Arten von Ausnahmen von dem Grundsatz fest, dass die IFRS-Eröffnungsbilanz eines Unternehmens mit den Vorschriften aller IFRS übereinzustimmen hat:
a) Die Paragraphen 14–17 und Anhang B verbieten die rückwirkende Anwendung einiger Aspekte anderer IFRS.
b) Die Anhänge C–E befreien von einigen Vorschriften anderer IFRS.

Ausnahmen zur rückwirkenden Anwendung anderer IFRS

13 Dieser IFRS verbietet die rückwirkende Anwendung bestimmter Aspekte anderer IFRS. Diese Ausnahmen sind in den Paragraphen 14–17 und in Anhang B dargelegt.

Schätzungen

14 Zum Zeitpunkt des Übergangs auf IFRS müssen gemäß IFRS vorgenommene Schätzungen eines Unternehmens mit Schätzungen nach vorherigen Rechnungslegungsgrundsätzen zu demselben Zeitpunkt (nach Anpassungen zur Berücksichtigung unterschiedlicher Rechnungslegungsmethoden) übereinstimmen, es sei denn, es liegen objektive Anhaltspunkte vor, dass diese Schätzungen fehlerhaft waren.

15 Ein Unternehmen kann nach dem Zeitpunkt des Übergangs auf IFRS Informationen zu Schätzungen erhalten, die es nach vorherigen Rechnungslegungsgrundsätzen vorgenommen hatte. Gemäß Paragraph 14 muss ein Unternehmen diese Informationen wie nicht zu berücksichtigende Ereignisse nach dem Abschlussstichtag im Sinne von IAS 10 *Ereignisse nach dem Abschlussstichtag* behandeln. Der Zeitpunkt des Übergangs eines Unternehmens auf IFRS sei beispielsweise der 1. Januar 20X4. Am 15. Juli 20X4 werden neue Informationen bekannt, die eine Korrektur der am 31. Dezember 20X3 nach vorherigen Rechnungslegungsgrundsätzen vorgenommenen Schätzungen notwendig machen. Das Unternehmen darf diese neuen Informationen in seiner IFRS-Eröffnungsbilanz nicht berücksichtigen (es sei denn, die Schätzungen müssen wegen unterschiedlicher Rechnungslegungsmethoden angepasst werden oder es liegen objektive Anhaltspunkte vor, dass sie fehlerhaft waren). Stattdessen hat das Unternehmen die neuen Informationen in der Gewinn- und Verlustrechnung (oder ggf. im sonstigen Ergebnis) des Geschäftsjahrs zum 31. Dezember 20X4 zu berücksichtigen.

16 Ein Unternehmen hat unter Umständen zum Zeitpunkt des Übergangs auf IFRS Schätzungen gemäß IFRS vorzunehmen, die für diesen Zeitpunkt nach vorherigen Rechnungslegungsgrundsätzen nicht vorgeschrieben waren. Um mit IAS 10 übereinzustimmen, müssen diese Schätzungen gemäß IFRS die Gegebenheiten zum Zeitpunkt des Übergangs auf IFRS wiedergeben. Insbesondere Schätzungen von Marktpreisen, Zinssätzen oder Wechselkursen zum Zeitpunkt des Übergangs auf IFRS müssen den Marktbedingungen dieses Zeitpunkts entsprechen.

17 Die Paragraphen 14–16 gelten für die IFRS-Eröffnungsbilanz. Sie gelten auch für eine Vergleichsperiode, die in dem ersten IFRS-Abschluss eines Unternehmens dargestellt wird; in diesem Fall werden die Verweise auf den Zeitpunkt des Übergangs auf IFRS durch Verweise auf das Ende der Vergleichsperiode ersetzt.

Befreiungen von anderen IFRS

18 Ein Unternehmen kann eine oder mehrere der in den Anhängen C–E aufgeführten Befreiungen in Anspruch nehmen. Ein Unternehmen darf diese Befreiungen nicht analog auf andere Sachverhalte anwenden.

19 [gestrichen]

DARSTELLUNG UND ANGABEN

20 Dieser IFRS enthält keine Befreiungen von den Darstellungs- und Angabepflichten anderer IFRS.

Vergleichsinformationen

21 Der erste IFRS-Abschluss eines Unternehmens hat mindestens drei Bilanzen, zwei Gesamtergebnisrechnungen, zwei gesonderte Gewinn- und Verlustrechnungen (falls erstellt), zwei Kapitalflussrechnungen und zwei Eigenkapitalveränderungsrechnungen sowie die zugehörigen Anhang-

angaben, einschließlich Vergleichsinformationen für alle vorgelegten Abschlussbestandteile, zu enthalten.

Nicht mit IFRS übereinstimmende Vergleichsinformationen und Zusammenfassungen historischer Daten

22 Einige Unternehmen veröffentlichen Zusammenfassungen ausgewählter historischer Daten für Perioden vor der ersten Periode, für die sie vollständige Vergleichsinformationen gemäß IFRS bekannt geben. Nach diesem IFRS müssen solche Zusammenfassungen nicht die Ansatz- und Bewertungsvorschriften der IFRS erfüllen. Des Weiteren stellen einige Unternehmen Vergleichsinformationen nach vorherigen Rechnungslegungsgrundsätzen und nach IAS 1 vorgeschriebene Vergleichsinformationen dar. In Abschlüssen mit Zusammenfassungen historischer Daten oder Vergleichsinformationen nach vorherigen Rechnungslegungsgrundsätzen hat ein Unternehmen

a) die vorherigen Rechnungslegungsgrundsätzen entsprechenden Informationen deutlich als nicht gemäß IFRS erstellt zu kennzeichnen und

b) die wichtigsten Anpassungsarten anzugeben, die für eine Übereinstimmung mit IFRS notwendig wären. Eine Quantifizierung dieser Anpassungen muss das Unternehmen nicht vornehmen.

Erläuterung des Übergangs auf IFRS

23 **Ein Unternehmen hat zu erläutern, wie sich der Übergang von vorherigen Rechnungslegungsgrundsätzen auf IFRS auf seine dargestellte Vermögens-, Finanz- und Ertragslage sowie seine Zahlungsströme ausgewirkt hat.**

23A Ein Unternehmen, das die IFRS in einer früheren Periode wie in Paragraph 4A beschrieben angewendet hat, hat Folgendes anzugeben:

a) den Grund, aus dem es die IFRS nicht mehr angewendet hat, und

b) den Grund, aus dem es die IFRS erneut anwendet.

23B Entscheidet sich ein Unternehmen gemäß Paragraph 4A gegen die Anwendung von IFRS 1, hat es die Gründe zu erläutern, aus denen es sich dafür entscheidet, die IFRS so anzuwenden, als hätte es die IFRS kontinuierlich angewendet.

Überleitungsrechnungen

24 Um Paragraph 23 zu entsprechen, hat der erste IFRS-Abschluss eines Unternehmens folgende Bestandteile zu enthalten:

a) Überleitungen des nach vorherigen Rechnungslegungsgrundsätzen ausgewiesenen Eigenkapitals auf das Eigenkapital gemäß IFRS für die beiden folgenden Zeitpunkte:

i) den Zeitpunkt des Übergangs auf IFRS und

ii) das Ende der letzten Periode, die in dem letzten, nach vorherigen Rechnungslegungsgrundsätzen aufgestellten Jahresabschluss des Unternehmens dargestellt wurde.

b) eine Überleitung des Gesamtergebnisses, das im letzten Abschluss nach vorherigen Rechnungslegungsgrundsätzen ausgewiesen wurde, auf das Gesamtergebnis derselben Periode nach IFRS. Den Ausgangspunkt für diese Überleitung bildet das Gesamtergebnis nach vorherigen Rechnungslegungsgrundsätzen für die betreffende Periode bzw., wenn ein Unternehmen kein Gesamtergebnis ausgewiesen hat, das Ergebnis nach vorherigen Rechnungslegungsgrundsätzen.

c) falls das Unternehmen bei der Erstellung seiner IFRS-Eröffnungsbilanz zum ersten Mal Wertminderungsaufwendungen erfasst oder aufgeholt hat, die Angaben nach IAS 36 *Wertminderung von Vermögenswerten*, die notwendig gewesen wären, falls das Unternehmen diese Wertminderungsaufwendungen oder Wertaufholungen in der Periode erfasst hätte, die zum Zeitpunkt des Übergangs auf IFRS beginnt.

25 Die nach Paragraph 24(a) und (b) vorgeschriebenen Überleitungsrechnungen müssen ausreichend detailliert sein, damit die Adressaten die wesentlichen Anpassungen der Bilanz und der Gesamtergebnisrechnung nachvollziehen können. Falls ein Unternehmen im Rahmen seiner vorherigen Rechnungslegungsgrundsätze eine Kapitalflussrechnung vorgelegt hat, hat es auch die wesentlichen Anpassungen der Kapitalflussrechnung zu erläutern.

26 Falls ein Unternehmen auf Fehler aufmerksam wird, die im Rahmen der vorherigen Rechnungslegungsgrundsätze entstanden sind, ist in den nach Paragraph 24(a) und (b) vorgeschriebenen Überleitungsrechnungen die Korrektur solcher Fehler von Änderungen der Rechnungslegungsmethoden abzugrenzen.

27 IAS 8 gilt nicht für Änderungen der Rechnungslegungsmethoden, die ein Unternehmen bei erstmaliger Anwendung der IFRS oder vor der Vorlage seines ersten IFRS-Abschlusses vornimmt. Die Vorschriften von IAS 8 zu Änderungen der Rechnungslegungsmethoden gelten für den ersten IFRS-Abschluss eines Unternehmens daher nicht.

27A Ändert ein Unternehmen in der von seinem ersten IFRS-Abschluss erfassten Periode seine Rechnungslegungsmethoden oder die Inanspruchnahme der in diesem IFRS vorgesehenen Befreiungen, so hat es die zwischen seinem ersten IFRS-Zwischenbericht und seinem ersten IFRS-Abschluss vorgenommenen Änderungen gemäß Paragraph 23 zu erläutern und die in Paragraph 24 (a) und (b) vorgeschriebenen Überleitungsrechnungen zu aktualisieren.

28 Falls ein Unternehmen für frühere Perioden keine Abschlüsse vorgelegt hat, hat es in seinem ersten IFRS- Abschluss darauf hinzuweisen.

3/1. IFRS 1

Designation finanzieller Vermögenswerte und finanzieller Verbindlichkeiten

29 Gemäß Paragraph D19A kann ein Unternehmen einen bislang angesetzten finanziellen Vermögenswert als einen erfolgswirksam zum beizulegenden Zeitwert bewerteten finanziellen Vermögenswert designieren. In diesem Fall hat das Unternehmen den beizulegenden Zeitwert der so designierten finanziellen Vermögenswerte zum Zeitpunkt der Designation sowie deren Einstufung und den Buchwert aus den vorhergehenden Abschlüssen anzugeben.

29A Gemäß Paragraph D19 kann ein Unternehmen eine bislang angesetzte finanzielle Verbindlichkeit als eine erfolgswirksam zum beizulegenden Zeitwert bewertete finanzielle Verbindlichkeit designieren. In diesem Fall hat das Unternehmen den beizulegenden Zeitwert der so designierten finanziellen Verbindlichkeiten zum Zeitpunkt der Designation sowie deren Einstufung und den Buchwert aus dem vorhergehenden Abschluss anzugeben.

Verwendung des beizulegenden Zeitwerts als Ersatz für Anschaffungs- oder Herstellungskosten

30 Falls ein Unternehmen in seiner IFRS-Eröffnungsbilanz für eine Sachanlage, eine als Finanzinvestition gehaltene Immobilie, einen immateriellen Vermögenswert oder ein Nutzungsrecht (siehe Paragraphen D5 und D7) den beizulegenden Zeitwert als *Ersatz für den für Anschaffungs- oder Herstellungskosten angesetzten Wert* verwendet, sind in dem ersten IFRS-Abschluss des Unternehmens für jeden einzelnen Bilanzposten der IFRS-Eröffnungsbilanz Folgendes anzugeben:

a) die Summe dieser beizulegenden Zeitwerte und

b) die Gesamtanpassung der nach vorherigen Rechnungslegungsgrundsätzen ausgewiesenen Buchwerte.

Verwendung des als Ersatz für Anschaffungskosten angesetzten Werts für Beteiligungen an Tochterunternehmen, Gemeinschaftsunternehmen und assoziierten Unternehmen

31 Entsprechend hat ein Unternehmen, das in seiner IFRS-Eröffnungsbilanz einen als Ersatz für Anschaffungskosten angesetzten Wert für eine Beteiligung an einem Tochterunternehmen, Gemeinschaftsunternehmen oder assoziierten Unternehmen in seinem Einzelabschluss (siehe Paragraph D15) verwendet, im ersten IFRS-Einzelabschluss des Unternehmens Folgendes anzugeben:

a) die Summe der als Ersatz für Anschaffungskosten angesetzten Werte für diejenigen Beteiligungen, deren als Ersatz für Anschaffungskosten angesetzter Wert ihrem gemäß den vorherigen Rechnungslegungsgrundsätzen ermittelten Buchwert entspricht,

b) die Summe der als Ersatz für Anschaffungskosten angesetzten Werte für diejenigen Beteiligungen, deren als Ersatz für Anschaffungskosten angesetzter Wert dem beizulegenden Zeitwert entspricht, und

c) die Gesamtanpassung der nach vorherigen Rechnungslegungsgrundsätzen ausgewiesenen Buchwerte.

Verwendung des als Ersatz für Anschaffungs- oder Herstellungskosten angesetzten Werts für Vermögenswerte aus Öl und Gas

31A Nimmt ein Unternehmen die in Paragraph D8A(b) genannte Befreiung für Vermögenswerte aus Öl und Gas in Anspruch, so hat es dies sowie die Grundlage anzugeben, auf der die nach vorherigen Rechnungslegungsgrundsätzen ermittelten Buchwerte zugeordnet wurden.

Verwendung des als Ersatz für Anschaffungs- oder Herstellungskosten angesetzten Werts bei preisregulierten Geschäftsvorfällen

31B Nimmt ein Unternehmen die in Paragraph D8B vorgesehene Befreiung für preisregulierte Geschäftsvorfälle in Anspruch, hat es dies anzugeben und zu erläutern, auf welcher Grundlage die Buchwerte nach vorherigen Rechnungslegungsgrundsätzen bestimmt wurden.

Verwendung des als Ersatz für Anschaffungs- oder Herstellungskosten angesetzten Werts nach einer ausgeprägten Hochinflation

31C Entscheidet sich ein Unternehmen aufgrund ausgeprägter Hochinflation (siehe Paragraphen D26–D30) dafür, Vermögenswerte und Schulden zum beizulegenden Zeitwert zu bewerten und diesen beizulegenden Zeitwert in seiner IFRS-Eröffnungsbilanz als Ersatz für Anschaffungs- oder Herstellungskosten zu verwenden, muss der erste IFRS-Abschluss des Unternehmens eine Erläuterung enthalten, wie und warum das Unternehmen eine funktionale Währung angewendet und dann wieder aufgegeben hat, die die beiden folgenden Merkmale aufweist:

a) Nicht alle Unternehmen mit Transaktionen und Salden in der Währung können auf einen zuverlässigen allgemeinen Preisindex zurückgreifen.

b) Der Umtausch zwischen der Währung und einer relativ stabilen Fremdwährung ist nicht möglich.

Zwischenberichte

32 Um Paragraph 23 zu entsprechen, hat ein Unternehmen, falls es einen Zwischenbericht nach IAS 34 vorlegt, der einen Teil der in seinem ersten IFRS-Abschluss erfassten Periode abdeckt, zusätzlich zu den Vorschriften aus IAS 34 die folgenden Vorschriften zu erfüllen:

a) Falls das Unternehmen für die vergleichbare Zwischenberichtsperiode des unmittelbar vorangegangenen Geschäftsjahrs ebenfalls einen Zwischenbericht vorgelegt hat, hat jeder dieser Zwischenberichte Folgendes zu enthalten:

i) eine Überleitung des nach vorherigen Rechnungslegungsgrundsätzen ermittelten Eigenkapitals zum Ende der vergleichbaren Zwischenberichtsperiode auf das Eigenkapital gemäß IFRS zum selben Zeitpunkt und

ii) eine Überleitung auf das nach IFRS ermittelte Gesamtergebnis für die vergleichbare Zwischenberichtsperiode (die aktuelle und die von Beginn des Geschäftsjahrs bis zum Zwischenberichtstermin fortgeführte). Als Ausgangspunkt für diese Überleitung ist das Gesamtergebnis zu verwenden, das nach vorherigen Rechnungslegungsgrundsätzen für diese Periode ermittelt wurde, bzw., wenn ein Unternehmen kein Gesamtergebnis ausgewiesen hat, der nach vorherigen Rechnungslegungsgrundsätzen ermittelte Gewinn oder Verlust.

b) Zusätzlich zu den unter (a) vorgeschriebenen Überleitungsrechnungen hat der erste Zwischenbericht eines Unternehmens nach IAS 34, der einen Teil der in seinem ersten IFRS-Abschluss erfassten Periode abdeckt, die in Paragraph 24 (a) und (b) beschriebenen Überleitungsrechnungen (ergänzt um die in den Paragraphen 25 und 26 vorgeschriebenen Einzelheiten) oder einen Querverweis auf ein anderes veröffentlichtes Dokument zu enthalten, das diese Überleitungsrechnungen enthält.

c) Ändert ein Unternehmen seine Rechnungslegungsmethoden oder die Inanspruchnahme der in diesem IFRS vorgesehenen Befreiungen, so hat es die Änderungen in jedem dieser Zwischenberichte gemäß Paragraph 23 zu erläutern und die unter (a) und (b) vorgeschriebenen Überleitungsrechnungen zu aktualisieren.

33 IAS 34 schreibt Mindestangaben vor, die auf der Annahme basieren, dass die Adressaten der Zwischenberichte auch Zugriff auf die jüngsten Jahresabschlüsse haben. IAS 34 schreibt jedoch auch vor, dass ein Unternehmen alle Ereignisse oder Geschäftsvorfälle anzugeben hat, die für das Verständnis der aktuellen Zwischenberichtsperiode wesentlich sind. Falls ein erstmaliger Anwender in seinem letzten Jahresabschluss nach vorherigen Rechnungslegungsgrundsätzen weder keine Informationen veröffentlicht hat, die zum Verständnis der aktuellen Zwischenberichtsperioden wesentlich sind, hat sein Zwischenbericht diese Informationen anzugeben oder einen Querverweis auf ein anderes veröffentlichtes Dokument zu beinhalten, das diese enthält.

ZEITPUNKT DES INKRAFTTRETENS

34 Ein Unternehmen hat diesen IFRS anzuwenden, falls der Zeitraum seines ersten IFRS-Abschlusses am 1. Juli 2009 oder danach beginnt. Eine frühere Anwendung ist zulässig.

35 Die Änderungen in den Paragraphen D1(n) und D23 sind auf Geschäftsjahre anzuwenden, die am oder nach dem 1. Juli 2009 beginnen. Wendet ein Unternehmen IAS 23 *Fremdkapitalkosten* (in der 2007 überarbeiteten Fassung) auf eine frühere Periode an, so hat es auf diese Periode auch diese Änderungen anzuwenden.

36 Durch IFRS 3 *Unternehmenszusammenschlüsse* (in der 2008 überarbeiteten Fassung) wurden die Paragraphen 19, C1 und C4(f) und (g) geändert. Wendet ein Unternehmen IFRS 3 (überarbeitet 2008) auf eine frühere Periode an, so hat es auf diese Periode auch diese Änderungen anzuwenden.

37 Durch IAS 27 *Konzern- und Einzelabschlüsse* (in der 2008 geänderten Fassung) wurden die Paragraphen B1 und B7 geändert. Wendet ein Unternehmen IAS 27 (geändert 2008) auf eine frühere Periode an, so hat es auf diese Periode auch diese Änderungen anzuwenden.

38 Durch *Anschaffungskosten von Beteiligungen an Tochterunternehmen, gemeinschaftlich geführten Unternehmen oder assoziierten Unternehmen* (Änderungen an IFRS 1 und IAS 27), veröffentlicht im Mai 2008, wurden die Paragraphen 31, D1(g), D14 und D15 eingefügt. Diese Paragraphen sind auf Geschäftsjahre anzuwenden, die am oder nach dem 1. Juli 2009 beginnen. Eine frühere Anwendung ist zulässig. Wendet ein Unternehmen diese Paragraphen auf eine frühere Periode an, hat es dies anzugeben.

39 Durch die *Verbesserungen der IFRS*, veröffentlicht im Mai 2008, wurde Paragraph B7 geändert. Diese Änderung ist auf Geschäftsjahre anzuwenden, die am oder nach dem 1. Juli 2009 beginnen. Wendet ein Unternehmen IAS 27 (geändert 2008) auf eine frühere Periode an, so hat es auf diese Periode auch diese Änderung anzuwenden.

39A Durch *Zusätzliche Befreiungen für erstmalige Anwender* (Änderungen an IFRS 1), veröffentlicht im Juli 2009, wurden die Paragraphen 31A, D8A, D9A und D21A eingefügt und Paragraph D1(c), (d) und (l) geändert. Diese Änderungen sind auf Geschäftsjahre anzuwenden, die am oder nach dem 1. Januar 2010 beginnen. Eine frühere Anwendung ist zulässig. Wendet ein Unternehmen diese Änderungen auf eine frühere Periode an, hat es dies anzugeben.

39B [gestrichen]

39C Durch IFRIC 19 *Tilgung finanzieller Verbindlichkeiten durch Eigenkapitalinstrumente* wurde Paragraph D25 eingefügt. Wendet ein Unternehmen IFRIC 19 an, ist diese Änderung ebenfalls anzuwenden.

39D [gestrichen]

39E Durch die *Verbesserungen an den IFRS*, veröffentlicht im Mai 2010, wurden die Paragraphen 27A, 31B und D8B eingefügt und die Paragraphen 27, 32, D1(c) und D8 geändert. Diese Änderungen sind auf Geschäftsjahre anzuwenden, die am oder nach dem 1. Januar 2011 beginnen. Eine frühere Anwendung ist zulässig. Wendet ein Unternehmen diese Änderungen auf eine frühere Periode an, hat

3/1. IFRS 1
39E – 39W

es dies anzugeben. Unternehmen, die in Perioden vor Inkrafttreten von IFRS 1 auf IFRS 1 umgestellt oder IFRS 1 in einer früheren Periode angewendet haben, dürfen die Änderung an Paragraph D8 im ersten Geschäftsjahr nach Inkrafttreten der Änderung rückwirkend anwenden. Wendet ein Unternehmen Paragraph D8 rückwirkend an, so hat es dies anzugeben.

39F [gestrichen]

39G [gestrichen]

39H Durch *Ausgeprägte Hochinflation und Beseitigung der festen Zeitpunkte für erstmalige Anwender* (Änderungen an IFRS 1), veröffentlicht im Dezember 2010, wurden die Paragraphen B2, D1 und D20 geändert und die Paragraphen 31C und D26–D30 eingefügt. Diese Änderungen sind auf Geschäftsjahre anzuwenden, die am oder nach dem 1. Juli 2011 beginnen. Eine frühere Anwendung ist zulässig.

39I Durch IFRS 10 *Konzernabschlüsse* und IFRS 11 *Gemeinschaftliche Vereinbarungen*, veröffentlicht im Mai 2011, wurden die Paragraphen 31, B7, C1, D1, D14 und D15 geändert und wurde Paragraph D31 eingefügt. Wendet ein Unternehmen IFRS 10 und IFRS 11 an, hat es diese Änderungen ebenfalls anzuwenden.

39J Durch IFRS 13 *Bewertung zum beizulegenden Zeitwert*, veröffentlicht im Mai 2011, wurde Paragraph 19 gestrichen und die Definition des beizulegenden Zeitwerts in Anhang A sowie die Paragraphen D15 und D20 wurden geändert. Wendet ein Unternehmen IFRS 13 an, sind diese Änderungen ebenfalls anzuwenden.

39K Durch *Darstellung von Posten des sonstigen Ergebnisses* (Änderungen an IAS 1), veröffentlicht im Juni 2011, wurde Paragraph 21 geändert. Ein Unternehmen hat diese Änderung anzuwenden, wenn es IAS 1 (in der im Juni 2011 geänderten Fassung) anwendet.

39L Durch IAS 19 *Leistungen an Arbeitnehmer* (in der im Juni 2011 geänderten Fassung) wurde Paragraph D1 geändert und wurden die Paragraphen D10 und D11 gestrichen. Wendet ein Unternehmen IAS 19 (in der im Juni 2011 geänderten Fassung) an, sind diese Änderungen ebenfalls anzuwenden.

39M Durch IFRIC 20 *Abraumkosten in der Produktionsphase eines Tagebaubergwerks* wurde Paragraph D32 eingefügt und Paragraph D1 geändert. Wendet ein Unternehmen IFRIC 20 an, ist diese Änderung ebenfalls anzuwenden.

39N Durch *Darlehen der öffentlichen Hand* (Änderungen an IFRS 1), veröffentlicht im März 2012, wurden die Paragraphen B1(f) und B10–B12 eingefügt. Diese Paragraphen sind auf Geschäftsjahre anzuwenden, die am oder nach dem 1. Januar 2013 beginnen. Eine frühere Anwendung ist zulässig.

39O Die Paragraphen B10 und B11 beziehen sich auf IFRS 9. Wendet ein Unternehmen zwar den vorliegenden Standard, aber noch nicht IFRS 9 an, so sind die Verweise auf IFRS 9 in den Paragraphen B10 und B11 als Verweise auf IAS 39 *Finanzinstrumente : Ansatz und Bewertung* zu verstehen.

39P Durch *Jährliche Verbesserungen, Zyklus 2009–2011*, veröffentlicht im Mai 2012, wurde die Paragraphen 4A–4B und 23A–23B eingefügt. Diese Änderung ist rückwirkend gemäß IAS 8 *Rechnungslegungsmethoden, Änderungen von rechnungslegungsbezogenen Schätzungen und Fehler* auf Geschäftsjahre anzuwenden, die am oder nach dem 1. Januar 2013 beginnen. Eine frühere Anwendung ist zulässig. Wendet ein Unternehmen diese Änderung auf eine frühere Periode an, hat es dies anzugeben.

39Q Durch *Jährliche Verbesserungen, Zyklus 2009–2011*, veröffentlicht im Mai 2012, wurde Paragraph D23 geändert. Diese Änderung ist rückwirkend gemäß IAS 8 *Rechnungslegungsmethoden, Änderungen von rechnungslegungsbezogenen Schätzungen und Fehler* auf Geschäftsjahre anzuwenden, die am oder nach dem 1. Januar 2013 beginnen. Eine frühere Anwendung ist zulässig. Wendet ein Unternehmen diese Änderung auf eine frühere Periode an, hat es dies anzugeben.

39R Durch *Jährliche Verbesserungen, Zyklus 2009–2011*, veröffentlicht im Mai 2012, wurde Paragraph 21 geändert. Diese Änderung ist rückwirkend gemäß IAS 8 *Rechnungslegungsmethoden, Änderungen von rechnungslegungsbezogenen Schätzungen und Fehler* auf Geschäftsjahre anzuwenden, die am oder nach dem 1. Januar 2013 beginnen. Eine frühere Anwendung ist zulässig. Wendet ein Unternehmen diese Änderung auf eine frühere Periode an, hat es dies anzugeben.

39S Durch *Konzernabschlüsse, Gemeinschaftliche Vereinbarungen und Angaben zu Anteilen an anderen Unternehmen: Übergangsleitlinien* (Änderungen an IFRS 10, IFRS 11 und IFRS 12), veröffentlicht im Juni 2012, wurde Paragraph D31 geändert. Wendet ein Unternehmen IAS 11 (in der im Juni 2012 geänderten Fassung) an, ist diese Änderung ebenfalls anzuwenden.

39T Mit der im Oktober 2012 veröffentlichten Verlautbarung *Investmentgesellschaften* (Investment Entities) (Änderungen an IFRS 10, IFRS 12 und IAS 27) wurden die Paragraphen D16 und D17 sowie Anhang C geändert. Diese Änderungen sind auf Geschäftsjahre anzuwenden, die am oder nach dem 1. Januar 2014 beginnen. Eine frühere Anwendung ist zulässig. Wendet ein Unternehmen diese Änderungen früher an, hat es alle in der Verlautbarung enthaltenen Änderungen gleichzeitig anzuwenden.

39U [gestrichen]

39V Durch IFRS 14 *Regulatorische Abgrenzungsposten*, veröffentlicht im Januar 2014, wurde Paragraph D8B geändert. Diese Änderung ist auf Geschäftsjahre anzuwenden, die am oder nach dem 1. Januar 2016 beginnen. Eine frühere Anwendung ist zulässig. Wendet ein Unternehmen IFRS 14 auf eine frühere Periode an, so hat es auf diese Periode auch diese Änderung anzuwenden.

39W Durch die im Mai 2014 veröffentlichte Verlautbarung *Bilanzierung von Erwerben von Anteilen an gemeinschaftlichen Tätigkeiten* (Änderungen an IFRS 11) wurde Paragraph C5 geändert. Diese

Änderung ist auf Geschäftsjahre anzuwenden, die am oder nach dem 1. Januar 2016 beginnen.

Wendet ein Unternehmen Änderungen an IFRS 11 *Bilanzierung von Erwerben von Anteilen an gemeinschaftlichen Tätigkeiten* (Änderungen an IFRS 11) auf eine frühere Periode an, so ist auch die Änderung an Paragraph C5 auf die frühere Periode anzuwenden.

39X Mit IFRS 15 *Erlöse aus Verträgen mit Kunden*, veröffentlicht im Mai 2014, wurde(n) Paragraph D1 geändert, Paragraph D24 samt entsprechender Überschrift gestrichen und die Paragraphen D34–D35 samt entsprechender Überschriften eingefügt. Wendet ein Unternehmen IFRS 15 an, sind diese Änderungen ebenfalls anzuwenden.

39Y Durch IFRS 9 *Finanzinstrumente* (in der im Juli 2014 veröffentlichten Fassung) wurden die Paragraphen 29, B1–B6, D1, D14, D15, D19 und D20 geändert, die Paragraphen 39B, 39G und 39U gestrichen und die Paragraphen 29A, B8–B8G, B9, D19A–D19C, D33, E1 und E2 eingefügt. Wendet ein Unternehmen IFRS 9 an, hat es diese Änderungen ebenfalls anzuwenden.

39Z Mit der im August 2014 veröffentlichten Verlautbarung *Equity-Methode in Einzelabschlüssen* (Equity Method in Separate Financial Statements) (Änderungen an IAS 27) wurde Paragraph D14 geändert und Paragraph D15A eingefügt. Diese Änderungen sind auf Geschäftsjahre anzuwenden, die am oder nach dem 1. Januar 2016 beginnen. Eine frühere Anwendung ist zulässig. Wendet ein Unternehmen diese Änderungen auf eine frühere Periode an, hat es dies anzugeben.

39AA [gestrichen]

39AB Durch IFRS 16 *Leasingverhältnisse*, veröffentlicht im Januar 2016, wurden die Paragraphen 30, C4, D1, D7, D8B und D9 geändert, Paragraph D9A gestrichen und die Paragraphen D9B–D9E eingefügt. Wendet ein Unternehmen IFRS 16 an, sind diese Änderungen ebenfalls anzuwenden.

39AC Durch IFRIC 22 *Fremdwährungstransaktionen und im Voraus erbrachte oder erhaltene Gegenleistungen* wurde der Paragraph D36 eingefügt und der Paragraph D1 geändert. Wendet ein Unternehmen IFRIC 22 an, sind diese Änderungen ebenfalls anzuwenden.

39AD Durch die *Jährlichen Verbesserungen an den IFRS-Standards, Zyklus 2014–2016*, veröffentlicht im Dezember 2016, wurden die Paragraphen 39L und 39T geändert und die Paragraphen 39D, 39F, 39AA und E3–E7 gestrichen. Diese Änderungen sind auf Geschäftsjahre anzuwenden, die am oder nach dem 1. Januar 2018 beginnen.

39AE Durch IFRS 17 *Versicherungsverträge*, veröffentlicht im Mai 2017, wurden die Paragraphen B1 und D1 geändert, die Überschrift vor Paragraph D4 und Paragraph D4 gestrichen und nach Paragraph B12 eine Überschrift und Paragraph B13 eingefügt. Wendet ein Unternehmen IFRS 17 an, sind diese Änderungen ebenfalls anzuwenden.

39AF Mit IFRIC 23 *Unsicherheit bezüglich der ertragsteuerlichen Behandlung* wurde Paragraph E8 eingefügt. Wendet ein Unternehmen IFRIC 23 an, ist diese Änderung ebenfalls anzuwenden.

39AG Durch die *Jährlichen Verbesserungen an den IFRS-Standards 2018–2020*, veröffentlicht im Mai 2020, wurde Paragraph D1(f) geändert und Paragraph D13A eingefügt. Diese Änderungen sind auf Geschäftsjahre anzuwenden, die am oder nach dem 1. Januar 2022 beginnen. Eine frühere Anwendung ist zulässig. Wendet ein Unternehmen die Änderung auf eine frühere Berichtsperiode an, hat es dies anzugeben.

39AH Mit der im Mai 2021 veröffentlichten Verlautbarung *Latente Steuern, die sich auf Vermögenswerte und Schulden beziehen, die aus einem einzigen Geschäftsvorfall entstehen* wurde Paragraph B1 geändert und Paragraph B14 hinzugefügt. Diese Änderungen sind auf Geschäftsjahre anzuwenden, die am oder nach dem 1. Januar 2023 beginnen. Eine frühere Anwendung ist zulässig. Wendet ein Unternehmen die Änderungen auf eine frühere Periode an, hat es dies anzugeben.

RÜCKNAHME VON IFRS 1 (VERÖFFENTLICHT 2003)

40 Dieser IFRS ersetzt IFRS 1 (veröffentlicht 2003 und geändert im Mai 2008).

Anhang A
Definitionen

Dieser Anhang ist integraler Bestandteil des IFRS.

Zeitpunkt des Übergangs auf IFRS	Der Beginn der frühesten Periode, für die ein Unternehmen in seinem **ersten IFRS-Abschluss** vollständige Vergleichsinformationen nach IFRS veröffentlicht.
Als Ersatz für Anschaffungs- oder Herstellungskosten angesetzter Wert	Ein Wert, der zu einem bestimmten Zeitpunkt als Ersatz für Anschaffungs- oder Herstellungskosten oder fortgeführte Anschaffungs- oder Herstellungskosten verwendet wird. Bei anschließenden planmäßigen Abschreibungen wird davon ausgegangen, dass das Unternehmen den Ansatz des Vermögenswerts oder der Schuld ursprünglich zu diesem bestimmten Zeitpunkt vorgenommen hatte und dass seine Anschaffungs- oder Herstellungskosten dem als Ersatz für Anschaffungs- oder Herstellungskosten angesetzten Wert entsprachen.

3/1. IFRS 1
Anhang A, B1 – B5

Beizulegender Zeitwert	Der Preis, der in einem gewöhnlichen Geschäftsvorfall zwischen Marktteilnehmern am Bewertungsstichtag für den Verkauf eines Vermögenswerts eingenommen bzw. für die Übertragung einer Schuld gezahlt würde. (Siehe IFRS 13.)
Erster IFRS-Abschluss	Der erste Abschluss eines Geschäftsjahrs, in dem ein Unternehmen die **International Financial Reporting Standards (IFRS)** durch eine ausdrückliche und uneingeschränkte Bestätigung der Übereinstimmung mit den IFRS anwendet.
Erste IFRS-Berichtsperiode	Die letzte Berichtsperiode, auf die sich der **erste IFRS-Abschluss eines Unternehmens** bezieht.
Erstmaliger Anwender	Ein Unternehmen, das seinen **ersten IFRS-Abschluss** darstellt.
International Financial Reporting Standards (IFRS)	Vom International Accounting Standards Board (IASB) veröffentlichte Standards und Interpretationen. Sie umfassen: a) International Financial Reporting Standards b) International Accounting Standards c) IFRIC-Interpretationen und d) SIC-Interpretationen([1]).
IFRS-Eröffnungsbilanz	Die Bilanz eines Unternehmens zum **Zeitpunkt des Übergangs auf IFRS**.
Vorherige Rechnungslegungsgrundsätze	Die Rechnungslegungsbasis eines **erstmaligen Anwenders** unmittelbar vor der Anwendung der IFRS.

([1]) Die IFRS-Definition wurde geändert, um den 2010 in der geänderten Satzung der IFRS-Stiftung vorgenommenen Namensänderungen Rechnung zu tragen.

Anhang B
Ausnahmen zur rückwirkenden Anwendung anderer IFRS

Dieser Anhang ist integraler Bestandteil des IFRS.

B1 Ein Unternehmen hat folgende Ausnahmen anzuwenden:

a) Ausbuchung finanzieller Vermögenswerte und finanzieller Verbindlichkeiten (Paragraphen B2 und B3),
b) Bilanzierung von Sicherungsbeziehungen (Paragraphen B4–B6),
c) nicht beherrschende Anteile (Paragraph B7),
d) Einstufung und Bewertung von finanziellen Vermögenswerten (Paragraphen B8–B8C),
e) Wertminderung finanzieller Vermögenswerte (Paragraphen B8D–B8G),
f) eingebettete Derivate (Paragraph B9),
g) Darlehen der öffentlichen Hand (Paragraphen B10–B12),
h) Versicherungsverträge (Paragraph B13) und
i) latente Steuern im Zusammenhang mit Leasingverhältnissen und Entsorgungs-, Wiederherstellungs- und ähnlichen Verpflichtungen (Paragraph B14).

Ausbuchung finanzieller Vermögenswerte und finanzieller Verbindlichkeiten

B2 Ein erstmaliger Anwender hat die Ausbuchungsvorschriften in IFRS 9 prospektiv auf Transaktionen, die am oder nach dem Zeitpunkt des Übergangs auf IFRS auftreten, anzuwenden, es sei denn Paragraph B3 lässt etwas anderes zu. Zum Beispiel: Wenn ein erstmaliger Anwender nichtderivative finanzielle Vermögenswerte oder nichtderivative finanzielle Verbindlichkeiten nach seinen vorherigen Rechnungslegungsgrundsätzen infolge einer vor dem Zeitpunkt des Übergangs auf IFRS stattgefundenen Transaktion ausgebucht hat, ist ein Ansatz dieser Vermögenswerte und Verbindlichkeiten gemäß IFRS nicht gestattet (es sei denn, ein Ansatz ist aufgrund einer späteren Transaktion oder eines späteren Ereignisses möglich).

B3 Unbeschadet des Paragraphen B2 kann ein Unternehmen die Ausbuchungsvorschriften in IFRS 9 rückwirkend ab einem vom Unternehmen beliebig zu wählenden Zeitpunkt anwenden, sofern die benötigten Informationen, um IFRS 9 auf infolge vergangener Transaktionen ausgebuchte finanzielle Vermögenswerte und finanzielle Verbindlichkeiten anzuwenden, zum Zeitpunkt der erstmaligen Bilanzierung dieser Transaktionen vorlagen.

Bilanzierung von Sicherungsbeziehungen

B4 Wie in IFRS 9 vorgeschrieben, hat ein Unternehmen zum Zeitpunkt des Übergangs auf IFRS

a) alle Derivate zu ihrem beizulegenden Zeitwert zu bewerten und
b) alle aus Derivaten entstandenen abgegrenzten Verluste und Gewinne, die nach vorherigen Rechnungslegungsgrundsätzen wie Vermögenswerte oder Schulden ausgewiesen wurden, auszubuchen.

B5 Die IFRS-Eröffnungsbilanz eines Unternehmens darf keine Sicherungsbeziehung enthalten, welche die Kriterien für eine Bilanzierung von Sicherungsbeziehungen gemäß IFRS 9 nicht erfüllt (zum Beispiel viele Sicherungsbeziehungen, bei denen das Sicherungsinstrument eine alleinstehende geschriebene Option oder netto eine geschriebene Option ist oder bei denen das Grundgeschäft eine Nettoposition in einer Absicherung von Zahlungsströmen für ein anderes Risiko als ein Währungsrisiko ist). Falls ein Unternehmen jedoch nach vorherigen Rechnungslegungsgrundsätzen eine Nettoposition als Grundgeschäft designiert hatte, darf es innerhalb dieser Nettoposition einen Einzelposten als Grundgeschäft gemäß IFRS oder eine Nettoposition, sofern diese die Vorschriften in Paragraph 6.6.1 von IFRS 9 erfüllt, designieren, falls es diesen Schritt spätestens zum Zeitpunkt des Übergangs auf IFRS vornimmt.

B6 Wenn ein Unternehmen vor dem Zeitpunkt des Übergangs auf IFRS eine Transaktion als Sicherungsbeziehung designiert hat, die Sicherungsbeziehung jedoch nicht die Bedingungen für die Bilanzierung von Sicherungsbeziehungen in IFRS 9 erfüllt, hat das Unternehmen die Paragraphen 6.5.6 und 6.5.7 von IFRS 9 anzuwenden, um die Bilanzierung der Sicherungsbeziehung zu beenden. Vor dem Zeitpunkt des Übergangs auf IFRS eingegangene Transaktionen dürfen nicht rückwirkend als Sicherungsbeziehungen designiert werden.

Nicht beherrschende Anteile

B7 Ein erstmaliger Anwender hat die folgenden Vorschriften von IFRS 10 prospektiv ab dem Zeitpunkt des Übergangs auf IFRS anzuwenden:
a) die Vorschrift in Paragraph B94, wonach das Gesamtergebnis auf die Eigentümer des Mutterunternehmens und die nicht beherrschenden Anteile selbst dann aufgeteilt wird, wenn dies dazu führt, dass die nicht beherrschenden Anteile einen Negativsaldo aufweisen,
b) die Vorschriften der Paragraphen 23 und B96 hinsichtlich der Bilanzierung von Änderungen der Eigentumsanteile des Mutterunternehmens an einem Tochterunternehmen, die nicht zu einem Verlust der Beherrschung führen, und
c) die Vorschriften der Paragraphen B97–B99 hinsichtlich der Bilanzierung des Verlusts der Beherrschung über ein Tochterunternehmen und die entsprechenden Vorschriften des Paragraphen 8A von IFRS 5 *Zur Veräußerung gehaltene langfristige Vermögenswerte und aufgegebene Geschäftsbereiche*.

Wenn sich jedoch ein erstmaliger Anwender dafür entscheidet, IFRS 3 rückwirkend auf vergangene Unternehmenszusammenschlüsse anzuwenden, hat er auch IFRS 10 im Einklang mit Paragraph C1 dieses IFRS anzuwenden.

Einstufung und Bewertung finanzieller Vermögenswerte

B8 Ein Unternehmen hat auf der Grundlage der zum Zeitpunkt des Übergangs auf IFRS bestehenden Fakten und Umstände zu beurteilen, ob ein finanzieller Vermögenswert die Bedingungen in Paragraph 4.1.2 von IFRS 9 oder die Bedingungen in Paragraph 4.1.2A von IFRS 9 erfüllt.

B8A Wenn es undurchführbar ist, ein geändertes Element für den Zeitwert des Geldes gemäß den Paragraphen B4.1.9B–B4.1.9D von IFRS 9 auf der Grundlage der zum Zeitpunkt des Übergangs auf IFRS bestehenden Fakten und Umstände zu beurteilen, hat ein Unternehmen die Eigenschaften der vertraglichen Zahlungsströme dieses finanziellen Vermögenswerts auf der Grundlage der zum Zeitpunkt des Übergangs auf IFRS bestehenden Fakten und Umstände zu beurteilen, ohne die Vorschriften in den Paragraphen B4.1.9B–B4.1.9D von IFRS 9 in Bezug auf die Änderung des Elements für den Zeitwert des Geldes zu berücksichtigen. (In diesem Fall hat das Unternehmen auch Paragraph 42R von IFRS 7 anzuwenden; allerdings sind Verweise auf „Paragraph 7.2.4 von IFRS 9" als Verweise auf diesen Paragraphen und Verweise auf den „erstmaligen Ansatz des finanziellen Vermögenswerts" als „zum Zeitpunkt des Übergangs auf IFRS" zu verstehen.)

B8B Wenn es undurchführbar ist zu beurteilen, ob der beizulegende Zeitwert des Elements vorzeitiger Rückzahlung gemäß Paragraph B4.1.12(c) von IFRS 9 auf der Grundlage der zum Zeitpunkt des Übergangs auf IFRS bestehenden Fakten und Umständen nicht signifikant ist, hat ein Unternehmen die Eigenschaften der vertraglichen Zahlungsströme dieses finanziellen Vermögenswerts auf der Grundlage der zum Zeitpunkt des Übergangs auf IFRS bestehenden Fakten und Umstände zu beurteilen, ohne die Ausnahme in Paragraph B4.1.12 von IFRS 9 in Bezug auf Elemente vorzeitiger Rückzahlung zu berücksichtigen. (In diesem Fall hat das Unternehmen auch Paragraph 42S von IFRS 7 anzuwenden; allerdings sind Verweise auf „Paragraph 7.2.5 von IFRS 9" als Verweise auf diesen Paragraphen und Verweise auf den „erstmaligen Ansatz des finanziellen Vermögenswerts" als „zum Zeitpunkt des Übergangs auf IFRS" zu verstehen.)

B8C Wenn es für ein Unternehmen undurchführbar (im Sinne von IAS 8) ist, die Effektivzinsmethode gemäß IFRS 9 rückwirkend anzuwenden, entspricht der beizulegende Zeitwert des finanziellen Vermögenswerts oder der finanziellen Verbindlichkeit zum Zeitpunkt des Übergangs auf IFRS dem neuen Bruttobuchwert dieses finanziellen Vermögenswerts oder den neuen fortgeführten Anschaffungskosten dieser finanziellen Verbindlichkeit zum Zeitpunkt des Übergangs auf IFRS.

Wertminderung finanzieller Vermögenswerte

B8D Ein Unternehmen hat die Wertminderungsvorschriften in Abschnitt 5.5 von IFRS 9 vorbehaltlich der Paragraphen B8E–B8G und E1–E2 rückwirkend anzuwenden.

B8E Zum Zeitpunkt des Übergangs auf IFRS hat ein Unternehmen anhand von angemessenen und belastbaren Informationen, die ohne angemessenen Kosten- oder Zeitaufwand verfügbar sind, das Ausfallrisiko zum Zeitpunkt des erstmaligen Ansatzes dieses Finanzinstruments (oder bei Kreditzusagen und finanziellen Garantien gemäß Paragraph 5.5.6 von IFRS 9 den Zeitpunkt, zu dem das Unternehmen Partei der unwiderruflichen Zusage wurde) zu bestimmen und mit dem Ausfallrisiko zum Zeitpunkt des Übergangs auf IFRS zu vergleichen (siehe auch Paragraphen B7.2.2–B7.2.3 von IFRS 9).

B8F Bei der Bestimmung, ob sich das Ausfallrisiko seit dem erstmaligen Ansatz signifikant erhöht hat, kann ein Unternehmen Folgendes anwenden:
a) die Vorschriften in den Paragraphen 5.5.10 und B5.5.22–B5.5.24 von IFRS 9 und
b) die widerlegbare Vermutung in Paragraph 5.5.11 von IFRS 9 in Bezug auf vertragliche Zahlungen, die mehr als 30 Tage überfällig sind, wenn ein Unternehmen die Wertminderungsvorschriften anwendet, nach denen eine signifikante Erhöhung des Ausfallrisikos bei diesen Finanzinstrumenten anhand von Informationen zur Überfälligkeit ermittelt wird.

B8G Wenn es einen unangemessenen Kosten- und Zeitaufwand erfordern würde, zum Zeitpunkt des Übergangs auf IFRS zu bestimmen, ob sich das Ausfallrisiko seit dem erstmaligen Ansatz eines Finanzinstruments signifikant erhöht hat, hat ein Unternehmen zu jedem Abschlussstichtag eine Wertberichtigung in Höhe der über die Laufzeit erwarteten Kreditverluste zu erfassen, bis dieses Finanzinstrument ausgebucht wird (es sei denn, dieses Finanzinstrument weist zu einem Abschlussstichtag ein niedriges Ausfallrisiko auf, in welchem Fall Paragraph B8F(a) zur Anwendung kommt).

Eingebettete Derivate

B9 Ein erstmaliger Anwender hat auf der Grundlage der Bedingungen, die an dem späteren der beiden nachfolgend genannten Zeitpunkte galten – dem Zeitpunkt, zu dem das Unternehmen Vertragspartei wurde, und dem Zeitpunkt, zu dem eine Neubeurteilung gemäß Paragraph B4.3.11 von IFRS 9 erforderlich wird – zu beurteilen, ob ein eingebettetes Derivat vom Basisvertrag getrennt werden muss und als Derivat zu bilanzieren ist.

Darlehen der öffentlichen Hand

B10 Ein erstmaliger Anwender hat sämtliche erhaltene Darlehen der öffentlichen Hand gemäß IAS 32 *Finanzinstrumente: Darstellung* als finanzielle Verbindlichkeit oder als Eigenkapitalinstrument einzustufen. Ein erstmaliger Anwender hat die Vorschriften in IFRS 9 *Finanzinstrumente* und IAS 20 *Bilanzierung und Darstellung von Zuwendungen der öffentlichen Hand* prospektiv auf Darlehen der öffentlichen Hand anzuwenden, die zum Zeitpunkt der Umstellung auf IFRS bestehen, und darf den entsprechenden Vorteil des unter Marktzinsniveau vergebenen Darlehens der öffentlichen Hand nicht als Zuwendung der öffentlichen Hand ansetzen, es sei denn, Paragraph 11 gestattet etwas anderes. Folglich hat ein erstmaliger Anwender, der ein unter Marktzinsniveau erhaltenes Darlehen der öffentlichen Hand nach vorherigen Rechnungslegungsgrundsätzen nicht auf einer Grundlage im Einklang mit IFRS-Vorschriften angesetzt und bewertet hat, als Buchwert in der IFRS-Eröffnungsbilanz den nach vorherigen Rechnungslegungsgrundsätzen ermittelten Buchwert dieses Darlehens zum Zeitpunkt des Übergangs auf IFRS anzusetzen. Nach dem Zeitpunkt des Übergangs auf IFRS sind solche Darlehen nach IFRS 9 zu bewerten.

B11 Unbeschadet des Paragraphen B10 kann ein Unternehmen die Vorschriften in IFRS 9 und IAS 20 rückwirkend auf jedes Darlehen der öffentlichen Hand anwenden, das vor dem Zeitpunkt des Übergangs auf IFRS vergeben wurde, sofern die dafür erforderlichen Informationen zum Zeitpunkt der erstmaligen Bilanzierung des Darlehens erlangt wurden.

B12 Die Vorschriften und Anwendungsleitlinien in den Paragraphen B10 und B11 hindern ein Unternehmen nicht daran, die in den Paragraphen D19–D19C beschriebenen Befreiungen in Bezug auf die Designation von früher angesetzten Finanzinstrumenten in Anspruch zu nehmen, die erfolgswirksam zum beizulegenden Zeitwert bewertet werden.

Versicherungsverträge

B13 Ein Unternehmen hat die Übergangsvorschriften in den Paragraphen C1 bis C24 und C28 in Anhang C von IFRS 17 auf Verträge anzuwenden, die in den Anwendungsbereich von IFRS 17 fallen. In diesen Paragraphen von IFRS 17 ist mit dem Begriff „Übergangszeitpunkt" der Zeitpunkt des Übergangs auf IFRS gemeint.

Latente Steuern im Zusammenhang mit Leasingverhältnissen und Entsorgungs-, Wiederherstellungs- und ähnlichen Verpflichtungen

B14 Die Paragraphen 15 und 24 von IAS 12 *Ertragsteuern* befreien ein Unternehmen unter bestimmten Umständen vom Ansatz latenter Steueransprüche oder latenter Steuerschulden. Trotz dieser Befreiung hat ein erstmaliger Anwender zum Zeitpunkt des Übergangs auf IFRS einen latenten Steueranspruch im Umfang anzusetzen, in dem es wahrscheinlich ist, dass ein zu versteuernder Gewinn bestehen wird, gegen den die abzugsfähige temporäre Differenz verwendet werden kann, und er hat eine latente Steuerschuld anzusetzen für alle abzugsfähigen und zu versteuernden temporären Differenzen im Zusammenhang mit
a) Nutzungsrechten und Leasingverbindlichkeiten sowie
b) Entsorgungs-, Wiederherstellungs- und ähnlichen Verpflichtungen und den entsprechenden Beträgen, die als Teil der Anschaffungskosten des zugehörigen Vermögenswerts erfasst werden.

Anhang C
Befreiungen für Unternehmenszusammenschlüsse

Dieser Anhang ist integraler Bestandteil des IFRS. Für Unternehmenszusammenschlüsse, die ein Unternehmen vor dem Zeitpunkt des Übergangs auf IFRS erfasst hat, sind die folgenden Vorschriften anzuwenden. Dieser Anhang ist nur auf Unternehmenszusammenschlüsse anzuwenden, die in den Anwendungsbereich von IFRS 3 Unternehmenszusammenschlüsse fallen.

C1 Ein erstmaliger Anwender kann beschließen, IFRS 3 nicht rückwirkend auf vergangene Unternehmenszusammenschlüsse (Unternehmenszusammenschlüsse, die vor dem Zeitpunkt des Übergangs auf IFRS stattfanden) anzuwenden. Falls ein erstmaliger Anwender einen Unternehmenszusammenschluss jedoch anpasst, um eine Übereinstimmung mit IFRS 3 herzustellen, hat er alle späteren Unternehmenszusammenschlüsse anzupassen und ebenfalls IFRS 10 von demselben Zeitpunkt an anzuwenden. Wenn ein erstmaliger Anwender sich beispielsweise entschließt, einen Unternehmenszusammenschluss anzupassen, der am 30. Juni 20X6 stattfand, hat er alle Unternehmenszusammenschlüsse anzupassen, die zwischen dem 30. Juni 20X6 und dem Zeitpunkt des Übergangs auf IFRS stattfanden, und ebenso IFRS 10 ab dem 30. Juni 20X6 anzuwenden.

C2 Ein Unternehmen braucht IAS 21 *Auswirkungen von Wechselkursänderungen* nicht rückwirkend auf Anpassungen an den beizulegenden Zeitwert und den Geschäfts- und Firmenwert anzuwenden, die sich aus Unternehmenszusammenschlüssen ergeben, die vor dem Zeitpunkt des Übergangs auf IFRS stattgefunden haben. Wendet ein Unternehmen IAS 21 nicht rückwirkend auf derartige Anpassungen an den beizulegenden Zeitwert und den Geschäfts- und Firmenwert an, sind diese als Vermögenswerte und Schulden des Unternehmens und nicht als Vermögenswerte und Schulden des erworbenen Unternehmens zu behandeln. Die Anpassungen an den Geschäfts- oder Firmenwert und an den beizulegenden Zeitwert sind daher bereits entweder in der funktionalen Währung des berichtenden Unternehmens angegeben, oder es handelt sich um nichtmonetäre Fremdwährungsposten, die mit dem nach vorherigen Rechnungslegungsgrundsätzen anzuwendenden Wechselkurs umgerechnet werden.

C3 Ein Unternehmen kann IAS 21 rückwirkend auf Anpassungen an den beizulegenden Zeitwert und den Geschäfts- oder Firmenwert anwenden im Zusammenhang mit
a) allen Unternehmenszusammenschlüssen, die vor dem Zeitpunkt des Übergangs auf IFRS stattgefunden haben, oder
b) allen Unternehmenszusammenschlüssen, die das Unternehmen zur Erfüllung von IFRS 3 gemäß Paragraph C1 oben anpassen möchte.

C4 Falls ein erstmaliger Anwender IFRS 3 nicht rückwirkend auf einen vergangenen Unternehmenszusammenschluss anwendet, hat dies für den Unternehmenszusammenschluss folgende Auswirkungen:

a) Der erstmalige Anwender hat dieselbe Einstufung (als Erwerb durch den rechtlichen Erwerber, als umgekehrten Unternehmenserwerb durch das im rechtlichen Sinne erworbene Unternehmen oder als Interessenzusammenführung) wie in seinem Abschluss nach vorherigen Rechnungslegungsgrundsätzen vorzunehmen.

b) Der erstmalige Anwender hat zum Zeitpunkt des Übergangs auf IFRS alle seine im Rahmen eines vergangenen Unternehmenszusammenschlusses erworbenen Vermögenswerte oder übernommenen Schulden anzusetzen, bis auf

  i) einige finanzielle Vermögenswerte und finanzielle Verbindlichkeiten, die nach vorherigen Rechnungslegungsgrundsätzen ausgebucht wurden (siehe Paragraph B2), und

  ii) Vermögenswerte, einschließlich Geschäfts- oder Firmenwert, und Schulden, die in der nach vorherigen Rechnungslegungsgrundsätzen erstellten Konzernbilanz des erwerbenden Unternehmens nicht zum Ansatz kamen und auch gemäß IFRS in der Einzelbilanz des erworbenen Unternehmens die Ansatzkriterien nicht erfüllen würden (siehe (f)–(i) unten).

Sich ergebende Änderungen hat der erstmalige Anwender durch Anpassung der Gewinnrücklagen (oder, falls angemessen, einer anderen Eigenkapitalkategorie) zu erfassen, es sei denn, die Änderung beruht auf dem Ansatz eines immateriellen Vermögenswerts, der bisher Bestandteil des Postens Geschäfts- oder Firmenwert war (siehe (g)(i) unten).

c) Der erstmalige Anwender hat in seiner IFRS-Eröffnungsbilanz alle nach vorherigen Rechnungslegungsgrundsätzen erfassten Posten, welche die Ansatzkriterien eines Vermögenswerts oder einer Schuld gemäß IFRS nicht erfüllen, auszubuchen. Die sich ergebenden Änderungen sind durch den erstmaligen Anwender wie folgt zu erfassen:

  i) Es kann sein, dass der erstmalige Anwender einen in der Vergangenheit stattgefundenen Unternehmenszusammenschluss als Erwerb eingestuft und einen Posten als immateriellen Vermögenswert erfasst hat, der die Ansatzkriterien eines Vermögenswerts gemäß IAS 38 *Immaterielle Vermögenswerte* nicht erfüllt. Dieser Posten (und, falls vorhanden, die damit zusammenhängenden latenten Steuern und nicht beherrschenden Anteile) ist der Geschäfts- oder Firmenwert umzugliedern (es sei denn, der Geschäfts- oder Firmenwert wurde nach vorherigen Rechnungslegungs-

3/1. IFRS 1
C4

ii) grundsätzen direkt mit dem Eigenkapital verrechnet (siehe (g)(i) und (i) unten).

ii) Alle sonstigen sich ergebenden Änderungen sind durch den erstmaligen Anwender in den Gewinnrücklagen zu erfassen(¹).

(¹) Solche Änderungen enthalten Umgliederungen von oder auf immaterielle Vermögenswerte, falls der Geschäfts- oder Firmenwert nach vorherigen Rechnungslegungsgrundsätzen nicht als Vermögenswert erfasst wurde. Dies ist der Fall, wenn das Unternehmen nach vorherigen Rechnungslegungsgrundsätzen (a) den Geschäfts- oder Firmenwert direkt mit dem Eigenkapital verrechnet oder (b) den Unternehmenszusammenschluss nicht als Erwerb behandelt hat.

d) Die IFRS verlangen eine Folgebewertung einiger Vermögenswerte und Schulden, die nicht auf historischen Anschaffungs- oder Herstellungskosten, sondern zum Beispiel auf dem beizulegenden Zeitwert basiert. Der erstmalige Anwender hat diese Vermögenswerte und Schulden in seiner IFRS-Eröffnungsbilanz selbst dann auf dieser Basis zu bewerten, falls sie im Rahmen eines vergangenen Unternehmenszusammenschlusses erworben oder übernommen wurden. Jegliche dadurch entstehende Veränderungen des Buchwerts sind durch Anpassung der Gewinnrücklagen (oder, falls angemessen, einer anderen Eigenkapitalkategorie) anstatt durch Anpassung des Geschäfts- oder Firmenwerts zu erfassen.

e) Der unmittelbar nach dem Unternehmenszusammenschluss nach vorherigen Rechnungslegungsgrundsätzen ermittelte Buchwert von im Rahmen dieses Unternehmenszusammenschlusses erworbenen Vermögenswerten und übernommenen Schulden ist gemäß IFRS als Ersatz für Anschaffungs- oder Herstellungskosten zu diesem Zeitpunkt festzulegen. Falls die IFRS zu einem späteren Zeitpunkt eine auf Anschaffungs- oder Herstellungskosten basierende Bewertung dieser Vermögenswerte und Schulden verlangen, stellt dieser als Ersatz für Anschaffungs- oder Herstellungskosten angesetzte Wert ab dem Zeitpunkt des Unternehmenszusammenschlusses die Basis der auf Anschaffungs- oder Herstellungskosten basierenden planmäßigen Abschreibungen dar.

f) Falls ein im Rahmen eines vergangenen Unternehmenszusammenschlusses erworbener Vermögenswert oder eine übernommene Schuld nach vorherigen Rechnungslegungsgrundsätzen nicht erfasst wurde, beträgt der als Ersatz für Anschaffungs- oder Herstellungskosten in der IFRS-Eröffnungsbilanz angesetzte Wert nicht zwangsläufig null. Stattdessen hat der Erwerber den Vermögenswert oder die Schuld in seiner Konzernbilanz anzusetzen und so zu bewerten, wie es nach den IFRS in der Bilanz des erworbenen Unternehmens vorgeschrieben wäre. Zur Veranschaulichung: Falls der Erwerber in vergangenen Unternehmenszusammenschlüssen, in denen das erworbene Unternehmen ein Leasingnehmer war, erworbene Leasingverhältnisse nach vorherigen Rechnungslegungsgrundsätzen nicht aktiviert hatte, hat er diese Leasingverhältnisse in seinem Konzernabschluss so zu aktivieren, wie es IFRS 16 *Leasingverhältnisse* für die IFRS-Bilanz des erworbenen Unternehmens vorschreiben würde. Falls der Erwerber eine Eventualverbindlichkeit, die zum Zeitpunkt des Übergangs auf IFRS noch besteht, nach vorherigen Rechnungslegungsgrundsätzen nicht angesetzt hatte, hat er diese Eventualverbindlichkeit zu diesem Zeitpunkt ebenfalls anzusetzen, es sei denn, IAS 37 *Rückstellungen, Eventualverbindlichkeiten und Eventualforderungen* würde ihren Ansatz im Abschluss des erworbenen Unternehmens verbieten. Falls im Gegensatz dazu Vermögenswerte oder Schulden nach vorherigen Rechnungslegungsgrundsätzen Bestandteil des Geschäfts- oder Firmenwerts waren, gemäß IFRS 3 jedoch gesondert erfasst worden wären, verbleiben diese Vermögenswerte oder Schulden im Geschäfts- oder Firmenwert, es sei denn, die IFRS würden ihren Ansatz im Einzelabschluss des erworbenen Unternehmens verlangen.

g) Der Buchwert des Geschäfts- oder Firmenwerts in der IFRS-Eröffnungsbilanz entspricht nach Durchführung der folgenden beiden Anpassungen dem Buchwert nach vorherigen Rechnungslegungsgrundsätzen zum Zeitpunkt des Übergangs auf IFRS.

i) Wenn es der obige Paragraph (c)(i) verlangt, hat der erstmalige Anwender den Buchwert des Geschäfts- oder Firmenwerts zu erhöhen, falls er einen Posten umgliedert, der nach vorherigen Rechnungslegungsgrundsätzen als immaterieller Vermögenswert angesetzt wurde. Falls der erstmalige Anwender nach obigem Paragraph (f) analog einen immateriellen Vermögenswert zu erfassen hat, der nach vorherigen Rechnungslegungsgrundsätzen Bestandteil des aktivierten Geschäfts- oder Firmenwerts war, hat der erstmalige Anwender den Buchwert des Geschäfts- oder Firmenwerts entsprechend zu vermindern (und, falls anwendbar, latente Steuern und nicht beherrschende Anteile anzupassen).

ii) Unabhängig davon, ob Anzeichen für eine Wertminderung des Geschäfts- oder Firmenwerts vorliegen, hat der erstmalige Anwender IAS 36 anzuwenden, um zum Zeitpunkt des Übergangs auf IFRS den Geschäfts- oder Firmenwert auf eine Wertminderung zu überprüfen und daraus resultierende Wertminderungen in den Gewinnrücklagen (oder, falls nach IAS 36 vorgeschrieben, in der Neubewertungsrücklage) zu erfassen. Die Überprüfung auf Wertminderungen hat auf den Gegebenheiten zum Zeitpunkt des Übergangs auf IFRS zu basieren.

h) Weitere Anpassungen des Buchwerts des Geschäfts- oder Firmenwerts sind zum Zeitpunkt des Übergangs auf IFRS nicht gestattet. Der erstmalige Anwender darf beispielsweise den Buchwert des Geschäfts- oder Firmenwerts nicht anpassen, um
  i) laufende, im Rahmen des Unternehmenszusammenschlusses erworbene Forschungs- und Entwicklungskosten herauszurechnen (es sei denn, der damit zusammenhängende immaterielle Vermögensgegenstand würde die Ansatzkriterien gemäß IAS 38 in der Bilanz des erworbenen Unternehmens erfüllen),
  ii) frühere planmäßige Abschreibungen des Geschäfts- oder Firmenwerts anzupassen,
  iii) Anpassungen des Geschäfts- oder Firmenwerts zu stornieren, die gemäß IFRS 3 nicht gestattet wären, jedoch nach vorherigen Rechnungslegungsgrundsätzen aufgrund von Anpassungen von Vermögenswerten und Schulden zwischen dem Zeitpunkt des Unternehmenszusammenschlusses und dem Zeitpunkt des Übergangs auf IFRS vorgenommen wurden.

i) Falls der erstmalige Anwender den Geschäfts- oder Firmenwert im Rahmen der vorherigen Rechnungslegungsgrundsätze mit dem Eigenkapital verrechnet hat,
  i) darf er diesen Geschäfts- oder Firmenwert in seiner IFRS-Eröffnungsbilanz nicht ansetzen. Des Weiteren darf er diesen Geschäfts- oder Firmenwert nicht erfolgswirksam umgliedern, falls er das Tochterunternehmen veräußert oder falls eine Wertminderung der Beteiligung an dem Tochterunternehmen auftritt.
  ii) sind Anpassungen aus dem Eintreten einer Bedingung, von der der Erwerbspreis abhängt, in den Gewinnrücklagen zu erfassen.

j) Es kann sein, dass der erstmalige Anwender nach seinen vorherigen Rechnungslegungsgrundsätzen keine Konsolidierung eines im Rahmen eines Unternehmenszusammenschlusses erworbenen Tochterunternehmens vorgenommen hat (zum Beispiel, weil es durch das Mutterunternehmen nach vorherigen Rechnungslegungsgrundsätzen nicht als Tochterunternehmen eingestuft war oder das Mutterunternehmen keinen Konzernabschluss erstellt hatte). Der erstmalige Anwender hat die Buchwerte der Vermögenswerte und Schulden des Tochterunternehmens so anzupassen, wie es die IFRS für die Bilanz des Tochterunternehmens vorschreiben würden. Der als Ersatz für Anschaffungs- oder Herstellungskosten zum Zeitpunkt des Übergangs auf IFRS angesetzte Wert entspricht beim Geschäfts- oder Firmenwert der Differenz zwischen
  i) dem Anteil des Mutterunternehmens an diesen angepassten Buchwerten und
  ii) den im Einzelabschluss des Mutterunternehmens erfassten Anschaffungskosten der Beteiligung an dem Tochterunternehmen.

k) Die Bewertung von nicht beherrschenden Anteilen und latenten Steuern folgt aus der Bewertung der anderen Vermögenswerte und Schulden. Die oben erwähnten Anpassungen erfasster Vermögenswerte und Schulden wirken sich daher auf nicht beherrschende Anteile und latente Steuern aus.

C5 Die Befreiung für vergangene Unternehmenszusammenschlüsse gilt auch für in der Vergangenheit erworbene Beteiligungen an assoziierten Unternehmen, Anteile an Gemeinschaftsunternehmen und Anteile an gemeinschaftlichen Tätigkeiten, die einen Geschäftsbetrieb im Sinne von IFRS 3 darstellen. Des Weiteren gilt der nach Paragraph C1 gewählte Zeitpunkt für alle derartigen Akquisitionen gleichermaßen.

Anhang D
Befreiungen von anderen IFRS

Dieser Anhang ist integraler Bestandteil des IFRS.

D1 Ein Unternehmen kann eine oder mehrere der folgenden Befreiungen in Anspruch nehmen:
a) anteilsbasierte Vergütungen (Paragraphen D2 und D3),
b) [gestrichen],
c) als Ersatz für Anschaffungs- oder Herstellungskosten angesetzter Wert (Paragraphen D5–D8B),
d) Leasingverhältnisse (Paragraphen D9 und D9B–D9E),
f) kumulierte Umrechnungsdifferenzen (Paragraphen D12–D13A),
g) Beteiligungen an Tochterunternehmen, Gemeinschaftsunternehmen und assoziierten Unternehmen (Paragraphen D14 und D15A),
h) Vermögenswerte und Schulden von Tochterunternehmen, assoziierten Unternehmen und Gemeinschaftsunternehmen (Paragraphen D16 und D17),
i) zusammengesetzte Finanzinstrumente (Paragraph D18),
j) Designation von früher angesetzten Finanzinstrumenten (Paragraphen D19–D19C),
k) Bewertung von finanziellen Vermögenswerten und finanziellen Verbindlichkeiten beim erstmaligen Ansatz zum beizulegenden Zeitwert (Paragraph D20),
l) in den Anschaffungs- und Herstellungskosten der Sachanlagen enthaltene Entsorgungsverpflichtungen (Paragraphen D21 und D21A),

3/1. IFRS 1
D1 – D8

m) finanzielle Vermögenswerte oder immaterielle Vermögenswerte, die gemäß IFRIC 12 *Dienstleistungskonzessionsvereinbarungen* bilanziert werden (Paragraph D22),
n) Fremdkapitalkosten (Paragraph D23),
o) [gestrichen]
p) Tilgung finanzieller Verbindlichkeiten durch Eigenkapitalinstrumente (Paragraph D25),
q) ausgeprägte Hochinflation (Paragraphen D26–D30),
r) gemeinschaftliche Vereinbarungen (Paragraph D31),
s) Abraumkosten in der Produktionsphase eines Tagebaubergwerks (Paragraph D32),
t) Designation von Verträgen über den Kauf oder Verkauf eines nichtfinanziellen Postens (Paragraph D33),
u) Erlöse (Paragraphen D34 und D35) und
v) Fremdwährungstransaktionen und im Voraus erbrachte oder erhaltene Gegenleistungen (Paragraph D36).

Ein Unternehmen darf diese Befreiungen nicht analog auf andere Sachverhalte anwenden.

Anteilsbasierte Vergütungen

D2 Einem erstmaligen Anwender wird empfohlen, ohne dass er dazu verpflichtet wäre, IFRS 2 *Anteilsbasierte Vergütungen* auf Eigenkapitalinstrumente anzuwenden, die am oder vor dem 7. November 2002 gewährt wurden. Einem erstmaligen Anwender wird auch empfohlen, ohne dass er dazu verpflichtet wäre, IFRS 2 auch auf Eigenkapitalinstrumente anzuwenden, die nach dem 7. November 2002 gewährt wurden und vor (a) dem Zeitpunkt des Übergangs auf IFRS oder (b) dem 1. Januar 2005 – je nachdem, welcher Zeitpunkt später lag – erdient wurden. Eine freiwillige Anwendung von IFRS 2 auf solche Eigenkapitalinstrumente ist jedoch nur dann zulässig, wenn das Unternehmen den beizulegenden Zeitwert dieser Eigenkapitalinstrumente, zum Bewertungsstichtag laut Definition in IFRS 2 ermittelt wurde, veröffentlicht hat. Alle gewährten Eigenkapitalinstrumente, auf die IFRS 2 nicht angewendet worden ist (z. B. die bis einschließlich 7. November 2002 gewährten Eigenkapitalinstrumente), unterliegen trotzdem den Angabepflichten gemäß den Paragraphen 44 und 45 von IFRS 2. Ändert ein erstmaliger Anwender die Vertragsbedingungen für gewährte Eigenkapitalinstrumente, auf die IFRS 2 nicht angewendet worden ist, ist das Unternehmen nicht zur Anwendung der Paragraphen 26–29 von IFRS 2 verpflichtet, wenn diese Änderung vor dem Zeitpunkt des Übergangs auf IFRS erfolgte.

D3 Einem erstmaligen Anwender wird empfohlen, ohne dass er dazu verpflichtet wäre, IFRS 2 auf Schulden aus anteilsbasierte Vergütungen anzuwenden, die vor dem Zeitpunkt des Übergangs auf IFRS beglichen wurden. Außerdem wird einem erstmaligen Anwender, obwohl er nicht dazu verpflichtet ist, empfohlen, IFRS 2 auf Schulden anzuwenden, die vor dem 1. Januar 2005 beglichen wurden. Bei Schulden, auf die IFRS 2 angewendet wird, ist ein erstmaliger Anwender nicht zu einer Anpassung der Vergleichsinformationen verpflichtet, soweit sich diese Informationen auf eine Berichtsperiode oder einen Zeitpunkt vor dem 7. November 2002 beziehen.

D4 [gestrichen]

Als Ersatz für Anschaffungs- oder Herstellungskosten angesetzter Wert

D5 Ein Unternehmen darf eine Sachanlage zum Zeitpunkt des Übergangs auf IFRS zu ihrem beizulegenden Zeitwert bewerten und diesen beizulegenden Zeitwert als Ersatz für Anschaffungs- oder Herstellungskosten zu diesem Zeitpunkt verwenden.

D6 Ein erstmaliger Anwender darf eine am oder vor dem Zeitpunkt des Übergangs auf IFRS nach vorherigen Rechnungslegungsgrundsätzen vorgenommene Neubewertung einer Sachanlage als Ersatz für Anschaffungs- oder Herstellungskosten zum Zeitpunkt der Neubewertung ansetzen, falls die Neubewertung zum Zeitpunkt ihrer Ermittlung weitgehend vergleichbar war mit

a) dem beizulegenden Zeitwert oder
b) den Anschaffungs- oder Herstellungskosten bzw. den fortgeführten Anschaffungs- oder Herstellungskosten gemäß IFRS, angepasst beispielsweise zur Berücksichtigung von Veränderungen eines allgemeinen oder spezifischen Preisindex.

D7 Die Wahlrechte der Paragraphen D5 und D6 gelten auch für

a) als Finanzinvestition gehaltene Immobilien, falls sich ein Unternehmen zur Verwendung des Anschaffungskostenmodells in IAS 40 *Als Finanzinvestition gehaltene Immobilien* entschließt,
aa) Nutzungsrechte (IFRS 16 *Leasingverhältnisse*) und
b) immaterielle Vermögenswerte, die folgende Kriterien erfüllen:
   i) die Ansatzkriterien in IAS 38 (einschließlich einer verlässlichen Bewertung der historischen Anschaffungs- und Herstellungskosten) und
   ii) die Kriterien in IAS 38 zur Neubewertung (einschließlich der Existenz eines aktiven Markts).

Ein Unternehmen darf diese Wahlrechte nicht für andere Vermögenswerte oder Schulden verwenden.

D8 Ein erstmaliger Anwender kann gemäß vorherigen Rechnungslegungsgrundsätzen für alle oder einen Teil seiner Vermögenswerte und Schulden einen als Ersatz für Anschaffungs- oder Herstellungskosten angesetzten Wert ermittelt haben, indem er sie wegen eines Ereignisses wie einer Privatisierung oder eines Börsengangs zu ihrem beizulegenden Zeitwert zu diesem bestimmten Zeitpunkt bewertet hat.

a) Wurde die Bewertung *zum Zeitpunkt des Übergangs auf IFRS oder davor* vorgenommen, darf das Unternehmen solche ereignisgesteuerten Bewertungen zum beizulegenden Zeitwert im Rahmen der IFRS als Ersatz für Anschaffungs- oder Herstellungskosten zum Zeitpunkt dieser Bewertung verwenden.

b) Wurde die Bewertung *nach dem Zeitpunkt des Übergangs auf IFRS*, aber während der vom ersten IFRS-Abschluss erfassten Periode vorgenommen, dürfen die ereignisgesteuerten Bewertungen zum beizulegenden Zeitwert als Ersatz für Anschaffungs- oder Herstellungskosten verwendet werden, wenn das Ereignis eintritt. Ein Unternehmen hat die daraus resultierenden Anpassungen zum Bewertungsstichtag direkt in den Gewinnrücklagen (oder, falls angemessen, in einer anderen Eigenkapitalkategorie) zu erfassen. Zum Zeitpunkt des Übergangs auf IFRS hat das Unternehmen entweder den als Ersatz für Anschaffungs- oder Herstellungskosten angesetzten Wert nach den Kriterien in den Paragraphen D5–D7 zu ermitteln oder die Vermögenswerte und Schulden nach den anderen Vorschriften dieses IFRS zu bewerten.

D8A Einigen nationalen Rechnungslegungsvorschriften zufolge werden Explorations- und Entwicklungskosten für Öl- und Gasvorkommen in der Entwicklungs- oder Produktionsphase in Kostenstellen bilanziert, die sämtliche Erschließungsstandorte einer großen geografischen Zone umfassen. Ein erstmaliger Anwender, der nach solchen vorherigen Rechnungslegungsgrundsätzen bilanziert, kann sich dafür entscheiden, die Vermögenswerte aus Öl und Gas zum Zeitpunkt des Übergangs auf IFRS auf folgender Grundlage zu bewerten:

a) die Vermögenswerte für Exploration und Evaluierung zu dem Betrag, der nach vorherigen Rechnungslegungsgrundsätzen des Unternehmens ermittelt wurde, und

b) die Vermögenswerte in der Entwicklungs- oder Produktionsphase zu dem Betrag, der nach vorherigen Rechnungslegungsgrundsätzen des Unternehmens in der Kostenstelle ermittelt wurde. Das Unternehmen hat diesen Betrag den der Kostenstelle zugrunde liegenden Vermögenswerten anteilig auf der Basis der zu diesem Zeitpunkt vorhandenen Mengen oder Werten an Öl- und Gasreserven zuzuordnen.

Das Unternehmen hat die Vermögenswerte für Exploration und Evaluierung sowie die Vermögenswerte in der Entwicklungs- und Produktionsphase zum Zeitpunkt des Übergangs auf IFRS gemäß IFRS 6 *Exploration und Evaluierung von Bodenschätzen* bzw. gemäß IAS 36 auf Wertminderung zu prüfen und gegebenenfalls den gemäß dem vorstehenden Buchstaben (a) oder (b) ermittelten Betrag zu verringern. Für die Zwecke dieses Paragraphen umfassen die Vermögenswerte aus Öl und Gas lediglich jene Vermögenswerte, die in Form der Exploration, Evaluierung, Entwicklung oder Produktion von Öl und Gas genutzt werden.

D8B Einige Unternehmen halten Sachanlagen, Nutzungsrechte oder immaterielle Vermögenswerte, die im Rahmen preisregulierter Geschäftsvorfälle verwendet werden oder früher verwendet wurden. Im Buchwert solcher Posten könnten Beträge enthalten sein, die nach vorherigen Rechnungslegungsgrundsätzen bestimmt wurden, nach den IFRS aber nicht aktivierbar sind. In diesem Fall kann ein erstmaliger Anwender den nach vorherigen Rechnungslegungsgrundsätzen bestimmten Buchwert eines solchen Postens zum Zeitpunkt des Übergangs auf IFRS als Ersatz für Anschaffungs- oder Herstellungskosten verwenden. Nimmt ein Unternehmen diese Befreiung für einen Posten in Anspruch, muss es sie nicht zwangsläufig auch auf alle anderen Posten anwenden. Zum Zeitpunkt des Übergangs auf IFRS hat ein Unternehmen jeden Posten, für den diese Befreiung in Anspruch genommen wird, gemäß IAS 36 auf Wertminderung zu prüfen. Für die Zwecke dieses Paragraphen gelten Geschäftsvorfälle als preisreguliert, wenn für die Preise, die Kunden für Güter oder Dienstleistungen in Rechnung gestellt werden können, ein Preisfestsetzungsrahmen gilt, der der Aufsicht und/oder Genehmigung eines Preisregulierers (gemäß der Definition in IFRS 14 *Regulatorische Abgrenzungsposten*) unterliegt.

Leasingverhältnisse

D9 Ein erstmaliger Anwender kann bewerten, ob ein zum Zeitpunkt des Übergangs auf IFRS bestehender Vertrag ein Leasingverhältnis enthält, indem er auf der Grundlage der zu diesem Zeitpunkt bestehenden Fakten und Umstände die Paragraphen 9–11 von IFRS 16 auf diese Verträge anwendet.

D9A [gestrichen]

D9B Zur Erfassung von Leasingverbindlichkeiten und Nutzungsrechten kann ein erstmaliger Anwender, der ein Leasingnehmer ist, für alle seine Leasingverhältnisse (unter Berücksichtigung der in Paragraph D9D beschriebenen praktischen Behelfe) den folgenden Ansatz verwenden:

a) Bewertung einer Leasingverbindlichkeit zum Zeitpunkt des Übergangs auf IFRS. Folgt der Leasingnehmer diesem Ansatz, so bewertet er die Leasingverbindlichkeit zum Barwert der verbleibenden Leasingzahlungen (siehe Paragraph D9E), abgezinst unter Anwendung seines Grenzfremdkapitalzinssatzes (siehe Paragraph D9E) zum Zeitpunkt des Übergangs auf IFRS.

b) Bewertung eines Nutzungsrechts zum Zeitpunkt des Übergangs auf IFRS. Der Leasingnehmer entscheidet für jedes Leasingverhältnis, ob er zur Bewertung des Nutzungsrechts entweder

i) den Buchwert ansetzt, als ob IFRS 16 bereits seit dem Bereitstellungsdatum angewendet worden wäre (siehe Paragraph D9E), jedoch abgezinst unter Anwendung seines Grenzfremdkapitalzinssatzes zum Zeitpunkt des Übergangs auf IFRS, oder

ii) einen Betrag ansetzt, der der Leasingverbindlichkeit entspricht, die um den Betrag der für dieses Leasingverhältnis im Voraus geleisteten oder abgegrenzten Leasingzahlungen gemindert wird, der in der dem Übergang auf IFRS unmittelbar vorausgehenden Bilanz ausgewiesen war.

c) Anwendung von IAS 36 auf Nutzungsrechte zum Zeitpunkt des Übergangs auf IFRS.

D9C Unbeschadet der Vorschriften in Paragraph D9B bewertet ein erstmaliger Anwender, der ein Leasingnehmer ist, das Nutzungsrecht für Leasingverhältnisse, die der Definition für als Finanzinvestition gehaltene Immobilien nach IAS 40 entsprechen und ab dem Zeitpunkt des Übergangs auf IFRS nach dem Zeitwertmodell in IAS 40 bewertet werden, zum Zeitpunkt des Übergangs auf IFRS zum beizulegenden Zeitwert.

D9D Ein erstmaliger Anwender, der ein Leasingnehmer ist, kann zum Zeitpunkt des Übergangs auf IFRS für jedes Leasingverhältnis eine oder mehrere der folgenden Möglichkeiten wählen:

a) Anwendung eines einzigen Abzinsungssatzes auf ein Portfolio ähnlich ausgestalteter Leasingverträge (beispielsweise Leasingverhältnisse mit ähnlichen zugrunde liegenden Vermögenswerten mit ähnlicher Restlaufzeit und in einem ähnlichen Wirtschaftsumfeld).

b) Verzicht auf die Anwendung der Vorschriften in Paragraph D9B auf Leasingverhältnisse, deren Laufzeit (siehe Paragraph D9E) innerhalb von 12 Monaten nach dem Übergang auf IFRS endet. Stattdessen bilanziert das Unternehmen diese Leasingverhältnisse so, als handele es sich um kurzfristige Leasingverhältnisse gemäß Paragraph 6 von IFRS 16 (einschließlich der entsprechenden Angaben).

c) Verzicht auf die Anwendung der Vorschriften in Paragraph D9B auf Leasingverhältnisse, bei denen der zugrunde liegende Vermögenswert (im Sinne der Beschreibung in den Paragraphen B3–B8 von IFRS 16) von geringem Wert ist. Stattdessen bilanziert das Unternehmen diese Leasingverträge gemäß Paragraph 6 von IFRS 16 (einschließlich der entsprechenden Angaben).

d) Nichtberücksichtigung der anfänglichen direkten Kosten (siehe Paragraph D9E) bei der Bewertung des Nutzungsrechts zum Zeitpunkt des Übergangs auf IFRS.

e) Berücksichtigung nachträglicher Erkenntnisse, beispielsweise bei der Bestimmung der Laufzeit des Leasingverhältnisses, wenn der Vertrag Optionen für die Verlängerung oder Kündigung des Leasingverhältnisses vorsieht.

D9E Die Begriffe „Leasingzahlung", „Leasingnehmer", „Grenzfremdkapitalzinssatz des Leasingnehmers", „Bereitstellungsdatum", „anfängliche direkte Kosten" und „Laufzeit des Leasingverhältnisses" sind in IFRS 16 definiert und werden im vorliegenden Standard mit derselben Bedeutung verwendet.

D10–D11 [gestrichen]

Kumulierte Umrechnungsdifferenzen

D12 IAS 21 verlangt, dass ein Unternehmen

a) bestimmte Umrechnungsdifferenzen im sonstigen Ergebnis erfasst und diese in einem gesonderten Bestandteil des Eigenkapitals kumuliert und

b) bei der Veräußerung eines ausländischen Geschäftsbetriebs die kumulierten Umrechnungsdifferenzen für diesen ausländischen Geschäftsbetrieb (einschließlich, falls anwendbar, Gewinnen und Verlusten aus damit zusammenhängenden Sicherungsbeziehungen) als Teil des Gewinns oder Verlusts aus der Veräußerung aus dem Eigenkapital erfolgswirksam umgliedert.

D13 Ein erstmaliger Anwender muss diese Vorschriften jedoch nicht für kumulierte Umrechnungsdifferenzen erfüllen, die zum Zeitpunkt des Übergangs auf IFRS bestanden. Falls ein erstmaliger Anwender diese Befreiung in Anspruch nimmt,

a) wird angenommen, dass die kumulierten Umrechnungsdifferenzen für alle ausländischen Geschäftsbetriebe zum Zeitpunkt des Übergangs auf IFRS null betragen und

b) darf der Gewinn oder Verlust aus einer Weiterveräußerung eines ausländischen Geschäftsbetriebs keine vor dem Zeitpunkt des Übergangs auf IFRS entstandenen Umrechnungsdifferenzen enthalten und hat die nach diesem Zeitpunkt entstandenen Umrechnungsdifferenzen zu berücksichtigen.

D13A Anstatt Paragraph D12 oder Paragraph D13 anzuwenden, kann sich ein Tochterunternehmen, das die Befreiung in Paragraph D16(a) in Anspruch nimmt, dafür entscheiden, in seinem Abschluss kumulierte Umrechnungsdifferenzen bei allen ausländischen Geschäftsbetrieben zu den Buchwerten zu bewerten, die ausgehend von dem Zeitpunkt des Übergangs des Mutterunternehmens auf IFRS im Konzernabschluss des Mutterunternehmens angesetzt worden wären, falls keine Konsolidierungsanpassungen und keine Anpassungen wegen der Auswirkungen des Unternehmenszusammenschlusses, in dessen Rahmen das Mutterunternehmen das Tochterunternehmen erworben hat, vorgenommen worden wären. Ein ähnliches Wahlrecht besteht für assoziierte Unternehmen oder Gemeinschaftsunternehmen, die die Befreiung in Paragraph D16(a) in Anspruch nehmen.

Beteiligungen an Tochterunternehmen, Gemeinschaftsunternehmen und assoziierten Unternehmen

D14 Wenn ein Unternehmen Einzelabschlüsse aufstellt, hat es gemäß IAS 27 seine Beteiligungen an Tochterunternehmen, Gemeinschaftsunternehmen und assoziierten Unternehmen entweder

a) zu den Anschaffungskosten,
b) gemäß IFRS 9 oder
c) anhand der in IAS 28 beschriebenen Equity-Methode zu bilanzieren.

D15 Wenn ein erstmaliger Anwender solche Beteiligungen gemäß IAS 27 zu den Anschaffungskosten bewertet, müssen diese Beteiligungen in seiner IFRS-Eröffnungsbilanz für den Einzelabschluss zu einem der folgenden Beträge bewertet werden:
a) gemäß IAS 27 ermittelte Anschaffungskosten oder
b) als Ersatz für Anschaffungskosten angesetzter Wert. Der für solche Beteiligungen verwendete Ersatz für Anschaffungskosten ist:
   i) der beizulegende Zeitwert in seinem Einzelabschluss zum Zeitpunkt des Übergangs auf IFRS oder
   ii) der zu diesem Zeitpunkt nach vorherigen Rechnungslegungsgrundsätzen ermittelte Buchwert.

Ein erstmaliger Anwender kann für die Bewertung seiner Beteiligung an dem jeweiligen Tochterunternehmen, Gemeinschaftsunternehmen oder assoziierten Unternehmen zwischen (i) und (ii) oben wählen, sofern er sich für einen als Ersatz für Anschaffungskosten angesetzten Wert entscheidet.

D15A Wenn ein erstmaliger Anwender eine solche Beteiligung anhand der in IAS 28 beschriebenen Verfahren der Equity-Methode bilanziert,
a) wendet der erstmalige Anwender die Befreiung für vergangene Unternehmenszusammenschlüsse (Anhang C) auf den Erwerb der Beteiligung an.
b) und wenn das Unternehmen zuerst für seine Einzelabschlüsse und erst danach für seine Konzernabschlüsse ein erstmaliger Anwender wird und
   i) sein Mutterunternehmen schon zuvor erstmaliger Anwender war, hat das Unternehmen in seinen Einzelabschlüssen Paragraph D16 anzuwenden.
   ii) sein Tochterunternehmen schon zuvor erstmaliger Anwender war, hat das Unternehmen in seinen Einzelabschlüssen Paragraph D17 anzuwenden.

Vermögenswerte und Schulden von Tochterunternehmen, assoziierten Unternehmen und Gemeinschaftsunternehmen

D16 Falls ein Tochterunternehmen nach seinem Mutterunternehmen ein erstmaliger Anwender wird, hat das Tochterunternehmen in seinem Abschluss seine Vermögenswerte und Schulden entweder
a) zu den Buchwerten zu bewerten, die ausgehend von dem Zeitpunkt des Übergangs des Mutterunternehmens auf IFRS in dem Konzernabschluss des Mutterunternehmens angesetzt worden wären, falls keine Konsolidierungsanpassungen und keine Anpassungen wegen der Auswirkungen des Unternehmenszusammenschlusses, in dessen Rahmen das Mutterunternehmen das Tochterunternehmen erwarb, vorgenommen worden wären (einem Tochterunternehmen einer Investmentgesellschaft im Sinne von IFRS 10, das erfolgswirksam zum beizulegenden Zeitwert zu bewerten ist, steht ein derartiges Wahlrecht nicht zu), oder
b) zu den Buchwerten zu bewerten, die aufgrund der weiteren Vorschriften dieses IFRS, basierend auf dem Zeitpunkt des Übergangs des Tochterunternehmens auf IFRS vorgeschrieben wären. Diese Buchwerte können sich von den in (a) beschriebenen unterscheiden,
   i) falls die Befreiungen in diesem IFRS zu Bewertungen führen, die vom Zeitpunkt des Übergangs auf IFRS abhängig sind,
   ii) bzw. falls die im Abschluss des Tochterunternehmens verwendeten Rechnungslegungsmethoden sich von denen des Konzernabschlusses unterscheiden. Beispielsweise kann das Tochterunternehmen das Anschaffungskostenmodell gemäß IAS 16 *Sachanlagen* als Rechnungslegungsmethode anwenden, während der Konzern möglicherweise das Modell der Neubewertung anwendet.

Ein ähnliches Wahlrecht steht einem assoziierten Unternehmen oder Gemeinschaftsunternehmen zu, das nach einem Unternehmen, das maßgeblichen Einfluss über es besitzt oder an seiner gemeinschaftlichen Führung beteiligt ist, zu einem erstmaligen Anwender wird.

D17 Falls ein Unternehmen jedoch nach seinem Tochterunternehmen (oder assoziierten Unternehmen oder Gemeinschaftsunternehmen) ein erstmaliger Anwender wird, hat das Unternehmen in seinem Konzernabschluss die Vermögenswerte und Schulden des Tochterunternehmens (oder des assoziierten Unternehmens oder des Gemeinschaftsunternehmens) nach Durchführung von Anpassungen im Rahmen der Konsolidierung, der Equity-Methode und der Auswirkungen des Unternehmenszusammenschlusses, im Rahmen dessen das Unternehmen das Tochterunternehmen erwarb, zu denselben Buchwerten wie in dem Abschluss des Tochterunternehmens (oder assoziierten Unternehmens oder Gemeinschaftsunternehmens) zu bewerten. Unbeschadet dieser Vorschrift darf ein Mutterunternehmen, das keine Investmentgesellschaft ist, die von Investment-Tochterunternehmen in Anspruch genommene Ausnahme von der Konsolidierung nicht anwenden. Falls ein Mutterunternehmen entsprechend für seinen Einzelabschluss früher oder später als für seinen Konzernabschluss ein erstmaliger Anwender wird, hat es seine Vermögenswerte und Schulden, abgesehen von Konsolidierungsanpassungen, in beiden Abschlüssen identisch zu bewerten.

Zusammengesetzte Finanzinstrumente

D18 IAS 32 *Finanzinstrumente: Darstellung* verlangt, dass zusammengesetzte Finanzinstrumente beim erstmaligen Ansatz in gesonderte Schuld- und Eigenkapitalkomponenten aufgeteilt werden. Falls die Schuldkomponente nicht mehr ausstehend ist, umfasst die rückwirkende Anwendung von IAS 32 eine Aufteilung in zwei Eigenkapitalkomponenten. Der erste Bestandteil wird in den Gewinnrücklagen erfasst und stellt die kumulierten Zinsen dar, die für die Schuldkomponente anfielen. Der andere Bestandteil stellt die ursprüngliche Eigenkapitalkomponente dar. Falls die Schuldkomponente zum Zeitpunkt des Übergangs auf IFRS jedoch nicht mehr aussteht, muss ein erstmaliger Anwender gemäß diesem IFRS keine Aufteilung in zwei Bestandteile vornehmen.

Designation von früher angesetzten Finanzinstrumenten

D19 Gemäß IFRS 9 kann eine finanzielle Verbindlichkeit (sofern sie bestimmte Kriterien erfüllt) als erfolgswirksam zum beizulegenden Zeitwert bewertete finanzielle Verbindlichkeit designiert werden. Unbeschadet dieser Vorschrift darf ein Unternehmen zum Zeitpunkt des Übergangs auf IFRS jede finanzielle Verbindlichkeit als erfolgswirksam zum beizulegenden Zeitwert bewertet designieren, sofern die Verbindlichkeit zu diesem Zeitpunkt die Kriterien in Paragraph 4.2.2 von IFRS 9 erfüllt.

D19A Ein Unternehmen kann einen finanziellen Vermögenswert auf Grundlage der zum Zeitpunkt des Übergangs auf IFRS bestehenden Fakten und Umstände gemäß Paragraph 4.1.5 von IFRS 9 als erfolgswirksam zum beizulegenden Zeitwert bewertet designieren.

D19B Ein Unternehmen kann eine Finanzinvestition in ein Eigenkapitalinstrument auf Grundlage der zum Zeitpunkt des Übergangs auf IFRS bestehenden Fakten und Umstände gemäß Paragraph 5.7.5 von IFRS 9 als zum beizulegenden Zeitwert erfolgsneutral im sonstigen Ergebnis bewertet designieren.

D19C Bei einer finanziellen Verbindlichkeit, die als erfolgswirksam zum beizulegenden Zeitwert bewertet designiert ist, hat ein Unternehmen auf der Grundlage der zum Zeitpunkt des Übergangs auf IFRS bestehenden Fakten und Umstände zu bestimmen, ob durch die Bilanzierung gemäß Paragraph 5.7.7 von IFRS 9 eine Rechnungslegungsanomalie im Gewinn oder Verlust entstehen würde.

Bewertung von finanziellen Vermögenswerten und finanziellen Verbindlichkeiten beim erstmaligen Ansatz zum beizulegenden Zeitwert

D20 Unbeschadet der Vorschriften der Paragraphen 7 und 9 kann ein Unternehmen die Vorschriften in Paragraph B5.1.2A(b) von IFRS 9 prospektiv auf zum oder nach dem Zeitpunkt des Übergangs auf IFRS geschlossene Transaktionen anwenden.

In den Anschaffungs- oder Herstellungskosten der Sachanlagen enthaltene Entsorgungsverpflichtungen

D21 IFRIC 1 *Änderungen bestehender Rückstellungen für Entsorgungs-, Wiederherstellungs- und ähnliche Verpflichtungen* schreibt vor, dass spezifizierte Änderungen einer Rückstellung für Entsorgungs-, Wiederherstellungs- oder ähnliche Verpflichtungen zu den Anschaffungs- oder Herstellungskosten des dazugehörigen Vermögenswerts hinzugefügt oder davon abgezogen werden; der angepasste Abschreibungsbetrag des Vermögenswerts wird dann prospektiv über seine verbleibende Nutzungsdauer planmäßig abgeschrieben. Ein erstmaliger Anwender braucht diese Vorschriften für Änderungen solcher Rückstellungen, die vor dem Zeitpunkt des Übergangs auf IFRS auftraten, nicht anzuwenden. Wenn ein erstmaliger Anwender diese Ausnahme nutzt, hat er

a) zum Zeitpunkt des Übergangs auf IFRS die Rückstellung gemäß IAS 37 zu bewerten,

b) sofern die Rückstellung im Anwendungsbereich von IFRIC 1 liegt, den Betrag, der in den Anschaffungs- oder Herstellungskosten des zugehörigen Vermögenswerts beim ersten Auftreten der Verpflichtung enthalten gewesen wäre, zu schätzen, indem die Rückstellung zu dem Zeitpunkt unter Verwendung seiner bestmöglichen Schätzung des historischen risikobereinigten Abzinsungssatzes/der historischen risikobereinigten Abzinsungssätze diskontiert wird, der/die für diese Rückstellung für die dazwischen liegenden Perioden angewendet worden wäre/wären, und

c) zum Zeitpunkt des Übergangs auf IFRS von diesem Betrag die kumulierte planmäßige Abschreibung auf Grundlage der aktuellen Schätzung der Nutzungsdauer des Vermögenswerts unter Anwendung der vom Unternehmen gemäß IFRS eingesetzten Abschreibungsmethode zu berechnen.

D21A Ein Unternehmen, das die Befreiung in Paragraph D8A(b) (für Vermögenswerte aus Öl und Gas in der Entwicklungs- oder Produktionsphase, die gemäß vorherigen Rechnungslegungsgrundsätzen in Kostenstellen bilanziert werden, die sämtliche Erschließungsstandorte einer großen geografischen Zone umfassen) anwendet, hat anstelle der Anwendung von Paragraph D21 oder IFRIC 1

a) Entsorgungs-, Wiederherstellungs- und ähnliche Verpflichtungen zum Zeitpunkt des Übergangs auf IFRS gemäß IAS 37 zu bewerten und

b) die Differenz zwischen diesem Betrag und dem nach vorherigen Rechnungslegungsgrundsätzen ermittelten Buchwert dieser Verpflichtungen zum Zeitpunkt des Übergangs auf IFRS unmittelbar in den Gewinnrücklagen zu erfassen.

Finanzielle Vermögenswerte oder immaterielle Vermögenswerte, die gemäß IFRIC 12 bilanziert werden

D22 Ein erstmaliger Anwender kann die Übergangsvorschriften von IFRIC 12 anwenden.

Fremdkapitalkosten

D23 Ein erstmaliger Anwender kann wählen, ob er die Vorschriften von IAS 23 ab dem Zeitpunkt des Übergangs auf IFRS oder ab einem früheren Zeitpunkt wie in Paragraph 28 von IAS 23 gestattet anwendet. Ab dem Zeitpunkt, ab dem ein Unternehmen, das diese Ausnahme in Anspruch nimmt, IAS 23 anwendet,

a) darf das Unternehmen Fremdkapitalkosten, die es nach vorherigen Rechnungslegungsgrundsätzen aktiviert hatte und die im Buchwert der Vermögenswerte zu jenem Zeitpunkt enthalten waren, nicht anpassen und
b) hat das Unternehmen die ab jenem Zeitpunkt anfallenden Fremdkapitalkosten, auch für zu diesem Zeitpunkt in Bau befindliche qualifizierte Vermögenswerte, gemäß IAS 23 zu bilanzieren.

D24 [gestrichen]

Tilgung finanzieller Verbindlichkeiten durch Eigenkapitalinstrumente

D25 Ein erstmaliger Anwender kann die Übergangsvorschriften von IFRIC 19 *Tilgung finanzieller Verbindlichkeiten durch Eigenkapitalinstrumente* anwenden.

Ausgeprägte Hochinflation

D26 Hat ein Unternehmen eine funktionale Währung, die die Währung eines Hochinflationslandes war oder ist, hat es zu ermitteln, ob diese Währung vor dem Zeitpunkt des Übergangs auf IFRS einer ausgeprägten Hochinflation ausgesetzt war. Dies gilt sowohl für Unternehmen, die erstmals IFRS anwenden, als auch für Unternehmen, die IFRS bereits angewendet haben.

D27 Die Währung eines Hochinflationslandes unterliegt einer ausgeprägten Hochinflation, wenn sie die beiden folgenden Merkmale aufweist:

a) Nicht alle Unternehmen mit Transaktionen und Salden in dieser Währung können auf einen zuverlässigen allgemeinen Preisindex zurückgreifen.
b) Der Umtausch zwischen der Währung und einer relativ stabilen Fremdwährung ist nicht möglich.

D28 Die funktionale Währung eines Unternehmens unterliegt vom Zeitpunkt der Normalisierung der funktionalen Währung an nicht länger einer ausgeprägten Hochinflation. Dies ist der Zeitpunkt, an dem die funktionale Währung nicht länger eines der in Paragraph D27 genannten Merkmale aufweist oder wenn das Unternehmen zu einer funktionalen Währung übergeht, die keiner ausgeprägten Hochinflation unterliegt.

D29 Fällt der Zeitpunkt des Übergangs eines Unternehmens auf IFRS auf den Zeitpunkt der Normalisierung der funktionalen Währung oder danach, darf das Unternehmen alle vor dem Zeitpunkt der Normalisierung gehaltenen Vermögenswerte und Schulden mit dem beizulegenden Zeitwert zum Zeitpunkt des Übergangs auf IFRS bewerten. Das Unternehmen darf diesen beizulegenden Zeitwert in seiner IFRS-Eröffnungsbilanz als Ersatz für die Anschaffungs- oder Herstellungskosten der betreffenden Vermögenswerte oder Schulden verwenden.

D30 Fällt der Zeitpunkt der Normalisierung der funktionalen Währung in eine zwölfmonatige Vergleichsperiode, kann die Vergleichsperiode unter der Voraussetzung kürzer als zwölf Monate sein, dass für diese kürzere Periode ein vollständiger Abschluss (wie in Paragraph 10 von IAS 1 vorgeschrieben) vorgelegt wird.

Gemeinschaftliche Vereinbarungen

D31 Ein erstmaliger Anwender kann die Übergangsvorschriften in IFRS 11 mit folgenden Ausnahmen anwenden:

a) Bei der Anwendung der Übergangsvorschriften in IFRS 11 hat ein erstmaliger Anwender diese Vorschriften zum Zeitpunkt des Übergangs auf IFRS anzuwenden.
b) Beim Übergang von der Quotenkonsolidierung auf die Equity-Methode hat ein erstmaliger Anwender die Beteiligung gemäß IAS 36 zum Zeitpunkt des Übergangs auf IFRS auf Wertminderung zu prüfen, und zwar unabhängig davon, ob es einen Anhaltspunkt dafür gibt, dass die Beteiligung wertgemindert sein könnte. Jede etwaige Wertminderung ist als Anpassung der Gewinnrücklagen zum Zeitpunkt des Übergangs auf IFRS auszuweisen.

Abraumkosten in der Produktionsphase eines Tagebaubergwerks

D32 Ein erstmaliger Anwender kann die Übergangsvorschriften der Paragraphen A1 bis A4 von IFRIC 20 *Abraumkosten in der Produktionsphase eines Tagebaubergwerks* anwenden. Der Zeitpunkt des Inkrafttretens, auf den dort verwiesen wird, ist der 1. Januar 2013 oder der Beginn der ersten IFRS-Berichtsperiode, sofern er später liegt.

Designation von Verträgen über den Kauf oder Verkauf eines nichtfinanziellen Postens

D33 Nach IFRS 9 können Verträge über den Kauf oder Verkauf eines nichtfinanziellen Postens zu Vertragsbeginn als erfolgswirksam zum beizulegenden Zeitwert bewertet designiert werden (siehe Paragraph 2.5 von IFRS 9). Unbeschadet dieser Vorschrift kann ein Unternehmen zum Zeitpunkt des Übergangs auf IFRS bereits zu diesem Zeitpunkt bestehende Verträge als erfolgswirksam zum beizulegenden Zeitwert bewertet designieren, jedoch nur, wenn diese die Vorschriften in Paragraph 2.5 von IFRS 9 zu diesem Zeitpunkt erfüllen und das Unternehmen alle ähnlichen Verträge entsprechend designiert.

3/1. IFRS 1
D34 – E8

Umsatzerlöse

D34 Ein erstmaliger Anwender kann die Übergangsvorschriften in Paragraph C5 von IFRS 15 anwenden. In diesem Fall ist unter dem Zeitpunkt der erstmaligen Anwendung der Beginn der Berichtsperiode zu verstehen, in der das Unternehmen erstmals IFRS anwendet. Beschließt ein erstmaliger Anwender, diese Übergangsvorschriften anzuwenden, hat er auch Paragraph C6 von IFRS 15 anzuwenden.

D35 Ein erstmaliger Anwender ist nicht verpflichtet, Verträge, die vor der frühesten dargestellten Periode erfüllt worden sind, neu zu bewerten. Ein erfüllter Vertrag ist ein Vertrag, in Bezug auf den das Unternehmen alle Güter und Dienstleistungen übertragen hat, die in Übereinstimmung mit den vorherigen Rechnungslegungsgrundsätzen identifiziert worden sind.

Fremdwährungstransaktionen und im Voraus erbrachte oder erhaltene Gegenleistungen

D36 Ein erstmaliger Anwender braucht IFRIC 22 *Fremdwährungstransaktionen und im Voraus erbrachte oder erhaltene Gegenleistungen* nicht auf in den Anwendungsbereich dieser Interpretation fallende Vermögenswerte, Aufwendungen und Erträge anzuwenden, die vor dem Zeitpunkt des Übergangs auf IFRS erstmals erfasst wurden.

Anhang E
Kurzzeitige Befreiungen von IFRS

Dieser Anhang ist integraler Bestandteil des IFRS.

Befreiung von der Vorschrift, Vergleichsinformationen für IFRS 9 anzupassen

E1 Wenn die erste IFRS-Berichtsperiode eines Unternehmens vor dem 1. Januar 2019 beginnt und das Unternehmen die vervollständigte Fassung von IFRS 9 (veröffentlicht 2014) anwendet, brauchen die Vergleichsinformationen im ersten IFRS-Abschluss des Unternehmens nicht die Vorschriften von IFRS 7 *Finanzinstrumente: Angaben* oder der vervollständigten Fassung von IFRS 9 (veröffentlicht 2014) zu erfüllen, soweit sich die Angabepflichten in IFRS 7 auf Sachverhalte innerhalb des Anwendungsbereichs von IFRS 9 beziehen. Bei solchen Unternehmen sind, ausschließlich im Fall von IFRS 7 und IFRS 9 (2014) Verweise auf den „Zeitpunkt des Übergangs auf IFRS" gleichbedeutend mit dem Beginn der ersten IFRS-Berichtsperiode.

E2 Ein Unternehmen, das sich dafür entscheidet, in seinem ersten Jahr des Übergangs Vergleichsinformationen darzustellen, die nicht die Vorschriften von IFRS 7 und der vervollständigten Fassung von IFRS 9 (veröffentlicht 2014) erfüllen, hat

a) für Vergleichsinformationen über Posten, die in den Anwendungsbereich von IFRS 9 fallen, anstelle der Vorschriften von IFRS 9 die Vorschriften seiner vorherigen Rechnungslegungsgrundsätze anzuwenden.

b) diese Tatsache sowie die für die Erstellung dieser Informationen verwendete Grundlage anzugeben.

c) etwaige Anpassungen zwischen der Bilanz zum Abschlussstichtag der Vergleichsperiode (d. h. der Bilanz, die Vergleichsinformationen nach vorherigen Rechnungslegungsgrundsätzen enthält) und der Bilanz zu Beginn der ersten IFRS-Berichtsperiode (d. h. der ersten Periode, die Informationen in Übereinstimmung mit IFRS 7 und der vervollständigten Fassung von IFRS 9 (veröffentlicht 2014) enthält) als Anpassungen infolge einer Änderung der Rechnungslegungsmethode zu behandeln und die in Paragraph 28(a)–(e) und (f)(i) von IAS 8 verlangten Angaben zu machen. Paragraph 28(f)(i) gilt nur für in der Bilanz zum Abschlussstichtag der Vergleichsperiode dargestellte Beträge.

d) nach Paragraph 17(c) von IAS 1 zusätzliche Angaben bereitzustellen, wenn die Erfüllung der spezifischen Vorschriften in den IFRS nicht ausreicht, um es den Adressaten zu ermöglichen, die Auswirkungen einzelner Geschäftsvorfälle, sonstiger Ereignisse und Bedingungen auf die Vermögens-, Finanz- und Ertragslage des Unternehmens zu verstehen.

E3–E7 [gestrichen]

Unsicherheit bezüglich der ertragsteuerlichen Behandlung

E8 Ein erstmaliger Anwender, der vor dem 1. Juli 2017 auf IFRS übergeht, hat die Möglichkeit, die Anwendung von IFRIC 23 *Unsicherheit bezüglich der ertragsteuerlichen Behandlung* in den Vergleichsinformationen seines ersten IFRS-Abschlusses nicht darzustellen. Wählt ein Unternehmen diese Möglichkeit, so hat es die kumulierten Auswirkungen der Anwendung der IFRIC 23 zu Beginn seiner ersten IFRS-Berichtsperiode als Anpassung des Eröffnungsbilanzwerts der Gewinnrücklagen (oder – soweit sachgerecht – einer anderen Eigenkapitalkomponente) zu erfassen.

INTERNATIONAL FINANCIAL REPORTING STANDARD 2
Anteilsbasierte Vergütung

IFRS 2, VO (EU) 2023/1803

Gliederung	§§
ZIELSETZUNG	1
ANWENDUNGSBEREICH	2–6A
ANSATZ	7–9
ANTEILSBASIERTE VERGÜTUNGEN MIT AUSGLEICH DURCH EIGENKAPITALINSTRUMENTE	**10–29**
Überblick	10–13A
Transaktionen, die den Erhalt von Dienstleistungen beinhalten	14–15
Transaktionen, die unter Bezugnahme auf den beizulegenden Zeitwert der gewährten Eigenkapitalinstrumente bewertet werden	16–25
Ermittlung des beizulegenden Zeitwerts der gewährten Eigenkapitalinstrumente	16–18
Behandlung der Erdienungsbedingungen	19–21
Behandlung der Bedingungen, bei denen es sich nicht um Erdienungsbedingungen handelt	21A
Behandlung von Reload-Eigenschaften	22
Nach dem Tag der Erdienung	23
Wenn der beizulegende Zeitwert der Eigenkapitalinstrumente nicht verlässlich geschätzt werden kann	24–25
Änderungen der Vertragsbedingungen, zu denen die Eigenkapitalinstrumente gewährt wurden, einschließlich Annullierungen und Erfüllungen	26–29
ANTEILSBASIERTE VERGÜTUNGEN MIT BARAUSGLEICH	**33–33D**
Behandlung von Erdienungsbedingungen und von Bedingungen, bei denen es sich nicht um Erdienungsbedingungen handelt	33A–33D
ANTEILSBASIERTE VERGÜTUNGEN MIT EINEM NETTOAUSGLEICH FÜR DIE EINBEHALTUNG VON STEUERN	**33E–33H**
ANTEILSBASIERTE VERGÜTUNGEN MIT WAHLWEISEM BARAUSGLEICH ODER AUSGLEICH DURCH EIGENKAPITALINSTRUMENTE	**34–43**
Anteilsbasierte Vergütungen mit Erfüllungswahlrecht bei der Gegenpartei	35–40
Anteilsbasierte Vergütungen mit Erfüllungswahlrecht beim Unternehmen	41–43
ANTEILSBASIERTE VERGÜTUNGEN ZWISCHEN KONZERNUNTERNEHMEN (ÄNDERUNGEN 2009)	**43A–43D**
ANGABEN	44–52
ÜBERGANGSVORSCHRIFTEN	53–59B
ZEITPUNKT DES INKRAFTTRETENS	60–63E
RÜCKNAHME VON INTERPRETATIONEN	64
ANHANG A: DEFINITIONEN	
ANHANG B: ANWENDUNGSLEITLINIEN	
Schätzung des beizulegenden Zeitwerts der gewährten Eigenkapitalinstrumente	B1–B41
Anteile	B2–B3
Anteilsoptionen	B4–B10
In Optionspreismodelle einfließende Daten	B11–B15
Erwartete frühzeitige Ausübung	B16–B21
Erwartete Volatilität	B22–B30
Erwartete Dividenden	B31–B36
Risikoloser Zins	B37
Auswirkungen auf die Kapitalverhältnisse	B38–B41
Änderungen von anteilsbasierten Vergütungsvereinbarungen mit Ausgleich durch Eigenkapitalinstrumente	B42–B44

3/2. IFRS 2

Bilanzierung einer Änderung, die bewirkt, dass eine anteilsbasierte Vergütung mit Barausgleich fortan als anteilsbasierte Vergütung mit Ausgleich durch Eigenkapitalinstrumente einzustufen ist	B44A–B44C
Anteilsbasierte Vergütungen zwischen Konzernunternehmen (Änderungen 2009)	B45–B61
Anteilsbasierte Vergütungsvereinbarungen mit Ausgleich durch eigene Eigenkapitalinstrumente eines Unternehmens	B48–B50
Anteilsbasierte Vergütungsvereinbarungen mit Ausgleich durch Eigenkapitalinstrumente des Mutterunternehmens	B51–B55
Anteilsbasierte Vergütungsvereinbarungen mit Barausgleich für die Mitarbeiter	B56–B58
Wechsel von Mitarbeitern zwischen Unternehmen des Konzerns	B59–B61

ZIELSETZUNG

1 Zielsetzung dieses IFRS ist die Regelung der Bilanzierung von *anteilsbasierten Vergütungen*. Insbesondere schreibt er einem Unternehmen vor, die Auswirkungen anteilsbasierter Vergütungen in seinem Gewinn oder Verlust und seiner Vermögens- und Finanzlage zu berücksichtigen; dies schließt die Aufwendungen aus der Gewährung von *Anteilsoptionen* an Mitarbeiter ein.

ANWENDUNGSBEREICH

2 Dieser IFRS ist bei der Bilanzierung aller anteilsbasierten Vergütungen anzuwenden, unabhängig davon, ob das Unternehmen alle oder einige der erhaltenen Güter oder Dienstleistungen speziell identifizieren kann. Hierzu zählen

a) *anteilsbasierte Vergütungen mit Ausgleich durch Eigenkapitalinstrumente,*

b) *anteilsbasierte Vergütungen mit Barausgleich* und

c) Transaktionen, bei denen das Unternehmen Güter oder Dienstleistungen erhält oder erwirbt und das Unternehmen oder der Lieferant dieser Güter oder Dienstleistungen vertraglich die Wahl hat, ob der Ausgleich in bar (oder in anderen Vermögenswerten) oder durch die Ausgabe von Eigenkapitalinstrumenten erfolgen soll (mit Ausnahme der in den Paragraphen 3A–6 genannten Fälle).

Sollten keine speziell identifizierbaren Güter oder Dienstleistungen vorliegen, können andere Umstände darauf hinweisen, dass das Unternehmen Güter oder Dienstleistungen erhalten hat (oder noch erhalten wird) und damit dieser IFRS anzuwenden ist.

3 [gestrichen]

3A Eine anteilsbasierte Vergütung kann von einem anderen Konzernunternehmen (oder einem Anteilseigner eines beliebigen Konzernunternehmens) im Namen des Unternehmens, das die Güter oder Dienstleistungen erhält oder erwirbt, ausgeglichen werden. Paragraph 2 gilt also auch, wenn ein Unternehmen

a) Güter oder Dienstleistungen erhält, ein anderes Unternehmen desselben Konzerns (oder ein Anteilseigner eines beliebigen Konzernunternehmens) aber zum Ausgleich der anteilsbasierten Vergütung verpflichtet ist, oder

b) zum Ausgleich einer anteilsbasierten Vergütung verpflichtet ist, ein anderes Unternehmen desselben Konzerns aber die Güter oder Dienstleistungen erhält,

es sei denn, die Transaktion dient eindeutig einem anderen Zweck als der Vergütung der Güter oder Dienstleistungen, die das Unternehmen erhält.

4 Im Sinne dieses IFRS stellt eine Transaktion mit einem Mitarbeiter (oder einer anderen Partei) in seiner bzw. ihrer Eigenschaft als Inhaber von Eigenkapitalinstrumenten des Unternehmens keine anteilsbasierte Vergütung dar. Gewährt ein Unternehmen beispielsweise allen Inhabern einer bestimmten Klasse seiner Eigenkapitalinstrumente das Recht, weitere Eigenkapitalinstrumente des Unternehmens zu einem Preis zu erwerben, der unter dem beizulegenden Zeitwert dieser Eigenkapitalinstrumente liegt, und wird einem Mitarbeiter nur deshalb ein solches Recht eingeräumt, weil er Inhaber von Eigenkapitalinstrumenten der betreffenden Klasse ist, unterliegt die Gewährung oder Ausübung dieses Rechts nicht den Vorschriften dieses IFRS.

5 Wie in Paragraph 2 ausgeführt, ist dieser IFRS auf anteilsbasierte Vergütungen anzuwenden, bei denen ein Unternehmen Güter oder Dienstleistungen erwirbt oder erhält. Güter schließen Vorräte, Verbrauchsgüter, Sachanlagen, immaterielle Vermögenswerte und andere nichtfinanzielle Vermögenswerte ein. Dieser IFRS gilt jedoch nicht für Transaktionen, bei denen ein Unternehmen Güter als Teil des Nettovermögens eines Unternehmenszusammenschlusses, wie in IFRS 3 *Unternehmenszusammenschlüsse* (in der 2008 überarbeiteten Fassung) definiert, als Teil bei einem Zusammenschluss von Unternehmen oder Geschäftsbetrieben unter gemeinsamer Beherrschung, wie in den Paragraphen B1–B4 von IFRS 3 beschrieben, erworbenen Nettovermögens erhält oder einen Geschäftsbetrieb bei der Gründung eines Gemeinschaftsunternehmens, wie in IFRS 11 *Gemeinschaftliche Vereinbarungen* definiert, einbringt. Daher fallen Eigenkapitalinstrumente, die bei einem Unternehmenszusammenschluss im Austausch für die Beherrschung über das erworbene Unternehmen ausgegeben werden, nicht in den Anwendungsbereich dieses IFRS. Dagegen sind Eigenkapitalinstrumente, die Mitarbeitern des erworbenen Unternehmens in ihrer Eigenschaft als Mitarbeiter (beispielsweise als Gegenleistung für ihren Verbleib im Unternehmen) gewährt werden, in den Anwendungsbereich

dieses IFRS eingeschlossen. Ähnliches gilt für die Aufhebung, Ersetzung oder sonstige Änderung *anteilsbasierter Vergütungsvereinbarungen* infolge eines Unternehmenszusammenschlusses oder einer anderen Eigenkapitalrestrukturierung, die ebenfalls gemäß diesem IFRS zu bilanzieren sind. IFRS 3 dient als Leitlinie zur Ermittlung, ob bei einem Unternehmenszusammenschluss ausgegebene Eigenkapitalinstrumente Teil der im Austausch für die Beherrschung über das erworbene Unternehmen übertragenen Gegenleistung sind (und somit in den Anwendungsbereich von IFRS 3 fallen), oder ob sie im Austausch für ihren Verbleib im Unternehmen in der auf den Zusammenschluss folgenden Berichtsperiode angesetzt werden (und somit in den Anwendungsbereich dieses IFRS fallen).

6 Dieser IFRS ist nicht auf anteilsbasierte Vergütungen anzuwenden, bei denen das Unternehmen Güter oder Dienstleistungen im Rahmen eines Vertrags erhält oder erwirbt, der in den Anwendungsbereich der Paragraphen 8–10 von IAS 32 *Finanzinstrumente: Darstellung* (in der 2003 überarbeiteten Fassung)([1]) oder der Paragraphen 2.4–2.7 von IFRS 9 *Finanzinstrumente* fällt.

([1]) Der Titel von IAS 32 wurde 2005 geändert.

6A Im vorliegenden IFRS wird der Begriff „beizulegender Zeitwert" in einer Weise verwendet, die sich in einigen Aspekten von der Definition des beizulegenden Zeitwerts in IFRS 13 *Bewertung zum beizulegenden Zeitwert* unterscheidet. Wendet ein Unternehmen IFRS 2 an, ermittelt es den beizulegenden Zeitwert daher gemäß vorliegendem IFRS und nicht gemäß IFRS 13.

ANSATZ

7 Ein Unternehmen hat die gegen eine anteilsbasierte Vergütung erhaltenen oder erworbenen Güter oder Dienstleistungen zu dem Zeitpunkt anzusetzen, zu dem das Unternehmen die Güter erhält oder die Vertragspartei ihre Leistung erbringt. Das Unternehmen hat eine entsprechende Eigenkapitalerhöhung darzustellen, wenn der Erhalt der Güter oder Dienstleistungen gegen eine anteilsbasierte Vergütung mit Ausgleich durch Eigenkapitalinstrumente erfolgte, oder eine Schuld anzusetzen, wenn die Güter oder Dienstleistungen gegen eine anteilsbasierte Vergütung mit Barausgleich erworben wurden.

8 Kommen die gegen eine anteilsbasierte Vergütung erhaltenen oder erworbenen Güter oder Dienstleistungen nicht für einen Ansatz als Vermögenswert in Betracht, sind sie als Aufwand zu erfassen.

9 In der Regel entsteht ein Aufwand aus dem Verbrauch von Gütern oder Dienstleistungen. Beispielsweise werden Dienstleistungen normalerweise sofort verbraucht; in diesem Fall wird zum Zeitpunkt der Leistungserbringung durch die Vertragspartei ein Aufwand erfasst. Güter können über einen Zeitraum verbraucht werden oder, wie bei Vorräten, zu einem späteren Zeitpunkt verkauft werden; in diesem Fall wird ein Aufwand zu dem Zeitpunkt erfasst, zu dem die Güter verbraucht oder verkauft werden. Manchmal ist es jedoch erforderlich, bereits vor dem Verbrauch oder Verkauf der Güter oder Dienstleistungen einen Aufwand zu erfassen, da sie nicht für den Ansatz als Vermögenswert in Betracht kommen. Beispielsweise könnte ein Unternehmen in der Forschungsphase eines Projekts Güter zur Entwicklung eines neuen Produkts erwerben. Diese Güter sind zwar nicht verbraucht worden, erfüllen jedoch unter Umständen nicht die Kriterien für einen Ansatz als Vermögenswert nach dem einschlägigen IFRS.

ANTEILSBASIERTE VERGÜTUNGEN MIT AUSGLEICH DURCH EIGENKAPITALINSTRUMENTE

Überblick

10 Bei anteilsbasierten Vergütungen, die durch Eigenkapitalinstrumente ausgeglichen werden, sind die erhaltenen Güter oder Dienstleistungen und die entsprechende Erhöhung des Eigenkapitals direkt mit dem beizulegenden Zeitwert der erhaltenen Güter oder Dienstleistungen anzusetzen, es sei denn, dass dieser nicht verlässlich geschätzt werden kann. Kann der beizulegende Zeitwert der erhaltenen Güter oder Dienstleistungen nicht verlässlich geschätzt werden, sind deren Wert und die entsprechende Eigenkapitalerhöhung indirekt unter Bezugnahme auf den beizulegenden Zeitwert([2]) der gewährten Eigenkapitalinstrumente zu ermitteln.

([2]) In diesem IFRS wird die Formulierung „unter Bezugnahme auf den beizulegenden Zeitwert" und nicht „zum beizulegenden Zeitwert" verwendet, weil die Bewertung der Transaktion letztlich durch Multiplikation des beizulegenden Zeitwerts der gewährten Eigenkapitalinstrumente an dem in Paragraph 11 bzw. 13 angegebenen Tag (je nach Sachlage) mit der Anzahl der erdienten Eigenkapitalinstrumente, wie in Paragraph 19 erläutert, erfolgt.

11 Zur Erfüllung der Vorschriften von Paragraph 10 bei Transaktionen mit *Mitarbeitern und anderen, die ähnliche Leistungen erbringen*([3]) ist der beizulegende Zeitwert der erhaltenen Leistungen unter Bezugnahme auf den beizulegenden Zeitwert der gewährten Eigenkapitalinstrumente zu ermitteln, da es in der Regel nicht möglich ist, den beizulegenden Zeitwert der erhaltenen Leistungen verlässlich zu schätzen, wie in Paragraph 12 näher erläutert wird. Für die Bewertung der Eigenkapitalinstrumente ist der beizulegende Zeitwert am *Tag der Gewährung* heranzuziehen.

([3]) Im verbleibenden Teil dieses IFRS schließen alle Bezugnahmen auf Mitarbeiter auch andere Personen, die ähnliche Leistungen erbringen, ein.

12 Anteile, Anteilsoptionen oder andere Eigenkapitalinstrumente werden Mitarbeitern normalerweise als Teil ihres Vergütungspakets zusätzlich zu einem Bargehalt und anderen Leistungen gewährt. Im Regelfall ist es nicht möglich, die für bestimmte Bestandteile des Vergütungspakets eines Mitarbeiters erhaltenen Leistungen direkt zu bewerten. Unter Umständen kann auch der beizulegende Zeitwert des gesamten Vergütungspakets nicht unabhängig bestimmt werden, ohne direkt

den beizulegenden Zeitwert der gewährten Eigenkapitalinstrumente zu ermitteln. Darüber hinaus werden Anteile oder Anteilsoptionen mitunter im Rahmen einer Erfolgsbeteiligung und nicht als Teil der Grundvergütung gewährt, beispielsweise um die Mitarbeiter zum Verbleib im Unternehmen zu motivieren oder ihren Einsatz bei der Verbesserung des Unternehmensergebnisses zu honorieren. Mit der Gewährung von Anteilen oder Anteilsoptionen zusätzlich zu anderen Vergütungsformen bezahlt das Unternehmen ein zusätzliches Entgelt für den Erhalt zusätzlicher Leistungen. Der beizulegende Zeitwert dieser zusätzlichen Leistungen ist wahrscheinlich schwer zu schätzen. Aufgrund der Schwierigkeit, den beizulegenden Zeitwert der erhaltenen Leistungen direkt zu ermitteln, ist der beizulegende Zeitwert der erhaltenen Arbeitsleistungen unter Bezugnahme auf den beizulegenden Zeitwert der gewährten Eigenkapitalinstrumente zu bestimmen.

13 Zur Anwendung der Vorschriften von Paragraph 10 auf Transaktionen mit Parteien, bei denen es sich nicht um Mitarbeiter handelt, gilt die widerlegbare Vermutung, dass der beizulegende Zeitwert der erhaltenen Güter oder Dienstleistungen verlässlich geschätzt werden kann. Der beizulegende Zeitwert ist zu dem Zeitpunkt zu ermitteln, zu dem das Unternehmen die Güter erhält oder die Vertragspartei ihre Leistung erbringt. Sollte das Unternehmen diese Vermutung in seltenen Fällen widerlegen, weil es den beizulegenden Zeitwert der erhaltenen Güter oder Dienstleistungen nicht verlässlich schätzen kann, sind die erhaltenen Güter oder Dienstleistungen und die entsprechende Erhöhung des Eigenkapitals indirekt unter Bezugnahme auf den beizulegenden Zeitwert der gewährten Eigenkapitalinstrumente zu dem Zeitpunkt zu bewerten, zu dem das Unternehmen die Güter erhält oder die Vertragspartei ihre Leistung erbringt.

13A Sollte insbesondere die vom Unternehmen erhaltene identifizierbare Gegenleistung (falls vorhanden) geringer sein als der beizulegende Zeitwert der gewährten Eigenkapitalinstrumente oder der entstandenen Schuld, so ist dies in der Regel ein Hinweis darauf, dass das Unternehmen eine weitere Gegenleistung (d. h. nicht identifizierbare Güter oder Dienstleistungen) erhalten hat (oder noch erhalten wird). Die identifizierbaren Güter oder Dienstleistungen, die das Unternehmen erhalten hat, sind gemäß diesem IFRS zu bewerten. Die nicht identifizierbaren Güter oder Dienstleistungen, die das Unternehmen erhalten hat (oder noch erhalten wird), sind mit der Differenz zwischen dem beizulegenden Zeitwert der anteilsbasierten Vergütung und dem beizulegenden Zeitwert aller erhaltenen (oder noch zu erhaltenden) identifizierbaren Güter oder Dienstleistungen anzusetzen. Die nicht identifizierbaren Güter oder Dienstleistungen, die das Unternehmen erhalten hat, sind zu dem Wert am Tag der Gewährung anzusetzen. Bei Transaktionen mit Barausgleich ist die Schuld jedoch zu jedem Abschlussstichtag neu zu bewerten, bis sie gemäß den Paragraphen 30–33 beglichen ist.

Transaktionen, die den Erhalt von Dienstleistungen beinhalten

14 Sind die gewährten Eigenkapitalinstrumente sofort *erdient*, ist der Erwerb eines uneingeschränkten Anspruchs an diesen Eigenkapitalinstrumenten seitens der Vertragspartei nicht von der Ableistung einer bestimmten Dienstzeit durch die Vertragspartei abhängig. Sofern keine gegenteiligen Anhaltspunkte vorliegen, hat das Unternehmen von der Annahme auszugehen, dass die von der Vertragspartei als Gegenleistung für die Eigenkapitalinstrumente zu erbringenden Leistungen bereits erbracht wurden. In diesem Fall hat das Unternehmen die erhaltenen Leistungen am Tag der Gewährung in voller Höhe mit einer entsprechenden Erhöhung des Eigenkapitals zu erfassen.

15 Ist die Erdienung der gewährten Eigenkapitalinstrumente von der Ableistung einer bestimmten Dienstzeit durch die Vertragspartei abhängig, hat das Unternehmen davon auszugehen, dass die von der Vertragspartei als Gegenleistung für diese Eigenkapitalinstrumente zu erbringenden Leistungen künftig im Laufe des *Erdienungszeitraums* erhalten werden. Das Unternehmen hat diese Leistungen jeweils zum Zeitpunkt ihrer Erbringung während des Erdienungszeitraums mit einer einhergehenden Eigenkapitalerhöhung zu erfassen. Es folgen zwei Beispiele:

a) Wenn einem Mitarbeiter Anteilsoptionen unter der Bedingung eines dreijährigen Verbleibs im Unternehmen gewährt werden, hat das Unternehmen zu unterstellen, dass die vom Mitarbeiter als Gegenleistung für die Anteilsoptionen zu erbringenden Leistungen künftig im Laufe dieses dreijährigen Erdienungszeitraums erhalten werden.

b) Wenn einem Mitarbeiter Anteilsoptionen unter der Bedingung gewährt werden, dass er eine bestimmte *Leistungsbedingung* erfüllt und so lange im Unternehmen bleibt, bis diese Leistungsbedingung eingetreten ist, und die Länge des Erdienungszeitraums je nach dem Zeitpunkt der Erfüllung der Leistungsbedingung variiert, hat das Unternehmen davon auszugehen, dass es die vom Mitarbeiter als Gegenleistung für die Anteilsoptionen zu erbringenden Leistungen künftig, im Laufe des erwarteten Erdienungszeitraums, erhalten wird. Die Dauer des erwarteten Erdienungszeitraums ist am Tag der Gewährung nach dem wahrscheinlichsten Eintreten der Leistungsbedingung zu schätzen. Handelt es sich bei der Leistungsbedingung um eine *Marktbedingung*, hat die geschätzte Dauer des erwarteten Erdienungszeitraums mit den bei der Schätzung des beizulegenden Zeitwerts der gewährten Optionen verwendeten Annahmen übereinzustimmen und darf später nicht mehr geändert werden. Ist die Leistungsbedingung keine Marktbedingung, hat das Unternehmen die geschätzte Dauer des Erdienungszeitraums bei Bedarf zu korrigieren, wenn spätere Informationen darauf hindeuten, dass die Länge des Erdienungszeitraums von den bisherigen Schätzungen abweicht.

Transaktionen, die unter Bezugnahme auf den beizulegenden Zeitwert der gewährten Eigenkapitalinstrumente bewertet werden

Ermittlung des beizulegenden Zeitwerts der gewährten Eigenkapitalinstrumente

16 Bei Transaktionen, die unter Bezugnahme auf den beizulegenden Zeitwert der gewährten Eigenkapitalinstrumente bewertet werden, ist der beizulegende Zeitwert der gewährten Eigenkapitalinstrumente am *Bewertungsstichtag* anhand der Marktpreise (sofern verfügbar) unter Berücksichtigung der besonderen Konditionen, zu denen die Eigenkapitalinstrumente gewährt wurden, (vorbehaltlich der Vorschriften der Paragraphen 19–22) zu ermitteln.

17 Stehen keine Marktpreise zur Verfügung, ist der beizulegende Zeitwert der gewährten Eigenkapitalinstrumente anhand eines Bewertungsverfahrens zu bestimmen, bei dem geschätzt wird, welchen Preis die betreffenden Eigenkapitalinstrumente am Bewertungsstichtag bei einer Transaktion zwischen sachverständigen, vertragswilligen und voneinander unabhängigen Parteien unter marktüblichen Bedingungen erzielt hätten. Das Bewertungsverfahren muss den allgemein anerkannten Bewertungsmethoden zur Ermittlung der Preise von Finanzinstrumenten entsprechen und alle Faktoren und Annahmen berücksichtigen, die sachverständige, vertragswillige Marktteilnehmer bei der Preisfestlegung berücksichtigen würden (vorbehaltlich der Vorschriften der Paragraphen 19–22).

18 Anhang B enthält weitere Leitlinien für die Ermittlung des beizulegenden Zeitwerts von Anteilen und Anteilsoptionen, wobei vor allem auf die üblichen Vertragsbedingungen bei der Gewährung von Anteilen oder Anteilsoptionen an Mitarbeiter eingegangen wird.

Behandlung der Erdienungsbedingungen

19 Die Gewährung von Eigenkapitalinstrumenten kann an die Erfüllung bestimmter Erdienungsbedingungen gekoppelt sein. Beispielsweise ist die Zusage von Anteilen oder Anteilsoptionen an einen Mitarbeiter in der Regel davon abhängig, dass er eine bestimmte Zeit im Unternehmen verbleibt. Unter Umständen sind auch Leistungsbedingungen zu erfüllen, wie z. B. die Erzielung eines bestimmten Gewinnwachstums oder eine bestimmte Steigerung des Anteilspreises des Unternehmens. Erdienungsbedingungen, bei denen es sich nicht um Marktbedingungen handelt, fließen nicht in die Schätzung des beizulegenden Zeitwerts der Anteile oder Anteilsoptionen am Bewertungsstichtag ein. Stattdessen sind Erdienungsbedingungen, bei denen es sich nicht um Marktbedingungen handelt, durch Anpassung der Anzahl der in die Bestimmung des Transaktionsbetrags einbezogenen Eigenkapitalinstrumente zu berücksichtigen, sodass der angesetzte Betrag für die Güter oder Dienstleistungen, die als Gegenleistung für die gewährten Eigenkapitalinstrumente erhalten werden, schließlich auf der Anzahl der letztlich erdienten Eigenkapitalinstrumente beruht. Dementsprechend wird auf kumulierter Basis kein Betrag für erhaltene Güter oder Dienstleistungen erfasst, wenn die gewährten Eigenkapitalinstrumente wegen der Nichterfüllung einer *Erdienungsbedingung*, bei der es sich nicht um eine Marktbedingung handelt, beispielsweise beim Ausscheiden eines Mitarbeiters vor der festgelegten Dienstzeit oder der Nichterfüllung einer Leistungsbedingung, vorbehaltlich der Vorschriften in Paragraph 21 nicht erdient werden.

20 Zur Anwendung der Vorschriften von Paragraph 19 ist für die während des Erdienungszeitraums erhaltenen Güter oder Dienstleistungen ein Betrag anzusetzen, der auf der bestmöglichen Schätzung der Anzahl der voraussichtlich erdienten Eigenkapitalinstrumente basiert, wobei diese Schätzung bei Bedarf zu korrigieren ist, wenn spätere Informationen darauf hindeuten, dass die Anzahl der voraussichtlich erdienten Eigenkapitalinstrumente von den bisherigen Schätzungen abweicht. Am Tag der Erdienung ist die Schätzung vorbehaltlich der Vorschriften von Paragraph 21 an die Anzahl der letztlich erdienten Eigenkapitalinstrumente anzugleichen.

21 Bei der Schätzung des beizulegenden Zeitwerts gewährter Eigenkapitalinstrumente sind die Marktbedingungen zu berücksichtigen, wie beispielsweise ein Zielanteilspreis, an den die Erdienung (oder Ausübbarkeit) geknüpft ist. Daher hat das Unternehmen bei der Gewährung von Eigenkapitalinstrumenten, die Marktbedingungen unterliegen, die von einer Vertragspartei erhaltenen Güter oder Dienstleistungen unabhängig vom Eintreten dieser Marktbedingungen zu erfassen, sofern die Vertragspartei alle anderen Erdienungsbedingungen erfüllt (etwa die Leistungen eines Mitarbeiters, der die vertraglich festgelegte Zeit im Unternehmen verblieben ist).

Behandlung der Bedingungen, bei denen es sich nicht um Erdienungsbedingungen handelt

21A In gleicher Weise hat ein Unternehmen bei der Schätzung des beizulegenden Zeitwerts gewährter Eigenkapitalinstrumente alle Bedingungen, bei denen es sich nicht um Erdienungsbedingungen handelt, zu berücksichtigen. Daher hat das Unternehmen bei der Gewährung von Eigenkapitalinstrumenten, die Bedingungen unterliegen, bei denen es sich nicht um Erdienungsbedingungen handelt, die von einer Vertragspartei erhaltenen Güter oder Dienstleistungen unabhängig vom Eintreten dieser Bedingungen zu erfassen, sofern die Vertragspartei alle Erdienungsbedingungen, bei denen es sich nicht um Marktbedingungen handelt, erfüllt (etwa die Leistungen eines Mitarbeiters, der die vertraglich festgelegte Zeit im Unternehmen verblieben ist).

Behandlung von Reload-Eigenschaften

22 Bei Optionen mit *Reload-Eigenschaften* ist die Reload-Eigenschaft bei der Ermittlung des beizulegenden Zeitwerts der am Bewertungsstichtag gewährten Optionen nicht zu berücksichtigen. Stattdessen ist eine *Reload-Option* zu dem Zeitpunkt als neu gewährte Option zu buchen, zu dem sie später gewährt wird.

Nach dem Tag der Erdienung

23 Nachdem die erhaltenen Güter oder Dienstleistungen gemäß den Paragraphen 10–22 mit einer entsprechenden Eigenkapitalerhöhung erfasst wurden, dürfen nach dem Tag der Erdienung keine weiteren Änderungen am Gesamtwert des Eigenkapitals mehr vorgenommen werden. Beispielsweise darf die Erfassung eines Betrags für von einem Mitarbeiter erbrachte Leistungen nicht rückgängig gemacht werden, wenn die erdienten Eigenkapitalinstrumente später verwirkt oder, im Falle von Anteilsoptionen, die Optionen nicht ausgeübt werden. Diese Vorschrift schließt jedoch nicht die Möglichkeit einer Umbuchung innerhalb des Eigenkapitals, also eine Umbuchung von einem Eigenkapitalposten in einen anderen, aus.

Wenn der beizulegende Zeitwert der Eigenkapitalinstrumente nicht verlässlich geschätzt werden kann

24 Die Vorschriften in den Paragraphen 16–23 sind anzuwenden, wenn eine anteilsbasierte Vergütung unter Bezugnahme auf den beizulegenden Zeitwert der gewährten Eigenkapitalinstrumente zu bewerten ist. In seltenen Fällen kann ein Unternehmen nicht in der Lage sein, den beizulegenden Zeitwert der gewährten Eigenkapitalinstrumente gemäß den Vorschriften der Paragraphen 16–22 am Bewertungsstichtag verlässlich zu schätzen. Ausschließlich in diesen seltenen Fällen hat das Unternehmen stattdessen

a) die Eigenkapitalinstrumente mit ihrem *inneren Wert* anzusetzen, und zwar erstmals zu dem Zeitpunkt, an dem das Unternehmen die Güter erhält oder die Vertragspartei die Dienstleistung erbringt, und anschließend an jedem Abschlussstichtag sowie am Tag der endgültigen Erfüllung, wobei etwaige Änderungen des inneren Werts erfolgswirksam zu erfassen sind. Bei der Gewährung von Anteilsoptionen gilt die anteilsbasierte Vergütungsvereinbarung als endgültig erfüllt, wenn die Optionen ausgeübt bzw. verwirkt werden (z.B. durch Beendigung des Beschäftigungsverhältnisses) oder verfallen (z. B. nach Ablauf der Ausübungsfrist).

b) die erhaltenen Güter oder Dienstleistungen auf Basis der Anzahl der letztlich erdienten oder (falls zutreffend) letztlich ausgeübten Eigenkapitalinstrumente anzusetzen. Bei Anwendung dieser Vorschrift auf Anteilsoptionen sind beispielsweise die während des Erdienungszeitraums erhaltenen Güter oder Dienstleistungen gemäß den Paragraphen 14 und 15, mit Ausnahme der Vorschriften in Paragraph 15(b) in Bezug auf das Vorliegen einer Marktbedingung, zu erfassen. Der Betrag, der für die während des Erdienungszeitraums erhaltenen Güter oder Dienstleistungen angesetzt wird, richtet sich nach der voraussichtlichen Anzahl der erdienten Anteilsoptionen. Diese Schätzung ist bei Bedarf zu korrigieren, wenn spätere Informationen darauf hindeuten, dass die voraussichtliche Anzahl der erdienten Anteilsoptionen von den bisherigen Schätzungen abweicht. Am Tag der Erdienung ist die Schätzung an die Anzahl der letztlich erdienten Eigenkapitalinstrumente anzugleichen. Nach dem Tag der Erdienung ist der für erhaltene Güter oder Dienstleistungen erfasste Betrag zurückzubuchen, wenn die Anteilsoptionen später verwirkt werden oder nach Ablauf der Ausübungsfrist verfallen.

25 Für Unternehmen, die nach Paragraph 24 bilanzieren, sind die Vorschriften in den Paragraphen 26–29 nicht anzuwenden, da etwaige Änderungen der Vertragsbedingungen, zu denen die Eigenkapitalinstrumente gewährt wurden, bei der in Paragraph 24 beschriebenen Methode des inneren Werts bereits berücksichtigt werden. Für die Erfüllung gewährter Eigenkapitalinstrumente, die nach Paragraph 24 bewertet wurden, gilt jedoch:

a) Tritt die Erfüllung während des Erdienungszeitraums ein, hat das Unternehmen die Erfüllung als vorgezogene Erdienung zu bilanzieren und daher den Betrag, der ansonsten für die im verbleibenden Erdienungszeitraum erhaltenen Leistungen erfasst worden wäre, sofort zu erfassen.

b) Alle zum Zeitpunkt der Erfüllung geleisteten Zahlungen sind als Rückkauf von Eigenkapitalinstrumenten, also als Abzug vom Eigenkapital, zu bilanzieren; davon ausgenommen ist der Anteil des gezahlten Betrags, der den am Tag des Rückkaufs ermittelten inneren Wert der rückgekauften Eigenkapitalinstrumente übersteigt und als Aufwand zu erfassen ist.

Änderungen der Vertragsbedingungen, zu denen die Eigenkapitalinstrumente gewährt wurden, einschließlich Annullierungen und Erfüllungen

26 Es ist denkbar, dass ein Unternehmen die Vertragsbedingungen für die Gewährung der Eigenkapitalinstrumente ändert. Beispielsweise könnte es den Ausübungspreis für gewährte Mitarbeiteroptionen senken (also den Optionspreis neu festsetzen), wodurch sich der beizulegende Zeitwert dieser Optionen erhöht. Die Vorschriften in den Paragraphen 27–29 für die Bilanzierung der Auswirkungen solcher Änderungen sind im Kontext anteilsbasierter Vergütung für Mitarbeiter formuliert. Sie gelten jedoch auch für anteilsbasierte Vergütungen für Parteien, bei denen es sich nicht um Mitarbeiter handelt, die unter Bezugnahme auf den beizulegenden Zeitwert der gewährten Eigenkapitalinstrumente erfasst werden. Im letzten Fall beziehen sich alle in den Paragraphen 27–29 enthaltenen Verweise auf den Tag der Gewährung

stattdessen auf den Tag, an dem das Unternehmen die Güter erhält oder die Vertragspartei die Dienstleistung erbringt.

27 Die erhaltenen Leistungen sind mindestens mit dem am Tag der Gewährung ermittelten beizulegenden Zeitwert der gewährten Eigenkapitalinstrumente zu erfassen, es sei denn, diese Eigenkapitalinstrumente sind nicht erdient, weil eine am Tag der Gewährung vereinbarte Erdienungsbedingung (bei der es sich nicht um eine Marktbedingung handelt) nicht erfüllt war. Dies gilt unabhängig von etwaigen Änderungen der Vertragsbedingungen, zu denen die Eigenkapitalinstrumente gewährt wurden, oder einer Annullierung oder Erfüllung der gewährten Eigenkapitalinstrumente. Außerdem hat ein Unternehmen die Auswirkungen von Änderungen zu erfassen, die den gesamten beizulegenden Zeitwert der anteilsbasierten Vergütungsvereinbarung erhöhen oder mit einem anderen Nutzen für den Mitarbeiter verbunden sind. Leitlinien für die Anwendung dieser Vorschrift sind in Anhang B zu finden.

28 Bei einer Annullierung (ausgenommen einer Annullierung durch Verwirkung, weil die Erdienungsbedingungen nicht erfüllt wurden) oder Erfüllung gewährter Eigenkapitalinstrumente während des Erdienungszeitraums gilt Folgendes:

a) Das Unternehmen hat die Annullierung oder Erfüllung als vorgezogene Erdienung zu behandeln und daher den Betrag, der ansonsten für die im verbleibenden Erdienungszeitraum erhaltenen Leistungen erfasst worden wäre, sofort zu erfassen.

b) Alle Zahlungen, die zum Zeitpunkt der Annullierung oder Erfüllung an den Mitarbeiter geleistet werden, sind als Rückkauf eines Eigenkapitalanteils, also als Abzug vom Eigenkapital, zu bilanzieren; davon ausgenommen ist der Anteil des gezahlten Betrags, der den am Tag des Rückkaufs ermittelten beizulegenden Zeitwert der rückgekauften Eigenkapitalinstrumente übersteigt und als Aufwand zu erfassen ist. Enthält eine anteilsbasierte Vergütungsvereinbarung jedoch Schuldkomponenten, so ist der beizulegende Zeitwert der Schuld am Tag der Annullierung oder Erfüllung neu zu bewerten. Alle Zahlungen, die zur Erfüllung der Schuldkomponente geleistet werden, sind als eine Tilgung der Schuld zu bilanzieren.

c) Wenn einem Mitarbeiter neue Eigenkapitalinstrumente gewährt werden und das Unternehmen am Tag der Gewährung dieser neuen Eigenkapitalinstrumente angibt, dass die neuen Eigenkapitalinstrumente als Ersatz für die annullierten Eigenkapitalinstrumente gewährt wurden, sind die als Ersatz gewährten Eigenkapitalinstrumente auf gleiche Weise wie eine Änderung der ursprünglich gewährten Eigenkapitalinstrumente gemäß Paragraph 27 und den Anwendungsleitlinien in Anhang B zu bilanzieren. Der gewährte zusätzliche beizulegende Zeitwert entspricht der Differenz zwischen dem beizulegenden Zeitwert der als Ersatz bestimmten Eigenkapitalinstrumente und dem beizulegenden Nettozeitwert der annullierten Eigenkapitalinstrumente am Tag, an dem die Ersatzinstrumente gewährt wurden. Der beizulegende Nettozeitwert der annullierten Eigenkapitalinstrumente ergibt sich aus ihrem beizulegenden Zeitwert unmittelbar vor der Annullierung, abzüglich des Betrags einer etwaigen Zahlung, die zum Zeitpunkt der Annullierung der Eigenkapitalinstrumente an den Mitarbeiter geleistet wurde und die gemäß (b) oben als Abzug vom Eigenkapital zu bilanzieren ist. Neue Eigenkapitalinstrumente, die nach Angabe des Unternehmens nicht als Ersatz für die annullierten Eigenkapitalinstrumente gewährt wurden, sind als neue gewährte Eigenkapitalinstrumente zu bilanzieren.

28A Wenn ein Unternehmen oder eine Vertragspartei wählen kann, ob es bzw. sie eine Bedingung, bei der es sich nicht um eine Erdienungsbedingung handelt, erfüllen will, und das Unternehmen oder die Vertragspartei es unterlässt, die Bedingung, bei der es sich nicht um eine Erdienungsbedingung handelt, während des Erdienungszeitraums zu erfüllen, so ist dies als eine Annullierung zu behandeln.

29 Beim Rückkauf von erdienten Eigenkapitalinstrumenten sind die an den Mitarbeiter geleisteten Zahlungen als Abzug vom Eigenkapital zu bilanzieren; davon ausgenommen ist der Anteil des gezahlten Betrags, der den am Tag des Rückkaufs ermittelten beizulegenden Zeitwert der rückgekauften Eigenkapitalinstrumente übersteigt und als Aufwand zu erfassen ist.

ANTEILSBASIERTE VERGÜTUNGEN MIT BARAUSGLEICH

30 Bei anteilsbasierten Vergütungen mit Barausgleich sind die erworbenen Güter oder Dienstleistungen und die entstandene Schuld vorbehaltlich der Vorschriften der Paragraphen 31–33D mit dem beizulegenden Zeitwert der Schuld zu erfassen. Bis zur Begleichung der Schuld ist der beizulegende Zeitwert der Schuld zu jedem Abschlussstichtag und am Erfüllungstag neu zu bestimmen und sind alle Änderungen des beizulegenden Zeitwerts erfolgswirksam in der Periode zu erfassen.

31 Ein Unternehmen könnte seinen Mitarbeitern z. B. als Teil ihres Vergütungspakets Wertsteigerungsrechte gewähren, mit denen sie einen Anspruch auf eine künftige Barvergütung (anstelle eines Eigenkapitalinstruments) erwerben, die an den Preisanstieg der Anteile dieses Unternehmens gegenüber einem bestimmten Basispreis über einen bestimmten Zeitraum gekoppelt ist. Eine andere Möglichkeit der Gewährung eines Anspruchs auf den Erhalt einer künftigen Barvergütung besteht darin, den Mitarbeitern ein Bezugsrecht auf Anteile (einschließlich zum Zeitpunkt der Ausübung der Anteilsoptionen auszugebender Anteile) einzuräumen, die rückkaufbar sind, entweder verbindlich (beispielsweise bei Beendigung des

Beschäftigungsverhältnisses) oder nach Wahl des Mitarbeiters. Diese Vereinbarungen sind Beispiele für anteilsbasierten Vergütungen mit Barausgleich. Wertsteigerungsrechte werden erwähnt, um einige Vorschriften der Paragraphen 32–33D zu veranschaulichen; die Vorschriften dieser Paragraphen gelten aber für alle anteilsbasierten Vergütungen mit Barausgleich.

32 Das Unternehmen hat zu dem Zeitpunkt, zu dem die Mitarbeiter ihre Leistung erbringen, die erhaltenen Leistungen und gleichzeitig eine Schuld zur Abgeltung dieser Leistungen zu erfassen. Einige Wertsteigerungsrechte sind beispielsweise sofort erdient, sodass der Mitarbeiter nicht an die Ableistung einer bestimmten Dienstzeit gebunden ist, bevor er einen Anspruch auf die Barvergütung erwirbt. Sofern keine gegenteiligen Anhaltspunkte vorliegen, ist der Erhalt der von den Mitarbeitern im Austausch für die Wertsteigerungsrechte zu erbringenden Leistungen zu unterstellen. Dementsprechend hat das Unternehmen die erhaltenen Leistungen und die daraus entstehende Schuld sofort zu erfassen. Ist die Erdienung der Wertsteigerungsrechte von der Ableistung einer bestimmten Dienstzeit abhängig, sind die erhaltenen Leistungen und die daraus entstehende Schuld zu dem Zeitpunkt zu erfassen, zu dem die Leistungen von den Mitarbeitern während dieses Zeitraums erbracht wurden.

33 Vorbehaltlich der Vorschriften der Paragraphen 33A–33D ist die Schuld bei der erstmaligen Erfassung und zu jedem Abschlussstichtag bis zu ihrer Begleichung mit dem beizulegenden Zeitwert der Wertsteigerungsrechte anzusetzen, hierzu ist ein Optionspreismodell anzuwenden, das die Vertragsbedingungen, zu denen die Wertsteigerungsrechte gewährt wurden, und den Umfang der bisher von den Mitarbeitern abgeleisteten Dienstzeit berücksichtigt. Ein Unternehmen kann die Vertragsbedingungen, zu denen eine anteilsbasierte Vergütung mit Barausgleich gewährt wird, ändern. Die Paragraphen B44A–B44C in Anhang B enthalten Leitlinien für die Bilanzierung von Änderungen, die bewirken, dass eine anteilsbasierte Vergütung mit Barausgleich fortan als anteilsbasierte Vergütung mit Ausgleich durch Eigenkapitalinstrumente einzustufen ist.

Behandlung von Erdienungsbedingungen und von Bedingungen, bei denen es sich nicht um Erdienungsbedingungen handelt

33A Eine anteilsbasierte Vergütung mit Barausgleich kann an die Erfüllung bestimmter Erdienungsbedingungen gekoppelt sein. Unter Umständen sind auch Leistungsbedingungen zu erfüllen, wie z. B. die Erreichung eines bestimmten Gewinnwachstums oder eine bestimmte Steigerung des Anteilspreises des Unternehmens. Erdienungsbedingungen, bei denen es sich nicht um Marktbedingungen handelt, fließen nicht in die Schätzung des beizulegenden Zeitwerts der anteilsbasierten Vergütung mit Barausgleich am Bewertungsstichtag ein. Stattdessen sind Erdienungsbedingungen, bei denen es sich nicht um Marktbedingungen handelt, durch Anpassung der Anzahl der Prämien zu berücksichtigen, die bei der Bewertung der mit der Vergütung einhergehenden Schuld berücksichtigt werden.

33B Zur Anwendung der Vorschriften in Paragraph 33A hat das Unternehmen für die während des Erdienungszeitraums erhaltenen Güter oder Dienstleistungen einen Betrag anzusetzen, der auf der bestmöglichen Schätzung der Anzahl der voraussichtlich erdienten Prämien basiert, wobei diese Schätzung bei Bedarf zu korrigieren ist, wenn spätere Informationen darauf hindeuten, dass die Anzahl der voraussichtlich erdienten Prämien von den bisherigen Schätzungen abweicht. Am Tag der Erdienung ist die Schätzung an die Anzahl der letztlich erdienten Prämien anzupassen.

33C Bei der Schätzung des beizulegenden Zeitwerts der gewährten anteilsbasierten Vergütung mit Barausgleich sowie bei der Neubewertung des beizulegenden Zeitwerts zu jedem Abschlussstichtag und am Erfüllungstag sind die Marktbedingungen, wie beispielsweise ein Zielanteilspreis, an den die Erdienung (oder Ausübbarkeit) geknüpft ist, sowie Bedingungen, bei denen es sich nicht um Erdienungsbedingungen handelt, zu berücksichtigen.

33D Die Anwendung der Paragraphen 30–33C führt dazu, dass der kumulierte Betrag, der letztlich für die als Gegenleistung für die anteilsbasierte Vergütung mit Barausgleich erhaltenen Güter oder Dienstleistungen angesetzt wird, dem gezahlten Geldbetrag entspricht.

ANTEILSBASIERTE VERGÜTUNGEN MIT EINEM NETTOAUSGLEICH FÜR DIE EINBEHALTUNG VON STEUERN

33E Ein Unternehmen kann nach den anwendbaren Steuergesetzen bzw. -vorschriften verpflichtet sein, bei einer anteilsbasierten Vergütung einen Betrag einzubehalten, der den vom Mitarbeiter in diesem Zusammenhang geschuldeten Steuern entspricht und den das Unternehmen im Namen des Mitarbeiters – in der Regel in Form eines Geldbetrags – an die Steuerbehörde abführt. Zur Erfüllung dieser Verpflichtung kann die anteilsbasierte Vergütungsvereinbarung für das Unternehmen die Möglichkeit oder Pflicht vorsehen, eine dem Geldwert der Steuerschuld des Mitarbeiters entsprechende Anzahl von Eigenkapitalinstrumenten von der Gesamtzahl der Eigenkapitalinstrumente, die an den Mitarbeiter bei Ausübung (oder Erdienung) der anteilsbasierten Vergütung ausgegeben worden wäre, einzubehalten (d. h. die anteilsbasierte Vergütungsvereinbarung sieht einen Nettoausgleich vor).

33F Wäre die in Paragraph 33E beschriebene Transaktion ohne den Nettoausgleich als anteilsbasierte Vergütung mit Ausgleich durch Eigenkapitalinstrumente einzustufen gewesen, ist sie als Ausnahme von den Vorschriften in Paragraph 34 in ihrer Gesamtheit als anteilsbasierte Vergütung mit Ausgleich durch Eigenkapitalinstrumente einzustufen.

33G Das Unternehmen hat die Anteile, die zur Finanzierung der Zahlung einbehalten werden, die im Namen des Mitarbeiters für dessen Steuerschuld aus der anteilsbasierten Vergütung an die Steuerverwaltung geleistet wird, gemäß Paragraph 29 des vorliegenden Standards zu bilanzieren. Daher ist die geleistete Zahlung, soweit sie den beizulegenden Zeitwert der einbehaltenen Eigenkapitalinstrumente am Erfüllungstag (Zeitpunkt des Nettoausgleichs) nicht übersteigt, für die einbehaltenen Anteile als Abzug vom Eigenkapital zu bilanzieren.

33H Die in Paragraph 33F beschriebene Ausnahme gilt nicht für

a) anteilsbasierte Vergütungsvereinbarungen mit Nettoausgleich, bei denen für das Unternehmen nach den Steuergesetzen oder -vorschriften keine Verpflichtung besteht, bei einer anteilsbasierten Vergütung einen Betrag für die vom Mitarbeiter in diesem Zusammenhang geschuldeten Steuern einzubehalten, oder

b) Eigenkapitalinstrumente, die das Unternehmen einbehält und die über die Steuerschuld des Mitarbeiters im Zusammenhang mit der anteilsbasierten Vergütung hinausgehen (d. h. das Unternehmen behält eine Anzahl von Anteilen ein, deren Geldwert höher ist als die Steuerschuld des Mitarbeiters). Diese zu viel einbehaltenen Anteile sind als anteilsbasierte Vergütung mit Barausgleich zu bilanzieren, wenn der Betrag in bar (oder in anderen Vermögenswerten) an den Mitarbeiter ausgezahlt wird.

ANTEILSBASIERTE VERGÜTUNGEN MIT WAHLWEISEM BARAUSGLEICH ODER AUSGLEICH DURCH EIGENKAPITALINSTRUMENTE

34 Bei anteilsbasierten Vergütungen, bei denen das Unternehmen oder die Gegenpartei vertraglich die Wahl haben, ob die Transaktion in bar (oder in anderen Vermögenswerten) oder durch die Ausgabe von Eigenkapitalinstrumenten abgegolten wird, ist die Transaktion bzw. sind deren Bestandteile als anteilsbasierte Vergütung mit Barausgleich zu bilanzieren, sofern und soweit für das Unternehmen eine Verpflichtung zum Ausgleich in bar oder in anderen Vermögenswerten besteht, bzw. als anteilsbasierte Vergütung mit Ausgleich durch Eigenkapitalinstrumente, sofern und soweit keine solche Verpflichtung besteht.

Anteilsbasierte Vergütungen mit Erfüllungswahlrecht bei der Gegenpartei

35 Lässt ein Unternehmen der Gegenpartei die Wahl, ob eine anteilsbasierte Vergütung in bar[4] oder durch die Ausgabe von Eigenkapitalinstrumenten beglichen werden soll, liegt die Gewährung eines zusammengesetzten Finanzinstruments vor, das aus einer Schuldkomponente (dem Recht der Gegenpartei auf Barvergütung) und einer Eigenkapitalkomponente (dem Recht der Gegenpartei auf einen Ausgleich durch Eigenkapitalinstrumente anstelle durch Barvergütung) besteht. Bei Transaktionen mit Parteien, bei denen es sich nicht um Mitarbeiter handelt, bei denen der beizulegende Zeitwert der erhaltenen Güter und Dienstleistungen direkt ermittelt wird, ist die Eigenkapitalkomponente des zusammengesetzten Finanzinstruments als Differenz zwischen dem beizulegenden Zeitwert der erhaltenen Güter oder Dienstleistungen und dem beizulegenden Zeitwert der Schuldkomponente zum Zeitpunkt des Erhalts der Güter oder Dienstleistungen anzusetzen.

[4] In den Paragraphen 35–43 schließen alle Verweise auf Barmittel auch andere Vermögenswerte des Unternehmens ein.

36 Bei anderen Transaktionen, einschließlich Transaktionen mit Mitarbeitern, hat das Unternehmen den beizulegenden Zeitwert des zusammengesetzten Finanzinstruments zum Bewertungsstichtag unter Berücksichtigung der Vertragsbedingungen zu bestimmen, zu denen die Rechte auf Barausgleich oder Ausgleich durch Eigenkapitalinstrumente gewährt wurden.

37 Zur Anwendung von Paragraph 36 ist zunächst der beizulegende Zeitwert der Schuldkomponente und im Anschluss daran der beizulegende Zeitwert der Eigenkapitalkomponente zu ermitteln – wobei zu berücksichtigen ist, dass die Gegenpartei beim Erhalt der Eigenkapitalinstrumente ihr Recht auf Barvergütung verwirkt. Der beizulegende Zeitwert des zusammengesetzten Finanzinstruments entspricht der Summe der beizulegenden Zeitwerte der beiden Komponenten. Anteilsbasierte Vergütungen, bei denen die Gegenpartei die Form der Erfüllung frei wählen kann, sind jedoch häufig so strukturiert, dass beide Erfüllungsalternativen den gleichen beizulegenden Zeitwert haben. Die Gegenpartei könnte beispielsweise die Wahl zwischen dem Erhalt von Anteilsoptionen oder in bar abgegoltenen Wertsteigerungsrechten haben. In solchen Fällen ist der beizulegende Zeitwert der Eigenkapitalkomponente gleich null, d. h. der beizulegende Zeitwert des zusammengesetzten Finanzinstruments entspricht dem der Schuldkomponente. Umgekehrt ist der beizulegende Zeitwert der Eigenkapitalkomponente in der Regel größer als null, wenn sich die beizulegenden Zeitwerte der Erfüllungsalternativen unterscheiden; in diesem Fall ist der beizulegende Zeitwert des zusammengesetzten Finanzinstruments größer als der beizulegende Zeitwert der Schuldkomponente.

38 Die erhaltenen oder erworbenen Güter oder Dienstleistungen sind entsprechend ihrer Einstufung als Schuld- oder Eigenkapitalkomponente des zusammengesetzten Finanzinstruments getrennt auszuweisen. Für die Schuldkomponente sind zu dem Zeitpunkt, zu dem die Gegenpartei die Güter liefert oder Leistungen erbringt, die erhaltenen Güter oder Dienstleistungen und gleichzeitig eine Schuld zur Begleichung dieser Güter oder Dienstleistungen gemäß den für die anteilsbasierte Vergütungen mit Barausgleich geltenden Vorschriften (Paragraphen 30–33) zu erfassen. Für die Eigenkapitalkomponente (falls vorhanden) sind zu dem

3/2. IFRS 2
38 – 43C

Zeitpunkt, zu dem die Gegenpartei die Güter liefert oder Leistungen erbringt, die erhaltenen Güter oder Dienstleistungen und gleichzeitig eine Erhöhung des Eigenkapitals gemäß den für anteilsbasierten Vergütungen mit Ausgleich durch Eigenkapitalinstrumente geltenden Vorschriften (Paragraphen 10–29) zu erfassen.

39 Am Erfüllungstag hat das Unternehmen die Schuld mit dem beizulegenden Zeitwert neu zu bewerten. Erfolgt der Ausgleich nicht in bar, sondern durch die Ausgabe von Eigenkapitalinstrumenten, ist die Schuld als Gegenleistung für die ausgegebenen Eigenkapitalinstrumente direkt ins Eigenkapital umzubuchen.

40 Erfolgt der Ausgleich in bar anstatt durch die Ausgabe von Eigenkapitalinstrumenten, gilt die Schuld mit dieser Zahlung als vollständig beglichen. Alle vorher erfassten Eigenkapitalkomponenten verbleiben im Eigenkapital. Durch ihre Entscheidung für einen Barausgleich verwirkt die Gegenpartei das Recht auf den Erhalt von Eigenkapitalinstrumenten. Diese Vorschrift schließt jedoch nicht die Möglichkeit einer Umbuchung innerhalb des Eigenkapitals, also eine Umbuchung von einem Eigenkapitalposten in einen anderen, aus.

Anteilsbasierte Vergütungen mit Erfüllungswahlrecht beim Unternehmen

41 Bei anteilsbasierten Vergütungen, die dem Unternehmen das vertragliche Wahlrecht einräumen, ob der Ausgleich in bar oder durch die Ausgabe von Eigenkapitalinstrumenten erfolgen soll, hat das Unternehmen zu bestimmen, ob eine gegenwärtige Verpflichtung zum Barausgleich besteht, und die anteilsbasierte Vergütung entsprechend zu erfassen. Eine gegenwärtige Verpflichtung zum Barausgleich besteht dann, wenn die Möglichkeit eines Ausgleichs durch Eigenkapitalinstrumenten keinen wirtschaftlichen Gehalt hat (z. B. weil dem Unternehmen die Ausgabe von Anteilen rechtlich verboten ist) oder der Barausgleich eine bisherige betriebliche Praxis oder erklärte Richtlinie des Unternehmens ist oder das Unternehmen im Allgemeinen einen Barausgleich vornimmt, wenn die Gegenpartei diese Form des Ausgleichs wünscht.

42 Hat das Unternehmen eine gegenwärtige Verpflichtung zum Barausgleich, ist die Transaktion gemäß den Vorschriften für anteilsbasierte Vergütungen mit Barausgleich (Paragraphen 30–33) zu bilanzieren.

43 Besteht eine solche Verpflichtung nicht, ist die Transaktion gemäß den Vorschriften für anteilsbasierte Vergütungen mit Ausgleich durch Eigenkapitalinstrumente (Paragraphen 10–29) zu bilanzieren. Bei der Erfüllung gilt Folgendes:

a) Entscheidet sich das Unternehmen für einen Barausgleich, ist die Barvergütung mit der unter (c) dargelegten Ausnahme als Rückkauf von Eigenkapitalanteilen, also als Abzug vom Eigenkapital, zu behandeln.

b) Entscheidet sich das Unternehmen für einen Ausgleich durch die Ausgabe von Eigenkapitalinstrumenten, ist mit der unter (c) dargelegten Ausnahme keine weitere Buchung erforderlich (außer ggf. eine Umbuchung von einem Eigenkapitalposten in einen anderen).

c) Wählt das Unternehmen die Form des Ausgleichs mit dem am Erfüllungstag höheren beizulegenden Zeitwert, ist ein zusätzlicher Aufwand für den Überschussbetrag zu erfassen, d. h. für die Differenz zwischen der Höhe der Barvergütung und dem beizulegenden Zeitwert der Eigenkapitalinstrumente, die sonst ausgegeben worden wären, bzw., je nach Sachlage, der Differenz zwischen dem beizulegenden Zeitwert der ausgegebenen Eigenkapitalinstrumente und dem Barbetrag, der sonst gezahlt worden wäre.

ANTEILSBASIERTE VERGÜTUNGEN ZWISCHEN KONZERNUNTERNEHMEN (ÄNDERUNGEN 2009)

43A Bei anteilsbasierten Vergütungen zwischen Konzernunternehmen hat das Unternehmen, das die Güter oder Dienstleistungen erhält, diese Güter oder Dienstleistungen in seinem Einzelabschluss entweder als anteilsbasierte Vergütung mit Ausgleich durch Eigenkapitalinstrumente oder als anteilsbasierte Vergütung mit Barausgleich zu bewerten und Folgendes zu beurteilen:

a) die Art der gewährten Prämien und
b) seine eigenen Rechte und Pflichten.

Der von dem Unternehmen, das die Güter oder Dienstleistungen erhält, erfasste Betrag kann von dem Betrag abweichen, der von dem Konzern oder einem anderen Konzernunternehmen erfasst wird, der bzw. das bei der anteilsbasierten Vergütung den Ausgleich vornimmt.

43B Das Unternehmen, das die Güter oder Dienstleistungen erhält, hat diese als anteilsbasierte Vergütung mit Ausgleich durch Eigenkapitalinstrumente zu bewerten, wenn

a) es sich bei den gewährten Prämien um seine eigenen Eigenkapitalinstrumente handelt oder
b) das Unternehmen nicht dazu verpflichtet ist, die anteilsbasierte Vergütung auszugleichen.

Gemäß den Paragraphen 19–21 ist ein Unternehmen eine solche anteilsbasierte Vergütung mit Ausgleich durch Eigenkapitalinstrumente in der Folge nur dann neu zu bewerten, wenn sich die nicht marktbedingten Erdienungsbedingungen geändert haben. In allen anderen Fällen hat das Unternehmen, das die Güter oder Dienstleistungen erhält, diese als anteilsbasierte Vergütung mit Barausgleich zu bewerten.

43C Das Unternehmen, das bei einer anteilsbasierten Vergütung den Ausgleich vornimmt, während ein anderes Unternehmen des Konzerns die Güter oder Dienstleistungen erhält, hat diese Transaktion nur dann als anteilsbasierte Vergütung mit Ausgleich durch Eigenkapitalinstrumente zu erfassen, wenn der Ausgleich mit seinen eigenen Eigenkapitalinstrumenten erfolgt. In allen anderen Fällen ist die Transaktion als anteilsbasierte Vergütung mit Barausgleich zu erfassen.

43D Bestimmte konzerninterne Transaktionen sind mit Rückzahlungsvereinbarungen verbunden, die ein Konzernunternehmen dazu verpflichten, ein anderes Konzernunternehmen für die Bereitstellung anteilsbasierter Vergütungen für die Lieferanten der Güter oder Dienstleistungen zu bezahlen. In solchen Fällen hat das Unternehmen, das die Güter oder Dienstleistungen erhält, die anteilsbasierte Vergütung ungeachtet etwaiger konzerninterner Rückzahlungsvereinbarungen gemäß Paragraph 43B zu bilanzieren.

ANGABEN

44 Ein Unternehmen hat Informationen anzugeben, die den Abschlussadressaten Art und Ausmaß der in der Berichtsperiode bestehenden anteilsbasierten Vergütungsvereinbarungen verständlich machen.

45 Um den Grundsatz in Paragraph 44 zu erfüllen, hat das Unternehmen mindestens folgende Angaben zu machen:

a) eine Beschreibung der einzelnen Arten von anteilsbasierten Vergütungsvereinbarungen, die während der Berichtsperiode in Kraft waren, einschließlich der allgemeinen Bedingungen jeder Vereinbarung, wie Erdienungsbedingungen, maximale Anzahl gewährter Optionen und Form des Ausgleichs (ob in bar oder durch Eigenkapitalinstrumente). Ein Unternehmen mit substanziell ähnlichen Arten von anteilsbasierten Vergütungsvereinbarungen kann diese Angaben zusammenfassen, soweit zur Erfüllung des Grundsatzes in Paragraph 44 keine gesonderte Darstellung der einzelnen Vereinbarungen notwendig ist.

b) Anzahl und gewichteter Durchschnitt der Ausübungspreise der Anteilsoptionen für jede der folgenden Gruppen von Optionen:
   i) zu Beginn der Berichtsperiode ausstehende Optionen,
   ii) in der Berichtsperiode gewährte Optionen,
   iii) in der Berichtsperiode verwirkte Optionen,
   iv) in der Berichtsperiode ausgeübte Optionen,
   v) in der Berichtsperiode verfallene Optionen,
   vi) am Ende der Berichtsperiode ausstehende Optionen und
   vii) am Ende der Berichtsperiode ausübbare Optionen.

c) bei in der Berichtsperiode ausgeübten Optionen der gewichtete durchschnittliche Anteilspreis zum Ausübungszeitpunkt. Wurden die Optionen während der Berichtsperiode regelmäßig ausgeübt, kann stattdessen der gewichtete durchschnittliche Anteilspreis der Berichtsperiode herangezogen werden.

d) für die am Ende der Berichtsperiode ausstehenden Optionen die Bandbreite an Ausübungspreisen und der gewichtete Durchschnitt der verbleibenden Vertragslaufzeit. Ist die Bandbreite der Ausübungspreise sehr groß, sind die ausstehenden Optionen in Bereiche zu unterteilen, die zur Beurteilung der Anzahl und des Zeitpunkts der möglichen Ausgabe zusätzlicher Anteile und des bei Ausübung dieser Optionen realisierbaren Barbetrags geeignet sind.

46 Ein Unternehmen hat Informationen anzugeben, die den Abschlussadressaten verständlich machen, wie der beizulegende Zeitwert der erhaltenen Güter oder Dienstleistungen oder der beizulegende Zeitwert der gewährten Eigenkapitalinstrumente in der Berichtsperiode bestimmt wurde.

47 Wurde der beizulegende Zeitwert der als Gegenleistung für Eigenkapitalinstrumente des Unternehmens erhaltenen Güter oder Dienstleistungen indirekt unter Bezugnahme auf den beizulegenden Zeitwert der gewährten Eigenkapitalinstrumente bewertet, hat das Unternehmen zur Erfüllung des Grundsatzes in Paragraph 46 mindestens Folgendes anzugeben:

a) für in der Berichtsperiode gewährte Anteilsoptionen den gewichteten Durchschnitt der beizulegenden Zeitwerte dieser Optionen am Bewertungsstichtag sowie Angaben darüber, wie dieser beizulegende Zeitwert ermittelt wurde, einschließlich der Angabe
   i) des verwendeten Optionspreismodells und der in dieses Modell einfließenden Daten; dies beinhaltet den gewichteten durchschnittlichen Anteilspreis, den Ausübungspreis, die erwartete Volatilität, die Laufzeit der Option, die erwarteten Dividenden, den risikolosen Zinssatz und andere in das Modell einfließende Parameter, einschließlich der verwendeten Methode und der zugrunde gelegten Annahmen zur Berücksichtigung der Auswirkungen einer erwarteten frühzeitigen Ausübung,
   ii) wie die erwartete Volatilität bestimmt wurde; dies beinhaltet erläuternde Angaben, inwieweit die erwartete Volatilität auf der historischen Volatilität beruht, und
   iii) ob und auf welche Weise andere Ausstattungsmerkmale der Optionsgewährung, wie z. B. eine Marktbedingung, bei der Ermittlung des beizulegenden Zeitwerts berücksichtigt wurden,

b) für andere in der Berichtsperiode gewährte Eigenkapitalinstrumente (d. h. keine Anteilsoptionen) die Anzahl und gewichteten Durchschnitt der beizulegenden Zeitwerte dieser Eigenkapitalinstrumente am Bewertungsstichtag sowie Angaben darüber, wie dieser beizulegende Zeitwert ermittelt wurde, einschließlich der Angabe:
   i) wenn der beizulegende Zeitwert nicht anhand eines beobachtbaren Marktprei-

ses ermittelt wurde, auf welche Weise er bestimmt wurde,

  ii) ob und auf welche Weise erwartete Dividenden bei der Ermittlung des beizulegenden Zeitwerts berücksichtigt wurden, und

  iii) ob und auf welche Weise andere Ausstattungsmerkmale der gewährten Eigenkapitalinstrumente bei der Bestimmung des beizulegenden Zeitwerts berücksichtigt wurden,

c) für anteilsbasierte Vergütungen, die in der Berichtsperiode geändert wurden,

  i) eine Erklärung dieser Änderungen,

  ii) der zusätzliche beizulegende Zeitwert, der (infolge dieser Änderungen) gewährt wurde, und

  iii) ggf. Angaben darüber, wie der gewährte zusätzliche beizulegende Zeitwert im Einklang mit den Vorschriften unter (a) und (b) bestimmt wurde.

48 Wurden die in der Berichtsperiode erhaltenen Güter oder Dienstleistungen direkt zum beizulegenden Zeitwert angesetzt, hat das Unternehmen anzugeben, wie der beizulegende Zeitwert bestimmt wurde, d. h. ob er anhand eines Marktpreises für die betreffenden Güter oder Dienstleistungen ermittelt wurde.

49 Hat das Unternehmen die Vermutung in Paragraph 13 widerlegt, hat es dies anzugeben und zu begründen, warum es zu einer Widerlegung dieser Vermutung kam.

50 Ein Unternehmen hat Informationen anzugeben, die den Abschlussadressaten die Auswirkungen anteilsbasierter Vergütungen auf den Periodengewinn oder -verlust und die Vermögens- und Finanzlage des Unternehmens verständlich machen.

51 Um den Grundsatz in Paragraph 50 zu erfüllen, hat das Unternehmen mindestens Folgendes anzugeben:

a) den in der Berichtsperiode erfassten Gesamtaufwand für anteilsbasierte Vergütungen, bei denen die erhaltenen Güter oder Dienstleistungen nicht für einen Ansatz als Vermögenswert in Betracht kamen und daher sofort aufwandswirksam gebucht wurden; dabei ist der Anteil am Gesamtaufwand, der auf anteilsbasierte Vergütungen mit Ausgleich durch Eigenkapitalinstrumente entfällt, gesondert auszuweisen,

b) für Schulden aus anteilsbasierten Vergütungen

  i) den Gesamtbuchwert am Ende der Berichtsperiode und

  ii) den gesamten inneren Wert der Schulden am Ende der Berichtsperiode, bei denen das Recht der Gegenpartei auf Erhalt von Zahlungsmitteln oder anderen Vermögenswerten zum Ende der Berichtsperiode erdient war (z. B. erdiente Wertsteigerungsrechte).

52 Sind die Angabepflichten dieses Standards zur Erfüllung der Grundsätze in den Paragraphen 44, 46 und 50 nicht ausreichend, hat das Unternehmen zusätzliche Angaben zu machen, die zu einer Erfüllung dieser Grundsätze führen. Hat ein Unternehmen beispielsweise eine anteilsbasierte Vergütung gemäß Paragraph 33F als anteilsbasierte Vergütung mit Ausgleich durch Eigenkapitalinstrumente eingestuft, so hat es, wenn es notwendig ist, die Abschlussadressaten über die künftigen Zahlungsströme im Zusammenhang mit der anteilsbasierten Vergütungsvereinbarung zu informieren, den Betrag anzugeben, den es voraussichtlich an die Steuerbehörde abführen wird, um die Steuerschuld des Mitarbeiters zu begleichen.

ÜBERGANGSVORSCHRIFTEN

53 Bei anteilsbasierten Vergütungen mit Ausgleich durch Eigenkapitalinstrumente ist dieser IFRS auf Anteile, Anteilsoptionen und andere Eigenkapitalinstrumente anzuwenden, die nach dem 7. November 2002 gewährt wurden und zum Zeitpunkt des Inkrafttretens dieses IFRS noch nicht erdient waren.

54 Es wird empfohlen, aber nicht vorgeschrieben, diesen IFRS auf andere gewährte Eigenkapitalinstrumente anzuwenden, sofern das Unternehmen den am Bewertungsstichtag bestimmten beizulegenden Zeitwert dieser Eigenkapitalinstrumente veröffentlicht hat.

55 Bei allen gewährten Eigenkapitalinstrumenten, auf die dieser IFRS angewendet wird, ist eine Anpassung der Vergleichsinformationen und ggf. des Eröffnungsbilanzwerts der Gewinnrücklagen für die früheste dargestellte Berichtsperiode vorzunehmen.

56 Alle gewährten Eigenkapitalinstrumente, auf die dieser IFRS keine Anwendung findet (also alle bis einschließlich 7. November 2002 gewährten Eigenkapitalinstrumente), unterliegen dennoch den Angabepflichten gemäß den Paragraphen 44 und 45.

57 Ändert ein Unternehmen nach Inkrafttreten dieses IFRS die Vertragsbedingungen für gewährte Eigenkapitalinstrumente, auf die dieser IFRS nicht angewendet worden ist, sind dennoch für die Bilanzierung derartiger Änderungen die Paragraphen 26–29 maßgeblich.

58 Der IFRS ist rückwirkend auf Schulden aus anteilsbasierten Vergütungen anzuwenden, die zum Zeitpunkt des Inkrafttretens dieses IFRS bestanden. Für diese Schulden ist eine Anpassung der Vergleichsinformationen vorzunehmen; hierzu gehört auch eine Anpassung des Eröffnungsbilanzwerts der Gewinnrücklagen in der frühesten dargestellten Berichtsperiode, soweit die Vergleichsinformationen angepasst worden sind; eine Pflicht zur Anpassung der Vergleichsinformationen besteht allerdings nicht für Informationen, die sich auf eine Berichtsperiode oder einen Zeitpunkt vor dem 7. November 2002 beziehen.

59 Es wird empfohlen, aber nicht vorgeschrieben, den IFRS rückwirkend auf andere Schulden

aus anteilsbasierten Vergütungen anzuwenden, wie beispielsweise auf Schulden, die in einer Berichtsperiode beglichen wurden, für die Vergleichsinformationen aufgeführt sind.

59A Ein Unternehmen hat die Änderungen in den Paragraphen 30–31, 33–33H und B44A–B44C wie nachfolgend angegeben anzuwenden. Frühere Perioden sind nicht anzupassen.

a) Die Änderungen in den Paragraphen B44A–B44C gelten nur für Änderungen der Vertragsbedingungen einer anteilsbasierten Vergütung, die am oder nach dem Zeitpunkt der erstmaligen Anwendung der Änderungen dieses Standards eintreten.

b) Die Änderungen in den Paragraphen 30–31 und 33–33D gelten für anteilsbasierte Vergütungen, die am Tag der erstmaligen Anwendung der Änderungen nicht erdient sind, und für anteilsbasierte Vergütungen, die zum oder nach dem Tag der erstmaligen Anwendung der Änderungen gewährt werden. Bei nicht erdienten, vor dem Tag der erstmaligen Anwendung der Änderungen gewährten anteilsbasierten Vergütungen hat ein Unternehmen die Schuld zu diesem Zeitpunkt neu zu bewerten und die Auswirkung der Neubewertung in der Berichtsperiode, in der die Änderungen erstmals angewandt werden, im Anfangssaldo der Gewinnrücklagen (bzw. anderer Bestandteile des Eigenkapitals) auszuweisen.

c) Die Änderungen in den Paragraphen 33E–33H und die Änderung des Paragraphen 52 gelten für anteilsbasierte Vergütungen, die am Tag der erstmaligen Anwendung der Änderungen nicht erdient sind (oder erdient sind, aber nicht ausgeübt wurden), und für anteilsbasierte Vergütungen, die am oder nach dem Tag der erstmaligen Anwendung der Änderungen gewährt werden. Bei nicht erdienten (oder erdienten, aber nicht ausgeübten) anteilsbasierten Vergütungen (oder deren Bestandteilen), die als anteilsbasierte Vergütungen mit Barausgleich eingestuft waren, infolge der Änderungen nun aber als anteilsbasierte Vergütungen mit Ausgleich durch Eigenkapitalinstrumente einzustufen sind, ist der Buchwert der aus der anteilsbasierten Vergütung resultierenden Schuld am Tag der erstmaligen Anwendung der Änderungen in das Eigenkapital umzugliedern.

59B Unbeschadet der Vorschriften in Paragraph 59A kann ein Unternehmen die Änderungen in Paragraph 63D vorbehaltlich der Übergangsvorschriften der Paragraphen 53–59 dieses Standards nur dann rückwirkend gemäß IAS 8 *Rechnungslegungsmethoden, Änderungen von rechnungslegungsbezogenen Schätzungen und Fehler* anwenden, wenn dabei keine nachträglichen Erkenntnisse verwendet werden. Wenn sich ein Unternehmen für eine rückwirkende Anwendung entscheidet, muss es sämtliche in der Verlautbarung *Einstufung und Bewertung anteilsbasierter Vergütungen* (Änderungen an IFRS 2) enthaltenen Änderungen rückwirkend anwenden.

ZEITPUNKT DES INKRAFTTRETENS

60 Dieser IFRS ist auf Geschäftsjahre anzuwenden, die am oder nach dem 1. Januar 2005 beginnen. Eine frühere Anwendung wird empfohlen. Wendet ein Unternehmen den IFRS auf Berichtsperioden an, die vor dem 1. Januar 2005 beginnen, hat es dies anzugeben.

61 Durch IFRS 3 (in der 2008 überarbeiteten Fassung) und die *Verbesserungen der IFRS*, veröffentlicht im April 2009, wurde Paragraph 5 geändert. Diese Änderung ist auf Geschäftsjahre anzuwenden, die am oder nach dem 1. Juli 2009 beginnen. Eine frühere Anwendung ist zulässig. Wendet ein Unternehmen IFRS 3 (überarbeitet 2008) auf eine frühere Periode an, so hat es auf diese frühere Periode auch diese Änderungen anzuwenden.

62 Die folgenden Änderungen sind rückwirkend auf Geschäftsjahre anzuwenden, die am oder nach dem 1. Januar 2009 beginnen:

a) die Vorschriften in Paragraph 21A hinsichtlich der Behandlung von Bedingungen, bei denen es sich nicht um Erdienungsbedingungen handelt,

b) die in Anhang A überarbeiteten Definitionen der Begriffe „erdienen" (vorher: ausübbar werden) und „Erdienungsbedingungen" (vorher: Ausübungsbedingungen),

c) die Änderungen in den Paragraphen 28 und 28A hinsichtlich Annullierungen.

Eine frühere Anwendung ist zulässig. Wendet ein Unternehmen diese Änderungen auf eine Periode an, die vor dem 1. Januar 2009 beginnt, hat es dies anzugeben.

63 Die nachstehend aufgeführten Änderungen, die mit der Verlautbarung *Konzerninterne anteilsbasierte Vergütungen mit Barausgleich*, veröffentlicht im Juni 2009, vorgenommen wurden, sind vorbehaltlich der Übergangsvorschriften in den Paragraphen 53–59 gemäß IAS 8 rückwirkend auf Geschäftsjahre anzuwenden, die am oder nach dem 1. Januar 2010 beginnen:

a) In Bezug auf die Bilanzierung von Transaktionen zwischen Konzernunternehmen die Änderung des Paragraphen 2, die Streichung des Paragraphen 3 und die Einfügung der Paragraphen 3A und 43A–43D sowie der Paragraphen B45, B47, B50, B54, B56–B58 und B60 in Anhang B.

b) Die überarbeiteten Definitionen der folgenden Begriffe in Anhang A:

— anteilsbasierte Vergütung mit Barausgleich,

— anteilsbasierte Vergütung mit Ausgleich durch Eigenkapitalinstrumente,

— anteilsbasierte Vergütungsvereinbarung und

— anteilsbasierte Vergütung.

Sind die für eine rückwirkende Anwendung notwendigen Informationen nicht verfügbar, hat das Unternehmen in seinem Einzelabschluss die zuvor im Konzernabschluss erfassten Beträge auszuweisen. Eine frühere Anwendung ist zulässig. Wendet ein Unternehmen diese Änderungen auf eine vor dem 1. Januar 2010 beginnende Berichtsperiode an, so hat es dies anzugeben.

63A Durch IFRS 10 *Konzernabschlüsse* und IFRS 11, veröffentlicht im Mai 2011, wurden Paragraph 5 und Anhang A geändert. Wendet ein Unternehmen IFRS 10 und IFRS 11 an, hat es diese Änderungen ebenfalls anzuwenden.

63B Durch die *Jährlichen Verbesserungen an den IFRS, Zyklus 2010–2012*, veröffentlicht im Dezember 2013, wurden die Paragraphen 15 und 19 geändert. In Anhang A wurden die Definitionen der Begriffe „Erdienungsbedingungen" (vorher: Ausübungsbedienungen) und „Marktbedingung" geändert und die Definitionen der Begriffe „Leistungsbedingung" und „*Dienstbedingung*" eingefügt. Ein Unternehmen hat diese Änderungen prospektiv auf am oder nach dem 1. Juli 2014 gewährte anteilsbasierte Vergütungen anzuwenden. Eine frühere Anwendung ist zulässig. Wendet ein Unternehmen diese Änderung auf eine frühere Periode an, hat es dies anzugeben.

63C Durch IFRS 9 (in der im Juli 2014 veröffentlichten Fassung) wurde Paragraph 6 geändert. Wendet ein Unternehmen IFRS 9 an, ist diese Änderung ebenfalls anzuwenden.

63D Mit der im Juni 2016 veröffentlichten Verlautbarung *Einstufung und Bewertung anteilsbasierter Vergütungen* (Änderungen an IFRS 2) wurden die Paragraphen 19, 30–31, 33, 52 und 63 geändert und die Paragraphen 33A–33H, 59A–59B, 63D und B44A–B44C mit deren Überschriften eingefügt. Diese Änderungen sind auf Geschäftsjahre anzuwenden, die am oder nach dem 1. Januar 2018 beginnen. Eine frühere Anwendung ist zulässig. Wendet ein Unternehmen die Änderungen auf eine frühere Periode an, hat es dies anzugeben.

63E Durch die 2018 veröffentlichte Verlautbarung *Änderung der Verweise auf das Rahmenkonzept in IFRS-Standards* wurde in Anhang A die Fußnote am Ende der Definition des Begriffs „Eigenkapitalinstrument" geändert. Diese Änderung ist auf Geschäftsjahre anzuwenden, die am oder nach dem 1. Januar 2020 beginnen. Eine frühere Anwendung ist zulässig, wenn das Unternehmen gleichzeitig alle anderen mit der Verlautbarung *Änderungen der Verweise auf das Rahmenkonzept in IFRS-Standards* einhergehenden Änderungen anwendet. Die Änderung an IFRS 2 ist vorbehaltlich der Übergangsvorschriften in den Paragraphen 53–59 dieses Standards gemäß IAS 8 *Rechnungslegungsmethoden, Änderungen von rechnungslegungsbezogenen Schätzungen und Fehler* rückwirkend anzuwenden. Sollte das Unternehmen jedoch feststellen, dass eine rückwirkende Anwendung nicht durchführbar oder mit unangemessenem Kosten- oder Zeitaufwand verbunden wäre, hat es die Änderung an IFRS 2 mit Verweis auf die Paragraphen 23–28, 50–53 und 54F von IAS 8 anzuwenden.

RÜCKNAHME VON INTERPRETATIONEN

64 *Konzerninterne anteilsbasierte Vergütungen mit Barausgleich*, veröffentlicht im Juni 2009, ersetzt IFRIC 8 *Anwendungsbereich von IFRS 2* und IFRIC 11 *IFRS 2 – Geschäfte mit eigenen Anteilen und Anteilen von Konzernunternehmen*. Mit den darin enthaltenen Änderungen wurden die nachstehend genannten früheren Vorschriften aus IFRIC 8 und IFRIC 11 übernommen:

a) In Bezug auf die Bilanzierung von Transaktionen, bei denen das Unternehmen nicht alle oder keine/s der erhaltenen Güter oder Dienstleistungen speziell identifizieren kann, die Änderung des Paragraphen 2 und die Einfügung des Paragraphen 13A. Diese Vorschriften waren auf am oder nach dem 1. Mai 2006 beginnende Geschäftsjahre anzuwenden.

b) In Bezug auf die Bilanzierung von Transaktionen zwischen Konzernunternehmen die Einfügung der Paragraphen B46, B48, B49, B51–B53, B55, B59 und B61 in Anhang B. Diese Vorschriften waren auf am oder nach dem 1. März 2007 beginnende Geschäftsjahre anzuwenden.

Diese Vorschriften wurden vorbehaltlich der Übergangsvorschriften von IFRS 2 gemäß IAS 8 rückwirkend angewandt.

Anhang A
Definitionen

Dieser Anhang ist integraler Bestandteil des IFRS.

Anteilsbasierte Vergütung mit Barausgleich	Eine **anteilsbasierte Vergütung**, bei der das Unternehmen Güter oder Dienstleistungen erhält und im Gegenzug die Verpflichtung eingeht, dem Lieferanten dieser Güter oder Dienstleistungen Zahlungsmittel oder andere Vermögenswerte zu übertragen, deren Höhe vom Preis (oder Wert) der **Eigenkapitalinstrumente** (u. a. Anteile oder **Anteilsoptionen**) des Unternehmens oder eines anderen Unternehmens des Konzerns abhängt.
Mitarbeiter und andere, die ähnliche Leistungen erbringen	Personen, die persönliche Leistungen für das Unternehmen erbringen und die (a) rechtlich oder steuerlich als Mitarbeiter gelten, (b) für das Unternehmen auf dessen Anweisung tätig sind wie Personen, die rechtlich oder steuerlich als Mitarbeiter gelten, oder (c) ähnliche Leistungen wie Mitarbeiter erbringen. Der Begriff umfasst beispielsweise das gesamte Management, d. h. alle Personen, die für die Planung, Leitung und Überwachung der Tätigkeiten des Unternehmens zuständig und verantwortlich sind, einschließlich Non-Executive Directors.
Eigenkapitalinstrument	Ein Vertrag, der einen Residualanspruch an den Vermögenswerten nach Abzug aller dazugehörigen Schulden begründet[1].
Gewährtes Eigenkapitalinstrument	Das vom Unternehmen im Rahmen einer **anteilsbasierten Vergütung** übertragene (bedingte oder uneingeschränkte) Recht an einem **Eigenkapitalinstrument** des Unternehmens.
Anteilsbasierte Vergütung mit Ausgleich durch Eigenkapitalinstrumente	Eine **anteilsbasierte Vergütung**, bei der das Unternehmen a) Güter oder Dienstleistungen erhält und als Gegenleistung eigene **Eigenkapitalinstrumente** (u. a. Anteile oder **Anteilsoptionen**) hingibt, oder b) Güter oder Dienstleistungen erhält, aber nicht dazu verpflichtet ist, beim Lieferanten den Ausgleich vorzunehmen.
Beizulegender Zeitwert	Der Betrag, zu dem zwischen sachverständigen, vertragswilligen und voneinander unabhängigen Geschäftspartnern unter marktüblichen Bedingungen ein Vermögenswert getauscht, eine Schuld beglichen oder ein **gewährtes Eigenkapitalinstrument** getauscht werden könnte.
Tag der Gewährung	Der Tag, an dem das Unternehmen und eine andere Partei (einschließlich eines Mitarbeiters) eine **anteilsbasierte Vergütungsvereinbarung** treffen, worunter der Zeitpunkt zu verstehen ist, zu dem das Unternehmen und die Gegenpartei ein gemeinsames Verständnis über die Vertragsbedingungen der Vereinbarung erlangt haben. Am Tag der Gewährung verleiht das Unternehmen der Gegenpartei das Recht auf den Erhalt von Zahlungsmitteln, anderen Vermögenswerten oder **Eigenkapitalinstrumenten** des Unternehmens, das ggf. an die Erfüllung bestimmter **Erdienungsbedingungen** geknüpft ist. Unterliegt diese Vereinbarung einem Genehmigungsverfahren (z. B. durch die Anteilseigner), entspricht der Tag der Gewährung dem Tag, an dem die Genehmigung erteilt wurde.
Innerer Wert	Die Differenz zwischen dem **beizulegenden Zeitwert** der Anteile, zu deren Zeichnung oder Erhalt die Gegenpartei (bedingt oder uneingeschränkt) berechtigt ist, und (gegebenenfalls) dem von der Gegenpartei für diese Anteile zu entrichtenden Betrag. Beispielsweise hat eine **Anteilsoption** mit einem Ausübungspreis von 15 WE[2] bei einem Anteil mit einem beizulegenden Zeitwert von 20 WE einen inneren Wert von 5 WE.

3/2. IFRS 2
Anhang A

Marktbedingung

Eine **Leistungsbedingung** für den Ausübungspreis, die Erdienung oder die Ausübungsmöglichkeit eines **Eigenkapitalinstruments**, die mit dem Marktpreis (oder -wert) der **Eigenkapitalinstrumente** des Unternehmens (oder der Eigenkapitalinstrumente eines anderen Unternehmens desselben Konzerns) in Zusammenhang steht, wie beispielsweise

a) die Erreichung eines bestimmten Anteilspreises oder eines bestimmten **inneren Werts** einer **Anteilsoption** oder

b) die Erreichung eines bestimmten Ziels, das auf dem Marktpreis (oder -wert) der **Eigenkapitalinstrumente** des Unternehmens (oder der Eigenkapitalinstrumente eines anderen Unternehmens desselben Konzerns) im Verhältnis zu einem Index von Marktpreisen von **Eigenkapitalinstrumenten** anderer Unternehmen basiert.

Eine Marktbedingung verpflichtet die Gegenpartei zur Ableistung einer bestimmten Dienstzeit (d. h. eine **Dienstbedingung**); die Bedingung der Ableistung einer bestimmten Dienstzeit kann explizit oder implizit sein.

Bewertungsstichtag

Der Tag, an dem der **beizulegende Zeitwert** der gewährten Eigenkapitalinstrumente für die Zwecke dieses Standards bestimmt wird. Bei Transaktionen mit **Mitarbeitern und anderen, die ähnliche Leistungen erbringen**, ist der Bewertungsstichtag der **Tag der Gewährung**. Bei Transaktionen mit anderen Parteien als Mitarbeitern (und Personen, die ähnliche Leistungen erbringen) ist der Bewertungsstichtag der Tag, an dem das Unternehmen die Güter erhält oder die Gegenpartei die Leistungen erbringt.

Leistungsbedingung

Eine **Erdienungsbedingung,** wonach

a) die Gegenpartei zur Ableistung einer bestimmten Dienstzeit verpflichtet ist (d. h. eine **Dienstbedingung**); die Bedingung der Ableistung einer bestimmten Dienstzeit kann explizit oder implizit sein; und

b) bei Erbringung des unter (a) verlangten Dienstes ein bestimmtes Leistungsziel/bestimmte Leistungsziele zu erreichen sind.

Der Zeitraum, in dem das Leistungsziel/die Leistungsziele zu erreichen ist/sind,

a) darf nicht über das Ende der Dienstzeit hinausgehen und

b) darf vor der Dienstzeit beginnen, sofern der zur Erfüllung des Leistungsziels zur Verfügung stehende Zeitraum nicht wesentlich vor dem Beginn der Dienstzeit beginnt.

Bei der Bestimmung des Leistungsziels wird Bezug genommen auf

a) die Geschäfte (oder Tätigkeiten) des Unternehmens selbst oder die Geschäfte oder Tätigkeiten eines anderen Unternehmens desselben Konzerns (d. h. eine nicht marktbedingte Bedingung) oder

b) den Preis (oder Wert) der **Eigenkapitalinstrumente** des Unternehmens oder der Eigenkapitalinstrumente eines anderen Unternehmens desselben Konzerns (u. a. Anteile und **Anteilsoptionen**) (d. h. eine **Marktbedingung**).

Ein Leistungsziel kann sich entweder auf die Leistung des Unternehmens insgesamt oder eines Teils des Unternehmens (oder eines Teils des Konzerns) beziehen, wie eine Abteilung oder einen einzelnen Mitarbeiter.

Reload-Eigenschaft

Ausstattungsmerkmal, das eine automatische Gewährung zusätzlicher **Anteilsoptionen** vorsieht, wenn der Optionsinhaber bei der Ausübung vorher gewährter Optionen den Ausübungspreis mit den Anteilen des Unternehmens und nicht in bar begleicht.

Reload-Option	Eine neue **Anteilsoption**, die gewährt wird, wenn der Ausübungspreis einer früheren Anteilsoption mit einem Anteil beglichen wird.
Dienstbedingung	Eine **Erdienungsbedingung**, die von der Gegenpartei die Ableistung einer bestimmten Dienstzeit verlangt, in der Leistungen für das Unternehmen erbracht werden. Wenn die Gegenpartei ihre Leistungen im **Erdienungszeitraum** einstellt, hat sie diese Bedingung unabhängig von den Gründen für die Einstellung nicht erfüllt. Eine Dienstbedingung setzt keine Erreichung eines Erfolgsziels voraus.
Anteilsbasierte Vergütungsvereinbarung	Eine Vereinbarung zwischen dem Unternehmen (oder einem anderen Unternehmen des Konzerns[3] oder einem Anteilseigner eines Unternehmens des Konzerns) und einer anderen Partei (einschließlich eines Mitarbeiters), die die andere Partei – ggf. unter dem Vorbehalt der Erfüllung bestimmter **Erdienungsbedingungen** – dazu berechtigt, a) Zahlungsmittel oder andere Vermögenswerte des Unternehmens zu erhalten, deren Höhe vom Preis (oder Wert) der **Eigenkapitalinstrumente** (u. a. Anteile oder **Anteilsoptionen**) des Unternehmens oder eines anderen Unternehmens des Konzerns abhängt, oder b) **Eigenkapitalinstrumente** (u. a. Anteile oder **Anteilsoptionen**) des Unternehmens oder eines anderen Unternehmens des Konzerns zu erhalten.
Anteilsbasierte Vergütung	Eine Transaktion, bei der das Unternehmen a) im Rahmen einer **anteilsbasierten Vergütungsvereinbarung** von einem Lieferanten (einschließlich eines Mitarbeiters) Güter oder Dienstleistungen erhält, oder b) die Verpflichtung eingeht, im Rahmen einer **anteilsbasierten Vergütungsvereinbarung** beim Lieferanten den Ausgleich für die Transaktion vorzunehmen, ein anderes Unternehmen des Konzerns aber die betreffenden Güter oder Dienstleistungen erhält.
Anteilsoption	Ein Vertrag, der den Inhaber berechtigt, aber nicht verpflichtet, Anteile des Unternehmens während eines bestimmten Zeitraums zu einem festen oder bestimmbaren Preis zu zeichnen.
Erdienen	Einen festen Rechtsanspruch erwerben. Im Rahmen einer **anteilsbasierten Vergütungsvereinbarung** ist das Recht einer Gegenpartei auf den Erhalt von Zahlungsmitteln, Vermögenswerten oder **Eigenkapitalinstrumenten** des Unternehmens erdient, wenn der Rechtsanspruch der Gegenpartei nicht mehr von der Erfüllung von **Erdienungsbedingungen** abhängt.
Erdienungsbedingungen	Eine Bedingung, die bestimmt, ob das Unternehmen die Leistungen erhält, durch welche die Gegenpartei den Rechtsanspruch erwirbt, im Rahmen einer **anteilsbasierten Vergütungsvereinbarung** Zahlungsmittel, andere Vermögenswerte oder **Eigenkapitalinstrumente** des Unternehmens zu erhalten. Eine Erdienungsbedingung ist entweder eine **Dienstbedingung** oder eine **Leistungsbedingung**.
Erdienungszeitraum	Zeitraum, in dem alle festgelegten **Erdienungsbedingungen** einer **anteilsbasierten Vergütungsvereinbarung** erfüllt werden müssen.

---

[1] In dem 2018 veröffentlichten *Rahmenkonzept für die Finanzberichterstattung* ist eine Schuld definiert als eine gegenwärtige Verpflichtung des Unternehmens, eine wirtschaftliche Ressource als Ergebnis früherer Ereignisse zu übertragen.

[2] In diesem Anhang werden Geldbeträge in „Währungseinheiten" (WE) angegeben.

[3] Der Begriff „Konzern" ist in Anhang A von IFRS 10 *Konzernabschlüsse* aus Sicht des obersten Mutterunternehmens des berichtenden Unternehmens definiert als „Mutterunternehmen mit seinen Tochterunternehmen".

3/2. IFRS 2
B1 – B8

Anhang B
Anwendungsleitlinien

Dieser Anhang ist integraler Bestandteil des IFRS.

Schätzung des beizulegenden Zeitwerts der gewährten Eigenkapitalinstrumente

B1 Die Paragraphen B2–B41 dieses Anhangs behandeln die Ermittlung des beizulegenden Zeitwerts von gewährten Anteilen und Anteilsoptionen, wobei vor allem auf die üblichen Vertragsbedingungen bei der Gewährung von Anteilen oder Anteilsoptionen an Mitarbeiter eingegangen wird. Sie sind daher nicht abschließend. Da sich die nachstehenden Erläuterungen von Bewertungsfragen in erster Linie auf an Mitarbeiter gewährte Anteile und Anteilsoptionen beziehen, wird außerdem unterstellt, dass der beizulegende Zeitwert der Anteile oder Anteilsoptionen am Tag der Gewährung bestimmt wird. Viele der nachfolgend angeschnittenen Punkte (wie etwa die Bestimmung der erwarteten Volatilität) gelten jedoch auch im Kontext einer Schätzung des beizulegenden Zeitwerts von Anteilen oder Anteilsoptionen, die Parteien, bei denen es sich nicht um Mitarbeiter handelt, zum Zeitpunkt des Erhalts der Güter durch das Unternehmen oder der Leistungserbringung durch die Gegenpartei gewährt werden.

Anteile

B2 Bei der Gewährung von Anteilen an Mitarbeiter ist der beizulegende Zeitwert der Anteile anhand des Marktpreises der Anteile des Unternehmens (bzw. eines geschätzten Marktpreises, wenn die Anteile des Unternehmens nicht öffentlich gehandelt werden) unter Berücksichtigung der Vertragsbedingungen, zu denen die Anteile gewährt wurden (ausgenommen Erdienungsbedingungen, die gemäß den Paragraphen 19–21 nicht in die Bestimmung des beizulegenden Zeitwerts einfließen), zu ermitteln.

B3 Hat der Mitarbeiter beispielsweise während des Erdienungszeitraums keinen Anspruch auf den Bezug von Dividenden, ist dieser Faktor bei der Schätzung des beizulegenden Zeitwerts der gewährten Anteile zu berücksichtigen. Gleiches gilt, wenn die Anteile nach dem Tag der Erdienung Übertragungsbeschränkungen unterliegen, allerdings nur insoweit die Beschränkungen nach Ablauf des Erdienungszeitraums einen Einfluss auf den Preis haben, den ein sachverständiger, vertragswilliger Marktteilnehmer für diesen Anteil zahlen würde. Werden die Anteile zum Beispiel aktiv in einem hinreichend entwickelten, liquiden Markt gehandelt, haben Übertragungsbeschränkungen nach Ablauf des Erdienungszeitraums nur eine geringe oder überhaupt keine Auswirkung auf den Preis, den ein sachverständiger, vertragswilliger Marktteilnehmer für diese Anteile zahlen würde. Übertragungsbeschränkungen oder andere Beschränkungen während des Erdienungszeitraums sind bei der Schätzung des beizulegenden Zeitwerts der gewährten Anteile am Tag der Gewährung nicht zu berücksichtigen, weil diese Beschränkungen im Vorhandensein von Erdienungsbedingungen begründet sind, die gemäß den Paragraphen 19–21 bilanziert werden.

Anteilsoptionen

B4 Bei der Gewährung von Anteilsoptionen an Mitarbeiter stehen in vielen Fällen keine Marktpreise zur Verfügung, weil die gewährten Optionen Vertragsbedingungen unterliegen, die nicht für gehandelte Optionen gelten. Gibt es keine gehandelten Optionen mit ähnlichen Vertragsbedingungen, ist der beizulegende Zeitwert der gewährten Optionen mithilfe eines Optionspreismodells zu schätzen.

B5 Das Unternehmen hat Faktoren zu berücksichtigen, die sachverständige, vertragswillige Marktteilnehmer bei der Auswahl des anzuwendenden Optionspreismodells in Betracht ziehen würden. Viele Mitarbeiteroptionen haben beispielsweise eine lange Laufzeit, sind normalerweise vom Tag der Erdienung bis zum Ende der Optionslaufzeit ausübbar und werden oft frühzeitig ausgeübt. Alle diese Faktoren müssen bei der Schätzung des beizulegenden Zeitwerts der Optionen am Tag der Gewährung berücksichtigt werden. Bei vielen Unternehmen schließt dies die Verwendung der Black-Scholes-Merton-Formel aus, die nicht die Möglichkeit einer Ausübung vor Ende der Optionslaufzeit zulässt und die Auswirkungen einer erwarteten frühzeitigen Ausübung nicht adäquat wiedergibt. Außerdem ist darin nicht vorgesehen, dass sich die erwartete Volatilität und andere in das Modell einfließende Parameter während der Laufzeit einer Option ändern können. Unter Umständen treffen die vorstehend genannten Faktoren jedoch nicht auf Anteilsoptionen zu, die eine relativ kurze Vertragslaufzeit haben oder innerhalb einer kurzen Frist nach dem Tag der Erdienung ausgeübt werden müssen. In solchen Fällen kann die Black-Scholes-Merton-Formel ein Ergebnis liefern, das sich im Wesentlichen mit dem eines flexibleren Optionspreismodells deckt.

B6 Alle Optionspreismodelle berücksichtigen mindestens die folgenden Faktoren:

a) den Ausübungspreis der Option,
b) die Laufzeit der Option,
c) den aktuellen Preis der zugrunde liegenden Anteile,
d) die erwartete Volatilität des Anteilspreises,
e) die erwarteten Dividenden auf die Anteile (falls zutreffend) und
f) den risikolosen Zins für die Laufzeit der Option.

B7 Darüber hinaus sind andere Faktoren zu berücksichtigen, die sachverständige, vertragswillige Marktteilnehmer bei der Preisfestlegung in Betracht ziehen würden (ausgenommen Erdienungsbedingungen und Reload-Eigenschaften, die gemäß den Paragraphen 19–22 nicht in die Ermittlung des beizulegenden Zeitwerts einfließen).

B8 Beispielsweise können Mitarbeitern gewährte Anteilsoptionen normalerweise in bestimmten Zeiträumen nicht ausgeübt werden (z. B. während des Erdienungszeitraums oder während von den Aufsichtsbehörden festgelegter Fristen). Dieser Faktor ist zu berücksichtigen, wenn das verwendete Optionspreismodell ansonsten von der Annahme ausginge, dass die Option während ihrer Laufzeit jederzeit ausübbar wäre. Verwendet ein Unternehmen dagegen ein Optionspreismodell, das Optionen bewertet, die erst am Ende der Optionslaufzeit ausgeübt werden können, ist für den Umstand, dass während des Erdienungszeitraums (oder in anderen Zeiträumen während der Optionslaufzeit) keine Ausübung möglich ist, keine Anpassung vorzunehmen, weil das Modell bereits davon ausgeht, dass die Optionen in diesen Zeiträumen nicht ausgeübt werden können.

B9 Ein ähnlicher, bei Mitarbeiteranteilsoptionen häufig anzutreffender Faktor ist die Möglichkeit einer frühzeitigen Optionsausübung, beispielsweise weil die Option nicht frei übertragbar ist oder der Mitarbeiter bei seinem Ausscheiden alle erdienten Optionen ausüben muss. Die Auswirkungen einer erwarteten frühzeitigen Ausübung sind gemäß den Ausführungen in den Paragraphen B16–B21 zu berücksichtigen.

B10 Faktoren, die ein sachverständiger, vertragswilliger Marktteilnehmer bei der Festlegung des Preises einer Anteilsoption (oder eines anderen Eigenkapitalinstruments) nicht berücksichtigen würde, sind bei der Schätzung des beizulegenden Zeitwerts gewährter Anteilsoptionen (oder anderer Eigenkapitalinstrumente) nicht zu berücksichtigen. Beispielsweise sind bei der Gewährung von Anteilsoptionen an Mitarbeiter Faktoren, die aus Sicht des einzelnen Mitarbeiters den Wert der Option beeinflussen, für die Schätzung des Preises, den ein sachverständiger, vertragswilliger Marktteilnehmer festlegen würde, unerheblich.

In Optionspreismodelle einfließende Daten

B11 Bei der Schätzung der erwarteten Volatilität und Dividenden der zugrunde liegenden Anteile lautet das Ziel, einen Näherungswert für die Erwartungen zu ermitteln, die sich in einem aktuellen Marktpreis oder verhandelten Tauschpreis für die Option widerspiegeln würden. Gleiches gilt für die Schätzung der Auswirkungen einer frühzeitigen Ausübung von Mitarbeiteranteilsoptionen, bei denen das Ziel lautet, einen Näherungswert für die Erwartungen zu ermitteln, die eine außenstehende Partei mit Zugang zu detaillierten Informationen über das Ausübungsverhalten der Mitarbeiter anhand der am Tag der Gewährung verfügbaren Informationen hätte.

B12 Häufig dürfte es eine Bandbreite angemessener Einschätzungen in Bezug auf künftige Volatilität, Dividenden und Ausübungsverhalten geben. In diesem Fall ist durch Gewichtung der einzelnen Beträge innerhalb der Bandbreite nach der Wahrscheinlichkeit ihres Eintretens ein Erwartungswert zu berechnen.

B13 Zukunftserwartungen beruhen im Allgemeinen auf Erfahrungen der Vergangenheit und werden angepasst, wenn angemessenerweise erwartet wird, dass sich die Zukunft anders als die Vergangenheit entwickeln wird. In einigen Fällen können bestimmbare Faktoren darauf hindeuten, dass unbereinigte historische Erfahrungswerte ein relativ schlechter Anhaltspunkt für künftige Entwicklungen sind. Wenn zum Beispiel ein Unternehmen mit zwei völlig unterschiedlichen Geschäftsbereichen denjenigen Bereich veräußert, der mit deutlich geringeren Risiken behaftet war, ist die vergangene Volatilität für eine angemessene Einschätzung der Zukunft unter Umständen nicht aussagekräftig.

B14 In anderen Fällen stehen keine historischen Daten zur Verfügung. So wird ein erst kürzlich an der Börse eingeführtes Unternehmen nur wenige oder überhaupt keine Daten über die Volatilität seines Anteilspreises haben. Nicht notierte und neu notierte Unternehmen werden weiter unten behandelt.

B15 Zusammenfassend ist festzuhalten, dass ein Unternehmen seine Schätzungen in Bezug auf Volatilität, Ausübungsverhalten und Dividenden nicht einfach auf historische Daten gründen darf, ohne zu berücksichtigen, inwieweit angemessenerweise erwartet werden kann, dass die Erfahrungen der Vergangenheit für künftige Prognosen verwendbar sind.

Erwartete frühzeitige Ausübung

B16 Mitarbeiter üben Anteilsoptionen aus einer Vielzahl von Gründen oft frühzeitig aus. Beispielsweise sind Mitarbeiteranteilsoptionen in der Regel nicht übertragbar. Dies veranlasst die Mitarbeiter häufig zu einer frühzeitigen Ausübung ihrer Anteilsoptionen, weil dies für sie die einzige Möglichkeit ist, ihre Position zu realisieren. Außerdem sind ausscheidende Mitarbeiter oftmals verpflichtet, ihre erdienten Optionen innerhalb eines kurzen Zeitraums auszuüben, da sie sonst verfallen. Dieser Faktor führt ebenfalls zu einer frühzeitigen Ausübung von Mitarbeiteranteilsoptionen. Als weitere Faktoren für eine frühzeitige Ausübung sind Risikoscheu und mangelnde Vermögensdiversifizierung zu nennen.

B17 Die Methode zur Berücksichtigung der Auswirkungen einer erwarteten frühzeitigen Ausübung ist von der Art des angewendeten Optionspreismodells abhängig. Beispielsweise könnte hierzu ein Schätzwert der voraussichtlichen Optionslaufzeit verwendet werden (die bei einer Mitarbeiteranteilsoption dem Zeitraum vom Tag der Gewährung bis zum Tag der voraussichtlichen Optionsausübung entspricht), der als Parameter in ein Optionspreismodell (z. B. die Black-Scholes-Merton-Formel) einfließt. Alternativ dazu könnte eine erwartete frühzeitige Ausübung in einem Binomial- oder ähnlichen Optionspreismodell abgebildet werden, das die Vertragslaufzeit als Parameter verwendet.

B18 Bei der Ermittlung des Schätzwerts für eine frühzeitige Ausübung sind folgende Faktoren zu berücksichtigen:

a) die Länge des Erdienungszeitraums, da die Anteilsoption im Regelfall erst nach Ablauf des Erdienungszeitraums ausgeübt werden

3/2. IFRS 2
B18 – B25

kann. Die Bestimmung der Auswirkungen einer erwarteten frühzeitigen Ausübung auf die Bewertung basiert daher auf der Annahme, dass die Optionen erdient werden. Die Auswirkungen der Erdienungsbedingungen werden in den Paragraphen 19–21 behandelt;

b) der durchschnittliche Zeitraum, den ähnliche Optionen in der Vergangenheit ausstehend waren;

c) der Preis der zugrunde liegenden Anteile. Erfahrungen der Vergangenheit können darauf hindeuten, dass Mitarbeiter ihre Optionen meist dann ausüben, wenn der Anteilspreis ein bestimmtes Niveau über dem Ausübungspreis erreicht hat;

d) der Rang des Mitarbeiters innerhalb der Organisation. Beispielsweise könnten Mitarbeiter in höheren Positionen erfahrungsgemäß dazu tendieren, ihre Optionen später auszuüben als Mitarbeiter in niedrigeren Positionen (in Paragraph B21 wird darauf näher eingegangen);

e) voraussichtliche Volatilität der zugrunde liegenden Anteile. Im Durchschnitt könnten Mitarbeiter dazu tendieren, Anteilsoptionen auf Anteile mit großer Schwankungsbreite früher auszuüben als auf Anteile mit geringer Volatilität.

B19 Wie in Paragraph B17 ausgeführt, könnte zur Berücksichtigung der Auswirkungen einer frühzeitigen Ausübung ein Schätzwert der erwarteten Optionslaufzeit verwendet werden, der als Parameter in ein Optionspreismodell einfließt. Bei der Schätzung der erwarteten Laufzeit von Anteilsoptionen, die einer Gruppe von Mitarbeitern gewährt wurden, könnte diese Schätzung auf einem angemessenen Näherungswert für den gewichteten Durchschnitt der erwarteten Laufzeit für die gesamte Mitarbeitergruppe oder auf einem angemessenen Näherungswert für den gewichteten Durchschnitt der Laufzeiten für Untergruppen von Mitarbeitern innerhalb dieser Gruppe basieren, die anhand detaillierterer Daten über das Ausübungsverhalten der Mitarbeiter ermittelt werden (weitere Ausführungen siehe unten).

B20 Die Aufteilung gewährter Optionen in Mitarbeitergruppen mit einem relativ homogenen Ausübungsverhalten dürfte von großer Bedeutung sein. Der Wert einer Option stellt keine lineare Funktion der Optionslaufzeit dar; er nimmt mit fortschreitender Dauer der Laufzeit immer weniger zu. Ein Beispiel hierfür ist eine Option mit zweijähriger Laufzeit, die – wenn alle anderen Annahmen identisch sind – zwar mehr, jedoch nicht doppelt so viel wert ist wie eine Option mit einjähriger Laufzeit. Dies bedeutet, dass der gesamte beizulegende Zeitwert der gewährten Anteilsoptionen bei einer Berechnung des geschätzten Optionswerts anhand einer einzigen gewichteten Durchschnittslaufzeit, die ganz unterschiedliche Einzellaufzeiten umfasst, zu hoch angesetzt würde. Eine solche Überbewertung kann durch die Aufteilung der gewährten Optionen in mehrere Gruppen, deren gewichtete Durchschnittslaufzeit eine relativ geringe Bandbreite an Laufzeiten umfasst, reduziert werden.

B21 Ähnliche Überlegungen sind bei der Verwendung eines Binomial- oder ähnlichen Modells anzustellen. Beispielsweise könnten die vergangenen Erfahrungen eines Unternehmens, das Mitarbeiteroptionen in allen Hierarchieebenen gewährt, darauf hindeuten, dass Führungskräfte in hohen Positionen ihre Optionen länger behalten als Mitarbeiter im mittleren Management und dass Mitarbeiter in unteren Positionen ihre Optionen meist früher als jede andere Gruppe ausüben. Außerdem könnten Mitarbeiter, denen empfohlen oder vorgeschrieben wird, eine Mindestanzahl an Eigenkapitalinstrumenten, einschließlich Optionen, ihres Arbeitgebers zu halten, ihre Optionen im Durchschnitt später ausüben als Mitarbeiter, die keiner derartigen Bestimmung unterliegen. In diesen Fällen führt die Aufteilung der Optionen in Empfängergruppen mit einem relativ homogenen Ausübungsverhalten zu einer genaueren Schätzung des gesamten beizulegenden Zeitwerts der gewährten Anteilsoptionen.

Erwartete Volatilität

B22 Die erwartete Volatilität ist eine Kennzahl für das Schwankungsmaß von Kursen innerhalb eines bestimmten Zeitraums. In Optionspreismodellen wird als Volatilitätskennzahl die auf Jahresbasis umgerechnete Standardabweichung der stetigen Rendite des Anteils über einen bestimmten Zeitraum verwendet. Die Volatilität wird normalerweise auf ein Jahr bezogen angegeben, was einen Vergleich unabhängig von der in der Berechnung verwendeten Zeitspanne (z. B. tägliche, wöchentliche oder monatliche Kursbeobachtungen) ermöglicht.

B23 Die (positive oder negative) Rendite eines Anteils in einem bestimmten Zeitraum gibt an, in welchem Umfang der Anteilseigner von Dividenden und einer Steigerung (oder einem Rückgang) des Anteilspreises profitiert hat.

B24 Die erwartete auf Jahresbasis umgerechnete Volatilität eines Anteils entspricht der Bandbreite, in der die stetige jährliche Rendite in rund zwei Dritteln der Fälle voraussichtlich liegen wird. Wenn beispielsweise ein Anteil mit einer voraussichtlichen stetigen Rendite von 12 % eine Volatilität von 30 % aufweist, bedeutet dies, dass die Wahrscheinlichkeit, dass die Rendite des Anteils für ein Jahr zwischen – 18 % (12 % – 30 %) und 42 % (12 % + 30 %) liegt, rund zwei Drittel beträgt. Beträgt der Anteilspreis am Jahresbeginn 100 WE und werden keine Dividenden ausgeschüttet, liegt der Anteilspreis in rund drei Dritteln der Fälle am Jahresende voraussichtlich zwischen 83,53 WE (100 WE × e − 0,18) und 152,20 WE (100 WE × e 0,42).

B25 Bei der Schätzung der erwarteten Volatilität sind folgende Faktoren zu berücksichtigen:

a) die implizite Volatilität, die sich gegebenenfalls aus gehandelten Anteilsoptionen auf die Anteile oder andere gehandelte Instrumente des Unternehmens mit Optionseigenschaften (wie etwa wandelbare Schuldinstrumente) ergibt;

b) die historische Volatilität des Anteilspreises im jüngsten Zeitraum, der im Allgemeinen der erwarteten Optionslaufzeit (unter Berücksichtigung der verbleibenden Vertragslaufzeit der Option und der Auswirkungen einer erwarteten frühzeitigen Ausübung) entspricht;

c) der Zeitpunkt, seit dem die Anteile des Unternehmens öffentlich gehandelt werden. Ein neu notiertes Unternehmen hat im Vergleich zu ähnlichen Unternehmen, die bereits länger notiert sind, oftmals eine höhere historische Volatilität. Weitere Anwendungsleitlinien für neu notierte Unternehmen werden weiter unten gegeben;

d) die Tendenz der Volatilität, wieder zu ihrem Mittelwert, also ihrem langjährigen Durchschnitt, zurückzukehren, und andere Faktoren, die darauf hinweisen, dass sich die erwartete künftige Volatilität von der vergangenen Volatilität unterscheiden könnte. War der Anteilspreis eines Unternehmens in einem bestimmbaren Zeitraum aufgrund eines gescheiterten Übernahmeangebots oder einer umfangreichen Restrukturierung extremen Schwankungen unterworfen, könnte dieser Zeitraum bei der Berechnung der historischen jährlichen Durchschnittsvolatilität außer Acht gelassen werden;

e) angemessene, regelmäßige Intervalle bei den Kursbeobachtungen. Die Kursbeobachtungen müssen von Periode zu Periode stetig durchgeführt werden. Beispielsweise könnte ein Unternehmen die Wochenschlusskurse oder die Wochenhöchststände verwenden; nicht zulässig ist es dagegen, für einige Wochen den Schlusskurs und für andere Wochen den Höchstkurs zu verwenden. Außerdem müssen die Kursbeobachtungen in derselben Währung wie der Ausübungspreis angegeben werden.

Neunotierte Unternehmen

B26 Wie in Paragraph B25 ausgeführt, hat ein Unternehmen die historische Volatilität des Anteilspreises im jüngsten Zeitraum zu berücksichtigen, der im Allgemeinen der erwarteten Optionslaufzeit entspricht. Besitzt ein neu notiertes Unternehmen nicht genügend Informationen über die historische Volatilität, sollte es die historische Volatilität dennoch bezogen auf den längsten Zeitraum berechnen, für den Handelsdaten verfügbar sind. Denkbar wäre auch, die historische Volatilität ähnlicher Unternehmen nach einer vergleichbaren Zeit der Notierung heranzuziehen. Beispielsweise könnte ein Unternehmen, das erst seit einem Jahr an der Börse notiert ist und Optionen mit einer voraussichtlichen Laufzeit von fünf Jahren gewährt, das Muster und das Ausmaß der historischen Volatilität von Unternehmen derselben Branche in den ersten sechs Jahren, in denen die Anteile dieser Unternehmen öffentlich gehandelt wurden, zugrunde legen.

Nichtnotierte Unternehmen

B27 Ein nicht notiertes Unternehmen kann bei der Schätzung der erwarteten Volatilität nicht auf historische Daten zurückgreifen. Stattdessen gibt es andere Faktoren zu berücksichtigen, auf die nachfolgend näher eingegangen wird.

B28 In einigen Fällen könnte ein nicht notiertes Unternehmen, das regelmäßig Optionen oder Anteile an Mitarbeiter (oder andere Parteien) ausgibt, einen internen Markt für seine Anteile eingerichtet haben. Bei der Schätzung der erwarteten Volatilität könnte dann die Volatilität dieser Anteilspreise berücksichtigt werden.

B29 Alternativ könnte die erwartete Volatilität anhand der historischen oder impliziten Volatilität vergleichbarer notierter Unternehmen, für die Informationen über Anteilspreise oder Optionspreise zur Verfügung stehen, geschätzt werden. Dies wäre angemessen, wenn das Unternehmen den Wert seiner Anteile auf Grundlage der Anteilspreise vergleichbarer notierter Unternehmen bestimmt hat.

B30 Hat das Unternehmen zur Schätzung des Werts seiner Anteile nicht die Anteilspreise vergleichbarer notierter Unternehmen herangezogen, sondern stattdessen eine andere Bewertungsmethode verwendet, könnte das Unternehmen die Schätzung der erwarteten Volatilität auf diese Bewertungsmethode gründen. Beispielsweise könnte die Bewertung der Anteile auf Basis des Nettovermögens oder Periodenüberschusses erfolgen. In diesem Fall könnte die erwartete Volatilität der Nettovermögenswerte oder Periodenüberschüsse herangezogen werden.

Erwartete Dividenden

B31 Ob erwartete Dividenden bei der Ermittlung des beizulegenden Zeitwerts gewährter Anteile oder Optionen zu berücksichtigen sind, hängt davon ab, ob die Gegenpartei Anspruch auf Dividenden oder ausschüttungsgleiche Beträge hat.

B32 Wenn Mitarbeitern beispielsweise Optionen gewährt wurden und sie zwischen dem Tag der Gewährung und dem Tag der Ausübung Anspruch auf Dividenden auf die zugrunde liegenden Anteile oder ausschüttungsgleiche Beträge haben (die bar ausgezahlt oder mit dem Ausübungspreis verrechnet werden), sind die gewährten Optionen so zu bewerten, als würden auf die zugrunde liegenden Anteile keine Dividenden ausgeschüttet, d. h. die Höhe der erwarteten Dividenden muss null sein.

B33 Auf gleiche Weise ist bei der Schätzung des beizulegenden Zeitwerts gewährter Mitarbeiteroptionen am Tag der Gewährung keine Anpassung für erwartete Dividenden notwendig, wenn die Mitarbeiter während des Erdienungszeitraums einen Anspruch auf Dividendenzahlungen haben.

B34 Haben die Mitarbeiter dagegen während des Erdienungszeitraums (bzw. im Falle einer Option vor der Ausübung) keinen Anspruch auf Dividenden oder ausschüttungsgleiche Beträge, sind bei der Bewertung der Anrechte auf den Bezug von Anteilen oder Optionen am Tag der Gewährung

3/2. IFRS 2
B34 – B42

die erwarteten Dividenden zu berücksichtigen. Dies bedeutet, dass bei der Verwendung eines Optionspreismodells die erwarteten Dividenden in die Schätzung des beizulegenden Zeitwerts einer gewährten Option einzubeziehen sind. Bei der Schätzung des beizulegenden Zeitwerts eines gewährten Anteils ist dieser um den Barwert der während des Erdienungszeitraums voraussichtlich zahlbaren Dividenden zu verringern.

B35 Optionspreismodelle verlangen im Allgemeinen die Angabe der erwarteten Dividendenrendite. Die Modelle lassen sich jedoch so ändern, dass statt einer Rendite ein erwarteter Dividendenbetrag verwendet wird. Ein Unternehmen kann die erwartete Rendite oder den erwarteten Dividendenbetrag verwenden. Im letzteren Fall sind die Dividendenerhöhungen der Vergangenheit zu berücksichtigen. Hat ein Unternehmen seine Dividenden beispielsweise bisher im Allgemeinen um rund 3 % pro Jahr erhöht, darf bei der Schätzung des Optionswerts kein fester Dividendenbetrag über die gesamte Laufzeit der Option angenommen werden, sofern keine Anhaltspunkte zur Stützung dieser Annahme vorliegen.

B36 Im Allgemeinen sollte die Annahme über erwartete Dividenden auf öffentlich zugänglichen Informationen beruhen. Ein Unternehmen, das keine Dividenden ausschüttet und keine künftigen Ausschüttungen beabsichtigt, hat von einer erwarteten Dividendenrendite von null auszugehen. Jedoch könnte ein junges aufstrebendes Unternehmen, das in der Vergangenheit keine Dividenden gezahlt hat, davon ausgehen, dass es während der erwarteten Laufzeit der Mitarbeiteranteilsoptionen beginnt, Dividenden auszuschütten. Ein solches Unternehmen könnte einen Durchschnitt aus seiner bisherigen Dividendenrendite (null) und dem Mittelwert der Dividendenrendite einer geeigneten Vergleichsgruppe verwenden.

Risikoloser Zins

B37 Normalerweise ist der risikolose Zins die derzeit verfügbare implizite Rendite auf Nullkupon-Staatsanleihen des Landes, in dessen Währung der Ausübungspreis ausgedrückt wird, mit einer Restlaufzeit, die der erwarteten Laufzeit der zu bewertenden Option (auf Grundlage der verbleibenden Vertragslaufzeit der Option und unter Berücksichtigung der Auswirkungen einer erwarteten frühzeitigen Ausübung) entspricht. Falls solche Staatsanleihen nicht vorhanden sind oder Umstände darauf hindeuten, dass die implizite Rendite auf Nullkupon-Staatsanleihen nicht den risikolosen Zins wiedergibt (zum Beispiel in Hochinflationsländern), muss unter Umständen ein geeigneter Ersatz verwendet werden. Bei der Ermittlung des beizulegenden Zeitwerts einer Option mit einer Laufzeit, die der erwarteten Laufzeit der zu bewertenden Option entspricht, ist ebenfalls ein geeigneter Ersatz zu verwenden, wenn die Marktteilnehmer den risikolosen Zins üblicherweise anhand dieses Ersatzes und nicht anhand der impliziten Rendite von Nullkupon-Staatsanleihen bestimmen.

Auswirkungen auf die Kapitalverhältnisse

B38 Normalerweise werden gehandelte Anteilsoptionen von Dritten und nicht vom Unternehmen verkauft. Bei Ausübung dieser Anteilsoptionen liefert der Verkäufer die Anteile an die Optionsinhaber, die dann von bestehenden Anteilseignern gekauft werden. Die Ausübung gehandelter Anteilsoptionen hat daher keinen Verwässerungseffekt.

B39 Werden die Anteilsoptionen dagegen vom Unternehmen verkauft, werden bei der Ausübung dieser Optionen neue Anteile ausgegeben (entweder tatsächlich oder ihrem wirtschaftlichen Gehalt nach, falls vorher zurückgekaufte und gehaltene eigene Anteile verwendet werden). Da die Anteile zum Ausübungspreis und nicht zum aktuellen Marktpreis am Tag der Ausübung ausgegeben werden, könnte diese tatsächliche oder potenzielle Verwässerung einen Rückgang des Anteilspreises bewirken, sodass der Optionsinhaber bei der Ausübung keinen so großen Gewinn wie bei der Ausübung einer ansonsten gleichartigen gehandelten Option ohne Verwässerung des Anteilspreises erzielt.

B40 Ob dies eine wesentliche Auswirkung auf den Wert der gewährten Anteilsoptionen hat, ist von verschiedenen Faktoren abhängig, wie etwa der Anzahl der bei Ausübung der Optionen neu ausgegebenen Anteile im Verhältnis zur Anzahl der bereits im Umlauf befindlichen Anteile. Außerdem könnte der Markt, wenn er die Gewährung von Optionen bereits erwartet, die potenzielle Verwässerung bereits in den Anteilspreis am Tag der Gewährung eingepreist haben.

B41 Das Unternehmen hat jedoch zu prüfen, ob der mögliche Verwässerungseffekt einer künftigen Ausübung der gewährten Anteilsoptionen unter Umständen einen Einfluss auf den geschätzten beizulegenden Zeitwert zum Tag der Gewährung hat. Die Optionspreismodelle können zur Berücksichtigung dieses potenziellen Verwässerungseffekts entsprechend angepasst werden.

Änderungen von anteilsbasierten Vergütungsvereinbarungen mit Ausgleich durch Eigenkapitalinstrumente

B42 Paragraph 27 schreibt vor, dass ungeachtet etwaiger Änderungen der Vertragsbedingungen, zu denen die Eigenkapitalinstrumente gewährt wurden, oder einer Annullierung oder Erfüllung der gewährten Eigenkapitalinstrumente als Mindestanforderung die erhaltenen Leistungen, die zum beizulegenden Zeitwert der gewährten Eigenkapitalinstrumente am Tag der Gewährung bewertet wurden, zu erfassen sind, es sei denn, diese Eigenkapitalinstrumente sind aufgrund der Nichterfüllung einer am Tag der Gewährung vereinbarten Erdienungsbedingung (bei der es sich nicht um eine Marktbedingung handelt) nicht erdient. Außerdem hat ein Unternehmen die Auswirkungen von Änderungen zu erfassen, die den gesamten beizulegenden Zeitwert der anteilsbasierten Vergütungsvereinbarung erhöhen oder mit einem anderen Nutzen für den Mitarbeiter verbunden sind.

B43 Zur Anwendung der Vorschriften von Paragraph 27 gilt:
a) Wenn durch eine Änderung der unmittelbar vor und nach dieser Änderung ermittelte beizulegende Zeitwert der gewährten Eigenkapitalinstrumente zunimmt (z. B. durch Verringerung des Ausübungspreises), ist der gewährte zusätzliche beizulegende Zeitwert in die Berechnung des Betrags einzubeziehen, der für die als Gegenleistung für die gewährten Eigenkapitalinstrumente erhaltenen Leistungen erfasst wird. Der gewährte zusätzliche beizulegende Zeitwert ergibt sich aus der Differenz zwischen dem beizulegenden Zeitwert des geänderten Eigenkapitalinstruments und dem des ursprünglichen Eigenkapitalinstruments, die beide am Tag der Änderung geschätzt werden. Erfolgt die Änderung während des Erdienungszeitraums, ist zusätzlich zu dem Betrag, der auf dem beizulegenden Zeitwert der ursprünglichen Eigenkapitalinstrumente am Tag der Gewährung basiert und der über den verbleibenden ursprünglichen Erdienungszeitraum zu erfassen ist, der gewährte zusätzliche beizulegende Zeitwert in den Betrag einzubeziehen, der für ab dem Tag der Änderung bis zum Tag der Erdienung der geänderten Eigenkapitalinstrumente erhaltenen Leistungen erfasst wird. Erfolgt die Änderung nach dem Tag der Erdienung, ist der gewährte zusätzliche beizulegende Zeitwert sofort zu erfassen bzw. über den Erdienungszeitraum, wenn der Mitarbeiter eine zusätzliche Dienstzeit ableisten muss, bevor er einen uneingeschränkten Anspruch auf die geänderten Eigenkapitalinstrumente erwirbt.
b) Auf gleiche Weise ist bei einer Änderung, bei der die Anzahl der gewährten Eigenkapitalinstrumente erhöht wird, der zum Zeitpunkt der Änderung beizulegende Zeitwert der zusätzlich gewährten Eigenkapitalinstrumente bei der Ermittlung des Betrags gemäß den Vorschriften unter (a) oben zu berücksichtigen, der für als Gegenleistung für die gewährten Eigenkapitalinstrumente erhaltene Leistungen erfasst wird. Erfolgt die Änderung beispielsweise während des Erdienungszeitraums, ist zusätzlich zu dem Betrag, der auf dem beizulegenden Zeitwert der ursprünglich gewährten Eigenkapitalinstrumente am Tag der Gewährung basiert und der über den verbleibenden ursprünglichen Erdienungszeitraum zu erfassen ist, der beizulegende Zeitwert der zusätzlich gewährten Eigenkapitalinstrumente in den Betrag einzubeziehen, der für ab dem Tag der Änderung bis zum Tag der Erdienung der geänderten Eigenkapitalinstrumente erhaltenen Leistungen erfasst wird.
c) Werden die Erdienungsbedingungen zugunsten des Mitarbeiters geändert, beispielsweise durch Verkürzung des Erdienungszeitraums oder durch Änderung oder Streichung einer Leistungsbedingung (bei der es sich nicht um eine Marktbedingung handelt, wobei Änderungen von Marktbedingungen gemäß (a) oben zu bilanzieren sind), sind bei Anwendung der Vorschriften der Paragraphen 19–21 die geänderten Erdienungsbedingungen zu berücksichtigen.

B44 Werden die Vertragsbedingungen der gewährten Eigenkapitalinstrumente auf eine Weise geändert, die eine Minderung des gesamten beizulegenden Zeitwerts der anteilsbasierten Vergütungsvereinbarung zur Folge hat oder mit keinem anderen Nutzen für den Mitarbeiter verbunden ist, sind die als Gegenleistung für die gewährten Eigenkapitalinstrumente erhaltenen Leistungen trotzdem weiterhin so zu bilanzieren, als hätte diese Änderung nicht stattgefunden (es sei denn, es handelt sich um eine Annullierung einiger oder aller gewährten Eigenkapitalinstrumente, die gemäß Paragraph 28 zu behandeln ist). Es folgen einige Beispiele:
a) Wenn infolge einer Änderung der unmittelbar vor und nach der Änderung ermittelte beizulegende Zeitwert der gewährten Eigenkapitalinstrumente abnimmt, hat das Unternehmen diese Minderung nicht zu berücksichtigen, sondern weiterhin den Betrag anzusetzen, der für die als Gegenleistung für die Eigenkapitalinstrumente erhaltenen Leistungen, bemessen nach dem beizulegenden Zeitwert der gewährten Eigenkapitalinstrumente am Tag der Gewährung, erfasst wurde.
b) Führt die Änderung dazu, dass einem Mitarbeiter eine geringere Anzahl von Eigenkapitalinstrumenten gewährt wird, ist diese Herabsetzung gemäß den Vorschriften von Paragraph 28 als Annullierung des betreffenden Anteils der gewährten Eigenkapitalinstrumente zu bilanzieren.
c) Werden die Erdienungsbedingungen zuungunsten des Mitarbeiters geändert, beispielsweise durch Verlängerung des Erdienungszeitraums oder durch Änderung oder Aufnahme einer zusätzlichen Leistungsbedingung (bei der es sich nicht um eine Marktbedingung handelt, deren Änderungen gemäß (a) oben zu bilanzieren sind), sind bei Anwendung der Vorschriften der Paragraphen 19–21 die geänderten Ausübungsbedingungen nicht zu berücksichtigen.

Bilanzierung einer Änderung, die bewirkt, dass eine anteilsbasierte Vergütung mit Barausgleich fortan als anteilsbasierte Vergütung mit Ausgleich durch Eigenkapitalinstrumente einzustufen ist

B44A Werden die Vertragsbedingungen einer anteilsbasierten Vergütung mit Barausgleich so geändert, dass daraus eine anteilsbasierte Vergütung mit Ausgleich durch Eigenkapitalinstrumente wird, so wird die Vergütung ab dem Zeitpunkt der Änderung als solche bilanziert. Dies bedeutet konkret:
a) Die anteilsbasierte Vergütung mit Ausgleich durch Eigenkapitalinstrumente wird unter

3/2. IFRS 2
B44A – B50

Bezugnahme auf den beizulegenden Zeitwert der am Tag der Änderung gewährten Eigenkapitalinstrumente bewertet. Die anteilsbasierte Vergütung mit Ausgleich durch Eigenkapitalinstrumente wird am Tag der Änderung nach Maßgabe der erhaltenen Güter oder Dienstleistungen im Eigenkapital erfasst.

b) Die aus der anteilsbasierten Vergütung mit Barausgleich resultierende Schuld wird am Tag der Änderung ausgebucht.

c) Jede etwaige Differenz zwischen dem Buchwert der ausgebuchten Schuld und dem am Tag der Änderung im Eigenkapital erfassten Betrag wird umgehend erfolgswirksam erfasst.

B44B Ergibt sich infolge der Änderung ein längerer oder kürzerer Erdienungszeitraum, so wird bei der Anwendung der Vorschriften in Paragraph B44A der geänderte Erdienungszeitraum berücksichtigt. Die Vorschriften in Paragraph B44A finden auch dann Anwendung, wenn die Änderung nach Ablauf des Erdienungszeitraums eintritt.

B44C Eine anteilsbasierte Vergütung mit Barausgleich kann annulliert oder erfüllt werden (ausgenommen eine Annullierung durch Verwirkung, weil die Erdienungsbedingungen nicht erfüllt wurden). Werden Eigenkapitalinstrumente gewährt und identifiziert das Unternehmen diese am Tag der Gewährung als Ersatz für die annullierte anteilsbasierte Vergütung mit Barausgleich, so hat das Unternehmen die Paragraphen B44A und B44B anzuwenden.

Anteilsbasierte Vergütungen zwischen Konzernunternehmen (Änderungen 2009)

B45 In den Paragraphen 43A–43C wird dargelegt, wie anteilsbasierte Vergütungen zwischen Konzernunternehmen in den Einzelabschlüssen der einzelnen Unternehmen zu bilanzieren sind. In den Paragraphen B46–B61 wird erläutert, wie die Vorschriften der Paragraphen 43A–43C anzuwenden sind. In Paragraph 43D wurde bereits darauf hingewiesen, dass es für anteilsbasierte Vergütungen zwischen Konzernunternehmen je nach Sachlage und Umständen eine Reihe von Gründen geben kann. Die hier dargelegten Ausführungen sind deshalb nicht abschließend und gehen von der Annahme aus, dass es sich in Fällen, in denen das Unternehmen, das die Güter oder Dienstleistungen erhält, nicht zum Ausgleich der Transaktion verpflichtet ist, wenn es sich dabei ungeachtet etwaiger konzerninterner Rückzahlungsvereinbarungen um eine Kapitaleinlage des Mutterunternehmens beim Tochterunternehmen handelt.

B46 Auch wenn es in den folgenden Ausführungen hauptsächlich um Transaktionen mit Mitarbeitern geht, sind die Ausführungen auch auf ähnliche anteilsbasierte Vergütungen an Lieferanten oder Dienstleister anzuwenden, bei denen es sich nicht um Mitarbeiter handelt. So kann eine Vereinbarung zwischen einem Mutter- und einem Tochterunternehmen das Tochterunternehmen dazu verpflichten, das Mutterunternehmen für die Bereitstellung von Eigenkapitalinstrumenten an die Mitarbeiter zu bezahlen. Wie eine solche konzerninterne Zahlungsvereinbarung zu bilanzieren ist, wird in den folgenden Ausführungen nicht behandelt.

B47 Bei anteilsbasierten Vergütungen zwischen Konzernunternehmen stellen sich in der Regel vier Fragen. Der Einfachheit halber werden diese nachfolgend am Beispiel eines Mutter- und dessen Tochterunternehmens erörtert.

Anteilsbasierte Vergütungsvereinbarungen mit Ausgleich durch eigene Eigenkapitalinstrumente eines Unternehmens

B48 Die erste Frage lautet, ob die nachstehend beschriebenen Transaktionen mit eigenen Eigenkapitalinstrumenten eines Unternehmens gemäß den Vorschriften dieses IFRS als Ausgleich durch Eigenkapitalinstrumente oder als Barausgleich bilanziert werden sollen:

a) ein Unternehmen gewährt seinen Mitarbeitern Rechte auf Eigenkapitalinstrumente des Unternehmens (z. B. Anteilsoptionen) und entscheidet sich dafür oder ist dazu gezwungen, zur Erfüllung dieser Verpflichtung gegenüber seinen Mitarbeitern von einer anderen Partei Eigenkapitalinstrumente (z. B. eigene Anteile) zu erwerben, und

b) den Mitarbeitern eines Unternehmens werden entweder durch das Unternehmen selbst oder durch dessen Anteilseigner Rechte auf Eigenkapitalinstrumente des Unternehmens (z. B. Anteilsoptionen) gewährt, wobei die benötigten Eigenkapitalinstrumente von den Anteilseignern des Unternehmens zur Verfügung gestellt werden.

B49 Anteilsbasierte Vergütungen, bei denen das Unternehmen als Gegenleistung für seine eigenen Eigenkapitalinstrumente Dienstleistungen erhält, sind als anteilsbasierte Vergütung mit Ausgleich durch Eigenkapitalinstrumente zu bilanzieren. Dies gilt unabhängig davon, ob das Unternehmen sich dafür entschieden oder dazu gezwungen ist, diese Eigenkapitalinstrumente von einer anderen Partei zu erwerben, damit es seine aus der anteilsbasierten Vergütungsvereinbarung erwachsenden Verpflichtungen gegenüber seinen Mitarbeitern erfüllen kann. Dies gilt auch unabhängig davon, ob

a) die Rechte der Mitarbeiter auf Eigenkapitalinstrumente des Unternehmens vom Unternehmen selbst oder von dessen Anteilseigner/ Anteilseignern gewährt wurden, oder

b) die anteilsbasierte Vergütungsvereinbarung vom Unternehmen selbst oder von dessen Anteilseigner/Anteilseignern erfüllt wurde.

B50 Ist der Anteilseigner verpflichtet, die Mitarbeiter seines Unternehmens anteilsbasiert zu vergüten, wird er eher Eigenkapitalinstrumente dieses Unternehmens als eigene Instrumente zur Verfügung stellen. Gehört das Unternehmen zu demselben Konzern wie der Anteilseigner, so hat dieser daher gemäß Paragraph 43C seine Verpflichtung anhand der Vorschriften zu bewerten, die für anteilsbasierte Vergütungen mit Barausgleich in seinem Einzelabschluss und für anteilsbasierte Vergütungen mit Ausgleich durch Eigenkapitalinstrumente in seinem Konzernabschluss gelten.

Anteilsbasierte Vergütungsvereinbarungen mit Ausgleich durch Eigenkapitalinstrumente des Mutterunternehmens

B51 Die zweite Frage betrifft anteilsbasierte Vergütungen zwischen zwei oder mehr Unternehmen desselben Konzerns, für die ein Eigenkapitalinstrument eines anderen Unternehmens des Konzerns herangezogen wird. Dies ist beispielsweise der Fall, wenn den Mitarbeitern eines Tochterunternehmens als Gegenleistung für Leistungen, die sie für dieses Tochterunternehmen erbracht haben, Rechte auf Eigenkapitalinstrumente des Mutterunternehmens eingeräumt werden.

B52 Deshalb betrifft die zweite Frage die folgenden anteilsbasierten Vergütungsvereinbarungen:
a) ein Mutterunternehmen gewährt den Mitarbeitern seines Tochterunternehmens unmittelbar Rechte auf seine Eigenkapitalinstrumente: in diesem Fall ist das Mutterunternehmen (nicht das Tochterunternehmen) zur Lieferung der Eigenkapitalinstrumente an die Mitarbeiter des Tochterunternehmens verpflichtet, und
b) ein Tochterunternehmen gewährt seinen Mitarbeitern Rechte auf Eigenkapitalinstrumente seines Mutterunternehmens: in diesem Fall ist das Tochterunternehmen zur Lieferung der Eigenkapitalinstrumente an seine Mitarbeiter verpflichtet.

Ein Mutterunternehmen gewährt den Mitarbeitern seines Tochterunternehmens Rechte auf seine Eigenkapitalinstrumente (Paragraph B52(a))

B53 Das Tochterunternehmen ist nicht verpflichtet, seinen Mitarbeitern Eigenkapitalinstrumente seines Mutterunternehmens zu liefern. Daher hat das Tochterunternehmen gemäß Paragraph 43B die Dienstleistungen, die es von seinen Mitarbeitern erhält, gemäß den Vorschriften für anteilsbasierte Vergütungen mit Ausgleich durch Eigenkapitalinstrumente zu bewerten und die entsprechende Erhöhung des Eigenkapitals als Einlage des Mutterunternehmens zu erfassen.

B54 Das Mutterunternehmen ist verpflichtet, den Ausgleich vorzunehmen und den Mitarbeitern des Tochterunternehmens eigene Eigenkapitalinstrumente zu liefern. Daher hat das Mutterunternehmen gemäß Paragraph 43C diese Verpflichtung gemäß den für anteilsbasierte Vergütungen mit Ausgleich durch Eigenkapitalinstrumente geltenden Vorschriften zu bewerten.

Ein Tochterunternehmen gewährt seinen Mitarbeitern Rechte auf Eigenkapitalinstrumente seines Mutterunternehmens (Paragraph B52(b))

B55 Da das Tochterunternehmen keine der in Paragraph 43B genannten Bedingungen erfüllt, hat es die Transaktion mit seinen Mitarbeitern als Vergütung mit Barausgleich zu bilanzieren. Diese Vorschrift gilt unabhängig davon, auf welche Weise das Tochterunternehmen die Eigenkapitalinstrumente zur Erfüllung seiner Verpflichtungen gegenüber seinen Mitarbeitern erhält.

Anteilsbasierte Vergütungsvereinbarungen mit Barausgleich für die Mitarbeiter

B56 Die dritte Frage lautet, wie ein Unternehmen, das von Lieferanten (einschließlich Mitarbeitern) Güter oder Dienstleistungen erhält, anteilsbasierte Vereinbarungen mit Barausgleich bilanzieren sollte, wenn es selbst nicht zur Leistung der erforderlichen Zahlungen an die Lieferanten oder Dienstleister verpflichtet ist. Hierzu folgende Beispiele für Vereinbarungen, bei denen das Mutterunternehmen (und nicht das Unternehmen selbst) die erforderlichen Barzahlungen an die Mitarbeiter des Unternehmens leisten muss:
a) die Barzahlungen an die Mitarbeiter des Unternehmens sind an den Preis der Eigenkapitalinstrumente dieses Unternehmens gekoppelt;
b) die Barzahlungen an die Mitarbeiter des Unternehmens sind an den Preis der Eigenkapitalinstrumente von dessen Mutterunternehmen gekoppelt.

B57 Das Tochterunternehmen ist nicht verpflichtet, den Ausgleich mit seinen Mitarbeitern vorzunehmen. Daher hat das Tochterunternehmen die Transaktion mit seinen Mitarbeitern als Vergütung mit Ausgleich durch Eigenkapitalinstrumente zu bilanzieren und die entsprechende Erhöhung des Eigenkapitals als Einlage seines Mutterunternehmens zu erfassen. In der Folge hat das Tochterunternehmen die Kosten der Transaktion immer dann neu zu bewerten, wenn aufgrund der Nichterfüllung nicht marktbedingter Erdienungsbedingungen gemäß den Paragraphen 19–21 eine Änderung eingetreten ist. Hier liegt der Unterschied zur Bewertung der Transaktion als Barausgleich im Konzernabschluss.

B58 Da das Mutterunternehmen verpflichtet ist, den Ausgleich mit den Mitarbeitern vorzunehmen und die Vergütung der Mitarbeiter in bar erfolgt, hat das Mutterunternehmen (und der Konzern) seine Verpflichtung gemäß den Vorschriften für anteilsbasierte Vergütungen mit Barausgleich in Paragraph 43C zu bewerten.

Wechsel von Mitarbeitern zwischen Unternehmen des Konzerns

B59 Die vierte Frage betrifft konzerninterne anteilsbasierte Vergütungsvereinbarungen, die die Mitarbeiter von mehr als einem Konzernunternehmen betreffen. So könnte ein Mutterunternehmen den Mitarbeitern seiner Tochterunternehmen beispielsweise Rechte auf seine Eigenkapitalinstrumente gewähren, dies aber davon abhängig machen, dass die betreffenden Mitarbeiter dem Konzern ihre Dienste über einen bestimmten Zeitraum zur Verfügung stellen. Ein Mitarbeiter eines Tochter-

3/2. IFRS 2
B59 – B61

unternehmens könnte im Laufe des festgelegten Erdienungszeitraums zu einem anderen Tochterunternehmen wechseln, ohne dass dies seine im Rahmen der ursprünglichen anteilsbasierten Vergütungsvereinbarung gewährten Rechte auf Eigenkapitalinstrumente des Mutterunternehmens beeinträchtigt. Sind die Tochterunternehmen nicht verpflichtet, die anteilsbasierte Vergütung der Mitarbeiter zu leisten, bilanzieren sie diese als Transaktion mit Ausgleich durch Eigenkapitalinstrumente. Jedes Tochterunternehmen hat die von einem Mitarbeiter erhaltenen Leistungen zu bewerten unter Bezugnahme auf den beizulegenden Zeitwert des Eigenkapitalinstruments zu dem Zeitpunkt, zu dem das Mutterunternehmen die Rechte auf diese Eigenkapitalinstrumente gemäß Anhang A ursprünglich gewährt hat, und auf den Teil des Erdienungszeitraums, den der Mitarbeiter bei dem betreffenden Tochterunternehmen gearbeitet hat.

B60 Ist das Tochterunternehmen verpflichtet, den Ausgleich vorzunehmen und seinen Mitarbeitern Eigenkapitalinstrumente seines Mutterunternehmens zu liefern, so bilanziert es die Transaktion als Barausgleich. Jedes Tochterunternehmen bewertet die erhaltenen Leistungen für den Teil des Erdienungszeitraums, den der Mitarbeiter bei dem jeweiligen Tochterunternehmen tätig war, und legt zu diesem Zweck den beizulegenden Zeitwert des Eigenkapitalinstruments am Tag der Gewährung zugrunde. Zusätzlich dazu erfasst jedes Tochterunternehmen jede Veränderung des beizulegenden Zeitwerts des Eigenkapitalinstruments, die während der Dienstzeit des Mitarbeiters in dem betreffenden Tochterunternehmen eingetreten ist.

B61 Es ist möglich, dass ein solcher Mitarbeiter nach dem Wechsel zwischen Konzernunternehmen eine Erdienungsbedingung, bei der es sich nicht um eine Marktbedingung im Sinne des Anhangs A handelt, nicht erfüllt, etwa wenn er den Konzern vor Vollendung der Dienstzeit verlässt. In diesem Fall hat jedes Tochterunternehmen aufgrund der Tatsache, dass die Erdienungsbedingung Leistungserbringung für den Konzern ist, den Betrag, der zuvor für die vom Mitarbeiter gemäß den Grundsätzen des Paragraphen 19 erhaltene Leistungen erfasst wurde, anzupassen. Wenn die vom Mutterunternehmen gewährten Rechte auf Eigenkapitalinstrumente nicht erdient werden, weil ein Mitarbeiter eine Erdienungsbedingung, bei der es sich nicht um eine Marktbedingung handelt, nicht erfüllt, wird für die von diesem Mitarbeiter erhaltenen Leistungen deshalb in keinem Abschluss eines Konzernunternehmens ein Betrag auf kumulativer Basis angesetzt.

INTERNATIONAL FINANCIAL REPORTING STANDARD 3
Unternehmenszusammenschlüsse

IFRS 3, VO (EU) 2023/1803

Gliederung	§§
ZIELSETZUNG	1
ANWENDUNGSBEREICH	2–2A
IDENTIFIZIERUNG EINES UNTERNEHMENSZUSAMMENSCHLUSSES	3
DIE ERWERBSMETHODE	4–53
Identifizierung des Erwerbers	6–7
Bestimmung des Erwerbszeitpunkts	8–9
Ansatz und Bewertung der erworbenen identifizierbaren Vermögenswerte, der übernommenen Schulden und aller nicht beherrschenden Anteile an dem erworbenen Unternehmen	10–31A
Ansatzgrundsatz	10–17
Bewertungsgrundsatz	18–20
Ausnahmen von den Ansatz- oder Bewertungsgrundsätzen	21–23A
Ausnahmen von den Ansatz- und Bewertungsgrundsätzen	24–28B
Ausnahmen vom Bewertungsgrundsatz	29–31A
Ansatz und Bewertung des Geschäfts- oder Firmenwerts oder eines Gewinns aus einem Erwerb zu einem Preis unter Marktwert	32–40
Erwerb zu einem Preis unter Marktwert	34–36
Übertragene Gegenleistung	37–38
Bedingte Gegenleistung	39–40
Zusätzliche Leitlinien für die Anwendung der Erwerbsmethode auf besondere Arten von Unternehmenszusammenschlüssen	41–44
Sukzessiver Unternehmenszusammenschluss	41–42A
Unternehmenszusammenschluss ohne Übertragung einer Gegenleistung	43–44
Bewertungszeitraum	45–50
Bestimmung des Umfangs eines Unternehmenszusammenschlusses	51–53
Mit dem Unternehmenszusammenschluss verbundene Kosten	53
FOLGEBEWERTUNG UND FOLGEBILANZIERUNG	54–58
Zurückerworbene Rechte	55
Eventualverbindlichkeiten	56
Vermögenswerte für Entschädigungsleistungen	57
Bedingte Gegenleistung	58
ANGABEN	59–63
ZEITPUNKT DES INKRAFTTRETENS UND ÜBERGANGSVORSCHRIFTEN	64–67
Zeitpunkt des Inkrafttretens	64–64Q
Übergangsvorschriften	65–66
Ertragsteuern	67
VERWEIS AUF IFRS 9	67A
RÜCKNAHME VON IFRS 3 (2004)	68
ANHANG A: DEFINITIONEN	
ANHANG B: ANWENDUNGSLEITLINIEN	
UNTERNEHMENSZUSAMMENSCHLÜSSE VON UNTERNEHMEN UNTER GEMEINSAMER BEHERRSCHUNG (ANWENDUNG DES PARAGRAPHEN 2(C))	B1–B4
IDENTIFIZIERUNG EINES UNTERNEHMENSZUSAMMENSCHLUSSES (ANWENDUNG DES PARAGRAPHEN 3)	B5–B6
DEFINITION VON „GESCHÄFTSBETRIEB" (ANWENDUNG DES PARAGRAPHEN 3)	B7–B12D

3/3. IFRS 3

Optionaler Test zur Ermittlung der Konzentration des beizulegenden Zeitwerts	B7A–B7C
Die Elemente eines Geschäftsbetriebs	B8–B11
Beurteilung, ob ein erworbener Prozess substanziell ist	B12–B12D
IDENTIFIZIERUNG DES ERWERBERS (ANWENDUNG DER PARAGRAPHEN 6 UND 7)	**B13–B18**
UMGEKEHRTER UNTERNEHMENSERWERB	**B19**
Bestimmung der übertragenen Gegenleistung	B20
Aufstellung und Darstellung von Konzernabschlüssen	B21–B22
Nicht beherrschende Anteile	B23–B24
Ergebnis je Aktie	B25–B27
ANSATZ BESONDERER ERWORBENER VERMÖGENSWERTE UND ÜBERNOMMENER SCHULDEN (ANWENDUNG DER PARAGRAPHEN 10–13)	**B28–B40**
Immaterielle Vermögenswerte	B31–B40
Zurückerworbene Rechte	B35–B36
Belegschaft und sonstige Sachverhalte, die nicht identifizierbar sind	B37–B40
BEWERTUNG DES BEIZULEGENDEN ZEITWERTS VON BESONDEREN IDENTIFIZIERBAREN VERMÖGENSWERTEN UND EINEM NICHT BEHERRSCHENDEN ANTEIL AN EINEM ERWORBENEN UNTERNEHMEN (ANWENDUNG DER PARAGRAPHEN 18 UND 19)	**B41–B45**
Vermögenswerte mit unsicheren Zahlungsströmen (Wertberichtigungen)	B41
Vermögenswerte, die zu Operating-Leasingverhältnissen gehören, bei denen das erworbene Unternehmen der Leasinggeber ist	B42
Vermögenswerte, die der Erwerber nicht zu nutzen beabsichtigt bzw. auf eine andere Weise zu nutzen beabsichtigt als Marktteilnehmer sie normalerweise nutzen würden	B43
Nicht beherrschende Anteile an einem erworbenen Unternehmen	B44–B45
BEWERTUNG DES GESCHÄFTS- ODER FIRMENWERTS ODER EINES GEWINNS AUS EINEM ERWERB ZU EINEM PREIS UNTER MARKTWERT	**B46–B49**
Bewertung des zum Erwerbszeitpunkt geltenden beizulegenden Zeitwerts der Anteile des Erwerbers an dem erworbenen Unternehmen unter Einsatz von Bewertungsverfahren (Anwendung des Paragraphen 33)	B46
Besondere Berücksichtigung bei der Anwendung der Erwerbsmethode auf den Zusammenschluss von Gegenseitigkeitsunternehmen (Anwendung des Paragraphen 33)	B47–B49
BESTIMMUNG DES UMFANGS EINES UNTERNEHMENSZUSAMMENSCHLUSSES (ANWENDUNG DER PARAGRAPHEN 51 UND 52)	**B50–B62B**
Tatsächliche Erfüllung einer zuvor bestehenden Beziehung zwischen dem Erwerber und dem erworbenen Unternehmen bei einem Unternehmenszusammenschluss (Anwendung des Paragraphen 52(a))	B51–B53
Vereinbarungen über bedingte Zahlungen an Mitarbeiter oder verkaufende Anteilseigner (Anwendung des Paragraphen 52(b))	B54–B55
Die anteilsbasierten Vergütungsprämien des Erwerbers werden gegen die von den Mitarbeitern des erworbenen Unternehmens gehaltenen Prämien ausgetauscht (Anwendung des Paragraphen 52(b))	B56–B62
Anteilsbasierte Vergütungen des erworbenen Unternehmens mit Ausgleich durch Eigenkapitalinstrumente	B62A–B62B
ANDERE IFRS, DIE LEITLINIEN FÜR DIE FOLGEBEWERTUNG UND DIE FOLGEBILANZIERUNG ENTHALTEN (ANWENDUNG DES PARAGRAPHEN 54)	**B63**
ANGABEN (ANWENDUNG DER PARAGRAPHEN 59 UND 61)	**B64–B67**
ÜBERGANGSVORSCHRIFTEN FÜR UNTERNEHMENSZUSAMMENSCHLÜSSE, AN DENEN NUR GEGENSEITIGKEITSUNTERNEHMEN BETEILIGT SIND ODER DIE AUF REIN VERTRAGLICHER BASIS ERFOLGEN (ANWENDUNG DES PARAGRAPHEN 66)	**B68–B69**

ZIELSETZUNG

1 Die Zielsetzung dieses IFRS ist es, die Relevanz, Verlässlichkeit und Vergleichbarkeit der Informationen zu verbessern, die ein berichtendes Unternehmen über einen *Unternehmenszusammenschluss* und dessen Auswirkungen in seinem Abschluss liefert. Hierzu legt dieser IFRS Grundsätze und Vorschriften dazu fest, wie der *Erwerber*

a) die erworbenen *identifizierbaren* Vermögenswerte, die übernommenen Schulden und alle *nicht beherrschenden Anteile* an dem erworbenen Unternehmen in seinem Abschluss ansetzt und bewertet,

b) den beim Unternehmenszusammenschluss erworbenen *Geschäfts- oder Firmenwert* oder einen Gewinn aus einem Erwerb unter Marktwert ansetzt und bewertet und

c) bestimmt, welche Angaben zu machen sind, damit die Abschlussadressaten die Art und die finanziellen Auswirkungen des Unternehmenszusammenschlusses beurteilen können.

ANWENDUNGSBEREICH

2 Dieser IFRS ist auf Transaktionen oder andere Ereignisse anzuwenden, die die Definition eines Unternehmenszusammenschlusses erfüllen. Nicht anwendbar ist dieser IFRS auf

a) die Bilanzierung der Schaffung einer gemeinschaftlichen Vereinbarung im Abschluss des gemeinschaftlich geführten Unternehmens selbst.

b) den Erwerb eines Vermögenswerts oder einer Gruppe von Vermögenswerten, die keinen *Geschäftsbetrieb* bilden. In solchen Fällen hat der Erwerber die einzelnen erworbenen identifizierbaren Vermögenswerte (einschließlich solcher, die die Definition und die Ansatzkriterien für *immaterielle Vermögenswerte* gemäß IAS 38 *Immaterielle Vermögenswerte* erfüllen) und die übernommenen Schulden zu identifizieren und anzusetzen. Die Anschaffungskosten der Gruppe sind den einzelnen identifizierbaren Vermögenswerten und Schulden zum Erwerbszeitpunkt auf Grundlage ihrer *beizulegenden Zeitwerte* zuzuordnen. Eine solche Transaktion oder ein solches Ereignis führt nicht zu einem Geschäfts- oder Firmenwert.

c) einen Zusammenschluss von Unternehmen oder Geschäftsbetrieben unter gemeinsamer Beherrschung (die entsprechenden Anwendungsleitlinien sind in den Paragraphen B1–B4 enthalten).

2A Die Vorschriften dieses Standards gelten nicht für den Erwerb einer Beteiligung an einem Tochterunternehmen durch eine Investmentgesellschaft im Sinne von IFRS 10 Konzernabschlüsse, sofern dieses Tochterunternehmen erfolgswirksam zum beizulegenden Zeitwert bewertet werden muss.

IDENTIFIZIERUNG EINES UNTERNEHMENSZUSAMMENSCHLUSSES

3 Zur Klärung der Frage, ob eine Transaktion oder ein anderes Ereignis einen Unternehmenszusammenschluss darstellt, muss ein Unternehmen die Definition aus diesem IFRS anwenden, die verlangt, dass die erworbenen Vermögenswerte und übernommenen Schulden einen Geschäftsbetrieb darstellen. Stellen die erworbenen Vermögenswerte keinen Geschäftsbetrieb dar, hat das berichtende Unternehmen die Transaktion oder das andere Ereignis als Erwerb von Vermögenswerten zu bilanzieren. Die Paragraphen B5–B12D enthalten Leitlinien zur Identifizierung eines Unternehmenszusammenschlusses und zur Definition eines Geschäftsbetriebs.

DIE ERWERBSMETHODE

4 Jeder Unternehmenszusammenschluss ist nach der Erwerbsmethode zu bilanzieren.

5 Die Anwendung der Erwerbsmethode erfordert

a) die Identifizierung des Erwerbers,

b) die Bestimmung des *Erwerbszeitpunkts,*

c) den Ansatz und die Bewertung der erworbenen identifizierbaren Vermögenswerte, der übernommenen Schulden und aller nicht beherrschenden Anteile an dem erworbenen Unternehmen sowie

d) den Ansatz und die Bewertung des Geschäfts- oder Firmenwerts oder eines Gewinns aus einem Erwerb zu einem Preis unter Marktwert.

Identifizierung des Erwerbers

6 Bei jedem Unternehmenszusammenschluss ist eines der beteiligten Unternehmen als der Erwerber zu identifizieren.

7 Für die Identifizierung des Erwerbers – d. h. des Unternehmens, das die Beherrschung über das erworbene Unternehmen erlangt – sind die Leitlinien in IFRS 10 anzuwenden. Bei Unternehmenszusammenschlüssen, bei denen sich anhand der Leitlinien in IFRS 10 nicht eindeutig bestimmen lässt, welches der zusammengeschlossenen Unternehmen der Erwerber ist, sind die in den Paragraphen B14–B18 genannten Faktoren heranzuziehen.

Bestimmung des Erwerbszeitpunkts

8 Der Erwerber hat den Erwerbszeitpunkt zu bestimmen, d. h. den Zeitpunkt, zu dem er die Beherrschung über das erworbene Unternehmen erlangt.

9 Der Zeitpunkt, zu dem der Erwerber die Beherrschung über das erworbene Unternehmen erlangt, ist im Allgemeinen der Tag, an dem die Gegenleistung rechtsgültig transferiert, die Vermögenswerte erhält und die Schulden des erworbenen Unternehmens übernimmt – der Tag des Abschlusses. Der Erwerber kann indes die Beherrschung zu einem Zeitpunkt erlangen, der entweder vor oder nach dem Tag des Abschlusses liegt. Der

Erwerbszeitpunkt liegt beispielsweise vor dem Tag des Abschlusses, wenn in einer schriftlichen Vereinbarung vorgesehen ist, dass der Erwerber die Beherrschung über das erworbene Unternehmen zu einem Zeitpunkt vor dem Tag des Abschlusses erlangt. Ein Erwerber hat bei der Ermittlung des Erwerbszeitpunkts alle einschlägigen Tatsachen und Umstände zu berücksichtigen.

Ansatz und Bewertung der erworbenen identifizierbaren Vermögenswerte, der übernommenen Schulden und aller nicht beherrschenden Anteile an dem erworbenen Unternehmen

Ansatzgrundsatz

10 Zum Erwerbszeitpunkt hat der Erwerber die erworbenen identifizierbaren Vermögenswerte, die übernommenen Schulden und alle nicht beherrschenden Anteile an dem erworbenen Unternehmen getrennt vom Geschäfts- oder Firmenwert anzusetzen. Der Ansatz der erworbenen identifizierbaren Vermögenswerte und der übernommenen Schulden unterliegt den in den Paragraphen 11 und 12 genannten Bedingungen.

Ansatzbedingungen

11 Um im Rahmen der Anwendung der Erwerbsmethode die Ansatzkriterien zu erfüllen, müssen die erworbenen identifizierbaren Vermögenswerte und die übernommenen Schulden den im *Rahmenkonzept für die Finanzberichterstattung* enthaltenen Definitionen von Vermögenswerten und Schulden zum Erwerbszeitpunkt entsprechen So stellen beispielsweise Kosten, die der Erwerber für die Zukunft erwartet, keine zum Erwerbszeitpunkt bestehenden Schulden dar, wenn der Erwerber nicht dazu verpflichtet ist, diese Kosten auf sich zu nehmen, um seinem Plan entsprechend eine Tätigkeit des erworbenen Unternehmens aufzugeben oder Mitarbeiter des erworbenen Unternehmens zu entlassen oder zu versetzen. Daher erfasst der Erwerber diese Kosten bei der Anwendung der Erwerbsmethode nicht. Stattdessen erfasst er diese Kosten gemäß anderen IFRS in seinen auf den Unternehmenszusammenschluss folgenden Abschlüssen.

12 Der Ansatz im Rahmen der Erwerbsmethode setzt ferner voraus, dass die erworbenen identifizierbaren Vermögenswerte und übernommenen Schulden Teil dessen sind, was Erwerber und erworbenes Unternehmen (oder dessen frühere *Eigentümer*) in der Transaktion des Unternehmenszusammenschlusses getauscht haben, und dass diese nicht aus gesonderten Transaktionen stammen. Der Erwerber hat die Leitlinien der Paragraphen 51–53 anzuwenden, um zu bestimmen, welche erworbenen Vermögenswerte und welche übernommenen Schulden Teil des Austauschs für das erworbene Unternehmen sind und welche gegebenenfalls aus einer separaten Transaktion stammen, die entsprechend ihrer Art und gemäß den für sie anwendbaren IFRS zu bilanzieren ist.

13 Wenn der Erwerber den Ansatzgrundsatz und die Ansatzbedingungen anwendet, werden möglicherweise einige Vermögenswerte und Schulden angesetzt, die das erworbene Unternehmen zuvor nicht als Vermögenswerte und Schulden in seinem Abschluss angesetzt hatte. Der Erwerber setzt beispielsweise die erworbenen identifizierbaren immateriellen Vermögenswerte, wie einen Markennamen, ein Patent oder eine Kundenbeziehung an, die das erworbene Unternehmen nicht als Vermögenswerte in seinem Abschluss angesetzt hatte, da es diese intern entwickelt und die zugehörigen Kosten als Aufwendungen erfasst hatte.

14 Die Paragraphen B31–B40 enthalten Leitlinien zum Ansatz von immateriellen Vermögenswerten. In den Paragraphen 21A–28B werden die Arten von identifizierbaren Vermögenswerten und Schulden beschrieben, die Posten enthalten, für die dieser IFRS begrenzte Ausnahmen vom Ansatzgrundsatz und von den Ansatzbedingungen vorsieht.

Klassifizierung oder Designation der bei einem Unternehmenszusammenschluss erworbenen identifizierbaren Vermögenswerte und übernommenen Schulden

15 Zum Erwerbszeitpunkt hat der Erwerber die erworbenen identifizierbaren Vermögenswerte und übernommenen Schulden einzustufen oder zu designieren, sofern dies erforderlich ist, um anschließend andere IFRS anwenden zu können. Diese Einstufungen oder Designationen basieren auf den Vertragsbedingungen, den wirtschaftlichen Bedingungen, der Geschäftspolitik oder den Rechnungslegungsmethoden und anderen zum Erwerbszeitpunkt gültigen einschlägigen Bedingungen.

16 In bestimmten Situationen sehen die IFRS unterschiedliche Formen der Rechnungslegung vor, je nachdem wie ein Unternehmen den jeweiligen Vermögenswert oder die jeweilige Schuld einstuft oder designiert. Beispiele für Einstufungen oder Designationen, welche der Erwerber auf der Grundlage der zum Erwerbszeitpunkt bestehenden einschlägigen Bedingungen vorzunehmen hat, sind u. a.:

a) die Einstufung bestimmter finanzieller Vermögenswerte und Verbindlichkeiten gemäß IFRS 9 *Finanzinstrumente* als erfolgswirksam zum beizulegenden Zeitwert bewertet oder zu fortgeführten Anschaffungskosten bewertet oder als erfolgsneutral zum beizulegenden Zeitwert im sonstigen Ergebnis bewertet,

b) die Designation eines derivativen Finanzinstruments als Sicherungsinstrument gemäß IFRS 9 und

c) die Beurteilung, ob ein eingebettetes Derivat gemäß IFRS 9 vom Basisvertrag zu trennen ist (hierbei handelt es sich um eine „Einstufung" im Sinne der Verwendung dieses Begriffs in diesem IFRS).

17 Dieser IFRS sieht eine Ausnahme von dem Grundsatz in Paragraph 15 vor:

a) die Einstufung eines Leasingvertrags, in dem das erworbene Unternehmen der Leasinggeber ist, gemäß IFRS 16 *Leasingverhältnisse* entweder als Operating-Leasingverhältnis oder als Finanzierungsleasingverhältnis.
b) [gestrichen]

Der Erwerber hat diese Verträge basierend auf den Vertragsbedingungen und anderen Faktoren bei Abschluss des Vertrags einzustufen (oder falls die Vertragsbedingungen auf eine Weise geändert wurden, die deren Einstufung ändern würde, zum Zeitpunkt dieser Änderung, welche der Erwerbszeitpunkt sein könnte).

Bewertungsgrundsatz

18 Die erworbenen identifizierbaren Vermögenswerte und übernommenen Schulden sind vom Erwerber zu ihrem zum Erwerbszeitpunkt geltenden beizulegenden Zeitwert zu bewerten.

19 Bei jedem Unternehmenszusammenschluss hat der Erwerber zum Erwerbszeitpunkt die Bestandteile der nicht beherrschenden Anteile an dem erworbenen Unternehmen, die gegenwärtig Eigentumsanteile sind und ihre Inhaber im Fall der Liquidation zu einem entsprechenden Anteil am Nettovermögen des Unternehmens berechtigen, nach einer der folgenden Methoden zu bewerten:
a) zum beizulegenden Zeitwert oder
b) zum entsprechenden Anteil der gegenwärtigen Eigentumsinstrumente an den für das identifizierbare Nettovermögen des erworbenen Unternehmens angesetzten Beträgen.

Alle anderen Bestandteile der nicht beherrschenden Anteile sind zu ihrem beizulegenden Zeitwert zum Erwerbszeitpunkt zu bewerten, es sei denn, die IFRS schreiben eine andere Bewertungsgrundlage vor.

20 In den Paragraphen 24–31A werden die Arten von identifizierbaren Vermögenswerten und Schulden beschrieben, die Posten enthalten, für die dieser IFRS begrenzte Ausnahmen von dem Bewertungsgrundsatz vorsieht.

Ausnahmen von den Ansatz- oder Bewertungsgrundsätzen

21 Dieser IFRS sieht begrenzte Ausnahmen von seinen Ansatz- und Bewertungsgrundsätzen vor. Die Paragraphen 21A–31A beschreiben sowohl die besonderen Posten, für die Ausnahmen vorgesehen sind, als auch die Art dieser Ausnahmen. Bei der Bilanzierung dieser Posten gelten die Anforderungen der Paragraphen 21A–31A, was dazu führt, dass einige Posten
a) entweder gemäß Ansatzbedingungen angesetzt werden, die zusätzlich zu den in den Paragraphen 11 und 12 beschriebenen Ansatzbedingungen gelten, oder gemäß den Anforderungen anderer IFRS angesetzt werden, wobei sich die Ergebnisse im Vergleich zur Anwendung der Ansatzgrundsätze und -bedingungen unterscheiden,

b) zu einem anderen Betrag als zu ihren zum Erwerbszeitpunkt geltenden beizulegenden Zeitwerten bewertet werden.

Ausnahmen vom Ansatzgrundsatz

Verbindlichkeiten und Eventualverbindlichkeiten im Anwendungsbereich von IAS 37 oder IFRIC 21

21A Paragraph 21B gilt für Verbindlichkeiten und Eventualverbindlichkeiten, die in den Anwendungsbereich von IAS 37 *Rückstellungen, Eventualverbindlichkeiten und Eventualforderungen* oder von IFRIC 21 *Abgaben* fielen, wenn sie gesondert eingegangen und nicht bei einem Unternehmenszusammenschluss übernommen würden.

21B Im *Rahmenkonzept für die Finanzberichterstattung* ist eine Schuld definiert als eine gegenwärtige Verpflichtung des Unternehmens, eine wirtschaftliche Ressource als Folge vergangener Ereignisse zu übertragen. Fiele eine Rückstellung oder Eventualverbindlichkeit in den Anwendungsbereich von IAS 37, hat der Erwerber zur Feststellung, ob zum Erwerbszeitpunkt eine aus vergangenen Ereignissen resultierende gegenwärtige Verpflichtung vorliegt, die Paragraphen 15–22 des IAS 37 anzuwenden. Fiele eine Abgabe in den Anwendungsbereich von IFRIC 21, hat der Erwerber zur Feststellung, ob das für die Entrichtung der Abgabe verpflichtende Ereignis bis zum Erwerbszeitpunkt eingetreten ist, IFRIC 21 anzuwenden.

21C Eine gemäß Paragraph 21B festgestellte gegenwärtige Verpflichtung könnte der Definition einer Eventualverbindlichkeit in Paragraph 22(b) entsprechen. Ist dies der Fall, gilt für diese Eventualverbindlichkeit Paragraph 23.

Eventualverbindlichkeiten und Eventualforderungen

22 Eine Eventualverbindlichkeit wird in IAS 37 definiert als:
a) eine mögliche Verpflichtung, die aus Ereignissen der Vergangenheit entsteht und deren Existenz durch das Eintreten des Nichteintretens eines oder mehrerer unsicherer künftiger Ereignisse, die nicht vollständig unter der Kontrolle des Unternehmens stehen, erst noch bestätigt wird, oder
b) eine gegenwärtige Verpflichtung, die auf Ereignissen der Vergangenheit beruht, jedoch nicht angesetzt wird, weil
   i) ein Abfluss von Ressourcen mit wirtschaftlichem Nutzen zur Erfüllung dieser Verpflichtung nicht wahrscheinlich ist oder
   ii) die Höhe der Verpflichtung nicht hinreichend verlässlich geschätzt werden kann.

23 Ein Erwerber hat eine bei einem Unternehmenszusammenschluss übernommene Eventualverbindlichkeit zum Erwerbszeitpunkt anzusetzen, wenn es sich um eine gegenwärtige Verpflichtung handelt, die aus früheren Ereignissen resultiert und

für die der beizulegende Zeitwert verlässlich bestimmt werden kann. Entgegen den Paragraphen 14(b), 23, 27, 29 und 30 von IAS 37 setzt ein Erwerber eine in einem Unternehmenszusammenschluss übernommene Eventualverbindlichkeit zum Erwerbszeitpunkt deshalb selbst dann an, wenn es nicht wahrscheinlich ist, dass ein Abfluss von Ressourcen mit wirtschaftlichem Nutzen zur Erfüllung dieser Verpflichtung erforderlich sein wird. Paragraph 56 dieses IFRS enthält Leitlinien für die Folgebilanzierung von Eventualverbindlichkeiten.

23A Eine Eventualforderung wird in IAS 37 definiert als „ein möglicher Vermögenswert, der aus vergangenen Ereignissen resultiert und dessen Existenz durch das Eintreten oder Nichteintreten eines oder mehrerer unsicherer künftiger Ereignisse erst noch bestätigt wird, die nicht vollständig unter der Kontrolle des Unternehmens stehen". Eine Eventualforderung ist vom Erwerber zum Erwerbszeitpunkt nicht anzusetzen.

Ausnahmen von den Ansatz- und Bewertungsgrundsätzen

Ertragsteuern

24 Der Erwerber hat einen latenten Steueranspruch oder eine latente Steuerschuld aus bei einem Unternehmenszusammenschluss erworbenen Vermögenswerten und übernommenen Schulden gemäß IAS 12 *Ertragsteuern* anzusetzen und zu bewerten.

25 Der Erwerber hat die möglichen steuerlichen Auswirkungen der temporären Differenzen und Verlustvorträge eines erworbenen Unternehmens, die zum Erwerbszeitpunkt bereits bestehen oder infolge des Erwerbs entstehen, gemäß IAS 12 zu bilanzieren.

Leistungen an Arbeitnehmer

26 Der Erwerber hat eine Schuld (oder gegebenenfalls einen Vermögenswert) in Verbindung mit Vereinbarungen für Leistungen an Arbeitnehmer des erworbenen Unternehmens gemäß IAS 19 *Leistungen an Arbeitnehmer* anzusetzen und zu bewerten.

Vermögenswerte aus Entschädigungsleistungen

27 Der Veräußerer kann bei einem Unternehmenszusammenschluss den Erwerber vertraglich für die Auswirkungen einer Unsicherheit oder Unwägbarkeit hinsichtlich aller oder eines Teils der spezifischen Vermögenswerte oder Schulden entschädigen. Der Veräußerer kann beispielsweise den Erwerber für Verluste, die über einen bestimmten Betrag einer Schuld aus einem besonderen Eventualfall hinausgehen, entschädigen; mit anderen Worten, der Veräußerer möchte garantieren, dass die Schuld des Erwerbers einen bestimmten Betrag nicht überschreitet. Damit erhält der Erwerber einen Vermögenswert für Entschädigungsleistungen. Der Erwerber hat den Vermögenswert für Entschädigungsleistungen zur gleichen Zeit anzusetzen und auf der gleichen Grundlage zu bewerten, wie er den entschädigten Posten ansetzt und bewertet, vorbehaltlich der Notwendigkeit einer Wertberichtigung für uneinbringliche Beträge. Wenn die Entschädigungsleistung einen Vermögenswert oder eine Schuld betrifft, der/die zum Erwerbszeitpunkt angesetzt wird und zu dessen/deren zum Erwerbszeitpunkt geltenden beizulegenden Zeitwert bewertet wird, dann hat der Erwerber den Vermögenswert für die Entschädigungsleistung ebenso zum Erwerbszeitpunkt anzusetzen und mit dessen zum Erwerbszeitpunkt geltenden beizulegenden Zeitwert zu bewerten. Für einen zum beizulegenden Zeitwert bewerteten Vermögenswert für Entschädigungsleistungen sind die Auswirkungen der Ungewissheit bezüglich künftiger Zahlungsströme aufgrund der Einbringlichkeit der Gegenleistungen in der Bestimmung des beizulegenden Zeitwerts mit inbegriffen und eine gesonderte Wertberichtigung ist nicht notwendig (die entsprechenden Anwendungsleitlinien sind in Paragraph B41 enthalten).

28 Unter bestimmten Umständen kann sich die Entschädigungsleistung auf einen Vermögenswert oder eine Schuld beziehen, der/die eine Ausnahme von den Ansatz- oder Bewertungsgrundsätzen darstellt. Eine Entschädigungsleistung kann sich beispielsweise auf eine Eventualverbindlichkeit beziehen, die zum Erwerbszeitpunkt nicht angesetzt wird, da ihr beizulegender Zeitwert zu dem Stichtag nicht verlässlich bewertet werden kann. Alternativ kann sich eine Entschädigungsleistung auf einen Vermögenswert oder ein Schuld beziehen, der/die beispielsweise aus Leistungen an Arbeitnehmer stammt, welche auf einer anderen Grundlage als dem zum Erwerbszeitpunkt geltenden beizulegenden Zeitwert bestimmt werden. Unter diesen Umständen ist der Vermögenswert für Entschädigungsleistungen vorbehaltlich der Einschätzung der Geschäftsleitung bezüglich seiner Einbringlichkeit sowie der vertraglichen Begrenzung des Entschädigungsbetrags unter Zugrundelegung der gleichen Annahmen anzusetzen wie der entschädigte Posten selbst. Paragraph 57 enthält Leitlinien für die Folgebilanzierung eines Vermögenswerts für Entschädigungsleistungen.

Leasingverhältnisse, bei denen das erworbene Unternehmen der Leasingnehmer ist

28A Für Leasingverhältnisse nach IFRS 16, bei denen das erworbene Unternehmen der Leasingnehmer ist, hat der Erwerber Nutzungsrechte und Leasingverbindlichkeiten anzusetzen. Für folgende Leasingverhältnisse muss der Erwerber keine Nutzungsrechte und Leasingverbindlichkeiten ansetzen:

a) Leasingverhältnisse, deren Laufzeit (im Sinne von IFRS 16) innerhalb von 12 Monaten nach dem Erwerbszeitpunkt endet, und

b) Leasingverhältnisse, bei denen der zugrunde liegende Vermögenswert (im Sinne der Beschreibung in den Paragraphen B3–B8 von IFRS 16) von geringem Wert ist.

28B Der Erwerber bewertet die Leasingverbindlichkeit zum Barwert der verbleibenden Leasingzahlungen (im Sinne von IFRS 16) so, als handele es sich bei der erworbenen Leasingvereinbarung um eine zum Erwerbszeitpunkt neu geschlossene Vereinbarung. Der Erwerber bewertet das Nutzungsrecht mit demselben Betrag wie die Leasingverbindlichkeit und passt diesen Betrag gegebenenfalls an, je nachdem, ob die Bedingungen der Leasingvereinbarung verglichen mit den Marktbedingungen günstig oder ungünstig sind.

Ausnahmen vom Bewertungsgrundsatz

Zurückerworbene Rechte

29 Der Erwerber hat den Wert eines zurückerworbenen Rechts, das als ein immaterieller Vermögenswert auf der Grundlage der Restlaufzeit des zugehörigen Vertrags ausgewiesen war, unabhängig davon zu bewerten, ob Marktteilnehmer mögliche Vertragserneuerungen bei der Bewertung von dessen beizulegendem Zeitwert berücksichtigen würden. Die entsprechenden Anwendungsleitlinien sind in den Paragraphen B35 und B36 enthalten.

Anteilsbasierte Vergütungen

30 Der Erwerber hat eine Schuld oder ein Eigenkapitalinstrument, welche(s) sich auf anteilsbasierte Vergütungen des erworbenen Unternehmens oder den Ersatz anteilsbasierter Vergütungen des erworbenen Unternehmens durch anteilsbasierte Vergütungen des Erwerbers bezieht, zum Erwerbszeitpunkt nach der Methode in IFRS 2 *Anteilsbasierte Vergütung* zu bewerten. (Das Ergebnis dieser Methode wird in diesem IFRS als der „marktbasierte Wert" der anteilsbasierten Vergütung bezeichnet.)

Zur Veräußerung gehaltene Vermögenswerte

31 Der Erwerber hat einen erworbenen langfristigen Vermögenswert (oder eine Veräußerungsgruppe), der (die) zum Erwerbszeitpunkt gemäß IFRS 5 *Zur Veräußerung gehaltene langfristige Vermögenswerte und aufgegebene Geschäftsbereiche* als zur Veräußerung gehalten eingestuft ist, zum beizulegenden Zeitwert abzüglich Veräußerungskosten gemäß den Paragraphen 15–18 von IFRS 5 zu bewerten.

Versicherungsverträge

31A Der Erwerber hat eine Gruppe von im Rahmen eines Unternehmenszusammenschlusses übernommenen Verträgen im Anwendungsbereich von IFRS 17 *Versicherungsverträge* und alle als Vermögenswert angesetzten Abschlusskosten im Sinne der Definition in IFRS 17 zum Erwerbszeitpunkt als Verbindlichkeit oder Vermögenswert gemäß Paragraph 39 und den Paragraphen B93 bis B95F von IFRS 17 zu bewerten.

Ansatz und Bewertung des Geschäfts- oder Firmenwerts oder eines Gewinns aus einem Erwerb zu einem Preis unter Marktwert

32 Der Erwerber hat den Geschäfts- oder Firmenwert zum Erwerbszeitpunkt anzusetzen, der sich aus dem Betrag ergibt, um den die (a) (b) übersteigt:

a) die Summe aus

i) der übertragenen Gegenleistung, die gemäß diesem IFRS im Allgemeinen zu dem zum Erwerbszeitpunkt geltenden beizulegenden Zeitwert bestimmt wird, (siehe Paragraph 37)

ii) dem Betrag aller nicht beherrschenden Anteile an dem erworbenen Unternehmen, die gemäß diesem IFRS bewertet werden, und

iii) dem zum Erwerbszeitpunkt geltenden beizulegenden Zeitwert des zuvor vom Erwerber gehaltenen *Eigenkapitalanteils* an dem erworbenen Unternehmen, wenn es sich um einen sukzessiven Unternehmenszusammenschluss handelt (siehe Paragraphen 41 und 42).

b) der Saldo der zum Erwerbszeitpunkt bestehenden und gemäß diesem IFRS bewerteten Beträge der erworbenen identifizierbaren Vermögenswerte und der übernommenen Schulden.

33 Bei einem Unternehmenszusammenschluss, bei dem der Erwerber und das erworbene Unternehmen (oder dessen frühere Eigentümer) nur Eigenkapitalanteile tauschen, kann der zum Erwerbszeitpunkt geltende beizulegende Zeitwert der Eigenkapitalanteile des erworbenen Unternehmens eventuell verlässlicher bestimmt werden als der zum Erwerbszeitpunkt geltende beizulegende Zeitwert der Eigenkapitalanteile des Erwerbers. In einem solchen Fall hat der Erwerber den Geschäfts- oder Firmenwert zu ermitteln, indem er anstatt des zum Erwerbszeitpunkt geltenden beizulegenden Zeitwerts der übertragenen Eigenkapitalanteile den zum Erwerbszeitpunkt geltenden beizulegenden Zeitwert der Eigenkapitalanteile des erworbenen Unternehmens verwendet. Um bei einem Unternehmenszusammenschluss, bei dem keine Gegenleistung übertragen wird, den Geschäfts- oder Firmenwert zu bestimmen, hat der Erwerber anstelle des zum Erwerbszeitpunkt geltenden beizulegenden Zeitwerts der übertragenen Gegenleistung den zum Erwerbszeitpunkt geltenden beizulegenden Zeitwert der Anteile des Erwerbers an dem erworbenen Unternehmen zu verwenden (Paragraph 32(a)(i)). Die entsprechenden Anwendungsleitlinien sind in den Paragraphen B46–B49 enthalten.

Erwerb zu einem Preis unter Marktwert

34 Gelegentlich macht ein Erwerber einen Erwerb zu einem Preis unter Marktwert, wobei es sich um einen Unternehmenszusammenschluss handelt, bei dem der Betrag in Paragraph 32(b) die Summe der in Paragraph 32(a) beschriebenen Beträge übersteigt. Bleibt dieser Überschuss nach Anwendung der Vorschriften in Paragraph 36 bestehen, hat der Erwerber den resultierenden Gewinn zum Erwerbszeitpunkt erfolgswirksam zu erfassen. Der Gewinn ist dem Erwerber zuzurechnen.

35 Einen Erwerb zu einem Preis unter Marktwert kann es beispielsweise bei einem Unternehmens-

zusammenschluss geben, bei dem es sich um einen Zwangsverkauf handelt und der Verkäufer unter Zwang handelt. Die in den Paragraphen 22–31A beschriebenen Ausnahmen besonderer Posten von den Ansatz- oder Bewertungsgrundsätzen können jedoch auch dazu führen, dass ein Gewinn aus einem Erwerb unter Marktwert angesetzt wird (oder dass sich der Betrag eines angesetzten Gewinns ändert).

36 Vor dem Ansatz eines Gewinns aus einem Erwerb unter Marktwert hat der Erwerber nochmals zu beurteilen, ob er alle erworbenen Vermögenswerte und alle übernommenen Schulden richtig identifiziert hat, und alle bei dieser Prüfung zusätzlich identifizierten Vermögenswerte oder Schulden anzusetzen. Danach hat der Erwerber die Verfahren zu überprüfen, mit denen die Beträge ermittelt worden sind, die nach diesem IFRS zum Erwerbszeitpunkt für Folgendes ausgewiesen werden müssen:

a) identifizierbare erworbene Vermögenswerte und übernommene Schulden,
b) gegebenenfalls nicht beherrschende Anteile an dem übernommenen Unternehmen,
c) bei einem sukzessiven Unternehmenszusammenschluss die zuvor vom Erwerber gehaltenen Eigenkapitalanteile an dem erworbenen Unternehmen und
d) die übertragene Gegenleistung.

Der Zweck dieser Überprüfung besteht darin sicherzustellen, dass bei den Bewertungen alle zum Erwerbszeitpunkt verfügbaren Informationen angemessen berücksichtigt worden sind.

Übertragene Gegenleistung

37 Die bei einem Unternehmenszusammenschluss übertragene Gegenleistung ist mit dem beizulegenden Zeitwert zu bewerten. Dieser berechnet sich, indem die vom Erwerber übertragenen Vermögenswerte, die Schulden, die der Erwerber von den früheren Eigentümern des erworbenen Unternehmens übernommen hat, und die vom Erwerber ausgegebenen Eigenkapitalanteile zum Erwerbszeitpunkt mit ihren beizulegenden Zeitwerten bewertet und diese beizulegenden Zeitwerte addiert werden. (Der Teil der anteilsbasierten Vergütungsprämien des Erwerbers, die gegen Prämien, die von den Mitarbeitern des erworbenen Unternehmens gehalten werden und die in der bei einem Unternehmenszusammenschluss übertragenen Gegenleistung enthalten sind, getauscht werden, ist jedoch nach Paragraph 30 und nicht zum beizulegenden Zeitwert zu bestimmen.) Beispiele für mögliche Formen der Gegenleistung sind u. a. Zahlungsmittel, sonstige Vermögenswerte, ein Geschäftsbetrieb oder ein Tochterunternehmen des Erwerbers, *bedingte Gegenleistungen*, Stamm- oder Vorzugsanteile, Optionen, Optionsscheine und Anteile der Mitglieder von *Gegenseitigkeitsunternehmen*.

38 Zu den übertragenen Gegenleistungen können Vermögenswerte oder Schulden des Erwerbers gehören, deren Buchwert von dem zum Erwerbszeitpunkt geltenden beizulegenden Zeitwert abweicht (z.B. nicht-monetäre Vermögenswerte oder ein Geschäftsbetrieb des Erwerbers). Wenn dies der Fall ist, hat der Erwerber die übertragenen Vermögenswerte oder Schulden zu ihren zum Erwerbszeitpunkt geltenden beizulegenden Zeitwerten neu zu bewerten und die daraus gegebenenfalls resultierende Gewinne bzw. Verluste erfolgswirksam zu erfassen. Manchmal verbleiben die übertragenen Vermögenswerte oder Schulden nach dem Unternehmenszusammenschluss jedoch im zusammengeschlossenen Unternehmen (da z. B. die Vermögenswerte oder Schulden auf das übernommene Unternehmen und nicht auf die früheren Eigentümer übertragen wurden), sodass der Erwerber die Beherrschung darüber behält. In diesem Fall hat der Erwerber diese Vermögenswerte und Schulden mit ihrem Buchwert unmittelbar vor dem Erwerbszeitpunkt zu bewerten und darf einen Gewinn bzw. Verlust aus Vermögenswerten oder Schulden, die er vor und nach dem Unternehmenszusammenschluss beherrscht, nicht erfolgswirksam erfassen.

Bedingte Gegenleistung

39 Die Gegenleistung, die der Erwerber im Tausch gegen das erworbene Unternehmen überträgt, schließt alle Vermögenswerte oder Schulden aus einer Vereinbarung über eine bedingte Gegenleistung ein (siehe Paragraph 37). Der Erwerber hat den zum Erwerbszeitpunkt geltenden beizulegenden Zeitwert der bedingten Gegenleistung als Teil der für das erworbene Unternehmen übertragenen Gegenleistung zu bilanzieren.

40 Eine Verpflichtung zur Zahlung einer bedingten Gegenleistung, die der Definition eines Finanzinstruments entspricht, ist vom Erwerber ausgehend von den Definitionen für ein Eigenkapitalinstrument und eine finanzielle Verbindlichkeit in Paragraph 11 von IAS 32 *Finanzinstrumente: Darstellung* als finanzielle Verbindlichkeit oder als Eigenkapital einzustufen. Der Erwerber hat ein Recht auf Rückgabe der zuvor übertragenen Gegenleistung als Vermögenswert einzustufen, falls bestimmte Bedingungen erfüllt sind. Leitlinien für die Folgebilanzierung bedingter Gegenleistungen sind in Paragraph 58 enthalten.

Zusätzliche Leitlinien für die Anwendung der Erwerbsmethode auf besondere Arten von Unternehmenszusammenschlüssen

Sukzessiver Unternehmenszusammenschluss

41 Manchmal erlangt ein Erwerber die Beherrschung über ein erworbenes Unternehmen, an dem er unmittelbar vor dem Erwerbszeitpunkt einen Eigenkapitalanteil gehalten hat. Zum Beispiel: Am 31. Dezember 20X1 hält Unternehmen A einen nicht beherrschenden Kapitalanteil von 35 Prozent an Unternehmen B. Zu diesem Zeitpunkt erwirbt Unternehmen A einen zusätzlichen Anteil von 40 Prozent an Unternehmen B, wodurch es die Beherrschung über Unternehmen B erlangt. Dieser IFRS bezeichnet eine solche Transaktion,

die manchmal auch als ein schrittweiser Erwerb bezeichnet wird, als einen sukzessiven Unternehmenszusammenschluss.

42 Bei einem sukzessiven Unternehmenszusammenschluss hat der Erwerber seinen zuvor an dem erworbenen Unternehmen gehaltenen Eigenkapitalanteil zu dem zum Erwerbszeitpunkt geltenden beizulegenden Zeitwert neu zu bewerten und den daraus gegebenenfalls resultierenden Gewinn bzw. Verlust entsprechend erfolgswirksam oder im sonstigen Ergebnis zu erfassen. In früheren Perioden hat der Erwerber eventuell Wertänderungen seines Eigenkapitalanteils an dem erworbenen Unternehmen im sonstigen Ergebnis ausgewiesen. Ist dies der Fall, ist der Betrag, der im sonstigen Ergebnis ausgewiesen war, auf derselben Grundlage anzusetzen, wie dies erforderlich wäre, wenn der Erwerber den zuvor gehaltenen Eigenkapitalanteil unmittelbar veräußert hätte.

42A Erlangt ein Unternehmen, das an einer gemeinschaftlichen Vereinbarung (im Sinne von IFRS 11 *Gemeinschaftliche Vereinbarungen*) beteiligt ist, die Beherrschung über einen Geschäftsbetrieb, bei dem es sich um eine gemeinschaftliche Tätigkeit (im Sinne von IFRS 11) handelt, und hatte es unmittelbar vor dem Erwerb Rechte an den der Tätigkeit zuzurechnenden Vermögenswerten und Verpflichtungen für deren Schulden, so liegt ein sukzessiver Unternehmenszusammenschluss vor. Der Erwerber hat deshalb die Vorgaben für einen sukzessiven Unternehmenszusammenschluss einzuhalten und u. a. seinen zuvor an der gemeinschaftlichen Tätigkeit gehaltenen Anteil in der in Paragraph 42 beschriebenen Weise neu zu bewerten. Dabei hat er seinen zuvor an der gemeinschaftlichen Tätigkeit gehaltenen Anteil zur Gänze neu zu bewerten.

Unternehmenszusammenschluss ohne Übertragung einer Gegenleistung

43 Manchmal erlangt ein Erwerber die Beherrschung über ein erworbenes Unternehmen, ohne eine Gegenleistung zu übertragen. Auf diese Art von Zusammenschlüssen ist die Erwerbsmethode für die Bilanzierung von Unternehmenszusammenschlüssen anzuwenden. Dazu gehören die folgenden Fälle:

a) Das erworbene Unternehmen kauft eine ausreichende Anzahl seiner eigenen Anteile zurück, sodass ein bisheriger Anteilseigner (der Erwerber) die Beherrschung erlangt.

b) Vetorechte von Minderheiten, die den Erwerber zuvor daran hinderten, die Beherrschung über ein erworbenes Unternehmen, an dem er die Mehrheit der Stimmrechte hielt, zu erlangen, erlöschen.

c) Der Erwerber und das erworbene Unternehmen vereinbaren, ihre Geschäftsbetriebe ausschließlich durch einen Vertrag zusammenzuschließen. Der Erwerber überträgt im Austausch für die Beherrschung über das erworbene Unternehmen keine Gegenleistung und hält keine Eigenkapitalanteile an dem erworbenen Unternehmen, weder zum Erwerbszeitpunkt noch zuvor. Als Beispiele für Unternehmenszusammenschlüsse, die ausschließlich durch einen Vertrag erfolgen, gelten das Zusammenbringen von zwei Geschäftsbetrieben unter einem Vertrag über die Verbindung der ausgegebenen Anteile oder die Gründung eines Unternehmens mit zweifach notierten Aktien.

44 Bei einem ausschließlich auf einem Vertrag beruhenden Unternehmenszusammenschluss hat der Erwerber den Eigentümern des erworbenen Unternehmens den Betrag des gemäß diesem IFRS angesetzten Nettovermögens des erworbenen Unternehmens zuzuordnen. Mit anderen Worten: Die Eigenkapitalanteile, die an dem erworbenen Unternehmen von anderen Vertragsparteien als dem Erwerber gehalten werden, sind in dem nach dem Zusammenschluss erstellten Abschluss des Erwerbers selbst dann nicht beherrschende Anteile, wenn dies bedeutet, dass alle Eigenkapitalanteile an dem erworbenen Unternehmen den nicht beherrschenden Anteilen zugeordnet werden.

Bewertungszeitraum

45 Wenn die erstmalige Bilanzierung eines Unternehmenszusammenschlusses am Ende der Berichtsperiode, in der der Zusammenschluss stattfindet, noch nicht abgeschlossen ist, hat der Erwerber für die betreffenden Posten vorläufige Beträge in seinem Abschluss anzugeben. Während des Bewertungszeitraums hat der Erwerber die vorläufigen, zum Erwerbszeitpunkt angesetzten Beträge rückwirkend anzupassen, um die neuen Informationen über Fakten und Umstände widerzuspiegeln, die zum Erwerbszeitpunkt bestanden und die die Bewertung der zu diesem Stichtag angesetzten Beträge beeinflusst hätten, wenn sie bekannt gewesen wären. Während des Bewertungszeitraums hat der Erwerber auch zusätzliche Vermögenswerte und Schulden anzusetzen, wenn er neue Informationen über Fakten und Umstände erhalten hat, die zum Erwerbszeitpunkt bestanden und die zum Ansatz dieser Vermögenswerte und Schulden zu diesem Stichtag geführt hätten, wenn sie bekannt gewesen wären. Der Bewertungszeitraum endet, sobald der Erwerber die Informationen erhält, die er über Fakten und Umstände zum Erwerbszeitpunkt gesucht hat, oder erfährt, dass keine weiteren Informationen verfügbar sind. Der Bewertungszeitraum darf jedoch ein Jahr vom Erwerbszeitpunkt an nicht überschreiten.

46 Der Bewertungszeitraum ist der Zeitraum nach dem Erwerbszeitpunkt, in dem der Erwerber die bei einem Unternehmenszusammenschluss angesetzten vorläufigen Beträge anpassen kann. Der Bewertungszeitraum gibt dem Erwerber eine angemessene Zeit, sodass dieser die Informationen erhalten kann, die benötigt werden, um Folgendes zum Erwerbszeitpunkt gemäß diesem IFRS zu identifizieren und zu bewerten:

a) die erworbenen identifizierbaren Vermögenswerte, die übernommenen Schulden und alle nicht beherrschenden Anteile an dem erworbenen Unternehmen,
b) die für das erworbene Unternehmen übertragene Gegenleistung (oder der andere bei der Bestimmung des Geschäfts- oder Firmenwerts verwendete Betrag),
c) die bei einem sukzessiven Unternehmenszusammenschluss zuvor vom Erwerber an dem erworbenen Unternehmen gehaltenen Eigenkapitalanteile und
d) der resultierende Geschäfts- oder Firmenwert oder Gewinn aus einem Erwerb zu einem Preis unter Marktwert.

47 Bei der Ermittlung, ob nach dem Erwerbszeitpunkt erhaltene Informationen zu einer Anpassung der bilanzierten vorläufigen Beträge führen sollten oder ob diese Informationen Ereignisse betreffen, die nach dem Erwerbszeitpunkt stattfanden, hat der Erwerber alle relevanten Faktoren zu berücksichtigen. Zu den relevanten Faktoren gehören der Tag, an dem zusätzliche Informationen empfangen werden, und die Tatsache, ob der Erwerber einen Grund für eine Änderung der vorläufigen Beträge identifizieren kann. Informationen, die kurz nach dem Erwerbszeitpunkt empfangen werden, spiegeln wahrscheinlich eher die Umstände zum Erwerbszeitpunkt wider als Informationen, die mehrere Monate später empfangen werden. Zum Beispiel: die Veräußerung eines Vermögenswerts an einen Dritten kurz nach dem Erwerbszeitpunkt zu einem Betrag, der wesentlich von dessen zu jenem Stichtag ermittelten vorläufigen beizulegenden Zeitwert abweicht, weist wahrscheinlich auf einen Fehler beim vorläufigen Betrag hin, wenn kein dazwischen liegendes Ereignis, das dessen beizulegenden Zeitwert geändert hat, identifiziert werden kann.

48 Der Erwerber erfasst eine Erhöhung (Herabsetzung) des vorläufigen Betrags, der für einen identifizierbaren Vermögenswert (eine identifizierbare Schuld) angesetzt war, indem er den Geschäfts- oder Firmenwert verringert (erhöht). Aufgrund von neuen im Bewertungszeitraum erhaltenen Informationen werden manchmal die vorläufigen Beträge von mehr als einem Vermögenswert oder einer Schuld angepasst. So könnte der Erwerber beispielsweise eine Schuld übernommen haben, die in Schadenersatzleistungen aufgrund eines Unfalls in einem der Betriebe des erworbenen Unternehmens besteht, die insgesamt oder teilweise von der Haftpflichtversicherung des erworbenen Unternehmens gedeckt sind. Erhält der Erwerber während des Bewertungszeitraums neue Informationen über den beizulegenden Zeitwert dieser Schuld zum Erwerbszeitpunkt, würden sich die Anpassung des Geschäfts- oder Firmenwerts aufgrund einer Änderung des für die Schuld angesetzten vorläufigen Betrags und eine entsprechende Anpassung des Geschäfts- oder Firmenwerts aufgrund einer Änderung des vorläufigen Betrags, der für den gegen den Versicherer bestehenden Anspruch angesetzt wurde, (im Ganzen oder teilweise) gegenseitig aufheben.

49 Während des Bewertungszeitraums hat der Erwerber Anpassungen der vorläufigen Beträge so zu erfassen, als wäre die Bilanzierung des Unternehmenszusammenschlusses zum Erwerbszeitpunkt abgeschlossen worden. Somit hat der Erwerber Vergleichsinformationen für frühere Perioden, die im Abschluss bei Bedarf dargestellt werden, zu überarbeiten und Änderungen bei erfassten planmäßigen Abschreibungen oder sonstigen Auswirkungen auf den Ertrag vorzunehmen, indem er die erstmalige Bilanzierung vervollständigt.

50 Nach dem Bewertungszeitraum darf der Erwerber die Bilanzierung eines Unternehmenszusammenschlusses nur überarbeiten, um einen Fehler gemäß IAS 8 *Rechnungslegungsmethoden, Änderungen von rechnungslegungsbezogenen Schätzungen und Fehler* zu berichten.

Bestimmung des Umfangs eines Unternehmenszusammenschlusses

51 Der Erwerber und das erworbene Unternehmen können schon vor Beginn der Verhandlungen über den Unternehmenszusammenschluss eine Beziehung oder andere Vereinbarung unterhalten haben oder sie können während der Verhandlungen eine von dem Unternehmenszusammenschluss unabhängige Vereinbarung eingehen. In beiden Fällen hat der Erwerber alle Beträge zu identifizieren, die nicht zu dem gehören, was der Erwerber und das erworbene Unternehmen (oder dessen frühere Eigentümer) bei dem Unternehmenszusammenschluss ausgetauscht haben, d. h. Beträge, die nicht Teil des Austauschs für das erworbene Unternehmen sind. Der Erwerber hat bei Anwendung der Erwerbsmethode nur die für das erworbene Unternehmen übertragene Gegenleistung und die im Austausch für das erworbene Unternehmen erworbenen Vermögenswerte und übernommenen Schulden anzusetzen. Separate Transaktionen sind gemäß den entsprechenden IFRS zu bilanzieren.

52 Eine Transaktion, die vom Erwerber oder im Auftrag des Erwerbers oder in erster Linie zum Nutzen des Erwerbers oder des zusammengeschlossenen Unternehmens und nicht in erster Linie zum Nutzen des erworbenen Unternehmens (oder seiner früheren Eigentümer) vor dem Zusammenschluss eingegangen wurde, ist wahrscheinlich eine separate Transaktion. Folgende Beispiele für separate Transaktionen fallen nicht unter die Anwendung der Erwerbsmethode:

a) eine Transaktion, durch die vorher bestehende Beziehungen zwischen dem Erwerber und dem erworbenen Unternehmen tatsächlich abgewickelt werden,
b) eine Transaktion, durch die Mitarbeiter oder ehemalige Eigentümer des erworbenen Unternehmens für künftige Leistungen vergütet werden, und
c) eine Transaktion, durch die dem erworbenen Unternehmen oder dessen ehemaligen Eigentümern die mit dem Unternehmens-

zusammenschluss verbundenen Kosten des Erwerbers erstattet werden.
Die entsprechenden Anwendungsleitlinien sind in den Paragraphen B50–B62 enthalten.

Mit dem Unternehmenszusammenschluss verbundene Kosten

53 Mit dem Unternehmenszusammenschluss verbundene Kosten sind Kosten, die dem Erwerber für die Durchführung eines Unternehmenszusammenschlusses entstehen. Diese Kosten umfassen Vermittlerprovisionen, Beratungs-, Anwalts-, Wirtschaftsprüfungs-, Bewertungs- und sonstige Fachberatungsgebühren, allgemeine Verwaltungskosten, einschließlich der Kosten für die Unterhaltung einer internen Akquisitionsabteilung, sowie Kosten für die Registrierung und Emission von Schuld- und Eigenkapitaltiteln. Der Erwerber hat die mit dem Unternehmenszusammenschluss verbundenen Kosten als Aufwand in den Perioden zu bilanzieren, in denen die Kosten anfallen und die Leistungen empfangen werden, mit einer Ausnahme: Die Kosten für die Emission von Schuld- oder Eigenkapitaltiteln sind gemäß IAS 32 und IFRS 9 zu erfassen.

FOLGEBEWERTUNG UND FOLGEBILANZIERUNG

54 Im Allgemeinen hat ein Erwerber die erworbenen Vermögenswerte, die übernommenen oder eingegangenen Schulden sowie die bei einem Unternehmenszusammenschluss ausgegebenen Eigenkapitalinstrumente zu einem späteren Zeitpunkt gemäß ihrer Art im Einklang mit anderen anwendbaren IFRS zu bewerten und zu bilanzieren. Dieser IFRS sieht jedoch Leitlinien für die Folgebewertung und Folgebilanzierung der folgenden erworbenen Vermögenswerte, übernommenen oder eingegangenen Schulden und der bei einem Unternehmenszusammenschluss ausgegebenen Eigenkapitalinstrumente vor:

a) zurückerworbene Rechte,
b) zum Erwerbszeitpunkt angesetzte Eventualverbindlichkeiten,
c) Vermögenswerte für Entschädigungsleistungen und
d) bedingte Gegenleistung.

Die entsprechenden Anwendungsleitlinien sind in Paragraph B63 enthalten.

Zurückerworbene Rechte

55 Ein zurückerworbenes Recht, das als ein immaterieller Vermögenswert angesetzt war, ist über die restliche vertragliche Dauer der Vereinbarung, durch die dieses Recht zugestanden wurde, abzuschreiben. Ein Erwerber, der nachfolgend ein zurückerworbenes Recht an einen Dritten veräußert, hat den Buchwert des immateriellen Vermögenswerts einzubeziehen, wenn er den Gewinn bzw. Verlust aus der Veräußerung ermittelt.

Eventualverbindlichkeiten

56 Nach dem erstmaligen Ansatz und bis die Verbindlichkeit beglichen, aufgehoben oder erloschen ist, hat der Erwerber eine bei einem Unternehmenszusammenschluss angesetzte Eventualverbindlichkeit zu dem höheren der nachstehenden Werte zu bestimmen:

a) dem Betrag, der nach IAS 37 angesetzt werden würde, und
b) dem erstmalig angesetzten Betrag gegebenenfalls abzüglich der gemäß den Grundsätzen von IFRS 15 *Erlöse aus Verträgen mit Kunden* erfassten kumulierten Erträge.

Diese Vorschrift ist nicht auf Verträge anzuwenden, die nach IFRS 9 bilanziert werden.

Vermögenswerte für Entschädigungsleistungen

57 Am Ende jeder nachfolgenden Berichtsperiode hat der Erwerber einen Vermögenswert für Entschädigungsleistungen, der zum Erwerbszeitpunkt auf derselben Grundlage wie die ausgeglichene Schuld oder der entschädigte Vermögenswert angesetzt war, vorbehaltlich vertraglicher Einschränkungen hinsichtlich des Betrags zu bestimmen und im Falle eines Vermögenswerts für Entschädigungsleistungen, der nachfolgend nicht mit seinem beizulegenden Zeitwert bewertet wird, erfolgt eine Beurteilung des Managements bezüglich der Einbringlichkeit des Vermögenswerts für Entschädigungsleistungen. Der Erwerber darf den Vermögenswert für Entschädigungsleistungen nur dann ausbuchen, wenn er den Vermögenswert vereinnahmt, veräußert oder anderweitig den Anspruch darauf verliert.

Bedingte Gegenleistung

58 Einige Änderungen des beizulegenden Zeitwerts einer bedingten Gegenleistung, die der Erwerber nach dem Erwerbszeitpunkt erfasst, können auf zusätzliche Informationen zurückzuführen sein, die der Erwerber nach diesem Stichtag über Fakten und Umstände, die zum Erwerbszeitpunkt bereits existierten, erhalten hat. Solche Änderungen gehören gemäß den Paragraphen 45–49 zu den Anpassungen innerhalb des Bewertungszeitraums. Änderungen, die sich aus Ereignissen nach dem Erwerbszeitpunkt ergeben, wie die Erreichung eines angestrebten Ertragsziels, eines bestimmten Aktienkurses oder eines Meilensteins bei einem Forschungs- und Entwicklungsprojekt sind allerdings nicht als Anpassungen innerhalb des Bewertungszeitraums anzusehen. Änderungen des beizulegenden Zeitwerts einer bedingten Gegenleistung, die keine Anpassungen innerhalb des Bewertungszeitraums sind, hat der Erwerber wie folgt zu bilanzieren:

a) Eine bedingte Gegenleistung, die als Eigenkapital eingestuft ist, wird nicht neu bewertet und ihre spätere Abgeltung wird im Eigenkapital bilanziert.
b) Eine sonstige bedingte Gegenleistung, die

i) in den Anwendungsbereich von IFRS 9 fällt, ist zu jedem Abschlussstichtag zum beizulegenden Zeitwert zu bewerten, und Änderungen des beizulegenden Zeitwerts sind gemäß IFRS 9 erfolgswirksam zu erfassen.

ii) nicht in den Anwendungsbereich von IFRS 9 fällt, ist zu jedem Abschlussstichtag zum beizulegenden Zeitwert zu bewerten, und Änderungen des beizulegenden Zeitwerts sind erfolgswirksam zu erfassen.

ANGABEN

59 Der Erwerber hat Angaben zu machen, die es den Abschlussadressaten ermöglichen, die Art und die finanziellen Auswirkungen von Unternehmenszusammenschlüssen zu beurteilen, die entweder

a) **während der aktuellen Berichtsperiode oder**

b) **nach dem Abschlussstichtag, jedoch vor der Freigabe des Abschlusses zur Veröffentlichung stattgefunden haben.**

60 Zur Erreichung der Zielsetzung des Paragraphen 59 hat der Erwerber die in den Paragraphen B64–B66 dargelegten Angaben zu machen.

61 Der Erwerber hat Angaben zu machen, die es den Abschlussadressaten ermöglichen, die finanziellen Auswirkungen der in der aktuellen Berichtsperiode erfassten Anpassungen in Bezug auf Unternehmenszusammenschlüsse, die in dieser oder einer früheren Berichtsperiode stattgefunden haben, zu beurteilen.

62 Zur Erreichung der Zielsetzung des Paragraphen 61 hat der Erwerber die in Paragraph B67 dargelegten Angaben zu machen.

63 Werden die in den Paragraphen 59 und 61 dargelegten Zielsetzungen durch die in diesem und anderen IFRS verlangten spezifischen Angaben nicht erfüllt, hat der Erwerber alle zur Erreichung dieser Zielsetzungen erforderlichen zusätzlichen Angaben zu machen.

ZEITPUNKT DES INKRAFTTRETENS UND ÜBERGANGSVORSCHRIFTEN

Zeitpunkt des Inkrafttretens

64 Dieser IFRS ist prospektiv auf Unternehmenszusammenschlüsse anzuwenden, bei denen der Erwerbszeitpunkt mit dem Beginn des ersten am oder nach dem 1. Juli 2009 beginnenden Geschäftsjahrs zusammenfällt oder danach liegt. Eine frühere Anwendung ist zulässig. Allerdings darf die erstmalige Anwendung frühestens zu Beginn eines am oder nach dem 30. Juni 2007 beginnenden Geschäftsjahrs erfolgen. Wendet ein Unternehmen diesen IFRS vor dem 1. Juli 2009 an, hat es dies anzugeben und gleichzeitig IAS 27 (in der 2008 geänderten Fassung) anzuwenden.

64A [gestrichen]

64B Durch die im Mai 2010 veröffentlichten *Verbesserungen an den IFRS* wurden die Paragraphen 19, 30 und B56 geändert und die Paragraphen B62A und B62B eingefügt. Diese Änderungen sind auf Geschäftsjahre anzuwenden, die am oder nach dem 1. Juli 2010 beginnen. Eine frühere Anwendung ist zulässig. Wendet ein Unternehmen die Änderungen auf ein früheres Geschäftsjahr an, hat es dies anzugeben. Diese Änderungen sollten ab der erstmaligen Anwendung dieses IFRS prospektiv angewandt werden.

64C Durch die im Mai 2010 veröffentlichten *Verbesserungen an den IFRS* wurden die Paragraphen 65A–65E eingefügt. Diese Änderungen sind auf Geschäftsjahre anzuwenden, die am oder nach dem 1. Juli 2010 beginnen. Eine frühere Anwendung ist zulässig. Wendet ein Unternehmen die Änderungen auf ein früheres Geschäftsjahr an, hat es dies anzugeben. Die Änderungen gelten für die Salden bedingter Gegenleistungen, die sich aus Unternehmenszusammenschlüssen ergeben, deren Erwerbszeitpunkt vor der Anwendung dieses IFRS (Fassung 2008) liegt.

64D [gestrichen]

64E Durch IFRS 10, veröffentlicht im Mai 2011, wurden die Paragraphen 7, B13 und B63(e) sowie Anhang A geändert. Wendet ein Unternehmen IFRS 10 an, sind diese Änderungen ebenfalls anzuwenden.

64F Durch IFRS 13 *Bewertung zum beizulegenden Zeitwert*, veröffentlicht im Mai 2011, wurden die Paragraphen 20, 29, 33 und 47, die Definition des Begriffs „beizulegender Zeitwert" in Anhang A und die Paragraphen B22, B40, B43–B46, B49 und B64 geändert. Wendet ein Unternehmen IFRS 13 an, sind diese Änderungen ebenfalls anzuwenden.

64G Mit der Verlautbarung *Investmentgesellschaften* (Investment Entities) (Änderungen an IFRS 10, IFRS 12 und IAS 27), veröffentlicht im Oktober 2012, wurde Paragraph 7 geändert und Paragraph 2A eingefügt. Diese Änderungen sind auf Geschäftsjahre anzuwenden, die am oder nach dem 1. Januar 2014 beginnen. Eine frühere Anwendung der Verlautbarung *Investmentgesellschaften* (Investment Entities) ist zulässig. Wendet ein Unternehmen diese Änderungen früher an, hat es alle in der Verlautbarung enthaltenen Änderungen gleichzeitig anzuwenden.

64H [gestrichen]

64I Durch die *Jährlichen Verbesserungen an den IFRS, Zyklus 2010–2012*, veröffentlicht im Dezember 2013, wurden die Paragraphen 40 und 58 geändert und Paragraph 67A samt zugehöriger Überschrift eingefügt. Diese Änderung ist prospektiv auf Unternehmenszusammenschlüsse anzuwenden, bei denen der Erwerb am oder nach dem 1. Juli 2014 stattgefunden hat. Eine frühere Anwendung ist zulässig. Ein Unternehmen kann die Änderung früher anwenden, wenn auch IFRS 9 und IAS 37 (jeweils in der durch die *Jährlichen Verbesserungen an den IFRS, Zyklus 2010–2012*, geänderten Fassung) angewendet werden. Wendet ein Unternehmen diese Änderung früher an, hat es dies anzugeben.

64J Mit den im Dezember 2013 veröffentlichten *Jährlichen Verbesserungen, Zyklus 2011–2013,* wurde Paragraph 2(a) geändert. Diese Änderung ist prospektiv auf Geschäftsjahre anzuwenden, die am oder nach dem 1. Juli 2014 beginnen. Eine frühere Anwendung ist zulässig. Wendet ein Unternehmen diese Änderung auf eine frühere Periode an, hat es dies anzugeben.

64K Durch IFRS 15 *Erlöse aus Verträgen mit Kunden,* veröffentlicht im Mai 2014, wurde Paragraph 56 geändert. Wendet ein Unternehmen IFRS 15 an, ist diese Änderung ebenfalls anzuwenden.

64L Durch IFRS 9, veröffentlicht im Juli 2014, wurden die Paragraphen 16, 42, 53, 56, 58 und B41 geändert und die Paragraphen 64A, 64D und 64H gestrichen. Wendet ein Unternehmen IFRS 9 an, hat es diese Änderungen ebenfalls anzuwenden.

64M Durch IFRS 16, veröffentlicht im Januar 2016, wurden die Paragraphen 14, 17, B32 und B42 geändert, die Paragraphen B28–B30 und deren Überschrift gestrichen und die Paragraphen 28A–28B und deren Überschrift eingefügt. Wendet ein Unternehmen IFRS 16 an, sind diese Änderungen ebenfalls anzuwenden.

64N Durch IFRS 17, veröffentlicht im Mai 2017, wurden die Paragraphen 17, 20, 21, 35 und B63 geändert und wurden nach Paragraph 31 eine Überschrift und Paragraph 31A hinzugefügt. Durch *Änderungen an IFRS 17,* veröffentlicht im Juni 2020, wurde Paragraph 31A geändert. Die Änderungen am Paragraphen 17 sind auf Unternehmenszusammenschlüsse anzuwenden, bei denen der Erwerb nach erstmaliger Anwendung von IFRS 17 stattfindet. Wendet ein Unternehmen IFRS 17 an, sind die anderen Änderungen ebenfalls anzuwenden.

64O Durch die im Dezember 2017 veröffentlichten *Jährlichen Verbesserungen an den IFRS, Zyklus 2015–2017* wurde Paragraph 42A eingefügt. Diese Änderungen sind auf Unternehmenszusammenschlüsse anzuwenden, bei denen der Erwerbszeitpunkt mit dem Beginn des ersten am oder nach dem 1. Januar 2019 beginnenden Geschäftsjahrs zusammenfällt oder danach liegt. Eine frühere Anwendung ist zulässig. Wendet ein Unternehmen diese Änderungen früher an, hat es dies anzugeben.

64P Mit der im Oktober 2018 veröffentlichten Verlautbarung *Definition eines Geschäftsbetriebs* wurden die Paragraphen B7A–B7C, B8A und B12A–B12D eingefügt, die Definition des Begriffs „Geschäftsbetrieb" in Anhang A geändert, die Paragraphen 3, B7–B9, B11 und B12 geändert und Paragraph B10 gestrichen. Diese Änderungen sind auf Unternehmenszusammenschlüsse anzuwenden, bei denen der Erwerbszeitpunkt mit dem Beginn des ersten am oder nach dem 1. Januar 2020 beginnenden Geschäftsjahrs zusammenfällt oder danach liegt, und auf Erwerbe von Vermögenswerten, die zu oder nach dem Beginn dieser Periode getätigt werden. Eine frühere Anwendung ist zulässig. Wendet ein Unternehmen diese Änderungen früher an, hat es dies anzugeben.

64Q Durch die Verlautbarung *Verweise auf das Rahmenkonzept,* veröffentlicht im Mai 2020, wurden die Paragraphen 11, 14, 21, 22 und 23 geändert und die Paragraphen 21A, 21B, 21C und 23A eingefügt. Diese Änderungen sind auf Unternehmenszusammenschlüsse anzuwenden, bei denen der Erwerbszeitpunkt mit dem Beginn des ersten am oder nach dem 1. Januar 2022 beginnenden Geschäftsjahrs zusammenfällt oder danach liegt. Eine frühere Anwendung ist zulässig, wenn das Unternehmen gleichzeitig alle mit der im März 2018 veröffentlichten Verlautbarung *Änderungen der Verweise auf das Rahmenkonzept in IFRS-Standards* vorgenommenen Änderungen anwendet oder diese bereits vorher angewendet hat.

Übergangsvorschriften

65 Vermögenswerte und Schulden aus Unternehmenszusammenschlüssen, bei denen der Erwerbszeitpunkt vor der Anwendung dieses IFRS liegt, müssen bei Anwendung dieses IFRS nicht angepasst werden.

65A Salden bedingter Gegenleistungen, die aus Unternehmenszusammenschlüssen resultieren, bei denen der Erwerbszeitpunkt vor dem Datum der erstmaligen Anwendung dieses IFRS (Fassung 2008) liegt, müssen bei erstmaliger Anwendung dieses IFRS nicht angepasst werden. Bei der Folgebilanzierung dieser Salden sind die Paragraphen 65B–65E anzuwenden. Die Paragraphen 65B–65E gelten nicht für die Bilanzierung von Salden bedingter Gegenleistungen aus Unternehmenszusammenschlüssen, bei denen der Erwerbszeitpunkt mit dem Zeitpunkt der erstmaligen Anwendung dieses IFRS (Fassung 2008) zusammenfällt oder danach liegt. In den Paragraphen 65B– 65E bezeichnet der Begriff Unternehmenszusammenschluss ausschließlich Zusammenschlüsse, bei denen der Erwerbszeitpunkt vor der Anwendung dieses IFRS (Fassung 2008) liegt.

65B Sieht eine Vereinbarung über einen Unternehmenszusammenschluss eine von künftigen Ereignissen abhängige Anpassung der Kosten des Zusammenschlusses vor, hat der Erwerber für den Fall, dass eine solche Anpassung wahrscheinlich ist und verlässlich ermittelt werden kann, den Betrag dieser Anpassung in den Kosten des Zusammenschlusses zum Erwerbszeitpunkt zu berücksichtigen.

65C Eine Vereinbarung über einen Unternehmenszusammenschluss kann vorsehen, dass die Kosten des Zusammenschlusses in Abhängigkeit von einem oder mehreren künftigen Ereignissen angepasst werden dürfen. So könnte die Anpassung beispielsweise davon abhängen, ob in künftigen Perioden eine bestimmte Gewinnhöhe gehalten oder erreicht wird oder der Marktpreis der emittierten Instrumente stabil bleibt. Trotz einer gewissen Unsicherheit kann der Betrag einer solchen Anpassung normalerweise bei erstmaliger Bilanzierung des Zusammenschlusses geschätzt werden, ohne die Verlässlichkeit der Information zu beeinträchtigen. Wenn die künftigen Ereignisse nicht eintreten oder die Schätzung korrigiert werden muss, sind die Kosten des Unternehmenszusammenschlusses entsprechend anzupassen.

65D Auch wenn eine Vereinbarung über einen Unternehmenszusammenschluss eine solche Anpassung vorsieht, wird sie bei erstmaliger Bilanzierung des Zusammenschlusses nicht in den Kosten des Zusammenschlusses berücksichtigt, wenn sie nicht wahrscheinlich ist oder nicht verlässlich bewertet werden kann. Wird die Anpassung später wahrscheinlich und kann verlässlich bewertet werden, ist die zusätzliche Gegenleistung als Anpassung der Kosten des Zusammenschlusses zu behandeln.

65E Wenn die vom Erwerber im Austausch für die Beherrschung des erworbenen Unternehmens übertragenen Vermögenswerte, emittierten Eigenkapitalinstrumente oder eingegangenen bzw. übernommenen Schulden an Wert verlieren, kann der Erwerber unter bestimmten Umständen zu einer nachträglichen Zahlung an den Verkäufer verpflichtet sein. Dies ist beispielsweise der Fall, wenn der Erwerber den Marktpreis von Eigenkapital- oder Schuldinstrumenten garantiert, die als Teil der Kosten des Unternehmenszusammenschlusses emittiert wurden, und zur Erreichung der ursprünglich bestimmten Kosten zusätzliche Eigenkapital- oder Schuldinstrumente emittieren muss. In einem solchen Fall werden keine zusätzlichen Kosten für den Unternehmenszusammenschluss erfasst. Bei Eigenkapitalinstrumenten wird der beizulegende Zeitwert der zusätzlichen Zahlung durch eine Herabsetzung des den ursprünglich emittierten Instrumenten zugeschriebenen Werts in gleicher Höhe ausgeglichen. Bei Schuldinstrumenten wird die zusätzliche Zahlung als Herabsetzung des Aufschlags bzw. Erhöhung des Abschlags auf die ursprüngliche Emission betrachtet.

66 Ein Unternehmen, wie beispielsweise ein Gegenseitigkeitsunternehmen, das IFRS 3 noch nicht angewandt hat, und das einen oder mehrere Unternehmenszusammenschlüsse hatte, die mittels der Erwerbsmethode bilanziert wurden, hat die Übergangsvorschriften in den Paragraphen B68 und B69 anzuwenden.

Ertragsteuern

67 Bei Unternehmenszusammenschlüssen, bei denen der Erwerbszeitpunkt vor der Anwendung dieses IFRS liegt, hat der Erwerber die Vorschriften in Paragraph 68 von IAS 12 (in der durch diesen IFRS geänderten Fassung) prospektiv anzuwenden. D. h. der Erwerber darf bei der Bilanzierung früherer Unternehmenszusammenschlüsse zuvor erfasste Änderungen der angesetzten latenten Steueransprüche nicht anpassen. Ab dem Zeitpunkt der Anwendung dieses IFRS hat der Erwerber jedoch Änderungen der angesetzten latenten Steueransprüche als eine Anpassung erfolgswirksam (oder außerhalb des Gewinns oder Verlusts, falls IAS 12 dies verlangt) zu erfassen.

VERWEIS AUF IFRS 9

67A Wendet ein Unternehmen diesen Standard, aber noch nicht IFRS 9 an, ist jeder Verweis auf IFRS 9 als Verweis auf IAS 39 zu verstehen.

RÜCKNAHME VON IFRS 3 (2004)

68 Dieser IFRS ersetzt IFRS 3 *Unternehmenszusammenschlüsse* (in der 2004 veröffentlichten Fassung).

Anhang A
Definitionen

Dieser Anhang ist integraler Bestandteil des IFRS.

Erworbenes Unternehmen	Der Geschäftsbetrieb oder die Geschäftsbetriebe, über den bzw. die der **Erwerber** bei einem **Unternehmenszusammenschluss** die Beherrschung erlangt.
Erwerber	Das Unternehmen, das die Beherrschung über das **erworbene Unternehmen** erlangt.
Erwerbszeitpunkt	Der Zeitpunkt, zu dem der **Erwerber** die Beherrschung über das **erworbene Unternehmen** erlangt.
Geschäftsbetrieb	Eine integrierte Gruppe von Tätigkeiten und Vermögenswerten, die mit dem Ziel geführt und geleitet werden kann, Güter oder Dienstleistungen für Kunden bereitzustellen, Kapitalerträge (wie Dividenden oder Zinsen) zu erwirtschaften oder sonstige Erträge aus gewöhnlichen Geschäftstätigkeiten zu erwirtschaften.
Unternehmenszusammenschluss	Eine Transaktion oder ein anderes Ereignis, durch die bzw. das ein **Erwerber** die Beherrschung über einen **Geschäftsbetrieb** oder mehrere Geschäftsbetriebe erlangt. Transaktionen, die manchmal als „wahre Fusionen" oder „Fusionen unter Gleichen" bezeichnet werden, stellen auch Unternehmenszusammenschlüsse im Sinne dieses IFRS dar.

3/3. IFRS 3
Anhang A

Bedingte Gegenleistung	Im Allgemeinen handelt es sich dabei um eine Verpflichtung des **Erwerbers**, den ehemaligen Eigentümern eines **erworbenen Unternehmens** als Teil des Austauschs für die **Beherrschung** des erworbenen Unternehmens zusätzliche Vermögenswerte oder **Eigenkapitalanteile** zu übertragen, wenn bestimmte künftige Ereignisse eintreten oder Bedingungen erfüllt werden. Eine *bedingte Gegenleistung* kann dem **Erwerber** jedoch auch das Recht auf Rückgabe der zuvor übertragenen Gegenleistung einräumen, falls bestimmte Bedingungen erfüllt werden.
Eigenkapitalanteile	Für die Zwecke dieses IFRS wird der Begriff *Eigenkapitalanteile* allgemein benutzt und steht für Eigentumsanteile von Unternehmen im Besitz der Anleger sowie für Anteile von Eigentümern, Gesellschaftern oder Teilnehmern an **Gegenseitigkeitsunternehmen**.
Beizulegender Zeitwert	Der *beilzulegende Zeitwert* ist der Preis, der bei einem gewöhnlichen Geschäftsvorfall zwischen Marktteilnehmern am Bewertungsstichtag für den Verkauf eines Vermögenswerts eingenommen bzw. für die Übertragung einer Schuld gezahlt würde (siehe IFRS 13).
Geschäfts- oder Firmenwert	Ein Vermögenswert, der den künftigen wirtschaftlichen Nutzen aus anderen bei einem **Unternehmenszusammenschluss** erworbenen Vermögenswerten darstellt, die nicht einzeln identifiziert und separat angesetzt werden.
Identifizierbar	Ein Vermögenswert ist *identifizierbar*, wenn a) er separierbar ist, d. h. vom Unternehmen getrennt und verkauft, übertragen, lizenziert, vermietet oder getauscht werden kann. Dies kann einzeln oder in Verbindung mit einem Vertrag, einem identifizierbaren Vermögenswert oder einer identifizierbaren Schuld unabhängig davon erfolgen, ob das Unternehmen dies zu tun beabsichtigt, oder b) er sich aus vertraglichen oder anderen gesetzlichen Rechten ergibt, unabhängig davon, ob diese Rechte vom Unternehmen oder von anderen Rechten und Verpflichtungen übertragbar oder separierbar sind.
Immaterieller Vermögenswert	Ein **identifizierbarer** nicht-monetärer Vermögenswert ohne physische Substanz.
Gegenseitigkeitsunternehmen	Ein Unternehmen, bei dem es sich nicht um ein Unternehmen im Besitz der Anleger handelt, das seinen **Eigentümern**, Gesellschaftern oder Teilnehmern Dividenden, niedrigere Kosten oder sonstigen wirtschaftlichen Nutzen direkt zukommen lässt. Beispiele für Gegenseitigkeitsunternehmen sind Versicherungsvereine auf Gegenseitigkeit, Genossenschaftsbanken und genossenschaftliche Unternehmen.
Nicht beherrschende Anteile	Die Eigenkapitalanteile an einem Tochterunternehmen, die einem Mutterunternehmen weder direkt noch indirekt zugeordnet werden können.
Eigentümer	In diesem IFRS wird der Begriff *Eigentümer* allgemein benutzt und steht für Inhaber von **Eigenkapitalanteilen** an Unternehmen im Besitz der Anleger sowie für Eigentümer oder Gesellschafter von oder Teilnehmer an **Gegenseitigkeitsunternehmen**.

Anhang B
Anwendungsleitlinien

Dieser Anhang ist integraler Bestandteil des IFRS.

UNTERNEHMENSZUSAMMENSCHLÜSSE VON UNTERNEHMEN UNTER GEMEINSAMER BEHERRSCHUNG (ANWENDUNG DES PARAGRAPHEN 2(C))

B1 Dieser IFRS ist nicht auf Unternehmenszusammenschlüsse von Unternehmen oder Geschäftsbetrieben unter gemeinsamer Beherrschung anwendbar. Ein Unternehmenszusammenschluss von Unternehmen oder Geschäftsbetrieben unter gemeinsamer Beherrschung ist ein Zusammenschluss, in dem letztlich alle sich zusammenschließenden Unternehmen oder Geschäftsbetriebe von derselben Partei oder denselben Parteien sowohl vor als auch nach dem Unternehmenszusammenschluss beherrscht werden, und diese Beherrschung nicht vorübergehender Natur ist.

B2 Von einer Gruppe von Personen wird angenommen, dass sie ein Unternehmen beherrscht, wenn sie aufgrund vertraglicher Vereinbarungen gemeinsam die Möglichkeit hat, dessen Finanz- und Geschäftspolitik zu bestimmen, um aus dessen Geschäftstätigkeiten Nutzen zu ziehen. Daher ist ein Unternehmenszusammenschluss vom Anwendungsbereich des vorliegenden IFRS ausgenommen, wenn dieselbe Gruppe von Personen aufgrund vertraglicher Vereinbarungen die gemeinsame Möglichkeit hat, letztlich die Finanz- und Geschäftspolitik von jedem der sich zusammenschließenden Unternehmen zu bestimmen, um aus deren Geschäftstätigkeiten Nutzen zu ziehen, und wenn diese endgültige gemeinsame Befugnis nicht nur vorübergehender Natur ist.

B3 Ein Unternehmen kann von einer Person oder einer Gruppe von Personen, die gemäß einer vertraglichen Vereinbarung gemeinsam handeln, beherrscht werden, und es ist möglich, dass diese Person bzw. Gruppe von Personen nicht den Rechnungslegungsvorschriften der IFRS unterliegt. Es ist daher für sich zusammenschließende Unternehmen nicht erforderlich, als eine Einheit von Unternehmen unter gemeinsamer Beherrschung betrachtet zu werden, um bei einem Unternehmenszusammenschluss in denselben Konzernabschluss einbezogen zu werden.

B4 Die Höhe der nicht beherrschenden Anteile an jedem der sich zusammenschließenden Unternehmen vor und nach dem Unternehmenszusammenschluss ist für die Bestimmung, ob der Zusammenschluss Unternehmen unter gemeinsamer Beherrschung umfasst, nicht relevant. Analog ist die Tatsache, dass eines der sich zusammenschließenden Unternehmen ein nicht in den Konzernabschluss einbezogenes Tochterunternehmen ist, für die Bestimmung, ob ein Zusammenschluss Unternehmen unter gemeinsamer Beherrschung einschließt, auch nicht relevant.

IDENTIFIZIERUNG EINES UNTERNEHMENSZUSAMMENSCHLUSSES (ANWENDUNG DES PARAGRAPHEN 3)

B5 Dieser IFRS definiert einen Unternehmenszusammenschluss als eine Transaktion oder ein anderes Ereignis, durch die bzw. das ein Erwerber die Beherrschung über einen oder mehrere Geschäftsbetriebe erlangt. Ein Erwerber kann auf verschiedene Arten die Beherrschung über ein erworbenes Unternehmen erlangen, zum Beispiel:

a) durch Übertragung von Zahlungsmitteln, Zahlungsmitteläquivalenten oder sonstigen Vermögenswerten (einschließlich Nettovermögenswerten, die einen Geschäftsbetrieb darstellen),
b) durch Eingehen von Schulden,
c) durch Ausgabe von Eigenkapitalanteilen,
d) durch Bereitstellung von mehr als einer Art von Gegenleistung oder
e) ohne Übertragung einer Gegenleistung, auch einzig und allein durch einen Vertrag (siehe Paragraph 43).

B6 Ein Unternehmenszusammenschluss kann auf unterschiedliche Arten aufgrund rechtlicher, steuerlicher oder anderer Motive vorgenommen werden. Darunter fällt u. a.:

a) ein oder mehrere Geschäftsbetriebe werden zu Tochterunternehmen des Erwerbers oder das Nettovermögen eines oder mehrerer Geschäftsbetriebe wird rechtmäßig mit dem Erwerber zusammengelegt,
b) ein sich zusammenschließendes Unternehmen überträgt sein Nettovermögen bzw. dessen Eigentümer übertragen ihre Eigenkapitalanteile an ein anderes sich zusammenschließendes Unternehmen bzw. dessen Eigentümer,
c) alle sich zusammenschließenden Unternehmen übertragen ihre Nettovermögen bzw. die Eigentümer dieser Unternehmen übertragen ihre Eigenkapitalanteile auf ein neu gegründetes Unternehmen (manchmal als „Zusammenlegungs-Transaktion" bezeichnet) oder
d) eine Gruppe ehemaliger Eigentümer eines der sich zusammenschließenden Unternehmen erlangt die Beherrschung über das zusammengeschlossene Unternehmen.

DEFINITION VON „GESCHÄFTSBETRIEB" (ANWENDUNG DES PARAGRAPHEN 3)

B7 Ein Geschäftsbetrieb besteht aus Inputfaktoren und darauf anzuwendenden Prozessen, die zur Erbringung von Leistungen und zur Erzeugung von Produkten beitragen können. Die drei Elemente eines Geschäftsbetriebs lassen sich wie folgt definieren (Leitlinien zu den Elementen eines Geschäftsbetriebs sind in den Paragraphen B8–B12D enthalten):

a) **Inputfaktoren:** Jede wirtschaftliche Ressource, mit der Leistungen erbracht oder erbracht werden können oder Produkte erzeugt oder erzeugt werden können, wenn ein oder mehrere

Prozesse darauf angewandt werden. Beispiele hierfür sind langfristige Vermögenswerte (wie immaterielle Vermögenswerte oder Rechte auf Nutzung langfristiger Vermögenswerte), geistiges Eigentum, die Fähigkeit, Zugriff auf erforderliche Materialien oder Rechte und Mitarbeiter zu erhalten.

b) **Verfahren:** Alle Systeme, Standards, Protokolle, Konventionen oder Regeln, die bei Anwendung auf einen oder mehrere Inputfaktoren Leistungen oder Produkte (Output) generieren oder generieren können. Beispiele hierfür sind strategische Managementprozesse, betriebliche Prozesse und Ressourcenmanagementprozesse. Diese Prozesse sind in der Regel dokumentiert, doch kann eine organisierte Belegschaft mit den notwendigen Kompetenzen und Erfahrungen, die den Regeln und Konventionen folgt, dank ihrer intellektuellen Fähigkeiten die erforderlichen Prozesse bereitstellen, die zur Generierung von Leistungen oder Produkten auf Inputfaktoren angewandt werden können (Buchhaltung, Rechnungsstellung, Lohn- und Gehaltsabrechnung und andere Verwaltungssysteme zählen typischerweise nicht zu den Prozessen, die zur Erbringung von Leistungen oder Erzeugung von Produkten eingesetzt werden).

c) **Leistungen oder Produkte:** Das Ergebnis von Inputfaktoren und darauf angewandten Prozessen, mit deren Hilfe für Kunden Güter erzeugt und Leistungen erbracht werden, generiert Kapitalerträge (wie Dividenden oder Zinsen) oder sonstige Erträge aus gewöhnlicher Geschäftstätigkeit.

Optionaler Test zur Ermittlung der Konzentration des beizulegenden Zeitwerts

B7A Der in Paragraph B7B beschriebene optionale Test (Konzentrationstest) ermöglicht eine vereinfachte Feststellung, ob eine erworbene Gruppe von Tätigkeiten und Vermögenswerten keinen Geschäftsbetrieb darstellt. Unternehmen steht es frei, den Konzentrationstest anzuwenden oder nicht. Diese Entscheidung kann für jede Transaktion oder jedes Ereignis getrennt getroffen werden. Der Konzentrationstest bewirkt Folgendes:

a) Fällt der Konzentrationstest positiv aus, wird die Gruppe von Tätigkeiten und Vermögenswerten nicht als Geschäftsbetrieb eingestuft und es ist keine weitere Beurteilung erforderlich.

b) Fällt der Konzentrationstest negativ aus oder entscheidet sich das Unternehmen, keinen Test durchzuführen, ist eine Beurteilung gemäß den Paragraphen B8–B12D durchzuführen.

B7B Das Ergebnis des Konzentrationstests ist positiv, wenn der beizulegende Zeitwert der erworbenen Bruttovermögenswerte ganz überwiegend auf einen einzigen identifizierbaren Vermögenswert oder eine Gruppe ähnlicher identifizierbarer Vermögenswerte konzentriert ist. Für den Konzentrationstest gilt:

a) Die erworbenen Bruttovermögenswerte umfassen keine Zahlungsmittel und Zahlungsmitteläquivalente, latente Steueransprüche sowie Geschäfts- oder Firmenwerte, die sich aus latenten Steuerschulden ergeben.

b) Der beizulegende Zeitwert der erworbenen Bruttovermögenswerte umfasst alle übertragenen Gegenleistungen (zuzüglich des beizulegenden Zeitwerts etwaiger nicht beherrschender Anteile und des beizulegenden Zeitwerts etwaiger zuvor gehaltener Anteile), die den beizulegenden Zeitwert der erworbenen identifizierbaren Nettovermögenswerte übersteigen. Bestimmt werden kann der beizulegende Zeitwert der erworbenen Bruttovermögenswerte in der Regel, indem der beizulegende Zeitwert der übertragenen Gegenleistung (zuzüglich des beizulegenden Zeitwerts etwaiger nicht beherrschender Anteile und des beizulegenden Zeitwerts etwaiger zuvor gehaltener Anteile und der beizulegende Zeitwert der übernommenen Schulden (mit Ausnahme latenter Steuerschulden) addiert und dann die in Buchstabe a genannten Posten herausgerechnet werden. Liegt der beizulegende Zeitwert der erworbenen Bruttovermögenswerte allerdings über dieser Summe, ist gegebenenfalls eine präzisere Berechnung erforderlich.

c) Ein einzelner identifizierbarer Vermögenswert schließt alle Vermögenswerte oder Gruppen von Vermögenswerten ein, die bei einem Unternehmenszusammenschluss als ein einzelner identifizierbarer Vermögenswert angesetzt und bewertet würden.

d) Ist ein materieller Vermögenswert mit einem anderen materiellen Vermögenswert (oder einem Vermögenswert, der gemäß IFRS 16 *Leasingverhältnisse* einem Leasingverhältnis zugrunde liegt) verbunden und kann von diesem nicht getrennt und alleine verwendet werden, ohne dass erhebliche Kosten entstehen oder der Nutzen oder der beizulegende Zeitwert eines dieser Vermögenswerte (z. B. Grundstück oder Gebäude) erheblich vermindert wird, sind diese Vermögenswerte als ein einziger identifizierbarer Vermögenswert zu betrachten.

e) Wenn ein Unternehmen beurteilt, ob Vermögenswerte ähnlich sind, hat es die Art jedes einzelnen identifizierbaren Vermögenswerts sowie die Risiken, die mit seiner Verwaltung und der Generierung von Leistungen und Produkten mit diesem Vermögenswert einhergehen (d. h. seine Risikomerkmale), zu berücksichtigen.

f) Nicht als ähnliche Vermögenswerte anzusehen sind:

i) ein materieller und ein immaterieller Vermögenswert,

ii) materielle Vermögenswerte unterschiedlicher Kategorien (z. B. Lagerbestand, Produktionsanlagen und Kraftfahrzeuge), es sei denn, sie gelten nach dem unter Buchstabe d genannten Kriterium als ein einziger identifizierbarer Vermögenswert,
iii) identifizierbare immaterielle Vermögenswerte unterschiedlicher Kategorien (z. B. Markennamen, Lizenzen und immaterielle Vermögenswerte, die sich in Entwicklung befinden),
iv) ein finanzieller und ein nichtfinanzieller Vermögenswert,
v) finanzielle Vermögenswerte unterschiedlicher Kategorien (z. B. Forderungen und Investitionen in Eigenkapitalinstrumente) sowie
vi) identifizierbare Vermögenswerte, die zwar derselben Vermögenswertgruppe angehören, sich in ihren Risikomerkmalen aber signifikant unterscheiden.

B7C Die Vorschriften in Paragraph B7B ändern weder die Leitlinien zu ähnlichen Vermögenswerten in IAS 38 *Immaterielle Vermögenswerte* noch die Bedeutung des Begriffs „Kategorie" (bzw. „Gruppe") in IAS 16 Sachanlagen, IAS 38 und IFRS 7 *Finanzinstrumente : Angaben*.

Die Elemente eines Geschäftsbetriebs

B8 Auch wenn Geschäftsbetriebe normalerweise Leistungen erbringen oder Produkte erzeugen, sind derartige Outputs nicht erforderlich, um eine integrierte Gruppe von Tätigkeiten und Vermögenswerten als Geschäftsbetrieb ansehen zu können. Damit eine integrierte Gruppe von Tätigkeiten und Vermögenswerten im Sinne des in der Definition von Geschäftsbetrieb festgelegten Ziels geführt und geleitet werden kann, muss sie zwei wesentliche Elemente aufweisen – Inputfaktoren und darauf anzuwendende Prozesse. Ein Geschäftsbetrieb muss nicht alle Inputfaktoren oder Prozesse umfassen, die der Verkäufer für den Geschäftsbetrieb verwendete. Um als Geschäftsbetrieb angesehen werden zu können, muss eine integrierte Gruppe von Tätigkeiten und Vermögenswerten jedoch mindestens einen Inputfaktor und einen substanziellen Prozess aufweisen, die zusammengenommen erheblich zur Fähigkeit zur Generierung von Waren und Dienstleistungen beitragen. Wie zu beurteilen ist, ob ein Prozess als substanziell angesehen werden kann, ist in den Paragraphen B12–B12D festgelegt.

B8A Generiert eine erworbene Gruppe von Tätigkeiten und Vermögenswerten Leistungen oder Produkte, lassen fortgesetzte Erlöse für sich genommen noch nicht den Schluss zu, dass sowohl ein Inputfaktor als auch ein substanzieller Prozess erworben wurden.

B9 Die Art der Elemente eines Geschäftsbetriebs unterscheidet sich von Branche zu Branche sowie aufgrund der Struktur der Geschäftsbereiche (Tätigkeiten) eines Unternehmens, einschließlich der Phase der Unternehmensentwicklung. Etablierte Geschäftsbetriebe weisen oft viele verschiedene Arten von Inputfaktoren, Prozessen und Leistungen oder Produkten auf, wobei neue Geschäftsbetriebe häufig wenige Inputfaktoren und Prozesse aufweisen und manchmal nur einen einzigen Output (Produkt) haben. Fast alle Geschäftsbetriebe haben auch Schulden, aber dies muss nicht so sein. Des Weiteren kann auch eine erworbene Gruppe von Tätigkeiten und Vermögenswerten, die keinen Geschäftsbetrieb darstellt, Schulden haben.

B10 [gestrichen]

B11 Die Ermittlung, ob eine einzelne Gruppe von Tätigkeiten und Vermögenswerten einen Geschäftsbetrieb darstellt, sollte darauf basieren, die integrierte Gruppe von einem Marktteilnehmer wie ein Geschäftsbetrieb geführt und geleitet werden kann. Somit ist bei der Beurteilung, ob eine bestimmte Gruppe einen Geschäftsbetrieb darstellt, nicht relevant, ob der Verkäufer die Gruppe als einen Geschäftsbetrieb geführt hat oder der Erwerber beabsichtigt, dies zu tun.

Beurteilung, ob ein erworbener Prozess substanziell ist

B12 In den Paragraphen B12A–B12D wird erläutert, wie zu beurteilen ist, ob ein erworbener Prozess als substanziell betrachtet werden kann, wenn mit der erworbenen Gruppe von Tätigkeiten und Vermögenswerten keine Leistungen oder Produkte generiert werden (Paragraph B12B) bzw. wenn damit Leistungen oder Produkte generiert werden (Paragraph B12C).

B12A Ein Beispiel für eine erworbene Gruppe von Tätigkeiten und Vermögenswerten, mit der zum Erwerbszeitpunkt keine Leistungen oder Produkte generiert werden, ist ein Unternehmen in der Anfangsphase, das noch keine Erlöse erwirtschaftet. Wenn eine erworbene Gruppe von Tätigkeiten und Vermögenswerten zum Erwerbszeitpunkt Erlöse erwirtschaftet hat, wird davon ausgegangen, dass sie zu diesem Zeitpunkt Leistungen oder Produkte generierte, selbst wenn sie später keine Erlöse von externen Kunden mehr erwirtschaftet, z. B. weil sie vom Erwerber integriert wird.

B12B Wenn eine Gruppe von Tätigkeiten und Vermögenswerten zum Erwerbszeitpunkt keine Leistungen oder Produkte generiert, gilt der erworbene Prozess (oder die erworbene Gruppe von Prozessen) nur dann als substanziell, wenn

a) er/sie für die Fähigkeit, einen oder mehrere erworbene Inputfaktoren weiterzuentwickeln oder in Leistungen oder Produkte umzuwandeln, von entscheidender Bedeutung ist, und

b) die erworbenen Inputfaktoren sowohl eine organisierte Belegschaft, die über die notwendigen Kompetenzen, das notwendige Wissen oder die notwendige Erfahrung für die Durchführung dieses Prozesses (oder einer Gruppe von Prozessen) verfügt, als auch andere Faktoren umfasst, die der organisierten Belegschaft weiterentwickelt oder in Leistungen oder Produkte umgewandelt

werden könnten. Diese anderen Inputs können Folgendes umfassen:
  i) geistiges Eigentum, das für die Entwicklung von Gütern oder Dienstleistungen genutzt werden könnte,
  ii) sonstige wirtschaftliche Ressourcen, die weiterentwickelt werden könnten, um Leistungen oder Produkte zu generieren, oder
  iii) Zugriffsrechte auf Materialien oder Rechte, die für die Generierung künftiger Leistungen oder Produkte erforderlich sind.

Beispiele für die unter Buchstabe b Ziffern i–iii genannten Inputfaktoren sind Technologien, prozessintegrierte Forschungs- und Entwicklungsprojekte, Immobilien und Schürfrechte.

B12C Wenn eine Gruppe von Tätigkeiten und Vermögenswerten zum Erwerbszeitpunkt Produkte oder Leistungen generiert, ist ein erworbener Prozess (oder eine erworbene Gruppe von Prozessen) als substanziell zu betrachten, wenn er bei Anwendung auf einen oder mehrere erworbene Inputfaktoren
  a) für die Fähigkeit, weiterhin Leistungen oder Produkte zu generieren, von entscheidender Bedeutung ist, und wenn die erworbenen Inputfaktoren eine organisierte Belegschaft umfassen, die über die notwendigen Kompetenzen, das notwendige Wissen oder die notwendige Erfahrung für die Durchführung dieses Prozesses (oder der Gruppe von Prozessen) verfügt, oder
  b) in erheblichem Maße dazu beiträgt, auch weiterhin Leistungen oder Produkte generieren zu können, und:
    i) als einzigartig oder rar angesehen wird oder
    ii) nicht ohne erhebliche Kosten, erheblichen Aufwand oder erhebliche Verzögerungen bei der Fähigkeit zur fortgesetzten Generierung von Leistungen oder Produkten ausgetauscht werden kann.

B12D Die folgenden zusätzlichen Erörterungen untermauern sowohl den Paragraphen B12B als auch den Paragraphen B12C:
  a) Ein erworbener Vertrag ist ein Inputfaktor und kein substanzieller Prozess. Ein erworbener Vertrag, beispielsweise ein Vertrag zur Auslagerung von Immobilien- oder Vermögensverwaltungsdienstleistungen, kann allerdings den Zugriff auf eine organisierte Belegschaft beinhalten. Ein Unternehmen hat zu beurteilen, ob eine organisierte Belegschaft, auf die über einen solchen Vertrag zugegriffen wird, einen substanziellen Prozess anwendet, der von dem Unternehmen kontrolliert wird und somit erworben wurde. Bei dieser Beurteilung sind unter anderem Faktoren wie die Laufzeit des Vertrags und die Bedingungen für die Vertragsverlängerung zu berücksichtigen.

  b) Ist die erworbene organisierte Belegschaft schwer zu ersetzen, kann dies ein Anzeichen dafür sein, dass die erworbene organisierte Belegschaft einen Prozess durchführt, der für die Fähigkeit zur Generierung von Leistungen oder Produkten von entscheidender Bedeutung ist.
  c) Ein Prozess (oder eine Gruppe von Prozessen) ist nicht von entscheidender Bedeutung, wenn er bzw. sie beispielsweise in Bezug auf alle für die Generierung von Leistungen oder Produkten erforderlichen Prozesse eine geringe oder untergeordnete Rolle spielt/spielen.

IDENTIFIZIERUNG DES ERWERBERS (ANWENDUNG DER PARAGRAPHEN 6 UND 7)

B13 Zur Identifizierung des Erwerbers, d. h. des Unternehmens, das die Beherrschung über das erworbene Unternehmen erlangt, sind die Leitlinien in IFRS 10 *Konzernabschlüsse* anzuwenden. Wenn ein Unternehmenszusammenschluss stattgefunden hat, mithilfe der Leitlinien in IFRS 10 jedoch nicht eindeutig bestimmt werden kann, welches der sich zusammenschließenden Unternehmen der Erwerber ist, sind für diese Feststellung die in den Paragraphen B14–B18 genannten Faktoren zu berücksichtigen.

B14 Bei einem Unternehmenszusammenschluss, der primär durch Übertragung von Zahlungsmitteln oder sonstigen Vermögenswerten oder durch Eingehen von Schulden getätigt wurde, ist der Erwerber in der Regel das Unternehmen, das die Zahlungsmittel oder sonstigen Vermögenswerte überträgt oder die Schulden eingeht.

B15 Bei einem Unternehmenszusammenschluss, der primär durch Austausch von Eigenkapitalanteilen getätigt wurde, ist der Erwerber in der Regel das Unternehmen, das seine Eigenkapitalanteile ausgibt. Bei einigen Unternehmenszusammenschlüssen, die allgemein „umgekehrter Unternehmenserwerb" genannt werden, ist das emittierende Unternehmen allerdings das erworbene Unternehmen. Leitlinien für die Bilanzierung eines umgekehrten Unternehmenserwerbs sind in den Paragraphen B19–B27 enthalten. Bei der Identifizierung des Erwerbers bei einem Unternehmenszusammenschluss, der durch Austausch von Eigenkapitalanteilen getätigt wurde, sind weitere einschlägige Fakten und Umstände zu berücksichtigen. Dazu gehören:
  a) *die relativen Stimmrechte an dem zusammengeschlossenen Unternehmen nach dem Unternehmenszusammenschluss* – Der Erwerber ist im Allgemeinen dasjenige der sich zusammenschließenden Unternehmen, dessen Eigentümer als eine Gruppe den größten Anteil der Stimmrechte an dem zusammengeschlossenen Unternehmen behalten oder erhalten. Bei der Ermittlung, welche Gruppe von Eigentümern den größten Anteil an Stimmrechten behält oder erhält, hat ein Unternehmen das Bestehen von ungewöhnlichen oder besonderen Stimmrechtsverein-

barungen und Optionen, Optionsscheinen oder wandelbaren Wertpapieren zu berücksichtigen.

b) *das Bestehen eines großen Stimmrechtsanteils von Minderheiten an dem zusammengeschlossenen Unternehmen, wenn kein anderer Eigentümer oder keine organisierte Gruppe von Eigentümern einen wesentlichen Stimmrechtsanteil hat –* Der Erwerber ist im Allgemeinen dasjenige der sich zusammenschließenden Unternehmen, dessen alleiniger Eigentümer oder organisierte Gruppe von Eigentümern den größten Stimmrechtsanteil der Minderheiten an dem zusammengeschlossenen Unternehmen hält.

c) *die Zusammensetzung des Leitungsgremiums des zusammengeschlossenen Unternehmens –* Der Erwerber ist im Allgemeinen dasjenige der sich zusammenschließenden Unternehmen, dessen Eigentümer eine Mehrheit der Mitglieder des Leitungsgremiums des zusammengeschlossenen Unternehmens wählen, ernennen oder abberufen können.

d) *die Zusammensetzung der Geschäftsleitung des zusammengeschlossenen Unternehmens –* Der Erwerber ist im Allgemeinen dasjenige der sich zusammenschließenden Unternehmen, dessen (bisherige) Geschäftsleitung die Geschäftsleitung des zusammengeschlossenen Unternehmens dominiert.

e) *die Bedingungen des Austausches von Eigenkapitalanteilen –* Der Erwerber ist im Allgemeinen dasjenige der sich zusammenschließenden Unternehmen, das einen Aufschlag auf den vor dem Zusammenschluss geltenden beizulegenden Zeitwert der Eigenkapitalanteile des/der anderen sich zusammenschließenden Unternehmen zahlt.

B16 Der Erwerber ist in der Regel dasjenige der sich zusammenschließenden Unternehmen, dessen relative Größe (zum Beispiel gemessen in Vermögenswerten, Erlösen oder Gewinnen) die des/der anderen sich zusammenschließenden Unternehmen(s) erheblich übersteigt.

B17 Bei einem Unternehmenszusammenschluss, an dem mehr als zwei Unternehmen beteiligt sind, ist bei der Bestimmung des Erwerbers u. a. zu berücksichtigen, welches der sich zusammenschließenden Unternehmen den Zusammenschluss veranlasst hat und welche relative Größe die sich zusammenschließenden Unternehmen haben.

B18 Ein zur Durchführung eines Unternehmenszusammenschlusses neu gegründetes Unternehmen ist nicht unbedingt der Erwerber. Wird zur Durchführung eines Unternehmenszusammenschlusses ein neues Unternehmen gegründet, um Eigenkapitalanteile auszugeben, ist eines der sich zusammenschließenden Unternehmen, das vor dem Zusammenschluss bestand, unter Anwendung der Leitlinien in den Paragraphen B13–B17 als der Erwerber zu identifizieren. Ein neues Unternehmen, das als Gegenleistung Zahlungsmittel oder sonstige Vermögenswerte überträgt oder Schulden eingeht, kann hingegen der Erwerber sein.

UMGEKEHRTER UNTERNEHMENSERWERB

B19 Bei einem umgekehrten Unternehmenserwerb wird das Unternehmen, das Wertpapiere ausgibt (der formal-rechtliche Erwerber) zu Bilanzierungszwecken anhand der Leitlinien in den Paragraphen B13–B18 als das erworbene Unternehmen identifiziert. Das Unternehmen, dessen Eigenkapitalanteile erworben wurden (das formal-rechtlich erworbene Unternehmen) muss zu Bilanzierungszwecken der Erwerber sein, damit diese Transaktion als ein umgekehrter Unternehmenserwerb betrachtet wird. Manchmal wird beispielsweise ein umgekehrter Unternehmenserwerb durchgeführt, wenn ein nicht börsennotiertes Unternehmen ein börsennotiertes Unternehmen werden möchte, aber seine Kapitalanteile nicht registrieren lassen möchte. Hierzu veranlasst das nicht börsennotierte Unternehmen, dass ein börsennotiertes Unternehmen seine Eigenkapitalanteile im Austausch gegen die Eigenkapitalanteile des börsennotierten Unternehmens erwirbt. In diesem Beispiel ist das börsennotierte Unternehmen der **formal-rechtliche Erwerber**, da es seine Kapitalanteile emittiert hat, und das nicht börsennotierte Unternehmen ist das **formal-rechtlich erworbene Unternehmen**, da seine Kapitalanteile erworben wurden. Die Anwendung der Leitlinien in den Paragraphen B13–B18 führen indes zur Identifizierung

a) des börsennotierten Unternehmens als **erworbenes Unternehmen** für Bilanzierungszwecke (das bilanziell erworbene Unternehmen) und

b) des nicht börsennotierten Unternehmens als der **Erwerber** für Bilanzierungszwecke (der bilanzielle Erwerber).

Das bilanziell erworbene Unternehmen muss die Definition eines Geschäftsbetriebs erfüllen, damit die Transaktion als umgekehrter Unternehmenserwerb bilanziert werden kann, und alle in diesem IFRS dargelegten Ansatz- und Bewertungsgrundsätze einschließlich der Anforderung, den Geschäfts- oder Firmenwert zu erfassen, sind anzuwenden.

Bestimmung der übertragenen Gegenleistung

B20 Bei einem umgekehrten Unternehmenserwerb gibt der bilanzielle Erwerber in der Regel keine Gegenleistung für das erworbene Unternehmen aus. Stattdessen gibt das bilanziell erworbene Unternehmen in der Regel seine Eigenkapitalanteile an die Eigentümer des bilanziellen Erwerbers aus. Der zum Erwerbszeitpunkt geltende beizulegende Zeitwert der vom bilanziellen Erwerber übertragenen Gegenleistung für seine Anteile am bilanziell erworbenen Unternehmen basiert demzufolge auf der Anzahl der Eigenkapitalanteile, welche das formal-rechtliche Tochterunternehmen hätte ausgeben müssen, um den Eigentümern des formal-rechtlichen Mutterunternehmens den gleichen Prozentsatz an Eigenkapitalanteilen an dem aus dem umgekehrten Unternehmenserwerb stammenden zusammengeschlossenen Unternehmen auszugeben. Der beizulegende Zeitwert der Anzahl der Eigenkapitalanteile, der auf diese Weise ermittelt wurde, kann als der beizulegende Zeitwert der im Austausch für das erworbene Unternehmen übertragenen Gegenleistung verwendet werden.

Aufstellung und Darstellung von Konzernabschlüssen

B21 Nach einem umgekehrten Unternehmenserwerb aufgestellte Konzernabschlüsse werden unter dem Namen des formal-rechtlichen Mutterunternehmens (des bilanziell erworbenen Unternehmens) veröffentlicht, jedoch mit einem Vermerk im Anhang, dass es sich hierbei um eine Fortführung des Abschlusses des formal-rechtlichen Tochterunternehmens (des bilanziellen Erwerbers) handelt, und mit einer Anpassung, durch die rückwirkend das formal-rechtliche Eigenkapital des bilanziellen Erwerbers bereinigt wird, um das formal-rechtliche Eigenkapital des bilanziell erworbenen Unternehmens abzubilden. Diese Anpassung ist erforderlich, um das Eigenkapital des formal-rechtlichen Mutterunternehmens (des bilanziell erworbenen Unternehmens) abzubilden. In diesem Konzernabschluss dargestellte Vergleichsinformationen werden ebenfalls rückwirkend angepasst, um das formal-rechtliche Eigenkapital des formal-rechtlichen Mutterunternehmens (des bilanziell erworbenen Unternehmens) widerzuspiegeln.

B22 Da diese Konzernabschlüsse eine Fortführung der Abschlüsse des formal-rechtlichen Tochterunternehmens mit Ausnahme der Kapitalstruktur darstellen, zeigen sie

a) die Vermögenswerte und Schulden des formal-rechtlichen Tochterunternehmens (des bilanziellen Erwerbers), die zu ihren vor dem Zusammenschluss gültigen Buchwerten angesetzt und bewertet wurden.

b) die Vermögenswerte und Schulden des formal-rechtlichen Mutterunternehmens (des bilanziell erworbenen Unternehmens), die gemäß diesem IFRS angesetzt und bewertet wurden.

c) die Gewinnrücklagen und sonstigen Eigenkapitalsalden des formal-rechtlichen Tochterunternehmens (des bilanziellen Erwerbers) **vor** dem Unternehmenszusammenschluss.

d) den in den Konzernabschlüssen für ausgegebene Eigenkapitalanteile angesetzten Betrag, der bestimmt wird, indem die ausgegebenen Eigenkapitalanteile des formal-rechtlichen Tochterunternehmens (des bilanziellen Erwerbers), die unmittelbar vor dem Unternehmenszusammenschluss in Umlauf waren, dem beizulegenden Zeitwert des rechtlichen Mutterunternehmens (des bilanziell erworbenen Unternehmens) hinzugerechnet werden. Die Eigenkapitalstruktur (d. h. die Anzahl und Art der ausgegebenen Eigenkapitalanteile) spiegelt jedoch die Eigenkapitalstruktur des formal-rechtlichen Mutterunternehmens (des bilanziell erworbenen Unternehmens) wider und umfasst die Eigenkapitalanteile des formal-rechtlichen Mutterunternehmens, die zur Durchführung des Zusammenschlusses ausgegeben wurden. Dementsprechend wird die Eigenkapitalstruktur des formal-rechtlichen Tochterunternehmens (des bilanziellen Erwerbers) mittels des im Erwerbsvertrag festgelegten Tauschverhältnisses neu ermittelt, um die Anzahl der anlässlich des umgekehrten Unternehmenserwerbs ausgegebenen Anteile des formal-rechtlichen Mutterunternehmens (des bilanziell erworbenen Unternehmens) widerzuspiegeln.

e) den entsprechenden Anteil der nicht beherrschenden Anteile an den vor dem Zusammenschluss gültigen Buchwerten der Gewinnrücklagen und sonstigen Eigenkapitalanteilen des rechtlichen Tochterunternehmens (des bilanziellen Erwerbers), wie in den Paragraphen B23 und B24 beschrieben.

Nicht beherrschende Anteile

B23 Bei einem umgekehrten Unternehmenserwerb kann es vorkommen, dass Eigentümer des formal-rechtlich erworbenen Unternehmens (des bilanziellen Erwerbers) ihre Eigenkapitalanteile nicht gegen Eigenkapitalanteile des formal-rechtlichen Mutterunternehmens (des bilanziell erworbenen Unternehmens) umtauschen. Diese Eigentümer werden nach dem umgekehrten Unternehmenserwerb als nicht beherrschende Anteile im Konzernabschluss behandelt. Dies ist darauf zurückzuführen, dass die Eigentümer des formal-rechtlich erworbenen Unternehmens, die ihre Eigenkapitalanteile nicht gegen Eigenkapitalanteile des formal-rechtlichen Erwerbers umtauschen, nur an den Ergebnissen und dem Nettovermögen des formal-rechtlich erworbenen Unternehmens beteiligt sind und nicht an den Ergebnissen und dem Nettovermögen des zusammengeschlossenen Unternehmens. Auch wenn der formal-rechtliche Erwerber zu Bilanzierungszwecken das erworbene Unternehmen ist, sind umgekehrt die Eigentümer des formal-rechtlichen Erwerbers an den Ergebnissen und dem Nettovermögen des zusammengeschlossenen Unternehmens beteiligt.

B24 Die Vermögenswerte und Schulden des formal-rechtlich erworbenen Unternehmens werden im Konzernabschluss mit ihren vor dem Zusammenschluss gültigen Buchwerten bewertet und angesetzt (siehe Paragraph B22(a)). In einem umgekehrten Unternehmenserwerb spiegeln daher die nicht beherrschenden Anteile den entsprechenden Anteil an den vor dem Zusammenschluss gültigen Buchwerten des Nettovermögens des formal-rechtlich erworbenen Unternehmens der nicht beherrschenden Anteilseigner selbst dann wider, wenn die nicht beherrschenden Anteile an anderen Erwerben mit dem beizulegenden Zeitwert zum Erwerbszeitpunkt bestimmt werden.

3/3. IFRS 3
B25 – B33

Ergebnis je Aktie

B25 Wie in Paragraph B22(d) beschrieben, hat die Eigenkapitalstruktur, die in den nach einem umgekehrten Unternehmenserwerb aufgestellten Konzernabschlüssen erscheint, die Eigenkapitalstruktur des formal-rechtlichen Erwerbers (des bilanziell erworbenen Unternehmens) widerzuspiegeln, einschließlich der Eigenkapitalanteile, die vom formal-rechtlichen Erwerber zur Durchführung des Unternehmenszusammenschlusses ausgegeben wurden.

B26 Für die Ermittlung der durchschnittlich gewichteten Anzahl der während der Periode, in der der umgekehrte Unternehmenserwerb erfolgt, ausstehenden Stammaktien (der Nenner bei der Berechnung des Ergebnisses je Aktie)

a) ist die Anzahl der ausstehenden Stammaktien vom Beginn dieser Periode bis zum Erwerbszeitpunkt auf der Grundlage der durchschnittlich gewichteten Anzahl der in dieser Periode ausstehenden Stammaktien des formal-rechtlich erworbenen Unternehmens (des bilanziellen Erwerbers), die mit dem im Fusionsvertrag angegebenen Tauschverhältnis multipliziert werden, zu berechnen und

b) ist die Anzahl der ausstehenden Stammaktien vom Erwerbszeitpunkt bis zum Ende dieser Periode gleich der tatsächlichen Anzahl der ausstehenden Stammaktien des formal-rechtlichen Erwerbers (des bilanziell erworbenen Unternehmens) während dieser Periode.

B27 Das unverwässerte Ergebnis je Aktie ist für jede Vergleichsperiode vor dem Erwerbszeitpunkt, die im Konzernabschluss nach einem umgekehrten Unternehmenserwerb dargestellt wird, zu berechnen, indem

a) der den Stammaktionären in der jeweiligen Periode zurechenbare Gewinn oder Verlust des formal-rechtlich erworbenen Unternehmens durch

b) die historisch durchschnittlich gewichtete Anzahl der ausstehenden Stammaktien des formal-rechtlich erworbenen Unternehmens, die mit dem im Erwerbsvertrag angegebenen Tauschverhältnis multipliziert wird, geteilt wird.

ANSATZ BESONDERER ERWORBENER VERMÖGENSWERTE UND ÜBERNOMMENER SCHULDEN (ANWENDUNG DER PARAGRAPHEN 10–13)

B28–B30 [gestrichen]

Immaterielle Vermögenswerte

B31 Der Erwerber hat die in einem Unternehmenszusammenschluss erworbenen immateriellen Vermögenswerte getrennt vom Geschäfts- oder Firmenwert anzusetzen. Ein immaterieller Vermögenswert ist identifizierbar, wenn er entweder das Separierbarkeitskriterium oder das vertragliche/gesetzliche Kriterium erfüllt.

B32 Ein immaterieller Vermögenswert, der das vertragliche/gesetzliche Kriterium erfüllt, ist selbst dann identifizierbar, wenn der Vermögenswert weder übertragbar noch separierbar von dem erworbenen Unternehmen oder von anderen Rechten und Verpflichtungen ist. Zum Beispiel:

a) [gestrichen]

b) Ein erworbenes Unternehmen besitzt und betreibt ein Kernkraftwerk. Die Lizenz zum Betrieb dieses Kernkraftwerks stellt einen immateriellen Vermögenswert dar, der das vertragliche/gesetzliche Kriterium für einen vom Geschäfts- oder Firmenwert getrennten Ansatz selbst dann erfüllt, wenn der Erwerber ihn nicht getrennt von dem erworbenen Kernkraftwerk verkaufen oder übertragen kann. Ein Erwerber kann den beizulegenden Zeitwert der Betriebslizenz und den beizulegenden Zeitwert des Kernkraftwerks als einen einzigen Vermögenswert für die Zwecke der Rechnungslegung ausweisen, wenn die Nutzungsdauern dieser Vermögenswerte ähnlich sind.

c) Ein erworbenes Unternehmen besitzt ein Technologiepatent. Es hat dieses Patent zur exklusiven Verwendung außerhalb des heimischen Marktes in Lizenz gegeben und erhält dafür einen bestimmten Prozentsatz der künftigen ausländischen Erlöse. Sowohl das Technologiepatent als auch die damit verbundene Lizenzvereinbarung erfüllen die vertraglichen/gesetzlichen Kriterien für den vom Geschäfts- oder Firmenwert getrennten Ansatz, selbst wenn das Patent und die damit verbundene Lizenzvereinbarung nicht getrennt voneinander verkauft oder getauscht werden könnten.

B33 Das Separierbarkeitskriterium bedeutet, dass ein erworbener immaterieller Vermögenswert separierbar ist oder vom erworbenen Unternehmen getrennt und somit verkauft, übertragen, lizenziert, vermietet oder getauscht werden kann. Dies kann einzeln oder in Verbindung mit einem Vertrag, einem identifizierbaren Vermögenswert oder einer identifizierbaren Schuld erfolgen. Ein immaterieller Vermögenswert, den der Erwerber verkaufen, lizenzieren oder auf andere Weise gegen einen Wertgegenstand tauschen könnte, erfüllt das Separierbarkeitskriterium selbst dann, wenn der Erwerber nicht beabsichtigt, ihn zu verkaufen, zu lizenzieren oder auf andere Weise zu tauschen. Ein erworbener immaterieller Vermögenswert erfüllt das Separierbarkeitskriterium, wenn es Anhaltspunkte für eine Tauschtransaktion für diese Art von Vermögenswert oder einen ähnlichen Vermögenswert gibt, selbst wenn diese Transaktionen selten stattfinden und unabhängig davon, ob der Erwerber daran beteiligt ist. Kunden- und Abonnentenlisten werden zum Beispiel häufig lizenziert und erfüllen somit das Separierbarkeitskriterium. Selbst wenn ein erworbenes Unternehmen glaubt, dass seine Kundenlisten von anderen Kundenlisten abweichende Merkmale haben, so bedeutet in der Regel die Tatsache, dass Kundenlisten häufig lizenziert werden, dass die erworbene Kundenliste das Separierbarkeitskriterium erfüllt. Eine bei einem Unternehmenszusammenschluss erworbene Kundenliste würde jedoch dieses Separierbarkeitskriterium nicht erfüllen, wenn durch die Bestimmungen einer Geheimhaltungs- oder anderen Vereinbarung einem Unternehmen untersagt ist, Informationen über Kunden zu verkaufen, zu vermieten oder anderweitig auszutauschen.

B34 Ein immaterieller Vermögenswert, der alleine vom erworbenen oder zusammengeschlossenen Unternehmen nicht separierbar ist, erfüllt das Separierbarkeitskriterium, wenn er in Verbindung mit einem Vertrag, einem identifizierbaren Vermögenswert oder einer identifizierbaren Schuld separierbar ist. Zum Beispiel:

a) Marktteilnehmer tauschen Verbindlichkeiten aus Einlagen und damit verbundene Einlegerbeziehungen als immaterielle Vermögenswerte in beobachtbaren Tauschgeschäften. Daher hat der Erwerber die Einlegerbeziehungen als immaterielle Vermögenswerte getrennt vom Geschäfts- oder Firmenwert anzusetzen.

b) Ein erworbenes Unternehmen besitzt ein eingetragenes Warenzeichen und das dokumentierte, jedoch nicht patentierte technische Fachwissen zur Herstellung des Markenproduktes. Zur Übertragung des Eigentumsrecht an einem Warenzeichen muss der Eigentümer auch alles andere übertragen, was erforderlich ist, damit der neue Eigentümer ein Produkt herstellen oder einen Service liefern kann, das/der nicht vom Ursprünglichen zu unterscheiden ist. Da das nicht patentierte technische Fachwissen vom erworbenen oder zusammengeschlossenen Unternehmen separiert und verkauft werden muss, wenn das damit verbundene Warenzeichen verkauft wird, erfüllt es das Separierbarkeitskriterium.

Zurückerworbene Rechte

B35 Im Rahmen eines Unternehmenszusammenschlusses kann ein Erwerber ein Recht, einen oder mehrere bilanzierte oder nicht bilanzierte Vermögenswerte des Erwerbers zu nutzen, zurückerwerben, wenn er dieses zuvor dem erworbenen Unternehmen gewährt hatte. Zu den Beispielen für solche Rechte gehört das Recht, den Handelsnamen des Erwerbers gemäß einem Franchisevertrag zu verwenden, oder das Recht, die Technologie des Erwerbers gemäß einer Technologie-Lizenzvereinbarung zu nutzen. Ein zurückerworbenes Recht ist ein identifizierbarer immaterieller Vermögenswert, den der Erwerber getrennt vom Geschäfts- oder Firmenwert ansetzt. Paragraph 29 enthält Leitlinien für die Bewertung eines zurückerworbenen Rechts und Paragraph 55 enthält Leitlinien für die Folgebilanzierung eines zurückerworbenen Rechts.

B36 Wenn die Bedingungen des Vertrags, der Anlass für ein zurückerworbenes Recht ist, verglichen mit laufenden Markttransaktionen für dieselben oder ähnliche Sachverhalte vorteilhaft oder nachteilig sind, hat der Erwerber den Gewinn oder Verlust aus der Erfüllung zu erfassen. Paragraph B52 enthält Leitlinien für die Bewertung der Gewinne und Verluste aus dieser Erfüllung.

Belegschaft und sonstige Sachverhalte, die nicht identifizierbar sind

B37 Der Erwerber ordnet den Wert eines erworbenen immateriellen Vermögenswerts, der zum Erwerbszeitpunkt nicht identifizierbar ist, dem Geschäfts- oder Firmenwert zu. Ein Erwerber kann beispielsweise dem Bestehen einer Belegschaft – d. h. einer bestehenden Gesamtheit von Mitarbeitern, durch die der Erwerber einen erworbenen Geschäftsbetrieb vom Erwerbszeitpunkt an weiterführen kann – Wert zuweisen. Eine Belegschaft stellt nicht das intellektuelle Kapital des ausgebildeten Personals dar, also das (oft spezialisierte) Wissen und die Erfahrung, welche die Mitarbeiter eines erworbenen Unternehmens mitbringen. Da die Belegschaft kein identifizierbarer Vermögenswert ist, der getrennt vom Geschäfts- oder Firmenwert angesetzt werden kann, ist jeder ihr zuzuschreibende Wert Bestandteil des Geschäfts- oder Firmenwerts.

B38 Der Erwerber bezieht auch jeden Wert, der Posten zuzuordnen ist, die zum Erwerbszeitpunkt nicht als Vermögenswerte eingestuft werden, in den Geschäfts- oder Firmenwert mit ein. Der Erwerber kann zum Beispiel potenziellen Verträgen, über die das erworbene Unternehmen zum Erwerbszeitpunkt mit prospektiven neuen Kunden verhandelt, Wert zuweisen. Da diese potenziellen Verträge zum Erwerbszeitpunkt selbst keine Vermögenswerte sind, setzt der Erwerber sie nicht getrennt vom Geschäfts- oder Firmenwert an. Den Wert dieser Verträge am Geschäfts- oder Firmenwert sollte der Erwerber nicht später aufgrund von Ereignissen nach dem Erwerbszeitpunkt neu beurteilen. Er sollte allerdings die Tatsachen und Umstände in Zusammenhang mit kurz nach dem Erwerb eingetretenen Ereignissen beurteilen, um zu ermitteln, ob ein getrennt ansetzbarer immaterieller Vermögenswert zum Erwerbszeitpunkt existierte.

B39 Nach dem erstmaligen Ansatz bilanziert ein Erwerber immaterielle Vermögenswerte, die bei einem Unternehmenszusammenschluss erworben wurden gemäß den Bestimmungen des IAS 38 *Immaterielle Vermögenswerte*. Wie in Paragraph 3 von IAS 38 beschrieben, werden einige erworbene immaterielle Vermögenswerte nach dem erstmaligen Ansatz gemäß den Vorschriften anderer IFRS bilanziert.

B40 Die Kriterien zur Identifizierbarkeit bestimmen, ob ein immaterieller Vermögenswert getrennt vom Geschäfts- oder Firmenwert angesetzt wird. Die Kriterien dienen jedoch weder als Leitlinie für die Ermittlung des beizulegenden Zeitwerts eines immateriellen Vermögenswerts noch beschränken sie die Annahmen, die bei der Ermittlung des beizulegenden Zeitwerts eines immateriellen Vermögenswerts verwendet werden. So würde der Erwerber bei der Ermittlung des beizulegenden Zeitwerts beispielsweise die Annahmen berücksichtigen, von denen die Marktteilnehmer bei der Preisfestlegung für den immateriellen Vermögenswert ausgehen würden, wie Erwartungen hinsichtlich künftiger Vertragsverlängerungen. Für Vertragsverlängerungen selbst ist es nicht erforderlich die Kriterien der Identifizierbarkeit zu erfüllen. (Siehe jedoch Paragraph 29, wo für zurückerworbene Rechte, die bei einem Unternehmenszusammenschluss angesetzt werden, eine Ausnahme vom Grundsatz der Bewertung zum beizulegenden Zeitwert festgelegt wird.) Die Paragraphen 36 und 37 von IAS 38 enthalten Leitlinien zur Ermittlung, ob immaterielle Vermögenswerte zu einer einzelnen Bilanzierungseinheit mit anderen immateriellen oder materiellen Vermögenswerten zusammengefasst werden sollten.

BEWERTUNG DES BEIZULEGENDEN ZEITWERTS VON BESONDEREN IDENTIFIZIERBAREN VERMÖGENSWERTEN UND EINEM NICHT BEHERRSCHENDEN ANTEIL AN EINEM ERWORBENEN UNTERNEHMEN (ANWENDUNG DER PARAGRAPHEN 18 UND 19)

Vermögenswerte mit unsicheren Zahlungsströmen (Wertberichtigungen)

B41 Der Erwerber hat zum Erwerbszeitpunkt keine gesonderte Wertberichtigung für Vermögenswerte zu erfassen, die bei einem Unternehmenszusammenschluss erworben und mit ihrem zum Erwerbszeitpunkt geltenden beizulegenden Zeitwert bewertet wurden, da die Auswirkungen der Unsicherheit über künftige Zahlungsströme in der Bewertung zum beizulegenden Zeitwert enthalten sind. Da dieser IFRS beispielsweise vom Erwerber verlangt, erworbene Forderungen, einschließlich Kredite, zu ihrem zum Erwerbszeitpunkt geltenden beizulegenden Zeitwert zu bewerten, erfasst er weder gesonderte Wertberichtigungen für vertragliche Zahlungsströme, die zu dem Zeitpunkt als uneinbringlich gelten, noch eine Wertberichtigung für erwartete Kreditverluste.

Vermögenswerte, die zu Operating-Leasingverhältnissen gehören, bei denen das erworbene Unternehmen der Leasinggeber ist

B42 Bei der Bewertung des zum Erwerbszeitpunkt geltenden beizulegenden Zeitwerts eines Vermögenswerts, wie eines Gebäudes oder eines Patents, das zu einem Operating-Leasingverhältnis gehört, bei dem das erworbene Unternehmen der Leasinggeber ist, hat der Erwerber die Bedingungen des Leasingverhältnisses zu berücksichtigen. Der Erwerber setzt keinen separaten Vermögenswert bzw. keine separate Schuld an, wenn die Bedingungen eines Operating-Leasingverhältnisses verglichen mit den Marktbedingungen entweder vorteilhaft oder nachteilig sind.

Vermögenswerte, die der Erwerber nicht zu nutzen beabsichtigt bzw. auf eine andere Weise zu nutzen beabsichtigt als Marktteilnehmer sie normalerweise nutzen würden

B43 Zum Schutz seiner Wettbewerbsposition oder aus anderen Gründen kann der Erwerber beabsichtigen, einen erworbenen nichtfinanziellen Vermögenswert nicht aktiv zu nutzen oder ihn nicht seiner höchst- und bestmöglichen Nutzung entsprechend zu nutzen. Dies könnte beispielsweise bei einem erworbenen immateriellen Vermögenswert aus Forschung und Entwicklung der Fall sein, für den der Erwerber eine defensive Nutzung plant, um andere an seiner Nutzung zu hindern. Der Erwerber hat den beizulegenden Zeitwert des nichtfinanziellen Vermögenswerts jedoch unter der Annahme seiner höchst- und bestmöglichen Nutzung durch Marktteilnehmer der angemessenen Bewertungsprämisse entsprechend sowohl beim erstmaligen Ansatz als auch bei der Ermittlung des beizulegenden Zeitwerts abzüglich Kosten des Abgangs für Prüfungen auf Wertminderung im Rahmen der Folgebewertung zu ermitteln.

Nicht beherrschende Anteile an einem erworbenen Unternehmen

B44 Durch diesen IFRS kann ein nicht beherrschender Anteil an einem erworbenen Unternehmen mit seinem beizulegenden Zeitwert zum Erwerbszeitpunkt bewertet werden. Manchmal kann ein Erwerber den zum Erwerbszeitpunkt geltenden beizulegenden Zeitwert eines nicht beherrschenden Anteils auf der Grundlage eines an einem aktiven Markt notierten Preises der (d. h. der nicht vom Erwerber gehaltenen) Kapitalanteile bestimmen. In anderen Fällen steht ein an einem aktiven Markt notierter Preis für die Kapitalanteile jedoch nicht zur Verfügung. In einem solchen Fall würde der Erwerber den beizulegenden Zeitwert der nicht beherrschenden Anteile anhand anderer Bewertungsverfahren ermitteln.

B45 Die beizulegenden Zeitwerte der Anteile des Erwerbers an dem erworbenen Unternehmen und der nicht beherrschenden Anteile können auf einer Basis je Anteil voneinander abweichen. Der Hauptunterschied liegt wahrscheinlich darin, dass für die Beherrschung ein Aufschlag auf den beizulegenden Zeitwert je Anteil des Anteils des Erwerbers an dem erworbenen Unternehmen berücksichtigt wird oder umgekehrt für das Fehlen der Beherrschung ein Abschlag (auch als ein Minderheitsabschlag bezeichnet) bei dem beizulegenden Zeitwert je Anteil des nicht beherrschenden Anteils berücksichtigt wird, falls Marktteilnehmer einen solchen Auf- oder Abschlag bei der Preisfestlegung für den nicht beherrschenden Anteil berücksichtigen würden.

BEWERTUNG DES GESCHÄFTS- ODER FIRMENWERTS ODER EINES GEWINNS AUS EINEM ERWERB ZU EINEM PREIS UNTER MARKTWERT

Bewertung des zum Erwerbszeitpunkt geltenden beizulegenden Zeitwerts der Anteile des Erwerbers an dem erworbenen Unternehmen unter Einsatz von Bewertungsverfahren (Anwendung des Paragraphen 33)

B46 Bei einem Unternehmenszusammenschluss, der ohne Übertragung einer Gegenleistung vollzogen wurde, muss der Erwerber zur Bewertung des Geschäfts- oder Firmenwerts oder eines Gewinns aus einem Erwerb zu einem Preis unter Marktwert anstelle des zum Erwerbszeitpunkt geltenden beizulegenden Zeitwerts der übertragenen Gegenleistung den zum Erwerbszeitpunkt geltenden beizulegenden Zeitwert seines Anteils an dem erworbenen Unternehmen nutzen (siehe Paragraphen 32–34).

Besondere Berücksichtigung bei der Anwendung der Erwerbsmethode auf den Zusammenschluss von Gegenseitigkeitsunternehmen
(Anwendung des Paragraphen 33)

B47 Wenn sich zwei Gegenseitigkeitsunternehmen zusammenschließen, kann der beizulegende Zeitwert des Eigenkapital- oder Geschäftsanteils an dem erworbenen Unternehmen (oder der beizulegende Zeitwert des erworbenen Unternehmens) verlässlicher bestimmbar sein als der beizulegende Zeitwert der vom Erwerber übertragenen Geschäftsanteile. In einem solchen Fall hat der Erwerber nach Paragraph 33 den Geschäfts- oder Firmenwert zu ermitteln, indem er anstatt des zum Erwerbszeitpunkt geltenden beizulegenden Zeitwerts der als Gegenleistung übertragenen Eigenkapitalanteile des Erwerbers den zum Erwerbszeitpunkt geltenden beizulegenden Zeitwert der Eigenkapitalanteile des erworbenen Unternehmens verwendet. Darüber hinaus hat ein Erwerber bei einem Zusammenschluss von Gegenseitigkeitsunternehmen das Nettovermögen des erworbenen Unternehmens als eine unmittelbare Hinzufügung zum Kapital oder Eigenkapital in seiner Kapitalflussrechnung auszuweisen und nicht als eine Hinzufügung zu Gewinnrücklagen, was der Art entspräche, wie andere Arten von Unternehmen die Erwerbsmethode anwenden.

B48 Obgleich in vielerlei Hinsicht anderen Geschäftsbetrieben ähnlich, haben Gegenseitigkeitsunternehmen besondere Eigenschaften, die vor allem darauf beruhen, dass ihre Mitglieder sowohl Kunden als auch Eigentümer sind. Mitglieder von Gegenseitigkeitsunternehmen erwarten im Allgemeinen, dass sie Nutzen aus ihrer Mitgliedschaft ziehen, häufig in Form von ermäßigten Gebühren auf Güter oder Dienstleistungen oder Gewinnausschüttungen an Mitglieder. Der Anteil der Gewinnausschüttungen an Mitglieder, der jedem einzelnen Mitglied zugeteilt ist, basiert oft auf dem Anteil der Geschäfte, die ein Mitglied im Laufe des Jahres mit dem Gegenseitigkeitsunternehmen getätigt hat.

B49 Die Ermittlung des beizulegenden Zeitwerts eines Gegenseitigkeitsunternehmens sollte die Annahmen umfassen, welche die Marktteilnehmer über den künftigen Nutzen für die Mitglieder machen würden, sowie alle anderen relevanten Annahmen, welche die Marktteilnehmer über das Gegenseitigkeitsunternehmen machen würden. So kann zur Ermittlung des beizulegenden Zeitwerts eines Gegenseitigkeitsunternehmens beispielsweise ein Barwert-Verfahren verwendet werden. Die als in das Modell einfließenden Parameter verwendeten Zahlungsströme sollten auf den erwarteten Zahlungsströmen des Gegenseitigkeitsunternehmens beruhen, welche wahrscheinlich auch die Reduzierungen aufgrund von Leistungen an Mitglieder, wie ermäßigte Gebühren auf Güter und Dienstleistungen widerspiegeln.

BESTIMMUNG DES UMFANGS EINES UNTERNEHMENSZUSAMMENSCHLUSSES (ANWENDUNG DER PARAGRAPHEN 51 UND 52)

B50 Bei der Ermittlung, ob eine Transaktion Teil eines Tausches für ein erworbenes Unternehmen ist oder ob die Transaktion getrennt vom Unternehmenszusammenschluss zu betrachten ist, hat der Erwerber die folgenden Faktoren, die weder in Verbindung miteinander exklusiv noch einzeln entscheidend sind, zu berücksichtigen:

a) **Die Gründe für die Transaktion**– Wenn man versteht, warum die sich zusammenschließenden Parteien (der Erwerber und das erworbene Unternehmen und dessen Eigentümer, Direktoren und Manager sowie deren Vertreter) eine bestimmte Transaktion eingegangen sind oder eine Vereinbarung geschlossen haben, kann dies einen Einblick dahingehend geben, ob diese Teil der übertragenen Gegenleistung und der erworbenen Vermögenswerte oder übernommenen Schulden ist. Wenn eine Transaktion beispielsweise in erster Linie zum Nutzen des Erwerbers oder des zusammengeschlossenen Unternehmens und nicht in erster Linie zum Nutzen des erworbenen Unternehmens oder dessen früheren Eigentümern vor dem Zusammenschluss erfolgt, ist es unwahrscheinlich, dass dieser Teil des gezahlten Transaktionspreises (und alle damit verbundenen Vermögenswerte oder Schulden) zum Tauschgeschäft für das erworbene Unternehmen gehört. Dementsprechend würde der Erwerber diesen Teil getrennt vom Unternehmenszusammenschluss bilanzieren.

b) **Wer hat die Transaktion eingeleitet**– Wenn man versteht, wer die Transaktion eingeleitet hat, kann dies auch einen Einblick geben, ob sie Teil des Tauschgeschäfts für das erworbene Unternehmen ist. Eine Transaktion oder ein anderes Ereignis, das beispielsweise vom Erwerber eingeleitet wurde, ist eventuell mit dem Ziel eingegangen worden, dem Erwerber oder dem zusammengeschlossenen Unternehmen künftigen wirtschaftlichen Nutzen zu bringen, wobei das erworbene Unternehmen oder dessen Eigentümer vor dem Zusammenschluss wenig oder keinen Nutzen daraus erhalten haben. Andererseits wird eine vom erworbenen Unternehmen oder dessen früheren Eigentümern eingeleitete Transaktion oder Vereinbarung wahrscheinlich weniger zugunsten des Erwerbers oder des zusammengeschlossenen Unternehmens sein sondern eher Teil der Transaktion des Unternehmenszusammenschlusses sein.

3/3. IFRS 3
B50 – B55

c) **Der Zeitpunkt der Transaktion** – Der Zeitpunkt der Transaktion kann auch einen Einblick geben, ob sie Teil des Tausches für das erworbene Unternehmen ist. Eine Transaktion zwischen dem Erwerber und dem erworbenen Unternehmen, die zum Beispiel während der Verhandlungen bezüglich der Bedingungen des Unternehmenszusammenschlusses stattfindet, kann mit der Absicht des Unternehmenszusammenschlusses eingegangen worden sein, um dem Erwerber und dem zusammengeschlossenen Unternehmen zukünftigen wirtschaftlichen Nutzen zu bringen. In diesem Falle ziehen das erworbene Unternehmen oder dessen Eigentümer vor dem Unternehmenszusammenschluss wenig oder keinen Nutzen aus der Transaktion mit Ausnahme der Leistungen, die sie im Rahmen des zusammengeschlossenen Unternehmens erhalten.

Tatsächliche Erfüllung einer zuvor bestehenden Beziehung zwischen dem Erwerber und dem erworbenen Unternehmen bei einem Unternehmenszusammenschluss (Anwendung des Paragraphen 52(a))

B51 Der Erwerber und das erworbene Unternehmen können eine Beziehung haben, die bereits bestand, bevor sie einen Unternehmenszusammenschluss beabsichtigten, hier als „zuvor bestehende Beziehung" bezeichnet. Eine zuvor bestehende Beziehung zwischen dem Erwerber und dem erworbenen Unternehmen kann vertraglicher Natur (zum Beispiel: Verkäufer und Kunde oder Lizenzgeber und Lizenznehmer) oder nicht vertraglicher Natur (zum Beispiel: Kläger und Beklagter) sein.

B52 Wenn der Unternehmenszusammenschluss tatsächlich eine zuvor bestehende Beziehung erfüllt, erfasst der Erwerber einen Gewinn bzw. Verlust, der wie folgt bestimmt wird:

a) für eine zuvor bestehende nicht vertragliche Beziehung (wie einen Rechtsstreit): mit dem beizulegenden Zeitwert,
b) für eine zuvor bestehende vertragliche Beziehung: mit dem niedrigeren der Beträge unter (i) und (ii):
   i) der Betrag, zu dem der Vertrag aus Sicht des Erwerbers vorteilhaft oder nachteilig im Vergleich mit den Bedingungen für aktuelle Markttransaktionen derselben oder ähnlichen Sachverhalte ist. (Ein nachteiliger Vertrag ist ein Vertrag, der gemessen an den aktuellen Marktbedingungen nachteilig ist. Es handelt sich hierbei nicht unbedingt um einen belastenden Vertrag, bei dem die unvermeidbaren Kosten zur Erfüllung der vertraglichen Verpflichtungen höher sind als der erwartete wirtschaftliche Nutzen).
   ii) der in den Erfüllungsbedingungen des Vertrags genannte Betrag, der für die andere Vertragspartei, als die, für die der Vertrag nachteilig ist, durchsetzbar ist.

Wenn (ii) geringer als (i) ist, ist der Unterschied Bestandteil der Bilanzierung des Unternehmenszusammenschlusses.

Der Betrag des erfassten Gewinns bzw. Verlusts kann teilweise davon abhängen, ob der Erwerber zuvor einen damit verbundenen Vermögenswert oder eine Schuld angesetzt hatte, und der ausgewiesene Gewinn oder Verlust kann daher von dem unter Anwendung der obigen Vorschriften berechneten Betrag abweichen.

B53 Bei einer zuvor bestehenden Beziehung kann es sich um einen Vertrag handeln, den der Erwerber als ein zurückerworbenes Recht ausweist. Wenn der Vertrag Bedingungen enthält, die im Vergleich zu den Preisen derselben oder ähnlicher Sachverhalte bei aktuellen Markttransaktionen vorteilhaft oder nachteilig sind, erfasst der Erwerber getrennt vom Unternehmenszusammenschluss einen Gewinn bzw. Verlust für die tatsächliche Erfüllung des Vertrags, der gemäß Paragraph B52 bewertet wird.

Vereinbarungen über bedingte Zahlungen an Mitarbeiter oder verkaufende Anteilseigner (Anwendung des Paragraphen 52(b))

B54 Ob Vereinbarungen über bedingte Zahlungen an Mitarbeiter oder verkaufende Anteilseigner als bedingte Gegenleistung bei einem Unternehmenszusammenschluss gelten oder als separate Transaktionen angesehen werden, hängt von der Art der Vereinbarungen ab. Zur Beurteilung der Art der Vereinbarung kann es hilfreich sein, die Gründe zu verstehen, warum der Erwerbsvertrag eine Bestimmung für bedingte Zahlungen enthält, wer den Vertrag eingeleitet hat und wann die Vertragsparteien den Vertrag geschlossen haben.

B55 Wenn nicht klar ist, ob eine Vereinbarung über Zahlungen an Mitarbeiter oder verkaufende Anteilseigner zum Tausch gegen das erworbene Unternehmen gehört oder eine vom Unternehmenszusammenschluss separate Transaktion ist, hat der Erwerber die folgenden Hinweise zu beachten:

a) *Fortgesetzte Beschäftigung* – Die Bedingungen der fortgesetzten Beschäftigung der verkaufenden Anteilseigner, die Mitarbeiter in Schlüsselpositionen werden, können ein Indikator für den wirtschaftlichen Gehalt einer bedingten Entgeltvereinbarung sein. Die entsprechenden Bedingungen einer fortgesetzten Beschäftigung können in einem Anstellungsvertrag, Erwerbsvertrag oder sonstigem Dokument enthalten sein. Eine bedingte Entgeltvereinbarung, in der die Zahlungen bei einer Beendigung des Beschäftigungsverhältnisses automatisch verfallen, ist als eine Vergütung für Arbeitsleistungen nach dem Zusammenschluss anzusehen. Vereinbarungen, in denen die bedingten Zahlungen nicht von einer Beendigung des Beschäftigungsverhältnisses beeinflusst sind, können darauf hinweisen, dass es sich bei den bedingten Zahlungen um eine zusätzliche Gegenleistung und nicht um eine Vergütung handelt.

b) *Dauer der fortgesetzten Beschäftigung–* Wenn die Dauer der erforderlichen Beschäftigung mit der Dauer der bedingten Zahlung übereinstimmt oder länger als diese ist, dann weist diese Tatsache darauf hin, dass die bedingten Zahlungen in der Substanz eine Vergütung darstellen.

c) *Vergütungshöhe–* Situationen, in denen die Vergütung von Mitarbeitern mit Ausnahme der bedingten Zahlungen ein angemessenes Niveau im Verhältnis zu den anderen Mitarbeitern in Schlüsselpositionen im zusammengeschlossenen Unternehmen einnimmt, können darauf hinweisen, dass die bedingten Zahlungen als zusätzliche Gegenleistung und nicht als Vergütung betrachtet werden.

d) *Zusätzliche Zahlungen an Mitarbeiter–* Wenn verkaufende Anteilseigner, die nicht zu Mitarbeitern werden, niedrigere bedingte Zahlungen auf einer Basis je Anteil erhalten als verkaufende Anteilseigner, die Mitarbeiter des zusammengeschlossenen Unternehmens werden, kann dies darauf hinweisen, dass der zusätzliche Betrag der bedingten Zahlungen an die verkaufenden Anteilseigner, die Mitarbeiter werden, als Vergütung zu betrachten ist.

e) *Anzahl der im Besitz befindlichen Anteile–* Die relative Anzahl der sich im Besitz der verkaufenden Anteilseigner, die Mitarbeiter in Schlüsselpositionen bleiben, befindlichen Anteile weisen eventuell auf den wirtschaftlichen Gehalt einer bedingten Entgeltvereinbarung hin. Wenn beispielsweise die verkaufenden Anteilseigner, die weitgehend alle Anteile an dem erworbenen Unternehmen hielten, weiterhin Mitarbeiter in Schlüsselpositionen sind, kann dies darauf hinweisen, dass die Vereinbarung ihrem wirtschaftlichem Gehalt nach eine Vereinbarung mit Gewinnbeteiligung ist, die beabsichtigt, Vergütungen für Dienstleistungen nach dem Zusammenschluss zu geben. Wenn verkaufende Anteilseigner, die weiterhin Mitarbeiter in Schlüsselpositionen bleiben, im Gegensatz nur eine kleine Anzahl von Anteilen des erworbenen Unternehmens besaßen, und alle verkaufenden Anteilseigner denselben Betrag der bedingten Gegenleistung auf einer Basis je Anteil erhalten, kann dies darauf hinweisen, dass die bedingten Zahlungen eine zusätzliche Gegenleistung darstellen. Parteien, die vor dem Erwerb Eigentumsanteile hielten und mit verkaufenden Anteilseignern, die weiterhin Mitarbeiter in Schlüsselpositionen sind, in Verbindung stehen, z. B. Familienmitglieder, sind ebenfalls zu berücksichtigen.

f) *Verbindung zur Bewertung–* Wenn die ursprüngliche Gegenleistung, die zum Erwerbszeitpunkt übertragen wird, auf dem niedrigen Wert innerhalb einer Bandbreite, die bei der Bewertung des erworbenen Unternehmens erstellt wurde, basiert und die bedingte Formel sich auf diesen Bewertungsansatz bezieht, kann dies darauf hindeuten, dass die bedingten Zahlungen eine zusätzliche Gegenleistung darstellen. Wenn die Formel für die bedingte Zahlung hingegen mit vorherigen Vereinbarungen mit Gewinnbeteiligung im Einklang ist, kann dies drauf hindeuten, dass der wirtschaftliche Gehalt der Vereinbarung darin besteht, Vergütungen zu zahlen.

g) *Formel zur Ermittlung der Gegenleistung–* Die zur Ermittlung der bedingten Zahlung verwendete Formel kann hilfreich bei der Beurteilung des wirtschaftlichen Gehalts der Vereinbarung sein. Wenn beispielsweise eine bedingte Zahlung auf der Grundlage verschiedener Ergebnisse ermittelt wird, kann dies darauf hindeuten, dass die Verpflichtung beim Unternehmenszusammenschluss eine bedingte Gegenleistung ist, und dass mit der Formel beabsichtigt wird, den beizulegenden Zeitwert des erworbenen Unternehmens festzulegen oder zu überprüfen. Eine bedingte Zahlung, die ein bestimmter Prozentsatz des Ergebnisses ist, kann hingegen darauf hindeuten, dass die Verpflichtung gegenüber Mitarbeitern eine Vereinbarung mit Gewinnbeteiligung ist, um Mitarbeiter für ihre erbrachten Arbeitsleistungen zu entlohnen.

h) *Sonstige Vereinbarungen und Themen–* Die Bedingungen anderer Vereinbarungen mit verkaufenden Anteilseignern (wie wettbewerbsbeschränkende Vereinbarungen, noch zu erfüllende Verträge, Beratungsverträge und Immobilien-Leasingverträge) sowie die Behandlung von Einkommensteuern auf bedingte Zahlungen können darauf hinweisen, dass bedingte Zahlungen etwas anderem zuzuordnen sind als der Gegenleistung für das erworbene Unternehmen. In Verbindung mit dem Erwerb kann der Erwerber beispielsweise einen Immobilien-Leasingvertrag mit einem bedeutsamen verkaufenden Anteilseigner schließen. Wenn die im Leasingvertrag angegebenen Leasingzahlungen wesentlich unter dem Marktpreis liegen, können einige oder alle bedingten Zahlungen an den Leasinggeber (den verkaufenden Anteilseigner), die aufgrund einer separaten Vereinbarung für bedingte Zahlungen vorgeschrieben sind, dem wirtschaftlichen Gehalt nach Zahlungen für die Nutzung der geleasten Immobilie sein, die der Erwerber in seinem Abschluss nach dem Zusammenschluss getrennt ansetzt. Wenn hingegen im Leasingvertrag Leasingzahlungen gemäß den Marktbedingungen für diese geleaste Immobilie spezifiziert sind, kann die Vereinbarung für bedingte Zahlungen an den verkaufenden Anteilseigner als eine bedingte Gegenleistung bei dem Unternehmenszusammenschluss betrachtet werden.

3/3. IFRS 3
B56 – B60

Die anteilsbasierten Vergütungsprämien des Erwerbers werden gegen die von den Mitarbeitern des erworbenen Unternehmens gehaltenen Prämien ausgetauscht (Anwendung des Paragraphen 52(b))

B56 Ein Erwerber kann seine anteilsbasierten Vergütungsprämien(¹) (Ersatzprämien) gegen Prämien, die von Mitarbeitern des erworbenen Unternehmens gehalten werden, tauschen. Der Tausch von Anteilsoptionen oder anderen anteilsbasierten Vergütungsprämien in Verbindung mit einem Unternehmenszusammenschluss wird als Änderung der anteilsbasierten Vergütungsprämien gemäß IFRS 2 *Anteilsbasierte Vergütung* bilanziert. Wenn der Erwerber die Prämien des erworbenen Unternehmens ersetzt, ist entweder der gesamte marktbasierte Wert der Ersatzprämien des Erwerbers oder ein Teil davon in die Bewertung der bei dem Unternehmenszusammenschluss übertragenen Gegenleistung miteinzubeziehen. Leitlinien für die Zuordnung des marktbasierten Werts sind in den Paragraphen B57–B62 enthalten. In Fällen, in denen Prämien des erworbenen Unternehmens infolge eines Unternehmenszusammenschlusses verfallen würden und der Erwerber diese Prämien – auch wenn er nicht dazu verpflichtet ist – ersetzt, ist der gesamte marktbasierte Wert der Ersatzprämien im Abschluss nach dem Zusammenschluss allerdings als Vergütungsaufwand gemäß IFRS 2 auszuweisen. Das bedeutet, dass keiner der marktbasierten Werte dieser Prämien in die Bewertung der beim Unternehmenszusammenschluss übertragenen Gegenleistung einzubeziehen ist. Der Erwerber ist verpflichtet, die Prämien des erworbenen Unternehmens zu ersetzen, wenn das erworbene Unternehmen oder dessen Mitarbeiter die Möglichkeit haben, den Ersatz geltend zu machen. Zwecks Anwendung dieser Leitlinien ist der Erwerber beispielsweise verpflichtet, die Prämien des erworbenen Unternehmens zu ersetzen, wenn dies verlangt wird in

___
(¹) In den Paragraphen B56–B62 bezieht sich der Begriff „anteilsbasierte Vergütungsprämien" auf ausübbare bzw. verfallbare anteilsbasierte Vergütungen.

a) den Bedingungen der Erwerbsvereinbarung,
b) den Bedingungen der Prämien des erworbenen Unternehmens oder
c) den anwendbaren Gesetzen oder Verordnungen.

B57 Um den Anteil einer Ersatzprämie, der Teil der für das erworbene Unternehmen übertragenen Gegenleistung ist, und den Anteil, der als Vergütung für Arbeitsleistungen nach dem Zusammenschluss verwendet wird, zu bestimmen, hat der Erwerber sowohl die gewährten Ersatzprämien als auch die Prämien des erworbenen Unternehmens zum Erwerbszeitpunkt gemäß IFRS 2 zu bestimmen. Der Anteil des marktbasierten Werts der Ersatzprämien, der Teil der übertragenen Gegenleistung im Tausch gegen das erworbene Unternehmen ist, entspricht dem Anteil der Prämien des erworbenen Unternehmens, der den Arbeitsleistungen vor dem Zusammenschluss zuzuordnen ist.

B58 Der Anteil der Ersatzprämie, der den Arbeitsleistungen vor dem Zusammenschluss zuzuordnen ist, ist der marktbasierte Wert der Prämie des erworbenen Unternehmens, multipliziert mit dem Verhältnis des Anteils des abgeleisteten Erdienungszeitraums zum höheren der beiden folgenden Werte: dem gesamten Erdienungszeitraum oder dem ursprünglichen Erdienungszeitraum der vom erworbenen Unternehmen gewährten Prämie. Der Erdienungszeitraum ist der Zeitraum, in dem alle festgelegten Ausübungsbedingungen erfüllt werden müssen. Ausübungsbedingungen sind in IFRS 2 definiert.

B59 Der Anteil der nicht erdienten Ersatzprämien, der den Arbeitsleistungen nach dem Zusammenschluss zuzuordnen ist und daher im Abschluss nach dem Zusammenschluss als Vergütungsaufwand erfasst wird, entspricht dem gesamten marktbasierten Wert der Ersatzprämien abzüglich des Betrags, der den Arbeitsleistungen vor dem Zusammenschluss zuzuordnen ist. Daher ordnet der Erwerber jeden Überschuss des marktbasierten Werts der Ersatzprämie über den marktbasierten Wert der Prämie des erworbenen Unternehmens den Arbeitsleistungen nach dem Zusammenschluss zu und erfasst diesen Überschuss im Abschluss nach dem Zusammenschluss als Vergütungsaufwand. Der Erwerber hat einen Teil der Ersatzprämie den Arbeitsleistungen nach dem Zusammenschluss zuzuordnen, wenn er Arbeitsleistungen nach dem Zusammenschluss verlangt, unabhängig davon, ob die Mitarbeiter bereits alle Arbeitsleistungen erbracht hatten, die notwendig waren, damit ihre vom erworbenen Unternehmen gewährten Prämien bereits vor dem Erwerbszeitpunkt als erdient betrachtet werden konnten.

B60 Der Anteil der nicht ausübbaren Ersatzprämien, die Arbeitsleistungen vor dem Zusammenschluss zuzuordnen sind, sowie der Anteil für Arbeitsleistungen nach dem Zusammenschluss hat das bestmögliche Schätzung der Anzahl der Ersatzprämien widerzuspiegeln, die voraussichtlich ausübbar werden. Wenn beispielsweise der marktbasierte Wert einer Ersatzprämie, die Arbeitsleistungen vor dem Zusammenschluss zugeordnet wird, 100 WE beträgt und der Erwerber erwartet, dass nur 95 Prozent der Prämie als erdient betrachtet werden können, werden 95 WE in die für den Unternehmenszusammenschluss übertragene Gegenleistung einbezogen. Änderungen der geschätzten Anzahl der zu erwartenden ausübbaren Ersatzprämien sind im Vergütungsaufwand in den Perioden auszuweisen, in denen die Änderungen auftreten oder die Ansprüche verwirken, und nicht als Anpassungen der beim Unternehmenszusammenschluss übertragenen Gegenleistung. Ähnlich ist es bei Auswirkungen anderer Ereignisse, wie Änderungen oder dem letzten Ergebnis von Prämien mit Leistungsbedingungen, die nach dem Erwerbszeitpunkt auftreten. Diese werden gemäß IFRS 2 bilanziert, indem der Vergütungsaufwand für die Periode ermittelt wird, in der das Ereignis eintritt.

B61 Dieselben Vorschriften gelten für die Ermittlung der Anteile einer Ersatzprämie, die Arbeitsleistungen vor und nach dem Zusammenschluss zuzuordnen sind, unabhängig davon, ob eine Ersatzprämie als eine Schuld oder als ein Eigenkapitalinstrument gemäß den Bestimmungen von IFRS 2 eingestuft ist. Alle Änderungen des marktbasierten Werts der nach dem Erwerbszeitpunkt als Schulden eingestuften Prämien und der dazugehörigen Ertragsteuerauswirkungen werden in der/den Periode(n) im Abschluss des Erwerbers nach dem Zusammenschluss erfasst, in der/denen die Änderungen auftreten.

B62 Die Ertragsteuerauswirkungen der Ersatzprämien der anteilsbasierten Vergütungen sind nach IAS 12 *Ertragsteuern* zu bilanzieren.

Anteilsbasierte Vergütungen des erworbenen Unternehmens mit Ausgleich durch Eigenkapitalinstrumente

B62A Möglicherweise hat das erworbene Unternehmen anteilsbasierte Vergütungen ausstehen, die der Erwerber nicht gegen seine anteilsbasierten Vergütungen austauscht. Sind diese anteilsbasierten Vergütungen des erworbenen Unternehmens erdient, sind sie Teil des nicht beherrschenden Anteils am erworbenen Unternehmen und werden zu ihrem marktbasierten Wert bewertet. Sind sie verfallbar, werden sie nach den Paragraphen 19 und 30 zu ihrem marktbasierten Wert bewertet, so als fiele der Erwerbszeitpunkt mit dem Zeitpunkt der Gewährung zusammen.

B62B Der marktbasierte Wert verfallbarer anteilsbasierter Vergütungen wird dem nicht beherrschenden Anteil im Verhältnis des abgeleisteten Erdienungszeitraums zum gesamten Erdienungszeitraum bzw. (falls länger) zum ursprünglichen Erdienungszeitraum der anteilsbasierten Vergütung zugeordnet. Der Saldo wird den Leistungen nach dem Zusammenschluss zugeordnet.

ANDERE IFRS, DIE LEITLINIEN FÜR DIE FOLGEBEWERTUNG UND DIE FOLGEBILANZIERUNG ENTHALTEN (ANWENDUNG DES PARAGRAPHEN 54)

B63 Beispiele für andere IFRS, die Leitlinien für die Folgebewertung und Folgebilanzierung der bei einem Unternehmenszusammenschluss erworbenen Vermögenswerte und übernommenen oder eingegangenen Schulden enthalten, sind Folgende:

a) IAS 38, der Vorschriften für die Bilanzierung identifizierbarer, bei einem Unternehmenszusammenschluss erworbener immaterieller Vermögenswerte enthält. Der Erwerber bestimmt den Geschäfts- oder Firmenwert zum Erwerbszeitpunkt abzüglich aller kumulierten Wertminderungsaufwendungen. IAS 36 *Wertminderung von Vermögenswerten* enthält Vorschriften für die Bilanzierung von Wertminderungsaufwendungen.

b) [gestrichen]

c) IAS 12, der Vorschriften für die Folgebilanzierung latenter Steueransprüche (einschließlich nicht angesetzter latenter Steueransprüche) und latenter Steuerschulden enthält, die bei einem Unternehmenszusammenschluss erworben wurden.

d) IFRS 2, der Leitlinien für die Folgebewertung und die Folgebilanzierung des Anteils des von einem Erwerber ausgegebenen Ersatzes von anteilsbasierten Vergütungsprämien enthält, die den künftigen Arbeitsleistungen der Mitarbeiter zuzuordnen sind.

e) IFRS 10, der Leitlinien für die Bilanzierung der Änderungen der Beteiligungsquote eines Mutterunternehmens an einem Tochterunternehmen nach Übernahme der Beherrschung enthält.

ANGABEN (ANWENDUNG DER PARAGRAPHEN 59 UND 61)

B64 Zur Erreichung des in Paragraph 59 genannten Ziels hat der Erwerber für jeden Unternehmenszusammenschluss, der während der Berichtsperiode stattfindet, die folgenden Angaben zu machen:

a) Name und Beschreibung des erworbenen Unternehmens.

b) Erwerbszeitpunkt.

c) Prozentsatz der erworbenen Eigenkapitalanteile mit Stimmrecht.

d) Hauptgründe für den Unternehmenszusammenschluss und Beschreibung der Art und Weise, wie der Erwerber die Beherrschung über das erworbene Unternehmen erlangt hat.

e) Eine qualitative Beschreibung der Faktoren, die zur Erfassung des Geschäfts- oder Firmenwerts führen, wie beispielsweise die erwarteten Synergien aus gemeinschaftlichen Tätigkeiten des erworbenen Unternehmens und dem Erwerber, immateriellen Vermögenswerten, die nicht für einen gesonderten Ansatz eingestuft sind, oder sonstige Faktoren.

f) Der zum Erwerbszeitpunkt geltende beizulegende Zeitwert der gesamten übertragenen Gegenleistung und der zum Erwerbszeitpunkt geltende beizulegende Zeitwert jeder Hauptkategorie von Gegenleistungen wie:

i) Zahlungsmittel,

ii) sonstige materielle oder immaterielle Vermögenswerte, einschließlich eines Geschäftsbetriebs oder Tochterunternehmens des Erwerbers,

iii) eingegangene Schulden, zum Beispiel eine Schuld für eine bedingte Gegenleistung, und

iv) Eigenkapitalanteile des Erwerbers, einschließlich der Anzahl der ausgegebenen oder noch auszugebenden Instrumente oder Anteile sowie der Methode zur Ermittlung des beizulegenden Zeitwerts dieser Instrumente und Anteile.

3/3. IFRS 3
B64

g) Bei Vereinbarungen über eine bedingte Gegenleistung und Vermögenswerte für Entschädigungsleistungen:
   i) der zum Erwerbszeitpunkt erfasste Betrag,
   ii) eine Beschreibung der Vereinbarung und die Grundlage für die Ermittlung des Zahlungsbetrags und
   iii) eine Schätzung der Bandbreite der Ergebnisse (nicht abgezinst) oder, falls eine solche Bandbreite nicht geschätzt werden kann, die Tatsache und die Gründe, warum keine Bandbreite geschätzt werden kann. Wenn der Höchstbetrag der Zahlung unbegrenzt ist, hat der Erwerber diese Tatsache anzugeben.

h) Bei erworbenen Forderungen:
   i) der beizulegende Zeitwert der Forderungen,
   ii) die Bruttobeträge der vertraglichen Forderungen und
   iii) die zum Erwerbszeitpunkt bestmögliche Schätzung der vertraglichen Zahlungsströme, die voraussichtlich uneinbringlich sein werden.

   Die Angaben sind nach Hauptgruppen von Forderungen, wie Kredite, direkte Finanzierungs-Leasingverhältnisse und allen sonstigen Gruppen von Forderungen, zu machen.

i) Die zum Erwerbszeitpunkt für jede Hauptgruppe von erworbenen Vermögenswerten und übernommenen Schulden erfassten Beträge.

j) Für jede gemäß Paragraph 23 angesetzte Eventualverbindlichkeit die in Paragraph 85 von IAS 37 *Rückstellungen, Eventualverbindlichkeiten und Eventualforderungen* verlangten Angaben. Falls eine Eventualverbindlichkeit nicht angesetzt wurde, da ihr beizulegender Zeitwert nicht verlässlich bestimmt werden kann, hat der Erwerber folgende Angaben zu machen:
   i) die in Paragraph 86 von IAS 37 verlangten Angaben und
   ii) die Gründe, warum die Verbindlichkeit nicht verlässlich bewertet werden kann.

k) Die Gesamtsumme des Geschäfts- oder Firmenwerts, der erwartungsgemäß für Steuerzwecke abzugsfähig ist.

l) Bei Transaktionen, die gemäß Paragraph 51 getrennt vom Erwerb der Vermögenswerte oder der Übernahme der Schulden bei einem Unternehmenszusammenschluss ausgewiesen werden:
   i) eine Beschreibung jeder Transaktion,
   ii) wie der Erwerber jede Transaktion bilanziert,
   iii) die für jede Transaktion ausgewiesenen Beträge und die Posten im Abschluss, in denen jeder Betrag erfasst ist, und
   iv) falls die Transaktion die tatsächliche Erfüllung einer zuvor bestehenden Beziehung ist, die für die Ermittlung des Erfüllungsbetrags verwendete Methode.

m) Die unter Buchstabe l geforderten Angaben zu den getrennt ausgewiesenen Transaktionen haben auch den Betrag der zugehörigen Abschlusskosten und separat dazu diejenigen Kosten, die als Aufwand erfasst wurden, sowie den oder die Posten der Gesamtergebnisrechnung, in dem oder in denen diese Aufwendungen erfasst wurden, einzubeziehen. Der Betrag der Ausgabekosten, der nicht als Aufwand erfasst wurde, sowie die Art von dessen Erfassung sind ebenso anzugeben.

n) Bei einem Erwerb zu einem Preis unter Marktwert (siehe Paragraphen 34–36):
   i) der Betrag eines gemäß Paragraph 34 erfassten Gewinns sowie der Posten der Gesamtergebnisrechnung, in dem dieser Gewinn erfasst wurde, und
   ii) eine Beschreibung der Gründe, weshalb die Transaktion zu einem Gewinn führte.

o) Für jeden Unternehmenszusammenschluss, bei dem der Erwerber zum Erwerbszeitpunkt weniger als 100 Prozent der Eigenkapitalanteile an dem erworbenen Unternehmen hält:
   i) der zum Erwerbszeitpunkt angesetzte Betrag des nicht beherrschenden Anteils an dem erworbenen Unternehmen und die Bewertungsgrundlage für diesen Betrag und
   ii) für jeden nicht beherrschenden Anteil an dem erworbenen Unternehmen, der zum beizulegenden Zeitwert bewertet wurde, das/die Bewertungsverfahren und die wesentlichen Inputfaktoren, die zur Ermittlung dieses Werts verwendet wurden.

p) Bei einem sukzessiven Unternehmenszusammenschluss:
   i) der zum Erwerbszeitpunkt geltende beizulegende Zeitwert des Eigenkapitalanteils an dem erworbenen Unternehmen, der unmittelbar vor dem Erwerbszeitpunkt vom Erwerber gehalten wurde, und
   ii) jeglicher Gewinn oder Verlust, der aufgrund einer Neubewertung des Eigenkapitalanteils an dem erworbenen Unternehmen, das vor dem Unternehmenszusammenschluss vom Erwerber gehalten wurde (siehe Paragraph 42), zum beizulegenden Zeitwert erfasst wurde, und der Posten der Gesamtergebnisrechnung, in dem dieser Gewinn bzw. Verlust ausgewiesen wurde.

q) Die folgenden Angaben:
   i) die Erlöse sowie die Gewinne oder Verluste des erworbenen Unternehmens seit dem Erwerbszeitpunkt, welche in der

Konzerngesamtergebnisrechnung für die betreffende Periode enthalten sind, und

ii) die Erlöse sowie die Gewinne oder Verluste des zusammengeschlossenen Unternehmens für die aktuelle Periode, als ob der Erwerbszeitpunkt für alle Unternehmenszusammenschlüsse, die während des Geschäftsjahrs stattgefunden haben, am Anfang der Periode des laufenden Geschäftsjahrs gewesen wäre.

Ist die Bereitstellung der in diesem Unterparagraphen verlangten Angaben undurchführbar, hat der Erwerber dies anzugeben und zu erklären, warum die Bereitstellung undurchführbar ist. Der Begriff „undurchführbar" wird in diesem IFRS mit derselben Bedeutung verwendet wie in IAS 8 *Rechnungslegungsmethoden, Änderungen von rechnungslegungsbezogenen Schätzungen und Fehler*.

B65 Für die Unternehmenszusammenschlüsse der Periode, die einzeln betrachtet unwesentlich, zusammen betrachtet jedoch wesentlich sind, hat der Erwerber die in den Paragraphen B64(e)–(q) vorgeschriebenen Angaben zusammengefasst zu machen.

B66 Liegt der Erwerbszeitpunkt bei einem Unternehmenszusammenschluss nach dem Abschlussstichtag, aber vor der Freigabe des Abschlusses zur Veröffentlichung, hat der Erwerber die in Paragraph B64 verlangten Angaben zu machen, es sei denn die erstmalige Bilanzierung des Unternehmenszusammenschlusses ist zum Zeitpunkt der Freigabe des Abschlusses zur Veröffentlichung noch nicht abgeschlossen. In diesem Fall hat der Erwerber zu beschreiben, welche Angaben nicht gemacht werden konnten, und die Gründe hierfür zu nennen.

B67 Zur Erreichung des in Paragraph 61 genannten Ziels hat der Erwerber für jeden wesentlichen Unternehmenszusammenschluss oder zusammengefasst für einzeln betrachtet unwesentliche Unternehmenszusammenschlüsse, die gemeinsam wesentlich sind, folgende Angaben zu machen:

a) Wenn die erstmalige Bilanzierung eines Unternehmenszusammenschlusses im Hinblick auf gewisse Vermögenswerte, Schulden, nicht beherrschende Anteile oder zu berücksichtigende Posten noch nicht abgeschlossen ist (siehe Paragraph 45) und die im Abschluss für den Unternehmenszusammenschluss ausgewiesenen Beträge nur vorläufig ermittelt wurden:

   i) die Gründe, weshalb die erstmalige Bilanzierung des Unternehmenszusammenschlusses noch nicht abgeschlossen ist,

   ii) die Vermögenswerte, Schulden, Eigenkapitalanteile oder Gegenleistungen, für die die erstmalige Bilanzierung noch nicht abgeschlossen ist, und

   iii) die Art und die Höhe aller Anpassungen im Bewertungszeitraum, die gemäß Paragraph 49 in der Periode erfasst wurden.

b) Für jede Periode nach dem Erwerbszeitpunkt bis das Unternehmen einen Vermögenswert einer bedingten Gegenleistung vereinnahmt, veräußert oder anderweitig den Anspruch darauf verliert oder bis das Unternehmen eine Schuld als bedingte Gegenleistung erfüllt oder bis diese Schuld aufgehoben oder erloschen ist:

   i) jede Änderung bei den angesetzten Beträgen, einschließlich der Differenzen, die sich aus der Erfüllung ergeben,

   ii) jede Änderung der Bandbreite der Ergebnisse (nicht abgezinst) sowie die Gründe für diese Änderung und

   iii) die Bewertungsverfahren und die in das Hauptmodell einfließenden Parameter zur Bewertung der bedingten Gegenleistung.

c) Für bei einem Unternehmenszusammenschluss angesetzte Eventualverbindlichkeiten hat der Erwerber für jede Kategorie von Rückstellungen die in den Paragraphen 84 und 85 von IAS 37 verlangten Angaben zu machen.

d) Eine Überleitung des Buchwerts des Geschäfts- oder Firmenwerts zu Beginn und zum Ende der Berichtsperiode unter gesonderter Angabe

   i) des Bruttobetrags und der kumulierten Wertminderungsaufwendungen zu Beginn der Periode,

   ii) des zusätzlichen Geschäfts- oder Firmenwerts, der während der Periode angesetzt wird, mit Ausnahme des Geschäfts- oder Firmenwerts, der in einer Veräußerungsgruppe enthalten ist, die beim Erwerb die Kriterien zur Einstufung „als zur Veräußerung gehalten" gemäß IFRS 5 *Zur Veräußerung gehaltene langfristige Vermögenswerte und aufgegebene Geschäftsbereiche* erfüllt,

   iii) der Anpassungen aufgrund nachträglich gemäß Paragraph 67 erfasster latenter Steueransprüche während der Periode,

   iv) des Geschäfts- oder Firmenwerts, der in einer gemäß IFRS 5 als „zur Veräußerung gehalten" eingestuften Veräußerungsgruppe enthalten ist, und des Geschäfts- oder Firmenwerts, der während der Periode ausgebucht wurde, ohne vorher zu einer als „zur Veräußerung gehalten" eingestuften Veräußerungsgruppe gehört zu haben,

   v) der Wertminderungsaufwendungen, die während der Periode gemäß IAS 36 erfasst wurden (IAS 36 verlangt zusätzlich dazu Angaben über den erzielbaren Betrag und die Wertminderung des Geschäfts- oder Firmenwerts),

   vi) der Nettoumrechnungsdifferenzen, die während der Periode gemäß IAS 21 *Aus-*

3/3. IFRS 3
B67 – B69

wirkungen von Wechselkursänderungen entstanden sind,

vii) aller anderen Veränderungen des Buchwerts während der Periode,

viii) des Bruttobetrags und der kumulierten Wertminderungsaufwendungen zum Ende der Berichtsperiode,

e) Jeden in der laufenden Periode erfassten Gewinn oder Verlust (samt Erläuterung), der

i) sich auf die in einem Unternehmenszusammenschluss, der in der laufenden oder einer früheren Periode stattgefunden hat, erworbenen identifizierbaren Vermögenswerte oder übernommenen Schulden bezieht, und

ii) von einem solchem Umfang, einer solchen Art oder einer solchen Häufigkeit ist, dass diese Angabe für das Verständnis des Abschlusses des zusammengeschlossenen Unternehmens relevant ist.

ÜBERGANGSVORSCHRIFTEN FÜR UNTERNEHMENSZUSAMMENSCHLÜSSE, AN DENEN NUR GEGENSEITIGKEITSUNTERNEHMEN BETEILIGT SIND ODER DIE AUF REIN VERTRAGLICHER BASIS ERFOLGEN (ANWENDUNG DES PARAGRAPHEN 66)

B68 Nach Paragraph 64 ist dieser IFRS prospektiv auf Unternehmenszusammenschlüsse anzuwenden, bei denen der Erwerbszeitpunkt mit dem Beginn des ersten am oder nach dem 1. Juli 2009 beginnenden Geschäftsjahrs zusammenfällt oder danach liegt. Eine frühere Anwendung ist zulässig. Ein Unternehmen darf diesen IFRS jedoch frühestens zu Beginn eines am oder nach dem 30. Juni 2007 beginnenden Geschäftsjahrs anwenden. Wendet ein Unternehmen diesen IFRS vor seinem Geltungsbeginn an, so ist dies anzugeben und gleichzeitig IAS 27 (in der 2008 geänderten Fassung) anzuwenden.

B69 Die Vorschrift, diesen IFRS prospektiv anzuwenden, wirkt sich folgendermaßen auf einen Unternehmenszusammenschluss aus, bei dem nur Gegenseitigkeitsunternehmen beteiligt sind oder der auf rein vertraglicher Basis erfolgt, wenn der Erwerbszeitpunkt hinsichtlich dieses Unternehmenszusammenschlusses vor der Anwendung dieses IFRS liegt:

a) *Einstufung–* Ein Unternehmen hat den früheren Unternehmenszusammenschluss weiterhin gemäß den früheren auf solche Zusammenschlüsse anwendbaren Rechnungslegungsmethoden einzustufen.

b) *Früher angesetzter Geschäfts- oder Firmenwert–* Zu Beginn der ersten Berichtsperiode des Geschäftsjahrs, in dem dieser IFRS angewendet wird, ist der Buchwert des Geschäfts- oder Firmenwerts, der aus einem früheren Unternehmenszusammenschluss stammte, dessen Buchwert zu diesem Zeitpunkt gemäß den vorherigen Rechnungslegungsmethoden des Unternehmens. Bei der Ermittlung dieses Betrags hat das Unternehmen den Buchwert jeder kumulierten Abschreibung dieses Geschäfts- oder Firmenwerts mit einer entsprechenden Minderung des Geschäfts- oder Firmenwerts aufzurechnen. Es sind keine anderen Anpassungen des Buchwerts des Geschäfts- oder Firmenwerts durchzuführen.

c) *Geschäfts- oder Firmenwert, der zuvor als ein Abzug vom Eigenkapital ausgewiesen wurde–* Die vorherigen Rechnungslegungsmethoden des Unternehmens können zu einem Geschäfts- oder Firmenwert geführt haben, der als ein Abzug vom Eigenkapital ausgewiesen wurde. In diesem Fall hat das Unternehmen den Geschäfts- oder Firmenwert nicht als einen Vermögenswert zu Beginn der ersten Berichtsperiode des ersten Geschäftsjahrs auszuweisen, in dem dieser IFRS angewandt wird. Des Weiteren ist kein Teil dieses Geschäfts- oder Firmenwerts erfolgswirksam zu erfassen, wenn das Unternehmen den gesamten Geschäftsbetrieb oder einen Teil davon, zu dem dieser Geschäfts- oder Firmenwert gehört, veräußert oder wenn eine zahlungsmittelgenerierende Einheit, zu der dieser Geschäfts- oder Firmenwert gehört, wertgemindert wird.

d) *Folgebilanzierung des Geschäfts- oder Firmenwerts–* Vom Beginn der ersten Berichtsperiode des ersten Geschäftsjahrs, in der dieser IFRS angewandt wird, hat das Unternehmen die planmäßige Abschreibung des Geschäfts- oder Firmenwerts aus dem früheren Unternehmenszusammenschluss einzustellen und den Geschäfts- oder Firmenwert gemäß IAS 36 auf Wertminderung zu prüfen.

e) *Zuvor angesetzter negativer Geschäfts- oder Firmenwert–* Ein Unternehmen, das den vorherigen Unternehmenszusammenschluss unter Anwendung der Erwerbsmethode bilanzierte, kann einen passivischen Abgrenzungsposten für einen Überschuss seines Anteils an dem beizulegenden Nettozeitwert der identifizierbaren Vermögenswerte und Schulden des erworbenen Unternehmens über die Anschaffungskosten dieses Anteils (manchmal negativer Geschäfts- oder Firmenwert genannt) erfasst haben. In diesem Fall hat das Unternehmen den Buchwert dieses passivischen Abgrenzungspostens zu Beginn des ersten Geschäftsjahrs, in dem dieser IFRS angewendet wird, auszubuchen und eine entsprechende Anpassung in der Eröffnungsbilanz der Gewinnrücklagen zu dem Zeitpunkt vorzunehmen.

3/4. IFRS 5

INTERNATIONAL FINANCIAL REPORTING STANDARD 5
Zur Veräußerung gehaltene langfristige Vermögenswerte und aufgegebene Geschäftsbereiche

IFRS 5, VO (EU) 2023/1803

Gliederung	§§
ZIELSETZUNG	1
ANWENDUNGSBEREICH	2–5B
EINSTUFUNG VON LANGFRISTIGEN VERMÖGENSWERTEN (ODER VERÄUSSERUNGSGRUPPEN) ALS ZUR VERÄUSSERUNG GEHALTEN ODER ALS ZUR AUSSCHÜTTUNG AN EIGENTÜMER GEHALTEN	6–14
Zur Stilllegung bestimmte langfristige Vermögenswerte	13–14
BEWERTUNG VON LANGFRISTIGEN VERMÖGENSWERTEN (ODER VERÄUSSERUNGSGRUPPEN), DIE ALS ZUR VERÄUSSERUNG GEHALTEN EINGESTUFT WERDEN	15–29
Bewertung eines langfristigen Vermögenswerts (oder einer Veräußerungsgruppe)	15–19
Erfassung von Wertminderungsaufwendungen und Wertaufholungen	20–25
Änderungen eines Veräußerungsplans oder eines Ausschüttungsplans an Eigentümer	26–29
DARSTELLUNG UND ANGABEN	30–42
Darstellung aufgegebener Geschäftsbereiche	31–36A
Ergebnis aus fortzuführenden Geschäftsbereichen	37
Darstellung von langfristigen Vermögenswerten oder Veräußerungsgruppen, die als zur Veräußerung gehalten eingestuft werden	38–40
Zusätzliche Angaben	41–42
ÜBERGANGSVORSCHRIFTEN	43
ZEITPUNKT DES INKRAFTTRETENS	44–44M
RÜCKNAHME VON IAS 35	45
ANHANG A: DEFINITIONEN	
ANHANG B: ERGÄNZUNGEN ZU ANWENDUNGEN	
VERLÄNGERUNG DES FÜR DEN VERKAUFSABSCHLUSS BENÖTIGTEN ZEITRAUMS	B1

ZIELSETZUNG

1 Die Zielsetzung dieses IFRS ist es, die Bilanzierung von zur Veräußerung gehaltenen Vermögenswerten sowie die Darstellung von und die Angaben zu aufgegebenen Geschäftsbereichen festzulegen. Dieser IFRS schreibt insbesondere Folgendes vor:

a) Vermögenswerte, die die Kriterien für eine Einstufung als „zur Veräußerung gehalten" erfüllen, sind mit dem niedrigeren Wert aus Buchwert und beizulegendem Zeitwert abzüglich Veräußerungskosten zu bewerten, und die planmäßige Abschreibung dieser Vermögenswerte ist auszusetzen und

b) Vermögenswerte, die die Kriterien für eine Einstufung als „zur Veräußerung gehalten" erfüllen, sind als gesonderte Posten in der Bilanz und die Ergebnisse aufgegebener Geschäftsbereiche sind als gesonderte Posten in der Gesamtergebnisrechnung auszuweisen.

ANWENDUNGSBEREICH

2 Die Einstufungs- und Darstellungspflichten dieses IFRS gelten für alle angesetzten *langfristigen Vermögenswerte*([1]) und alle *Veräußerungsgruppen* eines Unternehmens. Die Bewertungsvorschriften dieses IFRS gelten für alle angesetzten langfristigen Vermögenswerte und Veräußerungsgruppen (wie in Paragraph 4 beschrieben), mit Ausnahme der in Paragraph 5 aufgeführten Vermögenswerte, die weiterhin nach dem jeweils angegebenen Standard zu bewerten sind.

3 Vermögenswerte, die gemäß IAS 1 *Darstellung des Abschlusses* als langfristige Vermögenswerte eingestuft wurden, dürfen nur dann als kurzfristige Vermögenswerte umgegliedert werden, wenn sie die Kriterien dieses IFRS für eine Einstufung als „zur Veräußerung gehalten" erfüllen. Vermögenswerte einer Gruppe, die ein Unternehmen normalerweise als langfristige Vermögenswerte betrachten würde und die ausschließlich mit der Ab-

3/4. IFRS 5
3 – 7

sicht einer Weiterveräußerung erworben wurden, dürfen nur dann als kurzfristige Vermögenswerte eingestuft werden, wenn sie die Kriterien dieses IFRS für eine Einstufung als „zur Veräußerung gehalten" erfüllen.

(¹) Bei einer Gliederung der Vermögenswerte gemäß einer Liquiditätsdarstellung sind als langfristige Vermögenswerte alle Vermögenswerte einzustufen, die Beträge enthalten, deren Realisierung nach mehr als zwölf Monaten nach dem Abschlussstichtag erwartet wird. Auf die Einstufung solcher Vermögenswerte ist Paragraph 3 anzuwenden.

4 Manchmal veräußert ein Unternehmen eine Gruppe von Vermögenswerten und möglicherweise auch einige direkt mit diesen in Verbindung stehende Schulden gemeinsam in einer einzigen Transaktion. Bei einer solchen Veräußerungsgruppe kann es sich um eine Gruppe von *zahlungsmittelgenerierenden Einheiten*, eine einzelne zahlungsmittelgenerierende Einheit oder einen Teil einer zahlungsmittelgenerierenden Einheit handeln(²). Die Gruppe kann alle Arten von Vermögenswerten und Schulden des Unternehmens umfassen, einschließlich kurzfristiger Vermögenswerte, kurzfristiger Schulden und Vermögenswerte, die gemäß Paragraph 5 von den Bewertungsvorschriften dieses IFRS ausgenommen sind. Enthält die Veräußerungsgruppe einen langfristigen Vermögenswert, der unter die Bewertungsvorschriften dieses IFRS fällt, sind diese Bewertungsvorschriften auf die Gruppe als Ganzes anzuwenden, d. h. die Gruppe ist zum niedrigeren Wert aus Buchwert oder beizulegendem Zeitwert abzüglich Veräußerungskosten anzusetzen. Die Vorschriften für die Bewertung der einzelnen Vermögenswerte und Schulden innerhalb einer Veräußerungsgruppe sind in den Paragraphen 18, 19 und 23 enthalten.

(²) Sobald jedoch erwartet wird, dass die in Verbindung mit einem Vermögenswert oder einer Gruppe von Vermögenswerten anfallenden Zahlungsströme hauptsächlich durch Veräußerung und nicht durch fortgesetzte Nutzung erzeugt werden, werden sie weniger abhängig von den Zahlungsströmen aus anderen Vermögenswerten, sodass eine Veräußerungsgruppe, die Bestandteil einer zahlungsmittelgenerierenden Einheit war, zu einer eigenen zahlungsmittelgenerierenden Einheit wird.

5 Die Bewertungsvorschriften dieses IFRS(³) gelten nicht für die folgenden Vermögenswerte, die als einzelne Vermögenswerte oder als Teil einer Veräußerungsgruppe durch die nachfolgend angegebenen IFRS abgedeckt werden:

(³) Außer den Paragraphen 18 und 19, die eine Bewertung der betreffenden Vermögenswerte gemäß anderen maßgeblichen IFRS vorschreiben.

a) latente Steueransprüche (IAS 12 *Ertragsteuern*),
b) Vermögenswerte, die aus Leistungen an Arbeitnehmer resultieren (IAS 19 *Leistungen an Arbeitnehmer*),
c) finanzielle Vermögenswerte im Anwendungsbereich von IFRS 9 *Finanzinstrumente*,
d) langfristige Vermögenswerte, die nach dem Modell des beizulegenden Zeitwerts in IAS 40 *Als Finanzinvestition gehaltene Immobilien* bilanziert werden,
e) langfristige Vermögenswerte, die zum beizulegenden Zeitwert abzüglich der Veräußerungskosten gemäß IAS 41 *Landwirtschaft* angesetzt werden,
f) vertragliche Rechte im Rahmen von Versicherungsverträgen im Sinne von IFRS 4 *Versicherungsverträge*.

5A Die in diesem IFRS enthaltenen Einstufungs-, Darstellungs- und Bewertungsvorschriften für langfristige Vermögenswerte (oder Veräußerungsgruppen), die als zur Veräußerung gehalten eingestuft sind, gelten ebenfalls für langfristige Vermögenswerte (oder Veräußerungsgruppen), die als zur Ausschüttung an Eigentümer (in ihrer Eigenschaft als Eigentümer) gehalten eingestuft sind (zur Ausschüttung an Eigentümer gehalten).

5B Dieser IFRS legt fest, welche Angaben für langfristige Vermögenswerte (oder Veräußerungsgruppen), die als zur Veräußerung gehalten eingestuft sind, oder für aufgegebene Geschäftsbereiche gemacht werden müssen. In anderen IFRS verlangte Angaben müssen für diese Vermögenswerte (oder Veräußerungsgruppen) nicht gemacht werden, es sei denn, jene IFRS schreiben Folgendes vor:

a) spezifische Angaben zu langfristigen Vermögenswerten (oder Veräußerungsgruppen), die als zur Veräußerung gehalten eingestuft sind, oder zu aufgegebenen Geschäftsbereichen oder
b) Angaben zur Bewertung der Vermögenswerte und Schulden innerhalb einer Veräußerungsgruppe, die nicht unter die Bewertungsvorschriften von IFRS 5 fallen, und sofern diese Angaben nicht bereits in anderen Anhangangaben des Abschlusses enthalten sind.

Zusätzliche Angaben zu langfristigen Vermögenswerten (oder Veräußerungsgruppen), die als zur Veräußerung gehalten eingestuft sind, oder zu aufgegebenen Geschäftsbereichen können erforderlich sein, um die allgemeinen Vorschriften von IAS 1, insbesondere die Paragraphen 15 und 125, zu erfüllen.

EINSTUFUNG VON LANGFRISTIGEN VERMÖGENSWERTEN (ODER VERÄUSSERUNGSGRUPPEN) ALS ZUR VERÄUSSERUNG GEHALTEN ODER ALS ZUR AUSSCHÜTTUNG AN EIGENTÜMER GEHALTEN

6 Ein langfristiger Vermögenswert (oder eine Veräußerungsgruppe) ist als zur Veräußerung gehalten einzustufen, wenn der zugehörige Buchwert überwiegend durch ein Veräußerungsgeschäft und nicht durch fortgesetzte Nutzung realisiert wird.

7 Damit dies der Fall ist, muss der Vermögenswert (oder die Veräußerungsgruppe) im gegenwärtigen Zustand zu Bedingungen, die für den Verkauf derartiger Vermögenswerte (oder Veräußerungsgruppen) gängig und üblich sind, sofort

zur Veräußerung verfügbar sein, und eine solche Veräußerung muss hochwahrscheinlich sein.

8 Eine Veräußerung ist dann hochwahrscheinlich, wenn die zuständige Managementebene einen Plan für den Verkauf des Vermögenswerts (oder der Veräußerungsgruppe) beschlossen hat und aktiv mit der Suche nach einem Käufer und der Durchführung des Plans begonnen wurde. Des Weiteren muss der Vermögenswert (oder die Veräußerungsgruppe) tatsächlich zum Erwerb zu einem Preis angeboten werden, der zum gegenwärtigen beizulegenden Zeitwert in einem angemessenen Verhältnis steht. Außerdem muss die Veräußerung erwartungsgemäß innerhalb eines Jahres ab dem Zeitpunkt der Einstufung für eine Erfassung als abgeschlossener Verkauf in Betracht kommen, soweit gemäß Paragraph 9 nicht etwas anderes gestattet ist, und die zur Umsetzung des Plans erforderlichen Maßnahmen müssen den Schluss zulassen, dass wesentliche Änderungen am Plan oder eine Aufhebung des Plans unwahrscheinlich erscheinen. Die Wahrscheinlichkeit der Genehmigung der Anteilseigner (sofern gesetzlich vorgeschrieben) ist im Rahmen der Beurteilung, ob der Verkauf eine hochwahrscheinlich ist, zu berücksichtigen.

8A Ein Unternehmen, das an einen Verkaufsplan gebunden ist, der den Verlust der Beherrschung eines Tochterunternehmens zur Folge hat, hat alle Vermögenswerte und Schulden dieses Tochterunternehmens als zur Veräußerung gehalten einzustufen, sofern die Kriterien in den Paragraphen 6–8 erfüllt sind, und zwar unabhängig davon, ob das Unternehmen nach dem Verkauf einen nicht beherrschenden Anteil am ehemaligen Tochterunternehmen behalten wird.

9 Ereignisse oder Umstände können dazu führen, dass der Verkauf erst nach einem Jahr stattfindet. Eine Verlängerung des für den Verkaufsabschluss benötigten Zeitraums schließt nicht die Einstufung eines Vermögenswerts (oder einer Veräußerungsgruppe) als zur Veräußerung gehalten aus, wenn die Verzögerung auf Ereignisse oder Umstände zurückzuführen ist, die sich der Kontrolle des Unternehmens entziehen, und ausreichende Anhaltspunkte vorliegen, dass das Unternehmen weiterhin an seinem Plan zum Verkauf des Vermögenswerts (oder der Veräußerungsgruppe) festhält. Dies ist der Fall, wenn die in Anhang B genannten Kriterien erfüllt sind.

10 Veräußerungsgeschäfte umfassen auch den Tausch von langfristigen Vermögenswerten gegen andere langfristige Vermögenswerte, wenn der Tauschvorgang gemäß IAS 16 *Sachanlagen* wirtschaftliche Substanz hat.

11 Wird ein langfristiger Vermögenswert (oder eine Veräußerungsgruppe) ausschließlich mit der Absicht einer späteren Veräußerung erworben, darf der langfristige Vermögenswert (oder die Veräußerungsgruppe) nur dann zum Erwerbszeitpunkt als zur Veräußerung gehalten eingestuft werden, wenn das Ein-Jahres-Kriterium in Paragraph 8 erfüllt ist (mit Ausnahme der in Paragraph 9 gestatteten Fälle) und es hochwahrscheinlich ist, dass andere in den Paragraphen 7 und 8 genannten Kriterien, die zum Erwerbszeitpunkt nicht erfüllt waren, innerhalb kurzer Zeit nach dem Erwerb (in der Regel innerhalb von drei Monaten) erfüllt werden.

12 Werden die in den Paragraphen 7 und 8 genannten Kriterien nach dem Abschlussstichtag erfüllt, darf der langfristige Vermögenswert (oder die Veräußerungsgruppe) im betreffenden veröffentlichten Abschluss nicht als zur Veräußerung gehalten eingestuft werden. Werden diese Kriterien dagegen nach dem Abschlussstichtag, aber vor der Freigabe des Abschlusses zur Veröffentlichung erfüllt, sind die in Paragraph 41(a), (b) und (d) genannten Angaben im Anhang zu machen.

12A Langfristige Vermögenswerte (oder Veräußerungsgruppen) werden als zur Ausschüttung an Eigentümer gehalten eingestuft, wenn das Unternehmen verpflichtet ist, die Vermögenswerte (oder die Veräußerungsgruppe) an die Eigentümer auszuschütten. Dies ist dann der Fall, wenn die Vermögenswerte in ihrem gegenwärtigen Zustand zur sofortigen Ausschüttung verfügbar sind und die Ausschüttung hochwahrscheinlich ist. Eine Ausschüttung ist dann hochwahrscheinlich, wenn Maßnahmen zu ihrer Durchführung eingeleitet wurden und davon ausgegangen werden kann, dass die Ausschüttung innerhalb eines Jahres nach dem Zeitpunkt der Einstufung vollendet ist. Aus den für die Durchführung der Ausschüttung erforderlichen Maßnahmen sollte hervorgehen, dass es unwahrscheinlich ist, dass wesentliche Änderungen an der Ausschüttung vorgenommen werden oder dass die Ausschüttung rückgängig gemacht wird. Die Wahrscheinlichkeit der Genehmigung der Anteilseigner (sofern gesetzlich vorgeschrieben) ist im Rahmen der Beurteilung, ob die Ausschüttung hochwahrscheinlich ist, zu berücksichtigen.

Zur Stilllegung bestimmte langfristige Vermögenswerte

13 Zur Stilllegung bestimmte langfristige Vermögenswerte (oder Veräußerungsgruppen) dürfen nicht als zur Veräußerung gehalten eingestuft werden. Dies ist darauf zurückzuführen, dass der zugehörige Buchwert überwiegend durch fortgesetzte Nutzung realisiert wird. Erfüllt die stillzulegende Veräußerungsgruppe jedoch die in Paragraph 32(a)–(c) genannten Kriterien, sind die Ergebnisse und Zahlungsströme der Veräußerungsgruppe zu dem Zeitpunkt, zu dem sie nicht mehr genutzt wird, als aufgegebener Geschäftsbereich gemäß den Paragraphen 33 und 34 darzustellen. Stillzulegende langfristige Vermögenswerte (oder Veräußerungsgruppen) beinhalten auch langfristige Vermögenswerte (oder Veräußerungsgruppen), die bis zum Ende ihrer wirtschaftlichen Nutzungsdauer genutzt werden sollen, und langfristige Vermögenswerte (oder Veräußerungsgruppen), die zur Stilllegung und nicht zur Veräußerung vorgesehen sind.

14 Ein langfristiger Vermögenswert, der vorübergehend außer Betrieb genommen wurde, darf nicht wie ein stillgelegter langfristiger Vermögenswert behandelt werden.

BEWERTUNG VON LANGFRISTIGEN VERMÖGENSWERTEN (ODER VERÄUSSERUNGSGRUPPEN), DIE ALS ZUR VERÄUSSERUNG GEHALTEN EINGESTUFT WERDEN

Bewertung eines langfristigen Vermögenswerts (oder einer Veräußerungsgruppe)

15 Langfristige Vermögenswerte (oder Veräußerungsgruppen), die als zur Veräußerung gehalten eingestuft werden, sind zum niedrigeren Wert aus Buchwert und beizulegendem Zeitwert abzüglich Veräußerungskosten anzusetzen.

15A Langfristige Vermögenswerte (oder Veräußerungsgruppen), die als zur Ausschüttung an Eigentümer gehalten eingestuft werden, sind zum niedrigeren Wert aus Buchwert und beizulegendem Zeitwert abzüglich Ausschüttungskosten[4] anzusetzen.

[4] Ausschüttungskosten sind die zusätzlich anfallenden Kosten, die der Ausschüttung einzeln zugeordnet werden können, mit Ausnahme der Finanzierungskosten und des Ertragsteueraufwands.

16 Wenn neu erworbene Vermögenswerte (oder Veräußerungsgruppen) die Kriterien für eine Einstufung als zur Veräußerung gehalten erfüllen (siehe Paragraph 11), führt die Anwendung von Paragraph 15 dazu, dass diese Vermögenswerte (oder Veräußerungsgruppen) beim erstmaligen Ansatz mit dem niedrigeren Wert aus dem Buchwert, wenn eine solche Einstufung nicht erfolgt wäre (beispielsweise den Anschaffungs- oder Herstellungskosten), und dem beizulegenden Zeitwert abzüglich Veräußerungskosten bewertet werden. Dementsprechend sind Vermögenswerte (oder Veräußerungsgruppen), die im Rahmen eines Unternehmenszusammenschlusses erworben werden, mit dem beizulegenden Zeitwert abzüglich Veräußerungskosten anzusetzen.

17 Wird der Verkauf erst nach einem Jahr erwartet, sind die Veräußerungskosten mit ihrem Barwert zu bewerten. Ein Anstieg des Barwerts der Veräußerungskosten aufgrund des Zeitablaufs ist erfolgswirksam unter Finanzierungskosten auszuweisen.

18 Unmittelbar vor der erstmaligen Einstufung eines Vermögenswerts (oder einer Veräußerungsgruppe) als zur Veräußerung gehalten sind die Buchwerte des Vermögenswerts (bzw. aller Vermögenswerte und Schulden der Gruppe) nach den einschlägigen IFRS zu bewerten.

19 Bei einer späteren Neubewertung einer Veräußerungsgruppe sind die Buchwerte der Vermögenswerte und Schulden, die nicht unter die Bewertungsvorschriften dieses IFRS fallen, jedoch zu einer Veräußerungsgruppe gehören, die als zur Veräußerung gehalten eingestuft ist, zuerst gemäß den einschlägigen IFRS neu zu bewerten und anschließend mit dem beizulegenden Zeitwert abzüglich Veräußerungskosten für die Veräußerungsgruppe anzusetzen.

Erfassung von Wertminderungsaufwendungen und Wertaufholungen

20 Ein Unternehmen hat bei einer erstmaligen oder späteren außerplanmäßigen Abschreibung des Vermögenswerts (oder der Veräußerungsgruppe) auf den beizulegenden Zeitwert abzüglich Veräußerungskosten einen Wertminderungsaufwand zu erfassen, soweit dieser nicht gemäß Paragraph 19 berücksichtigt wurde.

21 Ein späterer Anstieg des beizulegenden Zeitwerts abzüglich Veräußerungskosten für einen Vermögenswert ist als Ertrag zu erfassen, jedoch nur bis zur Höhe des kumulierten Wertminderungsaufwands, der gemäß diesem IFRS oder davor gemäß IAS 36 *Wertminderung von Vermögenswerten* erfasst wurde.

22 Ein späterer Anstieg des beizulegenden Zeitwerts abzüglich Veräußerungskosten für eine Veräußerungsgruppe ist als Ertrag zu erfassen,

a) soweit dieser Anstieg nicht gemäß Paragraph 19 erfasst wurde; jedoch
b) nur bis zur Höhe des kumulativen Wertminderungsaufwands, der für die unter die Bewertungsvorschriften dieses IFRS fallenden langfristigen Vermögenswerte gemäß diesem IFRS oder davor gemäß IAS 36 erfasst wurde.

23 Der für eine Veräußerungsgruppe erfasste Wertminderungsaufwand (oder spätere Ertrag) verringert (bzw. erhöht) den Buchwert der unter die Bewertungsvorschriften dieses IFRS fallenden langfristigen Vermögenswerte in der Gruppe in der in den Paragraphen 104(a) und (b) und 122 von IAS 36 (in der 2004 überarbeiteten Fassung) angegebenen Verteilungsreihenfolge.

24 Ein Gewinn oder Verlust, der bis zum Zeitpunkt der Veräußerung eines langfristigen Vermögenswerts (oder einer Veräußerungsgruppe) bisher nicht erfasst wurde, ist zum Zeitpunkt der Ausbuchung zu erfassen. Die Vorschriften zur Ausbuchung sind dargelegt in

a) den Paragraphen 67–72 von IAS 16 (in der 2003 überarbeiteten Fassung) für Sachanlagen und
b) den Paragraphen 112–117 von IAS 38 *Immaterielle Vermögenswerte* (in der 2004 überarbeiteten Fassung) für immaterielle Vermögenswerte.

25 Solange ein langfristiger Vermögenswert als zur Veräußerung gehalten eingestuft wird oder zu einer als zur Veräußerung gehalten eingestuften Veräußerungsgruppe gehört, darf er nicht planmäßig abgeschrieben werden. Zinsen und andere Aufwendungen, die den Schulden einer als zur Veräußerung gehalten eingestuften Veräußerungsgruppe zugeordnet werden können, sind weiterhin zu erfassen.

Änderungen eines Veräußerungsplans oder eines Ausschüttungsplans an Eigentümer

26 Vermögenswerte (oder Veräußerungsgruppen), die als zur Veräußerung gehalten oder als zur Ausschüttung an Eigentümer gehalten eingestuft

wurden, die Kriterien in den Paragraphen 7–9 (für zur Veräußerung gehalten) bzw. in Paragraph 12A (für zur Ausschüttung an Eigentümer gehalten) aber nicht mehr erfüllen, dürfen nicht mehr als zur Veräußerung bzw. Ausschüttung an Eigentümer gehalten eingestuft werden. Für die entsprechende Änderung der Einstufung sind die Leitlinien in den Paragraphen 27–29 zu beachten, es sei denn, es gilt Paragraph 26A.

26A Werden Vermögenswerte (oder Veräußerungsgruppen), die als zur Veräußerung gehalten eingestuft waren, direkt als zur Ausschüttung an Eigentümer gehalten umgegliedert oder werden Vermögenswerte (oder Veräußerungsgruppen), die als zur Ausschüttung an Eigentümer gehalten eingestuft waren, direkt als zur Veräußerung gehalten umgegliedert, gilt die Änderung der Einstufung als Weiterführung des ursprünglichen Veräußerungsplans. Das Unternehmen

a) folgt für diese Änderung nicht den Leitlinien in den Paragraphen 27–29. Das Unternehmen wendet die für die neue Veräußerungsart geltenden Einstufungs-, Darstellungs- und Bewertungsvorschriften dieses IFRS an,
b) bewertet den langfristigen Vermögenswert (oder die Veräußerungsgruppe) gemäß den Vorschriften in Paragraph 15 (im Falle der Umgliederung als zur Veräußerung gehalten) bzw. Paragraph 15A (im Falle der Umgliederung als zur Ausschüttung an Eigentümer gehalten) und erfasst jegliche Änderung des beizulegenden Zeitwerts abzüglich Veräußerungs-/Ausschüttungskosten des langfristigen Vermögenswerts (oder der Veräußerungsgruppe) gemäß den Vorschriften in den Paragraphen 20–25,
c) darf das Datum der Einstufung gemäß den Paragraphen 8 und 12A nicht ändern. Dies schließt eine Verlängerung des für den Verkaufsabschluss oder die Ausschüttung an die Eigentümer benötigten Zeitraums nicht aus, sofern die Bedingungen in Paragraph 9 erfüllt sind.

27 Ein langfristiger Vermögenswert (oder eine Veräußerungsgruppe), der (die) nicht mehr als zur Veräußerung gehalten oder als zur Ausschüttung an die Eigentümer gehalten eingestuft wird (oder nicht mehr zu einer als zur Veräußerung gehalten oder als zur Ausschüttung an die Eigentümer gehalten eingestuften Veräußerungsgruppe gehört) ist anzusetzen mit dem niedrigeren Wert aus:

a) dem Buchwert, bevor der Vermögenswert (oder die Veräußerungsgruppe) als zur Veräußerung gehalten oder als zur Ausschüttung an die Eigentümer gehalten eingestuft wurde, bereinigt um alle planmäßigen Abschreibungen oder Neubewertungen, die ohne eine Einstufung des Vermögenswerts (oder der Veräußerungsgruppe) als zur Veräußerung gehalten oder als zur Ausschüttung an die Eigentümer gehalten erfasst worden wären, und
b) dem *erzielbaren Betrag* zum Zeitpunkt der späteren Entscheidung, nicht zu verkaufen oder auszuschütten[5].

[5] Ist der langfristige Vermögenswert Teil einer zahlungsmittelgenerierenden Einheit, entspricht der erzielbare Betrag dem Buchwert, der nach Verteilung eines Wertminderungsaufwands bei dieser zahlungsmittelgenerierenden Einheit gemäß IAS 36 erfasst worden wäre.

28 Notwendige Anpassungen des Buchwerts langfristiger Vermögenswerte, die nicht mehr als zur Veräußerung gehalten oder als zur Ausschüttung an die Eigentümer gehalten eingestuft werden, sind in der Berichtperiode, in der die Kriterien der Paragraphen 7–9 bzw. des Paragraphen 12A nicht mehr erfüllt sind, im Gewinn oder Verlust[6] aus fortzuführenden Geschäftsbereichen zu berücksichtigen. Die Abschlüsse für die Berichtsperioden seit der Einstufung als zur Veräußerung gehalten oder als zur Ausschüttung an die Eigentümer gehalten sind entsprechend zu ändern, wenn die Veräußerungsgruppe oder der langfristige Vermögenswert, der nicht mehr als zur Veräußerung gehalten oder als zur Ausschüttung an die Eigentümer gehalten eingestuft wird, eine Tochtergesellschaft, eine gemeinschaftliche Tätigkeit, ein Gemeinschaftsunternehmen, ein assoziiertes Unternehmen oder ein Teil eines Anteils an einem Gemeinschaftsunternehmen oder assoziierten Unternehmen ist. Diese Anpassung ist in der Gesamtergebnisrechnung unter den gleichen Posten wie die gegebenenfalls gemäß Paragraph 37 erfassten Gewinne oder Verluste auszuweisen.

[6] Sofern die Vermögenswerte keine Sachanlagen oder immaterielle Vermögenswerte sind, die vor einer Einstufung als zur Veräußerung gehalten gemäß IAS 16 oder IAS 38 neu bewertet wurden, ist die Anpassung als eine Zu- oder Abnahme aufgrund einer Neubewertung zu behandeln.

29 Bei der Herausnahme einzelner Vermögenswerte oder Schulden aus einer als zur Veräußerung gehalten eingestuften Veräußerungsgruppe sind die verbleibenden Vermögenswerte und Schulden der zum Verkauf stehenden Veräußerungsgruppe nur dann als Gruppe zu bewerten, wenn die Gruppe die Kriterien der Paragraphen 7–9 erfüllt. Bei der Herausnahme einzelner Vermögenswerte oder Schulden aus einer als zur Ausschüttung an die Eigentümer gehalten eingestuften Veräußerungsgruppe sind die verbleibenden Vermögenswerte und Schulden der auszuschüttenden Veräußerungsgruppe nur dann als Gruppe zu bewerten, wenn die Gruppe die Kriterien des Paragraphen 12A erfüllt. Andernfalls sind die verbleibenden langfristigen Vermögenswerte der Gruppe, die für sich genommen die Kriterien für eine Einstufung als zur Veräußerung gehalten (oder als zur Ausschüttung an die Eigentümer gehalten) erfüllen, einzeln mit dem niedrigeren Wert aus Buchwert und dem zu diesem Zeitpunkt beizulegenden Zeitwert abzüglich Veräußerungskosten (oder Ausschüttungskosten) anzusetzen. Alle langfristigen Vermögenswerte, die den Kriterien für als zur Veräußerung gehalten nicht entsprechen, dürfen nicht mehr als zur Veräußerung gehaltene langfristige Vermögens-

3/4. IFRS 5
29 – 35

werte gemäß Paragraph 26 eingestuft werden. Alle langfristigen Vermögenswerte, die den Kriterien für als zur Ausschüttung an die Eigentümer gehalten nicht entsprechen, dürfen nicht mehr als zur Ausschüttung an die Eigentümer gehaltene langfristige Vermögenswerte gemäß Paragraph 26 eingestuft werden.

DARSTELLUNG UND ANGABEN

30 Ein Unternehmen hat Informationen darzustellen und anzugeben, die es den Abschlussadressaten ermöglichen, die finanziellen Auswirkungen von aufgegebenen Geschäftsbereichen und Veräußerungen langfristiger Vermögenswerte (oder Veräußerungsgruppen) zu beurteilen.

Darstellung aufgegebener Geschäftsbereiche

31 Ein *Unternehmensbestandteil* bezeichnet einen Geschäftsbereich und die zugehörigen Zahlungsströme, die betrieblich und für die Zwecke der Rechnungslegung klar von den restlichen Unternehmen abgegrenzt werden können. Mit anderen Worten: ein Unternehmensbestandteil ist während seiner Nutzung eine zahlungsmittelgenerierende Einheit oder eine Gruppe von zahlungsmittelgenerierenden Einheiten gewesen.

32 Ein aufgegebener Geschäftsbereich ist ein Unternehmensbestandteil, der veräußert wurde oder als zur Veräußerung gehalten eingestuft wird und der
a) einen gesonderten, wesentlichen Geschäftszweig oder geografischen Geschäftsbereich darstellt,
b) Teil eines einzelnen, abgestimmten Plans zur Veräußerung eines gesonderten wesentlichen Geschäftszweigs oder geografischen Geschäftsbereichs ist oder
c) ein Tochterunternehmen darstellt, das ausschließlich mit der Absicht einer Weiterveräußerung erworben wurde.

33 Anzugeben ist:
a) ein gesonderter Betrag in der Gesamtergebnisrechnung, welcher der Summe entspricht aus:
   i) dem Ergebnis des aufgegebenen Geschäftsbereichs nach Steuern und
   ii) dem Ergebnis nach Steuern, das bei der Bewertung zum beizulegenden Zeitwert abzüglich Veräußerungskosten oder bei der Veräußerung der Vermögenswerte oder Veräußerungsgruppe(n), die den aufgegebenen Geschäftsbereich darstellen, erfasst wurde.
b) eine Untergliederung des gesonderten Betrags unter (a) in:
   i) Erlöse, Aufwendungen und Ergebnis des aufgegebenen Geschäftsbereichs vor Steuern,
   ii) den zugehörigen Ertragsteueraufwand gemäß Paragraph 81(h) von IAS 12, und
   iii) den Gewinn oder Verlust, der bei der Bewertung zum beizulegenden Zeitwert abzüglich Veräußerungskosten oder bei der Veräußerung der Vermögenswerte oder Veräußerungsgruppe(n), die den aufgegebenen Geschäftsbereich darstellen, erfasst wurde, und
   iv) den zugehörigen Ertragsteueraufwand gemäß Paragraph 81(h) von IAS 12.

Diese Untergliederung kann im Anhang oder in der Gesamtergebnisrechnung dargestellt werden. Die Darstellung in der Gesamtergebnisrechnung hat in einem eigenen Abschnitt für aufgegebene Geschäftsbereiche, also getrennt von den fortzuführenden Geschäftsbereichen, zu erfolgen. Bei Veräußerungsgruppen, bei denen es sich um neu erworbene Tochterunternehmen handelt, die zum Erwerbszeitpunkt die Kriterien für eine Einstufung als zur Veräußerung gehalten erfüllen (siehe Paragraph 11), ist eine solche Untergliederung nicht erforderlich.

c) die Netto-Zahlungsströme, die der laufenden Geschäftstätigkeit sowie der Investitions- und Finanzierungstätigkeit des aufgegebenen Geschäftsbereiches zuzuordnen sind. Diese Angaben können entweder im Anhang oder im Abschluss dargestellt werden. Nicht erforderlich sind sie bei Veräußerungsgruppen, bei denen es sich um neu erworbene Tochterunternehmen handelt, die zum Erwerbszeitpunkt die Kriterien für eine Einstufung als zur Veräußerung gehalten erfüllen (siehe Paragraph 11).

d) die Erträge aus fortzuführenden Geschäftsbereichen und aus aufgegebenen Geschäftsbereichen, die den Eigentümern des Mutterunternehmens zuzuordnen sind. Diese Angaben können entweder im Anhang oder in der Gesamtergebnisrechnung dargestellt werden.

33A Stellt ein Unternehmen die einzelnen Gewinn- oder Verlustposten wie in Paragraph 10A von IAS 1 (in der 2011 geänderten Fassung) beschrieben in einer gesonderten Gewinn- und Verlustrechnung dar, muss diese einen eigenen Abschnitt für aufgegebene Geschäftsbereiche enthalten.

34 Die Angaben gemäß Paragraph 33 sind für frühere im Abschluss dargestellte Berichtsperioden so anzupassen, dass sich die Angaben auf alle Geschäftsbereiche beziehen, die bis zum Abschlussstichtag der zuletzt dargestellten Berichtsperiode aufgegeben wurden.

35 Alle in der Berichtsperiode vorgenommenen Änderungen an Beträgen, die früher im Abschnitt für aufgegebene Geschäftsbereiche dargestellt wurden und in direktem Zusammenhang mit der Veräußerung eines aufgegebenen Geschäftsbereichs in einer vorangegangenen Periode stehen, sind unter diesem Abschnitt in einer gesonderten Kategorie auszuweisen. Es sind die Art und Höhe solcher Berichtigungen anzugeben. Im Folgenden wer-

den einige Beispiele für Umstände genannt, unter denen es zu derartigen Änderungen kommen kann:
a) Klärung von Unsicherheiten, die auf die Bedingungen des Veräußerungsgeschäfts zurückzuführen sind, wie beispielsweise die Klärung von Kaufpreisanpassungen oder Klärung von Entschädigungsfragen mit dem Käufer,
b) Klärung von Unsicherheiten, die auf die Geschäftstätigkeit des Unternehmensbestandteils vor seiner Veräußerung zurückzuführen sind und in direktem Zusammenhang damit stehen, wie beispielsweise beim Verkäufer verbliebene Verpflichtungen aus der Umwelt- und Produkthaftung,
c) Abgeltung von Verpflichtungen im Rahmen eines Versorgungsplans für Arbeitnehmer, sofern diese Abgeltung in direktem Zusammenhang mit dem Veräußerungsgeschäft steht.

36 Wird ein Unternehmensbestandteil nicht mehr als zur Veräußerung gehalten eingestuft, ist das Ergebnis dieses Unternehmensbestandteils, das zuvor gemäß den Paragraphen 33–35 im Abschnitt für aufgegebene Geschäftsbereiche ausgewiesen wurde, umzugliedern und für alle dargestellten Berichtsperioden in die Erträge aus fortzuführenden Geschäftsbereichen einzubeziehen. Die Beträge für vorangegangene Berichtsperioden sind mit dem Hinweis zu versehen, dass es sich um angepasste Angaben handelt.

36A Ein Unternehmen, das an einen Veräußerungsplan gebunden ist, der den Verlust der Beherrschung eines Tochterunternehmens zur Folge hat, muss alle in den Paragraphen 33–36 verlangten Angaben machen, wenn es sich bei dem Tochterunternehmen um eine Veräußerungsgruppe handelt, die die Definition eines aufgegebenen Geschäftsbereichs im Sinne von Paragraph 32 erfüllt.

Ergebnis aus fortzuführenden Geschäftsbereichen

37 Alle Gewinne oder Verluste aus der Neubewertung von langfristigen Vermögenswerten (oder Veräußerungsgruppen), die als zur Veräußerung gehalten eingestuft werden und nicht die Definition eines aufgegebenen Geschäftsbereichs erfüllen, sind im Gewinn oder Verlust aus fortzuführenden Geschäftsbereichen zu erfassen.

Darstellung von langfristigen Vermögenswerten oder Veräußerungsgruppen, die als zur Veräußerung gehalten eingestuft werden

38 Langfristige Vermögenswerte, die als zur Veräußerung gehalten eingestuft werden, sowie die Vermögenswerte einer als zur Veräußerung gehalten eingestuften Veräußerungsgruppe sind in der Bilanz getrennt von anderen Vermögenswerten darzustellen. Die Schulden einer als zur Veräußerung gehalten eingestuften Veräußerungsgruppe sind getrennt von anderen Schulden in der Bilanz auszuweisen. Diese Vermögenswerte und Schulden dürfen nicht miteinander saldiert und müssen als gesonderter Betrag abgebildet werden. Die Hauptgruppen der Vermögenswerte und Schulden, die als zur Veräußerung gehalten eingestuft werden, sind außer in dem gemäß Paragraph 39 gestatteten Fall entweder in der Bilanz oder im Anhang gesondert anzugeben. Alle im sonstigen Ergebnis erfassten kumulativen Erträge oder Aufwendungen, die in Verbindung mit langfristigen Vermögenswerten (oder Veräußerungsgruppen) stehen, die als zur Veräußerung gehalten eingestuft werden, sind gesondert auszuweisen.

39 Handelt es sich bei der Veräußerungsgruppe um ein neu erworbenes Tochterunternehmen, das zum Erwerbszeitpunkt die Kriterien für eine Einstufung als zur Veräußerung gehalten erfüllt (siehe Paragraph 11), ist eine Angabe der Hauptgruppen der Vermögenswerte und Schulden nicht erforderlich.

40 Die Beträge, die für langfristige Vermögenswerte oder Vermögenswerte und Schulden von Veräußerungsgruppen, die als zur Veräußerung gehalten eingestuft werden, in den Bilanzen vorangegangener Berichtsperioden ausgewiesen wurden, müssen nicht umgegliedert oder erneut dargestellt werden, um die bilanzielle Gliederung für die zuletzt dargestellte Berichtsperiode widerzuspiegeln.

Zusätzliche Angaben

41 Ein Unternehmen hat in der Berichtsperiode, in der ein langfristiger Vermögenswert (oder eine Veräußerungsgruppe) entweder als zur Veräußerung gehalten eingestuft oder veräußert wurde, im Anhang Folgendes anzugeben:
a) eine Beschreibung des langfristigen Vermögenswerts (oder der Veräußerungsgruppe),
b) eine Beschreibung des Sachverhalte und Umstände der Veräußerung oder der Sachverhalte und Umstände, die zu der erwarteten Veräußerung führen, sowie die voraussichtliche Art und Weise und der voraussichtliche Zeitpunkt dieser Veräußerung,
c) den gemäß den Paragraphen 20–22 erfassten Gewinn oder Verlust und, falls dieser nicht gesondert in der Gesamtergebnisrechnung ausgewiesen wird, unter welchem Posten der Gesamtergebnisrechnung dieser Gewinn oder Verlust berücksichtigt wurde,
d) gegebenenfalls das berichtspflichtige Segment, in dem der langfristige Vermögenswert (oder die Veräußerungsgruppe) gemäß IFRS 8 *Geschäftssegmente* ausgewiesen wird.

42 Wenn Paragraph 26 oder Paragraph 29 Anwendung findet, sind in der Berichtsperiode, in der die Änderung des Plans zur Veräußerung des langfristigen Vermögenswerts (oder der Veräußerungsgruppe) beschlossen wurde, die Sachverhalte und Umstände zu beschreiben, die zu dieser Entscheidung geführt haben. Die Auswirkungen der Entscheidung auf das Ergebnis für die dargestellte Berichtsperiode und die dargestellten vorangegangenen Berichtsperioden sind anzugeben.

ÜBERGANGSVORSCHRIFTEN

43 Der IFRS ist prospektiv auf langfristige Vermögenswerte (oder Veräußerungsgruppen) anzuwenden, die nach dem Zeitpunkt seines Inkrafttretens die Kriterien für eine Einstufung als zur Veräußerung gehalten erfüllen, sowie auf Geschäftsbereiche, die nach dem Zeitpunkt seines Inkrafttretens die Kriterien für eine Einstufung als aufgegebene Geschäftsbereiche erfüllen. Die Vorschriften des IFRS können auf alle langfristigen Vermögenswerte (oder Veräußerungsgruppen) angewendet werden, die vor dem Zeitpunkt seines Inkrafttretens die Kriterien für eine Einstufung als zur Veräußerung gehalten erfüllen, sowie auf Geschäftsbereiche, die die Kriterien für eine Einstufung als aufgegebene Geschäftsbereiche erfüllen, sofern die Bewertungen und anderen notwendigen Informationen zur Anwendung des IFRS zu dem Zeitpunkt durchgeführt bzw. eingeholt wurden, zu dem diese Kriterien ursprünglich erfüllt wurden.

ZEITPUNKT DES INKRAFTTRETENS

44 Dieser IFRS ist auf Geschäftsjahre anzuwenden, die am oder nach dem 1. Januar 2005 beginnen. Eine frühere Anwendung wird empfohlen. Wendet ein Unternehmen den IFRS auf vor dem 1. Januar 2005 beginnende Geschäftsjahre an, hat es dies anzugeben.

44A Durch IAS 1 (in der 2007 überarbeiteten Fassung) wurde die in den IAS/IFRS verwendete Terminologie geändert. Außerdem wurden die Paragraphen 3 und 38 geändert, und Paragraph 33A wurde eingefügt. Diese Änderungen sind auf Geschäftsjahre anzuwenden, die am oder nach dem 1. Januar 2009 beginnen. Wendet ein Unternehmen IAS 1 (in der 2007 überarbeiteten Fassung) auf ein früheres Geschäftsjahr an, so hat es auf dieses Geschäftsjahr auch diese Änderungen anzuwenden.

44B Durch IAS 27 *Konzern- und Einzelabschlüsse* (in der 2008 geänderten Fassung) wurde Paragraph 33(d) eingefügt. Diese Änderung ist auf Geschäftsjahre anzuwenden, die am oder nach dem 1. Juli 2009 beginnen. Wendet ein Unternehmen IAS 27 (in der 2008 geänderten Fassung) auf ein früheres Geschäftsjahr an, so hat es auf dieses Geschäftsjahr auch die genannte Änderung anzuwenden. Diese Änderung ist rückwirkend anzuwenden.

44C Durch *Verbesserungen an den IFRS*, veröffentlicht im Mai 2008, wurden die Paragraphen 8A und 36A eingefügt. Diese Änderungen sind auf Geschäftsjahre anzuwenden, die am oder nach dem 1. Juli 2009 beginnen. Eine frühere Anwendung ist zulässig. Allerdings darf ein Unternehmen die Änderungen nur dann auf vor dem 1. Juli 2009 beginnende Geschäftsjahre anwenden, wenn es gleichzeitig auch IAS 27 (in der im Januar 2008 geänderten Fassung) anwendet. Wendet ein Unternehmen diese Änderungen auf vor dem 1. Juli 2009 an, hat es dies anzugeben. Die Änderungen sind vorbehaltlich der Übergangsbestimmungen in Paragraph 45 von IAS 27 (in der im Januar 2008 geänderten Fassung) prospektiv ab dem Zeitpunkt anzuwenden, zu dem das Unternehmen erstmals IFRS 5 angewendet hat.

44D Durch IFRIC 17 *Sachdividenden an Eigentümer* wurden im November 2008 die Paragraphen 5A, 12A und 15A eingefügt, und Paragraph 8 wurde geändert. Diese Änderungen sind in Geschäftsjahren, die am oder nach dem 1. Juli 2009 beginnen, prospektiv auf langfristige Vermögenswerte (oder Veräußerungsgruppen) anzuwenden, die als zur Ausschüttung an Eigentümer gehalten eingestuft sind. Eine rückwirkende Anwendung ist nicht zulässig. Eine frühere Anwendung ist zulässig. Wendet ein Unternehmen diese Änderungen auf ein vor dem 1. Juli 2009 beginnendes Geschäftsjahr an, hat es dies anzugeben und ebenfalls IFRS 3 *Unternehmenszusammenschlüsse* (in der 2008 überarbeiteten Fassung), IAS 27 (in der im Januar 2008 geänderten Fassung) und IFRIC 17 anzuwenden.

44E Durch *Verbesserungen an den IFRS*, veröffentlicht im April 2009, wurde Paragraph 5B eingefügt. Diese Änderung ist prospektiv auf Geschäftsjahre anzuwenden, die am oder nach dem 1. Januar 2010 beginnen. Eine frühere Anwendung ist zulässig. Wendet ein Unternehmen die Änderung auf ein früheres Geschäftsjahr an, hat es dies anzugeben.

44F [gestrichen]

44G Durch IFRS 11 *Gemeinschaftliche Vereinbarungen*, veröffentlicht im Mai 2011, wurde Paragraph 28 geändert. Wendet ein Unternehmen IFRS 11 an, ist diese Änderung ebenfalls anzuwenden.

44H Durch IFRS 13 *Bewertung zum beizulegenden Zeitwert*, veröffentlicht im Mai 2011, wurde die Definition des beizulegenden Zeitwerts und die Definition des erzielbaren Betrags in Anhang A geändert. Wendet ein Unternehmen IFRS 13 an, sind diese Änderungen ebenfalls anzuwenden.

44I Durch *Darstellung von Posten des sonstigen Ergebnisses* (Änderungen an IAS 1), veröffentlicht im Juni 2011, wurde Paragraph 33A geändert. Wendet ein Unternehmen IAS 1 in der im Juni 2011 geänderten Fassung an, ist diese Änderung ebenfalls anzuwenden.

44K Durch IFRS 9, veröffentlicht im Juli 2014, wurde Paragraph 5 geändert, und die Paragraphen 44F und 44J wurden gestrichen. Wendet ein Unternehmen IFRS 9 an, hat es diese Änderungen ebenfalls anzuwenden.

44L Durch die *Jährlichen Verbesserungen an den IFRS, Zyklus 2012–2014*, veröffentlicht im September 2014, wurden die Paragraphen 26–29 geändert und Paragraph 26A eingefügt. Diese Änderungen sind prospektiv gemäß IAS 8 *Rechnungslegungsmethoden, Änderungen von rechnungslegungsbezogenen Schätzungen und Fehler* auf Änderungen an einer Veräußerungsmethode anzuwenden, die in Geschäftsjahren vorgenommen werden, die am oder nach dem 1. Januar 2016 beginnen. Eine frühere Anwendung ist zulässig. Wendet ein Unternehmen die Änderungen auf ein früheres Geschäftsjahr an, hat es dies anzugeben.

44M Durch IFRS 17, veröffentlicht im Mai 2017, wurde Paragraph 5 geändert. Wendet ein Unternehmen IFRS 17 an, ist diese Änderung ebenfalls anzuwenden.

RÜCKNAHME VON IAS 35

45 Dieser IFRS ersetzt IAS 35 *Aufgabe von Geschäftsbereichen*.

Anhang A
Definitionen

Dieser Anhang ist integraler Bestandteil des IFRS.

Zahlungsmittelgenerierende Einheit	Die kleinste identifizierbare Gruppe von Vermögenswerten, die Mittelzuflüsse erzeugt, die weitgehend unabhängig von den Mittelzuflüssen anderer Vermögenswerte oder anderer Gruppen von Vermögenswerten sind.
Unternehmensbestandteil	Ein Geschäftsbereich und die zugehörigen Zahlungsströme, die betrieblich und für die Zwecke der Rechnungslegung klar vom restlichen Unternehmen abgegrenzt werden können.
Veräußerungskosten	Zusätzliche Kosten, die der Veräußerung eines Vermögenswerts (oder einer **Veräußerungsgruppe**) einzeln zugeordnet werden können, mit Ausnahme der Finanzierungskosten und des Ertragsteueraufwands.
Kurzfristiger Vermögenswert	Ein Unternehmen hat einen Vermögenswert in folgenden Fällen als kurzfristig einzustufen: a) die Realisierung des Vermögenswerts wird innerhalb des normalen Geschäftszyklus erwartet, oder der Vermögenswert wird zum Verkauf oder Verbrauch innerhalb dieses Zeitraums gehalten, b) der Vermögenswert wird primär zu Handelszwecken gehalten, c) die Realisierung des Vermögenswerts wird innerhalb von zwölf Monaten nach dem Abschlussstichtag erwartet oder d) es handelt sich um Zahlungsmittel oder Zahlungsmitteläquivalente (gemäß der Definition in IAS 7), es sei denn, der Tausch oder die Nutzung des Vermögenswerts zur Erfüllung einer Verpflichtung sind für einen Zeitraum von mindestens zwölf Monaten nach dem Abschlussstichtag eingeschränkt.
Aufgegebener Geschäftsbereich	Ein **Unternehmensbestandteil**, der veräußert wurde oder als zur Veräußerung gehalten eingestuft wird und a) einen gesonderten, wesentlichen Geschäftszweig oder geografischen Geschäftsbereich darstellt, b) Teil eines einzelnen, abgestimmten Plans zur Veräußerung eines gesonderten wesentlichen Geschäftszweigs oder geografischen Geschäftsbereichs ist oder c) ein Tochterunternehmen darstellt, das ausschließlich mit der Absicht einer Weiterveräußerung erworben wurde.
Veräußerungsgruppe	Eine Gruppe von Vermögenswerten, die gemeinsam in einer einzigen Transaktion durch Verkauf oder auf andere Weise veräußert werden sollen, sowie die mit diesen Vermögenswerten direkt in Verbindung stehenden Schulden, die bei der Transaktion übertragen werden. Die Gruppe beinhaltet den bei einem Unternehmenszusammenschluss erworbenen Geschäfts- oder Firmenwert, wenn sie eine **zahlungsmittelgenerierende Einheit** ist, welcher der Geschäfts- oder Firmenwert gemäß den Vorschriften der Paragraphen 80–87 von IAS 36 *Wertminderung von Vermögenswerten* (in der 2004 überarbeiteten Fassung) zugeordnet wurde, oder es sich um einen Geschäftsbereich innerhalb einer solchen zahlungsmittelgenerierenden Einheit handelt.

3/4. IFRS 5
Anhang A, B1

Beizulegender Zeitwert	Der *beilzulegende Zeitwert* ist der Preis, der bei einem gewöhnlichen Geschäftsvorfall zwischen Marktteilnehmern am Bewertungsstichtag für den Verkauf eines Vermögenswerts eingenommen bzw. für die Übertragung einer Schuld gezahlt würde (siehe IFRS 13).
Feste Kaufverpflichtung	Ein für beide Parteien verbindlicher und in der Regel einklagbarer Vertrag mit einer nicht nahe stehenden Partei, der (a) alle wesentlichen Bestimmungen, einschließlich Preis und Zeitpunkt der Transaktion, enthält und (b) so schwerwiegende Konsequenzen für den Fall der Nichterfüllung festlegt, dass eine Erfüllung **hochwahrscheinlich** ist.
Hochwahrscheinlich	Erheblich wahrscheinlicher als **wahrscheinlich**.
Langfristiger Vermögenswert	Ein Vermögenswert, der nicht der Definition eines **kurzfristigen Vermögenswerts** entspricht.
Wahrscheinlich	Es spricht mehr dafür als dagegen.
Erzielbarer Betrag	Der höhere Betrag aus dem **beizulegenden Zeitwert** eines Vermögenswerts abzüglich **Veräußerungskosten** und seinem **Nutzungswert**.
Nutzungswert	Der Barwert der geschätzten künftigen Zahlungsströme, die aus der fortgesetzten Nutzung eines Vermögenswerts und seinem Abgang am Ende seiner Nutzungsdauer erwartet werden.

Anhang B
Ergänzungen zu Anwendungen

Dieser Anhang ist integraler Bestandteil des IFRS.

VERLÄNGERUNG DES FÜR DEN VERKAUFSABSCHLUSS BENÖTIGTEN ZEITRAUMS

B1 Wie in Paragraph 9 ausgeführt, schließt eine Verlängerung des für den Verkaufsabschluss benötigten Zeitraums nicht die Einstufung eines Vermögenswerts (oder einer Veräußerungsgruppe) als zur Veräußerung gehalten aus, wenn die Verzögerung auf Ereignisse oder Umstände zurückzuführen ist, die außerhalb der Kontrolle des Unternehmens liegen, und ausreichende Anhaltspunkte vorliegen, dass das Unternehmen weiterhin an seinem Plan zum Verkauf des Vermögenswerts (oder der Veräußerungsgruppe) festhält. Ein Abweichen von der in Paragraph 8 vorgeschriebenen Ein-Jahres-Frist ist daher in den folgenden Fällen zulässig, in denen solche Ereignisse oder Umstände eintreten:

a) Zu dem Zeitpunkt, zu dem das Unternehmen einen Plan zur Veräußerung eines langfristigen Vermögenswerts (oder einer Veräußerungsgruppe) beschließt, erwartet es bei vernünftiger Betrachtungsweise, dass andere Parteien (mit Ausnahme des Käufers) die Übertragung des Vermögenswerts (oder der Veräußerungsgruppe) von Bedingungen abhängig machen werden, durch die sich der für den Verkaufsabschluss benötigte Zeitraum verlängern wird, und

    i) die zur Erfüllung dieser Bedingungen erforderlichen Maßnahmen erst nach Erlangen einer *festen Kaufverpflichtung* ergriffen werden können und

    ii) es hochwahrscheinlich ist, dass eine feste Kaufverpflichtung innerhalb eines Jahres erlangt wird.

b) Ein Unternehmen erlangt eine feste Kaufverpflichtung, in deren Folge ein Käufer oder eine andere Parteien die Übertragung eines Vermögenswerts (oder einer Veräußerungsgruppe), die vorher als zur Veräußerung gehalten eingestuft wurden, unerwartet von Bedingungen abhängig machen, durch die sich der für den Verkaufsabschluss benötigte Zeitraum verlängern wird, und

    i) rechtzeitig Maßnahmen zur Erfüllung der Bedingungen ergriffen wurden und

    ii) ein günstiger Ausgang der den Verkauf verzögernden Faktoren erwartet wird.

c) Während der ursprünglichen Ein-Jahres-Frist treten Umstände ein, die zuvor für unwahrscheinlich erachtet wurden und dazu führen, dass langfristige Vermögenswerte (oder Veräußerungsgruppen), die zuvor als zur Veräußerung gehalten eingestuft wurden, nicht bis zum Ablauf dieser Frist veräußert werden, und

    i) das Unternehmen während der ursprünglichen Ein-Jahres-Frist die erforderlichen Maßnahmen zur Berücksichtigung der geänderten Umstände ergriffen hat,

    ii) der langfristige Vermögenswert (oder die Veräußerungsgruppe) tatsächlich zu einem Preis vermarktet wird, der angesichts der geänderten Umstände angemessen ist, und

    iii) die in den Paragraphen 7 und 8 genannten Kriterien erfüllt werden.

INTERNATIONAL FINANCIAL REPORTING STANDARD 6
Exploration und Evaluierung von Bodenschätzen

IFRS 6, VO (EU) 2023/1803

Gliederung	§§
ZIELSETZUNG	1–2
ANWENDUNGSBEREICH	3–5
ANSATZ VON VERMÖGENSWERTEN FÜR EXPLORATION UND EVALUIERUNG	6–7
Vorübergehende Befreiung von den Paragraphen 11 und 12 von IAS 8	6–7
BEWERTUNG VON VERMÖGENSWERTEN FÜR EXPLORATION UND EVALUIERUNG	8–14
Bewertung bei erstmaligem Ansatz	8
Bestandteile der Anschaffungs- oder Herstellungskosten von Vermögenswerten für Exploration und Evaluierung	9–11
Folgebewertung	12
Änderungen von Rechnungslegungsmethoden	13–14
DARSTELLUNG	15–17
Einstufung von Vermögenswerten für Exploration und Evaluierung	15–16
Umgliederung von Vermögenswerten für Exploration und Evaluierung	17
WERTMINDERUNG	18–22
Ansatz und Bewertung	18–20
Festlegung der Ebene, auf der Vermögenswerte für Exploration und Evaluierung auf Wertminderung hin überprüft werden	21–22
ANGABEN	23–25
ZEITPUNKT DES INKRAFTTRETENS	26–26A
ÜBERGANGSVORSCHRIFTEN	27
ANHANG A: DEFINITIONEN	

ZIELSETZUNG

1 Zielsetzung dieses IFRS ist es, die Rechnungslegung für die *Exploration und Evaluierung von Bodenschätzen* festzulegen.

2 Dieser IFRS schreibt insbesondere Folgendes vor:

a) begrenzte Verbesserungen bei der derzeitigen Bilanzierung von *Ausgaben für Exploration und Evaluierung,*

b) Vermögenswerte, die als *Vermögenswerte für Exploration und Evaluierung* angesetzt werden, sind gemäß diesem IFRS auf Wertminderung hin zu überprüfen, und etwaige Wertminderungen sind gemäß IAS 36 *Wertminderung von Vermögenswerten* zu bewerten,

c) Angaben, die die im Abschluss des Unternehmens für die Exploration und Evaluierung von Bodenschätzen erfassten Beträge kennzeichnen und erläutern, und den Abschlussadressaten die Höhe, die Zeitpunkte und die Eintrittswahrscheinlichkeit künftiger Zahlungsströme verständlich machen, die aus den angesetzten Vermögenswerten für Exploration und Evaluierung resultieren.

ANWENDUNGSBEREICH

3 Dieser IFRS ist auf die Ausgaben eines Unternehmens für Exploration und Evaluierung anzuwenden.

4 Andere Aspekte der Bilanzierung von Unternehmen, die sich im Rahmen ihrer Geschäftstätigkeit mit der Exploration und Evaluierung von Bodenschätzen befassen, werden in diesem IFRS nicht behandelt.

5 Dieser IFRS gilt nicht für Ausgaben, die

a) vor der Exploration und Evaluierung von Bodenschätzen entstehen, z. B. Ausgaben, die anfallen, bevor das Unternehmen die Rechte zur Exploration eines bestimmten Gebietes erhalten hat,

b) nach dem Nachweis der technischen Durchführbarkeit und wirtschaftlichen Realisierbarkeit der Gewinnung von Bodenschätzen entstehen.

ANSATZ VON VERMÖGENSWERTEN FÜR EXPLORATION UND EVALUIERUNG

Vorübergehende Befreiung von den Paragraphen 11 und 12 von IAS 8

6 Bei der Entwicklung von Rechnungslegungsmethoden hat ein Unternehmen, das Vermögenswerte für Exploration und Evaluierung ansetzt, Paragraph 10 von IAS 8 *Rechnungslegungsmethoden, Änderungen von rechnungslegungsbezogenen Schätzungen und Fehler* anzuwenden.

7 In den Paragraphen 11 und 12 von IAS 8 werden Quellen für verbindliche Vorschriften und Leitlinien genannt, die das Management bei der Entwicklung von Rechnungslegungsmethoden für Geschäftsvorfälle berücksichtigen muss, auf die kein IFRS ausdrücklich zutrifft. Vorbehaltlich der nachstehenden Paragraphen 9 und 10 befreit dieser IFRS ein Unternehmen davon, jene Paragraphen auf seine Rechnungslegungsmethoden für den Ansatz und die Bewertung von Vermögenswerten für Exploration und Evaluierung anzuwenden.

BEWERTUNG VON VERMÖGENSWERTEN FÜR EXPLORATION UND EVALUIERUNG

Bewertung bei erstmaligem Ansatz

8 Vermögenswerte für Exploration und Evaluierung sind zu ihren Anschaffungs- oder Herstellungskosten zu bewerten.

Bestandteile der Anschaffungs- oder Herstellungskosten von Vermögenswerten für Exploration und Evaluierung

9 Ein Unternehmen hat eine Rechnungslegungsmethode festzulegen, nach der zu bestimmen ist, welche Ausgaben als Vermögenswerte für Exploration und Evaluierung angesetzt werden, und diese Methode einheitlich anzuwenden. Bei dieser Entscheidung ist zu berücksichtigen, inwieweit die Ausgaben mit der Suche nach bestimmten Bodenschätzen in Verbindung gebracht werden können. Es folgen einige Beispiele für Ausgaben, die in die erstmalige Bewertung von Vermögenswerten für Exploration und Evaluierung einbezogen werden könnten (die Liste ist nicht abschließend):

a) Erwerb von Rechten zur Exploration,
b) topografische, geologische, geochemische und geophysikalische Studien,
c) Probebohrungen,
d) Erdbewegungen,
e) Probenentnahmen und
f) Tätigkeiten in Zusammenhang mit der Beurteilung der technischen Durchführbarkeit und der wirtschaftlichen Realisierbarkeit der Gewinnung von Bodenschätzen.

10 Ausgaben in Verbindung mit der Erschließung von Bodenschätzen sind nicht als Vermögenswerte für Exploration und Evaluierung anzusetzen. Das *Rahmenkonzept für die Finanzberichterstattung* und IAS 38 *Immaterielle Vermögenswerte* enthalten Leitlinien für den Ansatz von Vermögenswerten, die aus der Erschließung resultieren.

11 Nach IAS 37 *Rückstellungen, Eventualverbindlichkeiten und Eventualforderungen* sind alle Beseitigungs- und Wiederherstellungsverpflichtungen zu erfassen, die in einer bestimmten Periode im Zuge der Exploration und Evaluierung von Bodenschätzen anfallen.

Folgebewertung

12 Nach dem erstmaligen Ansatz sind die Vermögenswerte für Exploration und Evaluierung entweder nach dem Anschaffungskostenmodell oder dem Neubewertungsmodell zu bewerten. Bei Anwendung des Neubewertungsmodells (entweder gemäß IAS 16 *Sachanlagen* oder gemäß IAS 38) muss dieses mit der Einstufung der Vermögenswerte (siehe Paragraph 15) übereinstimmen.

Änderungen von Rechnungslegungsmethoden

13 Ein Unternehmen darf seine Rechnungslegungsmethoden für Ausgaben für Exploration und Evaluierung ändern, wenn diese Änderung den Abschluss für die wirtschaftliche Entscheidungsfindung der Adressaten relevanter macht, ohne weniger verlässlich zu sein, oder verlässlicher macht, ohne weniger relevant für jene Entscheidungsfindung zu sein. Ein Unternehmen hat die Relevanz und Verlässlichkeit anhand der Kriterien in IAS 8 zu beurteilen.

14 Zur Rechtfertigung der Änderung seiner Rechnungslegungsmethoden für Ausgaben für Exploration und Evaluierung hat ein Unternehmen nachzuweisen, dass die Änderung seinen Abschluss näher an die Erfüllung der Kriterien in IAS 8 bringt, wobei die Änderung eine vollständige Übereinstimmung mit jenen Kriterien nicht erreichen muss.

DARSTELLUNG

Einstufung von Vermögenswerten für Exploration und Evaluierung

15 Ein Unternehmen hat Vermögenswerte für Exploration und Evaluierung je nach Art als materielle oder immaterielle Vermögenswerte einzustufen und diese Einstufung stetig anzuwenden.

16 Einige Vermögenswerte für Exploration und Evaluierung werden als immaterielle Vermögenswerte behandelt (z. B. Bohrrechte), während andere materielle Vermögenswerte darstellen (z. B. Fahrzeuge und Bohrinseln). Soweit bei der Entwicklung eines immateriellen Vermögenswerts ein materieller Vermögenswert verbraucht wird, ist der Betrag in Höhe dieses Verbrauchs Bestandteil der Anschaffungs- oder Herstellungskosten des immateriellen Vermögenswerts. Doch führt die Tatsache, dass ein materieller Vermögenswert zur Entwicklung eines immateriellen Vermögenswerts eingesetzt wird, nicht zur Umgliederung dieses materiellen Vermögenswerts in einen immateriellen Vermögenswert.

Umgliederung von Vermögenswerten für Exploration und Evaluierung

17 Ein Vermögenswert für Exploration und Evaluierung ist nicht mehr als solcher einzustufen, wenn die technische Durchführbarkeit und wirtschaftliche Realisierbarkeit einer Gewinnung von Bodenschätzen nachgewiesen werden kann. Das Unternehmen hat die Vermögenswerte für Exploration und Evaluierung vor einer Umgliederung auf Wertminderung hin zu überprüfen und einen etwaigen Wertminderungsaufwand zu erfassen.

WERTMINDERUNG

Ansatz und Bewertung

18 Vermögenswerte für Exploration und Evaluierung sind auf Wertminderung hin zu überprüfen, wenn Tatsachen und Umstände darauf hindeuten, dass der Buchwert eines Vermögenswerts für Exploration und Evaluierung seinen erzielbaren Betrag möglicherweise übersteigt. Wenn Tatsachen und Umstände Anhaltspunkte dafür geben, dass dies der Fall ist, hat ein Unternehmen, außer wie in Paragraph 21 unten beschrieben, einen etwaigen Wertminderungsaufwand gemäß IAS 36 zu bestimmen, darzustellen und zu erläutern.

19 Bei der Identifizierung eines möglicherweise wertgeminderten Vermögenswerts für Exploration und Evaluierung findet – ausschließlich in Bezug auf derartige Vermögenswerte – anstelle der Paragraphen 8–17 von IAS 36 Paragraph 20 dieses IFRS Anwendung. Paragraph 20 verwendet den Begriff „Vermögenswerte", ist aber sowohl auf einen einzelnen Vermögenswert für Exploration und Evaluierung als auch auf eine zahlungsmittelgenerierende Einheit anzuwenden.

20 Eine oder mehrere der folgenden Tatsachen und Umstände deuten darauf hin, dass ein Unternehmen die Vermögenswerte für Exploration und Evaluierung auf Wertminderung hin zu überprüfen hat (die Liste ist nicht abschließend):

a) Der Zeitraum, für den das Unternehmen das Recht zur Exploration eines bestimmten Gebietes erworben hat, ist während der Berichtsperiode abgelaufen oder wird in naher Zukunft ablaufen und voraussichtlich nicht verlängert werden.

b) Erhebliche Ausgaben für die weitere Exploration und Evaluierung von Bodenschätzen in einem bestimmten Gebiet sind weder veranschlagt noch geplant.

c) Die Exploration und Evaluierung von Bodenschätzen in einem bestimmten Gebiet haben nicht zur Entdeckung wirtschaftlich förderbarer Mengen an Bodenschätzen geführt und das Unternehmen hat beschlossen, seine Aktivitäten in diesem Gebiet einzustellen.

d) Es liegen genügend Daten vor, aus denen hervorgeht, dass die Erschließung eines bestimmten Gebiets zwar wahrscheinlich fortgesetzt wird, der Buchwert des Vermögenswerts für Exploration und Evaluierung durch eine erfolgreiche Erschließung oder Veräußerung jedoch voraussichtlich nicht vollständig wiedererlangt werden kann.

In diesen und ähnlichen Fällen hat das Unternehmen eine Wertminderungsprüfung nach IAS 36 durchzuführen. Jeglicher Wertminderungsaufwand ist gemäß IAS 36 als Aufwand zu erfassen.

Festlegung der Ebene, auf der Vermögenswerte für Exploration und Evaluierung auf Wertminderung hin überprüft werden

21 Ein Unternehmen hat eine Rechnungslegungsmethode festzulegen, mit der die Vermögenswerte für Exploration und Evaluierung zum Zwecke ihrer Überprüfung auf Wertminderung zahlungsmittelgenerierenden Einheiten oder Gruppen von zahlungsmittelgenerierenden Einheiten zugeordnet werden. Eine zahlungsmittelgenerierende Einheit oder Gruppe von Einheiten, der ein Vermögenswert für Exploration und Evaluierung zugeordnet wird, darf nicht größer sein als ein gemäß IFRS 8 *Geschäftssegmente* bestimmtes Geschäftssegment.

22 Die vom Unternehmen festgelegte Ebene für die Wertminderungsüberprüfung von Vermögenswerten für Exploration und Evaluierung kann eine oder mehrere zahlungsmittelgenerierende Einheiten umfassen.

ANGABEN

23 Ein Unternehmen hat Angaben zu machen, welche die in seinem Abschluss erfassten Beträge für die Exploration und Evaluierung von Bodenschätzen kennzeichnen und erläutern.

24 Zur Erfüllung der Vorschrift in Paragraph 23 sind folgende Angaben erforderlich:

a) die Rechnungslegungsmethoden des Unternehmens für Ausgaben für Exploration und Evaluierung, einschließlich des Ansatzes von Vermögenswerten für Exploration und Evaluierung,

b) die Höhe der Vermögenswerte, Schulden, Erträge und Aufwendungen sowie der Zahlungsströme aus betrieblicher und Investitionstätigkeit, die aus der Exploration und Evaluierung von Bodenschätzen resultieren.

25 Ein Unternehmen hat die Vermögenswerte für Exploration und Evaluierung als gesonderte Gruppe von Vermögenswerten zu behandeln und die in IAS 16 oder IAS 38 verlangten Angaben entsprechend der Einstufung der Vermögenswerte zu machen.

ZEITPUNKT DES INKRAFTTRETENS

26 Dieser IFRS ist auf Geschäftsjahre anzuwenden, die am oder nach dem 1. Januar 2006 beginnen. Eine frühere Anwendung wird empfohlen. Wendet ein Unternehmen diesen IFRS auf vor dem 1. Januar 2006 beginnende Geschäftsjahre an, hat es dies anzugeben.

26A Durch die Verlautbarung *Änderungen der Verweise auf das Rahmenkonzept in IFRS-Stan-*

dards, veröffentlicht 2018, wurde Paragraph 10 geändert. Diese Änderung ist auf Geschäftsjahre anzuwenden, die am oder nach dem 1. Januar 2020 beginnen. Eine frühere Anwendung ist zulässig, wenn das Unternehmen gleichzeitig alle anderen durch die Verlautbarung *Änderungen der Verweise auf das Rahmenkonzept in IFRS-Standards* vorgenommenen Änderungen anwendet. Die Änderung an IFRS 6 ist rückwirkend gemäß IAS 8 *Rechnungslegungsmethoden, Änderungen von rechnungslegungsbezogenen Schätzungen und Fehler* anzuwenden. Sollte das Unternehmen jedoch feststellen, dass eine rückwirkende Anwendung nicht durchführbar oder mit unangemessenem Kosten- oder Zeitaufwand verbunden wäre, hat es die Änderung an IFRS 6 mit Verweis auf die Paragraphen 23–28, 50–53 und 54F von IAS 8 anzuwenden.

ÜBERGANGSVORSCHRIFTEN

27 Wenn es undurchführbar ist, eine bestimmte Vorschrift des Paragraphen 18 auf Vergleichsinformationen anzuwenden, die sich auf vor dem 1. Januar 2006 beginnende Geschäftsjahre beziehen, ist dies anzugeben. Der Begriff „undurchführbar" wird in IAS 8 erläutert.

Anhang A
Definitionen

Dieser Anhang ist integraler Bestandteil des IFRS.

Vermögenswerte für Exploration und Evaluierung	**Ausgaben für Exploration und Evaluierung**, die gemäß den Rechnungslegungsmethoden des Unternehmens als Vermögenswerte angesetzt werden.
Ausgaben für Exploration und Evaluierung	Ausgaben, die einem Unternehmen in Zusammenhang mit der **Exploration und Evaluierung von Bodenschätzen** entstehen, bevor die technische Durchführbarkeit und wirtschaftliche Realisierbarkeit einer Gewinnung der Bodenschätze nachgewiesen werden kann.
Exploration und Evaluierung von Bodenschätzen	Suche nach Bodenschätzen, einschließlich Mineralien, Öl, Erdgas und ähnlichen nicht regenerativen Ressourcen, nachdem das Unternehmen die Rechte zur Exploration eines bestimmten Gebietes erhalten hat, sowie die Feststellung der technischen Durchführbarkeit und der wirtschaftlichen Realisierbarkeit der Gewinnung der Bodenschätze.

3/6. IFRS 7

INTERNATIONAL FINANCIAL REPORTING STANDARD 7
Finanzinstrumente: Angaben

IFRS 7, VO (EU) 2023/1803

Gliederung	§§
ZIELSETZUNG	1–2
ANWENDUNGSBEREICH	3–5A
KLASSEN VON FINANZINSTRUMENTEN UND UMFANG DER ANGABEPFLICHTEN	6
BEDEUTUNG DER FINANZINSTRUMENTE FÜR DIE VERMÖGENS-, FINANZ- UND ERTRAGSLAGE	7–30
Bilanz	8–19
Kategorien finanzieller Vermögenswerte und Verbindlichkeiten	8
Erfolgswirksam zum beizulegenden Zeitwert bewertete finanzielle Vermögenswerte oder finanzielle Verbindlichkeiten	9–11
Finanzinvestitionen in Eigenkapitalinstrumente, die zum beizulegenden Zeitwert erfolgsneutral im sonstigen Ergebnis bewertet werden	11A–11B
Umgliederung	12–13
Saldierung von finanziellen Vermögenswerten und finanziellen Verbindlichkeiten	13A–13F
Sicherheiten	14–15
Wertberichtigungskonto für Kreditausfälle	16–16A
Zusammengesetzte Finanzinstrumente mit mehreren eingebetteten Derivaten	17
Zahlungsverzögerungen bzw. -ausfälle und Vertragsverletzungen	18–19
Gesamtergebnisrechnung	20–20A
Ertrags-, Aufwands-, Gewinn- oder Verlustposten	20–20A
Weitere Angaben	21–30
Rechnungslegungsmethoden	21
Bilanzierung von Sicherungsbeziehungen	21A–24J
Beizulegender Zeitwert	25–30
ART UND AUSMASS VON RISIKEN, DIE SICH AUS FINANZINSTRUMENTEN ERGEBEN	31–42
Qualitative Angaben	33
Quantitative Angaben	34–42
Ausfallrisiko	35A–38
Liquiditätsrisiko	39
Marktrisiko	40–42
ÜBERTRAGUNGEN FINANZIELLER VERMÖGENSWERTE	42A–42H
Übertragene finanzielle Vermögenswerte, die nicht vollständig ausgebucht werden	42D
Übertragene finanzielle Vermögenswerte, die vollständig ausgebucht werden	42E–42F
Zusatzinformationen	42H
ERSTMALIGE ANWENDUNG VON IFRS 9	42I–42S
ZEITPUNKT DES INKRAFTTRETENS UND ÜBERGANGSVORSCHRIFTEN	43–44II
RÜCKNAHME VON IAS 30	45
ANHANG A: DEFINITIONEN	
ANHANG B: ANWENDUNGSLEITLINIEN	
KLASSEN VON FINANZINSTRUMENTEN UND UMFANG DER ANGABEPFLICHTEN (PARAGRAPH 6)	B1–B5
Weitere Angaben – Rechnungslegungsmethoden (Paragraph 21)	B5
ART UND AUSMASS VON RISIKEN, DIE SICH AUS FINANZINSTRUMENTEN ERGEBEN (PARAGRAPHEN 31–42)	B6–B28
Quantitative Angaben (Paragraph 34)	B7–B8J

3/6. IFRS 7
1 – 3

Ausfallrisikosteuerung (Paragraphen 35F–35G)	B8A–B8C
Änderungen der Wertberichtigung (Paragraph 35H)	B8D–B8E
Sicherheiten (Paragraph 35K)	B8F–B8G
Ausfallrisiko (Paragraphen 35M–35N)	B8H–B8J
Maximale Ausfallrisikoposition (Paragraph 36(a))	B9–B10
Quantitative Angaben zum Liquiditätsrisiko (Paragraphen 34(a), 39(a) und 39(b))	B10A–B11F
Marktrisiko – Sensitivitätsanalyse (Paragraphen 40 und 41)	B17–B28
Zinsänderungsrisiko	B22
Währungsrisiko	B23
Sonstiges Preisrisiko	B25–B28
AUSBUCHUNG (PARAGRAPHEN 42C–42H)	B29–B53
Anhaltendes Engagement (Paragraph 42C)	B29–B31
Übertragene finanzielle Vermögenswerte, die nicht vollständig ausgebucht werden (Paragraph 42D)	B32
Arten von anhaltendem Engagement (Paragraphen 42E–42H)	B33
Fälligkeitsanalyse für nicht abgezinste Mittelabflüsse zum Rückkauf übertragener Vermögenswerte (Paragraph 42E(e))	B34–B36
Qualitative Angaben (Paragraph 42E(f))	B37
Gewinn oder Verlust bei Ausbuchung (Paragraph 42G(a))	B38
Zusatzinformationen (Paragraph 42H)	B39
Saldierung von finanziellen Vermögenswerten und finanziellen Verbindlichkeiten (Paragraphen 13A– 13F)	B40–B53
Quantitative Angaben zu angesetzten finanziellen Vermögenswerten und angesetzten finanziellen Verbindlichkeiten, die unter Paragraph 13A (Paragraph 13C) fallen	B42
Angabe der Bruttobeträge von angesetzten finanziellen Vermögenswerten und angesetzten finanziellen Verbindlichkeiten, die unter Paragraph 13A (Paragraph 13C(a)) fallen	B43
Angabe der Beträge, die nach den Kriterien in Paragraph 42 von IAS 32 saldiert werden (Paragraph 13C(b))	B44
Angabe der in der Bilanz ausgewiesenen Nettobeträge (Paragraph 13C(c))	B45–B46
Angabe der Beträge, die einklagbaren Globalnettingvereinbarungen oder ähnlichen Vereinbarungen unterliegen und nicht in den Angaben nach Paragraph 13C(b) (bzw. Paragraph 13C(d)) enthalten sind	B47–B48
Obergrenzen für die nach Paragraph 13C(d) (Paragraph 13D) angegebenen Beträge	B49
Beschreibung der Ansprüche auf Aufrechnung, die einklagbaren Globalnettingvereinbarungen und ähnlichen Vereinbarungen unterliegen (Paragraph 13E)	B50
Angabe nach Art des Finanzinstruments oder nach Vertragspartei	B51–B52
Sonstige	B53

ZIELSETZUNG

1 Zielsetzung dieses IFRS ist es, von Unternehmen Angaben in ihren Abschlüssen zu verlangen, durch die die Abschlussadressaten einschätzen können,

a) welche Bedeutung Finanzinstrumente für die Vermögens-, Finanz- und Ertragslage des Unternehmens haben und

b) welche Art und welches Ausmaß die Risiken haben, die sich aus Finanzinstrumenten ergeben und denen das Unternehmen während der Berichtsperiode und zum Abschlussstichtag ausgesetzt ist, und wie das Unternehmen diese Risiken steuert.

2 Die in diesem IFRS enthaltenen Grundsätze ergänzen die Grundsätze für den Ansatz, die Bewertung und die Darstellung finanzieller Vermögenswerte und finanzieller Verbindlichkeiten in IAS 32 *Finanzinstrumente: Darstellung* und IFRS 9 *Finanzinstrumente*.

ANWENDUNGSBEREICH

3 Dieser IFRS ist von allen Unternehmen auf alle Arten von Finanzinstrumenten anzuwenden. Davon ausgenommen sind:

a) Anteile an Tochterunternehmen, assoziierten Unternehmen und Gemeinschaftsunternehmen, die gemäß IFRS 10 *Konzernabschlüsse*, IAS 27 *Einzelabschlüsse* oder IAS 28 *Beteiligungen an assoziierten Unternehmen und Gemeinschaftsunternehmen* bilanziert werden. In einigen Fällen muss oder darf ein Unternehmen jedoch nach IFRS 10, IAS 27 oder IAS 28 einen Anteil an einem Tochterunternehmen, einem assoziierten Unternehmen oder einem Gemeinschaftsunternehmen gemäß IFRS 9 bilanzieren. In diesen Fällen gelten die Angabepflichten dieses IFRS und für die zum beizulegenden Zeitwert bewerteten Anteile die Vorschriften von IFRS 13 *Bewertung zum beizulegenden Zeitwert*. Der vorliegende IFRS ist auch auf alle Derivate anzuwenden, die an Anteile an Tochterunternehmen, assoziierten Unternehmen oder Gemeinschaftsunternehmen gebunden sind, es sei denn, das Derivat entspricht der Definition eines Eigenkapitalinstruments in IAS 32.

b) Rechte und Verpflichtungen eines Arbeitgebers aus Altersversorgungsplänen, auf die IAS 19 *Leistungen an Arbeitnehmer* anzuwenden ist.

d) Versicherungsverträge im Sinne von IFRS 17 *Versicherungsverträge* oder Kapitalanlageverträge mit ermessensabhängiger Überschussbeteiligung im Anwendungsbereich von IFRS 17. Anzuwenden ist dieser IFRS allerdings auf:

　i) Derivate, die in Verträge im Anwendungsbereich von IFRS 17 eingebettet sind, falls das Unternehmen diese Verträge nach IFRS 9 getrennt bilanzieren muss.

　ii) Kapitalanlagekomponenten, die von Verträgen im Anwendungsbereich von IFRS 17 abgetrennt sind, wenn IFRS 17 eine solche Abtrennung vorschreibt, es sei denn, bei der abgetrennten Kapitalanlagekomponente handelt es sich um einen Kapitalanlagevertrag mit ermessensabhängiger Überschussbeteiligung.

　iii) Die Rechte und Verpflichtungen eines Versicherers aus Versicherungsverträgen, die die Definition von finanziellen Garantien erfüllen, wenn der Versicherer die Verträge nach IFRS 9 ansetzt und bewertet. Der Versicherer hat jedoch IFRS 17 anzuwenden, wenn er das Wahlrecht nach Paragraph 7(e) von IFRS 17 ausübt, die Verträge nach IFRS 17 anzusetzen und zu bewerten.

　iv) Die Rechte und Verpflichtungen eines Unternehmens, bei denen es sich um Finanzinstrumente handelt, die aus Kreditkartenverträgen oder ähnlichen Kredit- und Zahlungsmöglichkeiten bietenden Verträgen entstehen, die ein Unternehmen ausgibt und die die Definition eines Versicherungsvertrags erfüllen, wenn das Unternehmen gemäß Paragraph 7(h) von IFRS 17 und Paragraph 2.1(e)(iv) von IFRS 9 auf diese Rechte und Verpflichtungen IFRS 9 anwendet.

　v) Die Rechte und Verpflichtungen eines Unternehmens, bei denen es sich um Finanzinstrumente handelt, die aus Versicherungsverträgen entstehen, die ein Unternehmen ausgibt, die den Schadenersatz im Versicherungsfall auf den Betrag begrenzen, der ansonsten erforderlich wäre, um die durch den Vertrag begründete Verpflichtung des Versicherungsnehmers zu erfüllen, wenn das Unternehmen das Wahlrecht ausübt, gemäß Paragraph 8A von IFRS 17 auf solche Verträge IFRS 9 statt IFRS 17 anzuwenden.

e) Finanzinstrumente, Verträge und Verpflichtungen im Zusammenhang mit anteilsbasierten Vergütungen, auf die IFRS 2 *Anteilsbasierte Vergütung* anzuwenden ist. Davon ausgenommen sind die unter IFRS 9 fallenden Verträge, auf die dieser IFRS anzuwenden ist.

f) Instrumente, die nach den Paragraphen 16A und 16B oder 16C und 16D von IAS 32 als Eigenkapitalinstrumente eingestuft werden müssen.

4 Dieser IFRS ist auf bilanzwirksame und bilanzunwirksame Finanzinstrumente anzuwenden. Bilanzwirksame Finanzinstrumente umfassen finanzielle Vermögenswerte und finanzielle Verbindlichkeiten, die in den Anwendungsbereich von IFRS 9 fallen. Zu den bilanzunwirksamen Finanzinstrumenten gehören einige andere Finanzinstrumente, die zwar nicht unter IFRS 9, wohl aber unter diesen IFRS fallen.

5 Anzuwenden ist dieser IFRS ferner auf Verträge zum Kauf oder Verkauf eines nichtfinanziellen Postens, die unter IFRS 9 fallen.

5A Die in den Paragraphen 35A–35N verlangten Angaben zum Ausfallrisiko gelten für jene Rechte, die nach IFRS 15 *Erlöse aus Verträgen mit Kunden* zur Erfassung von Wertminderungsaufwendungen und -erträgen gemäß IFRS 9 bilanziert werden. Jegliche Verweise auf finanzielle Vermögenswerte oder Finanzinstrumente in diesen Paragraphen schließen diese Rechte ein, sofern nichts anderes festgelegt ist.

KLASSEN VON FINANZINSTRUMENTEN UND UMFANG DER ANGABEPFLICHTEN

6 Wenn in diesem IFRS Angaben nach einzelnen Klassen von Finanzinstrumenten verlangt werden, hat ein Unternehmen Finanzinstrumente so in Klassen einzuordnen, dass diese der Art der verlangten Angaben angemessen sind und den Eigenschaften dieser Finanzinstrumente Rechnung tragen. Ein Unternehmen hat genügend Informationen zu liefern, um eine Überleitungsrechnung auf die in der Bilanz dargestellten Posten zu ermöglichen.

BEDEUTUNG DER FINANZINSTRUMENTE FÜR DIE VERMÖGENS-, FINANZ- UND ERTRAGSLAGE

7 Ein Unternehmen hat Angaben zu machen, die es den Abschlussadressaten ermöglichen, die Bedeutung der Finanzinstrumente für seine Vermögens-, Finanz- und Ertragslage zu beurteilen.

Bilanz

Kategorien finanzieller Vermögenswerte und Verbindlichkeiten

8 Für jede der folgenden Kategorien gemäß IFRS 9 ist in der Bilanz oder im Anhang der Buchwert anzugeben:

a) finanzielle Vermögenswerte, die erfolgswirksam zum beizulegenden Zeitwert bewertet werden, wobei folgende Vermögenswerte getrennt voneinander aufzuführen sind: i) diejenigen, die beim erstmaligen Ansatz oder nachfolgend gemäß Paragraph 6.7.1 von IFRS 9 als solche designiert wurden, ii) diejenigen, die gemäß dem Wahlrecht in Paragraph 3.3.5 von IFRS 9 als solche bewertet wurden, iii) diejenigen, die gemäß dem Wahlrecht in Paragraph 33A von IAS 32 als solche bewertet wurden, und iv) diejenigen, für die eine erfolgswirksame Bewertung zum beizulegenden Zeitwert (Fair Value) gemäß IFRS 9 verbindlich vorgeschrieben ist,

(b)–(d) [gestrichen]

e) finanzielle Verbindlichkeiten, die erfolgswirksam zum beizulegenden Zeitwert bewertet werden, wobei die i) beim erstmaligen Ansatz oder nachfolgend gemäß Paragraph 6.7.1 von IFRS 9 als solche designiert wurden, und diejenigen, die ii) die Definition von „zu Handelszwecken gehalten" gemäß IFRS 9 erfüllen, getrennt voneinander aufzuführen sind,

f) finanzielle Vermögenswerte, die zu fortgeführten Anschaffungskosten bewertet werden,

g) finanzielle Verbindlichkeiten, die zu fortgeführten Anschaffungskosten bewertet werden,

h) finanzielle Vermögenswerte, die zum beizulegenden Zeitwert erfolgsneutral im sonstigen Ergebnis bewertet werden, wobei i) finanzielle Vermögenswerte, die gemäß Paragraph 4.1.2.A von IFRS 9 zum beizulegenden Zeitwert erfolgsneutral im sonstigen Ergebnis bewertet werden, und ii) Finanzinvestitionen in Eigenkapitalinstrumente, die beim erstmaligen Ansatz gemäß Paragraph 5.7.5 von IFRS 9 als solche designiert wurden, getrennt voneinander aufzuführen sind.

Erfolgswirksam zum beizulegenden Zeitwert bewertete finanzielle Vermögenswerte oder finanzielle Verbindlichkeiten

9 Hat ein Unternehmen einen finanziellen Vermögenswert (oder eine Gruppe von finanziellen Vermögenswerten), der ansonsten zum beizulegenden Zeitwert erfolgsneutral im sonstigen Ergebnis oder zu fortgeführten Anschaffungskosten bewertet würde, als erfolgswirksam zum beizulegenden Zeitwert bewertet designiert, sind folgende Angaben erforderlich:

a) das maximale *Ausfallrisiko* (siehe Paragraph 36(a)) des finanziellen Vermögenswerts (oder der Gruppe von finanziellen Vermögenswerten) zum Abschlussstichtag,

b) der Betrag, um den ein zugehöriges Kreditderivat oder ähnliches Instrument dieses maximale Ausfallrisiko mindert (siehe Paragraph 36(b)).

c) der Betrag, um den sich der beizulegende Zeitwert des finanziellen Vermögenswerts (oder der Gruppe von finanziellen Vermögenswerten) während der Berichtsperiode und kumuliert geändert hat, soweit dies auf Änderungen des Ausfallrisikos des finanziellen Vermögenswerts zurückzuführen ist. Dieser Betrag wird entweder

  i) als Änderung des beizulegenden Zeitwerts bestimmt, soweit diese nicht auf solche Änderungen der Marktbedingungen zurückzuführen ist, die das *Marktrisiko* beeinflussen, oder

  ii) mithilfe einer alternativen Methode bestimmt, mit der nach Ansicht des Unternehmens glaubwürdiger bestimmt werden kann, in welchem Umfang sich der beizulegende Zeitwert durch das geänderte Ausfallrisiko ändert.

  Zu den Änderungen der Marktbedingungen, die ein Marktrisiko bewirken, zählen Änderungen eines zu beobachtenden (Referenz-)Zinssatzes, Rohstoffpreises, Wechselkurses oder Preis- bzw. Zinsindexes.

d) die Höhe der Änderung des beizulegenden Zeitwerts jedes zugehörigen Kreditderivats oder ähnlichen Instruments, die während der Berichtsperiode und kumuliert seit der Designation des finanziellen Vermögenswerts eingetreten ist.

10 Wenn ein Unternehmen eine finanzielle Verbindlichkeit gemäß Paragraph 4.2.2 von IFRS 9 als erfolgswirksam zum beizulegenden Zeitwert bewertet designiert hat und die Auswirkungen von Änderungen des Ausfallrisikos dieser Verbindlichkeit im sonstigen Ergebnis ausweisen muss (siehe Paragraph 5.7.7 von IFRS 9), sind folgende Angaben erforderlich:

a) der Betrag, um den sich der beizulegende Zeitwert der finanziellen Verbindlichkeit kumuliert geändert hat, und der auf Änderungen beim Ausfallrisiko dieser Verbindlichkeit zurückzuführen ist (Leitlinien zur Bestimmung der Auswirkungen von Änderungen des Ausfallrisikos einer Verbindlichkeit sind in den Paragraphen B5.7.13–B5.7.20 von IFRS 9 enthalten),

b) die Differenz zwischen dem Buchwert der finanziellen Verbindlichkeit und dem Betrag, den das Unternehmen vertragsgemäß bei Fälligkeit an den Gläubiger zahlen müsste,

c) während der Berichtsperiode vorgenommene Umgliederungen der kumulierten Gewinne oder Verluste innerhalb des Eigenkapitals, einschließlich der Gründe für solche Umgliederungen,

d) wird während der Berichtsperiode eine Verbindlichkeit ausgebucht, gegebenenfalls der im sonstigen Ergebnis ausgewiesene Betrag, der bei der Ausbuchung realisiert wurde.

10A Wenn ein Unternehmen eine finanzielle Verbindlichkeit gemäß Paragraph 4.2.2 von IFRS 9 als erfolgswirksam zum beizulegenden Zeitwert bewertet designiert hat und die Auswirkungen sämtlicher Änderungen des beizulegenden Zeitwerts dieser Verbindlichkeit (einschließlich der Auswirkungen von Änderungen des Ausfallrisikos der Verbindlichkeit) im Gewinn oder Verlust ausweisen muss (siehe Paragraphen 5.7.7 und 5.7.8 von IFRS 9), sind folgende Angaben erforderlich:

a) der Betrag, um den sich der beizulegende Zeitwert der finanziellen Verbindlichkeit während der Berichtsperiode und kumuliert geändert hat, und der auf Änderungen beim Ausfallrisiko dieser Verbindlichkeit zurückzuführen ist (Leitlinien zur Bestimmung der Auswirkungen von Änderungen des Ausfallrisikos einer Verbindlichkeit sind in den Paragraphen B5.7.13–B5.7.20 von IFRS 9 enthalten), und

b) die Differenz zwischen dem Buchwert der finanziellen Verbindlichkeit und dem Betrag, den das Unternehmen vertragsgemäß bei Fälligkeit an den Gläubiger zahlen müsste.

11 Anzugeben sind ferner:

a) eine ausführliche Beschreibung der Methoden, die das Unternehmen zur Erfüllung der Vorschriften der Paragraphen 9(c), 10(a) und 10A(a) und des Paragraphen 5.7.7(a) von IFRS 9 angewendet hat. Hierzu gehört auch eine Erläuterung, warum die Methode angemessen ist.

b) warum es zu dem Schluss gelangt ist, dass die Angaben, die es zur Erfüllung der Vorschriften in den Paragraphen 9(c), 10(a) oder 10A(a) oder Paragraph 5.7.7(a) von IFRS 9 in der Bilanz oder im Anhang gemacht hat, die durch das geänderte Ausfallrisiko bedingte Änderung des beizulegenden Zeitwerts des finanziellen Vermögenswerts oder der finanziellen Verbindlichkeit nicht glaubwürdig widerspiegeln, und welche Faktoren seiner Meinung nach hierfür verantwortlich sind.

c) eine ausführliche Beschreibung der Methodik oder Methodiken, anhand deren es bestimmt hat, ob durch den Ausweis der Auswirkungen von Änderungen beim Ausfallrisiko einer Verbindlichkeit im sonstigen Ergebnis eine Rechnungslegungsanomalie im Gewinn oder Verlust entstehen oder vergrößert würde (siehe Paragraphen 5.7.7 und 5.7.8 von IFRS 9). Wenn ein Unternehmen die Auswirkungen von Änderungen beim Ausfallrisiko einer Verbindlichkeit im Gewinn oder Verlust ausweisen muss (siehe Paragraph 5.7.8 von IFRS 9), gehört hierzu auch eine ausführliche Beschreibung der wirtschaftlichen Beziehung gemäß Paragraph B5.7.6 von IFRS 9.

Finanzinvestitionen in Eigenkapitalinstrumente, die zum beizulegenden Zeitwert erfolgsneutral im sonstigen Ergebnis bewertet werden

11A Hat ein Unternehmen, wie gemäß Paragraph 5.7.5 von IFRS 9 zulässig, Finanzinvestitionen in Eigenkapitalinstrumente als zum beizulegenden Zeitwert erfolgsneutral im sonstigen Ergebnis bewertet designiert, sind folgende Angaben erforderlich:

a) welche Finanzinvestitionen in Eigenkapitalinstrumente als zum beizulegenden Zeitwert erfolgsneutral im sonstigen Ergebnis bewertet designiert wurden,

b) die Gründe für diese alternative Darstellung,

c) der beizulegende Zeitwert jeder solchen Finanzinvestition am Abschlussstichtag,

d) während der Berichtsperiode erfasste Dividenden, aufgeschlüsselt nach Dividenden aus Finanzinvestitionen, die während der Berichtsperiode ausgebucht wurden, und solchen, die am Abschlussstichtag gehalten wurden,

e) während der Berichtsperiode vorgenommene Umgliederungen der kumulierten Gewinne oder Verluste innerhalb des Eigenkapitals, einschließlich der Gründe für solche Umgliederungen.

11B Hat ein Unternehmen während der Berichtsperiode Finanzinvestitionen in Eigenkapitalinstrumente ausgebucht, die zum beizulegenden Zeitwert erfolgsneutral im sonstigen Ergebnis bewertet wurden, sind folgende Angaben erforderlich:

a) die Gründe für die Veräußerung der Finanzinvestitionen,

b) der beizulegende Zeitwert der Finanzinvestitionen zum Zeitpunkt der Ausbuchung,

c) der kumulierte Gewinn oder Verlust aus der Veräußerung.

Umgliederung

12–12A [gestrichen]

12B Ein Unternehmen hat anzugeben, wenn es in der laufenden oder einer früheren Berichtsperiode finanzielle Vermögenswerte gemäß Paragraph 4.4.1 von IFRS 9 umgegliedert hat. Für jede Umgliederung hat ein Unternehmen Folgendes anzugeben:

a) den Zeitpunkt der Umgliederung,

b) eine ausführliche Erläuterung der Änderung des Geschäftsmodells und eine qualitative Beschreibung ihrer Auswirkung auf den Abschluss des Unternehmens,

c) den aus jeder und in jede Kategorie umgegliederten Betrag.

12C Bei Vermögenswerten, die gemäß Paragraph 4.4.1 von IFRS 9 aus der Kategorie „zum beizulegenden Zeitwert erfolgswirksam bewertet" in die Kategorie „zu fortgeführten Anschaffungskosten" oder „zum beizulegenden Zeitwert erfolgsneutral im sonstigen Ergebnis bewertet" umgegliedert wurden, hat ein Unternehmen für jede Berichts-

periode ab der Umgliederung bis zur Ausbuchung Folgendes anzugeben:
a) den zum Zeitpunkt der Umgliederung bestimmten Effektivzinssatz und
b) die erfassten Zinserträge.

12D Hat ein Unternehmen finanzielle Vermögenswerte seit dem letzten Abschlussstichtag aus der Kategorie „zum beizulegenden Zeitwert erfolgsneutral im sonstigen Ergebnis bewertet" in die Kategorie „zu fortgeführten Anschaffungskosten bewertet" oder aus der Kategorie „zum beizulegenden Zeitwert erfolgswirksam bewertet" in die Kategorie „zu fortgeführten Anschaffungskosten bewertet" oder die Kategorie „zum beizulegenden Zeitwert erfolgsneutral im sonstigen Ergebnis bewertet" umgegliedert, hat es Folgendes anzugeben:
a) den beizulegenden Zeitwert der finanziellen Vermögenswerte am Abschlussstichtag und
b) den Gewinn oder Verlust aus der Veränderung des beizulegenden Zeitwerts, der ohne Umgliederung der finanziellen Vermögenswerte während der Berichtsperiode erfolgswirksam oder im sonstigen Ergebnis erfasst worden wäre.

13 [gestrichen]

Saldierung von finanziellen Vermögenswerten und finanziellen Verbindlichkeiten

13A Die in den Paragraphen 13B–13E verlangten Angaben ergänzen die anderen Angabepflichten dieses IFRS und sind für alle angesetzten Finanzinstrumente vorgeschrieben, die gemäß Paragraph 42 von IAS 32 saldiert werden. Diese Angaben gelten auch für angesetzte Finanzinstrumente, die einer einklagbaren Globalnettingvereinbarung oder ähnlichen Vereinbarung unterliegen, unabhängig davon, ob sie gemäß Paragraph 42 von IAS 32 saldiert werden.

13B Ein Unternehmen hat Angaben zu machen, die es den Abschlussadressaten ermöglichen zu beurteilen, welche Auswirkung oder potenzielle Auswirkung Nettingvereinbarungen auf die Vermögens- und Finanzlage des Unternehmens haben. Hierzu zählen die Auswirkung oder mögliche Auswirkung von Ansprüchen auf Aufrechnung im Zusammenhang mit angesetzten finanziellen Vermögenswerten und angesetzten finanziellen Verbindlichkeiten des Unternehmens, die unter Paragraph 13A fallen.

13C Zur Erreichung der in Paragraph 13B genannten Zielsetzung hat ein Unternehmen zum Abschlussstichtag für die in Paragraph 13A fallende angesetzte finanzielle Vermögenswerte und angesetzte finanzielle Verbindlichkeiten jeweils getrennt die folgenden quantitativen Angaben zu machen:
a) die Bruttobeträge dieser angesetzten finanziellen Vermögenswerte und angesetzten finanziellen Verbindlichkeiten,
b) die Beträge, die bei der Ermittlung der in der Bilanz ausgewiesenen Nettobeträge gemäß den Kriterien in Paragraph 42 von IAS 32 saldiert werden,
c) die in der Bilanz ausgewiesenen Nettobeträge,
d) die Beträge, die einer einklagbaren Globalnettingvereinbarung oder ähnlichen Vereinbarung unterliegen und nicht in den Angaben nach Paragraph 13C(b) enthalten sind, einschließlich
 i) Beträge im Zusammenhang mit angesetzten Finanzinstrumenten, die einige oder alle Saldierungskriterien in Paragraph 42 von IAS 32 nicht erfüllen, und
 ii) Beträge im Zusammenhang mit finanziellen Sicherheiten (einschließlich Barsicherheiten) und
e) den Nettobetrag nach Abzug der unter d genannten Beträge von den unter c genannten Beträgen.

Die in diesem Paragraphen verlangten Angaben sind tabellarisch getrennt nach finanziellen Vermögenswerten und finanziellen Verbindlichkeiten darzustellen, sofern nicht ein anderes Format angemessener ist.

13D Der gemäß Paragraph 13C(d) angegebene Gesamtbetrag für ein Instrument ist auf den in Paragraph 13C(c) für dieses Instrument genannten Betrag zu beschränken.

13E In seine Angaben aufzunehmen hat ein Unternehmen auch eine Beschreibung der Ansprüche auf Aufrechnung im Zusammenhang mit angesetzten finanziellen Vermögenswerten und angesetzten finanziellen Verbindlichkeiten des Unternehmens, die gemäß Paragraph 13C(d) anzugebenden einklagbaren Globalnettingvereinbarungen und ähnlichen Vereinbarungen unterliegen, einschließlich der Art dieser Ansprüche.

13F Sind die in den Paragraphen 13B–13E verlangten Angaben in mehr als einer Anhangangabe enthalten, hat ein Unternehmen Querverweise zwischen diesen Anhangangaben einzufügen.

Sicherheiten

14 Ein Unternehmen hat Folgendes anzugeben:
a) den Buchwert der finanziellen Vermögenswerte, die es als Sicherheit für Schulden oder Eventualverbindlichkeiten gestellt hat, einschließlich der gemäß Paragraph 3.2.23(a) von IFRS 9 umgegliederten Beträge, und
b) die Vertragsbedingungen für diese Besicherung.

15 Wenn ein Unternehmen Sicherheiten (in Form finanzieller oder nichtfinanzieller Vermögenswerte) hält und diese ohne Vorliegen eines Zahlungsverzugs ihres Eigentümers verkaufen oder als Sicherheit weiterreichen darf, hat es Folgendes anzugeben:
a) den beizulegenden Zeitwert der gehaltenen Sicherheiten,
b) den beizulegenden Zeitwert aller verkauften oder weitergereichten Sicherheiten und ob das

Unternehmen zur Rückgabe an den Eigentümer verpflichtet ist, und

c) die Vertragsbedingungen, die mit der Nutzung dieser Sicherheiten verbunden sind.

Wertberichtigungskonto für Kreditausfälle

16 [gestrichen]

16A Der Buchwert finanzieller Vermögenswerte, die gemäß Paragraph 4.1.2A von IFRS 9 zum beizulegenden Zeitwert erfolgsneutral im sonstigen Ergebnis bewertet werden, wird nicht um eine Wertberichtigung verringert, und die Wertberichtigung ist in der Bilanz nicht gesondert als Verringerung des Buchwerts des finanziellen Vermögenswerts auszuweisen. Doch hat ein Unternehmen die Wertberichtigung im Anhang zum Abschluss anzugeben.

Zusammengesetzte Finanzinstrumente mit mehreren eingebetteten Derivaten

17 Hat ein Unternehmen ein Finanzinstrument emittiert, das sowohl eine Schuld- als auch eine Eigenkapitalkomponente enthält (siehe Paragraph 28 von IAS 32), und sind in das Instrument mehrere Derivate eingebettet, deren Werte voneinander abhängen (wie etwa ein kündbares wandelbares Schuldinstrument), so ist dieser Umstand anzugeben.

Zahlungsverzögerungen bzw. -ausfälle und Vertragsverletzungen

18 Für am Abschlussstichtag angesetzte Darlehensverbindlichkeiten ist Folgendes anzugeben:

a) Einzelheiten zu allen in der Berichtsperiode eingetretenen Zahlungsverzögerungen bzw. -ausfällen, welche die Tilgungs- oder Zinszahlungen, den Tilgungsfonds oder die Tilgungsbedingungen der Darlehensverbindlichkeiten betreffen,

b) den am Abschlussstichtag angesetzten Buchwert der Darlehensverbindlichkeiten, bei denen die Zahlungsverzögerungen bzw. -ausfälle aufgetreten sind, und

c) ob die Zahlungsverzögerungen bzw. -ausfälle behoben oder die Bedingungen für die Darlehensverbindlichkeiten neu ausgehandelt wurden, bevor der Abschluss zur Veröffentlichung freigegeben wurde.

19 Ist es in der Berichtsperiode zu anderen als in Paragraph 18 beschriebenen Verletzungen von Darlehensverträgen gekommen, hat ein Unternehmen auch in Bezug auf diese die in Paragraph 18 verlangten Angaben zu machen, sofern die Vertragsverletzungen den Kreditgeber berechtigen, eine vorzeitige Rückzahlung zu fordern (sofern die Verletzungen am oder vor dem Abschlussstichtag nicht behoben oder die Darlehenskonditionen neu verhandelt wurden).

Gesamtergebnisrechnung

Ertrags-, Aufwands-, Gewinn- oder Verlustposten

20 Ein Unternehmen hat die folgenden Ertrags-, Aufwands-, Gewinn- oder Verlustposten entweder in der Gesamtergebnisrechnung oder im Anhang anzugeben:

a) Nettogewinne oder -verluste aus:

i) finanziellen Vermögenswerten oder finanziellen Verbindlichkeiten, die erfolgswirksam zum beizulegenden Zeitwert bewertet werden, wobei diejenigen aus finanziellen Vermögenswerten oder finanziellen Verbindlichkeiten, die beim erstmaligen Ansatz oder nachfolgend gemäß Paragraph 6.7.1 von IFRS 9 als solche designiert wurden, getrennt auszuweisen sind von denjenigen aus finanziellen Vermögenswerten oder finanziellen Verbindlichkeiten, bei denen eine erfolgswirksame Bewertung zum beizulegenden Zeitwert gemäß IFRS 9 verpflichtend ist (z. B. finanzielle Verbindlichkeiten, die die Definition von „zu Handelszwecken gehalten" gemäß IFRS 9 erfüllen). Bei finanziellen Verbindlichkeiten, die als erfolgswirksam zum beizulegenden Zeitwert bewertet designiert wurden, hat ein Unternehmen den im sonstigen Ergebnis erfassten Betrag der Gewinne oder Verluste getrennt von dem erfolgswirksam erfassten Betrag auszuweisen.

(ii)–(iv) [gestrichen]

v) finanziellen Verbindlichkeiten, die zu fortgeführten Anschaffungskosten bewertet werden.

vi) finanziellen Vermögenswerten, die zu fortgeführten Anschaffungskosten bewertet werden.

vii) Finanzinvestitionen in Eigenkapitalinstrumente, die gemäß Paragraph 5.7.5 von IFRS 9 als zum beizulegenden Zeitwert erfolgsneutral im sonstigen Ergebnis bewertet designiert sind.

viii) finanziellen Vermögenswerten, die gemäß Paragraph 4.1.2A von IFRS 9 zum beizulegenden Zeitwert erfolgsneutral im sonstigen Ergebnis bewertet werden, wobei der Betrag der Gewinne oder Verluste, der im sonstigen Ergebnis in der Periode erfasst wird, getrennt von dem Betrag auszuweisen ist, der bei der Ausbuchung aus dem kumulierten sonstigen Ergebnis erfolgswirksam umgegliedert wird.

b) den (nach der Effektivzinsmethode berechneten) Gesamtzinsertrag und Gesamtzinsaufwand für finanzielle Vermögenswerte, die zu fortgeführten Anschaffungskosten oder gemäß Paragraph 4.1.2A von IFRS 9 zum beizulegenden Zeitwert erfolgsneutral im sonstigen Ergebnis bewertet werden (wobei diese Beträge getrennt auszuweisen sind), oder finanzielle Verbindlichkeiten, die nicht erfolgswirksam zum beizulegenden Zeitwert bewertet werden.

c) das als Ertrag oder Aufwand erfasste Entgelt (mit Ausnahme der Beträge, die in die Bestimmung der Effektivzinssätze einbezogen werden) aus
   i) finanziellen Vermögenswerten und finanziellen Verbindlichkeiten, die nicht erfolgswirksam zum beizulegenden Zeitwert bewertet werden, und
   ii) Treuhänder- und anderen fiduziarischen Geschäften, die auf eine Vermögensverwaltung für fremde Rechnung einzelner Personen, Sondervermögen, Pensionsfonds und anderer institutioneller Anleger hinauslaufen.
d) [gestrichen]
e) [gestrichen]

20A Ein Unternehmen hat eine Aufgliederung der in der Gesamtergebnisrechnung erfassten Gewinne oder Verluste aus der Ausbuchung von zu fortgeführten Anschaffungskosten bewerteten finanziellen Vermögenswerten vorzulegen, wobei die Gewinne und Verluste aus der Ausbuchung dieser finanziellen Vermögenswerte getrennt ausgewiesen werden. Diese Angabe muss auch die Gründe für die Ausbuchung dieser finanziellen Vermögenswerte enthalten.

Weitere Angaben

Rechnungslegungsmethoden

21 Gemäß Paragraph 117 des IAS 1 *Darstellung des Abschlusses* (in der 2007 überarbeiteten Fassung) hat ein Unternehmen wesentliche Angaben zu seinen Rechnungslegungsmethoden zu machen. Es ist davon auszugehen, dass zu diesen wesentlichen Angaben Informationen über die bei der Erstellung des Abschlusses herangezogene(n) Bewertungsgrundlage(n) für Finanzinstrumente zählen.

Bilanzierung von Sicherungsbeziehungen

21A Ein Unternehmen hat die in den Paragraphen 21B–24F verlangten Angaben für diejenigen Risiken zu machen, die es absichert und bei denen es sich für die Bilanzierung von Sicherungsbeziehungen entscheidet. Die Angaben im Rahmen der Bilanzierung von Sicherungsbeziehungen müssen folgende Informationen enthalten:

a) die Risikomanagementstrategie eines Unternehmens sowie die Art und Weise, wie diese zur Steuerung von Risiken angewandt wird,
b) inwieweit die Sicherungsbeziehungen eines Unternehmens die Höhe, den Zeitpunkt und die Unsicherheit seiner künftigen Zahlungsströme beeinflussen können, und
c) die Auswirkung der Bilanzierung von Sicherungsbeziehungen auf die Bilanz, die Gesamtergebnisrechnung und die Eigenkapitalveränderungsrechnung eines Unternehmens.

21B Ein Unternehmen hat die verlangten Angaben in einer einzelnen Anhangangabe oder einem separaten Abschnitt seines Abschlusses zu machen. Doch muss das Unternehmen bereits an anderer Stelle dargestellte Informationen nicht duplizieren, sofern diese Informationen durch Querverweis aus dem Abschluss auf sonstige Verlautbarungen, wie z. B. einen Lage- oder Risikobericht, die den Abschlussadressaten unter denselben Bedingungen und zur selben Zeit wie der Abschluss zugänglich sind, eingebunden werden. Ohne die durch einen Querverweis eingebrachten Informationen ist der Abschluss unvollständig.

21C Hat ein Unternehmen die Angaben gemäß den Paragraphen 22A–24F nach Risikokategorie zu trennen, legt es jede Risikokategorie basierend auf den Risiken fest, bei denen es sich für eine Absicherung entscheidet und die Bilanzierung von Sicherungsbeziehungen angewandt wird. Ein Unternehmen hat die Risikokategorien einheitlich für alle Angaben im Rahmen der Bilanzierung von Sicherungsbeziehungen festzulegen.

21D Zur Erreichung der in Paragraph 21A genannten Zielsetzung hat ein Unternehmen (sofern nachfolgend nichts anderes bestimmt ist) festzulegen, wie viele Details anzugeben sind, wieviel Gewicht es auf die verschiedenen Aspekte der verlangten Angaben legt, den erforderlichen Grad der Aufgliederung oder Zusammenfassung und ob die Abschlussadressaten zusätzliche Erläuterungen zur Beurteilung der angegebenen quantitativen Informationen benötigen. Allerdings hat das Unternehmen denselben Grad der Aufgliederung oder Zusammenfassung anzuwenden, den es bei den geforderten Angaben zusammengehöriger Informationen gemäß diesem IFRS und IFRS 13 *Bewertung zum beizulegenden Zeitwert* anwendet.

Die Risikomanagementstrategie

22 [gestrichen]

22A Ein Unternehmen hat für jede Risikokategorie, bei der es sich für eine Absicherung entscheidet und bei der die Bilanzierung von Sicherungsbeziehungen zur Anwendung kommt, zu erläutern. Diese Erläuterung sollte es den Abschlussadressaten ermöglichen, (z. B.) Folgendes zu beurteilen:

a) wie die einzelnen Risiken entstehen,
b) wie das Unternehmen die einzelnen Risiken steuert; hierin eingeschlossen ist, ob das Unternehmen ein Geschäft in seiner Gesamtheit gegen sämtliche Risiken oder eine Risikokomponente (oder -komponenten) eines Geschäfts absichert und warum,
c) das Ausmaß der Risiken, die durch das Unternehmen gesteuert werden.

22B Zur Erfüllung der Vorschriften in Paragraph 22A sollten die Informationen u. a. Folgendes enthalten:

a) eine Beschreibung der Sicherungsinstrumente, die zur Risikoabsicherung verwendet werden (und wie sie verwendet werden),

b) eine Beschreibung, wie das Unternehmen die wirtschaftliche Beziehung zwischen dem Grundgeschäft und dem Sicherungsinstrument zum Zwecke der Beurteilung der Wirksamkeit der Absicherung bestimmt, und

c) eine Beschreibung, wie das Unternehmen die Sicherungsquote festlegt und was die Ursachen für eine Unwirksamkeit der Absicherung sind.

22C Wenn ein Unternehmen eine spezifische Risikokomponente als Grundgeschäft designiert (siehe Paragraph 6.3.7 von IFRS 9), hat es zusätzlich zu den in den Paragraphen 22A und 22B verlangten Angaben die folgenden qualitativen oder quantitativen Informationen bereitzustellen:

a) wie das Unternehmen die als Grundgeschäft designierte Risikokomponente bestimmt (einschließlich einer Beschreibung der Art der Beziehung zwischen der Risikokomponente und dem Geschäft insgesamt) und

b) wie die Risikokomponente mit dem Geschäft insgesamt verbunden ist (Beispiel: Die designierte Risikokomponente hat in der Vergangenheit durchschnittlich 80 Prozent der Änderungen des beizulegenden Zeitwerts des Geschäfts insgesamt abgedeckt).

Höhe, Zeitpunkt und Unsicherheit künftiger Zahlungsströme

23 [gestrichen]

23A Sofern nicht durch Paragraph 23C von dieser Pflicht befreit, hat ein Unternehmen quantitative Informationen je Risikokategorie anzugeben, damit die Abschlussadressaten die vertraglichen Rechte und Pflichten aus den Sicherungsinstrumenten beurteilen und einschätzen können, wie sich diese auf die Höhe, den Zeitpunkt und die Unsicherheit künftiger Zahlungsströme des Unternehmens auswirken.

23B Zur Erfüllung der Vorschriften in Paragraph 23A hat das Unternehmen eine Aufschlüsselung mit folgenden Angaben vorzulegen:

a) ein zeitliches Profil für den Nominalbetrag des Sicherungsinstruments und

b) falls zutreffend, den Durchschnittspreis- oder -kurs (z. B. Ausübungspreis, Terminkurse usw.) des Sicherungsinstruments.

23C In Fällen, in denen ein Unternehmen Sicherungsbeziehungen häufig erneuert (d. h. beendet und neu beginnt), da sowohl das Sicherungsinstrument als auch das Grundgeschäft häufig geändert werden (d. h. das Unternehmen wendet einen dynamischen Prozess an, in dem sowohl das Risiko als auch die Sicherungsinstrumente zur Steuerung dieses Risikos nicht lange gleich bleiben – wie in dem Beispiel in Paragraph B6.5.24(b) von IFRS 9),

a) ist das Unternehmen von der Bereitstellung der in den Paragraphen 23A und 23B verlangten Angaben befreit,

b) sind folgende Angaben erforderlich:

i) Informationen darüber, wie die ultimative Risikomanagementstrategie in Bezug auf diese Sicherungsbeziehungen ist,

ii) eine Beschreibung, wie es seine Risikomanagementstrategie durch Verwendung der Bilanzierung von Sicherungsbeziehungen und Designation dieser bestimmten Sicherungsbeziehungen widerspiegelt, und

iii) ein Hinweis, wie oft die Sicherungsbeziehungen im Rahmen des diesbezüglichen Prozesses des Unternehmens beendet und neu begonnen werden.

23D Ein Unternehmen hat für jede Risikokategorie die Ursachen einer Unwirksamkeit der Absicherung darzulegen, die sich voraussichtlich auf die Sicherungsbeziehung während deren Laufzeit auswirken.

23E Treten in einer Sicherungsbeziehung andere Ursachen einer Unwirksamkeit der Absicherung zutage, hat ein Unternehmen diese Ursachen je Risikokategorie anzugeben und die daraus resultierende Unwirksamkeit der Absicherung zu erläutern.

23F Bei der Absicherung von Zahlungsströmen hat ein Unternehmen eine Beschreibung jeder erwarteten Transaktion vorzulegen, für die in der vorherigen Periode die Bilanzierung von Sicherungsbeziehungen verwendet wurde, deren Eintreten aber nicht mehr erwartet wird.

Auswirkungen der Bilanzierung von Sicherungsbeziehungen auf die Vermögens-, Finanz- und Ertragslage

24 [gestrichen]

24A Ein Unternehmen hat getrennt nach Risikokategorie für jede Art der Absicherung (Absicherung des beizulegenden Zeitwerts, Absicherung von Zahlungsströmen oder Absicherung einer Nettoinvestition in einen ausländischen Geschäftsbetrieb) folgende Beträge in Bezug auf als Sicherungsinstrumente designierte Geschäfte in tabellarischer Form anzugeben:

a) den Buchwert der Sicherungsinstrumente (finanzielle Vermögenswerte getrennt von finanziellen Verbindlichkeiten),

b) den Bilanzposten, in dem das Sicherungsinstrument enthalten ist,

c) die Änderung des beizulegenden Zeitwerts des Sicherungsinstruments, die als Grundlage für die Erfassung einer Unwirksamkeit der Absicherung für die Periode herangezogen wird, und

d) die Nominalbeträge (einschließlich Mengenangaben wie z. B. Tonnen oder Kubikmeter) der Sicherungsinstrumente.

24B Ein Unternehmen hat getrennt nach Risikokategorie für jede Art der Absicherung folgende Beträge in Bezug auf Grundgeschäfte in tabellarischer Form anzugeben:

a) für Absicherungen des beizulegenden Zeitwerts:

3/6. IFRS 7
24B – 24E

i) den Buchwert des in der Bilanz angesetzten Grundgeschäfts (wobei Vermögenswerte getrennt von Verbindlichkeiten ausgewiesen werden),

ii) den kumulierten Betrag sicherungsbezogener Anpassungen aus dem beizulegenden Zeitwert bei dem Grundgeschäft, der im Buchwert des bilanzierten Grundgeschäfts enthalten ist (wobei Vermögenswerte getrennt von Verbindlichkeiten ausgewiesen werden),

iii) den Bilanzposten, in dem das Grundgeschäft enthalten ist,

iv) die Wertänderung des Grundgeschäfts, die als Grundlage für die Erfassung einer Unwirksamkeit der Absicherung für die Periode herangezogen wird, und

v) den kumulierten Betrag sicherungsbezogener Anpassungen aus dem beizulegenden Zeitwert, der für Grundgeschäfte in der Bilanz verbleibt, die nicht mehr um Sicherungsgewinne und -verluste gemäß Paragraph 6.5.10 von IFRS 9 angepasst werden.

b) für Absicherungen von Zahlungsströmen und Absicherungen einer Nettoinvestition in einen ausländischen Geschäftsbetrieb:

i) die Wertänderung des Grundgeschäfts, die als Grundlage für die Erfassung einer Unwirksamkeit der Absicherung für die Periode herangezogen wird (d. h. bei Absicherungen von Zahlungsströmen die Wertänderung, die zur Bestimmung der erfassten Unwirksamkeit der Absicherung gemäß Paragraph 6.5.11(c) von IFRS 9 herangezogen wird),

ii) die Salden in der Rücklage für die Absicherung von Zahlungsströmen und der Währungsumrechnungsrücklage für laufende Absicherungen, die gemäß den Paragraphen 6.5.11 und 6.5.13(a) von IFRS 9 bilanziert werden, und

iii) die verbleibenden Salden in der Rücklage für die Absicherung von Zahlungsströmen und der Währungsumrechnungsrücklage aus etwaigen Sicherungsbeziehungen, bei denen die Bilanzierung von Sicherungsbeziehungen nicht mehr angewandt wird.

24C Ein Unternehmen hat getrennt nach Risikokategorie für jede Art der Absicherung folgende Beträge in tabellarischer Form anzugeben:

a) für Absicherungen des beizulegenden Zeitwerts:

i) eine Unwirksamkeit der Absicherung, d. h. die Differenz zwischen den Sicherungsgewinnen oder -verlusten des Sicherungsinstruments und des Grundgeschäfts, die erfolgswirksam erfasst wird (oder im sonstigen Ergebnis bei Absicherungen eines Eigenkapitalinstruments, bei dem das Unternehmen die Wahl getroffen hat, Änderungen des beizulegenden Zeitwerts gemäß Paragraph 5.7.5 von IFRS 9 im sonstigen Ergebnis zu erfassen), und

ii) den Posten der Gesamtergebnisrechnung, in dem die erfasste Unwirksamkeit der Absicherung enthalten ist.

b) für Absicherungen von Zahlungsströmen und Absicherungen einer Nettoinvestition in einen ausländischen Geschäftsbetrieb:

i) die Sicherungsgewinne oder -verluste der Berichtsperiode, die im sonstigen Ergebnis erfasst wurden,

ii) die erfolgswirksam erfasste Unwirksamkeit der Absicherung,

iii) den Posten der Gesamtergebnisrechnung, in dem die erfasste Unwirksamkeit der Absicherung enthalten ist,

iv) den Betrag, der aus der Rücklage für die Absicherung von Zahlungsströmen oder der Währungsumrechnungsrücklage als Umgliederungsbetrag (siehe IAS 1) erfolgswirksam umgegliedert wurde (wobei unterschieden wird zwischen Beträgen, bei denen die Bilanzierung von Sicherungsbeziehungen bislang angewandt wurde, das Eintreten der abgesicherten künftigen Zahlungsströme nicht mehr erwartet wird, und Beträgen, die übertragen wurden, da sich das Grundgeschäft auf den Gewinn oder Verlust ausgewirkt hat),

v) den Posten der Gesamtergebnisrechnung, in dem der Umgliederungsbetrag (siehe IAS 1) enthalten ist, und

vi) für Absicherungen von Nettopositionen die Sicherungsgewinne oder -verluste, die in einem gesonderten Posten der Gesamtergebnisrechnung erfasst werden (siehe Paragraph 6.6.4 von IFRS 9).

24D Wenn das Volumen der Sicherungsbeziehungen, für die die Befreiung in Paragraph 23C gilt, für die normalen Volumen während der Periode nicht repräsentativ ist (d. h. das Volumen am Abschlussstichtag spiegelt nicht die Volumen während der Periode wider), hat ein Unternehmen diese Tatsache und den Grund, warum das Volumen seiner Meinung nach nicht repräsentativ ist, anzugeben.

24E Ein Unternehmen hat für jede Komponente des Eigenkapitals eine Überleitungsrechnung sowie eine Aufgliederung des sonstigen Ergebnisses gemäß IAS 1 vorzulegen, worin insgesamt

a) mindestens zwischen den Beträgen, die sich auf die Angaben gemäß Paragraph 24C(b) (i) und (b)(iv) beziehen, sowie den gemäß Paragraph 6.5.11(d)(i) und (d)(iii) von IFRS 9 bilanzierten Beträgen unterschieden wird,

b) zwischen den Beträgen im Zusammenhang mit dem Zeitwert von Optionen zur Absicherung von transaktionsbezogenen Grundgeschäften und den Beträgen im Zusammenhang mit dem Zeitwert von Optionen zur Absicherung von zeitraumbezogenen Grundgeschäften unterschieden wird, wenn ein Unternehmen den Zeitwert einer Option gemäß Paragraph 6.5.15 von IFRS 9 bilanziert, und

c) zwischen den Beträgen im Zusammenhang mit den Terminelementen von Termingeschäften und Währungsbasis-Spreads von Finanzinstrumenten zur Absicherung von transaktionsbezogenen Grundgeschäften und den Beträgen im Zusammenhang mit den Terminelementen von Termingeschäften und Währungsbasis-Spreads von Finanzinstrumenten zur Absicherung von zeitraumbezogenen Grundgeschäften unterschieden wird, wenn ein Unternehmen diese Beträge gemäß Paragraph 6.5.16 von IFRS 9 bilanziert.

24F Ein Unternehmen hat die in Paragraph 24E verlangten Angaben getrennt nach Risikokategorie zu machen. Diese Aufschlüsselung nach Risiko kann im Anhang zum Abschluss erfolgen.

Wahlrecht zur Designation einer Ausfallrisikoposition als erfolgswirksam zum beizulegenden Zeitwert bewertet

24G Wenn ein Unternehmen ein Finanzinstrument oder einen prozentualen Anteil davon als erfolgswirksam zum beizulegenden Zeitwert bewertet designiert hat, da es zur Steuerung des Ausfallrisikos bei diesem Finanzinstrument ein Kreditderivat verwendet, sind folgende Angaben erforderlich:

a) für Kreditderivate zur Steuerung des Ausfallrisikos bei Finanzinstrumenten, die gemäß Paragraph 6.7.1 von IFRS 9 als erfolgswirksam zum beizulegenden Zeitwert bewertet wurden, eine Überleitungsrechnung für jeden Nominalbetrag und den beizulegenden Zeitwert zu Beginn und am Ende der Periode,

b) der bei der Designation eines Finanzinstruments oder eines prozentualen Anteils davon gemäß Paragraph 6.7.1 von IFRS 9 als erfolgswirksam zum beizulegenden Zeitwert bewertete erfolgswirksam erfasste Gewinn oder Verlust und

c) bei Beendigung der erfolgswirksamen Bewertung zum beizulegenden Zeitwert eines Finanzinstruments oder eines prozentualen Anteils davon, der beizulegende Zeitwert dieses Finanzinstruments, der gemäß Paragraph 6.7.4(b) von IFRS 9 zum neuen Buchwert geworden ist, und der zugehörige Nominal- oder Kapitalbetrag (außer zur Bereitstellung von Vergleichsinformationen gemäß IAS 1 muss ein Unternehmen diese Angaben in späteren Perioden nicht machen).

Durch die Reform der Referenzzinssätze bedingte Unsicherheiten

24H Zu Sicherungsbeziehungen, bei denen das Unternehmen die Ausnahmen der Paragraphen 6.8.4–6.8.12 von IFRS 9 oder der Paragraphen 102D–102N von IAS 39 anwendet, ist Folgendes anzugeben:

a) die maßgeblichen Referenzzinssätze, denen die Sicherungsbeziehungen des Unternehmens unterliegen,

b) in welchem Umfang das vom Unternehmen gesteuerte Risiko unmittelbar von der Reform der Referenzzinssätze betroffen ist,

c) wie das Unternehmen den Übergang zu alternativen Referenzsätzen steuert,

d) eine Beschreibung der maßgeblichen Annahmen oder Ermessensentscheidungen, die das Unternehmen bei der Anwendung dieser Paragraphen getroffen hat (z. B. Annahmen oder Ermessensentscheidungen im Hinblick darauf, wann die durch die Reform der Referenzzinssätze bedingte Unsicherheit, was den Zeitpunkt und die Höhe der referenzzinssatzbasierten Zahlungsströme angeht, nicht mehr besteht),

e) den Nominalbetrag der bei diesen Sicherungsbeziehungen eingesetzten Sicherungsinstrumente.

Durch die Reform der Referenzzinssätze bedingte ergänzende Angaben

24I Um den Abschlussadressaten einen Einblick in die Auswirkungen der Reform der Referenzzinssätze auf die Finanzinstrumente und die Risikomanagementstrategie eines Unternehmens zu geben, hat ein Unternehmen Angaben zu folgenden Punkten zu machen:

a) zu Art und Ausmaß der Risiken, die sich für das Unternehmen aus Finanzinstrumenten ergeben, die von der Reform der Referenzzinssätze betroffen sind, sowie zum Umgang des Unternehmens mit diesen Risiken und

b) zu dem Fortschritt des Unternehmens bei der Vollendung des Übergangs zu alternativen Referenzzinssätzen und zur Handhabung des Übergangs durch das Unternehmen.

24J Zur Erreichung der in Paragraph 24I genannten Zielsetzungen hat ein Unternehmen Angaben zu folgenden Punkten zu machen:

a) der Art und Weise, wie das Unternehmen den Übergang zu alternativen Referenzzinssätzen handhabt, zu seinem zum Abschlussstichtag erzielten Fortschritt und zu den Risiken, die sich infolge des Übergangs für das Unternehmen aus Finanzinstrumenten ergeben,

b) quantitative Angaben zu Finanzinstrumenten, die zum Abschlussstichtag noch nicht auf einen alternativen Referenzzinssatz umgestellt wurden, aufgeschlüsselt nach bedeutenden Referenzzinssätzen, die von der Reform der Referenzzinssätze betroffen sind; dabei ist Folgendes jeweils separat auszuweisen:

 i) nicht-derivative finanzielle Vermögenswerte,

 ii) nicht-derivative finanzielle Verbindlichkeiten und

iii) Derivate und

c) wenn die in Paragraph 24J(a) genannten Risiken zu Änderungen der Risikomanagementstrategie eines Unternehmens geführt haben (siehe Paragraph 22A), eine Beschreibung dieser Änderungen.

Beizulegender Zeitwert

25 Sofern Paragraph 29 nicht etwas anderes bestimmt, hat ein Unternehmen für jede einzelne Klasse von finanziellen Vermögenswerten und Verbindlichkeiten (siehe Paragraph 6) den beizulegenden Zeitwert so anzugeben, dass ein Vergleich mit den entsprechenden Buchwerten möglich ist.

26 Bei der Angabe der beizulegenden Zeitwerte sind die finanziellen Vermögenswerte und Verbindlichkeiten in Klassen einzuteilen, wobei eine Saldierung zwischen den einzelnen Klassen nur insoweit zulässig ist, wie die zugehörigen Buchwerte in der Bilanz saldiert sind.

27–27B [gestrichen]

28 In einigen Fällen erfasst ein Unternehmen beim erstmaligen Ansatz eines finanziellen Vermögenswerts oder einer finanziellen Verbindlichkeit keinen Gewinn oder Verlust, da der beizulegende Zeitwert weder durch einen an einem aktiven Markt notierten Preis für einen identischen Vermögenswert oder eine identische Schuld (d. h. einen Eingangsparameter der Stufe 1) nachgewiesen werden kann noch auf einem Bewertungsverfahren basiert, das nur Daten beobachtbarer Märkte verwendet (siehe Paragraph B5.1.2A von IFRS 9). In solchen Fällen hat das Unternehmen für jede Klasse von finanziellen Vermögenswerten oder finanziellen Verbindlichkeiten Folgendes anzugeben:

a) seine Rechnungslegungsmethoden zur erfolgswirksamen Erfassung der Differenz zwischen dem beizulegenden Zeitwert beim erstmaligen Ansatz und dem Transaktionspreis, um eine Veränderung der Faktoren (einschließlich des Zeitfaktors) widerzuspiegeln, die Marktteilnehmer bei Festlegung des Preises des Vermögenswerts oder der Schuld berücksichtigen würden (siehe Paragraph B5.1.2A(b) von IFRS 9).

b) die noch erfolgswirksam zu erfassende Gesamtdifferenz zu Beginn und am Ende der Berichtsperiode und eine Überleitung der Änderungen dieser Differenz.

c) warum das Unternehmen zu dem Schluss gelangte, dass der Transaktionspreis nicht der beste Anhaltspunkt für den beizulegenden Zeitwert war, sowie eine Beschreibung des Hinweises, der den beizulegenden Zeitwert stützt.

29 Die Angabe des beizulegenden Zeitwerts wird nicht verlangt,

a) wenn der Buchwert einen angemessenen Näherungswert für den beizulegenden Zeitwert darstellt, beispielsweise bei Finanzinstrumenten wie kurzfristigen Forderungen und Verbindlichkeiten aus Lieferungen und Leistungen, oder

b) [gestrichen]

c) [gestrichen]

d) bei Leasingverbindlichkeiten.

30 [gestrichen]

ART UND AUSMASS VON RISIKEN, DIE SICH AUS FINANZINSTRUMENTEN ERGEBEN

31 Ein Unternehmen hat seine Angaben so zu gestalten, dass die Abschlussadressaten Art und Ausmaß der mit Finanzinstrumenten verbundenen Risiken, denen das Unternehmen zum Abschlussstichtag ausgesetzt ist, beurteilen können.

32 Die in den Paragraphen 33–42 verlangten Angaben sind auf Risiken aus Finanzinstrumenten gerichtet und darauf, wie diese gesteuert werden. Zu diesen Risiken gehören u. a. Ausfallrisiko, *Liquiditätsrisiko* und Marktrisiko.

32A Werden quantitative Angaben durch qualitative Angaben ergänzt, können die Abschlussadressaten eine Verbindung zwischen zusammenhängenden Angaben herstellen und sich so ein Gesamtbild von Art und Ausmaß der sich aus Finanzinstrumenten ergebenden Risiken machen. Das Zusammenwirken von qualitativen und quantitativen Angaben trägt dazu bei, dass die Adressaten die Risiken, denen das Unternehmen ausgesetzt ist, besser einschätzen können.

Qualitative Angaben

33 Für jede Risikoart in Verbindung mit Finanzinstrumenten hat ein Unternehmen Folgendes anzugeben:

a) Umfang und Ursache der Risiken,

b) seine Ziele, Richtlinien und Prozesse zur Steuerung dieser Risiken und die zur Bewertung der Risiken eingesetzten Methoden und

c) etwaige Änderungen bei (a) oder (b) gegenüber der vorangegangenen Periode.

Quantitative Angaben

34 Für jede Risikoart in Verbindung mit Finanzinstrumenten hat ein Unternehmen Folgendes anzugeben:

a) zusammengefasste quantitative Daten bezüglich der Risiken, denen es am Abschlussstichtag ausgesetzt ist. Diese Angaben beruhen auf den Informationen, die dem Management in Schlüsselpositionen (Definition siehe IAS 24 *Angaben über Beziehungen zu nahestehenden Unternehmen und Personen*), wie dem Geschäftsführungs- und/oder Aufsichtsorgan des Unternehmens oder dessen Vorsitzenden, intern erteilt werden.

b) die in den Paragraphen 35A–42 verlangten Angaben, soweit sie nicht bereits gemäß (a) gemacht werden.

c) Risikokonzentrationen, sofern sie nicht aus den gemäß (a) und (b) gemachten Angaben ersichtlich sind.

35 Sind die zum Abschlussstichtag angegebenen quantitativen Daten für die Risiken, denen ein Unternehmen während der Periode ausgesetzt war, nicht repräsentativ, so sind zusätzliche repräsentative Angaben zu machen.

Ausfallrisiko

Anwendungsbereich und Zielsetzungen

35A Ein Unternehmen hat für Finanzinstrumente, auf welche die Wertminderungsvorschriften von IFRS 9 angewandt werden, die in den Paragraphen 35F–35N verlangten Angaben zu machen. Allerdings gelten folgende Einschränkungen:
a) bei Forderungen aus Lieferungen und Leistungen, Vertragsvermögenswerten und Forderungen aus Leasingverhältnissen gilt Paragraph 35J für jene Forderungen aus Lieferungen und Leistungen, Vertragsvermögenswerte und Forderungen aus Leasingverhältnissen, bei denen gemäß Paragraph 5.5.15 von IFRS 9 über die Laufzeit erwartete Kreditverluste erfasst werden, wenn diese finanziellen Vermögenswerte bei ihrer Änderung mehr als 30 Tage überfällig sind, und
b) Paragraph 35K(b) gilt nicht für Forderungen aus Leasingverhältnissen.

35B Die Angaben, die ein Unternehmen gemäß den Paragraphen 35F–35N zu den Ausfallrisiken macht, müssen es den Abschlussadressaten ermöglichen, die Auswirkung des Ausfallrisikos auf die Höhe, den Zeitpunkt und die Unsicherheit künftiger Zahlungsströme zu beurteilen. Um diese Zielsetzung zu erreichen, müssen die Angaben zu Ausfallrisiken Folgendes enthalten:
a) Informationen darüber, wie das Unternehmen bei der Steuerung des Ausfallrisikos verfährt, sowie darüber, wie diese Verfahrensweise (einschließlich der zur Bewertung erwarteter Kreditverluste verwendeten Methoden, Annahmen und Informationen) mit dem Ansatz und der Bewertung erwarteter Kreditverluste zusammenhängt,
b) quantitative und qualitative Informationen, anhand deren die Abschlussadressaten die sich aus den erwarteten Kreditverlusten im Abschluss ergebenden Beträge beurteilen können, einschließlich Änderungen im Betrag der erwarteten Kreditverluste und der Gründe für diese Änderungen, und
c) Informationen über das Ausfallrisiko eines Unternehmens (d. h. das Ausfallrisiko, mit dem die finanziellen Vermögenswerte eines Unternehmens und die Kreditzusagen behaftet sind), einschließlich signifikanter Ausfallrisikokonzentrationen.

35C Ein Unternehmen muss bereits an anderer Stelle dargestellte Informationen nicht duplizieren, sofern diese Informationen durch Querverweis aus dem Abschluss auf sonstige Verlautbarungen, wie z. B. einen Lage- oder Risikobericht, die den Abschlussadressaten unter denselben Bedingungen und zur selben Zeit wie der Abschluss zugänglich sind, eingebunden werden. Ohne die durch einen Querverweis eingebrachten Informationen ist der Abschluss unvollständig.

35D Zur Erreichung der in Paragraph 35B genannten Zielsetzungen hat ein Unternehmen (sofern nachfolgend nichts anderes bestimmt ist) zu erwägen, wie viele Details anzugeben sind, wieviel Gewicht es auf die verschiedenen Aspekte der verlangten Angaben legt, den erforderlichen Grad der Aufgliederung oder Zusammenfassung und ob die Abschlussadressaten zusätzliche Erläuterungen zur Beurteilung der angegebenen quantitativen Informationen benötigen.

35E Reichen die gemäß den Paragraphen 35F–35N gemachten Angaben zur Erreichung der in Paragraph 35B genannten Zielsetzungen nicht aus, hat das Unternehmen die zur Erreichung der Zielsetzungen erforderlichen zusätzlichen Angaben zu machen.

Ausfallrisikosteuerung

35F Ein Unternehmen hat darzulegen, wie es bei der Steuerung des Ausfallrisikos verfährt und wie diese Verfahrensweise mit dem Ansatz und der Bewertung erwarteter Kreditverluste zusammenhängt. Zur Erreichung dieser Zielsetzung müssen die Abschlussadressaten anhand der Angaben eines Unternehmens verstehen und beurteilen können,
a) wie das Unternehmen bestimmt hat, ob sich das Ausfallrisiko bei Finanzinstrumenten seit dem erstmaligen Ansatz signifikant erhöht hat; hierzu zählt auch, ob und wie
   i) Finanzinstrumente gemäß Paragraph 5.5.10 von IFRS 9 als Instrumente mit niedrigem Ausfallrisiko angesehen werden, einschließlich der Klasse der Finanzinstrumente, auf die dies zutrifft, und
   ii) die Vermutung nach Paragraph 5.5.11 von IFRS 9, dass sich das Ausfallrisiko seit dem erstmaligen Ansatz signifikant erhöht hat, wenn finanzielle Vermögenswerte mehr als 30 Tage überfällig sind, widerlegt wurde,
b) wie das Unternehmen einen Ausfall definiert, einschließlich der Gründe für die Auswahl dieser Definition,
c) wie die Instrumente für den Fall einer Bewertung der erwarteten Kreditverluste auf kollektiver Basis in Gruppen zusammengefasst wurden,
d) wie das Unternehmen bestimmt hat, dass finanzielle Vermögenswerte finanzielle Vermögenswerte mit beeinträchtigter Bonität sind,
e) wie das Unternehmen bei außerplanmäßigen Abschreibungen verfährt, einschließlich der Indikatoren, dass nach angemessener Einschätzung keine Realisierbarkeit gegeben

ist, und Informationen über das Vorgehen bei finanziellen Vermögenswerten, die abgeschrieben sind, aber noch einer Vollstreckungsmaßnahme unterliegen, und

f) wie die Vorschriften in Paragraph 5.5.12 von IFRS 9 zur Änderung der vertraglichen Zahlungsströme von finanziellen Vermögenswerten angewandt wurden; dies beinhaltet, wie das Unternehmen

   i) bestimmt, ob das Ausfallrisiko bei einem geänderten finanziellen Vermögenswert, für den die Wertberichtigung in Höhe der über die Laufzeit erwarteten Kreditverluste bemessen wurde, sich soweit verringert hat, dass die Wertberichtigung wieder gemäß Paragraph 5.5.5 von IFRS 9 in Höhe des erwarteten 12-Monats-Kreditverlusts bewertet werden kann, und

   ii) den Umfang überwacht, in dem die Wertberichtigung bei finanziellen Vermögenswerten, die die Kriterien unter (i) erfüllen, später wieder gemäß Paragraph 5.5.3 von IFRS 9 in Höhe der über die Laufzeit erwarteten Kreditverluste bemessen wird.

35G Ein Unternehmen hat die Eingangsparameter, Annahmen und Schätzverfahren, die zur Anwendung der Vorschriften in Abschnitt 5.5 von IFRS 9 herangezogen wurden, zu erläutern. Zu diesem Zweck hat das Unternehmen Folgendes anzugeben:

a) die Grundlage der verwendeten Eingangsparameter, Annahmen und Schätzverfahren,

   i) um den erwarteten 12-Monats-Kreditverlust und die über die Laufzeit erwarteten Kreditverluste zu bemessen,

   ii) um zu bestimmen, ob sich das Ausfallrisiko bei Finanzinstrumenten seit dem erstmaligen Ansatz signifikant erhöht hat, und

   iii) um zu bestimmen, ob ein finanzieller Vermögenswert ein finanzieller Vermögenswert mit beeinträchtigter Bonität ist.

b) wie zukunftsorientierte Informationen in die Bestimmung der erwarteten Kreditverluste eingeflossen sind, einschließlich der Verwendung makroökonomischer Informationen, und

c) während der Berichtsperiode vorgenommene Änderungen der Schätzverfahren oder signifikanter Annahmen, und die Gründe für diese Änderungen.

Quantitative und qualitative Informationen zur Höhe der erwarteten Kreditverluste

35H Um die Änderungen der Wertberichtigung und die Gründe für diese Änderungen zu erläutern, hat ein Unternehmen für jede Klasse von Finanzinstrumenten eine tabellarische Überleitungsrechnung von den Anfangs- auf die Schlusssalden der Wertberichtigung vorzulegen, in der die Änderungen in der Periode getrennt ausgewiesen werden für

a) die Wertberichtigung, die in Höhe des erwarteten 12-Monats-Kreditverlusts bemessen wird,

b) die Wertberichtigung, die in Höhe der über die Laufzeit erwarteten Kreditverluste bemessen wird, und zwar für:

   i) Finanzinstrumente, bei denen sich das Ausfallrisiko seit dem erstmaligen Ansatz signifikant erhöht hat, es sich aber nicht um finanzielle Vermögenswerte mit beeinträchtigter Bonität handelt,

   ii) finanzielle Vermögenswerte, deren Bonität zum Abschlussstichtag beeinträchtigt ist (es bei Erwerb oder Ausreichung aber noch nicht war), und

   iii) Forderungen aus Lieferungen und Leistungen, Vertragsvermögenswerte und Forderungen aus Leasingverhältnissen, bei denen die Wertberichtigungen gemäß Paragraph 5.5.15 von IFRS 9 bemessen werden.

c) finanzielle Vermögenswerte mit bereits bei Erwerb oder Ausreichung beeinträchtigter Bonität. Neben der Überleitungsrechnung hat ein Unternehmen den Gesamtbetrag der undiskontierten erwarteten Kreditverluste beim erstmaligen Ansatz von finanziellen Vermögenswerten, die in der Berichtsperiode erstmalig angesetzt wurden, anzugeben.

35I Damit Abschlussadressaten die gemäß Paragraph 35H angegebenen Änderungen der Wertberichtigung verstehen können, hat ein Unternehmen zu erläutern, inwieweit signifikante Änderungen des Bruttobuchwerts der Finanzinstrumente in der Periode zu Änderungen der Wertberichtigung beigetragen haben. Für Finanzinstrumente mit den in Paragraph 35H(a)–(c) genannten Wertberichtigungen sind diese Angaben getrennt auszuweisen und müssen relevante qualitative wie quantitative Informationen umfassen. Beispiele für Änderungen des Bruttobuchwerts von Finanzinstrumenten, die zu Änderungen bei der Wertberichtigung beitragen, sind u. a.:

a) Änderungen aufgrund von Finanzinstrumenten, die in der Berichtsperiode ausgereicht oder erworben wurden,

b) die Änderung der vertraglichen Zahlungsströme aus finanziellen Vermögenswerten, die gemäß IFRS 9 nicht zur Ausbuchung dieser finanziellen Vermögenswerte führt,

c) Änderungen aufgrund von Finanzinstrumenten, die in der Berichtsperiode ausgebucht wurden (einschließlich abgeschriebener Finanzinstrumente), und

d) Änderungen, die sich daraus ergeben, ob Wertberichtigung in Höhe des erwarteten 12-Monats-Kreditverlusts oder in Höhe der über die Laufzeit erwarteten Kreditverluste bemessen wird.

35J Damit die Abschlussadressaten sich ein Bild davon machen können, wie Änderungen bei den vertraglichen Zahlungsströmen aus finanziellen Vermögenswerten, die nicht zu einer Ausbuchung geführt haben, geartet sind, wie sie sich auswirken und welche Folgen solche Änderungen für die Bemessung der erwarteten Kreditverluste haben, hat ein Unternehmen Folgendes anzugeben:

a) die fortgeführten Anschaffungskosten vor der Änderung und den aus der Änderung resultierenden Netto- Gewinn oder -Verlust, der bei finanziellen Vermögenswerten ausgewiesen wurde, bei denen die vertraglichen Zahlungsströme in der Berichtsperiode geändert und deren Wertberichtigung in Höhe der über die Laufzeit erwarteten Kreditverluste bemessen wurde, und

b) den Bruttobuchwert zum Abschlussstichtag von finanziellen Vermögenswerten, die seit ihrem erstmaligen Ansatz zu einem Zeitpunkt geändert wurden, zu dem die Wertberichtigung in Höhe der über die Laufzeit erwarteten Kreditverluste bemessen wurde, und bei denen die Wertberichtigung in der Berichtsperiode auf die Höhe der erwarteten 12-Monats-Kreditverlusts umgestellt wurde.

35K Damit die Abschlussadressaten sich ein Bild davon machen können, wie sich Sicherheiten und andere Kreditbesicherungen auf die Höhe der erwarteten Kreditverluste auswirken, hat ein Unternehmen für jede Klasse von Finanzinstrumenten Folgendes anzugeben:

a) den Betrag, der das maximale Ausfallrisiko, dem das Unternehmen am Abschlussstichtag ausgesetzt ist, am besten darstellt, wobei gehaltene Sicherheiten oder andere Kreditbesicherungen (z. B. Aufrechnungsvereinbarungen, die die Saldierungskriterien gemäß IAS 32 nicht erfüllen) nicht berücksichtigt werden,

b) eine Beschreibung der gehaltenen Sicherheiten und anderen Kreditbesicherungen, einschließlich:
   i) einer Beschreibung der Art und Qualität der gehaltenen Sicherheiten,
   ii) einer Erläuterung etwaiger signifikanter Änderungen in der Qualität dieser Sicherheiten oder sonstigen Kreditsicherheiten, die auf eine Verschlechterung oder auf Änderungen bei den Besicherungsrichtlinien des Unternehmens während der Berichtsperiode zurückzuführen sind, und
   iii) Informationen über Finanzinstrumente, bei denen ein Unternehmen eine Wertberichtigung aufgrund der Sicherheiten nicht erfasst hat.

c) quantitative Informationen über die gehaltenen Sicherheiten und anderen Kreditbesicherungen (z. B. Quantifizierung, inwieweit das Ausfallrisiko durch die Sicherheiten und anderen Kreditbesicherungen verringert wird) für finanzielle Vermögenswerte, deren Bonität zum Abschlussstichtag beeinträchtigt ist.

35L Bei finanziellen Vermögenswerten, die während des Berichtszeitraums abgeschrieben wurden und noch einer Vollstreckungsmaßnahme unterliegen, hat ein Unternehmen den vertraglich ausstehenden Betrag anzugeben.

Ausfallrisiko

35M Damit die Abschlussadressaten das Ausfallrisiko eines Unternehmens beurteilen und sich ein Bild von signifikanten Ausfallrisikokonzentrationen machen können, hat ein Unternehmen für jede Ausfallrisiko-Ratingklasse den Bruttobuchwert der finanziellen Vermögenswerte und das Ausfallrisiko bei Kreditzusagen und finanziellen Garantien anzugeben. Diese Angaben sind für folgende Finanzinstrumente getrennt auszuweisen:

a) Finanzinstrumente, bei denen die Wertberichtigung in Höhe des erwarteten 12-Monats-Kreditverlusts bemessen wird,

b) Finanzinstrumente, bei denen die Wertberichtigung in Höhe der über die Laufzeit erwarteten Kreditverluste bemessen wird und bei denen es sich handelt um
   i) Finanzinstrumente, bei denen sich das Ausfallrisiko seit dem erstmaligen Ansatz signifikant erhöht hat, es sich aber nicht um finanzielle Vermögenswerte mit beeinträchtigter Bonität handelt,
   ii) finanzielle Vermögenswerte, deren Bonität zum Abschlussstichtag beeinträchtigt ist (es aber bei Erwerb oder Ausreichung noch nicht war), und
   iii) Forderungen aus Lieferungen und Leistungen, Vertragsvermögenswerte und Forderungen aus Leasingverhältnissen, bei denen die Wertberichtigungen gemäß Paragraph 5.5.15 von IFRS 9 bemessen werden,

c) finanzielle Vermögenswerte mit bereits bei Erwerb oder Ausreichung beeinträchtigter Bonität.

35N Bei Forderungen aus Lieferungen und Leistungen, Vertragsvermögenswerten und Forderungen aus Leasingverhältnissen, bei denen das Unternehmen Paragraph 5.5.15 von IFRS 9 anwendet, können die gemäß Paragraph 35M gemachten Angaben auf einer Wertberichtigungstabelle beruhen (siehe Paragraph B5.5.35 von IFRS 9).

36 Für alle Finanzinstrumente, die unter diesen IFRS fallen, auf die die Wertminderungsvorschriften von IFRS 9 aber nicht angewandt werden, hat ein Unternehmen für jede Klasse von Finanzinstrumenten die Folgendes anzugeben:

a) den Betrag, der das maximale Ausfallrisiko, dem das Unternehmen am Abschlussstichtag ausgesetzt ist, am besten darstellt, wobei gehaltene Sicherheiten oder andere Kreditbesicherungen (z. B. Aufrechnungsvereinbarungen, die die Saldierungskriterien gemäß IAS 32 nicht erfüllen) nicht berücksichtigt werden. Für Finanzinstrumente, deren Buchwert das

3/6. IFRS 7
36 – 42A

maximale Ausfallrisiko am besten darstellt, ist diese Angabe nicht erforderlich.

b) eine Beschreibung der gehaltenen Sicherheiten und anderen Kreditbesicherungen sowie ihrer finanziellen Auswirkung (z. B. Quantifizierung, inwieweit das Ausfallrisiko durch die Sicherheiten und anderen Kreditbesicherungen verringert wird) in Bezug auf den Betrag, der das maximale Ausfallrisiko am besten darstellt (ob gemäß (a) angegeben oder durch den Buchwert eines Finanzinstruments dargestellt).

c) [gestrichen]
d) [gestrichen]

37 [gestrichen]

Sicherheiten und andere erhaltene Kreditbesicherungen

38 Wenn ein Unternehmen in der Berichtsperiode durch Inbesitznahme von Sicherheiten, die es in Form von Sicherungsgegenständen hält, oder durch Inanspruchnahme anderer Kreditbesicherungen (wie Garantien) finanzielle und nicht-finanzielle Vermögenswerte erhält und diese den Ansatzkriterien in anderen IFRS entsprechen, so hat das Unternehmen für solche zum Abschlussstichtag gehaltene Vermögenswerte Folgendes anzugeben:

a) Art und Buchwert der Vermögenswerte und
b) für den Fall, dass die Vermögenswerte nicht leicht liquidierbar sind, seine Richtlinien, um derartige Vermögenswerte zu veräußern oder sie in seinem Geschäftsbetrieb einzusetzen.

Liquiditätsrisiko

39 Die Angaben des Unternehmens müssen Folgendes enthalten:

a) eine Fälligkeitsanalyse für nicht derivative finanzielle Verbindlichkeiten (einschließlich bereits gewährter finanzieller Garantien), aus der die verbleibenden vertraglichen Restlaufzeiten hervorgehen.
b) eine Fälligkeitsanalyse für derivative finanzielle Verbindlichkeiten. Bei derivativen finanziellen Verbindlichkeiten, bei denen die vertraglichen Restlaufzeiten für das Verständnis des für die Zahlungsströme festgelegten Zeitbands (siehe Paragraph B11B) essenziell sind, muss die Fälligkeitsanalyse die verbleibenden vertraglichen Restlaufzeiten umfassen.
c) eine Beschreibung, wie das mit (a) und (b) verbundene Liquiditätsrisiko gesteuert wird.

Marktrisiko
Sensitivitätsanalyse

40 Sofern ein Unternehmen Paragraph 41 nicht erfüllt, hat es Folgendes anzugeben:

a) eine Sensitivitätsanalyse für jede Art von Marktrisiko, dem im Unternehmen zum Abschlussstichtag ausgesetzt ist und aus der hervorgeht, wie sich Änderungen der relevanten Risikoparameter, die zu diesem Zeitpunkt angemessenerweise für möglich gehalten wurden, auf Gewinn oder Verlust und Eigenkapital ausgewirkt hätten,
b) die Methoden und Annahmen, die zur Erstellung der Sensitivitätsanalyse verwendet wurden, und
c) Änderungen an den verwendeten Methoden und Annahmen im Vergleich zur vorangegangenen Berichtsperiode sowie die Gründe für diese Änderungen.

41 Wenn ein Unternehmen eine Sensitivitätsanalyse, wie eine Value-at-Risk-Analyse, erstellt, die gegenseitigen Abhängigkeiten zwischen den Risikoparametern (z. B. Zinssätze und Wechselkurse) widerspiegelt, und diese zur Steuerung der finanziellen Risiken verwendet, kann es diese Sensitivitätsanalyse anstelle der in Paragraph 40 genannten Analyse verwenden. Weiterhin sind folgende Angaben zu machen:

a) eine Erklärung der für die Erstellung dieser Sensitivitätsanalyse verwendeten Methoden und der Hauptparameter und Annahmen, die der Analyse zugrunde liegen, und
b) eine Erläuterung der Zielsetzung, die mit der verwendeten Methode verfolgt wird, und der Einschränkungen, die dazu führen können, dass die Informationen die beizulegenden Zeitwerte der betreffenden Vermögenswerte und Verbindlichkeiten nicht vollständig widerspiegeln.

Weitere Angaben zum Marktrisiko

42 Wenn die gemäß den Paragraphen 40 oder 41 zur Verfügung gestellten Sensitivitätsanalysen für den Risikogehalt eines Finanzinstruments nicht repräsentativ sind (da beispielsweise das Risiko zum Jahresende nicht das Risiko während des Jahres widerspiegelt), hat das Unternehmen diese Tatsache sowie die Gründe anzugeben, weshalb es diese Sensitivitätsanalysen für nicht repräsentativ hält.

ÜBERTRAGUNGEN FINANZIELLER VERMÖGENSWERTE

42A Die in den Paragraphen 42B–42H festgelegten Angabepflichten bei Übertragungen finanzieller Vermögenswerte ergänzen die sonstigen Angabepflichten dieses IFRS. Ein Unternehmen hat die in den Paragraphen 42B–42H verlangten Angaben in einer einzelnen Anhangangabe in seinem Abschluss darzustellen. Die verlangten Angaben sind unabhängig vom Übertragungszeitpunkt für alle übertragenen finanziellen Vermögenswerte, die nicht ausgebucht wurden, sowie für jedes zum Abschlussstichtag bestehende anhaltende Engagement an einem übertragenen Vermögenswert zu machen. Für die Zwecke der in den genannten Paragraphen festgelegten Angabepflichten ist eine vollständige oder teilweise Übertragung eines finanziellen Vermögenswerts (des übertragenen finanziellen Vermögenswerts) dann und nur dann gegeben, wenn das Unternehmen entweder

a) sein vertragliches Anrecht auf den Bezug der Zahlungsströme aus diesem finanziellen Vermögenswert überträgt oder
b) sein vertragliches Anrecht auf den Bezug der Zahlungsströme aus diesem finanziellen Vermögenswert zwar behält, sich im Rahmen einer Vereinbarung aber vertraglich zur Weiterreichung der Zahlungsströme an einen oder mehrere Empfänger verpflichtet.

42B Die von einem Unternehmen gemachten Angaben müssen die Abschlussadressaten in die Lage versetzen,
a) die Beziehung zwischen übertragenen finanziellen Vermögenswerten, die nicht vollständig ausgebucht werden, und den zugehörigen Verbindlichkeiten zu verstehen und
b) die Art des anhaltenden Engagements des Unternehmens an den ausgebuchten finanziellen Vermögenswerten und die damit verbundenen Risiken zu beurteilen.

42C Für die Zwecke der in den Paragraphen 42E–42H festgelegten Angabepflichten hat ein Unternehmen ein anhaltendes Engagement an einem übertragenen finanziellen Vermögenswert, wenn es bei der Übertragung ein oder mehrere vertragliche Rechte oder Verpflichtungen aus dem übertragenen finanziellen Vermögenswert behält oder ihm neue vertragliche Rechte oder Verpflichtungen in Bezug auf den übertragenen finanziellen Vermögenswert entstehen. Für die Zwecke der in den Paragraphen 42E–42H festgelegten Angabepflichten stellen folgende Sachverhalte kein anhaltendes Engagement dar:
a) normale Zusicherungen und Gewährleistungen im Zusammenhang mit betrügerischer Übertragung und Konzepten von Angemessenheit, gutem Glauben und redlichem Geschäftsgebaren, die eine Übertragung infolge eines Gerichtsverfahrens unwirksam machen könnten,
b) Termin-, Options- und andere Geschäfte zum Rückkauf des übertragenen finanziellen Vermögenswerts, bei denen der Vertragspreis (oder Ausübungspreis) der beizulegende Zeitwert des übertragenen finanziellen Vermögenswerts ist, oder
c) eine Vereinbarung, bei der ein Unternehmen sein vertragliches Anrecht auf den Bezug der Zahlungsströme aus einem finanziellen Vermögenswert behält, sich aber vertraglich zur Weiterreichung der Zahlungsströme an ein oder mehrere Unternehmen verpflichtet, und die die in Paragraph 3.2.5(a)–(c) von IFRS 9 genannten Bedingungen erfüllt.

Übertragene finanzielle Vermögenswerte, die nicht vollständig ausgebucht werden

42D Ein Unternehmen kann finanzielle Vermögenswerte so übertragen haben, dass keiner von ihnen oder nur ein Teil die Kriterien für eine Ausbuchung erfüllt. Zur Erreichung der in Paragraph 42B(a) genannten Zielsetzungen hat ein Unternehmen an jedem Abschlussstichtag für jede Klasse übertragener finanzieller Vermögenswerte, die nicht vollständig ausgebucht werden, Folgendes anzugeben:
a) Art der übertragenen Vermögenswerte,
b) Art der mit dem Eigentum verbundenen Risiken und Chancen, die für das Unternehmen bestehen,
c) eine Beschreibung der Art der Beziehung zwischen den übertragenen Vermögenswerten und den zugehörigen Verbindlichkeiten, einschließlich sich aus der Übertragung ergebender Beschränkungen hinsichtlich der Verwendung der übertragenen Vermögenswerte durch das berichtende Unternehmen,
d) wenn die Vertragspartei(en) der zugehörigen Verbindlichkeiten nur Rückgriff auf die übertragenen Vermögenswerte nehmen kann (können), eine Aufstellung, aus der der beizulegende Zeitwert der übertragenen Vermögenswerte, der beizulegende Zeitwert der zugehörigen Verbindlichkeiten und die Nettoposition (die Differenz zwischen dem beizulegenden Zeitwert der übertragenen Vermögenswerte und der zugehörigen Verbindlichkeiten) ersichtlich sind,
e) wenn das Unternehmen alle übertragenen Vermögenswerte weiterhin ansetzt, die Buchwerte der übertragenen Vermögenswerte und der zugehörigen Verbindlichkeiten,
f) wenn das Unternehmen die Vermögenswerte weiterhin nach Maßgabe seines anhaltenden Engagements ansetzt (siehe Paragraphen 3.2.6(c)(ii) und 3.2.16 von IFRS 9), den Gesamtbuchwert der ursprünglichen Vermögenswerte vor der Übertragung, den Buchwert der weiterhin angesetzten Vermögenswerte sowie den Buchwert der zugehörigen Verbindlichkeiten.

Übertragene finanzielle Vermögenswerte, die vollständig ausgebucht werden

42E Zur Erreichung der in Paragraph 42B(b) genannten Zielsetzungen hat ein Unternehmen, wenn es übertragene finanzielle Vermögenswerte vollständig ausbucht, aber ein anhaltendes Engagement daran behält (siehe Paragraph 3.2.6(a) und (c)(i) von IFRS 9), an jedem Abschlussstichtag für jede Art von anhaltendem Engagement zumindest Folgendes anzugeben:
a) den Buchwert der Vermögenswerte und Verbindlichkeiten, die in der Bilanz des Unternehmens angesetzt sind und sein anhaltendes Engagement an den ausgebuchten finanziellen Vermögenswerten darstellen, und die Posten, in denen der Buchwert dieser Vermögenswerte und Verbindlichkeiten erfasst ist,
b) den beizulegenden Zeitwert der Vermögenswerte und Verbindlichkeiten, die das anhaltende Engagement des Unternehmens an den ausgebuchten finanziellen Vermögenswerten darstellen.

c) den Betrag, der das maximale Verlustrisiko des Unternehmens aufgrund seines anhaltenden Engagements an den ausgebuchten finanziellen Vermögenswerten am besten darstellt, sowie Angaben darüber, wie das maximale Verlustrisiko bestimmt wird,

d) die nicht abgezinsten Mittelabflüsse, die für den Rückkauf ausgebuchter finanzieller Vermögenswerte erforderlich wären oder sein können (z. B. der Ausübungspreis bei einer Optionsvereinbarung), oder andere Beträge, die in Bezug auf die übertragenen Vermögenswerte an den Empfänger zu zahlen sind. Sind die Mittelabflüsse variabel, sollte der angegebene Betrag auf den Gegebenheiten am jeweiligen Abschlussstichtag basieren.

e) eine Fälligkeitsanalyse für die nicht abgezinsten Mittelabflüsse, die für den Rückkauf der ausgebuchten finanziellen Vermögenswerte erforderlich wären oder sein können, oder andere Beträge, die in Bezug auf die übertragenen Vermögenswerte an den Empfänger zu zahlen sind, aus der die vertraglichen Restlaufzeiten des anhaltenden Engagements des Unternehmens hervorgehen.

f) qualitative Informationen zur Erläuterung und Stützung der unter (a)–(e) verlangten Angaben.

42F Hat ein Unternehmen mehr als eine Art von anhaltendem Engagement an einem ausgebuchten finanziellen Vermögenswert, darf es die in Paragraph 42E verlangten Angaben für diesen Vermögenswert zusammenfassen und als eine Art von anhaltendem Engagement ausweisen.

42G Darüber hinaus ist für jede Art von anhaltendem Engagement Folgendes anzugeben:

a) den zum Zeitpunkt der Übertragung der Vermögenswerte erfassten Gewinn oder Verlust,

b) die Erträge und Aufwendungen (in der Berichtsperiode und kumulativ) aus dem anhaltenden Engagement des Unternehmens an den ausgebuchten finanziellen Vermögenswerten (wie Änderungen des beizulegenden Zeitwerts derivativer Finanzinstrumente),

c) falls der Gesamtbetrag der in einer Berichtsperiode angefallenen Erlöse aus Übertragungen (die die Kriterien für eine Ausbuchung erfüllen) sich nicht gleichmäßig über die Berichtsperiode verteilt (wenn beispielsweise ein wesentlicher Teil des Gesamtbetrags der Übertragungsaktivitäten in den letzten Tagen einer Berichtsperiode anfällt),

i) den Zeitraum mit der höchsten Übertragungsaktivität innerhalb dieser Berichtsperiode (z. B. die letzten fünf Tage vor dem Abschlussstichtag),

ii) den Betrag (z. B. zugehörige Gewinne oder Verluste), der in diesem Zeitraum der Berichtsperiode aufgrund von Übertragungsaktivitäten erfasst wurde, und

iii) den Gesamtbetrag der Erlöse aus Übertragungsaktivitäten in diesem Zeitraum der Berichtsperiode.

Diese Informationen sind für jede Periode zu liefern, für die eine Gesamtergebnisrechnung erstellt wird.

Zusatzinformationen

42H Ein Unternehmen hat alle Zusatzinformationen zu liefern, die es zur Erreichung der in Paragraph 42B in Bezug auf Angaben genannten Zielsetzungen für notwendig hält.

ERSTMALIGE ANWENDUNG VON IFRS 9

42I In der Berichtsperiode, in die der Zeitpunkt der erstmaligen Anwendung von IFRS 9 fällt, hat das Unternehmen für jede Gruppe von finanziellen Vermögenswerten und finanziellen Verbindlichkeiten mit Stand zum Zeitpunkt der erstmaligen Anwendung Folgendes anzugeben:

a) die ursprüngliche Bewertungskategorie und den ursprünglichen Buchwert, die gemäß IAS 39 oder gemäß einer früheren Fassung von IFRS 9 bestimmt wurden (wenn der vom Unternehmen für die Anwendung von IFRS 9 gewählte Ansatz für verschiedene Vorschriften mehr als einen Zeitpunkt der erstmaligen Anwendung umfasst),

b) die neue Bewertungskategorie und den neuen Buchwert, die gemäß IFRS 9 bestimmt wurden,

c) den Betrag jeglicher in der Bilanz angesetzter finanzieller Vermögenswerte und finanzieller Verbindlichkeiten, die zuvor als erfolgswirksam zum beizulegenden Zeitwert bewertet designiert waren, es nun aber nicht mehr sind, wobei zwischen denjenigen zu unterscheiden ist, die gemäß IFRS 9 umgegliedert werden müssen, und denjenigen, bei denen sich das Unternehmen dafür entscheidet, die Umgliederung zum Zeitpunkt der erstmaligen Anwendung vorzunehmen.

Nach Paragraph 7.2.2 von IFRS 9 kann die Umstellung in Abhängigkeit davon, welchen Ansatz das Unternehmen für die Anwendung von IFRS 9 gewählt hat, mit mehr als einem Zeitpunkt der erstmaligen Anwendung verbunden sein. Daher kann dieser Paragraph dazu führen, dass zu mehr als einem Zeitpunkt der erstmaligen Anwendung Angaben gemacht werden. Diese quantitativen Angaben sind vom Unternehmen tabellarisch darzustellen, es sei denn, ein anderes Format ist angemessener.

42J In der Berichtsperiode, in die der Zeitpunkt der erstmaligen Anwendung von IFRS 9 fällt, hat das Unternehmen qualitative Angaben zu machen, die den Abschlussadressaten das Verständnis von Folgendem ermöglichen:

a) wie das Unternehmen die Einstufungsvorschriften von IFRS 9 auf diejenigen finanziellen Vermögenswerte angewandt hat, deren Einstufung sich aufgrund der Anwendung von IFRS 9 geändert hat,

b) die Gründe für eine Designation oder Aufhebung der Designation von finanziellen Vermögenswerten oder finanziellen Verbindlichkeiten als erfolgswirksam zum beizulegenden Zeitwert bewertet zum Zeitpunkt der erstmaligen Anwendung.

Nach Paragraph 7.2.2 von IFRS 9 kann die Umstellung in Abhängigkeit davon, welchen Ansatz das Unternehmen für die Anwendung von IFRS 9 gewählt hat, mit mehr als einen Zeitpunkt der erstmaligen Anwendung verbunden sein. Daher kann dieser Paragraph dazu führen, dass zu mehr als einem Zeitpunkt der erstmaligen Anwendung Angaben gemacht werden.

42K In der Berichtsperiode, in der ein Unternehmen erstmals die Einstufungs- und Bewertungsvorschriften für finanzielle Vermögenswerte von IFRS 9 anwendet (d. h. wenn das Unternehmen bei finanziellen Vermögenswerten von IAS 39 auf IFRS 9 umstellt), hat es gemäß Paragraph 7.2.15 von IFRS 9 die in den Paragraphen 42L–42O des vorliegenden IFRS verlangten Angaben darzustellen.

42L Wenn Paragraph 42K dies verlangt, hat ein Unternehmen zum Zeitpunkt der erstmaligen Anwendung von IFRS 9 die Änderungen bei der Einstufung finanzieller Vermögenswerte und finanzieller Verbindlichkeiten anzugeben, und zwar aufgeschlüsselt nach:
a) den Änderungen der Buchwerte, die auf die nach IAS 39 bestimmten Bewertungskategorien (d. h. nicht durch eine Änderung des Bewertungsmaßstabs bei der Umstellung auf IFRS 9) zurückzuführen sind, und
b) den Änderungen bei den Buchwerten, die auf eine Änderung des Bewertungsmaßstabs bei der Umstellung auf IFRS 9 zurückzuführen sind.

Nach der Berichtsperiode eines Geschäftsjahrs, in dem das Unternehmen erstmals die Einstufungs- und Bewertungsvorschriften für finanzielle Vermögenswerte von IFRS 9 anwendet, müssen die in diesem Paragraphen verlangten Angaben nicht gemacht werden.

42M Wenn Paragraph 42K dies verlangt, hat ein Unternehmen für finanzielle Vermögenswerte und finanzielle Verbindlichkeiten, die umgegliedert wurden und nunmehr zu fortgeführten Anschaffungskosten bewertet werden, und für finanzielle Vermögenswerte, die infolge der Umstellung auf IFRS 9 von erfolgswirksam zum beizulegenden Zeitwert bewertet in die Kategorie zum beizulegenden Zeitwert erfolgsneutral im sonstigen Ergebnis bewertet umgegliedert wurden, Folgendes anzugeben:
a) den beizulegenden Zeitwert der finanziellen Vermögenswerte oder finanziellen Verbindlichkeiten am Abschlussstichtag und
b) den Gewinn oder Verlust aus der Veränderung des beizulegenden Zeitwerts, der ohne Umgliederung der finanziellen Vermögenswerte oder finanziellen Verbindlichkeiten während der Berichtsperiode erfolgswirksam oder im sonstigen Ergebnis erfasst worden wäre.

Nach der Berichtsperiode eines Geschäftsjahrs, in dem das Unternehmen erstmals die Einstufungs- und Bewertungsvorschriften für finanzielle Vermögenswerte von IFRS 9 anwendet, müssen die in diesem Paragraphen verlangten Angaben nicht gemacht werden.

42N Wenn Paragraph 42K dies verlangt, hat ein Unternehmen für finanzielle Vermögenswerte und finanzielle Verbindlichkeiten, die infolge der Umstellung auf IFRS 9 aus der Kategorie erfolgswirksam zum beizulegenden Zeitwert bewertet umgegliedert wurden, Folgendes anzugeben:
a) den Effektivzinssatz, der zum Zeitpunkt der erstmaligen Anwendung bestimmt wurde, und
b) die erfassten Zinserträge oder -aufwendungen.

Wenn ein Unternehmen den beizulegenden Zeitwert eines finanziellen Vermögenswerts oder einer finanziellen Verbindlichkeit zum Zeitpunkt der erstmaligen Anwendung als neuen Bruttobuchwert ansetzt (siehe Paragraph 7.2.11 von IFRS 9), müssen die im vorliegenden Paragraphen verlangten Angaben bis zur Ausbuchung für jede Berichtsperiode gemacht werden. Ansonsten müssen die in diesem Paragraphen verlangten Angaben nach der Berichtsperiode eines Geschäftsjahrs, in dem das Unternehmen erstmals die Einstufungs- und Bewertungsvorschriften für finanzielle Vermögenswerte von IFRS 9 anwendet, nicht gemacht werden.

42O Wenn ein Unternehmen die in den Paragraphen 42K–42N genannten Angaben darstellt, müssen diese sowie die Angaben gemäß Paragraph 25 des vorliegenden IFRS eine Überleitung von
a) den gemäß IAS 39 und IFRS 9 dargestellten Bewertungskategorien auf
b) die Klasse der Finanzinstrumente
zum Zeitpunkt der erstmaligen Anwendung ermöglichen.

42P Zum Zeitpunkt der erstmaligen Anwendung des Abschnitts 5.5 von IFRS 9 hat ein Unternehmen Angaben zu machen, die eine Überleitung vom Endbetrag der Wertberichtigungen gemäß IAS 39 und den Rückstellungen gemäß IAS 37 auf den gemäß IFRS 9 bestimmten Anfangsbetrag der Wertberichtigungen ermöglichen. Bei finanziellen Vermögenswerten sind diese Angaben anhand der zugehörigen Bewertungskategorien der finanziellen Vermögenswerte gemäß IAS 39 und IFRS 9 zu machen, wobei die Auswirkung der Änderungen der Bewertungskategorie auf die Wertberichtigung zu diesem Zeitpunkt separat auszuweisen sind.

42Q In der Berichtsperiode, in die der Zeitpunkt der erstmaligen Anwendung von IFRS 9 fällt, muss ein Unternehmen die Beträge der Abschlussposten, die gemäß den Einstufungs- und Bewertungsvorschriften (einschließlich der Vorschriften für die Bewertung von finanziellen Vermögenswerten zu fortgeführten Anschaffungskosten und die Wertminderungsvorschriften in den Abschnitten

5.4 und 5.5 von IFRS 9) der folgenden Standards hätten angegeben werden müssen, nicht angeben:
a) IFRS 9 für frühere Berichtsperioden und
b) IAS 39 für die aktuelle Berichtsperiode.

42R Ist es für ein Unternehmen nach Paragraph 7.2.4 von IFRS 9 zum Zeitpunkt der erstmaligen Anwendung undurchführbar (im Sinne von IAS 8), den geänderten Zeitwert des Geldes gemäß den Paragraphen B4.1.9B– B4.1.9D von IFRS 9 auf der Grundlage der bei erstmaligem Ansatz des finanziellen Vermögenswerts bestehenden Tatsachen und Umstände zu beurteilen, hat es die Eigenschaften dieses finanziellen Vermögenswerts hinsichtlich seiner vertraglichen Zahlungsströme auf der Grundlage der bei seinem erstmaligen Ansatz bestehenden Tatsachen und Umstände zu beurteilen, ohne die Vorschriften zur Änderung des Zeitwerts des Geldes in den Paragraphen B4.1.9B– B4.1.9D von IFRS 9 zu berücksichtigen. Bei finanziellen Vermögenswerten, deren Eigenschaften hinsichtlich ihrer vertraglichen Zahlungsströme auf der Grundlage der beim erstmaligen Ansatz bestehenden Tatsachen und Umstände beurteilt wurden, ohne die Vorschriften zur Änderung des Zeitwerts des Geldes gemäß den Paragraphen B4.1.9B–B4.1.9D von IFRS 9 zu berücksichtigen, hat das Unternehmen den Buchwert am Abschlussstichtag bis zur Ausbuchung dieser finanziellen Vermögenswerte anzugeben.

42S Ist es für ein Unternehmen nach Paragraph 7.2.5 von IFRS 9 zum Zeitpunkt der erstmaligen Anwendung undurchführbar (im Sinne von IAS 8) zu beurteilen, ob der beizulegende Zeitwert einer Vorfälligkeitsregelung gemäß Paragraph B4.1.12(d) von IFRS 9 ausgehend von den beim erstmaligen Ansatz des finanziellen Vermögenswerts bestehenden Tatsachen und Umständen nicht signifikant war, hat es die Eigenschaften dieses finanziellen Vermögenswerts hinsichtlich seiner vertraglichen Zahlungsströme ausgehend von den beim erstmaligen Ansatz bestehenden Tatsachen und Umständen zu beurteilen, ohne die Ausnahme für Vorfälligkeitsregelungen in Paragraph B4.1.12 von IFRS 9 zu berücksichtigen. Bei finanziellen Vermögenswerten, deren Eigenschaften hinsichtlich der vertraglichen Zahlungsströme auf der Grundlage der beim erstmaligen Ansatz bestehenden Tatsachen und Umstände beurteilt wurden, ohne die Ausnahme für Vorfälligkeitsregelungen gemäß Paragraph B4.1.12 von IFRS 9 zu berücksichtigen, hat das Unternehmen den Buchwert am Abschlussstichtag bis zur Ausbuchung dieser finanziellen Vermögenswerte anzugeben.

ZEITPUNKT DES INKRAFTTRETENS UND ÜBERGANGSVORSCHRIFTEN

43 Dieser IFRS ist erstmals auf Geschäftsjahre anzuwenden, die am oder nach dem 1. Januar 2007 beginnen. Eine frühere Anwendung wird empfohlen. Wendet ein Unternehmen diesen IFRS auf ein früheres Geschäftsjahr an, hat es dies anzugeben.

44 Wendet ein Unternehmen diesen IFRS auf vor dem 1. Januar 2006 beginnende Geschäftsjahre an, sind Vergleichsinformationen für die in den Paragraphen 31–42 verlangten Angaben über Art und Ausmaß der mit Finanzinstrumenten verbundenen Risiken nicht erforderlich.

44A Durch IAS 1 (in der 2007 überarbeiteten Fassung) wurde die in den IAS/IFRS verwendete Terminologie geändert. Zusätzlich dazu wurden die Paragraphen 20, 21, 23(c) und (d), 27(c) und B5 von Anhang B geändert. Diese Änderungen sind auf Geschäftsjahre anzuwenden, die am oder nach dem 1. Januar 2009 beginnen. Wendet ein Unternehmen IAS 1 (in der 2007 überarbeiteten Fassung) auf ein früheres Geschäftsjahr an, so hat es auf dieses Geschäftsjahr auch diese Änderungen anzuwenden.

44B Durch IFRS 3 (in der 2008 geänderten Fassung) wurde Paragraph 3(c) gestrichen. Diese Änderung ist auf Geschäftsjahre anzuwenden, die am oder nach dem 1. Juli 2009 beginnen. Wendet ein Unternehmen IFRS 3 (in der 2008 überarbeiteten Fassung) auf ein früheres Geschäftsjahr an, so hat es auf dieses Geschäftsjahr auch diese Änderung anzuwenden. Die Änderung gilt jedoch nicht für bedingte Gegenleistungen, die auf einen Unternehmenszusammenschluss zurückzuführen sind, bei dem der Erwerbszeitpunkt vor der Anwendung von IFRS 3 (in der 2008 geänderten Fassung) liegt. Eine solche Gegenleistung ist stattdessen gemäß den Paragraphen 65A–65E von IFRS 3 (in der 2010 geänderten Fassung) zu bilanzieren.

44C Die Änderung in Paragraph 3 ist erstmals auf Geschäftsjahre anzuwenden, die am oder nach dem 1. Januar 2009 beginnen. Wendet ein Unternehmen *Kündbare Finanzinstrumente und bei Liquidation entstehende Verpflichtungen* (Änderungen an IAS 32 und IAS 1), veröffentlicht im Februar 2008, auf ein früheres Geschäftsjahr an, so hat es auf dieses Geschäftsjahr auch die Änderung in Paragraph 3 anzuwenden.

44D Durch *Verbesserungen an den IFRS*, veröffentlicht im Mai 2008, wurde Paragraph 3(a) geändert. Diese Änderung ist auf Geschäftsjahre anzuwenden, die am oder nach dem 1. Januar 2009 beginnen. Eine frühere Anwendung ist zulässig. Wendet ein Unternehmen diese Änderung auf ein früheres Geschäftsjahr an, hat es dies anzugeben und auch die Änderungen an Paragraph 1 von IAS 28, Paragraph 1 von IAS 31 und Paragraph 4 von IAS 32, veröffentlicht im Mai 2008, auf dieses Geschäftsjahr anzuwenden. Ein Unternehmen darf die Änderung prospektiv anwenden.

44E [gestrichen]

44F [gestrichen]

44G Durch *Verbesserte Angaben zu Finanzinstrumenten* (Änderungen an IFRS 7), veröffentlicht im März 2009, wurden die Paragraphen 27, 39 und B11 geändert und die Paragraphen 27A, 27B, B10A und B11A–B11F eingefügt. Diese Änderungen sind auf Geschäftsjahre anzuwenden, die am oder nach dem 1. Januar 2009 beginnen. Die darin verlangten Angaben müssen nicht vorgelegt werden für

a) Jahres- oder Zwischenperioden, einschließlich Bilanzen, die innerhalb einer vor dem

31. Dezember 2009 endenden jährlichen Vergleichsperiode dargestellt werden, oder

b) Bilanzen zu Beginn der frühesten Vergleichsperiode mit Stichtag vor dem 31. Dezember 2009.

Eine frühere Anwendung ist zulässig. Wendet ein Unternehmen die Änderungen auf eine frühere Periode an, hat es dies anzugeben(¹).

(¹) Paragraph 44G wurde aufgrund der Verlautbarung *Begrenzte Befreiung erstmaliger Anwender von Vergleichsangaben nach IFRS 7* (Änderung an IFRS 1), veröffentlicht im Januar 2010, geändert. Diese Änderung wurde vom Board zur Klarstellung seiner Schlussfolgerungen und der beabsichtigten Übergangsvorschriften für *Verbesserte Angaben zu Finanzinstrumenten* (Änderungen an IFRS 7) vorgenommen.

44H–44J [gestrichen]

44K Durch *Verbesserungen an den IFRS*, veröffentlicht im Mai 2010, wurde Paragraph 44B geändert. Diese Änderung ist auf Geschäftsjahre anzuwenden, die am oder nach dem 1. Juli 2010 beginnen. Eine frühere Anwendung ist zulässig.

44L Durch *Verbesserungen an den IFRS*, veröffentlicht im Mai 2010, wurden Paragraph 32A eingefügt und die Paragraphen 34 und 36–38 geändert. Diese Änderungen sind auf Geschäftsjahre anzuwenden, die am oder nach dem 1. Januar 2011 beginnen. Eine frühere Anwendung ist zulässig. Wendet ein Unternehmen die Änderungen auf ein früheres Geschäftsjahr an, hat es dies anzugeben.

44M Durch *Angaben – Übertragung finanzieller Vermögenswerte* (Änderungen an IFRS 7), veröffentlicht im Oktober 2010, wurde Paragraph 13 gestrichen und die Paragraphen 42A–42H und B29–B39 eingefügt. Diese Änderungen sind auf Geschäftsjahre anzuwenden, die am oder nach dem 1. Juli 2011 beginnen. Eine frühere Anwendung ist zulässig. Wendet ein Unternehmen die Änderungen ab einem früheren Zeitpunkt an, hat es dies anzugeben. Für Berichtsperioden, die vor dem Zeitpunkt der erstmaligen Anwendung dieser Änderungen liegen, müssen die darin verlangten Angaben nicht vorgelegt werden.

44N [gestrichen]

44O Durch IFRS 10 und IFRS 11 *Gemeinschaftliche Vereinbarungen*, veröffentlicht im Mai 2011, wurde Paragraph 3 geändert. Wendet ein Unternehmen IFRS 10 und IFRS 11 an, ist diese Änderung ebenfalls anzuwenden.

44P Durch IFRS 13, veröffentlicht im Mai 2011, wurden die Paragraphen 3, 28 und 29 sowie Anhang A geändert und die die Paragraphen 27–27B gestrichen. Wendet ein Unternehmen IFRS 13 an, sind diese Änderungen ebenfalls anzuwenden.

44Q Durch *Darstellung von Posten des sonstigen Ergebnisses* (Änderungen an IAS 1), veröffentlicht im Juni 2011, wurde Paragraph 27B geändert. Wendet ein Unternehmen IAS 1 in der im Juni 2011 geänderten Fassung an, ist diese Änderung ebenfalls anzuwenden.

44R Durch *Angaben – Saldierung von finanziellen Vermögenswerten und finanziellen Verbindlichkeiten* (Änderungen an IFRS 7), veröffentlicht im Dezember 2011, wurden die Paragraphen 13A–13F sowie B40–B53 eingefügt. Diese Änderungen sind auf Geschäftsjahre anzuwenden, die am oder nach dem 1. Januar 2013 beginnen. Die darin verlangten Angaben sind rückwirkend zu machen.

44S–44W [gestrichen]

44X Durch *Investmentgesellschaften* (Änderungen an IFRS 10, IFRS 12 und IAS 27), veröffentlicht im Oktober 2012, wurde Paragraph 3 geändert. Diese Änderung ist auf Geschäftsjahre anzuwenden, die am oder nach dem 1. Januar 2014 beginnen. Eine frühere Anwendung von *Investmentgesellschaften* (Investment Entities) ist zulässig. Wendet ein Unternehmen diese Änderung früher an, hat es alle in der Verlautbarung enthaltenen Änderungen gleichzeitig anzuwenden.

44Y [gestrichen]

44Z Durch IFRS 9, veröffentlicht im Juli 2014, wurden die Paragraphen 2–5, 8–11, 14, 20, 28–30, 36, 42C–42E, Anhang A und die Paragraphen B1, B5, B9, B10, B22 und B27 geändert, die Paragraphen 12, 12A, 16, 22– 24, 37, 44E, 44F, 44H–44J, 44N, 44S–44W, 44Y, B4 und Anhang D gestrichen und die Paragraphen 5A, 10A, 11A, 11B, 12B–12D, 16A, 20A, 21A–21D, 22A–22C, 23A–23F, 24A– 24G, 35A–35N, 42I–42S, 44ZA und B8A–B8J eingefügt. Wendet ein Unternehmen IFRS 9 an, hat es diese Änderungen ebenfalls anzuwenden. Auf Vergleichsinformationen für Perioden vor dem Zeitpunkt der erstmaligen Anwendung von IFRS 9 müssen diese Änderungen nicht angewendet werden.

44ZA Nach Paragraph 7.1.2 von IFRS 9 kann sich ein Unternehmen für Geschäftsjahre vor dem 1. Januar 2018 dafür entscheiden, nur die Vorschriften für die Darstellung der Gewinne und Verluste aus finanziellen Verbindlichkeiten, die als erfolgswirksam zum beizulegenden Zeitwert bewertet designiert sind, gemäß den Paragraphen 5.7.1(c), 5.7.7–5.7.9, 7.2.14 und B5.7.5–B5.7.20 früher anzuwenden, die anderen Vorschriften von IFRS 9 aber nicht anzuwenden. Wenn sich ein Unternehmen dafür entscheidet, nur diese Paragraphen von IFRS 9 anzuwenden, hat es dies anzugeben und die in den Paragraphen 10–11 dieses IFRS (in der durch IFRS 9 (2010)geänderten Fassung) genannten zugehörigen Angaben fortlaufend zu machen.

44AA Durch die *Jährlichen Verbesserungen an den IFRS, Zyklus 2012–2014*, veröffentlicht im September 2014, wurden die Paragraphen 44R und B30 geändert und Paragraph B30A eingefügt. Diese Änderungen sind rückwirkend gemäß IAS 8 *Rechnungslegungsmethoden, Änderungen von rechnungslegungsbezogenen Schätzungen und Fehler* auf Geschäftsjahre anzuwenden, die am oder nach dem 1. Januar 2016 beginnen; die Änderungen an den Paragraphen B30 und B30A müssen jedoch nicht auf Berichtsperioden angewandt werden, die vor dem Geschäftsjahr der erstmaligen Anwendung der Änderungen beginnen. Eine frühere Anwendung der Änderungen an den Paragraphen 44R, B30 und B30A ist zulässig.

3/6. IFRS 7
44AA – 45, Anhang A

Wendet ein Unternehmen diese Änderungen früher an, hat es dies anzugeben.

44BB Durch *Angabeninitiative* (Änderungen an IAS 1), veröffentlicht im Dezember 2014, wurden die Paragraphen 21 und B5 geändert. Diese Änderungen sind auf Geschäftsjahre anzuwenden, die am oder nach dem 1. Januar 2016 beginnen. Eine frühere Anwendung ist zulässig.

44CC Durch IFRS 16 *Leasingverhältnisse*, veröffentlicht im Januar 2016, wurden die Paragraphen 29 und B11D geändert. Wendet ein Unternehmen IFRS 16 an, sind diese Änderungen ebenfalls anzuwenden.

44DD Durch IFRS 17, veröffentlicht im Mai 2017, wurden die Paragraphen 3, 8 und 29 geändert und Paragraph 30 gestrichen. Durch *Änderungen an IFRS 17*, veröffentlicht im Juni 2020, wurde Paragraph 3 weiter geändert. Wendet ein Unternehmen IFRS 17 an, sind diese Änderungen ebenfalls anzuwenden.

44EE Durch *Reform der Referenzzinssätze* (Änderungen an IFRS 9, IAS 39 und IFRS 7), veröffentlicht im September 2019, wurden die Paragraphen 24H und 44FF eingefügt. Wendet ein Unternehmen die Änderungen an IFRS 9 oder IAS 39 an, sind diese Änderungen ebenfalls anzuwenden.

44FF In dem Berichtszeitraum, in dem ein Unternehmen erstmals *Reform der Referenzzinssätze*, veröffentlicht im September 2019, anwendet, muss das Unternehmen die in Paragraph 28(f) von IAS 8 *Rechnungslegungsmethoden, Änderungen von rechnungslegungsbezogenen Schätzungen und Fehler* verlangten quantitativen Angaben nicht darstellen.

44GG Durch *Reform der Referenzzinssätze – Phase 2* (Änderungen an IFRS 9, IAS 39, IFRS 7, IFRS 4 und IFRS 16), veröffentlicht im August 2020, wurden die Paragraphen 24I–24J und 44HH eingefügt. Wenn ein Unternehmen die Änderungen an IFRS 9, IAS 39, IFRS 4 oder IFRS 16 anwendet, sind auch diese Änderungen anzuwenden.

44HH In der Berichtsperiode, in der ein Unternehmen erstmals *Reform der Referenzzinssätze – Phase 2* anwendet, muss es die in Paragraph 28(f) von IAS 8 verlangten Angaben nicht machen.

44II Mit der Verlautbarung *Angabe von Bilanzierungs- und Bewertungsmethoden*, veröffentlicht im Februar 2021, mit der IAS 1 und das IFRS-Leitliniendokument 2 *Fällen von Wesentlichkeitsentscheidungen* geändert werden, wurden die Paragraphen 21 und B5 geändert. Diese Änderung ist auf Geschäftsjahre anzuwenden, die am oder nach dem 1. Januar 2023 beginnen. Eine frühere Anwendung ist zulässig. Wendet ein Unternehmen die Änderung auf ein früheres Geschäftsjahr an, hat es dies anzugeben.

RÜCKNAHME VON IAS 30

45 Dieser IFRS ersetzt IAS 30 *Angaben im Abschluss von Banken und ähnlichen Finanzinstitutionen*.

Anhang A
Definitionen

Dieser Anhang ist integraler Bestandteil des IFRS.

Ausfallrisiko	Die Gefahr, dass ein Vertragspartner bei einem Geschäft über ein Finanzinstrument bei dem anderen Partner finanzielle Verluste verursacht, indem er seinen Verpflichtungen nicht nachkommt.
Ausfallrisiko-Ratingklassen	Rating des Ausfallrisikos basierend auf dem Risiko eines Ausfalls bei dem Finanzinstrument.
Währungsrisiko	Das Risiko, dass sich der beizulegende Zeitwert oder die künftigen Zahlungsströme aus einem Finanzinstrument aufgrund von Wechselkursänderungen verändern.
Zinsänderungsrisiko	Das Risiko, dass sich der beizulegende Zeitwert oder die künftigen Zahlungsströme aus einem Finanzinstrument aufgrund von Marktzinsschwankungen verändern.
Liquiditätsrisiko	Das Risiko, dass ein Unternehmen möglicherweise nicht in der Lage ist, die im Zusammenhang mit den finanziellen Verbindlichkeiten eingegangenen Verpflichtungen durch Lieferung von Zahlungsmitteln oder anderen finanziellen Vermögenswerten zu erfüllen.
Darlehensverbindlichkeiten	Darlehensverbindlichkeiten sind finanzielle Verbindlichkeiten mit Ausnahme kurzfristiger Verbindlichkeiten aus Lieferungen und Leistungen, die den üblichen Zahlungsfristen unterliegen.
Marktrisiko	Das Risiko, dass sich der beizulegende Zeitwert oder die künftigen Zahlungsströme aus einem Finanzinstrument aufgrund von Marktpreisschwankungen verändern. Das Marktrisiko beinhaltet drei Arten von Risiken: **Währungsrisiko, Zinsänderungsrisiko** und **sonstiges Preisrisiko**.

Sonstiges Preisrisiko	Das Risiko, dass sich der beizulegende Zeitwert oder die künftigen Zahlungsströme aus einem Finanzinstrument aufgrund von Marktpreisschwankungen (mit Ausnahme solcher, die durch das **Zinsänderungs-** oder **Währungsrisiko** hervorgerufen werden) verändern, sei es, dass diese Änderungen durch spezifische Faktoren des einzelnen Finanzinstruments oder seinem Emittenten oder durch Faktoren, die sich auf alle am Markt gehandelten ähnlichen Finanzinstrumente auswirken, bedingt sind.

Die folgenden Begriffe sind in Paragraph 11 von IAS 32, Paragraph 9 von IAS 39, Anhang A von IFRS 9 oder Anhang A von IFRS 13 definiert und werden im vorliegenden IFRS in der in IAS 32, IAS 39, IFRS 9 bzw. IFRS 13 angegebenen Bedeutung verwendet:

- Fortgeführte Anschaffungskosten eines finanziellen Vermögenswerts oder einer finanziellen Verbindlichkeit,
- Vertragsvermögenswert,
- Finanzielle Vermögenswerte mit beeinträchtigter Bonität,
- Ausbuchung,
- Derivat,
- Dividenden,
- Effektivzinsmethode,
- Eigenkapitalinstrument,
- Erwartete Kreditverluste,
- Beizulegender Zeitwert,
- Finanzieller Vermögenswert,
- Finanzielle Garantie,
- Finanzinstrument,
- Finanzielle Verbindlichkeit,
- Erfolgswirksam zum beizulegenden Zeitwert bewertete finanzielle Verbindlichkeit,
- Erwartete Transaktion,
- Bruttobuchwert eines finanziellen Vermögenswerts,
- Sicherungsinstrument,
- Zu Handelszwecken gehalten,
- Wertminderungsaufwand oder -ertrag,
- Wertberichtigung,
- Überfällig,
- Finanzielle Vermögenswerte mit bereits bei Erwerb oder Ausreichung beeinträchtigter Bonität,
- Zeitpunkt der Neueinstufung,
- Marktüblicher Kauf oder Verkauf.

Anhang B
Anwendungsleitlinien

Dieser Anhang ist integraler Bestandteil des IFRS.

KLASSEN VON FINANZINSTRUMENTEN UND UMFANG DER ANGABEPFLICHTEN (PARAGRAPH 6)

B1 Nach Paragraph 6 muss ein Unternehmen Finanzinstrumente in Klassen einordnen, die der Art der veröffentlichten Angaben angemessen sind und den Eigenschaften dieser Finanzinstrumente Rechnung tragen. Die in Paragraph 6 beschriebenen Klassen werden vom Unternehmen bestimmt und unterscheiden sich somit von den in IFRS 9 genannten Kategorien von Finanzinstrumenten (in denen festgelegt ist, wie Finanzinstrumente bewertet werden und wie die Änderungen des beizulegenden Zeitwerts erfasst werden).

B2 Bei der Bestimmung von Klassen von Finanzinstrumenten hat ein Unternehmen zumindest
a) zwischen Finanzinstrumenten, die zu fortgeführten Anschaffungskosten, und Finanzinstrumenten, die zum beizulegenden Zeitwert bewertet werden, zu unterscheiden,
b) die nicht unter diesen IFRS fallenden Finanzinstrumente als gesonderte Klasse(n) zu behandeln.

B3 Ein Unternehmen entscheidet angesichts der individuellen Umstände, wie viele Details es angibt, um die Vorschriften dieses IFRS zu erfüllen, wie viel Gewicht es auf die verschiedenen Aspekte dieser Vorschriften legt und wie es Informationen zusammenfasst, um das Gesamtbild darzustellen, ohne dabei Informationen mit unterschiedlichen Eigenschaften zu kombinieren. Es ist notwendig abzuwägen zwischen einer Überfrachtung des Abschlusses mit übermäßigen Details, die dem Ab-

3/6. IFRS 7
B3 – B8A

schlussadressaten möglicherweise wenig nutzen, und der Überdeckung wichtiger Informationen durch zu große Verdichtung. So darf ein Unternehmen beispielsweise wichtige Informationen nicht dadurch überdecken, dass es sie unter zahlreichen unbedeutenden Details aufführt. Auch darf ein Unternehmen Informationen nicht so zusammenfassen, dass wichtige Unterschiede zwischen einzelnen Geschäftsvorfällen oder damit verbundenen Risiken überdeckt werden.

B4 [gestrichen]

Weitere Angaben – Rechnungslegungsmethoden (Paragraph 21)

B5 In Paragraph 21 werden wesentliche Angaben zu den Rechnungslegungsmethoden verlangt, wozu Informationen über die bei der Erstellung des Abschlusses herangezogene(n) Bewertungsgrundlage(n) für Finanzinstrumente zählen dürften. Für Finanzinstrumente können diese Angaben folgende Informationen umfassen:

a) bei finanziellen Verbindlichkeiten, die als erfolgswirksam zum beizulegenden Zeitwert bewertet designiert sind,
   i) die Art der finanziellen Verbindlichkeiten, die das Unternehmen als erfolgswirksam zum beizulegenden Zeitwert bewertet designiert hat,
   ii) die Kriterien für eine solche Designation dieser finanziellen Verbindlichkeiten beim erstmaligen Ansatz und
   iii) wie das Unternehmen die in Paragraph 4.2.2 von IFRS 9 genannten Bedingungen für eine solche Designation erfüllt hat.
aa) bei finanziellen Vermögenswerten, die als erfolgswirksam zum beizulegenden Zeitwert bewertet designiert sind,
   i) die Art der finanziellen Vermögenswerte, die das Unternehmen als erfolgswirksam zum beizulegenden Zeitwert bewertet designiert hat, und
   ii) wie das Unternehmen die in Paragraph 4.1.5 von IFRS 9 genannten Kriterien für eine solche Designation erfüllt hat.
b) [gestrichen]
c) ob ein marktüblicher Kauf oder Verkauf von finanziellen Vermögenswerten zum Handelstag oder zum Erfüllungstag bilanziert wird (siehe Paragraph 3.1.2 von IFRS 9).
d) [gestrichen]
e) wie Nettogewinne oder -verluste aus jeder Kategorie von Finanzinstrumenten bestimmt werden (siehe Paragraph 20(a)), ob beispielsweise die Nettogewinne oder -verluste aus Posten, die erfolgswirksam zum beizulegenden Zeitwert bewertet werden, Zins- oder Dividendenerträge enthalten.
f) [gestrichen]
g) [gestrichen]

Paragraph 122 von IAS 1 (in der 2007 überarbeiteten Fassung) verlangt ferner, dass Unternehmen zusammen mit den wesentlichen Angaben zu Rechnungslegungsmethoden oder sonstigen Erläuterungen auch über Ermessensentscheidungen Auskunft geben (mit Ausnahme solcher, bei denen Schätzungen eingeflossen sind), die das Management bei der Anwendung der Rechnungslegungsmethoden getroffen hat und die die Beträge im Abschluss am Wesentlichsten beeinflussen.

ART UND AUSMASS VON RISIKEN, DIE SICH AUS FINANZINSTRUMENTEN ERGEBEN (PARAGRAPHEN 31–42)

B6 Die in den Paragraphen 31–42 verlangten Angaben sind entweder im Abschluss oder mittels eines Querverweises vom Abschluss zu einer anderen Verlautbarung zu machen, wie beispielsweise einem Lage- oder Risikobericht, der den Abschlussadressaten zu denselben Bedingungen und zur selben Zeit wie der Abschluss zur Verfügung steht. Ohne die durch einen Querverweis eingebrachten Informationen ist der Abschluss unvollständig.

Quantitative Angaben (Paragraph 34)

B7 Paragraph 34(a) verlangt zusammengefasste quantitative Daten über die Risiken, denen ein Unternehmen ausgesetzt ist, die auf den Informationen beruhen, dem Management in Schlüsselpositionen des Unternehmens intern erteilt werden. Setzt ein Unternehmen verschiedene Methoden zur Risikosteuerung ein, hat es die Angaben zu machen, die es durch die Methode(n), die die relevantesten und verlässlichsten Informationen liefern, erhalten hat. In IAS 8 *Rechnungslegungsmethoden, Änderungen von rechnungslegungsbezogenen Schätzungen und Fehler* werden Relevanz und Zuverlässigkeit erörtert.

B8 In Paragraph 34(c) werden Angaben über Risikokonzentrationen verlangt. Risikokonzentrationen entstehen bei Finanzinstrumenten mit ähnlichen Merkmalen, die ähnlich auf wirtschaftliche und sonstige Änderungen reagieren. Die Identifizierung von Risikokonzentrationen verlangt eine Ermessensausübung, bei der die individuellen Umstände des Unternehmens berücksichtigt werden. Die Angaben über Risikokonzentrationen umfassen

a) eine Beschreibung der Art und Weise, wie das Management die Konzentrationen ermittelt;
b) eine Beschreibung des gemeinsamen Merkmals, das für jede Risikokonzentration charakteristisch ist (z. B. Vertragspartner, geografisches Gebiet, Währung oder Markt), und
c) den Gesamtbetrag der Risikoposition aller Finanzinstrumente, die dieses gemeinsame Merkmal aufweisen.

Ausfallrisikosteuerung (Paragraphen 35F–35G)

B8A Paragraph 35F(b) verlangt Angaben darüber, wie ein Unternehmen den Ausfall bei verschiedenen Finanzinstrumenten definiert hat und aus welchen Gründen diese Definitionen gewählt wurden. Nach Paragraph 5.5.9 von IFRS 9 basiert die Bestimmung, ob über die Laufzeit erwartete Kreditverluste anzusetzen sind, darauf, ob sich das Risiko eines Ausfalls seit dem erstmaligen Ansatz erhöht hat. Die Informationen über die Ausfalldefinitionen eines Unternehmens, die den Abschlussadressaten dabei helfen, sich ein Bild davon zu machen, wie ein Unternehmen die Vorschriften von IFRS 9 zu erwarteten Kreditverlusten angewandt hat, können Folgendes umfassen:

a) die qualitativen und quantitativen Faktoren, die bei der Ausfalldefinition berücksichtigt wurden,

b) ob auf verschiedene Arten von Finanzinstrumenten unterschiedliche Definitionen angewandt wurden, und

c) Annahmen hinsichtlich der Gesundungsrate (d. h. der Anzahl der finanziellen Vermögenswerte, die erneut bedient werden), nachdem bei dem finanziellen Vermögenswert ein Ausfall eingetreten ist.

B8B Um den Abschlussadressaten bei der Beurteilung der Umschuldungs- und Änderungsrichtlinien eines Unternehmens zu helfen, werden in Paragraph 35F(f)(i) Informationen darüber verlangt, wie ein Unternehmen den Umfang überwacht, in dem die bislang gemäß Paragraph 35F(f)(i) angegebene Wertberichtigung bei finanziellen Vermögenswerten später in Höhe der über die Laufzeit erwarteten Kreditverluste gemäß Paragraph 5.5.3 von IFRS 9 bemessen wird. Quantitative Informationen, die den Abschlussadressaten zu verstehen helfen, warum sich das Ausfallrisiko bei geänderten finanziellen Vermögenswerten anschließend erhöht, können Informationen über geänderte finanzielle Vermögenswerte umfassen, die die Kriterien in Paragraph 35F(f)(i) erfüllen und bei denen die Wertberichtigung erneut in Höhe der über die Laufzeit erwarteten Kreditverluste bemessen wird (Verschlechterungsrate).

B8C Paragraph 35G(a) verlangt Angaben zur Grundlage der Eingangsparameter, Annahmen und Schätzverfahren, die zur Anwendung der Wertminderungsvorschriften von IFRS 9 herangezogen wurden. Die Annahmen und Eingangsparameter, die ein Unternehmen zur Bemessung der erwarteten Kreditverluste oder zur Bestimmung des Ausmaßes von Erhöhungen des Ausfallrisikos seit dem erstmaligen Ansatz herangezogen hat, können Informationen, die aus internen historischen Informationen oder Ratingberichten stammen, sowie Annahmen bezüglich der erwarteten Laufzeit von Finanzinstrumenten und des Zeitpunkts des Verkaufs von Sicherheiten beinhalten.

Änderungen der Wertberichtigung (Paragraph 35H)

B8D Nach Paragraph 35H muss ein Unternehmen die Gründe für Änderungen an der Wertberichtigung in der Periode erläutern. Zusätzlich zur Überleitungsrechnung von den Anfangs- auf die Schlussalden der Wertberichtigung müssen die Änderungen möglicherweise weitergehend erläutert werden. Diese Erläuterung kann eine Analyse der Gründe für Änderungen der Wertberichtigung während der Periode beinhalten, einschließlich

a) der Zusammensetzung des Portfolios,

b) des Volumens der erworbenen oder ausgereichten Finanzinstrumente und

c) der Schwere der erwarteten Kreditverluste.

B8E Bei Kreditzusagen und finanziellen Garantien wird die Wertberichtigung als Rückstellung angesetzt. Ein Unternehmen sollte Informationen über Änderungen der Wertberichtigung für finanzielle Vermögenswerte getrennt von denjenigen für Kreditzusagen und finanzielle Garantien angeben. Wenn ein Finanzinstrument jedoch sowohl eine Kreditkomponente (d. h. einen finanziellen Vermögenswert) als auch eine nicht in Anspruch genommene Zusagekomponente (d. h. eine Kreditzusage) umfasst und das Unternehmen die erwarteten Kreditverluste bei der aus der Kreditzusage bestehenden Komponente nicht getrennt von denjenigen bei der aus dem finanziellen Vermögenswert bestehenden Komponente bestimmen kann, sollten die erwarteten Kreditverluste aus der Kreditzusage zusammen mit der Wertberichtigung für den finanziellen Vermögenswert erfasst werden. Sofern diese beiden zusammengenommen den Bruttobuchwert des finanziellen Vermögenswerts überschreiten, sollten die erwarteten Kreditverluste als Rückstellung erfasst werden.

Sicherheiten (Paragraph 35K)

B8F Die in Paragraph 35K verlangten Angaben sollen die Abschlussadressaten in die Lage versetzen, die Auswirkungen von Sicherheiten und anderen Kreditbesicherungen auf die Höhe der erwarteten Kreditverluste zu verstehen. Ein Unternehmen muss weder Angaben zum beizulegenden Zeitwert von Sicherheiten und anderen Kreditbesicherungen machen noch den exakten Wert der Sicherheiten, der in die Berechnung der erwarteten Kreditverluste eingeflossen ist (d. h. die Verlustquote bei Ausfall), beziffern.

B8G Eine Beschreibung der Sicherheiten und ihrer Auswirkung auf die Höhe der erwarteten Kreditverluste könnte folgende Informationen beinhalten:

a) die wichtigsten Arten der gehaltenen Sicherheiten und anderen Kreditbesicherungen (Beispiele für Letztere sind Garantien, Kreditderivate und Aufrechnungsvereinbarungen, die die Saldierungskriterien gemäß IAS 32 nicht erfüllen),

b) das Volumen der gehaltenen Sicherheiten und anderen Kreditbesicherungen und deren Signifikanz im Hinblick auf die Wertberichtigung,

c) die Richtlinien und Prozesse für die Bewertung und Steuerung von Sicherheiten und anderen Kreditbesicherungen,

d) die wichtigsten Arten von Vertragsparteien bei Sicherheiten und anderen Kreditbesicherungen und deren Bonität und

e) Informationen über die Risikokonzentrationen innerhalb der Sicherheiten und anderen Kreditbesicherungen.

Ausfallrisiko (Paragraphen 35M–35N)

B8H In Paragraph 35M werden Angaben zur Ausfallrisikoposition eines Unternehmens sowie zu signifikanten Ausfallrisikokonzentrationen zum Abschlussstichtag verlangt. Eine Ausfallrisikokonzentration liegt vor, wenn mehrere Vertragsparteien in einem geografischen Gebiet angesiedelt oder in ähnlichen Tätigkeitsfeldern engagiert sind und ähnliche wirtschaftliche Merkmale aufweisen, sodass ihre Fähigkeit, ihren vertraglichen Pflichten nachzukommen, im Falle von Änderungen der wirtschaftlichen oder sonstigen Bedingungen in ähnlicher Weise betroffen wären. Die von einem Unternehmen bereitgestellten Informationen sollten den Abschlussadressaten zu verstehen helfen, ob es Gruppen oder Portfolios von Finanzinstrumenten mit besonderen Merkmalen gibt, die sich auf einen Großteil dieser Gruppe von Finanzinstrumenten auswirken könnten, wie beispielsweise Konzentrationen spezieller Risiken. Dies könnten beispielsweise Gruppierungen nach Beleihungsausläufen oder geografischen, branchenspezifischen oder auf die Art der Emittenten bezogenen Konzentrationen sein.

B8I Die Anzahl der für die Angaben nach Paragraph 35M verwendeten Ausfallrisiko-Ratingklassen muss mit der Anzahl übereinstimmen, die das Unternehmen seinem Management in Schlüsselpositionen für Zwecke der Ausfallrisikosteuerung mitteilt. Wenn Informationen zur Überfälligkeit die einzigen verfügbaren kreditnehmerspezifischen Informationen sind und ein Unternehmen anhand von Informationen zur Überfälligkeit beurteilt, ob sich gemäß Paragraph 5.5.11 von IFRS 9 das Ausfallrisiko seit dem erstmaligen Ansatz signifikant erhöht hat, hat es für diese finanziellen Vermögenswerte eine Aufgliederung anhand der Informationen zur Überfälligkeit vorzulegen.

B8J Wenn ein Unternehmen erwartete Kreditverluste auf kollektiver Basis bemisst, kann es den Bruttobuchwert einzelner finanzieller Vermögenswerte oder das Ausfallrisiko bei Kreditzusagen und finanziellen Garantien möglicherweise nicht den Ausfallrisiko-Ratingklassen zuordnen, für die über die Laufzeit erwartete Kreditverluste erfasst werden. In einem solchen Fall sollte das Unternehmen die Vorschrift in Paragraph 35M auf jene Finanzinstrumente anwenden, die direkt einer Ausfallrisiko-Ratingklasse zugeordnet werden können, und den Bruttobuchwert von Finanzinstrumenten, bei denen die erwarteten Kreditverluste auf kollektiver Basis bemessen werden, getrennt angeben.

Maximale Ausfallrisikoposition (Paragraph 36(a))

B9 Die Paragraphen 35K(a) und 36(a) verlangen die Angabe des Betrags, der das maximale Ausfallrisiko des Unternehmens am besten darstellt. Bei finanziellen Vermögenswerten ist dies in der Regel der Bruttobuchwert abzüglich

a) aller gemäß IAS 32 saldierten Beträge und
b) jeder gemäß IFRS 9 erfassten Wertberichtigung.

B10 Tätigkeiten, die zu Ausfallrisiken und dem damit verbundenen maximalen Ausfallrisiko führen, umfassen u. a.:

a) die Gewährung von Krediten an Kunden und Geldanlagen bei anderen Unternehmen. In diesen Fällen ist das maximale Ausfallrisiko der Buchwert der betreffenden finanziellen Vermögenswerte.

b) den Abschluss von derivativen Verträgen, wie Devisenkontrakten, Zinsswaps und Kreditderivaten. Wenn der daraus resultierende Vermögenswert zum beizulegenden Zeitwert bewertet wird, wird das maximale Ausfallrisiko am Abschlussstichtag dem Buchwert entsprechen.

c) die Gewährung finanzieller Garantien. In diesem Fall entspricht das maximale Ausfallrisiko dem maximalen Betrag, den ein Unternehmen zu zahlen haben könnte, wenn die Garantie in Anspruch genommen wird. Dieser Betrag kann erheblich größer sein als der als Verbindlichkeit angesetzte Betrag.

d) Eine Kreditzusage, die über ihre gesamte Dauer unwiderruflich ist oder nur bei einer wesentlichen nachteiligen Veränderung widerrufen werden kann. Wenn der Emittent die Kreditzusage nicht auf Nettobasis in Zahlungsmitteln oder einem anderen Finanzinstrument erfüllen kann, ist das maximale Ausfallrisiko der gesamte zugesagte Betrag. Grund hierfür ist die Unsicherheit, in Zukunft auf einen ungenutzten Teil zurückgegriffen werden kann. Dieser Betrag kann erheblich über dem als Verbindlichkeit angesetzten Betrag liegen.

Quantitative Angaben zum Liquiditätsrisiko (Paragraphen 34(a), 39(a) und 39(b))

B10A Nach Paragraph 34(a) muss ein Unternehmen zusammengefasste quantitative Daten über den Umfang seines Liquiditätsrisikos vorlegen und sich dabei auf die intern an das Management in Schlüsselpositionen erteilten Informationen stützen. Das Unternehmen hat ebenfalls darzulegen, wie diese Daten ermittelt werden. Könnten die darin enthaltenen Abflüsse von Zahlungsmitteln (oder anderen finanziellen Vermögenswerten) entweder

a) erheblich früher eintreten als angegeben oder
b) in ihrer Höhe erheblich abweichen (z.B. bei einem Derivat, für das von einem Nettoausgleich ausgegangen wird, die Gegenpartei aber einen Bruttoausgleich verlangen kann), so hat das Unternehmen dies anzugeben und quantitative Angaben vorzulegen, die es den Abschlussadressaten ermöglichen, den Umfang der damit verbundenen Risiken einzuschätzen.

Diese Angabepflicht entfällt, wenn die Informationen bereits in den in Paragraph 39(a) oder (b) verlangten Fälligkeitsanalysen enthalten sind.

B11 Bei Erstellung der in Paragraph 39(a) und (b) verlangten Fälligkeitsanalysen bestimmt das Unternehmen nach eigenem Ermessen eine angemessene Zahl von Zeitbändern. So könnte es beispielsweise die folgenden Zeitbänder als für seine Belange angemessen festlegen:
a) bis zu einem Monat,
b) länger als ein Monat und bis zu drei Monaten,
c) länger als drei Monate und bis zu einem Jahr und
d) länger als ein Jahr und bis zu fünf Jahren.

B11A Bei der Erfüllung der in Paragraph 39(a) und (b) genannten Anforderungen darf ein Unternehmen Derivate, die in hybride (zusammengesetzte) Finanzinstrumente eingebettet sind, nicht von diesen trennen. Auf solche Instrumente hat das Unternehmen Paragraph 39(a) anzuwenden.

B11B Nach Paragraph 39(b) muss ein Unternehmen bei derivativen finanziellen Verbindlichkeiten, bei denen die vertraglichen Restlaufzeiten für das Verständnis des für die Zahlungsströme festgelegten Zeitbands essenziell sind, eine quantitative Fälligkeitsanalyse vorlegen, aus der die vertraglichen Restlaufzeiten hervorgehen. Dies wäre beispielsweise der Fall bei
a) einem Zinsswap mit fünfjähriger Restlaufzeit, der zur Absicherung der Zahlungsströme aus einem finanziellen Vermögenswert oder einer finanziellen Verbindlichkeit mit variablem Zinssatz dient,
b) Kreditzusagen jeder Art.

B11C Nach Paragraph 39(a) und b muss ein Unternehmen bei bestimmten finanziellen Verbindlichkeiten Fälligkeitsanalysen vorlegen, aus denen die vertraglichen Restlaufzeiten hervorgehen. Hierfür gilt Folgendes:
a) Kann eine Gegenpartei wählen, zu welchem Zeitpunkt ein Betrag gezahlt wird, ist die Verbindlichkeit dem frühesten Zeitband zuzuordnen, in dem das Unternehmen zur Zahlung aufgefordert werden kann. Dem frühesten Zeitband zuzuordnen sind beispielsweise finanzielle Verbindlichkeiten, die ein Unternehmen auf Verlangen zurückzahlen muss (z. B. Sichteinlagen).
b) Ist ein Unternehmen zur Leistung von Teilzahlungen verpflichtet, ist jede Teilzahlung dem frühesten Zeitband zuzuordnen, in dem das Unternehmen zur Zahlung aufgefordert werden kann. So ist eine nicht in Anspruch genommene Kreditzusage beispielsweise dem Zeitband zuzuordnen, in dem der frühestmögliche Zeitpunkt der Inanspruchnahme liegt.
c) Bei übernommenen finanziellen Garantien ist der Garantiehöchstbetrag dem frühesten Zeitband zuzuordnen, in dem die Garantie in Anspruch genommen werden kann.

B11D Bei den in den Fälligkeitsanalysen gemäß Paragraph 39(a) und (b) anzugebenden vertraglich festgelegten Beträgen handelt es sich um die nicht abgezinsten vertraglichen Zahlungsströme, z. B. um
a) Leasingverbindlichkeiten auf Bruttobasis (vor Abzug der Finanzierungskosten),
b) in Terminvereinbarungen genannte Preise zum Kauf finanzieller Vermögenswerte gegen Zahlungsmittel,
c) Nettobetrag für einen Festzinsempfänger-Swap, für den Nettozahlungsströme getauscht werden,
d) vertraglich festgelegte, im Rahmen eines derivativen Finanzinstruments zu tauschende Beträge (z. B. ein Währungsswap), für die Zahlungsströme auf Bruttobasis getauscht werden, und
e) Kreditzusagen auf Bruttobasis.

Solche nicht abgezinsten Zahlungsströme weichen von dem in der Bilanz ausgewiesenen Betrag ab, da dieser auf abgezinsten Zahlungsströmen beruht. Ist der zu zahlende Betrag nicht festgelegt, wird der anzugebende Betrag auf Maßgabe der am Abschlussstichtag vorherrschenden Bedingungen bestimmt. Variiert der zu zahlende Betrag beispielsweise aufgrund von Indexänderungen, kann der angegebene Betrag auf dem Indexstand am Abschlussstichtag basieren.

B11E Nach Paragraph 39(c) muss ein Unternehmen darlegen, wie es das mit den quantitativen Angaben nach Paragraph 39(a) und (b) verbundene Liquiditätsrisiko der Instrumente steuert. Für finanzielle Vermögenswerte, die zur Steuerung des Liquiditätsrisikos gehalten werden (wie finanzielle Vermögenswerte, die sofort veräußerbar sind oder die voraussichtlich Mittelzuflüsse generieren werden, die zur Deckung der Mittelabflüsse aus finanziellen Verbindlichkeiten ausreichen), muss das Unternehmen eine Fälligkeitsanalyse vorlegen, wenn die darin enthaltenen Informationen notwendig sind, um den Abschlussadressaten die Beurteilung von Art und Umfang des Liquiditätsrisikos zu ermöglichen.

B11F Bei den in Paragraph 39(c) vorgeschriebenen Angaben könnte ein Unternehmen u. a. auch berücksichtigen, ob es
a) zur Deckung seines Liquiditätsbedarfs auf zugesagte Kreditfazilitäten (wie Commercial-Paper-Programme) oder andere Kreditlinien (wie Standby-Fazilitäten) zugreifen kann,
b) zur Deckung seines Liquiditätsbedarfs über Einlagen bei Zentralbanken verfügt,
c) über sehr vielfältige Finanzierungsquellen verfügt,
d) erhebliche Liquiditätsrisikokonzentrationen bei seinen Vermögenswerten oder Finanzierungsquellen aufweist,
e) über interne Kontrollprozesse und Notfallpläne zur Steuerung des Liquiditätsrisikos verfügt,

3/6. IFRS 7
B11F – B20

f) Finanzinstrumente hält, die (z. B. bei einer Herabstufung seiner Bonität) vorzeitig zurückgezahlt werden müssen,

g) Finanzinstrumente hält, die die Hinterlegung einer Sicherheit erfordern könnten (z. B. Nachschussaufforderungen bei Derivaten),

h) Finanzinstrumente hält, bei denen das Unternehmen wählen kann, ob es seine finanziellen Verbindlichkeiten durch die Lieferung von Zahlungsmitteln (oder anderen finanziellen Vermögenswerten) oder durch die Lieferung eigener Anteile erfüllt, oder

i) Finanzinstrumente hält, die einem Globalverrechnungsvertrag unterliegen.

Marktrisiko – Sensitivitätsanalyse (Paragraphen 40 und 41)

B17 Paragraph 40(a) verlangt eine Sensitivitätsanalyse für jede Art von Marktrisiko, dem das Unternehmen ausgesetzt ist. Gemäß Paragraph B3 entscheidet ein Unternehmen, wie es Informationen zusammenfasst, um ein Gesamtbild zu vermitteln, ohne Informationen mit verschiedenen Merkmalen über Risiken aus sehr unterschiedlichen wirtschaftlichen Umfeldern zu kombinieren. Zum Beispiel:

a) ein Unternehmen, das mit Finanzinstrumenten handelt, kann diese Angaben getrennt für zu Handelszwecken und nicht zu Handelszwecken gehaltene Finanzinstrumente machen,

b) ein Unternehmen würde nicht die Marktrisiken aus Hochinflationsgebieten mit denen aus Gebieten mit einer sehr niedrigen Inflationsrate zusammenfassen.

Ist ein Unternehmen nur einer Art von Marktrisiko ausschließlich unter einheitlichen wirtschaftlichen Rahmenbedingungen ausgesetzt, muss es die Angaben nicht aufschlüsseln.

B18 Nach Paragraph 40(a) ist eine Sensitivitätsanalyse durchzuführen, um die Auswirkungen von angemessenerweise für möglich gehaltenen Änderungen der Risikoparameter (z. B. maßgebliche Marktzinsen, Devisenkurse, Aktienkurse oder Rohstoffpreise) auf Gewinn oder Verlust und Eigenkapital aufzuzeigen. Zu diesem Zweck

a) müssen Unternehmen nicht ermitteln, wie der Gewinn oder Verlust ausgefallen wäre, wenn die relevanten Risikoparameter anders gewesen wären. Stattdessen geben Unternehmen die Auswirkungen auf Gewinn oder Verlust und Eigenkapital am Abschlussstichtag an, wobei angenommen wird, dass am Abschlussstichtag eine angemessenerweise für möglich gehaltene Änderung der relevanten Risikoparameter eingetreten ist und auf die zu diesem Zeitpunkt bestehenden Risikopositionen angewendet wurde. Hat ein Unternehmen beispielsweise am Jahresende eine Verbindlichkeit mit variabler Verzinsung, würde es die Auswirkungen auf den Gewinn oder Verlust (z. B. Zinsaufwendungen) für das laufende Jahr angeben, wenn sich die Zinsen in einem angemessenerweise für möglich gehaltenen Umfang verändert hätten.

b) müssen Unternehmen nicht für jede Änderung innerhalb einer Spanne von angemessenerweise für möglich gehaltenen Änderungen der relevanten Risikoparameter die Auswirkungen auf Gewinn oder Verlust und Eigenkapital angeben. Angaben zu den Auswirkungen der Änderungen für die untere und obere Intervallgrenze einer angemessenerweise für möglich gehaltenen Spanne wären ausreichend.

B19 Bei der Bestimmung einer angemessenerweise für möglich gehaltenen Änderung der relevanten Risikovariablen sollte ein Unternehmen folgende Punkte berücksichtigen:

a) das wirtschaftliche Umfeld, in dem es tätig ist. Eine angemessenerweise für möglich gehaltene Änderung darf weder unwahrscheinliche oder „Worst-case"-Szenarien noch „Stresstests" enthalten. Wenn zudem das Ausmaß der Änderungen der zugrunde liegenden Risikoparameter stabil ist, braucht das Unternehmen die gewählte angemessenerweise für möglich gehaltene Änderung der Risikovariablen nicht abzuändern. Angenommen, die Zinsen betragen 5 Prozent und das Unternehmen ermittelt, dass eine Zinsschwankung von ± 50 Basispunkten angemessenerweise möglich ist. In diesem Fall würde das Unternehmen die Auswirkungen von Zinsänderungen von 4,5 Prozent oder 5,5 Prozent auf Gewinn oder Verlust und Eigenkapital angeben. In der folgenden Berichtsperiode wurden die Zinsen auf 5,5 Prozent angehoben. Das Unternehmen ist weiterhin der Auffassung, dass Zinsen um ± 50 Basispunkte schwanken können (d. h. das Ausmaß der Zinsänderung bleibt stabil). In diesem Fall würde das Unternehmen die Auswirkungen von Zinsänderungen auf 5 Prozent oder 6 Prozent auf Gewinn oder Verlust und Eigenkapital angeben. Das Unternehmen wäre nicht verpflichtet, seine Einschätzung, dass Zinsen angemessenerweise um ± 50 Basispunkte schwanken können, zu revidieren, es sei denn, es gibt Anhaltspunkte dafür, dass die Zinsen erheblich volatiler geworden sind.

b) die Zeitspanne, für die es seine Einschätzung durchführt. Die Sensitivitätsanalyse hat die Auswirkungen der Änderungen aufzuzeigen, die für die Periode angemessenerweise für möglich gehalten werden, bis das Unternehmen diese Angaben erneut macht, was normalerweise in der folgenden Berichtsperiode der Fall ist.

B20 Nach Paragraph 41 darf ein Unternehmen eine Sensitivitätsanalyse verwenden, die die gegenseitigen Abhängigkeiten zwischen den Risikoparametern widerspiegelt, wie beispielsweise die Value-at-Risk-Methode, wenn es diese Analyse zur Steuerung seiner finanziellen Risiken verwendet. Dies gilt auch dann, wenn eine solche Methode nur das Verlustpotenzial bewertet, nicht aber das Gewinnpotenzial bewertet. Ein solches Unternehmen könnte Paragraph 41(a) erfüllen, indem es die verwendete Art des Value-at-Risk-Modells offenlegt (z. B. ob dieses Modell auf der

Monte-Carlo-Simulation beruht), eine Erklärung darüber abgibt, wie das Modell funktioniert, und die wesentlichen Annahmen (z. B. Haltedauer und Konfidenzniveau) erläutert. Unternehmen können auch die historische Betrachtungsperiode und die auf diese Beobachtungen angewendeten Gewichtungen innerhalb der entsprechenden Periode angeben, sowie eine Erläuterung dazu, wie Optionen bei diesen Berechnungen behandelt werden und welche Volatilitäten und Korrelationen (oder alternativ dazu Monte-Carlo-Simulationen der Wahrscheinlichkeitsverteilung) verwendet werden.

B21 Ein Unternehmen hat für alle Geschäftsfelder Sensitivitätsanalysen vorzulegen, kann aber für verschiedene Klassen von Finanzinstrumenten unterschiedliche Arten von Sensitivitätsanalysen vorsehen.

Zinsänderungsrisiko

B22 Ein *Zinsänderungsrisiko* entsteht bei zinstragenden, in der Bilanz angesetzten Finanzinstrumenten (wie erworbenen oder emittierten Schuldinstrumenten) und bei einigen Finanzinstrumenten, die nicht in der Bilanz angesetzt sind (wie gewissen Kreditzusagen).

Währungsrisiko

B23 Das *Währungsrisiko* (Devisenkursrisiko) entsteht bei Finanzinstrumenten, die auf eine Fremdwährung lauten, d. h. auf eine andere Währung als auf die funktionale Währung, in der sie bewertet werden. Für die Zwecke dieses IFRS sind Finanzinstrumente, die keine monetären Posten sind oder auf die funktionale Währung lauten, nicht mit Währungsrisiken verbunden.

B24 Eine Sensitivitätsanalyse wird für jede Währung vorgelegt, die für das Unternehmen ein signifikantes Risiko mit sich bringt.

Sonstiges Preisrisiko

B25 Ein *sonstiges Preisrisiko* entsteht bei Finanzinstrumenten beispielsweise durch Warenpreis- oder Aktienkursänderungen. Zur Erfüllung von Paragraph 40 könnte ein Unternehmen die Auswirkungen eines Rückgangs eines spezifischen Aktienmarktindex, von Warenpreisen oder anderen Risikovariablen angeben. Gewährt ein Unternehmen beispielsweise Restwertgarantien, die Finanzinstrumente sind, gibt es eine Wertsteigerung oder einen Wertrückgang der Vermögenswerte an, auf die sich die Garantien beziehen.

B26 Zwei Beispiele für Finanzinstrumente mit Aktienkursrisiko sind (a) ein Bestand an Aktien eines anderen Unternehmens und (b) eine Anlage in einen Fonds, der wiederum Investitionen in Eigenkapitalinstrumente hält. Weitere Beispiele sind Terminkontrakte und Optionen zum Kauf oder Verkauf bestimmter Mengen von Eigenkapitalinstrumenten sowie Swaps, die an Aktienkurse gebunden sind. Änderungen der Marktpreise der zugrunde liegenden Eigenkapitalinstrumente wirken sich auf die beizulegenden Zeitwerte dieser Finanzinstrumente aus.

B27 Nach Paragraph 40(a) wird die Sensitivität des Gewinns und Verlusts (beispielsweise aufgrund von Instrumenten, die erfolgswirksam zum beizulegenden Zeitwert bewertet werden) getrennt von der Sensitivität des sonstigen Ergebnisses (beispielsweise aufgrund von Finanzinvestitionen in Eigenkapitalinstrumente, bei denen Änderungen des beizulegenden Zeitwerts erfolgsneutral im sonstigen Ergebnis erfasst werden) angegeben.

B28 Finanzinstrumente, die an Unternehmen als Eigenkapitalinstrumente eingestuft sind, werden nicht neu bewertet. Das Aktienkursrisiko dieser Instrumente wirkt sich weder auf Gewinn oder Verlust noch auf das Eigenkapital aus. Dementsprechend ist keine Sensitivitätsanalyse erforderlich.

AUSBUCHUNG (PARAGRAPHEN 42C–42H)

Anhaltendes Engagement (Paragraph 42C)

B29 Für die Zwecke der Angabepflichten der Paragraphen 42E–42H wird ein anhaltendes Engagement an einem übertragenen finanziellen Vermögenswert auf Ebene des berichtenden Unternehmens beurteilt. Überträgt ein Tochterunternehmen beispielsweise einer unabhängigen dritten Partei einen finanziellen Vermögenswert, an dem ein anhaltendes Engagement des Mutterunternehmens besteht, berücksichtigt das Tochterunternehmen bei der Beurteilung, ob es ein anhaltendes Engagement an dem übertragenen Vermögenswert hat, in seinem Einzelabschluss (d. h. wenn das Tochterunternehmen das berichtende Unternehmen ist) nicht das Engagement des Mutterunternehmens. Ein Mutterunternehmen würde hingegen sein anhaltendes Engagement (oder das eines anderen Konzernunternehmens) an einem finanziellen Vermögenswert, der von seinem Tochterunternehmen übertragen wurde, in seinen Konzernabschluss (d. h. wenn das berichtende Unternehmen der Konzern ist) einbeziehen.

B30 Ein Unternehmen hat kein anhaltendes Engagement an einem übertragenen finanziellen Vermögenswert, wenn es bei der Übertragung weder vertragliche Rechte oder Verpflichtungen aus dem übertragenen finanziellen Vermögenswert behält noch neue vertragliche Rechte oder Verpflichtungen in Bezug auf den übertragenen finanziellen Vermögenswert erhält bzw. übernimmt. Ein Unternehmen hat kein anhaltendes Engagement an einem übertragenen finanziellen Vermögenswert, wenn es weder an der künftigen Wertentwicklung des übertragenen finanziellen Vermögenswerts beteiligt ist noch unter keinen Umständen verpflichtet ist, künftig Zahlungen in Bezug auf den übertragenen finanziellen Vermögenswert zu leisten. „Zahlungen" bezeichnet in diesem Zusammenhang keine Zahlungsströme aus dem übertragenen finanziellen Vermögenswert, die das Unternehmen entgegennimmt und an den Empfänger weiterreichen muss.

B30A Überträgt ein Unternehmen einen finanziellen Vermögenswert, kann es dennoch das Recht behalten, diesen finanziellen Vermögenswert gegen eine Gebühr zu verwalten, die beispielsweise in einem Verwaltungs-/Abwicklungsvertrag festgelegt ist. Das Unternehmen beurteilt diesen Vertrag gemäß den Leitlinien der Paragraphen 42C und B30, um für die Zwecke der Angabepflichten festzustellen, ob ihm daraus ein anhaltendes Engagement erwächst. So hat beispielsweise ein Verwalter für die Zwecke der Angabepflichten ein anhaltendes Engagement an einem übertragenen finanziellen Vermögenswert, wenn die Verwaltungs-/Abwicklungsgebühr von der Höhe oder dem Zeitpunkt der Zahlungsströme aus dem übertragenen finanziellen Vermögenswert abhängt. Analog dazu hat ein Verwalter ein anhaltendes Engagement für die Zwecke der Angabepflichten, wenn wegen Ertragsschwäche des übertragenen finanziellen Vermögenswerts ein festes Entgelt nicht in voller Höhe gezahlt würde. In diesen Beispielen hat der Verwalter ein Interesse an der künftigen Ertragsstärke des übertragenen finanziellen Vermögenswerts. Bei der Bewertung spielt keine Rolle, ob die Gebühr voraussichtlich eine angemessene Vergütung für die Verwaltung bzw. Abwicklung durch das Unternehmen darstellt.

B31 Das anhaltende Engagement an einem übertragenen finanziellen Vermögenswert kann aus vertraglichen Bestimmungen im Übertragungsvertrag oder in einem gesonderten Vertrag resultieren, der im Rahmen der Übertragung mit dem Empfänger oder einem Dritten geschlossen wurde.

Übertragene finanzielle Vermögenswerte, die nicht vollständig ausgebucht werden (Paragraph 42D)

B32 Paragraph 42D schreibt Angaben vor, wenn keiner oder nur ein Teil der übertragenen finanziellen Vermögenswerte die Kriterien für eine Ausbuchung erfüllt. Diese Angaben sind zu jedem Abschlussstichtag vorzulegen, an dem das Unternehmen die übertragenen finanziellen Vermögenswerte weiter ansetzt, unabhängig davon, wann die Übertragungen stattgefunden haben.

Arten von anhaltendem Engagement (Paragraphen 42E–42H)

B33 In den Paragraphen 42E–42H werden für jede Art von anhaltendem Engagement an ausgebuchten finanziellen Vermögenswerten qualitative und quantitative Angaben verlangt. Ein Unternehmen hat seine anhaltenden Engagements nach Arten zu gruppieren, die für die Risiken, denen es ausgesetzt ist, repräsentativ sind. So kann ein Unternehmen seine anhaltenden Engagements beispielsweise nach Arten von Finanzinstrumenten (wie Garantien oder Kaufoptionen) oder nach Art der Übertragung (wie Forderungsankauf, Verbriefung oder Wertpapierleihe) gruppieren.

Fälligkeitsanalyse für nicht abgezinste Mittelabflüsse zum Rückkauf übertragener Vermögenswerte (Paragraph 42E(e))

B34 Nach Paragraph 42E(e) muss ein Unternehmen für nicht abgezinste Mittelabflüsse für den Rückkauf ausgebuchter finanzieller Vermögenswerte oder andere Beträge, die in Bezug auf die ausgebuchten Vermögenswerte an den Empfänger zu zahlen sind, eine Fälligkeitsanalyse vorlegen, aus der die vertraglichen Restlaufzeiten des anhaltenden Engagements des Unternehmens hervorgehen. Bei dieser Analyse ist zwischen Zahlungsströmen, die gezahlt werden müssen (z. B. Termingeschäften), Zahlungsströmen, die das Unternehmen eventuell zahlen muss (z. B. geschriebenen Verkaufsoptionen), und Zahlungsströmen, die das Unternehmen wahlweise zahlen könnte (z. B. erworbenen Kaufoptionen), zu unterscheiden.

B35 Bei Erstellung der in Paragraph 42E(e) verlangten Fälligkeitsanalyse hat das Unternehmen nach eigenem Ermessen eine angemessene Zahl von Zeitbändern zu bestimmen. So könnte es beispielsweise die folgenden Restlaufzeitbänder als für seine Belange angemessen festlegen:

a) bis zu einem Monat,
b) länger als ein Monat und bis zu drei Monaten,
c) länger als drei Monate und bis zu sechs Monaten,
d) länger als sechs Monate und bis zu einem Jahr,
e) länger als ein Jahr und bis zu drei Jahren,
f) länger als drei Jahre und bis zu fünf Jahren und
g) länger als fünf Jahre.

B36 Gibt es eine Spanne möglicher vertraglicher Restlaufzeiten, werden die Zahlungsströme nach dem frühestmöglichen Zeitpunkt, an dem das Unternehmen zur Zahlung verpflichtet werden kann oder berechtigt ist, zugeordnet.

Qualitative Angaben (Paragraph 42E(f))

B37 Zu den in Paragraph 42E(f) verlangten qualitativen Angaben gehört eine Beschreibung der ausgebuchten finanziellen Vermögenswerte sowie eine Beschreibung von Art und Zweck des anhaltenden Engagements, das nach Übertragung dieser Vermögenswerte weiter besteht. Auch gehört dazu eine Beschreibung der Risiken für das Unternehmen. Dazu zählen u. a.:

a) eine Beschreibung, wie das Unternehmen das mit seinem anhaltenden Engagement an den ausgebuchten finanziellen Vermögenswerten verbundene Risiko steuert,

b) ob das Unternehmen verpflichtet ist, Verluste vor anderen Parteien zu tragen, sowie die Rangfolge und die Verlustbeträge, die von Parteien zu tragen sind, deren Anteile dem Anteil des Unternehmens am Vermögenswert (d. h. dessen anhaltendem Engagement an dem Vermögenswert) im Rang nachstehen,

c) eine Beschreibung etwaiger Auslöser für Verpflichtungen, finanzielle Unterstützung zu leisten oder einen übertragenen finanziellen Vermögenswert zurückzukaufen.

Gewinn oder Verlust bei Ausbuchung (Paragraph 42G(a))

B38 Nach Paragraph 42G(a) muss ein Unternehmen für finanzielle Vermögenswerte, bei denen ein anhaltendes Engagement vorliegt, den bei der Ausbuchung entstandenen Gewinn oder Verlust angeben. Dabei ist anzugeben, ob dieser Gewinn oder Verlust darauf zurückzuführen ist, dass den Bestandteilen des zuvor angesetzten Vermögenswerts (d. h. dem Anteil am ausgebuchten Vermögenswert und dem vom Unternehmen behaltenen Anteil) ein anderer Zeitwert beigemessen wurde als dem zuvor angesetzten gesamten Vermögenswert. In einem solchen Fall hat das Unternehmen ebenfalls anzugeben, ob die Bewertungen zum beizulegenden Zeitwert wesentliche Eingangsparameter enthielten, die nicht auf beobachtbaren Marktdaten wie in Paragraph 27A beschriebenen basierten.

Zusatzinformationen (Paragraph 42H)

B39 Die in den Paragraphen 42D–42G verlangten Angaben reichen möglicherweise nicht aus, um die in Paragraph 42B genannten Zielsetzungen zu erreichen. In diesem Fall hat das Unternehmen so viel zusätzliche Angaben zu liefern, wie zur Erreichung dieser Ziele erforderlich. Das Unternehmen hat mit Blick auf seine Lage zu entscheiden, wie viele Zusatzinformationen es vorlegen muss, um den Informationsbedarf der Abschlussadressaten gerecht zu werden, und wie viel Gewicht es auf einzelne Aspekte dieser Zusatzinformationen legt. Dabei dürfen die Abschlüsse weder mit zu vielen Details überfrachtet werden, die den Abschlussadressaten möglicherweise nur wenig nutzen, noch dürfen Informationen durch zu starke Verdichtung überdeckt werden.

Saldierung von finanziellen Vermögenswerten und finanziellen Verbindlichkeiten (Paragraphen 13A–13F)

Anwendungsbereich (Paragraph 13A)

B40 Die Angaben in den Paragraphen 13B–13E sind für alle angesetzten Finanzinstrumente vorgeschrieben, die gemäß Paragraph 42 von IAS 32 saldiert werden. Unter die Angabepflichten der Paragraphen 13B–13E fallen Finanzinstrumente auch, wenn sie einer einklagbaren Globalnettingvereinbarung oder ähnlichen Vereinbarung über ähnliche Finanzinstrumente und Transaktionen unterliegen, unabhängig davon, ob die Finanzinstrumente gemäß Paragraph 42 von IAS 32 saldiert werden.

B41 Zu den in den Paragraphen 13A und B40 genannten ähnlichen Vereinbarungen zählen Clearingvereinbarungen für Derivate, Rahmenverträge für Pensionsgeschäfte, Rahmenverträge für Wertpapierleihgeschäfte sowie damit verbundene Rechte an finanziellen Sicherheiten. Die in Paragraph B40 genannten ähnlichen Finanzinstrumente und Transaktionen umfassen Derivate, Pensionsgeschäfte, umgekehrte Pensionsgeschäfte sowie Wertpapierverleih- und Wertpapierleihgeschäfte. Beispiele für Finanzinstrumente, die nicht unter Paragraph 13A fallen, sind Kredite und Kundeneinlagen bei demselben Institut (sofern sie in der Bilanz nicht saldiert werden) und Finanzinstrumente, die nur Gegenstand einer Sicherheitenvereinbarung sind.

Quantitative Angaben zu angesetzten finanziellen Vermögenswerten und angesetzten finanziellen Verbindlichkeiten, die unter Paragraph 13A (Paragraph 13C) fallen

B42 Die nach Paragraph 13C angegebenen Finanzinstrumente können unterschiedlichen Bewertungsvorschriften unterliegen (so kann beispielsweise eine Verbindlichkeit aus einem Pensionsgeschäft zu fortgeführten Anschaffungskosten bewertet werden, während ein Derivat zum beizulegenden Zeitwert bewertet wird). Ein Unternehmen hat die Instrumente mit ihren angesetzten Beträgen aufzuführen und sich ergebende Bewertungsunterschiede in den entsprechenden Angaben zu erläutern.

Angabe der Bruttobeträge von angesetzten finanziellen Vermögenswerten und angesetzten finanziellen Verbindlichkeiten, die unter Paragraph 13A (Paragraph 13C(a)) fallen

B43 Die Angabepflichten in Paragraph 13C(a) beziehen sich auf angesetzte Finanzinstrumente, die gemäß Paragraph 42 von IAS 32 saldiert werden. Die Angabepflichten in Paragraph 13C(a) beziehen sich auch auf angesetzte Finanzinstrumente, die einer einklagbaren Globalnettingvereinbarung oder ähnlichen Vereinbarung unterliegen, unabhängig davon, ob sie die Saldierungskriterien erfüllen. Die Angabepflichten in Paragraph 13C(a) gelten allerdings nicht für Beträge, die aufgrund von Sicherheitenvereinbarungen angesetzt werden, die die Saldierungskriterien in Paragraph 42 von IAS 32 nicht erfüllen. Solche Beträge sind stattdessen gemäß Paragraph 13C(d) anzugeben.

Angabe der Beträge, die nach den Kriterien in Paragraph 42 von IAS 32 saldiert werden (Paragraph 13C(b))

B44 Nach Paragraph 13C(b) muss ein Unternehmen die Beträge angeben, die bei der Ermittlung der in der Bilanz ausgewiesenen Nettobeträge gemäß Paragraph 42 von IAS 32 saldiert werden. Die Beträge der angesetzten finanziellen Vermögenswerte und angesetzten finanziellen Verbindlichkeiten, die im Rahmen derselben Vereinbarung miteinander verrechnet werden, sind sowohl in den Angaben zu finanziellen Vermögenswerten als auch in den Angaben zu finanziellen Verbindlichkeiten aufzuführen. Anzugeben sind allerdings nur die Beträge (z. B. in einer Tabelle), die der Saldierung unterliegen. So kann ein Unternehmen beispielsweise einen derivativen Vermögenswert und eine derivative Verbindlichkeit angesetzt haben, die die Saldierungskriterien in Paragraph 42 von IAS 32 erfüllen. Ist der Bruttobetrag des derivativen Vermögenswerts höher als der Bruttobetrag der derivativen Verbindlichkeit, werden in der Tabelle mit den Angaben zu finanziellen Vermögenswerten der gesamte Betrag des derivativen Vermögenswerts (gemäß Paragraph 13C(a)) und der gesamte Betrag der derivativen Verbindlichkeit (gemäß Paragraph 13C(b)) angegeben. In der Tabelle mit den Angaben zu finanziellen Verbindlichkeiten wird ebenfalls der gesamte Betrag der derivativen Verbindlichkeit (gemäß Paragraph 13C(a)) angegeben, der derivative Vermögenswert (gemäß Paragraph 13C(b)) jedoch nur in Höhe des Betrags der derivativen Verbindlichkeit.

Angabe der in der Bilanz ausgewiesenen Nettobeträge (Paragraph 13C(c))

B45 Hat ein Unternehmen Finanzinstrumente, die unter die (in Paragraph 13A genannten) Angabepflichten fallen, aber nicht die Saldierungskriterien in Paragraph 42 von IAS 32 erfüllen, sind die gemäß Paragraph 13C(c) anzugebenden Beträge mit den gemäß Paragraph 13C(a) anzugebenden Beträgen identisch.

B46 Die gemäß Paragraph 13C(c) anzugebenden Beträge sind auf die Beträge der einzelnen Posten der Bilanz überzuleiten. Stellt ein Unternehmen beispielsweise fest, dass die Zusammenfassung oder Aufgliederung der Beträge einzelner Abschlussposten relevantere Informationen ergibt, muss es die gemäß Paragraph 13C(c) angegebenen zusammengefassten oder aufgegliederten Beträge auf die Beträge der einzelnen Posten in der Bilanz überleiten.

Angabe der Beträge, die einklagbaren Globalnettingvereinbarungen oder ähnlichen Vereinbarungen unterliegen und nicht in den Angaben nach Paragraph 13C(b) (bzw. Paragraph 13C(d)) enthalten sind

B47 Nach Paragraph 13C(d) müssen Unternehmen die Beträge angeben, die einklagbaren Globalnettingvereinbarungen oder vergleichbaren Vereinbarungen unterliegen und nicht in den Angaben nach Paragraph 13C(b) enthalten sind. Paragraph 13C(d)(i) bezieht sich auf Beträge im Zusammenhang mit den verrechneten Finanzinstrumenten, die nicht einige oder alle Saldierungskriterien des Paragraphen 42 von IAS 32 erfüllen (z. B. gegenwärtige Ansprüche auf Aufrechnung, die nicht das Kriterium des Paragraphen 42(b) von IAS 32 erfüllen, oder bedingte Ansprüche auf Aufrechnung, die nur bei Zahlungsverzug oder nur bei Insolvenz oder Konkurs einer Vertragspartei einklagbar und ausübbar sind).

B48 Paragraph 13C(d)(ii) bezieht sich auf Beträge im Zusammenhang mit empfangenen und gestellten finanziellen Sicherheiten, einschließlich Barsicherheiten. Das Unternehmen hat den beizulegenden Zeitwert jener Finanzinstrumente anzugeben, die verpfändet oder als Sicherheit empfangen wurden. Die gemäß Paragraph 13C(d)(ii) angegebenen Beträge sollten den tatsächlich empfangenden oder gestellten Sicherheiten entsprechen und nicht den Verbindlichkeiten oder Forderungen, die für die Rückgabe oder den Rückerhalt solcher Sicherheiten erfasst werden.

Obergrenzen für die nach Paragraph 13C(d) (Paragraph 13D) angegebenen Beträge

B49 Bei der Angabe der in Paragraph 13C(d) verlangten Beträge muss das Unternehmen die Auswirkungen einer Übersicherung durch das Finanzinstrument berücksichtigen. Hierzu muss das Unternehmen zunächst die gemäß Paragraph 13C(d)(i) angegebenen Beträge von dem gemäß Paragraph 13C(c) angegebenen Betrag abziehen. Anschließend hat es die gemäß Paragraph 13C(d)(ii) angegebenen Beträge auf den Restbetrag gemäß Paragraph 13C (c) für das jeweilige Finanzinstrument zu beschränken. Sind die Rechte an den Sicherheiten jedoch bei verschiedenen Finanzinstrumenten durchsetzbar, können diese Rechte in die Angaben gemäß Paragraph 13D einbezogen werden.

Beschreibung der Ansprüche auf Aufrechnung, die einklagbaren Globalnettingvereinbarungen und ähnlichen Vereinbarungen unterliegen (Paragraph 13E)

B50 Ein Unternehmen hat die verschiedenen Ansprüche auf Aufrechnung und ähnliche gemäß Paragraph 13C(c) angegebene Vereinbarungen zu erläutern, einschließlich der Art dieser Ansprüche. Hierzu gehört beispielsweise eine Beschreibung seiner bedingten Ansprüche. Bei Finanzinstrumenten, bei denen der Anspruch auf Aufrechnung nicht von einem künftigen Ereignis abhängig ist, die aber die übrigen Kriterien in Paragraph 42 von IAS 32 nicht erfüllen, hat ein Unternehmen zu begründen, warum die Kriterien nicht erfüllt werden. Bei empfangenen oder gestellten finanziellen Sicherheiten muss das Unternehmen die Bedingungen der Sicherheitenvereinbarung erläutern (z. B. wenn die Sicherheit einer Beschränkung unterliegt).

Angabe nach Art des Finanzinstruments oder nach Vertragspartei

B51 Die in Paragraph 13C(a)–(e) verlangten quantitativen Angaben können nach Art des Finanzinstruments oder nach Art der Transaktion gegliedert werden (z. B. Derivate, Pensionsgeschäfte und umgekehrte Pensionsgeschäfte oder Wertpapierverleih- und Wertpapierleihgeschäfte).

B52 Alternativ kann ein Unternehmen die in Paragraph 13C(a)–(c) verlangten quantitativen Angaben nach Art des Finanzinstruments und die in Paragraph 13C(c)–(e) verlangten quantitativen Angaben nach Vertragspartei gliedern. Gliedert ein Unternehmen die verlangten Angaben nach Vertragspartei, muss es die Vertragsparteien nicht namentlich nennen. Um Vergleichbarkeit zu gewährleisten, muss die Bezeichnung der Vertragsparteien (Vertragspartei A, Vertragspartei B, Vertragspartei C usw.) aber in jedem Jahr der dargestellten Jahre gleich sein. Es sind qualitative Angaben in Betracht zu ziehen, die weiteren Aufschluss über die Arten der Vertragsparteien geben. Werden die in Paragraph 13C(c)–(e) verlangten Beträge nach Vertragspartei gegliedert angegeben, sind Einzelbeträge, die im Verhältnis zur Summe je Vertragspartei bedeutsam sind, getrennt anzugeben und die übrigen unbedeutenden Einzelbeträge in einem Posten zusammenzufassen.

Sonstige

B53 Die in den Paragraphen 13C–13E verlangten Angaben sind Mindestangaben. Um die in Paragraph 13B genannte Zielsetzung zu erreichen, muss ein Unternehmen die Angaben abhängig von den Bedingungen der einklagbaren Globalnettingvereinbarungen und ähnlichen Vereinbarungen eventuell durch zusätzliche (qualitative) Angaben ergänzen, wie der Art der Ansprüche auf Aufrechnung und deren Auswirkung oder potenzielle Auswirkung auf die Vermögens- und Finanzlage des Unternehmens.

INTERNATIONAL FINANCIAL REPORTING STANDARD 8
Geschäftssegmente

IFRS 8, VO (EU) 2023/1803

Gliederung	§§
GRUNDPRINZIP	1
ANWENDUNGSBEREICH	2–4
GESCHÄFTSSEGMENTE	5–10
BERICHTSPFLICHTIGE SEGMENTE	11–19
Kriterien für die Zusammenfassung	12
Quantitative Schwellenwerte	13–19
ANGABEN	20–24
Allgemeine Informationen	22
Informationen über den Gewinn oder Verlust und über die Vermögenswerte und Schulden	23–24
BEWERTUNG	25–30
Überleitungsrechnungen	28
Anpassung zuvor veröffentlichter Informationen	29–30
ANGABEN AUF UNTERNEHMENSEBENE	31–34
Informationen über Produkte und Dienstleistungen	32
Informationen über geografische Gebiete	33
Informationen über wichtige Kunden	34
ÜBERGANGSVORSCHRIFTEN UND ZEITPUNKT DES INKRAFTTRETENS	35–36C
RÜCKNAHME VON IAS 14	37
ANHANG A: DEFINITIONEN	

GRUNDPRINZIP

1 Ein Unternehmen hat Angaben zu machen, die es den Abschlussadressaten ermöglichen, die Art und die finanziellen Auswirkungen der von dem Unternehmen ausgeübten Geschäftstätigkeiten sowie das wirtschaftliche Umfeld, in dem es tätig ist, zu beurteilen.

ANWENDUNGSBEREICH

2 Dieser IFRS ist anzuwenden auf
a) den Einzelabschluss eines Unternehmens,
  i) dessen Schuld- oder Eigenkapitalinstrumente an einem öffentlichen Markt gehandelt werden (d. h. einer inländischen oder ausländischen Börse oder einem OTC-Markt, einschließlich lokaler und regionaler Märkte), oder
  ii) das seinen Abschluss zwecks Emission beliebiger Kategorien von Instrumenten an einem öffentlichen Markt einer Wertpapieraufsichtsbehörde oder einer anderen Regulierungsbehörde vorlegt, und
b) den Konzernabschluss eines Mutterunternehmens,
  i) dessen Schuld- oder Eigenkapitalinstrumente an einem öffentlichen Markt gehandelt werden (d. h. einer inländischen oder ausländischen Börse oder einem OTC-Markt, einschließlich lokaler und regionaler Märkte), oder
  ii) das den Konzernabschluss zwecks Emission beliebiger Kategorien von Instrumenten an einem öffentlichen Markt einer Wertpapieraufsichtsbehörde oder einer anderen Regulierungsbehörde vorlegt.

3 Entscheidet sich ein Unternehmen, das nicht zur Anwendung dieses IFRS verpflichtet ist, Angaben zu Segmenten zu machen, die nicht die Vorgaben dieses IFRS erfüllen, darf es diese Angaben nicht als Angaben zu Segmenten bezeichnen.

4 Enthält ein Geschäftsbericht sowohl den Konzernabschluss eines Mutterunternehmens, das in den Anwendungsbereich dieses IFRS fällt, als auch dessen Einzelabschluss, sind die Segmentangaben lediglich im Konzernabschluss zu machen.

GESCHÄFTSSEGMENTE

5 Ein Geschäftssegment ist ein Unternehmensbestandteil,
a) der Geschäftstätigkeiten betreibt, mit denen Umsatzerlöse erwirtschaftet werden und bei denen Aufwendungen anfallen können

(einschließlich Umsatzerlösen und Aufwendungen im Zusammenhang mit Geschäftsvorfällen mit anderen Bestandteilen desselben Unternehmens),

b) dessen Betriebsergebnisse regelmäßig vom Hauptentscheidungsträger im Hinblick auf Entscheidungen über die Allokation von Ressourcen zu diesem Segment und die Beurteilung seiner Ertragskraft überprüft werden und

c) für den separate Finanzinformationen vorliegen.

Ein Geschäftssegment kann Geschäftstätigkeiten ausüben, für das es noch Umsatzerlöse erwirtschaften muss. So können z. B. Gründungstätigkeiten Geschäftssegmente vor der Erwirtschaftung von Umsatzerlösen sein.

6 Nicht jeder Teil eines Unternehmens ist notwendigerweise ein Geschäftssegment oder Teil eines Geschäftssegments. So kann/können z. B. der Hauptsitz eines Unternehmens oder einige wichtige Abteilungen überhaupt keine Umsatzerlöse erwirtschaften oder aber Umsatzerlöse, die nur Nebentätigkeiten des Unternehmens betreffen. In diesem Fall wären es keine Geschäftssegmente. Für die Zwecke dieses IFRS sind Pläne für Leistungen nach Beendigung des Arbeitsverhältnisses keine Geschäftssegmente.

7 Der Begriff „Hauptentscheidungsträger" bezeichnet eine Funktion, nicht unbedingt eine Führungskraft mit einer bestimmten Bezeichnung. Diese Funktion besteht in der Allokation von Ressourcen für die Geschäftssegmente eines Unternehmens sowie der Beurteilung von deren Ertragskraft. Oftmals handelt es sich beim Hauptentscheidungsträger um den Vorsitzenden des Leitungsorgans oder um dessen „Chief Operating Officer". Allerdings kann es sich dabei auch um eine Gruppe geschäftsführender Direktoren o. ä. handeln.

8 Viele Unternehmen grenzen ihre Geschäftssegmente anhand der drei in Paragraph 5 genannten Merkmale ab. Allerdings kann ein Unternehmen auch Berichte erstellen, in denen die Geschäftstätigkeiten auf vielfältigste Art und Weise dargestellt werden. Verwendet der Hauptentscheidungsträger mehr als eine Reihe von Segmentinformationen, können andere Faktoren zur Identifizierung einer Reihe von Bereichen als die Geschäftssegmente des Unternehmens herangezogen werden. Dazu zählen die Art der Geschäftstätigkeiten jedes Bereichs, das Vorhandensein hierfür verantwortlicher Führungskräfte und die dem Leitungs- und/oder Aufsichtsorgan vorgelegten Informationen.

9 In der Regel hat ein Geschäftssegment ein Segmentmanagement, das direkt dem Hauptentscheidungsträger unterstellt ist und regelmäßig Kontakt zu diesem hält, um die Tätigkeiten, die Finanzergebnisse, Prognosen oder Pläne für das betreffende Segment zu erörtern. Der Begriff „Segmentmanagement" bezeichnet eine Funktion, bei der es sich nicht unbedingt um die eines Managers mit einer bestimmten Bezeichnung handeln muss. Der Hauptentscheidungsträger kann zugleich das Segmentmanagement für einige Geschäftssegmente sein. Ein einzelner Manager kann das Segmentmanagement für mehr als ein Geschäftssegment sein. Wenn die in Paragraph 5 genannten Merkmale auf mehr als eine Reihe von Bereichen einer Organisation zutreffen, es aber nur eine Reihe gibt, für die das Segmentmanagement verantwortlich ist, so stellt diese Reihe von Bereichen die Geschäftssegmente dar.

10 Die in Paragraph 5 genannten Merkmale können auf zwei oder mehrere sich überschneidende Reihen von Bereichen zutreffen, für die die Manager verantwortlich sind. Diese Struktur wird manchmal als Matrixorganisation bezeichnet. In einigen Unternehmen sind manche Manager beispielsweise für die unterschiedlichen Produkt- und Dienstleistungslinien weltweit verantwortlich, wohingegen andere Manager für bestimmte geografische Gebiete zuständig sind. Der Hauptentscheidungsträger überprüft regelmäßig die Betriebsergebnisse beider Reihen von Bereichen, für die beiderseits Finanzinformationen vorliegen. In einem solchen Fall bestimmt das Unternehmen unter Bezugnahme auf das Grundprinzip, welche Reihe von Bereichen die Geschäftssegmente darstellt.

BERICHTSPFLICHTIGE SEGMENTE

11 Ein Unternehmen berichtet gesondert über jedes Geschäftssegment, das

a) gemäß den Paragraphen 5–10 abgegrenzt wurde oder das Ergebnis der Zusammenfassung von zwei oder mehreren dieser Segmente gemäß Paragraph 12 ist, und

b) die quantitativen Schwellenwerte von Paragraph 13 überschreitet.

In den Paragraphen 14–19 werden andere Fälle genannt, in denen gesonderte Informationen über ein Geschäftssegment vorgelegt werden müssen.

Kriterien für die Zusammenfassung

12 Geschäftssegmente mit vergleichbaren wirtschaftlichen Merkmalen weisen oftmals eine ähnliche langfristige Ertragsentwicklung auf. Z. B. geht man von ähnlichen langfristigen Durchschnittsbruttogewinnmargen bei zwei Geschäftssegmenten aus, wenn ihre wirtschaftlichen Merkmale vergleichbar sind. Zwei oder mehrere Geschäftssegmente können zu einem einzigen zusammengefasst werden, sofern die Zusammenfassung mit dem Grundprinzip dieses IFRS vereinbar ist, die Segmente vergleichbare wirtschaftliche Merkmale aufweisen und auch in Bezug auf jeden der nachfolgend genannten Aspekte vergleichbar sind:

a) Art der Produkte und Dienstleistungen,

b) Art der Produktionsprozesse,

c) Art oder Gruppe der Kunden für die Produkte und Dienstleistungen,

d) Methoden des Vertriebs ihrer Produkte oder der Erbringung von Dienstleistungen und

e) gegebenenfalls Art der regulatorischen Rahmenbedingungen, z. B. im Bank- oder Versicherungswesen oder bei öffentlichen Versorgungsbetrieben.

Quantitative Schwellenwerte

13 Ein Unternehmen legt gesonderte Informationen über ein Geschäftssegment vor, das einen der nachfolgend genannten quantitativen Schwellenwerte erfüllt:

a) Sein ausgewiesener Umsatzerlös, einschließlich der Verkäufe an externe Kunden und Verkäufe oder Transfers zwischen den Segmenten, beträgt mindestens 10 Prozent der zusammengefassten internen und externen Umsatzerlöse aller Geschäftssegmente.

b) Der absolute Betrag seines ausgewiesenen Gewinns oder Verlusts entspricht mindestens 10 Prozent des höheren der beiden nachfolgend genannten absoluten Werte: (i) des zusammengefassten ausgewiesenen Gewinns aller Geschäftssegmente, die keinen Verlust gemeldet haben, (ii) des zusammengefassten ausgewiesenen Verlusts aller Geschäftssegmente, die einen Verlust gemeldet haben.

c) Seine Vermögenswerte haben einen Anteil von mindestens 10 Prozent an den kumulierten Aktiva aller Geschäftssegmente.

Geschäftssegmente, die keinen dieser quantitativen Schwellenwerte erfüllen, können als berichtspflichtig angesehen und gesondert angegeben werden, wenn die Geschäftsführung der Auffassung ist, dass Informationen über das Segment für die Abschlussadressaten nützlich wären.

14 Ein Unternehmen kann Informationen über Geschäftssegmente, die die quantitativen Schwellenwerte nicht erfüllen, mit Informationen über andere Geschäftssegmente, die diese Schwellenwerte ebenfalls nicht erfüllen, nur dann zum Zwecke der Schaffung eines berichtspflichtigen Segments zusammenfassen, wenn die Geschäftssegmente ähnliche wirtschaftliche Merkmale aufweisen und die meisten in Paragraph 12 genannten Kriterien für eine Zusammenfassung gemeinsam haben.

15 Machen die gesamten externen Umsatzerlöse, die von den Geschäftssegmenten ausgewiesen werden, weniger als 75 Prozent der Umsatzerlöse des Unternehmens aus, sind weitere Geschäftssegmente als berichtspflichtige Segmente heranzuziehen (auch wenn sie die Kriterien in Paragraph 13 nicht erfüllen), bis mindestens 75 Prozent der Umsatzerlöse des Unternehmens auf berichtspflichtige Segmente entfallen.

16 Informationen über andere Geschäftstätigkeiten und Geschäftssegmente, die nicht berichtspflichtig sind, werden in einer Kategorie „Alle sonstigen Segmente" zusammengefasst und dargestellt, die von sonstigen Abstimmungsposten in den in Paragraph 28 verlangten Überleitungsrechnungen zu unterscheiden ist. Die Herkunft der Umsatzerlöse, die in der Kategorie „Alle sonstigen Segmente" erfasst werden, ist zu beschreiben.

17 Vertritt das Management die Auffassung, dass ein in der unmittelbar vorangegangenen Berichtsperiode als berichtspflichtig identifiziertes Segment auch weiterhin von Bedeutung ist, so werden Informationen über dieses Segment auch in der laufenden Periode gesondert vorgelegt, selbst wenn die in Paragraph 13 genannten Kriterien für die Berichtspflicht nicht mehr erfüllt sind.

18 Wird ein Geschäftssegment in der laufenden Berichtsperiode den quantitativen Schwellenwerten entsprechend als berichtspflichtiges Segment identifiziert, so sind die Segmentdaten für eine frühere Periode, die zu Vergleichszwecken erstellt wurden, anzupassen, um das neuerdings berichtspflichtige Segment als gesondertes Segment darzustellen, auch wenn dieses in der früheren Periode nicht die Kriterien für die Berichtspflicht in Paragraph 13 erfüllt hat, es sei denn, die erforderlichen Informationen sind nicht verfügbar und die Kosten für ihre Erstellung wären übermäßig hoch.

19 Es kann eine praktikable Obergrenze für die Anzahl berichtspflichtiger Segmente geben, die ein Unternehmen gesondert darstellt, über die hinaus die Segmentinformationen zu detailliert würden. Auch wenn die Anzahl der nach den Paragraphen 13–18 berichtspflichtigen Segmente nicht begrenzt ist, sollte ein Unternehmen prüfen, ob bei mehr als zehn Segmenten eine praktikable Obergrenze erreicht ist.

ANGABEN

20 Ein Unternehmen hat Angaben zu machen, die es den Abschlussadressaten ermöglichen, die Art und die finanziellen Auswirkungen der von dem Unternehmen ausgeübten Geschäftstätigkeiten sowie das wirtschaftliche Umfeld, in dem es tätig ist, zu beurteilen.

21 Zwecks Anwendung des in Paragraph 20 genannten Grundsatzes hat ein Unternehmen für jede Periode, für die eine Gesamtergebnisrechnung erstellt wurde, folgende Angaben zu liefern:

a) allgemeine Informationen (wie in Paragraph 22 beschrieben),

b) Informationen über den ausgewiesenen Gewinn oder Verlust eines Segments, einschließlich genau beschriebener Umsatzerlöse und Aufwendungen, die in den ausgewiesenen Gewinn oder Verlust eines Segments einbezogen sind, über die Segmentvermögenswerte und die Segmentschulden und über die Bewertungsgrundlagen (wie in den Paragraphen 23–27 beschrieben), und

c) Überleitungsrechnungen von den Summen der Segmentumsatzerlöse, des ausgewiesenen Gewinns oder Verlusts eines Segments, der Segmentvermögenswerte und Segmentschulden und sonstiger wichtiger Segmentposten auf die entsprechenden Beträge des Unternehmens (wie in Paragraph 28 beschrieben).

Überleitungsrechnungen von den Beträgen in der Bilanz der berichtspflichtigen Segmente zu den Beträgen in der Bilanz des Unternehmens sind für jeden Stichtag erforderlich, für den eine Bilanz vorgelegt wird. Informationen zu früheren Perioden sind gemäß den Paragraphen 29 und 30 anzupassen.

Allgemeine Informationen

22 Hier hat ein Unternehmen Folgendes anzugeben:

a) die Faktoren, die zur Identifizierung der berichtspflichtigen Segmente des Unternehmens verwendet werden. Dazu zählen die Organisationsgrundlage (z. B. ob sich die Geschäftsführung dafür entschieden hat, das Unternehmen nach unterschiedlichen Produkten und Dienstleistungen, nach geografischen Gebieten, nach Regulierungsumfeld oder einer Kombination von Faktoren zu organisieren, und ob Geschäftssegmente zusammengefasst wurden),

aa) die Ermessensentscheidungen, die von der Geschäftsführung bei Anwendung der in Paragraph 12 genannten Kriterien für die Zusammenfassung getroffen wurden. Dazu zählt eine kurze Beschreibung der auf diese Weise zusammengefassten Geschäftssegmente und der wirtschaftlichen Indikatoren, die bewertet wurden, um zu bestimmen, dass die zusammengefassten Geschäftssegmente die gleichen wirtschaftlichen Charakteristika aufweisen, und

b) die Arten von Produkten und Dienstleistungen, die die Grundlage der Umsatzerlöse jedes berichtspflichtigen Segments darstellen.

Informationen über den Gewinn oder Verlust und über die Vermögenswerte und Schulden

23 Ein Unternehmen hat für jedes berichtspflichtige Segment einen Messwert für den Gewinn oder Verlust anzugeben. Wird ein solcher Betrag dem Hauptentscheidungsträger regelmäßig übermittelt, hat das Unternehmen für jedes berichtspflichtige Segment einen Messwert für die gesamten Vermögenswerte und die gesamten Schulden anzugeben. Wenn die entsprechenden Beträge in den Messwert für den Gewinn oder Verlust des Segments einfließen, der vom Hauptentscheidungsträger überprüft wird, oder diesem regelmäßig anderweitig übermittelt werden, auch wenn sie nicht in den Messwert für den Gewinn oder Verlust des Segments einfließen, hat das Unternehmen zudem zu jedem berichtspflichtigen Segment die folgenden Angaben zu machen:

a) Umsatzerlöse von externen Kunden,
b) Umsatzerlöse aus Geschäftsvorfällen mit anderen Geschäftssegmenten desselben Unternehmens,
c) Zinserträge,
d) Zinsaufwendungen,
e) planmäßige Abschreibungen,
f) wesentliche Ertrags- und Aufwandsposten, die gemäß Paragraph 97 von IAS 1 *Darstellung des Abschlusses* (in der 2007 überarbeiteten Fassung) angegeben werden,
g) Anteil des Unternehmens am Gewinn oder Verlust von assoziierten Unternehmen und Gemeinschaftsunternehmen, die nach der Equity-Methode bilanziert werden,
h) Ertragsteueraufwand oder -ertrag und
i) wesentliche zahlungsunwirksame Posten, bei denen es sich nicht um planmäßige Abschreibungen handelt.

Ein Unternehmen hat die Zinserträge gesondert vom Zinsaufwand für jedes berichtspflichtige Segment auszuweisen, es sei denn, die meisten Umsatzerlöse des Segments wurden aufgrund von Zinsen erwirtschaftet und der Hauptentscheidungsträger stützt sich in erster Linie auf die Nettozinserträge, um die Ertragskraft des Segments zu beurteilen und Entscheidungen über die Allokation der Ressourcen für das Segment zu treffen. In einem solchen Fall kann ein Unternehmen die segmentbezogenen Zinserträge abzüglich des segmentbezogenen Zinsaufwands angeben und über diese Vorgehensweise informieren.

24 Wenn die entsprechenden Beträge in den Messwert für die Segmentvermögenswerte einfließen, der vom Hauptentscheidungsträger überprüft wird, oder diesem regelmäßig anderweitig übermittelt werden, auch wenn sie nicht in den Messwert für die Segmentvermögenswerte einfließen, hat das Unternehmen zudem zu jedem berichtspflichtigen Segment die folgenden Angaben zu machen:

a) Betrag der Beteiligungen an assoziierten Unternehmen und Gemeinschaftsunternehmen, die nach der Equity-Methode bilanziert werden, und
b) Betrag der Zugänge zu den langfristigen Vermögenswerten[1], ausgenommen Finanzinstrumente, latente Steueransprüche, Nettovermögenswerte aus einem leistungsorientierten Plan (siehe IAS 19 *Leistungen an Arbeitnehmer*) und Ansprüche aus Versicherungsverträgen.

---
[1] Bei einer Gliederung der Vermögenswerte gemäß einer Liquiditätsdarstellung sind als langfristige Vermögenswerte alle Vermögenswerte einzustufen, die Beträge beinhalten, deren Realisierung nach mehr als zwölf Monaten nach dem Abschlussstichtag erwartet wird.

BEWERTUNG

25 Der Betrag jedes dargestellten Segmentpostens soll dem Messwert entsprechen, welcher dem Hauptentscheidungsträger übermittelt wird, damit dieser die Ertragskraft des Segments beurteilen und Entscheidungen über die Allokation der Ressourcen für das Segment treffen kann. Anpassungen und Eliminierungen, die während der Erstellung eines Unternehmensabschlusses und bei der Allokation von Umsatzerlösen, Aufwendungen sowie Gewinnen oder Verlusten vorgenommen werden, sind bei der Ermittlung des ausgewiesenen Gewinns oder Verlusts des Segments nur dann zu berücksichtigen, wenn sie in den Messwert für den Gewinn oder Verlust des Segments eingeflossen sind, den der Hauptentscheidungsträger zugrunde legt. Ebenso sind für dieses Segment nur jene Vermögenswerte und Schulden auszuweisen, die in die vom Hauptentscheidungsträger genutzten Messwerte für die Vermögenswerte und Schulden des Segments eingeflossen sind. Werden Beträge dem Gewinn oder

Verlust sowie den Vermögenswerten oder Schulden eines berichtspflichtigen Segments zugewiesen, so hat die Allokation dieser Beträge auf angemessener Basis zu erfolgen.

26 Verwendet der Hauptentscheidungsträger zur Beurteilung der Ertragskraft des Segments und zur Entscheidung über die Art der Allokation der Ressourcen lediglich einen Messwert für den Gewinn oder Verlust und die Vermögenswerte sowie Schulden eines Geschäftssegments, so sind der Gewinn oder Verlust und die Vermögenswerte sowie Schulden gemäß diesem Messwert anzugeben. Verwendet der Hauptentscheidungsträger mehr als einen Messwert für den Gewinn oder Verlust und die Vermögenswerte sowie Schulden eines Geschäftssegments, so sind jene Messwerte zu verwenden, die die Geschäftsführung gemäß den Bewertungsgrundsätzen als am ehesten mit denjenigen konsistent ansieht, die für die Ermittlung der entsprechenden Beträge im Abschluss des Unternehmens zugrunde gelegt werden.

27 Ein Unternehmen hat die Bewertungsgrundlagen für den Gewinn oder Verlust eines Segments sowie für die Vermögenswerte und Schulden jedes berichtspflichtigen Segments zu erläutern. Mindestens anzugeben sind

a) die Rechnungslegungsgrundlage für sämtliche Geschäftsvorfälle zwischen berichtspflichtigen Segmenten.

b) die Art etwaiger Unterschiede zwischen den Bewertungsgrundlagen für den Gewinn oder Verlust eines berichtspflichtigen Segments und den Gewinn oder Verlust des Unternehmens vor Steueraufwand oder -ertrag und Aufgabe von Geschäftsbereichen (falls nicht aus den in Paragraph 28 beschriebenen Überleitungsrechnungen ersichtlich). Diese Unterschiede könnten Rechnungslegungsmethoden und Richtlinien für die Allokation von zentral angefallenen Kosten umfassen, die für das Verständnis der dargestellten Segmentinformationen erforderlich sind.

c) die Art etwaiger Unterschiede zwischen den Bewertungsgrundlagen für die Vermögenswerte eines berichtspflichtigen Segments und die Vermögenswerte des Unternehmens (falls nicht aus den in Paragraph 28 beschriebenen Überleitungsrechnungen ersichtlich). Diese Unterschiede könnten Rechnungslegungsmethoden und Richtlinien für die Allokation von gemeinsam genutzten Vermögenswerten umfassen, die für das Verständnis der dargestellten Segmentinformationen erforderlich sind.

d) die Art etwaiger Unterschiede zwischen den Bewertungsgrundlagen für die Schulden eines berichtspflichtigen Segments und die Schulden des Unternehmens (falls nicht aus den in Paragraph 28 beschriebenen Überleitungsrechnungen ersichtlich). Diese Unterschiede könnten Rechnungslegungsmethoden und Richtlinien für die Allokation von gemeinsam genutzten Schulden umfassen, die für das Verständnis der dargestellten Segmentinformationen erforderlich sind.

e) die Art etwaiger Änderungen der Bewertungsmethoden im Vergleich zu früheren Perioden, die zur Bestimmung des Gewinns oder Verlusts des Segments verwendet werden, und gegebenenfalls die Auswirkungen dieser Änderungen auf die Bewertung des Gewinns oder Verlusts des Segments.

f) Art und Auswirkungen etwaiger asymmetrischer Allokationen auf berichtspflichtige Segmente. Beispielsweise könnte ein Unternehmen einen Abschreibungsaufwand einem Segment zuordnen, ohne diesem Segment die entsprechenden abschreibungsfähigen Vermögenswerte zuzuordnen.

Überleitungsrechnungen

28 Ein Unternehmen hat Überleitungsrechnungen für alle nachfolgend genannten Beträge vorzulegen:

a) Gesamtbetrag der Umsatzerlöse der berichtspflichtigen Segmente zu den Umsatzerlösen des Unternehmens.

b) Gesamtbetrag der Messwerte für den Gewinn oder Verlust der berichtspflichtigen Segmente zum Gewinn oder Verlust des Unternehmens vor Steueraufwand (Steuerertrag) und Aufgabe von Geschäftsbereichen. Weist ein Unternehmen indes berichtspflichtigen Segmenten Posten wie Steueraufwand (Steuerertrag) zu, kann es die Überleitungsrechnung vom Gesamtbetrag der Messwerte für den Gewinn oder Verlust der Segmente zum Gewinn oder Verlust des Unternehmens unter Einbeziehung dieser Posten erstellen.

c) Gesamtbetrag der Vermögenswerte der berichtspflichtigen Segmente zu den Vermögenswerten des Unternehmens, wenn die Segmentvermögenswerte gemäß Paragraph 23 angegeben werden.

d) Gesamtbetrag der Schulden der berichtspflichtigen Segmente zu den Schulden des Unternehmens, wenn die Segmentschulden gemäß Paragraph 23 angegeben werden.

e) Gesamtbetrag jeder anderen wesentlichen Angabe für die berichtspflichtigen Segmente zum entsprechenden Betrag für das Unternehmen.

Alle wesentlichen Abstimmungsposten in den Überleitungsrechnungen sind gesondert zu identifizieren und zu beschreiben. So ist z. B. der Betrag jeder wesentlichen Anpassung, die für die Abstimmung des Gewinns oder Verlusts des Segments mit dem Gewinn oder Verlust des Unternehmens erforderlich ist und ihren Ursprung in unterschiedlichen Rechnungslegungsmethoden hat, gesondert zu identifizieren und zu beschreiben.

Anpassung zuvor veröffentlichter Informationen

29 Ändert ein Unternehmen die Struktur seiner internen Organisation auf eine Art und Weise, die die Zusammensetzung seiner berichtspflichtigen Segmente verändert, müssen die entsprechenden Informationen für frühere Perioden, einschließlich Zwischenperioden, angepasst werden, es sei denn, die erforderlichen Informationen sind nicht verfügbar und die Kosten für ihre Erstellung wären übermäßig hoch. Die Feststellung, ob Informationen nicht verfügbar sind und die Kosten für ihre Erstellung übermäßig hoch liegen, hat für jeden angegebenen Einzelposten gesondert zu erfolgen. Nach einer Änderung der Zusammensetzung seiner berichtspflichtigen Segmente hat ein Unternehmen Angaben dazu zu machen, ob es die entsprechenden Posten der Segmentinformationen für frühere Perioden angepasst hat.

30 Ändert ein Unternehmen die Struktur seiner internen Organisation auf eine Art und Weise, die die Zusammensetzung seiner berichtspflichtigen Segmente verändert, und werden die entsprechenden Informationen für frühere Perioden, einschließlich Zwischenperioden, nicht angepasst, um der Änderung Rechnung zu tragen, hat ein Unternehmen in dem Jahr, in dem die Änderung eintritt, Segmentangaben für die derzeitige Berichtsperiode sowohl auf der Grundlage der alten als auch der neuen Segmentstruktur zu machen, es sei denn, die erforderlichen Informationen sind nicht verfügbar und die Kosten für ihre Erstellung wären übermäßig hoch.

ANGABEN AUF UNTERNEHMENSEBENE

31 Die Paragraphen 32–34 sind auf alle unter diesen IFRS fallende Unternehmen anzuwenden. Dazu zählen auch Unternehmen, die nur ein einziges berichtspflichtiges Segment haben. Bei einigen Unternehmen sind die Geschäftsbereiche nicht nach unterschiedlichen Produkten und Dienstleistungen oder unterschiedlichen geografischen Tätigkeitsbereichen organisiert. Die berichtspflichtigen Segmente eines solchen Unternehmens können Umsatzerlöse ausweisen, die in einem breiten Spektrum sehr unterschiedlicher Produkte und Dienstleistungen erwirtschaftet wurden, oder aber mehrere berichtspflichtige Segmente können sehr ähnliche Produkte und Dienstleistungen anbieten. Ebenso können die berichtspflichtigen Segmente eines Unternehmens Vermögenswerte in verschiedenen geografischen Gebieten halten und Umsatzerlöse von Kunden in diesen verschiedenen geografischen Bereichen ausweisen, oder aber mehrere dieser berichtspflichtigen Segmente sind in demselben geografischen Gebiet tätig. Die in den Paragraphen 32–34 verlangten Angaben sind nur dann erforderlich, wenn sie nicht bereits als Teil der Informationen des berichtspflichtigen Segments gemäß diesem IFRS vorgelegt wurden.

Informationen über Produkte und Dienstleistungen

32 Ein Unternehmen hat die Umsatzerlöse von externen Kunden für jedes Produkt und jede Dienstleistung bzw. für jede Gruppe vergleichbarer Produkte und Dienstleistungen auszuweisen, es sei denn, die erforderlichen Informationen sind nicht verfügbar und die Kosten für ihre Erstellung wären übermäßig hoch. In diesem Fall ist dieser Umstand anzugeben. Die ausgewiesenen Umsatzerlösbeträge müssen auf den Finanzinformationen basieren, die für die Erstellung des Unternehmensabschlusses verwendet werden.

Informationen über geografische Gebiete

33 Ein Unternehmen hat folgende geografische Angaben zu machen, es sei denn, die erforderlichen Informationen sind nicht verfügbar und die Kosten für ihre Erstellung wären übermäßig hoch:

a) Umsatzerlöse, die von externen Kunden erwirtschaftet wurden, die (i) dem Sitzland des Unternehmens und (ii) allen Drittländern insgesamt zugewiesen werden, in denen das Unternehmen Umsatzerlöse erwirtschaftet. Wenn die Umsatzerlöse von externen Kunden, die einem einzelnen Drittland zugewiesen werden, wesentlich sind, sind diese Umsatzerlöse gesondert anzugeben. Ein Unternehmen hat anzugeben, auf welcher Grundlage die Umsatzerlöse von externen Kunden den einzelnen Ländern zugewiesen werden.

b) langfristige Vermögenswerte[1], ausgenommen Finanzinstrumente, latente Steueransprüche, Leistungen nach Beendigung des Arbeitsverhältnisses und Ansprüche aus Versicherungsverträgen, die (i) im Sitzland des Unternehmens und (ii) in allen Drittländern insgesamt gelegen sind, in dem das Unternehmen Vermögenswerte hält. Wenn die Vermögenswerte in einem einzelnen Drittland wesentlich sind, sind diese Vermögenswerte gesondert anzugeben.

[1] Bei einer Gliederung der Vermögenswerte gemäß einer Liquiditätsdarstellung sind als langfristige Vermögenswerte alle Vermögenswerte einzustufen, die Beträge enthalten, deren Realisierung nach mehr als zwölf Monaten nach dem Abschlussstichtag erwartet wird.

Die angegebenen Beträge müssen auf den Finanzinformationen basieren, die für die Erstellung des Unternehmensabschlusses verwendet werden. Wenn die erforderlichen Informationen nicht verfügbar sind und die Kosten für ihre Erstellung übermäßig hoch wären, hat das Unternehmen dies anzugeben. Über die in diesem Paragraphen verlangten Informationen hinaus kann ein Unternehmen Zwischensummen für die geografischen Informationen nach Ländergruppen vorlegen.

Informationen über wichtige Kunden

34 Ein Unternehmen hat Informationen über den Grad seiner Abhängigkeit von seinen wichtigen Kunden vorzulegen. Wenn sich die Umsatzerlöse aus Geschäftsvorfällen mit einem einzelnen

externen Kunden auf mindestens 10 Prozent der Umsatzerlöse des Unternehmens belaufen, hat das Unternehmen diesen Umstand anzugeben sowie den Gesamtbetrag der Umsatzerlöse von jedem derartigen Kunden und die Identität des Segments bzw. der Segmente, in denen die Umsatzerlöse ausgewiesen werden. Das Unternehmen muss den Namen eines wichtigen Kunden oder die Höhe der Umsatzerlöse, die jedes Segment in Bezug auf diesen Kunden ausweist, nicht angeben. Für die Zwecke dieses IFRS ist eine Gruppe von Unternehmen, von denen das berichtende Unternehmen weiß, dass sie unter gemeinsamer Beherrschung stehen, als ein einziger Kunde anzusehen,. Ob eine öffentliche Körperschaft (einschließlich Institutionen mit hoheitlichen Aufgaben und ähnliche Körperschaften, unabhängig davon, ob sie auf lokaler, nationaler oder internationaler Ebene angesiedelt sind) sowie Unternehmen, von denen das berichtende Unternehmen weiß, dass sie der Beherrschung durch diese staatliche Stelle unterliegen, als ein einziger Kunde anzusehen ist/sind, muss allerdings durch Ermessensausübung beurteilt werden. Bei dieser Beurteilung hat das berichtende Unternehmen den Umfang der wirtschaftlichen Integration zwischen diesen Unternehmen zu berücksichtigen.

ÜBERGANGSVORSCHRIFTEN UND ZEITPUNKT DES INKRAFTTRETENS

35 Dieser IFRS ist auf Geschäftsjahre anzuwenden, die am oder nach dem 1. Januar 2009 beginnen. Eine frühere Anwendung ist zulässig. Wendet ein Unternehmen diesen IFRS auf ein vor dem 1. Januar 2009 beginnendes Geschäftsjahr an, hat es dies anzugeben.

35A Durch *Verbesserungen an den IFRS*, veröffentlicht im April 2009, wurde Paragraph 23 geändert. Diese Änderung ist auf Geschäftsjahre anzuwenden, die am oder nach dem 1. Januar 2010 beginnen. Eine frühere Anwendung ist zulässig. Wendet ein Unternehmen die Änderung auf ein früheres Geschäftsjahr an, hat es dies anzugeben.

36 Segmentinformationen für frühere Geschäftsjahre, die als Vergleichsinformationen für das erste Jahr der Anwendung vorgelegt werden (einschließlich der Änderung an Paragraph 23 vom April 2009), müssen angepasst werden, um die Anforderungen dieses IFRS zu erfüllen, es sei denn, die erforderlichen Informationen sind nicht verfügbar und die Kosten für ihre Erstellung wären übermäßig hoch.

36A Durch IAS 1 (in der 2007 überarbeiteten Fassung) wurde die in den IAS/IFRS verwendete Terminologie geändert. Außerdem wurde Paragraph 23(f) geändert. Diese Änderungen sind auf Geschäftsjahre anzuwenden, die am oder nach dem 1. Januar 2009 beginnen. Wendet ein Unternehmen IAS 1 (in der 2007 überarbeiteten Fassung) auf ein früheres Geschäftsjahr an, so hat es auf dieses Geschäftsjahr auch diese Änderungen anzuwenden.

36B Durch IAS 24 *Angaben über Beziehungen zu nahestehenden Unternehmen und Personen* (in der 2009 überarbeiteten Fassung) wurde Paragraph 34 für am oder nach dem 1. Januar 2011 beginnende Geschäftsjahre angepasst. Wendet ein Unternehmen IAS 24 (in der 2009 überarbeiteten Fassung) auf ein früheres Geschäftsjahr an, so hat es auch die Änderungen an Paragraph 34 auf dieses frühere Geschäftsjahr anzuwenden.

36C Durch die *Jährlichen Verbesserungen an den IFRS, Zyklus 2010–2012*, veröffentlicht im Dezember 2013, wurden die Paragraphen 22 und 28 geändert. Diese Änderungen sind auf Geschäftsjahre anzuwenden, die am oder nach dem 1. Juli 2014 beginnen. Eine frühere Anwendung ist zulässig. Wendet ein Unternehmen diese Änderungen auf ein früheres Geschäftsjahr an, hat es dies anzugeben.

RÜCKNAHME VON IAS 14

37 Dieser IFRS ersetzt IAS 14 *Segmentberichterstattung*.

Anhang A
Definitionen

Dieser Anhang ist integraler Bestandteil des IFRS.

Geschäftssegment   Ein Geschäftssegment ist ein Unternehmensbestandteil,

    a) der Geschäftstätigkeiten betreibt, mit denen Umsatzerlöse erwirtschaftet werden und bei denen Aufwendungen anfallen können (einschließlich Umsatzerlöse und Aufwendungen im Zusammenhang mit Geschäftsvorfällen mit anderen Bestandteilen desselben Unternehmens),

    b) dessen Betriebsergebnisse regelmäßig vom Hauptentscheidungsträger im Hinblick auf Entscheidungen über die Allokation von Ressourcen zu diesem Segment und die Bewertung seiner Ertragskraft überprüft werden und

    c) für den separate Finanzinformationen vorliegen.

3/8. IFRS 9

International Financial Reporting Standard 9
Finanzinstrumente

IFRS 9, VO (EU) 2023/1803

Gliederung	§§
KAPITEL 1: Zielsetzung	1.1
KAPITEL 2: Anwendungsbereich	2.1–2.7
KAPITEL 3: Ansatz und Ausbuchung	3.1–3.3.5
3.1 ERSTMALIGER ANSATZ	3.1.1–3.1.2
Marktüblicher Kauf oder Verkauf finanzieller Vermögenswerte	3.1.2
3.2 AUSBUCHUNG FINANZIELLER VERMÖGENSWERTE	3.2.1–3.2.23
Übertragungen, die die Bedingungen für eine Ausbuchung erfüllen	3.2.10–3.2.14
Übertragungen, die die Bedingungen für eine Ausbuchung nicht erfüllen	3.2.15
Anhaltendes Engagement bei übertragenen Vermögenswerten	3.2.16–3.2.21
Alle Übertragungen	3.2.22.–3.2.23
3.3 AUSBUCHUNG FINANZIELLER VERBINDLICHKEITEN	3.3.1–3.3.5
KAPITEL 4: Einstufung	4.1–4.4.3
4.1 EINSTUFUNG FINANZIELLER VERMÖGENSWERTE	4.1.1–4.1.5
Wahlrecht, einen finanziellen Vermögenswert als erfolgswirksam zum beizulegenden Zeitwert bewertet zu designieren	4.1.5
4.2 EINSTUFUNG FINANZIELLER VERBINDLICHKEITEN	4.2.1–4.2.2
Wahlrecht, eine finanzielle Verbindlichkeit als erfolgswirksam zum beizulegenden Zeitwert bewertet zu designieren	4.2.2
4.3 EINGEBETTETE DERIVATE	4.3.1–4.3.7
Hybride Verträge mit finanziellen Vermögenswerten als Basisvertrag	4.3.2
Andere hybride Verträge	4.3.3–4.3.7
4.4 NEUEINSTUFUNG	4.4.1–4.4.3
KAPITEL 5: Bewertung	5.1–5.7.11
5.1 BEWERTUNG BEIM ERSTMALIGEN ANSATZ	5.1.1–5.1.3
5.2 FOLGEBEWERTUNG FINANZIELLER VERMÖGENSWERTE	5.2.1–5.2.3
5.3 FOLGEBEWERTUNG FINANZIELLER VERBINDLICHKEITEN	5.3.1–5.3.2.
5.4 BEWERTUNG ZU FORTGEFÜHRTEN ANSCHAFFUNGSKOSTEN	5.4.1–5.4.9
Finanzielle Vermögenswerte	5.4.1–5.4.4
Effektivzinsmethode	5.4.1–5.4.2
Änderung vertraglicher Zahlungsströme	5.4.3
Abschreibung	5.4.4
Durch die Reform der Referenzzinssätze bedingte Änderungen bei der Basis für die Ermittlung der vertraglichen Zahlungsströme	5.4.5–5.4.9
5.5 WERTMINDERUNG	5.5.1–5.5.20
Erfassung erwarteter Kreditverluste	5.5.1–5.5.14
Allgemeine Vorgehensweise	5.5.1–5.5.8
Bestimmung, ob eine signifikante Erhöhung des Ausfallrisikos vorliegt	5.5.9–5.5.11
Geänderte finanzielle Vermögenswerte	5.5.12
Finanzielle Vermögenswerte mit bereits bei Erwerb oder Ausreichung beeinträchtigter Bonität	5.5.13–5.5.14
Vereinfachte Vorgehensweise bei Forderungen aus Lieferungen und Leistungen, Vertragsvermögenswerten und Forderungen aus Leasingverhältnissen	5.5.15–5.5.16
Bewertung erwarteter Kreditverluste	5.5.17–5.5.20
5.6 NEUEINSTUFUNG FINANZIELLER VERMÖGENSWERTE	5.6.1–5.6.7
5.7 GEWINNE UND VERLUSTE	5.7.1–5.7.11
Finanzinvestitionen in Eigenkapitalinstrumente	5.7.5–5.7.6

3/8. IFRS 9

Verbindlichkeiten, die als erfolgswirksam zum beizulegenden Zeitwert bewertet designiert wurden	5.7.7.–5.7.9
Vermögenswerte, die zum beizulegenden Zeitwert erfolgsneutral im sonstigen Ergebnis bewertet werden	5.7.10–5.7.11
KAPITEL 6: Bilanzierung von Sicherungsbeziehungen	6.1–6.9.13
6.1 ZIELSETZUNG UND ANWENDUNGSBEREICH DER BILANZIERUNG VON SICHERUNGSBEZIEHUNGEN	6.1.1–6.1.3
6.2 SICHERUNGSINSTRUMENTE	6.2.1–6.2.6
Zulässige Instrumente	6.2.1–6.2.3
Designation von Sicherungsinstrumenten	6.2.4–6.2.6
6.3 GRUNDGESCHÄFTE	6.3.1–6.3.7
Zulässige Grundgeschäfte	6.3.1–6.3.6
Designation von Grundgeschäften	6.3.7
6.4 KRITERIEN FÜR DIE BILANZIERUNG VON SICHERUNGSBEZIEHUNGEN	6.4.1
6.5 BILANZIERUNG ZULÄSSIGER SICHERUNGSBEZIEHUNGEN	6.5.1–6.5.16
Absicherung des beizulegenden Zeitwerts	6.5.8–6.5.10
Absicherung von Zahlungsströmen	6.5.11–6.5.12
Absicherung einer Nettoinvestition in einen ausländischen Geschäftsbetrieb	6.5.13–6.5.14
Bilanzierung des Zeitwerts von Optionen	6.5.1
Bilanzierung des Terminelements von Termingeschäften und Währungsbasis-Spreads von Finanzinstrumenten	6.5.16
6.6 ABSICHERUNG EINER GRUPPE VON GESCHÄFTEN	6.6.1–6.6.6
Gruppe von Geschäften, die als Grundgeschäft infrage kommen	6.6.1
Designation einer Komponente eines Nominalbetrags	6.6.2–6.6.3
Darstellung	6.6.4–6.6.5
Null-Nettopositionen	6.6.6
6.7 WAHLRECHT, EINE AUSFALLRISIKOPOSITION ALS ERFOLGSWIRKSAM ZUM BEIZULEGENDEN ZEITWERT BEWERTET ZU DESIGNIEREN	6.7.1–6.7.4
Ausfallrisikopositionen, die für eine Designation als erfolgswirksam zum beizulegenden Zeitwert bewertet infrage kommen	6.7.1
Bilanzierung von Ausfallrisikopositionen, die als erfolgswirksam zum beizulegenden Zeitwert bewertet designiert sind	6.7.2–6.7.4
6.8 VORÜBERGEHENDE AUSNAHMEN VON DER ANWENDUNG SPEZIELLER VORSCHRIFTEN FÜR DIE BILANZIERUNG VON SICHERUNGS-BEZIEHUNGEN	6.8.1–6.8.13
Anforderung einer „hohen Wahrscheinlichkeit" bei der Absicherung von Zahlungsströmen	6.8.4
Umgliederung des in der Rücklage für die Absicherung von Zahlungsströmen kumulierten Betrags	6.8.5
Beurteilung der wirtschaftlichen Beziehung zwischen dem Grundgeschäft und dem Sicherungsinstrument	6.8.6
Designation einer Geschäftskomponente als Grundgeschäft	6.8.7–6.8.8
Ende der Anwendung	6.8.9–6.8.13
6.9 WEITERE DURCH DIE REFORM DER REFERENZZINSSÄTZE BEDINGTE VORÜBERGEHENDE AUSNAHMEN	6.9.1–6.9.13
Bilanzierung qualifizierender Sicherungsbeziehungen	6.9.7.–6.9.8
Absicherung von Zahlungsströmen	6.9.7
Gruppen von Geschäften	6.9.9–6.9.10
Designation von Risikokomponenten	6.9.11–6.9.13
KAPITEL 7: Zeitpunkt des Inkrafttretens und Übergangsvorschriften	7.1–7.3.2
7.1 ZEITPUNKT DES INKRAFTTRETENS	7.1.1–7.1.10
7.2 ÜBERGANGSVORSCHRIFTEN	7.2.1–7.2.46
Übergangsvorschriften für die Einstufung und Bewertung (Kapitel 4 und 5)	7.2.3–7.2.20
Wertminderung (Abschnitt 5.2)	7.2.17–7.2.20

3/8. IFRS 9

Übergangsvorschriften für die Bilanzierung von Sicherungsbeziehungen (Kapitel 6)	7.2.21–7.2.26
Unternehmen, die IFRS 9 (2009), IFRS 9 (2010) oder IFRS 9 (2013) früher angewandt haben	7.2.27–7.2.28
Übergangsvorschriften für Vorfälligkeitsregelungen mit negativer Ausgleichsleistung	7.2.29–7.2.34
Übergangsvorschriften für die „Jährlichen Verbesserungen an den IFRS-Standards"	7.2.35
Übergangsvorschriften für IFRS 17 in der im Juni 2020 geänderten Fassung	7.2.36–7.2.42
Übergangsvorschriften für Reform der Referenzzinsätze – Phase 2	7.2.43–7.2.46
7.3 RÜCKNAHME VON IFRIC 9, IFRS 9 (2009), IFRS 9 (2010) UND IFRS 9 (2013)	7.3.1–7.3.2
ANHANG A: DEFINITIONEN	
ANHANG B: ANWENDUNGSLEITLINIEN	
ANWENDUNGSBEREICH (KAPITEL 2)	B2.1–B2.6
ANSATZ UND AUSBUCHUNG (KAPITEL 3)	B3.1.1–B.3.3.7
Erstmaliger Ansatz (Paragraph 3.1)	B.3.1.1–B3.1.6
Marktüblicher Kauf oder Verkauf finanzieller Vermögenswerte	B3.1.3–B3.1.6
Ausbuchung finanzieller Vermögenswerte (Abschnitt 3.2)	B3.2.1–B3.2.17
Übertragungen, die die Bedingungen für eine Ausbuchung erfüllen	B3.2.10–B3.2.11
Übertragungen, die die Bedingungen für eine Ausbuchung nicht erfüllen	B3.2.12
Anhaltendes Engagement bei übertragenen Vermögenswerten	B3.2.13
Alle Übertragungen	B3.2.14–B3.2.15
Beispiele	B3.2.16
Ausbuchung finanzieller Verbindlichkeiten (Abschnitt 3.3)	B3.3.1–B3.3.7
EINSTUFUNG (KAPITEL 4)	B4.1.1–B4.4.3
Einstufung finanzieller Vermögenswerte (Abschnitt 4.1)	B4.1.1–B4.1.26
Geschäftsmodell des Unternehmens zur Steuerung finanzieller Vermögenswerte	B.4.4.1–B4.1.6
Vertragliche Zahlungsströme, die ausschließlich Tilgungs- und Zinszahlungen auf den ausstehenden Kapitalbetrag darstellen	B4.1.7–B4.1.26
Wahlrecht, einen finanziellen Vermögenswert oder eine finanzielle Verbindlichkeit als erfolgswirksam zum beizulegenden Zeitwert bewertet zu designieren (Abschnitte 4.1 und 4.2)	B4.1.27–B4.1.36
Durch die Designation wird eine Rechnungslegungsanomalie beseitigt oder signifikant verringert	B4.1.29–B4.1.32
Eine Gruppe von finanziellen Verbindlichkeiten oder finanziellen Vermögenswerten und Verbindlichkeiten wird gesteuert und ihre Wertentwicklung anhand des beizulegenden Zeitwerts beurteilt	B4.1.33–B4.1.36
Eingebettete Derivate (Abschnitt 4.3)	B4.3.1–B4.3.12
Instrumente mit eingebetteten Derivaten	B4.3.9–B4.3.10
Neubeurteilung eingebetteter Derivate	B4.3.11–B4.3.12
Neueinstufung finanzieller Vermögenswerte (Abschnitt 4.4)	B.4.4.1–B4.4.3
Neueinstufung finanzieller Vermögenswerte	B4.4.1–B4.4.3
BEWERTUNG (KAPITEL 5)	B5.1.1–B5.7.20
Bewertung beim erstmaligen Ansatz (Abschnitt 5.1)	B5.5.1–B5.1.2A
Folgebewertung (Abschnitte 5.2 und 5.3)	B5.2.1–B5.2.6
Finanzinvestitionen in Eigenkapitalinstrumente und Verträge über solche Finanzinvestitionen	B5.2.3–B5.2.6
Bewertung zu fortgeführten Anschaffungskosten (Abschnitt 5.4)	B5.4.1.–B5.4.9
Effektivzinsmethode	B5.4.1–B5.4.7
Transaktionskosten	B5.4.8
Abschreibung	B5.4.9
Wertminderung (Abschnitt 5.5)	B5.5.1–B5.5.27
Grundlage für die kollektive und individuelle Beurteilung	B5.5.51–B5.5.6
Zeitpunkt der Erfassung der über die Laufzeit erwarteten Kreditverluste	B5.5.7–B5.5.14

3/8. IFRS 9

Bestimmung, ob sich das Ausfallrisiko seit dem erstmaligen Ansatz signifikant erhöht hat	B5.5.15–B5.5.24
Änderungen	B5.5.25–B5.5.27
Bemessung erwarteter Kreditverluste	**B5.5.28–B5.5.55**
Erwartete Kreditverluste	B5.5.28–B5.5.35
Ausfalldefinition	B5.5.36–B5.5.37
Zeitraum für die Schätzung der erwarteten Kreditverluste	B5.5.38–B5.5.40
Wahrscheinlichkeitsgewichtetes Ergebnis	B5.5.41–B5.5.43
Zeitwert des Geldes	B5.5.44–B5.5.48
Angemessene und belastbare Informationen	B5.5.49–B5.5.54
Sicherheiten	B5.5.55
Neueinstufung finanzieller Vermögenswerte (Abschnitt 5.6)	**B5.6.1–B5.6.2**
Gewinne und Verluste (Abschnitt 5.7)	**B5.7.1–B5.7.20**
Verbindlichkeiten, die als erfolgswirksam zum beizulegenden Zeitwert bewertet designiert werden	B5.7.5–B5.7.20
BILANZIERUNG VON SICHERUNGSBEZIEHUNGEN (KAPITEL 6)	**B6.2.1–B6.6.16**
Sicherungsinstrumente (Abschnitt 6.2)	**B6.2.1–B6.6.6**
Zulässige Instrumente	B6.2.1–B6.2.4
Designation von Sicherungsinstrumenten	B6.2.5–B6.2.6
Grundgeschäfte (Abschnitt 6.3)	**B6.3.1–B6.3.25**
Zulässige Grundgeschäfte	B6.3.1–B6.3.6
Designation von Grundgeschäften	B6.3.7–B6.3.25
Kriterien für die Bilanzierung von Sicherungsbeziehungen (Abschnitt 6.4)	**B6.4.1–B6.4.19**
Wirksamkeit der Absicherung	B6.4.1–B6.4.3
Wirtschaftliche Beziehung zwischen dem Grundgeschäft und dem Sicherungsinstrument	B6.4.4–B6.4.6
Die Auswirkung des Ausfallrisikos	B6.4.7–B6.4.8
Sicherungsquote	B6.4.9–B6.4.11
Häufigkeit der Beurteilung, ob die Anforderungen an die Wirksamkeit der Absicherung erfüllt sind	B6.4.12
Methoden zur Beurteilung, ob die Anforderungen an die Wirksamkeit der Absicherung erfüllt sind	B6.4.13–B6.4.19
Bilanzierung zulässiger Sicherungsbeziehungen (Abschnitt 6.5)	**B6.5.1–B6.5.39**
Bewertung der Unwirksamkeit der Absicherung	B6.5.4–B6.5.6
Rekalibrierung der Sicherungsbeziehung und Änderungen der Sicherungsquote	B6.5.7–B6.5.21
Beendigung der Bilanzierung von Sicherungsbeziehungen	B6.5.22–B6.5.28
Bilanzierung des Zeitwerts von Optionen	B6.5.29–B6.5.33
Bilanzierung des Terminelements von Termingeschäften und Währungsbasis-Spreads von Finanzinstrumenten	B6.5.34–B6.5.39
Absicherung einer Gruppe von Geschäften (Abschnitt 6.6)	**B6.6.1–B6.6.16**
Absicherung einer Nettoposition	B6.6.1–B6.6.10
Layer aus Gruppen von Geschäften, der als Grundgeschäft designiert wird	B6.6.11–B6.6.12
Darstellung der Gewinne oder Verluste aus dem Sicherungsinstrument	B6.6.13–B6.6.16
DATUM DES INKRAFTTRETENS UND ÜBERGANGSVORSCHRIFTEN (KAPITEL 7)	**B7.2.1–B7.2.4**
Übergangsvorschriften (Abschnitt 7.2)	**B7.2.1–B7.2.4**
Zu Handelszwecken gehaltene finanzielle Vermögenswerte	B7.2.1!
Wertminderung	B7.2.2–B7.2.4
DEFINITIONEN (ANHANG A)	**BA.1–BA.8**
Derivate	BA.1–BA.5
Zu Handelszwecken gehaltene finanzielle Vermögenswerte und Verbindlichkeiten	**BA.6–BA.8**

KAPITEL 1
Zielsetzung

1.1 Zielsetzung dieses Standards ist die Festlegung von Rechnungslegungsgrundsätzen für *finanzielle Vermögenswerte* und *finanzielle Verbindlichkeiten*, die den Abschlussadressaten relevante und nützliche Informationen für ihre Einschätzung bezüglich der Höhe, des Zeitpunkts und der Unsicherheit der künftigen Zahlungsströme eines Unternehmens liefern.

KAPITEL 2
Anwendungsbereich

2.1 Dieser Standard ist von allen Unternehmen auf alle Arten von Finanzinstrumenten anzuwenden. Davon ausgenommen sind:

a) Anteile an Tochterunternehmen, assoziierten Unternehmen und Gemeinschaftsunternehmen, die nach IFRS 10 *Konzernabschlüsse*, IAS 27 *Einzelabschlüsse* oder IAS 28 *Beteiligungen an assoziierten Unternehmen und Gemeinschaftsunternehmen* bilanziert werden. In einigen Fällen muss oder darf ein Unternehmen jedoch nach IFRS 10, IAS 27 oder IAS 28 einen Anteil an einem Tochterunternehmen, einem assoziierten Unternehmen oder einem Gemeinschaftsunternehmen nach allen oder einem Teil der Vorschriften des vorliegenden Standards bilanzieren. Ebenfalls anzuwenden ist er auf Derivate auf einen Anteil an einem Tochterunternehmen, einem assoziierten Unternehmen oder einem Gemeinschaftsunternehmen, sofern das Derivat nicht der Definition eines Eigenkapitalinstruments des Unternehmens in IAS 32 *Finanzinstrumente: Darstellung* entspricht.

b) Rechte und Verpflichtungen aus Leasingverhältnissen, für die IFRS 16 *Leasingverhältnisse* gilt. Allerdings unterliegen

   i) Forderungen aus Finanzierungsleasingverhältnissen (d. h. Nettoinvestitionen in ein Finanzierungsleasingverhältnis) und Forderungen aus Operating-Leasingverhältnissen, die vom Leasinggeber angesetzt wurden, den im vorliegenden Standard enthaltenen Ausbuchungs- und Wertminderungsvorschriften,

   ii) Leasingverbindlichkeiten, die vom Leasingnehmer angesetzt wurden, den in Paragraph 3.3.1 des vorliegenden Standards enthaltenen Ausbuchungsvorschriften, und

   iii) in Leasingverhältnisse eingebettete Derivate den im vorliegenden Standard enthaltenen Vorschriften für eingebettete Derivate.

c) Rechte und Verpflichtungen eines Arbeitgebers aus Altersversorgungsplänen, für die IAS 19 *Leistungen an Arbeitnehmer* gilt.

d) Finanzinstrumente, die von dem Unternehmen emittiert wurden und der Definition eines Eigenkapitalinstruments in IAS 32 entsprechen (einschließlich Optionen und Optionsscheinen) oder die gemäß den Paragraphen 16A und 16B oder 16C und 16D von IAS 32 als Eigenkapitalinstrumente einzustufen sind. Der Inhaber solcher Eigenkapitalinstrumente hat den vorliegenden Standard jedoch auf diese Instrumente anzuwenden, es sei denn, es liegt der unter (a) genannte Ausnahmefall vor.

e) Rechte und Verpflichtungen aus einem Versicherungsvertrag im Sinne von IFRS 17 *Versicherungsverträge* oder aus einem unter IFRS 17 fallenden Kapitalanlagevertrag mit ermessensabhängiger Überschussbeteiligung. Allerdings gilt dieser Standard für

   i) Derivate, die in einen unter IFRS 17 fallenden Vertrag eingebettet sind, wenn diese Derivate nicht selbst unter IFRS 17 fallende Verträge sind.

   ii) Kapitalanlagekomponenten, die von unter IFRS 17 fallenden Verträgen abgetrennt sind, wenn IFRS 17 eine solche Abtrennung vorschreibt, es sei denn, bei der abgetrennten Kapitalanlagekomponente handelt es sich um einen unter IFRS 17 fallenden Kapitalanlagevertrag mit ermessensabhängiger Überschussbeteiligung.

   iii) die Rechte und Verpflichtungen eines Versicherers aus Versicherungsverträgen, die die Definition einer finanziellen Garantie erfüllen. Hat ein Finanzgarantiegeber jedoch zuvor ausdrücklich erklärt, dass er solche Verträge als Versicherungsverträge betrachtet, und hat er sie nach den für Versicherungsverträge geltenden Vorschriften bilanziert, so kann er auf diese finanziellen Garantien entweder diesen Standard oder IFRS 17 anwenden (siehe Paragraphen B2.5–B2.6). Der Garantiegeber kann die Wahl für jeden Vertrag einzeln treffen, aber die für den jeweiligen Vertrag getroffene Wahl ist unwiderruflich.

   iv) die Rechte und Verpflichtungen eines Unternehmens, bei denen es sich um Finanzinstrumente handelt, die aus Kreditkartenverträgen oder ähnlichen Verträgen entstehen, die Kredit- oder Zahlungsmöglichkeiten bieten, die ein Unternehmen ausgibt und die die Definition eines Versicherungsvertrags erfüllen, die aber nach Paragraph 7(h) von IFRS 17 vom Anwendungsbereich des IFRS 17 ausgeschlossen sind. Wenn der Versicherungsschutz jedoch eine vertragliche Bedingung eines solchen Finanzinstruments ist, dann hat das Unternehmen diese Komponente abzutrennen und sie nach IFRS 17 zu bilanzieren (siehe Paragraph 7(h) von IFRS 17).

v) Die Rechte und Verpflichtungen eines Unternehmens, bei denen es sich um Finanzinstrumente handelt, die aus Versicherungsverträgen entstehen, die ein Unternehmen ausgibt, die den Schadenersatz im Versicherungsfall auf den Betrag begrenzen, der ansonsten erforderlich wäre, um die durch den Vertrag begründete Verpflichtung des Versicherungsnehmers zu erfüllen, wenn das Unternehmen das Wahlrecht ausübt, gemäß Paragraph 8A von IFRS 17 auf solche Verträge IFRS 9 statt IFRS 17 anzuwenden.

f) alle Termingeschäfte, die zwischen einem Erwerber und einem verkaufenden Anteilseigner im Hinblick darauf geschlossen werden, ein zu erwerbendes Unternehmen zu erwerben oder zu veräußern, die zu einem künftigen Erwerbszeitpunkt zu einem unter IFRS 3 *Unternehmenszusammenschlüsse* fallenden Unternehmenszusammenschluss führen werden. Die Laufzeit des Termingeschäfts sollte einen angemessenen Zeitraum, der in der Regel für die erforderlichen Genehmigungen und die Durchführung der Transaktion notwendig ist, nicht überschreiten.

g) Kreditzusagen, bei denen es sich nicht um die in Paragraph 2.3 beschriebenen Zusagen handelt. Auf Kreditzusagen, die nicht anderweitig unter diesen Standard fallen, hat der Emittent jedoch die im vorliegenden Standard enthaltenen Wertminderungsvorschriften anzuwenden. Ferner unterliegen alle Kreditzusagen den im vorliegenden Standard enthaltenen Ausbuchungsvorschriften.

h) Finanzinstrumente, Verträge und Verpflichtungen im Zusammenhang mit anteilsbasierten Vergütungen, für die IFRS 2 *Anteilsbasierte Vergütung* gilt. Davon ausgenommen sind die unter die Paragraphen 2.4–2.7 dieses Standards fallenden Verträge, für die dieser Standard somit gilt.

i) Ansprüche auf Zahlungen zur Erstattung von Ausgaben, zu denen das Unternehmen verpflichtet ist, um eine Verbindlichkeit zu begleichen, die es gemäß IAS 37 *Rückstellungen, Eventualverbindlichkeiten und Eventualforderungen* als Rückstellung ansetzt oder für die es in einer früheren Periode gemäß IAS 37 eine Rückstellung angesetzt hat.

j) unter IFRS 15 *Erlöse aus Verträgen mit Kunden* fallende Rechte und Verpflichtungen, bei denen es sich um Finanzinstrumente handelt. Davon ausgenommen sind jene, die nach IFRS 15 gemäß dem vorliegenden Standard bilanziert werden.

2.2 Die im vorliegenden Standard enthaltenen Wertminderungsvorschriften sind auf jene Rechte anzuwenden, die nach IFRS 15 zwecks Erfassung von Wertminderungsaufwendungen und -erträgen gemäß dem vorliegenden Standard bilanziert werden.

2.3 In den Anwendungsbereich dieses Standards fallen folgende Kreditzusagen:

a) Kreditzusagen, die das Unternehmen als finanzielle Verbindlichkeiten designiert, die erfolgswirksam zum beizulegenden Zeitwert bewertet werden (siehe Paragraph 4.2.2). Ein Unternehmen, das die aus seinen Kreditzusagen resultierenden Vermögenswerte in der Vergangenheit für gewöhnlich kurz nach der Ausreichung verkauft hat, hat diesen Standard auf all seine Kreditzusagen derselben Gruppe anzuwenden.

b) Kreditzusagen, die durch einen Nettoausgleich in bar oder durch Lieferung oder Emission eines anderen Finanzinstruments erfüllt werden können. Bei diesen Kreditzusagen handelt es sich um Derivate. Eine Kreditzusage gilt nicht allein aufgrund der Tatsache, dass das Darlehen in Tranchen ausgezahlt wird (beispielsweise ein Hypothekenkredit, der gemäß dem Baufortschritt in Tranchen ausgezahlt wird), als im Wege eines Nettoausgleichs erfüllt.

c) Zusagen, einen Kredit unter dem Marktzinssatz zur Verfügung zu stellen (siehe Paragraph 4.2.1 (d)).

2.4 Dieser Standard ist auf Verträge über den Kauf oder Verkauf eines nichtfinanziellen Postens anzuwenden, die durch einen Nettoausgleich in bar oder anderen Finanzinstrumenten oder durch den Tausch von Finanzinstrumenten, so als handle es sich bei den Verträgen um Finanzinstrumente, erfüllt werden können. Davon ausgenommen sind Verträge, die zwecks Empfang oder Lieferung nichtfinanzieller Posten gemäß dem erwarteten Einkaufs-, Verkaufs- oder Nutzungsbedarf des Unternehmens geschlossen wurden und in diesem Sinne weiter gehalten werden. Anzuwenden ist dieser Standard allerdings auf Verträge, die ein Unternehmen gemäß Paragraph 2.5 als erfolgswirksam zum beizulegenden Zeitwert bewertet designiert.

2.5 Verträge über den Kauf oder Verkauf eines nichtfinanziellen Postens, die durch einen Nettoausgleich in bar oder anderen Finanzinstrumenten oder durch den Tausch von Finanzinstrumenten, so als handle es sich bei den Verträgen um Finanzinstrumente, erfüllt werden können, können unwiderruflich als erfolgswirksam zum beizulegenden Zeitwert bewertet designiert werden, selbst wenn sie zwecks Empfang oder Lieferung nichtfinanzieller Posten gemäß dem erwarteten Einkaufs-, Verkaufs- oder Nutzungsbedarf des Unternehmens geschlossen wurden. Diese Designation ist nur bei Vertragsbeginn und nur dann möglich, wenn Inkongruenzen beim Ansatz (zuweilen als „Rechnungslegungsanomalie" bezeichnet) beseitigt oder signifikant verringert werden, die ansonsten ohne Ansatz dieses Vertrags entstehen würden, da dieser vom Anwendungsbereich des vorliegenden Standards ausgenommen ist (siehe Paragraph 2.4).

2.6 Die Abwicklung eines Vertrags über den Kauf oder Verkauf eines nichtfinanziellen Postens durch Nettoausgleich in bar oder in anderen Finanzinstrumenten oder den Tausch von Finanzinstrumenten kann unter unterschiedlichen Rahmenbedingungen erfolgen, folgende zählen:
a) die Vertragsbedingungen gestatten es jedem Kontrahenten, den Vertrag durch Nettoausgleich in bar oder einem anderen Finanzinstrument bzw. durch Tausch von Finanzinstrumenten abzuwickeln,
b) die Möglichkeit zu einem Nettoausgleich in bar oder einem anderen Finanzinstrument bzw. durch Tausch von Finanzinstrumenten ist zwar nicht explizit in den Vertragsbedingungen vorgesehen, doch erfüllt das Unternehmen ähnliche Verträge für gewöhnlich durch Nettoausgleich in bar oder einem anderen Finanzinstrument bzw. durch Tausch von Finanzinstrumenten (sei es durch Abschluss gegenläufiger Verträge mit der Vertragspartei oder durch Verkauf des Vertrags vor dessen Ausübung oder Verfall),
c) bei ähnlichen Verträgen nimmt das Unternehmen den Vertragsgegenstand für gewöhnlich an und veräußert ihn kurz nach der Anlieferung wieder, um Gewinne aus kurzfristigen Preisschwankungen oder Händlermargen zu erzielen, und
d) der nichtfinanzielle Posten, der Gegenstand des Vertrags ist, kann jederzeit in Zahlungsmittel umgewandelt werden.

Ein Vertrag, auf den (b) oder (c) zutrifft, wird nicht zwecks Empfang oder Lieferung nichtfinanzieller Posten gemäß dem erwarteten Einkaufs-, Verkaufs- oder Nutzungsbedarf des Unternehmens geschlossen und fällt somit in den Anwendungsbereich dieses Standards. Andere Verträge, auf die Paragraph 2.4 zutrifft, werden im Hinblick darauf geprüft, ob sie zwecks Empfang oder Lieferung nichtfinanzieller Posten gemäß dem erwarteten Einkaufs-, Verkaufs- oder Nutzungsbedarf des Unternehmens geschlossen wurden sowie weiterhin zu diesem Zweck gehalten werden und somit in den Anwendungsbereich dieses Standards fallen.

2.7 Eine geschriebene Option auf den Kauf oder Verkauf eines nichtfinanziellen Postens, der durch Nettoausgleich in bar oder anderen Finanzinstrumenten bzw. durch Tausch von Finanzinstrumenten gemäß Paragraph 2.6(a) oder 2.6(d) erfüllt werden kann, fällt in den Anwendungsbereich dieses Standards. Solch ein Vertrag kann nicht zwecks Empfang oder Verkauf eines nichtfinanziellen Postens gemäß dem erwarteten Einkaufs-, Ver- kaufs- oder Nutzungsbedarf des Unternehmens geschlossen werden.

KAPITEL 3
Ansatz und Ausbuchung

3.1 ERSTMALIGER ANSATZ

3.1.1 Ein Unternehmen hat einen finanziellen Vermögenswert oder eine finanzielle Verbindlichkeit dann und nur dann in seiner Bilanz anzusetzen, wenn es Vertragspartei des Finanzinstruments wird (siehe Paragraphen B3.1.1 und B3.1.2). Beim erstmaligen Ansatz stuft ein Unternehmen einen finanziellen Vermögenswert nach den Vorschriften der Paragraphen 4.1.1–4.1.5 ein und bewertet ihn gemäß den Paragraphen 5.1.1–5.1.3. Beim erstmaligen Ansatz stuft ein Unternehmen eine finanzielle Verbindlichkeit nach den Vorschriften der Paragraphen 4.2.1 und 4.2.2 ein und bewertet sie gemäß Paragraph 5.1.1.

Marktüblicher Kauf oder Verkauf finanzieller Vermögenswerte

3.1.2 Ein *marktüblicher Kauf oder Verkauf* finanzieller Vermögenswerte ist entweder zum Handels- oder zum Erfüllungstag anzusetzen bzw. auszubuchen (siehe Paragraphen B3.1.3–B3.1.6).

3.2 AUSBUCHUNG FINANZIELLER VERMÖGENSWERTE

3.2.1 Bei Konzernabschlüssen werden die Paragraphen 3.2.2–3.2.9, B3.1.1, B3.1.2 und B3.2.1–B3.2.17 auf Konzernebene angewandt. Ein Unternehmen konsolidiert folglich zuerst alle Tochterunternehmen gemäß IFRS 10 und wendet auf den daraus resultierenden Konzern dann diese Paragraphen an.

3.2.2 Vor Beurteilung der Frage, ob und in welcher Höhe gemäß den Paragraphen 3.2.3–3.2.9 eine Ausbuchung zulässig ist, bestimmt ein Unternehmen, ob diese Paragraphen auf einen Teil des finanziellen Vermögenswerts (oder einen Teil einer Gruppe ähnlicher finanzieller Vermögenswerte) oder auf einen finanziellen Vermögenswert (oder eine Gruppe ähnlicher finanzieller Vermögenswerte) in seiner Gesamtheit anzuwenden ist, und verfährt dabei wie folgt:
a) Die Paragraphen 3.2.3–3.2.9 sind nur dann auf einen Teil eines finanziellen Vermögenswerts (oder einen Teil einer Gruppe ähnlicher finanzieller Vermögenswerte) anzuwenden, wenn der Teil, der für eine Ausbuchung in Erwägung gezogen wird, eine der drei folgenden Voraussetzungen erfüllt:
  i) Der Teil enthält nur speziell abgegrenzte Zahlungsströme aus einem finanziellen Vermögenswert (oder einer Gruppe ähnlicher finanzieller Vermögenswerte). Geht ein Unternehmen beispielsweise einen Zins-

strip ein, bei dem die Vertragspartei ein Anrecht auf die Zinszahlungen, nicht aber auf die Tilgungen aus dem Schuldinstrument erhält, sind auf die Zinszahlungen die Paragraphen 3.2.3–3.2.9 anzuwenden.

ii) Der Teil umfasst lediglich einen exakt proportionalen (pro rata) Anteil an den Zahlungsströmen aus einem finanziellen Vermögenswert (oder einer Gruppe ähnlicher finanzieller Vermögenswerte). Geht ein Unternehmen beispielsweise eine Vereinbarung ein, bei der die Vertragspartei ein Anrecht auf 90 Prozent aller Zahlungsströme aus einem Schuldinstrument erhält, sind auf 90 Prozent dieser Zahlungsströme die Paragraphen 3.2.3–3.2.9 anzuwenden. Bei mehr als einer Vertragspartei wird von den einzelnen Parteien nicht verlangt, dass sie einen proportionalen Anteil an den Zahlungsströmen haben, sofern das übertragende Unternehmen einen exakt proportionalen Anteil hat.

iii) Der Teil umfasst lediglich einen exakt proportionalen (pro rata) Anteil an speziell abgegrenzten Zahlungsströmen aus einem finanziellen Vermögenswert (oder einer Gruppe ähnlicher finanzieller Vermögenswerte). Geht ein Unternehmen beispielsweise eine Vereinbarung ein, bei der die Vertragspartei ein Anrecht auf 90 Prozent der Zinszahlungen eines finanziellen Vermögenswerts erhält, sind auf 90 Prozent dieser Zinszahlungen die Paragraphen 3.2.3–3.2.9 anzuwenden. Bei mehr als einer Vertragspartei wird von den einzelnen Parteien nicht verlangt, dass sie einen proportionalen Anteil an den speziell abgegrenzten Zahlungsströmen haben, sofern das übertragende Unternehmen einen exakt proportionalen Anteil hat.

b) In allen anderen Fällen sind die Paragraphen 3.2.3–3.2.9 auf den finanziellen Vermögenswert (oder auf die Gruppe ähnlicher finanzieller Vermögenswerte) insgesamt anzuwenden. Wenn ein Unternehmen beispielsweise (i) sein Anrecht auf die ersten oder letzten 90 Prozent der Zahlungseingänge aus einem finanziellen Vermögenswert (oder einer Gruppe finanzieller Vermögenswerte), oder (ii) sein Anrecht auf 90 Prozent der Zahlungsströme aus einer Gruppe von Forderungen überträgt, gleichzeitig aber eine Garantie abgibt, dem Käufer sämtliche Zahlungsausfälle bis in Höhe von 8 Prozent des Kapitalbetrags der Forderungen zu erstatten, sind die Paragraphen 3.2.3– 3.2.9 auf den finanziellen Vermögenswert (oder die Gruppe ähnlicher finanzieller Vermögenswerte) insgesamt anzuwenden.

In den Paragraphen 3.2.3–3.2.12 bezieht sich der Begriff „finanzieller Vermögenswert" entweder auf einen Teil eines finanziellen Vermögenswerts (oder einen Teil einer Gruppe ähnlicher finanzieller Vermögenswerte) wie unter (a) beschrieben oder einen finanziellen Vermögenswert (oder eine Gruppe ähnlicher finanzieller Vermögenswerte) in seiner Gesamtheit.

3.2.3 Ein Unternehmen darf einen finanziellen Vermögenswert nur dann ausbuchen, wenn

a) sein vertragliches Anrecht auf Zahlungsströme aus einem finanziellen Vermögenswert ausläuft oder

b) es den finanziellen Vermögenswert den Paragraphen 3.2.4 und 3.2.5 entsprechend überträgt und die Übertragung gemäß Paragraph 3.2.6 die Bedingungen für eine Ausbuchung erfüllt.

(Zum marktüblichen Verkauf finanzieller Vermögenswerte siehe Paragraph 3.1.2.)

3.2.4 Ein Unternehmen überträgt einen finanziellen Vermögenswert nur dann, wenn es entweder

a) sein vertragliches Anrecht auf den Bezug von Zahlungsströmen aus dem finanziellen Vermögenswert überträgt oder

b) sein vertragliches Anrecht auf den Bezug von Zahlungsströmen aus finanziellen Vermögenswerten zwar behält, sich im Rahmen einer Vereinbarung, die die Bedingungen in Paragraph 3.2.5 erfüllt, aber vertraglich zur Zahlung der entsprechenden Beträge an einen oder mehrere Empfänger verpflichtet.

3.2.5 Behält ein Unternehmen sein vertragliches Anrecht auf den Bezug von Zahlungsströmen aus einem finanziellen Vermögenswert (dem „ursprünglichen Vermögenswert"), verpflichtet sich aber vertraglich zur Zahlung der entsprechenden Beträge an ein oder mehrere Unternehmen (die „Endempfänger"), so behandelt es die Transaktion nur dann als eine Übertragung eines finanziellen Vermögenswerts, wenn die folgenden drei Bedingungen allesamt erfüllt sind:

a) Das Unternehmen ist nur dann zu Zahlungen an die Endempfänger verpflichtet, wenn es die entsprechenden Beträge aus dem ursprünglichen Vermögenswert vereinnahmt. Kurzfristige Vorauszahlungen, die das Unternehmen zum vollständigen Einzug des geliehenen Betrags zuzüglich aufgelaufener Zinsen zum Marktzinssatz berechtigen, verstoßen gegen diese Bedingung nicht.

b) Das Unternehmen darf den ursprünglichen Vermögenswert laut Übertragungsvertrag weder verkaufen noch verpfänden, es sei denn, dies dient der Absicherung seiner

Verpflichtung, den Endempfängern die entsprechenden Beträge zu zahlen.

c) **Das Unternehmen ist verpflichtet, die für die Endempfänger eingenommenen Zahlungsströme ohne wesentliche Verzögerung weiterzuleiten.** Auch ist es nicht befugt, solche Zahlungsströme während der kurzen Erfüllungsperiode vom Inkassotag bis zum geforderten Überweisungstermin an die Endempfänger zu reinvestieren, außer in Zahlungsmittel oder Zahlungsmitteläquivalente (im Sinne von IAS 7 *Kapitalflussrechnungen*), wobei die Zinsen aus solchen Finanzinvestitionen an die Endempfänger weiterzugeben sind.

3.2.6 Überträgt ein Unternehmen einen finanziellen Vermögenswert (siehe Paragraph 3.2.4), so hat es zu beurteilen, in welchem Umfang die mit dem Eigentum dieses Vermögenswerts verbundenen Risiken und Chancen bei ihm verbleiben. In diesem Fall gilt:

a) Wenn das Unternehmen im Wesentlichen alle mit dem Eigentum des finanziellen Vermögenswerts verbundenen Risiken und Chancen überträgt, hat es den finanziellen Vermögenswert auszubuchen und alle bei dieser Übertragung entstandenen oder behaltenen Rechte und Verpflichtungen gesondert als Vermögenswerte oder Verbindlichkeiten anzusetzen.

b) Wenn das Unternehmen im Wesentlichen alle mit dem Eigentum des finanziellen Vermögenswerts verbundenen Risiken und Chancen zurückbehält, hat es den finanziellen Vermögenswert weiter zu erfassen.

c) Wenn das Unternehmen im Wesentlichen alle mit dem Eigentum des finanziellen Vermögenswerts verbundenen Risiken und Chancen weder überträgt noch zurückbehält, hat es zu bestimmen, ob es die Verfügungsmacht über den finanziellen Vermögenswert behalten hat. In diesem Fall gilt:

   i) Wenn das Unternehmen die Verfügungsmacht nicht behalten hat, ist der finanzielle Vermögenswert auszubuchen und sind alle bei dieser Übertragung entstandenen oder behaltenen Rechte und Verpflichtungen gesondert als Vermögenswerte oder Verbindlichkeiten anzusetzen.

   ii) Wenn das Unternehmen die Verfügungsmacht behalten hat, ist der finanzielle Vermögenswert nach Maßgabe seines anhaltenden Engagements weiter zu erfassen (siehe Paragraph 3.2.16).

3.2.7 In welchem Umfang Risiken und Chancen übertragen werden (siehe Paragraph 3.2.6), wird beurteilt, indem die Risikopositionen des Unternehmens vor und nach der Übertragung mit Veränderungen bei Höhe und Eintrittszeitpunkt der Netto-Zahlungsströme aus dem übertragenen Vermögenswert verglichen werden. Ein Unternehmen hat im Wesentlichen alle mit dem Eigentum eines finanziellen Vermögenswerts verbundenen Risiken und Chancen behalten, wenn sich seine Anfälligkeit für Schwankungen des Barwerts der künftigen Netto-Zahlungsströme durch die Übertragung nicht wesentlich verändert hat (z. B. weil das Unternehmen einen finanziellen Vermögenswert gemäß einer Vereinbarung über dessen Rückkauf zu einem festen Preis oder zum Verkaufspreis zuzüglich einer Verzinsung veräußert hat). Ein Unternehmen hat im Wesentlichen alle mit dem Eigentum eines finanziellen Vermögenswerts verbundenen Risiken und Chancen übertragen, wenn seine Anfälligkeit für solche Schwankungen im Vergleich zur gesamten Schwankungsbreite des Barwerts der mit dem finanziellen Vermögenswert verbundenen künftigen Netto-Zahlungsströme nicht mehr signifikant ist (z. B. weil das Unternehmen einen finanziellen Vermögenswert lediglich mit der Option verkauft hat, ihn zu dem zum Zeitpunkt des Rückkaufs *beizulegenden Zeitwert* zurückzukaufen, oder weil es im Rahmen einer Vereinbarung, wie einer Kredit-Unterbeteiligung, die die in Paragraph 3.2.5 genannten Bedingungen erfüllt, einen exakt proportionalen Anteil der Zahlungsströme aus einem größeren finanziellen Vermögenswert übertragen hat).

3.2.8 Oft ist es offensichtlich, ob ein Unternehmen im Wesentlichen alle Risiken und Chancen übertragen oder behalten hat, sodass es keiner weiteren Berechnungen bedarf. In anderen Fällen wird es notwendig sein, die Anfälligkeit des Unternehmens für Schwankungen des Barwerts der künftigen Netto-Zahlungsströme vor und nach der Übertragung zu berechnen und zu vergleichen. Zur Berechnung und zum Vergleich wird ein angemessener aktueller Marktzins als Abzinsungssatz benutzt. Jede angemessenerweise für möglich gehaltene Schwankung der Netto-Zahlungsströme wird berücksichtigt, wobei den Ergebnissen mit einer größeren Eintrittswahrscheinlichkeit größeres Gewicht beigemessen wird.

3.2.9 Ob das Unternehmen die Verfügungsmacht über den übertragenen Vermögenswert behalten hat (siehe Paragraph 3.2.6(c)), hängt von der Fähigkeit des Empfängers ab, den Vermögenswert zu verkaufen. Wenn der Empfänger den Vermögenswert faktisch in seiner Gesamtheit an einen außenstehenden Dritten verkaufen und diese Möglichkeit einseitig wahrnehmen kann, ohne für die Übertragung weitere Einschränkungen zu verhängen, hat das Unternehmen die Verfügungsmacht nicht behalten. In allen anderen Fällen hat das Unternehmen die Verfügungsmacht behalten.

Übertragungen, die die Bedingungen für eine Ausbuchung erfüllen

3.2.10 Überträgt ein Unternehmen einen finanziellen Vermögenswert unter den für eine vollständige Ausbuchung erforderlichen Bedingungen und behält dabei das Recht, diesen Vermögenswert gegen eine Gebühr zu verwalten, hat es für diesen Verwaltungs-/Abwicklungsvertrag entweder einen Vermögenswert oder eine Verbindlichkeit aus dem Bedienungsrecht anzusetzen. Wenn diese Gebühr voraussichtlich keine angemessene Vergütung für die Verwaltung bzw. Abwicklung durch das Unternehmen darstellt, ist eine Verbindlichkeit für die Verwaltungs- bzw. Abwicklungsverpflichtung zum beizulegenden Zeitwert anzusetzen. Wenn die Gebühr für die Verwaltung bzw. Abwicklung ein angemessenes Entgelt voraussichtlich übersteigt, ist ein Vermögenswert aus dem Verwaltungs- bzw. Abwicklungsrecht zu einem Betrag zu erfassen, der auf Grundlage einer Verteilung des Buchwerts des größeren finanziellen Vermögenswerts gemäß Paragraph 3.2.13 bestimmt wird.

3.2.11 Wenn ein finanzieller Vermögenswert infolge einer Übertragung vollständig ausgebucht wird, die Übertragung jedoch dazu führt, dass das Unternehmen einen neuen finanziellen Vermögenswert erhält bzw. eine neue finanzielle Verbindlichkeit oder eine Verbindlichkeit aus der Verwaltungs- bzw. Abwicklungsverpflichtung übernimmt, hat das Unternehmen den neuen finanziellen Vermögenswert, die neue finanzielle Verbindlichkeit oder der Verbindlichkeit aus der Verwaltungs- bzw. Abwicklungsverpflichtung zum beizulegenden Zeitwert zu erfassen.

3.2.12 Bei der vollständigen Ausbuchung eines finanziellen Vermögenswerts ist die Differenz zwischen

a) dem (zum Zeitpunkt der Ausbuchung bestimmten) Buchwert und
b) dem vereinnahmten Entgelt (einschließlich jedes neu erhaltenen Vermögenswerts abzüglich jeder neu übernommenen Verbindlichkeit)

erfolgswirksam zu erfassen.

3.2.13 Wenn der übertragene Vermögenswert Teil eines größeren finanziellen Vermögenswerts ist (z. B. wenn ein Unternehmen Zinszahlungen, die Teil eines Schuldinstruments sind, überträgt, siehe Paragraph 3.2.2(a)) und der übertragene Teil die Bedingungen für eine vollständige Ausbuchung erfüllt, ist der frühere Buchwert des größeren finanziellen Vermögenswerts zwischen dem Teil, der weiter erfasst wird, und dem Teil, der ausgebucht wird, auf Grundlage der relativen beizulegenden Zeitwerte dieser Teile zum Zeitpunkt der Übertragung aufzuteilen. Zu diesem Zweck ist ein einbehaltener Vermögenswert aus dem Verwaltungs- bzw. Abwicklungsrecht als ein Teil, der weiter erfasst wird, zu behandeln. Die Differenz zwischen

a) dem (zum Zeitpunkt der Ausbuchung bestimmten) Buchwert, der dem ausgebuchten Teil zugeordnet wurde, und
b) dem für den ausgebuchten Teil vereinnahmten Entgelt (einschließlich jedes neu erhaltenen Vermögenswerts abzüglich jeder neu übernommenen Verbindlichkeit)

ist erfolgswirksam zu erfassen.

3.2.14 Teilt ein Unternehmen den früheren Buchwert eines größeren finanziellen Vermögenswerts zwischen dem weiter erfassten und dem ausgebuchten Teil auf, muss der beizulegende Zeitwert des weiter erfassten Teils ermittelt werden. Hat das Unternehmen in der Vergangenheit ähnliche Teile wie den weiter erfassten verkauft, oder gibt es andere Markttransaktionen für solche Teile, so liefern die Preise der letzten Transaktionen die bestmögliche Schätzung für seinen beizulegenden Zeitwert. Gibt es für den Teil, der weiter erfasst wird, keine Preisnotierungen oder aktuelle Markttransaktionen zur Belegung des beizulegenden Zeitwerts, so besteht die bestmögliche Schätzung in der Differenz zwischen dem beizulegenden Zeitwert des größeren finanziellen Vermögenswerts als Ganzem und dem vom Empfänger für den ausgebuchten Teil vereinnahmten Entgelt.

Übertragungen, die die Bedingungen für eine Ausbuchung nicht erfüllen

3.2.15 Führt eine Übertragung nicht zu einer Ausbuchung, da das Unternehmen im Wesentlichen alle mit dem Eigentum des übertragenen Vermögenswerts verbundenen Risiken und Chancen behalten hat, so hat das Unternehmen den übertragenen Vermögenswert in seiner Gesamtheit weiter zu erfassen und für das vereinnahmte Entgelt eine finanzielle Verbindlichkeit anzusetzen. In den folgenden Perioden hat das Unternehmen alle Erträge aus dem übertragenen Vermögenswert und alle Aufwendungen für die finanzielle Verbindlichkeit zu erfassen.

Anhaltendes Engagement bei übertragenen Vermögenswerten

3.2.16 Wenn ein Unternehmen im Wesentlichen alle mit dem Eigentum eines übertragenen Vermögenswerts verbundenen Risiken und Chancen weder überträgt noch behält und die Verfügungsmacht über den übertragenen Vermögenswert behält, hat es den übertragenen Vermögenswert nach Maßgabe seines anhaltenden Engagements weiter zu erfassen. Ein anhaltendes Engagement des Unternehmens an dem übertragenen Vermögenswert ist in dem Maße gegeben, in dem es Wertänderungen bei dem übertragenen Vermögenswert ausgesetzt ist. Zum Beispiel:

a) Wenn das anhaltende Engagement eines Unternehmens der Form nach den übertragenen Vermögenswert garantiert, ist der Umfang dieses anhaltenden Engagements entweder der Betrag des Vermögenswerts oder der Höchstbetrag des vereinnahmten Entgelts, den das Unternehmen eventuell zurückzahlen müsste („der garantierte Betrag"), je nachdem, welcher von beiden der Niedrigere ist.

b) Wenn das anhaltende Engagement des Unternehmens der Form nach eine geschriebene oder erworbene Option (oder beides) auf den übertragenen Vermögenswert ist, so ist der Umfang des anhaltenden Engagements des Unternehmens der Betrag des übertragenen Vermögenswerts, den das Unternehmen zurückkaufen kann. Im Fall einer geschriebenen Verkaufsoption auf einen Vermögenswert, der zum beizulegenden Zeitwert bewertet wird, ist der Umfang des anhaltenden Engagements des Unternehmens allerdings auf den beizulegenden Zeitwert des übertragenen Vermögenswerts oder den Ausübungspreis der Option - je nachdem, welcher von beiden der Niedrigere ist - begrenzt (siehe Paragraph B3.2.13).

c) Wenn das anhaltende Engagement des Unternehmens der Form nach eine Option auf den übertragenen Vermögenswert ist, die durch Barausgleich oder vergleichbare Art erfüllt wird, wird der Umfang des anhaltenden Engagements des Unternehmens in der gleichen Weise ermittelt wie bei Optionen, die nicht durch Barausgleich erfüllt werden (siehe Buchstabe (b)).

3.2.17 Wenn ein Unternehmen einen Vermögenswert weiterhin nach Maßgabe seines anhaltenden Engagements erfasst, hat es auch eine zugehörige Verbindlichkeit zu erfassen. Ungeachtet der anderen Bewertungsvorschriften in diesem Standard werden der übertragene Vermögenswert und die zugehörige Verbindlichkeit so bewertet, dass den Rechten und Verpflichtungen, die das Unternehmen behalten hat, Rechnung getragen wird. Die zugehörige Verbindlichkeit wird so bewertet, dass der Nettobuchwert aus übertragenem Vermögenswert und zugehöriger Verbindlichkeit

a) den fortgeführten Anschaffungskosten der von dem Unternehmen zurückbehaltenen Rechte und Verpflichtungen entspricht, falls der übertragene Vermögenswert zu fortgeführten Anschaffungskosten bewertet wird, oder

b) gleich dem beizulegenden Zeitwert der von dem Unternehmen zurückbehaltenen Rechte und Verpflichtungen ist, wenn diese eigenständig bewertet würden, falls der übertragene Vermögenswert zum beizulegenden Zeitwert bewertet wird.

3.2.18 Das Unternehmen hat alle Erträge aus dem übertragenen Vermögenswert weiterhin nach Maßgabe seines anhaltenden Engagements zu erfassen sowie alle Aufwendungen für zugehörige Verbindlichkeiten.

3.2.19 Bei der Folgebewertung werden Veränderungen beim beizulegenden Zeitwert des übertragenen Vermögenswerts und der zugehörige Verbindlichkeit gemäß Paragraph 5.7.1 übereinstimmend erfasst und nicht miteinander saldiert.

3.2.20 Erstreckt sich das anhaltende Engagement des Unternehmens nur auf einen Teil eines finanziellen Vermögenswerts (z. B. wenn ein Unternehmen die Option behält, einen Teil des übertragenen Vermögenswerts zurückzukaufen, oder nach wie vor einen Residualanspruch hat, der nicht dazu führt, dass es im Wesentlichen alle mit dem Eigentum verbundenen Risiken und Chancen behält, und das Unternehmen auch weiterhin die Verfügungsmacht besitzt), hat das Unternehmen den früheren Buchwert des finanziellen Vermögenswerts zwischen dem Teil, der von ihm gemäß dem anhaltenden Engagement weiter erfasst wird, und dem Teil, den es nicht länger erfasst, auf Grundlage der relativen beizulegenden Zeitwerte dieser Teile zum Zeitpunkt der Übertragung aufzuteilen. Zu diesem Zweck gelten die Vorschriften des Paragraphen 3.2.14. Die Differenz zwischen

a) dem (zum Zeitpunkt der Ausbuchung bestimmten) Buchwert, der dem nicht länger erfassten Teil zugeordnet wurde, und

b) dem für den nicht länger erfassten Teil vereinnahmten Entgelt

ist erfolgswirksam zu erfassen.

3.2.21 Wird der übertragene Vermögenswert zu fortgeführten Anschaffungskosten bewertet, kann die nach diesem Standard bestehende Option, eine finanzielle Verbindlichkeit als erfolgswirksam zum beizulegenden Zeitwert bewertet zu designieren, für die zugehörige Verbindlichkeit nicht in Anspruch genommen werden.

Alle Übertragungen

3.2.22 Wird ein übertragener Vermögenswert weiterhin erfasst, darf er nicht mit der zugehörigen Verbindlichkeit saldiert werden. Ebensowenig darf ein Unternehmen Erträge aus dem übertragenen Vermögenswert mit Aufwendungen saldieren, die für die zugehörige Verbindlichkeit angefallen sind (siehe Paragraph 42 von IAS 32).

3.2.23 Bietet der Übertragende dem Empfänger nicht zahlungswirksame Sicherheiten (wie Schuld- oder Eigenkapitalinstrumente), hängt die Bilanzierung der Sicherheit beim Übertragenden und den Empfänger davon ab, ob Letzterer das Recht hat, die Sicherheit zu verkaufen oder weiter zu verpfänden, und davon, ob der Übertragende in Zahlungsverzug geraten ist. Zu bilanzieren ist die Sicherheit wie folgt:

a) Hat der Empfänger das vertrags- oder gewohnheitsmäßige Recht, die Sicherheit zu verkaufen oder weiter zu verpfänden, dann hat der Übertragende sie in seiner Bilanz getrennt von anderen Vermögenswerten (z. B. als verliehenen Vermögenswert, verpfändetes Eigenkapitalinstrument oder Rückkaufforderung) umzugliedern.

b) Verkauft der Empfänger die an ihn verpfändete Sicherheit, hat er für seine Verpflichtung, die Sicherheit zurückzugeben, den Veräußerungserlös und eine zum beizulegenden Zeitwert zu bewertende Verbindlichkeit zu erfassen.

c) Ist der Übertragende dem Vertrag zufolge in Zahlungsverzug geraten und nicht länger zur Rückforderung der Sicherheit berechtigt, so hat er die Sicherheit auszubuchen und der Empfänger sie als seinen Vermögenswert anzusetzen und zum beizulegenden Zeitwert zu bewerten, bzw. - wenn er die Sicherheit bereits verkauft hat - seine Verpflichtung zur Rückgabe der Sicherheit auszubuchen.

d) Mit Ausnahme der Bestimmungen unter (c) hat der Übertragende die Sicherheit weiterhin als seinen Vermögenswert anzusetzen und darf der Empfänger die Sicherheit nicht als einen Vermögenswert ansetzen.

3.3 AUSBUCHUNG FINANZIELLER VERBINDLICHKEITEN

3.3.1 Ein Unternehmen darf eine finanzielle Verbindlichkeit (oder einen Teil derselben) nur dann aus seiner Bilanz entfernen, wenn diese getilgt ist - d. h. die im Vertrag genannten Verpflichtungen erfüllt oder aufgehoben sind oder auslaufen.

3.3.2 Ein Austausch von Schuldinstrumenten mit grundverschiedenen Vertragsbedingungen zwischen einem bestehenden Kreditnehmer und Kreditgeber ist wie eine Tilgung der ursprünglichen finanziellen Verbindlichkeit und ein Ansatz einer neuen finanziellen Verbindlichkeit zu bilanzieren. Gleiches gilt, wenn die Vertragsbedingungen einer bestehenden finanziellen Verbindlichkeit oder eines Teils davon wesentlich geändert werden (wobei keine Rolle spielt, ob dies auf die finanziellen Schwierigkeiten des Schuldners zurückzuführen ist oder nicht).

3.3.3 Die Differenz zwischen dem Buchwert einer getilgten oder auf eine andere Partei übertragenen finanziellen Verbindlichkeit (oder eines Teils derselben) und dem gezahlten Entgelt, einschließlich übertragener unbarer Vermögenswerte oder übernommener Verbindlichkeiten, ist erfolgswirksam zu erfassen.

3.3.4 Kauft ein Unternehmen einen Teil einer finanziellen Verbindlichkeit zurück, so hat es den früheren Buchwert der finanziellen Verbindlichkeit zwischen dem weiter erfassten und dem ausgebuchten Teil auf Grundlage der relativen beizulegenden Zeitwerte dieser Teile am Rückkauftag aufzuteilen. Die Differenz zwischen (a) dem Buchwert, der dem ausgebuchten Teil zugeordnet wurde, und (b) dem für den ausgebuchten Teil gezahlten Entgelt, einschließlich übertragener unbarer Vermögenswerte oder übernommener Verbindlichkeiten, ist erfolgswirksam zu erfassen.

3.3.5 Einige Unternehmen betreiben intern oder extern einen Anlagefonds, der für die Anleger Leistungen erbringt, die sich nach der Anzahl der Fondsanteile richten. Für die an diese Anleger auszuzahlenden Beträge setzen diese Unternehmen finanzielle Verbindlichkeiten an. Ebenso zeichnen einige Unternehmen Gruppen von Versicherungsverträgen mit direkter Überschussbeteiligung, und diese Unternehmen haben die zugrunde liegenden Referenzwerte. Einige solcher Fonds oder zugrunde liegender Referenzwerte beinhalten die finanzielle Verbindlichkeit des Unternehmens (beispielsweise eine ausgegebene Unternehmensanleihe). Ungeachtet der anderen in diesem Standard enthaltenen Vorgaben zur Ausbuchung finanzieller Verbindlichkeiten kann ein Unternehmen die Wahl treffen, seine finanzielle Verbindlichkeit, die Teil eines solchen Fonds oder ein zugrunde liegender Referenzwert ist, nicht auszubuchen, allerdings nur dann, wenn das Unternehmen seine finanzielle Verbindlichkeit zu diesen Zwecken zurückerwirbt. Das Unternehmen kann stattdessen die Wahl treffen, dieses Instrument weiterhin als finanzielle Verbindlichkeit zu bilanzieren und das zurückerworbene Instrument so zu bilanzieren, als sei es ein finanzieller Vermögenswert, und dieses Instrument in Übereinstimmung mit diesem Standard erfolgswirksam zum beizulegenden Zeitwert zu bewerten. Die Wahl ist unwiderruflich und wird für jedes Instrument einzeln getroffen. Für die Zwecke dieser Wahl beinhalten Versicherungsverträge auch Kapitalanlageverträge mit ermessensabhängiger Überschussbeteiligung. (In Bezug auf die in diesem Paragraphen verwendeten Begriffe siehe die entsprechenden Definitionen in IFRS 17.)

KAPITEL 4
Einstufung

4.1 EINSTUFUNG FINANZIELLER VERMÖGENSWERTE

4.1.1 Soweit nicht Paragraph 4.1.5 anwendbar ist, hat ein Unternehmen finanzielle Vermögenswerte für die Folgebewertung als zu fortgeführten Anschaffungskosten, als zum beizulegenden Zeitwert erfolgsneutral im sonstigen Ergebnis oder als erfolgswirksam zum beizulegenden Zeitwert bewertet einzustufen. Diese Einstufung erfolgt auf Grundlage

a) des Geschäftsmodells des Unternehmens zur Steuerung finanzieller Vermögenswerte und

b) der Eigenschaften der vertraglichen Zahlungsströme aus dem finanziellen Vermögenswert.

4.1.2 Ein finanzieller Vermögenswert ist zu fortgeführten Anschaffungskosten zu bewerten, wenn beide folgenden Bedingungen erfüllt sind:

a) der finanzielle Vermögenswert wird im Rahmen eines Geschäftsmodells gehalten, dessen Zielsetzung darin besteht, finanzielle Vermögenswerte zur Vereinnahmung der vertraglichen Zahlungsströme zu halten, und

b) die Vertragsbedingungen des finanziellen Vermögenswerts führen zu festgelegten Zeitpunkten zu Zahlungsströmen, die ausschließlich Tilgungs- und Zinszahlungen auf den ausstehenden Kapitalbetrag darstellen.

Leitlinien für die Anwendung dieser Bedingungen sind in den Paragraphen B4.1.1–B4.1.26 enthalten.

4.1.2A Ein finanzieller Vermögenswert ist zum beizulegenden Zeitwert erfolgsneutral im sonstigen Ergebnis zu bewerten, wenn beide folgenden Bedingungen erfüllt sind:
a) der finanzielle Vermögenswert wird im Rahmen eines Geschäftsmodells gehalten, dessen Zielsetzung sowohl in der Vereinnahmung der vertraglichen Zahlungsströme als auch im Verkauf finanzieller Vermögenswerte besteht, und
b) die Vertragsbedingungen des finanziellen Vermögenswerts führen zu festgelegten Zeitpunkten zu Zahlungsströmen, die ausschließlich Tilgungs- und Zinszahlungen auf den ausstehenden Kapitalbetrag darstellen.

Leitlinien für die Anwendung dieser Bedingungen sind in den Paragraphen B4.1.1–B4.1.26 enthalten.

4.1.3 Für die Anwendung der Paragraphen 4.1.2(b) und 4.1.2A(b) gilt:
a) Kapitalbetrag ist der beizulegende Zeitwert des finanziellen Vermögenswerts beim erstmaligen Ansatz. Zusätzliche Leitlinien zur Bedeutung von Kapitalbetrag sind in Paragraph B4.1.7B enthalten.
b) Zinsen setzen sich aus dem Entgelt für den Zeitwert des Geldes, für das Ausfallrisiko, das mit dem über einen bestimmten Zeitraum ausstehenden Kapitalbetrag verbunden ist, und für andere grundlegende Risiken und Kosten des Kreditgeschäfts sowie einer Gewinnmarge zusammen. Zusätzliche Leitlinien zur Bedeutung von Zinsen einschließlich der Bedeutung von Zeitwert des Geldes sind in den Paragraphen B4.1.7A und B4.1.9A–B4.1.9E enthalten.

4.1.4 Ein finanzieller Vermögenswert, der nicht gemäß Paragraph 4.1.2 zu fortgeführten Anschaffungskosten oder gemäß Paragraph 4.1.2A zum beizulegenden Zeitwert erfolgsneutral im sonstigen Ergebnis bewertet wird, ist erfolgswirksam zum beizulegenden Zeitwert zu bewerten. Allerdings kann ein Unternehmen beim erstmaligen Ansatz bestimmter Finanzinvestitionen in *Eigenkapitalinstrumente,* die ansonsten erfolgswirksam zum beizulegenden Zeitwert bewertet worden wären, unwiderruflich die Wahl treffen, im Rahmen der Folgebewertung die Veränderungen beim beizulegenden Zeitwert im sonstigen Ergebnis auszuweisen (siehe Paragraphen 5.7.5–5.7.6).

Wahlrecht, einen finanziellen Vermögenswert als erfolgswirksam zum beizulegenden Zeitwert bewertet zu designieren

4.1.5 Ungeachtet der Paragraphen 4.1.1–4.1.4 kann ein Unternehmen einen finanziellen Vermögenswert beim erstmaligen Ansatz unwiderruflich als erfolgswirksam zum beizulegenden Zeitwert bewertet designieren, wenn dadurch Inkongruenzen bei der Bewertung oder beim Ansatz (zuweilen als „Rechnungslegungsanomalie" bezeichnet), die entstehen, wenn die Bewertung von Vermögenswerten oder Verbindlichkeiten oder die Erfassung von daraus resultierenden Gewinnen und Verlusten auf unterschiedlicher Grundlage erfolgt, beseitigt oder signifikant verringert werden (siehe Paragraphen B4.1.29–B4.1.32).

4.2 EINSTUFUNG FINANZIELLER VERBINDLICHKEITEN

4.2.1 Ein Unternehmen hat alle finanziellen Verbindlichkeiten für die Folgebewertung als zu fortgeführten Anschaffungskosten bewertet einzustufen. Davon ausgenommen sind

a) *finanzielle Verbindlichkeiten, die erfolgswirksam zum beizulegenden Zeitwert bewertet werden.* Solche Verbindlichkeiten, einschließlich Derivate mit negativem Marktwert, sind in den Folgeperioden zum beizulegenden Zeitwert zu bewerten.

b) finanzielle Verbindlichkeiten, die entstehen, wenn die Übertragung eines finanziellen Vermögenswerts nicht die Bedingungen für eine Ausbuchung erfüllt oder die Bilanzierung unter Zugrundelegung eines anhaltenden Engagements erfolgt. Bei der Bewertung derartiger finanzieller Verbindlichkeiten ist nach den Paragraphen 3.2.15 und 3.2.17 zu verfahren.

c) *finanzielle Garantien.* Nach dem erstmaligen Ansatz hat der Emittent eines solchen Vertrags (außer für den Fall, dass Paragraph 4.2.1(a) oder (b) Anwendung findet) bei dessen Folgebewertung den höheren der beiden folgenden Beträge zugrunde zu legen:
  i) den gemäß Abschnitt 5.5 bestimmten Betrag der *Wertberichtigung* und
  ii) den ursprünglich erfassten Betrag (siehe Paragraph 5.1.1), gegebenenfalls abzüglich der nach den Grundsätzen von IFRS 15 erfassten kumulierten Erträge.

d) Zusagen, einen Kredit unter dem Marktzinssatz zur Verfügung zu stellen. Ein Unternehmen, das eine solche Zusage erteilt (außer für den Fall, dass Paragraph 4.2.1(a) Anwendung findet), hat bei deren Folgebewertung den höheren der beiden folgenden Beträge zugrunde zu legen:
  i) den gemäß Abschnitt 5.5 bestimmten Betrag der Wertberichtigung und
  ii) den ursprünglich erfassten Betrag (siehe Paragraph 5.1.1), gegebenenfalls abzüglich der nach den Grundsätzen von IFRS 15 erfassten kumulierten Erträge.

e) eine bedingte Gegenleistung, die von einem Erwerber im Rahmen eines unter IFRS 3 fallenden Unternehmenszusammenschlusses angesetzt wird. Eine solche bedingte Gegenleistung ist in den Folgeperioden zum beizulegenden Zeitwert zu bewerten, wobei Veränderungen erfolgswirksam erfasst werden.

Wahlrecht, eine finanzielle Verbindlichkeit als erfolgswirksam zum beizulegenden Zeitwert bewertet zu designieren

4.2.2 Ein Unternehmen kann eine finanzielle Verbindlichkeit beim erstmaligen Ansatz unwiderruflich als erfolgswirksam zum beizulegenden Zeitwert bewertet designieren, wenn dies nach Paragraph 4.3.5 zulässig ist oder dadurch relevantere Informationen vermittelt werden, weil entweder

a) Inkongruenzen bei der Bewertung oder beim Ansatz (zuweilen als „Rechnungslegungsanomalie" bezeichnet), die entstehen, wenn die Bewertung von Vermögenswerten oder Verbindlichkeiten oder die Erfassung von Gewinnen und Verlusten auf unterschiedlicher Grundlage erfolgt, beseitigt oder signifikant verringert werden (siehe Paragraphen B4.1.29–B4.1.32), oder

b) eine Gruppe von finanziellen Verbindlichkeiten oder finanziellen Vermögenswerten und finanziellen Verbindlichkeiten gemäß einer dokumentierten Risikomanagement- oder Anlagestrategie gesteuert und ihre Wertentwicklung anhand der beizulegenden Zeitwerte beurteilt wird und die auf dieser Grundlage ermittelten Informationen zu dieser Gruppe intern an das Management in Schlüsselpositionen des Unternehmens (im Sinne von IAS 24 *Angaben über Beziehungen zu nahestehenden Unternehmen und Personen*), wie beispielsweise das Geschäftsführungs- und/oder Aufsichtsorgan und den Vorstandsvorsitzenden, weitergereicht werden (siehe Paragraphen B4.1.33– B4.1.36).

4.3 EINGEBETTETE DERIVATE

4.3.1 Ein eingebettetes Derivat ist Bestandteil eines hybriden Vertrags, der auch einen nicht derivativen Basisvertrag enthält, mit dem Ergebnis, dass ein Teil der Zahlungsströme aus dem zusammengesetzten Finanzinstrument ähnlichen Schwankungen unterliegt wie ein freistehendes Derivat. Ein eingebettetes Derivat ändert einen Teil oder alle Zahlungsströme aus einem Vertrag in Abhängigkeit von einem bestimmten Zinssatz, Preis eines Finanzinstruments, Rohstoffpreis, Wechselkurs, Preis- oder Kursindex, Bonitätsrating oder -index oder einer anderen Variablen, sofern bei einer nichtfinanziellen Variablen diese nicht spezifisch für eine der Vertragsparteien ist. Ein Derivat, das mit einem *Finanzinstrument* verbunden, aber unabhängig von diesem vertraglich übertragbar ist oder mit einer anderen Vertragspartei geschlossen wurde, ist kein eingebettetes Derivat, sondern ein eigenständiges Finanzinstrument.

Hybride Verträge mit finanziellen Vermögenswerten als Basisvertrag

4.3.2 Enthält ein hybrider Vertrag einen Basisvertrag, bei dem es sich um einen unter den vorliegenden Standard fallenden Vermögenswert handelt, hat ein Unternehmen die Vorschriften der Paragraphen 4.1.1–4.1.5 auf den gesamten hybriden Vertrag anzuwenden.

Andere hybride Verträge

4.3.3 Enthält ein hybrider Vertrag einen Basisvertrag, bei dem es sich nicht um einen unter den vorliegenden Standard fallenden Vermögenswert handelt, ist ein eingebettetes Derivat vom Basisvertrag zu trennen und nur dann nach Maßgabe dieses Standards als Derivat zu bilanzieren, wenn

a) die wirtschaftlichen Merkmale und Risiken des eingebetteten Derivats nicht eng mit den wirtschaftlichen Merkmalen und Risiken des Basisvertrags verbunden sind (siehe Paragraphen B4.3.5 und B4.3.8),

b) ein eigenständiges Instrument mit den gleichen Bedingungen wie das eingebettete Derivat die Definition eines Derivats erfüllen würde, und

c) der hybride Vertrag nicht erfolgswirksam zum beizulegenden Zeitwert bewertet wird (d. h. ein Derivat, das in eine erfolgswirksam zum beizulegenden Zeitwert bewertete finanzielle Verbindlichkeit eingebettet ist, wird nicht getrennt).

4.3.4 Wird ein eingebettetes Derivat getrennt, ist der Basisvertrag nach den einschlägigen Standards zu bilanzieren. Nicht geregelt wird in diesem Standard, ob ein eingebettetes Derivat in der Bilanz gesondert auszuweisen ist.

4.3.5 Wenn ein Vertrag ein oder mehrere eingebettete Derivate enthält und der Basisvertrag kein unter den vorliegenden Standard fallender Vermögenswert ist, kann ein Unternehmen ungeachtet der Paragraphen 4.3.3 und 4.3.4 den gesamten hybriden Vertrag als erfolgswirksam zum beizulegenden Zeitwert bewertet designieren. Davon ausgenommen sind Fälle, in denen

a) das/die eingebettete(n) Derivat(e) die vertraglich vorgeschriebenen Zahlungsströme nur insignifikant verändert/verändern oder

b) bei erstmaliger Beurteilung eines vergleichbaren hybriden Instruments ohne oder mit nur geringem Analyseaufwand ersichtlich ist, dass eine Abtrennung des eingebetteten Derivats bzw. der eingebetteten Derivate unzulässig ist, wie beispielsweise bei einer in einen Kredit eingebetteten Vorfälligkeitsoption, die den Kreditnehmer zu einer vorzeitigen Rückzahlung des Kredits etwa in Höhe der fortgeführten Anschaffungskosten berechtigt.

4.3.6 Wenn ein Unternehmen nach diesem Standard verpflichtet ist, ein eingebettetes Derivat getrennt von seinem Basisvertrag zu erfassen, eine gesonderte Bewertung des eingebetteten Derivats aber weder bei Erwerb noch an den folgenden Abschlussstichtagen möglich ist, hat es den gesamten hybriden Vertrag als erfolgswirksam zum beizulegenden Zeitwert bewertet zu designieren.

4.3.7 Wenn es einem Unternehmen nicht möglich ist, anhand der Bedingungen eines eingebetteten Derivats verlässlich dessen beizulegenden Zeitwert zu ermitteln, dann entspricht dieser der Differenz zwischen dem beizulegenden Zeitwert des hybriden Vertrags und dem beizulegenden Zeitwert des Basisvertrags. Wenn das Unternehmen den beizulegenden Zeitwert des eingebetteten Derivats nach dieser Methode nicht ermitteln kann, findet Paragraph 4.3.6 Anwendung, und der hybride Vertrag wird als erfolgswirksam zum beizulegenden Zeitwert bewertet designiert.

4.4 NEUEINSTUFUNG

4.4.1 Nur wenn ein Unternehmen sein Geschäftsmodell zur Steuerung finanzieller Vermögenswerte ändert, hat es eine Neueinstufung aller betroffenen finanziellen Vermögenswerte gemäß den Paragraphen 4.1.1–4.1.4 vorzunehmen. Zusätzliche Leitlinien zur Neueinstufung finanzieller Vermögenswerte sind in den Paragraphen 5.6.1–5.6.7, B4.4.1–B4.4.3 und B5.6.1–B5.6.2 enthalten.

4.4.2 Ein Unternehmen darf eine finanzielle Verbindlichkeit nicht neu einstufen.

4.4.3 Bei den folgenden veränderten Umständen handelt es sich nicht um Neueinstufungen für die Zwecke der Paragraphen 4.4.1 und 4.4.2:
a) ein Geschäft, das zuvor ein designiertes und wirksames Sicherungsinstrument bei einer Absicherung von Zahlungsströmen oder einem Nettoinvestitionssicherungsgeschäft war, kommt hierfür nicht mehr infrage,
b) ein Geschäft wird ein designiertes und wirksames Sicherungsinstrument bei einer Absicherung von Zahlungsströmen oder einem Nettoinvestitionssicherungsgeschäft und
c) Bewertungsänderungen gemäß Abschnitt 6.7.

KAPITEL 5
Bewertung

5.1 BEWERTUNG BEIM ERSTMALIGEN ANSATZ

5.1.1 Mit Ausnahme der unter Paragraph 5.1.3 fallenden Forderungen aus Lieferungen und Leistungen hat ein Unternehmen einen finanziellen Vermögenswert oder eine finanzielle Verbindlichkeit beim erstmaligen Ansatz zum beizulegenden Zeitwert zu bewerten sowie bei finanziellen Vermögenswerten oder finanziellen Verbindlichkeiten, die nicht erfolgswirksam zum beizulegenden Zeitwert bewertet werden, zuzüglich oder abzüglich von Transaktionskosten, die dem Erwerb oder der Ausgabe des finanziellen Vermögenswerts bzw. der finanziellen Verbindlichkeit einzeln zugeordnet werden können.

5.1.1A Weicht der beizulegende Zeitwert des finanziellen Vermögenswerts oder der finanziellen Verbindlichkeit jedoch beim erstmaligen Ansatz vom Transaktionspreis ab, hat ein Unternehmen Paragraph B5.1.2A anzuwenden.

5.1.2 Bilanziert ein Unternehmen einen Vermögenswert, der in den folgenden Perioden zu fortgeführten Anschaffungskosten bewertet wird, zum Erfüllungstag, wird dieser am Handelstag erstmalig zu seinem beizulegenden Zeitwert erfasst (siehe Paragraphen B3.1.3–B3.1.6).

5.1.3 Ungeachtet der Vorschrift in Paragraph 5.1.1 hat ein Unternehmen Forderungen aus Lieferungen und Leistungen beim erstmaligen Ansatz zu deren Transaktionspreis (laut Definition in IFRS 15) zu bewerten, wenn diese keine signifikante Finanzierungskomponente gemäß IFRS 15 enthalten (oder das Unternehmen den praktischen Behelf in Paragraph 63 von IRFS 15 nutzt).

5.2 FOLGEBEWERTUNG FINANZIELLER VERMÖGENSWERTE

5.2.1 Nach dem erstmaligen Ansatz hat ein Unternehmen einen finanziellen Vermögenswert gemäß den Paragraphen 4.1.1–4.1.5 wie folgt zu bewerten:
a) zu fortgeführten Anschaffungskosten
b) zum beizulegenden Zeitwert erfolgsneutral im sonstigen Ergebnis oder
c) erfolgswirksam zum beizulegenden Zeitwert.

5.2.2 Auf einen finanziellen Vermögenswert, der gemäß Paragraph 4.1.2 zu fortgeführten Anschaffungskosten bzw. gemäß Paragraph 4.1.2A zum beizulegenden Zeitwert erfolgsneutral im sonstigen Ergebnis bewertet wird, hat ein Unternehmen die Wertminderungsvorschriften von Abschnitt 5.5 anzuwenden.

5.2.3 Auf einen finanziellen Vermögenswert, der als Grundgeschäft designiert ist, hat ein Unternehmen die Vorschriften zur Bilanzierung von Sicherungsbeziehungen in den Paragraphen 6.5.8–6.5.14 anzuwenden (sowie gegebenenfalls die Paragraphen 89–94 von IAS 39 *Finanzinstrumente: Ansatz und Bewertung*, wenn es bei der Absicherung eines Portfolios gegen das Zinsänderungsrisiko die Absicherung des beizulegenden Zeitwerts bilanziert).([1])

([1]) Nach Paragraph 7.2.21 kann ein Unternehmen es als seine Rechnungslegungsmethode wählen, anstelle der Vorschriften des Kapitels 6 dieses Standards weiterhin die Vorschriften von IAS 39 zur Bilanzierung von Sicherungsbeziehungen anzuwenden. Hat ein Unternehmen diese Wahl getroffen, sind die in diesem Standard enthaltenen Verweise auf die besonderen Vorschriften zur Bilanzierung von Sicherungsbeziehungen in Kapitel 6 nicht relevant. Das Unternehmen wendet stattdessen die einschlägigen Vorschriften zur Bilanzierung von Sicherungsbeziehungen von IAS 39 an.

5.3 FOLGEBEWERTUNG FINANZIELLER VERBINDLICHKEITEN

5.3.1 Nach dem erstmaligen Ansatz hat ein Unternehmen eine finanzielle Verbindlichkeit gemäß den Paragraphen 4.2.1 und 4.2.2 zu bewerten.

5.3.2 Auf eine finanzielle Verbindlichkeit, die als Grundgeschäft designiert ist, hat ein Unternehmen die Vorschriften zur Bilanzierung von Sicherungsbeziehungen in den Paragraphen 6.5.8–6.5.14 anzuwenden (sowie gegebenenfalls die Paragraphen 89–94 von IAS 39, wenn es bei der Absicherung eines Portfolios gegen das Zinsänderungsrisiko die Absicherung des beizulegenden Zeitwerts bilanziert).

5.4 BEWERTUNG ZU FORTGEFÜHRTEN ANSCHAFFUNGSKOSTEN

Finanzielle Vermögenswerte

Effektivzinsmethode

5.4.1 Zinserträge sind nach der Effektivzinsmethode zu berechnen (siehe Anhang A und die Paragraphen B5.4.1–B5.4.7). Bei der Berechnung wird der *Effektivzinssatz* auf den *Bruttobuchwert eines finanziellen Vermögenswerts* angewandt. Davon ausgenommen sind:

a) *finanzielle Vermögenswerte mit bereits bei Erwerb oder Ausreichung beeinträchtigter Bonität.* **Bei diesen finanziellen Vermögenswerten hat das Unternehmen ab dem erstmaligen Ansatz den *bonitätsangepassten Effektivzinssatz* auf die *fortgeführten Anschaffungskosten des finanziellen Vermögenswerts* anzuwenden.**

b) **finanzielle Vermögenswerte, deren Bonität bei Erwerb oder Ausreichung noch nicht beeinträchtigt war, es aber mittlerweile ist. Bei diesen finanziellen Vermögenswerten hat das Unternehmen in den Folgeperioden den Effektivzinssatz auf die fortgeführten Anschaffungskosten des finanziellen Vermögenswerts anzuwenden.**

5.4.2 Ein Unternehmen, das in einer Berichtsperiode Zinserträge durch Anwendung der Effektivzinsmethode auf die fortgeführten Anschaffungskosten eines finanziellen Vermögenswerts gemäß Paragraph 5.4.1(b) berechnet hat, hat in den Folgeperioden die Zinserträge durch Anwendung der Effektivzinsmethode auf den Bruttobuchwert zu berechnen, falls das Ausfallrisiko bei dem Finanzinstrument abnimmt, sodass die Bonität des finanziellen Vermögenswerts nicht mehr beeinträchtigt ist, und diese Abnahme (wie z. B. eine Verbesserung der Bonität des Kreditnehmers) objektiv auf ein Ereignis nach Anwendung der Vorschriften in Paragraph 5.4.1(b) zurückzuführen ist.

Änderung vertraglicher Zahlungsströme

5.4.3 Wenn die vertraglichen Zahlungsströme aus einem finanziellen Vermögenswert neu verhandelt oder anderweitig geändert werden und die Neuverhandlung oder Änderung nicht zur Ausbuchung dieses finanziellen Vermögenswerts gemäß dem vorliegenden Standard führt, hat das Unternehmen den Bruttobuchwert des finanziellen Vermögenswerts neu zu berechnen und einen solchen *änderungsbedingten Gewinn oder Verlust* erfolgswirksam zu erfassen. Der Bruttobuchwert des finanziellen Vermögenswerts ist als Barwert der neu verhandelten oder geänderten Zahlungsströme, abgezinst zum ursprünglichen Effektivzinssatz des finanziellen Vermögenswerts (oder zum bonitätsangepassten Effektivzinssatz bei finanziellen Vermögenswerten mit bereits bei Erwerb oder Ausreichung beeinträchtigter Bonität) oder gegebenenfalls zum geänderten Effektivzinssatz, der gemäß Paragraph 6.5.10 ermittelt wird, neu zu berechnen. Angefallene Kosten oder Gebühren führen zu einer Anpassung des Buchwerts des geänderten finanziellen Vermögenswerts und werden über die Restlaufzeit des geänderten finanziellen Vermögenswerts amortisiert.

Abschreibung

5.4.4 Ein Unternehmen hat den Bruttobuchwert eines finanziellen Vermögenswerts direkt zu verringern, wenn nach angemessener Einschätzung nicht davon auszugehen ist, dass der Vermögenswert ganz oder teilweise realisierbar ist. Eine Abschreibung stellt einen Ausbuchungsvorgang dar (siehe Paragraph B3.2.16 (r)).

Durch die Reform der Referenzzinssätze bedingte Änderungen bei der Basis für die Ermittlung der vertraglichen Zahlungsströme

5.4.5 Ein Unternehmen hat die Paragraphen 5.4.6–5.4.9 nur dann auf einen finanziellen Vermögenswert oder eine finanzielle Verbindlichkeit anzuwenden, wenn sich die Basis für die Ermittlung der vertraglichen Zahlungsströme aus diesem finanziellen Vermögenswert oder dieser finanziellen Verbindlichkeit infolge der Reform der Referenzzinssätze ändert. In diesem Zusammenhang bezeichnet „Reform der Referenzzinssätze" die marktweite Reform von Referenzzinssätzen wie in Paragraph 6.8.2 beschrieben.

5.4.6 Eine Änderung der Basis für die Ermittlung der vertraglichen Zahlungsströme aus einem finanziellen Vermögenswert oder einer finanziellen Verbindlichkeit kann sich ergeben,

a) aus einer Anpassung der Vertragsbedingungen, die beim erstmaligen Ansatz des Finanzinstruments festgelegt wurden (z. B. wenn die Vertragsbedingungen angepasst werden, um den darin festgelegten Referenzzinssatz durch einen alternativen Referenzzinssatz zu ersetzen),

b) aus einem Umstand, der beim erstmaligen Ansatz des Finanzinstruments in den Vertragsbedingungen nicht berücksichtigt oder in Betracht gezogen wurde, aber keine Änderung der Vertragsbedingungen nach sich zieht (z. B. wenn die Methode zur Berechnung des Referenzzinssatzes geändert wird, ohne dass die Vertragsbedingungen angepasst werden), und/oder

c) aus der Aktivierung einer bestehenden Vertragsbedingung (z. B. wenn eine bestehende Fallback-Klausel ausgelöst wird).

5.4.7 Behelfsweise hat ein Unternehmen Paragraph B5.4.5 anzuwenden, um eine infolge der Reform der Referenzzinssätze erforderliche Änderung der Basis für die Ermittlung der vertraglichen Zahlungsströme aus einem finanziellen Vermögenswert oder einer finanziellen Verbindlichkeit zu bilanzieren. Dieser praktische Behelf gilt nur für infolge der Reform der Referenzzinssätze erforderliche Änderungen und nur in dem Umfang, in dem die jeweilige Änderung aufgrund der Reform der Referenzzinssätze erforderlich ist (siehe auch Paragraph 5.4.9). In diesem Zusammenhang wird eine Änderung der Basis für die Ermittlung der vertraglichen Zahlungsströme nur dann als infolge der Reform der Referenzzinssätze erforderlich betrachtet, wenn die beiden folgenden Bedingungen erfüllt sind:
a) die Notwendigkeit der Änderung ergibt sich unmittelbar aus der Reform der Referenzzinssätze und
b) die neue Basis für die Ermittlung der vertraglichen Zahlungsströme ist mit der vorherigen (d. h. der Änderung unmittelbar vorausgehenden) Basis wirtschaftlich gleichwertig.

5.4.8 Beispiele für Änderungen, die zu einer neuen Basis für die Ermittlung der vertraglichen Zahlungsströme führen, die mit der vorherigen (d. h. der Änderung unmittelbar vorausgehenden) Basis wirtschaftlich gleichwertig ist, sind:
a) der Austausch eines bestehenden Referenzzinssatzes, der zur Ermittlung der vertraglichen Zahlungsströme aus einem finanziellen Vermögenswert oder einer finanziellen Verbindlichkeit verwendet wird, durch einen alternativen Referenzzinssatz – oder die Umsetzung einer solchen Referenzzinssatzreform durch Änderung der Methode zur Berechnung des Referenzzinssatzes – unter Hinzurechnung eines festen Spreads, der erforderlich ist, um die Basisdifferenz zwischen dem bestehenden Referenzzinssatz und dem alternativen Referenzzinssatz auszugleichen;
b) Änderungen der Anpassungsfrist, der Anpassungstermine oder der Anzahl der Tage zwischen den Kupon-Zahlungsterminen, um die Reform der Referenzzinssätze umzusetzen, und
c) die Aufnahme einer Fallback-Bestimmung in die Vertragsbedingungen eines finanziellen Vermögenswerts oder einer finanziellen Verbindlichkeit, um die Umsetzung der unter (a) und (b) beschriebenen Änderungen zu ermöglichen.

5.4.9 Werden an einem finanziellen Vermögenswert oder einer finanziellen Verbindlichkeit neben den infolge der Reform der Referenzzinssätze erforderlichen Änderungen der Basis für die Ermittlung der vertraglichen Zahlungsströme zusätzliche Änderungen vorgenommen, so hat ein Unternehmen zunächst den praktischen Behelf in Paragraph 5.4.7 auf die durch die Reform der Referenzzinssätze erforderlichen Änderungen anzuwenden. Anschließend hat das Unternehmen die anwendbaren Vorschriften dieses Standards auf alle weiteren Änderungen anzuwenden, für die der praktische Behelf nicht gilt. Führt eine weitere Änderung nicht zur Ausbuchung des finanziellen Vermögenswerts oder der finanziellen Verbindlichkeit, so hat das Unternehmen Paragraph 5.4.3 bzw. Paragraph B5.4.6 anzuwenden, um die zusätzliche Änderung zu bilanzieren. Führt die zusätzliche Änderung zur Ausbuchung des finanziellen Vermögenswerts oder der finanziellen Verbindlichkeit, hat das Unternehmen die Ausbuchungsvorschriften anzuwenden.

5.5 WERTMINDERUNG

Erfassung erwarteter Kreditverluste

Allgemeine Vorgehensweise

5.5.1 Ein Unternehmen hat bei einem finanziellen Vermögenswert, der gemäß Paragraph 4.1.2 oder Paragraph 4.1.2A bewertet wird, einer Forderung aus Leasingverhältnissen, einem *Vertragsvermögenswert* oder einer Kreditzusage sowie einer finanziellen Garantie, für die die Wertminderungsvorschriften gemäß Paragraph 2.1(g), Paragraph 4.2.1(c) oder Paragraph 4.2.1(d) gelten, eine Wertberichtigung für *erwartete Kreditverluste* zu erfassen.

5.5.2 Ein Unternehmen hat die Wertminderungsvorschriften zur Erfassung und Bewertung einer Wertberichtigung für finanzielle Vermögenswerte, die gemäß Paragraph 4.1.2A zum beizulegenden Zeitwert erfolgsneutral im sonstigen Ergebnis bewertet werden, anzuwenden. Allerdings ist die Wertberichtigung im sonstigen Ergebnis zu erfassen und darf nicht zur Verringerung des Buchwerts des finanziellen Vermögenswerts in der Bilanz führen.

5.5.3 Vorbehaltlich der Paragraphen 5.5.13–5.5.16 hat ein Unternehmen zu jedem Abschlussstichtag die Wertberichtigung für ein Finanzinstrument in Höhe der *über die Laufzeit erwarteten Kreditverluste* zu bemessen, wenn sich das Ausfallrisiko bei diesem Finanzinstrument seit dem erstmaligen Ansatz signifikant erhöht hat.

5.5.4 Der Zweck der Wertminderungsvorschriften besteht in der Erfassung der über die Laufzeit erwarteten Kreditverluste aus allen Finanzinstrumenten, bei denen sich das Ausfallrisiko – ob individuell oder kollektiv beurteilt – unter Berücksichtigung aller angemessenen und belastbaren Informationen, einschließlich zukunftsorientierter Informationen, signifikant erhöht hat.

5.5.5 Wenn sich vorbehaltlich der Paragraphen 5.5.13–5.5.16 bei einem Finanzinstrument das Ausfallrisiko zum Abschlussstichtag seit dem erstmaligen Ansatz nicht signifikant erhöht hat, hat ein Unternehmen die Wertberichtigung für dieses Finanzinstrument in Höhe des erwarteten *12-Monats-Kreditverlusts* zu bemessen.

5.5.6 Zwecks Anwendung der Wertminderungsvorschriften gilt bei Kreditzusagen und finanziellen Garantien der Zeitpunkt, zu dem das Unternehmen Partei der unwiderruflichen Zusage wird, als Zeitpunkt des erstmaligen Ansatzes.

5.5.7 Wenn ein Unternehmen die Wertberichtigung für ein Finanzinstrument in der vorangegangenen Berichtsperiode mit den über die Laufzeit erwarteten Kreditverlusten bemessen hat, jedoch zum aktuellen Abschlussstichtag feststellt, dass Paragraph 5.5.3 nicht mehr zutrifft, so hat es die Wertberichtigung zu diesem Abschlussstichtag in Höhe des erwarteten 12-Monats-Kreditverlusts zu bemessen.

5.5.8 Ein Unternehmen hat die erwarteten Kreditverluste (oder die erwartete Wertaufholung), die zur Anpassung der Wertberichtigung zum Abschlussstichtag an den gemäß diesem Standard zu erfassenden Betrag erforderlich sind (ist), als *Wertminderungsaufwand oder -ertrag* erfolgswirksam zu erfassen.

Bestimmung, ob eine signifikante Erhöhung des Ausfallrisikos vorliegt

5.5.9 Ein Unternehmen hat zu jedem Abschlussstichtag zu beurteilen, ob sich das Ausfallrisiko bei einem Finanzinstrument seit dem erstmaligen Ansatz signifikant erhöht hat. Dabei hat das Unternehmen anstelle der Veränderung der Höhe der erwarteten Kreditverluste die Veränderung des Risikos, dass über die erwartete Laufzeit des Finanzinstruments ein Kreditausfall eintritt, zugrunde zu legen. Im Zuge dieser Beurteilung hat ein Unternehmen das Risiko eines Kreditausfalls bei dem Finanzinstrument zum Abschlussstichtag mit dem Risiko eines Kreditausfalls bei dem Finanzinstrument zum Zeitpunkt des erstmaligen Ansatzes zu vergleichen und angemessene und belastbare Informationen, die ohne unangemessenen Kosten- oder Zeitaufwand verfügbar sind und auf eine signifikante Erhöhung des Ausfallrisikos hindeuten, zu berücksichtigen.

5.5.10 Ein Unternehmen kann davon ausgehen, dass sich das Ausfallrisiko bei einem Finanzinstrument seit dem erstmaligen Ansatz nicht signifikant erhöht hat, wenn ermittelt wird, dass bei dem betreffenden Finanzinstrument zum Abschlussstichtag ein niedriges Ausfallrisiko besteht (siehe Paragraphen B5.5.22–B5.5.24).

5.5.11 Wenn angemessene und belastbare zukunftsorientierte Informationen ohne unangemessenen Kosten- oder Zeitaufwand verfügbar sind, darf sich ein Unternehmen bei der Bestimmung, ob sich das Ausfallrisiko seit dem erstmaligen Ansatz signifikant erhöht hat, nicht ausschließlich auf Informationen zur *Überfälligkeit* stützen. Wenn Informationen, die stärker zukunftsorientiert sind als die Informationen zur Überfälligkeit (entweder auf individueller oder kollektiver Basis) nur mit unangemessenem Kosten- oder Zeitaufwand verfügbar sind, kann ein Unternehmen anhand der Informationen zur Überfälligkeit bestimmen, ob sich das Ausfallrisiko seit dem erstmaligen Ansatz signifikant erhöht hat. Unabhängig davon, in welcher Art und Weise ein Unternehmen die Signifikanz von Erhöhungen des Ausfallrisikos beurteilt, besteht die widerlegbare Vermutung, dass sich das Ausfallrisiko bei einem finanziellen Vermögenswert seit dem erstmaligen Ansatz signifikant erhöht hat, wenn die vertraglichen Zahlungen mehr als 30 Tage überfällig sind. Ein Unternehmen kann diese Vermutung widerlegen, wenn ihm angemessene und belastbare, ohne unangemessenen Kosten- oder Zeitaufwand verfügbare Informationen vorliegen, die belegen, dass sich das Ausfallrisiko seit dem erstmaligen Ansatz nicht signifikant erhöht hat, auch wenn die vertraglichen Zahlungen mehr als 30 Tage überfällig sind. Stellt ein Unternehmen – bevor die vertraglichen Zahlungen mehr als 30 Tage überfällig sind – fest, dass sich das Ausfallrisiko signifikant erhöht hat, gilt die widerlegbare Vermutung nicht.

Geänderte finanzielle Vermögenswerte

5.5.12 Wenn die vertraglichen Zahlungsströme aus einem finanziellen Vermögenswert neu verhandelt oder anderweitig geändert wurden und dieser finanzielle Vermögenswert nicht ausgebucht wurde, hat ein Unternehmen nach Paragraph 5.5.3 zu beurteilen, ob sich das Ausfallrisiko bei dem Finanzinstrument signifikant erhöht hat, indem es folgende Risiken miteinander vergleicht:

a) das Risiko eines Kreditausfalls zum Abschlussstichtag (basierend auf den geänderten Vertragsbedingungen) und

b) das Risiko eines Kreditausfalls beim erstmaligen Ansatz (basierend auf den ursprünglichen, unveränderten Vertragsbedingungen).

Finanzielle Vermögenswerte mit bereits bei Erwerb oder Ausreichung beeinträchtigter Bonität

5.5.13 Ungeachtet der Paragraphen 5.5.3 und 5.5.5 hat ein Unternehmen für finanzielle Vermögenswerte mit bereits bei Erwerb oder Ausreichung beeinträchtigter Bonität zum Abschlussstichtag nur die kumulierten Änderungen bei den seit erstmaligem Ansatz über die Laufzeit erwarteten Kreditverlusten als Wertberichtigung zu erfassen.

5.5.14 Ein Unternehmen hat zu jedem Abschlussstichtag die Höhe der Änderung der über die Laufzeit erwarteten Kreditverluste als Wertminderungsaufwand oder -ertrag erfolgswirksam zu erfassen. Günstige Änderungen bei den über die Laufzeit erwarteten Kreditverlusten sind selbst dann als Wertminderungsertrag zu erfassen, wenn die über die Laufzeit erwarteten Kreditverluste geringer sind als die, die beim erstmaligen Ansatz in den geschätzten Zahlungsströmen enthalten waren.

Vereinfachte Vorgehensweise bei Forderungen aus Lieferungen und Leistungen, Vertragsvermögenswerten und Forderungen aus Leasingverhältnissen

5.5.15 Ungeachtet der Paragraphen 5.5.3 und 5.5.5 hat ein Unternehmen bei den nachstehend genannten Posten die Wertberichtigung stets in Höhe der über die Laufzeit erwarteten Kreditverluste zu bemessen:

a) **Forderungen aus Lieferungen und Leistungen oder Vertragsvermögenswerte aus Transaktionen, die unter IFRS 15 fallen und die**
   i) **keine signifikante Finanzierungskomponente gemäß IFRS 15 enthalten (bzw. gemäß Paragraph 63 von IFRS 15, wenn das Unternehmen die vereinfachte Methode bei Verträgen mit einer Laufzeit von maximal einem Jahr anwendet), oder**
   ii) **eine signifikante Finanzierungskomponente gemäß IFRS 15 enthalten, wenn das Unternehmen als seine Rechnungslegungsmethode das Verfahren gewählt hat, die Wertberichtigung mit den über die Laufzeit erwarteten Kreditverlusten zu bemessen. Diese Rechnungslegungsmethode ist auf alle derartigen Forderungen aus Lieferungen und Leistungen und auf Vertragsvermögenswerte anzuwenden, kann aber auf Forderungen aus Lieferungen und Leistungen und auf Vertragsvermögenswerte getrennt angewandt werden.**

b) **Forderungen aus Leasingverhältnissen, die aus unter IFRS 16 fallenden Transaktionen resultieren, wenn das Unternehmen als seine Rechnungslegungsmethode das Verfahren gewählt hat, die Wertberichtigung mit den über die Laufzeit erwarteten Kreditverlusten zu bemessen. Diese Rechnungslegungsmethode ist auf alle Forderungen aus Leasingverhältnissen anzuwenden, kann aber auf Forderungen aus Finanzierungsleasing und aus Operating-Leasingverhältnissen getrennt angewandt werden.**

5.5.16 Ein Unternehmen kann seine Rechnungslegungsmethode für Forderungen aus Lieferungen und Leistungen, Forderungen aus Leasingverhältnissen und Vertragsvermögenswerte jeweils unabhängig voneinander wählen.

Bewertung erwarteter Kreditverluste

5.5.17 Ein Unternehmen hat die erwarteten Kreditverluste aus einem Finanzinstrument so zu bewerten, dass Folgendem Rechnung getragen wird:

a) einem unverzerrten und wahrscheinlichkeitsgewichteten Betrag, der durch Auswertung einer Reihe verschiedener möglicher Ergebnisse ermittelt wird,
b) dem Zeitwert des Geldes und
c) angemessenen und belastbaren Informationen, die zum Abschlussstichtag ohne unangemessenen Kosten- oder Zeitaufwand über vergangene Ereignisse, gegenwärtige Bedingungen und Prognosen künftiger wirtschaftlicher Bedingungen verfügbar sind.

5.5.18 Bei der Bewertung der erwarteten Kreditverluste muss ein Unternehmen nicht unbedingt alle möglichen Szenarien ermitteln. Doch hat es das Risiko oder die Wahrscheinlichkeit eines Kreditverlusts in Betracht zu ziehen, indem es sowohl die Möglichkeit des Eintretens als auch die Möglichkeit des Nichteintretens berücksichtigt, selbst wenn die Möglichkeit eines Kreditverlusts äußerst gering ist.

5.5.19 Der bei der Bewertung der erwarteten Kreditverluste maximal zu berücksichtigende Zeitraum entspricht der maximalen Vertragslaufzeit (einschließlich Verlängerungsoptionen), während der das Unternehmen dem Ausfallrisiko ausgesetzt ist, jedoch keinesfalls einen längeren Zeitraum, auch wenn ein solcher mit den Geschäftspraktiken in Einklang steht.

5.5.20 Allerdings beinhalten manche Finanzinstrumente sowohl einen Kredit als auch eine nicht in Anspruch genommene Kreditzusagekomponente, wobei die vertraglich vorgesehene Möglichkeit für das Unternehmen, eine Rückzahlung zu fordern und die nicht in Anspruch genommene Kreditzusage zu widerrufen, die Exposition des Unternehmens gegenüber Kreditverlusten nicht auf die vertragliche Kündigungsfrist begrenzt. Für solche und nur solche Finanzinstrumente hat das Unternehmen die erwarteten Kreditverluste über den Zeitraum zu bewerten, in dem es dem Ausfallrisiko ausgesetzt ist und die erwarteten Kreditverluste selbst dann nicht durch kreditbezogene Risikomanagementmaßnahmen gemindert würden, wenn dieser Zeitraum die maximale Vertragslaufzeit überschreitet.

5.6 NEUEINSTUFUNG FINANZIELLER VERMÖGENSWERTE

5.6.1 Bei einer Neueinstufung finanzieller Vermögenswerte gemäß Paragraph 4.4.1 hat ein Unternehmen die Neueinstufung prospektiv ab dem *Zeitpunkt der Neueinstufung* vorzunehmen. Vorher erfasste Gewinne, Verluste (einschließlich Wertminderungsaufwendungen oder -erträgen) oder Zinsen dürfen nicht angepasst werden. Die Vorschriften für Neueinstufungen sind in den Paragraphen 5.6.2–5.6.7 festgelegt.

5.6.2 Wenn ein Unternehmen einen finanziellen Vermögenswert neu einstuft und ihn zu diesem Zweck aus der Kategorie der Bewertung zu fortgeführten Anschaffungskosten in die Kategorie der erfolgswirksamen Bewertung zum beizulegenden Zeitwert umgliedert, wird dessen beizulegender Zeitwert zum Zeitpunkt der Neueinstufung ermittelt. Etwaige Gewinne oder Verluste, die sich aus der Differenz zwischen den früheren fortgeführten Anschaffungskosten des finanziellen Vermögenswerts und dem beizulegenden Zeitwert ergeben, werden erfolgswirksam erfasst.

5.6.3 Wenn ein Unternehmen einen finanziellen Vermögenswert neu einstuft und ihn zu diesem Zweck aus der Kategorie der erfolgswirksamen Bewertung zum beizulegenden Zeitwert in die Kategorie der Bewertung zu fortgeführten Anschaffungskosten umgliedert, wird dessen beizulegender Zeitwert zum Zeitpunkt der Neueinstufung zum neuen Bruttobuchwert. (Leitlinien zur Bestimmung eines Effektivzinssatzes und einer Wertberichtigung zum Zeitpunkt der Neueinstufung sind in Paragraph B5.6.2 enthalten.)

5.6.4 Wenn ein Unternehmen einen finanziellen Vermögenswert neu einstuft und ihn zu diesem Zweck aus der Kategorie der Bewertung zu fortgeführten Anschaffungskosten in die Kategorie der erfolgsneutralen Bewertung zum beizulegenden Zeitwert im sonstigen Ergebnis umgliedert, wird dessen beizulegender Zeitwert zum Zeitpunkt der Neueinstufung ermittelt. Etwaige Gewinne oder Verluste, die sich aus der Differenz zwischen den früheren fortgeführten Anschaffungskosten des finanziellen Vermögenswerts und dem beizulegenden Zeitwert ergeben, werden im sonstigen Ergebnis erfasst. Der Effektivzinssatz und die Bewertung der erwarteten Kreditverluste werden infolge der Neueinstufung nicht angepasst. (Siehe Paragraph B5.6.1.)

5.6.5 Wenn ein Unternehmen einen finanziellen Vermögenswert neu einstuft und ihn zu diesem Zweck aus der Kategorie der erfolgsneutralen Bewertung zum beizulegenden Zeitwert im sonstigen Ergebnis in die Kategorie der Bewertung zu fortgeführten Anschaffungskosten umgliedert, erfolgt diese Neueinstufung dieses Vermögenswerts zum beizulegenden Zeitwert zum Zeitpunkt der Neueinstufung. Allerdings wird der zuvor im sonstigen Ergebnis erfasste kumulierte Gewinn oder Verlust aus dem Eigenkapital ausgebucht und gegen den beizulegenden Zeitwert des finanziellen Vermögenswerts zum Zeitpunkt der Neueinstufung angepasst. Infolgedessen wird der finanzielle Vermögenswert zum Zeitpunkt der Neueinstufung bewertet, als wäre er stets zu fortgeführten Anschaffungskosten bewertet worden. Diese Anpassung wirkt sich auf das sonstige Ergebnis, nicht aber auf den Gewinn oder Verlust aus und stellt daher keinen Umgliederungsbetrag dar (siehe IAS 1 *Darstellung des Abschlusses*). Der Effektivzinssatz und die Bewertung der erwarteten Kreditverluste werden infolge der Neueinstufung nicht angepasst. (Siehe Paragraph B5.6.1.)

5.6.6 Wenn ein Unternehmen einen finanziellen Vermögenswert neu einstuft und ihn zu diesem Zweck aus der Kategorie der erfolgswirksamen Bewertung zum beizulegenden Zeitwert in die Kategorie der erfolgsneutralen Bewertung zum beizulegenden Zeitwert im sonstigen Ergebnis umgliedert, wird der finanzielle Vermögenswert weiterhin zum beizulegenden Zeitwert bewertet. (Leitlinien zur Bestimmung eines Effektivzinssatzes und einer Wertberichtigung zum Zeitpunkt der Neueinstufung sind in Paragraph B5.6.2 enthalten.)

5.6.7 Wenn ein Unternehmen einen finanziellen Vermögenswert neu einstuft und ihn zu diesem Zweck aus der Kategorie der erfolgsneutralen Bewertung zum beizulegenden Zeitwert im sonstigen Ergebnis in die Kategorie der erfolgswirksamen Bewertung zum beizulegenden Zeitwert umgliedert, wird der finanzielle Vermögenswert weiterhin zum beizulegenden Zeitwert bewertet. Der zuvor im sonstigen Ergebnis erfasste kumulierte Gewinn oder Verlust wird zum Zeitpunkt der Neueinstufung als Umgliederungsbetrag (siehe IAS 1) erfolgswirksam umgegliedert.

5.7 GEWINNE UND VERLUSTE

5.7.1 Gewinne oder Verluste aus einem finanziellen Vermögenswert oder einer finanziellen Verbindlichkeit, der/die zum beizulegenden Zeitwert bewertet wird, sind erfolgswirksam zu erfassen, es sei denn,

a) der finanzielle Vermögenswert oder die finanzielle Verbindlichkeit ist Teil einer Sicherungsbeziehung (siehe Paragraphen 6.5.8–6.5.14 und, falls zutreffend, Paragraphen 89–94 von IAS 39 in Bezug auf die Bilanzierung der Absicherung des beizulegenden Zeitwerts im Falle der Absicherung eines Portfolios gegen das Zinsänderungsrisiko),

b) es handelt sich um eine Finanzinvestition in ein Eigenkapitalinstrument und das Unternehmen hat die Wahl getroffen, Gewinne und Verluste aus dieser Investition gemäß Paragraph 5.7.5 im sonstigen Ergebnis auszuweisen,

c) es handelt sich um eine finanzielle Verbindlichkeit, die als erfolgswirksam zum beizulegenden Zeitwert bewertet designiert ist, und das Unternehmen hat die Auswirkungen von Veränderungen beim Ausfallrisiko der Verbindlichkeit gemäß Paragraph 5.7.7 im sonstigen Ergebnis auszuweisen oder

d) es handelt sich um einen finanziellen Vermögenswert, der gemäß Paragraph 4.1.2A zum beizulegenden Zeitwert erfolgsneutral im sonstigen Ergebnis bewertet wird, und das Unternehmen hat bestimmte Veränderungen beim beizulegenden Zeitwert gemäß Paragraph 5.7.10 im sonstigen Ergebnis zu erfassen.

5.7.1A *Dividenden* werden nur dann erfolgswirksam erfasst, wenn

a) ein Rechtsanspruch des Unternehmens auf Zahlung der Dividende besteht,

b) dem Unternehmen der mit der Dividende verbundene wirtschaftliche Nutzen wahrscheinlich zufließen wird, und

c) die Höhe der Dividende verlässlich bewertet werden kann.

5.7.2 Gewinne oder Verluste aus einem finanziellen Vermögenswert, der zu fortgeführten Anschaffungskosten bewertet wird und nicht Teil einer Sicherungsbeziehung ist (siehe Paragraphen 6.5.8–6.5.14 und, falls zutreffend,

Paragraphen 89–94 von IAS 39 in Bezug auf die Bilanzierung der Absicherung des beizulegenden Zeitwerts im Falle der Absicherung eines Portfolios gegen das Zinsänderungsrisiko), sind bei Ausbuchung, Wertminderung und Neueinstufung des finanziellen Vermögenswerts gemäß Paragraph 5.6.2 sowie im Rahmen der Amortisation erfolgswirksam zu erfassen. Ein Unternehmen hat die Paragraphen 5.6.2 und 5.6.4 anzuwenden, wenn es finanzielle Vermögenswerte neu einstuft und zu diesem Zweck aus der Kategorie der Bewertung zu fortgeführten Anschaffungskosten in eine andere Kategorie umgliedert. Gewinne oder Verluste aus einer finanziellen Verbindlichkeit, die zu fortgeführten Anschaffungskosten bewertet wird und nicht Teil einer Sicherungsbeziehung ist (siehe Paragraphen 6.5.8–6.5.14 und, falls zutreffend, Paragraphen 89–94 von IAS 39 in Bezug auf die Bilanzierung der Absicherung des beizulegenden Zeitwerts im Falle der Absicherung eines Portfolios gegen das Zinsänderungsrisiko), sind bei Ausbuchung der finanziellen Verbindlichkeit sowie im Rahmen der Amortisation erfolgswirksam zu erfassen. (Leitlinien zu Gewinnen und Verlusten aus der Währungsumrechnung sind in Paragraph B5.7.2 enthalten.)

5.7.3 Gewinne oder Verluste aus finanziellen Vermögenswerten oder Verbindlichkeiten, bei denen es sich um Grundgeschäfte in einer Sicherungsbeziehung handelt, sind gemäß den Paragraphen 6.5.8–6.5.14 und, falls zutreffend, den Paragraphen 89–94 von IAS 39 in Bezug auf die Bilanzierung der Absicherung des beizulegenden Zeitwerts im Falle der Absicherung eines Portfolios gegen das Zinsänderungsrisiko zu erfassen.

5.7.4 Bilanziert ein Unternehmen finanzielle Vermögenswerte zum Erfüllungstag (siehe Paragraph 3.1.2 und Paragraphen B3.1.3 und B3.1.6), werden etwaige Veränderungen beim beizulegenden Zeitwert des entgegenzunehmenden Vermögenswerts, die in der Zeit zwischen dem Handelstag und dem Erfüllungstag eintreten, nicht erfasst, wenn der Vermögenswert zu fortgeführten Anschaffungskosten bewertet wird. Bei Vermögenswerten, die zum beizulegenden Zeitwert bewertet werden, wird die Veränderung des beizulegenden Zeitwerts jedoch gemäß Paragraph 5.7.1 entweder erfolgswirksam oder im sonstigen Ergebnis erfasst. Zwecks Anwendung der Wertminderungsvorschriften gilt der Handelstag als Zeitpunkt des erstmaligen Ansatzes.

Finanzinvestitionen in Eigenkapitalinstrumente

5.7.5 Ein Unternehmen kann beim erstmaligen Ansatz einer unter den vorliegenden Standard fallenden Finanzinvestition in ein Eigenkapitalinstrument, das weder *zu Handelszwecken gehalten* wird noch eine bedingte Gegenleistung darstellt, die von einem Erwerber im Rahmen eines Unternehmenszusammenschlusses gemäß IFRS 3 angesetzt wird, unwiderruflich die Wahl treffen, bei der Folgebewertung Veränderungen beim beizulegenden Zeitwert im sonstigen Ergebnis auszuweisen. (Leitlinien zu Gewinnen und Verlusten aus der Währungsumrechnung sind in Paragraph B5.7.3 enthalten.)

5.7.6 Trifft ein Unternehmen die in Paragraph 5.7.5 genannte Wahl, hat es Dividenden aus dieser Finanzinvestition gemäß Paragraph 5.7.1A erfolgswirksam zu erfassen.

Verbindlichkeiten, die als erfolgswirksam zum beizulegenden Zeitwert bewertet designiert wurden

5.7.7 Gewinne oder Verluste aus einer finanziellen Verbindlichkeit, die gemäß Paragraph 4.2.2 oder Paragraph 4.3.5 als erfolgswirksam zum beizulegenden Zeitwert bewertet designiert wurde, sind vom Unternehmen wie folgt auszuweisen:

a) der Betrag der Veränderung des beizulegenden Zeitwerts der finanziellen Verbindlichkeit, der auf Veränderungen beim Ausfallrisiko dieser Verbindlichkeit zurückzuführen ist, ist im sonstigen Ergebnis auszuweisen (siehe Paragraphen B5.7.13–B5.7.20), und

b) der restliche Betrag der Änderung des beizulegenden Zeitwerts der Verbindlichkeit ist im Gewinn oder Verlust auszuweisen,

es sei denn, durch die unter (a) beschriebene Bilanzierung der Auswirkungen von Veränderungen beim Ausfallrisiko der Verbindlichkeit würde eine Rechnungslegungsanomalie im Gewinn oder Verlust entstehen oder vergrößert (in diesem Fall gilt Paragraph 5.7.8). Leitlinien zur Bestimmung, ob eine Rechnungslegungsanomalie verursacht oder vergrößert würde, sind in den Paragraphen B5.7.5– B5.7.7 und B5.7.10–B5.7.12 enthalten.

5.7.8 Würde aufgrund der Vorschriften des Paragraph 5.7.7 eine Rechnungslegungsanomalie im Gewinn oder Verlust entstehen oder vergrößert, hat das Unternehmen alle Gewinne oder Verluste aus der Verbindlichkeit (einschließlich der Auswirkungen von Veränderungen beim Ausfallrisiko dieser Verbindlichkeit) im Gewinn oder Verlust auszuweisen.

5.7.9 Ungeachtet der Vorschriften der Paragraphen 5.7.7 und 5.7.8 hat ein Unternehmen alle Gewinne und Verluste aus Kreditzusagen und finanziellen Garantien, die als erfolgswirksam zum beizulegenden Zeitwert bewertet designiert sind, im Gewinn oder Verlust auszuweisen.

Vermögenswerte, die zum beizulegenden Zeitwert erfolgsneutral im sonstigen Ergebnis bewertet werden

5.7.10 Gewinne oder Verluste aus einem finanziellen Vermögenswert, der gemäß Paragraph 4.1.2A zum beizulegenden Zeitwert erfolgsneutral im sonstigen Ergebnis bewertet wird, sind im sonstigen Ergebnis auszuweisen. Hiervon ausgenommen sind Wertminderungsaufwendungen und -erträge (siehe Abschnitt 5.5) und Gewinne und Verluste aus der Währungsumrechnung (siehe Paragraphen B5.7.2–B5.7.2A) bis zur Ausbuchung oder Neueinstufung des finanziellen Vermögenswerts. Bei Ausbuchung des finanziellen Vermögenswerts wird der kumulierte Gewinn oder Verlust, der zuvor im sonstigen Ergebnis ausgewiesen wurde, als Umgliederungsbetrag (siehe IAS 1) erfolgswirksam umgegliedert. Wird der finanzielle Vermögenswert neu eingestuft und zu diesem Zweck aus der Kategorie der erfolgsneutralen Bewertung zum beizulegenden Zeitwert im sonstigen Ergebnis in eine andere Kategorie umgegliedert, hat das Unternehmen den zuvor im sonstigen Ergebnis ausgewiesenen kumulierten Gewinn oder Verlust gemäß den Paragraphen 5.6.5 und 5.6.7 zu bilanzieren. Zinsen, die nach der Effektivzinsmethode berechnet werden, werden erfolgswirksam erfasst.

5.7.11 Wie in Paragraph 5.7.10 beschrieben, stimmen bei finanziellen Vermögenswerten, die gemäß Paragraph 4.1.2A erfolgsneutral zum beizulegenden Zeitwert im sonstigen Ergebnis bewertet werden, die erfolgswirksam erfassten Beträge mit den Beträgen überein, die erfolgswirksam erfasst worden wären, wenn der finanzielle Vermögenswert zu fortgeführten Anschaffungskosten bewertet worden wäre.

KAPITEL 6
Bilanzierung von Sicherungsbeziehungen

6.1 ZIELSETZUNG UND ANWENDUNGSBEREICH DER BILANZIERUNG VON SICHERUNGSBEZIEHUNGEN

6.1.1 Zielsetzung der Bilanzierung von Sicherungsbeziehungen ist es, die Auswirkung der Risikomanagementmaßnahmen eines Unternehmens im Abschluss wiederzugeben, wenn es Finanzinstrumente zur Steuerung bestimmter Risiken einsetzt, die sich auf Gewinn oder Verlust (oder – im Falle von Finanzinvestitionen in Eigenkapitalinstrumente, bei denen das Unternehmen die Wahl getroffen hat, Veränderungen beim beizulegenden Zeitwert gemäß Paragraph 5.7.5 im sonstigen Ergebnis auszuweisen – auf das sonstige Ergebnis) auswirken könnten. Mit dieser Vorgehensweise soll der Kontext von Sicherungsinstrumenten vermittelt werden, bei denen die Bilanzierung von Sicherungsbeziehungen angewandt wird, um einen Einblick in ihren Zweck und ihre Wirkung zu ermöglichen.

6.1.2 Ein Unternehmen kann die Wahl treffen, eine Sicherungsbeziehung zwischen einem Sicherungsinstrument und einem Grundgeschäft gemäß den Paragraphen 6.2.1–6.3.7 und B6.2.1–B6.3.25 zu designieren. Bei Sicherungsbeziehungen, die die maßgeblichen Kriterien erfüllen, hat ein Unternehmen den Gewinn oder Verlust aus dem Sicherungsinstrument und dem Grundgeschäft gemäß Paragraphen 6.5.1–6.5.14 und B6.5.1–B6.5.28 zu bilanzieren. Wenn es sich bei dem Grundgeschäft um eine Gruppe von Grundgeschäften handelt, hat ein Unternehmen die zusätzlichen Vorschriften der Paragraphen 6.6.1–6.6.6 und B6.6.1–B6.6.16 zu erfüllen.

6.1.3 Bei einer Absicherung des beizulegenden Zeitwerts eines Portfolios von finanziellen Vermögenswerten oder finanziellen Verbindlichkeiten gegen das Zinsänderungsrisiko (und nur bei einer solchen Absicherung) kann ein Unternehmen anstatt der Vorschriften des vorliegenden Standards die Vorschriften zur Bilanzierung von Sicherungsbeziehungen in IAS 39 anwenden. In diesem Fall muss das Unternehmen die spezifischen Vorschriften zur Bilanzierung der Absicherung des beizulegenden Zeitwerts eines Portfolios gegen das Zinsänderungsrisiko anwenden und einen prozentualen Anteil, der einem Währungsbetrag entspricht, als Grundgeschäft designieren (siehe Paragraphen 81A, 89A und AL114–AL132 von IAS 39).

6.2 SICHERUNGSINSTRUMENTE

Zulässige Instrumente

6.2.1 Ein Derivat, das erfolgswirksam zum beizulegenden Zeitwert bewertet wird, kann als Sicherungsinstrument designiert werden. Hiervon ausgenommen sind einige geschriebene Optionen (siehe Paragraph B6.2.4).

6.2.2 Ein nicht derivativer finanzieller Vermögenswert oder eine nicht derivative finanzielle Verbindlichkeit, der bzw. die erfolgswirksam zum beizulegenden Zeitwert bewertet wird, kann als Sicherungsinstrument designiert werden, es sei denn, es handelt sich um eine Verbindlichkeit, die als erfolgswirksam zum beizulegenden Zeitwert bewertet designiert wurde und bei der der Betrag der Änderung ihres beizulegenden Zeitwerts, die durch Veränderungen beim Ausfallrisiko dieser Verbindlichkeit bedingt ist, gemäß Paragraph 5.7.7 im sonstigen Ergebnis ausgewiesen wird. Für die Absicherung eines Währungsrisikos kann die Währungsrisikokomponente eines nicht derivativen finanziellen Vermögenswerts oder einer nicht derivativen finanziellen Verbindlichkeit als Sicherungsinstrument designiert werden, sofern es sich nicht um eine Finanzinvestition in ein Eigenkapitalinstrument handelt, bei dem das Unternehmen die Wahl getroffen hat, Veränderungen bei dem beizulegenden Zeitwert gemäß Paragraph 5.7.5 im sonstigen Ergebnis auszuweisen.

6.2.3 Für die Bilanzierung von Sicherungsbeziehungen können als Sicherungsinstrumente nur Verträge mit einer unternehmensexternen Partei (d. h. außerhalb der Unternehmensgruppe oder des einzelnen Unternehmens, über die/das berichtet wird) designiert werden.

Designation von Sicherungsinstrumenten

6.2.4 Ein zulässiges Instrument muss in seiner Gesamtheit als Sicherungsinstrument designiert werden. Die einzigen gestatteten Ausnahmen sind

a) die Trennung eines Optionskontrakts in inneren Wert und Zeitwert, wobei nur die Änderung des inneren Werts einer Option als Sicherungsinstrument und nicht die Änderung des Zeitwerts designiert wird (siehe Paragraphen 6.5.15 und B6.5.29–B6.5.33),
b) die Trennung eines Termingeschäfts in Terminelement und Kassaelement, wobei nur die Wertänderung des Kassaelements eines Termingeschäfts und nicht die des Terminelements als Sicherungsinstrument designiert wird; ebenso kann der Währungsbasis-Spread abgetrennt und von der Designation eines Finanzinstruments als Sicherungsinstrument ausgenommen werden (siehe Paragraphen 6.5.16 und B6.5.34– B6.5.39), und
c) ein prozentualer Anteil des gesamten Sicherungsinstruments, beispielsweise 50 Prozent des Nominalbetrags, kann als Sicherungsinstrument in einer Sicherungsbeziehung designiert werden. Allerdings kann ein Sicherungsinstrument nicht für einen Teil der Änderung seines beizulegenden Zeitwerts designiert werden, die sich nur aus einem Teil der Restlaufzeit des Sicherungsinstruments ergibt.

6.2.5 Ein Unternehmen kann jede Kombination der folgenden Instrumente in Verbindung miteinander berücksichtigen und gemeinsam als Sicherungsinstrument designieren (was auch für Fälle gilt, in denen das oder die Risiken bei einigen Sicherungsinstrumenten diejenigen bei anderen Sicherungsinstrumenten ausgleichen):
a) Derivate oder ein prozentualer Anteil derselben und
b) Nicht derivative Instrumente oder ein prozentualer Anteil derselben.

6.2.6 Doch erfüllt ein derivatives Finanzinstrument, bei dem eine geschriebene Option mit einer erworbenen Option kombiniert wird (z. B. ein Zinscollar), nicht die Anforderungen an ein Sicherungsinstrument, wenn es sich zum Zeitpunkt der Designation netto um eine geschriebene Option handelt (außer wenn sie die Anforderungen gemäß Paragraph B6.2.4 erfüllt). Ebenso können zwei oder mehrere Instrumente (oder prozentuale Anteile davon) nur dann gemeinsam als Sicherungsinstrument designiert werden, wenn sie zum Zeitpunkt der Designation in Kombination netto keine geschriebene Option sind (es sei denn, dieses erfüllt die Anforderungen des Paragraphen B6.2.4).

6.3 GRUNDGESCHÄFTE

Zulässige Grundgeschäfte

6.3.1 Ein Grundgeschäft kann ein bilanzierter Vermögenswert oder eine bilanzierte Verbindlichkeit, eine bilanzunwirksame *feste Verpflichtung*, eine *erwartete Transaktion* oder eine Nettoinvestition in einen ausländischen Geschäftsbetrieb sein. Das Grundgeschäft kann
a) ein einzelnes Geschäft oder
b) eine Gruppe von Geschäften sein (vorbehaltlich der Paragraphen 6.6.1–6.6.6 und B6.6.1–B6.6.16).

Ein Grundgeschäft kann auch Komponente eines solchen Geschäfts oder einer solchen Gruppe von Geschäften sein (siehe Paragraphen 6.3.7 und B6.3.7–B6.3.25).

6.3.2 Das Grundgeschäft muss verlässlich zu bewerten sein.

6.3.3 Handelt es sich bei einem Grundgeschäft um eine erwartete Transaktion (oder eine Komponente derselben), muss diese Transaktion hochwahrscheinlich sein.

6.3.4 Eine aggregierte Risikoposition, bei der es sich um eine Kombination aus einem Risiko, das die Anforderungen an ein Grundgeschäft gemäß Paragraph 6.3.1 erfüllen könnte, und einem Derivat handelt, kann als Grundgeschäft designiert werden (siehe Paragraphen B6.3.3–B6.3.4). Dies schließt eine erwartete Transaktion im Rahmen einer aggregierten Risikoposition (d. h. noch nicht fest zugesagten, aber voraussichtlich eintretenden künftigen Transaktionen, die zu einer Risikoposition und einem Derivat führen würden) ein, wenn diese aggregierte Risikoposition hochwahrscheinlich ist und, sobald sie eingetreten ist und daher nicht mehr erwartet wird, die Anforderungen an ein Grundgeschäft erfüllt.

6.3.5 Für die Zwecke der Bilanzierung von Sicherungsbeziehungen können als Grundgeschäfte nur Vermögenswerte, Verbindlichkeiten, feste Verpflichtungen oder hochwahrscheinliche erwartete Transaktionen, an denen eine unternehmensexterne Partei beteiligt ist, designiert werden. Transaktionen zwischen Unternehmen derselben Unternehmensgruppe können nur in den Einzelabschlüssen dieser Unternehmen, nicht aber im Konzernabschluss der Unternehmensgruppe als Sicherungsgeschäfte bilanziert werden. Davon ausgenommen sind die Konzernabschlüsse einer Investmentgesellschaft im Sinne von IFRS 10. In diesem Fall werden Transaktionen zwischen einer Investmentgesellschaft und ihren Tochterunternehmen, die erfolgswirksam zum beizulegenden Zeitwert bewertet werden, im Konzernabschluss nicht eliminiert.

6.3.6 Allerdings kann das Währungsrisiko eines konzerninternen monetären Postens (z. B. Verbindlichkeiten/Forderungen zwischen zwei Tochterunternehmen) als Ausnahme von Paragraph 6.3.5 die Anforderungen an ein Grundgeschäft im Konzernabschluss erfüllen, wenn dies zu einem Risiko von Gewinnen und Verlusten aus der Währungsumrechnung führt, die bei der Konsolidierung gemäß IAS 21 *Auswirkungen von Wechselkursänderungen* nicht vollkommen eliminiert werden. Gemäß IAS 21 werden Gewinne und Verluste aus der Währungsumrechnung bei konzerninternen monetären Posten bei der Konsolidierung nicht vollkommen eliminiert, wenn der konzerninterne monetäre Posten zwischen zwei Unternehmen des Konzerns mit unterschiedlichen funktionalen Währungen abgewickelt wird. Des Weiteren kann das Währungsrisiko einer hochwahrscheinlichen konzerninternen Transaktion die Anforderungen an ein Grundgeschäft im Konzernabschluss erfüllen, wenn die Transaktion auf eine andere Währung lautet als die funktionale Währung des Unternehmens, das diese Transaktion abschließt, und das Währungsrisiko sich auf den Konzerngewinn oder -verlust auswirkt.

Designation von Grundgeschäften

6.3.7 Ein Unternehmen kann ein Geschäft insgesamt oder eine Geschäftskomponente als Grundgeschäft in einer Sicherungsbeziehung designieren. Ein Geschäft umfasst in seiner Gesamtheit alle Änderungen in den Zahlungsströmen oder im beizulegenden Zeitwert eines Geschäfts. Eine Komponente umfasst nicht die gesamte Veränderung im beizulegenden Zeitwert oder die gesamten Schwankungen bei den Zahlungsströmen eines Geschäfts. In diesem Fall kann ein Unternehmen nur die folgenden Arten von Komponenten (einschließlich Kombinationen) als Grundgeschäfte designieren:

a) nur Änderungen der Zahlungsströme oder des beizulegenden Zeitwerts eines Geschäfts, die einem oder mehreren spezifischen Risiken zuzuschreiben sind (Risikokomponente), sofern basierend auf einer Beurteilung im Rahmen der jeweiligen Marktstruktur die Risikokomponente einzeln identifizierbar und verlässlich bewertbar ist (siehe Paragraphen B6.3.8–B6.3.15). Bei den Risikokomponenten können auch nur die oberhalb oder unterhalb eines festgelegten Preises oder einer anderen Variablen liegenden Änderungen der Zahlungsströme oder des beizulegenden Zeitwerts eines Geschäfts designiert werden (einseitiges Risiko).
b) ein oder mehrere ausgewählte vertragliche Zahlungsströme.
c) Komponenten eines Nominalbetrags, d. h. ein festgelegter Teil des Betrags eines Geschäfts (siehe Paragraphen B6.3.16–B6.3.20).

6.4 KRITERIEN FÜR DIE BILANZIERUNG VON SICHERUNGSBEZIEHUNGEN

6.4.1 Eine Sicherungsbeziehung erfüllt nur dann die Anforderungen für die Bilanzierung von Sicherungsbeziehungen, wenn alle folgenden Kriterien erfüllt sind:

a) Die Sicherungsbeziehung beinhaltet nur zulässige Sicherungsinstrumente und zulässige Grundgeschäfte.
b) Zu Beginn der Sicherungsbeziehung erfolgt sowohl für die Sicherungsbeziehung als auch für die Risikomanagementzielsetzungen und -strategien, die das Unternehmen in Hinblick auf die Absicherung verfolgt, eine formale Designation und Dokumentation. Diese Dokumentation umfasst die Identifizierung des Sicherungsinstruments, das Grundgeschäft, die Art des abgesicherten Risikos und die Art und Weise, in der das Unternehmen beurteilen wird, ob die Sicherungsbeziehung die Anforderungen an die Wirksamkeit der Absicherung erfüllt (einschließlich seiner Analyse der Ursachen einer Unwirksamkeit der Absicherung und der Art und Weise der Bestimmung der *Sicherungsquote*).
c) Die Sicherungsbeziehung erfüllt alle folgenden Anforderungen an die Wirksamkeit der Absicherung:
  i) Zwischen dem Grundgeschäft und dem Sicherungsinstrument besteht eine wirtschaftliche Beziehung (siehe Paragraphen B6.4.4–B6.4.6),
  ii) die Auswirkung des Ausfallrisikos hat keinen dominanten Einfluss auf die Wertänderungen, die sich aus dieser wirtschaftlichen Beziehung ergeben (siehe Paragraphen B6.4.7–B6.4.8), und
  iii) die Sicherungsquote der Sicherungsbeziehung entspricht der Sicherungsquote, die aus dem Volumen des von dem Unternehmen tatsächlich abgesicherten Grundgeschäfts und dem Volumen des Sicherungsinstruments resultiert, das von dem Unternehmen zur Absicherung dieses Volumens des Grundgeschäfts tatsächlich eingesetzt wird. Doch darf diese Designation kein Ungleichgewicht zwischen den Gewichtungen des Grundgeschäfts und des Sicherungsinstruments widerspiegeln, das zu einer Unwirksamkeit der Absicherung (ob erfasst oder nicht) führen würde, was Rechnungslegungsresultate ergäbe, die nicht mit dem Zweck der Bilanzierung von Sicherungsbeziehungen in Einklang stünden (siehe Paragraphen B6.4.9–B6.4.11).

6.5 BILANZIERUNG ZULÄSSIGER SICHERUNGSBEZIEHUNGEN

6.5.1 Ein Unternehmen wendet die Bilanzierung von Sicherungsbeziehungen bei Sicherungsbeziehungen an, die die in Paragraph 6.4.1 genannten Kriterien erfüllen (einschließlich der Entscheidung des Unternehmens zur Designation der Sicherungsbeziehung).

6.5.2 Es gibt drei Arten von Sicherungsbeziehungen:

a) Absicherung des beizulegenden Zeitwerts: eine Absicherung gegen das Risiko von Änderungen des beizulegenden Zeitwerts eines bilanzierten Vermögenswerts, einer bilanzierten Verbindlichkeit, einer bilanzunwirksamen festen Verpflichtung oder einer Komponente davon, das einer bestimmten Risikokategorie zugeordnet werden kann und sich auf den Gewinn oder Verlust auswirken könnte.

b) **Absicherung von Zahlungsströmen:** eine Absicherung gegen das Risiko einer Schwankung der Zahlungsströme aus einem bilanzierten Vermögenswert, einer bilanzierten Verbindlichkeit (wie beispielsweise einem Teil oder aller künftigen Zinszahlungen einer variabel verzinslichen Schuld) oder einer hochwahrscheinlichen erwarteten Transaktion oder einer Komponente davon verbunden ist, einer bestimmten Risikokategorie zugeordnet werden kann und sich auf den Gewinn oder Verlust auswirken könnte.

c) **Absicherung einer Nettoinvestition in einen ausländischen Geschäftsbetrieb im Sinne von IAS 21.**

6.5.3 Handelt es sich bei dem Grundgeschäft um ein Eigenkapitalinstrument, bei dem das Unternehmen die Wahl getroffen hat, Änderungen des beizulegenden Zeitwerts gemäß Paragraph 5.7.5 im sonstigen Ergebnis auszuweisen, muss die in Paragraph 6.5.2(a) genannte abgesicherte Risikoposition sich auf das sonstige Ergebnis auswirken können. Nur in einem solchen Fall wird die erfasste Unwirksamkeit der Absicherung im sonstigen Ergebnis ausgewiesen.

6.5.4 Eine Absicherung des Währungsrisikos einer festen Verpflichtung kann als Absicherung des beizulegenden Zeitwerts oder als Absicherung von Zahlungsströmen bilanziert werden.

6.5.5 Wenn eine Sicherungsbeziehung die Anforderung an die Wirksamkeit der Absicherung in Bezug auf die Sicherungsquote (siehe Paragraph 6.4.1(c)(iii)) nicht mehr erfüllt, die Zielsetzung des Risikomanagements für diese designierte Sicherungsbeziehung aber gleich bleibt, hat ein Unternehmen die Sicherungsquote der Sicherungsbeziehung so anzupassen, dass diese die Kriterien erneut erfüllt (dies wird im vorliegenden Standard als „Rekalibrierung" bezeichnet – siehe Paragraphen B6.5.7–B6.5.21).

6.5.6 Ein Unternehmen hat die Bilanzierung von Sicherungsbeziehungen nur dann prospektiv zu beenden, wenn die Sicherungsbeziehung (oder ein Teil derselben) nicht mehr die Kriterien erfüllt (ggf. nach Berücksichtigung einer etwaigen Rekalibrierung der Sicherungsbeziehung). Dies schließt Fälle ein, in denen das Sicherungsinstrument ausläuft, veräußert, beendet oder ausgeübt wird. In diesem Sinne gilt die Ersetzung oder Fortsetzung eines Sicherungsinstruments durch ein anderes nicht als Auslaufen oder Beendigung, wenn eine derartige Ersetzung oder Fortsetzung Teil der dokumentierten Risikomanagementzielsetzung des Unternehmens ist und mit ihr in Einklang steht. In diesem Sinne ebenfalls nicht als Auslaufen oder Beendigung eines Sicherungsinstruments zu betrachten ist es, wenn

a) die Parteien des Sicherungsinstruments infolge bestehender oder neu erlassener Rechts- oder Regulierungsvorschriften vereinbaren, dass eine oder mehrere Clearing-Partei oder -Parteien ihre ursprüngliche Gegenpartei ersetzt oder ersetzen und zur neuen Gegenpartei aller Parteien wird oder werden. Eine Clearing-Gegenpartei in diesem Sinne ist eine zentrale Gegenpartei (mitunter „Clearingstelle" oder „Clearinghaus" genannt) oder ein bzw. mehrere Unternehmen, beispielsweise ein Mitglied einer Clearingstelle oder ein Kunde eines Mitglieds einer Clearingstelle, die als Gegenpartei auftreten, damit das Clearing durch eine zentrale Gegenpartei erfolgt. Ersetzen die Parteien des Sicherungsinstruments ihre ursprünglichen Gegenparteien durch unterschiedliche Gegenparteien, ist die Anforderung dieses Unterparagraphen allerdings nur dann erfüllt, wenn jede dieser Parteien ihr Clearing bei derselben zentralen Gegenpartei durchführt.

b) **etwaige andere Änderungen beim Sicherungsinstrument nicht über den für eine solche Ersetzung der Gegenpartei notwendigen Umfang hinausgehen. Auch müssen derartige Änderungen auf solche beschränkt sein, die den Bedingungen entsprechen, die zu erwarten wären, wenn das Clearing des Sicherungsinstruments von Anfang an bei der Clearing-Gegenpartei erfolgt wäre. Hierzu zählen auch Änderungen bei den Anforderungen an Sicherheiten, den Rechten auf Aufrechnung von Forderungen und Verbindlichkeiten und den erhobenen Entgelten.**

Die Beendigung der Bilanzierung von Sicherungsbeziehungen kann entweder eine Sicherungsbeziehung insgesamt oder nur einen Teil derselben betreffen (in diesem Fall wird die Bilanzierung von Sicherungsbeziehungen für den übrigen Teil der Sicherungsbeziehung fortgesetzt).

6.5.7 Ein Unternehmen hat

a) Paragraph 6.5.10 anzuwenden, wenn es die Bilanzierung von Sicherungsbeziehungen bei einer Absicherung des beizulegenden Zeitwerts beendet, sofern es sich bei dem Grundgeschäft um ein zu fortgeführten Anschaffungskosten bewertetes Finanzinstrument (oder eine Komponente desselben) handelt, und

b) Paragraph 6.5.12 anzuwenden, wenn es die Bilanzierung von Sicherungsbeziehungen bei der Absicherung von Zahlungsströmen beendet.

Absicherung des beizulegenden Zeitwerts

6.5.8 Solange eine Absicherung des beizulegenden Zeitwerts die in Paragraph 6.4.1 genannten Kriterien erfüllt, ist die Sicherungsbeziehung wie folgt zu bilanzieren:

a) Der Gewinn oder Verlust aus dem Sicherungsinstrument ist erfolgswirksam zu erfassen (oder im sonstigen Ergebnis, wenn das Sicherungsinstrument ein Eigenkapitalinstrument absichert, bei dem das Unternehmen die Wahl getroffen hat, Änderungen des beizulegenden Zeitwerts gemäß Paragraph 5.7.5 im sonstigen Ergebnis auszuweisen).

b) Der Sicherungsgewinn oder -verlust aus dem Grundgeschäft führt zu einer entsprechenden Anpassung des Buchwerts des Grundgeschäfts (falls zutreffend) und wird erfolgswirksam erfasst. Handelt es sich bei dem Grundgeschäft um einen finanziellen Vermögenswert (oder eine Komponente desselben), der gemäß Paragraph 4.1.2A zum beizulegenden Zeitwert erfolgsneutral im sonstigen Ergebnis bewertet wird, ist der Sicherungsgewinn oder -verlust aus dem Grundgeschäft erfolgswirksam zu erfassen. Handelt es sich bei dem Grundgeschäft jedoch um ein Eigenkapitalinstrument, bei dem das Unternehmen die Wahl getroffen hat, Änderungen des beizulegenden Zeitwerts gemäß Paragraph 5.7.5 im sonstigen Ergebnis auszuweisen, verbleiben diese Beträge im sonstigen Ergebnis. Wenn es sich bei einem Grundgeschäft um eine bilanzunwirksame feste Verpflichtung (oder eine Komponente derselben) handelt, wird die kumulierte Änderung des beizulegenden Zeitwerts des Grundgeschäfts nach dessen Designation als Vermögenswert oder Verbindlichkeit angesetzt, wobei ein entsprechender Gewinn oder Verlust erfolgswirksam erfasst wird.

6.5.9 Handelt es sich bei einem Grundgeschäft im Rahmen einer Absicherung des beizulegenden Zeitwerts um eine feste Verpflichtung (oder eine Komponente derselben) zum Erwerb eines Vermögenswerts oder zur Übernahme einer Verbindlichkeit, wird der anfängliche Buchwert des Vermögenswerts oder der Verbindlichkeit, der/die aus der Erfüllung der festen Verpflichtung des Unternehmens hervorgeht, um die kumulierte Änderung des beizulegenden Zeitwerts des Grundgeschäfts, das in der Bilanz angesetzt wurde, angepasst.

6.5.10 Jede Anpassung gemäß Paragraph 6.5.8(b) ist erfolgswirksam zu amortisieren, wenn es sich bei dem Grundgeschäft um ein zu fortgeführten Anschaffungskosten bewertetes Finanzinstrument (oder eine Komponente desselben) handelt. Sobald eine Anpassung erfolgt, kann die Amortisation beginnen. Erfolgen muss sie spätestens zu dem Zeitpunkt, zu dem das Grundgeschäft nicht mehr um Sicherungsgewinne oder -verluste angepasst wird. Die Amortisation basiert auf einem zum Zeitpunkt des Amortisationsbeginns neu berechneten Effektivzinssatz. Bei einem finanziellen Vermögenswert (oder einer Komponente desselben), bei dem es sich um ein Grundgeschäft handelt und der gemäß Paragraph 4.1.2A zum beizulegenden Zeitwert erfolgsneutral im sonstigen Ergebnis bewertet wird, erfolgt die Amortisation in gleicher Weise, jedoch anstelle der Anpassung des Buchwerts in Höhe des zuvor gemäß Paragraph 6.5.8(b) ausgewiesenen kumulierten Gewinns oder Verlusts.

Absicherung von Zahlungsströmen

6.5.11 Solange eine Absicherung von Zahlungsströmen die in Paragraph 6.4.1 genannten Kriterien erfüllt, ist die Sicherungsbeziehung wie folgt zu bilanzieren:

a) Die mit dem Grundgeschäft verbundene gesonderte Eigenkapitalkomponente (Rücklage für die Absicherung von Zahlungsströmen) wird auf den niedrigeren der folgenden Beträge (in absoluten Zahlen) angepasst:

   i) den kumulierten Gewinn oder Verlust aus dem Sicherungsinstrument seit Beginn der Sicherungsbeziehung und

   ii) die kumulierte Änderung des beizulegenden Zeitwerts (Barwerts) des Grundgeschäfts (d. h. dem Barwert der kumulierten Änderung der erwarteten abgesicherten Zahlungsströme) seit Absicherungsbeginn.

b) Der Teil des Gewinns oder Verlusts aus dem Sicherungsinstrument, der als wirksame Absicherung bestimmt wird (d. h. der prozentuale Anteil, der durch die Änderung der gemäß Buchstabe (a) berechneten Rücklage für die Absicherung von Zahlungsströmen ausgeglichen wird), ist im sonstigen Ergebnis zu erfassen.

c) Ein etwaig verbleibender Gewinn oder Verlust aus dem Sicherungsinstrument (oder ein etwaiger Gewinn oder Verlust als Saldogröße für die Änderung der gemäß Buchstabe (a) berechneten Rücklage für die Absicherung von Zahlungsströmen) stellt eine Unwirksamkeit der Absicherung dar, die erfolgswirksam zu erfassen ist.

d) Der gemäß Buchstabe (a) in der Rücklage für die Absicherung von Zahlungsströmen kumulierte Betrag, ist wie folgt zu bilanzieren:

   i) Wenn eine abgesicherte erwartete Transaktion später zum Ansatz eines nichtfinanziellen Vermögenswerts oder nichtfinanziellen Verbindlichkeit führt oder wenn eine abgesicherte erwartete Transaktion für einen nichtfinanziellen Vermögenswert oder eine nichtfinanzielle Verbindlichkeit zu einer festen Verpflichtung wird und darauf die Bilanzierung der Absicherung des beizulegenden Zeitwerts angewandt wird, hat das Unternehmen diesen Betrag aus der Rücklage für die Absicherung von Zahlungsströmen auszubuchen und direkt in die erstmaligen Anschaffungskosten oder in den sonstigen Buchwert des Vermögenswerts oder

der Verbindlichkeit einzubeziehen. Dies stellt keinen Umgliederungsbetrag (siehe IAS 1) dar und wirkt sich somit nicht auf das sonstige Ergebnis aus.

ii) Bei anderen als den unter Ziffer (i) angeführten Absicherungen von Zahlungsströmen ist der Betrag aus der Rücklage für die Absicherung von Zahlungsströmen in der- oder denselben Perioden, in denen die abgesicherten erwarteten Zahlungsströme erfolgswirksam werden (z. B. wenn Zinserträge oder Zinsaufwendungen erfasst werden oder ein erwarteter Verkauf stattfindet), als Umgliederungsbetrag (siehe IAS 1) erfolgswirksam umzugliedern.

iii) Stellt dieser Betrag jedoch einen Verlust dar und geht ein Unternehmen davon aus, dass dieser Verlust in einer oder mehreren künftigen Perioden weder ganz noch teilweise ausgeglichen werden kann, hat es den voraussichtlich nicht ausgleichbaren Betrag unverzüglich als Umgliederungsbetrag (siehe IAS 1) erfolgswirksam umzugliedern.

6.5.12 Wenn ein Unternehmen die Bilanzierung von Sicherungsbeziehungen bei der Absicherung von Zahlungsströmen beendet (siehe Paragraphen 6.5.6 und 6.5.7(b)), hat es den gemäß Paragraph 6.5.11(a) in der Rücklage für die Absicherung von Zahlungsströmen kumulierten Betrag wie folgt zu bilanzieren:

a) Wenn nach wie vor erwartet wird, dass die abgesicherten künftigen Zahlungsströme eintreten, verbleibt dieser Betrag so lange in der Rücklage für die Absicherung von Zahlungsströmen, bis die künftigen Zahlungsströme eintreten oder Paragraph 6.5.11(d)(iii) zutrifft. Bei Eintreten der künftigen Zahlungsströme findet Paragraph 6.5.11(d) Anwendung.

b) Wenn nicht länger erwartet wird, dass die abgesicherten künftigen Zahlungsströme eintreten, ist dieser Betrag unverzüglich aus der Rücklage für die Absicherung von Zahlungsströmen als Umgliederungsbetrag (siehe IAS 1) erfolgswirksam umzugliedern. Von einer abgesicherten künftigen Zahlung, deren Eintreten nicht mehr hochwahrscheinlich ist, kann dennoch erwartet werden, dass sie eintritt.

Absicherung einer Nettoinvestition in einen ausländischen Geschäftsbetrieb

6.5.13 Die Absicherung einer Nettoinvestition in einen ausländischen Geschäftsbetrieb, einschließlich einer Absicherung eines monetären Postens, der als Teil der Nettoinvestition bilanziert wird (siehe IAS 21), ist in gleicher Weise zu bilanzieren wie die Absicherung von Zahlungsströmen:

a) Der Teil des Gewinns oder Verlusts aus dem Sicherungsinstrument, der als wirksame Absicherung ermittelt wird, ist im sonstigen Ergebnis zu erfassen (siehe Paragraph 6.5.11), und

b) der unwirksame Teil ist erfolgswirksam zu erfassen.

6.5.14 Der kumulierte Gewinn oder Verlust aus dem Sicherungsinstrument, der dem wirksamen Teil der Absicherung zuzurechnen ist und in der Währungsumrechnungsrücklage erfasst wurde, ist bei der Veräußerung oder teilweisen Veräußerung des ausländischen Geschäftsbetriebs gemäß IAS 21 Paragraphen 48 und 49 als Umgliederungsbetrag (siehe IAS 1) erfolgswirksam umzugliedern.

Bilanzierung des Zeitwerts von Optionen

6.5.15 Trennt ein Unternehmen den inneren Wert und den Zeitwert eines Optionskontrakts und designiert nur die Änderung des inneren Werts der Option als Sicherungsinstrument (siehe Paragraph 6.2.4(a)), ist der Zeitwert der Option wie folgt zu bilanzieren (siehe Paragraphen B6.5.29–B6.5.33):

a) Das Unternehmen unterscheidet beim Zeitwert von Optionen je nach Art des Grundgeschäfts, das durch die Option abgesichert wird, zwischen (siehe Paragraph B6.5.29)

i) einem transaktionsbezogenen Grundgeschäft oder

ii) einem zeitraumbezogenen Grundgeschäft.

b) Die Änderung des beizulegenden Zeitwerts einer Option zur Absicherung eines transaktionsbezogenen Grundgeschäfts ist im sonstigen Ergebnis zu erfassen, sofern sie sich auf das Grundgeschäft bezieht, und in einer gesonderten Eigenkapitalkomponente zu kumulieren. Die kumulierte Änderung des beizulegenden Zeitwerts, die sich aus dem Zeitwert der Option ergibt und die in einer gesonderten Eigenkapitalkomponente kumuliert wurde (der „Betrag"), ist wie folgt zu bilanzieren:

i) Wenn das Grundgeschäft später zum Ansatz eines nichtfinanziellen Vermögenswerts oder einer nichtfinanziellen Verbindlichkeit oder zu einer festen Verpflichtung für einen nichtfinanziellen Vermögenswert oder eine nichtfinanzielle Verbindlichkeit führt und darauf die Bilanzierung der Absicherung des beizulegenden Zeitwerts angewendet wird, hat das Unternehmen den Betrag aus der gesonderten Eigenkapitalkomponente auszubuchen und direkt in die erstmaligen Anschaffungskosten oder in den sonstigen Buchwert des Vermögenswerts oder der Verbindlichkeit einzubeziehen. Dies stellt keinen Umgliederungsbetrag (siehe IAS 1) dar und wirkt sich somit nicht auf das sonstige Ergebnis aus.

ii) Bei anderen als den unter Ziffer i fallenden Sicherungsbeziehungen ist der Betrag in der oder den Perioden, in der oder denen die abgesicherten erwarteten Zahlungsströme erfolgswirksam werden (z. B. wenn ein erwarteter Verkauf stattfindet), als Umgliederungsbetrag (siehe IAS 1) aus der gesonderten Eigenkapitalkomponente erfolgswirksam umzugliedern.

iii) Kann dieser Betrag jedoch in einer oder mehreren künftigen Perioden voraussichtlich weder ganz noch teilweise ausgeglichen werden, ist der voraussichtlich nicht ausgleichbare Betrag unverzüglich als Umgliederungsbetrag (siehe IAS 1) erfolgswirksam umzugliedern.

c) Die Änderung des beizulegenden Zeitwerts einer Option zur Absicherung eines zeitraumbezogenen Grundgeschäfts ist im sonstigen Ergebnis zu erfassen, sofern sie sich auf das Grundgeschäft bezieht, und in einer gesonderten Eigenkapitalkomponente zu kumulieren. Der Zeitwert zum Zeitpunkt der Designation der Option als Sicherungsinstrument, sofern sie sich auf das Grundgeschäft bezieht, ist auf systematischer und sachgerechter Grundlage über die Periode, in der sich die sicherungsbezogene Anpassung aus dem inneren Wert der Option erfolgswirksam (oder im sonstigen Ergebnis, wenn es sich bei dem Grundgeschäft um ein Eigenkapitalinstrument handelt, bei dem das Unternehmen die Wahl getroffen hat, Änderungen des beizulegenden Zeitwerts gemäß Paragraph 5.7.5 im sonstigen Ergebnis auszuweisen), auswirken könnte, zu amortisieren. Somit ist der Amortisationsbetrag in jeder Rechnungslegungsperiode als Umgliederungsbetrag (siehe IAS 1) aus der gesonderten Eigenkapitalkomponente erfolgswirksam umzugliedern. Wird die Bilanzierung von Sicherungsbeziehungen für die Sicherungsbeziehung, die die Änderung des inneren Werts der Option als Sicherungsinstrument beinhaltet, jedoch beendet, ist der Nettobetrag (der die kumulierte Amortisation einschließt), der in der gesonderten Eigenkapitalkomponente kumuliert wurde, unverzüglich als Umgliederungsbetrag (siehe IAS 1) erfolgswirksam umzugliedern.

Bilanzierung des Terminelements von Termingeschäften und Währungsbasis-Spreads von Finanzinstrumenten

6.5.16 Wenn ein Unternehmen das Termin- und Kassaelement eines Termingeschäfts trennt und nur die Änderung des Werts des Kassaelements eines Termingeschäfts als Sicherungsinstrument designiert, oder wenn ein Unternehmen den Währungsbasis-Spread von einem Finanzinstrument trennt und ihn von der Designation dieses Finanzinstruments als Sicherungsinstrument ausnimmt (siehe Paragraph 6.2.4(b)), kann das Unternehmen Paragraph 6.5.15 auf das Terminelement des Termingeschäfts oder auf den Währungsbasis-Spread in der gleichen Weise anwenden wie auf den Zeitwert einer Option. In diesem Fall gelten die Anwendungsleitlinien der Paragraphen B6.5.34–B6.5.39.

6.6 ABSICHERUNG EINER GRUPPE VON GESCHÄFTEN

Gruppe von Geschäften, die als Grundgeschäft infrage kommen

6.6.1 Eine Gruppe von Geschäften (einschließlich einer Gruppe von Geschäften, die eine Nettoposition bilden (siehe Paragraphen B6.6.1–B6.6.8)) kommt nur dann als Grundgeschäft infrage, wenn

a) sie aus Geschäften (einschließlich Komponenten von Geschäften) besteht, die einzeln als Grundgeschäfte infrage kommen,

b) die Geschäfte der Gruppe zu Risikomanagementzwecken gemeinsam auf Gruppenbasis gesteuert werden und

c) es sich im Falle einer Absicherung von Zahlungsströmen bei einer Gruppe von Geschäften, bei denen die Zahlungsstromschwankungen voraussichtlich nicht ungefähr proportional zur Gesamtvariabilität der Zahlungsströme der Gruppe sind, sodass gegenläufige Risikopositionen auftreten,

  i) um eine Absicherung des Währungsrisikos handelt und

  ii) bei der Designation dieser Nettoposition die Rechnungslegungsperiode, in der sich die erwarteten Transaktionen voraussichtlich erfolgswirksam auswirken, sowie deren Art und Volumen angegeben werden (siehe Paragraphen B6.6.7–B6.6.8).

Designation einer Komponente eines Nominalbetrags

6.6.2 Eine Komponente, die ein prozentualer Anteil einer infrage kommenden Gruppe von Geschäften ist, kommt als Grundgeschäft infrage, sofern diese Designation mit der Risikomanagementzielsetzung des Unternehmens in Einklang steht.

6.6.3 Eine Layerkomponente einer Gesamtgruppe von Geschäften (beispielsweise ein Bottom Layer) kommt für die Bilanzierung von Sicherungsbeziehungen nur dann infrage, wenn

a) sie einzeln identifizierbar und verlässlich bewertbar ist,

b) die Zielsetzung des Risikomanagements in der Absicherung einer Layerkomponente besteht,

c) die Geschäfte der Gesamtgruppe, aus der der Layer bestimmt wird, dem gleichen abgesicherten Risiko ausgesetzt sind (sodass die Bewertung des abgesicherten Layer nicht signifikant davon abhängt, welche konkreten Geschäfte der Gesamtgruppe dem abgesicherten Layer angehören),

d) ein Unternehmen bei einer Absicherung von bestehenden Geschäften (beispielsweise eine bilanzunwirksame feste Verpflichtung oder ein bilanzierter Vermögenswert) die Gesamtgruppe der Geschäfte bestimmen und verfolgen kann, aus der der abgesicherte Layer definiert ist (sodass das Unternehmen die Anforderungen an die Bilanzierung zulässiger Sicherungsbeziehungen erfüllen kann), und
e) sämtliche Geschäfte der Gruppe, die Optionen zur vorzeitigen Rückzahlung enthalten, die Anforderungen an Komponenten eines Nominalbetrags erfüllen (siehe Paragraph B6.3.20).

Darstellung

6.6.4 Bei der Absicherung einer Gruppe von Geschäften mit gegenläufigen Risikopositionen (d. h. der Absicherung einer Nettoposition), bei der das abgesicherte Risiko verschiedene Posten in der Gewinn- und Verlustrechnung bzw. der Gesamtergebnisrechnung betrifft, sind Sicherungsgewinne oder -verluste darin getrennt von den durch die Grundgeschäfte betroffenen Posten in einem gesonderten Posten auszuweisen. Somit bleibt dabei der Betrag in dem Posten, der sich auf das Grundgeschäft selbst bezieht (beispielsweise Umsatzerlöse oder -kosten), hiervon unberührt.

6.6.5 Bei Vermögenswerten und Verbindlichkeiten, die in einer Absicherung des beizulegenden Zeitwerts als Gruppe abgesichert werden, ist der Gewinn und Verlust über die einzelnen Vermögenswerte und Verbindlichkeiten in der Bilanz als Anpassung des Buchwerts der betreffenden Einzelposten, aus denen sich die Gruppe zusammensetzt, gemäß Paragraph 6.5.8(b) zu erfassen.

Null-Nettopositionen

6.6.6 Handelt es sich bei dem Grundgeschäft um eine Gruppe, die eine Null-Nettoposition darstellt (d. h. das auf Gruppenbasis gesteuerte Risiko wird durch die Geschäfte selbst vollständig kompensiert), kann ein Unternehmen diese in einer Sicherungsbeziehung ohne Sicherungsinstrument designieren, vorausgesetzt

a) die Absicherung ist Teil einer Strategie zur revolvierenden Absicherung des Nettorisikos, wobei das Unternehmen neue Positionen gleicher Art im Zeitverlauf routinemäßig absichert (beispielsweise wenn Transaktionen den vom Unternehmen abgesicherten Zeithorizont erreichen),
b) der Umfang der abgesicherten Nettoposition ändert sich während der Laufzeit der Strategie zur revolvierenden Absicherung des Nettorisikos und das Unternehmen sichert das Nettorisiko unter Anwendung infrage kommender Sicherungsinstrumente ab (d. h. wenn die Nettoposition ungleich null ist),
c) die Bilanzierung von Sicherungsbeziehungen wird normalerweise auf solche Nettopositionen angewandt, wenn die Nettoposition ungleich null ist und mit infrage kommenden Sicherungsinstrumenten abgesichert ist, und
d) die Nichtanwendung der Bilanzierung von Sicherungsbeziehungen auf die Null-Nettoposition würde zu inkonsistenten Rechnungslegungsresultaten führen, da bei der Bilanzierung die gegenläufigen Risikopositionen nicht erfasst würden, was ansonsten bei einer Absicherung einer Nettoposition der Fall wäre.

6.7 WAHLRECHT, EINE AUSFALLRISIKOPOSITION ALS ERFOLGSWIRKSAM ZUM BEIZULEGENDEN ZEITWERT BEWERTET ZU DESIGNIEREN

Ausfallrisikopositionen, die für eine Designation als erfolgswirksam zum beizulegenden Zeitwert bewertet infrage kommen

6.7.1 Wenn ein Unternehmen ein erfolgswirksam zum beizulegenden Zeitwert bewertetes Kreditderivat zur Steuerung des Ausfallrisikos eines gesamten Finanzinstruments oder eines Teils davon (Ausfallrisikoposition) einsetzt, kann es dieses Finanzinstrument, soweit es derart (d. h. insgesamt oder anteilig) gesteuert wird, als erfolgswirksam zum beizulegenden Zeitwert bewertet designieren, wenn

a) der Name bei der Ausfallrisikoposition (beispielsweise der Kreditnehmer oder der Begünstigte einer Kreditzusage) mit dem des Referenzunternehmens des Kreditderivats übereinstimmt („name matching"), und
b) der Rang des Finanzinstruments mit dem der Instrumente, die gemäß dem Kreditderivat geliefert werden können, übereinstimmt.

Ein Unternehmen kann diese Designation unabhängig davon vornehmen, ob das ausfallrisikogesteuerte Finanzinstrument in den Anwendungsbereich des vorliegenden Standards fällt (so kann ein Unternehmen beispielsweise nicht unter diesen Standard fallende Kreditzusagen designieren). Das Unternehmen kann dieses Finanzinstrument beim oder nach dem erstmaligen Ansatz oder während es bilanzunwirksam ist designieren. Das Unternehmen hat die Designation zeitgleich zu dokumentieren.

Bilanzierung von Ausfallrisikopositionen, die als erfolgswirksam zum beizulegenden Zeitwert bewertet designiert sind

6.7.2 Wenn ein Finanzinstrument gemäß Paragraph 6.7.1 nach dem erstmaligen Ansatz als erfolgswirksam zum beizulegenden Zeitwert bewertet designiert wird oder zuvor bilanzunwirksam war, ist die Differenz zum Zeitpunkt der Designation zwischen einem etwaigen Buchwert und dem beizulegenden Zeitwert unverzüglich erfolgswirksam zu erfassen. Bei finanziellen Vermögenswerten, die gemäß Paragraph 4.1.2A zum beizulegenden Zeitwert erfolgsneutral im sonstigen Ergebnis bewertet werden, ist der kumulierte Gewinn oder Verlust, der zuvor im sonstigen Ergebnis erfasst wurde, unverzüglich als Umgliederungsbetrag (siehe IAS 1) erfolgswirksam umzugliedern.

6.7.3 Ein Unternehmen hat die erfolgswirksame Bewertung zum beizulegenden Zeitwert des Finanzinstruments, das das Ausfallrisiko verursacht hat, oder einen prozentualen Anteil eines solchen Finanzinstruments zu beenden, wenn

a) die Kriterien in Paragraph 6.7.1 nicht länger erfüllt sind, beispielsweise
   i) das Kreditderivat oder das zugehörige Finanzinstrument, das das Ausfallrisiko verursacht, ausläuft oder veräußert, beendet oder erfüllt wird, oder
   ii) das Ausfallrisiko des Finanzinstruments nicht länger über Kreditderivate gesteuert wird. Dies könnte beispielsweise aufgrund von Verbesserungen der Bonität des Kreditnehmers oder des Begünstigten einer Kreditzusage oder Änderungen der einem Unternehmen auferlegten Kapitalanforderungen eintreten, und

b) das Finanzinstrument, das das Ausfallrisiko verursacht, nicht anderweitig erfolgswirksam zum beizulegenden Zeitwert zu bewerten ist (d. h. beim Geschäftsmodell des Unternehmens ist zwischenzeitlich keine Änderung eingetreten, die eine Umgliederung gemäß Paragraph 4.4.1 erfordert hätte).

6.7.4 Wenn ein Unternehmen die erfolgswirksame Bewertung zum beizulegenden Zeitwert des Finanzinstruments, das das Ausfallrisiko verursacht, oder eines prozentualen Anteils eines solchen Finanzinstruments beendet, wird der beizulegende Zeitwert des Finanzinstruments zum Zeitpunkt der Beendigung zu seinem neuen Buchwert. Anschließend ist die gleiche Bewertung anzuwenden, die vor der Designation des Finanzinstruments zur erfolgswirksamen Bewertung zum beizulegenden Zeitwert verwendet wurde (einschließlich der aus dem neuen Buchwert resultierenden Amortisation). Beispielsweise würde ein finanzieller Vermögenswert, der ursprünglich als zu fortgeführten Anschaffungskosten bewertet eingestuft war, wieder auf diese Weise bewertet und sein Effektivzinssatz basierend auf seinem neuen Bruttobuchwert zum Zeitpunkt der Beendigung der erfolgswirksamen Bewertung zum beizulegenden Zeitwert neu berechnet werden.

6.8 VORÜBERGEHENDE AUSNAHMEN VON DER ANWENDUNG SPEZIELLER VORSCHRIFTEN FÜR DIE BILANZIERUNG VON SICHERUNGSBEZIEHUNGEN

6.8.1 Die Paragraphen 6.8.4–6.8.12 und die Paragraphen 7.1.8 und 7.2.26(d) sind auf alle Sicherungsbeziehungen anzuwenden, die von der Reform der Referenzzinssätze unmittelbar betroffen sind. Diese Paragraphen gelten ausschließlich für Sicherungsbeziehungen der genannten Art. Eine Sicherungsbeziehung ist nur dann unmittelbar von der Reform der Referenzzinssätze betroffen, wenn die Reform Unsicherheiten in Bezug auf Folgendes aufwirft:

a) den als abgesichertes Risiko designierten (vertraglich oder nicht vertraglich spezifizierten) Referenzzinssatz und/oder
b) den Zeitpunkt oder die Höhe referenzzinssatzbasierter Zahlungsströme aus dem Grundgeschäft oder dem Sicherungsinstrument.

6.8.2 Für die Anwendung der Paragraphen 6.8.4–6.8.12 bezeichnet „Reform der Referenzzinssätze" die marktweite Reform eines Referenzzinssatzes, einschließlich seiner Ablösung durch einen alternativen Referenzsatz, wie sie sich aus den Empfehlungen im Bericht des Finanzstabilitätsrates „Reforming Major Interest Rate Benchmarks" vom Juli 2014[2] ergibt.

[2] Dieser Bericht ist abrufbar unter: http://www.fsb.org/wp-content/uploads/r_140722.pdf.

6.8.3 Die in den Paragraphen 6.8.4–6.8.12 vorgesehenen Ausnahmen gelten nur für die dort genannten Vorschriften. Alle anderen Vorschriften für die Bilanzierung von Sicherungsbeziehungen sind vom Unternehmen auch weiterhin auf die von der Reform der Referenzzinssätze unmittelbar betroffenen Sicherungsbeziehungen anzuwenden.

Anforderung einer „hohen Wahrscheinlichkeit" bei der Absicherung von Zahlungsströmen

6.8.4 Zwecks Beurteilung, ob eine erwartete Transaktion (oder eine Komponente derselben) gemäß der Anforderung des Paragraphen 6.3.3 hochwahrscheinlich ist, hat ein Unternehmen anzunehmen, dass sich der (vertraglich oder nicht vertraglich spezifizierte) Referenzzinssatz, auf dem die abgesicherten Zahlungsströme beruhen, durch die Reform der Referenzzinssätze nicht verändert.

Umgliederung des in der Rücklage für die Absicherung von Zahlungsströmen kumulierten Betrags

6.8.5 Für die Anwendung der Vorschriften des Paragraphen 6.5.12 hat ein Unternehmen bei der Beurteilung, ob zu erwarten ist, dass die abgesicherten künftigen Zahlungsströme eintreten, anzunehmen, dass sich der (vertraglich oder nicht vertraglich spezifizierte) Referenzzinssatz, auf dem die abgesicherten Zahlungsströme beruhen, durch die Reform der Referenzzinssätze nicht verändert.

Beurteilung der wirtschaftlichen Beziehung zwischen dem Grundgeschäft und dem Sicherungsinstrument

6.8.6 Für die Anwendung der Vorschriften der Paragraphen 6.4.1(c)(i) und B6.4.4–B6.4.6 hat ein Unternehmen anzunehmen, dass sich der (vertraglich oder nicht vertraglich spezifizierte) Referenzzinssatz, auf dem die abgesicherten Zahlungsströme und/oder das abgesicherte Risiko beruhen, oder der Referenzzinssatz, auf dem die Zahlungsströme des Sicherungsinstruments beruhen, durch die Reform der Referenzzinssätze nicht verändert.

Designation einer Geschäftskomponente als Grundgeschäft

6.8.7 Sofern nicht Paragraph 6.8.8 gilt, hat ein Unternehmen bei der Absicherung einer Komponente des Zinsänderungsrisikos bei einem nicht vertraglich spezifizierten Referenzzinssatz die Vorgabe der Paragraphen 6.3.7(a) und B6.3.8 (wonach die Risikokomponente einzeln identifizierbar sein muss) nur zu Beginn der Sicherungsbeziehung anzuwenden.

6.8.8 Wenn ein Unternehmen entsprechend seiner Sicherungsdokumentation eine Sicherungsbeziehung häufig erneuert (d. h. beendet und neu beginnt), da sich sowohl das Sicherungsinstrument als auch das Grundgeschäft häufig ändern (d. h. das Unternehmen einen dynamischen Prozess anwendet, bei dem sowohl die Grundgeschäfte als auch die zur Steuerung dieses Risikos eingesetzten Sicherungsinstrumente nicht lange gleich bleiben), muss es die Vorschrift der Paragraphen 6.3.7(a) und B6.3.8 (wonach die Risikokomponente einzeln identifizierbar sein muss) nur bei der erstmaligen Designation eines Grundgeschäfts in dieser Sicherungsbeziehung erfüllen. Wurde ein Grundgeschäft bei seiner erstmaligen Designation in einer Sicherungsbeziehung einer Beurteilung unterzogen, so muss es unabhängig davon, ob diese Beurteilung zu Beginn der Sicherungsbeziehung oder danach erfolgte, bei einer neuerlichen Designation innerhalb derselben Sicherungsbeziehung nicht erneut beurteilt werden.

Ende der Anwendung

6.8.9 Ein Unternehmen hat die Anwendung des Paragraphen 6.8.4 auf ein Grundgeschäft prospektiv zum früheren der nachstehend genannten Termine einzustellen:

a) wenn die durch die Reform der Referenzzinssätze bedingte Unsicherheit, was den Zeitpunkt und die Höhe der referenzzinssatzbasierten Zahlungsströme aus dem Grundgeschäft angeht, nicht mehr besteht und

b) wenn die Sicherungsbeziehung, zu der das Grundgeschäft gehört, beendet wird.

6.8.10 Ein Unternehmen hat die Anwendung des Paragraphen 6.8.5 prospektiv zum früheren der nachstehend genannten Termine einzustellen:

a) wenn die durch die Reform der Referenzzinssätze bedingte Unsicherheit, was den Zeitpunkt und die Höhe der referenzzinssatzbasierten künftigen Zahlungsströme aus dem Grundgeschäft angeht, nicht mehr besteht und

b) wenn der für diese beendete Sicherungsbeziehung in der Rücklage für die Absicherung von Zahlungsströmen kumulierte Betrag in voller Höhe erfolgswirksam umgegliedert wurde.

6.8.11 Ein Unternehmen hat die Anwendung des Paragraphen 6.8.6 in folgenden Fällen prospektiv einzustellen:

a) bei einem Grundgeschäft, wenn die durch die Reform der Referenzzinssätze bedingte Unsicherheit, was das abgesicherte Risiko oder den Zeitpunkt und die Höhe der referenzzinssatzbasierten Zahlungsströme aus dem Grundgeschäft angeht, nicht mehr besteht und

b) bei einem Sicherungsinstrument, wenn die durch die Reform der Referenzzinssätze bedingte Unsicherheit, was den Zeitpunkt und die Höhe der referenzzinssatzbasierten Zahlungsströme aus dem Sicherungsinstrument angeht, nicht mehr besteht.

Wenn die Sicherungsbeziehung, zu der das Grundgeschäft und das Sicherungsinstrument gehören, vor dem in Paragraph 6.8.11(a) oder dem in Paragraph 6.8.11(b) genannten Datum beendet wird, hat das Unternehmen die Anwendung des Paragraphen 6.8.6 auf diese Sicherungsbeziehung zum Zeitpunkt der Beendigung prospektiv einzustellen.

6.8.12 Wenn ein Unternehmen eine Gruppe von Geschäften als Grundgeschäft oder eine Kombination von Finanzinstrumenten als Sicherungsinstrument designiert, hat es die Anwendung der Paragraphen 6.8.4–6.8.6 auf ein einzelnes Geschäft oder Finanzinstrument gemäß den Paragraphen 6.8.9, 6.8.10 oder 6.8.11 – je nachdem, welcher im Einzelfall relevant ist – einzustellen, wenn die durch die Reform der Referenzzinssätze bedingte Unsicherheit, was das abgesicherte Risiko und/oder den Zeitpunkt und die Höhe der referenzzinssatzbasierten Zahlungsströme aus diesem Geschäft oder Finanzinstrument angeht, nicht mehr besteht.

6.8.13 Ein Unternehmen hat die Anwendung der Paragraphen 6.8.7 und 6.8.8 prospektiv zum früheren der nachstehend genannten Termine einzustellen:

a) wenn in Anwendung von Paragraph 6.9.1 infolge der Reform der Referenzzinssätze erforderliche Änderungen an der nicht vertraglich spezifizierten Risikokomponente vorgenommen werden oder

b) wenn die Sicherungsbeziehung, in der die nicht vertraglich spezifizierte Risikokomponente designiert ist, beendet wird.

6.9 WEITERE DURCH DIE REFORM DER REFERENZZINSSÄTZE BEDINGTE VORÜBERGEHENDE AUSNAHMEN

6.9.1 Sobald die in den Paragraphen 6.8.4–6.8.8 aufgestellten Voraussetzungen auf eine Sicherungsbeziehung nicht mehr anwendbar sind (siehe die Paragraphen 6.8.9–6.8.13), hat ein Unternehmen die formale Designation der jeweiligen Sicherungsbeziehung in der zuvor dokumentierten Weise anzupassen, um den aufgrund der Reform der Referenzzinssätze erforderlichen Änderungen Rechnung zu tragen, d. h. die Änderungen stehen mit den Bestimmungen der Paragraphen 5.4.6–5.4.8 in Einklang. In diesem Zusammenhang ist die Designation der Sicherungsbeziehung nur anzupassen, wenn eine oder mehrere der folgenden Änderungen vorgenommen werden:

a) eine Designation eines alternativen (vertraglich oder nicht vertraglich spezifizierten) Referenzzinssatzes als abgesichertes Risiko,
b) eine Anpassung der Beschreibung des Grundgeschäfts, einschließlich der Beschreibung des designierten Teils der abgesicherten Zahlungsströme oder des abgesicherten beizulegenden Zeitwerts, oder
c) eine Anpassung der Beschreibung des Sicherungsinstruments.

6.9.2 Ein Unternehmen hat die Bestimmungen des Paragraphen 6.9.1(c) auch anzuwenden, wenn die folgenden drei Bedingungen erfüllt sind:
a) das Unternehmen nimmt eine aufgrund der Reform der Referenzzinssätze erforderliche Änderung auf andere Weise vor als durch eine Änderung der Basis für die Ermittlung der vertraglichen Zahlungsströme aus dem Sicherungsinstrument (wie in Paragraph 5.4.6 beschrieben),
b) das ursprüngliche Sicherungsinstrument wird nicht ausgebucht und
c) die gewählte Vorgehensweise ist wirtschaftlich gleichwertig mit einer Änderung der Basis für die Ermittlung der vertraglichen Zahlungsströme aus dem ursprünglichen Sicherungsinstrument (wie in den Paragraphen 5.4.7 und 5.4.8 beschrieben).

6.9.3 Die in den Paragraphen 6.8.4–6.8.8 aufgestellten Voraussetzungen können zu unterschiedlichen Zeitpunkten nicht mehr anwendbar sein. Daher kann ein Unternehmen nach Paragraph 6.9.1 verpflichtet sein, die formale Designation seiner Sicherungsbeziehungen zu unterschiedlichen Zeitpunkten anzupassen oder die formale Designation einer Sicherungsbeziehung mehr als einmal anzupassen. Nur dann, wenn eine solche Änderung an der Designation der Sicherungsbeziehung vorgenommen wird, hat ein Unternehmen je nach Fall die Paragraphen 6.9.7–6.9.12 anzuwenden. Ein Unternehmen hat zudem Paragraph 6.5.8 (bei einer Absicherung des beizulegenden Zeitwerts) oder Paragraph 6.5.11 (bei einer Absicherung von Zahlungsströmen) anzuwenden, um etwaige Änderungen des beizulegenden Zeitwerts des Grundgeschäfts oder des Sicherungsinstruments zu bilanzieren.

6.9.4 Ein Unternehmen hat eine Sicherungsbeziehung gemäß Paragraph 6.9.1 bis zum Ende jener Berichtsperiode anzupassen, in der eine aufgrund der Reform der Referenzzinssätze erforderliche Änderung des abgesicherten Risikos, des Grundgeschäfts oder des Sicherungsinstruments vorgenommen wird. Eine solche Anpassung der formalen Designation einer Sicherungsbeziehung stellt weder eine Beendigung der Sicherungsbeziehung noch eine Designation einer neuen Sicherungsbeziehung dar.

6.9.5 Werden zusätzlich zu den aufgrund der Reform der Referenzzinssätze erforderlichen Änderungen weitere Änderungen an dem/an einer in einer Sicherungsbeziehung designierten finanziellen Vermögenswert oder finanziellen Verbindlichkeit (wie in den Paragraphen 5.4.6–5.4.8 beschrieben) oder an der Designation der Sicherungsbeziehung (gemäß Paragraph 6.9.1) vorgenommen, so hat ein Unternehmen zunächst die geltenden Anforderungen dieses Standards anzuwenden, um zu ermitteln, ob diese zusätzlichen Änderungen die Beendigung der Bilanzierung von Sicherungsbeziehungen bewirken. Führen die zusätzlichen Änderungen nicht zur Beendigung der Bilanzierung von Sicherungsbeziehungen, hat ein Unternehmen die formale Designation der Sicherungsbeziehung gemäß Paragraph 6.9.1 anzupassen.

6.9.6 Die in den Paragraphen 6.9.7–6.9.13 vorgesehenen Ausnahmen gelten nur für die dort genannten Anforderungen. Ein Unternehmen hat auf Sicherungsbeziehungen, die von der Reform der Referenzzinssätze unmittelbar betroffen sind, alle anderen in diesem Standard enthaltenen Vorschriften zur Bilanzierung von Sicherungsbeziehungen anzuwenden, einschließlich der in Paragraph 6.4.1 genannten Kriterien.

Bilanzierung qualifizierender Sicherungsbeziehungen

Absicherung von Zahlungsströmen

6.9.7 Für die Anwendung des Paragraphen 6.5.11 wird zu dem Zeitpunkt, zu dem ein Unternehmen die Beschreibung eines Grundgeschäfts gemäß Paragraph 6.9.1(b) anpasst, unterstellt, dass der in der Rücklage für die Absicherung von Zahlungsströmen erfasste kumulierte Betrag auf dem alternativen Referenzzinssatz basiert, anhand dessen die abgesicherten künftigen Zahlungsströme ermittelt werden.

6.9.8 Wird bei einer beendeten Sicherungsbeziehung der Referenzzinssatz, auf dem die abgesicherten künftigen Zahlungsströme basierten, entsprechend den Anforderungen der Reform der Referenzzinssätze geändert, so wird für die Anwendung des Paragraphen 6.5.12 hinsichtlich der Feststellung, ob mit dem Eintreten der abgesicherten künftigen Zahlungsströme zu rechnen ist, unterstellt, dass der in der Rücklage für die Absicherung von Zahlungsströmen für die jeweilige Sicherungsbeziehung erfasste kumulierte Betrag auf dem alternativen Referenzzinssatz basiert, auf dem die abgesicherten künftigen Zahlungsströme beruhen werden.

Gruppen von Geschäften

6.9.9 Wendet ein Unternehmen Paragraph 6.9.1 auf Gruppen von Geschäften an, die bei einer Absicherung des beizulegenden Zeitwerts oder bei einer Absicherung von Zahlungsströmen als Grundgeschäfte designiert werden, hat es die Geschäfte auf Basis des abgesicherten Referenzzinssatzes Untergruppen zuzuordnen und für jede Untergruppe den Referenzzinssatz als abgesichertes Risiko zu designieren. Bei einer Sicherungsbeziehung, bei der eine Gruppe von Geschäften gegen Änderungen eines von der Reform der Referenzzinssätze betroffenen Referenzzinssatzes abgesichert wird, könnten zum Beispiel die abgesicherten Zahlungsströme oder der abgesicherte beizulegende Zeitwert einiger Geschäfte der Gruppe auf einen alternativen Referenzzinssatz umgestellt werden, bevor dies bei anderen Geschäften der Gruppe der Fall ist. In diesem Beispiel würde das Unternehmen in Anwendung des Paragraphen 6.9.1 den alternativen Referenzzinssatz als abgesichertes Risiko für diese relevante Grundgeschäftsuntergruppe designieren. Für die andere Grundgeschäftsuntergruppe würde das Unternehmen weiterhin den geltenden Referenzzinssatz als abgesichertes Risiko designieren, bis die abgesicherten Zahlungsströme oder der abgesicherte beizulegende Zeitwert dieser Geschäfte auf den alternativen Referenzzinssatz umgestellt werden oder die Geschäfte auslaufen und durch Geschäfte ersetzt werden, denen der alternative Referenzzinssatz zugrunde liegt.

6.9.10 Ein Unternehmen hat für jede Untergruppe separat zu beurteilen, ob sie die in Paragraph 6.6.1 genannten Anforderungen an ein Grundgeschäft erfüllt. Erfüllt eine Untergruppe die Anforderungen des Paragraphen 6.6.1 nicht, hat das Unternehmen die Bilanzierung von Sicherungsbeziehungen prospektiv für die Sicherungsbeziehung in ihrer Gesamtheit einzustellen. Ein Unternehmen hat auch die Vorschriften der Paragraphen 6.5.8 und 6.5.11 anzuwenden, um eine Unwirksamkeit hinsichtlich der Sicherungsbeziehung in ihrer Gesamtheit zu bilanzieren.

Designation von Risikokomponenten

6.9.11 Ein alternativer Referenzzinssatz, der als nicht vertraglich spezifizierte Risikokomponente designiert wird und zum Zeitpunkt der Designation nicht einzeln identifizierbar ist (siehe die Paragraphen 6.3.7(a) und B6.3.8), wird nur dann als zu diesem Zeitpunkt separat identifizierbar unterstellt, wenn das Unternehmen angemessenerweise davon ausgehen kann, dass der alternative Referenzzinssatz innerhalb eines Zeitraums von 24 Monaten ab dem Zeitpunkt der Designation als Risikokomponente einzeln identifizierbar sein wird. Der Zeitraum von 24 Monaten gilt gesondert für jeden alternativen Referenzzinssatz und beginnt ab dem Zeitpunkt, an dem das Unternehmen den jeweiligen alternativen Referenzzinssatz erstmals als nicht vertraglich spezifizierte Risikokomponente designiert hat (d. h. der 24-Monats-Zeitraum gilt eigenständig für jeden Zinssatz).

6.9.12 Wenn ein Unternehmen zu einem späteren Zeitpunkt angemessenerweise davon ausgehen muss, dass der alternative Referenzzinssatz innerhalb von 24 Monaten ab dem Zeitpunkt, zu dem das Unternehmen ihn erstmals als nicht vertraglich spezifizierte Risikokomponente designiert hat, nicht einzeln identifizierbar sein wird, hat es die Anwendung der in Paragraph 6.9.11 genannten Anforderung auf diesen alternativen Referenzzinssatz zu beenden und die Bilanzierung von Sicherungsbeziehungen ab dem Zeitpunkt dieser erneuten Einschätzung für alle Sicherungsbeziehungen, bei denen der alternative Referenzzinssatz als nicht vertraglich spezifizierte Risikokomponente designiert wurde, prospektiv einzustellen.

6.9.13 Zusätzlich zu den in Paragraph 6.9.1 genannten Sicherungsbeziehungen hat ein Unternehmen die Vorschriften der Paragraphen 6.9.11 und 6.9.12 auf neue Sicherungsbeziehungen anzuwenden, bei denen ein alternativer Referenzzinssatz als nicht vertraglich spezifizierte Risikokomponente designiert wird (siehe die Paragraphen 6.3.7(a) und B6.3.8), wenn die jeweilige Risikokomponente aufgrund der Reform der Referenzzinssätze zum Zeitpunkt ihrer Designation nicht einzeln identifizierbar ist.

KAPITEL 7
Zeitpunkt des Inkrafttretens und Übergangsvorschriften

7.1 ZEITPUNKT DES INKRAFTTRETENS

7.1.1 Dieser Standard ist auf Geschäftsjahre anzuwenden, die am oder nach dem 1. Januar 2018 beginnen. Eine frühere Anwendung ist zulässig. Wendet ein Unternehmen diesen Standard früher an, hat es dies anzugeben und alle Vorschriften des Standards gleichzeitig anzuwenden (siehe jedoch auch Paragraphen 7.1.2, 7.2.21 und 7.3.2). Ferner hat es gleichzeitig die in Anhang C aufgeführten Änderungen anzuwenden.

7.1.2 Ungeachtet der Vorschriften in Paragraph 7.1.1 kann ein Unternehmen für vor dem 1. Januar 2018 beginnende Geschäftsjahre nur die Vorschriften zur Darstellung der Gewinne und Verluste aus finanziellen Verbindlichkeiten, die als erfolgswirksam zum beizulegenden Zeitwert bewertet designiert sind, in den Paragraphen 5.7.1(c), 5.7.7–5.7.9, 7.2.14 und B5.7.5–B5.7.20 früher anwenden, ohne die anderen Vorschriften dieses Standards anzuwenden. Wendet ein Unternehmen nur diese Paragraphen an, hat es dies anzugeben und die zugehörigen Angaben gemäß den Paragraphen 10 und 11 von IFRS 7 *Finanzinstrumente: Angaben* (in der durch IFRS 9 (2010) geänderten Fassung) fortlaufend zu machen. (Siehe auch Paragraphen 7.2.2 und 7.2.15.)

7.1.3 Durch die *Jährlichen Verbesserungen an den IFRS, Zyklus 2010–2012*, veröffentlicht im Dezember 2013, wurde die Paragraphen 4.2.1 und 5.7.5 als Folge der Änderung von IFRS 3 geändert. Ein Unternehmen hat diese Änderung prospektiv auf Unternehmenszusammenschlüsse anzuwenden, für die die Änderung von IFRS 3 gilt.

7.1.4 Durch IFRS 15, veröffentlicht im Mai 2014, wurden die Paragraphen 3.1.1, 4.2.1, 5.1.1, 5.2.1, 5.7.6, B3.2.13, B5.7.1, C5 und C42 geändert und Paragraph C16 sowie die zugehörige Überschrift gestrichen. Es wurden der Paragraphen 5.1.3 und 5.7.1A sowie eine Definition in Anhang A eingefügt. Wendet ein Unternehmen IFRS 15 an, sind diese Änderungen ebenfalls anzuwenden.

7.1.5 Durch IFRS 16, veröffentlicht im Januar 2016, wurden die Paragraphen 2.1, 5.5.15, B4.3.8, B5.5.34 und B5.5.46 geändert. Wendet ein Unternehmen IFRS 16 an, sind diese Änderungen ebenfalls anzuwenden.

7.1.6 Durch IFRS 17, veröffentlicht im Mai 2017, wurden die Paragraphen 2.1, B2.1, B2.4, B2.5 und

B4.1.30 geändert und Paragraph 3.3.5 eingefügt. Durch *Änderungen an IFRS 17*, veröffentlicht im Juni 2020, wurde Paragraph 2.1 weiter geändert und wurden die Paragraphen 7.2.36–7.2.42 eingefügt. Wendet ein Unternehmen IFRS 17 an, sind diese Änderungen ebenfalls anzuwenden.

7.1.7 Durch *Vorfälligkeitsregelungen mit negativer Ausgleichsleistung* (Änderungen an IFRS 9), veröffentlicht im Oktober 2017, wurden die Paragraphen 7.2.29–7.2.34 und B4.1.12A eingefügt und die Paragraphen B4.1.11(b) und B4.1.12(b) geändert. Diese Änderungen sind auf Geschäftsjahre anzuwenden, die am oder nach dem 1. Januar 2019 beginnen. Eine frühere Anwendung ist zulässig. Wendet ein Unternehmen diese Änderungen auf ein früheres Geschäftsjahr an, hat es dies anzugeben.

7.1.8 Durch *Reform der Referenzzinssätze* (Änderungen an IFRS 9, IAS 39 und IFRS 7), veröffentlicht im September 2019, wurde Abschnitt 6.8 eingefügt und Paragraph 7.2.26 geändert. Diese Änderungen sind auf Geschäftsjahre anzuwenden, die am oder nach dem 1. Januar 2020 beginnen. Eine frühere Anwendung ist zulässig. Wendet ein Unternehmen diese Änderungen auf ein früheres Geschäftsjahr an, hat es dies anzugeben.

7.1.9 Durch *Jährliche Verbesserungen an den IFRS, Zyklus 2018–2020*, veröffentlicht im Mai 2020, wurden die Paragraphen 7.2.35 und B3.3.6A eingefügt und Paragraph B3.3.6 geändert. Diese Änderung ist auf Geschäftsjahre anzuwenden, die am oder nach dem 1. Januar 2022 beginnen. Eine frühere Anwendung ist zulässig. Wendet ein Unternehmen die Änderung auf ein früheres Geschäftsjahr an, hat es dies anzugeben.

7.1.10 Durch die im August 2020 herausgegebene Verlautbarung *Reform der Referenzzinssätze - Phase 2*, mit der IFRS 9, IAS 39, IFRS 7, IFRS 4 und IFRS 16 geändert wurden, wurden die Paragraphen 5.4.5–5.4.9, 6.8.13, Abschnitt 6.9 und die Paragraphen 7.2.43–7.2.46 eingefügt. Diese Änderungen sind auf Geschäftsjahre anzuwenden, die am oder nach dem 1. Januar 2021 beginnen. Eine frühere Anwendung ist zulässig. Wendet ein Unternehmen diese Änderungen auf ein früheres Geschäftsjahr an, hat es dies anzugeben.

7.2 ÜBERGANGSVORSCHRIFTEN

7.2.1 Dieser Standard ist rückwirkend gemäß IAS 8 *Rechnungslegungsmethoden, Änderungen von rechnungslegungsbezogenen Schätzungen und Fehler* anzuwenden. Hiervon ausgenommen sind die in den Paragraphen 7.2.4– 7.2.26 und 7.2.28 genannten Fälle. Er gilt nicht für Posten, die bereits zum Zeitpunkt der erstmaligen Anwendung ausgebucht wurden.

7.2.2 Für die Zwecke der Übergangsvorschriften in den Paragraphen 7.2.1, 7.2.3–7.2.28 und 7.3.2 ist der Zeitpunkt der erstmaligen Anwendung der Tag, an dem ein Unternehmen zum ersten Mal die Vorschriften dieses Standards anwendet. Hierbei muss es sich um den Beginn einer Berichtsperiode nach der Herausgabe dieses Standards handeln. In Abhängigkeit von dem Ansatz, den das Unternehmen für die Anwendung von IFRS 9 gewählt hat, kann der Übergang mit einem oder mehreren Zeitpunkten der erstmaligen Anwendung für verschiedene Vorschriften verbunden sein.

Übergangsvorschriften für die Einstufung und Bewertung (Kapitel 4 und 5)

7.2.3 Ein Unternehmen hat zum Zeitpunkt der erstmaligen Anwendung auf Grundlage der zu diesem Zeitpunkt bestehenden Fakten und Umstände zu beurteilen, ob ein finanzieller Vermögenswert die in den Paragraphen 4.1.2(a) oder 4.1.2A(a) genannten Bedingungen erfüllt. Die sich daraus ergebende Einstufung ist unabhängig vom Geschäftsmodell des Unternehmens in früheren Berichtsperioden rückwirkend anzuwenden.

7.2.4 Ist es für ein Unternehmen zum Zeitpunkt der erstmaligen Anwendung undurchführbar (im Sinne von IAS 8), den geänderten Zeitwert des Geldes gemäß den Paragraphen B4.1.9B–B4.1.9D auf Grundlage der beim erstmaligen Ansatz des finanziellen Vermögenswerts bestehenden Tatsachen und Umstände zu beurteilen, hat es die Eigenschaften der vertraglichen Zahlungsströme aus diesem finanziellen Vermögenswert auf Grundlage der beim erstmaligen Ansatz dieses finanziellen Vermögenswerts bestehenden Tatsachen und Umstände zu beurteilen, ohne die Vorschriften in Bezug auf die Änderung des Zeitwerts des Geldes gemäß den Paragraphen B4.1.9B–B4.1.9D zu berücksichtigen. (Siehe auch Paragraph 42R von IFRS 7.)

7.2.5 Ist es für ein Unternehmen zum Zeitpunkt der erstmaligen Anwendung undurchführbar (im Sinne von IAS 8) zu beurteilen, ob beizulegende Zeitwert einer Vorfälligkeitsregelung gemäß Paragraph B4.1.12(c) auf Grundlage der beim erstmaligen Ansatz des finanziellen Vermögenswerts bestehenden Tatsachen und Umstände nicht signifikant war, hat es die Eigenschaften der vertraglichen Zahlungsströme aus diesem finanziellen Vermögenswert auf Grundlage der beim erstmaligen Ansatz des finanziellen Vermögenswerts bestehenden Tatsachen und Umstände zu beurteilen, ohne die Ausnahme in Bezug auf Vorfälligkeitsregelungen in Paragraph B4.1.12 zu berücksichtigen. (Siehe auch Paragraph 42S von IFRS 7.)

7.2.6 Wenn ein Unternehmen einen hybriden Vertrag gemäß den Paragraphen 4.1.2A, 4.1.4 oder 4.1.5 zum beizulegenden Zeitwert bewertet, der beizulegende Zeitwert des hybriden Vertrags in Vergleichsperioden jedoch nicht ermittelt wurde, entspricht der beizulegende Zeitwert des hybriden Vertrags in den Vergleichsperioden der Summe der beizulegenden Zeitwerte seiner Komponenten (d. h. des nicht derivativen Basisvertrags und des eingebetteten Derivats) am Ende der jeweiligen Vergleichsperiode, sofern das Unternehmen vorherige Perioden anpasst (siehe Paragraph 7.2.15).

7.2.7 Hat ein Unternehmen Paragraph 7.2.6 angewandt, hat es zum Zeitpunkt der erstmaligen Anwendung eine etwaige Differenz zwischen dem beizulegenden Zeitwert des gesamten hybriden Vertrags zum Zeitpunkt der erstmaligen Anwendung und der Summe der beizulegenden

Zeitwerte seiner Komponenten zum Zeitpunkt der erstmaligen Anwendung im Eröffnungsbilanzwert der Gewinnrücklagen (oder eines anderen geeigneten Eigenkapitalpostens) der Berichtsperiode zu erfassen, in die der Zeitpunkt der erstmaligen Anwendung fällt.

7.2.8 Zum Zeitpunkt der erstmaligen Anwendung kann ein Unternehmen

a) einen finanziellen Vermögenswert gemäß Paragraph 4.1.5 als erfolgswirksam zum beizulegenden Zeitwert bewertet oder

b) eine Finanzinvestition in ein Eigenkapitalinstrument gemäß Paragraph 5.7.5 als zum beizulegenden Zeitwert erfolgsneutral im sonstigen Ergebnis bewertet designieren.

Eine solche Designation ist auf Grundlage der zum Zeitpunkt der erstmaligen Anwendung bestehenden Tatsachen und Umstände vorzunehmen. Sie ist rückwirkend anzuwenden.

7.2.9 Zum Zeitpunkt der erstmaligen Anwendung

a) muss ein Unternehmen eine frühere Designation eines finanziellen Vermögenswerts als erfolgswirksam zum beizulegenden Zeitwert bewertet aufheben, sofern dieser finanzielle Vermögenswert die Bedingung in Paragraph 4.1.5 nicht erfüllt.

b) kann ein Unternehmen eine frühere Designation eines finanziellen Vermögenswerts als erfolgswirksam zum beizulegenden Zeitwert bewertet aufheben, sofern dieser finanzielle Vermögenswert die Bedingung in Paragraph 4.1.5 erfüllt.

Eine solche Aufhebung ist auf Grundlage der zum Zeitpunkt der erstmaligen Anwendung bestehenden Tatsachen und Umstände vorzunehmen. Sie ist rückwirkend anzuwenden.

7.2.10 Zum Zeitpunkt der erstmaligen Anwendung

a) kann ein Unternehmen eine finanzielle Verbindlichkeit gemäß Paragraph 4.2.2(a) als erfolgswirksam zum beizulegenden Zeitwert bewertet designieren.

b) muss ein Unternehmen eine frühere Designation einer finanziellen Verbindlichkeit als erfolgswirksam zum beizulegenden Zeitwert bewertet aufheben, wenn diese Designation beim erstmaligen Ansatz gemäß der jetzt in Paragraph 4.2.2(a) enthaltenen Bedingung vorgenommen wurde und sie zum Zeitpunkt der erstmaligen Anwendung diese Bedingung nicht mehr erfüllt.

c) kann ein Unternehmen eine frühere Designation einer finanziellen Verbindlichkeit als erfolgswirksam zum beizulegenden Zeitwert bewertet aufheben, wenn diese Designation beim erstmaligen Ansatz gemäß der jetzt in Paragraph 4.2.2(a) enthaltenen Bedingung vorgenommen wurde und sie zum Zeitpunkt der erstmaligen Anwendung diese Bedingung erfüllt.

Eine solche Designation bzw. die Aufhebung einer Designation hat auf Grundlage der zum Zeitpunkt der erstmaligen Anwendung bestehenden Fakten und Umstände zu erfolgen. Sie ist rückwirkend anzuwenden.

7.2.11 Wenn es für ein Unternehmen undurchführbar (im Sinne von IAS 8) ist, die Effektivzinsmethode rückwirkend anzuwenden, hat es

a) den beizulegenden Zeitwert des finanziellen Vermögenswerts oder der finanziellen Verbindlichkeit am Ende der jeweiligen Vergleichsperiode als Bruttobuchwert dieses finanziellen Vermögenswerts oder als fortgeführte Anschaffungskosten dieser finanziellen Verbindlichkeit anzusetzen, wenn es frühere Perioden anpasst, und

b) den beizulegenden Zeitwert des finanziellen Vermögenswerts oder der finanziellen Verbindlichkeit zum Zeitpunkt der erstmaligen Anwendung als neuen Bruttobuchwert dieses finanziellen Vermögenswerts oder als neue fortgeführte Anschaffungskosten dieser finanziellen Verbindlichkeit zum Zeitpunkt der erstmaligen Anwendung des vorliegenden Standards anzusetzen.

7.2.12 Hat ein Unternehmen eine Finanzinvestition in ein Eigenkapitalinstrument, das keinen an einem aktiven Markt notierten Preis für ein identisches Instrument (d. h. einen Eingangsparameter der Stufe 1) hat (oder einen derivativen Vermögenswert, der mit einem solchen Eigenkapitalinstrument verbunden ist und durch Lieferung eines solchen erfüllt werden muss), bisher gemäß IAS 39 zu fortgeführten Anschaffungskosten bilanziert, hat es dieses Instrument zum Zeitpunkt der erstmaligen Anwendung zum beizulegenden Zeitwert zu bewerten. Eine etwaige Differenz zwischen dem früheren Buchwert und dem beizulegenden Zeitwert ist im Eröffnungsbilanzwert der Gewinnrücklagen (oder eines anderen geeigneten Eigenkapitalpostens) der Berichtsperiode zu erfassen, in die der Zeitpunkt der erstmaligen Anwendung fällt.

7.2.13 Hat ein Unternehmen eine derivative Verbindlichkeit, die mit einem Eigenkapitalinstrument verbunden ist, das keinen an einem aktiven Markt notierten Preis für ein identisches Instrument (d. h. einen Eingangsparameter der Stufe 1) hat, und die durch Lieferung eines solchen erfüllt werden muss, bisher gemäß IAS 39 zu fortgeführten Anschaffungskosten bilanziert, hat es diese derivative Verbindlichkeit zum Zeitpunkt der erstmaligen Anwendung zum beizulegenden Zeitwert zu bewerten. Eine etwaige Differenz zwischen dem früheren Buchwert und dem beizulegenden Zeitwert ist im Eröffnungsbilanzwert der Gewinnrücklagen der Berichtsperiode zu erfassen, in die der Zeitpunkt der erstmaligen Anwendung fällt.

7.2.14 Ein Unternehmen hat zum Zeitpunkt der erstmaligen Anwendung auf Grundlage der zu diesem Zeitpunkt bestehenden Tatsachen und Umstände zu beurteilen, ob durch die Bilanzierung gemäß Paragraph 5.7.7 eine Rechnungslegungsanomalie im Gewinn oder Verlust entsteht oder vergrößert würde. Dieser Standard ist entsprechend dieser Beurteilung rückwirkend anzuwenden.

7.12.14A Ein Unternehmen darf zum Zeitpunkt der erstmaligen Anwendung Verträge, die zu diesem Zeitpunkt bestehen, gemäß Paragraph 2.5 designieren, wenn es zugleich auch alle ähnlichen Verträge designiert. Die durch eine solche Designation bedingte Änderung bei den Nettovermögenswerten ist zum Zeitpunkt der erstmaligen Anwendung in den Gewinnrücklagen zu erfassen.

7.2.15 Ungeachtet der Vorschrift in Paragraph 7.2.1 muss ein Unternehmen, das die Einstufungs- und Bewertungsvorschriften dieses Standards (einschließlich der Vorschriften zur Bewertung finanzieller Vermögenswerte zu fortgeführten Anschaffungskosten und zur Wertminderung in den Abschnitten 5.4 und 5.5) anwendet, die in den Paragraphen 42L–42O von IFRS 7 genannten Angaben machen, braucht aber frühere Perioden nicht anzupassen. Das Unternehmen darf frühere Perioden nur anpassen, wenn dabei keine nachträglichen Erkenntnisse verwendet werden müssen. Im Fall einer Nichtanpassung früherer Perioden, hat das Unternehmen eine etwaige Differenz zwischen dem früheren Buchwert und dem neuen Buchwert zu Beginn des Geschäftsjahrs, in dem der Zeitpunkt der erstmaligen Anwendung liegt, im Eröffnungsbilanzwert der Gewinnrücklagen (oder eines anderen geeigneten Eigenkapitalpostens) des Geschäftsjahrs zu erfassen, in das der Zeitpunkt der erstmaligen Anwendung fällt. Passt ein Unternehmen frühere Perioden jedoch an, muss der angepasste Abschluss alle Vorschriften dieses Standards widerspiegeln. Wird durch die Vorgehensweise, die ein Unternehmen für die Anwendung von IFRS 9 wählt, bewirkt, dass es für die verschiedenen Vorschriften dieses Standards mehr als einen Zeitpunkt der erstmaligen Anwendung gibt, ist dieser Paragraph zu jedem Zeitpunkt der erstmaligen Anwendung anzuwenden (siehe Paragraph 7.2.2). Dies wäre z. B. der Fall, wenn sich ein Unternehmen gemäß Paragraph 7.1.2 dafür entscheidet, nur die Vorschriften zur Darstellung von Gewinnen und Verlusten aus finanziellen Verbindlichkeiten, die als erfolgswirksam zum beizulegenden Zeitwert bewertet designiert sind, vorzeitig und damit früher als die anderen Vorschriften dieses Standards anzuwenden.

7.2.16 Erstellt ein Unternehmen einen Zwischenbericht gemäß IAS 34 *Zwischenberichterstattung,* muss es die Vorschriften dieses Standards nicht auf Zwischenberichtsperioden vor dem Zeitpunkt der erstmaligen Anwendung anwenden, wenn dies undurchführbar (im Sinne von IAS 8) ist.

Wertminderung (Abschnitt 5.5)

7.2.17 Die Wertminderungsvorschriften in Abschnitt 5.5 sind gemäß IAS 8 vorbehaltlich der Paragraphen 7.2.15 und 7.2.18–7.2.20 rückwirkend anzuwenden.

7.2.18 Zum Zeitpunkt der erstmaligen Anwendung hat ein Unternehmen anhand von angemessenen und belastbaren Informationen, die ohne angemessenen Kosten- oder Zeitaufwand verfügbar sind, das Ausfallrisiko zum Zeitpunkt des erstmaligen Ansatzes eines Finanzinstruments (bzw. bei Kreditzusagen und finanziellen Garantien zum Zeitpunkt, zu dem das Unternehmen Partei der unwiderruflichen Zusage gemäß Paragraph 5.5.6 wurde) zu bestimmen und mit dem Ausfallrisiko zum Zeitpunkt der erstmaligen Anwendung dieses Standards zu vergleichen.

7.2.19 Bei der Bestimmung, ob sich das Ausfallrisiko seit dem erstmaligen Ansatz signifikant erhöht hat, kann ein Unternehmen Folgendes anwenden:

a) die Vorschriften der Paragraphen 5.5.10 und B5.5.22–B5.5.24 und

b) bei vertraglichen Zahlungen, die mehr als 30 Tage überfällig sind, die widerlegbare Vermutung gemäß Paragraph 5.5.11, sofern das Unternehmen die Wertminderungsvorschriften durch Feststellung signifikanter Erhöhungen des Ausfallrisikos seit dem erstmaligen Ansatz für solche Finanzinstrumente anhand von Informationen zur Überfälligkeit anwendet.

7.2.20 Wenn die zum Zeitpunkt der erstmaligen Anwendung vorzunehmende Bestimmung, ob sich das Ausfallrisiko seit dem erstmaligen Ansatz signifikant erhöht hat, einen unangemessenen Kosten- oder Zeitaufwand erfordern würde, hat ein Unternehmen bis zur Ausbuchung dieses Finanzinstruments zu jedem Abschlussstichtag eine Wertberichtigung in Höhe der über die Laufzeit erwarteten Kreditverluste zu erfassen (es sei denn, bei diesem Finanzinstrument besteht zu einem Abschlussstichtag ein niedriges Ausfallrisiko, in welchem Fall Paragraph 7.2.19(a) gilt).

Übergangsvorschriften für die Bilanzierung von Sicherungsbeziehungen (Kapitel 6)

7.2.21 Bei der erstmaligen Anwendung des vorliegenden Standards kann ein Unternehmen es sich seine Rechnungslegungsmethode wählen, anstelle der Vorschriften des Kapitels 6 weiterhin die Vorschriften von IAS 39 zur Bilanzierung von Sicherungsbeziehungen anzuwenden. Diese Rechnungslegungsmethode hat das Unternehmen auf all seine Sicherungsbeziehungen anzuwenden. Wenn ein Unternehmen diese Rechnungslegungsmethode wählt, hat es auch IFRIC 16 *Absicherung einer Nettoinvestition in einen ausländischen Geschäftsbetrieb* ohne die Änderungen anzuwenden, durch die diese Interpretation an die Vorschriften in Kapitel 6 des vorliegenden Standards angepasst wird.

7.2.22 Mit Ausnahme der in Paragraph 7.2.26 genannten Fälle hat ein Unternehmen die im vorliegenden Standard enthaltenen Vorschriften zur Bilanzierung von Sicherungsbeziehungen prospektiv anzuwenden.

7.2.23 Zur Anwendung der Bilanzierung von Sicherungsbeziehungen ab dem Zeitpunkt, zu dem die in diesem Standard enthaltenen Vorschriften zur Bilanzierung von Sicherungsbeziehungen erstmals angewendet werden, müssen zu diesem Zeitpunkt alle maßgeblichen Kriterien erfüllt sein.

7.2.24 Sicherungsbeziehungen, die für die Bilanzierung von Sicherungsbeziehungen gemäß IAS 39 infrage kamen, aber auch die Kriterien für die Bilanzierung von Sicherungsbeziehungen nach dem vorliegenden Standard erfüllen (siehe Paragraph 6.4.1), sind – unter Berücksichtigung einer Rekalibrierung der Sicherungsbeziehung beim Übergang (siehe Paragraph 7.2.25(b) – als fortlaufende Sicherungsbeziehungen zu betrachten.

7.2.25 Bei der erstmaligen Anwendung der im vorliegenden Standard enthaltenen Vorschriften zur Bilanzierung von Sicherungsbeziehungen

a) kann ein Unternehmen mit der Anwendung dieser Vorschriften zu dem Zeitpunkt beginnen, ab dem die Vorschriften zur Bilanzierung von Sicherungsbeziehungen gemäß IAS 39 nicht mehr angewandt werden, und

b) hat ein Unternehmen die Sicherungsquote gemäß IAS 39 als Ausgangspunkt für eine ggf. erfolgende Rekalibrierung der Sicherungsquote einer fortlaufenden Sicherungsbeziehung zu berücksichtigen. Gewinne oder Verluste aus einer solchen Rekalibrierung sind erfolgswirksam zu erfassen.

7.2.26 Als Ausnahme von der prospektiven Anwendung der im vorliegenden Standard enthaltenen Vorschriften zur Bilanzierung von Sicherungsbeziehungen

a) hat ein Unternehmen die Bilanzierung des Zeitwerts von Optionen gemäß Paragraph 6.5.15 rückwirkend anzuwenden, wenn gemäß IAS 39 nur die Änderung des inneren Werts einer Option als Sicherungsinstrument in einer Sicherungsbeziehung designiert wurde. Diese rückwirkende Anwendung gilt nur für solche Sicherungsbeziehungen, die zu Beginn der frühesten Vergleichsperiode bestanden oder danach designiert wurden.

b) kann ein Unternehmen die Bilanzierung des Terminelements eines Termingeschäfts gemäß Paragraph 6.5.16 rückwirkend anwenden, wenn gemäß IAS 39 nur die Änderung des Kassaelements eines Termingeschäfts als Sicherungsinstrument in einer Sicherungsbeziehung designiert wurde. Diese rückwirkende Anwendung gilt nur für solche Sicherungsbeziehungen, die zu Beginn der frühesten Vergleichsperiode bestanden oder danach designiert wurden. Wenn sich ein Unternehmen darüber hinaus für die rückwirkende Anwendung dieser Bilanzierung entscheidet, ist diese auf alle für diese Wahl zulässigen Sicherungsbeziehungen anzuwenden (d. h. beim Übergang kann dies nicht für jede Sicherungsbeziehung einzeln entschieden werden). Die Bilanzierung von Währungsbasis-Spreads (siehe Paragraph 6.5.16) kann bei Sicherungsbeziehungen, die zu Beginn der frühesten Vergleichsperiode bestanden oder danach designiert wurden, rückwirkend angewandt werden.

c) hat ein Unternehmen die Vorgabe des Paragraphen 6.5.6, dass das Sicherungsinstrument nicht ausläuft oder beendet wird, rückwirkend anzuwenden, sofern

i) die Parteien des Sicherungsinstruments infolge bestehender oder neu erlassener Gesetzes- oder Regulierungsvorschriften vereinbaren, dass eine oder mehrere Clearing-Parteien ihre ursprüngliche Gegenpartei ersetzen und damit zur neuen Gegenpartei aller Parteien werden, und

ii) etwaige andere Änderungen beim Sicherungsinstrument nicht über den für eine solche Ersetzung der Gegenpartei notwendigen Umfang hinausgehen.

d) hat ein Unternehmen die Vorgaben des Abschnitts 6.8 rückwirkend anzuwenden. Diese rückwirkende Anwendung gilt nur für diejenigen Sicherungsbeziehungen, die zu Beginn des Berichtszeitraums, in dem das Unternehmen diese Vorgaben erstmals erfüllt, bereits bestanden oder danach designiert wurden, und den in der Rücklage für die Absicherung von Zahlungsströmen kumulierten Betrag, der zu Beginn des Berichtszeitraums, in dem das Unternehmen diese Vorgaben erstmals erfüllt, bereits vorhanden war.

Unternehmen, die IFRS 9 (2009), IFRS 9 (2010) oder IFRS 9 (2013) früher angewandt haben

7.2.27 Ein Unternehmen hat die Übergangsvorschriften der Paragraphen 7.2.1–7.2.26 zum relevanten Zeitpunkt der erstmaligen Anwendung anzuwenden. Ein Unternehmen hat jede der Übergangsvorschriften der Paragraphen 7.2.3–7.2.14A und 7.2.17–7.2.26 nur einmal anzuwenden (d. h. wenn ein Unternehmen einen Ansatz zur Anwendung von IFRS 9 wählt, der mehr als einen Zeitpunkt der erstmaligen Anwendung beinhaltet, kann es keine dieser Vorschriften erneut anwenden, wenn diese bereits zu einem früheren Zeitpunkt angewandt wurden). (Siehe Paragraphen 7.2.2 und 7.3.2.)

7.2.28 Ein Unternehmen, das IFRS 9 (2009), IFRS 9 (2010) oder IFRS 9 (2013) angewandt hat und nachfolgend den vorliegenden Standard anwendet,

a) hat seine frühere Designation eines finanziellen Vermögenswerts als erfolgswirksam zum beizulegenden Zeitwert bewertet aufzuheben, wenn eine solche Designation gemäß der in Paragraph 4.1.5 genannten Bedingung erfolgt war, diese Bedingung aber infolge der Anwendung des vorliegenden Standards nicht mehr erfüllt ist,

b) kann einen finanziellen Vermögenswert als erfolgswirksam zum beizulegenden Zeitwert bewertet designieren, wenn diese Designation bislang die in Paragraph 4.1.5 genannte Bedingung nicht erfüllt hätte, diese Bedingung aber nun infolge der Anwendung des vorliegenden Standards erfüllt wird,

c) hat seine frühere Designation einer finanziellen Verbindlichkeit als erfolgswirksam zum beizulegenden Zeitwert bewertet aufzuheben, wenn eine solche Designation gemäß der in Paragraph 4.2.2(a) genannten Bedingung erfolgt war, diese Bedingung aber infolge der Anwendung des vorliegenden Standards nicht mehr erfüllt ist, und

d) kann eine finanzielle Verbindlichkeit als erfolgswirksam zum beizulegenden Zeitwert bewertet designieren, wenn diese Designation bislang die in Paragraph 4.2.2(a) genannte Bedingung nicht erfüllt hätte, diese Bedingung aber nun infolge der Anwendung des vorliegenden Standards erfüllt wird.

Eine solche Designation bzw. die Aufhebung einer Designation hat auf Grundlage der bei der erstmaligen Anwendung des vorliegenden Standards bestehenden Fakten und Umstände zu erfolgen. Sie ist rückwirkend anzuwenden.

Übergangsvorschriften für Vorfälligkeitsregelungen mit negativer Ausgleichsleistung

7.2.29 Mit Ausnahme der in den Paragraphen 7.2.30–7.2.34 genannten Fällen ist die Verlautbarung *Vorfälligkeitsregelungen mit negativer Ausgleichsleistung* (Änderungen an IFRS 9) gemäß IAS 8 rückwirkend anzuwenden.

7.2.30 Wendet ein Unternehmen bei erstmaliger Anwendung dieser Änderungen gleichzeitig auch diesen Standard erstmals an, hat es anstelle der Paragraphen 7.2.31 und 7.2.34 die Paragraphen 7.2.1–7.2.28 anzuwenden.

7.2.31 Wendet ein Unternehmen diese Änderungen erstmals nach der erstmaligen Anwendung dieses Standards an, so hat es nach den Paragraphen 7.2.32–7.2.34 zu verfahren. Darüber hinaus hat das Unternehmen auch die anderen für die Anwendung der Änderungen erforderlichen Übergangsvorschriften dieses Standards anzuwenden. Zu diesem Zweck sind Verweise auf den Zeitpunkt der erstmaligen Anwendung als Verweise auf den Beginn der Berichtsperiode zu verstehen, in der das Unternehmen diese Änderungen erstmals anwendet (Zeitpunkt der erstmaligen Anwendung dieser Änderungen).

7.2.32 Was die Designation eines finanziellen Vermögenswerts oder einer finanziellen Verbindlichkeit als erfolgswirksam zum beizulegenden Zeitwert bewertet angeht, so

a) hat ein Unternehmen seine frühere Designation eines finanziellen Vermögenswerts als erfolgswirksam zum beizulegenden Zeitwert bewertet aufzuheben, wenn eine solche Designation gemäß der in Paragraph 4.1.5 genannten Bedingung erfolgt war, diese Bedingung aber infolge der Anwendung der vorliegenden Änderungen nicht mehr erfüllt ist,

b) kann ein Unternehmen einen finanziellen Vermögenswert als erfolgswirksam zum beizulegenden Zeitwert bewertet designieren, wenn diese Designation bislang die in Paragraph 4.1.5 genannten Bedingung nicht erfüllt hätte, diese Bedingung aber nun infolge der Anwendung der vorliegenden Änderungen erfüllt wird,

c) hat ein Unternehmen seine frühere Designation einer finanziellen Verbindlichkeit als erfolgswirksam zum beizulegenden Zeitwert bewertet aufzuheben, wenn eine solche Designation gemäß der in Paragraph 4.2.2 (a) genannten Bedingung erfolgt war, diese Bedingung aber infolge der Anwendung der vorliegenden Änderungen nicht mehr erfüllt ist, und

d) kann ein Unternehmen eine finanzielle Verbindlichkeit als erfolgswirksam zum beizulegenden Zeitwert bewertet designieren, wenn diese Designation bislang die in Paragraph 4.2.2(a) genannten Bedingung nicht erfüllt hätte, diese Bedingung aber nun infolge der Anwendung der vorliegenden Änderungen erfüllt wird.

Eine solche Designation bzw. die Aufhebung einer Designation, hat auf Grundlage der zum Zeitpunkt der erstmaligen Anwendung dieser Änderungen bestehenden Fakten und Umstände zu erfolgen. Sie ist rückwirkend anzuwenden.

7.2.33 Ein Unternehmen ist nicht verpflichtet, frühere Perioden anzupassen, um der Anwendung dieser Änderungen Rechnung zu tragen. Das Unternehmen darf frühere Perioden nur anpassen, wenn dabei keine nachträglichen Erkenntnisse verwendet werden müssen und der angepasste Abschluss allen Vorschriften dieses Standards Rechnung trägt. Passt ein Unternehmen frühere Perioden nicht an, hat es etwaige Differenzen zwischen dem bisherigen Buchwert und dem Buchwert zu Beginn des Geschäftsjahrs, in das der Zeitpunkt der erstmaligen Anwendung dieser Änderungen fällt, im Eröffnungsbilanzwert der Gewinnrücklagen (oder eines anderen geeigneten Eigenkapitalpostens) des Geschäftsjahrs zu erfassen, in das der Zeitpunkt der erstmaligen Anwendung dieser Änderungen fällt.

7.2.34 In der Berichtsperiode, in die der Zeitpunkt der erstmaligen Anwendung dieser Änderungen fällt, hat das Unternehmen für jede Klasse von finanziellen Vermögenswerten und finanziellen Verbindlichkeiten, die von diesen Änderungen betroffen waren, die folgenden Angaben zum Zeitpunkt der erstmaligen Anwendung zu machen:

a) die vorherige Bewertungskategorie und den unmittelbar vor Anwendung dieser Änderungen bestimmten Buchwert,

b) die neue Bewertungskategorie und den unmittelbar nach Anwendung dieser Änderungen bestimmten Buchwert,

c) den Buchwert aller finanziellen Vermögenswerte und Verbindlichkeiten in der Bilanz, die zuvor als erfolgswirksam zum beizulegenden Zeitwert bewertet designiert waren, es aber jetzt nicht mehr sind, und

d) die Gründe für jede Designation oder Aufgabe der Designation von finanziellen Vermögenswerten oder Verbindlichkeiten als erfolgswirksam zum beizulegenden Zeitwert bewertet.

Übergangsvorschriften für die „Jährlichen Verbesserungen an den IFRS-Standards"

7.2.35 Ein Unternehmen hat die *Jährlichen Verbesserungen an den IFRS-Standards, Zyklus 2018–2020* auf finanzielle Verbindlichkeiten anzuwenden, die zu oder nach Beginn des Geschäftsjahrs, in dem das Unternehmen die Änderung erstmals anwendet, geändert oder ausgetauscht werden.

Übergangsvorschriften für IFRS 17 in der im Juni 2020 geänderten Fassung

7.2.36 Ein Unternehmen hat die aufgrund der im Juni 2020 geänderten Fassung der IFRS 17 erfolgten Änderungen an IFRS 9 gemäß IAS 8 rückwirkend anzuwenden, mit den in den Paragraphen 7.2.37–7.2.42 aufgeführten Ausnahmen.

7.2.37 Ein Unternehmen, das IFRS 17 in der im Juni 2020 geänderten Fassung erstmals anwendet und gleichzeitig auch den vorliegenden Standard erstmals anwendet, hat anstelle der Paragraphen 7.2.38–7.2.42 nun die Paragraphen 7.2.1–7.2.28 anzuwenden.

7.2.38 Wendet ein Unternehmen IFRS 17 in der im Juni 2020 geänderten Fassung erstmals an, nachdem es zuvor schon den vorliegenden Standard erstmals angewandt hat, hat es die Paragraphen 7.2.39–7.2.42 anzuwenden. Darüber hinaus hat das Unternehmen auch die anderen für die Anwendung der Änderungen erforderlichen Übergangsvorschriften dieses Standards anzuwenden. Zu diesem Zweck sind Verweise auf den Zeitpunkt der erstmaligen Anwendung als Verweise auf den Beginn der Berichtsperiode zu verstehen, in der das Unternehmen diese Änderungen erstmals anwendet (Zeitpunkt der erstmaligen Anwendung dieser Änderungen).

7.2.39 Hinsichtlich der Designation einer finanziellen Verbindlichkeit als erfolgswirksam zum beizulegenden Zeitwert bewertet

a) hat ein Unternehmen seine frühere Designation einer finanziellen Verbindlichkeit als erfolgswirksam zum beizulegenden Zeitwert bewertet aufzuheben, wenn eine solche Designation gemäß der in Paragraph 4.2.2 (a) genannten Bedingung erfolgt war, diese Bedingung aber infolge der Anwendung dieser Änderungen nicht mehr erfüllt ist, und

b) kann ein Unternehmen eine finanzielle Verbindlichkeit als erfolgswirksam zum beizulegenden Zeitwert bewertet designieren, wenn diese Designation bislang die in Paragraph 4.2.2(a) genannte Bedingung nicht erfüllt hätte, diese Bedingung aber nun infolge der Anwendung der vorliegenden Änderungen erfüllt wird.

Eine solche Designation bzw. die Aufhebung einer Designation hat auf Grundlage der zum Zeitpunkt der erstmaligen Anwendung dieser Änderungen bestehenden Fakten und Umstände zu erfolgen. Diese Einstufung ist rückwirkend anzuwenden.

7.2.40 Ein Unternehmen ist nicht verpflichtet, frühere Perioden anzupassen, um der Anwendung dieser Änderungen Rechnung zu tragen. Das Unternehmen darf frühere Perioden nur anpassen, wenn dabei keine nachträglichen Erkenntnisse verwendet werden müssen. Passt ein Unternehmen frühere Perioden an, müssen die angepassten Abschlüsse alle Anforderungen des vorliegenden Standards an die betreffenden finanziellen Vermögenswerte erfüllen. Passt ein Unternehmen frühere Perioden nicht an, hat es etwaige Differenzen zwischen dem früheren Buchwert und dem Buchwert zu Beginn des Geschäftsjahrs, in das der Zeitpunkt der erstmaligen Anwendung dieser Änderungen fällt, im Eröffnungsbilanzwert der Gewinnrücklagen (oder eines anderen geeigneten Eigenkapitalpostens) des Geschäftsjahrs zu erfassen, in das der Zeitpunkt der erstmaligen Anwendung dieser Änderungen fällt.

7.2.41 In der Berichtsperiode, in die der Zeitpunkt der erstmaligen Anwendung dieser Änderungen fällt, ist ein Unternehmen nicht verpflichtet, die nach Paragraph 28(f) von IAS 8 erforderlichen quantitativen Angaben zu machen.

7.2.42 In der Berichtsperiode, in die der Zeitpunkt der erstmaligen Anwendung dieser Änderungen fällt, hat das Unternehmen für jede Klasse von finanziellen Vermögenswerten und finanziellen Verbindlichkeiten, die von diesen Änderungen betroffen waren, die folgenden Angaben zum Zeitpunkt der erstmaligen Anwendung zu machen:

a) die vorherige Einstufung, einschließlich der vorherigen Bewertungskategorie, falls zutreffend, und den unmittelbar vor Anwendung dieser Änderungen bestimmten Buchwert,

b) die neue Bewertungskategorie und den unmittelbar nach Anwendung dieser Änderungen bestimmten Buchwert,

c) den Buchwert aller finanziellen Verbindlichkeiten in der Bilanz, die zuvor als erfolgswirksam zum beizulegenden Zeitwert bewertet designiert waren, es jetzt aber nicht mehr sind, und

d) die Gründe für jede Designation oder Aufgabe der Designation von finanziellen Verbindlichkeiten als erfolgswirksam zum beizulegenden Zeitwert bewertet.

Übergangsvorschriften für Reform der Referenzzinssätze – Phase 2

7.2.43 Soweit in den Paragraphen 7.2.44–7.2.46 nicht anders festgelegt, ist die Verlautbarung *Reform der Referenzzinssätze – Phase 2* gemäß IAS 8 rückwirkend anzuwenden.

7.2.44 Eine neue Sicherungsbeziehung (z. B. wie in Paragraph 6.9.13 beschriebene) darf nur prospektiv designiert werden (d. h. in Vorperioden darf ein Unternehmen keine neue Sicherungsbeziehung designieren). Ein Unternehmen hat eine beendete Sicherungsbeziehung wieder herzustellen, allerdings nur dann, wenn die folgenden Bedingungen erfüllt sind:

a) das Unternehmen hatte die jeweilige Sicherungsbeziehung nur aufgrund von Veränderungen beendet, die die Reform der Referenzzinssätze notwendig gemacht hatte, und das Unternehmen hätte die Sicherungsbeziehung nicht beenden müssen, wenn diese Änderungen zu diesem Zeitpunkt bereits angewandt worden wären, und

b) zu Beginn der Berichtsperiode, in der ein Unternehmen die Änderungen erstmals anwendet (Datum der erstmaligen Anwendung der Änderungen), erfüllt die beendete Sicherungsbeziehung die Voraussetzungen für die Bilanzierung von Sicherungsbeziehungen (nach Berücksichtigung der Änderungen).

7.2.45 Falls ein Unternehmen eine beendete Sicherungsbeziehung in Anwendung des Paragraphen 7.2.44 wieder herstellt, hat es die in den Paragraphen 6.9.11 und 6.9.12 enthaltenen Bezugnahmen auf den Zeitpunkt der erstmaligen Designation des alternativen Referenzzinssatzes als nicht vertraglich spezifizierte Risikokomponente als Bezugnahmen auf den Zeitpunkt der erstmaligen Anwendung der Änderungen auszulegen (d. h. der Zeitraum von 24 Monaten für den jeweiligen alternativen Referenzzinssatz, der als nicht vertraglich spezifizierte Risikokomponente designiert ist, beginnt mit dem Zeitpunkt der erstmaligen Anwendung der Änderungen).

7.2.46 Ein Unternehmen ist nicht verpflichtet, frühere Perioden anzupassen, um der Anwendung dieser Änderungen Rechnung zu tragen. Ein Unternehmen darf frühere Perioden nur anpassen, wenn dabei keine nachträglichen Erkenntnisse verwendet werden müssen. Passt ein Unternehmen frühere Perioden nicht an, hat es etwaige Differenzen zwischen dem früheren Buchwert und dem Buchwert zu Beginn des Geschäftsjahrs, in das der Zeitpunkt der erstmaligen Anwendung dieser Änderungen fällt, im Eröffnungsbilanzwert der Gewinnrücklagen (oder eines anderen geeigneten Eigenkapitalpostens) des Geschäftsjahrs zu erfassen, in das der Zeitpunkt der erstmaligen Anwendung dieser Änderungen fällt.

7.3 RÜCKNAHME VON IFRIC 9, IFRS 9 (2009), IFRS 9 (2010) UND IFRS 9 (2013)

7.3.1 Dieser Standard ersetzt IFRIC 9 *Neubeurteilung eingebetteter Derivate*. In den Vorschriften, mit denen IFRS 9 im Oktober 2010 ergänzt wurde, sind die bisherigen Vorschriften der Paragraphen 5 und 7 von IFRIC 9 enthalten. Als Folgeänderung wurden die Vorschriften des bisherigen Paragraphen 8 von IFRIC 9 in IFRS 1 *Erstmalige Anwendung der International Financial Reporting Standards* übernommen.

7.3.2 Dieser Standard ersetzt IFRS 9 (2009), IFRS 9 (2010) und IFRS 9 (2013). Auf Geschäftsjahre, die vor dem 1. Januar 2018 beginnen, kann ein Unternehmen jedoch wahlweise anstelle des vorliegenden Standards die früheren Fassungen von IFRS 9 anwenden. Dies gilt allerdings nur, wenn der relevante Zeitpunkt der erstmaligen Anwendung durch das Unternehmen vor dem 1. Februar 2015 liegt.

Anhang A
Definitionen

Dieser Anhang ist integraler Bestandteil des Standards.

Erwarteter 12-Monats-Kreditverlust	Der Teil der **über die Laufzeit erwarteten Kreditverluste,** der den **erwarteten Kreditverlusten** aus Ausfallereignissen entspricht, die bei einem Finanzinstrument innerhalb von 12 Monaten nach dem Abschlussstichtag möglich sind.
Fortgeführte Anschaffungskosten eines finanziellen Vermögenswerts oder einer finanziellen Verbindlichkeit	Der Betrag, mit dem der finanzielle Vermögenswert oder die finanzielle Verbindlichkeit beim erstmaligen Ansatz bewertet wird, abzüglich der Tilgungen, zuzüglich oder abzüglich der kumulierten Amortisation einer etwaigen Differenz zwischen dem ursprünglichen Betrag und dem bei Fälligkeit rückzahlbaren Betrag unter Anwendung der **Effektivzinsmethode** sowie bei finanziellen Vermögenswerten nach Berücksichtigung einer etwaigen **Wertberichtigung.**
Vertragsvermögenswerte	Jene Rechte, die nach IFRS 15 *Erlöse aus Verträgen mit Kunden* zur Erfassung und Bewertung von Wertminderungsaufwendungen und -erträgen gemäß dem vorliegenden Standard bilanziert werden.
Finanzieller Vermögenswert mit beeinträchtigter Bonität	Die Bonität eines finanziellen Vermögenswerts ist beeinträchtigt, wenn ein oder mehrere Ereignisse mit nachteiligen Auswirkungen auf die erwarteten künftigen Zahlungsströme aus diesem finanziellen Vermögenswert eingetreten sind. Anhaltspunkte für eine beeinträchtigte Bonität eines finanziellen Vermögenswerts sind u. a. beobachtbare Daten zu den folgenden Ereignissen: a) signifikante finanzielle Schwierigkeiten des Emittenten oder des Kreditnehmers,

b) ein Vertragsbruch wie beispielsweise Ausfall oder Überfälligkeit,

c) Zugeständnisse, die der/die Kreditgeber dem Kreditnehmer aus wirtschaftlichen oder rechtlichen Gründen im Zusammenhang mit den finanziellen Schwierigkeiten des Kreditnehmers macht/machen, anderenfalls aber nicht in Betracht ziehen würde/n,

d) es wird wahrscheinlich, dass der Kreditnehmer in Insolvenz oder ein sonstiges Sanierungsverfahren geht,

e) das durch finanzielle Schwierigkeiten bedingte Verschwinden eines aktiven Markts für diesen finanziellen Vermögenswert, oder

f) der Kauf oder die Ausreichung eines finanziellen Vermögenswerts mit einem hohen Disagio, das die eingetretenen **Kreditverluste** widerspiegelt.

Eventuell kann kein einzelnes Ereignis festgestellt werden, sondern kann die kombinierte Wirkung mehrerer Ereignisse die Bonität finanzieller Vermögenswerte beeinträchtigt haben.

Kreditverlust

Die Differenz zwischen allen vertraglichen Zahlungen, die einem Unternehmen vertragsgemäß geschuldet werden, und sämtlichen Zahlungen, die das Unternehmen voraussichtlich einnimmt (d. h. alle Zahlungsausfälle), abgezinst zum ursprünglichen **Effektivzinssatz** (oder zum **bonitätsangepassten Effektivzinssatz** für **finanzielle Vermögenswerte mit bereits bei Erwerb oder Ausreichung beeinträchtigter Bonität**). Ein Unternehmen hat die Zahlungen unter Berücksichtigung aller vertraglichen Bedingungen des Finanzinstruments (wie vorzeitige Rückzahlung, Verlängerung, Kauf- und vergleichbare Optionen) über die erwartete Laufzeit dieses Finanzinstruments zu schätzen. Die berücksichtigten Zahlungen umfassen Zahlungen aus dem Verkauf gehaltener Sicherheiten oder sonstiger Kreditsicherheiten, die integraler Bestandteil der vertraglichen Bedingungen sind. Es wird vermutet, dass die erwartete Laufzeit eines Finanzinstruments verlässlich geschätzt werden kann. In den seltenen Fällen, in denen die erwartete Laufzeit eines Finanzinstruments nicht verlässlich geschätzt werden kann, hat das Unternehmen allerdings die verbleibende vertragliche Laufzeit des Finanzinstruments zugrunde zu legen.

Bonitätsangepasster Effektivzinssatz

Der Zinssatz, mit dem die geschätzten künftigen Ein-/Auszahlungen über die erwartete Laufzeit des finanziellen Vermögenswerts exakt auf die **fortgeführten Anschaffungskosten eines finanziellen Vermögenswerts** mit **bereits bei Erwerb oder Ausreichung beeinträchtigter Bonität** abgezinst werden. Bei der Ermittlung des bonitätsangepassten Effektivzinssatzes hat ein Unternehmen zur Schätzung der erwarteten Zahlungsströme alle vertraglichen Bedingungen des finanziellen Vermögenswerts (wie vorzeitige Rückzahlung, Verlängerung, Kauf- und vergleichbare Optionen) und **erwartete Kreditverluste** zu berücksichtigen. In diese Berechnung fließen alle zwischen den Vertragspartnern gezahlten Gebühren und sonstige Entgelte, die integraler Bestandteil des Effektivzinssatzes (siehe Paragraphen B5.4.1–B5.4.3) sind, sowie der **Transaktionskosten** und aller anderen Agios und Disagios ein. Es wird vermutet, dass die Zahlungsströme und die erwartete Laufzeit einer Gruppe ähnlicher Finanzinstrumente verlässlich geschätzt werden können. In den seltenen Fällen, in denen die Zahlungsströme oder die Restlaufzeit eines Finanzinstruments (oder einer Gruppe von Finanzinstrumenten) nicht verlässlich geschätzt werden können, hat das Unternehmen allerdings die vertraglichen Zahlungsströme über die gesamte vertragliche Laufzeit des Finanzinstruments (oder der Gruppe von Finanzinstrumenten) zugrunde zu legen.

3/8. IFRS 9
Anhang A

Ausbuchung	Entfernung eines finanziellen Vermögenswerts oder einer finanziellen Verbindlichkeit aus der Bilanz eines Unternehmens.
Derivat	Ein Finanzinstrument oder anderer Vertrag im Anwendungsbereich des vorliegenden Standards, der alle drei folgenden Merkmale aufweist:

a) seine Wertentwicklung ist an einen bestimmten Zinssatz, den Preis eines Finanzinstruments, einen Rohstoffpreis, Wechselkurs, Preis- oder Kursindex, Bonitätsrating oder -index oder eine andere Variable gekoppelt, sofern bei einer nichtfinanziellen Variablen diese nicht spezifisch für eine der Vertragsparteien ist (auch „Basis" genannt),

b) es ist keine Anfangsauszahlung erforderlich oder eine, die im Vergleich zu anderen Vertragsformen, von denen zu erwarten ist, dass sie in ähnlicher Weise auf Änderungen der Marktbedingungen reagieren, geringer ist,

c) die Erfüllung erfolgt zu einem späteren Zeitpunkt.

Dividenden	Gewinnausschüttungen an die Inhaber von Eigenkapitalinstrumenten im Verhältnis zu den von ihnen gehaltenen Anteilen einer bestimmten Kapitalgattung.
Effektivzinsmethode	Die Methode, die bei der Berechnung der **fortgeführten Anschaffungskosten eines finanziellen Vermögenswerts oder einer finanziellen Verbindlichkeit** sowie bei der Verteilung und erfolgswirksamen Erfassung von Zinserträgen oder -aufwendungen über die betreffenden Perioden verwendet wird.
Effektivzinssatz	Der Zinssatz, mit dem die geschätzten künftigen Ein-/Auszahlungen über die erwartete Laufzeit des finanziellen Vermögenswerts oder der finanziellen Verbindlichkeit exakt auf den **Bruttobuchwert eines finanziellen Vermögenswerts** oder auf die **fortgeführten Anschaffungskosten einer finanziellen Verbindlichkeit** abgezinst werden. Bei der Ermittlung des Effektivzinssatzes hat ein Unternehmen zur Schätzung der erwarteten Zahlungsströme alle vertraglichen Bedingungen des Finanzinstruments (wie vorzeitige Rückzahlung, Verlängerung, Kauf- und vergleichbare Optionen) zu berücksichtigen, **erwartete Kreditverluste** aber unberücksichtigt zu lassen. In diese Berechnung fließen alle zwischen den Vertragspartnern gezahlten Gebühren und sonstige Entgelte, die integraler Bestandteil des Effektivzinssatzes sind (siehe Paragraphen B5.4.1–B5.4.3) sind, sowie der **Transaktionskosten** und aller anderen Agios und Disagios ein. Es wird vermutet, dass die Zahlungsströme und die erwartete Laufzeit einer Gruppe ähnlicher Finanzinstrumente verlässlich geschätzt werden können. In den seltenen Fällen, in denen die Zahlungsströme oder die erwartete Laufzeit eines Finanzinstruments (oder einer Gruppe von Finanzinstrumenten) nicht verlässlich geschätzt werden können, hat das Unternehmen allerdings die vertraglichen Zahlungsströme über die gesamte vertragliche Laufzeit des Finanzinstruments (oder der Gruppe von Finanzinstrumenten) zugrunde zu legen.
Erwartete Kreditverluste	Der gewichtete Durchschnitt der **Kreditverluste,** wobei die jeweiligen Ausfallwahrscheinlichkeiten als Gewichtungen angesetzt werden.
Finanzielle Garantie	Ein Vertrag, bei dem der Garantiegeber zur Leistung bestimmter Zahlungen verpflichtet ist, die den Garantienehmer für einen Verlust entschädigen, der entsteht, weil ein bestimmter Schuldner seinen Zahlungsverpflichtungen nicht fristgerecht und den ursprünglichen oder veränderten Bedingungen eines Schuldinstruments entsprechend nachkommt.

Erfolgswirksam zum beizulegenden Zeitwert bewertete finanzielle Verbindlichkeit	Eine finanzielle Verbindlichkeit, die eine der folgenden Bedingungen erfüllt: a) Sie erfüllt die Definition von **zu Handelszwecken gehalten**, b) Beim erstmaligen Ansatz wird sie vom Unternehmen gemäß Paragraph 4.2.2 oder 4.3.5 als erfolgswirksam zum beizulegenden Zeitwert bewertet designiert, c) Sie wird entweder beim erstmaligen Ansatz oder nachfolgend gemäß Paragraph 6.7.1 als erfolgswirksam zum beizulegenden Zeitwert bewertet designiert.
Feste Verpflichtung	Eine rechtlich bindende Vereinbarung über den Austausch einer bestimmten Menge an Ressourcen zu einem festgesetzten Preis und zu einem festgesetzten Zeitpunkt oder festgesetzten Zeitpunkten.
Erwartete Transaktion	Eine noch nicht fest zugesagte, aber voraussichtlich eintretende künftige Transaktion.
Bruttobuchwert eines finanziellen Vermögenswerts	Die **fortgeführten Anschaffungskosten eines finanziellen Vermögenswerts** vor Berücksichtigung einer etwaigen **Wertberichtigung**.
Sicherungsquote	Das Verhältnis zwischen dem Volumen des Sicherungsinstruments und dem Volumen des Grundgeschäfts gemessen an ihrer relativen Gewichtung.
Zu Handelszwecken gehalten	Ein finanzieller Vermögenswert oder eine finanzielle Verbindlichkeit, der/die a) hauptsächlich mit der Absicht erworben oder eingegangen wurde, kurzfristig verkauft oder zurückgekauft zu werden, b) beim erstmaligen Ansatz Teil eines Portfolios eindeutig identifizierter und gemeinsam verwalteter Finanzinstrumente ist, bei dem es in jüngerer Vergangenheit nachweislich kurzfristige Gewinnmitnahmen gab, oder c) ein **Derivat** ist (mit Ausnahme solcher, bei denen es sich um eine finanzielle Garantie oder ein designiertes und wirksames Sicherungsinstrument handelt).
Wertminderungsaufwand oder -ertrag	Die Aufwendungen oder Erträge, die gemäß Paragraph 5.5.8 erfolgswirksam erfasst werden und aus der Anwendung der in Abschnitt 5.5 enthaltenen Wertminderungsvorschriften resultieren.
Über die Laufzeit erwartete Kreditverluste	Die **erwarteten Kreditverluste,** die aus allen möglichen Ausfallereignissen über die erwartete Laufzeit eines Finanzinstruments resultieren.
Wertberichtigung	Die Wertberichtigung für **erwartete Kreditverluste** aus finanziellen Vermögenswerten, die gemäß Paragraph 4.1.2 bewertet werden, Forderungen aus Leasingverhältnissen und **Vertragsvermögenswerte,** die Höhe der kumulierten Wertberichtigung bei finanziellen Vermögenswerten, die gemäß Paragraph 4.1.2A bewertet werden, und die Rückstellung für erwartete Kreditverluste aus Kreditzusagen und **finanziellen Garantien.**

3/8. IFRS 9
Anhang A

Änderungsbedingte Gewinne oder Verluste	Der Betrag, der sich aus der Anpassung des **Bruttobuchwerts eines finanziellen Vermögenswerts** an die neu verhandelten oder geänderten vertraglichen Zahlungsströme ergibt. Das Unternehmen berechnet den Bruttobuchwert eines finanziellen Vermögenswerts erneut als Barwert der geschätzten Ein-/Auszahlungen über die erwartete Laufzeit des neu verhandelten oder geänderten finanziellen Vermögenswerts, die zum ursprünglichen **Effektivzinssatz** (oder zum ursprünglichen **bonitätsangepassten Effektivzinssatz** für **finanzielle Vermögenswerte mit bereits bei Erwerb oder Ausreichung beeinträchtigter Bonität**) des finanziellen Vermögenswerts oder gegebenenfalls zum geänderten **Effektivzinssatz,** der gemäß Paragraph 6.5.10 ermittelt wird, abgezinst werden. Bei der Schätzung der erwarteten Zahlungsströme aus einem finanziellen Vermögenswert hat ein Unternehmen alle vertraglichen Bedingungen des finanziellen Vermögenswerts (wie vorzeitige Rückzahlung, Kauf- und vergleichbare Optionen) zu berücksichtigen, jedoch **erwartete Kreditverluste** auszunehmen, es ein denn, es handelt sich bei dem finanziellen Vermögenswert um einen **finanziellen Vermögenswert mit bereits bei Erwerb oder Ausreichung beeinträchtigter Bonität**, wobei das Unternehmen auch die ursprünglich erwarteten Kreditverluste, die bei der Ermittlung des ursprünglichen **bonitätsangepassten Effektivzinssatzes** herangezogen wurden, zu berücksichtigen hat.
Überfällig	Ein finanzieller Vermögenswert ist überfällig, wenn eine Gegenpartei eine Zahlung zum vertraglich vorgesehenen Fälligkeitszeitpunkt nicht geleistet hat.
Finanzieller Vermögenswert mit bereits bei Erwerb oder Ausreichung beeinträchtigter Bonität	Ein erworbener oder ausgereichter finanzieller Vermögenswert, dessen **Bonität** beim erstmaligen Ansatz **beeinträchtigt ist**.
Zeitpunkt der Neueinstufung	Der erste Tag der ersten Berichtsperiode nach der Änderung des Geschäftsmodells, die zu einer Neueinstufung der finanziellen Vermögenswerte durch das Unternehmen führt.
Marktüblicher Kauf oder Verkauf	Ein Kauf oder Verkauf eines finanziellen Vermögenswerts im Rahmen eines Vertrags, der die Lieferung des Vermögenswerts innerhalb eines Zeitraums vorsieht, der üblicherweise durch Vorschriften oder Konventionen des jeweiligen Marktes festgelegt wird.
Transaktionskosten	Zusätzliche Kosten, die dem Erwerb, der Emission oder der Veräußerung eines finanziellen Vermögenswerts oder einer finanziellen Verbindlichkeit einzeln zuordenbar sind (siehe Paragraph B5.4.8). Zusätzliche Kosten sind solche, die nicht entstanden wären, wenn das Unternehmen das Finanzinstrument nicht erworben, emittiert oder veräußert hätte.

Die nachfolgenden Begriffe sind in Paragraph 11 von IAS 32, Anhang A von IFRS 7, Anhang A von IFRS 13 oder Anhang A von IFRS 15 definiert und werden im vorliegenden Standard mit den in IAS 32, IFRS 7, IFRS 13 oder IFRS 15 angegebenen Bedeutungen verwendet:

a) Ausfallrisiko([1]),
b) Eigenkapitalinstrument,
c) Beizulegender Zeitwert,
d) Finanzieller Vermögenswert,
e) Finanzinstrument,
f) Finanzielle Verbindlichkeit,
g) Transaktionspreis.

([1]) Dieser Begriff (wie in IFRS 7 definiert) wird in den Vorschriften zur Darstellung der Auswirkungen von Änderungen des Ausfallrisikos bei Verbindlichkeiten, die als erfolgswirksam zum beizulegenden Zeitwert bewertet designiert sind (siehe Paragraph 5.7.7), verwendet.

Anhang B
Anwendungsleitlinien

Dieser Anhang ist integraler Bestandteil des Standards.

ANWENDUNGSBEREICH (KAPITEL 2)

B2.1 Einige Verträge sehen eine Zahlung auf Basis klimatischer, geologischer oder sonstiger physikalischer Variablen vor. (Verträge, die auf klimatischen Variablen basieren, werden manchmal auch als „Wetterderivate" bezeichnet.) Wenn diese Verträge nicht im Anwendungsbereich von IFRS 17 *Versicherungsverträge* liegen, fallen sie in den Anwendungsbereich dieses Standards.

B2.2 Die Vorschriften für Versorgungspläne für Arbeitnehmer, die in den Anwendungsbereich von IAS 26 *Bilanzierung und Berichterstattung von Altersversorgungsplänen* fallen, und für Verträge über Nutzungsentgelte, die an das Umsatzvolumen oder die Höhe der Erträge aus Dienstleistungen gekoppelt sind und nach IFRS 15 *Erlöse aus Verträgen mit Kunden* bilanziert werden, werden durch den vorliegenden Standard nicht geändert.

B2.3 Gelegentlich tätigt ein Unternehmen aus seiner Sicht „strategische Investitionen" in von anderen Unternehmen emittierte Eigenkapitalinstrumente mit der Absicht, eine langfristige Geschäftsbeziehung zu diesem Unternehmen aufzubauen oder zu vertiefen. Der Investor oder das Partnerunternehmen müssen anhand von IAS 28 feststellen, ob auf die Bilanzierung einer solchen Finanzinvestition die Equity-Methode anzuwenden ist.

B2.4 Dieser Standard gilt für finanzielle Vermögenswerte und finanzielle Verbindlichkeiten von Versicherern, mit Ausnahme der Rechte und Verpflichtungen, die Paragraph 2.1(e) ausschließt, da sie sich aus Verträgen im Anwendungsbereich von IFRS 17 Versicherungsverträge ergeben.

B2.5 Finanzielle Garantien können verschiedene rechtliche Formen haben (Garantie, einige Arten von Akkreditiven, Kreditderivat, Versicherungsvertrag o. ä.), die für ihre Behandlung in der Rechnungslegung aber unerheblich sind. Wie sie behandelt werden sollten, zeigen folgende Beispiele (siehe Paragraph 2.1(e)):

a) Obwohl eine finanzielle Garantie die Definition eines Versicherungsvertrags nach IFRS 17 erfüllt (siehe Paragraph 7(e) von IFRS 17), wendet der Garantiegeber den vorliegenden Standard an, wenn das übertragene Risiko signifikant ist. Hat der Garantiegeber jedoch zuvor ausdrücklich erklärt, dass er solche Verträge als Versicherungsverträge betrachtet und auf Versicherungsverträge anwendbare Rechnungslegungsmethoden verwendet hat, dann kann er wählen, ob er auf solche finanziellen Garantien diesen Standard oder IFRS 17 anwendet. Wenn der Garantiegeber den vorliegenden Standard anwendet, hat er gemäß Paragraph 5.1.1 eine finanzielle Garantie erstmalig zum beizulegenden Zeitwert anzusetzen. Wenn diese finanzielle Garantie in einem eigenständigen Geschäft zwischen voneinander unabhängigen Geschäftspartnern einer nicht nahestehenden Partei gewährt wurde, entspricht ihr beizulegender Zeitwert bei Vertragsbeginn der erhaltenen Prämie, solange das Gegenteil nicht belegt ist. Wenn die finanzielle Garantie bei Vertragsbeginn nicht als erfolgswirksam zum beizulegenden Zeitwert bewertet designiert wurde, oder sofern die Paragraphen 3.2.15–3.2.23 und B3.2.12–B3.2.17 Anwendung finden (wenn die Übertragung eines finanziellen Vermögenswerts nicht die Bedingungen für eine Ausbuchung erfüllt oder ein anhaltendes Engagement zugrunde gelegt wird), bewertet der Garantiegeber sie anschließend zum höheren Wert von

i) dem gemäß Abschnitt 5.5 bestimmten Betrag und

ii) dem erstmalig angesetzten Betrag abzüglich gegebenenfalls der gemäß den Grundsätzen von IRFS 15 (siehe Paragraph 4.2.1(c)) erfassten kumulierten Erträge.

b) Bei einigen kreditbezogenen Garantien muss der Garantienehmer, um eine Zahlung zu erhalten, weder dem Risiko ausgesetzt sein, dass der Schuldner fällige Zahlungen aus dem durch eine Garantie unterlegten Vermögenswert nicht leistet, noch aufgrund dessen einen Verlust erlitten haben. Ein Beispiel hierfür ist eine Garantie, die Zahlungen für den Fall vorsieht, dass bei einem bestimmten Bonitätsrating oder -index Änderungen eintreten. Bei solchen Garantien handelt es sich laut Definition in diesem Standard nicht um finanzielle Garantien und laut Definition in IFRS 17 auch nicht um Versicherungsverträge. Solche Garantien sind Derivate und der Garantiegeber wendet den vorliegenden Standard auf sie an.

c) Wenn eine finanzielle Garantie in Verbindung mit einem Warenverkauf gewährt wurde, wendet der Garantiegeber IFRS 15 an und bestimmt, wann er den Ertrag aus der Garantie und aus dem Warenverkauf erfasst.

B2.6 Erklärungen, wonach ein Garantiegeber Verträge als Versicherungsverträge betrachtet, finden sich in der Regel im Schriftwechsel des Garantiegebers mit Kunden und Regulierungsbehörden, in Verträgen, Geschäftsunterlagen und im Abschluss. Versicherungsverträge unterliegen außerdem oft Bilanzierungsvorschriften, die sich von den Vorschriften für andere Arten von Transaktionen, wie Verträge von Banken oder Handelsgesellschaften, unterscheiden. In solchen Fällen wird der Abschluss des Garantiegebers in der Regel eine Erklärung enthalten, dass er jene Bilanzierungsvorschriften angewendet hat.

ANSATZ UND AUSBUCHUNG (KAPITEL 3)

Erstmaliger Ansatz (Paragraph 3.1)

B3.1.1 Nach dem in Paragraph 3.1.1 dargelegten

Grundsatz hat ein Unternehmen sämtliche vertraglichen Rechte und Verpflichtungen im Zusammenhang mit Derivaten in seiner Bilanz als Vermögenswerte bzw. Verbindlichkeiten anzusetzen. Davon ausgenommen sind Derivate, die verhindern, dass eine Übertragung finanzieller Vermögenswerte als Verkauf bilanziert wird (siehe Paragraph B3.2.14). Erfüllt die Übertragung eines finanziellen Vermögenswerts nicht die Bedingungen für eine Ausbuchung, wird der übertragene Vermögenswert vom Empfänger nicht als Vermögenswert angesetzt (siehe Paragraph B3.2.15).

B3.1.2 Nachfolgend einige Beispiele für die Anwendung des in Paragraph 3.1.1 aufgestellten Grundsatzes:

a) Unbedingte Forderungen und Verbindlichkeiten sind als Vermögenswert oder Verbindlichkeit anzusetzen, wenn das Unternehmen Vertragspartei wird und infolgedessen das Recht auf Empfang oder die rechtliche Verpflichtung zur Lieferung von Zahlungsmitteln hat.

b) Vermögenswerte und Verbindlichkeiten, die infolge einer festen Verpflichtung zum Kauf oder Verkauf von Gütern oder Dienstleistungen zu erwerben bzw. einzugehen sind, sind im Allgemeinen erst dann anzusetzen, wenn mindestens eine Vertragspartei den Vertrag erfüllt hat. So wird beispielsweise ein Unternehmen, das eine feste Bestellung entgegennimmt, zum Zeitpunkt der Auftragszusage im Allgemeinen keinen Vermögenswert ansetzen (und das den Auftrag erteilende Unternehmen wird keine Verbindlichkeit bilanzieren), sondern den Ansatz erst dann vornehmen, wenn die bestellten Waren versandt oder geliefert oder die Dienstleistungen erbracht wurden. Fällt eine feste Verpflichtung zum Kauf oder Verkauf nichtfinanzieller Posten gemäß den Paragraphen 2.4–2.7 in den Anwendungsbereich dieses Standards, wird ihr beizulegender Nettozeitwert am Tag, an dem die Verpflichtung eingegangen wurde, als Vermögenswert oder Verbindlichkeit angesetzt (siehe Paragraph B4.1.30(c)). Wird eine bisher nicht bilanzwirksame feste Verpflichtung bei einer Absicherung des beizulegenden Zeitwerts als Grundgeschäft designiert, so sind alle Änderungen des beizulegenden Nettozeitwerts, die auf das abgesicherte Risiko zurückzuführen sind, nach Beginn der Absicherung als Vermögenswert oder Verbindlichkeit zu erfassen (siehe Paragraphen 6.5.8(b) und 6.5.9).

c) Ein Termingeschäft, das in den Anwendungsbereich dieses Standards fällt (siehe Paragraph 2.1), ist mit dem Tag, an dem die vertragliche Verpflichtung eingegangen wurde, und nicht erst am Erfüllungstag als Vermögenswert oder Verbindlichkeit anzusetzen. Wenn ein Unternehmen Vertragspartei bei einem Termingeschäft wird, haben das Recht und die Verpflichtung häufig den gleichen beizulegenden Zeitwert, sodass der beizulegende Nettozeitwert des Termingeschäfts null ist. Ist der beizulegende Nettozeitwert des Rechts und der Verpflichtung nicht null, ist der Vertrag als Vermögenswert oder Verbindlichkeit anzusetzen.

d) Optionsverträge, die in den Anwendungsbereich dieses Standards fallen (siehe Paragraph 2.1), werden als Vermögenswerte oder Verbindlichkeiten angesetzt, wenn der Inhaber oder Stillhalter Vertragspartei wird.

e) Geplante künftige Geschäftsvorfälle sind, unabhängig von ihrer Eintrittswahrscheinlichkeit, keine Vermögenswerte oder Verbindlichkeiten, da das Unternehmen nicht Vertragspartei geworden ist.

Marktüblicher Kauf oder Verkauf finanzieller Vermögenswerte

B3.1.3 Ein marktüblicher Kauf oder Verkauf eines finanziellen Vermögenswerts ist entweder zum Handelstag oder zum Erfüllungstag, wie in den Paragraphen B3.1.5 und B3.1.6 beschrieben, zu bilanzieren. Ein Unternehmen hat die gewählte Methode konsequent auf alle Käufe und Verkäufe finanzieller Vermögenswerte anzuwenden, die in gleicher Weise gemäß diesem Standard eingestuft sind. Für diese Zwecke bilden Vermögenswerte, bei denen eine erfolgswirksame Bewertung zum beizulegenden Zeitwert verpflichtend ist, eine eigenständige Einstufung, die von den Vermögenswerten zu unterscheiden ist, die als erfolgswirksam zum beizulegenden Zeitwert bewertet designiert werden. Finanzinvestitionen in Eigenkapitalinstrumente, die unter Inanspruchnahme des Wahlrechts in Paragraph 5.7.5 bilanziert werden, bilden ebenfalls eine eigenständige Einstufung.

B3.1.4 Ein Vertrag, der einen Nettoausgleich für eine Änderung des Vertragswerts vorschreibt oder gestattet, stellt keinen marktüblichen Vertrag dar. Ein solcher Vertrag ist hingegen im Zeitraum zwischen Handels- und Erfüllungstag wie ein Derivat zu bilanzieren.

B3.1.5 Der Handelstag ist der Tag, an dem das Unternehmen die Verpflichtung zum Kauf oder Verkauf eines Vermögenswerts eingegangen ist. Die Bilanzierung zum Handelstag bedeutet (a) den Ansatz eines zu erhaltenden Vermögenswerts und der dafür zu zahlenden Verbindlichkeit am Handelstag und (b) die Ausbuchung eines verkauften Vermögenswerts, die Erfassung etwaiger Gewinne oder Verluste aus dem Abgang und die Einbuchung einer Forderung gegenüber dem Käufer auf Zahlung am Handelstag. In der Regel beginnen Zinsen für den Vermögenswert und die korrespondierende Verbindlichkeit nicht vor dem Erfüllungstag bzw. dem Eigentumsübergang aufzulaufen.

B3.1.6 Der Erfüllungstag ist der Tag, an dem ein Vermögenswert an oder durch das Unternehmen geliefert wird. Die Bilanzierung zum Erfüllungstag bedeutet (a) den Ansatz eines Vermögenswerts am Tag seines Eingangs beim Unternehmen und (b) die Ausbuchung eines Vermögenswerts und die Erfassung eines etwaigen Gewinns oder Verlusts aus dem Abgang am Tag seiner Übergabe durch das Unternehmen. Wird die Bilanzierung zum Erfüllungstag angewandt, so hat das Unternehmen jede Änderung des beizulegenden Zeitwerts eines zu erhaltenden Vermögenswerts in der Zeit zwischen Handels- und Erfüllungstag in der gleichen Weise zu erfassen, wie es den erworbenen Vermögenswert bewertet. Mit anderen Worten wird eine Änderung des Werts bei Vermögenswerten, die zu fortgeführten Anschaffungskosten bewertet werden, nicht erfasst; bei Vermögenswerten, die als finanzielle Vermögenswerte erfolgswirksam zum beizulegenden Zeitwert bewertet eingestuft sind, wird sie erfolgswirksam erfasst; und bei finanziellen Vermögenswerten, die gemäß Paragraph 4.1.2A erfolgsneutral zum beizulegenden Zeitwert im sonstigen Ergebnis bewertet werden, sowie bei Finanzinvestitionen in Eigenkapitalinstrumente, die gemäß Paragraph 5.7.5 bilanziert werden, wird sie im sonstigen Ergebnis erfasst.

Ausbuchung finanzieller Vermögenswerte (Abschnitt 3.2)

B3.2.1 Das folgende Prüfschema in Form eines Flussdiagramms veranschaulicht, ob und in welchem Umfang ein finanzieller Vermögenswert ausgebucht wird.

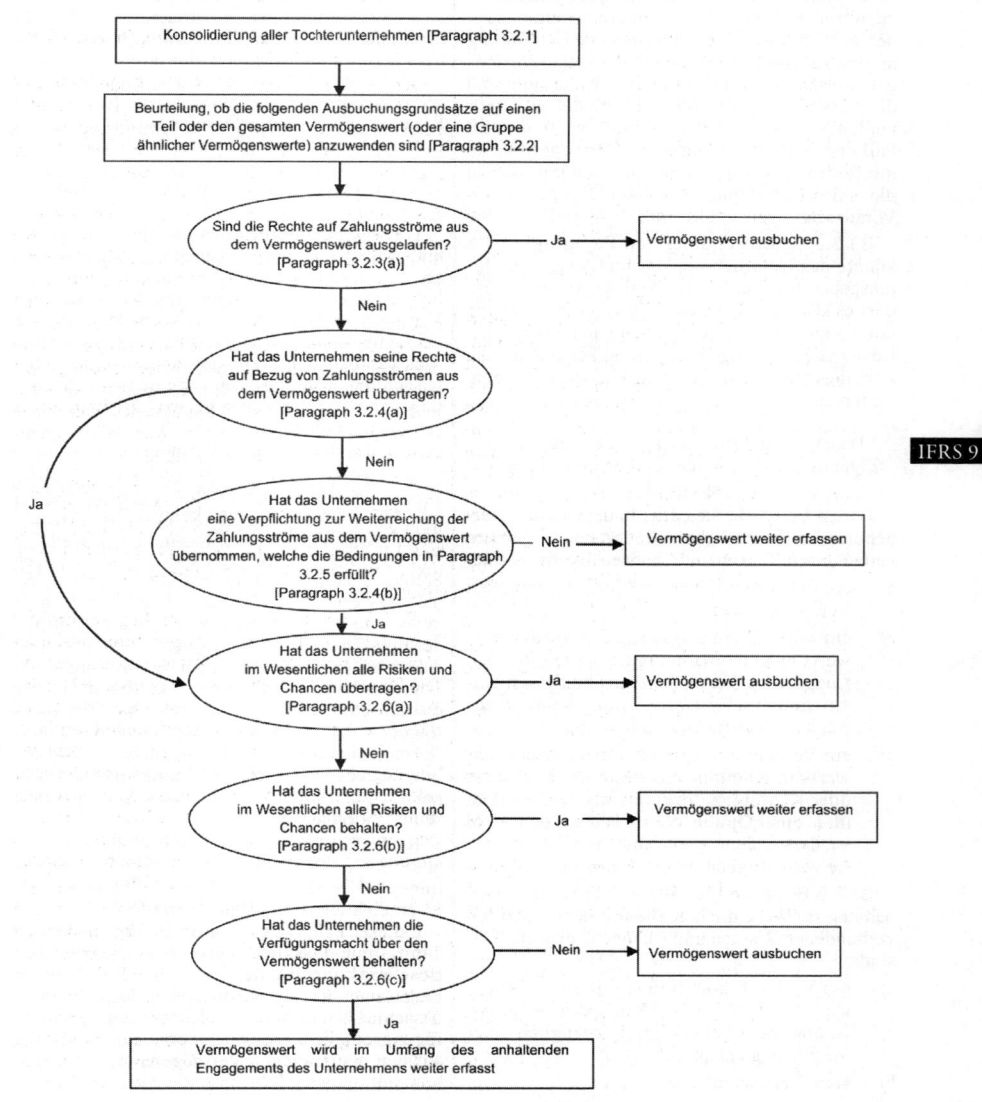

```
┌─────────────────────────────────────────────────────────┐
│ Konsolidierung aller Tochterunternehmen [Paragraph 3.2.1]│
└─────────────────────────────────────────────────────────┘
                            │
                            ▼
┌─────────────────────────────────────────────────────────┐
│ Beurteilung, ob die folgenden Ausbuchungsgrundsätze auf  │
│ einen Teil oder den gesamten Vermögenswert (oder eine    │
│ Gruppe ähnlicher Vermögenswerte) anzuwenden sind         │
│ [Paragraph 3.2.2]                                        │
└─────────────────────────────────────────────────────────┘
                            │
                            ▼
        ┌─────────────────────────────────┐
        │ Sind die Rechte auf Zahlungs-   │         ┌──────────────────────┐
        │ ströme aus dem Vermögenswert    │──Ja────▶│ Vermögenswert        │
        │ ausgelaufen? [Paragraph 3.2.3(a)]│         │ ausbuchen            │
        └─────────────────────────────────┘         └──────────────────────┘
                      │ Nein
                      ▼
        ┌─────────────────────────────────┐
        │ Hat das Unternehmen seine Rechte│
        │ auf Bezug von Zahlungsströmen   │──Ja──┐
        │ aus dem Vermögenswert übertragen?│      │
        │ [Paragraph 3.2.4(a)]             │      │
        └─────────────────────────────────┘      │
                      │ Nein                      │
                      ▼                           │
        ┌─────────────────────────────────┐      │
        │ Hat das Unternehmen eine        │      │
        │ Verpflichtung zur Weiterreichung │      │      ┌──────────────────────┐
        │ der Zahlungsströme aus dem      │──Nein─┼─────▶│ Vermögenswert weiter │
        │ Vermögenswert übernommen, welche│      │      │ erfassen             │
        │ die Bedingungen in Paragraph    │      │      └──────────────────────┘
        │ 3.2.5 erfüllt? [Paragraph 3.2.4(b)]│   │
        └─────────────────────────────────┘      │
                      │ Ja                        │
                      ▼                           │
        ┌─────────────────────────────────┐      │
        │ Hat das Unternehmen im          │      │      ┌──────────────────────┐
        │ Wesentlichen alle Risiken und   │──Ja──┼─────▶│ Vermögenswert        │
        │ Chancen übertragen?             │      │      │ ausbuchen            │
        │ [Paragraph 3.2.6(a)]             │      │      └──────────────────────┘
        └─────────────────────────────────┘      │
                      │ Nein                      │
                      ▼                           │
        ┌─────────────────────────────────┐      │
        │ Hat das Unternehmen im          │      │      ┌──────────────────────┐
        │ Wesentlichen alle Risiken und   │──Ja──┼─────▶│ Vermögenswert weiter │
        │ Chancen behalten?               │      │      │ erfassen             │
        │ [Paragraph 3.2.6(b)]             │      │      └──────────────────────┘
        └─────────────────────────────────┘      │
                      │ Nein                      │
                      ▼                           │
        ┌─────────────────────────────────┐      │
        │ Hat das Unternehmen die         │      │      ┌──────────────────────┐
        │ Verfügungsmacht über den        │──Nein─┴─────▶│ Vermögenswert        │
        │ Vermögenswert behalten?         │             │ ausbuchen            │
        │ [Paragraph 3.2.6(c)]             │             └──────────────────────┘
        └─────────────────────────────────┘
                      │ Ja
                      ▼
┌─────────────────────────────────────────────────────────┐
│ Vermögenswert wird im Umfang des anhaltenden             │
│ Engagements des Unternehmens weiter erfasst              │
└─────────────────────────────────────────────────────────┘
```

3/8. IFRS 9
B3.2.2 – B3.2.8

Vereinbarungen, bei denen ein Unternehmen die vertraglichen Rechte auf den Bezug von Zahlungsströmen aus finanziellen Vermögenswerten zurückbehält, jedoch eine vertragliche Verpflichtung zur Weiterreichung der Zahlungsströme an einen oder mehrere Empfänger übernimmt (Paragraph 3.2.4(b))

B3.2.2 Die in Paragraph 3.2.4(b) beschriebene Situation (in der ein Unternehmen die vertraglichen Rechte auf den Bezug von Zahlungsströmen aus finanziellen Vermögenswerten zurückbehält, jedoch eine vertragliche Verpflichtung zur Zahlung der entsprechenden Beträge an einen oder mehrere Empfänger übernimmt) trifft beispielsweise dann zu, wenn das Unternehmen ein Treuhandfonds ist, der an Investoren eine nutzbringende Beteiligung an den zugrunde liegenden finanziellen Vermögenswerten, deren Eigentümer er ist, ausgibt und die Verwaltung bzw. Abwicklung dieser finanziellen Vermögenswerte übernimmt. In diesem Fall erfüllen die finanziellen Vermögenswerte die Bedingungen für eine Ausbuchung, sofern die in den Paragraphen 3.2.5 und 3.2.6 genannten Voraussetzungen erfüllt sind.

B3.2.3 In Anwendung von Paragraph 3.2.5 könnte das Unternehmen beispielsweise der Herausgeber des finanziellen Vermögenswerts sein, oder es könnte sich um eine Unternehmensgruppe mit einem Tochterunternehmen handeln, das den finanziellen Vermögenswert erworben hat und die Zahlungsströme an außenstehende Drittinvestoren weiterreicht.

Beurteilung der Übertragung der mit dem Eigentum verbundenen Risiken und Chancen (Paragraph 3.2.6)

B3.2.4 Beispiele für Fälle, in denen ein Unternehmen im Wesentlichen alle mit dem Eigentum verbundenen Risiken und Chancen überträgt, sind:

a) ein unbedingter Verkauf eines finanziellen Vermögenswerts,

b) ein Verkauf eines finanziellen Vermögenswerts in Kombination mit einer Option, den finanziellen Vermögenswert zu dessen beizulegendem Zeitwert zum Zeitpunkt des Rückkaufs zurückzukaufen, und

c) ein Verkauf eines finanziellen Vermögenswerts in Kombination mit einer Verkaufs- oder Kaufoption, die weit aus dem Geld ist (d. h. einer Option, die so weit aus dem Geld ist, dass es äußerst unwahrscheinlich ist, dass sie vor Fälligkeit im Geld sein wird).

B3.2.5 Beispiele für Fälle, in denen ein Unternehmen im Wesentlichen alle mit dem Eigentum verbundenen Risiken und Chancen zurückbehält, sind:

a) ein Verkauf, kombiniert mit einem Rückkauf, bei dem der Rückkaufspreis festgelegt ist oder dem Verkaufspreis zuzüglich einer Verzinsung entspricht,

b) eine Wertpapierleihe,

c) ein Verkauf eines finanziellen Vermögenswerts, gekoppelt mit einem Total Return-Swap, bei dem das Marktrisiko auf das Unternehmen zurückübertragen wird,

d) ein Verkauf eines finanziellen Vermögenswerts in Kombination mit einer Verkaufs- oder Kaufoption, die weit im Geld ist (d. h. einer Option, die so weit im Geld ist, dass es äußerst unwahrscheinlich ist, dass sie vor Fälligkeit aus dem Geld sein wird), und

e) ein Verkauf kurzfristiger Forderungen, bei dem das Unternehmen eine Garantie auf Entschädigung des Empfängers für wahrscheinlich eintretende Kreditverluste übernimmt.

B3.2.6 Wenn ein Unternehmen feststellt, dass es mit der Übertragung im Wesentlichen alle mit dem Eigentum des finanziellen Vermögenswerts verbundenen Risiken und Chancen übertragen hat, wird der übertragene Vermögenswert in künftigen Perioden nicht mehr erfasst, es sei denn, er wird in einem neuen Geschäftsvorfall zurückerworben.

Beurteilung der Übertragung der Verfügungsmacht

B3.2.7 Ein Unternehmen hat die Verfügungsmacht über einen übertragenen Vermögenswert nicht behalten, wenn der Empfänger die tatsächliche Fähigkeit zur Veräußerung des übertragenen Vermögenswerts besitzt. Ein Unternehmen hat die Verfügungsmacht über einen übertragenen Vermögenswert behalten, wenn der Empfänger nicht die tatsächliche Fähigkeit zur Veräußerung des übertragenen Vermögenswerts besitzt. Der Empfänger verfügt über die tatsächliche Fähigkeit zur Veräußerung des übertragenen Vermögenswerts, wenn dieser an einem aktiven Markt gehandelt wird, da er den übertragenen Vermögenswert bei Bedarf am Markt wieder erwerben könnte, falls er ihn an das Unternehmen zurückgeben muss. Beispielsweise kann ein Empfänger über die tatsächliche Fähigkeit zum Verkauf eines übertragenen Vermögenswerts verfügen, wenn dem Unternehmen zwar eine Rückkaufsoption eingeräumt wurde, der Empfänger den übertragenen Vermögenswert jedoch bei Ausübung der Option jederzeit am Markt erwerben kann. Der Empfänger verfügt nicht über die tatsächliche Fähigkeit zum Verkauf des übertragenen Vermögenswerts, wenn sich das Unternehmen eine derartige Option vorbehält und der Empfänger den übertragenen Vermögenswert nicht jederzeit erwerben kann, falls das Unternehmen seine Option ausübt.

B3.2.8 Der Empfänger verfügt nur dann über die tatsächliche Fähigkeit zur Veräußerung des übertragenen Vermögenswerts, wenn er ihn als Ganzes an einen außenstehenden Dritten veräußern und von dieser Fähigkeit einseitig Gebrauch machen kann, ohne dass die Übertragung zusätzlichen Beschränkungen unterliegt. Die entscheidende Frage lautet, welche Möglichkeiten der Empfänger tatsächlich hat und nicht, welche vertraglichen Verfügungsmöglichkeiten oder -verbote ihm in Bezug auf den übertragenen Vermögenswert zustehen bzw. auferlegt sind. Insbesondere gilt:

a) Ein vertraglich eingeräumtes Recht auf Veräußerung eines übertragenen Vermögenswerts hat kaum eine tatsächliche Auswirkung, wenn für den übertragenen Vermögenswert kein Markt vorhanden ist, und
b) die Fähigkeit, einen übertragenen Vermögenswert zu veräußern, hat kaum eine tatsächliche Auswirkung, wenn von ihr nicht frei Gebrauch gemacht werden kann. Aus diesem Grund gilt:
  i) Die Fähigkeit des Empfängers, einen übertragenen Vermögenswert zu veräußern, muss von den Handlungen Dritter unabhängig sein (d. h. es muss sich um eine einseitige Fähigkeit handeln), und
  ii) der Empfänger muss in der Lage sein, den übertragenen Vermögenswert ohne einschränkende Bedingungen oder Auflagen für die Übertragung zu veräußern (z. B. Bedingungen bezüglich der Bedienung eines Kredits oder eine Option, die den Empfänger zum Rückkauf des Vermögenswerts berechtigten).

B3.2.9 Allein die Tatsache, dass der Empfänger den übertragenen Vermögenswert wahrscheinlich nicht veräußern kann, bedeutet noch nicht, dass der Übertragende die Verfügungsmacht über den übertragenen Vermögenswert behalten hat. Die Verfügungsmacht wird vom Übertragenden jedoch weiterhin ausgeübt, wenn eine Verkaufsoption oder Garantie den Empfänger davon abhält, den übertragenen Vermögenswert zu veräußern. Ist beispielsweise der Wert einer Verkaufsoption oder Garantie ausreichend hoch, wird der Empfänger vom Verkauf des übertragenen Vermögenswerts abgehalten, da er ihn tatsächlich nicht ohne eine ähnliche Option oder andere einschränkende Bedingungen an einen Dritten verkaufen wird. Stattdessen würde der Empfänger den übertragenen Vermögenswert aufgrund der mit der Garantie oder Verkaufsoption verbundenen Berechtigung zum Empfang von Zahlungen weiter halten. In diesem Fall hat der Übertragende die Verfügungsmacht an dem übertragenen Vermögenswert behalten.

Übertragungen, die die Bedingungen für eine Ausbuchung erfüllen

B3.2.10 Ein Unternehmen kann als Gegenleistung für die Verwaltung bzw. Abwicklung der übertragenen Vermögenswerte das Recht auf den Empfang eines Teils der Zinszahlungen auf diese Vermögenswerte zurückbehalten. Der Anteil der Zinszahlungen, auf die das Unternehmen bei Beendigung oder Übertragung des Verwaltungs- / Abwicklungsvertrags verzichten würde, ist dem Vermögenswert oder der Verbindlichkeit aus dem Verwaltungs-/Abwicklungsrecht zuzuordnen. Der Anteil der Zinszahlungen, der dem Unternehmen weiterhin zustehen würde, stellt eine Forderung aus Zinsstrip dar. Würde das Unternehmen beispielsweise nach Beendigung oder Übertragung des Verwaltungs-/Abwicklungsvertrags auf keine Zinszahlungen verzichten, ist die gesamte Zinsspanne als Forderung aus Zinsstrip zu behandeln. Bei Anwendung von Paragraph 3.2.13 werden zur Aufteilung des Buchwerts der Forderung zwischen dem Teil des Vermögenswerts, der ausgebucht wird, und dem Teil, der weiterhin erfasst bleibt, die beizulegenden Zeitwerte des Vermögenswerts aus dem Verwaltungs-/Abwicklungsrecht und der Forderung aus dem Zinsstrip zugrunde gelegt. Falls keine Verwaltungs- /Abwicklungsgebühr festgelegt wurde oder die zu erhaltende Gebühr voraussichtlich keine angemessene Vergütung für die Verwaltung bzw. Abwicklung durch das Unternehmen darstellt, ist eine Verbindlichkeit für die Verwaltungs- bzw. Abwicklungsverpflichtung zum beizulegenden Zeitwert zu erfassen.

B3.2.11 Bei der in Paragraph 3.2.13 vorgeschriebenen Ermittlung der beizulegenden Zeitwerte jenes Teils, der weiterhin erfasst bleibt und jenes Teils, der ausgebucht wird, sind zusätzlich zu Paragraph 3.2.14 die Vorschriften von IFRS 13 zur Bewertung zum beizulegenden Zeitwert anzuwenden.

Übertragungen, die die Bedingungen für eine Ausbuchung nicht erfüllen

B3.2.12 Das folgende Beispiel ist eine Anwendung des in Paragraph 3.2.15 aufgestellten Grundsatzes. Wenn ein übertragener Vermögenswert aufgrund einer von einem Unternehmen gewährten Garantie für Ausfallverluste aus dem übertragenen Vermögenswert nicht ausgebucht werden kann, weil das Unternehmen im Wesentlichen alle mit dem Eigentum des übertragenen Vermögenswerts verbundenen Risiken und Chancen zurückbehalten hat, wird der übertragene Vermögenswert weiter in seiner Gesamtheit und das vereinnahmte Entgelt als Verbindlichkeit erfasst.

Anhaltendes Engagement bei übertragenen Vermögenswerten

B3.2.13 Nachfolgend einige Beispiele für die Bewertung eines übertragenen Vermögenswerts und der zugehörigen Verbindlichkeit gemäß Paragraph 3.2.16.

Alle Vermögenswerte

a) Wenn ein übertragener Vermögenswert aufgrund einer von einem Unternehmen gewährten Garantie zur Zahlung von Ausfallverlusten aus dem übertragenen Vermögenswert nicht nach Maßgabe des anhaltenden Engagements ausgebucht werden kann, ist der übertragene Vermögenswert zum Zeitpunkt der Übertragung mit dem niedrigeren aus (i) dem Buchwert des Vermögenswerts und (ii) dem Höchstbetrag des vereinnahmten Entgelts, den das Unternehmen eventuell zurückzahlen müsste (dem „garantierten Betrag") zu bewerten. Die zugehörige Verbindlichkeit wird bei Zugang mit dem Garantiebetrag zuzüglich des beizulegenden Zeitwerts der Garantie (der normalerweise dem für die Garantie vereinnahmten Entgelt entspricht) bewertet. Anschließend ist der anfängliche beizulegende Zeitwert der Garantie zeitproportional erfolgswirksam zu erfassen, (ge-

3/8. IFRS 9
B3.2.13

mäß den Grundsätzen von IFRS 15) und der Buchwert des Vermögenswerts um etwaige Wertminderungsaufwendungen zu kürzen.

Zu fortgeführten Anschaffungskosten bewertete Vermögenswerte

b) Wenn die Verpflichtung eines Unternehmens aufgrund einer geschriebenen Verkaufsoption oder das Recht eines Unternehmens aufgrund einer gehaltenen Kaufoption dazu führt, dass ein übertragener Vermögenswert nicht ausgebucht werden kann, und der übertragene Vermögenswert zu fortgeführten Anschaffungskosten bewertet wird, ist die zugehörige Verbindlichkeit mit ihren Anschaffungskosten (also dem vereinnahmten Entgelt), bereinigt um die Amortisation der Differenz zwischen den Anschaffungskosten und dem Bruttobuchwert des übertragenen Vermögenswerts am Fälligkeitstermin der Option, zu bewerten. Als Beispiel soll angenommen werden, dass der Bruttobuchwert des Vermögenswerts zum Zeitpunkt der Übertragung WE 98 und das vereinnahmte Entgelt WE 95 beträgt. Am Ausübungstag der Option wird der Bruttobuchwert des Vermögenswerts bei WE 100 liegen. Der anfängliche Buchwert der entsprechenden Verbindlichkeit beträgt WE 95; die Differenz zwischen WE 95 und WE 100 ist unter Anwendung der Effektivzinsmethode erfolgswirksam zu erfassen. Bei Ausübung der Option wird die Differenz zwischen dem Buchwert der zugehörigen Verbindlichkeit und dem Ausübungspreis erfolgswirksam erfasst.

Zum beizulegenden Zeitwert bewertete Vermögenswerte

c) Wenn ein übertragener Vermögenswert aufgrund einer vom Unternehmen zurückbehaltenen Kaufoption nicht ausgebucht werden kann und der übertragene Vermögenswert zum beizulegenden Zeitwert bewertet wird, erfolgt die Bewertung des Vermögenswerts weiterhin zum beizulegenden Zeitwert. Die zugehörige Verbindlichkeit wird (i) zum Ausübungspreis der Option, abzüglich des Zeitwerts der Option, wenn diese im oder am Geld ist, oder (ii) zum beizulegenden Zeitwert des übertragenen Vermögenswerts, abzüglich des Zeitwerts der Option, wenn diese aus dem Geld ist, bewertet. Durch Anpassung der Bewertung der zugehörigen Verbindlichkeit wird gewährleistet, dass der Nettobuchwert des Vermögenswerts und der zugehörigen Verbindlichkeit dem beizulegenden Zeitwert des Rechts aus der Kaufoption entspricht. Beträgt beispielsweise der beizulegende Zeitwert des zugrunde liegenden Vermögenswerts WE 80, der Ausübungspreis der Option WE 95 und der Zeitwert der Option WE 5, so entspricht der Buchwert der entsprechenden Verbindlichkeit WE 75 (WE 80 – WE 5) und der Buchwert des übertragenen Vermögenswerts WE 80 (also seinem beizulegenden Zeitwert).

d) Wenn ein übertragener Vermögenswert aufgrund einer geschriebenen Verkaufsoption eines Unternehmens nicht ausgebucht werden kann und der übertragene Vermögenswert zum beizulegenden Zeitwert bewertet wird, erfolgt die Bewertung der zugehörigen Verbindlichkeit zum Ausübungspreis der Option plus deren Zeitwert. Die Bewertung des Vermögenswerts zum beizulegenden Zeitwert ist auf den niedrigeren Wert aus beizulegendem Zeitwert und Ausübungspreis der Option beschränkt, da das Unternehmen keinen Anspruch auf Steigerungen des beizulegenden Zeitwerts des übertragenen Vermögenswerts hat, die über den Ausübungspreis der Option hinausgehen. Dadurch wird gewährleistet, dass der Nettobuchwert des Vermögenswerts und der zugehörigen Verbindlichkeit dem beizulegenden Zeitwert der Verpflichtung aus der Verkaufsoption entspricht. Beträgt beispielsweise der beizulegende Zeitwert des zugrunde liegenden Vermögenswerts WE 120, der Ausübungspreis der Option WE 100 und der Zeitwert der Option WE 5, so entspricht der Buchwert der zugehörigen Verbindlichkeit WE 105 (WE 100 + WE 5) und der Buchwert des Vermögenswerts WE 100 (in diesem Fall dem Ausübungspreis der Option).

e) Wenn ein übertragener Vermögenswert aufgrund eines Collar in Form einer erworbenen Kaufoption und geschriebenen Verkaufsoption nicht ausgebucht werden kann und der Vermögenswert zum beizulegenden Zeitwert bewertet wird, erfolgt seine Bewertung weiterhin zum beizulegenden Zeitwert. Die zugehörige Verbindlichkeit wird (i) mit der Summe aus dem Ausübungspreis der Kaufoption und dem beizulegenden Zeitwert der Verkaufsoption, abzüglich des Zeitwerts der Kaufoption, wenn diese im oder am Geld ist, oder (ii) mit der Summe aus dem beizulegenden Zeitwert des Vermögenswerts und dem beizulegenden Zeitwert der Verkaufsoption, abzüglich des Zeitwerts der Kaufoption, wenn diese aus dem Geld ist, bewertet. Durch Anpassung der zugehörigen Verbindlichkeit wird gewährleistet, dass der Nettobuchwert des Vermögenswerts und der zugehörigen Verbindlichkeit dem beizulegenden Zeitwert der vom Unternehmen gehaltenen und geschriebenen Optionen entspricht. Als Beispiel soll angenommen werden, dass ein Unternehmen einen finanziellen Vermögenswert überträgt, der zum beizulegenden Zeitwert bewertet wird. Gleichzeitig erwirbt es eine Kaufoption mit einem Ausübungspreis von WE 120 und schreibt eine Verkaufsoption mit einem Ausübungspreis von WE 80. Der beizulegende Zeitwert des Vermögenswerts zum Zeitpunkt der Übertragung beträgt WE 100. Der Zeitwert der Verkaufs- und Kaufoption liegt bei

WE 1 bzw. WE 5. In diesem Fall setzt das Unternehmen einen Vermögenswert in Höhe von WE 100 (dem beizulegenden Zeitwert des Vermögenswerts) und eine Verbindlichkeit in Höhe von WE 96 [(WE 100 + WE 1) – WE 5] an. Daraus ergibt sich ein Nettobuchwert von WE 4, der dem beizulegenden Zeitwert der vom Unternehmen gehaltenen und geschriebenen Optionen entspricht.

Alle Übertragungen

B3.2.14 Soweit die Übertragung eines finanziellen Vermögenswerts nicht die Bedingungen für eine Ausbuchung erfüllt, werden die im Zusammenhang mit der Übertragung vertraglich eingeräumten Rechte oder Verpflichtungen des Übertragenden nicht gesondert als Derivate bilanziert, wenn ein Ansatz des Derivats einerseits und des übertragenen Vermögenswerts oder der aus der Übertragung stammenden Verbindlichkeit andererseits dazu führen würde, dass die gleichen Rechte bzw. Verpflichtungen doppelt erfasst werden. Beispielsweise kann eine vom Übertragenden zurückbehaltene Kaufoption dazu führen, dass eine Übertragung finanzieller Vermögenswerte nicht als Veräußerung bilanziert werden kann. In diesem Fall wird die Kaufoption nicht gesondert als derivativer Vermögenswert angesetzt.

B3.2.15 Soweit die Übertragung eines finanziellen Vermögenswerts nicht die Bedingungen für eine Ausbuchung erfüllt, wird der übertragene Vermögenswert vom Empfänger nicht als Vermögenswert angesetzt. Der Empfänger bucht die Zahlung oder andere entrichtete Entgelte aus und setzt eine Forderung gegenüber dem Übertragenden an. Hat der Übertragende sowohl das Recht als auch die Verpflichtung, die Verfügungsmacht über den gesamten übertragenen Vermögenswert gegen einen festen Betrag zurückzuerwerben (wie dies beispielsweise bei einer Rückkaufvereinbarung der Fall ist), kann der Empfänger seine Forderung zu fortgeführten Anschaffungskosten bewerten, sofern diese die Kriterien in Paragraph 4.1.2 erfüllt.

Beispiele

B3.2.16 Die folgenden Beispiele veranschaulichen die Anwendung der Ausbuchungsgrundsätze dieses Standards.

a) *Rückkaufvereinbarungen und Wertpapierleihe.* Wenn ein finanzieller Vermögenswert verkauft und gleichzeitig eine Vereinbarung über dessen Rückkauf zu einem festen Preis oder zum Verkaufspreis zuzüglich einer Verzinsung geschlossen wird oder ein finanzieller Vermögenswert mit der vertraglichen Verpflichtung zur Rückgabe an den Übertragenden verliehen wird, erfolgt keine Ausbuchung, weil der Übertragende im Wesentlichen alle mit dem Eigentum verbundenen Risiken und Chancen zurückbehält. Erwirbt der Empfänger das Recht, den Vermögenswert zu verkaufen oder zu verpfänden, hat der Übertragende diesen Vermögenswert in der Bilanz umzugliedern, z. B. als ausgeliehenen Vermögenswert oder ausstehenden Rückkauf.

b) *Rückkaufvereinbarungen und Wertpapierleihe – im Wesentlichen gleiche Vermögenswerte.* Wenn ein finanzieller Vermögenswert verkauft und gleichzeitig eine Vereinbarung über den Rückkauf des gleichen oder im Wesentlichen gleichen Vermögenswerts zu einem festen Preis oder zum Verkaufspreis zuzüglich einer Verzinsung geschlossen wird oder ein finanzieller Vermögenswert mit der vertraglichen Verpflichtung zur Rückgabe des gleichen oder im Wesentlichen gleichen Vermögenswerts an den Übertragenden ausgeliehen oder verliehen wird, erfolgt keine Ausbuchung, weil der Übertragende im Wesentlichen alle mit dem Eigentum verbundenen Risiken und Chancen zurückbehält.

c) *Rückkaufvereinbarungen und Wertpapierleihe – Substitutionsrecht.* Wenn eine Rückkaufvereinbarung mit einem festen Rückkaufpreis oder einem Preis, der dem Verkaufspreis zuzüglich einer Verzinsung entspricht, oder ein ähnliches Wertpapierleihgeschäft dem Empfänger das Recht einräumt, den übertragenen Vermögenswert am Rückkauftermin durch ähnliche Vermögenswerte mit dem gleichen beizulegenden Zeitwert zu ersetzen, wird der im Rahmen einer Rückkaufvereinbarung oder Wertpapierleihe verkaufte oder verliehene Vermögenswert nicht ausgebucht, weil der Übertragende im Wesentlichen alle mit dem Eigentum verbundenen Risiken und Chancen zurückbehält.

d) *Vorrecht auf Rückkauf zum beizulegenden Zeitwert.* Wenn ein Unternehmen einen finanziellen Vermögenswert verkauft und nur im Falle einer anschließenden Veräußerung durch den Empfänger ein Vorrecht auf Rückkauf zum beizulegenden Zeitwert zurückbehält, ist dieser Vermögenswert auszubuchen, weil das Unternehmen im Wesentlichen alle mit dem Eigentum verbundenen Risiken und Chancen übertragen hat.

e) *Wash Sale.* Der Rückerwerb eines finanziellen Vermögenswerts kurz nach dessen Verkauf wird manchmal als „Wash Sale" bezeichnet. Ein solcher Rückkauf schließt eine Ausbuchung nicht aus, sofern die ursprüngliche Transaktion die Bedingungen für eine Ausbuchung erfüllte. Nicht zulässig ist eine Ausbuchung des Vermögenswerts jedoch, wenn gleichzeitig mit einer Vereinbarung über den Verkauf eines finanziellen Vermögenswerts eine Vereinbarung über dessen Rückerwerb zu einem festen Preis oder dem Verkaufspreis zuzüglich einer Verzinsung geschlossen wird.

f) *Verkaufsoptionen und Kaufoptionen, die weit im Geld sind.* Wenn ein übertragener finanzieller Vermögenswert vom Übertragenden zurückerworben werden kann und die Kaufoption weit im Geld ist, erfüllt die Übertragung nicht die Bedingungen für eine Ausbuchung, weil der Übertragende im Wesentlichen alle mit dem Eigentum verbundenen Risiken und Chancen zurückbehalten hat. Gleiches gilt, wenn der übertragene finanzielle Vermögenswert vom Empfänger zurückveräußert werden kann und die Verkaufsoption weit im Geld ist. Auch in diesem Fall erfüllt die Übertragung nicht die Bedingungen für eine Ausbuchung, weil der Übertragende im Wesentlichen alle mit dem Eigentum verbundenen Risiken und Chancen zurückbehalten hat.

g) *Verkaufsoptionen und Kaufoptionen, die weit aus dem Geld sind.* Ein finanzieller Vermögenswert, der nur in Verbindung mit einer weit aus dem Geld liegenden vom Empfänger gehaltenen Verkaufsoption oder einer weit aus dem Geld liegenden vom Übertragenden gehaltenen Kaufoption übertragen wird, ist auszubuchen, weil der Übertragende im Wesentlichen alle mit dem Eigentum verbundenen Risiken und Chancen übertragen hat.

h) *Jederzeit verfügbare Vermögenswerte mit einer Kaufoption, die weder weit im Geld noch weit aus dem Geld ist.* Hält ein Unternehmen eine Kaufoption auf einen am Markt jederzeit verfügbaren Vermögenswert und ist die Option weder weit im noch weit aus dem Geld, so ist der Vermögenswert auszubuchen. Dies ist damit zu begründen, dass das Unternehmen (i) im Wesentlichen alle mit dem Eigentum verbundenen Risiken und Chancen weder zurückbehalten noch übertragen und (ii) nicht die Verfügungsmacht behalten hat. Ist der Vermögenswert jedoch nicht jederzeit am Markt verfügbar, ist eine Ausbuchung in der Höhe des Teils des Vermögenswerts, der der Kaufoption unterliegt, ausgeschlossen, weil das Unternehmen die Verfügungsmacht über den Vermögenswert behalten hat.

i) *Ein nicht jederzeit verfügbarer Vermögenswert, der einer von einem Unternehmen geschriebenen Verkaufsoption unterliegt, die weder weit im Geld noch weit aus dem Geld ist.* Wenn ein Unternehmen einen nicht jederzeit am Markt verfügbaren Vermögenswert überträgt und eine Verkaufsoption schreibt, die nicht weit aus dem Geld ist, werden aufgrund der geschriebenen Verkaufsoption im Wesentlichen alle mit dem Eigentum verbundenen Risiken und Chancen weder zurückbehalten noch übertragen. Das Unternehmen übt weiterhin die Verfügungsmacht über den Vermögenswert aus, wenn der Wert der Verkaufsoption so hoch ist, dass der Empfänger vom Verkauf des Vermögenswertes abgehalten wird. In diesem Fall ist der Vermögenswert nach Maßgabe des anhaltenden Engagements des Übertragenden weiterhin anzusetzen (siehe Paragraph B3.2.9). Das Unternehmen überträgt die Verfügungsmacht über den Vermögenswert, wenn der Wert der Verkaufsoption nicht hoch genug ist, um den Empfänger von einem Verkauf des Vermögenswerts abzuhalten. In diesem Fall ist der Vermögenswert auszubuchen.

j) *Vermögenswerte, die einer Verkaufs- oder Kaufoption oder einer Terminrückkaufsvereinbarung zum beizulegenden Zeitwert unterliegen.* Ein finanzieller Vermögenswert, dessen Übertragung nur mit einer Verkaufs- oder Kaufoption oder einer Terminrückkaufsvereinbarung verbunden ist, deren Ausübungs- oder Rückkaufspreis dem beizulegenden Zeitwert des finanziellen Vermögenswerts zum Zeitpunkt des Rückerwerbs entspricht, ist auszubuchen, weil im Wesentlichen alle mit dem Eigentum verbundenen Risiken und Chancen übertragen werden.

k) *Kauf- oder Verkaufsoptionen mit Barausgleich.* Die Übertragung eines finanziellen Vermögenswerts, der einer Verkaufs- oder Kaufoption oder einer Terminrückkaufsvereinbarung mit Nettoausgleich in bar unterliegt, ist im Hinblick darauf zu beurteilen, ob im Wesentlichen alle mit dem Eigentum verbundenen Risiken und Chancen zurückbehalten oder übertragen wurden. Hat das Unternehmen nicht im Wesentlichen alle mit dem Eigentum des übertragenen Vermögenswerts verbundenen Risiken und Chancen zurückbehalten, ist zu bestimmen, ob es weiterhin die Verfügungsmacht über den übertragenen Vermögenswert ausübt. Die Tatsache, dass die Verkaufs- oder Kaufoption oder die Terminrückkaufsvereinbarung durch einen Nettoausgleich in bar erfüllt wird, bedeutet nicht automatisch, dass das Unternehmen die Verfügungsmacht übertragen hat (siehe Paragraph B3.2.9 und (g), (h) und (i) oben).

l) *Rückübertragungsanspruch.* Ein Rückübertragungsanspruch ist eine bedingungslose Rückkaufoption (Kaufoption), die dem Unternehmen das Recht gibt, übertragene Vermögenswerte unter dem Vorbehalt bestimmter Beschränkungen zurückzuverlangen. Sofern eine derartige Option dazu führt, dass das Unternehmen im Wesentlichen alle mit dem Eigentum verbundenen Risiken und Chancen weder zurückbehält noch überträgt, ist eine Ausbuchung nur in Höhe des Betrags ausgeschlossen, der unter dem Vorbehalt des Rückkaufs steht (unter der Annahme, dass der Empfänger die Vermögenswerte nicht veräußern kann). Wenn beispielsweise der Buchwert und der Erlös aus der Übertragung von Krediten WE 100,000 beträgt und jeder einzelne Kredit zurückerworben werden kann, die Summe aller zurückerworbenen Kredite jedoch WE 10,000 nicht übersteigen darf, erfüllen WE 90,000 der Kredite die Bedingungen für eine Ausbuchung.

m) *Clean-up-Calls.* Ein Unternehmen, bei dem es sich um einen Übertragenden handeln kann, das übertragene Vermögenswerte verwaltet bzw. abwickelt, kann einen Clean-up-Call für den Kauf der verbleibenden übertragenen Vermögenswerte halten, wenn die Höhe der ausstehenden Vermögenswerte unter einen bestimmten Grenzwert fällt, bei dem die Kosten für die Verwaltung bzw. Abwicklung dieser Vermögenswerte den damit verbundenen Nutzen übersteigen. Sofern ein solcher Clean-up-Call dazu führt, dass das Unternehmen im Wesentlichen alle mit dem Eigentum verbundenen Risiken und Chancen weder zurückbehält noch überträgt, und der Empfänger die Vermögenswerte nicht veräußern kann, ist eine Ausbuchung nur in dem Umfang der Vermögenswerte ausgeschlossen, der Gegenstand der Kaufoption ist.

n) *Nachrangige zurückbehaltene Anteile und Kreditgarantien.* Ein Unternehmen kann dem Empfänger eine Kreditsicherheit gewähren, indem es einige oder alle am übertragenen Vermögenswert zurückbehaltenen Anteile nachordnet. Alternativ kann ein Unternehmen dem Empfänger eine Kreditsicherheit in Form einer unbeschränkten oder auf einen bestimmten Betrag beschränkten Kreditgarantie gewähren. Behält das Unternehmen im Wesentlichen alle mit dem Eigentum des übertragenen Vermögenswerts verbundenen Risiken und Chancen, ist dieser Vermögenswert weiterhin in seiner Gesamtheit zu erfassen. Wenn das Unternehmen einige, aber nicht im Wesentlichen alle mit dem Eigentum verbundenen Risiken und Chancen zurückbehält und weiterhin die Verfügungsmacht ausübt, ist eine Ausbuchung in der Höhe des Betrags an Zahlungsmitteln oder anderen Vermögenswerten ausgeschlossen, den das Unternehmen eventuell zahlen müsste.

o) *Total Return-Swaps.* Ein Unternehmen kann einen finanziellen Vermögenswert an einen Empfänger verkaufen und mit diesem einen Total Return-Swap vereinbaren, bei dem sämtliche Zinszahlungsströme aus dem zugrunde liegenden Vermögenswert im Austausch gegen eine feste Zahlung oder eine variable Ratenzahlung an das Unternehmen zurückfließen und alle Erhöhungen oder Kürzungen des beizulegenden Zeitwerts des zugrunde liegenden Vermögenswerts vom Unternehmen übernommen werden. In diesem Fall darf kein Teil des Vermögenswerts ausgebucht werden.

p) *Zinsswaps.* Ein Unternehmen kann einen festverzinslichen finanziellen Vermögenswert auf einen Empfänger übertragen und mit diesem einen Zinsswap vereinbaren, bei dem der Empfänger einen festen Zinssatz erhält und einen variablen Zinssatz auf Grundlage eines Nennbetrags, der dem Kapitalbetrag des übertragenen finanziellen Vermögenswerts entspricht, zahlt. Der Zinsswap schließt die Ausbuchung des übertragenen Vermögenswerts nicht aus, sofern die Zahlungen auf den Swap nicht von Zahlungen auf den übertragenen Vermögenswert abhängen.

q) *Amortisierende Zinsswaps.* Ein Unternehmen kann einen festverzinslichen finanziellen Vermögenswert, der im Laufe der Zeit zurückgezahlt wird, auf einen Empfänger übertragen und mit diesem einen amortisierenden Zinsswap vereinbaren, bei dem der Empfänger einen festen Zinssatz erhält und einen variablen Zinssatz auf Grundlage eines Nennbetrags zahlt. Amortisiert der Nennbetrag des Swaps so, dass er zu jedem beliebigen Zeitpunkt dem jeweils ausstehenden Kapitalbetrag des übertragenen finanziellen Vermögenswerts entspricht, würde der Swap im Allgemeinen dazu führen, dass ein wesentliches Vorauszahlungsrisiko beim Unternehmen verbleibt. In diesem Fall hat es den übertragenen Vermögenswert entweder zur Gänze oder nach Maßgabe seines anhaltenden Engagements weiter zu erfassen. Ist die Amortisation des Nennbetrags des Swaps nicht an den ausstehenden Kapitalbetrag des übertragenen Vermögenswerts gekoppelt, so würde dieser Swap nicht dazu führen, dass das Vorauszahlungsrisiko in Bezug auf den Vermögenswert beim Unternehmen verbleibt. Folglich wäre eine Ausbuchung des übertragenen Vermögenswerts nicht ausgeschlossen, sofern die Zahlungen im Rahmen des Swaps nicht von Zinszahlungen auf den übertragenen Vermögenswert abhängen und der Swap nicht dazu führt, dass das Unternehmen andere wesentliche Risiken und Chancen zurückbehält.

r) *Abschreibung.* Ein Unternehmen geht nach angemessener Einschätzung nicht davon aus, die vertraglichen Zahlungsströme aus einem finanziellen Vermögenswert ganz oder teilweise zu realisieren.

B3.2.17 Dieser Paragraph veranschaulicht die Anwendung des Konzepts des anhaltenden Engagements, wenn das anhaltende Engagement sich auf einen Teil eines finanziellen Vermögenswerts bezieht.

3/8. IFRS 9
B3.2.17

Es wird angenommen, dass ein Unternehmen ein Portfolio vorzeitig rückzahlbarer Kredite mit einem Kupon- und Effektivzinssatz von 10 Prozent und einem Kapitalbetrag und fortgeführten Anschaffungskosten in Höhe von WE 10,000 besitzt. Das Unternehmen schließt eine Transaktion ab, mit der der Empfänger gegen eine Zahlung von WE 9,115 ein Recht auf die Tilgungsbeträge in Höhe von WE 9,000 zuzüglich eines Zinssatzes von 9,5 Prozent auf diese Beträge erwirbt. Das Unternehmen behält die Rechte an WE 1,000 der Tilgungsbeträge zuzüglich eines Zinssatzes von 10 Prozent auf diesen Betrag zuzüglich der Überschussspanne von 0,5 Prozent auf den verbleibenden Kapitalbetrag in Höhe von WE 9,000. Die Zahlungseingänge aus vorzeitigen Rückzahlungen werden zwischen dem Unternehmen und dem Empfänger im Verhältnis von 1:9 aufgeteilt; alle Ausfälle werden jedoch vom Anteil des Unternehmens in Höhe von WE 1,000 abgezogen, bis dieser Anteil erschöpft ist. Der beizulegende Zeitwert der Kredite zum Zeitpunkt der Transaktion beträgt WE 10,100 und der beizulegende Zeitwert der Überschussspanne von 0,5 Prozent beträgt WE 40.

Das Unternehmen stellt fest, dass es einige mit dem Eigentum verbundene wesentliche Risiken und Chancen (beispielsweise ein wesentliches Vorauszahlungsrisiko) übertragen, jedoch auch einige mit dem Eigentum verbundene wesentliche Risiken und Chancen (aufgrund seines nachrangigen zurückbehaltenen Anteils) zurückbehalten hat und außerdem weiterhin die Verfügungsmacht ausübt. Es wendet daher das Konzept des anhaltenden Engagements an.

Bei der Anwendung dieses Standards analysiert das Unternehmen die Transaktion als (a) Beibehaltung eines zurückbehaltenen exakt proportionalen Anteils von WE 1,000 sowie (b) Nachordnung dieses zurückbehaltenen Anteils, um dem Empfänger eine Kreditsicherheit für Kreditverluste zu gewähren.

Das Unternehmen berechnet, dass WE 9,090 (90 % × WE 10,100) des vereinnahmten Entgelts in Höhe von WE 9,115 der Gegenleistung für einen exakt proportionalen Anteil von 90 Prozent entsprechen. Der Rest des vereinnahmten Entgelts (WE 25) entspricht der Gegenleistung, die das Unternehmen für die Nachordnung seines zurückbehaltenen Anteils erhalten hat, um dem Empfänger eine Kreditsicherheit für Kreditverluste zu gewähren. Die Überschussspanne von 0,5 Prozent stellt ebenfalls eine für die Kreditsicherheit empfangene Gegenleistung dar. Dementsprechend beträgt die für die Kreditsicherheit empfangene Gegenleistung insgesamt WE 65 (WE 25 + WE 40).

Das Unternehmen berechnet den Gewinn oder Verlust aus der Veräußerung auf Grundlage des 90-prozentigen Anteils an den Zahlungsströmen. Unter der Annahme, dass zum Zeitpunkt der Übertragung keine gesonderten beizulegenden Zeitwerte für den übertragenen Anteil von 90 Prozent und den zurückbehaltenen Anteil von 10 Prozent verfügbar sind, teilt das Unternehmen den Buchwert des Vermögenswerts gemäß Paragraph 3.2.14 von IFRS 9 wie folgt auf:

	Beizulegender Zeitwert	Prozentsatz	Zugewiesener Buchwert
Übertragener Anteil	9,090	90 %	9,000
Zurückbehaltener Anteil	1,010	10 %	1,000
Summe	**10,100**		**10,000**

Zur Berechnung des Gewinns oder Verlusts aus dem Verkauf des 90-prozentigen Anteils an den Zahlungsströmen zieht das Unternehmen den zugewiesenen Buchwert des übertragenen Anteils von der empfangenen Gegenleistung ab. Daraus ergibt sich ein Wert von WE 90 (WE 9,090 – WE 9,000). Der Buchwert des vom Unternehmen zurückbehaltenen Anteils beträgt WE 1,000.

Außerdem erfasst das Unternehmen das anhaltende Engagement, das durch Nachordnung seines zurückbehaltenen Anteils für Kreditverluste entsteht. Folglich setzt es einen Vermögenswert in Höhe von WE 1,000 (den Höchstbetrag an Zahlungsströmen, den es aufgrund der Nachordnung nicht erhalten würde) und eine zugehörige Verbindlichkeit in Höhe von WE 1,065 an (den Höchstbetrag an Zahlungsströmen, den es aufgrund der Nachordnung nicht erhalten würde, d. h. WE 1,000 zuzüglich des beizulegenden Zeitwerts der Nachordnung in Höhe von WE 65).

Unter Einbeziehung aller vorstehenden Informationen wird die Transaktion wie folgt gebucht:

	Soll	Haben
Ursprünglicher Vermögenswert	–	9,000
Angesetzter Vermögenswert bezüglich Nachordnung des Residualanspruchs	1,000	–
Vermögenswert für das in Form einer Überschussspanne empfangene Entgelt	40	–
Gewinn oder Verlust (Gewinn bei der Übertragung)	–	90
Verbindlichkeit	–	1,065
Erhaltene Zahlung	9,115	–
Summe	**10,155**	**10,155**

Unmittelbar nach der Transaktion beträgt der Buchwert des Vermögenswerts WE 2.040, bestehend aus WE 1.000 (den Kosten, die dem zurückbehaltenen Anteil zugewiesen sind) und WE 1.040 (dem zusätzlichen anhaltenden Engagement des Unternehmens aufgrund der Nachordnung seines zurückbehaltenen Anteils für Kreditverluste, wobei in diesem Betrag auch die Überschussspanne von WE 40 enthalten ist).

In den Folgeperioden erfasst das Unternehmen zeitproportional das für die Kreditsicherheit vereinnahmte Entgelt (WE 65), grenzt die Zinsen auf den erfassten Vermögenswert unter Anwendung der Effektivzinsmethode ab und erfasst etwaige Kreditwertminderungen auf die angesetzten Vermögenswerte. Als Beispiel für Letzteres soll angenommen werden, dass im darauf folgenden Jahr ein Kreditwertminderungsaufwand für die zugrunde liegenden Kredite in Höhe von WE 300 anfällt. Das Unternehmen schreibt den angesetzten Vermögenswert um WE 600 ab (WE 300 für seinen zurückbehaltenen Anteil und WE 300 für das zusätzliche anhaltende Engagement, das durch die Nachordnung des zurückbehaltenen Anteils für Kreditverluste entsteht) und verringert die erfasste Verbindlichkeit um WE 300. Netto wird der Gewinn oder Verlust also mit einer Kreditwertminderung von WE 300 belastet.

Ausbuchung finanzieller Verbindlichkeiten (Abschnitt 3.3)

B3.3.1 Eine finanzielle Verbindlichkeit (oder ein Teil davon) ist getilgt, wenn der Schuldner entweder
a) die Verbindlichkeit (oder einen Teil davon) durch Zahlung an den Gläubiger beglichen hat, was in der Regel durch Zahlungsmittel, andere finanzielle Vermögenswerte, Waren oder Dienstleistungen erfolgt, oder
b) per Gesetz oder durch den Gläubiger rechtlich von seiner ursprünglichen Verpflichtung aus der Verbindlichkeit (oder einem Teil davon) entbunden wird. (Wenn der Schuldner eine Garantie gegeben hat, kann diese Bedingung noch erfüllt sein.)

B3.3.2 Wird ein Schuldinstrument von seinem Emittenten zurückgekauft, ist die Verbindlichkeit auch dann getilgt, wenn der Emittent ein Market Maker für dieses Instrument ist oder beabsichtigt, es kurzfristig wieder zu veräußern.

B3.3.3 Die Zahlung an eine dritte Partei, einschließlich eines Treuhandfonds (gelegentlich auch als wirtschaftlich betrachtetes Erlöschen der Verpflichtung, „In-Substance-Defeasance", bezeichnet), bedeutet für sich genommen nicht, dass der Schuldner von seiner ursprünglichen Verpflichtung dem Gläubiger gegenüber entbunden ist, sofern er nicht rechtlich hieraus entbunden wurde.

B3.3.4 Wenn ein Schuldner einer dritten Partei eine Zahlung für die Übernahme einer Verpflichtung leistet und seinen Gläubiger davon unterrichtet, dass die dritte Partei seine Schuldverpflichtung übernommen hat, bucht der Schuldner die Schuldverpflichtung nicht aus, es sei denn, die in Paragraph B3.3.1(b) genannte Bedingung ist erfüllt. Wenn ein Schuldner einer dritten Partei eine Zahlung für die Übernahme einer Verpflichtung leistet und von seinem Gläubiger hieraus rechtlich entbunden wird, hat der Schuldner die Schuld getilgt. Vereinbart der Schuldner jedoch, Zahlungen auf die Schuld direkt an die dritte Partei oder den ursprünglichen Gläubiger zu leisten, erfasst der Schuldner eine neue Schuldverpflichtung gegenüber der dritten Partei.

B3.3.5 Obwohl eine rechtliche Entbindung, sei es per Gerichtsentscheid oder durch den Gläubiger, zur Ausbuchung einer Verbindlichkeit führt, kann das Unternehmen unter Umständen eine neue Verbindlichkeit ansetzen, falls die für eine Ausbuchung erforderlichen Bedingungen der Paragraphen 3.2.1–3.2.23 für die übertragenen finanziellen Vermögenswerte nicht erfüllt sind. Sind diese Bedingungen nicht erfüllt, werden die übertragenen Vermögenswerte nicht ausgebucht, und das Unternehmen setzt für sie eine neue Verbindlichkeit an.

B3.3.6 Vertragsbedingungen gelten als grundverschieden im Sinne von Paragraph 3.3.2, wenn der abgezinste Barwert der Zahlungsströme unter den neuen Vertragsbedingungen, einschließlich etwaiger Gebühren, die netto unter Anrechnung erhaltener Gebühren gezahlt wurden und unter Anwendung des ursprünglichen Effektivzinssatzes abgezinster Gebühren gezahlt wurden, mindestens 10 Prozent von dem abgezinsten Barwert der restlichen Zahlungsströme aus der ursprünglichen finanziellen Verbindlichkeit abweicht. Bei Bestimmung der Gebühren, die netto unter Anrechnung erhaltener Gebühren gezahlt wurden, berücksichtigt der Schuldner dabei nur die zwischen ihm und dem Gläubiger geflossenen Gebühren einschließlich solcher, die in ihrem Namen gezahlt oder entgegengenommen wurden.

B3.3.6A Wird ein Austausch von Schuldinstrumenten oder die Änderung der Vertragsbedingungen wie eine Tilgung bilanziert, so sind alle angefallenen Kosten oder Gebühren als Teil des Gewinns oder Verlusts aus der Tilgung zu buchen. Wird der Austausch oder die Änderung nicht wie eine Tilgung bilanziert, so führen gegebenenfalls angefallene Kosten oder Gebühren zu einer Anpassung des Buchwerts der Verbindlichkeit und werden über die Restlaufzeit der geänderten Verbindlichkeit amortisiert.

B3.3.7 In einigen Fällen wird der Schuldner vom Gläubiger aus seiner gegenwärtigen Zahlungsverpflichtung entlassen, leistet jedoch eine Zahlungsgarantie für den Fall, dass die Partei, die die ursprüngliche Verpflichtung übernommen hat, dieser nicht nachkommt. In diesen Fällen hat der Schuldner
a) eine neue finanzielle Verbindlichkeit basierend auf dem beizulegenden Zeitwert der Garantieverpflichtung anzusetzen und
b) einen Gewinn oder Verlust zu erfassen, der der Differenz zwischen (i) etwaigen gezahlten

Erlösen und (ii) dem Buchwert der ursprünglichen finanziellen Verbindlichkeit abzüglich des beizulegenden Zeitwerts der neuen finanziellen Verbindlichkeit entspricht.

EINSTUFUNG (KAPITEL 4)

Einstufung finanzieller Vermögenswerte (Abschnitt 4.1)

Geschäftsmodell des Unternehmens zur Steuerung finanzieller Vermögenswerte

B4.1.1 Soweit nicht Paragraph 4.1.5 gilt, ist ein Unternehmen gemäß Paragraph 4.1.1(a) verpflichtet, finanzielle Vermögenswerte auf Grundlage seines Geschäftsmodells zur Steuerung finanzieller Vermögenswerte einzustufen. Das Unternehmen beurteilt, ob seine finanziellen Vermögenswerte ausgehend von seinem Geschäftsmodell, das durch das Management in Schlüsselpositionen (im Sinne von IAS 24 *Angaben über Beziehungen zu nahestehende Unternehmen und Personen*) festgelegt wird, die in Paragraph 4.1.2(a) oder die in Paragraph 4.1.2A (a) genannte Bedingung erfüllen.

B4.1.2 Das Geschäftsmodell eines Unternehmens wird auf einer Ebene festgelegt, die widerspiegelt, wie Gruppen von finanziellen Vermögenswerten zur Erreichung eines bestimmten Geschäftsziels gemeinsam gesteuert werden. Das Geschäftsmodell des Unternehmens ist nicht von den Absichten des Managements bei einem einzelnen Finanzinstrument abhängig. Die Einstufung ist daher nicht auf Ebene des einzelnen Finanzinstruments, sondern auf einer höheren Aggregationsebene vorzunehmen. Ein einzelnes Unternehmen kann jedoch mehr als ein Geschäftsmodell zur Steuerung seiner Finanzinstrumente haben. Daher braucht die Einstufung nicht auf Ebene des berichtenden Unternehmens zu erfolgen. Ein Unternehmen kann beispielsweise ein Portfolio von Finanzinvestitionen halten, das zu dem Zweck gesteuert wird, vertragliche Zahlungsströme zu vereinnahmen, und ein anderes, bei dem eine Handelsabsicht zur Realisierung von Änderungen des beizulegenden Zeitwerts besteht. Ebenso kann es in einigen Fällen angemessen sein, ein Portfolio von finanziellen Vermögenswerten in Unterportfolios zu trennen, um die Ebene widerzuspiegeln, auf der ein Unternehmen diese finanziellen Vermögenswerte steuert. Dies kann beispielsweise der Fall sein, wenn ein Unternehmen ein Portfolio von Hypothekendarlehen ausreicht oder erwirbt und einige der Darlehen zur Vereinnahmung vertraglicher Zahlungsströme und die anderen Darlehen mit der einer Veräußerungsabsicht steuert.

B4.1.2A Das Geschäftsmodell eines Unternehmens bezieht sich darauf, wie ein Unternehmen seine finanziellen Vermögenswerte zur Generierung von Zahlungsströmen steuert, d. h. dadurch wird bestimmt, ob Zahlungsströme aus der Vereinnahmung vertraglicher Zahlungsströme, aus dem Verkauf finanzieller Vermögenswerte oder aus beidem resultieren. Infolgedessen wird diese Beurteilung nicht auf Basis von Szenarien durchgeführt, deren Eintreten das Unternehmen nach angemessener Einschätzung nicht erwartet, wie sogenannte „Worst Case"- oder „Stress Case"-Szenarien. Wenn ein Unternehmen beispielsweise erwartet, ein bestimmtes Portfolio finanzieller Vermögenswerte nur in einem „Stress Case"-Szenario zu verkaufen, würde sich dieses Szenario nicht auf die Beurteilung des Geschäftsmodells für diese Vermögenswerte auswirken, wenn das Unternehmen nach angemessener Einschätzung nicht erwartet, dass ein solches Szenario eintritt. Werden Zahlungsströme in einer Weise realisiert, die von den Erwartungen des Unternehmens zum Zeitpunkt der Beurteilung des Geschäftsmodells abweichen (wenn das Unternehmen z. B. mehr oder weniger finanzielle Vermögenswerte verkauft als bei der Einstufung der Vermögenswerte angenommen), führt dies weder zu einem Fehler aus einer früheren Periode im Abschluss des Unternehmens (siehe IAS 8 *Rechnungslegungsmethoden, Änderungen von rechnungslegungsbezogenen Schätzungen und Fehler*) noch ändert sich dadurch die Einstufung der verbleibenden finanziellen Vermögenswerte, die nach diesem Geschäftsmodell gehalten werden (d. h. jener Vermögenswerte, die von dem Unternehmen in früheren Perioden erfasst wurden und noch gehalten werden), solange das Unternehmen alle relevanten Informationen, die zum Beurteilungszeitpunkt des Geschäftsmodells verfügbar waren, berücksichtigt hat. Wenn ein Unternehmen jedoch das Geschäftsmodell für neu ausgereichte oder neu erworbene finanzielle Vermögenswerte beurteilt, hat es neben allen anderen relevanten Informationen auch Informationen darüber zu berücksichtigen, wie die Zahlungsströme in der Vergangenheit realisiert wurden.

B4.1.2B Das Geschäftsmodell eines Unternehmens zur Steuerung finanzieller Vermögenswerte ist anhand von Fakten, und nicht bloß anhand von Zusicherungen feststellbar. Normalerweise ist dies durch die Aktivitäten beobachtbar, die das Unternehmen zur Erfüllung der Zielsetzung seines Geschäftsmodells unternimmt. Ein Unternehmen muss sein Geschäftsmodell zur Steuerung finanzieller Vermögenswerte nach Ermessen beurteilen, wobei diese Beurteilung nicht durch einen einzelnen Faktor oder eine einzelne Aktivität bestimmt wird. Stattdessen muss das Unternehmen zum Zeitpunkt der Beurteilung alle verfügbaren relevanten Anhaltspunkte in Betracht ziehen. Solche relevanten Anhaltspunkte schließen u. a. Folgendes ein:

a) wie die Ergebnisse des Geschäftsmodells und der nach diesem Geschäftsmodell gehaltenen finanziellen Vermögenswerte ausgewertet und dem Management in Schlüsselpositionen des Unternehmens berichtet wird;

b) die Risiken, die sich auf die Ergebnisse des Geschäftsmodells (und der nach diesem Geschäftsmodell gehaltenen finanziellen Vermögenswerte) auswirken und insbesondere die Art und Weise, wie diese Risiken gesteuert werden, und

c) wie die Manager vergütet werden (z. B. ob die Vergütung auf dem beizulegenden Zeitwert der gesteuerten Vermögenswerte oder auf den vereinnahmten vertraglichen Zahlungsströmen basiert).

Geschäftsmodell, dessen Zielsetzung darin besteht, Vermögenswerte zur Vereinnahmung vertraglicher Zahlungsströme zu halten

B4.1.2C Finanzielle Vermögenswerte, die im Rahmen eines Geschäftsmodells gehalten werden, dessen Zielsetzung darin besteht, Vermögenswerte zur Vereinnahmung der vertraglichen Zahlungsströme zu halten, werden zur Realisierung der Zahlungsströme durch Vereinnahmung der vertraglichen Zahlungen über die Laufzeit des Instruments gesteuert, d. h. das Unternehmen steuert die innerhalb des Portfolios gehaltenen Vermögenswerte, um diese bestimmten vertraglichen Zahlungsströme zu vereinnahmen (anstelle der Steuerung des Gesamtertrags aus dem Portfolio durch Halten und Verkauf von Vermögenswerten). Bei der Bestimmung, ob Zahlungsströme durch die Vereinnahmung vertraglicher Zahlungsströme aus finanziellen Vermögenswerten realisiert werden, müssen die Häufigkeit, der Wert und der Zeitpunkt von Verkäufen in vorherigen Perioden, die Gründe für diese Verkäufe und die Erwartungen in Bezug auf zukünftige Verkaufsaktivitäten in Betracht gezogen werden. Jedoch wird das Geschäftsmodell nicht durch die Verkäufe selbst bestimmt und können diese daher nicht isoliert betrachtet werden. Stattdessen liefern Informationen über Verkäufe in der Vergangenheit und Erwartungen über zukünftige Verkäufe Anhaltspunkte dafür, wie die erklärte Zielsetzung des Unternehmens für die Steuerung der finanziellen Vermögenswerte erreicht wird, und insbesondere, wie die Zahlungsströme realisiert werden. Ein Unternehmen muss Informationen über Verkäufe in der Vergangenheit vor dem Hintergrund der Gründe für diese Verkäufe und die Bedingungen zu diesem Zeitpunkt im Vergleich zu den gegenwärtigen Bedingungen berücksichtigen.

B4.1.3 Auch wenn die Zielsetzung des Geschäftsmodells eines Unternehmens lautet, finanzielle Vermögenswerte zur Vereinnahmung vertraglicher Zahlungsströme zu halten, muss das Unternehmen nicht all diese Instrumente bis zur Endfälligkeit halten. Das Geschäftsmodell eines Unternehmens kann also auch dann im Halten finanzieller Vermögenswerte zur Vereinnahmung vertraglicher Zahlungsströme bestehen, wenn Verkäufe finanzieller Vermögenswerte stattfinden oder für die Zukunft erwartet werden.

B4.1.3A Das Geschäftsmodell kann selbst dann das Halten von Vermögenswerten zur Vereinnahmung vertraglicher Zahlungsströme sein, wenn das Unternehmen finanzielle Vermögenswerte verkauft, falls deren Ausfallrisiko steigt. Bei der Bestimmung, ob sich das Ausfallrisiko bei den Vermögenswerten erhöht hat, berücksichtigt das Unternehmen angemessene und belastbare Informationen, einschließlich zukunftsorientierter Informationen. Ungeachtet ihrer Häufigkeit und ihres Werts stehen Verkäufe aufgrund einer Erhöhung des Ausfallrisikos von Vermögenswerten nicht mit einem Geschäftsmodell im Widerspruch, dessen Zielsetzung im Halten finanzieller Vermögenswerte zur Vereinnahmung vertraglicher Zahlungsströme besteht, da die Bonität finanzieller Vermögenswerte für die Fähigkeit des Unternehmens, vertragliche Zahlungsströme zu vereinnahmen, relevant ist. Integraler Bestandteil eines solchen Geschäftsmodells ist ein Ausfallrisikomanagement, das auf die Minimierung potenzieller Kreditverluste aufgrund einer Bonitätsverschlechterung ausgerichtet ist. Ein Beispiel für einen aufgrund einer Erhöhung des Ausfallrisikos getätigten Verkauf ist der Verkauf eines finanziellen Vermögenswerts, weil er die in der dokumentierten Anlagepolitik des Unternehmens festgelegten Bonitätskriterien nicht länger erfüllt. Existiert jedoch keine solche Richtlinie, kann das Unternehmen auf andere Weise zeigen, dass der Verkauf aufgrund einer Erhöhung des Ausfallrisikos stattgefunden hat.

B4.1.3B Verkäufe aus anderen Gründen, z. B. zur Steuerung der Ausfallrisikokonzentration (ohne eine Erhöhung des Ausfallrisikos bei den Vermögenswerten), können ebenfalls mit einem Geschäftsmodell in Einklang stehen, dessen Zielsetzung im Halten finanzieller Vermögenswerte zur Vereinnahmung vertraglicher Zahlungsströme besteht. Insbesondere können solche Verkäufe mit einem Geschäftsmodell in Einklang stehen, dessen Zielsetzung im Halten finanzieller Vermögenswerte zur Vereinnahmung vertraglicher Zahlungsströme besteht, wenn diese Verkäufe selten (auch wenn von signifikantem Wert) sind oder wenn sie sowohl einzeln als auch insgesamt betrachtet von nicht signifikantem Wert (auch wenn häufig) sind. Wenn aus einem Portfolio mehr als eine geringe Anzahl von Verkäufen getätigt wird und der Wert dieser Verkäufe (entweder einzeln oder insgesamt) mehr als nicht signifikant ist, muss das Unternehmen beurteilen, ob und wie solche Verkäufe mit der Zielsetzung der Vereinnahmung vertraglicher Zahlungsströme in Einklang stehen. Im Rahmen dieser Beurteilung ist es nicht relevant, ob ein Dritter den Verkauf der finanziellen Vermögenswerte verlangt oder ob dies nach eigenem Ermessen des Unternehmens erfolgt. Eine Erhöhung der Häufigkeit oder des Werts von Verkäufen in einer bestimmten Periode widerspricht nicht unbedingt einer Zielsetzung des Haltens finanzieller Vermögenswerte zur Vereinnahmung vertraglicher Zahlungsströme, wenn ein Unternehmen die Gründe für diese Verkäufe erklären und nachweisen kann, warum diese Verkäufe keine Änderung im Geschäftsmodell des Unternehmens widerspiegeln. Darüber hinaus können Verkäufe mit der Zielsetzung des Haltens finanzieller Vermögenswerte zur Vereinnahmung vertraglicher Zahlungsströme in Einklang stehen, wenn die Verkäufe nahe am Fälligkeitstermin der finanziellen Vermögenswerte stattfinden und die Erlöse aus den Verkäufen der Vereinnahmung der verbleibenden vertraglichen Zahlungsströme nahekommen.

B4.1.4 Nachfolgend einige Beispiele, wann die Zielsetzung des Geschäftsmodells eines Unternehmens im Halten finanzieller Vermögenswerte zur Vereinnahmung vertraglicher Zahlungsströme

3/8. IFRS 9
B4.1.4

bestehen kann. Diese Liste von Beispielen ist nicht abschließend. Ferner wird mit den Beispielen weder beabsichtigt, auf alle Faktoren, die für die Beurteilung des Geschäftsmodells des Unternehmens relevant sein können, einzugehen noch die relative Wichtigkeit der Faktoren festzulegen.

Beispiel	Schlussfolgerungen
Beispiel 1 Ein Unternehmen hält Finanzinvestitionen zur Vereinnahmung der damit verbundenen vertraglichen Zahlungsströme. Der Finanzierungsbedarf des Unternehmens ist vorhersehbar und die Fälligkeit seiner finanziellen Vermögenswerte stimmt mit seinem geschätzten Finanzierungsbedarf überein. Das Unternehmen führt Ausfallrisikosteuerungsaktivitäten durch, mit dem Ziel, Kreditverluste zu minimieren. In der Vergangenheit wurden Verkäufe normalerweise getätigt, wenn sich das Ausfallrisiko der finanziellen Vermögenswerte so stark erhöht hat, dass die Vermögenswerte die in der dokumentierten Anlagepolitik des Unternehmens festgelegten Bonitätskriterien nicht länger erfüllten. Ferner fanden seltene Verkäufe infolge eines unvorhergesehenen Finanzierungsbedarfs statt. Die Berichte an das Management in Schlüsselpositionen konzentrieren sich auf die Bonität der finanziellen Vermögenswerte und die vertraglichen Rendite. Darüber hinaus überwacht das Unternehmen neben anderen Informationen die beizulegenden Zeitwerte der finanziellen Vermögenswerte.	Obwohl das Unternehmen die beizulegenden Zeitwerte der finanziellen Vermögenswerte neben anderen Informationen unter dem Gesichtspunkt der Liquidität berücksichtigt (d. h. dem Barbetrag, der realisiert würde, wenn das Unternehmen Vermögenswerte verkaufen müsste), besteht die Zielsetzung des Unternehmens im Halten finanzieller Vermögenswerte zur Vereinnahmung der vertraglichen Zahlungsströme. Verkäufe stünden mit dieser Zielsetzung nicht im Widerspruch, wenn sie als Reaktion auf eine Erhöhung des Ausfallrisikos der Vermögenswerte erfolgen würden, beispielsweise wenn die Vermögenswerte die in der dokumentierten Anlagepolitik des Unternehmens festgelegten Bonitätskriterien nicht länger erfüllen. Seltene Verkäufe aufgrund eines nicht vorhergesehenen Finanzierungsbedarfs (z. B. in einem Stress Case-Szenario) stünden mit dieser Zielsetzung ebenfalls nicht im Widerspruch, auch wenn solche Verkäufe einen signifikanten Wert hätten.
Beispiel 2 Das Geschäftsmodell eines Unternehmens sieht den Kauf von Portfolios von finanziellen Vermögenswerten wie Kreditforderungen vor. Diese Portfolios können finanzielle Vermögenswerte mit beeinträchtigter Bonität enthalten oder nicht. Wird die Kreditzahlung nicht pünktlich geleistet, versucht das Unternehmen, die vertraglichen Zahlungsströme mit verschiedenen Mitteln zu erlangen, beispielsweise durch Kontaktaufnahme mit dem Schuldner per Post, Telefon oder auf andere Weise. Zielsetzung des Unternehmens ist die Vereinnahmung vertraglicher Zahlungsströme und das Unternehmen steuert keine der Kreditforderungen in diesem Portfolio, um Zahlungsströme durch deren Verkauf zu erlangen. In einigen Fällen schließt das Unternehmen Zinsswaps ab, um den variablen Zinssatz bestimmter finanzieller Vermögenswerte in einem Portfolio in einen festen Zinssatz umzuwandeln.	Die Zielsetzung des Geschäftsmodells des Unternehmens besteht darin, die finanziellen Vermögenswerte zu halten und die vertraglichen Zahlungsströme zu vereinnahmen. Die gleiche Schlussfolgerung träfe selbst dann zu, wenn das Unternehmen nicht erwartet, sämtliche vertraglichen Zahlungsströme zu vereinnahmen (wenn beispielsweise die Bonität einiger finanzieller Vermögenswerte beim erstmaligen Ansatz beeinträchtigt ist). Außerdem ändert sich das Geschäftsmodell des Unternehmens nicht allein dadurch, dass das Unternehmen Derivate zur Änderung der Zahlungsströme des Portfolios abschließt.

Beispiel	Schlussfolgerungen
Beispiel 3 Das Geschäftsmodell eines Unternehmens hat die Zielsetzung, Kredite an Kunden zu vergeben und diese Kredite anschließend an eine Verbriefungsgesellschaft zu verkaufen. Die Verbriefungsgesellschaft emittiert Finanzinstrumente an Anleger. Das kreditvergebende Unternehmen beherrscht die Verbriefungsgesellschaft und bezieht diese daher in seinen Konsolidierungskreis ein. Die Verbriefungsgesellschaft vereinnahmt die vertraglichen Zahlungsströme aus den Krediten und gibt sie an die Anleger weiter. In diesem Beispiel wird angenommen, dass die Kredite weiter in der Konzernbilanz erfasst werden, weil sie von der Verbriefungsgesellschaft nicht ausgebucht werden.	Der Konzern vergab die Kredite mit der Zielsetzung, sie zu halten und die vertraglichen Zahlungsströme zu vereinnahmen. Beim kreditvergebenden Unternehmen lautet ein Ziel jedoch, durch Verkauf der Kredite an die Verbriefungsgesellschaft Zahlungsströme aus dem Kreditportfolio zu erzielen. In Bezug auf seinen Einzelabschluss würde es daher nicht zutreffen, dass dieses Portfolio zur Vereinnahmung der vertraglichen Zahlungsströme gesteuert wird.
Beispiel 4 Ein Finanzinstitut hält finanzielle Vermögenswerte, um bei einem „Stress Case"-Szenario (wie einem Ansturm auf die Einlagen der Bank) den Liquiditätsbedarf decken zu können. Das Unternehmen rechnet nicht mit dem Verkauf dieser Vermögenswerte, außer in solchen Szenarien. Das Unternehmen überwacht die Bonität der finanziellen Vermögenswerte und seine Zielsetzung bei deren Steuerung ist die Vereinnahmung der vertraglichen Zahlungsströme. Das Unternehmen bewertet die Wertentwicklung der Vermögenswerte auf Grundlage der vereinnahmten Zinserträge und erlittenen Kreditverluste. Das Unternehmen überwacht den beizulegenden Zeitwert der finanziellen Vermögenswerte jedoch auch unter dem Gesichtspunkt der Liquidität, um sicherzustellen, dass der Barbetrag, der erzielt würde, wenn das Unternehmen die Vermögenswerte in einem „Stress Case"-Szenario verkaufen müsste, ausreichen würde, um den Liquiditätsbedarf des Unternehmens zu decken. Das Unternehmen tätigt in regelmäßigen Abständen Verkäufe von nicht signifikantem Wert, um Liquidität nachzuweisen.	Die Zielsetzung des Geschäftsmodells des Unternehmens besteht darin, die finanziellen Vermögenswerte zu halten und die vertraglichen Zahlungsströme zu vereinnahmen. Die Schlussfolgerung würde sich nicht ändern, selbst wenn das Unternehmen während vorheriger „Stress Case"-Szenarios Verkäufe von signifikantem Wert getätigt hätte, um seinen Liquiditätsbedarf zu decken. Ebenso stehen wiederkehrende Verkäufe von nicht signifikantem Wert nicht im Widerspruch zum Halten finanzieller Vermögenswerte mit dem Ziel, vertragliche Zahlungsströme zu vereinnahmen. Wenn ein Unternehmen hingegen finanzielle Vermögenswerte hält, um seinen täglichen Liquiditätsbedarf zu decken, und die Erfüllung dieser Zielsetzung häufige Verkäufe von signifikantem Wert erfordert, besteht die Zielsetzung des Geschäftsmodells des Unternehmens nicht darin, finanzielle Vermögenswerte zu halten, um vertragliche Zahlungsströme zu vereinnahmen. Ebenfalls nicht auf dieses Ziel ausgerichtet ist das Geschäftsmodell des Unternehmens, wenn das Unternehmen von seiner zuständigen Regulierungsbehörde verpflichtet wird, finanzielle Vermögenswerte zum Nachweis von deren Liquidität regelmäßig zu verkaufen, und der Wert der verkauften Vermögenswerte signifikant ist. Für die Schlussfolgerung ist es nicht relevant, ob eine Dritter den Verkauf der finanziellen Vermögenswerte vorschreibt oder ob dies nach eigenem Ermessen des Unternehmens geschieht.
Geschäftsmodell, dessen Zielsetzung sowohl durch Vereinnahmung vertraglicher Zahlungsströme als auch durch Verkauf finanzieller Vermögenswerte erreicht wird B4.1.4A Ein Unternehmen kann finanzielle Vermögenswerte im Rahmen eines Geschäftsmodells halten, dessen Zielsetzung sowohl durch die Vereinnahmung vertraglicher Zahlungsströme als auch durch den Verkauf finanzieller Vermögenswerte erreicht wird. Bei dieser Art von Geschäftsmodell hat das Management in Schlüsselpositionen des	Unternehmens die Entscheidung getroffen, dass sowohl die Vereinnahmung der vertraglichen Zahlungsströme als auch der Verkauf von finanziellen Vermögenswerten maßgeblich für die Erfüllung der Zielsetzung des Geschäftsmodells ist. Mit einem Geschäftsmodell dieser Art können verschiedene Zielsetzungen in Einklang stehen. Beispielsweise kann die Zielsetzung des Geschäftsmodells darin bestehen, den täglichen Liquiditätsbedarf zu steuern, ein bestimmtes Zinsrenditeprofil zu gewährleisten oder die Laufzeit der finanziellen

3/8. IFRS 9
B4.1.4A

Vermögenswerte an die Laufzeit der Verbindlichkeiten, die mit solchen Vermögenswerten finanziert werden, anzupassen. Zur Erfüllung einer solchen Zielsetzung wird das Unternehmen sowohl vertragliche Zahlungsströme vereinnahmen als auch finanzielle Vermögenswerte verkaufen.

B4.1.4B Im Vergleich zu einem Geschäftsmodell, dessen Zielsetzung darin besteht, finanzielle Vermögenswerte zur Vereinnahmung vertraglicher Zahlungsströme zu halten, ist dieses Geschäftsmodell normalerweise mit häufigeren und höherwertigen Verkäufen verbunden. Dies liegt daran, dass der Verkauf finanzieller Vermögenswerte für die Erfüllung der Zielsetzung des Geschäftsmodells maßgeblich und nicht nebensächlich ist. Doch existiert kein Schwellenwert für die Häufigkeit oder den Wert der Verkäufe, die im Rahmen dieses Geschäftsmodells getätigt werden müssen, da sowohl die Vereinnahmung der vertraglichen Zahlungsströme als auch der Verkauf der finanziellen Vermögenswerte für die Erfüllung der Zielsetzung maßgeblich sind.

B4.1.4C Nachfolgend einige Beispiele, wann die Zielsetzung des Geschäftsmodells eines Unternehmens sowohl durch die Vereinnahmung vertraglicher Zahlungsströme als auch durch den Verkauf finanzieller Vermögenswerte erfüllt werden kann. Diese Liste von Beispielen ist nicht abschließend. Ferner wird mit den Beispielen weder beabsichtigt, auf alle Faktoren, die für die Beurteilung des Geschäftsmodells des Unternehmens relevant sein können, einzugehen noch die relative Wichtigkeit der Faktoren festzulegen.

Beispiel	Schlussfolgerungen
Beispiel 5 Ein Unternehmen erwartet Investitionsausgaben in ein paar Jahren. Das Unternehmen investiert seine überschüssigen Zahlungsmittel in kurz- und langfristige finanzielle Vermögenswerte, sodass es die Ausgaben im Bedarfsfall finanzieren kann. Viele der finanziellen Vermögenswerte haben eine vertragliche Laufzeit, die den voraussichtlichen Investitionszeitraum des Unternehmens überschreitet. Das Unternehmen wird finanzielle Vermögenswerte zur Vereinnahmung der vertraglichen Zahlungsströme halten und wird bei passender Gelegenheit finanzielle Vermögenswerte verkaufen, um den Erlös in finanzielle Vermögenswerte mit höherer Rendite zu reinvestieren. Die für das Portfolio zuständigen Manager werden auf Basis der Portfolio-Gesamtrendite vergütet.	Die Zielsetzung des Geschäftsmodells wird sowohl durch die Vereinnahmung vertraglicher Zahlungsströme als auch den Verkauf finanzieller Vermögenswerte erfüllt. Das Unternehmen wird fortlaufend Entscheidungen im Hinblick darauf treffen, ob die Rendite des Portfolios durch die Vereinnahmung vertraglicher Zahlungsströme oder durch den Verkauf finanzieller Vermögenswerte maximiert wird, und zwar so lange, bis die investierten Zahlungsmittel benötigt werden. Demgegenüber ist ein Unternehmen zu betrachten, das einen Zahlungsmittelabfluss in fünf Jahren zur Finanzierung einer Investition erwartet und überschüssige Zahlungsmittel in kurzfristigen finanziellen Vermögenswerten anlegt. Werden die Anlagen fällig, legt das Unternehmen die Mittel wieder in neuen kurzfristigen finanziellen Vermögenswerten an. Diese Strategie behält das Unternehmen bei, bis die Finanzmittel benötigt werden und das Unternehmen die Erlöse aus den fällig werdenden finanziellen Vermögenswerten zur Finanzierung der Investition verwendet. Vor der Fälligkeit werden nur Verkäufe von nicht signifikantem Wert getätigt (außer wenn sich das Ausfallrisiko erhöht hat). Die Zielsetzung dieses kontrastierenden Geschäftsmodells besteht im Halten von finanziellen Vermögenswerten zur Vereinnahmung vertraglicher Zahlungsströme.

Beispiel	Schlussfolgerungen
Beispiel 6 Ein Finanzinstitut hält finanzielle Vermögenswerte zur Deckung des täglichen Liquiditätsbedarfs. Das Unternehmen ist bestrebt, die Kosten für die Steuerung dieses Liquiditätsbedarfs zu minimieren und steuert die Rendite des Portfolios daher aktiv. Diese Rendite besteht in der Vereinnahmung vertraglicher Zahlungen sowie in Gewinnen und Verlusten aus dem Verkauf finanzieller Vermögenswerte. Demzufolge hält das Unternehmen finanzielle Vermögenswerte zur Vereinnahmung vertraglicher Zahlungsströme und verkauft finanzielle Vermögenswerte zur Reinvestition in finanzielle Vermögenswerte mit höherer Rendite oder zur besseren Anpassung an die Laufzeit seiner Verbindlichkeiten. In der Vergangenheit hat diese Strategie zu häufigen Verkäufen geführt und waren diese Verkäufe von signifikantem Wert. Es wird davon ausgegangen, dass diese Aktivitäten in Zukunft fortgeführt werden.	Die Zielsetzung des Geschäftsmodells ist die Maximierung der Rendite des Portfolios, um den täglichen Liquiditätsbedarf zu decken, wobei das Unternehmen diese Zielsetzung sowohl durch die Vereinnahmung vertraglicher Zahlungsströme als auch durch den Verkauf von finanziellen Vermögenswerten erfüllt. Mit anderen Worten sind sowohl die Vereinnahmung vertraglicher Zahlungsströme als auch der Verkauf von finanziellen Vermögenswerten maßgeblich für die Erfüllung der Zielsetzung des Geschäftsmodells.
Beispiel 7 Ein Versicherer hält finanzielle Vermögenswerte zur Finanzierung von Verbindlichkeiten aus Versicherungsverträgen. Der Versicherer verwendet die Erträge aus den vertraglichen Zahlungsströmen der finanziellen Vermögenswerte, um die Verbindlichkeiten aus den Versicherungsverträgen bei Fälligkeit zu begleichen. Um sicherzustellen, dass die vertraglichen Zahlungsströme aus den finanziellen Vermögenswerten zur Tilgung dieser Verbindlichkeiten ausreichen, tätigt der Versicherer regelmäßig Käufe und Verkäufe in signifikantem Umfang, um sein Portfolio aus Vermögenswerten neu zu kalibrieren und den entstehenden Bedarf an Zahlungsströmen zu decken.	Die Zielsetzung dieses Geschäftsmodells ist die Finanzierung der Verbindlichkeiten aus den Versicherungsverträgen. Zur Erfüllung dieser Zielsetzung vereinnahmt das Unternehmen die fällig werdenden vertraglichen Zahlungsströme und verkauft finanzielle Vermögenswerte, um das gewünschte Profil bei dem Anlageportfolio zu erhalten. Für die Erfüllung der Zielsetzung des Geschäftsmodells sind sowohl die Vereinnahmung vertraglicher Zahlungsströme als auch der Verkauf finanzieller Vermögenswerte maßgeblich.

Andere Geschäftsmodelle

B4.1.5 Finanzielle Vermögenswerte werden erfolgswirksam zum beizulegenden Zeitwert bewertet, wenn sie nicht im Rahmen eines Geschäftsmodells gehalten werden, dessen Zielsetzung im Halten von Vermögenswerten zur Vereinnahmung vertraglicher Zahlungsströme besteht, oder nicht im Rahmen eines Geschäftsmodell, dessen Zielsetzung sowohl die Vereinnahmung vertraglicher Zahlungsströme als auch der Verkauf finanzieller Vermögenswerte ist (siehe aber auch Paragraph 5.7.5). Bei einem Geschäftsmodell, das zur erfolgswirksamen Bewertung zum beizulegenden Zeitwert führt, steuert ein Unternehmen die finanziellen Vermögenswerte mit dem Ziel, durch den Verkauf der Vermögenswerte Zahlungsströme zu erzielen. Auf Grundlage der beizulegenden Zeitwerte der Vermögenswerte trifft das Unternehmen Entscheidungen und steuert die Vermögenswerte, um Gewinne durch Zeitwertänderungen zu erzielen. In diesem Fall führt die Zielsetzung des Unternehmens normalerweise zu aktivem Kauf und Verkauf. Auch wenn das Unternehmen vertragliche Zahlungsströme vereinnahmt, während es die finanziellen Vermögenswerte hält, wird die Zielsetzung eines solchen Geschäftsmodells nicht durch Vereinnahmung vertraglicher Zahlungsströme und Verkauf finanzieller Vermögenswerte erfüllt. Dies liegt daran, dass die Vereinnahmung vertraglicher Zahlungsströme für die Erfüllung der Zielsetzung des Geschäftsmodells nicht maßgeblich, sondern nebensächlich ist.

B4.1.6 Ein Portfolio von finanziellen Vermögenswerten, das anhand des beizulegenden Zeitwerts gesteuert und dessen Wertentwicklung anhand des beizulegenden Zeitwerts beurteilt wird (wie in Paragraph 4.2.2(b) beschrieben), wird weder zur Vereinnahmung vertraglicher Zahlungsströme noch zur Vereinnahmung vertraglicher Zahlungsströme und zum Verkauf finanzieller Vermögenswerte gehalten. Das Unternehmen konzentriert sich hauptsächlich auf die Informationen über den beizulegenden Zeitwert und nutzt diese Informationen, um die Wertentwicklung der Vermögenswerte zu beurteilen und Entscheidungen zu treffen. Darüber hinaus wird ein Portfolio von finanziellen Vermögenswerten, das die Definition von „zu Handelszwecken gehalten" erfüllt, nicht zur Vereinnahmung vertraglicher Zahlungsströme bzw. nicht zur Vereinnahmung vertraglicher

Zahlungsströme und zum Verkauf finanzieller Vermögenswerte gehalten. Bei solchen Portfolios ist die Vereinnahmung der vertraglichen Zahlungsströme für die Erfüllung der Zielsetzung des Geschäftsmodells nur nebensächlich. Infolgedessen müssen solche Portfolios finanzieller Vermögenswerte erfolgswirksam zum beizulegenden Zeitwert bewertet werden.

Vertragliche Zahlungsströme, die ausschließlich Tilgungs- und Zinszahlungen auf den ausstehenden Kapitalbetrag darstellen

B4.1.7 Nach Paragraph 4.1.1(b) hat ein Unternehmen (sofern nicht Paragraph 4.1.5 anwendbar ist) einen finanziellen Vermögenswert auf Grundlage der Eigenschaften der vertraglichen Zahlungsströme einzustufen, wenn der finanzielle Vermögenswert im Rahmen eines Geschäftsmodells gehalten wird, dessen Zielsetzung im Halten von Vermögenswerten zur Vereinnahmung vertraglicher Zahlungsströme besteht oder wenn er im Rahmen eines Geschäftsmodells gehalten wird, dessen Zielsetzung durch die Vereinnahmung vertraglicher Zahlungsströme und durch den Verkauf von finanziellen Vermögenswerten erfüllt wird. Hierzu hat ein Unternehmen gemäß den Bedingungen in den Paragraphen 4.1.2(b) und 4.1.2A(b) zu bestimmen, ob die vertraglichen Zahlungsströme ausschließlich Tilgungs- und Zinszahlungen auf den ausstehenden Kapitalbetrag darstellen.

B4.1.7A Vertragliche Zahlungsströme, die ausschließlich Tilgungs- und Zinszahlungen auf den ausstehenden Kapitalbetrag darstellen, sind mit einer elementaren Kreditvereinbarung vereinbar. Bei einer elementaren Kreditvereinbarung stellen Entgelte für den Zeitwert des Geldes (siehe Paragraphen B4.1.9A–B4.1.9E) und für das Ausfallrisiko normalerweise die signifikantesten Zinskomponenten dar. Allerdings können die Zinsen bei einer solchen Vereinbarung auch Entgelte für andere grundlegende Kreditrisiken (beispielsweise Liquiditätsrisiko) sowie Kosten (beispielsweise Verwaltungskosten) in Verbindung mit dem Halten des finanziellen Vermögenswerts über einen bestimmten Zeitraum beinhalten. Ferner können die Zinsen eine Gewinnmarge beinhalten, die mit einer elementaren Kreditvereinbarung vereinbar ist. Unter extremen Konjunkturbedingungen können Zinsen negativ sein, wenn beispielsweise der Inhaber eines finanziellen Vermögenswerts entweder ausdrücklich oder stillschweigend für die Anlage seines Geldes über einen bestimmten Zeitraum bezahlt (und diese Gebühr die Vergütung übersteigt, die der Inhaber für den Zeitwert des Geldes, das Ausfallrisiko und die anderen grundlegenden Kreditrisiken und Kosten erhält). Jedoch führen Vertragsbedingungen, durch die Parteien Risiken oder Volatilität bei den vertraglichen Zahlungsströmen ausgesetzt werden, die nicht mit einer elementaren Kreditvereinbarung zusammenhängen, z. B. Preisänderungsrisiken bei Eigenkapitaltiteln oder Rohstoffen, nicht zu vertraglichen Zahlungsströmen, die ausschließlich Tilgungs- und Zinszahlungen auf den ausstehenden Kapitalbetrag darstellen. Bei einem ausgereichten oder erworbenen finanziellen Vermögenswert kann es sich um eine elementare Kreditvereinbarung handeln, unabhängig davon, ob er in rechtlicher Form ein Kredit ist.

B4.1.7B Nach Paragraph 4.1.3(a) entspricht der Kapitalbetrag dem beizulegenden Zeitwert des finanziellen Vermögenswerts beim erstmaligen Ansatz. Doch kann sich der Kapitalbetrag während der Laufzeit des finanziellen Vermögenswerts ändern (z. B. im Falle von Tilgungen).

B4.1.8 Ein Unternehmen hat zu beurteilen, ob die den vertraglichen Zahlungsströme ausschließlich um Tilgungs- und Zinszahlungen auf den ausstehenden Kapitalbetrag für die Währung handelt, auf die der finanzielle Vermögenswert lautet.

B4.1.9 Einige finanzielle Vermögenswerte weisen als Eigenschaft der vertraglichen Zahlungsströme eine Hebelwirkung auf, die die Variabilität der vertraglichen Zahlungsströme verstärkt. Diese Zahlungsströme weisen dadurch nicht die wirtschaftlichen Merkmale von Zinszahlungen auf. Eigenständige Optionen, Terminkontrakte und Swaps sind Beispiele für finanzielle Vermögenswerte, die eine solche Hebelwirkung beinhalten. Solche Kontrakte erfüllen deshalb nicht die Bedingung der Paragraphen 4.1.2(b) und 4.1.2A(b) und können bei der Folgebewertung nicht zu fortgeführten Anschaffungskosten oder zum beizulegenden Zeitwert erfolgsneutral im sonstigen Ergebnis bewertet werden.

Entgelt für den Zeitwert des Geldes

B4.1.9A Als Zeitwert des Geldes bezeichnet wird das Zinselement, das ein Entgelt nur für den bloßen Zeitablauf darstellt. Dies bedeutet, dass der Zeitwert des Geldes kein Entgelt für sonstige Risiken oder Kosten im Zusammenhang mit dem Halten des finanziellen Vermögenswerts darstellt. Bei der Beurteilung, ob das Element nur Entgelt für den bloßen Zeitablauf ist, übt ein Unternehmen Ermessen aus und berücksichtigt relevante Faktoren wie beispielsweise die Währung, auf die der finanzielle Vermögenswert lautet, und den Zeitraum, für den der Zinssatz festgelegt wird.

B4.1.9B In einigen Fällen kann das Element für den Zeitwert des Geldes jedoch verändert (d. h. inkongruent) sein. Dies wäre beispielsweise der Fall, wenn der Zinssatz eines finanziellen Vermögenswerts in regelmäßigen Abständen angepasst wird, die Häufigkeit dieser Anpassung jedoch nicht der Laufzeit des Zinssatzes entspricht (wenn beispielsweise ein Einjahreszinssatz monatlich angepasst wird) oder wenn der Zinssatz eines finanziellen Vermögenswerts in regelmäßigen Abständen an einen Durchschnitt aus bestimmten kurz- und langfristigen Zinssätzen angepasst wird. Zur Bestimmung, ob die vertraglichen Zahlungsströme ausschließlich Tilgungs- und Zinszahlungen auf den ausstehenden Kapitalbetrag darstellen, muss ein Unternehmen in solchen Fällen diese Veränderung beurteilen. Unter bestimmten Umständen kann das Unternehmen dies anhand einer qualitativen Beurteilung des Elements für den Zeitwert des Geldes bestimmen, während unter anderen Umständen eventuell eine quantitative Beurteilung erforderlich ist.

B4.1.9C Bei der Beurteilung eines veränderten Elements für den Zeitwert des Geldes gilt es zu bestimmen, inwieweit sich die vertraglichen (nicht abgezinsten) Zahlungsströme von den (nicht abgezinsten) Zahlungsströmen unterscheiden, die entstehen würden, wenn das Element für den Zeitwert des Geldes unverändert wäre (Vergleichszahlungsströme). Wenn der zu beurteilende finanzielle Vermögenswert beispielsweise einen variablen Zinssatz beinhaltet, der monatlich an einen Einjahreszinssatz angepasst wird, würde das Unternehmen diesen finanziellen Vermögenswert mit einem Finanzinstrument mit identischen Vertragsbedingungen und identischem Ausfallrisiko vergleichen, ohne dass der variable Zinssatz monatlich an einen Einmonatszinssatz angepasst wird. Wenn das veränderte Element für den Zeitwert des Geldes zu vertraglichen (nicht abgezinsten) Zahlungsströmen führen könnte, die sich signifikant von den (nicht abgezinsten) Vergleichs-Zahlungsströmen unterscheiden, erfüllt der finanzielle Vermögenswert nicht die Bedingung der Paragraphen 4.1.2 (b) und 4.1.2A(b). Für diese Feststellung muss das Unternehmen die Auswirkung des veränderten Elements für den Zeitwert des Geldes in jeder Berichtsperiode und kumuliert über die Laufzeit des Finanzinstruments berücksichtigen. Der Grund für die Festlegung des Zinssatzes auf diese Weise ist für die Analyse ohne Belang. Wenn ohne oder mit nur geringem Analyseaufwand zu klären ist, ob die beurteilten vertraglichen (nicht abgezinsten) Zahlungsströme aus dem finanziellen Vermögenswert sich signifikant von den (nicht abgezinsten) Vergleichs-Zahlungsströmen unterscheiden, muss ein Unternehmen keine ausführliche Beurteilung durchführen.

B4.1.9D Bei der Beurteilung eines veränderten Elements für den Zeitwert des Geldes muss ein Unternehmen Faktoren berücksichtigen, die sich auf zukünftige vertragliche Zahlungsströme auswirken könnten. Wenn ein Unternehmen beispielsweise eine Anleihe mit einer fünfjährigen Laufzeit beurteilt und der variable Zinssatz alle sechs Monate an einen Fünfjahreszinssatz angepasst wird, kann das Unternehmen nicht schlussfolgern, dass es sich bei den vertraglichen Zahlungsströmen ausschließlich um Tilgungs- und Zinszahlungen auf den ausstehenden Kapitalbetrag handelt, nur weil die Zinsstrukturkurve zum Zeitpunkt der Beurteilung so ist, dass die Differenz zwischen einem Fünfjahreszinssatz und einem Sechsmonatszinssatz nicht signifikant ist. Stattdessen muss das Unternehmen auch berücksichtigen, ob sich die Beziehung zwischen dem Fünfjahreszinssatz und dem Sechsmonatszinssatz über die Laufzeit des Instruments ändern könnte, sodass die vertraglichen (nicht abgezinsten) Zahlungsströme über die Laufzeit des Instruments signifikant von den (nicht abgezinsten) Vergleichs-Zahlungsströmen abweichen könnten. Doch muss ein Unternehmen nicht jedes mögliche Szenario, sondern nur angemessenerweise für möglich gehaltene Szenarien berücksichtigen. Gelangt ein Unternehmen zu dem Schluss, dass die vertraglichen (nicht abgezinsten) Zahlungsströme erheblich von den (nicht abgezinsten) Vergleichs-Zahlungsströmen abweichen könnten, erfüllt der finanzielle Vermögenswert nicht die Bedingung der Paragraphen 4.1.2(b) und 4.1.2A(b) und kann daher nicht zu fortgeführten Anschaffungskosten oder zum beizulegenden Zeitwert erfolgsneutral im sonstigen Ergebnis bewertet werden.

B4.1.9E In einigen Ländern werden die Zinssätze von der Regierung oder einer Regulierungsbehörde festgelegt. So kann eine Zinsfestlegung von Regierungsseite beispielsweise Teil einer breiteren gesamtwirtschaftlichen Strategie sein oder eingeführt werden, um Unternehmen einen Anreiz für Investitionen in einen bestimmten Wirtschaftssektor zu geben. In einigen dieser Fälle soll das Element für den Zeitwert des Geldes kein Entgelt allein für den bloßen Zeitablauf sein. Ungeachtet der Paragraphen B4.1.9A–B4.1.9D sollte allerdings zur Anwendung der Bedingung in den Paragraphen 4.1.2(b) und 4.1.2A(b) ein regulierter Zinssatz als Näherungswert des Elements für den Zeitwert des Geldes herangezogen werden, wenn dieser regulierte Zinssatz ein Entgelt darstellt, das weitgehend dem Zeitablauf entspricht, und er keine Risiken oder Volatilität in den vertraglichen Zahlungsströmen impliziert, die nicht mit einer elementaren Kreditvereinbarung in Einklang stehen.

Vertragsbedingungen, die den Zeitpunkt oder die Höhe der vertraglichen Zahlungsströme ändern

B4.1.10 Beinhaltet ein finanzieller Vermögenswert eine Vertragsbedingung, die den Zeitpunkt oder die Höhe vertraglicher Zahlungsströme ändern könnte (z. B. wenn der Vermögenswert vor Fälligkeit zurückgezahlt oder die Laufzeit verlängert werden kann), muss das Unternehmen bestimmen, ob die vertraglichen Zahlungsströme, die aufgrund dieser Vertragsbedingungen über die Laufzeit des Instruments entstehen könnten, ausschließlich Tilgungs- und Zinszahlungen auf den ausstehenden Kapitalbetrag darstellen. Für diese Feststellung muss das Unternehmen die vertraglichen Zahlungsströme beurteilen, die vor und nach der Änderung der vertraglichen Zahlungsströme auftreten könnten. Das Unternehmen muss unter Umständen auch die Art eines eventuellen Ereignisses (d. h. der Auslöser) beurteilen, durch das sich der Zeitpunkt oder die Höhe der vertraglichen Zahlungsströme ändern würde. Während die Art des bedingten Ereignisses selbst kein maßgeblicher Faktor bei der Beurteilung ist, ob die vertraglichen Zahlungsströme ausschließlich Tilgungs- und Zinszahlungen auf den ausstehenden Kapitalbetrag darstellen, kann dies ein Indikator sein. Man vergleiche beispielsweise ein Finanzinstrument mit einem Zinssatz, der an einen höheren Zinssatz angepasst wird, wenn der Schuldner eine bestimmte Anzahl von Zahlungen versäumt, mit

3/8. IFRS 9
B4.1.10 – B4.1.13

einem Finanzinstrument mit einem Zinssatz, der an einen höheren Zinssatz angepasst wird, wenn ein bestimmter Index für Eigenkapitaltitel ein bestimmtes Niveau erreicht. Im ersteren Fall ist es aufgrund der Beziehung zwischen versäumten Zahlungen und einer Erhöhung des Ausfallrisikos eher wahrscheinlich, dass die vertraglichen Zahlungsströme ausschließlich Tilgungs- und Zinszahlungen auf den ausstehenden Kapitalbetrag darstellen. (Siehe auch Paragraph B4.1.18.)

B4.1.11 Nachfolgend einige Beispiele, wann Vertragsbedingungen zu vertraglichen Zahlungsströmen führen, die ausschließlich Tilgungs- und Zinszahlungen auf den ausstehenden Kapitalbetrag darstellen:

a) ein variabler Zinssatz, der aus dem Entgelt für den Zeitwert des Geldes, für das Ausfallrisiko im Zusammenhang mit dem ausstehenden Kapitalbetrag während eines bestimmten Zeitraums (das Entgelt für das Ausfallrisiko kann nur beim erstmaligen Ansatz bestimmt werden und kann daher festgelegt sein) und für andere grundlegende Kreditrisiken und Kosten sowie einer Gewinnmarge besteht,

b) eine Vertragsbedingung, die es dem Emittenten (d. h. dem Schuldner) erlaubt, ein Schuldinstrument vorzeitig zurückzuzahlen, oder es dem Inhaber (d. h. dem Gläubiger) gestattet, ein Schuldinstrument vor der Fälligkeit an den Emittenten zurückzugeben, wobei der Betrag der vorzeitigen Rückzahlung im Wesentlichen nicht geleistete Tilgungs- und Zinszahlungen auf den ausstehenden Kapitalbetrag darstellt und eine angemessene Entschädigung für die vorzeitige Beendigung des Vertrags umfassen kann, und

c) eine Vertragsbedingung, die es dem Emittenten oder dem Inhaber gestattet, die Vertragslaufzeit eines Schuldinstruments zu verlängern (d. h. eine Verlängerungsoption), wobei die Bedingungen der Verlängerungsoption zu vertraglichen Zahlungsströmen während des Verlängerungszeitraums führen, die ausschließlich Tilgungs- und Zinszahlungen auf den ausstehenden Kapitalbetrag darstellen und die eine angemessene zusätzliche Entschädigung für die Verlängerung des Vertrags umfassen können.

B4.1.12 Ungeachtet des Paragraphen B4.1.10 kommt ein finanzieller Vermögenswert, der ansonsten die Bedingung der Paragraphen 4.1.2(b) und 4.1.2A(b) erfüllen würde, sie aber infolge einer Vertragsbedingung nicht erfüllt, die es dem Emittenten erlaubt (oder vorschreibt), ein Schuldinstrument vorzeitig zurückzuzahlen, oder es dem Inhaber gestattet (oder vorschreibt), ein Schuldeninstrument vor Endfälligkeit an den Emittenten zurückzugeben, für eine Bewertung zu fortgeführten Anschaffungskosten oder zum beizulegenden Zeitwert erfolgsneutral im sonstigen Ergebnis infrage (sofern dabei die Bedingung in Paragraph 4.1.2(a) oder in Paragraph 4.1.2A(a) erfüllt ist), wenn

a) das Unternehmen den finanziellen Vermögenswert gegen einen Auf- oder Abschlag gegenüber dem vertraglichen Nennbetrag erwirbt oder ausreicht,

b) der Betrag der vorzeitigen Rückzahlung im Wesentlichen den vertraglichen Nennbetrag und die aufgelaufenen (jedoch nicht gezahlten) Vertragszinsen darstellt, was eine angemessene Entschädigung für die vorzeitige Beendigung des Vertrags einschließen kann, und

c) beim erstmaligen Ansatz des finanziellen Vermögenswerts der beizulegende Zeitwert der Vorfälligkeitsregelung nicht signifikant ist.

B4.1.12A Für die Zwecke der Paragraphen B4.1.11(b) und B4.1.12(b) kann eine Partei unabhängig davon, welches Ereignis oder welcher Umstand die vorzeitige Beendigung des Vertrags bewirkt, eine angemessene Entschädigung für diese vorzeitige Beendigung zahlen oder erhalten. So kann eine Partei beispielsweise eine angemessene Entschädigung zahlen oder erhalten, wenn sie sich für eine vorzeitige Beendigung des Vertrags entscheidet (oder auf sonstige Weise die vorzeitige Beendigung bewirkt).

B4.1.13 Es folgen einige Beispiele für vertragliche Zahlungsströme, die ausschließlich Tilgungs- und Zinszahlungen auf den ausstehenden Kapitalbetrag darstellen. Diese Liste von Beispielen ist nicht abschließend.

Instrument	Schlussfolgerungen
Instrument A Instrument A ist eine Anleihe mit fester Laufzeit. Die Tilgungs- und Zinszahlungen auf den ausstehenden Kapitalbetrag sind an einen Inflationsindex der Währung gekoppelt, in der das Instrument ausgegeben wurde. Die Inflationskoppelung weist keine Hebelwirkung auf und das Kapitalbetrag ist geschützt.	Die vertraglichen Zahlungsströme stellen ausschließlich Tilgungs- und Zinszahlungen auf den ausstehenden Kapitalbetrag dar. Durch die Kopplung von Tilgungs- und Zinszahlungen auf den ausstehenden Kapitalbetrag an einen Inflationsindex ohne Hebelwirkung wird der Zeitwert des Geldes an das aktuelle Niveau angepasst. Mit anderen Worten spiegelt der Zinssatz bei dem Instrument den „realen" Zins wider. Somit sind die Zinsbeträge das Entgelt für den Zeitwert des Geldes auf den ausstehenden Kapitalbetrag. Wären die Zinszahlungen jedoch an eine andere Variable, z. B. die wirtschaftliche Leistungsfähigkeit des Kreditnehmers (z. B. Nettoertrag des Kreditnehmers) oder einen Index für Eigenkapitaltitel gekoppelt, wären die vertraglichen Zahlungsströme keine Tilgungs- und Zinszahlungen auf den ausstehenden Kapitalbetrag (außer wenn die Koppelung an die wirtschaftliche Leistungsfähigkeit des Kreditnehmers zu einer Anpassung führt, durch die der Inhaber nur einen Ausgleich für Änderungen des Ausfallrisikos des Instruments erhält, sodass die vertraglichen Zahlungsströme ausschließlich Tilgungs- und Zinszahlungen auf den ausstehenden Kapitalbetrag darstellen). Dies liegt daran, dass die vertraglichen Zahlungsströme einer Rendite entsprechen, die nicht mit einer elementaren Kreditvereinbarung in Einklang stehen (siehe Paragraph B4.1.7A).
Instrument B Instrument B ist ein variabel verzinsliches Instrument mit fester Laufzeit, bei dem der Schuldner den Marktzinssatz fortlaufend wählen kann. Zu jedem Zinsanpassungstermin kann sich der Schuldner beispielsweise dafür entscheiden, den Dreimonats-LIBOR für eine dreimonatige Laufzeit oder den Einmonats-LIBOR für eine einmonatige Laufzeit zu zahlen.	Die vertraglichen Zahlungsströme stellen ausschließlich Tilgungs- und Zinszahlungen auf den ausstehenden Kapitalbetrag dar, solange die über die Laufzeit des Instruments gezahlten Zinsen das Entgelt für den Zeitwert des Geldes, für das mit dem Instrument verbundene Ausfallrisiko und andere grundlegende Kreditrisiken und Kosten sowie eine Gewinnmarge widerspiegeln (siehe Paragraph B4.1.7A). Die Tatsache, dass der LIBOR-Zinssatz während der Laufzeit des Instruments angepasst wird, schließt für sich genommen nicht aus, dass dieses Kriterium erfüllt wird. Wenn der Kreditnehmer allerdings die Zahlung eines Einmonatszinssatzes, der alle drei Monate angepasst wird, wählen kann, wird der Zinssatz mit einer Häufigkeit neu festgesetzt, die nicht der Laufzeit des Zinssatzes entspricht. Infolgedessen ist das Element für den Zeitwert des Geldes verändert. Beinhaltet ein Instrument jedoch einen vertraglichen Zinssatz basierend auf einer Laufzeit, die die Restlaufzeit des Instruments überschreiten kann (wenn beispielsweise ein Instrument mit einer Laufzeit von fünf Jahren variabel verzinst wird, wobei der Zinssatz regelmäßig angepasst wird, aber stets eine Laufzeit von fünf Jahren widerspiegelt), ist das Element für den Zeitwert des Geldes verändert. Dies liegt daran, dass die in jedem Zeitraum zu zahlenden Zinsen von der Zinsperiode abgekoppelt sind.

3/8. IFRS 9
B4.1.13

Instrument	Schlussfolgerungen
	In solchen Fällen muss das Unternehmen für die Bestimmung, ob die Zahlungsströme ausschließlich Tilgungs- und Zinszahlungen auf den ausstehenden Kapitalbetrag darstellen, die vertraglichen Zahlungsströme qualitativ oder quantitativ mit denjenigen bei einem Instrument vergleichen, das in allen Aspekten identisch ist, außer dass die Laufzeit des Zinssatzes der Zinsperiode entspricht. (Leitlinien zu regulierten Zinssätzen enthält auch Paragraph B4.1.9E.)
	Bei der Beurteilung einer Anleihe mit einer Laufzeit von fünf Jahren mit variabler Verzinsung, die alle sechs Monate angepasst wird, aber stets eine Laufzeit von fünf Jahren widerspiegelt, berücksichtigt ein Unternehmen beispielsweise die vertraglichen Zahlungsströme aus einem Instrument, das alle sechs Monate an einen Sechsmonatszinssatz angepasst wird, ansonsten aber identisch ist.
	Die gleiche Schlussfolgerung würde gelten, wenn der Schuldner zwischen den verschiedenen veröffentlichten Zinssätzen des Gläubigers wählen könnte (wenn beispielsweise der Schuldner zwischen dem veröffentlichten variablen Einmonatszinssatz und dem veröffentlichten variablen Dreimonatszinssatz des Gläubigers wählen kann).
Instrument C Instrument C ist eine Anleihe mit fester Laufzeit und variabler Marktverzinsung. Der variable Zinssatz ist gedeckelt.	Die vertraglichen Zahlungsströme a) eines festverzinslichen Instruments und b) eines variabel verzinslichen Instruments stellen so lange Tilgungs- und Zinszahlungen auf den ausstehenden Kapitalbetrag dar, wie die Zinsen das Entgelt für den Zeitwert des Geldes, für das mit dem Instrument verbundene Ausfallrisiko während der Laufzeit des Instruments und für andere grundlegende Kreditrisiken und Kosten sowie eine Gewinnmarge widerspiegeln. (Siehe Paragraph B4.1.7A.)
	Daher kann ein Instrument, das eine Kombination aus (a) und (b) ist (z. B. eine Anleihe mit einer Zinsobergrenze), Zahlungsströme aufweisen, die ausschließlich Tilgungs- und Zinszahlungen auf den ausstehenden Kapitalbetrag darstellen. Durch eine solche Vertragsbedingung können Schwankungen der Zahlungsströme durch Begrenzung eines variablen Zinssatzes (z. B. Zinsober- oder -untergrenze) verringert oder aber erhöht werden, wenn ein fester Zinssatz variabel wird.
Instrument D Instrument D ist ein Darlehen mit vollem Rückgriffsrecht und durch Sicherheiten unterlegt.	Die Tatsache, dass ein Darlehen mit vollem Rückgriffsrecht besichert ist, hat an sich keine Auswirkung auf die Schlussfolgerung, ob die vertraglichen Zahlungsströme ausschließlich Tilgungs- und Zinszahlungen auf den ausstehenden Kapitalbetrag darstellen.

Instrument	Schlussfolgerungen
Instrument E Instrument E wird durch eine der Aufsicht unterliegende Bank ausgegeben und weist eine feste Laufzeit auf. Das Instrument ist festverzinslich und sämtliche vertraglichen Zahlungsströme sind ermessensfrei. Doch unterliegt der Emittent Rechtsvorschriften, die es einer nationalen Abwicklungsbehörde erlauben oder vorschreiben, Inhabern bestimmter Instrumente, einschließlich des Instruments E, unter besonderen Umständen Verluste aufzuerlegen. So ist die nationale Abwicklungsbehörde beispielsweise befugt, den Nennbetrag des Instruments E herabzusetzen oder es in eine festgelegte Anzahl von Stammanteilen des Emittenten umzuwandeln, wenn sie feststellt, dass sich der Emittent in ernsten finanziellen Schwierigkeiten befindet, zusätzliche aufsichtsrechtliche Eigenmittel benötigt oder seinen Zahlungsverpflichtungen nicht nachkommt.	Der Inhaber würde anhand der **Vertragsbedingungen** des Finanzinstruments bestimmen, ob sie zu Zahlungsströmen führen, die ausschließlich Tilgungs- und Zinszahlungen auf den ausstehenden Kapitalbetrag darstellen und somit mit einer elementaren Kreditvereinbarung in Einklang stehen. Bei dieser Betrachtung würden keine Zahlungen berücksichtigt, die ausschließlich dadurch entstehen, dass die nationale Abwicklungsbehörde befugt ist, dem Inhaber von Instrument E Verluste aufzuerlegen. Grund hierfür ist, dass diese Befugnis und die daraus resultierenden Zahlungen nicht zu den Vertragsbedingungen des Finanzinstruments gehören. Im Gegensatz dazu würden die vertraglichen Zahlungsströme nicht ausschließlich aus Tilgungs- und Zinszahlungen auf den ausstehenden Kapitalbetrag bestehen, wenn es die **Vertragsbedingungen** des Finanzinstruments dem Emittenten oder einem anderen Unternehmen erlauben oder vorschreiben, dem Inhaber Verluste aufzuerlegen (z. B. durch Herabsetzung des Nennbetrags oder Umwandlung des Instruments in eine festgelegte Anzahl von Stammanteilen des Emittenten), solange es sich um echte Vertragsbedingungen handelt, selbst wenn die Wahrscheinlichkeit gering ist, dass ein solcher Verlust auferlegt wird.

B4.1.14 Es folgen einige Beispiele für vertragliche Zahlungsströme, die keine ausschließlichen Tilgungs- und Zinszahlungen auf den ausstehenden Kapitalbetrag darstellen. Diese Liste von Beispielen ist nicht abschließend.

Instrument	Schlussfolgerungen
Instrument F Instrument F ist eine Anleihe, die in eine festgelegte Anzahl von Eigenkapitalinstrumenten des Emittenten umgewandelt werden kann.	Der Inhaber würde die Wandelanleihe in ihrer Gesamtheit analysieren. Die vertraglichen Zahlungsströme stellen keine Tilgungs- und Zinszahlungen auf den ausstehenden Kapitalbetrag dar, da sie eine Rendite widerspiegeln, die mit einer elementaren Kreditvereinbarung nicht in Einklang steht (siehe Paragraph B4.1.7A), d. h. die Rendite ist an den Wert des Eigenkapitaltitels des Emittenten gekoppelt.
Instrument G Instrument G ist ein Darlehen mit einem invers variablen Zinssatz (d. h. der Zinssatz verhält sich gegenläufig zu den Marktzinssätzen).	Die vertraglichen Zahlungsströme stellen nicht ausschließlich Tilgungs- und Zinszahlungen auf den ausstehenden Kapitalbetrag dar. Die Zinsbeträge sind kein Entgelt für den Zeitwert des Geldes auf den ausstehenden Kapitalbetrag.

3/8. IFRS 9
B4.1.14 – B4.1.17

Instrument	Schlussfolgerungen
Instrument H Instrument H ist ein unbefristetes Instrument, wobei der Emittent das Instrument jedoch jederzeit kündigen und dem Inhaber den Nennbetrag zuzüglich der angefallenen fälligen Zinsen auszahlen kann. Instrument H wird mit dem Marktzinssatz verzinst. Die Zinszahlung erfolgt jedoch nur dann, wenn der Emittent unmittelbar danach zahlungsfähig bleibt. Für aufgeschobene Zinszahlungen werden keine zusätzlichen Zinsen gezahlt.	Die vertraglichen Zahlungsströme stellen keine Tilgungs- und Zinszahlungen auf den ausstehenden Kapitalbetrag dar, weil der Emittent die Zinszahlungen eventuell aufschieben muss und diese aufgeschobenen Zinsbeträge nicht zusätzlich verzinst werden. Folglich sind die Zinsbeträge kein Entgelt für den Zeitwert des Geldes auf den ausstehenden Kapitalbetrag. Würden die aufgeschobenen Beträge verzinst, könnten die vertraglichen Zahlungsströme Tilgungs- und Zinszahlungen auf den ausstehenden Kapitalbetrag darstellen. Die Tatsache, dass das Instrument H unbefristet ist, bedeutet an sich nicht, dass die vertraglichen Zahlungsströme keine Tilgungs- und Zinszahlungen auf den ausstehenden Kapitalbetrag darstellen. Ein unbefristetes Instrument ist praktisch ein Instrument mit fortlaufenden (mehreren) Verlängerungsoptionen. Solche Optionen können zu vertraglichen Zahlungsströmen führen, die Tilgungs- und Zinszahlungen auf den ausstehenden Kapitalbetrag darstellen, sofern die Zinszahlungen verpflichtend sind und auf unbestimmte Dauer geleistet werden müssen. Ebenso schließt die Tatsache, dass das Instrument H kündbar ist, für sich genommen nicht aus, dass die vertraglichen Zahlungsströmen Tilgungs- und Zinszahlungen auf den ausstehenden Kapitalbetrag darstellen, es sei denn, das Instrument ist zu einem Betrag kündbar, der nicht im Wesentlichen den ausstehenden Tilgungs- und Zinszahlungen auf diesen Kapitalbetrag entspricht. Selbst wenn der bei Kündigung zu zahlende Betrag einen Betrag enthält, der den Inhaber angemessen für die vorzeitige Kündigung des Instruments entschädigt, könnten die vertraglichen Zahlungsströme Tilgungs- und Zinszahlungen auf den ausstehenden Kapitalbetrag darstellen. (Siehe auch Paragraph B4.1.12.)

B4.1.15 In einigen Fällen können bei einem finanziellen Vermögenswert vertragliche Zahlungsströme anfallen, die als Tilgung und Zinsen bezeichnet werden, jedoch nicht den Tilgungs- und Zinszahlungen auf den ausstehenden Kapitalbetrag, wie sie in den Paragraphen 4.1.2(b), 4.1.2A(b) und 4.1.3 des vorliegenden Standards beschrieben sind, entsprechen.

B4.1.16 Dies wäre möglich, wenn der finanzielle Vermögenswert eine Finanzinvestition in bestimmte Vermögenswerte oder Zahlungsströme darstellt und die vertraglichen Zahlungsströme somit nicht ausschließlich Tilgungs- und Zinszahlungen auf den ausstehenden Kapitalbetrag darstellen. Wenn die Vertragsbedingungen beispielsweise vorsehen, dass sich die Zahlungsströme aus dem finanziellen Vermögenswert erhöhen, wenn mehr Fahrzeuge eine bestimmte Mautstraße nutzen, stehen diese vertraglichen Zahlungsströme nicht mit einer elementaren Kreditvereinbarung in Einklang. Infolgedessen würde das Instrument nicht die Bedingung der Paragraphen 4.1.2(b) und 4.1.2A(b) erfüllen. Dies könnte der Fall sein, wenn der Anspruch eines Gläubigers auf bestimmte Vermögenswerte des Schuldners oder die Zahlungsströme aus bestimmten Vermögenswerten beschränkt ist (z. B. bei einem finanziellen Vermögenswert ohne Rückgriffsrecht).

B4.1.17 Die Tatsache, dass ein finanzieller Vermögenswert kein Rückgriffsrecht beinhaltet, schließt für sich genommen nicht aus, dass der finanzielle Vermögenswert die Bedingung der Paragraphen 4.1.2(b) und 4.1.2A (b) erfüllt. In solchen Fällen muss der Schuldner die jeweils zugrunde liegenden Vermögenswerte oder Zahlungsströme beurteilen (Look-Through-Ansatz), um zu bestimmen, ob die vertraglichen Zahlungsströme des einzustufenden finanziellen Vermögenswerts Tilgungs- und Zinszahlungen auf den ausstehenden Kapitalbetrag darstellen. Wenn die Bedingungen des finanziellen Vermögenswerts zu weiteren Zahlungsströmen führen oder die Zahlungsströme auf eine Weise beschränken, die mit dem Charakter von Tilgungs- und Zinszahlungen nicht vereinbar sind, erfüllt der finanzielle Vermögenswert nicht die Bedingung der Paragraphen 4.1.2(b) und 4.1.2A(b).

Ob es sich bei den zugrunde liegenden Vermögenswerten um finanzielle oder nichtfinanzielle Vermögenswerte handelt, ist für sich genommen für diese Beurteilung irrelevant.

B4.1.18 Eine Eigenschaft vertraglicher Zahlungsströme wirkt sich nicht auf die Einstufung des finanziellen Vermögenswerts aus, wenn diese nur einen De-minimis-Effekt auf die vertraglichen Zahlungsströme des finanziellen Vermögenswerts haben könnte. Um dies zu bestimmen, muss ein Unternehmen die mögliche Auswirkung dieser Eigenschaft vertraglicher Zahlungsströme in jeder Berichtsperiode und kumuliert über die Laufzeit des Finanzinstruments berücksichtigen. Könnte eine Eigenschaft vertraglicher Zahlungsströme einen stärkeren als einen De-minimis-Effekt auf die vertraglichen Zahlungsströme haben (entweder in einer einzelnen Berichtsperiode oder kumuliert), es sich aber nicht um eine „echte" Eigenschaft vertraglicher Zahlungsströme handelt, hat dies keine Auswirkung auf die Einstufung eines finanziellen Vermögenswerts. Eine Zahlungsstrom-Eigenschaft ist nicht echt, wenn sie die vertraglichen Zahlungsströme des Finanzinstruments nur bei Eintreten eines extrem seltenen, äußerst ungewöhnlichen und sehr unwahrscheinlichen Ereignisses beeinflusst.

B4.1.19 Bei fast allen Kreditgeschäften wird der Rang des Instruments eines Gläubigers im Verhältnis zu den Instrumenten der anderen Gläubiger des Schuldners festgelegt. Ein gegenüber anderen Instrumenten nachrangiges Instrument kann vertragliche Zahlungsströme haben, die Tilgungs- und Zinszahlungen auf den ausstehenden Kapitalbetrag darstellen, sofern die Nichtzahlung des Schuldners eine Vertragsverletzung begründet und der Inhaber auch bei einer Insolvenz des Schuldners einen vertraglichen Anspruch auf nicht gezahlte Tilgungs- und Zinsbeträge auf den ausstehenden Kapitalbetrag hat. Beispielsweise würde eine Forderung aus Lieferungen und Leistungen, bei der der Gläubiger im Rang eines allgemeinen Gläubigers steht, das Kriterium „Tilgungs- und Zinszahlungen auf den ausstehenden Kapitalbetrag" erfüllen. Dies ist selbst dann der Fall, wenn der Schuldner besicherte Darlehen ausgegeben hat, die dem Inhaber gegenüber dem allgemeinen Gläubiger im Insolvenzfall vorrangige Ansprüche an den Sicherheiten einräumen, den vertraglichen Anspruch des allgemeinen Gläubigers auf die ausstehenden Tilgungszahlungen und sonstigen fälligen Beträge jedoch nicht beeinträchtigen.

Vertraglich verknüpfte Finanzinstrumente

B4.1.20 Bei einigen Transaktionsarten kann ein Emittent den Zahlungen an die Inhaber finanzieller Vermögenswerte Vorrang einräumen, indem er mehrere vertraglich verknüpfte Finanzinstrumente verwendet, die Konzentrationen von Ausfallrisiken schaffen (Tranchen). Für jede Tranche wird eine Rangfolge festgelegt, die angibt, in welcher Reihenfolge vom Emittenten generierte Zahlungsströme auf die Tranche verteilt werden. In solchen Fällen haben die Inhaber einer Tranche nur dann einen Anspruch auf Tilgungs- und Zinszahlungen auf den ausstehenden Kapitalbetrag, wenn der Emittent ausreichende Zahlungsströme zur Bedienung der ranghöheren Tranchen generiert.

B4.1.21 Bei solchen Transaktionen weist eine Tranche nur dann Zahlungsstromeigenschaften auf, die Tilgungs- und Zinszahlungen auf den ausstehenden Kapitalbetrag entsprechen, wenn

a) die Vertragsbedingungen der zu Einstufungszwecken untersuchten Tranche (ohne auf den zugrunde liegenden Bestand an Finanzinstrumenten „hindurchzusehen") zu Zahlungsströmen führen, die ausschließlich Tilgungs- und Zinszahlungen auf den ausstehenden Kapitalbetrag darstellen (z. B. wenn der Zinssatz der Tranche nicht an einen Rohstoffindex gekoppelt ist),

b) der zugrunde liegende Bestand an Finanzinstrumenten die in den Paragraphen B4.1.23 und B4.1.24 dargelegten Zahlungsstromeigenschaften aufweist, und

c) das Ausfallrisiko der Tranche in Bezug auf den zugrunde liegenden Bestand an Finanzinstrumenten gleich groß oder geringer ist als das Ausfallrisiko des zugrunde liegenden Bestands an Finanzinstrumenten (beispielsweise wenn das Bonitätsrating der zu Einstufungszwecken untersuchten Tranche gleich groß oder höher als das Bonitätsrating für eine einzelne Tranche, mit der der zugrunde liegende Bestand an Finanzinstrumenten finanziert wurde).

B4.1.22 Ein Unternehmen muss die vertraglichen Verknüpfungen soweit analysieren, bis es den zugrunde liegenden Bestand an Finanzinstrumenten identifizieren kann, welche die Zahlungsströme generieren (und nicht nur weiterleiten). Dies ist der zugrunde liegende Bestand an Finanzinstrumenten.

B4.1.23 Der zugrunde liegende Bestand muss ein oder mehrere Finanzinstrumente enthalten, deren vertragliche Zahlungsströme ausschließlich Tilgungs- und Zinszahlungen auf den ausstehenden Kapitalbetrag darstellen.

B4.1.24 Der zugrunde liegende Bestand an Finanzinstrumenten kann auch Instrumente umfassen, die

a) die Variabilität der Zahlungsströme aus den Finanzinstrumenten in Paragraph B4.1.23 verringern und in Kombination mit den Finanzinstrumenten in Paragraph B4.1.23 zu Zahlungsströmen führen, die ausschließlich Tilgungs- und Zinszahlungen auf den ausstehenden Kapitalbetrag darstellen (z. B. eine Zinsober- oder -untergrenze oder ein Kontrakt, der das Ausfallrisiko einiger oder aller Instrumente in Paragraph B4.1.23 verringert), oder

b) die Zahlungsströme der Tranchen mit den Zahlungsströmen des zugrunde liegenden Bestands an Finanzinstrumenten in Paragraph B4.1.23 in Einklang bringen. Dies geschieht ausschließlich zur Eliminierung von Unterschieden in Bezug auf:

i) eine feste oder variable Verzinsung,
ii) die Währung, auf die die Zahlungsströme lauten, einschließlich der Inflation in dieser Währung, oder
iii) den zeitlichen Anfall der Zahlungsströme.

B4.1.25 Wenn ein Finanzinstrument des Bestands die Bedingungen von Paragraph B4.1.23 oder Paragraph B4.1.24 nicht erfüllt, ist die Bedingung von Paragraph B4.1.21(b) nicht erfüllt. Bei dieser Beurteilung ist unter Umständen keine ausführliche Analyse der einzelnen Finanzinstrumente des Bestands erforderlich. Doch muss das Unternehmen eine umfassende Analyse vornehmen und nach Ermessen bestimmen, ob die Finanzinstrumente des Bestands die in den Paragraphen B4.1.23 und B4.1.24 genannten Bedingungen erfüllen. (Für Leitlinien zu Eigenschaften vertraglicher Zahlungsströme mit De-minimis-Effekt siehe auch Paragraph B4.1.18.)

B4.1.26 Kann der Inhaber die in Paragraph B4.1.21 genannten Bedingungen beim erstmaligen Ansatz nicht beurteilen, muss die Tranche erfolgswirksam zum beizulegenden Zeitwert bewertet werden. Wenn sich der zugrunde liegende Bestand an Finanzinstrumenten nach dem erstmaligen Ansatz so verändern kann, dass er die in den Paragraphen B4.1.23 und B4.1.24 genannten Bedingungen eventuell nicht mehr erfüllt, erfüllt die Tranche nicht die Bedingungen des Paragraphen B4.1.21 und ist erfolgswirksam zum beizulegenden Zeitwert zu bewerten. Enthält der zugrunde liegende Bestand allerdings Finanzinstrumente, die durch Vermögenswerte besichert sind, die die in den Paragraphen B4.1.23 und B4.1.24 genannten Bedingungen nicht erfüllen, bleibt die Möglichkeit der Inbesitznahme solcher Vermögenswerte bei der Anwendung dieses Paragraphen unberücksichtigt, es sei denn, das Unternehmen hat die Tranche mit der Absicht auf Verfügungsmacht über die Sicherheiten erworben.

Wahlrecht, einen finanziellen Vermögenswert oder eine finanzielle Verbindlichkeit als erfolgswirksam zum beizulegenden Zeitwert bewertet zu designieren (Abschnitte 4.1 und 4.2)

B4.1.27 Gemäß diesem Standard darf ein Unternehmen vorbehaltlich der in den Paragraphen 4.1.5 und 4.2.2 genannten Bedingungen einen finanziellen Vermögenswert, eine finanzielle Verbindlichkeit oder eine Gruppe von Finanzinstrumenten (finanziellen Vermögenswerten, finanziellen Verbindlichkeiten oder einer Kombination aus beidem) als erfolgswirksam zum beizulegenden Zeitwert bewertet designieren, wenn dadurch relevantere Informationen vermittelt werden.

B4.1.28 Die Entscheidung eines Unternehmens zur Designation eines finanziellen Vermögenswerts bzw. einer finanziellen Verbindlichkeit als erfolgswirksam zum beizulegenden Zeitwert bewertet ist mit der Entscheidung für eine Rechnungslegungsmethode vergleichbar (auch wenn anders als bei einer gewählten Rechnungslegungsmethode keine konsequente Anwendung auf alle ähnlichen Geschäftsvorfälle verlangt wird). Wenn ein Unternehmen ein derartiges Wahlrecht hat, muss die gewählte Methode gemäß Paragraph 14(b) von IAS 8 dazu führen, dass der Abschluss zuverlässige und relevante Informationen über die Auswirkungen von Geschäftsvorfällen, sonstigen Ereignissen und Bedingungen auf die Vermögens-, Finanz- oder Ertragslage des Unternehmens vermittelt. Für die Designation einer finanziellen Verbindlichkeit als erfolgswirksam zum beizulegenden Zeitwert bewertet werden in Paragraph 4.2.2 beispielsweise die beiden Umstände genannt, unter denen die Bedingung relevanterer Informationen erfüllt wird. Dementsprechend muss ein Unternehmen, das sich für die Designation gemäß Paragraph 4.2.2 entscheidet, nachweisen, dass einer dieser beiden Umstände (oder alle beide) zutrifft (zutreffen).

Durch die Designation wird eine Rechnungslegungsanomalie beseitigt oder signifikant verringert

B4.1.29 Die Bewertung eines finanziellen Vermögenswerts oder einer finanziellen Verbindlichkeit und die Erfassung der Bewertungsänderungen richten sich danach, wie der Posten eingestuft wurde und ob er Teil einer designierten Sicherungsbeziehung ist. Diese Vorschriften können zu Inkongruenzen bei der Bewertung oder beim Ansatz führen (auch als „Rechnungslegungsanomalie" bezeichnet). Dies ist z. B. dann der Fall, wenn ein finanzieller Vermögenswert ohne die Möglichkeit einer Einstufung als erfolgswirksam zum beizulegenden Zeitwert bewertet in den Folgeperioden als erfolgswirksam zum beizulegenden Zeitwert bewertet einzustufen wäre und eine nach Auffassung des Unternehmens zugehörige Verbindlichkeit in den Folgeperioden zu fortgeführten Anschaffungskosten (d. h. ohne Erfassung von Änderungen des beizulegenden Zeitwerts) bewertet würde. Unter solchen Umständen mag ein Unternehmen zu dem Schluss kommen, dass sein Abschluss relevante Informationen vermitteln würde, wenn sowohl der Vermögenswert als auch die Verbindlichkeit als erfolgswirksam zum beizulegenden Zeitwert bewertet würden.

B4.1.30 Die folgenden Beispiele veranschaulichen, wann diese Bedingung erfüllt sein könnte. In allen Fällen darf ein Unternehmen diese Bedingung nur dann für die Designation finanzieller Vermögenswerte bzw. Verbindlichkeiten als erfolgswirksam zum beizulegenden Zeitwert bewertet heranziehen, wenn es den Grundsatz in Paragraph 4.1.5 oder 4.2.2(a) erfüllt.

a) Ein Unternehmen hat Verträge im Anwendungsbereich von IFRS 17, in deren Bewertung aktuelle Informationen einfließen, und nach seiner Ansicht zugehörige finanzielle Vermögenswerte, die ansonsten entweder zum beizulegenden Zeitwert erfolgsneutral im sonstigen Ergebnis oder zu fortgeführten Anschaffungskosten bewertet würden.

b) Ein Unternehmen hat finanzielle Vermögenswerte und/oder finanzielle Verbindlichkeiten, die dem gleichen Risiko unterliegen, wie z. B. dem Zinsänderungsrisiko, das zu gegenläufigen Veränderungen der beizulegenden Zeitwerte führt, die sich weitgehend aufheben. Jedoch würden nur einige Instrumente erfolgswirksam zum beizulegenden Zeitwert bewertet (z. B. solche, die Derivate oder als zu Handelszwecken gehalten eingestuft sind). Es ist auch möglich, dass die Voraussetzungen für die Bilanzierung von Sicherungsbeziehungen nicht erfüllt sind, weil z. B. die in Paragraph 6.4.1 genannten Kriterien für die Wirksamkeit der Absicherung nicht erfüllt sind.

c) Ein Unternehmen hat finanzielle Vermögenswerte und/oder finanzielle Verbindlichkeiten, die dem gleichen Risiko unterliegen, wie z. B. dem Zinsänderungsrisiko, das zu gegenläufigen Veränderungen der beizulegenden Zeitwerte führt, die sich weitgehend aufheben. Keiner der finanziellen Vermögenswerte bzw. keine der finanziellen Verbindlichkeiten erfüllt die Kriterien für eine Designation als Sicherungsinstrument, da sie nicht erfolgswirksam zum beizulegenden Zeitwert bewertet werden. Ohne eine Bilanzierung als Sicherungsbeziehung kommt es darüber hinaus bei der Erfassung von Gewinnen und Verlusten zu erheblichen Inkongruenzen. Das Unternehmen hat beispielsweise eine bestimmte Gruppe von Krediten durch die Emission gehandelter Anleihen refinanziert, wobei sich die Änderungen der beizulegenden Zeitwerte weitgehend aufheben. Wenn das Unternehmen darüber hinaus die Anleihen regelmäßig kauft und verkauft, die Kredite dagegen nur selten, wenn überhaupt, kauft und verkauft, wird durch den einheitlichen Ausweis der Kredite und Anleihen als erfolgswirksam zum beizulegenden Zeitwert bewertet die Inkongruenz bezüglich des Zeitpunkts der Erfolgserfassung beseitigt, die sonst aus ihrer Bewertung zu fortgeführten Anschaffungskosten und der Erfassung eines Gewinns bzw. Verlusts bei jedem Anleihe-Rückkauf resultieren würde.

B4.1.31 In Fällen wie den in vorstehenden Paragraphen beschriebenen lassen sich dadurch, dass finanzielle Vermögenswerte und Verbindlichkeiten, auf die sonst andere Bewertungsmaßstäbe Anwendung fänden, beim erstmaligen Ansatz als erfolgswirksam zum beizulegenden Zeitwert bewertet designiert werden, Inkongruenzen bei der Bewertung oder beim Ansatz beseitigen oder signifikant verringern und relevantere Informationen vermitteln. Aus Praktikabilitätsgründen braucht das Unternehmen nicht alle Vermögenswerte und Verbindlichkeiten, die bei der Bewertung oder beim Ansatz zu Inkongruenzen führen, genau zeitgleich einzugehen. Eine angemessene Verzögerung wird zugestanden, sofern jede Transaktion bei ihrem erstmaligen Ansatz als erfolgswirksam zum beizulegenden Zeitwert bewertet designiert wird und etwaige verbleibende Transaktionen zu diesem Zeitpunkt voraussichtlich eintreten werden.

B4.1.32 Es wäre nicht zulässig, nur einige finanzielle Vermögenswerte und Verbindlichkeiten, die Ursache der Inkongruenzen sind, als erfolgswirksam zum beizulegenden Zeitwert bewertet zu designieren, wenn die Inkongruenzen dadurch nicht beseitigt oder signifikant verringert und folglich keine relevanteren Informationen vermittelt würden. Zulässig wäre es dagegen, aus einer Vielzahl ähnlicher finanzieller Verbindlichkeiten nur einige wenige zu designieren, wenn die Inkongruenzen dadurch signifikant (und möglicherweise stärker als mit anderen zulässigen Designationen) verringert würden. Beispiel: Angenommen, ein Unternehmen hat eine Reihe ähnlicher finanzieller Verbindlichkeiten über insgesamt WE 100 und eine Reihe ähnlicher finanzieller Vermögenswerte über insgesamt WE 50, die jedoch nach unterschiedlichen Methoden bewertet werden. Das Unternehmen kann die Bewertungsinkongruenzen signifikant verringern, indem es beim erstmaligen Ansatz alle Vermögenswerte, jedoch nur einige Verbindlichkeiten (z. B. einzelne Verbindlichkeiten im Gesamtwert von WE 45) als erfolgswirksam zum beizulegenden Zeitwert bewertet designiert. Da ein Finanzinstrument jedoch immer nur als Ganzes erfolgswirksam zum beizulegenden Zeitwert bewertet designiert werden kann, muss das Unternehmen in diesem Beispiel eine oder mehrere Verbindlichkeiten in ihrer Gesamtheit designieren. Das Unternehmen darf die Designation weder auf eine Komponente einer Verbindlichkeit (z. B. Wertänderungen, die nur einem Risiko zuzurechnen sind, wie etwa Änderungen eines Referenzzinssatzes) noch auf einen Anteil einer Verbindlichkeit (d. h. einen Prozentsatz) beschränken.

Eine Gruppe von finanziellen Verbindlichkeiten oder finanziellen Vermögenswerten und Verbindlichkeiten wird gesteuert und ihre Wertentwicklung anhand des beizulegenden Zeitwerts beurteilt

B4.1.33 Ein Unternehmen kann eine Gruppe von finanziellen Verbindlichkeiten oder finanziellen Vermögenswerten und Verbindlichkeiten so steuern und ihre Wertentwicklung so beurteilen, dass die erfolgswirksame Bewertung dieser Gruppe zum beizulegenden Zeitwert zu relevanteren Informationen führt. In diesem Fall liegt das Hauptaugenmerk nicht auf der Art der Finanzinstrumente, sondern auf der Art und Weise, wie das Unternehmen diese steuert und ihre Wertentwicklung beurteilt.

B4.1.34 Ein Unternehmen kann diese Bedingung beispielsweise dann für die Designation finanzieller Verbindlichkeiten als erfolgswirksam zum beizulegenden Zeitwert bewertet heranziehen, wenn es den Grundsatz in Paragraph 4.2.2(b) erfüllt und finanzielle Vermögenswerte und Verbindlichkeiten hat, die ein oder mehrere Risiken teilen, welche gemäß einer dokumentierten Richtlinie zum Asset-Liability-Management auf Basis des beizulegenden Zeitwerts gesteuert und auf dieser Grundlage beurteilt werden. Ein Beispiel wäre ein Unternehmen, das „strukturierte Produkte" mit mehreren eingebetteten Derivaten emittiert hat und die daraus resultierenden Risiken mit einer Mischung aus derivativen und nicht derivativen Finanzinstrumenten auf Basis des beizulegenden Zeitwerts steuert.

B4.1.35 Wie bereits erwähnt, bezieht sich diese Bedingung auf die Art und Weise, wie das Unternehmen die betreffende Gruppe von Finanzinstrumenten steuert und ihre Wertentwicklung beurteilt. Dementsprechend hat ein Unternehmen, das finanzielle Verbindlichkeiten auf Grundlage dieser Bedingung als erfolgswirksam zum beizulegenden Zeitwert bewertet designiert, (vorbehaltlich der vorgeschriebenen Designation beim erstmaligen Ansatz) alle infrage kommenden finanziellen Verbindlichkeit, die gemeinsam gesteuert und bewertet werden, ebenfalls so zu designieren.

B4.1.36 Die Dokumentation über die Strategie des Unternehmens muss nicht umfangreich sein, aber den Nachweis der Übereinstimmung mit Paragraph 4.2.2(b) erbringen. Eine solche Dokumentation ist nicht für jeden einzelnen Posten erforderlich, sondern kann auf Basis eines Portfolios erfolgen. Wenn beispielsweise aus dem System zur Steuerung der Wertentwicklung für eine Abteilung – das vom Management in Schlüsselpositionen des Unternehmens genehmigt wurde – eindeutig hervorgeht, dass die Wertentwicklung auf dieser Basis beurteilt wird, ist für den Nachweis der Übereinstimmung mit Paragraph 4.2.2(b) keine weitere Dokumentation notwendig.

Eingebettete Derivate (Abschnitt 4.3)

B4.3.1 Wenn ein Unternehmen Vertragspartei eines hybriden Vertrags mit einem Basisvertrag wird, bei dem es sich nicht um einen Vermögenswert im Anwendungsbereich dieses Standards handelt, ist es gemäß Paragraph 4.3.3 verpflichtet, jedes eingebettete Derivat zu identifizieren, zu beurteilen, ob es vom Basisvertrag getrennt werden muss, und die zu trennenden Derivate beim erstmaligen Ansatz und bei der Folgebewertung erfolgswirksam zum beizulegenden Zeitwert zu bewerten.

B4.3.2 Wenn der Basisvertrag keine angegebene oder vorbestimmte Laufzeit hat und einen Residualanspruch am Reinvermögen eines Unternehmens begründet, sind seine wirtschaftlichen Merkmale und Risiken die eines Eigenkapitalinstruments, und ein eingebettetes Derivat müsste Eigenkapitalmerkmale in Bezug auf das gleiche Unternehmen aufweisen, um als eng mit dem Basisvertrag verbunden zu gelten. Wenn der Basisvertrag kein Eigenkapitalinstrument darstellt und die Definition eines Finanzinstruments erfüllt, sind seine wirtschaftlichen Merkmale und Risiken die eines Schuldinstruments.

B4.3.3 Eingebettete Derivate ohne Optionscharakter (wie etwa ein eingebetteter Forward oder Swap) sind auf Grundlage ihrer angegebenen oder implizit enthaltenen materiellen Bedingungen vom zugehörigen Basisvertrag zu trennen, sodass sie beim erstmaligen Ansatz einen beizulegenden Zeitwert von null aufweisen. Eingebettete Derivate mit Optionscharakter (wie eingebettete Verkaufsoptionen, Kaufoptionen, Caps, Floors oder Swaptions) sind auf Grundlage der angegebenen Bedingungen des Optionsmerkmals vom Basisvertrag zu trennen. Der anfängliche Buchwert des Basisinstruments entspricht dem Restbetrag nach Trennung vom eingebetteten Derivat.

B4.3.4 Mehrere in einen hybriden Vertrag eingebettete Derivate werden normalerweise als ein einziges zusammengesetztes eingebettetes Derivat behandelt. Davon ausgenommen sind jedoch als Eigenkapital eingestufte eingebettete Derivate (siehe IAS 32 *Finanzinstrumente: Darstellung*), die gesondert von den als Vermögenswerte oder Verbindlichkeiten eingestuften zu bilanzieren sind. Eine gesonderte Bilanzierung erfolgt auch dann, wenn die in einen hybriden Vertrag eingebetteten Derivate unterschiedlichen Risiken ausgesetzt sind und jederzeit getrennt werden können und unabhängig voneinander sind.

B4.3.5 In den folgenden Beispielen sind die wirtschaftlichen Merkmale und Risiken eines eingebetteten Derivats nicht eng mit dem Basisvertrag verbunden (Paragraph 4.3.3(a)). In diesen Beispielen und unter der Annahme, dass die in Paragraph 4.3.3(b) und (c) genannten Bedingungen erfüllt sind, bilanziert ein Unternehmen das eingebettete Derivat getrennt von seinem Basisvertrag.

a) Eine in ein Instrument eingebettete Verkaufsoption, die es dem Inhaber ermöglicht, vom Emittenten den Rückkauf des Instruments für einen an einen Eigenkapital- oder Rohstoffpreis oder -index gekoppelten Betrag an Zahlungsmitteln oder anderen Vermögenswerten zu verlangen, ist nicht eng mit dem Basisvertrag verbunden.

b) Eine Option oder automatische Regelung zur Verlängerung der Restlaufzeit eines Schuldinstruments ist nicht eng mit dem originären Schuldinstrument verbunden, es sei denn, zum Zeitpunkt der Verlängerung findet gleichzeitig eine Anpassung an den ungefähren herrschenden Marktzins statt. Wenn ein Unternehmen ein Schuldinstrument emittiert und der Inhaber dieses Schuldinstruments einem Dritten eine Kaufoption auf das Schuldinstrument einräumt, stellt die Kaufoption für den Fall, dass der Emittent bei ihrer Ausübung dazu verpflichtet werden kann, sich an der Vermarktung des Schuldinstruments zu beteiligen oder diese zu erleichtern, für diesen eine Verlängerung der Laufzeit des Schuldinstruments dar.

c) In ein Schuldinstrument oder einen Versicherungsvertrag eingebettete eigenkapitalindizierte Zins- oder Kapitalzahlungen – bei denen die Höhe der Zinsen oder des Kapitalbetrags an den Wert von Eigenkapitalinstrumenten gekoppelt ist – sind nicht eng mit dem Basisinstrument verbunden, da das Basisinstrument und das eingebettete Derivat unterschiedlichen Risiken ausgesetzt sind.

d) In ein Schuldinstrument oder einen Versicherungsvertrag eingebettete güterindizierte Zins- oder Kapitalzahlungen – bei denen die Höhe der Zinsen oder des Kapitalbetrags an den Preis eines Gutes (z. B. Gold) gebunden ist – sind nicht eng mit dem Basisinstrument verbunden, da das Basisinstrument und das eingebettete Derivat unterschiedlichen Risiken ausgesetzt sind.

e) Eine Option auf Kauf, Verkauf oder vorzeitige Rückzahlung, die in ein Basisschuldinstrument oder einen Basisversicherungsvertrag eingebettet ist, ist nicht eng mit dem Basisvertrag verbunden, es sei denn,
  i) der Ausübungspreis der Option ist an jedem Ausübungszeitpunkt annähernd gleich den fortgeführten Anschaffungskosten des Basisschuldinstruments oder des Buchwerts des Basisversicherungsvertrags, oder
  ii) der Ausübungspreis der Option zur vorzeitigen Rückzahlung gleicht für den Kreditgeber einen Betrag bis zu dem näherungsweisen Barwert des Zinsverlusts für die restliche Laufzeit des Basisvertrags aus. Der Zinsverlust ist das Produkt des vorzeitig rückgezahlten Kapitalbetrags, der mit der Zinssatzdifferenz multipliziert wird. Die Zinssatzdifferenz ist der Überschuss des Effektivzinssatzes des Basisvertrags über dem Effektivzinssatz, den das Unternehmen zum Zeitpunkt der vorzeitigen Rückzahlung erhalten würde, wenn es den vorzeitig zurückgezahlten Kapitalbetrag in einen ähnlichen Vertrag für die verbleibende Laufzeit des Basisvertrags reinvestieren würde.

Die Beurteilung, ob die Kauf- oder Verkaufsoption eng mit dem Basisschuldinstrument verbunden ist, erfolgt, bevor die Eigenkapitalkomponente des wandelbaren Schuldinstruments gemäß IAS 32 abgetrennt wird.

f) Kreditderivate, die in ein Basisschuldinstrument eingebettet sind und einer Vertragspartei (dem „Begünstigten") die Möglichkeit einräumen, das Ausfallrisiko eines bestimmten Referenzvermögenswerts, der sich unter Umständen nicht in seinem Eigentum befindet, auf eine andere Vertragspartei (den „Garantiegeber") zu übertragen, sind nicht eng mit dem Basisschuldinstrument verbunden. Solche Kreditderivate ermöglichen es dem Garantiegeber, das mit dem Referenzvermögenswert verbundene Ausfallrisiko zu übernehmen, ohne dass sich der dazugehörige Referenzvermögenswert direkt in seinem Besitz befinden muss.

B4.3.6 Ein Beispiel für einen hybriden Vertrag ist ein Finanzinstrument, das den Inhaber berechtigt, das Finanzinstrument im Tausch gegen einen an einen Eigenkapital- oder Warenindex, der zu- oder abnehmen kann, gekoppelten Betrag an Zahlungsmitteln oder anderen finanziellen Vermögenswerten an den Emittenten zurückzuverkaufen („kündbares Instrument"). Soweit der Emittent das kündbare Instrument beim erstmaligen Ansatz nicht als finanzielle Verbindlichkeit designiert, die erfolgswirksam zum beizulegenden Zeitwert bewertet wird, ist er verpflichtet, ein eingebettetes Derivat (d. h. die indexgebundene Kapitalzahlung) gemäß Paragraph 4.3.3 getrennt zu erfassen, weil der Basisvertrag ein Schuldinstrument gemäß Paragraph B4.3.2 darstellt und die indexgebundene Kapitalzahlung gemäß Paragraph B4.3.5(a) nicht eng mit dem Basisschuldinstrument verbunden ist. Da die Kapitalzahlung zu- und abnehmen kann, handelt es sich beim eingebetteten Derivat um ein Derivat ohne Optionscharakter, dessen Wert an die zugrunde liegende Variable gekoppelt ist.

B4.3.7 Im Falle eines kündbaren Instruments, das jederzeit gegen einen Betrag an Zahlungsmitteln in Höhe des entsprechenden Anteils am Reinvermögen des Unternehmens zurückgegeben werden kann (wie Anteile an einem offenen Investmentfonds oder einige fondsgebundene Investmentprodukte), wird der hybride Vertrag durch Trennung des eingebetteten Derivats und Bilanzierung der einzelnen Bestandteile mit dem Rückzahlungsbetrag bewertet, der am Abschlussstichtag zahlbar wäre, wenn der Inhaber sein Recht auf Rückverkauf des Instruments an den Emittenten wahrnehmen würde.

B4.3.8 In den folgenden Beispielen sind die wirtschaftlichen Merkmale und Risiken eines eingebetteten Derivats eng mit den wirtschaftlichen Merkmalen und Risiken des Basisvertrages verbunden. In diesen Beispielen wird das eingebettete Derivat nicht gesondert vom Basisvertrag bilanziert.

a) Ein eingebettetes Derivat, in dem das Basisobjekt ein Zinssatz oder ein Zinsindex ist, der den Betrag der ansonsten aufgrund des verzinslichen Basisschuldinstruments oder Basisversicherungsvertrages zahlbaren oder zu erhaltenden Zinsen ändern kann, ist eng mit dem Basisvertrag verbunden, es sei denn, der hybride Vertrag kann in einer Weise erfüllt werden, dass der Inhaber nicht im Wesentlichen alle seine Einlagen zurückerhält, oder das eingebettete Derivat kann zumindest die anfängliche Verzinsung des Basisvertrages des Inhabers verdoppeln, und damit kann sich eine Verzinsung ergeben, die mindestens das Zweifache des Marktzinses für einen Vertrag mit den gleichen Bedingungen wie der Basisvertrag beträgt.

b) Eine eingebettete festgeschriebene Zinsober- oder -untergrenze eines Schuldinstruments oder Versicherungsvertrags ist eng mit dem Basisvertrag verbunden, wenn zum Zeitpunkt des Abschlusses des Vertrags die Zinsobergrenze gleich oder höher als der herrschende Marktzins ist oder die Zinsuntergrenze gleich oder unter dem herrschenden Marktzins liegt und die Zinsober- oder -untergrenze im Verhältnis zum Basisvertrag keine Hebelwirkung aufweist. Ebenso sind in einem Vertrag enthaltene Vorschriften zum Kauf oder Verkauf eines Vermögenswerts (z. B. eines Rohstoffs), die eine Ober- oder Untergrenze für den für den Vermögenswert zahlbaren oder zu erhaltenden Preis vorsehen, eng mit dem Basisvertrag verbunden, wenn sowohl Ober- als auch Untergrenze zu Beginn aus dem Geld wären und keine Hebelwirkung aufwiesen.

c) Ein eingebettetes Fremdwährungsderivat, das Ströme von Kapital- oder Zinszahlungen erzeugt, die auf eine Fremdwährung lauten und in ein Basisschuldinstrument eingebettet sind (z. B. eine Doppelwährungsanleihe), ist eng mit dem Basisschuldinstrument verbunden. Ein solches Derivat wird nicht von seinem Basisinstrument getrennt, da gemäß IAS 21 *Auswirkungen von Wechselkursänderungen* Fremdwährungsgewinne und -verluste aus monetären Posten erfolgswirksam erfasst werden müssen.

d) Ein eingebettetes Fremdwährungsderivat in einem Basisvertrag, der ein Versicherungsvertrag bzw. kein Finanzinstrument ist (wie ein Kauf- oder Verkaufsvertrag für einen nichtfinanziellen Vermögenswert, dessen Preis auf eine Fremdwährung lautet), ist eng mit dem Basisvertrag verbunden, sofern es keine Hebelwirkung aufweist, keine Optionsklausel beinhaltet und Zahlungen in einer der folgenden Währungen erfordert:
   i) der funktionalen Währung einer substanziell an dem Vertrag beteiligten Partei,
   ii) der Währung, die im internationalen Handel mit den hiermit verbundenen erworbenen oder gelieferten Gütern oder Dienstleistungen üblich ist (z. B. US-Dollar bei Erdölgeschäften), oder
   iii) einer Währung, die in dem wirtschaftlichen Umfeld, in dem die Transaktion stattfindet, in Verträgen über den Kauf oder Verkauf nichtfinanzieller Posten üblicherweise verwendet wird (z. B. eine relativ stabile und liquide Währung, die üblicherweise bei lokalen Geschäftstransaktionen oder im Außenhandel verwendet wird).

e) Eine in einen Zins- oder Kapitalstrip eingebettete Option zur vorzeitigen Rückzahlung ist eng mit dem Basisvertrag verbunden, wenn der Basisvertrag
   (i) anfänglich aus der Trennung des Rechts auf Empfang vertraglicher Zahlungsströme eines Finanzinstruments resultierte, in das ursprünglich kein Derivat eingebettet war, und
   (ii) keine Bedingungen beinhaltet, die nicht Teil des ursprünglichen Basisvertrags sind.

f) Ein in einen Basisvertrag in Form eines Leasingverhältnisses eingebettetes Derivat ist eng mit dem Basisvertrag verbunden, wenn das eingebettete Derivat

(i) ein an die Inflation gekoppelter Index wie z. B. im Falle einer Anbindung von Leasingzahlungen an einen Verbraucherpreisindex (vorausgesetzt, das Leasingverhältnis wurde nicht als Leveraged-Lease-Finanzierung gestaltet und der Index ist an die Inflationsentwicklung im Wirtschaftsumfeld des Unternehmens geknüpft),

(ii) variable Leasingzahlungen auf Umsatzbasis oder

(iii) variable Leasingzahlungen basierend auf variablen Zinsen sind.

g) Ein fondsgebundenes Merkmal, das in einem Basisfinanzinstrument oder Basisversicherungsvertrag eingebettet ist, ist eng mit dem Basisinstrument bzw. Basisvertrag verbunden, wenn die anteilsbestimmten Zahlungen zum aktuellen Wert der Anteilseinheiten bestimmt werden, die dem beizulegenden Zeitwert der Vermögenswerte des Fonds entsprechen. Ein fondsgebundenes Merkmal ist eine vertragliche Bestimmung, die Zahlungen in Anteilseinheiten eines internen oder externen Investmentfonds vorschreibt.

h) Ein Derivat, das in einen Versicherungsvertrag eingebettet ist, ist eng mit dem Basisversicherungsvertrag verbunden, wenn das eingebettete Derivat und der Basisversicherungsvertrag so voneinander abhängig sind, dass das Unternehmen das eingebettete Derivat nicht abgetrennt (d. h. ohne Berücksichtigung des Basisvertrags) bewerten kann.

Instrumente mit eingebetteten Derivaten

B4.3.9 Wie in Paragraph B4.3.1 angemerkt, muss ein Unternehmen, wird es Vertragspartei eines hybriden Vertrags mit einem Basisvertrag, bei dem es sich nicht um einen Vermögenswert im Anwendungsbereich dieses Standards handelt, und mit einem oder mehreren eingebetteten Derivaten gemäß Paragraph 4.3.3 jedes derartige eingebettete Derivat identifizieren, beurteilen, ob es vom Basisvertrag getrennt werden muss, und die zu trennenden Derivate beim erstmaligen Ansatz und zu den folgenden Abschlussstichtagen zum beizulegenden Zeitwert bewerten. Diese Vorschriften können komplexer sein oder zu weniger verlässlichen Wertansätzen führen, als wenn das gesamte Instrument erfolgswirksam zum beizulegenden Zeitwert bewertet würde. Aus diesem Grund gestattet dieser Standard die Designation des gesamten hybriden Vertrags als erfolgswirksam zum beizulegenden Zeitwert bewertet.

B4.3.10 Eine solche Designation ist unabhängig davon zulässig, ob eine Trennung des eingebetteten Derivate vom Basisvertrag nach Maßgabe von Paragraph 4.3.3 vorgeschrieben oder verboten ist. Paragraph 4.3.5 würde jedoch in den in Paragraph 4.3.5(a) und (b) beschriebenen Fällen keine Designation des hybriden Vertrags als erfolgswirksam zum beizulegenden Zeitwert zu bewerten recht-

Neubeurteilung eingebetteter Derivate

B4.3.11 Nach Paragraph 4.3.3 hat ein Unternehmen zu beurteilen, ob ein eingebettetes Derivat vom Basisvertrag zu trennen und als Derivat zu bilanzieren ist, wenn es erstmals Vertragspartei wird. Eine spätere Neubeurteilung ist untersagt, es sei denn, die Vertragsbedingungen ändern sich derart, dass es zu einer erheblichen Änderung der Zahlungsströme kommt, die sich ansonsten aus dem Vertrag ergäben, weshalb in diesem Fall eine Neubeurteilung vorgeschrieben ist. Ein Unternehmen bestimmt, ob die Änderung der Zahlungsströme signifikant ist, indem es berücksichtigt, in welchem Maße sich die erwarteten künftigen Zahlungsströme im Zusammenhang mit dem eingebetteten Derivat, dem Basisvertrag oder beidem verändert haben und ob diese Änderung gemessen an den bislang erwarteten Zahlungsströmen aus dem Vertrag signifikant ist.

B4.3.12 Paragraph B4.3.11 gilt nicht für eingebettete Derivate, die
a) bei einem Unternehmenszusammenschluss (im Sinne von IFRS 3 *Unternehmenszusammenschlüsse*),
b) bei einem Zusammenschluss von Unternehmen oder Geschäftsbetrieben unter gemeinsamer Beherrschung, wie in den Paragraphen B1–B4 von IFRS 3 beschrieben, oder
c) bei der Gründung eines Gemeinschaftsunternehmens im Sinne von IFRS 11 *Gemeinschaftliche Vereinbarungen*

erworben wurden, noch für deren eventuelle Neubeurteilung zum Erwerbszeitpunkt([1]).

([1]) IFRS 3 behandelt den Erwerb von Verträgen mit eingebetteten Derivaten bei einem Unternehmenszusammenschluss.

Neueinstufung finanzieller Vermögenswerte (Abschnitt 4.4)

Neueinstufung finanzieller Vermögenswerte

B4.4.1 Nach Paragraph 4.4.1 muss ein Unternehmen finanzielle Vermögenswerte neu einstufen, wenn sich die Zielsetzung seines Geschäftsmodells zur Steuerung dieser finanziellen Vermögenswerte ändert. Derartige Änderungen treten erwartungsgemäß nur sehr selten ein. Sie werden von der Geschäftsleitung des Unternehmens infolge externer oder interner Änderungen festgelegt und müssen für die Geschäftstätigkeit des Unternehmens bedeutend und externen Parteien gegenüber nachweisbar sein. Dementsprechend wird das Geschäftsmodell eines Unternehmens nur geändert, wenn es eine für seine Geschäftstätigkeit bedeutende Tätigkeit aufnimmt oder einstellt, beispielsweise wenn das Unternehmen einen Geschäftszweig erworben, veräußert oder aufgegeben hat. Beispiele für eine Änderung des Geschäftsmodells sind u. a.:
a) Ein Unternehmen hält ein Portfolio gewerblicher Kredite, um diese kurzfristig zu veräußern. Es erwirbt ein Unternehmen, das gewerbliche Kredite verwaltet und ein Geschäftsmodell mit der Zielsetzung hat, die Kredite zur Vereinnahmung der vertraglichen Zahlungsströme zu halten. Das Portfolio gewerblicher Kredite ist nicht mehr für den Verkauf bestimmt und wird nun gemeinsam mit den erworbenen gewerblichen Krediten gesteuert und wie diese zu dem Zweck gehalten, die vertraglichen Zahlungsströme zu vereinnahmen.
b) Ein Finanzdienstleistungsunternehmen beschließt, sein Geschäft mit Privathypotheken einzustellen. Es schließt keine neuen Geschäfte mehr ab und bietet sein Hypothekenportfolio aktiv zum Verkauf an.

B4.4.2 Eine Änderung in der Zielsetzung des Geschäftsmodells eines Unternehmens muss vor dem Zeitpunkt der Neueinstufung wirksam geworden sein. Wenn ein Finanzdienstleistungsunternehmen beispielsweise am 15. Februar beschließt, sein Geschäft mit Privathypotheken einzustellen, und daher alle betroffenen finanziellen Vermögenswerte am 1. April (dem ersten Tag seiner nächsten Berichtsperiode) neu einstufen muss, darf es nach dem 15. Februar weder neue Privathypothekengeschäfte abschließen noch andere Tätigkeiten ausüben, die seinem früheren Geschäftsmodell entsprechen.

B4.4.3 Die folgenden Sachverhalte stellen keine Änderungen des Geschäftsmodells dar:
a) eine Änderung der Absicht in Bezug auf bestimmte finanzielle Vermögenswerte (auch bei wesentlichen Veränderungen der Marktbedingungen),
b) das zeitweilige Verschwinden eines bestimmten Markts für finanzielle Vermögenswerte,
c) eine Übertragung finanzieller Vermögenswerte zwischen Teilen des Unternehmens mit unterschiedlichen Geschäftsmodellen.

BEWERTUNG (KAPITEL 5)

Bewertung beim erstmaligen Ansatz (Abschnitt 5.1)

B5.1.1 Beim erstmaligen Ansatz eines Finanzinstruments ist der beizulegende Zeitwert in der Regel der Transaktionspreis (d. h. der beizulegende Zeitwert des gezahlten oder erhaltenen Entgelts, siehe auch Paragraph B5.1.2A und IFRS 13). Bezieht sich ein Teil des gezahlten oder erhaltenen Entgelts jedoch auf etwas anderes als das Finanzinstrument, hat das Unternehmen den beizulegenden Zeitwert des Finanzinstruments zu ermitteln. Der beizulegende Zeitwert eines langfristigen Kredits oder einer langfristigen Forderung ohne Verzinsung kann beispielsweise als der Barwert aller künftigen Einzahlungen ermittelt werden, die unter Verwendung des herrschenden Marktzinses für ein ähnliches Instrument (ähnlich im Hinblick auf Währung, Laufzeit, Art des Zinssatzes und sonstiger Faktoren) mit vergleichbarer Bonität abgezinst werden. Jeder zusätzlich geliehene Betrag stellt einen Aufwand bzw. eine Ertragsminderung

3/8. IFRS 9
B5.1.1 – B5.2.4

dar, sofern er nicht die Kriterien für den Ansatz eines anderweitigen Vermögenswerts erfüllt.

B5.1.2 Wenn ein Unternehmen einen Kredit ausreicht, der zu einem marktunüblichen Zinssatz verzinst wird (z. B. zu 5 Prozent, wenn der Marktzinssatz für ähnliche Kredite 8 Prozent beträgt), und als Entschädigung ein im Voraus gezahltes Entgelt erhält, setzt das Unternehmen den Kredit zu dessen beizulegendem Zeitwert an, d. h. abzüglich des erhaltenen Entgelts.

B5.1.2A Beim erstmaligen Ansatz eines Finanzinstruments ist der bestmögliche Anhaltspunkt für den beizulegenden Zeitwert in der Regel der Transaktionspreis (d. h. der beizulegende Zeitwert des gezahlten oder erhaltenen Entgelts, siehe auch IFRS 13). Kommt ein Unternehmen zu dem Ergebnis, dass der beizulegende Zeitwert beim erstmaligen Ansatz von dem in Paragraph 5.1.1A genannten Transaktionspreis abweicht, hat es dieses Instrument zu diesem Zeitpunkt wie folgt zu bilanzieren:

a) Gemäß der in Paragraph 5.1.1 vorgeschriebenen Bewertung, wenn dieser beizulegende Zeitwert durch einen an einem aktiven Markt notierten Preis für einen identischen Vermögenswert bzw. eine identische Schuld (d. h. einen Eingangsparameter der Stufe 1) nachgewiesen wird oder auf einem Bewertungsverfahren basiert, das nur Daten beobachtbarer Märkte verwendet. Das Unternehmen hat die Differenz zwischen dem beizulegenden Zeitwert beim erstmaligen Ansatz und dem Transaktionspreis als Gewinn oder Verlust zu erfassen.

b) In allen anderen Fällen gemäß der in Paragraph 5.1.1 vorgeschriebenen Bewertung mit einer Anpassung, um die Differenz zwischen dem beizulegenden Zeitwert beim erstmaligen Ansatz und dem Transaktionspreis abzugrenzen. Nach dem erstmaligen Ansatz hat das Unternehmen diese abgegrenzte Differenz nur insoweit als Gewinn oder Verlust zu erfassen, wie sie durch eine Veränderung eines Faktors (einschließlich des Zeitfaktors) entstanden ist, den Marktteilnehmer bei der Festlegung des Preises für den Vermögenswert oder die Schuld berücksichtigen würden.

Folgebewertung (Abschnitte 5.2 und 5.3)

B5.2.1 Wird ein Finanzinstrument, das zunächst als finanzieller Vermögenswert angesetzt wurde, erfolgswirksam zum beizulegenden Zeitwert bewertet und fällt dieser unter null, so ist dieses Finanzinstrument eine finanzielle Verbindlichkeit gemäß Paragraph 4.2.1. Hybride Verträge mit Basisverträgen, bei denen es sich um Vermögenswerte im Anwendungsbereich dieses Standards handelt, werden jedoch immer gemäß Paragraph 4.3.2 bewertet.

B5.2.2 Das folgende Beispiel veranschaulicht die Bilanzierung von Transaktionskosten bei der Erst- und Folgebewertung eines finanziellen Vermögenswerts, der gemäß Paragraph 5.7.5 oder Paragraph 4.1.2A zum beizulegenden Zeitwert erfolgsneutral im sonstigen Ergebnis bewertet wird. Ein Unternehmen erwirbt einen finanziellen Vermögenswert für WE 100 zuzüglich einer Kaufprovision von WE 2. Beim erstmaligen Ansatz wird der Vermögenswert mit WE 102 angesetzt. Der Abschlussstichtag ist ein Tag später, an dem der notierte Marktpreis für den Vermögenswert WE 100 beträgt. Beim Verkauf des Vermögenswerts wäre eine Provision von WE 3 zu entrichten. Zu diesem Zeitpunkt bewertet das Unternehmen den Vermögenswert mit WE 100 (ohne Berücksichtigung der etwaigen Provision im Verkaufsfall) und erfasst einen Verlust von WE 2 im sonstigen Ergebnis. Wird der finanzielle Vermögenswert gemäß Paragraph 4.1.2A zum beizulegenden Zeitwert erfolgsneutral im sonstigen Ergebnis bewertet, werden die Transaktionskosten unter Anwendung der Effektivzinsmethode erfolgswirksam amortisiert.

B5.2.2A Die Folgebewertung eines finanziellen Vermögenswerts oder einer finanziellen Verbindlichkeit und die nachfolgende Erfassung von Gewinnen und Verlusten gemäß Paragraph B5.1.2A müssen mit den Vorschriften dieses Standards in Einklang stehen.

Finanzinvestitionen in Eigenkapitalinstrumente und Verträge über solche Finanzinvestitionen

B5.2.3 Sämtliche Finanzinvestitionen in Eigenkapitalinstrumenten und Verträge über solche Instrumente sind zum beizulegenden Zeitwert zu bewerten. In wenigen Ausnahmefällen können die Anschaffungskosten jedoch eine angemessene Schätzung des beizulegenden Zeitwerts sein. Dies kann der Fall sein, wenn nicht genügend aktuelle Informationen zur Ermittlung des beizulegenden Zeitwerts verfügbar sind oder es ein breites Spektrum an möglichen Bewertungen zum beizulegenden Zeitwert gibt und die Anschaffungskosten innerhalb dieses Spektrums die bestmögliche Schätzung des beizulegenden Zeitwerts darstellen.

B5.2.4 Folgende Indikatoren können darauf hinweisen, dass die Anschaffungskosten nicht den beizulegenden Zeitwert widerspiegeln:

a) eine signifikante Veränderung der Ertragslage des Unternehmens, in das investiert wurde, gemessen an dessen Budgets, Plänen oder Meilensteinen,

b) Veränderungen in der Erwartung, dass die technischen Produktmeilensteine des Unternehmens, in das investiert wurde, erreicht werden,

c) eine signifikante Veränderung des Markts für das Eigenkapital des Unternehmens, in das investiert wurde, oder dessen Produkte oder potenzielle Produkte,

d) eine signifikante Veränderung der globalen wirtschaftlichen Rahmenbedingungen oder des wirtschaftlichen Umfelds, in dem das Unternehmen, in das investiert wurde, tätig ist,

e) eine signifikante Veränderung der Ertragslage vergleichbarer Unternehmen oder der durch den Gesamtmarkt implizierten Bewertungen,

f) interne Belange des Unternehmens, in das investiert wurde, wie Betrugsfälle, kommerzielle Streitigkeiten, Rechtsstreitigkeiten, Veränderungen im Management oder der Strategie,
g) Anhaltspunkte aus externen Transaktionen mit dem Eigenkapital des Unternehmens, in das investiert wurde, entweder durch das Unternehmen selbst (wie die Ausgabe von neuem Eigenkapital) oder durch Übertragungen von Eigenkapitalinstrumenten zwischen Dritten.

B5.2.5 Die Liste in Paragraph B5.2.4 ist nicht abschließend. Ein Unternehmen hat sämtliche Informationen über die Ertragslage und Geschäftstätigkeit des Unternehmens, in das investiert wurde, die nach dem Zeitpunkt des erstmaligen Ansatzes verfügbar werden, zu nutzen. Soweit solche relevanten Faktoren vorliegen, können diese darauf hinweisen, dass die Anschaffungskosten möglicherweise nicht den beizulegenden Zeitwert repräsentieren. In diesen Fällen muss der beizulegende Zeitwert vom Unternehmen ermittelt werden.

B5.2.6 Die Anschaffungskosten sind nie die bestmögliche Schätzung des beizulegenden Zeitwerts von Finanzinvestitionen in notierte Eigenkapitalinstrumente (oder Verträge über notierte Eigenkapitalinstrumente).

Bewertung zu fortgeführten Anschaffungskosten (Abschnitt 5.4)

Effektivzinsmethode

B5.4.1 Bei der Anwendung der Effektivzinsmethode bestimmt ein Unternehmen die Gebühren, die integraler Bestandteil des Effektivzinssatzes eines Finanzinstruments sind. Die Beschreibung der Gebühren für Finanzdienstleistungen weist unter Umständen nicht auf die Art und den wirtschaftlichen Inhalt der erbrachten Dienstleistungen hin. Gebühren, die integraler Bestandteil des Effektivzinssatzes eines Finanzinstruments sind, werden als Anpassung des Effektivzinssatzes behandelt, es sei denn, das Finanzinstrument wird zum beizulegenden Zeitwert bewertet und die Veränderung des beizulegenden Zeitwerts erfolgswirksam erfasst. In diesen Fällen werden die Gebühren beim erstmaligen Ansatz des Instruments als Erlös oder Aufwand erfasst.

B5.4.2 Zu den Gebühren, die integraler Bestandteil des Effektivzinssatzes eines Finanzinstruments sind, gehören u. a.:
a) Originierungsgebühren, die von dem Unternehmen für die Ausreichung und den Erwerb eines finanziellen Vermögenswerts eingenommen werden. Solche Gebühren können eine Vergütung für Tätigkeiten wie die Beurteilung der Finanzlage des Kreditnehmers, die Beurteilung und Dokumentation von Garantien, Sicherheiten und anderen Sicherheitsvereinbarungen, die Aushandlung der Bedingungen des Instruments, die Erstellung und Verarbeitung von Dokumenten und den Abschluss der Transaktion umfassen. Sie sind integraler Bestandteil der Gestaltung eines Engagements bei dem resultierenden Finanzinstrument.
b) Bereitstellungsgebühren, die von dem Unternehmen für die Kreditgewährung vereinnahmt werden, wenn die Kreditzusage nicht gemäß Paragraph 4.2.1(a) bewertet wird und es wahrscheinlich ist, dass das Unternehmen eine bestimmte Kreditvereinbarung abschließen wird. Diese Gebühren werden als Vergütung für ein anhaltendes Engagement beim Erwerb eines Finanzinstruments betrachtet. Wenn die Zusage abläuft, ohne dass das Unternehmen den Kredit gewährt, wird die Gebühr bei Ablauf als Erlös erfasst.
c) Originierungsgebühren, die bei der Ausreichung finanzieller Verbindlichkeiten gezahlt werden, die zu fortgeführten Anschaffungskosten bewertet werden. Diese Gebühren sind integraler Bestandteil der Gestaltung eines Engagements bei einer finanziellen Verbindlichkeit. Ein Unternehmen unterscheidet zwischen Gebühren und Kosten, die integraler Bestandteil des Effektivzinssatzes der finanziellen Verbindlichkeit sind, und Originierungsgebühren und Transaktionskosten in Bezug auf das Recht zur Erbringung von Dienstleistungen, wie beispielsweise Kapitalanlagedienstleistungen.

B5.4.3 Zu den Gebühren, die kein integraler Bestandteil des Effektivzinssatzes eines Finanzinstruments sind und gemäß IFRS 15 bilanziert werden, gehören u. a.:
a) Gebühren für die Verwaltung bzw. Abwicklung eines Kredits,
b) Bereitstellungsgebühren für die Gewährung eines Kredits, wenn die Kreditzusage nicht gemäß Paragraph 4.2.1(a) bewertet wird und es unwahrscheinlich ist, dass eine bestimmte Kreditvereinbarung abgeschlossen wird, und
c) Kreditsyndizierungsgebühren, die von einem Unternehmen eingenommen werden, das einen Kredit arrangiert und keinen Teil des Kreditpakets für sich selbst behält (oder einen Teil zu demselben Effektivzinssatz eines vergleichbaren Risikos wie andere Beteiligte behält).

B5.4.4 Bei Anwendung der Effektivzinsmethode werden alle in die Berechnung des Effektivzinssatzes einfließenden Gebühren, gezahlten oder erhaltenen Entgelte, Transaktionskosten und anderen Agios oder Disagios normalerweise über die erwartete Laufzeit des Finanzinstruments amortisiert. Beziehen sich die Gebühren, gezahlten oder erhaltenen Entgelte, Transaktionskosten, Agios oder Disagios jedoch auf einen kürzeren Zeitraum, ist dieser Zeitraum zugrunde zu legen. Dies ist dann der Fall, wenn die Variable, auf die sich die Gebühren, gezahlten oder erhaltenen Entgelte, Transaktionskosten, Agios oder Disagios beziehen, vor der voraussichtlichen Fälligkeit des Finanzinstruments an Marktverhältnisse angepasst wird. In einem solchen Fall ist als angemessene Amortisationsperiode der Zeitraum bis zum nächsten Anpassungstermin zu wählen. Spiegelt ein Agio oder Disagio auf ein variabel verzinstes Finanzinstrument beispielsweise die seit der letzten Zinszahlung für dieses Finanzinstrument aufgelaufenen Zinsen oder die Marktzinsänderungen seit der letzten Anpassung des variablen Zinssatzes an die Marktverhältnisse wider, so wird dieses bis zum nächsten Zinsanpassungstermin amortisiert. Der Grund dafür ist, dass das Agio oder Disagio für den Zeitraum bis zum nächsten Zinsanpassungstermin gilt, da die Variable, auf die sich das Agio oder Disagio bezieht (d. h. der Zinssatz), zu diesem Zeitpunkt an die Marktverhältnisse angepasst wird. Ist das Agio oder Disagio hingegen durch eine Änderung des Kredit-Spreads auf die im Finanzinstrument angegebene variable Verzinsung oder durch andere, nicht an den Marktzins gekoppelte Variablen entstanden, erfolgt die Amortisation über die erwartete Laufzeit des Finanzinstruments.

B5.4.5 Bei variabel verzinslichen finanziellen Vermögenswerten und Verbindlichkeiten führt die periodisch vorgenommene Neuschätzung der Zahlungsströme, die der Änderung der Marktverhältnisse Rechnung trägt, zu einer Änderung des Effektivzinssatzes. Wird ein variabel verzinslicher finanzieller Vermögenswert oder eine variabel verzinsliche Verbindlichkeit zunächst mit einem Betrag angesetzt, der dem bei Fälligkeit zu erhaltenden bzw. zu zahlenden Kapitalbetrag entspricht, hat die Neuschätzung künftiger Zinszahlungen in der Regel keine signifikante Auswirkung auf den Buchwert des Vermögenswerts bzw. der Verbindlichkeit.

B5.4.6 Revidiert ein Unternehmen seine Schätzungen bezüglich der Zahlungsein- und -ausgänge (ausgenommen Änderungen gemäß Paragraph 5.4.3 und Änderungen der Schätzungen bezüglich erwarteter Kreditverluste), passt es den Bruttobuchwert des finanziellen Vermögenswerts oder die fortgeführten Anschaffungskosten einer finanziellen Verbindlichkeit (oder einer Gruppe von Finanzinstrumenten) an die tatsächlichen und die revidierten geschätzten vertraglichen Zahlungsströme an. Das Unternehmen berechnet den Bruttobuchwert des finanziellen Vermögenswerts oder die fortgeführten Anschaffungskosten der finanziellen Verbindlichkeit als Barwert der geschätzten künftigen vertraglichen Zahlungsströme neu, die zum ursprünglichen Effektivzinssatz (oder bei finanziellen Vermögenswerten mit bereits bei Erwerb oder Ausreichung beeinträchtigter Bonität zum bonitätsangepassten Effektivzinssatz) des Finanzinstruments oder gegebenenfalls zum geänderten Effektivzinssatz, der gemäß Paragraph 6.5.10 ermittelt wird, abgezinst werden. Die Anpassung wird als Ertrag oder Aufwand erfolgswirksam erfasst.

B5.4.7 In einigen Fällen wird die Bonität eines finanziellen Vermögenswerts beim erstmaligen Ansatz als beeinträchtigt angesehen, da das Ausfallrisiko äußerst hoch ist und im Falle eines Kaufs mit einem hohen Disagio erworben wird. Ein Unternehmen muss bei finanziellen Vermögenswerten, deren Bonität beim erstmaligen Ansatz als bereits bei Erwerb oder Ausreichung beeinträchtigt angesehen wird, die anfänglichen erwarteten Kreditverluste in den geschätzten Zahlungsströmen bei der Berechnung des bonitätsangepassten Effektivzinssatzes berücksichtigen. Allerdings bedeutet dies nicht, dass ein bonitätsangepasster Effektivzinssatz nur deshalb angewandt werden sollte, weil der finanzielle Vermögenswert beim erstmaligen Ansatz ein hohes Ausfallrisiko aufweist.

Transaktionskosten

B5.4.8 Zu den Transaktionskosten gehören an Vermittler (einschließlich als Verkaufsvertreter agierende Mitarbeiter), Berater, Makler und Händler gezahlte Gebühren und Provisionen, an Regulierungsbehörden und Wertpapierbörsen zu entrichtende Abgaben sowie Steuern und Gebühren. Unter Transaktionskosten fallen weder Agio oder Disagio für Schuldinstrumente, Finanzierungskosten oder interne Verwaltungs- oder Haltekosten.

Abschreibung

B5.4.9 Abschreibungen können sich auf einen finanziellen Vermögenswert in seiner Gesamtheit oder auf einen prozentualen Teil desselben beziehen. Ein Unternehmen plant beispielsweise, Sicherheiten bei einem finanziellen Vermögenswert zu verwerten und erwartet, dass es nicht mehr als 30 Prozent des finanziellen Vermögenswerts aus den Sicherheiten realisiert. Wenn das Unternehmen nach vernünftigem Ermessen nicht davon ausgehen kann, weitere Zahlungsströme aus dem finanziellen Vermögenswert zu realisieren, sollte es die übrigen 70 Prozent des finanziellen Vermögenswerts abschreiben.

Wertminderung (Abschnitt 5.5)

Grundlage für die kollektive und individuelle Beurteilung

B5.5.1 Zur Erreichung der Zielsetzung, die wegen einer signifikanten Erhöhung des Ausfallrisikos seit dem erstmaligen Ansatz über die Laufzeit erwarteten Kreditverluste zu erfassen, könnte es sich als notwendig erweisen, die Beurteilung einer signifikanten Erhöhung des Ausfallrisikos auf kollektiver Basis vorzunehmen und zu diesem Zweck Informationen, die auf eine signifikante Erhöhung des Ausfallrisikos beispielsweise bei einer Gruppe oder Untergruppe von Finanzinstrumenten hinweisen, zu berücksichtigen. Damit soll sichergestellt werden, dass ein Unternehmen die Zielsetzung, die über die Laufzeit erwarteten Kreditverluste zu erfassen, wenn sich das Ausfallrisiko signifikant erhöht, auch dann erreicht, wenn es auf Ebene der einzelnen Instrumente noch keine Anhaltspunkte für eine solche signifikante Erhöhung des Ausfallrisikos gibt.

B5.5.2 Es wird allgemein davon ausgegangen, dass über die Laufzeit erwartete Kreditverluste erfasst werden, bevor ein Finanzinstrument überfällig wird. Typischerweise steigt das Ausfallrisiko signifikant, bevor ein Finanzinstrument überfällig wird oder andere zahlungsverzögernde kreditnehmerspezifische Faktoren (wie eine Änderung oder Umstrukturierung) beobachtet werden. Wenn daher angemessene und belastbare Informationen, die stärker zukunftsgerichtet sind als die Informationen zur Überfälligkeit, ohne unangemessenen Kosten- oder Zeitaufwand verfügbar sind, müssen diese bei der Beurteilung von Veränderungen des Ausfallrisikos herangezogen werden.

B5.5.3 Je nach Art der Finanzinstrumente und der über Ausfallrisiken verfügbaren Informationen für bestimmte Gruppen von Finanzinstrumenten ist ein Unternehmen eventuell nicht in der Lage, signifikante Veränderungen des Ausfallrisikos bei einzelnen Finanzinstrumenten zu erkennen, bevor das Finanzinstrument überfällig wird. Dies kann bei Finanzinstrumenten wie etwa Privatkundenkrediten der Fall sein, bei denen nur wenige oder keine aktuellen Ausfallrisikoinformationen bei einem einzelnen Instrument routinemäßig ermittelt und überwacht werden, bis ein Kunde gegen die Vertragsbedingungen verstößt. Wenn Veränderungen des Ausfallrisikos bei einzelnen Finanzinstrumenten nicht erfasst werden, bevor diese überfällig werden, würde eine Wertberichtigung, die nur auf Kreditinformationen auf Ebene des einzelnen Finanzinstruments beruht, die Veränderungen des Ausfallrisikos nicht getreu widerspiegeln.

B5.5.4 In einigen Fällen liegen einem Unternehmen für die Bewertung der über die Laufzeit erwarteten Kreditverluste auf Einzelbasis keine angemessenen und belastbaren, ohne unangemessenen Kosten- oder Zeitaufwand verfügbaren Informationen vor. In einem solchen Fall sind die über die Laufzeit erwarteten Kreditverluste auf kollektiver Basis unter Berücksichtigung umfassender Ausfallrisikoinformationen zu erfassen. Diese umfassenden Ausfallrisikoinformationen müssen nicht nur Informationen zur Überfälligkeit beinhalten, sondern auch alle einschlägigen Kreditinformationen, einschließlich zukunftsgerichteter makroökonomischer Informationen, damit das Ergebnis dem Ergebnis der Erfassung von über die Laufzeit erwarteten Kreditverlusten nahekommt, wenn sich auf Basis einzelner Instrumente das Ausfallrisiko seit dem erstmaligen Ansatz signifikant erhöht hat.

B5.5.5 Zur Bestimmung einer signifikanten Erhöhung des Ausfallrisikos und zur Erfassung einer Wertberichtigung auf kollektiver Basis kann ein Unternehmen Finanzinstrumente anhand von gemeinsamen Ausfallrisikoeigenschaften in Gruppen zusammenfassen und auf diese Weise eine Analyse ermöglichen, die darauf ausgerichtet ist, eine signifikante Erhöhung des Ausfallrisikos zeitnah feststellen zu können. Das Unternehmen sollte diese Informationen nicht durch Gruppierung von Finanzinstrumenten mit unterschiedlichen Risikoeigenschaften überdecken. Zu Beispielen für gemeinsame Ausfallrisikoeigenschaften gehören u. a.:

a) Art des Instruments,
b) Ausfallrisikoratings,
c) Art der Besicherung,
d) Zeitpunkt des erstmaligen Ansatzes,
e) Restlaufzeit,
f) Branche,
g) geographischer Standort des Kreditnehmers und
h) Wert der Sicherheiten in Relation zum finanziellen Vermögenswert, wenn sich dies auf die Wahrscheinlichkeit des Eintretens eines Kreditausfalls auswirkt (z. B. nicht rückgriffsberechtigte Darlehen in einigen Rechtsordnungen oder Beleihungsausläufe).

B5.5.6 Nach Paragraph 5.5.4 müssen die über die Laufzeit erwarteten Kreditverluste für alle Finanzinstrumente, bei denen sich das Ausfallrisiko seit dem erstmaligen Ansatz signifikant erhöht hat, erfasst werden. Wenn ein Unternehmen zur Erreichung dieser Zielsetzung Finanzinstrumente, bei denen das Ausfallrisiko als seit dem erstmaligen Ansatz signifikant erhöht angesehen wird, nicht anhand von gemeinsamen Ausfallrisikoeigenschaften in Gruppen zusammenfassen kann, sollte es die über die Laufzeit erwarteten Kreditverluste für den Teil der finanziellen Vermögenswerte erfassen, bei denen das Ausfallrisiko als signifikant erhöht erachtet wird. Die Aggregation von Finanzinstrumenten für die Beurteilung, ob sich das Ausfallrisiko auf kollektiver Basis erhöht, kann sich im Laufe der Zeit ändern, sobald neue Informationen über Gruppen von Finanzinstrumenten oder einzelne solcher Finanzinstrumente verfügbar werden.

Zeitpunkt der Erfassung der über die Laufzeit erwarteten Kreditverluste

B5.5.7 Ob über die Laufzeit erwartete Kreditverluste erfasst werden sollten, wird danach beurteilt, ob sich die Wahrscheinlichkeit oder das Risiko eines Kreditausfalls seit dem erstmaligen Ansatz signifikant erhöht hat (unabhängig davon, ob ein Finanzinstrument entsprechend einer Erhöhung des Ausfallrisikos preislich angepasst wurde), und nicht danach, ob zum Abschlussstichtag Anhaltspunkte für eine Bonitätsbeeinträchtigung bei einem finanziellen Vermögenswert vorliegen oder tatsächlich ein Kreditausfall eintritt. Im Allgemeinen erhöht sich das Ausfallrisiko signifikant, bevor die Bonität eines finanziellen Vermögenswerts beeinträchtigt wird oder tatsächlich ein Kreditausfall eintritt.

B5.5.8 Bei Kreditzusagen berücksichtigt ein Unternehmen Veränderungen des Risikos, dass bei dem Kredit, auf den sich die Kreditzusage bezieht, ein Ausfall eintritt. Bei finanziellen Garantien berücksichtigt ein Unternehmen Veränderungen des Risikos, dass der angegebene Schuldner den Vertrag nicht erfüllt.

B5.5.9 Die Signifikanz einer Veränderung des Ausfallrisikos seit dem erstmaligen Ansatz hängt vom Risiko des Eintretens eines Ausfalls beim erstmaligen Ansatz ab. Somit ist eine gegebene Veränderung des Risikos, dass ein Ausfall eintritt, absolut gesehen bei einem Finanzinstrument mit niedrigerem anfänglichem Risiko des Eintretens eines Ausfalls signifikanter als bei einem Finanzinstrument, bei dem das anfängliche Risiko des Eintretens eines Ausfalls höher ist.

B5.5.10 Das Risiko, dass bei Finanzinstrumenten mit vergleichbarem Ausfallrisiko ein Ausfall eintritt, nimmt mit der Dauer der erwarteten Laufzeit des Instruments zu. Beispielsweise ist das Risiko, dass bei einer Anleihe mit AAA-Rating und einer erwarteten Laufzeit von 10 Jahren ein Ausfall eintritt, höher als bei einer Anleihe mit AAA-Rating und einer erwarteten Laufzeit von fünf Jahren.

B5.5.11 Aufgrund der Beziehung zwischen der erwarteten Laufzeit und dem Risiko des Eintretens eines Ausfalls kann die Veränderung des Ausfallrisikos nicht einfach durch Vergleichen der Veränderung des absoluten Risikos des Eintretens eines Ausfalls im zeitlichen Verlauf beurteilt werden. Wenn beispielsweise das Risiko des Eintretens eines Ausfalls bei einem Finanzinstrument mit einer erwarteten Laufzeit von zehn Jahren beim erstmaligen Ansatz identisch ist mit dem Risiko bei diesem Finanzinstrument, wenn dessen erwartete Laufzeit in der Folgeperiode lediglich mit fünf Jahren veranschlagt wird, kann dies darauf hinweisen, dass sich das Ausfallrisiko erhöht hat. Dies liegt daran, dass das Risiko des Eintretens eines Ausfalls über die erwartete Laufzeit gewöhnlich mit der Zeit sinkt, wenn das Ausfallrisiko unverändert ist und sich das Finanzinstrument seiner Fälligkeit nähert. Jedoch nimmt das Risiko des Eintretens eines Ausfalls bei Finanzinstrumenten mit nur -signifikanten Zahlungsverpflichtungen zum Ende der Fälligkeit des Finanzinstruments hin möglicherweise nicht mit der Zeit ab. In einem solchen Fall sollte ein Unternehmen auch andere qualitative Faktoren berücksichtigen, die zeigen würden, ob sich das Ausfallrisiko seit dem erstmaligen Ansatz signifikant erhöht hat.

B5.5.12 Ein Unternehmen kann bei der Beurteilung, ob sich das Ausfallrisiko eines Finanzinstruments seit dem erstmaligen Ansatz signifikant erhöht hat, oder bei der Bewertung der erwarteten Kreditverluste unterschiedliche Vorgehensweisen anwenden. Auf unterschiedliche Finanzinstrumente kann das Unternehmen unterschiedliche Vorgehensweisen anwenden. Eine Vorgehensweise, die als Eingangsparameter nicht per se eine explizite Ausfallwahrscheinlichkeit beinhaltet, wie etwa eine auf der Kreditausfallrate basierende Vorgehensweise, kann mit den Vorschriften des vorliegenden Standards in Einklang stehen, sofern das Unternehmen die Änderungen des Risikos des Eintretens eines Ausfalls von Änderungen anderer Faktoren mit Einfluss auf die erwarteten Kreditausfallverluste, wie etwa die Besicherung, trennen kann und bei der Beurteilung Folgendes berücksichtigt:

a) die Veränderung des Risikos des Eintretens eines Ausfalls seit dem erstmaligen Ansatz,
b) die erwartete Laufzeit des Finanzinstruments und
c) angemessene und belastbare Informationen, die ohne unangemessenen Kosten- oder Zeitaufwand verfügbar sind und sich auf das Ausfallrisiko auswirken können.

B5.5.13 Bei den angewandten Methoden für die Bestimmung, ob sich das Ausfallrisiko bei einem Finanzinstrument seit dem erstmaligen Ansatz signifikant erhöht hat, werden die Eigenschaften des Finanzinstruments (oder der Gruppe von Finanzinstrumenten) und die Ausfallmuster bei vergleichbaren Finanzinstrumenten in der Vergangenheit berücksichtigt. Ungeachtet der Vorschrift des Paragraphen 5.5.9 können bei Finanzinstrumenten, bei denen das Ausfallmuster nicht auf einen bestimmten Zeitpunkt während der erwarteten Laufzeit des Finanzinstruments konzentriert sind, Änderungen des Risikos des Eintretens eines Ausfalls in den kommenden 12 Monaten eine angemessene Näherung für die Änderungen des auf die Laufzeit bezogenen Risikos des Eintretens eines Ausfalls sein. In solchen Fällen kann ein Unternehmen anhand von Änderungen des Risikos des Eintretens eines Ausfalls in den kommenden 12 Monaten bestimmen, ob sich das Ausfallrisiko seit dem erstmaligen Ansatz signifikant erhöht hat, außer wenn die Umstände darauf hinweisen, dass eine Beurteilung über die Laufzeit erforderlich ist.

B5.5.14 Jedoch ist es bei einigen Finanzinstrumenten oder in besonderen Fällen möglicherweise unangebracht, anhand von Veränderungen des Risikos des Eintretens eines Ausfalls in den kommenden 12 Monaten zu bestimmen, ob über die Laufzeit erwarteten Kreditverluste erfasst werden sollten. Beispielsweise ist die Veränderung des Risikos des Eintretens eines Ausfalls in den kommenden 12 Monaten eventuell keine geeignete Grundlage für die Bestimmung, ob sich das Ausfallrisiko bei einem Finanzinstrument mit einer Restlaufzeit von mehr als 12 Monaten erhöht hat, wenn

a) das Finanzinstrument nur über die nächsten 12 Monate hinaus signifikante Zahlungsverpflichtungen aufweist,
b) Veränderungen bei den relevanten makroökonomischen oder sonstigen kreditbezogenen Faktoren auftreten, die in dem Risiko des Eintretens eines Ausfalls in den kommenden 12 Monaten nicht hinreichend widergespiegelt werden, oder
c) sich Änderungen der kreditbezogenen Faktoren nur über die nächsten 12 Monate hinaus auf das Ausfallrisiko des Finanzinstruments auswirken (oder einen stärker ausgeprägten Effekt haben).

Bestimmung, ob sich das Ausfallrisiko seit dem erstmaligen Ansatz signifikant erhöht hat

B5.5.15 Bei der Bestimmung, ob die über die Laufzeit erwarteten Kreditverluste erfasst werden müssen, berücksichtigt ein Unternehmen angemessene und belastbare Informationen gemäß Paragraph 5.5.17(c), die ohne unangemessenen Kosten- oder Zeitaufwand verfügbar sind und sich auf das Ausfallrisiko bei einem Finanzinstrument auswirken können. Das Unternehmen muss bei der Bestimmung, ob sich das Ausfallrisiko seit dem erstmaligen Ansatz signifikant erhöht hat, keine umfassende Suche nach Informationen durchführen.

B5.5.16 Die Ausfallrisikoanalyse ist eine multifaktorielle und ganzheitliche Analyse. Die Relevanz eines bestimmten Faktors und dessen Gewichtung im Vergleich zu anderen Faktoren hängen von der Art des Produkts, den Eigenschaften des Finanzinstruments und des Kreditnehmers sowie dem geografischen Gebiet ab. Ein Unternehmen berücksichtigt angemessene und belastbare Informationen, die ohne unangemessenen Kosten- oder Zeitaufwand verfügbar und für das jeweils zu beurteilende Finanzinstrument relevant sind. Jedoch sind einige Faktoren oder Indikatoren möglicherweise nicht auf Ebene eines einzelnen Finanzinstruments identifizierbar. In solch einem Fall werden die Faktoren oder Indikatoren für geeignete Portfolios, Gruppen von Portfolios oder Teile eines Portfolios von Finanzinstrumenten beurteilt, um zu bestimmen, ob die Vorschrift des Paragraphen 5.5.3 zur Erfassung der über die Laufzeit erwarteten Kreditverluste erfüllt ist.

B5.5.17 Die nachfolgende nicht abschließende Liste von Informationen kann bei der Beurteilung von Veränderungen des Ausfallrisikos relevant sein:

a) signifikante Veränderungen bei den internen Preisindikatoren für das Ausfallrisiko infolge einer Änderung des Ausfallrisikos seit Vertragsbeginn, u. a. des Kredit-Spreads, der sich ergäbe, wenn ein bestimmtes Finanzinstrument oder ein vergleichbares Finanzinstrument mit denselben Bedingungen und derselben Gegenpartei am Abschlussstichtag neu ausgereicht oder begeben würde;

b) sonstige Veränderungen bei den Quoten oder Bedingungen eines bestehenden Finanzinstruments, die deutlich anders wären, wenn das Instrument aufgrund von Veränderungen seines Ausfallrisikos seit dem erstmaligen Ansatz am Abschlussstichtag neu ausgereicht oder begeben würde (wie weitergehende Kreditauflagen, höhere Sicherheiten- und Garantiebeträge oder ein höherer Zinsdeckungsgrad);

c) signifikante Veränderungen bei den externen Marktindikatoren für das Ausfallrisiko bei einem bestimmten Finanzinstrument oder vergleichbaren Finanzinstrumenten mit der gleichen erwarteten Laufzeit. Zu den Marktindikatoren für das Ausfallrisiko gehören u. a.:
  i) der Kredit-Spread,
  ii) die Credit-Default-Swap-Preise für den Kreditnehmer,
  iii) der Zeitraum, über den der beizulegende Zeitwert eines finanziellen Vermögenswerts geringer als seine fortgeführten Anschaffungskosten war, und das Ausmaß, in dem dies der Fall war, und
  iv) sonstige Marktinformationen in Bezug auf den Kreditnehmer, wie Änderungen des Preises seiner Schuld- und Eigenkapitalinstrumente;

d) eine tatsächliche oder voraussichtliche signifikante Änderung des externen Bonitätsratings für ein Finanzinstrument;

e) eine tatsächliche oder erwartete Herabsetzung des internen Bonitätsratings für den Kreditnehmer oder eine Verringerung des Verhaltens-Scorings, das bei der internen Beurteilung des Ausfallrisikos herangezogen wird; interne Bonitätsratings und interne Verhaltens-Scorings sind zuverlässiger, wenn sie mit externen Ratings abgestimmt oder durch Ausfallstudien unterstützt werden;

f) tatsächliche oder prognostizierte Verschlechterungen der geschäftlichen, finanziellen oder wirtschaftlichen Bedingungen, die sich signifikant auf die Fähigkeit des Kreditnehmers, seinen Schuldverpflichtungen nachzukommen, auswirken dürften, wie ein tatsächlicher oder erwarteter Anstieg des Zinsniveaus oder der Arbeitslosenquote;

g) eine tatsächliche oder voraussichtliche signifikante Veränderung der Betriebsergebnisse des Kreditnehmers. Beispiele sind u. a. ein tatsächlicher oder erwarteter Rückgang der Erlöse oder Margen, zunehmende Betriebsrisiken, Betriebskapitaldefizite, sinkende Qualität der Vermögenswerte, erhöhter bilanzieller Verschuldungsgrad, Liquidität, Managementprobleme oder Änderungen des Geschäftsumfangs oder der Organisationsstruktur (z. B. Einstellung eines Geschäftssegments), die die Fähigkeit des Kreditnehmers, seinen Schuldverpflichtungen nachzukommen, signifikant verändern;

h) signifikante Erhöhungen des Ausfallrisikos bei anderen Finanzinstrumenten desselben Kreditnehmers;

i) eine tatsächliche oder erwartete signifikante Verschlechterung des regulatorischen, wirtschaftlichen oder technologischen Umfelds des Kreditnehmers, die dessen Fähigkeit, seinen Schuldverpflichtungen nachzukommen, signifikant verändert, z. B. ein Rückgang der Nachfrage nach den Produkten des Kreditnehmers aufgrund neuerer Technologien;

j) signifikante Veränderungen beim Wert der Sicherheiten für die Verpflichtung oder bei der Qualität der Garantien oder Kreditsicherheiten Dritter, durch die sich voraussichtlich der wirtschaftliche Anreiz des Kreditnehmers, geplante vertragliche Zahlungen zu leisten, verringert oder die sich voraussichtlich auf die Wahrscheinlichkeit des Eintretens eines Ausfalls auswirken. Wenn der Wert von Sicherheiten beispielsweise aufgrund rückläufiger Immobilienpreise sinkt, haben die Kreditnehmer in einigen Ländern einen stärkeren Anreiz, ihre Hypotheken nicht zu bedienen;

k) eine signifikante Veränderung der Qualität der von einem Anteilseigner (oder den Eltern

l) einer Einzelperson) bereitgestellten Garantie, wenn der Anteilseigner (oder die Eltern) den Anreiz haben und die finanziellen Möglichkeiten besitzen, einen Kreditausfall durch Zuschießen von Kapital oder Liquidität zu verhindern;

l) signifikante Veränderungen wie eine Verringerung der finanziellen Unterstützung vonseiten eines Mutter- oder anderen Tochterunternehmens oder eine tatsächliche oder voraussichtliche Veränderung bei der Qualität der Kreditsicherheit, durch die sich der wirtschaftliche Anreiz des Kreditnehmers, geplante vertragliche Zahlungen zu leisten, voraussichtlich verringert. Bei Kreditsicherheiten ohne finanzieller Unterstützung wird die Finanzlage des Garantiegebers berücksichtigt und/oder bei in Verbriefungen ausgegebenen Anteilen, ob die erwarteten Kreditverluste (beispielsweise bei den dem Wertpapier zugrunde liegenden Darlehen) voraussichtlich durch nachrangige Anteile absorbiert werden können;

m) voraussichtliche Veränderungen bei der Kreditdokumentation, einschließlich einer voraussichtlichen Vertragsverletzung, die zu Auflagenverzicht oder -ergänzungen, Zinszahlungspausen, Erhöhungen des Zinsniveaus, zusätzlich verlangten Sicherheiten oder Garantien, oder zu Änderungen der vertraglichen Rahmenbedingungen des Instruments führen können;

n) signifikante Veränderungen, was die voraussichtliche Vertragstreue und das voraussichtliche Verhalten des Kreditnehmers angeht, einschließlich Veränderungen beim Zahlungsstatus von Kreditnehmern in der Gruppe (beispielsweise ein Anstieg der voraussichtlichen Anzahl und des Ausmaßes verzögerter Vertragszahlungen oder signifikante Erhöhungen der voraussichtlichen Anzahl der Kreditkarteninhaber, die ihr Kreditlimit voraussichtlich fast erreichen oder überschreiten oder voraussichtlich nur den monatlichen Mindestbetrag zahlen);

o) Veränderungen beim Kreditmanagementansatz eines Unternehmens in Bezug auf das Finanzinstrument, d. h., dass der Kreditmanagementansatz des Unternehmens basierend auf den sich abzeichnenden Indikatoren für Veränderungen beim Ausfallrisiko des Finanzinstruments voraussichtlich aktiver oder auf die Steuerung des Instruments ausgerichtet wird, einschließlich einer engeren Überwachung oder Kontrolle des Instruments oder des spezifischen Eingreifens vonseiten des Unternehmens bei dem Kreditnehmer;

p) Informationen zur Überfälligkeit, einschließlich der in Paragraph 5.5.11 dargelegten widerlegbaren Vermutung.

B5.5.18 In einigen Fällen können die verfügbaren qualitativen und nicht statistischen quantitativen Informationen ausreichen, um zu bestimmen, dass ein Finanzinstrument das Kriterium für die Erfassung einer Wertberichtigung in Höhe der über die Laufzeit erwarteten Kreditverluste erfüllt hat. Dies bedeutet, dass die Informationen weder ein statistisches Modell noch einen Bonitätsratingprozess durchlaufen müssen, um zu bestimmen, ob sich das Ausfallrisiko des Finanzinstruments signifikant erhöht hat. In anderen Fällen berücksichtigt das Unternehmen möglicherweise andere Informationen, einschließlich Informationen aus seinen statistischen Modellen oder Bonitätsratingprozessen. Alternativ stützt das Unternehmen seine Beurteilung eventuell auf beide Arten von Informationen, d. h. qualitative Faktoren, die nicht durch den internen Ratingprozess erfasst werden, und eine spezifische interne Ratingkategorie am Abschlussstichtag, wobei die Ausfallrisikoeigenschaften beim erstmaligen Ansatz berücksichtigt werden, sofern beide Arten von Informationen relevant sind.

Mehr als 30 Tage überfällig – widerlegbare Vermutung

B5.5.19 Die widerlegbare Vermutung in Paragraph 5.5.11 ist kein absoluter Indikator dafür, dass die über die Laufzeit erwarteten Kreditverluste erfasst werden sollten, wird jedoch als spätester Zeitpunkt angenommen, zu dem die über die Laufzeit erwarteten Kreditverluste selbst bei Verwendung zukunftsgerichteter Informationen (einschließlich makroökonomischer Faktoren auf Portfolioebene) erfasst werden sollten.

B5.5.20 Ein Unternehmen kann diese Vermutung widerlegen. Dies ist allerdings nur möglich, wenn ihm angemessene und belastbare Informationen vorliegen, die belegen, dass selbst bei einer Überfälligkeit der Vertragszahlungen von mehr als 30 Tagen keine signifikante Erhöhung des Ausfallrisikos bei einem Finanzinstrument vorliegt. Dies gilt beispielsweise, wenn ein Zahlungsversäumnis administrative Gründe hat und nicht durch finanzielle Schwierigkeiten des Kreditnehmers bedingt ist oder das Unternehmen anhand historischer Daten belegen kann, dass zwischen den signifikanten Erhöhungen des Risikos des Eintretens eines Ausfalls und finanziellen Vermögenswerten, bei denen die Zahlungen mehr als 30 Tage überfällig sind, keine Korrelation besteht, aber diese Nachweise ein solche Korrelation zeigen, wenn die Zahlungen mehr als 60 Tage überfällig sind.

B5.5.21 Ein Unternehmen kann den Zeitpunkt signifikanter Erhöhungen des Ausfallrisikos und die Erfassung der über die Laufzeit erwarteten Kreditverluste nicht danach ausrichten, wann die Bonität eines finanziellen Vermögenswerts als beeinträchtigt angesehen wird, oder wie das Unternehmen intern den Begriff Ausfall definiert.

Finanzinstrumente mit niedrigem Ausfallrisiko am Abschlussstichtag

B5.5.22 Das Ausfallrisiko bei einem Finanzinstrument ist für die Zwecke des Paragraphen 5.5.10 niedrig, wenn bei dem Finanzinstrument ein niedriges Risiko eines Kreditausfalls besteht, der Kreditnehmer problemlos zur Erfüllung seiner kurzfristigen vertraglichen Zahlungsverpflichtungen in der Lage ist und langfristigere Verschlechterungen der wirtschaftlichen und geschäftlichen Rahmenbedingungen die Fähigkeit des Kreditnehmers zur Erfüllung seiner vertraglichen Zahlungsverpflichtungen verringern können, aber nicht unbedingt müssen. Das Ausfallrisiko bei Finanzinstrumenten wird nicht als niedrig eingeschätzt, nur weil das Risiko eines Verlusts aufgrund des Besicherungswerts als niedrig angesehen wird und das Ausfallrisiko bei dem Finanzinstrument ohne diese Besicherung nicht als niedrig eingeschätzt würde. Ferner wird das Ausfallrisiko bei Finanzinstrumenten nicht allein deshalb als niedrig eingeschätzt, weil das Risiko eines Kreditausfalls niedriger ist als bei anderen Finanzinstrumenten des Unternehmens oder in Relation zum Ausfallrisiko im Rechtsraum, in dem das Unternehmen tätig ist.

B5.5.23 Ein Unternehmen kann anhand seiner internen Ausfallrisikoratings oder sonstiger Methoden, die mit einer allgemein anerkannten Definition von niedrigem Ausfallrisiko in Einklang stehen und die Risiken und die Art der zu beurteilenden Finanzinstrumente berücksichtigen, bestimmen, ob bei einem Finanzinstrument ein niedriges Ausfallrisiko besteht. Ein externes Rating mit „Investment Grade" ist ein Beispiel für ein Finanzinstrument, dessen Ausfallrisiko als niedrig angesehen werden kann. Allerdings müssen Finanzinstrumente keinem externen Rating unterzogen werden, um ihr Ausfallrisiko als niedrig ansehen zu können. Sie sollten jedoch aus Sicht eines Marktteilnehmers unter Berücksichtigung aller Bedingungen des Finanzinstruments als mit niedrigem Ausfallrisiko behaftet angesehen werden.

B5.5.24 Über die Laufzeit erwartete Kreditverluste müssen bei einem Finanzinstrument nicht alleine deshalb erfasst werden, weil es in der vorherigen Berichtsperiode als mit niedrigem Ausfallrisiko angesehen wurde und zum Abschlussstichtag nicht als mit niedrigem Ausfallrisiko angesehen wird. In einem solchen Fall bestimmt ein Unternehmen, ob sich das Ausfallrisiko seit dem erstmaligen Ansatz signifikant erhöht hat und ob somit gemäß Paragraph 5.5.3 die über die Laufzeit erwarteten Kreditverluste erfasst werden müssen.

Änderungen

B5.5.25 In einigen Fällen kann die Neuverhandlung oder Änderung der vertraglichen Zahlungsströme aus einem finanziellen Vermögenswert gemäß dem vorliegenden Standard zu dessen Ausbuchung führen. Wenn die Änderung eines finanziellen Vermögenswerts zur Ausbuchung des vorhandenen finanziellen Vermögenswerts und anschließender Aktivierung des geänderten finanziellen Vermögenswerts führt, wird der geänderte finanzielle Vermögenswert gemäß dem vorliegenden Standard als „neuer" finanzieller Vermögenswert betrachtet.

B5.5.26 Dementsprechend gilt für die Anwendung der Wertminderungsvorschriften auf den geänderten finanziellen Vermögenswert der Zeitpunkt der Änderung als Zeitpunkt des erstmaligen Ansatzes dieses finanziellen Vermögenswerts. Dies bedeutet normalerweise, dass die Wertberichtigung in Höhe der für die nächsten 12 Monate erwarteten Kreditverluste bemessen wird, bis die in Paragraph 5.5.3 genannten Vorschriften für die über die Laufzeit erwarteten Kreditverluste erfüllt sind. In einigen Ausnahmefällen kann es nach einer Änderung, die zur Ausbuchung des ursprünglichen finanziellen Vermögenswerts führt, Anhaltspunkte dafür geben, dass die Bonität des geänderten finanziellen Vermögenswerts beim erstmaligen Ansatz bereits beeinträchtigt ist und somit als finanzieller Vermögenswert mit bereits bei Erwerb oder Ausreichung beeinträchtigter Bonität bilanziert werden sollte. Dies könnte beispielsweise dann der Fall sein, wenn bei einem notleidenden Vermögenswert eine erhebliche Änderung vorgenommen wurde, die zur Ausbuchung des ursprünglichen finanziellen Vermögenswerts geführt hat. In einem solchen Fall könnte die Änderung zu einem neuen finanziellen Vermögenswert führen, dessen Bonität bereits beim erstmaligen Ansatz beeinträchtigt ist.

B5.5.27 Wenn die vertraglichen Zahlungsströme bei einem finanziellen Vermögenswert neu verhandelt oder anderweitig geändert wurden, der finanzielle Vermögenswert aber nicht ausgebucht wurde, wird dieser finanzielle Vermögenswert nicht automatisch als mit einem niedrigeren Ausfallrisiko behaftet angesehen. Ein Unternehmen beurteilt auf Grundlage aller angemessenen und belastbaren, ohne unangemessenen Kosten- oder Zeitaufwand verfügbaren Informationen, ob sich das Ausfallrisiko seit dem erstmaligen Ansatz signifikant erhöht hat. Dies umfasst historische und zukunftsgerichtete Informationen sowie eine Beurteilung des Ausfallrisikos über die erwartete Laufzeit des finanziellen Vermögenswerts, worin Informationen über die Umstände, die zu der Änderung geführt haben, eingeschlossen sind. Zu den Nachweisen, dass die Kriterien für die Erfassung der über die Laufzeit erwarteten Kreditverluste nicht mehr erfüllt sind, kann eine Übersicht über die bisherigen fristgerechten Zahlungen entsprechend den geänderten Vertragsbedingungen gehören. Normalerweise müsste ein Kunde ein anhaltend gutes Zahlungsverhalten über einen gewissen Zeitraum unter Beweis stellen, bevor das Ausfallrisiko als gesunken angesehen wird. So würde eine Historie, bei der Zahlungen nicht oder nur unvollständig geleistet wurden, nicht allein dadurch gelöscht, dass nach Änderung der Vertragsbedingungen eine einzige Zahlung rechtzeitig geleistet wurde.

Bemessung erwarteter Kreditverluste

Erwartete Kreditverluste

B5.5.28 Erwartete Kreditverluste sind eine wahrscheinlichkeitsgewichtete Schätzung der Kreditverluste (d. h. des Barwerts aller Zahlungsausfälle) über die erwartete Laufzeit des Finanzinstruments. Ein Zahlungsausfall ist die Differenz zwischen den Zahlungen, die einem Unternehmen vertragsgemäß geschuldet werden, und den Zahlungen, die das

Unternehmen voraussichtlich einnimmt. Da bei den erwarteten Kreditverlusten der Betrag und der Zeitpunkt der Zahlungen in Betracht gezogen werden, entsteht ein Kreditverlust selbst dann, wenn das Unternehmen erwartet, dass die Zahlung zwar vollständig, aber später als vertraglich vereinbart eingeht.

B5.5.29 Bei finanziellen Vermögenswerten entspricht ein Kreditverlust dem Barwert der Differenz zwischen

a) den vertraglichen Zahlungen, die einem Unternehmen vertragsgemäß geschuldet werden, und
b) den Zahlungen, die das Unternehmen voraussichtlich einnimmt.

B5.5.30 Bei nicht in Anspruch genommenen Kreditzusagen entspricht ein Kreditverlust dem Barwert der Differenz zwischen

a) den vertraglichen Zahlungen, die dem Unternehmen geschuldet werden, wenn der Inhaber der Kreditzusage den Kredit in Anspruch nimmt und
b) den Zahlungen, die das Unternehmen voraussichtlich einnimmt, wenn der Kredit in Anspruch genommen wird.

B5.5.31 Die Schätzung eines Unternehmens bezüglich der Kreditverluste aus Kreditzusagen entspricht seinen Erwartungen bezüglich der Inanspruchnahmen bei dieser Kreditzusage, d. h. es berücksichtigt bei der Schätzung der erwarteten 12-Monats-Kreditverlusts den voraussichtlichen Anteil der Kreditzusage, der innerhalb der nächsten 12 Monate nach dem Abschlussstichtag in Anspruch genommen wird, und bei der Schätzung der über die Laufzeit erwarteten Kreditverluste den voraussichtlichen Anteil der Kreditzusage, der über die erwartete Laufzeit der Kreditzusage in Anspruch genommen wird.

B5.5.32 Bei einer finanziellen Garantie muss das Unternehmen Zahlungen nur im Falle eines Ausfalls des Schuldners gemäß den Bedingungen des durch die Garantie abgedeckten Instruments leisten. Demzufolge entsprechen die Zahlungsausfälle der erwarteten Zahlungen, die dem Inhaber für den ihm entstandenen Kreditverlust zu erstatten sind, abzüglich der Beträge, die das Unternehmen voraussichtlich von dem Inhaber, dem Schuldner oder einer sonstigen Partei erhält. Ist der Vermögenswert vollständig durch die Garantie abgedeckt, würde die Schätzung der Zahlungsausfälle aus der finanziellen Garantie mit den geschätzten Zahlungsausfällen für den der Garantie unterliegenden Vermögenswert übereinstimmen.

B5.5.33 Bei einem finanziellen Vermögenswert, dessen Bonität zum Abschlussstichtag beeinträchtigt ist, es bei Erwerb oder Ausreichung aber noch nicht war, bemisst ein Unternehmen die erwarteten Kreditverluste als Differenz zwischen dem Bruttobuchwert des Vermögenswerts und dem Barwert der geschätzten künftigen Zahlungsströme, die zum ursprünglichen Effektivzinssatz des finanziellen Vermögenswerts abgezinst werden. Jegliche Änderung wird als Wertminderungsaufwand oder -ertrag erfolgswirksam erfasst.

B5.5.34 Bei der Bemessung einer Wertberichtigung für eine Forderung aus Leasingverhältnissen entsprechen die Zahlungsströme, die zur Bemessung der erwarteten Kreditverluste verwendet werden, den Zahlungsströmen, die bei der Bewertung der Forderung aus Leasingverhältnissen gemäß IFRS 16 *Leasingverhältnisse* herangezogen wurden.

B5.5.35 Ein Unternehmen kann bei der Bemessung der erwarteten Kreditverluste vereinfachte Methoden anwenden, wenn diese mit den Grundsätzen des Paragraphen 5.5.17 übereinstimmen. Ein Beispiel für eine vereinfachte Methode ist die Berechnung der erwarteten Kreditverluste bei Forderungen aus Lieferungen und Leistungen mittels einer Wertberichtigungstabelle. Das Unternehmen würde anhand seiner bisherigen Erfahrung mit Kreditverlusten (ggf. gemäß den Paragraphen B5.5.51 und B5.5.52 angepasst) bei Forderungen aus Lieferungen und Leistungen die für die nächsten 12 Monate erwarteten Kreditverluste oder, falls erforderlich, die über die Laufzeit erwarteten Kreditverluste aus den finanziellen Vermögenswerten abschätzen. In einer Wertberichtigungstabelle könnten beispielsweise feste Wertberichtigungsquoten je nach Anzahl der Tage, die eine Forderung aus Lieferungen und Leistungen überfällig ist, angegeben werden (beispielsweise 1 Prozent, wenn nicht überfällig, 2 Prozent, wenn weniger als 30 Tage überfällig, 3 Prozent, wenn zwischen 30 und weniger als 90 Tagen überfällig, 20 Prozent, wenn zwischen 90 und 180 Tagen überfällig usw.). Je nach Diversität seines Kundenstamms würde das Unternehmen entsprechende Gruppierungen verwenden, wenn seine bisherige Erfahrung mit Kreditverlusten signifikant voneinander abweichende Ausfallmuster bei verschiedenen Kundensegmenten zeigt. Beispiele für Kriterien, die bei der Gruppierung von Vermögenswerten verwendet werden könnten, sind geografisches Gebiet, Produktart, Kundeneinstufung, Sicherheiten oder Warenkreditversicherung und Kundentyp (wie Groß- oder Einzelhandel).

Ausfalldefinition

B5.5.36 Nach Paragraph 5.5.9 hat ein Unternehmen bei der Bestimmung, ob sich das Ausfallrisiko bei einem Finanzinstrument signifikant erhöht hat, die Veränderung des Risikos des Eintretens eines Ausfalls seit dem erstmaligen Ansatz zu berücksichtigen.

B5.5.37 Bei der Ausfalldefinition zur Bestimmung des Risikos des Eintretens eines Ausfalls wendet ein Unternehmen bei dem betreffenden Finanzinstrument eine Definition an, die mit der für interne Ausfallrisikomanagementzwecke verwendeten Definition in Einklang steht, und berücksichtigt ggf. qualitative Indikatoren (z. B. Kreditauflagen). Doch besteht die widerlegbare Vermutung, dass ein Ausfall spätestens dann vorliegt, wenn ein finanzieller Vermögenswert 90 Tage überfällig ist, es sei denn, ein Unternehmen verfügt über angemessene und belastbare Informationen, dass ein längeres Rückstandskriterium besser geeignet ist. Die für diese Zwecke verwendete Ausfalldefinition wird durchgängig bei allen Finanzinstrumenten angewandt, es sei denn, neue Informationen zeigen, dass bei einem bestimmten Finanzinstrument eine andere Ausfalldefinition besser geeignet ist.

Zeitraum für die Schätzung der erwarteten Kreditverluste

B5.5.38 Gemäß Paragraph 5.5.19 entspricht der maximale Zeitraum, über den die erwarteten Kreditverluste zu bemessen sind, der maximalen Vertragslaufzeit, über die das Unternehmen dem Ausfallrisiko ausgesetzt ist. Bei Kreditzusagen und finanziellen Garantien ist dies die maximale Vertragslaufzeit, über die ein Unternehmen gegenwärtig vertraglich zur Kreditgewährung verpflichtet ist.

B5.5.39 Gemäß Paragraph 5.5.20 beinhalten manche Finanzinstrumente allerdings sowohl einen Kredit als auch eine nicht in Anspruch genommene Kreditzusagekomponente, wobei die vertraglich vorgesehene Möglichkeit für das Unternehmen, eine Rückzahlung zu fordern und die nicht in Anspruch genommene Kreditzusage zu widerrufen, die Exposition des Unternehmens gegenüber Kreditverlusten nicht auf die vertragliche Kündigungsfrist begrenzt. Beispielsweise können revolvierende Kreditformen wie Kreditkarten und Kontokorrentkredite durch den Kreditgeber mit einer Kündigungsfrist von nur einem Tag vertragsgemäß gekündigt werden. Allerdings gewähren Kreditgeber in der Praxis Kredite für einen längeren Zeitraum und können sie ggf. nur kündigen, wenn das Ausfallrisiko des Kreditnehmers steigt, was zu spät sein könnte, um die erwarteten Kreditverluste ganz oder teilweise zu verhindern. Solche Finanzinstrumente weisen infolge ihrer Art, der Art und Weise ihrer Steuerung und der Art der verfügbaren Informationen über signifikante Erhöhungen des Ausfallrisikos in der Regel die folgenden Merkmale auf:

a) sie haben keine feste Laufzeit oder Rückzahlungsstruktur und unterliegen gewöhnlich einer kurzen vertraglichen Kündigungsfrist (z. B. einem Tag),

b) die vertragliche Möglichkeit zur Vertragskündigung wird in der normalen tagtäglichen Steuerung des Finanzinstruments nicht durchgesetzt und der Vertrag ist ggf. nur dann kündbar, wenn das Unternehmen von einer Erhöhung des Ausfallrisikos auf Kreditebene Kenntnis erlangt, und

c) die Finanzinstrumente werden kollektiv gesteuert.

B5.5.40 Bei der Bestimmung des Zeitraums, über den das Unternehmen voraussichtlich dem Ausfallrisiko ausgesetzt ist, bei dem die erwarteten Kreditverluste aber nicht durch die normalen Ausfallrisikomanagementmaßnahmen des Unternehmens abgemildert würden, hat das Unternehmen Faktoren wie historische Informationen und Erfahrungswerte in Bezug auf Folgendes zu berücksichtigen:

a) den Zeitraum, über den das Unternehmen dem Ausfallrisiko bei ähnlichen Finanzinstrumenten ausgesetzt war,

b) die Zeitdauer bis zum Eintreten der entsprechenden Ausfälle bei ähnlichen Finanzinstrumenten nach einer signifikanten Erhöhung des Ausfallrisikos und

c) die Ausfallrisikomanagementmaßnahmen, die ein Unternehmen voraussichtlich ergreift, nachdem sich das Ausfallrisiko bei dem Finanzinstrument erhöht hat, wie die Verringerung oder der Widerruf ungenutzter Limits.

Wahrscheinlichkeitsgewichtetes Ergebnis

B5.5.41 Bei der Schätzung der erwarteten Kreditverluste ist weder ein „Worst Case"-Szenario noch ein „Best Case"- Szenario zugrundezulegen. Stattdessen spiegelt eine Schätzung der erwarteten Kreditverluste stets sowohl die Möglichkeit des Eintretens als auch die Möglichkeit des Ausbleibens eines Kreditausfalls wider, auch wenn das wahrscheinlichste Ergebnis das Ausbleiben eines Kreditausfalls ist.

B5.5.42 Nach Paragraph 5.5.17(a) muss die Schätzung der erwarteten Kreditverluste einen unverzerrten und wahrscheinlichkeitsgewichteten Betrag widerspiegeln, der durch Auswertung einer Reihe verschiedener möglicher Ergebnisse ermittelt wird. In der Praxis muss dies keine komplexe Analyse sein. In einigen Fällen kann eine relativ einfache Modellierung ausreichen, ohne dass eine größere Anzahl detaillierter Szenario-Simulationen erforderlich ist. Beispielsweise können die durchschnittlichen Kreditverluste bei einer größeren Gruppe von Finanzinstrumenten mit gemeinsamen Risikoeigenschaften eine angemessene Schätzung des wahrscheinlichkeitsgewichteten Betrags darstellen. In anderen Fällen werden wahrscheinlich Szenarien identifiziert werden müssen, in denen die Höhe und der Zeitpunkt der Zahlungsströme bei bestimmten Ergebnissen und die geschätzte Wahrscheinlichkeit dieser Ergebnisse genannt werden. In diesen Fällen spiegeln die erwarteten Kreditverluste mindestens zwei Ergebnisse gemäß Paragraph 5.5.18 wider.

B5.5.43 Bei den über die Laufzeit erwarteten Kreditverlusten schätzt ein Unternehmen das Risiko, dass bei dem Finanzinstrument über die erwartete Laufzeit ein Ausfall eintritt. Der erwartete 12-Monats-Kreditlust ist ein prozentualer Anteil der über die Laufzeit erwarteten Kreditverluste und entspricht den über die Laufzeit eintretenden Zahlungsausfällen, die entstehen, wenn innerhalb von 12 Monaten nach dem Abschlussstichtag (oder eines kürzeren Zeitraums, wenn die erwartete Laufzeit eines Finanzinstruments weniger als 12 Monate beträgt) ein Ausfall eintritt, gewichtet mit der Wahrscheinlichkeit des Eintretens dieses Ausfalls. Somit entspricht der erwartete 12-Monats-Kreditverlust weder den über die Laufzeit erwarteten Kreditverlusten, die ein Unternehmen bei Finanzinstrumenten erwartet, bei denen seinen Prognosen zufolge in den nächsten 12 Monaten ein Ausfall eintritt, noch den Zahlungsausfällen, die für die nächsten 12 Monate prognostiziert werden.

Zeitwert des Geldes

B5.5.44 Die erwarteten Kreditverluste werden unter Anwendung des beim erstmaligen Ansatz festgelegten Effektivzinssatzes oder eines Näherungswerts auf den Abschlussstichtag und nicht auf den Zeitpunkt des erwarteten Ausfalls oder einen anderen Zeitpunkt abgezinst. Weist ein Finanzinstrument einen variablen Zinssatz auf, werden die erwarteten Kreditverluste unter Anwendung des aktuellen, gemäß Paragraph B5.4.5 festgelegten Effektivzinssatzes abgezinst.

B5.5.45 Für finanzielle Vermögenswerte mit bereits bei Erwerb oder Ausreichung beeinträchtigter Bonität werden die erwarteten Kreditverluste unter Anwendung des bonitätsangepassten Effektivzinssatzes, der beim erstmaligen Ansatz festgelegt wurde, abgezinst.

B5.5.46 Die erwarteten Kreditverluste für Forderungen aus Leasingverhältnissen werden zu dem Zinssatz abgezinst, der gemäß IFRS 16 auch bei der Bewertung der Forderung aus Leasingverhältnissen verwendet wird.

B5.5.47 Die erwarteten Kreditverluste aus einer Kreditzusage werden zu dem Effektivzinssatz oder einem Näherungswert abgezinst, der auch bei der Erfassung des aus der Kreditzusage resultierenden finanziellen Vermögenswerts angewandt wird. Dies liegt daran, dass ein finanzieller Vermögenswert, der nach der Inanspruchnahme einer Kreditzusage bilanziert wird, für die Anwendung der Wertminderungsvorschriften als Fortsetzung dieser Zusage und nicht als neues Finanzinstrument behandelt wird. Die erwarteten Kreditverluste aus dem finanziellen Vermögenswert werden daher unter Berücksichtigung des anfänglichen Ausfallrisikos der Kreditzusage ab dem Zeitpunkt, zu dem das Unternehmen Partei der unwiderruflichen Zusage wurde, bemessen.

B5.5.48 Bei finanziellen Garantien oder Kreditzusagen, bei denen der Effektivzinssatz nicht bestimmt werden kann, werden die erwarteten Kreditverluste zu einem Zinssatz abgezinst, der die aktuelle Marktbewertung des Zeitwerts des Geldes und die für die Zahlungsströme spezifischen Risiken widerspiegelt, allerdings nur, wenn und insoweit die Risiken durch Anpassung des Zinssatzes und nicht durch Anpassung der abzuzinsenden Zahlungsausfälle Berücksichtigung finden.

Angemessene und belastbare Informationen

B5.5.49 Für die Zwecke des vorliegenden Standards sind angemessene und belastbare Informationen solche, die zum Abschlussstichtag ohne unangemessenen Kosten- oder Zeitaufwand verfügbar sind, wozu auch Informationen über vergangene Ereignisse, gegenwärtige Bedingungen und Prognosen künftiger wirtschaftlicher Bedingungen zählen. Informationen, die zu Rechnungslegungszwecken vorliegen, werden als ohne unangemessenen Kosten- oder Zeitaufwand verfügbar angesehen.

B5.5.50 Ein Unternehmen muss Prognosen für die künftigen Bedingungen über die erwartete Gesamtlaufzeit eines Finanzinstruments nicht einfließen lassen. Der Ermessensgrad, der bei der Schätzung der erwarteten Kreditverluste notwendig ist, hängt von der Verfügbarkeit ausführlicher Informationen ab. Mit zunehmendem Prognosezeitraum nimmt die Verfügbarkeit ausführlicher Informationen ab und steigt der bei der Schätzung der erwarteten Kreditverluste erforderliche Ermessensgrad. Bei der Schätzung der erwarteten Kreditverluste ist keine ausführliche Schätzung für weit in der Zukunft liegende Zeiträume erforderlich. Bei solchen Zeiträumen kann ein Unternehmen aus verfügbaren, ausführlichen Informationen Prognosen extrapolieren.

B5.5.51 Ein Unternehmen muss keine umfassende Suche nach Informationen durchführen, sondern berücksichtigt sämtliche angemessenen und belastbaren Informationen, die ohne unangemessenen Kosten- oder Zeitaufwand verfügbar und für die Schätzung der erwarteten Kreditverluste relevant sind. Dies schließt auch die Auswirkung erwarteter vorzeitiger Rückzahlungen ein. Die verwendeten Informationen beinhalten kreditnehmerspezifische Faktoren, allgemeine wirtschaftliche Bedingungen und eine Beurteilung der gegenwärtigen und vorhergesagten Richtung der Bedingungen zum Abschlussstichtag. Ein Unternehmen kann verschiedene sowohl interne (unternehmensspezifische) als auch externe Datenquellen verwenden. Zu den möglichen Datenquellen zählen interne Erfahrungswerte mit bisherigen Kreditverlusten, interne Ratings, Erfahrungswerte anderer Unternehmen mit Kreditverlusten sowie externe Ratings, Berichte und Statistiken. Unternehmen, die über keine oder nur unzureichende Quellen für unternehmensspezifische Daten verfügen, können Erfahrungswerte von Vergleichsunternehmen derselben Branche für das vergleichbare Finanzinstrument (oder Gruppen von Finanzinstrumenten) heranziehen.

B5.5.52 Historische Informationen stellen für die Bemessung der erwarteten Kreditverluste einen wichtigen Anker oder eine wichtige Grundlage dar. Allerdings hat ein Unternehmen historische Daten, wie Erfahrungswerte mit Kreditverlusten, auf Basis gegenwärtiger beobachtbarer Daten anzupassen, um die Auswirkungen der gegenwärtigen Bedingungen und seine Prognose künftiger Bedingungen, die sich auf den Zeitraum, auf den sich die historischen Daten beziehen, nicht ausgewirkt haben, widerzuspiegeln und diese Daten um die für die künftigen vertraglichen Zahlungsströme nicht relevanten Auswirkungen der Bedingungen in dem historischen Zeitraum zu bereinigen. In einigen Fällen könnten die besten angemessenen und belastbaren Informationen – je nach Art der historischen Informationen und Zeitpunkt der Berechnung verglichen mit den Umständen zum Abschlussstichtag und den Eigenschaften des betrachteten Finanzinstruments – die nicht angepassten historischen Informationen sein. Schätzungen von Veränderungen bei den erwarteten Kreditverlusten sollten die Veränderungen der zugehörigen beobachtbaren Daten von einer Periode zur anderen widerspiegeln und hinsichtlich der Richtung der Veränderung mit diesen übereinstimmen (wie beispielsweise Veränderungen bei den Arbeitslosenquoten, den Grundstückspreisen, den Warenpreisen, dem Zahlungsstatus oder anderen Faktoren, die auf Kreditverluste bei dem Finanzinstrument oder einer Gruppe von Finanzinstrumenten und auf deren Ausmaß hinweisen). Ein Unternehmen überprüft regelmäßig die Methodik und Annahmen, die zur Schätzung der erwarteten Kreditverluste verwendet werden, um etwaige Abweichungen zwischen den Schätzungen und den Erfahrungswerten aus tatsächlichen Kreditverlusten zu verringern.

B5.5.53 Bei der Verwendung von Erfahrungswerten bisheriger Kreditverluste zur Schätzung der erwarteten Kreditverluste ist es wichtig, dass die Informationen über die historischen Kreditverlustquoten auf Gruppen angewandt werden, die genauso definiert sind wie die Gruppen, bei denen diese historischen Quoten beobachtet wurden. Daher muss die verwendete Methode es ermöglichen, jeder Gruppe von Vermögenswerten Erfahrungswerte bisheriger Kreditverluste bei Gruppen von finanziellen Vermögenswerten mit ähnlichen Risikoeigenschaften und relevante beobachtbare Daten, die die aktuellen Bedingungen widerspiegeln, zuzuordnen.

B5.5.54 Die erwarteten Kreditverluste spiegeln die eigenen Erwartungen eines Unternehmens hinsichtlich der Kreditverluste wider. Doch sollte ein Unternehmen bei der Berücksichtigung aller angemessenen und belastbaren, ohne unangemessenen Kosten- oder Zeitaufwand verfügbaren Informationen im Zuge der Schätzung der erwarteten Kreditverluste auch die beobachtbaren Marktdaten über das Ausfallrisiko des speziellen Finanzinstruments oder ähnlicher Finanzinstrumente in Betracht ziehen.

Sicherheiten

B5.5.55 Im Rahmen der Bemessung der erwarteten Kreditverluste spiegelt die Schätzung der erwarteten Zahlungsausfälle die erwarteten Zahlungseingänge aus Sicherheiten und anderen Kreditbesicherungen, die Teil der Vertragsbedingungen sind und von dem Unternehmen nicht getrennt erfasst werden, wider. Die Schätzung der erwarteten Zahlungsausfälle bei einem besicherten Finanzinstrument spiegelt den Betrag und den Zeitpunkt der ab der Zwangsvollstreckung der Sicherheiten erwarteten Zahlungen abzüglich der Kosten für die Bestellung und den Verkauf der Sicherheiten wider, und zwar ungeachtet dessen, ob eine Zwangsvollstreckung wahrscheinlich ist oder nicht (d. h. bei der Schätzung der erwarteten Zahlungen wird die Wahrscheinlichkeit einer Zwangsvollstreckung und der daraus resultierenden Zahlungen in Betracht gezogen). Infolgedessen sollten Zahlungen, die aus der Realisierung der Sicherheiten über die vertragsgemäße Fälligkeit des Vertrags hinaus erwartet werden, in diese Analyse einbezogen werden. Etwaige Sicherheiten, die infolge einer Zwangsvollstreckung bestellt werden, werden nicht als Vermögenswert getrennt von dem besicherten Finanzinstrument erfasst, es sei denn, die einschlägigen Ansatzkriterien für einen Vermögenswert im vorliegenden oder in anderen Standards sind erfüllt.

Neueinstufung finanzieller Vermögenswerte (Abschnitt 5.6)

B5.6.1 Wenn ein Unternehmen finanzielle Vermögenswerte gemäß Paragraph 4.4.1 neu einstuft, muss es diese Neueinstufung gemäß Paragraph 5.6.1 ab dem Zeitpunkt der Neueinstufung prospektiv vornehmen. Sowohl bei der Kategorie der Bewertung zu fortgeführten Anschaffungskosten als auch bei der Kategorie der erfolgsneutralen Bewertung zum beizulegenden Zeitwert im sonstigen Ergebnis muss der Effektivzinssatz beim erstmaligen Ansatz bestimmt werden. Bei diesen beiden Bewertungskategorien müssen auch die Wertminderungsvorschriften auf identische Weise angewandt werden. Wenn ein Unternehmen also einen finanziellen Vermögenswert neu einstuft und zu diesem Zweck zwischen der Kategorie der Bewertung zu fortgeführten Anschaffungskosten und der Kategorie der erfolgsneutralen Bewertung zum beizulegenden Zeitwert im sonstigen Ergebnis umgliedert,

a) wird die Erfassung des Zinsertrags nicht geändert und wendet das Unternehmen somit weiterhin den gleichen Effektivzinssatz an.

b) wird die Bemessung der erwarteten Kreditverluste nicht geändert, da bei beiden Bewertungskategorien derselbe Wertminderungsansatz zum Einsatz kommt. Bei der Neueinstufung eines finanziellen Vermögenswerts und der dadurch bedingten Umgliederung aus der Kategorie der erfolgsneutralen Bewertung zum beizulegenden Zeitwert im sonstigen Ergebnis in die Kategorie der Bewertung zu fortgeführten Anschaffungskosten wird eine Wertberichtigung ab dem Zeitpunkt der Neueinstufung als Anpassung an den Bruttobuchwert des finanziellen Vermögenswerts erfasst. Bei der Neueinstufung eines finanziellen Vermögenswerts und der dadurch bedingten Umgliederung aus der Kategorie der Bewertung zu fortgeführten Anschaffungskosten in die Kategorie der erfolgsneutralen Bewertung zum beizulegenden Zeitwert im sonstigen Ergebnis wird die Wertberichtigung ab dem Zeitpunkt der Neueinstufung ausgebucht (und somit nicht mehr als eine Anpassung des Bruttobuchwerts erfasst) und stattdessen in Höhe der kumulierten Wertberichtigung (in gleicher Höhe) im sonstigen Ergebnis erfasst und im Anhang angegeben.

B5.6.2 Bei einem erfolgswirksam zum beizulegenden Zeitwert bewerteten finanziellen Vermögenswert muss ein Unternehmen Zinserträge oder Wertminderungsaufwendungen oder -erträge jedoch nicht getrennt erfassen. Wenn ein Unternehmen einen finanziellen Vermögenswert neu einstuft und aus der Kategorie der erfolgswirksamen Bewertung zum beizulegenden Zeitwert umgliedert, wird der Effektivzinssatz folglich basierend auf dem beizulegenden Zeitwert des Vermögenswerts zum Zeitpunkt der Neueinstufung bestimmt. Darüber hinaus wird zum Zwecke der Anwendung von Abschnitt 5.5 auf den finanziellen Vermögenswert ab dem Zeitpunkt der Neueinstufung dieser Zeitpunkt als Zeitpunkt des erstmaligen Ansatzes behandelt.

Gewinne und Verluste (Abschnitt 5.7)

B5.7.1 Nach Paragraph 5.7.5 hat ein Unternehmen bei einer Finanzinvestition in ein Eigenkapitalinstrument, das nicht zu Handelszwecken gehalten wird, das unwiderrufliche Wahlrecht, Veränderungen beim beizulegenden Zeitwert dieser Finanzinvestition im sonstigen Ergebnis zu erfassen. Diese Entscheidung wird für jedes Instrument einzeln (d. h. für jeden einzelne Aktie) getroffen. Im sonstigen Ergebnis erfasste Beträge dürfen später nicht mehr erfolgswirksam erfasst werden. Das Unternehmen kann die kumulierten Gewinne oder Verluste jedoch innerhalb des Eigenkapitals umgliedern. Dividenden aus solchen Investitionen werden gemäß Paragraph 5.7.6 erfolgswirksam erfasst, es sei denn, die Dividende stellt eindeutig eine Rückgewährung eines Teils der Anschaffungskosten der Finanzinvestition dar.

B5.7.1A Sofern nicht Paragraph 4.1.5 gilt, muss ein finanzieller Vermögenswert gemäß Paragraph 4.1.2A zum beizulegenden Zeitwert erfolgsneutral im sonstigen Ergebnis bewertet werden, wenn die Vertragsbedingungen des finanziellen Vermögenswerts zu Zahlungsströmen führen, bei denen es sich lediglich um Tilgungs- und Zinszahlungen auf den ausstehenden Kapitalbetrag handelt, und der Vermögenswert im Rahmen eines Geschäftsmodells gehalten wird, dessen Zielsetzung sowohl durch die Vereinnahmung vertraglicher Zahlungsströme als auch durch den Verkauf finanzieller Vermögenswerte erreicht wird. Bei dieser Bewertungskategorie werden Informationen im Gewinn oder Verlust erfasst, als wäre der finanzielle Vermögenswert zu fortgeführten Anschaffungskosten bewertet worden, während der finanzielle Vermögenswert in der Bilanz zum beizulegenden Zeitwert bewertet wird. Gewinne oder Verluste, die nicht gemäß Paragraph 5.7.10–5.7.11 erfolgswirksam erfasst werden, werden im sonstigen Ergebnis erfasst. Im Falle der Ausbuchung der finanziellen Vermögenswerte werden die kumulierten Gewinne oder Verluste, die zuvor im sonstigen Ergebnis erfasst wurden, erfolgswirksam umgegliedert. Dies spiegelt den Gewinn oder Verlust wider, der bei der Ausbuchung erfolgswirksam erfasst worden wäre, wenn der finanzielle Vermögenswert zu fortgeführten Anschaffungskosten bewertet worden wäre.

B5.7.2 Ein Unternehmen wendet auf finanzielle Vermögenswerte und finanzielle Verbindlichkeiten, die monetäre Posten im Sinne von IAS 21 sind und auf eine Fremdwährung lauten, IAS 21 an. Nach IAS 21 sind alle Gewinne und Verluste aus der Währungsumrechnung monetärer Vermögenswerte und monetärer Verbindlichkeiten erfolgswirksam zu erfassen. Eine Ausnahme ist ein monetärer Posten, der als Sicherungsinstrument zur Absicherung von Zahlungsströmen (siehe Paragraph 6.5.11), zur Absicherung einer Nettoinvestition (siehe Paragraph 6.5.13) oder zur Absicherung des beizulegenden Zeitwerts eines Eigenkapitalinstruments, bei dem ein Unternehmen die Wahl getroffen hat, Veränderungen beim beizulegenden Zeitwert gemäß Paragraph 5.7.5 im sonstigen Ergebnis zu erfassen (siehe Paragraph 6.5.8), designiert ist.

B5.7.2A Zur Erfassung von Gewinnen und Verlusten aus der Währungsumrechnung gemäß IAS 21 wird ein finanzieller Vermögenswert, der gemäß Paragraph 4.1.2A zum beizulegenden Zeitwert erfolgsneutral im sonstigen Ergebnis bewertet wird, als monetärer Posten behandelt. Dementsprechend wird ein solcher finanzieller Vermögenswert als zu fortgeführten Anschaffungskosten in der Fremdwährung bewerteter Vermögenswert behandelt. Umrechnungsdifferenzen bei den fortgeführten Anschaffungskosten werden erfolgswirksam und sonstige Änderungen des Buchwerts gemäß Paragraph 5.7.10 erfasst.

B5.7.3 Nach Paragraph 5.7.5 hat ein Unternehmen bei bestimmten Finanzinvestitionen in Eigenkapitalinstrumente das unwiderrufliche Wahlrecht, Veränderungen beim beizulegenden Zeitwert dieser Finanzinvestitionen im sonstigen Ergebnis zu erfassen. Eine solche Investition ist kein monetärer Posten. Dementsprechend beinhalten die gemäß Paragraph 5.7.5 im sonstigen Ergebnis ausgewiesenen Gewinne oder Verlust den dazugehörigen Fremdwährungsbestandteil.

B5.7.4 Besteht zwischen einem nicht derivativen monetären Vermögenswert und einer nicht derivativen monetären Verbindlichkeit eine Sicherungsbeziehung, werden Änderungen beim Fremdwährungsbestandteil dieser Finanzinstrumente erfolgswirksam erfasst.

Verbindlichkeiten, die als erfolgswirksam zum beizulegenden Zeitwert bewertet designiert werden

B5.7.5 Wenn ein Unternehmen eine finanzielle Verbindlichkeit als erfolgswirksam zum beizulegenden Zeitwert bewertet designiert, muss es beurteilen, ob durch den Ausweis der Auswirkungen von Änderungen beim Ausfallrisiko der Verbindlichkeit im sonstigen Ergebnis eine Rechnungslegungsanomalie im Gewinn oder Verlust entstehen oder vergrößert würde. Dies wäre dann der Fall, wenn der Ausweis der Auswirkungen von Änderungen beim Ausfallrisiko der Verbindlichkeit im sonstigen Ergebnis zu einer größeren Anomalie im Gewinn oder Verlust führen würde, als wenn diese Beträge im Gewinn oder Verlust ausgewiesen würden.

B5.7.6 Bei dieser Beurteilung muss das Unternehmen einschätzen, ob die Auswirkungen von Veränderungen beim Ausfallrisiko der Verbindlichkeit im Gewinn oder Verlust voraussichtlich durch eine Veränderung beim beizulegenden Zeitwert eines anderen erfolgswirksam zum beizulegenden Zeitwert bewerteten Finanzinstruments ausgeglichen werden. Diese Erwartung muss auf einer wirtschaftlichen Beziehung zwischen den Merkmalen der Verbindlichkeit und denen des anderen Finanzinstruments basieren.

B5.7.7 Diese Beurteilung wird beim erstmaligen Ansatz vorgenommen und nicht wiederholt. Aus Praktikabilitätsgründen braucht das Unternehmen nicht alle Vermögenswerte und Verbindlichkeiten, die zu einer Rechnungslegungsanomalie führen, genau zeitgleich einzugehen. Eine angemessene Verzögerung wird zugestanden, sofern etwaige verbleibende Transaktionen voraussichtlich eintreten werden. Ein Unternehmen muss die Methodik, nach der es bestimmt, ob durch den Ausweis der Auswirkungen von Veränderungen beim Ausfallrisiko der Verbindlichkeit im sonstigen Ergebnis eine Rechnungslegungsanomalie im Gewinn oder Verlust entstehen oder vergrößert würde, stetig anwenden. Ein Unternehmen darf jedoch verschiedene Methoden anwenden, wenn zwischen den Merkmalen der als erfolgswirksam zum beizulegenden Zeitwert bewertet designierten Verbindlichkeiten und den Merkmalen der anderen Finanzinstrumente unterschiedliche wirtschaftliche Beziehungen bestehen. Nach IFRS 7 muss ein Unternehmen im Anhang zum Abschluss qualitative Angaben zu seiner Methode machen, mit der es zu dieser Beurteilung gelangt ist.

B5.7.8 Wenn eine solche Anomalie entstehen oder vergrößert würde, hat das Unternehmen alle Veränderungen beim beizulegenden Zeitwert (einschließlich der Auswirkungen von Veränderungen beim Ausfallrisiko der Verbindlichkeit) im Gewinn oder Verlust auszuweisen. Würde hingegen keine solche Anomalie entstehen oder vergrößert, hat das Unternehmen die Auswirkungen von Veränderungen beim Ausfallrisiko der Verbindlichkeit im sonstigen Ergebnis auszuweisen.

B5.7.9 Im sonstigen Ergebnis ausgewiesene Beträge dürfen später nicht mehr erfolgswirksam erfasst werden. Das Unternehmen kann die kumulierten Gewinne oder Verluste jedoch innerhalb des Eigenkapitals umgliedern.

B5.7.10 Im folgenden Beispiel wird eine Situation beschrieben, in der eine Rechnungslegungsanomalie im Gewinn oder Verlust entstünde, wenn die Auswirkungen von Veränderungen beim Ausfallrisiko der Verbindlichkeit im sonstigen Ergebnis ausgewiesen würden. Eine Hypothekenbank vergibt Kredite an Kunden und refinanziert deren Verkauf von Anleihen mit kongruenten Merkmalen (z. B. ausstehender Betrag, Rückzahlungsprofil, Laufzeit und Währung) am Markt. Gemäß den Vertragsbedingungen des Kredits kann der Hypothekenkunde seinen Kredit vorzeitig zurückzahlen (d. h. seine Verpflichtung gegenüber der Bank erfüllen), indem er die entsprechende Anleihe zum beizulegenden Zeitwert am Markt erwirbt und an die Hypothekenbank liefert. Infolge dieses vertraglichen Rechts auf vorzeitige Rückzahlung nimmt – wenn sich die Bonität der Anleihe verschlechtert (und somit der beizulegende Zeitwert der Verbindlichkeit der Hypothekenbank sinkt), der beizulegende Zeitwert der Kreditforderung der Hypothekenbank ebenfalls ab. Die Änderung des beizulegenden Zeitwerts der Forderung spiegelt das vertragliche Recht des Hypothekenkunden wider, den Hypothekenkredit durch Erwerb der zugrunde liegenden Anleihe zum beizulegenden Zeitwert (der in diesem Beispiel abgenommen hat) und Lieferung der Anleihe an die Hypothekenbank vorzeitig zurückzuzahlen. Die Auswirkungen von Änderungen beim Ausfallrisiko der Verbindlichkeit (der Anleihe) werden daher durch eine entsprechende Änderung des beizulegenden Zeitwerts eines finanziellen Vermögenswerts (des Kredits) im Gewinn oder Verlust kompensiert. Würden die Auswirkungen von Änderungen beim Ausfallrisiko der Verbindlichkeit im sonstigen Ergebnis ausgewiesen, entstünde eine Rechnungslegungsanomalie im Gewinn oder Verlust. Die Hypothekenbank ist daher verpflichtet, jede Änderung des beizulegenden Zeitwerts der Verbindlichkeit (einschließlich der Auswirkungen von Änderungen bei ihrem Ausfallrisiko) im Gewinn oder Verlust auszuweisen.

B5.7.11 In dem in Paragraph B5.7.10 aufgeführten Beispiel besteht eine vertragliche Verknüpfung zwischen den Auswirkungen von Veränderungen beim Ausfallrisiko der Verbindlichkeit und Veränderungen beim beizulegenden Zeitwert des finanziellen Vermögenswerts (die sich aus dem vertraglichen Recht des Hypothekenkunden ergibt, den Kredit durch Kauf der Anleihe zum beizulegenden Zeitwert und deren Lieferung an die Hypothekenbank vorzeitig zurückzuzahlen). Eine Rechnungslegungsanomalie kann aber auch ohne eine vertragliche Verknüpfung auftreten.

B5.7.12 Zwecks Anwendung der Vorschriften in den Paragraphen 5.7.7 und 5.7.8 wird eine Rechnungslegungsanomalie nicht allein durch die Bewertungsmethode verursacht, mit der ein Unternehmen die Auswirkungen von Veränderungen beim Ausfallrisiko einer Verbindlichkeit bestimmt. Eine Rechnungslegungsanomalie im Gewinn oder Verlust würde nur dann entstehen, wenn die Auswirkungen von Veränderungen beim Ausfallrisiko (im Sinne von IFRS 7) der Verbindlichkeit voraussichtlich durch Veränderungen beim beizulegenden Zeitwert eines anderen Finanzinstruments kompensiert werden. Eine Anomalie, die nur durch die Bewertungsmethode entsteht (z. B. weil ein Unternehmen Veränderungen beim Ausfallrisiko einer Verbindlichkeit nicht von anderen Veränderungen bei deren beizulegenden Zeitwert isoliert), hat keinen Einfluss auf die in den Paragraphen 5.7.7 und 5.7.8 verlangte Beurteilung. Es ist beispielsweise möglich, dass ein Unternehmen Veränderungen beim Ausfallrisiko einer Verbindlichkeit nicht von Veränderungen beim Liquiditätsrisiko trennt. Wenn das Unternehmen die kombinierte Wirkung beider Faktoren im sonstigen Ergebnis ausweist, kann eine Anomalie auftreten, weil Veränderungen beim Liquiditätsrisiko eventuell in der Bewertung der finanziellen Vermögenswerte des Unternehmens zum beizulegenden Zeitwert berücksichtigt sind und die gesamte Änderung des beizulegenden Zeitwerts dieser Vermögenswerte im Gewinn oder Verlust ausgewiesen wird. Eine solche Anomalie ist jedoch auf eine Ungenauigkeit bei der Bewertung und nicht auf die in Paragraph B5.7.6 beschriebene kompensierende Beziehung zurückzuführen und hat daher keinen Einfluss auf die in den Paragraphen 5.7.7 und 5.7.8 verlangte Beurteilung.

Bedeutung des Begriffs „Ausfallrisiko" (Paragraphen 5.7.7 und 5.7.8)

B5.7.13 In IFRS 7 ist Ausfallrisiko definiert als „die Gefahr, dass ein Vertragspartner bei einem Geschäft über ein Finanzinstrument bei dem anderen Partner finanzielle Verluste verursacht, indem er seinen Verpflichtungen nicht nachkommt". Die Vorschrift des Paragraphen 5.7.7(a) bezieht sich auf das Risiko, dass der Emittent seinen Verpflichtungen bei dieser bestimmten Verbindlichkeit nicht nachkommt, und nicht zwangsläufig auf die Bonität des Emittenten. Gibt ein Unternehmen beispielsweise eine besicherte Verbindlichkeit und eine unbesicherte Verbindlichkeit mit ansonsten identischen Merkmalen aus, ist das Ausfallrisiko dieser beiden Verbindlichkeiten unterschiedlich, obgleich es sich um denselben Emittenten handelt. Das Ausfallrisiko bei der besicherten Verbindlichkeit ist geringer als bei der unbesicherten Verbindlichkeit. Bei einer besicherten Verbindlichkeit kann das Ausfallrisiko gegen null gehen.

B5.7.14 Zwecks Anwendung der Vorschrift in Paragraph 5.7.7(a) ist das Ausfallrisiko vom vermögenswertspezifischen Wertentwicklungsrisiko zu unterscheiden. Das vermögenswertspezifische Wertentwicklungsrisiko ist nicht das Risiko, dass ein Unternehmen einer bestimmten Verpflichtung nicht nachkommt, sondern das Risiko, dass sich der Wert eines einzelnen Vermögenswerts oder einer Gruppe von Vermögenswerten ungünstig entwickelt (oder ganz verfällt).

B5.7.15 Nachfolgend einige Beispiele für ein vermögenswertspezifisches Wertentwicklungsrisiko:

a) eine Verbindlichkeit mit einem fondsgebundenen vertraglichen Merkmal, bei der die Höhe der Verbindlichkeit gegenüber den Investoren anhand der Wertentwicklung bestimmter Vermögenswerte ermittelt wird. Die Auswirkung dieses fondsgebundenen Merkmals auf den beizulegenden Zeitwert der Verbindlichkeit ist ein vermögenswertspezifisches Wertentwicklungsrisiko und kein Ausfallrisiko.

b) eine Verbindlichkeit, die von einem strukturierten Unternehmen ausgegeben wird und folgende Merkmale aufweist: Das Unternehmen ist rechtlich so gestellt, dass seine Vermögenswerte selbst bei einem Konkurs ausschließlich den Investoren zustehen („Ring-Fencing"). Das Unternehmen führt keine anderen Transaktionen durch, und seine Vermögenswerte können nicht hypothekarisch belastet werden. Den Investoren des Unternehmens müssen nur dann Beträge ausgezahlt werden, wenn die so abgesicherten Vermögenswerte Zahlungsströme generieren. Veränderungen beim beizulegenden Zeitwert der Verbindlichkeit spiegeln daher hauptsächlich Veränderungen beim beizulegenden Zeitwert der Vermögenswerte wider. Die Auswirkung der Wertentwicklung der Vermögenswerte auf den beizulegenden Zeitwert der Verbindlichkeit ist ein vermögenswertspezifisches Wertentwicklungsrisiko und kein Ausfallrisiko.

Bestimmung der Auswirkungen von Veränderungen beim Ausfallrisiko

B5.7.16 Zwecks Anwendung der Vorschrift in Paragraph 5.7.7(a) hat ein Unternehmen den Betrag der Änderung des beizulegenden Zeitwerts der finanziellen Verbindlichkeit zu bestimmen, der auf Veränderungen beim Ausfallrisiko dieser Verbindlichkeit zurückzuführen ist. Dieser Betrag wird entweder

a) als Änderung des beizulegenden Zeitwerts bestimmt, die nicht auf solche Änderungen der Marktbedingungen zurückzuführen ist, die das Marktrisiko beeinflussen (siehe Paragraphen B5.7.17 und B5.7.18), oder

b) nach einer alternativen Methode bestimmt, mit der nach Ansicht des Unternehmens glaubwürdiger bestimmt werden kann, in welchem Umfang sich der beizulegende Zeitwert der Verbindlichkeit durch das geänderte Ausfallrisiko ändert.

B5.7.17 Zu den Änderungen der Marktbedingungen, die das Marktrisiko beeinflussen, gehören Änderungen eines Referenzzinssatzes, des Preises eines Finanzinstruments eines anderen Unternehmens, eines Rohstoffpreises, eines Wechselkurses oder eines Preis- oder Kursindexes.

B5.7.18 Bestehen die einzigen signifikant relevanten Änderungen der Marktbedingungen bei einer Verbindlichkeit in Veränderungen bei einem beobachtbaren (Referenz-)Zinssatz, kann der in Paragraph B5.7.16(a) angegebene Betrag wie folgt geschätzt werden:

a) Zunächst berechnet das Unternehmen anhand des beizulegenden Zeitwerts sowie der vertraglichen Zahlungsströme der Verbindlichkeit zu Beginn der Berichtsperiode die interne Verzinsung der Verbindlichkeit. Von dieser Verzinsung wird der beobachtbare (Referenz-)Zinssatz zu Beginn der Berichtsperiode abgezogen, um den instrumentenspezifischen Bestandteil der internen Verzinsung zu ermitteln.

b) Als nächstes berechnet das Unternehmen den Barwert der mit der Verbindlichkeit verbundenen Zahlungsströme und zieht zu diesem Zweck die vertraglichen Zahlungsströme der Verbindlichkeit am Ende der Berichtsperiode sowie einen Abzinsungssatz heran, der der Summe aus (i) dem beobachtbaren (Referenz-)Zinssatz am Ende der Berichtsperiode und (ii) dem unter (a) ermittelten instrumentenspezifischen Bestandteil der internen Verzinsung entspricht.

c) Die Differenz zwischen dem beizulegenden Zeitwert der Verbindlichkeit am Ende der Berichtsperiode und dem gemäß (b) bestimmten Betrag entspricht der Veränderung beim beizulegenden Zeitwert, die nicht auf Veränderungen beim beobachtbaren (Referenz-)Zinssatz zurückzuführen ist. Dies ist der Betrag, der gemäß Paragraph 5.7.7(a) im sonstigen Ergebnis auszuweisen ist.

B5.7.19 Das in Paragraph B5.7.18 genannte Beispiel beruht auf der Annahme, dass Veränderungen beim beizulegenden Zeitwert, die nicht auf ein geändertes Ausfallrisiko des Finanzinstruments oder auf Veränderungen bei den beobachtbaren (Referenz-)Zinssätzen zurückzuführen sind, insignifikant sind. Nicht angemessen wäre diese Methode, wenn die durch andere Faktoren hervorgerufenen Veränderungen beim beizulegenden Zeitwert signifikant sind. In solchen Fällen muss ein Unternehmen eine alternative Methode anwenden, mit der die Auswirkungen von Änderungen beim Ausfallrisiko der Verbindlichkeit glaubwürdiger bemessen werden können (siehe Paragraph B5.7.16(b)). Enthält das Finanzinstrument beispielsweise ein eingebettetes Derivat, bleibt die Veränderung beim beizulegenden Zeitwert dieses eingebetteten Derivats bei der Ermittlung des im sonstigen Ergebnis auszuweisenden Betrags gemäß Paragraph 5.7.7(a) unberücksichtigt.

B5.7.20 Wie bei jeder Bewertung zum beizulegenden Zeitwert hat ein Unternehmen bei der Bestimmung, welcher Teil der Veränderung des beizulegenden Zeitwerts der Verbindlichkeit auf Veränderungen beim Ausfallrisiko entfällt, ein Bewertungsverfahren zu verwenden, das sich so weit wie möglich auf relevante beobachtbare Eingangsparameter und so wenig wie möglich auf nicht beobachtbare Eingangsparameter stützt.

BILANZIERUNG VON SICHERUNGSBEZIEHUNGEN (KAPITEL 6)

Sicherungsinstrumente (Abschnitt 6.2)

Zulässige Instrumente

B6.2.1 Derivate, die in hybride Verträge eingebettet sind, aber nicht getrennt bilanziert werden, können nicht als separate Sicherungsinstrumente designiert werden.

B6.2.2 Die eigenen Eigenkapitalinstrumente eines Unternehmens sind keine finanziellen Vermögenswerte oder finanziellen Verbindlichkeiten des Unternehmens und können daher nicht als Sicherungsinstrumente designiert werden.

B6.2.3 Für Absicherungen von Währungsrisiken wird die Währungsrisikokomponente eines nicht derivativen Finanzinstruments gemäß IAS 21 bestimmt.

Geschriebene Optionen

B6.2.4 Durch den vorliegenden Standard werden die Umstände, unter denen ein erfolgswirksam zum beizulegenden Zeitwert bewertetes Derivat als Sicherungsinstrument designiert werden kann, nicht eingeschränkt. Hiervon ausgenommen sind einige geschriebene Optionen. Eine geschriebene Option erfüllt nicht die Anforderungen an ein Sicherungsinstrument, es sei denn, sie wird zur Glattstellung einer erworbenen Option eingesetzt; hierzu gehören auch Optionen, die in ein anderes Finanzinstrument eingebettet sind (beispielsweise eine geschriebene Kaufoption, mit der das Risiko aus einer kündbaren Verbindlichkeit abgesichert werden soll).

Designation von Sicherungsinstrumenten

B6.2.5 Wenn ein Unternehmen für andere Absicherungen als Absicherungen eines Währungsrisikos einen nicht derivativen finanziellen Vermögenswert oder eine nicht derivative finanzielle Verbindlichkeit, der bzw. die erfolgswirksam zum beizulegenden Zeitwert bewertet wird, als Sicherungsinstrument designiert, kann es nur das nicht derivative Finanzinstrument insgesamt oder einen prozentualen Anteil davon designieren.

B6.2.6 Ein einzelnes Sicherungsinstrument kann als Sicherungsinstrument für mehr als eine Art von Risiko designiert werden, sofern eine spezifische Designation des Sicherungsinstruments und der verschiedenen Risikopositionen als Grundgeschäfte vorliegt. Diese Grundgeschäfte können Gegenstand verschiedener Sicherungsbeziehungen sein.

Grundgeschäfte (Abschnitt 6.3)

Zulässige Grundgeschäfte

B6.3.1 Eine feste Verpflichtung zum Erwerb eines Unternehmens bei einem Unternehmenszusammenschluss kann kein Grundgeschäft sein. Davon ausgenommen ist das Währungsrisiko, da die anderen abzusichernden Risiken nicht gesondert identifiziert und bewertet werden können. Bei diesen anderen Risiken handelt es sich um allgemeine Geschäftsrisiken.

B6.3.2 Eine nach der Equity-Methode bilanzierte Finanzinvestition kann kein Grundgeschäft für eine Absicherung des beizulegenden Zeitwerts sein, da bei der Equity-Methode nicht die Veränderungen beim beizulegenden Zeitwert der Finanzinvestition erfolgswirksam erfasst werden, sondern der Anteil des Investors am Gewinn oder Verlust des Unternehmens, in das investiert wurde. Aus ähnlichen Gründen kann eine Finanzinvestition in ein konsolidiertes Tochterunternehmen kein Grundgeschäft für eine Absicherung des beizulegenden Zeitwerts sein. Dies liegt daran, dass bei der Konsolidierung nicht die Veränderungen beim beizulegenden Zeitwert der Finanzinvestition erfolgswirksam erfasst werden, sondern der Gewinn oder Verlust des Tochterunternehmens. Anders verhält es sich bei der Absicherung einer Nettoinvestition in einen ausländischen Geschäftsbetrieb, da es sich hierbei um die Absicherung eines Währungsrisikos handelt und nicht um die Absicherung des beizulegenden Zeitwerts hinsichtlich etwaiger Änderungen des Investitionswerts.

B6.3.3 Nach Paragraph 6.3.4 darf ein Unternehmen aggregierte Risikopositionen, bei denen es sich um eine Kombination aus einem Risiko und einem Derivat handelt, als Grundgeschäfte designieren. Bei der Designation eines solchen Grundgeschäfts beurteilt das Unternehmen, ob die aggregierte Risikoposition eine Kombination aus einem Risiko und einem Derivat ist, sodass eine andere aggregierte Risikoposition entsteht, die als eine Risikoposition für ein bestimmtes Risiko (oder Risiken) gesteuert wird. In diesem Fall kann das Unternehmen das Grundgeschäft basierend auf der aggregierten Risikoposition designieren. Zum Beispiel:

a) Ein Unternehmen kann eine bestimmte Menge an hochwahrscheinlichen Kaffeeeinkäufen für einen Zeitraum von 15 Monaten durch ein Warentermingeschäft für Kaffee mit einer Laufzeit von 15 Monaten gegen das Preisrisiko (basierend auf US-Dollar) absichern. Die hochwahrscheinlichen Kaffeeeinkäufe können in Kombination mit dem Warentermingeschäft für Kaffee zu Risikomanagementzwecken als eine 15- monatige Währungsrisikoposition mit festem, auf US-Dollar lautenden Betrag angesehen werden (d. h. wie ein Mittelabfluss, der binnen 15 Monaten zu einem festen, auf US-Dollar lautenden Betrag erfolgt).

b) Ein Unternehmen kann das Währungsrisiko eines festverzinslichen, auf eine Fremdwährung lautenden 10- Jahres-Schuldinstruments für die gesamte Laufzeit absichern. Allerdings benötigt das Unternehmen nur kurz- oder mittelfristig (z. B. zwei Jahre) eine festverzinsliche Risikoposition in seiner funktionalen Währung und für die Restlaufzeit eine variabel verzinsliche Risikoposition in seiner funktionalen Währung. Am Ende jedes 2-Jahres-Intervalls (d. h. auf revolvierender Zweijahres-Basis) legt das Unternehmen das Zinsrisiko für die nächsten beiden Jahre fest (sofern das Zinsniveau so ist, dass das Unternehmen eine Festlegung der Zinssätze wünscht). In einem solchen Fall kann das Unternehmen einen 10-Jahres-Zins-/Währungsswap mit festem gegen variablen Zinssatz abschließen, durch den das festverzinsliche Fremdwährungs-Schuldinstrument in eine variabel verzinsliche Risikoposition in funktionaler Währung umgetauscht wird. Dies wird mit einem 2-Jahres-Zinsswap überlagert, durch den die variabel verzinsliche Schuld – basierend auf der funktionalen Währung – in eine festverzinsliche Schuld umgetauscht wird. Das festverzinsliche Fremdwährungs-Schuldinstrument und der 10-Jahres-Zins-/Währungsswap mit festem gegen variablen Zinssatz werden zu Risikomanagementzwecken zusammen genommen als variabel verzinsliche Risikoposition in funktionaler Währung mit einer Laufzeit von 10 Jahren betrachtet.

B6.3.4 Bei der Designation des Grundgeschäfts basierend auf einer aggregierten Risikoposition berücksichtigt ein Unternehmen die kombinierte Auswirkung der Geschäfte, aus denen sich die aggregierte Risikoposition zusammensetzt, um die Wirksamkeit der Absicherung zu beurteilen und eine Unwirksamkeit der Absicherung zu bewerten. Jedoch werden die Geschäfte, die die aggregierte Risikoposition bilden, weiterhin getrennt bilanziert. Dies bedeutet zum Beispiel:

a) Derivate, die Teil einer aggregierten Risikoposition sind, werden als getrennte, zum beizulegenden Zeitwert bewertete Vermögenswerte oder Verbindlichkeiten bilanziert, und

b) im Falle der Designation einer Sicherungsbeziehung zwischen den Geschäften, die die aggregierte Risikoposition bilden, muss die Art und Weise, wie ein Derivat als Teil einer aggregierten Risikoposition einbezogen wird, mit der Designation dieses Derivats als Sicherungsinstrument auf der Ebene der aggregierten Risikoposition übereinstimmen. Wenn ein Unternehmen beispielsweise das Terminelement eines Derivats bei seiner Designation als Sicherungsinstrument für die Sicherungsbeziehung zwischen den Geschäften, die die aggregierte Risikoposition bilden, ausschließt, muss es das Terminelement bei der Einbeziehung dieses Derivats als Grundgeschäft als Teil der aggregierten Risikoposition ebenfalls ausschließen. Ansonsten muss die aggregierte Risikoposition ein Derivat entweder in seiner Gesamtheit oder als prozentualen Anteil enthalten.

B6.3.5 Nach Paragraph 6.3.6 kann das Währungsrisiko einer hochwahrscheinlichen konzerninternen Transaktion im Konzernabschluss als Grundgeschäft bei einer Absicherung von Zahlungsströmen infrage kommen, wenn die Transaktion auf eine andere Währung lautet als die funktionale Währung des Unternehmens, das diese Transaktion abschließt, und das Währungsrisiko sich auf den Konzerngewinn oder -verlust auswirkt. Zu diesem Zweck kann es sich bei einem Unternehmen um ein Mutterunternehmen, ein Tochterunternehmen, ein assoziiertes Unternehmen, eine gemeinschaftliche Vereinbarung oder eine Zweigniederlassung handeln. Wenn das Währungsrisiko einer erwarteten konzerninternen Transaktion sich nicht auf den Konzerngewinn oder -verlust auswirkt, kommt die konzerninterne Transaktion nicht als Grundgeschäft infrage. Dies ist in der Regel der Fall bei Zahlungen von Nutzungsentgelten, Zinsen oder Managementgebühren zwischen Mitgliedern desselben Konzerns, sofern es sich nicht um eine zugehörige externe Transaktion handelt. Wird sich das Währungsrisiko einer erwarteten konzerninternen Transaktion allerdings auf den Konzerngewinn oder -verlust auswirken, kommt die konzerninterne Transaktion als Grundgeschäft infrage. Ein Beispiel hierfür sind erwartete Verkäufe oder Käufe von Vorräten zwischen Mitgliedern desselben Konzerns, wenn die Vorräte an eine Partei außerhalb des Konzerns weiterverkauft werden. Ebenso kann sich ein erwarteter Verkauf von Sachanlagen des Konzernunternehmens, welches diese gefertigt hat, an ein anderes Konzernunternehmen, welches diese Sachanlagen in seinem Betrieb nutzen wird, auf den Konzerngewinn oder -verlust auswirken. Dies könnte beispielsweise der Fall sein, weil die Sachanlage von dem erwerbenden Unternehmen abgeschrieben wird und der erstmalig für diese Sachanlage angesetzte Betrag sich ändern könnte, wenn die erwartete konzerninterne Transaktion auf eine andere Währung als die funktionale Währung des erwerbenden Unternehmens lautet.

B6.3.6 Wenn eine Absicherung einer erwarteten konzerninternen Transaktion die Anforderungen für die Bilanzierung von Sicherungsbeziehungen erfüllt, wird gemäß Paragraph 6.5.11 ein Gewinn oder Verlust im sonstigen Ergebnis erfasst. Der relevante Zeitraum bzw. die relevanten Zeiträume, in dem bzw. denen sich das Währungsrisiko der abgesicherten Transaktion auf den Gewinn oder Verlust auswirkt, ist derjenige bzw. sind diejenigen, in dem bzw. denen es sich im Konzerngewinn oder -verlust auswirkt.

Designation von Grundgeschäften

B6.3.7 Eine Komponente ist ein Grundgeschäft, die nicht das gesamte Geschäft umfasst. Infolgedessen spiegelt eine Komponente lediglich einige der Risiken des Geschäfts, dessen Teil sie ist, wider oder spiegelt die Risiken nur in gewissem Umfang wider (beispielsweise bei der Designation eines prozentualen Anteils eines Geschäfts).

Risikokomponenten

B6.3.8 Um für eine Designation als Grundgeschäft infrage zu kommen, muss eine Risikokomponente eine einzeln identifizierbare Komponente eines finanziellen oder nichtfinanziellen Geschäfts sein und müssen die Veränderungen bei den Zahlungsströmen oder dem beizulegenden Zeitwert des Geschäfts, die auf Veränderungen bei dieser Risikokomponente zurückzuführen sind, verlässlich bewertbar sein.

B6.3.9 Bei der Bestimmung, welche Risikokomponenten für eine Designation als Grundgeschäft infrage kommen, beurteilt ein Unternehmen solche Risikokomponenten im Rahmen der jeweiligen Marktstruktur, auf die sich das Risiko bezieht bzw. die Risiken beziehen und in der die Absicherung erfolgt. Eine solche Festlegung erfordert eine Auswertung der relevanten Tatsachen und Umstände, die je nach Risiko und Markt unterschiedlich sind.

B6.3.10 Bei der Designation von Risikokomponenten als Grundgeschäfte berücksichtigt ein Unternehmen, ob die Risikokomponenten vertraglich ausdrücklich erwähnt sind (vertraglich spezifizierte Risikokomponenten) oder ob sie im beizulegenden Zeitwert oder in den Zahlungsströmen eines Geschäfts, dessen Teil sie sind, implizit enthalten sind (nicht vertraglich spezifizierte Risikokomponenten). Nicht vertraglich spezifizierte Risikokomponenten können sich auf Geschäfte beziehen, bei denen es sich nicht um einen Vertrag (z. B. erwartete Transaktionen) oder Verträge, in denen die Komponente nicht ausdrücklich spezifiziert wird (z. B. eine feste Zusage, die nur einen einzigen Preis und keine Preisformel mit Bezug zu verschiedenen Basiswerten hat), handelt. Zum Beispiel:

a) Unternehmen A verfügt über einen langfristigen Liefervertrag für Erdgas mit einer vertraglich vereinbarten Preisformel, in der auf Rohstoffe und andere Faktoren (z. B. Gasöl, Treibstoff und andere Komponenten wie etwa Transportkosten) Bezug genommen wird. Unternehmen A sichert die Gasölkomponente in diesem Liefervertrag mit einem Gasöl-Termingeschäft ab. Da die Gasölkomponente durch die allgemeinen Bedingungen des Liefervertrags vereinbart wird, handelt es sich um eine vertraglich spezifizierte Risikokomponente. Aufgrund der Preisformel folgert Unternehmen A, dass das Preisrisiko in Verbindung mit dem Gasöl einzeln identifizierbar ist. Gleichzeitig existiert ein Markt für Gasöl-Termingeschäfte. Daher folgert Unternehmen A, dass das Preisrisiko in Verbindung mit dem Gasöl verlässlich bewertbar ist. Infolgedessen handelt es sich bei dem Preisrisiko in Verbindung mit dem Gasöl in dem Liefervertrag um eine Risikokomponente, die für die Designation als Grundgeschäft infrage kommt.

b) Unternehmen B sichert seine zukünftigen Kaffeeeinkäufe basierend auf seiner Produktionsprognose ab. Die Absicherung für einen Teil des erwarteten Einkaufsvolumens beginnt bis zu 15 Monate vor der Lieferung. Unternehmen B erhöht das abgesicherte Volumen im Laufe der Zeit (mit herannahendem Liefertermin). Unternehmen B setzt zur Steuerung seines Kaffeepreisrisikos zwei unterschiedliche Arten von Verträgen ein:

   i) börsengehandelte Kaffee-Termingeschäfte und

   ii Kaffeelieferverträge für Kaffee der Sorte Arabica aus Kolumbien, der an einen bestimmten Produktionsort geliefert wird. Bei diesen Verträgen wird der Preis für eine Tonne Kaffee basierend auf dem Preis des börsengehandelten Kaffee-Termingeschäfts zuzüglich eines festgelegten Preisunterschieds sowie einer variablen Gebühr für Logistikdienstleistungen anhand einer Preisformel festgelegt. Der Kaffeeliefervertrag ist ein noch zu erfüllender Vertrag, aus dem Unternehmen B die tatsächliche Kaffeelieferung erhält.

Bei Lieferungen, die sich auf die aktuelle Ernte beziehen, kann Unternehmen B durch den Abschluss von Kaffeelieferverträgen den Preisunterschied zwischen der tatsächlich eingekauften Kaffeequalität (Kaffee Arabica aus Kolumbien) und der Referenzqualität, die dem börsengehandelten Termingeschäft zugrunde liegt, fixieren. Bei Lieferungen, die sich auf die nächste Ernte beziehen, sind

3/8. IFRS 9
B6.3.10

allerdings noch keine Kaffeelieferverträge verfügbar, sodass der Preisunterschied nicht fixiert werden kann. Unternehmen B setzt börsengehandelte Termingeschäfte ein, um die Referenzqualitätskomponente seines Kaffeepreisrisikos für Lieferungen, die sich sowohl auf die aktuelle Ernte als auch auf die nächste Ernte beziehen, abzusichern. Unternehmen B ermittelt, dass es drei verschiedenen Risiken ausgesetzt ist: einem Kaffeepreisrisiko im Vergleich zur Referenzqualität, einem Kaffeepreisrisiko unter Berücksichtigung der Differenz („Spread") zwischen dem Preis von Kaffee in Referenzqualität und dem speziellen Kaffee Arabica aus Kolumbien, den es tatsächlich erhält, und der Variabilität der Logistikkosten. Da Unternehmen B für Lieferungen, die sich auf die aktuelle Ernte beziehen, einen Kaffeeliefervertrag abgeschlossen hat, handelt es sich bei dem Kaffeepreisrisiko im Vergleich zur Referenzqualität um eine vertraglich spezifizierte Risikokomponente, weil die Preisformel eine Indexierung entsprechend dem Preis des börsengehandelten Kaffee-Termingeschäfts beinhaltet. Unternehmen B folgert, dass diese Risikokomponente einzeln identifizierbar und verlässlich bewertbar ist. Für Lieferungen, die sich auf die nächste Ernte beziehen, hat Unternehmen B noch keine Kaffeelieferverträge geschlossen (d. h. bei diesen Lieferungen handelt es sich um erwartete Transaktionen). Somit stellt das Kaffeepreisrisiko im Vergleich zur Referenzqualität eine nicht vertraglich spezifizierte Risikokomponente dar. Unternehmen B berücksichtigt in seiner Marktstrukturanalyse, wie eventuelle Lieferungen des speziellen Kaffees, der dem Unternehmen geliefert wird, preislich gestaltet sind. Somit folgert Unternehmen B anhand dieser Marktstrukturanalyse, dass sich bei den erwarteten Transaktionen auch das Kaffeepreisrisiko niederschlägt, bei dem die Referenzqualität als einzeln identifizierbare und verlässlich bewertbare Risikokomponente widergespiegelt wird, obwohl sie nicht vertraglich spezifiziert ist. Infolgedessen kann Unternehmen B sowohl für Kaffeelieferverträge als auch für erwartete Transaktionen Sicherungsbeziehungen auf Risikokomponentenbasis (für das Kaffeepreisrisiko im Vergleich zur Referenzqualität) designieren.

c) Unternehmen C sichert einen Teil seiner zukünftigen Kerosineinkäufe auf der Basis seiner Verbrauchsprognose bis zu 24 Monate vor Lieferung ab und erhöht das abgesicherte Volumen im Laufe der Zeit. Unternehmen C sichert dieses Risiko mit verschiedenen Arten von Verträgen je nach Zeithorizont der Absicherung ab, der sich auf die Marktliquidität der Derivate auswirkt. Bei längeren Zeithorizonten (12–24 Monate) setzt Unternehmen C Rohölverträge ein, da nur diese eine ausreichende Marktliquidität aufweisen. Bei Zeithorizonten von 6–12 Monaten nutzt Unternehmen C Gasöl-Derivate aufgrund ihrer hinreichenden Liquidität. Bei Zeithorizonten bis zu 6 Monaten verwendet Unternehmen C Kerosinverträge. Die von Unternehmen C vorgenommene Analyse der Marktstruktur bei Öl und Ölerzeugnissen und seine Auswertung der relevanten Tatsachen und Umstände ist wie folgt:

i) Unternehmen C ist in einem geografischen Gebiet tätig, in dem Brent das Referenzrohstoff ist. Rohöl ist ein Referenzrohstoff, der sich als wesentlicher Eingangsstoff auf den Preis der verschiedenen raffinierten Ölerzeugnisse auswirkt. Gasöl bildet eine Referenz für raffinierte Ölerzeugnisse, die als Preisreferenz für Öldestillate im Allgemeinen herangezogen wird. Dies spiegelt sich auch in den verschiedenen Arten von derivativen Finanzinstrumenten bei den Märkten für Rohöl und raffinierte Ölerzeugnisse in dem Umfeld, in dem Unternehmen C tätig ist, wider, wie z. B.:

  – dem Referenzrohöl-Termingeschäft, das für das Rohöl Brent gilt,

  – dem Referenzgasöl-Termingeschäft, das als Preisreferenz für Destillate verwendet wird (beispielsweise decken Kerosin-Spread-Derivate den Preisunterschied zwischen Kerosin und diesem Referenzgasöl ab), und

  – dem Referenzgasöl-Crack-Spread-Derivat (d. h. ein Derivat für den Preisunterschied zwischen Rohöl und Gasöl – eine Raffinationsspanne), das an Brent Rohöl gekoppelt ist.

ii) Der Preis von raffinierten Ölerzeugnissen hängt nicht davon ab, ob ein bestimmtes Rohöl von einer bestimmten Raffinerie verarbeitet wird, da es sich bei diesen raffinierten Ölerzeugnissen (wie Gasöl oder Kerosin) um standardisierte Erzeugnisse handelt.

Somit folgert Unternehmen C, dass das Preisrisiko seiner Kerosineinkäufe eine rohölpreisabhängige Risikokomponente basierend auf dem Rohöl Brent und eine gasölpreisabhängige Risikokomponente beinhaltet, selbst wenn Rohöl und Gasöl in keiner vertraglichen Vereinbarung spezifiziert sind. Unternehmen C kommt zu dem Schluss, dass diese beiden Risikokomponenten einzeln identifizierbar und verlässlich bewertbar sind, auch wenn sie nicht vertraglich spezifiziert sind. Infolgedessen kann Unternehmen C Sicherungsbeziehungen für erwartete Kerosineinkäufe auf Risikokomponentenbasis (für Rohöl oder Gasöl) designieren. Diese Analyse bedeutet auch, dass für den Fall, dass Unterneh-

C Rohöl-Derivate basierend auf dem Rohöl West Texas Intermediate (WTI) einsetzt, Änderungen beim Preisunterschied zwischen den Rohölen Brent und WTI zu einer Unwirksamkeit der Absicherung führen würden.

d) Unternehmen D hält ein festverzinsliches Schuldinstrument. Dieses Instrument wird in einem Marktumfeld ausgegeben, in dem eine große Anzahl von ähnlichen Schuldinstrumenten über ihre Spreads zu einem Referenzzinssatz (z. B. LIBOR) verglichen werden, wobei variabel verzinsliche Instrumente in diesem Umfeld normalerweise an diesen Referenzzinssatz gekoppelt sind. Zinsswaps werden ausgehend von diesem Referenzzinssatz häufig zur Steuerung des Zinsänderungsrisikos eingesetzt, ungeachtet des Spreads der Schuldinstrumente zu diesem Referenzzinssatz. Der Preis von festverzinslichen Schuldinstrumenten variiert direkt als Reaktion auf Änderungen des Referenzzinssatzes, sobald diese eintreten. Unternehmen D folgert, dass der Referenzzinssatz eine Risikokomponente ist, die einzeln identifizierbar und verlässlich bewertbar ist. Daher kann Unternehmen D Sicherungsbeziehungen für das festverzinsliche Schuldinstrument auf Risikokomponentenbasis bezogen auf das Referenzzinssatzrisiko designieren.

B6.3.11 Wird eine Risikokomponente als Grundgeschäft designiert, gelten die Vorschriften für die Bilanzierung von Sicherungsbeziehungen für diese Risikokomponente in der gleichen Weise wie für andere Grundgeschäfte, die keine Risikokomponenten darstellen. So gelten beispielsweise die Einstufungskriterien, wozu auch gehört, dass die Sicherungsbeziehung die Anforderungen an die Wirksamkeit der Absicherung erfüllen muss, und etwaige Unwirksamkeiten der Absicherung bewertet und erfasst werden müssen.

B6.3.12 Es können auch nur die oberhalb oder unterhalb eines festgelegten Preises oder einer anderen Variablen liegenden Änderungen der Zahlungsströme oder des beizulegenden Zeitwerts eines Geschäfts designiert werden („einseitiges Risiko"). Bei einem Geschäft spiegelt der innere Wert einer als Sicherungsinstrument erworbenen Option (in der Annahme, dass ihre wesentlichen Bedingungen denen des designierten Risikos entsprechen) ein einseitiges Risiko wider, ihr Zeitwert dagegen nicht. Ein Unternehmen kann beispielsweise die Schwankungen künftiger Zahlungen designieren, die aus einer Preiserhöhung bei einem erwarteten Warenkauf resultieren. In einem solchen Fall designiert das Unternehmen nur Zahlungsrückgänge, die aus der Erhöhung des Preises über den festgelegten Grenzwert resultieren. Das abgesicherte Risiko umfasst nicht den Zeitwert einer erworbenen Option, da der Zeitwert kein Bestandteil der erwarteten Transaktion ist, der sich auf den Gewinn oder Verlust auswirkt.

B6.3.13 Es besteht die widerlegbare Vermutung, dass ein Inflationsrisiko, außer wenn es vertraglich spezifiziert ist, nicht einzeln identifizierbar und verlässlich bewertbar ist und daher nicht als Risikokomponente eines Finanzinstruments designiert werden kann. Jedoch kann in wenigen Fällen eine Risikokomponente für ein Inflationsrisiko identifiziert werden, das aufgrund der besonderen Umstände des Inflationsumfelds und des betreffenden Markts für das Schuldinstrument einzeln identifizierbar und verlässlich bewertbar ist.

B6.3.14 Ein Unternehmen gibt beispielsweise Schuldinstrumente in einem Umfeld aus, in dem inflationsindexierte Anleihen eine Volumen- und Zinsstruktur aufweisen, die zu einem ausreichend liquiden Markt führt, wodurch eine Zinsstruktur mit Nullkupon-Realzinssätzen ermittelt werden kann. Dies bedeutet, dass die Inflation für die betreffende Währung ein relevanter Faktor ist, der durch die Märkte für Schuldinstrumente getrennt betrachtet wird. In solchen Fällen könnte die Inflationsrisikokomponente durch Abzinsung der Zahlungsströme aus dem abgesicherten Schuldinstrument über die Zinsstruktur mit Nullkupon-Realzinssätzen bestimmt werden (d. h. auf ähnliche Weise, wie eine risikolose (Nominal-)Zinssatzkomponente bestimmt werden kann). Hingegen ist eine Inflationsrisikokomponente in vielen Fällen nicht einzeln identifizierbar und verlässlich bewertbar. Beispiel: Ein Unternehmen gibt in einem Marktumfeld für inflationsgebundene Anleihen, das nicht ausreichend liquide ist, um eine Zinsstruktur mit Nullkupon-Realzinssätzen zu ermitteln, nur nominalverzinsliche Schuldinstrumente aus. In diesem Fall kann das Unternehmen aufgrund der Analyse der Marktstruktur sowie der Tatsachen und Umstände nicht folgern, dass die Inflation ein relevanter Faktor ist, der durch die Märkte für Schuldinstrumente getrennt betrachtet wird. Somit kann das Unternehmen nicht die widerlegbare Vermutung widerlegen, dass das nicht vertraglich spezifizierte Inflationsrisiko nicht einzeln identifizierbar und verlässlich bewertbar ist. Infolgedessen käme eine Inflationsrisikokomponente für die Designation als Grundgeschäft nicht infrage. Dies gilt ungeachtet jeglichen Inflationsabsicherungsgeschäfts, das vom Unternehmen getätigt wurde. Das Unternehmen kann insbesondere nicht einfach die allgemeinen Bedingungen des eigentlichen Inflationsabsicherungsgeschäfts unterstellen, indem es dessen allgemeine Bedingungen auf das nominalverzinsliche Schuldinstrument projiziert.

B6.3.15 Eine vertraglich spezifizierte Inflationsrisikokomponente der Zahlungsströme aus einer bilanzierten inflationsgebundenen Anleihe ist (unter der Voraussetzung, dass keine getrennte Bilanzierung als eingebettetes Derivat erforderlich ist) so lange einzeln identifizierbar und verlässlich bewertbar, wie andere Zahlungsströme aus dem Instrument von der Inflationsrisikokomponente nicht betroffen sind.

Komponenten eines Nominalbetrags

B6.3.16 Es gibt zwei Arten von Nominalbetragskomponenten, die als Grundgeschäft in einer Sicherungsbeziehung designiert werden können: eine Komponente, die ein prozentualer Anteil eines

Gesamtgeschäfts ist, oder eine Layerkomponente. Durch die Art der Komponente verändert sich das Rechnungslegungsergebnis. Ein Unternehmen designiert die Komponente zu Rechnungslegungszwecken entsprechend seiner Risikomanagementzielsetzung.

B6.3.17 Ein Beispiel für eine Komponente, die ein prozentualer Anteil ist, sind 50 Prozent der vertraglichen Zahlungsströme aus einem Kredit.

B6.3.18 Eine Layerkomponente kann ausgehend von einer festgelegten, aber offenen Grundgesamtheit oder ausgehend von einem festgelegten Nominalbetrag designiert werden. Beispiele hierfür sind:

a) ein Teil eines monetären Transaktionsvolumens, z. B. die nächsten Zahlungsströme in Höhe von FWE 10 aus Verkäufen, die auf eine Fremdwährung lauten, nach den ersten FWE 20 im März 201X([2]),

---
([2]) Im vorliegenden Standard werden Geldbeträge in „Währungseinheiten" (WE) und „Fremdwährungseinheiten" (FWE) angegeben.

b) ein Teil eines physischen Volumens, z. B. der Bottom Layer, im Umfang von 5 Mio. Kubikmetern des am Ort XYZ gelagerten Erdgases,

c) ein Teil eines physischen oder sonstigen Transaktionsvolumens, z. B. die ersten 100 Barrel der Ölkäufe im Juni 201X oder die ersten 100 MWh der Stromeinkäufe im Juni 201X, oder

d) ein Layer aus dem Nominalbetrag des Geschäfts, z. B. die letzten 80 Mio. WE einer festen Zusage über 100 Mio. WE, der Bottom Layer von 20 Mio. WE einer festverzinslichen Anleihe von 100 Mio. WE oder der Top Layer von 30 Mio. WE eines Gesamtwerts von 100 Mio. WE eines festverzinslichen Schuldinstruments, das vorzeitig zum beizulegenden Zeitwert zurückgezahlt werden kann (der festgelegte Nominalbetrag ist 100 Mio. WE).

B6.3.19 Wenn eine Layerkomponente zur Absicherung des beizulegenden Zeitwerts designiert wird, bestimmt ein Unternehmen eine solche Komponente ausgehend von einem festgelegten Nominalbetrag. Um die Anforderungen an zulässige Absicherungen des beizulegenden Zeitwerts zu erfüllen, muss ein Unternehmen das Grundgeschäft bei einer Veränderung des beizulegenden Zeitwerts neu bewerten (d. h. das Grundgeschäft ist bei Veränderungen des beizulegenden Zeitwerts, die dem abgesicherten Risiko zuzuschreiben sind, neu zu bewerten). Die sicherungsbezogene Anpassung aus dem beizulegenden Zeitwert muss spätestens bei der Ausbuchung des Grundgeschäfts erfolgswirksam erfasst werden. Daher muss das Grundgeschäft verfolgt werden, auf das sich die sicherungsbezogene Anpassung aus dem beizulegenden Zeitwert bezieht. Bei einer Layerkomponente in einer Absicherung des beizulegenden Zeitwerts muss ein Unternehmen den Nominalbetrag, von dem ausgehend sie festgelegt wird, verfolgen. Beispielsweise muss bei Paragraph B6.3.18(d) der gesamte festgelegte Nominalbetrag in Höhe von 100 Mio. WE verfolgt werden, um den Bottom Layer von 20 Mio. WE oder den Top Layer von 30 Mio. WE zu verfolgen.

B6.3.20 Eine Layerkomponente, die eine Option zur vorzeitigen Rückzahlung beinhaltet, kann nicht als Grundgeschäft in einer Absicherung des beizulegenden Zeitwerts designiert werden, wenn sich Änderungen des abgesicherten Risikos auf den beizulegenden Zeitwert der Option zur vorzeitigen Rückzahlung auswirken, es sei denn, der designierte Layer beinhaltet die Auswirkung der zugehörigen Option zur vorzeitigen Rückzahlung bei der Bestimmung der Änderung des beizulegenden Zeitwerts des Geschäfts.

Beziehung zwischen den Komponenten und den Gesamtzahlungsströmen eines Geschäfts

B6.3.21 Wenn eine Komponente der Zahlungsströme aus einem finanziellen oder nichtfinanziellen Geschäft als Grundgeschäft designiert wird, muss diese Komponente kleiner oder gleich den Gesamtzahlungsströmen aus dem gesamten Geschäft sein. Doch können alle Zahlungsströme aus dem gesamten Geschäft als Grundgeschäft designiert und gegen ein bestimmtes Risiko abgesichert werden (z. B. nur gegen jene Veränderungen, die auf Veränderungen beim LIBOR oder einem Rohstoffreferenzpreis zurückzuführen sind).

B6.3.22 So kann ein Unternehmen beispielsweise bei einer finanziellen Verbindlichkeit, deren Effektivzinssatz unter LIBOR liegt, Folgendes nicht designieren:

a) eine Komponente der Verbindlichkeit, die mit LIBOR verzinst wird (zuzüglich des Kapitalbetrags im Falle einer Absicherung des beizulegenden Zeitwerts), und

b) eine negative Restkomponente.

B6.3.23 Allerdings kann ein Unternehmen bei einer festverzinslichen finanziellen Verbindlichkeit, deren Effektivzinssatz (beispielsweise) 100 Basispunkte unter LIBOR liegt, die Wertänderung dieser gesamten Verbindlichkeit (d. h. den Kapitalbetrag zuzüglich LIBOR abzüglich 100 Basispunkten), die auf Änderungen des LIBOR zurückzuführen ist, als Grundgeschäft designieren. Wenn ein festverzinsliches Finanzinstrument zu irgendeinem Zeitpunkt nach seiner Ausreichung abgesichert wird und sich die Zinssätze zwischenzeitlich geändert haben, kann das Unternehmen eine Risikokomponente entsprechend einem Referenzzinssatz, der über dem bei dem Geschäft gezahlten vertraglichen Zinssatz liegt, designieren. Das Unternehmen kann diese Designation vornehmen, sofern der Referenzzinssatz unter dem Effektivzinssatz liegt, der unter der Annahme berechnet wurde, dass das Unternehmen das Instrument am Tag der erstmaligen Designation des Grundgeschäfts erworben hätte. Als Beispiel wird angenommen, dass ein Unternehmen einen festverzinslichen finanziellen Vermögenswert über WE 100 mit einem Effektivzinssatz von 6 Prozent zu einem Zeitpunkt begibt, an dem der LIBOR 4 Prozent beträgt. Die Absicherung dieses Vermögenswerts beginnt zu einem späteren Zeitpunkt, zu dem der LIBOR auf 8 Prozent gestiegen und der beizulegende Zeitwert des Vermögenswerts auf WE 90 gefallen ist. Das Unternehmen gelangt zu dem Ergebnis, dass die Effektivrendite des Vermögenswerts – hätte es diesen zum Zeitpunkt der erstmaligen Designation des zugehörigen LIBOR-Zinsänderungsrisikos als Grundgeschäft erworben – basierend auf dem zu diesem Zeitpunkt geltenden beizulegenden Zeitwert von WE 90 9,5 Prozent betragen hätte. Da der LIBOR unter der Effektivrendite liegt, kann das Unternehmen eine LIBOR-Komponente von 8 Prozent designieren, die zum einen Teil aus den vertraglichen Zinszahlungen und zum anderen Teil aus der Differenz zwischen dem aktuellen beizulegenden Zeitwert (d. h. WE 90) und dem bei Fälligkeit zu zahlenden Betrag (d. h. WE 100) besteht.

B6.3.24 Wenn eine variabel verzinsliche finanzielle Verbindlichkeit (beispielsweise) mit dem 3-Monats-LIBOR abzüglich 20 Basispunkten (mit einer Untergrenze von null Basispunkten) verzinst wird, kann ein Unternehmen die Veränderung der Zahlungsströme aus dieser gesamten Verbindlichkeit (d. h. 3-Monats-LIBOR abzüglich 20 Basispunkten – einschließlich Untergrenze), die den Änderungen des LIBOR zuzuschreiben ist, als Grundgeschäft designieren. Solange die 3-Monats-LIBOR-Forwardkurve für die Restlaufzeit dieser Verbindlichkeit nicht unter 20 Basispunkte sinkt, weist das Grundgeschäft die gleichen Zahlungsstrom-Schwankungen auf wie eine Verbindlichkeit, die mit dem 3-Monats-LIBOR mit keinem oder positivem Spread verzinst wird. Wenn die 3-Monats-LIBOR-Forwardkurve für die Restlaufzeit dieser Verbindlichkeit (oder einen Teil davon) jedoch unter 20 Basispunkte sinkt, weist das Grundgeschäft geringere Zahlungsstrom-Schwankungen als eine Verbindlichkeit auf, die mit dem 3-Monats-LIBOR mit keinem oder positivem Spread verzinst wird.

B6.3.25 Ein ähnliches Beispiel für ein nichtfinanzielles Grundgeschäft ist eine bestimmte Rohölsorte von einem bestimmten Ölfeld, deren Preis auf dem entsprechenden Referenzrohöl basiert. Wenn ein Unternehmen dieses Rohöl im Rahmen eines Vertrags unter Verwendung einer vertraglichen Preisformel verkauft, in der der Preis pro Barrel auf den Referenzrohölpreis abzüglich WE 10 mit einer Untergrenze von WE 15 festgesetzt wird, kann das Unternehmen die gesamten Zahlungsstrom-Schwankungen im Rahmen des Verkaufsvertrags, die der Änderung des Referenzrohölpreises zuzuschreiben sind, als Grundgeschäft designieren. Doch kann das Unternehmen keine Komponente designieren, die der gesamten Veränderung des Referenzrohölpreises entspricht. Solange der Terminpreis (für jede Lieferung) somit nicht unter WE 25 fällt, weist das Grundgeschäft die gleichen Zahlungsstrom-Schwankungen auf wie ein Rohölverkauf zum Referenzrohölpreis (oder mit positivem Spread). Wenn der Terminpreis für eine Lieferung jedoch unter WE 25 fällt, weist das Grundgeschäft geringere Zahlungsstrom-Schwankungen auf als ein Rohölverkauf zum Referenzrohölpreis (oder mit positivem Spread).

Kriterien für die Bilanzierung von Sicherungsbeziehungen (Abschnitt 6.4)

Wirksamkeit der Absicherung

B6.4.1 Die Wirksamkeit der Absicherung bezeichnet den Grad, zu dem sich die Veränderungen des beizulegenden Zeitwerts oder der Zahlungsströme aus dem Sicherungsinstrument und die Veränderungen des beizulegenden Zeitwerts oder der Zahlungsströme aus dem Grundgeschäft ausgleichen (wenn das Grundgeschäft beispielsweise eine Risikokomponente ist, ist die maßgebliche Veränderung des beizulegenden Zeitwerts oder der Zahlungsströme aus einem Geschäft diejenige, die auf das abgesicherte Risiko zurückzuführen ist). Die Unwirksamkeit der Absicherung bezeichnet den Grad, zu dem Veränderungen des beizulegenden Zeitwerts oder der Zahlungsströme größer oder kleiner als diejenigen beim Grundgeschäft sind.

B6.4.2 Ein Unternehmen analysiert bei der Designation einer Sicherungsbeziehung und auf fortlaufender Basis die Ursachen einer Unwirksamkeit der Absicherung, die sich voraussichtlich auf die Sicherungsbeziehung während ihrer Laufzeit auswirkt. Diese Analyse (einschließlich etwaiger Aktualisierungen in Bezug auf Paragraph B6.5.21, die sich aus der Rekalibrierung einer Sicherungsbeziehung ergeben) bildet die Grundlage für die Beurteilung durch das Unternehmen, inwieweit die Anforderungen an die Wirksamkeit der Absicherung erfüllt werden.

B6.4.3 Um Zweifeln vorzubeugen, sind die Auswirkungen der Ersetzung der ursprünglichen Gegenpartei durch eine Clearing-Gegenpartei und der in Paragraph 6.5.6 dargelegten zugehörigen Änderungen bei der Bewertung des Sicherungsinstruments und damit auch bei der Beurteilung und Bewertung der Wirksamkeit der Absicherung zu berücksichtigen.

Wirtschaftliche Beziehung zwischen dem Grundgeschäft und dem Sicherungsinstrument

B6.4.4 Die Vorschrift, dass eine wirtschaftliche Beziehung bestehen muss, bedeutet, dass das Sicherungsinstrument und das Grundgeschäft aufgrund desselben Risikos, nämlich des abgesicherten Risikos, wertmäßig in der Regel gegenläufig sind. Somit muss zu erwarten sein, dass sich der Wert des Sicherungsinstruments und der Wert des Grundgeschäfts infolge von Bewegungen bei demselben Basisobjekt oder denselben Basisobjekten, die so wirtschaftlich miteinander verknüpft sind, dass sie ähnlich auf das abgesicherte Risiko reagieren (z. B. Rohöl Brent und WTI), systematisch ändern.

B6.4.5 Wenn die Basisobjekte nicht identisch, aber wirtschaftlich miteinander verknüpft sind, könnten Situationen entstehen, in denen die Werte des Sicherungsinstruments und des Grundgeschäfts gleichläufig sind, da sich der Preisunterschied zwischen den beiden miteinander verknüpften Basisobjekten ändert, während die Basisobjekte selbst keine größeren Bewegungen zeigen. Dies steht nach wie vor mit einer wirtschaftlichen Beziehung zwischen dem Sicherungsinstrument und dem Grundgeschäft in Einklang, wenn weiterhin davon ausgegangen wird, dass die Werte des Sicherungsinstruments und des Grundgeschäfts im Falle von Bewegungen der Basisobjekte normalerweise gegenläufig sind.

B6.4.6 Die Beurteilung, ob eine wirtschaftliche Beziehung besteht, schließt eine Analyse des möglichen Verhaltens der Sicherungsbeziehung während ihrer Laufzeit ein, um nachzuprüfen, ob die Risikomanagementzielsetzung erwartungsgemäß erfüllt wird. Die bloße Existenz einer statistischen Korrelation zwischen den beiden Variablen unterstützt an sich nicht die Schlussfolgerung, dass eine wirtschaftliche Beziehung besteht.

Die Auswirkung des Ausfallrisikos

B6.4.7 Da das Modell für die Bilanzierung von Sicherungsbeziehungen auf einer grundsätzlichen Vorstellung des Ausgleichs zwischen Gewinnen und Verlusten bei dem Sicherungsinstrument und dem Grundgeschäft basiert, wird die Wirksamkeit der Absicherung nicht nur durch die wirtschaftliche Beziehung zwischen den beiden Geschäften (d. h. den Änderungen der Basisobjekte) bestimmt, sondern auch durch die Auswirkung des Ausfallrisikos auf den Wert des Sicherungsinstruments und des Grundgeschäfts. Die Auswirkung des Ausfallrisikos bedeutet, dass der Grad des Ausgleichs selbst im Falle einer wirtschaftlichen Beziehung zwischen dem Sicherungsinstrument und dem Grundgeschäft unberechenbar werden kann. Dies kann aus einer Änderung des Ausfallrisikos entweder bei dem Sicherungsinstrument oder dem Grundgeschäft resultieren, die eine solche Größenordnung aufweist, dass das Ausfallrisiko die sich aus der wirtschaftlichen Beziehung ergebenden Wertänderungen (d. h. die Auswirkung der Änderungen der Basisobjekte) dominiert. Die eine solche Dominanz verursachende Größenordnung entspricht einem Niveau, das dazu führt, dass der Verlust (oder Gewinn) aufgrund des Ausfallrisikos die Auswirkung der Änderungen in den Basisobjekten auf den Wert des Sicherungsinstruments oder des Grundgeschäfts zunichtemachen würde, selbst wenn diese Änderungen signifikant wären. Wenn hingegen während eines bestimmten Zeitraums nur geringe Veränderungen bei den Basisobjekten auftreten, wird durch die Tatsache, dass selbst geringe ausfallrisikoabhängige Wertänderungen des Sicherungsinstruments oder des Grundgeschäfts sich stärker auf den Wert auswirken als die Basisobjekte, keine Dominanz begründet.

B6.4.8 Ein Beispiel für ein eine Sicherungsbeziehung dominierendes Ausfallrisiko ist, wenn ein Unternehmen ein Rohstoffpreisrisiko mit einem unbesicherten Derivat absichert. Wenn sich die Bonität der Gegenpartei dieses Derivats deutlich verschlechtert, kann die Auswirkung der veränderten Bonität der Gegenpartei gegenüber der Auswirkung des veränderten Rohstoffpreises auf den beizulegenden Zeitwert des Sicherungsinstruments überwiegen, während Wertänderungen beim Grundgeschäft weitgehend von den Rohstoffpreisänderungen abhängig sind.

Sicherungsquote

B6.4.9 Gemäß den Anforderungen an die Wirksamkeit der Absicherung muss die Sicherungsquote der Sicherungsbeziehung derjenigen Sicherungsquote entsprechen, die sich aus dem Volumen des von dem Unternehmen tatsächlich abgesicherten Grundgeschäfts und dem Volumen des Sicherungsinstruments, das von dem Unternehmen zur Absicherung dieses Volumens des Grundgeschäfts tatsächlich eingesetzt wird, ergibt. Wenn ein Unternehmen weniger als 100 Prozent des Risikos bei einem Geschäft absichert, z. B. 85 Prozent, designiert es die Sicherungsbeziehung mit der gleichen Sicherungsquote wie der, die aus 85 Prozent des Risikos und dem Volumen des Sicherungsinstruments, das von dem Unternehmen zur Absicherung dieser 85 Prozent eingesetzt wird, resultiert. Wenn ein Unternehmen beispielsweise ein Risiko mit einem Nominalbetrag von 40 Einheiten eines Finanzinstruments absichert, designiert es die Sicherungsbeziehung mit der gleichen Sicherungsquote wie der, die aus diesem Volumen von 40 Einheiten (d. h. das Unternehmen darf keine Sicherungsquote verwenden, die auf einem größeren Volumen von Einheiten, die es eventuell insgesamt hält, oder auf einem kleineren Volumen von Einheiten basiert) und dem Volumen des Grundgeschäfts, das mit diesen 40 Einheiten tatsächlich abgesichert wird, resultiert.

B6.4.10 Doch darf die Designation der Sicherungsbeziehung mit derselben Sicherungsquote, die aus den Volumen des Grundgeschäfts und des Sicherungsinstruments, die von dem Unternehmen tatsächlich eingesetzt werden, resultiert, kein Ungleichgewicht zwischen den Gewichtungen des Grundgeschäfts und des Sicherungsinstruments widerspiegeln, das zu einer Unwirksamkeit der Absicherung (ob erfasst oder nicht) führen würde, was Rechnungslegungsresultate ergäbe, die nicht mit dem Zweck der Bilanzierung von Sicherungsbeziehungen in Einklang stünden. Für die Designation einer Sicherungsbeziehung muss ein Unternehmen die Sicherungsquote, die sich aus den Volumen des Grundgeschäfts und des Sicherungsinstruments ergibt, die von dem Unternehmen tatsächlich eingesetzt werden, anpassen, sofern dies zur Vermeidung eines solchen Ungleichgewichts erforderlich ist.

B6.4.11 Beispiele für relevante Erwägungen bei der Beurteilung, ob ein Rechnungslegungsresultat mit dem Zweck der Bilanzierung von Sicherungsbeziehungen nicht in Einklang steht, sind:

a) ob die angestrebte Sicherungsquote festgelegt wurde, um die Erfassung einer Unwirksamkeit der Absicherung bei Absicherungen von Zahlungsströmen zu vermeiden oder um sicherungsbezogene Anpassungen aus dem beizulegenden Zeitwert für mehr Grundgeschäfte zu erreichen, um die Bilanzierung zum beizulegenden Zeitwert vermehrt einzusetzen, ohne jedoch Änderungen des beizulegenden Zeitwerts bei dem Sicherungsinstrument auszugleichen, und

b) ob ein kommerzieller Grund für die speziellen Gewichtungen des Grundgeschäfts und des Sicherungsinstruments vorliegt, selbst wenn hierdurch eine Unwirksamkeit der Absicherung entsteht. Ein Unternehmen tätigt beispielsweise ein Sicherungsgeschäft und designiert ein Volumen des betreffenden Sicherungsinstruments, das nicht dem Volumen entspricht, das als beste Absicherung des Grundgeschäfts ermittelt wird, da das Standardvolumen der Sicherungsinstrumente es nicht zulässt, das exakte Volumen abzuschließen („Emission in Losgrößen"). Ein Beispiel ist ein Unternehmen, das 100 Tonnen Kaffeeeinkäufe mit standardmäßigen Kaffee-Termingeschäften mit einem Vertragsvolumen von 37500 Pfund absichert. Das Unternehmen könnte entweder fünf oder sechs Verträge (entsprechend 85,0 bzw. 102,1 Tonnen) zur Absicherung des Kaufvolumens von 100 Tonnen einsetzen. In diesem Fall designiert das Unternehmen die Sicherungsbeziehung mit der Sicherungsquote, die aus der Anzahl der tatsächlich verwendeten Kaffee-Termingeschäfte resultiert, da die Unwirksamkeit der Absicherung aus der Inkongruenz bei den Gewichtungen des Grundgeschäfts und des Sicherungsinstruments nicht zu einem nicht mit dem Zweck der Bilanzierung von Sicherungsbeziehungen zu vereinbarenden Rechnungslegungsresultat führen würde.

Häufigkeit der Beurteilung, ob die Anforderungen an die Wirksamkeit der Absicherung erfüllt sind

B6.4.12 Ein Unternehmen beurteilt zu Beginn der Sicherungsbeziehung und auf fortlaufender Basis, ob eine Sicherungsbeziehung die Anforderungen an die Wirksamkeit der Absicherung erfüllt. Die fortlaufende Beurteilung erfolgt mindestens zu jedem Abschlussstichtag oder bei einer signifikanten Veränderung der Umstände mit Auswirkungen auf die Anforderungen an die Wirksamkeit der Absicherung, je nachdem, was zuerst eintritt. Die Beurteilung bezieht sich auf Erwartungen bezüglich der Wirksamkeit der Absicherung und ist daher nur auf die Zukunft gerichtet.

Methoden zur Beurteilung, ob die Anforderungen an die Wirksamkeit der Absicherung erfüllt sind

B6.4.13 Der vorliegende Standard legt keine Methode zur Beurteilung, ob die Anforderungen an die Wirksamkeit der Absicherung erfüllt sind, fest. Ein Unternehmen hat indes eine Methode zu verwenden, durch die relevanten Merkmale der Sicherungsbeziehung, einschließlich der Ursachen einer Unwirksamkeit der Absicherung, erfasst werden. Abhängig von diesen Faktoren kann es sich bei der Methode um eine qualitative oder quantitative Beurteilung handeln.

B6.4.14 Wenn beispielsweise die entscheidenden Bedingungen (wie etwa Nominalbetrag, Fälligkeit und Basisobjekt) des Sicherungsinstruments und des Grundgeschäfts übereinstimmen oder eng aneinander angepasst sind, könnte ein Unternehmen auf Grundlage einer qualitativen Beurteilung dieser entscheidenden Bedingungen folgern, dass das Sicherungsinstrument und das Grundgeschäft aufgrund desselben Risikos wertmäßig in der Regel gegenläufig sind und dass daher eine wirtschaftliche Beziehung zwischen dem Grundgeschäft und dem Sicherungsinstrument besteht (siehe Paragraphen B6.4.4–B6.4.6).

B6.4.15 Die Tatsache, dass ein als Sicherungsinstrument designiertes Derivat im Geld oder aus dem Geld ist, bedeutet an sich noch nicht, dass eine qualitative Beurteilung ungeeignet ist. Es hängt von den Umständen ab, ob die sich aus dieser Tatsache ergebende Unwirksamkeit der Absicherung eine Größenordnung annehmen könnte, die im Rahmen einer qualitativen Beurteilung nicht angemessen erfasst würde.

B6.4.16 Wenn die entscheidenden Bedingungen des Sicherungsinstruments und des Grundgeschäfts nicht eng aufeinander abgestimmt sind, nimmt die Unsicherheit bezüglich des Grads des Ausgleichs zu. Daher ist die Wirksamkeit der Absicherung während der Laufzeit der Sicherungsbeziehung schwieriger vorherzusagen. In einer solchen Situation kann ein Unternehmen möglicherweise nur auf Grundlage einer quantitativen Beurteilung folgern, dass eine wirtschaftliche Beziehung zwischen dem Grundgeschäft und dem Sicherungsinstrument besteht (siehe Paragraphen B6.4.4–B6.4.6). In einigen Fällen muss unter Umständen auch quantitativ beurteilt werden, ob die bei der Designation der Sicherungsbeziehung verwendete Sicherungsquote den Anforderungen an die Wirksamkeit der Absicherung erfüllt (siehe Paragraphen B6.4.9–B6.4.11). Ein Unternehmen kann für diese beiden Zwecke die gleiche oder verschiedene Methode(n) verwenden.

B6.4.17 Bei veränderten Umständen, die sich auf die Wirksamkeit der Absicherung auswirken, muss ein Unternehmen für die Beurteilung, ob eine Sicherungsbeziehung die Anforderungen an die Wirksamkeit der Absicherung erfüllt, eventuell eine andere Methode wählen, um sicherzustellen, dass die relevanten Eigenschaften der Sicherungsbeziehung, einschließlich der Ursachen einer Unwirksamkeit der Absicherung, weiterhin berücksichtigt werden.

B6.4.18 Bei der Beurteilung, ob eine Sicherungsbeziehung die Anforderungen an die Wirksamkeit der Absicherung erfüllt, stellt das Risikomanagement eines Unternehmens die wichtigste Informationsquelle dar. Dies bedeutet, dass die Managementinformationen (oder -analysen), die zu Entscheidungsfindungszwecken herangezogen werden, als Grundlage für die Beurteilung dienen können, ob die Anforderungen an die Wirksamkeit der Absicherung von einer Sicherungsbeziehung erfüllt werden.

B6.4.19 Die Dokumentation eines Unternehmens bezüglich der Sicherungsbeziehung umfasst, wie es die Einhaltung der Anforderungen an die Wirksamkeit der Absicherung beurteilen wird, wozu auch die verwendete(n) Methode(n) gehört/gehören. Die Dokumentation der Sicherungsbeziehung wird bei jeder Änderung der Methode aktualisiert (siehe Paragraph B6.4.17).

Bilanzierung zulässiger Sicherungsbeziehungen (Abschnitt 6.5)

B6.5.1 Ein Beispiel für die Absicherung des beizulegenden Zeitwerts ist die Absicherung gegen das Risiko, dass sich der beizulegende Zeitwert eines festverzinslichen Schuldinstruments aufgrund einer Zinsänderung ändert. Eine solche Sicherungsbeziehung kann vonseiten des Emittenten oder des Inhabers des Schuldinstruments eingegangen werden.

B6.5.2 Zweck einer Absicherung von Zahlungsströmen ist, den Gewinn oder Verlust bei dem Sicherungsinstrument auf eine Periode bzw. auf Perioden zu verschieben, in der/denen sich die abgesicherten erwarteten Zahlungsströme auf den Gewinn oder Verlust auswirken. Ein Beispiel für die Absicherung von Zahlungsströmen ist der Einsatz eines Swaps, mit dem variabel verzinsliche Verbindlichkeiten (ob zu fortgeführten Anschaffungskosten oder zum beizulegenden Zeitwert bewertet) gegen festverzinsliche Verbindlichkeiten getauscht werden (d. h. eine Sicherung einer künftigen Transaktion, wobei die abgesicherten künftigen Zahlungsströme die künftigen Zinszahlungen darstellen). Hingegen ist ein erwarteter Erwerb eines Eigenkapitalinstruments, das nach dem Erwerb erfolgswirksam zum beizulegenden Zeitwert bilanziert wird, ein Beispiel für ein Geschäft, das nicht als Grundgeschäft in einer Absicherung von Zahlungsströmen fungieren kann, da jeglicher Gewinn oder Verlust bei dem Sicherungsinstrument, der später erfasst würde, nicht während eines Zeitraums, in dem der Ausgleich erreicht würde, entsprechend erfolgswirksam umgegliedert werden könnte. Aus dem gleichen Grund kann ein erwarteter Erwerb eines Eigenkapitalinstruments, das nach dem Erwerb zum beizulegenden Zeitwert bilanziert wird, wobei Veränderungen des beizulegenden Zeitwerts im sonstigen Ergebnis ausgewiesen werden, ebenfalls nicht das Grundgeschäft in einer Absicherung von Zahlungsströmen sein.

B6.5.3 Die Absicherung einer festen Verpflichtung (z. B. eine Absicherung gegen das Risiko einer Änderung des Kraftstoffpreises im Rahmen einer bilanzunwirksamen vertraglichen Verpflichtung eines Energieversorgers zum Kauf von Kraftstoff zu einem festgesetzten Preis) ist eine Absicherung des Risikos einer Veränderung des beizulegenden Zeitwerts. Demzufolge stellt eine solche Absicherung eine Absicherung des beizulegenden Zeitwerts dar. Nach Paragraph 6.5.4 könnte jedoch eine Absicherung des Währungsrisikos einer festen Verpflichtung alternativ als eine Absicherung von Zahlungsströmen bilanziert werden.

Bewertung der Unwirksamkeit der Absicherung

B6.5.4 Wenn ein Unternehmen die Unwirksamkeit einer Absicherung bewertet, hat es dabei den Zeitwert des Geldes zu berücksichtigen. Infolgedessen bestimmt das Unternehmen den Wert des Grundgeschäfts anhand des Barwerts, sodass die Wertänderung des Grundgeschäfts auch die Auswirkung des Zeitwerts des Geldes beinhaltet.

B6.5.5 Um zur Bewertung einer Unwirksamkeit der Absicherung die Wertänderung des Grundgeschäfts zu berechnen, kann das Unternehmen ein Derivat heranziehen, dessen Bedingungen den entscheidenden Bedingungen des Grundgeschäfts gleichkommen (gemeinhin als „hypothetisches Derivat" bezeichnet) und das, beispielsweise bei einer Absicherung einer erwarteten Transaktion, unter Verwendung des Niveaus des abgesicherten Kurses (oder Satzes) kalibriert würde. Würde die Absicherung beispielsweise für ein zweiseitiges Risiko auf aktuellem Marktniveau gelten, würde das hypothetische Derivat ein hypothetisches Termingeschäft darstellen, das zum Zeitpunkt der Designation der Sicherungsbeziehung auf einen Nullwert kalibriert wird. Würde die Absicherung beispielsweise für ein einseitiges Risiko gelten, würde das hypothetische Derivat den inneren Wert einer hypothetischen Option darstellen, die zum Zeitpunkt der Designation der Sicherungsbeziehung im Geld ist, wenn das abgesicherte Preisniveau dem aktuellen Marktniveau entspricht, oder aus dem Geld ist, wenn das abgesicherte Preisniveau über (oder bei einer Absicherung einer Long-Position unter) dem aktuellen Marktniveau liegt. Die Verwendung eines hypothetischen Derivats ist eine Möglichkeit für die Berechnung der Wertänderung beim Grundgeschäft. Das hypothetische Derivat bildet das Grundgeschäft nach und führt somit zum gleichen Ergebnis, wie wenn die Wertänderung durch eine andere Vorgehensweise bestimmt worden wäre. Der Rückgriff auf ein „hypothetisches Derivat" ist daher keine Methode an sich, sondern ein mathematisches Mittel, das nur zur Berechnung des Werts des Grundgeschäfts verwendet werden kann. Infolgedessen kann ein „hypothetisches Derivat" nicht verwendet werden, um Merkmale in den Wert des Grundgeschäfts einfließen zu lassen, die nur bei dem Sicherungsinstrument (nicht aber beim Grundgeschäft) vorhanden sind. Ein Beispiel ist ein auf eine Fremdwährung lautendes Schuldinstrument (unabhängig davon, ob es sich um ein festverzinsliches oder variabel verzinsliches Instrument handelt). Wird zur Berechnung der Wertänderung eines solchen Schuldinstruments oder des Barwerts der kumulierten Veränderung bei dessen Zahlungsströmen ein hypothetisches Derivat verwendet, kann dieses nicht einfach eine Gebühr für den Umtausch von Währungen unterstellen, obwohl die tatsächlichen Derivate, unter denen die Währungen getauscht werden, eine solche Gebühr beinhalten könnten (beispielsweise Zins-/Währungsswaps).

B6.5.6 Die mithilfe eines hypothetischen Derivats bestimmte Wertänderung des Grundgeschäfts kann ferner zur Beurteilung herangezogen werden, ob eine Sicherungsbeziehung die Anforderungen an die Wirksamkeit der Absicherung erfüllt.

Rekalibrierung der Sicherungsbeziehung und Änderungen der Sicherungsquote

B6.5.7 Die Kalibrierung bezieht sich auf die Anpassungen, die am designierten Volumen des Grundgeschäfts oder des Sicherungsinstruments einer bereits bestehenden Sicherungsbeziehung vorgenommen werden, um eine den Anforderungen an die Wirksamkeit der Absicherung entsprechende Sicherungsquote zu gewährleisten. Änderungen an den designierten Volumen eines Grundgeschäfts oder eines Sicherungsinstruments für andere Zwecke stellen keine Rekalibrierung im Sinne des vorliegenden Standards dar.

B6.5.8 Die Rekalibrierung wird als Fortsetzung der Sicherungsbeziehung gemäß den Paragraphen B6.5.9–B6.5.21 bilanziert. Bei der Rekalibrierung wird die Unwirksamkeit der Absicherung der Sicherungsbeziehung bestimmt und unmittelbar vor Anpassung der Sicherungsbeziehung erfasst.

B6.5.9 Die Anpassung der Sicherungsquote ermöglicht einem Unternehmen, auf Veränderungen bei der Beziehung zwischen dem Sicherungsinstrument und dem Grundgeschäft, die sich aufgrund ihrer Basisobjekte oder Risikovariablen ergeben, zu reagieren. Ein Beispiel ist eine Sicherungsbeziehung, in der das Sicherungsinstrument und das Grundgeschäft unterschiedliche, aber miteinander verbundene Änderungen der Basisobjekte aufweisen, die sich aus einer Änderung der Beziehung zwischen diesen beiden Basisobjekten ergeben (z. B. unterschiedliche, aber miteinander verbundene Indizes, Kurse oder Preise). Somit gestattet die Rekalibrierung die Fortsetzung einer Sicherungsbeziehung in Fällen, in denen sich die Beziehung zwischen dem Sicherungsinstrument und dem Grundgeschäft so ändert, dass dies durch Anpassung der Sicherungsquote ausgeglichen werden kann.

B6.5.10 Ein Unternehmen sichert beispielsweise ein Risiko aus der Fremdwährung A mit einem Währungsderivat unter Bezugnahme auf Fremdwährung B ab, wobei die Fremdwährungen A und B aneinander gekoppelt sind (d. h. ihr Wechselkurs wird in einer Bandbreite oder auf einem Wechselkurs, der durch eine Zentralbank oder eine andere Behörde festgelegt wird, gehalten). Würde der Wechselkurs zwischen Fremdwährung A und Fremdwährung B geändert (d. h. eine neue Bandbreite oder ein neuer Kurs festgelegt), würde durch die Rekalibrierung der Sicherungsbeziehung entsprechend dem neuen Wechselkurs sichergestellt, dass die Sicherungsbeziehung auch unter den neuen Umständen weiterhin die Anforderungen an die Wirksamkeit der Absicherung für die Sicherungsquote erfüllt. Andererseits könnte im Falle eines Ausfalls bei dem Währungsderivat durch eine Änderung der Sicherungsquote nicht gewährleistet werden, dass die Sicherungsbeziehung weiterhin diese Anforderung an die Wirksamkeit der Absicherung erfüllt. Die Rekalibrierung ermöglicht somit keine Fortsetzung einer Sicherungsbeziehung in Fällen, in denen sich die Beziehung zwischen dem Sicherungsinstrument und dem Grundgeschäft so ändert, dass dies durch eine Anpassung der Sicherungsquote nicht ausgeglichen werden kann.

B6.5.11 Nicht jede Veränderung beim Grad des Ausgleichs zwischen den Veränderungen beim beizulegenden Zeitwert des Sicherungsinstruments und dem beizulegenden Zeitwert oder den Zahlungsströmen des Grundgeschäfts stellt eine Änderung der Beziehung zwischen dem Sicherungsinstrument und dem Grundgeschäft dar. Ein Unternehmen analysiert die Ursachen einer Unwirksamkeit der Absicherung, die sich voraussichtlich auf die Sicherungsbeziehung während ihrer Laufzeit auswirkt, und bewertet, ob Veränderungen beim Grad des Ausgleichs

a) Schwankungen um die Sicherungsquote darstellen, die weiterhin gerechtfertigt bleibt (d. h. die Beziehung zwischen dem Sicherungsinstrument und dem Grundgeschäft weiterhin angemessen widerspiegelt), oder

b) darauf hinweisen, dass die Sicherungsquote die Beziehung zwischen dem Sicherungsinstrument und dem Grundgeschäft nicht mehr angemessen widerspiegelt.

Ein Unternehmen führt diese Bewertung anhand der Anforderungen an die Wirksamkeit der Absicherung für die Sicherungsquote durch, um sicherzustellen, dass die Sicherungsbeziehung kein Ungleichgewicht zwischen den Gewichtungen des Grundgeschäfts und des Sicherungsinstruments widerspiegelt, das zu einer Unwirksamkeit der Absicherung (ob erfasst oder nicht) führen würde, was wiederum Rechnungslegungsresultate ergäbe, die nicht mit dem Zweck der Bilanzierung von Sicherungsbeziehungen in Einklang stünden. Somit ist bei dieser Bewertung eine Ermessensausübung notwendig.

B6.5.12 Schwankungen um eine konstante Sicherungsquote (und somit einer damit verbundenen Unwirksamkeit der Absicherung) lassen sich nicht durch Anpassung der Sicherungsquote als Reaktion auf jedes einzelne Ergebnis verringern. Unter solchen Umständen ist die Veränderung beim Grad des Ausgleichs eine Frage der Bewertung und Erfassung einer Unwirksamkeit der Absicherung, erfordert aber keine Rekalibrierung.

B6.5.13 Wenn Veränderungen beim Grad des Ausgleichs andererseits darauf hindeuten, dass die Schwankungen um eine Sicherungsquote erfolgen, die sich von der aktuell für diese Sicherungsbeziehung verwendeten unterscheidet, oder dass eine Tendenz weg von dieser Sicherungsquote besteht, kann eine Unwirksamkeit der Absicherung durch Anpassung der Sicherungsquote verringert werden, während bei Beibehaltung der Sicherungsquote eine Unwirksamkeit der Absicherung weiter zunehmen würde. Unter solchen Umständen muss ein Unternehmen daher beurteilen, ob die Sicherungsbeziehung ein Ungleichgewicht zwischen den Gewichtungen des Grundgeschäfts und des Sicherungsinstruments widerspiegelt, das zu einer Unwirksamkeit der Absicherung (ob erfasst oder nicht) führen würde, was wiederum Rechnungslegungsresultate ergäbe, die nicht mit dem Zweck der Bilanzierung von Sicherungsbeziehungen in Einklang stünden. Im Falle der Anpassung der Sicherungsquote wirkt sich dies auch auf die Bewertung und Erfassung einer Unwirksamkeit der Absicherung aus, da eine Unwirksamkeit der Absicherung der Sicherungsbeziehung bei der Rekalibrierung bestimmt und unmittelbar vor Anpassung der Sicherungsbeziehung gemäß Paragraph B6.5.8 erfasst werden muss.

B6.5.14 Die Rekalibrierung bedeutet, dass ein Unternehmen für die Zwecke der Bilanzierung von Sicherungsbeziehungen die Volumen des Sicherungsinstruments oder des Grundgeschäfts als Reaktion auf veränderte Umstände, die sich auf die Sicherungsquote dieser Sicherungsbeziehung auswirken, nach Beginn einer Sicherungsbeziehung anpasst. Normalerweise sollte eine solche Anpassung die Anpassungen der tatsächlich verwendeten Volumen des Sicherungsinstruments und des Grundgeschäfts widerspiegeln. Die aus den tatsächlich verwendeten Volumen des Grundgeschäfts und des Sicherungsinstruments resultierende Sicherungsquote muss allerdings angepasst werden, wenn

a) die Sicherungsquote, die aus Änderungen an den vom Unternehmen tatsächlich verwendeten Volumen des Grundgeschäfts oder des Sicherungsinstruments resultiert, ein Ungleichgewicht widerspiegeln würde, das zu einer Unwirksamkeit der Absicherung führen würde, was Rechnungslegungsresultate ergäbe, die nicht mit dem Zweck der Bilanzierung von Sicherungsbeziehungen in Einklang stünden, oder

b) ein Unternehmen tatsächlich verwendete Volumen des Grundgeschäfts und des Sicherungsinstruments behalten würde, was zu einer Sicherungsquote führen würde, die unter neuen Umständen ein Ungleichgewicht widerspiegeln würde, das zur Unwirksamkeit der Absicherung führen würde, was Rechnungslegungsresultate ergäbe, die nicht mit dem Zweck der Bilanzierung von Sicherungsbeziehungen in Einklang stünden (d. h. ein Unternehmen darf kein Ungleichgewicht herbeiführen, indem es die Anpassung der Sicherungsquote unterlässt).

B6.5.15 Die Rekalibrierung gilt nicht, wenn sich die Zielsetzung des Risikomanagements für eine Sicherungsbeziehung geändert hat. Stattdessen wird die Bilanzierung von Sicherungsbeziehungen für diese Sicherungsbeziehung beendet (obwohl ein Unternehmen eine neue Sicherungsbeziehung designieren könnte, die das Sicherungsinstrument oder das Grundgeschäft der vorherigen Sicherungsbeziehung wie in Paragraph B6.5.28 beschrieben einbezieht).

B6.5.16 Wenn eine Sicherungsbeziehung neu kalibriert wird, kann die Anpassung der Sicherungsquote auf verschiedene Weise durchgeführt werden:

a) Die Gewichtung des Grundgeschäfts kann erhöht werden (wodurch sich gleichzeitig die Gewichtung des Sicherungsinstruments verringert) durch
  i) Erhöhung des Volumens des Grundgeschäfts oder
  ii) Verringerung des Volumens des Sicherungsinstruments.

b) Die Gewichtung des Sicherungsinstruments kann erhöht werden (wodurch sich gleichzeitig die Gewichtung des Grundgeschäfts verringert) durch
  i) Erhöhung des Volumens des Sicherungsinstruments oder
  ii) Verringerung des Volumens des Grundgeschäfts.

Volumenänderungen beziehen sich auf die Volumen, die Teil der Sicherungsbeziehung sind. Somit bedeuten Verringerungen des Volumens nicht unbedingt, dass die Geschäfte oder Transaktionen nicht mehr existieren oder voraussichtlich nicht mehr eintreten, sondern dass sie kein Teil der Sicherungsbeziehung mehr sind. Beispielsweise kann die Verringerung des Volumens des Sicherungsinstruments dazu führen, dass ein Unternehmen das Derivat behält, aber nur ein Teil davon als Sicherungsinstrument in der Sicherungsbeziehung verbleibt. Dies könnte geschehen, wenn die Rekalibrierung nur durch Verringerung des Volumens des Sicherungsinstruments in der Sicherungsbeziehung vorgenommen werden könnte, wobei das Unternehmen das nicht mehr benötigte Volumen allerdings behält. In diesem Fall würde der nicht designierte Teil des Derivats erfolgswirksam zum beizulegenden Zeitwert bewertet (es sei denn, er wurde in einer anderen Sicherungsbeziehung als Sicherungsinstrument designiert).

B6.5.17 Die Anpassung der Sicherungsquote durch Erhöhung des Volumens des Grundgeschäfts hat keine Auswirkung darauf, wie Änderungen beim beizulegenden Zeitwert des Sicherungsinstruments bewertet werden. Die Bewertung der Wertänderungen des Grundgeschäfts in Bezug auf das zuvor designierte Volumen bleibt ebenfalls hiervon unberührt. Jedoch beinhalten die Wertänderungen des Grundgeschäfts ab dem Zeitpunkt der Rekalibrierung auch die Wertänderung des zusätzlichen Volumens des Grundgeschäfts. Diese Änderungen werden ab dem Zeitpunkt der Rekalibrierung und unter Bezugnahme auf diesen Zeitpunkt anstatt ab dem Zeitpunkt der Designation der Sicherungsbeziehung bewertet. Wenn ein Unternehmen beispielsweise ursprünglich ein Volumen von 100 Tonnen eines Rohstoffs zum Terminpreis von WE 80 (dem Terminpreis zu Beginn der Sicherungsbeziehung) abgesichert und bei der Rekalibrierung, als zur Terminpreis bei WE 90 lag, ein Volumen von 10 Tonnen hinzugefügt hat, würde das Grundgeschäft nach der Rekalibrierung zwei Layer umfassen: 100 Tonnen abgesichert zu WE 80 und 10 Tonnen abgesichert zu WE 90.

B6.5.18 Die Anpassung der Sicherungsquote durch Verringerung des Volumens des Sicherungsinstruments hat keine Auswirkung darauf, wie Wertänderungen des Grundgeschäfts bewertet werden. Die Bewertung der Veränderungen des beizulegenden Zeitwerts des Sicherungsinstruments in Bezug auf das weiterhin designierte Volumen bleibt hiervon ebenfalls unberührt. Ab dem Zeitpunkt der Rekalibrierung ist das Volumen, um das das Sicherungsinstrument verringert wurde, jedoch nicht mehr Teil der Sicherungsbeziehung. Wenn ein Unternehmen beispielsweise ursprünglich das Preisrisiko eines Rohstoffs mit einem Derivatvolumen von 100 Tonnen als Sicherungsinstrument abgesichert hat und das Volumen bei der Rekalibrierung um 10 Tonnen reduziert, würde ein Nominalvolumen von 90 Tonnen des Volumens des Sicherungsinstruments verbleiben (siehe Paragraph B6.5.16 zu den Folgen für das Derivatvolumen (d. h. die 10 Tonnen), das nicht mehr Teil der Sicherungsbeziehung ist).

B6.5.19 Die Anpassung der Sicherungsquote durch Erhöhung des Volumens des Sicherungsinstruments hat keine Auswirkung darauf, wie Wertänderungen des Grundgeschäfts bewertet werden. Die Bewertung der Veränderungen des beizulegenden Zeitwerts des Sicherungsinstruments in Bezug auf das zuvor designierte Volumen bleibt hiervon ebenfalls unberührt. Doch beinhalten die Veränderungen des beizulegenden Zeitwerts des Sicherungsinstruments ab dem Zeitpunkt der Rekalibrierung auch die Wertänderungen des zusätzlichen Volumens des Sicherungsinstruments. Diese Änderungen werden ab dem Zeitpunkt der Rekalibrierung und unter Bezugnahme auf diesen Zeitpunkt anstatt ab dem Zeitpunkt der Designation der Sicherungsbeziehung bewertet. Wenn ein Unternehmen beispielsweise ursprünglich das Preisrisiko eines Rohstoffs mit einem Derivatvolumen von 100 Tonnen als Sicherungsinstrument abgesichert und das Volumen bei der Rekalibrierung um 10 Tonnen erhöht hat, würde das Sicherungsinstrument nach der Rekalibrierung ein Derivatvolumen von insgesamt 110 Tonnen umfassen. Die Veränderung des beizulegenden Zeitwerts des Sicherungsinstruments entspricht der Gesamtveränderung des beizulegenden Zeitwerts der Derivate, die das Gesamtvolumen von 110 Tonnen ausmachen. Diese Derivate könnten (und würden vielleicht) unterschiedliche entscheidende Bedingungen, wie beispielsweise Terminkurse, aufweisen, da sie zu verschiedenen Zeitpunkten abgeschlossen wurden (einschließlich der Möglichkeit der Designation von Derivaten in Sicherungsbeziehungen nach ihrem erstmaligen Ansatz).

B6.5.20 Die Anpassung der Sicherungsquote durch Verringerung des Volumens des Grundgeschäfts hat keine Auswirkung darauf, wie Änderungen des beizulegenden Zeitwerts des Sicherungsinstruments bewertet werden. Die Bewertung der Wertänderungen des Grundgeschäfts in Bezug auf das weiterhin designierte Volumen bleibt hiervon ebenfalls unberührt. Ab dem Zeitpunkt der Rekalibrierung ist das Volumen, um das das Grundgeschäft verringert wurde, jedoch nicht mehr Teil der Sicherungsbeziehung. Wenn ein Unternehmen beispielsweise ursprünglich ein Volumen von 100 Tonnen eines Rohstoffs zum Terminpreis von WE 80 abgesichert und dieses Volumen bei der Rekalibrierung um 10 Tonnen verringert hat, würde das Grundgeschäft nach der Rekalibrierung 90 Tonnen abgesichert mit WE 80 umfassen. Die 10 Tonnen des Grundgeschäfts, die nicht mehr Teil der Sicherungsbeziehung sind, würden gemäß den Vorschriften für die Beendigung der Bilanzierung von Sicherungsbeziehungen (siehe Paragraphen 6.5.6–6.5.7 und B6.5.22–B6.5.28) bilanziert.

B6.5.21 Bei der Rekalibrierung einer Sicherungsbeziehung aktualisiert ein Unternehmen seine Analyse bezüglich der Ursachen einer Unwirksamkeit der Absicherung, die sich voraussichtlich während der (Rest-) Laufzeit auf die Sicherungsbeziehung auswirken (siehe Paragraph B6.4.2). Die Dokumentation der Sicherungsbeziehung ist dementsprechend zu aktualisieren.

Beendigung der Bilanzierung von Sicherungsbeziehungen

B6.5.22 Die Beendigung der Bilanzierung von Sicherungsbeziehungen gilt prospektiv ab dem Zeitpunkt, ab dem die Kriterien nicht länger erfüllt sind.

B6.5.23 Ein Unternehmen kann die Designation einer Sicherungsbeziehung nicht aufheben und die Sicherungsbeziehung somit beenden, wenn diese

a) weiterhin die Risikomanagementzielsetzung verfolgt, die Grundlage für die Zulässigkeit einer Bilanzierung von Sicherungsbeziehungen war (d. h. das Unternehmen diese Risikomanagementzielsetzung weiterhin verfolgt), und

b) weiterhin alle anderen maßgeblichen Kriterien erfüllt (ggf. nach Berücksichtigung einer Rekalibrierung der Sicherungsbeziehung).

B6.5.24 Für die Zwecke des vorliegenden Standards wird zwischen der Risikomanagementstrategie eines Unternehmens und dessen Risikomanagementzielsetzungen unterschieden. Die Risikomanagementstrategie wird auf der höchsten Ebene festgelegt, auf der ein Unternehmen entscheidet, wie sein Risiko gesteuert werden soll. In Risikomanagementstrategien werden im Allgemeinen die Risiken, denen das Unternehmen ausgesetzt ist, identifiziert und festgelegt, wie das Unternehmen auf solche Risiken reagiert. Eine Risikomanagementstrategie wird normalerweise für einen längeren Zeitraum festgelegt und kann eine gewisse Flexibilität beinhalten, um auf geänderte Umstände reagieren zu können, die während der Gültigkeit dieser Strategie eintreten (beispielsweise unterschiedliche Zinssatz- oder Rohstoffpreisniveaus, die zu einem anderen Grad der Absicherung führen). Dies wird in der Regel in einem allgemeinen Dokument niedergelegt, das durch Richtlinien mit spezifischeren Leitlinien innerhalb eines Unternehmens abwärts kommuniziert wird. Hingegen gilt eine Risikomanagementzielsetzung für eine Sicherungsbeziehung auf der Ebene einer bestimmten Sicherungsbeziehung.

Dies bezieht sich darauf, wie das betreffende designierte Sicherungsinstrument zur Absicherung des konkreten Risikos, das als Grundgeschäft designiert wurde, verwendet wird. Somit kann eine Risikomanagementstrategie mehrere verschiedene Sicherungsbeziehungen betreffen, deren Risikomanagementzielsetzungen sich auf die Umsetzung dieser allgemeinen Risikomanagementstrategie beziehen. Zum Beispiel:

a) Ein Unternehmen hat eine Strategie für die Steuerung seines Zinsänderungsrisikos bei der Fremdfinanzierung, durch die Bandbreiten für die Mischung zwischen variabel und festverzinslicher Finanzierung für das Gesamtunternehmen festgelegt werden. Die Strategie besteht darin, zwischen 20 Prozent und 40 Prozent der Fremdfinanzierung zu festen Zinssätzen zu halten. Das Unternehmen entscheidet immer wieder neu, wie diese Strategie je nach Zinsniveau umgesetzt wird (d. h. wo es sich innerhalb der Bandbreite von 20 Prozent bis 40 Prozent bezüglich des Festzinsänderungsrisikos positioniert). Wenn die Zinssätze niedrig sind, schreibt das Unternehmen die Zinsen bei einem größeren Teil der Schulden fest, als dies bei hohen Zinssätzen der Fall wäre. Das Fremdkapital des Unternehmens beläuft sich auf variabel verzinsliche Schulden in Höhe von WE 100, von denen WE 30 in eine feste Verzinsung getauscht werden. Das Unternehmen nutzt die niedrigen Zinssätze und gibt ein zusätzliches Schuldinstrument von WE 50 zur Finanzierung einer größeren Investition aus, indem es eine festverzinsliche Anleihe begibt. Angesichts der niedrigen Zinssätze beschließt das Unternehmen, sein Festzinsänderungsrisiko auf 40 % der Gesamtschulden festzuschreiben, indem es den Grad, mit dem es seine variable Zinsbindung zuvor abgesichert hat, um WE 20 verringert, was zu einem Festzinsänderungsrisiko von WE 60 führt. In diesem Fall bleibt die Risikomanagementstrategie selbst unverändert. Jedoch hat sich die Umsetzung dieser Strategie durch das Unternehmen geändert, was bedeutet, dass sich bei der zuvor abgesicherten variablen Zinsbindung von WE 20 die Zielsetzung des Risikomanagements geändert hat (d. h. auf der Ebene der Sicherungsbeziehung). Daher muss in diesem Fall die Bilanzierung von Sicherungsbeziehungen bei WE 20 der zuvor abgesicherten variablen Zinsbindung beendet werden. Dies könnte die Reduzierung der Swap-Position um einen Nominalbetrag von WE 20 bedingen, doch könnte ein Unternehmen je nach den Umständen dieses Swapvolumen auch behalten und beispielsweise zur Absicherung anderer Risiken einsetzen oder es könnte Teil eines Handelsbestands werden. Wenn ein Unternehmen hingegen stattdessen einen Teil seiner neuen festverzinslichen Schuld in eine variable Zinsbindung getauscht hat, würde die Bilanzierung von Sicherungsbeziehungen für die zuvor abgesicherte variable Zinsbindung fortgeführt werden.

b) Einige Risiken resultieren aus Positionen, die sich häufig ändern, wie das Zinsänderungsrisiko bei einem offenen Portfolio von Schuldinstrumenten. Durch Hinzufügen neuer Schuldinstrumente und Ausbuchung von Schuldinstrumenten ändert sich dieses Risiko ständig (d. h. es unterscheidet sich vom einfachen Abwickeln einer fällig werdenden Position). Hierbei handelt es sich um einen dynamischen Prozess, in dem sowohl das Risiko als auch die zu seiner Steuerung eingesetzten Sicherungsinstrumente nicht über einen langen Zeitraum gleich bleiben. Daher passt ein Unternehmen mit solch einem Risiko die zur Steuerung des Zinsänderungsrisikos verwendeten Sicherungsinstrumente häufig an, wenn sich das Risiko ändert. So werden beispielsweise Schuldinstrumente mit einer Restlaufzeit von 24 Monaten für 24 Monate als Grundgeschäft für ein Zinsänderungsrisiko designiert. Gleiches wird bei anderen Zeitbändern oder Fälligkeitsperioden angewandt. Nach kurzer Zeit beendet das Unternehmen alle oder einige seiner zuvor designierten Sicherungsbeziehungen für Fälligkeitsperioden und designiert neue Sicherungsbeziehungen für Fälligkeitsperioden basierend auf ihrem Ausmaß und den zu diesem Zeitpunkt vorhandenen Sicherungsinstrumenten. Die Beendigung der Bilanzierung von Sicherungsbeziehungen zeigt in diesem Fall, dass diese Sicherungsbeziehungen so festgelegt werden, dass das Unternehmen ein neues Sicherungsinstrument und ein neues Grundgeschäft anstelle des Sicherungsinstruments und Grundgeschäfts, die zuvor designiert waren, betrachtet. Die Risikomanagementstrategie bleibt gleich, jedoch gibt es keine Risikomanagementzielsetzung mehr für diese zuvor designierten Sicherungsbeziehungen, die als solche nicht mehr existieren. In einem solchen Fall wird die Bilanzierung von Sicherungsbeziehungen in dem Maße beendet, wie sich die Zielsetzung des Risikomanagements geändert hat. Dies ist von der Situation eines Unternehmens abhängig und könnte beispielsweise alle oder einige Sicherungsbeziehungen einer Fälligkeitsperiode oder nur einen Teil einer Sicherungsbeziehung betreffen.

c) Ein Unternehmen hat eine Risikomanagementstrategie, mit der das Währungsrisiko bei erwarteten Verkäufen und die daraus resultierenden Forderungen gesteuert werden. Im Rahmen dieser Strategie steuert das Unternehmen das Währungsrisiko als spezielle Sicherungsbeziehung nur bis zum Zeitpunkt der Bilanzierung der Forderung. Später steuert das Unternehmen das Währungsrisiko nicht mehr basierend auf dieser speziellen Sicherungsbeziehung. Stattdessen wird das Währungsrisiko bei Forderungen, Verbindlichkeiten und Derivaten (die sich nicht auf erwartete, noch schwebende Transaktionen beziehen), die auf dieselbe Fremdwährung lauten, gemeinsam gesteuert. Zu Rechnungslegungszwecken fungiert dies als „natürliche" Absicherung, da die Gewinne und Verluste aus dem Währungsrisiko bei all diesen Geschäften unmittelbar erfolgswirksam erfasst werden. Wird die Sicherungsbeziehung zu Rechnungslegungszwecken für den Zeitraum bis zum Zahlungstermin designiert, muss sie daher mit Bilanzierung der Forderung beendet werden, da die Zielsetzung des Risikomanagements für die ursprüngliche Sicherungsbeziehung nicht mehr gilt. Das Währungsrisiko wird nun innerhalb derselben Strategie, aber auf einer anderen Grundlage gesteuert. Wenn ein Unternehmen hingegen eine andere Zielsetzung für sein Risikomanagement hatte und das Währungsrisiko als fortlaufende Sicherungsbeziehung speziell für den Betrag dieses erwarteten Verkaufs und die resultierende Forderung bis zum Erfüllungstag gesteuert hat, würde die Bilanzierung von Sicherungsbeziehungen bis zu diesem Zeitpunkt fortgesetzt.

B6.5.25 Die Beendigung der Bilanzierung von Sicherungsbeziehungen kann Folgendes betreffen:
a) eine Sicherungsbeziehung in ihrer Gesamtheit oder
b) einen Teil einer Sicherungsbeziehung (was bedeutet, dass die Bilanzierung von Sicherungsbeziehungen für den Rest der Sicherungsbeziehung fortgesetzt wird).

B6.5.26 Eine Sicherungsbeziehung wird in ihrer Gesamtheit beendet, wenn sie die maßgeblichen Kriterien insgesamt nicht mehr erfüllt. Zum Beispiel:
a) die Sicherungsbeziehung erfüllt die Zielsetzung des Risikomanagements nicht mehr, auf deren Grundlage sie für die Bilanzierung von Sicherungsbeziehungen infrage kam (d. h. das Unternehmen verfolgt diese Risikomanagementzielsetzung nicht mehr),
b) das bzw. die Sicherungsinstrument(e) wurde(n) veräußert oder beendet (in Bezug auf das gesamte Volumen, das Teil der Sicherungsbeziehung war) oder
c) es besteht keine wirtschaftliche Beziehung mehr zwischen dem Grundgeschäft und dem Sicherungsinstrument oder die Auswirkung des Ausfallrisikos beginnt, die aus dieser wirtschaftlichen Beziehung resultierenden Wertänderungen zu dominieren.

B6.5.27 Ein Teil der Sicherungsbeziehung wird beendet (und die Bilanzierung von Sicherungsbeziehungen für den restlichen Teil fortgesetzt), wenn nur ein Teil der Sicherungsbeziehung die maßgeblichen Kriterien nicht mehr erfüllt. Zum Beispiel:
a) bei der Rekalibrierung der Sicherungsbeziehung könnte die Sicherungsquote so angepasst werden, dass ein Teil des Volumens des Grundgeschäfts nicht mehr Teil der Sicherungsbeziehung ist (siehe Paragraph B6.5.20);

b) somit wird die Bilanzierung von Sicherungsbeziehungen nur für das Volumen des Grundgeschäfts beendet, das nicht mehr Teil der Sicherungsbeziehung ist, oder
b) wenn ein Teil des Volumens des Grundgeschäfts, bei dem es sich um eine erwartete Transaktion (oder eine Komponente derselben) handelt, nicht mehr hochwahrscheinlich eintreten wird, wird die Bilanzierung von Sicherungsbeziehungen nur für das Volumen des Grundgeschäfts, das nicht mehr hochwahrscheinlich eintreten wird, beendet. Hat ein Unternehmen allerdings in der Vergangenheit Absicherungen für erwartete Transaktionen designiert und anschließend festgestellt, dass es zu diesen erwarteten Transaktionen voraussichtlich nicht mehr kommen wird, wird die Fähigkeit des Unternehmens, erwartete Transaktionen zutreffend vorherzusagen, bei der Vorhersage ähnlicher erwarteter Transaktionen infrage gestellt. Dies wirkt sich auf die Beurteilung aus, ob ähnliche erwartete Transaktionen hochwahrscheinlich eintreten (siehe Paragraph 6.3.3) und somit als Grundgeschäfte infrage kommen.

B6.5.28 Ein Unternehmen kann eine neue Sicherungsbeziehung unter Beteiligung des Sicherungsinstruments oder des Grundgeschäfts einer früheren Sicherungsbeziehung, für das die Bilanzierung von Sicherungsbeziehungen (teilweise oder vollständig) beendet wurde, designieren. Dies stellt keine Fortsetzung einer Sicherungsbeziehung dar, sondern einen Neubeginn. Zum Beispiel:
a) Bei einem Sicherungsinstrument tritt eine so erhebliche Bonitätsverschlechterung ein, dass das Unternehmen es durch ein neues Sicherungsinstrument ersetzt. Dies bedeutet, dass diese ursprüngliche Sicherungsbeziehung die Zielsetzung des Risikomanagements nicht erreicht hat und somit vollständig beendet wird. Das neue Sicherungsinstrument wird als Absicherung des zuvor abgesicherten Risikos designiert und bildet eine neue Sicherungsbeziehung. Somit werden die Veränderungen des beizulegenden Zeitwerts oder der Zahlungsströme des Grundgeschäfts ab dem Zeitpunkt der Designation der neuen Sicherungsbeziehung und unter Bezugnahme auf diesen Zeitpunkt anstatt ab dem Zeitpunkt, zu dem die ursprüngliche Sicherungsbeziehung designiert wurde, bewertet.
b) Eine Sicherungsbeziehung wird vor dem Ende ihrer Laufzeit beendet. Das Sicherungsinstrument in dieser Sicherungsbeziehung kann als Sicherungsinstrument in einer anderen Sicherungsbeziehung designiert werden (z. B. bei Anpassung der Sicherungsquote im Falle der Rekalibrierung durch Erhöhung des Volumens des Sicherungsinstruments oder bei Designation einer insgesamt neuen Sicherungsbeziehung).

3/8. IFRS 9
B6.5.29 – B6.5.32

Bilanzierung des Zeitwerts von Optionen

B6.5.29 Eine Option kann als auf einen Zeitraum bezogen betrachtet werden, da ihr Zeitwert eine Gebühr für die Bereitstellung von Sicherheit gegenüber dem Optionsinhaber über einen bestimmten Zeitraum darstellt. Relevant für die Beurteilung, ob durch eine Option ein transaktions- oder ein zeitraumbezogenes Grundgeschäft abgesichert wird, sind allerdings die Merkmale dieses Grundgeschäfts, einschließlich der Art und Weise und des Zeitpunkts der Auswirkung im Gewinn oder Verlust. Somit beurteilt ein Unternehmen die Art des Grundgeschäfts (siehe Paragraph 6.5.15(a)) basierend auf seinem Charakter (unabhängig davon, ob es sich bei der Sicherungsbeziehung um eine Absicherung von Zahlungsströmen oder eine Absicherung des beizulegenden Zeitwerts handelt):

a) Der Zeitwert einer Option bezieht sich auf ein transaktionsbezogenes Grundgeschäft, wenn der Charakter des Grundgeschäfts eine Transaktion ist, bei der der Zeitwert für diese Transaktion Kostencharakter hat. Ein Beispiel hierfür ist, wenn sich der Zeitwert einer Option auf ein Grundgeschäft bezieht, was zur Erfassung eines Grundgeschäfts führt, dessen erstmalige Bewertung Transaktionskosten beinhaltet (z. B. sichert ein Unternehmen einen Rohstoffeinkauf, unabhängig davon, ob es sich um eine erwartete Transaktion oder eine feste Verpflichtung handelt, gegen das Rohstoffpreisrisiko ab und nimmt die Transaktionskosten in die erstmalige Bewertung der Vorräte auf). Durch die Berücksichtigung des Zeitwerts der Option bei der erstmaligen Bewertung des betreffenden Grundgeschäfts wirkt sich der Zeitwert gleichzeitig mit diesem Grundgeschäft im Gewinn oder Verlust aus. Ebenso würde ein Unternehmen, das einen Rohstoffverkauf, unabhängig davon, ob es sich um eine erwartete Transaktion oder eine feste Verpflichtung handelt, absichert, den Zeitwert der Option als Teil der mit diesem Verkauf verbundenen Kosten berücksichtigen (somit würde der Zeitwert in derselben Periode wie die Erlöse aus dem abgesicherten Verkauf erfolgswirksam erfasst).

b) Der Zeitwert einer Option bezieht sich auf ein zeitraumbezogenes Grundgeschäft, wenn der Charakter des Grundgeschäfts dergestalt ist, dass der Zeitwert den Charakter von Kosten für die Absicherung gegen ein Risiko über einen bestimmten Zeitraum annimmt (jedoch führt das Grundgeschäft nicht zu einer Transaktion, die dem Begriff von Transaktionskosten gemäß Buchstabe a entspricht). Wenn beispielsweise Rohstoffvorräte mithilfe einer Rohstoffoption mit korrespondierender Laufzeit gegen einen Rückgang des beizulegenden Zeitwerts für sechs Monate abgesichert werden, würde der Zeitwert der Option über diesen 6-Monats-Zeitraum auf den Gewinn oder Verlust verteilt (d. h. auf systematischer und sachgerechter Grundlage amortisiert). Ein weiteres Beispiel ist eine Absicherung einer Nettoinvestition in einen ausländischen Geschäftsbetrieb, die über eine Devisenoption für 18 Monate abgesichert wird, was zu einer Verteilung des Zeitwerts der Option über diesen Zeitraum von 18 Monaten führen würde.

B6.5.30 Die Merkmale des Grundgeschäfts (einschließlich der Art und Weise, wie sich das Grundgeschäft auf den Gewinn oder Verlust auswirkt, und wann dies geschieht) wirken sich auch auf den Zeitraum aus, über den der Zeitwert einer Option, mit der ein zeitraumbezogenes Grundgeschäft abgesichert wird, amortisiert wird, der mit dem Zeitraum übereinstimmt, über den sich der innere Wert der Option in Einklang mit der Bilanzierung von Sicherungsbeziehungen auf den Gewinn oder Verlust auswirken kann. Wenn eine Zinssatzoption (Cap) zum Schutz vor Erhöhungen der Zinsaufwendungen bei einer variabel verzinslichen Anleihe eingesetzt wird, wird der Zeitwert dieses Caps über den gleichen Zeitraum, über den sich jeglicher innerer Wert des Caps auf den Gewinn oder Verlust auswirken würde, erfolgswirksam amortisiert:

a) wenn durch den Cap Zinssatzerhöhungen für die ersten drei Jahre der Gesamtlaufzeit der variabel verzinslichen Anleihe von fünf Jahren abgesichert werden, wird der Zeitwert dieses Caps über die ersten drei Jahre amortisiert, oder

b) wenn es sich bei dem Cap um eine Option mit zukünftigem Laufzeitbeginn zur Absicherung von Zinssatzerhöhungen für das zweite und dritte Jahr der Gesamtlaufzeit der variabel verzinslichen Anleihe von fünf Jahren handelt, wird der Zeitwert dieses Caps über das zweite und dritte Jahr amortisiert.

B6.5.31 Die Bilanzierung des Zeitwerts von Optionen gemäß Paragraph 6.5.15 gilt auch für eine Kombination aus einer erworbenen und einer geschriebenen Option (einer Verkaufs- und einer Kaufoption), die zum Zeitpunkt der Designation als Sicherungsinstrument einen Netto-Zeitwert von null aufweist (allgemein als „Zero-Cost- Collar" bezeichnet). In diesem Fall erfasst ein Unternehmen sämtliche Veränderungen des Zeitwerts im sonstigen Ergebnis, obwohl die kumulierte Veränderung des Zeitwerts über den Gesamtzeitraum der Sicherungsbeziehung gleich null ist. Bezieht sich der Zeitwert der Option somit auf

a) ein transaktionsbezogenes Grundgeschäft, wäre der Betrag des Zeitwerts am Ende der Sicherungsbeziehung, mit dem das Grundgeschäft angepasst wird oder der erfolgswirksam umgegliedert wird (siehe Paragraph 6.5.15(b)), gleich null.

b) ein zeitraumbezogenes Grundgeschäft, ist der Amortisationsaufwand in Bezug auf den Zeitwert gleich null.

B6.5.32 Die Bilanzierung des Zeitwerts von Optionen gemäß Paragraph 6.5.15 gilt nur, soweit sich der Zeitwert auf das Grundgeschäft bezieht (grundgeschäftsbezogener Zeitwert). Der Zeitwert einer Option bezieht sich auf das Grundgeschäft, wenn die entscheidenden Bedingungen der Option (wie Nominalbetrag, Laufzeit und Basisobjekt) auf das Grundgeschäft abgestimmt wird. Wenn die entscheidenden Bedingungen der Option und des Grundgeschäfts daher nicht vollständig aufeinander abgestimmt sind, bestimmt ein Unternehmen den grundgeschäftsbezogenen Zeitwert, d. h. welcher Betrag des in der Prämie enthaltenen Zeitwerts (tatsächlicher Zeitwert) sich auf das Grundgeschäft bezieht (und daher gemäß Paragraph 6.5.15 bilanziert werden sollte). Ein Unternehmen bestimmt den grundgeschäftsbezogenen Zeitwert anhand der Bewertung derjenigen Option, deren entscheidende Bedingungen perfekt mit dem Grundgeschäft übereinstimmen.

B6.5.33 Wenn sich der tatsächliche Zeitwert und der grundgeschäftsbezogene Zeitwert unterscheiden, hat ein Unternehmen gemäß Paragraph 6.5.15 den Betrag, der in einer gesonderten Eigenkapitalkomponente kumuliert wird, wie folgt zu bestimmen:

a) Wenn der tatsächliche Zeitwert zu Beginn der Sicherungsbeziehung höher ist als der grundgeschäftsbezogene Zeitwert, so hat das Unternehmen
 i) den Betrag, der in einer gesonderten Eigenkapitalkomponente kumuliert wird, ausgehend vom grundgeschäftsbezogenen Zeitwert zu bestimmen und
 ii) die Differenzen zwischen den Veränderungen des beizulegenden Zeitwerts der beiden Zeitwerte im Gewinn oder Verlust zu erfassen.

b) Wenn der tatsächliche Zeitwert zu Beginn der Sicherungsbeziehung geringer ist als der grundgeschäftsbezogene Zeitwert, hat das Unternehmen den Betrag zu bestimmen, der in einer gesonderten Eigenkapitalkomponente kumuliert wird, und zwar durch Bezugnahme auf die geringere der kumulierten Änderungen des beizulegenden Zeitwerts von
 i) dem tatsächlichen Zeitwert und
 ii) dem grundgeschäftsbezogenen Zeitwert.

Jegliche übrige Veränderung des beizulegenden Zeitwerts des tatsächlichen Zeitwerts ist erfolgswirksam zu erfassen.

Bilanzierung des Terminelements von Termingeschäften und Währungsbasis-Spreads von Finanzinstrumenten

B6.5.34 Ein Termingeschäft kann als zeitraumbezogen betrachtet werden, da sein Terminelement eine Gebühr für einen Zeitraum darstellt (entsprechend der Laufzeit, für die es ermittelt wird). Relevant für die Beurteilung, ob durch ein Sicherungsinstrument ein transaktions- oder zeitraumbezogenes Grundgeschäft abgesichert wird, sind jedoch die Merkmale dieses Grundgeschäfts, einschließlich der Art und Weise und des Zeitpunkts der Auswirkung im Gewinn oder Verlust. Somit beurteilt ein Unternehmen die Art des Grundgeschäfts (siehe Paragraphen 6.5.16 und 6.5.15(a)) basierend auf dem Charakter des Grundgeschäfts (unabhängig davon, ob es sich bei der Sicherungsbeziehung um eine Absicherung von Zahlungsströmen oder eine Absicherung des beizulegenden Zeitwerts handelt):

a) Das Terminelement eines Termingeschäfts bezieht sich auf ein transaktionsbezogenes Grundgeschäft, wenn der Charakter des Grundgeschäfts eine Transaktion ist, bei der das Terminelement für diese Transaktion Kostencharakter hat. Ein Beispiel hierfür ist, wenn sich das Terminelement auf ein Grundgeschäft bezieht, was zur Erfassung eines Grundgeschäfts führt, dessen erstmalige Bewertung Transaktionskosten beinhaltet (z. B. sichert ein Unternehmen einen auf eine Fremdwährung lautenden Rohstoffeinkauf, unabhängig davon, ob es sich um eine erwartete Transaktion oder eine feste Verpflichtung handelt, gegen das Währungsrisiko ab und nimmt die Transaktionskosten in die erstmalige Bewertung der Vorräte auf). Durch die Berücksichtigung des Terminelements bei der erstmaligen Bewertung des betreffenden Grundgeschäfts wirkt sich das Terminelement gleichzeitig mit diesem Grundgeschäft im Gewinn oder Verlust aus. Ebenso würde ein Unternehmen, das einen auf eine Fremdwährung lautenden Rohstoffverkauf, unabhängig davon, ob es sich um eine erwartete Transaktion oder eine feste Verpflichtung handelt, absichert, das Terminelement als Teil der mit diesem Verkauf verbundenen Kosten berücksichtigen (somit würde das Terminelement in derselben Periode wie die Erlöse aus dem abgesicherten Verkauf erfolgswirksam erfasst).

b) Das Terminelement eines Termingeschäfts bezieht sich auf ein zeitraumbezogenes Grundgeschäft, wenn der Charakter des Grundgeschäfts dergestalt ist, dass das Terminelement den Charakter von Kosten für die Absicherung gegen ein Risiko über einen bestimmten Zeitraum annimmt (jedoch führt das Grundgeschäft nicht zu einer Transaktion, die dem Begriff von Transaktionskosten gemäß (a) entspricht). Wenn beispielsweise Rohstoffvorräte mithilfe eines Rohstofftermingeschäfts mit korrespondierender Laufzeit gegen Änderungen des beizulegenden Zeitwerts für sechs Monate abgesichert werden, würde das Terminelement des Termingeschäfts über diesen 6-Monats-Zeitraum erfolgswirksam verteilt (d. h. auf systematischer und sachgerechter Grundlage amortisiert) werden. Ein weiteres Beispiel ist eine Absicherung einer Nettoinvestition in einen ausländischen Geschäftsbetrieb, die über ein Devisentermingeschäft für 18 Monate abgesichert wird, was zu einer Verteilung des Terminelements über diesen Zeitraum von 18 Monaten führen würde.

B6.5.35 Die Merkmale des Grundgeschäfts (einschließlich der Art und Weise, wie sich das Grundgeschäft auf den Gewinn oder Verlust auswirkt, und wann dies geschieht) wirken sich auch auf den Zeitraum aus, über den das Terminelement eines Termingeschäfts, mit der ein zeitraumbezogenes Grundgeschäft abgesichert wird, amortisiert wird, der mit dem Zeitraum übereinstimmt, auf den sich das Terminelement bezieht. Wenn durch ein Termingeschäft beispielsweise das Risiko von Schwankungen der 3-Monats-Zinssätze für einen Zeitraum von drei Monaten, der in sechs Monaten beginnt, abgesichert wird, wird das Terminelement über den Zeitraum, der die Monate 7 bis 9 umfasst, amortisiert.

B6.5.36 Die Bilanzierung des Terminelements eines Termingeschäfts gemäß Paragraph 6.5.16 findet auch Anwendung, wenn das Terminelement am Tag der Designation des Termingeschäfts als Sicherungsinstrument null ist. In diesem Fall hat ein Unternehmen sämtliche dem Terminelement zuzuordnenden Änderungen des beizulegenden Zeitwerts im sonstigen Ergebnis zu erfassen, obwohl die kumulierte Änderung des beizulegenden Zeitwerts, die dem Terminelement zuzuordnen ist, über den Gesamtzeitraum der Sicherungsbeziehung null ist. Bezieht sich das Terminelement eines Termingeschäfts somit auf

a) ein transaktionsbezogenes Grundgeschäft, wäre der Betrag für das Terminelement am Ende der Sicherungsbeziehung, mit dem das Grundgeschäft angepasst wird oder der erfolgswirksam umgegliedert wird (siehe Paragraphen 6.5.15(b) und 6.5.16), null.

b) ein zeitraumbezogenes Grundgeschäft, ist der Amortisationsbetrag in Bezug auf das Terminelement null.

B6.5.37 Die Bilanzierung des Terminelements von Termingeschäften gemäß Paragraph 6.5.16 gilt nur, sofern sich das Terminelement auf das Grundgeschäft bezieht (grundgeschäftsbezogenes Terminelement). Das Terminelement eines Termingeschäfts bezieht sich auf das Grundgeschäft, wenn die entscheidenden Bedingungen des Termingeschäfts (wie Nominalbetrag, Laufzeit und Basisobjekt) auf das Grundgeschäft abgestimmt sind. Sind die entscheidenden Bedingungen des Termingeschäfts und des Grundgeschäfts daher nicht vollständig aufeinander abgestimmt, hat ein Unternehmen das grundgeschäftsbezogene Terminelement zu bestimmen, d. h. welcher Betrag des im Termingeschäft enthaltenen Terminelements (tatsächliches Terminelement) sich auf das Grundgeschäft bezieht (und daher gemäß Paragraph 6.5.16 bilanziert werden sollte). Ein Unternehmen bestimmt das grundgeschäftsbezogene Terminelement anhand der Bewertung desjenigen Termingeschäfts, dessen entscheidende Bedingungen perfekt mit dem Grundgeschäft übereinstimmen.

B6.5.38 Wenn sich das tatsächliche Terminelement und das grundgeschäftsbezogene Terminelement unterscheiden, hat das Unternehmen gemäß Paragraph 6.5.16 den Betrag, der in einer gesonderten Eigenkapitalkomponente kumuliert wird, wie folgt zu bestimmen:

a) Wenn der absolute Betrag des tatsächlichen Terminelements zu Beginn der Sicherungsbeziehung höher ist als der des grundgeschäftsbezogenen Terminelements, so hat das Unternehmen

  i) den Betrag, der in einer gesonderten Eigenkapitalkomponente kumuliert wird, auf Grundlage des grundgeschäftsbezogenen Terminelements zu bestimmen und

  ii) die Differenz zwischen den Veränderungen des beizulegenden Zeitwerts der beiden Terminelemente erfolgswirksam zu erfassen.

b) Wenn der absolute Betrag des tatsächlichen Terminelements zu Beginn der Sicherungsbeziehung geringer ist als der des grundgeschäftsbezogenen Terminelements, hat das Unternehmen den Betrag zu bestimmen, der in einer gesonderten Eigenkapitalkomponente kumuliert wird, und zwar durch Bezugnahme auf die geringere der kumulierten Änderungen des beizulegenden Zeitwerts von

  i) dem absoluten Betrag des tatsächlichen Terminelements und

  ii) dem absoluten Betrag des grundgeschäftsbezogenen Terminelements.

Jegliche übrige Veränderung des beizulegenden Zeitwerts des tatsächlichen Terminelements ist erfolgswirksam zu erfassen.

B6.5.39 Wenn ein Unternehmen den Währungsbasis-Spread von einem Finanzinstrument abtrennt und es aus der Designation dieses Finanzinstruments als Sicherungsinstrument ausnimmt (siehe Paragraph 6.2.4(b)), gelten die Anwendungsleitlinien gemäß den Paragraphen B6.5.34–B6.5.38 für den Währungsbasis-Spread in der gleichen Weise wie für das Terminelement eines Termingeschäfts.

Absicherung einer Gruppe von Geschäften (Abschnitt 6.6)

Absicherung einer Nettoposition

Nettopositionen, die für die Bilanzierung von Sicherungsgeschäften und die Designation infrage kommen

B6.6.1 Eine Nettoposition kommt nur dann für die Bilanzierung von Sicherungsbeziehungen infrage, wenn ein Unternehmen zu Risikomanagementzwecken Absicherungen auf Nettobasis vornimmt. Ob ein Unternehmen Absicherungen auf diese Weise vornimmt, ist anhand von Tatsachen (und nicht bloß anhand von Zusicherungen oder Unterlagen) feststellbar. Somit kann ein Unternehmen die Bilanzierung von Sicherungsbeziehungen auf Nettobasis nicht lediglich zum Erreichen eines bestimmten Rechnungslegungsresultats anwenden, wenn dies nicht seinen Risikomanagementansatz widerspiegeln würde. Die Absicherung von Nettopositionen muss Teil einer festgelegten Risikomanagementstrategie sein. Normalerweise wird ein solcher Ansatz durch das Management in Schlüsselpositionen (im Sinne von IAS 24) genehmigt.

B6.6.2 Beispielsweise hat Unternehmen A, dessen funktionale Währung seine lokale Währung ist, eine feste Verpflichtung zur Zahlung von FWE 150000 für Werbeausgaben in neun Monaten sowie eine feste Verpflichtung zum Verkauf von Fertigwaren zu FWE 150000 in 15 Monaten. Unternehmen A schließt ein Devisenderivat ab, das in neun Monaten fällig wird und in dessen Rahmen es FWE 100 erhält und WE 70 zahlt. Unternehmen A unterliegt keinen sonstigen Währungsrisiken. Unternehmen A steuert das Währungsrisiko nicht auf Nettobasis. Somit kann Unternehmen A auf eine Sicherungsbeziehung zwischen dem Devisenderivat und einer Nettoposition von FWE 100 (bestehend aus FWE 150000 der festen Kaufverpflichtung – d. h. Werbedienstleistungen – und FWE 149900 (von den FWE 150000) der festen Verkaufsverpflichtung) für einen Zeitraum von neun Monaten nicht die Bilanzierung von Sicherungsbeziehungen anwenden.

B6.6.3 Würde Unternehmen A das Währungsrisiko auf Nettobasis steuern und hätte es das Devisenderivat nicht abgeschlossen (da sich dadurch das Währungsrisiko erhöht anstatt verringert), würde sich das Unternehmen neun Monate lang in einer natürlich abgesicherten Position befinden. Normalerweise würde sich diese abgesicherte Position nicht im Abschluss widerspiegeln, da die Transaktionen in verschiedenen künftigen Berichtsperioden erfasst werden. Die Null-Nettoposition käme nur dann für die Bilanzierung von Sicherungsbeziehungen infrage, wenn die Bedingungen des Paragraphen 6.6.6 erfüllt sind.

B6.6.4 Wird eine Gruppe von Geschäften, die eine Nettoposition bilden, als Grundgeschäft designiert, hat ein Unternehmen die vollständige Gruppe von Geschäften, in der alle die Nettoposition bildenden Geschäfte enthalten sind, zu designieren. Es darf kein unspezifisches abstraktes Volumen einer Nettoposition designiert werden. Ein Unternehmen hat beispielsweise eine Gruppe von festen Verkaufsverpflichtungen in neun Monaten über FWE 100 und eine Gruppe von festen Kaufverpflichtungen in 18 Monaten über FWE 120. Das Unternehmen kann kein abstraktes Volumen einer Nettoposition bis zu FWE 20 designieren, sondern muss stattdessen einen Bruttowert von Käufen und einen Bruttowert von Verkäufen designieren, die zusammen die abgesicherte Nettoposition ergeben. Ein Unternehmen hat die Bruttopositionen, welche die Nettoposition ergeben, so zu designieren, sodass es die Anforderungen an die Bilanzierung zulässiger Sicherungsbeziehungen erfüllen kann.

Anwendung der Anforderungen an die Wirksamkeit der Absicherung auf die Absicherung einer Nettoposition

B6.6.5 Ermittelt ein Unternehmen im Zuge der Absicherung einer Nettoposition, ob die in Paragraph 6.4.1(c) festgelegten Anforderungen an die Wirksamkeit der Absicherung erfüllt sind, hat es die Wertänderungen der Grundgeschäfte in der Nettoposition mit ähnlicher Auswirkung wie das Sicherungsinstrument in Verbindung mit der Veränderung des beizulegenden Zeitwerts bei dem Sicherungsinstrument zu berücksichtigen. Ein Unternehmen verfügt beispielsweise über eine Gruppe von festen Verkaufsverpflichtungen in neun Monaten über FWE 100 und eine Gruppe von festen Kaufverpflichtungen in 18 Monaten über FWE 120. Es sichert das Währungsrisiko der Nettoposition von FWE 20 mit einem Devisentermingeschäft über FWE 20 ab. Bei der Feststellung, ob die in Paragraph 6.4.1(c) festgelegten Anforderungen an die Wirksamkeit der Absicherung erfüllt sind, hat das Unternehmen die Beziehung zwischen

a) der Veränderung des beizulegenden Zeitwerts bei dem Devisentermingeschäft zusammen mit den mit dem Währungsrisiko verbundenen Wertänderungen der festen Verkaufsverpflichtungen und

b) den mit dem Währungsrisiko verbundenen Wertänderungen der festen Kaufverpflichtungen zu berücksichtigen.

B6.6.6 Wenn das Unternehmen in dem in Paragraph B6.6.5 genannten Beispiel eine Null-Nettoposition hätte, würde es die Beziehung zwischen den mit dem Währungsrisiko verbundenen Wertänderungen der festen Verkaufsverpflichtungen und den mit dem Währungsrisiko verbundenen Wertänderungen der festen Kaufverpflichtungen bei der Ermittlung berücksichtigen, ob die in Paragraph 6.4.1(c) genannten Anforderungen an die Wirksamkeit der Absicherung erfüllt sind.

Zahlungsstromabsicherungen, die eine Nettoposition bilden

B6.6.7 Wenn ein Unternehmen eine Gruppe von Geschäften mit gegenläufigen Risikopositionen (d. h. eine Nettoposition) absichert, hängt es von der Art der Absicherung ab, ob eine Bilanzierung von Sicherungsbeziehungen in Frage kommt. Handelt es sich bei der Absicherung um eine Absicherung des beizulegenden Zeitwerts, kann die Nettoposition als Grundgeschäft infrage kommen. Handelt es sich allerdings um eine Absicherung von Zahlungsströmen, kann die Nettoposition nur dann als Grundgeschäft infrage kommen, wenn es sich um eine Absicherung eines Währungsrisikos handelt und bei der Designation dieser Nettoposition sowohl die Berichtsperiode festgelegt wurde, in der sich die erwarteten Transaktionen voraussichtlich auf den Gewinn oder Verlust auswirken, als auch deren Art und Volumen.

B6.6.8 Ein Unternehmen hat beispielsweise eine Nettoposition bestehend aus einem Bottom Layer von FWE 100 an Verkäufen und einem Bottom Layer von FWE 150 an Käufen. Sowohl die Verkäufe als auch die Käufe lauten auf die gleiche Fremdwährung. Um die Designation der abgesicherten Nettoposition hinreichend zu spezifizieren, legt das Unternehmen in der ursprünglichen Dokumentation der Sicherungsbeziehung fest, dass die Verkäufe Produkt A oder Produkt B und die Käufe Maschinen des Typs A, Maschinen des Typs B und Rohstoff A betreffen können. Ferner legt das Unternehmen die Volumen der Transaktionen je nach Art fest. Das Unternehmen dokumentiert, dass sich der Bottom Layer der Verkäufe (FWE 100) aus einem erwarteten Verkaufsvolumen der ersten FWE 70 von Produkt A und der ersten FWE 30 von Produkt B zusammensetzt. Wenn sich diese Verkaufsvolumen voraussichtlich in verschiedenen Berichtsperioden auf den Gewinn oder Verlust auswirken, würde das Unternehmen dies in die Dokumentation aufnehmen, z. B. die ersten FWE 70 aus dem Verkauf von Produkt A, die sich voraussichtlich in der ersten Berichtsperiode auf den Gewinn oder Verlust auswirken werden, und die ersten FWE 30 aus dem Verkauf von Produkt B, die sich voraussichtlich in der zweiten Berichtsperiode auf den Gewinn oder Verlust auswirken werden. Außerdem dokumentiert das Unternehmen, dass der Bottom Layer der Käufe (FWE 150) sich aus Käufen der ersten FWE 60 von Maschinen des Typs A, der ersten FWE 40 von Maschinen des Typs B und der ersten FWE 50 von Rohstoff A zusammensetzt. Wenn sich diese Kaufvolumen voraussichtlich in verschiedenen Berichtsperioden auf den Gewinn oder Verlust auswirken, würde das Unternehmen in die Dokumentation eine Aufschlüsselung der Kaufvolumen nach den Berichtsperioden, in denen sie sich voraussichtlich auf den Gewinn oder Verlust auswirken, aufnehmen (ähnlich wie es die Verkaufsvolumen dokumentiert). Beispielsweise könnte die erwartete Transaktion wie folgt spezifiziert werden:

a) die ersten FWE 60 an Käufen von Maschinen des Typs A, die sich voraussichtlich ab der dritten Berichtsperiode über die nächsten zehn Berichtsperioden auf den Gewinn oder Verlust auswirken,

b) die ersten FWE 40 an Käufen von Maschinen des Typs B, die sich voraussichtlich ab der vierten Berichtsperiode über die nächsten 20 Berichtsperioden auf den Gewinn oder Verlust auswirken, und

c) die ersten FWE 50 an Käufen von Rohstoff A, die voraussichtlich in der dritten Berichtsperiode geliefert werden und in dieser und in der nächsten Berichtsperiode verkauft werden, d. h sich auf den Gewinn oder Verlust auswirken.

Bei der Spezifikation der Art der erwarteten Transaktionsvolumen würden Aspekte wie das Abschreibungsmuster bei Sachanlagen in ähnlicher Weise berücksichtigt, wenn diese Anlagen so beschaffen sind, dass das Abschreibungsmuster je nach Verwendung dieser Anlagen durch das Unternehmen variieren könnte. Wenn das Unternehmen z. B. Maschinen des Typs A in zwei verschiedenen Produktionsprozessen einsetzt, was zur linearen Abschreibung über zehn Berichtsperioden und zur leistungsabhängigen Abschreibung führt, würde das erwartete Kaufvolumen für Maschinen des Typs A in seiner Dokumentation nach dem jeweiligen Abschreibungsmuster aufgeschlüsselt werden.

B6.6.9 Bei einer Absicherung von Zahlungsströmen bei einer Nettoposition umfassen die gemäß Paragraph 6.5.11 ermittelten Beträge die Wertänderungen der Grundgeschäfte in der Nettoposition mit ähnlicher Auswirkung wie das Sicherungsinstrument in Verbindung mit der Änderung des beizulegenden Zeitwerts bei dem Sicherungsinstrument. Allerdings werden die Wertänderungen der Grundgeschäfte in der Nettoposition mit ähnlicher Auswirkung wie das Sicherungsinstrument erst im Zuge der Erfassung der Transaktionen, auf die sie sich beziehen, erfasst, beispielsweise wenn ein erwarteter Verkauf als Erlös erfasst wird. Ein Unternehmen verfügt beispielsweise über eine Gruppe von hochwahrscheinlichen erwarteten Verkäufen in neun Monaten über FWE 100 und eine Gruppe von hochwahrscheinlichen erwarteten Käufen in 18 Monaten über FWE 120. Es sichert das Währungsrisiko der Nettoposition von FWE 20 mit einem Devisentermingeschäft über FWE 20 ab. Bei der Ermittlung der Beträge, die in der Rücklage für die Absicherung von Zahlungsströmen gemäß Paragraph 6.5.11(a) und 6.5.11(b) erfasst werden, vergleicht das Unternehmen

a) die Veränderung des beizulegenden Zeitwerts bei dem Devisentermingeschäft samt der mit dem Währungsrisiko verbundenen Wertänderungen der hochwahrscheinlichen erwarteten Verkäufe mit

b) den mit dem Währungsrisiko verbundenen Wertänderungen der hochwahrscheinlichen erwarteten Käufe.

Allerdings erfasst das Unternehmen auf das Devisentermingeschäft bezogene Beträge nur bis zu dem Zeitpunkt, zu dem die hochwahrscheinlichen erwarteten Verkaufstransaktionen in der Bilanz erfasst und auch die Gewinne oder Verluste bei diesen erwarteten Transaktionen erfasst werden (d. h. die Wertänderung, die der Veränderung des Wechselkurses zwischen der Designation der Sicherungsbeziehung und der Erfassung der Erlöse zuzuschreiben ist).

B6.6.10 Wenn das Unternehmen in dem Beispiel eine Null-Nettoposition hätte, würde es die mit dem Währungsrisiko verbundenen Wertänderungen der hochwahrscheinlichen erwarteten Verkäufe mit den mit dem Währungsrisiko verbundenen Wertänderungen der hochwahrscheinlichen erwarteten Käufe vergleichen. Allerdings werden diese Beträge erst erfasst, wenn die zugehörigen erwarteten Transaktionen in der Bilanz erfasst werden.

Layer aus Gruppen von Geschäften, der als Grundgeschäft designiert wird

B6.6.11 Aus denselben wie in Paragraph B6.3.19 beschriebenen Gründen muss bei der Designation der Layerkomponenten von Gruppen von bestehenden Geschäften der Nominalbetrag der Gruppe von Geschäften, aus denen die abgesicherte Layerkomponente definiert wird, genau spezifiziert werden.

B6.6.12 Eine Sicherungsbeziehung kann Layer aus verschiedenen Gruppen von Geschäften umfassen. Beispielsweise kann die Sicherungsbeziehung im Rahmen einer Absicherung einer Gruppe von Vermögenswerten und einer Gruppe von Verbindlichkeiten eine Layerkomponente der Gruppe von Vermögenswerten zusammen mit einer Layerkomponente der Gruppe von Verbindlichkeiten umfassen.

Darstellung der Gewinne oder Verluste aus dem Sicherungsinstrument

B6.6.13 Wenn Geschäfte in einer Absicherung von Zahlungsströmen gemeinsam als Gruppe abgesichert werden, könnten sie sich auf verschiedene Posten in der Gewinn- und Verlustrechnung bzw. Gesamtergebnisrechnung auswirken. Die Darstellung der Sicherungsgewinne oder -verluste in dieser Rechnung hängt von der Gruppe von Geschäften ab.

B6.6.14 Wenn für die Gruppe von Geschäften keine gegenläufigen Risikopositionen vorliegen (z. B. eine Gruppe von Fremdwährungsaufwendungen, bei denen das Währungsrisiko abgesichert ist und die sich auf verschiedene Posten in der Gewinn- und Verlustrechnung bzw. Gesamtergebnisrechnung auswirken), werden die umgegliederten Gewinne oder Verluste aus dem Sicherungsinstrument den von den Geschäften betroffenen Posten anteilig zugeordnet. Diese anteilige Zuordnung erfolgt auf systematischer und sachgerechter Grundlage und darf nicht zum Bruttoausweis der aus einem einzelnen Sicherungsinstrument resultierenden Nettogewinne oder -verluste führen.

B6.6.15 Wenn für die Gruppe von Geschäften gegenläufige Risikopositionen vorliegen (z. B. eine Gruppe von auf eine Fremdwährung lautenden Verkäufen und Aufwendungen, bei denen das Währungsrisiko gemeinsam abgesichert ist), stellt das Unternehmen die Sicherungsgewinne oder -verluste in der Gewinn- und Verlustrechnung bzw. Gesamtergebnisrechnung in einem gesonderten Posten dar. Betrachten wir beispielsweise eine Absicherung des Währungsrisikos einer Nettoposition von Fremdwährungsverkäufen über FWE 100 und Fremdwährungsaufwendungen von FWE 80 unter Einsatz eines Devisentermingeschäfts über FWE 20. Der Gewinn oder Verlust aus dem Devisentermingeschäft, der aus der Rücklage für die Absicherung von Zahlungsströmen erfolgswirksam umgegliedert wird (wenn die Nettoposition sich auf den Gewinn oder Verlust auswirkt), wird in einem von den abgesicherten Verkäufen und Aufwendungen gesonderten Posten ausgewiesen. Treten die Verkäufe darüber hinaus in einer früheren Periode als die Aufwendungen ein, werden die Verkaufserlöse dennoch zum Kassakurs gemäß IAS 21 bewertet. Die zugehörigen Sicherungsgewinne oder -verluste werden in einem gesonderten Posten ausgewiesen, sodass sich die Auswirkung der Absicherung der Nettoposition im Gewinn oder Verlust widerspiegelt, wobei die Rücklage für die Absicherung von Zahlungsströmen entsprechend angepasst wird. Wenn die abgesicherten Aufwendungen sich in einer späteren Periode auf den Gewinn oder Verlust auswirken, wird der zuvor in der Rücklage für die Absicherung von Zahlungsströmen erfasste Sicherungsgewinn oder -verlust aus den Verkäufen erfolgswirksam umgegliedert und in einem Posten gesondert von dem, in dem die abgesicherten, gemäß IAS 21 zum Kassakurs bewerteten Aufwendungen enthalten sind, ausgewiesen.

B6.6.16 Bei einigen Arten von Absicherungen des beizulegenden Zeitwerts liegt der Zweck der Absicherung nicht primär im Ausgleich der Veränderung des beizulegenden Zeitwerts des Grundgeschäfts, sondern in der Umwandlung der Zahlungsströme aus dem Grundgeschäft. Ein Unternehmen sichert beispielsweise das Zinsänderungsrisiko des beizulegenden Zeitwerts eines festverzinslichen Schuldinstruments mit einem Zinsswap ab. Die Sicherungszielsetzung des Unternehmens besteht in der Umwandlung der festverzinslichen Zahlungsströme in variabel verzinsliche Zahlungsströme. Diese Zielsetzung spiegelt sich in der Bilanzierung der Sicherungsbeziehung durch die laufende, erfolgswirksame Erfassung der Nettoverzinsung aus dem Zinsswap wider. Im Falle der Absicherung einer Nettoposition (beispielsweise einer Nettoposition aus einem fest verzinslichen Vermögenswert und einer fest verzinslichen Verbindlichkeit) muss diese Nettoverzinsung in einem gesonderten Posten in der Gewinn- und Verlustrechnung bzw. Gesamtergebnisrechnung ausgewiesen werden. Auf diese Weise soll ein Bruttoausweis der Nettogewinne oder -verluste eines einzelnen Instruments in Form gegenläufiger Bruttowerte und deren Erfassung als unterschiedliche Posten vermieden werden (dies verhindert z. B. den Bruttoausweis der Nettozinserträge aus einem einzelnen Zinsswap als Bruttozinserträge und Bruttozinsaufwendungen).

DATUM DES INKRAFTTRETENS UND ÜBERGANGSVORSCHRIFTEN (KAPITEL 7)

Übergangsvorschriften (Abschnitt 7.2)

Zu Handelszwecken gehaltene finanzielle Vermögenswerte

B7.2.1 Zum Zeitpunkt der erstmaligen Anwendung des vorliegenden Standards muss ein Unternehmen nicht bestimmen, ob die Zielsetzung seines Geschäftsmodells zur Steuerung finanzieller Vermögenswerte die in Paragraph 4.1.2 (a) oder Paragraph 4.1.2A(a) genannte Bedingung erfüllt oder ob ein finanzieller Vermögenswert für das Wahlrecht nach Paragraph 5.7.5 in Betracht kommt. Zu diesem Zweck hat das Unternehmen zu beurteilen, ob finanzielle Vermögenswerte die Definition von „zu Handelszwecken gehalten" erfüllen würden, so als ob sie zum Zeitpunkt der erstmaligen Anwendung erworben worden wären.

Wertminderung

B7.2.2 Beim Übergang sollte ein Unternehmen versuchen, das Ausfallrisiko beim erstmaligen Ansatz unter Berücksichtigung aller angemessenen und belastbaren Informationen, die ohne unangemessenen Kosten- oder Zeitaufwand verfügbar sind, durch Näherung zu bestimmen. Ein Unternehmen muss zum Übergangszeitpunkt keine umfassende Suche nach Informationen durchführen, um zu bestimmen, ob es seit dem erstmaligen Ansatz signifikante Erhöhungen des Ausfallrisikos gegeben hat. Wenn ein Unternehmen dies nicht ohne unangemessenen Kosten- oder Zeitaufwand bestimmen kann, findet Paragraph 7.2.20 Anwendung.

B7.2.3 Um die Wertberichtigung bei Finanzinstrumenten, die vor dem Zeitpunkt der erstmaligen Anwendung erstmalig angesetzt wurden (oder Kreditzusagen oder finanziellen Garantien, bei denen das Unternehmen vor dem Zeitpunkt der erstmaligen Anwendung Vertragspartei geworden ist) zu bestimmen, hat ein Unternehmen sowohl beim Übergang als auch bei der Ausbuchung dieser Posten Informationen zu berücksichtigen, die für die Bestimmung oder Näherung des Ausfallrisikos beim erstmaligen Ansatz relevant sind. Zur Bestimmung oder Näherung des anfänglichen Ausfallrisikos kann ein Unternehmen interne und externe Informationen, einschließlich Portfolioinformationen, gemäß den Paragraphen B5.5.1–B5.5.6 berücksichtigen.

B7.2.4 Ein Unternehmen mit wenig historischen Informationen kann Informationen aus internen Berichten und Statistiken (die eventuell bei der Entscheidung über die Einführung eines neuen Produkts erstellt wurden), Informationen über ähnliche Produkte oder Erfahrungswerte von Vergleichsunternehmen derselben Branche für vergleichbare Finanzinstrumente, falls relevant, heranziehen.

DEFINITIONEN (ANHANG A)

Derivate

BA.1 Typische Beispiele für Derivate sind Futures und Forwards sowie Swaps und Optionen. Ein Derivat hat in der Regel einen Nennbetrag in Form eines Währungsbetrags, einer Anzahl von Aktien, einer Anzahl von Einheiten gemessen in Gewicht oder Volumen oder anderer im Vertrag genannter Einheiten. Ein Derivat beinhaltet jedoch nicht die Verpflichtung aufseiten des Inhabers oder Stillhalters, den Nennbetrag bei Vertragsbeginn auch tatsächlich zu investieren oder in Empfang zu nehmen. Alternativ könnte ein Derivat zur Zahlung eines festen Betrags oder eines Betrags, der sich infolge des Eintretens eines künftigen, vom Nennbetrag unabhängigen Sachverhalts (jedoch nicht proportional zu einer Änderung des Basiswerts) ändern kann, verpflichten. So kann beispielsweise eine Vereinbarung zu einer festen Zahlung von WE 1.000 verpflichten, wenn der 6-Monats-LIBOR um 100 Basispunkte steigt. Eine derartige Vereinbarung stellt auch ohne die Angabe eines Nennbetrags ein Derivat dar.

BA.2 Unter die Definition eines Derivats fallen im vorliegenden Standard Verträge, die auf Bruttobasis durch Lieferung des Basiswerts erfüllt werden (beispielsweise ein Termingeschäft über den Kauf eines festverzinslichen Schuldinstruments). Ein Unternehmen kann einen Vertrag über den Kauf oder Verkauf eines nichtfinanziellen Postens geschlossen haben, der durch einen Nettoausgleich in bar oder anderen Finanzinstrumenten oder durch den Tausch von Finanzinstrumenten erfüllt werden kann (beispielsweise ein Vertrag über den Kauf oder Verkauf eines Rohstoffs zu einem festen Preis zu einem zukünftigen Termin). Ein derartiger Vertrag fällt in den Anwendungsbereich des vorliegenden Standards, soweit er nicht zum Zweck der Lieferung eines nichtfinanziellen Postens gemäß dem erwarteten Einkaufs-, Verkaufs- oder Nutzungsbedarf des Unternehmens geschlossen wurde und in diesem Sinne weiter gehalten wird. Anwendung findet der vorliegende Standard jedoch auf Verträge für den erwarteten Einkaufs-, Verkaufs- oder Nutzungsbedarf des Unternehmens, wenn das Unternehmen eine Designation gemäß Paragraph 2.5 (siehe Paragraphen 2.4–2.7) vornimmt.

BA.3 Eines der Kennzeichen eines Derivats besteht darin, dass es eine Anfangsauszahlung erfordert, die im Vergleich zu anderen Vertragsformen, von denen zu erwarten ist, dass sie in ähnlicher Weise auf Änderungen der Marktbedingungen reagieren, geringer ist. Ein Optionsvertrag erfüllt diese Definition, da die Prämie geringer ist als die Investition, die für den Erwerb des zugrunde liegenden Finanzinstruments, an das die Option gekoppelt ist, erforderlich wäre. Ein Währungsswap, der zu Beginn einen Tausch verschiedener Währungen mit dem gleichen beizulegenden Zeitwert erfordert, erfüllt diese Definition, da keine Anfangsauszahlung erforderlich ist.

BA.4 Durch einen marktüblichen Kauf oder Verkauf entsteht zwischen dem Handelstag und dem Erfüllungstag eine Festpreisverpflichtung, die die Definition eines Derivats erfüllt. Auf Grund der kurzen Dauer der Verpflichtung wird ein solcher Vertrag jedoch nicht als Derivat erfasst. Stattdessen schreibt der vorliegende Standard eine spezielle Bilanzierung für solche marktüblichen Verträge vor (siehe Paragraphen 3.1.2 und B3.1.3–B3.1.6).

BA.5 Die Definition eines Derivats bezieht sich auf nichtfinanzielle Variablen, die nicht spezifisch für eine Partei des Vertrages sind. Diese beinhalten einen Index zu Erdbebenschäden in einem bestimmten Gebiet und einen Index zu Temperaturen in einer bestimmten Stadt. Nichtfinanzielle Variablen, die spezifisch für eine Partei dieses Vertrages sind, beinhalten das Eintreten oder Nichteintreten eines Feuers, das einen Vermögenswert einer Vertragspartei beschädigt oder zerstört. Eine Änderung des beizulegenden Zeitwerts eines nichtfinanziellen Vermögenswerts ist spezifisch für den Eigentümer, wenn der beizulegende Zeitwert nicht nur Änderungen der Marktpreise für solche Vermögenswerte (eine finanzielle Variable) widerspiegelt, sondern auch den Zustand des bestimmten, im Eigentum befindlichen nichtfinanziellen Vermögenswerts (eine nichtfinanzielle Variable). Wenn beispielsweise eine Garantie über den Restwert eines bestimmten Fahrzeugs den Garantiegeber dem Risiko von Änderungen des physischen Zustands des Fahrzeugs aussetzt, so ist die Änderung dieses Restwerts spezifisch für den Eigentümer des Fahrzeugs.

Zu Handelszwecken gehaltene finanzielle Vermögenswerte und Verbindlichkeiten

BA.6 Handel ist normalerweise durch eine aktive und häufige Kauf- und Verkaufstätigkeit gekennzeichnet, und zu Handelszwecken gehaltene Finanzinstrumente dienen im Regelfall der Gewinnerzielung aus kurzfristigen Schwankungen der Preise oder Händlermargen.

BA.7 Zu den zu Handelszwecken gehaltenen finanziellen Verbindlichkeiten gehören:
a) derivative Verbindlichkeiten, die nicht als Sicherungsinstrumente bilanziert werden,
b) Lieferverpflichtungen eines Leerverkäufers (d. h. eines Unternehmens, das geliehene, noch nicht in seinem Besitz befindliche finanzielle Vermögenswerte verkauft),
c) finanzielle Verbindlichkeiten, die mit der Absicht eingegangen wurden, in kurzer Frist zurückgekauft zu werden (beispielsweise ein notiertes Schuldinstrument, das vom Emittenten je nach Änderung seines beizulegenden Zeitwerts kurzfristig zurückgekauft werden kann), und
d) finanzielle Verbindlichkeiten, die Teil eines Portfolios eindeutig identifizierter und gemeinsam verwalteter Finanzinstrumente sind, für die in der jüngeren Vergangenheit Nachweise für kurzfristige Gewinnmitnahmen bestehen.

BA.8 Allein die Tatsache, dass eine Verbindlichkeit zur Finanzierung von Handelsaktivitäten verwendet wird, genügt nicht, um sie als „zu Handelszwecken gehalten" einzustufen.

3/9. IFRS 10

INTERNATIONAL FINANCIAL REPORTING STANDARD 10
Konzernabschlüsse

IFRS 10, VO (EU) 2023/1803

Gliederung	§§
ZIELSETZUNG	1
Erreichen der Zielsetzung	2–3
ANWENDUNGSBEREICH	4–4B
BEHERRSCHUNG	5–18
Verfügungsgewalt	10–14
Renditen	15–16
Verknüpfung zwischen Verfügungsgewalt und Renditen	17–18
RECHNUNGSLEGUNGSVORSCHRIFTEN	19–26
Nicht beherrschende Anteile	22–24
Verlust der Beherrschung	25–26
FESTSTELLUNG, OB ES SICH BEI EINEM UNTERNEHMEN UM EINE INVESTMENTGESELLSCHAFT HANDELT	27–30
INVESTMENTGESELLSCHAFTEN: AUSNAHME VON DER KONSOLIDIERUNG	31–33
ANHANG A: DEFINITIONEN	
ANHANG B: ANWENDUNGSLEITLINIEN	B1
BEURTEILUNG, OB BEHERRSCHUNG VORLIEGT	B2–B85
Zweck und Ausgestaltung eines Beteiligungsunternehmens	B5–B8
Verfügungsgewalt	B9–B54
Maßgebliche Tätigkeiten und Lenkung der maßgeblichen Tätigkeiten	B11–B13
Rechte, die einem Investor die Verfügungsgewalt über ein Beteiligungsunternehmen geben	B14–B21
Substanzielle Rechte	B22–B25
Schutzrechte	B26–B28
Franchiseverträge	B29–B33
Stimmrechte	B34
Verfügungsgewalt mit Stimmrechtsmehrheit	B35
Stimmrechtsmehrheit, aber keine Verfügungsgewalt	B36–B37
Verfügungsgewalt ohne Stimmrechtsmehrheit	B38
Vertragliche Vereinbarung mit anderen Stimmrechtsinhabern	B39
Rechte aus anderen vertraglichen Vereinbarungen	B40
Die Stimmrechte des Investors	B41–B46
Potenzielle Stimmrechte	B47–B50
Verfügungsgewalt in Fällen, in denen Stimm- oder ähnliche Rechte keinen signifikanten Einfluss auf die Renditen des Beteiligungsunternehmens haben	B51–B54
Risiko durch oder Anrechte auf schwankende Renditen aus einem Beteiligungsunternehmen	B55–B57
Verknüpfung zwischen Verfügungsgewalt und Renditen	B58–B72
Delegierte Verfügungsgewalt	B58–B61
Umfang der Entscheidungsbefugnis	B62–B63
Rechte anderer Parteien	B64–B67
Vergütung	B68–B70
Risiko schwankender Renditen aus anderen Anteilen	B71–B72
Beziehung zu anderen Parteien	B73–B75
Beherrschung gewisser Vermögenswerte	B76–B79
Fortlaufende Beurteilung	B80–B85

3/9. IFRS 10
1 – 4

FESTSTELLUNG, OB ES SICH BEI EINEM UNTERNEHMEN UM EINE INVESTMENTGESELLSCHAFT HANDELT	B85A – B85W
Geschäftszweck	B85B–B85J
Ausstiegsstrategien	B85F–B85H
Erträge aus Beteiligungen	B85I–B85J
Bewertung zum beizulegenden Zeitwert	B85K–B85M
Typische Merkmale einer Investmentgesellschaft	B85N–B85W
Mehr als eine Beteiligung	B85O–B85P
Mehr als ein Investor	B85Q–B85S
Nicht nahestehende Investoren	B85T–B85U
Eigentumsanteile	B85V–B85W
RECHNUNGSLEGUNGSVORSCHRIFTEN	B86–B99
Konsolidierungsverfahren	B86
Einheitliche Rechnungslegungsmethoden	B87
Bewertung	B88
Potenzielle Stimmrechte	B89–B91
Abschlussstichtag	B92–B93
Nicht beherrschende Anteile	B94–B95
Veränderungen bei der Beteiligungsquote nicht beherrschender Anteile	B96
Verlust der Beherrschung	B97–B99
BILANZIERUNG EINER ÄNDERUNG DES STATUS ALS INVESTMENTGESELLSCHAFT	B100–B101
ANHANG C: ZEITPUNKT DES INKRAFTTRETENS UND ÜBERGANGSVORSCHRIFTEN	
ZEITPUNKT DES INKRAFTTRETENS	C1–C1D
ÜBERGANGSVORSCHRIFTEN	C2–C7
Verweise auf die „unmittelbar vorangegangene Periode"	C6A–C6B
Verweise auf IFRS 9	C7
RÜCKNAHME ANDERER IFRS	C8–C9

ZIELSETZUNG

1 Zielsetzung dieses IFRS ist die Festlegung von Grundsätzen für die Darstellung und Aufstellung von Konzernabschlüssen, wenn ein Unternehmen ein oder mehrere andere Unternehmen beherrscht.

Erreichen der Zielsetzung

2 Um die in Paragraph 1 genannte Zielsetzung zu erreichen,

a) verpflichtet dieser IFRS ein Unternehmen (das *Mutterunternehmen*), das ein oder mehrere andere Unternehmen (*Tochterunternehmen*) beherrscht, zur Vorlage eines Konzernabschlusses,

b) definiert dieser IFRS den Grundsatz der *Beherrschung* und legt Beherrschung als Grundlage der Konsolidierung fest,

c) regelt dieser IFRS, wie der Grundsatz der Beherrschung anzuwenden ist, um festzustellen, ob ein Investor ein Beteiligungsunternehmen beherrscht und es somit konsolidieren muss,

d) enthält dieser IFRS die Bilanzierungsvorschriften für die Aufstellung von Konzernabschlüssen und

e) definiert dieser IFRS den Begriff der Investmentgesellschaft und legt eine Ausnahme von der Konsolidierung bestimmter Tochterunternehmen einer Investmentgesellschaft fest.

3 Nicht behandelt werden in diesem IFRS die Bilanzierungsvorschriften für Unternehmenszusammenschlüsse und deren Auswirkungen auf die Konsolidierung, einschließlich eines aus einem Unternehmenszusammenschluss hervorgehenden Geschäfts- oder Firmenwerts (siehe IFRS 3 *Unternehmenszusammenschlüsse*).

ANWENDUNGSBEREICH

4 Ein Unternehmen, das ein Mutterunternehmen ist, muss einen Konzernabschluss aufstellen. Dieser IFRS ist mit folgenden Ausnahmen auf alle Unternehmen anzuwenden:

a) Ein Mutterunternehmen muss keinen Konzernabschluss aufstellen, wenn es alle nachfolgend genannten Bedingungen erfüllt:

i) es ist ein hundertprozentiges Tochterunternehmen oder ein teilweise im Besitz eines anderen Unternehmens stehendes Tochterunternehmen und seine anderen Eigentümer, einschließlich der nicht stimmberechtigten, sind darüber unterrichtet, dass das Mutterunternehmen keinen Konzernabschluss aufstellt, und erheben dagegen keine Einwände,

3/9. IFRS 10

ii) seine Schuld- oder Eigenkapitalinstrumente werden an keinem öffentlichen Markt (einer inländischen oder ausländischen Wertpapierbörse oder im Freiverkehr, einschließlich lokaler und regionaler Märkte) gehandelt,

iii) es hat seine Abschlüsse weder bei einer Wertpapieraufsichtsbehörde noch einer sonstigen Regulierungsbehörde zwecks Emission beliebiger Kategorien von Instrumenten an einem öffentlichen Markt eingereicht oder ist im Begriff, dies zu tun, und

iv) sein oberstes oder ein zwischengeschaltetes Mutterunternehmen stellt einen IFRS-konformen Abschluss auf, der veröffentlicht wird und in dem Tochtergesellschaften entweder konsolidiert oder gemäß diesem IFRS erfolgswirksam zum beizulegenden Zeitwert bewertet werden.

b) [gestrichen].
c) [gestrichen].

4A Dieser IFRS gilt nicht für Pläne für Leistungen nach Beendigung des Beschäftigungsverhältnisses oder andere langfristige Leistungen an Arbeitnehmer, auf die IAS 19 *Leistungen an Arbeitnehmer* Anwendung findet.

4B Ein Mutterunternehmen, das eine Investmentgesellschaft ist, muss keinen Konzernabschluss aufstellen, wenn es gemäß Paragraph 31 dieses IFRS dazu verpflichtet ist, all seine Tochterunternehmen erfolgswirksam zum beizulegenden Zeitwert zu bewerten.

BEHERRSCHUNG

5 **Ein Investor hat unabhängig von der Art seines Engagements bei einem Unternehmen (dem Beteiligungsunternehmen) zu bestimmen, ob ein Mutterunternehmen ist, und zu diesem Zweck zu beurteilen, ob er das Beteiligungsunternehmen beherrscht.**

6 **Ein Investor beherrscht ein Beteiligungsunternehmen, wenn er aufgrund seines Engagements bei dem Unternehmen schwankenden Renditen ausgesetzt ist oder Anrechte darauf hat und die Fähigkeit besitzt, diese Renditen durch seine Verfügungsgewalt über das Beteiligungsunternehmen zu beeinflussen.**

7 **Ein Investor beherrscht ein Beteiligungsunternehmen folglich nur dann, wenn er kumulativ über Folgendes verfügt:**

a) die Verfügungsgewalt über das Beteiligungsunternehmen (siehe Paragraphen 10–14),
b) das Risiko von oder Anrechte an schwankenden Renditen aus seinem Engagement bei dem Beteiligungsunternehmen (siehe Paragraphen 15 und 16) und
c) die Fähigkeit, durch Ausübung seiner Verfügungsgewalt über das Beteiligungsunternehmen die Höhe seiner Renditen zu beeinflussen (siehe Paragraphen 17 und 18).

8 Bei der Beurteilung, ob er ein Beteiligungsunternehmen beherrscht, hat der Investor sämtliche Fakten und Umstände zu berücksichtigen. Weisen Fakten und Umstände darauf hin, dass sich eines oder mehrere der in Paragraph 7 aufgeführten drei Elemente der Beherrschung verändert haben, muss der Investor erneut beurteilen, ob das Beteiligungsunternehmen von ihm beherrscht wird (siehe Paragraphen B80–B85).

9 Eine gemeinsame Beherrschung eines Beteiligungsunternehmens durch zwei oder mehr Investoren liegt vor, wenn diese bei der Lenkung der maßgeblichen Tätigkeiten zusammenwirken müssen. Da kein Investor die Tätigkeiten ohne Mitwirkung der anderen Investoren lenken kann, liegt in derartigen Fällen keine Beherrschung durch einen einzelnen Investor vor. In einem solchen Fall würde jeder Investor seinen Anteil am Beteiligungsunternehmen gemäß den maßgeblichen IFRS, wie IFRS 11 *Gemeinschaftliche Vereinbarungen*, IAS 28 *Beteiligungen an assoziierten Unternehmen und Gemeinschaftsunternehmen* oder IFRS 9 *Finanzinstrumente* bilanzieren.

Verfügungsgewalt

10 **Ein Investor besitzt Verfügungsgewalt über ein Beteiligungsunternehmen, wenn er aufgrund bestehender Rechte gegenwärtig über die Fähigkeit verfügt, die *maßgeblichen Tätigkeiten*, d. h. die Tätigkeiten, die die Renditen des Beteiligungsunternehmens signifikant beeinflussen, zu lenken.**

11 Verfügungsgewalt ergibt sich aus Rechten. Die Beurteilung der Verfügungsgewalt kann vergleichsweise einfach sein. Dies trifft beispielsweise zu, wenn sich die Verfügungsgewalt über ein Beteiligungsunternehmen unmittelbar und allein aus den Stimmrechten ableitet, die Eigenkapitalinstrumente wie Aktien gewähren. Hier ist eine Bewertung mittels Berücksichtigung der Stimmrechte aus den betreffenden Kapitalbeteiligungen möglich. In anderen Fällen kann die Beurteilung komplexer sein und die Berücksichtigung mehrerer Faktoren verlangen. Dies trifft beispielsweise zu, wenn sich Verfügungsgewalt aus einer oder mehreren vertraglichen Vereinbarung(en) ergibt.

12 Ein Investor, der die gegenwärtige Fähigkeit zur Lenkung der maßgeblichen Tätigkeiten hat, besitzt Verfügungsgewalt auch dann, wenn er seine Weisungsrechte noch nicht wahrgenommen hat. Nachweise dafür, dass der Investor maßgebliche Tätigkeiten gelenkt hat, können bei der Feststellung helfen, ob der Investor Verfügungsgewalt hat, sind für sich genommen aber kein schlüssiger Beleg dafür, dass der Investor Verfügungsgewalt über ein Beteiligungsunternehmen hat.

13 Verfügen zwei oder mehr Investoren jeweils über Rechte, die ihnen die einseitige Fähigkeit verleihen, unterschiedliche maßgebliche Tätigkeiten zu lenken, so hat derjenige Investor Verfügungsgewalt über das Beteiligungsunternehmen, der die gegenwärtige Fähigkeit zur Lenkung der-

jenigen Tätigkeiten besitzt, die die Renditen des Beteiligungsunternehmens am signifikantesten beeinflussen.

14 Ein Investor kann selbst dann die Verfügungsgewalt über ein Beteiligungsunternehmen besitzen, wenn andere Unternehmen aufgrund bestehender Rechte gegenwärtig über die Fähigkeit zur Mitbestimmung der maßgeblichen Tätigkeiten verfügen, z. B. wenn ein anderes Unternehmen *maßgeblichen Einfluss* hat. Verfügt ein Investor lediglich über Schutzrechte, kann er jedoch keine Verfügungsgewalt über ein Beteiligungsunternehmen ausüben (siehe Paragraphen B26–B28) und beherrscht dieses daher auch nicht.

Renditen

15 Ein Investor ist schwankenden Renditen aus seinem Engagement bei dem Beteiligungsunternehmen ausgesetzt oder besitzt Anrechte darauf, wenn die mit seinem Engagement erzielten Renditen aufgrund der Ertragskraft des Beteiligungsunternehmens schwanken können. Die Renditen des Investors können ausschließlich positiv, ausschließlich negativ oder sowohl positiv als auch negativ sein.

16 Auch wenn ein Beteiligungsunternehmen von nur einem Investor beherrscht werden kann, können die Renditen des Beteiligungsunternehmens auf mehrere Parteien entfallen. So können beispielsweise die Inhaber nicht beherrschender Anteile an den Gewinnen oder Ausschüttungen eines Beteiligungsunternehmens beteiligt sein.

Verknüpfung zwischen Verfügungsgewalt und Renditen

17 Ein Investor beherrscht ein Beteiligungsunternehmen, wenn er nicht nur die Verfügungsgewalt über das Beteiligungsunternehmen hat und aus seinem Engagement bei dem Beteiligungsunternehmen schwankenden Renditen ausgesetzt ist oder Anrechte darauf besitzt, sondern wenn er darüber hinaus seine Verfügungsgewalt auch dazu nutzen kann, seine Renditen aus dem Engagement bei dem Beteiligungsunternehmen zu beeinflussen.

18 Ein Investor mit Entscheidungsbefugnissen hat folglich zu bestimmen, ob er ein Prinzipal oder Agent ist. Eine Beherrschung des Beteiligungsunternehmens liegt nicht vor, wenn ein Investor, der gemäß den Paragraphen B58–B72 als Agent gilt, die an ihn delegierten Entscheidungsbefugnisse ausübt.

RECHNUNGSLEGUNGSVORSCHRIFTEN

19 Ein Mutterunternehmen hat bei der Aufstellung eines Konzernabschlusses auf gleichartige Transaktionen und sonstige Ereignisse unter ähnlichen Umständen einheitliche Rechnungslegungsmethoden anzuwenden.

20 Ein Beteiligungsunternehmen wird ab dem Zeitpunkt, zu dem der Investor die Beherrschung über das Beteiligungsunternehmen erlangt, bis zu dem Zeitpunkt, zu dem die Beherrschung durch den Investor endet, in den Konzernabschluss einbezogen.

21 Leitlinien für die Aufstellung von Konzernabschlüssen sind in den Paragraphen B86–B93 enthalten.

Nicht beherrschende Anteile

22 Ein Mutterunternehmen hat nicht beherrschende Anteile in der Konzernbilanz innerhalb des Eigenkapitals, aber getrennt vom Eigenkapital der Eigentümer des Mutterunternehmens auszuweisen.

23 Änderungen bei der Beteiligungsquote eines Mutterunternehmens an einem Tochterunternehmen, die nicht zu einem Verlust der Beherrschung über das Tochterunternehmen führen, sind Eigenkapitaltransaktionen (d. h. Transaktionen mit Eigentümern, die in ihrer Eigenschaft als Eigentümer handeln).

24 Leitlinien für die Bilanzierung nicht beherrschender Anteile im Konzernabschluss sind in den Paragraphen B94–B96 enthalten.

Verlust der Beherrschung

25 Verliert ein Mutterunternehmen die Beherrschung über ein Tochterunternehmen, hat es
a) die Vermögenswerte und Schulden des ehemaligen Tochterunternehmens aus der Konzernbilanz auszubuchen.
b) jede zurückbehaltene Beteiligung an dem ehemaligen Tochterunternehmen zu dem zum Zeitpunkt des Verlustes der Beherrschung gültigen beizulegenden Zeitwert anzusetzen. In den Folgeperioden sind die Beteiligung sowie alle Beträge, die es dem ehemaligen Tochterunternehmen schuldet oder von diesem beansprucht, gemäß den maßgeblichen IFRS zu bilanzieren. Dieser beizulegende Zeitwert ist als der beizulegende Zeitwert beim erstmaligen Ansatz eines finanziellen Vermögenswerts gemäß IFRS 9 oder, soweit sachgerecht, als Anschaffungskosten beim erstmaligen Ansatz einer Beteiligung an einem assoziierten oder Gemeinschaftsunternehmen zu betrachten.
c) den mit dem Verlust der Beherrschung verbundenen Gewinn oder Verlust, der dem ehemaligen beherrschenden Anteil zuzurechnen ist, zu erfassen.

26 Leitlinien für die Bilanzierung des Verlustes der Beherrschung sind in den Paragraphen B97–B99 enthalten.

FESTSTELLUNG, OB ES SICH BEI EINEM UNTERNEHMEN UM EINE INVESTMENTGESELLSCHAFT HANDELT

27 Ein Mutterunternehmen muss feststellen, ob es eine Investmentgesellschaft ist. Eine Investmentgesellschaft ist ein Unternehmen, das
a) **von einem oder mehreren Investoren Mittel zu dem Zweck erhält, für diese(n) Inves-**

tor(en) Kapitalanlagedienstleistungen zu erbringen,

b) sich gegenüber seinem Investor bzw. seinen Investoren verpflichtet, dass sein Geschäftszweck in der Anlage von Mitteln zum alleinigen Zweck der Erreichung von Wertsteigerungen oder der Erwirtschaftung von Kapitalerträgen oder beidem besteht, und

c) die Ertragskraft so gut wie aller seiner Beteiligungen auf Basis des beizulegenden Zeitwerts bewertet und beurteilt.

Entsprechende Anwendungsleitlinien sind in den Paragraphen B85A–B85M enthalten.

28 Ein Unternehmen hat bei der Beurteilung, ob es die Definition in Paragraph 27 erfüllt, zu prüfen, ob es die folgenden typischen Merkmale einer Investmentgesellschaft aufweist:

a) es hält mehr als eine Beteiligung (siehe Paragraphen B85O–B85P),

b) es hat mehr als einen Investor (siehe Paragraphen B85Q–B85S),

c) seine Investoren sind keine ihm nahestehenden Unternehmen oder Personen (siehe Paragraphen B85T–B85U) und

d) es hat Eigentumsanteile in Form von Eigenkapitalanteilen oder ähnlichen Anteilen (siehe Paragraphen B85V– B85W).

Das Fehlen eines oder mehrerer dieser typischen Merkmale steht der Einstufung eines Unternehmens als Investmentgesellschaft nicht zwangsläufig entgegen. Eine Investmentgesellschaft, die nicht alle dieser typischen Merkmale aufweist, macht bei der in Paragraph 9A von IFRS 12 *Angaben zu Anteilen an anderen Unternehmen* verlangten zusätzlichen Angaben.

29 Wenn Fakten und Umstände darauf hinweisen, dass bei einem oder mehreren der drei in Paragraph 27 beschriebenen Elemente der Definition einer Investmentgesellschaft oder bei den in Paragraph 28 beschriebenen typischen Merkmalen einer Investmentgesellschaft Änderungen eingetreten sind, hat das Mutterunternehmen erneut zu beurteilen, ob es eine Investmentgesellschaft ist.

30 Ein Mutterunternehmen, das keine Investmentgesellschaft mehr ist oder eine Investmentgesellschaft wird, hat die Änderung seines Status prospektiv ab dem Zeitpunkt zu bilanzieren, zu dem diese Änderung eingetreten ist (siehe Paragraphen B100–B101).

INVESTMENTGESELLSCHAFTEN: AUSNAHME VON DER KONSOLIDIERUNG

31 Mit Ausnahme des in Paragraph 32 beschriebenen Falls darf eine Investmentgesellschaft ihre Tochterunternehmen nicht konsolidieren oder IFRS 3 anwenden, wenn sie die Beherrschung über ein anderes Unternehmen erlangt. Stattdessen hat sie eine Beteiligung an einem Tochterunternehmen gemäß IFRS 9 erfolgswirksam zum beizulegenden Zeitwert zu bewerten.[1]

[1] In Paragraph C7 heißt es: „Wendet ein Unternehmen diesen IFRS, aber noch nicht IFRS 9 an, sind Bezugnahmen auf IFRS 9 als Bezugnahmen auf IAS 39 *Finanzinstrumente: Ansatz und Bewertung* zu verstehen."

32 Hat eine Investmentgesellschaft ein Tochterunternehmen, das selbst keine Investmentgesellschaft ist und dessen Hauptgeschäftszweck und -tätigkeit darin besteht, Dienstleistungen im Zusammenhang mit den Kapitalanlagetätigkeiten der Investmentgesellschaft zu erbringen (siehe Paragraphen B85C–B85E), so hat sie dieses Tochterunternehmen ungeachtet der Bestimmung in Paragraph 31 gemäß den Paragraphen 19–26 zu konsolidieren und auf den Erwerb eines solchen Tochterunternehmens die Vorschriften von IFRS 3 anzuwenden.

33 Das Mutterunternehmen einer Investmentgesellschaft hat – sofern es nicht selbst eine Investmentgesellschaft ist – alle von ihm beherrschten Unternehmen zu konsolidieren, einschließlich solcher, die von einem Tochterunternehmen, das selbst Investmentgesellschaft ist, beherrscht werden.

Anhang A
Definitionen

Dieser Anhang ist integraler Bestandteil des IFRS.

Konzernabschluss	Der Abschluss eines **Konzerns**, in dem Vermögenswerte, Schulden, Eigenkapital, Erträge, Aufwendungen und Zahlungsströme des **Mutterunternehmens** und seiner **Tochterunternehmen** so dargestellt werden, als handle es sich um ein einziges Unternehmen.
Beherrschung eines Beteiligungsunternehmens	Ein Investor beherrscht ein Beteiligungsunternehmen, wenn er aufgrund seines Engagements bei dem Beteiligungsunternehmen schwankenden Renditen ausgesetzt ist bzw. Anrechte auf diese besitzt und die Fähigkeit hat, diese Renditen durch seine Verfügungsgewalt über das Beteiligungsunternehmen zu beeinflussen.
Entscheidungsträger	Ein Unternehmen mit Entscheidungsbefugnissen, das als Prinzipal oder Agent für andere Parteien auftritt.
Konzern	Ein **Mutterunternehmen** und seine **Tochterunternehmen**.

3/9. IFRS 10
Anhang A, B1 – B3

Investmentgesellschaft	Ein Unternehmen, das a) von einem oder mehreren Investoren Mittel zu dem Zweck erhält, für diese(n) Investor(en) Kapitalanlagedienstleistungen zu erbringen, b) sich gegenüber seinem Investor bzw. seinen Investoren verpflichtet, dass sein Geschäftszweck in der Anlage von Mitteln zum alleinigen Zweck der Erreichung von Wertsteigerungen oder der Erwirtschaftung von Kapitalerträgen oder beidem besteht, und c) die Ertragskraft so gut wie aller seiner Beteiligungen auf Basis des beizulegenden Zeitwerts bewertet und beurteilt.
Nicht beherrschender Anteil	Das Eigenkapital eines **Tochterunternehmens**, das einem **Mutterunternehmen** weder unmittelbar noch mittelbar zugeordnet werden kann.
Mutterunternehmen	Ein Unternehmen, das ein oder mehrere Unternehmen **beherrscht**.
Verfügungsgewalt	Die gegenwärtige Fähigkeit, die **maßgeblichen Tätigkeiten** aufgrund bestehender Rechte zu lenken.
Schutzrechte	Rechte, mit denen die Interessen des Inhabers dieser Rechte geschützt werden sollen, ohne ihm die Verfügungsgewalt über das Unternehmen zu verleihen, auf das sich diese Rechte beziehen.
Maßgebliche Tätigkeiten	Maßgebliche Tätigkeiten im Sinne dieses IFRS sind Tätigkeiten des Beteiligungsunternehmens, die die Renditen des Beteiligungsunternehmens signifikant beeinflussen.
Abberufungsrechte	Rechte, dem Entscheidungsträger seine Entscheidungsbefugnis zu entziehen.
Tochterunternehmen	Ein Unternehmen, das von einem anderen Unternehmen beherrscht wird.

Die folgenden Begriffe sind in IFRS 11, IFRS 12 *Angaben zu Anteilen an anderen Unternehmen*, IAS 28 (in der 2011 geänderten Fassung) oder IAS 24 *Angaben über Beziehungen zu nahestehenden Unternehmen und Personen* definiert und werden in diesem IFRS in der dort angegebenen Bedeutung verwendet:

– Assoziiertes Unternehmen,
– Anteile an einem anderen Unternehmen,
– Gemeinschaftsunternehmen,
– Management in Schlüsselpositionen,
– Nahestehende Unternehmen und Personen,
– Maßgeblicher Einfluss.

Anhang B
Anwendungsleitlinien

Dieser Anhang ist integraler Bestandteil des IFRS. Er erläutert die Anwendung der Paragraphen 1–33 und hat die gleiche bindende Kraft wie die anderen Teile des IFRS.

B1 Die Beispiele in diesem Anhang stellen hypothetische Situationen dar. Auch wenn einige Aspekte in realen Sachverhalten vorkommen können, müssen bei der Anwendung von IFRS 10 alle Fakten und Umstände des jeweiligen Sachverhalts beurteilt werden.

BEURTEILUNG, OB BEHERRSCHUNG VORLIEGT

B2 Will ein Investor bestimmen, ob er ein Beteiligungsunternehmen beherrscht, muss er beurteilen, ob alles Folgende auf ihn zutrifft:

a) er hat die Verfügungsgewalt über das Beteiligungsunternehmen,

b) er ist schwankenden Renditen aus seinem Engagement bei dem Beteiligungsunternehmen ausgesetzt oder hat Anrechte darauf und

c) er ist in der Lage, durch Ausübung seiner Verfügungsgewalt über das Beteiligungsunternehmen die Höhe der Renditen des Beteiligungsunternehmens zu beeinflussen.

B3 Die Berücksichtigung folgender Faktoren kann diese Feststellung erleichtern:

a) Zweck und Ausgestaltung des Beteiligungsunternehmens (siehe Paragraphen B5–B8),

b) welches die maßgeblichen Tätigkeiten sind und wie Entscheidungen über diese Tätigkeiten getroffen werden (siehe Paragraphen B11–B13),

c) ob der Investor aufgrund seiner Rechte die gegenwärtige Fähigkeit besitzt, die maßgeblichen Tätigkeiten zu lenken (siehe Paragraphen B14–B54),

d) ob der Investor aus seinem Engagement bei dem Beteiligungsunternehmen schwankenden Renditen ausgesetzt ist oder Anrechte darauf hat (siehe Paragraphen B55–B57) und
e) ob der Investor in der Lage ist, durch Ausübung seiner Verfügungsgewalt über das Beteiligungsunternehmen die Höhe der Renditen des Beteiligungsunternehmens zu beeinflussen (siehe Paragraphen B58–B72).

B4 Bei der Beurteilung, ob er ein Beteiligungsunternehmen beherrscht, hat ein Investor die Art seiner Beziehung zu anderen Parteien zu berücksichtigen (siehe Paragraphen B73–B75).

Zweck und Ausgestaltung eines Beteiligungsunternehmens

B5 Bei der Beurteilung, ob er ein Beteiligungsunternehmen beherrscht, hat ein Investor den Zweck und die Ausgestaltung des Beteiligungsunternehmens zu berücksichtigen, um die maßgeblichen Tätigkeiten zu ermitteln und festzustellen, wie Entscheidungen über diese Tätigkeiten gefällt werden, wer die gegenwärtige Fähigkeit zur Lenkung dieser Tätigkeiten besitzt und wer die Rendite aus diesen Tätigkeiten erhält.

B6 Bei der Berücksichtigung von Zweck und Ausgestaltung eines Beteiligungsunternehmens kann klar sein, dass das Beteiligungsunternehmen über Eigenkapitalinstrumente beherrscht wird, die dem Inhaber anteilige Stimmrechte geben, wie beispielsweise Stammaktien am Beteiligungsunternehmen. Sofern keine Zusatzvereinbarungen vorliegen, die den Entscheidungsprozess verändern, konzentriert sich die Beurteilung der Beherrschung in diesem Fall auf die Frage, welche Partei gegebenenfalls genügend Stimmrechte ausüben kann, um die Geschäfts- und Finanzpolitik des Beteiligungsunternehmens zu bestimmen (siehe Paragraphen B34–B50). Im einfachsten Fall und sofern keine anderen Faktoren eine Rolle spielen, wird das Beteiligungsunternehmen von dem Investor beherrscht, der die Mehrheit dieser Stimmrechte besitzt.

B7 In komplexeren Fällen kann es zur Feststellung, ob ein Investor ein Beteiligungsunternehmen beherrscht, erforderlich sein, einige oder alle der in Paragraph B3 genannten anderen Faktoren zu berücksichtigen.

B8 Ein Beteiligungsunternehmen kann so ausgestaltet sein, dass die Stimmrechte bei der Entscheidung, wer das Unternehmen beherrscht, nicht der ausschlaggebende Faktor sind, beispielsweise wenn sich Stimmrechte nur auf administrative Aufgaben beziehen und die maßgeblichen Tätigkeiten durch vertragliche Vereinbarungen bestimmt werden. In solchen Fällen muss der Investor bei der Beurteilung des Zwecks und der Ausgestaltung des Beteiligungsunternehmens auch berücksichtigen, welchen Risiken das Beteiligungsunternehmen durch seine Ausgestaltung ausgesetzt ist, welche Risiken durch die Ausgestaltung auf die Parteien mit einem Engagement bei dem Beteiligungsunternehmen übertragen wurden und ob der Investor einigen oder allen dieser Risiken unterliegt. Hierbei sind nicht nur Abwärtsrisiken, sondern auch mögliche Aufwärtsrisiken zu berücksichtigen.

Verfügungsgewalt

B9 Für die Verfügungsgewalt über ein Beteiligungsunternehmen muss ein Investor über bestehende Rechte verfügen, die ihn gegenwärtig zur Lenkung der maßgeblichen Tätigkeiten befähigen. Bei der Beurteilung der Verfügungsgewalt sind nur substanzielle Rechte sowie Rechte, die keine Schutzrechte sind, zu berücksichtigen (siehe Paragraphen B22–B28).

B10 Die Feststellung, ob ein Investor Verfügungsgewalt besitzt, hängt davon ab, worin die maßgeblichen Tätigkeiten bestehen, wie Entscheidungen über diese Tätigkeiten getroffen werden und welche Rechte der Investor und andere Parteien in Bezug auf das Beteiligungsunternehmen haben.

Maßgebliche Tätigkeiten und Lenkung der maßgeblichen Tätigkeiten

B11 Bei vielen Beteiligungsunternehmen werden die Renditen durch eine Reihe von Geschäfts- und Finanztätigkeiten signifikant beeinflusst. Beispiele für Tätigkeiten, die abhängig von den jeweiligen Umständen maßgebliche Tätigkeiten sein können, sind unter anderem:
a) Verkauf und Kauf von Waren oder Dienstleistungen,
b) Verwaltung finanzieller Vermögenswerte während ihrer Laufzeit (auch im Verzugsfall),
c) Auswahl, Erwerb oder Veräußerung von Vermögenswerten,
d) Erforschung und Entwicklung neuer Produkte oder Verfahren und
e) Festlegung von Finanzierungsstrukturen oder Mittelbeschaffung.

B12 Beispiele für Entscheidungen über maßgebliche Tätigkeiten sind unter anderem:
a) Geschäfts- und Finanzentscheidungen des Beteiligungsunternehmens, einschließlich der Festlegung von Budgets und
b) Ernennung und Vergütung des Managements in Schlüsselpositionen oder der Dienstleister eines Beteiligungsunternehmens sowie Beendigung ihrer Dienstleistungen oder Anstellung.

B13 In einigen Fällen können Tätigkeiten sowohl vor als auch nach dem Eintreten besonderer Umstände oder eines bestimmten Ereignisses maßgebliche Tätigkeiten sein. Verfügen zwei oder mehr Investoren über die gegenwärtige Fähigkeit, die maßgeblichen Tätigkeiten zu lenken, und finden diese Tätigkeiten zu unterschiedlichen Zeitpunkten statt, müssen die Investoren bestimmen, wer von ihnen die Fähigkeit zur Lenkung derjenigen Tätigkeiten besitzt, die diese Renditen am signifikantesten beeinflussen. Dies muss mit der Behandlung gleichzeitiger Entscheidungsbefugnisse übereinstimmen (siehe Paragraph 13). Wenn sich relevante Fakten oder Umstände im Laufe der Zeit

3/9. IFRS 10
B13

ändern, müssen die Investoren diese Beurteilung im Laufe der Zeit erneut überprüfen.

Beispiel 1

Zwei Investoren gründen ein Beteiligungsunternehmen für die Entwicklung und Vermarktung eines medizinischen Produkts. Der eine Investor ist für die Entwicklung und Einholung der aufsichtsbehördlichen Zulassung des medizinischen Produkts verantwortlich. Zu dieser Verantwortung gehört die einseitige Fähigkeit, alle Entscheidungen im Zusammenhang mit der Produktentwicklung und aufsichtsrechtlichen Zulassung zu treffen. Sobald das Produkt von der Aufsichtsbehörde zugelassen wird, übernimmt der andere Investor seine Herstellung und Vermarktung – dieser Investor besitzt die einseitige Fähigkeit, alle Entscheidungen über die Herstellung und Vermarktung des Projekts zu treffen. Wenn alle Tätigkeiten – d. h. sowohl die Entwicklung und die Einholung der aufsichtsbehördlichen Zulassung als auch die Herstellung und Vermarktung des medizinischen Produkts – maßgebliche Tätigkeiten sind, muss jeder Investor feststellen, ob er die Fähigkeit zur Lenkung derjenigen Tätigkeiten hat, die die Renditen des Beteiligungsunternehmens am signifikantesten beeinflussen. Dementsprechend muss jeder Investor beurteilen, ob die Entwicklung und die Einholung der aufsichtsbehördlichen Zulassung oder die Herstellung und Vermarktung des medizinischen Produkts die Tätigkeit mit dem signifikantesten Einfluss auf die Rendite des Beteiligungsunternehmens ist, und ob er in der Lage ist, diese Tätigkeit zu lenken. Bei der Bestimmung, welcher Investor Verfügungsgewalt hat, würden die Investoren Folgendes berücksichtigen:

a) *den Zweck und die Ausgestaltung des Beteiligungsunternehmens,*

b) *die Faktoren, die für die Gewinnmarge, die Umsatzerlöse und den Wert des Beteiligungsunternehmens sowie den Wert des medizinischen Produkts ausschlaggebend sind,*

c) *die Auswirkungen der Entscheidungsbefugnisse der einzelnen Investoren bezüglich der unter b genannten Faktoren auf die Rendite des Beteiligungsunternehmens und*

d) *den Umfang, in dem die Investoren dem Risiko schwankender Renditen ausgesetzt sind.*

In diesem konkreten Beispiel würden die Investoren zudem Folgendes berücksichtigen:

e) *die Unsicherheit, ob die aufsichtsbehördliche Zulassung erteilt wird, und den damit verbundenen erforderlichen Aufwand (unter Berücksichtigung der bisherigen Erfahrungen des Investors mit der erfolgreichen Entwicklung medizinischer Produkte und der Einholung der erforderlichen aufsichtsbehördlichen Zulassung) und*

f) *welcher Investor nach dem erfolgreichen Abschluss der Entwicklungsphase die Verfügungsmacht über das medizinische Produkt besitzt.*

Beispiel 2

Es wird eine Investmentgesellschaft (das Beteiligungsunternehmen) gegründet, die mit einem von einem Investor gehaltenen Schuldinstrument (Schuldinstrument-Investor) und den von einer Reihe anderer Investoren gehaltenen Eigenkapitalinstrumenten finanziert wird. Die Eigenkapitaltranche ist so ausgelegt, dass die ersten Verluste aufgefangen werden und eine etwaige verbleibende Rendite des Beteiligungsunternehmens ihr zufließt. Einer der Eigenkapitalinvestoren, der 30 Prozent des Eigenkapitals hält, ist zugleich der Vermögensverwalter. Das Beteiligungsunternehmen erwirbt mit seinen Mitteln ein Portfolio von finanziellen Vermögenswerten und setzt sich damit dem Ausfallrisiko aus, das mit dem möglichen Ausfall der Tilgungs- und Zinszahlungen auf die Vermögenswerte verbunden ist. Die Transaktion wird an den Schuldinstrument-Investor als eine Anlage vermarktet, die aufgrund der Art dieser Vermögenswerte und weil die Eigenkapitaltranche die ersten Verluste des Beteiligungsunternehmens auffängt, nur mit einem minimalen Ausfallrisiko für die Vermögenswerte im Portfolio behaftet ist. Die Rendite des Beteiligungsunternehmens wird durch die Verwaltung seines Vermögensportfolios signifikant beeinflusst. Hierzu gehören Entscheidungen über Auswahl, Erwerb und Veräußerung der Vermögenswerte nach den Portfolio-Richtlinien sowie die Vorgehensweise bei Ausfall von Vermögenswerten des Portfolios. All diese Tätigkeiten werden vom Vermögensverwalter ausgeübt, bis die Ausfälle einen bestimmten Anteil des Portfoliowerts erreichen (d. h. wenn der Wert des Portfolios so weit gesunken ist, dass die Eigenkapitaltranche des Beteiligungsunternehmen verbraucht ist). Ab diesem Zeitpunkt werden die Vermögenswerte von einem fremden Treuhänder nach den Weisungen des Schuldinstrument-Investors verwaltet. Die maßgebliche Tätigkeit des Beteiligungsunternehmens ist die Verwaltung seines Portfolios an Vermögenswerten. Der Vermögensverwalter kann die maßgeblichen Tätigkeiten so lange lenken, bis die ausgefallenen Vermögenswerte den festgelegten Anteil am Portfoliowert erreicht haben. Der Schuldinstrument-Investor kann die maßgeblichen Tätigkeiten ab dem Augenblick lenken, in dem der Wert der ausgefallenen Vermögenswerte diesen festgelegten Anteil am Portfoliowert übersteigt. Der Vermögensverwalter und der Schuldtitelinvestor müssen jeweils ermitteln, ob sie in der Lage sind, die Tätigkeiten mit dem signifikantesten Einfluss auf die Rendite des Beteiligungsunternehmens zu lenken. Hierbei sind auch der Zweck und die Ausgestaltung des Beteiligungsunternehmens sowie der Umfang, in dem jede Partei dem Risiko schwankender Renditen ausgesetzt ist, zu berücksichtigen.

Rechte, die einem Investor die Verfügungsgewalt über ein Beteiligungsunternehmen geben

B14 Verfügungsgewalt ergibt sich aus Rechten. Um die Verfügungsgewalt über ein Beteiligungsunternehmen zu besitzen, muss ein Investor aufgrund bestehender Rechte gegenwärtig zur Lenkung der maßgeblichen Tätigkeiten in der Lage sein. Die Rechte, die einem Investor Verfügungsgewalt geben, können je nach Beteiligungsunternehmen unterschiedlich sein.

B15 Beispiele für Rechte, die einem Investor einzeln oder zusammengenommen Verfügungsgewalt geben können, sind u. a.:

a) Rechte in Form von Stimmrechten (oder potenziellen Stimmrechten) bei einem Beteiligungsunternehmen (siehe Paragraphen B34–B50),
b) Rechte zur Ernennung, Umbesetzung oder Abberufung von Mitgliedern des Managements in Schlüsselpositionen beim Beteiligungsunternehmen, die in der Lage sind, die maßgeblichen Tätigkeiten zu lenken,
c) Rechte zur Ernennung oder Abberufung eines anderen Unternehmens, das die maßgeblichen Tätigkeiten lenkt,
d) Rechte zur Anweisung des Beteiligungsunternehmens, Transaktionen zugunsten des Investors abzuschließen oder gegen Änderungen an solchen Transaktionen Einspruch zu erheben, und
e) andere Rechte (z. B. in einem Geschäftsführungsvertrag festgelegte Entscheidungsbefugnisse), die dem Inhaber die Fähigkeit verleihen, die maßgeblichen Tätigkeiten zu lenken.

B16 Wenn ein Beteiligungsunternehmen eine Reihe von Geschäfts- und Finanztätigkeiten mit signifikantem Einfluss auf seine Rendite durchführt und permanent substanzielle Entscheidungen bezüglich dieser Tätigkeiten erforderlich sind, beruht die Verfügungsgewalt eines Investors im Allgemeinen auf Stimmrechten oder ähnlichen Rechten, entweder einzeln oder zusammen mit anderen Vereinbarungen.

B17 Wenn Stimmrechte die Renditen eines Beteiligungsunternehmens nicht signifikant beeinflussen können, was beispielsweise dann der Fall ist, wenn sich die Stimmrechte nur auf administrative Aufgaben beziehen, die Lenkung der maßgeblichen Tätigkeiten aber durch vertragliche Vereinbarungen geregelt wird, muss der Investor anhand dieser vertraglichen Vereinbarungen beurteilen, ob er über ausreichende Rechte verfügt, um die Verfügungsgewalt über das Beteiligungsunternehmen zu haben. Hierfür muss der Investor den Zweck und die Ausgestaltung des Beteiligungsunternehmens (siehe Paragraphen B5–B8) sowie die Vorschriften der Paragraphen B51–B54 in Verbindung mit den Paragraphen B18–B20 berücksichtigen.

B18 Unter bestimmten Umständen lässt sich möglicherweise nur schwer bestimmen, ob die Rechte eines Investors ausreichen, um ihm Verfügungsgewalt über ein Beteiligungsunternehmen zu geben. Um in solchen Fällen eine Beurteilung der Verfügungsgewalt zu ermöglichen, hat der Investor zu prüfen, ob er über die praktische Fähigkeit zur einseitigen Lenkung der maßgeblichen Tätigkeiten verfügt. Dabei werden unter anderem die folgenden Faktoren berücksichtigt, die bei gemeinsamer Betrachtung mit seinen Rechten und den in den Paragraphen B19 und B20 genannten Indikatoren ein Anhaltspunkt dafür sein können, dass die Rechte des Investors für Verfügungsgewalt über das Beteiligungsunternehmen ausreichen:

a) Der Investor kann beim Beteiligungsunternehmen das Management in Schlüsselpositionen, das die Fähigkeit zur Lenkung der maßgeblichen Tätigkeiten hat, ernennen oder genehmigen, ohne dass er das vertragliche Recht dazu besitzt.
b) Der Investor kann das Beteiligungsunternehmen anweisen, wesentliche Transaktionen zu seinen Gunsten abzuschließen oder gegen Änderungen an solchen Transaktionen Einspruch erheben, ohne dass er das vertragliche Recht dazu besitzt.
c) Der Investor kann auf das Nominierungsverfahren für die Wahl der Mitglieder des Leitungsorgans des Beteiligungsunternehmens oder den Erhalt von Stimmrechtsvollmachten von anderen Stimmrechtsinhabern einen dominierenden Einfluss ausüben.
d) Die Mitglieder des Managements in Schlüsselpositionen beim Beteiligungsunternehmen sind dem Investor nahe stehende Personen (z. B. wenn der Chief Executive Officer des Beteiligungsunternehmens gleichzeitig der Chief Executive Officer des Investors ist).
e) Bei den Mitgliedern des Leitungsorgans des Beteiligungsunternehmens handelt es sich mehrheitlich um dem Investor nahe stehende Personen.

B19 Mitunter gibt es Anhaltspunkte dafür, dass der Investor in einer besonderen Beziehung zum Beteiligungsunternehmen steht, was vermuten lässt, dass er mehr als nur einen passiven Eigentumsanteil am Beteiligungsunternehmen hält. Ein einzelner Indikator oder eine bestimmte Kombination von Indikatoren bedeutet nicht zwangsläufig, dass das Kriterium der Verfügungsgewalt erfüllt ist. Hat der Investor jedoch mehr als nur einen passiven Eigentumsanteil am Beteiligungsunternehmen, kann dies ein Anhaltspunkt dafür sein, dass er in Verbindung damit weitere Rechte besitzt, die ausreichen, um ihm die Verfügungsgewalt zu geben, oder einen substanziellen Hinweis auf die vorhandene Verfügungsgewalt über ein Beteiligungsunternehmen liefern. Folgende Sachverhalte lassen beispielsweise vermuten, dass der Investor mehr als nur einen passiven Eigentumsanteil am Beteiligungsunternehmen hält und können in Kombination mit anderen Rechten auf Verfügungsgewalt hindeuten:

a) Die Mitglieder des Managements in Schlüsselpositionen beim Beteiligungsunterneh-

3/9. IFRS 10
B19 – B23

men, die über die Fähigkeit zur Lenkung der maßgeblichen Tätigkeiten verfügen, sind gegenwärtige oder frühere Mitarbeiter des Investors.

b) Die Geschäftstätigkeit des Beteiligungsunternehmens ist vom Investor abhängig, wie in den folgenden Fällen:
   i) das Beteiligungsunternehmen hängt bei der Finanzierung eines wesentlichen Teils seiner Geschäftstätigkeit vom Investor ab,
   ii) der Investor garantiert einen wesentlichen Teil der Verpflichtungen des Beteiligungsunternehmens,
   iii) das Beteiligungsunternehmen ist bei kritischen Dienstleistungen, Technologien, Belieferungen oder Rohstoffen vom Investor abhängig,
   iv) der Investor hat die Verfügungsgewalt über Vermögenswerte wie Lizenzen oder Marken, die für die Geschäftstätigkeit des Beteiligungsunternehmens von kritischer Bedeutung sind,
   v) das Beteiligungsunternehmen ist in Bezug auf das Management in Schlüsselpositionen vom Investor abhängig, beispielsweise wenn das Personal des Investors Fachwissen über die Geschäftstätigkeit des Beteiligungsunternehmens besitzt.

c) Ein wesentlicher Teil der Tätigkeiten des Beteiligungsunternehmens wird unter Mitwirkung oder im Namen des Investors ausgeführt.

d) Das Risiko des Investors aus den Renditen aus seinem Engagement bei dem Beteiligungsunternehmen oder seine Anrechte darauf sind überproportional höher als seine Stimmrechte oder anderen ähnlichen Rechte. Es kann z. B. Fälle geben, in denen der Investor die Anrechte oder das Risiko in Bezug auf mehr als die Hälfte der Renditen des Beteiligungsunternehmens hält bzw. trägt, aber weniger als die Hälfte der Stimmrechte des Beteiligungsunternehmens besitzt.

B20 Je größer die Anrechte auf Renditen bzw. je höher das Risiko schwankender Renditen aus seinem Engagement bei einem Beteiligungsunternehmen, desto höher der Anreiz für den Investor, Rechte zu erwerben, die ausreichen, um ihm die Verfügungsgewalt zu geben. Ein hohes Risiko aufgrund von Renditeschwankungen ist deshalb ein Indikator dafür, dass der Investor eventuell die Verfügungsgewalt hat. Der Umfang des Risikos des Investors ist per se jedoch nicht entscheidend dafür, ob ein Investor die Verfügungsgewalt über das Beteiligungsunternehmen besitzt.

B21 Werden die Faktoren in Paragraph B18 und die Indikatoren in den Paragraphen B19 und B20 gemeinsam mit den Rechten des Investors betrachtet, ist den in Paragraph 18 beschriebenen Anhaltspunkten für das Vorliegen von Verfügungsgewalt größeres Gewicht beizumessen.

Substanzielle Rechte

B22 Bei der Beurteilung, ob er über die Verfügungsgewalt verfügt, berücksichtigt ein Investor nur substanzielle Rechte in Bezug auf das Beteiligungsunternehmen (die von ihm und anderen gehalten werden). Ein Recht ist substanziell, wenn der Inhaber dieses Recht praktisch ausüben kann.

B23 Die Feststellung, ob Rechte substanziell sind, erfordert eine Ermessensausübung, bei der sämtliche Fakten und Umstände zu berücksichtigen sind. Hierzu gehören unter anderem folgende Faktoren:

a) ob es (wirtschaftliche oder andere) Barrieren gibt, die den (oder die) Inhaber an der Ausübung der Rechte hindern. Beispiele für solche Barrieren sind unter anderem:
   i) finanzielle Strafen und Anreize, die den Inhaber daran hindern (oder ihn davon abhalten), seine Rechte auszuüben,
   ii) ein Ausübungs- oder Umwandlungspreis, der eine finanzielle Barriere schafft, die den Inhaber daran hindert (oder ihn davon abhält), seine Rechte auszuüben,
   iii) Vertragsbedingungen, die eine Ausübung der Rechte unwahrscheinlich machen, wie Bedingungen, die den Zeitpunkt der Ausübung eng eingrenzen,
   iv) das Fehlen eines ausdrücklichen, angemessenen Mechanismus in den Gründungsunterlagen eines Beteiligungsunternehmens oder in den maßgeblichen Gesetzen oder Verordnungen, der dem Inhaber die Ausübung seiner Rechte ermöglichen würde,
   v) die fehlende Möglichkeit des Rechteinhabers, die zur Ausübung seiner Rechte notwendigen Informationen zu beschaffen,
   vi) betriebliche Barrieren oder Anreize, die den Inhaber daran hindern (oder ihn davon abhalten), seine Rechte auszuüben (z. B. wenn es keine anderen Manager gibt, die bereit oder in der Lage wären, spezielle Dienstleistungen zu erbringen oder die Dienstleistungen zu erbringen und andere Anteile des amtierenden Managers zu übernehmen),
   vii) gesetzliche oder aufsichtsrechtliche Vorschriften, die den Inhaber an der Ausübung seiner Rechte hindern (z. B. wenn ein ausländischer Investor seine Rechte nicht ausüben darf).

b) wenn die Ausübung von Rechten die Zustimmung von mehr als einer Partei erfordert oder die Rechte von mehr als einer Partei gehalten werden, ob ein Mechanismus vorhanden ist, der diesen Parteien in der Praxis die Möglichkeit gibt, ihre Rechte gemeinsam auszuüben, wenn sie dies wünschen? Fehlt ein solcher Mechanismus, ist dies ein Indikator dafür, dass die Rechte möglicherweise nicht substanziell sind. Je mehr Parteien der Ausübung der Rechte zustimmen müssen, desto geringer die Wahrscheinlichkeit, dass diese Rechte substanziell sind. Ein Geschäftsführungs- und/oder Aufsichtsorgan, dessen Mitglieder vom Entscheidungsträger unabhängig sind, kann jedoch für zahlreiche Investoren als ein Mechanismus dienen, um ihre Rechte gemeinsam auszuüben. Von einem unabhängigen Geschäftsführungs- und/oder Aufsichtsorgan ausübbare Abberufungsrechte dürften deshalb eher substanziell sein als die gleichen Rechte, die einzeln von einer großen Anzahl von Investoren ausgeübt werden können.

c) ob die Partei(en), die im Besitz der Rechte ist/sind, von der Ausübung dieser Rechte profitieren würde(n). So hat beispielsweise der Inhaber potenzieller Stimmrechte an einem Beteiligungsunternehmen (siehe Paragraphen B47–B50) den Ausübungs- oder Umwandlungspreis des Instruments zu berücksichtigen. Die Vertragsbedingungen potenzieller Stimmrechte sind mit höherer Wahrscheinlichkeit substanziell, wenn das Instrument im Geld ist oder der Investor aus anderen Gründen (z. B. durch die Realisierung von Synergien zwischen ihm und dem Beteiligungsunternehmen) von der Ausübung oder Umwandlung des Instruments profitieren würde.

B24 Um substanziell zu sein, müssen Rechte auch dann ausübbar sein, wenn Entscheidungen über die Lenkung der maßgeblichen Tätigkeiten getroffen werden müssen. Normalerweise müssen die Rechte gegenwärtig ausübbar sein, um als substanziell angesehen werden zu können. Mitunter können Rechte aber auch substanziell sein, obwohl sie gegenwärtig nicht ausgeübt werden können.

Anwendungsbeispiele

Beispiel 3

Das Beteiligungsunternehmen hält Jahreshauptversammlungen ab, auf denen Entscheidungen über die Lenkung der maßgeblichen Tätigkeiten getroffen werden. Die nächste ordentliche Hauptversammlung findet in acht Monaten statt. Anteilseigner, die einzeln oder gemeinsam mindestens 5 Prozent der Stimmrechte halten, können jedoch eine außerordentliche Versammlung einberufen, um die bestehenden Richtlinien für die maßgeblichen Tätigkeiten zu ändern. Aufgrund der vorgeschriebenen Benachrichtigung der anderen Anteilseigner kann eine solche Versammlung allerdings frühestens in 30 Tagen stattfinden. Die Richtlinien für die maßgeblichen Tätigkeiten können nur auf außerordentlichen oder ordentlichen Hauptversammlungen geändert werden. Hierzu gehört auch die Genehmigung wesentlicher Vermögenswertverkäufe sowie die Tätigung oder Veräußerung erheblicher Investitionen.

Die vorstehend beschriebene Sachlage trifft auf die folgenden Beispiele 3A–3D zu. Jedes Beispiel wird isoliert betrachtet.

Beispiel 3A

Ein Investor hält die Mehrheit der Stimmrechte an einem Beteiligungsunternehmen. Die Stimmrechte des Investors sind substanziell, weil er Entscheidungen über die Lenkung der maßgeblichen Tätigkeiten dann treffen kann, wenn sie erforderlich sind. Der Umstand, dass der Investor seine Stimmrechte erst in 30 Tagen ausüben kann, nimmt ihm nicht die gegenwärtige Fähigkeit zur Lenkung der maßgeblichen Tätigkeiten ab dem Augenblick, an dem er die Anteile erwirbt.

Beispiel 3B

Ein Investor ist Partei eines Termingeschäfts zum Erwerb der Anteilsmehrheit an einem Beteiligungsunternehmen. Der Erfüllungstag des Termingeschäfts ist in 25 Tagen. Die derzeitigen Anteilseigner können die aktuellen Richtlinien für die maßgeblichen Tätigkeiten nicht ändern, da eine außerordentliche Versammlung frühestens in 30 Tagen – also nach Abwicklung des Termingeschäfts – abgehalten werden kann. Der Investor hat damit im Wesentlichen die gleichen Rechte wie der Mehrheitsanteilseigner im Beispiel 3A (d. h. der Investor, der den Terminkontrakt hält, kann Entscheidungen über die Lenkung der maßgeblichen Tätigkeiten dann treffen, wenn sie erforderlich sind). Der Terminkontrakt des Investors ist ein substanzielles Recht, das ihm bereits vor der Abwicklung des Termingeschäfts die gegenwärtige Fähigkeit zur Lenkung der maßgeblichen Tätigkeiten verleiht.

Beispiel 3C

Ein Investor hält eine substanzielle Option auf den Erwerb der Anteilsmehrheit am Beteiligungsunternehmen, die in 25 Tagen ausübbar und weit im Geld ist. Hier würde man zu der gleichen Schlussfolgerung gelangen wie in Beispiel 3B.

Beispiel 3D

Ein Investor ist Partei eines Termingeschäfts zum Erwerb der Anteilsmehrheit am Beteiligungsunternehmen, wobei er keine weiteren verwandten Rechte am Beteiligungsunternehmen hat. Der Erfüllungstag des Termingeschäfts ist in sechs Monaten. Im Gegensatz zu den oben beschriebenen Beispielen verfügt der Investor nicht über die gegenwärtige Fähigkeit zur Lenkung der maßgeblichen Tätigkeiten. Gegenwärtig sind es die derzeitigen Anteilseigner, die die maßgeblichen Tätigkeiten lenken können, weil sie die aktuellen Richtlinien für die maßgeblichen Tätigkeiten vor der Abwicklung des Termingeschäfts ändern können.

B25 Von anderen Parteien ausübbare substanzielle Rechte können einen Investor daran hindern, das Beteiligungsunternehmen, auf das sich diese Rechte beziehen, zu beherrschen. Solche substanziellen Rechte sind nicht an die Bedingung geknüpft, dass die Inhaber Beschlüsse einleiten können.

Solange diese Rechte keine reinen Schutzrechte sind (siehe Paragraphen B26–B28), können substanzielle Rechte anderer Parteien den Investor an der Beherrschung des Beteiligungsunternehmens hindern. Dies gilt selbst dann, wenn diese Rechte ihren Inhabern nur die gegenwärtige Fähigkeit zur Genehmigung oder Blockierung von Entscheidungen über die maßgeblichen Tätigkeiten verleihen.

Schutzrechte

B26 Bei der Beurteilung, ob er aufgrund von Rechten die Verfügungsgewalt über ein Beteiligungsunternehmen hat, muss der Investor prüfen, ob es sich bei seinen Rechten und den Rechten anderer um Schutzrechte handelt. Schutzrechte beziehen sich auf grundlegende Veränderungen bei den Tätigkeiten eines Beteiligungsunternehmens oder gelten unter außergewöhnlichen Umständen. Doch stellen nicht alle Rechte, die unter außergewöhnlichen Umständen gelten oder vom Eintreten bestimmter Ereignisse abhängig sind, Schutzrechte dar (siehe Paragraphen B13 und B53).

B27 Da Schutzrechte darauf ausgelegt sind, die Interessen ihres Inhabers zu schützen, ohne diesem die Verfügungsgewalt über das Beteiligungsunternehmen zu geben, auf das sich diese Rechte beziehen, kann ein Investor, der nur Schutzrechte hält, weder die Verfügungsgewalt über ein Beteiligungsunternehmen haben noch verhindern, dass eine andere Partei die Verfügungsgewalt über das Beteiligungsunternehmen hat (siehe Paragraph 14).

B28 Beispiele für solche Schutzrechte sind unter anderem:

a) das Recht eines Kreditgebers, einen Kreditnehmer in der Durchführung von Tätigkeiten einzuschränken, die das Ausfallrisiko des Kreditnehmers signifikant zum Nachteil des Kreditgebers verändern könnten,
b) das Recht einer Partei mit einem nicht beherrschenden Anteil an einem Beteiligungsunternehmen auf Genehmigung von Investitionen, die über den im Rahmen der gewöhnlichen Geschäftstätigkeit erforderlichen Umfang hinausgehen, oder auf Genehmigung von Eigenkapital- oder Schuldinstrumente-Emissionen,
c) das Recht eines Kreditgebers, die Vermögenswerte eines Kreditnehmers zu verwerten, wenn dieser die festgelegten Kreditrückzahlungsbedingungen nicht einhält.

Franchiseverträge

B29 Franchiseverträge, bei denen das Beteiligungsunternehmen Franchisenehmer ist, räumen dem Franchisegeber häufig Rechte ein, mit denen die Franchisemarke geschützt werden soll. In Franchiseverträgen erhalten die Franchisegeber normalerweise einige Entscheidungsbefugnisse hinsichtlich der Geschäftstätigkeit des Franchisenehmers.

B30 Im Allgemeinen schränken die Rechte des Franchisegebers nicht die Fähigkeit anderer Parteien ein, Entscheidungen mit signifikantem Einfluss auf die Rendite des Franchisenehmers zu treffen. Ebensowenig erhält der Franchisegeber durch seine Rechte aus Franchiseverträgen zwangsläufig die gegenwärtige Fähigkeit zur Lenkung der Tätigkeiten, die die Rendite des Franchisenehmers signifikant beeinflussen.

B31 Es muss unterschieden werden zwischen der gegenwärtigen Fähigkeit, Entscheidungen mit signifikantem Einfluss auf die Rendite des Franchisenehmers, und der Fähigkeit, Entscheidungen zum Schutz der Franchisemarke zu treffen. Der Franchisegeber hat keine Verfügungsgewalt über den Franchisenehmer, wenn andere Parteien aufgrund bestehender Rechte gegenwärtig über die Fähigkeit zur Lenkung der maßgeblichen Tätigkeiten des Franchisenehmers verfügen.

B32 Durch den Abschluss des Franchisevertrags hat der Franchisenehmer die einseitige Entscheidung getroffen, seine Geschäftstätigkeit gemäß den Bedingungen der Franchisevereinbarung, aber auf eigene Rechnung auszuüben.

B33 Die Verfügungsgewalt über so grundlegende Entscheidungen wie die Wahl der Rechtsform und der Finanzierungsstruktur des Franchisenehmers können bei anderen Parteien als dem Franchisegeber liegen und die Rendite des Franchisenehmers signifikant beeinflussen. Je geringer die finanzielle Unterstützung durch den Franchisegeber und je geringer sein Risiko aus schwankenden Renditen des Franchisenehmers ist, desto höher ist die Wahrscheinlichkeit, dass der Franchisegeber nur Schutzrechte besitzt.

Stimmrechte

B34 Häufig verfügt ein Investor aufgrund von Stimmrechten oder ähnlichen Rechten über die gegenwärtige Fähigkeit, die maßgeblichen Tätigkeiten zu lenken. Ein Investor berücksichtigt die Vorschriften in diesem Abschnitt (Paragraphen B35–B50), wenn die maßgeblichen Tätigkeiten eines Beteiligungsunternehmens durch Stimmrechte gelenkt werden.

Verfügungsgewalt mit Stimmrechtsmehrheit

B35 Ein Investor, der mehr als die Hälfte der Stimmrechte an einem Beteiligungsunternehmen hält, hat in den folgenden Fällen die Verfügungsgewalt, sofern nicht Paragraph B36 oder Paragraph B37 zutreffen:

a) die maßgeblichen Tätigkeiten werden durch ein Votum des Inhabers der Stimmrechtsmehrheit gelenkt oder
b) die Mehrheit der Mitglieder des Leitungsorgans, das die maßgeblichen Tätigkeiten lenkt, wird durch ein Votum des Inhabers der Stimmrechtsmehrheit ernannt.

Stimmrechtsmehrheit, aber keine Verfügungsgewalt

B36 Ein Investor, der mehr als die Hälfte der Stimmrechte an einem Beteiligungsunternehmen hält, hat nur dann die Verfügungsgewalt über das Beteiligungsunternehmen, wenn seine Stimmrechte gemäß den Paragraphen B22–B25 substanziell sind und ihm die gegenwärtige Fähigkeit verleihen, die maßgeblichen Tätigkeiten zu lenken, was häufig durch Festlegung der Geschäfts- und Finanzpolitik erfolgt. Wenn ein anderes Unternehmen aufgrund bestehender Rechte zur Lenkung der maßgeblichen Tätigkeiten berechtigt ist und es sich bei diesem Unternehmen nicht um einen Agenten des Investors handelt, hat der Investor nicht die Verfügungsgewalt über das Beteiligungsunternehmen.

B37 Ein Investor hat selbst dann, wenn er die Stimmrechtsmehrheit am Beteiligungsunternehmen besitzt, nicht die Verfügungsgewalt über das Beteiligungsunternehmen, wenn diese Stimmrechte nicht substanziell sind. Beispielsweise kann ein Investor, der mehr als die Hälfte der Stimmrechte an einem Beteiligungsunternehmen besitzt, nicht die Verfügungsgewalt haben, wenn die maßgeblichen Tätigkeiten den Weisungen einer staatlichen Stelle, eines Gerichts, eines Zwangs- oder Konkursverwalters, eines Liquidators oder einer Aufsichtsbehörde unterliegen.

Verfügungsgewalt ohne Stimmrechtsmehrheit

B38 Ein Investor kann die Verfügungsgewalt haben, selbst wenn er nicht die Mehrheit der Stimmrechte an einem Beteiligungsunternehmen hält. Die Verfügungsgewalt eines Investors ohne die Stimmrechtsmehrheit an einem Beteiligungsunternehmen kann beispielsweise basieren auf
a) einer vertraglichen Vereinbarung zwischen dem Investor und anderen Stimmrechtsinhabern (siehe Paragraph B39),
b) Rechten aus anderen vertraglichen Vereinbarungen (siehe Paragraph B40),
c) den Stimmrechten des Investors (siehe Paragraphen B41–B45),
d) potenziellen Stimmrechten (siehe Paragraphen B47–B50) oder
e) einer Kombination aus (a)–(d).

Vertragliche Vereinbarung mit anderen Stimmrechtsinhabern

B39 Ein Investor kann aufgrund einer vertraglichen Vereinbarung zwischen ihm und anderen Stimmrechtsinhabern das Recht haben, genügend Stimmrechte auszuüben, um die Verfügungsgewalt zu erlangen, selbst wenn er ohne die vertragliche Vereinbarung nicht über genügend Stimmrechte für die Verfügungsgewalt verfügen würde. Eine vertragliche Vereinbarung könnte jedoch sicherstellen, dass der Investor genügend andere Stimmrechtsinhaber anweisen kann, so abzustimmen, dass er Entscheidungen über die maßgeblichen Tätigkeiten treffen kann.

Rechte aus anderen vertraglichen Vereinbarungen

B40 Ein Investor kann auch aufgrund anderer Entscheidungsbefugnisse in Verbindung mit Stimmrechten die gegenwärtige Fähigkeit haben, die maßgeblichen Tätigkeiten zu lenken. Beispielsweise können die in einer vertraglichen Vereinbarung festgelegten Rechte in Verbindung mit Stimmrechten ausreichen, um einem Investor die gegenwärtige Fähigkeit zu verleihen, die Herstellungsprozesse eines Beteiligungsunternehmens oder andere Geschäfts- oder Finanztätigkeiten eines Beteiligungsunternehmens, die die Rendite des Beteiligungsunternehmens signifikant beeinflussen, zu lenken. Ohne andere Rechte führt die wirtschaftliche Abhängigkeit eines Beteiligungsunternehmens vom Investor (wie in der Beziehung eines Lieferanten zu seinem Hauptkunden) nicht dazu, dass der Investor die Verfügungsgewalt über das Beteiligungsunternehmen hat.

Die Stimmrechte des Investors

B41 Ein Investor ohne Stimmrechtsmehrheit verfügt dann über ausreichende Rechte, die ihm die Verfügungsgewalt geben, wenn er über die praktische Fähigkeit verfügt, die maßgeblichen Tätigkeiten einseitig zu lenken.

B42 Bei der Beurteilung, ob die Stimmrechte eines Investors ausreichen, um ihm die Verfügungsgewalt zu geben, berücksichtigt der Investor alle Fakten und Umstände, so u. a.:
a) den Umfang der in seinem Besitz befindlichen Stimmrechte im Verhältnis zu Umfang und Streuung der Stimmrechte anderer Stimmrechtsinhaber. Dabei ist Folgendes zu beachten:
   i) je mehr Stimmrechte ein Investor besitzt, desto größer die Wahrscheinlichkeit, dass er über bestehende Rechte verfügt, die ihm die gegenwärtige Fähigkeit zur Lenkung der maßgeblichen Tätigkeiten verleihen,
   ii) je mehr Stimmrechte ein Investor im Verhältnis zu anderen Stimmrechtsinhabern besitzt, desto größer die Wahrscheinlichkeit, dass er über bestehende Rechte verfügt, die ihm die gegenwärtige Fähigkeit zur Lenkung der maßgeblichen Tätigkeiten verleihen,
   iii) je mehr Parteien gemeinsam handeln müssten, um den Investor zu überstimmen, desto größer die Wahrscheinlichkeit, dass der Investor über bestehende Rechte verfügt, die ihm die gegenwärtige Fähigkeit zur Lenkung der maßgeblichen Tätigkeiten verleihen.
b) potenzielle Stimmrechte, die sich im Besitz des Investors, anderer Stimmrechtsinhaber oder sonstiger Parteien befinden (siehe Paragraphen B47–B50),
c) Rechte aus anderen vertraglichen Vereinbarungen (siehe Paragraph B40) und
d) weitere Fakten und Umstände, die darauf hinweisen, dass der Investor gegenwärtig in der Lage ist oder nicht in der Lage ist, die maßgeblichen Tätigkeiten zu den Zeitpunkten, zu denen Entscheidungen getroffen werden müssen, unter Berücksichtigung des Abstimmungsverhaltens bei früheren Haupt- bzw. Gesellschafterversammlungen zu lenken.

B43 Wenn die maßgeblichen Tätigkeiten per Mehrheitsbeschluss bestimmt werden und ein Investor erheblich mehr Stimmrechte als jeder andere Stimmrechtsinhaber oder jede organisierte Gruppe von Stimmrechtsinhabern hält und der übrige Anteilsbesitz breit gestreut ist, kann es nach alleiniger Berücksichtigung der in Paragraph B42(a)– (c) genannten Faktoren eindeutig sein, dass der Investor die Verfügungsgewalt über das Beteiligungsunternehmen hat.

Anwendungsbeispiele

Beispiel 4

Ein Investor erwirbt 48 Prozent der Stimmrechte an einem Beteiligungsunternehmen. Die übrigen Stimmrechte werden von mehreren Tausend Anteilseignern gehalten, von denen keiner mehr als 1 Prozent der Stimmrechte besitzt. Keiner der Anteilseigner hat vereinbart, sich mit anderen Anteilseignern zu beraten oder gemeinsame Entscheidungen zu treffen. Bei der Beurteilung des Anteils der zu erwerbenden Stimmrechte gelangte der Investor mit Blick auf die relative Größe der anderen Anteilsbestände zu dem Schluss, dass ein Anteil von 48 Prozent für die Verfügungsgewalt ausreichen würde. In diesem Fall wird die Schlussfolgerung, dass der Stimmrechtsanteil ausreichend dominant ist, um das Kriterium der Verfügungsgewalt zu erfüllen, auf Basis der absoluten Größe des Anteilsbesitzes des Investors und der relativen Größe der anderen Anteilsbestände gezogen, ohne dass weitere Anhaltspunkte für die Verfügungsgewalt berücksichtigt werden müssen.

Beispiel 5

Investor A hält 40 Prozent der Stimmrechte an einem Beteiligungsunternehmen und zwölf andere Investoren halten je 5 Prozent. Investor A hat aufgrund einer Anteilseignervereinbarung das Recht auf Ernennung und Abberufung des für die Lenkung der maßgeblichen Tätigkeiten verantwortlichen Managements sowie zur Festlegung von dessen Vergütung. Zur Änderung der Vereinbarung ist eine Zweidrittelmehrheit der Anteilseigner erforderlich. In diesem Fall kommt Investor A zu dem Schluss, dass sich aus der absoluten Größe seines Anteilsbesitzes und der relativen Größe der anderen Anteilsbestände allein nicht schlüssig ableiten lässt, ob er über ausreichende Rechte verfügt, um die Verfügungsgewalt zu haben. Investor A stellt jedoch fest, dass sein vertragliches Recht auf Ernennung, Abberufung und Festlegung der Vergütung des Managements ausreicht, um zu dem Schluss zu gelangen, dass er die Verfügungsgewalt über das Beteiligungsunternehmen besitzt. Die Tatsache, dass Investor A dieses Recht möglicherweise nicht ausgeübt hat, oder die Wahrscheinlichkeit, dass Investor A von seinem Recht auf Auswahl, Ernennung oder Abberufung des Managements Gebrauch macht, sind bei der Beurteilung, ob Investor A die Verfügungsgewalt besitzt, nicht zu berücksichtigen.

B44 In anderen Fällen kann nach alleiniger Berücksichtigung der in Paragraph B42(a)–(c) aufgeführten Faktoren klar sein, dass ein Investor nicht die Verfügungsgewalt besitzt.

Anwendungsbeispiel

Beispiel 6

Investor A hält 45 Prozent der Stimmrechte an einem Beteiligungsunternehmen. Zwei weitere Investoren halten je 26 Prozent. Die restlichen Stimmrechte entfallen auf drei weitere Anteilseigner, die je 1 Prozent halten. Es bestehen keine weiteren Vereinbarungen, die sich auf den Entscheidungsprozess auswirken. In diesem Fall reicht die Größe des Stimmrechtsanteils von Investor A im Verhältnis zu den anderen Anteilsbeständen aus, um zu dem Schluss zu gelangen, dass Investor A nicht die Verfügungsgewalt hat. Nur zwei andere Investoren müssten kooperieren, um Investor A daran zu hindern, die maßgeblichen Tätigkeiten des Beteiligungsunternehmens zu lenken.

B45 Die in Paragraph B42(a)–(c) aufgeführten Faktoren reichen für sich genommen eventuell nicht für eine Schlussfolgerung aus. Ist ein Investor sich nach Berücksichtigung dieser Faktoren unsicher, ob er die Verfügungsgewalt besitzt, muss er zusätzliche Fakten und Umstände heranziehen, z. B. ob aus dem Abstimmungsverhalten bei früheren Hauptversammlungen ersichtlich ist, dass andere Anteilseigner eher passiv sind. Dazu gehört auch die Beurteilung der Faktoren in Paragraph B18 und der Indikatoren in den Paragraphen B19 und B20. Je weniger Stimmrechte der Investor hält und je weniger Parteien kooperieren müssen, um den Investor zu überstimmen, desto mehr würde bei der Beurteilung, ob die Rechte des Investors für die Verfügungsgewalt ausreichen, das Gewicht auf die zusätzlichen Fakten und Umstände gelegt. Werden die in den Paragraphen B18–B20 genannten Fakten und Umstände zusammen mit den Rechten des Investors betrachtet, sind die Anhaltspunkte für das Vorliegen von Verfügungsgewalt in Paragraph B18 stärker zu gewichten als die Indikatoren in den Paragraphen B19 und B20.

Anwendungsbeispiele

Beispiel 7

Ein Investor hält 45 Prozent der Stimmrechte an einem Beteiligungsunternehmen. Elf weitere Anteilseigner halten je 5 Prozent. Keiner der Anteilseigner hat vertraglich vereinbart, sich mit anderen zu beraten oder gemeinsame Entscheidungen zu treffen. In diesem Fall lässt sich aus der Größe des Anteilsbesitzes des Investors und der relativen Größe der anderen Anteilsbestände allein nicht schlüssig ableiten, ob der Investor über ausreichende Rechte für Verfügungsgewalt verfügt. Es müssen weitere Fakten und Umstände berücksichtigt werden, die möglicherweise darauf hinweisen, dass der Investor die Verfügungsgewalt hat oder dass er sie nicht hat.

Beispiel 8
Ein Investor hält 35 Prozent der Stimmrechte an einem Beteiligungsunternehmen. Drei andere Anteilseigner halten je 5 Prozent. Die restlichen Stimmrechte werden von zahlreichen anderen Anteilseignern gehalten, von denen keiner mehr als 1 Prozent der Stimmrechte besitzt. Keiner der Anteilseigner hat vereinbart, sich mit anderen zu beraten oder gemeinsame Entscheidungen zu treffen. Entscheidungen über die maßgeblichen Tätigkeiten des Beteiligungsunternehmens müssen mit einer Mehrheit der in der Hauptversammlung jeweils abgegebenen Stimmen genehmigt werden. In den letzten Hauptversammlungen haben 75 Prozent der Stimmberechtigten des Beteiligungsunternehmens ihre Stimme abgegeben. In diesem Fall weist die aktive Beteiligung der anderen Anteilseigner auf den letzten Hauptversammlungen darauf hin, dass der Investor nicht über die praktische Fähigkeit zur einseitigen Lenkung der maßgeblichen Tätigkeiten verfügen würde. Dies gilt unabhängig davon, ob der Investor die maßgeblichen Tätigkeiten gelenkt hat, weil eine ausreichende Anzahl anderer Anteilseigner genauso abgestimmt hat wie er.

B46 Ist nach Berücksichtigung der in Paragraph B42(a)–(d) aufgeführten Faktoren nicht eindeutig, dass der Investor die Verfügungsgewalt hat, wird das Beteiligungsunternehmen vom Investor nicht beherrscht.

Potenzielle Stimmrechte

B47 Bei der Beurteilung der Beherrschung berücksichtigt ein Investor seine potenziellen Stimmrechte sowie die potenziellen Stimmrechte anderer Parteien, um festzustellen, ob er die Verfügungsgewalt hat. Potenzielle Stimmrechte sind Rechte auf den Erhalt von Stimmrechten an einem Beteiligungsunternehmen. Dies können Rechte sein, die aus wandelbaren Instrumenten oder Optionen einschließlich Termingeschäften entstehen. Diese potenziellen Stimmrechte werden nur berücksichtigt, wenn sie substanziell sind (siehe Paragraphen B22–B25).

B48 Bei der Berücksichtigung potenzieller Stimmrechte muss ein Investor den Zweck und die Ausgestaltung des Instruments sowie den Zweck und die Ausgestaltung eines etwaigen anderen Engagements des Investors beim Beteiligungsunternehmen betrachten. Hierzu gehört eine Beurteilung der verschiedenen Vertragsbedingungen des Instruments sowie der offensichtlichen Erwartungen, Motive und Gründe, die den Investor bewogen haben, diesen Bedingungen zuzustimmen.

B49 Verfügt der Investor außerdem über Stimmrechte oder andere Entscheidungsbefugnisse in Bezug auf die Tätigkeiten des Beteiligungsunternehmens, beurteilt er, ob ihm diese Rechte in Verbindung mit potenziellen Stimmrechten die Verfügungsgewalt geben.

B50 Ein Investor kann allein aufgrund substanzieller potenzieller Stimmrechte in Kombination mit anderen Rechten die gegenwärtige Fähigkeit zur Lenkung der maßgeblichen Tätigkeiten besitzen. Beispielsweise ist dies wahrscheinlich der Fall, wenn ein Investor 40 Prozent der Stimmrechte an einem Beteiligungsunternehmen hält und gemäß Paragraph B23 substanzielle Rechte aus Optionen für den Erwerb von weiteren 20 Prozent der Stimmrechte hat.

Anwendungsbeispiele

Beispiel 9
Investor A hält 70 Prozent der Stimmrechte an einem Beteiligungsunternehmen. Investor B hat 30 Prozent der Stimmrechte sowie eine Option für den Erwerb der Hälfte der Stimmrechte von Investor A. Die Option kann in den nächsten zwei Jahren zu einem festen Preis ausgeübt werden, der weit aus dem Geld ist (und im betreffenden Zweijahreszeitraum voraussichtlich weiter sein wird). Investor A übt seine Stimmrechte aus und lenkt aktiv die maßgeblichen Tätigkeiten des Beteiligungsunternehmens. In einem solchen Fall erfüllt Investor A wahrscheinlich das Kriterium der Verfügungsgewalt, weil er über die gegenwärtige Fähigkeit zur Lenkung der maßgeblichen Tätigkeiten zu verfügen scheint. Obgleich Investor B gegenwärtig ausübbare Optionen über den Kauf zusätzlicher Stimmrechte besitzt (bei deren Ausübung er die Mehrheit der Stimmrechte an dem Beteiligungsunternehmen erhielte), sind die mit diesen Optionen verknüpften Bedingungen so beschaffen, dass die Optionen nicht als substanziell angesehen werden.

Beispiel 10
Investor A und zwei weitere Investoren halten je ein Drittel der Stimmrechte an einem Beteiligungsunternehmen. Die Geschäftstätigkeit des Beteiligungsunternehmens ist eng mit Investor A verbunden. Zusätzlich zu den Eigenkapitalinstrumenten des Beteiligungsunternehmens hält Investor A Schuldinstrumente, die jederzeit zu einem festen Preis, der aus dem Geld (aber nicht weit aus dem Geld) ist, in Stammaktien des Beteiligungsunternehmens umgewandelt werden können. Bei einer Umwandlung der Schuldinstrumente würde Investor A 60 Prozent der Stimmrechte am Beteiligungsunternehmen halten. Investor A würde von der Realisierung von Synergien profitieren, wenn die Schuldinstrumente in Stammaktien umgewandelt würden. Investor A hat die Verfügungsgewalt über das Beteiligungsunternehmen, weil er Stimmrechte sowie substanzielle potenzielle Stimmrechte am Beteiligungsunternehmen hält, die ihm die gegenwärtige Fähigkeit zur Lenkung der maßgeblichen Tätigkeiten geben.

Verfügungsgewalt in Fällen, in denen Stimm- oder ähnliche Rechte keinen signifikanten Einfluss auf die Renditen des Beteiligungsunternehmens haben

B51 Bei der Beurteilung von Zweck und Ausgestaltung eines Beteiligungsunternehmens (siehe Paragraphen B5–B8) muss ein Investor das Engagement und die Entscheidungen berücksichtigen, die bei der Gründung des Beteiligungsunternehmens im Rahmen von dessen Ausgestaltung getroffen wurden. Außerdem muss er beurteilen, ob die Transaktionsbedingungen und Merkmale des Engagements ihn mit genügend Rechten ausstatten, um ihm die Verfügungsgewalt zu geben. Ein Engagement an der Ausgestaltung eines Beteiligungsunternehmens allein reicht für den Investor nicht aus, um das Beteiligungsunternehmen zu beherrschen. Ein Engagement bei der Ausgestaltung kann aber darauf hinweisen, dass der Investor Gelegenheit zur Erlangung von Rechten hatte, die ausreichen, um ihm die Verfügungsgewalt über das Beteiligungsunternehmen zu geben.

B52 Darüber hinaus hat ein Investor vertragliche Vereinbarungen wie bei der Gründung des Beteiligungsunternehmens festgelegte Kauf-, Verkaufs- und Liquidationsrechte zu berücksichtigen. Beziehen sich diese vertraglichen Vereinbarungen auf Tätigkeiten, die eng mit denen des Beteiligungsunternehmens verbunden sind, so sind diese Aktivitäten von ihrem wirtschaftlichen Gehalt her ein Bestandteil der Gesamttätigkeit des Beteiligungsunternehmens, auch wenn sie möglicherweise außerhalb der rechtlichen Sphäre des Beteiligungsunternehmens stattfinden. Daher sind explizite oder implizite Entscheidungsbefugnisse, die in eng mit dem Beteiligungsunternehmen verbundene vertragliche Vereinbarungen eingebettet sind, bei der Beurteilung der Verfügungsgewalt über ein Beteiligungsunternehmen als maßgebliche Tätigkeiten zu betrachten.

B53 Bei einigen Beteiligungsunternehmen kommen maßgebliche Tätigkeiten nur vor, wenn bestimmte Umstände oder Ereignisse eintreten. Das Beteiligungsunternehmen kann so ausgestaltet sein, dass seine Tätigkeiten und Renditen vorab festgelegt sind, es sei denn, dass bzw. bis diese bestimmten Umstände oder Ereignisse eintreten. In diesem Fall können nur die bei Eintreten dieser Umstände oder Ereignisse getroffenen Entscheidungen über die Tätigkeiten des Beteiligungsunternehmens dessen Rendite signifikant beeinflussen und somit maßgebliche Tätigkeiten sein. Diese Umstände oder Ereignisse müssen nicht eingetreten sein, damit ein Investor, der diese Entscheidungen treffen kann, die Verfügungsgewalt besitzt. Die Tatsache, dass die Entscheidungsbefugnis vom Eintreten bestimmter Umstände oder Ereignisse abhängig ist, macht diese Rechte für sich genommen nicht zu Schutzrechten.

Beispiel 11

Die einzige Geschäftstätigkeit eines Beteiligungsunternehmens besteht seinen Gründungsunterlagen zufolge darin, Forderungen aufzukaufen und für seine Investoren laufend abzuwickeln. Die laufende Abwicklung umfasst die Einziehung und Weiterleitung fälliger Kapital- und Zinszahlungen. Bei Ausfall einer Forderung verkauft das Beteiligungsunternehmen die Forderung automatisch an einen Investor, wie in einer Verkaufsvereinbarung zwischen dem Investor und dem Beteiligungsunternehmen gesondert vereinbart wurde. Die einzige maßgebliche Tätigkeit ist die Verwaltung der Forderungen bei Ausfall, da dies die einzige Tätigkeit ist, die die Rendite des Beteiligungsunternehmens signifikant beeinflussen kann. Die Verwaltung der Forderungen vor einem Ausfall ist keine maßgebliche Tätigkeit, da hierfür keine substanziellen Entscheidungen notwendig sind, die die Rendite des Beteiligungsunternehmens signifikant beeinflussen könnten. Die Tätigkeiten vor einem Ausfall sind vorab festgelegt und beschränken sich auf die Einziehung fälliger Zahlungen und deren Weiterleitung an die Investoren. Daher ist bei der Beurteilung der Gesamttätigkeiten des Beteiligungsunternehmens, die dessen Rendite signifikant beeinflussen, nur das Recht des Investors, die Forderungen bei Ausfall zu verwalten, zu berücksichtigen. In diesem Bespiel wird durch die Ausgestaltung des Beteiligungsunternehmens sichergestellt, dass der Investor die Entscheidungsbefugnis über die Tätigkeiten, die die wirtschaftlichen Erfolge signifikant beeinflussen, zu dem einzigen Zeitpunkt besitzt, zu dem eine solche Entscheidungsbefugnis erforderlich ist. Die Bedingungen der Verkaufsvereinbarung sind ein Bestandteil der Gesamttransaktion und der Gründung des Beteiligungsunternehmens. Daher lassen die Bedingungen der Verkaufsvereinbarung zusammen mit den Gründungsunterlagen des Beteiligungsunternehmens den Schluss zu, dass der Investor die Verfügungsgewalt über das Beteiligungsunternehmen besitzt, auch wenn er die Forderungen erst bei Ausfall in Besitz nimmt und die ausgefallenen Forderungen außerhalb der rechtlichen Sphäre des Beteiligungsunternehmens verwaltet.

Beispiel 12

Die Vermögenswerte eines Beteiligungsunternehmens bestehen ausschließlich aus Forderungen. Bei einer Beurteilung von Zweck und Ausgestaltung des Beteiligungsunternehmens wird festgestellt, dass die einzige maßgebliche Tätigkeit darin besteht, die Forderungen bei einem Ausfall zu verwalten. Die Verfügungsgewalt über das Beteiligungsunternehmen hat die Partei, die die ausgefallenen Forderungen verwalten kann, unabhängig davon, ob ein Schuldner tatsächlich ausgefallen ist.

B54 Ein Investor kann eine explizite oder implizite Verpflichtung haben, dafür zu sorgen, dass ein Beteiligungsunternehmen weiterhin wie vorgesehen tätig ist. Eine solche Verpflichtung kann das Risiko des Investors aus Renditeschwankungen vergrößern und damit für ihn den Anreiz erhöhen, ausreichende Rechte zu erlangen, um die Verfügungsgewalt zu erhalten. Eine Verpflichtung, dafür zu sorgen, dass ein Beteiligungsunternehmen wie vorgesehen tätig ist, kann daher ein Indikator dafür sein, dass der Investor die Verfügungsgewalt besitzt, verleiht ihm aber für sich genommen keine Verfügungsgewalt und verhindert auch nicht, dass eine andere Partei die Verfügungsgewalt hat.

Risiko durch oder Anrechte auf schwankende Renditen aus einem Beteiligungsunternehmen

B55 Bei der Beurteilung, ob er ein Beteiligungsunternehmen beherrscht, bestimmt der Investor, ob er aufgrund seines Engagements bei dem Beteiligungsunternehmen dem Risiko schwankender Renditen ausgesetzt ist oder Anrechte darauf hat.

B56 Schwankende Renditen sind Renditen, die nicht festgelegt sind und je nach Ertragskraft eines Beteiligungsunternehmens variieren können. Schwankende Renditen können ausschließlich positiv, ausschließlich negativ oder sowohl positiv als auch negativ sein (siehe Paragraph 15). Ein Investor beurteilt anhand des wirtschaftlichen Gehalts der Vereinbarung und unabhängig von der rechtlichen Form der Renditen, ob und wie variabel die Renditen aus dem Beteiligungsunternehmen sind. So kann ein Investor zum Beispiel eine Anleihe mit festen Zinszahlungen halten. Die festen Zinszahlungen stellen für die Zwecke dieses IFRS schwankende Renditen dar, weil sie dem Ausfallrisiko unterliegen und den Investor dem Ausfallrisiko des Anleiheemittenten aussetzen. Der Umfang der Schwankungen (d. h. wie stark sich diese Renditen verändern) hängt vom Ausfallrisiko der Anleihe ab. Auch festgelegte erfolgsabhängige Vergütungen für die Verwaltung der Vermögenswerte eines Beteiligungsunternehmens stellen schwankende Renditen dar, weil der Investor dadurch dem Erfolgsrisiko des Beteiligungsunternehmens ausgesetzt ist. Der Umfang der Schwankungen hängt von der Fähigkeit des Beteiligungsunternehmens ab, ausreichende Erträge zu erwirtschaften, um die Vergütung zu zahlen.

B57 Beispiele für Renditen sind u. a.:

a) Dividenden, andere Ausschüttungen eines Beteiligungsunternehmens mit wirtschaftlichem Nutzen (z. B. Zinsen aus vom Beteiligungsunternehmen ausgegebenen Schuldverschreibungen) sowie Änderungen im Wert der Beteiligung des Investors an dem betreffenden Beteiligungsunternehmen.

b) Vergütung für die Bedienung der Vermögenswerte oder Schulden eines Beteiligungsunternehmens, Entgelte und Verlustrisiko in Verbindung mit der Gewährung von Krediten oder Liquiditätshilfen, Residualansprüche an den Vermögenswerten und Schulden eines Beteiligungsunternehmens bei dessen Liquidation, steuerliche Vorteile und Zugang zu künftiger Liquidität aufgrund des Engagements des Investors bei einem Beteiligungsunternehmen.

c) Renditen, die anderen Anteilseignern nicht zur Verfügung stehen. Ein Investor könnte seine Vermögenswerte beispielsweise in Kombination mit den Vermögenswerten des Beteiligungsunternehmens verwenden. Dies könnte in der Zusammenfassung betrieblicher Funktionen bestehen, um Skalenerträge oder Kosteneinsparungen zu erzielen, seltene Produkte zu beziehen, Zugang zu geschütztem Know-how zu erhalten oder einige Geschäftstätigkeiten oder Vermögenswerte zu beschränken, um den Wert der anderen Vermögenswerte des Investors zu erhöhen.

Verknüpfung zwischen Verfügungsgewalt und Renditen

Delegierte Verfügungsgewalt

B58 Wenn ein Investor mit Entscheidungsbefugnissen (ein Entscheidungsträger) beurteilt, ob er ein Beteiligungsunternehmen beherrscht, muss er ermitteln, ob er ein Prinzipal oder ein Agent ist. Er muss außerdem ermitteln, ob ein anderes Unternehmen mit Entscheidungsbefugnissen als Agent für ihn handelt. Ein Agent ist eine Partei, die hauptsächlich beauftragt wurde, im Namen und zugunsten einer oder mehrerer anderer Partei(en) (des Prinzipals/ der Prinzipalen) zu handeln, und das Beteiligungsunternehmen daher nicht beherrscht, wenn sie ihre Entscheidungsbefugnis ausübt (siehe Paragraphen 17 und 18). Die Verfügungsgewalt eines Prinzipals kann also mitunter von einem Agenten gehalten und von diesem, allerdings im Namen des Prinzipals, ausgeübt werden. Ein Entscheidungsträger ist nicht allein deswegen ein Agent, weil andere Parteien einen Nutzen aus den von ihm getroffenen Entscheidungen ziehen können.

B59 Ein Investor kann seine Entscheidungsbefugnis für bestimmte Angelegenheiten oder für alle maßgeblichen Tätigkeiten an einen Agenten delegieren. Bei der Beurteilung, ob er ein Beteiligungsunternehmen beherrscht, hat der Investor die an seinen Agenten delegierten Entscheidungsbefugnisse so zu behandeln, als würden sie direkt von ihm gehalten. Gibt es mehrere Prinzipale, muss jeder Prinzipal anhand der Vorschriften der Paragraphen B5–B54 beurteilen, ob er die Verfügungsgewalt über das Beteiligungsunternehmen besitzt. Leitlinien für die Feststellung, ob ein Entscheidungsträger Agent oder Prinzipal ist, sind in den Paragraphen B60–B72 enthalten.

B60 Bei der Beurteilung, ob er ein Agent ist, hat ein Entscheidungsträger die Gesamtbeziehung zwischen ihm, dem geführten Beteiligungsunternehmen und anderen Parteien mit einem Engagement bei dem Beteiligungsunternehmen zu berücksichtigen. Hierzu gehören insbesondere alle folgenden Faktoren:

a) der Umfang seiner Entscheidungsbefugnis über das Beteiligungsunternehmen (Paragraphen B62 und B63),

b) die Rechte anderer Parteien (Paragraphen B64–B67),

c) die Vergütung, auf die er gemäß der/den Vergütungsvereinbarung(en) Anspruch hat (Paragraphen B68–B70),

d) der Umfang, in dem der Entscheidungsträger dem Risiko schwankender Renditen aus anderen Anteilen ausgesetzt ist, die er am Beteiligungsunternehmen hält (Paragraphen B71 und B72).

3/9. IFRS 10
B60 – B72

Die einzelnen Faktoren sind je nach den besonderen Fakten und Umständen unterschiedlich zu gewichten.

B61 Um zu bestimmen, ob ein Entscheidungsträger ein Agent ist, müssen alle in Paragraph B60 aufgeführten Faktoren ausgewertet werden, es sei denn, eine einzelne Partei verfügt über substanzielle Rechte, den Entscheidungsträger abzuberufen (Abberufungsrechte), und diese Abberufung kann ohne Grund erfolgen (siehe Paragraph B65).

Umfang der Entscheidungsbefugnis

B62 Der Umfang der Entscheidungsbefugnis eines Entscheidungsträgers wird anhand folgender Faktoren beurteilt:
a) der Tätigkeiten, die gemäß der/den Entscheidungsvereinbarung(en) zulässig und gesetzlich festgelegt sind, und
b) des Ermessensspielraums, über den der Entscheidungsträger bei seinen Entscheidungen über diese Tätigkeiten verfügt.

B63 Ein Entscheidungsträger muss den Zweck und die Ausgestaltung des Beteiligungsunternehmens, die Risiken, denen das Beteiligungsunternehmen aufgrund seiner Ausgestaltung ausgesetzt ist, die Risiken, die aufgrund seiner Ausgestaltung an die beteiligten Parteien übertragen werden, und den Umfang des Engagements des Entscheidungsträgers bei der Ausgestaltung des Beteiligungsunternehmens berücksichtigen. Wenn ein Entscheidungsträger beispielsweise erheblichen Anteil an der Ausgestaltung des Beteiligungsunternehmens hat (u. a. bei der Festlegung des Umfangs der Entscheidungsbefugnis), kann dies darauf hinweisen, dass er Gelegenheit und Anreiz hatte, Rechte zu erlangen, die ihm die Fähigkeit zur Lenkung der maßgeblichen Tätigkeiten verleihen.

Rechte anderer Parteien

B64 Substanzielle Rechte anderer Parteien können die Fähigkeit des Entscheidungsträgers zur Lenkung der maßgeblichen Tätigkeiten eines Beteiligungsunternehmens beeinträchtigen. Substanzielle Abberufungsrechte oder andere Rechte können ein Hinweis darauf sein, dass der Entscheidungsträger ein Agent ist.

B65 Besitzt eine einzelne Partei substanzielle Abberufungsrechte und kann sie den Entscheidungsträger ohne Grund abberufen, ist dies an sich ausreichend, um zu dem Schluss zu gelangen, dass der Entscheidungsträger ein Agent ist. Besitzen mehrere Parteien solche Rechte (und kann keine einzelne Partei den Entscheidungsträger ohne Zustimmung der anderen Parteien abberufen), lässt sich daraus allein nicht schlüssig ableiten, dass ein Entscheidungsträger hauptsächlich im Namen und zugunsten anderer handelt. Außerdem gilt: je größer die Anzahl der Parteien, die kooperieren müssen, um die Rechte auf Abberufung eines Entscheidungsträgers auszuüben, und je größer der Umfang und die damit verbundene Variabilität der anderen wirtschaftlichen Interessen des Entscheidungsträgers (z. B. Vergütung und andere Interessen) ist, desto weniger Gewicht sollte auf diesen Faktor gelegt werden.

B66 Bei der Beurteilung, ob ein Entscheidungsträger ein Agent ist, sind substanzielle Rechte anderer Parteien, die den Ermessensspielraum des Entscheidungsträgers einschränken, auf die gleiche Weise wie Abberufungsrechte zu betrachten. So ist beispielsweise ein Entscheidungsträger, der für seine Handlungen die Zustimmung einer kleinen Anzahl anderer Parteien einholen muss, im Allgemeinen ein Agent. (Weitere Leitlinien zu Rechten und der Frage, ob diese substanziell sind, sind in den Paragraphen B22–B25 enthalten.)

B67 Bei der Berücksichtigung der Rechte anderer Parteien sind auch etwaige vom Geschäftsführungs- und/oder Aufsichtsorgan (oder einem anderen Leitungsgremium) eines Beteiligungsunternehmens ausübbaren Rechte und ihre Auswirkung auf die Entscheidungsbefugnis einzubeziehen (siehe Paragraph B23(b)).

Vergütung

B68 Je höher und variabler die Vergütung des Entscheidungsträgers im Verhältnis zu der aus den Tätigkeiten des Beteiligungsunternehmens erwarteten Rendite, desto höher die Wahrscheinlichkeit, dass der Entscheidungsträger ein Prinzipal ist.

B69 Bei der Bestimmung, ob er ein Prinzipal oder ein Agent ist, muss der Entscheidungsträger außerdem berücksichtigen, ob folgende Bedingungen zutreffen:
a) seine Vergütung ist den erbrachten Leistungen angemessen.
b) Die Vergütungsvereinbarung enthält nur Vertragsbedingungen oder Beträge, die in Vereinbarungen über ähnliche Leistungen und fachliche Qualifikationen zwischen voneinander unabhängigen Geschäftspartnern üblich sind.

B70 Ein Entscheidungsträger kann nur dann ein Agent sein, wenn die in Paragraph B69(a) und (b) aufgeführten Bedingungen zutreffen. Eine Erfüllung dieser Bedingungen lässt für sich genommen jedoch nicht den Schluss zu, dass ein Entscheidungsträger ein Agent ist.

Risiko schwankender Renditen aus anderen Anteilen

B71 Ein Entscheidungsträger, der andere Anteile an einem Beteiligungsunternehmen hält (z. B. Finanzinvestitionen in das Beteiligungsunternehmen getätigt hat oder Garantien für die Leistungserfüllung des Beteiligungsunternehmens stellt) muss bei der Beurteilung, ob er ein Agent ist, das für ihn bestehende Risiko schwankender Renditen aus diesen Anteilen berücksichtigen. Das Halten anderer Anteile an einem Beteiligungsunternehmen weist darauf hin, dass der Entscheidungsträger möglicherweise ein Prinzipal ist.

B72 Bei der Beurteilung, in welchem Umfang er dem Risiko schwankender Renditen aus anderen Anteilen am Beteiligungsunternehmen ausgesetzt

ist, hat der Entscheidungsträger Folgendes zu berücksichtigen:
a) je größer der Umfang und die damit verbundene Variabilität seiner wirtschaftlichen Interessen bei Gesamtbetrachtung seiner Vergütung und anderer Interessen ist, desto wahrscheinlicher ist der Entscheidungsträger ein Prinzipal.
b) ob, sich der Umfang, in dem er dem Risiko schwankender Renditen ausgesetzt ist, von dem anderer Investoren unterscheidet, und wenn ja, ob dies sein Handeln beeinflussen könnte. Dies könnte zum Beispiel dann der Fall sein, wenn der Entscheidungsträger nachrangige Anteile an einem Beteiligungsunternehmen hält oder diesem andere Formen der Kreditbesicherung zur Verfügung stellt.

Der Entscheidungsträger hat sein Risiko im Verhältnis zur gesamten Variabilität der Renditen des Beteiligungsunternehmens zu beurteilen. Diese Beurteilung erfolgt hauptsächlich auf Basis der Renditen, die aus den Tätigkeiten des Beteiligungsunternehmens erwartet werden. Dabei darf jedoch nicht das maximale Risiko aus der Variabilität der Renditen des Beteiligungsunternehmens, das sich für den Entscheidungsträger aus anderen von ihm gehaltenen Anteilen ergibt, außer Acht gelassen werden.

Anwendungsbeispiele

Beispiel 13

Ein Entscheidungsträger (Fondsmanager) gründet, vermarktet und verwaltet einen öffentlich gehandelten, regulierten Fonds nach eng definierten Parametern, die gemäß den für ihn geltenden örtlichen Gesetzen und Verordnungen im Anlagemandat festgelegt sind. Der Fonds wurde bei Anlegern als Anlage in ein diversifiziertes Portfolio von Eigenkapitaltiteln öffentlich gehandelter Unternehmen vermarktet. Innerhalb der definierten Parameter liegt es im Ermessen des Fondsmanagers, in welche Vermögenswerte er investiert. Der Fondsmanager hat anteilig 10 Prozent in den Fonds investiert und erhält für seine Leistungen eine marktbasierte Vergütung in Höhe von 1 Prozent des Nettovermögens des Fonds. Die Vergütung ist den erbrachten Leistungen angemessen. Der Fondsmanager ist über seine Anlage von 10 Prozent hinaus in keiner Weise verpflichtet, Verluste auszugleichen. Der Fonds ist nicht zur Einrichtung eines unabhängigen Geschäftsführungs- und/oder Aufsichtsorgans verpflichtet und hat dies auch nicht getan. Die Anleger besitzen keine substanziellen Rechte, die sich auf die Entscheidungsbefugnis des Fondsmanagers auswirken würden, können aber innerhalb bestimmter vom Fonds festgelegter Grenzen eine Rücknahme ihrer Anteile verlangen.

Obgleich der Fondsmanager die im Anlagemandat festgelegten Parameter und die aufsichtsrechtlichen Vorschriften beachten muss, besitzt er Entscheidungsbefugnisse, die ihm die gegenwärtige Fähigkeit zur Lenkung der maßgeblichen Tätigkeiten des Fonds geben. Die Anleger haben keine substanziellen Rechte, die sich auf die Entscheidungsbefugnis des Fondsmanagers auswirken könnten. Der Fondsmanager erhält für seine Leistungen eine marktübliche Vergütung, die den erbrachten Leistungen angemessen ist, und hat außerdem eine anteilige Investition in den Fonds getätigt. Durch seine Vergütung und seine Investition ist der Fondsmanager den schwankenden Renditen aus den Fondstätigkeiten ausgesetzt, ohne dass dadurch ein so signifikantes Risiko entsteht, dass dies ein Hinweis darauf wäre, dass der Fondsmanager ein Prinzipal ist.

In diesem Beispiel weist das für den Fondsmanager bestehende Risiko schwankender Renditen aus dem Fonds zusammen mit seiner Entscheidungsbefugnis innerhalb eingeschränkter Parameter darauf hin, dass er ein Agent ist. Der Fondsmanager gelangt folglich zu dem Schluss, dass er den Fonds nicht beherrscht.

Beispiel 14

Ein Entscheidungsträger gründet, vermarktet und verwaltet einen Fonds, der Anlagemöglichkeiten für zahlreiche Investoren bietet. Der Entscheidungsträger (Fondsmanager) muss Entscheidungen im besten Interesse aller Anleger sowie im Einklang mit den für den Fonds maßgeblichen Verträgen treffen. Trotzdem hat der Fondsmanager weitreichende Entscheidungsfreiheit. Er erhält für seine Leistungen eine marktübliche Vergütung in Höhe von 1 Prozent des verwalteten Vermögens und 20 Prozent aller Fondsgewinne, wenn ein bestimmtes Gewinnniveau erreicht wird. Die Vergütung ist den erbrachten Leistungen angemessen.

Obgleich der Fondsmanager Entscheidungen im besten Interesse aller Investoren treffen muss, verfügt er über weitreichende Entscheidungsbefugnis, um die maßgeblichen Tätigkeiten des Fonds zu lenken. Er erhält feste und erfolgsabhängige Vergütungen, die den erbrachten Leistungen angemessen sind. Außerdem werden die Interessen des Fondsmanagers durch die Vergütung mit denen der anderen Investoren in Einklang gebracht (den Wert des Fonds zu steigern), ohne dass er dadurch einem so signifikanten Risiko schwankender Renditen aus den Tätigkeiten des Fonds ausgesetzt wird, dass die Vergütung für sich genommen darauf hinweisen würde, dass der Fondsmanager ein Prinzipal ist. Die vorstehend beschriebene Sachlage und Analyse trifft auf die folgenden Beispiele 14A–14C zu. Jedes Beispiel wird isoliert betrachtet.

Beispiel 14A

Der Fondsmanager hat außerdem eine Investition von 2 Prozent in den Fonds getätigt, die seine Interessen mit denen der anderen Investoren in Einklang bringt. Der Fondsmanager ist über seine Anlage von 2 Prozent hinaus in keiner Weise verpflichtet, Verluste auszugleichen. Die Anleger können den Fondsmanager mit einfa-

cher Stimmenmehrheit abberufen, allerdings nur bei Vertragsverletzung.

Die Anlage des Fondsmanagers von 2 Prozent erhöht dessen Risiko schwankender Renditen aus den Fondstätigkeiten, ohne dass dadurch ein so signifikantes Risiko entsteht, dass dies ein Hinweis darauf wäre, dass der Fondsmanager ein Prinzipal ist. Die Rechte der anderen Anleger auf Abberufung des Fondsmanagers werden als Schutzrechte betrachtet, da sie nur bei Vertragsverletzung ausgeübt werden können. In diesem Beispiel hat der Fondsmanager zwar weitreichende Entscheidungsbefugnis und ist aufgrund seiner Anteile und seiner Vergütung Risiken durch Renditeschwankungen ausgesetzt, der Umfang seines Risikos weist aber darauf hin, dass er ein Agent ist. Der Fondsmanager gelangt folglich zu dem Schluss, dass er den Fonds nicht beherrscht.

Beispiel 14B

Der Fondsmanager hat eine substanziellere anteilige Investition in den Fonds getätigt, ist aber über diese Investition hinaus in keiner Weise verpflichtet, Verluste auszugleichen. Die Anleger können den Fondsmanager mit einfacher Stimmenmehrheit abberufen, allerdings nur bei Vertragsverletzung.

In diesem Beispiel werden die Rechte der anderen Anleger auf Abberufung des Fondsmanagers als Schutzrechte betrachtet, da sie nur bei Vertragsverletzung ausgeübt werden können. Obgleich der Fondsmanager feste und erfolgsabhängige Vergütungen erhält, die den erbrachten Leistungen angemessen sind, könnte durch die Kombination aus der Investition des Fondsmanagers und seiner Vergütung ein so signifikantes Risiko schwankender Renditen aus den Fondstätigkeiten entstehen, dass dies ein Hinweis darauf ist, dass der Fondsmanager ein Prinzipal ist. Je größer der Umfang und die damit verbundene Variabilität der wirtschaftlichen Interessen des Fondsmanagers (bei Gesamtbetrachtung seiner Vergütung und anderen Anteile), desto mehr Gewicht würde der Fondsmanager bei der Analyse auf diese wirtschaftlichen Interessen legen und desto wahrscheinlicher ist der Fondsmanager ein Prinzipal.

So könnte der Fondsmanager beispielsweise nach Berücksichtigung seiner Vergütung und der anderen Faktoren eine Investition von 20 Prozent für ausreichend halten, um zu dem Schluss zu gelangen, dass er den Fonds beherrscht. Unter anderen Umständen (z. B. wenn die Vergütung oder andere Faktoren anders sind) könnte Beherrschung jedoch bei einem anderen Investitionsniveau vorliegen.

Beispiel 14C

Der Fondsmanager hat eine anteilige Investition von 20 Prozent in den Fonds getätigt, ist aber über diese Investition hinaus in keiner Weise verpflichtet, Verluste auszugleichen. Der Fonds hat einen Verwaltungsrat, dessen Mitglieder vom Fondsmanager unabhängig sind und von den anderen Anlegern ernannt werden. Der Verwaltungsrat ernennt den Fondsmanager jährlich. Sollte der Verwaltungsrat beschließen, den Vertrag des Fondsmanagers nicht zu verlängern, könnten die vom Fondsmanager erbrachten Leistungen von anderen Managern aus der Branche erbracht werden.

Obgleich der Fondsmanager feste und erfolgsabhängige Vergütungen erhält, die den erbrachten Leistungen angemessen sind, entsteht durch die Kombination der 20-prozentigen Investition des Fondsmanagers und seiner Vergütung ein so signifikantes Risiko schwankender Renditen aus den Tätigkeiten des Fonds, dass dies ein Hinweis darauf ist, dass der Fondsmanager ein Prinzipal ist. Allerdings besitzen die Anleger substanzielle Rechte auf Abberufung des Fondsmanagers – der Verwaltungsrat stellt einen Mechanismus bereit, der gewährleistet, dass die Anleger den Fondsmanager auf ihren Beschluss hin abberufen können.

In diesem Beispiel legt der Fondsmanager in seiner Analyse größeres Gewicht auf die substanziellen Abberufungsrechte. Obgleich der Fondsmanager weitreichende Entscheidungsbefugnis besitzt und aufgrund seiner Vergütung und Investition dem Risiko schwankender Renditen aus dem Fonds ausgesetzt ist, weisen die substanziellen Rechte der anderen Investoren folglich darauf hin, dass der Fondsmanager ein Agent ist. Der Fondsmanager gelangt daher zu dem Schluss, dass er den Fonds nicht beherrscht.

Beispiel 15

Für den Kauf eines Portfolios festverzinslicher, durch Vermögenswerte besicherter Wertpapiere (Asset Backed Securities - ABS) wird ein Beteiligungsunternehmen gegründet, das durch festverzinsliche Schuld- und Eigenkapitalinstrumente finanziert wird. Die Eigenkapitalinstrumente sind so strukturiert, dass die Schuldinstrument-Investoren vor ersten Verlusten geschützt sind und eventuell verbleibende Renditen den Eigenkapitalinstrumenten des Beteiligungsunternehmens zufließen. Diese Transaktion wurde an potenzielle Schuldinstrument-Investoren als eine Anlage in ein ABS-Portfolio vermarktet, das einem mit dem möglichen Ausfall der Emittenten der ABS im Portfolio verbundenen Kreditrisiko und einem mit der Verwaltung des Portfolios verbundenen Zinsänderungsrisiko unterliegt. Bei Gründung stellen die Eigenkapitalinstrumente 10 Prozent des Werts der erworbenen Vermögenswerte dar. Ein Entscheidungsträger (der Vermögensverwalter) verwaltet das aktive Anlageportfolio, indem er Anlageentscheidungen innerhalb der im Verkaufsprospekt des Beteiligungsunternehmens festgelegten Parameter trifft. Für diese Leistungen erhält er eine marktbasierte feste Vergütung (d. h. 1 Prozent des verwalteten Vermögens) und eine erfolgsabhängige Vergütung (d. h. 10 Prozent des Gewinns), wenn die Gewinne des Beteiligungsunternehmens eine festgelegte Höhe übersteigen. Die Vergütung ist den erbrachten

Leistungen angemessen. Der Vermögensverwalter hält 35 Prozent des Eigenkapitals des Beteiligungsunternehmens.

Die restlichen 65 Prozent des Eigenkapitals sowie sämtliche Schuldinstrumente befinden sich im Streubesitz einer großen Anzahl nicht nahestehender Drittinvestoren. Der Vermögensverwalter kann ohne Grund durch einfachen Mehrheitsbeschluss der anderen Anleger abberufen werden.

Der Vermögensverwalter erhält feste und erfolgsabhängige Vergütungen, die den erbrachten Leistungen angemessen sind. Durch die Vergütung werden die Interessen des Fondsmanagers mit denen der anderen Anlegerin Einklang gebracht, den Wert des Fonds zu steigern. Aufgrund seines Eigenkapitalanteils von 35 Prozent und seiner Vergütung ist der Vermögensverwalter dem Risiko schwankender Renditen aus den Tätigkeiten des Fonds ausgesetzt.

Obgleich er innerhalb der im Verkaufsprospekt des Beteiligungsunternehmens festgelegten Parameter handelt, verfügt der Vermögensverwalter über die gegenwärtige Fähigkeit, Anlageentscheidungen mit signifikanten Einfluss auf die Rendite des Beteiligungsunternehmens zu treffen – die Abberufungsrechte der anderen Anleger fallen bei der Analyse kaum ins Gewicht, da sie von einer Vielzahl breit gestreuter Anleger gehalten werden. In diesem Beispiel legt der Vermögensverwalter größeres Gewicht auf das Risiko schwankender Renditen des Fonds, dem er aufgrund seines Eigenkapitalanteils ausgesetzt ist, der den Schuldinstrumenten im Rang nachgeht. Durch den 35-prozentigen Eigenkapitalanteil entsteht ein signifikantes Nachrangrisiko in Bezug auf die Verluste und Rechte an den Renditen des Beteiligungsunternehmens, das darauf hinweist, dass der Vermögensverwalter ein Prinzipal ist. Der Vermögensverwalter gelangt daher zu dem Schluss, dass er das Beteiligungsunternehmen beherrscht.

Beispiel 16

Ein Entscheidungsträger (der Sponsor) sponsert einen Multi-Seller Conduit, der kurzfristige Schuldinstrumente an nicht nahestehende Drittinvestoren begibt. Diese Transaktion wurde potenziellen Anlegern gegenüber als ein Investment in ein Portfolio erstklassig bewerteter Vermögenswerte mit mittlerer Laufzeit vermarktet, das mit einem minimalen Kreditrisiko aufgrund des möglichen Ausfalls der Emittenten der Vermögenswerte im Portfolio verbunden ist. Verschiedene Verkäufer verkaufen dem Conduit Portfolios mit hochwertigen mittelfristigen Forderungen. Jeder Verkäufer betreut das an den Conduit verkaufte Forderungsportfolio und verwaltet Forderungen bei Ausfall gegen eine marktbasierte Servicegebühr. Außerdem sorgt jeder Verkäufer durch eine Übersicherung der auf den Conduit übertragenen Forderungen dafür, dass sein Forderungsportfolio gegen Zahlungsausfälle abgesichert ist. Der Sponsor legt die Vertragsbedingungen des Conduits fest und führt dessen Geschäfte gegen eine marktbasierte Vergütung. Die Vergütung ist den erbrachten Leistungen angemessen. Der Sponsor genehmigt die Verkäufer, die für einen Verkauf an den Conduit zugelassen werden, genehmigt die vom Conduit anzukaufenden Forderungen und trifft Entscheidungen über dessen Finanzierung. Der Sponsor muss im besten Interesse aller Anleger handeln.

Der Sponsor hat Anspruch auf verbleibende Renditen des Conduits und stellt diesem außerdem Kreditbesicherungen und Liquiditätslinien zur Verfügung. Mit der vom Sponsor bereitgestellten Kreditbesicherung werden Verluste bis in Höhe von 5 Prozent aller Vermögenswerte des Conduits kompensiert, nachdem Verluste von den Verkäufern aufgefangen worden sind. Die Liquiditätslinien können nicht für ausgefallene Forderungen in Anspruch genommen werden. Die Anleger besitzen keine substanziellen Rechte, die sich auf die Entscheidungsbefugnis des Sponsors auswirken könnten.

Auch wenn der Sponsor für seine Leistungen eine marktbasierte Vergütung erhält, die den erbrachten Leistungen angemessen ist, ist er aufgrund seiner Anrechte auf verbleibende Renditen des Conduits und aufgrund der Bereitstellung von Kreditbesicherungen und Liquiditätslinien dem Risiko schwankender Renditen aus den Tätigkeiten des Conduits ausgesetzt (d. h. der Conduit ist dadurch, dass er kurzfristige Schuldinstrumente zur Finanzierung mittelfristiger Forderungen nutzt, einem Liquiditätsrisiko ausgesetzt). Zwar hat jeder Verkäufer Entscheidungsbefugnisse, die den Wert der Vermögenswerte des Conduits beeinflussen, doch besitzt der Sponsor eine weitreichende Entscheidungsbefugnis, die ihm die gegenwärtige Fähigkeit zur Lenkung der Tätigkeiten mit dem signifikantesten Einfluss auf die Rendite des Conduits verleihen (d. h. der Sponsor hat die Vertragsbedingungen des Conduits festgelegt, kann Entscheidungen über die Vermögenswerte (die angekauften Forderungen und die Verkäufer dieser Forderungen zu genehmigen) und die Finanzierung des Konsortiums treffen (für das regelmäßig neues Kapital gefunden werden muss)). Durch seinen Anspruch auf die verbleibenden Renditen des Konsortiums und die Gewährung von Kreditbesicherungen und Liquiditätslinien ist der Sponsor dem Risiko schwankender Renditen aus den Tätigkeiten des Conduits ausgesetzt, das sich von dem anderer Anleger unterscheidet. Dieses Risiko ist folglich ein Hinweis darauf, dass der Sponsor ein Prinzipal ist. Der Sponsor gelangt daher zu dem Schluss, dass er den Conduit beherrscht. Die Verpflichtung des Sponsors, im besten Interesse aller Anleger zu handeln, schließt nicht aus, dass er ein Prinzipal ist.

Beziehung zu anderen Parteien

B73 Bei der Beurteilung, ob eine Beherrschung vorliegt, hat ein Investor die Art seiner Beziehungen zu anderen Parteien zu berücksichtigen und festzustellen, ob diese in seinem Namen handeln (d. h. „De-Facto-Agenten" sind). Die Bestimmung, ob andere Parteien als De-Facto-Agenten handeln, verlangt Ermessensausübung. Dabei ist nicht nur die Art der Beziehung zu berücksichtigen, sondern auch, wie diese Parteien untereinander und mit dem Investor interagieren.

B74 Mit einer solchen Beziehung muss nicht unbedingt eine vertragliche Vereinbarung einhergehen. Eine Partei ist De-Facto-Agent, wenn der Investor oder diejenigen, die seine Tätigkeiten lenken, die betreffende Partei anweisen können, im Namen des Investors zu handeln. In solchen Fällen hat der Investor bei der Beurteilung, ob er ein Beteiligungsunternehmen beherrscht, die Entscheidungsbefugnisse seines De-Facto-Agenten sowie sein indirektes Risiko aus oder seine Anrechte an schwankenden Renditen über den De-facto-Agenten zusammen mit seinen eigenen Risiken und Rechten zu berücksichtigen.

B75 Es folgen einige Beispiele für andere Parteien, die aufgrund der Art ihrer Beziehung als De-Facto-Agenten für den Investor handeln könnten:
a) dem Investor nahe stehende Personen und Unternehmen,
b) eine Partei, die ihre Anteile am Beteiligungsunternehmen durch eine Einlage oder ein Darlehen vom Investor erhalten hat,
c) eine Partei, die sich verpflichtet hat, ihre Anteile am Beteiligungsunternehmen ohne vorherige Genehmigung des Investors nicht zu veräußern, zu übertragen oder zu belasten (außer in Fällen, in denen der Investor und die andere Partei das Recht auf vorherige Genehmigung haben und die Rechte auf Bedingungen beruhen, die zwischen vertragswilligen, voneinander unabhängigen Parteien im gegenseitigen Einvernehmen vereinbart wurden),
d) eine Partei, die ihre Geschäftstätigkeit nicht ohne eine nachrangige finanzielle Unterstützung des Investors finanzieren kann,
e) ein Beteiligungsunternehmen, bei dem die Mehrheit der Mitglieder des Leitungsorgans oder des Managements in Schlüsselpositionen mit denen des Investors identisch ist.
f) eine Partei, die eine enge Geschäftsbeziehung zum Investor unterhält, wie z. B. eine Beziehung zwischen einem professionellen Dienstleister und einem seiner wichtigsten Kunden.

Beherrschung gewisser Vermögenswerte

B76 Ein Investor muss berücksichtigen, ob er einen Teil eines Beteiligungsunternehmens als fiktives separates Unternehmen behandelt, und falls ja, ob er das fiktive separate Unternehmen beherrscht.

B77 Ein Investor hat einen Teil eines Beteiligungsunternehmens nur dann als fiktive eigenständige Einheit zu behandeln, wenn folgende Bedingung erfüllt ist:

Gewisse Vermögenswerte des Beteiligungsunternehmens (und etwaige zugehörige Kreditbesicherungen) sind die einzige Zahlungsquelle für festgelegte Schulden oder festgelegte sonstige Anteile am Beteiligungsunternehmen. Abgesehen von den Parteien mit der festgelegten Schuld haben keine weiteren Parteien Rechte oder Verpflichtungen im Zusammenhang mit den festgelegten Vermögenswerten oder den verbleibenden Zahlungsströmen aus diesen Vermögenswerten. Dem wirtschaftlichen Gehalt nach können die Renditen aus den gewissen Vermögenswerten nicht vom verbleibenden Beteiligungsunternehmen verwendet werden und die Schulden der fiktiven eigenständigen Einheit sind nicht aus den Vermögenswerten des verbleibenden Beteiligungsunternehmens zu begleichen. Alle Vermögenswerte, Schulden und das Eigenkapital dieser fiktiven eigenständigen Einheit sind dem wirtschaftlichen Gehalt nach gegenüber dem gesamten Beteiligungsunternehmen isoliert. Eine solche fiktive eigenständige Einheit wird häufig auch als „Silo" bezeichnet.

B78 Ist die in Paragraph B77 genannte Bedingung erfüllt, muss der Investor die Tätigkeiten mit signifikantem Einfluss auf die Rendite der fiktiven eigenständigen Einheit ermitteln und feststellen, wie diese Tätigkeiten gelenkt werden. Auf diese Weise kann er dann beurteilen, ob er den betreffenden Teil des Beteiligungsunternehmens beherrscht. Bei der Beurteilung der Beherrschung der fiktiven eigenständigen Einheit muss der Investor außerdem abwägen, ob er aufgrund seines Engagements bei der fiktiven eigenständigen Einheit ein Risiko aus oder Anrechte an schwankenden Renditen hat und ob er in der Lage ist, seine Verfügungsgewalt über den betreffenden Teil des Beteiligungsunternehmens dazu einzusetzen, die Höhe der Renditen des Beteiligungsunternehmens zu beeinflussen.

B79 Beherrscht der Investor die fiktive eigenständige Einheit, muss er den betreffenden Teil des Beteiligungsunternehmens konsolidieren. In diesem Fall schließen andere Parteien bei der Beurteilung der Beherrschung sowie der Konsolidierung des Beteiligungsunternehmens den betreffenden Teil des Beteiligungsunternehmens aus.

Fortlaufende Beurteilung

B80 Weisen Fakten und Umstände darauf hin, dass sich eines oder mehrere der in Paragraph 7 aufgeführten drei Elemente der Beherrschung verändert haben, muss der Investor erneut beurteilen, ob er ein Beteiligungsunternehmen beherrscht.

B81 Tritt bei der Art und Weise, in der die Verfügungsgewalt über ein Beteiligungsunternehmen ausgeübt werden kann, eine Veränderung ein, muss sich dies in der Art und Weise, wie der Investor seine Verfügungsgewalt über das Beteiligungsunternehmen beurteilt, widerspiegeln. Beispielsweise können Veränderungen bei Entscheidungsbefugnissen bedeuten, dass die maßgeblichen Tätigkeiten nicht mehr über Stimmrechte gelenkt werden, sondern dass stattdessen andere Vereinbarungen wie z. B. Verträge mit einer oder mehreren anderen Partei(en) die gegenwärtige Fähigkeit zur Lenkung der maßgeblichen Tätigkeiten verleihen.

B82 Ein Ereignis kann die Ursache dafür sein, dass ein Investor die Verfügungsgewalt über ein Beteiligungsunternehmen erlangt oder verliert, ohne dass der Investor selbst an dem betreffenden Ereignis beteiligt ist. Ein Investor kann zum Beispiel die Verfügungsgewalt über ein Beteiligungsunternehmen erlangen, weil Entscheidungsbefugnisse einer oder mehrerer anderer Partei(en), die den Investor zuvor an der Beherrschung des Beteiligungsunternehmens gehindert haben, ausgelaufen sind.

B83 Ein Investor berücksichtigt außerdem Veränderungen, die sich auf sein Risiko aus oder seine Anrechte an veränderlichen Renditen aus seinem Engagement bei der Beteiligungsgesellschaft auswirken. Beispielsweise kann ein Investor, der Verfügungsgewalt über ein Beteiligungsunternehmen hat, die Beherrschung über das Beteiligungsunternehmen verlieren, wenn er kein Anrecht auf den Empfang von Renditen oder kein Risiko durch Verpflichtungen mehr hat, weil der Investor Paragraph 7(b) nicht mehr erfüllt (z. B. wenn ein Vertrag über die Gewährung erfolgsabhängiger Vergütungen gekündigt wird).

B84 Ein Investor muss prüfen, ob sich seine Beurteilung, dass er als Agent bzw. Prinzipal handelt, geändert hat. Veränderungen in der Gesamtbeziehung zwischen dem Investor und anderen Parteien können bedeuten, dass der Investor nicht mehr als Agent handelt, obwohl dies bislang der Fall war, und umgekehrt. Treten z. B. bei den Rechten des Investors oder anderer Parteien Veränderungen ein, hat der Investor seinen Status als Prinzipal oder Agent erneut zu prüfen.

B85 Die anfängliche Beurteilung der Beherrschung oder des Status als Prinzipal oder Agent wird sich nicht einfach nur aufgrund einer Veränderung der Marktbedingungen ändern (z.B. einer Veränderung der marktabhängigen Rendite des Beteiligungsunternehmens). Anders verhält es sich, wenn die Veränderung bei den Marktbedingungen zu einer Veränderung bei einem oder mehreren der in Paragraph 7 aufgeführten Beherrschungselementen oder einer Änderung des allgemeinen Verhältnisses zwischen Prinzipal und Agent führt.

FESTSTELLUNG, OB ES SICH BEI EINEM UNTERNEHMEN UM EINE INVESTMENTGESELLSCHAFT HANDELT

B85A Wenn ein Unternehmen beurteilt, ob es eine Investmentgesellschaft ist, hat es alle Fakten und Umstände einschließlich seines Zwecks und seiner Ausgestaltung zu berücksichtigen. Ein Unternehmen, das die in Paragraph 27 aufgeführten drei Elemente der Definition einer Investmentgesellschaft erfüllt, gilt als Investmentgesellschaft. Diese Elemente der Definition werden in den Paragraphen B85B–B85M näher erläutert.

Geschäftszweck

B85B Nach der Definition einer Investmentgesellschaft hat deren Geschäftszweck allein in der Anlage von Mitteln zur Erreichung von Wertsteigerungen oder Investmenterträgen (wie Dividenden, Zinsen oder Mieteinnahmen) oder beidem zu bestehen. Aufschluss über den Geschäftszweck einer Investmentgesellschaft geben normalerweise Unterlagen, in denen die Anlageziele des Unternehmens dargelegt werden, wie Zeichnungsprospekte, Veröffentlichungen und sonstige Unternehmens- oder Gesellschaftsunterlagen. Weiterer Anhaltspunkte sind unter anderem, wie sich das Unternehmen gegenüber anderen (z. B. potenziellen Investoren oder Beteiligungsunternehmen) präsentiert; so kann ein Unternehmen seine Geschäftstätigkeit beispielsweise als mittelfristig angelegte Investitionstätigkeit zum Zwecke der Wertsteigerung darstellen. Dagegen verfolgt ein Unternehmen, das sich als Investor präsentiert, dessen Ziel darin besteht, gemeinsam mit seinen Beteiligungsunternehmen Produkte zu entwickeln, zu produzieren oder zu vermarkten, einen Geschäftszweck, der mit dem einer Investmentgesellschaft unvereinbar ist, da es sowohl mit seiner Entwicklungs-, Produktions- oder Vermarktungstätigkeit als auch mit seinen Beteiligungen Erträge erzielt (siehe Paragraph B85I).

B85C Eine Investmentgesellschaft kann gegenüber Dritten ihren Investoren direkt oder über ein Tochterunternehmen anlagebezogene Dienstleistungen (z. B. Anlageberatungs-, Anlagemanagement-, Anlageunterstützungs- oder Verwaltungsdienstleistungen) erbringen, selbst wenn diese Tätigkeiten für die Investmentgesellschaft von wesentlicher Bedeutung sind; allerdings muss die Gesellschaft weiterhin der Definition einer Investmentgesellschaft entsprechen.

B85D Eine Investmentgesellschaft kann sich auch direkt oder über ein Tochterunternehmen an den folgenden anlagebezogenen Tätigkeiten beteiligen, wenn diese auf die Maximierung der mit ihren Beteiligungsunternehmen erzielten Rendite (Wertsteigerungen oder Investmenterträge) ausgerichtet sind und keine gesonderte substanzielle Geschäftstätigkeit oder gesonderte substanzielle Ertragsquelle der Investmentgesellschaft darstellen:

a) Erbringung von Managementdienstleistungen und strategischer Beratung für ein Beteiligungsunternehmen und

b) finanzielle Unterstützung eines Beteiligungsunternehmens z. B. in Form von Darlehen, Kapitalzusagen oder Garantien.

B85E Hat eine Investmentgesellschaft ein Tochterunternehmen, das selbst keine Investmentgesellschaft ist und dessen Hauptgeschäftszweck und -tätigkeit darin besteht, für sie oder für andere anlagebezogene Dienstleistungen oder Tätigkeiten zu erbringen, die sich auf die in den Paragraphen B85C–B85D genannten Investitionstätigkeit der Investmentgesellschaft beziehen, so muss sie dieses Tochterunternehmen gemäß Paragraph 32 konsolidieren. Ist das Tochterunternehmen, das die anlagebezogenen Dienstleistungen oder Tätigkeiten erbringt, selbst eine Investmentgesellschaft, muss das Mutterunternehmen der Investmentgesellschaft diese gemäß Paragraph 31 erfolgswirksam zum beizulegenden Zeitwert bewerten.

Ausstiegsstrategien

B85F Die Investitionspläne eines Unternehmens geben auch Aufschluss über seinen Geschäftszweck. Ein Merkmal, in dem sich eine Investmentgesellschaft von anderen Unternehmen unterscheidet, besteht darin, dass eine Investmentgesellschaft nicht die Absicht hat, ihre Investitionen unbegrenzt zu halten, sondern sie lediglich über einen befristeten Zeitraum hält. Da Eigenkapitalbeteiligungen und Investitionen in nichtfinanzielle Vermögenswerte potenziell unbegrenzt gehalten werden können, muss eine Investmentgesellschaft über eine Ausstiegsstrategie verfügen, in der dokumentiert ist, wie das Unternehmen aus so gut wie allen seinen Kapitalbeteiligungen und Investitionen in nichtfinanzielle Vermögenswerte Wertsteigerungen realisieren will. Eine Investmentgesellschaft muss außerdem eine Ausstiegsstrategie für alle Schuldinstrumente haben, die potenziell unbegrenzt gehalten werden können, wie unbefristete Fremdkapitalbeteiligungen. Die Investmentgesellschaft muss nicht für jede einzelne Investition gesonderte Ausstiegsstrategien dokumentieren, sondern sollte verschiedene potenzielle Strategien für unterschiedliche Arten oder Portfolien von Investitionen einschließlich eines stichhaltigen Zeitrahmens für den Ausstieg aufstellen. Ausstiegsmechanismen, die nur bei Eintreten eines Kündigungsgrunds (z. B. Vertragsverletzung oder Nichterfüllung) greifen, gelten für den Zweck dieser Beurteilung nicht als Ausstiegsstrategien.

B85G Die Ausstiegsstrategien können je nach Art der Investition variieren. Für Private Equity-Investments kann sich als Ausstiegsstrategie beispielsweise ein Börsengang (IPO), eine Privatplatzierung (Private Placement), ein Unternehmensverkauf (Trade Sale), die Ausschüttung von Eigentumsanteilen an den Beteiligungsunternehmen (an die Investoren) und die Veräußerung von Vermögenswerten (einschließlich der Veräußerung der Vermögenswerte eines Beteiligungsunternehmens mit dessen anschließender Liquidation) anbieten. Für Eigenkapitalinstrumente, die am Kapitalmarkt gehandelt werden, kommt z. B. eine Privatplatzierung oder die Veräußerung am Kapitalmarkt als Ausstiegsstrategie in Betracht. Bei Immobilieninvestitionen könnte eine Ausstiegsstrategie z. B. die Veräußerung der Immobilie durch Immobilienhändler oder auf dem freien Markt beinhalten.

B85H Eine Investmentgesellschaft kann eine Beteiligung an einer anderen Investmentgesellschaft halten, die aus rechtlichen, regulatorischen, steuerlichen oder ähnlichen geschäftlichen Gründen zusammen mit dem Unternehmen gegründet wird. In diesem Fall benötigt die investierende Investmentgesellschaft keine Ausstiegsstrategie für diese Investition, sofern die Investmentgesellschaft, die das Beteiligungsunternehmen ist, über eine angemessene Ausstiegsstrategie für seine Investitionen verfügt.

Erträge aus Beteiligungen

B85I Die Investitionen eines Unternehmens dienen nicht allein der Erwirtschaftung von Wertsteigerungen oder Investmenterträgen oder beidem, wenn das Unternehmen oder ein anderes Mitglied des Konzerns, dem das Unternehmen angehört (d. h. des Konzerns, der vom obersten Mutterunternehmen der Investmentgesellschaft beherrscht wird) einen anderen Nutzen aus den Investitionen des Unternehmens zieht oder anstrebt, der anderen, dem Beteiligungsunternehmen nicht nahestehenden Unternehmen oder Personen, nicht zugutekommt. Bei einem solchen Nutzen kann es sich z. B. um Folgendes handeln:

a) Erwerb, Nutzung, Tausch oder Verwertung der Verfahren, Vermögenswerte oder Technologien eines Beteiligungsunternehmens. Dies wäre unter anderem dann der Fall, wenn das Unternehmen oder ein anderes Konzernmitglied überproportionale oder exklusive Rechte zum Erwerb von Vermögenswerten, Technologie, Produkten oder Dienstleistungen eines Beteiligungsunternehmens besitzt, beispielsweise in Form einer Kaufoption auf einen Vermögenswert eines Beteiligungsunternehmens, wenn die Entwicklung des Vermögenswerts als erfolgreich betrachtet wird;

b) gemeinschaftliche Vereinbarungen (im Sinne von IFRS 11) oder andere Vereinbarungen zwischen dem Unternehmen oder einem anderen Konzernmitglied und einem Beteiligungsunternehmen über die Entwicklung, Produktion, Vermarktung oder Lieferung von Produkten oder Dienstleistungen;

c) von einem Beteiligungsunternehmen gestellte finanzielle Garantien oder Vermögenswerte, die als Sicherheit für Kreditvereinbarungen des Unternehmens oder eines anderen Konzernmitglieds dienen (allerdings könnte eine Investmentgesellschaft eine Investition in ein Beteiligungsunternehmen nach wie vor als Sicherheit für eigene Fremdkapitalaufnahmen nutzen);

d) eine von einem dem Unternehmen nahestehenden Unternehmen oder einer dem Unternehmen nahestehenden Person gehaltene Kaufoption, die diese berechtigt, von jenem Unternehmen oder einem anderen Konzernmitglied einen Eigentumsanteil an einem Beteiligungsunternehmen des Unternehmens zu erwerben;

e) folgende Transaktionen zwischen dem Unternehmen oder einem anderen Konzernmitglied und einem Beteiligungsunternehmen mit Ausnahme des in Paragraph B85J genannten Falls:

i) Transaktionen zu Konditionen, die anderen Unternehmen, die weder dem

Unternehmen, einem anderen Konzernmitglied noch einem Beteiligungsunternehmen nahestehen, nicht angeboten werden,

ii) Transaktionen, die nicht zum beizulegenden Zeitwert getätigt werden, oder

iii) auf die ein wesentlicher Anteil der Geschäftstätigkeit des Beteiligungsunternehmens oder des Unternehmens einschließlich der Geschäftstätigkeit anderer Konzerngesellschaften entfällt.

B85J Eine Investmentgesellschaft kann die Strategie verfolgen, sich an mehr als einem Beteiligungsunternehmen der gleichen Branche, des gleichen Marktes oder geografischen Gebiets zu beteiligen, um von Synergien zu profitieren, die die Wertsteigerungen und Investmenterträge aus diesen Beteiligungsunternehmen erhöhen. Unbeschadet des Paragraphe B85I(e) hat der Umstand, dass solche Beteiligungsunternehmen untereinander Handel treiben, nicht zwangsläufig zur Folge, dass das Unternehmen nicht als Investmentgesellschaft eingestuft werden kann.

Bewertung zum beizulegenden Zeitwert

B85K Ein wesentliches Element der Definition einer Investmentgesellschaft besteht darin, dass sie die Ertragskraft so gut wie aller ihrer Investments anhand des beizulegenden Zeitwerts bewertet und beurteilt, da dies zu relevanteren Informationen führt als beispielsweise die Konsolidierung ihrer Tochterunternehmen oder die Bilanzierung ihrer Anteile an assoziierten Unternehmen oder Gemeinschaftsunternehmen nach der Equity-Methode. Um nachzuweisen, dass sie dieses Element der Definition erfüllt, geht eine Investmentgesellschaft wie folgt vor:

a) sie legt den Investoren Angaben zum beizulegenden Zeitwert vor und bewertet nahezu all ihre Investments in ihren Abschlüssen zum beizulegenden Zeitwert, wann immer dies nach den IFRS erforderlich oder zulässig ist, und

b) sie verwendet bei der internen Berichterstattung an Mitglieder des Managements in Schlüsselpositionen des Unternehmens (im Sinne von IAS 24) Angaben auf Basis von beizulegenden Zeitwerten, die diese als vorrangiges Kriterium für die Bewertung der Ertragskraft so gut wie all ihrer Investitionen und für ihre Investitionsentscheidungen nutzen.

B85L Zur Erfüllung der Vorschrift in Paragraph B85K(a) würde eine Investmentgesellschaft

a) das Wahlrecht in Anspruch nehmen, als Finanzinvestition gehaltene Immobilien nach dem Modell des beizulegenden Zeitwerts in IAS 40 *Als Finanzinvestition gehaltene Immobilien* zu bilanzieren,

b) für ihre Beteiligungen an assoziierten Unternehmen und Gemeinschaftsunternehmen die in IAS 28 vorgesehene Ausnahme von der Anwendung der Equity-Methode in Anspruch nehmen, und

c) ihre finanziellen Vermögenswerte nach den Vorschriften von IFRS 9 zum beizulegenden Zeitwert bewerten.

B85M Eine Investmentgesellschaft kann einige nicht als Investition gehaltene Vermögenswerte wie die Betriebs- und Geschäftsausstattung der Hauptverwaltung oder ähnliche Vermögenswerte und auch finanzielle Verbindlichkeiten haben. Die Bewertung zum beizulegenden Zeitwert als Element der Definition einer Investmentgesellschaft in Paragraph 27(c) bezieht sich auf die Beteiligungen einer Investmentgesellschaft. Folglich muss eine Investmentgesellschaft ihre nicht als Investition gehaltenen Vermögenswerte oder ihre Verbindlichkeiten nicht zum beizulegenden Zeitwert bewerten.

Typische Merkmale einer Investmentgesellschaft

B85N Wenn ein Unternehmen bestimmt, ob es der Definition einer Investmentgesellschaft entspricht, hat es zu berücksichtigen, ob es deren typische Merkmale aufweist (siehe Paragraph 28). Wenn eines oder mehrere dieser typischen Merkmale nicht gegeben ist/sind, bedeutet dies nicht zwangsläufig, dass das Unternehmen nicht als Investmentgesellschaft eingestuft werden kann, weist aber darauf hin, dass die Feststellung, ob das Unternehmen eine Investmentgesellschaft ist, eine zusätzliche Ermessensausübung erfordert.

Mehr als eine Beteiligung

B85O Eine Investmentgesellschaft hält in der Regel mehrere Beteiligungen, um ihr Risiko zu streuen und ihre Renditen zu maximieren. Ein Portfolio von Beteiligungen kann direkt oder indirekt gehalten werden, z. B. über eine einzige Beteiligung an einer anderen Investmentgesellschaft, die selbst mehrere Beteiligungen hält.

B85P Es kann vorkommen, dass ein Unternehmen nur eine einzige Beteiligung hält. Das bedeutet jedoch nicht zwangsläufig, dass das Unternehmen nicht die Definition einer Investmentgesellschaft erfüllt. So kann eine Investmentgesellschaft beispielsweise in folgenden Fällen nur ein einziges Investment halten:

a) sie befindet sich in der Anlaufphase und hat noch keine geeigneten Beteiligungen ermittelt und folglich ihren Investitionsplan zum Erwerb mehrerer Beteiligungen noch nicht umgesetzt,

b) sie hat veräußerte Beteiligungen noch nicht durch andere Beteiligungen ersetzt,

c) sie wurde mit dem Ziel gegründet, die Mittel der Investoren zu bündeln und in eine einzige Beteiligung zu investieren, zu denen die Investoren einzeln keinen Zugang hätten (z. B. weil der erforderliche Mindestanlagebetrag für einen einzelnen Investor zu hoch ist), oder

d) sie befindet sich in Liquidation.

3/9. IFRS 10
B85Q – B87

Mehr als ein Investor

B85Q In der Regel hat eine Investmentgesellschaft mehrere Investoren, die ihre Mittel zusammenlegen, um Zugang zu Kapitalanlagedienstleistungen und Anlagemöglichkeiten zu erhalten, die ihnen einzeln möglicherweise nicht zur Verfügung stünden. Bei mehreren Investoren ist es weniger wahrscheinlich, dass das Unternehmen oder andere Mitglieder des Konzerns, zu dem das Unternehmen gehört, einen anderen Nutzen als Wertsteigerungen oder Investmenterträge erlangen würden (siehe Paragraph B85I).

B85R Alternativ kann eine Investmentgesellschaft von einem bzw. für einen einzelnen Investor gegründet werden, der die Interessen einer größeren Gruppe von Investoren (z. B. eines Pensionsfonds, eines Investmentfonds in staatlichem Eigentum oder einer Familienstiftung) vertritt oder unterstützt.

B85S Es kann jedoch auch vorkommen, dass das Unternehmen vorübergehend nur einen Investor hat. So kann eine Investmentgesellschaft beispielsweise in folgenden Fällen nur einen einzigen Investor haben:

a) sie befindet sich in der Phase ihres Börsengangs mit noch nicht abgelaufener Erstemissionsfrist und sucht aktiv nach geeigneten Investoren,

b) sie hat noch keine geeigneten Investoren für zurückgenommene Eigentumsanteile gefunden oder

c) sie befindet sich in Liquidation.

Nicht nahestehende Investoren

B85T In der Regel verwaltet eine Investmentgesellschaft Mittel mehrerer Investoren, bei denen es sich nicht um nahestehende Unternehmen und Personen (im Sinne von IAS 24) des Unternehmens oder anderer Mitglieder des Konzerns, dem das Unternehmen angehört, handelt. Durch die Präsenz ihr nicht nahestehender Investoren ist es weniger wahrscheinlich, dass sie oder andere Mitglieder des Konzerns, dem sie angehört, aus dem Investment einen anderen Nutzen zieht als Wertsteigerungen oder Investmenterträge (siehe Paragraph B85I).

B85U Allerdings kann eine Gesellschaft auch dann als Investmentgesellschaft eingestuft werden, wenn ihre Investoren ihr nahestehende Unternehmen oder Personen sind. Beispielsweise kann eine Investmentgesellschaft für eine bestimmte Gruppe ihrer Mitarbeiter (wie das Management in Schlüsselpositionen) oder (einen) andere ihr nahestehende(n) Investor(en) einen gesonderten „parallelen" Fonds auflegen, der die Beteiligungen des Hauptfonds nachbildet. Dieser „parallele" Fonds könnte als Investmentgesellschaft eingestuft werden, selbst wenn all seine Investoren nahestehende Unternehmen oder Personen sind.

Eigentumsanteile

B85V Eine Investmentgesellschaft ist in der Regel eine eigenständige juristische Einheit, muss dies aber nicht sein. Die Eigentumsanteile an der Investmentgesellschaft sind in der Regel als Eigenkapital oder eigenkapitalähnliche Rechte (z. B. Gesellschafteranteile) strukturiert, denen ein proportionaler Anteil am Nettovermögen der Investmentgesellschaft zugeordnet ist. Unterschiedliche Klassen von Investoren, die teilweise nur Rechte an bestimmten Beteiligungen oder Gruppen von Beteiligungen oder unterschiedliche proportionale Anteile am Nettovermögen haben, schließen jedoch nicht aus, dass ein Unternehmen als Investmentgesellschaft eingestuft werden kann.

B85W Darüber hinaus kann ein Unternehmen mit erheblichen Eigentumsanteilen in Form von Schuldtiteln, die gemäß anderen maßgeblichen IFRS nicht die Definition von Eigenkapital erfüllen, trotzdem die Kriterien einer Investmentgesellschaft erfüllen, sofern die Inhaber der Schuldtitel infolge von Veränderungen des beizulegenden Zeitwerts des Nettovermögens der Gesellschaft schwankenden Renditen ausgesetzt sind.

RECHNUNGSLEGUNGSVORSCHRIFTEN

Konsolidierungsverfahren

B86 Im Konzernabschluss

a) werden gleichartige Posten der Vermögenswerte, der Schulden, des Eigenkapitals, der Erträge, der Aufwendungen und der Zahlungsströme des Mutterunternehmens mit denen des Tochterunternehmens zusammengefasst.

b) werden der Buchwert der Beteiligung des Mutterunternehmens an jedem Tochterunternehmen und der Anteil des Mutterunternehmens am Eigenkapital jedes Tochterunternehmens verrechnet (eliminiert) (siehe IFRS 3, wo dargelegt wird, wie ein resultierender Geschäfts- oder Firmenwert zu bilanzieren ist).

c) werden konzerninterne Vermögenswerte und Schulden, Eigenkapital, Erträge, Aufwendungen und Zahlungsströme im Zusammenhang mit Transaktionen zwischen Konzernunternehmen in voller Höhe eliminiert (Gewinne oder Verluste aus konzerninternen Transaktionen, die als Vermögenswerte erfasst werden, wie Vorräte und Anlagevermögen, werden in voller Höhe eliminiert). Konzerninterne Verluste können auf eine Wertminderung hinweisen, die im Konzernabschluss erfasst werden muss. IAS 12 *Ertragssteuern* gilt für temporäre Differenzen, die sich aus der Eliminierung von Gewinnen und Verlusten aus konzerninternen Transaktionen ergeben.

Einheitliche Rechnungslegungsmethoden

B87 Verwendet ein Konzernmitglied für gleichartige Transaktionen und Ereignisse unter ähnlichen Umständen andere Rechnungslegungsmethoden als im Konzernabschluss, ist der Abschluss dieses Konzernunternehmens bei der Aufstellung des Konzernabschlusses entsprechend anzupassen, um Übereinstimmung mit den Rechnungslegungsmethoden des Konzerns zu gewährleisten.

Bewertung

B88 Ein Unternehmen bezieht die Erträge und Aufwendungen eines Tochterunternehmens ab dem Zeitpunkt, zu dem es die Beherrschung erlangt, bis zu dem Zeitpunkt, an dem seine Beherrschung über das Tochterunternehmen endet, in den Konzernabschluss ein. Erträge und Aufwendungen des Tochterunternehmens basieren auf den Werten der Vermögenswerte und Schulden, die zum Erwerbszeitpunkt im Konzernabschluss angesetzt werden. So basieren beispielsweise planmäßige Abschreibungen, die in der Konzern-Gesamtergebnisrechnung nach dem Erwerbszeitpunkt erfasst werden, auf den beizulegenden Zeitwerten der im Konzernabschluss zum Erwerbszeitpunkt angesetzten abschreibungsfähigen Vermögenswerte.

Potenzielle Stimmrechte

B89 Bestehen potenzielle Stimmrechte oder andere Derivate, die potenzielle Stimmrechte enthalten, wird der Anteil am Gewinn oder Verlust oder an Veränderungen des Eigenkapitals, der bei Aufstellung des Konzernabschlusses dem Mutterunternehmen bzw. den nicht beherrschenden Anteilen zugeordnet wird, ausschließlich auf Grundlage der bestehenden Beteiligungsquote bestimmt. Er spiegelt nicht die mögliche Ausübung oder Umwandlung potenzieller Stimmrechte und anderer Derivate wider, es sei denn, es gilt Paragraph B90.

B90 Unter bestimmten Umständen hat ein Unternehmen infolge einer Transaktion, die ihm gegenwärtig Zugriff auf die mit einem Eigentumsanteil verbundene Rendite gewährt, der wirtschaftlichen Substanz nach einen bestehenden Eigentumsanteil. In einem solchen Fall wird der dem Mutterunternehmen und den nicht beherrschenden Anteilen zuzuordnende Anteil bei der Aufstellung des Konzernabschlusses unter Berücksichtigung der letztendlichen Ausübung jener potenziellen Stimmrechte und anderen Derivate ermittelt, die dem Unternehmen gegenwärtig Zugriff auf die Renditen verschaffen.

B91 IFRS 9 gilt nicht für Anteile an Tochterunternehmen, die konsolidiert werden. Gewähren Instrumente mit potenziellen Stimmrechten ihrem wirtschaftlichen Gehalt nach gegenwärtig Zugriff auf die mit einem Eigentumsanteil an einem Tochterunternehmen verbundene Rendite, unterliegen die Instrumente nicht den Vorschriften von IFRS 9. In allen anderen Fällen werden Instrumente mit potenziellen Stimmrechten an einem Tochterunternehmen nach IFRS 9 bilanziert.

Abschlussstichtag

B92 Die bei Aufstellung des Konzernabschlusses verwendeten Abschlüsse des Mutterunternehmens und seiner Tochterunternehmen müssen denselben Stichtag haben. Haben Mutter- und Tochterunternehmen nicht den gleichen Abschlussstichtag, erstellt das Tochterunternehmen zu Konsolidierungszwecken zusätzliche Finanzinformationen auf den Stichtag des Mutterunternehmens, damit das Mutterunternehmen die Finanzangaben des Tochterunternehmens konsolidieren kann, sofern dies nicht undurchführbar ist.

B93 Sollte dies undurchführbar sein, hat das Mutterunternehmen die Finanzinformationen des Tochterunternehmens anhand des jüngsten Abschlusses des Tochterunternehmens zu konsolidieren, der im Hinblick auf die Auswirkungen bedeutender Transaktionen und Ereignisse, die zwischen diesem Abschlussstichtag und dem Konzernabschlussstichtag eingetreten sind, angepasst wird. Der Zeitraum zwischen dem Abschlussstichtag des Tochterunternehmens und dem Stichtag des Konzernabschlusses darf auf keinen Fall mehr als drei Monate betragen und die Zeiträume zwischen den Abschlussstichtagen dürfen sich von einem Berichtszeitraum zum nächsten nicht ändern.

Nicht beherrschende Anteile

B94 Ein Unternehmen hat den Gewinn oder Verlust und jedweden Bestandteil des sonstigen Ergebnisses den Eigentümern des Mutterunternehmens und den nicht beherrschenden Anteilen zuzuordnen. Dies gilt selbst dann, wenn dies dazu führt, dass die nicht beherrschenden Anteile einen Negativsaldo aufweisen.

B95 Hat ein Tochterunternehmen kumulative Vorzugsaktien ausgegeben, die als Eigenkapital eingestuft sind und zu den nicht beherrschenden Anteilen gehören, hat das Unternehmen seinen Anteil am Gewinn oder Verlust nach Berücksichtigung der Vorzugsdividende auf diese Vorzugsaktien zu berechnen, unabhängig davon, ob ein Dividendenbeschluss vorliegt.

Veränderungen bei der Beteiligungsquote nicht beherrschender Anteile

B96 Wenn sich die Beteiligungsquote nicht beherrschender Anteile am Eigenkapital ändert, muss ein Unternehmen die Buchwerte der beherrschenden und nicht beherrschenden Anteile anpassen, sodass sie die Veränderungen bei ihren relativen Anteilen am Tochterunternehmen widerspiegeln. Das Unternehmen hat jede Differenz zwischen dem Betrag, um den die nicht beherrschenden Anteile angepasst wurden, und dem beizulegenden Zeitwert der gezahlten oder erhaltenen Gegenleistung unmittelbar im Eigenkapital zu erfassen und den Eigentümern des Mutterunternehmens zuzuordnen.

Verlust der Beherrschung

B97 Ein Mutterunternehmen könnte die Beherrschung über ein Tochterunternehmen mit zwei oder mehr Vereinbarungen (Transaktionen) verlieren. Mitunter weisen die Umstände jedoch darauf hin, dass mehrere Vereinbarungen als eine einzige Transaktion bilanziert werden sollten. Bei der Bestimmung, ob Vereinbarungen als eine einzige Transaktion zu bilanzieren sind, hat ein Mutterunternehmen alle Bedingungen dieser Vereinbarungen und deren wirtschaftliche Auswirkungen zu berücksichtigen. Treffen einer oder mehrere der folgenden Punkte zu, weist dies darauf hin, dass das Mutterunternehmen mehrere Vereinbarungen als eine einzige Transaktion bilanzieren sollte:

3/9. IFRS 10

a) die Vereinbarungen werden zeitgleich oder unter gegenseitiger Berücksichtigung geschlossen,
b) sie bilden eine einzige Transaktion mit dem Zweck, insgesamt eine wirtschaftliche Auswirkung zu erzielen,
c) der Abschluss einer Vereinbarung hängt vom Abschluss von mindestens einer weiteren Vereinbarung ab,
d) eine Vereinbarung hat für sich genommen keine wirtschaftliche Berechtigung, im Zusammenhang mit anderen Vereinbarungen aber schon. Ein Beispiel hierfür wäre, wenn eine unter dem Marktpreis liegende Veräußerung von Anteilen durch eine spätere über dem Marktpreis liegende Veräußerung kompensiert würde.

B98 Verliert ein Mutterunternehmen die Beherrschung über ein Tochterunternehmen, so hat es
a) Folgendes auszubuchen:
   i) die Vermögenswerte (einschließlich des Geschäfts- und Firmenwerts) und Schulden des Tochterunternehmens zu ihrem Buchwert am Tag des Beherrschungsverlusts und
   ii) den Buchwert aller nicht beherrschenden Anteile an dem ehemaligen Tochterunternehmen zu dem Zeitpunkt, zu dem die Beherrschung verloren geht (dazu gehören auch alle diesen zuzuordnenden Bestandteile des sonstigen Ergebnisses).
b) und Folgendes zu erfassen:
   i) den beizulegenden Zeitwert der gegebenenfalls erhaltenen Gegenleistung aus der Transaktion, aus den Ereignissen oder Umständen, die zu dem Verlust der Beherrschung geführt haben,
   ii) wenn die Transaktion, das Ereignis oder die Umstände, die zum Verlust der Beherrschung geführt haben, mit einer Verteilung der Anteile des Tochterunternehmens an die Eigentümer, die in ihrer Eigenschaft als Eigentümer handeln, verbunden sind, diese Verteilung der Anteile, und
   iii) jede Beteiligung, die es am ehemaligen Tochterunternehmen behält, zu dem zum Zeitpunkt des Verlustes der Beherrschung beizulegenden Zeitwert.
c) die Beträge, die in Bezug auf das Tochterunternehmen auf der in Paragraph B99 beschriebenen Grundlage im sonstigen Ergebnis erfasst wurden, erfolgswirksam bzw. direkt in die Gewinnrücklagen umzugliedern, wenn dies von anderen IFRS verlangt wird,
d) jede daraus resultierende Differenz als einen dem Mutterunternehmen zuzurechnenden Gewinn bzw. Verlust erfolgswirksam zu erfassen.

B99 Verliert ein Mutterunternehmen die Beherrschung des Tochterunternehmens, hat es alle zuvor für dieses Tochterunternehmen im sonstigen Ergebnis ausgewiesenen Beträge auf der gleichen Grundlage zu bilanzieren, die auch bei einer unmittelbaren Veräußerung der entsprechenden Vermögenswerte oder Schulden durch das Mutterunternehmen vorgeschrieben wäre. Würde daher ein zuvor im sonstigen Ergebnis erfasster Gewinn oder Verlust bei Veräußerung der dazugehörigen Vermögenswerte oder Schulden erfolgswirksam umgegliedert, hat das Mutterunternehmen den Gewinn oder Verlust erfolgswirksam (als Umgliederungsbetrag) umzugliedern, wenn es die Beherrschung des Tochterunternehmens verliert. Würde eine Neubewertungsrücklage, die zuvor im sonstigen Ergebnis erfasst worden ist, bei Veräußerung des Vermögenswerts direkt in die Gewinnrücklagen umgegliedert, hat das Mutterunternehmen die Neubewertungsrücklage direkt in die Gewinnrücklagen umzugliedern, wenn es die Beherrschung des Tochterunternehmens verliert.

BILANZIERUNG EINER ÄNDERUNG DES STATUS ALS INVESTMENTGESELLSCHAFT

B100 Wenn ein Unternehmen keine Investmentgesellschaft mehr ist, hat es auf alle Tochterunternehmen, die bis dahin gemäß Paragraph 31 erfolgswirksam zum beizulegenden Zeitwert bewertet wurden, IFRS 3 anzuwenden. Der Zeitpunkt der Statusänderung gilt als angenommener Erwerbszeitpunkt. Bei der Bewertung eines etwaigen Geschäfts- und Firmenwerts oder eines Gewinns aus einem Erwerb zu einem Preis unter Marktwert, der sich aus dem angenommenen Erwerb ergibt, ist der beizulegende Zeitwert des Tochterunternehmens zum angenommenen Erwerbszeitpunkt der Ersatz für die übertragene Gegenleistung. Alle Tochterunternehmen sind ab dem Zeitpunkt der Statusänderung gemäß den Paragraphen 19–24 dieses IFRS zu konsolidieren.

B101 Wenn ein Unternehmen eine Investmentgesellschaft wird, hat es ab dem Zeitpunkt der Statusänderung die Konsolidierung seiner Tochterunternehmen einzustellen. Eine Ausnahme bilden Tochterunternehmen, die nach Paragraph 32 weiterhin konsolidiert werden müssen. Die Investmentgesellschaft hat die Vorschriften der Paragraphen 25 und 26 auf nicht mehr konsolidierte Tochterunternehmen anzuwenden, so als hätte sie zu diesem Zeitpunkt die Beherrschung über diese Tochterunternehmen verloren.

Anhang C
Zeitpunkt des Inkrafttretens und Übergangsvorschriften

Dieser Anhang ist integraler Bestandteil des IFRS und hat die gleiche bindende Kraft wie die anderen Teile des IFRS.

ZEITPUNKT DES INKRAFTTRETENS

C1 Dieser IFRS ist auf Geschäftsjahre anzuwenden, die am oder nach dem 1. Januar 2013 beginnen. Eine frühere Anwendung ist zulässig. Wendet ein Unternehmen diesen IFRS früher an, hat es dies anzugeben und gleichzeitig IFRS 11, IFRS 12, IAS 27 *Einzelabschlüsse* und IAS 28 (in der 2011 geänderten Fassung) anzuwenden.

C1A Durch *Konzernabschlüsse, Gemeinsame Vereinbarungen und Angaben zu Anteilen an anderen Unternehmen: Übergangsleitlinien* (Änderungen an IFRS 10, IFRS 11 und IFRS 12), veröffentlicht im Juni 2012, wurden die Paragraphen C2–C6 geändert und die Paragraphen C2A–C2B, C4A–C4C, C5A und C6A–C6B eingefügt. Diese Änderungen sind erstmals auf Geschäftsjahre anzuwenden, die am oder nach dem 1. Januar 2013 beginnen. Wendet ein Unternehmen IFRS 10 auf ein früheres Geschäftsjahr an, sind auf dieses frühere Geschäftsjahr auch diese Änderungen anzuwenden.

C1B Durch *Investmentgesellschaften* (Änderungen an IFRS 10, IFRS 12 und IAS 27), veröffentlicht im Oktober 2012, wurden die Paragraphen 2, 4, C2A, C6A und Anhang A geändert und die Paragraphen 27–33, B85A–B85W, B100–B101 und C3A–C3F eingefügt. Diese Änderungen sind auf Geschäftsjahre anzuwenden, die am oder nach dem 1. Januar 2014 beginnen. Eine frühere Anwendung ist zulässig. Wendet ein Unternehmen diese Änderungen früher an, hat es dies anzugeben und alle in der Verlautbarung *Investmentgesellschaften* enthaltenen Änderungen gleichzeitig anzuwenden.

C1D Durch *Investmentgesellschaften: Anwendung der Ausnahme von der Konsolidierungspflicht* (Änderungen an IFRS 10, IFRS 12 und IAS 28), veröffentlicht im Dezember 2014, wurden die Paragraphen 4, 32, B85C, B85E und C2A geändert und die Paragraphen 4A und 4B eingefügt. Diese Änderungen sind auf Geschäftsjahre anzuwenden, die am oder nach dem 1. Januar 2016 beginnen. Eine frühere Anwendung ist zulässig. Wendet ein Unternehmen diese Änderungen auf ein früheres Geschäftsjahr an, hat es dies anzugeben.

ÜBERGANGSVORSCHRIFTEN

C2 Dieser IFRS ist gemäß IAS 8 *Rechnungslegungsmethoden, Änderungen von rechnungslegungsbezogenen Schätzungen und Fehler* rückwirkend anzuwenden, es sei denn, die Festlegungen in den Paragraphen C2A–C6 treffen zu.

C2A Unbeschadet der Vorschriften in Paragraph 28 von IAS 8 braucht ein Unternehmen bei der erstmaligen Anwendung dieses IFRS und, falls später, bei der erstmaligen Anwendung der an diesem IFRS durch die Verlautbarungen *Investmentgesellschaften* und *Investmentgesellschaften: Anwendung der Ausnahme von der Konsolidierungspflicht* vorgenommenen Änderungen für das Geschäftsjahr, das der erstmaligen Anwendung dieses IFRS unmittelbar vorausgeht (die „unmittelbar vorangegangene Periode"), nur die quantitativen Informationen gemäß Paragraph 28(f) von IAS 8 darzustellen. Ein Unternehmen kann diese Angaben auch für die Berichtsperiode oder für frühere Vergleichsperioden darstellen, ist dazu aber nicht verpflichtet.

C2B Für die Zwecke dieses IFRS ist der Zeitpunkt der erstmaligen Anwendung der Beginn des Geschäftsjahrs, für das dieser IFRS erstmals angewendet wird.

C3 Bei der erstmaligen Anwendung braucht ein Unternehmen seine bisherige Rechnungslegung nicht anzupassen in Bezug auf sein Engagement bei:

a) Unternehmen, die zu diesem Zeitpunkt gemäß IAS 27 *Konzern- und Einzelabschlüsse* und SIC-12 *Konsolidierung – Zweckgesellschaften* konsolidiert würden und gemäß diesem IFRS weiterhin konsolidiert werden, oder

b) Unternehmen, die zu diesem Zeitpunkt gemäß IAS 27 und SIC-12 konsolidiert würden und gemäß diesem IFRS nicht konsolidiert werden.

C3A Bei der erstmaligen Anwendung hat ein Unternehmen ausgehend von den zu diesem Zeitpunkt vorliegenden Fakten und Umständen zu beurteilen, ob es eine Investmentgesellschaft ist. Wenn ein Unternehmen zum Zeitpunkt der erstmaligen Anwendung zu dem Schluss gelangt, dass es eine Investmentgesellschaft ist, hat es anstelle der Paragraphen C5–C5A die Paragraphen C3B–C3F anzuwenden.

C3B Mit der Ausnahme von Tochterunternehmen, die gemäß Paragraph 32 konsolidiert werden (für die die Paragraphen C3 und C6 bzw. gegebenenfalls C4–C4C gelten), hat eine Investmentgesellschaft ihre Beteiligungen an den einzelnen Tochterunternehmen erfolgswirksam zum beizulegenden Zeitwert zu bewerten, so als hätten die Vorschriften dieses IFRS schon immer gegolten. Die Investmentgesellschaft hat sowohl für das Geschäftsjahr unmittelbar vor dem Zeitpunkt der erstmaligen Anwendung als auch für das Eigenkapital zu Beginn der unmittelbar vorangegangenen Periode rückwirkende Anpassungen bezüglich einer etwaigen Differenz zwischen

a) dem bisherigen Buchwert des Tochterunternehmens und

b) dem beizulegenden Zeitwert der Beteiligung der Investmentgesellschaft an dem Tochterunternehmen vorzunehmen.

Der kumulierte Betrag etwaiger Anpassungen des beizulegenden Zeitwerts, die bisher im sonstigen Ergebnis erfasst wurden, ist zu Beginn des unmittelbar vor dem Zeitpunkt der erstmaligen Anwendung liegenden Geschäftsjahrs in die Gewinnrücklagen umzugliedern.

C3C Bis zur erstmaligen Anwendung von IFRS 13 *Bewertung zum beizulegenden Zeitwert* hat eine Investmentgesellschaft die beizulegenden Zeitwerte zu verwenden, die den Investoren oder dem Management bisher vorgelegt wurden, sofern diese Werte dem Betrag entsprechen, zu dem die Beteiligung zum Bewertungszeitpunkt zwischen sachverständigen, vertragswilligen und voneinander unabhängigen Geschäftspartnern unter marktüblichen Bedingungen hätte getauscht werden können.

3/9. IFRS 10
C3D – C4A

C3D Ist die Bewertung einer Beteiligung an einem Tochterunternehmen gemäß den Paragraphen C3B–C3C undurchführbar (im Sinne von IAS 8), hat eine Investmentgesellschaft die Vorschriften dieses IFRS zu Beginn der frühesten Periode anzuwenden, für die eine Anwendung der Paragraphen C3B–C3C durchführbar ist. Dies kann die aktuelle Berichtsperiode sein. Der Investor hat für das Geschäftsjahr, das dem Zeitpunkt der erstmaligen Anwendung unmittelbar vorausgeht, rückwirkende Anpassungen vorzunehmen, es sei denn, der Beginn der frühesten Periode, für die die Anwendung dieses Paragraphen durchführbar ist, ist die aktuelle Berichtsperiode. In diesem Fall ist die Anpassung des Eigenkapitals zu Beginn der Berichtsperiode zu erfassen.

C3E Hat eine Investmentgesellschaft vor dem Zeitpunkt der erstmaligen Anwendung dieses IFRS eine Beteiligung an einem Tochterunternehmen veräußert oder die Beherrschung über das Tochterunternehmen verloren, so muss sie die bisherige Bilanzierung dieses Tochterunternehmens nicht anpassen.

C3F Wendet ein Unternehmen die Änderungen in *Investmentgesellschaften* auf eine Periode nach der erstmaligen Anwendung von IFRS 10 an, sind die Verweise auf den „Zeitpunkt der erstmaligen Anwendung" in den Paragraphen C3A–C3E als „Beginn des Geschäftsjahrs, für das die Änderungen in *Investmentgesellschaften* (Änderungen an IFRS 10, IFRS 12 und IAS 27) (veröffentlicht im Oktober 2012) erstmals angewendet werden" zu verstehen.

C4 Kommt ein Investor bei erstmaliger Anwendung dieses IFRS zu dem Schluss, dass er in Beteiligungsunternehmen zu konsolidieren hat, das gemäß IAS 27 und SIC-12 nicht konsolidiert wurde, hat er Folgendes zu tun:

a) Handelt es sich bei dem Beteiligungsunternehmen um einen Geschäftsbetrieb (im Sinne von IFRS 3 *Unternehmenszusammenschlüsse*), hat er die Vermögenswerte, Schulden und nicht beherrschenden Anteile an dem zuvor nicht konsolidierten Beteiligungsunternehmen so zu bewerten, als wäre das Beteiligungsunternehmen ab dem Zeitpunkt, an dem der Investor nach Maßgabe der Vorschriften dieses IFRS die Beherrschung über das Beteiligungsunternehmen erlangt hat, konsolidiert worden (und wäre folglich als Erwerb gemäß IFRS 3 bilanziert worden). Der Investor hat für das Geschäftsjahr, das der erstmaligen Anwendung dieses IFRS unmittelbar vorausgeht, rückwirkende Anpassungen vorzunehmen. Liegt der Zeitpunkt, zu dem die Beherrschung erlangt wurde, vor dem Beginn der unmittelbar vorangegangenen Periode, hat der Investor eine etwaige Differenz zwischen den folgenden Beträgen als Anpassung des Eigenkapitals zu Beginn der unmittelbar vorangegangenen Periode zu erfassen:

 i) dem Betrag der angesetzten Vermögenswerte, Schulden und nicht beherrschenden Anteile und

 ii) bisherigen Buchwert des Engagements des Investors bei dem Beteiligungsunternehmen.

b) Handelt es sich bei dem Beteiligungsunternehmen nicht um einen Geschäftsbetrieb (im Sinne von IFRS 3), hat er die Vermögenswerte, Schulden und nicht beherrschenden Anteile des bisher nicht konsolidierten Beteiligungsunternehmens so zu bewerten, als wäre das Beteiligungsunternehmen ab dem Zeitpunkt, an dem der Investor nach Maßgabe der Vorschriften dieses IFRS die Beherrschung über das Beteiligungsunternehmen erlangt hat, konsolidiert worden (unter Verwendung der in IFRS 3 beschriebenen Erwerbsmethode, jedoch ohne Ansatz von Geschäfts- oder Firmenwert für das Beteiligungsunternehmen). Der Investor hat für das Geschäftsjahr, das der erstmaligen Anwendung dieses IFRS unmittelbar vorausgeht, rückwirkende Anpassungen vorzunehmen. Liegt der Zeitpunkt, zu dem die Beherrschung erlangt wurde, vor dem Beginn der unmittelbar vorangegangenen Periode, hat der Investor eine etwaige Differenz zwischen den folgenden Beträgen als Anpassung des Eigenkapitals zu Beginn der unmittelbar vorangegangenen Periode zu erfassen:

 i) dem Betrag der angesetzten Vermögenswerte, Schulden und nicht beherrschenden Anteile und

 ii) dem bisherigen Buchwert des Engagements des Investors bei dem Beteiligungsunternehmen.

C4A Ist eine Bewertung der Vermögenswerte, Schulden und nicht beherrschenden Anteile eines Beteiligungsunternehmens nach Paragraph C4(a) oder (b) nicht durchführbar (im Sinne von IAS 8), hat der Investor Folgendes zu tun:

a) Wenn es sich bei dem Beteiligungsunternehmen um einen Geschäftsbetrieb handelt, muss er die Vorschriften von IFRS 3 zum angenommenen Erwerbszeitpunkt anwenden. Der angenommene Erwerbszeitpunkt ist der Beginn der frühesten Periode, für die eine Anwendung von Paragraph C4(a) durchführbar ist. Dies kann die aktuelle Berichtsperiode sein.

b) Wenn es sich bei dem Beteiligungsunternehmen nicht um einen Gewerbebetrieb handelt, muss er zum angenommenen Erwerbszeitpunkt die in IFRS 3 beschriebene Erwerbsmethode anwenden, jedoch ohne einen Geschäfts- oder Firmenwert anzusetzen. Der angenommene Erwerbszeitpunkt ist der Beginn der frühesten Periode, für die die Anwendung von Paragraph C4(b) durchführbar ist. Dies kann die aktuelle Berichtsperiode sein.

Der Investor hat für das Geschäftsjahr, das der erstmaligen Anwendung unmittelbar vorausgeht, rückwirkende Anpassungen vorzunehmen, es sei denn, der Beginn der frühesten Periode, für die eine Anwendung

dieses Paragraphen durchführbar ist, ist die aktuelle Berichtsperiode. Liegt der angenommene Erwerbszeitpunkt vor dem Beginn der unmittelbar vorangegangenen Periode, hat der Investor eine etwaige Differenz zwischen den folgenden Beträgen als Anpassung des Eigenkapitals zu Beginn der unmittelbar vorangegangenen Periode zu erfassen:
c) dem Betrag der angesetzten Vermögenswerte, Schulden und nicht beherrschenden Anteile und
d) dem bisherigen Buchwert des Engagements des Investors bei dem Beteiligungsunternehmen.

Ist die früheste Periode, für die eine Anwendung dieses Paragraphen durchführbar ist, die aktuelle Berichtsperiode, so ist die Anpassung des Eigenkapitals zu Beginn des aktuellen Berichtszeitraums zu erfassen.

C4B Wendet ein Investor die Paragraphen C4–C4A an und liegt der Zeitpunkt, zu dem die Beherrschung gemäß diesem IFRS erlangt wurde, nach dem Zeitpunkt des Inkrafttretens von IFRS 3 in der 2008 geänderten Fassung (IFRS 3 (2008)), bezieht sich der Verweis auf IFRS 3 in den Paragraphen C4 und C4A auf IFRS 3 (2008). Wurde die Beherrschung vor dem Zeitpunkt des Inkrafttretens von IFRS 3 (2008) erlangt, hat ein Investor entweder IFRS 3 (2008) oder IFRS 3 (veröffentlicht 2004) anzuwenden.

C4C Wendet ein Investor die Paragraphen C4–C4A an und liegt der Zeitpunkt, zu dem die Beherrschung gemäß diesem IFRS erlangt wurde, nach dem Zeitpunkt des Inkrafttretens von IAS 27 in der 2008 geänderten Fassung (IAS 27 (2008)), wendet der Investor die Anforderungen dieses IFRS auf alle Geschäftsjahre an, in denen das Beteiligungsunternehmen gemäß den Paragraphen C4 und C4A rückwirkend konsolidiert wurde. Wurde die Beherrschung vor dem Zeitpunkt des Inkrafttretens von IAS 27 (2008) erlangt, wendet der Investor entweder
a) die Vorschriften dieses IFRS auf alle Perioden an, in denen das Beteiligungsunternehmen gemäß den Paragraphen C4 und C4A rückwirkend konsolidiert wurde, oder
b) die Vorschriften von IAS 27 in der 2003 veröffentlichten Fassung (IAS 27 (2003)) für die Perioden vor dem Inkrafttreten von IAS 27 (2008) und für die Folgeperioden die Vorschriften dieses IFRS an.

C5 Kommt ein Investor bei erstmaliger Anwendung dieses IFRS zu dem Schluss, dass er ein Beteiligungsunternehmen, das gemäß IAS 27 und SIC-12 konsolidiert wurde, nicht mehr konsolidieren wird, hat er seinen Anteil am Beteiligungsunternehmen mit dem Betrag zu bewerten, der ermittelt worden wäre, wenn die Vorschriften des vorliegenden IFRS zu dem Zeitpunkt in Kraft gewesen wären, als er sein Engagement bei dem Beteiligungsunternehmen aufnahm (aber im Sinne dieses IFRS nicht die Beherrschung darüber erlangte) bzw. seine Beherrschung über das Unternehmen verlor. Der Investor hat für das Geschäftsjahr, das der erstmaligen Anwendung dieses IFRS unmittelbar vorausgeht, rückwirkende Anpassungen vorzunehmen. Liegt der Zeitpunkt, zu dem der Investor sein Engagement bei dem Beteiligungsunternehmen begann (aber im Sinne dieses IFRS nicht die Beherrschung darüber erlangte) bzw. seine Beherrschung über das Unternehmen verlor, vor dem Beginn der unmittelbar vorausgehenden Periode, hat der Investor eine etwaige Differenz zwischen den beiden folgenden Beträgen als Anpassung des Eigenkapitals zu Beginn der unmittelbar vorangegangenen Periode zu erfassen:
a) dem bisherigen Buchwert der Vermögenswerte, Schulden und nicht beherrschenden Anteile und
b) dem angesetzten Betrag seines Anteils am Beteiligungsunternehmen.

C5A Ist eine Bewertung des Anteils am Beteiligungsunternehmen gemäß Paragraph C5 nicht durchführbar (im Sinne von IAS 8), hat der Investor die Vorschriften des vorliegenden IFRS zu Beginn der frühesten Periode anzuwenden, für die eine Anwendung von Paragraph C5 durchführbar ist. Dies kann die aktuelle Berichtsperiode sein. Der Investor hat für das Geschäftsjahr, das der erstmaligen Anwendung unmittelbar vorausgeht, rückwirkende Anpassungen vorzunehmen, es sei denn, der Beginn der frühesten Periode, für die eine Anwendung dieses Paragraphen durchführbar ist, ist die aktuelle Berichtsperiode. Liegt der Zeitpunkt, zu dem der Investor sein Engagement bei dem Beteiligungsunternehmen begann (aber im Sinne dieses IFRS nicht die Beherrschung darüber erlangte) bzw. seine Beherrschung über das Unternehmen verlor, vor dem Beginn der unmittelbar vorausgehenden Periode, hat der Investor eine etwaige Differenz zwischen den beiden folgenden Beträgen als Anpassung des Eigenkapitals zu Beginn der unmittelbar vorangegangenen Periode zu erfassen:
a) dem bisherigen Buchwert der Vermögenswerte, Schulden und nicht beherrschenden Anteile und
b) dem angesetzten Betrag seines Anteils am Beteiligungsunternehmen.

Ist die früheste Periode, für die eine Anwendung dieses Paragraphen durchführbar ist, die aktuelle Berichtsperiode, so ist die Anpassung des Eigenkapitals zu Beginn des aktuellen Berichtszeitraums zu erfassen.

C6 Bei den Paragraphen 23, 25, B94 und B96–B99 handelt es sich um 2008 vorgenommene Änderungen an IAS 27, die in IFRS 10 übernommen wurden. Außer in Fällen, in denen ein Unternehmen Paragraph C3 anwendet oder zur Anwendung der Paragraphen C4–C5A verpflichtet ist, sind die Vorschriften in den genannten Paragraphen wie folgt anzuwenden:
a) Ein Unternehmen darf keine Gewinn- oder Verlustzuweisungen für Berichtsperioden anpassen, die vor der erstmaligen Anwendung der Änderung in Paragraph B94 liegen.

3/9. IFRS 10
C6 – C9

b) Die Vorschriften in den Paragraphen 23 und B96 für die Bilanzierung von Veränderungen der Beteiligungsquote an einem Tochterunternehmen nach Übernahme der Beherrschung sind nicht auf Veränderungen anzuwenden, die vor der erstmaligen Anwendung jener Änderungen eingetreten sind.

c) Ein Unternehmen darf den Buchwert einer Beteiligung an einem ehemaligen Tochterunternehmen nicht anpassen, wenn es die Beherrschung vor der erstmaligen Anwendung der Änderungen in den Paragraphen 25 und B97–B99 verlor. Auch darf ein Unternehmen einen Gewinn oder Verlust aus einem Verlust der Beherrschung über ein Tochterunternehmen, der vor der erstmaligen Anwendung der Änderungen in den Paragraphen 25 und B97–B99 entstanden ist, nicht neu berechnen.

Verweise auf die „unmittelbar vorangegangene Periode"

C6A Unbeschadet der Verweise auf das Geschäftsjahr unmittelbar vor dem Zeitpunkt der erstmaligen Anwendung (die „unmittelbar vorangegangene Periode") in den Paragraphen C3B–C5A kann ein Unternehmen auch angepasste Vergleichsinformationen für frühere Perioden darstellen, ist dazu aber nicht verpflichtet. Stellt ein Unternehmen angepasste Vergleichsinformationen für frühere Perioden dar, sind alle in den Paragraphen C3B–C5A enthaltenen Verweise auf die „unmittelbar vorangegangene Periode" als die „früheste dargestellte angepasste Vergleichsperiode" zu verstehen.

C6B Stellt ein Unternehmen für frühere Perioden keine angepassten Vergleichsinformationen dar, hat es die nicht angepassten Informationen klar zu kennzeichnen, darauf hinzuweisen, dass sie auf einer anderen Grundlage erstellt wurden, und diese Grundlage zu erläutern.

Verweise auf IFRS 9

C7 Wendet ein Unternehmen diesen IFRS, aber noch nicht IFRS 9 an, sind alle in diesem IFRS enthaltenen Verweise auf IFRS 9 als Verweise auf IAS 39 *Finanzinstrumente: Ansatz und Bewertung* zu verstehen.

RÜCKNAHME ANDERER IFRS

C8 Dieser IFRS ersetzt die Vorschriften für Konzernabschlüsse in IAS 27 (in der 2008 geänderten Fassung).

C9 Dieser IFRS ersetzt außerdem SIC-12 *Konsolidierung – Zweckgesellschaften*.

3/10. IFRS 11

INTERNATIONAL FINANCIAL REPORTING STANDARD 11
Gemeinschaftliche Vereinbarungen

IFRS 11, VO (EU) 2023/1803

Gliederung	§§
ZIELSETZUNG	1–2
Erreichen der Zielsetzung	2
ANWENDUNGSBEREICH	3
GEMEINSCHAFTLICHE VEREINBARUNGEN	4–19
Gemeinschaftliche Führung	7–13
Arten gemeinschaftlicher Vereinbarungen	14–19
ABSCHLÜSSE VON PARTEIEN EINER GEMEINSCHAFTLICHEN VEREINBARUNG	20–25
Gemeinschaftliche Tätigkeiten	20–23
Gemeinschaftsunternehmen	24–25
EINZELABSCHLÜSSE	26–27
ANHANG A: DEFINITIONEN	
ANHANG B: ANWENDUNGSLEITLINIEN	B1
GEMEINSCHAFTLICHE VEREINBARUNGEN	B2–B11
Vertragliche Vereinbarung (Paragraph 5)	B2–B4
Gemeinschaftliche Führung (Paragraphen 7–13)	B5–B11
ARTEN VON GEMEINSCHAFTLICHEN VEREINBARUNGEN (PARAGRAPHEN 14–19)	B12–B33
Einstufung einer gemeinschaftlichen Vereinbarung	B15–B33
Struktur der gemeinschaftlichen Vereinbarung	B16–B21
Rechtsform des eigenständigen Vehikels	B22–B24
Beurteilung der Bestimmungen der vertraglichen Vereinbarung	B25–B28
Beurteilung sonstiger Sachverhalte und Umstände	B29–B33
ABSCHLÜSSE VON PARTEIEN EINER GEMEINSCHAFTLICHEN VEREINBARUNG (PARAGRAPHEN 21A–22)	B33A–B37
Bilanzierung des Erwerbs von Anteilen an gemeinschaftlichen Tätigkeiten	B33A–B33D
Bilanzierung des Verkaufs von Vermögenswerten an eine gemeinschaftliche Tätigkeit und der Einlage von Vermögenswerten in eine gemeinschaftliche Tätigkeit	B34–B35
Bilanzierung des Kaufs von Vermögenswerten von einer gemeinschaftlichen Tätigkeit	B36–B37
ANHANG C: ZEITPUNKT DES INKRAFTTRETENS, ÜBERGANGSVORSCHRIFTEN UND RÜCKNAHME ANDERER IFRS	
ZEITPUNKT DES INKRAFTTRETENS	C1–C14A
Übergangsvorschriften	C1B
Gemeinschaftsunternehmen – Übergang von der Quotenkonsolidierung auf die Equity-Methode	C2–C6
Gemeinschaftliche Tätigkeiten – Übergang von der Equity-Methode auf die Bilanzierung von Vermögenswerten und Schulden	C7–C11
Übergangsvorschriften für den Einzelabschluss eines Unternehmens	C12–C13
Verweise auf „das unmittelbar vorausgehende Geschäftsjahr"	C13A–C13B
Verweise auf IFRS 9	C14
Bilanzierung des Erwerbs von Anteilen an gemeinschaftlichen Tätigkeiten	C14A
RÜCKNAHME ANDERER IFRS	C15

ZIELSETZUNG

1 Das Ziel dieses IFRS besteht darin, Grundsätze für die Rechnungslegung von Unternehmen festzulegen, die Anteil an gemeinschaftlich geführten Vereinbarungen (d. h. *gemeinschaftlichen Vereinbarungen*) haben.

Erreichen der Zielsetzung

2 Um das in Paragraph 1 festgelegte Ziel zu erreichen, wird in diesem IFRS der Begriff der *gemeinschaftlichen Führung* definiert; ferner wird einem Unternehmen, das *Partei einer gemeinschaftlichen Vereinbarung ist*, vorgeschrieben, die Art der gemeinschaftlichen Vereinbarung durch Beurteilung seiner Rechte und Verpflichtungen zu ermitteln und diese Rechte und Verpflichtungen entsprechend der jeweiligen Art der gemeinschaftlichen Vereinbarung zu bilanzieren.

ANWENDUNGSBEREICH

3 Dieser IFRS ist auf alle Unternehmen anzuwenden, die Partei einer gemeinschaftlichen Vereinbarung sind.

GEMEINSCHAFTLICHE VEREINBARUNGEN

4 Eine gemeinschaftliche Vereinbarung ist eine Vereinbarung, bei der zwei oder mehr Parteien die gemeinschaftliche Führung innehaben.

5 Eine gemeinschaftliche Vereinbarung weist die folgenden Merkmale auf:

a) Die Parteien sind durch eine vertragliche Vereinbarung gebunden (siehe Paragraphen B2–B4).

b) In der vertraglichen Vereinbarung wird zwei oder mehr Parteien die gemeinschaftliche Führung der Vereinbarung zugewiesen (siehe Paragraphen 7–13).

6 Bei einer gemeinschaftlichen Vereinbarung handelt es sich entweder um eine *gemeinschaftliche Tätigkeit* oder um ein *Gemeinschaftsunternehmen*.

Gemeinschaftliche Führung

7 Gemeinschaftliche Führung ist die vertraglich geregelte Teilung der Beherrschung einer Vereinbarung, die nur dann gegeben ist, wenn Entscheidungen über die maßgeblichen Tätigkeiten die einstimmige Zustimmung der sich die Beherrschung teilenden Parteien erfordern.

8 Ein Unternehmen, das Partei einer Vereinbarung ist, hat zu beurteilen, ob aufgrund der vertraglichen Vereinbarung alle Parteien oder eine Gruppe von Parteien die Vereinbarung kollektiv beherrschen. Eine kollektive Beherrschung der Vereinbarung durch alle Parteien oder eine Gruppe von Parteien liegt vor, wenn sie gemeinsam handeln müssen, um die Tätigkeiten zu lenken, die die wirtschaftlichen Erfolge der Vereinbarung signifikant beeinflussen (also die maßgeblichen Tätigkeiten).

9 Auch wenn festgestellt wurde, dass alle Parteien oder eine Gruppe von Parteien die Vereinbarung kollektiv beherrschen, liegt eine gemeinschaftliche Führung nur dann vor, wenn Entscheidungen über die maßgeblichen Tätigkeiten die einstimmige Zustimmung der Parteien erfordern, die die Vereinbarung kollektiv beherrschen.

10 Bei einer gemeinschaftlichen Vereinbarung beherrscht keine einzelne Partei die Vereinbarung allein. Eine Partei, die an der gemeinschaftlichen Führung einer Vereinbarung beteiligt ist, kann eine der anderen Parteien oder eine Gruppe von Parteien daran hindern, die Vereinbarung zu beherrschen.

11 Bei einer Vereinbarung kann es sich auch dann um eine gemeinschaftliche Vereinbarung handeln, wenn nicht alle Parteien an der gemeinschaftlichen Führung der Vereinbarung beteiligt sind. Der vorliegende IFRS unterscheidet zwischen Parteien, die die gemeinschaftliche Führung einer gemeinschaftlichen Vereinbarung innehaben (*gemeinschaftlich Tätige* oder *Partnerunternehmen*), und Parteien, die an einer gemeinschaftlichen Vereinbarung, nicht aber an ihrer gemeinschaftlichen Führung beteiligt sind.

12 Ein Unternehmen muss bei der Beurteilung, ob alle Parteien oder eine Gruppe von Parteien die gemeinschaftliche Führung einer Vereinbarung innehaben, eine Ermessensentscheidung treffen. Diese Beurteilung hat ein Unternehmen unter Berücksichtigung sämtlicher Sachverhalte und Umstände vorzunehmen (siehe Paragraphen B5–B11).

13 Ändern sich Sachverhalte und Umstände, hat ein Unternehmen erneut zu beurteilen, ob es noch an der gemeinschaftlichen Führung der Vereinbarung beteiligt ist.

Arten gemeinschaftlicher Vereinbarungen

14 Ein Unternehmen hat die Art der gemeinschaftlichen Vereinbarung, an der es beteiligt ist, zu ermitteln. Die Einstufung einer gemeinschaftlichen Vereinbarung als gemeinschaftliche Tätigkeit oder Gemeinschaftsunternehmen hängt von den Rechten und Verpflichtungen der Parteien der Vereinbarung ab.

15 Eine gemeinschaftliche Tätigkeit ist eine gemeinschaftliche Vereinbarung, bei der die Parteien, die die gemeinschaftliche Führung der Vereinbarung innehaben, Rechte an der Vereinbarung zuzurechnenden Vermögenswerten und Verpflichtungen für deren Schulden haben. Diese Parteien werden als gemeinschaftlich Tätige bezeichnet.

16 Ein Gemeinschaftsunternehmen ist eine gemeinschaftliche Vereinbarung, bei der die Parteien, die die gemeinschaftliche Führung der Vereinbarung innehaben, Rechte am Nettovermögen der Vereinbarung besitzen. Diese Parteien werden als Partnerunternehmen bezeichnet.

17 Bei der Beurteilung, ob es sich bei einer gemeinschaftlichen Vereinbarung um eine gemeinschaftliche Tätigkeit oder ein Gemeinschaftsunternehmen handelt, trifft ein Unternehmen eine Ermessensentscheidung. Ein Unternehmen hat die Art der gemeinschaftlichen Vereinbarung, an der es beteiligt ist, durch Beurteilung seiner Rechte

und Verpflichtungen aus der Vereinbarung zu ermitteln. Ein Unternehmen beurteilt seine Rechte und Verpflichtungen unter Berücksichtigung von Struktur und Rechtsform der Vereinbarung, unter Berücksichtigung der von den Parteien der Vereinbarung festgelegten Vertragsbedingungen sowie gegebenenfalls unter Berücksichtigung sonstiger relevanter Sachverhalte und Umstände (siehe Paragraphen B12–B33).

18 Mitunter sind die Parteien durch einen Rahmenvertrag gebunden, in dem die allgemeinen Vertragsbedingungen für die Ausübung einer oder mehrerer Tätigkeiten festgelegt sind. Im Rahmenvertrag kann festgelegt sein, dass die Parteien verschiedene gemeinschaftliche Vereinbarungen für bestimmte Tätigkeiten, die Bestandteil des Rahmenvertrags bilden, schließen. Auch wenn sich solche gemeinschaftlichen Vereinbarungen auf denselben Rahmenvertrag beziehen, können sie unterschiedlicher Art sein, wenn die Parteien bei der Ausübung der verschiedenen im Rahmenvertrag behandelten Tätigkeiten unterschiedliche Rechte und Verpflichtungen haben. Folglich können gemeinschaftliche Tätigkeiten und Gemeinschaftsunternehmen nebeneinander bestehen, wenn die Parteien unterschiedliche Tätigkeiten ausüben, die Bestandteil desselben Rahmenvertrags sind.

19 Ändern sich Sachverhalte und Umstände, hat ein Unternehmen erneut zu beurteilen, ob sich die Art der gemeinschaftlichen Vereinbarung, an der es beteiligt ist, geändert hat.

ABSCHLÜSSE VON PARTEIEN EINER GEMEINSCHAFTLICHEN VEREINBARUNG

Gemeinschaftliche Tätigkeiten

20 Ein gemeinschaftlich Tätiger erfasst im Zusammenhang mit seinem Anteil an einer gemeinschaftlichen Tätigkeit

a) **seine Vermögenswerte, einschließlich seines Anteils an gemeinschaftlich gehaltenen Vermögenswerten,**

b) **seine Schulden, einschließlich seines Anteils an gemeinschaftlich eingegangenen Schulden,**

c) **seine Erlöse aus dem Verkauf seines Anteils an den Erzeugnissen oder Leistungen der gemeinschaftlichen Tätigkeit,**

d) **seinen Anteil an den Erlösen aus dem Verkauf der Erzeugnisse oder Leistungen der gemeinschaftlichen Tätigkeit und**

e) **seine Aufwendungen, einschließlich seines Anteils an gemeinschaftlich entstandenen Aufwendungen.**

21 Ein gemeinschaftlich Tätiger hat die Vermögenswerte, Schulden, Erlöse und Aufwendungen im Zusammenhang mit seinem Anteil an einer gemeinschaftlichen Tätigkeit gemäß den für die jeweiligen Vermögenswerte, Schulden, Erlöse und Aufwendungen maßgeblichen IFRS zu bilanzieren.

21A Erwirbt ein Unternehmen einen Anteil an einer gemeinschaftlichen Tätigkeit, die einen Geschäftsbetrieb im Sinne von IFRS 3 *Unternehmenszusammenschlüsse* darstellt, hat es, im Umfang seines Anteils gemäß Paragraph 20, sämtliche in IFRS 3 und in anderen IFRS festgelegten Grundsätze der Bilanzierung von Unternehmenszusammenschlüssen anzuwenden, die nicht mit den Leitlinien dieses IFRS im Widerspruch stehen, und die in diesen IFRS in Bezug auf Unternehmenszusammenschlüsse vorgeschriebenen Angaben zu machen. Dies gilt sowohl für den Erwerb eines ersten Anteils als auch für den Erwerb weiterer Anteile an einer gemeinschaftlichen Tätigkeit, die einen Geschäftsbetrieb darstellt. Der Erwerb eines Anteils an einer solchen gemeinschaftlichen Tätigkeit wird gemäß den Paragraphen B33A–B33D bilanziert.

22 Die Bilanzierung von Geschäftsvorfällen wie die Veräußerung, die Einlage oder der Erwerb von Vermögenswerten zwischen einem Unternehmen und einer gemeinschaftlichen Tätigkeit, an der das Unternehmen als gemeinschaftlich Tätiger beteiligt ist, wird in den Paragraphen B34–B37 im Einzelnen festgelegt.

23 Eine Partei, die an einer gemeinschaftlichen Tätigkeit, nicht aber an ihrer gemeinschaftlichen Führung beteiligt ist, hat ihren Anteil an der Vereinbarung ebenfalls gemäß den Paragraphen 20–22 zu bilanzieren, wenn sie Rechte an den Vermögenswerten der gemeinschaftlichen Tätigkeit besitzt und Verpflichtungen für die Schulden der gemeinschaftlichen Tätigkeit hat. Eine Partei, die an einer gemeinschaftlichen Tätigkeit, nicht aber an ihrer gemeinschaftlichen Führung beteiligt ist, und keine Rechte an den Vermögenswerten der gemeinschaftlichen Tätigkeit besitzt und keine Verpflichtungen für die Schulden der gemeinschaftlichen Tätigkeit hat, hat ihren Anteil an der gemeinschaftlichen Tätigkeit gemäß den für diesen Anteil maßgeblichen IFRS zu bilanzieren.

Gemeinschaftsunternehmen

24 Ein Partnerunternehmen hat seinen Anteil an einem Gemeinschaftsunternehmen als Beteiligung anzusetzen und diese Beteiligung nach der Equity-Methode gemäß IAS 28 *Beteiligungen an assoziierten Unternehmen und Gemeinschaftsunternehmen* **zu bilanzieren, es sei denn, das Unternehmen ist nach dem genannten Standard von der Anwendung der Equity-Methode befreit.**

25 Eine Partei, die an einem Gemeinschaftsunternehmen, nicht aber an seiner gemeinschaftlichen Führung beteiligt ist, hat ihren Anteil an der Vereinbarung gemäß IFRS 9 *Finanzinstrumente* bzw., falls sie maßgeblichen Einfluss auf das Gemeinschaftsunternehmen hat, gemäß IAS 28 (in der 2011 geänderten Fassung) zu bilanzieren.

EINZELABSCHLÜSSE

26 Ein gemeinschaftlich Tätiger oder ein Partnerunternehmen hat in seinen Einzelabschlüssen seinen Anteil an

3/10. IFRS 11
26 – 27, Anhang A, B1 – B2

a) einer gemeinschaftlichen Tätigkeit gemäß den Paragraphen 20–22 zu bilanzieren.
b) einem Gemeinschaftsunternehmen gemäß Paragraph 10 von IAS 27 *Einzelabschlüsse* zu bilanzieren.

27 Eine Partei, die an einer gemeinschaftlichen Vereinbarung, nicht aber an ihrer gemeinschaftlichen Führung beteiligt ist, hat in ihren Einzelabschlüssen ihren Anteil an

a) einer gemeinschaftlichen Tätigkeit gemäß Paragraph 23 zu bilanzieren.
b) einem Gemeinschaftsunternehmen gemäß IFRS 9 bzw., falls das Unternehmen maßgeblichen Einfluss auf das Gemeinschaftsunternehmen hat, gemäß Paragraph 10 von IAS 27 (in der 2011 geänderten Fassung) zu bilanzieren.

Anhang A
Definitionen

Dieser Anhang ist integraler Bestandteil des IFRS.

Gemeinschaftliche Vereinbarung	Eine Vereinbarung, die unter der **gemeinschaftlichen Führung** von zwei oder mehr Parteien steht.
Gemeinschaftliche Führung	Die vertraglich geregelte Teilung der Beherrschung einer Vereinbarung, die nur dann gegeben ist, wenn Entscheidungen über die maßgeblichen Tätigkeiten die einstimmige Zustimmung der sich die Beherrschung teilenden Parteien erfordern.
Gemeinschaftliche Tätigkeit	Eine **gemeinschaftliche Vereinbarung**, bei der die Parteien, die die **gemeinschaftliche Führung** der Vereinbarung innehaben, Rechte an den der Vereinbarung zuzurechnenden Vermögenswerten und Verpflichtungen für deren Schulden haben.
Gemeinschaftlich Tätiger	Eine Partei einer **gemeinschaftlichen Tätigkeit**, die an deren **gemeinschaftlicher Führung** beteiligt ist.
Gemeinschaftsunternehmen	Eine **gemeinschaftliche Vereinbarung**, bei der die Parteien, die die **gemeinschaftliche Führung** der Vereinbarung innehaben, Rechte am Nettovermögen der Vereinbarung besitzen.
Partnerunternehmen	Eine Partei eines **Gemeinschaftsunternehmens**, die an dessen **gemeinschaftlicher Führung** beteiligt ist.
Partei einer gemeinschaftlichen Vereinbarung	Ein an einer **gemeinschaftlichen Vereinbarung** beteiligtes Unternehmen, unabhängig davon, ob es an der **gemeinschaftlichen Führung** der Vereinbarung beteiligt ist.
Eigenständiges Vehikel	Eine eigenständig identifizierbare Finanzstruktur, einschließlich eigenständiger Rechtseinheiten oder rechtlich anerkannter Einheiten, unabhängig davon, ob diese Einheiten eine eigene Rechtspersönlichkeit haben.

Die folgenden Begriffe sind in IAS 27 (in der 2011 geänderten Fassung), IAS 28 (in der 2011 geänderten Fassung) bzw. IFRS 10 *Konzernabschlüsse* definiert und werden im vorliegenden IFRS in der in den genannten IFRS angegebenen Bedeutung verwendet:

- Beherrschung eines Beteiligungsunternehmens,
- Equity-Methode,
- Verfügungsgewalt,
- Schutzrechte,
- Maßgebliche Tätigkeiten,
- Einzelabschluss,
- Maßgeblicher Einfluss.

Anhang B
Anwendungsleitlinien

Dieser Anhang ist integraler Bestandteil des IFRS. Er erläutert die Anwendung der Paragraphen 1–27 und hat die gleiche bindende Kraft wie die anderen Teile des IFRS.

B1 Die Beispiele in diesem Anhang sind hypothetisch. Wenngleich einige Aspekte der Beispiele tatsächlichen Gegebenheiten ähneln könnten, müssen bei der Anwendung von IFRS 11 alle maßgeblichen Sachverhalte und Umstände bestimmter Gegebenheiten bewertet werden.

GEMEINSCHAFTLICHE VEREINBARUNGEN

Vertragliche Vereinbarung (Paragraph 5)

B2 Vertragliche Vereinbarungen können auf verschiedene Weise nachgewiesen werden: Eine durchsetzbare vertragliche Vereinbarung wird häufig, aber nicht immer, schriftlich verfasst, gewöhnlich in Form eines Vertrags oder in Form dokumentierter mündlicher Abreden zwischen den Parteien. Auch durch gesetzliche Mechanismen können durchsetzbare Vereinbarungen entstehen, die entweder allein oder in Verbindung mit Verträgen zwischen den Parteien greifen.

B3 Werden gemeinschaftliche Vereinbarungen über ein *eigenständiges Vehikel* strukturiert (siehe Paragraphen B19– B33), sind in einigen Fällen die vertragliche Vereinbarung insgesamt oder einige Aspekte der vertraglichen Vereinbarung im Gesellschaftsvertrag, der Gründungsurkunde oder der Satzung des eigenständigen Vehikels festgeschrieben.

B4 In der vertraglichen Vereinbarung werden die Bedingungen festgelegt, unter denen die Parteien sich an der Tätigkeit, die Gegenstand der Vereinbarung ist, beteiligen. In der vertraglichen Vereinbarung werden im Allgemeinen folgende Angelegenheiten geregelt:

a) Zweck, Tätigkeit und Laufzeit der gemeinschaftlichen Vereinbarung.
b) Die Art und Weise, wie die Mitglieder des Geschäftsführungs- und/oder Aufsichtsorgans oder eines entsprechenden Leitungsorgans der gemeinschaftlichen Vereinbarung bestellt werden.
c) Der Entscheidungsprozess d. h. welche Angelegenheiten Entscheidungen der Parteien erfordern, die Stimmrechte der Parteien und die notwendige Mehrheit in diesen Angelegenheiten. Der Entscheidungsprozess, der sich in der vertraglichen Vereinbarung widerspiegelt, begründet die gemeinschaftliche Führung der Vereinbarung (siehe Paragraphen B5–B11).
d) Das Kapital oder andere von den Parteien verlangte Einlagen.
e) Die Art und Weise, wie die Parteien Vermögenswerte, Schulden, Erlöse, Aufwendungen oder Gewinne und Verluste aus der gemeinschaftlichen Vereinbarung teilen.

Gemeinschaftliche Führung (Paragraphen 7–13)

B5 Bei der Beurteilung, ob ein Unternehmen an der gemeinschaftlichen Führung einer Vereinbarung beteiligt ist, hat das Unternehmen zunächst zu beurteilen, ob alle Parteien oder eine Gruppe von Parteien die Vereinbarung beherrschen. Auf der Grundlage der Definition des Begriffs „Beherrschung" in IFRS 10 ist festzustellen, ob alle Parteien oder eine Gruppe von Parteien schwankenden Renditen aus ihrem Engagement bei der Vereinbarung ausgesetzt sind bzw. Anrechte darauf haben und sie die Möglichkeit haben, diese Renditen durch ihre Verfügungsgewalt über die Vereinbarung zu beeinflussen. Wenn alle Parteien oder eine Gruppe von Parteien zusammen betrachtet in der Lage sind, die Tätigkeiten, die die wirtschaftlichen Erfolge der Vereinbarung signifikant beeinflussen (d. h. die maßgeblichen Tätigkeiten), zu lenken, beherrschen die Parteien die Vereinbarung kollektiv.

B6 Ist ein Unternehmen zu dem Schluss gelangt, dass alle Parteien oder eine Gruppe von Parteien die Vereinbarung kollektiv beherrschen, hat es zu beurteilen, ob es an der gemeinschaftlichen Führung einer Vereinbarung beteiligt ist. Eine gemeinschaftliche Führung liegt nur dann vor, wenn Entscheidungen über die maßgeblichen Tätigkeiten die einstimmige Zustimmung der Parteien erfordern, die die Vereinbarung kollektiv beherrschen. Die Beurteilung, ob die Vereinbarung von allen Parteien oder von einer Gruppe von Parteien gemeinsam oder nur von einer der Parteien beherrscht wird, kann eine Ermessensausübung erfordern.

B7 Mitunter führt der Entscheidungsprozess, den die Parteien in ihrer vertraglichen Vereinbarung festlegen, implizit zu gemeinschaftlicher Führung. Nehmen wir zum Beispiel an, dass zwei Parteien eine Vereinbarung abschließen, bei der jede 50 % der Stimmrechte hält und dass in der vertraglichen Vereinbarung zwischen ihnen festgelegt wird, dass für Entscheidungen über die maßgeblichen Tätigkeiten mindestens 51 % der Stimmrechte erforderlich sind. In diesem Fall haben die Parteien implizit vereinbart, dass sie die gemeinschaftliche Führung der Vereinbarung innehaben, weil Entscheidungen über die maßgeblichen Tätigkeiten nur mit Zustimmung beider Parteien getroffen werden können.

B8 In anderen Situationen schreibt die vertragliche Vereinbarung für Entscheidungen über die maßgeblichen Tätigkeiten einen Mindestanteil der Stimmrechte vor. Wenn dieser erforderliche Mindestanteil der Stimmrechte durch mehr als eine Kombination von Parteien, die sich einig sind, erreicht werden kann, handelt es sich bei der betreffenden Vereinbarung nicht um eine gemeinschaftliche Vereinbarung, es sei denn, in der vertraglichen Vereinbarung wurde festgelegt, welche Parteien (oder Kombination von Parteien) Entscheidungen über die maßgeblichen Tätigkeiten der Vereinbarung einstimmig treffen müssen.

Anwendungsbeispiele

Beispiel 1

Angenommen, drei Parteien gründen eine Vereinbarung: A hält 50 % der Stimmrechte in der Vereinbarung, B 30 % und C 20 %. In der vertraglichen Vereinbarung zwischen A, B und C ist festgelegt, dass für Entscheidungen über die maßgeblichen Tätigkeiten der Vereinbarung mindestens 75 % der Stimmrechte erforderlich sind. Obgleich A jede Entscheidung blockieren kann, beherrscht A die Vereinbarung nicht, weil es die Zustimmung von B benötigt. Die Bestimmungen ihrer vertraglichen Vereinbarung, nach denen für Entscheidungen über die maßgeblichen Tätigkeiten der Vereinbarung mindestens 75 % der Stimmrechte erforderlich sind, implizieren, dass A und B die gemeinschaftliche Führung der Vereinbarung innehaben, weil Entscheidungen über die maßgeblichen Tätigkeiten der Vereinbarung nicht ohne Zustimmung von sowohl A als auch B getroffen werden können.

Beispiel 2

Angenommen, zu einer Vereinbarung gehören drei Parteien: A hält 50 % der Stimmrechte an der Vereinbarung und B und C halten je 25 %. In der vertraglichen Vereinbarung zwischen A, B und C ist festgelegt, dass für Entscheidungen über die maßgeblichen Tätigkeiten der Vereinbarung mindestens 75 % der Stimmrechte erforderlich sind. Obgleich A jede Entscheidung blockieren kann, beherrscht es die Vereinbarung nicht, weil es die Zustimmung von B oder C benötigt. In diesem Beispiel beherrschen A, B und C die Vereinbarung kollektiv. Es gibt jedoch mehr als eine Kombination von Parteien, die sich einigen können, um 75 % der Stimmrechte zu erreichen (d. h. entweder A und B oder A und C). Damit die vertragliche Vereinbarung in einer solchen Situation eine gemeinschaftliche Vereinbarung ist, müssten die Parteien festlegen, welche Parteienkombination Entscheidungen über die maßgeblichen Tätigkeiten der Vereinbarung einstimmig zustimmen muss.

Beispiel 3

Angenommen, bei einer Vereinbarung halten A und B je 35 % der Stimmrechte und die restlichen 30 % sind breit gestreut. Entscheidungen über die maßgeblichen Tätigkeiten bedürfen einer Mehrheit der Stimmrechte. A und B haben nur dann die gemeinschaftliche Führung der Vereinbarung inne, wenn in der vertraglichen Vereinbarung festgelegt ist, dass für Entscheidungen über die maßgeblichen Tätigkeiten der Vereinbarung die Zustimmung sowohl von A als auch von B erforderlich ist.

B9 Das Erfordernis der einstimmigen Zustimmung bedeutet, dass eine Partei, die an der gemeinschaftlichen Führung der Vereinbarung beteiligt ist, verhindern kann, dass eine der anderen Parteien oder eine Gruppe von Parteien einseitige Entscheidungen (über die maßgeblichen Tätigkeiten) ohne ihre Zustimmung trifft. Bezieht sich das Erfordernis der einstimmigen Zustimmung auf Entscheidungen, die einer Partei Schutzrechte verleihen, nicht aber auf Entscheidungen über die maßgeblichen Tätigkeiten einer Vereinbarung, ist die betreffende Partei keine Partei, die an der gemeinschaftlichen Führung der Vereinbarung beteiligt ist.

B10 Eine vertragliche Vereinbarung kann Klauseln über die Beilegung von Streitigkeiten, z. B. durch Schiedsverfahren, beinhalten. Derartige Klauseln lassen eventuell zu, dass Entscheidungen ohne einstimmige Zustimmung der Parteien, die an der gemeinschaftlichen Führung beteiligt sind, getroffen werden können. Das Bestehen derartiger Klauseln schließt nicht aus, dass die Vereinbarung gemeinschaftlich geführt wird und infolgedessen eine gemeinschaftliche Vereinbarung ist.

Beurteilung der gemeinschaftlichen Führung

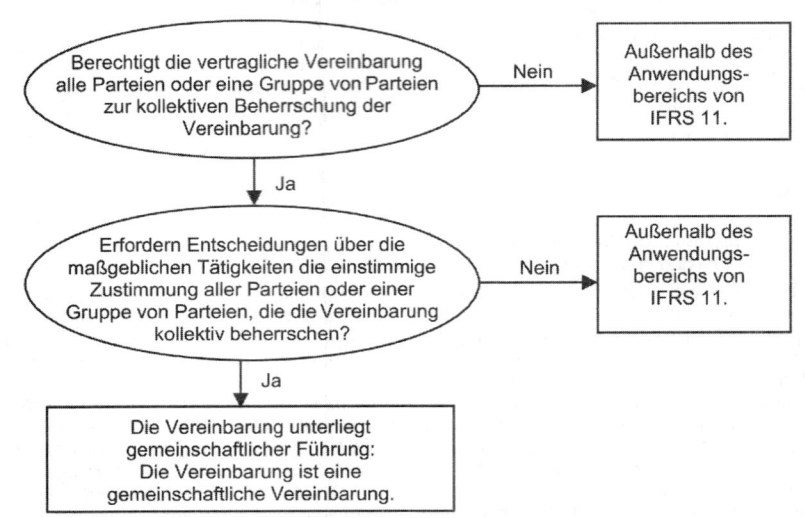

```
┌─────────────────────────────────────┐
│ Berechtigt die vertragliche         │         ┌──────────────┐
│ Vereinbarung alle Parteien oder     │  Nein   │ Außerhalb des│
│ eine Gruppe von Parteien zur        │────────▶│ Anwendungs-  │
│ kollektiven Beherrschung der        │         │ bereichs von │
│ Vereinbarung?                       │         │ IFRS 11.     │
└─────────────────────────────────────┘         └──────────────┘
              │ Ja
              ▼
┌─────────────────────────────────────┐
│ Erfordern Entscheidungen über die   │         ┌──────────────┐
│ maßgeblichen Tätigkeiten die        │  Nein   │ Außerhalb des│
│ einstimmige Zustimmung aller        │────────▶│ Anwendungs-  │
│ Parteien oder einer Gruppe von      │         │ bereichs von │
│ Parteien, die die Vereinbarung      │         │ IFRS 11.     │
│ kollektiv beherrschen?              │         └──────────────┘
└─────────────────────────────────────┘
              │ Ja
              ▼
┌─────────────────────────────────────┐
│ Die Vereinbarung unterliegt         │
│ gemeinschaftlicher Führung:         │
│ Die Vereinbarung ist eine           │
│ gemeinschaftliche Vereinbarung.     │
└─────────────────────────────────────┘
```

B11 Liegt eine Vereinbarung außerhalb des Anwendungsbereichs von IFRS 11, bilanziert ein Unternehmen seinen Anteil an der Vereinbarung gemäß den maßgeblichen IFRS, wie IFRS 10, IAS 28 (in der 2011 geänderten Fassung) oder IFRS 9.

ARTEN VON GEMEINSCHAFTLICHEN VEREINBARUNGEN (PARAGRAPHEN 14–19)

B12 Gemeinschaftliche Vereinbarungen werden für eine Vielzahl unterschiedlicher Zwecke geschlossen (z. B. als Möglichkeit für die Parteien, Kosten und Risiken gemeinsam zu tragen, oder als Möglichkeit, den Parteien Zugang zu neuen Technologien oder neuen Märkten zu verschaffen) und können unter Nutzung unterschiedlicher Strukturen und Rechtsformen errichtet werden.

B13 Einige Vereinbarungen schreiben nicht vor, dass die Tätigkeit, die Gegenstand der Vereinbarung bildet, in einem eigenständigen Vehikel ausgeübt werden soll. Andere Vereinbarungen beinhalten jedoch die Gründung eines eigenständigen Vehikels.

B14 Die in diesem IFRS vorgeschriebene Einstufung gemeinschaftlicher Vereinbarungen hängt von den Rechten und Verpflichtungen ab, die den Parteien im Rahmen der gewöhnlichen Geschäftstätigkeit aus der Vereinbarung erwachsen. In diesem IFRS werden gemeinschaftliche Vereinbarungen entweder als gemeinschaftliche Tätigkeiten oder als Gemeinschaftsunternehmen eingestuft. Wenn ein Unternehmen Rechte an der der Vereinbarung zuzurechnenden Vermögenswerten und Verpflichtungen für deren Schulden hat, ist die Vereinbarung eine gemeinschaftliche Tätigkeit. Wenn ein Unternehmen Rechte am Nettovermögen der Vereinbarung hat, ist die Vereinbarung ein Gemeinschaftsunternehmen. In den Paragraphen B16–B33 wird dargelegt, wie ein Unternehmen beurteilt, ob es Anteil an einer gemeinschaftlichen Tätigkeit oder an einem Gemeinschaftsunternehmen hat.

Einstufung einer gemeinschaftlichen Vereinbarung

B15 Wie in Paragraph B14 dargelegt, verlangt die Einstufung einer gemeinschaftlichen Vereinbarung von den Parteien eine Beurteilung der Rechte und Verpflichtungen, die ihnen aus der Vereinbarung erwachsen. Bei dieser Beurteilung hat ein Unternehmen Folgendes zu berücksichtigen:

a) die Struktur der gemeinschaftlichen Vereinbarung (siehe Paragraphen B16–B21),
b) wenn die gemeinschaftliche Vereinbarung über ein eigenständiges Vehikel strukturiert wird:
  i) die Rechtsform des eigenständigen Vehikels (siehe Paragraphen B22–B24),
  ii) die Bestimmungen der vertraglichen Vereinbarung (siehe Paragraphen B25–B28) und
  iii) gegebenenfalls sonstige relevante Sachverhalte und Umstände (siehe Paragraphen B29–B33).

Struktur der gemeinschaftlichen Vereinbarung

Gemeinschaftliche Vereinbarungen, die nicht über ein eigenständiges Vehikel strukturiert werden

B16 Eine gemeinschaftliche Vereinbarung, die nicht über ein eigenständiges Vehikel strukturiert wird, stellt eine gemeinschaftliche Tätigkeit dar. In derartigen Fällen werden in der vertraglichen Vereinbarung die Rechte der Parteien an den Vermögenswerten der Vereinbarung und ihre Verpflichtungen für die Schulden der Vereinbarung sowie die Rechte der Parteien an den entsprechenden Erlösen und ihre Verpflichtungen für die entsprechenden Aufwendungen festgelegt.

B17 Die vertragliche Vereinbarung beschreibt häufig die Art der Tätigkeiten, die Gegenstand der Vereinbarung sind, sowie die Art und Weise, wie die Parteien die gemeinsame Durchführung dieser Tätigkeiten planen. Die Parteien einer gemeinschaftlichen Vereinbarung könnten zum Beispiel vereinbaren, ein Produkt gemeinsam herzustellen, wobei jede Partei für eine bestimmte Aufgabe verantwortlich ist und jede von ihnen eigene Vermögenswerte nutzt und eigene Schulden eingeht. In der vertraglichen Vereinbarung könnte auch festgelegt werden, wie die gemeinsamen Erlöse und Aufwendungen der Parteien unter diesen aufgeteilt werden sollen. In einem solchen Fall setzt jeder gemeinschaftlich Tätige in seinem Abschluss die auf die bestimmte Aufgabe entfallenden Vermögenswerte und Schulden an und erfasst seinen Anteil an den Erlösen und Aufwendungen entsprechend der vertraglichen Vereinbarung.

B18 In anderen Fällen könnten die Parteien einer gemeinschaftlichen Vereinbarung übereinkommen, einen Vermögenswert zu teilen und gemeinsam zu betreiben. In einem solchen Fall regelt die vertragliche Vereinbarung die Rechte der Parteien an dem gemeinschaftlich betriebenen Vermögenswert und legt fest, wie die produzierten Erzeugnisse bzw. Leistungen oder die Erlösen aus dem Vermögenswert sowie die Betriebskosten zwischen den Parteien aufgeteilt werden. Jeder gemeinschaftlich Tätige bilanziert seinen Anteil an dem gemeinschaftlichen Vermögenswert sowie seinen vereinbarten Anteil an eventuellen Schulden und erfasst seinen Anteil an den produzierten Erzeugnissen bzw. Leistungen, den Erlösen und den Aufwendungen gemäß der vertraglichen Vereinbarung.

Gemeinschaftliche Vereinbarungen, die über ein eigenständiges Vehikel strukturiert werden.

B19 Bei einer gemeinschaftlichen Vereinbarung, bei der die der Vereinbarung zuzurechnenden Vermögenswerte und Schulden in einem eigenständigen Vehikel gehalten werden, kann es sich entweder um ein Gemeinschaftsunternehmen oder um eine gemeinschaftliche Tätigkeit handeln.

B20 Ob eine Partei ein gemeinschaftlich Tätiger oder ein Partnerunternehmen ist, hängt von den Rechten der Partei an den Vermögenswerten und ihren Verpflichtungen für die Schulden der

Vereinbarung, die in dem eigenständigen Vehikel gehalten werden, ab.

B21 Wie in Paragraph B15 dargelegt, müssen die Parteien für den Fall, dass sie eine gemeinschaftliche Vereinbarung über ein eigenständiges Vehikel strukturiert haben, beurteilen, ob sie aufgrund der Rechtsform des eigenständigen Vehikels, aufgrund der Bestimmungen der vertraglichen Vereinbarung und gegebenenfalls aufgrund anderer relevanter Sachverhalte und Umstände Folgendes erhalten:

a) Rechte an den der Vereinbarung zuzurechnenden Vermögenswerten und Verpflichtungen für deren Schulden (d. h. bei der Vereinbarung handelt es sich um eine gemeinschaftliche Tätigkeit) oder

b) Rechte am Nettovermögen der Vereinbarung (d. h. bei der Vereinbarung handelt es sich um ein Gemeinschaftsunternehmen).

Einstufung einer gemeinschaftlichen Vereinbarung: Beurteilung der aus der Vereinbarung erwachsenden Rechte und Verpflichtungen der Parteien

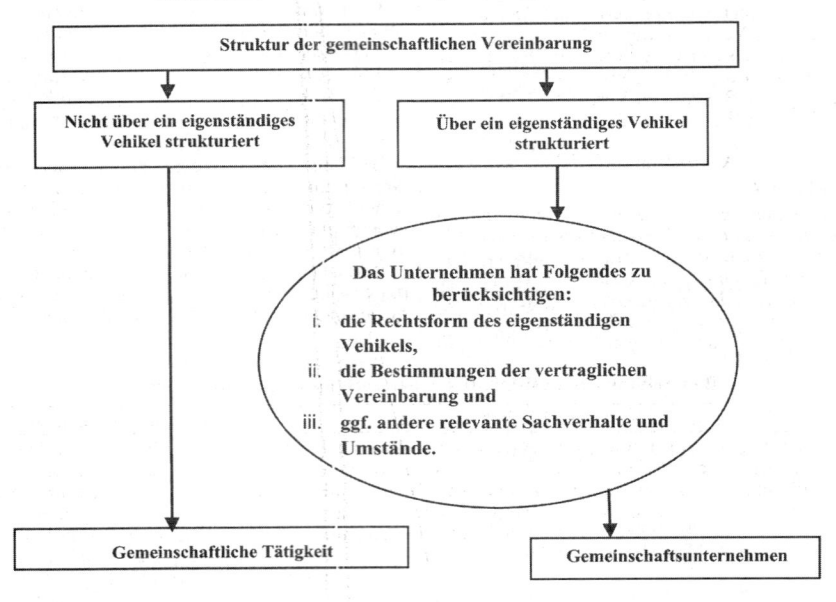

```
                 Struktur der gemeinschaftlichen Vereinbarung
                    │                            │
                    ▼                            ▼
        Nicht über ein eigenständiges    Über ein eigenständiges Vehikel
            Vehikel strukturiert                strukturiert
                    │                            │
                    │                            ▼
                    │        Das Unternehmen hat Folgendes zu
                    │                  berücksichtigen:
                    │        i.   die Rechtsform des eigenständigen
                    │             Vehikels,
                    │        ii.  die Bestimmungen der vertraglichen
                    │             Vereinbarung und
                    │        iii. ggf. andere relevante Sachverhalte und
                    │             Umstände.
                    │                            │
                    ▼                            ▼
        Gemeinschaftliche Tätigkeit      Gemeinschaftsunternehmen
```

Rechtsform des eigenständigen Vehikels

B22 Bei der Beurteilung der Art einer gemeinschaftlichen Vereinbarung ist die Rechtsform des eigenständigen Vehikels maßgeblich. Die Rechtsform erleichtert die anfängliche Beurteilung der Rechte der Parteien an den Vermögenswerten und ihren Verpflichtungen für die Schulden, die im eigenständigen Vehikel gehalten werden, z. B. die Beurteilung der Frage, ob die Parteien Anteile an den im eigenständigen Vehikel gehaltenen Vermögenswerten haben und ob sie für die Schulden des eigenständigen Vehikels haften.

B23 Die Parteien können die gemeinschaftliche Vereinbarung zum Beispiel über ein eigenständiges Vehikel strukturieren, dessen Rechtsform dazu führt, dass das Vehikel als eigenständig betrachtet wird (d. h. die Vermögenswerte und Schulden, die im eigenständigen Vehikel gehalten werden, sind die Vermögenswerte und Schulden des eigenständigen Vehikels und nicht die Vermögenswerte und Schulden der Parteien). In einem solchen Fall weist die Beurteilung der Rechte und Verpflichtungen, die aufgrund der Rechtsform des eigenständigen Vehikels auf die Parteien übertragen werden, darauf hin, dass es sich bei der Vereinbarung um ein Gemeinschaftsunternehmen handelt. Allerdings kann die Beurteilung der von den Parteien in ihrer vertraglichen Vereinbarung vereinbarten Bestimmungen (siehe Paragraphen B25–B28) und sonstige relevante Sachverhalte und Umstände (siehe Paragraphen B29–B33) gegenüber der Beurteilung der Rechte und Verpflichtungen, die aufgrund der Rechtsform des eigenständigen Vehikels auf die Parteien übertragen werden, Vorrang haben.

B24 Die Beurteilung der aufgrund der Rechtsform des eigenständigen Vehikels auf die Parteien übertragenen Rechte und Verpflichtungen reicht nur dann für die Schlussfolgerung aus, dass es sich bei der Vereinbarung um eine gemeinschaftliche Tätigkeit handelt, wenn die Parteien die gemeinschaftliche Vereinbarung über ein eigenständiges Vehikel strukturiert haben, dessen Rechtsform keine Trennung zwischen den Parteien und dem eigenständigen Vehikel bewirkt (d. h. bei den im eigenständigen Vehikel gehaltenen Vermögenswerten und Schulden handelt es sich um die Vermögenswerte und Schulden der Parteien).

Beurteilung der Bestimmungen der vertraglichen Vereinbarung

B25 In vielen Fällen stehen die von den Parteien in ihren vertraglichen Vereinbarungen vereinbarten Rechte und Verpflichtungen im Einklang mit den aufgrund der Rechtsform des eigenständigen Vehikels, über das die Vereinbarung strukturiert ist, auf die Parteien übertragenen Rechten und Verpflichtungen oder sie stehen nicht im Widerspruch dazu.

B26 In anderen Fällen nutzen die Parteien die vertragliche Vereinbarung, um die aufgrund der Rechtsform des eigenständigen Vehikels, über das die Vereinbarung strukturiert ist, auf die Parteien übertragenen Rechte und Verpflichtungen rückgängig zu machen oder zu ändern.

Anwendungsbeispiel

Beispiel 4

Angenommen, zwei Parteien strukturieren eine gemeinschaftliche Vereinbarung über ein körperschaftlich organisiertes Unternehmen. Jede Partei hält einen Eigentumsanteil von 50 % an dem Unternehmen. Die Gründung der Kapitalgesellschaft erlaubt die Trennung des Unternehmens von seinen Eigentümern, sodass die im Unternehmen gehaltenen Vermögenswerte und Schulden die Vermögenswerte und Schulden des körperschaftlich organisierten Unternehmens sind. In einem solchen Fall weist die Beurteilung der aufgrund der Rechtsform des eigenständigen Vehikels auf die Parteien übertragenen Rechte und Verpflichtungen darauf hin, dass die Parteien Rechte am Nettovermögen der Vereinbarung haben.

Die Parteien ändern die Merkmale der Kapitalgesellschaft jedoch durch ihre vertragliche Vereinbarung in der Weise, dass jede einen Anteil an den Vermögenswerten des körperschaftlich organisierten Unternehmens hält und jede für einen bestimmten Anteil der Schulden des körperschaftlich organisierten Unternehmens haftet. Derartige vertragliche Änderungen an den Merkmalen einer Kapitalgesellschaft können dazu führen, dass eine Vereinbarung eine gemeinschaftliche Tätigkeit ist.

B27 Die folgende Tabelle enthält eine Gegenüberstellung üblicher Bestimmungen in vertraglichen Vereinbarungen zwischen Parteien einer gemeinschaftlichen Tätigkeit und üblicher Bestimmungen in vertraglichen Vereinbarungen zwischen Parteien eines Gemeinschaftsunternehmens. Die in der folgenden Tabelle aufgeführten Beispiele für Vertragsbestimmungen sind nicht erschöpfend.

Beurteilung der Bestimmungen der vertraglichen Vereinbarung

	Gemeinschaftliche Tätigkeit	Gemeinschaftsunternehmen
Bestimmungen der vertraglichen Vereinbarung	Durch die vertragliche Vereinbarung werden auf die Parteien der gemeinschaftlichen Vereinbarung Rechte an den der Vereinbarung zuzurechnenden Vermögenswerten und Verpflichtungen für deren Schulden übertragen.	Durch die vertragliche Vereinbarung werden auf die Parteien der gemeinschaftlichen Vereinbarung Rechte am Nettovermögen der Vereinbarung übertragen (d. h. es ist das eigenständige Vehikel, das Rechte an der der Vereinbarung zuzurechnenden Vermögenswerten und Verpflichtungen für deren Schulden hat, nicht die Parteien.)
Rechte an Vermögenswerten	In der vertraglichen Vereinbarung ist festgelegt, dass die Parteien der gemeinschaftlichen Vereinbarung alle Ansprüche (d. h. Eigentumsrechte oder andere Rechte) an den der Vereinbarung zuzurechnenden Vermögenswerten in einem bestimmten Verhältnis teilen (z. B. im Verhältnis zum Eigentumsanteil der Parteien an der Vereinbarung oder im Verhältnis zu der durch die Vereinbarung ausgeübten Tätigkeiten, die den Parteien einzeln zuzuordnen sind).	In der vertraglichen Vereinbarung ist festgelegt, dass die in die Vereinbarung eingebrachten oder später von der gemeinschaftlichen Vereinbarung erworbenen Vermögenswerte die Vermögenswerte der Vereinbarung sind. Die Parteien haben keine Ansprüche (d. h. weder Eigentumsrechte noch andere Rechte) an den Vermögenswerten der Vereinbarung.

3/10. IFRS 11
B27

	Gemeinschaftliche Tätigkeit	Gemeinschaftsunternehmen
Verpflichtungen für Schulden	In der vertraglichen Vereinbarung ist festgelegt, dass die Parteien der gemeinschaftlichen Vereinbarung alle Schulden, Verpflichtungen, Kosten und Aufwendungen in einem bestimmten Verhältnis teilen (z. B. im Verhältnis zum Eigentumsanteil der Parteien an der Vereinbarung oder im Verhältnis zu den durch die Vereinbarung ausgeübten Tätigkeiten, die den Parteien einzeln zuzuordnen sind).	In der vertraglichen Vereinbarung wird festgelegt, dass die gemeinschaftliche Vereinbarung für die Schulden und Verpflichtungen der Vereinbarung haftet.
		In der vertraglichen Vereinbarung ist festgelegt, dass die Parteien der gemeinschaftlichen Vereinbarung nur im Umfang ihrer jeweiligen Beteiligung an der Vereinbarung und in Höhe ihrer jeweiligen Verpflichtung, noch nicht eingezahltes oder zusätzliches Kapital in sie einzubringen, der Vereinbarung gegenüber haften.
	In der vertraglichen Vereinbarung ist festgelegt, dass die Parteien der gemeinschaftlichen Vereinbarung für Ansprüche Dritter haften.	In der vertraglichen Vereinbarung ist festgelegt, dass die Gläubiger der gemeinschaftlichen Vereinbarung in Bezug auf die Schulden oder Verpflichtungen der Vereinbarung keine Rückgriffsrechte auf die Parteien haben.
Erlöse, Aufwendungen, Gewinn oder Verlust	In der vertraglichen Vereinbarung wird die Zuweisung von Erlösen und Aufwendungen auf der Grundlage der relativen Leistungen der einzelnen Parteien der gemeinschaftlichen Vereinbarung festgelegt. Zum Beispiel könnte in der vertraglichen Vereinbarung festgelegt werden, dass Erlöse und Aufwendungen auf Basis der Kapazitäten zugewiesen werden, die die einzelnen Parteien in einem gemeinsam betriebenen Werk nutzen und die von ihrem Eigentumsanteil an der gemeinschaftlichen Vereinbarung abweichen könnte. In anderen Fällen haben die Parteien vielleicht vereinbart, den der Vereinbarung zuzurechnenden Gewinn oder Verlust in einem festgelegten Verhältnis, wie z. B. dem jeweiligen Eigentumsanteil der Parteien an der Vereinbarung, zu teilen. Dies würde nicht ausschließen, dass die Vereinbarung eine gemeinschaftliche Tätigkeit ist, sofern die Parteien Rechte an den der Vereinbarung zuzurechnenden Vermögenswerten und Verpflichtungen für ihre Schulden haben.	In der vertraglichen Vereinbarung wird der Anteil der einzelnen Parteien am Gewinn oder Verlust aus den Tätigkeiten der Vereinbarung festgelegt.
Garantien	Von den Parteien gemeinschaftlicher Vereinbarungen wird oft verlangt, Dritten gegenüber Garantien zu leisten, die z. B. eine Dienstleistung von der gemeinschaftlichen Vereinbarung empfangen oder ihr Finanzmittel zur Verfügung stellen. Die Leistung derartiger Garantien oder die Zusage der Parteien, diese zu leisten, ist für sich genommen kein ausschlaggebender Faktor dafür, dass die gemeinschaftliche Vereinbarung eine gemeinschaftliche Tätigkeit darstellt. Der ausschlaggebende Faktor dafür, ob es sich bei der gemeinschaftlichen Vereinbarung um eine gemeinschaftliche Tätigkeit oder um ein Gemeinschaftsunternehmen handelt, ist die Frage, ob die Parteien Verpflichtungen für die der Vereinbarung zuzurechnenden Schulden haben (wobei die Parteien für einige dieser Schulden eine Garantie geleistet haben können).	

B28 Ist in der vertraglichen Vereinbarung festgelegt, dass die Parteien Rechte an den der Vereinbarung zuzurechnenden Vermögenswerten und Verpflichtungen für ihre Schulden haben, sind sie Parteien einer gemeinschaftlichen Tätigkeit und brauchen für die Zwecke der Einstufung der gemeinschaftlichen Vereinbarung keine sonstigen Sachverhalte und Umstände (Paragraphen B29–B33) zu berücksichtigen.

Beurteilung sonstiger Sachverhalte und Umstände

B29 Ist in der vertraglichen Vereinbarung nicht festgelegt, dass die Parteien Rechte an den der Vereinbarung zuzurechnenden Vermögenswerten und Verpflichtungen für ihre Schulden haben, müssen die Parteien bei der Beurteilung, ob es sich bei der Vereinbarung um eine gemeinschaftliche Tätigkeit oder ein Gemeinschaftsunternehmen handelt, sonstige Sachverhalte und Umstände berücksichtigen.

B30 Eine gemeinschaftliche Vereinbarung kann über ein eigenständiges Vehikel strukturiert werden, dessen Rechtsform eine Trennung zwischen den Parteien und dem eigenständigen Vehikel bewirkt. Auch wenn die zwischen den Parteien vereinbarten Vertragsbestimmungen keine Festlegung der Rechte der Parteien an den Vermögenswerten und ihrer Verpflichtungen für die Schulden enthalten, kann die Berücksichtigung sonstiger Sachverhalte und Umstände dazu führen, dass eine solche Vereinbarung als gemeinschaftliche Tätigkeit eingestuft wird. Dies ist der Fall, wenn die Parteien aufgrund sonstiger Sachverhalte und Umstände Rechte an den der Vereinbarung zuzurechnenden Vermögenswerten und Verpflichtungen für ihre Schulden haben.

B31 Sind die Tätigkeiten einer Vereinbarung hauptsächlich darauf ausgerichtet, den Parteien Erzeugnisse bzw. Leistungen zur Verfügung zu stellen, weist dies darauf hin, dass die Parteien Rechte an so gut wie dem gesamten wirtschaftlichen Nutzen der Vermögenswerte der Vereinbarung haben. Die Parteien einer solchen Vereinbarung sichern sich ihren in der Vereinbarung vorgesehenen Zugriff auf die produzierten Erzeugnisse und Leistungen häufig dadurch, dass sie die Vereinbarung daran hindern, Erzeugnisse und Leistungen an Dritte zu verkaufen.

B32 Eine derart gestaltete Vereinbarung wirkt sich dahin gehend aus, dass die von der Vereinbarung eingegangenen Schulden im Wesentlichen durch die Zahlungsströme beglichen werden, die der Vereinbarung aus den Ankäufen der produzierten Erzeugnisse und Leistungen seitens der Parteien zufließen. Wenn die Parteien im Wesentlichen die einzige Quelle für Zahlungsströme sind, die zum Fortbestehen der Tätigkeiten der Vereinbarung beitragen, weist dies darauf hin, dass die Parteien eine Verpflichtung für die der Vereinbarung zuzurechnenden Schulden haben.

Anwendungsbeispiel

Beispiel 5

Angenommen, zwei Parteien strukturieren eine gemeinschaftliche Vereinbarung als körperschaftlich organisiertes Unternehmen (Unternehmen C), an dem jede Partei einen Eigentumsanteil von 50 % besitzt. Der Zweck der Vereinbarung besteht in der Herstellung von Materialien, welche die Parteien für ihre eigenen, individuellen Herstellungsprozesse benötigen. Nach Maßgabe der Vereinbarung betreiben die Parteien die Produktionsstätte, in der die Materialien hergestellt werden, nach den Mengen- und Qualitätsvorgaben der Parteien.

Die Rechtsform von Unternehmen C (körperschaftlich organisiertes Unternehmen), über das die Tätigkeiten durchgeführt werden, weist zunächst darauf hin, dass es sich bei den in Unternehmen C gehaltenen Vermögenswerten und Schulden um die Vermögenswerte und Schulden von Unternehmen C handelt. In der vertraglichen Vereinbarung zwischen den Parteien ist nicht festgelegt, dass die Parteien Rechte an den Vermögenswerten oder Verpflichtungen für die Schulden von Unternehmen C haben. Folglich weisen die Rechtsform von Unternehmen C und die Bestimmungen der vertraglichen Vereinbarung darauf hin, dass es sich bei der Vereinbarung um ein Gemeinschaftsunternehmen handelt.

Die Parteien berücksichtigen jedoch auch folgende Aspekte der Vereinbarung:

– *Die Parteien haben vereinbart, alle von Unternehmen C produzierten Erzeugnisse jeweils zur Hälfte abzunehmen. Unternehmen C kann die produzierten Erzeugnisse nur mit Zustimmung beider Parteien der Vereinbarung an Dritte verkaufen. Da der Zweck der Vereinbarung darin besteht, die Parteien mit den von ihnen benötigten Erzeugnissen zu versorgen, ist davon auszugehen, dass derartige Verkäufe an Dritte selten vorkommen und keinen wesentlichen Umfang haben werden.*

– *Der Preis der an die Parteien verkauften Erzeugnisse wird von beiden Parteien in einer Höhe festgelegt, die darauf ausgelegt ist, die Unternehmen C entstandenen Produktions- und Verwaltungskosten zu decken. Auf der Grundlage dieses Betriebsmodells soll die Vereinbarung kostendeckend arbeiten.*

Bei der oben beschriebenen Gegebenheit sind folgende Sachverhalte und Umstände maßgeblich:

– *Die Verpflichtung der Parteien, alle von Unternehmen C produzierten Erzeugnisse abzunehmen, zeigt, dass Unternehmen C hinsichtlich der Generierung von Zahlungsströmen ausschließlich von den Parteien abhängig ist und die Parteien daher verpflichtet sind, finanzielle Mittel zur Begleichung der Schulden von Unternehmen C zur Verfügung zu stellen.*

3/10. IFRS 11
B32 – B33

– Die Tatsache, dass die Parteien Rechte an allen von Unternehmen C produzierten Erzeugnissen haben, bedeutet, dass sie den gesamten wirtschaftlichen Nutzen der Vermögenswerte von Unternehmen C verbrauchen und daher Rechte daran haben.

Diese Sachverhalte und Umstände weisen darauf hin, dass es sich bei der Vereinbarung um eine gemeinschaftliche Tätigkeit handelt. Die Schlussfolgerung hinsichtlich der Einstufung der gemeinschaftlichen Vereinbarung unter den beschriebenen Umständen würde sich nicht ändern, wenn die Parteien ihren Anteil an den produzierten Erzeugnissen nicht in einem anschließenden Fertigungsschritt selbst verwenden, sondern ihn an Dritte verkaufen würden.

Würden die Parteien die Bestimmungen der vertraglichen Vereinbarung dahin gehend ändern, dass die Vereinbarung in der Lage wäre, ihre Erzeugnisse an Dritte zu verkaufen, würde dies dazu führen, dass Unternehmen C das Nachfrage-, Lager- und Kreditrisiko übernimmt. In diesem Szenario würde eine solche Veränderung bei den Sachverhalten und Umständen eine Neubeurteilung der Einstufung der gemeinschaftlichen Vereinbarung erfordern. Diese Sachverhalte und Umstände weisen darauf hin, dass es sich bei der Vereinbarung um ein Gemeinschaftsunternehmen handelt.

B33 Im folgenden Ablaufdiagramm wird der Beurteilungsverlauf dargestellt, dem ein Unternehmen bei der Einstufung einer über ein eigenständiges Vehikel strukturierten gemeinschaftlichen Vereinbarung folgt.

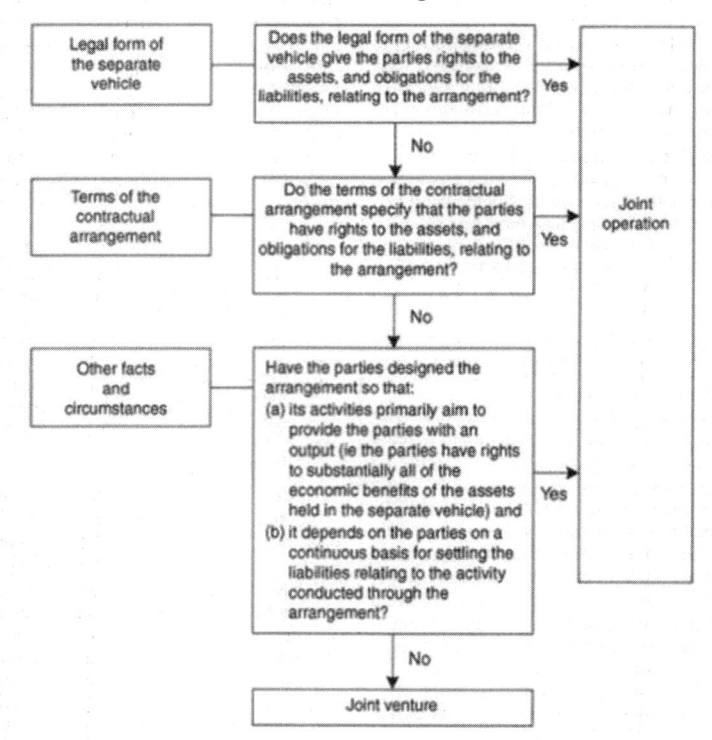

Einstufung einer über ein eigenständiges Vehikel strukturierten gemeinschaftlichen Vereinbarung

*) Die Grafik ist in der deutschen Fassung nicht übersetzt worden.

ABSCHLÜSSE VON PARTEIEN EINER GEMEINSCHAFTLICHEN VEREINBARUNG (PARAGRAPHEN 21A–22)

Bilanzierung des Erwerbs von Anteilen an gemeinschaftlichen Tätigkeiten

B33A Erwirbt ein Unternehmen einen Anteil an einer gemeinschaftlichen Tätigkeit, die einen Geschäftsbetrieb im Sinne von IFRS 3 darstellt, hat es, im Umfang seines Anteils gemäß Paragraph 20, sämtliche in IFRS 3 und in anderen IFRS festgelegten Grundsätze der Bilanzierung von Unternehmenszusammenschlüssen anzuwenden, die nicht mit den Leitlinien des vorliegenden IFRS im Widerspruch stehen, und die in den vorstehend genannten IFRS in Bezug auf Unternehmenszusammenschlüsse vorgeschriebenen Angaben zu machen. Die Grundsätze der Bilanzierung von Unternehmenszusammenschlüssen, die nicht mit den Leitlinien des vorliegenden IFRS im Widerspruch stehen, sind unter anderem folgende:

a) Die identifizierbaren Vermögenswerte und Schulden werden zum beizulegenden Zeitwert bewertet, es sei denn, es handelt sich um Posten, für die in IFR 3 und anderen IFRS Ausnahmen vorgesehen sind.

b) Die mit dem Erwerb verbundenen Kosten werden in den Perioden, in denen die Kosten anfallen und die Dienstleistungen empfangen werden, als Aufwand erfasst, wobei die Ausnahme gilt, dass die Kosten für die Emission von Schuld- oder Eigenkapitaltiteln gemäß IAS 32 *Finanzinstrumente : Darstellung* und IFRS 9 erfasst werden([1]).

([1]) Wendet ein Unternehmen diese Änderungen, aber noch nicht IFRS 9 an, sind Verweise auf IFRS 9 in diesen Änderungen als Verweise auf IAS 39 *Finanzinstrumente: Ansatz und Bewertung* zu verstehen.

c) Latente Steueransprüche und latente Steuerschulden, die beim erstmaligen Ansatz von Vermögenswerten oder Schulden entstehen – ausgenommen latente Steuerschulden, die beim erstmaligen Ansatz des Geschäfts- oder Firmenwerts entstehen – werden erfasst, wie es in IFRS 3 und IAS 12 *Ertragsteuern* für Unternehmenszusammenschlüsse vorgeschrieben ist.

d) Der Betrag, um den die übertragene Gegenleistung den Saldo der zum Erwerbszeitpunkt bestehenden Beträge der erworbenen identifizierbaren Vermögenswerte und übernommenen Schulden übersteigt, wird, sofern vorhanden, als Geschäfts- oder Firmenwert bilanziert.

e) Zahlungsmittelgenerierende Einheiten mit zugeordnetem Geschäfts- oder Firmenwert werden, wie in IAS 36 *Wertminderung von Vermögenswerten* für bei Unternehmenszusammenschlüssen erworbene Geschäfts- oder Firmenwerte vorgeschrieben, mindestens jährlich und wenn immer es einen Anhaltspunkt dafür gibt, dass die Einheit wertgemindert sein könnte, auf Wertminderung geprüft.

B33B Die Paragraphen 21A und B33A gelten nur dann auch für die Bildung einer gemeinschaftlichen Tätigkeit, wenn eine der Parteien, die an der gemeinschaftlichen Tätigkeit beteiligt sind, zur Bildung der gemeinschaftlichen Tätigkeit einen bestehenden Geschäftsbetrieb im Sinne von IFRS 3 einbringt. Diese Paragraphen gelten dagegen nicht für die Bildung einer gemeinschaftlichen Tätigkeit, wenn sämtliche an ihr beteiligten Parteien zu ihrer Bildung lediglich Vermögenswerte oder Gruppen von Vermögenswerten einbringen, die keinen Geschäftsbetrieb darstellen.

B33C Ein gemeinschaftlich Tätiger kann seinen Anteil an einer gemeinschaftlichen Tätigkeit, die einen Geschäftsbetrieb im Sinne von IFRS 3 darstellt, erhöhen, indem er weitere Anteile an der gemeinschaftlichen Tätigkeit erwirbt. In diesem Fall werden die zuvor von ihm gehaltenen Anteile an der gemeinschaftlichen Tätigkeit nicht neu bewertet, wenn der gemeinschaftlich Tätige weiterhin an der gemeinschaftlichen Führung beteiligt ist.

B33CA Eine Partei, die an einer gemeinschaftlichen Tätigkeit, nicht aber an deren gemeinschaftlicher Führung beteiligt ist, könnte die Beteiligung an der gemeinschaftlichen Führung der gemeinschaftlichen Tätigkeit, die einen Geschäftsbetrieb im Sinne von IFRS 3 darstellt, erlangen. In einem solchen Fall werden die zuvor gehaltenen Anteile an der gemeinschaftlichen Tätigkeit nicht neu bewertet.

B33D Die Paragraphen 21A und B33A–B33C gelten nicht für den Erwerb eines Anteils an einer gemeinschaftlichen Tätigkeit, wenn alle an der gemeinschaftlichen Führung beteiligten Parteien, einschließlich des Unternehmens, das den Anteil an der gemeinschaftlichen Tätigkeit erwirbt, sowohl vor als auch nach dem Erwerb von derselben obersten Partei bzw. denselben obersten Parteien beherrscht werden und diese Beherrschung nicht vorübergehender Natur ist.

Bilanzierung des Verkaufs von Vermögenswerten an eine gemeinschaftliche Tätigkeit und der Einlage von Vermögenswerten in eine gemeinschaftliche Tätigkeit

B34 Schließt ein Unternehmen mit einer gemeinschaftlichen Tätigkeit, in der es gemeinschaftlich Tätiger ist, eine Transaktion wie einen Verkauf oder eine Einlage von Vermögenswerten ab, dann führt es die Transaktion mit den anderen Parteien der gemeinschaftlichen Tätigkeit durch und hat daher aus einer solchen Transaktion entstehende Gewinne und Verluste nur im Umfang der Anteile der anderen Parteien an der gemeinschaftlichen Tätigkeit anzusetzen.

B35 Ergibt eine solche Transaktion einen Anhaltspunkt für eine Verringerung des Nettoveräußerungswerts der an die gemeinschaftliche Tätigkeit zu verkaufenden oder in sie einzubringenden Vermögenswerte oder auf eine Wertminderung dieser Vermögenswerte, hat der gemeinschaftlich Tätige diese Verluste in voller Höhe anzusetzen.

3/10. IFRS 11
B36 – C4

Bilanzierung des Kaufs von Vermögenswerten von einer gemeinschaftlichen Tätigkeit

B36 Schließt ein Unternehmen mit einer gemeinschaftlichen Tätigkeit, in der es gemeinschaftlich Tätiger ist, eine Transaktion wie den Kauf von Vermögenswerten ab, setzt es seinen Anteil an den Gewinnen und Verlusten erst an, wenn es die betreffenden Vermögenswerte an einen Dritten weiterverkauft hat.

B37 Ergibt eine solche Transaktion einen Anhaltspunkt für eine Verringerung des Nettoveräußerungswerts der zu erwerbenden Vermögenswerte oder für eine Wertminderung der betreffenden Vermögenswerte, hat der gemeinschaftlich Tätige seinen Anteil an diesen Verlusten anzusetzen.

Anhang C
Zeitpunkt des Inkrafttretens, Übergangsvorschriften und Rücknahme anderer IFRS

Dieser Anhang ist integraler Bestandteil des IFRS und besitzt die gleiche Verbindlichkeit wie dessen andere Bestandteile.

ZEITPUNKT DES INKRAFTTRETENS

C1 Dieser IFRS ist auf Geschäftsjahre anzuwenden, die am oder nach dem 1. Januar 2013 beginnen. Eine frühere Anwendung ist zulässig. Wendet ein Unternehmen diesen IFRS früher an, hat es dies anzugeben und gleichzeitig IFRS 10, IFRS 12 *Angaben zu Anteilen an anderen Unternehmen*, IAS 27 (in der 2011 geänderten Fassung) und IAS 28 (in der 2011 geänderten Fassung) anzuwenden.

C1A Durch *Konzernabschlüsse, gemeinschaftliche Vereinbarungen und Angaben zu Anteilen an anderen Unternehmen: Übergangsleitlinien* (Änderungen an IFRS 10, IFRS 11 und IFRS 12), veröffentlicht im Juni 2012, wurden die Paragraphen C2–C5, C7–C10 und C12 geändert und die Paragraphen C1B und C13A–C13B eingefügt. Diese Änderungen sind auf Geschäftsjahre anzuwenden, die am oder nach dem 1. Januar 2013 beginnen. Wendet ein Unternehmen IFRS 11 auf eine frühere Berichtsperiode an, so hat es auf diese Periode auch diese Änderungen anzuwenden.

C1AA Durch *Bilanzierung von Erwerben von Anteilen an gemeinschaftlichen Tätigkeiten* (Änderungen an IFRS 11), veröffentlicht im Mai 2014, wurden die Überschrift nach Paragraph B33 geändert und die Paragraphen 21A, B33A–B33D sowie C14A und deren Überschriften eingefügt. Diese Änderungen sind prospektiv auf an oder nach dem 1. Januar 2016 beginnende Geschäftsjahre anzuwenden. Eine frühere Anwendung ist zulässig. Wendet ein Unternehmen diese Änderungen auf eine frühere Periode an, hat es dies anzugeben.

C1AB Durch die *Jährlichen Verbesserungen an den IFRS-Standards, Zyklus 2015–2017*, veröffentlicht im Dezember 2017, wurde Paragraph B33CA eingefügt. Diese Änderungen sind auf Geschäftsvorfälle anzuwenden, bei denen ein Unternehmen bei oder nach Beginn des ersten an oder nach dem 1. Januar 2019 beginnenden Geschäftsjahrs die Beteiligung an der gemeinschaftlichen Führung erlangt. Eine frühere Anwendung ist zulässig. Wendet ein Unternehmen diese Änderungen zu einem früheren Zeitpunkt an, hat es dies anzugeben.

Übergangsvorschriften

C1B Unbeschadet der Vorschriften des Paragraphen 28 von IAS 8 *Rechnungslegungsmethoden, Änderungen von rechnungslegungsbezogenen Schätzungen und Fehler* muss ein Unternehmen bei der erstmaligen Anwendung dieses IFRS lediglich die quantitativen Informationen im Sinne von Paragraph 28(f) von IAS 8 für das Geschäftsjahr angeben, das der erstmaligen Anwendung von IFRS 11 unmittelbar vorausgeht („das unmittelbar vorausgehende Geschäftsjahr"). Ein Unternehmen kann diese Informationen für die laufende Periode oder frühere Vergleichsperioden ebenfalls vorlegen, muss dies aber nicht tun.

Gemeinschaftsunternehmen – Übergang von der Quotenkonsolidierung auf die Equity-Methode

C2 Bei der Umstellung von der Quotenkonsolidierung auf die Equity-Methode hat ein Unternehmen seine Beteiligung an dem Gemeinschaftsunternehmen zu Beginn des unmittelbar vorausgehenden Geschäftsjahrs anzusetzen. Diese anfängliche Beteiligung entspricht der Summe der Buchwerte der Vermögenswerte und Schulden, für die das Unternehmen zuvor die Quotenkonsolidierung angewendet hatte, einschließlich eines etwaigen Geschäfts- oder Firmenwerts aus dem Erwerb. Gehörte der Geschäfts- oder Firmenwert zuvor zu einer größeren zahlungsmittelgenerierenden Einheit oder Gruppe von zahlungsmittelgenerierenden Einheiten, hat das Unternehmen den Geschäfts- oder Firmenwert dem Gemeinschaftsunternehmen auf Basis der relativen Buchwerte des Gemeinschaftsunternehmens und der zahlungsmittelgenerierenden Einheit oder Gruppe von zahlungsmittelgenerierenden Einheiten, zu der der Geschäfts- oder Firmenwert vorher gehörte, zuzuordnen.

C3 Der gemäß Paragraph C2 ermittelte Eröffnungsbilanzwert der Beteiligung wird beim erstmaligen Ansatz als Ersatz für die Anschaffungs- oder Herstellungskosten der Beteiligung betrachtet. Ein Unternehmen hat die Paragraphen 40–43 von IAS 28 (in der 2011 geänderten Fassung) auf den Eröffnungsbilanzwert der Beteiligung anzuwenden, um zu prüfen, ob die Beteiligung wertgemindert ist, und eine etwaigen Wertminderungsaufwand als Anpassung der Gewinnrücklagen zu Beginn des unmittelbar vorausgehenden Geschäftsjahrs anzusetzen. Die Ausnahmeregelung für den erstmaligen Ansatz nach den Paragraphen 15 und 24 von IAS 12 *Ertragsteuern* gilt nicht in Fällen, in denen das Unternehmen eine Beteiligung an einem Gemeinschaftsunternehmen infolge der Anwendung der Übergangsvorschriften für zuvor quotenkonsolidierte Gemeinschaftsunternehmen ansetzt.

C4 Führt die Zusammenfassung aller zuvor quotenkonsolidierten Vermögenswerte und Schulden zu einem negativen Reinvermögen, hat das

Unternehmen zu beurteilen, ob es in Bezug auf das negative Reinvermögen rechtliche oder faktische Verpflichtungen hat; wenn ja, hat das Unternehmen die entsprechende Schuld anzusetzen. Gelangt das Unternehmen zu dem Schluss, dass es in Bezug auf das negative Reinvermögen keine rechtlichen oder faktischen Verpflichtungen hat, setzt es die entsprechende Schuld nicht an, muss aber die Gewinnrücklagen zu Beginn des unmittelbar vorausgehenden Geschäftsjahrs anpassen. Das Unternehmen hat diesen Sachverhalt sowie die Höhe des kumulierten, nicht erfassten Verlustanteils seiner Gemeinschaftsunternehmen zu Beginn des unmittelbar vorausgehenden Geschäftsjahrs und zum Zeitpunkt der erstmaligen Anwendung dieses IFRS anzugeben.

C5 Ein Unternehmen hat zu Beginn des unmittelbar vorausgehenden Geschäftsjahrs eine Aufschlüsselung der Vermögenswerte und Schulden anzugeben, die in dem in einer Zeile dargestellten Beteiligungssaldo zusammengefasst sind. Diese Angabe ist als Zusammenfassung für alle Gemeinschaftsunternehmen zu erstellen, bei denen das Unternehmen die in Paragraph C2–C6 genannten Übergangsvorschriften anwendet.

C6 Nach dem erstmaligen Ansatz hat ein Unternehmen seine Beteiligung am Gemeinschaftsunternehmen nach der Equity-Methode gemäß IAS 28 (in der 2011 geänderten Fassung) zu bilanzieren.

Gemeinschaftliche Tätigkeiten – Übergang von der Equity-Methode auf die Bilanzierung von Vermögenswerten und Schulden

C7 Bei der Umstellung von der Equity-Methode auf die Bilanzierung seines Anteils an den Vermögenswerten und Schulden einer gemeinschaftlichen Tätigkeit hat ein Unternehmen die Beteiligung, die zuvor nach der Equity- Methode bilanziert wurde, sowie alle anderen Posten, die gemäß Paragraph 38 von IAS 28 (in der 2011 geänderten Fassung) Bestandteil der Nettoinvestition des Unternehmens in die Vereinbarung bildeten, zu Beginn des unmittelbar vorausgehenden Geschäftsjahrs auszubuchen und seinen Anteil an jedem einzelnen Vermögenswert und jeder einzelnen Schuld der gemeinschaftlichen Tätigkeit, einschließlich eines etwaigen Geschäfts- und Firmenwert, der im Buchwert der Beteiligung enthalten war, anzusetzen.

C8 Ein Unternehmen hat seinen Anteil an den Vermögenswerten und Schulden der gemeinschaftlichen Tätigkeit unter Zugrundelegung seiner Rechte und Verpflichtungen nach einem festgelegten Verhältnis gemäß der vertraglichen Vereinbarung zu ermitteln. Ein Unternehmen ermittelt die anfänglichen Buchwerte der Vermögenswerte und Schulden durch Aufgliederung des Buchwerts seiner Beteiligung zu Beginn des unmittelbar vorausgehenden Geschäftsjahrs auf der Grundlage der bei der Bilanzierung nach der Equity- Methode verwendeten Informationen.

C9 Entsteht zwischen einer zuvor nach der Equity-Methode bilanzierten Beteiligung einschließlich sonstiger Posten, die gemäß Paragraph 38 von IAS 28 (in der 2011 geänderten Fassung) Bestandteil der Nettoinvestition des Unternehmens in die Vereinbarung waren, und dem angesetzten Nettobetrag der Vermögenswerte und Schulden, einschließlich eines etwaigen Geschäfts- und Firmenwerts eine Differenz, wird wie folgt verfahren:

a) Ist der angesetzte Nettobetrag der Vermögenswerte und Schulden, einschließlich eines etwaigen Geschäfts- oder Firmenwerts, höher als die ausgebuchte Beteiligung (und sonstige Posten, die Bestandteil der Nettoinvestition des Unternehmens waren), wird diese Differenz mit einem etwaigen mit der Beteiligung verbundenen Geschäfts- und Firmenwert und der etwaige Restbetrag mit den Gewinnrücklagen zu Beginn des unmittelbar vorausgehenden Geschäftsjahrs verrechnet.

b) Ist der angesetzte Nettobetrag der Vermögenswerte und Schulden, einschließlich eines etwaigen Geschäfts- oder Firmenwerts, niedriger als die ausgebuchte Beteiligung (und sonstige Posten, die Bestandteil der Nettobeteiligung des Unternehmens waren), wird diese Differenz mit den Gewinnrücklagen zu Beginn des unmittelbar vorausgehenden Geschäftsjahrs verrechnet.

C10 Ein Unternehmen, das von der Equity-Methode auf die Bilanzierung von Vermögenswerten und Schulden umstellt, hat eine Überleitungsrechnung von der ausgebuchten Beteiligung auf die angesetzten Vermögenswerte und Schulden einschließlich des mit den Gewinnrücklagen verrechneten Restbetrags zu Beginn des unmittelbar vorausgehenden Geschäftsjahrs vorzulegen.

C11 Die in den Paragraphen 15 und 24 von IAS 12 vorgesehene Ausnahmeregelung für den erstmaligen Ansatz gilt nicht, wenn das Unternehmen Vermögenswerte und Schulden aus seinem Anteil an einer gemeinschaftlichen Tätigkeit ansetzt.

Übergangsvorschriften für den Einzelabschluss eines Unternehmens

C12 Ein Unternehmen, das seinen Anteil an einer gemeinschaftlichen Tätigkeit zuvor gemäß Paragraph 10 von IAS 27 in seinem Einzelabschluss als zu Anschaffungskosten geführte Beteiligung oder gemäß IFRS 9 bilanziert hatte, hat wie folgt vorzugehen:

a) Ausbuchung der Beteiligung und Ansetzen der Vermögenswerte und Schulden bezüglich seines Anteils an der gemeinschaftlichen Tätigkeit mit den gemäß Paragraph C7–C9 ermittelten Beträgen.

b) Vorlage einer Überleitungsrechnung von der ausgebuchten Beteiligung auf die angesetzten Vermögenswerte und Schulden einschließlich eines etwaigen mit den Gewinnrücklagen verrechneten Restbetrags zu Beginn des unmittelbar vorausgehenden Geschäftsjahrs.

C13 Die Ausnahmeregelung für den erstmaligen Ansatz nach den Paragraphen 15 und 24 von IAS 12 gilt nicht, wenn das Unternehmen in Verbindung mit seinem Anteil an einer gemeinschaftlichen Tätigkeit in seinem Einzelabschluss

Vermögenswerte und Schulden ansetzt, die sich aus der Anwendung der in Paragraph C12 genannten Übergangsvorschriften für gemeinschaftliche Tätigkeiten ergeben.

Verweise auf „das unmittelbar vorausgehende Geschäftsjahr"

C13A Unbeschadet der Verweise auf das „das unmittelbar vorausgehende Geschäftsjahr" in den Paragraphen C2–C12 kann ein Unternehmen auch angepasste Vergleichsinformationen für frühere dargestellte Perioden vorlegen, muss dies aber nicht tun. Sollte es sich dafür entscheiden, sind alle Verweise auf „das unmittelbar vorausgehende Geschäftsjahr" in den Paragraphen C2–C12 als „die früheste dargestellte angepasste Vergleichsperiode" zu verstehen.

C13B Legt ein Unternehmen für frühere Perioden keine angepassten Vergleichsinformationen vor, hat es die nicht angepassten Informationen klar zu kennzeichnen, darauf hinzuweisen, dass sie auf einer anderen Grundlage erstellt wurden, und diese Grundlage zu erläutern.

Verweise auf IFRS 9

C14 Wendet ein Unternehmen diesen IFRS, aber noch nicht IFRS 9 an, sind Verweise auf IFRS 9 als Verweise auf IAS 39 *Finanzinstrumente: Ansatz und Bewertung* zu verstehen.

Bilanzierung des Erwerbs von Anteilen an gemeinschaftlichen Tätigkeiten

C14A Mit der im Mai 2014 veröffentlichten Verlautbarung *Bilanzierung von Erwerben von Anteilen an gemeinschaftlichen Tätigkeiten* (Änderungen an IFRS 11) wurden die Überschrift nach Paragraph B33 geändert und die Paragraphen 21A, B33A–B33D sowie C1AA und deren Überschriften eingefügt. Bei Erwerben von Anteilen an einer gemeinschaftlichen Tätigkeit, die einen Geschäftsbetrieb im Sinne von IFRS 3 darstellt, sind diese Änderungen für diejenigen Erwerbe prospektiv anzuwenden, die ab Beginn der ersten Berichtsperiode erfolgen, in der das Unternehmen diese Änderungen anwendet. Folglich sind die für in früheren Berichtsperioden erworbene Anteile an einer gemeinschaftlichen Tätigkeit erfassten Beträge nicht anzupassen.

RÜCKNAHME ANDERER IFRS

C15 Dieser IFRS ersetzt folgende IFRS:

a) IAS 31 *Anteile an Gemeinschaftsunternehmen* und

b) SIC-13 *Gemeinschaftlich geführte Unternehmen – Nicht monetäre Einlagen durch Partnerunternehmen*.

INTERNATIONAL FINANCIAL REPORTING STANDARD 12
Angaben zu Anteilen an anderen Unternehmen

IFRS 12, VO (EU) 2023/1803

Gliederung	§§
ZIELSETZUNG	1–4
Erreichen der Zielsetzung	2–4
ANWENDUNGSBEREICH	5–6
ERHEBLICHE ERMESSENSENTSCHEIDUNGEN UND ANNAHMEN	7–9B
Status als Investmentgesellschaft	9A–9B
ANTEILE AN TOCHTERUNTERNEHMEN	10–19
Der Anteil, den nicht beherrschende Anteile an den Tätigkeiten und Zahlungsströmen des Konzerns ausmachen	12
Art und Umfang erheblicher Beschränkungen	13
Art der Risiken, die mit den Anteilen eines Unternehmens an konsolidierten strukturierten Unternehmen verbunden sind	14–17
Auswirkungen von Veränderungen des Eigentumsanteils eines Mutterunternehmens an einem Tochterunternehmen, die nicht zu einem Verlust der Beherrschung führen	18
Auswirkungen des Verlusts der Beherrschung über ein Tochterunternehmen während der Berichtsperiode	19
ANTEILE AN NICHT KONSOLIDIERTEN TOCHTERUNTERNEHMEN (INVESTMENTGESELLSCHAFTEN)	19A–19G
ANTEILE AN GEMEINSCHAFTLICHEN VEREINBARUNGEN UND ASSOZIIERTEN UNTERNEHMEN	20–23
Art, Umfang und finanzielle Auswirkungen der Anteile eines Unternehmens an gemeinschaftlichen Vereinbarungen und assoziierten Unternehmen	21–22
Mit den Anteilen eines Unternehmens an Gemeinschaftsunternehmen und assoziierten Unternehmen verbundene Risiken	23
ANTEILE AN NICHT KONSOLIDIERTEN STRUKTURIERTEN UNTERNEHMEN	24–31
Art der Anteile	26–28
Art der Risiken	29–31
ANHANG A: DEFINITIONEN	
ANHANG B: ANWENDUNGSLEITLINIEN	B1
ZUSAMMENFASSUNG (PARAGRAPH 4)	B2–B6
ANTEILE AN ANDEREN UNTERNEHMEN	B7–B9
FINANZINFORMATIONEN FÜR TOCHTERUNTERNEHMEN, GEMEINSCHAFTSUNTERNEHMEN UND ASSOZIIERTE UNTERNEHMEN IN ZUSAMMENGEFASSTER FORM (PARAGRAPHEN 12 UND 21)	B10–B17
VERPFLICHTUNGEN FÜR GEMEINSCHAFTSUNTERNEHMEN (PARAGRAPH 23(a))	B18–B20
ANTEILE AN NICHT KONSOLIDIERTEN STRUKTURIERTEN UNTERNEHMEN (PARAGRAPHEN 24–31)	B21–B26
Strukturierte Unternehmen	B21–B24
Art der Risiken, die sich aus Anteilen an nicht konsolidierten strukturierten Unternehmen ergeben (Paragraphen 29–31)	B25–B26
ANHANG C: ZEITPUNKT DES INKRAFTTRETENS UND ÜBERGANGSVORSCHRIFTEN	
ZEITPUNKT DES INKRAFTTRETENS UND ÜBERGANGSVORSCHRIFTEN	C1–C2B
VERWEISE AUF IFRS 9	C3

ZIELSETZUNG

1 Zielsetzung dieses IFRS ist es, ein Unternehmen zur Angabe von Informationen zu verpflichten, anhand deren die Abschlussadressaten Folgendes beurteilen können:
a) die Art seiner *Anteile an anderen Unternehmen* und die damit verbundenen Risiken und
b) die Auswirkungen dieser Anteile auf seine Vermögens-, Finanz- und Ertragslage sowie seine Zahlungsströme.

Erreichen der Zielsetzung

2 Um das Ziel in Paragraph 1 zu erreichen, hat ein Unternehmen Folgendes anzugeben:
a) erhebliche Ermessensentscheidungen und Annahmen, die es getroffen hat bei der Ermittlung
   i) der Art seiner Anteile an einem anderen Unternehmen oder einer Vereinbarung,
   ii) der Art der gemeinschaftlichen Vereinbarung, an der es Anteile hält (Paragraphen 7–9),
   iii) dass es die Definition einer Investmentgesellschaft erfüllt, falls anwendbar (Paragraph 9A), und
b) Angaben zu seinen Anteilen an
   i) Tochterunternehmen (Paragraphen 10–19),
   ii) gemeinschaftlichen Vereinbarungen und assoziierten Unternehmen (Paragraphen 20–23) und
   iii) *strukturierten Unternehmen*, die vom Unternehmen nicht beherrscht werden (nicht konsolidierte strukturierte Unternehmen) (Paragraphen 24–31).

3 Sollten die durch diesen IFRS vorgeschriebenen Angaben zusammen mit den durch andere IFRS vorgeschriebenen Angaben die Zielsetzung in Paragraph 1 nicht erfüllen, hat ein Unternehmen alle zusätzlichen Informationen anzugeben, die zur Erfüllung dieses Ziels erforderlich sind.

4 Ein Unternehmen hat zu prüfen, welcher Detaillierungsgrad zur Erfüllung der Angabepflichten notwendig ist und welcher Stellenwert jeder einzelnen Vorschrift in diesem IFRS beizumessen ist. Es hat die Angaben so zusammenzufassen oder aufzuschlüsseln, dass nützliche Angaben weder durch die Aufführung zahlreicher unbedeutender Einzelheiten noch durch die Zusammenfassung von Posten mit unterschiedlichen Merkmalen verschleiert werden (siehe Paragraphen B2–B6).

ANWENDUNGSBEREICH

5 Dieser IFRS gilt für Unternehmen mit Anteilen an:
a) Tochterunternehmen,
b) gemeinschaftlichen Vereinbarungen (d. h. gemeinschaftlichen Tätigkeiten oder Gemeinschaftsunternehmen),
c) assoziierten Unternehmen,
d) nicht konsolidierten strukturierten Unternehmen.

5A Mit Ausnahme des in Paragraph B17 beschriebenen Falls gelten die Vorschriften dieses IFRS für die in Paragraph 5 aufgeführten Anteile eines Unternehmens, die gemäß IFRS 5 *Zur Veräußerung gehaltene langfristige Vermögenswerte und aufgegebene Geschäftsbereiche* als zur Veräußerung gehalten oder als aufgegebene Geschäftsbereiche eingestuft sind (oder zu einer Veräußerungsgruppe gehören, die als zur Veräußerung gehalten eingestuft ist).

6 Nicht anwendbar ist dieser IFRS auf
a) Pläne für Leistungen nach Beendigung des Arbeitsverhältnisses oder Pläne für andere langfristig fällige Leistungen an Arbeitnehmer, auf die IAS 19 *Leistungen an Arbeitnehmer* Anwendung findet.
b) den Einzelabschluss eines Unternehmens, auf den IAS 27 *Einzelabschlüsse* Anwendung findet. Wenn allerdings
   i) ein Unternehmen Anteile an nicht konsolidierten strukturierten Unternehmen hält und lediglich einen Einzelabschluss erstellt, so hat es bei der Aufstellung dieses Einzelabschlusses die Vorschriften der Paragraphen 24–31 anzuwenden;
   ii) eine Investmentgesellschaft in ihrem Abschluss all ihre Tochterunternehmen gemäß Paragraph 31 von IFRS 10 erfolgswirksam zum beizulegenden Zeitwert bewertet, so hat sie die in diesem IFRS für Investmentgesellschaften verlangten Angaben zu machen.
c) Anteile eines Unternehmens, das an einer gemeinschaftlichen Vereinbarung, nicht aber an dessen gemeinschaftlicher Führung beteiligt ist, es sei denn, diese Anteile führen zu einem maßgeblichen Einfluss auf die Vereinbarung oder es handelt sich um Anteile an einem strukturierten Unternehmen.
d) Anteile an einem anderen Unternehmen, die nach IFRS 9 *Finanzinstrumente* bilanziert werden. Allerdings hat ein Unternehmen diesen IFRS anzuwenden,
   i) wenn es sich bei diesen Anteilen um Anteile an einem assoziierten Unternehmen oder Gemeinschaftsunternehmen handelt, die nach IAS 28 *Beteiligungen an assoziierten Unternehmen und Gemeinschaftsunternehmen* erfolgswirksam zum beizulegenden Zeitwert bewertet wird, oder
   ii) wenn es sich bei diesen Anteilen um Anteile an einem nicht konsolidierten strukturierten Unternehmen handelt.

ERHEBLICHE ERMESSENSENTSCHEIDUNGEN UND ANNAHMEN

7 Ein Unternehmen hat Informationen über erhebliche Ermessensentscheidungen und An-

nahmen (sowie etwaige Änderungen dieser Ermessensentscheidungen und Annahmen) anzugeben, die es getroffen hat bei der Feststellung,

a) dass es ein anderes Unternehmen beherrscht, d. h. ein Beteiligungsunternehmen im Sinne der Paragraphen 5 und 6 von **IFRS 10** *Konzernabschlüsse*,

b) dass es an der gemeinschaftlichen Führung einer Vereinbarung beteiligt ist oder maßgeblichen Einfluss auf ein anderes Unternehmen hat, und

c) der Art der gemeinschaftlichen Vereinbarung (d. h. gemeinschaftliche Tätigkeit oder Gemeinschaftsunternehmen), wenn die Vereinbarung über ein eigenständiges Vehikel strukturiert wurde.

8 Die gemäß Absatz 7 anzugebenden erheblichen Ermessensentscheidungen und Annahmen umfassen auch jene, die ein Unternehmen trifft, wenn Änderungen von Sachverhalten und Umständen dergestalt sind, dass sich die Schlussfolgerung, ob eine Beherrschung, gemeinschaftliche Führung oder maßgeblicher Einfluss vorliegt, während der Berichtsperiode ändert.

9 Um Paragraph 7 zu genügen, hat ein Unternehmen beispielsweise erhebliche Ermessensentscheidungen und Annahmen anzugeben, die es getroffen hat bei der Feststellung, dass

a) es ein anderes Unternehmen nicht beherrscht, obwohl es mehr als die Hälfte der Stimmrechte an dem anderen Unternehmen hält.

b) es ein anderes Unternehmen beherrscht, obwohl es weniger als die Hälfte der Stimmrechte an dem anderen Unternehmen hält.

c) es ein Agent oder ein Prinzipal ist (siehe Paragraphen B58–B72 von IFRS 10).

d) es keinen maßgeblichen Einfluss hat, obwohl es mindestens 20 % der Stimmrechte an dem anderen Unternehmen hält.

e) es maßgeblichen Einfluss hat, obwohl es weniger als 20 % der Stimmrechte an dem anderen Unternehmen hält.

Status als Investmentgesellschaft

9A Wenn ein Mutterunternehmen feststellt, dass es eine Investmentgesellschaft gemäß Paragraph 27 von IFRS 10 ist, hat es Angaben über erhebliche Ermessensentscheidungen und Annahmen zu machen, die es bei der Feststellung, dass es eine Investmentgesellschaft ist, getroffen hat. Wenn eine Investmentgesellschaft nicht eines oder mehrere der typischen Merkmale einer Investmentgesellschaft erfüllt (siehe Paragraph 28 von IFRS 10), hat sie die Gründe anzugeben, aus denen sie zu dem Schluss kommt, dass sie dennoch eine Investmentgesellschaft ist.

9B Wenn ein Unternehmen den Status einer Investmentgesellschaft erlangt oder verliert, hat es diese Änderung seines Status als Investmentgesellschaft und die Gründe für die Änderung anzugeben. Außerdem hat ein Unternehmen, das den Status einer Investmentgesellschaft erlangt,

die Auswirkung dieser Statusänderung auf den Abschluss für die dargestellte Periode offen zu legen; dabei ist Folgendes anzugeben:

a) der gesamte beizulegende Zeitwert der nicht mehr konsolidierten Tochterunternehmen zum Zeitpunkt der Statusänderung,

b) gegebenenfalls der nach Maßgabe des Paragraphen B101 von IFRS 10 berechnete Gesamtgewinn bzw. -verlust und

c) den/die erfolgswirksamen Abschlussposten, in dem/denen der Gewinn oder Verlust angesetzt wird (falls nicht gesondert dargestellt).

ANTEILE AN TOCHTERUNTERNEHMEN

10 Ein Unternehmen hat Informationen anzugeben, die die Adressaten seines Konzernabschlusses in die Lage versetzen,

a) Folgendes zu verstehen:
   i) die Zusammensetzung des Konzerns und
   ii) den Anteil, den nicht beherrschende Anteile an den Tätigkeiten und Zahlungsströmen des Konzerns ausmachen (Paragraph 12), und

b) Folgendes zu beurteilen:
   i) die Art und den Umfang erheblicher Beschränkungen seiner Möglichkeit, Zugang zu Vermögenswerten des Konzerns zu erlangen oder diese zu nutzen und Schulden des Konzerns zu begleichen (Paragraph 13),
   ii) die Art und Änderungen der Risiken, die mit seinen Anteilen an konsolidierten strukturierten Unternehmen verbunden sind (Paragraphen 14–17),
   iii) die Auswirkungen von Änderungen seines Eigentumsanteils an einem Tochterunternehmen, die nicht zu einem Verlust der Beherrschung führen (Paragraph 18), und
   iv) die Auswirkungen des Verlusts der Beherrschung über ein Tochterunternehmen während der Berichtsperiode (Paragraph 19).

11 Unterscheidet sich der Abschluss eines Tochterunternehmens, der bei der Aufstellung des Konzernabschlusses verwendet wird, in Bezug auf den Stichtag oder die Berichtsperiode vom Konzernabschluss (siehe Paragraphen B92 und B93 von IFRS 10), hat ein Unternehmen folgende Angaben zu machen:

a) den Abschlussstichtag dieses Tochterunternehmens und

b) den Grund für die Verwendung eines anderen Stichtags oder einer anderen Berichtsperiode.

Der Anteil, den nicht beherrschende Anteile an den Tätigkeiten und Zahlungsströmen des Konzerns ausmachen

12 Ein Unternehmen hat für jedes Tochterunternehmen, an dem für das berichtende Unternehmen

wesentliche nicht beherrschende Anteile bestehen, folgende Angaben zu machen:
a) den Namen des Tochterunternehmens,
b) den Hauptgeschäftssitz (und das Gründungsland, falls es vom Hauptgeschäftssitz abweicht) des Tochterunternehmens,
c) den Teil der Eigentumsanteile, die die nicht beherrschenden Anteile ausmachen,
d) den Teil der Stimmrechte, die die nicht beherrschenden Anteile ausmachen, falls abweichend vom Teil der Eigentumsanteile,
e) den Gewinn oder Verlust der Berichtsperiode, der auf nicht beherrschende Anteile am Tochterunternehmens entfällt,
f) die kumulierten nicht beherrschenden Anteile am Tochterunternehmen zum Abschlussstichtag,
g) zusammengefasste Finanzinformationen über das Tochterunternehmen (siehe Paragraph B10).

Art und Umfang erheblicher Beschränkungen

13 Ein Unternehmen hat folgende Angaben zu machen:
a) erhebliche Beschränkungen (z. B. rechtliche, vertragliche und regulatorische Beschränkungen) seiner Möglichkeit, Zugang zu Vermögenswerten des Konzerns zu erlangen oder diese zu nutzen und Schulden des Konzerns zu begleichen, wie z. B.:
  i) Beschränkungen, die die Möglichkeit eines Mutterunternehmens oder seiner Tochterunternehmen einschränken, Finanzmittel oder andere Vermögenswerte auf andere Unternehmen des Konzerns zu übertragen (oder von ihnen zu erhalten),
  ii) Garantien oder andere Bestimmungen, die die Zahlung von Dividenden und anderen Kapitalausschüttungen oder die Gewährung oder Rückzahlung von Darlehen sowie Vorauszahlungen an (oder von) andere(n) Unternehmen des Konzerns einschränken können.
b) Art und Umfang, in dem die Schutzrechte nicht beherrschender Anteile die Möglichkeit des Unternehmens, Zugang zu Vermögenswerten des Konzerns zu erlangen oder diese zu nutzen und Schulden des Konzerns zu begleichen, erheblich beschränken können (z. B. wenn ein Mutterunternehmen verpflichtet ist, vor der Begleichung seiner eigenen Schulden zuerst die Schulden eines Tochterunternehmens zu begleichen, oder wenn die Zustimmung nicht beherrschender Anteile erforderlich wird, um entweder Zugang zu den Vermögenswerten eines Tochterunternehmens zu erlangen oder ihre Schulden zu begleichen),
c) die Buchwerte der Vermögenswerte und Schulden, auf die sich diese Beschränkungen beziehen, im konsolidierten Abschluss.

Art der Risiken, die mit den Anteilen eines Unternehmens an konsolidierten strukturierten Unternehmen verbunden sind

14 Ein Unternehmen hat die Bedingungen etwaiger vertraglicher Vereinbarungen anzugeben, die das Mutterunternehmen oder seine Tochterunternehmen zur finanziellen Unterstützung eines konsolidierten strukturierten Unternehmens verpflichten könnten; dazu zählen auch Ereignisse oder Umstände, durch die das berichtende Unternehmen einen Verlust erleiden könnte (z. B. Liquiditätsvereinbarungen oder Ratingtrigger in Verbindung mit Verpflichtungen, Vermögenswerte des strukturierten Unternehmens zu erwerben oder finanzielle Unterstützung zu gewähren).

15 Wenn ein Mutterunternehmen oder eines seiner Tochterunternehmen während der Berichtsperiode ein konsolidiertes strukturiertes Unternehmen ohne vertragliche Verpflichtung finanziell oder in anderer Weise unterstützt hat (z. B. durch Kauf von Vermögenswerten des strukturierten Unternehmens oder durch Kauf von diesem ausgegebenen Instrumenten), hat das Unternehmen folgende Angaben zu machen:
a) Art und Höhe der gewährten Unterstützung, einschließlich Situationen, in denen das Mutterunternehmen oder seine Tochterunternehmen dem strukturierten Unternehmen bei der Beschaffung finanzieller Unterstützung behilflich war, und
b) die Gründe für diese Unterstützung.

16 Wenn ein Mutterunternehmen oder eines seiner Tochterunternehmen während der Berichtsperiode ein zuvor nicht konsolidiertes strukturiertes Unternehmen ohne vertragliche Verpflichtung finanziell oder in anderer Weise unterstützt hat und diese Unterstützung dazu geführt hat, dass das Unternehmen das strukturierte Unternehmen beherrscht, hat das Unternehmen eine Erläuterung aller einschlägigen Faktoren vorzulegen, die zu diesem Beschluss geführt haben.

17 Ein Unternehmen hat etwaige gegenwärtige Absichten, ein konsolidiertes strukturiertes Unternehmen finanziell oder in anderer Weise zu unterstützen, anzugeben, einschließlich der Absicht, dem strukturierten Unternehmen bei der Beschaffung finanzieller Unterstützung behilflich zu sein.

Auswirkungen von Veränderungen des Eigentumsanteils eines Mutterunternehmens an einem Tochterunternehmen, die nicht zu einem Verlust der Beherrschung führen

18 Ein Unternehmen hat eine Aufstellung vorzulegen, aus der die Auswirkungen von Veränderungen des Eigentumsanteils an einem Tochterunternehmen, die nicht zu einem Verlust der Beherrschung führen, auf das den Eigentümern des Mutterunternehmens zuzurechnende Eigenkapital hervorgehen.

Auswirkungen des Verlusts der Beherrschung über ein Tochterunternehmen während der Berichtsperiode

19 Ein Unternehmen hat den etwaigen Gewinn oder Verlust anzugeben, der nach Paragraph 25 von IFRS 10 berechnet wird, und
a) den Anteil dieses Gewinns bzw. Verlusts, der zum beizulegenden Zeitwert erfolgenden Bewertung aller am ehemaligen Tochterunternehmen einbehaltenen Anteile zum Zeitpunkt des Verlustes der Beherrschung zuzurechnen ist, und
b) den/die erfolgswirksamen Abschlussposten, in dem/denen der Gewinn oder Verlust erfasst wird (falls nicht gesondert dargestellt).

ANTEILE AN NICHT KONSOLIDIERTEN TOCHTERUNTERNEHMEN (INVESTMENTGESELLSCHAFTEN)

19A Eine Investmentgesellschaft, die gemäß IFRS 10 die Ausnahme von der Konsolidierung anzuwenden und stattdessen ihre Beteiligung an einem Tochterunternehmen erfolgswirksam zum beizulegenden Zeitwert zu bilanzieren hat, hat diese Tatsache anzugeben.

19B Eine Investmentgesellschaft hat für jedes nicht konsolidierte Tochterunternehmen Folgendes anzugeben:
a) den Namen des Tochterunternehmens,
b) den Hauptgeschäftssitz (und das Gründungsland, falls es vom Hauptgeschäftssitz abweicht) des Tochterunternehmens und
c) den von der Investmentgesellschaft gehaltenen Eigentumsanteil – falls abweichend – den gehaltenen Stimmrechtsanteil.

19C Ist eine Investmentgesellschaft das Mutterunternehmen einer anderen Investmentgesellschaft, so hat das Mutterunternehmen auch die in Paragraph 19B(a)–(c) verlangten Angaben für Beteiligungen zu machen, die von ihren Tochterunternehmen beherrscht werden. Diese Angaben können durch Aufnahme des Abschlusses des Tochterunternehmens (oder der Tochterunternehmen), der die vorstehend genannten Angaben enthält, in den Abschluss des Mutterunternehmens gemacht werden.

19D Eine Investmentgesellschaft hat Folgendes anzugeben:
a) Art und Umfang aller erheblichen (z. B. aus Kreditvereinbarungen, regulatorischen Vorgaben oder vertraglichen Vereinbarungen herrührenden) Beschränkungen der Möglichkeit eines nicht konsolidierten Tochterunternehmens, Finanzmittel in Form von Bardividenden an die Investmentgesellschaft zu übertragen oder Darlehen bzw. Vorauszahlungen der Investmentgesellschaft an das nicht konsolidierte Tochterunternehmen zurückzuzahlen, und
b) etwaige gegenwärtige Verpflichtungen oder Absichten, ein nicht konsolidiertes Tochterunternehmen finanziell oder in anderer Weise zu unterstützen, einschließlich der Verpflichtung oder der Absicht, dem Tochterunternehmen bei der Beschaffung finanzieller Unterstützung behilflich zu sein.

19E Wenn eine Investmentgesellschaft oder eines ihrer Tochterunternehmen während der Berichtsperiode ein nicht konsolidiertes Tochterunternehmen ohne vertragliche Verpflichtung finanziell oder in anderer Weise unterstützt hat (z. B. durch Kauf von Vermögenswerten des Tochterunternehmens oder durch Kauf von von diesem ausgegebenen Instrumenten oder Unterstützung des Tochterunternehmens bei der Beschaffung der finanziellen Unterstützung), hat das Unternehmen folgende Angaben zu machen:
a) Art und Höhe der jedem einzelnen nicht konsolidierten Tochterunternehmen gewährten Unterstützung und
b) die Gründe für diese Unterstützung.

19F Eine Investmentgesellschaft hat die Bedingungen etwaiger vertraglicher Vereinbarungen anzugeben, die das Unternehmen oder seine nicht konsolidierten Tochterunternehmen zur finanziellen Unterstützung eines nicht konsolidierten beherrschten strukturierten Unternehmens verpflichten könnten; dazu zählen auch Ereignisse oder Umstände, durch die das berichtende Unternehmen einen Verlust erleiden könnte (z. B. Liquiditätsvereinbarungen oder Ratingtrigger in Verbindung mit Verpflichtungen, Vermögenswerte des strukturierten Unternehmens zu erwerben oder finanzielle Unterstützung zu gewähren).

19G Wenn eine Investmentgesellschaft oder eines ihrer nicht konsolidierten Tochterunternehmen während der Berichtsperiode ein von der Investmentgesellschaft nicht beherrschtes, nicht konsolidiertes strukturiertes Unternehmen ohne vertragliche Verpflichtung finanziell oder in anderer Weise unterstützt hat und diese Unterstützung dazu geführt hat, dass die Investmentgesellschaft das strukturierte Unternehmen beherrscht, hat die Investmentgesellschaft eine Erläuterung aller einschlägigen Faktoren vorzulegen, die zu dem Beschluss über die Gewährung der Unterstützung geführt haben.

ANTEILE AN GEMEINSCHAFTLICHEN VEREINBARUNGEN UND ASSOZIIERTEN UNTERNEHMEN

20 Ein Unternehmen hat Informationen anzugeben, die seine Abschlussadressaten in die Lage versetzen, Folgendes zu beurteilen:
a) die Art, den Umfang und die finanziellen Auswirkungen seiner Anteile an gemeinschaftlichen Vereinbarungen und assoziierten Unternehmen, einschließlich der Art und der Auswirkungen seiner vertraglichen Beziehung zu anderen Investoren, die an der gemeinschaftlichen Führung von gemeinschaftlichen Vereinbarungen und assoziierten Unternehmen beteiligt sind oder maßgeblichen Einfluss auf diese haben (Paragraphen 21 und 22), und

b) die Art und die Änderungen der Risiken, die mit seinen Anteilen an Gemeinschaftsunternehmen und assoziierten Unternehmen verbunden sind (Paragraph 23).

Art, Umfang und finanzielle Auswirkungen der Anteile eines Unternehmens an gemeinschaftlichen Vereinbarungen und assoziierten Unternehmen

21 Ein Unternehmen hat folgende Angaben zu machen:

a) für jede gemeinschaftliche Vereinbarung und jedes assoziierte Unternehmen, die/das für das berichtende Unternehmen wesentlich ist:
  i) den Namen der gemeinschaftlichen Vereinbarung oder des assoziierten Unternehmens,
  ii) die Art der Beziehung des Unternehmens zur gemeinschaftlichen Vereinbarung oder zum assoziierten Unternehmen (z. B. mittels Beschreibung der Art der Tätigkeiten der gemeinschaftlichen Vereinbarung oder des assoziierten Unternehmens und ob sie für die Tätigkeiten des Unternehmens von strategischer Bedeutung sind),
  iii) den Hauptgeschäftssitz (und das Gründungsland, falls es vom Hauptgeschäftssitz abweicht) der gemeinschaftlichen Vereinbarung oder des assoziierten Unternehmens,
  iv) den Anteil des vom Unternehmen gehaltenen Eigentumsanteils oder der dividendenberechtigten Anteile und – falls abweichend – den Anteil der gehaltenen Stimmrechte (sofern anwendbar);

b) für jedes Gemeinschaftsunternehmen und jedes assoziierte Unternehmen, das für das berichtende Unternehmen wesentlich ist:
  i) Angabe, ob die Beteiligung am Gemeinschaftsunternehmen oder assoziierten Unternehmen nach der Equity- Methode oder zum beizulegenden Zeitwert bewertet wird,
  ii) zusammengefasste Finanzinformationen über das Gemeinschaftsunternehmen oder assoziierte Unternehmen gemäß den Paragraphen B12 und B13,
  iii) falls das Gemeinschaftsunternehmen oder das assoziierte Unternehmen nach der Equity-Methode bilanziert wird, den beizulegenden Zeitwert seiner Beteiligung am Gemeinschaftsunternehmen oder assoziierten Unternehmen, sofern ein notierter Marktpreis für die Beteiligung vorhanden ist;

c) Finanzinformationen gemäß Paragraph B16 über die Beteiligungen des Unternehmens an Gemeinschaftsunternehmen und assoziierten Unternehmen, die für sich genommen nicht wesentlich sind:
  i) zusammengefasst für alle für sich genommen nicht wesentlichen Gemeinschaftsunternehmen und, gesondert,
  ii) zusammengefasst für alle für sich genommen nicht wesentlichen assoziierten Unternehmen.

21A Eine Investmentgesellschaft braucht die in den Paragraphen 21(b)–21(c) verlangten Angaben nicht zu machen.

22 Ein Unternehmen hat zudem Folgendes anzugeben:

a) Art und Umfang aller erheblichen (z. B. aus Kreditvereinbarungen, regulatorischen Vorgaben oder vertraglichen Vereinbarungen zwischen Investoren, die an der gemeinschaftlichen Führung eines Gemeinschaftsunternehmens oder eines assoziierten Unternehmens beteiligt sind oder maßgeblichen Einfluss auf diese haben, herrührenden) Beschränkungen der Möglichkeit des Gemeinschaftsunternehmens oder assoziierten Unternehmens, Finanzmittel in Form von Bardividenden auf das Unternehmen zu übertragen oder Darlehen bzw. Vorauszahlungen des Unternehmens zurückzuzahlen;

b) wenn sich der Abschluss eines Gemeinschaftsunternehmens oder assoziierten Unternehmens, der bei der Anwendung der Equity-Methode zugrunde gelegt wurde, in Bezug auf den Stichtag oder die Berichtsperiode von dem des Unternehmens unterscheidet,
  i) den Abschlussstichtag dieses Gemeinschaftsunternehmens oder assoziierten Unternehmens und
  ii) den Grund für die Verwendung eines anderen Stichtags oder einer anderen Berichtsperiode;

c) den nicht angesetzten Teil der Verluste eines Gemeinschaftsunternehmens oder assoziierten Unternehmens, sowohl für die Berichtsperiode als auch kumuliert, wenn das Unternehmen seinen Verlustanteil am Gemeinschaftsunternehmen oder assoziierten Unternehmen bei Anwendung der Equity-Methode nicht mehr ausweist.

Mit den Anteilen eines Unternehmens an Gemeinschaftsunternehmen und assoziierten Unternehmen verbundene Risiken

23 Ein Unternehmen hat folgende Angaben zu machen:

a) in Bezug auf seine Gemeinschaftsunternehmen bestehende Verpflichtungen, getrennt vom Betrag anderer Verpflichtungen gemäß den Paragraphen B18–B20,

b) gemäß IAS 37 *Rückstellungen, Eventualverbindlichkeiten und Eventualforderungen* – es sei denn, die Verlustwahrscheinlichkeit ist sehr gering – die Eventualverbindlichkeiten in Bezug auf seine Anteile an Gemeinschaftsunternehmen oder assoziierten Unternehmen (einschließlich seines Anteils an Eventualverbindlichkeiten, die zusammen mit anderen Investoren, die an der gemeinschaftlichen Führung der Gemeinschaftsunternehmen oder assoziierten Unternehmen beteiligt sind oder maßgeblichen Einfluss auf diese haben, eingegangen wurden), und zwar getrennt vom Betrag anderer Eventualverbindlichkeiten.

ANTEILE AN NICHT KONSOLIDIERTEN STRUKTURIERTEN UNTERNEHMEN

24 Ein Unternehmen hat Informationen anzugeben, die seine Abschlussadressaten in die Lage versetzen,

a) die Art und den Umfang seiner Anteile an nicht konsolidierten strukturierten Unternehmen zu verstehen (Paragraphen 26–28) und

b) die Art und Änderungen der Risiken, die mit seinen Anteilen an nicht konsolidierten strukturierten Unternehmen verbunden sind, zu beurteilen (Paragraphen 29–31).

25 Die in Paragraph 24(b) verlangten Informationen umfassen auch Angaben zur Risikoexponierung eines Unternehmens, die aus seinem Engagement bei nicht konsolidierten strukturierten Unternehmen in früheren Berichtsperioden herrührt (z. B. Förderung des strukturierten Unternehmens), auch wenn das Unternehmen mit dem strukturierten Unternehmen am Abschlussstichtag keine vertraglichen Beziehungen mehr unterhält.

25A Eine Investmentgesellschaft braucht die in Paragraph 24 verlangten Angaben nicht für ein von ihr beherrschtes nicht konsolidiertes strukturiertes Unternehmen zu machen, für das sie die in den Paragraphen 19A–19G verlangten Angaben macht.

Art der Anteile

26 Ein Unternehmen hat qualitative und quantitative Informationen über seine Anteile an nicht konsolidierten strukturierten Unternehmen anzugeben, die u. a. – aber nicht ausschließlich – die Art, den Zweck, den Umfang und die Tätigkeiten des strukturierten Unternehmens sowie die Art und Weise der Finanzierung des strukturierten Unternehmens betreffen.

27 Wenn ein Unternehmen ein nicht konsolidiertes strukturiertes Unternehmen gefördert hat, für das es die in Paragraph 29 verlangten Informationen nicht angibt (z. B. weil es an diesem Unternehmen zum Abschlussstichtag keine Anteile hält), hat das Unternehmen folgende Angaben zu machen:

a) Art und Weise, wie es ermittelt hat, welche strukturierten Unternehmen es gefördert hat,

b) *Erträge aus diesen strukturierten Unternehmen* während der Berichtsperiode, einschließlich einer Beschreibung der Arten der dargestellten Erträge, und

c) den Buchwert (zum Zeitpunkt der Übertragung) aller Vermögenswerte, die während der Berichtsperiode auf diese strukturierten Unternehmen übertragen wurden.

28 Ein Unternehmen hat die Informationen in Paragraph 27(b) und (c) in tabellarischer Form darzustellen, es sei denn, eine anderes Format ist zweckmäßiger, und seine Fördertätigkeiten in die entsprechenden Kategorien einzuordnen (siehe Paragraphen B2–B6).

Art der Risiken

29 Ein Unternehmen hat das Folgende zusammengefasst in tabellarischer Form darzustellen, es sei denn, ein anderes Format ist zweckmäßiger:

a) die Buchwerte der in seinem Abschluss angesetzten Vermögenswerte und Schulden, die sich auf seine Anteile an nicht konsolidierten strukturierten Unternehmen beziehen;

b) die Posten in der Bilanz, unter denen diese Vermögenswerte und Schulden ausgewiesen werden;

c) den Betrag, der das maximale Verlustrisiko des Unternehmens aufgrund seiner Anteile an nicht konsolidiertem strukturiertem Unternehmen am besten darstellt, einschließlich Angaben zu der Art und Weise, wie dieses maximale Verlustrisiko ermittelt wurde. Kann ein Unternehmen sein maximales Verlustrisiko aufgrund seiner Anteile an nicht konsolidiertem strukturiertem Unternehmen nicht quantifizieren, hat es diese Tatsache anzugeben und die Gründe dafür zu nennen;

d) einen Vergleich der Buchwerte der Vermögenswerte und Schulden des Unternehmens, die sich auf seine Anteile an nicht konsolidierten strukturierten Unternehmen beziehen, und sein maximales Verlustrisiko aufgrund dieser Unternehmen.

30 Wenn ein Unternehmen während der Berichtsperiode ein nicht konsolidiertes strukturiertes Unternehmen, an dem es zuvor einen Anteil gehalten hat oder derzeit noch hält, ohne vertragliche Verpflichtung finanziell oder in anderer Weise unterstützt hat (z. B. durch Kauf von Vermögenswerten des strukturierten Unternehmens oder durch Kauf von von diesem ausgegebenen Instrumenten), hat es folgende Angaben zu machen:

a) Art und Höhe der gewährten Unterstützung, einschließlich Situationen, in denen das Unternehmen dem strukturierten Unternehmen bei der Beschaffung finanzieller Unterstützung behilflich war, und

b) die Gründe für diese Unterstützung.

31 Ein Unternehmen hat etwaige gegenwärtige Absichten, ein konsolidiertes strukturiertes Unternehmen finanziell oder in anderer Weise zu unterstützen, anzugeben, einschließlich der Absicht, dem strukturierten Unternehmen bei der Beschaffung finanzieller Unterstützung behilflich zu sein.

3/11. IFRS 12
Anhang A

Anhang A
Definitionen

Dieser Anhang ist integraler Bestandteil des IFRS.

Erträge aus einem strukturiertem Unternehmen	Für die Zwecke dieses IFRS umfassen Erträge aus einem **strukturierten Unternehmen** unter anderem wiederkehrende und nicht wiederkehrende Entgelte, Zinsen, Dividenden, Gewinne oder Verluste aus der Neubewertung oder Ausbuchung von Anteilen an strukturierten Unternehmen und Gewinne oder Verluste aus der Übertragung von Vermögenswerten und Schulden auf das strukturierte Unternehmen.
Anteil an einem anderen Unternehmen	Für die Zwecke dieses IFRS bezeichnet ein Anteil an einem anderen Unternehmen ein vertragliches und nichtvertragliches Engagement, durch das ein Unternehmen schwankenden Renditen aus der Tätigkeit des anderen Unternehmens ausgesetzt ist. Ein Anteil an einem anderen Unternehmen kann unter anderem durch das Halten von Eigenkapital- oder Schuldinstrumenten sowie durch andere Formen des Engagements wie die Bereitstellung von Finanzmitteln, Liquiditätshilfen, Kreditsicherheiten und Garantien nachgewiesen werden. Dazu zählen Instrumente, mit denen ein Unternehmen ein anderes Unternehmen beherrscht, an seiner gemeinschaftlichen Führung beteiligt ist oder maßgeblichen Einfluss auf das Unternehmen hat. Ein Unternehmen hält nicht notwendigerweise einen Anteil an einem anderen Unternehmen, nur weil eine typische Kunden-Lieferanten-Beziehung besteht. Die Paragraphen B7–B9 enthalten weitere Informationen über Anteile an anderen Unternehmen. Die Paragraphen B55–B57 von IFRS 10 enthalten Erläuterungen zu schwankenden Renditen.
Strukturiertes Unternehmen	Ein Unternehmen, das so konzipiert ist, dass Stimmrechte oder ähnliche Rechte bei der Entscheidung, wer das Unternehmen beherrscht, nicht der ausschlaggebende Faktor sind, beispielsweise, wenn sich die Stimmrechte lediglich auf die Verwaltungsaufgaben beziehen und die maßgeblichen Tätigkeiten durch vertragliche Vereinbarungen geregelt werden. Die Paragraphen B22–B24 enthalten weitere Informationen über strukturierte Unternehmen.

Die folgenden Begriffe werden in IAS 27 (in der 2011 geänderten Fassung), IAS 28 (in der 2011 geänderten Fassung), IFRS 10 und IFRS 11 *Gemeinschaftliche Vereinbarungen* definiert und werden im vorliegenden IFRS in der in den genannten IFRS angegebenen Bedeutung verwendet:

– Assoziiertes Unternehmen,
– Konzernabschluss,
– Beherrschung eines Unternehmens,
– Equity-Methode,
– Konzern,
– Investmentgesellschaft,
– Gemeinschaftliche Vereinbarung,
– Gemeinschaftliche Führung,
– Gemeinschaftliche Tätigkeit,
– Gemeinschaftsunternehmen,
– Nicht beherrschender Anteil,
– Mutterunternehmen,
– Schutzrechte,
– Maßgebliche Tätigkeiten,
– Einzelabschluss,
– Eigenständiges Vehikel,
– Maßgeblicher Einfluss,
– Tochterunternehmen.

Anhang B
Anwendungsleitlinien

Dieser Anhang ist integraler Bestandteil des IFRS. Er beschreibt die Anwendung der Paragraphen 1–31 und hat die gleiche bindende Kraft wie die anderen Teile des IFRS.

B1 Die Beispiele in diesem Anhang sind hypothetisch. Wenngleich einige Aspekte der Beispiele tatsächlichen Gegebenheiten ähneln könnten, müssen bei der Anwendung von IFRS 12 alle maßgeblichen Sachverhalte und Umstände bestimmter Gegebenheiten bewertet werden.

ZUSAMMENFASSUNG (PARAGRAPH 4)

B2 Ein Unternehmen hat mit Blick auf seine Lage zu entscheiden, wie viele Details es angeben muss, um den Informationsbedarf der Abschlussadressaten zu decken, wie viel Gewicht es auf einzelne Aspekte der Vorschriften legt und wie es die Informationen zusammenfasst. Dabei dürfen die Abschlüsse weder mit zu vielen Details überfrachtet werden, die für die Abschlussadressaten möglicherweise nicht nützlich sind, noch dürfen Informationen durch zu starke Zusammenfassung verschleiert werden.

B3 Ein Unternehmen kann die in diesem IFRS verlangten Angaben im Hinblick auf Anteile an ähnlichen Unternehmen zusammenfassen, wenn eine solche Zusammenfassung mit dem Ziel der Angaben und der in Paragraph B4 genannten Anforderung im Einklang steht und die Angaben nicht verschleiert. Ein Unternehmen hat anzugeben, wie es die Anteile an ähnlichen Unternehmen zusammengefasst hat.

B4 Ein Unternehmen hat die Informationen gesondert anzugeben für Anteile an
a) Tochterunternehmen,
b) Gemeinschaftsunternehmen,
c) gemeinschaftlichen Tätigkeiten,
d) assoziierten Unternehmen und
e) nicht konsolidierten strukturierten Unternehmen.

B5 Bei der Bestimmung, ob Informationen zusammenzufassen sind, hat ein Unternehmen quantitative und qualitative Informationen zu den verschiedenen Risiko- und Ertragsmerkmalen der einzelnen Unternehmen, die es für eine Zusammenfassung in Betracht zieht, sowie die Bedeutung der einzelnen Unternehmen für das berichtende Unternehmen zu berücksichtigen. Das Unternehmen hat die Angaben in der Weise darzustellen, dass Art und Umfang seiner Anteile an diesen anderen Unternehmen für die Abschlussadressaten klar ersichtlich werden.

B6 Beispiele für Ebenen der Zusammenfassung innerhalb der in Paragraph B4 genannten Unternehmenskategorien, die als zweckmäßig angesehen werden könnten, sind
a) Art der Tätigkeiten (z. B. Forschungs- und Entwicklungsunternehmen, Unternehmen für die revolvierende Verbriefung von Kreditkartenforderungen),
b) Einstufung nach Branche,
c) geografisches Gebiet (z. B. Land oder Region).

ANTEILE AN ANDEREN UNTERNEHMEN

B7 Ein Anteil an einem anderen Unternehmen bezieht sich auf ein vertragliches und nichtvertragliches Engagement, durch das das berichtende Unternehmen schwankenden Renditen aus der Tätigkeit des anderen Unternehmens ausgesetzt ist. Die Berücksichtigung von Zweck und Ausgestaltung des anderen Unternehmens kann dem berichtenden Unternehmen bei der Beurteilung helfen, ob es einen Anteil an dem anderen Unternehmen hält und folglich die in diesem IFRS verlangten Angaben zu machen hat. Bei dieser Beurteilung sind die Risiken zu berücksichtigen, die das andere Unternehmen aufgrund seiner Ausgestaltung verursacht, sowie die Risiken, die das andere Unternehmen aufgrund seiner Ausgestaltung an das berichtende Unternehmen und sonstige Parteien überträgt.

B8 Durch das Halten von Instrumenten (wie z. B. von einem anderen Unternehmen emittierte Eigenkapital- oder Schuldinstrumente) oder ein anderes Engagement, das zur Absorbierung von Schwankungen führt, ist ein berichtendes Unternehmen in der Regel schwankenden Renditen aus der Tätigkeit des anderen Unternehmens ausgesetzt. Beispielsweise könnte angenommen werden, dass ein strukturiertes Unternehmen ein Kreditportfolio hält. Das strukturierte Unternehmen geht mit einem anderen Unternehmen (dem berichtenden Unternehmen) einen Credit Default Swap ein, um sich gegen den Ausfall von Zins- und Tilgungszahlungen auf die Kredite abzusichern. Das berichtende Unternehmen hat ein Engagement, durch das es schwankenden Renditen aus der Tätigkeit des strukturierten Unternehmens ausgesetzt ist, denn der Credit Default Swap absorbiert die Schwankungen der Renditen des strukturierten Unternehmens.

B9 Einige Instrumente sind so konzipiert, dass sie Risiko von einem berichtenden Unternehmen auf ein anderes Unternehmen übertragen. Derlei Instrumente bewirken schwankende Renditen für das andere Unternehmen, setzen aber das berichtende Unternehmen in der Regel nicht schwankenden Renditen aus der Tätigkeit des anderen Unternehmens aus. Man stelle sich z. B. vor, ein strukturiertes Unternehmen wird gegründet, um Investoren Anlagemöglichkeiten zu eröffnen, die eine Exponierung gegenüber dem Kreditrisiko von Unternehmen Z wünschen (Unternehmen Z steht keiner der an der Vereinbarung beteiligten Partei nahe). Das strukturierte Unternehmen erhält Finanzmittel durch die Ausgabe von an das Kreditrisiko des Unternehmens Z gebundenen Papieren (Credit-Linked Notes) und investiert den Erlös in ein Portfolio aus risikolosen finanziellen Vermögenswerten. Das strukturierte Unternehmen erhält eine Exponierung gegenüber dem Kreditrisiko von Unternehmen Z, indem es mit einer Swap-Gegenpartei einen Credit Default Swap (CDS) abschließt. Durch den CDS geht das Kreditrisiko von Unternehmen Z gegen ein von der Swap-Gegenpartei gezahltes Entgelt auf das strukturierte Unternehmen über. Die Investoren des strukturierten Unternehmens erhalten eine höhere Rendite, die sowohl den Ertrag des strukturierten Unternehmens aus seinem Portfolio an Vermögenswerten als auch das CDS-Entgelt widerspiegelt. Die Swap-Gegenpartei steht mit dem strukturierten Unternehmen in keiner Verbindung, die sie schwankenden Renditen aus der Tätigkeit des strukturierten Unternehmens aussetzt, da der CDS die Schwankungen auf das strukturierte Unternehmen überträgt anstatt die Schwankungen der Renditen des strukturierten Unternehmens zu absorbieren.

FINANZINFORMATIONEN FÜR TOCHTERUNTERNEHMEN, GEMEINSCHAFTSUNTERNEHMEN UND ASSOZIIERTE UNTERNEHMEN IN ZUSAMMENGEFASSTER FORM (PARAGRAPHEN 12 UND 21)

B10 Für jedes Tochterunternehmen, an dem für das berichtende Unternehmen wesentliche nicht beherrschende Anteile bestehen, hat ein Unternehmen folgende Angaben zu machen:

a) nicht beherrschenden Anteilen zugewiesene Dividenden,

b) Finanzinformationen in zusammengefasster Form zu Vermögenswerten, Schulden, Gewinn oder Verlust und Zahlungsströmen des Tochterunternehmens, die die Abschlussadressaten in die Lage versetzen zu verstehen, welchen Anteil die nicht beherrschenden Anteile an den Tätigkeiten und Zahlungsströmen des Konzerns haben. Zu diesen Informationen könnten beispielsweise Angaben zu den kurzfristigen Vermögenswerten, langfristigen Vermögenswerten, kurzfristigen Schulden, langfristigen Schulden, Erlösen, Gewinn oder Verlust und zum Gesamtergebnis zählen.

B11 Bei den nach Paragraph B10(b) verlangten Finanzinformationen in zusammengefasster Form handelt es sich um die Beträge vor konzerninternen Eliminierungen vorgenommen werden.

B12 Für jedes Gemeinschaftsunternehmen und jedes assoziierte Unternehmen, das für das berichtende Unternehmen wesentlich ist, hat ein Unternehmen folgende Angaben zu machen:

a) von dem Gemeinschaftsunternehmen oder assoziierten Unternehmen erhaltene Dividenden,

b) Finanzinformationen in zusammengefasster Form für das Gemeinschaftsunternehmen oder assoziierte Unternehmen (siehe Paragraphen B14 und B15), die Folgendes beinhalten, ohne notwendigerweise darauf beschränkt zu sein:

    i) kurzfristige Vermögenswerte,

    ii) langfristige Vermögenswerte,

    iii) kurzfristige Schulden,

    iv) langfristige Schulden,

    v) Erlöse,

    vi) Gewinn oder Verlust aus fortzuführenden Geschäftsbereichen,

    vii) Gewinn oder Verlust nach Steuern aus aufgegebenen Geschäftsbereichen,

    viii) sonstiges Ergebnis,

    ix) Gesamtergebnis.

B13 Zusätzlich zu den Finanzinformationen in zusammengefasster Form nach Paragraph B12 hat ein Unternehmen für jedes Gemeinschaftsunternehmen, das für das berichtende Unternehmen wesentlich ist, den Betrag folgender Posten anzugeben:

a) in Paragraph B12(b)(i) enthaltene Zahlungsmittel und Zahlungsmitteläquivalente,

b) in Paragraph B12(b)(iii) enthaltene kurzfristige finanzielle Verbindlichkeiten (mit Ausnahme von Verbindlichkeiten aus Lieferungen und Leistungen und sonstigen Verbindlichkeiten sowie Rückstellungen),

c) in Paragraph B12(b)(iv) enthaltene langfristige finanzielle Verbindlichkeiten (mit Ausnahme von Verbindlichkeiten aus Lieferungen und Leistungen und sonstigen Verbindlichkeiten sowie Rückstellungen),

d) planmäßige Abschreibungen,

e) Zinserträge,

f) Zinsaufwendungen,

g) Ertragsteueraufwand oder -ertrag.

B14 Bei den gemäß den Paragraphen B12 und B13 dargestellten Finanzinformationen in zusammengefasster Form handelt es sich um die Beträge, die im IFRS-Abschluss des Gemeinschaftsunternehmens oder assoziierten Unternehmens enthalten sind (und nicht um den Anteil des Unternehmens an diesen Beträgen). Bilanziert ein Unternehmen seinen Anteil an Gemeinschaftsunternehmen oder assoziierten Unternehmen nach der Equity-Methode, so

a) sind die Beträge, die im IFRS-Abschluss des Gemeinschaftsunternehmens oder assoziierten Unternehmens enthalten sind, anzupassen, um den von dem Unternehmen im Rahmen der Equity-Methode vorgenommenen Änderungen Rechnung zu tragen, wie z. B. Anpassungen an den beizulegenden Zeitwert, die zum Zeitpunkt des Erwerbs vorgenommen wurden, und Anpassungen wegen unterschiedlicher Rechnungslegungsmethoden,

b) hat das Unternehmen eine Überleitungsrechnung von den dargestellten Finanzinformationen in zusammengefasster Form auf den Buchwert seines Anteils an dem Gemeinschaftsunternehmen oder assoziierten Unternehmen vorzulegen.

B15 Ein Unternehmen kann die in den Paragraphen B12 und Paragraph B13 verlangten Finanzinformationen in zusammengefasster Form auf der Grundlage des Abschlusses des Gemeinschaftsunternehmens oder assoziierten Unternehmens darstellen, wenn

a) das Unternehmen seinen Anteil am Gemeinschaftsunternehmen oder assoziierten Unternehmen zum beizulegenden Zeitwert gemäß IAS 28 (in der 2011 geänderten Fassung) bewertet und
b) das Gemeinschaftsunternehmen oder assoziierte Unternehmen keinen IFRS-Abschluss aufstellt und eine Erstellung auf dieser Grundlage nicht durchführbar wäre oder mit unangemessenen Kosten verbunden wäre.

In diesem Fall hat das Unternehmen anzugeben, auf welcher Grundlage die Finanzinformationen in zusammengefasster Form erstellt wurden.

B16 Ein Unternehmen hat den Gesamtbuchwert seiner Anteile an sämtlichen einzeln für sich genommen unwesentlichen Gemeinschaftsunternehmen oder assoziierten Unternehmen anzugeben, die nach der Equity-Methode bilanziert werden. Ein Unternehmen hat zudem gesondert den Gesamtbetrag seines Anteils an folgenden Posten dieser Gemeinschaftsunternehmen oder assoziierten Unternehmen anzugeben:
a) Gewinn oder Verlust aus fortzuführenden Geschäftsbereichen,
b) Gewinn oder Verlust nach Steuern aus aufgegebenen Geschäftsbereichen,
c) sonstiges Ergebnis,
d) Gesamtergebnis.

Ein Unternehmen hat diese Angaben für Gemeinschaftsunternehmen und assoziierte Unternehmen getrennt zu machen.

B17 Wenn ein Anteil eines Unternehmens an einem Tochterunternehmen, Gemeinschaftsunternehmen oder assoziierten Unternehmen (oder ein Teil seines Anteils an einem Gemeinschaftsunternehmen oder assoziierten Unternehmen) gemäß IFRS 5 als zur Veräußerung gehalten eingestuft ist (oder zu einer Veräußerungsgruppe gehört, die als zur Veräußerung gehalten eingestuft ist), braucht das Unternehmen für dieses Tochterunternehmen, Gemeinschaftsunternehmen oder assoziierten Unternehmen die zusammengefassten Finanzinformationen gemäß den Paragraphen B10–B16 nicht anzugeben.

VERPFLICHTUNGEN FÜR GEMEINSCHAFTSUNTERNEHMEN (PARAGRAPH 23(a))

B18 Ein Unternehmen hat seine gesamten Verpflichtungen in Bezug auf seine Anteile an Gemeinschaftsunternehmen anzugeben, die es zum Abschlussstichtag eingegangen ist, aber nicht angesetzt hat (einschließlich seines Anteils an den Verpflichtungen, die gemeinsam mit anderen Investoren eingegangen wurden, die an der gemeinschaftlichen Führung eines Gemeinschaftsunternehmens beteiligt sind). Bei den Verpflichtungen handelt es sich um solche, die zu einem künftigen Abfluss von Zahlungsmitteln oder anderen Ressourcen führen können.

B19 Bei den nicht angesetzten Verpflichtungen, die zu einem künftigen Abfluss von Zahlungsmitteln oder anderen Ressourcen führen können, handelt es sich unter anderem um
a) nicht angesetzte Verpflichtungen, Finanzmittel oder Ressourcen bereitzustellen, die sich z. B. ergeben aus
   i) Vereinbarungen zur Gründung oder zum Erwerb eines Gemeinschaftsunternehmens (die beispielsweise ein Unternehmen verpflichten, Finanzmittel über einen bestimmten Zeitraum bereitzustellen),
   ii) von einem Gemeinschaftsunternehmen durchgeführte kapitalintensive Projekte,
   iii) unbedingte Kaufverpflichtungen für den Bezug von Ausrüstung, Vorräten oder Dienstleistungen, die ein Unternehmen verpflichtet ist, von einem Gemeinschaftsunternehmen oder in dessen Namen zu erwerben,
   iv) nicht angesetzte Verpflichtungen, einem Gemeinschaftsunternehmen Darlehen oder andere Finanzmittel zur Verfügung zu stellen,
   v) nicht angesetzte Verpflichtungen, einem Gemeinschaftsunternehmen Ressourcen z. B. in Form von Vermögenswerten oder Dienstleistungen zuzuführen,
   vi) sonstige unkündbare nicht angesetzte Verpflichtungen in Bezug auf ein Gemeinschaftsunternehmen,
b) nicht angesetzte Verpflichtungen, den Eigentumsanteil (oder einen Teil des Eigentumsanteils) einer anderen Partei an einem Gemeinschaftsunternehmen zu erwerben, sollte ein bestimmtes Ereignis in der Zukunft eintreten oder nicht eintreten.

B20 Die Vorschriften und Beispiele der Paragraphen B18 und B19 verdeutlichen einige Arten der Angaben, die in Paragraph 18 von IAS 24 *Angaben über Beziehungen zu nahestehenden Unternehmen und Personen* verlangt werden.

ANTEILE AN NICHT KONSOLIDIERTEN STRUKTURIERTEN UNTERNEHMEN (PARAGRAPHEN 24–31)

Strukturierte Unternehmen

B21 Ein strukturiertes Unternehmen ist ein Unternehmen, das so konzipiert ist, dass Stimmrechte oder ähnliche Rechte bei der Entscheidung, wer das Unternehmen beherrscht, nicht der ausschlaggebende Faktor sind, beispielsweise, wenn sich die Stimmrechte lediglich auf die Verwaltungsaufgaben beziehen und die maßgeblichen Tätigkeiten durch vertragliche Vereinbarungen geregelt werden.

B22 Ein strukturiertes Unternehmen zeichnet sich oftmals durch einige oder sämtliche der nachfolgend genannten Merkmale oder Eigenschaften aus:
a) beschränkte Tätigkeiten,

b) enger und genau definierter Zweck, z. B. Vornahme eines steuereffizienten Leasinggeschäfts, Durchführung von Forschungs- und Entwicklungstätigkeiten, Bereitstellung einer Kapital- oder Finanzierungsquelle für ein Unternehmen oder Schaffung von Anlagemöglichkeiten für Investoren durch Übertragung von Risiken und Chancen, die mit den Vermögenswerten des strukturierten Unternehmens in Verbindung stehen, auf die Investoren,

c) unzureichendes Eigenkapital, sodass dem strukturierten Unternehmen die Finanzierung seiner Tätigkeiten nicht ohne nachrangige finanzielle Unterstützung möglich ist,

d) Finanzierung durch Investoren in Form von mehreren vertraglich verknüpften Instrumenten, die eine Konzentration von Kreditrisiken oder anderen Risiken bewirken (Tranchen).

B23 Beispiele von Unternehmen, die als strukturierte Unternehmen angesehen werden, umfassen folgende Formen, ohne darauf beschränkt zu sein:

a) Verbriefungsgesellschaften,

b) mit Vermögenswerten unterlegte Finanzierungen,

c) einige Investmentfonds.

B24 Ein durch Stimmrechte beherrschtes Unternehmen ist nicht einfach deshalb ein strukturiertes Unternehmen, weil es beispielsweise infolge einer Umstrukturierung Finanzmittel vonseiten Dritter erhält.

Art der Risiken, die sich aus Anteilen an nicht konsolidierten strukturierten Unternehmen ergeben (Paragraphen 29–31)

B25 Zusätzlich zu den in den Paragraphen 29–31 verlangten Angaben hat ein Unternehmen weitere Informationen anzugeben, die erforderlich sind, um die Angabepflichten in Paragraph 24(b) zu erfüllen.

B26 Beispiele für zusätzliche Angaben, die je nach den Umständen für eine Beurteilung der Risiken, denen ein Unternehmen mit Anteilen an einem nicht konsolidierten strukturierten Unternehmen ausgesetzt ist, relevant sein könnten, sind

a) Bedingungen einer Vereinbarung, denen zufolge das Unternehmen verpflichtet sein könnte, einem nicht konsolidierten strukturierten Unternehmen finanzielle Unterstützung zu gewähren (z. B. Liquiditätsvereinbarungen oder Ratingtrigger im Zusammenhang mit Verpflichtungen zum Kauf von Vermögenswerten des strukturierten Unternehmens oder zur Bereitstellung finanzieller Unterstützung), einschließlich

 i) einer Beschreibung der Ereignisse oder Umstände, die das berichtende Unternehmen einem Verlust aussetzen könnten,

 ii) des Hinweises auf eventuelle Bedingungen, die die Verpflichtung einschränken,

 iii) der Angabe, ob es andere Parteien gibt, die eine finanzielle Unterstützung gewähren, und wenn ja, welchen Rang die Verpflichtung des berichtenden Unternehmens im Verhältnis zu den Verpflichtungen der anderen Parteien hat,

b) Verluste, die dem Unternehmen während der Berichtsperiode aus seinen Anteilen an nicht konsolidierten strukturierten Unternehmen entstanden sind,

c) die Arten von Erträgen, die das Unternehmen während der Berichtsperiode aus seinen Anteilen an nicht konsolidierten strukturierten Unternehmen erhalten hat,

d) die Tatsache, ob das Unternehmen verpflichtet ist, Verluste eines nicht konsolidierten strukturierten Unternehmens vor anderen Parteien aufzufangen, die Höchstgrenze dieser Verluste für das Unternehmen und (falls relevant) die Rangfolge und Beträge potenzieller Verluste, die von Parteien getragen werden, deren Anteile dem Anteil des Unternehmens am nicht konsolidierten strukturierten Unternehmen im Rang nachgehen,

e) Informationen zu Liquiditätsvereinbarungen, Garantien oder anderen Verpflichtungen gegenüber Dritten, die sich auf den beizulegenden Zeitwert oder das Risiko der Anteile des Unternehmens an nicht konsolidierten strukturierten Unternehmen auswirken können,

f) die Schwierigkeiten, auf die ein nicht konsolidiertes strukturiertes Unternehmen bei der Finanzierung seiner Tätigkeiten während des Berichtszeitraums gestoßen ist,

g) im Hinblick auf die Finanzierung eines nicht konsolidierten strukturierten Unternehmens die Finanzierungsformen (z. B. Commercial Paper oder mittelfristige Schuldinstrumente) und ihre gewichtete durchschnittliche Laufzeit. Diese Informationen können unter Umständen Fälligkeitsanalysen der Vermögenswerte und der Finanzierung eines nicht konsolidierten strukturierten Unternehmens umfassen, wenn bei letzterem die Fälligkeiten der Finanzierung kürzer sind als die Fälligkeiten der Vermögenswerte.

**Anhang C
Zeitpunkt des Inkrafttretens und Übergangsvorschriften**

Dieser Anhang ist integraler Bestandteil des IFRS und besitzt die gleiche Verbindlichkeit wie dessen andere Bestandteile.

ZEITPUNKT DES INKRAFTTRETENS UND ÜBERGANGSVORSCHRIFTEN

C1 Dieser IFRS ist auf Geschäftsjahre anzuwenden, die am oder nach dem 1. Januar 2013 beginnen. Eine frühere Anwendung ist zulässig.

C1A *Konzernabschlüsse, Gemeinschaftliche Vereinbarungen und Angaben zu Anteilen an anderen Unternehmen:* Mit den *Übergangsleitlinien* (Änderungen an IFRS 10, IFRS 11 und IFRS 12), veröffentlicht im Juni 2012, wurden die Paragraphen C2A–C2B eingefügt. Diese Änderungen sind auf Geschäftsjahre anzuwenden, die am oder nach dem 1. Januar 2013 beginnen. Wendet ein Unternehmen IFRS 12 auf eine frühere Berichtsperiode an, so sind auf diese frühere Periode auch diese Änderungen anzuwenden.

C1B Mit der im Oktober 2012 veröffentlichten Verlautbarung *Investmentgesellschaften* (Investment Entities) (Änderungen an IFRS 10, IFRS 12 und IAS 27) wurden Paragraph 2 und Anhang A geändert und die Paragraphen 9A–9B, 19A– 19G, 21A und 25A eingefügt. Diese Änderungen sind auf Geschäftsjahre anzuwenden, die am oder nach dem 1. Januar 2014 beginnen. Eine frühere Anwendung ist zulässig. Wendet ein Unternehmen diese Änderungen früher an, hat es dies anzugeben und alle in der Verlautbarung enthaltenen Änderungen gleichzeitig anzuwenden.

C1C Mit der im Dezember 2014 veröffentlichten Verlautbarung *Investmentgesellschaften: Anwendung der Ausnahme von der Konsolidierungspflicht* (Änderungen an IFRS 10, IFRS 12 und IAS 28) wurde Paragraph 6 geändert. Diese Änderung ist auf Geschäftsjahre anzuwenden, die am oder nach dem 1. Januar 2016 beginnen. Eine frühere Anwendung ist zulässig. Wendet ein Unternehmen diese Änderung auf eine frühere Periode an, hat es dies anzugeben.

C1D Durch die *Jährlichen Verbesserungen an den IFRS-Standards Zyklus 2014–2016*, veröffentlicht im Dezember 2016, wurde Paragraph 5A eingefügt und Paragraph B17 geändert. Diese Änderungen sind gemäß IAS 8 *Rechnungslegungsmethoden, Änderungen von rechnungslegungsbezogenen Schätzungen und Fehler* rückwirkend auf Geschäftsjahre anzuwenden, die am oder nach dem 1. Januar 2017 beginnen.

C2 Einem Unternehmen wird empfohlen, die in diesem IFRS verlangten Informationen vor den Geschäftsjahren beizubringen, die am oder nach dem 1. Januar 2013 beginnen. Die Darstellung einiger der in diesem IFRS verlangten Angaben verpflichtet das Unternehmen nicht, alle Vorschriften dieses IFRS einzuhalten oder IFRS 10, IFRS 11, IAS 27 (in der 2011 geänderten Fassung) und IAS 28 (in der 2011 geänderten Fassung) früher anzuwenden.

C2A Ein Unternehmen muss die Angabepflichten dieses IFRS nicht auf Berichtsperioden anwenden, die vor dem Geschäftsjahr beginnen, das der erstmaligen Anwendung von IFRS 12 unmittelbar vorausgeht.

C2B Die Angabepflichten in den Paragraphen 24–31 sowie die entsprechenden Anwendungsleitlinien in den Paragraphen B21–B26 dieses IFRS müssen nicht auf Berichtsperioden angewendet werden, die vor dem ersten Geschäftsjahr, auf das IFRS 12 angewendet wird, beginnen.

VERWEISE AUF IFRS 9

C3 Wendet ein Unternehmen diesen IFRS, aber noch nicht IFRS 9 an, sind Verweise auf IFRS 9 als Verweise auf IAS 39 *Finanzinstrumente: Ansatz und Bewertung* zu verstehen.

3/12. IFRS 13

INTERNATIONAL FINANCIAL REPORTING STANDARD 13
Bewertung zum beizulegenden Zeitwert

IFRS 13, VO (EU) 2023/1803

Gliederung	§§
ZIELSETZUNG	1–4
ANWENDUNGSBEREICH	5–8
BEWERTUNG	9–90
Beizulegender Zeitwert - Definition	9–10
Der Vermögenswert oder die Schuld	11–14
Der Geschäftsvorfall	15–21
Marktteilnehmer	22–23
Der Preis	24–26
Anwendung auf nichtfinanzielle Vermögenswerte	27–33
Höchst- und bestmögliche Nutzung für nichtfinanzielle Vermögenswerte	27–30
Bewertungsprämisse für nichtfinanzielle Vermögenswerte	31–33
Anwendung auf Schulden und auf eigene Eigenkapitalinstrumente eines Unternehmens	34–47
Allgemeine Grundsätze	34–36
Schulden und Eigenkapitalinstrumente, die von anderen Parteien als Vermögenswerte gehalten werden	37–39
Schulden und Eigenkapitalinstrumente, die nicht von anderen Parteien als Vermögenswerte gehalten werden	40–41
Risiko der Nichterfüllung	42–44
Einschränkung, die die Übertragung einer Schuld oder eines eigenen Eigenkapitalinstruments eines Unternehmens verhindert	45–46
Kurzfristig abrufbare finanzielle Verbindlichkeit	47
Anwendung auf finanzielle Vermögenswerte und finanzielle Verbindlichkeiten mit kompensierenden Positionen hinsichtlich des Markt- oder Kontrahenten-Ausfallrisikos	48–56
Marktrisiken	53–55
Ausfallrisiko einer bestimmten Vertragspartei	56
Beizulegender Zeitwert beim erstmaligen Ansatz	57–60
Bewertungsverfahren	61–66
Eingangsparameter für Bewertungsverfahren	67–71
Allgemeine Grundsätze	67–69
Eingangsparameter auf der Grundlage von Geld- und Briefkursen	70–71
Fair-Value-Hierarchie	72–90
Eingangsparameter der Stufe 1	76–80
Eingangsparameter der Stufe 2	81–85
Eingangsparameter der Stufe 3	86–90
ANGABEN	91–99
ANHANG A: DEFINITIONEN	
ANHANG B: ANWENDUNGSLEITLINIEN	B1
DER ANSATZ ÜR DIE BEWERTUNG ZUM BEIZULEGENDEN ZEITWERT	B2
BEWERTUNGSPRÄMISSE FÜR NICHT FINANZIELLE VERMÖGENSWERTE (PARAGRAPHEN 31–33)	B3
BEIZULEGENDER ZEITWERT BEIM ERSTMALIGEN ANSATZ (PARAGRAPHEN 57–60)	B4
BEWERTUNGSVERFAHREN (PARAGRAPHEN 61–66)	B5–B30
Marktbasierter Ansatz	B5–B7
Kostenbasierter Ansatz	B8–B9

3/12. IFRS 13
1 – 6

Kapitalwertbasierter Ansatz	B10–B30
Barwertverfahren	B12
Die Bestandteile einer Barwertermittlung	B13
Allgemeine Grundsätze	B14
Risiko und Unsicherheit	B15–B17
Verfahren zur Anpassung von Abzinsungssätzen	B18–B22
Verfahren des erwarteten Barwerts	B23–B30
ANWENDUNG VON BARWERTVERFAHREN AUF SCHULDEN UND EIGENE EIGENKAPITALINSTRUMENTE EINES UNTERNEHMENS, DIE NICHT VON ANDEREN PARTEIEN ALS VERMÖGENSWERTE GEHALTEN WERDEN (PARAGRAPHEN 40 UND 41)	B31–B33
EINGANGSPARAMETER FÜR BEWERTUNGSVERFAHREN (PARAGRAPHEN 67–71)	B34
FAIR-VALUE-HIERARCHIE (PARAGRAPHEN 72–90)	B35–B36
Eingangsparameter der Stufe 2 (Paragraphen 81–85)	B35
Eingangsparameter der Stufe 3 (Paragraphen 86–90)	B36
ERMITTLUNG DES BEIZULEGENDEN ZEITWERTS BEI EINEM ERHEBLICHEN RÜCKGANG DES VOLUMENS ODER DES UMFANGS DER AKTIVITÄTEN BEI EINEM VERMÖGENSWERT ODER EINER SCHULD	B37–B47
Ermittlung von nicht gewöhnlichen Geschäftsvorfällen	B43–B44
Verwendung notierter Preise, die von Dritten bereitgestellt werden	B45–B47
ANHANG C: DATUM DES INKRAFTTRETENS UND ÜBERGANGSVORSCHRIFTEN	C1–C6

ZIELSETZUNG

1 In diesem IFRS

a) wird der Begriff *beizulegender Zeitwert* definiert,

b) wird in einem einzigen IFRS ein Rahmen für die Ermittlung des beizulegenden Zeitwerts abgesteckt und

c) werden Angaben zur Bewertung zum beizulegenden Zeitwert verlangt.

2 Der beizulegende Zeitwert ist eine marktbasierte und keine unternehmensspezifische Bewertungsgröße. Für einige Vermögenswerte und Schulden sind unter Umständen beobachtbare Markttransaktionen oder Marktinformationen verfügbar. Für andere Vermögenswerte und Schulden sind jedoch eventuell keine beobachtbaren Markttransaktionen oder Marktinformationen verfügbar. In beiden Fällen wird mit einer Bewertung zum beizulegenden Zeitwert jedoch das gleiche Ziel verfolgt – nämlich die Schätzung des Preises, zu dem unter aktuellen Marktbedingungen am Bewertungsstichtag ein *gewöhnlicher Geschäftsvorfall* zwischen Marktteilnehmern stattfinden würde, bei dem der Vermögenswert verkauft oder die Schuld übertragen würde (aus Sicht eines *Marktteilnehmers*, der den Vermögenswert hält oder die Schuld begleichen muss, also der *Abgangspreis* zum Bewertungsstichtag).

3 Ist ein Preis für einen identischen Vermögenswert oder eine identische Schuld nicht beobachtbar, ermittelt ein Unternehmen den beizulegenden Zeitwert anhand eines anderen Bewertungsverfahrens, bei dem so weit wie möglich relevante *beobachtbare* und so wenig wie möglich *nicht beobachtbare* Eingangsparameter verwendet werden. Da der beizulegende Zeitwert eine marktbasierte Bewertungsgröße ist, wird er anhand der Annahmen, einschließlich der Annahmen zum Risiko ermittelt, auf die sich die Marktteilnehmer bei der Festlegung des Preises für den Vermögenswert oder die Schuld stützen würden. Folglich ist die Absicht eines Unternehmens, einen Vermögenswert zu halten oder eine Schuld zu begleichen oder anderweitig zu erfüllen, für die Ermittlung des beizulegenden Zeitwerts nicht relevant.

4 In der Definition des beizulegenden Zeitwerts liegt der Schwerpunkt auf Vermögenswerten und Schulden, weil diese vorrangiger Gegenstand der bilanziellen Bewertung sind. Außerdem ist dieser IFRS auf eigene Eigenkapitalinstrumente eines Unternehmens anzuwenden, die zum beizulegenden Zeitwert bewertet werden.

ANWENDUNGSBEREICH

5 Dieser IFRS ist anzuwenden, wenn ein anderer IFRS Bewertungen zum beizulegenden Zeitwert oder Angaben über Bewertungen zum beizulegenden Zeitwert (und Bewertungen, wie beizulegender Zeitwert abzüglich Veräußerungskosten, die auf den beizulegenden Zeitwert basieren, oder Angaben zu solchen Bewertungen) vorschreibt oder gestattet. Davon ausgenommen sind die in den Paragraphen 6 und 7 genannten Fälle.

6 Die Bewertungs- und Angabevorschriften dieses IFRS gelten nicht für

a) anteilsbasierte Vergütungen, die in den Anwendungsbereich von IFRS 2 *Anteilsbasierte Vergütungen* fallen,

b) Leasingtransaktionen, die nach IFRS 16 *Leasingverhältnisse* bilanziert werden, und
c) Bewertungen, die einige Ähnlichkeiten mit einem beizulegenden Zeitwert haben, aber kein beizulegender Zeitwert sind, wie der Nettoveräußerungswert in IAS 2 *Vorräte* oder der Nutzungswert in IAS 36 *Wertminderung von Vermögenswerten*.

7 Die in diesem IFRS verlangten Angaben müssen nicht geliefert werden für
a) Planvermögen, das gemäß IAS 19 *Leistungen an Arbeitnehmer* zum beizulegenden Zeitwert bewertet wird,
b) Kapitalanlagen eines Altersversorgungsplans, die gemäß IAS 26 *Bilanzierung und Berichterstattung von Altersversorgungsplänen* zum beizulegenden Zeitwert bewertet werden, und
c) Vermögenswerte, für die der erzielbare Betrag der beizulegende Zeitwert abzüglich Veräußerungskosten gemäß IAS 36 ist.

8 Der im vorliegenden IFRS beschriebene Rahmen für die Bewertung zum beizulegenden Zeitwert gilt sowohl für die Bewertung beim erstmaligen Ansatz als auch für die Folgebewertung, falls der beizulegende Zeitwert nach anderen IFRS vorgeschrieben oder gestattet ist.

BEWERTUNG

Beizulegender Zeitwert - Definition

9 In diesem IFRS wird der beizulegende Zeitwert als der Preis definiert, der bei einem gewöhnlichen Geschäftsvorfall zwischen Marktteilnehmern am Bewertungsstichtag für den Verkauf eines Vermögenswerts erzielt oder bei der Übertragung einer Schuld gezahlt würde.

10 Der allgemeine Ansatz der Bewertung zum beizulegenden Zeitwert wird in Paragraph B2 beschrieben.

Der Vermögenswert oder die Schuld

11 Eine Bewertung zum beizulegenden Zeitwert betrifft jeweils einen bestimmten Vermögenswert oder eine bestimmte Schuld. Bei der Ermittlung des beizulegenden Zeitwerts hat ein Unternehmen daher die Merkmale des Vermögenswerts oder der Schuld zu berücksichtigen, falls Marktteilnehmer diese Merkmale bei der Festlegung des Preises für den Vermögenswert oder die Schuld zum Bewertungsstichtag berücksichtigen würden. Solche Merkmale schließen unter anderem Folgendes ein:
a) den Zustand und den Standort des Vermögenswerts und
b) etwaige Beschränkungen hinsichtlich der Veräußerung oder Nutzung des Vermögenswerts.

12 Wie sich ein bestimmtes Merkmal auf die Bewertung auswirkt, ist von Fall zu Fall verschieden und hängt davon ab, in welcher Weise es von Marktteilnehmern berücksichtigt würde.

13 Bei einem Vermögenswert oder einer Schuld, die zum beizulegenden Zeitwert bewertet werden, kann es sich entweder handeln um
a) einen eigenständigen Vermögenswert oder eine eigenständige Schuld (z. B. ein Finanzinstrument oder einen nicht finanziellen Vermögenswert) oder
b) um eine Gruppe von Vermögenswerten, eine Gruppe von Schulden oder eine Gruppe von Vermögenswerten und Schulden (z. B. eine zahlungsmittelgenerierende Einheit oder einen Geschäftsbetrieb).

14 Ob der Vermögenswert oder die Schuld für Ansatz- oder Angabezwecke ein eigenständiger Vermögenswert oder eine eigenständige Schuld, eine Gruppe von Vermögenswerten, eine Gruppe von Schulden oder eine Gruppe von Vermögenswerten und Schulden ist, hängt von seiner/ihrer *Bilanzierungseinheit* ab. Die Bilanzierungseinheit des Vermögenswerts oder der Schuld ist bis auf die in diesem IFRS vorgesehenen Fälle gemäß dem IFRS zu bestimmen, der eine Bewertung zum beizulegenden Zeitwert verlangt oder gestattet.

Der Geschäftsvorfall

15 Bei einer Bewertung zum beizulegenden Zeitwert wird davon ausgegangen, dass der Vermögenswert oder die Schuld in einem gewöhnlichen Geschäftsvorfall zwischen Marktteilnehmern getauscht wird, um am Bewertungsstichtag unter aktuellen Marktbedingungen verkauft bzw. übertragen zu werden.

16 Bei einer Bewertung zum beizulegenden Zeitwert wird davon ausgegangen, dass der Geschäftsvorfall, in dessen Rahmen der Vermögenswert verkauft oder die Schuld übertragen wird, entweder auf dem
a) *Hauptmarkt* für den Vermögenswert oder die Schuld oder
b) in Ermangelung eines Hauptmarktes auf dem für den Vermögenswert oder die Schuld *vorteilhaftesten Markt* stattfindet.

17 Zur Ermittlung des Hauptmarktes oder – in Ermangelung eines solchen – des vorteilhaftesten Marktes muss das Unternehmen keine vollständige Suche aller möglichen Märkte vornehmen, hat aber alle Informationen zu berücksichtigen, die angemessenerweise verfügbar sind. Solange kein gegenteiliger Nachweis vorliegt, gilt der Markt, in dem das Unternehmen normalerweise den Verkauf des Vermögenswerts oder die Übertragung der Schuld abschließen würde, als Hauptmarkt oder – in Ermangelung eines solchen – als der vorteilhafteste Markt.

18 Ist für den Vermögenswert oder die Schuld ein Hauptmarkt vorhanden, stellt die Bewertung zum beizulegenden Zeitwert den Preis in diesem Markt dar (dieser Preis ist entweder direkt beobachtbar oder wird anhand eines anderen Bewertungsverfahrens ermittelt), selbst wenn der Preis am Bewertungsstichtag in einem anderen Markt potenziell vorteilhafter ist.

19 Das Unternehmen muss am Bewertungsstichtag Zugang zu dem Hauptmarkt (oder dem vorteilhaftesten Markt) haben. Da verschiedene Unternehmen (und Geschäftsbereiche innerhalb dieser Unternehmen) mit unterschiedlichen Tätigkeiten Zugang zu verschiedenen Märkten haben können, kann der Hauptmarkt (oder der vorteilhafteste Markt) für den gleichen Vermögenswert oder die gleiche Schuld für verschiedene Unternehmen (und Geschäftsbereiche innerhalb dieser Unternehmen) unterschiedlich sein. Aus diesem Grund muss die Betrachtung des Hauptmarktes (oder vorteilhaftesten Marktes und damit der Marktteilnehmer) aus Sicht des Unternehmens erfolgen und somit den Unterschieden zwischen Unternehmen und Unternehmensteilen mit unterschiedlichen Tätigkeiten Rechnung tragen.

20 Ein Unternehmen muss zwar den Zugang zum Markt haben, muss am Bewertungsstichtag aber den betreffenden Vermögenswert oder die betreffende Schuld nicht verkaufen bzw. übertragen können, um den beizulegenden Zeitwert auf Basis des Preises in diesem Markt zu ermitteln.

21 Selbst wenn kein beobachtbarer Markt vorhanden ist, der Informationen über den bei Verkauf des Vermögenswerts oder Übertragung der Schuld am Bewertungsstichtag erzielbaren Preis liefern könnte, ist bei einer Bewertung zum beizulegenden Zeitwert davon auszugehen, dass ein Geschäftsvorfall zu diesem Zeitpunkt unter Berücksichtigung der Sicht des Marktteilnehmers, der den Vermögenswert hält oder die Schuld begleichen muss, stattfindet. Dieser unterstellte Geschäftsvorfall bildet die Grundlage für die Schätzung des Preises, der bei Verkauf des Vermögenswerts oder Übertragung der Schuld erzielt werden kann.

Marktteilnehmer

22 Ein Unternehmen hat den beizulegenden Zeitwert eines Vermögenswerts oder einer Schuld anhand der Annahmen zu ermitteln, die Marktteilnehmer bei der Festlegung des Preises für den Vermögenswert oder die Schuld zugrunde legen würden, wobei unterstellt wird, dass die Marktteilnehmer in ihrem wirtschaftlich besten Interesse handeln.

23 Die Entwicklung dieser Annahmen erfordert nicht, dass ein Unternehmen bestimmte Marktteilnehmer benennt. Stattdessen hat das Unternehmen allgemeine Unterscheidungsmerkmale für Marktteilnehmer zu benennen und dabei Faktoren zu berücksichtigen, die für alle nachstehend genannten Punkte typisch sind:
a) Vermögenswert oder Schuld,
b) Hauptmarkt (oder vorteilhaftester Markt) für den Vermögenswert oder die Schuld und
c) Marktteilnehmer, mit denen das Unternehmen in dem betreffenden Markt eine Transaktion abschließen würde.

Der Preis

24 Der beizulegende Zeitwert ist der Preis, der bei einem gewöhnlichen Geschäftsvorfall in dem Hauptmarkt (oder dem vorteilhaftesten Markt) am Bewertungsstichtag unter aktuellen Marktbedingungen beim Verkauf eines Vermögenswerts erzielt oder bei der Übertragung einer Schuld gezahlt würde (d. h. ein Abgangspreis), unabhängig davon, ob dieser Preis direkt beobachtbar ist oder unter Verwendung eines anderen Bewertungsverfahrens geschätzt wurde.

25 Der Preis im Hauptmarkt oder vorteilhaftesten Markt, der zur Ermittlung des beizulegenden Zeitwerts des Vermögenswerts oder der Schuld verwendet wird, ist nicht um *Transaktionskosten* zu bereinigen. Transaktionskosten sind nach anderen IFRS zu bilanzieren. Transaktionskosten sind kein Merkmal eines Vermögenswerts oder einer Schuld, sondern sind für einen Geschäftsvorfall charakteristisch und fallen abhängig davon, wie ein Unternehmen eine Transaktion für den Vermögenswert oder die Schuld abschließt, unterschiedlich aus.

26 Transaktionskosten enthalten keine *Transportkosten*. Stellt der Standort ein Merkmal des Vermögenswerts dar (wie beispielsweise bei einem Rohstoff der Fall sein könnte), ist der Preis im Hauptmarkt (oder vorteilhaftesten Markt) um etwaige Kosten zu bereinigen, die beim Transport des Vermögenswerts von seinem aktuellen Standort zu dem Markt entstehen würden.

Anwendung auf nichtfinanzielle Vermögenswerte

Höchst- und bestmögliche Nutzung für nichtfinanzielle Vermögenswerte

27 Bei der Bewertung eines nichtfinanziellen Vermögenswerts zum beizulegenden Zeitwert wird die Fähigkeit des Marktteilnehmers berücksichtigt, durch *höchst- und bestmögliche Nutzung* des Vermögenswerts oder durch dessen Verkauf an einen anderen Marktteilnehmer, der den Vermögenswert höchst- und bestmöglich nutzen würde, wirtschaftlichen Nutzen zu generieren.

28 Als höchst- und bestmögliche Nutzung eines nichtfinanziellen Vermögenswerts wird eine Nutzung betrachtet, die physisch möglich, rechtlich zulässig und finanziell durchführbar ist, d. h.:
a) bei einer physisch möglichen Verwendung werden die physischen Merkmale des Vermögenswerts berücksichtigt, die Marktteilnehmer bei der Festlegung des Preises für den Vermögenswert zugrunde legen würden (z. B. Lage oder Größe eines Grundstücks),
b) bei einer rechtlich zulässigen Nutzung werden alle rechtlichen Einschränkungen für die Nutzung des Vermögenswerts berücksichtigt, die Marktteilnehmer bei der Festlegung des Preises für den Vermögenswert zugrunde legen würden (z. B. Bebauungsvorschriften für ein Grundstück),
c) bei einer finanziell durchführbaren Nutzung wird berücksichtigt, ob die physisch mögliche und rechtlich zulässige Nutzung eines Vermögenswerts ausreichende Erträge oder

Zahlungsströme generiert (unter Berücksichtigung der Kosten der Umwandlung des Vermögenswerts für die betreffende Nutzung), um einen Kapitalertrag zu erwirtschaften, wie ihn Marktteilnehmer für eine Kapitalanlage in einen auf diese Weise genutzten Vermögenswert verlangen würden.

29 Die höchst- und bestmögliche Nutzung wird auch dann aus Sicht der Marktteilnehmer bestimmt, wenn das Unternehmen eine andere Nutzung beabsichtigt. Es wird jedoch unterstellt, dass die aktuelle Nutzung eines nicht finanziellen Vermögenswerts im Unternehmen seiner höchst- und bestmöglichen Nutzung entspricht, es sei denn, dass der Markt oder andere Faktoren Anhaltspunkte dafür liefern, dass eine alternative Nutzung durch Marktteilnehmer den Wert des Vermögenswerts maximieren würde.

30 Zum Schutz seiner Wettbewerbsposition oder aus anderen Gründen kann ein Unternehmen beabsichtigen, von der aktiven Nutzung eines erworbenen nichtfinanziellen Vermögenswerts oder von seiner höchst- und bestmöglichen Nutzung abzusehen. Dies könnte beispielsweise bei einem erworbenen immateriellen Vermögenswert der Fall sein, bei dem das Unternehmen eine defensive Nutzung plant, um andere an seiner Nutzung zu hindern. Das Unternehmen hat jedoch den beizulegenden Zeitwert eines nicht finanziellen Vermögenswerts unter der Annahme seiner höchst- und bestmöglichen Nutzung durch Marktteilnehmer zu ermitteln.

Bewertungsprämisse für nichtfinanzielle Vermögenswerte

31 Die höchst- und bestmögliche Nutzung eines nichtfinanziellen Vermögenswerts bestimmt die Bewertungsprämisse, auf deren Grundlage der beizulegende Zeitwert eines Vermögenswerts ermittelt wird, wie folgt:

a) Die höchst- und bestmögliche Nutzung eines nichtfinanziellen Vermögenswerts könnte Marktteilnehmern durch eine Nutzung in Kombination mit anderen Vermögenswerten als Gruppe (wie eingerichtet oder anderweitig zur Nutzung konfiguriert) oder in Kombination mit anderen Vermögenswerten und Schulden (z. B. ein Geschäftsbetrieb) maximalen Wert verschaffen.

   i) Besteht die höchst- und bestmögliche Nutzung des Vermögenswerts in einer Nutzung in Kombination mit anderen Vermögenswerten oder in Kombination mit anderen Vermögenswerten und Schulden, ist der beizulegende Zeitwert des Vermögenswerts der Preis, der in einem aktuellen Geschäftsvorfall beim Verkauf des Vermögenswerts erzielt würde, wobei unterstellt wird, dass der Vermögenswert mit anderen Vermögenswerten oder mit anderen Vermögenswerten und Schulden genutzt würde und dass diese Vermögenswerte und Schulden (d. h. die ergänzenden Vermögenswerte und zugehörigen Schulden) den Marktteilnehmern zur Verfügung stünden.

   ii) Mit dem Vermögenswert und den ergänzenden Vermögenswerten verbundene Schulden sind unter anderem Schulden zur Finanzierung des Umlaufvermögens, nicht aber Schulden zur Finanzierung von anderen Vermögenswerten außerhalb der betreffenden Gruppe von Vermögenswerten.

   iii) Annahmen zur höchst- und bestmöglichen Nutzung eines nichtfinanziellen Vermögenswerts müssen für alle Vermögenswerte (für die die höchst- und bestmögliche Nutzung relevant ist) der Gruppe von Vermögenswerten oder der Gruppe von Vermögenswerten und Schulden, innerhalb der der Vermögenswert genutzt würde, konsistent sein.

b) Die höchst- und bestmögliche Nutzung eines nichtfinanziellen Vermögenswerts könnte Marktteilnehmern eigenständig maximalen Wert verschaffen. Besteht die höchst- und bestmögliche Nutzung des Vermögenswerts in seiner eigenständigen Nutzung, ist der beizulegende Zeitwert des Vermögenswerts der Preis, der in einem aktuellen Geschäftsvorfall beim Verkauf des Vermögenswerts an Marktteilnehmer, die den Vermögenswert eigenständig nutzen würden, erzielt würde.

32 Bei der Bewertung eines nichtfinanziellen Vermögenswerts zum beizulegenden Zeitwert wird unterstellt, dass der Vermögenswert im Einklang mit der in anderen IFRS beschriebenen Bilanzierungseinheit (die ein einzelner Vermögenswert sein kann) verkauft wird. Dies ist auch dann der Fall, wenn bei dieser Bewertung zum beizulegenden Zeitwert unterstellt wird, dass die höchst- und bestmögliche Nutzung des Vermögenswerts seine Nutzung in Kombination mit anderen Vermögenswerten oder mit anderen Vermögenswerten und Schulden ist, da bei einer Bewertung zum beizulegenden Zeitwert unterstellt wird, dass der Marktteilnehmer die ergänzenden Vermögenswerte und zugehörigen Schulden bereits hält.

33 Paragraph B3 beschreibt die Anwendung der Bewertungsprämisse bei nichtfinanziellen Vermögenswerten.

Anwendung auf Schulden und auf eigene Eigenkapitalinstrumente eines Unternehmens

Allgemeine Grundsätze

34 Bei einer Bewertung zum beizulegenden Zeitwert wird unterstellt, dass eine finanzielle oder nichtfinanzielle Verbindlichkeit oder ein eigenes Eigenkapitalinstrument eines Unternehmens (z. B. bei einem Unternehmenszusammenschluss als Gegenleistung ausgegebene Eigenkapitalanteile) am Bewertungsstichtag auf einen Marktteilnehmer übertragen wird. Bei der Übertragung einer Schuld oder eines eigenen

Eigenkapitalinstruments eines Unternehmens wird Folgendes unterstellt:

a) die Schuld bliebe offen und der übernehmende Marktteilnehmer müsste die Verpflichtung erfüllen. Die Schuld würde am Bewertungsstichtag nicht mit der Vertragspartei ausgeglichen oder anderweitig getilgt.

b) ein eigenes Eigenkapitalinstrument eines Unternehmens bliebe offen und der übernehmende Marktteilnehmer würde die mit dem Instrument verbundenen Rechte und Verpflichtungen übernehmen. Das Instrument würde am Bewertungsstichtag nicht annulliert oder anderweitig aufgehoben.

35 Selbst wenn kein beobachtbarer Markt vorhanden ist, der Informationen über den bei Übertragung einer Schuld oder eines eigenen Eigenkapitalinstruments eines Unternehmens erzielbaren Preis liefern könnte (z. B. weil vertragliche oder andere rechtliche Einschränkungen die Übertragung eines derartigen Werts verhindern), könnte es für derartige Werte dann einen beobachtbaren Markt geben, wenn diese von anderen Parteien als Vermögenswerte gehalten werden (z.B. als Industrieanleihe oder Kaufoption auf die Anteile eines Unternehmens).

36 Um die Zielsetzung einer Bewertung zum beizulegenden Zeitwert zu erreichen, d. h. den Preis zu schätzen, zu dem die Schuld oder das Eigenkapitalinstrument unter aktuellen Marktbedingungen am Bewertungsstichtag bei einem gewöhnlichen Geschäftsvorfall zwischen Marktteilnehmern übertragen würde, hat ein Unternehmen grundsätzlich so weit wie möglich relevante beobachtbare Eingangsparameter und so wenig wie möglich nicht beobachtbare Eingangsparameter zu verwenden.

Schulden und Eigenkapitalinstrumente, die von anderen Parteien als Vermögenswerte gehalten werden

37 Ist für die Übertragung einer identischen oder ähnlichen Schuld oder eines identischen oder ähnlichen eigenen Eigenkapitalinstruments eines Unternehmens keine Marktpreisnotierung verfügbar und wird der identische Wert von einer anderen Partei als Vermögenswert gehalten, hat das Unternehmen den beizulegenden Zeitwert der Schuld oder des Eigenkapitalinstruments aus der Sicht des Marktteilnehmers zu ermitteln, der den identischen Wert am Bewertungsstichtag als Vermögenswert hält.

38 In derartigen Fällen hat ein Unternehmen den beizulegenden Zeitwert der Schuld oder des Eigenkapitalinstruments wie folgt zu ermitteln:

a) anhand des an einem *aktiven Markt* notierten Preises des identischen Werts, der von einer anderen Partei als Vermögenswert gehalten wird, falls dieser Preis verfügbar ist,

b) ist dieser Preis nicht verfügbar, anhand anderer beobachtbarer Eingangsparameter wie dem Preis, der an einem Markt notiert ist, der für den von einer anderen Partei als Vermögenswert gehaltenen identischen Wert kein aktiver ist,

c) sind die beobachtbaren Preise aus (a) und (b) nicht verfügbar, anhand eines anderen Bewertungsverfahrens, wie

i) einem *kapitalwertbasierten Ansatz* (z. B. einem Barwertverfahren, das die künftigen Zahlungsströme berücksichtigt, deren Erhalt ein Marktteilnehmer aus dem Halten der Schuld oder des Eigenkapitalinstruments als Vermögenswert erwarten würde; siehe Paragraphen B10 und B11),

ii) einem marktbasierten Ansatz (z. B. Verwendung notierter Preise für ähnliche Schulden oder Eigenkapitalinstrumente, die von anderen Parteien als Vermögenswerte gehalten werden; siehe Paragraphen B5–B7).

39 Ein Unternehmen hat den notierten Preis einer Schuld oder eines eigenen Eigenkapitalinstruments, die/das von einer anderen Partei als Vermögenswert gehalten wird, nur anzupassen, wenn es für den Vermögenswert kennzeichnende Faktoren gibt, die für die Bewertung der Schuld oder des Eigenkapitalinstruments zum beizulegenden Zeitwert nicht anwendbar sind. Ein Unternehmen hat sicherzustellen, dass die Auswirkungen einer Beschränkung, die den Verkauf des Vermögenswerts verhindert, nicht im Preis des Vermögenswerts widergespiegelt werden. Faktoren, die darauf hindeuten können, dass der notierte Preis des Vermögenswerts angepasst werden sollte, sind u. a.:

a) Der für den Vermögenswert notierte Preis bezieht sich auf eine ähnliche (aber nicht identische) Schuld oder ein ähnliches (aber nicht identisches) Eigenkapitalinstrument, die/das von einer anderen Partei als Vermögenswert gehalten wird. Die Schuld oder das Eigenkapitalinstrument kann beispielsweise ein besonderes Merkmal aufweisen (z. B. die Bonität des Emittenten), das sich von dem unterscheidet, das im beizulegenden Zeitwert der ähnlichen Schuld oder der ähnlichen Eigenkapitalinstrumente, die/das als Vermögenswert gehalten wird, zum Ausdruck kommt.

b) Die Bilanzierungseinheit für den Vermögenswert ist nicht die gleiche wie für die Schuld oder das Eigenkapitalinstrument. Bei Schulden beispielsweise spiegelt der Preis für einen Vermögenswert in einigen Fällen einen kombinierten Preis für ein Paket wider, das sowohl die vom Emittenten fälligen Beträge als auch die Kreditsicherheit eines Dritten enthält. Ist die Bilanzierungseinheit für die Schuld nicht das kombinierte Paket, besteht die Zielsetzung darin, den beizulegenden Zeitwert der Schuld des Emittenten, nicht den des kombinierten Pakets zu ermitteln. In derartigen Fällen würde das Unternehmen daher den für den Vermögenswert beobach-

Schulden und Eigenkapitalinstrumente, die nicht von anderen Parteien als Vermögenswerte gehalten werden

40 Ist für die Übertragung einer identischen oder ähnlichen Schuld oder eines identischen oder ähnlichen eigenen Eigenkapitalinstruments eines Unternehmens kein notierter Preis verfügbar und wird der identische Wert von keiner anderen Partei als Vermögenswert gehalten, hat ein Unternehmen den beizulegenden Zeitwert der Schuld oder des Eigenkapitalinstruments mithilfe eines Bewertungsverfahrens aus Sicht eines Marktteilnehmers zu ermitteln, der die Schuld begleichen muss oder den Anspruch auf das Eigenkapital begeben hat.

41 Bei Anwendung eines Barwertverfahrens könnte ein Unternehmen beispielsweise einen der beiden folgenden Gesichtspunkte berücksichtigen:
a) die künftigen Mittelabflüsse, die ein Marktteilnehmer bei der Erfüllung der Verpflichtung erwarten würde, einschließlich der Gegenleistung, die der Marktteilnehmer für die Übernahme der Verpflichtung verlangen würde (siehe Paragraphen B31–B33),
b) den Betrag, den ein Marktteilnehmer für das Eingehen einer identischen Schuld oder das Begeben eines identischen Eigenkapitalinstruments erhalten würde. Dabei sind die Annahmen zugrunde zu legen, die Marktteilnehmer bei der Festlegung des Preises für den identischen Wert (z. B. mit den gleichen Kreditmerkmalen) im Hauptmarkt oder vorteilhaftesten Markt für die Ausgabe einer Schuld oder eines Eigenkapitalinstruments mit den gleichen Vertragsbedingungen verwenden würden.

Risiko der Nichterfüllung

42 Der beizulegende Zeitwert einer Schuld spiegelt die Auswirkung des Risikos der Nichterfüllung wider. Das Risiko der Nichterfüllung beinhaltet das eigene Ausfallrisiko eines Unternehmens (im Sinne von IFRS 7 *Finanzinstrumente: Angaben*), ist aber nicht darauf beschränkt. Es wird angenommen, dass das Risiko der Nichterfüllung vor und nach der Übertragung der Schuld gleich ist.

43 Bei der Ermittlung des beizulegenden Zeitwerts einer Schuld hat ein Unternehmen die Auswirkung seines Ausfallrisikos (Bonität) und alle anderen Faktoren zu berücksichtigen, die die Wahrscheinlichkeit der Erfüllung oder Nichterfüllung der Verpflichtungen beeinflussen könnten. Diese Auswirkung kann je nach Art der Schuld unterschiedlich sein und beispielsweise davon abhängen,
a) ob die Schuld eine Verpflichtung zur Leistung einer Zahlung (finanzielle Verbindlichkeit) oder eine Verpflichtung zur Lieferung von Gütern oder Dienstleistungen (nicht finanzielle Verbindlichkeit) ist,
b) wie die Bedingungen etwaiger mit der Schuld verbundener Kreditsicherheiten sind.

44 Der beizulegende Zeitwert einer Schuld spiegelt die Auswirkung des Risikos der Nichterfüllung auf der Grundlage ihrer Bilanzierungseinheit wider. Der Emittent einer Schuld, die mit einer untrennbaren Kreditsicherheit eines Dritten, die von der Schuld getrennt bilanziert wird, ausgegeben wurde, darf die Auswirkung der Kreditsicherheit (z. B. die Bürgschaft eines Dritten) bei der Bewertung der Schuld zum beizulegenden Zeitwert nicht berücksichtigen. Wird die Kreditsicherheit getrennt von der Schuld bilanziert, hätte der Emittent bei der Ermittlung des beizulegenden Zeitwerts der Schuld seine eigene Bonität und nicht die des Bürgen zu berücksichtigen.

Einschränkung, die die Übertragung einer Schuld oder eines eigenen Eigenkapitalinstruments eines Unternehmens verhindert

45 Besteht eine Einschränkung, die die Übertragung des betreffenden Werts verhindert, darf das Unternehmen bei der Ermittlung des beizulegenden Zeitwerts einer Schuld oder eines eigenen Eigenkapitalinstruments hierfür keinen separaten Eingangsparameter berücksichtigen oder eine Anpassung an anderen diesbezüglichen Eingangsparametern vornehmen. Die Auswirkung einer Beschränkung, die die Übertragung einer Schuld oder eines eigenen Eigenkapitalinstruments eines Unternehmens verhindert, ist entweder implizit oder explizit in den anderen Eingangsparametern für die Ermittlung des beizulegenden Zeitwerts enthalten.

46 Zum Beispiel haben sowohl der Gläubiger als auch der Schuldner zum Zeitpunkt der Transaktion den Transaktionspreis für die Schuld akzeptiert – in voller Kenntnis des Umstands, dass die Schuld eine Einschränkung enthält, die deren Übertragung verhindert. Da die Einschränkung im Transaktionspreis berücksichtigt wurde, ist zur Abbildung der Auswirkung der Übertragungseinschränkung zum Zeitpunkt der Transaktion weder ein separater Eingangsparameter noch eine Anpassung eines bestehenden Eingangsparameters erforderlich. Ebensowenig ist an späteren Bewertungsstichtagen ein separater Eingangsparameter oder eine Anpassung bestehender Eingangsparameter erforderlich, um die Auswirkung der Übertragungseinschränkung widerzuspiegeln.

Kurzfristig abrufbare finanzielle Verbindlichkeit

47 Der beizulegende Zeitwert einer kurzfristig abrufbaren finanziellen Verbindlichkeit (z. B. einer Sichteinlage) ist nicht niedriger als der auf Sicht zahlbare Betrag, der vom ersten Tag an, an dem die Zahlung des Betrags verlangt werden könnte, abgezinst wird.

Anwendung auf finanzielle Vermögenswerte und finanzielle Verbindlichkeiten mit kompensierenden Positionen hinsichtlich des Markt- oder Kontrahenten-Ausfallrisikos

48 Ein Unternehmen, das eine Gruppe finanzieller Vermögenswerte und finanzieller Verbindlichkeiten hält, ist Marktrisiken (im Sinne von IFRS 7) und dem Ausfallrisiko (im Sinne von IFRS 7) der jeweiligen Kontrahenten ausgesetzt. Steuert das Unternehmen die betreffende Gruppe finanzieller Vermögenswerte und finanzieller Verbindlichkeiten auf Grundlage ihres durch Marktrisiken oder durch das Ausfallrisiko bedingten Nettorisikos, darf es bei der Ermittlung des beizulegenden Zeitwerts eine Ausnahme vom vorliegenden IFRS anwenden. Diese Ausnahme erlaubt es einem Unternehmen, den beizulegenden Zeitwert einer Gruppe finanzieller Vermögenswerte und finanzieller Verbindlichkeiten auf Grundlage des Preises zu ermitteln, der bei einem gewöhnlichen Geschäftsvorfall zwischen Marktteilnehmern am Bewertungsstichtag unter aktuellen Marktbedingungen beim Verkauf einer Netto-Long-Position (d. h. eines Vermögenswerts) für ein bestimmtes Risiko erzielt würde oder bei der Übertragung einer Netto-Short-Position (d. h. einer Schuld) für ein bestimmtes Risiko zu zahlen wäre. Dementsprechend hat ein Unternehmen den beizulegenden Zeitwert der Gruppe finanzieller Vermögenswerte und finanzieller Verbindlichkeiten in gleicher Weise zu ermitteln, wie Marktteilnehmer die Nettorisikoposition am Bewertungsstichtag bepreisen würden.

49 Ein Unternehmen darf die in Paragraph 48 beschriebene Ausnahme nur dann anwenden, wenn es alles Folgende unternimmt:

a) Es steuert die Gruppe finanzieller Vermögenswerte und finanzieller Verbindlichkeiten auf Grundlage seines Nettorisikos aus einem bestimmten Marktrisiko (oder bestimmten Marktrisiken) oder aus dem Ausfallrisiko einer bestimmten Vertragspartei gemäß der dokumentierten Risikomanagement- oder Anlagestrategie des Unternehmens,

b) es gibt dem Management in Schlüsselpositionen (im Sinne von IAS 24 *Angaben über Beziehungen zu nahestehenden Unternehmen und Personen*) auf dieser Grundlage Auskunft über die Gruppe finanzieller Vermögenswerte und finanzieller Verbindlichkeiten, und

c) es ist verpflichtet oder hat die Wahl getroffen, diese finanziellen Vermögenswerte und finanziellen Verbindlichkeiten in der Bilanz jedes Abschlussstichtags zum beizulegenden Zeitwert zu bewerten.

50 Die Ausnahme in Paragraph 48 betrifft nicht die Darstellung des Abschlusses. In einigen Fällen unterscheidet sich die Grundlage für die Darstellung von Finanzinstrumenten in der Bilanz von der Grundlage für die Bewertung von Finanzinstrumenten. Dies ist z. B. der Fall, wenn ein IFRS keine saldierte Darstellung von Finanzinstrumenten verlangt oder gestattet. In solchen Fällen müsste ein Unternehmen die auf Portfolioebene vorgenommenen Anpassungen (siehe Paragraphen 53–56) den einzelnen Vermögenswerten oder Schulden zuordnen, die die Gruppe finanzieller Vermögenswerte und finanzieller Verbindlichkeiten bilden, die auf Grundlage der Nettorisikoposition des Unternehmens gesteuert wird. Ein Unternehmen hat solche Zuordnungen auf angemessener und stetiger Basis unter Anwendung einer den Umständen angemessenen Methode vorzunehmen.

51 Um die in Paragraph 48 beschriebene Ausnahme zu nutzen, hat ein Unternehmen eine Entscheidung für eine Rechnungslegungsmethode gemäß IAS 8 *Rechnungslegungsmethoden, Änderungen von rechnungslegungsbezogenen Schätzungen und Fehler* zu treffen. Macht ein Unternehmen von der Ausnahme Gebrauch, hat es diese Rechnungslegungsmethode, einschließlich seiner Methode für die Zuordnung von Geld-/Brief-Anpassungen (siehe Paragraphen 53–55) und Ausfallrisiko-Anpassungen (siehe Paragraph 56), soweit anwendbar, für ein bestimmtes Portfolio von Periode zu Periode stetig anzuwenden.

52 Die Ausnahme in Paragraph 48 gilt nur für finanzielle Vermögenswerte, finanzielle Verbindlichkeiten und sonstige Verträge im Anwendungsbereich von IFRS 9 *Finanzinstrumente* (oder IAS 39 *Finanzinstrumente: Ansatz und Bewertung*, falls IFRS 9 noch nicht übernommen wurde). Die Bezugnahmen auf finanzielle Vermögenswerte und finanzielle Verbindlichkeiten in den Paragraphen 48–51 und 53–56 sollten unabhängig davon, ob sie der Definition von finanziellen Vermögenswerten oder finanziellen Verbindlichkeiten in IAS 32 *Finanzinstrumente: Darstellung* entsprechen, als Bezugnahmen auf sämtliche Verträge verstanden werden, die in den Anwendungsbereich von IFRS 9 (oder IAS 39, falls IFRS 9 noch nicht übernommen wurde) fallen und nach diesen bilanziert werden.

Marktrisiken

53 Wird für die Ermittlung des beizulegenden Zeitwerts einer Gruppe finanzieller Vermögenswerte und finanzieller Verbindlichkeiten, die auf Grundlage des Nettorisikos des Unternehmens aus einem bestimmten Marktrisiko (oder aus bestimmten Marktrisiken) gesteuert werden, die Ausnahme in Paragraph 48 in Anspruch genommen hat, das Unternehmen denjenigen Preis innerhalb der Geld-Brief-Spanne anzuwenden, der unter den gegebenen Umständen im Hinblick auf das Nettorisiko des Unternehmens aus diesen Marktrisiken für den beizulegenden Zeitwert am repräsentativsten ist (siehe Paragraphen 70 und 71).

54 Macht ein Unternehmen von der Ausnahme in Paragraph 48 Gebrauch, hat es sicherzustellen, dass das Marktrisiko (oder die Marktrisiken), dem bzw. denen das Unternehmen innerhalb dieser Gruppe finanzieller Vermögenswerte und finanzieller Verbindlichkeiten ausgesetzt ist, so gut wie das Gleiche ist. Ein Unternehmen würde beispielsweise nicht das mit einem finanziellen Vermögenswert verbundene Zinsänderungsrisiko und das mit einem finanziellen Vermögenswert verbundene Rohstoffpreisrisiko kombinieren, da dadurch das Zinsänderungsrisiko oder das Rohstoffpreisrisiko des Unternehmens nicht gemindert würde. Wenn von der Ausnahme in Paragraph 48 Gebrauch gemacht wird, ist jedes Basisrisiko, das aus nicht identischen Marktrisikoparametern resultiert, bei der Zeitwertbewertung der finanziellen Vermö-

genswerte und finanziellen Verbindlichkeiten der Gruppe zu berücksichtigen.

55 Auch die Dauer des mit den finanziellen Vermögenswerten und finanziellen Verbindlichkeiten verbundenen Risikos des Unternehmens aus einem bestimmten Marktrisiko (oder aus bestimmten Marktrisiken), muss so gut wie die Gleiche sein. Ein Unternehmen, das beispielsweise einen 12-Monats-Terminkontrakt gegen die entsprechenden Zahlungsströme eines 12-Monats-Werts des Zinsänderungsrisikos eines Finanzinstruments mit einer Laufzeit von fünf Jahren innerhalb einer nur aus diesen finanziellen Vermögenswerten und finanziellen Verbindlichkeiten bestehenden Gruppe verwendet, ermittelt den beizulegenden Zeitwert des Risikos aus dem Zwölfmonats-Zinsänderungsrisiko auf Nettobasis und des verbleibenden Zinsänderungsrisikos (d. h. die Jahre 2–5) auf Bruttobasis.

Ausfallrisiko einer bestimmten Vertragspartei

56 Wird von der Ausnahme in Paragraph 48 Gebrauch gemacht, um den beizulegenden Zeitwert einer Gruppe finanzieller Vermögenswerte und finanzieller Verbindlichkeiten, die mit einer bestimmten Vertragspartei geschlossen wurden, zu ermitteln, hat das Unternehmen die Auswirkung auf sein Nettorisiko aus dem Ausfallrisiko dieser Vertragspartei oder das Nettorisiko der Vertragspartei aus dem Ausfallrisiko des Unternehmens bei der Bewertung zum beizulegenden Zeitwert zu berücksichtigen, wenn Marktteilnehmer etwaige Vereinbarungen zur Verringerung des Ausfallrisikos bei Zahlungsausfall (z. B. einen Globalverrechnungsvertrag mit dem Vertragspartner oder eine Vereinbarung, die den Tausch von Sicherheiten auf Grundlage des Nettorisikos jeder Partei aus dem Ausfallrisiko der anderen Partei verlangt) berücksichtigen würden. Die Bewertung zum beizulegenden Zeitwert hat die Erwartungen der Marktteilnehmer über die Wahrscheinlichkeit, dass eine solche Vereinbarung bei einem Ausfall rechtlich durchsetzbar wäre, widerzuspiegeln.

Beizulegender Zeitwert beim erstmaligen Ansatz

57 Wird in einem Tauschgeschäft ein Vermögenswert erworben oder eine Schuld übernommen, ist der Transaktionspreis der Preis, zu dem der betreffende Vermögenswert erworben oder die betreffende Schuld übernommen wurde (*Zugangspreis*). Im Gegensatz dazu ist der beizulegende Zeitwert des Vermögenswerts oder der Schuld der Preis, zu dem der Vermögenswert verkauft oder die Schuld übertragen würde (Abgangspreis). Unternehmen veräußern Vermögenswerte nicht unbedingt zu den Preisen, die sie für deren Erwerb gezahlt haben. Ebenso übertragen Unternehmen Schulden nicht unbedingt zu den Preisen, die sie für deren Übernahme erhalten haben.

58 In vielen Fällen wird der Transaktionspreis dem beizulegenden Zeitwert entsprechen (dies kann z. B. der Fall sein, wenn zum Transaktionszeitpunkt der Kauf eines Vermögenswerts in dem Markt stattfindet, in dem dieser Vermögenswert auch verkauft würde.)

59 Bei der Bestimmung, ob der beizulegende Zeitwert beim erstmaligen Ansatz dem Transaktionspreis entspricht, hat ein Unternehmen die für die Transaktion und die für den Vermögenswert oder die Schuld charakteristischen Faktoren zu berücksichtigen. In Paragraph B4 werden Fälle beschrieben, in denen der Transaktionspreis beim erstmaligen Ansatz nicht den beizulegenden Zeitwert eines Vermögenswerts oder einer Schuld repräsentieren könnte.

60 Wird in einem anderen IFRS die erstmalige Bewertung eines Vermögenswerts oder einer Schuld zum beizulegenden Zeitwert verlangt oder gestattet und weicht der Transaktionspreis vom beizulegenden Zeitwert ab, hat das Unternehmen den resultierenden Gewinn oder Verlust erfolgswirksam zu erfassen, sofern der betreffende IFRS nichts anderes bestimmt.

Bewertungsverfahren

61 Ein Unternehmen hat Bewertungsverfahren zu verwenden, die unter den gegebenen Umständen angemessen sind und für die ausreichend Daten für die Bewertung zum beizulegenden Zeitwert zur Verfügung stehen, wobei so weit wie möglich auf relevante beobachtbare Eingangsparameter und so wenig wie möglich auf nicht beobachtbare Eingangsparameter zurückzugreifen ist.

62 Die Zielsetzung bei der Verwendung eines Bewertungsverfahrens besteht darin, den Preis zu schätzen, zu dem ein gewöhnlicher Geschäftsvorfall zum Verkauf des Vermögenswerts oder zur Übertragung der Schuld zwischen Marktteilnehmern am Bewertungsstichtag unter aktuellen Marktbedingungen stattfinden würde. Drei weitverbreitete Bewertungsverfahren sind der marktbasierte Ansatz, der *kostenbasierte Ansatz* und der kapitalwertbasierte Ansatz. Die Hauptaspekte dieser Ansätze sind in den Paragraphen B5–B11 zusammengefasst. Für die Ermittlung des beizulegenden Zeitwerts hat ein Unternehmen Bewertungsverfahren anzuwenden, die mit einem oder mehreren der oben genannten Ansätze in Einklang stehen.

63 In einigen Fällen wird ein einziges Bewertungsverfahren angemessen sein (z. B. bei der Bewertung eines Vermögenswerts oder einer Schuld anhand von Preisen, die in einem aktiven Markt für identische Vermögenswerte oder Schulden notiert sind). In anderen Fällen können mehrere Bewertungsverfahren angemessen sein (dies kann z. B. bei der Bewertung einer zahlungsmittelgenerierenden Einheit der Fall sein). Werden zur Ermittlung des beizulegenden Zeitwerts mehrere Bewertungsverfahren herangezogen, sind die Ergebnisse (d. h. die entsprechenden Anhaltspunkte für den beizulegenden Zeitwert) unter Berücksichtigung der Plausibilität der durch diese Ergebnisse aufgezeigten Bandbreite von Werten zu beurteilen. Eine Bewertung zum beizulegenden Zeitwert ist der Punkt innerhalb der Bandbreite, der den beizu-

legenden Zeitwert unter den gegebenen Umständen am besten repräsentiert.

64 Entspricht beim erstmaligen Ansatz der Transaktionspreis dem beizulegenden Zeitwert und wird in Folgeperioden ein Bewertungsverfahren angewandt, das nicht beobachtbare Eingangsparameter nutzt, ist das Bewertungsverfahren so zu kalibrieren, dass das Ergebnis des betreffenden Bewertungsverfahrens beim erstmaligen Ansatz dem Transaktionspreis entspricht. Mit der Kalibrierung wird sichergestellt, dass das Bewertungsverfahren aktuelle Marktbedingungen widerspiegelt. Zudem unterstützt sie ein Unternehmen bei der Bestimmung, ob eine Anpassung des Bewertungsverfahrens notwendig ist (z. B. wenn der Vermögenswert oder die Schuld ein von dem Bewertungsverfahren nicht erfasstes Merkmal aufweisen). Wendet ein Unternehmen bei der Bewertung zum beizulegenden Zeitwert ein Bewertungsverfahren an, das nicht beobachtbare Eingangsparameter nutzt, muss es im Anschluss an den erstmaligen Ansatz dafür sorgen, dass die betreffenden Bewertungsverfahren zum Bewertungsstichtag beobachtbare Marktdaten widerspiegeln (d. h. den Preis für ähnliche Vermögenswerte oder Schulden).

65 Die zur Ermittlung des beizulegenden Zeitwerts verwendeten Bewertungsverfahren sind stetig anzuwenden. Eine Änderung an einem Bewertungsverfahren oder an seiner Anwendung (z. B. eine Änderung seiner Gewichtung bei Verwendung mehrerer Bewertungsverfahren oder eine Änderung an einer an einem Bewertungsverfahren vorgenommenen Anpassung) ist jedoch angemessen, wenn die Änderung zu einer Bewertung führt, die unter den gegebenen Umständen den beizulegenden Zeitwert gleich gut oder besser repräsentiert. Dies kann der Fall sein, wenn beispielsweise eines der folgenden Ereignisse eintritt:

a) neue Märkte werden erschlossen,
b) neue Informationen sind verfügbar,
c) bisher verwendete Informationen sind nicht mehr verfügbar,
d) Bewertungsverfahren werden verbessert oder
e) Marktbedingungen ändern sich.

66 Überarbeitungen, die aus einer Änderung bei dem Bewertungsverfahren oder seiner Anwendung resultieren, sind als Änderung einer rechnungslegungsbezogenen Schätzung gemäß IAS 8 zu bilanzieren. Die in IAS 8 verlangten Angaben bei Änderung einer rechnungslegungsbezogenen Schätzung sind jedoch nicht erforderlich für Überarbeitungen, die aus einer Änderung bei dem Bewertungsverfahren oder dessen Anwendung resultieren.

Eingangsparameter für Bewertungsverfahren

Allgemeine Grundsätze

67 Bei den zur Ermittlung des beizulegenden Zeitwerts verwendeten Bewertungsverfahren ist so weit wie möglich auf relevante beobachtbare Eingangsparameter und so wenig wie möglich auf nicht beobachtbare Eingangsparameter zurückzugreifen.

68 Märkte, in denen für bestimmte Vermögenswerte und Schulden (z. B. Finanzinstrumente) Eingangsparameter beobachtbar sein könnten, sind u. a. Börsen, Händlermärkte („dealer markets"), Vermittlermärkte („brokered markets") und Direktmärkte („principal-to-principal markets") (siehe Paragraph B34).

69 Ein Unternehmen hat Eingangsparameter zu wählen, die denjenigen Merkmalen des Vermögenswerts oder der Schuld entsprechen, die Marktteilnehmer bei einem Geschäftsvorfall im Zusammenhang mit dem betreffenden Vermögenswert oder der betreffenden Schuld berücksichtigen würden (siehe Paragraphen 11 und 12). Solche Merkmale führen in einigen Fällen dazu, dass eine Anpassung in Form eines Aufschlags oder Abschlags vorgenommen wird, (z. B. ein Aufschlag für die Beherrschung oder ein Abschlag bei nicht beherrschenden Anteilen). In eine Bewertung zum beizulegenden Zeitwert sind jedoch keine Auf- oder Abschläge einzubeziehen, die nicht mit der Bilanzierungseinheit in dem IFRS übereinstimmen, der eine Bewertung zum beizulegenden Zeitwert verlangt oder gestattet (siehe Paragraphen 13 und 14). Auf- oder Abschläge, die Größe als ein Merkmal für einen Bestand des Unternehmens (insbesondere ein Paketabschlag, der den notierten Preis eines Vermögenswerts oder einer Schuld anpasst, weil das normale tägliche Handelsvolumen des Marktes nicht ausreicht, um die von dem Unternehmen gehaltene Menge gemäß Paragraph 80 zu absorbieren), und nicht als ein Merkmal des Vermögenswerts oder der Schuld (z. B. ein Aufschlag für die Beherrschung bei der Ermittlung des beizulegenden Zeitwerts eines beherrschenden Anteils) widerspiegeln, sind bei einer Bewertung zum beizulegenden Zeitwert nicht zulässig. In allen Fällen, in denen es für einen Vermögenswert oder eine Schuld einen notierten Preis an einem aktiven Markt (d. h. einen Eingangsparameter der Stufe 1) gibt, hat ein Unternehmen diesen Preis bei der Ermittlung des beizulegenden Zeitwerts ohne Anpassung zu verwenden, sofern nicht die in Paragraph 79 beschriebenen Umstände vorliegen.

Eingangsparameter auf der Grundlage von Geld- und Briefkursen

70 Besteht für einen zum beizulegenden Zeitwert bewerteten Vermögenswert oder eine zum beizulegenden Zeitwert bewertete Schuld ein Geld- und Briefkurs (z. B. ein Eingangsparameter eines Händlermarktes), ist zur Ermittlung des beizulegenden Zeitwerts der Preis innerhalb der Geld-Brief-Spanne zu verwenden, der den beizulegenden Zeitwert unter den gegebenen Umständen am besten repräsentiert. Dabei spielt es keine Rolle, welcher Stufe der Fair-Value-Hierarchie der Eingangsparameter zugeordnet wird (d. h. Stufe 1, 2, oder 3, siehe Paragraphen 72–90). Die Verwendung von Geldkursen für Vermögenspositionen und Briefkursen für Schuldpositionen ist zulässig, aber nicht vorgeschrieben.

71 Der vorliegende IFRS schließt die Nutzung von Mittelkursen oder anderen Bepreisungskonventionen, die von Marktteilnehmern als praktischer Behelf für die Bewertung zum beizulegenden Zeitwert innerhalb der Geld-Brief-Spanne herangezogen werden, nicht aus.

Fair-Value-Hierarchie

72 Um die Stetigkeit und Vergleichbarkeit bei Bewertungen zum beizulegenden Zeitwert und den zugehörigen Angaben zu erhöhen, wird im vorliegenden IFRS eine Hierarchie für den beizulegenden Zeitwert (sog. „Fair-Value-Hierarchie") festgelegt. Diese Hierarchie teilt die in den Bewertungsverfahren für die Bewertung zum beizulegenden Zeitwert verwendeten Eingangsparameter in drei Stufen ein (siehe Paragraphen 76–90). Bei der Fair-Value-Hierarchie wird den an aktiven Märkten für identische Vermögenswerte oder Schulden notierten (unverändert übernommenen) Preisen (Eingangsparameter der Stufe 1) die höchste Priorität eingeräumt, während nicht beobachtbare Eingangsparameter die niedrigste Priorität erhalten (Eingangsparameter der Stufe 3).

73 In einigen Fällen können die zur Ermittlung des beizulegenden Zeitwerts eines Vermögenswerts oder einer Schuld verwendeten Eingangsparameter verschiedenen Stufen der Fair-Value-Hierarchie zugeordnet werden. In solchen Fällen wird die Bewertung zum beizulegenden Zeitwert insgesamt der gleichen Hierarchiestufe zugeordnet wie der Eingangsparameter der niedrigsten Stufe, der für die Bewertung als Ganzes von Bedeutung ist. Die Beurteilung der Bedeutung eines bestimmten Eingangsparameters für die Bewertung insgesamt erfordert Ermessensausübung. Hierbei sind die für den Vermögenswert oder die Schuld charakteristischen Faktoren zu berücksichtigen. Bei der Bestimmung, welcher Hierarchiestufe eine Bewertung zum beizulegenden Zeitwert zuzuordnen ist, dürfen Anpassungen, die zu zeitwertbasierten Bewertungen führen, nicht berücksichtigt werden, wie Veräußerungskosten, die bei der Ermittlung des beizulegenden Zeitwerts abzüglich der Veräußerungskosten berücksichtigt werden.

74 Die Verfügbarkeit relevanter Eingangsparameter und deren relative Subjektivität könnten die Wahl angemessener Bewertungsverfahren beeinflussen (siehe Paragraph 61). In der Fair-Value-Hierarchie wird jedoch den in die Bewertungsverfahren einfließenden Eingangsparametern und nicht den zur Ermittlung des beizulegenden Zeitwerts verwendeten Bewertungsverfahren Vorrang gegeben. Beispielsweise könnte eine Bewertung zum beizulegenden Zeitwert, bei der ein Barwertverfahren verwendet wird, der Stufe 2 oder der Stufe 3 zugeordnet werden, je nachdem, welche Eingangsparameter für die Bewertung als Ganzes von Bedeutung sind und welcher Hierarchiestufe diese Parameter zugeordnet werden.

75 Wenn ein beobachtbarer Eingangsparameter eine Anpassung erfordert, bei der ein nicht beobachtbarer Eingangsparameter zum Einsatz kommt, und wenn diese Anpassung zu einer wesentlich höheren oder niedrigeren Zeitwertbewertung führt, würde die daraus resultierende Bewertung der Hierarchiestufe 3 zugeordnet. Würde ein Marktteilnehmer beispielsweise bei der Schätzung des Preises für einen Vermögenswert die Auswirkung einer Verkaufsbeschränkung für den Vermögenswert berücksichtigen, dann würde ein Unternehmen den notierten Preis anpassen, um die Auswirkung dieser Beschränkung widerzuspiegeln. Handelt es sich bei diesem notierten Preis um einen *Eingangsparameter der Stufe 2* und ist die Anpassung ein nicht beobachtbarer Eingangsparameter, der für die Bewertung als Ganzes von Bedeutung ist, würde die Bewertung der Hierarchiestufe 3 zugeordnet.

Eingangsparameter der Stufe 1

76 Eingangsparameter der Stufe 1 sind die an aktiven Märkten für identische Vermögenswerte oder Schulden notierten (unverändert übernommenen) Preise, auf die das Unternehmen am Bewertungsstichtag zugreifen kann.

77 Ein an einem aktiven Markt notierter Preis liefert den verlässlichsten Anhaltspunkt für den beizulegenden Zeitwert und ist, wann immer verfügbar, ohne Anpassung bei der Ermittlung des beizulegenden Zeitwerts zu verwenden. Ausgenommen sind die in Paragraph 79 beschriebenen Umstände.

78 Ein Eingangsparameter der Stufe 1 wird für viele finanzielle Vermögenswerte und finanzielle Verbindlichkeiten verfügbar sein, von denen einige auf mehreren aktiven Märkten ausgetauscht werden könnten (z. B. an unterschiedlichen Börsen). Aus diesem Grund liegt auf Stufe 1 der Schwerpunkt auf der Bestimmung der beiden folgenden Aspekte:

a) welches der Hauptmarkt für den Vermögenswert oder die Schuld ist oder – in Ermangelung eines Hauptmarkts – welches der vorteilhafteste Markt für den Vermögenswert oder die Schuld ist, und

b) ob das Unternehmen am Bewertungsstichtag zu dem Preis an diesem Markt eine Transaktion mit dem Vermögenswert oder der Schuld abschließen kann.

79 Unternehmen dürfen nur unter folgenden Umständen eine Anpassung an einem Eingangsparameter der Stufe 1 vornehmen:

a) wenn ein Unternehmen eine große Anzahl ähnlicher (aber nicht identischer) Vermögenswerte oder Schulden (z. B. Schuldverschreibungen) hält, die zum beizulegenden Zeitwert bewertet werden und ein an einem aktiven Markt notierter Preis verfügbar, aber nicht für jeden einzelnen dieser Vermögenswerte oder Schulden ohne Weiteres zugänglich ist (d. h. bei der großen Anzahl der vom Unternehmen gehaltenen ähnlichen Vermögenswerte oder Schulden wäre es schwierig, am Bewertungsstichtag Preisinformationen für jeden einzelnen Vermögenswert oder jede einzelne Schuld einzuholen). In diesem Fall kann ein Unternehmen den beizulegenden Zeitwert behelfsweise mit einer alternativen

Bepreisungsmethode ermitteln, die sich nicht ausschließlich auf notierte Preise stützt (z. B. Matrix-Preismodelle). Die Anwendung einer alternativen Bepreisungsmethode führt jedoch dazu, dass die Bewertung zum beizulegenden Zeitwert einer niedrigeren Stufe in der Fair-Value-Hierarchie zugeordnet wird.

b) wenn ein an einem aktiven Markt notierter Preis zum Bewertungsstichtag nicht den beizulegenden Zeitwert repräsentiert. Dies kann beispielsweise dann der Fall sein, wenn bedeutende Ereignisse (wie Geschäftsvorfälle in einem Direktmarkt, Handel in einem Vermittlermarkt oder Bekanntgaben) nach Marktschluss, aber vor dem Bewertungsstichtag eintreten. Ein Unternehmen muss zur Ermittlung dieser Ereignisse, die sich auf Bewertungen zum beizulegenden Zeitwert auswirken könnten, eine unternehmenseigene Methode festlegen und stetig anwenden. Wird der notierte Preis jedoch aufgrund neuer Informationen angepasst, führt diese Anpassung dazu, dass die Bewertung zum beizulegenden Zeitwert einer niedrigeren Stufe in der Fair-Value-Hierarchie zugeordnet wird.

c) wenn der beizulegende Zeitwert einer Schuld oder eines eigenen Eigenkapitalinstruments eines Unternehmens anhand des Preises ermittelt wird, der für einen identischen, an einem aktiven Markt als Vermögenswert gehandelten Posten notiert ist, und dieser Preis aufgrund von Faktoren angepasst werden muss, die für den betreffenden Posten bzw. Vermögenswert charakteristisch sind (siehe Paragraph 39). Ist keine Anpassung erforderlich, ergibt sich eine Bewertung zum beizulegenden Zeitwerts auf Stufe 1 der Fair-Value-Hierarchie. Jede Anpassung des notierten Preises des Vermögenswerts führt jedoch dazu, dass die Bewertung zum beizulegenden Zeitwert einer niedrigeren Stufe in der Fair-Value-Hierarchie zugeordnet wird.

80 Wenn ein Unternehmen eine Position in einem einzigen Vermögenswert oder einer einzigen Schuld hält (eingeschlossen sind Positionen, die eine große Zahl identischer Vermögenswerte oder Schulden umfassen, z. B. ein Bestand an Finanzinstrumenten) und dieser Vermögenswert oder diese Schuld an einem aktiven Markt gehandelt wird, ist der beizulegende Zeitwert des Vermögenswerts oder der Schuld auf Stufe 1 als Produkt aus dem für den einzelnen Vermögenswert oder die einzelne Schuld notierten Marktpreis und der vom Unternehmen gehaltenen Menge zu ermitteln. Dies ist auch dann der Fall, wenn das normale tägliche Handelsvolumen eines Markts nicht ausreicht, um die gehaltene Menge zu absorbieren und sich Auftragserteilungen zur Veräußerung der Position in einer einzigen Transaktion auf den notierten Preis auswirken könnten.

Eingangsparameter der Stufe 2

81 Eingangsparameter der Stufe 2 sind andere als die in Stufe 1 enthaltenen notierten Preise, die für den Vermögenswert oder die Schuld entweder direkt oder indirekt beobachtbar sind.

82 Hat der Vermögenswert oder die Schuld eine festgelegte (vertragliche) Laufzeit, muss ein Eingangsparameter der Stufe 2 für so gut wie die gesamte Laufzeit des Vermögenswerts oder der Schuld beobachtbar sein. Eingangsparameter der Stufe 2 beinhalten:

a) an aktiven Märkten für ähnliche Vermögenswerte oder Schulden notierte Preise,

b) an nicht aktiven Märkten für identische oder ähnliche Vermögenswerte oder Schulden notierte Preise,

c) andere Eingangsparameter als notierte Preise, die für den Vermögenswert oder die Schuld beobachtbar sind, z. B.:

    i) in üblichen Intervallen beobachtbare Zinssätze und Renditekurven,

    ii) implizite Volatilitäten und

    iii) Kreditspreads.

d) *marktgestützte Eingangsparameter.*

83 Anpassungen an Eingangsparametern der Stufe 2 werden je nach den für den Vermögenswert oder die Schuld charakteristischen Faktoren variieren. Diese Faktoren sind unter anderem:

a) Zustand oder Standort des Vermögenswerts,

b) der Umfang, in dem sich Eingangsparameter auf Posten beziehen, die mit dem Vermögenswert oder der Schuld vergleichbar sind (einschließlich der in Paragraph 39 beschriebenen Faktoren), und

c) das Volumen oder das Ausmaß der Aktivität an den Märkten, an denen die Eingangsparameter beobachtet werden.

84 Eine Anpassung an einem Eingangsparameter der Stufe 2, die für die Bewertung als Ganzes von Bedeutung ist, könnte dazu führen, dass eine Bewertung zum beizulegenden Zeitwert der Stufe 3 der Fair-Value-Hierarchie zugeordnet wird, wenn sich die Anpassung auf wesentliche, nicht beobachtbare Eingangsparameter stützt.

85 Paragraph B35 beschreibt die Verwendung von Eingangsparametern der Stufe 2 bei bestimmten Vermögenswerten und Schulden.

Eingangsparameter der Stufe 3

86 Eingangsparameter der Stufe 3 sind Eingangsparameter, die für den Vermögenswert oder die Schuld nicht beobachtbar sind.

87 Nicht beobachtbare Eingangsparameter sind in dem Umfang zur Ermittlung des beizulegenden Zeitwerts heranzuziehen, in dem keine relevanten beobachtbaren Eingangsparameter verfügbar sind. Hierdurch wird auch Situationen Rechnung getragen, in denen für den Vermögenswert oder die Schuld am Bewertungsstichtag wenig oder keine Marktaktivität besteht. Die Zielsetzung der Bewertung zum beizulegenden Zeitwert bleibt jedoch gleich, d. h. am Bewertungsstichtag einen Abgangspreis aus der Sicht eines Marktteilnehmers zu ermitteln, der den Vermögenswert hält oder

die Schuld begleichen muss. Nicht beobachtbare Eingangsparameter haben also die Annahmen, einschließlich der Annahmen zum Risiko widerzuspiegeln, die die Marktteilnehmer bei der Festlegung des Preises für den Vermögenswert oder die Schuld zugrunde legen würden.

88 Annahmen zum Risiko umfassen das mit einem bestimmten Bewertungsverfahren zur Ermittlung des beizulegenden Zeitwerts (wie ein Preismodell) verbundene Risiko und das mit den in das Bewertungsverfahren einfließenden Eingangsparametern verbundene Risiko. Eine Bewertung, bei der keine Risikoanpassung vorgenommen wird, obwohl Marktteilnehmer diese bei Festlegung des Preises des Vermögenswerts oder der Schuld berücksichtigen würden, stellt keine Bewertung zum beizulegenden Zeitwert dar. Eine Risikoanpassung könnte z. B. notwendig sein, wenn erhebliche Bewertungsunsicherheiten bestehen (z. B. wenn das Volumen oder Ausmaß an Marktaktivität im Vergleich zur normalen Marktaktivität für die betreffenden oder ähnliche Vermögenswerte oder Schulden erheblich zurückgegangen ist und das Unternehmen bestimmt hat, dass der Transaktionspreis oder der notierte Preis nicht den beizulegenden Zeitwert repräsentiert (wie in den Paragraphen B37–B47 beschrieben).

89 Ein Unternehmen hat unter Verwendung der unter den gegebenen Umständen am besten verfügbaren Informationen, die eigene Daten des Unternehmens umfassen könnten, nicht beobachtbare Eingangsparameter zu entwickeln. Bei der Entwicklung nicht beobachtbarer Eingangsparameter kann ein Unternehmen mit seinen eigenen Daten beginnen, muss diese aber anpassen, wenn bei vertretbarem Aufwand verfügbare Informationen darauf hinweisen, dass andere Marktteilnehmer andere Daten verwenden würden, oder wenn das Unternehmen eine Besonderheit aufweist, die andere Marktteilnehmer nicht haben (wie eine unternehmensspezifische Synergie). Um Informationen über die Annahmen von Marktteilnehmern einzuholen, braucht ein Unternehmen keine allumfassenden Anstrengungen zu unternehmen. Es hat jedoch alle Informationen über Annahmen von Marktteilnehmern zu berücksichtigen, die bei vertretbarem Aufwand verfügbar sind. Nicht beobachtbare Eingangsparameter, die in der oben beschriebenen Weise hergeleitet wurden, gelten als Annahmen von Marktteilnehmern und erfüllen die Zielsetzung einer Bewertung zum beizulegenden Zeitwert.

90 Paragraph B36 beschreibt die Verwendung von Eingangsparametern der Stufe 3 bei bestimmten Vermögenswerten und Schulden.

ANGABEN

91 Ein Unternehmen muss Informationen angeben, die den Abschlussadressaten helfen, die beiden folgenden Punkte zu beurteilen:
a) bei Vermögenswerten und Schulden, die in der Bilanz nach dem erstmaligen Ansatz regelmäßig oder einmalig zum beizulegenden Zeitwert bewertet werden, die Bewertungsverfahren und die zur Entwicklung dieser **Bewertungen verwendeten Eingangsparameter,**
b) **bei regelmäßigen Bewertungen zum beizulegenden Zeitwert, bei denen bedeutende nicht beobachtbare Eingangsparameter verwendet wurden (Stufe 3), die Auswirkung der Bewertungen auf den Gewinn oder Verlust oder auf das sonstige Ergebnis der Periode.**

92 Zur Erfüllung der in Paragraph 91 genannten Zielsetzungen hat ein Unternehmen alle folgenden Punkte zu berücksichtigen:
a) den zur Erfüllung der Angabepflichten notwendigen Detaillierungsgrad,
b) wieviel Gewicht auf jede der verschiedenen Vorschriften zu legen ist,
c) in welchem Umfang Zusammenfassungen oder Aufgliederungen vorzunehmen sind und
d) ob die Abschlussadressaten zusätzliche Informationen benötigen, um die angegebenen quantitativen Informationen zu beurteilen.

Reichen die gemäß diesem und anderen IFRS vorgelegten Angaben zur Erfüllung der Zielsetzungen in Paragraph 91 nicht aus, hat ein Unternehmen zusätzliche Informationen anzugeben, um diese Zielsetzungen zu erfüllen.

93 Zur Erfüllung der in Paragraph 91 genannten Zielsetzungen hat ein Unternehmen für jede Klasse von Vermögenswerten und Schulden (siehe Paragraph 94 bezüglich Informationen zur Bestimmung geeigneter Klassen von Vermögenswerten und Schulden), die in der Bilanz nach dem erstmaligen Ansatz zum beizulegenden Zeitwert bewertet werden (einschließlich auf beizulegendem Zeitwert basierender Bewertungen im Anwendungsbereich dieses IFRS), zumindest Folgendes anzugeben:
a) bei regelmäßigen und einmaligen Bewertungen zum beizulegenden Zeitwert die Zeitwertbewertung am Abschlussstichtag und bei einmaligen Bewertungen zum beizulegenden Zeitwert die Gründe für die Bewertung. Regelmäßige Bewertungen von Vermögenswerten oder Schulden zum beizulegenden Zeitwert sind solche, die andere IFRS für die Bilanz zu jedem Abschlussstichtag verlangen oder gestatten. Einmalige Bewertungen von Vermögenswerten oder Schulden zum beizulegenden Zeitwert sind solche, die andere IFRS für die Bilanz unter bestimmten Umständen verlangen (z. B. wenn ein Unternehmen gemäß IFRS 5 *Zur Veräußerung gehaltene langfristige Vermögenswerte und aufgegebene Geschäftsbereiche* einen zur Veräußerung gehaltenen Vermögenswert zum beizulegenden Zeitwert abzüglich Veräußerungskosten bewertet, weil der beizulegende Zeitwert abzüglich Veräußerungskosten des betreffenden Vermögenswerts niedriger als dessen Buchwert ist) verlangen oder gestatten.
b) bei regelmäßigen und einmaligen Bewertungen zum beizulegenden Zeitwert die Stufe der

Fair-Value-Hierarchie, der die Bewertungen zum beizulegenden Zeitwert in ihrer Gesamtheit zugeordnet werden (Stufe 1, 2 oder 3).

c) bei am Abschlussstichtag gehaltenen Vermögenswerten und Schulden, die regelmäßig zum beizulegenden Zeitwert bewertet werden, die Beträge aller etwaigen Umgliederungen zwischen Stufe 1 und Stufe 2 der Fair-Value-Hierarchie, die Gründe für diese Umgliederungen und die Methode des Unternehmens zur Bestimmung, wann Umgliederungen zwischen den Stufen als stattgefunden gelten (siehe Paragraph 95). Umgliederungen in die einzelnen Stufen sind gesondert von Umgliederungen aus den einzelnen Stufen anzugeben und zu erläutern.

d) bei regelmäßigen und einmaligen Bewertungen zum beizulegenden Zeitwert, die Stufe 2 und Stufe 3 der Fair-Value-Hierarchie zugeordnet sind, eine Beschreibung des/der Bewertungsverfahren(s) und die bei der Bewertung zum beizulegenden Zeitwert verwendeten Eingangsparameter. Wurde das Bewertungsverfahren geändert (z. B. von einem marktbasierten Ansatz zu einem kapitalwertbasierten Ansatz oder ein zusätzliches Bewertungsverfahren verwendet), hat das Unternehmen diese Änderung anzugeben und zu begründen. Bei Bewertungen zum beizulegenden Zeitwert, die Stufe 3 der Fair-Value-Hierarchie zugeordnet sind, hat das Unternehmen quantitative Informationen über bedeutende, nicht beobachtbare Eingangsparameter vorzulegen, die bei der Ermittlung des beizulegenden Zeitwerts verwendet wurden. Ein Unternehmen muss zur Erfüllung seiner Angabepflicht keine quantitativen Informationen erzeugen, falls quantitative nicht beobachtbare Eingangsparameter bei der Ermittlung des beizulegenden Zeitwerts durch das Unternehmen nicht hergeleitet werden (z. B. wenn ein Unternehmen Preise früherer Geschäftsvorfälle oder Preisinformationen eines Dritten ohne Anpassung verwendet). Bei der Bereitstellung dieser Angabe darf ein Unternehmen jedoch quantitative, nicht beobachtbare Eingangsparameter, die für die Ermittlung des beizulegenden Zeitwerts von Bedeutung sind und dem Unternehmen bei vertretbarem Aufwand zur Verfügung stehen, nicht ignorieren.

e) bei regelmäßigen, Stufe 3 der Fair-Value-Hierarchie zugeordneten Bewertungen zum beizulegenden Zeitwert eine Überleitungsrechnung von den Eröffnungs- zu den Schlusssalden mit gesonderter Angabe der in der Periode angefallenen Veränderungen, die zurückzuführen sind auf

　　i) die gesamten Gewinne oder Verluste der Periode, die erfolgswirksam erfasst wurden und der/die Posten der Gewinn- und Verlustrechnung/Gesamtergebnisrechnung, in dem/denen diese Gewinne oder Verluste erfasst sind,

　　ii) die gesamten Gewinne oder Verluste der Periode, die im sonstigen Ergebnis erfasst wurden und der/die Posten der Gesamtergebnisrechnung, in dem/denen jene Gewinne oder Verluste erfasst sind,

　　iii) Käufe, Verkäufe, Emissionen und Rückzahlungen/Rückführungen (wobei jede dieser Arten von Änderungen gesondert anzugeben ist),

　　iv) die Beträge aller Umgliederungen in oder aus Stufe 3 der Fair-Value-Hierarchie, die Gründe für diese Umgliederungen und die Methode des Unternehmens zur Bestimmung, wann Umgliederungen zwischen den Stufen als stattgefunden gelten (siehe Paragraph 95). Umgliederungen in die Stufe 3 sind gesondert von Umgliederungen aus der Stufe 3 anzugeben und zu erläutern.

f) bei regelmäßigen, Stufe 3 der Fair-Value-Hierarchie zugeordneten Bewertungen zum beizulegenden Zeitwert die unter (e)(i) angegebene Summe der erfolgswirksam erfassten Gewinne oder Verluste der Periode, der auf die Veränderung nicht realisierter Gewinne oder Verluste aus am Abschlussstichtag gehaltenen Vermögenswerten und Schulden entfällt, sowie der/die Posten der Gewinn- und Verlustrechnung/Gesamtergebnisrechnung, in dem/denen diese nicht realisierten Gewinne oder Verluste erfasst sind.

g) bei regelmäßigen und einmaligen, Stufe 3 der Fair-Value-Hierarchie zugeordneten Bewertungen zum beizulegenden Zeitwert eine Beschreibung der vom Unternehmen verwendeten Bewertungsprozesse (darunter wie ein Unternehmen z. B. seine Bewertungsmethoden und Verfahren bestimmt und Veränderungen in der Bewertung zum beizulegenden Zeitwert von Periode zu Periode analysiert).

h) bei regelmäßigen, Stufe 3 der Fair-Value-Hierarchie zugeordneten Bewertungen zum beizulegenden Zeitwert:

　　i) bei allen Bewertungen dieser Art eine ausführliche Beschreibung der Sensitivität der Bewertungen zum beizulegenden Zeitwert gegenüber Änderungen nicht beobachtbarer Eingangsparameter, falls eine Änderung solcher Eingangsparameter in einen anderen Betrag zu einer signifikant höheren oder niedrigeren Bewertung zum beizulegenden Zeitwert führen könnte. Bestehen zwischen den genannten Eingangsparametern und anderen nicht beobachtbaren Eingangsparametern, die bei der Bewertung zum beizulegenden Zeitwert zum Einsatz kommen, wechselseitige Zusammenhänge, hat ein Unternehmen außerdem diese wechselseitigen Zusammenhänge und wie sie die Auswirkung der Änderungen nicht beobachtbarer Eingangsparameter auf die Bewertung zum beizulegenden

Zeitwert vergrößern oder mindern könnten, zu beschreiben. Zur Erfüllung dieser Angabepflicht muss die ausführliche Beschreibung der Sensitivität gegenüber den Änderungen nicht beobachtbarer Eingangsparameter wenigstens die nicht beobachtbaren Eingangsparameter, die zur Erfüllung der Anforderungen in (d) angegeben werden, enthalten.

ii) würde sich bei finanziellen Vermögenswerten und finanziellen Verbindlichkeiten der beizulegende Zeitwert signifikant ändern, wenn ein oder mehrere nicht beobachtbare Eingangsparameter durch angemessenerweise für möglich gehaltene Alternativen ersetzt werden, hat ein Unternehmen diese Tatsache und die Auswirkungen dieser Änderungen anzugeben. Das Unternehmen muss angeben, wie es die Auswirkung einer Änderung auf eine angemessenerweise für möglich gehaltene Alternative berechnet hat. Zu diesem Zweck ist signifikant mit Blick auf den Gewinn oder Verlust und die Summe der Vermögenswerte oder Summe der Schulden bzw. wenn die Änderungen des beizulegenden Zeitwerts im sonstigen Ergebnis erfasst werden, auf die Summe des Eigenkapitals zu beurteilen.

i) falls bei regelmäßigen und einmaligen Bewertungen zum beizulegenden Zeitwert die höchst- und bestmögliche Nutzung eines nichtfinanziellen Vermögenswerts von seiner gegenwärtigen Nutzung abweicht, hat ein Unternehmen dies anzugeben und zu begründen, warum der nichtfinanzielle Vermögenswert in einer Weise genutzt wird, die von der höchst- und bestmöglichen Nutzung abweicht.

94 Ein Unternehmen hat auf folgender Grundlage geeignete Klassen von Vermögenswerten und Schulden zu bestimmen:

a) nach Art, Merkmalen und Risiken des Vermögenswerts oder der Schuld und

b) nach der Hierarchiestufe, der die Bewertung zum beizulegenden Zeitwert zugeordnet ist.

Bei Bewertungen zum beizulegenden Zeitwert auf Stufe 3 der Fair-Value-Hierarchie muss die Anzahl der Klassen eventuell größer sein, weil diesen Bewertungen ein höherer Grad an Unsicherheit und Subjektivität anhaftet. Bei der Bestimmung angemessener Klassen von Vermögenswerten und Schulden, für die Angaben zu Bewertungen zum beizulegenden Zeitwert vorzulegen sind, ist Ermessensausübung erforderlich. Bei einer Klasse von Vermögenswerten und Schulden ist häufig eine stärkere Aufgliederung erforderlich als bei den in der Bilanz dargestellten Posten. Ein Unternehmen hat jedoch genügend Angaben bereitzustellen, um eine Überleitungsrechnung auf die in der Bilanz dargestellten Posten zu ermöglichen. Wird in einem anderen IFRS für einen Vermögenswert oder eine Schuld eine Klasse vorgegeben, kann ein Unternehmen unter der Bedingung, dass die betreffende Klasse die Anforderungen in diesem Paragraphen erfüllt, diese Klasse bei der Bereitstellung der im vorliegenden IFRS verlangten Angaben verwenden.

95 Ein Unternehmen hat seine Methode zur Bestimmung des Zeitpunkts, zu dem Umgliederungen zwischen Hierarchiestufen als stattgefunden gelten, gemäß Paragraph 93(c) und (e)(iv) anzugeben und stetig anzuwenden. Die Methode zur Bestimmung des Zeitpunkts der Erfassung von Umgliederungen muss für Umgliederungen in Stufen und Umgliederungen aus Stufen dieselbe sein. Es folgen Beispiele für Methoden zur Bestimmung des Zeitpunkts von Umgliederungen:

a) das Datum des Ereignisses oder der Veränderung der Umstände, das/die die Umgliederung verursacht hat,

b) der Beginn der Berichtsperiode,

c) das Ende der Berichtsperiode.

96 Trifft ein Unternehmen bezüglich seiner Rechnungslegungsmethode die Entscheidung, die in Paragraph 48 vorgesehene Ausnahme zu nutzen, hat es dies anzugeben.

97 Ein Unternehmen hat für jede Klasse von Vermögenswerten und Schulden, die in der Bilanz nicht zum beizulegenden Zeitwert bewertet werden, für die der beizulegende Zeitwert aber angegeben wird, die in Paragraph 93(b), (d) und (i) verlangten Angaben zu machen. Ein Unternehmen muss jedoch nicht die in Paragraph 93(d) verlangten quantitativen Angaben über bedeutende, nicht beobachtbare Eingangsparameter vorlegen, die bei Bewertungen zum beizulegenden Zeitwert, die der Hierarchiestufe 3 zugeordnet werden, zum Einsatz kommen. Für diese Vermögenswerte und Schulden ist ein Unternehmen von den anderen Angabepflichten dieses IFRS befreit.

98 Bei einer zum beizulegenden Zeitwert bewerteten Schuld, die mit einer untrennbaren Kreditsicherheit eines Dritten ausgegeben wurde, hat ein Emittent die Existenz dieser Kreditsicherheit und ob sie bei der Bewertung zum beizulegenden Zeitwert der Schuld berücksichtigt wurde, anzugeben.

99 Ein Unternehmen hat die im vorliegenden IFRS verlangten quantitativen Angaben tabellarisch darzustellen, sofern nicht ein anderes Format angemessener ist.

3/12. IFRS 13
Anhang A

Anhang A

Definitionen

Dieser Anhang ist integraler Bestandteil des IFRS.

Aktiver Markt	Ein Markt, an dem Geschäftsvorfälle mit dem Vermögenswert oder der Schuld mit ausreichender Häufigkeit und ausreichendem Volumen stattfinden, um fortlaufend Preisinformationen bereitzustellen.
Kostenbasierter Ansatz	Ein Bewertungsverfahren, das den Betrag widerspiegelt, der gegenwärtig erforderlich wäre, um die Leistungskapazität eines Vermögenswerts zu ersetzen (häufig als aktuelle Wiederbeschaffungskosten bezeichnet).
Zugangspreis	Der Preis, der in einem Tauschgeschäft für den Erwerb eines Vermögenswerts gezahlt oder für die Übernahme einer Schuld entgegengenommen wird.
Abgangspreis	Der Preis, der für den Verkauf eines Vermögenswerts erzielt oder für die Übertragung einer Schuld gezahlt würde.
Erwarteter Zahlungsstrom	Der wahrscheinlichkeitsgewichtete Durchschnitt (d. h. der Mittelwert der Verteilung) möglicher künftiger Zahlungsströme.
Beizulegender Zeitwert	Der Preis, der in einem gewöhnlichen Geschäftsvorfall zwischen Marktteilnehmern am Bewertungsstichtag für den Verkauf eines Vermögenswerts erzielt oder für die Übertragung einer Schuld gezahlt würde.
Höchst- und bestmögliche Nutzung	Die Nutzung eines nichtfinanziellen Vermögenswerts durch Marktteilnehmer, die den Wert des Vermögenswerts oder der Gruppe von Vermögenswerten und Schulden (z. B. eines Geschäftsbetriebs), innerhalb deren der Vermögenswert genutzt würde, maximieren würde.
Kapitalwertbasierter Ansatz	Bewertungsverfahren, bei denen künftige Beträge (z. B. Zahlungsströme oder Erträge und Aufwendungen) in einen einzigen aktuellen (d. h. abgezinsten) Betrag umgerechnet werden. Die Bewertung zum beizulegenden Zeitwert wird auf der Grundlage des durch aktuelle Markterwartungen über diese künftigen Beträge gekennzeichneten Werts ermittelt.
Eingangsparameter	Die Annahmen, die Marktteilnehmer bei der Festlegung des Preises für den Vermögenswert oder die Schuld zugrunde legen würden. Dies schließt auch Annahmen zum Risiko ein, wie beispielsweise a) das Risiko, das mit einem bestimmten Bewertungsverfahren zur Ermittlung des beizulegenden Zeitwerts (wie einem Preismodell) verbunden ist, und b) das Risiko, das mit den in das Bewertungsverfahren einfließenden Eingangsparametern verbunden ist. Eingangsparameter können beobachtbar oder nicht beobachtbar sein.
Eingangsparameter der Stufe 1	Notierte (unverändert übernommene) Preise an aktiven Märkten für identische Vermögenswerte oder Schulden, auf die das Unternehmen am Bewertungsstichtag zugreifen kann.
Eingangsparameter der Stufe 2	Andere Eingangsparameter als die auf Stufe 1 enthaltenen notierten Preise, die für den Vermögenswert oder die Schuld entweder direkt oder indirekt beobachtbar sind.
Eingangsparameter der Stufe 3	Für den Vermögenswert oder die Schuld nicht beobachtbare Eingangsparameter.
Marktbasierter Ansatz	Ein Bewertungsverfahren, bei dem Preise und andere relevante Informationen verwendet werden, die durch Markttransaktionen mit identischen oder vergleichbaren (d. h. ähnlichen) Vermögenswerten, Schulden oder einer Gruppe von Vermögenswerten und Schulden, wie z. B. einem Geschäftsbetrieb, generiert werden.

3/12. IFRS 13
Anhang A

Marktgestützte Eingangsparameter	Eingangsparameter, die hauptsächlich aus oder durch beobachtbare(n) Marktdaten durch Korrelation oder sonstige Verfahren abgeleitet oder gestützt werden.
Marktteilnehmer	Käufer und Verkäufer im Hauptmarkt (oder vorteilhaftesten Markt) für den Vermögenswert oder die Schuld, die alle nachstehenden Merkmale aufweisen:

a) Sie sind voneinander unabhängig, d. h. sie sind keine nahestehenden Unternehmen und Personen im Sinne von IAS 24, obwohl der Preis bei einem Geschäftsvorfall zwischen nahestehenden Unternehmen und Personen als Eingangsparameter zur Ermittlung des beizulegenden Zeitwerts verwendet werden kann, sofern dem Unternehmen Nachweise dafür vorliegen, dass der Geschäftsvorfall zu Marktbedingungen erfolgte.

b) Sie sind sachkundig und verfügen über ein angemessenes Verständnis des Vermögenswerts oder der Schuld und des Geschäftsvorfalls. Hierzu nutzen sie alle bei vertretbarem Aufwand verfügbaren Informationen, einschließlich solcher, die durch sorgfältige Anstrengungen, die gängig und üblich sind, erlangt werden könnten.

c) Sie sind in der Lage, eine Transaktion über den Vermögenswert oder die Schuld abzuschließen.

d) Sie sind gewillt, eine Transaktion über den Vermögenswert oder die Schuld abzuschließen, d. h. sie sind motiviert, aber nicht gezwungen oder anderweitig dazu genötigt.

Vorteilhaftester Markt	Der Markt, der den nach Berücksichtigung von Transaktions- und Transportkosten beim Verkauf des Vermögenswerts einzunehmenden Betrag maximieren oder den bei Übertragung der Schuld zu zahlenden Betrag minimieren würde.
Risiko der Nichterfüllung	Das Risiko, dass ein Unternehmen eine Verpflichtung nicht erfüllen wird. Das Risiko der Nichterfüllung schließt das eigene Ausfallrisiko des Unternehmens ein, darf aber nicht darauf beschränkt werden.
Beobachtbare Eingangsparameter	Eingangsparameter, die unter Verwendung von Marktdaten wie öffentlich verfügbaren Informationen über tatsächliche Ereignisse oder Geschäftsvorfälle abgeleitet werden und die Annahmen widerspiegeln, auf die sich die Marktteilnehmer bei der Festlegung des Preises für den Vermögenswert oder die Schuld stützen würden.
Gewöhnlicher Geschäftsvorfall	Ein Geschäftsvorfall, bei dem für einen Zeitraum vor dem Bewertungsstichtag eine Marktpräsenz angenommen wird, um Vermarktungstätigkeiten zu ermöglichen, die für Geschäftsvorfälle mit solchen Vermögenswerten oder Schulden gängig und üblich sind. Es handelt sich nicht um eine erzwungene Transaktion (d. h. eine Zwangsliquidation oder einen Notverkauf).
Hauptmarkt	Der Markt mit dem größten Volumen und Ausmaß an Aktivität für den Vermögenswert oder die Schuld.
Risikoaufschlag	Von risikoscheuen Marktteilnehmern verlangte Gegenleistung für die mit den Zahlungsströmen eines Vermögenswerts oder einer Schuld verbundene Unsicherheit. Auch als „Risikoanpassung" bezeichnet.
Transaktionskosten	Die Kosten, die für den Verkauf eines Vermögenswerts oder die Übertragung einer Schuld im Hauptmarkt (oder vorteilhaftesten Markt) für den Vermögenswert oder die Schuld anfallen, einzeln der Veräußerung des Vermögenswerts oder der Übertragung der Schuld zuordenbar sind und die beiden folgenden Kriterien erfüllen:

a) Sie ergeben sich unmittelbar aus der Transaktion und sind für diese kennzeichnend.

3/12. IFRS 13
Anhang A, B1 – B3

	b) Sie wären dem Unternehmen nicht entstanden, wenn die Entscheidung zum Verkauf des Vermögenswerts oder zur Übertragung der Schuld nicht gefasst worden wäre (vergleichbar mit der Definition von Veräußerungskosten in IFRS 5).
Transportkosten	Die Kosten, die für den Transport eines Vermögenswerts von seinem aktuellen Standort zu seinem Hauptmarkt (oder vorteilhaftesten Markt) entstünden.
Bilanzierungseinheit	Die Ebene, auf der ein Vermögenswert oder eine Schuld in einem IFRS für Ansatzzwecke zusammengefasst oder aufgegliedert ist.
Nicht beobachtbare Eingangsparameter	Eingangsparameter, für die keine Marktdaten verfügbar sind und die anhand der besten verfügbaren Informationen über die Annahmen, auf die sich Marktteilnehmer bei der Festlegung des Preises für den Vermögenswert oder die Schuld stützen würden, hergeleitet werden.

Anhang B
Anwendungsleitlinien

Dieser Anhang ist integraler Bestandteil des IFRS. Er beschreibt die Anwendung der Paragraphen 1–99 und hat die gleiche bindende Kraft wie die anderen Teile des IFRS.

B1 In unterschiedlichen Bewertungssituationen kann die Ermessensausübung unterschiedlich sein. Im vorliegenden Anhang werden die Ermessensausübungen beschrieben, die angewendet werden könnten, wenn ein Unternehmen den beizulegenden Zeitwert in verschiedenen Bewertungsfällen ermittelt.

DER ANSATZ ÜR DIE BEWERTUNG ZUM BEIZULEGENDEN ZEITWERT

B2 Die Zielsetzung einer Bewertung zum beizulegenden Zeitwert besteht darin, den Preis zu schätzen, zu dem unter aktuellen Marktbedingungen am Bewertungsstichtag ein gewöhnlicher Geschäftsvorfall zwischen Marktteilnehmern stattfinden würde, bei dem der Vermögenswert verkauft oder die Schuld übertragen würde. Bei einer Bewertung zum beizulegenden Zeitwert muss ein Unternehmen Folgendes bestimmen:

a) den jeweiligen Vermögenswert oder die Schuld, die Gegenstand der Bewertung ist (in Übereinstimmung mit seiner/ihrer Bilanzierungseinheit),

b) die für die Bewertung angemessene Bewertungsprämisse, wenn es sich um einen nichtfinanziellen Vermögenswert handelt (in Übereinstimmung mit dessen höchst- und bestmöglicher Nutzung),

c) den Hauptmarkt oder vorteilhaftesten Markt für den Vermögenswert oder die Schuld und

d) das (die) für die Ermittlung geeignete(n) Bewertungsverfahren unter Berücksichtigung der Verfügbarkeit von Daten, mit denen Eingangsparameter hergeleitet werden, die die Annahmen der Marktteilnehmer bei der Festlegung des Preises des Vermögenswerts oder der Schuld darstellen und die Hierarchiestufe, der die Eingangsparameter zugeordnet werden.

BEWERTUNGSPRÄMISSE FÜR NICHT FINANZIELLE VERMÖGENSWERTE (PARAGRAPHEN 31–33)

B3 Bei der Ermittlung des beizulegenden Zeitwerts eines nicht finanziellen Vermögenswerts, der in Verbindung mit anderen Vermögenswerten als Gruppe (wie eingerichtet oder anderweitig zur Nutzung konfiguriert) oder in Kombination mit anderen Vermögenswerten und Schulden (z. B. einem Geschäftsbetrieb) genutzt wird, hängt die Auswirkung der Bewertungsprämisse von den Umständen ab. Zum Beispiel:

a) Der beizulegende Zeitwert des Vermögenswerts könnte sowohl bei seiner eigenständigen Verwendung als auch bei einer Verwendung in Kombination mit anderen Vermögenswerten oder mit anderen Vermögenswerten und Schulden gleich sein. Dies könnte zutreffen, wenn der Vermögenswert ein Geschäftsbetrieb ist, den Marktteilnehmer weiterbetreiben würden. In diesem Fall beinhaltete der Geschäftsvorfall eine Bewertung des Geschäftsbetriebs in seiner Gesamtheit. Die Verwendung des Vermögenswerts als Gruppe in einem laufenden Geschäftsbetrieb würde Synergien schaffen, die Marktteilnehmern zur Verfügung stünden (d. h. Synergien der Marktteilnehmer, bei denen davon auszugehen ist, dass sie den beizulegenden Zeitwert des Vermögenswerts entweder auf eigenständiger Basis oder auf Basis einer Kombination mit anderen Vermögenswerten oder mit anderen Vermögenswerten und Schulden beeinflussen).

b) Die Verwendung eines Vermögenswerts in Kombination mit anderen Vermögenswerten oder anderen Vermögenswerten und Schulden könnte auch mittels Wertberichtigungen des eigenständig verwendeten Vermögenswerts in die Bewertung zum beizulegenden Zeitwert einfließen. Dies könnte der Fall sein, wenn es sich bei dem Vermögenswert um eine Maschine handelt und die Bewertung zum beizulegenden Zeitwert anhand eines beobachteten Preises für eine ähnliche (nicht installierte oder anderweitig für die Nutzung konfigurierte) Maschine erfolgt. Dieser Preis wird dann um Transport- und Installationskosten angepasst, sodass die Zeitwertbewertung den gegenwärtigen Zustand und Standort der Maschine (installiert und für die Nutzung konfiguriert) widerspiegelt.

c) Die Nutzung eines Vermögenswerts in Kombination mit anderen Vermögenswerten oder anderen Vermögenswerten und Schulden könnte auch dahin gehend in die Ermittlung des beizulegenden Zeitwerts einfließen, dass man die Annahmen, auf die sich Marktteilnehmer bei der Ermittlung des beizulegenden Zeitwerts des Vermögenswerts stützen würden, berücksichtigt. Handelt es sich bei dem Vermögenswert beispielsweise um einen Lagerbestand an unfertigen, einzigartigen Erzeugnissen und würden Marktteilnehmer den Lagerbestand in fertige Erzeugnisse umwandeln, würde der beizulegende Zeitwert auf der Annahme beruhen, dass die Marktteilnehmer eventuell notwendige, besondere Maschinen erworben haben oder erwerben würden, um den Lagerbestand in Fertigerzeugnisse umzuwandeln.

d) Die Nutzung eines Vermögenswerts in Kombination mit anderen Vermögenswerten oder anderen Vermögenswerten und Schulden könnte in das zur Ermittlung des beizulegenden Zeitwerts verwendete Bewertungsverfahren einfließen. Dies könnte der Fall sein, wenn zur Ermittlung des beizulegenden Zeitwerts eines immateriellen Vermögenswerts die Residualwertmethode angewandt wird, weil dieses Bewertungsverfahren insbesondere den Beitrag ergänzender Vermögenswerte und zugehöriger Schulden in der Gruppe berücksichtigt, in der ein solcher immaterieller Vermögenswert genutzt würde.

e) In stärker eingegrenzten Situationen könnte ein Unternehmen, das einen Vermögenswert innerhalb einer Gruppe von Vermögenswerten nutzt, diesen Vermögenswert anhand eines Betrags bewerten, der dessen beizulegendem Zeitwert nahe kommt. Dieser Betrag wird errechnet, indem man den beizulegenden Zeitwert der gesamten Gruppe an Vermögenswerten auf die einzelnen, in der Gruppe enthaltenen Vermögenswerte umlegt. Dies könnte zutreffen, wenn die Bewertung Grundeigentum betrifft und der beizulegende Zeitwert eines erschlossenen Grundstücks (d. h. einer Gruppe von Vermögenswerten) auf die Vermögenswerte umgelegt wird, aus denen es besteht (beispielsweise das Grundstück und die Grundstücksbestandteile).

BEIZULEGENDER ZEITWERT BEIM ERSTMALIGEN ANSATZ (PARAGRAPHEN 57–60)

B4 Bei der Bestimmung, ob der beizulegende Zeitwert beim erstmaligen Ansatz dem Transaktionspreis entspricht, hat ein Unternehmen die für die Transaktion und die für den Vermögenswert oder die Schuld charakteristischen Faktoren zu berücksichtigen. Trifft eine der folgenden Bedingungen zu, könnte es sein, dass der Transaktionspreis nicht den beim erstmaligen Ansatz beizulegenden Zeitwert eines Vermögenswerts oder einer Schuld repräsentiert:

a) Der Geschäftsvorfall findet zwischen nahestehenden Unternehmen und Personen statt. Trotzdem kann der Preis in einem Geschäftsvorfall zwischen nahestehenden Unternehmen und Personen als Eingangsparameter für eine Bewertung zum beizulegenden Zeitwert verwendet werden, wenn dem Unternehmen Anhaltspunkte dafür vorliegen, dass der Geschäftsvorfall zu Marktbedingungen erfolgte.

b) Der Geschäftsvorfall findet unter Zwang statt oder der Verkäufer ist gezwungen, den Preis in dem Geschäftsvorfall zu akzeptieren. Dies könnte beispielsweise der Fall sein, wenn der Verkäufer finanzielle Schwierigkeiten hat.

c) Die durch den Geschäftsvorfall dargestellte Bilanzierungseinheit weicht von der Bilanzierungseinheit des Vermögenswerts oder der Schuld ab, die/der zum beizulegenden Zeitwert bewertet wird. Dies könnte beispielsweise der Fall sein, wenn der/die zum beizulegenden Zeitwert bewertete Vermögenswert oder Schuld nur eines der an dem Geschäftsvorfall beteiligten Elemente ist (z. B. bei einem Unternehmenszusammenschluss), wenn der Geschäftsvorfall nicht genannte Rechte und Vorrechte beinhaltet, die gemäß anderen IFRS getrennt bewertet werden, oder der Transaktionspreis Transaktionskosten enthält.

d) Der Markt, auf dem der Geschäftsvorfall stattfindet, ist weder der Hauptmarkt noch der vorteilhafteste Markt. Unterschiedliche Märkte könnten zum Beispiel vorliegen, wenn es sich bei dem Unternehmen um einen Händler handelt, der im Einzelhandelsmarkt Transaktionen mit Kunden schließt, dessen Hauptmarkt (oder vorteilhaftester Markt) für die Abgangstransaktion aber der Händlermarkt ist, auf dem Transaktionen mit anderen Händlern geschlossen werden.

BEWERTUNGSVERFAHREN (PARAGRAPHEN 61–66)

Marktbasierter Ansatz

B5 Beim marktbasierten Ansatz werden Preise und andere relevante Informationen genutzt, die durch Markttransaktionen mit identischen oder vergleichbaren (d. h. ähnlichen) Vermögenswerten, Schulden oder Gruppen von Vermögenswerten und Schulden, z. B. Geschäftsbetrieben, generiert werden.

B6 Zum Beispiel verwenden Bewertungsverfahren, die auf dem marktbasierten Ansatz beruhen, häufig Marktmultiplikatoren, die aus einem Satz von Vergleichswerten abgeleitet werden. Multiplikatoren können in Bandbreiten mit einem unterschiedlichen Multiplikator für jeden Vergleichswert liegen. Die Auswahl des angemessenen

Multiplikators innerhalb der Bandbreite erfordert Ermessensausübung. Hier sind für die jeweilige Bewertung kennzeichnende qualitative und quantitative Faktoren zu berücksichtigen.

B7 Zu den Bewertungsverfahren, die mit dem marktbasierten Ansatz vereinbar sind, gehören auch Matrix-Preismodelle. Ein Matrix-Preismodell ist ein mathematisches Verfahren, das hauptsächlich zur Bewertung einiger Arten von Finanzinstrumenten verwendet wird, wie Schuldverschreibungen, ohne sich ausschließlich auf notierte Preise für die speziellen Wertpapiere, sondern sich eher auf die Beziehung der Wertpapiere zu anderen notierten Referenz-Wertpapieren zu stützen.

Kostenbasierter Ansatz

B8 Der kostenbasierte Ansatz spiegelt den Betrag wider, der gegenwärtig erforderlich wäre, um die Leistungskapazität eines Vermögenswerts zu ersetzen (häufig als aktuelle Wiederbeschaffungskosten bezeichnet).

B9 Aus Sicht eines am Markt teilnehmenden Verkäufers basiert der Preis, den man für einen Vermögenswert erzielen würde, auf den Kosten eines am Markt teilnehmenden Käufers, einen Ersatz-Vermögenswert mit vergleichbarer Nutzbarkeit zu erwerben oder zu konstruieren, bereinigt um Veralterung. Dies ist darauf zurückzuführen, dass ein am Markt teilnehmender Käufer für einen Vermögenswert nicht mehr zahlen würde als den Betrag, für den er die Leistungskapazität des betreffenden Vermögenswerts ersetzen könnte. Veralterung umfasst physische Veralterung, funktionale (technologische) Veralterung und wirtschaftliche (externe) Veralterung. Sie ist weiter gefasst als die planmäßige Abschreibung für Rechnungslegungszwecke (eine Verteilung historischer Kosten) oder steuerliche Zwecke (unter Verwendung festgelegter Leistungsdauern). In vielen Fällen wird zur Ermittlung des beizulegenden Zeitwerts materieller Vermögenswerte, die in Kombination mit anderen Vermögenswerten oder anderen Vermögenswerten und Schulden genutzt werden, die Methode der aktuellen Wiederbeschaffungskosten verwendet.

Kapitalwertbasierter Ansatz

B10 Beim kapitalwertbasierten Ansatz werden die künftigen Beträge (z. B. Zahlungsströme oder Erträge und Aufwendungen) in einen einzigen aktuellen (d. h. abgezinsten) Betrag umgerechnet. Wird der kapitalwertbasierte Ansatz angewandt, spiegelt die Bewertung zum beizulegenden Zeitwert gegenwärtige Markterwartungen hinsichtlich dieser künftigen Beträge wider.

B11 Zu derartigen Bewertungsverfahren gehören unter anderem:

a) Barwertverfahren (siehe Paragraphen B12–B30),

b) Optionspreismodelle, wie die Black-Scholes-Merton-Formel oder ein Binomial-Modell (d. h. ein Gitter-Modell), die Barwert-Verfahren einbeziehen und sowohl den Zeitwert als auch den inneren Wert einer Option widerspiegeln, und

c) die Residualwertmethode, die zur Ermittlung des beizulegenden Zeitwerts bestimmter immaterieller Vermögenswerte eingesetzt wird.

Barwertverfahren

B12 In den Paragraphen B13–B30 wird die Verwendung von Barwertverfahren zur Ermittlung des beizulegenden Zeitwerts beschrieben. In diesen Paragraphen liegt der Schwerpunkt auf einem Verfahren zur Anpassung des Abzinsungssatzes und einem Verfahren der *erwarteten Zahlungsströme* (erwarteter Barwert). In diesen Paragraphen wird weder die Verwendung eines einzelnen, besonderen Barwertverfahrens verlangt, noch wird die Verwendung von Barwertverfahren zur Ermittlung des beizulegenden Zeitwerts auf die dort erörterten Methoden beschränkt. Welches Barwertverfahren zur Ermittlung des beizulegenden Zeitwerts herangezogen wird, hängt von dem jeweiligen, für den bewerteten Vermögenswert bzw. die bewertete Schuld spezifischen Sachverhalten und Umständen (z. B. ob im Markt Preise für vergleichbare Vermögenswerte oder Schulden beobachtbar sind) sowie der Verfügbarkeit ausreichender Daten ab.

Die Bestandteile einer Barwertermittlung

B13 Der Barwert (d. h. eine Anwendung des kapitalwertbasierten Ansatzes) ist ein Instrument, das dazu dient, unter Anwendung eines Abzinsungssatzes eine Verbindung zwischen künftigen Beträgen (z. B. Zahlungsströmen oder Werten) und einem gegenwärtigen Wert (Barwert) herzustellen. Bei der Ermittlung des beizulegenden Zeitwerts eines Vermögenswerts oder einer Schuld mithilfe eines Barwertverfahrens werden aus der Sicht von Marktteilnehmern am Bewertungsstichtag alle unten genannten Elemente erfasst:

a) eine Schätzung künftiger Zahlungsströme für den Vermögenswert oder die Schuld, der/die bewertet wird,

b) Erwartungen über mögliche Veränderungen bei Höhe und Zeitpunkt der Zahlungsströme. Sie stellen die mit den Zahlungsströmen verbundene Unsicherheit dar,

c) der Zeitwert des Geldes, repräsentiert durch den Zinssatz risikoloser monetärer Vermögenswerte mit Fälligkeitsterminen oder Laufzeiten, die mit dem durch die Zahlungsströme abgedeckten Zeitraum zusammenfallen. Darüber hinaus stellen sie für den Inhaber weder Unsicherheiten hinsichtlich des Zeitpunkts noch Ausfallrisiken dar (d. h. es handelt sich um einen risikolosen Zinssatz),

d) der Preis für die mit den Zahlungsströmen verbundene Unsicherheit (d. h. ein Risikoaufschlag),

e) andere Faktoren, die Marktteilnehmer unter den gegebenen Umständen berücksichtigen würden,

f) bei einer Schuld das Risiko der Nichterfüllung bezüglich der betreffenden Schuld einschließlich des eigenen Ausfallrisikos des Unternehmens (d. h. des Gläubigers).

Allgemeine Grundsätze

B14 Barwertverfahren unterscheiden sich in der Art der Erfassung der in Paragraph B13 genannten Elemente. Für die Anwendung jedes Barwertverfahrens zur Ermittlung des beizulegenden Zeitwerts gelten jedoch alle unten aufgeführten allgemeinen Grundsätze:

a) Zahlungsströme und Abzinsungssätze müssen die Annahmen widerspiegeln, auf die sich Marktteilnehmer bei der Festlegung des Preises für den Vermögenswert oder die Schuld stützen würden.

b) Zahlungsströme und Abzinsungssätze müssen nur die Faktoren berücksichtigen, die dem zu bewertenden Vermögenswert oder der zu bewertenden Schuld zurechenbar sind.

c) Zur Vermeidung von Doppelzählungen oder Auslassungen bei den Auswirkungen von Risikofaktoren müssen die Abzinsungssätze Annahmen widerspiegeln, die mit den Annahmen im Einklang stehen, die den Zahlungsströmen entsprechen. Ein Abzinsungssatz, der die Unsicherheit bei den Erwartungen hinsichtlich künftiger Ausfälle widerspiegelt, ist beispielsweise dann angemessen, wenn vertraglich festgelegte Zahlungsströme eines Darlehens verwendet werden (d. h. ein Verfahren zur Anpassung von Abzinsungssätzen). Dieser Satz darf jedoch nicht angewandt werden, wenn erwartete (d. h. wahrscheinlichkeitsgewichtete) Zahlungsströme verwendet werden (d. h. ein Verfahren des erwarteten Barwerts), denn in den erwarteten Zahlungsströmen spiegeln sich bereits Annahmen über die Unsicherheit bei künftigen Ausfällen wider. Stattdessen ist ein Abzinsungssatz zu verwenden, der dem mit den erwarteten Zahlungsströmen verbundenen Risiko angemessen ist.

d) Annahmen über Zahlungsströme und Abzinsungssätze müssen in sich konsistent sein. Beispielsweise müssen nominelle Zahlungsströme, in denen die Auswirkung der Inflation enthalten ist, zu einem Satz abgezinst werden, der die Auswirkung der Inflation einbezieht. Im nominalen risikolosen Zinssatz ist die Auswirkung der Inflation enthalten. Reale Zahlungsströme, die die Auswirkung der Inflation ausklammern, müssen zu einem Satz abgezinst werden, der die Auswirkung der Inflation ebenfalls ausklammert. Gleicherweise sind Zahlungsströme nach Steuern mit einem Abzinsungssatz nach Steuern abzuzinsen. Zahlungsströme vor Steuern wiederum sind zu einem Satz abzuzinsen, der diesen Zahlungsströmen entspricht.

e) Abzinsungssätze müssen mit den zugrunde liegenden wirtschaftlichen Faktoren der Währung, auf die die Zahlungsströme lauten, vereinbar sein.

Risiko und Unsicherheit

B15 Eine Bewertung zum beizulegenden Zeitwert, bei der Barwertverfahren zum Einsatz kommen, erfolgt unter unsicheren Bedingungen, weil es sich bei den eingesetzten Zahlungsströmen um Schätzungen und nicht um bekannte Beträge handelt. Häufig sind sowohl die Höhe als auch der Zeitpunkt der Zahlungsströme unsicher. Sogar vertraglich festgelegte Beträge wie die auf ein Darlehen geleisteten Zahlungen sind unsicher, wenn ein Ausfallrisiko besteht.

B16 Im Allgemeinen verlangen Marktteilnehmer eine Gegenleistung (d. h. einen Risikoaufschlag) für die Übernahme der mit den Zahlungsströmen eines Vermögenswerts oder einer Schuld verbundene Unsicherheit. Eine Bewertung zum beizulegenden Zeitwert muss einen Risikoaufschlag enthalten, in dem sich der Betrag widerspiegelt, den Marktteilnehmer als Gegenleistung für die mit den Zahlungsströmen verbundene Unsicherheit verlangen würden. Andernfalls würde die Bewertung den beizulegenden Zeitwert nicht glaubwürdig darstellen. Mitunter kann die Bestimmung des angemessenen Risikoaufschlags schwierig sein. Der Schwierigkeitsgrad allein ist jedoch kein hinreichender Grund, einen Risikoaufschlag unberücksichtigt zu lassen.

B17 Barwertverfahren unterscheiden sich hinsichtlich der Art der Risikoanpassung und der Art der zugrunde gelegten Zahlungsströme. Zum Beispiel:

a) Das Verfahren zur Anpassung von Abzinsungssätzen (siehe Paragraphen B18–B22) arbeitet mit einem risikoangepassten Abzinsungssatz und vertraglichen, zugesagten oder wahrscheinlichsten Zahlungsströmen.

b) Methode 1 des Verfahrens des erwarteten Barwerts (siehe Paragraph B25) arbeitet mit risikoangepassten erwarteten Zahlungsströmen und einem risikolosen Zinssatz.

c) Methode 2 des Verfahrens des erwarteten Barwerts (siehe Paragraph B26) arbeitet mit erwarteten Zahlungsströmen, die nicht risikoangepasst sind, sowie einem Abzinsungssatz, der in der Weise angepasst wird, dass der von Marktteilnehmern verlangte Risikoaufschlag enthalten ist. Dieser Satz ist ein anderer als der, der beim Verfahren zur Anpassung von Abzinsungssätzen zugrunde gelegt wird.

Verfahren zur Anpassung von Abzinsungssätzen

B18 Das Verfahren zur Anpassung von Abzinsungssätzen stützt sich auf einen einzigen Satz an Zahlungsströmen aus der Bandbreite möglicher Beträge, unabhängig davon, ob es sich um vertraglich, zugesagte (wie bei einer Anleihe) oder höchstwahrscheinlich eintretende Zahlungsströme handelt. In jedem dieser Fälle unterliegen diese Zahlungsströme dem Vorbehalt, dass bestimmte festgelegte Ereignisse eintreten (z. B. stehen vertragliche oder zugesagte Zahlungsströme im Zusammenhang mit einer Anleihe unter dem Vorbehalt, dass kein Ausfall seitens des Schuldners eintritt). Der für das Verfahren zur Anpassung von Abzinsungssätzen eingesetzte Abzinsungssatz wird aus den beobachteten Verzinsungen vergleichbarer, im Markt gehandelter Vermögenswerte oder Schulden abgeleitet. Dementsprechend werden die vertraglichen, zugesagten oder wahrscheinlichsten Zahlungsströme in Höhe eines beobachteten oder geschätzten Marktzinssatzes für derartige, unter Vorbehalt stehende Zahlungsströme abgezinst (d. h. einer Marktrendite).

B19 Das Verfahren zur Anpassung von Abzinsungssätzen erfordert eine Analyse der für vergleichbare Vermögenswerte oder Schulden verfügbaren Marktdaten. Vergleichbarkeit wird anhand der Beschaffenheit der Zahlungsströme (z. B. anhand dessen, ob die Zahlungsströme vertraglich oder nicht vertraglich sind und wahrscheinlich ähnlich auf Veränderungen der wirtschaftlichen Rahmenbedingungen reagieren werden) sowie anhand anderer Faktoren festgestellt (z. B. Bonität, Sicherheiten, Laufzeit, restriktive Vertragsklauseln und Liquidität). Wenn ein einzelner vergleichbarer Vermögenswert oder eine einzelne vergleichbare Schuld das mit den Zahlungsströmen aus dem zu bewertenden Vermögenswert oder der zu bewertenden Schuld verbundene Risiko nicht zutreffend widerspiegelt, ist es alternativ möglich, einen Abzinsungssatz unter Verwendung von Daten für mehrere vergleichbare Vermögenswerte oder Schulden in Verbindung mit der risikolosen Renditekurve (d. h. unter Verwendung eines „sukzessiven" Ansatzes) abzuleiten.

B20 Um einen sukzessiven Ansatz zu veranschaulichen, wird angenommen, dass der Vermögenswert A ein vertragliches Recht auf den Bezug von WE 800[1] in einem Jahr ist (d. h. es gibt keine zeitliche Unsicherheit). Es besteht ein etablierter Markt für vergleichbare Vermögenswerte und Informationen über diese Vermögenswerte, einschließlich Informationen über Preise, sind verfügbar. Bei diesen vergleichbaren Vermögenswerten

[1] In diesem IFRS werden Geldbeträge in „Währungseinheiten (WE)" ausgedrückt.

a) ist Vermögenswert B ein vertragliches Recht auf den Empfang von 1 200 WE im Jahr bei einem Marktpreis von 1 083 WE. Die implizite jährliche Verzinsung (d. h. eine einjährige Marktrendite) beträgt daher 10,8 Prozent [(WE1 200/WE1 083) − 1].

b) ist Vermögenswert C ein vertragliches Recht auf den Empfang von 700 WE in zwei Jahren bei einem Marktpreis von 566 WE. Die implizite jährliche Verzinsung (d. h. eine zweijährige Marktrendite) beträgt daher 11,2 Prozent [(WE700/WE566)^0,5 − 1].

c) sind alle drei Vermögenswerte im Hinblick auf das Risiko vergleichbar (d. h. Streuung möglicher Auszahlungen und Ausfälle).

B21 Auf der Grundlage des Zeitpunktes der für Vermögenswert A zu erhaltenden vertraglichen Zahlungen verglichen mit dem Zeitpunkt für Vermögenswert B und Vermögenswert C (d. h. in einem Jahr für Vermögenswert B gegenüber in zwei Jahren für Vermögenswert C), gilt Vermögenswert B als vergleichbarer mit Vermögenswert A. Legt man die für Vermögenswert A zu erhaltende vertragliche Zahlung (WE 800) und die mit Vermögenswert B erzielte einjährige Marktrendite (10,8 Prozent) zugrunde, beträgt der beizulegende Zeitwert von Vermögenswert A WE 722 (WE 800/1,108). Liegen für Vermögenswert B keine Marktinformationen vor, kann die einjährige Marktrendite alternativ unter Verwendung des sukzessiven Ansatzes aus Vermögenswert C abgeleitet werden. In diesem Fall würde der zweijährige Marktzins von Vermögenswert C (11,2 Prozent) durch Verwendung der Laufzeitstruktur der risikolosen Renditekurve auf einen einjährigen Marktzins angepasst. Um festzustellen, ob die Risikoaufschläge für einjährige und zweijährige Vermögenswerte gleich sind, könnten zusätzliche Informationen und Analysen erforderlich sein. Falls festgestellt wird, dass die Risikoaufschläge für einjährige und zweijährige Vermögenswerte nicht gleich sind, würde die zweijährige Marktrendite um diesen Effekt weiter angepasst.

B22 Wendet man das Verfahren zur Anpassung von Abzinsungssätzen bei festen Einnahmen oder Zahlungen an, wird die Anpassung an das Risiko, das mit den Zahlungsströmen des zu bewertenden Vermögenswerts bzw. der zu bewertenden Schuld verbunden ist, in den Abzinsungssatz aufgenommen. Mitunter kann bei der Anwendung des Verfahrens zur Anpassung von Abzinsungssätzen auf Zahlungsströme, bei denen es sich nicht um feste Einnahmen oder Zahlungen handelt, eine Anpassung an den Zahlungsströmen notwendig sein, um Vergleichbarkeit mit dem beobachteten Vermögenswert oder der beobachteten Schuld, aus dem bzw. der sich der Abzinsungssatz herleitet, herzustellen.

Verfahren des erwarteten Barwerts

B23 Ausgangspunkt des Verfahrens des erwarteten Barwerts bildet ein Satz von Zahlungsströmen, der den wahrscheinlichkeitsgewichteten Durchschnitt aller möglichen künftigen Zahlungsströme (d. h. der erwarteten Zahlungsströme) darstellt. Die daraus resultierende Schätzung ist mit dem erwarteten Wert identisch, der statistisch gesehen der gewichtete Durchschnitt möglicher Werte einer diskreten Zufallsvariablen ist, wobei die jeweiligen Wahrscheinlichkeiten die Gewichte bilden. Da alle möglichen Zahlungsströme wahrscheinlichkeitsgewichtet sind, hängt der resultierende erwartete Zahlungsstrom nicht vom Eintreten eines bestimmten Ereignisses ab (anders als bei den im Verfahren der Anpassung des Abzinsungssatzes verwendeten Zahlungsströmen).

B24 Bei Anlageentscheidungen würden risikoscheue Marktteilnehmer das Risiko berücksichtigen, dass die tatsächlichen Zahlungsströme von den erwarteten Zahlungsströmen abweichen könnten. Die Portfoliotheorie unterscheidet zwischen zwei Risikoarten:

a) nicht systematischen (diversifizierbaren) Risiken. Hierbei handelt es sich um Risiken,

b) systematischen (nicht diversifizierbaren) Risiken. Hierbei handelt es sich um das gemeinsame Risiko, dem ein Vermögenswert oder eine Schuld in einem diversifizierten Portfolio gemeinsam mit den anderen Positionen unterliegt.

Der Portfoliotheorie zufolge werden die Marktteilnehmer in einem im Gleichgewicht befindlichen Markt nur für das mit den Zahlungsströmen verbundene systematische Risiko entschädigt. (In ineffizienten oder nicht im Gleichgewicht befindlichen Märkten können andere Formen der Rendite oder Gegenleistung verfügbar sein.)

B25 Methode 1 des Verfahrens des erwarteten Barwerts bereinigt die erwarteten Zahlungsströme eines Vermögenswerts um das systematische Risiko (d. h. das Marktrisiko) durch Subtraktion einer Bar-Risikoprämie (d. h. risikoangepasste erwartete Zahlungsströme). Diese risikoangepassten erwarteten Zahlungsströme stellen einen sicherheitsäquivalenten Zahlungsstrom dar, der mit einem risikolosen Zinssatz abgezinst wird. Ein sicherheitsäquivalenter Zahlungsstrom bezieht sich auf einen erwarteten Zahlungsstrom (gemäß Definition), der risikoangepasst ist, sodass ein Marktteilnehmer zwischen einem sicheren Zahlungsstrom und einem erwarteten Zahlungsstrom indifferent ist. Wäre ein Marktteilnehmer beispielsweise bereit, einen erwarteten Zahlungsstrom von 1 200 WE gegen einen sicheren Zahlungsstrom von 1 000 WE einzutauschen, sind die 1 000 WE das Sicherheitsäquivalent für die 1 200 WE (d. h. die 200 WE würden den Risikoaufschlag für Barmittel darstellen). In diesem Fall wäre der Marktteilnehmer dem gehaltenen Vermögenswert gegenüber indifferent.

B26 Im Gegensatz dazu wird bei Methode 2 des Verfahrens des erwarteten Barwerts um das systematische Risiko (d. h. das Marktrisiko) bereinigt, indem auf den risikolosen Zinssatz ein Risikoaufschlag angewandt wird. Dementsprechend werden die erwarteten Zahlungsströme mit einem Zinssatz, der einem erwarteten Zinssatz für wahrscheinlichkeitsgewichtete Zahlungsströme entspricht (d. h. einer erwarteten Rendite) abgezinst. Zur Schätzung der erwarteten Verzinsung können Modelle zur Festlegung des Preises riskanter Vermögenswerte eingesetzt werden, beispielsweise das Capital Asset Pricing Model. Da der im Verfahren zur Anpassung des Abzinsungssatzes verwendete Abzinsungssatz eine Rendite im Zusammenhang mit bedingten Zahlungsströmen darstellt, dürfte er höher sein als der Abzinsungssatz, der in Methode 2 des Verfahrens des erwarteten Barwerts verwendet wird und der einer erwarteten Rendite in Zusammenhang mit wahrscheinlichkeitsgewichteten Zahlungsströmen entspricht.

B27 Zur Veranschaulichung der Methoden 1 und 2 wird unterstellt, dass für einen Vermögenswert in einem Jahr Zahlungsströme von 780 WE erwartet werden, die auf Grundlage der möglichen Zahlungsströme und der unten gezeigten Wahrscheinlichkeiten bestimmt werden. Der anwendbare risikolose Zinssatz für Zahlungsströme mit einem Zeithorizont von einem Jahr beträgt 5 Prozent. Der systematische Risikoaufschlag für einen Vermögenswert mit dem gleichen Risikoprofil beträgt 3 Prozent.

Mögliche Zahlungsströme	Wahrscheinlichkeit	Wahrscheinlichkeitsgewichtete Zahlungsströme
WE 500	15 %	WE 75
WE 800	60 %	WE 480
WE 900	25 %	WE 225
Erwartete Zahlungsströme		WE 780

B28 In dieser einfachen Darstellung stehen die erwarteten Zahlungsströme (780 WE) für den wahrscheinlichkeitsgewichteten Durchschnitt der drei möglichen Verläufe. In realistischeren Situationen sind zahlreiche Verläufe möglich. Zur Anwendung des Verfahrens des erwarteten Barwerts müssen nicht immer alle Verteilungen aller möglichen Zahlungsströme berücksichtigt werden; auch der Einsatz komplexer Modelle und Verfahren ist hierbei nicht immer erforderlich. Stattdessen könnte es möglich sein, eine begrenzte Anzahl eigenständiger Szenarien und Wahrscheinlichkeiten zu entwickeln, mit denen die Palette möglicher Zahlungsströme erfasst wird. Ein Unternehmen könnte beispielsweise in einer maßgeblichen früheren Periode verwendete Zahlungsströme verwenden, die es um anschließend eingetretene Veränderungen in den äußeren Umständen bereinigt (z. B. Änderungen bei äußeren Faktoren wie Konjunktur- oder Marktbedingungen, Branchentrends, Trends im Wettbewerb sowie auch Änderungen bei inneren Faktoren, die spezifischere Auswirkungen auf das Unternehmen haben). Dabei werden auch die Annahmen von Marktteilnehmern berücksichtigt.

B29 Theoretisch ist der Barwert (d. h. der beizulegende Zeitwert) der Zahlungsströme eines Vermögenswerts sowohl bei einer Bestimmung nach Methode 1 als auch bei einer Bestimmung nach Methode 2 der gleiche. Dabei gilt:

a) Bei Anwendung von Methode 1 werden die erwarteten Zahlungsströme um das systematische (d. h. das Markt-) Risiko bereinigt. Liegen keine Marktdaten vor, an denen sich unmittelbar die Höhe der Risikoanpassung ablesen lässt, könnte eine solche Anpassung aus einem Asset Pricing Model unter Verwendung des Konzepts der Sicherheitsäquivalente abgeleitet werden. Die Risikoanpassung (d. h. der Bar-Risikoaufschlag von 22 WE) könnte beispielsweise anhand des Aufschlags für systematische Risiken in Höhe von 3 Prozent bestimmt werden (780 WE - [780 WE × (1,05/1,08)]), aus dem sich die risikobereinigten erwarteten Zahlungsströme von 758 WE (780 WE - 22 WE) ergeben. Die 758 WE sind das Sicherheitsäquivalent für 780

WE und werden zum risikolosen Zinssatz (5 Prozent) abgezinst. Der Barwert (d. h. der beizulegende Zeitwert) des Vermögenswerts beträgt 722 WE (758 WE/1,05).

b) Bei Anwendung von Methode 2 werden die erwarteten Zahlungsströme nicht um systematische Risiken (d. h. Marktrisiken) bereinigt. Die Anpassung an dieses Risiko ist stattdessen im Abzinsungssatz enthalten. Die erwarteten Zahlungsströme werden folglich mit einer erwarteten Verzinsung von 8 Prozent (d. h. 5 Prozent risikoloser Zinssatz zuzüglich 3 Prozent Aufschlag für das systematische Risiko) abgezinst. Der Barwert (d. h. der beizulegende Zeitwert) des Vermögenswerts beträgt 722 WE (780 WE/1,08).

B30 Wird zur Ermittlung des beizulegenden Zeitwerts ein Verfahren des erwarteten Barwerts angewandt, kann dies entweder nach Methode 1 oder nach Methode 2 erfolgen. Ob Methode 1 oder Methode 2 gewählt wird, hängt von den jeweiligen, für den bewerteten Vermögenswert bzw. die bewertete Schuld spezifischen Sachverhalten und Umständen ab. Weitere Auswahlkriterien sind der Umfang, in dem hinreichende Daten verfügbar sind und die jeweilige Ermessensausübung.

ANWENDUNG VON BARWERTVERFAHREN AUF SCHULDEN UND EIGENE EIGENKAPITALINSTRUMENTE EINES UNTERNEHMENS, DIE NICHT VON ANDEREN PARTEIEN ALS VERMÖGENSWERTE GEHALTEN WERDEN (PARAGRAPHEN 40 UND 41)

B31 Wendet ein Unternehmen zur Ermittlung des beizulegenden Zeitwerts einer Schuld, die nicht von einer anderen Partei als Vermögenswert gehalten wird (z. B. einer Entsorgungsverpflichtung) ein Barwertverfahren an, hat es unter anderem die künftigen Mittelabflüsse zu schätzen, von denen Marktteilnehmer erwarten würden, dass sie bei der Erfüllung der Verpflichtung entstehen. Solche künftigen Mittelabflüsse müssen die Erwartungen der Marktteilnehmer hinsichtlich der Kosten der Erfüllung der Verpflichtung und die Gegenleistung, die ein Marktteilnehmer für die Übernahme der Verpflichtung verlangen würde, abdecken. Eine solche Gegenleistung umfasst auch die Rendite, die ein Marktteilnehmer für Folgendes verlangen würde:

a) die Durchführung der Tätigkeit (d. h. der Wert zur Erfüllung der Verpflichtung; z. B. durch die Verwendung von Ressourcen, die für andere Tätigkeiten verwendet werden könnten), und

b) Übernahme des mit der Verpflichtung einhergehenden Risikos (d.h. ein Risikoaufschlag, der das Risiko widerspiegelt, dass die tatsächlichen Mittelabflüsse von den erwarteten Mittelabflüssen abweichen könnten, siehe Paragraph B33).

B32 Eine nicht finanzielle Verbindlichkeit enthält beispielsweise keine vertragliche Verzinsung und es gibt keine beobachtbare Marktrendite für diese Verbindlichkeit. In einigen Fällen werden sich die Bestandteile der von Marktteilnehmern verlangten Rendite nicht voneinander unterscheiden lassen (z. B. wenn der Preis verwendet wird, den ein dritter Auftragnehmer auf Grundlage eines festen Entgelts in Rechnung stellen würde). In anderen Fällen muss ein Unternehmen diese Bestandteile getrennt schätzen (z. B. wenn es den Preis zugrunde legt, den ein dritter Auftragnehmer auf der Grundlage eines Kostenzuschlags berechnen würde, da der Auftragnehmer in diesem Fall nicht das Risiko künftiger Kostenänderungen trägt).

B33 Ein Unternehmen kann in die Zeitwertbewertung einer Schuld oder eines eigenen Eigenkapitalinstruments, die bzw. das nicht von einer anderen Partei als Vermögenswert gehalten wird, wie folgt einen Risikoaufschlag einbeziehen:

a) durch Anpassung der Zahlungsströme (d. h. durch eine Erhöhung des Betrags der Mittelabflüsse) oder

b) durch Anpassung des Satzes, der für die Abzinsung künftiger Zahlungsströme auf ihre Barwerte verwendet wird (d. h. durch eine Verringerung des Abzinsungssatzes).

Unternehmen müssen sicherstellen, dass sie Risikoanpassungen nicht doppelt zählen oder auslassen. Werden die geschätzten Zahlungsströme z. B. erhöht, damit die Gegenleistung für die Übernahme des mit der Verpflichtung einhergehenden Risikos berücksichtigt wird, sollte der Abzinsungssatz nicht um dieses Risiko bereinigt werden.

EINGANGSPARAMETER FÜR BEWERTUNGSVERFAHREN (PARAGRAPHEN 67–71)

B34 Märkte, in denen für bestimmte Vermögenswerte und Schulden (z. B. Finanzinstrumente) Eingangsparameter beobachtet werden können, sind beispielsweise:

a) *Börsen.* In einer Börse sind Schlusskurse einerseits leicht verfügbar und andererseits allgemein repräsentativ für den beizulegenden Zeitwert. Ein Beispiel für einen solchen Markt ist die London Stock Exchange.

b) *Händlermärkte.* In einem Händlermarkt stehen Händler zum Kauf oder Verkauf auf eigene Rechnung bereit. Sie setzen ihr Kapital ein, um einen Bestand der Werte zu halten, für die sie einen Markt bilden, und stellen somit Liquidität zur Verfügung. Üblicherweise sind Geld- und Briefkurse (die den Preis darstellen, zu dem der Händler zum Kauf bzw. Verkauf bereit ist) leichter verfügbar als Schlusskurse. Außerbörsliche Märkte - „Over-the-Counter" - (für die Preise öffentlich gemeldet werden) sind Händlermärkte. Händlermärkte gibt es auch für eine Reihe anderer Vermögenswerte und Schulden, u. a. bestimmte Finanzinstrumente, Waren und Sachvermögenswerte (z. B. gebrauchte Maschinen).

c) *Vermittlermärkte.* In einem Vermittlermarkt versuchen Broker, bzw. Makler, Käufer mit Verkäufern zusammenzubringen. Sie stehen aber nicht zum Handel auf eigene Rechnung bereit. Mit anderen Worten, Makler verwenden kein eigenes Kapital, um einen Bestand der Werte zu halten, für die sie einen Markt bilden. Der Makler kennt die von den jeweiligen Parteien angebotenen und verlangten Preise, aber normalerweise kennt keine Partei die Preisforderungen der jeweils anderen Partei. Mitunter sind Preise für abgeschlossene Geschäftsvorfälle verfügbar. Vermittlermärkte sind u. a. elektronische Kommunikationsnetze, in denen Kauf- und Verkaufsaufträge zusammengebracht werden, sowie Märkte für Gewerbe- und Wohnimmobilien.

d) *Direktmärkte.* In einem Direktmarkt werden sowohl Ausreichungs- als auch Wiederverkaufstransaktionen unabhängig und ohne Mittler ausgehandelt. Über Geschäftsvorfälle dieser Art werden der Öffentlichkeit eventuell nur wenige Informationen zur Verfügung gestellt.

FAIR-VALUE-HIERARCHIE (PARAGRAPHEN 72–90)

Eingangsparameter der Stufe 2 (Paragraphen 81–85)

B35 Beispiele für Eingangsparameter der Stufe 2 für besondere Vermögenswerte und Schulden sind u. a.:

a) *Festzinsempfänger-Swap, der auf dem London Interbank Offered Rate (LIBOR) Swapsatz basiert.* Ein Eingangsparameter der Stufe 2 wäre der LIBOR Swapsatz, falls dieser in üblich notierten Intervallen für so gut wie die volle Laufzeit des Swap beobachtbar ist.

b) *Festzinsempfänger-Swap, der auf einer Renditekurve in einer Fremdwährung basiert.* Ein Eingangsparameter der Stufe 2 wäre der Swapsatz, der auf einer Renditekurve in einer Fremdwährung basiert, der in üblich notierten Intervallen für so gut wie die volle Laufzeit des Swap beobachtbar ist. Dies wäre der Fall, wenn die Laufzeit des Swap 10 Jahre betrüge und dieser Swapsatz in allgemein notierten Intervallen für 9 Jahre beobachtbar wäre, vorausgesetzt, dass jede angemessene Extrapolation der Renditekurve für das Jahr 10 für die Bewertung zum beizulegenden Zeitwert des Swap in seiner Gesamtheit nicht von Bedeutung wäre.

c) *Festzinsempfänger-Swap, der auf einem bestimmten Leitzins einer Bank basiert.* Ein Eingangsparameter der Stufe 2 wäre der Leitzins der Bank, abgeleitet durch Extrapolation, falls die extrapolierten Werte durch beobachtbare Marktdaten gestützt werden, zum Beispiel durch Korrelation mit einem Zinssatz, der für so gut wie die volle Laufzeit des Swap beobachtbar ist.

d) *Dreijahresoption auf börsengehandelte Aktien.* Ein Eingangsparameter der Stufe 2 wäre die implizite Volatilität der Aktien, abgeleitet durch Extrapolation auf das Jahr 3, wenn die beiden folgenden Bedingungen erfüllt sind:

i) Preise für Ein- und Zweijahresoptionen auf die Aktien sind beobachtbar,

ii) die extrapolierte implizite Volatilität einer Dreijahresoption wird für so gut wie die volle Laufzeit der Option durch beobachtbare Marktdaten gestützt.

In diesem Fall könnte die implizite Volatilität durch Extrapolation der impliziten Volatilität der Einjahres- und Zweijahres-Optionen auf die Aktien abgeleitet werden und durch die implizite Volatilität für Dreijahres- Optionen auf vergleichbare Unternehmensaktien gestützt werden, vorausgesetzt, dass eine Korrelation mit den impliziten Einjahres- und Zweijahres-Volatilitäten begründet ist.

e) *Lizenzvereinbarung.* Bei einer Lizenzvereinbarung, die in einem Unternehmenszusammenschluss erworben wurde und in jüngster Zeit von dem erworbenen Unternehmen (der Partei zur Lizenzvereinbarung) mit einer fremden Partei ausgehandelt wurde, wäre die Lizenzgebühr, die bei Beginn der Vereinbarung in dem Vertrag mit der fremden Partei festgelegt wurde, ein Eingangsparameter der Stufe 2.

f) *Fertigerzeugnisse in einem Einzelhandelsgeschäft.* Für Fertigerzeugnisse, die bei einem Unternehmenszusammenschluss erworben werden, wäre ein Eingangsparameter der Stufe 2 entweder ein Preis für Kunden in einem Einzelhandelsmarkt oder ein Preis für Einzelhändler in einem Großhandelsmarkt, angepasst um Unterschiede hinsichtlich Zustand und Ort des Vorratspostens mit denen vergleichbarer (d. h. ähnlicher) Vorratsposten, sodass die Bewertung zum beizulegenden Zeitwert den Preis widerspiegelt, den man beim Verkauf des Bestands an einen anderen Einzelhändler, der die erforderlichen Verkaufsbemühungen durchführt, erhalten würde. Die Bewertung zum beizulegenden Zeitwert wird vom Konzept her gleich sein, unabhängig davon, ob die Anpassungen an den Einzelhandelspreis (nach unten) oder an den Großhandelspreis (nach oben) gemacht werden. Im Allgemeinen ist für die Bewertung zum beizulegenden Zeitwert der Preis zu verwenden, der die geringsten subjektiven Anpassungen erfordert.

g) *Zur Nutzung gehaltene Gebäude.* Der aus beobachtbaren Marktdaten abgeleitete Quadratmeterpreis für das Gebäude (Bewertungsmultiplikator) wäre ein Eingangsparameter der Stufe 2. Dieser Preis wird beispielsweise aus Multiplikatoren gewonnen, die ihrerseits aus Preisen abgeleitet wurden, die in Geschäftsvorfällen mit vergleichbaren (d. h.

ähnlichen) Gebäuden an ähnlichen Standorten beobachtet wurden.

h) *Zahlungsmittelgenerierende Einheit.* Ein Bewertungsmultiplikator (z. b. ein Vielfaches der Ergebnisse, der Erlöse oder eines ähnlichen Maßstabs für die Ertragskraft), der aus beobachtbaren Marktdaten abgeleitet wird, wäre ein Eingangsparameter der Stufe 2. Dies könnten beispielsweise Bewertungsmultiplikatoren sein, die unter Berücksichtigung betrieblicher, marktbezogener, finanzieller und nicht finanzieller Faktoren aus Preisen abgeleitet werden, die in Geschäftsvorfällen mit vergleichbaren (d. h. ähnlichen) Geschäftsbetrieben beobachtet wurden.

Eingangsparameter der Stufe 3 (Paragraphen 86–90)

B36 Beispiele für Eingangsparameter der Stufe 3 für besondere Vermögenswerte und Schulden sind u. a.:

a) *Langfristiger Währungsswap.* Ein Eingangsparameter der Stufe 3 wäre ein Zinssatz in einer bestimmten Währung, der nicht beobachtbar ist und nicht durch beobachtbare Marktdaten - in üblich notierten Intervallen oder auf andere Weise - für so gut wie die volle Laufzeit des Swap gestützt werden kann. Bei den Zinssätzen in einem Währungsswap handelt es sich um die Swapsätze, die aus den Renditekurven der betreffenden Länder berechnet werden.

b) *Dreijahresoption auf börsengehandelte Aktien.* Die historische Volatilität, d. h. die aus den historischen Kursen der Aktien abgeleitete Volatilität wäre ein Eingangsparameter der Stufe 3. Die historische Volatilität stellt normalerweise nicht die gegenwärtigen Erwartungen der Marktteilnehmer über die künftige Volatilität dar, auch wenn sie die einzig verfügbare Information zur Preisbildung für eine Option ist.

c) *Zinsswap.* Eine Anpassung an einem übereingekommenen (unverbindlichen) mittleren Marktkurs für den Swap, der anhand von Daten direkt entwickelt wurde, die nicht direkt beobachtbar sind und auch nicht anderweitig durch beobachtbare Marktdaten belegt werden können, wäre ein Eingangsparameter der Stufe 3.

d) *Bei einem Unternehmenszusammenschluss übernommene Entsorgungsverpflichtung* Ein Eingangsparameter der Stufe 3 wäre eine aktuelle Schätzung des Unternehmens über die künftigen Mittelabflüsse, die zur Erfüllung der Verpflichtung zu tragen wären, wenn es keine bei vertretbarem Aufwand verfügbaren Informationen gibt, die darauf hinweisen, dass Marktteilnehmer von anderen Annahmen ausgehen würden. Dabei legt das Unternehmen eigene Daten zugrunde und schließt die Erwartungen der Marktteilnehmer über die Kosten für die Erfüllung der Verpflichtung ein. Ebenfalls berücksichtigt wird die Gegenleistung, die ein Marktteilnehmer für die Übernahme der Verpflichtung zur Demontage des Vermögenswerts verlangen würde. Dieser Eingangsparameter der Stufe 3 würde in einem Barwertverfahren zusammen mit anderen Eingangsparametern verwendet. Dies könnte ein aktueller risikoloser Zinssatz oder ein bonitätsbereinigter risikoloser Zinssatz sein, wenn sich die Auswirkung der Bonität des Unternehmens auf den beizulegenden Zeitwert der Schuld im Abzinsungssatz widerspiegelt und nicht in der Schätzung künftiger Mittelabflüsse.

e) *Zahlungsmittelgenerierende Einheit.* Eine Finanzprognose (z. B. über Zahlungsströme oder Gewinn bzw. Verlust), die anhand eigener Daten des Unternehmens entwickelt wird, wenn es keine bei vertretbarem Aufwand verfügbaren Informationen gibt, die darauf hinweisen, dass Marktteilnehmer von anderen Annahmen ausgehen würden, wäre ein Eingangsparameter der Stufe 3.

ERMITTLUNG DES BEIZULEGENDEN ZEITWERTS BEI EINEM ERHEBLICHEN RÜCKGANG DES VOLUMENS ODER DES UMFANGS DER AKTIVITÄTEN BEI EINEM VERMÖGENSWERT ODER EINER SCHULD

B37 Der beizulegende Zeitwert eines Vermögenswerts oder einer Schuld kann dadurch beeinflusst werden, dass Volumen oder Umfang der Aktivität im Vergleich zur normalen Markttätigkeit für den Vermögenswert oder die Schuld (bzw. ähnliche Vermögenswerte oder Schulden) erheblich zurückgehen. Um auf der Grundlage vorliegender Nachweise bestimmen zu können, ob ein erheblicher Rückgang im Volumen oder Tätigkeitsniveau für den Vermögenswert oder die Schuld eingetreten ist, wertet ein Unternehmen die Bedeutung und Relevanz von Faktoren wie den unten genannten aus:

a) in jüngster Zeit fanden wenig Geschäftsvorfälle statt,

b) Preisnotierungen werden nicht auf der Grundlage aktueller Informationen entwickelt,

c) Preisnotierungen unterliegen entweder im Zeitablauf oder von einem Marktmacher zum anderen (z. B. zwischen einigen Vermittlermärkten) erheblichen Schwankungen,

d) Indizes, die früher in enger Korrelation zu den beizulegenden Zeitwerten des Vermögenswerts oder der Schuld standen, haben nachweislich keinen Bezug zu neuesten Anhaltspunkten für den beizulegenden Zeitwert des betreffenden Vermögenswerts oder der betreffenden Schuld mehr,

e) im Vergleich zur Schätzung des Unternehmens über erwartete Zahlungsströme unter Berücksichtigung aller verfügbaren Marktdaten über das Kreditrisiko und andere Nichterfüllungsrisiken für den Vermögenswert oder die Schuld ist bei beobachteten Geschäftsvorfällen oder notierten Preisen ein erheblicher Anstieg bei den impliziten Liquiditätsrisikoaufschlägen, Renditen oder Leistungsindikatoren (beispielsweise Säumnisraten oder Schweregrad der Verluste) eingetreten,

f) es besteht eine weite Geld-Brief-Spanne oder die Geld-Brief-Spanne hat erheblich zugenommen,

g) die Aktivitäten im Markt für Neuemission (d. h. einem Hauptmarkt) für den Vermögenswert oder die Schuld bzw. für ähnliche Vermögenswerte oder Schulden sind erheblich zurückgegangen oder ein solcher Markt ist überhaupt nicht vorhanden,

h) es sind nur wenige Informationen öffentlich zugänglich (z. B. über Geschäftsvorfälle, die in einem Direktmarkt stattfinden).

B38 Gelangt ein Unternehmen zu dem Schluss, dass es einen signifikanten Rückgang des Volumens oder des Ausmaßes der Aktivität für den Vermögenswert oder die Schuld im Verhältnis zur normalen Marktaktivität für den Vermögenswert oder die Schuld (oder ähnlicher Vermögenswerte und Schulden) gegeben hat, werden weitere Analysen der Transaktionen oder der notierten Preise benötigt Ein Rückgang des Volumens oder des Ausmaßes der Aktivität muss für sich gesehen nicht darauf hindeuten, dass eine Transaktionspreis oder ein notierter Preis nicht den beizulegenden Zeitwert repräsentiert, oder dass ein Geschäftsvorfall in diesem Markt kein gewöhnlicher ist. Stellt ein Unternehmen jedoch fest, dass ein Transaktionspreis oder notierter Preis den beizulegenden Zeitwert nicht repräsentiert (wenn es beispielsweise Geschäftsvorfälle gegeben hat, die nicht geordnet abgelaufen sind), ist eine Anpassung der Transaktionspreise oder notierten Preise notwendig, wenn das Unternehmen diese Preise als Grundlage für die Ermittlung des beizulegenden Zeitwerts nutzt. Diese Anpassung kann für die gesamte Bewertung zum beizulegenden Zeitwert Bedeutung haben. Anpassungen können auch unter anderen Umständen erforderlich sein (z. B. wenn ein Preis für einen ähnlichen Vermögenswert eine erhebliche Anpassung erfordert, um Vergleichbarkeit mit dem zu bewertenden Vermögenswert herzustellen, oder wenn der Preis überholt ist).

B39 Der vorliegende IFRS schreibt keine Methodik für erhebliche Anpassungen an Transaktionspreisen oder notierten Preisen vor. Eine Erörterung der Anwendung von Bewertungsverfahren bei der Ermittlung des beizulegenden Zeitwerts ist den Paragraphen 61–66 und B5–B11 zu entnehmen. Ungeachtet des jeweils verwendeten Bewertungsverfahrens muss ein Unternehmen angemessene Risikoanpassungen berücksichtigen. Hierzu gehört auch ein Risikoaufschlag, in dem sich der Betrag widerspiegelt, den Marktteilnehmer als Gegenleistung für die Unsicherheit verlangen würden, die den Zahlungsströmen eines Vermögenswerts oder einer Schuld anhaftet (siehe Paragraph B17). Andernfalls gibt die Bewertung den beizulegenden Zeitwert nicht glaubwürdig wieder. Mitunter kann die Bestimmung der angemessenen Risikoanpassung schwierig sein. Der Schwierigkeitsgrad allein bildet jedoch keine hinreichende Grundlage für den Ausschluss einer Risikoanpassung. Die Risikoanpassung muss einen am Bewertungsstichtag unter aktuellen Marktbedingungen zwischen Marktteilnehmern stattfindenden, gewöhnlichen Geschäftsvorfall widerspiegeln.

B40 Sind das Volumen oder der Umfang der Aktivität für den Vermögenswert oder die Schuld erheblich zurückgegangen, kann eine Änderung des Bewertungsverfahrens oder die Verwendung mehrerer Bewertungsverfahren angemessen sein (z. B. der Einsatz eines marktbasierten Ansatzes und eines Barwertverfahrens). Bei der Gewichtung der Anhaltspunkte für den beizulegenden Zeitwert, die aus dem Einsatz mehrerer Bewertungsverfahren gewonnen wurden, muss ein Unternehmen die Plausibilität des Wertebereichs für die Zeitwertbewertungen berücksichtigen. Die Zielsetzung besteht in der Bestimmung des Punktes innerhalb des Wertebereichs, der für den beizulegenden Zeitwert unter gegenwärtigen Marktbedingungen am repräsentativsten ist. Eine große Bandbreite von Zeitwerten kann ein Hinweis darauf sein, dass weitere Analysen notwendig sind.

B41 Auch wenn Volumen oder Aktivitätsumfang für den Vermögenswert oder die Schuld erheblich zurückgegangen sind, ändert sich das Ziel einer Bewertung zum beizulegenden Zeitwert nicht. Der beizulegende Zeitwert ist der Preis, zu dem unter aktuellen Marktbedingungen am Bewertungsstichtag bei einem gewöhnlichen Geschäftsvorfall (d. h. keine Zwangsliquidation und kein Notverkauf) zwischen Marktteilnehmern ein Vermögenswert verkauft oder eine Schuld übertragen würde.

B42 Die Schätzung des Preises, zu dem Marktteilnehmer unter aktuellen Marktbedingungen am Bewertungsstichtag zum Abschluss einer Transaktion bereit wären, wenn ein erheblicher Rückgang im Umfang oder Tätigkeitsniveau für den Vermögenswert oder die Schuld eingetreten ist, hängt von den Sachverhalten und Umständen am Bewertungsstichtag ab. Hier ist Ermessensausübung gefordert. Die Absicht eines Unternehmens, den Vermögenswert zu halten oder die Schuld auszugleichen oder anderweitig zu erfüllen ist bei der Ermittlung des beizulegenden Zeitwerts unerheblich, weil der beizulegende Zeitwert eine marktbasierte, keine unternehmensspezifische Bewertungsgröße darstellt.

Ermittlung von nicht gewöhnlichen Geschäftsvorfällen

B43 Die Feststellung, ob ein Geschäftsvorfall gewöhnlich (oder nicht gewöhnlich) ist, wird erschwert, wenn im Umfang oder Tätigkeitsniveau für den Vermögenswert oder die Schuld im Vergleich zu den normalen Markttätigkeiten für diesen Vermögenswert bzw. diese Schuld (oder ähnliche Vermögenswerte oder Schulden) ein erheblicher Rückgang eingetreten ist. Unter derartigen Umständen den Schluss zu ziehen, dass sämtliche

Geschäftsvorfälle in dem betreffenden Markt nicht gewöhnlich (d. h. Zwangsliquidationen oder Notverkäufe) sind, ist nicht angemessen. Umstände, die darauf hinweisen können, dass ein Geschäftsvorfall nicht gewöhnlich ist, sind unter anderem:

a) In einem bestimmten Zeitraum vor dem Bewertungsstichtag bestand keine angemessene Marktpräsenz, um Vermarktungstätigkeiten zu ermöglichen, die für Geschäftsvorfälle unter Beteiligung der betroffenen Vermögenswerte oder Schulden unter aktuellen Marktbedingungen allgemein üblich sind.

b) Es bestand ein allgemein üblicher Vermarktungszeitraum, der Verkäufer setzte den Vermögenswert oder die Schuld aber bei einem einzigen Marktteilnehmer ab.

c) Der Verkäufer ist in oder nahe am Konkurs oder steht unter Konkursverwaltung (d. h. der Verkäufer ist in einer Notlage).

d) Der Verkäufer musste verkaufen, um aufsichtsbehördliche oder gesetzliche Vorschriften zu erfüllen (d. h. der Verkäufer stand unter Zwang).

e) Im Vergleich zu anderen, in jüngster Zeit erfolgten Geschäftsvorfällen mit dem gleichen oder einem ähnlichen Vermögenswert bzw. der gleichen oder einer ähnlichen Schuld stellt der Transaktionspreis einen statistischen Ausreißer dar.

Ein Unternehmen muss die Umstände auswerten, um unter Berücksichtigung des Gewichts der verfügbaren Anhaltspunkte festzustellen zu können, ob der Geschäftsvorfall ein gewöhnlicher Geschäftsvorfall war.

B44 Bei der Ermittlung des beizulegenden Zeitwerts oder der Schätzung von Marktrisikoaufschlägen muss ein Unternehmen Folgendes berücksichtigen:

a) Gibt es Anhaltspunkte dafür, dass ein Geschäftsvorfall nicht gewöhnlich ist, legt ein Unternehmen (im Vergleich zu anderen Anhaltspunkten für den beizulegenden Zeitwert) wenig oder gar kein Gewicht auf den betreffenden Transaktionspreis.

b) Gibt es Anhaltspunkte dafür, dass ein Geschäftsvorfall gewöhnlich ist, berücksichtigt das Unternehmen den betreffenden Transaktionspreis. Wie hoch das Gewicht ist, das dem betreffenden Transaktionspreis im Vergleich zu anderen Anhaltspunkten für den beizulegenden Zeitwert beigemessen wird, hängt von den jeweiligen Fakten und Umständen ab, beispielsweise
   i) dem Umfang des Geschäftsvorfalls,
   ii) der Vergleichbarkeit des Geschäftsvorfalls mit dem bewerteten Vermögenswert bzw. der bewerteten Schuld,
   iii) der zeitlichen Nähe des Geschäftsvorfalls zum Bewertungsstichtag.

c) Verfügt ein Unternehmen über ausreichende Informationen, um daraus schließen zu können, dass ein Geschäftsvorfall gewöhnlich ist, berücksichtigt es den Transaktionspreis. Der Transaktionspreis stellt jedoch unter Umständen nicht den beizulegenden Zeitwert dar (d. h. der Transaktionspreis ist nicht unbedingt die einzige oder vorrangige Grundlage für die Ermittlung des beizulegenden Zeitwerts oder die Schätzung von Marktrisikoaufschlägen). Verfügt ein Unternehmen nicht über ausreichende Informationen, um daraus schließen zu können, ob bestimmte Geschäftsvorfälle gewöhnlich sind, legt das Unternehmen im Vergleich zu anderen Geschäftsvorfällen, deren Ordnungsmäßigkeit bekannt ist, weniger Gewicht auf die betreffenden Geschäftsvorfälle.

Ein Unternehmen muss für die Feststellung, ob ein Geschäftsvorfall gewöhnlich ist, keine umfassenden Anstrengungen unternehmen, darf aber Informationen, die bei vertretbarem Aufwand verfügbar sind, nicht ignorieren. Ist ein Unternehmen in einem Geschäftsvorfall beteiligte Partei, wird davon ausgegangen dass es über ausreichende Informationen für die Schlussfolgerung verfügt, ob der Geschäftsvorfall gewöhnlich ist.

Verwendung notierter Preise, die von Dritten bereitgestellt werden

B45 Der vorliegende IFRS schließt die Verwendung notierter Preise, die von Dritten, wie Kursinformationsdiensten oder Maklern, bereitgestellt werden, nicht aus, sofern das Unternehmen festgestellt hat, dass die von diesen Dritten bereitgestellten notierten Preise gemäß vorliegendem IFRS entwickelt wurden.

B46 Im Fall eines erheblichen Rückgangs beim Umfang oder Tätigkeitsniveau für den Vermögenswert oder die Schuld hat das Unternehmen zu beurteilen, ob die von Dritten bereitgestellten notierten Preise unter Verwendung aktueller Informationen entwickelt wurden, und ob sie gewöhnliche Geschäftsvorfälle oder ein Bewertungsverfahren wiedergeben, in denen sich die Annahmen der Marktteilnehmer widerspiegeln (einschließlich der Risikoannahmen). Bei der Gewichtung eines notierten Preises als Eingangsparameter für eine Bewertung zum beizulegenden Zeitwert legt ein Unternehmen (im Vergleich zu anderen Anhaltspunkten für den beizulegenden Zeitwert, in denen sich das Ergebnis von Geschäftsvorfällen spiegelt) weniger Gewicht auf Notierungen, die nicht das Ergebnis von Geschäftsvorfällen widerspiegeln.

B47 Darüber hinaus ist bei der Gewichtung der verfügbaren Anhaltspunkte die Art der Notierung zu berücksichtigen (beispielsweise, ob die Notierung ein Taxkurs oder ein verbindliches Angebot ist). Dabei werden Notierungen Dritter, die verbindliche Angebote darstellen, stärker gewichtet.

Anhang C
Datum des Inkrafttretens und Übergangsvorschriften

Dieser Anhang ist integraler Bestandteil des IFRS und hat die gleiche bindende Kraft wie die anderen Teile des IFRS.

C1 Dieser IFRS ist auf Geschäftsjahre anzuwenden, die am oder nach dem 1. Januar 2013 beginnen. Eine frühere Anwendung ist zulässig. Wendet ein Unternehmen diesen IFRS früher an, hat es dies anzugeben.

C2 Dieser IFRS ist prospektiv ab Beginn des Geschäftsjahrs anzuwenden, in dem er erstmals angewendet wird.

C3 Die Angabepflichten dieses IFRS gelten nicht für Vergleichsinformationen, die für Geschäftsjahre vor der erstmaligen Anwendung dieses IFRS zur Verfügung gestellt werden.

C4 Durch die *Jährlichen Verbesserungen, Zyklus 2011–2013*, veröffentlicht im Dezember 2013, wurde Paragraph 52 geändert. Diese Änderung ist auf Geschäftsjahre anzuwenden, die am oder nach dem 1. Juli 2014 beginnen. Diese Änderung ist prospektiv ab Beginn des Geschäftsjahrs anzuwenden, in dem IFRS 13 erstmals angewandt wurde. Eine frühere Anwendung ist zulässig. Wendet ein Unternehmen diese Änderung auf eine frühere Periode an, hat es dies anzugeben.

C5 Durch IFRS 9, veröffentlicht im Juli 2014, wurde Paragraph 52 geändert. Wendet ein Unternehmen IFRS 9 an, hat es auch diese Änderung anzuwenden.

C6 Durch IFRS 16 *Leasingverhältnisse*, veröffentlicht im Januar 2016, wurde Paragraph 6 geändert. Wendet ein Unternehmen IFRS 16 an, hat es diese Änderung ebenfalls anzuwenden.

International Financial Reporting Standard 15
Erlöse aus Verträgen mit Kunden

IFRS 15, VO (EU) 2023/1803

Gliederung	§§
ZIELSETZUNG	1–4
Erreichung der Zielsetzung	2–4
ANWENDUNGSBEREICH	5–8
ERFASSUNG	9–45
Identifizierung des Vertrags	9–16
Zusammenfassung von Verträgen	17
Vertragsänderungen	18–21
Identifizierung der Leistungsverpflichtungen	22–30
In Verträgen mit Kunden enthaltene Zusagen	24–25
Eigenständig abgrenzbare Güter oder Dienstleistungen	26–30
Erfüllung der Leistungsverpflichtungen	31–45
Leistungsverpflichtungen, die über einen bestimmten Zeitraum erfüllt werden	35–37
Leistungsverpflichtungen, die zu einem bestimmten Zeitpunkt erfüllt werden	38
Bestimmung des Leistungsfortschritts im Hinblick auf die vollständige Erfüllung einer Leistungsverpflichtung	39–40
Methoden zur Messung des Leistungsfortschritts	41–43
Angemessene Fortschrittsmaße	44–45
BEWERTUNG	46–90
Bestimmung des Transaktionspreises	47–72
Variable Gegenleistung	50–54
Rückerstattungsverbindlichkeiten	55
Einschränkungen bei der Schätzung variabler Gegenleistungen	56–58
Neubewertung variabler Gegenleistungen	59
Vorliegen einer erheblichen Finanzierungskomponente	60–65
Nicht zahlungswirksame Gegenleistungen	66–69
An einen Kunden zu zahlende Gegenleistungen	70–72
Aufteilung des Transaktionspreises auf die Leistungsverpflichtungen	73–86
Aufteilung auf Basis der Einzelverkaufspreise	76–80
Zuordnung von Preisnachlässen	81–83
Zuordnung variabler Gegenleistungen	84–86
Änderungen des Transaktionspreises	87–90
VERTRAGSKOSTEN	91–104
Zusätzliche Kosten bei der Anbahnung eines Vertrags	91–94
Vertragserfüllungskosten	95–98
Planmäßige Abschreibung und Wertminderung	99–104
DARSTELLUNG	105–109
ANGABEN	110–129
Verträge mit Kunden	113–122
Aufschlüsselung von Erlösen	114–115
Vertragssalden	116–118
Leistungsverpflichtungen	119
Den verbleibenden Leistungsverpflichtungen zugeordneter Transaktionspreis	120–122
Erhebliche Ermessensentscheidungen bei der Anwendung dieses Standards	123–126
Bestimmung des Zeitpunkts der Erfüllung der Leistungsverpflichtungen	124–125
Bestimmung des Transaktionspreises und der Beträge, die den Leistungsverpflichtungen zugeordnet werden	126

3/13. IFRS 15
1 – 4

Bei Erfüllung oder Anbahnung eines Vertrags mit einem Kunden aktivierte Kosten 127–128
Praktische Behelfe 129
ANHANG A: DEFINITIONEN
ANHANG B: ANWENDUNGSLEITLINIEN B1
Leistungsverpflichtungen, die über einen bestimmten Zeitraum erfüllt werden B2–B13
Dem Kunden fließt der Nutzen aus der Leistung des Unternehmens zu und er nutzt gleichzeitig die Leistung, während diese erbracht wird (Paragraph 35(a)) B3–B4
Der Kunde besitzt die Verfügungsgewalt über einen Vermögenswert, während dieser erstellt oder verbessert wird (Paragraph 35(b)) B5
Durch die Leistung des Unternehmens wird ein Vermögenswert erstellt, der keine alternativen Nutzungsmöglichkeiten für das Unternehmen aufweist (Paragraph 35(c)) B6–B8
Anspruch auf Bezahlung der bereits erbrachten Leistungen (Paragraph 35(c)) B9–B13
Methoden zur Bestimmung des Leistungsfortschritts im Hinblick auf die vollständige Erfüllung einer Leistungsverpflichtung B14–B19
Outputbasierte Methoden B15–B17
Inputbasierte Methoden B18–B19
Verkauf mit Rückgaberecht B20–B27
Garantien und Gewährleistungen B28–B33
Überlegungen zur Konstellation Prinzipal oder Agent B34–B38
Optionen des Kunden für den Erwerb zusätzlicher Güter oder Dienstleistungen B39–B43
Nicht geltend gemachte Ansprüche des Kunden B44–B47
Nicht rückerstattungsfähige, im Voraus zahlbare Entgelte (sowie einige damit zusammenhängende Kosten) B48–B51
Lizenzerteilung B52–B63B
Bestimmung der Art der Zusage B57–B62
Umsatz- oder nutzungsabhängige Lizenzgebühren B63–B63B
Rückkaufvereinbarungen B64–B76
Termingeschäfte und Kaufoptionen B66–B69
Verkaufsoptionen B70–B76
Kommissionsvereinbarungen B77–B78
Bill-and-hold-Vereinbarungen B79–B82
Abnahme durch den Kunden B83–B86
Aufschlüsselung der Erlöse B87–B89
ANHANG C: ZEITPUNKT DES INKRAFTTRETENS UND ÜBERGANGS-VORSCHRIFTEN
ZEITPUNKT DES INKRAFTTRETENS C1–C1C
ÜBERGANGSVORSCHRIFTEN C2–C9
Verweise auf IFRS 9 .... C9
RÜCKNAHME ANDERER STANDARDS C10

ZIELSETZUNG

1 In diesem Standard sollen die Grundsätze festgelegt werden, nach denen ein Unternehmen den Abschlussadressaten nützliche Informationen über Art, Höhe, Zeitpunkt und Unsicherheit von Erlösen und Zahlungsströmen aus einem Vertrag mit einem Kunden zur Verfügung zu stellen hat.

Erreichung der Zielsetzung

2 Das Kernprinzip dieses Standards, mit dem das in Paragraph 1 genannte Ziel erreicht werden soll, besteht darin, dass ein Unternehmen – um die Übertragung der zugesagten Güter oder Dienstleistungen auf den Kunden abzubilden – die Erlöse in Höhe der Gegenleistung erfassen muss, die es im Austausch für diese Güter oder Dienstleistungen voraussichtlich erhalten wird.

3 Bei der Anwendung dieses Standards hat ein Unternehmen den vertraglichen Bestimmungen sowie allen relevanten Fakten und Umständen Rechnung zu tragen. Das Unternehmen muss diesen Standard auf ähnlich ausgestaltete Verträge und unter ähnlichen Umständen einheitlich anwenden, was auch für den Einsatz etwaiger praktischer Behelfe gilt.

4 Dieser Standard regelt die Bilanzierung eines einzelnen Vertrags mit einem Kunden. Behelfsweise kann ein Unternehmen diesen Standard jedoch auch auf ein Portfolio ähnlich ausgestal-

teter Verträge (oder Leistungsverpflichtungen) anwenden, wenn es nach vernünftigem Ermessen davon ausgehen kann, dass es keine wesentlichen Auswirkungen auf den Abschluss hat, ob es diesen Standard auf das Portfolio oder die einzelnen Verträge (oder Leistungsverpflichtungen) innerhalb dieses Portfolios anwendet. Bei der Bilanzierung eines Portfolios hat ein Unternehmen Schätzungen und Annahmen zugrunde zu legen, die die Größe und die Zusammensetzung des Portfolios widerspiegeln.

ANWENDUNGSBEREICH

5 Dieser Standard ist auf alle Verträge mit Kunden anzuwenden, außer auf

a) Leasingverträge, die in den Anwendungsbereich von IFRS 16 *Leasingverhältnisse* fallen,

b) Verträge, die in den Anwendungsbereich von IFRS 17 *Versicherungsverträge* fallen. Ein Unternehmen kann jedoch von seinem Wahlrecht Gebrauch machen, IFRS 15 auf Versicherungsverträge anzuwenden, deren primärer Zweck gemäß Paragraph 8 von IFRS 17 in der Erbringung von Dienstleistungen gegen ein festes Entgelt besteht,

c) Finanzinstrumente und andere vertragliche Rechte oder Verpflichtungen, die in den Anwendungsbereich von IFRS 9 *Finanzinstrumente*, IFRS 10 *Konzernabschlüsse*, IFRS 11 *Gemeinschaftliche Vereinbarungen*, IAS 27 *Einzelabschlüsse* und/oder IAS 28 *Beteiligungen an assoziierten Unternehmen und Gemeinschaftsunternehmen* fallen, und

d) nichtmonetäre Tauschgeschäfte zwischen Unternehmen derselben Sparte, die Verkäufe an Kunden oder potenzielle Kunden erleichtern sollen. Vom Anwendungsbereich dieses Standards ausgenommen wäre beispielsweise ein Vertrag zwischen zwei Ölgesellschaften, die einen Tausch von Rohöl vereinbaren, um die Nachfrage ihrer Kunden an verschiedenen Standorten zeitnah decken zu können.

6 Dieser Standard ist nur auf Verträge anzuwenden (bei denen es sich nicht um einen der in Paragraph 5 genannten Verträge handelt) und deren Vertragsparteien Kunden sind. Ein Kunde ist eine Partei, die mit einem Unternehmen vertraglich vereinbart hat, im Austausch für eine Gegenleistung Güter oder Dienstleistungen aus der gewöhnlichen Geschäftstätigkeit des Unternehmens zu erhalten. So wäre eine Vertragspartei beispielsweise dann nicht als Kunde zu betrachten, wenn sie mit dem Unternehmen vertraglich die Teilnahme an einer Tätigkeit oder einem Prozess (z. B. die Entwicklung eines Vermögenswerts im Rahmen einer Kooperationsvereinbarung) vereinbart hätte, bei der/dem die Vertragsparteien die Risiken und den Nutzen aus dieser Tätigkeit und diesem Prozess teilen, anstatt ein Ergebnis aus der gewöhnlichen Geschäftstätigkeit des Unternehmens zu erhalten.

7 Ein Vertrag mit einem Kunden kann teilweise in den Anwendungsbereich dieses Standards und teilweise in den Anwendungsbereich anderer, in Paragraph 5 aufgeführter Standards fallen.

a) Enthalten die anderen Standards Vorgaben zur Separierung und/oder erstmaligen Bewertung eines oder mehrerer Vertragsteile, so hat das Unternehmen zuerst die Separierungs- und/oder Bewertungsvorschriften dieser Standards anzuwenden. Das Unternehmen hat vom Transaktionspreis den Betrag des Vertragsteils (oder der Vertragsteile) in Abzug zu bringen, der (die) erstmals gemäß anderer Standards bewertet wird (werden), und hat bei der Verteilung des (ggf.) verbleibenden Betrags des Transaktionspreises auf die einzelnen in den Anwendungsbereich dieses Standards fallenden Leistungsverpflichtungen sowie auf andere gemäß Paragraph 7(b) ermittelte Vertragsteile die Paragraphen 73–86 anzuwenden.

b) Enthalten die anderen Standards keine Vorgaben zur Separierung und/oder erstmaligen Bewertung eines oder mehrerer Vertragsteile, so hat das Unternehmen zur Separierung und/oder erstmaligen Bewertung des Vertragsteils (oder der Vertragsteile) den vorliegenden Standard anzuwenden.

8 Dieser Standard regelt die Bilanzierung der zusätzlichen Kosten, die einem Unternehmen im Zusammenhang mit der Anbahnung und Erfüllung eines Vertrags mit einem Kunden entstehen und die nicht in den Anwendungsbereich eines anderen Standards fallen (siehe Paragraphen 91–104). Das Unternehmen hat diese Paragraphen nur auf Kosten anzuwenden, die im Zusammenhang mit einem in den Anwendungsbereich dieses Standards fallenden Vertrags (oder Teil eines Vertrags) mit einem Kunden anfallen.

ERFASSUNG

Identifizierung des Vertrags

9 Ein Unternehmen darf einen in den Anwendungsbereich dieses Standards fallenden Vertrag mit einem Kunden nur bilanziell erfassen, wenn alle folgenden Kriterien erfüllt sind:

a) **die Vertragsparteien haben dem Vertrag (schriftlich, mündlich oder gemäß anderer Geschäftsgepflogenheiten) zugestimmt und zugesagt, ihre vertraglichen Pflichten zu erfüllen,**

b) **das Unternehmen kann für jede Vertragspartei feststellen, welche Rechte diese hinsichtlich der zu übertragenden Güter oder Dienstleistungen besitzt,**

c) **das Unternehmen kann die Zahlungsbedingungen für die zu übertragenden Güter oder Dienstleistungen feststellen,**

d) **der Vertrag hat wirtschaftliche Substanz (d. h. das Risiko, der Zeitpunkt oder die Höhe der künftigen Zahlungsströme des Unternehmens dürfte sich infolge des Vertrags ändern), und**

e) es ist wahrscheinlich, dass das Unternehmen die Gegenleistung, auf die es im Austausch für die auf den Kunden zu übertragenden Güter oder Dienstleistungen Anspruch hat, erhalten wird. **Bei der Bewertung, ob der Erhalt einer Gegenleistung wahrscheinlich ist, berücksichtigt das Unternehmen nur die Fähigkeit und die Absicht des Kunden zur Zahlung des entsprechenden Betrags bei Fälligkeit. Bei variabler Gegenleistung kann der Betrag, der dem Unternehmen als Gegenleistung zusteht, auch niedriger sein als der im Vertrag angegebene Preis, da das Unternehmen dem Kunden einen Preisnachlass gewähren kann (siehe Paragraph 52).**

10 Ein Vertrag ist eine Vereinbarung zwischen zwei oder mehr Parteien, die durchsetzbare Rechte und Pflichten begründet. Die Durchsetzbarkeit vertraglicher Rechte und Pflichten ist eine Rechtsfrage. Verträge können schriftlich oder mündlich geschlossen werden oder durch die Geschäftsgepflogenheiten eines Unternehmens impliziert sein. Gepflogenheiten und Verfahren für den Abschluss von Verträgen mit Kunden sind von Rechtsraum zu Rechtsraum, Branche zu Branche und Unternehmen zu Unternehmen unterschiedlich. Selbst innerhalb eines Unternehmens können sie variieren (und beispielsweise von der Kundenkategorie oder der Art der zugesagten Güter oder Dienstleistungen abhängen). Wenn ein Unternehmen bestimmt, ob und wann eine Vereinbarung mit einem Kunden durchsetzbare Rechte und Pflichten begründet, muss es diese Gepflogenheiten und Verfahren berücksichtigen.

11 Einige Verträge mit Kunden haben möglicherweise keine feste Laufzeit und können von beiden Seiten jederzeit gekündigt oder geändert werden. Andere Verträge verlängern sich möglicherweise automatisch in den im Vertrag festgelegten Abständen. Dieser Standard ist auf die Laufzeit des Vertrags (d. h. den Vertragszeitraum) anzuwenden, während der die Vertragsparteien durchsetzbare Rechte und Pflichten besitzen.

12 Für die Zwecke der Anwendung dieses Standards liegt kein Vertrag vor, wenn jede Vertragspartei das Recht hat, den noch von keiner Seite erfüllten Vertrag ohne Entschädigung der anderen Seite (oder Seiten) einseitig zu kündigen. Ein Vertrag ist dann als von keiner Seite erfüllt zu betrachten, wenn die beiden folgenden Kriterien erfüllt sind:

a) das Unternehmen hat noch keine der zugesagten Güter oder Dienstleistungen auf den Kunden übertragen und

b) das Unternehmen hat die Gegenleistung für die zugesagten Güter oder Dienstleistungen noch nicht erhalten und auch noch kein Anrecht darauf.

13 Erfüllt ein Vertrag mit einem Kunden bei Vertragsabschluss die in Paragraph 9 genannten Kriterien, so muss ein Unternehmen nicht erneut beurteilen, ob diese Kriterien erfüllt sind, es sei denn, es gibt einen Hinweis darauf, dass bei den Fakten und Umständen eine erhebliche Änderung eingetreten ist. Wenn sich beispielsweise die Fähigkeit eines Kunden zur Zahlung der Gegenleistung erheblich verschlechtert, müsste das Unternehmen erneut beurteilen, ob der Erhalt der Gegenleistung, die ihm im Austausch für die noch auf den Kunden zu übertragenden Güter oder Dienstleistungen zusteht, wahrscheinlich ist.

14 Wenn ein Vertrag mit einem Kunden die in Paragraph 9 genannten Kriterien nicht erfüllt, muss das Unternehmen kontinuierlich prüfen, ob diese Kriterien zu einem späteren Zeitpunkt erfüllt sind.

15 Wenn ein Vertrag mit einem Kunden die in Paragraph 9 genannten Kriterien nicht erfüllt und das Unternehmen von dem Kunden eine Gegenleistung erhält, darf es die erhaltene Gegenleistung nur dann als Erlös erfassen, wenn

a) das Unternehmen keine Güter oder Dienstleistungen mehr auf den Kunden übertragen muss und die gesamte oder im Wesentlichen gesamte vom Kunden zugesagte Gegenleistung erhalten hat und diese nicht zurückerstattet werden muss oder

b) der Vertrag beendet wurde und die vom Kunden erhaltene Gegenleistung nicht zurückerstattet werden muss.

16 Eine von einem Kunden erhaltene Gegenleistung ist als Verbindlichkeit zu erfassen, bis einer der in Paragraph 15 genannten Fälle eintritt oder bis die in Paragraph 9 genannten Kriterien zu einem späteren Zeitpunkt erfüllt sind (siehe Paragraph 14). Je nach Fakten und Umständen im Zusammenhang mit dem Vertrag stellt die erfasste Verbindlichkeit die Verpflichtung des Unternehmens dar, entweder künftig Güter oder Dienstleistungen zu übertragen oder die erhaltene Gegenleistung zurückzuerstatten. In beiden Fällen ist die Verbindlichkeit mit der vom Kunden erhaltenen Gegenleistung anzusetzen.

Zusammenfassung von Verträgen

17 Zwei oder mehr Verträge, die gleichzeitig oder in geringem Zeitabstand mit ein und demselben Kunden (oder diesem nahestehenden Unternehmen und Personen) geschlossen werden, sind zusammenzufassen und als ein einziger Vertrag zu bilanzieren, wenn mindestens eines der folgenden Kriterien erfüllt ist:

a) die Verträge werden als Paket mit dem gleichen wirtschaftlichen Zweck ausgehandelt,

b) die Höhe der in einem der Verträge zugesagten Gegenleistung hängt vom Preis oder von der Erfüllung des anderen Vertrags ab oder

c) die in den Verträgen zugesagten Güter oder Dienstleistungen (oder einige der in den Verträgen jeweils zugesagten Güter oder Dienstleistungen) stellen gemäß den Paragraphen 22–30 eine einzige Leistungsverpflichtung dar.

Vertragsänderungen

18 Eine Vertragsänderung ist eine Änderung des Vertragsumfangs und/oder -preises, der alle Vertragsparteien zustimmen. In einigen Branchen und Rechtsräumen werden Vertragsänderungen auch als Änderungsauftrag, Variation oder Ergänzung bezeichnet. Eine Vertragsänderung liegt vor, wenn die Vertragsparteien einer Änderung zustimmen, mit der entweder neue durchsetzbare Rechte und Verpflichtungen der Vertragsparteien begründet oder die bestehenden abgeändert werden. Die Zustimmung zu einer Vertragsänderung kann schriftlich oder mündlich erfolgen oder durch die Geschäftsgepflogenheiten des Unternehmens impliziert sein. Haben die Vertragsparteien einer Vertragsänderung nicht zugestimmt, hat das Unternehmen diesen Standard so lange weiter auf den bestehenden Vertrag anzuwenden, bis der Vertragsänderung zugestimmt wurde.

19 Eine Vertragsänderung kann selbst dann vorliegen, wenn die Vertragsparteien über Umfang und/oder Preis der Änderung uneinig sind oder einer Änderung des Vertragsumfangs zwar zugestimmt, die entsprechende Preisänderung aber noch nicht festgelegt haben. Wenn ein Unternehmen bestimmt, ob die durch eine Änderung begründeten oder geänderten Rechte und Pflichten durchsetzbar sind, hat es allen maßgeblichen Fakten und Umständen, einschließlich der Vertragsbedingungen und anderer Nachweise, Rechnung zu tragen. Haben die Vertragsparteien einer Änderung des Vertragsumfangs zugestimmt, die entsprechende Preisänderung aber noch nicht festgelegt, hat das Unternehmen die durch die Änderung bedingte Änderung des Transaktionspreises gemäß den Paragraphen 50–54 (Schätzung der variablen Gegenleistung) und den Paragraphen 56–58 (Einschränkungen bei der Schätzung variabler Gegenleistungen) zu schätzen.

20 Ein Unternehmen hat eine Vertragsänderung als separaten Vertrag zu bilanzieren, wenn die beiden folgenden Voraussetzungen erfüllt sind:
a) der Vertragsumfang nimmt zu, da die vertraglichen Zusagen um eigenständig abgrenzbare Güter oder Dienstleistungen (im Sinne der Paragraphen 26–30) erweitert werden, und
b) der vertraglich vereinbarte Preis erhöht sich um die Gegenleistung, die dem *Einzelverkaufspreis* des Unternehmens für die zugesagten zusätzlichen Güter oder Dienstleistungen entspricht, wobei entsprechende Anpassungen dieses Preises aufgrund der Fakten und Umstände des jeweiligen Vertrags zu berücksichtigen sind. So kann ein Unternehmen einem Kunden beispielsweise einen Preisnachlass für zusätzliche Güter oder Dienstleistungen gewähren und den Einzelverkaufspreis entsprechend anpassen, weil dem Unternehmen keine vertriebsspezifischen Kosten entstehen, die beim Verkauf ähnlicher Güter oder Dienstleistungen an einen Neukunden anfallen würden.

21 Wird eine Vertragsänderung nicht als separater Vertrag gemäß Paragraph 20 bilanziert, hat das Unternehmen die zum Zeitpunkt der Vertragsänderung noch nicht übertragenen zugesagten Güter oder Dienstleistungen (d. h. die noch ausstehenden zugesagten Güter oder Dienstleistungen) auf eine der folgenden Arten zu bilanzieren:
a) Sind die noch ausstehenden Güter oder Dienstleistungen von den Gütern oder Dienstleistungen abgrenzbar, die am oder vor dem Tag der Vertragsänderung übertragen worden sind, hat es die Vertragsänderung als Beendigung des bestehenden und Begründung eines neuen Vertrags zu bilanzieren. Die Höhe der Gegenleistung, die den noch ausstehenden Leistungsverpflichtungen (oder den noch ausstehenden eigenständig abgrenzbaren Gütern oder Dienstleistungen in einer einzigen Leistungsverpflichtung gemäß Paragraph 22(b)) zugeordnet wird, ist die Summe aus:
   i) der vom Kunden zugesagten Gegenleistung (einschließlich der vom Kunden bereits erhaltenen Beträge), die bei der Schätzung des Transaktionspreises berücksichtigt wurde und nicht als Erlös erfasst worden ist, und
   ii) der im Rahmen der Vertragsänderung zugesagten Gegenleistung.
b) Sind die noch ausstehenden Güter oder Dienstleistungen nicht eigenständig abgrenzbar und deshalb einer einzigen Leistungsverpflichtung zuzuordnen, die zum Zeitpunkt der Vertragsänderung zum Teil erfüllt ist, hat das Unternehmen die Vertragsänderung so zu bilanzieren als wäre sie Bestandteil des bestehenden Vertrags. Die Auswirkung der Vertragsänderung auf den Transaktionspreis und den vom Unternehmen im Hinblick auf die vollständige Erfüllung einer Leistungsverpflichtung gemessenen Leistungsfortschritt wird als Erlösanpassung (d. h. entweder als Erhöhung oder als Verringerung des Erlöses) zum Zeitpunkt der Vertragsänderung erfasst (d. h. die Erlösanpassung erfolgt insoweit auf kumulierter Basis).
c) Sind die noch ausstehenden Güter oder Dienstleistungen eine Kombination aus den unter den Buchstaben a und b genannten, hat das Unternehmen die Auswirkungen der Änderung auf die noch nicht erfüllten (oder teilweise erfüllten) Leistungsverpflichtungen des geänderten Vertrags gemäß den Zielsetzungen dieses Paragraphen zu bilanzieren.

Identifizierung der Leistungsverpflichtungen

22 Bei Vertragsabschluss hat das Unternehmen die in einem Vertrag mit einem Kunden zugesagten Güter oder Dienstleistungen zu prüfen und Leistungsverpflichtungen zu identifizieren, wenn auf den Kunden Folgendes übertragen werden soll:
a) ein eigenständig abgrenzbares Gut bzw. eine eigenständig abgrenzbare Dienstleis-

tung oder ein eigenständig abgrenzbares Bündel aus Gütern oder Dienstleistungen; oder

b) eine Reihe eigenständig abgrenzbarer Güter oder Dienstleistungen, die im Wesentlichen gleich sind und nach dem gleichen Muster auf den Kunden übertragen werden (siehe Paragraph 23).

23 Eine Reihe eigenständig abgrenzbarer Güter oder Dienstleistungen wird nach dem gleichen Muster auf den Kunden übertragen, wenn die beiden folgenden Kriterien erfüllt sind:

a) jedes eigenständig abgrenzbare Gut oder jede eigenständig abgrenzbare Dienstleistung der Reihe, deren Übertragung auf den Kunden das Unternehmen zugesagt hat, erfüllt die in Paragraph 35 genannten Kriterien für eine über einen bestimmten Zeitraum zu erfüllende Leistungsverpflichtung und

b) die Fortschritte, die das Unternehmen bis zur vollständigen Erfüllung der Leistungsverpflichtung, jedes eigenständig abgrenzbare Gut oder jede eigenständig abgrenzbare Dienstleistung in der Reihe auf den Kunden zu übertragen, erzielt, werden gemäß den Paragraphen 39–40 nach der gleichen Methode gemessen.

In Verträgen mit Kunden enthaltene Zusagen

24 Im Allgemeinen werden die Güter oder Dienstleistungen, deren Übertragung auf den Kunden das Unternehmen zusagt, im Vertrag mit dem Kunden ausdrücklich aufgeführt. Dennoch müssen die in einem Vertrag mit einem Kunden identifizierten Leistungsverpflichtungen nicht auf die in diesem Vertrag ausdrücklich genannten Güter oder Dienstleistungen beschränkt sein. Dies ist darin begründet, dass ein Vertrag mit einem Kunden Zusagen enthalten kann, die aufgrund von Geschäftsgepflogenheiten, veröffentlichten Leitlinien oder spezifischen Aussagen eines Unternehmens beim Kunden zum Zeitpunkt des Vertragsabschlusses die gerechtfertigte Erwartung wecken, dass das Unternehmen ein Gut oder eine Dienstleistung auf den Kunden überträgt.

25 Aktivitäten, die das Unternehmen zur Vertragserfüllung zwingend durchführen muss, deren Zweck aber nicht darin besteht, ein Gut oder eine Dienstleistung auf den Kunden zu übertragen, zählen nicht zu den Leistungsverpflichtungen. So kann es beispielsweise erforderlich sein, dass ein Dienstleister zur Begründung eines Vertrags verschiedene administrative Aufgaben ausführen muss. Bei der Ausführung dieser Aufgaben wird keine Dienstleistung auf den Kunden übertragen. Somit stellen diese Aktivitäten zur Begründung eines Vertrags keine Leistungsverpflichtung dar.

Eigenständig abgrenzbare Güter oder Dienstleistungen

26 Je nach Vertrag können zugesagte Güter oder Dienstleistungen u. a. Folgendes umfassen:

a) den Verkauf der von einem Unternehmen produzierten Güter (z. B. Bestände eines Fertigungsunternehmens),

b) den Weiterverkauf von Gütern, die ein Unternehmen erworben hat (z. B. Ware eines Einzelhändlers),

c) den Weiterverkauf von Rechten an Gütern oder Dienstleistungen, die ein Unternehmen erworben hat (z. B. den Weiterverkauf eines Tickets durch ein als Prinzipal agierendes Unternehmen, siehe die Paragraphen B34–B38),

d) die Ausführung einer vertraglich vereinbarten Aufgabe (bzw. vertraglich vereinbarter Aufgaben) für einen Kunden,

e) die Zusage, laufend für die Bereitstellung von Gütern oder Dienstleistungen bereitzustehen (z. B. nicht spezifizierte Software-Aktualisierungen vorzunehmen, sofern und sobald sie verfügbar sind) oder Güter oder Dienstleistungen für einen Kunden bereitzuhalten, der diese nutzen kann, wie und wann er möchte,

f) das Erbringen einer Dienstleistung für einen Dritten, mit der die Übertragung von Gütern oder Dienstleistungen auf einen Kunden herbeigeführt wird (z. B. die Tätigkeit als Agent für einen Dritten, siehe die Paragraphen B34–B38),

g) die Gewährung von Rechten an in der Zukunft bereitzustellenden Gütern oder Dienstleistungen, die ein Kunde weiterveräußern oder wiederum seinem Kunden bereitstellen kann (z. B. wenn ein Unternehmen, das ein Produkt an einen Einzelhändler verkauft, zusagt, ein weiteres Gut oder eine weitere Dienstleistung auf eine Person zu übertragen, die das Produkt vom Einzelhändler erwirbt),

h) den Bau, die Herstellung oder die Entwicklung eines Vermögenswerts im Auftrag eines Kunden,

i) die Gewährung von Lizenzen (siehe Paragraphen B52–B63) und

j) die Gewährung von Optionen zum Erwerb zusätzlicher Güter oder Dienstleistungen (wenn diese Optionen dem Kunden ein wesentliches Recht verschaffen, siehe die Paragraphen B39–B43).

27 Ein einem Kunden zugesagtes Gut oder eine einem Kunden zugesagte Dienstleistung ist dann eigenständig abgrenzbar, wenn die beiden folgenden Kriterien erfüllt sind:

a) der Kunde kann aus dem Gut oder der Dienstleistung entweder gesondert oder zusammen mit anderen, für ihn jederzeit verfügbaren Ressourcen einen Nutzen ziehen (d. h. das Gut oder die Dienstleistung ist geeignet, eigenständig abgegrenzt zu werden) und

b) die Zusage des Unternehmens, das Gut oder die Dienstleistung auf den Kunden zu übertragen, ist von anderen Zusagen aus dem Vertrag trennbar (d. h., die Zusage zur Übertragung des Guts oder der Dienstleistung lässt sich im Rahmen des Vertrags eigenständig abgrenzen).

28 Ein Kunde kann gemäß Paragraph 27(a) aus einem Gut oder einer Dienstleistung einen Nutzen ziehen, wenn das Gut oder die Dienstleistung genutzt, verbraucht, für mehr als den Schrottwert veräußert oder auf eine andere Weise, die einen wirtschaftlichen Nutzen erzeugt, gehalten werden kann. Bei einigen Gütern oder Dienstleistungen kann der Kunde aus den Gütern oder Dienstleistungen selbst einen Nutzen ziehen. Bei anderen Gütern oder Dienstleistungen kann der Kunde aus den Gütern oder Dienstleistungen nur in Verbindung mit anderen jederzeit verfügbaren Ressourcen einen Nutzen ziehen. Eine jederzeit verfügbare Ressource ist ein Gut oder eine Dienstleistung, das oder die (vom Unternehmen oder einem anderen Unternehmen) separat veräußert wird, oder eine Ressource, die der Kunde bereits vom Unternehmen (einschließlich Güter oder Dienstleistungen, die das Unternehmen im Rahmen des Vertrags bereits auf den Kunden übertragen hat) oder aus anderen Transaktionen oder Ereignissen erhalten hat. Dass der Kunde aus den Gütern oder Dienstleistungen selbst oder aus den Gütern oder Dienstleistungen in Verbindung mit anderen jederzeit verfügbaren Ressourcen einen Nutzen ziehen kann, kann durch verschiedene Faktoren nachgewiesen werden. So deutet beispielsweise der Umstand, dass ein Unternehmen ein Gut oder eine Dienstleistung regelmäßig separat veräußert, darauf hin, dass der Kunde aus diesem Gut bzw. dieser Dienstleistung selbst oder in Verbindung mit anderen jederzeit verfügbaren Ressourcen einen Nutzen ziehen kann.

29 Bei der Beurteilung, ob die Zusagen eines Unternehmens zur Übertragung von Gütern oder Dienstleistungen auf den Kunden gemäß Paragraph 27(b) von anderen Zusagen trennbar sind, soll bestimmt werden, ob die jeweilige Zusage im Rahmen des Vertrags darin besteht, diese Güter oder Dienstleistungen einzeln zu übertragen, oder aber auf die Übertragung eines oder mehrerer kombinierter Posten abzielt, in den bzw. die die zugesagten Güter oder Dienstleistungen eingeflossen sind. Nachstehend eine nicht erschöpfende Liste von Faktoren, die darauf hindeuten, dass zwei oder mehr Zusagen zur Übertragung von Gütern oder Dienstleistungen auf einen Kunden nicht von anderen Zusagen trennbar sind:

a) Das Unternehmen erbringt eine erhebliche Integrationsleistung, um die Güter oder Dienstleistungen mit anderen vertraglich zugesagten Gütern oder Dienstleistungen zu einem Bündel aus Gütern oder Dienstleistungen zusammenzufassen, damit das mit dem Kunden vertraglich vereinbarte kombinierte Endergebnis bzw. die mit dem Kunden vertraglich vereinbarten kombinierten Endergebnisse erzielt wird/werden. Das heißt, dass das Unternehmen die Güter oder Dienstleistungen zur Herstellung und Lieferung des vom Kunden gewünschten kombinierten Endergebnisses/ der vom Kunden gewünschten kombinierten Endergebnisse nutzt. Ein kombiniertes Endergebnis kann mehrere Phasen, Elemente oder Einheiten umfassen.

b) Eines oder mehrere der Güter oder Dienstleistungen führt/führen zu einer erheblichen Änderung oder Anpassung eines oder mehrerer vertraglich zugesagter Güter oder Dienstleistungen oder wird/werden durch ein oder mehrere vertraglich zugesagte Güter oder Dienstleistungen erheblich geändert oder angepasst.

c) Die Güter oder Dienstleistungen sind in hohem Maße voneinander abhängig oder miteinander verbunden. Das heißt, dass jedes dieser Güter oder jede dieser Dienstleistungen erheblich von einem/einer oder mehreren der anderen Güter oder Dienstleistungen im Vertrag beeinflusst wird. Beispielsweise gibt es Fälle, in denen zwei oder mehrere Güter oder Dienstleistungen einander erheblich beeinflussen, weil das Unternehmen, wenn es die Güter und Dienstleistungen einzeln und unabhängig voneinander übertragen würde, seine Zusage nicht erfüllen könnte.

30 Ist ein zugesagtes Gut oder eine zugesagte Dienstleistung nicht eigenständig abgrenzbar, hat das Unternehmen diese so lange mit anderen zugesagten Gütern oder Dienstleistungen zusammenzufassen, bis ein eigenständig abgrenzbares Bündel aus Gütern oder Dienstleistungen entsteht. In einigen Fällen führt dies dazu, dass das Unternehmen alle in einem Vertrag zugesagten Güter oder Dienstleistungen als eine einzige Leistungsverpflichtung bilanziert.

Erfüllung der Leistungsverpflichtungen

31 Wenn (oder sobald) das Unternehmen durch Übertragung eines zugesagten Guts oder einer zugesagten Dienstleistung (d. h. eines Vermögenswerts) auf einen Kunden eine Leistungsverpflichtung erfüllt, hat es einen Erlös zu erfassen. Als übertragen gilt ein Vermögenswert, wenn (oder sobald) der Kunde die Verfügungsgewalt über diesen Vermögenswert erlangt.

32 Für jede gemäß den Paragraphen 22–30 identifizierte Leistungsverpflichtung hat ein Unternehmen bei Vertragsabschluss zu bestimmen, ob es diese (gemäß den Paragraphen 35–37) über einen bestimmten Zeitraum oder (gemäß Paragraph 38) zu einem bestimmten Zeitpunkt erfüllen wird. Kommt ein Unternehmen einer Leistungsverpflichtung nicht über einen bestimmten Zeitraum nach, wird sie zu einem bestimmten Zeitpunkt erfüllt.

33 Güter und Dienstleistungen sind Vermögenswerte, auch wenn (wie bei vielen Dienstleistungen der Fall) nur vorübergehend bei Erhalt und Nutzung. Unter Verfügungsgewalt über einen Vermögenswert ist die Fähigkeit zu verstehen, seine Nutzung zu bestimmen und im Wesentlichen den verbleibenden Nutzen aus ihm zu ziehen. Dies schließt auch die Fähigkeit ein, andere Unternehmen daran zu hindern, seine Nutzung zu bestimmen und Nutzen aus ihm zu ziehen. Der Nutzen eines Vermögenswerts besteht in den potenziellen

Zahlungsströmen (Zuflüsse oder verminderte Abflüsse), die ein Unternehmen auf verschiedenste Weise direkt oder indirekt erhalten kann, u. a. indem es

a) den Vermögenswert zur Erzeugung von Gütern oder Erbringung von Dienstleistungen (einschließlich öffentlicher Dienstleistungen) nutzt,
b) den Vermögenswert zur Aufwertung anderer Vermögenswerte nutzt,
c) den Vermögenswert zur Begleichung von Verbindlichkeiten oder Verringerung von Aufwendungen nutzt,
d) den Vermögenswert veräußert oder tauscht,
e) den Vermögenswert zur Besicherung eines Darlehens verpfändet oder
f) den Vermögenswert hält.

34 Bei der Bewertung, ob ein Kunde die Verfügungsgewalt über einen Vermögenswert erhält, hat ein Unternehmen etwaige Rückkaufvereinbarungen zu berücksichtigen (siehe Paragraphen B64–B76).

Leistungsverpflichtungen, die über einen bestimmten Zeitraum erfüllt werden

35 Ein Unternehmen überträgt die Verfügungsgewalt über ein Gut oder eine Dienstleistung über einen bestimmten Zeitraum (und erfüllt somit eine Leistungsverpflichtung und erfasst den Erlös über einen bestimmten Zeitraum), wenn eines der folgenden Kriterien erfüllt ist:

a) der Kunde erhält und nutzt die vom Unternehmen erbrachte Leistung, während diese erbracht wird (siehe Paragraphen B3 und B4),
b) durch die Leistung des Unternehmens wird ein Vermögenswert erstellt oder verbessert (z. B. unfertige Leistung) und der Kunde erlangt die Verfügungsgewalt über den Vermögenswert, während dieser erstellt oder verbessert wird (siehe Paragraph B5), oder
c) durch die Leistung des Unternehmens wird ein Vermögenswert erstellt, der keine alternative Nutzungsmöglichkeiten für das Unternehmen aufweist (siehe Paragraph 36), und das Unternehmen hat einen Rechtsanspruch auf Bezahlung der bereits erbrachten Leistungen (siehe Paragraph 37).

36 Ein durch die Leistung eines Unternehmens erstellter Vermögenswert hat keinen alternativen Nutzen für ein Unternehmen, wenn das Unternehmen entweder vertraglichen Beschränkungen unterliegt, die es davon abhalten, den Vermögenswert während seiner Erstellung oder Verbesserung umstandslos für einen alternativen Nutzen zu bestimmen, oder wenn es praktischen Beschränkungen unterliegt, die es davon abhalten, für den Vermögenswert nach seiner Fertigstellung umstandslos einen alternativen Nutzen zu bestimmen. Ob ein Vermögenswert einen alternativen Nutzen für das Unternehmen hat, wird bei Vertragsabschluss beurteilt. Nach Vertragsabschluss darf das Unternehmen die Beurteilung des alternativen Nutzens eines Vermögenswerts nicht aktualisieren, es sei denn, die Vertragsparteien stimmen einer Vertragsänderung, mit der die Leistungsverpflichtung wesentlich geändert wird, zu. Die Paragraphen B6–B8 enthalten Leitlinien für die Beurteilung, ob ein Vermögenswert einen alternativen Nutzen für ein Unternehmen hat.

37 Bei der Bewertung, ob es einen Rechtsanspruch auf Erhalt einer Zahlung für die bereits erbrachten Leistungen gemäß Paragraph 35(c) besitzt, hat ein Unternehmen die Vertragsbedingungen sowie alle für den Vertrag geltenden Rechtsvorschriften zu berücksichtigen. Der Anspruch auf Erhalt einer Zahlung für bereits erbrachte Leistungen muss nicht zwingend in einem festen Betrag bestehen. Allerdings muss das Unternehmen für den Fall, dass der Kunde oder eine andere Partei den Vertrag aus anderen Gründen als der Nichterfüllung der vom Unternehmen zugesagten Leistung kündigt, während der Laufzeit des Vertrags jederzeit einen Anspruch auf einen Betrag haben, der zumindest eine Vergütung für die bereits erbrachten Leistungen darstellt. Die Paragraphen B9–B13 enthalten Leitlinien für die Beurteilung der Frage, ob ein durchsetzbarer Zahlungsanspruch besteht und ob dieser das Unternehmen tatsächlich dazu berechtigt, für die bereits erbrachten Leistungen bezahlt zu werden.

Leistungsverpflichtungen, die zu einem bestimmten Zeitpunkt erfüllt werden

38 Wird eine Leistungsverpflichtung nicht gemäß den Paragraphen 35–37 über einen bestimmten Zeitraum erfüllt, so erfüllt das Unternehmen die Leistungsverpflichtung zu einem bestimmten Zeitpunkt. Zur Bestimmung des Zeitpunkts, dem ein Kunde die Verfügungsgewalt über einen zugesagten Vermögenswert erlangt und das Unternehmen eine Leistungsverpflichtung erfüllt, hat das Unternehmen den Vorschriften zur Verfügungsgewalt in den Paragraphen 31–34 Rechnung zu tragen. Zusätzlich dazu hat das Unternehmen u. a. folgende Indikatoren für die Übertragung der Verfügungsgewalt zu berücksichtigen:

a) Das Unternehmen hat gegenwärtig einen Anspruch auf Erhalt einer Zahlung für den Vermögenswert: Ist ein Kunde gegenwärtig dazu verpflichtet, für den Vermögenswert zu zahlen, kann dies ein Indikator dafür sein, dass der Kunde im Gegenzug die Fähigkeit erhalten hat, die Nutzung des Vermögenswerts zu bestimmen und im Wesentlichen den verbleibenden Nutzen aus dem Vermögenswert zu ziehen.
b) Der Kunde hat ein Eigentumsrecht an dem Vermögenswert: Eigentum an einem Vermögenswert kann ein Indikator dafür sein, welche Vertragspartei in der Lage ist, die Nutzung des Vermögenswerts zu bestimmen und im Wesentlichen den verbleibenden Nutzen aus dem Vermögenswert zu ziehen oder den Zugang anderer zu diesem Nutzen zu beschränken. Daher kann die Übertragung des Eigentumsrechts an einem Vermögenswert ein Indikator dafür sein, dass der Kunde

die Verfügungsgewalt über den Vermögenswert erlangt hat. Behält ein Unternehmen das Eigentum nur, um sich gegen einen Zahlungsausfall des Kunden abzusichern, hindert dieses Eigentumsrecht des Unternehmens den Kunden nicht daran, die Verfügungsgewalt über den Vermögenswert zu erlangen.

c) Das Unternehmen hat den physischen Besitz des Vermögenswerts übertragen: Ist ein Vermögenswert im physischen Besitz des Kunden, kann dies ein Indikator dafür sein, dass der Kunde die Nutzung des Vermögenswerts bestimmen und im Wesentlichen den verbleibenden Nutzen aus dem Vermögenswert ziehen oder den Zugang anderer zu diesem Nutzen beschränken kann. Doch muss physischer Besitz nicht immer gleichbedeutend mit Verfügungsgewalt über den Vermögenswert sein. So kann sich der Vermögenswert bei einigen Rückkauf- und Kommissionsvereinbarungen zwar physisch im Besitz des Kunden befinden, die Verfügungsgewalt über den Vermögenswert aber beim Unternehmen liegen. Bei sogenannten Bill-and-hold-Vereinbarungen kann sich der Vermögenswert dagegen physisch im Besitz des Unternehmens befinden, die Verfügungsgewalt aber beim Kunden liegen. Die Paragraphen B64–B76, B77–B78 und B79–B82 enthalten Leitlinien für die Bilanzierung von Rückkauf-, Kommissions- und Bill-and-hold-Vereinbarungen.

d) Die mit dem Eigentum an dem Vermögenswert verbundenen erheblichen Risiken und Chancen liegen beim Kunden: Die Übertragung der mit dem Eigentum an dem Vermögenswert verbundenen erheblichen Risiken und Chancen auf den Kunden kann ein Indikator dafür sein, dass der Kunde die Fähigkeit erhalten hat, die Nutzung des Vermögenswerts zu bestimmen und im Wesentlichen den verbleibenden Nutzen aus dem Vermögenswert zu ziehen. Bei der Bewertung der mit dem Eigentum an einem zugesagten Vermögenswert verbundenen Risiken und Chancen hat das Unternehmen jedoch jegliche Risiken außer Acht zu lassen, die zusätzlich zu der Verpflichtung zur Übertragung des Vermögenswerts eine separate Leistungsverpflichtung begründen. So kann ein Unternehmen beispielsweise die Verfügungsgewalt über einen Vermögenswert bereits auf einen Kunden übertragen, eine zusätzliche Leistungsverpflichtung, wie die Ausführung von Wartungsarbeiten für den übertragenen Vermögenswert, aber noch nicht erfüllt haben.

e) Der Kunde hat den Vermögenswert abgenommen: Die Abnahme eines Vermögenswerts durch den Kunden kann ein Indikator dafür sein, dass dieser die Fähigkeit erhalten hat, die Nutzung des Vermögenswerts zu bestimmen und im Wesentlichen den verbleibenden Nutzen aus dem Vermögenswert zu ziehen. Zur Einschätzung der Auswirkungen einer im Vertrag enthaltenen Abnahmeklausel auf den Zeitpunkt, zu dem die Verfügungsgewalt über einen Vermögenswert übertragen wird, hat ein Unternehmen den Leitlinien in den Paragraphen B83–B86 Rechnung zu tragen.

Bestimmung des Leistungsfortschritts im Hinblick auf die vollständige Erfüllung einer Leistungsverpflichtung

39 Bei jeder Leistungsverpflichtung, die gemäß den Paragraphen 35–37 über einen bestimmten Zeitraum erfüllt wird, hat ein Unternehmen den über einen bestimmten Zeitraum erzielten Erlös zu erfassen, indem es den Leistungsfortschritt im Hinblick auf die vollständige Erfüllung dieser Leistungsverpflichtung ermittelt. Bei der Bestimmung des Leistungsfortschritts wird das Ziel verfolgt, die Leistung des Unternehmens bei der Übertragung der Verfügungsgewalt über die einem Kunden zugesagten Güter oder Dienstleistungen darzustellen (d. h. darzustellen, inwieweit das Unternehmen seiner Leistungsverpflichtung nachkommt).

40 Bei jeder Leistungsverpflichtung, die über einen bestimmten Zeitraum erfüllt wird, hat das Unternehmen den Leistungsfortschritt nach der gleichen Methode zu bestimmen, wobei diese Methode konsistent auf ähnliche Leistungsverpflichtungen und in ähnlichen Umständen anzuwenden ist. Am Ende jeder Berichtsperiode hat ein Unternehmen erneut zu prüfen, welche Fortschritte es bei einer über einen bestimmten Zeitraum vollständig zu erfüllenden Leistungsverpflichtung erzielt hat.

Methoden zur Messung des Leistungsfortschritts

41 Zur Messung des Leistungsfortschritts eignen sich u. a. output- und inputbasierte Methoden. Die Paragraphen B14–B19 enthalten Leitlinien im Hinblick darauf, wie output- und inputbasierte Methoden zur Messung des Fortschritts eines Unternehmens bei der vollständigen Erfüllung einer Leistungsverpflichtung eingesetzt werden können. Wenn ein Unternehmen die zur Fortschrittsmessung geeignete Methode bestimmt, hat es der Art des Guts oder der Dienstleistung Rechnung zu tragen, deren Übertragung auf den Kunden es zugesagt hat.

42 Bei der Anwendung einer Methode zur Messung des Leistungsfortschritts hat ein Unternehmen von der Messung des Leistungsfortschritts alle Güter und Dienstleistungen auszunehmen, bei denen es die Verfügungsgewalt nicht auf einen Kunden überträgt. Umgekehrt hat ein Unternehmen in die Messung des Leistungsfortschritts alle Güter und Dienstleistungen einzubeziehen, bei denen es die Verfügungsgewalt bei Erfüllung der betreffenden Leistungsverpflichtung auf einen Kunden überträgt.

43 Da sich Umstände im Laufe der Zeit ändern, hat ein Unternehmen seine Fortschrittsmessung an etwaige Änderungen beim Ergebnis der Leistungsverpflichtung anzupassen. Solche Änderungen bei der Messung des Leistungsfortschritts eines Unternehmens sind gemäß IAS 8 *Rechnungslegungsmethoden, Änderungen von rechnungslegungs-*

bezogenen Schätzungen und Fehler als Änderung einer Schätzung zu bilanzieren.

Angemessene Fortschrittsmaße

44 Ein Unternehmen darf den Erlös einer über einen bestimmten Zeitraum erfüllten Leistungsverpflichtung nur dann erfassen, wenn es seinen Fortschritt im Hinblick auf die vollständige Erfüllung der Leistungsverpflichtung angemessen messen kann. Dies ist nur dann der Fall, wenn das Unternehmen über die für eine geeignete Fortschrittsmessmethode erforderlichen verlässlichen Informationen verfügt.

45 Unter bestimmten Umständen (zum Beispiel in den frühen Vertragsphasen) kann es einem Unternehmen unmöglich sein, das Ergebnis einer Leistungsverpflichtung angemessen zu bewerten, das Unternehmen aber davon ausgehen, dass es die bei Erfüllung der Leistungsverpflichtung angefallenen Kosten erstattet bekommen kann. In diesem Fall darf das Unternehmen den Erlös nur im Umfang der Kosten erfassen, die bis zu dem Zeitpunkt angefallen sind, zu dem es das Ergebnis der Leistungsverpflichtung angemessen bewerten kann.

BEWERTUNG

46 Wenn (oder sobald) eine Leistungsverpflichtung erfüllt wird, hat das Unternehmen als Erlös den dieser Leistungsverpflichtung zugeordneten Transaktionspreis zu erfassen (der keine gemäß den Paragraphen 56–58 Einschränkungen unterliegenden Schätzungen variabler Gegenleistungen enthalten darf).

Bestimmung des Transaktionspreises

47 Bei der Bestimmung des Transaktionspreises hat ein Unternehmen die Vertragsbedingungen und seine Geschäftsgepflogenheiten zu berücksichtigen. Der Transaktionspreis ist die Gegenleistung, die ein Unternehmen im Austausch für die Übertragung zugesagter Güter oder Dienstleistungen auf einen Kunden voraussichtlich erhalten wird. Hiervon ausgenommen sind Beträge, die im Namen Dritter eingezogen werden (z. B. Umsatzsteuer). Die in einem Vertrag mit einem Kunden zugesagte Gegenleistung kann feste oder variable Beträge oder beides enthalten.

48 Die Art, der Zeitpunkt und die Höhe einer vom Kunden zugesagten Gegenleistung wirkt sich auf die Schätzung des Transaktionspreises aus. Bei der Bestimmung des Transaktionspreises hat ein Unternehmen den Auswirkungen aller folgenden Faktoren Rechnung zu tragen:

a) variable Gegenleistungen (siehe Paragraphen 50–55 und 59),
b) Einschränkungen bei der Schätzung variabler Gegenleistungen (siehe Paragraphen 56–58),
c) Vorliegen einer erheblichen Finanzierungskomponente im Vertrag (siehe Paragraphen 60–65),
d) nicht zahlungswirksame Gegenleistungen (siehe Paragraphen 66–69) und
e) an einen Kunden zu zahlende Gegenleistungen (siehe Paragraphen 70–72).

49 Zur Bestimmung des Transaktionspreises hat das Unternehmen davon auszugehen, dass die Güter oder Dienstleistungen wie vertraglich zugesagt auf den Kunden übertragen werden und dass der Vertrag nicht gekündigt, verlängert oder geändert wird.

Variable Gegenleistung

50 Enthält eine vertraglich zugesagte Gegenleistung eine variable Komponente, so hat das Unternehmen die Höhe der Gegenleistung, die ihm im Austausch für die Übertragung der zugesagten Güter oder Dienstleistungen auf einen Kunden zusteht, zu bestimmen.

51 Die Höhe der Gegenleistung kann aufgrund von Skonti, Rabatten, Rückerstattungen, Gutschriften, Preisnachlässen, Anreizen, Leistungsprämien, Strafzuschlägen o. Ä. variieren. Ebenfalls variieren kann die zugesagte Gegenleistung, wenn der Anspruch auf die Gegenleistung vom Eintreten oder Nichteintreten eines künftigen Ereignisses abhängig ist. So ist eine Gegenleistung zum Beispiel dann variabel, wenn ein Produkt mit Rückgaberecht verkauft wurde oder bei Erreichen eines bestimmten Leistungsziels als Leistungsprämie zugesagt wurde.

52 Der variable Charakter der von einem Kunden zugesagten Gegenleistung kann ausdrücklich im Vertrag festgelegt sein. Ebenfalls als variabel ist die Gegenleistung in einem der folgenden Fälle anzusehen:

a) Der Kunde hat aufgrund der Geschäftsgepflogenheiten, veröffentlichten Grundsätze oder spezifischen Aussagen des Unternehmens die gerechtfertigte Erwartung, dass das Unternehmen als Gegenleistung einen Betrag akzeptiert, der unter dem im Vertrag genannten Preis liegt. Es wird also davon ausgegangen, dass das Unternehmen einen Preisnachlass anbieten wird. Dieses Angebot kann je nach Land, Branche oder Kunde als Skonto, Rabatt, Rückerstattung oder Gutschrift bezeichnet werden.
b) Andere Fakten und Umstände deuten darauf hin, dass das Unternehmen bei Abschluss des Vertrags mit dem Kunden beabsichtigt, diesem einen Preisnachlass anzubieten.

53 Die Höhe einer variablen Gegenleistung ist von dem Unternehmen nach einer der beiden folgenden Methoden zu schätzen, je nachdem, welche von beiden das Unternehmen zu diesem Zweck für die beste hält:

a) Erwartungswertmethode: Der Erwartungswert ist die Summe der wahrscheinlichkeitsgewichteten Beträge aus einer Vielzahl möglicher Beträge für die Gegenleistung. Hat ein Unternehmen eine große Anzahl ähnlich ausgestalteter Verträge geschlossen, kann der Erwartungswert eine angemessene Schätzung der variablen Gegenleistung darstellen.

b) Wahrscheinlichster Betrag: Der wahrscheinlichste Betrag ist der Einzelbetrag mit der höchsten Eintrittswahrscheinlichkeit aus einer Vielzahl möglicher Gegenleistungen (d. h., das wahrscheinlichste der Ergebnisse des Vertrags). Der wahrscheinlichste Betrag kann eine angemessene Schätzung der variablen Gegenleistung darstellen, wenn der Vertrag lediglich zwei mögliche Ergebnisse hat (das Unternehmen beispielsweise eine Leistungsprämie erhält oder nicht).

54 Wenn das Unternehmen die Auswirkungen einer Unsicherheit auf die Höhe der ihm zustehenden variablen Gegenleistung schätzt, hat es die gewählte Methode durchgehend auf den gesamten Vertrag anzuwenden. Darüber hinaus hat das Unternehmen alle ihm ohne unangemessenen Aufwand zur Verfügung stehenden Informationen (historische, aktuelle sowie Prognosen) einzubeziehen und eine angemessene Anzahl möglicher Gegenleistungen zu ermitteln. Die Informationen, die ein Unternehmen zur Schätzung der variablen Gegenleistung heranzieht, sollten im Allgemeinen die Informationen sein, die das Management des Unternehmens im Rahmen des Angebotsprozesses sowie bei der Festlegung der Preise der zugesagten Güter und Dienstleistungen verwendet.

Rückerstattungsverbindlichkeiten

55 Eine Rückerstattungsverbindlichkeit ist zu erfassen, wenn ein Unternehmen von einem Kunden eine Gegenleistung erhält und erwartet, dass es dem Kunden diese Gegenleistung ganz oder teilweise zurückerstatten wird. Eine Rückerstattungsverbindlichkeit wird in Höhe der erhaltenen (oder zu erhaltenden) Gegenleistung bewertet, die dem Unternehmen voraussichtlich nicht zusteht (d. h. mit den nicht im Transaktionspreis enthaltenen Beträgen). Die Rückerstattungsverbindlichkeit (und die entsprechende Änderung des Transaktionspreises und damit auch der Vertragsverbindlichkeit) ist am Ende jeder Berichtsperiode im Hinblick auf geänderte Umstände zu aktualisieren. Bei der Bilanzierung einer Rückerstattungsverbindlichkeit bei einem Verkauf mit Rückgaberecht hat das Unternehmen die in den Paragraphen B20–B27 enthaltenden Leitlinien anzuwenden.

Einschränkungen bei der Schätzung variabler Gegenleistungen

56 Ein Unternehmen darf eine gemäß Paragraph 53 geschätzte variable Gegenleistung nur dann ganz oder teilweise in den Transaktionspreis einbeziehen, wenn hochwahrscheinlich ist, dass es bei den erfassten kumulierten Erlösen nicht zu einer erheblichen Stornierung kommt, sobald die Unsicherheit in Verbindung mit der variablen Gegenleistung nicht mehr besteht.

57 Wenn das Unternehmen beurteilt, ob es hochwahrscheinlich ist, dass es bei den erfassten kumulierten Erlösen zu keiner erheblichen Stornierung kommt, sobald die Unsicherheit in Verbindung mit der variablen Gegenleistung nicht mehr besteht, hat es sowohl die Wahrscheinlichkeit als auch das Ausmaß der Erlösstornierung in Betracht zu ziehen. Die Wahrscheinlichkeit oder das Ausmaß der Erlösstornierung könnte u. a. erhöhen, wenn

a) die Gegenleistung in hohem Maße von externen Faktoren abhängt, wie Marktvolatilität, Ermessensentscheidungen oder Handlungen Dritter, Wetterbedingungen oder hohem Alterungsrisiko der zugesagten Güter oder Dienstleistungen,

b) die Unsicherheit über die Höhe der Gegenleistung voraussichtlich über einen längeren Zeitraum anhalten wird,

c) die Erfahrungen des Unternehmens mit ähnlichen Vertragsarten (oder sonstige Nachweise) begrenzt sind oder diese Erfahrungen (oder sonstigen Nachweise) nur geringe Aussagekraft für Prognosen besitzen,

d) es Geschäftspraxis des Unternehmens ist, eine Vielzahl von Preisnachlässen anzubieten oder die Zahlungsbedingungen ähnlicher Verträge unter ähnlichen Umständen zu ändern,

e) der Vertrag eine Vielzahl unterschiedlich hoher Gegenleistungen vorsieht.

58 Zur Bilanzierung von Gegenleistungen in Form von umsatz- oder nutzungsbasiertem Nutzungsentgelt im Austausch für lizenziertes geistiges Eigentum hat das Unternehmen Paragraph B63 anzuwenden.

Neubewertung variabler Gegenleistungen

59 Um ein getreues Bild der Umstände am Ende der Berichtsperiode und der während dieser Periode eingetretenen Veränderungen zu vermitteln, muss ein Unternehmen am Abschlussstichtag den geschätzten Transaktionspreis (sowie seine Beurteilung, ob die Schätzung der variablen Gegenleistung Einschränkungen unterliegt) aktualisieren. Änderungen des Transaktionspreises hat das Unternehmen gemäß den Paragraphen 87–90 zu bilanzieren.

Vorliegen einer erheblichen Finanzierungskomponente

60 Bei der Bestimmung des Transaktionspreises hat ein Unternehmen die zugesagte Gegenleistung um den Zeitwert des Geldes anzupassen, wenn der zwischen den Vertragsparteien (entweder explizit oder implizit) vereinbarte Zeitpunkt der Zahlungen der Übertragung der Güter oder Dienstleistungen auf den Kunden für den Kunden oder das Unternehmen einen erheblichen Finanzierungsnutzen darstellt. In einem solchen Fall enthält der Vertrag eine erhebliche Finanzierungskomponente. Eine erhebliche Finanzierungskomponente kann unabhängig davon vorliegen, ob die Finanzierungszusage explizit im Vertrag enthalten oder durch die von den Vertragsparteien vereinbarten Zahlungsbedingungen implizit ist.

61 Der Zweck der Anpassung der zugesagten Gegenleistung um eine erhebliche Finanzierungskomponente besteht für ein Unternehmen darin, Erlöse in einer Höhe zu erfassen, die den Preis widerspiegelt, den der Kunde gezahlt hätte, wenn

er die zugesagten Güter oder Dienstleistungen bei (oder unmittelbar nach) der Übertragung auf ihn bar beglichen hätte (d. h. den Barverkaufspreis). Wenn ein Unternehmen beurteilt, ob ein Vertrag eine Finanzierungskomponente enthält und diese für den Vertrag erheblich ist, hat es allen relevanten Fakten und Umständen Rechnung zu tragen. Dazu zählen auch die beiden folgenden Faktoren:

a) die etwaige Differenz zwischen der Höhe der zugesagten Gegenleistung und dem Barverkaufspreis der zugesagten Güter oder Dienstleistungen und

b) der kombinierte Effekt aus
   i) der erwarteten Zeitspanne zwischen der Übertragung der zugesagten Güter oder Dienstleistungen auf den Kunden und der Bezahlung dieser Güter und Dienstleistungen durch den Kunden und
   ii) den marktüblichen Zinssätzen.

62 Keine erhebliche Finanzierungskomponente enthält ein Vertrag mit einem Kunden ungeachtet der in Paragraph 61 beschriebenen Beurteilung in den nachstehend genannten Fällen:

a) Der Kunde hat die Güter oder Dienstleistungen im Voraus bezahlt, und der Zeitpunkt der Übertragung dieser Güter und Dienstleistungen liegt im Ermessen des Kunden.

b) Ein wesentlicher Teil der vom Kunden zugesagten Gegenleistung ist variabel, wobei Höhe oder Zeitpunkt dieser Gegenleistung davon abhängen, ob ein künftiges Ereignis, auf das der Kunde oder das Unternehmen keinen wesentlichen Einfluss hat, eintritt oder ausbleibt (dies ist beispielsweise der Fall, wenn die Gegenleistung in einem umsatzbasierten Nutzungsentgelt besteht).

c) Die Differenz zwischen der zugesagten Gegenleistung und dem Barverkaufspreis des Guts oder der Dienstleistung (gemäß Paragraph 61) ist nicht in der Bereitstellung einer Finanzierungskomponente für den Kunden oder das Unternehmen begründet, und die Differenz zwischen diesen beiden Beträgen steht zur Ursache dieser Differenz in einem angemessenen Verhältnis. So könnten beispielsweise die Zahlungsbedingungen den Kunden oder das Unternehmen davor schützen, dass die jeweils andere Partei alle oder einen Teil ihrer vertraglichen Pflichten nicht angemessen erfüllt.

63 Aus praktischen Gründen kann ein Unternehmen darauf verzichten, die Höhe der zugesagten Gegenleistung um die Auswirkungen aus einer erheblichen Finanzierungskomponente anzupassen, wenn es bei Vertragsabschluss erwartet, dass die Zeitspanne zwischen der Übertragung eines zugesagten Guts oder einer zugesagten Dienstleistung auf den Kunden und der Bezahlung dieses Guts oder dieser Dienstleistung durch den Kunden maximal ein Jahr beträgt.

64 Zur Erreichung des in Paragraph 61 genannten Ziels hat ein Unternehmen, wenn es die zugesagte Gegenleistung um die Auswirkungen aus einer erheblichen Finanzierungskomponente anpasst, den Abzinsungssatz zu verwenden, der bei einem zum Zeitpunkt des Vertragsabschlusses vereinbarten gesonderten Finanzierungsgeschäft anzuwenden wäre. Dieser Satz müsste der Kreditwürdigkeit des Kreditnehmers in diesem Vertragsverhältnis entsprechen und allen etwaigen, vom Kunden oder dem Unternehmen gestellten Sicherheiten Rechnung tragen, wozu auch im Rahmen des Vertrags übertragene Vermögenswerte zählen. Diesen Satz kann das Unternehmen bestimmen, indem es den Satz ermittelt, zu dem der Nominalbetrag der zugesagten Gegenleistung auf den Preis abgezinst wird, den der Kunde bei (oder unmittelbar nach) der Übertragung der Güter oder Dienstleistungen auf ihn bar zahlen würde. Nach Vertragsabschluss darf ein Unternehmen den Abzinsungssatz nicht um Zinssatzänderungen oder andere Umstände (wie eine Änderung der Beurteilung der Ausfallrisikoeigenschaften des Kunden) anpassen.

65 In der Gesamtergebnisrechnung hat ein Unternehmen die Auswirkungen einer Finanzierung (Zinserträge oder -aufwendungen) getrennt von den Erlösen aus Verträgen mit Kunden darzustellen. Zinserträge oder -aufwendungen werden nur erfasst, wenn bei der Bilanzierung eines Vertrags mit einem Kunden ein Vertragsvermögenswert (oder eine Forderung) oder eine Vertragsverbindlichkeit erfasst wird.

Nicht zahlungswirksame Gegenleistungen

66 Um bei Verträgen, bei denen ein Kunde eine nicht zahlungswirksame Gegenleistung zusagt, den Transaktionspreis zu bestimmen, hat ein Unternehmen die nicht zahlungswirksamen Gegenleistungen (oder die Zusage nicht zahlungswirksamer Gegenleistungen) zum beizulegenden Zeitwert zu bewerten.

67 Kann ein Unternehmen den beizulegenden Zeitwert der nicht zahlungswirksamen Gegenleistung nicht angemessen schätzen, so hat es die Gegenleistung indirekt anhand des Einzelverkaufspreises der im Austausch für die Gegenleistung dem Kunden (oder der Kundenkategorie) zugesagten Güter oder Dienstleistungen zu bemessen.

68 Bei bestimmten Arten von Gegenleistungen kann der beizulegende Zeitwert der nicht zahlungswirksamen Gegenleistung Schwankungen unterliegen (so kann sich beispielsweise der Preis eines Anteils, den ein Kunde einem Unternehmen liefern muss, ändern). Ist eine Schwankung des beizulegenden Zeitwerts der von einem Kunden zugesagten nicht zahlungswirksamen Gegenleistung nicht durch die Art der Gegenleistung bedingt (auch die Unternehmensleistung könnte die Ursache sein), hat das Unternehmen die Anforderungen der Paragraphen 56–58 einzuhalten.

69 Bringt ein Kunde Güter oder Dienstleistungen (wie Material, Ausrüstung oder Arbeitskräfte) ein, um einem Unternehmen die Vertragserfüllung zu erleichtern, hat das Unternehmen zu beurteilen, ob es die Verfügungsgewalt über die eingebrachten

Güter oder Dienstleistungen erhält. Ist dies der Fall, hat das Unternehmen die eingebrachten Güter oder Dienstleistungen als nicht zahlungswirksame Gegenleistung des Kunden zu bilanzieren.

An einen Kunden zu zahlende Gegenleistungen

70 An einen Kunden zu zahlende Gegenleistungen umfassen Barbeträge, die ein Unternehmen an einen Kunden (oder an andere Parteien, die die Güter oder Dienstleistungen des Unternehmens über den Kunden beziehen) zahlt oder voraussichtlich zahlen wird. An einen Kunden zu zahlende Gegenleistungen umfassen darüber hinaus auch Gutschriften oder andere Posten (zum Beispiel Gutscheine), die mit Beträgen verrechnet werden können, die dem Unternehmen (oder anderen Parteien, die die Güter oder Dienstleistungen des Unternehmens über den Kunden beziehen) zustehen. An einen Kunden zu zahlende Gegenleistungen hat das Unternehmen als eine Verringerung des Transaktionspreises und damit auch der Erlöse zu erfassen, es sei denn, die Zahlung an den Kunden erfolgt im Austausch für ein vom Kunden auf das Unternehmen übertragenes, eigenständig abgrenzbares Gut oder eine vom Kunden auf das Unternehmen übertragene, eigenständig abgrenzbare Dienstleistung (siehe die Paragraphen 26–30). Schließt die an den Kunden zu zahlende Gegenleistung einen variablen Betrag ein, hat das Unternehmen den Transaktionspreis gemäß den Paragraphen 50–58 zu schätzen (und dabei zu beurteilen, ob die Schätzung der variablen Gegenleistung Einschränkungen unterliegt).

71 Handelt es sich bei der an einen Kunden zu zahlenden Gegenleistung um die Bezahlung eines vom Kunden gelieferten, eigenständig abgrenzbaren Guts oder einen vom Kunden erbrachten, eigenständig abgrenzbaren Dienstleistung, hat das Unternehmen den Kauf des Guts oder der Dienstleistung auf die gleiche Weise zu bilanzieren wie Käufe von seinen Zulieferern. Übersteigt die an den Kunden zu zahlende Gegenleistung den beizulegenden Zeitwert des vom Kunden erhaltenen, eigenständig abgrenzbaren Guts oder der vom Kunden erhaltenen, eigenständig abgrenzbaren Dienstleistung, hat das Unternehmen diese Differenz als Verringerung des Transaktionspreises zu bilanzieren. Kann das Unternehmen den beizulegenden Zeitwert des vom Kunden erhaltenen Guts oder der vom Kunden erbrachten Dienstleistung nicht angemessen schätzen, hat es die gesamte an den Kunden zu zahlende Gegenleistung als Verringerung des Transaktionspreises zu bilanzieren.

72 Wird die an einen Kunden zu zahlende Gegenleistung als Verringerung des Transaktionspreises bilanziert, hat das Unternehmen folglich die Verringerung der Erlöse zu erfassen, wenn (oder sobald) das spätere der beiden folgenden Ereignisse eintritt:

a) das Unternehmen erfasst die Erlöse in Verbindung mit der Übertragung der entsprechenden Güter oder Dienstleistungen auf den Kunden und

b) das Unternehmen zahlt die Gegenleistung oder sagt deren Zahlung zu (selbst wenn diese von einem künftigen Ereignis abhängt). Diese Zusage kann durch die Geschäftsgepflogenheiten des Unternehmens impliziert sein.

Aufteilung des Transaktionspreises auf die Leistungsverpflichtungen

73 Bei der Aufteilung des Transaktionspreises besteht das Ziel für das Unternehmen darin, den Transaktionspreis in einer Höhe auf die einzelnen Leistungsverpflichtungen (oder die einzelnen eigenständig abgrenzbaren Güter oder Dienstleistungen) aufzuteilen, die der Gegenleistung entspricht, die ein Unternehmen im Austausch für die Übertragung der zugesagten Güter oder Dienstleistungen auf einen Kunden voraussichtlich erhalten wird.

74 Um dieses Ziel zu erreichen, hat das Unternehmen den Transaktionspreis auf Basis der relativen Einzelverkaufspreise im Sinne der Paragraphen 76–80 auf die einzelnen im Vertrag identifizierten Leistungsverpflichtungen aufzuteilen. Davon ausgenommen sind Preisnachlässe (Paragraphen 81–83) und Gegenleistungen mit variablen Beträgen (Paragraphen 84–86).

75 Bei Verträgen mit nur einer Leistungsverpflichtung finden die Paragraphen 76–86 keine Anwendung. Die Paragraphen 84–86 können jedoch anwendbar sein, wenn ein Unternehmen zusagt, eine Reihe eigenständig abgrenzbarer, gemäß Paragraph 22(b) als eine einzige Leistungsverpflichtung identifizierte Güter oder Dienstleistungen zu übertragen, und die zugesagte Gegenleistung variable Beträge enthält.

Aufteilung auf Basis der Einzelverkaufspreise

76 Um den Transaktionspreis auf Basis der relativen Einzelverkaufspreise auf die einzelnen Leistungsverpflichtungen aufzuteilen, hat das Unternehmen bei Vertragsabschluss den Einzelverkaufspreis des oder jeder Leistungsverpflichtung des Vertrags zugrunde liegenden eigenständig abgrenzbaren Guts bzw. Dienstleistung zu bestimmen und den Transaktionspreis proportional zu diesen Einzelverkaufspreisen aufzuteilen.

77 Der Einzelverkaufspreis ist der Preis, zu dem ein Unternehmen einem Kunden ein zugesagtes Gut oder eine zugesagte Dienstleistung separat verkaufen würde. Der beste Anhaltspunkt für einen Einzelverkaufspreis ist der beobachtbare Preis, zu dem das Unternehmen das betreffende Gut oder die betreffende Dienstleistung separat unter ähnlichen Umständen an ähnliche Kunden verkauft. Ein vertraglich festgelegter Preis oder ein Listenpreis eines Guts oder einer Dienstleistung kann der Einzelverkaufspreis dieses Guts oder dieser Dienstleistung sein (sollte aber nicht automatisch als solcher angesehen werden).

78 Ist der Einzelverkaufspreis nicht direkt beobachtbar, hat das Unternehmen ihn auf den Betrag zu schätzen, der sich ergibt, wenn der Transaktionspreis entsprechend dem in Paragraph 73 genannten

3/13. IFRS 15
78 – 82

Ziel der Aufteilung aufgeteilt wird. Bei der Schätzung des Einzelverkaufspreises hat das Unternehmen alle ihm ohne unangemessenen Aufwand zur Verfügung stehenden Informationen (einschließlich Marktbedingungen, unternehmensspezifischer Faktoren oder Informationen zum Kunden oder zur Kundenkategorie) zu berücksichtigen. Dabei muss das Unternehmen auf möglichst viele beobachtbare Eingangsparameter zurückgreifen und die gewählten Schätzmethoden unter vergleichbaren Umständen einheitlich anwenden.

79 Geeignete Methoden zur Schätzung des Einzelverkaufspreises eines Guts oder einer Dienstleistung sind unter anderem folgende:

a) Adjusted-market-assessment-Ansatz: Das Unternehmen analysiert den Markt, auf dem es seine Güter und Dienstleistungen vertreibt, und schätzt, welchen Preis ein Kunde auf diesem Markt für diese Güter oder Dienstleistungen zu zahlen bereit ist. Bei diesem Ansatz kann das Unternehmen auch die Preise heranziehen, die Konkurrenten für ähnliche Güter oder Dienstleistungen verlangen, und diese gegebenenfalls anhand der eigenen Kosten und Margen anpassen.

b) Expected-cost-plus-a-margin-Ansatz: Das Unternehmen schätzt die voraussichtlichen Kosten für die Erfüllung einer Leistungsverpflichtung und schlägt dann für das betreffende Gut oder die betreffende Dienstleistung eine angemessene Marge auf.

c) Residualwertansatz: Das Unternehmen schätzt den Einzelverkaufspreis auf der Grundlage des gesamten Transaktionspreises abzüglich der Summe der beobachtbaren Einzelverkaufspreise anderer in dem Vertrag zugesagter Güter oder Dienstleistungen. Der Residualwertansatz darf jedoch nur dann zur Schätzung des Einzelverkaufspreises eines Guts oder einer Dienstleistung gemäß Paragraph 78 verwendet werden, wenn eines der folgenden Kriterien erfüllt ist:

  i) das Unternehmen verkauft das gleiche Gut oder die gleiche Dienstleistung (gleichzeitig oder in geringen Zeitabständen) zu sehr unterschiedlichen Preisen an verschiedene Kunden (d. h., der Verkaufspreis schwankt in hohem Maße, da sich aus vergangenen Transaktionen oder anderen beobachtbaren Anhaltspunkten kein repräsentativer Einzelverkaufspreis ableiten lässt) oder

  ii) das Unternehmen hat für dieses Gut oder diese Dienstleistung noch keinen Preis bestimmt und das Gut oder die Dienstleistung wurde in der Vergangenheit noch nicht separat verkauft (d. h., der Verkaufspreis ist unsicher).

80 Ist der Einzelverkaufspreis von mindestens zwei dieser Güter oder Dienstleistungen sehr schwankend oder unsicher, müssen diese Ansätze zur Schätzung des Einzelverkaufspreises der vertraglich zugesagten Güter oder Dienstleistungen möglicherweise kombiniert werden. So kann ein Unternehmen beispielsweise bei zugesagten Gütern oder Dienstleistungen mit stark schwankenden oder unsicheren Einzelverkaufspreisen zur Schätzung des aggregierten Einzelverkaufspreises nach dem Residualwertansatz verfahren und dann zur Schätzung des Einzelverkaufspreises des jeweiligen Guts oder der jeweiligen Dienstleistung unter Zugrundelegung des nach dem Residualwertansatz bestimmten aggregierten Einzelverkaufspreises auf eine andere Methode zurückgreifen. Wenn ein Unternehmen zur Schätzung des Einzelverkaufspreises jedes einzelnen vertraglich zugesagten Guts oder jeder einzelnen vertraglich zugesagten Dienstleistung verschiedene Methoden kombiniert, so hat es zu beurteilen, ob die Aufteilung des Transaktionspreises auf diese geschätzten Einzelverkaufspreise mit dem in Paragraph 73 genannten Ziel der Aufteilung und den in Paragraph 78 genannten Anforderungen an die Schätzung von Einzelverkaufspreisen in Einklang steht.

Zuordnung von Preisnachlässen

81 Ein Preisnachlass für den Erwerb eines Bündels von Gütern oder Dienstleistungen liegt dann vor, wenn die Summe der Einzelverkaufspreise dieser vertraglich zugesagten Güter oder Dienstleistungen die vertraglich zugesagte Gegenleistung übersteigt. Ein Unternehmen hat einen Preisnachlass anteilig auf alle Leistungsverpflichtungen innerhalb eines Vertrags aufzuteilen, es sei denn, es liegen nach Paragraph 82 beobachtbare Anhaltspunkte dafür vor, dass sich der Preisnachlass lediglich auf eine oder mehrere einzelne Leistungsverpflichtungen dieses Vertrags bezieht. Die anteilige Aufteilung des Preisnachlasses richtet sich nach der Aufteilung des Transaktionspreises auf die einzelnen Leistungsverpflichtungen, die das Unternehmen auf Basis der relativen Einzelverkaufspreise der zugrunde liegenden Güter oder Dienstleistungen vorgenommen hat.

82 Ein Preisnachlass ist vollständig einer oder mehreren Leistungsverpflichtungen des Vertrags zuzuordnen, wenn alle folgenden Kriterien erfüllt sind:

a) das Unternehmen veräußert jedes vertraglich vereinbarte eigenständig abgrenzbare Gut oder jede vertraglich vereinbarte eigenständig abgrenzbare Dienstleistung (bzw. jedes Bündel abgrenzbarer Güter oder Dienstleistungen) regelmäßig separat,

b) das Unternehmen veräußert darüber hinaus ein (oder mehrere) Bündel aus einigen dieser eigenständig abgrenzbaren Güter oder Dienstleistungen separat und gewährt dabei einen Preisnachlass auf die Einzelverkaufspreise der Güter oder Dienstleistungen jedes Bündels und

c) der Preisnachlass, der jedem der unter Buchstabe b beschriebenen Bündel aus Gütern oder Dienstleistungen zuzuordnen ist, entspricht im Wesentlichen dem vertraglich vereinbarten Preisnachlass, und eine Analyse der Güter oder Dienstleistungen in jedem Bündel liefert beobachtbare Anhaltspunkte für die Leistungsverpflichtung (oder Leistungsverpflichtungen), der (denen) der gesamte vertragliche Preisnachlass zuzuordnen ist.

83 Wird ein Preisnachlass gemäß Paragraph 82 vollständig einer oder mehreren Leistungsverpflichtungen des Vertrags zugeordnet, hat das Unternehmen die Zuordnung vorzunehmen, bevor es den Einzelverkaufspreis eines Guts oder einer Dienstleistung gemäß Paragraph 79(c) nach dem Residualwertansatz schätzt.

Zuordnung variabler Gegenleistungen

84 Eine vertraglich zugesagte variable Gegenleistung kann dem gesamten Vertrag zuzuordnen sein oder einem bestimmten Vertragsbestandteil, beispielsweise

a) einer oder mehreren, aber nicht allen Leistungsverpflichtungen des Vertrags (so kann eine Prämie beispielsweise davon abhängig sein, ob das Unternehmen ein zugesagtes Gut oder eine zugesagte Dienstleistung innerhalb eines bestimmten Zeitraums überträgt) oder

b) einer oder mehreren, aber nicht allen eigenständig abgrenzbaren Gütern oder Dienstleistungen, die aus einer Reihe eigenständig abgrenzbarer Güter oder Dienstleistungen zugesagt wurden, die gemäß Paragraph 22(b) Teil einer einzigen Leistungsverpflichtung sind (beispielsweise bei einem zweijährigen Reinigungsdienstleistungsvertrag, bei dem sich die zugesagte Gegenleistung im zweiten Jahr in Abhängigkeit von einem bestimmten Inflationsindex erhöht).

85 Das Unternehmen hat einen variablen Betrag (sowie etwaige spätere Änderungen dieses Betrags) vollständig einer Leistungsverpflichtung oder einem eigenständig abgrenzbaren Gut oder einer eigenständig abgrenzbaren Dienstleistung, das oder die gemäß Paragraph 22(b) Teil einer einzigen Leistungsverpflichtung ist, zuzuordnen, wenn die beiden folgenden Kriterien erfüllt sind:

a) die Konditionen der variablen Zahlung sind auf die Bemühungen des Unternehmens um Erfüllung der Leistungsverpflichtung oder Übertragung des eigenständig abgrenzbaren Guts oder der eigenständig abgrenzbaren Dienstleistung (oder auf eine spezifische Folge dieser Erfüllung oder Übertragung) abgestimmt und

b) in Anbetracht sämtlicher vertraglicher Leistungsverpflichtungen und Zahlungsbedingungen steht die vollständige Zuordnung des variablen Teils der Gegenleistung zu der Leistungsverpflichtung oder zu dem eigenständig abgrenzbaren Gut oder der eigenständig abgrenzbaren Dienstleistung mit dem in Paragraph 73 genannten Ziel der Aufteilung in Einklang.

86 Der verbleibende Teil des Transaktionspreises, der die in Paragraph 85 genannten Kriterien nicht erfüllt, ist nach den Paragraphen 73–83 aufzuteilen.

Änderungen des Transaktionspreises

87 Nach Vertragsabschluss kann sich der Transaktionspreis aus unterschiedlichen Gründen ändern, beispielsweise durch das Eintreten unsicherer Ereignisse oder anderweitig geänderter Umstände, durch die sich die Höhe der Gegenleistung, die ein Unternehmen im Austausch für die zugesagten Güter oder Dienstleistungen voraussichtlich erhalten wird, ändert.

88 Alle etwaigen späteren Änderungen des Transaktionspreises sind den vertraglichen Leistungsverpflichtungen auf der gleichen Basis zuzuordnen wie bei Vertragsabschluss. Wenn sich die Einzelverkaufspreise nach Vertragsabschluss ändern, darf das Unternehmen den Transaktionspreis nicht neu zuordnen. Die einer erfüllten Leistungsverpflichtung zugeordneten Beträge sind in der Periode, in der sich der Transaktionspreis ändert, als Erlös bzw. Erlösminderung zu erfassen.

89 Eine Änderung des Transaktionspreises darf nur dann vollständig einer oder mehreren, aber nicht allen Leistungsverpflichtungen oder eigenständig abgrenzbaren Gütern oder Dienstleistungen, die gemäß Paragraph 22(b) Teil einer einzigen Leistungsverpflichtung sind und im Rahmen einer Reihe eigenständig abgrenzbarer Güter oder Dienstleistungen zugesagt wurden, zugeordnet werden, wenn die in Paragraph 85 genannten Kriterien für die Zuordnung variabler Gegenleistungen erfüllt sind.

90 Eine aus einer Vertragsänderung resultierende Änderung des Transaktionspreises ist nach den Paragraphen 18–21 zu bilanzieren. Kommt es nach einer Vertragsänderung zu einer Änderung des Transaktionspreises, hat das Unternehmen jedoch nach den Paragraphen 87–89 zu verfahren, wenn es diese Änderung den Umständen entsprechend auf eine der folgenden Weisen zuordnet:

a) Das Unternehmen hat die Änderung des Transaktionspreises den vor der Vertragsänderung identifizierten Leistungsverpflichtungen zuzuordnen, wenn und soweit diese Änderung einer vor der Änderung zugesagten variablen Gegenleistung zugeordnet werden kann und die Änderung gemäß Paragraph 21(a) bilanziert wird.

b) In allen anderen Fällen, in denen die Änderung nicht als separater Vertrag gemäß Paragraph 20 bilanziert wurde, hat das Unternehmen die Änderung des Transaktionspreises den Leistungsverpflichtungen des geänderten Vertrags (d. h. den unmittelbar nach der Änderung unerfüllten oder teilweise unerfüllten Leistungsverpflichtungen) zuzuordnen.

VERTRAGSKOSTEN

Zusätzliche Kosten bei der Anbahnung eines Vertrags

91 Die bei der Anbahnung eines Vertrags mit einem Kunden anfallenden zusätzlichen Kosten sind als Vermögenswert zu aktivieren, wenn das

Unternehmen davon ausgeht, dass diese Kosten erstattet werden.

92 Die bei der Anbahnung eines Vertrags mit einem Kunden anfallenden zusätzlichen Kosten sind Kosten, die dem Unternehmen ohne den Abschluss des Vertrags nicht entstanden wären (beispielsweise eine Verkaufsprovision).

93 Bei der Vertragsanbahnung anfallende Kosten, die auch ohne Vertragsabschluss entstanden wären, sind zum Zeitpunkt ihres Entstehens als Aufwand zu erfassen, es sei denn, sie sind unabhängig davon, ob der Vertrag geschlossen wird oder nicht, ausdrücklich dem Kunden anzulasten.

94 Behelfsweise kann das Unternehmen die zusätzlichen Kosten einer Vertragsanbahnung bei ihrem Entstehen als Aufwand erfassen, wenn der Abschreibungszeitraum des Vermögenswerts, den das Unternehmen anderenfalls erfasst hätte, nicht mehr als ein Jahr beträgt.

Vertragserfüllungskosten

95 Fallen die bei Erfüllung eines Vertrags mit einem Kunden entstehenden Kosten nicht in den Anwendungsbereich eines anderen Standards (wie IAS 2 *Vorräte*, IAS 16 *Sachanlagen* oder IAS 38 *Immaterielle Vermögenswerte*), darf das Unternehmen sie nur dann als Vermögenswert aktivieren, wenn sie alle nachstehend genannten Kriterien erfüllen:

a) die Kosten hängen unmittelbar mit einem bestehenden Vertrag oder einem erwarteten Vertrag, den das Unternehmen konkret bestimmen kann, zusammen (z. B. Kosten in Verbindung mit Leistungen, die bei Verlängerung eines bestehenden Vertrags zu erbringen sind, oder Kosten für die Entwicklung eines Vermögenswerts, der im Rahmen eines bestimmten, noch nicht gebilligten Vertrags übertragen werden soll),

b) die Kosten führen zur Schaffung von Ressourcen oder zur Verbesserung der Ressourcen des Unternehmens, die künftig zur (fortgesetzten) Erfüllung von Leistungspflichten genutzt werden, und

c) es wird eine Kostenerstattung erwartet.

96 Wenn Kosten für die Erfüllung eines Vertrags mit einem Kunden in den Anwendungsbereich eines anderen Standards fallen, sind diese nach diesem anderen Standard zu bilanzieren.

97 Als Kosten, die unmittelbar mit einem Vertrag (oder einem bestimmten erwarteten Vertrag) zusammenhängen, sind alle folgenden zu betrachten:

a) Lohneinzelkosten (wie Löhne und Gehälter von Mitarbeitern, die die zugesagten Dienstleistungen direkt für den Kunden erbringen),

b) Materialeinzelkosten (z. B. Vorräte, die zur Erbringung der zugesagten Dienstleistungen für einen Kunden verwendet werden),

c) zugerechnete Gemeinkosten, die unmittelbar mit dem Vertrag oder den vertraglichen Tätigkeiten zusammenhängen (wie Kosten für die Organisation und Überwachung der Vertragserfüllung, Versicherungskosten sowie die planmäßige Abschreibung von Werkzeugen, Gegenständen der Betriebs- und Geschäftsausstattung und Nutzungsrechten, die im Rahmen der Vertragserfüllung verwendet werden),

d) Kosten, für die der Vertrag ausdrücklich vorsieht, dass sie dem Kunden anzulasten sind, und

e) sonstige Kosten, die nur angefallen sind, weil das Unternehmen den Vertrag geschlossen hat (wie Zahlungen an Unterauftragnehmer).

98 Folgende Kosten sind zum Zeitpunkt ihres Entstehens als Aufwand zu erfassen:

a) Betriebs- und Verwaltungskosten (ausgenommen Kosten, für der Vertrag ausdrücklich vorsieht, dass sie dem Kunden anzulasten sind; in diesem Fall sind die Kosten anhand von Paragraph 97 zu bewerten),

b) Kosten für Materialabfälle, Löhne oder andere zur Vertragserfüllung eingesetzte Ressourcen, die nicht im vertraglich vereinbarten Preis berücksichtigt wurden,

c) Kosten im Zusammenhang mit bereits erfüllten (oder teilweise erfüllten) Leistungsverpflichtungen aus dem Vertrag (d. h. Kosten, die sich auf in der Vergangenheit erbrachte Leistungen beziehen) und

d) Kosten, bei denen das Unternehmen nicht unterscheiden kann, ob sie sich auf noch nicht erfüllte oder bereits erfüllte (oder teilweise erfüllte) Leistungsverpflichtungen beziehen.

Planmäßige Abschreibung und Wertminderung

99 Gemäß Paragraph 91 oder 95 aktivierte Kosten sind planmäßig in Abhängigkeit davon abzuschreiben, wie die Güter oder Dienstleistungen, auf die sich die Kosten beziehen, auf den Kunden übertragen werden. Aktivierte Kosten können sich auch auf Güter oder Dienstleistungen beziehen, die im Rahmen eines bestimmten erwarteten Vertrags (wie in Paragraph 95(a) beschrieben) übertragen werden sollen.

100 Bei einer erheblichen Änderung des vom Unternehmen erwarteten zeitlichen Ablaufs der Übertragung der Güter oder Dienstleistungen auf den Kunden hat das Unternehmen die planmäßige Abschreibung entsprechend anzupassen. Eine solche Änderung ist gemäß IAS 8 als Änderung einer rechnungslegungsbezogenen Schätzung zu bilanzieren.

101 Ein Wertminderungsaufwand ist vom Unternehmen erfolgswirksam zu erfassen, wenn der Buchwert der gemäß Paragraph 91 oder 95 aktivierten Kosten höher ist als:

a) der verbleibende Teil der Gegenleistung, den das Unternehmen im Austausch für die Güter oder Dienstleistungen, auf die sich die aktivierten Kosten beziehen, erwartet, abzüglich

b) der Kosten, die unmittelbar mit der Lieferung der Güter oder der Erbringung der Dienstleistungen zusammenhängen und nicht als Aufwand erfasst wurden (siehe Paragraph 97).

102 Für die Zwecke der Anwendung des Paragraphen 101 hat das Unternehmen zur Bestimmung der Höhe der von ihm erwarteten Gegenleistung nach den Grundsätzen für die Bestimmung des Transaktionspreises zu verfahren (davon ausgenommen sind die in den Paragraphen 56–58 genannten Einschränkungen bei der Schätzung variabler Gegenleistungen) und diesen Betrag um die Auswirkungen der Ausfallrisikoeigenschaft des Kunden anzupassen.

103 Bevor ein Unternehmen für gemäß Paragraph 91 oder 95 aktivierte Kosten einen Wertminderungsaufwand erfasst, hat es alle jenen Wertminderungsaufwendungen für aktivierte Kosten zu erfassen, die mit dem Vertrag zusammenhängen und nach einem anderen Standard (wie IAS 2, IAS 16 und IAS 38) erfasst werden. Nach Durchführung des in Paragraph 101 erläuterten Werthaltigkeitstests ist der daraus resultierende Buchwert der gemäß Paragraph 91 oder 95 als Vermögenswert aktivierten Kosten in den Buchwert der zahlungsmittelgenerierenden Einheit, zu der der Vermögenswert gehört, einzubeziehen, um auf diese zahlungsmittelgenerierende Einheit IAS 36 *Wertminderung von Vermögenswerten* anwenden zu können.

104 Das Unternehmen hat eine vollständige oder teilweise Aufholung eines in früheren Perioden gemäß Paragraph 101 erfassten Wertminderungsaufwands erfolgswirksam zu erfassen, wenn die Bedingungen für die Wertminderung nicht mehr vorliegen oder sich verbessert haben. Der erhöhte Buchwert des Vermögenswerts darf nicht über den Betrag hinausgehen, der (nach Berücksichtigung der planmäßigen Abschreibung) bestimmt worden wäre, wenn in einer früheren Periode kein Wertminderungsaufwand erfasst worden wäre.

DARSTELLUNG

105 Hat eine der Parteien ihre vertraglichen Verpflichtungen erfüllt, so hat das Unternehmen den Vertrag in der Bilanz als Vertragsvermögenswert oder Vertragsverbindlichkeit auszuweisen, je nachdem, ob das Unternehmen seine Leistung erbracht oder der Kunde die Zahlung geleistet hat. Jeder unbedingte Anspruch auf Erhalt einer Gegenleistung ist vom Unternehmen gesondert als Forderung auszuweisen.

106 Zahlt der Kunde eine Gegenleistung oder hat das Unternehmen vor Übertragung des Guts oder der Dienstleistung auf den Kunden einen unbedingten Anspruch auf eine bestimmte Gegenleistung (d. h. eine Forderung), so hat das Unternehmen den Vertrag als Vertragsverbindlichkeit auszuweisen, sobald die Zahlung geleistet oder fällig wird (je nachdem, welches von beidem früher eintritt). Eine Vertragsverbindlichkeit ist die Verpflichtung des Unternehmens, Güter oder Dienstleistungen auf den Kunden zu übertragen, für die es von diesem eine Gegenleistung erhalten hat (bzw. erwartet, weil diese bereits fällig ist).

107 Kommt das Unternehmen seinen vertraglichen Verpflichtungen durch Übertragung von Gütern oder Dienstleistungen auf den Kunden nach, bevor dieser die Gegenleistung zahlt oder diese fällig ist, hat das Unternehmen den Vertrag abzüglich aller bereits ausgewiesenen Beträge als Vertragsvermögenswert auszuweisen. Ein Vertragsvermögenswert ist der Anspruch des Unternehmens auf Gegenleistung im Austausch für Güter oder Dienstleistungen, die es auf den Kunden übertragen hat. Ob ein Vertragsvermögenswert wertgemindert ist, ist gemäß IFRS 9 zu überprüfen. Bei einem Vertragsvermögenswert ist die Wertminderung auf die gleiche Weise zu bewerten, darzustellen und anzugeben wie bei einem in den Anwendungsbereich von IFRS 9 fallenden finanziellen Vermögenswert (siehe auch Paragraph 113(b)).

108 Eine Forderung ist der unbedingte Anspruch des Unternehmens auf Gegenleistung. Ein unbedingter Anspruch auf Gegenleistung liegt vor, wenn die Fälligkeit automatisch durch Zeitablauf eintritt. So hat ein Unternehmen beispielsweise selbst dann eine Forderung zu erfassen, wenn es aktuell einen Anspruch auf Bezahlung hat, der Betrag zu einem künftigen Zeitpunkt aber rückerstattet werden muss. Forderungen sind nach IFRS 9 zu bilanzieren. Beim erstmaligen Ansatz einer Forderung aus einem Vertrag mit einem Kunden sind alle etwaigen Unterschiede zwischen der Bewertung der Forderung nach IFRS 9 und dem entsprechenden Erlös als Aufwand (z. B. als Wertminderungsaufwand) zu erfassen.

109 Zwar werden in diesem Standard die Begriffe „Vertragsvermögenswert" und „Vertragsverbindlichkeit" verwendet, die Unternehmen sind nicht daran gehindert, diese Posten in ihrer Bilanz anders zu umschreiben. Macht ein Unternehmen von dieser Möglichkeit Gebrauch, hat es den Abschlussadressaten ausreichende Informationen vorzulegen, die diesen eine Unterscheidung zwischen Forderungen und Vertragsvermögenswerten ermöglichen.

ANGABEN

110 Ziel der Angabevorschriften ist es, dass die Unternehmen ausreichende Informationen vorlegen, sodass die Abschlussadressaten sich ein Bild von Art, Höhe, Zeitpunkt und Unsicherheit von Erlösen und Zahlungsströmen aus Verträgen mit Kunden machen können. Damit dieses Ziel erreicht wird, hat das Unternehmen qualitative und quantitative Angaben zu allen folgenden Punkten vorzulegen:

a) zu seinen Verträgen mit Kunden (siehe Paragraphen 113–122),

b) zu allen erheblichen Ermessensentscheidungen (einschließlich aller etwaigen Änderungen dieser Ermessensentscheidungen), die es bei der Anwendung dieses Standards

auf diese Verträge getroffen hat, (siehe Paragraphen 123–126) und

c) zu sämtlichen gemäß Paragraph 91 oder 95 aktivierten Kosten, die im Rahmen der Vertragsanbahnung oder im Zusammenhang mit der Erfüllung eines Vertrags mit einem Kunden entstanden sind (siehe Paragraphen 127–128).

111 Das Unternehmen prüft, welcher Detaillierungsgrad zur Erreichung des mit den Angabepflichten verfolgten Ziels erforderlich ist und welcher Stellenwert den einzelnen Anforderungen beizumessen ist. Die Angaben sind in aggregierter Form oder aufgeschlüsselt vorzulegen, damit nützliche Angaben weder durch Einbeziehung eines großen Teils unbedeutender Einzelheiten noch durch Aggregierung von Bestandteilen mit unterschiedlichen Merkmalen verschleiert werden.

112 Das Unternehmen muss keine Informationen gemäß diesem Standard vorlegen, wenn es diese bereits im Rahmen eines anderen Standards bereitgestellt hat.

Verträge mit Kunden

113 Das Unternehmen hat für die Berichtsperiode alle folgenden Beträge anzugeben, es sei denn, diese werden gemäß anderer Standards gesondert in der Gesamtergebnisrechnung ausgewiesen:

a) erfasste Erlöse aus Verträgen mit Kunden, die das Unternehmen getrennt von seinen sonstigen Erlösquellen angeben muss, und

b) alle (gemäß IFRS 9) erfassten Wertminderungsaufwendungen auf alle Forderungen oder Vertragsvermögenswerte aus den Verträgen mit Kunden, die das Unternehmen getrennt von den Wertminderungsaufwendungen aus anderen Verträgen ausweisen muss.

Aufschlüsselung von Erlösen

114 Erfasste Erlöse aus Verträgen mit Kunden sind vom Unternehmen in Kategorien aufzuschlüsseln, die den Einfluss wirtschaftlicher Faktoren auf Art, Höhe, Zeitpunkt und Unsicherheit der Erlöse und Zahlungsströme widerspiegeln. Bei der Festlegung der Kategorien zur Aufschlüsselung der Erlöse hat das Unternehmen die in den Paragraphen B87–B89 enthaltenen Leitlinien anzuwenden.

115 Ferner hat das Unternehmen den Abschlussadressaten ausreichende Informationen im Hinblick darauf zur Verfügung zu stellen, in welcher Beziehung die (gemäß Paragraph 114) aufgeschlüsselten Erlösangaben zu den Erlösangaben stehen, die das Unternehmen, wenn es IFRS 8 *Geschäftssegmente* anwendet, für jedes berichtspflichtige Segment bereitstellt.

Vertragssalden

116 Das Unternehmen hat alle folgenden Angaben zu machen:

a) Eröffnungs- und Schlusssalden von Forderungen, Vertragsvermögenswerten und Vertragsverbindlichkeiten aus Verträgen mit Kunden, sofern diese nicht anderweitig separat ausgewiesen werden,

b) in der Berichtsperiode erfasste Erlöse, die zu Beginn der Periode im Saldo der Vertragsverbindlichkeiten enthalten waren, und

c) in der Berichtsperiode erfasste Erlöse aus Leistungsverpflichtungen, die in früheren Perioden erfüllt (oder teilweise erfüllt) worden sind (wie Änderungen des Transaktionspreises).

117 Das Unternehmen hat darzulegen, wie sich der Zeitpunkt der Erfüllung seiner Leistungsverpflichtungen (siehe Paragraph 119(a)) zum üblichen Zahlungszeitraum (siehe Paragraph 119(b)) verhält und wie diese Faktoren sich auf die Salden von Vertragsvermögenswerten und -verbindlichkeiten auswirken. Dabei kann das Unternehmen qualitative Daten heranziehen.

118 Erhebliche Änderungen bei den Salden von Vertragsvermögenswerten und Vertragsverbindlichkeiten in der Berichtsperiode sind vom Unternehmen zu erläutern. Diese Erläuterung muss qualitative und quantitative Angaben umfassen. Beispiele für Änderungen der Salden von Vertragsvermögenswerten und Vertragsverbindlichkeiten eines Unternehmens sind:

a) durch Unternehmenszusammenschlüsse bedingte Änderungen,

b) kumulative Anpassungen der Erlöse, die sich auf den entsprechenden Vertragsvermögenswert oder die entsprechende Vertragsverbindlichkeit auswirken, einschließlich Anpassungen, die sich aus einer Änderung der Bestimmung des Leistungsfortschritts, einer Änderung der Schätzung des Transaktionspreises (sowie etwaiger Änderungen bei der Beurteilung, ob eine Schätzung der variablen Gegenleistung Einschränkungen unterliegt) oder einer Vertragsänderung ergeben,

c) Wertminderung eines Vertragsvermögenswerts,

d) Änderung des Zeitrahmens, bis ein Anspruch auf Erhalt einer Gegenleistung unbedingt wird (d. h., bis ein Vertragsvermögenswert in die Forderungen umgegliedert wird), und

e) Änderung des Zeitrahmens, bis eine Leistungsverpflichtung erfüllt wird (d. h., bis Erlöse aus einer Vertragsverbindlichkeit erfasst werden).

Leistungsverpflichtungen

119 Das Unternehmen hat Angaben über seine Leistungsverpflichtungen aus Verträgen mit Kunden zur Verfügung zu stellen, wozu auch alle folgenden Beschreibungen zählen:

a) der Zeitpunkt, zu dem das Unternehmen seine Leistungsverpflichtungen normalerweise erfüllt (z. B. bei Versand, bei Lieferung, bei Erbringung der Dienstleistungen oder bei Abschluss der Dienstleistungen), einschließlich des Zeitpunkts, zu dem das Unternehmen

seine Leistungsverpflichtungen im Rahmen einer Bill-and-hold-Vereinbarung erfüllt,
b) die wesentlichen Zahlungsbedingungen (z. B., wann die Zahlung normalerweise fällig ist, ob der Vertrag eine erhebliche Finanzierungskomponente enthält, ob die Höhe der Gegenleistung variabel ist und ob die Schätzung der variablen Gegenleistung normalerweise Einschränkungen gemäß den Paragraphen 56–58 unterliegt),
c) die Art der Güter oder Dienstleistungen, deren Übertragung das Unternehmen zugesagt hat, wobei auf Leistungsverpflichtungen, bei denen ein Dritter mit der Übertragung der Güter oder Dienstleistungen beauftragt wird (d. h., wenn das Unternehmen als Agent handelt), gesondert hinzuweisen ist,
d) Rücknahme-, Rückerstattungs- und ähnliche Verpflichtungen und
e) Arten von Garantien und damit verbundene Verpflichtungen.

Den verbleibenden Leistungsverpflichtungen zugeordneter Transaktionspreis

120 Das Unternehmen hat zu seinen verbleibenden Leistungsverpflichtungen Folgendes anzugeben:
a) die Gesamthöhe des Transaktionspreises, der den zum Ende der Berichtsperiode nicht (oder teilweise nicht) erfüllten Leistungsverpflichtungen zugeordnet wird, und
b) eine Erläuterung, wann das Unternehmen mit der Erfassung des gemäß Buchstabe a angegebenen Betrags als Erlös rechnet, wobei die Erläuterung in einer der folgenden Formen zu erfolgen hat:
　i) auf quantitativer Basis unter Verwendung der Zeitbänder, die für die Laufzeit der verbleibenden Leistungsverpflichtungen am besten geeignet sind, oder
　ii) durch Verwendung qualitativer Informationen.

121 Behelfsweise kann das Unternehmen bei einer Leistungsverpflichtung von den in Paragraph 120 geforderten Angaben absehen, wenn eine der folgenden Bedingungen erfüllt ist:
a) die Leistungsverpflichtung ist Teil eines Vertrags mit einer erwarteten ursprünglichen Laufzeit von maximal einem Jahr oder
b) das Unternehmen erfasst die Erlöse aus der erfüllten Leistungsverpflichtung gemäß Paragraph B16.

122 Das Unternehmen hat qualitativ darzulegen, ob es von dem praktischen Behelf nach Paragraph 121 Gebrauch macht und eine etwaige Gegenleistung aus Verträgen mit Kunden nicht im Transaktionspreis und somit auch nicht in den nach Paragraph 120 vorgelegten Angaben enthalten ist. So enthält eine Schätzung des Transaktionspreises beispielsweise keine geschätzten Beträge variabler Gegenleistungen, die Einschränkungen unterliegen (siehe Paragraphen 56–58).

Erhebliche Ermessensentscheidungen bei der Anwendung dieses Standards

123 Das Unternehmen hat die bei der Anwendung dieses Standards getroffenen und geänderten Ermessensentscheidungen anzugeben, die die Bestimmung von Höhe und Zeitpunkt der Erlöse aus Verträgen mit Kunden erheblich beeinflussen. Darzulegen sind insbesondere die Ermessensentscheidungen samt etwaiger Änderungen, die getroffen wurden, um
a) den Zeitpunkt der Erfüllung der Leistungsverpflichtungen zu bestimmen (siehe Paragraphen 124–125) und
b) den Transaktionspreis sowie die Beträge, die den Leistungsverpflichtungen zugeordnet werden, zu bestimmen (siehe Paragraph 126).

Bestimmung des Zeitpunkts der Erfüllung der Leistungsverpflichtungen

124 Bei Leistungsverpflichtungen, die das Unternehmen über einen bestimmten Zeitraum erfüllt, ist Folgendes anzugeben:
a) nach welchen Methoden Erlöse erfasst werden (beispielsweise eine Beschreibung der verwendeten output- oder inputbasierten Methoden samt der Art und Weise ihrer Anwendung) und
b) inwiefern die verwendeten Methoden ein getreues Bild der Übertragung der Güter oder Dienstleistungen vermitteln.

125 Bei Leistungsverpflichtungen, die zu einem bestimmten Zeitpunkt erfüllt werden, hat das Unternehmen anzugeben, welche erheblichen Ermessensentscheidungen es bei der Beurteilung des Zeitpunkts, zu dem der Kunde die Verfügungsgewalt über das Gut oder die Dienstleistung erlangt, getroffen hat.

Bestimmung des Transaktionspreises und der Beträge, die den Leistungsverpflichtungen zugeordnet werden

126 Das Unternehmen hat Angaben zu den Methoden, Eingangsparametern und Annahmen zu machen, die herangezogen wurden, um
a) den Transaktionspreis zu bestimmen; dies umfasst u. a. die Schätzung der variablen Gegenleistung, die Anpassung der Gegenleistung um den Zeitwert des Geldes und die Bewertung nicht zahlungswirksamer Gegenleistungen,
b) zu beurteilen, ob eine Schätzung der variablen Gegenleistung Einschränkungen unterliegt,
c) den Transaktionspreis zuzuordnen; dies umfasst die Schätzung der Einzelverkaufspreise zugesagter Güter oder Dienstleistungen und gegebenenfalls die Zuordnung von Preisnachlässen und variablen Gegenleistungen zu einem spezifischen Teil des Vertrags, und
d) Rücknahme-, Rückerstattungs- und ähnliche Verpflichtungen zu bewerten.

Bei Erfüllung oder Anbahnung eines Vertrags mit einem Kunden aktivierte Kosten

127 Das Unternehmen hat darzulegen,

a) welche Ermessensentscheidungen es getroffen hat, um die Höhe der Kosten zu bestimmen, die (gemäß Paragraph 91 oder 95) bei der Anbahnung oder Erfüllung eines Vertrags mit einem Kunden entstanden sind, und

b) nach welcher Methode es verfährt, um für jede Berichtsperiode den Abschreibungsbetrag zu bestimmen.

128 Das Unternehmen hat alle folgenden Angaben zu machen:

a) die Schlusssalden der bei Anbahnung oder Erfüllung eines Vertrags mit einem Kunden (gemäß Paragraph 91 oder 95) aktivierten Kosten, aufgeschlüsselt nach den wichtigsten Vermögenswertkategorien (z. B. Kosten für die Vertragsanbahnung, Vorvertragskosten und Einrichtungskosten), und

b) die Höhe der Abschreibungsbeträge sowie alle etwaigen in der Berichtsperiode erfassten Wertminderungsaufwendungen.

Praktische Behelfe

129 Entscheidet sich ein Unternehmen zur Anwendung eines der in Paragraph 63 (Vorliegen einer erheblichen Finanzierungskomponente) oder Paragraph 94 (Zusätzliche Kosten bei der Anbahnung eines Vertrags) enthaltenen praktischen Behelfe, hat es dies anzugeben.

Anhang A
Definitionen

Dieser Anhang ist integraler Bestandteil des Standards.

Vertrag	Eine Vereinbarung zwischen zwei oder mehr Parteien, die durchsetzbare Rechte und Pflichten begründet.
Vertragsvermögenswert	Der Rechtsanspruch eines Unternehmens auf eine Gegenleistung für von ihm an einen **Kunden** übertragene Güter oder Dienstleistungen, sofern dieser Anspruch nicht allein an den Zeitablauf geknüpft ist (beispielsweise das künftige Ergebnis des Unternehmens).
Vertragsverbindlichkeit	Die Verpflichtung eines Unternehmens, einem **Kunden** Güter oder Dienstleistungen zu übertragen, für die es von diesem eine Gegenleistung empfangen (bzw. noch zu empfangen) hat.
Kunde	Eine Partei, die mit einem Unternehmen einen Vertrag über den Erhalt von Gütern und Dienstleistungen aus der gewöhnlichen Geschäftstätigkeit des Unternehmens im Austausch für eine Gegenleistung geschlossen hat.
Ertrag	Zunahme des wirtschaftlichen Nutzens während der Bilanzierungsperiode in Form von Zuflüssen oder Wertsteigerungen von Vermögenswerten oder einer Verringerung von Schulden, durch die sich das Eigenkapital unabhängig von Einlagen der Anteilseigner erhöht.
Leistungsverpflichtung	Die in einem **Vertrag** mit einem **Kunden** enthaltene Zusage, auf den Kunden Folgendes zu übertragen: a) ein eigenständig abgrenzbares Gut bzw. eine eigenständig abgrenzbare Dienstleistung oder ein eigenständig abgrenzbares Bündel aus Gütern oder Dienstleistungen; oder b) eine Reihe eigenständig abgrenzbarer Güter oder Dienstleistungen, die im Wesentlichen gleich sind und nach dem gleichen Muster auf den Kunden übertragen werden.
Erlös	**Ertrag** aus der gewöhnlichen Geschäftstätigkeit eines Unternehmens.
Einzelverkaufspreis (eines Guts oder einer Dienstleistung)	Preis, zu dem ein Unternehmen einem **Kunden** ein zugesagtes Gut oder eine zugesagte Dienstleistung einzeln verkaufen würde.
Transaktionspreis (im Rahmen eines Vertrags mit einem Kunden)	Gegenleistung, die ein Unternehmen im Austausch für die Übertragung zugesagter Güter oder Dienstleistungen auf einen **Kunden** voraussichtlich erhalten wird. Hiervon ausgenommen sind Beträge, die im Namen Dritter eingezogen werden.

Anhang B
Anwendungsleitlinien

Dieser Anhang ist integraler Bestandteil des Standards. Er beschreibt die Anwendung der Paragraphen 1–129 und hat die gleiche bindende Kraft wie die anderen Teile des Standards.

B1 Die vorliegenden Anwendungsleitlinien sind wie folgt aufgebaut:
a) Leistungsverpflichtungen, die über einen bestimmten Zeitraum erfüllt werden (Paragraphen B2–B13),
b) Methoden zur Bestimmung des Leistungsfortschritts im Hinblick auf die vollständige Erfüllung einer Leistungsverpflichtung (Paragraphen B14–B19),
c) Verkauf mit Rückgaberecht (Paragraphen B20–B27),
d) Garantien und Gewährleistungen (Paragraphen B28–B33),
e) Überlegungen zur Konstellation Prinzipal oder Agent (Paragraphen B34–B38),
f) Optionen des Kunden für den Erwerb zusätzlicher Güter oder Dienstleistungen (Paragraphen B39–B43),
g) nicht geltend gemachte Ansprüche des Kunden (Paragraphen B44–B47),
h) nicht rückerstattungsfähige, im Voraus zahlbare Entgelte (sowie einige damit zusammenhängende Kosten) (Paragraphen B48–B51),
i) Lizenzerteilung (Paragraphen B52–B63),
j) Rückkaufvereinbarungen (Paragraphen B64–B76),
k) Kommissionsvereinbarungen (Paragraphen B77–B78),
l) Bill-and-hold-vereinbarungen (Paragraphen B79–B82),
m) Abnahme durch den Kunden (Paragraphen B83–B86) und
n) Aufschlüsselung der Erlöse (Paragraphen B87–B89).

Leistungsverpflichtungen, die über einen bestimmten Zeitraum erfüllt werden

B2 Nach Paragraph 35 erfüllt ein Unternehmen eine Leistungsverpflichtung über einen bestimmten Zeitraum, wenn eines der folgenden Kriterien erfüllt ist:
a) der Kunde erhält und nutzt die vom Unternehmen erbrachte Leistung, während diese erbracht wird (siehe Paragraphen B3 und B4),
b) durch die Leistung des Unternehmens wird ein Vermögenswert erstellt oder verbessert (z. B. unfertige Leistung) und der Kunde erlangt die Verfügungsgewalt über den Vermögenswert, während dieser erstellt oder verbessert wird (siehe Paragraph B5), oder
c) durch die Leistung des Unternehmens wird ein Vermögenswert erstellt, der keine alternative Nutzungsmöglichkeiten für das Unternehmen aufweist (siehe Paragraphen B6–B8), und das Unternehmen hat einen Rechtsanspruch auf Bezahlung der bereits erbrachten Leistungen (siehe Paragraphen B9–B13).

Dem Kunden fließt der Nutzen aus der Leistung des Unternehmens zu und er nutzt gleichzeitig die Leistung, während diese erbracht wird (Paragraph 35(a))

B3 Für einige Arten von Leistungsverpflichtungen ist die Beurteilung, ob einem Kunden der Nutzen aus der Leistung eines Unternehmens zufließt und er diese Leistung gleichzeitig nutzt, während das Unternehmen die Leistung erbringt, eindeutig. Beispiele hierfür sind unter anderem routinemäßige oder wiederkehrende Dienstleistungen (z. B. Reinigungsleistungen), bei denen direkt ersichtlich ist, dass dem Kunden der Nutzen aus der Leistung des Unternehmens zufließt und er die Leistung nutzt, während sie erbracht wird.

B4 Bei anderen Arten von Leistungsverpflichtungen ist es für ein Unternehmen unter Umständen nicht leicht ersichtlich, ob einem Kunden der Nutzen aus der Leistung des Unternehmens zufließt und er die Leistung gleichzeitig nutzt, während sie erbracht wird. In einem solchen Fall wird eine Leistungsverpflichtung über einen bestimmten Zeitraum erfüllt, wenn ein Unternehmen zu dem Ergebnis gelangt, dass ein anderes Unternehmen die bisherige Arbeit des Unternehmens im Wesentlichen nicht erneut erbringen müsste, wenn dieses andere Unternehmen die verbleibende Leistungsverpflichtung gegenüber dem Kunden erfüllen würde. Bei der Bestimmung, ob ein anderes Unternehmen die Arbeit, die das Unternehmen bisher erbracht hat, im Wesentlichen nicht erneut erbringen müsste, hat das Unternehmen von den beiden folgenden Annahmen auszugehen:
a) Vernachlässigung potenzieller vertraglicher oder praktischer Einschränkungen, die das Unternehmen daran hindern könnten, die verbliebene Leistungsverpflichtung auf ein anderes Unternehmen zu übertragen, und
b) Annahme, dass ein anderes Unternehmen, das die verbleibende Leistungsverpflichtung erfüllt, keinen Nutzen aus einem Vermögenswert ziehen würde, über den das Unternehmen gegenwärtig die Verfügungsgewalt hat und über den das Unternehmen weiter die Verfügungsgewalt hätte, wenn die Leistungsverpflichtung auf ein anderes Unternehmen übertragen würde.

Der Kunde besitzt die Verfügungsgewalt über einen Vermögenswert, während dieser erstellt oder verbessert wird (Paragraph 35(b))

B5 Um bestimmen zu können, ob ein Kunde im Sinne von Paragraph 35(b) die Verfügungsgewalt über einen Vermögenswert besitzt, während dieser erstellt oder verbessert wird, hat das Unternehmen die in den Paragraphen 31–34 und 38 enthaltenen Vorschriften zur Verfügungsgewalt zu beachten. Der Vermögenswert, der erstellt oder verbessert wird (z. B. unfertige Leistung), kann materiell oder immateriell sein.

3/13. IFRS 15
B6 – B11

Durch die Leistung des Unternehmens wird ein Vermögenswert erstellt, der keine alternativen Nutzungsmöglichkeiten für das Unternehmen aufweist (Paragraph 35(c))

B6 Bei der Beurteilung, ob ein Vermögenswert einen alternativen Nutzen für ein Unternehmen gemäß Paragraph 36 aufweist, muss das Unternehmen die Auswirkungen vertraglicher und praktischer Einschränkungen berücksichtigen, die es an der umstandslosen Bestimmung eines anderen Nutzens für diesen Vermögenswert hindern können, z. B. seine Veräußerung an einen anderen Kunden. Die Möglichkeit einer Kündigung des Vertrags mit dem Kunden ist keine relevante Überlegung bei der Beurteilung, ob das Unternehmen umstandslos einen anderen Nutzen für den Vermögenswert bestimmen kann.

B7 Damit ein Vermögenswert keinen alternativen Nutzen für das Unternehmen besitzt, muss die vertragliche Einschränkung der Fähigkeit des Unternehmens, einen anderen Nutzen für diesen Vermögenswert zu bestimmen, wesentlich sein. Eine vertragliche Einschränkung ist dann wesentlich, wenn ein Kunde seine Ansprüche auf den zugesagten Vermögenswert durchsetzen kann, sollte das Unternehmen versuchen, einen anderen Nutzen für den Vermögenswert zu bestimmen. Eine vertragliche Einschränkung ist hingegen nicht wesentlich, wenn ein Vermögenswert beispielsweise weitgehend mit anderen Vermögenswerten austauschbar ist, die das Unternehmen an einen anderen Kunden übertragen kann, ohne damit den Vertrag zu brechen und ohne dass dadurch Kosten in beträchtlicher Höhe entstehen, die in Verbindung mit diesem Vertrag sonst nicht entstanden wären.

B8 Eine praktische Einschränkung der Fähigkeit des Unternehmens, einen anderen Nutzen für einen Vermögenswert zu bestimmen, besteht dann, wenn dem Unternehmen durch die Bestimmung eines anderen Nutzens für den Vermögenswert beträchtliche wirtschaftliche Verluste entstünden. Ein beträchtlicher wirtschaftlicher Verlust entsteht beispielsweise, wenn das Unternehmen entweder beträchtliche Kosten für die Überarbeitung des Vermögenswerts aufwenden muss oder den Vermögenswert nur mit einem beträchtlichen Verlust verkaufen kann. So gibt es für ein Unternehmen praktische Einschränkungen, einen anderen Nutzen für Vermögenswerte zu bestimmen, wenn diese Vermögenswerte entweder speziell für einen bestimmten Kunden konzipiert wurden oder sich in abgelegenen Gegenden befinden.

Anspruch auf Bezahlung der bereits erbrachten Leistungen (Paragraph 35(c))

B9 Nach Paragraph 37 hat ein Unternehmen einen Anspruch auf Bezahlung der bereits erbrachten Leistungen, wenn es Anspruch auf einen Betrag hat, der es mindestens für seine bereits erbrachten Leistungen vergütet, falls der Kunde oder eine andere Partei den Vertrag aus anderen Gründen als der Nichterfüllung der vom Unternehmen zugesagten Leistung kündigt. Ein Betrag, der ein Unternehmen für seine bereits erbrachten Leistungen vergütet, ist eine Zahlung, die dem Verkaufspreis der bisher übertragenen Güter und Dienstleistungen annähernd entspricht (z. B. Erstattung der dem Unternehmen bei der Erfüllung seiner Leistungsverpflichtung entstandenen Kosten zzgl. einer angemessenen Gewinnmarge) und nicht nur eine Entschädigung für den dem Unternehmen potenziell entgangenen Gewinn im Falle der Vertragsbeendigung darstellt. Eine angemessene Gewinnmarge muss dabei nicht der für den Fall der planmäßigen Vertragserfüllung erwarteten Gewinnmarge entsprechen, jedoch sollte das Unternehmen Anspruch auf eine Vergütung in Höhe eines der folgenden Beträge haben:

a) ein Teil der erwarteten Gewinnmarge aus dem Vertrag, der angemessen den Leistungsfortschritt des Unternehmens im Rahmen des Vertrags vor seiner Kündigung durch den Kunden (oder eine andere Partei) widerspiegelt, oder

b) falls die vertragsspezifische Marge höher ist als die vom Unternehmen aus ähnlichen Verträgen üblicherweise generierte Rendite: eine angemessene Rendite auf die Kapitalkosten des Unternehmens für ähnliche Verträge (oder die typische operative Marge des Unternehmens für ähnliche Verträge).

B10 Der Zahlungsanspruch eines Unternehmens für die bereits erbrachten Leistungen muss kein aktueller unbedingter Zahlungsanspruch sein. In vielen Fällen wird ein Unternehmen einen unbedingten Zahlungsanspruch nur bei Erreichen eines vorab vereinbarten Leistungsziels oder bei vollständiger Erfüllung der Leistungsverpflichtung haben. Bei der Beurteilung, ob es einen Anspruch auf Bezahlung für die bereits erbrachten Leistungen hat, muss das Unternehmen berücksichtigen, ob es einen Rechtsanspruch auf Einforderung oder Einbehalt einer Zahlung für die bereits erbrachten Leistungen hat, wenn der Vertrag vor vollständiger Erfüllung aus anderen Gründen als der Nichterfüllung der vom Unternehmen zugesagten Leistung gekündigt wird.

B11 Bei manchen Verträgen hat ein Kunde möglicherweise nur zu bestimmten Zeitpunkten während der Vertragslaufzeit ein Recht zur Vertragskündigung oder aber gar kein Kündigungsrecht. Kündigt ein Kunde einen Vertrag, ohne zu diesem Zeitpunkt ein Kündigungsrecht zu haben (einschließlich bei Nichterfüllung seiner eigenen Vertragszusagen), so ist das Unternehmen möglicherweise gemäß Vertrag (oder gemäß Gesetz) dazu berechtigt, die im Vertrag zugesagten Güter oder Dienstleistungen weiter auf den Kunden zu übertragen und vom Kunden zu fordern, im Austausch für diese Güter oder Dienstleistungen die zugesagte Gegenleistung zu zahlen. In solchen Fällen hat das Unternehmen einen Zahlungsanspruch für die bereits erbrachten Leistungen, da es berechtigt ist, seine Verpflichtungen weiter gemäß dem Vertrag zu erfüllen und vom Kunden im Austausch die Erfüllung seiner Verpflichtungen (darunter die Zahlung der zugesagten Gegenleistung) zu fordern.

B12 Bei der Beurteilung, ob es einen Rechtsanspruch auf Bezahlung der bereits erbrachten Leistungen hat, muss das Unternehmen die Vertragsbedingungen sowie diesen gegebenenfalls vorgehende oder diese ergänzende gesetzliche Vorschriften oder Präzedenzfälle berücksichtigen. Hierfür prüft das Unternehmen unter anderem,

a) ob es aufgrund des geltenden Rechts, aufgrund der gängigen Verwaltungspraxis oder aufgrund bestehender Präzedenzfälle Anspruch auf Bezahlung der bereits erbrachten Leistungen hat, auch wenn dies im Vertrag mit dem Kunden nicht ausdrücklich vorgesehen ist,
b) ob nach den relevanten Präzedenzfällen davon auszugehen ist, dass die unter vergleichbaren Verträgen entstandenen vergleichbaren Ansprüche auf Bezahlung der bereits erbrachten Leistungen keine rechtlich bindende Wirkung entfalten, oder
c) ob seine Geschäftsgepflogenheiten (bisheriger Verzicht, derartige Zahlungsansprüche geltend zu machen) es implizieren, dass dieser Rechtsanspruch in diesem rechtlichen Umfeld nicht durchgesetzt werden kann. Ungeachtet der Möglichkeit, dass das Unternehmen bei ähnlichen Verträgen auf seinen Zahlungsanspruch verzichtet, bleibt sein Anspruch auf Bezahlung der bereits erbrachten Leistungen bestehen, wenn der Anspruch auf Bezahlung der bereits erbrachten Leistungen im Vertrag mit dem Kunden festgelegt ist.

B13 Ein in einem Vertrag festgelegter Zahlungsplan ist nicht automatisch ein Indikator für den Zahlungsanspruch des Unternehmens für die bereits erbrachte Leistung. Zwar sind in einem vertraglich vereinbarten Zahlungsplan die Zeitpunkte und die Höhe der vom Kunden zu zahlenden Gegenleistungen festgelegt, doch lässt sich daraus nicht unbedingt ein Zahlungsanspruch des Unternehmens für die bereits erbrachte Leistung ableiten. So kann der Vertrag beispielsweise vorsehen, dass die vom Kunden erhaltene Gegenleistung aus anderen Gründen als der Nichterfüllung der vom Unternehmen vertraglich zugesagten Leistungen erstattet werden muss.

Methoden zur Bestimmung des Leistungsfortschritts im Hinblick auf die vollständige Erfüllung einer Leistungsverpflichtung

B14 Zur Bestimmung des Leistungsfortschritts, den das Unternehmen im Sinne der Paragraphen 35–37 im Hinblick auf die vollständige Erfüllung einer Leistungsverpflichtung über einen bestimmten Zeitraum erzielt hat, können unter anderem folgende Methoden angewandt werden:

a) outputbasierte Methoden (siehe Paragraphen B15–B17) und
b) inputbasierte Methoden (siehe Paragraphen B18–B19).

Outputbasierte Methoden

B15 Bei outputbasierten Methoden werden die Erlöse auf Basis der direkten Ermittlung des Werts erfasst, den die bisher übertragenen Güter oder Dienstleistungen für den Kunden im Verhältnis zu den verbleibenden vertraglich zugesagten Gütern oder Dienstleistungen darstellen. Zu den outputbasierten Methoden zählen Methoden wie die Messung der bereits erbrachten Leistungen und die Ermittlung der erzielten Ergebnisse, erreichten Leistungsziele, abgelaufenen Zeit oder erstellten oder gelieferten Einheiten. Bei der Beurteilung, ob das Unternehmen eine outputbasierte Methode zur Bestimmung seines Leistungsfortschritts anwenden soll, hat es zu berücksichtigen, ob der gewählte Output ein getreues Bild der bisher erbrachten Leistungen des Unternehmens im Hinblick auf die vollständige Erfüllung der Leistungsverpflichtung vermittelt. Eine outputbasierte Methode vermittelt kein getreues Bild der Leistung des Unternehmens, wenn der gewählte Output einige der Güter oder Dienstleistungen, für die die Verfügungsgewalt auf den Kunden übertragen wurde, nicht abbildet. Beispielsweise vermitteln outputbasierte Methoden, die auf erstellten oder gelieferten Einheiten basieren, kein getreues Bild des Leistungsfortschritts eines Unternehmens im Hinblick auf die Erfüllung seiner Leistungsverpflichtung, wenn durch die Leistung des Unternehmens zum Ende der Berichtsperiode unfertige Leistungen oder fertige Erzeugnisse in der Verfügungsgewalt des Kunden erstellt wurden, die im ermittelten Output nicht enthalten sind.

B16 Als praktischer Behelf kann ein Unternehmen, das Anspruch auf eine Gegenleistung von einem Kunden hat, deren Höhe direkt dem Wert entspricht, den die vom Unternehmen bereits erbrachten Leistungen für den Kunden haben (z. B. ein Dienstleistungsvertrag, bei dem ein Unternehmen einen festen Betrag für jede geleistete Stunde in Rechnung stellt), Erlöse in Höhe des Betrags erfassen, den das Unternehmen in Rechnung stellen darf.

B17 Der Nachteil der outputbasierten Methoden ist, dass die zur Bestimmung des Leistungsfortschritts verwendeten Outputs unter Umständen nicht unmittelbar beobachtbar sind und das Unternehmen die zu ihrer Anwendung notwendigen Informationen unter Umständen nur zu unverhältnismäßig hohen Kosten beschaffen kann. Daher kann eine inputbasierte Methode angezeigt sein.

Inputbasierte Methoden

B18 Bei inputbasierten Methoden werden die Erlöse auf Basis der Anstrengungen oder Inputs erfasst, die das Unternehmen zur Erfüllung einer Leistungsverpflichtung bisher aufgewandt hat (z. B. verbrauchte Ressourcen, aufgewendete Arbeitsstunden, entstandene Kosten, vergangene Zeit oder Maschinennutzung in Stunden) im Verhältnis zu den Anstrengungen oder Inputs, die insgesamt zur Erfüllung dieser Leistungsverpflichtung erwartet werden. Erfolgen die Anstrengungen oder Inputs des Unternehmens gleichmäßig über den

Zeitraum der Leistungserbringung, so kann es für das Unternehmen angemessen sein, die Erlöse linear zu erfassen.

B19 Ein Nachteil der inputbasierten Methoden ist, dass es unter Umständen keine direkte Beziehung zwischen den Inputs des Unternehmens und der Übertragung der Verfügungsgewalt über Güter oder Dienstleistungen auf den Kunden gibt. Daher muss das Unternehmen bei der inputbasierten Methode die Auswirkungen von Inputs ausnehmen, die Im Sinne der Bestimmung des Leistungsfortschritts nach Paragraph 39 kein getreues Bild der Leistung des Unternehmens bei der Übertragung der Verfügungsgewalt über Güter oder Dienstleistungen auf den Kunden darstellen. Beispielsweise kann bei der Verwendung einer inputbasierten Methode eine Anpassung der Bestimmung des Leistungsfortschritts erforderlich sein, wenn die Methode auf Kosten beruht und

a) die entstandenen Kosten nicht zum Leistungsfortschritt im Hinblick auf die Erfüllung der Leistungsverpflichtung des Unternehmens beitragen; so darf das Unternehmen keinen Erlös auf der Grundlage entstandener Kosten erfassen, die beträchtlichen Ineffizienzen bei der Leistung des Unternehmens geschuldet sind, welche im vertraglich vereinbarten Preis nicht widergespiegelt sind (z. B. Kosten für unerwartete Mengen verschwendeter Materialien, Arbeit oder anderer Ressourcen, die zur Erfüllung der Leistungsverpflichtung angefallen sind),

b) die entstandenen Kosten nicht zum Leistungsfortschritt im Hinblick auf die Erfüllung der Leistungsverpflichtung des Unternehmens im Verhältnis stehen; in solchen Fällen kann es erforderlich sein, die inputbasierte Methode so anzupassen, dass Erlöse nur in Höhe der bei der betreffenden Leistungserbringung entstandenen Kosten erfasst werden, um die Leistung des Unternehmens bestmöglich abzubilden; beispielsweise kann es ein getreues Bild der Leistung eines Unternehmens sein, Erlöse in einer Höhe zu erfassen, die den Kosten eines zur Erfüllung der Leistungsverpflichtung genutzten Gutes entspricht, wenn das Unternehmen bei Vertragsabschluss erwartet, dass alle folgenden Bedingungen erfüllt sind:
   i) das Gut ist nicht eigenständig abgrenzbar,
   ii) es wird erwartet, dass der Kunde die Verfügungsgewalt über das Gut deutlich vor Erhalt der in Verbindung mit dem Gut stehenden Dienstleistungen erlangt,
   iii) die Kosten des übertragenen Gutes sind im Verhältnis zu den insgesamt für die vollständige Erfüllung der Leistungsverpflichtung erwarteten Kosten beträchtlich und
   iv) das Unternehmen beschafft das Gut von einem Dritten und ist nicht in erheblichem Maße in die Konzeption und Herstellung des Gutes involviert (handelt aber gemäß den Paragraphen B34–B38 als Prinzipal).

Verkauf mit Rückgaberecht

B20 Bei bestimmten Verträgen überträgt das Unternehmen die Verfügungsgewalt für ein Produkt auf einen Kunden und räumt diesem gleichzeitig das Recht ein, das Produkt aus verschiedenen Gründen (beispielsweise Unzufriedenheit mit dem Produkt) gegen eine beliebige Kombination der folgenden Leistungen zurückzugeben:

a) vollständige oder teilweise Rückerstattung der gezahlten Gegenleistung,

b) Gutschrift auf dem Unternehmen bereits geschuldete oder künftig zustehende Beträge und

c) Umtausch gegen ein anderes Produkt.

B21 Bei einer Übertragung von Produkten mit Rückgaberecht (sowie bei bestimmten Dienstleistungen, die vorbehaltlich einer Rückerstattung geleistet werden) erfasst das Unternehmen alle folgenden Elemente:

a) Erlöse für die übertragenen Produkte in Höhe der Gegenleistung, auf die dem Unternehmen voraussichtlich zusteht (d. h. für die Produkte, mit deren Rückgabe gerechnet wird, werden keine Erlöse erfasst),

b) eine Rückerstattungsverbindlichkeit und

c) einen Vermögenswert (und die entsprechende Anpassung der Umsatzkosten) für sein Recht, bei Begleichung der Rückerstattungsverbindlichkeit Produkte vom Kunden wiederzuerlangen.

B22 Die Zusage des Unternehmens, ein Produkt während der Rückgabefrist zurückzunehmen, wird nicht als Leistungsverpflichtung erfasst, da bereits die Verpflichtung zur Rückerstattung erfasst wird.

B23 Zur Bestimmung der Höhe der Gegenleistung, die dem Unternehmen voraussichtlich zusteht, (d. h. ohne die Produkte, deren Rückgabe zu erwarten ist) hat das Unternehmen die Bestimmungen der Paragraphen 47–72 (einschließlich der Bestimmungen bezüglich Einschränkungen bei der Schätzung der variablen Gegenleistung nach den Paragraphen 56–58) anzuwenden. Für sämtliche erhaltenen (oder noch zu erhaltenden) Beträge, die dem Unternehmen voraussichtlich nicht zustehen, erfasst es die Erlöse nicht zum Zeitpunkt der Übertragung der Produkte auf den Kunden, sondern erfasst die entsprechenden erhaltenen (oder noch zu erhaltenden) Beträge als Rückerstattungsverbindlichkeit. Am Ende jeder Berichtsperiode muss das Unternehmen die Bewertung der Beträge, die ihm voraussichtlich im Austausch für die übertragenen Produkte zustehen, anpassen und den Transaktionspreis – und damit auch den erfassten Erlös – entsprechend korrigieren.

B24 Das Unternehmen passt die Bewertung der Rückerstattungsverbindlichkeit am Ende jedes Berichtszeitraums an die geänderten Erwartungen im Hinblick auf die Rückerstattungsbeträge an. Das

Unternehmen erfasst die entsprechende Anpassung als Erlös (oder als Erlösminderung).

B25 Ein Vermögenswert, der für das Recht des Unternehmens, bei Begleichung der Rückerstattungsverbindlichkeit Produkte vom Kunden wiederzuerlangen, erfasst wird, wird bei seinem erstmaligen Ansatz mit dem vorherigen Buchwert des Produkts (z. B. als Vorrat) abzüglich der erwarteten Kosten für seine Wiedererlangung (einschließlich potenzieller Wertminderungen der wiedererlangten Produkte) bewertet. Am Ende jeder Berichtsperiode muss das Unternehmen die Bewertung des Vermögenswerts in Anbetracht der geänderten Erwartungen im Hinblick auf die zurückzugebenden Produkte anpassen. Das Unternehmen weist den Vermögenswert gesondert von der Rückerstattungsverbindlichkeit aus.

B26 Tauschvorgänge, bei denen Kunden ein Produkt gegen ein gleichartiges, qualitativ gleichwertiges Erzeugnis in gleichem Zustand tauschen, das zum gleichen Preis verkauft wird (beispielsweise bei einem Tausch gegen eine andere Farbe oder Größe), sind nicht als Rückgaben im Sinne dieses Standards anzusehen.

B27 Verträge, bei denen ein Kunde ein fehlerhaftes Produkt gegen ein funktionsfähiges Produkt tauschen kann, sind gemäß den Garantie- und Gewährleistungsleitlinien der Paragraphen B28–B33 zu bewerten.

Garantien und Gewährleistungen

B28 In Verbindung mit dem Verkauf von Produkten (Güter oder Dienstleistungen) gewähren Unternehmen häufig auch Garantien oder Gewährleistungen (die vertraglich vereinbart, gesetzlich vorgeschrieben oder nach den Geschäftsgepflogenheiten des Unternehmens üblich sein können). Solche Garantie- bzw. Gewährleistungsverpflichtungen können je nach Branche und Vertrag von sehr verschiedener Art sein. Einige Garantie- bzw. Gewährleistungsverpflichtungen sichern dem Kunden zu, dass das betreffende Produkt den vertraglich vereinbarten Spezifikationen entspricht und deshalb so funktionieren wird, wie es von den Vertragsparteien vorgesehen wurde (assurance-type warranties). Andere Garantie- bzw. Gewährleistungsverpflichtungen bieten dem Kunden eine Leistung, die über die Zusicherung hinausgeht, dass das Produkt den vereinbarten Spezifikationen entspricht (service-type warranties).

B29 Wenn der Kunde wählen kann, ob er die Gewährleistungsverpflichtung separat erwerben möchte (z. B. bei separat in Rechnung gestellten oder verhandelten Garantien), stellt diese eine eigenständig abgrenzbare Dienstleistung dar, da das Unternehmen dem Kunden diese Dienstleistung zusätzlich zur Lieferung des Produkts, das die im Vertrag vereinbarten Funktionsmerkmale besitzt, zusichert. In diesem Fall bilanziert das Unternehmen die zugesagte Gewährleistungsverpflichtung als Leistungsverpflichtung im Sinne der Paragraphen 22–30 und ordnet dieser Leistungsverpflichtung gemäß den Paragraphen 73–86 einen Teil des Transaktionspreises zu.

B30 Wenn dem Kunden nicht die Möglichkeit gegeben wird, die Gewährleistungsverpflichtung separat zu erwerben, bilanziert das Unternehmen die Gewährleistungsverpflichtung gemäß IAS 37 *Rückstellungen, Eventualverbindlichkeiten und Eventualforderungen,* es sei denn, die zugesicherte Gewährleistungsverpflichtung oder ein Teil der zugesicherten Gewährleistungsverpflichtung stellt für den Kunden eine Leistung dar, die über die Zusicherung hinausgeht, dass das Produkt den vereinbarten Spezifikationen entspricht.

B31 Bei der Beurteilung, ob eine Gewährleistungs- oder Garantieverpflichtung für einen Kunden eine zusätzliche Leistung darstellt, die über die Zusicherung, dass das gelieferte Produkt den vertraglich vereinbarten Spezifikationen entspricht, hinausgeht, hat das Unternehmen unter anderem folgende Faktoren zu berücksichtigen:

a) ob die Gewährleistungs- bzw. Garantieverpflichtung gesetzlich vorgeschrieben ist; wenn das Unternehmen gesetzlich verpflichtet ist, seinen Kunden eine Gewährleistung/ Garantie einzuräumen, deutet das Vorhandensein des entsprechenden Gesetzes darauf hin, dass es sich nicht um eine Leistungsverpflichtung handelt, da derartige Vorschriften in der Regel dazu dienen, Kunden vor dem mit dem Kauf schadhafter Produkte verbundenen Risiko zu schützen,

b) die Dauer der Gewährleistungs- bzw. Garantiefrist; je länger die Gewährleistungs- bzw. Garantiefrist, desto größer die Wahrscheinlichkeit, dass es sich um eine Leistungsverpflichtung handelt, da die Gewährleistungs- / Garantiezusage mit höherer Wahrscheinlichkeit eine über die Zusicherung, dass das gelieferte Produkt den vertraglich vereinbarten Spezifikationen entspricht, hinausgehende Leistung darstellt,

c) die Art der Leistungen, die das Unternehmen zusagt; wenn ein Unternehmen besondere Leistungen (z. B. einen Retourentransport für ein schadhaftes Produkt) erbringen muss, um zusichern zu können, dass ein Produkt die vereinbarten Spezifikationen erfüllt, ist es unwahrscheinlich, dass dadurch eine Leistungsverpflichtung begründet wird.

B32 Wenn eine Gewährleistungs- oder Garantieverpflichtung oder ein Teil einer Gewährleistungs- oder Garantieverpflichtung für einen Kunden eine zusätzliche Leistung darstellt, die über die Zusicherung, dass das Produkt den vereinbarten Spezifikationen entspricht, hinausgeht, ist die zugesagte Leistung eine Leistungsverpflichtung. Daher ordnet das Unternehmen den Transaktionspreis dem Produkt und der Dienstleistung zu. Bietet das Unternehmen eine Gewährleistungs- oder Garantieverpflichtung an, die sowohl eine assurance-type warranty als auch eine service-type warranty beinhaltet, bei denen eine getrennte Bilanzierung schwierig ist, hat das Unternehmen beide zusammen als eine einzige Leistungsverpflichtung zu bilanzieren.

3/13. IFRS 15
B33 – B36

B33 Wenn das Unternehmen laut Gesetz für Schäden, die von seinen Produkten verursacht werden, finanziell haftet, handelt es sich dabei nicht um eine Leistungsverpflichtung. Beispielsweise kann ein Hersteller seine Produkte in einem Land verkaufen, in dem der Hersteller laut Gesetz für jegliche Schäden (beispielsweise an persönlichem Eigentum) haftet, die vom Verbraucher bei bestimmungsgemäßer Nutzung des Produkts verursacht werden. Ebenso sind Zusagen eines Unternehmens, den Kunden für etwaige Schäden und Ansprüche aus Patent-, Urheber-, Marken- oder sonstigen Rechtsverletzungen seiner Produkte zu entschädigen, keine Leistungsverpflichtungen. Das Unternehmen hat derartige Verpflichtungen gemäß IAS 37 zu bilanzieren.

Überlegungen zur Konstellation Prinzipal oder Agent

B34 Wenn eine andere Partei an der Lieferung von Gütern oder an der Erbringung von Dienstleistungen an den Kunden beteiligt ist, hat das Unternehmen die Art seiner Zusage zu bestimmen und festzustellen, ob seine Leistungsverpflichtung darin besteht, die Güter selbst zu liefern oder die Dienstleistungen selbst zu erbringen (und es damit als Prinzipal auftritt) oder darin, diese andere Partei mit der Lieferung der Güter oder der Erbringung der Dienstleistungen zu beauftragen (und das Unternehmen damit als Agent auftritt). Das Unternehmen bestimmt für jedes dem Kunden zugesagte spezifische Gut oder jede dem Kunden zugesagte spezifische Dienstleistung, ob es in diesem Fall als Prinzipal oder Agent tätig ist. Unter einem spezifischen Gut oder einer spezifischen Dienstleistung ist ein eigenständig abgrenzbares Gut oder eine eigenständig abgrenzbare Dienstleistung (oder ein eigenständig abgrenzbares Bündel von Gütern oder Dienstleistungen) zu verstehen, das/die dem Kunden zu liefern oder für diesen zu erbringen ist (siehe Paragraphen 27–30). Sieht ein Vertrag mit einem Kunden mehr als ein spezifisches Gut oder mehr als eine spezifische Dienstleistung vor, kann das Unternehmen bei einigen spezifischen Gütern oder Dienstleistungen als Prinzipal und bei anderen spezifischen Gütern oder Dienstleistungen als Agent tätig sein.

B34A Um die Art seiner Zusage zu bestimmen (siehe Paragraph B34), hat das Unternehmen

a) die spezifischen Güter oder Dienstleistungen, die dem Kunden zu liefern bzw. für ihn zu erbringen sind (und bei denen es sich auch um ein Recht auf ein von einer anderen Partei zu lieferndes Gut oder eine von einer anderen Partei zu erbringende Dienstleistung handeln kann (siehe Paragraph 26)), zu identifizieren und

b) für jedes spezifische Gut oder jede spezifische Dienstleistung zu beurteilen, ob es vor Übertragung auf den Kunden die Verfügungsgewalt (im Sinne von Paragraph 33) über dieses Gut oder diese Dienstleistung besitzt.

B35 Besitzt das Unternehmen die Verfügungsgewalt über ein spezifisches Gut oder eine spezifische Dienstleistung, bevor diese/s auf einen Kunden übertragen wird, ist es als Prinzipal tätig. Erlangt ein Unternehmen jedoch nur vorübergehend das Eigentumsrecht an einem spezifischen Gut, bevor dieses auf den Kunden übergeht, so besitzt es nicht zwangsläufig die Verfügungsgewalt. Als Prinzipal kann das Unternehmen seiner Leistungsverpflichtung, d. h. seiner Verpflichtung zur Lieferung des spezifischen Guts oder zur Erbringung der spezifischen Dienstleistung selbst nachkommen oder eine andere Partei (beispielsweise einen Unterauftragnehmer) damit beauftragen, die Leistungsverpflichtung ganz oder teilweise in seinem Namen zu erfüllen.

B35A Wenn eine andere Partei an der Lieferung von Gütern oder der Erbringung von Dienstleistungen an einen Kunden beteiligt ist, erlangt ein Unternehmen, das als Prinzipal auftritt, die Verfügungsgewalt über

a) ein Gut oder einen anderen Vermögenswert der anderen Partei, das bzw. den es dann auf den Kunden überträgt,

b) ein Recht auf eine von der anderen Partei zu erbringende Dienstleistung, das das Unternehmen in die Lage versetzt, diese Partei anzuweisen, die Dienstleistung in seinem Namen für den Kunden zu erbringen, oder

c) ein Gut oder eine Dienstleistung der anderen Partei, das bzw. die es dann bei Lieferung des spezifischen Guts an oder Erbringung der spezifischen Dienstleistung für den Kunden mit anderen Gütern oder Dienstleistungen kombiniert. Erbringt das Unternehmen beispielsweise eine erhebliche Integrationsleistung, indem es die von einer anderen Partei gelieferten Güter oder erbrachten Dienstleistungen in das/die dem Kunden vertraglich zugesagte spezifische Gut bzw. spezifische Dienstleistung integriert (siehe Paragraph 29(a)), so besitzt es vor der Übertragung an den Kunden die Verfügungsgewalt über das spezifische Gut oder die spezifische Dienstleistung. Dies ist darin begründet, dass das Unternehmen zuerst die Verfügungsgewalt über die Inputs für die spezifischen Güter oder Dienstleistungen erlangt (wozu auch Güter oder Dienstleistungen anderer Parteien zählen) und diese dann zur Erzeugung des kombinierten Outputs, d. h. des speziellen Guts oder der speziellen Dienstleistung, nutzt.

B35B Wenn (oder sobald) ein Unternehmen, das als Prinzipal auftritt, eine Leistungsverpflichtung erfüllt, erfasst es als Erlös die Gesamtgegenleistung, die es im Austausch für die Übertragung der spezifischen Güter oder Dienstleistungen erwartet.

B36 Das Unternehmen ist Agent, wenn seine Leistungsverpflichtung darin besteht, eine andere Partei mit der Lieferung des spezifischen Guts oder der Erbringung der spezifischen Dienstleistung zu beauftragen. Als Agent besitzt das Unternehmen die Verfügungsgewalt über ein von einer anderen Partei geliefertes spezifisches Gut oder eine von einer anderen Partei erbrachte spezifische Dienstleistung so lange nicht, wie dieses Gut oder diese Dienstleistung nicht auf den Kunden übertragen ist. Wenn (oder sobald) ein Unternehmen, das als Agent auftritt, eine Leistungsverpflichtung erfüllt, erfasst es als Erlös die Gebühr oder Provision, die es im Austausch für die Beauftragung der anderen Partei mit der Lieferung der speziellen Güter oder der Erbringung der speziellen Dienstleistungen erwartet. Die Gebühr oder Provision des Unternehmens ist gegebenenfalls der Teil der Gegenleistung, den das Unternehmen behält, nachdem es der anderen Partei die für die Lieferung der Güter oder die Erbringung der Dienstleistungen erhaltene Gegenleistung ausbezahlt hat.

B37 Zu den Indikatoren, die darauf hindeuten, dass ein Unternehmen vor der Übertragung eines spezifischen Guts oder einer spezifischen Dienstleistung auf den Kunden die Verfügungsgewalt über dieses Gut bzw. diese Dienstleistung besitzt (und somit als Prinzipal anzusehen ist (siehe Paragraph B35)) zählen unter anderem folgende:

a) für die Erfüllung der Zusage, das spezifische Gut zu liefern oder die spezifische Dienstleistung zu erbringen, ist primär das Unternehmen verantwortlich; hierzu zählt in der Regel die Verantwortung dafür, dass das spezifische Gut oder die spezifische Dienstleistung vom Kunden akzeptiert wird (wie die primäre Verantwortung dafür, dass das Gut oder die Dienstleistung den Spezifikationen des Kunden entspricht); wenn für die Erfüllung der Zusage, das spezifische Gut zu liefern oder die spezifische Dienstleistung zu erbringen, primär das Unternehmen verantwortlich ist, kann dies darauf hindeuten, dass die andere an der Lieferung des spezifischen Guts oder der Erbringung der spezifischen Dienstleistung beteiligte Partei im Auftrag des Unternehmens tätig ist,

b) das Unternehmen trägt vor der Übertragung des spezifischen Guts oder der spezifischen Dienstleistung auf einen Kunden oder nach Übertragung der Verfügungsgewalt auf den Kunden (z. B. wenn dieser ein Rückgaberecht hat) ein Bestandsrisiko; wenn das Unternehmen z. B. vor Anbahnung eines Vertrags mit einem Kunden das spezifische Gut oder die spezifische Dienstleistung erhält oder sich zu dessen bzw. deren Erhalt verpflichtet, kann dies darauf hindeuten, dass es vor der Übertragung auf den Kunden die Nutzung des Guts oder der Dienstleistung bestimmen und im Wesentlichen den verbleibenden Nutzen daraus ziehen kann,

c) das Unternehmen verfügt bei der Festlegung des Preises für das spezifische Gut oder die spezifische Dienstleistung über Ermessensspielraum; wird der Preis, den der Kunde für das spezifische Gut oder die spezifische Dienstleistung zahlt, vom Unternehmen festgelegt, kann dies darauf hindeuten, dass das Unternehmen die Nutzung des Guts oder der Dienstleistung bestimmen und im Wesentlichen den verbleibenden Nutzen daraus ziehen kann; in einigen Fällen kann allerdings der Agent bei der Preisfestsetzung über Ermessensspielraum verfügen; so verfügt der Agent z. B. möglicherweise über eine gewisse Flexibilität bei der Preisfestsetzung, damit er aus seiner Leistung, andere Parteien mit der Lieferung von Gütern oder der Erbringung von Dienstleistungen zu beauftragen, zusätzliche Erlöse ziehen kann.

B37A Die in Paragraph B37 aufgeführten Indikatoren können je nach Art des spezifischen Guts oder der spezifischen Dienstleistung und je nach Vertragsbedingungen für die Beurteilung, ob ein Unternehmen die Verfügungsgewalt besitzt, mehr oder weniger relevant sein. Auch können bei anderen Verträgen andere Indikatoren überzeugendere Anhaltspunkte liefern.

B38 Tritt eine andere Partei in die Leistungsverpflichtungen und vertraglichen Rechte des Unternehmens ein, sodass dieses nicht mehr zur Übertragung des spezifischen Guts oder der spezifischen Dienstleistung auf den Kunden verpflichtet (und somit kein Prinzipal mehr) ist, darf das Unternehmen für diese Leistungsverpflichtung keine Erlöse erfassen. Stattdessen hat es zu prüfen, ob es Erlöse dafür erfassen soll, dass es seiner Verpflichtung zur Anbahnung eines Vertrags für die andere Partei nachkommt (d. h. ob es als Agent auftritt).

Optionen des Kunden für den Erwerb zusätzlicher Güter oder Dienstleistungen

B39 Optionen des Kunden für den kostenlosen oder vergünstigten Erwerb zusätzlicher Güter oder Dienstleistungen gibt es in zahlreichen Formen, beispielsweise in Form von Kaufanreizen, Treueprämien (oder -punkten), Vertragsverlängerungsoptionen oder sonstigen Preisnachlässen auf später zu erwerbende Güter oder Dienstleistungen.

B40 Räumt das Unternehmen einem Kunden in einem Vertrag die Option für den Erwerb zusätzlicher Güter oder Dienstleistungen ein, so ergibt sich aus dieser Option nur dann eine vertragliche Leistungsverpflichtung, wenn die Option dem Kunden ein wesentliches Recht gewährt, das dieser ohne den Abschluss dieses Vertrags nicht erhalten würde (beispielsweise ein Preisnachlass, der über den Rabatten liegt, die dieser Kundenkategorie in dieser Region oder auf diesem Markt üblicherweise für gleichartige Güter oder Dienstleistungen gewährt werden). Wenn die Option dem Kunden ein wesentliches Recht gewährt, so entsteht eine Situation, in der der Kunde das Unternehmen im Voraus für später zu erwerbende Güter oder Dienstleistungen vergütet und das Unternehmen die entsprechenden Erlöse dann erfasst, wenn diese Güter oder Dienstleistungen übertragen werden oder wenn die Option ausläuft.

B41 Wenn einem Kunden die Option eingeräumt wird, zusätzliche Güter oder Dienstleistungen zu einem Preis zu erwerben, der dem Einzelverkaufspreis für diese Güter oder Dienstleistungen entspricht, so gewährt diese Option dem Kunden kein wesentliches Recht, selbst wenn diese Option nur aufgrund des Abschlusses des vorherigen Vertrags ausgeübt werden kann. In solchen Fällen ist das Angebot des Unternehmens als Werbeangebot einzustufen und erst dann gemäß dem vorliegenden Standard zu bilanzieren, wenn der Kunde die Option für den Erwerb der zusätzlichen Güter oder Dienstleistungen ausübt.

B42 Nach Paragraph 74 hat das Unternehmen den Transaktionspreis auf Basis der relativen Einzelverkaufspreise auf die einzelnen Leistungsverpflichtungen aufzuteilen. Ist der Einzelverkaufspreis der Option des Kunden für den Erwerb zusätzlicher Güter oder Dienstleistungen nicht direkt beobachtbar, hat das Unternehmen diesen Preis zu schätzen. Diese Schätzung muss dem Preisnachlass Rechnung tragen, den der Kunde erhält, wenn er die Option ausübt, und die beiden folgenden Faktoren berücksichtigen:
a) jeglichen Preisnachlass, den der Kunde erhalten könnte, ohne die Option auszuüben, und
b) die Wahrscheinlichkeit, dass die Option ausgeübt wird.

B43 Wenn dem Kunden mit der Option ein wesentliches Recht für den zukünftigen Erwerb von Gütern oder Dienstleistungen gewährt wird, die den ursprünglichen Gütern oder Dienstleistungen des Vertrags vergleichbar sind und gemäß den Bedingungen des ursprünglichen Vertrags geliefert bzw. erbracht werden, so kann das Unternehmen anstatt den Einzelverkaufspreis der Option zu schätzen behelfsweise den Transaktionspreis auf Basis der voraussichtlich zu liefernden Güter oder zu erbringenden Dienstleistungen und der hierfür erwarteten Gegenleistung auf die Güter oder Dienstleistungen der Option aufteilen. Solche Optionen kommen in der Regel einer Vertragsverlängerung gleich.

Nicht geltend gemachte Ansprüche des Kunden

B44 Nach Paragraph 106 hat das Unternehmen nach Erhalt einer Vorauszahlung eines Kunden für seine Leistungsverpflichtung, die darin besteht, Güter oder Dienstleistungen (künftig) auf den Kunden zu übertragen, eine Vertragsverbindlichkeit in Höhe des durch den Kunden vorausgezahlten Betrags zu erfassen. Das Unternehmen hat die Vertragsverbindlichkeit auszubuchen (und Erlöse zu erfassen), wenn es diese Güter oder Dienstleistungen überträgt und somit seine Leistungsverpflichtung erfüllt.

B45 Eine nicht rückerstattungsfähige Vorauszahlung, die ein Kunde an das Unternehmen leistet, räumt dem Kunden einen Anspruch auf den künftigen Erhalt eines Guts oder einer Dienstleistung ein (und verpflichtet das Unternehmen, die künftige Übertragung eines Guts oder einer Dienstleistung vorzusehen). Allerdings machen Kunden ihre vertraglichen Ansprüche nicht immer in vollem Umfang geltend. Die Nichtinanspruchnahme von Guthaben wird auch als „breakage" bezeichnet.

B46 Geht das Unternehmen bei einem Vertragsverbindlichkeit davon aus, dass ein Kunde seine Ansprüche nicht vollständig geltend macht, hat es den entsprechenden Betrag proportional zum Muster der vom Kunden geltend gemachten Ansprüche als Erlös zu erfassen. Anderenfalls hat es den erwarteten Betrag aus einer Nichtinanspruchnahme dann als Erlös zu erfassen, wenn die Wahrscheinlichkeit, dass der Kunde seine verbleibenden Ansprüche geltend macht, als sehr gering einzustufen ist. Bei der Beurteilung, ob ein Kunde seine Ansprüche voraussichtlich nicht vollständig geltend machen wird, hat das Unternehmen die in den Paragraphen 56–58 enthaltenen Bestimmungen zu Einschränkungen bei der Schätzung variabler Gegenleistungen zu beachten.

B47 Für jede erhaltene Gegenleistung, die nicht geltend gemachten Ansprüchen eines Kunden zuzuordnen ist und die das Unternehmen nach geltendem Eigentumsrecht an einen Dritten, z. B. eine staatliche Stelle, weiterleiten muss, hat das Unternehmen eine Verbindlichkeit (und keinen Erlös) zu erfassen.

Nicht rückerstattungsfähige, im Voraus zahlbare Entgelte (sowie einige damit zusammenhängende Kosten)

B48 Bei einigen Verträgen stellt das Unternehmen dem Kunden bei oder in zeitlicher Nähe zum Vertragsabschluss ein nicht rückerstattungsfähiges, im Voraus zahlbares Entgelt in Rechnung. Beispiele hierfür sind Aufnahmegebühren in Fitnessclubs, Anschlussgebühren bei Telekommunikationsverträgen, Einrichtungsgebühren bei einigen Dienstleistungsverträgen und Anfangsgebühren bei bestimmten Lieferverträgen.

B49 Um die in solchen Verträgen enthaltenen Leistungsverpflichtungen zu bestimmen, hat das Unternehmen zu beurteilen, ob sich das Entgelt auf die Übertragung eines zugesagten Guts oder einer zugesagten Dienstleistung bezieht. Auch wenn sich ein nicht rückerstattungsfähiges, im Voraus zahlbares Entgelt auf eine Tätigkeit bezieht, die das Unternehmen zur Erfüllung des Vertrags bei oder in zeitlicher Nähe zum Vertragsabschluss ausführen muss, hat diese Tätigkeit in vielen Fällen nicht die Übertragung eines zugesagten Guts oder einer zugesagten Dienstleistung auf den Kunden zur Folge (siehe Paragraph 25). Stattdessen ist dieses Entgelt eine Vorauszahlung für künftige Güter oder Dienstleistungen und muss deshalb bei Bereitstellung dieser Güter oder Erbringung dieser Dienstleistungen als Erlös erfasst werden. Räumt das Unternehmen dem Kunden eine Möglichkeit zur Vertragsverlängerung ein und verleiht diese Möglichkeit dem Kunden ein wesentliches Recht gemäß Paragraph B40, geht der Zeitraum der Erlöserfassung über den ursprünglichen Vertragszeitraum hinaus.

B50 Bezieht sich das nicht rückerstattungsfähige, im Voraus zahlbare Entgelt auf ein Gut oder eine Dienstleistung, hat das Unternehmen zu beurteilen, ob dieses Gut oder diese Dienstleistung als separate Leistungsverpflichtung gemäß den Paragraphen 22–30 zu bilanzieren ist.

B51 Das Unternehmen kann ein nicht rückerstattungsfähiges Entgelt zum Teil als Vergütung für die durch die Begründung eines Vertrags (oder andere, in Paragraph 25 beschriebene administrative Aufgaben) verursachten Kosten in Rechnung stellen. Sofern diese Aktivitäten zur Begründung des Vertrags nicht als Leistungsverpflichtung angesehen werden können, darf das Unternehmen sie (wie auch die damit verbundenen Kosten) nicht in die Messung des Leistungsfortschritts gemäß Paragraph B19 einbeziehen, weil sie nicht die Übertragung von Dienstleistungen auf den Kunden widerspiegeln. Das Unternehmen hat zu beurteilen, ob die zur Begründung des Vertrags entstandenen Kosten gemäß Paragraph 95 als Vermögenswert zu aktivieren sind.

Lizenzerteilung

B52 Eine Lizenz gibt einem Kunden das Recht auf Nutzung des geistigen Eigentums eines Unternehmens. Lizenzen für geistiges Eigentum können u. a. Folgendes zum Gegenstand haben:
a) Software und Technologie,
b) Filme, Musik und andere Medien und Formen der Unterhaltung,
c) Franchise-Rechte und
d) Patente, Markenzeichen und Urheberrechte.

B53 Das Unternehmen kann einem Kunden neben der Erteilung einer Lizenz oder mehrerer Lizenzen auch die Übertragung von Gütern oder Dienstleistungen zusagen. Diese Zusagen können ausdrücklich im Vertrag enthalten oder aber durch die Geschäftsgepflogenheiten, öffentlichen oder spezifischen Aussagen eines Unternehmens impliziert sein (siehe Paragraph 24). Wird in einem Vertrag mit einem Kunden neben der Übertragung von Gütern oder Dienstleistungen auch die Erteilung einer Lizenz oder mehrerer Lizenzen zugesagt, so verfährt das Unternehmen zur Identifizierung der einzelnen Leistungsverpflichtungen des Vertrags wie bei anderen Vertragsarten nach den Paragraphen 22–30.

B54 Ist die Zusage der Lizenzerteilung nicht gemäß den Paragraphen 26–30 von anderen im Vertrag zugesagten Gütern oder Dienstleistungen abgrenzbar, hat das Unternehmen sie mit den anderen zugesagten Gütern oder Dienstleistungen als eine einzige Leistungsverpflichtung zu bilanzieren. Nicht von anderen im Vertrag zugesagten Gütern oder Dienstleistungen abgrenzbare Lizenzen umfassen unter anderem:
a) Lizenzen, die fester Bestandteil eines materiellen Guts sind und für dessen Funktion unverzichtbar sind, und
b) Lizenzen, die der Kunde nur in Verbindung mit einer dazugehörigen Dienstleistung nutzen kann (wie einem von dem Unternehmen erbrachten Online-Dienst, der dem Kunden über die Lizenz den Zugriff auf Inhalte ermöglicht).

B55 Ist die Lizenz nicht eigenständig abgrenzbar, hat das Unternehmen nach den Paragraphen 31–38 zu bestimmen, ob die Leistungsverpflichtung (die die zugesagte Lizenz einschließt) über einen bestimmten Zeitraum oder zu einem bestimmten Zeitpunkt erfüllt wird.

B56 Ist die Zusage der Lizenzerteilung von den anderen im Vertrag zugesagten Gütern oder Dienstleistungen abgrenzbar und somit als separate Leistungsverpflichtung anzusehen, hat das Unternehmen zu bestimmen, ob die Lizenz zu einem bestimmten Zeitpunkt oder über einen bestimmten Zeitraum auf den Kunden übertragen wird. Wenn das Unternehmen diese Bestimmung vornimmt, hat es zu berücksichtigen, ob die zugesagte Lizenz dem Kunden entweder
a) ein Recht auf Zugriff auf sein geistiges Eigentum – mit Stand über den gesamten Lizensierungszeitraum – einräumt oder
b) ein Recht auf Nutzung seines geistigen Eigentums – mit Stand zum Zeitpunkt der Lizenzerteilung – einräumt.

Bestimmung der Art der Zusage

B57 [gestrichen]

B58 Die vom Unternehmen abgegebene Zusage zur Lizenzerteilung stellt eine Zusage zur Gewährung eines Rechts auf Zugang zu geistigem Eigentum des Unternehmens dar, wenn alle folgenden Bedingungen erfüllt sind:
a) der Vertrag sieht vor oder der Kunde kann nach vernünftigem Ermessen davon ausgehen, dass das Unternehmen Aktivitäten durchführen wird, die sich in erheblichem Maße auf das geistige Eigentum, an dem der Kunde Rechte hält, auswirken (siehe Paragraphen B59 und B59A),
b) durch die mit der Lizenz gewährten Rechte ist der Kunde unmittelbar von allen positiven oder negativen Auswirkungen der in Paragraph B58(a) genannten Aktivitäten betroffen und
c) mit der Durchführung solcher Aktivitäten wird weder ein Gut noch eine Dienstleistung auf den Kunden übertragen (siehe Paragraph 25).

B59 Zu den möglichen Indikatoren, bei deren Vorliegen der Kunde nach vernünftigem Ermessen davon ausgehen kann, dass das Unternehmen Aktivitäten durchführen wird, die sich in erheblichem Maße auf das geistige Eigentum auswirken, zählen die Geschäftsgepflogenheiten, öffentlichen oder spezifischen Aussagen des Unternehmens. Haben das Unternehmen und der Kunde ein gemeinsames wirtschaftliches Interesse (z. B. eine umsatzabhängige Lizenzgebühr) in Bezug auf das geistige Eigentum, an dem der Kunde Rechte hält, ist dies ein weiterer möglicher (wenn auch nicht zwingender) Indikator dafür, dass der Kunde nach vernünftigem Ermessen von der Durchführung solcher Aktivitäten durch das Unternehmen ausgehen kann.

B59A Die Aktivitäten des Unternehmens wirken sich in erheblichem Maße auf das geistige Eigentum, an dem der Kunde Rechte hält, aus, wenn entweder

a) davon auszugehen ist, dass diese Aktivitäten die Form (beispielsweise die Konzeption oder den Inhalt) oder die Funktion (beispielsweise die Fähigkeit zur Ausführung einer Funktion oder Aufgabe) des geistigen Eigentums in erheblichem Maße ändern, oder
b) die Fähigkeit des Kunden, Nutzen aus dem geistigen Eigentum zu ziehen, sich im Wesentlichen aus diesen Aktivitäten ableitet oder davon abhängig ist. So leitet sich beispielsweise der Nutzen einer Marke häufig von den laufenden Aktivitäten des Unternehmens, die den Wert des geistigen Eigentums fördern oder erhalten, ab oder ist von diesen abhängig.

Wenn das geistige Eigentum, an dem der Kunde Rechte hält, eine erhebliche eigenständige Funktion aufweist, leitet sich auch ein wesentlicher Teil des Nutzens dieses geistigen Eigentums von dieser Funktion ab. Folglich wirken sich die Aktivitäten des Unternehmens in diesem Fall nicht in erheblichem Maße auf die Fähigkeit des Kunden aus, den Nutzen aus diesem geistigen Eigentum zu ziehen, es sei denn, seine Form oder Funktion werden durch diese Aktivitäten in erheblichem Maße geändert. Beispiele für geistiges Eigentum, das häufig eine erhebliche eigenständige Funktion aufweist, sind Software, chemische Verbindungen oder Arzneimittelrezepturen sowie Medieninhalte (wie Filme, Fernsehshows und Musikaufnahmen).

B60 Sind die in Paragraph B58 genannten Bedingungen erfüllt, ist die Zusage zur Lizenzerteilung als eine über einen bestimmten Zeitraum erfüllte Leistungsverpflichtung zu bilanzieren, da der Nutzen, der mit dem Zugang zum geistigen Eigentum des Unternehmens verbunden ist, dem Kunden zufließt und er die Leistung gleichzeitig nutzt, während diese erbracht wird (siehe Paragraph 35(a)). Zur Auswahl einer angemessenen Methode zur Messung des Leistungsfortschritts im Hinblick auf die vollständige Erfüllung dieser Leistungsverpflichtung hat das Unternehmen nach den Paragraphen 39–45 zu verfahren.

B61 Sind die in Paragraph B58 genannten Bedingungen nicht erfüllt, besteht die Zusage des Unternehmens darin, dem Kunden ein Recht auf Nutzung seines geistigen Eigentums – mit Stand (in Form und Funktion) zum Zeitpunkt der Lizenzerteilung – einzuräumen. Dies bedeutet, dass der Kunde zum Zeitpunkt der Lizenzerteilung die Nutzung der Lizenz bestimmen und im Wesentlichen den verbleibenden Nutzen daraus ziehen kann. Sagt das Unternehmen das Recht auf Nutzung seines geistigen Eigentums zu, ist diese Zusage als eine zu einem bestimmten Zeitpunkt erfüllte Leistungsverpflichtung zu bilanzieren. Den Zeitpunkt, zu dem die Lizenz auf den Kunden übertragen wird, hat das Unternehmen nach Paragraph 38 zu bestimmen. Allerdings können Erlöse aus einer Lizenz, die zur Nutzung des geistigen Eigentums des Unternehmens berechtigt, nicht vor Beginn des Zeitraums erfasst werden, in dem der Kunde die Lizenz verwenden und den Nutzen daraus ziehen kann. Beginnt z. B. ein Software-Lizenzzeitraum, bevor das Unternehmen dem Kunden den Code übermittelt (oder auf anderem Wege zur Verfügung stellt), der die sofortige Nutzung der Software ermöglicht, darf das Unternehmen den Erlös nicht vor der Übermittlung (oder anderweitigen Bereitstellung) dieses Codes erfassen.

B62 Bei der Beurteilung, ob eine Lizenz ein Recht auf Zugang zu geistigem Eigentum des Unternehmens oder ein Recht auf Nutzung von geistigem Eigentum des Unternehmens gewährt, darf ein Unternehmen die folgenden Faktoren nicht einbeziehen:
a) zeitliche Beschränkungen, geografische Beschränkungen oder Nutzungsbeschränkungen; solche Beschränkungen stellen Merkmale der zugesagten Lizenz dar, legen aber nicht fest, ob das Unternehmen seine Leistungsverpflichtung zu einem bestimmten Zeitpunkt oder über einen bestimmten Zeitraum erfüllt oder
b) eigene Zusicherungen, dass es in Bezug auf das geistige Eigentum über ein gültiges Patent verfügt und dieses vor unberechtigter Nutzung schützen wird; die Zusage, ein Patentrecht zu schützen, stellt keine Leistungsverpflichtung dar, da diese Schutzmaßnahmen dazu dienen, den Wert des geistigen Eigentums des Unternehmens zu schützen, und dem Kunden die Sicherheit geben, dass die übertragene Lizenz die vertraglich zugesagten Lizenzkonditionen erfüllt.

Umsatz- oder nutzungsabhängige Lizenzgebühren

B63 Unbeschadet der Vorschriften der Paragraphen 56–59 darf das Unternehmen für umsatz- oder nutzungsabhängige Lizenzgebühren, die im Austausch für eine Lizenz an geistigem Eigentum zugesagt wurden, Erlöse nur dann erfassen, wenn (oder sobald) das spätere der beiden folgenden Ereignisse eintritt:
a) der Umsatz bzw. die Nutzung tritt ein und
b) die Leistungsverpflichtung, der die umsatz- oder nutzungsabhängigen Lizenzgebühren ganz oder teilweise zugeordnet wurden, wurde vollständig (oder teilweise) erfüllt.

B63A Die in Paragraph B63 genannte Vorschrift im Hinblick auf umsatz- oder nutzungsabhängige Lizenzgebühren gilt für Fälle, in denen die Lizenzgebühr ausschließlich oder vorwiegend eine Lizenz zur Nutzung geistigen Eigentums betrifft (Letzteres kann beispielsweise der Fall sein, wenn das Unternehmen nach vernünftigem Ermessen davon ausgehen kann, dass der Kunde der Lizenz einen erheblich höheren Wert zuschreibt als den anderen Gütern oder Dienstleistungen, auf die sich die Lizenzgebühr bezieht).

B63B Ist die in Paragraph B63A genannte Vorschrift erfüllt, ist der Erlös aus einer umsatz- oder nutzungsabhängigen Lizenzgebühr zur Gänze gemäß Paragraph B63 zu erfassen. Ist die in Paragraph B63A genannte Vorschrift nicht erfüllt, gelten für die umsatz- oder nutzungsabhängige Lizenzgebühr die in den Paragraphen 50–59 enthaltenen Vorschriften für variable Gegenleistungen.

Rückkaufvereinbarungen

B64 Eine Rückkaufvereinbarung ist ein Vertrag, mit dem das Unternehmen einen Vermögenswert verkauft und außerdem (im Rahmen desselben oder eines anderen Vertrags) zusagt oder sich die Option einräumt, den Vermögenswert zurückzuerwerben. Der zurückerworbene Vermögenswert kann der Vermögenswert sein, der ursprünglich an den Kunden verkauft wurde, ein Vermögenswert, der diesem Vermögenswert im Wesentlichen gleicht, oder ein anderer Vermögenswert, dessen Bestandteil der ursprünglich verkaufte Vermögenswert ist.

B65 Die drei häufigsten Formen der Rückkaufvereinbarung sind:
a) eine Verpflichtung des Unternehmens zum Rückkauf des Vermögenswerts (ein Termingeschäft),
b) ein Recht des Unternehmens auf Rückkauf des Vermögenswerts (eine Kaufoption) und
c) eine Verpflichtung des Unternehmens, den Vermögenswert auf Anfrage des Kunden zurückzuerwerben (eine Verkaufsoption).

Termingeschäfte und Kaufoptionen

B66 Ist das Unternehmen zum Rückkauf des Vermögenswerts verpflichtet oder berechtigt (Termingeschäft oder Kaufoption), erlangt der Kunde – selbst wenn er physisch im Besitz des Vermögenswerts ist – nicht die Verfügungsgewalt über den Vermögenswert, da er nur eingeschränkt in der Lage ist, die Nutzung des Vermögenswerts zu bestimmen und im Wesentlichen den verbleibenden Nutzen daraus zu ziehen. Das Unternehmen muss den Vertrag deshalb auf eine der beiden folgenden Arten bilanzieren:
a) als Leasingverhältnis gemäß IFRS 16 *Leasingverhältnisse,* wenn das Unternehmen berechtigt oder verpflichtet ist, den Vermögenswert zu einem Betrag zurückzuerwerben, der unter dem ursprünglichen Verkaufspreis liegt, es sei denn, der Vertrag ist Teil einer Sale-and-Leaseback-Transaktion; ist der Vertrag Teil einer Sale-and-Leaseback-Transaktion, hat das Unternehmen den Vermögenswert weiterhin auszuweisen und für jede vom Kunden empfangene Gegenleistung eine finanzielle Verbindlichkeit zu erfassen; die finanzielle Verbindlichkeit hat das Unternehmen gemäß IFRS 9 zu bilanzieren; oder
b) als Finanzierungsvereinbarung gemäß Paragraph B68, wenn das Unternehmen berechtigt oder verpflichtet ist, den Vermögenswert zu einem Betrag zurückzuerwerben, der dem ursprünglichen Verkaufspreis entspricht oder darüber liegt.

B67 Wenn das Unternehmen den Rückkaufpreis mit dem Verkaufspreis vergleicht, hat es den Zeitwert des Geldes zu berücksichtigen.

B68 Handelt es sich bei der Rückkaufvereinbarung um eine Finanzierungsvereinbarung, hat das Unternehmen den Vermögenswert weiterhin auszuweisen und zusätzlich für jede vom Kunden empfangene Gegenleistung eine finanzielle Verbindlichkeit zu erfassen. Die Differenz zwischen der vom Kunden empfangenen Gegenleistung und der an den Kunden zu zahlenden Gegenleistung ist als Zinsaufwendung sowie gegebenenfalls als Verwaltungs- oder Haltekosten (z. B. Versicherung) zu erfassen.

B69 Wird die Option nicht ausgeübt und verfällt, hat das Unternehmen die Verbindlichkeit auszubuchen und den entsprechenden Erlös zu erfassen.

Verkaufsoptionen

B70 Ist das Unternehmen verpflichtet, den Vermögenswert auf Anfrage des Kunden zu einem Preis unter dem ursprünglichen Verkaufspreis zurückzuerwerben (Verkaufsoption), hat es bei Vertragsabschluss zu beurteilen, ob es für den Kunden einen erheblichen wirtschaftlichen Anreiz zur Ausübung dieses Rechts gibt. Übt der Kunde dieses Recht aus, hat dies zur Folge, dass er dem Unternehmen effektiv eine Gegenleistung für das Recht zahlt, einen spezifizierten Vermögenswert für eine bestimmten Zeitraum zu nutzen. Hat der Kunde einen erheblichen wirtschaftlichen Anreiz zur Ausübung dieses Rechts, hat das Unternehmen die Vereinbarung deshalb als Leasingverhältnis gemäß IFRS 16 zu bilanzieren, es sei denn, der Vertrag ist Teil einer Sale-and-Leaseback-Transaktion. Ist der Vertrag Teil einer Sale-and-Leaseback-Transaktion, hat das Unternehmen den Vermögenswert weiterhin auszuweisen und für jede vom Kunden empfangene Gegenleistung eine finanzielle Verbindlichkeit zu erfassen. Die finanzielle Verbindlichkeit hat das Unternehmen gemäß IFRS 9 zu bilanzieren.

B71 Bei der Bestimmung, ob es für einen Kunden einen erheblichen wirtschaftlichen Anreiz zur Ausübung seines Rechts gibt, hat das Unternehmen verschiedene Faktoren zu berücksichtigen. Dazu zählen unter anderem das Verhältnis zwischen dem Rückkaufpreis und dem für den Zeitpunkt des Rückkaufs erwarteten Marktwert des Vermögenswerts sowie die bis zum Erlöschen des Rechts verbleibende Zeit. Wird beispielsweise davon ausgegangen, dass der Rückkaufpreis erheblich über dem Marktwert des Vermögenswerts liegen wird, kann dies ein Indikator dafür sein, dass der Kunde einen erheblichen wirtschaftlichen Anreiz zur Ausübung der Verkaufsoption hat.

B72 Gibt es für den Kunden keinen erheblichen wirtschaftlichen Anreiz, sein Recht zu einem Preis unter dem ursprünglichen Verkaufspreis des Vermögenswerts auszuüben, hat das Unternehmen die Vereinbarung wie einen in den Paragraphen B20–B27 beschriebenen Verkauf eines Produkts mit Rückgaberecht zu bilanzieren.

B73 Ist der Rückkaufpreis des Vermögenswerts gleich dem ursprünglichen Verkaufspreis oder höher als dieser und liegt er über dem erwarteten Marktwert, so handelt es sich bei dem Vertrag effektiv um eine Finanzierungsvereinbarung, die gemäß Paragraph B68 zu bilanzieren ist.

3/13. IFRS 15
B74 – B84

B74 Ist der Rückkaufpreis des Vermögenswerts gleich dem ursprünglichen Verkaufspreis oder höher als dieser und liegt er unter dem erwarteten Marktwert oder entspricht diesem, und hat der Kunde keinen erheblichen wirtschaftlichen Anreiz zur Ausübung seines Rechts, so hat das Unternehmen die Vereinbarung wie einen in den Paragraphen B20–B27 beschriebenen Verkauf eines Produkts mit Rückgaberecht zu bilanzieren.

B75 Wenn das Unternehmen den Rückkaufpreis mit dem Verkaufspreis vergleicht, hat es den Zeitwert des Geldes zu berücksichtigen.

B76 Wird die Option nicht ausgeübt und verfällt, hat das Unternehmen die Verbindlichkeit auszubuchen und den entsprechenden Erlös zu erfassen.

Kommissionsvereinbarungen

B77 Liefert ein Unternehmen einem Dritten (wie einem Händler oder einem Vertriebsunternehmen) ein Produkt zum Verkauf an Endkunden, hat das Unternehmen zu beurteilen, ob dieser Dritte zum Zeitpunkt der Lieferung die Verfügungsgewalt über das Produkt erlangt hat. Erlangt der Dritte nicht die Verfügungsgewalt über das Produkt, wurde es möglicherweise im Rahmen einer Kommissionsvereinbarung an den Dritten geliefert. Wenn der Dritte das gelieferte Produkt im Rahmen einer Kommissionsvereinbarung erhält, darf das Unternehmen bei Lieferung des Produkts an den Dritten keine Erlöse erfassen.

B78 Zu den Indikatoren, die darauf hindeuten, dass eine Vereinbarung als Kommissionsvereinbarung anzusehen ist, zählen unter anderem folgende:

a) das Unternehmen besitzt die Verfügungsgewalt über das Produkt, bis ein spezifisches Ereignis, wie der Verkauf des Produkts an einen Kunden des Händlers, eintritt oder ein festgelegter Zeitraum abläuft,

b) das Unternehmen kann die Rückgabe des Produkts verlangen oder das Produkt auf einen Dritten (z. B. einen anderen Händler) übertragen und

c) der Händler ist nicht bedingungslos verpflichtet, für das Produkt eine Zahlung zu leisten (es kann jedoch eine Einlage von ihm verlangt werden).

Bill-and-hold-Vereinbarungen

B79 Eine Bill-and-hold-Vereinbarung ist ein Vertrag, bei dem das Unternehmen einem Kunden ein Produkt in Rechnung stellt, jedoch im physischen Besitz des Produkts bleibt, bis es zu einem späteren Zeitpunkt auf den Kunden übertragen wird. Ein Kunde könnte das Unternehmen beispielsweise um Abschluss eines solchen Vertrags bitten, da ihm zum gegebenen Zeitpunkt die notwendigen Lagerkapazitäten fehlen oder es in seiner Fertigung zu Verzögerungen gekommen ist.

B80 Das Unternehmen hat zu bestimmen, wann es seine Leistungsverpflichtung zur Übertragung eines Produkts erfüllt, und zu diesem Zweck zu beurteilen, wann der Kunde die Verfügungsgewalt über das Produkt erlangt (siehe Paragraph 38). Bei manchen Verträgen wird die Verfügungsgewalt je nach Vertragsbedingungen (einschließlich Liefer- und Versandbedingungen) entweder bei Anlieferung des Produkts am Standort des Kunden oder bei seinem Versand übertragen. Bei anderen Verträgen hingegen erlangt der Kunde die Verfügungsgewalt über das Produkt auch dann, wenn es sich im physischen Besitz des Unternehmens befindet. In diesem Fall kann der Kunde die Nutzung des Produkts bestimmen und im Wesentlichen den verbleibenden Nutzen aus ihm ziehen, obwohl er entschieden hat, von der Ausübung seines Rechts auf physische Inbesitznahme des Produkts abzusehen. Das Unternehmen hat folglich nicht die Verfügungsgewalt über das Produkt, sondern bietet dem Kunden Verwahrungsleistungen für seinen Vermögenswert.

B81 Damit ein Kunde im Rahmen einer Bill-and-hold-Vereinbarung die Verfügungsgewalt über ein Produkt erlangt, müssen neben der Anwendung der in Paragraph 38 enthaltenen Vorschriften alle folgenden Kriterien erfüllt sein:

a) es muss ein wesentlicher Grund für die Bill-and-hold-Vereinbarung vorliegen (z. B. der Abschluss der Vereinbarung erfolgt auf Anfrage des Kunden),

b) das Produkt muss für sich genommen als dem Kunden gehörend identifiziert werden können,

c) das Produkt muss für die physische Übertragung auf den Kunden bereit sein und

d) das Unternehmen darf nicht die Möglichkeit haben, das Produkt selbst zu nutzen oder einem anderen Kunden zur Verfügung zu stellen.

B82 Erfasst das Unternehmen Erlöse aus dem Verkauf eines Produkts im Rahmen einer Bill-and-hold-Vereinbarung, muss es klären, ob es noch verbleibende Leistungsverpflichtungen (z. B. für Verwahrungsleistungen) gemäß den Paragraphen 22–30 hat, denen es einen Teil des Transaktionspreises gemäß den Paragraphen 73–86 zuordnen muss.

Abnahme durch den Kunden

B83 Gemäß Paragraph 38(e) kann die Abnahme eines Vermögenswerts durch den Kunden ein Indikator dafür sein, dass der Kunde die Verfügungsgewalt über den Vermögenswert erlangt hat. Kundenabnahmeklauseln ermöglichen es dem Kunden, einen Vertrag zu stornieren, oder verpflichten das Unternehmen, Abhilfe zu schaffen, sollte ein Gut oder eine Dienstleistung nicht die vereinbarten Spezifikationen erfüllen. Das Unternehmen muss solche Klauseln bei der Beurteilung, ob ein Kunde die Verfügungsgewalt über ein Gut oder eine Dienstleistung erlangt hat, berücksichtigen.

B84 Kann das Unternehmen objektiv feststellen, dass die Verfügungsgewalt über ein Gut oder eine Dienstleistung gemäß den vertraglich vereinbarten Spezifikationen auf den Kunden übertragen wurde, so handelt es sich bei der Abnahme durch den Kunden um eine reine Formalität, die die

Feststellung des Unternehmens, ob der Kunde die Verfügungsgewalt über das Gut oder die Dienstleistung erlangt hat, nicht beeinflusst. Basiert die Kundenabnahmeklausel beispielsweise darauf, dass bestimmte Größen- und Gewichtsmerkmale eingehalten werden, so kann das Unternehmen bereits vor Erhalt der Bestätigung der Abnahme durch den Kunden feststellen, ob diese Vorgaben eingehalten wurden. Verfügt das Unternehmen über Erfahrung mit Verträgen für ähnliche Güter oder Dienstleistungen, kann diese als Nachweis dafür herangezogen werden, dass das dem Kunden gelieferte Gut oder die für den Kunden erbrachte Dienstleistung die vertraglich vereinbarten Spezifikationen erfüllt. Wird der Erlös bereits vor der Abnahme durch den Kunden erfasst, muss das Unternehmen trotzdem prüfen, ob noch Leistungsverpflichtungen (wie die Installation von Ausrüstung) verbleiben, und beurteilen, ob diese gesondert zu bilanzieren sind.

B85 Kann das Unternehmen dagegen nicht objektiv feststellen, dass das dem Kunden gelieferte Gut oder die für den Kunden erbrachte Dienstleistung den vertraglich vereinbarten Spezifikationen entspricht, dann steht erst nach Erhalt der Bestätigung der Abnahme durch den Kunden fest, ob der Kunde die Verfügungsgewalt erlangt hat, denn in diesem Fall lässt sich vorher nicht feststellen, ob der Kunde die Nutzung des Guts oder der Dienstleistung bestimmen und im Wesentlichen den verbleibenden Nutzen daraus ziehen kann.

B86 Liefert das Unternehmen ein Produkt zu Test- oder Beurteilungszwecken an einen Kunden, und muss der Kunde die Gegenleistung nicht vor Ende des Testzeitraums zahlen, so geht die Verfügungsgewalt über das Produkt erst dann auf den Kunden über, wenn er das Produkt abnimmt oder der Testzeitraum endet.

Aufschlüsselung der Erlöse

B87 Nach Paragraph 114 hat das Unternehmen Erlöse aus Verträgen mit Kunden in Kategorien aufzuschlüsseln, die den Einfluss wirtschaftlicher Faktoren auf Art, Höhe, Zeitpunkt und Unsicherheit der Erlöse und Zahlungsströme widerspiegeln. Inwieweit die Erlöse des Unternehmens für die Zwecke dieser Angabevorschrift aufzuschlüsseln sind, hängt deshalb von den Fakten und Umständen seiner Verträge mit Kunden ab. Einige Unternehmen benötigen möglicherweise mehrere Kategorien, um das in Paragraph 114 genannte Ziel der Erlösaufschlüsselung zu erreichen. Für andere Unternehmen reicht hierfür möglicherweise eine einzige Kategorie.

B88 Wenn das Unternehmen die Kategorie (oder Kategorien) wählt, die es für die Aufschlüsselung seiner Erlöse verwenden will, berücksichtigt es die Art und Weise, wie es seine Erlöse für andere Zwecke darstellt, und insbesondere alle folgenden Angaben:

a) Angaben außerhalb des Abschlusses (beispielsweise in Gewinnmeldungen, Jahresberichten oder Präsentationen für Anleger),

b) Angaben, anhand derer der Hauptentscheidungsträger regelmäßig die Finanz- und Ertragslage von Geschäftssegmenten beurteilt, und

c) andere Angaben, die mit den unter den Buchstaben a und b genannten Informationen vergleichbar sind und vom Unternehmen oder von den Abschlussadressaten dazu verwendet werden, die Finanz- und Ertragslage des Unternehmens zu beurteilen oder über die Ressourcenallokation zu entscheiden.

B89 Beispiele für mögliche geeignete Kategorien sind unter anderem:

a) die Art der Güter oder Dienstleistungen (z. B. die wichtigsten Produktlinien),

b) das geografische Gebiet (z. B. Land oder Region),

c) der Markt oder die Art des Kunden (z. B. staatliche oder privatwirtschaftliche Kunden),

d) die Art des Vertrags (z. B. Festpreis oder Vergütung auf Zeit- und Materialbasis),

e) die Vertragslaufzeit (z. B. kurz- oder langfristige Verträge),

f) der Zeitpunkt der Übertragung der Güter oder Dienstleistungen (z. B. Übertragung zu einem bestimmten Zeitpunkt oder Übertragung über einen bestimmten Zeitraum) und

g) der Vertriebskanal (z. B. direkter Verkauf an Verbraucher oder Vertrieb über Zwischenhändler).

Anhang C
Zeitpunkt des Inkrafttretens und Übergangsvorschriften

Dieser Anhang ist integraler Bestandteil des Standards und hat die gleiche bindende Kraft wie die anderen Teile des Standards.

ZEITPUNKT DES INKRAFTTRETENS

C1 Dieser Standard ist auf Geschäftsjahre anzuwenden, die am oder nach dem 1. Januar 2018 beginnen. Eine frühere Anwendung ist zulässig. Wendet ein Unternehmen diesen Standard früher an, hat es dies anzugeben.

C1A Mit dem im Januar 2016 veröffentlichten IFRS 16 *Leasingverhältnisse* wurden die Paragraphen 5, 97, B66 und B70 geändert. Wendet das Unternehmen IFRS 16 an, so hat es diese Änderungen anzugeben.

C1B Mit den im April 2016 veröffentlichten *Klarstellungen zu IFRS 15 Erlöse aus Verträgen mit Kunden* wurden die Paragraphen 26, 27, 29, B1, B34–B38, B52–B53, B58, C2, C5 und C7 geändert, Paragraph B57 gestrichen und die Paragraphen B34A, B35A, B35B, B37A, B59A, B63A, B63B, C7A und C8A eingefügt. Diese Änderungen sind auf Geschäftsjahre anzuwenden, die am oder nach dem 1. Januar 2018 beginnen. Eine frühere Anwendung ist zulässig. Wendet ein Unternehmen diese Änderungen auf eine frühere Periode an, hat es dies anzugeben.

3/13. IFRS 15
C1C – C7A

C1C Mit dem im Mai 2017 veröffentlichten IFRS 17 wurde Paragraph 5 geändert. Wendet das Unternehmen IFRS 17 an, so hat es diese Änderung anzuwenden.

ÜBERGANGSVORSCHRIFTEN

C2 Für die Zwecke der in den Paragraphen C3–C8A enthaltenen Übergangsvorschriften gilt Folgendes:
a) Zeitpunkt der erstmaligen Anwendung ist der Beginn der Berichtsperiode, in der das Unternehmen diesen Standard zum ersten Mal anwendet, und
b) ein erfüllter Vertrag ist ein Vertrag, bei dem das Unternehmen alle gemäß IAS 11 *Fertigungsaufträge*, IAS 18 *Umsatzerlöse* sowie den dazugehörigen Interpretationen identifizierten Güter und Dienstleistungen übertragen hat.

C3 Dieser Standard ist nach einer der beiden folgenden Methoden anzuwenden:
a) rückwirkende Anwendung auf jede gemäß IAS 8 *Rechnungslegungsmethoden, Änderungen von rechnungslegungsbezogenen Schätzungen und Fehler* dargestellte frühere Berichtsperiode, vorbehaltlich der in Paragraph C5 genannten praktischen Behelfe, oder
b) rückwirkende Anwendung mit Erfassung der kumulierten Anpassungsbeträge aus der Erstanwendung zum Zeitpunkt der erstmaligen Anwendung gemäß den Paragraphen C7–C8.

C4 Ungeachtet der in Paragraph 28 von IAS 8 enthaltenden Anforderungen braucht das Unternehmen, wenn es den Standard nach Paragraph C3(a) rückwirkend anwendet, die in Paragraph 28(f) von IAS 8 vorgesehenen Beträge lediglich für die dem Geschäftsjahr, in dem der Standard zum ersten Mal angewandt wird, „unmittelbar vorausgehende Berichtsperiode" anzugeben. Das Unternehmen kann diese Angaben für die laufende Berichtsperiode oder für frühere Vergleichsperioden vorlegen, ist dazu aber nicht verpflichtet.

C5 Bei rückwirkender Anwendung dieses Standards nach Paragraph C3(a) kann das Unternehmen auf einen oder mehrere der folgenden praktischen Behelfe zurückgreifen:
a) für erfüllte Verträge muss das Unternehmen keine Anpassungen vornehmen, wenn diese
 i) innerhalb desselben Geschäftsjahres beginnen und enden oder
 ii) zu Beginn der frühesten dargestellten Periode bereits erfüllt waren,
b) bei erfüllten Verträgen, die eine variable Gegenleistung beinhalten, kann das Unternehmen den Transaktionspreis zum Zeitpunkt der Vertragserfüllung ansetzen, anstatt die Höhe der variablen Gegenleistung in den Vergleichsperioden zu schätzen,
c) bei Verträgen, die vor Beginn der frühesten dargestellten Periode geändert wurden, muss das Unternehmen keine rückwirkende Anpassung gemäß den Paragraphen 20–21 vornehmen, um den Vertragsänderungen Rechnung zu tragen; stattdessen hat es in den nachstehend genannten Fällen die aggregierte Auswirkung sämtlicher vor Beginn der frühesten dargestellten Periode vorgenommen Änderungen zu berücksichtigen:
 i) wenn es ermittelt, welche Leistungsverpflichtungen erfüllt sind und welche nicht erfüllt sind,
 ii) wenn es den Transaktionspreis bestimmt, und
 iii) wenn es den Transaktionspreis auf die erfüllten und nicht erfüllten Leistungsverpflichtungen aufteilt,
d) in Bezug auf alle vor dem Zeitpunkt der erstmaligen Anwendung dargestellten Berichtsperioden ist das Unternehmen ist nicht verpflichtet, den Betrag des Transaktionspreises, der den verbleibenden Leistungsverpflichtungen zugeordnet wurde, anzugeben oder zu erklären, wann es mit der Erfassung dieses Betrags als Erlös rechnet (siehe Paragraph 120).

C6 Greift das Unternehmen auf einen der in Paragraph C5 aufgeführten praktischen Behelfe zurück, so hat es diesen in allen dargestellten Berichtsperioden konsistent auf alle Verträge anzuwenden. Darüber hinaus hat das Unternehmen anzugeben,
a) welche praktischen Behelfe es angewandt hat und
b) soweit dies nach vernünftigem Ermessen möglich ist, in welcher Höhe sich die Anwendung jedes einzelnen praktischen Behelfs voraussichtlich auswirkt.

C7 Beschließt das Unternehmen, diesen Standard gemäß Paragraph C3(b) rückwirkend anzuwenden, muss es die kumulierte Auswirkung der erstmaligen Anwendung des Standards in der Berichtsperiode, in der der Zeitpunkt der Erstanwendung fällt, als Anpassung des Eröffnungssaldos der Gewinnrücklagen (oder ggf. anderer Eigenkapitalkomponenten) erfassen. Bei dieser Übergangsmethode kann das Unternehmen beschließen, den Standard nur auf solche Verträge rückwirkend anzuwenden, die zum Zeitpunkt der Erstanwendung (z. B. 1. Januar 2018 für Unternehmen, deren Geschäftsjahr am 31. Dezember endet) noch nicht erfüllt waren.

C7A Unternehmen, die diesen Standard gemäß Paragraph C3(b) rückwirkend anwenden, können zudem den in Paragraph C5(c) dargelegten praktischen Behelf anwenden, und zwar entweder
a) auf alle vor Beginn der frühesten dargestellten Periode vorgenommenen Vertragsänderungen oder
b) auf alle vor der erstmaligen Anwendung vorgenommenen Vertragsänderungen.

Greift ein Unternehmen auf diesen praktischen Behelf zurück, hat es diesen konsistent auf alle Verträge anzuwenden und die in Paragraph C6 vorgeschriebenen Angaben zu machen.

C8 Wird dieser Standard gemäß Paragraph C3(b) rückwirkend angewandt, muss das Unternehmen in der Berichtsperiode, in die der Zeitpunkt der Erstanwendung fällt, die beiden folgenden zusätzlichen Angaben machen:

a) für jeden einzelnen betroffenen Abschlussposten den aus der Anwendung dieses Standards resultierenden Anpassungsbetrag, der sich im Vergleich zu den vor der Änderung geltenden Bestimmungen in IAS 11, IAS 18 und den dazugehörigen Interpretationen ergibt, und

b) Erläuterung der Gründe für die in Buchstabe a identifizierten erheblichen Änderungen.

C8A Die *Klarstellungen zu IFRS 15* (siehe Paragraph C1B) sind gemäß IAS 8 rückwirkend anzuwenden. Bei der rückwirkenden Anwendung der Änderungen sind diese anzuwenden, als seien sie schon zum Zeitpunkt der erstmaligen Anwendung im IFRS 15 enthalten gewesen. Folglich wenden die Unternehmen die Änderungen gemäß den Paragraphen C2–C8 nicht auf Berichtsperioden oder Verträge an, auf die IFRS 15 keine Anwendung findet. Wendet das Unternehmen z. B. IFRS 15 gemäß Paragraph C3(b) nur auf Verträge an, die zum Zeitpunkt der erstmaligen Anwendung nicht erfüllt waren, so erfasst es zum Zeitpunkt der erstmaligen Anwendung des IFRS 15 in Bezug auf die erfüllten Verträge keine Anpassungen, um diese Änderungen einzubeziehen.

Verweise auf IFRS 9

C9 Wendet das Unternehmen diesen Standard an, bevor es IFRS 9 *Finanzinstrumente* anwendet, ist jeder Verweis auf IFRS 9 in diesem Standard als Verweis auf IAS 39 *Finanzinstrumente: Ansatz und Bewertung* zu verstehen.

RÜCKNAHME ANDERER STANDARDS

C10 Dieser Standard ersetzt die folgenden Standards und Interpretationen:

a) IAS 11 *Fertigungsaufträge,*
b) IAS 18 *Umsatzerlöse,*
c) IFRIC 13 *Kundenbindungsprogramme,*
d) IFRIC 15 *Verträge über die Errichtung von Immobilien,*
e) IFRIC 18 *Übertragung von Vermögenswerten durch einen Kunden* und
f) SIC-31 *Umsatzerlöse – Tausch von Werbedienstleistungen.*

# 3/14. IFRS 16

International Financial Reporting Standard 16
Leasingverhältnisse

IFRS 16, VO (EU) 2023/1803 idF VO (EU) 2023/2579

Gliederung	§§
ZIELSETZUNG	1–2
ANWENDUNGSBEREICH	3–4
FREISTELLUNGEN VOM ANSATZ (PARAGRAPHEN B3–B8)	5–8
IDENTIFIZIERUNG EINES LEASINGVERHÄLTNISSES (PARAGRAPHEN B9–B33)	9–17
Separierung von Leasing- und Nichtleasingkomponenten eines Vertrags	12–17
Leasingnehmer	13–16
Leasinggeber	17
LAUFZEIT DES LEASINGVERHÄLTNISSES (PARAGRAPHEN B34–B41)	18–21
LEASINGNEHMER	22–60A
Ansatz	22
Bewertung	23–46B
Erstmalige Bewertung	23–28
Folgebewertung	29–46B
Darstellung	47–50
Angaben	51–60A
LEASINGGEBER	61–97
Einstufung von Leasingverhältnissen (Paragraphen B53–B58)	61–66
Finanzierungsleasingverhältnisse	67–80
Ansatz und Bewertung	67
Erstmalige Bewertung	68–74
Folgebewertung	75–80
Operating-Leasingverhältnisse	81–88
Ansatz und Bewertung	81–86
Änderung von Leasingverhältnissen	87
Darstellung	88
Angaben	89–97
Finanzierungsleasingverhältnisse	93–94
Operating-Leasingverhältnisse	95–97
SALE-AND-LEASEBACK-TRANSAKTIONEN	98–103
Bestimmung, ob die Übertragung des Vermögenswerts einen Verkauf darstellt	99–103
Die Übertragung des Vermögenswerts stellt einen Verkauf dar	100–102A
Die Übertragung des Vermögenswerts stellt keinen Verkauf dar	103
DURCH DIE REFORM DER REFERENZZINSÄTZE BEDINGTE VORÜBERGEHENDE AUSNAHME	104–106
ANHANG A: DEFINITIONEN	
ANHANG B: ANWENDUNGSLEITLINIEN	
Anwendung auf Portfolios	B1
Zusammenfassung von Verträgen	B2
Freistellungen vom Ansatz: Leasingverhältnisse, bei denen der zugrunde liegende Vermögenswert von geringem Wert ist (Paragraphen 5–8)	B3–B8
Identifizierung eines Leasingverhältnisses (Paragraphen 9–11)	B9–B31
Identifizierter Vermögenswert	B13–B20
Das Recht, den wirtschaftlichen Nutzen aus einer Verwendung zu ziehen	B21–B23
Recht, über die Nutzung zu entscheiden	B24–B31

3/14. IFRS 16
1 – 4

Trennung von Leasing- und Nichtleasingkomponenten eines Vertrags (Paragraphen 12–17)	B32–B33
Laufzeit des Leasingverhältnisses (Paragraphen 18–21)	B34–B41
De facto feste Leasingzahlungen (Paragraphen 27(a), 36(c) und 70(a))	B42
Einbeziehung des Leasingnehmers vor dem Bereitstellungsdatum	B43–B47
Dem Leasingnehmer entstehende Kosten im Zusammenhang mit dem Bau oder der Gestaltung eines zugrunde liegenden Vermögenswerts	B43–B44
Eigentumsrecht am zugrunde liegenden Vermögenswert	B45–B47
Angaben des Leasingnehmers (Paragraph 59)	B48–B52
Einstufung von Leasingverhältnissen beim Leasinggeber (Paragraphen 61–66)	B53–B58
Einstufung von Unterleasingverhältnissen	B58
ANHANG C: ZEITPUNKT DES INKRAFTTRETENS UND ÜBERGANGSVORSCHRIFTEN	
ZEITPUNKT DES INKRAFTTRETENS	C1–C1D
ÜBERGANGSVORSCHRIFTEN	C2–C20E
Definition eines Leasingverhältnisses	C3–C4
Leasingnehmer	C5–C13
Leasingverhältnisse, die zuvor als Operating-Leasingverhältnisse eingestuft waren	C8–C10
Leasingverhältnisse, die zuvor als Finanzierungsleasingverhältnisse eingestuft waren	C11
Angaben	C12–C13
Leasinggeber	C14–C15
Vor dem Zeitpunkt der erstmaligen Anwendung geschlossene Sale-and-Leaseback-Transaktionen	C16–C18
Zuvor für Unternehmenszusammenschlüsse erfasste Beträge	C19
Verweise auf IFRS 9	C20
COVID-19-bezogene Mietkonzessionen für Leasingnehmer	C20A–C20BC
Reform der Referenzzinssätze – Phase 2	C20C–C20D
Leasingverbindlichkeit in einer Sale-and-Leaseback-Transaktion	C20E
RÜCKNAHME ANDERER STANDARDS	C21
ANHANG D: ÄNDERUNGEN ANDERER STANDARDS	

ZIELSETZUNG

1 In diesem Standard werden die Grundsätze für den Ansatz, die Bewertung, die Darstellung und die Angabe von *Leasingverhältnissen* dargelegt. Ziel ist es sicherzustellen, dass die von *Leasingnehmern* und *Leasinggebern* zur Verfügung gestellten Informationen die Transaktionen glaubwürdig darstellen. Diese Informationen sollen den Abschlussadressaten die Beurteilung ermöglichen, wie sich Leasingverhältnisse auf die Vermögens-, Finanz- und Ertragslage und die Zahlungsströme eines Unternehmens auswirken.

2 Bei der Anwendung dieses Standards hat das Unternehmen die Bedingungen der *Verträge* sowie alle maßgeblichen Fakten und Umstände zu berücksichtigen. Ferner hat es diesen Standard auf ähnlich ausgestaltete Verträge und unter ähnlichen Umständen konsistent anzuwenden.

ANWENDUNGSBEREICH

3 Dieser Standard gilt für Leasingverhältnisse jeder Art, einschließlich solcher, bei denen *Nutzungsrechte* im Rahmen eines *Unterleasingverhältnisses* weitervermietet werden. Davon ausgenommen sind

a) Leasingverhältnisse zur Exploration oder Nutzung von Mineralen, Öl, Erdgas und ähnlichen nicht regenerativen Ressourcen,

b) Leasingverhältnisse bei biologischen Vermögenswerten im Anwendungsbereich von IAS 41 *Landwirtschaft*, die von einem Leasingnehmer gehalten werden,

c) Dienstleistungskonzessionsvereinbarungen im Anwendungsbereich von IFRIC 12 *Dienstleistungskonzessionsvereinbarungen*,

d) Lizenzen zur Nutzung geistigen Eigentums, die ein Leasinggeber im Anwendungsbereich von IFRS 15 *Erlöse aus Verträgen mit Kunden* vergibt, und

e) Rechte, die ein Leasingnehmer im Rahmen von Lizenzvereinbarungen im Anwendungsbereich von IAS 38 *Immaterielle Vermögenswerte* hält, beispielsweise für Filme, Videoaufnahmen, Theaterstücke, Manuskripte, Patente und Urheberrechte.

4 Dem Leasingnehmer steht es frei, diesen Standard auf Leasingverhältnisse anzuwenden, die andere immaterielle Vermögenswerte als die in Paragraph 3(e) genannten zum Gegenstand haben.

FREISTELLUNGEN VOM ANSATZ (PARAGRAPHEN B3–B8)

5 Der Leasingnehmer kann beschließen, die Vorschriften der Paragraphen 22–49 nicht anzuwenden auf

a) *kurzfristige Leasingverhältnisse* und
b) Leasingverhältnisse, bei denen der *zugrunde liegende Vermögenswert* von geringem Wert ist (Beschreibung siehe Paragraphen B3–B8).

6 Beschließt der Leasingnehmer, die Vorschriften der Paragraphen 22–49 nicht auf kurzfristige Leasingverhältnisse oder auf Leasingverhältnisse, denen ein Vermögenswert von geringem Wert zugrunde liegt, anzuwenden, so hat er die mit diesen Leasingverhältnissen verbundenen *Leasingzahlungen* entweder linear über die *Laufzeit des Leasingverhältnisses* oder auf einer anderen systematischen Basis als Aufwand zu erfassen. Sollte eine andere systematische Basis für das Muster, nach dem der Leasingnehmer Nutzen aus dem Leasingverhältnis zieht, repräsentativer sein, so ist diese heranzuziehen.

7 Bilanziert ein Leasingnehmer kurzfristige Leasingverhältnisse gemäß Paragraph 6, so hat er das Leasingverhältnis für die Zwecke dieses Standards als neues Leasingverhältnis zu betrachten, wenn

a) eine *Änderung des Leasingverhältnisses* vorliegt oder
b) die Laufzeit des Leasingverhältnisses geändert wird (der Leasingnehmer beispielsweise eine Option ausübt, die bei der Festlegung der Laufzeit nicht berücksichtigt wurde).

8 Die Entscheidung, ein Leasingverhältnis als kurzfristig zu betrachten, richtet sich nach der Gruppe der zugrunde liegenden Vermögenswerte, für die das Nutzungsrecht besteht. Unter einer Gruppe zugrunde liegender Vermögenswerte ist eine Gruppe ähnlich gearteter Vermögenswerte zu verstehen, die im Rahmen der Geschäftstätigkeit eines Unternehmens ähnlich genutzt werden. Die Entscheidung, den Wert eines zugrunde liegenden Vermögenswerts als gering einzustufen, kann auf Einzelfallbasis erfolgen.

IDENTIFIZIERUNG EINES LEASINGVERHÄLTNISSES (PARAGRAPHEN B9–B33)

9 **Das Unternehmen muss bei Vertragsabschluss beurteilen, ob der Vertrag ein Leasingverhältnis begründet oder beinhaltet. Dies ist der Fall, wenn mit dem Vertrag gegen Zahlung einer Gegenleistung für einen bestimmten Zeitraum die Verfügungsgewalt über einen identifizierten Vermögenswert übertragen wird. Die Paragraphen B9–B31 enthalten Leitlinien für die Beurteilung, ob ein Vertrag ein Leasingverhältnis begründet oder beinhaltet.**

10 Ein Zeitraum lässt sich auch als Nutzungsumfang eines identifizierten Vermögenswerts beschreiben (z. B. als Anzahl der Einheiten, die mit dem Ausrüstungsgegenstand produziert werden sollen).

11 Das Unternehmen hat nur bei Änderung der Vertragsbedingungen erneut zu beurteilen, ob ein Vertrag ein Leasingverhältnis begründet oder beinhaltet.

Separierung von Leasing- und Nichtleasingkomponenten eines Vertrags

12 Bei Verträgen, die ein Leasingverhältnis begründen oder beinhalten, hat das Unternehmen jede Leasingkomponente des Vertrags getrennt von den Nichtleasingkomponenten des Vertrags als Leasingverhältnis zu bilanzieren, es sei denn, es wendet den in Paragraph 15 beschriebenen praktischen Behelf an. Die Paragraphen B32–B33 enthalten Leitlinien für die Separierung von Leasing- und Nichtleasingkomponenten eines Vertrags.

Leasingnehmer

13 Bei Verträgen, die eine Leasingkomponente und eine oder mehrere zusätzliche Leasing- oder Nichtleasingkomponenten beinhalten, hat der Leasingnehmer die vertraglich vereinbarte Gegenleistung auf Basis des relativen Einzelpreises der Leasingkomponente und des aggregierten Einzelpreises der Nichtleasingkomponenten auf die einzelnen Leasingkomponenten aufzuteilen.

14 Der relative Einzelpreis von Leasing- und Nichtleasingkomponenten ist anhand des Preises zu bestimmen, den der Leasinggeber oder ein ähnlicher Lieferant dem Unternehmen für diese oder eine ähnliche Komponente gesondert berechnen würde. Ist ein beobachtbarer Einzelpreis nicht ohne Weiteres verfügbar, muss der Leasingnehmer den Einzelpreis schätzen und dabei so viele beobachtbare Daten wie möglich heranziehen.

15 Behelfsweise kann ein Leasingnehmer für einzelne Gruppen zugrunde liegender Vermögenswerte beschließen, von einer Separierung von Leasing- und Nichtleasingkomponenten abzusehen, und stattdessen jede Leasingkomponente und alle damit verbundenen Nichtleasingkomponenten als eine einzige Leasingkomponente bilanzieren. Bei eingebetteten Derivaten, die die in Paragraph 4.3.3 von IFRS 9 *Finanzinstrumente* genannten Kriterien erfüllen, darf nicht auf diesen praktischen Behelf zurückgegriffen werden.

16 Nichtleasingkomponenten sind vom Leasingnehmer nach anderen geltenden Standards zu bilanzieren, es sei denn, er wendet den in Paragraph 15 beschriebenen praktischen Behelf an.

Leasinggeber

17 Bei Verträgen, die eine Leasingkomponente und eine oder mehrere zusätzliche Leasing- oder Nichtleasingkomponenten beinhalten, hat der Leasinggeber die vertraglich vereinbarte Gegenleistung gemäß den Paragraphen 73–90 von IFRS 15 aufzuteilen.

LAUFZEIT DES LEASINGVERHÄLTNISSES (PARAGRAPHEN B34–B41)

18 Die Laufzeit des Leasingverhältnisses ist vom

Unternehmen unter Zugrundelegung der unkündbaren Grundlaufzeit dieses Leasingverhältnisses sowie unter Einbeziehung der beiden folgenden Zeiträume zu bestimmen:

a) die Zeiträume, die sich aus einer Option zur Verlängerung des Leasingverhältnisses ergeben, sofern der Leasingnehmer hinreichend sicher ist, dass er diese Option ausüben wird, und

b) die Zeiträume, die sich aus einer Option zur Kündigung des Leasingverhältnisses ergeben, sofern der Leasingnehmer hinreichend sicher ist, dass er diese Option nicht ausüben wird.

19 Bei der Beurteilung, ob ein Leasingnehmer hinreichend sicher ist, dass er eine Verlängerungsoption ausüben oder eine Kündigungsoption nicht ausüben wird, hat das Unternehmen allen in den Paragraphen B37–B40 beschriebenen maßgeblichen Fakten und Umständen Rechnung zu tragen, die dem Leasingnehmer einen wirtschaftlichen Anreiz zur Ausübung bzw. Nichtausübung der Verlängerungs- bzw. der Kündigungsoption geben.

20 Der Leasingnehmer hat erneut zu beurteilen, ob er hinreichend sicher ist, dass er eine Verlängerungsoption ausüben oder eine Kündigungsoption nicht ausüben wird, wenn ein erhebliches Ereignis oder eine erhebliche Änderung von Umständen eintritt, das bzw. die

a) sich seinem Einfluss nicht entzieht und

b) sich darauf auswirkt, ob er hinreichend sicher ist, dass er eine bei der Festlegung der Laufzeit ursprünglich nicht berücksichtigte Option ausüben oder eine bei der Festlegung der Laufzeit ursprünglich berücksichtigte Option nicht ausüben wird (siehe Paragraph B41).

21 Ändert sich die unkündbare Grundlaufzeit eines Leasingverhältnisses, hat das Unternehmen auch die Laufzeit des Leasingverhältnisses zu überprüfen. Die unkündbare Grundlaufzeit eines Leasingverhältnisses ändert sich beispielsweise dann, wenn

a) der Leasingnehmer eine Option, die das Unternehmen bei der Festlegung der Laufzeit ursprünglich nicht berücksichtigt hatte, ausübt,

b) der Leasingnehmer eine Option, die das Unternehmen bei der Festlegung der Laufzeit ursprünglich berücksichtigt hatte, nicht ausübt,

c) ein Ereignis eintritt, das den Leasingnehmer vertraglich zur Ausübung einer Option verpflichtet, die das Unternehmen bei der Festlegung der Laufzeit ursprünglich nicht berücksichtigt hatte, oder

d) ein Ereignis eintritt, das dem Leasingnehmer vertraglich die Ausübung einer Option untersagt, die das Unternehmen bei der Festlegung der Laufzeit ursprünglich berücksichtigt hatte.

LEASINGNEHMER

Ansatz

22 Am *Bereitstellungsdatum* muss der Leasingnehmer ein Nutzungsrecht aktivieren und eine Leasingverbindlichkeit erfassen.

Bewertung

Erstmalige Bewertung

Erstmalige Bewertung des Nutzungsrechts

23 Am Bereitstellungsdatum muss der Leasingnehmer das Nutzungsrecht zu Anschaffungskosten bewerten.

24 Die Kosten des Nutzungsrechts umfassen

a) den Betrag, der sich aus der in Paragraph 26 beschriebenen erstmaligen Bewertung der Leasingverbindlichkeit ergibt,

b) alle bei oder vor der Bereitstellung geleisteten Leasingzahlungen abzüglich aller etwaigen erhaltenen *Leasinganreize*,

c) alle dem Leasingnehmer entstandenen *anfänglichen direkten Kosten* und

d) die geschätzten Kosten, die dem Leasingnehmer bei Demontage und Beseitigung des zugrunde liegenden Vermögenswerts, bei Wiederherstellung des Standorts, an dem dieser sich befindet, oder bei Rückversetzung des zugrunde liegenden Vermögenswert in den in der Leasingvereinbarung verlangten Zustand entstehen werden, es sei denn, diese Kosten werden durch die Herstellung von Vorräten verursacht. Die Pflicht zur Übernahme dieser Kosten entsteht dem Leasingnehmer entweder am Bereitstellungsdatum oder infolge der Nutzung des zugrunde liegenden Vermögenswerts während eines bestimmten Zeitraums.

25 Der Leasingnehmer hat die in Paragraph 24(d) beschriebenen Kosten als Teil der Kosten des Nutzungsrechts zu erfassen, wenn für ihn die Verpflichtung zur Kostenübernahme entsteht. Kosten, die während eines bestimmten Zeitraums entstehen, weil in diesem Zeitraum unter Inanspruchnahme des Nutzungsrechts Vorräte produziert wurden, hat der Leasingnehmer gemäß IAS 2 *Vorräte* zu bilanzieren. Die Verpflichtungen im Zusammenhang mit den gemäß diesem Standard oder gemäß IAS 2 bilanzierten Kosten werden gemäß IAS 37 *Rückstellungen, Eventualverbindlichkeiten und Eventualforderungen* erfasst und bewertet.

Erstmalige Bewertung der Leasingverbindlichkeit

26 Am Bereitstellungsdatum muss der Leasingnehmer die Leasingverbindlichkeit zum Barwert der zu diesem Zeitpunkt noch nicht geleisteten Leasingzahlungen bewerten. Die Leasingzahlungen werden zum *dem Leasingverhältnis zugrunde liegenden Zinssatz* abgezinst, sofern sich dieser ohne Weiteres bestimmen lässt. Lässt sich dieser Satz nicht ohne Weiteres

bestimmen, ist der *Grenzfremdkapitalzinssatz des Leasingnehmers* heranzuziehen.

27 Am Bereitstellungsdatum umfassen die bei der Bewertung der Leasingverbindlichkeit zu berücksichtigenden Leasingzahlungen die nachstehend genannten, am Bereitstellungsdatum noch nicht geleisteten Zahlungen für das Recht auf Nutzung des zugrunde liegenden Vermögenswerts während der Laufzeit des Leasingverhältnisses:

a) *feste Zahlungen* (einschließlich der in Paragraph B42 beschriebenen de facto festen Zahlungen) abzüglich etwaiger zu erhaltender Leasinganreize,
b) *variable Leasingzahlungen,* die an einen Index oder (Zins-)Satz gekoppelt sind und deren erstmalige Bewertung anhand des am Bereitstellungsdatum gültigen Indexes oder (Zins-)Satzes vorgenommen wird (siehe Paragraph 28),
c) Beträge, die der Leasingnehmer im Rahmen von *Restwertgarantien* voraussichtlich wird entrichten müssen,
d) der Ausübungspreis einer Kaufoption, wenn der Leasingnehmer hinreichend sicher ist, dass er diese wahrnehmen wird (was anhand der in den Paragraphen B37–B40 beschriebenen Faktoren beurteilt wird), und
e) Strafzahlungen für die Kündigung des Leasingverhältnisses, wenn in der Laufzeit berücksichtigt ist, dass der Leasingnehmer eine Kündigungsoption wahrnehmen wird.

28 Zu den in Paragraph 27(b) beschriebenen, an einen Index oder (Zins-)Satz gekoppelten variablen Leasingzahlungen zählen unter anderem Zahlungen, die an einen Verbraucherpreisindex gekoppelt sind, Zahlungen, die an einen Referenzzinssatz (wie den LIBOR) gekoppelt sind, oder Zahlungen, die der Entwicklung bei den marktüblichen Mietpreisen folgen.

Folgebewertung

Folgebewertung des Nutzungsrechts

29 Nach dem Bereitstellungsdatum hat der Leasingnehmer – sofern er keines der in den Paragraphen 34 und 35 beschriebenen Bewertungsmodelle verwendet – das Nutzungsrecht nach dem Anschaffungskostenmodell zu bewerten.

Anschaffungskostenmodell

30 Will der Leasingnehmer nach dem Anschaffungskostenmodell verfahren, muss er das Nutzungsrecht zu Anschaffungskosten wie folgt bewerten:

a) abzüglich aller kumulierten planmäßigen Abschreibungen und aller kumulierten Wertminderungsaufwendungen und
b) angepasst um jede in Paragraph 36(c) aufgeführte Neubewertung der Leasingverbindlichkeit.

31 Bei der planmäßigen Abschreibung des Nutzungsrechts muss der Leasingnehmer vorbehaltlich der Vorschriften in Paragraph 32 nach den Abschreibungsvorschriften von IAS 16 *Sachanlagen* verfahren.

32 Geht das Eigentum an dem zugrunde liegenden Vermögenswert zum Ende der Laufzeit des Leasingverhältnisses auf den Leasingnehmer über oder ist in den Kosten des Nutzungsrechts berücksichtigt, dass der Leasingnehmer eine Kaufoption wahrnehmen wird, so hat er das Nutzungsrecht vom Bereitstellungsdatum bis zum Ende der *Nutzungsdauer* des zugrunde liegenden Vermögenswerts abzuschreiben. Anderenfalls ist das Nutzungsrecht vom Bereitstellungsdatum bis zum Ende seiner Nutzungsdauer oder – sollte dies früher eintreten – bis zum Ende der Laufzeit des Leasingverhältnisses abzuschreiben.

33 Der Leasingnehmer hat nach IAS 36 *Wertminderung von Vermögenswerten* zu bestimmen, ob das Nutzungsrecht wertgemindert ist, und jeden festgestellten Wertminderungsaufwand zu bilanzieren.

Andere Bewertungsmodelle

34 Wendet der Leasingnehmer auf seine als Finanzinvestition gehaltenen Immobilien das in IAS 40 *Als Finanzinvestition gehaltene Immobilien* enthaltene Zeitwertmodell an, so hat er dieses Modell auch auf Nutzungsrechte anzuwenden, die der in IAS 40 enthaltenen Definition von als Finanzinvestition gehaltenen Immobilien entsprechen.

35 Beziehen sich Nutzungsrechte auf eine Gruppe von Sachanlagen, auf die der Leasingnehmer das in IAS 16 enthaltene Neubewertungsmodell anwendet, so kann er beschließen, dieses Modell auf alle Nutzungsrechte anzuwenden, die sich auf diese Gruppe von Sachanlagen beziehen.

Folgebewertung der Leasingverbindlichkeit

36 Nach dem Bereitstellungsdatum bewertet der Leasingnehmer die Leasingverbindlichkeit wie folgt:

a) **er erhöht den Buchwert, um dem Zinsaufwand für die Leasingverbindlichkeit Rechnung zu tragen,**
b) **er verringert den Buchwert, um den geleisteten Leasingzahlungen Rechnung zu tragen, und**
c) **er bewertet den Buchwert neu, um jeder in den Paragraphen 39–46 dargelegten Neubewertung oder Änderung des Leasingverhältnisses oder aber geänderten de facto festen Leasingzahlungen Rechnung zu tragen (siehe Paragraph B42).**

37 Die während der Laufzeit des Leasingverhältnisses in jeder Periode für die Leasingverbindlichkeit anfallenden Zinsaufwendungen sind so zu bemessen, dass über die Perioden ein konstanter Zinssatz für die verbleibende Leasingverbindlichkeit entsteht. Der Periodenzinssatz ist der in Paragraph 26 beschriebene Abzinsungssatz oder – falls anwendbar – der in den Paragraphen 41, 43 oder 45(c) beschriebene geänderte Abzinsungssatz.

38 Nach dem Bereitstellungsdatum sind sowohl
a) die Zinsaufwendungen für die Leasingverbindlichkeit als auch
b) variable Leasingzahlungen, die nicht in die Bewertung der Leasingverbindlichkeit in der Periode eingeflossen sind, in der das Ereignis oder die Bedingung, das bzw. die diese Zahlungen auslöst, eintrat, vom Leasingnehmer erfolgswirksam zu erfassen, es sei denn, die Kosten sind gemäß anderer anwendbarer Standards im Buchwert eines anderen Vermögenswerts enthalten.

Neubewertung der Leasingverbindlichkeit

39 Nach dem Bereitstellungsdatum muss der Leasingnehmer die Leasingverbindlichkeit nach den Paragraphen 40–43 neu bewerten, um Änderungen bei den Leasingzahlungen Rechnung zu tragen. Das Nutzungsrecht ist vom Leasingnehmer um den aus der Neubewertung der Leasingverbindlichkeit resultierenden Betrag anzupassen. Verringert sich der Buchwert des Nutzungsrechts allerdings auf null und geht die Bewertung der Leasingverbindlichkeit weiter zurück, hat der Leasingnehmer jeden aus der Neubewertung resultierenden Restbetrag erfolgswirksam zu erfassen.

40 Der Leasingnehmer hat die Leasingverbindlichkeit neu zu bewerten und zu diesem Zweck die geänderten Leasingzahlungen zu einem geänderten Satz abzuzinsen, wenn entweder
a) bei der Laufzeit des Leasingverhältnisses eine in den Paragraphen 20–21 beschriebene Änderung eintritt; in diesem Fall hat der Leasingnehmer die geänderten Leasingzahlungen ausgehend von der geänderten Laufzeit des Leasingverhältnisses zu bestimmen oder
b) bei der Beurteilung einer Kaufoption für den zugrunde liegenden Vermögenswert eine Änderung eintritt, wobei bei der Beurteilung den in den Paragraphen 20–21 beschriebenen Ereignissen und Umständen im Kontext einer Kaufoption Rechnung zu tragen ist; in diesem Fall hat der Leasingnehmer die geänderten Leasingzahlungen so zu bestimmen, dass sie der Veränderung bei den im Rahmen der Kaufoption zahlbaren Beträgen Rechnung tragen.

41 Bei der Anwendung von Paragraph 40 hat der Leasingnehmer den geänderten Abzinsungssatz als den für die Restlaufzeit des Leasingverhältnisses dem Leasingverhältnis zugrunde liegenden Zinssatz zu bestimmen, falls sich dieser aber nicht ohne Weiteres bestimmen lässt, als den Grenzfremdkapitalzinssatz des Leasingnehmers zum Zeitpunkt der Neubeurteilung.

42 Der Leasingnehmer hat die Leasingverbindlichkeit neu zu bewerten und zu diesem Zweck die geänderten Leasingzahlungen abzuzinsen, wenn entweder
a) bei den Beträgen, die im Rahmen einer Restwertgarantie voraussichtlich zu entrichten sind, eine Änderung eintritt; in diesem Fall hat der Leasingnehmer die geänderten Leasingzahlungen so zu bestimmen, dass sie der Veränderung bei den im Rahmen der Restwertgarantie voraussichtlich zu entrichtenden Beträgen Rechnung tragen, oder
b) bei den künftigen Leasingzahlungen bedingt durch eine Veränderung bei einem zur Bestimmung dieser Zahlungen verwendeten Index oder (Zins-)Satz, wozu auch Veränderungen zählen, die im Anschluss an eine Mietpreis-Erhebung bei den marktüblichen Mietpreisen festgestellt wurden, eine Veränderung eintritt; diesen geänderten Leasingzahlungen muss der Leasingnehmer nur dann durch Neubewertung der Leasingverbindlichkeit Rechnung tragen, wenn bei den Zahlungsströmen eine Veränderung eintritt (d. h. wenn die Anpassung der Leasingzahlungen wirksam wird); in diesem Fall hat der Leasingnehmer die geänderten Leasingzahlungen für die Restlaufzeit des Leasingverhältnisses ausgehend von den geänderten vertraglichen Zahlungen zu bestimmen.

43 Bei der Anwendung von Paragraph 42 hat der Leasingnehmer einen unveränderten Abzinsungssatz zu verwenden, es sei denn, die Veränderung bei den Leasingzahlungen ist auf eine Veränderung bei variablen Zinssätzen zurückzuführen. In diesem Fall ist ein geänderter Abzinsungssatz zu verwenden, der dem veränderten Zinssatz Rechnung trägt.

Änderung von Leasingverhältnissen

44 Die Änderung eines Leasingverhältnisses ist vom Leasingnehmer als gesondertes Leasingverhältnis zu bilanzieren, wenn beide folgenden Voraussetzungen erfüllt sind:
a) durch die Änderung wird ein zusätzliches Recht auf Nutzung eines oder mehrerer zugrunde liegender Vermögenswerte eingeräumt, wodurch sich der Umfang des Leasingverhältnisses erhöht, und
b) die zu zahlende Gegenleistung erhöht sich um einen Betrag, der dem Einzelpreis der Umfangserhöhung sowie allen angezeigten Anpassungen dieses Einzelpreises aufgrund der Umstände des betreffenden Vertrags entspricht.

45 Bei Änderungen von Leasingverhältnissen, die nicht als gesondertes Leasingverhältnis bilanziert werden, hat der Leasingnehmer zum *effektiven Zeitpunkt der Änderung*
a) die Gegenleistung für den geänderten Vertrag gemäß den Paragraphen 13–16 aufzuteilen,
b) die Laufzeit des geänderten Leasingverhältnisses gemäß den Paragraphen 18–19 zu bestimmen und
c) die Leasingverbindlichkeit neu zu bewerten und zu diesem Zweck die geänderten Leasingzahlungen zu einem geänderten Satz abzuzinsen; bestimmt wird der geänderte Abzinsungssatz als der für die Restlaufzeit des Leasingverhältnisses dem Leasingverhältnis zugrunde liegende Zinssatz, falls sich

dieser aber nicht ohne Weiteres bestimmen lässt, als den Grenzfremdkapitalzinssatz des Leasingnehmers zum effektiven Zeitpunkt der Änderung.

46 Wird die Änderung des Leasingverhältnisses nicht als gesondertes Leasingverhältnis bilanziert, so hat der Leasingnehmer die Neubewertung der Leasingverbindlichkeit zu bilanzieren, indem er
a) den Buchwert des Nutzungsrechts herabsetzt, um der durch Änderungen, die den Umfang des Leasingverhältnisses verringern, bedingten teilweisen oder vollständigen Beendigung des Leasingverhältnisses Rechnung zu tragen; etwaige Gewinne oder Verluste, die sich aus der teilweisen oder vollständigen Beendigung des Leasingverhältnisses ergeben, hat der Leasingnehmer erfolgswirksam zu erfassen,
b) bei allen anderen Änderungen von Leasingverhältnissen eine entsprechende Anpassung des Nutzungsrechts vornimmt.

46A Behelfsweise kann der Leasingnehmer auf die Beurteilung, ob eine Mietkonzession, die die Voraussetzungen von Paragraph 46B erfüllt, als Änderung eines Leasingverhältnisses einzustufen ist, verzichten. In diesem Fall hat der Leasingnehmer jede auf die Mietkonzession zurückzuführende Veränderung bei den Leasingzahlungen in derselben Weise zu bilanzieren, wie er es in Anwendung dieses Standards tun würde, wenn die Veränderung nicht als Änderung eines Leasingverhältnisses einzustufen wäre.

46B Der praktische Behelf in Paragraph 46A gilt nur für Mietkonzessionen, die eine unmittelbare Folge der COVID-19- Pandemie sind, und auch nur, wenn alle folgenden Voraussetzungen erfüllt sind:
a) die Veränderung bei den Leasingzahlungen führt dazu, dass die geänderte Gegenleistung für das Leasingverhältnis im Wesentlichen gleich hoch bleibt wie die Gegenleistung für das Leasingverhältnis unmittelbar vor der Veränderung oder sich verringert,
b) eine etwaige Verringerung der Leasingzahlungen betrifft nur Zahlungen, die ursprünglich zum oder vor dem 30. Juni 2022 fällig sind (eine Mietkonzession, die zu verringerten Leasingzahlungen bis zum 30. Juni 2022 und erhöhten Leasingzahlungen nach dem 30. Juni 2022 führt, würde diese Voraussetzung beispielsweise erfüllen), und
c) die übrigen Vertragsbedingungen des Leasingverhältnisses erfahren keine wesentliche Veränderung.

Darstellung

47 Der Leasingnehmer hat
a) Nutzungsrechte entweder in der Bilanz oder im Anhang getrennt von anderen Vermögenswerten darzustellen; stellt er die Nutzungsrechte in der Bilanz nicht gesondert dar, so hat er
    i) diese Nutzungsrechte in den gleichen Bilanzposten aufzunehmen, in dem auch die entsprechenden zugrunde liegenden Vermögenswerte dargestellt würden, wenn sie sein Eigentum wären, und
    ii) anzugeben, in welchen Bilanzposten diese Nutzungsrechte geführt werden,
b) Leasingverbindlichkeiten entweder in der Bilanz oder im Anhang getrennt von anderen Verbindlichkeiten darzustellen; stellt er die Leasingverbindlichkeiten in der Bilanz nicht gesondert dar, hat er anzugeben, in welchen Bilanzposten diese Verbindlichkeiten geführt werden.

48 Die in Paragraph 47(a) festgelegte Vorschrift gilt nicht für Nutzungsrechte, die der Definition einer als Finanzinvestition gehaltenen Immobilie entsprechen, da diese in der Bilanz auch als solche auszuweisen sind.

49 In der Darstellung von Gewinn oder Verlust und sonstigem Ergebnis hat der Leasingnehmer Zinsaufwendungen für die Leasingverbindlichkeit getrennt vom Abschreibungsbetrag für das Nutzungsrecht auszuweisen. Zinsaufwendungen für die Leasingverbindlichkeit sind eine Komponente der Finanzierungsaufwendungen, die nach Paragraph 82 (b) von IAS 1 *Darstellung des Abschlusses* in der Darstellung von Gewinn oder Verlust und sonstigem Ergebnis getrennt darzustellen sind.

50 In der Kapitalflussrechnung hat der Leasingnehmer
a) Auszahlungen für den Tilgungsanteil der Leasingverbindlichkeit als Finanzierungstätigkeiten einzustufen,
b) Auszahlungen für den Zinsanteil der Leasingverbindlichkeit gemäß den Vorschriften für gezahlte Zinsen von IAS 7 *Kapitalflussrechnung* einzustufen und
c) Zahlungen im Rahmen kurzfristiger Leasingverhältnisse, Zahlungen bei Leasingverhältnissen, die Vermögenswerte von geringem Wert betreffen, und variable Leasingzahlungen, die bei der Bewertung der Leasingverbindlichkeit unberücksichtigt geblieben sind, als betriebliche Tätigkeiten einzustufen.

Angaben

51 Die Angaben, die der Leasingnehmer im Anhang bereitstellt, sollen zusammen mit den in der Bilanz, in der Gewinn- und Verlustrechnung und in der Kapitalflussrechnung enthaltenen Angaben den Abschlussadressaten die Beurteilung ermöglichen, wie Leasingverhältnisse sich auf die Vermögens-, Finanz- und Ertragslage und die Zahlungsströme des Leasingnehmers auswirken. Die Vorschriften, mit denen dieses Ziel erreicht werden soll, sind in den Paragraphen 52–60 enthalten.

52 Der Leasingnehmer hat in einer einzelnen Anhangangabe oder in einem separaten Abschnitt seines Abschlusses Angaben zu den Leasingverhältnissen zu machen, bei denen er Leasingnehmer ist. Angaben, die bereits an anderer Stelle im Abschluss gemacht wurden, müssen allerdings nicht

3/14. IFRS 16
52 – 60A

wiederholt werden, sofern sie durch Querverweise auf diese Anhangangabe oder den separaten Abschnitt über Leasingverhältnisse auffindbar sind.

53 Der Leasingnehmer hat für die Berichtsperiode die folgenden Beträge anzugeben:
a) Abschreibungen für das Nutzungsrecht nach Gruppen zugrunde liegender Vermögenswerte,
b) Zinsaufwendungen für Leasingverbindlichkeiten,
c) Aufwand für kurzfristige Leasingverhältnisse, die nach Paragraph 6 bilanziert werden; der Aufwand für Leasingverhältnisse mit maximal einmonatiger Laufzeit muss darin nicht enthalten sein,
d) Aufwand für Leasingverhältnisse, die Vermögenswerte von geringem Wert betreffen und die nach Paragraph 6 bilanziert werden; Aufwand für kurzfristige Leasingverhältnisse nach Buchstabe c, die einen Vermögenswert von geringem Wert betreffen, darf darin nicht enthalten sein,
e) Aufwand für variable Leasingzahlungen, die in die Bewertung dieser Leasingverbindlichkeiten nicht einbezogen wurden,
f) Ertrag aus dem Unterleasing von Nutzungsrechten,
g) die gesamten Zahlungsmittelabflüsse für Leasingverhältnisse,
h) Zugänge bei den Nutzungsrechten,
i) Gewinne und Verluste aus Sale-and-Leaseback-Transaktionen und
j) Buchwerte der Nutzungsrechte am Ende der Berichtsperiode nach Gruppe zugrunde liegender Vermögenswerte.

54 Die in Paragraph 53 genannten Angaben sind in Tabellenform vorzulegen, es sei denn, ein anderes Format ist besser geeignet. Die angegebenen Beträge müssen auch die Kosten einschließen, die der Leasingnehmer im Berichtszeitraum in den Buchwert eines anderen Vermögenswerts integriert hat.

55 Der Leasingnehmer hat die Höhe seiner Leasingverpflichtungen aus kurzfristigen Leasingverhältnissen, die nach Paragraph 6 bilanziert werden, anzugeben, wenn der Bestand an kurzfristigen Leasingverhältnissen, bei denen zum Ende des Berichtszeitraums Verpflichtungen bestehen, sich nicht mit dem Bestand an kurzfristigen Leasingverhältnissen deckt, auf die sich der nach Paragraph 53(c) angegebene Aufwand bezieht.

56 Entsprechen die Nutzungsrechte an Leasinggegenständen der Definition von als Finanzinvestition gehaltenen Immobilien, so hat der Leasingnehmer nach den Angabevorschriften von IAS 40 zu verfahren. Für derartige Nutzungsrechte sind die in Paragraph 53 unter den Buchstaben a, f, h und j genannten Angaben nicht erforderlich.

57 Führt der Leasingnehmer für Nutzungsrechte eine Neubewertung gemäß IAS 16 durch, muss er für diese Nutzungsrechte die in Paragraph 77 von IAS 16 verlangten Angaben machen.

58 Eine gemäß den Paragraphen 39 und B11 von IFRS 7 *Finanzinstrumente: Angaben* erstellte Fälligkeitsanalyse für Leasingverbindlichkeiten hat der Leasingnehmer getrennt von den Fälligkeitsanalysen für andere finanzielle Verbindlichkeiten vorzulegen.

59 Neben den in den Paragraphen 53–58 verlangten Angaben hat der Leasingnehmer zur Erreichung des in Paragraph 51 genannten (in Paragraph B48 beschriebenen) Angabeziels zusätzliche qualitative und quantitative Angaben zu seinen Leasingaktivitäten vorzulegen. Diese zusätzlichen Angaben können unter anderem Informationen umfassen, die den Abschlussadressaten die Beurteilung der folgenden Elemente erleichtern:
a) Art der Leasingaktivitäten des Leasingnehmers,
b) künftige Zahlungsmittelabflüsse, zu denen es beim Leasingnehmer kommen könnte und die bei der Bewertung der Leasingverbindlichkeit nicht berücksichtigt wurden; diese können sich ergeben aus
　i) variablen Leasingzahlungen (siehe Paragraph B49),
　ii) Verlängerungs- und Kündigungsoptionen (siehe Paragraph B50),
　iii) Restwertgarantien (siehe Paragraph B51) und
　iv) Leasingverhältnissen, die der Leasingnehmer eingegangen ist, die aber noch nicht begonnen haben,
c) mit Leasingverhältnissen verbundene Beschränkungen oder Zusagen und
d) Sale-and-Leaseback-Transaktionen (siehe Paragraph B52).

60 Bilanziert der Leasingnehmer kurzfristige Leasingverhältnisse oder Leasingverhältnisse, die Vermögenswerte von geringem Wert betreffen, nach Paragraph 6, so hat er dies anzugeben.

60A Wenn der Leasingnehmer den in Paragraph 46A beschriebenen praktischen Behelf anwendet, hat er im Abschluss
a) anzugeben, dass er den praktischen Behelf auf alle Mietkonzessionen, die die Voraussetzungen nach Paragraph 46B erfüllen, angewendet hat oder, sollte dies nicht der Fall sein, auszuführen, auf welche Art von Verträgen er den praktischen Behelf angewendet hat (siehe Paragraph 2), und
b) anzugeben, welche Beträge für die Berichtsperiode erfolgswirksam erfasst wurden, um Veränderungen bei den Leasingzahlungen Rechnung zu tragen, die sich aus Mietkonzessionen ergeben, auf die der Leasingnehmer den in Paragraph 46A beschriebenen praktischen Behelf angewendet hat.

LEASINGGEBER

Einstufung von Leasingverhältnissen (Paragraphen B53–B58)

61 Der Leasinggeber hat jedes Leasingverhältnis entweder als *Operating-Leasingverhältnis* oder als *Finanzierungsleasingverhältnis* einzustufen.

62 Ein Leasingverhältnis wird als Finanzierungsleasingverhältnis eingestuft, wenn dabei im Wesentlichen alle mit dem Eigentum verbundenen Risiken und Chancen übertragen werden. Ist dies nicht der Fall, wird ein Leasingverhältnis als Operating-Leasingverhältnis eingestuft.

63 Ob es sich bei einem Leasingverhältnis um ein Finanzierungsleasingverhältnis oder um ein Operating-Leasingverhältnis handelt, hängt vom wirtschaftlichen Gehalt der Transaktion und nicht von der Vertragsform ab. Beispiele für Fälle, die für sich genommen oder in Kombination normalerweise zur Einstufung eines Leasingverhältnisses als Finanzierungsleasingverhältnis führen, sind:

a) am Ende der Laufzeit des Leasingverhältnisses wird dem Leasingnehmer das Eigentum am zugrunde liegenden Vermögenswert übertragen,

b) der Leasingnehmer hat die Option, den zugrunde liegenden Vermögenswert zu einem Preis zu erwerben, der den *beizulegenden Zeitwert* zum Optionsausübungszeitpunkt voraussichtlich so stark unterschreitet, dass die Ausübung der Option bei *Beginn des Leasingverhältnisses* hinreichend sicher ist,

c) die Laufzeit des Leasingverhältnisses erstreckt sich auf den größten Teil der *wirtschaftlichen Nutzungsdauer* des zugrunde liegenden Vermögenswerts, auch wenn das Eigentumsrecht nicht übertragen wird,

d) zu Beginn des Leasingverhältnisses entspricht der Barwert der Leasingzahlungen mindestens dem nahezu gesamten beizulegenden Zeitwert des zugrunde liegenden Vermögenswerts und

e) der zugrunde liegende Vermögenswert ist so speziell, dass nur der Leasingnehmer ihn ohne wesentliche Veränderungen nutzen kann.

64 Indikatoren für Fälle die für sich genommen oder in Kombination ebenfalls zur Einstufung eines Leasingverhältnisses als Finanzierungsleasingverhältnis führen können, sind:

a) wenn der Leasingnehmer das Leasingverhältnis auflösen kann, hat dieser die Verluste, die dem Leasinggeber durch die Auflösung des Leasingverhältnisses entstehen, zu tragen

b) Gewinne oder Verluste, die auf Schwankungen des beizulegenden Zeitwerts des Restwerts zurückzuführen sind, fallen dem Leasingnehmer zu (beispielsweise in Form einer Mietrückerstattung, die einem Großteil des Verkaufserlöses am Ende des Leasingverhältnisses entspricht) und

c) der Leasingnehmer hat die Möglichkeit, das Leasingverhältnis für eine zweite Mietperiode zu einer Miete fortzuführen, die erheblich unter dem marktüblichen Mietpreis liegt.

65 Die in den Paragraphen 63–64 aufgeführten Beispiele und Indikatoren lassen nicht immer einen endgültigen Schluss zu. Wenn aus anderen Merkmalen eindeutig hervorgeht, dass bei einem Leasingverhältnis nicht im Wesentlichen alle mit dem Eigentum an dem zugrunde liegenden Vermögenswert verbundenen Risiken und Chancen übertragen werden, wird es als Operating-Leasingverhältnis eingestuft. Dies kann beispielsweise dann der Fall sein, wenn das Eigentum am zugrunde liegenden Vermögenswert am Ende des Leasingverhältnisses gegen eine variable Zahlung in Höhe des jeweiligen beizulegenden Zeitwerts übertragen wird oder wenn variable Leasingzahlungen dazu führen, dass der Leasinggeber nicht im Wesentlichen alle derartigen Risiken und Chancen überträgt.

66 Die Einstufung erfolgt zu Beginn des Leasingverhältnisses und wird nur bei einer Änderung des Leasingverhältnisses neu beurteilt. Änderungen von Schätzungen (wie Änderungen einer Schätzung der wirtschaftlichen Nutzungsdauer oder des Restwerts des zugrunde liegenden Vermögenswerts) oder geänderte Umstände (wie ein Zahlungsausfall des Leasingnehmers) führen jedoch nicht zu einer Neueinstufung des Leasingverhältnisses für Rechnungslegungszwecke.

Finanzierungsleasingverhältnisse

Ansatz und Bewertung

67 Am Bereitstellungsdatum hat der Leasinggeber die im Rahmen eines Finanzierungsleasingverhältnisses gehaltenen Vermögenswerte in seiner Bilanz anzusetzen und sie als Forderung in Höhe der *Nettoinvestition in das Leasingverhältnis* darzustellen.

Erstmalige Bewertung

68 Zur Bewertung der Nettoinvestition in das Leasingverhältnis zieht der Leasinggeber den dem Leasingverhältnis zugrunde liegenden Zinssatz heran. Lässt sich bei einem Unterleasingverhältnis der zugrunde liegende Zinssatz nicht ohne Weiteres bestimmen, kann der Unterleasinggeber zur Bewertung der Nettoinvestition in das Unterleasingverhältnis den für das Hauptleasingverhältnis verwendeten Abzinsungssatz verwenden, den er um alle etwaigen mit dem Unterleasingverhältnis verbundenen anfänglichen direkten Kosten anpasst.

69 Anfängliche direkte Kosten fließen in die erstmalige Bewertung der Nettoinvestition in das Leasingverhältnis ein und vermindern die über die Laufzeit des Leasingverhältnisses erfassten Erträge; davon ausgenommen sind anfängliche direkte Kosten, die bei Leasinggebern anfallen, die Hersteller oder Händler sind. Zur Festlegung des dem Leasingverhältnis zugrunde liegenden Zinssatzes werden die anfänglichen direkten Kosten immer in die Nettoinvestition in das Leasing-

Erstmalige Bewertung der Leasingzahlungen, die in die Nettoinvestition in das Leasingverhältnis einbezogen werden

70 Am Bereitstellungsdatum umfassen die bei der Bewertung der Nettoinvestition in das Leasingverhältnis berücksichtigten Leasingzahlungen die nachstehend genannten, am Bereitstellungsdatum noch nicht vereinnahmten Zahlungen für das Recht auf Nutzung des zugrunde liegenden Vermögenswerts während der Laufzeit des Leasingverhältnisses:

a) feste Zahlungen (einschließlich der in Paragraph B42 beschriebenen de facto festen Zahlungen) abzüglich etwaiger zu zahlender Leasinganreize,

b) variable Leasingzahlungen, die an einen Index oder (Zins-)Satz gekoppelt sind und deren erstmalige Bewertung anhand des am Bereitstellungsdatum gültigen Indexes oder (Zins-)Satzes vorgenommen wird,

c) alle etwaigen Restwertgarantien, die der Leasinggeber vom Leasingnehmer, einer mit dem Leasingnehmer verbundenen Partei oder einem nicht mit dem Leasinggeber verbundenen Dritten, der bzw. die finanziell zur Erfüllung der mit der Garantie verbundenen Verpflichtungen in der Lage ist, erhält,

d) den Ausübungspreis einer Kaufoption, wenn der Leasingnehmer hinreichend sicher ist, dass er diese ausüben wird (was anhand der in Paragraph B37 beschriebenen Faktoren beurteilt wird), und

e) Strafzahlungen für die Kündigung des Leasingverhältnisses, wenn in der Laufzeit berücksichtigt ist, dass der Leasingnehmer eine Kündigungsoption wahrnehmen wird.

Leasinggeber, die Hersteller oder Händler sind

71 Leasinggeber, die Hersteller oder Händler sind, haben am Bereitstellungsdatum für jedes ihrer Finanzierungsleasingverhältnisse Folgendes zu erfassen:

a) den Umsatzerlös, d. h. den beizulegenden Zeitwert des zugrunde liegenden Vermögenswerts oder, wenn dieser niedriger ist, den dem Leasinggeber zufallenden Barwert der Leasingzahlungen, zu einem marktüblichen Satz abgezinst,

b) die Umsatzkosten, d. h. die Anschaffungs- oder Herstellungskosten bzw., falls abweichend, den Buchwert des zugrunde liegenden Vermögenswerts abzüglich des Barwerts des nicht garantierten Restwerts und

c) Veräußerungsgewinne oder -verluste (d. h. die Differenz zwischen dem Umsatzerlös und den Umsatzkosten) gemäß ihrer Methode zur Erfassung direkter Verkaufsgeschäfte, für die IFRS 15 gilt. Leasinggeber, bei denen es sich um Hersteller oder Händler handelt, müssen Veräußerungsgewinne oder -verluste aus Finanzierungsleasingverhältnissen am Bereitstellungsdatum erfassen, unabhängig davon, ob der zugrunde liegende Vermögenswert gemäß IFRS 15 übertragen wird oder nicht.

72 Hersteller oder Händler lassen ihren Kunden häufig die Wahl zwischen Erwerb oder Leasing eines Vermögenswerts. Ist der Leasinggeber einem Finanzierungsleasingverhältnis ein Hersteller oder Händler, entsteht ein Gewinn oder Verlust, der dem Gewinn oder Verlust aus dem direkten Verkauf des zugrunde liegenden Vermögenswerts zu normalen Verkaufspreisen entspricht und in dem alle anwendbaren Mengen- oder Handelsrabatte berücksichtigt sind.

73 Leasinggeber, die Hersteller oder Händler sind, bieten zuweilen künstlich niedrige Zinssätze an, um das Interesse von Kunden zu wecken. Die Anwendung eines solchen Zinssatzes hätte zur Folge, dass der Leasinggeber am Bereitstellungsdatum einen übermäßig hohen Anteil des Gesamtertrags aus der Transaktion erfasst. Bietet ein Hersteller oder Händler als Leasinggeber künstlich niedrige Zinsen an, hat er den Veräußerungsgewinn auf den Betrag zu beschränken, der bei einem marktüblichen Zinssatz erzielt würde.

74 Kosten, die dem Hersteller oder Händler als Leasinggeber bei der Erlangung eines Finanzierungsleasingverhältnisses am Bereitstellungsdatum entstehen, sind als Aufwand zu erfassen, da sie in erster Linie durch Bemühungen zur Erzielung seines Veräußerungsgewinns verursacht werden. Kosten, die Herstellern oder Händlern als Leasinggebern bei der Erlangung eines Finanzierungsleasingverhältnisses entstehen, fallen nicht unter die Definition anfänglicher direkter Kosten und bleiben somit bei der Nettoinvestition in das Leasingverhältnis unberücksichtigt.

Folgebewertung

75 Der Leasinggeber hat seine Finanzerträge über die Laufzeit des Leasingverhältnisses nach einem Muster zu erfassen, dem eine konstante periodische Verzinsung seiner Nettoinvestition in das Leasingverhältnis zugrunde liegt.

76 Ziel des Leasinggebers ist es, die Finanzerträge auf einer planmäßigen und rationalen Grundlage über die Laufzeit des Leasingverhältnisses zu verteilen. Dabei hat er die auf die Berichtsperiode bezogenen Leasingzahlungen mit der *Bruttoinvestition in das Leasingverhältnis* zu verrechnen, um sowohl den Kapitalbetrag als auch den *nicht realisierten Finanzertrag* zu reduzieren.

77 Auf die Nettoinvestition in das Leasingverhältnis hat der Leasinggeber die Ausbuchungs- und Wertminderungsvorschriften von IFRS 9 anzuwenden. Die bei der Berechnung der Bruttoinvestition in das Leasingverhältnis angesetzten geschätzten nicht garantierten Restwerte hat der Leasinggeber in regelmäßigen Abständen zu überprüfen. Bei einer Minderung des geschätzten nicht garantierten Restwerts hat der Leasinggeber die Ertragsverteilung über die Laufzeit des Leasingverhältnisses an-

zupassen und jede Minderung bereits abgegrenzter Beträge umgehend zu erfassen.

78 Stuft der Leasinggeber einen Vermögenswert im Rahmen eines Finanzierungsleasingverhältnisses gemäß IFRS 5 *Zur Veräußerung gehaltene langfristige Vermögenswerte und aufgegebene Geschäftsbereiche* als zur Veräußerung gehalten ein (oder nimmt ihn in eine als zur Veräußerung gehaltene Veräußerungsgruppe auf), so hat er diesen Vermögenswert auch nach IFRS 5 zu bilanzieren.

Änderung von Leasingverhältnissen

79 Die Änderung eines Finanzierungsleasingverhältnisses ist vom Leasinggeber als gesondertes Leasingverhältnis zu bilanzieren, wenn beide folgenden Voraussetzungen erfüllt sind:
a) durch die Änderung wird ein zusätzliches Recht auf Nutzung eines oder mehrerer zugrunde liegender Vermögenswerte eingeräumt, wodurch sich der Umfang des Leasingverhältnisses erhöht, und
b) die zu zahlende Gegenleistung erhöht sich um einen Betrag, der dem Einzelpreis der Umfangserhöhung sowie allen angezeigten Anpassungen dieses Einzelpreises aufgrund der Umstände des betreffenden Vertrags entspricht.

80 Bilanziert der Leasinggeber eine Änderung eines Finanzierungsleasingverhältnisses nicht als gesondertes Leasingverhältnis, so hat er
a) in Fällen, in denen das Leasingverhältnis, wenn die Änderung schon zu Beginn des Leasingverhältnisses wirksam gewesen wäre, als Operating-Leasingverhältnis eingestuft worden wäre
   i) die Änderung des Leasingverhältnisses ab dem effektiven Zeitpunkt der Änderung als neues Leasingverhältnis zu bilanzieren und
   ii) den Buchwert des zugrunde liegenden Vermögenswerts unmittelbar vor dem effektiven Zeitpunkt der Änderung als Nettoinvestition in das Leasingverhältnis anzusetzen,
b) in allen anderen Fällen die Vorschriften von IFRS 9 anzuwenden.

Operating-Leasingverhältnisse

Ansatz und Bewertung

81 Leasingzahlungen aus Operating-Leasingverhältnissen hat der Leasinggeber entweder linear oder auf einer anderen systematischen Basis als Ertrag zu erfassen. Eine andere systematische Basis ist dann heranzuziehen, wenn sie das Muster, nach dem der aus der Verwendung des zugrunde liegenden Vermögenswerts gezogene Nutzen abnimmt, besser abbildet.

82 Kosten, einschließlich planmäßige Abschreibungen, die bei der Erzielung der Leasingerträge anfallen, hat der Leasinggeber als Aufwand zu erfassen.

83 Anfängliche direkte Kosten, die bei der Erlangung eines Operating-Leasingverhältnisses entstehen, hat der Leasinggeber dem Buchwert des zugrunde liegenden Vermögenswerts hinzuzurechnen und über die Laufzeit des Leasingverhältnisses auf der gleichen Basis als Aufwand zu erfassen wie die Leasingerträge.

84 Bei einem Operating-Leasingverhältnis müssen die Abschreibungsgrundsätze für abschreibungsfähige zugrunde liegende Vermögenswerte mit den normalen Abschreibungsgrundsätzen des Leasinggebers für ähnliche Vermögenswerte im Einklang stehen. Der Leasinggeber hat die Abschreibung nach IAS 16 und IAS 38 zu berechnen.

85 Zur Bestimmung, ob ein einem Operating-Leasingverhältnis zugrunde liegender Vermögenswert wertgemindert ist, und zur Bilanzierung jedes festgestellten Wertminderungsaufwands hat der Leasinggeber IAS 36 anzuwenden.

86 Ein Leasinggeber, der Hersteller oder Händler ist, setzt beim Abschluss eines Operating-Leasingverhältnisses keinen Veräußerungsgewinn an, weil ein solches Leasingverhältnis nicht mit einem Verkauf gleichzusetzen ist.

Änderung von Leasingverhältnissen

87 Die Änderung eines Operating-Leasingverhältnisses bilanziert der Leasinggeber ab dem effektiven Zeitpunkt der Änderung als neues Leasingverhältnis und betrachtet dabei alle im Rahmen des ursprünglichen Leasingverhältnisses im Voraus geleisteten oder abgegrenzten Leasingzahlungen als Teil der Leasingzahlungen des neuen Leasingverhältnisses.

Darstellung

88 Die einem Operating-Leasingverhältnis zugrunde liegenden Vermögenswerte hat der Leasinggeber in seiner Bilanz ihrer Art entsprechend darzustellen.

Angaben

89 Die Angaben, die der Leasinggeber im Anhang bereitstellt, sollen zusammen mit den in der Bilanz, in der Gewinn- und Verlustrechnung und in der Kapitalflussrechnung enthaltenen Angaben den Abschlussadressaten die Beurteilung ermöglichen, wie Leasingverhältnisse sich auf die Vermögens-, Finanz- und Ertragslage und die Zahlungsströme des Leasinggebers auswirken. Die Vorschriften, mit denen dieses Ziel erreicht werden soll, sind in den Paragraphen 90–97 enthalten.

90 Der Leasinggeber hat für die Berichtsperiode die folgenden Beträge anzugeben:
a) bei Finanzierungsleasingverhältnissen:
   i) Veräußerungsgewinn oder -verlust,
   ii) Finanzertrag auf die Nettoinvestition in das Leasingverhältnis und
   iii) die nicht in die Bewertung der Nettoinvestition in das Leasingverhältnis

einbezogenen Erträge aus variablen Leasingzahlungen,

b) bei Operating-Leasingverhältnissen die Leasingerträge, wobei die Erträge aus variablen Leasingzahlungen, die nicht von einem Index oder (Zins-)Satz abhängen, gesondert anzugeben sind.

91 Die in Paragraph 90 genannten Angaben sind in Tabellenform vorzulegen, es sei denn, ein anderes Format ist besser geeignet.

92 Daneben hat der Leasinggeber zur Erreichung des in Paragraph 89 genannten Angabeziels zusätzliche qualitative und quantitative Angaben zu seinen Leasingaktivitäten vorzulegen. Diese zusätzlichen Angaben können unter anderem Informationen umfassen, die den Abschlussadressaten die Beurteilung der folgenden Elemente erleichtern:

a) Art der Leasingaktivitäten des Leasinggebers und

b) Umgang des Leasinggebers mit den Risiken aus allen etwaigen Rechten, die er an den zugrunde liegenden Vermögenswerten behält; insbesondere hat der Leasinggeber seine Risikomanagementstrategie für seine verbleibenden Rechte an zugrunde liegenden Vermögenswerten darzulegen einschließlich aller Maßnahmen, mit denen er diese Risiken mindert; hierzu zählen beispielsweise Rückkaufvereinbarungen, Restwertgarantien oder variable Leasingzahlungen in Fällen, in denen vereinbarte Obergrenzen überschritten werden.

Finanzierungsleasingverhältnisse

93 Der Leasinggeber hat zu erheblichen Änderungen des Buchwerts der Nettoinvestition in das Finanzierungsleasingverhältnis qualitative und quantitative Angaben zu machen.

94 Für die Leasingforderungen hat der Leasinggeber eine Fälligkeitsanalyse vorzulegen, aus der mindestens für jedes der ersten fünf Jahre die nicht diskontierten jährlich fälligen Leasingzahlungen und für die verbleibenden Jahre die Summe der Beträge hervorgehen. Die nicht abgezinsten Leasingzahlungen sind auf die Nettoinvestition in das Leasingverhältnis überzuleiten. Diese Überleitung soll nicht realisierten Finanzertrag in Bezug auf die Leasingforderungen sowie jegliche Reduktion des nicht garantierten Restwerts sichtbar machen.

Operating-Leasingverhältnisse

95 Bei Operating-Leasingverhältnissen für Sachanlagen gelten für den Leasinggeber die Angabevorschriften von IAS 16. Bei der Anwendung der Angabevorschriften von IAS 16 hat der Leasinggeber die Angaben für die einzelnen Gruppen von Sachanlagen danach aufzuschlüsseln, ob im jeweiligen Fall ein Operating-Leasingverhältnis besteht oder nicht. Folglich hat der Leasinggeber die in IAS 16 verlangten Angaben getrennt vorzulegen, d. h. einerseits für Vermögenswerte, für die ein Operating-Leasingverhältnis besteht (nach Gruppen zugrunde liegender Vermögenswerte), und andererseits für Vermögenswerte, die der Leasinggeber selbst hält und nutzt.

96 Auf Vermögenswerte, für die ein Operating-Leasingverhältnis besteht, hat der Leasinggeber die Angabevorschriften von IAS 36, IAS 38, IAS 40 und IAS 41 anzuwenden.

97 Für die Leasingzahlungen hat der Leasinggeber eine Fälligkeitsanalyse vorzulegen, aus der mindestens für jedes der ersten fünf Jahre die nicht diskontierten jährlich fälligen Leasingzahlungen und für die verbleibenden Jahre die Summe der Beträge hervorgehen.

SALE-AND-LEASEBACK-TRANSAKTIONEN

98 Überträgt ein Unternehmen (Verkäufer/Leasingnehmer) einen Vermögenswert auf ein anderes Unternehmen (Käufer/Leasinggeber) und least diesen Vermögenswert dann vom Käufer/Leasinggeber zurück, haben sowohl der Verkäufer/Leasingnehmer als auch der Käufer/Leasinggeber den Übertragungsvertrag und das Leasingverhältnis nach den Paragraphen 99–103 zu bilanzieren.

Bestimmung, ob die Übertragung des Vermögenswerts einen Verkauf darstellt

99 Um zu bestimmen, ob die Übertragung eines Vermögenswerts als Verkauf zu bilanzieren ist, hat das Unternehmen die Vorschriften von IFRS 15 anzuwenden, anhand deren bestimmt wird, wann eine Leistungsverpflichtung als erfüllt gilt.

Die Übertragung des Vermögenswerts stellt einen Verkauf dar

100 Wenn die Übertragung eines Vermögenswerts durch den Verkäufer/Leasingnehmer die in IFRS 15 festgelegten Vorschriften für die Bilanzierung eines Vermögenswerts als Verkauf erfüllt,

a) hat der Verkäufer/Leasingnehmer das mit dem Rückleasing verbundene Nutzungsrecht mit dem Teil des früheren Buchwerts anzusetzen, der sich auf das vom Verkäufer/Leasingnehmer zurückbehaltene Nutzungsrecht bezieht; dementsprechend hat der Verkäufer/Leasingnehmer etwaige Gewinne oder Verluste nur insoweit zu erfassen, als sie sich auf die auf den Käufer/Leasinggeber übertragenen Rechte beziehen,

b) hat der Käufer/Leasinggeber den Erwerb des Vermögenswerts nach dem geltenden Standards und das Leasingverhältnis nach den im vorliegenden Standard festgelegten Bilanzierungsvorschriften für Leasinggeber zu bilanzieren.

101 Stimmen der beizulegende Zeitwert der beim Verkauf eines Vermögenswerts vereinnahmten Gegenleistung und der beizulegende Zeitwert des Vermögenswerts nicht überein oder entsprechen die Leasingzahlungen nicht den marktüblichen Sätzen, hat das Unternehmen zur Bewertung der Verkaufserlöse zum beizulegenden Zeitwert die folgenden Anpassungen vorzunehmen:

a) bei schlechteren Konditionen als den marktüblichen ist die Differenz als Vorauszahlung auf die Leasingzahlungen zu bilanzieren und
b) bei besseren Konditionen als den marktüblichen ist die Differenz als zusätzliche Finanzierung des Käufers/Leasinggebers an den Verkäufer/Leasingnehmer zu bilanzieren.

102 Für jede potenzielle Anpassung gemäß Paragraph 101 hat das Unternehmen einen der beiden folgenden Werte heranzuziehen, je nachdem welcher von beiden sich leichter bestimmen lässt:
a) die Differenz zwischen dem beizulegenden Zeitwert der beim Verkauf vereinnahmten Gegenleistung und dem beizulegenden Zeitwert des Vermögenswerts oder
b) die Differenz zwischen dem Barwert der vertraglichen Leasingzahlungen und dem Barwert marktüblicher Leasingzahlungen.

102A Nach dem Bereitstellungsdatum hat der Verkäufer/Leasingnehmer die Paragraphen 29–35 auf das Nutzungsrecht aus dem Rückleasing und die Paragraphen 36–46 auf die Leasingverbindlichkeit aus dem Rückleasing anzuwenden. Bei der Anwendung der Paragraphen 36–46 hat der Verkäufer/Leasingnehmer „Leasingzahlungen" oder „geänderte Leasingzahlungen" so zu bestimmen, dass der Verkäufer/Leasingnehmer keinen Gewinn oder Verlust erfasst, der sich aus dem vom Verkäufer/Leasingnehmer zurückbehaltenen Nutzungsrecht ergibt. Die Anwendung der Vorschriften dieses Paragraphen hindert den Verkäufer/Leasingnehmer nicht daran, Gewinne oder Verluste, die sich aus der teilweisen oder vollständigen Beendigung eines Leasingverhältnisses ergeben, wie in Paragraph 46(a) verlangt, erfolgswirksam zu erfassen.

Die Übertragung des Vermögenswerts stellt keinen Verkauf dar

103 Wenn die Übertragung eines Vermögenswerts durch den Verkäufer/Leasingnehmer nicht die in IFRS 15 festgelegten Vorschriften für die Bilanzierung eines Vermögenswerts als Verkauf erfüllt,
a) hat der Verkäufer/Leasingnehmer den übertragenen Vermögenswert weiterhin zu erfassen und eine finanzielle Verbindlichkeit in Höhe der Erlöse aus der Übertragung zu erfassen; die finanzielle Verbindlichkeit ist gemäß IFRS 9 zu bilanzieren,

b) darf der Käufer/Leasinggeber den übertragenen Vermögenswert nicht erfassen und muss einen finanziellen Vermögenswert in Höhe der Erlöse aus der Übertragung erfassen; der finanzielle Vermögenswert ist gemäß IFRS 9 zu bilanzieren.

DURCH DIE REFORM DER REFERENZZINSSÄTZE BEDINGTE VORÜBERGEHENDE AUSNAHME

104 Auf alle Änderungen eines Leasingverhältnisses, die infolge der Reform der Referenzzinssätze eine Änderung der Basis für die Ermittlung künftiger Leasingzahlungen bewirken (siehe die Paragraphen 5.4.6 und 5.4.8 von IFRS 9), hat der Leasingnehmer die Paragraphen 105–106 anzuwenden. Diese Paragraphen gelten ausschließlich für derartige Änderungen eines Leasingverhältnisses. In diesem Zusammenhang bezeichnet der Begriff „Reform der Referenzzinssätze" die marktweite Reform von Referenzzinssätzen wie in Paragraph 6.8.2 von IFRS 9 beschrieben.

105 Um eine infolge der Reform der Referenzzinssätze erforderliche Änderung eines Leasingverhältnisses zu bilanzieren, hat der Leasingnehmer behelfsweise Paragraph 42 anzuwenden. Dieser praktische Behelf gilt nur für derartige Änderungen. In diesem Zusammenhang wird eine Änderung des Leasingverhältnisses nur dann als infolge der Reform der Referenzzinssätze erforderlich betrachtet, wenn die beiden folgenden Bedingungen erfüllt sind:
a) die Notwendigkeit der Änderung ergibt sich unmittelbar aus der Reform der Referenzzinssätze und
b) die neue Basis für die Ermittlung der Leasingzahlungen ist mit der vorherigen (d. h. der Änderung unmittelbar vorausgehenden) Basis wirtschaftlich gleichwertig.

106 Werden neben den infolge der Reform der Referenzzinssätze erforderlichen Änderungen von Leasingverhältnissen zusätzliche Änderungen an den Leasingverhältnissen vorgenommen, so hat der Leasingnehmer die anwendbaren Vorschriften dieses Standards anzuwenden, um alle Änderungen von Leasingverhältnissen, einschließlich der infolge der Reform der Referenzzinssätze erforderlichen, gleichzeitig zu bilanzieren.

Anhang A
Definitionen

Dieser Anhang ist integraler Bestandteil des Standards.

Bereitstellungsdatum	Datum, zu dem ein **Leasinggeber** einem **Leasingnehmer** einen **zugrunde liegenden Vermögenswert** zur Nutzung bereitstellt.
Wirtschaftliche Nutzungsdauer	Entweder der Zeitraum, über den ein Vermögenswert voraussichtlich für einen oder mehrere Nutzer wirtschaftlich nutzbar ist, oder die Anzahl an Produktions- oder ähnlichen Einheiten, die ein oder mehrere Nutzer voraussichtlich mit einem Vermögenswert erzielen können.

3/14. IFRS 16
Anhang A

Effektiver Zeitpunkt der Änderung	Datum, zu dem beide Seiten eine Änderung des **Leasingverhältnisses** vereinbaren.
Beizulegender Zeitwert	Zwecks Anwendung der in diesem Standard enthaltenen Bilanzierungsvorschriften für **Leasinggeber** der Betrag, zu dem zwischen sachverständigen, vertragswilligen und voneinander unabhängigen Geschäftspartnern ein Vermögenswert getauscht oder eine Schuld beglichen werden könnte.
Finanzierungsleasingsverhältnis	Ein **Leasingverhältnis**, bei dem im Wesentlichen alle mit dem Eigentum an einem **zugrunde liegenden Vermögenswert** verbundenen Risiken und Chancen übertragen werden.
Feste Zahlungen	Zahlungen, die ein **Leasingnehmer** an einen **Leasinggeber** leistet, um über die **Laufzeit des Leasingverhältnisses** zur Nutzung eines **zugrunde liegenden Vermögenswerts** berechtigt zu sein, ohne **variable Leasingzahlungen**.
Bruttoinvestition in das Leasingverhältnis	Die Summe aus a) den **Leasingzahlungen**, die dem Leasinggeber im Rahmen eines **Finanzierungsleasingverhältnisses** zustehen, und b) etwaigen **nicht garantierten Restwerten**, die dem Leasinggeber zufallen.
Beginn des Leasingverhältnisses	Das Datum der Leasingvereinbarung oder das Datum, an dem sich die Vertragsparteien zur Einhaltung der wesentlichen Bedingungen der Leasingvereinbarung verpflichten, je nachdem, welches von beiden das frühere ist.
Anfängliche direkte Kosten	Zusätzliche Kosten, die bei der Erlangung eines **Leasingverhältnisses** entstehen und ohne dessen Abschluss nicht angefallen wären, mit Ausnahme der Kosten, die einem **Leasinggeber**, der Hersteller oder Händler ist, in Verbindung mit einem **Finanzierungsleasingverhältnis** entstehen.

Dem Leasingverhältnis zugrunde liegender Zinssatz	Der Zinssatz, bei dem der Barwert
	a) der **Leasingzahlungen** und
	b) des **nicht garantierten Restwerts** der Summe aus
	  i) dem **beizulegenden Zeitwert** des **zugrunde liegenden Vermögenswerts** und
	  ii) allen etwaigen **anfänglichen direkten Kosten** des Leasinggebers
	entspricht.

Leasingverhältnis	Ein Vertrag oder Teil eines Vertrags, der im Austausch für eine Gegenleistung für einen bestimmten Zeitraum zur Nutzung eines Vermögenswerts (des **zugrunde liegenden Vermögenswerts**) berechtigt.
Leasinganreize	Zahlungen, die ein **Leasinggeber** im Zusammenhang mit einem **Leasingverhältnis** an einen **Leasingnehmer** leistet, oder die Rückerstattung oder Übernahme von Kosten des Leasingnehmers durch den Leasinggeber.
Änderung eines Leasingverhältnisses	Eine in den ursprünglichen Bedingungen nicht vorgesehene Änderung des Umfangs eines **Leasingverhältnisses** oder seiner Gegenleistung (wenn beispielsweise ein zusätzliches Recht auf Nutzung eines oder mehrerer **zugrunde liegender Vermögenswerte** eingeräumt oder ein bestehendes Recht gekündigt oder die vertragliche **Laufzeit des Leasingverhältnisses** verlängert oder verkürzt wird).
Leasingzahlungen	Zahlungen, die ein **Leasingnehmer** an einen **Leasinggeber** leistet, um das Recht zu erhalten, einen **zugrunde liegenden Vermögenswert** über die **Laufzeit des Leasingverhältnisses** zu nutzen; hierzu zählen: a) **feste Zahlungen** (einschließlich de facto fester Zahlungen) ohne **Leasinganreize**,

b) **variable Leasingzahlungen,** die an einen Index oder (Zins-)Satz gekoppelt sind,
c) der Ausübungspreis einer Kaufoption, wenn der Leasingnehmer hinreichend sicher ist, dass er diese wahrnehmen wird, und
d) Strafzahlungen für die Kündigung des **Leasingverhältnisses,** wenn in der Laufzeit berücksichtigt ist, dass der Leasingnehmer eine Kündigungsoption wahrnehmen wird.

Für den Leasingnehmer schließen Leasingzahlungen auch Beträge ein, die er im Rahmen von **Restwertgarantien** voraussichtlich wird entrichten müssen; nicht als Leasingzahlungen zu betrachten sind Zahlungen für Nichtleasingkomponenten eines Vertrags, es sei denn, der Leasingnehmer entscheidet sich dafür, diese mit einer Leasingkomponente zu kombinieren und beide als eine einzige Leasingkomponente zu bilanzieren.

Für den Leasinggeber schließen Leasingzahlungen auch alle etwaigen Restwertgarantien ein, die er vom Leasingnehmer, einer mit dem Leasingnehmer verbundenen Partei oder einem nicht mit dem Leasinggeber verbundenen Dritten, der bzw. die finanziell zur Erfüllung der mit der Garantie verbundenen Verpflichtungen in der Lage ist, erhält; nicht als Leasingzahlungen zu betrachten sind Zahlungen für Nichtleasingkomponenten.

Laufzeit des Leasingverhältnisses	Die unkündbare Grundlaufzeit, in der ein **Leasingnehmer** zur Nutzung eines **zugrunde liegenden Vermögenswerts** berechtigt ist, sowie a) die Zeiträume, die sich aus einer Option zur Verlängerung des **Leasingverhältnisses** ergeben, sofern der Leasingnehmer hinreichend sicher ist, dass er diese Option ausüben wird, und b) die Zeiträume, die sich aus einer Option zur Kündigung des Leasingverhältnisses ergeben, sofern der Leasingnehmer hinreichend sicher ist, dass er diese Option nicht ausüben wird.
Leasingnehmer	Ein Unternehmen, das im Austausch für eine Gegenleistung das Recht erhält, einen **zugrunde liegenden Vermögenswert** für einen bestimmten Zeitraum zu nutzen.
Grenzfremdkapitalzinssatz des Leasingnehmers	Der Zinssatz, den ein **Leasingnehmer** zahlen müsste, um für eine ähnliche Laufzeit und mit einer ähnlichen Sicherheit das nötige Fremdkapital aufzunehmen, um in einem ähnlichen wirtschaftlichen Umfeld einen Vermögenswert zu erwerben, der ihm ein vergleichbares **Nutzungsrecht** bietet.
Leasinggeber	Ein Unternehmen, das im Austausch für eine Gegenleistung Recht einräumt, einen **zugrunde liegenden Vermögenswert** für einen bestimmten Zeitraum zu nutzen.
Nettoinvestition in das Leasingverhältnis	Die **Bruttoinvestition in ein Leasingverhältnis,** abgezinst zu dem dem Leasingverhältnis zugrunde liegenden Zinssatz.
Operating-Leasingverhältnis	Ein **Leasingverhältnis,** bei dem nicht im Wesentlichen alle mit dem Eigentum an einem **zugrunde liegenden Vermögenswert** verbundenen Risiken und Chancen übertragen werden.
Leasingzahlungen für optionale Zeiträume	Zahlungen, die ein Leasingnehmer an einen Leasinggeber leisten muss, um in den unter eine Verlängerungs- oder Kündigungsoption fallenden, nicht in die Laufzeit des Leasingverhältnisses eingeschlossenen Zeiten zur Nutzung eines zugrunde liegenden Vermögenswerts berechtigt zu sein.
Verwendungszeitraum	Der gesamte Zeitraum, in dem ein Vermögenswert zur Erfüllung eines Vertrags mit einem Kunden genutzt wird (einschließlich etwaiger nicht aufeinanderfolgender Zeiträume).

Restwertgarantie	Eine Garantie, die eine nicht mit dem **Leasinggeber** verbundene Partei gegenüber dem Leasinggeber abgibt, wonach der Wert (oder ein Teil des Werts) des **zugrunde liegenden Vermögenswerts** am Ende des **Leasingverhältnisses** eine bestimmte Mindesthöhe erreichen wird.
Nutzungsrecht	Ein Vermögenswert, der das Recht eines **Leasingnehmers** auf Nutzung eines **zugrunde liegenden Vermögenswerts** während der **Laufzeit des Leasingverhältnisses** darstellt.
Kurzfristiges Leasingverhältnis	Ein **Leasingverhältnis**, dessen **Laufzeit** am **Bereitstellungsdatum** maximal zwölf Monate beträgt; ein Leasingverhältnis mit einer Kaufoption ist kein kurzfristiges Leasingverhältnis.
Unterleasingverhältnis	Eine Transaktion, bei der ein **zugrunde liegender Vermögenswert** von einem **Leasingnehmer** („Unterleasinggeber") an einen Dritten weitervermietet wird, das **Leasingverhältnis** („Hauptleasingverhältnis") zwischen Hauptleasinggeber und Hauptleasingnehmer aber weiter wirksam bleibt.
Zugrunde liegender Vermögenswert	Ein Vermögenswert, der Gegenstand eines **Leasingverhältnisses** ist, bei dem ein **Leasinggeber** einem **Leasingnehmer** das Recht auf Nutzung dieses Vermögenswerts eingeräumt hat.
Nicht realisierter Finanzertrag	Die Differenz zwischen a) der **Bruttoinvestition in das Leasingverhältnis** und b) der **Nettoinvestition in das Leasingverhältnis**.
Nicht garantierter Restwert	Der Teil des Restwerts des **zugrunde liegenden Vermögenswerts**, dessen Realisierung durch den **Leasinggeber** nicht gesichert ist oder nur durch eine mit dem Leasinggeber verbundene Partei garantiert wird.
Variable Leasingzahlungen	Der Teil der Zahlungen, die ein **Leasingnehmer** an einen **Leasinggeber** leistet, um einen **zugrunde liegenden Vermögenswert** über die **Laufzeit des Leasingverhältnisses** nutzen zu dürfen, der variiert, weil sich nach dem **Bereitstellungsdatum** Fakten und Umstände geändert haben, die nicht allein an den Zeitablauf geknüpft sind.

In anderen Standards definierte und im vorliegenden Standard mit derselben Bedeutung verwendete Begriffe

Vertrag	Eine Vereinbarung zwischen zwei oder mehr Parteien, die durchsetzbare Rechte und Pflichten begründet.
Nutzungsdauer	Der Zeitraum, über den ein Vermögenswert voraussichtlich von einem Unternehmen nutzbar ist, oder die voraussichtlich mit dem Vermögenswert im Unternehmen zu erzielende Anzahl an Produktionseinheiten oder ähnlichen Messgrößen.

Anhang B
Anwendungsleitlinien

Dieser Anhang ist integraler Bestandteil des Standards. Er beschreibt die Anwendung der Paragraphen 1–103 und hat die gleiche bindende Kraft wie die anderen Teile des Standards.

Anwendung auf Portfolios

B1 Dieser Standard regelt die Bilanzierung einzelner Leasingverhältnisse. Behelfsweise kann ein Unternehmen diesen Standard jedoch auch auf ein Portfolio ähnlich ausgestalteter Leasingverhältnisse anwenden, wenn es nach vernünftigem Ermessen davon ausgehen kann, dass es keine wesentlichen Auswirkungen auf den Abschluss hat, ob es diesen Standard auf das Portfolio oder die einzelnen Leasingverhältnisse innerhalb dieses Portfolios anwendet. Bei der Bilanzierung eines Portfolios hat ein Unternehmen Schätzungen und Annahmen zugrunde zu legen, die die Größe und die Zusammensetzung des Portfolios widerspiegeln.

Zusammenfassung von Verträgen

B2 Bei der Anwendung dieses Standards hat ein Unternehmen zwei oder mehr Verträge, die gleichzeitig oder in geringem Zeitabstand mit ein und derselben Gegenpartei (oder dieser nahestehenden Unternehmen und Personen) geschlossen werden, zusammenzufassen und als einen einzigen Vertrag zu bilanzieren, wenn mindestens eines der folgenden Kriterien erfüllt ist:

a) die Verträge werden als Paket mit einem wirtschaftlichen Zweck ausgehandelt, dessen Sinn an die Gesamtheit der Verträge geknüpft ist,

b) die Höhe der in einem der Verträge zugesagten Gegenleistung hängt vom Preis oder von der Erfüllung des anderen Vertrags ab oder
c) die mit den Verträgen übertragenen Rechte auf Nutzung der zugrunde liegenden Vermögenswerte (oder einige der mit den Verträgen jeweils übertragenen Rechte auf Nutzung der zugrunde liegenden Vermögenswerte) stellen gemäß Paragraph B32 eine einzige Leasingkomponente dar.

Freistellungen vom Ansatz: Leasingverhältnisse, bei denen der zugrunde liegende Vermögenswert von geringem Wert ist (Paragraphen 5–8)

B3 Sofern nicht die in Paragraph B7 beschriebenen Umstände vorliegen, kann der Leasingnehmer nach diesem Standard Leasingverhältnisse, bei denen der zugrunde liegende Vermögenswert von geringem Wert ist, nach Paragraph 6 bilanzieren. Bei der Beurteilung des Werts eines zugrunde liegenden Vermögenswerts legt der Leasingnehmer ungeachtet des tatsächlichen Alters des geleasten Vermögenswerts dessen Neuwert zugrunde.

B4 Ob ein zugrunde liegender Vermögenswert von geringem Wert ist, wird losgelöst von den jeweiligen Umständen beurteilt. Leasingverhältnisse über Vermögenswerte von geringem Wert können unabhängig davon, ob sie für den Leasingnehmer wesentlich sind, nach Paragraph 6 bilanziert werden. Die Größe und Art des Leasingnehmers sowie dessen Umstände sind für die Beurteilung nicht von Belang. Demzufolge müssen unterschiedliche Leasingnehmer bei der Beurteilung der Frage, ob ein bestimmter zugrunde liegender Vermögenswert von geringem Wert ist, zum selben Ergebnis gelangen.

B5 Ein zugrunde liegender Vermögenswert kann nur als von geringem Wert eingestuft werden, wenn
a) der Leasingnehmer aus der Nutzung des zugrunde liegenden Vermögenswerts entweder gesondert oder zusammen mit anderen, für ihn jederzeit verfügbaren Ressourcen einen Nutzen ziehen kann und
b) der zugrunde liegende Vermögenswert weder in hohem Maße von anderen Vermögenswerten abhängig, noch mit diesen eng verbunden ist.

B6 Ein Leasingverhältnis kann nicht als Leasingverhältnis über einen Vermögenswert von geringem Wert eingestuft werden, wenn der zugrunde liegende Vermögenswert seiner Art her im Neuzustand gewöhnlich nicht von geringem Wert ist. So kommt beispielsweise ein geleastes Kraftfahrzeug nicht als zugrunde liegender Vermögenswert von geringem Wert in Frage, da ein Neuwagen gewöhnlich nicht von geringem Wert ist.

B7 Wird ein Vermögenswert vom Leasingnehmer untervermietet oder beabsichtigt der Leasingnehmer diesen Vermögenswert unterzuvermieten, so kann das Hauptleasingverhältnis nicht als Leasingverhältnis über einen Vermögenswert von geringem Wert gelten.

B8 Vermögenswerte von geringem Wert können beispielsweise Tablets, Computer, Telefone und kleinere Gegenstände der Büroausstattung sein.

Identifizierung eines Leasingverhältnisses (Paragraphen 9–11)

B9 Um zu beurteilen, ob ein Vertrag für einen bestimmten Zeitraum die Verfügungsgewalt über einen identifizierten Vermögenswert (siehe Paragraphen B13–B20) übertragen wird, beurteilt das Unternehmen, ob der Kunde während des gesamten Verwendungszeitraums sowohl
a) berechtigt ist, im Wesentlichen den gesamten wirtschaftlichen Nutzen aus der Verwendung des identifizierten Vermögenswerts zu ziehen (siehe Beschreibung in den Paragraphen B21–B23), als auch
b) berechtigt ist, über die Nutzung des identifizierten Vermögenswert zu entscheiden (siehe Beschreibung in den Paragraphen B24–B30).

B10 Erlangt der Kunde die Verfügungsgewalt über einen identifizierten Vermögenswert nur während eines Teils der Vertragslaufzeit, so enthält der Vertrag nur für diesen Teil der Vertragslaufzeit ein Leasingverhältnis.

B11 Ein Vertrag über den Erhalt von Gütern oder Dienstleistungen kann von einer gemeinschaftlichen Vereinbarung im Sinne von IFRS 11 *Gemeinschaftliche Vereinbarungen* oder in deren Namen geschlossen werden. In diesem Fall gilt die gemeinschaftliche Vereinbarung für diesen Vertrag als Kunde. Um zu beurteilen, ob ein solcher Vertrag ein Leasingverhältnis enthält, beurteilt das Unternehmen demnach, ob die gemeinschaftliche Vereinbarung während des gesamten Verwendungszeitraums die Verfügungsgewalt über den identifizierten Vermögenswert erlangt.

B12 Ob ein Vertrag ein Leasingverhältnis enthält, hat das Unternehmen für jede einzelne potenzielle Leasingkomponente zu beurteilen. Paragraph B32 enthält Leitlinien zu einzelnen Leasingkomponenten.

Identifizierter Vermögenswert

B13 Gewöhnlich wird ein Vermögenswert dadurch identifiziert, dass er in einem Vertrag ausdrücklich spezifiziert wird. Ein Vermögenswert kann aber auch allein dadurch als identifiziert gelten, dass er dem Kunden zu einem bestimmten Zeitpunkt zur Nutzung zur Verfügung gestellt (und somit stillschweigend spezifiziert) wird.

Substanzielle Substitutionsrechte

B14 Selbst wenn ein Vermögenswert spezifiziert ist, ist ein Kunde nicht zur Nutzung eines identifizierten Vermögenswerts berechtigt, wenn der während des gesamten Verwendungszeitraums Lieferant das substanzielle Recht besitzt, den Vermögenswert zu ersetzen. Das Recht eines Lieferanten auf Substituierung eines Vermögenswerts gilt nur dann als substanziell, wenn die beiden folgenden Bedingungen erfüllt sind:

a) es ist dem Lieferanten während des gesamten Verwendungszeitraums ohne Weiteres möglich, einen Vermögenswert durch alternative Vermögenswerte zu ersetzen (das ist der Fall, wenn sich der Kunde einer Substituierung des Vermögenswerts seitens des Lieferanten nicht widersetzen kann und dem Lieferanten alternative Vermögenswerte jederzeit zur Verfügung stehen oder er sich diese innerhalb eines angemessenen Zeitraums beschaffen kann), und
b) dem Lieferanten entsteht aus der Ausübung seines Rechts auf Substituierung des Vermögenswerts ein wirtschaftlicher Nutzen (der wirtschaftliche Nutzen, der ihm durch die Substituierung des Vermögenswerts erwächst, überwiegt voraussichtlich die dadurch verursachten Kosten).

B15 Hat der Lieferant nur zu oder nach einem bestimmten Zeitpunkt oder bei oder nach Eintreten eines bestimmten Ereignisses das Recht oder die Verpflichtung, den Vermögenswert zu ersetzen, gilt sein Substitutionsrecht nicht als substanziell, weil es ihm in diesem Fall nicht während des gesamten Verwendungszeitraums ohne Weiteres möglich ist, einen Vermögenswert durch alternative Vermögenswerte zu ersetzen.

B16 Bei der Beurteilung der Frage, ob der Lieferant über ein substanzielles Substitutionsrecht verfügt, legt das Unternehmen die bei Vertragsbeginn bestehenden Fakten und Umstände zugrunde und berücksichtigt keine späteren Ereignisse, deren Eintreten bei Beginn des Vertragsverhältnisses unwahrscheinlich erscheinen. Beispiele für spätere Ereignisse, deren Eintreten bei Vertragsbeginn unwahrscheinlich erscheinen und die daher nicht in die Beurteilung einfließen dürfen, sind:

a) Einverständniserklärung eines künftigen Kunden, für die Nutzung des Vermögenswerts einen über dem Marktpreis liegenden Preis zu zahlen,
b) Einführung neuer Technologien, die bei Beginn des Vertrags noch unzureichend entwickelt waren,
c) wesentliche Differenz zwischen der Nutzung des Vermögenswerts durch den Kunden bzw. der Leistung des Vermögenswerts und der bei Vertragsbeginn erwarteten Nutzung bzw. Leistung und
d) wesentliche Differenz zwischen dem Marktpreis des Vermögenswerts während des Verwendungszeitraums und dem bei Vertragsbeginn erwarteten Marktpreis.

B17 Befindet sich der Vermögenswert beim Kunden oder bei Dritten, sind die mit der Substituierung verbundenen Kosten gewöhnlich höher als wenn er sich beim Lieferanten befindet. Daher ist es in diesen Fällen wahrscheinlicher, dass sie den mit der Substituierung des Vermögenswerts verbundenen Nutzen übersteigen.

B18 Hat der Lieferant das Recht oder die Verpflichtung, den Vermögenswert im Rahmen der Reparatur und Instandhaltung zu ersetzen, wenn dieser nicht ordnungsgemäß funktioniert oder eine technische Nachrüstung verfügbar wird, schränkt dies nicht das Recht des Kunden auf Nutzung eines identifizierten Vermögenswerts ein.

B19 Ist für den Kunden nicht unmittelbar erkennbar, ob der Lieferant über ein substanzielles Substitutionsrecht verfügt, hat er davon auszugehen, dass das Substitutionsrecht nicht substanziell ist.

Teile von Vermögenswerten

B20 Ein Kapazitätsanteil eines Vermögenswerts gilt als identifizierter Vermögenswert, wenn er physisch abgrenzbar ist (beispielsweise ein Geschoss eines Gebäudes). Ein Kapazitätsanteil oder ein anderer Bestandteil eines Vermögenswerts, der nicht physisch abgrenzbar ist, (beispielsweise ein Kapazitätsanteil eines Glasfaserkabels) gilt nicht als identifizierter Vermögenswert, sofern er nicht den wesentlichen Kapazitätsanteil des Vermögenswerts darstellt und somit dem Kunden das Recht verleiht, im Wesentlichen den gesamten wirtschaftlichen Nutzen aus der Verwendung des Vermögenswerts zu ziehen.

Das Recht, den wirtschaftlichen Nutzen aus einer Verwendung zu ziehen

B21 Ein Kunde hat die Verfügungsgewalt über einen identifizierten Vermögenswert, wenn er berechtigt ist, während des gesamten Verwendungszeitraums im Wesentlichen den gesamten wirtschaftlichen Nutzen aus der Verwendung des Vermögenswerts zu ziehen (beispielsweise muss er während dieses Zeitraums den Vermögenswert exklusiv nutzen dürfen). Ein Kunde kann auf vielfältige Weise, direkt sowie indirekt wirtschaftlichen Nutzen aus der Verwendung eines Vermögenswerts ziehen, beispielsweise indem er diesen selbst nutzt, besitzt oder untervermietet. Zum wirtschaftlichen Nutzen aus der Verwendung eines Vermögenswerts zählen dessen Produktionsergebnis und Nebenprodukte (einschließlich der möglicherweise damit erzielten Zahlungsströme) sowie anderer wirtschaftlicher Nutzen, der bei einem Geschäft mit einem Dritten aus der Verwendung des Vermögenswerts gezogen werden könnte.

B22 Bei der Beurteilung des Rechts, im Wesentlichen den gesamten wirtschaftlichen Nutzen aus der Verwendung eines Vermögenswerts zu ziehen, beurteilt das Unternehmen den wirtschaftlichen Nutzen, der sich aus der Verwendung des Vermögenswerts innerhalb des für den Kunden festgelegten Nutzungsumfangs des Vermögenswerts ergibt (siehe Paragraph B30). Beispiele:

a) Ist die Nutzung eines Kraftfahrzeugs laut Vertrag innerhalb des Verwendungszeitraums auf ein bestimmtes geografisches Gebiet beschränkt, berücksichtigt das Unternehmen lediglich den wirtschaftlichen Nutzen aus der Verwendung des Kraftfahrzeugs innerhalb dieses Gebiets und nicht darüber hinaus.
b) Ist die Nutzung eines Kraftfahrzeugs laut Vertrag innerhalb des Verwendungszeitraums auf eine bestimmte Kilometerzahl beschränkt,

berücksichtigt das Unternehmen lediglich den wirtschaftlichen Nutzen aus der Verwendung des Kraftfahrzeugs bis zur zulässigen Kilometerzahl und nicht darüber hinaus.

B23 Sieht der Vertrag vor, dass der Kunde dem Lieferanten oder einem Dritten einen Teil der mit der Verwendung des Vermögenswerts erzielten Zahlungsströme als Gegenleistung zahlt, so sind diese Zahlungen als Teil des wirtschaftlichen Nutzens zu betrachten, der dem Kunden aus der Verwendung des Vermögenswerts erwächst. Muss der Kunde beispielsweise dem Lieferanten für die Nutzung einer Verkaufsfläche einen Anteil seines Umsatzes als Gegenleistung zahlen, so schränkt diese Verpflichtung nicht das Recht des Kunden ein, im Wesentlichen den gesamten wirtschaftlichen Nutzen aus der Verwendung der Verkaufsfläche zu ziehen. Der Grund dafür ist, dass Zahlungsströme aus diesen Umsätzen als wirtschaftlicher Nutzen gelten, den der Kunde aus der Verwendung der Verkaufsfläche zieht, und dass der Anteil dieser Zahlungsströme, den er dann dem Lieferanten zahlt, als Gegenleistung für das Recht auf Nutzung dieser Fläche zu betrachten ist.

Recht, über die Nutzung zu entscheiden

B24 Der Kunde ist nur dann in der Lage, während des gesamten Verwendungszeitraums über die Nutzung eines identifizierten Vermögenswerts zu entscheiden, wenn entweder
a) er während des gesamten Verwendungszeitraums das Recht hat, zu bestimmen, wie und für welchen Zweck der Vermögenswert eingesetzt wird (siehe Beschreibung in den Paragraphen B25–B30), oder
b) die maßgeblichen Entscheidungen darüber, wie und für welchen Zweck der Vermögenswert eingesetzt wird, bereits im Vorfeld getroffen wurden und
   i) der Kunde während des gesamten Verwendungszeitraums das Recht hat, den Vermögenswert einzusetzen (oder Dritte anzuweisen, den Vermögenswert in einer von ihm bestimmten Weise einzusetzen), und der Lieferant nicht berechtigt ist, diese Anweisungen zu ändern, oder
   ii) der Kunde den Vermögenswert (oder bestimmte Teile des Vermögenswerts) in einer Weise gestaltet hat, die bereits vorgibt, wie und für welchen Zweck der Vermögenswert während des gesamten Verwendungszeitraums eingesetzt wird.

Wie und für welchen Zweck wird der Vermögenswert eingesetzt?

B25 Der Kunde hat das Recht, zu bestimmen, wie und für welchen Zweck der Vermögenswert eingesetzt wird, wenn der Vertrag ihm die Möglichkeit gibt, innerhalb des festgelegten Nutzungsumfangs die Art und den Zweck der Verwendung des Vermögenswerts während des gesamten Verwendungszeitraums zu ändern. Bei der Beurteilung dieser Frage bewertet das Unternehmen die für die Änderung der Art und des Zwecks der Verwendung des Vermögenswerts während des gesamten Verwendungszeitraums maßgeblichen Entscheidungsrechte. Entscheidungsrechte sind maßgeblich, wenn sie sich auf den mit der Verwendung zu erzielenden wirtschaftlichen Nutzen auswirken können. Die maßgeblichen Entscheidungsrechte unterscheiden sich in der Regel von Vertrag zu Vertrag, da sie von der Art des Vermögenswerts und den Vertragsbedingungen abhängig sind.

B26 Entscheidungsrechte, die je nach Rahmenbedingungen das Recht verleihen, zu bestimmen, wie und für welchen Zweck der Vermögenswert innerhalb des für den Kunden festgelegten Nutzungsumfangs eingesetzt wird, sind beispielsweise mit:
a) Rechte, die es ermöglichen, die Art des mit dem Vermögenswert erzielten Ergebnisses zu ändern (beispielsweise einen Container wahlweise für Transport oder Lagerung einzusetzen oder den Produktmix festzulegen, der auf einer Verkaufsfläche angeboten wird),
b) Rechte, die es ermöglichen zu bestimmen, wann ein Ergebnis erzielt wird (beispielsweise zu entscheiden, wann ein Anlagenteil oder ein Kraftwerk in Betrieb genommen oder abgeschaltet wird),
c) Rechte, die es ermöglichen zu bestimmen, wo ein Ergebnis erzielt wird (beispielsweise zu entscheiden, wohin ein Lastkraftwagen oder ein Schiff fahren wird oder wo ein Ausrüstungsgegenstand eingesetzt wird), und
d) Rechte, die es ermöglichen zu bestimmen, ob und in welchen Mengen ein Ergebnis erzielt wird (beispielsweise zu entscheiden, ob und wie viel Energie mit einem Kraftwerk erzeugt wird).

B27 Entscheidungsrechte, die nicht dazu berechtigen, zu bestimmen, wie und für welchen Zweck der Vermögenswert eingesetzt wird, sind beispielsweise solche, die sich auf den Betrieb und die Instandhaltung des Vermögenswerts beschränken. Solche Rechte kann der Kunde oder der Lieferant haben. Betriebs- und Instandhaltungsrechte sind zwar für die effiziente Nutzung des Vermögenswerts meist von wesentlicher Bedeutung, sie berechtigen aber nicht dazu, zu bestimmen, wie und für welchen Zweck der Vermögenswert eingesetzt wird, sondern sind meist von diesen Entscheidungen abhängig. Betriebsrechte für den Vermögenswert können dem Kunden dagegen das Recht verleihen, über die Nutzung des Vermögenswerts zu entscheiden, sofern die maßgeblichen Entscheidungen darüber, wie und für welchen Zweck der Vermögenswert eingesetzt wird, bereits im Vorfeld festgelegt wurden (siehe Paragraph B24(b)(i)).

Während und vor dem Verwendungszeitraum getroffene Festlegungen

B28 Die maßgeblichen Entscheidungen darüber, wie und für welchen Zweck der Vermögenswert eingesetzt wird, können in vielfältiger Weise im Vorfeld getroffen werden. Beispielsweise können die maßgeblichen Entscheidungen durch die Bauart des Vermögenswerts vorgegeben sein oder durch im Vertrag festgelegte Nutzungsbeschränkungen.

B29 Um zu beurteilen, ob der Kunde das Recht hat, über die Nutzung eines Vermögenswerts zu entscheiden, darf das Unternehmen lediglich die Entscheidungsrechte über die Verwendung des Vermögenswerts während des Verwendungszeitraums berücksichtigen, es sei denn, der Kunde hat den Vermögenswert (oder bestimmte Teile des Vermögenswerts) wie in Paragraph B24(b)(ii) selbst gestaltet. Daher darf das Unternehmen, wenn die Bedingungen nach Paragraph B24(b)(ii) nicht erfüllt sind, Entscheidungen, die vor dem Verwendungszeitraum vorgegeben sind, nicht berücksichtigen. Kann der Kunde beispielsweise das mit einem Vermögenswert erzielte Ergebnis lediglich vor Beginn des Verwendungszeitraums festlegen, verfügt er nicht über das Recht, über die Nutzung des Vermögenswerts zu entscheiden. Die Möglichkeit, das zu erzielende Ergebnis vor Beginn des Verwendungszeitraums vertraglich festzulegen, verleiht dem Kunden, wenn er keine weitergehenden Entscheidungsrechte über die Nutzung des Vermögenswerts hat, dieselben Rechte wie sie jeder Kunde beim Erwerb von Gütern oder Dienstleistungen genießt.

Schutzrechte

B30 In einem Vertrag können Bedingungen festgelegt werden, die die Interessen des Lieferanten am Vermögenswert oder an anderen Vermögenswerten schützen sollen, die seine Mitarbeiter schützen sollen oder die gewährleisten sollen, dass seine rechtlichen Verpflichtungen erfüllt sind. Solche Bedingungen sind Schutzrechte. In einem Vertrag kann beispielsweise i) der maximal zulässige Nutzungsumfang des Vermögenswerts festgelegt werden oder eingegrenzt werden, wo oder wann der Kunde den Vermögenswert nutzen darf, ii) der Kunde verpflichtet werden, bestimmte Betriebsverfahren einzuhalten, oder iii) der Kunde verpflichtet werden, dem Lieferanten Änderungen der Einsatzart des Vermögenswerts vorab anzuzeigen. Schutzrechte geben in der Regel den für den Kunden zulässigen Nutzungsumfang vor, sprechen aber für sich allein genommen dem Kunden nicht das Recht ab, über die Nutzung des Vermögenswerts zu entscheiden.

B31 Anhand des folgenden Ablaufdiagramms können Unternehmen beurteilen, ob ein Vertrag ein Leasingverhältnis begründet oder beinhaltet.

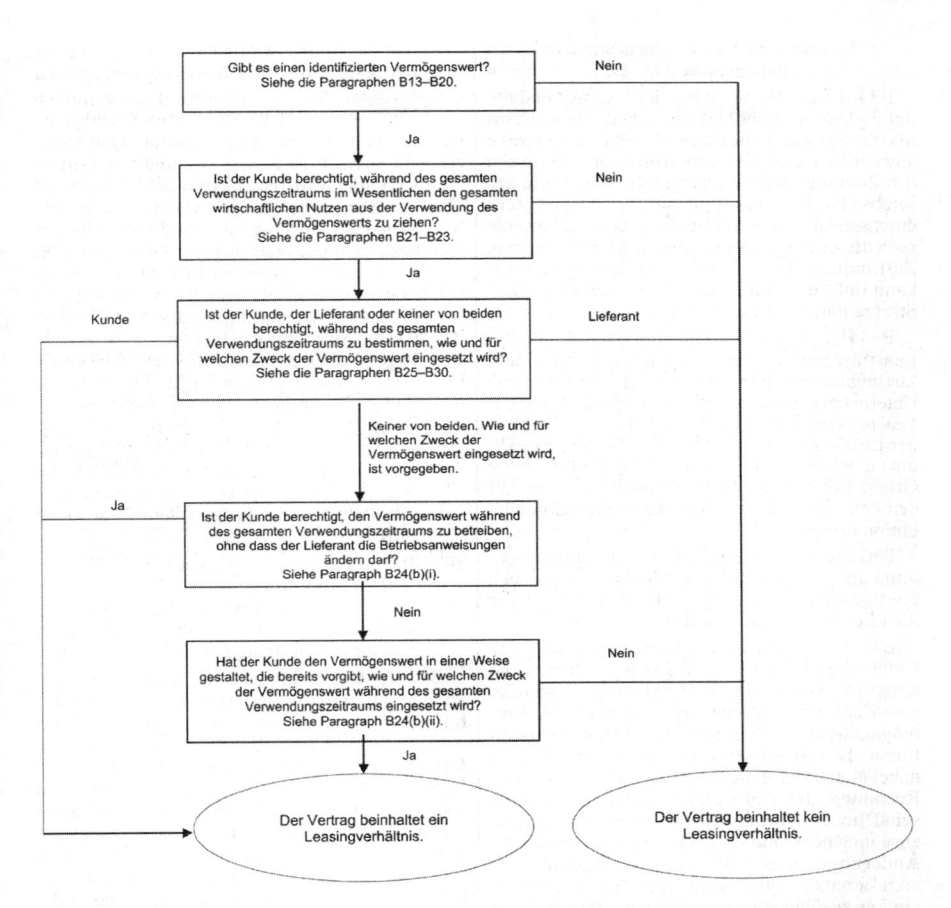

```
                    Gibt es einen identifizierten Vermögenswert?        Nein
                    Siehe die Paragraphen B13–B20.
                                    │
                                    │ Ja
                                    ▼
                    Ist der Kunde berechtigt, während des gesamten       Nein
                    Verwendungszeitraums im Wesentlichen den gesamten
                    wirtschaftlichen Nutzen aus der Verwendung des
                    Vermögenswerts zu ziehen?
                    Siehe die Paragraphen B21–B23.
                                    │
                                    │ Ja
                                    ▼
                    Ist der Kunde, der Lieferant oder keiner von beiden  Lieferant
          Kunde     berechtigt, während des gesamten
                    Verwendungszeitraums zu bestimmen, wie und für
                    welchen Zweck der Vermögenswert eingesetzt wird?
                    Siehe die Paragraphen B25–B30.
                                    │
                                    │ Keiner von beiden. Wie und für
                                    │ welchen Zweck der
                                    │ Vermögenswert eingesetzt wird,
                                    │ ist vorgegeben.
                                    ▼
          Ja        Ist der Kunde berechtigt, den Vermögenswert während
                    des gesamten Verwendungszeitraums zu betreiben,
                    ohne dass der Lieferant die Betriebsanweisungen
                    ändern darf?
                    Siehe Paragraph B24(b)(i).
                                    │
                                    │ Nein
                                    ▼
                    Hat der Kunde den Vermögenswert in einer Weise       Nein
                    gestaltet, die bereits vorgibt, wie und für welchen Zweck
                    der Vermögenswert während des gesamten
                    Verwendungszeitraums eingesetzt wird?
                    Siehe Paragraph B24(b)(ii).
                                    │
                                    │ Ja
                                    ▼
                 ( Der Vertrag beinhaltet ein        ( Der Vertrag beinhaltet kein
                   Leasingverhältnis. )                Leasingverhältnis. )
```

Trennung von Leasing- und Nichtleasingkomponenten eines Vertrags (Paragraphen 12–17)

B32 Das Recht, einen zugrunde liegenden Vermögenswert zu nutzen, ist als selbstständige Leasingkomponente zu betrachten, wenn sowohl

a) der Leasingnehmer aus der Nutzung des zugrunde liegenden Vermögenswerts entweder gesondert oder zusammen mit anderen, für ihn jederzeit verfügbaren Ressourcen einen Nutzen ziehen kann; eine jederzeit verfügbare Ressource ist ein Gut oder eine Dienstleistung, die (vom Leasinggeber oder von anderen Lieferanten) separat veräußert oder vermietet wird, oder eine Ressource, die der Leasingnehmer bereits (vom Leasinggeber oder aus anderen Transaktionen oder Ereignissen) erhalten hat, als auch

b) der zugrunde liegende Vermögenswert weder in hohem Maße von den anderen diesem Vertrag zugrunde liegenden Vermögenswerten abhängig, noch mit diesen eng verbunden ist; so kann beispielsweise der Umstand, dass ein Leasingnehmer sich dafür entscheiden kann, den zugrunde liegenden Vermögenswert nicht zu leasen, ohne dass dies seine Rechte, andere dem Vertrag zugrunde liegende Vermögenswerte zu nutzen, wesentlich beeinflusst, darauf hindeuten, dass der zugrunde liegende Vermögenswert weder in hohem Maße von diesen zugrunde liegenden Vermögenswerten abhängig noch eng mit ihnen verbunden ist.

B33 In einem Vertrag können Zahlungen des Leasingnehmers für Tätigkeiten und Kosten vorgesehen sein, mit denen diesem kein Gut und keine Dienstleistung übertragen wird. Beispielsweise kann ein Leasinggeber in den zu zahlenden Gesamtbetrag Verwaltungsgebühren oder andere im Zusammenhang mit dem Leasingverhältnis von ihm verauslagte Kosten einbeziehen, mit denen dem Leasingnehmer weder ein Gut noch eine Dienstleistung übertragen wird. Die für solche Kostenelemente zu zahlenden Beträge begründen keine selbstständige Vertragskomponente, sondern gelten als Teil der Gegenleistung, die den einzelnen Komponenten des Vertrags zuzuweisen ist.

3/14. IFRS 16
B34 – B40

Laufzeit des Leasingverhältnisses (Paragraphen 18–21)

B34 Bei der Bestimmung der Laufzeit und der unkündbaren Grundlaufzeit des Leasingverhältnisses legt das Unternehmen die für Verträge anwendbare Definition zugrunde und bestimmt den Zeitraum, währenddessen der Vertrag durchsetzbar ist. Ein Leasingverhältnis ist nicht mehr durchsetzbar, wenn sowohl der Leasingnehmer als auch der Leasinggeber das Leasingverhältnis ohne Zustimmung der anderen Vertragspartei beenden kann und in diesem Fall allenfalls eine geringe Strafzahlung entrichten muss.

B35 Hat nur der Leasingnehmer das Recht, das Leasingverhältnis zu beenden, so ist diese dem Leasingnehmer zustehende Kündigungsoption vom Unternehmen bei der Bestimmung der Laufzeit des Leasingverhältnisses zu berücksichtigen. Hat nur der Leasinggeber das Recht, das Leasingverhältnis zu beenden, so erstreckt sich die unkündbare Grundlaufzeit des Leasingverhältnisses auch auf den Zeitraum, währenddessen diese Kündigungsoption besteht.

B36 Die Laufzeit des Leasingverhältnisses beginnt am Bereitstellungsdatum und umfasst auch etwaige mietfreie Zeiträume, die der Leasinggeber dem Leasingnehmer gewährt.

B37 Am Bereitstellungsdatum beurteilt das Unternehmen, ob der Leasingnehmer hinreichend sicher ist, dass er eine Verlängerungsoption oder eine Kaufoption für den zugrunde liegenden Vermögenswert ausüben oder eine Kündigungsoption nicht ausüben wird. Das Unternehmen trägt dabei allen maßgeblichen Fakten und Umständen Rechnung, die dem Leasingnehmer einen wirtschaftlichen Anreiz zur Ausübung bzw. Nichtausübung der Optionen geben, einschließlich aller Änderungen dieser Fakten und Umstände, die vom Bereitstellungsdatum bis zum Zeitpunkt der Optionsausübung zu erwarten sind. Beispiele für zu berücksichtigende Faktoren sind:

a) die vertraglich festgelegten Bedingungen für die Zeiträume, während derer eine Option besteht, im Vergleich zu den Marktpreisen, wie
   i) die Höhe der während eines Optionszeitraums für das Leasingverhältnis zu leistenden Zahlungen,
   ii) die Höhe etwaiger variabler Leasingzahlungen oder sonstiger eventualer Zahlungen, wie Strafzahlungen bei Kündigung des Leasingverhältnisses oder Zahlungen aus Restwertgarantien, und
   iii) die Bedingungen etwaiger Optionen, die nach Ablauf der ersten Optionszeiträume ausgeübt werden können (beispielsweise eine Kaufoption, die am Ende einer Verlängerung zu einem Preis unter dem Marktpreis ausgeübt werden kann),

b) wesentliche, während der Laufzeit des Vertrags fertiggestellte (oder zu erwartende) Mietereinbauten, die für den Leasingnehmer zu einem wesentlichen wirtschaftlichen Nutzen führen werden, sobald die Verlängerungsoption, die Kündigungsoption oder die Kaufoption für den zugrunde liegenden Vermögenswert ausgeübt werden kann,

c) Kosten in Bezug auf die Kündigung des Leasingverhältnisses, wie Verhandlungskosten, Verlegungskosten, Kosten im Hinblick auf die Bestimmung eines anderen zugrunde liegenden Vermögenswerts, der dem Bedarf des Leasingnehmers gerecht wird, Kosten für die Aufnahme eines neuen Vermögenswerts in die Geschäftstätigkeit des Leasingnehmers oder Kündigungsstrafen und ähnliche Kosten, darunter Kosten, um den zugrunde liegenden Vermögenswert wieder in den im Vertrag vorgesehenen Zustand oder an den im Vertrag vorgesehenen Ort zu bringen,

d) die Bedeutung des zugrunde liegenden Vermögenswerts für die Geschäftstätigkeit des Leasingnehmers, beispielsweise die Frage, ob es sich um einen speziellen Vermögenswert handelt, wo er sich befindet und ob es Alternativlösungen gibt, und

e) die mit der Ausübung einer Option verbundenen Bedingungen (wenn die Option nur unter bestimmten Voraussetzungen ausgeübt werden kann) und der Wahrscheinlichkeit, dass diese Bedingungen erfüllt sein werden.

B38 Verlängerungs- und Kündigungsoptionen können mit anderen Vertragsbedingungen kombiniert werden (beispielsweise mit einer Restwertgarantie), sodass der Leasingnehmer dem Leasinggeber eine Mindestrendite oder eine feste Rendite garantiert, die im Wesentlichen nicht davon abhängig ist, ob die Option ausgeübt wird oder nicht. In solchen Fällen geht das Unternehmen ungeachtet der in Paragraph B42 enthaltenen Leitlinien zu de facto festen Zahlungen davon aus, dass der Leasingnehmer hinreichend sicher ist, dass er die Verlängerungsoption ausüben bzw. die Kündigungsoption nicht ausüben wird,

B39 Je kürzer die unkündbare Grundlaufzeit eines Leasingverhältnisses ist, desto wahrscheinlicher ist es, dass der Leasingnehmer die Verlängerungsoption ausübt bzw. die Kündigungsoption nicht ausübt. Der Grund dafür ist, dass die mit dem Ersatz eines Vermögenswerts verbundenen Kosten bei einer kürzeren unkündbaren Grundlaufzeit aller Voraussicht nach im Verhältnis höher sind.

B40 Bei der Beurteilung der Frage, ob der Leasingnehmer hinreichend sicher ist, dass er eine Option ausüben oder nicht ausüben wird, können seine vergangenen Entscheidungen hinsichtlich der Zeiträume, während derer er gewöhnlich bestimmte Arten von (geleasten oder eigenen) Vermögenswerten eingesetzt hat, und die wirtschaftlichen Gründe für diese Entscheidungen aufschlussreich sein. Hat der Leasingnehmer beispielsweise in der Vergangenheit gewöhnlich bestimmte Arten von Vermögenswerten für einen bestimmten Zeitraum eingesetzt oder übt er üblicherweise bei Leasingverhältnissen mit bestimmten Arten zugrunde liegender Vermögenswerte häufig Optionen aus, so berücksichtigt er die wirtschaftlichen Gründe für diese vergangenen Entscheidungen bei der Beurteilung der Frage, ob er bei diesen Vermögenswerten eine Option mit hinreichender Sicherheit ausüben wird.

B41 In Paragraph 20 ist vorgesehen, dass ein Leasingnehmer nach dem Bereitstellungsdatum, wenn ein wesentliches Ereignis oder eine wesentliche Änderung von Umständen eintritt, das bzw. die sich seinem Einfluss nicht entzieht und sich darauf auswirkt, ob er hinreichend sicher ist, dass er eine bei der Bestimmung der Laufzeit zuvor nicht berücksichtigte Option ausüben oder eine bei der Bestimmung der Laufzeit zuvor berücksichtigte Option nicht ausüben wird, die Laufzeit des Leasingverhältnisses erneut bestimmt. Wesentliche Ereignisse oder wesentliche Änderungen von Umständen sind beispielsweise

a) wesentliche, am Bereitstellungsdatum nicht ins Auge gefasste Mietereinbauten, die für den Leasingnehmer zu einem wesentlichen wirtschaftlichen Nutzen führen werden, sobald die Verlängerungsoption, die Kündigungsoption oder die Kaufoption für den zugrunde liegenden Vermögenswert ausgeübt werden kann,
b) eine wesentliche, am Bereitstellungsdatum nicht ins Auge gefasste Änderung oder Anpassung des zugrunde liegenden Vermögenswerts,
c) der Beginn eines Unterleasingverhältnisses in Bezug auf den zugrunde liegenden Vermögenswert mit einer längeren Laufzeit als die zuvor bestimmte Laufzeit des Leasingverhältnisses und
d) eine Geschäftsentscheidung des Leasingnehmers, die sich unmittelbar auf die Ausübung oder Nichtausübung einer Option auswirkt (beispielsweise die Entscheidung, das Leasingverhältnis bei einem ergänzenden Vermögenswert zu verlängern, einen alternativen Vermögenswert zu veräußern oder eine Geschäftseinheit zu veräußern, in der das Nutzungsrecht zur Anwendung kommt).

De facto feste Leasingzahlungen
(Paragraphen 27(a), 36(c) und 70(a))

B42 Zu den Leasingzahlungen gehören auch etwaige de facto feste Leasingzahlungen. De facto feste Leasingzahlungen sind Zahlungen, die formal variabel sein können, ihrem Wesen nach aber unvermeidlich sind. De facto feste Leasingzahlungen ergeben sich beispielsweise, wenn

a) Leasingzahlungen variabel angelegt sind, die Variabilität dieser Zahlungen aber unbegründet ist; solche Zahlungen enthalten variable Komponenten, die in Wahrheit keinen wirtschaftlichen Gehalt haben, beispielsweise
   i) Zahlungen, die nur geleistet werden müssen, wenn ein Vermögenswert nachweislich während der Dauer des Leasingverhältnisses betrieben werden kann oder wenn ein Ereignis eintritt, das zwangsläufig eintreten wird, oder
   ii) Zahlungen, die ursprünglich in Abhängigkeit von der Nutzung des zugrunde liegenden Vermögenswerts als variable Leasingzahlungen angelegt wurden, deren Variabilität aber nach dem Bereitstellungsdatum ab einem bestimmten Zeitpunkt enden wird, sodass sie für den Rest der Laufzeit des Leasingverhältnisses zu festen Zahlungen werden; solche Zahlungen werden zu de facto festen Zahlungen, sobald die Variabilität endet,
b) es mehrere Zahlungsschemata gibt, die für den Leasingnehmer infrage kommen; davon aber nur ein Schema realistisch ist; in diesem Fall hat das Unternehmen das realistische Zahlungsschema als Leasingzahlungen zu betrachten,
c) es mehrere realistische Zahlungsschemata gibt, die für den Leasingnehmer infrage kommen, er aber gezwungen ist, mindestens eines davon zu wählen; in diesem Fall hat das Unternehmen dasjenige Zahlungsschema als Leasingzahlungen zu betrachten, für das sich (abgezinst) der geringste Gesamtbetrag ergibt.

Einbeziehung des Leasingnehmers vor dem Bereitstellungsdatum

Dem Leasingnehmer entstehende Kosten im Zusammenhang mit dem Bau oder der Gestaltung eines zugrunde liegenden Vermögenswerts

B43 Das Unternehmen kann ein Leasingverhältnis aushandeln, bevor der zugrunde liegende Vermögenswert zur Nutzung durch den Leasingnehmer bereitsteht. Bei bestimmten Leasingverhältnissen muss der zugrunde liegende Vermögenswert gegebenenfalls für eine Nutzung durch den Leasingnehmer speziell gebaut oder umgestaltet werden. In den Vertragsbedingungen kann vorgesehen sein, dass der Leasingnehmer Zahlungen für den Bau oder die Umgestaltung des Vermögenswerts leistet.

B44 Übernimmt der Leasingnehmer Kosten im Zusammenhang mit dem Bau oder der Gestaltung des zugrunde liegenden Vermögenswerts, so hat er diese nach anderen geltenden Standards, beispielsweise IAS 16, zu bilanzieren. Kosten im Zusammenhang mit dem Bau oder der Gestaltung eines zugrunde liegenden Vermögenswerts umfassen keine Zahlungen des Leasingnehmers in Bezug auf das Recht, den zugrunde liegenden Vermögenswert zu nutzen. Zahlungen in Bezug auf das Recht, einen zugrunde liegenden Vermögenswert zu nutzen, sind Leasingzahlungen, unabhängig vom Zeitpunkt, zu dem sie geleistet werden.

Eigentumsrecht am zugrunde liegenden Vermögenswert

B45 Es ist möglich, dass der Leasingnehmer das Eigentumsrecht an einem zugrunde liegenden Vermögenswert erhält, bevor das Eigentumsrecht an den Leasinggeber übergeht und der Vermögenswert an den Leasingnehmer vermietet wird. Der Erhalt des Eigentumsrechts ist nicht ausschlaggebend für die Art und Weise, wie die Transaktion zu bilanzieren ist.

B46 Besitzt (oder erlangt) der Leasingnehmer die Verfügungsgewalt über den zugrunde liegenden Vermögenswert, bevor dieser dem Leasinggeber übertragen wird, so handelt es sich um eine Sale-and-Leaseback-Transaktion, die nach den Paragraphen 98–103 zu bilanzieren ist.

B47 Erlangt der Leasingnehmer dagegen nicht die Verfügungsgewalt über den zugrunde liegenden Vermögenswert, bevor dieser dem Leasinggeber übertragen wird, so handelt es sich nicht um eine Sale-and-Leaseback-Transaktion. Dies kann beispielsweise der Fall sein, wenn ein Hersteller, ein Leasinggeber und ein Leasingnehmer ein Kaufgeschäft aushandeln, wobei der Leasinggeber vom Hersteller einen Vermögenswert erwirbt, der dann vom Leasingnehmer geleast wird. In diesem Fall erhält der Leasingnehmer möglicherweise das Eigentumsrecht an dem zugrunde liegenden Vermögenswert, bevor dieses an den Leasinggeber übergeht. Erhält der Leasingnehmer also das Eigentumsrecht an dem zugrunde liegenden Vermögenswert, die Verfügungsgewalt darüber aber erst, wenn das Eigentumsrecht an den Leasinggeber übergeht, so ist die Transaktion nicht als Sale-and-Leaseback-Transaktion sondern als Leasingverhältnis zu bilanzieren.

Angaben des Leasingnehmers (Paragraph 59)

B48 Um zu bestimmen, ob zur Erreichung des in Paragraph 51 für die Angabepflichten festgelegten Ziels zusätzliche Informationen zur Leasingaktivität erforderlich sind, prüft der Leasingnehmer,

a) ob diese Informationen für die Abschlussadressaten relevant sind; der Leasingnehmer hat zusätzliche Informationen gemäß Paragraph 59 nur anzugeben, wenn diese Informationen für die Abschlussadressaten voraussichtlich relevant sind; dies ist wahrscheinlich der Fall, wenn diese Informationen die Adressaten in die Lage versetzen,

   i) zu verstehen, welche Flexibilitätsvorteile mit den Leasingverhältnissen verbunden sind; Leasingverhältnisse können Flexibilitätsvorteile bieten, wenn ein Leasingnehmer seine Risiken verringern kann, indem er beispielsweise eine Kündigungsoption ausübt oder das Leasingverhältnis mit günstigen Bedingungen verlängert,

   ii) die mit Leasingverhältnissen verbundenen Beschränkungen zu verstehen; mit Leasingverhältnissen können Beschränkungen verbunden sein, beispielsweise die Verpflichtung für den Leasingnehmer, bestimmte Finanzkennzahlen einzuhalten,

   iii) zu verstehen, in welchem Maße die Angaben von variablen Einflussgrößen abhängen; so können sich beispielsweise künftige variable Leasingzahlungen auf die Angaben auswirken,

   iv) zu verstehen, welche sonstigen Risiken mit Leasingverhältnissen verbunden sind,

   v) etwaige Abweichungen von branchenüblichen Praktiken zu verstehen; beispielsweise unübliche oder Sonderbestimmungen in der Leasingvereinbarung, die sich auf das Leasingportfolio des Leasingnehmers auswirken,

b) ob diese Informationen bereits aus in der Bilanz oder im Anhang dargestellten Informationen hervorgehen; Informationen, die bereits an anderer Stelle in der Bilanz dargestellt sind, braucht der Leasingnehmer nicht erneut darzustellen.

B49 Zusätzliche Informationen zu variablen Leasingzahlungen, die unter gewissen Umständen zur Erreichung des in Paragraph 51 für die Angabepflichten festgelegten Ziels erforderlich sein können, sind beispielsweise Informationen, die es den Abschlussadressaten ermöglichen,

a) zu verstehen, weshalb und in welchem Umfang der Leasingnehmer variable Leasingzahlungen verwendet,

b) das Verhältnis zwischen variablen Leasingzahlungen und festen Zahlungen einzuschätzen,

c) Kenntnis von den Einflussgrößen, die sich auf die variablen Leasingzahlungen auswirken, zu erlangen und einzuschätzen, in welcher Größenordnung diese Zahlungen variieren werden, wenn sich diese Einflussgrößen ändern, und

d) sonstige operative und finanzielle Auswirkungen der variablen Leasingzahlungen einzuschätzen.

B50 Zusätzliche Informationen zu Verlängerungsoptionen und Kündigungsoptionen, die unter gewissen Umständen zur Erreichung des in Paragraph 51 für die Angabepflichten festgelegten Ziels erforderlich sein können, sind beispielsweise Informationen, die es den Abschlussadressaten ermöglichen,

a) zu verstehen, weshalb und in welchem Umfang der Leasingnehmer Verlängerungsoptionen bzw. Kündigungsoptionen vorsieht,

b) das Verhältnis zwischen *Leasingzahlungen für optionale Zeiträume* und Leasingzahlungen einzuschätzen,

c) den Umfang der nicht in die Bewertung von Leasingverbindlichkeiten einbezogenen Optionen zu beurteilen und

d) sonstige operative und finanzielle Auswirkungen dieser Optionen einzuschätzen.

B51 Zusätzliche Informationen zu Restwertgarantien, die unter gewissen Umständen zur Erreichung des in Paragraph 51 für die Angabepflichten festgelegten Ziels erforderlich sein kön-

nen, sind beispielsweise Informationen, die es den Abschlussadressaten ermöglichen,
a) zu verstehen, weshalb und in welchem Umfang der Leasingnehmer Restwertgarantien gibt,
b) den Umfang des Restwertrisikos für den Leasingnehmer einzuschätzen,
c) zu erfahren, für welche Art von zugrunde liegenden Vermögenswerten diese Garantien gegeben werden, und
d) sonstige operative und finanzielle Auswirkungen dieser Garantien einzuschätzen.

B52 Zusätzliche Informationen zu Sale-and-Leaseback-Transaktionen, die unter gewissen Umständen zur Erreichung des in Paragraph 51 für die Angabepflichten festgelegten Ziels erforderlich sein können, sind beispielsweise Informationen, die es den Abschlussadressaten ermöglichen,
a) zu verstehen, weshalb und in welchem Umfang der Leasingnehmer Sale-and-Leaseback-Transaktionen eingeht,
b) zu erfahren, welche Bedingungen für einzelne Sale-and-Leaseback-Transaktionen gelten,
c) die nicht in die Bewertung von Leasingverbindlichkeiten einbezogenen Zahlungen zu beurteilen und
d) einzuschätzen, inwieweit sich die Sale-and-Leaseback-Transaktionen in der Berichtsperiode auf die Zahlungsströme auswirken.

Einstufung von Leasingverhältnissen beim Leasinggeber (Paragraphen 61–66)

B53 Grundlage für die Einstufung von Leasingverhältnissen beim Leasinggeber ist gemäß diesem Standard der Umfang, in welchem die mit dem Eigentum an einem zugrunde liegenden Vermögenswert verbundenen Risiken und Chancen übertragen werden. Zu den Risiken gehören Verlustmöglichkeiten aufgrund von ungenutzten Kapazitäten oder technischer Überholung und Renditeabweichungen aufgrund geänderter wirtschaftlicher Rahmenbedingungen. Chancen können Erwartungen hinsichtlich des gewinnbringenden Einsatzes im Geschäftsbetrieb während der wirtschaftlichen Nutzungsdauer des zugrunde liegenden Vermögenswerts und hinsichtlich eines Gewinns aus einem Wertzuwachs oder aus der Realisierung eines Restwerts sein.

B54 Eine Leasingvereinbarung kann Bestimmungen enthalten, nach denen die Leasingzahlungen angepasst werden, wenn zwischen dem Beginn des Leasingverhältnisses und dem Bereitstellungsdatum bestimmte Änderungen (wie eine Änderung der Kosten des Leasinggebers in Bezug auf den zugrunde liegenden Vermögenswert oder in Bezug auf die Finanzierung des Leasingverhältnisses) eintreten. In diesem Fall sind für die Zwecke der Einstufung des Leasingverhältnisses die Auswirkungen solcher Änderungen so zu behandeln, als hätten sie zu Beginn des Leasingverhältnisses stattgefunden.

B55 Umfasst ein Leasingverhältnis sowohl Grundstücks- als auch Gebäudekomponenten, stuft der Leasinggeber jede Komponente unter Anwendung der Paragraphen 62–66 und B53–B54 entweder als Finanzierungsleasingverhältnis oder als Operating-Leasingverhältnis ein. Bei der Einstufung der Grundstückskomponente als Operating-Leasingverhältnis oder als Finanzierungsleasingverhältnis muss unbedingt berücksichtigt werden, dass Grundstücke in der Regel eine unbegrenzte wirtschaftliche Nutzungsdauer haben.

B56 Wann immer es zur Einstufung und Bilanzierung eines Leasingverhältnisses bei Grundstücken und Gebäuden notwendig ist, teilt der Leasinggeber die Leasingzahlungen (einschließlich einmaliger Vorauszahlungen) nach dem Verhältnis der bei Beginn des Leasingverhältnisses bestehenden jeweiligen beizulegenden Zeitwerte der Leistungen für die Mietrechte für die Grundstückskomponente und die Gebäudekomponente des Leasingverhältnisses zwischen den Grundstücks- und Gebäudekomponenten auf. Sollten die Leasingzahlungen zwischen diesen beiden Komponenten nicht zweifelsfrei aufgeteilt werden können, wird das gesamte Leasingverhältnis als Finanzierungsleasingverhältnis eingestuft. Nur wenn beide Komponenten unzweifelhaft Operating-Leasingverhältnisse sind, wird das gesamte Leasingverhältnis als Operating-Leasingverhältnis eingestuft.

B57 Bei einem Leasing von Grundstücken und Gebäuden, bei dem der für die Grundstückskomponente anzusetzende Wert unwesentlich ist, kann der Leasinggeber die Grundstücke und Gebäude als eine Einheit betrachten und unter Anwendung der Paragraphen 62–66 und B53–B54 als Finanzierungsleasingverhältnis oder Operating-Leasingverhältnis einstufen. In diesem Fall betrachtet der Leasinggeber die wirtschaftliche Nutzungsdauer der Gebäude als wirtschaftliche Nutzungsdauer des gesamten zugrunde liegenden Vermögenswerts.

Einstufung von Unterleasingverhältnissen

B58 Der Unterleasinggeber stuft das Unterleasingverhältnis nach folgenden Kriterien entweder als Finanzierungsleasingverhältnis oder als Operating-Leasingverhältnis ein:
a) Handelt es sich bei dem Hauptleasingverhältnis um ein kurzfristiges Leasingverhältnis, das das Unternehmen in seiner Eigenschaft als Leasingnehmer unter Anwendung von Paragraph 6 bilanziert, stuft er das Unterleasingverhältnis als Operating-Leasingverhältnis ein.
b) Anderenfalls stuft er das Unterleasingverhältnis auf der Grundlage seines Nutzungsrechts aus dem Hauptleasingverhältnis und nicht auf der Grundlage des zugrunde liegenden Vermögenswerts (z. B. der geleasten Sachanlage) ein.

3/14. IFRS 16
C1 – C8

Anhang C
Zeitpunkt des Inkrafttretens und Übergangsvorschriften

Dieser Anhang ist integraler Bestandteil des Standards und hat die gleiche bindende Kraft wie die anderen Teile des Standards.

ZEITPUNKT DES INKRAFTTRETENS

C1 Dieser Standard ist auf Geschäftsjahre anzuwenden, die am oder nach dem 1. Januar 2019 beginnen. Eine frühere Anwendung ist zulässig, sofern das Unternehmen zum oder vor dem Zeitpunkt der erstmaligen Anwendung dieses Standards auch IFRS 15 *Erlöse aus Verträgen mit Kunden* anwendet. Wendet ein Unternehmen diesen Standard früher an, hat es dies anzugeben.

C1A Mit der im Mai 2020 veröffentlichten Verlautbarung *COVID-19-bezogene Mietkonzessionen* wurden die Paragraphen 46A, 46B, 60A, C20A und C20B eingefügt. Diese Änderungen sind von Leasingnehmern auf Geschäftsjahre anzuwenden, die am oder nach dem 1. Juni 2020 beginnen. Eine frühere Anwendung ist zulässig, und zwar auch für Abschlüsse, die am 28. Mai 2020 noch nicht zur Veröffentlichung freigegeben waren.

C1B Mit der im August 2020 veröffentlichten Verlautbarung *Reform der Referenzzinssätze – Phase 2* wurden die Standards IFRS 9, IAS 39, IFRS 7, IFRS 4 sowie IFRS 16 geändert und in IFRS 16 die Paragraphen 104–106 und C20C–C20D eingefügt. Diese Änderungen sind auf Geschäftsjahre anzuwenden, die am oder nach dem 1. Januar 2021 beginnen. Eine frühere Anwendung ist zulässig. Wendet ein Unternehmen diese Änderungen auf eine frühere Periode an, hat es dies anzugeben.

C1C Mit der im März 2021 veröffentlichten Verlautbarung *COVID-19-bezogene Mietkonzessionen nach dem 30. Juni 2021* wurden der Paragraph 46B geändert und die Paragraphen C20BA–C20BC eingefügt. Diese Änderungen sind von Leasingnehmern auf Geschäftsjahre anzuwenden, die am oder nach dem 1. April 2021 beginnen. Eine frühere Anwendung ist zulässig, und zwar auch für Abschlüsse, die am 31. März 2021 noch nicht zur Veröffentlichung freigegeben waren.

C1D Mit der im September 2022 veröffentlichten Verlautbarung *Leasingverbindlichkeit in einer Sale-and-Leaseback- Transaktion* wurden der Paragraph C2 geändert und die Paragraphen 102A und C20E eingefügt. Verkäufer/ Leasingnehmer haben diese Änderungen auf Geschäftsjahre anzuwenden, die am oder nach dem 1. Januar 2024 beginnen. Eine frühere Anwendung ist zulässig. Wendet ein Verkäufer/Leasingnehmer diese Änderungen auf ein früheres Geschäftsjahr an, hat er dies anzugeben.

ÜBERGANGSVORSCHRIFTEN

C2 Für die Zwecke der Vorschriften der Paragraphen C1–C20E ist der Zeitpunkt der erstmaligen Anwendung der Beginn des Geschäftsjahres, in dem das Unternehmen diesen Standard erstmals anwendet.

Definition eines Leasingverhältnisses

C3 Behelfsweise muss das Unternehmen zum Zeitpunkt der erstmaligen Anwendung nicht erneut beurteilen, ob ein Vertrag ein Leasingverhältnis begründet oder beinhaltet. Stattdessen kann es

a) diesen Standard auf Verträge anwenden, die zuvor unter Anwendung von IAS 17 *Leasingverhältnisse* und IFRIC 4 *Feststellung, ob eine Vereinbarung ein Leasingverhältnis enthält* als Leasingverhältnisse eingestuft wurden; auf diese Leasingverhältnisse wendet das Unternehmen die Übergangsvorschriften der Paragraphen C5–C18 an,

b) diesen Standard auf Verträge, die zuvor unter Anwendung von IAS 17 und IFRIC 4 als Vereinbarungen ohne Leasingverhältnisse eingestuft wurden, nicht anwenden.

C4 Entscheidet sich das Unternehmen für den praktischen Behelf in Paragraph C3, hat es dies anzugeben und diesen Behelf für alle seine Verträge anzuwenden. Demnach wendet das Unternehmen die Vorschriften der Paragraphen 9–11 lediglich auf Verträge an, die zum oder nach dem Zeitpunkt der erstmaligen Anwendung geschlossen (oder geändert) werden.

Leasingnehmer

C5 Der Leasingnehmer wendet diesen Standard auf seine Leasingverhältnisse entweder

a) rückwirkend auf jede vergangene Berichtsperiode an, in der nach IAS 8 *Rechnungslegungsmethoden, Änderungen von rechnungslegungsbezogenen Schätzungen und Fehler* verfahren wurde; oder

b) rückwirkend an, indem er zum Zeitpunkt der erstmaligen Anwendung die kumulierte Auswirkung der erstmaligen Anwendung des Standards gemäß den Paragraphen C7–C13 bilanziert

C6 Der Leasingnehmer wendet die gemäß Paragraph C5 gewählte Methode durchgängig für alle Leasingverhältnisse an, bei denen er Leasingnehmer ist.

C7 Entscheidet der Leasingnehmer, diesen Standard gemäß Paragraph C5(b) anzuwenden, so nimmt er keine Anpassung von Vergleichsinformationen vor. Stattdessen bilanziert er zum Zeitpunkt der erstmaligen Anwendung die kumulierte Auswirkung der erstmaligen Anwendung des Standards als Anpassung des Eröffnungssaldos der Gewinnrücklagen (oder ggf. einer sonstigen Eigenkapitalkomponente).

Leasingverhältnisse, die zuvor als Operating-Leasingverhältnisse eingestuft waren

C8 Entscheidet der Leasingnehmer, diesen Standard gemäß Paragraph C5(b) anzuwenden, so

a) erfasst er für Leasingverhältnisse, die zuvor gemäß IAS 17 als Operating-Leasingverhältnisse eingestuft waren, zum Zeitpunkt der erstmaligen Anwendung eine Leasingverbindlichkeit, die er zum Barwert der verbleibenden

Leasingzahlungen, abgezinst unter Anwendung seines Grenzfremdkapitalzinssatzes zum Zeitpunkt der erstmaligen Anwendung, bewertet,

b) erfasst er für Leasingverhältnisse, die zuvor gemäß IAS 17 als Operating-Leasingverhältnisse eingestuft waren, zum Zeitpunkt der erstmaligen Anwendung ein Nutzungsrecht; er entscheidet für jedes Leasingverhältnis, ob er zur Bewertung des Nutzungsrechts entweder

  i) den Buchwert ansetzt, als ob der Standard bereits seit dem Bereitstellungsdatum angewendet worden wäre, und diesen unter Anwendung seines Grenzfremdkapitalzinssatzes zum Zeitpunkt der erstmaligen Anwendung abzinst oder

  ii) einen Wert in Höhe der Leasingverbindlichkeit ansetzt, den er um den Betrag der für dieses Leasingverhältnis im Voraus geleisteten oder abgegrenzten Leasingzahlungen anpasst, die in der dem Zeitpunkt der erstmaligen Anwendung unmittelbar vorausgehenden Bilanz ausgewiesen waren,

c) wendet er, sofern er nicht den praktischen Behelf in Paragraph C10(b) wählt, zum Zeitpunkt der erstmaligen Anwendung auf die Nutzungsrechte IAS 36 *Wertminderung von Vermögenswerten* an.

C9 Für Leasingverhältnisse, die zuvor gemäß IAS 17 als Operating-Leasingverhältnisse eingestuft waren, und ungeachtet der Vorschriften in Paragraph C8

a) ist der Leasingnehmer bei Leasingverhältnissen, denen ein Vermögenswert von geringem Wert zugrunde liegt (siehe Beschreibung in den Paragraphen B3–B8) und die gemäß Paragraph 6 bilanziert werden, nicht verpflichtet, beim Übergang Anpassungen vorzunehmen; er bilanziert diese Leasingverhältnisse ab dem Zeitpunkt der erstmaligen Anwendung gemäß diesem Standard,

b) ist der Leasingnehmer bei Leasingverhältnissen, die zuvor gemäß IAS 40 *Als Finanzinvestition gehaltene Immobilien* nach dem Modell des beizulegenden Zeitwerts als als Finanzinvestition gehaltene Immobilien bilanziert wurden, nicht verpflichtet, beim Übergang Anpassungen vorzunehmen; er bilanziert die Nutzungsrechte und die Leasingverbindlichkeiten aus diesen Leasingverhältnissen ab dem Zeitpunkt der erstmaligen Anwendung gemäß IAS 40 und diesem Standard,

c) bewertet der Leasingnehmer bei Leasingverhältnissen, die zuvor gemäß IAS 17 als Operating-Leasingverhältnisse bilanziert wurden und ab dem Zeitpunkt der erstmaligen Anwendung gemäß IAS 40 nach dem Modell des beizulegenden Zeitwerts als als Finanzinvestition gehaltene Immobilien bilanziert werden sollen, die Nutzungsrechte zum Zeitpunkt der erstmaligen Anwendung nach dem beizulegenden Zeitwert; er bilanziert die Nutzungsrechte und die Leasingverbindlichkeiten aus diesen Leasingverhältnissen ab dem Zeitpunkt der erstmaligen Anwendung gemäß IAS 40 und diesem Standard.

C10 Wendet der Leasingnehmer diesen Standard gemäß Paragraph C5(b) rückwirkend auf Leasingverhältnisse an, die zuvor gemäß IAS 17 als Operating-Leasingverhältnisse eingestuft waren, so kann er einen oder mehrere der folgenden praktischen Behelfe anwenden. Er kann diese praktischen Behelfe für jedes seiner Leasingverhältnisse einzeln anwenden.

a) Der Leasingnehmer kann auf ein Portfolio ähnlich ausgestalteter Leasingverhältnisse (beispielsweise Leasingverhältnisse mit ähnlichen Vermögenswerten, mit ähnlicher Restlaufzeit und in einem ähnlichen Wirtschaftsumfeld) den gleichen Abzinsungssatz anwenden.

b) Der Leasingnehmer kann auf einen Werthaltigkeitstest verzichten und stattdessen unmittelbar vor dem Zeitpunkt der erstmaligen Anwendung gemäß IAS 37 *Rückstellungen, Eventualverbindlichkeiten und Eventualforderungen* bewerten, ob es sich bei seinen Leasingverhältnissen um belastende Verträge handelt. Wählt er diesen praktischen Behelf, so passt er das Nutzungsrecht zum Zeitpunkt der erstmaligen Anwendung um den Betrag an, der in der dem Zeitpunkt der erstmaligen Anwendung unmittelbar vorausgehenden Bilanz als Rückstellung für belastende Leasingverhältnisse ausgewiesen war.

c) Bei Leasingverhältnissen, deren Laufzeit innerhalb von 12 Monaten nach dem Zeitpunkt der erstmaligen Anwendung endet, kann der Leasingnehmer auf die Anwendung von Paragraph C8 verzichten. In diesen Fällen kann er

  i) diese Leasingverhältnisse so bilanzieren, als handele es sich um kurzfristige Leasingverhältnisse gemäß Paragraph 6, und

  ii) die mit diesen Leasingverhältnissen verbundenen Kosten in dem Geschäftsjahr, in das der Zeitpunkt der erstmaligen Anwendung fällt, in den Angaben als Aufwendungen für kurzfristige Leasingverhältnisse ausweisen.

d) Bei der Bewertung des Nutzungsrechts zum Zeitpunkt der erstmaligen Anwendung kann der Leasingnehmer die anfänglichen direkten Kosten unberücksichtigt lassen.

e) Sieht ein Vertrag Verlängerungs- oder Kündigungsoptionen vor, kann der Leasingnehmer die Laufzeit des Leasingverhältnisses rückwirkend bestimmen.

Leasingverhältnisse, die zuvor als Finanzierungsleasingverhältnisse eingestuft waren

C11 Wendet der Leasingnehmer diesen Standard

gemäß Paragraph C5(b) auf Leasingverhältnisse an, die zuvor gemäß IAS 17 als Finanzierungsleasingverhältnisse eingestuft waren, so entspricht der Buchwert des Nutzungsrechts und der Leasingverbindlichkeit zum Zeitpunkt der erstmaligen Anwendung demjenigen Buchwert, der sich bei Bewertung des geleasten Vermögenswerts und der Leasingverbindlichkeit gemäß IAS 17 unmittelbar vor diesem Zeitpunkt ergibt. Ab dem Zeitpunkt der erstmaligen Anwendung bilanziert der Leasingnehmer die Nutzungsrechte und die Leasingverbindlichkeiten dieser Leasingverhältnisse gemäß diesem Standard.

Angaben

C12 Wendet der Leasingnehmer diesen Standard gemäß Paragraph C5(b) an, veröffentlicht er die in Paragraph 28 von IAS 8 verlangten Angaben über die erstmalige Anwendung mit Ausnahme der Angaben nach Paragraph 28 (f) von IAS 8. Anstelle der Angaben nach Paragraph 28(f) von IAS 8 gibt der Leasingnehmer Folgendes an:

a) den gewichteten Durchschnittswert des Grenzfremdkapitalzinssatzes, den er für die zum Zeitpunkt der erstmaligen Anwendung in der Bilanz ausgewiesenen Leasingverbindlichkeiten anwendet, und

b) eine Erläuterung eines etwaigen Unterschiedsbetrags zwischen

   i) den Verbindlichkeiten aus Operating-Leasingverhältnissen, die zum Ende des dem Zeitpunkt der erstmaligen Anwendung unmittelbar vorausgehenden Geschäftsjahres gemäß IAS 17 ausgewiesen wurden und die anhand des Grenzfremdkapitalzinssatzes zum Zeitpunkt der erstmaligen Anwendung wie in Paragraph C8(a) beschrieben abgezinst wurden, und

   ii) den zum Zeitpunkt der erstmaligen Anwendung in der Bilanz ausgewiesenen Leasingverbindlichkeiten.

C13 Wendet der Leasingnehmer einen oder mehrere der in Paragraph C10 aufgeführten praktischen Behelfe an, hat er dies anzugeben.

Leasinggeber

C14 Außer in den in Paragraph C15 beschriebenen Fällen ist der Leasinggeber in Bezug auf Leasingverhältnisse, bei denen er der Leasinggeber ist, nicht verpflichtet, beim Übergang Anpassungen vorzunehmen. Er bilanziert diese Leasingverhältnisse ab dem Zeitpunkt der erstmaligen Anwendung gemäß diesem Standard.

C15 Der Unterleasinggeber

a) bewertet Unterleasingverhältnisse, die gemäß IAS 17 als Operating-Leasingverhältnisse eingestuft waren und zum Zeitpunkt der erstmaligen Anwendung noch bestehen, jeweils neu, um festzustellen, ob sie unter Anwendung dieses Standards als Operating-Leasingverhältnisse oder als Finanzierungsleasingverhältnisse einzustufen sind; er nimmt diese Bewertung zum Zeitpunkt der erstmaligen Anwendung auf der Grundlage der zu diesem Zeitpunkt gültigen Restlaufzeit und Bedingungen des Hauptleasingverhältnisses und des Unterleasingverhältnisses vor,

b) bilanziert Unterleasingverhältnisse, die gemäß IAS 17 als Operating-Leasingverhältnisse eingestuft waren, gemäß diesem Standard aber als Finanzierungsleasingverhältnisse einzustufen sind, wie zum Zeitpunkt der erstmaligen Anwendung neu eingegangene Finanzierungsleasingverhältnisse.

Vor dem Zeitpunkt der erstmaligen Anwendung geschlossene Sale-and-Lease-back-Transaktionen

C16 Bei vor dem Zeitpunkt der erstmaligen Anwendung geschlossenen Sale-and-Leaseback-Transaktionen bewertet das Unternehmen nicht neu, ob die Übertragung des zugrunde liegenden Vermögenswerts die Vorschriften von IFRS 15 für eine Bilanzierung als Veräußerung erfüllt.

C17 Wurde eine Sale-and-Leaseback-Transaktion gemäß IAS 17 als Veräußerung und Finanzierungsleasingverhältnis bilanziert,

a) bilanziert der Verkäufer/Leasingnehmer das Rückleasing wie jedes andere zum Zeitpunkt der erstmaligen Anwendung bestehende Finanzierungsleasingverhältnis und

b) schreibt jeglichen Ertrag aus der Veräußerung weiterhin über die Laufzeit des Leasingverhältnisses ab.

C18 Wurde eine Sale-and-Leaseback-Transaktion gemäß IAS 17 als Veräußerung und Operating-Leasingverhältnis bilanziert,

a) bilanziert der Verkäufer/Leasingnehmer das Rückleasing wie jedes andere zum Zeitpunkt der erstmaligen Anwendung bestehende Operating-Leasingverhältnis und

b) passt das Nutzungsrecht aus dem Rückleasing um etwaige marktunübliche abgegrenzte Gewinne oder Verluste, die in der dem Zeitpunkt der erstmaligen Anwendung unmittelbar vorausgehenden Bilanz ausgewiesen waren, an.

Zuvor für Unternehmenszusammenschlüsse erfasste Beträge

C19 Hat der Leasingnehmer im Rahmen eines Unternehmenszusammenschlusses günstige oder ungünstige Bedingungen eines Operating-Leasingverhältnisses übernommen und für diese zuvor einen Vermögenswert oder eine Verbindlichkeit gemäß IFRS 3 *Unternehmenszusammenschlüsse* erfasst, hat er diesen Vermögenswert oder diese Verbindlichkeit auszubuchen und den Buchwert des Nutzungsrechts zum Zeitpunkt der erstmaligen Anwendung um den entsprechenden Betrag anzupassen.

Verweise auf IFRS 9

C20 Wendet das Unternehmen diesen Standard an, bevor es IFRS 9 *Finanzinstrumente* anwendet, ist jeder Verweis auf IFRS 9 in diesem Standard als Verweis auf IAS 39 *Finanzinstrumente: Ansatz und Bewertung* zu verstehen.

COVID-19-bezogene Mietkonzessionen für Leasingnehmer

C20A Der Leasingnehmer hat die Verlautbarung *COVID-19-bezogene Mietkonzessionen* (siehe Paragraph C1A) rückwirkend anzuwenden und die kumulierten Auswirkungen der erstmaligen Anwendung dieser Änderung zu Beginn des Geschäftsjahres, in dem er die Änderung erstmals anwendet, als Anpassung des Eröffnungssaldos der Gewinnrücklagen (oder ggf. einer sonstigen Eigenkapitalkomponente) zu erfassen.

C20B Für die Berichtsperiode, in der der Leasingnehmer die Verlautbarung *COVID-19-bezogene Mietkonzessionen* erstmals anwendet, ist er nicht verpflichtet, die in Paragraph 28(f) von IAS 8 verlangten Angaben zu machen.

C20BA Der Leasingnehmer hat die Verlautbarung *COVID-19-bezogene Mietkonzessionen nach dem 30. Juni 2021* (siehe Paragraph C1C) rückwirkend anzuwenden und die kumulierten Auswirkungen der erstmaligen Anwendung dieser Änderung zu Beginn des Geschäftsjahres, in dem er die Änderung erstmals anwendet, als Anpassung des Eröffnungssaldos der Gewinnrücklagen (oder ggf. einer sonstigen Eigenkapitalkomponente) zu erfassen.

C20BB Für die Berichtsperiode, in der der Leasingnehmer die Verlautbarung *COVID-19-bezogene Mietkonzessionen nach dem 30. Juni 2021* erstmals anwendet, ist er nicht verpflichtet, die in Paragraph 28(f) von IAS 8 verlangten Angaben zu machen.

C20BC Nach Paragraph 2 dieses Standards hat der Leasingnehmer den praktischen Behelf in Paragraph 46A auf ähnlich ausgestaltete Verträge und unter ähnlichen Umständen konsistent anzuwenden, unabhängig davon, ob der Vertrag deshalb für den praktischen Behelf in Frage kam, weil der Leasingnehmer die Verlautbarung *COVID-19-bezogene Mietkonzessionen* (siehe Paragraph C1A) oder die Verlautbarung *COVID-19-bezogene Mietkonzessionen nach dem 30. Juni 2021* (siehe Paragraph C1C) angewandt hat.

Reform der Referenzzinssätze – Phase 2

C20C Soweit in Paragraph C20D nicht anders festgelegt, sind diese Änderungen gemäß IAS 8 rückwirkend anzuwenden.

C20D Das Unternehmen braucht frühere Perioden nicht an diese Änderungen anzupassen. Es darf frühere Perioden nur anpassen, wenn es dabei keine nachträglichen Erkenntnisse verwendet. Passt das Unternehmen frühere Perioden nicht an, hat es etwaige Differenzen zwischen dem bisherigen Buchwert und dem Buchwert zu Beginn des Geschäftsjahres, in dem der Zeitpunkt der erstmaligen Anwendung der Änderungen fällt, im Eröffnungssaldo der Gewinnrücklagen (oder ggf. einer sonstigen Eigenkapitalkomponente) des Geschäftsjahres zu erfassen, in das der Zeitpunkt der erstmaligen Anwendung dieser Änderungen fällt.

Leasingverbindlichkeit in einer Sale-and-Leaseback-Transaktion

C20E Ein Verkäufer/Leasingnehmer hat die Verlautbarung *Leasing-Verbindlichkeit in einer Sale-and-Leaseback-Transaktion* (siehe Paragraph C1D) gemäß IAS 8 rückwirkend auf nach dem Zeitpunkt der erstmaligen Anwendung geschlossene Sale-and-Leaseback-Transaktionen anzuwenden.

RÜCKNAHME ANDERER STANDARDS

C21 Dieser Standard ersetzt die folgenden Standards und Interpretationen:

a) IAS 17 *Leasingverhältnisse,*
b) IFRIC 4 *Feststellung, ob eine Vereinbarung ein Leasingverhältnis enthält,*
c) SIC-15 *Operating-Leasingverhältnisse – Anreize* und
d) SIC-27 *Beurteilung des wirtschaftlichen Gehalts von Transaktionen in der rechtlichen Form von Leasingverhältnissen.*

Anhang D
Änderungen anderer Standards

In diesem Anhang sind die Änderungen zusammengefasst, die infolge dieses vom IASB veröffentlichten Standards an anderen Standards erforderlich werden. Diese Änderungen sind auf Geschäftsjahre anzuwenden, die am oder nach dem 1. Januar 2019 beginnen. Wendet ein Unternehmen diesen Standard auf eine frühere Periode an, so hat es auf diese Periode auch diese Änderungen anzuwenden.

Das Unternehmen darf IFRS 16 nicht früher anwenden als IFRS 15 Erlöse aus Verträgen mit Kunden (siehe Paragraph C1).

Aus diesem Grund werden die Änderungen in Bezug auf Standards, die am 1. Januar 2016 bereits in Kraft waren, in diesem Anhang auf der Grundlage der am 1. Januar 2016 gültigen Fassungen dieser Standards, d. h. auf der Grundlage der durch den IFRS 15 geänderten Fassungen dargestellt. Änderungen, die am 1. Januar 2016 noch nicht in Kraft waren, wurden bei der Zusammenstellung in diesem Anhang außer Acht gelassen.

In Bezug auf Standards, die am 1. Januar 2016 noch nicht in Kraft waren, basieren die in diesem Anhang enthaltenen Änderungen auf der – durch den IFRS 15 geänderten – ursprünglich veröffentlichten Fassung dieser Standards. Änderungen, die am 1. Januar 2016 noch nicht in Kraft waren, wurden bei der Zusammenstellung in diesem Anhang außer Acht gelassen.

3/15. IFRS 17

INTERNATIONAL FINANCIAL REPORTING STANDARD 17
Versicherungsverträge

IFRS 17, VO (EU) 2023/1803

Gliederung	§§
ZIELSETZUNG	1–2
ANWENDUNGSBEREICH	3–13
Kombination von Versicherungsverträgen	9
Abtrennung von Komponenten eines Versicherungsvertrags (Paragraphen B31–B35)	10–13
AGGREGATIONSNIVEAU VON VERSICHERUNGSVERTRÄGEN	14–24
ANSATZ	25–28F
Abschlusskosten (Paragraphen B35A–B35D)	28A–28F
BEWERTUNG (PARAGRAPHEN B36–B119F)	29–71
Bewertung beim erstmaligen Ansatz (Paragraphen B36–B95F)	32–39
Schätzungen der zukünftigen Zahlungsströme (Paragraphen B36–B71)	33–35
Abzinsungssätze (Paragraphen B72–B85)	36
Risikoanpassung für nichtfinanzielle Risiken (Paragraphen B86–B92)	37
Vertragliche Servicemarge	38–39
Folgebewertung	40–46
Vertragliche Servicemarge (Paragraphen B96–B119B)	43–46
Belastende Verträge	47–52
Prämienallokationsansatz	53–59
Gehaltene Rückversicherungsverträge	60–70A
Ansatz	62–62A
Bewertung	63–68
Prämienallokationsansatz für gehaltene Rückversicherungsverträge	69–70A
Kapitalanlageverträge mit ermessensabhängiger Überschussbeteiligung	71
ÄNDERUNG UND AUSBUCHUNG	72–77
Änderung eines Versicherungsvertrags	72–73
Ausbuchung	74–77
AUSWEIS IN DER BILANZ	78–79
ANSATZ UND AUSWEIS IN DER GESAMTERGEBNISRECHNUNG (PARAGRAPHEN B120–B136)	80–92
Versicherungstechnisches Ergebnis	83–86
Versicherungstechnische Finanzerträge oder -aufwendungen (siehe Paragraphen B128–B136)	87–92
ANGABEN	93–132
Erläuterung der erfassten Beträge	97–116
Versicherungstechnische Finanzerträge oder -aufwendungen	110–113
Übergangsbeträge	114–116
Wesentliche Ermessensentscheidungen bei der Anwendung von IFRS 17	117–120
Art und Umfang der Risiken aus Verträgen, die in den Anwendungsbereich von IFRS 17 fallen	121–132
Alle Arten von Risiken – Risikokonzentrationen	127
Versicherungs- und Marktrisiken – Sensitivitätsanalyse	128–129
Versicherungsrisiko – Schadenentwicklung	130
Kreditrisiko – sonstige Informationen	131
Liquiditätsrisiko – sonstige Informationen	132
ANHANG A: DEFINITIONEN	
ANHANG B: ANWENDUNGSLEITLINIEN	B1

3/15. IFRS 17

DEFINITION EINES VERSICHERUNGSVERTRAGS (ANHANG A)	B2–B30
Ungewisses künftiges Ereignis	B3–B5
Naturalleistungen	B6
Die Unterscheidung zwischen dem Versicherungsrisiko und anderen Risiken	B7–B16
Signifikantes Versicherungsrisiko	B17–B23
Änderungen im Umfang des Versicherungsrisikos	B24–B25
Beispiele für Versicherungsverträge	B26–B30
ABTRENNUNG VON KOMPONENTEN EINES VERSICHERUNGSVERTRAGS (PARAGRAPHEN 10–13)	B31–B35
Kapitalanlagekomponenten (Paragraph 11(b))	B31–B32
Zusagen, eigenständig abgrenzbare Güter oder Dienstleistungen zu übertragen, bei denen es sich nicht um Leistungen gemäß dem Versicherungsvertrag handelt (Paragraph 12)	B33–B35
ABSCHLUSSKOSTEN (PARAGRAPHEN 28A–28F)	B35A–B35D
BEWERTUNG (PARAGRAPHEN 29–71)	B36–B119F
Schätzungen der künftigen Zahlungsströme (Paragraphen 33–35)	B36–B71
Objektive Nutzung aller angemessenen und belastbaren Informationen, die ohne unangemessenen Kosten- oder Zeitaufwand verfügbar sind (Paragraph 33(a))	B37–B41
Marktvariablen und nicht marktbedingungsabhängige Variablen	B42–B53
Verwendung aktueller Schätzungen (Paragraph 33(c))	B54–B60
Zahlungsströme innerhalb der Vertragsgrenze (Paragraph 34)	B61–B71
Abzinsungssätze (Paragraph 36)	B72–B85
Risikoanpassung für nichtfinanzielle Risiken (Paragraph 37)	B86–B92
Erstmaliger Ansatz von Übertragungen von Versicherungsverträgen und Unternehmenszusammenschlüssen (Paragraph 39)	B93–B95F
Als Vermögenswert angesetzte Abschlusskosten	B95E–B95F
Änderungen des Buchwerts der vertraglichen Servicemarge für Versicherungsverträge ohne direkte Überschussbeteiligung (Paragraph 44)	B96–B100
Änderungen des Buchwerts der vertraglichen Servicemarge für Versicherungsverträge mit direkter Überschussbeteiligung (Paragraph 45)	B101–B118
Erfolgswirksame Erfassung der vertraglichen Servicemarge	B119–B119B
Gehaltene Rückversicherungsverträge – Erfassung der Verlustrückerstattung für zugrunde liegende Versicherungsverträge (Paragraphen 66A–66B)	B119C–B119F
VERSICHERUNGSTECHNISCHE ERTRÄGE (PARAGRAPHEN 83 UND 85)	B120–B127
VERSICHERUNGSTECHNISCHE FINANZERTRÄGE ODER -AUFWENDUNGEN (PARAGRAPHEN 87–92)	B128–B136
DIE AUSWIRKUNGEN VON RECHNUNGSLEGUNGSBEZOGENEN SCHÄTZUNGEN IN ZWISCHENABSCHLÜSSEN	B137
ANHANG C: ZEITPUNKT DES INKRAFTTRETENS UND ÜBERGANGSVORSCHRIFTEN	
ZEITPUNKT DES INKRAFTTRETENS	C1–C2A
ÜBERGANGSVORSCHRIFTEN	C3–C33A
Modifizierter rückwirkender Ansatz	C6–C19A
Beurteilungen zum Vertragsbeginn oder bei erstmaligem Ansatz	C9–C10
Bestimmung der vertraglichen Servicemarge oder der Verlustkomponente für Gruppen von Versicherungsverträgen ohne direkte Überschussbeteiligung	C11–C16C
Bestimmung der vertraglichen Servicemarge oder der Verlustkomponente für Versicherungsverträge mit direkter Überschussbeteiligung	C17–C17A
Versicherungstechnische Finanzerträge oder -aufwendungen	C18–C19A
Fair-Value-Ansatz	C20–C24B
Als Vermögenswert angesetzte Abschlusskosten	C24A–C24B
Vergleichsinformationen	C25–C28E
Unternehmen, die IFRS 17 und IFRS 9 gleichzeitig erstmalig anwenden	C28A–C28E
Neudesignation finanzieller Vermögenswerte	C29–C33A
RÜCKNAHME ANDERER IFRS	C34

ZIELSETZUNG

1 IFRS 17 *Versicherungsverträge* regelt die Grundsätze für den Ansatz, die Bewertung, den Ausweis sowie die Angaben für *Versicherungsverträge*, die in den Anwendungsbereich dieses Standards fallen. Die Zielsetzung von IFRS 17 besteht darin sicherzustellen, dass ein Unternehmen relevante Informationen zur wahrheitsgetreuen Darstellung dieser Versicherungsverträge bereitstellt. Diese Informationen bieten den Abschlussadressaten eine Grundlage, um die Auswirkungen von Versicherungsverträgen auf die Vermögens-, Finanz- und Ertragslage sowie die Zahlungsströme eines Unternehmens beurteilen zu können.

2 Ein Unternehmen hat bei der Anwendung von IFRS 17 seine wesentlichen Rechte und Pflichten zu berücksichtigen, unabhängig davon, ob diese in einem Vertrag, in Gesetzen oder in Vorschriften begründet sind. Ein Vertrag ist eine Vereinbarung zwischen zwei oder mehr Parteien, die durchsetzbare Rechte und Pflichten begründet. Die Durchsetzbarkeit vertraglicher Rechte und Pflichten ist eine Rechtsfrage. Verträge können schriftlich oder mündlich geschlossen werden oder sich aus den Geschäftsgepflogenheiten eines Unternehmens ergeben. Die Vertragsbedingungen umfassen alle explizit wie impliziten Bedingungen eines Vertrags. Bedingungen ohne wirtschaftliche Substanz (d. h. ohne wahrnehmbare Auswirkung auf den wirtschaftlichen Inhalt des Vertrags) sind vom Unternehmen jedoch unberücksichtigt zu lassen. Implizite Bedingungen eines Vertrags umfassen alle per Gesetz oder Vorschriften auferlegten Bedingungen. Gepflogenheiten und Verfahren für den Abschluss von Verträgen mit Kunden sind von Rechtsraum zu Rechtsraum, Branche zu Branche und Unternehmen zu Unternehmen unterschiedlich. Selbst innerhalb eines Unternehmens können sie variieren (und beispielsweise von der Kundenkategorie oder der Art der zugesagten Güter oder Dienstleistungen abhängen).

ANWENDUNGSBEREICH

3 IFRS 17 ist von einem Unternehmen anzuwenden auf
a) von ihm ausgestellte Versicherungsverträge, einschließlich Rückversicherungsverträgen,
b) gehaltene Rückversicherungsverträge und
c) von ihm ausgestellte *Kapitalanlageverträge mit ermessensabhängiger Überschussbeteiligung*, vorausgesetzt, das Unternehmen stellt auch Versicherungsverträge aus.

4 Alle Verweise in IFRS 17 auf Versicherungsverträge gelten auch für
a) gehaltene Rückversicherungsverträge, mit Ausnahme von
   i) Verweisen auf ausgestellte Versicherungsverträge und
   ii) wie in den Paragraphen 60–70A beschrieben.
b) Kapitalanlageverträge mit ermessensabhängiger Überschussbeteiligung gemäß Paragraph 3(c), ausgenommen Verweise auf Versicherungsverträge in Paragraph 3(c) und wie in Paragraph 71 beschrieben.

5 Alle Verweise auf ausgestellte Versicherungsverträge in IFRS 17 gelten auch für Versicherungsverträge, die von dem Unternehmen im Rahmen einer Übertragung von Versicherungsverträgen oder im Rahmen eines Unternehmenszusammenschlusses erworben wurden, mit Ausnahme der gehaltenen Rückversicherungsverträge.

6 In Anhang A wird der Begriff „Versicherungsvertrag" definiert, und die Paragraphen B2–B30 des Anhangs B enthalten Leitlinien zur Definition eines Versicherungsvertrags.

7 IFRS 17 ist von einem Unternehmen nicht anzuwenden auf
a) Garantien, die ein Hersteller, Groß- oder Einzelhändler einem Kunden in Verbindung mit dem Verkauf seiner Waren oder Dienstleistungen gewährt (siehe IFRS 15 *Erlöse aus Verträgen mit Kunden*);
b) Vermögenswerte und Verbindlichkeiten von Arbeitgebern aus Versorgungsplänen für Arbeitnehmer (siehe IAS 19 *Leistungen an Arbeitnehmer* und IFRS 2 *Anteilsbasierte Vergütung*) und Verpflichtungen aus der Versorgungszusage, die unter leistungsorientierten Altersversorgungsplänen ausgewiesen werden (siehe IAS 26 *Bilanzierung und Berichterstattung von Altersversorgungsplänen*);
c) vertragliche Anrechte oder vertragliche Verpflichtungen, die von der künftigen Nutzung oder vom künftigen Recht auf Nutzung eines nichtfinanziellen Postens abhängen (z. B. bestimmte Lizenzgebühren, Nutzungsentgelte, variable und andere bedingte Leasingzahlungen und ähnliche Posten; vgl. IFRS 15, IAS 38 *Immaterielle Vermögenswerte* und IFRS 16 *Leasingverhältnisse*);
d) vom Hersteller, Groß- oder Einzelhändler gewährte Restwertgarantien und Restwertgarantien eines Leasingnehmers, wenn sie Teil eines Leasingverhältnisses sind (siehe IFRS 15 und IFRS 16);
e) finanzielle Garantien, es sei denn, der Garantiegeber hat zuvor ausdrücklich erklärt, dass er solche Verträge als Versicherungsverträge betrachtet und die auf Versicherungsverträge anwendbaren Rechnungslegungsmethoden angewandt hat. Der Garantiegeber muss wählen, ob er auf derartige finanzielle Garantien entweder IFRS 17 oder IAS 32 *Finanzinstrumente: Darstellung*, IFRS 7 *Finanzinstrumente: Angaben* und IFRS 9 *Finanzinstrumente* anwendet. Der Garantiegeber kann das Wahlrecht für jeden Vertrag einzeln ausüben, aber das für den jeweiligen Vertrag ausgeübte Wahlrecht ist unwiderruflich;
f) im Rahmen eines Unternehmenszusammenschlusses zu zahlende oder ausstehende be-

dingte Gegenleistungen (siehe IFRS 3 *Unternehmenszusammenschlüsse*);

g) Versicherungsverträge, bei denen das Unternehmen der *Versicherungsnehmer* ist, es sei denn, es handelt sich dabei um gehaltene Rückversicherungsverträge (vgl. Paragraph 3(b));

h) Kreditkartenverträge oder ähnliche Verträge, die Kredit- oder Zahlungsvereinbarungen enthalten, die die Definition eines Versicherungsvertrags erfüllen. Dies gilt jedoch nur dann, falls das Unternehmen bei Bepreisung des Vertrags mit einem bestimmten Kunden keine Bewertung des mit diesem individuellen Kunden verbundenen *Versicherungsrisikos* vornimmt (siehe IFRS 9 und andere geltende IFRS). Wenn ein Unternehmen allerdings nach IFRS 9 eine in einem solchen Vertrag enthaltene Versicherungsdeckungskomponente abtrennen muss (siehe Paragraph 2.1(e)(iv) von IFRS 9), muss es auf diese Komponente IFRS 17 anwenden.

8 Manche Verträge erfüllen die Definition eines Versicherungsvertrags, doch ihr primärer Zweck besteht in der Erbringung von Dienstleistungen gegen ein festes Entgelt. Ein Unternehmen hat das Wahlrecht, auf solche von ihm selbst ausgestellten Verträge IFRS 15 anstelle von IFRS 17 anzuwenden, vorausgesetzt, dass bestimmte Voraussetzungen erfüllt sind. Das Unternehmen kann diese Wahl für jeden Vertrag einzeln treffen, aber die für den jeweiligen Vertrag getroffene Wahl ist unwiderruflich. Diese Voraussetzungen bestehen darin, dass

a) das Unternehmen dem mit einem einzelnen Kunden verbundenen Risiko bei der Bepreisung des Vertrags mit diesem Kunden nicht Rechnung trägt,

b) der Vertrag den Kunden durch die Erbringung von Dienstleistungen und nicht durch Barzahlungen an den Kunden entschädigt, und

c) das durch den Versicherungsvertrag übertragene Versicherungsrisiko in erster Linie aus der Nutzung der Dienstleistungen durch den Kunden entsteht, und nicht aus der Ungewissheit in Bezug auf die Kosten dieser Dienstleistungen.

8A Manche Verträge erfüllen die Definition eines Versicherungsvertrags, begrenzen jedoch die Ausgleichszahlung im Versicherungsfall auf den Betrag, der ansonsten erforderlich wäre, um die durch den Vertrag begründete Verpflichtung des Versicherungsnehmers zu erfüllen (z. B. Darlehen mit Verzicht auf Rückzahlung im Todesfall). Ein Unternehmen hat das Wahlrecht, auf solche von ihm selbst ausgestellten Verträge entweder IFRS 17 oder IFRS 9 anzuwenden, falls diese Verträge nicht durch Paragraph 7 vom Anwendungsbereich des IFRS 17 ausgeschlossen sind. Das Unternehmen hat das Wahlrecht für jedes *Portfolio von Versicherungsverträgen* einzeln auszuüben, aber die für das jeweilige Portfolio getroffene Wahl ist unwiderruflich.

Kombination von Versicherungsverträgen

9 Eine Reihe oder Serie von Versicherungsverträgen mit derselben oder einer verbundenen Gegenpartei kann eine wirtschaftliche Gesamtwirkung erzielen oder auf die Erzielung einer solchen ausgerichtet sein. Zur Bilanzierung des Inhalts derartiger Verträge kann es erforderlich sein, die Reihe oder Serie von Verträgen als Ganzes zu behandeln. Wenn beispielsweise die aus einem Vertrag erwachsenden Rechte oder Pflichten nichts Anderes bewirken, als die Rechte oder Pflichten eines anderen gleichzeitig mit derselben Gegenpartei geschlossenen Vertrags hinfällig zu machen, besteht die kombinierte Wirkung darin, dass keine Rechte oder Pflichten bestehen.

Abtrennung von Komponenten eines Versicherungsvertrags (Paragraphen B31–B35)

10 Ein Versicherungsvertrag kann eine oder mehrere Komponenten enthalten, die, wären sie getrennte Verträge, in den Anwendungsbereich eines anderen Standards fielen. So kann ein Versicherungsvertrag beispielsweise eine *Kapitalanlagekomponente* und/oder eine Komponente für andere Dienstleistungen als die *Leistungen gemäß dem Versicherungsvertrag* beinhalten. Zur Bestimmung und Bilanzierung der Komponenten des Vertrags hat ein Unternehmen nach den Paragraphen 11–13 zu verfahren.

11 Ein Unternehmen

a) hat unter Anwendung von IFRS 9 zu bestimmen, ob ein getrennt zu bilanzierendes eingebettetes Derivat vorliegt und, sofern vorhanden, wie dieses Derivat zu bilanzieren ist.

b) hat eine Kapitalanlagekomponente nur dann vom Basisversicherungsvertrag abzutrennen, wenn diese Komponente eigenständig abgrenzbar ist (siehe Paragraphen B31–B32). Das Unternehmen muss die abgetrennte Kapitalanlagekomponente nach IFRS 9 bilanzieren, es sei denn, es handelt sich um einen Kapitalanlagevertrag mit ermessensabhängiger Überschussbeteiligung, der in den Anwendungsbereich von IFRS 17 fällt (siehe Paragraph 3(c)).

12 Nach Anwendung von Paragraph 11 zur Abtrennung etwaiger Zahlungsströme im Zusammenhang mit eingebetteten Derivaten und eigenständig abgrenzbaren Kapitalanlagekomponenten muss ein Unternehmen nach Paragraph 7 von IFRS 15 jede etwaige Zusage zur Übertragung anderer eigenständig abgrenzbarer Güter oder Dienstleistungen als Leistungen gemäß dem Versicherungsvertrag auf einen Versicherungsnehmer vom Basisversicherungsvertrag abtrennen. Das Unternehmen hat derartige Zusagen nach IFRS 15 zu bilanzieren. Bei der Anwendung von Paragraph 7 von IFRS 15 muss ein Unternehmen zur Abtrennung der Zusage die Paragraphen B33–B35 von IFRS 17 anwenden und beim erstmaligen Ansatz

a) IFRS 15 anwenden, um die Mittelzuflüsse entweder der Versicherungskomponente oder etwaigen Zusagen zur Bereitstellung anderer eigenständig abgrenzbarer Güter oder Dienstleistungen als Leistungen gemäß dem Versicherungsvertrag zuzuordnen, und

b) die Mittelabflüsse entweder der Versicherungskomponente oder etwaigen anderen zugesagten Gütern oder Dienstleistungen als Leistungen gemäß dem Versicherungsvertrag zuordnen, die nach IFRS 15 bilanziert werden, sodass

   i) Mittelabflüsse, die direkt mit jeder Komponente verbunden sind, dieser Komponente zugeordnet werden und

   ii) etwaige verbleibende Mittelabflüsse auf systematischer und rationaler Basis zugeordnet werden, unter Berücksichtigung von Mittelabflüssen, die das Unternehmen erwarten würde, wenn die Komponente ein gesonderter Vertrag wäre.

13 Nach Anwendung der Paragraphen 11–12 hat ein Unternehmen auf alle verbleibenden Komponenten des Basisversicherungsvertrags IFRS 17 anzuwenden. Im Folgenden beziehen sich alle Verweise auf eingebettete Derivate auf Derivate, die nicht vom Basisversicherungsvertrag abgetrennt wurden, und alle Verweise auf Kapitalanlagekomponenten beziehen sich auf Kapitalanlagekomponenten, die nicht vom Basisversicherungsvertrag abgetrennt wurden (mit Ausnahme der in den Paragraphen B31–B32 enthaltenen Verweise).

AGGREGATIONSNIVEAU VON VERSICHERUNGSVERTRÄGEN

14 Ein Unternehmen hat Portfolios von Versicherungsverträgen zu bestimmen. Ein Portfolio umfasst Versicherungsverträge mit ähnlichen Risiken, die gemeinsam gesteuert werden. Für Verträge innerhalb einer Sparte ist zu erwarten, dass sie ähnlichen Risiken ausgesetzt sind und daher dem gleichen Portfolio zugeordnet werden, wenn sie gemeinsam gesteuert werden. Bei Verträgen in verschiedenen Sparten (wie Verträgen mit Einmalprämie und festen Jahresbeträgen im Vergleich zu Lebensversicherungen mit regulärer Laufzeit) würde nicht von ähnlichen Risiken ausgegangen und folglich würde man erwarten, dass sie verschiedenen Portfolios zugeordnet werden.

15 Die Paragraphen 16–24 gelten für ausgestellte Versicherungsverträge. Die Vorschriften in Bezug auf das Aggregationsniveau von gehaltenen Rückversicherungsverträgen sind in Paragraph 61 enthalten.

16 Ein Unternehmen unterteilt ein Portfolio ausgestellter Versicherungsverträge in mindestens

a) eine Gruppe von Verträgen, die beim erstmaligen Ansatz belastend sind (soweit vorhanden),

b) **eine Gruppe von Verträgen, bei denen beim erstmaligen Ansatz keine signifikante Wahrscheinlichkeit besteht, dass sie belastend werden (soweit vorhanden) und**

c) **eine Gruppe mit den verbleibenden Verträgen eines Portfolios (soweit vorhanden).**

17 Verfügt ein Unternehmen über angemessene und belastbare Informationen, die darauf schließen lassen, dass eine Reihe von Verträgen bei Anwendung des Paragraphen 16 derselben Gruppe angehören werden, kann das Unternehmen diese Reihe von Verträgen bewerten, um zu bestimmen, ob sie belastend sind (siehe Paragraph 47), und das Unternehmen kann die Reihe von Verträgen beurteilen, um festzustellen, ob sie keine signifikante Wahrscheinlichkeit aufweisen, in der Folge zu belastenden Verträgen zu werden (siehe Paragraph 19). Verfügt das Unternehmen nicht über angemessene und belastbare Informationen, die darauf schließen lassen, dass eine Reihe von Verträgen alle derselben Gruppe angehören werden, hat es durch Prüfung der einzelnen Verträge die Gruppe zu bestimmen, zu der die Verträge gehören.

18 Bei ausgestellten Verträgen, auf die das Unternehmen den Prämienallokationsansatz anwendet (siehe Paragraphen 53–59), hat das Unternehmen davon auszugehen, dass keine Verträge im Portfolio beim erstmaligen Ansatz belastend sind, es sei denn, Fakten und Umstände deuten auf etwas anderes hin. Ein Unternehmen hat zu prüfen, ob Verträge, die beim erstmaligen Ansatz nicht belastend sind, keine signifikante Wahrscheinlichkeit aufweisen, dass sie in der Folge zu belastenden Verträgen werden, und bewertet zu diesem Zweck die Wahrscheinlichkeit von Änderungen bei zugrunde zu legenden Fakten und Umständen.

19 Bei ausgestellten Verträgen, auf die das Unternehmen den Prämienallokationsansatz nicht anwendet (siehe Paragraphen 53 und 54), hat das Unternehmen zu beurteilen, ob Verträge, die beim erstmaligen Ansatz nicht belastend sind, keine signifikante Wahrscheinlichkeit aufweisen, dass sie belastend werden können

a) aufgrund der Wahrscheinlichkeit von Änderungen der Annahmen, welche – sofern sie vorkommen – dazu führen würden, dass die Verträge belastend werden,

b) unter Heranziehung von Informationen über Schätzungen, die vom internen Berichtswesen des Unternehmens zur Verfügung gestellt werden. Bei der Beurteilung, ob Verträge, die beim erstmaligen Ansatz nicht belastend sind, eine signifikante Wahrscheinlichkeit aufweisen, dass sie belastend werden,

   i) darf ein Unternehmen folglich Informationen, die vom internen Berichtswesen zur Verfügung gestellt werden bezüglich der Auswirkungen von Änderungen bei Annahmen zu verschiedenen Verträgen, auf die Wahrscheinlichkeit, dass sie belastend werden, nicht unberücksichtigt lassen, aber

ii) ist ein Unternehmen nicht verpflichtet, zusätzliche Informationen einzuholen, die über das hinausgehen, was im internen Berichtswesen in Bezug auf die Auswirkungen von Änderungen der Annahmen zu verschiedenen Verträgen vorgesehen ist.

20 Wenn unter Anwendung der Paragraphen 14–19 Verträge eines Portfolios in verschiedene Gruppen fallen würden, nur weil Gesetze oder Vorschriften die tatsächliche Fähigkeit des Unternehmens spezifisch einschränken, einen unterschiedlichen Preis oder ein unterschiedliches Leistungsniveau für Versicherungsnehmer mit unterschiedlichen Eigenschaften festzulegen, kann das Unternehmen diese Verträge derselben Gruppe zuordnen. Das Unternehmen darf diesen Paragraphen nicht analog auf andere Sachverhalte anwenden.

21 Ein Unternehmen darf die in Paragraph 16 beschriebenen Gruppen unterteilen. So kann ein Unternehmen beispielsweise die Wahl treffen, die Portfolios aufzuteilen in
a) mehrere Gruppen, die beim erstmaligen Ansatz nicht belastend sind, wenn das interne Berichtswesen des Unternehmens Informationen liefert, die folgende Unterscheidungen ermöglichen:
   i) unterschiedliche Profitabilitätsniveaus oder
   ii) unterschiedliche Wahrscheinlichkeiten, dass Verträge nach dem erstmaligen Ansatz belastend werden, und
b) mehr als eine Gruppe von Verträgen, die beim erstmaligen Ansatz belastend sind, wenn das interne Berichtswesen detaillierte Informationen in Bezug auf das Ausmaß, zu dem die Verträge belastend sind, liefert.

22*) Ein Unternehmen darf Verträge, die mit mehr als einem Jahr Abstand voneinander ausgestellt wurden, nicht in ein und dieselbe Gruppe aufnehmen. Um dies zu erreichen, hat das Unternehmen erforderlichenfalls die in den Paragraphen 16–21 beschriebenen Gruppen weiter zu unterteilen.

---
*) Ergänzung gemäß Art. 2 Abs. 2 VO (EU) 2021/2036: Ein Unternehmen kann die Wahl treffen, die Vorgabe in Paragraph 22 des International Financial Reporting Standard 17 Versicherungsverträge (im Folgenden „IFRS 17") im Anhang dieser Verordnung nicht anzuwenden auf:
a) Gruppen von Versicherungsverträgen mit direkter Überschussbeteiligung und Gruppen von Kapitalanlageverträgen mit ermessensabhängiger Überschussbeteiligung gemäß der Definition in Anhang A von IFRS 17 im Anhang dieser Verordnung und jeweils mit Zahlungsströmen, die gemäß den Paragraphen B67 und B68 in Anhang B von IFRS 17 im Anhang dieser Verordnung Zahlungsströme an Versicherungsnehmer anderer Verträge beeinflussen oder von diesen beeinflusst werden,
b) Gruppen von Versicherungsverträgen, bei denen die Verträge über mehrere Vertragsgenerationen hinweg gesteuert werden, die in Artikel 77b der Richtlinie 2009/138/EG genannten Bedingungen erfüllen und für die die Versicherungsaufsicht die Anwendung der Matching-Anpassung genehmigt hat.

Wendet ein Unternehmen die Vorgabe des Paragraphen 22 von IFRS 17 im Anhang dieser Verordnung gemäß den Buchstaben a oder b nicht an, hat es dies im Anhang seines Abschlusses gemäß IAS 1 Darstellung des Abschlusses als wesentliche Rechnungslegungsmethode anzugeben und weitere Erläuterungen zu liefern, z. B. bei welchen Portfolios es von dieser Ausnahme Gebrauch gemacht hat.

23 Eine *Gruppe von Versicherungsverträgen* umfasst einen einzelnen Vertrag, wenn dies das Ergebnis der Anwendung der Paragraphen 14–22 ist.

24 Ein Unternehmen hat die Ansatz- und Bewertungsvorschriften von IFRS 17 auf die durch Anwendung der Paragraphen 14–23 bestimmten Vertragsgruppen anzuwenden. Ein Unternehmen hat die Gruppen beim erstmaligen Ansatz zu bestimmen und Verträge den Gruppen unter Anwendung von Paragraph 28 hinzuzufügen. Das Unternehmen darf in der Folge keine Neubeurteilung der Zusammensetzung der Gruppen vornehmen. Zur Bewertung einer Gruppe von Verträgen kann ein Unternehmen die *Erfüllungswerte* auf einem höheren Aggregationsniveau als dem der Gruppe oder des Portfolios schätzen, vorausgesetzt, das Unternehmen ist in der Lage, die angemessenen Erfüllungswerte bei der Bewertung der Gruppe nach den Paragraphen 32(a), 40(a)(i) und 40(b) aufzunehmen, indem diese Schätzungen den Gruppen von Verträgen zugeordnet werden.

ANSATZ

25 Eine Gruppe von Versicherungsverträgen ist vom ausstellenden Unternehmen zum frühesten der folgenden Zeitpunkte anzusetzen:
a) **zu Beginn des Deckungszeitraums der Gruppe von Verträgen,**
b) **zum Zeitpunkt, an welchem die erste Zahlung eines Versicherungsnehmers in der Gruppe fällig wird, und**
c) **für eine Gruppe von belastenden Verträgen, wenn die Gruppe belastend wird.**

26 Wenn es kein vertragliches Fälligkeitsdatum gibt, gilt die erste Zahlung des Versicherungsnehmers dann als fällig, wenn sie eingeht. Ein Unternehmen ist nicht verpflichtet, vor dem frühesten der in den Paragraphen 25(a) und 25(b) festgelegten Zeitpunkten unter Anwendung von Paragraph 16 zu bestimmen, ob Verträge eine Gruppe belastender Verträge bilden, wenn Fakten und Umstände darauf hinweisen, dass eine solche Gruppe besteht.

27 [gestrichen]

28 Beim Ansatz einer Gruppe von Versicherungsverträgen in einer Berichtsperiode darf ein Unternehmen nur Verträge berücksichtigen, die – jeder für sich – eines der in Paragraph 25 festgelegten Kriterien erfüllen, und das Unternehmen muss die Abzinsungssätze zum Zeitpunkt des erstmaligen Ansatzes (vgl. Paragraph B73) und die in der Berichtsperiode erbrachten Deckungseinheiten schätzen (vgl. Paragraph B119). Vorbehaltlich der Paragraphen 14–22 kann ein Unternehmen nach Ende einer Berichtsperiode weitere Verträge in die Gruppe aufnehmen. Die Aufnahme eines Vertrags

in die Gruppe hat in der Berichtsperiode zu erfolgen, in der dieser Vertrag eines der in Paragraph 25 dargestellten Kriterien erfüllt. Dies kann zu einer Änderung bei der Bestimmung der Abzinsungssätze zum Zeitpunkt des erstmaligen Ansatzes unter Anwendung von Paragraph B73 führen. Ein Unternehmen wendet die geänderten Abzinsungssätze ab Beginn der Berichtsperiode, in der die neuen Verträge in die Gruppe aufgenommen werden, an.

Abschlusskosten (Paragraphen B35A–B35D)

28A Ein Unternehmen hat seine *Abschlusskosten* unter Anwendung der Paragraphen B35A und B35B nach einer systematischen und rationalen Methode auf Gruppen von Versicherungsverträgen aufzuteilen, es sei denn, es übt das Wahlrecht aus, sie unter Anwendung von Paragraph 59(a) als Aufwand zu erfassen.

28B Wenn ein Unternehmen Paragraph 59(a) nicht anwendet, muss es die gezahlten Abschlusskosten (oder Abschlusskosten, die unter Anwendung eines anderen IFRS als Verbindlichkeit angesetzt wurden) als Vermögenswert ansetzen, bevor die zugehörige Gruppe von Versicherungsverträgen bilanziert wird. Ein Unternehmen hat für jede zugehörige Gruppe von Versicherungsverträgen einen solchen Vermögenswert auszuweisen.

28C Ein Unternehmen hat den für die Abschlusskosten angesetzten Vermögenswert auszubuchen, wenn die Abschlusskosten unter Anwendung von Paragraph 38(c)(i) oder Paragraph 55(a)(iii) in der Bewertung der zugehörigen Gruppe von Versicherungsverträgen enthalten sind.

28D Wenn Paragraph 28 anzuwenden ist, hat ein Unternehmen die Paragraphen 28B–28C in Einklang mit Paragraph B35C anzuwenden.

28E Am Ende jeder Berichtsperiode muss ein Unternehmen die Werthaltigkeit der für Abschlusskosten angesetzten Vermögenswerte beurteilen, wenn Fakten und Umstände auf eine mögliche Wertminderung hindeuten (siehe Paragraph 35D). Wenn das Unternehmen eine Wertminderung feststellt, muss es den Buchwert des Vermögenswerts anpassen und den Wertminderungsaufwand erfolgswirksam erfassen.

28F Ein Unternehmen hat eine vollständige oder teilweise Aufholung eines in früheren Perioden unter Anwendung von Paragraph 28E erfassten Wertminderungsaufwands erfolgswirksam zu erfassen und den Buchwert des Vermögenswerts zu erhöhen, soweit die Bedingungen für eine Wertminderung nicht mehr vorliegen oder sich verbessert haben.

BEWERTUNG (PARAGRAPHEN B36–B119F)

29 Die Paragraphen 30–52 sind von dem Unternehmen auf alle unter IFRS 17 fallenden Gruppen von Versicherungsverträgen anzuwenden, mit folgenden Ausnahmen:

a) für Gruppen von Versicherungsverträgen, die eines der in Paragraph 53 genannten Kriterien erfüllen, kann ein Unternehmen die Bewertung der Gruppe unter Anwendung des Prämienallokationsansatzes gemäß den Paragraphen 55–59 vereinfachen;

b) auf Gruppen von gehaltenen Rückversicherungsverträgen hat ein Unternehmen gemäß den Paragraphen 63– 70A die Paragraphen 32–46 anzuwenden. Der Paragraph 45 (*Versicherungsverträge mit direkter Überschussbeteiligung*) und die Paragraphen 47–52 (Belastende Verträge) gelten nicht für Gruppen von gehaltenen Rückversicherungsverträgen;

c) auf Gruppen von Kapitalanlageverträgen mit ermessensabhängiger Überschussbeteiligung hat ein Unternehmen die Paragraphen 32–52 in der durch Paragraph 71 geänderten Fassung anzuwenden.

30 Bei Anwendung von IAS 21 *Auswirkungen von Wechselkursänderungen* auf eine Gruppe von Versicherungsverträgen, die zu Zahlungsströmen in einer Fremdwährung führen, hat ein Unternehmen die Gruppe von Verträgen, einschließlich der *vertraglichen Servicemarge*, als monetären Posten zu behandeln.

31 Im Abschluss eines Unternehmens, das Versicherungsverträge begibt, darf der Erfüllungswert nicht das Risiko der Nichterfüllung dieses Unternehmens widerspiegeln (das Risiko der Nichterfüllung ist in IFRS 13 *Bewertung zum beizulegenden Zeitwert* definiert).

Bewertung beim erstmaligen Ansatz (Paragraphen B36–B95F)

32 Beim erstmaligen Ansatz ist eine Gruppe von Versicherungsverträgen zu bewerten als die Summe aus

a) dem Erfüllungswert, der sich zusammensetzt aus:
 i) **Schätzungen der zukünftigen Zahlungsströme (Paragraphen 33–35),**
 ii) **einer Anpassung, die den Zeitwert des Geldes und die finanziellen Risiken, die mit den zukünftigen Zahlungsströmen verbunden sind, widerspiegelt, sofern die finanziellen Risiken nicht bei den Schätzungen der zukünftigen Zahlungsströme berücksichtigt wurden (Paragraph 36), und**
 iii) **einer Risikoanpassung für nichtfinanzielle Risiken (Paragraph 37).**

b) der vertraglichen Servicemarge, bewertet unter Anwendung der Paragraphen 38–39.

Schätzungen der zukünftigen Zahlungsströme (Paragraphen B36–B71)

33 In die Bewertung einer Gruppe von Versicherungsverträgen sind alle zukünftigen Zahlungsströme innerhalb der Vertragsgrenze jedes einzelnen Vertrags in der Gruppe einzubeziehen (siehe Paragraph 34). Bei Anwendung von Paragraph 24 kann ein Unternehmen die zukünftigen Zahlungsströme auf einer höheren Aggregationsebene schätzen und dann die resultieren-

den Erfüllungswerte den einzelnen Gruppen von Versicherungsverträgen zuordnen. Die Schätzungen der zukünftigen Zahlungsströme

a) müssen auf unverzerrte Art und Weise alle angemessenen und belastbaren Informationen beinhalten, die ohne unangemessenen Kosten- oder Zeitaufwand über Betrag, zeitlichen Anfall und Unsicherheit der zukünftigen Zahlungsströme verfügbar sind (siehe Paragraphen B37–B41). Um dies zu tun, hat das Unternehmen den Erwartungswert (d. h. den wahrscheinlichkeitsgewichteten Mittelwert) der gesamten Bandbreite der möglichen Ergebnisse zu schätzen.

b) müssen die Unternehmensperspektive widerspiegeln, vorausgesetzt, die Schätzungen der relevanten Marktvariablen stehen mit den beobachtbaren Marktpreisen für diese Marktvariablen in Einklang (siehe Paragraphen B42–B53).

c) müssen aktuell sein: Die Schätzungen müssen die Bedingungen zum Bewertungszeitpunkt widerspiegeln, einschließlich der zu diesem Zeitpunkt zugrunde gelegten Annahmen für die Zukunft (siehe Paragraphen B54–B60).

d) müssen explizit sein: Das Unternehmen hat die Risikoanpassung für nichtfinanzielle Risiken getrennt von den anderen Schätzungen zu schätzen (siehe Paragraph B90). Das Unternehmen hat auch die Zahlungsströme getrennt von der Anpassung für den Zeitwert des Geldes und die finanziellen Risiken zu schätzen, es sei denn, die angemessenste Bewertungsmethode kombiniert diese Schätzungen (siehe Paragraph B46).

34 Zahlungsströme liegen innerhalb der Grenzen eines Versicherungsvertrags, wenn aus wesentlichen Rechten und Pflichten entstehen, die während der Berichtsperiode bestehen, in der das Unternehmen den Versicherungsnehmer zur Zahlung der Prämien zwingen kann oder in der das Unternehmen die wesentliche Verpflichtung hat, für den Versicherungsnehmer Leistungen gemäß dem Versicherungsvertrag zu erbringen (siehe Paragraphen B61– B71). Eine wesentliche Verpflichtung zur Erbringung von Leistungen gemäß dem Versicherungsvertrag endet, wenn

a) das Unternehmen die praktische Fähigkeit besitzt, die Risiken des einzelnen Versicherungsnehmers neu zu bewerten und folglich einen Preis oder ein Leistungsniveau festzulegen, das diesen Risiken vollkommen Rechnung trägt, oder

b) beide nachstehenden Kriterien erfüllt sind:

i) das Unternehmen besitzt die praktische Fähigkeit, die Risiken des Portfolios von Versicherungsverträgen, in dem der Vertrag enthalten ist, neu zu bewerten, und folglich einen Preis oder ein Leistungsniveau festzulegen, das diesen Risiken vollkommen Rechnung trägt, und

ii) bei der Preisfestsetzung der Prämien bis zu dem Zeitpunkt, zu dem die Risiken neu bewertet werden, werden die Risiken im Zusammenhang mit Zeiträumen nach dem Zeitpunkt der Neubewertung nicht berücksichtigt.

35 Beträge im Zusammenhang mit erwarteten Prämien oder erwarteten Schadensfällen außerhalb der Vertragsgrenze des Versicherungsvertrags dürfen nicht als Verbindlichkeit oder Vermögenswert erfasst werden. Diese Beträge beziehen sich auf zukünftige Versicherungsverträge.

Abzinsungssätze (Paragraphen B72–B85)

36 Schätzungen zukünftiger Zahlungsströme sind anzupassen, um den Zeitwert des Geldes und die mit diesen Zahlungsströmen verbundenen finanziellen Risiken widerzuspiegeln, sofern die finanziellen Risiken nicht bei den Schätzungen der zukünftigen Zahlungsströme berücksichtigt wurden. Die auf die Schätzung der zukünftigen Zahlungsströme gemäß Paragraph 33 angewandten Abzinsungssätze haben

a) den Zeitwert des Geldes, die Merkmale der Zahlungsströme und die Liquiditätsmerkmale der Versicherungsverträge widerzuspiegeln,

b) in Einklang zu stehen mit beobachtbaren aktuellen Marktpreisen (soweit vorhanden) für Finanzinstrumente mit Zahlungsströmen, deren Eigenschaften sich mit denen der Versicherungsverträge decken (z. B. hinsichtlich des zeitlichen Anfalls, der Währung und der Liquidität), und

c) die Auswirkungen solcher Faktoren auszuschließen, die zwar die beobachtbaren Marktpreise beeinflussen, sich aber nicht auf die zukünftigen Zahlungsströme der Versicherungsverträge auswirken.

Risikoanpassung für nichtfinanzielle Risiken (Paragraphen B86–B92)

37 Ein Unternehmen hat die Schätzung des Barwerts der zukünftigen Zahlungsströme um eine Entschädigung anzupassen, die das Unternehmen für das Tragen der Unsicherheit aus nichtfinanziellen Risiken hinsichtlich des Betrags und des zeitlichen Anfalls der Zahlungsströme verlangt.

Vertragliche Servicemarge

38 Die vertragliche Servicemarge ist eine Komponente des Vermögenswerts oder der Verbindlichkeit für die Gruppe von Versicherungsverträgen. Sie stellt den noch nicht realisierten Gewinn dar, den das Unternehmen bei der künftigen Erbringung von Leistungen gemäß dem Versicherungsvertrag ausweisen wird. Wenn weder Paragraph 47 (belastende Verträge) noch Paragraph B123A (versicherungstechnische Erträge in Bezug auf Paragraph 38(c)(ii)) anwendbar sind, hat ein Unternehmen die vertragliche Servicemarge beim erstmaligen An-

satz einer Gruppe von Versicherungsverträgen mit einem Betrag zu bewerten, der zu keinem Ertrag oder Aufwand führt aus:
a) erstmaligem Ansatz des Betrags des Erfüllungswerts, bewertet unter Anwendung der Paragraphen 32–37,
b) Zahlungsströmen, die zu diesem Zeitpunkt aus Verträgen der Gruppe entstehen,
c) der Ausbuchung zum Zeitpunkt des erstmaligen Ansatzes von:
   i) unter Anwendung von Paragraph 28C als Abschlusskosten angesetzten Vermögenswerten und
   ii) in Paragraph B66A festgelegten anderen im Vorfeld für Zahlungsströme in Bezug auf die Gruppe von Verträgen angesetzten Vermögenswerten oder Verbindlichkeiten.

39 Bei Versicherungsverträgen, die durch eine Übertragung von Versicherungsverträgen oder durch einen Unternehmenszusammenschluss im Rahmen von IFRS 3 erworben wurden, ist Paragraph 38 gemäß den Paragraphen B93–B95F anzuwenden.

Folgebewertung

40 Der Buchwert einer Gruppe von Versicherungsverträgen zum Ende einer Berichtsperiode ist die Summe aus
a) der *Deckungsrückstellung*, bestehend aus:
   i) dem Erfüllungswert, der sich auf zukünftige Leistungen bezieht, die der Gruppe zu diesem Zeitpunkt zugeordnet wurden, bewertet unter Anwendung der Paragraphen 33–37 und B36–B92,
   ii) der vertraglichen Servicemarge der Gruppe zu diesem Zeitpunkt, bewertet unter Anwendung der Paragraphen 43–46, und
b) der *Rückstellung für noch nicht abgewickelte Versicherungsfälle*, die den Erfüllungswert in Bezug auf vergangene Leistungen umfasst, welcher der Gruppe zu diesem Zeitpunkt zugeordnet wurde, bewertet unter Anwendung der Paragraphen 33–37 und B36–B92.

41 Ein Unternehmen hat Erträge und Aufwendungen für folgende Änderungen beim Buchwert der Deckungsrückstellung zu erfassen:
a) versicherungstechnische Erträge: zur Reduzierung der Deckungsrückstellung aufgrund von in der Berichtsperiode erbrachten Leistungen, bewertet unter Anwendung der Paragraphen B120–B124,
b) versicherungstechnische Aufwendungen: für Verluste bei Gruppen belastender Verträge und Wertaufholungen dieser Verluste (siehe Paragraphen 47–52), und
c) versicherungstechnische Finanzerträge oder -aufwendungen: für die Auswirkungen des Zeitwerts des Geldes und die Auswirkungen der finanziellen Risiken gemäß Paragraph 87.

42 Ein Unternehmen hat Erträge und Aufwendungen für folgende Änderungen beim Buchwert der Rückstellung für noch nicht abgewickelte Versicherungsfälle zu erfassen:
a) **versicherungstechnische Aufwendungen: für den Anstieg der Rückstellung aufgrund von im Zeitraum eingetretener Schäden und Aufwendungen, ausgenommen etwaige Kapitalanlagekomponenten,**
b) **versicherungstechnische Aufwendungen: für etwaige spätere Änderungen des Erfüllungswerts im Zusammenhang mit eingetretenen Schäden und eingetretenen Aufwendungen, und**
c) **versicherungstechnische Finanzerträge oder -aufwendungen: für die Auswirkungen des Zeitwerts des Geldes und die Auswirkungen der finanziellen Risiken gemäß Paragraph 87.**

Vertragliche Servicemarge (Paragraphen B96–B119B)

43 Die vertragliche Servicemarge zum Abschlussstichtag stellt den Gewinn in einer Gruppe von Versicherungsverträgen dar, der noch nicht erfolgswirksam erfasst wurde, da er sich auf die unter den Verträgen in der Gruppe zu erbringenden zukünftigen Leistungen bezieht.

44 Bei *Versicherungsverträgen ohne direkte Überschussbeteiligung* ist der Buchwert der vertraglichen Servicemarge einer Gruppe von Verträgen zum Abschlussstichtag gleich dem Buchwert zu Beginn der Berichtsperiode, angepasst um
a) die Auswirkungen etwaiger neuer Verträge, die der Gruppe hinzugefügt wurden (vgl. Paragraph 28),
b) die Aufzinsung des Buchwerts der vertraglichen Servicemarge während des Berichtszeitraums, bewertet zu den in Paragraph B72(b) bestimmten Abzinsungssätzen,
c) die Änderungen des Erfüllungswerts im Zusammenhang mit künftigen Leistungen gemäß den Paragraphen B96–B100, außer wenn
   i) diese Erhöhungen des Erfüllungswerts den Buchwert der vertraglichen Servicemarge übersteigen und zu einem Verlust führen (siehe Paragraph 48(a)) oder
   ii) diese Reduzierungen des Erfüllungswerts unter Anwendung von Paragraph 50(b) der Verlustkomponente der Deckungsrückstellung zugeordnet werden.
d) die Auswirkung etwaiger Wechselkursdifferenzen auf die vertragliche Servicemarge und
e) den in der Berichtsperiode aufgrund der Übertragung von Leistungen gemäß dem Versicherungsvertrag als versicherungstechnische Erträge angesetzten Betrag, der ermittelt wird, indem die am Abschlussstichtag (vor

jeglicher Aufteilung) verbleibende vertragliche Servicemarge unter Anwendung von Paragraph B119 auf den gegenwärtigen und künftigen Deckungszeitraum aufgeteilt wird.

45 Für Versicherungsverträge mit Merkmalen der direkten Überschussbeteiligung (vgl. Paragraphen B101–B118) ist der Buchwert der vertraglichen Servicemarge einer Gruppe von Verträgen zum Ende der Berichtsperiode gleich dem Buchwert zu Beginn der Berichtsperiode, der um die in den Buchstaben a) bis e) genannten Beträge angepasst wird. Ein Unternehmen ist nicht verpflichtet, diese Anpassungen gesondert zu bestimmen. Es kann vielmehr ein kombinierter Betrag für einige oder alle Anpassungen bestimmt werden. Bei den Anpassungen handelt es sich um

a) die Auswirkungen etwaiger neuer Verträge, die der Gruppe hinzugefügt wurden (vgl. Paragraph 28),

b) die Änderung der Höhe des Anteils des Unternehmens am beizulegenden Zeitwert der *zugrunde liegenden Referenzwerte* (siehe Paragraph B104(b)(i), außer wenn

   i) Paragraph B115 (zur Risikobegrenzung) Anwendung findet,

   ii) der Rückgang der Höhe des Anteils des Unternehmens am beizulegenden Zeitwert der zugrunde liegenden Referenzwerte den Buchwert der vertraglichen Servicemarge übersteigt und dies zu einem Verlust führt (vgl. Paragraph 48), oder

   iii) die Erhöhung des Anteils des Unternehmens am beizulegenden Zeitwert der zugrunde liegenden Referenzwerte den in Ziffer ii) genannten Betrag umkehrt.

c) die Änderungen des Erfüllungswerts im Zusammenhang mit Leistungen in der Zukunft gemäß den Paragraphen B101–B118, außer wenn

   i) Paragraph B115 (zur Risikobegrenzung) Anwendung findet,

   ii) diese Erhöhungen des Erfüllungswerts den Buchwert der vertraglichen Servicemarge übersteigen und zu einem Verlust führen (siehe Paragraph 48), oder

   iii) diese Reduzierungen des Erfüllungswerts unter Anwendung von Paragraph 50(b) der Verlustkomponente der Deckungsrückstellung zugeordnet werden.

d) die Auswirkung etwaiger Wechselkursdifferenzen auf die vertragliche Servicemarge und

e) den in der Berichtsperiode aufgrund der Übertragung von Leistungen gemäß dem Versicherungsvertrag als versicherungstechnische Erträge angesetzten Betrag, der ermittelt wird, indem die am Abschlussstichtag (vor jeglicher Aufteilung) verbleibende vertragliche Servicemarge unter Anwendung von Paragraph B119 auf den gegenwärtigen und künftigen Deckungszeitraum aufgeteilt wird.

46 Einige Änderungen der vertraglichen Servicemarge gleichen Änderungen des Erfüllungswerts für die Deckungsrückstellung aus, sodass es zu keinen Änderungen am Gesamtbuchwert der Deckungsrückstellung kommt. Sofern Änderungen der vertraglichen Servicemarge nicht die Änderungen des Erfüllungswerts der Deckungsrückstellung ausgleichen, hat ein Unternehmen Erträge und Aufwendungen für die Änderungen unter Anwendung von Paragraph 41 zu erfassen.

Belastende Verträge

47 Versicherungsverträge gelten bei ihrem erstmaligen Ansatz als belastend, wenn die dem Vertrag zugeordneten Erfüllungswerte, die im Vorfeld angesetzten Zahlungen für Abschlusskosten und etwaige sich aus dem Vertrag zum Zeitpunkt seines erstmaligen Ansatzes ergebende Zahlungsströme insgesamt zu einem Nettomittelabfluss führen. Diese Verträge sind unter Anwendung von Paragraph 16(a) von nicht belastenden Verträgen abzugrenzen. Sofern Paragraph 17 anwendbar ist, kann ein Unternehmen die Gruppe belastender Verträge durch Bewertung einer Reihe von Verträgen (anstatt einzelner Verträge) festlegen. Ein Unternehmen hat in Bezug auf den Nettomittelabfluss für die Gruppe belastender Verträge einen Verlust erfolgswirksam zu erfassen, wobei der Buchwert der Verbindlichkeit der Gruppe den Erfüllungswerten entspricht und die vertragliche Servicemarge null ist.

48 Eine Gruppe von Versicherungsverträgen wird bei einer Folgebewertung belastend (oder belastender), wenn die folgenden Beträge den Buchwert der vertraglichen Servicemarge übersteigen:

a) ungünstige Änderungen der Gruppe zugeordneten Erfüllungswerte in Bezug auf zukünftige Leistungen aufgrund von Änderungen der geschätzten zukünftigen Zahlungsströme und der Risikoanpassung für nichtfinanzielle Risiken und

b) für eine Gruppe von Versicherungsverträgen mit direkter Überschussbeteiligung: der Rückgang des betragsmäßigen Anteils des Unternehmens am beizulegenden Zeitwert der zugrunde liegenden Referenzwerte.

In diesem Fall hat das Unternehmen unter Anwendung der Paragraphen 44(c)(i), 45(b)(ii) und 45(c)(ii) einen Verlust in Höhe dieser übersteigenden Differenz erfolgswirksam zu erfassen.

49 Ein Unternehmen hat eine Verlustkomponente der Deckungsrückstellung bei einer bestehenden Gruppe festzulegen (oder zu erhöhen), welche die unter Anwendung der Paragraphen 47–48 bestimmten Verluste abbildet. Die Verlustkomponente bestimmt die Beträge, die erfolgswirksam als Wertaufholungen von Verlusten aus belastenden Gruppen ausgewiesen und folglich bei der Bestimmung der versicherungstechnischen Erträge ausgeschlossen werden.

50 Nachdem ein Unternehmen einen Verlust bei einer belastenden Gruppe von Versicherungsverträgen erfasst hat, ordnet es wie folgt zu:

a) die nachfolgenden Änderungen der Erfüllungswerte der Deckungsrückstellung gemäß Paragraph 51 systematisch wie folgt:
   i) der Verlustkomponente der Deckungsrückstellung und
   ii) der Deckungsrückstellung, ausgenommen die Verlustkomponente.
b) nur der Verlustkomponente, bis diese Komponente auf null reduziert ist:
   i) einen etwaigen späteren Rückgang der der Gruppe zugeordneten Erfüllungswerte in Bezug auf zukünftige Leistungen aufgrund von Änderungen der geschätzten zukünftigen Zahlungsströme und aufgrund der Risikoanpassung für nichtfinanzielle Risiken und
   ii) etwaige spätere Erhöhungen des betragsmäßigen Anteils des Unternehmens am beizulegenden Zeitwert der zugrunde liegenden Referenzwerte.

Unter Anwendung der Paragraphen 44(c)(ii), 45(b)(iii) und 45(c)(iii) ist die vertragliche Servicemarge nur um den Betrag anzupassen, um den der Rückgang über dem der Verlustkomponente zugewiesenen Betrag liegt.

51 Die unter Anwendung von Paragraph 50(a) zuzuordnenden nachfolgenden Änderungen der Erfüllungswerte der Deckungsrückstellung sind
a) Schätzungen des Zeitwerts zukünftiger Zahlungsströme für Schadensforderungen und Ausgaben, die aus der Deckungsrückstellung aufgrund der entstandenen versicherungstechnischen Aufwendungen ausscheiden,
b) Änderungen der Risikoanpassung für nichtfinanzielle Risiken, die aufgrund des Abbaus von Risiken erfolgswirksam erfasst werden, und
c) versicherungstechnische Finanzerträge oder -aufwendungen.

52 Die nach Paragraph 50(a) erforderliche systematische Zuordnung muss dazu führen, dass die nach den Paragraphen 48–50 der Verlustkomponente zugeordneten Gesamtbeträge am Ende des Deckungszeitraums einer Gruppe von Verträgen gleich null sind.

Prämienallokationsansatz

53 Ein Unternehmen kann die Bewertung einer Gruppe von Versicherungsverträgen dann und nur dann durch die Anwendung des Prämienallokationsansatzes gemäß den Paragraphen 55–59 vereinfachen, wenn beim erstmaligen Ansatz der Gruppe
a) das Unternehmen die angemessene Erwartung hat, dass diese Vereinfachung zu einer Bewertung der Deckungsrückstellung für die Gruppe führen würde, die sich nicht wesentlich von derjenigen unterscheidet, die aus der Anwendung der Vorschriften der Paragraphen 32–52 hervorgehen würde, oder
b) der Deckungszeitraum jedes Vertrags in der Gruppe (einschließlich Leistungen gemäß dem Versicherungsvertrag aus allen Prämien innerhalb der zu diesem Zeitpunkt unter Anwendung von Paragraph 34 bestimmten Vertragsgrenzen) nicht mehr als ein Jahr beträgt.

54 Das in Paragraph 53(a) genannte Kriterium ist nicht erfüllt, wenn das Unternehmen beim erstmaligen Ansatz der Gruppe eine signifikante Variabilität der Erfüllungswerte erwartet, was die Bewertung der Deckungsrückstellung während der Periode vor Eintreten eines Schadens beeinflussen würde. Die Variabilität der Erfüllungswerte steigt beispielsweise an im Zusammenhang mit
a) der Höhe der künftigen Zahlungsströme im Zusammenhang mit in die Verträge eingebetteten Derivaten und
b) der Länge des Deckungszeitraums der Gruppe von Verträgen.

55 Wendet ein Unternehmen den Prämienallokationsansatz an, hat es die Deckungsrückstellung wie folgt zu ermitteln:
a) beim erstmaligen Ansatz entspricht der Buchwert der Verbindlichkeit
   i) den etwaigen beim erstmaligen Ansatz erhaltenen Prämien,
   ii) abzüglich der Abschlusskosten zu diesem Zeitpunkt, es sei denn, das Unternehmen übt sein Wahlrecht aus, die Zahlungen unter Anwendung von Paragraph 59(a) als Aufwand zu erfassen, und
   iii) zuzüglich oder abzüglich des etwaigen Betrags aus der Ausbuchung zu diesem Zeitpunkt von:
      1. unter Anwendung von Paragraph 28C als Abschlusskosten angesetzten Vermögenswerten und
      2. in Paragraph B66A festgelegten anderen im Vorfeld für Zahlungsströme in Bezug auf die Gruppe von Verträgen angesetzten Vermögenswerten oder Verbindlichkeiten.
b) Zum Ende einer jeden Folgeberichtsperiode entspricht der Buchwert der Verbindlichkeit dem Buchwert zum Beginn der Berichtsperiode
   i) zuzüglich der in der Periode empfangenen Prämien,
   ii) abzüglich der Abschlusskosten; es sei denn, das Unternehmen übt sein Wahlrecht aus, die Zahlungen unter Anwendung von Paragraph 59(a) als Aufwand zu erfassen,
   iii) zuzüglich der Amortisation der Zahlungen für Abschlusskosten, die in der Berichtsperiode als Aufwand erfasst wurden, es sei denn, das Unternehmen übt sein Wahlrecht aus, die Abschlusskosten unter Anwendung von Paragraph 59(a) als Aufwand zu erfassen,

3/15. IFRS 17
55 – 63

iv) zuzüglich einer etwaigen Anpassung einer Finanzierungskomponente unter Anwendung von Paragraph 56,

v) abzüglich des Betrags, der für die in dieser Berichtsperiode erbrachten Versicherungsleistungen als versicherungstechnische Erträge ausgewiesen wurde (siehe Paragraph B126), und

vi) abzüglich der Kapitalanlagekomponenten, die gezahlt oder auf die Rückstellung für noch nicht abgewickelte Versicherungsfälle übertragen wurden.

56 Haben Versicherungsverträge einer Gruppe eine signifikante Finanzierungskomponente, ist der Buchwert der Deckungsrückstellung zu diskontieren, um den Zeitwert des Geldes und den Effekt der finanziellen Risiken unter Verwendung der Abzinsungssätze gemäß Paragraph 36 widerzuspiegeln, die beim erstmaligen Ansatz bestimmt. Das Unternehmen kann auf diese Anpassung des Buchwerts der Deckungsrückstellung zur Berücksichtigung des Zeitwerts des Geldes und des Effekts der finanziellen Risiken verzichten, wenn das Unternehmen beim erstmaligen Ansatz erwartet, dass zwischen der Erbringung der einzelnen Versicherungsleistungen und der damit verbunden Prämien-Fälligkeitszeitpunkte nicht mehr als ein Jahr liegt.

57 Wenn zu einem beliebigen Zeitpunkt während des Deckungszeitraums Fakten und Umstände darauf hinweisen, dass eine Gruppe von Versicherungsverträgen belastend ist, ist die Differenz zu berechnen zwischen

a) dem Buchwert der Deckungsrückstellung, bestimmt nach Paragraph 55, und

b) dem Erfüllungswert, der sich auf den zukünftigen Versicherungsschutz der Gruppe bezieht, unter Anwendung der Paragraphen 33–37 und B36–B92. Wenn jedoch das Unternehmen bei Anwendung von Paragraph 59(b) die Rückstellung für noch nicht abgewickelte Versicherungsfälle nicht um den Zeitwert des Geldes und den Effekt der finanziellen Risiken anpasst, dann darf eine derartige Anpassung auch nicht beim Erfüllungswert berücksichtigen.

58 Sofern der in Paragraph 57(b) beschriebene Erfüllungswert den Buchwert gemäß Paragraph 57(a) übersteigt, hat das Unternehmen einen Verlust erfolgswirksam zu erfassen und die Deckungsrückstellung zu erhöhen.

59 Bei Anwendung des Prämienallokationsansatzes hat ein Unternehmen

a) das Wahlrecht, jegliche Abschlusskosten als Aufwand zu erfassen, wenn diese Kosten entstehen, vorausgesetzt der Deckungszeitraum eines jeden Vertrags in der Gruppe beim erstmaligen Ansatz beträgt höchstens ein Jahr,

b) die Rückstellung für noch nicht abgewickelte Versicherungsfälle für die Gruppe von Versicherungsverträgen mit dem Erfüllungswert bezogen auf die eingetretenen Schäden unter Anwendung der Paragraphen 33–37 und B36–B92 zu bewerten. Das Unternehmen ist jedoch nicht verpflichtet, künftige Geldströme um den Zeitwert des Geldes und um die Auswirkung finanzieller Risiken anzupassen, wenn davon ausgegangen wird, dass diese Zahlungsströme innerhalb höchstens eines Jahres ab Eintreten des Schadens zu zahlen sind oder vereinnahmt werden.

Gehaltene Rückversicherungsverträge

60 Die Vorschriften von IFRS 17 werden für gehaltene Rückversicherungsverträge geändert, wie in den Paragraphen 61–70A dargelegt.

61 Portfolios mit gehaltenen Rückversicherungsverträgen sind unter Anwendung der Paragraphen 14–24 zu unterteilen, außer dass die Verweise auf belastende Verträge in diesen Absätzen zu ersetzen sind durch einen Verweis auf Verträge, bei denen es beim erstmaligen Ansatz einen Nettogewinn gibt. Bei einigen gehaltenen Rückversicherungsverträgen führt die Anwendung der Paragraphen 14–24 zu einer Gruppe, welche einen einzigen Vertrag umfasst.

Ansatz

62 Anstatt Paragraph 25 anzuwenden, hat ein Unternehmen eine Gruppe von gehaltenen Rückversicherungsverträgen zum folgenden Zeitpunkt zu erfassen:

a) entweder zu Beginn des Deckungszeitraums der Gruppe von gehaltenen Rückversicherungsverträgen, oder, falls dieser Fall früher eintritt,

b) zu dem Zeitpunkt, zu dem das Unternehmen unter Anwendung von Paragraph 25(c) eine Gruppe von belastenden zugrunde liegenden Versicherungsverträgen erfasst, falls das Unternehmen den zugehörigen gehaltenen Rückversicherungsvertrag in der Gruppe der gehaltenen Rückversicherungsverträge zu diesem Zeitpunkt oder vor diesem Zeitpunkt abgeschlossen hat.

62A Ungeachtet des Paragraphen 62(a) hat ein Unternehmen mit dem Ansatz einer Gruppe von gehaltenen Rückversicherungsverträgen, die eine anteilige Deckung bieten, bis zu dem Zeitpunkt zu warten, zu dem der erstmalige Ansatz jedes zugrunde liegenden Versicherungsvertrags erfolgt ist, falls dieser Zeitpunkt erst nach dem Beginn des Deckungszeitraums der Gruppe von gehaltenen Rückversicherungsverträgen liegt.

Bewertung

63 Bei Anwendung der Bewertungsvorschriften der Paragraphen 32–36 auf gehaltene Rückversicherungsverträge hat das Unternehmen, soweit auch die zugrunde liegenden Verträge unter Anwendung dieser Paragraphen bewertet werden, zur Bewertung des Barwerts der geschätzten künftigen Zahlungsströme für die Gruppe der gehaltenen Rückversicherungsverträge und des Barwerts der geschätzten künftigen Zahlungsströme für

die Gruppe(n) der zugrunde liegenden Versicherungsverträge von konsistenten Annahmen auszugehen. Zusätzlich hat das Unternehmen bei der Bewertung des Barwerts der geschätzten künftigen Zahlungsströme für die Gruppe der gehaltenen Rückversicherungsverträge die Auswirkungen des Risikos der Nichterfüllung durch den Aussteller des Rückversicherungsvertrags, einschließlich der Auswirkungen von Sicherheiten und Verlusten aus Streitigkeiten, zu berücksichtigen.

64 Anstatt Paragraph 37 anzuwenden, hat ein Unternehmen die Risikoanpassung für nichtfinanzielle Risiken so zu bestimmen, dass dieser Betrag der Höhe des Risikos entspricht, das vom Versicherungsnehmer der Gruppe der Rückversicherungsverträge auf den Aussteller dieser Verträge übertragen wird.

65 Die Vorschriften des Paragraphen 38, die sich auf die Bestimmung der vertraglichen Servicemarge beim erstmaligen Ansatz beziehen, werden geändert, um der Tatsache Rechnung zu tragen, dass es bei einer Gruppe von gehaltenen Rückversicherungsverträgen keinen nicht realisierten Gewinn gibt, sondern stattdessen Nettokosten oder einen Nettogewinn beim Erwerb der Rückversicherung. Sofern Paragraph 65A keine Anwendung findet, hat das Unternehmen beim erstmaligen Ansatz jegliche Nettokosten oder Nettogewinne beim Erwerb der Gruppe von gehaltenen Rückversicherungsverträgen als vertragliche Servicemarge – bewertet zu einem Betrag, der der Summe folgender Elemente entspricht – auszuweisen:
a) den Erfüllungswerten,
b) dem zu diesem Zeitpunkt ausgebuchten Betrag der in Vorperioden angesetzten Vermögenswerte oder Verbindlichkeiten für Zahlungsströme in Bezug auf die Gruppe von gehaltenen Rückversicherungsverträgen,
c) jeglichen Zahlungsströmen, die zu diesem Zeitpunkt anfallen, und
d) den unter Anwendung von Paragraph 66A erfolgswirksam erfassten Erträgen.

65A Falls die Nettokosten für den Erwerb der Rückversicherungsdeckung sich auf Ereignisse vor dem Erwerb der Gruppe der gehaltenen Rückversicherungsverträge beziehen, hat das Unternehmen – ungeachtet der Vorschriften von Paragraph B5 – diese Kosten sofort aufwandswirksam zu erfassen.

66 Anstatt Paragraph 44 anzuwenden, hat ein Unternehmen die vertragliche Servicemarge für eine Gruppe von gehaltenen Rückversicherungsverträgen zum Abschlussstichtag zu dem Buchwert zu bewerten, der zu Beginn der Berichtsperiode bestimmt wurde, angepasst um
a) die Auswirkungen etwaiger neuer Verträge, die der Gruppe hinzugefügt wurden (vgl. Paragraph 28),
b) die Aufzinsung des Buchwerts der vertraglichen Servicemarge, bewertet zu den in Paragraph B72(b) angegebenen Abzinsungssätzen,
ba) die unter Anwendung von Paragraph 66A in der Berichtsperiode erfolgswirksam erfassten Erträge,
bb) Auflösungen einer unter Anwendung von Paragraph 66B (siehe Paragraph B119F) ausgewiesenen Verlustrückerstattungskomponente, sofern es sich bei diesen Auflösungen nicht um Änderungen der Erfüllungswerte der Gruppe der gehaltenen Rückversicherungsverträge handelt,
c) Änderungen der Erfüllungswerte, bewertet zu den in Paragraph B72(c) angegebenen Abzinsungssätzen, sofern sich die Änderung auf zukünftige Leistungen bezieht, es sei denn
   i) die Änderung resultiert aus einer Änderung der einer Gruppe zugrunde liegenden Versicherungsverträge zugeordneten Erfüllungswerte, die keine Anpassung der vertraglichen Servicemarge für die Gruppe der zugrunde liegenden Versicherungsverträge bewirkt, oder
   ii) die Änderung resultiert aus der Anwendung der Paragraphen 57–58 (belastende Verträge), wenn das Unternehmen eine Gruppe von zugrunde liegenden Versicherungsverträgen unter Anwendung des Prämienallokationsansatzes bewertet.
d) die Auswirkung etwaiger Wechselkursdifferenzen auf die vertragliche Servicemarge und
e) den aufgrund von in der Berichtsperiode erhaltenen Leistungen erfolgswirksam erfassten Betrag, der ermittelt wird, indem die am Abschlussstichtag (vor einer etwaigen Aufteilung) verbleibende vertragliche Servicemarge unter Anwendung von Paragraph B119 auf den gegenwärtigen und künftigen Deckungszeitraum der Gruppe von gehaltenen Rückversicherungsverträgen aufgeteilt wird.

66A Ein Unternehmen hat die vertragliche Servicemarge einer Gruppe gehaltener Rückversicherungsverträge anzupassen und infolgedessen einen Ertrag auszuweisen, wenn es beim erstmaligen Ansatz einer belastenden Gruppe zugrunde liegender Versicherungsverträge oder bei der Hinzufügung von belastenden zugrunde liegenden Versicherungsverträgen zu einer Gruppe einen Verlust ausweist (siehe Paragraphen B119C–B119E).

66B Ein Unternehmen hat für den Vermögenswert für den zukünftigen Versicherungsschutz für eine Gruppe von gehaltenen Rückversicherungsverträgen eine Verlustrückerstattungskomponente festzulegen (oder anzupassen), welche die Aufholung der unter Anwendung der Paragraphen 66(c)(i)–(ii) und 66A ausgewiesenen Verluste abbildet. Die Verlustrückerstattungskomponente bestimmt die Beträge, die erfolgswirksam als Auflösung/Ausbuchung von Aufholungen von Verlusten aus gehaltenen Rückversicherungsverträgen ausgewiesen werden und die folglich von der Aufteilung der an den Rückversicherer gezahlten Prämien ausgeschlossen sind (siehe Paragraph B119F).

67 Änderungen bei den Erfüllungswerten, die auf Änderungen beim Risiko der Nichterfüllung durch den Aussteller eines gehaltenen Rückversicherungsvertrags zurückzuführen sind, beziehen sich nicht auf künftige Leistungen und dürfen nicht zu einer Anpassung der vertraglichen Servicemarge führen.

68 Gehaltene Rückversicherungsverträge können nicht belastend sein. Folglich finden die Vorschriften der Paragraphen 47–52 keine Anwendung.

Prämienallokationsansatz für gehaltene Rückversicherungsverträge

69 Ein Unternehmen kann den in den Paragraphen 55, 56 und 59 dargelegten Prämienallokationsansatz anwenden (der unter Berücksichtigung der Merkmale der gehaltenen Rückversicherungsverträge angepasst wird, welche sich von ausgestellten Versicherungsverträgen unterscheiden, beispielsweise in Bezug auf die Generierung von Aufwendungen oder die Reduzierung von Aufwendungen anstatt Erträgen), um die Bewertung einer Gruppe von gehaltenen Rückversicherungsverträgen zu vereinfachen, wenn beim erstmaligen Ansatz der Gruppe

a) das Unternehmen die angemessene Erwartung hat, dass sich die daraus ergebende Bewertung nicht wesentlich vom Ergebnis der Anwendung der Vorschriften der Paragraphen 63–68 unterscheiden würde, oder

b) der Deckungszeitraum eines jeden Vertrags in der Gruppe der gehaltenen Rückversicherungsverträge (einschließlich Versicherungsdeckung aus allen Prämien innerhalb der zu diesem Zeitpunkt unter Anwendung von Paragraph 34 festgelegten Vertragsgrenzen) höchstens ein Jahr beträgt.

70 Ein Unternehmen kann die in Paragraph 69(a) genannte Bedingung nicht erfüllen, wenn es beim erstmaligen Ansatz der Gruppe von einer signifikanten Variabilität der Erfüllungswerte ausgeht, was die Bewertung des aktivierten zukünftigen Versicherungsschutzes während der Periode vor Eintreten eines Schadens beeinflussen würde. Die Variabilität der Erfüllungswerte steigt beispielsweise an im Zusammenhang mit

a) der Höhe der künftigen Zahlungsströme im Zusammenhang mit in die Verträge eingebetteten Derivaten und

b) der Länge des Deckungszeitraums der Gruppe von gehaltenen Rückversicherungsverträgen.

70A Wenn ein Unternehmen eine Gruppe von gehaltenen Rückversicherungsverträgen unter Anwendung des Prämienallokationsansatzes bewertet, hat es Paragraph 66A anzuwenden und den Buchwert des Vermögenswerts für den zukünftigen Versicherungsschutz anzupassen, anstatt die vertragliche Servicemarge anzupassen.

Kapitalanlageverträge mit ermessensabhängiger Überschussbeteiligung

71 Ein Kapitalanlagevertrag mit ermessensabhängiger Überschussbeteiligung geht nicht mit der Übertragung eines signifikanten Versicherungsrisikos einher. Folglich werden die Vorschriften von IFRS 17 für Versicherungsverträge in Bezug auf Kapitalanlageverträge mit ermessensabhängiger Überschussbeteiligung wie folgt geändert:

a) der Zeitpunkt des erstmaligen Ansatzes (siehe Paragraphen 25 und 28) ist der Zeitpunkt, zu dem das Unternehmen Vertragspartei wird,

b) die Vertragsgrenze (siehe Paragraph 34) wird geändert, sodass Zahlungsströme sich dann innerhalb der Vertragsgrenze befinden, wenn sie aus einer wesentlichen Pflicht des Unternehmens zur Leistung einer Zahlung zum gegenwärtigen oder zu einem zukünftigen Zeitraum resultieren. Das Unternehmen hat keine wesentliche Pflicht zur Leistung einer Zahlung, wenn es praktisch in der Lage ist, einen Preis für die Zusage der Zahlung festzulegen, welche dem zugesagten Betrag der Zahlung und den verbundenen Risiken voll und ganz Rechnung trägt,

c) die Allokation der vertraglichen Servicemarge (siehe Paragraphen 44(e) und 45(e)) wird geändert, sodass das Unternehmen die vertragliche Servicemarge über die Laufzeit der Gruppe von Verträgen auf systematische Art und Weise erfasst, wobei der Übertragung von Kapitalanlageleistungen gemäß Vertrag Rechnung getragen wird.

ÄNDERUNG UND AUSBUCHUNG

Änderung eines Versicherungsvertrags

72 Sind die Bedingungen eines Versicherungsvertrags geändert worden, beispielsweise durch eine Vereinbarung zwischen den Vertragsparteien oder durch eine Änderung der Rechtsvorschriften, hat ein Unternehmen den ursprünglichen Vertrag auszubuchen und den geänderten Vertrag unter Anwendung von IFRS 17 oder anderen anwendbaren Standards als neuen Vertrag einzubuchen, jedoch nur dann, wenn eine der unter (a)–(c) genannten Bedingungen erfüllt ist. Die Ausübung eines in den Vertragsbedingungen vorgesehenen Rechts ist keine Änderung der Vertragsbedingungen. Die Bedingungen sind:

a) Wären die geänderten Vertragsbedingungen bei Vertragsabschluss vorgesehen gewesen, hätte dies zu Folgendem geführt:

  i) der geänderte Vertrag wäre unter Anwendung der Paragraphen 3–8A nicht in den Anwendungsbereich von IFRS 17 gefallen,

  ii) ein Unternehmen hätte unter Anwendung der Paragraphen 10–13 verschiedene Komponenten vom Basisversicherungsvertrag abgetrennt, was zu einem anderen Versicherungsvertrag geführt hätte, der in den Anwendungsbereich von IFRS 17 gefallen wäre,

  iii) der geänderte Vertrag hätte unter Anwendung von Paragraph 34 eine wesentlich andere Vertragsgrenze gehabt oder

iv) der geänderte Vertrag wäre unter Anwendung der Paragraphen 14–24 in eine andere Gruppe von Verträgen aufgenommen worden.
b) Der ursprüngliche Vertrag entsprach der Definition eines Versicherungsvertrags mit direkter Überschussbeteiligung, der geänderte Vertrag entspricht dieser Definition dagegen nicht mehr, oder umgekehrt, oder
c) Das Unternehmen hat den Prämienallokationsansatz gemäß den Paragraphen 53–59 oder den Paragraphen 69–70 auf den ursprünglichen Vertrag angewandt, die Vertragsänderungen haben jedoch dazu geführt, dass der Vertrag die in Paragraph 53 oder Paragraph 69 vorgeschriebenen Kriterien für die Anwendung dieses Ansatzes nicht mehr erfüllt.

73 Erfüllt eine Vertragsänderung keine der in Paragraph 72 genannten Bedingungen, hat das Unternehmen Änderungen der Zahlungsströme, die auf die Vertragsänderung zurückzuführen sind, als Änderungen der geschätzten Erfüllungswerte unter Anwendung der Paragraphen 40–52 zu behandeln.

Ausbuchung

74 Ein Unternehmen hat einen Versicherungsvertrag nur dann auszubuchen,
a) **wenn er erloschen ist, d. h. wenn die im Versicherungsvertrag genannte Verpflichtung erloschen, erfüllt oder gekündigt ist, oder**
b) **wenn eine der in Paragraph 72 genannten Bedingungen erfüllt ist.**

75 Wenn ein Versicherungsvertrag erloschen ist, besteht für das Unternehmen kein Risiko mehr und das Unternehmen ist folglich nicht mehr verpflichtet, wirtschaftliche Ressourcen zu übertragen, um den Versicherungsvertrag zu erfüllen. Wenn ein Unternehmen beispielsweise einen Rückversicherungsvertrag abschließt, hat es den zugrunde liegenden Versicherungsvertrag/die zugrunde liegenden Versicherungsverträge nur dann auszubuchen, wenn er erloschen ist/wenn sie erloschen sind.

76 Ein Unternehmen bucht einen Versicherungsvertrag aus einer Gruppe von Verträgen aus, indem die folgenden Vorschriften von IFRS 17 angewandt werden:
a) die der Gruppe zugeordneten Erfüllungswerte werden unter Anwendung der Paragraphen 40(a)(i) und 40(b) angepasst, um den Barwert der künftigen Zahlungsströme und die Risikoanpassung für nichtfinanzielle Risiken im Zusammenhang mit Rechten und Pflichten, welche aus der Gruppe ausgebucht wurden, zu eliminieren,
b) die vertragliche Servicemarge der Gruppe wird um die unter (a) beschriebene Änderung der Erfüllungswerte angepasst, sofern die Paragraphen 44(c) und 45(c) dies verlangen, es sei denn, Paragraph 77 findet Anwendung, und
c) die Anzahl der Deckungseinheiten für die erwarteten verbleibenden künftigen Leistungen gemäß dem Versicherungsvertrag wird angepasst, um den aus der Gruppe ausgebuchten Deckungseinheiten Rechnung zu tragen. Die Höhe der in der Berichtsperiode erfolgswirksam erfassten vertraglichen Servicemarge wird unter Anwendung von Paragraph B119 auf der Grundlage dieser angepassten Anzahl berechnet.

77 Wenn ein Unternehmen einen Versicherungsvertrag ausbucht, weil es diesen Vertrag an einen Dritten überträgt, oder wenn ein Unternehmen unter Anwendung von Paragraph 72 einen Versicherungsvertrag ausbucht und einen neuen Vertrag einbucht, darf es nicht nach Paragraph 76(b) verfahren, sondern hat stattdessen
a) die vertragliche Servicemarge der Gruppe, aus welcher der Vertrag ausgebucht wurde (sofern die Paragraphen 44(c) und 45(c) dies verlangen), entweder um die Differenz zwischen (i) und (ii) anzupassen (bei auf einen Dritten übertragenen Verträgen) oder um die Differenz zwischen (i) und (iii) (bei unter Anwendung von Paragraph 72 ausgebuchten Verträgen):
  i) die Änderung des Buchwerts der Gruppe von Versicherungsverträgen, die sich unter Anwendung von Paragraph 76(a) aus der Ausbuchung des Vertrags ergibt,
  ii) die von dem Dritten berechnete Prämie,
  iii) die Prämie, die das Unternehmen in Rechnung gestellt hätte, wenn es zum Zeitpunkt der Vertragsänderung einen Vertrag mit vergleichbaren Bedingungen als neuen Vertrag geschlossen hätte, abzüglich einer möglicherweise für die Änderung in Rechnung gestellten zusätzlichen Prämie.
b) den neuen Vertrag, der unter Anwendung von Paragraph 72 eingebucht wurde, unter Berücksichtigung der Annahme zu bewerten, dass das Unternehmen die unter (a)(iii) beschriebene Prämie zum Zeitpunkt der Änderung erhalten hat.

AUSWEIS IN DER BILANZ

78 Ein Unternehmen hat in der Bilanz den Buchwert der folgenden Portfolios getrennt auszuweisen:
a) **ausgestellte Versicherungsverträge, die Vermögenswerte sind,**
b) **ausgestellte Versicherungsverträge, die Verbindlichkeiten sind,**
c) **gehaltene Rückversicherungsverträge, die Vermögenswerte sind, und**
d) **gehaltene Rückversicherungsverträge, die Verbindlichkeiten sind.**

79 Ein Unternehmen hat unter Anwendung von Paragraph 28B die als Vermögenswert angesetzten Abschlusskosten in den Buchwert der jeweils zugehörigen Portfolios von ausgestellten Versicherungsverträgen miteinzubeziehen. Jede der als Vermögenswert oder Verbindlichkeit angesetzten

Zahlungsströme in Bezug auf Portfolios gehaltener Rückversicherungsverträgen (siehe Paragraph 65(b)) hat das Unternehmen in den Buchwert der Portfolios gehaltener Rückversicherungsverträgen miteinzubeziehen.

ANSATZ UND AUSWEIS IN DER GESAMTERGEBNISRECHNUNG (PARAGRAPHEN B120–B136)

80 Unter Anwendung der Paragraphen 41 und 42 hat ein Unternehmen die in der Gewinn- und Verlustrechnung und die im sonstigen Ergebnis (nachstehend als Gesamtergebnisrechnung bezeichnet) erfassten Beträge zu untergliedern in:

a) ein versicherungstechnisches Ergebnis (Paragraphen 83–86), bestehend aus den versicherungstechnischen Erträgen sowie den versicherungstechnischen Aufwendungen, und

b) versicherungstechnische Finanzerträge oder -aufwendungen (Paragraphen 87–92).

81 Ein Unternehmen ist nicht verpflichtet, die Änderung der Risikoanpassung für nichtfinanzielle Risiken in versicherungstechnische Ergebnisse und versicherungstechnische Finanzerträge oder -aufwendungen aufzugliedern. Nimmt ein Unternehmen keine solche Aufgliederung vor, muss es die gesamte Änderung der Risikoanpassung für nichtfinanzielle Risiken als Teil des versicherungstechnischen Ergebnisses miteinbeziehen.

82 Erträge oder Aufwendungen aus gehaltenen Rückversicherungsverträgen sind getrennt von den Erträgen und Aufwendungen aus ausgestellten Versicherungsverträgen darzustellen.

Versicherungstechnisches Ergebnis

83 Versicherungstechnische Erträge aus den Gruppen von ausgestellten Versicherungsverträgen sind erfolgswirksam auszuweisen. Die versicherungstechnischen Erträge müssen die Erbringung der aus der Gruppe von Versicherungsverträgen entstehenden Leistungen mit einem Betrag darstellen, welcher der Gegenleistung entspricht, auf das das Unternehmen im Gegenzug für diese Leistungen erwartungsgemäß einen Anspruch hat. Die Paragraphen B120–B127 regeln, wie ein Unternehmen die versicherungstechnischen Erträge zu bewerten hat.

84 Aus einer Gruppe von ausgestellten Versicherungsverträgen entstehende versicherungstechnische Aufwendungen, einschließlich eingetretener Schäden (ausgenommen Rückzahlungen von Kapitalanlagekomponenten), und sonstige entstandene versicherungstechnische Aufwendungen sowie andere in Paragraph 103(b) beschriebene Beträge sind erfolgswirksam auszuweisen.

85 Die erfolgswirksam ausgewiesenen versicherungstechnischen Erträge und Aufwendungen dürfen keine Kapitalanlagekomponenten beinhalten. Informationen zu Prämien sind nicht erfolgswirksam auszuweisen, wenn diese Informationen nicht mit Paragraph 83 in Einklang stehen.

86 Ein Unternehmen kann Erträge oder Aufwendungen aus einer Gruppe von gehaltenen Rückversicherungsverträgen (siehe Paragraphen 60–70A), bei denen es sich nicht um versicherungstechnische Finanzerträge oder -aufwendungen handelt, als einen Einzelbetrag ausweisen; oder das Unternehmen kann die vom Rückversicherer erstatteten Beträge und die zugeordneten gezahlten Prämien, die zusammengenommen einen diesem Einzelbetrag entsprechenden Nettobetrag ergeben, getrennt ausweisen. Wenn ein Unternehmen die vom Rückversicherer erstatteten Beträge und die zugeordneten gezahlten Prämien getrennt ausweist, hat

a) Rückversicherungszahlungsströme, die durch Schäden aus den zugrunde liegenden Verträgen bedingt sind, als Teil der Schäden zu behandeln, deren Rückerstattung im Rahmen des gehaltenen Rückversicherungsvertrags erwartet wird,

b) Beträge vom Rückversicherer, deren Eingang erwartet wird und die nicht durch Schäden aus den zugrunde liegenden Verträgen bedingt sind (beispielsweise einige Arten von Abtretungsprovisionen), als Minderung der an den Rückversicherer zu zahlenden Prämien zu behandeln,

ba) unter Anwendung der Paragraphen 66(c)(i)–(ii) und 66A–66B für die Verlustrückerstattung ausgewiesene Beträge als vom Rückversicherer zurückerstattete Beträge zu behandeln und

c) die zugeordneten gezahlten Prämien nicht als Ertragsminderung auszuweisen.

Versicherungstechnische Finanzerträge oder -aufwendungen (siehe Paragraphen B128–B136)

87 Versicherungstechnische Finanzerträge oder -aufwendungen umfassen die Änderungen des Buchwerts der Gruppe von Versicherungsverträgen, die sich ergeben aus:

a) den Auswirkungen des Zeitwerts des Geldes und den Auswirkungen der Änderungen des Zeitwerts des Geldes und

b) den Auswirkungen des finanziellen Risikos und den Auswirkungen der Änderungen des finanziellen Risikos, aber

c) unter Ausnahme solcher Änderungen bei Gruppen von Versicherungsverträgen mit direkter Überschussbeteiligung, welche die vertragliche Servicemarge anpassen würden, dies jedoch bei Anwendung der Paragraphen 45(b)(ii), 45(b)(iii), 45(c)(ii) oder 45(c)(iii) nicht tun. Diese sind Teil der versicherungstechnischen Aufwendungen.

87A Ein Unternehmen hat

a) auf versicherungstechnische Finanzerträge oder -aufwendungen, die sich aus der Anwendung von Paragraph B115 (Risikominderung) ergeben, Paragraph B117A anzuwenden und

b) auf alle anderen versicherungstechnischen Finanzerträge oder -aufwendungen die Paragraphen 88 und 89 anzuwenden.

88 Sofern nicht Paragraph 89 Anwendung findet, hat ein Unternehmen unter Anwendung von Paragraph 87A(b) ein Bilanzierungswahlrecht zwischen

a) der erfolgswirksamen Erfassung der versicherungstechnischen Finanzerträge oder -aufwendungen einer Berichtsperiode oder

b) der Aufgliederung der versicherungstechnischen Finanzerträge oder -aufwendungen der Berichtsperiode, um stattdessen einen unter Anwendung der Paragraphen B130–B133 durch eine systematische Aufteilung der erwarteten gesamten versicherungstechnischen Finanzerträge oder -aufwendungen auf die Laufzeit der Gruppe von Versicherungsverträgen ermittelten Betrag erfolgswirksam auszuweisen.

89 Bei Anwendung von Paragraph 87A(b) hat ein Unternehmen bei Versicherungsverträgen mit direkter Überschussbeteiligung, für die es die zugrunde liegenden Referenzwerte hält, ein Bilanzierungswahlrecht zwischen

a) der erfolgswirksamen Erfassung der versicherungstechnischen Finanzerträge oder -aufwendungen einer Berichtsperiode oder

b) der Aufgliederung der versicherungstechnischen Finanzerträge oder -aufwendungen der Berichtsperiode, um stattdessen unter Anwendung der Paragraphen B134–B136 einen Betrag erfolgswirksam auszuweisen, durch den Bewertungsinkonsistenzen mit erfolgswirksam ausgewiesenen Erträgen und Aufwendungen der zugrunde liegenden Referenzwerte beseitigt werden.

90 Wenn ein Unternehmen von seinem Bilanzierungswahlrecht gemäß den Paragraphen 88(b) oder 89(b) Gebrauch macht, hat es im sonstigen Ergebnis die Differenz zwischen den auf der Grundlage dieser Paragraphen bewerteten versicherungstechnischen Finanzerträgen oder -aufwendungen und den gesamten versicherungstechnischen Finanzerträgen oder -aufwendungen der Berichtsperiode zu erfassen.

91 Wenn ein Unternehmen eine Gruppe von Versicherungsverträgen überträgt oder einen Versicherungsvertrag unter Anwendung von Paragraph 77 ausbucht,

a) hat es alle verbleibenden Beträge für die Gruppe (oder für den Vertrag), die in Vorperioden im sonstigen Ergebnis ausgewiesen waren – weil das Unternehmen von seinem Bilanzierungswahlrecht Gebrauch gemacht hat und sich für die Bilanzierung nach Paragraph 88(b) entschieden hat – als Umgliederungsbeträge (siehe IAS 1 *Darstellung des Abschlusses*) erfolgswirksam umzugliedern.

b) wird keiner der verbliebenen Beträge für die Gruppe (oder für den Vertrag), die in Vorperioden im sonstigen Ergebnis ausgewiesen waren – weil das Unternehmen von seinem Bilanzierungswahlrecht Gebrauch gemacht hat und sich für die Bilanzierung nach Paragraph 89(b) entschieden hat – als Umgliederungsbetrag (siehe IAS 1) erfolgswirksam umgegliedert.

92 Zum Zwecke der Umrechnung von Posten in Fremdwährung in die funktionale Währung des Unternehmens muss ein Unternehmen nach Paragraph 30 einen Versicherungsvertrag als einen monetären Posten gemäß IAS 21 behandeln. Kursdifferenzen bei Änderungen des Buchwerts von Gruppen von Versicherungsverträgen sind in der Gewinn- und Verlustrechnung zu berücksichtigen, es sei denn, sie beziehen sich auf Änderungen des Buchwerts von Gruppen von Versicherungsverträgen, die unter Anwendung von Paragraph 90 im sonstigen Ergebnis enthalten sind; in diesem Fall sind sie in das sonstige Ergebnis mitaufzunehmen.

ANGABEN

93 Zielsetzung der Angabepflichten ist es, dass ein Unternehmen im Anhang Angaben macht, die in Verbindung mit den Informationen in der Bilanz, der Gesamtergebnisrechnung und der Kapitalflussrechnung den Abschlussadressaten eine Grundlage zur Beurteilung der Auswirkungen der unter IFRS 17 fallenden Verträge auf die Vermögens-, Ertrags- und Finanzlage des Unternehmens bietet. Um dieses Ziel zu erreichen, hat ein Unternehmen qualitative und quantitative Angaben zu folgenden Sachverhalten vorzulegen:

a) die in seinem Abschluss für Verträge, die in den Anwendungsbereich von IFRS 17 fallen, ausgewiesenen Beträge (siehe Paragraphen 97–116),

b) die wesentlichen Ermessensentscheidungen (einschließlich aller etwaiger Änderungen dieser Ermessensentscheidungen), die es bei Anwendung von IFRS 17 getroffen hat (siehe Paragraphen 117–120), und

c) die Art und das Ausmaß der Risiken aus Verträgen, die in den Anwendungsbereich von IFRS 17 fallen (siehe Paragraphen 121–132).

94 Ein Unternehmen hat zu prüfen, welcher Detaillierungsgrad zur Erreichung des mit den Angabepflichten verfolgten Ziels erforderlich ist und welcher Stellenwert den einzelnen Anforderungen beizumessen ist. Reichen die gemäß den Paragraphen 97–132 vorgelegten Angaben zur Erreichung des in Paragraph 93 genannten Zielsetzungen nicht aus, hat ein Unternehmen die zur Erreichung dieses Ziels erforderlichen zusätzlichen Angaben zu machen.

95 Das Unternehmen hat seine Angaben so zusammenzufassen oder aufzuschlüsseln, dass nützliche Angaben weder durch eine Vielzahl unwesentlicher Einzelheiten noch durch die Zu-

sammenfassung von Posten mit unterschiedlichen Merkmalen verschleiert werden.

96 Die Vorschriften in Bezug auf die Wesentlichkeit und die Zusammenfassung von Angaben sind in den Paragraphen 29–31 von IAS 1 festgelegt. Als Grundlage für die Zusammenfassung offengelegter Angaben zu Versicherungsverträgen könnten sich beispielsweise eignen:

a) die Art des Vertrags (beispielsweise die Hauptproduktlinien),
b) das geografische Gebiet (beispielsweise das Land oder die Region) oder
c) das berichtspflichtige Segment gemäß der Definition in IFRS 8 *Geschäftssegmente*.

Erläuterung der erfassten Beträge

97 Von den in den Paragraphen 98–109A verlangten Angaben müssen bei Verträgen, auf der der Prämienallokationsansatz angewandt wurde, nur die in den Paragraphen 98–100, 102–103, 105–105B und 109A verlangten Angaben gemacht werden. Wenn ein Unternehmen den Prämienallokationsansatz anwendet, hat es darüber hinaus auch anzugeben,

a) welche der in den Paragraphen 53 und 69 genannten Kriterien es erfüllt hat,
b) ob es unter Anwendung der Paragraphen 56, 57(b) und 59(b) eine Anpassung um den Zeitwert des Geldes und die Auswirkungen der finanziellen Risiken vornimmt und
c) welche Methode es zur Erfassung der Abschlusskosten unter Anwendung von Paragraph 59(a) gewählt hat.

98 Ein Unternehmen hat Überleitungsrechnungen vorzulegen, aus denen hervorgeht, wie der Nettobuchwert der unter IFRS 17 fallenden Verträge sich während der Berichtsperiode aufgrund von Zahlungsströmen und Erträgen und Aufwendungen geändert hat, die in der Darstellung des finanziellen Erfolgs (Gesamtergebnisrechnung) ausgewiesen sind. Für ausgestellte Versicherungsverträge und gehaltene Rückversicherungsverträge sind getrennte Überleitungsrechnungen vorzulegen. Ein Unternehmen hat die Vorschriften der Paragraphen 100–109 anzupassen, um den unterschiedlichen Merkmalen von gehaltenen Rückversicherungsverträgen und ausgestellten Versicherungsverträgen Rechnung zu tragen; beispielsweise in Bezug auf die Generierung von Aufwendungen oder die Reduzierung von Aufwendungen anstatt Erträgen.

99 Die Überleitungsrechnungen müssen ausreichende Informationen enthalten, die es den Abschlussadressaten ermöglichen, zwischen Änderungen aus Zahlungsströmen und den in der Darstellung des finanziellen Erfolgs (Gesamtergebnisrechnung) ausgewiesenen Beträgen zu unterscheiden. Zur Erfüllung dieser Vorschriften muss ein Unternehmen

a) die Überleitungsrechnungen gemäß den Paragraphen 100–105B in tabellarischer Form vorlegen und

b) für jede Überleitungsrechnung die Nettobuchwerte zu Beginn und zum Ende der Berichtsperiode angeben, unterteilt in einen Gesamtbetrag für Portfolios von Verträgen in Vermögenswertposition und einen Gesamtbetrag für Portfolios von Verträgen in Verbindlichkeitsposition, welche den Beträgen entsprechen, die unter Anwendung von Paragraph 78 in der Bilanz angesetzt werden.

100 Ein Unternehmen hat die Überleitungsrechnungen vom Eröffnungssaldo auf den Schlusssaldo für jeden der folgenden Posten jeweils getrennt vorzulegen:

a) die Nettoverbindlichkeiten (oder Nettovermögenswerte) für die Komponente „zukünftiger Versicherungsschutz", ausgenommen etwaige Verlustkomponenten,
b) alle etwaigen Verlustkomponenten (siehe Paragraphen 47–52 und 57–58),
c) die Rückstellung für noch nicht abgewickelte Versicherungsfälle. Für Versicherungsverträge, auf die der in den Paragraphen 53–59 oder 69–70A beschriebene Prämienallokationsansatz angewandt wurde, hat ein Unternehmen jeweils getrennte Überleitungsrechnungen vorzulegen für
   i) die Schätzungen des Barwerts der künftigen Zahlungsströme und
   ii) die Risikoanpassung für nichtfinanzielle Risiken.

101 Für Versicherungsverträge, auf die der Prämienallokationsansatz gemäß den Paragraphen 53–59 oder 69–70A nicht angewandt wurde, hat ein Unternehmen ebenfalls getrennte Überleitungsrechnungen vom Eröffnungssaldo auf den Schlusssaldo vorzulegen für:

a) die Schätzungen des Barwerts der künftigen Zahlungsströme,
b) die Risikoanpassung für nichtfinanzielle Risiken und
c) die vertragliche Servicemarge.

102 Ziel der Überleitungsrechnungen gemäß den Paragraphen 100–101 ist es, unterschiedliche Arten von Angaben über das versicherungstechnische Ergebnis zur Verfügung zu stellen.

103 In den in Paragraph 100 verlangten Überleitungsrechnungen hat ein Unternehmen die folgenden Beträge in Bezug auf Versicherungsdienstleistungen, sofern zutreffend, jeweils getrennt anzugeben:

a) versicherungstechnische Erträge,
b) versicherungstechnische Aufwendungen unter getrennter Angabe von:
   i) eingetretenen Schäden (mit Ausnahme von Kapitalanlagekomponenten) und sonstigen entstandenen versicherungstechnischen Aufwendungen,
   ii) Abschreibung der Abschlusskosten,
   iii) Änderungen im Zusammenhang mit vergangenen Leistungen, d. h. Änderungen der Erfüllungswerte in Bezug

auf die Rückstellung für noch nicht abgewickelte Versicherungsfälle, und

iv) Änderungen im Zusammenhang mit zukünftigen Leistungen, d. h. Verluste aus Gruppen belastender Verträge und Aufholungen solcher Verluste.

c) Kapitalanlagekomponenten, die nicht in den versicherungstechnischen Erträgen und Aufwendungen enthalten sind (kombiniert mit Prämienrückzahlung, es sei denn, dass die Prämienrückzahlung als Bestandteil der in Paragraph 105(a)(i) beschriebenen Zahlungsströme in der Periode ausgewiesen werden).

104 In den in Paragraph 101 verlangten Überleitungsrechnungen hat ein Unternehmen jeden der folgenden Beträge in Bezug auf Versicherungsdienstleistungen, sofern zutreffend, jeweils getrennt anzugeben:

a) Änderungen im Zusammenhang mit zukünftigen Leistungen unter Anwendung der Paragraphen B96–B118, unter getrennter Angabe von:
   i) Änderungen bei den Schätzungen, die zur Anpassung der vertraglichen Servicemarge führen,
   ii) Änderungen bei den Schätzungen, die nicht zu einer Anpassung der vertraglichen Servicemarge führen, d. h. Verluste aus Gruppen belastender Verträge und Aufholungen solcher Verluste, und
   iii) den Auswirkungen von Verträgen, die erstmalig in der Periode erfasst werden.

b) Änderungen im Zusammenhang mit laufenden Leistungen, d. h.
   i) den Betrag der erfolgswirksam erfassten vertraglichen Servicemarge, um der Übertragung von Leistungen Rechnung zu tragen,
   ii) die Änderung der Risikoanpassung für nichtfinanzielle Risiken, die sich nicht auf künftige Leistungen oder vergangene Leistungen bezieht, und
   iii) Erfahrungswertanpassungen (siehe Paragraphen B97(c) und B113(a)), mit Ausnahme der in (ii) enthaltenen Beträge in Bezug auf die Risikoanpassung für nichtfinanzielle Risiken.

c) Änderungen im Zusammenhang mit vergangenen Leistungen, d. h. Änderungen der Erfüllungswerte in Bezug auf eingetretene Schäden (siehe Paragraphen B97(b) und B113(a)).

105 Zur Vervollständigung der Überleitungsrechnungen gemäß den Paragraphen 100–101 hat ein Unternehmen, falls zutreffend, auch die folgenden Beträge, die nicht in Zusammenhang mit in der Periode erbrachten Versicherungsleistungen stehen, getrennt anzugeben:

a) Zahlungsströme in der Periode, darunter:
   i) für ausgestellte Versicherungsverträge erhaltene (oder für gehaltene Rückversicherungsverträge bezahlte) Prämien,
   ii) Abschlusskosten und
   iii) beglichene eingetretene Schäden und sonstige versicherungstechnische Aufwendungen im Rahmen ausgestellter Versicherungsverträge (oder im Rahmen gehaltener Rückversicherungsverträge erstattete Beträge), ausgenommen Abschlusskosten.

b) Auswirkungen von Änderungen des Risikos der Nichterfüllung durch den Aussteller des gehaltenen Rückversicherungsvertrags,

c) versicherungstechnische Finanzerträge oder -aufwendungen und

d) etwaige zusätzliche Einzelposten, die zum Verständnis der Änderung des Nettobuchwerts der Versicherungsverträge erforderlich sein können.

105A Ein Unternehmen hat eine Überleitungsrechnung vom Eröffnungssaldo auf den Schlusssaldo der unter Anwendung von Paragraph 28B als Vermögenswert angesetzten Abschlusskosten vorzulegen. Die Informationen für die Überleitungsrechnung sind vom Unternehmen auf einer Ebene zu aggregieren, die zu der Überleitungsrechnung von Versicherungsverträgen unter Anwendung von Paragraph 98 konsistent ist.

105B In der in Paragraph 105A verlangten Überleitungsrechnung sind alle unter Anwendung von Paragraph 28E–28F ausgewiesenen Wertminderungen und Wertaufholungen getrennt anzugeben.

106 Für ausgestellte Versicherungsverträge, auf die der in den Paragraphen 53–59 beschriebene Prämienallokationsansatz nicht angewandt wurde, hat ein Unternehmen eine Analyse der in der Periode erfassten versicherungstechnischen Erträge vorzulegen, welche Folgendes umfasst:

a) die Beträge im Zusammenhang mit den Änderungen der Deckungsrückstellung gemäß Paragraph B124, unter getrennter Angabe:
   i) der in der Berichtsperiode entstandenen versicherungstechnischen Aufwendungen, wie in Paragraph B124 (a) angegeben,
   ii) der Änderung der Risikoanpassung für nichtfinanzielle Risiken, wie in Paragraph B124(b) angegeben,
   iii) des Betrags der aufgrund der Übertragung von Leistungen gemäß dem Versicherungsvertrag in der Periode erfolgswirksam erfassten vertraglichen Servicemarge, wie in Paragraph B124(c) angegeben, und
   iv) anderer Beträge, falls vorhanden, z. B. Erfahrungswertanpassungen für Prämieneingänge, die sich nicht auf künftige Leistungen beziehen, wie in Paragraph B124(d) angegeben.

b) die Zuordnung des Teils der Prämien, der sich auf die Amortisation der Abschlusskosten bezieht (siehe Paragraph B125).

107 Bei Versicherungsverträgen, auf die der in den Paragraphen 53–59 oder 69–70A beschriebene Prämienallokationsansatz nicht angewandt wurde, hat ein Unternehmen die Auswirkungen auf die Bilanz – getrennt nach in der Periode erstmalig erfassten ausgestellten Versicherungsverträgen und erstmalig erfassten gehaltenen Rückversicherungsverträgen – anzugeben. Dabei ist darzustellen, wie sie sich bei ihrem erstmaligen Ansatz auf folgende Posten auswirken:

a) die Schätzungen des Barwerts der künftigen Mittelabflüsse unter getrennter Angabe der Höhe der Abschlusskosten,
b) die Schätzungen des Barwerts der künftigen Mittelzuflüsse,
c) die Risikoanpassung für nichtfinanzielle Risiken und
d) die vertragliche Servicemarge.

108 Bei den in Paragraph 107 verlangten Angaben hat ein Unternehmen die Beträge getrennt auszuweisen, die resultieren aus:

a) Verträgen, die von anderen Unternehmen übernommen wurden, entweder im Rahmen einer Übertragung von Versicherungsverträgen oder im Rahmen eines Unternehmenszusammenschlusses, und
b) Gruppen belastender Verträge.

109 Bei Versicherungsverträgen, auf die der in den Paragraphen 53–59 oder 69–70A beschriebene Prämienallokationsansatz nicht angewandt wurde, hat ein Unternehmen in quantitativer Form durch die Darstellung angemessener Zeitbänder anzugeben, wann es die am Abschlussstichtag verbleibende vertragliche Servicemarge erwartungsgemäß erfolgswirksam erfassen wird. Diese Informationen sind für ausgestellte Versicherungsverträge und für gehaltene Rückversicherungsverträge getrennt anzugeben.

109A Ein Unternehmen hat in quantitativer Form durch die Darstellung angemessener Zeitbänder anzugeben, wann es erwartet, die als Vermögenswert angesetzten Abschlusskosten unter Anwendung von Paragraph 28C auszubuchen.

Versicherungstechnische Finanzerträge oder -aufwendungen

110 Ein Unternehmen hat den Gesamtbetrag der versicherungstechnischen Finanzerträge oder -aufwendungen in der Berichtsperiode anzugeben und zu erläutern. Zu erläutern ist insbesondere das Verhältnis zwischen den versicherungstechnischen Finanzerträgen oder -aufwendungen und den Kapitalerträgen seiner Vermögenswerte, um die Abschlussadressaten in die Lage zu versetzen, die Herkunft der erfolgswirksam sowie im sonstigen Ergebnis ausgewiesenen Finanzerträge oder -aufwendungen zu bewerten.

111 Bei Verträgen mit direkter Überschussbeteiligung hat das Unternehmen die Zusammensetzung der zugrunde liegenden Referenzwerte zu beschreiben und deren beizulegenden Zeitwert anzugeben.

112 Falls sich ein Unternehmen unter Anwendung von Paragraph B115 dafür entscheidet, bei Verträgen mit direkter Überschussbeteiligung die vertragliche Servicemarge nicht um die Änderungen der Erfüllungswerte anzupassen, hat es die Auswirkungen dieser Entscheidung auf die Anpassung der vertraglichen Servicemarge in der laufenden Periode anzugeben.

113 Falls das Unternehmen bei Verträgen mit direkter Überschussbeteiligung die Grundlage für den aufgeteilten Ausweis von versicherungstechnischen Finanzerträgen im Gewinn oder Verlust (erfolgswirksam) und im sonstigen Ergebnis unter Anwendung von Paragraph B135 ändert, hat es für die Berichtsperiode, in der es seine Bilanzierungs- und Bewertungsmethode geändert hat, Folgendes anzugeben:

a) den Grund, aus dem es für das Unternehmen erforderlich wurde, die Grundlage für den aufgeteilten Ausweis zu ändern,
b) den Betrag, um den jeder der betroffenen Abschlussposten angepasst wurde, und
c) den Buchwert der von der Änderung betroffenen Gruppe von Versicherungsverträgen zum Zeitpunkt der Änderung.

Übergangsbeträge

114 Ein Unternehmen hat Angaben zu machen, die es den Abschlussadressaten ermöglichen, die Auswirkungen von Gruppen von zum Übergangszeitpunkt unter Anwendung des modifizierten rückwirkenden Ansatzes (siehe Paragraphen C6–C19A) oder des Fair-Value-Ansatzes (siehe Paragraphen C20–C24B) bewerteten Versicherungsverträgen auf die vertragliche Servicemarge und die versicherungstechnischen Erträge in Folgeperioden zu bestimmen. Folglich hat ein Unternehmen die Überleitungsrechnung der vertraglichen Servicemarge unter Anwendung von Paragraph 101(c) und den Betrag der versicherungstechnischen Erträge unter Anwendung von Paragraph 103(a) für folgende Verträge getrennt anzugeben:

a) Versicherungsverträge, die zum Übergangszeitpunkt bestanden und auf die das Unternehmen den modifizierten rückwirkenden Ansatz angewandt hat,
b) Versicherungsverträge, die zum Übergangszeitpunkt bestanden und auf die das Unternehmen den Fair-Value- Ansatz angewandt hat, und
c) alle anderen Versicherungsverträge.

115 Für alle Perioden, für die unter Anwendung von Paragraph 114(a) oder 114(b) Angaben gemacht werden, hat ein Unternehmen zu erläutern, wie es die Bewertung der Versicherungsverträge zum Übergangszeitpunkt bestimmt hat, um die Abschlussadressaten in die Lage zu versetzen, die Art und die Bedeutung der bei Ermittlung der Übergangsbeträge angewandten Methoden und Ermessensentscheidungen zu verstehen.

116 Ein Unternehmen, das sich dafür entscheidet, die Versicherungsfinanzerträge oder -aufwendungen zwischen dem Gewinn oder Verlust und dem sonstigen Ergebnis aufzuteilen, hat unter Anwendung der Paragraphen C18(b), C19(b), C24(b) und C24(c), die kumulative Differenz zwischen den Versicherungsfinanzerträgen oder -aufwendungen, die erfolgswirksam ausgewiesen worden wären, und den gesamten versicherungstechnischen Finanzerträgen oder -aufwendungen zum Übergangszeitpunkt für die Gruppen von Versicherungsverträgen, die von der Aufteilung betroffen sind, zu bestimmen. Für alle Berichtsperioden, in denen unter Anwendung dieser Paragraphen ermittelte Beträge existieren, hat das Unternehmen eine Überleitungsrechnung vom Eröffnungssaldo auf den Schlusssaldo der im sonstigen Ergebnis enthaltenen kumulierten Beträge für die erfolgsneutral zum beizulegenden Zeitwert im sonstigen Ergebnis bewerteten finanziellen Vermögenswerte vorzulegen, die den Gruppen von Versicherungsverträgen zuzuordnen sind. Die Überleitungsrechnung muss z. B. während der Berichtsperiode im sonstigen Ergebnis erfasste Gewinne oder Verluste sowie in früheren Berichtsperioden im sonstigen Ergebnis erfasste und in der Berichtsperiode erfolgswirksam umgegliederte Gewinne oder Verluste enthalten.

Wesentliche Ermessensentscheidungen bei der Anwendung von IFRS 17

117 Ein Unternehmen hat die von ihm getroffenen wesentlichen Ermessensentscheidungen bei der Anwendung von IFRS 17 und Änderungen dieser Ermessensentscheidungen anzugeben. Insbesondere hat ein Unternehmen die von ihm verwendeten Eingangsparameter, Annahmen und Schätzverfahren anzugeben, darunter:

a) die zur Bewertung der unter IFRS 17 fallenden Versicherungsverträge verwendeten Methoden sowie die Prozesse zur Schätzung der Eingangsparameter für diese Methoden. Ein Unternehmen hat auch quantitative Angaben zu diesen Eingangsparametern vorzulegen, es sei denn, dass dies nicht praktikabel ist;

b) etwaige Änderungen der Methoden und Verfahren zur Schätzung von Eingangsparametern, die zur Bewertung von Verträgen herangezogen werden, den Grund einer jeden Änderung und die Art der betroffenen Verträge;

c) sofern nicht bereits unter (a) behandelt, den Ansatz:

   i) um bei Verträgen ohne direkte Überschussbeteiligung (siehe Paragraph B98) zwischen aus Ermessensentscheidungen resultierenden Änderungen der Schätzungen der künftigen Zahlungsströme und anderen Änderungen der Schätzungen der künftigen Zahlungsströme unterscheiden zu können,

   ii) zur Bestimmung der Risikoanpassung für nichtfinanzielle Risiken, darunter auch, ob die Änderungen der Risikoanpassung für nichtfinanzielle Risiken in eine versicherungstechnische Leistungskomponente und eine versicherungstechnische Finanzkomponente aufgeteilt werden oder ob sie vollumfänglich im versicherungstechnischen Ergebnis ausgewiesen werden,

   iii) zur Bestimmung der Abzinsungssätze,

   iv) zur Bestimmung der Kapitalanlagekomponenten und

   v) zur Bestimmung der relativen Gewichtung der aufgrund der Versicherungsdeckung und der zur Erwirtschaftung von Kapitalerträgen erbrachten Leistungen oder der Versicherungsdeckungsleistungen und der kapitalanlagebezogenen Leistungen (siehe Paragraphen B119–B119B).

118 Wenn sich ein Unternehmen unter Anwendung von Paragraph 88(b) oder Paragraph 89(b) dafür entscheidet, die versicherungstechnischen Finanzerträge oder -aufwendungen in erfolgswirksam in der Gewinn- und Verlustrechnung ausgewiesene Beträge und erfolgsneutral im sonstigen Ergebnis (erfolgsneutral) ausgewiesene Beträge aufzuteilen, muss das Unternehmen die Methoden erläutern, anhand derer die erfolgswirksam erfassten versicherungstechnischen Finanzerträge oder -aufwendungen bestimmt wurden.

119 Ein Unternehmen hat Angaben zum Konfidenzniveau zu machen, das zur Bestimmung der Risikoanpassung für nichtfinanzielle Risiken verwendet wurde. Wenn das Unternehmen zur Bestimmung der Risikoanpassung für nichtfinanzielle Risiken ein anderes Verfahren als die Konfidenzniveau-Methode verwendet, hat es das angewandte Verfahren und das Konfidenzniveau anzugeben, das den Ergebnissen der Anwendung dieses Verfahrens entspricht.

120 Ein Unternehmen hat die Renditekurve (Zinsstrukturkurve) (oder die Bandbreite der Renditekurven) anzugeben, die es unter Anwendung von Paragraph 36 zur Abzinsung der Zahlungsströme verwendet hat, die nicht in Abhängigkeit von den Renditen der zugrunde liegenden Referenzwerte schwanken. Macht ein Unternehmen diese Angaben für mehrere Gruppen von Versicherungsverträgen in zusammengefasster Form, so hat es diese Angaben in Form von gewichteten Durchschnittswerten oder relativ engen Bandbreiten zu machen.

Art und Umfang der Risiken aus Verträgen, die in den Anwendungsbereich von IFRS 17 fallen

121 Ein Unternehmen hat Angaben zu machen, die es den Abschlussadressaten ermöglichen, die Art, den Betrag, den Zeitpunkt und die Ungewissheit künftiger Zahlungsströme aus Verträgen zu beurteilen, die in den Anwendungsbereich von IFRS 17 fallen. Vorschriften zu den Angaben, die normalerweise zur Erfüllung dieser Anforde-

rung erforderlich wären, sind in den Paragraphen 122–132 enthalten.

122 Schwerpunkt dieser Angaben sind die aus Versicherungsverträgen erwachsenden versicherungstechnischen und finanziellen Risiken und wie diese Risiken gesteuert werden. Zu den finanziellen Risiken gehören typischerweise u. a. Kreditrisiken, Liquiditätsrisiken und Marktrisiken.

123 Wenn die Angaben, die zur Risikoposition eines Unternehmens zum Abschlussstichtag gemacht werden, nicht repräsentativ für seine Risikoposition während dieser Berichtsperiode sind, muss das Unternehmen hierauf hinweisen und den Grund dafür angeben, warum diese Exponierung zum Abschlussstichtag nicht repräsentativ ist, sowie weitere Informationen vorlegen, die für die Risikoposition während der Berichtsperiode repräsentativ sind.

124 Für jede Art von Risiko aus Verträgen, die in den Anwendungsbereich von IFRS 17 fallen, hat ein Unternehmen Folgendes anzugeben:
a) Umfang und Ursache der Risikopositionen,
b) die Ziele, Methoden und Prozesse des Unternehmens zur Steuerung dieser Risiken und die zur Bewertung der Risiken eingesetzten Methoden und
c) etwaige Änderungen an (a) oder (b) gegenüber der Vorperiode.

125 Für jede Art von Risiko aus Verträgen, die in den Anwendungsbereich von IFRS 17 fallen, hat ein Unternehmen Folgendes anzugeben:
a) zusammengefasste quantitative Daten bezüglich des jeweiligen Risikos, dem es am Abschlussstichtag ausgesetzt ist. Diese Angaben müssen auf Informationen basieren, die den Mitgliedern des Managements in Schlüsselpositionen intern vorgelegt werden;
b) die in den Paragraphen 127–132 verlangten Angaben, sofern sie nicht bereits unter Anwendung des Buchstaben (a) erfolgen.

126 Ein Unternehmen hat Angaben zu den Auswirkungen der für das Unternehmen geltenden aufsichtsrechtlichen Bestimmungen zu machen, beispielsweise Mindestkapitalanforderungen oder vorgeschriebene Zinssatzgarantien. Wenn ein Unternehmen Gruppen von Versicherungsverträgen, auf die es die Ansatz- und Bewertungsvorschriften von IFRS 17 anwendet, unter Anwendung des Paragraphen 20 bestimmt, dann hat es dies anzugeben.

Alle Arten von Risiken – Risikokonzentrationen

127 Ein Unternehmen hat Angaben zu Risikokonzentrationen aus Verträgen im Anwendungsbereich von IFRS 17 anzugeben, einschließlich einer Beschreibung, wie das Unternehmen diese Konzentrationen bestimmt, und einer Beschreibung des gemeinsamen Merkmals, durch das jede Konzentration identifiziert wird (z. B. Art des versicherten Ereignisses, Branche, geografische Region oder Währung). Konzentrationen von finanziellen Risiken können beispielsweise aus Zinssatzgarantien entstehen, die bei einer großen Anzahl von Verträgen beim gleichen Schwellenwert greifen. Konzentrationen von finanziellen Risiken können auch aus Konzentrationen von nichtfinanziellen Risiken entstehen; beispielsweise wenn ein Unternehmen Produkthaftpflichtversicherungen für Pharmaunternehmen anbietet und gleichzeitig auch Anteile an diesen Pharmaunternehmen hält.

Versicherungs- und Marktrisiken – Sensitivitätsanalyse

128 Ein Unternehmen hat Angaben zur Sensitivität gegenüber Änderungen der Risikovariablen bei unter IFRS 17 fallenden Verträgen vorzulegen. Zur Erfüllung dieser Vorschrift sind folgende Angaben erforderlich:
a) eine Sensitivitätsanalyse, aus der ersichtlich ist, wie das Ergebnis und das Eigenkapital durch Änderungen der Risikovariablen beeinflusst worden wären, die zum Abschlussstichtag begründeterweise für möglich gehalten wurden:
   i) für das Versicherungsrisiko muss gezeigt werden, wie die Risikovariablen sich – vor und nach Risikominderung durch gehaltene Rückversicherungsverträge – auf die ausgestellten Versicherungsverträge auswirken, und
   ii) für jede Art von Marktrisiko muss die Beziehung zwischen den Sensitivitäten gegenüber Änderungen der Risikovariablen, die aus Versicherungsverträgen entstehen, und Änderungen der Risikovariablen, die aus vom Unternehmen gehaltenen finanziellen Vermögenswerten entstehen, erläutert werden.
b) die bei der Erstellung der Sensitivitätsanalyse verwendeten Methoden und zugrunde gelegten Annahmen und
c) die Änderungen der Methoden und Annahmen zur Erstellung der Sensitivitätsanalyse gegenüber der Vorperiode sowie die Gründe für diese Änderungen.

129 Wenn ein Unternehmen eine Sensitivitätsanalyse erstellt, aus der ersichtlich ist, wie andere als die in Paragraph 128(a) genannten Beträge durch Änderungen der Risikovariablen beeinflusst werden, und wenn das Unternehmen zur Steuerung von Risiken aus unter IFRS 17 fallenden Verträgen diese Sensitivitätsanalyse verwendet, dann kann es diese Sensitivitätsanalyse anstelle der in Paragraph 128(a) angegebenen Analyse verwenden. Das Unternehmen hat zudem Folgendes anzugeben:
a) eine Erläuterung der zur Erstellung einer solchen Sensitivitätsanalyse verwendeten Methode und der wichtigsten Parameter und Annahmen, die den vorgelegten Angaben zugrunde liegen, und
b) eine Erläuterung des Ziels der verwendeten Methode und etwaiger Einschränkungen, die sich daraus für die vorgelegten Informationen ergeben können.

Versicherungsrisiko – Schadensentwicklung

130 Ein Unternehmen hat die tatsächlichen Schäden verglichen mit früheren Schätzungen des nicht abgezinsten Schadensbetrags (d. h. die Schadensentwicklung) anzugeben. Die Angaben zur Schadensentwicklung haben bis zu der Periode zurückzugehen, in welcher der/die erste(n) wesentliche(n) Schaden/Schäden entstanden ist/ sind, bei dem/denen zum Abschlussstichtag noch Ungewissheit über die Höhe und den Zeitpunkt der Schadenzahlung besteht; die Angaben müssen aber nicht weiter als zehn Jahre zurückgehen (gerechnet ab dem Abschlussstichtag). Das Unternehmen ist nicht verpflichtet, Angaben zur Entwicklung von Schäden zu machen, bei denen die Ungewissheit über die Höhe und den Zeitpunkt der Schadensbegleichung üblicherweise innerhalb eines Jahres geklärt ist. Ein Unternehmen hat die Angaben zur Schadensentwicklung mit dem aggregierten Buchwert der Gruppen von Versicherungsverträgen abzustimmen, für die das Unternehmen unter Anwendung von Paragraph 100(c) Angaben macht.

Kreditrisiko – sonstige Informationen

131 Für das aus Verträgen im Anwendungsbereich von IFRS 17 entstehende Kreditrisiko hat ein Unternehmen Folgendes anzugeben:

a) den Betrag, welcher der Höhe des maximalen Kreditrisikos, dem das Unternehmen zum Abschlussstichtag ausgesetzt ist, am besten entspricht, getrennt für ausgestellte Versicherungsverträge und gehaltene Rückversicherungsverträge, und

b) Informationen zur Kreditqualität von gehaltenen Rückversicherungsverträgen in Vermögenswertposition.

Liquiditätsrisiko – sonstige Informationen

132 Für das aus Verträgen im Anwendungsbereich von IFRS 17 entstehende Liquiditätsrisiko hat ein Unternehmen Folgendes anzugeben:

a) eine Beschreibung, wie es das Liquiditätsrisiko steuert;

b) getrennte Fälligkeitsanalysen für Portfolios von ausgestellten Versicherungsverträgen in Verbindlichkeitsposition und Portfolios von gehaltenen Rückversicherungsverträgen in Verbindlichkeitsposition, die mindestens die Nettozahlungsströme der Portfolios für jedes der ersten fünf Jahre nach dem Abschlussstichtag zeigen, sowie, in aggregierter Form, die Zahlungsströme nach den ersten fünf Jahren. Ein Unternehmen ist nicht verpflichtet, in diesen Analysen die unter Anwendung der Paragraphen 55–59 und der Paragraphen 69–70A bewerteten Verbindlichkeiten für zukünftigen Versicherungsschutz zu berücksichtigen. Die Analysen können in folgender Form erstellt werden:

  i) als Analyse der verbleibenden nicht abgezinsten vertraglichen Nettozahlungsströme nach ihrer voraussichtlichen Fälligkeit oder

  ii) als Analyse der Schätzungen des Barwerts der künftigen Zahlungsströme nach ihrer voraussichtlichen Fälligkeit;

c) die auf Anforderung zu zahlenden Beträge, unter Angabe einer Erläuterung der Beziehung zwischen diesen Beträgen und dem Buchwert der zugehörigen Portfolios von Verträgen, sofern diese Beträge nicht unter Anwendung von Buchstabe (b) angegeben wurden.

Anhang A
Definitionen

Dieser Anhang ist integraler Bestandteil von IFRS 17 Versicherungsverträge.

Vertragliche Servicemarge	Eine Komponente des Buchwerts des Vermögenswerts oder der Verbindlichkeit für eine **Gruppe von Versicherungsverträgen,** die den nicht realisierten Gewinn darstellt, den das Unternehmen im Laufe der Erbringung seiner **Leistungen gemäß dem Versicherungsvertrag** gemäß den in der Gruppe enthaltenen **Versicherungsverträgen** ausweisen wird.
Deckungszeitraum	Der Zeitraum, in dem das Unternehmen **Leistungen gemäß dem Versicherungsvertrag** erbringt. Dieser Zeitraum umfasst die **Leistungen gemäß dem Versicherungsvertrag** in Bezug auf alle Prämien innerhalb der Grenzen des **Versicherungsvertrags.**
Erfahrungsbedingte Anpassungen	Eine Differenz zwischen: (a) bei Prämieneinnahmen (und anderen damit verbundenen Zahlungsströmen, wie zum Beispiel Abschlusskosten und Steuern auf Versicherungsprämien) den zu Beginn der Periode geschätzten in der Periode erwarteten Beträgen und den tatsächlichen Zahlungsströmen in der Periode oder (b) bei versicherungstechnischen Aufwendungen (ohne Abschlusskosten) den zu Beginn der Periode geschätzten erwartungsgemäß anfallenden Beträgen und den tatsächlich in der Periode angefallenen Beträgen.

3/15. IFRS 17
Anhang A

Finanzrisiko	Das Risiko einer möglichen künftigen Änderung eines (oder mehrerer) genannten Zinssatzes, Wertpapierkurses, Rohstoffpreises, Wechselkurses, Preis- oder Zinsindexes, Bonitätsratings oder Kreditindexes oder einer anderen Variablen, vorausgesetzt, dass im Fall einer nichtfinanziellen Variablen die Variable nicht spezifisch für eine der Parteien des Vertrags ist.
Erfüllungswert	Eine explizite, objektive und wahrscheinlichkeitsgewichtete Schätzung (d. h. der Erwartungswert) des Barwerts der künftigen Mittelabflüsse abzüglich des Barwerts der künftigen Mittelzuflüsse, die im Zuge der Erfüllung der Versicherungsverträge durch das Unternehmen entstehen werden, einschließlich einer Risikoanpassung für nichtfinanzielle Risiken.
Gruppe von Versicherungsverträgen	Eine Reihe von **Versicherungsverträgen,** die aus der Aufteilung eines **Portfolios von Versicherungsverträgen** in (mindestens) Verträge resultiert, die innerhalb eines Zeitraums von maximal einem Jahr ausgestellt wurden und die bei ihrem erstmaligen Ansatz (a) belastend sind (falls zutreffend), (b) keine signifikante Wahrscheinlichkeit aufweisen, dass sie künftig belastend werden könnten (falls zutreffend), oder (c) weder unter (a) noch unter (b) fallen (falls zutreffend).
Abschlusskosten	Zahlungsströme aus den Kosten für den Vertrieb, die Zeichnung und die Einrichtung einer **Gruppe von Versicherungsverträgen** (die bereits ausgestellt wurden oder die erwartungsgemäß ausgestellt werden), die dem **Portfolio von Versicherungsverträgen,** zu dem die Gruppe gehört, einzeln zugeordnet werden können. Zu diesen Zahlungsströmen gehören auch Zahlungsströme, die nicht einzelnen Verträgen oder **Gruppen von Versicherungsverträgen** innerhalb des Portfolios zuordenbar sind.
Versicherungsvertrag	Ein Vertrag, nach dem eine Partei (der Versicherer) ein signifikantes **Versicherungsrisiko** von einer anderen Partei (dem **Versicherungsnehmer)** übernimmt, indem sie sich verpflichtet, den **Versicherungsnehmer** zu entschädigen, wenn ein festgelegtes ungewisses künftiges Ereignis (das **versicherte Ereignis**) den **Versicherungsnehmer** nachteilig betrifft.
Leistungen gemäß dem Versicherungsvertrag	Folgende Leistungen, die ein Unternehmen für einen **Versicherungsnehmer** eines **Versicherungsvertrags** erbringt: (a) Deckung für ein **versichertes Ereignis** (Versicherungsdeckungsleistung), (b) Bei **Versicherungsverträgen ohne direkte Überschussbeteiligung** : die Erwirtschaftung von Kapitalerträgen für den Versicherungsnehmer, falls zutreffend (Leistungen zur Erwirtschaftung von Kapitalerträgen), und (c) Bei **Versicherungsverträgen mit direkter Überschussbeteiligung** : das Management der zugrunde liegenden Referenzwerte im Namen des Versicherungsnehmers (kapitalanlagebezogene Leistungen).
Versicherungsvertrag mit direkter Überschussbeteiligung	Ein **Versicherungsvertrag,** bei dem zu Beginn (a) die Vertragsbestimmungen festlegen, dass der **Versicherungsnehmer** mit einem Anteil an einem eindeutig bestimmten Pool **zugrunde liegender Referenzwerte** beteiligt ist, (b) das Unternehmen erwartet, dem **Versicherungsnehmer** einen Betrag zu zahlen, der einem wesentlichen Teil der Erträge aus dem beizulegenden Zeitwert der **zugrunde liegenden Referenzwerte** entspricht, und

	(c) das Unternehmen erwartet, dass ein wesentlicher Teil etwaiger Änderungen der an den **Versicherungsnehmer** zu zahlenden Beträge entsprechend der Änderung des beizulegenden Zeitwerts der **zugrunde liegenden Referenzwerte** schwanken wird.
Versicherungsvertrag ohne direkte Überschussbeteiligung	Ein **Versicherungsvertrag**, der kein **Versicherungsvertrag mit direkter Überschussbeteiligung** ist.
Versicherungsrisiko	Ein Risiko – mit Ausnahme eines **finanziellen Risikos** – das vom Versicherungsnehmer auf den Versicherer übertragen wird.
Versichertes Ereignis	Ein ungewisses künftiges Ereignis, das von einem **Versicherungsvertrag** gedeckt ist und durch das ein **Versicherungsrisiko** entsteht.
Kapitalanlagekomponente	Die Beträge, die das Versicherungsunternehmen gemäß **Versicherungsvertrag** auf jeden Fall an den **Versicherungsnehmer** zurückzahlen muss, unabhängig davon, ob ein **versichertes Ereignis** eintritt oder nicht.
Kapitalanlagevertrag mit ermessensabhängiger Überschussbeteiligung	Ein Finanzinstrument, das einem bestimmten Anleger das vertragliche Recht verleiht, ergänzend zu einem Betrag, der nicht im Ermessen des Ausstellers des Vertrags liegt, zusätzliche Beträge zu erhalten,
	(a) die erwartungsgemäß einen signifikanten Anteil an den gesamten vertraglichen Leistungen ausmachen,
	(b) deren Fälligkeit oder Höhe vertraglich im Ermessen des Ausstellers liegen, und
	(c) die vertraglich beruhen auf:
	(i) den Renditen eines bestimmten Pools an Verträgen oder eines bestimmten Typs von Verträgen,
	(ii) den realisierten und/oder nicht realisierten Kapitalerträgen bei einem bestimmten Portfolio von Vermögenswerten, die vom Verpflichteten gehalten werden, oder
	(iii) dem Gewinn oder Verlust des Unternehmens oder des Sondervermögens, das den Vertrag ausstellt.
Rückstellung für noch nicht abgewickelte Versicherungsfälle	Die Verpflichtung eines Unternehmens,
	(a) berechtigte Ansprüche in Bezug auf bereits eingetretene **versicherte Ereignisse**, auch in Bezug auf Ereignisse, die eingetreten sind, für die aber noch keine Ansprüche geltend gemacht wurden, und andere angefallene Versicherungsaufwendungen zu überprüfen und zu begleichen, und
	(b) in (a) nicht enthaltene Beträge zu zahlen, die sich auf Folgendes beziehen:
	(i) **Leistungen gemäß dem Versicherungsvertrag**, die bereits erbracht worden sind, oder
	(ii) etwaige **Kapitalanlagekomponenten** oder andere Beträge, die nicht in Zusammenhang mit der Erbringung von **Leistungen gemäß dem Versicherungsvertrag** stehen und die nicht in der **Deckungsrückstellung** enthalten sind.
Deckungsrückstellung	Die Verpflichtung eines Unternehmens,
	(a) berechtigte Ansprüche im Rahmen bestehender **Versicherungsverträge** für **versicherte Ereignisse**, die noch nicht eingetreten sind (d. h. die Verpflichtung in Bezug auf den noch nicht abgelaufenen Teil der Versicherungsdeckung) zu überprüfen und zu begleichen, und

(b) in (a) nicht enthaltene Beträge im Rahmen bestehender **Versicherungsverträge** zu zahlen, die sich auf Folgendes beziehen:

    (i) noch nicht erbrachte **Leistungen gemäß dem Versicherungsvertrag** (d. h. die Verpflichtungen in Bezug auf die künftige Erbringung von **Leistungen gemäß dem Versicherungsvertrag**) oder

    (ii) etwaige **Kapitalanlagekomponenten** oder andere Beträge, die nicht in Zusammenhang mit der Erbringung von **Leistungen gemäß dem Versicherungsvertrag** stehen und die nicht in die **Rückstellung für noch nicht abgewickelte Versicherungsfälle** umgebucht wurden.

Versicherungsnehmer	Die Partei, die nach einem **Versicherungsvertrag** das Recht auf Entschädigung hat, falls ein **versichertes Ereignis** eintritt.
Portfolio von Versicherungsverträgen	**Versicherungsverträge**, die ähnlichen Risiken unterliegen und die gemeinsam gesteuert werden.
Rückversicherungsvertrag	Ein von einem Unternehmen (dem Rückversicherer) ausgestellter **Versicherungsvertrag**, demzufolge dieses Unternehmen (der Rückversicherer) ein anderes Unternehmen für Schäden aus einem oder mehreren von diesem anderen Unternehmen ausgestellten **Versicherungsverträgen** (zugrunde liegende Verträge) entschädigen muss.
Risikoanpassung für nichtfinanzielle Risiken	Die Entschädigung, die ein Unternehmen dafür verlangt, dass es bei der Erfüllung seiner **Versicherungsverträge** die aus dem nichtfinanziellen Risiko entstehende Unsicherheit in Bezug auf die Höhe und den Zeitpunkt der Zahlungsströme trägt.
Zugrunde liegende Referenzwerte	Referenzwerte, die einige der an einen **Versicherungsnehmer** zu zahlenden Beträge bestimmen. **Zugrunde liegende Referenzwerte** können beliebige Posten umfassen; beispielsweise ein Referenzportfolio von Vermögenswerten, Nettovermögenswerte des Unternehmens oder eine spezifische Untergruppe der Nettovermögenswerte des Unternehmens.

Anhang B
Anwendungsleitlinien

Dieser Anhang ist integraler Bestandteil von IFRS 17 Versicherungsverträge.

B1 Er enthält Leitlinien zu folgenden Punkten:

(a) Definition eines Versicherungsvertrags (siehe Paragraphen B2–B30),

b) Abtrennung von Komponenten eines Versicherungsvertrags (siehe Paragraphen B31–B35),

ba) als Vermögenswert angesetzte Abschlusskosten (siehe Paragraphen B35A–B35D),

c) Bewertung (siehe Paragraphen B36–B119F),

d) versicherungstechnische Erträge (siehe Paragraph B120–B127),

e) versicherungstechnische Finanzerträge oder -aufwendungen (siehe Paragraphen B128–B136) und

f) Zwischenabschlüsse (siehe Paragraph B137).

DEFINITION EINES VERSICHERUNGSVERTRAGS (ANHANG A)

B2 Dieser Abschnitt enthält Leitlinien zur Definition eines Versicherungsvertrags, wie in Anhang A bestimmt. Er behandelt die folgenden Sachverhalte:

a) ungewisses künftiges Ereignis (siehe Paragraphen B3–B5),

b) Naturalleistungen (siehe Paragraph B6),

c) die Unterscheidung zwischen dem Versicherungsrisiko und anderen Risiken (siehe Paragraphen B7–B16),

d) signifikantes Versicherungsrisiko (siehe Paragraphen B17–B23),

e) Änderungen im Umfang des Versicherungsrisikos (siehe Paragraphen B24–B25) und

f) Beispiele für Versicherungsverträge (siehe Paragraphen B26–B30).

Ungewisses künftiges Ereignis

B3 Ungewissheit (oder Risiko) liegt im Wesen eines Versicherungsvertrags. Dementsprechend besteht zu Beginn eines Versicherungsvertrags mindestens bei einer der folgenden Fragen Ungewissheit:

a) der Wahrscheinlichkeit, dass ein versichertes Ereignis eintritt,

b) wann das versicherte Ereignis eintreten wird oder

c) wie hoch die Leistung des Unternehmens sein wird, wenn das versicherte Ereignis eintritt.

B4 Bei einigen Versicherungsverträgen ist das versicherte Ereignis das Bekanntwerden eines Schadens während der Vertragslaufzeit, selbst wenn der Schaden die Folge eines Ereignisses ist, das vor Beginn des Vertrags eingetreten ist. In anderen Versicherungsverträgen ist das versicherte Ereignis ein Ereignis, das während der Vertragslaufzeit eintritt, selbst wenn der daraus resultierende Schaden erst nach Ende der Vertragslaufzeit bekannt wird.

B5 Einige Versicherungsverträge decken Ereignisse, die bereits eingetreten sind, deren finanzielle Auswirkung aber noch ungewiss ist. Ein Beispiel hierfür ist ein Versicherungsvertrag, der Versicherungsdeckung für ungünstige Entwicklungen eines Ereignisses bietet, das bereits eingetreten ist. Bei solchen Verträgen ist das versicherte Ereignis die Bestimmung der endgültigen Höhe dieser Schäden.

Naturalleistungen

B6 Einige Versicherungsverträge verlangen oder gestatten die Erbringung von Naturalleistungen. In solchen Fällen liefert das Unternehmen zur Erfüllung seiner Verpflichtung, den Versicherungsnehmer für versicherte Ereignisse zu entschädigen, Waren oder Dienstleistungen an den Versicherungsnehmer. Beispielsweise kann ein Unternehmen einen gestohlenen Gegenstand direkt ersetzen, statt dem Versicherungsnehmer eine Erstattung in Höhe des ihm entstandenen Schadens zu zahlen. Als weiteres Beispiel nutzt ein Unternehmen eigene Krankenhäuser und medizinisches Personal, um medizinische Dienste zu leisten, die durch den Versicherungsvertrag zugesagt sind. Bei diesen Verträgen handelt es sich um Versicherungsverträge, selbst wenn die Ansprüche der Versicherten in Form von Naturalleistungen beglichen werden. Dienstleistungsverträge gegen festes Entgelt, welche die in Paragraph 8 genannten Bedingungen erfüllen, sind ebenfalls Versicherungsverträge. Unter Anwendung von Paragraph 8 hat das Unternehmen jedoch das Wahlrecht, diese Verträge entweder nach IFRS 17 oder nach IFRS 15 *Erlöse aus Verträgen mit Kunden* zu bilanzieren.

Die Unterscheidung zwischen dem Versicherungsrisiko und anderen Risiken

B7 Damit ein Versicherungsvertrag im Sinne der Definition vorliegt, muss eine Partei ein signifikantes Versicherungsrisiko von einer anderen Partei übernehmen. In IFRS 17 wird das Versicherungsrisiko definiert als ein „Risiko, mit Ausnahme eines Finanzrisikos, das von demjenigen, der den Vertrag nimmt (Versicherungsnehmer), auf denjenigen, der ihn ausstellt (Versicherer), übertragen wird". Ein Vertrag, der den Aussteller ohne signifikantes Versicherungsrisiko einem Finanzrisiko aussetzt, ist kein Versicherungsvertrag.

B8 Die Definition des Begriffs Finanzrisiko in Anhang A bezieht sich auf finanzielle und nichtfinanzielle Variablen. Nichtfinanzielle Variablen, die nicht spezifisch für eine Partei des Vertrags sind, wären zum Beispiel ein Index über Erdbebenschäden in einer bestimmten Region oder ein Index über Temperaturen in einer bestimmten Stadt. Finanzrisiken schließen Risiken aus nichtfinanziellen Variablen aus, die spezifisch für eine Partei dieses Vertrags sind, so wie das Eintreten oder Nichteintreten eines Feuers, das einen Vermögenswert dieser Partei beschädigt oder zerstört. Außerdem ist das Risiko, dass sich der beizulegende Zeitwert eines nichtfinanziellen Vermögenswerts ändert, kein Finanzrisiko, wenn der beizulegende Zeitwert nicht nur Änderungen der Marktpreise für solche Vermögenswerte (eine finanzielle Variable) widerspiegelt, sondern auch den Zustand eines bestimmten nichtfinanziellen Vermögenswerts im Besitz einer Partei eines Vertrags (eine nichtfinanzielle Variable). Wenn beispielsweise eine Garantie des Restwerts eines bestimmten Autos, an dem der Versicherungsnehmer ein versicherbares Interesse besitzt, den Garantiegeber dem Risiko von Änderungen des physischen Zustands des Autos aussetzt, ist dieses Risiko ein Versicherungsrisiko und kein Finanzrisiko.

B9 Einige Verträge setzen den Aussteller zusätzlich zu einem signifikanten Versicherungsrisiko auch einem Finanzrisiko aus. Zum Beispiel beinhalten viele Lebensversicherungsverträge die Garantie einer Mindestverzinsung für die Versicherungsnehmer (Finanzrisiko bewirkend) und gleichzeitig auch die Zusage von Leistungen im Todesfall, die zu manchen Zeitpunkten den Stand des Versicherungskontos des Versicherungsnehmers erheblich übersteigen (Versicherungsrisiko in Form von Sterblichkeitsrisiko bewirkend). Hierbei handelt es sich um Versicherungsverträge.

B10 Bei einigen Verträgen löst das versicherte Ereignis die Zahlung eines an einen Preisindex gekoppelten Betrags aus. Bei diesen Verträgen handelt es sich um Versicherungsverträge, sofern die durch das versicherte Ereignis bedingte Zahlung signifikant sein könnte. Ist beispielsweise eine Leibrente an einen Index der Lebenshaltungskosten gebunden, so wird ein Versicherungsrisiko übertragen, weil die Zahlung durch ein ungewisses künftiges Ereignis – dem Überleben des Leibrentners – ausgelöst wird. Die Kopplung an den Preisindex ist ein Derivat, gleichzeitig wird jedoch ein Versicherungsrisiko übertragen, weil die Anzahl der Zahlungen, für die der Index gilt, vom Überleben des Leibrentners abhängt. Wenn die daraus resultierende Übertragung von Versicherungsrisiko signifikant ist, erfüllt das Derivat die Definition eines Versicherungsvertrags und darf in diesem Fall nicht vom Basisvertrag getrennt werden (siehe Paragraph 11(a)).

B11 Das Versicherungsrisiko ist das Risiko, das das Unternehmen vom Versicherungsnehmer übernimmt. Dies bedeutet, dass das Unternehmen vom Versicherungsnehmer ein Risiko übernehmen muss, dem der Versicherungsnehmer bereits ausgesetzt war. Ein neues, durch den Vertrag für das Unternehmen oder den Versicherungsnehmer entstandenes Risiko ist kein Versicherungsrisiko.

B12 Die Definition eines Versicherungsvertrags bezieht sich auf eine nachteilige Wirkung auf den Versicherungsnehmer. Nach dieser Definition ist die Zahlung des Unternehmens nicht auf einen Betrag begrenzt, welcher der finanziellen Wirkung des nachteiligen Ereignisses entspricht. Zum Beispiel schließt die Definition „Neuwertversicherungen" mit ein, die dem Versicherungsnehmer einen Betrag auszahlen, der es ihm ermöglicht, einen gebrauchten und beschädigten Vermögenswert durch einen neuwertigen zu ersetzen. Entsprechend beschränkt die Definition die Zahlung aufgrund eines Lebensversicherungsvertrags nicht auf den finanziellen Schaden, der den Angehörigen des Verstorbenen entstanden ist, und sie schließt auch keine Verträge aus, welche die Zahlung von vorher festgelegten Beträgen vorsehen, um den durch den Tod oder einen Unfall verursachten Schaden zu quantifizieren.

B13 Einige Verträge bestimmen eine Leistung, wenn ein festgelegtes ungewisses künftiges Ereignis eintritt, schreiben aber nicht vor, dass als Vorbedingung für die Leistung eine nachteilige Auswirkung auf den Versicherungsnehmer eingetreten sein muss. Solch ein Vertrag ist kein Versicherungsvertrag, auch dann nicht, wenn der Nehmer den Vertrag dazu benutzt, eine zugrunde liegende Risikoposition auszugleichen. Nutzt der Nehmer beispielsweise ein Derivat, um eine zugrunde liegende finanzielle oder nichtfinanzielle Variable abzusichern, die mit Zahlungsströmen von einem Vermögenswert des Unternehmens korreliert, so ist das Derivat kein Versicherungsvertrag, weil die Zahlung nicht davon abhängt, ob der Nehmer durch eine Minderung der Zahlungsströme aus dem Vermögenswert nachteilig betroffen ist. Die Definition eines Versicherungsvertrags bezieht sich auf ein ungewisses künftiges Ereignis, für das eine nachteilige Wirkung auf den Versicherungsnehmer eine vertragliche Voraussetzung für die Leistung ist. Diese vertragliche Voraussetzung verlangt vom Unternehmen keine Untersuchung, ob das Ereignis tatsächlich eine nachteilige Wirkung verursacht hat, aber sie erlaubt dem Unternehmen, die Leistung zu verweigern, wenn es nicht überzeugt ist, dass das Ereignis eine nachteilige Wirkung verursacht hat.

B14 Das Storno- oder Bestandsfestigkeitsrisiko (d. h. das Risiko, dass der Versicherungsnehmer den Vertrag früher oder später kündigt als der Versicherer bei der Preisfestsetzung für den Vertrag erwartet hatte) ist kein Versicherungsrisiko, da die daraus resultierende Variabilität der Leistung an den Versicherungsnehmer nicht von einem ungewissen künftigen Ereignis abhängt, das den Versicherungsnehmer nachteilig betrifft. Entsprechend ist ein Kostenrisiko (d. h. das Risiko von unerwarteten Erhöhungen der mit der Verwaltung eines Vertrags verbundenen Verwaltungskosten, nicht jedoch der mit versicherten Ereignissen verbundenen Kosten) kein Versicherungsrisiko, da eine unerwartete Erhöhung dieser Kosten den Versicherungsnehmer nicht nachteilig betrifft.

B15 Folglich ist ein Vertrag, der das Versicherungsunternehmen einem Storno-, Bestandsfestigkeits- oder Kostenrisiko aussetzt, kein Versicherungsvertrag, sofern er das Unternehmen nicht zugleich auch einem signifikanten Versicherungsrisiko aussetzt. Wenn das Unternehmen dieses Risiko jedoch mithilfe eines zweiten Vertrags mindert, in dem es einen Teil dieses Nicht-Versicherungs-Risikos auf eine andere Partei überträgt, so setzt dieser zweite Vertrag diese andere Partei einem Versicherungsrisiko aus.

B16 Ein Unternehmen kann ein signifikantes Versicherungsrisiko nur dann vom Versicherungsnehmer übernehmen, wenn das Unternehmen ein vom Versicherungsnehmer getrenntes Unternehmen ist. Im Falle eines Gegenseitigkeitsunternehmens übernimmt dieses von jedem Versicherungsnehmer Risiken und legt dann diese Risiken zusammen. Obwohl die Versicherungsnehmer dieses zusammengelegte Risiko kollektiv tragen, weil sie einen Residualanspruch an das Unternehmen haben, ist das Gegenseitigkeitsunternehmen ein getrenntes Unternehmen, welches das Risiko übernommen hat.

Signifikantes Versicherungsrisiko

B17 Ein Vertrag ist nur dann ein Versicherungsvertrag, wenn er ein signifikantes Versicherungsrisiko überträgt. Die Paragraphen B7–B16 behandeln das Versicherungsrisiko. Die Einschätzung, ob das Versicherungsrisiko signifikant ist, wird in den Paragraphen B18–B23 behandelt.

B18 Ein Versicherungsrisiko ist nur dann signifikant, wenn ein versichertes Ereignis bewirken könnte, dass der Versicherer zusätzliche Beträge zu zahlen hat, die in einem beliebigen Einzelfall von signifikanter Höhe sind – mit Ausnahme der Szenarien ohne wirtschaftliche Substanz (d. h. ohne wahrnehmbare Auswirkung auf die wirtschaftliche Sicht des Geschäfts). Wenn ein versichertes Ereignis dazu führen könnte, dass in einem Szenario mit wirtschaftlicher Substanz signifikante zusätzliche Beträge zu zahlen wären, kann die Bedingung des vorherigen Satzes sogar dann erfüllt sein, wenn das versicherte Ereignis höchst unwahrscheinlich ist oder wenn der erwartete (d. h. wahrscheinlichkeitsgewichtete) Barwert der bedingten Zahlungsströme nur einen kleinen Teil des erwarteten Barwerts aller übrigen vertraglichen Zahlungsströme aus dem Versicherungsvertrag ausmacht.

B19 Außerdem überträgt ein Vertrag nur dann ein signifikantes Versicherungsrisiko, wenn ein Szenario mit wirtschaftlicher Substanz vorliegt, in dem für den Versicherer die Möglichkeit eines Verlustes auf Barwertbasis besteht. Selbst wenn ein Rückversicherungsvertrag den Versicherer nicht dem Risiko der Möglichkeit eines signifikanten Verlusts aussetzt, wird dennoch davon ausgegangen, dass dieser Vertrag ein signifikantes Versicherungsrisiko überträgt, wenn im Wesentlichen das gesamte Versicherungsrisiko im Zusammenhang mit den rückversicherten Anteilen der zugrunde liegenden Versicherungsverträge auf den Rückversicherer übertragen wird.

B20 Die in Paragraph B18 beschriebenen zusätzlichen Beträge werden auf Barwertbasis bestimmt. Wenn ein Versicherungsvertrag bei Eintreten eines Ereignisses mit ungewissem Zeitpunkt eine Zahlung vorsieht und wenn diese Zahlung nicht um den Zeitwert des Geldes angepasst wird, kann es Umstände geben, unter denen der Barwert der Zahlung steigt, obwohl ihr Nennwert festgelegt ist. Ein Beispiel hierfür ist eine Todesfallversicherung mit fester Versicherungssumme (Todesfallleistung) ohne Ende des Versicherungsschutzes (oft auch als lebenslange Todesfallversicherung mit fester Versicherungssumme bezeichnet). Es ist gewiss, dass der Versicherungsnehmer sterben wird, aber der Zeitpunkt des Todes ist ungewiss. Es kann der Fall eintreten, dass Zahlungen geleistet werden, wenn ein einzelner Versicherungsnehmer früher als erwartet verstirbt. Da diese Zahlungen nicht um den Zeitwert des Geldes angepasst werden, könnte selbst dann ein signifikantes Versicherungsrisiko bestehen, wenn im Portfolio von Verträgen insgesamt kein Verlust zu verzeichnen ist. Auf ähnliche Weise können Vertragsbestimmungen, welche die zeitnahe Erstattung an den Versicherungsnehmer verzögern, ein signifikantes Versicherungsrisiko eliminieren. Zur Bestimmung des Barwerts der zusätzlichen Beträge hat ein Unternehmen die in Paragraph 36 vorgeschriebenen Abzinsungssätze zu verwenden.

B21 Die in Paragraph B18 beschriebenen zusätzlichen Beträge beziehen sich auf den Barwert der Beträge, der über das hinausgeht, was zu zahlen gewesen wäre, wenn kein versichertes Ereignis eingetreten wäre (ausgenommen Szenarien ohne wirtschaftliche Substanz). Diese zusätzlichen Beträge schließen Schadensbearbeitungs- und Schadensfeststellungskosten mit ein, aber sie beinhalten nicht

a) den Verlust der Möglichkeit, dem Versicherungsnehmer künftige Leistungen in Rechnung zu stellen. So bedeutet beispielsweise im Falle eines kapitalanlagegebundenen Lebensversicherungsvertrags der Tod des Versicherungsnehmers, dass das Unternehmen keine Kapitalanlage-Verwaltungsleistungen mehr erbringen kann und auch keine Gebühr mehr dafür verlangen kann. Für das Unternehmen resultiert dieser wirtschaftliche Schaden jedoch nicht aus dem Versicherungsrisiko, und genauso wenig trägt ein Fondsmanager ein Versicherungsrisiko in Bezug auf den möglichen Tod eines Kunden. Folglich ist der potenzielle Verlust von künftigen Kapitalanlagegebühren für die Einschätzung, wie viel Versicherungsrisiko durch einen Vertrag übertragen wird, nicht relevant.

b) den Verzicht auf Abzüge und Gebühren im Todesfall, die bei Kündigung oder Rückkauf vorgenommen würden. Da der Vertrag diese Gebühren überhaupt erst geschaffen hat, stellt der Verzicht auf die Erhebung dieser Gebühren keine Entschädigung des Versicherungsnehmers für ein zuvor schon bestehendes Risiko dar. Folglich sind sie für die Einschätzung, wie viel Versicherungsrisiko durch einen Vertrag übertragen wird, nicht relevant.

c) eine Zahlung, die von einem Ereignis abhängt, das dem Versicherungsnehmer keinen signifikanten Schaden verursacht. Ein Beispiel hierfür wäre ein Vertrag, der den Aussteller verpflichtet, 1 Mio. WE(¹) zu zahlen, wenn ein Vermögenswert einen physischen Schaden erleidet, der dem Versicherungsnehmer einen insignifikanten wirtschaftlichen Schaden von 1 WE verursacht. Durch diesen Vertrag überträgt der Versicherungsnehmer das insignifikante Risiko, 1 WE zu verlieren, auf den Aussteller. Gleichzeitig entsteht durch den Vertrag ein Nicht-Versicherungs-Risiko, aufgrund dessen der Aussteller 999 999 WE zahlen muss, wenn das festgelegte Ereignis eintritt. Da hier kein Szenario vorliegt, in dem ein versichertes Ereignis dem Versicherungsnehmer einen signifikanten Schaden verursacht, übernimmt der Aussteller kein signifikantes Versicherungsrisiko vom Versicherungsnehmer und dieser Vertrag ist kein Versicherungsvertrag.

(¹) WE steht für Währungseinheit.

d) mögliche Rückversicherungsdeckung. Das Unternehmen bilanziert diese gesondert.

B22 Ein Unternehmen hat die Signifikanz des Versicherungsrisikos für jeden einzelnen Vertrag einzuschätzen. Folglich kann das Versicherungsrisiko auch signifikant sein, selbst wenn die Wahrscheinlichkeit signifikanter Schäden für ein Portfolio oder eine Gruppe von Verträgen minimal ist.

B23 Aus den Paragraphen B18–B22 folgt, dass es sich bei einem Vertrag, der eine Leistung im Todesfall vorsieht, die über der im Erlebensfall zu zahlenden Leistung liegt, um einen Versicherungsvertrag handelt, es sei denn, die zusätzliche Todesfallleistung ist nicht signifikant (beurteilt in Bezug auf den Vertrag selbst und nicht auf das gesamte Portfolio der Verträge). Wie in Paragraph B21(b) festgestellt, wird der Verzicht auf Kündigungs- oder Rückkaufabzüge im Todesfall bei dieser Einschätzung nicht berücksichtigt, wenn dieser Verzicht den Versicherungsnehmer nicht für ein zuvor schon bestehendes Risiko entschädigt. Entsprechend handelt es sich bei einem Rentenversicherungsvertrag, der bis zum Lebensende des Versicherungsnehmers regelmäßige Zahlungen vorsieht, um einen Versicherungsvertrag, es sei denn, dass die gesamten Zahlungen, die nur geleistet werden, so lange der Versicherungsnehmer noch lebt, insignifikant sind.

Änderungen im Umfang des Versicherungsrisikos

B24 Bei einigen Verträgen erfolgt die Übertragung des Versicherungsrisikos auf den Versicherer erst nach einem gewissen Zeitraum. Ein Beispiel hierfür ist ein Vertrag, der einen bestimmten Kapitalertrag vorsieht und ein Wahlrecht für den Versicherungsnehmer beinhaltet, das Ergebnis der Ka-

3/15. IFRS 17
B24 – B27

pitalanlage bei Ablauf zum Erwerb einer Leibrente zu benutzen, und zwar zu den gleichen Sätzen, die das Unternehmen zum Ausübungszeitpunkt des Wahlrechts durch den Versicherungsnehmer auch anderen neuen Leibrentenversicherungsnehmern in Rechnung stellt. Ein solcher Vertrag überträgt das Versicherungsrisiko erst dann auf den Versicherer, wenn das Wahlrecht ausgeübt wird, weil es dem Unternehmen weiterhin freisteht, den Preis der Leibrentenversicherung so zu festzulegen, dass sie das zu diesem Zeitpunkt auf das Unternehmen übertragene Versicherungsrisiko widerspiegelt. Folglich sind die Zahlungsströme, zu denen es bei Ausübung der Option kommen würde, außerhalb der Grenzen des Versicherungsvertrags und vor Ausübung der Option kommt es zu keinen Versicherungszahlungsströmen innerhalb der Grenzen des Versicherungsvertrags. Wenn der Vertrag indes die Rentenfaktoren angibt (oder eine andere Grundlage zur Bestimmung der Rentenfaktoren als die Marktpreise), überträgt der Vertrag das Versicherungsrisiko auf den Versicherer, weil der Versicherer das Risiko trägt, dass die Rentenfaktoren für den Versicherer ungünstig sind, wenn der Versicherungsnehmer die Option ausübt. In diesem Fall sind die Zahlungsströme, zu denen es bei Ausübung der Option kommt, innerhalb der Grenzen des Versicherungsvertrags.

B25 Ein Vertrag, der die Definition eines Versicherungsvertrags erfüllt, bleibt so lange ein Versicherungsvertrag, bis alle Rechte und Pflichten erloschen (d. h. erfüllt, gekündigt oder abgelaufen) sind, es sei denn, der Vertrag wird unter Anwendung der Paragraphen 74–77 aufgrund einer Vertragsänderung ausgebucht.

Beispiele für Versicherungsverträge

B26 Bei den folgenden Beispielen handelt es sich um Versicherungsverträge, wenn das übertragene Versicherungsrisiko signifikant ist:
a) Diebstahlversicherung oder Sachversicherung,
b) Produkthaftpflicht-, Berufshaftpflicht-, allgemeine Haftpflicht- oder Rechtsschutzversicherung,
c) Lebensversicherung und Bestattungskostenversicherung (obwohl der Tod sicher ist, ist es ungewiss, wann er eintreten wird oder – bei einigen Formen der Lebensversicherung – ob der Tod während der Versicherungsdauer eintreten wird),
d) Leibrenten und Pensionsversicherungen, d. h. Verträge, die eine Entschädigung für das ungewisse künftige Ereignis – das Überleben des Leibrentners oder Pensionärs – zusagen, um dem Leibrentner oder Pensionär ein Einkommensniveau zu ermöglichen, das ansonsten durch dessen Überleben beeinträchtigt würde. (Verbindlichkeiten des Arbeitgebers aus Versorgungsplänen für Arbeitnehmer und als betriebliche Altersversorgung mit leistungsorientiertem Zusage ausgewiesene Altersversorgungsverpflichtungen fallen unter Anwendung von Paragraph 7(b) nicht in den Anwendungsbereich von IFRS 17),
e) Erwerbsminderungsversicherung und Krankheitskostenversicherung,
f) Bürgschaften, Kautionsversicherungen, Gewährleistungsbürgschaften und Bietungsbürgschaften, d. h. Verträge, die den Versicherungsnehmer entschädigen, wenn eine andere Partei eine vertragliche Verpflichtung nicht erfüllt, z. B. eine Verpflichtung, ein Gebäude zu errichten,
g) Produktgewährleistungen. Produktgewährleistungen, die von einer anderen Partei für vom Hersteller, Groß- oder Einzelhändler verkaufte Waren gewährt werden, fallen in den Anwendungsbereich von IFRS 17. Produktgewährleistungen, die direkt vom Hersteller, Groß- oder Einzelhändler gewährt werden, sind unter Anwendung von Paragraph 7(a) jedoch außerhalb des Anwendungsbereichs von IFRS 17 und fallen vielmehr in den Anwendungsbereich von IAS 37 *Rückstellungen, Eventualverbindlichkeiten und Eventualforderungen*,
h) Rechtstitelversicherungen (d. h. eine Versicherung gegen die Aufdeckung von Mängeln an Rechtstiteln auf Grundeigentum oder Gebäude, die bei Abschluss des Versicherungsvertrags nicht erkennbar waren). In diesem Fall ist das versicherte Ereignis die Aufdeckung eines Mangels eines Rechtstitels und nicht der Mangel als solcher,
i) Reiseversicherung (Entschädigung in bar oder in Form von Dienstleistungen an Versicherungsnehmer für Schäden, die ihnen vor oder während einer Reise entstanden sind),
j) Katastrophenbonds, die verringerte Zahlungen von Kapital, Zinsen oder beidem vorsehen, wenn ein bestimmtes Ereignis den Emittenten der Anleihe nachteilig betrifft (es sei denn, dass durch dieses bestimmte Ereignis kein signifikantes Versicherungsrisiko entsteht, zum Beispiel, wenn dieses Ereignis eine Änderung eines Zinssatzes oder Wechselkurses ist),
k) Versicherungs-Swaps und andere Verträge, die eine Zahlung auf der Grundlage von Änderungen der klimatischen, geologischen oder sonstigen physikalischen Variablen vorsehen, die spezifisch für eine Vertragspartei sind.

B27 Es folgen Beispiele für Verträge, bei denen es sich nicht um Versicherungsverträge handelt:
a) Kapitalanlageverträge, die die rechtliche Form eines Versicherungsvertrags haben, aber kein signifikantes Versicherungsrisiko auf den Versicherer übertragen. So handelt es sich beispielsweise bei Lebensversicherungsverträgen, bei denen das Unternehmen kein signifikantes Sterblichkeitsrisiko oder Morbiditätsrisiko trägt, nicht um Versicherungsverträge; solche Verträge sind Finanzinstrumente oder Dienstleistungsverträge, siehe Paragraph B28). Kapitalanlageverträge

b) mit ermessensabhängiger Überschussbeteiligung entsprechen nicht der Definition eines Versicherungsvertrags, fallen jedoch in den Anwendungsbereich von IFRS 17, vorausgesetzt, sie werden von einem Unternehmen ausgestellt, das unter Anwendung von Paragraph 3(c) auch Versicherungsverträge ausstellt.

b) Verträge, die die rechtliche Form von Versicherungen haben, aber jedes signifikante Versicherungsrisiko durch unkündbare und durchsetzbare Mechanismen auf den Versicherungsnehmer zurückübertragen, indem sie die künftigen Zahlungen des Versicherungsnehmers an den Versicherer als direkte Folge der versicherten Schäden anpassen. Beispielsweise sehen einige finanzielle Rückversicherungsverträge oder einige Gruppenverträge eine Rückübertragung des gesamten signifikanten Versicherungsrisikos auf die Versicherungsnehmer vor; solche Verträge sind normalerweise Finanzinstrumente oder Dienstleistungsverträge (siehe Paragraph B28).

c) Selbstversicherung (d. h. die Selbsttragung eines Risikos, das durch eine Versicherung hätte gedeckt werden können). In einer solchen Situation liegt kein Versicherungsvertrag vor, da es keine Vereinbarung mit einer anderen Partei gibt. Wenn folglich ein Unternehmen einen Versicherungsvertrag an sein Mutterunternehmen, Tochterunternehmen oder Schwesterunternehmen begibt, gibt es im Konzernabschluss keinen Versicherungsvertrag, weil es keinen Vertrag mit einer anderen Partei gibt. Im individuellen Abschluss oder im Einzelabschluss des Versicherers oder des Versicherungsnehmers liegt dagegen ein Versicherungsvertrag vor.

d) Verträge (wie Rechtsverhältnisse von Spielbanken), die eine Zahlung bestimmen, wenn ein bestimmtes ungewisses künftiges Ereignis eintritt, aber nicht als vertragliche Bedingung für die Zahlung verlangen, dass das Ereignis den Versicherungsnehmer nachteilig betrifft. Dies schließt jedoch solche Verträge nicht aus der Definition von Versicherungsverträgen aus, in denen zur Quantifizierung des durch ein festgelegtes Ereignis, wie Tod oder Unfall, verursachten Schadens (siehe auch Paragraph B12) ein vorab bestimmter Auszahlungsbetrag festgelegt wird.

e) Derivate, die eine Partei einem finanziellen Risiko, aber keinem Versicherungsrisiko aussetzen, wobei der Derivatekontrakt diese Partei nur dann verpflichtet, ein Zahlung zu leisten (oder ihr das Recht verleiht, eine Zahlung zu erhalten), wenn sich ein festgelegter Zinssatz (oder mehrere festgelegte Zinssätze), der Kurs eines Wertpapiers, ein Rohstoffpreis, ein Wechselkurs, ein Preis- oder Zinsindex, ein Bonitätsrating oder ein Kreditindex oder eine andere Variablen ändert, sofern im Fall einer nichtfinanziellen Variablen die Variable nicht spezifisch für eine Partei des Vertrags ist.

f) kreditbezogene Garantien, die Zahlungen auch dann verlangen, wenn dem Garantienehmer kein Schaden dadurch entstanden ist, dass der Schuldner eine Zahlung nicht geleistet hat, als sie fällig war; solche Verträge werden nach IFRS 9 *Finanzinstrumente* bilanziert (siehe Paragraph B29).

g) Verträge, die eine Zahlung vorsehen, die von einer klimatischen, geologischen oder anderen physikalischen Variable abhängt, die nicht spezifisch für eine Vertragspartei ist (allgemein als Wetterderivate bezeichnet);

h) Verträge, die in Abhängigkeit von einer klimatischen, geologischen oder anderen physikalischen Variable reduzierte Zahlungen von Kapital, Zinsen oder beidem vorsehen, wenn die Auswirkungen dieser Variable nicht für eine Vertragspartei spezifisch sind (allgemein als Katastrophenbonds bezeichnet).

B28 Auf die in Paragraph B27 beschriebenen Verträge hat ein Unternehmen andere geltende Standards anzuwenden, wie zum Beispiel IFRS 9 und IFRS 15.

B29 Die in Paragraph B27(f) erörterten kreditbezogenen Garantien und Kreditversicherungsverträge können verschiedene rechtliche Formen haben, wie zum Beispiel die einer Garantie, einiger Arten von Akkreditiven, eines Kreditausfallvertrags („credit default contract") oder eines Versicherungsvertrags. Bei diesen Verträgen handelt es sich um Versicherungsverträge, wenn sie den Versicherer verpflichten, bestimmte Zahlungen zu leisten, um dem Garantienehmer für einen Schaden zu entschädigen, der ihm entsteht, weil ein bestimmter Schuldner eine fällige Zahlung nicht fristgerecht gemäß den ursprünglichen oder veränderten Bedingungen eines Schuldinstruments an den Garantienehmer leistet. Solche Versicherungsverträge sind jedoch aus dem Anwendungsbereich von IFRS 17 ausgenommen, es sei denn, der Versicherer hat zuvor ausdrücklich erklärt, dass er diese Verträge als Versicherungsverträge betrachtet und sie nach den für Versicherungsverträge geltenden Vorschriften bilanziert hat (siehe Paragraph 7(e)).

B30 Kreditbezogene Garantien und Kreditversicherungsverträge, denen zufolge eine Zahlung selbst dann geleistet werden muss, wenn dem Inhaber kein Schaden dadurch entstanden ist, dass der Schuldner eine fällige Zahlung nicht fristgerecht geleistet hat, fallen nicht unter IFRS 17, da sie kein signifikantes Versicherungsrisiko übertragen. Zu diesen Verträgen gehören Verträge, bei denen eine Zahlung geleistet werden muss

a) unabhängig davon, ob die Gegenpartei das zugrunde liegende Schuldinstrument hält, oder

b) bei Änderung des Bonitätsratings oder des Kreditindexes und nicht erst dann, wenn ein spezifischer Schuldner seinen Zahlungsverpflichtungen bei Fälligkeit nicht nachkommt.

3/15. IFRS 17
B31 – B35B

ABTRENNUNG VON KOMPONENTEN EINES VERSICHERUNGSVERTRAGS (PARAGRAPHEN 10–13)

Kapitalanlagekomponenten (Paragraph 11(b))

B31 Nach Paragraph 11(b) muss ein Unternehmen eine eigenständig abgrenzbare Kapitalanlagekomponente vom Basisversicherungsvertrag trennen. Eine Kapitalanlagekomponente ist nur dann eigenständig abgrenzbar, wenn beide folgenden Bedingungen erfüllt sind:
a) zwischen der Kapitalanlagekomponente und der Versicherungskomponente besteht keine starke Korrelation,
b) ein Vertrag mit gleichwertigen Bedingungen wird von Versicherungsunternehmen oder anderen Parteien auf demselben Markt oder im selben Staat getrennt verkauft oder könnte getrennt verkauft werden. Das Unternehmen hat bei dieser Entscheidung alle Informationen zu berücksichtigen, die bei vertretbarem Aufwand verfügbar sind. Das Unternehmen ist nicht verpflichtet, umfassende Nachforschungen anzustellen, um zu ermitteln, ob eine Anlagenkomponente getrennt verkauft wird.

B32 Zwischen einer Kapitalanlagekomponente und einer Versicherungskomponente besteht nur dann eine starke Korrelation, wenn
a) das Unternehmen die eine Komponente nicht bewerten kann, ohne auch die andere zu berücksichtigen. Wenn folglich der Wert der einen Komponente in Abhängigkeit vom Wert der anderen schwankt, hat ein Unternehmen die kombinierte Kapitalanlage- und Versicherungskomponente nach IFRS 17 zu bilanzieren, oder
b) der Versicherungsnehmer den Nutzen aus einer Komponente nur ziehen kann, wenn auch die andere Komponente vorhanden ist. Wenn folglich der Ablauf oder die Fälligkeit der einen Komponente in einem Vertrag zum Ablauf oder zur Fälligkeit der anderen führt, hat das Unternehmen die kombinierte Kapitalanlage- und Versicherungskomponente nach IFRS 17 zu bilanzieren.

Zusagen, eigenständig abgrenzbare Güter oder Dienstleistungen zu übertragen, bei denen es sich nicht um Leistungen gemäß dem Versicherungsvertrag handelt (Paragraph 12)

B33 Nach Paragraph 12 muss ein Unternehmen eine Zusage, eigenständig abgrenzbare Güter oder Dienstleistungen, bei denen es sich nicht um Leistungen gemäß dem Versicherungsvertrag handelt, auf einen Versicherungsnehmer zu übertragen, von einem Versicherungsvertrag abtrennen. Zum Zwecke der Abtrennung darf ein Unternehmen Tätigkeiten, die es zur Erfüllung eines Vertrags durchführen muss, nicht berücksichtigen, es sei denn, das Unternehmen überträgt bei der Durchführung dieser Tätigkeiten ein nicht gemäß dem Versicherungsvertrag geliefertes Gut oder eine nicht gemäß dem Versicherungsvertrag erbrachte Dienstleistung auf den Versicherungsnehmer. Es kann zum Beispiel sein, dass ein Unternehmen zum Aufsetzen eines Vertrags verschiedene Verwaltungsaufgaben durchführen muss. Bei der Durchführung dieser Aufgaben wird keine Dienstleistung auf den Versicherungsnehmer übertragen.

B34 Ein nicht gemäß dem Versicherungsvertrag geliefertes Gut oder eine nicht gemäß dem Versicherungsvertrag erbrachte Dienstleistung, das/die einem Versicherungsnehmer zugesagt wird, ist dann eigenständig abgrenzbar, wenn der Versicherungsnehmer das Gut oder die Dienstleistung entweder alleine nutzen kann, oder zusammen mit anderen Ressourcen, die dem Versicherungsnehmer ohne Weiteres zur Verfügung stehen. Ohne Weiteres zur Verfügung stehende Ressourcen sind Güter oder Dienstleistungen, die (durch das Unternehmen oder durch ein anderes Unternehmen) getrennt verkauft werden bzw. Ressourcen, die der Versicherungsnehmer bereits (vom Unternehmen oder aus anderen Transaktionen oder Ereignissen) erhalten hat.

B35 Ein nicht gemäß dem Versicherungsvertrag geliefertes Gut oder eine nicht gemäß dem Versicherungsvertrag erbrachte Dienstleistung, das/die dem Versicherungsnehmer zugesagt wird, ist nicht eigenständig abgrenzbar, wenn
a) die mit dem Gut oder der Dienstleistung verbundenen Zahlungsströme und Risiken in enger Korrelation mit den mit den Versicherungskomponenten im Vertrag verbundenen Zahlungsströmen und Risiken stehen und
b) das Unternehmen eine signifikante Integrationsleistung erbringt, um das Gut oder die Dienstleistung in die Versicherungskomponenten zu integrieren.

ABSCHLUSSKOSTEN (PARAGRAPHEN 28A–28F)

B35A Um Paragraph 28A anzuwenden, hat ein Unternehmen seine Abschlusskosten nach einer systematischen und rationalen Methode aufzuteilen:
a) Abschlusskosten, die einer Gruppe von Versicherungsverträgen einzeln zugeordnet werden können,
    i) sind dieser Gruppe zuzuordnen und
    ii) sind Gruppen zuzuordnen, die Versicherungsverträge enthalten werden, die erwartungsgemäß aus Verlängerungen der Versicherungsverträge in dieser Gruppe entstehen werden.
b) Abschlusskosten, die einem Portfolio von Versicherungsverträgen einzeln zugeordnet werden können – mit Ausnahme der unter a) aufgeführten –, sind Gruppen von Verträgen in dem Portfolio zuzuordnen.

B35B Am Ende jeder Berichtsperiode muss ein Unternehmen die gemäß Paragraph B35A zugeordneten Beträge überprüfen, um etwaigen Änderungen der Annahmen Rechnung zu tragen, welche die Eingangsparameter für die eingesetzte Zuordnungsmethode bestimmen. Nachdem einer Gruppe von Versicherungsverträgen alle ihr zugehörigen Verträge hinzugefügt wurden, darf ein Unternehmen die Beträge nicht mehr ändern, die es dieser Gruppe von Versicherungsverträgen zugeordnet hat (siehe Paragraph B35C).

B35C Ein Unternehmen könnte einer Gruppe von Versicherungsverträgen über mehrere Berichtsperioden hinweg weitere Versicherungsverträge hinzufügen (siehe Paragraph 28). In diesem Fall hat ein Unternehmen den Anteil der als Vermögenswert angesetzten Abschlusskosten auszubuchen, der sich auf Versicherungsverträge bezieht, die der Gruppe in dieser Periode hinzugefügt wurden, und es hat die als Vermögenswert angesetzten Abschlusskosten weiterhin in dem Umfang auszuweisen, wie dieser Vermögenswert sich auf Versicherungsverträge bezieht, die der Gruppe erwartungsgemäß in einer künftigen Berichtsperiode hinzugefügt werden.

B35D Um Paragraph 28E anzuwenden,

a) hat ein Unternehmen eine Wertminderung erfolgswirksam anzusetzen und den Buchwert der als Vermögenswert angesetzten Abschlusskosten so zu reduzieren, dass der Buchwert des Vermögenswerts den unter Anwendung von Paragraph 32(a) ermittelten erwarteten Nettomittelzufluss für die zugehörige Gruppe von Versicherungsverträgen nicht übersteigt.

b) hat ein Unternehmen, wenn es die Abschlusskosten unter Anwendung von Paragraph B35A(a)(ii) den Gruppen von Versicherungsverträgen zuordnet, eine Wertminderung erfolgswirksam auszuweisen und den Buchwert der zugehörigen als Vermögenswert angesetzten Abschlusskosten in der Höhe zu reduzieren, wie

   i) das Unternehmen erwartet, dass diese Abschlusskosten den unter Anwendung von Paragraph 32(a) ermittelten Nettomittelzufluss für erwartete Vertragsverlängerungen übersteigen werden, und

   ii) der nach (b)(i) ermittelte Überschuss nicht bereits nach (a) als Wertminderung ausgewiesen wurde.

BEWERTUNG (PARAGRAPHEN 29–71)

Schätzungen der künftigen Zahlungsströme (Paragraphen 33–35)

B36 Dieser Abschnitt behandelt:

a) die objektive Nutzung aller angemessenen und belastbaren Informationen, die ohne unangemessenen Kosten- oder Zeitaufwand verfügbar sind (siehe Paragraphen B37–B41),

b) Marktvariablen und nicht marktbedingungsabhängige Variablen (siehe Paragraphen B42–B53),

c) die Verwendung aktueller Schätzungen (siehe Paragraphen B54–B60) und

d) Zahlungsströme innerhalb der Vertragsgrenzen (siehe Paragraphen B61–B71).

Objektive Nutzung aller angemessenen und belastbaren Informationen, die ohne unangemessenen Kosten- oder Zeitaufwand verfügbar sind (Paragraph 33(a))

B37 Das Ziel der Schätzung der künftigen Zahlungsströme besteht darin, den Erwartungswert (oder den wahrscheinlichkeitsgewichteten Mittelwert) der gesamten Bandbreite aller möglichen Ergebnisse unter Berücksichtigung aller angemessenen und belastbaren Informationen, die zum Bilanzstichtag ohne unangemessenen Kosten- oder Zeitaufwand verfügbar sind, zu bestimmen. Angemessene und belastbare Informationen, die zum Bilanzstichtag ohne unangemessenen Kosten- oder Zeitaufwand verfügbar sind, umfassen Informationen über vergangene Ereignisse und aktuelle Bedingungen sowie Prognosen künftiger Bedingungen (siehe Paragraph B41). Informationen aus den eigenen Informationssystemen des Unternehmens gelten als ohne unangemessene Kosten- oder Zeitaufwand verfügbar.

B38 Ausgangspunkt für eine Schätzung der Zahlungsströme ist eine Bandbreite von Szenarien, welche die gesamte Bandbreite aller möglichen Ergebnisse widerspiegelt. Jedes Szenario gibt die Höhe und den Zeitpunkt der Zahlungsströme für ein bestimmtes Ergebnis sowie die geschätzte Wahrscheinlichkeit dieses Ergebnisses an. Die Zahlungsströme aus jedem Szenario werden abgezinst und unter Berücksichtigung der geschätzten Wahrscheinlichkeit, dass dieses Ergebnis zu einem erwarteten Barwert führt, gewichtet. Folglich besteht das Ziel nicht darin, das wahrscheinlichste Ergebnis oder ein eher wahrscheinliches Ergebnis für künftige Zahlungsströme zu entwickeln.

B39 Bei der Erwägung der gesamten Bandbreite aller möglichen Ergebnisse besteht das Ziel darin, alle angemessenen und belastbaren Informationen, die ohne unangemessenen Kosten- oder Zeitaufwand verfügbar sind, zu berücksichtigen, und nicht darin, jedes einzelne mögliche Szenario zu identifizieren. In der Praxis ist die Entwicklung expliziter Szenarien nicht erforderlich, wenn die resultierende Schätzung mit der Zielsetzung der Bewertung vereinbar ist, alle angemessenen und belastbaren Informationen, die bei der Bestimmung des Mittelwerts ohne unangemessenen Kosten- oder Zeitaufwand verfügbar sind, zu berücksichtigen. Wenn ein Unternehmen beispielsweise schätzt, dass die Wahrscheinlichkeitsverteilung der Ergebnisse weitgehend mit einer Wahrscheinlichkeitsverteilung übereinstimmen wird, die mit einer geringen Anzahl von Parametern vollumfänglich beschrieben werden kann, dann genügt es, die geringere Anzahl von Parametern zu schätzen. Auf ähnliche Weise kann in einigen Fällen mit einer relativ einfachen Modellierung eine Antwort gefunden werden, die präzise genug ist, ohne dass viele detaillierte Simulationen erforderlich wären. In einigen Fällen kann es jedoch sein, dass die Zahlungsströme von komplexen zugrunde liegenden Faktoren beeinflusst werden und dass sie auf Änderungen der wirtschaftlichen Rahmenbedingungen nicht-linear reagieren. Dies kann beispielsweise dann der Fall sein, wenn die Zahlungsströme eine Reihe von miteinander verbundenen Optionen widerspiegeln, die implizit oder explizit sind. In solchen Fällen ist vermutlich eine fortgeschrittenere stochastische Modellierung erforderlich, um die Zielsetzung der Bewertung zu erreichen.

B40 Die entwickelten Szenarien müssen objektive Schätzungen der Wahrscheinlichkeit katastrophaler Schäden im Rahmen der bestehenden Verträge beinhalten. Diese Szenarien schließen mögliche Ansprüche aus möglichen künftigen Verträgen aus.

B41 Ein Unternehmen hat die Wahrscheinlichkeiten und die Höhe künftiger Zahlungen im Rahmen der bestehenden Verträge auf der Grundlage der eingeholten Informationen zu schätzen, umfassend auch:

a) Informationen über Schäden, die von den Versicherungsnehmern bereits gemeldet wurden,
b) sonstige Informationen über die bekannten oder geschätzten Merkmale der Versicherungsverträge,
c) historische Daten aus der eigenen Erfahrung des Unternehmens, gegebenenfalls ergänzt durch historische Daten aus anderen Quellen. Die historischen Daten werden angepasst, um den derzeitigen Bedingungen Rechnung zu tragen, beispielsweise wenn
   i) die Merkmale der versicherten Population von den Merkmalen der Population, die als Grundlage für die historischen Daten herangezogen wurde, abweichen (oder abweichen werden, beispielsweise aufgrund von adverser Selektion),
   ii) es Hinweise dafür gibt, dass die historischen Trends nicht anhalten werden, dass neue Trends aufkommen werden oder dass wirtschaftliche, demografische und sonstige Änderungen die Zahlungsströme beeinflussen können, die aus den bestehenden Versicherungsverträgen entstehen, oder
   iii) es Änderungen in Punkten wie zum Beispiel bei den Zeichnungsverfahren oder den Schadenmanagementverfahren gab, die den Einfluss darauf haben können, wie relevant die historischen Daten für die Versicherungsverträge sind.
d) aktuelle Preisinformationen (falls verfügbar) für Rückversicherungsverträge und andere Finanzinstrumente (falls vorhanden), die ähnliche Risiken abdecken, wie zum Beispiel Katastrophenbonds und Wetterderivate, sowie aktuelle Marktpreise für die Übertragung von Versicherungsverträgen. Diese Informationen sind anzupassen, um die Differenzen zwischen den Zahlungsströmen aus diesen Rückversicherungsverträgen oder anderen Finanzinstrumenten und den Zahlungsströmen, die entstehen würden, während das Unternehmen die zugrunde liegenden Verträge mit dem Versicherungsnehmer erfüllt, widerzuspiegeln.

Marktvariablen und nicht marktbedingungsabhängige Variablen

B42 In IFRS 17 werden zwei Arten von Variablen identifiziert:

a) Marktvariablen: Dies sind Variablen, die an den Märkten beobachtet oder direkt von den Märkten abgeleitet werden können (beispielsweise Kurse öffentlich gehandelter Wertpapiere und Zinssätze), und
b) nicht marktbedingungsabhängige Variablen: Dies sind alle anderen Variablen (beispielsweise Häufigkeit und Schwere von Versicherungsschäden und das Sterblichkeitsrisiko).

B43 Marktvariablen führen in der Regel zu finanziellen Risiken (beispielsweise beobachtbare Zinssätze) und nicht marktbedingungsabhängige Variablen führen in der Regel zu nichtfinanziellen Risiken (beispielsweise Sterblichkeitsraten). Dies muss in der Praxis jedoch nicht immer der Fall sein. Es kann beispielsweise Annahmen geben, die sich auf finanzielle Risiken beziehen, für die an den Märkten keine Variablen beobachtet werden können oder die nicht direkt von den Märkten abgeleitet werden können (beispielsweise Zinssätze, die nicht an den Märkten beobachtet oder von den Märkten abgeleitet werden können).

Marktvariablen (Paragraph 33b)

B44 Schätzungen der Marktvariablen müssen mit den beobachtbaren Marktpreisen zum Bewertungsstichtag in Einklang stehen. Ein Unternehmen hat so weit wie möglich beobachtbare Eingangsparameter zu verwenden und darf die beobachtbaren Marktdaten nicht durch eigene Schätzungen ersetzen, außer wie in Paragraph 79 von IFRS 13 *Bewertung zum beizulegenden Zeitwert* beschrieben. In Übereinstimmung mit IFRS 13 gilt: Wenn Variablen abgeleitet werden müssen (z. B., weil es keine beobachtbaren Marktvariablen gibt), dann haben sie so gut wie möglich mit beobachtbaren Marktvariablen in Einklang zu stehen.

B45 Marktpreise sind eine Mischung verschiedener Ansichten über mögliche künftige Marktergebnisse, und sie spiegeln auch die Risikopräferenzen der Marktteilnehmer wider. Folglich handelt es sich bei ihnen nicht um eine Einzelpunktprognose eines künftigen Ergebnisses. Wenn das tatsächliche Ergebnis vom vorherigen Marktpreis abweicht, bedeutet dies nicht, dass der Marktpreis „falsch" war.

B46 Eine wichtige Anwendung der Marktvariablen besteht im Konzept eines replizierenden Vermögenswerts oder eines replizierenden Portfolios von Vermögenswerten. Ein replizierender Vermögenswert ist ein Vermögenswert, dessen Zahlungsströme in allen Szenarien *exakt* der Höhe, der Fälligkeit und der Ungewissheit der Zahlungsströme einer Gruppe von Versicherungsverträgen entsprechen. In einigen Fällen kann für einige der Zahlungsströme aus einer Gruppe von Versicherungsverträgen ein replizierender Vermögenswert existieren. Der beizulegende Zeitwert dieses Vermögenswerts trägt sowohl dem erwarteten Barwert der Zahlungsströme aus dem Vermögenswert als auch dem mit diesen Zahlungsströmen verbundenen Risiko Rechnung. Wenn es für einige der Zahlungsströme aus einer Gruppe von Versicherungsverträgen ein replizierendes Portfolio von Vermögenswerten gibt, kann das Unternehmen den beizulegenden Zeitwert dieser Vermögenswerte zur Bewertung der relevanten Erfüllungswerte verwenden, anstatt die Zahlungsströme und den Abzinsungssatz explizit zu schätzen.

B47 IFRS 17 schreibt einem Unternehmen nicht vor, dass es die Methode des replizierenden Portfolios verwenden muss. Wenn es allerdings für einige der Zahlungsströme aus Versicherungsverträgen einen replizierenden Vermögenswert oder ein replizierendes Portfolio von Vermögenswerten gibt und ein Unternehmen sich dafür entscheidet, eine andere Methode einzusetzen, hat das Unternehmen sich davon zu überzeugen, dass die Methode des replizierenden Portfolios wahrscheinlich nicht zu einer wesentlich anderen Bewertung dieser Zahlungsströme führen würde.

B48 Andere Methoden als die eines replizierenden Portfolios, beispielsweise stochastische Modelling-Methoden, können solider oder einfacher umzusetzen sein, wenn es signifikante Wechselwirkungen zwischen Zahlungsströmen gibt, die aufgrund der Renditen der Vermögenswerte und anderer Zahlungsströme schwanken. Es muss nach Ermessen vorgegangen werden, um die Methode zu bestimmen, mit der die Zielsetzung der Übereinstimmung mit beobachtbaren Marktvariablen unter spezifischen Umständen am besten erfüllt werden kann. Insbesondere muss die verwendete Methode gewährleisten, dass die Bewertung etwaiger Optionen und Garantien, die in den Versicherungsverträgen enthalten sind, mit den beobachtbaren Marktpreisen (falls vorhanden) für solche Optionen und Garantien übereinstimmt.

Nicht marktbedingungsabhängige Variablen

B49 Schätzungen der nicht marktbedingungsabhängigen Variablen haben alle ohne unangemessenen Kosten- oder Zeitaufwand verfügbaren angemessenen und belastbaren Informationen, sowohl externe als auch interne, zu berücksichtigen.

B50 Nicht marktbedingungsabhängige externe Variablen (beispielsweise nationale Sterblichkeitsstatistiken) können unter Umständen relevanter sein als interne Daten (beispielsweise intern entwickelte Sterblichkeitsstatistiken). So hat beispielsweise ein Unternehmen, das Lebensversicherungsverträge begibt, sich bei der Entwicklung objektiver Wahrscheinlichkeitsschätzungen für Sterblichkeitsszenarien für seine Versicherungsverträge nicht nur auf die nationale Sterblichkeitsstatistik zu stützen, sondern es muss auch alle anderen angemessenen und belastbaren internen und externen Informationsquellen berücksichtigen, die ohne unangemessenen Kosten- oder Zeitaufwand verfügbar sind. Bei der Entwicklung dieser Wahrscheinlichkeiten hat ein Unternehmen überzeugenderen Informationen mehr Gewicht beizumessen. Zum Beispiel:

a) Interne Sterblichkeitsstatistiken können überzeugender als nationale Sterblichkeitsdaten sein, wenn die nationalen Daten aus einer großen Population abgeleitet werden, die für die versicherte Population nicht repräsentativ ist. Dies könnte beispielsweise darauf zurückzuführen sein, dass die demografischen Merkmale der versicherten Population wesentlich von denjenigen der nationalen Population abweichen, was wiederum bedeuten würde, dass ein Unternehmen den internen Daten mehr und den nationalen Statistiken weniger Gewicht beimessen müsste.

b) Wenn dagegen die internen Statistiken aus einer kleinen Population abgeleitet werden und davon ausgegangen wird, dass deren Merkmale denjenigen der nationalen Population ähnlich sind und dass die nationalen Statistiken aktuell sind, hat ein Unternehmen den nationalen Statistiken mehr Gewicht beizumessen.

B51 Die geschätzten Wahrscheinlichkeiten für nicht marktbedingungsabhängige Variablen dürfen nicht im Widerspruch zu den beobachtbaren Marktvariablen stehen. So müssen beispielsweise die geschätzten Wahrscheinlichkeiten künftiger Inflationsszenarien konsistent wie möglich zu den durch die Marktzinsen implizierten Wahrscheinlichkeiten sein.

B52 In einigen Fällen kann ein Unternehmen zu dem Schluss gelangen, dass die Marktvariablen unabhängig von den nicht marktbedingungsabhängigen Variablen variieren. Ist dies der Fall, hat ein Unternehmen Szenarien zu berücksichtigen, welche der Bandbreite der Ergebnisse für nicht marktbedingungsabhängige Variablen Rechnung tragen, wobei in jedem Szenario derselbe beobachtete Wert der Marktvariablen verwendet wird.

B53 In anderen Fällen können Marktvariablen und nicht marktbedingungsabhängige Variablen miteinander korrelieren. Es könnte beispielsweise Anhaltspunkte dafür geben, dass Stornoquoten (eine nicht marktbedingungsabhängige Variable) mit Zinssätzen (eine Marktvariable) korrelieren. Ebenso könnte es Anhaltspunkte dafür geben, dass die Schadenssummen für Gebäude- oder Fahrzeugversicherungen mit Wirtschaftszyklen und folglich mit Zinssätzen und Kosten korrelieren. Das Unternehmen hat sicherzustellen, dass die Wahrscheinlichkeiten der Szenarien und die Risikoanpassungen für nichtfinanzielle Risiken, die sich auf Marktvariablen beziehen, konsistent zu den beobachteten Marktpreisen sind, die von diesen Marktvariablen abhängen.

Verwendung aktueller Schätzungen (Paragraph 33(c))

B54 Bei der Schätzung eines jeden Zahlungsstrom-Szenarios und seiner Wahrscheinlichkeit hat ein Unternehmen alle angemessenen und belastbaren Informationen zu verwenden, die ohne unangemessenen Kosten- oder Zeitaufwand verfügbar sind. Ein Unternehmen hat die Schätzungen, die zum Ende der vorherigen Berichtsperiode vorgenommen wurden, zu überprüfen und zu aktualisieren. Dabei hat ein Unternehmen zu berücksichtigen, ob

a) die aktualisierten Schätzungen die Bedingungen zum Abschlussstichtag wahrheitsgetreu darstellen,

b) die Änderungen der Schätzungen die Änderungen der Bedingungen während der Periode wahrheitsgetreu darstellen. Angenommen beispielsweise, die Schätzungen lagen zu Anfang einer Berichtsperiode an dem einem Ende einer angemessenen Bandbreite. Wenn sich die Bedingungen nicht geändert haben, dann wäre die Verschiebung der Schätzungen an das andere Ende der Bandbreite zum Ende der Periode keine wahrheitsgetreue Darstellung dessen, was während der Periode vorgegangen ist. Wenn die aktuellsten Schätzungen eines Unternehmens sich von seinen früheren Schätzungen unterscheiden, obwohl sich die Bedingungen nicht geändert haben, hat das Unternehmen zu bewerten, ob die einem jeden Szenario zugewiesenen neuen Wahrscheinlichkeiten gerechtfertigt sind. Bei der Aktualisierung der Schätzungen dieser Wahrscheinlichkeiten hat das Unternehmen sowohl die Anhaltspunkte zu berücksichtigen, die seine früheren Schätzungen untermauerten, als auch alle neu verfügbaren Anhaltspunkte, wobei den überzeugenderen Beweisen mehr Gewicht beizumessen ist.

B55 Die jedem Szenario zugeordnete Wahrscheinlichkeit muss den Bedingungen zum Abschlussstichtag Rechnung tragen. Unter Anwendung von IAS 10 *Ereignisse nach der Berichtsperiode* liefert folglich ein nach dem Abschlussstichtag eintretendes Ereignis, das eine zum Abschlussstichtag bestehende Ungewissheit auflöst, keine Anhaltspunkte über die Bedingungen, die zu diesem Zeitpunkt vorlagen. Es kann beispielsweise zum Abschlussstichtag eine zwanzigprozentige Wahrscheinlichkeit bestehen, dass es während der verbleibenden sechs Monate eines Versicherungsvertrags zu einem schweren Sturm kommen wird. Nach dem Abschlussstichtag, aber vor der Genehmigung zur Veröffentlichung des Abschlusses, kommt es dann tatsächlich zu einem schweren Sturm. Die in diesem Vertrag vorgesehenen Erfüllungswerte haben dem Sturm nicht Rechnung zu tragen, dessen Eintreten ja erst im Nachhinein bekannt wurde. Die bei der Bewertung berücksichtigten Zahlungsströme beinhalten stattdessen die zwanzigprozentige Wahrscheinlichkeit, die zum Abschlussstichtag ersichtlich war (wobei unter Anwendung von IAS 10 anzugeben ist, dass nach dem Abschlussstichtag ein nicht zu berücksichtigendes Ereignis eingetreten ist).

B56 Aktuelle Schätzungen der erwarteten Zahlungsströme stimmen nicht unbedingt mit den aktuellsten tatsächlichen Erfahrungen überein. Gesetzt den Fall die Sterblichkeits-Erfahrungswerte waren in der Berichtsperiode 20 % schlechter als die früheren Sterblichkeits-Erfahrungswerte und die früheren Erwartungen in Bezug auf die Sterblichkeits-Erfahrungswerte. Diese plötzliche Veränderung der Erfahrungswerte könnte von verschiedenen Faktoren verursacht worden sein, unter anderem:

a) anhaltende Änderungen der Sterblichkeitswerte,

b) Änderungen der Merkmale der versicherten Population (beispielsweise Änderungen bei der Zeichnung oder im Vertrieb, ein selektives Storno durch Versicherungsnehmer mit ungewöhnlich gutem Gesundheitszustand),

c) zufällige Schwankungen oder

d) identifizierbare einmalige Ursachen.

B57 Ein Unternehmen hat die Gründe für die Änderung der Erfahrungswerte zu ermitteln und unter Berücksichtigung der jüngsten Erfahrungswerte, der früheren Erfahrungswerte und anderer Informationen neue Schätzungen der Zahlungsströme zu entwickeln. Das Ergebnis des in Paragraph B56 gegebenen Beispiels wäre typischerweise, dass der erwartete Barwert der Leistungen im Todesfall sich ändert, jedoch nicht um die vollen 20 %. Wenn die Sterblichkeitsquote im Beispiel in Paragraph B56 aus erwartungsgemäß anhaltenden Gründen weiterhin signifikant höher sein wird als in früheren Schätzungen, wird sich die geschätzte Wahrscheinlichkeit, die den Szenarien mit hoher Sterblichkeit zugeordnet wird, erhöhen.

B58 Die Schätzungen von nicht marktbedingungsabhängigen Variablen müssen auch Informationen über den derzeitigen Umfang der versicherten Ereignisse und Informationen über Trends beinhalten. So gingen beispielsweise in vielen Ländern die Sterblichkeitsquoten über lange Zeiträume stetig zurück. Die Bestimmung der Erfüllungswerte trägt den Wahrscheinlichkeiten Rechnung, die jedem möglichen Trendszenario unter Berücksichtigung aller angemessenen und belastbaren Informationen, die ohne unangemessenen Kosten- oder Zeitaufwand verfügbar sind, zugeordnet werden würden.

B59 Auf ähnliche Weise hat bei der Zuordnung von inflationssensitiven Zahlungsströmen zu einer Gruppe von Versicherungsverträgen die Ermittlung der Erfüllungswerte die derzeitigen Schätzungen möglicher künftiger Inflationsraten widerzuspiegeln. Da es wahrscheinlich ist, dass die Inflationsraten mit den Zinssätzen korrelieren, hat die Bewertung der Erfüllungswerte die Wahrscheinlichkeiten für jedes Inflationsszenario auf eine Weise Rechnung zu tragen, die konsistent ist zu den von den zur Schätzung des Abzinsungssatzes herangezogenen Marktzinssätzen implizierten Wahrscheinlichkeiten ist (siehe Paragraph B51).

B60 Bei der Schätzung der Zahlungsströme hat ein Unternehmen die derzeitigen Erwartungen in Bezug auf künftige Ereignisse zu berücksichtigen, die diese Zahlungsströme beeinflussen könnten. Das Unternehmen hat Szenarien für seine Zahlungsströme zu entwickeln, die diesen künftigen Szenarien sowie objektiven Schätzungen der Wahrscheinlichkeit eines jeden Szenarios Rechnung tragen. Ein Unternehmen hat jedoch die derzeitigen

Erwartungen in Bezug auf zukünftige Änderungen der Gesetzesvorschriften, welche die derzeitige Verpflichtung ändern oder aufheben würden, oder neue Pflichten im Rahmen des bestehenden Versicherungsvertrags schaffen würden, so lange nicht zu berücksichtigen, bis die Gesetzesänderung im Wesentlichen in Kraft gesetzt ist.

Zahlungsströme innerhalb der Vertragsgrenze (Paragraph 34)

B61 Bei den Schätzungen der Zahlungsströme in einem Szenario müssen alle Zahlungsströme innerhalb der Grenzen eines bestehenden Vertrags berücksichtigt werden, und keine anderen Zahlungsströme. Ein Unternehmen hat bei der Bestimmung der Vertragsgrenzen eines bestehenden Vertrags Paragraph 2 anzuwenden.

B62 Viele Versicherungsverträge weisen Merkmale auf, die es den Versicherungsnehmern ermöglichen, Maßnahmen zu ergreifen, um die Höhe, die Fälligkeit, die Natur oder die Ungewissheit der Beträge zu ändern, die sie erhalten werden. Zu diesen Merkmalen gehören unter anderem ein Verlängerungs-, Rückkaufs-, und Umwandlungsrecht sowie Beitragsfreistellungsrecht bei Aufrechterhaltung vertraglich vereinbarter Leistungen. Die Bewertung einer Gruppe von Versicherungsverträgen hat auf der Grundlage des Erwartungswerts den derzeitigen Schätzungen des Unternehmens Rechnung zu tragen, wie die Versicherungsnehmer in der Gruppe die ihnen zur Verfügung stehenden Optionen ausüben werden, und die Risikoanpassung für nichtfinanzielle Risiken hat den aktuellen Schätzungen des Unternehmens Rechnung zu tragen, wie das tatsächliche Verhalten der Versicherungsnehmer vom erwarteten Verhalten abweichen könnte. Dieses Erfordernis, den Erwartungswert zu bestimmen, gilt ungeachtet der Anzahl der Verträge in einer Gruppe; sie gilt beispielsweise auch dann, wenn die Gruppe nur einen einzigen Vertrag umfasst. Folglich ist bei der Bewertung einer Gruppe von Versicherungsverträgen nicht davon auszugehen, dass die Versicherungsnehmer mit einer Wahrscheinlichkeit von 100 %

a) ein Rückkaufsrecht in Bezug auf ihre Verträge in Anspruch nehmen werden, wenn eine gewisse Wahrscheinlichkeit besteht, dass einige der Versicherungsnehmer dies nicht tun werden, oder
b) ihre Verträge fortführen werden, wenn eine gewisse Wahrscheinlichkeit besteht, dass einige der Versicherungsnehmer dies nicht tun werden.

B63 Wenn ein Versicherer vertraglich verpflichtet ist, den Vertrag zu verlängern oder anderweitig fortzusetzen, hat er nach Paragraph 34 zu beurteilen, ob die Prämien und die Zahlungsströme aus dem verlängerten Vertrag innerhalb der Grenzen des ursprünglichen Vertrags liegen.

B64 Paragraph 34 bezieht sich darauf, ob ein Unternehmen praktisch in der Lage ist, einen Preis zu einem zukünftigen Zeitpunkt (Verlängerungsdatum) festzulegen, der die Risiken des Vertrags ab diesem Zeitpunkt vollkommen widerspiegelt. Ein Unternehmen ist hierzu praktisch in der Lage, wenn es keine Beschränkungen gibt, die das Unternehmen daran hindern, denselben Preis festzulegen, den es für einen neuen zu diesem Zeitpunkt ausgestellten Vertrag mit denselben Merkmalen berechnen würde, oder wenn es die Leistungen ändern kann, damit diese dem Preis entsprechen, den es berechnen wird. Ebenso hat ein Unternehmen diese praktische Fähigkeit zur Preisfestsetzung, wenn es den Preis eines bestehenden Vertrags ändern kann, sodass dieser Preis den gesamten Änderungen der Risiken in einem Portfolio von Versicherungsverträgen Rechnung trägt, selbst wenn der für jeden einzelnen Versicherungsnehmer festgesetzte Preis die Risikoänderung für diesen spezifischen Versicherungsnehmer nicht widerspiegelt. Bei der Beurteilung, ob das Unternehmen praktisch dazu in der Lage ist, einen Preis festzulegen, der die Risiken des Vertrags oder des Portfolios vollkommen widerspiegelt, hat es alle Risiken zu berücksichtigen, die es am Verlängerungsdatum für den verbleibenden künftigen Versicherungsschutz bei Unterzeichnung gleichwertiger Verträge berücksichtigen würde. Bei der Bestimmung der Schätzungen der künftigen Zahlungsströme am Ende einer Berichtsperiode hat ein Unternehmen die Grenzen eines Versicherungsvertrags neu einzuschätzen, um die Auswirkung der Änderungen der Umstände in Bezug auf die wesentlichen Rechte und Pflichten des Unternehmens zu berücksichtigen.

B65 Zahlungsströme innerhalb der Vertragsgrenzen eines Versicherungsvertrags sind die Zahlungsströme, die sich direkt auf die Erfüllung des Vertrags beziehen, einschließlich der Zahlungsströme, bei denen das Unternehmen nach eigenem Ermessen über deren Höhe oder Fälligkeit entscheiden kann. Die Zahlungsströme innerhalb der Vertragsgrenzen umfassen:

a) Prämien (einschließlich Prämienanpassungen und Ratenprämien) eines Versicherungsnehmers und etwaige zusätzliche Zahlungsströme, die aus diesen Prämien resultieren,
b) Zahlungen an einen Versicherungsnehmer (oder in dessen Namen), einschließlich Schäden, die bereits gemeldet, jedoch noch nicht beglichen wurden (d. h. gemeldete Schäden), entstandene Schäden durch Ereignisse, die eingetreten sind, deren Schäden jedoch noch nicht gemeldet wurden, und alle künftigen Schäden, für die das Unternehmen eine wesentliche Verpflichtung trägt (siehe Paragraph 34),
c) Zahlungen an einen Versicherungsnehmer (oder in dessen Namen), deren Höhe je nach den Renditen der zugrunde liegenden Referenzwerte schwankt,
d) Zahlungen an einen Versicherungsnehmer (oder in dessen Namen), die aus Derivaten resultieren, beispielsweise aus in dem Vertrag enthaltenen Optionen und Garantien, sofern diese Optionen und Garantien nicht von dem

Versicherungsvertrag getrennt wurden (siehe Paragraph 11(a)),

e) eine Zuordnung der Zahlungsströme aus den Abschlusskosten, die sich auf das Portfolio beziehen, zu dem der Vertrag gehört,

f) Kosten für die Schadensbearbeitung (d. h. die Kosten, die dem Unternehmen für die Untersuchung und Bearbeitung von Schadensansprüchen und die Entscheidung über Schadensansprüche im Rahmen bestehender Verträge entstehen werden, einschließlich der Honorare von Anwälten und Sachverständigen und einschließlich der internen Kosten für die Untersuchung der Schadensfälle und die Bearbeitung der Zahlungen zur Begleichung der Schäden),

g) Kosten, die dem Unternehmen für die Erbringung von vertraglichen Leistungen entstehen werden, die als Naturalleistungen gewährt werden,

h) Kosten für die Verwaltung und Aufrechterhaltung von Verträgen, wie zum Beispiel die Kosten für die Prämienabrechnung und für die Bearbeitung von Vertragsänderungen (beispielsweise Umwandlungen und Wiedereinsetzungen). Diese Kosten umfassen auch wiederkehrende Provisionen, die erwartungsgemäß an die Vermittler zu zahlen sind, wenn ein bestimmter Versicherungsnehmer weiterhin die Prämien innerhalb der Grenzen des Versicherungsvertrags bezahlt,

i) transaktionsbedingte Steuern (wie Prämiensteuern, Mehrwertsteuer und Steuern auf Waren und Dienstleistungen) und Abgaben (wie Brandschutzabgaben und Garantiefondsbewertungen), die direkt auf bestehende Versicherungsverträge zurückgehen oder diesen auf einer angemessenen und konsistenten Basis zugeordnet werden können,

j) Zahlungen durch den Versicherer in seiner Funktion als Treuhänder zur Erfüllung von steuerlichen Verpflichtungen des Versicherungsnehmers und die damit verbundenen Einnahmen,

k) potenzielle Mittelzuflüsse aus Rückflüssen (wie zum Beispiel Provenues und Regresse) aus künftigen Schäden, die von bestehenden Versicherungsverträgen gedeckt sind und – sofern diese die Bedingungen für die Bilanzierung als getrennte Vermögenswerte nicht erfüllen – potenzielle Mittelzuflüsse aus Rückflüssen aus früheren Schäden,

ka) Kosten, die dem Unternehmen entstehen werden für

i) die Durchführung der Kapitalanlagetätigkeit, sofern das Unternehmen diese Tätigkeit durchführt, um die Leistungen aus der Versicherungsdeckung für die Versicherungsnehmer zu verbessern. Kapitalanlagetätigkeiten verbessern die Leistungen aus der Versicherungsdeckung, wenn das Unternehmen diese Tätigkeiten in der Erwartung durchführt, Kapitalerträge zu erwirtschaften, von denen die Versicherungsnehmer profitieren werden, wenn ein versichertes Ereignis eintritt,

ii) die Erbringung von Leistungen zur Erwirtschaftung von Kapitalerträgen für die Versicherungsnehmer von Versicherungsverträgen ohne direkte Überschussbeteiligung (siehe Paragraph B119B),

iii) die Erbringung von kapitalanlagebezogenen Leistungen für die Versicherungsnehmer von Versicherungsverträgen mit direkter Überschussbeteiligung,

l) eine Zuordnung fixer und variabler Gemeinkosten (wie die Kosten für Buchhaltung, Personal, Informationstechnologie (IT) und Betreuung, Gebäudeabschreibung, Miete und Wartung und Versorgung (mit Strom, Wasser, Gas usw.)), die einzeln der Erfüllung von Versicherungsverträgen zugeordnet werden können. Diese Gemeinkosten werden mittels systematischer und rationaler Methoden Gruppen von Verträgen zugeordnet und konsistent auf alle Kosten mit ähnlichen Merkmalen angewandt,

m) sonstige Kosten, die dem Versicherungsnehmer vertragsgemäß gesondert in Rechnung gestellt werden können.

B66 Die folgenden Zahlungsströme, die einem Unternehmen bei der Erfüllung eines bestehenden Versicherungsvertrags entstehen werden, sind bei der Schätzung der Zahlungsströme nicht zu berücksichtigen:

a) Kapitalanlageerträge. Kapitalanlagen werden getrennt angesetzt, bewertet und ausgewiesen.

b) Zahlungsströme (Mittelzuflüsse oder Mittelabflüsse) aus gehaltenen Rückversicherungsverträgen. Gehaltene Rückversicherungsverträge werden getrennt angesetzt, bewertet und ausgewiesen.

c) Zahlungsströme, die aus künftigen Versicherungsverträgen entstehen können, d. h. Zahlungsströme außerhalb der Grenzen bestehender Verträge (siehe Paragraphen 34 und 35).

d) Zahlungsströme in Verbindung mit Kosten, die dem Portfolio der Versicherungsverträge, das den Vertrag enthält, nicht direkt zugeordnet werden können, wie zum Beispiel einige Produktentwicklungs- und Schulungskosten. Diese Kosten werden zum Zeitpunkt ihres Entstehens erfolgswirksam erfasst.

e) Zahlungsströme, die aus einem überhöhten Aufwand an Arbeitszeit oder anderen zur Vertragserfüllung eingesetzten Ressourcen entstehen. Diese Kosten werden zum Zeitpunkt ihres Entstehens erfolgswirksam erfasst.

f) Einkommensteuerzahlungen und Einnahmen, die der Versicherer nicht in seiner Eigenschaft als Treuhänder leistet oder erhält, oder die dem Versicherungsnehmer vertragsgemäß nicht gesondert in Rechnung gestellt werden können.

g) Zahlungsströme zwischen verschiedenen Bereichen des berichtenden Unternehmens, wie Fonds der Versicherungsnehmer und Fonds der Aktionäre, wenn diese Zahlungsströme den Betrag nicht ändern, der an die Versicherungsnehmer ausgezahlt wird.

h) Zahlungsströme aus Komponenten, die vom Versicherungsvertrag getrennt wurden und die nach anderen anwendbaren Standards bilanziert werden (siehe Paragraphen 10–13).

B66A Es könnte sein, dass ein Unternehmen vor dem Ansatz einer Gruppe von Versicherungsverträgen einen Vermögenswert oder eine Verbindlichkeit für andere Zahlungsströme in Bezug auf diese Gruppe von Versicherungsverträgen als Zahlungsströme für die Abschlusskosten ansetzen muss, entweder weil diese anderen Zahlungsströme entstanden sind oder weil ein anderer IFRS dies vorschreibt. Zahlungsströme stehen in Bezug zu der Gruppe von Versicherungsverträgen, wenn diese Zahlungsströme zum Zeitpunkt des erstmaligen Ansatzes der Gruppe in den Erfüllungswerten enthalten gewesen wären, wenn sie nach diesem Zeitpunkt geflossen wären. Um Paragraph 38(c)(ii) anzuwenden, hat ein Unternehmen einen solchen Vermögenswert oder eine solche Verbindlichkeit in dem Umfang auszubuchen, wie der Vermögenswert oder die Verbindlichkeit nicht getrennt von der Gruppe von Versicherungsverträgen angesetzt würde, falls die Zahlungsströme zum Zeitpunkt des erstmaligen Ansatzes der Gruppe von Versicherungsverträgen fließen würden vor dem IFRS zum Zeitpunkt des erstmaligen Ansatzes der Gruppe von Versicherungsverträgen angewandt würde.

Verträge mit Zahlungsströmen, die Zahlungsströme an Versicherungsnehmer anderer Verträge beeinflussen oder von diesen beeinflusst werden

B67 Einige Versicherungsverträge beeinflussen die Zahlungsströme an Versicherungsnehmer anderer Verträge, indem sie Folgendes erfordern:

a) der Versicherungsnehmer muss sich die Renditen aus demselben festgelegten Pool an zugrunde liegenden Referenzwerten mit Versicherungsnehmern anderer Verträge teilen und

b) entweder

i) muss der Versicherungsnehmer eine Reduzierung seines Anteils an den Renditen der zugrunde liegenden Referenzwerte hinnehmen, weil Zahlungen an Versicherungsnehmer anderer Verträge geleistet werden, die ebenfalls an diesem Pool beteiligt sind, einschließlich Zahlungen aufgrund von gegenüber den Versicherungsnehmern dieser anderen Verträge abgegebenen Garantien, oder

ii) die Versicherungsnehmer der anderen Verträge müssen eine Reduzierung ihres Anteils an den Renditen der zugrunde liegenden Referenzwerte hinnehmen, weil Zahlungen an den Versicherungsnehmer geleistet werden, einschließlich Zahlungen aufgrund von gegenüber dem Versicherungsnehmer abgegebenen Garantien.

B68 Manchmal beeinflussen solche Verträge die Zahlungsströme an Versicherungsnehmer von Verträgen in anderen Gruppen. Die Erfüllungswerte einer jeden Gruppe tragen dem Ausmaß Rechnung, in dem die Verträge in der Gruppe dazu führen, dass das Unternehmen von erwarteten Zahlungsströmen beeinflusst wird, unabhängig davon, ob diese an Versicherungsnehmer in dieser Gruppe oder an Versicherungsnehmer in einer anderen Gruppe fließen. Folglich gilt für die Erfüllungswerte einer Gruppe Folgendes:

a) sie umfassen Zahlungen an Versicherungsnehmer von Verträgen in anderen Gruppen, die aufgrund der Vertragsbestimmungen bestehender Verträge geleistet werden, unabhängig davon, ob erwartet wird, dass diese Zahlungen an aktuelle oder zukünftige Versicherungsnehmer geleistet werden, und

b) sie schließen Zahlungen an Versicherungsnehmer in der Gruppe aus, die unter Anwendung von (a) in den Erfüllungswerten einer anderen Gruppe berücksichtigt wurden.

B69 Sofern Zahlungen an Versicherungsnehmer in einer Gruppe aufgrund von Zahlungen eines garantierten Betrags an die Versicherungsnehmer in einer anderen Gruppe reduziert werden, beispielsweise von einem Anteil an den Renditen der zugrunde liegenden Referenzwerte von 350 WE auf nur noch 250 WE, würden die Erfüllungswerte der ersten Gruppe die Zahlungen in Höhe von 100 WE beinhalten (d. h. sie würden sich auf 350 WE belaufen), und die Erfüllungswerte der zweiten Gruppe würden 100 WE des garantierten Betrags ausschließen.

B70 Es können unterschiedliche praktische Ansätze zur Bestimmung der Erfüllungswerte von Gruppen von Verträgen verfolgt werden, welche die Zahlungsströme an Versicherungsnehmer von Verträgen in anderen Gruppen beeinflussen oder von ihnen beeinflusst werden. In einigen Fällen könnte es sein, dass ein Unternehmen die Änderung der zugrunde liegenden Referenzwerte und die daraus resultierende Änderung der Zahlungsströme nur auf einem höheren Aggregationsniveau als den Gruppen bestimmen kann. In solchen Fällen hat das Unternehmen die Auswirkung der Änderung der zugrunde liegenden Referenzwerte jeder Gruppe auf systematischer und rationaler Basis zuzuordnen.

B71 Nachdem für die Verträge in einer Gruppe alle Leistungen gemäß dem Versicherungsvertrag erbracht worden sind, können die Erfüllungswerte immer noch Zahlungen enthalten, die erwartungsgemäß noch an aktuelle oder zukünftige Versicherungsnehmer in anderen Gruppen oder an zukünftige Versicherungsnehmer geleistet werden. Ein Unternehmen ist nicht verpflichtet, diese Erfüllungswerte weiterhin spezifischen Gruppen zuzuordnen, kann jedoch stattdessen eine Verbindlichkeit für diese Erfüllungswerte aus allen Gruppen ansetzen und bewerten.

Abzinsungssätze (Paragraph 36)

B72 Bei Anwendung von IFRS 17 hat ein Unternehmen folgende Abzinsungssätze heranzuziehen:
a) zur Bewertung der Erfüllungswerte: die aktuellen Abzinsungssätze unter Anwendung von Paragraph 36,
b) zur Bestimmung der Aufzinsung der vertraglichen Servicemarge bei Anwendung von Paragraph 44(b) für Versicherungsverträge ohne direkte Überschussbeteiligung: die Abzinsungssätze, die zum Zeitpunkt des erstmaligen Ansatzes einer Gruppe von Verträgen bestimmt wurden, unter Anwendung von Paragraph 36 auf nominale Zahlungsströme, die nicht in Abhängigkeit von den Renditen eines der zugrunde liegenden Referenzwerte schwanken,
c) zur Bewertung der Änderungen der vertraglichen Servicemarge bei Anwendung der Paragraphen B96(a)–B96 (b) und B96(d) auf Versicherungsverträge ohne direkte Überschussbeteiligung: die unter Anwendung von Paragraph 36 beim erstmaligen Ansatz bestimmten Abzinsungssätze,
d) für Gruppen von Verträgen, die bei Anwendung des Prämienallokationsansatzes eine signifikante Finanzierungskomponente aufweisen, zur Anpassung des Buchwerts der Deckungsrückstellung unter Anwendung von Paragraph 56: die unter Anwendung von Paragraph 36 beim erstmaligen Ansatz bestimmten Abzinsungssätze,
e) wenn ein Unternehmen sich dafür entscheidet, seine versicherungstechnischen Finanzerträge oder -aufwendungen in erfolgswirksam (in der Gewinn- und Verlustrechnung) und erfolgsneutral (im sonstiges Ergebnis) erfasste Beträge aufzuteilen (siehe Paragraph 88), zur Bestimmung des Betrags der erfolgswirksam zu erfassenden versicherungstechnischen Finanzerträge oder -aufwendungen:
   i) für Gruppen von Versicherungsverträgen, bei denen Änderungen der auf das Finanzrisiko bezogenen Annahmen keine wesentlichen Auswirkungen auf die an die Versicherungsnehmer ausgezahlten Beträge haben, unter Anwendung von Paragraph B131: die Abzinsungssätze, die zum Zeitpunkt des erstmaligen Ansatzes einer Gruppe von Verträgen unter Anwendung von Paragraph 36 auf die nominalen Zahlungsströme, die nicht in Abhängigkeit von den Renditen eines der zugrunde liegenden Referenzwerte schwanken, bestimmt wurden,
   ii) für Gruppen von Versicherungsverträgen, bei denen Änderungen der auf das Finanzrisiko bezogenen Annahmen wesentliche Auswirkungen auf die an die Versicherungsnehmer ausgezahlten Beträge haben, unter Anwendung von Paragraph B132(a)(i): die Abzinsungssätze, welche die verbleibenden revidierten erwarteten Finanzerträge oder -aufwendungen konstant über die verbleibende Laufzeit der Gruppe der Verträge aufteilen, und
   iii) für Gruppen von Verträgen, bei denen der Prämienallokationsansatz unter Anwendung der Paragraphen 59(b) und B133 angewandt wurde: die Abzinsungssätze, die zum Zeitpunkt des eingetretenen Schadens unter Anwendung von Paragraph 36 auf nominale Zahlungsströme, die nicht in Abhängigkeit von den Renditen eines der zugrunde liegenden Referenzwerte schwanken, bestimmt wurden.

B73 Zur Bestimmung der Abzinsungssätze zum Zeitpunkt des erstmaligen Ansatzes einer Gruppe von Verträgen, wie in den Paragraphen B72(b)–B72(e) beschrieben, kann ein Unternehmen die gewichteten durchschnittlichen Abzinsungssätze über die Periode, in der die Verträge in der Gruppe begeben wurden, verwenden. Gemäß Paragraph 22 darf diese Periode ein Jahr nicht übersteigen.

B74 Schätzungen von Abzinsungssätzen müssen konsistent zu den anderen Schätzungen sein, die zur Bewertung von Versicherungsverträgen verwendet wurden, um Doppelzählungen oder Auslassungen zu vermeiden, zum Beispiel:
a) Zahlungsströme, die nicht in Abhängigkeit von den Renditen eines der zugrunde liegenden Referenzwerte schwanken, sind mit Zinssätzen abzuzinsen, die solche Schwankungen nicht widerspiegeln,
b) Zahlungsströme, die in Abhängigkeit von den Renditen eines der zugrunde liegenden finanziellen Referenzwerte schwanken,
   i) sind unter Verwendung von Zinssätzen abzuzinsen, die diese Schwankungen widerspiegeln, oder
   ii) sind um die Auswirkungen dieser Schwankungen anzupassen und mit einem Zinssatz abzuzinsen, der die vorgenommene Anpassung widerspiegelt.
c) nominale Zahlungsströme (d. h. solche, die Auswirkungen der Inflation berücksichtigen) sind mit Zinssätzen abzuzinsen, welche die Auswirkungen der Inflation berücksichtigen, und
d) reale Zahlungsströme (d. h. solche, die die Auswirkungen der Inflation ausschließen) sind zu Zinssätzen abzuzinsen, welche die Auswirkungen der Inflation ausschließen.

B75 Paragraph B74(b) verlangt, dass Zahlungsströme, die je nach den Renditen der zugrunde liegende Referenzwerte schwanken, unter Verwendung von Zinssätzen abzuzinsen sind, die diesen Schwankungen Rechnung tragen, oder dass sie um die Auswirkungen dieser Schwankungen anzupassen sind und mit einem Zinssatz abzuzinsen sind, der die vorgenommene Anpassung widerspiegelt. Die Schwankung ist ein relevanter Faktor, unabhängig davon, ob sie auf Vertragsbedingungen zurückzuführen ist, oder darauf, dass das Unternehmen seinen Ermessensspielraum ausübt, und unabhängig davon, ob das Unternehmen die zugrunde liegenden Referenzwerte hält.

B76 Zahlungsströme, die in Abhängigkeit von den Renditen der zugrunde liegenden Referenzwerte mit variablen Renditen schwanken, die aber einer garantierten Mindestrendite unterliegen, schwanken nicht nur in Abhängigkeit von den Renditen der zugrunde liegenden Referenzwerte, selbst wenn der garantierte Betrag niedriger ist als die erwartete Rendite der zugrunde liegenden Referenzwerte. Folglich hat ein Unternehmen den Zinssatz, der die Schwankungen der Renditen der zugrunde liegenden Referenzwerte widerspiegelt, um die Auswirkungen der Garantie anzupassen, selbst wenn der garantierte Betrag niedriger als die erwartete Rendite der zugrunde liegenden Referenzwerte ist.

B77 IFRS 17 verlangt nicht, dass ein Unternehmen die geschätzten Zahlungsströme aufteilen muss in Zahlungsströme, die je nach den Renditen der zugrunde liegenden Referenzwerte schwanken, und Zahlungsströme, die nicht auf diese Weise schwanken. Wenn ein Unternehmen die geschätzten Zahlungsströme nicht auf diese Weise unterteilt, hat es Abzinsungssätze anzuwenden, die für die geschätzten Zahlungsströme insgesamt geeignet sind; beispielsweise unter Einsatz stochastischer Modelling-Methoden oder risikoneutraler Bewertungsmethoden.

B78 Abzinsungssätze haben nur relevante Faktoren zu berücksichtigen, d. h. Faktoren, die sich aus dem Zeitwert des Geldes, den Merkmalen der Zahlungsströme und den Liquiditätsmerkmalen der Versicherungsverträge ergeben. Es kann sein, dass solche Abzinsungssätze auf dem Markt nicht direkt beobachtbar sind. Wenn also keine am Markt beobachtbaren Abzinsungssätze für ein Instrument mit den gleichen Merkmalen verfügbar sind bzw. wenn am Markt beobachtbare Abzinsungssätze für ähnliche Instrumente verfügbar sind, diese jedoch die Faktoren nicht getrennt identifizieren, die das Instrument von den Versicherungsverträgen unterscheiden, hat ein Unternehmen die angemessenen Zinssätze zu schätzen. IFRS 17 schreibt keine bestimmte Schätzmethode zur Bestimmung von Abzinsungssätzen vor. Bei Anwendung einer Schätzmethode hat ein Unternehmen

a) soweit wie möglich beobachtbare Eingangsparameter zu verwenden (siehe Paragraph B44) und alle angemessenen und belastbaren Informationen über nicht marktbedingungsabhängige Variablen, die sowohl extern als auch intern ohne unangemessenen Kosten- oder Zeitaufwand verfügbar sind, zu berücksichtigen (siehe Paragraph B49). Insbesondere dürfen die verwendeten Abzinsungssätze nicht im Widerspruch zu den verfügbaren und einschlägigen Marktdaten stehen, und die verwendeten nicht marktbedingungsabhängigen Variablen dürfen nicht im Widerspruch zu den beobachtbaren Marktvariablen stehen.

b) den derzeitigen Marktbedingungen aus der Perspektive eines Marktteilnehmers Rechnung zu tragen.

c) eine Ermessensentscheidung zu treffen, um den Grad der Ähnlichkeit zwischen den Merkmalen der zu bewertenden Versicherungsverträge und den Merkmalen des Instruments zu beurteilen, für das beobachtbare Marktpreise verfügbar sind, und diese Preise anzupassen, um den Unterschieden zwischen ihnen Rechnung zu tragen.

B79 Für Zahlungsströme von Versicherungsverträgen, die nicht in Abhängigkeit von den Renditen der zugrunde liegende Referenzwerte schwanken, spiegelt der Abzinsungssatz der Renditekurve (Zinsstrukturkurve) in der entsprechenden Währung für Instrumente wider, die für den Halter mit keinem oder einem vernachlässigbaren Kreditrisiko verbunden sind – angepasst, um die Liquiditätsmerkmale der Gruppe von Versicherungsverträgen widerzuspiegeln. Diese Anpassung hat der Differenz zwischen den Liquiditätsmerkmalen der Gruppe von Versicherungsverträgen und den Liquiditätsmerkmalen der Vermögenswerte Rechnung zu tragen, die zur Bestimmung der Renditekurve herangezogen wurden. Renditekurven spiegeln Vermögenswerte wider, die auf aktiven Märkten gehandelt werden und die der Halter in der Regel jederzeit ohne Weiteres verkaufen kann, ohne dass ihm dabei signifikante Kosten entstehen. Im Gegensatz dazu kann das Unternehmen im Rahmen bestimmter Versicherungsverträge nicht gezwungen werden, Zahlungen vor dem Eintreten eines versicherten Ereignisses oder vor den in den Verträgen angegebenen Zeitpunkten zu leisten.

B80 Folglich kann ein Unternehmen für Zahlungsströme von Versicherungsverträgen, die nicht in Abhängigkeit von den Renditen der zugrunde liegenden Referenzwerte schwanken, Abzinsungssätze bestimmen, indem eine liquide risikolose Renditekurve angepasst wird, um den Unterschieden zwischen den Liquiditätsmerkmalen der Finanzinstrumente, die den auf dem Markt beobachteten Zinssätzen zugrunde liegen, und den Liquiditätsmerkmalen der Versicherungsverträge Rechnung zu tragen (ein Bottom-up-Ansatz).

B81 Alternativ dazu kann ein Unternehmen die angemessenen Abzinsungssätze für Versicherungsverträge auf der Grundlage einer Renditekurve bestimmen, welche die bei einer Bewertung des beizulegenden Zeitwerts eines Referenzportfolios von Vermögenswerten implizierten aktuellen marktüblichen Renditesätze widerspiegelt (ein Top-down-Ansatz). Ein Unternehmen hat die Renditekurve anzupassen, um etwaige Faktoren zu eliminieren, die für die Versicherungsverträge nicht relevant sind, es ist jedoch nicht verpflichtet, die Renditekurve um die unterschiedlichen Liquiditätsmerkmale der Versicherungsverträge und des Referenzportfolios anzupassen.

B82 Bei der Schätzung der in Paragraph B81 beschriebenen Renditekurve

a) hat ein Unternehmen, wenn es beobachtbare Marktpreise auf aktiven Märkten für Vermögenswerte im Referenzportfolio gibt, diese Preise zu verwenden (in Übereinstimmung mit Paragraph 69 von IFRS 13),

b) hat ein Unternehmen, wenn ein Markt nicht aktiv ist, die beobachtbaren Marktpreise für ähnliche Vermögenswerte so anzupassen, dass sie mit den Marktpreisen für die zu bewertenden Vermögenswerte vergleichbar sind (in Übereinstimmung mit Paragraph 83 von IFRS 13),

c) hat ein Unternehmen, wenn es für die Vermögenswerte im Referenzportfolio keinen Markt gibt, eine Schätzmethode zu verwenden. Für diese Vermögenswerte hat ein Unternehmen (in Übereinstimmung mit Paragraph 89 von IFRS 13)

   i) unter Verwendung der unter den jeweiligen Umständen verfügbaren besten Informationen nicht beobachtbare Eingangsparameter zu entwickeln. Diese Eingangsparameter können eigene Daten des Unternehmens umfassen, und im Kontext von IFRS 17 kann das Unternehmen langfristigen Schätzungen ein größeres Gewicht beimessen als kurzfristigen Schwankungen, und

   ii) diese Daten anzupassen, um alle Informationen über Annahmen von Marktteilnehmern zu berücksichtigen, die bei vertretbarem Aufwand verfügbar sind.

B83 Bei der Anpassung der Renditekurve hat ein Unternehmen die Marktpreise, die bei jüngeren Transaktionen mit Instrumenten mit ähnlichen Merkmalen für Bewegungen von Marktfaktoren seit dem Transaktionsdatum beobachtet wurden, und die beobachteten Marktpreise anzupassen, um den Grad der Unterschiedlichkeit zwischen dem zu bewertenden Instrument und dem Instrument, für das Transaktionspreise beobachtbar sind, zu berücksichtigen. Für Zahlungsströme von Versicherungsverträgen, die nicht in Abhängigkeit von den Renditen der Vermögenswerte des Referenzportfolios schwanken, beinhalten solche Anpassungen

a) Anpassungen um Unterschiede zwischen der Höhe, der Fälligkeit und der Ungewissheit der Zahlungsströme der Vermögenswerte im Portfolio, und der Höhe, der Fälligkeit und der Ungewissheit der Zahlungsströme der Versicherungsverträge, und

b) den Ausschluss von Marktrisikoprämien für das Kreditrisiko, die nur für Vermögenswerte relevant sind, die Teil des Referenzportfolios sind.

B84 Im Prinzip sollte es für Zahlungsströme von Versicherungsverträgen, die nicht in Abhängigkeit von den Vermögenswerten des Referenzportfolios schwanken, eine einzige illiquide risikolose Renditekurve geben, die alle Ungewissheiten in Bezug auf die Höhe und die Fälligkeit von Zahlungsströmen eliminiert. In der Praxis könnten jedoch der Top-down- und der Bottom-up-Ansatz zu unterschiedlichen Renditekurven (selbst in derselben Währung) führen. Dies ist auf die inhärenten Beschränkungen bei der Schätzung der im Rahmen eines jeden Ansatzes erfolgten Anpassungen zurückzuführen sowie auf das mögliche Fehlen einer Anpassung um unterschiedliche Liquiditätsmerkmale im Top-down-Ansatz. Ein Unternehmen ist nicht verpflichtet, den im Rahmen des gewählten Ansatzes bestimmten Abzinsungssatz mit dem Abzinsungssatz abzustimmen, der im Rahmen des anderen Ansatzes bestimmt worden wäre.

B85 IFRS 17 legt keine Beschränkungen in Bezug auf das Referenzportfolio von Vermögenswerten fest, das bei Anwendung von Paragraph B81 verwendet wird. Es wären jedoch weniger Anpassungen erforderlich, um Faktoren zu eliminieren, die für die Versicherungsverträge nicht relevant sind, wenn das Referenzportfolio der Vermögenswerte ähnliche Merkmale aufweist. Wenn beispielsweise die Zahlungsströme aus den Versicherungsverträgen nicht in Abhängigkeit von den Renditen der zugrunde liegende Referenzwerte schwanken, wären weniger Anpassungen erforderlich, wenn ein Unternehmen Schuldinstrumente und nicht Eigenkapitalinstrumente als Ausgangspunkt verwenden würde. Bei Schuldinstrumenten wäre das Ziel, aus der Gesamtrendite der Anleihen die Wirkung des Kreditrisikos und anderer Faktoren zu eliminieren, die für die Versicherungsverträge nicht relevant sind. Ein Weg zur Schätzung der Wirkung des Kreditrisikos besteht in der Verwendung des Marktpreises eines Kreditderivats als Referenzpunkt.

Risikoanpassung für nichtfinanzielle Risiken (Paragraph 37)

B86 Die Risikoanpassung für nichtfinanzielle Risiken bezieht sich auf Risiken aus Versicherungsverträgen, die keine finanziellen Risiken sind. Die finanziellen Risiken sind in den Schätzungen der künftigen Zahlungsströme oder im Abzinsungssatz berücksichtigt, der zur Anpassung der Zahlungsströme verwendet wird. Die Risiken, die von der Risikoanpassung für nichtfinanzielle Risiken abgedeckt sind, sind Versicherungsrisiken und andere nichtfinanzielle Risiken wie Stornorisiken und Kostenrisiken (siehe Paragraph B14).

B87 Die Risikoanpassung für nichtfinanzielle Risiken für Versicherungsverträge bemisst die Entgelte, die das Unternehmen verlangen müsste, damit es für das Unternehmen gleichgültig ist, ob

a) es eine Verbindlichkeit erfüllt, welche eine Bandbreite möglicher Ergebnisse aufweist, die aus nichtfinanziellen Risiken entstehen oder ob

b) es eine Verbindlichkeit erfüllt, die zu festen Zahlungsströmen mit demselben erwarteten Barwert wie die Versicherungsverträge führt.

So würde beispielsweise die Risikoanpassung für nichtfinanzielle Risiken die Entgelte bemessen, die das Unternehmen verlangen müsste, damit es für das Unternehmen gleichgültig ist, ob es eine Verbindlichkeit erfüllt, bei der es aufgrund eines nichtfinanziellen Risikos zu 50 % wahrscheinlich ist, dass die Verbindlichkeit sich auf 90 WE belaufen wird, und zu 50 %, dass sie sich auf 110 WE belaufen wird, oder ob das Unternehmen eine Verbindlichkeit erfüllt, deren Wert auf 100 WE festgelegt ist. Folglich vermittelt die Risikoanpassung für nichtfinanzielle Risiken den Abschlussadressaten Informationen über den vom Unternehmen in Rechnung gestellten Betrag für die Ungewissheit aus nichtfinanziellen Risiken bezüglich der Höhe und der Fälligkeit von Zahlungsströmen.

B88 Da die Risikoanpassung für nichtfinanzielle Risiken das Entgelt berücksichtigt, welches das Unternehmen für das Tragen nichtfinanzieller Risiken aus der ungewissen Höhe und der ungewissen Fälligkeit der Zahlungsströme verlangen würde, berücksichtigt die Risikoanpassung für nichtfinanzielle Risiken auch

a) den Grad der Risikoausgleichseffekte, den das Unternehmen bei der Bestimmung des für die Übernahme des Risikos verlangten Entgelts berücksichtigt, und

b) sowohl günstige als auch ungünstige Ergebnisse auf eine Weise, welche dem Grad der Risikoaversion des Unternehmens Rechnung trägt.

B89 Der Zweck der Risikoanpassung für nichtfinanzielle Risiken besteht darin, die Auswirkung der Ungewissheit der Zahlungsströme zu bemessen, die aus den Versicherungsverträgen entstehen, mit Ausnahme der aus dem Finanzrisiko entstehenden Ungewissheit. Folglich sind in der Risikoanpassung für nichtfinanzielle Risiken alle nichtfinanziellen Risiken in Verbindung mit den Versicherungsverträgen zu berücksichtigen. Nicht zu berücksichtigen sind dagegen die Risiken, die nicht aus den Versicherungsverträgen entstehen, wie zum Beispiel das allgemeine Betriebsrisiko.

B90 Die Risikoanpassung für nichtfinanzielle Risiken ist explizit in die Bewertung mitaufzunehmen. Die Risikoanpassung für nichtfinanzielle Risiken ist konzeptuell getrennt von den Schätzungen künftiger Zahlungsströme und den Abzinsungssätzen zur Anpassung dieser Zahlungsströme. Das Unternehmen darf die Risikoanpassung für nichtfinanzielle Risiken nicht doppelt berücksichtigen, beispielsweise indem es die Risikoanpassung für nichtfinanzielle Risiken auch implizit in die Bestimmung der Schätzungen der künftigen Zahlungsströme oder der Abzinsungssätze mitaufnimmt. Die Abzinsungssätze, die angegeben werden, um Paragraph 120 zu erfüllen, dürfen keine impliziten Anpassungen für nichtfinanzielle Risiken enthalten.

B91 IFRS 17 schreibt kein bestimmtes Schätzverfahren/keine bestimmten Schätzverfahren vor, das/die zur Bestimmung der Risikoanpassung für nichtfinanzielle Risiken zu verwenden ist/sind. Um jedoch das Entgelt widerzugeben, welches das Unternehmen für das Tragen eines nichtfinanziellen Risikos verlangen würde, muss die Risikoanpassung für nichtfinanzielle Risiken folgende Merkmale aufweisen:

a) Risiken mit geringer Häufigkeit und hohem Schweregrad werden zu höheren Risikoanpassungen für nichtfinanzielle Risiken führen als Risiken mit hoher Häufigkeit und geringem Schweregrad,

b) bei ähnlichen Risiken werden Verträge mit längerer Laufzeit zu höheren Risikoanpassungen für nichtfinanzielle Risiken führen als Verträge mit kürzerer Laufzeit,

c) Risiken mit einer breiteren Wahrscheinlichkeitsverteilung werden zu höheren Risikoanpassungen für nichtfinanzielle Risiken führen als Risiken mit einer engeren Verteilung,

d) je weniger über die aktuelle Schätzung und ihren Trend bekannt ist, desto höher wird die Risikoanpassung für nichtfinanzielle Risiken sein, und

e) in dem Maße, wie die aufkommende Erfahrung die Ungewissheit über die Höhe und die Fälligkeit von Zahlungsströmen reduziert, gehen auch die Risikoanpassungen für nichtfinanzielle Risiken zurück und umgekehrt.

B92 Ein Unternehmen hat eine Ermessensentscheidung zu treffen, um eine geeignete Schätzmethode für die Risikoanpassung für nichtfinanzielle Risiken festzulegen. Bei der Ermessensausübung hat ein Unternehmen auch zu berücksichtigen, ob die Methode prägnante und aussagekräftige Angaben liefert, sodass die Abschlussadressaten die Leistung des Unternehmens mit der Leistung anderer Unternehmen vergleichen können. Paragraph 119 verlangt, dass ein Unternehmen, wenn es zur Bestimmung der Risikoanpassung für nichtfinanzielle Risiken eine andere Methode als das Konfidenzniveau verwendet, die verwendete Methode und das Konfidenzniveau anzugeben hat, das den Ergebnissen der Anwendung dieser Methode entspricht.

Erstmaliger Ansatz von Übertragungen von Versicherungsverträgen und Unternehmenszusammenschlüssen (Paragraph 39)

B93 Wenn ein Unternehmen ausgestellte Versicherungsverträge oder gehaltene Rückversicherungsverträge durch eine Übertragung von Versicherungsverträgen erwirbt, die keinen Geschäftsbetrieb darstellen, bzw. im Rahmen eines Unternehmenszusammenschlusses im Anwendungsbereich von IFRS 3, hat das Unternehmen die Paragraphen 14–24 anzuwenden, um die erworbenen Gruppen von Verträgen zu bestimmen, als ob es die Verträge zum Zeitpunkt der Transaktion geschlossen hätte.

B94 Ein Unternehmen hat die für die Verträge empfangenen oder gezahlten Entgelte stellvertretend für die vereinnahmten Prämien zu verwenden. Die für die Verträge empfangenen oder gezahlten Entgelte schließen die Entgelte aus, die für im Rahmen derselben Transaktion erworbene etwaige andere Vermögenswerte oder Verbindlichkeiten empfangen oder gezahlt wurden. Bei

3/15. IFRS 17
B94 – B96

einem Unternehmenszusammenschluss im Anwendungsbereich von IFRS 3 ist das empfangene oder gezahlte Entgelt der beizulegende Zeitwert der Verträge zu diesem Zeitpunkt. Bei der Bestimmung dieses beizulegenden Zeitwerts hat ein Unternehmen Paragraph 47 von IFRS 13 (betreffend das Merkmal kurzfristiger Abrufbarkeit) nicht anzuwenden.

B95 Wenn der Prämienallokationsansatz gemäß den Paragraphen 55–59 und 69–70A auf die Deckungsrückstellung nicht anwendbar ist, wird beim erstmaligen Ansatz die vertragliche Servicemarge für erworbene ausgestellte Versicherungsverträge unter Anwendung von Paragraph 38 und für erworbene gehaltene Rückversicherungsverträge unter Anwendung von Paragraph 65 berechnet. Dabei wird das empfangene oder gezahlte Entgelt für die Verträge stellvertretend für die vereinnahmten oder gezahlten Prämien zum Zeitpunkt des erstmaligen Ansatzes verwendet.

B95A Wenn die erworbenen ausgestellten Versicherungsverträge unter Anwendung von Paragraph 47 belastend sind, hat das Unternehmen den Überschuss der Erfüllungswerte über das gezahlte oder empfangene Entgelt hinaus als Teil des Geschäfts- oder Firmenwerts zu erfassen oder als Gewinn aus einem Erwerb zu einem Preis unter Marktwert im Falle von im Rahmen eines Unternehmenszusammenschlusses im Anwendungsbereich von IFRS 3 erworbenen Verträgen, oder erfolgswirksam als Verlust aus Verträgen, die im Rahmen einer Übertragung erworben wurden. Das Unternehmen hat für diesen Überschuss eine Verlustkomponente der Deckungsrückstellung festzulegen, und es hat spätere Änderungen der Erfüllungswerte unter Anwendung der Paragraphen 49– 52 dieser Verlustkomponente zuzuordnen.

B95B Für eine Gruppe von gehaltenen Rückversicherungsverträgen, auf die die Paragraphen 66A und 66B anwendbar sind, hat ein Unternehmen die Verlustrückerstattungskomponente des Vermögenswerts für zukünftigen Versicherungsschutz zum Zeitpunkt der Transaktion durch Multiplikation folgender Faktoren festzulegen:

a) Verlustkomponente der Deckungsrückstellung der zugrunde liegenden Versicherungsverträge zum Zeitpunkt der Transaktion mit dem

b) Prozentsatz der Schäden aus den zugrunde liegenden Versicherungsverträgen, bei denen das Unternehmen zum Zeitpunkt der Transaktion erwartet, sie aufgrund der Gruppe seiner gehaltenen Rückversicherungsverträge erstattet zu bekommen.

B95C Das Unternehmen hat den Betrag der unter Anwendung von Paragraph B95B ermittelten Verlustrückerstattungskomponente als Teil des Geschäfts- oder Firmenwerts auszuweisen, oder als Gewinn aus einem Erwerb zu einem Preis unter dem Marktwert im Falle von im Rahmen eines Unternehmenszusammenschlusses im Anwendungsbereich von IFRS 3 erworbenen gehaltenen Rückversicherungsverträgen, oder erfolgswirksam als Ertrag aus im Rahmen einer Übertragung erworbenen Verträgen.

B95D Unter Anwendung der Paragraphen 14–22 kann ein Unternehmen zum Zeitpunkt der Transaktion sowohl die durch eine Gruppe von gehaltenen Rückversicherungsverträgen gedeckten belastenden Versicherungsverträge als auch die durch die Gruppe von gehaltenen Rückversicherungsverträge in eine belastende Gruppe von Versicherungsverträgen aufnehmen. Um in solchen Fällen Paragraph B95B anzuwenden, hat das Unternehmen anhand einer systematischen und rationalen Zuordnungsgrundlage den Anteil der Verlustkomponente der Gruppe von Versicherungsverträgen zu ermitteln, der sich auf die Versicherungsverträge bezieht, die durch die Gruppe von gehaltenen Rückversicherungsverträgen gedeckt sind.

Als Vermögenswert angesetzte Abschlusskosten

B95E Wenn ein Unternehmen ausgestellte Versicherungsverträge durch eine Übertragung von Versicherungsverträgen erwirbt, die keinen Geschäftsbetrieb darstellen, bzw. im Rahmen eines Unternehmenszusammenschlusses im Anwendungsbereich von IFRS 3, hat das Unternehmen für die Rechte, folgende Verträge zu erhalten, einen Vermögenswert für die Abschlusskosten zum beizulegenden Zeitwert zum Zeitpunkt der Transaktion anzusetzen:

a) künftige Versicherungsverträge, bei denen es sich um Verlängerungen von Versicherungsverträgen handelt, die zum Zeitpunkt der Transaktion angesetzt wurden, und

b) künftige Versicherungsverträge, mit Ausnahme der unter (a) aufgeführten, nach dem Zeitpunkt der Transaktion, bei denen dem Unternehmen keine erneuten Abschlusskosten entstehen, die das übernommene Unternehmen bereits gezahlt hat, und die dem zugehörigen Portfolio von Versicherungsverträgen einzeln zugeordnet werden können.

B95F Zum Zeitpunkt der Transaktion darf unter Anwendung der Paragraphen B93–B95A der Betrag jedweder als Vermögenswert angesetzter Abschlusskosten bei der Bewertung der übernommenen Gruppe von Versicherungsverträgen nicht mitberücksichtigt werden.

Änderungen des Buchwerts der vertraglichen Servicemarge für Versicherungsverträge ohne direkte Überschussbeteiligung (Paragraph 44)

B96 Für Versicherungsverträge ohne direkte Überschussbeteiligung schreibt Paragraph 44(c) eine Anpassung der vertraglichen Servicemarge einer Gruppe von Versicherungsverträgen um die Änderungen der Erfüllungswerte vor, die sich auf künftige Leistungen beziehen. Diese Änderungen umfassen:

a) Erfahrungswertanpassungen aufgrund von in der Periode vereinnahmten Prämien, die sich auf zukünftige Leistungen beziehen, und damit verbundene Zahlungsströme wie zum Beispiel Abschlusskosten und prämienbasierte Steuern, bewertet zu den in Paragraph B72(c) angegebenen Abzinsungssätzen.

b) Änderungen der Schätzungen des Barwerts der künftigen Zahlungsströme der Deckungsrückstellung, mit Ausnahme der in Paragraph B97(a) beschriebenen, bewertet zu den in Paragraph B72(c) angegebenen Abzinsungssätzen.

c) Abweichungen zwischen einer jedweden Kapitalanlagekomponente, die erwartungsgemäß in der Periode zahlbar wird, und der Kapitalanlagekomponente, die in der Periode tatsächlich zahlbar wird. Diese Abweichungen werden ermittelt durch einen Vergleich (i) der Kapitalanlagekomponente, die in der Periode tatsächlich zahlbar wird, mit (ii) der Zahlung in der Periode, die zu Beginn der Periode erwartet wurde, plus etwaige versicherungstechnische Finanzerträge oder -aufwendungen in Bezug auf die erwartete Zahlung, bevor sie zahlbar wird.

ca) Abweichungen zwischen einem jedweden Darlehen an einen Versicherungsnehmer, das erwartungsgemäß in der Periode rückzahlbar wird, und dem Darlehen an einen Versicherungsnehmer, das in der Periode tatsächlich rückzahlbar wird. Diese Abweichungen werden ermittelt durch einen Vergleich (i) des Darlehens an einen Versicherungsnehmer, das in der Periode tatsächlich rückzahlbar wird, mit (ii) der Rückzahlung in der Periode, die zu Beginn der Periode erwartet wurde, plus etwaige versicherungstechnische Finanzerträge oder -aufwendungen in Bezug auf die erwartete Rückzahlung, bevor sie rückzahlbar wird.

d) Änderungen der Risikoanpassung für nichtfinanzielle Risiken, die mit zukünftigen Leistungen verbunden sind. Ein Unternehmen ist nicht verpflichtet, die Änderung der Risikoanpassung für nichtfinanzielle Risiken in (i) eine Änderung in Bezug auf das nichtfinanzielle Risiko und (ii) die Auswirkungen des Zeitwerts des Geldes und der Veränderungen des Zeitwerts des Geldes aufzugliedern. Falls ein Unternehmen eine solche Aufgliederung vornimmt, wird es die vertragliche Servicemarge um die Änderung in Bezug auf das nichtfinanzielle Risiko anzupassen, bewertet zu den in Paragraph B72(c) angegebenen Abzinsungssätzen.

B97 Um die folgenden Änderungen der Erfüllungswerte hat ein Unternehmen die vertragliche Servicemarge für eine Gruppe von Versicherungsverträgen ohne direkte Überschussbeteiligung nicht anzupassen, weil diese sich nicht auf künftige Leistungen beziehen:

a) die Auswirkungen des Zeitwerts des Geldes und der Änderungen des Zeitwerts des Geldes und die Auswirkungen des finanziellen Risikos und der Änderungen des finanziellen Risikos. Diese Auswirkungen umfassen

i) die Auswirkungen, falls vorhanden, auf die geschätzten künftigen Zahlungsströme,

ii) die Auswirkungen, falls eine Aufgliederung vorgenommen wurde, auf die Risikoanpassung für nichtfinanzielle Risiken und

iii) die Auswirkungen einer Änderung des Abzinsungssatzes.

b) Änderungen der Schätzungen der Erfüllungswerte in der Rückstellung für noch nicht abgewickelte Versicherungsfälle.

c) Erfahrungswertanpassungen, ausgenommen die in Paragraph B96(a) beschriebenen.

B98 Die Bedingungen einiger Versicherungsverträge ohne direkte Überschussbeteiligung geben einem Unternehmen einen Ermessensspielraum in Bezug auf die an die Versicherungsnehmer zu leistenden Zahlungsströme. Eine Änderung der ermessensabhängigen Zahlungsströme gilt als auf künftige Leistungen bezogen, und dementsprechend wird die vertragliche Servicemarge angepasst. Um zu bestimmen, wie eine Änderung der ermessensabhängigen Zahlungsströme zu identifizieren ist, hat ein Unternehmen bei Vertragsbeginn die Grundlage festzulegen, auf der es seine vertraglichen Verpflichtungen erwartungsgemäß bestimmen wird; beispielsweise basierend auf einem festen Zinssatz oder auf Renditen, die in Abhängigkeit von festgelegten Renditen von Vermögenswerten schwanken.

B99 Ein Unternehmen hat diese Festlegung zur Unterscheidung zwischen den Auswirkungen der Änderungen der Annahmen, die sich auf das Finanzrisiko im Zusammenhang mit dieser Verpflichtung beziehen (in diesem Fall wird die vertragliche Servicemarge nicht angepasst), und den Auswirkungen der ermessensabhängigen Änderungen dieser Verpflichtung (in diesem Fall wird die vertragliche Servicemarge angepasst) zu verwenden.

B100 Wenn ein Unternehmen zum Vertragsbeginn nicht festlegen kann, was es als seine vertragsgemäße Verpflichtung und was es als ermessensabhängig betrachtet, dann hat es als seine Verpflichtung die in der Schätzung der Erfüllungswerte zum Vertragsbeginn implizite Rendite zu betrachten, die aktualisiert wird, um die aktuellen Annahmen in Bezug auf das Finanzrisiko zu berücksichtigen.

Änderungen des Buchwerts der vertraglichen Servicemarge für Versicherungsverträge mit direkter Überschussbeteiligung (Paragraph 45)

B101 Versicherungsverträge mit direkter Überschussbeteiligung sind Versicherungsverträge, bei denen es sich im Wesentlichen um kapitalanlagebezogene Dienstleistungsverträge handelt, in deren Rahmen ein Unternehmen Kapitalerträge, basierend auf zugrunde liegenden Referenzwerten,

3/15. IFRS 17
B101 – B107

zusagt. Diese sind folglich als Versicherungsverträge definiert, für die

a) die Vertragsbestimmungen festlegen, dass der Versicherungsnehmer mit einem Anteil an einem eindeutig bestimmten Pools zugrunde liegender Referenzwerte beteiligt ist (siehe Paragraphen B105–B106),

b) das Unternehmen erwartet, dem Versicherungsnehmer einen Betrag zu zahlen, der einem wesentlichen Teil der Erträge aus dem beizulegenden Zeitwert der zugrunde liegenden Referenzwerte entspricht (siehe Paragraph B107), und

c) das Unternehmen erwartet, dass ein wesentlicher Teil etwaiger Änderungen der Beträge, die an den Versicherungsnehmer zu zahlen sind, in Abhängigkeit von Änderungen des beizulegenden Zeitwerts der zugrunde liegenden Referenzwerte schwanken wird (siehe Paragraph B107).

B102 Ein Unternehmen hat anhand seiner Erwartungen zum Vertragsbeginn zu beurteilen, ob die Bedingungen gemäß Paragraph B101 erfüllt sind; und es darf die Bedingungen zu einem späteren Zeitpunkt nicht neu einschätzen, es sei denn, der Vertrag wird unter Anwendung von Paragraph 72 geändert.

B103 Sofern Versicherungsverträge in einer Gruppe die Zahlungsströme an Versicherungsnehmer von Verträgen in anderen Gruppen beeinflussen (siehe Paragraphen B67–B71), hat ein Unternehmen zu beurteilen, ob die Bedingungen gemäß Paragraph B101 erfüllt sind, indem es die unter Anwendung der Paragraphen B68–B70 ermittelten Zahlungsströme berücksichtigt, die es erwartungsgemäß an die Versicherungsnehmer leisten muss.

B104 Die Bedingungen in Paragraph B101 stellen sicher, dass Versicherungsverträge mit direkter Überschussbeteiligung Verträge sind, denen zufolge die Verpflichtung des Unternehmens gegenüber dem Versicherungsnehmer der Saldo folgender Faktoren ist:

a) der Verpflichtung, dem Versicherungsnehmer einen Betrag zu zahlen, der dem beizulegenden Zeitwert der zugrunde liegenden Referenzwerte entspricht, und

b) einer variablen Gebühr (siehe Paragraphen B110–B118), die das Unternehmen im Gegenzug für die nach dem Versicherungsvertrag zu erbringenden künftigen Leistungen von (a) einbehält, und die umfasst:

　i) die Höhe des Unternehmensanteils am beizulegenden Zeitwert der zugrunde liegenden Referenzwerte; abzüglich

　ii) der Erfüllungswerte, die nicht in Abhängigkeit von den Renditen der zugrunde liegende Referenzwerte schwanken.

B105 Ein Anteil gemäß Paragraph B101(a) schließt nicht aus, dass es im Ermessen des Unternehmens liegen kann, die an den Versicherungsnehmer ausgezahlten Beträge zu ändern. Die Verbindung zu den zugrunde liegenden Referenzwerten muss jedoch durchsetzbar sein (siehe Paragraph 2).

B106 Der Pool der zugrunde liegenden Referenzwerte gemäß Paragraph B101(a) kann alle beliebigen Posten umfassen, beispielsweise ein Referenzportfolio von Vermögenswerten, die Nettovermögenswerte des Unternehmens oder eine festgelegte Untergruppe der Nettovermögenswerte des Unternehmens, vorausgesetzt, diese sind im Vertrag eindeutig bestimmt. Ein Unternehmen muss den bestimmten Pool der zugrunde liegenden Referenzwerte nicht halten. Ein eindeutig bestimmter Pool zugrunde liegender Referenzwerte existiert jedoch nicht, wenn

a) ein Unternehmen die zugrunde liegenden Referenzwerte rückwirkend ändern kann, welche die Höhe der Verpflichtung des Unternehmens bestimmen, oder

b) keine zugrunde liegenden Referenzwerte bestimmt wurden, selbst wenn an den Versicherungsnehmer eine Rendite gezahlt werden könnte, die im Grundsatz den Erfolg und die Erwartungen des Unternehmens insgesamt oder die Performance und Erwartungen einer Untergruppe von Vermögenswerten widerspiegelt, die das Unternehmen hält. Ein Beispiel für eine solche Rendite ist eine am Ende der Periode, auf die sie sich bezieht, festgelegte Guthabenverzinsung oder Dividendenzahlung. In diesem Fall spiegelt die Verpflichtung gegenüber dem Versicherungsnehmer die Guthabenverzinsung oder die Dividendenbeträge wider, die das Unternehmen festgelegt hat, und spiegelt nicht die bestimmten zugrunde liegenden Referenzwerte wider.

B107 Paragraph B101(b) schreibt vor, dass das Unternehmen erwartet, dass ein wesentlicher Teil der Erträge aus dem beizulegenden Zeitwert der zugrunde liegenden Referenzwerte an den Versicherungsnehmer ausgezahlt wird, und Paragraph B101(c) schreibt vor, dass das Unternehmen erwartet, dass ein wesentlicher Teil einer etwaigen Änderung der Beträge, die an den Versicherungsnehmer zu zahlen sind, sich in Abhängigkeit von der Änderung des beizulegenden Zeitwerts der zugrunde liegenden Referenzwerte ändert. Ein Unternehmen

a) hat den Begriff „wesentlich" in beiden Paragraphen im Kontext der Zielsetzung von Versicherungsverträgen mit direkter Überschussbeteiligung als Verträge auszulegen, denen zufolge das Unternehmen kapitalanlagebezogene Leistungen anbietet und für diese Leistungen durch eine Gebühr vergütet wird, die unter Bezugnahme auf die zugrunde liegenden Referenzwerte ermittelt wird, und

b) hat die Variabilität der Beträge in den Paragraphen B101(b) und B101(c) zu beurteilen:

　i) über die Laufzeit des Versicherungsvertrags und

　ii) auf der Grundlage eines wahrscheinlichkeitsgewichteten mittleren Barwerts und nicht auf der Grundlage des besten oder schlechtesten Ergebnisses (siehe Paragraphen B37–B38).

B108 Wenn das Unternehmen beispielsweise erwartet, einen wesentlichen Teil der Erträge aus dem beizulegenden Zeitwert der zugrunde liegenden Referenzwerte auszuzahlen, wird es – vorbehaltlich einer Mindestrenditegarantie – Szenarien geben, in denen

a) die Zahlungsströme, die das Unternehmen erwartungsgemäß an den Versicherungsnehmer zahlen wird, in Abhängigkeit von den Änderungen des beizulegenden Zeitwerts der zugrunde liegenden Referenzwerte schwanken, weil die garantierte Rendite und andere Zahlungsströme, die nicht in Abhängigkeit von den Renditen der zugrunde liegenden Referenzwerte schwanken, die Erträge aus dem beizulegenden Zeitwert der zugrunde liegenden Referenzwerte nicht übersteigen, und

b) die Zahlungsströme, die das Unternehmen erwartungsgemäß an den Versicherungsnehmer zahlen wird, nicht in Abhängigkeit von Änderungen des beizulegenden Zeitwerts der zugrunde liegenden Referenzwerte schwanken, weil die garantierte Rendite und andere Zahlungsströme, die nicht in Abhängigkeit von den Renditen der zugrunde liegenden Referenzwerte schwanken, die Erträge aus dem beizulegenden Zeitwert der zugrunde liegenden Referenzwerte übersteigen.

Die Beurteilung der Variabilität in Paragraph B101(c) durch ein Unternehmen für dieses Beispiel wird einen wahrscheinlichkeitsgewichteten Mittelwert der Barwerte all dieser Szenarien widerspiegeln.

B109 Gezeichnete Rückversicherungsverträge und gehaltene Rückversicherungsverträge können keine Versicherungsverträge mit direkter Überschussbeteiligung im Sinne von IFRS 17 sein.

B110 Bei Versicherungsverträgen mit direkter Überschussbeteiligung wird die vertragliche Servicemarge angepasst, um der variablen Natur der Gebühr Rechnung zu tragen. Folglich werden die in Paragraph B104 angegebenen Änderungen der Beträge so behandelt wie in den Paragraphen B111–B114 beschrieben.

B111 Änderungen der Verpflichtung, dem Versicherungsnehmer einen Betrag zu zahlen, der dem beizulegenden Zeitwert der zugrunde liegenden Referenzwerte entspricht (Paragraph B104(a)), beziehen sich nicht auf künftige Versicherungsleistungen, und deswegen wird die vertragliche Servicemarge nicht angepasst.

B112 Änderungen des Unternehmensanteils am beizulegenden Zeitwert der zugrunde liegenden Referenzwerte (Paragraph B104(b)(i)) beziehen sich auf künftige Versicherungsleistungen, und deswegen wird die vertragliche Servicemarge unter Anwendung von Paragraph 45(b) angepasst.

B113 Änderungen der Erfüllungswerte, die nicht in Abhängigkeit von den Renditen der zugrunde liegende Referenzwerte schwanken (Paragraph B104(b)(ii)), umfassen

a) andere Erfüllungswertänderungen als die unter (b) angegebenen. Ein Unternehmen hat die Paragraphen B96– B97 anzuwenden, konsistent zu den Versicherungsverträgen ohne direkte Überschussbeteiligung, um zu bestimmen, inwieweit diese Erfüllungswertänderungen sich auf künftige Leistungen beziehen, und hat unter Anwendung von Paragraph 45(c) die vertragliche Servicemarge anzupassen. Alle Anpassungen werden anhand aktueller Abzinsungssätze bewertet.

b) die Änderung der Auswirkungen des Zeitwerts des Geldes und finanzieller Risiken, die nicht aus den zugrunde liegenden Referenzwerte entstehen, beispielsweise die Auswirkungen finanzieller Garantien. Diese beziehen sich auf künftige Leistungen, und die vertragliche Servicemarge wird unter Anwendung von Paragraph 45(c) angepasst, es sei denn, Paragraph B115 ist anwendbar.

B114 Ein Unternehmen ist nicht verpflichtet, die nach den Paragraphen B112 und B113 vorgeschriebenen Anpassungen der vertraglichen Servicemarge getrennt zu bestimmen. Stattdessen kann für einige oder für alle Anpassungen ein kombinierter Betrag bestimmt werden.

Risikominderung

B115 Sofern ein Unternehmen die Bedingungen in Paragraph B116 erfüllt, kann es die Wahl treffen, eine Änderung der vertraglichen Servicemarge nicht auszuweisen, um einige oder alle Änderungen der Auswirkungen des Zeitwerts des Geldes und des Finanzrisikos auf folgende Faktoren zu berücksichtigen:

a) die Höhe des Unternehmensanteils an den zugrunde liegenden Referenzwerten (siehe Paragraph B112), wenn das Unternehmen die Auswirkungen des finanziellen Risikos auf die Höhe dieses Anteils durch Einsatz von Derivaten oder gehaltenen Rückversicherungsverträgen mindert, und

b) die in Paragraph B113(b) angegebenen Erfüllungswerte, wenn das Unternehmen die Auswirkungen des finanziellen Risikos auf diese Erfüllungswerte durch Einsatz von Derivaten oder erfolgswirksam zum beizulegenden Zeitwert bewerteten nicht-derivativen Finanzinstrumenten oder von gehaltenen Rückversicherungsverträgen mindert.

B116 Um Paragraph B115 anzuwenden, muss ein Unternehmen ein zuvor dokumentiertes Risikomanagementziel und eine zuvor dokumentierte Strategie zur Minderung von Finanzrisiken haben, wie in Paragraph B115 beschrieben. Bei der Anwendung dieses Ziels und dieser Strategie

a) besteht ein wirtschaftlicher Ausgleich zwischen den Versicherungsverträgen und dem Derivat, dem erfolgswirksam zum beizulegenden Zeitwert bewerteten nicht-derivativen Finanzinstrument oder dem gehaltenen

Rückversicherungsvertrag (d. h., die Werte der Versicherungsverträge und die Werte dieser risikomindernden Posten entwickeln sich im Allgemeinen gegenläufig, weil sie auf ähnliche Weise auf die Änderungen des Risikos reagieren, das mit diesen Instrumenten gemindert wird). Ein Unternehmen hat bei der Beurteilung dieses wirtschaftlichen Ausgleichs buchhaltungstechnische Bewertungsdifferenzen nicht zu berücksichtigen.

b) dominiert das Kreditrisiko den wirtschaftlichen Ausgleich nicht.

B117 Das Unternehmen hat die Erfüllungswerte in einer Gruppe, auf die Paragraph B115 angewendet wird, in jeder Berichtsperiode stetig zu bestimmen.

B117A Wenn das Unternehmen die Auswirkungen des finanziellen Risikos durch Einsatz von Derivaten oder von erfolgswirksam zum beizulegenden Zeitwert bewerteten nicht-derivativen Finanzinstrumenten mindert, hat es die aus der Anwendung von Paragraph B115 entstehenden versicherungstechnischen Finanzerträge oder -aufwendungen der Periode erfolgswirksam auszuweisen. Wenn das Unternehmen die Auswirkungen des finanziellen Risikos durch Einsatz von gehaltenen Rückversicherungsverträgen mindert, hat es zum Ausweis der aus der Anwendung von Paragraph B115 entstehenden versicherungstechnischen Finanzerträge oder -aufwendungen die gleichen Bilanzierungsgrundsätze anzuwenden, die es auf gehaltene Rückversicherungsverträge unter Anwendung der Paragraphen 88 und 90 anwendet.

B118 Dann und nur dann, wenn eine der Bedingungen in Paragraph B116 nicht mehr erfüllt ist, hat ein Unternehmen ab diesem Zeitpunkt Paragraph B115 nicht mehr anzuwenden. Ein Unternehmen hat keine Anpassungen um zuvor erfolgswirksam erfasste Änderungen vorzunehmen.

Erfolgswirksame Erfassung der vertraglichen Servicemarge

B119 In jeder Periode wird ein Betrag der vertraglichen Servicemarge für eine Gruppe von Versicherungsverträgen erfolgswirksam erfasst, um die Leistungen gemäß dem Versicherungsvertrag widerzuspiegeln, die in dieser Periode im Rahmen der Gruppe von Versicherungsverträgen erbracht wurden (siehe Paragraphen 44(e), 45(e) und 66(e)). Der Betrag wird bestimmt durch:

a) Bestimmung der Deckungseinheiten in der Gruppe. Die Anzahl der Deckungseinheiten in einer Gruppe ist die Menge der Leistungen gemäß dem Versicherungsvertrag, die im Rahmen der Verträge in der Gruppe erbracht werden. Die Anzahl wird bestimmt, indem für jeden Vertrag die Menge der gemäß dem Vertrag zu erbringenden Leistungen und sein erwarteter Deckungszeitraum berücksichtigt wird,

b) gleichmäßige Aufteilung der vertraglichen Servicemarge zum Ende der Periode (vor der erfolgswirksamen Erfassung etwaiger Beträge, welche die in der Periode erbrachten Leistungen gemäß dem Versicherungsvertrag widerspiegeln sollen) auf jede in der laufenden Periode erbrachte bzw. in der Zukunft erwartungsgemäß zu erbringende Deckungseinheit,

c) erfolgswirksame Erfassung des den in der Periode erbrachten Deckungseinheiten zugeordneten Betrags.

B119A Zwecks Anwendung von Paragraph B119 endet der Zeitraum der Leistungen zur Erwirtschaftung von Kapitalerträgen oder der kapitalanlagebezogenen Leistungen zu oder vor dem Zeitpunkt, zu dem alle an derzeitige Versicherungsnehmer fälligen Beträge in Bezug auf diese Leistungen ausgezahlt wurden, ohne Berücksichtigung von unter Anwendung von Paragraph B68 in den Erfüllungswerten enthaltenen Zahlungen an künftige Versicherungsnehmer.

B119B Versicherungsverträge ohne direkte Überschussbeteiligung können Leistungen zur Erwirtschaftung von Kapitalerträgen nur dann liefern, wenn

a) eine Kapitalanlagekomponente existiert, oder der Versicherungsnehmer das Recht hat, einen Betrag abzuziehen,

b) das Unternehmen erwartet, dass die Kapitalanlagekomponente oder der Betrag, den der Versicherungsnehmer abziehen kann, Kapitalerträge enthält (Kapitalerträge könnten unter null liegen, zum Beispiel in einem Negativzinsumfeld), und

c) das Unternehmen erwartet, Kapitalanlagetätigkeiten durchzuführen, um diese Kapitalerträge zu erwirtschaften.

Gehaltene Rückversicherungsverträge – Erfassung der Verlustrückerstattung für zugrunde liegende Versicherungsverträge (Paragraphen 66A–66B)

B119C Paragraph 66A gilt nur dann, wenn der gehaltene Rückversicherungsvertrag abgeschlossen wird, bevor – oder zum gleichen Zeitpunkt, zu dem – die zugrunde liegenden belastenden Versicherungsverträge angesetzt werden.

B119D Um Paragraph 66A anzuwenden, hat ein Unternehmen die Anpassung der vertraglichen Servicemarge einer Gruppe von gehaltenen Rückversicherungsverträgen und den daraus resultierenden Ertrag wie folgt zu bestimmen:

a) Multiplikation des ausgewiesenen Verlusts aus den zugrunde liegenden Versicherungsverträgen mit dem

b) Prozentsatz der Schäden aus den zugrunde liegenden Versicherungsverträgen, bei denen das Unternehmen erwartet, dass es sie aus der Gruppe seiner gehaltenen Rückversicherungsverträge wieder erstattet bekommt.

B119E Bei der Anwendung der Paragraphen 14–22 kann ein Unternehmen in eine belastende Gruppe von Versicherungsverträgen sowohl durch eine Gruppe von gehaltenen Rückversicherungsverträgen gedeckten belastenden Versicherungsverträge als auch die durch die Gruppe von gehaltenen Rückversicherungsverträgen nicht gedeckten belastenden Versicherungsverträge aufnehmen. Um in solchen Fällen die Paragraphen 66(c)(i)–(ii) und Paragraph 66A anzuwenden, hat das Unternehmen anhand einer systematischen und rationalen Zuordnungsmethode den Anteil der ausgewiesenen Verluste aus der Gruppe von Versicherungsverträgen zu bestimmen, der sich auf die Versicherungsverträge bezieht, die durch die Gruppe von gehaltenen Rückversicherungsverträgen gedeckt sind.

B119F Nachdem ein Unternehmen unter Anwendung von Paragraph 66B eine Verlustrückerstattungskomponente gebildet hat, hat es diese anzupassen, um Änderungen der Verlustkomponente einer belastenden Gruppe von zugrunde liegenden Versicherungsverträgen zu berücksichtigen (siehe Paragraphen 50–52). Der Buchwert der Verlustrückerstattungskomponente darf den Anteil des Buchwerts der Verlustkomponente der belastenden Gruppe zugrunde liegender Versicherungsverträge nicht übersteigen, den das Unternehmen aufgrund seiner gehaltenen Rückversicherungsverträge erstattet zu bekommen erwartet.

VERSICHERUNGSTECHNISCHE ERTRÄGE (PARAGRAPHEN 83 UND 85)

B120 Die gesamten versicherungstechnischen Erträge einer Gruppe von Versicherungsverträgen sind die Entgelte für die Verträge, d. h. der Betrag der an das Unternehmen gezahlten Prämien,
a) angepasst um einen Finanzierungseffekt und
b) unter Ausschluss etwaiger Kapitalanlagekomponenten.

B121 Paragraph 83 schreibt vor, dass der in einer Periode erfasste Betrag der versicherungstechnischen Erträge die Übertragung zugesagter Leistungen zu einem Betrag darstellt, der den Entgelten entspricht, auf die das Unternehmen im Gegenzug für diese Leistungen erwartungsgemäß Anspruch haben wird. Das gesamte Entgelt für eine Gruppe von Verträgen umfasst die folgenden Beträge:
a) Beträge, die in Verbindung mit der Erbringung von Dienstleistungen stehen, darunter auch:
   i) versicherungstechnische Aufwendungen, mit Ausnahme der Beträge in Bezug auf die in (ii) enthaltene Risikoanpassung für nichtfinanzielle Risiken sowie der Verlustkomponente der Deckungsrückstellung zugeordnete Beträge,
   ia) Beträge in Bezug auf die Ertragsteuer, die dem Versicherungsnehmer gesondert in Rechnung gestellt werden können,
   ii) die Risikoanpassung für nichtfinanzielle Risiken, mit Ausnahme der Beträge, die der Verlustkomponente der Deckungsrückstellung zugeordnet werden, und
   iii) die vertragliche Servicemarge.
b) Beträge, die in Verbindung mit den Abschlusskosten stehen.

B122 Die versicherungstechnischen Periodenerträge, die mit den in Paragraph B121(a) beschriebenen Beträgen in Verbindung stehen, werden gemäß den Paragraphen B123–B124 bestimmt. Die versicherungstechnischen Periodenerträge, die mit den in Paragraph B121(b) beschriebenen Beträgen in Verbindung stehen, werden gemäß Paragraph B125 bestimmt.

B123 Wenn ein Unternehmen Leistungen erbringt, bucht es nach IFRS 15 die Leistungsverpflichtung für diese Leistungen aus und erfasst die entsprechenden Erträge. Dementsprechend gilt nach IFRS 17: Wenn ein Unternehmen in einer Periode Leistungen erbringt, reduziert es die Deckungsrückstellung um die bereits erbrachten Leistungen und erfasst die entsprechenden versicherungstechnischen Erträge. Die Reduzierung der Deckungsrückstellung, die zu versicherungstechnischen Erträgen führt, schließt Änderungen der Verbindlichkeit aus, die sich nicht auf die Leistungen beziehen, die erwartungsgemäß von dem Entgelt gedeckt sein werden, welches das Unternehmen vereinnahmt hat. Diese Änderungen sind:
a) Änderungen, die sich nicht auf in der Periode erbrachte Leistungen beziehen, z. B.:
   i) Änderungen aufgrund von Mittelzuflüssen aus vereinnahmten Prämien,
   ii) Änderungen, die sich auf Kapitalanlagekomponenten in der Periode beziehen,
   iia) Änderungen aufgrund von Zahlungsströmen aus Darlehen an Versicherungsnehmer,
   iii) Änderungen, die sich auf transaktionsbasierte Steuern beziehen, die im Namen Dritter eingezogen wurden (wie z. B. Prämiensteuern, Mehrwertsteuern und Steuern auf Waren und Dienstleistungen (siehe Paragraph B65(i)),
   iv) versicherungstechnische Finanzerträge oder -aufwendungen,
   v) Abschlusskosten (siehe Paragraph B125) und
   vi) Ausbuchung von an einen Dritten übertragenen Verbindlichkeiten.
b) Änderungen, die sich auf Dienstleistungen beziehen, für die das Unternehmen jedoch keine Entgelte erwartet, d. h. Erhöhungen oder Rückgänge der Verlustkomponente in der Deckungsrückstellung (siehe Paragraphen 47–52).

B123A Sofern ein Unternehmen zum Zeitpunkt des erstmaligen Ansatzes einer Gruppe von Versicherungsverträgen (siehe Paragraphen 38(c)(ii) und B66A) Vermögenswerte für andere Zahlungsströme als für Abschlusskosten ausbucht, hat es versicherungstechnische Erträge und Aufwendungen in Höhe des zu diesem Zeitpunkt ausgebuchten Betrags auszuweisen.

B124 Folglich können die versicherungstechnischen Periodenerträge auch als die Gesamtheit der Änderungen der Deckungsrückstellung in der Periode analysiert werden, die sich auf Dienst-

leistungen bezieht, für die das Unternehmen die Vereinnahmung von Entgelten erwartet. Diese Änderungen sind:
a) in der Periode angefallene versicherungstechnische Aufwendungen (bewertet in Höhe der zu Beginn der Periode erwarteten Beträge), ausgenommen
   i) Beträge, die unter Anwendung von Paragraph 51(a) der Verlustkomponente der Deckungsrückstellung zugeordnet werden,
   ii) Rückzahlungen von Kapitalanlagekomponenten,
   iii) Beträge, die sich auf transaktionsbasierte Steuern beziehen, die im Namen Dritter eingezogen wurden (wie z. B. Prämiensteuern, Mehrwertsteuern und Steuern auf Waren und Dienstleistungen (siehe Paragraph B65 (i)),
   iv) Abschlusskosten (siehe Paragraph B125) und
   v) der Betrag in Bezug auf die Risikoanpassung für nichtfinanzielle Risiken (siehe (b)).
b) die Änderung der Risikoanpassung für nichtfinanzielle Risiken, ausgenommen
   i) Änderungen, die unter Anwendung von Paragraph 87 in den versicherungstechnischen Finanzerträgen oder -aufwendungen enthalten sind,
   ii) Änderungen, bei denen die vertragliche Servicemarge angepasst wird, weil sie sich unter Anwendung von Paragraph 44(c) und 45(c) auf künftige Leistungen beziehen, und
   iii) Beträge, die unter Anwendung von Paragraph 51(b) der Verlustkomponente der Deckungsrückstellung zugeordnet werden.
c) die Höhe der unter Anwendung der Paragraphen 44(e) und 45(e) in der Periode erfolgswirksam erfassten vertraglichen Servicemarge,
d) andere Beträge, falls vorhanden, zum Beispiel Erfahrungswertanpassungen in Bezug auf vereinnahmte Prämien, die sich nicht auf künftige Leistungen beziehen (siehe Paragraph B96(a)).

B125 Ein Unternehmen legt die versicherungstechnischen Erträge in Bezug auf die Abschlusskosten fest, indem es den Anteil der Beiträge, die sich auf die Wiedererlangung dieser Abschlusskosten beziehen, systematisch jeder Berichtsperiode auf der Grundlage des Zeitablaufs zuordnet. Den gleichen Betrag hat ein Unternehmen als versicherungstechnische Aufwendungen zu erfassen.

B126 Wenn ein Unternehmen den Prämienallokationsansatz gemäß den Paragraphen 55–58 anwendet, entsprechen die versicherungstechnischen Erträge der Periode dem Betrag der der Periode zugeordneten erwarteten Prämieneinnahmen (mit Ausnahme einer etwaigen Kapitalanlagekomponente und nach Anpassung um den Zeitwert des Geldes und um die Auswirkungen des Finanzrisikos, unter Anwendung von Paragraph 56, sofern anwendbar). Das Unternehmen ordnet die erwarteten Prämieneinnahmen jeder Periode, in der Leistungen gemäß dem Versicherungsvertrag erbracht werden, wie folgt zu:
a) auf der Grundlage des Zeitablaufs, aber
b) wenn das erwartete Muster der Befreiung vom Risiko während des Deckungszeitraums signifikant vom Zeitablauf abweicht, dann auf der Grundlage der erwarteten Zeitpunkte des Entstehens von versicherungstechnischen Aufwendungen.

B127 Ein Unternehmen hat erforderlichenfalls von der Zuordnungsgrundlage nach Paragraph B126(a) auf die Zuordnungsgrundlage nach Paragraph B126(b) zu wechseln, und umgekehrt, wenn sich die Fakten und Umstände ändern.

VERSICHERUNGSTECHNISCHE FINANZERTRÄGE ODER -AUFWENDUNGEN (PARAGRAPHEN 87–92)

B128 Nach Paragraph 87 muss ein Unternehmen in den versicherungstechnischen Finanzerträgen und -aufwendungen auch die Auswirkungen des Zeitwerts des Geldes und die Auswirkungen des Finanzrisikos sowie Änderungen dieser Auswirkungen berücksichtigen. Für die Zwecke von IFRS 17
a) sind Annahmen in Bezug auf die Inflation, die auf einem Preis- oder Kursindex oder auf den Preisen von Vermögenswerten mit inflationsabhängigen Renditen basieren, Annahmen, die sich auf das Finanzrisiko beziehen,
b) sind Annahmen in Bezug auf die Inflation, die auf der Unternehmenserwartung in Bezug auf spezifische Preisänderungen basieren, keine Annahmen, die sich auf das Finanzrisiko beziehen, und
c) sind Änderungen in der Bewertung einer Gruppe von Versicherungsverträgen, die durch Änderungen des Werts der zugrunde liegenden Referenzwerte (ohne Zugänge und Abgänge) verursacht wurden, Änderungen, die aus den Auswirkungen des Zeitwerts des Geldes und des finanziellen Risikos und aus Veränderungen bei diesen Auswirkungen ergeben.

B129 Nach den Paragraphen 88–89 hat ein Unternehmen ein Bilanzierungswahlrecht auszuüben, d. h. es muss wählen, ob es die versicherungstechnischen Finanzerträge oder -aufwendungen der Periode aufteilt in diejenigen, die es erfolgswirksam erfasst und diejenigen, die es im sonstigen Ergebnis erfasst. Ein Unternehmen hat dieses Wahlrecht der Rechnungslegungsmethode auf Portfolios von Versicherungsverträgen anzuwenden. Bei der Beurteilung, welche Rechnungslegungsmethode für ein Portfolio von Versicherungsverträgen unter Anwendung von Paragraph 13 von IAS 8 *Rechnungslegungsmethoden, Änderungen von rech-*

nungslegungsbezogenen Schätzungen und Fehler die Richtige ist, hat das Unternehmen für jedes Portfolio die Vermögenswerte zu berücksichtigen, die es hält, und wie es diese bilanziert.

B130 Wenn Paragraph 88(b) Anwendung findet, muss ein Unternehmen einen Betrag erfolgswirksam ausweisen, der ermittelt wird, indem die erwarteten gesamten versicherungstechnischen Finanzerträge oder -aufwendungen systematisch über die Laufzeit der Gruppe von Versicherungsverträgen aufgeteilt werden. In diesem Kontext ist eine systematische Aufteilung eine Aufteilung der gesamten erwarteten Finanzerträge oder -aufwendungen einer Gruppe von Versicherungsverträgen über die Laufzeit der Gruppe, die

a) auf den Merkmalen der Verträge basiert, ohne Bezugnahme auf Faktoren, welche die im Rahmen der Verträge erwarteten Zahlungsströme nicht beeinflussen. Beispielsweise darf die Aufteilung der Finanzerträge oder -aufwendungen nicht auf den erwarteten ausgewiesenen Renditen der Vermögenswerte basieren, wenn diese erwarteten ausgewiesenen Renditen die Zahlungsströme der Verträge in der Gruppe nicht beeinflussen.

b) dazu führt, dass im sonstigen Ergebnis erfassten Beträge über die Laufzeit der Gruppe von Verträgen sich auf insgesamt null belaufen. Der im sonstigen Ergebnis erfasste kumulative Betrag ist zu jedem beliebigen Zeitpunkt die Differenz zwischen dem Buchwert der Gruppe von Verträgen und dem Betrag, zu dem die Gruppe bei Anwendung der systematischen Aufteilung bewertet würde.

B131 Für Gruppen von Versicherungsverträgen, bei denen Änderungen der Annahmen, die sich auf das Finanzrisiko beziehen, keine wesentlichen Auswirkungen auf die an den Versicherungsnehmer ausgezahlten Beträge haben, wird die systematische Aufteilung anhand der in Paragraph B72(e)(i) angegebenen Abzinsungssätze bestimmt.

B132 Für Gruppen von Versicherungsverträgen, bei denen Änderungen der Annahmen, die sich auf das Finanzrisiko beziehen, wesentliche Auswirkung auf die an die Versicherungsnehmer ausgezahlten Beträge haben:

a) zur Bestimmung einer systematischen Aufteilung der Finanzerträge oder -aufwendungen aus den Schätzungen der künftigen Zahlungsströme gibt es zwei Möglichkeiten:
   i) anhand eines Satzes, mit dem die verbleibenden revidierten erwarteten Finanzerträge oder -aufwendungen der Gruppe der Verträge konstant über deren verbleibende Laufzeit aufgeteilt werden, oder
   ii) für Verträge, bei denen eine Guthabenverzinsung zur Bestimmung der an die Versicherungsnehmer auszuzahlenden Beträge verwendet wird: anhand einer Aufteilung, die auf den Beträgen basiert, die in der Periode gutgeschrieben werden und die erwartungsgemäß in künftigen Perioden gutgeschrieben werden.

b) eine systematische Aufteilung der Finanzerträge oder -aufwendungen aus der Risikoanpassung für nichtfinanzielle Risiken, sofern diese unter Anwendung von Paragraph 81 getrennt von anderen Änderungen der Risikoanpassung für nichtfinanzielle Risiken aufgegliedert werden, wird anhand einer Aufteilung ermittelt, die mit derjenigen vereinbar ist, die für die Aufteilung der Finanzerträge oder -aufwendungen aus den zukünftigen Zahlungsströmen verwendet wird.

c) es wird festgelegt, wie Finanzerträge oder -aufwendungen aus der vertraglichen Servicemarge systematisch aufzuteilen sind:
   i) bei Versicherungsverträgen ohne direkte Überschussbeteiligung: anhand der in Paragraph B72(b) angegebenen Abzinsungssätze und
   ii) bei Versicherungsverträgen mit direkter Überschussbeteiligung: anhand einer Aufteilung, die mit derjenigen vereinbar ist, die für die Aufteilung der Finanzerträge oder -aufwendungen aus künftigen Zahlungsströmen verwendet wird.

B133 Bei der Anwendung des Prämienallokationsansatzes auf die in den Paragraphen 53–59 beschriebenen Versicherungsverträge kann es sein, dass ein Unternehmen die Rückstellung für noch nicht abgewickelten Versicherungsfälle abzinsen muss, bzw. es kann von seinem Wahlrecht Gebrauch machen, dies zu tun. In solchen Fällen kann es von seinem Wahlrecht Gebrauch machen, seine versicherungstechnischen Finanzerträge oder -aufwendungen unter Anwendung von Paragraph 88(b) aufzugliedern. Wenn das Unternehmen sich hierfür entscheidet, hat es die versicherungstechnischen Finanzerträge oder -aufwendungen erfolgswirksam anhand des in Paragraph B72(e) (iii) angegebenen Abzinsungssatzes zu bestimmen.

B134 Paragraph 89 findet Anwendung, wenn ein Unternehmen die zugrunde liegenden Referenzwerte für Versicherungsverträge mit direkter Überschussbeteiligung hält, entweder weil es diese Wahl getroffen hat oder weil es dazu verpflichtet ist. Wenn ein Unternehmen die Wahl trifft, seine versicherungstechnischen Erträge oder Aufwendungen unter Anwendung von Paragraph 89(b) aufzugliedern, hat es Aufwendungen oder Erträge in der Gewinn- und Verlustrechnung zu erfassen, die genau den Erträgen oder Aufwendungen entsprechen, die erfolgswirksam für die zugrunde liegenden Referenzwerte erfasst wurden, mit dem Ergebnis, dass der Saldo der getrennt ausgewiesenen Posten null ist.

B135 Ein Unternehmen kann in einigen Perioden die Bedingungen für ein Bilanzierungswahlrecht gemäß Paragraph 89 erfüllen und in anderen Perioden nicht, je nachdem, ob es die zugrunde liegenden Referenzwerte hält oder nicht. Je nachdem, ob es die zugrunde liegenden Referenzwerte hält oder nicht, hat das Unternehmen entweder ein

3/15. IFRS 17
B135 – C4

Bilanzierungswahlrecht nach Paragraph 88 oder ein Bilanzierungswahlrecht nach Paragraph 89. Folglich könnte ein Unternehmen seine Bilanzierungs- und Bewertungsmethoden ändern und von der Bilanzierung nach Paragraph 88(b) auf die Bilanzierung nach Paragraph 89(b) umstellen, und umgekehrt. Bei einer solchen Änderung

a) hat ein Unternehmen den zuvor im sonstigen Ergebnis ausgewiesenen kumulierten Betrag ab dem Zeitpunkt der Änderung als Umgliederungsbetrag im Gewinn oder Verlust der Periode, in der die Änderung erfolgte, und in künftigen Perioden, wie folgt zu berücksichtigen:

   i) wenn das Unternehmen zuvor Paragraph 88(b) angewandt hatte, gilt Folgendes: Das Unternehmen hat den vor der Änderung ergebnisneutral im sonstigen Ergebnis ausgewiesenen kumulierten Betrag nun erfolgswirksam zu berücksichtigen, als ob es – ausgehend von den Annahmen, die unmittelbar vor der Änderung galten – weiterhin den Ansatz gemäß Paragraph 88(b) fortführen würde, und

   ii) wenn das Unternehmen zuvor Paragraph 89(b) angewandt hatte, gilt Folgendes: Das Unternehmen hat den vor der Änderung ergebnisneutral im sonstigen Ergebnis ausgewiesenen kumulierten Betrag nun erfolgswirksam zu berücksichtigen, als ob es – ausgehend von den Annahmen, die unmittelbar vor der Änderung galten – weiterhin den Ansatz gemäß Paragraph 89(b) fortführen würde.

b) darf das Unternehmen die Vergleichsinformationen der Vorperiode nicht anpassen.

B136 Bei Anwendung von Paragraph B135(a) darf ein Unternehmen den zuvor im sonstigen Ergebnis erfassten kumulierten Betrag nicht neu berechnen, als ob die neue Aufgliederung schon immer angewandt worden wäre, und die für die Umgliederung in künftigen Perioden zugrunde gelegten Annahmen dürfen nach dem Zeitpunkt der Änderung nicht mehr aktualisiert werden.

DIE AUSWIRKUNGEN VON RECHNUNGSLEGUNGSBEZOGENEN SCHÄTZUNGEN IN ZWISCHENABSCHLÜSSEN

B137 Wenn ein Unternehmen unter Anwendung von IAS 34 *Zwischenberichterstattung* Zwischenabschlüsse erstellt, hat es ein Bilanzierungswahlrecht, ob die Behandlung der rechnungslegungsbezogenen Schätzungen in vorherigen Zwischenabschlüssen ändern möchte, wenn es in Folgeperioden seine Zwischenabschlüsse und seinen Jahresabschluss nach IFRS 17 erstellt. Die getroffene Wahl der Rechnungslegungsmethode hat das Unternehmen auf alle seine Gruppen der von ihm ausgestellten Versicherungsverträge und auf alle seine Gruppen gehaltener Rückversicherungsverträge anzuwenden.

Anhang C
Zeitpunkt des Inkrafttretens und Übergangsvorschriften

Dieser Anhang ist integraler Bestandteil von IFRS 17 Versicherungsverträge.

ZEITPUNKT DES INKRAFTTRETENS

C1 IFRS 17 ist auf Geschäftsjahre anzuwenden, die am oder nach dem 1. Januar 2023 beginnen. Wendet ein Unternehmen IFRS 17 früher an, hat es dies anzugeben. Eine frühere Anwendung ist zulässig, sofern das Unternehmen zum oder vor dem Zeitpunkt der erstmaligen Anwendung von IFRS 17 gleichzeitig auch IFRS 9 *Finanzinstrumente* anwendet.

C2 Für die Zwecke der in den Paragraphen C1 und C3–C33 enthaltenen Übergangsvorschriften

a) ist der Zeitpunkt der erstmaligen Anwendung der Beginn des Geschäftsjahrs, in dem ein Unternehmen IFRS 17 zum ersten Mal anwendet, und

b) ist der Übergangszeitpunkt der Beginn des Geschäftsjahrs, das dem Zeitpunkt der erstmaligen Anwendung unmittelbar vorausgeht.

C2A Durch die Verlautbarung *Erstmalige Anwendung von IFRS 17 und IFRS 9 – Vergleichsinformationen*, veröffentlicht im Dezember 2021 wurden die Paragraphen C28A–C28E und C33A eingefügt. Entscheidet sich ein Unternehmen für die Anwendung der Paragraphen C28A–C28E und C33A, so hat es diese auch bei der erstmaligen Anwendung von IFRS 17 anzuwenden.

ÜBERGANGSVORSCHRIFTEN

C3 Ein Unternehmen hat IFRS 17 rückwirkend anzuwenden, es sei denn, dies ist undurchführbar, oder Paragraph C5A ist anwendbar. Dies gilt vorbehaltlich der folgenden Ausnahmeregelungen:

a) das Unternehmen ist nicht verpflichtet, die quantitativen Angaben gemäß Paragraph 28(f) von IAS 8 *Rechnungslegungsmethoden, Änderungen von rechnungslegungsbezogenen Schätzungen und Fehler* zu machen, und

b) das Unternehmen darf das Bilanzierungswahlrecht gemäß Paragraph B115 nicht auf Perioden vor dem Übergangszeitpunkt anwenden. Ein Unternehmen kann das Bilanzierungswahlrecht gemäß Paragraph B115 am oder nach dem Übergangszeitpunkt nur dann prospektiv anwenden, wenn es zum oder vor dem Zeitpunkt der Ausübung dieses Bilanzierungswahlrechts Risikominderungsbeziehungen designiert.

C4 Zur rückwirkenden Anwendung von IFRS 17 hat ein Unternehmen zum Übergangszeitpunkt

a) jede Gruppe von Versicherungsverträgen so zu bestimmen, anzusetzen und zu bewerten, als ob IFRS 17 schon immer gegolten hätte,

aa) alle als Vermögenswert angesetzten Abschlusskosten so zu bestimmen, anzusetzen und zu bewerten, als ob IFRS 17 schon immer gegolten hätte (mit der Ausnahme, dass ein Unternehmen nicht verpflichtet ist, die Werthaltigkeitsprüfung nach Paragraph 28E vor dem Übergangszeitpunkt anzuwenden),
b) etwaige bestehenden Salden auszubuchen, die nicht bestehen würden, wenn IFRS 17 schon immer angewandt worden wäre, und
c) etwaige resultierende Nettodifferenzen im Eigenkapital zu erfassen.

C5 Nur dann, wenn es für ein Unternehmen undurchführbar ist, Paragraph C3 auf eine Gruppe von Versicherungsverträgen anzuwenden, hat es anstatt Paragraph C4(a) die folgenden Ansätze anzuwenden:
a) den modifizierten rückwirkenden Ansatz gemäß den Paragraphen C6–C19A, vorbehaltlich des Paragraphen C6(a), oder
b) den Ansatz auf Basis des beizulegenden Zeitwerts gemäß den Paragraphen C20–C24B.

C5A Unbeschadet des Paragraphen C5 kann ein Unternehmen den Fair-Value-Ansatz gemäß den Paragraphen C20– C24B auf eine Gruppe von Versicherungsverträgen mit direkter Überschussbeteiligung, auf die das Unternehmen IFRS 17 rückwirkend anwenden könnte, nur dann anwenden, wenn
a) es das Wahlrecht ausübt, die Risikominderungsoption gemäß Paragraph B115 ab dem Übergangszeitpunkt prospektiv auf die Gruppe von Versicherungsverträgen anzuwenden, und
b) es bereits vor dem Übergangszeitpunkt zur Minderung des finanziellen Risikos aus der Gruppe von Versicherungsverträgen Derivate oder erfolgswirksam zum beizulegenden Zeitwert bewertete nicht-derivative Finanzinstrumente oder gehaltene Rückversicherungsverträge eingesetzt hat, wie in Paragraph B115 festgelegt.

C5B Nur dann, wenn es für ein Unternehmen undurchführbar ist, Paragraph C4(aa) alle Vermögenswert angesetzte Abschlusskosten anzuwenden, hat das Unternehmen zur Bewertung der als Vermögenswert angesetzten Abschlusskosten die folgenden Ansätze anzuwenden:
a) den modifizierten rückwirkenden Ansatz gemäß den Paragraphen C14B–C14D und C17A, vorbehaltlich des Paragraphen C6(a), oder
b) den Fair-Value-Ansatz gemäß den Paragraphen C24A–C24B.

Modifizierter rückwirkender Ansatz

C6 Zielsetzung des modifizierten rückwirkenden Ansatzes ist es, das Ergebnis zu erzielen, das der rückwirkenden Anwendung anhand angemessener und belastbarer Informationen, ohne unangemessenen Kosten- oder Zeitaufwand verfügbar sind, am Nächsten kommt. Folglich hat ein Unternehmen bei der Anwendung dieses Ansatzes

a) angemessene und belastbare Informationen zu verwenden. Wenn das Unternehmen keine angemessenen und belastbaren Informationen beziehen kann, die zur Anwendung des modifizierten rückwirkenden Ansatzes erforderlich sind, hat es den Fair-Value-Ansatz anzuwenden.
b) soweit wie möglich Informationen zu verwenden, die für die Anwendung eines vollständig rückwirkenden Ansatzes verwendet worden wären, wobei aber nur Informationen zu verwenden sind, die ohne unangemessenen Kosten- oder Zeitaufwand zur Verfügung stehen.

C7 In den Paragraphen C9–C19A sind die zulässigen Anpassungen bei der rückwirkenden Anwendung für die folgenden Bereiche definiert:
a) Beurteilungen von Versicherungsverträgen oder Gruppen von Versicherungsverträgen, die zu Vertragsbeginn oder beim erstmaligen Ansatz vorgenommen worden wären,
b) Beträge im Zusammenhang mit der vertraglichen Servicemarge oder der Verlustkomponente für Versicherungsverträge ohne direkte Überschussbeteiligung,
c) Beträge im Zusammenhang mit der vertraglichen Servicemarge oder der Verlustkomponente für Versicherungsverträge mit direkter Überschussbeteiligung und
d) versicherungstechnische Finanzerträge oder -aufwendungen.

C8 Um das Ziel des modifizierten rückwirkenden Ansatzes zu erreichen, darf ein Unternehmen jede Anpassung in den Paragraphen C9–C19A nur insofern verwenden, als es nicht über angemessene und belastbare Informationen zur Anwendung eines rückwirkenden Ansatzes verfügt.

Beurteilungen zum Vertragsbeginn oder bei erstmaligem Ansatz

C9 Soweit gemäß Paragraph C8 zulässig, hat ein Unternehmen anhand der zum Übergangszeitpunkt verfügbaren Informationen folgende Festlegungen zu treffen:
a) wie Gruppen von Versicherungsverträgen unter Anwendung der Paragraphen 14–24 zu bestimmen sind,
b) ob ein Versicherungsvertrag die Definition eines Versicherungsvertrags mit direkter Überschussbeteiligung unter Anwendung der Paragraphen B101–B109 erfüllt,
c) wie ermessensabhängige Zahlungsströme für Versicherungsverträge ohne direkte Überschussbeteiligung unter Anwendung der Paragraphen B98–B100 zu bestimmen sind, und
d) ob ein Kapitalanlagevertrag die Definition eines in den Anwendungsbereich von IFRS 17 fallenden Kapitalanlagevertrags mit ermessensabhängiger Überschussbeteiligung unter Anwendung von Paragraph 71 erfüllt.

C9A Soweit nach Paragraph C8 zulässig, hat ein Unternehmen eine Verbindlichkeit für die Be-

3/15. IFRS 17
C9A – C14D

gleichung von Schäden, die vor Übernahme eines Versicherungsvertrags im Rahmen einer Übertragung von Versicherungsverträgen, die keinen Geschäftsbetrieb darstellen, oder im Rahmen eines Unternehmenszusammenschlusses im Anwendungsbereich von IFRS 3 eingetreten sind, als Rückstellung für noch nicht abgewickelte Versicherungsfälle einzustufen.

C10 Soweit nach Paragraph C8 zulässig, darf ein Unternehmen Paragraph 22 nicht anwenden, um Gruppen in solche aufzuteilen, die nur Verträge enthalten, deren Zeichnung mehr als ein Jahr auseinanderliegt.

Bestimmung der vertraglichen Servicemarge oder der Verlustkomponente für Gruppen von Versicherungsverträgen ohne direkte Überschussbeteiligung

C11 Soweit nach Paragraph C8 zulässig, hat ein Unternehmen bei Verträgen ohne direkte Überschussbeteiligung die vertragliche Servicemarge oder die Verlustkomponente der Deckungsrückstellung (siehe Paragraphen 49–52) zum Übergangszeitpunkt unter Anwendung der Paragraphen C12–C16C zu bestimmen.

C12 Soweit nach Paragraph C8 zulässig, hat ein Unternehmen die künftigen Zahlungsströme zum Zeitpunkt des erstmaligen Ansatzes einer Gruppe von Versicherungsverträgen als den Betrag der künftigen Zahlungsströme zum Übergangszeitpunkt (oder zu einem früheren Zeitpunkt, wenn die künftigen Cashflows zu diesem früheren Zeitpunkt rückwirkend unter Anwendung von Paragraph C4(a) bestimmt werden können) zu schätzen, angepasst um Zahlungsströme, von denen bekannt ist, dass sie zwischen dem Zeitpunkt des erstmaligen Ansatzes einer Gruppe von Versicherungsverträgen und dem Übergangszeitpunkt (oder einem früheren Zeitpunkt) aufgetreten sind. Zahlungsströme, von denen bekannt ist, dass sie aufgetreten sind, umfassen Zahlungsströme aus Verträgen, die vor dem Übergangszeitpunkt erloschen sind.

C13 Soweit nach Paragraph C8 zulässig, hat ein Unternehmen die Abzinsungssätze, die zum Zeitpunkt des erstmaligen Ansatzes einer Gruppe von Versicherungsverträgen (oder danach) anwendbar waren, wie folgt zu bestimmen:

a) unter Verwendung einer beobachtbaren Zinsstrukturkurve, die sich mindestens drei Jahre lang unmittelbar vor dem Übergangszeitpunkt der unter Anwendung der Paragraphen 36 und B72–B85 geschätzten Zinsstrukturkurve annähert, wenn eine solche beobachtbare Zinsstrukturkurve existiert.

b) wenn keine beobachtbare Zinsstrukturkurve gemäß (a) existiert, hat das Unternehmen die Abzinsungssätze zu schätzen, die zum Zeitpunkt des erstmaligen Ansatzes (oder danach) anwendbar waren, indem es einen durchschnittlichen Spread zwischen einer beobachtbaren Zinsstrukturkurve und der unter Anwendung von Paragraph 36 und Paragraphen B72–B85 geschätzten Zinsstrukturkurve bestimmt und diesen Spread auf diese beobachtbare Zinsstrukturkurve anwendet. Dieser Spread hat dem Mittelwert mindestens der letzten drei Jahre unmittelbar vor dem Übergangszeitpunkt zu entsprechen.

C14 Soweit nach Paragraph C8 zulässig, hat ein Unternehmen die Risikoanpassung für nichtfinanzielle Risiken zum Zeitpunkt des erstmaligen Ansatzes einer Gruppe von Versicherungsverträgen (oder danach) zu bestimmen, indem es die Risikoanpassung für nichtfinanzielle Risiken zum Übergangszeitpunkt um die erwartete Befreiung vom Risiko vor dem Übergangszeitpunkt anpasst. Die erwartete Befreiung vom Risiko wird unter Bezugnahme auf die Befreiung vom Risiko bei ähnlichen Versicherungsverträgen bestimmt, die das Unternehmen zum Übergangszeitpunkt zeichnet.

C14A Unter Anwendung von Paragraph B137 kann ein Unternehmen sich dafür entscheiden, die Behandlung von rechnungslegungsbezogenen Schätzungen aus früheren Zwischenabschlüssen nicht zu ändern. Soweit nach Paragraph C8 zulässig, hat ein solches Unternehmen die vertragliche Servicemarge oder die Verlustkomponente zum Übergangszeitpunkt so zu bestimmen, als ob es vor dem Übergangszeitpunkt keine Zwischenabschlüsse erstellt hätte.

C14B Soweit nach Paragraph C8 zulässig, hat ein Unternehmen die gleiche systematische und rationale Methode zu verwenden, die es erwartungsgemäß nach dem Übergangszeitpunkt verwenden wird, um unter Anwendung von Paragraph 28A vor dem Übergangszeitpunkt (unter Ausnahme von Beträgen in Bezug auf Versicherungsverträge, die vor dem Übergangszeitpunkt erloschen sind) gezahlten Abschlusskosten (oder die unter Anwendung eines IFRS als Verbindlichkeit angesetzten Abschlusskosten) folgenden Gruppen zuzuordnen:

a) Gruppen von Versicherungsverträgen, die zum Übergangszeitpunkt angesetzt werden, und

b) Gruppen Versicherungsverträgen, für die eine Erwartung besteht, dass sie nach dem Übergangszeitpunkt angesetzt werden.

C14C Bei vor dem Übergangszeitpunkt gezahlten Abschlusskosten, die einer Gruppe von zum Übergangszeitpunkt angesetzten Versicherungsverträgen zugeordnet werden, wird die vertragliche Servicemarge dieser Gruppe angepasst, sofern die erwartungsgemäß in der Gruppe befindlichen Versicherungsverträge zu diesem Zeitpunkt angesetzt werden (siehe Paragraphen 28C und B35C). Andere vor dem Übergangszeitpunkt gezahlte Abschlusskosten, einschließlich derjenigen, die einer Gruppe von Versicherungsverträgen zugeordnet sind, für die eine Erwartung besteht, dass sie nach dem Übergangszeitpunkt angesetzt werden, werden unter Anwendung von Paragraph 28B als Vermögenswert angesetzt.

C14D Wenn ein Unternehmen nicht über angemessene und belastbare Informationen verfügt, um Paragraph C14B anwenden zu können, hat es

die folgenden Beträge zum Übergangszeitpunkt auf null festzulegen:
a) die Anpassung der vertraglichen Servicemarge einer Gruppe von zum Übergangszeitpunkt ausgewiesenen Versicherungsverträgen sowie jegliche als Vermögenswert angesetzten Abschlusskosten in Bezug auf diese Gruppe und
b) die als Vermögenswert angesetzten Abschlusskosten für Gruppen von Versicherungsverträgen, für die eine Erwartung besteht, dass sie nach dem Übergangszeitpunkt angesetzt werden.

C15 Wenn die Anwendung der Paragraphen C12–C14D zum Zeitpunkt des erstmaligen Ansatzes zu einer vertraglichen Servicemarge führt, muss ein Unternehmen zur Bestimmung der vertraglichen Servicemarge zum Übergangszeitpunkt,
a) wenn das Unternehmen zur Schätzung der beim erstmaligen Ansatz geltenden Abzinsungssätze Paragraph C13 anwendet, die vertragliche Servicemarge anhand dieser Sätze aufzinsen, und
b) soweit nach Paragraph C8 zulässig, die Höhe der aufgrund der Übertragung von Leistungen vor dem Übergangszeitpunkt erfolgswirksam ausgewiesenen vertraglichen Servicemarge bestimmen, indem die zu diesem Zeitpunkt verbleibenden Deckungseinheiten mit den gemäß der Gruppe von Verträgen vor dem Übergangszeitpunkt erbrachten Deckungseinheiten (siehe Paragraph B119) verglichen werden.

C16 Wenn die Anwendung der Paragraphen C12–C14D zum Zeitpunkt des erstmaligen Ansatzes zu einer Verlustkomponente der Deckungsrückstellung führt, hat ein Unternehmen etwaige Beträge, die der Verlustkomponente vor dem Übergangszeitpunkt unter Anwendung der Paragraphen C12–C14D und unter Verwendung einer systematischen Zuordnungsgrundlage zugeordnet werden, zu bestimmen.

C16A Für eine Gruppe von gehaltenen Rückversicherungsverträgen, die für eine belastende Gruppe von Versicherungsverträgen Versicherungsschutz bietet und die vor oder gleichzeitig mit der Zeichnung der Versicherungsverträge geschlossen wurde, hat ein Unternehmen eine Verlustrückerstattungskomponente für den zum Übergangszeitpunkt angesetzten Vermögenswert für zukünftigen Versicherungsschutz zu bilden (siehe Paragraphen 66A und 66B). Soweit nach Paragraph C8 zulässig, hat ein Unternehmen die Verlustrückerstattungskomponente durch Multiplikation folgender Faktoren festzulegen:
a) Verlustkomponente der Deckungsrückstellung der zugrunde liegenden Versicherungsverträge zum Übergangszeitpunkt (siehe Paragraphen C16 und C20) und
b) Prozentsatz der Schäden aus den zugrunde liegenden Versicherungsverträgen, bei denen das Unternehmen erwartet, dass es sie aus der Gruppe seiner gehaltenen Rückversicherungsverträge wieder erstattet bekommen kann.

C16B In eine belastende Gruppe von Versicherungsverträgen könnte ein Unternehmen zum Übergangszeitpunkt unter Anwendung der Paragraphen 14–22 sowohl die durch eine Gruppe von gehaltenen Rückversicherungsverträgen gedeckten belastenden Versicherungsverträge als auch die durch die Gruppe von gehaltenen Rückversicherungsverträgen nicht gedeckten belastenden Versicherungsverträge mitaufnehmen. Um in solchen Fällen Paragraph C16A anzuwenden, hat das Unternehmen anhand einer systematischen und rationalen Zuordnungsgrundlage den Anteil der Verlustkomponente der Gruppe von Versicherungsverträgen zu ermitteln, der sich auf die Versicherungsverträge bezieht, die durch die Gruppe von gehaltenen Rückversicherungsverträgen gedeckt sind.

C16C Wenn ein Unternehmen nicht über angemessene und belastbare Informationen verfügt, um Paragraph C16A anwenden zu können, hat es für die Gruppe von gehaltenen Rückversicherungsverträgen keine Verlustrückerstattungskomponente zu bilden.

Bestimmung der vertraglichen Servicemarge oder der Verlustkomponente für Versicherungsverträge mit direkter Überschussbeteiligung

C17 Soweit gemäß Paragraph C8 zulässig, hat ein Unternehmen für Verträge mit direkter Überschussbeteiligung die vertragliche Servicemarge oder die Verlustkomponente der Deckungsrückstellung zum Übergangszeitpunkt zu bestimmen als:
a) den gesamten beizulegenden Zeitwert der zugrunde liegenden Referenzwerte zu diesem Zeitpunkt, abzüglich
b) der Erfüllungswerte zu diesem Zeitpunkt, plus oder minus
c) einer Anpassung um:
   i) Beträge, die das Unternehmen den Versicherungsnehmern vor diesem Zeitpunkt in Rechnung gestellt hat (einschließlich der von den zugrunde liegenden Referenzwerte einbehaltenen Beträge),
   ii) vor diesem Zeitpunkt gezahlte Beträge, die nicht in Abhängigkeit von den zugrunde liegenden Referenzwerten geschwankt hätten,
   iii) die durch die Befreiung vom Risiko vor diesem Zeitpunkt verursachte Änderung der Risikoanpassung für nichtfinanzielle Risiken. Das Unternehmen hat diesen Betrag unter Bezugnahme auf die Risikobefreiung bei ähnlichen Versicherungsverträgen zu schätzen, die das Unternehmen zum Übergangszeitpunkt zeichnet,
   iv) vor dem Übergangszeitpunkt gezahlte Abschlusskosten (oder für die unter Anwendung eines anderen IFRS eine Verbindlichkeit angesetzt wurde), der Gruppe zugeordnet werden (siehe Paragraph C17A).

d) wenn (a)–(c) zu einer vertraglichen Servicemarge führen: abzüglich des Betrags der vertraglichen Servicemarge, der sich auf vor diesem Zeitpunkt erbrachte Leistungen bezieht. Die Summe aus (a)–(c) steht stellvertretend für die gesamte vertragliche Servicemarge für alle im Rahmen der Gruppe von Verträgen zu erbringenden Leistungen, d. h. vor etwaigen Beträgen, die für erbrachte Leistungen erfolgswirksam erfasst worden wären. Das Unternehmen hat die Beträge zu schätzen, die für erbrachte Leistungen erfolgswirksam erfasst worden wären, indem es die zum Übergangszeitpunkt verbleibenden Deckungseinheiten mit den im Rahmen der Gruppe von Verträgen vor dem Übergangszeitpunkt erbrachten Deckungseinheiten vergleicht, oder

e) wenn (a)–(c) zu einer Verlustkomponente führen: Anpassung der Verlustkomponente auf null und Erhöhung der Deckungsrückstellung – mit Ausnahme der Verlustkomponente – um denselben Betrag.

C17A Soweit nach Paragraph C8 zulässig, hat ein Unternehmen einen Vermögenswert für die Abschlusskosten – und auch jede etwaige Anpassung der vertraglichen Servicemarge einer Gruppe von Versicherungsverträgen mit direkter Überschussbeteiligung um die Abschlusskosten (siehe Paragraph C17(c)(iv)) – unter Anwendung der Paragraphen C14B–C14D anzusetzen.

Versicherungstechnische Finanzerträge oder -aufwendungen

C18 Für Gruppen von Versicherungsverträgen, die – unter Anwendung von Paragraph C10 – Verträge umfassen, deren Abschluss mehr als ein Jahr auseinanderliegt,

a) ist es einem Unternehmen gestattet, die Abzinsungssätze zum Zeitpunkt des erstmaligen Ansatzes einer Gruppe gemäß den Paragraphen B72(b)–B72(e)(ii) und die Abzinsungssätze zum Zeitpunkt des entstandenen Schadens gemäß Paragraph B72(e)(iii) zum Übergangszeitpunkt anstatt zum Zeitpunkt des erstmaligen Ansatzes oder des entstandenen Schadens zu bestimmen.

b) wenn ein Unternehmen das Wahlrecht gemäß Paragraph 88(b) oder 89(b) ausübt und seine versicherungstechnischen Finanzerträge oder -aufwendungen in erfolgswirksam und in ergebnisneutral (im sonstigen Ergebnis) erfasste Beträge aufteilt, muss es den kumulativen Betrag der versicherungstechnischen Finanzerträge oder -aufwendungen bestimmen, der zum Übergangszeitpunkt erfolgsneutral erfasst wird, um Paragraph 91(a) in künftigen Berichtsperioden anwenden zu können. Es ist dem Unternehmen gestattet, diesen kumulativen Betrag entweder unter Anwendung von Paragraph C19(b) zu bestimmen, oder

i) mit null anzusetzen, es sei denn, (ii) ist anwendbar, und

ii) bei Versicherungsverträgen mit direkter Überschussbeteiligung, auf die Paragraph B134 anwendbar ist: in gleicher Höhe wie den ergebnisneutral im sonstigen Ergebnis erfassten kumulativen Betrag der zugrunde liegenden Referenzwerte anzusetzen.

C19 Bei Gruppen von Versicherungsverträgen, die keine Verträge umfassen, deren Abschluss mehr als ein Jahr auseinanderliegt:

a) wenn ein Unternehmen zur Schätzung der beim erstmaligen Ansatz (oder danach) angewandten Abzinsungssätze Paragraph C13 anwendet, hat es auch die in den Paragraphen B72(b)–B72(e) angegebenen Abzinsungssätze gemäß Paragraph C13 zu bestimmen, und

b) wenn ein Unternehmen das Wahlrecht gemäß Paragraph 88(b) oder 89(b) ausübt und seine versicherungstechnischen Finanzerträge oder -aufwendungen in erfolgswirksam (in der Gewinn- und Verlustrechnung) und in erfolgsneutral (im sonstigen Ergebnis) erfasste Beträge aufteilt, muss es den kumulativen Betrag der versicherungstechnischen Finanzerträge oder -aufwendungen bestimmen, der zum Übergangszeitpunkt ergebnisneutral ausgewiesen wird, um Paragraph 91(a) in künftigen Berichtsperioden anwenden zu können. Das Unternehmen hat diesen kumulativen Betrag wie folgt zu bestimmen:

i) bei Versicherungsverträgen, auf die das Unternehmen die in Paragraph B131 dargestellten Methoden der systematischen Zuordnung anwenden wird, wenn das Unternehmen zur Schätzung der Abzinsungssätze beim erstmaligen Ansatz Paragraph C13 anwendet: unter Verwendung der Abzinsungssätze, die zum Zeitpunkt des erstmaligen Ansatzes angewandt wurden, ebenfalls unter Anwendung von Paragraph C13,

ii) bei Versicherungsverträgen, auf die ein Unternehmen die in Paragraph B132 dargestellten Methoden der systematischen Zuordnung anwenden wird: ausgehend davon, dass die Annahmen in Bezug auf das finanzielle Risiko, die zum Zeitpunkt des erstmaligen Ansatzes galten, auch diejenigen sind, die zum Übergangszeitpunkt gelten, d. h. das Unternehmen hat diesen kumulativen Betrag mit null anzusetzen,

iii) bei Versicherungsverträgen, auf die ein Unternehmen die in Paragraph B133 dargestellten Methoden der systematischen Zuordnung anwenden wird, wenn das Unternehmen zur Schätzung der Abzinsungssätze beim erstmaligen Ansatz (oder danach) Paragraph C13 anwendet: unter Verwendung der Abzinsungssätze, die zum Zeitpunkt des entstandenen Schadens angewandt wurden, ebenfalls unter Anwendung von Paragraph C13, und

iv) bei Versicherungsverträgen mit direkter Überschussbeteiligung, auf die Paragraph B134 anwendbar ist: in gleicher Höhe wie der ergebnisneutral im sonstigen Ergebnis erfasste kumulative Betrag aus den zugrunde liegenden Referenzwerten.

C19A Unter Anwendung von Paragraph B137 kann ein Unternehmen sich dafür entscheiden, die Behandlung von rechnungslegungsbezogenen Schätzungen aus früheren Zwischenabschlüssen nicht zu ändern. Soweit nach Paragraph C8 zulässig, hat ein Unternehmen, das sich hierfür entscheidet, die Beträge in Bezug auf versicherungstechnische Finanzerträge oder -aufwendungen zum Übergangszeitpunkt so zu bestimmen, als ob es vor dem Übergangszeitpunkt keine Zwischenabschlüsse erstellt hätte.

Fair-Value-Ansatz

C20 Zur Anwendung des Fair-Value-Ansatzes hat ein Unternehmen die vertragliche Servicemarge oder die Verlustkomponente der Deckungsrückstellung zum Übergangszeitpunkt als die Differenz zwischen dem beizulegenden Zeitwert einer Gruppe von Versicherungsverträgen zu diesem Zeitpunkt und den zu diesem Zeitpunkt bewerteten Erfüllungswerten zu bestimmen. Zur Bestimmung dieses beizulegenden Zeitwerts hat ein Unternehmen Paragraph 47 von IFRS 13 Bewertung zum beizulegenden Zeitwert (betreffend das Merkmal kurzfristiger Abrufbarkeit) nicht anzuwenden.

C20A Bei einer Gruppe von gehaltenen Rückversicherungsverträgen, auf die die Paragraphen 66A und 66B anwendbar sind (ohne dass die in Paragraph B119C aufgeführten Bedingungen erfüllt sein müssen), hat ein Unternehmen die Verlustrückerstattungskomponente des angesetzten Vermögenswerts für zukünftigen Versicherungsschutz zum Übergangszeitpunkt durch Multiplikation folgender Faktoren festzulegen:

a) Verlustkomponente der Deckungsrückstellung der zugrunde liegenden Versicherungsverträge zum Übergangszeitpunkt (siehe Paragraphen C16 und C20) und

b) Prozentsatz der Schäden aus den zugrunde liegenden Versicherungsverträgen, bei denen das Unternehmen erwartet, dass es sie aus der Gruppe seiner gehaltenen Rückversicherungsverträge wieder erstattet bekommen kann.

C20B In eine belastende Gruppe von Versicherungsverträgen könnte ein Unternehmen zum Übergangszeitpunkt unter Anwendung der Paragraphen 14–22 sowohl die durch eine Gruppe von gehaltenen Rückversicherungsverträgen gedeckten belastenden Versicherungsverträge als auch die durch die Gruppe von gehaltenen Rückversicherungsverträgen nicht gedeckten belastenden Versicherungsverträge mitaufnehmen. Um in solchen Fällen Paragraph C20A anzuwenden, hat das Unternehmen anhand einer systematischen und rationalen Zuordnungsgrundlage den Anteil der Verlustkomponente der Gruppe von Versicherungsverträgen zu ermitteln, der sich auf die Versicherungsverträge bezieht, die durch die Gruppe von gehaltenen Rückversicherungsverträgen gedeckt sind.

C21 Bei Anwendung des Fair-Value-Ansatzes kann ein Unternehmen Paragraph C22 anwenden, um Folgendes zu bestimmen:

a) wie Gruppen von Versicherungsverträgen unter Anwendung der Paragraphen 14–24 zu bestimmen sind,

b) ob ein Versicherungsvertrag die Definition eines Versicherungsvertrags mit direkter Überschussbeteiligung unter Anwendung der Paragraphen B101–B109 erfüllt,

c) wie ermessensabhängige Zahlungsströme für Versicherungsverträge ohne direkte Überschussbeteiligung unter Anwendung der Paragraphen B98–B100 zu bestimmen sind, und

d) ob ein Kapitalanlagevertrag die Definition eines in den Anwendungsbereich von IFRS 17 fallenden Kapitalanlagevertrags mit ermessensabhängiger Überschussbeteiligung unter Anwendung von Paragraph 71 erfüllt.

C22 Ein Unternehmen kann die Punkte in Paragraph C21 bestimmen, indem genutzt werden:

a) angemessene und belastbare Informationen darüber, was das Unternehmen in Anbetracht der Vertragsbestimmungen und der Marktbedingungen zum Zeitpunkt des Beginns oder, falls zutreffend, beim erstmaligen Ansatz des Vertrags festgelegt hätte, oder

b) verfügbare angemessene und belastbare Informationen zum Übergangszeitpunkt.

C22A Bei Anwendung des Fair-Value-Ansatzes hat ein Unternehmen das Wahlrecht, eine Verbindlichkeit für die Begleichung von Schäden, die vor Übernahme eines Versicherungsvertrags im Rahmen einer Übertragung von Versicherungsverträgen, die keinen Geschäftsbetrieb darstellen, oder im Rahmen eines Unternehmenszusammenschlusses im Anwendungsbereich von IFRS 3 eingetreten sind, als Rückstellung für noch nicht abgewickelte Versicherungsfälle einzustufen.

C23 Bei Anwendung des Fair-Value-Ansatzes ist ein Unternehmen nicht verpflichtet, Paragraph 22 anzuwenden, und kann in eine Gruppe von Verträgen auch Verträge mitaufnehmen, deren Zeichnung mehr als ein Jahr auseinanderliegt. Ein Unternehmen hat Gruppen nur dann in Gruppen aufzuteilen, die nur innerhalb eines Jahres (oder eines kürzeren Zeitraums) ausgestellte Verträge enthalten, wenn es über angemessene und belastbare Informationen verfügt, um eine solche Aufteilung vornehmen zu können. Unabhängig davon, ob ein Unternehmen Paragraph 22 anwendet oder nicht, darf es die Abzinsungssätze zum Zeitpunkt des erstmaligen Ansatzes einer Gruppe gemäß der Paragraphen B72(b)–B72(e)(ii) und die Abzinsungssätze zum Zeitpunkt des entstandenen Schadens gemäß Paragraph B72(e)(iii) zum Übergangszeitpunkt anstatt zum Zeitpunkt des erstmaligen Ansatzes oder des entstandenen Schadens bestimmen.

C24 Sofern ein Unternehmen das Wahlrecht ausübt, seine versicherungstechnischen Finanzerträge oder -aufwendungen in erfolgswirksam (in der Gewinn- und Verlustrechnung) und in erfolgsneutral (im sonstigen Ergebnis) erfasste Beträge aufzuteilen, ist dem Unternehmen bei Anwendung des Fair-Value-Ansatzes gestattet, den kumulativen Betrag der zum Übergangszeitpunkt im sonstigen Ergebnis erfassten versicherungstechnischen Finanzerträge oder -aufwendungen folgendermaßen zu bestimmen:
a) rückwirkend, aber nur wenn es über angemessene und belastbare Informationen verfügt, um dies tun zu können, oder
b) mit null anzusetzen, es sei denn, (c) ist anwendbar, und
c) bei Versicherungsverträgen mit direkter Überschussbeteiligung, auf die Paragraph B134 anwendbar ist: in gleicher Höhe wie der erfolgsneutral im sonstigen Ergebnis erfasste kumulative Betrag aus den zugrunde liegenden Referenzwerten.

Als Vermögenswert angesetzte Abschlusskosten

C24A Bei Anwendung des Fair-Value-Ansatzes auf als Vermögenswerte angesetzte Abschlusskosten (siehe Paragraph C5B(b)) hat ein Unternehmen die als Vermögenswerte angesetzten Abschlusskosten zum Übergangszeitpunkt in gleicher Höhe festzulegen wie die Abschlusskosten, die dem Unternehmen zum Übergangszeitpunkt für die Rechte entstehen würden, Folgendes zu erhalten:
a) Rückerstattung von Abschlusskosten aus Prämien von Versicherungsverträgen, die vor dem Übergangszeitpunkt ausgestellt worden waren, die aber zum Übergangszeitpunkt nicht angesetzt waren,
b) künftige Versicherungsverträge, bei denen es sich um Verlängerungen von Versicherungsverträgen, die zum Übergangszeitpunkt angesetzt waren, und von unter (a) beschriebenen Versicherungsverträgen handelt, oder
c) künftige Versicherungsverträge nach dem Übergangszeitpunkt, bei denen es sich nicht um die unter (b) angeführten handelt und bei denen dem Unternehmen keine erneuten Abschlusskosten entstehen, weil als Abschlusskosten, die dem zugehörigen Portfolio von Versicherungsverträgen einzeln zugeordnet werden können, bereits bezahlt hat.

C24B Zum Übergangszeitpunkt hat das Unternehmen den Betrag jedweder als Vermögenswert angesetzter Abschlusskosten aus der Bewertung jeglicher Gruppen von Versicherungsverträgen auszuschließen.

Vergleichsinformationen

C25 Ungeachtet der Bezugnahme auf das Berichtsjahr unmittelbar vor dem Zeitpunkt der erstmaligen Anwendung in Paragraph C2(b) kann ein Unternehmen auch angepasste Vergleichsinformationen für jedwede frühere Vorperioden unter Anwendung von IFRS 17 vorlegen, ist dazu aber nicht verpflichtet. Wenn ein Unternehmen angepasste Vergleichsinformationen für jedwede Vorperioden vorlegt, ist der Verweis auf „den Beginn des Geschäftsjahrs, das dem Zeitpunkt der erstmaligen Anwendung unmittelbar vorausgeht" in Paragraph C2(b) zu verstehen als „der Beginn der frühesten angepassten dargestellten Vergleichsperiode".

C26 Ein Unternehmen ist nicht verpflichtet, die in den Paragraphen 93–132 aufgeführten Angaben für dargestellten Berichtsperioden zu machen, die vor dem Beginn des Geschäftsjahrs liegen, das dem Zeitpunkt der erstmaligen Anwendung unmittelbar vorausgeht.

C27 Wenn das Unternehmen für frühere Berichtsperioden nicht angepasste Vergleichsinformationen und Angaben vorlegt, hat es die Informationen deutlich zu kennzeichnen, die nicht angepasst wurden, und anzugeben, dass die Informationen auf einer anderen Grundlage erstellt wurden, und es hat diese Grundlage zu erläutern.

C28 Ein Unternehmen braucht keine bisher unveröffentlichten Informationen über die Schadenentwicklung anzugeben, wenn der Schaden mehr als fünf Jahre vor dem Ende des Geschäftsjahrs, in dem das Unternehmen IFRS 17 erstmals anwendet, zurückliegt. Falls ein Unternehmen diese Informationen jedoch nicht offenlegt, hat es dies anzugeben.

Unternehmen, die IFRS 17 und IFRS 9 gleichzeitig erstmalig anwenden

C28A Ein Unternehmen, das IFRS 17 und IFRS 9 gleichzeitig erstmalig anwendet, darf die Paragraphen C28B–C28E (Klassifizierungsüberlagerung) zur Darstellung von Vergleichsinformationen über einen finanziellen Vermögenswert anwenden, wenn die Vergleichsinformationen für den jeweiligen finanziellen Vermögenswert nicht für IFRS 9 angepasst wurden. Vergleichsinformationen für einen finanziellen Vermögenswert werden nicht für IFRS 9 angepasst, wenn entweder das Unternehmen sich für die Nichtanpassung früherer Perioden entscheidet (siehe Paragraph 7.2.15 von IFRS 9), oder wenn das Unternehmen frühere Perioden anpasst, der finanzielle Vermögenswert aber in diesen früheren Perioden ausgebucht wurde (siehe Paragraph 7.2.1 von IFRS 9).

C28B Wendet ein Unternehmen die Klassifizierungsüberlagerung auf einen finanziellen Vermögenswert an, so hat es Vergleichsinformationen so darzustellen, als ob auf diesen finanziellen Vermögenswert die Einstufungs- und Bewertungsvorschriften von IFRS 9 angewandt worden wären. Zur Bestimmung der bei der erstmaligen Anwendung von IFRS 9 erwarteten Einstufung und Bewertung hat das Unternehmen zum Übergangszeitpunkt verfügbare angemessene und belastbare Informationen zu verwenden (siehe Paragraph C2(b)) (das Unternehmen kann beispielsweise die zur Vorbereitung auf die erstmalige Anwendung von IFRS 9 vorgenommenen vorläufigen Bewertungen verwenden).

C28C Die Anwendung der Klassifizierungsüberlagerung auf einen finanziellen Vermögenswert verpflichtet ein Unternehmen nicht zur Anwendung der Wertminderungsvorschriften in Abschnitt 5.5 von IFRS 9. Würde der finanzielle Vermögenswert ausgehend von der Einstufung gemäß Paragraph C28B den Wertminderungsvorschriften in Abschnitt 5.5 von IFRS 9 unterliegen, das Unternehmen diese Vorschriften bei Anwendung der Klassifizierungsüberlagerung jedoch nicht anwenden, so hat das Unternehmen weiterhin jeden in der vorangegangenen Periode angesetzten Wertminderungsbetrag gemäß IAS 39 – *Finanzinstrumente: Ansatz und Bewertung* darzustellen. Andernfalls ist eine entsprechende Wertaufholung vorzunehmen.

C28D Etwaige Differenzen zwischen dem bisherigen Buchwert eines finanziellen Vermögenswerts und dem sich aus der Anwendung der Paragraphen C28B–C28C ergebenden Buchwert zum Übergangszeitpunkt sind im Eröffnungsbilanzwert der Gewinnrücklagen (oder, falls angemessen, einer sonstigen Eigenkapitalkomponente) zum Übergangszeitpunkt anzusetzen.

C28E Ein Unternehmen, das die Paragraphen C28B–C28D anwendet,

a) hat qualitative Angaben zu machen, die es den Abschlussadressaten ermöglichen, sich ein Bild davon zu machen,
   i) in welchem Umfang die Klassifizierungsüberlagerung angewandt wurde (z. B. ob sie auf alle in der Vergleichsperiode ausgebuchten finanziellen Vermögenswerte angewandt wurde);
   ii) ob und in welchem Umfang die Wertminderungsvorschriften in Abschnitt 5.5 von IFRS 9 angewandt wurden (siehe Paragraph C28C);
b) darf diese Paragraphen nur auf Vergleichsinformationen für Berichtsperioden zwischen dem Zeitpunkt des Übergangs zu IFRS 17 und dem Zeitpunkt der erstmaligen Anwendung von IFRS 17 anwenden (siehe die Paragraphen C2 und C25) und
c) hat zum Zeitpunkt der erstmaligen Anwendung von IFRS 9 die Übergangsvorschriften von IFRS 9 anzuwenden (siehe Abschnitt 7.2 von IFRS 9).

Neudesignation finanzieller Vermögenswerte

C29 Zum Zeitpunkt der erstmaligen Anwendung von IFRS 17 gilt für ein Unternehmen, das IFRS 9 in den Berichtsjahren vor dem Zeitpunkt der erstmaligen Anwendung von IFRS 17 angewandt hatte:

a) Das Unternehmen kann neu einschätzen, ob ein qualifizierter finanzieller Vermögenswert die Bedingungen in Paragraph 4.1.2(a) oder in Paragraph 4.1.2A(a) von IFRS 9 erfüllt. Ein finanzieller Vermögenswert ist nur dann qualifiziert, wenn der finanzielle Vermögenswert nicht im Zusammenhang mit einer Tätigkeit gehalten wird, die nicht mit Verträgen im Anwendungsbereich von IFRS 17 im Zusammenhang steht. Beispiele für finanzielle Vermögenswerte, die für eine Neueinschätzung nicht qualifiziert wären, sind finanzielle Vermögenswerte, die im Zusammenhang mit Bankgeschäften gehalten werden, oder finanzielle Vermögenswerte, die in Fonds gehalten werden, die sich auf Kapitalanlageverträge beziehen, die nicht in den Anwendungsbereich von IFRS 17 fallen.

b) Das Unternehmen hat seine bisherige Designation eines finanziellen Vermögenswerts als erfolgswirksam zum beizulegenden Zeitwert bewertet aufzuheben, wenn die Bedingung in Paragraph 4.1.5 von IFRS 9 aufgrund der Anwendung von IFRS 17 nicht mehr erfüllt ist.

c) Das Unternehmen kann einen finanziellen Vermögenswert als erfolgswirksam zum beizulegenden Zeitwert bewertet designieren, wenn die Bedingung in Paragraph 4.1.5 von IFRS 9 erfüllt ist.

d) Das Unternehmen kann unter Anwendung des Paragraphen 5.7.5 von IFRS 9 eine Finanzinvestition in ein Eigenkapitalinstrument als erfolgsneutral zum beizulegenden Zeitwert im sonstigen Ergebnis bewertet designieren.

e) Das Unternehmen kann seine bisherige gemäß Paragraph 5.7.5 von IFRS 9 vorgenommene Designation einer Finanzinvestition in ein Eigenkapitalinstrument als erfolgsneutral zum beizulegenden Zeitwert im sonstigen Ergebnis bewertet aufheben.

C30 Ein Unternehmen hat Paragraph C29 auf der Grundlage der zum Zeitpunkt der erstmaligen Anwendung von IFRS 17 vorliegenden Fakten und Umstände anzuwenden. Ein Unternehmen hat diese Designationen und Einstufungen rückwirkend anzuwenden. Dabei hat das Unternehmen die einschlägigen Übergangsvorschriften von IFRS 9 anzuwenden. Als Zeitpunkt der erstmaligen Anwendung gilt zu diesem Zweck der Zeitpunkt der erstmaligen Anwendung von IFRS 17.

C31 Ein Unternehmen, das Paragraph C29 anwendet, ist nicht verpflichtet, Anpassungen an früheren Perioden vorzunehmen, um diesen Änderungen bei den Designationen oder Einstufungen Rechnung zu tragen. Das Unternehmen darf frühere Perioden nur anpassen, wenn dabei keine nachträglichen Erkenntnisse verwendet werden. Wenn ein Unternehmen frühere Perioden anpasst, müssen die angepassten Abschlüsse alle Anforderungen von IFRS 9 an die betreffenden finanziellen Vermögenswerte erfüllen. Wenn ein Unternehmen die früheren Perioden nicht anpasst, erfasst es im Anfangssaldo der Gewinnrücklagen (oder einer anderen geeigneten Eigenkapitalkomponente) zum Zeitpunkt der erstmaligen Anwendung etwaige Differenzen zwischen

a) dem vorherigen Buchwert dieser finanziellen Vermögenswerte und

b) dem Buchwert dieser finanziellen Vermögenswerte zum Zeitpunkt der erstmaligen Anwendung.

C32 Wenn ein Unternehmen Paragraph C29 anwendet, hat es in diesem Geschäftsjahr für die betreffenden finanziellen Vermögenswerte je nach Klasse Folgendes anzugeben:
a) Falls Paragraph C29(a) angewendet wird: auf welcher Grundlage es bestimmt hat, welche finanziellen Vermögenswerte in Betracht kommen.
b) Falls einer der Paragraphen C29(a)–C29(e) angewendet wird:
   i) die Bewertungskategorie und den unmittelbar vor dem Zeitpunkt der erstmaligen Anwendung von IFRS 17 ermittelten Buchwert der betreffenden finanziellen Vermögenswerte und
   ii) die neue Bewertungskategorie und den nach der Anwendung von Paragraph C29 ermittelten Buchwert der betreffenden finanziellen Vermögenswerte.
c) Falls Paragraph C29(b) angewendet wird: den Buchwert der finanziellen Vermögenswerte in der Bilanz, die zuvor gemäß Paragraph 4.1.5 von IFRS 9 als erfolgswirksam zum beizulegenden Zeitwert bewertet designiert wurden und die nicht mehr so designiert sind.

C33 Wenn ein Unternehmen Paragraph C29 anwendet, hat es in diesem Geschäftsjahr qualitative Angaben zu machen, die es den Abschlussadressaten ermöglichen würden, Folgendes nachzuvollziehen:

a) wie das Unternehmen Paragraph C29 auf finanzielle Vermögenswerte angewendet hat, deren Einstufung bei der erstmaligen Anwendung von IFRS 17 geändert wurde,
b) die Gründe, weshalb finanzielle Vermögenswerte unter Anwendung von Paragraph 4.1.5 von IFRS 9 als erfolgswirksam zum beizulegenden Zeitwert bewertet designiert wurden oder eine solche Designation aufgehoben wurde, und
c) warum das Unternehmen bei der Neubeurteilung unter Anwendung von Paragraph 4.1.2(a) oder Paragraph 4.1.2A(a) von IFRS 9 zu anderen Schlussfolgerungen gelangt ist.

C33A Wurde ein finanzieller Vermögenswert zwischen dem Übergangszeitpunkt und dem Zeitpunkt der erstmaligen Anwendung von IFRS 17 ausgebucht, kann ein Unternehmen die Paragraphen C28B–C28E (Klassifizierungsüberlagerung) zur Darstellung von Vergleichsinformationen so anwenden, als wäre auf diesen Vermögenswert Paragraph C29 angewandt worden. Das Unternehmen hat die Vorschriften der Paragraphen C28B–C28E dann so anzupassen, dass der Ausgangspunkt für die Klassifizierungsüberlagerung die vom Unternehmen erwartete Designierung des finanziellen Vermögenswerts zum Zeitpunkt der erstmaligen Anwendung von IFRS 17 gemäß Paragraph C29 ist.

RÜCKNAHME ANDERER IFRS

C34 IFRS 17 ersetzt IFRS 4 *Versicherungsverträge* in der 2020 geänderten Fassung.

4. SIC

4. SIC-Interpretationen

4. **SIC-Interpretationen**
   - 4/1. SIC-7: *Einführung des Euro* 827
   - 4/2. SIC-10: *Zuwendungen der öffentlichen Hand – Kein spezifischer Zusammenhang mit betrieblichen Tätigkeiten* 828
   - 4/3. SIC-25: *Ertragsteuern – Änderungen im Steuerstatus eines Unternehmens oder seiner Anteilseigner* 829
   - 4/4. SIC-29: *Dienstleistungskonzessionsvereinbarungen: Angaben* 830
   - 4/5. SIC-32: *Immaterielle Vermögenswerte – Kosten von Internetseiten* 832

SIC-7
Einführung des Euro

SIC 7, VO (EU) 2023/1803

Gliederung	§§
FRAGESTELLUNG	1–2
BESCHLUSS	3–4

VERWEISE

- IAS 1 *Darstellung des Abschlusses* (überarbeitet 2007)
- IAS 8 *Rechnungslegungsmethoden, Änderungen von rechnungslegungsbezogenen Schätzungen und Fehler*
- IAS 10 *Ereignisse nach dem Abschlussstichtag*
- IAS 21 *Auswirkungen von Wechselkursänderungen* (überarbeitet 2003)
- IAS 27 *[Konzern- und] Einzelabschlüsse* (geändert 2008)

FRAGESTELLUNG

1 Ab dem 1. Januar 1999, dem Zeitpunkt des Inkrafttretens der Wirtschafts- und Währungsunion (WWU), wird der Euro eine Währung eigenen Rechts werden und die Wechselkurse zwischen dem Euro und den teilnehmenden nationalen Währungen werden unwiderruflich festgelegt, d. h. das Risiko nachfolgender Währungsdifferenzen hinsichtlich dieser Währungen ist ab diesem Tag beseitigt.

2 Diese Interpretation betrifft die Frage, wie IAS 21 auf die Umstellung von nationalen Währungen teilnehmender Mitgliedstaaten der Europäischen Union auf den Euro („die Umstellung") anzuwenden ist.

BESCHLUSS

3 Die Vorschriften von IAS 21 bezüglich der Umrechnung von Fremdwährungstransaktionen und Abschlüssen ausländischer Geschäftsbetriebe sind streng auf die Umstellung anzuwenden. Der gleiche Grundgedanke gilt für die Festlegung von Wechselkursen, wenn Länder in späteren Phasen der WWU beitreten.

4 Daraus folgt im Besonderen:

a) aus Geschäftsvorfällen resultierende monetäre Vermögenswerte und Schulden in Fremdwährung sind weiterhin zum Stichtagskurs in die funktionale Währung umzurechnen; etwaige Umrechnungsdifferenzen, die sich dabei ergeben, sind sofort als Ertrag oder Aufwand zu erfassen, mit der Ausnahme, dass Unternehmen für Gewinne und Verluste aus der Währungsumrechnung, die aus der Absicherung des Währungsrisikos einer erwarteten Transaktion entstehen, weiterhin seine bestehenden Rechnungslegungsmethoden anzuwenden hat,

b) kumulierte Umrechnungsdifferenzen im Zusammenhang mit der Umrechnung von Abschlüssen ausländischer Geschäftsbetriebe, die im sonstigen Ergebnis erfasst werden, sind im Eigenkapital zu kumulieren und erst bei der Veräußerung oder teilweisen Veräußerung der Nettoinvestition in den ausländischen Geschäftsbetrieb erfolgswirksam umzugliedern und

c) Umrechnungsdifferenzen aus der Umrechnung von Schulden, die auf Fremdwährungen der Teilnehmerstaaten lauten, sind nicht dem Buchwert des dazugehörenden Vermögenswerts zuzurechnen.

DATUM DES BESCHLUSSES
Oktober 1997

ZEITPUNKT DES INKRAFTTRETENS

Diese Interpretation tritt am 1. Juni 1998 in Kraft. Änderungen der Rechnungslegungsmethoden sind gemäß IAS 8 vorzunehmen.

Infolge (der 2007 überarbeiteten Fassung) von IAS 1 wurde die in allen IFRS verwendete Terminologie geändert. Außerdem wurde dadurch Paragraph 4 geändert. Diese Änderungen sind auf Geschäftsjahre anzuwenden, die am oder nach dem 1. Januar 2009 beginnen. Wendet ein Unternehmen die 2007 überarbeitete Fassung von IAS 1 auf eine frühere Periode an, so hat es auf diese Periode auch diese Änderungen anzuwenden.

Mit dem 2008 geänderten IAS 27 wurde Paragraph 4(b) geändert. Diese Änderung ist auf Geschäftsjahre anzuwenden, die am oder nach dem 1. Juli 2009 beginnen. Wendet ein Unternehmen die 2008 geänderte Fassung von IAS 27 auf eine frühere Periode an, so hat es auf diese Periode auch diese Änderung anzuwenden.

SIC-10
Zuwendungen der öffentlichen Hand – Kein spezifischer Zusammenhang mit betrieblichen Tätigkeiten

SIC 10, VO (EU) 2023/1803

Gliederung	§§
FRAGESTELLUNG	1–2
BESCHLUSS	3

VERWEISE
- IAS 8 *Rechnungslegungsmethoden, Änderungen von rechnungslegungsbezogenen Schätzungen und Fehler*
- IAS 20 *Bilanzierung und Darstellung von Zuwendungen der öffentlichen Hand*

FRAGESTELLUNG

1 In manchen Ländern können Zuwendungen der öffentlichen Hand existieren, die auf die Förderung oder Langzeitunterstützung von Geschäftstätigkeiten entweder in bestimmten Regionen oder in bestimmten Branchen ausgerichtet sind. Die Bedingungen für den Erhalt dieser Zuwendungen beziehen sich nicht immer speziell auf die betrieblichen Tätigkeiten der Unternehmen. Beispiele für solche Zuwendungen sind Übertragungen von Ressourcen der öffentlichen Hand auf Unternehmen, die

a) in einer bestimmten Branche tätig sind,
b) weiterhin in kürzlich privatisierten Branchen tätig sind oder
c) ihren Geschäftsbetrieb in unterentwickelten Gebieten aufnehmen oder fortführen.

2 Diese Interpretation betrifft die Frage, ob solche Zuwendungen der öffentlichen Hand eine Zuwendung der öffentlichen Hand im Sinne von IAS 20 darstellen und demnach gemäß jenem Standard zu bilanzieren sind.

BESCHLUSS

3 Zuwendungen der öffentlichen Hand für Unternehmen erfüllen die Definition für Zuwendungen der öffentlichen Hand von IAS 20, auch wenn es außer der Vorschrift, in bestimmten Regionen oder Branchen tätig zu sein, keine Bedingungen gibt, die sich speziell auf die betriebliche Tätigkeit des Unternehmens beziehen. Sie dürfen deshalb nicht unmittelbar dem Eigenkapital zugeordnet werden.

DATUM DES BESCHLUSSES
Januar 1998

ZEITPUNKT DES INKRAFTTRETENS
Diese Interpretation tritt am 1. August 1998 in Kraft. Änderungen der Rechnungslegungsmethoden sind gemäß IAS 8 zu bilanzieren.

SIC-25
Ertragsteuern – Änderungen im Steuerstatus eines Unternehmens oder seiner Anteilseigner

SIC 25, VO (EU) 2023/1803

Gliederung	§§
FRAGESTELLUNG	1–3
BESCHLUSS	4

VERWEISE
- IAS 1 *Darstellung des Abschlusses* (überarbeitet 2007)
- IAS 8 *Rechnungslegungsmethoden, Änderungen von rechnungslegungsbezogenen Schätzungen und Fehler*
- IAS 12 *Ertragsteuern*

FRAGESTELLUNG

1 Eine Änderung im Steuerstatus eines Unternehmens oder seiner Anteilseigner kann für das Unternehmen eine Erhöhung oder Verringerung der Steuerschulden oder -ansprüche zur Folge haben. Dies kann beispielsweise infolge der Börsennotierung von Eigenkapitalinstrumenten oder bei einer Eigenkapitalrestrukturierung eintreten. Zudem kann es infolge eines Umzugs des beherrschenden Anteilseigners ins Ausland eintreten. Nach einem solchen Ereignis wird das Unternehmen möglicherweise anders besteuert; es kann beispielsweise Steueranreize erlangen oder verlieren oder künftig einem anderen Steuersatz unterliegen.

2 Eine Änderung im Steuerstatus des Unternehmens oder seiner Anteilseigner kann eine sofortige Auswirkung auf die tatsächlichen Steuerschulden oder -ansprüche des Unternehmens haben. Eine solche Änderung kann zudem die durch das Unternehmen erfassten latenten Steuerschulden oder -ansprüche erhöhen oder verringern, je nachdem, welche steuerlichen Konsequenzen sich aus der Realisierung oder Erfüllung des Buchwerts der Vermögenswerte und Schulden des Unternehmens ergeben.

3 Diese Interpretation betrifft die Frage, wie das Unternehmen die steuerlichen Konsequenzen einer Änderung seines Steuerstatus oder des Steuerstatus seiner Anteilseigner zu bilanzieren hat.

BESCHLUSS

4 Ein geänderter Steuerstatus eines Unternehmens oder seiner Anteilseigner hat keine Erhöhung oder Verringerung von nicht erfolgswirksam erfassten Beträgen zur Folge. Die Konsequenzen, die sich aus einem geänderten Steuerstatus für die tatsächlichen und latenten Ertragsteuern ergeben, sind in der Berichtsperiode erfolgswirksam zu erfassen, es sei denn, diese Konsequenzen stehen mit Geschäftsvorfällen oder Ereignissen im Zusammenhang, die in der gleichen oder einer anderen Periode unmittelbar eine Gutschrift oder Belastung des erfassten Eigenkapitalbetrags oder eine Erfassung im sonstigen Ergebnis bewirken. Steuerliche Konsequenzen, die sich auf Änderungen des erfassten Eigenkapitalbetrags in der gleichen oder einer anderen Periode beziehen (die also nicht erfolgswirksam erfasst werden), sind ebenfalls unmittelbar dem Eigenkapital gutzuschreiben oder zu belasten. Steuerliche Konsequenzen, die sich auf im sonstigen Ergebnis erfasste Beträge beziehen, sind auch im sonstigen Ergebnis zu erfassen.

DATUM DES BESCHLUSSES
August 1999

ZEITPUNKT DES INKRAFTTRETENS

Dieser Beschluss tritt am 15. Juli 2000 in Kraft. Änderungen der Rechnungslegungsmethoden sind gemäß IAS 8 zu bilanzieren.

Infolge (der 2007 überarbeiteten Fassung) von IAS 1 wurde die in allen IFRS verwendete Terminologie geändert. Außerdem wurde dadurch Paragraph 4 geändert. Diese Änderungen sind auf Geschäftsjahre anzuwenden, die am oder nach dem 1. Januar 2009 beginnen. Wendet ein Unternehmen die 2007 überarbeitete Fassung von IAS 1 auf eine frühere Periode an, so hat es auf diese Periode auch diese Änderungen anzuwenden.

SIC-29
Dienstleistungskonzessionsvereinbarungen: Angaben

SIC 29, VO (EU) 2023/1803

Gliederung	§§
FRAGESTELLUNG	1–5
BESCHLUSS	6–7

VERWEISE

– IFRS 16 *Leasingverhältnisse*
– IAS 1 *Darstellung des Abschlusses* (überarbeitet 2007)
– IAS 16 *Sachanlagen* (überarbeitet 2003)
– IAS 37 *Rückstellungen, Eventualverbindlichkeiten und Eventualforderungen*
– IAS 38 *Immaterielle Vermögenswerte* (überarbeitet 2004)
– IFRIC 12 *Dienstleistungskonzessionsvereinbarungen*

FRAGESTELLUNG

1 Ein Unternehmen (der Betreiber) kann mit einem anderen Unternehmen (dem Konzessionsgeber) eine Vereinbarung zur Erbringung von Dienstleistungen schließen, die der Öffentlichkeit Zugang zu wichtigen wirtschaftlichen und sozialen Einrichtungen gewähren. Der Konzessionsgeber kann ein privates Unternehmen oder eine öffentliche Einrichtung einschließlich eines staatlichen Organs sein. Beispiele für Dienstleistungskonzessionsvereinbarungen sind Vereinbarungen über Abwasserkläranlagen und Wasserversorgungssysteme, Autobahnen, Parkhäuser und -plätze, Tunnel, Brücken, Flughäfen und Fernmeldenetze. Ein Beispiel für Vereinbarungen, die keine Dienstleistungskonzessionsvereinbarungen darstellen, ist ein Unternehmen, das seine internen Dienstleistungen (z. B. die Kantine, die Gebäudeinstandhaltung, das Rechnungswesen oder Funktionsbereiche der Informationstechnologie) auslagert.

2 Bei einer Dienstleistungskonzessionsvereinbarung überträgt der Konzessionsgeber dem Betreiber für die Laufzeit der Konzession normalerweise

a) das Recht, Dienstleistungen zu erbringen, die der Öffentlichkeit Zugang zu wichtigen wirtschaftlichen und sozialen Einrichtungen gewähren, und

b) in einigen Fällen das Recht, bestimmte materielle, immaterielle und/oder finanzielle Vermögenswerte zu benutzen,

im Austausch dafür, dass der Betreiber

c) sich verpflichtet, die Dienstleistungen während der Laufzeit der Konzession entsprechend bestimmten Bedingungen zu erbringen, und

d) sich verpflichtet, gegebenenfalls nach Ablauf der Konzession die Rechte zurückzugeben, die er am Anfang der Laufzeit der Konzession erhalten bzw. während der Laufzeit der Konzession erworben hat.

3 Das gemeinsame Merkmal aller Dienstleistungskonzessionsvereinbarungen ist, dass der Betreiber sowohl ein Recht erhält als auch die Verpflichtung eingeht, öffentliche Dienstleistungen zu erbringen.

4 Diese Interpretation betrifft die Frage, welche Informationen im Anhang der Abschlüsse eines Betreibers und eines Konzessionsgebers anzugeben sind.

5 Bestimmte Aspekte und Angaben im Zusammenhang mit einigen Dienstleistungskonzessionsvereinbarungen werden bereits in anderen International Financial Reporting Standards behandelt (z. B. bezieht sich IAS 16 auf den Erwerb von Sachanlagen, IFRS 16 auf das Leasing von Vermögenswerten und IAS 38 auf den Erwerb von immateriellen Vermögenswerten). Eine Dienstleistungskonzessionsvereinbarung kann aber noch zu erfüllende Verträge enthalten, die in den International Financial Reporting Standards nicht behandelt werden, es sei denn, es handelt sich um belastende Verträge, auf die IAS 37 anzuwenden ist. Daher betrifft diese Interpretation zusätzliche Angaben hinsichtlich Dienstleistungskonzessionsvereinbarungen.

BESCHLUSS

6 Bei der Bestimmung der angemessenen Angaben im Anhang sind alle Aspekte einer Dienstleistungskonzessionsvereinbarung zu berücksichtigen. Der Betreiber und der Konzessionsgeber haben in jeder Periode die folgenden Angaben zu machen:

a) eine Beschreibung der Vereinbarung,

b) wesentliche Bestimmungen der Vereinbarung, die den Betrag, den Zeitpunkt und die Wahrscheinlichkeit des Eintretens künftiger Zahlungsströme beeinflussen können (z. B. die Laufzeit der Konzession, die Termine für die Neufestsetzung der Gebühren und die Grundlage für Gebührenanpassungen oder Neuverhandlungen),

c) Art und Umfang (z. B. Menge, Laufzeit oder Betrag) von

   i) Rechten, spezifizierte Vermögenswerte zu nutzen,

ii) zu erfüllenden Verpflichtungen oder Rechten auf das Erbringen von Dienstleistungen,
iii) Verpflichtungen, Sachanlagen zu erwerben oder zu errichten,
iv) Verpflichtungen, spezifizierte Vermögenswerte am Ende der Laufzeit der Konzession zu übergeben oder Ansprüche, solche zu diesem Zeitpunkt zu erhalten,
v) Verlängerungs- und Kündigungsoptionen und
vi) anderen Rechten und Verpflichtungen (z. B. Großreparaturen und -instandhaltungen),
d) Veränderungen der Vereinbarung während der Laufzeit der Konzession und
e) wie die Konzessionsvereinbarung eingestuft wurde.

6A Der Betreiber hat die Erlöse und die Gewinne oder Verluste anzugeben, die im Berichtszeitraum dadurch entstanden sind, dass er im Austausch für einen finanziellen oder immateriellen Vermögenswert Bauleistungen erbracht hat.

7 Die gemäß Paragraph 6 dieser Interpretation erforderlichen Angaben sind für jede einzelne Dienstleistungskonzessionsvereinbarung oder zusammenfassend für jede Gruppe von Dienstleistungskonzessionsvereinbarungen zu machen. Eine Gruppe von Dienstleistungskonzessionsvereinbarungen umfasst Dienstleistungen ähnlicher Art (z. B. Mauteinnahmen, Telekommunikationsdienstleistungen oder Abwasseraufbereitungsdienste).

DATUM DES BESCHLUSSES

Mai 2001

ZEITPUNKT DES INKRAFTTRETENS

Diese Interpretation tritt am 31. Dezember 2001 in Kraft.

Die Änderungen an den Paragraphen 6(e) und 6A sind auf Geschäftsjahre anzuwenden, die am oder nach dem 1. Januar 2008 beginnen. Wendet ein Unternehmen IFRIC 12 auf eine frühere Periode an, so hat es auf diese Periode auch diese Änderung anzuwenden.

Mit dem im Januar 2016 veröffentlichten IFRS 16 wurde Paragraph 5 geändert. Wendet ein Unternehmen IFRS 16 an, hat es diese Änderung ebenfalls anzuwenden.

4/5. SIC-32

SIC-32
Immaterielle Vermögenswerte – Kosten von Internetseiten

SIC 32, VO (EU) 2023/1803

Gliederung	§§
FRAGESTELLUNG	1–6
BESCHLUSS	7–10

VERWEISE

- IFRS 3 *Unternehmenszusammenschlüsse*
- IFRS 15 *Erlöse aus Verträgen mit Kunden*
- IFRS 16 *Leasingverhältnisse*
- IAS 1 *Darstellung des Abschlusses* (überarbeitet 2007)
- IAS 2 *Vorräte* (überarbeitet 2003)
- IAS 16 *Sachanlagen* (überarbeitet 2003)
- IAS 36 *Wertminderung von Vermögenswerten* (überarbeitet 2004)
- IAS 38 *Immaterielle Vermögenswerte* (überarbeitet 2004)

FRAGESTELLUNG

1 Für die Entwicklung und den Betrieb einer Internetseite für den betriebsinternen oder -externen Gebrauch können einem Unternehmen interne Ausgaben entstehen. Eine Internetseite, die für den betriebsexternen Gebrauch entworfen wird, kann verschiedenen Zwecken dienen, zum Beispiel der Verkaufsförderung und Bewerbung der unternehmenseigenen Produkte und Dienstleistungen, dem Angebot elektronischer Dienstleistungen und dem Verkauf von Produkten und Dienstleistungen. Eine Internetseite für den betriebsinternen Gebrauch kann für die Speicherung von Unternehmensstrategien oder Kundendaten eingesetzt werden, oder auch dem Auffinden betriebsrelevanter Informationen dienen.

2 Die Entwicklungsstadien einer Internetseite lassen sich wie folgt beschreiben:

a) Planung – umfasst die Durchführung von Realisierbarkeitsstudien, die Definition von Zweck und Leistungsumfang, die Bewertung von Alternativen und die Festlegung von Prioritäten.

b) Einrichtung und Entwicklung der Infrastruktur – umfasst die Einrichtung einer Domain, den Erwerb und die Entwicklung der Hardware und der Betriebssoftware, die Installation der entwickelten Anwendungen und die Belastungsprüfung.

c) Entwicklung der grafischen Gestaltung – umfasst die Konzeption des Erscheinungsbilds der Internetseiten.

d) Entwicklung der Inhalte – umfasst die Erstellung, den Erwerb, die Vorbereitung und das Hochladen von textlicher oder grafischer Information für die Internetseite im Zuge der Entwicklung der Internetseite; die Information wird entweder direkt in die Internetseiten einprogrammiert oder sie ist in separaten Datenbanken gespeichert, die in die Internetseite integriert werden oder auf die von der Internetseite zugegriffen wird.

3 Nach dem Abschluss der Entwicklung einer Internetseite beginnt die Betriebsphase. Während dieser Phase unterhält und verbessert das Unternehmen die Anwendungen, die Infrastruktur, die grafische Gestaltung und den Inhalt der Internetseite.

4 Bei der Bilanzierung von internen Ausgaben für die Entwicklung und den Betrieb einer unternehmenseigenen Internetseite für den betriebsinternen oder -externen Gebrauch, stellen sich die folgenden Fragen:

a) Handelt es sich bei der Internetseite um einen selbst geschaffenen immateriellen Vermögenswert, der den Vorschriften von IAS 38 unterliegt?

b) Nach welcher Methode sind diese Ausgaben zu bilanzieren?

5 Diese Interpretation gilt nicht für Ausgaben für den Erwerb, die Entwicklung und den Betrieb der Hardware (z. B. Webserver, Staging-Server, Produktionsserver und Internetanschlüsse) für diese Internetseite, da diese nach IAS 16 zu bilanzieren sind. Wenn das Unternehmen zudem Ausgaben für einen Internetdienstleister tätigt, der die Internetseite als Provider ins Netz stellt, so sind diese Ausgaben bei Erhalt der Dienstleistung gemäß Paragraph 88 von IAS 1 und gemäß *Rahmenkonzept für die Finanzberichterstattung* als Aufwand zu erfassen.

6 IAS 38 gilt weder für immaterielle Vermögenswerte, die vom Unternehmen im normalen Geschäftsgang zur Veräußerung gehalten werden (siehe IAS 2 und IFRS 15), noch für immaterielle Vermögenswerte, die einem Leasingverhältnis unterliegen und gemäß IFRS 16 zu bilanzieren sind. Dementsprechend gilt diese Interpretation nicht für Ausgaben im Zuge der Entwicklung oder des Betriebs einer Internetseite (oder von Internetseiten-Software), die an ein anderes Unternehmen veräußert oder nach IFRS 16 bilanziert wird.

BESCHLUSS

7 Bei einer unternehmenseigenen Internetseite, der eine Entwicklung vorausgegangen ist und die für den betriebsinternen oder -externen Gebrauch

bestimmt ist, handelt es sich um einen selbst geschaffenen immateriellen Vermögenswert, der den Vorschriften von IAS 38 unterliegt.

8 Eine Internetseite, der eine Entwicklung vorausgegangen ist, ist nur dann als immaterieller Vermögenswert anzusetzen, wenn das Unternehmen außer den in Paragraph 21 von IAS 38 festgelegten allgemeinen Voraussetzungen für Ansatz und erstmalige Bewertung auch die Voraussetzungen von Paragraph 57 von IAS 38 erfüllt. So muss das Unternehmen insbesondere nachweisen, dass seine Internetseite voraussichtlich einen künftigen wirtschaftlichen Nutzen gemäß Paragraph 57(d) von IAS 38 erzeugen wird, wenn über die Seite Erlöse erwirtschaftet werden können, darunter direkte Erlöse, weil Bestellungen aufgegeben werden können. Ist ein Unternehmen nicht in der Lage nachzuweisen, in welcher Weise eine Internetseite, die ausschließlich oder hauptsächlich zu dem Zweck entwickelt wurde, unternehmenseigene Produkte und Dienstleistungen zu bewerben und ihren Verkauf zu fördern, voraussichtlich einen künftigen wirtschaftlichen Nutzen erzeugen wird, muss es die Ausgaben für die Entwicklung der Internetseite bei ihrem Anfall als Aufwand erfassen.

9 Interne Ausgaben für die Entwicklung und den Betrieb unternehmenseigener Internetseiten sind nach IAS 38 zu bilanzieren. Zur Bestimmung der anzuwendenden Bilanzierungsmethode ist die Art der Tätigkeit, für die die Ausgaben entstehen (z. B. Schulung von Angestellten oder Pflege der Internetseite), zu berücksichtigen sowie das Entwicklungsstadium bzw. die Betriebsphase der Internetseite (zusätzliche Anwendungsleitlinien sind den dieser Interpretation beigefügten konkreten Beispielen zu entnehmen). Zum Beispiel:

a) Das Planungsstadium gleicht seinem Wesen nach der in den Paragraphen 54–56 von IAS 38 beschriebenen Forschungsphase. Ausgaben während dieses Stadiums sind bei ihrem Anfall als Aufwand zu erfassen.

b) Die Stadien der Einrichtung und Entwicklung der Infrastruktur, der Entwicklung der grafischen Gestaltung und der Entwicklung der Inhalte gleichen ihrem Wesen nach, sofern die Inhalte nicht zum Zweck der Werbung und der Verkaufsförderung der unternehmenseigenen Produkte und Dienstleistungen entwickelt werden, der in den Paragraphen 57–64 von IAS 38 beschriebenen Entwicklungsphase. Ausgaben, die in diesen Stadien getätigt werden, sind bei der Kosten der Internetseite und nach Paragraph 8 dieser Interpretation als immaterieller Vermögenswert anzusetzen, wenn die Ausgaben einzeln zugeordnet werden können und für die Erstellung, Aufbereitung und Vorbereitung der Internetseite für den beabsichtigten Gebrauch notwendig sind. So sind Ausgaben für den Erwerb oder die Erstellung von Inhalten für Internetseiten (sofern der Zweck dieser Inhalte nicht die Werbung und Verkaufsförderung der unternehmenseigenen Produkte und Dienstleistungen ist) oder Ausgaben, die den Gebrauch der Inhalte der Internetseite ermöglichen (z. B. Gebühren für die Verwendung von Inhalten Dritter), als Teil der Entwicklungskosten zu erfassen, wenn diese Bedingungen erfüllt sind. Nach Paragraph 71 von IAS 38 dürfen Ausgaben für einen immateriellen Posten, die in früheren Abschlüssen ursprünglich als Aufwand erfasst wurden, jedoch zu einem späteren Zeitpunkt nicht mehr als Teil der Anschaffungs- oder Herstellungskosten des immateriellen Vermögenswerts angesetzt werden (z. B. wenn die Kosten für das Urheberrecht vollständig abgeschrieben sind und der Inhalt danach auf einer Internetseite bereitgestellt wird).

c) Während des Stadiums der Entwicklung der Inhalte getätigte Ausgaben sind, sofern die Inhalte für die Werbung und Verkaufsförderung der unternehmenseigenen Produkte und Dienstleistungen entwickelt werden (z. B. Produkt-Fotografien), nach Paragraph 69(c) von IAS 38 in der Periode, in der sie anfallen, als Aufwand zu erfassen. So sind Ausgaben für professionelle Dienstleistungen im Zusammenhang mit digitalen Fotoaufnahmen von unternehmenseigenen Produkten und der Verbesserung der Produktpräsentation bei Erhalt der professionellen Dienstleistungen laufend als Aufwand zu erfassen und nicht erst, wenn die Digitalaufnahmen auf der Internetseite veröffentlicht werden.

d) Die Betriebsphase beginnt, sobald die Entwicklung der Internetseite abgeschlossen ist. Ausgaben, die in dieser Phase getätigt werden, sind bei ihrem Anfall als Aufwand zu erfassen, es sei denn, sie erfüllen die in Paragraph 18 von IAS 38 festgelegten Ansatzkriterien.

10 Eine Internetseite, die nach Paragraph 8 der vorliegenden Interpretation als immaterieller Vermögenswert erfasst wird, ist nach dem erstmaligen Ansatz gemäß den Paragraphen 72–87 von IAS 38 zu bewerten. Die Nutzungsdauer einer Internetseite ist normalerweise als kurz einzuschätzen.

DATUM DES BESCHLUSSES
Mai 2001

ZEITPUNKT DES INKRAFTTRETENS
Diese Interpretation tritt am 25. März 2002 in Kraft. Die Auswirkungen der Anwendung dieser Interpretation sind nach den Übergangsbestimmungen von IAS 38 (in der 1998 herausgegebenen Fassung) zu bilanzieren. Wenn eine Internetseite also die Kriterien für den Ansatz als immaterieller Vermögenswert nicht erfüllt, zuvor aber als Vermögenswert angesetzt war, ist dieser Posten auszubuchen, sobald diese Interpretation in Kraft tritt. Eine bestehende Internetseite, deren Entwicklungsausgaben die Kriterien für den Ansatz als immaterieller Vermögenswert erfüllen, die zuvor aber als Vermögenswert angesetzt war, ist bei Inkrafttreten dieser Interpretation nicht als immaterieller Vermögenswert anzusetzen. Bei einer bestehenden Internetseite, deren Entwick-

lungsausgaben die Kriterien für den Ansatz als immaterieller Vermögenswert erfüllen, die zuvor als Vermögenswert angesetzt war und ursprünglich mit den Anschaffungs- oder Herstellungskosten bewertet wurde, gilt der ursprünglich erfasste Betrag als zutreffend.

Infolge (der 2007 überarbeiteten Fassung) von IAS 1 wurde die in allen IFRS verwendete Terminologie geändert. Außerdem wurde dadurch Paragraph 5 geändert. Diese Änderungen sind auf Geschäftsjahre anzuwenden, die am oder nach dem 1. Januar 2009 beginnen. Wendet ein Unternehmen die 2007 überarbeitete Fassung von IAS 1 auf eine frühere Periode an, so hat es auf diese Periode auch diese Änderungen anzuwenden.

Mit dem im Mai 2014 veröffentlichten IFRS 15 *Erlöse aus Verträgen mit Kunden* wurden der Abschnitt „Verweise" und der Paragraph 6 geändert. Wendet das Unternehmen IFRS 15 an, so hat es diese Änderung anzuwenden.

Durch IFRS 16, veröffentlicht im Januar 2016, wurde Paragraph 6 geändert. Wendet das Unternehmen IFRS 16 an, hat es diese Änderung ebenfalls anzuwenden.

Mit der 2018 veröffentlichten Verlautbarung *Änderungen der Verweise auf das Rahmenkonzept in IFRS-Standards* wurde Paragraph 5 geändert. Diese Änderung ist auf Geschäftsjahre anzuwenden, die am oder nach dem 1. Januar 2020 beginnen. Eine frühere Anwendung ist zulässig, wenn das Unternehmen gleichzeitig alle anderen mit der Verlautbarung *Änderungen der Verweise auf das Rahmenkonzept in IFRS-Standards* einhergehenden Änderungen anwendet. Nach IAS 8 *Rechnungslegungsmethoden, Änderungen von rechnungslegungsbezogenen Schätzungen und Fehler* ist die Änderung an SIC 32 rückwirkend anzuwenden. Sollte das Unternehmen jedoch feststellen, dass eine rückwirkende Anwendung nicht durchführbar ist oder mit unangemessenem Kosten- oder Zeitaufwand verbunden wäre, hat es die Änderungen an SIC 32 nach Maßgabe der Paragraphen 23–28, 50–53 und 54F von IAS 8 anzuwenden.

5. IFRIC

5. IFRIC-Interpretationen

5. **IFRIC-Interpretationen**

5/1.	IFRIC 1:	Änderungen bestehender Rückstellungen für Entsorgungs-,-Wiederherstellungs- und ähnliche Verpflichtungen............	837
5/2.	IFRIC 2:	Geschäftsanteile an Genossenschaften und ähnliche Instrumente....	839
5/3.	IFRIC 5:	Rechte auf Anteile an Fonds für Entsorgung, Rekultivierung und Umweltsanierung............	845
5/4.	IFRIC 6:	Verbindlichkeiten, die sich aus einer Teilnahme an einem spezifischen Markt ergeben – Elektro- und Elektronik-Altgeräte......	847
5/5.	IFRIC 7:	Anwendung des Anpassungsansatzes nach IAS 29 „Rechnungslegung in Hochinflationsländern"............	849
5/6.	IFRIC 10:	Zwischenberichterstattung und Wertminderung............	850
5/7.	IFRIC 12:	Dienstleistungskonzessionsvereinbarungen............	851
5/8.	IFRIC 14:	IAS 19 – Die Begrenzung eines leistungsorientierten Vermögenswertes, Mindestdotierungsverpflichtungen und ihre Wechselwirkung............	856
5/9.	IFRIC 16:	Absicherung einer Nettoinvestition in einem ausländischen Geschäftsbetrieb............	860
5/10.	IFRIC 17:	Sachdividenden an Eigentümer............	867
5/11.	IFRIC 19:	Tilgung finanzieller Verbindlichkeiten durch Eigenkapitalinstrumente............	870
5/12.	IFRIC 20:	Abraumkosten in der Produktionsphase eines Tagebaubergwerks...	872
5/13.	IFRIC 21:	Abgaben............	875
5/14.	IFRIC 22:	Fremdwährungstransaktionen und im Voraus erbrachte oder erhaltene Gegenleistungen............	877
5/15.	IFRIC 23:	Unsicherheit bezüglich der ertragsteuerlichen Behandlung............	879

IFRIC INTERPRETATION 1
Änderungen bestehender Rückstellungen für Entsorgungs-, Wiederherstellungs- und ähnliche Verpflichtungen

IFRIC 1, VO (EU) 2023/1803

Gliederung	§§
HINTERGRUND	1
ANWENDUNGSBEREICH	2
FRAGESTELLUNG	3
BESCHLUSS	4–8
ZEITPUNKT DES INKRAFTTRETENS	9–9B
ÜBERGANGSVORSCHRIFTEN	10

VERWEISE
- IFRS 16 *Leasingverhältnisse*
- IAS 1 *Darstellung des Abschlusses* (überarbeitet 2007)
- IAS 8 *Rechnungslegungsmethoden, Änderungen von rechnungslegungsbezogenen Schätzungen und Fehler*
- IAS 16 *Sachanlagen* (überarbeitet 2003)
- IAS 23 *Fremdkapitalkosten*
- IAS 36 *Wertminderung von Vermögenswerten* (überarbeitet 2004)
- IAS 37 *Rückstellungen, Eventualverbindlichkeiten und Eventualforderungen*

HINTERGRUND

1 Viele Unternehmen sind verpflichtet, Sachanlagen zu demontieren, zu entfernen oder wiederherzustellen. In dieser Interpretation werden solche Verpflichtungen als „Entsorgungs-, Wiederherstellungs- und ähnliche Verpflichtungen" bezeichnet. Gemäß IAS 16 umfassen die Anschaffungs- oder Herstellungskosten von Sachanlagen die erstmalig geschätzten Kosten für die Demontage und das Entfernen der Sachanlage sowie die Wiederherstellung des Standorts, an dem sie sich befindet, d. h. die Verpflichtung, die ein Unternehmen entweder bei Erwerb der Sachanlage oder bei ihrer Umwidmung eingeht, d. h., wenn es die Sachanlage während eines gewissen Zeitraums zu anderen Zwecken als zur Herstellung von Vorräten nutzt. IAS 37 enthält Vorschriften zur Bewertung von Rückstellungen für Entsorgungs-, Wiederherstellungs- und ähnliche Verpflichtungen. Diese Interpretation enthält Leitlinien zur Bilanzierung der Auswirkung von Bewertungsänderungen bestehender Rückstellungen für Entsorgungs-, Wiederherstellungs- und ähnliche Verpflichtungen.

ANWENDUNGSBEREICH

2 Diese Interpretation gilt für Bewertungsänderungen bei einer bestehenden Rückstellung für Entsorgungs-, Wiederherstellungs- oder ähnliche Verpflichtungen, die sowohl

a) nach IAS 16 als Teil der Anschaffungs- oder Herstellungskosten einer Sachanlage oder nach IFRS 16 als Teil der Kosten eines Nutzungsrechts als auch

b) nach IAS 37 als Rückstellung angesetzt wurde.

Rückstellungen für Entsorgungs-, Wiederherstellungs- oder ähnliche Verpflichtungen bestehen beispielsweise für den Abbruch einer Fabrikanlage, die Sanierung von Umweltschäden in der rohstoffgewinnenden Industrie oder die Entfernung einer Sachanlage.

FRAGESTELLUNG

3 Diese Interpretation betrifft die Frage, wie zu bilanzieren ist, wenn sich die Bewertung einer bestehenden Rückstellung für Entsorgungs-, Wiederherstellungs- oder ähnliche Verpflichtungen infolge eines der folgenden Ereignisse ändert:

a) Änderung des geschätzten Abflusses von Ressourcen mit wirtschaftlichem Nutzen (z. B. Zahlungsströme), der für die Erfüllung der Verpflichtung erforderlich ist,

b) Änderung des aktuellen marktbasierten Abzinsungssatzes im Sinne von Paragraph 47 von IAS 37 (dies schließt Änderungen des Zinseffekts und für die Verbindlichkeit spezifische Risiken ein) und

c) Erhöhung, die den Zeitablauf widerspiegelt (dies wird auch als Aufzinsung bezeichnet).

BESCHLUSS

4 Bewertungsänderungen einer bestehenden Rückstellung für Entsorgungs-, Wiederherstellungs- oder ähnliche Verpflichtungen, die auf Änderungen der geschätzten Fälligkeit oder Höhe des Abflusses von Ressourcen mit wirtschaftlichem Nutzen, der zur Erfüllung der Verpflichtung erforderlich ist, oder auf einer Änderung des Abzinsungssatzes beruhen, sind gemäß den nachstehenden Paragraphen 5–7 zu bilanzieren.

5 Wird der dazugehörige Vermögenswert nach dem Anschaffungskostenmodell bewertet,

a) sind Änderungen der Rückstellung zu den Anschaffungs- oder Herstellungskosten des dazugehörigen Vermögenswerts in der laufenden Periode hinzuzufügen oder gemäß Buchstabe b davon abzuziehen,

b) darf der von den Anschaffungs- oder Herstellungskosten des Vermögenswerts abgezogene Betrag seinen Buchwert nicht übersteigen; wenn eine Abnahme der Rückstellung den Buchwert des Vermögenswerts übersteigt, ist dieser Überhang unmittelbar erfolgswirksam zu erfassen,

c) hat das Unternehmen, wenn die Änderung zu einer Erhöhung der Anschaffungs- oder Herstellungskosten eines Vermögenswerts führt, zu prüfen, ob dies ein Anhaltspunkt dafür ist, dass der neue Buchwert des Vermögenswerts nicht vollständig erzielbar sein könnte. Liegt ein solcher Anhaltspunkt vor, hat das Unternehmen den Vermögenswert auf Wertminderung zu prüfen, indem es seinen erzielbaren Betrag schätzt, und den Wertminderungsaufwand nach IAS 36 zu bilanzieren.

6 Wird der dazugehörige Vermögenswert nach dem Neubewertungsmodell bewertet,

a) gehen die Änderungen in die für diesen Vermögenswert angesetzte Neubewertungsrücklage ein, sodass

   i) eine Abnahme der Rückstellung (nach Buchstabe b) im sonstigen Ergebnis erfasst wird und zu einer Erhöhung der Neubewertungsrücklage im Eigenkapital führt, es sei denn, sie macht eine in der Vergangenheit erfolgswirksam als Aufwand erfasste Abwertung desselben Vermögenswerts rückgängig und wird deshalb erfolgswirksam erfasst,

   ii) eine Erhöhung der Rückstellung erfolgswirksam erfasst wird, es sei denn, sie übersteigt den Betrag der entsprechenden Neubewertungsrücklage nicht und wird deshalb im sonstigen Ergebnis erfasst, was zu einer Minderung der Neubewertungsrücklage im Eigenkapital führt,

b) ist in dem Fall, dass eine Abnahme der Rückstellung den Buchwert überschreitet, der angesetzt worden wäre, wenn der Vermögenswert nach dem Anschaffungskostenmodell bilanziert worden wäre, der Überhang umgehend erfolgswirksam zu erfassen,

c) ist eine Änderung der Rückstellung ein Anhaltspunkt dafür, dass der Vermögenswert möglicherweise neu bewertet werden muss, um sicherzustellen, dass der Buchwert nicht wesentlich von dem abweicht, der unter Verwendung des beizulegenden Zeitwerts am Abschlussstichtag ermittelt würde. Solche Neubewertungen sind bei der Bestimmung der Beträge, die nach Buchstabe a erfolgswirksam oder im sonstigen Ergebnis zu erfassen sind, zu berücksichtigen. Ist eine Neubewertung erforderlich, sind alle Vermögenswerte dieser Gruppe neu zu bewerten,

d) ist nach IAS 1 jeder Bestandteil des sonstigen Ergebnisses in der Gesamtergebnisrechnung auszuweisen. Somit ist auch jede auf einer Änderung der Rückstellung beruhende Veränderung der Neubewertungsrücklage gesondert auszuweisen.

7 Der geänderte Abschreibungsbetrag wird über die gesamte Nutzungsdauer des Vermögenswerts abgeschrieben. Deshalb sind alle Änderungen der Rückstellung, die nach dem Ende der Nutzungsdauer des dazugehörigen Vermögenswerts anfallen, zum Zeitpunkt ihres Eintretens erfolgswirksam zu erfassen. Dies gilt sowohl für das Anschaffungskostenmodell als auch für das Neubewertungsmodell.

8 Die periodische Aufzinsung ist zum Zeitpunkt ihres Eintretens erfolgswirksam als Finanzierungsaufwand zu erfassen. Eine Aktivierung nach IAS 23 ist nicht zulässig.

ZEITPUNKT DES INKRAFTTRETENS

9 Diese Interpretation ist auf Geschäftsjahre anzuwenden, die am oder nach dem 1. September 2004 beginnen. Eine frühere Anwendung wird empfohlen. Wendet ein Unternehmen diese Interpretation auf Berichtsperioden an, die vor dem 1. September 2004 beginnen, hat es dies anzugeben.

9A Infolge (der 2007 überarbeiteten Fassung) von IAS 1 wurde die in allen IFRS verwendete Terminologie geändert. Außerdem wurde dadurch Paragraph 6 geändert. Diese Änderungen sind auf Geschäftsjahre anzuwenden, die am oder nach dem 1. Januar 2009 beginnen. Wendet ein Unternehmen die 2007 überarbeitete Fassung von IAS 1 auf eine frühere Periode an, so hat es auf diese Periode auch diese Änderungen anzuwenden.

9B Mit dem im Januar 2016 veröffentlichten IFRS 16 wurde Paragraph 2 geändert. Wendet ein Unternehmen IFRS 16 an, hat es diese Änderung ebenfalls anzuwenden.

ÜBERGANGSVORSCHRIFTEN

10 Änderungen der Rechnungslegungsmethoden sind nach IAS 8 *Rechnungslegungsmethoden, Änderungen von rechnungslegungsbezogenen Schätzungen und Fehler* vorzunehmen([1]).

([1]) Wendet ein Unternehmen diese Interpretation auf eine Berichtsperiode an, die vor dem 1. Januar 2005 beginnt, hat es die Vorschriften der früheren Fassung von IAS 8 mit dem Titel *Periodenergebnis, grundlegende Fehler und Änderungen der Rechnungslegungsmethoden* anzuwenden, es sei denn, es wendet auf diese frühere Periode die überarbeitete Fassung dieses Standards an.

5/2. IFRIC 2

IFRIC INTERPRETATION 2
Geschäftsanteile an Genossenschaften und ähnliche Instrumente

IFRIC 2, VO (EU) 2023/1803

Gliederung	§§
HINTERGRUND	1–2
ANWENDUNGSBEREICH	3
FRAGESTELLUNG	4
BESCHLUSS	5–12
ANGABEN	13
ZEITPUNKT DES INKRAFTTRETENS	14–19
ANHANG: BEISPIELE FÜR DIE ANWENDUNG DES BESCHLUSSES	A1
UNEINGESCHRÄNKTES RECHT AUF ABLEHNUNG DER RÜCKNAHME (Paragraph 7)	A2–A5
RÜCKNAHMEVERBOTE (Paragraphen 8 und 9)	A6–A19

VERWEISE

- IFRS 9 *Finanzinstrumente*
- IFRS 13 *Bewertung zum beizulegenden Zeitwert*
- IAS 32 *Finanzinstrumente: Angaben und Darstellung* (überarbeitet 2003)([1])

([1]) Im August 2005 wurde der Titel von IAS 32 in „IAS 32 *Finanzinstrumente: Darstellung*" geändert. Im Februar 2008 änderte der IASB den Standard IAS 32 dahin gehend, dass Instrumente, die über alle in den Paragraphen 16A und 16B oder 16C und 16D von IAS 32 beschriebenen Merkmale verfügen und die dort genannten Bedingungen erfüllen, als Eigenkapital einzustufen sind.

HINTERGRUND

1 Genossenschaften und ähnliche Unternehmen werden von einer Gruppe von Personen zur Verfolgung gemeinsamer wirtschaftlicher oder sozialer Interessen gegründet. In den einzelstaatlichen Gesetzen ist eine Genossenschaft meist als eine Gesellschaft definiert, welche die gegenseitige wirtschaftliche Förderung ihrer Mitglieder mittels eines gemeinschaftlichen Geschäftsbetriebs bezweckt (Prinzip der Selbsthilfe). Die Anteile der Mitglieder einer Genossenschaft werden häufig unter der Bezeichnung Geschäftsanteile, Genossenschaftsanteile o.ä. geführt und nachfolgend als „Geschäftsanteile" bezeichnet.

2 IAS 32 stellt Grundsätze für die Einstufung von Finanzinstrumenten als finanzielle Verbindlichkeiten oder Eigenkapital auf. Diese Grundsätze beziehen sich insbesondere auf die Einstufung kündbarer Instrumente, die den Inhaber zur Rückgabe an den Emittenten gegen Zahlungsmittel oder andere Finanzinstrumente berechtigen. Die Anwendung dieser Grundsätze auf die Geschäftsanteile an Genossenschaften und ähnliche Instrumente gestaltet sich schwierig. Einige Mitglieder des International Accounting Standards Board haben den Wunsch geäußert, Unterstützung zu erhalten, wie die Grundsätze von IAS 32 auf Geschäftsanteile und ähnliche Instrumente, die bestimmte Merkmale aufweisen, anzuwenden sind und unter welchen Umständen diese Merkmale einen Einfluss auf die Einstufung als Verbindlichkeit oder Eigenkapital haben.

ANWENDUNGSBEREICH

3 Diese Interpretation ist auf Finanzinstrumente anzuwenden, die in den Anwendungsbereich von IAS 32 fallen, einschließlich an Genossenschaftsmitglieder ausgegebener Anteile, mit denen das Eigentumsrecht der Mitglieder am Unternehmen verbrieft wird. Sie erstreckt sich nicht auf Finanzinstrumente, die in Eigenkapitalinstrumente des Unternehmens zu erfüllen sind oder erfüllt werden können.

FRAGESTELLUNG

4 Viele Finanzinstrumente, darunter auch Geschäftsanteile, sind mit Merkmalen wie Stimmrechten und Ansprüchen auf Dividenden verbunden, die für eine Einstufung als Eigenkapital sprechen. Einige Finanzinstrumente berechtigen den Inhaber, eine Rücknahme gegen Zahlungsmittel oder andere finanzielle Vermögenswerte zu verlangen, können jedoch Beschränkungen hinsichtlich einer solchen Rücknahme unterliegen. Wie lässt sich anhand dieser Rücknahmebedingungen bestimmen, ob ein Finanzinstrument als Verbindlichkeit oder als Eigenkapital einzustufen ist?

BESCHLUSS

5 Das vertragliche Recht des Inhabers eines Finanzinstruments (worunter auch ein Geschäftsanteil an einer Genossenschaft fällt), eine Rücknahme zu verlangen, führt nicht unmittelbar zu einer Einstufung des Finanzinstruments als finanzielle Verbindlichkeit. Vielmehr hat ein Unternehmen bei der Entscheidung, ob ein Finanzinstrument als

finanzielle Verbindlichkeit oder als Eigenkapital einzustufen ist, alle rechtlichen Bestimmungen und Gegebenheiten des Finanzinstruments zu berücksichtigen. Hierzu gehören auch die einschlägigen lokalen Gesetze und Vorschriften sowie die zum Zeitpunkt der Einstufung gültige Satzung des Unternehmens. Voraussichtliche künftige Änderungen dieser Gesetze, Vorschriften oder der Satzung sind dagegen nicht zu berücksichtigen.

6 Geschäftsanteile, die als Eigenkapital eingestuft würden, wenn die Mitglieder nicht das Recht hätten, eine Rücknahme zu verlangen, stellen Eigenkapital dar, wenn eine der in den Paragraphen 7 und 8 genannten Bedingungen erfüllt ist oder die Geschäftsanteile alle in den Paragraphen 16A und 16B oder 16C und 16D von IAS 32 beschriebenen Merkmale aufweisen und die dort genannten Bedingungen erfüllen. Sichteinlagen, einschließlich Kontokorrentkonten, Einlagenkonten und ähnliche Verträge, die Mitglieder in ihrer Eigenschaft als Kunden schließen, sind als finanzielle Verbindlichkeiten des Unternehmens einzustufen.

7 Geschäftsanteile stellen Eigenkapital dar, wenn das Unternehmen ein uneingeschränktes Recht auf Ablehnung der Rücknahme von Geschäftsanteilen besitzt.

8 Lokale Gesetze, Vorschriften oder die Satzung des Unternehmens können die Rücknahme von Geschäftsanteilen mit verschiedenen Verboten belegen, wie z. B. uneingeschränkten Verboten oder Verboten, die auf Liquiditätskriterien beruhen. Ist eine Rücknahme nach lokalen Gesetzen, Vorschriften oder der Satzung des Unternehmens uneingeschränkt verboten, stellen die Geschäftsanteile Eigenkapital dar. Dagegen haben Bestimmungen in lokalen Gesetzen, Vorschriften oder der Satzung des Unternehmens, die eine Rücknahme nur dann verbieten, wenn bestimmte Bedingungen – wie beispielsweise Liquiditätsgrenzen – erfüllt (oder nicht erfüllt) sind, keine Einstufung von Geschäftsanteilen als Eigenkapital zur Folge.

9 Ein uneingeschränktes Verbot kann absolut sein und alle Rücknahmen verbieten. Ein uneingeschränktes Verbot kann aber auch nur teilweise gelten und die Rücknahme von Geschäftsanteilen insoweit verbieten, als durch die Rücknahme die Anzahl der Geschäftsanteile oder die Höhe des auf die Geschäftsanteile eingezahlten Kapitals einen bestimmten Mindestbetrag unterschreitet. Geschäftsanteile, die nicht unter das Rücknahmeverbot fallen, stellen Verbindlichkeiten dar, es sei denn, das Unternehmen verfügt über das in Paragraph 7 beschriebene uneingeschränkte Recht auf Ablehnung der Rücknahme oder die Geschäftsanteile weisen alle in den Paragraphen 16A und 16B oder 16C und 16D von IAS 32 beschriebenen Merkmale auf und erfüllen die dort genannten Bedingungen. In einigen Fällen kann sich die Anzahl der Anteile oder die Höhe des eingezahlten Kapitals, die bzw. das von einem Rücknahmeverbot betroffen sind bzw. ist, von Zeit zu Zeit ändern. Eine derartige Änderung führt zu einer Umbuchung zwischen finanziellen Verbindlichkeiten und Eigenkapital.

10 Beim erstmaligen Ansatz hat das Unternehmen seine Rücknahme-Verbindlichkeiten zum beizulegenden Zeitwert zu bewerten. Bei uneingeschränkt rückgabefähigen Geschäftsanteilen ist der beizulegende Zeitwert dieser finanziellen Verbindlichkeiten mindestens mit dem gemäß den Rücknahmebestimmungen in der Satzung des Unternehmens oder gemäß dem einschlägigen Gesetz zahlbaren Höchstbetrag anzusetzen, abgezinst vom frühestmöglichen Fälligkeitszeitpunkt an (siehe Beispiel 3).

11 Nach Paragraph 35 von IAS 32 sind Ausschüttungen an Inhaber von Eigenkapitalinstrumenten direkt im Eigenkapital zu erfassen. Bei Finanzinstrumenten, die als finanzielle Verbindlichkeiten eingestuft werden, sind Zinsen, Dividenden und andere Erträge unbeschadet ihrer möglichen gesetzlichen Bezeichnung als Dividenden, Zinsen oder ähnlich als Aufwand zu berücksichtigen.

12 Der Anhang, der integraler Bestandteil dieses Beschlusses ist, enthält Beispiele für die Anwendung des Beschlusses.

ANGABEN

13 Führt eine Änderung des Rücknahmeverbots zu einer Umbuchung zwischen finanziellen Verbindlichkeiten und Eigenkapital, hat das Unternehmen den Betrag, den Zeitpunkt und den Grund für die Umbuchung gesondert anzugeben.

ZEITPUNKT DES INKRAFTTRETENS

14 Der Zeitpunkt des Inkrafttretens und die Übergangsvorschriften dieser Interpretation entsprechen denen von IAS 32 (in der 2003 überarbeiteten Fassung). Diese Interpretation ist auf Geschäftsjahre anzuwenden, die am oder nach dem 1. Januar 2005 beginnen. Wendet ein Unternehmen diese Interpretation auf Berichtsperioden an, die vor dem 1. Januar 2005 beginnen, hat es dies anzugeben. Diese Interpretation ist rückwirkend anzuwenden.

14A Die Änderungen an den Paragraphen 6, 9, A1 und A12 sind erstmals auf Geschäftsjahre anzuwenden, die am oder nach dem 1. Januar 2009 beginnen. Wendet ein Unternehmen die im Februar 2008 veröffentlichten Änderungen an IAS 32 und IAS 1 *Kündbare Finanzinstrumente und bei Liquidation entstehende Verpflichtungen* auf eine frühere Periode an, so sind auch die Änderungen an den Paragraphen 6, 9, A1 und A12 auf diese frühere Periode anzuwenden.

15 [gestrichen]

16 Mit dem im Mai 2011 veröffentlichten IFRS 13 wurde Paragraph A8 geändert. Wendet ein Unternehmen IFRS 13 an, so hat es diese Änderung anzuwenden.

17 Mit der im Mai 2012 veröffentlichten Verlautbarung *Jährliche Verbesserungen – Zyklus 2009–2011* wurde Paragraph 11 geändert. Diese Änderung ist rückwirkend gemäß IAS 8 *Rechnungslegungsmethoden, Änderungen von rechnungslegungsbezogenen Schätzungen und Fehler* auf Geschäftsjahre anzuwenden, die am oder nach

dem 1. Januar 2013 beginnen. Wendet ein Unternehmen diese Änderung an IAS 32 im Rahmen der im Mai 2012 veröffentlichten Verlautbarung *Jährliche Verbesserungen – Zyklus 2009–2011* auf eine frühere Periode an, so ist auch die Änderung an Paragraph 11 auf diese frühere Periode anzuwenden.

18 [gestrichen]

19 Mit dem im Juli 2014 veröffentlichten IFRS 9 wurden die Paragraphen A8 und A10 geändert und die Paragraphen 15 und 18 gestrichen. Wendet ein Unternehmen IFRS 9 an, hat es diese Änderungen ebenfalls anzuwenden.

Anhang
Beispiele für die Anwendung des Beschlusses

Dieser Anhang ist integraler Bestandteil der Interpretation.

A1 Dieser Anhang enthält sieben Beispiele für die Anwendung des IFRIC-Beschlusses. Die Beispiele stellen keine abschließende Liste dar; es sind auch andere Konstellationen denkbar. In jedem Beispiel wird davon ausgegangen, dass außer den im Beispiel genannten Gegebenheiten keine weiteren Bedingungen vorliegen, die eine Einstufung des Finanzinstruments als finanzielle Verbindlichkeit erforderlich machen würden, und dass das Finanzinstrument nicht alle der in den Paragraphen 16A und 16B oder 16C und 16D von IAS 32 beschriebenen Merkmale aufweist oder die dort genannten Bedingungen nicht erfüllt.

UNEINGESCHRÄNKTES RECHT AUF ABLEHNUNG DER RÜCKNAHME (Paragraph 7)

Beispiel 1

Sachverhalt

A2 Die Satzung des Unternehmens besagt, dass Rücknahmen nach freiem Ermessen des Unternehmens durchgeführt werden. Dieser Ermessensspielraum ist in der Satzung nicht weiter ausgeführt und wird auch keinen Beschränkungen unterworfen. In der Vergangenheit hat das Unternehmen die Rücknahme von Geschäftsanteilen nie abgelehnt, obwohl der Vorstand hierzu berechtigt ist.

Einstufung

A3 Das Unternehmen verfügt über das uneingeschränkte Recht, die Rücknahme abzulehnen. Folglich stellen die Geschäftsanteile Eigenkapital dar. IAS 32 stellt Grundsätze für die Einstufung auf, die auf den Vertragsbedingungen des Finanzinstruments beruhen, und merkt an, dass eine Zahlungshistorie oder beabsichtigte freiwillige Zahlungen keine Einstufung als Verbindlichkeit auslösen. In Paragraph AL26 von IAS 32 heißt es:

Wenn Vorzugsanteile nicht rücknahmefähig sind, hängt die angemessene Einstufung von den anderen mit ihnen verbundenen Rechten ab. Die Einstufung erfolgt nach Maßgabe der wirtschaftlichen Substanz der vertraglichen Vereinbarungen und der Begriffsbestimmungen für finanzielle Verbindlichkeiten und Eigenkapitalinstrumente. Wenn Ausschüttungen an Inhaber kumulativer oder nichtkumulativer Vorzugsanteile im Ermessensspielraum des Emittenten liegen, gelten die Anteile als Eigenkapitalinstrumente. Nicht beeinflusst wird die Einstufung eines Vorzugsanteils als Eigenkapitalinstrument oder als finanzielle Verbindlichkeit beispielsweise durch

a) Ausschüttungen in der Vergangenheit,
b) die Absicht, künftig Ausschüttungen vorzunehmen,
c) eine mögliche nachteilige Auswirkung auf den Kurs der Stammanteile des Emittenten, falls keine Ausschüttungen vorgenommen werden (aufgrund von Beschränkungen hinsichtlich der Zahlung von Dividenden auf Stammanteile, wenn keine Dividenden auf Vorzugsanteile gezahlt werden),
d) die Höhe der Rücklagen des Emittenten,
e) eine Gewinn- oder Verlusterwartung des Emittenten für eine Berichtsperiode oder
f) die Fähigkeit oder Unfähigkeit des Emittenten, die Höhe seines Periodengewinns oder -verlusts zu beeinflussen.

Beispiel 2

Sachverhalt

A4 Die Satzung des Unternehmens besagt, dass Rücknahmen nach freiem Ermessen des Unternehmens durchgeführt werden. Sie führt jedoch weiter aus, dass ein Antrag auf Rücknahme automatisch genehmigt wird, sofern das Unternehmen mit dieser Zahlung nicht gegen lokale Liquiditäts- oder Rücklagenvorschriften verstößt.

Einstufung

A5 Das Unternehmen verfügt nicht über das uneingeschränkte Recht auf Ablehnung der Rücknahme. Folglich stellen die Geschäftsanteile eine finanzielle Verbindlichkeit dar. Die vorstehend beschriebene Einschränkung bezieht sich auf die Fähigkeit des Unternehmens, eine Verbindlichkeit zu begleichen. Rücknahmen werden nur dann und so lange beschränkt, wenn bzw. wie die Liquiditäts- oder Rücklagenvorschriften nicht erfüllt sind. Folglich führen diese Einschränkungen nach den Grundsätzen von IAS 32 nicht zu einer Einstufung des Finanzinstruments als Eigenkapital. In Paragraph AL25 von IAS 32 heißt es:

Vorzugsanteile können bei der Emission mit verschiedenen Rechten ausgestattet werden. Bei der Einstufung eines Vorzugsanteils als finanzielle Verbindlichkeit oder als Eigenkapitalinstrument beurteilt ein Emittent die einzelnen Rechte, die mit dem Anteil verbunden sind, um zu bestimmen, ob er die wesentlichen Merkmale einer finanziellen Verbindlichkeit aufweist. So beinhaltet ein Vorzugsanteil, der eine Rücknahme zu einem bestimmten Zeitpunkt oder auf Wunsch des Inhabers vorsieht, eine finanzielle Verbindlichkeit, da der Emittent zur Abgabe finanzieller Vermögenswerte an den Anteilsinhaber verpflichtet ist. *Auch*

5/2. IFRIC 2
A5 – A12

wenn ein Emittent der vertraglich vereinbarten Rücknahmeverpflichtung von Vorzugsanteilen aus Mangel an Finanzmitteln, aufgrund einer gesetzlich vorgeschriebenen Verfügungsbeschränkung oder ungenügender Gewinne oder Rücklagen u. U. nicht nachkommen kann, wird die Verpflichtung dadurch nicht hinfällig. [Kursivschreibung hinzugefügt]

RÜCKNAHMEVERBOTE (Paragraphen 8 und 9)

Beispiel 3

Sachverhalt

A6 Eine Genossenschaft hat an ihre Mitglieder zu unterschiedlichen Zeitpunkten und unterschiedlichen Beträgen die folgenden Anteile ausgegeben:

a) 1. Januar 20X1 100 000 Anteile zu je 10 WE (1 000 000 WE),

b) 1. Januar 20X2 100 000 Anteile zu je 20 WE (2 000 000 WE, sodass insgesamt Anteile im Wert von 3 000 000 WE ausgegeben wurden).

Die Anteile sind auf Verlangen zu ihrem jeweiligen Ausgabepreis rücknahmepflichtig.

A7 Die Satzung des Unternehmens besagt, dass kumulative Rücknahmen nicht mehr als 20 Prozent der größten Anzahl jemals in Umlauf gewesener Geschäftsanteile betragen dürfen. Am 31. Dezember 20X2 hatte das Unternehmen 200 000 umlaufende Anteile, was der höchsten Anzahl von Geschäftsanteilen entspricht, die je in Umlauf waren. Bisher wurden keine Anteile zurückgenommen. Am 1. Januar 20X3 ändert das Unternehmen seine Satzung und erhöht die Höchstgrenze für kumulative Rücknahmen auf 25 Prozent der größten Anzahl jemals in Umlauf gewesener Geschäftsanteile.

Einstufung

Vor der Satzungsänderung

A8 Die Geschäftsanteile, die nicht unter das Rücknahmeverbot fallen, stellen finanzielle Verbindlichkeiten dar. Die Genossenschaft bewertet diese finanziellen Verbindlichkeiten beim erstmaligen Ansatz zum beizulegenden Zeitwert. Da diese Anteile auf Verlangen rücknahmepflichtig sind, bestimmt sie den beizulegenden Zeitwert dieser finanziellen Verbindlichkeiten nach Paragraph 47 von IFRS 13: „Der beizulegende Zeitwert einer kurzfristig abrufbaren finanziellen Verbindlichkeit (z. B. einer Sichteinlage) ist nicht geringer als der bei Fälligkeit zahlbare Betrag …". Die Genossenschaft setzt daher als finanzielle Verbindlichkeit den höchsten Betrag an, der gemäß den Rücknahmevorschriften auf Verlangen zahlbar wäre.

A9 Am 1. Januar 20X1 beträgt der gemäß den Rücknahmevorschriften zahlbare Höchstbetrag 20 000 Anteile zu je 10 WE. Dementsprechend stuft das Unternehmen 200 000 WE als finanzielle Verbindlichkeit und 800 000 WE als Eigenkapital ein. Am 1. Januar 20X2 erhöht sich jedoch der gemäß den Rücknahmevorschriften zahlbare Höchstbetrag durch die Ausgabe neuer Anteile zu je 20 WE auf 40 000 Anteile zu je 20 WE. Durch die Ausgabe zusätzlicher Anteile zu 20 WE entsteht eine neue Verbindlichkeit, die beim erstmaligen Ansatz zum beizulegenden Zeitwert bewertet wird. Die Verbindlichkeit nach Ausgabe dieser Anteile beträgt 20 Prozent aller im Umlauf befindlichen Anteile (200 000), bewertet mit je 20 WE, also 800 000 WE. Dies bedeutet, dass eine weitere Verbindlichkeit in Höhe von 600 000 WE angesetzt werden muss. In diesem Beispiel wird kein Gewinn oder Verlust erfasst. Folglich stuft die Genossenschaft 800 000 WE als finanzielle Verbindlichkeit und 2 200 000 WE als Eigenkapital ein. In diesem Beispiel wird davon ausgegangen, dass sich diese Beträge zwischen dem 1. Januar 20X1 und dem 31. Dezember 20X2 nicht ändern.

Nach der Satzungsänderung

A10 Infolge der Änderung ihrer Satzung kann die Genossenschaft nunmehr verpflichtet sein, bis zu 25 Prozent ihrer im Umlauf befindlichen Anteile oder bis zu 50 000 Anteile zu je 20 WE zurückzunehmen. Entsprechend stuft sie am 1. Januar 20X3 1 000 000 WE als finanzielle Verbindlichkeit ein. Dies entspricht dem Höchstbetrag, der gemäß den Rücknahmevorschriften und nach Paragraph 47 von IFRS 13 bei Fälligkeit zahlbar ist. Sie bucht daher am 1. Januar 20X3 200 000 WE vom Eigenkapital in die finanziellen Verbindlichkeiten um; 2 000 000 WE bleiben weiterhin als Eigenkapital eingestuft. In diesem Beispiel wird bei der Umbuchung kein Gewinn oder Verlust erfasst.

Beispiel 4

Sachverhalt

A11 Das lokale Genossenschaftsgesetz oder die Satzung der Genossenschaft verbieten die Rücknahme von Geschäftsanteilen, wenn das eingezahlte Kapital aus Geschäftsanteilen dadurch unter 75 Prozent des Höchstbetrags des eingezahlten Kapitals aus Geschäftsanteilen fallen würde. Der Höchstbetrag für die betreffende Genossenschaft beträgt 1 000 000 WE. Am Abschlussstichtag lag das eingezahlte Kapital bei 900 000 WE.

Einstufung

A12 In diesem Fall sind 750 000 WE als Eigenkapital und 150 000 WE als finanzielle Verbindlichkeit einzustufen. Zusätzlich zu den bereits zitierten Paragraphen heißt es in Paragraph 18(b) von IAS 32:

„Finanzinstrumente, die den Inhaber berechtigen, sie gegen Zahlungsmittel oder andere finanzielle Vermögenswerte an den Emittenten zurückzugeben („kündbare Instrumente"), stellen mit Ausnahme der nach den Paragraphen 16A und 16B oder 16C und 16D als Eigenkapitalinstrumente eingestuften Instrumente finanzielle Verbindlichkeiten dar. Ein Finanzinstrument ist selbst dann eine finanzielle Verbindlichkeit, wenn der Betrag an Zahlungsmitteln oder anderen finanziellen Vermögenswerten auf der Grundlage eines Indexes oder einer anderen veränderlichen Bezugsgröße ermittelt wird. Wenn der Inhaber über das

Wahlrecht verfügt, das Finanzinstrument gegen Zahlungsmittel oder andere finanzielle Vermögenswerte an den Emittenten zurückzugeben, erfüllt das kündbare Finanzinstrument die Definition einer finanziellen Verbindlichkeit, sofern es sich nicht um ein nach den Paragraphen 16A und 16B oder 16C und 16D als Eigenkapitalinstrument eingestuftes Instrument handelt."

A13 Das in diesem Beispiel beschriebene Rücknahmeverbot unterscheidet sich von den in den Paragraphen 19 und AL25 von IAS 32 beschriebenen Beschränkungen. Jene Beschränkungen stellen eine Beeinträchtigung der Fähigkeit des Unternehmens dar, den fälligen Betrag einer finanziellen Verbindlichkeit zu begleichen, d. h. sie verhindern die Zahlung der Verbindlichkeit nur dann, wenn bestimmte Bedingungen erfüllt sind. Im Gegensatz dazu liegt in diesem Beispiel bei Erreichen eines bestimmten Betrags ein uneingeschränktes Rücknahmeverbot vor, das unabhängig von der Fähigkeit des Unternehmens, die Geschäftsanteile zurückzunehmen, (z. B. in Anbetracht seiner Barreserven, Gewinne oder ausschüttungsfähigen Rücklagen) besteht. Tatsächlich wird das Unternehmen durch das Rücknahmeverbot daran gehindert, eine finanzielle Verbindlichkeit für eine Rücknahme einzugehen, die über eine bestimmte Höhe des eingezahlten Kapitals hinausgeht. Daher stellt der Teil der Geschäftsanteile, der dem Rücknahmeverbot unterliegt, keine finanzielle Verbindlichkeit dar. Die einzelnen Geschäftsanteile können zwar, jeder für sich genommen, rücknahmepflichtig sein, jedoch ist bei einem Teil aller im Umlauf befindlichen Anteile eine Rücknahme nur bei einer Liquidation des Unternehmens möglich.

Beispiel 5

Sachverhalt

A14 Der Sachverhalt dieses Beispiels ist der gleiche wie in Beispiel 4. Zusätzlich darf das Unternehmen am Abschlussstichtag aufgrund von Liquiditätsvorschriften des lokalen Rechtskreises nur dann Geschäftsanteile zurücknehmen, wenn sein Bestand an Zahlungsmitteln und kurzfristigen Anlagen einen bestimmten Wert überschreitet. Diese Liquiditätsvorschriften am Abschlussstichtag haben zur Folge, dass das Unternehmen für die Rücknahme von Geschäftsanteilen nicht mehr als 50 000 WE aufwenden kann.

Einstufung

A15 Wie im Beispiel 4 stuft das Unternehmen 750 000 WE als Eigenkapital und 150 000 WE als finanzielle Verbindlichkeit ein. Der Grund hierfür liegt darin, dass die Einstufung als Verbindlichkeit auf dem uneingeschränkten Recht des Unternehmens auf Ablehnung einer Rücknahme beruht und nicht auf bedingten Einschränkungen, die eine Rücknahme nur verhindern, wenn und solange Liquiditäts- oder andere Bedingungen nicht erfüllt sind. In diesem Fall sind die Paragraphen 19 und AL25 von IAS 32 anzuwenden.

Beispiel 6

Sachverhalt

A16 Laut Satzung darf das Unternehmen Geschäftsanteile nur in der Höhe des Gegenwerts zurücknehmen, der in den letzten drei Jahren durch die Ausgabe zusätzlicher Geschäftsanteile an neue oder vorhandene Mitglieder erzielt wurde. Die Rücknahmeanträge von Mitgliedern müssen aus dem Erlös aus der Ausgabe von Geschäftsanteilen bestritten werden. Während der drei letzten Jahre betrug der Erlös aus der Ausgabe von Geschäftsanteilen 12 000 WE, und es wurden keine Geschäftsanteile zurückgenommen.

Einstufung

A17 Das Unternehmen stuft 12 000 WE der Geschäftsanteile als finanzielle Verbindlichkeit ein. Wie im Beispiel 4 erläutert, stellen Geschäftsanteile, die einem uneingeschränkten Rücknahmeverbot unterliegen, keine finanzielle Verbindlichkeit dar. Ein solches uneingeschränktes Verbot gilt für einen Betrag in Höhe des Erlöses aus der Ausgabe von Anteilen, die vor mehr als drei Jahren stattfand, weshalb dieser Betrag als Eigenkapital eingestuft wird. Der Betrag in Höhe des Erlöses aus Anteilen, die in den letzten drei Jahren ausgegeben wurden, unterliegt jedoch keinem uneingeschränkten Rücknahmeverbot. Folglich entsteht durch die Ausgabe von Geschäftsanteilen in den letzten drei Jahren solange eine finanzielle Verbindlichkeit, bis diese Anteile nicht mehr rücknahmepflichtig sind. Das Unternehmen hat also eine finanzielle Verbindlichkeit in Höhe des Erlöses aus Anteilen, die in den letzten drei Jahren ausgegeben wurden, abzüglich etwaiger in diesem Zeitraum getätigter Rücknahmen.

Beispiel 7

Sachverhalt

A18 Das Unternehmen ist eine Genossenschaftsbank. Das lokale Gesetz, das die Tätigkeit von Genossenschaftsbanken regelt, schreibt vor, dass mindestens 50 Prozent der gesamten „offenen Verbindlichkeiten" des Unternehmens (die laut Definition im Gesetz auch die Konten mit Geschäftsanteilen umfassen) in Form von eingezahltem Kapital der Mitglieder vorliegen muss. Diese Vorschrift hat zur Folge, dass eine Genossenschaft, bei der alle offenen Verbindlichkeiten in Form von Geschäftsanteilen vorliegen, sämtliche Anteile zurücknehmen kann. Am 31. Dezember 20X1 hat das Unternehmen offene Verbindlichkeiten von insgesamt 200 000 WE, wovon 125 000 WE auf Konten mit Geschäftsanteilen entfallen. Gemäß den Vertragsbedingungen für Konten mit Geschäftsanteilen ist der Inhaber berechtigt, eine Rücknahme seiner Anteile zu verlangen, und die Satzung des Unternehmens enthält keine Rücknahmebeschränkungen.

Einstufung

A19 In diesem Beispiel werden die Geschäftsanteile als finanzielle Verbindlichkeiten eingestuft.

5/2. IFRIC 2

A19 Das Rücknahmeverbot ist mit den in den Paragraphen 19 und AL25 von IAS 32 beschriebenen Beschränkungen vergleichbar. Diese Beschränkung stellt eine bedingte Beeinträchtigung der Fähigkeit des Unternehmens dar, den fälligen Betrag einer finanziellen Verbindlichkeit zu begleichen, d. h. sie verhindert die Zahlung der Verbindlichkeit nur dann, wenn bestimmte Bedingungen erfüllt sind. So könnte das Unternehmen verpflichtet sein, den gesamten Betrag der Geschäftsanteile (125 000 WE) zurückzunehmen, wenn es alle anderen Verbindlichkeiten (75 000 WE) zurückgezahlt hätte. Folglich wird das Unternehmen durch das Rücknahmeverbot nicht daran gehindert, eine finanzielle Verbindlichkeit für eine Rücknahme einzugehen, die über eine bestimmte Anzahl von Geschäftsanteilen oder einen bestimmten Betrag des eingezahlten Kapitals hinausgeht. Es bietet dem Unternehmen nur die Möglichkeit, eine Rücknahme aufzuschieben, bis die Bedingung – in diesem Fall die Rückzahlung anderer Verbindlichkeiten – erfüllt ist. Die Geschäftsanteile unterliegen in diesem Beispiel keinem uneingeschränkten Rücknahmeverbot und sind daher als finanzielle Verbindlichkeit einzustufen.

IFRIC INTERPRETATION 5
Rechte auf Anteile an Fonds für Entsorgung, Rekultivierung und Umweltsanierung

IFRIC 5, VO (EU) 2023/1803

Gliederung	§§
HINTERGRUND	1–3
ANWENDUNGSBEREICH	4–5
FRAGESTELLUNGEN	6
BESCHLUSS	7–13
Bilanzierung eines Anteils an einem Fonds	7–9
Bilanzierung von Verpflichtungen zur Leistung zusätzlicher Beiträge	10
ANGABEN	11–13
ZEITPUNKT DES INKRAFTTRETENS	14–14D
ÜBERGANGSVORSCHRIFTEN	15

VERWEISE
- IFRS 9 *Finanzinstrumente*
- IFRS 10 *Konzernabschlüsse*
- IFRS 11 *Gemeinschaftliche Vereinbarungen*
- IAS 8 *Rechnungslegungsmethoden, Änderungen von rechnungslegungsbezogenen Schätzungen und Fehler*
- IAS 28 *Beteiligungen an assoziierten Unternehmen und Gemeinschaftsunternehmen*
- IAS 37 *Rückstellungen, Eventualverbindlichkeiten und Eventualforderungen*

HINTERGRUND

1 Fonds für Entsorgung, Rekultivierung und Umweltsanierung, nachstehend als „Entsorgungsfonds" oder „Fonds" bezeichnet, dienen zur Trennung von Vermögenswerten, die für die Finanzierung eines Teils oder aller Kosten bestimmt sind, die bei der Entsorgung von Anlagen (z. B. eines Kernkraftwerks) oder gewisser Sachanlagen (z. B. von Kraftfahrzeugen) oder bei der Umweltsanierung (z. B. Bereinigung von Gewässerverschmutzung oder Rekultivierung von Bergbaugeländen), zusammen als „Entsorgung" bezeichnet, anfallen.

2 Beiträge zu diesen Fonds können auf freiwilliger Basis erfolgen oder durch eine Verordnung bzw. gesetzlich vorgeschrieben sein. Die Fonds können eine der folgenden Strukturen aufweisen:

a) von einem einzelnen Teilnehmer eingerichtete Fonds zur Finanzierung seiner eigenen Entsorgungsverpflichtungen, sei es für einen bestimmten oder für mehrere, geografisch verteilte Orte,

b) von mehreren Teilnehmern eingerichtete Fonds zur Finanzierung ihrer individuellen oder gemeinsamen Entsorgungsverpflichtungen, wobei die Teilnehmer einen Anspruch auf Erstattung der Entsorgungsaufwendungen bis zur Höhe ihrer Beiträge und der angefallenen Erträge aus diesen Beiträgen abzüglich ihres Anteils an den Verwaltungskosten des Fonds haben; die Teilnehmer unterliegen eventuell der Pflicht, zusätzliche Beiträge zu leisten, beispielsweise im Fall der Insolvenz eines Teilnehmers,

c) von mehreren Teilnehmern eingerichtete Fonds zur Finanzierung ihrer individuellen oder gemeinsamen Entsorgungsverpflichtungen, wobei sich die Höhe des Beitrags jedes Teilnehmers nach seiner derzeitigen Tätigkeit und die Höhe seines Anspruchs nach seiner vergangenen Tätigkeit bestimmt; in diesen Fällen besteht eine potenzielle Inkongruenz bezüglich der Höhe der von einem Teilnehmer geleisteten Beiträge (auf Grundlage der derzeitigen Tätigkeit) und des aus dem Fonds realisierbaren Werts (auf Grundlage der vergangenen Tätigkeit).

3 Im Allgemeinen haben diese Fonds folgende Merkmale:

a) der Fonds wird von unabhängigen Treuhändern gesondert verwaltet,

b) Unternehmen (Teilnehmer) leisten Beiträge an den Fonds, die in verschiedene Vermögenswerte, die sowohl Anlagen in Schuld- als auch in Beteiligungstitel umfassen können, investiert werden und die den Teilnehmern für die Begleichung ihres Entsorgungsaufwands zur Verfügung stehen; die Treuhänder bestimmen, wie die Beiträge nach Maßgabe der in der Satzung des Fonds dargelegten Beschränkungen sowie der anzuwendenden Gesetze oder sonstigen Vorschriften investiert werden,

c) die Begleichung des Entsorgungsaufwands obliegt den Teilnehmern; die Teilnehmer können jedoch eine Erstattung des Entsorgungsaufwands aus dem Fonds erhalten, die höchstens dem Anteil des Teilnehmers an den

Vermögenswerten des Fonds entspricht und den tatsächlichen Entsorgungsaufwand nicht übersteigen kann,
d) der Zugriff der Teilnehmer auf den Teil der Vermögenswerte, der über die zur Begleichung des erstattungsfähigen Entsorgungsaufwands hinaus im Fonds verbleibt, kann begrenzt oder ganz verwehrt sein.

ANWENDUNGSBEREICH

4 Diese Interpretation ist in Abschlüssen eines Teilnehmers für die Bilanzierung von Anteilen an Entsorgungsfonds anzuwenden, welche die beiden folgenden Merkmale aufweisen:
a) die Vermögenswerte werden gesondert verwaltet (sie werden entweder in einer eigenständigen rechtlichen Einheit oder innerhalb einer anderen Einheit als getrennte Vermögenswerte gehalten) und
b) die Zugriffsrechte der Teilnehmer auf die Vermögenswerte sind begrenzt.

5 Ein über den Erstattungsanspruch hinaus gehender Residualanspruch, wie beispielsweise ein vertragliches Recht auf Ausschüttung nach Durchführung aller Entsorgungen oder bei Auflösung des Fonds, kann als unter IFRS 9 fallendes Eigenkapitalinstrument eingestuft werden und fällt nicht in den Anwendungsbereich dieser Interpretation.

FRAGESTELLUNGEN

6 Diese Interpretation betrifft die folgenden Fragen:
a) Wie hat ein Teilnehmer seinen Anteil an einem Fonds zu bilanzieren?
b) Wie hat ein Teilnehmer seine Verpflichtung zu bilanzieren, wenn er zusätzliche Beiträge zu leisten hat, beispielsweise im Falle der Insolvenz eines anderen Teilnehmers?

BESCHLUSS

Bilanzierung eines Anteils an einem Fonds

7 Der Teilnehmer hat seine Verpflichtung, den Entsorgungsaufwand zu begleichen, als Rückstellung und seinen Anteil an dem Fonds getrennt anzusetzen, es sei denn, der Teilnehmer haftet in dem Fall, dass der Fonds nicht zahlt, nicht für die Begleichung des Entsorgungsaufwands.

8 Der Teilnehmer hat zu bestimmen, ob er nach IFRS 10, IFRS 11 und IAS 28 den Fonds beherrscht, an der gemeinschaftlichen Führung des Fonds beteiligt ist oder einen maßgeblichen Einfluss auf den Fonds hat. Wenn dies der Fall ist, hat der Teilnehmer seinen Anteil an dem Fonds gemäß diesen Standards zu bilanzieren.

9 Wenn der Teilnehmer den Fonds nicht beherrscht, nicht an seiner gemeinschaftlichen Führung beteiligt ist und keinen maßgeblichen Einfluss auf ihn hat, so hat er seinen Erstattungsanspruch aus dem Fonds gemäß IAS 37 als Erstattung anzusetzen. Diese Erstattung ist zu dem niedrigeren Betrag aus

a) dem Betrag der angesetzten Entsorgungsverpflichtung und
b) dem Anteil des Teilnehmers am beizulegenden Zeitwert der den Teilnehmern zustehenden Nettovermögenswerte des Fonds zu bewerten.

Änderungen des Buchwerts des Erstattungsanspruchs sind in der Berichtsperiode, in der sie anfallen, erfolgswirksam zu erfassen, nicht aber Beiträge an den Fonds und Zahlungen aus dem Fonds.

Bilanzierung von Verpflichtungen zur Leistung zusätzlicher Beiträge

10 Ist ein Teilnehmer verpflichtet, bei Bedarf zusätzliche Beiträge zu leisten, beispielsweise im Fall der Insolvenz eines anderen Teilnehmers oder falls der Wert der vom Fonds gehaltenen Anlagevermögenswerte so weit fällt, dass diese nicht mehr ausreichen, um die Erstattungsverpflichtungen des Fonds zu erfüllen, so ist diese Verpflichtung als unter IAS 37 fallende Eventualverbindlichkeit einzustufen. Der Teilnehmer hat nur dann eine Rückstellung anzusetzen, wenn die Leistung zusätzlicher Beiträge wahrscheinlich ist.

Angaben

11 Ein Teilnehmer hat die Art seines Fondsanteils sowie alle den Zugriff auf die Vermögenswerte des Fonds betreffenden Beschränkungen anzugeben.

12 Besteht für einen Teilnehmer die Verpflichtung, bei Bedarf zusätzliche Beiträge zu leisten, und hat er für diese Verpflichtung keine Rückstellung angesetzt (siehe Paragraph 10), so hat er die in Paragraph 86 von IAS 37 verlangten Angaben zu machen.

13 Bilanziert ein Teilnehmer seinen Fondsanteil nach Paragraph 9, so hat er die in Paragraph 85(c) von IAS 37 verlangten Angaben zu machen.

ZEITPUNKT DES INKRAFTTRETENS

14 Diese Interpretation ist auf Geschäftsjahre anzuwenden, die am oder nach dem 1. Januar 2006 beginnen. Eine frühere Anwendung wird empfohlen. Wendet ein Unternehmen diese Interpretation auf Berichtsperioden an, die vor dem 1. Januar 2006 beginnen, hat es dies anzugeben.

14A [gestrichen]

14B Mit den im Mai 2011 veröffentlichten IFRS 10 und IFRS 11 wurden die Paragraphen 8 und 9 geändert. Wendet ein Unternehmen IFRS 10 und IFRS 11 an, hat es diese Änderungen ebenfalls anzuwenden.

14C [gestrichen]

14D Mit dem im Juli 2014 veröffentlichten IFRS 9 wurde Paragraph 5 geändert und wurden die Paragraphen 14A und 14C gestrichen. Wendet ein Unternehmen IFRS 9 an, hat es diese Änderungen ebenfalls anzuwenden.

ÜBERGANGSVORSCHRIFTEN

15 Änderungen der Rechnungslegungsmethoden sind gemäß IAS 8 zu bilanzieren.

IFRIC INTERPRETATION 6
Verbindlichkeiten, die sich aus einer Teilnahme an einem spezifischen Markt ergeben – Elektro- und Elektronik-Altgeräte

IFRIC 6, VO (EU) 2023/1803

Gliederung	§§
HINTERGRUND	1–5
ANWENDUNGSBEREICH	6–7
FRAGESTELLUNG	8
BESCHLUSS	9
ZEITPUNKT DES INKRAFTTRETENS	10
ÜBERGANGSVORSCHRIFTEN	11

VERWEISE

– IAS 8 *Rechnungslegungsmethoden, Änderungen von rechnungslegungsbezogenen Schätzungen und Fehler*
– IAS 37 *Rückstellungen, Eventualverbindlichkeiten und Eventualforderungen*

HINTERGRUND

1 Nach Paragraph 17 von IAS 37 ist ein verpflichtendes Ereignis ein Ereignis der Vergangenheit, das zu einer gegenwärtigen Verpflichtung führt, zu deren Erfüllung ein Unternehmen keine realistische Alternative hat.

2 Nach Paragraph 19 von IAS 37 werden Rückstellungen nur für „diejenigen aus Ereignissen der Vergangenheit entstandenen Verpflichtungen angesetzt, die unabhängig von den künftigen Handlungen eines Unternehmens (z. B. der künftigen Geschäftstätigkeit) bestehen".

3 Die Richtlinie der Europäischen Union über Elektro- und Elektronik-Altgeräte, welche die Sammlung, Behandlung, Verwertung und umweltgerechte Beseitigung von Altgeräten regelt, hat Fragen bezüglich des Ansatzzeitpunkts der durch die Entsorgung von Elektro- und Elektronik-Altgeräten entstehenden Verbindlichkeit aufgeworfen. Die Richtlinie unterscheidet zwischen „neuen" und „historischen" Altgeräten sowie zwischen Altgeräten aus Privathaushalten und Altgeräten aus anderer Verwendung. Neue Altgeräte betreffen Produkte, die nach dem 13. August 2005 verkauft wurden. Alle vor diesem Termin verkauften Haushaltsgeräte gelten als historische Altgeräte im Sinne der Richtlinie.

4 Die Richtlinie besagt, dass die Kosten für die Entsorgung historischer Haushaltsgeräte von den Herstellern des betreffenden Gerätetyps zu tragen sind, die sich in einem Zeitraum am Markt befinden, der in den anwendbaren Rechtsvorschriften eines jeden Mitgliedstaats festzulegen ist (Erfassungszeitraum). Die Richtlinie besagt weiter, dass jeder Mitgliedstaat einen Mechanismus einzurichten hat, mittels dessen die Hersteller einen anteiligen Kostenbeitrag, „z. B. im Verhältnis zu ihrem jeweiligen Marktanteil in dem betreffenden Gerätetyp", leisten.

5 Verschiedene in der Interpretation verwendete Begriffe, wie „Marktanteil" und „Erfassungszeitraum", können in den anwendbaren Rechtsvorschriften der einzelnen Mitgliedstaaten sehr unterschiedlich definiert sein. Beispielsweise kann die Dauer des Erfassungszeitraums ein Jahr oder nur einen Monat betragen. Auch können die Bewertung des Marktanteils und die Formel für die Berechnung der Verpflichtung in den verschiedenen einzelstaatlichen Rechtsvorschriften unterschiedlich ausfallen. Diese Beispiele betreffen allerdings diese lediglich die Bewertung der Verbindlichkeit, die nicht in den Anwendungsbereich dieser Interpretation fällt.

ANWENDUNGSBEREICH

6 Diese Interpretation enthält Leitlinien für den Ansatz von Verbindlichkeiten im Abschluss von Herstellern, die sich aus der Entsorgung gemäß der EU-Richtlinie über Elektro- und Elektronik-Altgeräte hinsichtlich des Verkaufs historischer Haushaltsgeräte ergeben.

7 Diese Interpretation behandelt weder neue Altgeräte noch historische Altgeräte, die nicht aus Privathaushalten stammen. Die Verbindlichkeit für eine derartige Entsorgung ist in IAS 37 hinreichend geregelt. Sollten jedoch in den einzelstaatlichen Rechtsvorschriften neue Altgeräte aus Privathaushalten auf die gleiche Art und Weise wie historische Altgeräte aus Privathaushalten behandelt werden, gelten die Grundsätze der Interpretation gemäß der in den Paragraphen 10–12 von IAS 8 vorgesehenen Hierarchie. Die Hierarchie aus IAS 8 gilt auch für andere Vorschriften, die Verpflichtungen auf eine Art und Weise vorschreiben, die dem in der EU-Richtlinie genannten Kostenzuweisungsverfahren ähnelt.

5/4. IFRIC 6

FRAGESTELLUNG

8 Das IFRIC wurde im Zusammenhang mit der Entsorgung von Elektro- und Elektronik-Altgeräten gebeten festzulegen, was das verpflichtende Ereignis gemäß Paragraph 14(a) von IAS 37 für den Ansatz einer Rückstellung für die Entsorgungskosten darstellt:

- die Herstellung oder der Verkauf des historischen Haushaltsgeräts?
- die Teilnahme am Markt während des Erfassungszeitraums?
- der Kostenanfall bei der Durchführung der Entsorgungstätigkeiten?

BESCHLUSS

9 Es ist die Teilnahme am Markt während des Erfassungszeitraums, die als verpflichtendes Ereignis gemäß Paragraph 14(a) von IAS 37 anzusehen ist. Folglich entsteht die Verbindlichkeit für die Kosten der Entsorgung historischer Haushaltsgeräte nicht bei der Herstellung oder beim Verkauf der Produkte. Da die Verpflichtung bei historischen Haushaltsgeräten an die Marktteilnahme während des Erfassungszeitraums und nicht an die Herstellung oder den Verkauf der zu entsorgenden Geräte geknüpft ist, besteht keine Verpflichtung, solange während des Erfassungszeitraums kein Marktanteil vorhanden ist. Das zeitliche Eintreten des verpflichtenden Ereignisses kann auch unabhängig von dem Zeitraum sein, innerhalb dessen die Entsorgungstätigkeiten durchgeführt werden und die entsprechenden Kosten entstehen.

ZEITPUNKT DES INKRAFTTRETENS

10 Diese Interpretation ist auf Geschäftsjahre anzuwenden, die am oder nach dem 1. Dezember 2005 beginnen. Eine frühere Anwendung wird empfohlen. Wendet ein Unternehmen diese Interpretation auf Berichtsperioden an, die vor dem 1. Dezember 2005 beginnen, hat es dies anzugeben.

ÜBERGANGSVORSCHRIFTEN

11 Änderungen der Rechnungslegungsmethoden sind gemäß IAS 8 zu bilanzieren.

IFRIC INTERPRETATION 7
Anwendung des Anpassungsansatzes nach IAS 29 Rechnungslegung in Hochinflationsländern

IFRIC 7, VO (EU) 2023/1803

Gliederung	§§
HINTERGRUND	1
FRAGESTELLUNGEN	2
BESCHLUSS	3–5
ZEITPUNKT DES INKRAFTTRETENS	6

VERWEISE
- IAS 12 *Ertragsteuern*
- IAS 29 *Rechnungslegung in Hochinflationsländern*

HINTERGRUND

1 Mit dieser Interpretation werden Leitlinien für die Anwendung von IAS 29 auf eine Berichtsperiode festgelegt, in der ein Unternehmen feststellt, dass in dem Land seiner funktionalen Währung Hochinflation herrscht([1]), sofern dieses Land in der vorhergehenden Berichtsperiode nicht als hochinflationär anzusehen war, und folglich seinen Abschluss gemäß IAS 29 anpasst.

([1]) Das Unternehmen stellt das Vorliegen einer Hochinflation nach eigenem Ermessen unter Berücksichtigung der Kriterien des Paragraphen 3 von IAS 29 fest.

FRAGESTELLUNGEN

2 Diese Interpretation betrifft die folgenden Fragen:
a) Wie ist die Vorschrift in Paragraph 8 von IAS 29 („... *in der am Abschlussstichtag geltenden Maßeinheit auszudrücken* ...") auszulegen, wenn ein Unternehmen diesen Standard anwendet?
b) Wie sollte ein Unternehmen latente Steuern in der Eröffnungsbilanz in seinem angepassten Abschluss bilanzieren?

BESCHLUSS

3 In der Berichtsperiode, in der ein Unternehmen feststellt, dass in dem Land seiner funktionalen Währung Hochinflation herrscht, obwohl dies in der vorhergehenden Berichtsperiode nicht der Fall war, hat das Unternehmen IAS 29 so anzuwenden, als wäre dieses Land zuvor bereits hochinflationär gewesen. Folglich sind nichtmonetäre Posten, die zu den historischen Anschaffungs- und Herstellungskosten bewertet werden, in der Eröffnungsbilanz der frühesten im Abschluss dargestellten Berichtsperiode so anzupassen, dass den Auswirkungen der Inflation ab dem Zeitpunkt, zu dem die Vermögenswerte erworben und die Verbindlichkeiten eingegangen oder übernommen wurden, bis zum Abschlussstichtag Rechnung getragen wird. Für nichtmonetäre Posten, die in der Eröffnungsbilanz mit Beträgen angesetzt wurden, die zu einem anderen Zeitpunkt als dem des Erwerbs der Vermögenswerte oder des Eingehens der Verbindlichkeiten bestimmt wurden, muss die Anpassung stattdessen den Auswirkungen der Inflation ab dem Zeitpunkt, zu dem die Buchwerte bestimmt wurden, bis zum Abschlussstichtag Rechnung tragen.

4 Am Abschlussstichtag werden latente Steuern nach IAS 12 erfasst und bewertet. Für die Eröffnungsbilanz der Berichtsperiode werden die Beträge der latenten Steuern jedoch wie folgt ermittelt:
a) das Unternehmen bewertet die latenten Steuern nach IAS 12 neu, nachdem es die nominalen Buchwerte der nichtmonetären Posten zum Zeitpunkt der Eröffnungsbilanz der Berichtsperiode durch Anwendung der zu diesem Zeitpunkt geltenden Maßeinheit angepasst hat;
b) die nach Buchstabe a neu bewerteten latenten Steuern werden vom Zeitpunkt der Eröffnungsbilanz der Berichtsperiode bis zum Abschlussstichtag dieser Berichtsperiode an die Änderung der Maßeinheit angepasst.

Für die Berichtsperiode, in der das Unternehmen IAS 29 anwendet, verwendet es im angepassten Abschluss für alle Vergleichsperioden, die es dort darstellt, zur Anpassung der latenten Steuern in der Eröffnungsbilanz den unter den Buchstaben a und b genannten Ansatz.

5 Nachdem ein Unternehmen seinen Abschluss angepasst hat, werden im Abschluss der späteren Berichtsperiode alle Zahlen einschließlich der latenten Steuern angepasst, indem für diese folgende Berichtsperiode der angepasste Abschluss der vorherigen Berichtsperiode nur um die Änderung der Maßeinheit angepasst wird.

ZEITPUNKT DES INKRAFTTRETENS

6 Diese Interpretation ist auf Geschäftsjahre anzuwenden, die am oder nach dem 1. März 2006 beginnen. Eine frühere Anwendung wird empfohlen. Wenn ein Unternehmen diese Interpretation für Berichtsperioden anwendet, die vor dem 1. März 2006 beginnen, so ist diese Tatsache anzugeben.

IFRIC INTERPRETATION 10
Zwischenberichterstattung und Wertminderung

IFRIC 10, VO (EU) 2023/1803

Gliederung	§§
HINTERGRUND	1–2
FRAGESTELLUNG	3–7
BESCHLUSS	8–9
ZEITPUNKT DES INKRAFTTRETENS UND ÜBERGANGSVORSCHRIFTEN	10–14

VERWEISE

- IFRS 9 *Finanzinstrumente*
- IAS 34 *Zwischenberichterstattung*
- IAS 36 *Wertminderung von Vermögenswerten*

HINTERGRUND

1 Ein Unternehmen ist verpflichtet, den Geschäfts- oder Firmenwert zu jedem Abschlussstichtag auf Wertminderung zu prüfen und gegebenenfalls zu diesem Stichtag gemäß IAS 36 einen Wertminderungsaufwand zu erfassen. Zu einem späteren Abschlussstichtag können sich die Bedingungen allerdings derart verändert haben, dass der Wertminderungsaufwand geringer ausgefallen wäre oder hätte vermieden werden können, wenn die Wertminderungsprüfung erst zu diesem Zeitpunkt erfolgt wäre. Mit dieser Interpretation werden Leitlinien dafür festgelegt, inwieweit ein solcher Wertminderungsaufwand wieder rückgängig gemacht werden kann.

2 Diese Interpretation befasst sich mit der Wechselwirkung zwischen den Vorschriften von IAS 34 und der Erfassung des Wertminderungsaufwands von Geschäfts- oder Firmenwerten nach IAS 36 sowie mit ihrer Auswirkung auf spätere Zwischenabschlüsse und jährliche Abschlüsse.

FRAGESTELLUNG

3 Nach Paragraph 28 von IAS 34 hat ein Unternehmen in seinen Zwischenabschlüssen dieselben Rechnungslegungsmethoden anzuwenden wie in seinen jährlichen Abschlüssen. Darin heißt es, dass die „Häufigkeit der Berichterstattung eines Unternehmens (jährlich, halb- oder vierteljährlich) [...] die Höhe des Jahresergebnisses jedoch nicht beeinflussen [darf]. Um diese Zielsetzung zu erreichen, sind Bewertungen in Zwischenberichten unterjährig auf einer vom Geschäftsjahresbeginn bis zum Zwischenberichtstermin kumulierten Grundlage vorzunehmen."

4 In Paragraph 124 von IAS 36 heißt es: „Ein für einen Geschäfts- oder Firmenwert erfasster Wertminderungsaufwand darf nicht in einer nachfolgenden Periode aufgeholt werden."

5 [gestrichen]

6 [gestrichen]

7 Diese Interpretation betrifft die folgende Frage:

Muss ein Unternehmen den in einem Zwischenberichtszeitraum für den Geschäfts- oder Firmenwert erfassten Wertminderungsaufwand rückgängig machen, wenn kein oder ein geringerer Aufwand erfasst worden wäre, wenn die Wertminderungsprüfung erst zu einem späteren Abschlussstichtag vorgenommen worden wäre?

BESCHLUSS

8 Ein Unternehmen darf einen in einem Zwischenberichtszeitraum erfassten Wertminderungsaufwand für den Geschäfts- oder Firmenwert nicht wieder rückgängig machen.

9 Ein Unternehmen darf diesen Beschluss nicht analog auf andere Bereiche anwenden, in denen es zu einer Kollision zwischen dem IAS 34 und anderen Standards kommen kann.

ZEITPUNKT DES INKRAFTTRETENS UND ÜBERGANGSVORSCHRIFTEN

10 Diese Interpretation ist auf Geschäftsjahre anzuwenden, die am oder nach dem 1. November 2006 beginnen. Eine frühere Anwendung wird empfohlen. Wendet ein Unternehmen diese Interpretation auf Berichtsperioden an, die vor dem 1. November 2006 beginnen, hat es dies anzugeben. Diese Interpretation ist ab dem Zeitpunkt, ab dem IAS 36 angewendet wird, vorausschauend auf den Geschäfts- oder Firmenwert anzuwenden. Sie ist ab dem Zeitpunkt, ab dem die Bewertungskriterien von IAS 39 angewendet werden, vorausschauend auf Finanzinvestitionen in Eigenkapitalinstrumente oder in finanzielle Vermögenswerte, die zu Anschaffungs- oder Herstellungskosten bilanziert werden, anzuwenden.

11 [gestrichen]

12 [gestrichen]

13 [gestrichen]

14 Mit dem im Juli 2014 veröffentlichten IFRS 9 wurden die Paragraphen 1, 2, 7 und 8 geändert und die Paragraphen 5, 6 und 11–13 gestrichen. Wendet ein Unternehmen IFRS 9 an, hat es diese Änderungen ebenfalls anzuwenden.

5/7. IFRIC 12

IFRIC INTERPRETATION 12
Dienstleistungskonzessionsvereinbarungen

IFRIC 12, VO (EU) 2023/1803

Gliederung	§§
HINTERGRUND	1–3
ANWENDUNGSBEREICH	4–9
FRAGESTELLUNGEN	10
BESCHLUSS	11–27
Behandlung der Rechte, die dem Betreiber im Zusammenhang mit der Infrastruktureinrichtung zustehen	11
Ansatz und Bewertung der vereinbarten Gegenleistung	12–13
Bau- oder Ausbauleistungen	14–19
Vom Konzessionsgeber an den Betreiber erbrachte Gegenleistung	15–19
Betriebsleistungen	20–21
Vertragliche Verpflichtungen, einen festgelegten Grad der Gebrauchstauglichkeit der Infrastruktureinrichtung wiederherzustellen	21
Dem Betreiber entstehende Fremdkapitalkosten	22
Finanzieller Vermögenswert	23–25
Immaterieller Vermögenswert	26
Dem Betreiber vom Konzessionsgeber zur Verfügung gestellte Gegenstände	27
ZEITPUNKT DES INKRAFTTRETENS	28–28F
ÜBERGANGSVORSCHRIFTEN	29–30
ANHANG A: ANWENDUNGSLEITLINIEN	
ANWENDUNGSBEREICH (Paragraph 5)	AL1–AL8

VERWEISE

- *Rahmenkonzept für die Aufstellung und Darstellung von Abschlüssen*[1]
- IFRS 1 *Erstmalige Anwendung der International Financial Reporting Standards*
- IFRS 7 *Finanzinstrumente: Angaben*
- IFRS 9 *Finanzinstrumente*
- IFRS 15 *Erlöse aus Verträgen mit Kunden*
- IFRS 16 *Leasingverhältnisse*
- IAS 8 *Rechnungslegungsmethoden, Änderungen von rechnungslegungsbezogenen Schätzungen und Fehler*
- IAS 16 *Sachanlagen*
- IAS 20 *Bilanzierung und Darstellung von Zuwendungen der öffentlichen Hand*
- IAS 23 *Fremdkapitalkosten*
- IAS 32 *Finanzinstrumente: Darstellung*
- IAS 36 *Wertminderung von Vermögenswerten*
- IAS 37 *Rückstellungen, Eventualverbindlichkeiten und Eventualforderungen*
- IAS 38 *Immaterielle Vermögenswerte*
- SIC-29 *Dienstleistungskonzessionsvereinbarungen: Angaben*[2]

[1] Dieses *Rahmenkonzept für die Aufstellung und Darstellung von Abschlüssen* des IASB wurde im Jahr 2001 vom IASB übernommen und war zum Zeitpunkt der Ausarbeitung dieser Interpretation in Kraft.
[2] Vor seiner Änderung durch die Interpretation IFRIC 12 lautete der Titel der Interpretation SIC-29: *Angaben – Dienstleistungskonzessionsvereinbarungen*.

HINTERGRUND

1 In vielen Ländern werden die Infrastruktureinrichtungen zur Erfüllung öffentlicher Aufgaben (z. B. Straßen, Brücken, Tunnel, Gefängnisse, Krankenhäuser, Flughäfen, Wasserversorgungssysteme, Energieversorgungssysteme und Telekommunikationsnetze) traditionell von der öffentlichen Hand errichtet, betrieben und instand gehalten und durch Zuweisungen aus den öffentlichen Haushalten finanziert.

2 In einigen Ländern haben die Regierungen verschiedene Vertragsmodelle eingeführt, um für Privatinvestoren einen Anreiz zu schaffen, sich an der Entwicklung, der Finanzierung, dem Betrieb oder der Instandhaltung solcher Infrastruktureinrichtungen zu beteiligen. Die Infrastruktureinrichtung kann entweder schon bestehen oder sie wird während der Laufzeit des Vertrags errichtet. Eine Vereinbarung, die in den Anwendungsbereich dieser Interpretation fällt, regelt normalerweise, dass ein Privatunternehmen (der Betreiber) eine Infrastruktureinrichtung zur Erfüllung öffentlicher Aufgaben errichtet oder verbessert (z. B. durch eine Erhöhung der Kapazität) oder dass er diese

IFRIC 12

Infrastruktureinrichtung für eine bestimmte Zeit betreibt und instand hält. Für diese während der Dauer der Vereinbarung erbrachten Dienstleistungen erhält der Betreiber ein Entgelt. Die Vereinbarung wird durch einen Vertrag formalisiert, der den Standard der zu erbringenden Leistungen, die Preisanpassungsmechanismen sowie die Verfahren zur Schlichtung von Streitigkeiten regelt. Unter solche Vereinbarungen fallen Betreibermodelle, die Konstellationen wie „Build-Operate-Transfer" (BOT) oder „Rehabilitate-Operate-Transfer" (ROT) abdecken, und öffentlich-private Konzessionsvereinbarungen.

3 Ein Merkmal dieser Konzessionsvereinbarungen ist die öffentliche Dienstleistung, zu der sich der Betreiber verpflichtet. Die Infrastruktureinrichtung hat eine öffentliche Aufgabe zu erfüllen. Welcher Betreiber die Dienstleistung für die Öffentlichkeit erbringt, ist dabei unerheblich. Der Betreiber wird vertraglich verpflichtet, im Namen der öffentlichen Einrichtung eine Dienstleistung für die Öffentlichkeit zu erbringen. Andere häufige Merkmale sind:

a) die übertragende Partei (der Konzessionsgeber) ist entweder eine öffentliche Einrichtung, beispielsweise eine Behörde, oder ein privatrechtliches Unternehmen, dem die Verantwortung für die Erfüllung der öffentlichen Dienstleistung übertragen wurde,

b) der Betreiber ist zumindest teilweise für den Betrieb der Infrastruktureinrichtung und die damit zu erbringenden Dienstleistungen verantwortlich und handelt nicht nur stellvertretend für den Konzessionsgeber in dessen Namen,

c) der Vertrag regelt die Ausgangspreise, die der Betreiber verlangen kann, sowie die Preisanpassungen während der Laufzeit der Konzessionsvereinbarung,

d) der Betreiber ist verpflichtet, dem Konzessionsgeber die Infrastruktureinrichtung bei Vertragsende in einem bestimmten Zustand gegen eine geringe oder ohne zusätzliche Gegenleistung zu übergeben, unabhängig davon, wer die Infrastruktureinrichtung ursprünglich finanziert hat.

ANWENDUNGSBEREICH

4 Diese Interpretation enthält Leitlinien für die Rechnungslegung der Betreiber im Rahmen öffentlich-privater Konzessionsvereinbarungen.

5 Diese Interpretation ist auf öffentlich-private Konzessionsvereinbarungen anwendbar, wenn

a) der Konzessionsgeber steuert oder regelt, welche Dienstleistungen der Betreiber mit der Infrastruktureinrichtung zu erbringen hat, an wen er sie zu erbringen hat und zu welchem Preis, und

b) dem Konzessionsgeber nach Ablauf der Vereinbarung aufgrund von Eigentumsrechten oder sonstigen ihm zustehenden Rechten sämtliche erheblichen Residualansprüche an der Infrastruktureinrichtung zukommen.

6 Auf Infrastruktureinrichtungen, die während ihrer gesamten wirtschaftlichen Nutzungsdauer (gesamte Nutzungsdauer der Vermögenswerte) einer öffentlich-privaten Konzessionsvereinbarung unterliegen, ist diese Interpretation dann anzuwenden, wenn die Bedingungen des Paragraphen 5(a) vorliegen. Die Paragraphen AL1–AL8 enthalten Leitlinien für die Beurteilung, ob und in welchem Umfang öffentlich-private Konzessionsvereinbarungen in den Anwendungsbereich dieser Interpretation fallen.

7 Diese Interpretation ist anzuwenden auf

a) Infrastruktureinrichtungen, die der Betreiber für die Zwecke der Konzessionsvereinbarung selbst errichtet oder von einem Dritten erwirbt, und

b) auf bestehende Infrastruktureinrichtungen, die der Konzessionsgeber dem Betreiber für die Zwecke der Vereinbarung zugänglich macht.

8 Diese Interpretation lässt die Rechnungslegung für Infrastruktureinrichtungen, die vom Betreiber bereits vor Abschluss der Vereinbarung als Sachanlagen gehalten und erfasst wurden, unberührt. Auf solche Infrastruktureinrichtungen sind die (in IAS 16 enthaltenen) IFRS-Ausbuchungsvorschriften anzuwenden.

9 Diese Interpretation regelt nicht die Rechnungslegung des Konzessionsgebers.

FRAGESTELLUNGEN

10 Diese Interpretation enthält allgemeine Regeln für die Erfassung und Bewertung von Verpflichtungen und Rechten aus Konzessionsvereinbarungen. Welche Angaben im Zusammenhang mit Konzessionsvereinbarungen zu machen sind, ist in SIC-29 geregelt. Diese Interpretation betrifft die folgenden Fragen:

a) Wie sind die Rechte, die dem Betreiber im Zusammenhang mit der Infrastruktureinrichtung zustehen, zu behandeln?

b) Wie ist die Gegenleistung aus der Vereinbarung zu erfassen und zu bewerten?

c) Wie sind Bau- oder Ausbauleistungen zu erfassen?

d) Wie sind Betriebsleistungen zu erfassen?

e) Wie sind Fremdkapitalkosten zu erfassen?

f) Wie sind finanzielle und immaterielle Vermögenswerte in der Folge zu bilanzieren?

g) Wie sind Gegenstände zu erfassen, die dem Betreiber vom Konzessionsgeber zur Verfügung gestellt werden?

BESCHLUSS

Behandlung der Rechte, die dem Betreiber im Zusammenhang mit der Infrastruktureinrichtung zustehen

11 Infrastruktureinrichtungen im Anwendungsbereich dieser Interpretation sind nicht als Sachanlagen des Betreibers zu erfassen, da der Konzessionsvertrag den Betreiber nicht dazu be-

rechtigt, selbst über die Nutzung der öffentlichen Infrastruktureinrichtung zu bestimmen. Der Betreiber hat Zugang zur Infrastruktureinrichtung, um die öffentlichen Aufgaben entsprechend den vertraglich vereinbarten Modalitäten anstelle des Konzessionsgebers zu erfüllen.

Ansatz und Bewertung der vereinbarten Gegenleistung

12 Im Rahmen der in den Anwendungsbereich dieser Interpretation fallenden Verträge handelt der Betreiber als Dienstleistungserbringer. Der Betreiber errichtet eine Infrastruktureinrichtung, mit der öffentliche Aufgaben erfüllt werden, oder baut sie aus (Bau- oder Ausbauleistungen), und er übernimmt für einen vereinbarten Zeitraum den Betrieb und die Instandhaltung (Betriebsleistungen) dieser Einrichtung.

13 Der Betreiber hat den Ertrag aus den von ihm erbrachten Dienstleistungen nach IFRS 15 zu bewerten und zu erfassen. Wie die Gegenleistung in der Folge zu bilanzieren ist, hängt von der Art der Gegenleistung ab. Wie eine in Form eines finanziellen Vermögenswerts oder eines immateriellen Vermögenswerts erhaltene Gegenleistung in der Folge zu bilanzieren ist, wird in den Paragraphen 23–26 erläutert.

Bau- oder Ausbauleistungen

14 Der Betreiber hat Bau- und Ausbauleistungen nach IFRS 15 zu erfassen.

Vom Konzessionsgeber an den Betreiber geleistete Gegenleistungen

15 Erbringt der Betreiber Bau- oder Ausbauleistungen, so ist die hierfür erhaltene oder zu erhaltende Gegenleistung nach IFRS 15 zu erfassen. Die Gegenleistung kann bestehen in Ansprüchen auf
a) einen finanziellen Vermögenswert oder
b) einen immateriellen Vermögenswert.

16 Der Betreiber hat einen finanziellen Vermögenswert zu bilanzieren, wenn er als Gegenleistung für seine Bauleistungen einen unbedingten vertraglichen Anspruch darauf hat, vom Konzessionsgeber selbst oder auf dessen Anweisung einen Geldbetrag oder einen anderen finanziellen Vermögenswert zu erhalten. Der Konzessionsgeber hat so gut wie keine Möglichkeit, die Zahlung zu vermeiden, da die Vereinbarung in der Regel gerichtlich durchsetzbar ist. Der Betreiber hat einen unbedingten Zahlungsanspruch, wenn der Konzessionsgeber sich gegenüber dem Betreiber vertraglich zur Zahlung a) eines bestimmten oder bestimmbaren Betrags oder b) des Differenzbetrags (falls ein solcher existiert) zwischen den von den Nutzern für die öffentliche Dienstleistung gezahlten Beträgen und bestimmten oder bestimmbaren Beträgen verpflichtet hat, auch wenn die Zahlung davon abhängt, ob die Leistungen des Betreibers in Bezug auf die Infrastruktureinrichtung bestimmten Qualitäts- oder Effizienzanforderungen genügen.

17 Der Betreiber hat einen immateriellen Vermögenswert zu erfassen, wenn er als Gegenleistung das Recht (Konzession) erhält, von den Benutzern der öffentlichen Dienstleistung eine Gebühr zu verlangen. Das Recht, von den Benutzern der öffentlichen Dienstleistung eine Gebühr zu verlangen, stellt keinen unbedingten Zahlungsanspruch dar, da der Gesamtbetrag davon abhängt, in welchem Umfang diese die öffentliche Dienstleistung nutzen.

18 Erhält der Betreiber für seine Bauleistungen eine Gegenleistung, die aus einem finanziellen Vermögenswert und aus einem immateriellen Vermögenswert besteht, so hat er die einzelnen Bestandteile der Gegenleistung separat zu erfassen. Die erhaltenen oder zu erhaltenden Bestandteile der Gegenleistung sind erstmalig nach IFRS 15 zu erfassen.

19 Welcher Kategorie die vom Konzessionsgeber an den Betreiber geleistete Gegenleistung angehört, ist aufgrund der vertraglichen Bestimmungen und – wenn anwendbar – nach dem geltenden Vertragsrecht zu bestimmen. Wie die Gegenleistung in der Folge zu bilanzieren ist, hängt von der Art der Gegenleistung ab und ist in den Paragraphen 23–26 erläutert. Während der Bau- bzw. Ausbauphase werden jedoch beide Arten von Gegenleistungen nach IFRS 15 als Vertragsvermögen eingestuft.

Betriebsleistungen

20 Der Betreiber hat Betriebsleistungen nach IFRS 15 zu bilanzieren.

Vertragliche Verpflichtung, einen bestimmten Grad der Gebrauchstauglichkeit der Infrastruktureinrichtung wiederherzustellen

21 Die dem Betreiber erteilte Konzession kann bedingt sein durch die Verpflichtung, a) einen bestimmten Grad der Gebrauchstauglichkeit der Infrastruktureinrichtung aufrechtzuerhalten oder b) die Infrastruktureinrichtung vor dem Ende des Konzessionsvertrages vor der Rückgabe an den Konzessionsgeber wieder in einen bestimmten Zustand zu versetzen. Mit Ausnahme von Ausbauleistungen (siehe Paragraph 14) sind vertragliche Verpflichtungen, einen bestimmten Zustand der Infrastruktureinrichtung aufrechtzuerhalten oder wiederherzustellen, nach IAS 37 zu erfassen und zu bewerten, d. h. zum bestmöglichen Schätzwert der Ausgaben, die erforderlich wären, um die gegenwärtige Verpflichtung am Abschlussstichtag zu erfüllen.

Dem Betreiber entstehende Fremdkapitalkosten

22 Nach IAS 23 sind der Vereinbarung zurechenbare Fremdkapitalkosten in der Periode, in der sie anfallen, als Aufwand zu erfassen, es sei denn, der Betreiber hat einen vertraglichen Anspruch auf einen immateriellen Vermögenswert (das Recht, von den Benutzern der öffentlichen Dienstleistung eine Gebühr zu verlangen). In diesem Fall sind der Vereinbarung zurechenbare Fremdkapitalkosten während der Bauphase nach jenem Standard zu aktivieren.

Finanzieller Vermögenswert

23 Auf einen nach den Paragraphen 16 und 18 erfassten finanziellen Vermögenswert sind IAS 32 sowie IFRS 7 und IFRS 9 anzuwenden.

24 Ein vom Konzessionsgeber selbst oder auf dessen Anweisung erhaltener oder zu erhaltender Betrag ist nach IFRS 9 wie folgt zu bewerten:
a) zu fortgeführten Anschaffungskosten oder
b) zum beizulegenden Zeitwert im sonstigen Ergebnis oder
c) erfolgswirksam zum beizulegenden Zeitwert.

25 Wird der vom Konzessionsgeber geschuldete Betrag zu fortgeführten Anschaffungskosten oder zum beizulegenden Zeitwert im sonstigen Ergebnis bewertet, so sind nach IFRS 9 die nach der Effektivzinsmethode berechneten Zinsen erfolgswirksam zu erfassen.

Immaterieller Vermögenswert

26 Auf einen nach den Paragraphen 17 und 18 erfassen immateriellen Vermögenswert ist IAS 38 anzuwenden. Die Paragraphen 45–47 von IAS 38 enthalten Leitlinien zur Bewertung immaterieller Vermögenswerte, die im Austausch gegen einen oder mehrere nichtmonetäre Vermögenswerte oder gegen eine Kombination aus monetären und nichtmonetären Vermögenswerten erworben wurden.

Dem Betreiber vom Konzessionsgeber zur Verfügung gestellte Gegenstände

27 Nach Paragraph 11 sind Infrastruktureinrichtungen, die dem Betreiber zum Zwecke der Konzessionsvereinbarung zugänglich gemacht werden, nicht als Sachanlagen des Betreibers zu erfassen. Der Konzessionsgeber kann dem Betreiber auch andere Gegenstände zur Verfügung stellen, mit denen der Betreiber nach Belieben verfahren kann. Sind solche Vermögenswerte Bestandteil der vom Konzessionsgeber für die Dienstleistung zu leistenden Gegenleistung, stellen sie keine Zuwendung der öffentlichen Hand im Sinne von IAS 20 dar, sondern sind als Teil des Transaktionspreises im Sinne von IFRS 15 zu bilanzieren.

ZEITPUNKT DES INKRAFTTRETENS

28 Diese Interpretation ist auf Geschäftsjahre anzuwenden, die am oder nach dem 1. Januar 2008 beginnen. Eine frühere Anwendung ist zulässig. Wendet ein Unternehmen diese Interpretation auf Berichtsperioden an, die vor dem 1. Januar 2008 beginnen, hat es dies anzugeben.

28D Mit dem im Mai 2014 veröffentlichten IFRS 15 *Erlöse aus Verträgen mit Kunden* wurden der Abschnitt „Verweise" und die Paragraphen 13–15, 18–20 und 27 geändert. Wendet ein Unternehmen IFRS 15 an, so hat es diese Änderungen anzuwenden.

28E Mit dem im Juli 2014 veröffentlichten IFRS 9 wurden die Paragraphen 23–25 geändert und die Paragraphen 28A–28C gestrichen. Wendet ein Unternehmen IFRS 9 an, hat es diese Änderungen ebenfalls anzuwenden.

28F Mit dem im Januar 2016 veröffentlichten IFRS 16 wurde Paragraph AL8 geändert. Wendet ein Unternehmen IFRS 16 an, hat es diese Änderung ebenfalls anzuwenden.

ÜBERGANGSVORSCHRIFTEN

29 Vorbehaltlich des Paragraphen 30 werden Änderungen in den Rechnungslegungsmethoden nach IAS 8, das heißt rückwirkend, berücksichtigt.

30 Falls für den Betreiber eine rückwirkende Anwendung dieser Interpretation zu Beginn der ersten dargestellten Periode bei einer bestimmten Konzessionsvereinbarung nicht durchführbar sein sollte, so hat er
a) diejenigen finanziellen und immateriellen Vermögenswerte zu erfassen, die zu Beginn der ersten dargestellten Periode vorhanden waren,
b) die bisherigen Buchwerte dieser finanziellen und immateriellen Vermögenswerte (unabhängig von ihrer bisherigen Einstufung) als die Buchwerte zu diesem Zeitpunkt anzusetzen und
c) zu prüfen, ob bei den zu diesem Zeitpunkt angesetzten finanziellen und immateriellen Vermögenswerten eine Wertminderung vorliegt. Sollte dies nicht durchführbar sein, so sind die angesetzten Buchwerte zu Beginn der laufenden Berichtsperiode auf Wertminderung zu prüfen.

Anhang A
Anwendungsleitlinien

Dieser Anhang ist integraler Bestandteil der Interpretation.

ANWENDUNGSBEREICH (Paragraph 5)

AL1 Nach Paragraph 5 dieser Interpretation fällt eine Infrastruktureinrichtung in den Anwendungsbereich dieser Interpretation, wenn
a) der Konzessionsgeber steuert oder regelt, welche Dienstleistungen der Betreiber mit der Infrastruktureinrichtung zu erbringen hat, an wen er sie zu erbringen hat und zu welchem Preis, und
b) dem Konzessionsgeber nach Ablauf der Vereinbarung aufgrund von Eigentumsrechten oder sonstigen ihm zustehenden Rechten sämtliche erheblichen Residualansprüche an der Infrastruktureinrichtung zukommen.

AL2 Die unter Buchstabe a aufgeführte Festlegungs- oder Steuerungsbefugnis kann sich aus dem Vertrag oder aus anderen Umständen (z. B. einer Regulierungsbehörde) ergeben und umfasst sowohl die Fälle, in denen der Konzessionsgeber der alleinige Abnehmer der erbrachten Leistungen ist, als auch die Fälle, in denen andere Benutzer ganz oder zum Teil Abnehmer der Leistungen sind. Bei der Prüfung, ob diese Voraussetzung erfüllt ist, sind dem Konzessionsgeber nahestehende Unternehmen und Personen als ihm zugehörig zu betrachten. Ist der Konzessionsgeber eine öffentliche Einrichtung,

5/7. IFRIC 12
AL2 – AL8

so wird für die Zwecke dieser Interpretation die gesamte öffentliche Hand zusammen mit allen Aufsichtsbehörden, die im öffentlichen Interesse tätig sind, als dem Konzessionsgeber nahestehend angesehen.

AL3 Zur Erfüllung der unter Buchstabe a genannten Voraussetzung ist es nicht erforderlich, dass der Konzessionsgeber die Preisgebung vollständig steuert, sondern es reicht aus, dass der Preis vom Konzessionsgeber, im Vertrag oder von einer Regulierungsbehörde reguliert wird, zum Beispiel durch einen Preisbegrenzungsmechanismus. Die Voraussetzung muss allerdings für den wirtschaftlichen Gehalt der Vereinbarung erfüllt sein. Unwesentliche Bestimmungen wie ein Preisbegrenzungsmechanismus, der nur unter sehr unwahrscheinlichen Umständen greift, bleiben unberücksichtigt. Umgekehrt ist das Preissteuerungselement gegeben, wenn beispielsweise der Vertrag dem Betreiber zwar ermöglicht, die Preise frei festzusetzen, er jedoch jeden zusätzlichen Gewinn an den Konzessionsgeber weiterzureichen hat, da in diesem Fall der Ertrag für den Betreiber begrenzt ist.

AL4 Zur Erfüllung der unter Buchstabe b genannten Voraussetzung müssen die dem Konzessionsgeber zukommenden erheblichen Residualansprüche an der Infrastruktureinrichtung es dem Betreiber einerseits unmöglich machen, die Infrastruktureinrichtung zu verkaufen oder zu belasten, und dem Konzessionsgeber andererseits ein Nutzungsrecht für die gesamte Dauer der Vereinbarung einräumen. Der Residualanspruch an der Infrastruktureinrichtung entspricht ihrem geschätzten Marktwert am Ende der Vereinbarung in ihrem zu diesem Zeitpunkt zu erwartenden Zustand und Alter.

AL5 Steuerung und Geschäftsführung sind zu unterscheiden. Behält der Konzessionsgeber sowohl das in Paragraph 5 (a) beschriebene Maß an Steuerung über die Infrastruktureinrichtung als auch sämtliche erheblichen Residualansprüche darauf, so ist der Betreiber vom Konzessionsgeber lediglich mit der Geschäftsführung der Infrastruktureinrichtung betraut, auch wenn er dabei in vielen Fällen eine weitreichende Entscheidungsbefugnis innehat.

AL6 Aus der Kombination der Voraussetzungen unter den Buchstaben a und b ergibt sich, ob die Steuerung der Infrastruktureinrichtung während der gesamten Dauer ihrer wirtschaftlichen Nutzung, einschließlich aller erforderlichen Erneuerungen (siehe Paragraph 21), beim Konzessionsgeber liegt. Muss der Betreiber beispielsweise während der Laufzeit der Vereinbarung einen Teil der Infrastruktureinrichtung ersetzen (z. B. den Belag einer Straße oder das Dach eines Gebäudes), ist die Infrastruktureinrichtung als Ganzes zu betrachten. Daher ist die Voraussetzung unter Buchstabe b für die gesamte Infrastruktureinrichtung einschließlich des ersetzten Teils erfüllt, wenn dem Konzessionsgeber sämtliche erheblichen Residualansprüche an dem ersetzten Teil zukommen.

AL7 In manchen Fällen ist die Nutzung der Infrastruktureinrichtung teilweise im Sinne von Paragraph 5(a) geregelt und teilweise ungeregelt. Diese Vereinbarungen können verschiedener Art sein:

a) Jede Infrastruktureinrichtung, die physisch abtrennbar ist, eigenständig betrieben werden kann und eine zahlungsmittelgenerierende Einheit im Sinne von IAS 36 darstellt, ist gesondert zu betrachten, sofern sie ausschließlich für ungeregelte Zwecke genutzt wird. Dies ist z. B. bei einem zur Behandlung von Privatpatienten genutzten Flügel eines Krankenhauses der Fall, wenn das übrige Krankenhaus für die Behandlung von Kassenpatienten genutzt wird.

b) Sind lediglich Nebentätigkeiten ungeregelt (z. B. der Krankenhauskiosk), so werden diese Tätigkeiten bei der Frage der tatsächlichen Steuerung nicht berücksichtigt, weil eine solche Nebentätigkeit in Fällen, in denen der Konzessionsgeber die Infrastruktureinrichtung nach Paragraph 5 steuert, seine Steuerung nicht beeinträchtigt.

AL8 Der Betreiber kann das Recht gewährt werden, die in Paragraph AL7(a) beschriebene abtrennbare Infrastruktureinrichtung zu nutzen oder eine in Paragraph AL7(b) beschriebene Nebentätigkeit auszuüben. In beiden Fällen kann zwischen dem Konzessionsgeber und dem Betreiber ein Leasingverhältnis bestehen, das dann nach IFRS 16 zu bilanzieren ist.

IFRIC INTERPRETATION 14
IAS 19 – Die Begrenzung eines leistungsorientierten Vermögenswertes, Mindestdotierungsverpflichtungen und ihre Wechselwirkung

IFRIC 14, VO (EU) 2023/1803

Gliederung	§§
HINTERGRUND	1–3A
ANWENDUNGSBEREICH	4–5
FRAGESTELLUNGEN	6
BESCHLUSS	7–24
Verfügbarkeit einer Rückerstattung oder Minderung künftiger Beitragszahlungen	7–17
Als Rückerstattung verfügbarer wirtschaftlicher Nutzen	11–15
Als Beitragsminderung verfügbarer wirtschaftlicher Nutzen	16–17
Auswirkung einer Mindestdotierungsverpflichtung auf den als Minderung künftiger Beitragszahlungen verfügbaren wirtschaftlichen Nutzen	18–22
Fälle, in denen für eine Mindestdotierungsverpflichtung eine Schuld zu erfassen ist	23–24
ZEITPUNKT DES INKRAFTTRETENS	27–27C
ÜBERGANGSBESTIMMUNGEN	28–29

VERWEISE

- IAS 1 *Darstellung des Abschlusses*
- IAS 8 *Rechnungslegungsmethoden, Änderungen von rechnungslegungsbezogenen Schätzungen und Fehler*
- IAS 19 *Leistungen an Arbeitnehmer* (in der 2011 geänderten Fassung)
- IAS 37 *Rückstellungen, Eventualverbindlichkeiten und Eventualforderungen*

HINTERGRUND

1 In Paragraph 64 von IAS 19 wird die Bewertung eines Nettovermögenswerts aus einem leistungsorientierten Plan auf den jeweils niedrigeren Wert der Überdeckung des leistungsorientierten Plans und der Obergrenze für den Vermögenswert begrenzt. In Paragraph 8 von IAS 19 wird die Obergrenze für den Vermögenswert als der „Barwert eines wirtschaftlichen Nutzens in Form von Rückerstattungen aus dem Plan oder Minderungen künftiger Beitragszahlungen an den Plan" definiert. Es sind Fragen aufgekommen, wann Rückerstattungen oder Minderungen künftiger Beitragszahlungen als verfügbar betrachtet werden sollten, vor allem dann, wenn Mindestdotierungsverpflichtungen bestehen.

2 In vielen Ländern wurden Mindestdotierungsverpflichtungen festgelegt, um die Sicherheit der Zusagen für Leistungen nach Beendigung des Arbeitsverhältnisses zu erhöhen, die Mitgliedern von Plänen für Leistungen nach Beendigung des Arbeitsverhältnisses gemacht werden. Solche Verpflichtungen sehen normalerweise Mindestbeiträge vor, die über einen bestimmten Zeitraum an einen Plan zu leisten sind. Eine Mindestdotierungsverpflichtung kann daher die Fähigkeit des Unternehmens zur Minderung künftiger Beitragszahlungen einschränken.

3 Außerdem kann die Bewertungsobergrenze für einen Vermögenswert aus einem leistungsorientierten Plan dazu führen, dass eine Mindestdotierungsverpflichtung belastend wird. Normalerweise würde eine Vorschrift, Beitragszahlungen an einen Plan zu leisten, keine Auswirkungen auf die Bewertung des Vermögenswerts oder der Schuld aus einem leistungsorientierten Plan haben. Dies liegt daran, dass die Beträge zum Zeitpunkt der Zahlung Planvermögen werden und damit die zusätzliche Nettoschuld null beträgt. Eine Mindestdotierungsverpflichtung begründet jedoch eine Schuld, wenn die erforderlichen Beiträge dem Unternehmen nach ihrer Zahlung nicht zur Verfügung stehen.

3A Im November 2009 änderte der International Accounting Standards Board IFRIC 14, um eine unbeabsichtigte Folge der Behandlung von Beitragsvorauszahlungen in bestimmten Fällen, in denen Mindestdotierungsverpflichtungen bestehen, zu beseitigen.

ANWENDUNGSBEREICH

4 Diese Interpretation ist auf alle Leistungen nach Beendigung des Arbeitsverhältnisses aus leistungsorientierten Plänen und auf andere langfristig fällige Leistungen an Arbeitnehmer aus leistungsorientierten Plänen anzuwenden.

5 Für die Zwecke dieser Interpretation bezeichnen Mindestdotierungsverpflichtungen alle Verpflichtungen zur Dotierung eines leistungsorientierten Plans, der Leistungen nach Beendigung des Arbeitsverhältnisses oder andere langfristig fällige Leistungen an Arbeitnehmer beinhaltet.

FRAGESTELLUNGEN

6 Diese Interpretation betrifft die folgenden Fragen:

a) Wann sollen Rückerstattungen oder Minderungen künftiger Beitragszahlungen im Sinne der in Paragraph 8 von IAS 19 definierten Obergrenze für den Vermögenswert als verfügbar betrachtet werden?
b) Wie kann sich eine Mindestdotierungsverpflichtung auf die Verfügbarkeit künftiger Beitragsminderungen auswirken?
c) Wann ist für eine Mindestdotierungsverpflichtung eine Schuld zu erfassen?

BESCHLUSS

Verfügbarkeit einer Rückerstattung oder Minderung künftiger Beitragszahlungen

7 Die Verfügbarkeit einer Rückerstattung oder Minderung künftiger Beitragszahlungen ist nach den Bedingungen des Plans und den im Rechtskreis des Plans maßgeblichen gesetzlichen Vorschriften zu bestimmen.

8 Ein wirtschaftlicher Nutzen in Form von Rückerstattungen oder Minderungen künftiger Beitragszahlungen ist verfügbar, wenn das Unternehmen diesen Nutzen zu irgendeinem Zeitpunkt während der Laufzeit des Plans oder bei Begleichung der Planschulden realisieren kann. Ein solcher wirtschaftlicher Nutzen kann insbesondere auch dann verfügbar sein, wenn er zum Abschlussstichtag nicht sofort realisierbar ist.

9 Der verfügbare wirtschaftliche Nutzen ist von der beabsichtigten Verwendung der Überdeckung unabhängig. Ein Unternehmen hat den maximalen wirtschaftlichen Nutzen zu bestimmen, der aus Rückerstattungen, Minderungen künftiger Beitragszahlungen oder einer Kombination aus beidem verfügbar ist. Ein Unternehmen darf keinen wirtschaftlichen Nutzen aus einer Kombination von Rückerstattungen und Minderungen künftiger Beitragszahlungen erfassen, wenn diese auf sich gegenseitig ausschließenden Annahmen beruhen.

10 Nach IAS 1 hat ein Unternehmen Angaben zu den am Abschlussstichtag bestehenden Hauptquellen von Schätzungsunsicherheiten zu machen, die ein beträchtliches Risiko dahingehend enthalten, dass eine wesentliche Anpassung des Buchwerts des in der Bilanz ausgewiesenen Nettovermögenswerts bzw. der in der Bilanz ausgewiesenen Nettoschuld erforderlich wird. Hierzu können auch Angaben zu etwaigen Einschränkungen hinsichtlich der gegenwärtigen Realisierbarkeit der Überdeckung gehören oder die Angabe, auf welcher Grundlage der verfügbare wirtschaftliche Nutzen bestimmt wurde.

Als Rückerstattung verfügbarer wirtschaftlicher Nutzen

Rückerstattungsanspruch

11 Für ein Unternehmen, das einen unbedingten Anspruch auf eine Rückerstattung hat, ist die Rückerstattung verfügbar

a) während der Laufzeit des Plans unter der Annahme, dass die Planschulden nicht beglichen werden müssen, um die Rückerstattung zu erhalten (in einigen Rechtskreisen kann ein Unternehmen z. B. während der Laufzeit des Plans einen Rückerstattungsanspruch haben, der unabhängig davon besteht, ob die Planschulden beglichen sind), oder
b) unter der Annahme, dass die Planschulden nach und nach beglichen werden, bis alle Berechtigten aus dem Plan ausgeschieden sind, oder
c) unter der Annahme, dass die Planschulden vollständig durch ein einmaliges Ereignis beglichen werden (d. h. bei der Beendigung des Plans).

Ein unbedingter Rückerstattungsanspruch kann unabhängig vom Deckungsgrad des Plans zum Abschlussstichtag bestehen.

12 Wenn Rückerstattungsansprüche für Überdeckungen von dem Eintreten oder Nichteintreten eines oder mehrerer unsicherer zukünftiger Ereignisse abhängen, die das Unternehmen nicht vollständig beeinflussen kann, so hat das Unternehmen keinen unbedingten Anspruch und darf keinen Vermögenswert erfassen.

Bewertung des wirtschaftlichen Nutzens

13 Der wirtschaftliche Nutzen einer verfügbaren Rückerstattung entspricht dem Betrag der Überdeckung zum Abschlussstichtag (dem beizulegenden Zeitwert des Planvermögens abzüglich des Barwerts der leistungsorientierten Verpflichtung), auf dessen Rückerstattung das Unternehmen Anspruch hat, abzüglich aller zugehörigen Kosten. Ist eine Rückerstattung beispielsweise mit einer anderen Steuer als der Ertragsteuer belegt, so ist der Betrag der Rückerstattung abzüglich dieser Steuer zu bestimmen.

14 Bei der Bewertung des verfügbaren Betrags einer Rückerstattung im Falle der Beendigung des Plans (Paragraph 11 (c)) sind die dem Plan entstehenden Kosten für die Begleichung der Planschulden und die Abwicklung der Rückerstattung zu berücksichtigen. Beispielsweise hat ein Unternehmen Honorare in Abzug zu bringen, wenn diese vom Plan und nicht vom Unternehmen gezahlt werden, sowie die Kosten für etwaige Versicherungsprämien, die zur Absicherung der Schuld bei der Beendigung notwendig sind.

15 Wird der Betrag einer Rückerstattung als voller Betrag oder Teil der Überdeckung und nicht als fester Betrag bestimmt, hat das Unternehmen keine Abzinsung für den Zeitwert des Geldes vorzunehmen, selbst wenn die Rückerstattung erst zu einem späteren Zeitpunkt realisiert werden kann.

IFRIC 14

Als Beitragsminderung verfügbarer wirtschaftlicher Nutzen

16 Besteht keine Mindestdotierungsverpflichtung für Beitragszahlungen für künftige Dienstjahre, so entspricht der als Minderung künftiger Beitragszahlungen verfügbare wirtschaftliche Nutzen dem künftigen Dienstzeitaufwand für das Unternehmen für die erwartete Laufzeit des Plans oder die erwartete Lebensdauer des Unternehmens, je nachdem, welche der beiden Perioden die kürzere ist. Nicht im künftigen Dienstzeitaufwand für das Unternehmen enthalten sind die Beiträge, die von den Arbeitnehmern geleistet werden.

17 Die bei der Ermittlung des künftigen Dienstzeitaufwands zugrunde gelegten Annahmen müssen sowohl mit den Annahmen, die bei der Bestimmung der leistungsorientierten Verpflichtung herangezogen werden, als auch mit der Situation zum Abschlussstichtag nach IAS 19 vereinbar sein. Aus diesem Grund hat ein Unternehmen so lange von künftig unveränderten Leistungen des Plans auszugehen, bis dieser geändert wird, und eine unveränderte Belegschaft anzunehmen, solange es die Zahl der am Plan teilnehmenden Arbeitnehmer nicht reduziert. In letzteren Fall hat es die geplante Reduzierung der Belegschaft bei der Annahme zu berücksichtigen.

Auswirkung einer Mindestdotierungsverpflichtung auf den als Minderung künftiger Beitragszahlungen verfügbaren wirtschaftlichen Nutzen

18 Ein Unternehmen hat jede Mindestdotierungsverpflichtung zu einem festgelegten Zeitpunkt daraufhin zu analysieren, welche Beiträge a) zur Deckung einer bestehenden Unterschreitung der Mindestdotierungsgrenze für zurückliegende Dienstjahre und b) zur Deckung der künftigen Dienstjahre erforderlich sind.

19 Beiträge zur Deckung einer bestehenden Unterschreitung der Mindestdotierungsgrenze für bereits geleistete Dienstjahre haben keinen Einfluss auf künftige Beiträge für künftige Dienstjahre. Diese können zur Erfassung einer Schuld gemäß den Paragraphen 23–26 führen.

20 Unterliegen Beiträge für künftige Dienstjahre einer Mindestdotierungsverpflichtung, ist der als Minderung künftiger Beitragszahlungen verfügbare wirtschaftliche Nutzen die Summe aus
a) allen Beträgen, die sich künftige Beiträge, die im Rahmen einer Mindestdotierungsverpflichtung für künftige Dienstjahre zu entrichten sind, verringern, weil das Unternehmen eine Vorauszahlung geleistet hat (d. h. den Betrag vor seiner Fälligkeit gezahlt) hat, und
b) dem gemäß den Paragraphen 16 und 17 geschätzten künftigen Dienstzeitaufwand in jeder Periode abzüglich der geschätzten Beiträge, die im Rahmen einer Mindestdotierungsverpflichtung für künftige Dienstjahre in diesen Perioden zu entrichten wären, wenn keine Vorauszahlung gemäß Buchstabe a erfolgt wäre.

21 Bei der Schätzung der im Rahmen einer Mindestdotierungsverpflichtung für künftige Dienstjahre zu entrichtenden Beiträge hat das Unternehmen die Auswirkungen etwaiger Überdeckungen zu berücksichtigen, die anhand der Mindestdotierung, aber unter Ausschluss der in Paragraph 20(a) genannten Vorauszahlung bestimmt werden. Die vom Unternehmen zugrunde gelegten Annahmen müssen mit der Mindestdotierung und für den Fall, dass in dieser Dotierung ein Faktor unberücksichtigt bleibt, sowohl mit den bei Bestimmung der leistungsorientierten Verpflichtung zugrunde gelegten Annahmen als auch mit der Situation zum Abschlussstichtag nach IAS 19 vereinbar sein. In der Schätzung sind alle Änderungen zu berücksichtigen, die sich ergeben werden, wenn das Unternehmen die Mindestbeiträge zum Fälligkeitstermin entrichtet. Nicht berücksichtigt werden dürfen dagegen Auswirkungen von Änderungen, die bezüglich der Bedingungen der Mindestdotierung erwartet werden, zum Abschlussstichtag aber noch nicht in Kraft oder vertraglich vereinbart sind.

22 Falls bei der Bestimmung des in Paragraph 20(b) genannten Betrags die im Rahmen einer Mindestdotierungsverpflichtung für künftige Dienstjahre zu entrichtenden Beiträge den künftigen Dienstzeitaufwand nach IAS 19 in einer beliebigen Periode übersteigen, reduziert sich der als Minderung künftiger Beitragszahlungen verfügbare wirtschaftliche Nutzen um diesen Differenzbetrag. Der nach Paragraph 20(b) zu ermittelnde Betrag kann jedoch niemals kleiner als null sein.

Fälle, in denen für eine Mindestdotierungsverpflichtung eine Schuld zu erfassen ist

23 Falls ein Unternehmen im Rahmen einer Mindestdotierungsverpflichtung aufgrund einer bestehenden Unterschreitung der Mindestdotierungsgrenze zusätzliche Beiträge für bereits geleistete Dienstjahre einzuzahlen hat, muss es ermitteln, ob die zu zahlenden Beiträge nach ihrer Einzahlung in den Plan als Rückerstattungen oder Minderungen künftiger Beitragszahlungen verfügbar sein werden.

24 Für zu zahlende Beiträge, die nach ihrer Einzahlung in den Plan nicht verfügbar sein werden, hat das Unternehmen zum Zeitpunkt des Entstehens der Verpflichtung eine Schuld zu erfassen. Diese Schuld führt zu einer Reduzierung des Nettovermögenswerts aus einem leistungsorientierten Plan oder zu einer Erhöhung der Nettoschuld aus einem leistungsorientierten Plan, sodass durch die Anwendung von Paragraph 64 von IAS 19 bei der Leistung der Beitragszahlungen kein Gewinn oder Verlust entstehen dürfte.

ZEITPUNKT DES INKRAFTTRETENS

27 Diese Interpretation ist auf Geschäftsjahre anzuwenden, die am oder nach dem 1. Januar 2008 beginnen. Eine frühere Anwendung ist zulässig.

27A Infolge (der 2007 überarbeiteten Fassung) von IAS 1 wurde die in allen IFRS verwendete Terminologie geändert. Außerdem wurde dadurch Paragraph 26 geändert. Diese Änderungen sind auf Geschäftsjahre anzuwenden, die am oder nach dem 1. Januar 2009 beginnen. Wendet ein Unternehmen die 2007 überarbeitete Fassung von IAS 1 auf eine frühere Periode an, so hat es auf diese Periode auch diese Änderungen anzuwenden.

27B Mit der Verlautbarung *Vorauszahlungen im Rahmen von Mindestdotierungsverpflichtungen* wurden der Paragraph 3A hinzugefügt und die Paragraphen 16–18 und 20–22 geändert. Diese Änderungen sind auf Geschäftsjahre anzuwenden, die am oder nach dem 1. Januar 2011 beginnen. Eine frühere Anwendung ist zulässig. Wendet ein Unternehmen diese Änderungen auf eine frühere Periode an, hat es dies anzugeben.

27C Mit (der 2011 geänderten Fassung von) IAS 19 wurden die Paragraphen 1, 6, 17 und 24 geändert und die Paragraphen 25 und 26 gestrichen. Wendet ein Unternehmen IAS 19 (in der 2011 geänderten Fassung) an, so hat es diese Änderungen anzuwenden.

ÜBERGANGSVORSCHRIFTEN

28 Diese Interpretation ist vom Beginn der ersten Berichtsperiode, die im ersten Abschluss, für den diese Interpretation gilt, dargestellt wird, anzuwenden. Alle Anpassungen aufgrund der erstmaligen Anwendung dieser Interpretation sind in den Gewinnrücklagen zu Beginn dieser Periode zu erfassen.

29 Die in den Paragraphen 3A, 16–18 und 20–22 vorgenommenen Änderungen sind mit Beginn der frühesten Vergleichsperiode, die im ersten nach dieser Interpretation erstellten Abschluss dargestellt ist, anzuwenden. Falls ein Unternehmen diese Interpretation schon vor Anwendung der Änderungen angewandt hat, hat es die aus der Anwendung der Änderungen resultierende Anpassung mit Beginn der frühesten dargestellten Vergleichsperiode in den Gewinnrücklagen zu erfassen.

IFRIC INTERPRETATION 16
Absicherung einer Nettoinvestition in einen ausländischen Geschäftsbetrieb

IFRIC 16, VO (EU) 2023/1803

Gliederung	§§
HINTERGRUND	1–6
ANWENDUNGSBEREICH	7–8
FRAGESTELLUNGEN	9
BESCHLUSS	10–17
Art des abgesicherten Risikos und Betrag des Grundgeschäfts, das als Sicherungsbeziehung designiert werden kann	10–13
Stelle, an der das Sicherungsinstrument gehalten werden kann	14–15
Abgang eines abgesicherten ausländischen Geschäftsbetriebs	16–17
ZEITPUNKT DES INKRAFTTRETENS	18–18B
ÜBERGANGSVORSCHRIFTEN	19
ANHANG: ANWENDUNGSLEITLINIEN	AL1–AL15
Art des abgesicherten Risikos, für das eine Sicherungsbeziehung designiert werden kann (Paragraphen 10–13)	AL2
Betrag des Grundgeschäfts, für das eine Sicherungsbeziehung designiert werden kann (Paragraphen 10–13)	AL3–AL6
An welcher Stelle innerhalb einer Gruppe darf das Sicherungsinstrument gehalten werden? (Paragraphen 14 und 15)	AL7
Beträge, die beim Abgang eines ausländischen Geschäftsbetriebs erfolgswirksam umgegliedert werden (Paragraphen 16 und 17)	AL8
Absicherung mehrerer ausländischer Geschäftsbetriebe (Paragraphen 11, 13 und 15)	AL9–AL15
Das Mutterunternehmen hält sowohl USD- als auch GBP-Sicherungsinstrumente	AL10–AL12
Das Tochterunternehmen B hält das USD Sicherungsinstrument	AL13–AL15

VERWEISE

- IFRS 9 *Finanzinstrumente*
- IAS 8 *Rechnungslegungsmethoden, Änderungen von rechnungslegungsbezogenen Schätzungen und Fehler*
- IAS 21 *Auswirkungen von Wechselkursänderungen*

HINTERGRUND

1 Viele berichtende Unternehmen haben Investitionen in ausländische Geschäftsbetriebe (im Sinne von Paragraph 8 von IAS 21). Solche ausländischen Geschäftsbetriebe können Tochterunternehmen, assoziierte Unternehmen, Gemeinschaftsunternehmen oder Niederlassungen sein. Nach IAS 21 hat ein Unternehmen für jeden ausländischen Geschäftsbetrieb als funktionale Währung die Währung des primären Wirtschaftsumfelds des betreffenden Geschäftsbetriebs festzulegen. Bei der Umrechnung der Vermögens-, Finanz- und Ertragslage eines ausländischen Geschäftsbetriebs in die Darstellungswährung hat ein Unternehmen bis zum Abgang des ausländischen Geschäftsbetriebs Währungsumrechnungsdifferenzen im sonstigen Ergebnis zu erfassen.

2 Die Voraussetzungen für eine Bilanzierung von Sicherungsbeziehungen für das aus einer Nettoinvestition in einen ausländischen Geschäftsbetrieb resultierende Währungsrisiko sind nur erfüllt, wenn das Nettovermögen dieses ausländischen Geschäftsbetriebs im Abschluss enthalten ist([1]). Bei dem in Bezug auf das Währungsrisiko aufgrund einer Nettoinvestition in einen ausländischen Geschäftsbetrieb abgesicherten Geschäft kann es sich um den Betrag des Nettovermögens handeln, dem der Buchwert des Nettovermögens des ausländischen Geschäftsbetriebs entspricht oder geringer als dieser ist.

([1]) Dies ist der Fall bei Konzernabschlüssen, Abschlüssen, bei denen Finanzinvestitionen wie Anteile an assoziierten Unternehmen oder Gemeinschaftsunternehmen unter Verwendung der Equity-Methode bilanziert werden, und bei Abschlüssen, die eine Niederlassung oder eine gemeinschaftliche Tätigkeit im Sinne von IFRS 11 *Gemeinschaftliche Vereinbarungen* umfassen.

3 Nach IFRS 9 müssen für die Bilanzierung einer Sicherungsbeziehung ein zulässiges Grundgeschäft und ein zulässiges Sicherungsinstrument designiert werden. Besteht im Fall einer Absicherung einer Nettoinvestition eine designierte Sicherungsbeziehung, wird der Gewinn oder Verlust aus dem

Sicherungsinstrument, das als effektive Absicherung der Nettoinvestition bestimmt ist, zusammen mit den Währungsumrechnungsdifferenzen aus der Umrechnung der Vermögens-, Finanz- und Ertragslage des ausländischen Geschäftsbetriebs im sonstigen Ergebnis erfasst.

4 Ein Unternehmen mit vielen ausländischen Geschäftsbetrieben kann mehreren Währungsrisiken ausgesetzt sein. Mit dieser Interpretation werden Leitlinien dafür festgelegt, welche Währungsrisiken als durch die Absicherung einer Nettoinvestition in einen ausländischen Geschäftsbetrieb abgesichert gelten können.

5 Nach IFRS 9 darf ein Unternehmen sowohl ein derivatives als auch ein nicht derivatives Finanzinstrument (oder eine Kombination aus beidem) als Sicherungsinstrument für Währungsrisiken designieren. Mit dieser Interpretation werden Leitlinien dafür festgelegt, an welcher Stelle innerhalb einer Gruppe Sicherungsinstrumente, die eine Nettoinvestition in einen ausländischen Geschäftsbetrieb absichern, gehalten werden können, um die Voraussetzungen für die Bilanzierung einer Sicherungsbeziehung zu erfüllen.

6 Nach IAS 21 und IFRS 9 müssen kumulierte Beträge, die im sonstigen Ergebnis erfasst sind und sich sowohl auf Währungsdifferenzen aus der Umrechnung der Vermögens-, Finanz- und Ertragslage des ausländischen Geschäftsbetriebs als auch auf Gewinne oder Verluste aus dem Sicherungsinstrument beziehen, das als effektive Absicherung der Nettoinvestition bestimmt wurde, beim Abgang des ausländischen Geschäftsbetriebs vom Mutterunternehmen als Umgliederungsbetrag erfolgswirksam umgegliedert werden. Mit dieser Interpretation werden Leitlinien dafür festgelegt, wie ein Unternehmen die Beträge, die in Bezug auf das Sicherungsinstrument und das Grundgeschäft erfolgswirksam umzugliedern sind, zu bestimmen hat.

ANWENDUNGSBEREICH

7 Diese Interpretation ist von Unternehmen anzuwenden, die das Währungsrisiko aus ihren Nettoinvestitionen in ausländische Geschäftsbetriebe absichern und die Bedingungen für die Bilanzierung von Sicherungsbeziehungen gemäß IFRS 9 erfüllen möchten. Zur Vereinfachung wird in dieser Interpretation stellvertretend für ein solches Unternehmen das Wort „Mutterunternehmen" und stellvertretend für den Abschluss, der das Nettovermögen der ausländischen Geschäftsbetriebe umfasst, das Wort „Konzernabschluss" verwendet. Dementsprechend gelten alle Verweise auf ein Mutterunternehmen gleichermaßen für Gemeinschaftsunternehmen, assoziierte Unternehmen oder Niederlassungen, die eine Nettoinvestition in einen ausländischen Geschäftsbetrieb haben.

8 Diese Interpretation gilt nur für Absicherungen von Nettoinvestitionen in ausländische Geschäftsbetriebe; sie darf nicht analog auf die Bilanzierung anderer Sicherungsbeziehungen angewandt werden.

FRAGESTELLUNGEN

9 Investitionen in ausländische Geschäftsbetriebe können direkt von einem Mutterunternehmen oder indirekt von seinem bzw. seinen Tochterunternehmen gehalten werden. Diese Interpretation betrifft die folgenden Fragen:

a) *bezüglich der Art des abgesicherten Risikos und des Betrags des Grundgeschäfts, das als Sicherungsbeziehung designiert werden kann:*
   i) Darf das Mutterunternehmen nur die Währungsumrechnungsdifferenz zwischen der funktionalen Währung des Mutterunternehmens und derjenigen seines ausländischen Geschäftsbetriebs als abgesichertes Risiko designieren oder darf es auch die Währungsumrechnungsdifferenzen zwischen der Darstellungswährung des Konzernabschlusses des Mutterunternehmens und der funktionalen Währung des ausländischen Geschäftsbetriebs als abgesichertes Risiko designieren?
   ii) Wenn das Mutterunternehmen den ausländischen Geschäftsbetrieb indirekt hält: Darf das abgesicherte Risiko nur die Währungsumrechnungsdifferenzen zwischen der funktionalen Währung des ausländischen Geschäftsbetriebs und derjenigen des Mutterunternehmens enthalten oder darf es auch alle Währungsumrechnungsdifferenzen zwischen der funktionalen Währung des ausländischen Geschäftsbetriebs und denjenigen der zwischengeschalteten oder obersten Mutterunternehmen enthalten? (d. h.: Beeinflusst die Tatsache, dass die Nettoinvestition in den ausländischen Geschäftsbetrieb von einem zwischengeschaltetem Mutterunternehmen gehalten wird, das wirtschaftliche Risiko des obersten Mutterunternehmens?)

b) *bezüglich der Stelle innerhalb einer Gruppe, an der das Sicherungsinstrument gehalten werden kann:*
   i) Darf nur dann eine Sicherungsbeziehung bilanziert werden, wenn das seine Nettoinvestition absichernde Unternehmen eine an dem Sicherungsinstrument beteiligte Partei ist, oder kann jedes Unternehmen der Gruppe unabhängig von seiner funktionalen Währung das Sicherungsinstrument halten?
   ii) Beeinflusst die Art des Sicherungsinstruments (derivatives oder nicht derivatives Instrument) oder die Konsolidierungsmethode die Wirksamkeit der Absicherung?

c) *bezüglich der Beträge, die beim Abgang eines ausländischen Geschäftsbetriebs als Umgliederungsbeträge erfolgswirksam umzugliedern sind:*
   i) Welche Beträge der Währungsumrechnungsrücklage des Mutterunternehmens

sind beim Abgang eines abgesicherten ausländischen Geschäftsbetriebs hinsichtlich des Sicherungsinstruments und des betreffenden Geschäftsbetriebs im Konzernabschluss des Mutterunternehmens erfolgswirksam umzugliedern?

ii) Beeinflusst die Konsolidierungsmethode die Bestimmung der erfolgswirksam umzugliedernden Beträge?

BESCHLUSS

Art des abgesicherten Risikos und Betrag des Grundgeschäfts, das als Sicherungsbeziehung designiert werden kann

10 Nur Währungsumrechnungsdifferenzen, die zwischen der funktionalen Währung des ausländischen Geschäftsbetriebs und der funktionalen Währung des Mutterunternehmens entstehen, dürfen als Sicherungsbeziehung bilanziert werden.

11 Bei der Absicherung des Währungsrisikos aus einer Nettoinvestition in einen ausländischen Geschäftsbetrieb kann das Grundgeschäft ein Betrag des Nettovermögens sein, der dem Buchwert des Nettovermögens des ausländischen Geschäftsbetriebs im Konzernabschluss des Mutterunternehmens entspricht oder geringer als dieser ist. Welcher Buchwert des Nettovermögens eines ausländischen Geschäftsbetriebs im Konzernabschluss des Mutterunternehmens als Grundgeschäft designiert werden darf, hängt davon ab, ob ein niedriger angesiedeltes Mutterunternehmen des ausländischen Geschäftsbetriebs das gesamte oder einen Teil des Nettovermögens des betreffenden ausländischen Geschäftsbetriebs als Sicherungsbeziehung bilanziert hat und ob diese Bilanzierung im Konzernabschluss des Mutterunternehmens beibehalten wurde.

12 Das abgesicherte Risiko kann als das Währungsrisiko designiert werden, das zwischen der funktionalen Währung des ausländischen Geschäftsbetriebs und derjenigen eines (direkten, zwischengeschalteten oder obersten) Mutterunternehmens dieses ausländischen Geschäftsbetriebs entsteht. Die Tatsache, dass die Nettoinvestition von einem zwischengeschalteten Mutterunternehmen gehalten wird, hat keinen Einfluss auf die Art des wirtschaftlichen Risikos, das dem obersten Mutterunternehmen aus dem Währungsrisiko entsteht.

13 Ein Währungsrisiko aus einer Nettoinvestition in einen ausländischen Geschäftsbetrieb kann nur einmal als Sicherungsbeziehung im Konzernabschluss bilanziert werden. Wenn dasselbe Risiko aus demselben Nettovermögen eines ausländischen Geschäftsbetriebs von mehr als einem Mutterunternehmen innerhalb der Gruppe (z. B. sowohl von einem direkten als auch von einem indirekten Mutterunternehmen) abgesichert wird, darf im Konzernabschluss des obersten Mutterunternehmens daher nur eine dieser Sicherungsbeziehungen bilanziert werden. Eine von einem Mutterunternehmen in seinem Konzernabschluss designierte Sicherungsbeziehung braucht nicht von einem anderen Mutterunternehmen auf höherer Ebene beibehalten zu werden. Wird sie vom Mutterunternehmen auf höherer Ebene nicht beibehalten, muss jedoch die von dem Mutterunternehmen auf niedrigerer Ebene bilanzierte Sicherheitsbeziehung aufgehoben werden, ehe sie vom Mutterunternehmen auf höherer Ebene designiert werden kann.

Stelle, an der das Sicherungsinstrument gehalten werden kann

14 Ein derivatives oder nicht derivatives Instrument (oder eine Kombination aus beidem) kann bei der Absicherung einer Nettoinvestition in einen ausländischen Geschäftsbetrieb als Sicherungsinstrument designiert werden. Das (die) Sicherungsinstrument(e) kann (können) von einem oder mehreren Unternehmen innerhalb der Gruppe gehalten werden, sofern die in Paragraph 6.4.1 von IFRS 9 festgelegten Voraussetzungen für die Designation, Dokumentation und Wirksamkeit der Absicherung der Nettoinvestition erfüllt sind. Die Absicherungsstrategie der Gruppe ist eindeutig zu dokumentieren, um zu vermeiden, dass auf verschiedenen Ebenen der Gruppe unterschiedliche Designationen verwendet werden.

15 Zur Beurteilung der Wirksamkeit wird die Wertänderung des Sicherungsinstruments für das Währungsrisiko bezogen auf die funktionale Währung des Mutterunternehmens, die als Basis für die Bewertung des abgesicherten Risikos gilt, gemäß der Dokumentation zur Bilanzierung von Sicherungsbeziehungen ermittelt. Je nachdem wo das Sicherungsinstrument gehalten wird, kann die gesamte Wertänderung ohne Bilanzierung von Sicherungsbeziehungen im Gewinn oder Verlust, im sonstigen Ergebnis oder in beiden erfasst werden. Die Beurteilung der Wirksamkeit wird jedoch nicht dadurch beeinflusst, ob die Wertänderung des Sicherungsinstruments im Gewinn oder Verlust oder im sonstigen Ergebnis erfasst wird. Wenn eine Sicherungsbeziehung bilanziert wird, ist der gesamte effektive Teil der Änderung im sonstigen Ergebnis enthalten. Die Beurteilung der Wirksamkeit wird weder davon beeinflusst, ob das Sicherungsinstrument ein derivatives oder nicht derivatives Instrument ist, noch von der Konsolidierungsmethode.

Abgang eines abgesicherten ausländischen Geschäftsbetriebs

16 Der Betrag, der beim Abgang eines abgesicherten ausländischen Geschäftsbetriebs bezüglich des Sicherungsinstruments im Konzernabschluss des Mutterunternehmens als Umgliederungsbetrag aus der Währungsumrechnungsrücklage erfolgswirksam umzugliedern ist, entspricht dem nach Paragraph 6.5.14 von IFRS 9 zu ermittelnden Betrag. Dieser Betrag entspricht dem kumulierten Gewinn oder Verlust aus dem Sicherungsinstrument, der als wirksame Absicherung bestimmt wurde.

17 Der Betrag, der hinsichtlich der Nettoinvestition in den betreffenden ausländischen Geschäftsbetrieb im Konzernabschluss des Mutterunternehmens aus der Währungsumrechnungsrücklage

nach Paragraph 48 von IAS 21 erfolgswirksam umzugliedern ist, entspricht dem in der Währungsumrechnungsrücklage des betreffenden Mutterunternehmens bezüglich dieses ausländischen Geschäftsbetriebs enthaltenen Betrag. Der im Konzernabschluss des obersten Mutterunternehmens für alle ausländischen Geschäftsbetriebe in der Währungsumrechnungsrücklage erfasste Gesamtnettobetrag wird durch die Konsolidierungsmethode nicht beeinflusst. Ob das oberste Mutterunternehmen die direkte oder die schrittweise Konsolidierungsmethode(²) anwendet, kann sich jedoch auf den Betrag seiner Währungsumrechnungsrücklage hinsichtlich eines einzelnen ausländischen Geschäftsbetriebs auswirken. Die Anwendung der schrittweisen Konsolidierungsmethode kann dazu führen, dass ein anderer Betrag als der für die Ermittlung der Wirksamkeit der Absicherung verwendete erfolgswirksam umgegliedert wird. Diese Differenz kann durch die Bestimmung des Betrags beseitigt werden, der sich bezüglich des ausländischen Geschäftsbetriebs ergeben hätte, wenn die direkte Konsolidierungsmethode angewandt worden wäre. In IAS 21 ist diese Anpassung nicht vorgeschrieben. Entscheidet sich ein Unternehmen jedoch für diese Rechnungslegungsmethode, hat es diese bei allen Nettoinvestitionen konsequent beizubehalten.

(²) Die direkte Methode ist die Konsolidierungsmethode, durch welche der Abschluss des ausländischen Geschäftsbetriebs direkt in die funktionale Währung des obersten Mutterunternehmens umgerechnet wird. Die schrittweise Methode ist die Konsolidierungsmethode, durch welche der Abschluss des ausländischen Geschäftsbetriebs zuerst in die funktionale Währung eines der zwischengeschalteten Mutterunternehmen und dann in die funktionale Währung des obersten Mutterunternehmens (oder die Darstellungswährung, sofern diese unterschiedlich ist) umgerechnet wird.

ZEITPUNKT DES INKRAFTTRETENS

18 Diese Interpretation ist auf Geschäftsjahre anzuwenden, die am oder nach dem 1. Oktober 2008 beginnen. Die mit der im April 2009 veröffentlichten Verlautbarung *Verbesserungen der IFRS* erfolgte Änderung an Paragraph 14 ist auf Geschäftsjahre anzuwenden, die am oder nach dem 1. Juli 2009 beginnen. Eine frühere Anwendung ist zulässig. Wendet ein Unternehmen diese Interpretation auf Berichtsperioden an, die vor dem 1. Oktober 2008 beginnen, oder wendet es die Änderung an Paragraph 14 auf Berichtsperioden an, die vor dem 1. Juli 2009 beginnen, so hat es dies anzugeben.

18B Mit dem im Juli 2014 veröffentlichten IFRS 9 wurden die Paragraphen 3, 5–7, 14, 16, AL1 und AL8 geändert und der Paragraph 18A gestrichen. Wendet ein Unternehmen IFRS 9 an, hat es diese Änderungen ebenfalls anzuwenden.

ÜBERGANGSVORSCHRIFTEN

19 In IAS 8 ist ausgeführt, wie ein Unternehmen eine Änderung der Rechnungslegungsmethoden anwendet, die aus der erstmaligen Anwendung einer Interpretation resultiert. Wenn ein Unternehmen diese Interpretation erstmals anwendet, muss es diese Anforderungen nicht erfüllen. Wenn ein Unternehmen ein Sicherungsinstrument als Absicherung einer Nettoinvestition designiert hat und diese Absicherung die Voraussetzungen für die Bilanzierung von Sicherungsbeziehungen nach dieser Interpretation nicht erfüllt, so hat es IAS 39 anzuwenden, um diese Bilanzierung von Sicherungsbeziehungen prospektiv einzustellen.

Anhang
Anwendungsleitlinien

Dieser Anhang ist integraler Bestandteil der Interpretation.

AL1 Dieser Anhang soll die Anwendung dieser Interpretation am Beispiel der unten dargestellten Unternehmensstruktur veranschaulichen. Die beschriebenen Sicherungsbeziehungen sind in jedem Fall nach IFRS 9 auf ihre Wirksamkeit zu prüfen; auf diese Prüfung wird in diesem Anhang jedoch nicht eingegangen. Das (oberste) Mutterunternehmen stellt seinen Konzernabschluss in seiner funktionalen Währung, dem Euro (EUR) dar. Alle Tochterunternehmen stehen zu hundert Prozent in seinem Besitz. Die Nettoinvestition des Mutterunternehmens in das Tochterunternehmen B (funktionale Währung: Pfund Sterling (GBP)) in Höhe von 500 Mio. GBP umfasst 159 Mio. GBP, die der Nettoinvestition von Tochterunternehmen B in das Tochterunternehmen C (funktionale Währung: US-Dollar (USD)) in Höhe von 300 Mio. USD entsprechen. Das bedeutet, das Nettovermögen des Tochterunternehmens B ohne seine Investition in das Tochterunternehmen C beträgt 341 Mio. GBP.

Art des abgesicherten Risikos, für das eine Sicherungsbeziehung designiert werden kann (Paragraphen 10–13)

AL2 Das Mutterunternehmen kann seine Nettoinvestition in seine Tochterunternehmen A, B und C gegen die Währungsrisiken zwischen deren jeweiligen funktionalen Währungen (Japanischer Yen (JPY), Pfund Sterling (GBP) und US-Dollar (USD)) und dem Euro absichern. Zusätzlich kann das Mutterunternehmen das Währungsrisiko USD/GBP zwischen den funktionalen Währungen des Tochterunternehmens B und des Tochterunternehmens C absichern. In seinem Konzernabschluss kann das Tochterunternehmen B seine Nettoinvestition in das Tochterunternehmen C gegen das Währungsrisiko zwischen deren funktionalen Währungen (USD und GBP) absichern. In den folgenden Beispielen ist das designierte Risiko das Risiko des sich ändernden Devisenkassakurses, da die Sicherungsinstrumente keine Derivate sind. Wären die Sicherungsinstrumente Terminkontrakte, so könnte das Mutterunternehmen das Währungsrisiko den Terminkontrakten zuordnen.

5/9. IFRIC 16
AL3 – AL7

```
                    Mutterunternehmen
                    Funktionale Währung EUR
          ↙                              ↘
 400 000 Mio. JPY                    500 Mio. GBP
     ↓                                    ↓
 Tochterunternehmen A            Tochterunternehmen B
 Funktionale Währung JPY         Funktionale Währung GBP
                                          │
                                          ↓ 300 Mio. USD
                                    (Gegenwert 159 Mio. GBP)
                                  Tochterunternehmen C
                                  Funktionale Währung USD
```

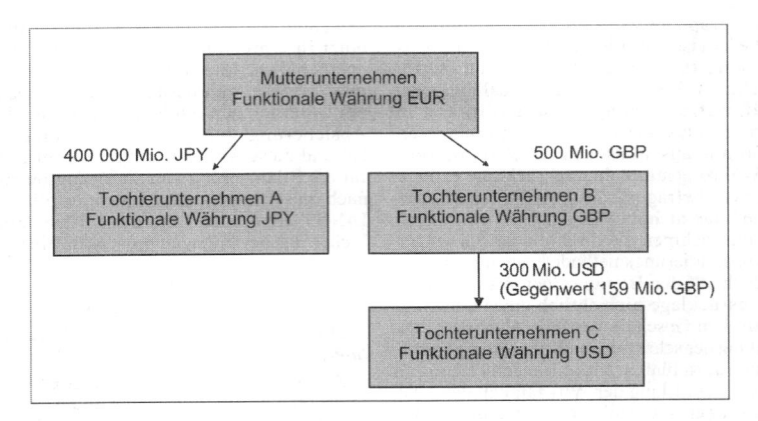

Betrag des Grundgeschäfts, für das eine Sicherungsbeziehung designiert werden kann (Paragraphen 10 –13)

AL3 Das Mutterunternehmen möchte das Währungsrisiko seiner Nettoinvestition in das Tochterunternehmen C absichern. Es wird angenommen, dass das Tochterunternehmen A Fremdmittel in Höhe von 300 Mio. USD aufgenommen hat. Zu Beginn der Berichtsperiode beläuft sich das Nettovermögen des Tochterunternehmens A einschließlich der Mittel aus der externen Kreditaufnahme von 300 Mio. USD auf 400 000 Mio. JPY.

AL4 In seinem Konzernabschluss kann das Grundgeschäft einem Nettovermögen entsprechen, das gleich dem Buchwert der Nettoinvestition des Mutterunternehmens in das Tochterunternehmen C (300 Mio. USD) ist oder darunter liegt. Das Mutterunternehmen kann in seinem Konzernabschluss die externe Kreditaufnahme von 300 Mio. USD von Tochterunternehmen A als Absicherung des Risikos des sich ändernden Devisenkassakurses EUR/USD, das mit seiner Nettoinvestition in das Nettovermögen des Tochterunternehmens C von 300 Mio. USD verbunden ist, designieren. In diesem Fall sind nach Anwendung der Bilanzierung von Sicherungsbeziehungen sowohl die Währungsdifferenz EUR/USD hinsichtlich der externen Kreditaufnahme von 300 Mio. USD des Tochterunternehmens A als auch die Währungsdifferenz EUR/USD der Nettoinvestition von 300 Mio. USD in das Tochterunternehmen C in der Währungsumrechnungsrücklage des Konzernabschlusses des Mutterunternehmens enthalten.

AL5 Ohne die Bilanzierung von Sicherungsbeziehungen würde die gesamte Währungsumrechnungsdifferenz USD/ EUR der externen Kreditaufnahme von 300 Mio. USD des Tochterunternehmens A im Konzernabschluss des Mutterunternehmens wie folgt erfasst:
– die Wechselkursänderung des USD/JPY-Kassakurses umgerechnet in Euro im Gewinn oder Verlust und
– die Wechselkursänderung des JPY/EUR-Kassakurses im sonstigen Ergebnis.

Anstatt der Designation nach Paragraph AL4 kann das Mutterunternehmen in seinem Konzernabschluss die externe Kreditaufnahme von 300 Mio. USD des Tochterunternehmens A als Absicherung des Risikos des sich ändernden Devisenkassakurses GBP/USD zwischen den Tochterunternehmen C und B designieren. In diesem Fall würde die gesamte Währungsumrechnungsdifferenz USD/ EUR der externen Kreditaufnahme von 300 Mio. USD des Tochterunternehmens A im Konzernabschluss des Mutterunternehmens wie folgt erfasst:
– die Wechselkursänderung des GBP/USD-Kassakurses in der Währungsumrechnungsrücklage für das Tochterunternehmen C,
– die Wechselkursänderung des GBP/JPY-Kassakurses umgerechnet in Euro im Gewinn oder Verlust und
– die Wechselkursänderung des JPY/EUR-Kassakurses im sonstigen Ergebnis.

AL6 Das Mutterunternehmen darf in seinem Konzernabschluss die externe Kreditaufnahme von 300 Mio. USD des Tochterunternehmens A nicht als Absicherung beider Währungsrisiken (Kassakurs EUR/USD und Kassakurs GBP/USD) designieren. Ein Sicherungsinstrument kann zur Absicherung desselben designierten Risikos nur einmal eingesetzt werden. Das Tochterunternehmen B darf in seinem Konzernabschluss keine Sicherungsbeziehungen bilanzieren, da das Sicherungsinstrument außerhalb der Gruppe der Tochterunternehmen B und C gehalten wird.

An welcher Stelle innerhalb einer Gruppe darf das Sicherungsinstrument gehalten werden? (Paragraphen 14 und 15)

AL7 Wie in Paragraph AL5 erläutert, würde ohne die Bilanzierung von Sicherungsbeziehungen im Konzernabschluss des Mutterunternehmens die gesamte Wertänderung für das Währungsrisiko der externen Kreditaufnahme von 300 Mio. USD des Tochterunternehmens A sowohl im Gewinn oder Verlust (USD/JPY-Kassakursrisiko) als auch im sonstigen Ergebnis (EUR/JPY-Kassakursrisiko) ausgewiesen. Zur Beurteilung der

Wirksamkeit der in Paragraph AL4 designierten Absicherung werden beide Beträge herangezogen, da die Wertänderung sowohl des Sicherungsinstruments als auch des Grundgeschäfts gemäß der Absicherungsdokumentation in Bezug auf die funktionale Währung des Mutterunternehmens (EUR) gegenüber der funktionalen Währung des Tochterunternehmens C (USD) ermittelt wird. Die Konsolidierungsmethode (d. h. die direkte oder schrittweise Methode) hat keinen Einfluss auf die Beurteilung der Wirksamkeit der Absicherung.

Beträge, die beim Abgang eines ausländischen Geschäftsbetriebs erfolgswirksam umgegliedert werden (Paragraphen 16 und 17)

AL8 Wenn das Tochterunternehmen C aus dem Konzern ausscheidet, werden im Konzernabschluss des Mutterunternehmens folgende Beträge von der Währungsumrechnungsrücklage erfolgswirksam umgegliedert:

a) in Bezug auf die externe Kreditaufnahme von 300 Mio. USD des Tochterunternehmens A der Betrag, der gemäß IFRS 9 ermittelt werden muss, d. h. die gesamte Wertänderung des im sonstigen Ergebnis als der wirksame Teil der Absicherung erfassten Währungsrisikos, und

b) in Bezug auf die Nettoinvestition von 300 Mio. USD in das Tochterunternehmen C der durch die Konsolidierungsmethode des Unternehmens ermittelte Betrag. Wenn das Mutterunternehmen die direkte Methode anwendet, bestimmt sich seine Währungsumrechnungsrücklage für das Tochterunternehmen C direkt durch den EUR/USD-Wechselkurs. Wendet das Mutterunternehmen die schrittweise Methode an, so wird seine Währungsumrechnungsrücklage für das Tochterunternehmen C durch die vom Tochterunternehmen B bilanzierte Währungsumrechnungsrücklage, die den GBP/USD-Wechselkurs widerspiegelt, bestimmt, die unter Verwendung des EUR/GBP-Wechselkurses in die funktionale Währung des Mutterunternehmens umgerechnet wird. Hat das Mutterunternehmen in früheren Perioden die schrittweise Konsolidierungsmethode angewandt, so ist es vorbehaltlich seiner Rechnungslegungsmethode weder dazu verpflichtet noch wird es daran gehindert, beim Abgang des Tochterunternehmens C den umzugliedernden Betrag der Währungsumrechnungsrücklage zu bestimmen, den es erfasst hätte, wenn es immer die direkte Methode angewandt hätte.

Absicherung mehrerer ausländischer Geschäftsbetriebe (Paragraphen 11, 13 und 15)

AL9 Die folgenden Beispiele veranschaulichen, dass das Risiko, das im Konzernabschluss des Mutterunternehmens abgesichert werden kann, immer das Risiko zwischen seiner funktionalen Währung (EUR) und den funktionalen Währungen der Tochterunternehmen B und C ist. Unabhängig davon, wie die Absicherungen designiert werden, sind die Höchstbeträge, die als effektive Sicherungsgeschäfte in der Währungsumrechnungsrücklage des Konzernabschlusses des Mutterunternehmens für die beiden ausländischen Geschäftsbetriebe enthalten sein können, 300 Mio. USD für das Währungsrisiko EUR/USD und 341 Mio. GBP für das Währungsrisiko EUR/GBP. Andere durch Wechselkursänderungen bedingte Wertänderungen sind im Konzerngewinn oder -verlust des Mutterunternehmens auszuweisen. Natürlich könnte das Mutterunternehmen auch 300 Mio. USD nur für Änderungen des USD/GBP-Devisenkassakurses und 500 Mio. GBP nur für Änderungen des GBP/EUR-Devisenkassakurses designieren.

Das Mutterunternehmen hält sowohl USD- als auch GBP-Sicherungsinstrumente

AL10 Das Mutterunternehmen möchte sowohl das Währungsumrechnungsrisiko seiner Nettoinvestition in das Tochterunternehmen B als auch das Währungsumrechnungsrisiko seiner Nettoinvestition in das Tochterunternehmen C absichern. Es wird angenommen, dass das Mutterunternehmen geeignete, auf USD und GBP lautende Sicherungsinstrumente hält, die es als Absicherung für seine Nettoinvestitionen in die Tochterunternehmen B und C designieren kann. In seinem Konzernabschluss kann das Mutterunternehmen zu diesem Zweck unter anderem Folgendes designieren:

a) Ein Sicherungsinstrument von 300 Mio. USD wird als Absicherung für die Nettoinvestition von 300 Mio. USD in das Tochterunternehmen C mit dem Risiko des sich ändernden Devisenkassakurses (EUR/USD) zwischen dem Mutterunternehmen und dem Tochterunternehmen C designiert und ein Sicherungsinstrument von bis zu 341 Mio. GBP wird als Absicherung für die Nettoinvestition von 341 Mio. GBP in das Tochterunternehmen B mit dem Risiko des sich ändernden Devisenkassakurses (EUR/GBP) zwischen dem Mutterunternehmen und dem Tochterunternehmen B designiert.

b) Ein Sicherungsinstrument von 300 Mio. USD wird als Absicherung für die Nettoinvestition von 300 Mio. USD in das Tochterunternehmen C mit dem Risiko des sich ändernden Devisenkassakurses (GBP/USD) zwischen dem Tochterunternehmen B und dem Tochterunternehmen C designiert und ein Sicherungsinstrument von bis zu 500 Mio. GBP wird als Absicherung für die Nettoinvestition von 500 Mio. GBP in das Tochterunternehmen B mit dem Risiko des sich ändernden Devisenkassakurses (EUR/GBP) zwischen dem Mutterunternehmen und dem Tochterunternehmen B designiert.

AL11 Das EUR/USD-Risiko aus der Nettoinvestition des Mutterunternehmens in das Tochterunternehmen C unterscheidet sich von dem EUR/GBP-Risiko aus der Nettoinvestition des Mutterunternehmens in das Tochterunternehmen B. In dem in Paragraph AL10(a) beschriebenen Fall hat das Mutterunternehmen jedoch aufgrund der Designation des von ihm gehaltenen USD-Sicherungsinstruments bereits das EUR/USD-Risiko aus seiner Nettoinvestition in das Tochterunternehmen C voll abgesichert. Wenn das Mutterunternehmen auch ein von ihm gehaltenes GBP-Instrument als Absicherung für seine Nettoinvestition von 500 Mio. GBP in das Tochterunternehmen B designiert, wären 159 Mio. GBP dieser Nettoinvestition, die den Gegenwert seiner USD Nettoinvestition in das Tochterunternehmen C darstellen, für das GBP/EUR-Währungsrisiko im Konzernabschluss des Mutterunternehmens doppelt abgesichert.

AL12 In dem in Paragraph AL10(b) beschriebenen Fall ist, wenn das Mutterunternehmen das Risiko des sich ändernden Devisenkassakurses (GBP/USD) zwischen dem Tochterunternehmen B und dem Tochterunternehmen C als abgesichertes Risiko designiert, in der Währungsumrechnungsrücklage des Mutterunternehmens für das Tochterunternehmen C nur der GBP/USD-Teil der Wertänderung des Sicherungsinstruments von 300 Mio. USD enthalten. Der Rest der Änderung (GBP/EUR-Änderung auf 159 Mio. GBP) ist im Konzerngewinn oder -verlust des Mutterunternehmens enthalten (siehe Paragraph AL5). Da die Designation des USD/GBP-Risikos zwischen den Tochterunternehmen B und C das GBP/EUR-Währungsrisiko nicht enthält, kann das Mutterunternehmen auch bis zu 500 Mio. GBP seiner Nettoinvestition in das Tochterunternehmen B mit dem Risiko des sich ändernden Devisenkassakurses (GBP/EUR) zwischen dem Mutterunternehmen und dem Tochterunternehmen B designieren.

Das Tochterunternehmen B hält das USD Sicherungsinstrument

AL13 Es wird angenommen, dass das Tochterunternehmen B einen externen Kredit von 300 Mio. USD hält und dieser mittels eines auf GBP lautenden konzerninternen Darlehens auf das Mutterunternehmen übertragen wurde. Da sich dadurch sowohl das Vermögen als auch die Schulden des Tochterunternehmens B um je 159 Mio. GBP erhöhten, bleibt das Nettovermögen unverändert. In seinem Konzernabschluss könnte das Tochterunternehmen B den externen Kredit als Absicherung für das GBP/USD-Währungsrisiko seiner Nettoinvestition in das Tochterunternehmen C designieren. Das Mutterunternehmen könnte die Designation dieses Sicherungsinstruments des Tochterunternehmens B als Absicherung für seine Nettoinvestition von 300 Mio. USD in das Tochterunternehmen C für das GBP/USD-Währungsrisiko (siehe Paragraph 13) beibehalten und das Mutterunternehmen könnte das GBP-Sicherungsinstrument designieren, das es als Absicherung für seine gesamte Nettoinvestition von 500 Mio. GBP in das Tochterunternehmen B hält. Die erste vom Tochterunternehmen B designierte Absicherung würde in Bezug auf die funktionale Währung des Tochterunternehmens B (GBP) beurteilt, und die zweite vom Mutterunternehmen designierte Absicherung würde in Bezug auf die funktionale Währung des Mutterunternehmens (EUR) beurteilt. In diesem Fall ist im Konzernabschluss des Mutterunternehmens nur das GBP/USD-Risiko der Nettoinvestition des Mutterunternehmens in das Tochterunternehmen C durch das USD- Sicherungsinstrument abgesichert und nicht das gesamte EUR/USD-Risiko. Daher kann im Konzernabschluss des Mutterunternehmens das gesamte EUR/GBP-Risiko der Nettoinvestition von 500 Mio. GBP des Mutterunternehmens in das Tochterunternehmen B abgesichert werden.

AL14 Allerdings muss auch die Darlehensverbindlichkeit von 159 Mio. GBP des Mutterunternehmens gegenüber dem Tochterunternehmen B bei der Bilanzierung berücksichtigt werden. Wenn die Darlehensverbindlichkeit des Mutterunternehmens nicht als Teil seiner Nettoinvestition in das Tochterunternehmen B betrachtet wird, weil sie die Bedingungen in Paragraph 15 von IAS 21 nicht erfüllt, ist die Währungsumrechnungsdifferenz GBP/EUR im Konzerngewinn oder -verlust des Mutterunternehmens zu erfassen. Wenn die Darlehensverbindlichkeit von 159 Mio. GBP als Teil der Nettoinvestition des Mutterunternehmens in das Tochterunternehmen B betrachtet wird, beträgt diese Nettoinvestition nur 341 Mio. GBP und der Betrag, den das Mutterunternehmen als Absicherung für das GBP/EUR-Risiko designieren kann, reduziert sich von 500 Mio. GBP auf 341 Mio. GBP.

AL15 Wenn das Mutterunternehmen die vom Tochterunternehmen B designierte Sicherungsbeziehung aufhebt, kann es den vom Tochterunternehmen B gehaltenen externen Kredit von 300 Mio. USD als Absicherung seiner Nettoinvestition in das Tochterunternehmen C von 300 Mio. USD für das EUR/USD Risiko designieren und das von ihm selbst gehaltene GBP-Sicherungsinstrument bis zu einem Betrag von 341 Mio. GBP als Absicherung seiner Nettoinvestition in das Tochterunternehmen B designieren. In diesem Fall wird die Wirksamkeit beider Absicherungen in Bezug auf die funktionale Währung (EUR) des Mutterunternehmens ermittelt. Folglich ist im Konzernabschluss des Mutterunternehmens sowohl die USD/GBP-Wertänderung des vom Tochterunternehmen B gehaltenen externen Kredits als auch die GBP/EUR-Wertänderung der Darlehensverbindlichkeit des Mutterunternehmens gegenüber dem Tochterunternehmen B (d. h. USD/EUR) in der Währungsumrechnungsrücklage zu erfassen. Da das Mutterunternehmen das EUR/USD-Risiko aus seiner Nettoinvestition in das Tochterunternehmen C bereits voll abgesichert hat, kann es nur noch bis zu 341 Mio. GBP für das EUR/GBP-Risiko seiner Nettoinvestition in das Tochterunternehmen B absichern.

IFRIC INTERPRETATION 17
Sachdividenden an Eigentümer

IFRIC 17, VO (EU) 2023/1803

Gliederung	§§
HINTERGRUND	1–2
ANWENDUNGSBEREICH	3–8
FRAGESTELLUNGEN	9
BESCHLUSS	10–17
Zeitpunkt des Ansatzes der Dividendenverbindlichkeit	10
Bewertung der Dividendenverbindlichkeit	11–13
Bilanzierung von Differenzen zwischen dem Buchwert der ausgeschütteten Vermögenswerte und dem Buchwert der Dividendenverbindlichkeit zum Zeitpunkt der Erfüllung der Dividendenverbindlichkeit	14
Darstellung und Angaben	15–17
ZEITPUNKT DES INKRAFTTRETENS	18–20

VERWEISE

- IFRS 3 *Unternehmenszusammenschlüsse* (überarbeitet 2008)
- IFRS 5 *Zur Veräußerung gehaltene langfristige Vermögenswerte und aufgegebene Geschäftsbereiche*
- IFRS 7 *Finanzinstrumente: Angaben*
- IFRS 10 *Konzernabschlüsse*
- IFRS 13 *Bewertung zum beizulegenden Zeitwert*
- IAS 1 *Darstellung des Abschlusses* (überarbeitet 2007)
- IAS 10 *Ereignisse nach dem Abschlussstichtag*

HINTERGRUND

1 Unternehmen schütten an ihre Eigentümer(¹), die in dieser Eigenschaft handeln, zuweilen andere Vermögenswerte als Zahlungsmittel (Sachwerte) als Dividenden aus. In solchen Fällen kann das Unternehmen seinen Eigentümern auch das Wahlrecht einräumen, entweder Sachwerte oder einen Barausgleich zu erhalten. Das IFRIC wurde ersucht, Leitlinien zur Bilanzierung dieser Art von Dividendenausschüttungen zur Verfügung zu stellen.

(¹) In Paragraph 7 von IAS 1 sind Eigentümer als Inhaber von Instrumenten, die als Eigenkapital eingestuft werden, definiert.

2 Die International Financial Reporting Standards (IFRS) enthalten keine Leitlinien dahingehend, wie die Unternehmen Ausschüttungen an seine Eigentümer (üblicherweise als „Dividenden" bezeichnet) zu bewerten haben. Nach IAS 1 muss das Unternehmen die Einzelheiten zu Dividenden, die als Ausschüttungen an Eigentümer erfasst werden, entweder in der Eigenkapitalveränderungsrechnung oder im Anhang zum Abschluss darstellen.

ANWENDUNGSBEREICH

3 Diese Interpretation gilt für die folgenden Arten von ohne Gegenleistung erfolgenden Ausschüttungen von Vermögenswerten an die Eigentümer eines Unternehmens, die in ihrer Eigenschaft als Eigentümer handeln:

a) Ausschüttungen von Sachwerten (z. B. Sachanlagen, Geschäftsbetriebe laut Definition in IFRS 3, Eigentumsanteile an einem anderen Unternehmen oder einer Veräußerungsgruppe laut Definition in IFRS 5) und

b) Ausschüttungen, die Eigentümer wahlweise als Sachwerte oder als Barausgleich erhalten können.

4 Diese Interpretation gilt nur für Dividendenausschüttungen, bei denen die Eigentümer von Eigenkapitalinstrumenten derselben Gruppe gleich behandelt werden.

5 Diese Interpretation gilt nicht für die Ausschüttung eines Sachwerts, wenn dieser vor und nach der Ausschüttung letztlich der Verfügungsgewalt derselben Partei bzw. Parteien unterliegt. Diese Ausnahme gilt für den Einzel- und den Konzernabschluss des Unternehmens, das die Dividende ausschüttet.

6 Gemäß Paragraph 5 gilt diese Interpretation nicht, wenn der Sachwert vor wie auch nach der Ausschüttung letztlich der Verfügungsgewalt derselben Parteien unterliegt. In Paragraph B2 von IFRS 3 ist festgelegt: „Von einer Gruppe von Personen wird angenommen, dass sie ein Unternehmen beherrscht, wenn sie aufgrund vertraglicher Vereinbarungen gemeinsam die Möglichkeit hat, dessen Finanz- und Geschäftspolitik zu bestimmen, um aus dessen Geschäftstätigkeiten Nutzen zu ziehen." Daher gilt diese Interpretation aufgrund der Tatsache, dass den Vermögenswerten vor und nach der Ausschüttung der Verfügungsgewalt derselben Parteien unterliegt, nicht für Dividendenausschüttungen, wenn eine Gruppe einzelner

Anteilseigner, an die die Dividende ausgeschüttet wird, aufgrund vertraglicher Vereinbarungen die endgültige gemeinsame Verfügungsgewalt über das ausschüttende Unternehmen hat.

7 Gemäß Paragraph 5 gilt diese Interpretation nicht, wenn das Unternehmen einige seiner Eigentumsanteile an einem Tochterunternehmen ausschüttet, dabei aber die Verfügungsgewalt über das Tochterunternehmen behält. Wenn die Dividendenausschüttung dazu führt, dass das Unternehmen lediglich einen nicht beherrschenden Anteil an seinem Tochterunternehmen hält, hat es diese Ausschüttung gemäß IFRS 10 zu bilanzieren.

8 Diese Interpretation betrifft nur die Bilanzierung eines Unternehmens, das Sachdividenden ausschüttet. Sie betrifft nicht die Bilanzierung der Anteilseigner, die eine solche Dividendenausschüttung erhalten.

FRAGESTELLUNGEN

9 Wenn das Unternehmen eine Dividendenausschüttung beschließt und verpflichtet ist, die betreffenden Vermögenswerte an seine Eigentümer auszuschütten, muss es für die Dividendenverbindlichkeit eine Schuld ansetzen. Diese Interpretation betrifft die folgenden Fragen:

a) Wann muss das Unternehmen die Dividendenverbindlichkeit ansetzen?
b) Wie hat das Unternehmen die Dividendenverbindlichkeit zu bewerten?
c) Wie hat das Unternehmen bei der Erfüllung der Dividendenverbindlichkeit eine etwaige Differenz zwischen dem Buchwert der ausgeschütteten Vermögenswerte und dem Buchwert der Dividendenverbindlichkeit zu bilanzieren?

BESCHLUSS

Zeitpunkt des Ansatzes der Dividendenverbindlichkeit

10 Die Verpflichtung, eine Dividende zu zahlen, ist zu dem Zeitpunkt anzusetzen, zu dem die Dividende ordnungsgemäß genehmigt wurde und nicht mehr im Ermessen des Unternehmens liegt, d. h.,

a) wenn die z. B. vom Management oder vom Geschäftsführungs- und/oder Aufsichtsorgan festgelegte Dividende vom zuständigen Organ, z. B. den Anteilseignern, genehmigt wird, sofern eine solche Genehmigung gesetzlich vorgeschrieben ist, oder
b) wenn die Dividende, z. B. vom Management oder vom Geschäftsführungs- und/oder Aufsichtsorgan, festgelegt wird, sofern keine weitere Genehmigung gesetzlich vorgeschrieben ist.

Bewertung der Dividendenverbindlichkeit

11 Die Verpflichtung, Sachwerte als Dividende an die Eigentümer des Unternehmens auszuschütten, ist mit dem beizulegenden Zeitwert der zu übertragenden Vermögenswerte zu bewerten.

12 Wenn das Unternehmen seinen Eigentümern die Möglichkeit gibt, zwischen einem Sachwert oder einem Barausgleich zu wählen, muss es die Dividendenverbindlichkeit unter Berücksichtigung des beizulegenden Zeitwerts jeder Alternative und der Wahrscheinlichkeit, dass sich die Eigentümer für die eine oder andere Alternative entscheiden, schätzen.

13 An jedem Abschlussstichtag und am Erfüllungstag muss das Unternehmen den Buchwert der Dividendenverbindlichkeit überprüfen und anpassen, wobei alle Änderungen des Buchwerts der Dividendenverbindlichkeit im Eigenkapital als Anpassungen des Ausschüttungsbetrags zu erfassen sind.

Bilanzierung von Differenzen zwischen dem Buchwert der ausgeschütteten Vermögenswerte und dem Buchwert der Dividendenverbindlichkeit zum Zeitpunkt der Erfüllung der Dividendenverbindlichkeit

14 Bei der Erfüllung der Dividendenverbindlichkeit hat das Unternehmen jede etwaige Differenz zwischen dem Buchwert der ausgeschütteten Vermögenswerte und dem Buchwert der Dividendenverbindlichkeit erfolgswirksam zu erfassen.

Darstellung und Angaben

15 Differenzen nach Paragraph 14 sind als gesonderte Posten erfolgswirksam zu erfassen.

16 Das Unternehmen hat, soweit anwendbar, die folgenden Informationen anzugeben:

a) Buchwert der Dividendenverbindlichkeit zu Beginn und zum Ende der Berichtsperiode und
b) Erhöhung oder Minderung des Buchwerts, der infolge der Änderung des beizulegenden Zeitwerts der auszuschüttenden Vermögenswerte gemäß Paragraph 13 in der Berichtsperiode erfasst wurde.

17 Wenn das Unternehmen nach dem Abschlussstichtag, jedoch bevor der Abschluss zur Veröffentlichung freigegeben wird, beschließt, einen Sachwert als Dividende auszuschütten, muss es die folgenden Angaben machen:

a) die Art des auszuschüttenden Vermögenswerts,
b) den Buchwert des auszuschüttenden Vermögenswerts am Abschlussstichtag und
c) den beizulegenden Zeitwert des auszuschüttenden Vermögenswerts am Abschlussstichtag, sofern dieser vom Buchwert abweicht, sowie Informationen über die Methode(n), die für die Bewertung zum beizulegenden Zeitwert angewandt wurde(n), wie in den Paragraphen 93(b), (d), (g) und (i) und 99 von IFRS 13 vorgeschrieben.

ZEITPUNKT DES INKRAFTTRETENS

18 Diese Interpretation ist vorausschauend auf Geschäftsjahre anzuwenden, die am oder nach dem 1. Juli 2009 beginnen. Eine rückwirkende Anwen-

dung ist nicht zulässig. Eine frühere Anwendung ist zulässig. Wendet das Unternehmen diese Interpretation auf ein vor dem 1. Juli 2009 beginnendes Geschäftsjahr an, so hat es dies anzugeben und ebenfalls die Standards IFRS 3 (überarbeitet 2008), IAS 27 (in der im Mai 2008 geänderten Fassung) und IFRS 5 (in der durch diese Interpretation geänderten Fassung) anzuwenden.

19 Mit dem im Mai 2011 veröffentlichten IFRS 10 wurde Paragraph 7 geändert. Wendet das Unternehmen IFRS 10 an, so hat es diese Änderung anzuwenden.

20 Mit dem im Mai 2011 veröffentlichten IFRS 13 wurde Paragraph 17 geändert. Wendet das Unternehmen IFRS 13 an, so hat es diese Änderung anzuwenden.

IFRIC INTERPRETATION 19
Tilgung finanzieller Verbindlichkeiten durch Eigenkapitalinstrumente

IFRIC 19, VO (EU) 2023/1803

Gliederung	§§
HINTERGRUND	1
ANWENDUNGSBEREICH	2–3
FRAGESTELLUNGEN	4
BESCHLUSS	5–11
ZEITPUNKT DES INKRAFTTRETENS UND ÜBERGANGSVORSCHRIFTEN	12–17

VERWEISE

- *Rahmenkonzept für die Aufstellung und Darstellung von Abschlüssen*([1])
- IFRS 2 *Anteilsbasierte Vergütung*
- IFRS 3 *Unternehmenszusammenschlüsse*
- IFRS 9 *Finanzinstrumente*
- IFRS 13 *Bewertung zum beizulegenden Zeitwert*
- IAS 1 *Darstellung des Abschlusses*
- IAS 8 *Rechnungslegungsmethoden, Änderungen von rechnungslegungsbezogenen Schätzungen und Fehler*
- IAS 32 *Finanzinstrumente: Darstellung*

([1]) Dieses *Rahmenkonzept für die Aufstellung und Darstellung von Abschlüssen* des IASB wurde im Jahr 2001 vom IASB übernommen und war zum Zeitpunkt der Ausarbeitung dieser Interpretation in Kraft.

HINTERGRUND

1 Der Schuldner und der Gläubiger können die Bedingungen einer finanziellen Verbindlichkeit neu aushandeln und dabei vereinbaren, dass der Schuldner die Verbindlichkeit durch Ausgabe von Eigenkapitalinstrumenten an den Gläubiger ganz oder teilweise tilgt. Transaktionen dieser Art werden zuweilen als „Debt-For-Equity-Swaps" bezeichnet. Das IFRIC wurde ersucht, Leitlinien für die Bilanzierung solcher Transaktionen zur Verfügung zu stellen.

ANWENDUNGSBEREICH

2 Diese Interpretation betrifft die Frage, wie ein Unternehmen zu bilanzieren hat, wenn die Bedingungen einer finanziellen Verbindlichkeit neu ausgehandelt werden und dabei beschlossen wird, dass das Unternehmen zur vollständigen oder teilweisen Tilgung dieser Verbindlichkeit Eigenkapitalinstrumente an den Gläubiger ausgibt. Sie betrifft nicht die Bilanzierung des Gläubigers.

3 Das Unternehmen darf diese Interpretation nicht auf Transaktionen anwenden, bei denen

a) der Gläubiger gleichzeitig auch direkter oder indirekter Anteilseigner ist und in dieser Eigenschaft handelt,

b) der Gläubiger und das Unternehmen vor und nach der Transaktion von derselben Partei/denselben Parteien beherrscht werden und die Transaktion ihrem wirtschaftlichen Gehalt nach eine Kapitalausschüttung des Unternehmens oder eine Kapitaleinlage in das Unternehmen einschließt,

c) die Möglichkeit einer Tilgung durch Ausgabe von Eigenkapitalinstrumenten bereits in den ursprünglichen Bedingungen der finanziellen Verbindlichkeit vorgesehen waren.

FRAGESTELLUNGEN

4 Diese Interpretation betrifft die folgenden Fragen:

a) Sind die von einem Unternehmen zur vollständigen oder teilweisen Tilgung einer finanziellen Verbindlichkeit ausgegebenen Eigenkapitalinstrumente als „gezahltes Entgelt" im Sinne von Paragraph 3.3.3 von IFRS 9 anzusehen?

b) Wie hat das Unternehmen die zur Tilgung der finanziellen Verbindlichkeit ausgegebenen Eigenkapitalinstrumente beim erstmaligen Ansatz zu bewerten?

c) Wie hat das Unternehmen etwaige Differenzen zwischen dem Buchwert der getilgten finanziellen Verbindlichkeit und dem Betrag, der bei der erstmaligen Bewertung der ausgegebenen Eigenkapitalinstrumente angesetzt wird, zu erfassen?

BESCHLUSS

5 Eigenkapitalinstrumente, die das Unternehmen zur vollständigen oder teilweisen Tilgung einer finanziellen Verbindlichkeit an einen Gläubiger ausgibt, sind gezahltes Entgelt im Sinne von Paragraph 3.3.3 von IFRS 9. Nach Paragraph 3.3.1 von IFRS 9 darf das Unternehmen eine finanzielle Verbindlichkeit (oder einen Teil derselben) erst ausbuchen, wenn sie getilgt ist.

6 Eigenkapitalinstrumente, die zur vollständigen oder teilweisen Tilgung einer finanziellen Verbindlichkeit an einen Gläubiger ausgegeben werden, sind bei ihrem erstmaligen Ansatz zum

beizulegenden Zeitwert zu bewerten, es sei denn, dieser lässt sich nicht verlässlich ermitteln.

7 Lässt sich der beizulegende Zeitwert der ausgegebenen Eigenkapitalinstrumente nicht verlässlich ermitteln, so sind sie mit dem beizulegenden Zeitwert der getilgten finanziellen Verbindlichkeit anzusetzen. Schließt eine getilgte finanzielle Verbindlichkeit eine kurzfristig abrufbare finanzielle Verbindlichkeit (wie eine Sichteinlage) ein, ist bei der Bestimmung ihres beizulegenden Zeitwerts Paragraph 47 von IFRS 13 außer Acht zu lassen.

8 Wird nur ein Teil der finanziellen Verbindlichkeit getilgt, hat das Unternehmen zu beurteilen, ob sich aus einem Teil des gezahlten Entgelts eine Änderung der Bedingungen des noch ausstehenden Teils der Verbindlichkeit ergibt. Ist dies der Fall, hat das Unternehmen das gezahlte Entgelt auf den getilgten und den noch ausstehenden Teil der Verbindlichkeit aufzuteilen. Bei dieser Aufteilung hat das Unternehmen alle relevanten Fakten und Umstände der Transaktion zu berücksichtigen.

9 Nach Paragraph 3.3.3 von IFRS 9 ist die Differenz zwischen dem Buchwert der getilgten finanziellen Verbindlichkeit (bzw. des getilgten Teils derselben) und dem gezahlten Entgelt erfolgswirksam zu erfassen. Die ausgegebenen Eigenkapitalinstrumente sind zu dem Zeitpunkt, zu dem die finanzielle Verbindlichkeit (oder ein Teil derselben) getilgt wird, erstmals zu bewerten und anzusetzen.

10 Wird nur ein Teil der finanziellen Verbindlichkeit getilgt, so ist das Entgelt nach Paragraph 8 aufzuteilen. Bei der Beurteilung der Frage, ob sich eine wesentliche Änderung der Bedingungen der noch ausstehenden Verbindlichkeit ergibt, ist der Teil des Entgelts, der der noch ausstehenden Verbindlichkeit zugewiesen wird, zu berücksichtigen.

Ergibt sich eine wesentliche Änderung der noch ausstehenden Verbindlichkeit, so hat das Unternehmen die Änderung nach Paragraph 3.3.2 von IFRS 9 als Tilgung der ursprünglichen Verbindlichkeit und Ansatz einer neuen Verbindlichkeit zu bilanzieren.

11 Das Unternehmen hat gemäß den Paragraphen 9 und 10 angesetzte Gewinne oder Verluste als gesonderte Bilanzposten erfolgswirksam zu erfassen oder im Anhang auszuweisen.

ZEITPUNKT DES INKRAFTTRETENS UND ÜBERGANGSVORSCHRIFTEN

12 Diese Interpretation ist auf Geschäftsjahre anzuwenden, die am oder nach dem 1. Juli 2010 beginnen. Eine frühere Anwendung ist zulässig. Wendet ein Unternehmen diese Interpretation auf Berichtsperioden an, die vor dem 1. Juli 2010 beginnen, hat es dies anzugeben.

13 Gemäß IAS 8 hat das Unternehmen eine Änderung der Rechnungslegungsmethode ab dem Beginn der frühesten dargestellten Vergleichsperiode anzuwenden.

14 [gestrichen]

15 Mit dem im Mai 2011 veröffentlichten IFRS 13 wurde Paragraph 7 geändert. Wendet das Unternehmen IFRS 13 an, so hat es diese Änderung anzuwenden.

16 [gestrichen]

17 Mit dem im Juli 2014 veröffentlichten IFRS 9 wurden die Paragraphen 4, 5, 7, 9 und 10 geändert und die Paragraphen 14 und 16 gestrichen. Wendet ein Unternehmen IFRS 9 an, hat es diese Änderungen ebenfalls anzuwenden.

IFRIC INTERPRETATION 20
Abraumbeseitigungskosten im Tagebau

IFRIC 20, VO (EU) 2023/1803

Gliederung	§§
HINTERGRUND	1–5
ANWENDUNGSBEREICH	6
FRAGESTELLUNGEN	7
BESCHLUSS	8–16
Aktivierung der bei der Produktion anfallenden Abraumbeseitigungskosten	8–11
Erstmalige Bewertung des Vermögenswerts aus der Abraumbeseitigung	12–13
Folgebewertung des Vermögenswerts aus der Abraumbeseitigung	14–16
ANHANG A: ZEITPUNKT DES INKRAFTTRETENS UND ÜBERGANGSVORSCHRIFTEN	A1–A4

VERWEISE

- Rahmenkonzept für die Finanzberichterstattung[1]
- IAS 1 *Darstellung des Abschlusses*
- IAS 2 *Vorräte*
- IAS 16 *Sachanlagen*
- IAS 38 *Immaterielle Vermögenswerte*

[1] Dieses *Rahmenkonzept für die Finanzberichterstattung* wurde im Jahr 2010 herausgegeben und war zum Zeitpunkt der Ausarbeitung dieser Interpretation in Kraft.

HINTERGRUND

1 Im Tagebau kann es für Unternehmen erforderlich sein, nicht verwertbares Gesteinsmaterial (Abraum) zu beseitigen, um Zugang zu den Erzvorkommen zu erhalten. Diese Tätigkeit wird als Abraumbeseitigung bezeichnet.

2 In der Erschließungsphase eines Bergwerks (d. h. vor Beginn der Produktion) werden die Abraumbeseitigungskosten in der Regel als Teil der abschreibungsfähigen Kosten für die Anlage, Erschließung und Errichtung des Bergwerks aktiviert. Diese aktivierten Kosten werden ab Beginn der Produktion planmäßig abgeschrieben, und zwar üblicherweise nach der leistungsabhängigen Abschreibungsmethode.

3 Auch während der Produktionsphase kann das Bergbauunternehmen laufend Abraum beseitigen müssen, sodass ihm weitere Abraumbeseitigungskosten entstehen.

4 Der in der Produktionsphase beseitigte Abraum ist nicht immer zu 100 Prozent unverwertbar. Oft handelt es sich um eine Mischung aus Erz und Abfallmaterial. Dabei kann das Verhältnis Erz-zu-Abfall (Abraumverhältnis) von einem unwirtschaftlich niedrigen bis hin zu einem profitabel hohen Prozentsatz reichen. Bei der Beseitigung von Abraum mit niedrigem Abraumverhältnis kann dennoch für die Vorratsproduktion nutzbares Material gefördert werden. Außerdem können dadurch tiefer liegende Gesteinsschichten zugänglich werden, die ein höheres Erz-zu-Abfall-Verhältnis aufweisen. Ein Bergbauunternehmen kann aus der Abraumbeseitigung folglich zwei Arten von Nutzen ziehen: verwertbares Erz, das für die Vorratsproduktion eingesetzt werden kann, und besserer Zugang zu weiteren Erzvorkommen für den späteren Abbau.

5 Diese Interpretation betrifft die Frage, zu welchem Zeitpunkt und auf welche Weise diese beiden bei der Abraumbeseitigung entstehenden Arten von Nutzen getrennt zu bilanzieren sind und wie diese Nutzen beim erstmaligen Ansatz und danach zu bewerten sind.

ANWENDUNGSBEREICH

6 Diese Interpretation ist auf Abraumbeseitigungskosten anzuwenden, die im Tagebau während der Produktionsphase anfallen (bei der Produktion anfallende Abraumbeseitigungskosten).

FRAGESTELLUNGEN

7 Diese Interpretation betrifft die folgenden Fragen:

a) Wie sind die bei der Produktion anfallenden Abraumbeseitigungskosten zu aktivieren?
b) Wie ist der Vermögenswert aus der Abraumbeseitigung erstmals zu bewerten? und
c) Wie ist der Vermögenswert aus der Abraumbeseitigung in der Folge zu bewerten?

BESCHLUSS

Aktivierung der bei der Produktion anfallenden Abraumbeseitigungskosten

8 Den Teil der Abraumbeseitigungskosten, der auf den Nutzen entfällt, den das Unternehmen in Form von erzeugten Vorräten aus der Abraumbeseitigung zieht, hat es gemäß IAS 2 *Vorräte* zu erfassen. Den Teil der Abraumbeseitigungskosten, der auf den Nutzen entfällt, den das Unternehmen aufgrund des besseren Zugangs zu den Erzvorkommen aus der Abraumbeseitigung zieht, hat

es als langfristigen Vermögenswert zu erfassen, sofern die Kriterien von Paragraph 9 erfüllt sind. Dieser langfristige Vermögenswert wird in dieser Interpretation als „Vermögenswert aus der Abraumbeseitigung" bezeichnet.

9 Das Unternehmen darf nur dann einen Vermögenswert aus der Abraumbeseitigung erfassen, wenn alle folgenden Voraussetzungen erfüllt sind:
a) es ist wahrscheinlich, dass der künftige wirtschaftliche Nutzen der Abraumbeseitigung (verbesserter Zugang zum Erzvorkommen) dem Unternehmen zufließen wird,
b) das Unternehmen kann den Teil des Erzkörpers, für den der Zugang verbessert wurde, identifizieren, und
c) die Kosten, die mit der Abraumbeseitigung für diesen Teil einhergehen, können verlässlich bewertet werden.

10 Der Vermögenswert aus der Abraumbeseitigung ist als Erweiterung oder Verbesserung eines bestehenden Vermögenswerts zu bilanzieren. Folglich wird der Vermögenswert aus der Abraumbeseitigung *als Teil* eines bestehenden Vermögenswerts erfasst.

11 Ob der Vermögenswert aus der Abraumbeseitigung als materieller oder immaterieller Vermögenswert einzustufen ist, hängt von der Art des bestehenden Vermögenswerts ab. Das bedeutet, je nachdem, welcher Art der bestehende Vermögenswert ist, hat das Unternehmen den Vermögenswert aus der Abraumbeseitigung als materiell oder immateriell einzustufen.

Erstmalige Bewertung des Vermögenswerts aus der Abraumbeseitigung

12 Bei der erstmaligen Bewertung des Vermögenswerts aus der Abraumbeseitigung hat das Unternehmen die Anschaffungs- oder Herstellungskosten zugrunde zu legen. Dies sind die Gesamtkosten, die unmittelbar durch die Abraumbeseitigung, die den Zugang zum identifizierten Erzkörperbestandteil verbessert, anfallen, zuzüglich des einzeln zuordenbaren Teils der Gemeinkosten. Zusammen mit der produktionsbegleitenden Abraumbeseitigung können einige Nebentätigkeiten stattfinden, die für die weitere planmäßige Ausführung dieser Abraumbeseitigung nicht erforderlich sind. Die Kosten solcher Nebentätigkeiten dürfen nicht in den Vermögenswert aus der Abraumbeseitigung eingerechnet werden.

13 In Fällen, in denen die als Vermögenswert aus der Abraumbeseitigung zu aktivierenden Kosten und die der Vorratsproduktion zuordenbaren Kosten sich nicht getrennt bestimmen lassen, teilt das Unternehmen die Kosten unter Verwendung einer auf einer relevanten Produktionsmessgröße basierenden Verteilung auf diese beiden Bestandteile auf. Diese Produktionsmessgröße ist für den identifizierten Teil des Erzkörpers zu berechnen und als Referenz zu verwenden, um zu ermitteln, inwieweit die zusätzliche, auf die Schaffung eines zukünftigen Nutzens gerichtete Tätigkeit stattgefunden hat. Beispiele für solche Messgrößen sind:

a) Kosten der erzeugten Vorräte im Vergleich zu den erwarteten Kosten,
b) bezogen auf ein bestimmtes Erzproduktionsvolumen: Verhältnis zwischen dem Volumen des beseitigten Abfalls und dem erwarteten Abfallvolumen, und
c) bezogen auf ein bestimmtes Erzproduktionsvolumen: Mineralgehalt des gewonnenen Erzes im Vergleich zu seinem erwarteten Mineralgehalt.

Folgebewertung des Vermögenswerts aus der Abraumbeseitigung

14 Nach dem erstmaligen Ansatz ist der Vermögenswert aus der Abraumbeseitigung auf die gleiche Art und Weise wie der bestehende Vermögenswert, dessen Bestandteil er ist, entweder zu den fortgeführten Anschaffungs- oder Herstellungskosten oder zum neu bewerteten Betrag abzüglich planmäßiger Abschreibung und Wertminderungsaufwand zu bilanzieren.

15 Der Vermögenswert aus der Abraumbeseitigung ist über die erwartete Nutzungsdauer des identifizierten Teils des Erzkörpers, der durch die Abraumbeseitigung besser zugänglich wird, planmäßig abzuschreiben. Sofern sich keine zweckmäßigere Methode anbietet, ist die leistungsabhängige Abschreibungsmethode anzuwenden.

16 Die erwartete Nutzungsdauer des identifizierten Teils des Erzkörpers, die für die planmäßige Abschreibung des Vermögenswert aus der Abraumbeseitigung zugrunde gelegt wird, ist nicht mit der erwarteten Nutzungsdauer, die für die planmäßige Abschreibung des Bergwerks selbst oder der mit diesem in Verbindung stehenden Vermögenswerte gilt, gleichzusetzen. Dies wäre lediglich der Fall, wenn die Abraumbeseitigung den Zugang zum gesamten verbleibenden Erzkörper verbessert. Dies kann beispielsweise gegen Ende der Nutzungsdauer des Bergwerks eintreten, wenn es sich bei dem identifizierten Teil des Erzkörpers um den gesamten verbleibenden Teil des abzubauenden Erzkörpers handelt.

Anhang A
Zeitpunkt des Inkrafttretens und Übergangsvorschriften

Dieser Anhang ist integraler Bestandteil der Interpretation und hat die gleiche bindende Kraft wie die anderen Teile der Interpretation.

A1 Diese Interpretation ist auf Geschäftsjahre anzuwenden, die am oder nach dem 1. Januar 2013 beginnen. Eine frühere Anwendung ist zulässig. Wendet ein Unternehmen diese Interpretation auf eine frühere Periode an, hat es dies anzugeben.

A2 Das Unternehmen hat diese Interpretation auf bei der Produktion anfallende Abraumbeseitigungskosten anzuwenden, die seit Beginn der frühesten dargestellten Periode angefallen sind.

A3 In der Eröffnungsbilanz der frühesten dargestellten Periode ist jeder zuvor ausgewiesene Saldo eines Vermögenswerts aus der Abraumbeseitigung während der Produktion („früherer

Vermögenswert aus der Abraumbeseitigung") als Teil des bestehenden Vermögenswerts, dem die Abraumbeseitigung zuzuordnen ist, auszuweisen, sofern ein identifizierbarer Teil des Erzkörpers verbleibt, dem der frühere Vermögenswert aus der Abraumbeseitigung zugeordnet werden kann. Diese Salden werden über die verbleibende erwartete Nutzungsdauer des identifizierten Teils des Erzkörpers, dem der frühere Vermögenswert aus der Abraumbeseitigung zuzuordnen ist, planmäßig abgeschrieben.

A4 Lässt sich kein Teil des Erzkörpers ermitteln, dem der frühere Vermögenswert aus der Abraumbeseitigung zugeordnet werden kann, sind diese Salden in der Eröffnungsbilanz der frühesten dargestellten Periode in den Gewinnrücklagen auszuweisen.

IFRIC INTERPRETATION 21
Abgaben

IFRIC 21, VO (EU) 2023/1803

Gliederung	§§
HINTERGRUND	1
ANWENDUNGSBEREICH	2–6
FRAGESTELLUNGEN	7
BESCHLUSS	8–14
ANHANG A: ZEITPUNKT DES INKRAFTTRETENS UND ÜBERGANGSVORSCHRIFTEN	A1–A2

VERWEISE

- IAS 1 Darstellung des Abschlusses
- IAS 8 Rechnungslegungsmethoden, Änderungen von rechnungslegungsbezogenen Schätzungen und Fehler
- IAS 12 Ertragsteuern
- IAS 20 Bilanzierung und Darstellung von Zuwendungen der öffentlichen Hand
- IAS 24 Angaben über Beziehungen zu nahestehenden Unternehmen und Personen
- IAS 34 Zwischenberichterstattung
- IAS 37 Rückstellungen, Eventualverbindlichkeiten und Eventualforderungen
- IFRIC 6 Verbindlichkeiten, die sich aus einer Teilnahme an einem spezifischen Markt ergeben – Elektro- und Elektronik-Altgeräte

HINTERGRUND

1 Die öffentliche Hand kann Unternehmen zur Entrichtung von Abgaben verpflichten. Das IFRIC wurde ersucht, den Unternehmen Leitlinien zur Bilanzierung solcher Abgaben in ihren Abschlüssen zur Verfügung zu stellen. Insbesondere sollte geklärt werden, zu welchem Zeitpunkt eine Verpflichtung zur Entrichtung einer solchen Abgabe zu erfassen ist, wenn nach IAS 37 *Rückstellungen, Eventualverbindlichkeiten und Eventualforderungen* bilanziert wird.

ANWENDUNGSBEREICH

2 Diese Interpretation betrifft de Frage, wie Verpflichtungen zur Entrichtung einer Abgabe, die in den Anwendungsbereich von IAS 37 fallen, zu bilanzieren sind. Sie betrifft auch die Bilanzierung von Verpflichtungen zur Entrichtung einer Abgabe, deren Zeitpunkt und Betrag feststehen.

3 Diese Interpretation betrifft nicht die Bilanzierung von Kosten, die durch die Erfassung einer Verpflichtung zur Entrichtung einer Abgabe verursacht werden. Ob für eine Verpflichtung zur Zahlung einer Abgabe ein Vermögenswert oder ein Aufwand zu erfassen ist, haben die Unternehmen auf der Grundlage anderer Standards zu entscheiden.

4 Eine Abgabe im Sinne dieser Interpretation ist ein Ressourcenabfluss, der einen wirtschaftlichen Nutzen widerspiegelt und den die öffentliche Hand Unternehmen aufgrund von Rechtsvorschriften (d. h. gesetzlicher und/oder Regulierungsvorschriften) auferlegt. Dazu gehören weder

a) Ressourcenabflüsse, die unter andere Standards fallen (wie Ertragsteuern, die unter IAS 12 *Ertragsteuern* fallen), noch

b) Buß- oder andere Strafgelder, die bei Gesetzesverstößen verhängt werden.

Der Begriff „öffentliche Hand" bezeichnet Regierungsbehörden, Institutionen mit hoheitlichen Aufgaben und ähnliche Körperschaften, unabhängig davon, ob diese auf lokaler, nationaler oder internationaler Ebene angesiedelt sind.

5 Nicht unter die Definition von Abgabe fallen Zahlungen, die ein Unternehmen im Rahmen einer vertraglichen Vereinbarung mit der öffentlichen Hand für den Erwerb eines Vermögenswerts oder für die Erbringung von Dienstleistungen entrichtet.

6 Auf Verbindlichkeiten aus Emissionshandelssystemen müssen die Unternehmen diese Interpretation nicht anwenden.

FRAGESTELLUNGEN

7 Um klarzustellen, wie eine Verpflichtung zur Entrichtung einer Abgabe zu bilanzieren ist, werden in dieser Interpretation die folgenden Fragestellungen behandelt:

a) Worin besteht das Ereignis, das eine Verpflichtung zur Entrichtung einer Abgabe auslöst?

b) Führt der wirtschaftliche Zwang, die Geschäftstätigkeit in einer künftigen Periode fortzuführen, zu einer faktischen Verpflichtung, eine an die Geschäftstätigkeit in dieser künftigen Periode geknüpfte Abgabe zu entrichten?

c) Bedeutet die Prämisse der Unternehmensfortführung, dass das Unternehmen gegenwärtig zur Zahlung einer Abgabe verpflichtet ist, die an die Geschäftstätigkeit in einer künftigen Periode geknüpft ist?

d) Wird die Verpflichtung zur Entrichtung einer Abgabe zu einem bestimmten Zeitpunkt zu erfassen sein oder kann eine solche Verpflichtung unter bestimmten Umständen fortlaufend entstehen?
e) Worin besteht das Ereignis, das bei Erreichen eines Mindestschwellenwerts eine Verpflichtung zur Entrichtung einer Abgabe auslöst?
f) Gelten für die Erfassung einer Verpflichtung zur Entrichtung einer Abgabe im Jahresabschluss und im Zwischenbericht die gleichen Grundsätze?

BESCHLUSS

8 Das Ereignis, das eine Verpflichtung zur Entrichtung einer Abgabe auslöst, ist der Vorgang, an den die gesetzliche Vorschrift die Abgabe knüpft. Ist die Abgabe beispielsweise an die Erzielung von Erlösen in der laufenden Periode geknüpft und wird diese Abgabe anhand der in der vorangegangenen Periode erzielten Erlöse berechnet, so ist das verpflichtende Ereignis für diese Abgabe die Erzielung von Erlösen in der laufenden Periode. Die Erzielung von Erlösen in der vorangegangenen Periode ist für die Auslösung einer gegenwärtigen Verpflichtung zwar notwendig, aber nicht ausreichend.

9 Ein Unternehmen, das wirtschaftlich dazu gezwungen ist, seine Geschäftstätigkeit in einer künftigen Periode fortzuführen, ist faktisch nicht zur Entrichtung einer an die Geschäftstätigkeit in dieser künftigen Periode geknüpften Abgabe verpflichtet.

10 Die Erstellung eines Abschlusses unter der Prämisse der Unternehmensfortführung bedeutet für das Unternehmen nicht, dass es gegenwärtig zur Entrichtung einer an die Geschäftstätigkeit in einer künftigen Periode geknüpften Abgabe verpflichtet ist.

11 Erstreckt sich das verpflichtende Ereignis (d. h. der Vorgang, an den die gesetzliche Vorschrift die Entrichtung der Abgabe knüpft) über einen gewissen Zeitraum, so wird die Verpflichtung zur Entrichtung dieser Abgabe fortlaufend erfasst. Handelt es sich bei dem verpflichtenden Ereignis beispielsweise um die Erzielung von Erlösen über einen gewissen Zeitraum, so wird die entsprechende Verpflichtung bei Erzielung dieser Erlöse fortlaufend erfasst.

12 Ist eine Verpflichtung zur Entrichtung einer Abgabe an das Erreichen eines Mindestschwellenwerts geknüpft, so wird die aus dieser Verpflichtung resultierende Verbindlichkeit nach den in den Paragraphen 8–14 dieser Interpretation (und insbesondere in den Paragraphen 8 und 11) niedergelegten Grundsätzen bilanziert. Besteht das verpflichtende Ereignis beispielsweise im Erreichen eines auf die Geschäftstätigkeit bezogenen Mindestschwellenwerts (wie Mindesterlös, Mindestumsatz oder Mindestproduktion), so wird die entsprechende Verbindlichkeit bei Erreichen dieses Mindestschwellenwerts erfasst.

13 Bei Erstellung des Zwischenberichts ist beim Ansatz nach den gleichen Grundsätzen zu verfahren wie bei Erstellung des Jahresabschlusses. Infolgedessen ist eine Verpflichtung zur Entrichtung einer Abgabe im Zwischenbericht

a) nicht anzusetzen, wenn am Ende der Zwischenberichtsperiode keine gegenwärtige Verpflichtung zur Entrichtung der Abgabe besteht, aber
b) anzusetzen, wenn am Ende der Zwischenberichtsperiode eine gegenwärtige Verpflichtung zur Entrichtung der Abgabe besteht.

14 Hat das Unternehmen eine Abgabenvorauszahlung geleistet, ist aber gegenwärtig noch nicht zur Zahlung dieser Abgabe verpflichtet, so hat es einen Vermögenswert anzusetzen.

Anhang A
Zeitpunkt des Inkrafttretens und Übergangsvorschriften

Dieser Anhang ist integraler Bestandteil der Interpretation und hat die gleiche bindende Kraft wie die anderen Teile der Interpretation.

A1 Diese Interpretation ist auf Geschäftsjahre anzuwenden, die am oder nach dem 1. Januar 2014 beginnen. Eine frühere Anwendung ist zulässig. Wendet ein Unternehmen diese Interpretation auf eine frühere Periode an, hat es dies anzugeben.

A2 Aus der erstmaligen Anwendung dieser Interpretation resultierende Änderungen bei den Rechnungslegungsmethoden sind gemäß IAS 8 Rechnungslegungsmethoden, Änderungen von rechnungslegungsbezogenen Schätzungen und Fehler rückwirkend anzuwenden.

IFRIC Interpretation 22
Fremdwährungstransaktionen und im Voraus erbrachte oder erhaltene Gegenleistungen

IFRIC 22, VO (EU) 2023/1803

Gliederung	§§
HINTERGRUND	1–3
ANWENDUNGSBEREICH	4–6
FRAGESTELLUNG	7
BESCHLUSS	8–9
ANHANG A: ZEITPUNKT DES INKRAFTTRETENS UND ÜBERGANGSVORSCHRIFTEN	
ZEITPUNKT DES INKRAFTTRETENS	A1
ÜBERGANGSVORSCHRIFTEN	A2–A3
ANHANG B	

VERWEISE

– Rahmenkonzept für die Finanzberichterstattung([1])
– IAS 8 *Rechnungslegungsmethoden, Änderungen von rechnungslegungsbezogenen Schätzungen und Fehler*
– IAS 21 *Auswirkungen von Wechselkursänderungen*

([1]) Dieses *Rahmenkonzept für die Finanzberichterstattung* wurde im Jahr 2010 herausgegeben und war zum Zeitpunkt der Ausarbeitung dieser Interpretation in Kraft.

HINTERGRUND

1 Nach Paragraph 21 von IAS 21 *Auswirkungen von Wechselkursänderungen* ist das Unternehmen verpflichtet, eine Fremdwährungstransaktion erstmalig in der funktionalen Währung anzusetzen, indem es den Fremdwährungsbetrag mit dem am jeweiligen Tag des Geschäftsvorfalls gültigen Kassakurs zwischen der funktionalen Währung und der Fremdwährung umrechnet. Nach Paragraph 22 von IAS 21 ist der Tag des Geschäftsvorfalls der Tag, an dem der Geschäftsvorfall erstmalig gemäß den IFRS (im Folgenden „Standards") ansetzbar ist.

2 Wenn ein Unternehmen eine Gegenleistung in Fremdwährung im Voraus erbringt oder erhält, setzt es im Allgemeinen einen nichtmonetären Vermögenswert oder eine nichtmonetäre Verbindlichkeit an, bevor der zugehörige Vermögenswert, Aufwand oder Ertrag erfasst wird([2]). Der zugehörige Vermögenswert, Aufwand oder Ertrag (oder ein Teil davon) entspricht dem Betrag, der gemäß den anwendbaren Standards bei der Ausbuchung des nichtmonetären Vermögenswerts oder der nichtmonetären Verbindlichkeit aus der im Voraus erbrachten oder erhaltenen Gegenleistung erfasst wird.

([2]) Gemäß Paragraph 106 von IFRS 15 *Erlöse aus Verträgen mit Kunden* ist ein Unternehmen beispielsweise in dem Fall, in dem ein Kunde eine Gegenleistung zahlt oder es selbst vor Übertragung des Guts oder der Dienstleistung auf den Kunden einen unbedingten Anspruch auf eine bestimmte Gegenleistung (d. h. eine Forderung) hat, verpflichtet, den Vertrag als Vertragsverbindlichkeit auszuweisen, sobald die Zahlung geleistet oder fällig wird (je nachdem, welches von beidem früher eintritt).

3 Das IFRIC wurde ersucht, Leitlinien zu der Frage zur Verfügung zu stellen, wie bei der Erfassung von Erlösen gemäß den Paragraphen 21–22 von IAS 21 der „Tag des Geschäftsvorfalls" zu bestimmen sei. Dabei ging es um den konkreten Fall, dass ein Unternehmen bei Erhalt einer Gegenleistung im Voraus eine nichtmonetäre Verbindlichkeit erfasste, bevor es den zugehörigen Erlös ansetzte. Bei seinen Beratungen stellte das IFRIC fest, dass im Voraus erhaltene oder erbrachte Gegenleistungen in Fremdwährung nicht auf Umsatztransaktionen beschränkt sind. Daher beschloss das IFRIC klarzustellen, wie der Tag des Geschäftsvorfalls festzulegen ist, der für die Bestimmung des Wechselkurses für die erstmalige Erfassung des zugehörigen Vermögenswerts, Aufwands oder Ertrags zugrunde zu legen ist, wenn ein Unternehmen eine Gegenleistung in Fremdwährung im Voraus erhält oder erbringt.

ANWENDUNGSBEREICH

4 Diese Interpretation gilt für Fremdwährungstransaktionen (oder einen Teil davon), wenn ein Unternehmen einen nichtmonetären Vermögenswert oder eine nichtmonetäre Verbindlichkeit für eine im Voraus erbrachte oder erhaltene Gegenleistung ansetzt, bevor es den zugehörigen Vermögenswert, Aufwand oder Ertrag (oder einen Teil davon) erfasst.

5 Diese Interpretation gilt nicht, wenn ein Unternehmen die zugehörigen Vermögenswerte, Aufwendungen oder Erträge beim erstmaligen Ansatz
a) zum beizulegenden Zeitwert bewertet oder
b) zum beizulegenden Zeitwert der Gegenleistung, die zu einem anderen Zeitpunkt

als dem Zeitpunkt des erstmaligen Ansatzes des nichtmonetären Vermögenswerts oder der nichtmonetären Verbindlichkeit erbracht oder erhalten wurde, (beispielsweise bei der Bewertung des Geschäfts- oder Firmenwerts gemäß IFRS 3 *Unternehmenszusammenschlüsse*) bewertet.

6 Die Anwendung dieser Interpretation ist für die Unternehmen nicht verpflichtend bei
a) Ertragsteuern oder
b) Versicherungsverträgen (einschließlich Rückversicherungsverträgen), die es ausgibt, und Rückversicherungsverträgen, die es hält.

FRAGESTELLUNG

7 Diese Interpretation betrifft die Frage, wie bei der Ausbuchung eines nichtmonetären Vermögenswerts oder einer nichtmonetären Verbindlichkeit für die im Voraus erbrachte oder erhaltene Gegenleistung in Fremdwährung der Tag des Geschäftsvorfalls festzulegen ist, der für die Bestimmung des Wechselkurses für die erstmalige Erfassung des zugehörigen Vermögenswerts, Aufwands oder Ertrags (oder eines Teils davon) heranzuziehen ist.

BESCHLUSS

8 In Anwendung der Paragraphen 21–22 von IAS 21 ist der Tag des Geschäftsvorfalls zum Zweck der Bestimmung des Wechselkurses, der für die erstmalige Erfassung des zugehörigen Vermögenswerts, Aufwands oder Ertrags (oder eines Teils davon) zu verwenden ist, der Zeitpunkt, zu dem ein Unternehmen erstmalig einen nichtmonetären Vermögenswert oder eine nichtmonetäre Verbindlichkeit für die im Voraus erbrachte oder erhaltene Gegenleistung ansetzt.

9 Werden mehrere Gegenleistungen im Voraus erbracht oder erhalten, so bestimmt das Unternehmen für jede im Voraus erbrachte oder erhaltene Gegenleistung den Tag des Geschäftsvorfalls.

Anhang A
Zeitpunkt des Inkrafttretens und Übergangsvorschriften

Dieser Anhang ist integraler Bestandteil von IFRIC 22 und hat die gleiche bindende Kraft wie die anderen Teile von IFRIC 22.

ZEITPUNKT DES INKRAFTTRETENS

A1 Diese Interpretation ist auf Geschäftsjahre anzuwenden, die am oder nach dem 1. Januar 2018 beginnen. Eine frühere Anwendung ist zulässig. Wendet ein Unternehmen diese Interpretation auf eine frühere Periode an, hat es dies anzugeben.

ÜBERGANGSVORSCHRIFTEN

A2 Erstanwender wenden diese Interpretation wie folgt an:
a) rückwirkend unter Anwendung von IAS 8 *Rechnungslegungsmethoden, Änderungen von rechnungslegungsbezogenen Schätzungen und Fehler* oder
b) vorausschauend auf alle in den Anwendungsbereich dieser Interpretation fallenden Vermögenswerte, Aufwendungen und Erträge, die zu oder nach einem der folgenden Zeitpunkte erstmals erfasst werden:
   i) Beginn der Berichtsperiode, auf die das Unternehmen die Interpretation erstmals anwendet, oder
   ii) Beginn einer vorhergehenden Berichtsperiode, die im Abschluss derjenigen Berichtsperiode, auf die das Unternehmen die Interpretation erstmals anwendet, als Vergleichsinformation dargestellt wird.

A3 Wendet das Unternehmen Paragraph A2(b) an, so berücksichtigt es die Interpretation bei der erstmaligen Anwendung auf Vermögenswerte, Aufwendungen und Erträge an, die zu oder nach Beginn einer Berichtsperiode gemäß Paragraph A2(b)(i) oder (ii), in der es nichtmonetäre Vermögenswerte oder nichtmonetäre Verbindlichkeiten für vor diesem Zeitpunkt erbrachte oder erhaltene Gegenleistungen erfasst hat, erstmals angesetzt werden.

Anhang B

Die in diesem Anhang enthaltene Änderung ist auf Geschäftsjahre anzuwenden, die am oder nach dem 1. Januar 2018 beginnen. Wendet ein Unternehmen diese Interpretation früher an, so hat es auch diese Änderung für jene frühere Periode anzuwenden.

IFRIC Interpretation 23
Unsicherheit bezüglich der ertragsteuerlichen Behandlung

IFRIC 23, VO (EU) 2023/1803

Gliederung	§§
HINTERGRUND	1–3
ANWENDUNGSBEREICH	4
FRAGESTELLUNGEN	5
BESCHLUSS	6–14
Gesonderte Berücksichtigung unsicherer steuerlicher Behandlungen	6–7
Prüfung durch die Steuerbehörde	8
Bestimmung des zu versteuernden Gewinns (steuerlichen Verlusts), der steuerlichen Basis, der ungenutzten steuerlichen Verluste und Steuergutschriften und der Steuersätze	9–12
Geänderte Fakten und Umstände	13–14
ANHANG A: ANWENDUNGSLEITLINIEN	
GEÄNDERTE FAKTEN UND UMSTÄNDE (PARAGRAPH 13)	A1–A3
ANGABEN	A4–A5
ANHANG B: ZEITPUNKT DES INKRAFTTRETENS UND ÜBERGANGSVORSCHRIFTEN	
ZEITPUNKT DES INKRAFTTRETENS	B1
ÜBERGANGSVORSCHRIFTEN	B2

VERWEISE

– IAS 1 *Darstellung des Abschlusses*
– IAS 8 *Rechnungslegungsmethoden, Änderungen von rechnungslegungsbezogenen Schätzungen und Fehler*
– IAS 10 *Ereignisse nach dem Abschlussstichtag*
– IAS 12 *Ertragsteuern*

HINTERGRUND

1 IAS 12 *Ertragsteuern* enthält Vorschriften in Bezug auf tatsächliche und latente Steueransprüche und Steuerschulden. Die Vorschriften von IAS 12 sind auf der Grundlage der geltenden Steuerrechtsvorschriften anzuwenden.

2 Wie das Steuerrecht auf einen bestimmten Geschäftsvorfall oder Umstand anzuwenden ist, lässt sich möglicherweise nicht immer eindeutig bestimmen. Ob eine bestimmte steuerliche Behandlung nach dem Steuerrecht akzeptiert werden kann, ist möglicherweise solange nicht bekannt, bis die zuständige Steuerbehörde oder ein Gericht eine Entscheidung fällt. Daher kann sich die Anfechtung einer bestimmten steuerlichen Behandlung oder deren Prüfung durch die Steuerbehörde auf die Bilanzierung der tatsächlichen oder latenten Steueransprüche oder Steuerschulden des Unternehmens auswirken.

3 In dieser Interpretation werden die folgenden Begriffe verwendet:

a) „steuerliche Behandlung" bezeichnet die Behandlung, die ein Unternehmen bei seinen Ertragsteuererklärungen verwendet hat oder zu verwenden beabsichtigt,

b) „Steuerbehörde" bezeichnet die Stelle oder Stellen, die entscheidet bzw. entscheiden, ob eine steuerliche Behandlung nach dem Steuerrecht akzeptiert werden kann; dies schließt auch Gerichte ein,

c) „unsichere steuerliche Behandlung" bezeichnet eine steuerliche Behandlung, bei der unsicher ist, ob die zuständige Steuerbehörde sie nach dem Steuerrecht akzeptieren wird; so ist beispielsweise die Entscheidung des Unternehmens, in einem Steuerhoheitsgebiet keine Ertragsteuer zu erklären oder bestimmte Erträge nicht im zu versteuernden Gewinn zu erfassen, eine unsichere steuerliche Behandlung, solange unsicher ist, ob diese Behandlung nach dem Steuerrecht akzeptiert werden kann.

ANWENDUNGSBEREICH

4 Mit dieser Interpretation wird geklärt, wie die in IAS 12 festgelegten Ansatz- und Bewertungsvorschriften anzuwenden sind, wenn Unsicherheit bezüglich der ertragsteuerlichen Behandlung besteht. Das Unternehmen hat in solchen Fällen seine tatsächlichen und latenten Steueransprüche und Steuerschulden unter Anwendung der Vorschriften von IAS 12 anzusetzen und zu bewerten und dafür die nach Maßgabe dieser Interpretation ermittelten Werte des zu versteuernden Gewinns (bzw. steuerlichen Verlusts), der steuerlichen Basis, der ungenutzten steuerlichen Verluste und Steuergutschriften sowie der Steuersätze zugrunde zu legen.

FRAGESTELLUNGEN

5 Im Falle von Unsicherheit bezüglich der ertragsteuerlichen Behandlung regelt diese Interpretation,

a) ob das Unternehmen unsichere steuerliche Behandlungen gesondert zu berücksichtigen hat,
b) welche Annahmen das Unternehmen bezüglich der Prüfung der steuerlichen Behandlung durch die Steuerbehörde zugrunde zu legen hat,
c) wie das Unternehmen den zu versteuernden Gewinn (den steuerlichen Verlust), die steuerliche Basis, die ungenutzten steuerlichen Verluste und Steuergutschriften und die Steuersätze zu bestimmen hat, und
d) wie das Unternehmen geänderte Fakten und Umstände zu berücksichtigen hat.

BESCHLUSS

Gesonderte Berücksichtigung unsicherer steuerlicher Behandlungen

6 Bei der Frage, ob eine unsichere steuerliche Behandlung gesondert oder zusammen mit einer oder mehreren anderen unsicheren steuerlichen Behandlungen zu berücksichtigen ist, wählt das Unternehmen diejenige Option, die sich im Hinblick auf die voraussichtliche Auflösung der Unsicherheit besser eignet. Zur Bestimmung der Option, die sich im Hinblick auf die voraussichtliche Auflösung der Unsicherheit besser eignet, kann das Unternehmen beispielsweise berücksichtigen, a) wie es seine Ertragssteuererklärungen erstellt und seine steuerlichen Behandlungen begründet oder b) wie die Steuerbehörde nach Einschätzung des Unternehmens die Prüfung vornehmen und die dabei möglicherweise festgestellten Probleme lösen wird.

7 Fasst das Unternehmen in Anwendung von Paragraph 6 mehrere unsichere steuerliche Behandlungen zusammen, so bezeichnet der Ausdruck „unsichere steuerliche Behandlung" in dieser Interpretation die gesamte Gruppe dieser unsicheren steuerlichen Behandlungen.

Prüfung durch die Steuerbehörde

8 Bei der Beurteilung, ob und wie sich eine unsichere steuerliche Behandlung auf die Bestimmung des zu versteuernden Gewinns (bzw. steuerlichen Verlusts), der steuerlichen Basis, der ungenutzten steuerlichen Verluste und Steuergutschriften und der Steuersätze auswirkt, hat das Unternehmen davon auszugehen, dass die Steuerbehörde sämtliche Beträge prüfen wird, zu deren Prüfung sie befugt ist, und dass sie für deren Prüfung über sämtliche einschlägigen Informationen verfügt.

Bestimmung des zu versteuernden Gewinns (steuerlichen Verlusts), der steuerlichen Basis, der ungenutzten steuerlichen Verluste und Steuergutschriften und der Steuersätze

9 Das Unternehmen hat zu beurteilen, ob es wahrscheinlich ist, dass die Steuerbehörde eine unsichere steuerliche Behandlung akzeptiert.

10 Ist es nach Einschätzung des Unternehmens wahrscheinlich, dass die Steuerbehörde eine unsichere steuerliche Behandlung akzeptiert, so hat das Unternehmen den zu versteuernden Gewinn (steuerlichen Verlust), die steuerliche Basis, die ungenutzten steuerlichen Verluste und Steuergutschriften und die Steuersätze gemäß der steuerlichen Behandlung zu bestimmen, die es in seinen Ertragsteuererklärungen verwendet hat bzw. zu verwenden beabsichtigt.

11 Ist es nach Einschätzung des Unternehmens unwahrscheinlich, dass die Steuerbehörde eine unsichere steuerliche Behandlung akzeptiert, so hat das Unternehmen bei der Bestimmung des zu versteuernden Gewinns (steuerlichen Verlusts), der steuerlichen Basis, der ungenutzten steuerlichen Verluste und Steuergutschriften und der Steuersätze die Auswirkung der Unsicherheit zu berücksichtigen. Zur Berücksichtigung der Auswirkung der Unsicherheit hat das Unternehmen für jede unsichere steuerliche Behandlung diejenige der beiden folgenden Methoden anzuwenden, die sich seiner Einschätzung nach im Hinblick auf die voraussichtliche Auflösung der Unsicherheit besser eignet:

a) Methode des wahrscheinlichsten Betrags – derjenige Betrag, der innerhalb der Vielzahl möglicher Ergebnisse am wahrscheinlichsten ist; diese Methode eignet sich möglicherweise besser für die Vorhersage der Auflösung der Unsicherheit, wenn die möglichen Ergebnisse binär sind oder sich auf einen Wert konzentrieren.
b) Erwartungswertmethode – die Summe der wahrscheinlichkeitsgewichteten Beträge innerhalb der Vielzahl möglicher Ergebnisse; diese Methode eignet sich möglicherweise besser für die Vorhersage der Auflösung der Unsicherheit, wenn es eine Vielzahl möglicher Ergebnisse gibt, die weder binär sind noch sich auf einen Wert konzentrieren.

12 Wenn sich eine unsichere steuerliche Behandlung sowohl auf tatsächliche als auch auf latente Steuern auswirkt (wenn sie sich z. B. sowohl auf den zu versteuernden Gewinn, auf dessen Grundlage die tatsächliche Steuer ermittelt wird, als auch auf die steuerliche Basis, die zur Ermittlung der latenten Steuern herangezogen wird, auswirkt), hat das Unternehmen für beide Steuern konsistente Ermessensentscheidungen zu fällen und Schätzungen vorzunehmen.

Geänderte Fakten und Umstände

13 Falls sich die einer Ermessensentscheidung oder Schätzung zugrunde liegenden Fakten oder Umstände ändern oder Informationen bekannt werden, die sich auf diese Ermessensentscheidung oder Schätzung auswirken, hat das Unternehmen die nach Maßgabe dieser Interpretation erforderliche Ermessensentscheidung oder Schätzung zu überprüfen. Geänderte Fakten und Umstände können beispielsweise bewirken, dass das Unternehmen hinsichtlich der voraussichtlich akzeptierten steuerlichen Behandlung zu einer anderen

Schlussfolgerung und/oder hinsichtlich der von ihm geschätzten Auswirkung der Unsicherheit zu einem anderen Ergebnis gelangt. Die Paragraphen A1– A3 enthalten Leitlinien für die Berücksichtigung geänderter Fakten und Umstände.

14 Das Unternehmen hat die Auswirkungen von geänderten Fakten und Umständen oder von neuen Informationen gemäß IAS 8 *Rechnungslegungsmethoden, Änderungen von rechnungslegungsbezogenen Schätzungen und Fehler* als Änderung einer rechnungslegungsbezogenen Schätzung zu erfassen. Das Unternehmen hat IAS 10 *Ereignisse nach dem Abschlussstichtag* anzuwenden, um zu beurteilen, ob es sich bei einer nach dem Abschlussstichtag eingetretenen Änderung um ein zu berücksichtigendes oder nicht zu berücksichtigendes Ereignis handelt.

Anhang A
Anwendungsleitlinien

Dieser Anhang ist integraler Bestandteil von IFRIC 23 und hat die gleiche bindende Kraft wie die anderen Teile von IFRIC 23.

GEÄNDERTE FAKTEN UND UMSTÄNDE (PARAGRAPH 13)

A1 Bei der Anwendung von Paragraph 13 dieser Interpretation hat das Unternehmen die Relevanz und Auswirkung der geänderten Fakten und Umstände oder neuen Informationen vor dem Hintergrund des anwendbaren Steuerrechts zu beurteilen. Beispielsweise könnte ein bestimmtes Ereignis dazu führen, dass eine in Bezug auf eine steuerliche Behandlung getroffene Ermessensentscheidung oder vorgenommene Schätzung neu zu bewerten ist, während dies bei einer anderen steuerlichen Behandlung, die anderen Steuerrechtsvorschriften unterliegt, nicht der Fall sein mag.

A2 Beispiele für geänderte Fakten und Umstände oder neue Informationen, die je nach den Umständen eine Neubewertung einer Ermessensentscheidung oder einer Schätzung nach dieser Interpretation erforderlich machen, sind unter anderem:
a) Prüfungen oder Maßnahmen einer Steuerbehörde wie:
   i) die Genehmigung oder Ablehnung der Steuerbehörde in Bezug auf die vom Unternehmen verwendete steuerliche Behandlung oder eine ähnliche steuerliche Behandlung,
   ii) die Information darüber, dass die Steuerbehörde eine von einem anderen Unternehmen verwendete ähnliche steuerliche Behandlung genehmigt oder abgelehnt hat, und
   iii) die Information über den bei einer ähnlichen steuerlichen Behandlung erhaltenen oder gezahlten Betrag,
b) Änderungen bei den von der Steuerbehörde festgelegten Vorschriften,
c) das Ende der Befugnis der Steuerbehörde im Hinblick auf die Prüfung oder erneute Prüfung einer steuerlichen Behandlung.

A3 Der alleinige Umstand, dass eine Steuerbehörde eine steuerliche Behandlung weder genehmigt noch abgelehnt hat, ist eher nicht als eine Änderung der Fakten und Umstände oder als neue Information anzusehen, die sich auf die nach Maßgabe dieser Interpretation erforderlichen Ermessensentscheidungen oder Schätzungen auswirkt.

ANGABEN

A4 Im Falle von Unsicherheit bezüglich der ertragsteuerlichen Behandlung hat das Unternehmen zu bestimmen, ob es
a) in Anwendung von Paragraph 122 von IAS 1 *Darstellung des Abschlusses* die Ermessensentscheidungen angibt, die es bei der Bestimmung des zu versteuernden Gewinns (bzw. steuerlichen Verlusts), der steuerlichen Basis, der ungenutzten steuerlichen Verluste und Steuergutschriften und der Steuersätze getroffen hat, und
b) in Anwendung der Paragraphen 125–129 von IAS 1 Angaben zu den Annahmen und Schätzungen macht, die es bei der Bestimmung des zu versteuernden Gewinns (bzw. steuerlichen Verlusts), der steuerlichen Basis, der ungenutzten steuerlichen Verluste und Steuergutschriften und der Steuersätze zugrunde gelegt hat.

A5 Ist es nach Einschätzung des Unternehmens wahrscheinlich, dass die Steuerbehörde eine unsichere steuerliche Behandlung akzeptiert, so hat das Unternehmen festzulegen, ob es die potenzielle Auswirkung der Unsicherheit in Anwendung von Paragraph 88 von IAS 12 als steuerbezogene Eventualverbindlichkeit bzw. -forderung ausweist.

Anhang B
Zeitpunkt des Inkrafttretens und Übergangsvorschriften

Dieser Anhang ist integraler Bestandteil von IFRIC 23 und hat die gleiche bindende Kraft wie die anderen Teile von IFRIC 23.

ZEITPUNKT DES INKRAFTTRETENS

B1 Diese Interpretation ist auf Geschäftsjahre anzuwenden, die am oder nach dem 1. Januar 2019 beginnen. Eine frühere Anwendung ist zulässig. Wendet ein Unternehmen diese Interpretation auf eine frühere Periode an, hat es dies anzugeben.

ÜBERGANGSVORSCHRIFTEN

B2 Erstanwender wenden diese Interpretation wie folgt an:
a) rückwirkend unter Anwendung von IAS 8, wenn dies ohne Verwendung nachträglicher Erkenntnisse möglich ist, oder
b) rückwirkend mit Erfassung der kumulierten Auswirkungen der erstmaligen Anwendung der Interpretation zum Zeitpunkt der Erst-

B2 anwendung; wählt das Unternehmen diese Übergangsregelung, so hat es keine Anpassung von Vergleichsinformationen vorzunehmen; stattdessen bilanziert es die kumulierte Auswirkung der erstmaligen Anwendung der Interpretation als Anpassung des Eröffnungssaldos der Gewinnrücklagen (oder – soweit sachgerecht – einer sonstigen Eigenkapitalkomponente); Zeitpunkt der erstmaligen Anwendung ist der Beginn der Berichtsperiode, in der das Unternehmen diese Interpretation zum ersten Mal anwendet.

Glossar

Glossar Englisch–Deutsch

Englisch	Deutsch	Standard
12-month expected credit losses	erwarteter 12-Monats-Kreditverlust	IFRS 9
accounting estimate	rechnungslegungsbezogene Schätzung	IAS 8
accounting policies	Rechnungslegungsmethoden	IAS 8
accounting profit	bilanzieller Gewinn oder Verlust vor Steuern	IAS 12
acquiree	erworbenes Unternehmen	IFRS 3
acquirer	Erwerber	IFRS 3
acquisition date	Erwerbszeitpunkt	IFRS 3
active market	aktiver Markt	IFRS 13
actuarial gains and losses	versicherungsmathematische Gewinne und Verluste	IAS 19
actuarial present value of promised retirement benefits	versicherungsmathematischer Barwert der zugesagten Versorgungsleistungen	IAS 26
adjusting events after the reporting period	berücksichtigungspflichtige Ereignisse nach dem Abschlussstichtag	IAS 10
agricultural activity	landwirtschaftliche Tätigkeit	IAS 41
agricultural produce	landwirtschaftliches Erzeugnis	IAS 41
amortised cost of a financial asset or financial liability	fortgeführte Anschaffungskosten eines finanziellen Vermögenswertes oder einer finanziellen Verbindlichkeit	IFRS 9
antidilution	Verwässerungsschutz	IAS 33
asset	Vermögenswert	IAS 38
asset ceiling	Vermögensobergrenze	IAS 19
assets held by a long-term employee benefit fund	Vermögen, das durch einen langfristig ausgelegten Fonds zur Erfüllung von Leistungen an Arbeitnehmer gehalten wird	IAS 19
associate	assoziiertes Unternehmen	IAS 28
bearer plant	fruchttragende Pflanze	IAS 16, IAS 41
biological asset	biologischer Vermögenswert	IAS 41
biological transformation	biologische Transformation	IAS 41
borrowing costs	Fremdkapitalkosten	IAS 23
business	Geschäftsbetrieb	IFRS 3
business combination	Unternehmenszusammenschluss	IFRS 3
capability to change	Fähigkeit zur Änderung	IAS 41
carrying amount	Buchwert	IAS 16, IAS 36, IAS 38, IAS 40, IAS 41
cash	Zahlungsmittel	IAS 7
cash equivalents	Zahlungsmitteläquivalente	IAS 7
cash flow hedge	Absicherung von Zahlungsströmen	IAS 39
cash flows	Cashflows	IAS 7
cash-generating unit	zahlungsmittelgenerierende Einheit	IAS 36, IFRS 5
cash-settled share-based payment transaction	anteilsbasierte Vergütung mit Barausgleich	IFRS 2
change in accounting estimate	Änderung einer rechnungslegungsbezogenen Schätzung	IAS 8
close members of the family of a person	nahe Familienangehörige einer Person	IAS 24
closing rate	Stichtagskurs	IAS 21

Glossar

commencement date (of the lease)	Bereitstellungsdatum	IFRS 16
compensation	Vergütung	IAS 24
component of an entity	Unternehmensbestandteil	IFRS 5
consolidated financial statements	Konzernabschluss	IAS 27, IFRS 10
constructive obligation	faktische Verpflichtung	IAS 37
contingent asset	Eventualforderung	IAS 37
contingent consideration	bedingte Gegenleistung	IFRS 3
contingent liability	Eventualverbindlichkeit	IAS 37
contingent share agreement	Übereinkunft zur Ausgabe bedingt emissionsfähiger Aktien	IAS 33
contingently issuable ordinary shares	bedingt emissionsfähige Aktie	IAS 33
contract	Vertrag	IFRS 15
contract asset	Vertragsvermögenswert	IFRS 9, IFRS 15
contract liability	Vertragsverbindlichkeit	IFRS 15
contract service margin	Vertragliche Servicemarge	IFRS 17
control of an investee	Beherrschung eines Beteiligungsunternehmens	IFRS 10
corporate assets	gemeinschaftliche Vermögenswerte	IAS 36
cost	Anschaffungs- oder Herstellungskosten	IAS 16, IAS 38, IAS 40
cost approach	kostenbasierter Ansatz	IFRS 13
cost of sales	Umsatzkosten	IAS 1
costs of disposal	Veräußerungskosten	IAS 36
coverage period	Deckungszeitraum	IFRS 17
credit-adjusted effective interest rate	bonitätsangepasster Effektivzinssatz	IFRS 9
credit-impaired financial asset	finanzieller Vermögenswert mit beeinträchtigter Bonität	IFRS 9
credit loss	Kreditverlust	IFRS 9
costs to sell	Verkaufskosten, Veräußerungskosten	IAS 41, IFRS 5
credit risk	Ausfallrisiko	IFRS 7
credit risk rating grades	Ausfallrisiko-Ratingklassen	IFRS 7
currency risk	Währungsrisiko	IFRS 7
current	kurzfristig	IAS 1
current asset	kurzfristiger Vermögenswert	IFRS 5
current service cost	laufender Dienstzeitaufwand	IAS 19
current tax	tatsächliche Ertragssteuern	IAS 12
customer	Kunde	IFRS 15
date of transition to IFRSs	Zeitpunkt des Übergangs auf IFRS	IFRS 1
decision maker	Entscheidungsträger	IFRS 10
deductible temporary differences	abzugsfähige temporäre Differenzen	IAS 12
deemed cost	als Ersatz für Anschaffungs- oder Herstellungskosten angesetzter Wert	IFRS 1
deferred tax assets	latente Steueransprüche	IAS 12
deferred tax liabilities	latente Steuerschulden	IAS 12
deficit or surplus	Fehlbetrag oder eine Vermögensüberdeckung	IAS 19
defined benefit obligation (DBO)	leistungsorientierte Verpflichtung	IAS 19
defined benefit plans	leistungsorientierte Pläne	IAS 19, IAS 26
defined contribution plans	beitragsorientierte Pläne	IAS 19, IAS 26

Glossar

depreciable amount	Abschreibungsbetrag	IAS 16, IAS 36, IAS 38
depreciation (amortisation)	Abschreibung (Amortisation)	IAS 16, IAS 36, IAS 38
derecognition	Ausbuchung	IFRS 9
derivative	Derivat	IFRS 9
development	Entwicklung	IAS 38
dilution	Verwässerung	IAS 33
discontinued operation	aufgegebener Geschäftsbereich	IFRS 5
disposal group	Veräußerungsgruppe	IFRS 5
dividends	Dividenden	IAS 39, IFRS 9
earnings per share	Ergebnis je Aktie	IAS 33
economic life	wirtschaftliche Nutzungsdauer	IFRS 16
effective date of the modification	effektiver Zeitpunkt der Änderung	IFRS 16
effective interest method	Effektivzinsmethode	IFRS 9
effective interest rate	Effektivzinssatz	IFRS 9
employee benefits	Leistungen an Arbeitnehmer	IAS 19
employees and others providing similar services	Mitarbeiter und andere, die ähnliche Leistungen erbringen	IFRS 2
end of the reporting period	Abschlussstichtag	IAS 1
entity-specific value	unternehmensspezifischer Wert	IAS 16, IAS 38
entry price	Zugangspreis	IFRS 13
equity	Eigenkapital	IAS 1
equity instrument	Eigenkapitalinstrument	IAS 32, IFRS 2
equity instrument granted	gewährtes Eigenkapitalinstrument	IFRS 2
equity interests	Eigenkapitalanteile	IFRS 3
equity method	Equity-Methode	IAS 28
equity-settled share-based payment transaction	anteilsbasierte Vergütung mit Ausgleich durch Eigenkapitalinstrumente	IFRS 2
events after the reporting period	Ereignisse nach dem Abschlussstichtag	IAS 10
exchange difference	Umrechnungsdifferenz	IAS 21
exchange rate	Wechselkurs	IAS 21
exit price	Abgangspreis	IFRS 13
expected cash flow	erwarteter Zahlungsstrom	IFRS 13
expected credit losses	erwartete Kreditverluste	IFRS 9
experience adjustment	Erfahrungsbedingte Anpassung	IFRS 17
exploration and evaluation assets	Vermögenswerte für Exploration und Evaluierung	IFRS 6
exploration and evaluation expenditures	Ausgaben für Exploration und Evaluierung	IFRS 6
exploration for and evaluation of mineral resources	Exploration und Evaluierung von Bodenschätzen	IFRS 6
fair value	beizulegender Zeitwert	IAS 2, IAS 16, IAS 19, IAS 20, IAS 21, IAS 32, IAS 36, IAS 38, IAS 40, IAS 41, IFRS 1, IFRS 2, IFRS 3, IFRS 5, IFRS 13, IFRS 16

Glossar

fair value hedge	Absicherung des beizulegenden Zeitwertes	IAS 39
finance lease	Finanzierungsleasing	IFRS 16
financial guarantee contract	finanzielle Garantie	IFRS 9
financial instrument	Finanzinstrument	IAS 32
financial liability	finanzielle Verbindlichkeit	IAS 32
financial liability at fair value through-profit or loss	erfolgswirksam zum beizulegenden Zeitwert bewertete finanzielle Verbindlichkeit	IFRS 9
financial risk	Finanzrisiko	IFRS 17
financing activities	Finanzierungstätigkeiten	IAS 7
firm commitment	feste Verpflichtung	IAS 39, IFRS 9
firm purchase commitment	feste Kaufverpflichtung	IFRS 5
first IFRS financial statements	erster IFRS-Abschluss	IFRS 1
first IFRS reporting period	erste IFRS-Berichtsperiode	IFRS 1
first-time adopter	erstmaliger Anwender	IFRS 1
fixed payments	feste Zahlungen	IFRS 16
forecast transaction	erwartete Transaktion	IAS 39, IFRS 9
foreign currency	Fremdwährung	IAS 21
foreign operation	ausländischer Geschäftsbetrieb	IAS 21
forgivable loans	erlassbares Darlehen	IAS 20
functional currency	Funktionale Währung	IAS 21
funding	Fondsfinanzierung	IAS 26
general purpose financial statements	Abschluss für allgemeine Zwecke	IAS 1
goodwill	Geschäfts- oder Firmenwert	IFRS 3
government	öffentliche Hand, öffentliche Stelle	IAS 20, IAS 24
government assistance	Beihilfe der öffentlichen Hand	IAS 20
government grants	Zuwendung der öffentlichen Hand	IAS 20
government-related entity	einer öffentlichen Stelle nachstehendes Unternehmen	IAS 24
grant date	Tag der Gewährung	IFRS 2
grants related to assets	Zuwendungen für Vermögenswerte	IAS 20
grants related to income	erfolgsbezogene Zuwendungen	IAS 20
gross carrying amount of a financial asset	Bruttobuchwert eines finanziellen Vermögenswerts	IFRS 9
gross investment in the lease	Bruttoinvestition in das Leasingverhältnis	IFRS 16
group	Konzern, Unternehmensgruppe	IFRS 10, IAS 21
group of biological assets	Gruppe biologischer Vermögenswerte	IAS 41
harvest	Ernte	IAS 41
hedge accounting	Bilanzierung von Sicherungsbeziehungen	IAS 39
hedge effectiveness	Wirksamkeit eines Sicherungsgeschäfts	IAS 39
hedged item	Grundgeschäft	IAS 39
hedge ratio	Sicherungsquote	IFRS 9
hedging instrument	Sicherungsinstrument	IAS 39
held for trading	zu Handelszwecken gehalten	IFRS 9
highest and best use	höchste und beste Verwendung	IFRS 13
highly probable	höchstwahrscheinlich	IFRS 5

Glossar

identifiable	identifizierbar	IFRS 3
impairment gain or loss	Wertminderungsaufwand oder -ertrag	IFRS 9
impairment loss	Wertminderungsaufwand	IAS 16, IAS 36, IAS 38
impairment test	Wertminderungstest	IAS 36
impracticable	undurchführbar	IAS 1, IAS 8
inception date (of the lease)	Beginn des Leasingverhältnisses	IFRS 16
income	Ertrag	IFRS 15
income approach	einkommensbasierter Ansatz	IFRS 13
income from a structured entity	Erträge aus einem strukturierten Unternehmen	IFRS 12
income obligation	Leistungsverpflichtung	IFRS 15
initial direct costs	anfängliche direkte Kosten	IFRS 16
inputs	Inputfaktoren	IFRS 13
insurance	Versicherung	IFRS 17
insurance contract services	Leistungen gemäß dem Versicherungsvertrag	IFRS 17
insurer	Versicherer	IFRS 17
intangible asset	immaterieller Vermögenswert	IAS 38, IFRS 3
interest expense	Zinsaufwand	IAS 39
interest in another entity	Anteil an einem anderen Unternehmen	IFRS 12
interest rate implicit in the lease	dem Leasingverhältnis zugrunde liegen-der Zinssatz	IFRS 16
interest rate risk	Zinsänderungsrisiko	IFRS 7
interim financial report	Zwischenbericht	IAS 34
interim period	Zwischenberichtsperiode	IAS 34
International Financial Reporting Standards (IFRSs)	International Financial Reporting Standards (IFRS)	IAS 1, IAS 8, IFRS 1
intrinsic value	innerer Wert	IFRS 2
inventories	Vorräte	IAS 2
investing activities	Investitionstätigkeiten	IAS 7
investment component	Kapitalanlagekomponente	IFRS 17
investment entity	Investmentgesellschaft	IFRS 10
investment property	als Finanzinvestition gehaltene Immobilien	IAS 40
joint arrangement	gemeinsame Vereinbarung	IAS 28, IFRS 11
joint control	gemeinschaftliche Führung	IAS 28, IFRS 11
joint operation	gemeinschaftliche Tätigkeit	IFRS 11
joint operator	gemeinschaftlich Tätiger	IFRS 11
joint venture	Gemeinschaftsunternehmen	IAS 28, IFRS 11
joint venturer	Partnerunternehmen	IAS 28, IFRS 11
key management personnel	Mitglieder des Management in Schlüsselposition	IAS 24
lease	Leasingverhältnis	IFRS 16
lease incentives	Leasinganreize	IFRS 16
lease modification	Änderung eines Leasingverhältnisses	IFRS 16
legal obligation	rechtliche Verpflichtung	IAS 37
lease payments	Leasingzahlungen	IFRS 16
lease term	Laufzeit des Leasingverhältnisses	IFRS 16

Glossar

lessee	Leasingnehmer	IFRS 16
lessee's incremental borrowing rate	Grenzfremdkapitalzinssatz des Leasing-nehmers	IFRS 16
lessor	Leasinggeber	IFRS 16
level 1 inputs	Inputfaktoren auf Stufe 1	IFRS 13
level 2 inputs	Inputfaktoren auf Stufe 2	IFRS 13
level 3 inputs	Inputfaktoren auf Stufe 3	IFRS 13
liability	Schuld	IAS 37
liability for remaining coverage	Deckungsrückstellung	IFRS 17
lifetime expected credit losses	über die Laufzeit erwartete Kreditverluste	IFRS 9
liquidity risk	Liquiditätsrisiko	IFRS 7
loans payable	Darlehensverbindlichkeiten	IFRS 7
loss allowance	Wertberichtigung	IFRS 9
management of change	Management der Änderung	IAS 41
market approach	marktbasierter Ansatz	IFRS 13
market condition	Marktbedingung	IFRS 2
market participant	Marktteilnehmer	IFRS 13
market risk	Marktrisiko	IFRS 7
market-corroborated inputs	marktgestützte Inputfaktoren	IFRS 13
material	wesentlich	IAS 1, IAS 8
materiality	Wesentlichkeit	IAS 1
measurement date	Bewertungsstichtag	IFRS 2
measurement of change	Beurteilung von Änderungen	IAS 41
modification gain or loss	Änderungsgewinne oder -verluste	IFRS 9
monetary assets	monetäre Vermögenswerte	IAS 38
monetary items	monetäre Posten	IAS 21
most advantageous market	vorteilhaftester Markt	IFRS 13
multi-employer plans	gemeinschaftliche Pläne mehrerer Arbeitgeber	IAS 19
mutual entity	Gegenseitigkeitsunternehmen	IFRS 3
net assets available for benefits	für Leistungen zur Verfügung stehendes Nettovermögen	IAS 26
net defined benefit liability (asset)	Nettoschuld (Vermögenswert) aus leistungsorientierten Versorgungsplänen	IAS 19
net interest on the net defined benefit liability (asset)	Nettozinsen auf Nettoschulden (Vermögenswerte) aus leistungsorientierten Versorgungsplänen	IAS 19
net investment in a foreign operation	Nettoinvestition in einen ausländischen Geschäftsbetrieb	IAS 21
net investment in the lease	Nettoinvestition in das Leasingverhältnis	IFRS 16
net realisable value	Nettoveräußerungswert	IAS 2
non-adjusting events after the reporting period	nicht zu berücksichtigende Ereignisse nach dem Abschlussstichtag	IAS 10
non-controlling interest	nicht beherrschende Anteile	IFRS 3, IFRS 10
non-current asset	langfristiger Vermögenswert	IFRS 5
non-performance risk	Risiko der Nichterfüllung	IFRS 13
notes	Anhang	IAS 1
obligating event	verpflichtendes Ereignis	IAS 37

Glossar

observable inputs	beobachtbare Inputfaktoren	IFRS 13
onerous contract	belastender Vertrag	IAS 37
opening IFRS statement of financial position	IFRS-Eröffnungsbilanz	IFRS 1
operating activities	betriebliche Tätigkeiten	IAS 7
operating lease	Operating-Leasingverhältnis	IFRS 16
operating segment	Geschäftssegment	IFRS 8
optional lease payments	Optionale Leasingzahlungen	IFRS 16
options, warrants and their equivalents	Optionen, Optionsscheine und ihre Äquivalente	IAS 33
orderly transaction	geordneter Geschäftsvorfall	IFRS 13
ordinary share	Stammaktie	IAS 33
other comprehensive income	sonstiges Ergebnis	IAS 1
other long-term employee benefits	andere langfristig fällige Leistungen an Arbeitnehmer	IAS 19
other price risk	sonstige Preisrisiken	IFRS 7
owner-occupied property	vom Eigentümer selbst genutzte Immobilien	IAS 40
owners	Eigentümer	IAS 1, IFRS 3
parent	Mutterunternehmen	IFRS 10
participation features	Überschussbeteiligung	IFRS 17
period of use	Verwendungszeitraum	IFRS 16
participants	Begünstigte	IAS 26
party to a joint arrangement	Partei einer gemeinsamen Vereinbarung	IFRS 11
past due	überfällig	IFRS 9
past service cost	nachzuverrechnender Dienstzeitaufwand	IAS 19
performance condition	Leistungsbedingung	IFRS 2
plan assets	Planvermögen	IAS 19
policyholder	Versicherungsnehmer	IFRS 17
post-employment benefit plans	Pläne für Leistungen nach Beendigung des Arbeitsverhältnisses	IAS 19
post-employment benefits	Leistungen nach Beendigung des Arbeitsverhältnisses	IAS 19
potential ordinary share	potenzielle Stammaktie	IAS 33
power	Verfügungsgewalt	IFRS 10
present value of a defined benefit obligation	Barwert einer leistungsorientierten Verpflichtung	IAS 19
presentation currency	Darstellungswährung	IAS 21
previous GAAP	vorherige Rechnungslegungsgrundsätze	IFRS 1
principal market	Hauptmarkt	IFRS 13
prior period errors	Fehler aus früheren Perioden	IAS 8
probable	wahrscheinlich	IFRS 5
profit or loss	Gewinn oder Verlust	IAS 1
projected unit credit method	Methode der laufenden Einmalprämien	IAS 19
property, plant and equipment	Sachanlagen	IAS 16
prospective application	prospektive Anwendung	IAS 8
protective rights	Schutzrechte	IFRS 10
provision	Rückstellung	IAS 37

Glossar

purchased or originated credit-impaired financial asset	finanzieller Vermögenswert mit bereits bei Erwerb oder Ausreichung beeinträchtigter Bonität	IFRS 9
put options	Verkaufsoption	IAS 33
puttable instrument	kündbares Instrument	IAS 32
qualifying asset	qualifizierter Vermögenswert	IAS 23
qualifying insurance policy	qualifizierender Versicherungsvertrag	IAS 19
reclassification adjustments	Umgliederungsbeträge	IAS 1
reclassification date	Zeitpunkt der Reklassifizierung	IFRS 9
recognition	Ansatz	IAS 1
recoverable amount	erzielbarer Betrag	IAS 16, IAS 36, IFRS 5
regular way purchase or sale	marktüblicher Kauf oder Verkauf	IFRS 9
reinsurance contract	Rückversicherungsvertrag	IFRS 17
related party	nahestehende Unternehmen und Personen	IAS 24
related party transaction	Geschäftsvorfall mit nahestehenden Unternehmen und Personen	IAS 24
relevant activities	maßgebliche Tätigkeiten	IFRS 10
reload feature	Reload-Eigenschaft	IFRS 2
reload option	Reload-Option	IFRS 2
remeasurements of the net defined benefit liability (asset)	Neubewertung von Nettoschulden (Vermögenswerten) aus leistungsorientierten Versorgungsplänen	IAS 19
removal rights	Abberufungsrechte	IFRS 10
research	Forschung	IAS 38
residual value	Restwert	IAS 16, IAS 38
residual value guarantee	Restwertgarantie	IFRS 16
restructuring	Restrukturierungsmaßnahme	IAS 37
retirement benefit plans	Altersversorgungspläne	IAS 26
retrospective application	rückwirkende Anwendung	IAS 8
retrospective restatement	rückwirkende Anpassung	IAS 8
return on plan assets	Ertrag aus dem Planvermögen	IAS 19
revaluation	Neubewertung	IAS 16
revenue	Erlöse	IFRS 15
right-of-use asset	Nutzungsrecht	IFRS 16
risk premium	Risikoaufschlag	IFRS 13
separate financial statements	Einzelabschlüsse	IAS 27
separate vehicle	eigenständiges Vehikel	IFRS 11
service condition	Dienstbedingung	IFRS 2
service cost	Dienstzeitaufwand	IAS 19
settlement	Abgeltung	IAS 19
share option	Aktienoption	IFRS 2
share-based payment arrangement	anteilsbasierte Vergütungsvereinbarung	IFRS 2
share-based payment transaction	anteilsbasierte Vergütung	IFRS 2
short-term employee benefits	kurzfristig fällige Leistungen an Arbeitnehmer	IAS 19
short-term lease	kurzfristiges Leasingverhältnis	IFRS 16
significant influence	maßgeblicher Einfluss	IAS 28
spot exchange rate	Kassakurs	IAS 21

Glossar

stand-alone selling price (of a good or service)	Einzelveräußerungspreis (eines Guts oder einer Dienstleistung)	IFRS 15
statement of cash flows	Kapitalflussrechnung	IAS 7
statement of changes in equity	Eigenkapitalveränderungsrechnung	IAS 1
statement of financial position	Bilanz	IAS 1
statement of profit or loss	Gewinn- und Verlustrechnung	IAS 1
statement presenting comprehensive income	Gesamtergebnisrechnung	IAS 1
structured entity	strukturiertes Unternehmen	IFRS 12
sublease	Unterleasingverhältnis	IFRS 16
subsidiary	Tochterunternehmen	IFRS 10
tax base	steuerliche Basis	IAS 12
tax expense (tax income)	Steueraufwand (Steuerertrag)	IAS 12
taxable profit (tax loss)	zu versteuerndes Ergebnis (steuerlicher Verlust)	IAS 12
taxable temporary differences	Zu versteuernde temporäre Differenzen	IAS 12
temporary differences	temporäre Differenzen	IAS 12
termination benefits	Leistungen aus Anlass der Beendigung des Arbeitsverhältnisses	IAS 19
total comprehensive income	Gesamtergebnis	IAS 1
transaction costs	Transaktionskosten	IAS 39, IFRS 13
transaction price (for a contract with a customer)	Transaktionspreis (im Rahmen eines Vertrags mit einem Kunden)	IFRS 15
transport costs	Transportkosten	IFRS 13
underlying asset	zugrunde liegender Vermögenswert	IFRS 16
unearned finance income	noch nicht realisierter Finanzertrag	IFRS 16
unguaranteed residual value	nicht garantierter Restwert	IFRS 16
unit of account	Bilanzierungseinheit	IFRS 13
unobservable inputs	nicht beobachtbare Inputfaktoren	IFRS 13
useful life	Nutzungsdauer	IAS 16, IAS 36, IAS 38
value in use	Nutzungswert	IAS 36, IFRS 5
variable lease payments	variable Leasingzahlungen	IFRS 16
vest	ausübbar werden	IFRS 2
vested benefits	unverfallbare Leistung	IAS 26
vesting condition	Ausübungsbedingung	IFRS 2
vesting period	Erdienungszeitraum	IFRS 2

Glossar

Glossar Deutsch–Englisch

Deutsch	Englisch	Standard
Abberufungsrechte	removal rights	IFRS 10
Abgangspreis	exit price	IFRS 13
Abgeltung	settlement	IAS 19
Abschluss für allgemeine Zwecke	general purpose financial statements	IAS 1
Abschlussstichtag	end of the reporting period	IAS 1
Abschreibung (Amortisation)	depreciation (amortisation)	IAS 16, IAS 36, IAS 38
Abschreibungsbetrag	depreciable amount	IAS 16, IAS 36, IAS 38
Absicherung des beizulegenden Zeitwertes	fair value hedge	IAS 39
Absicherung von Zahlungsströmen	cash flow hedge	IAS 39
abzugsfähige temporäre Differenzen	deductible temporary differences	IAS 12
Aktienoption	share option	IFRS 2
aktiver Markt	active market	IFRS 13
als Ersatz für Anschaffungs- oder Herstellungskosten angesetzter Wert	deemed cost	IFRS 1
als Finanzinvestition gehaltene Immobilien	investment property	IAS 40
Altersversorgungspläne	retirement benefit plans	IAS 26
andere langfristig fällige Leistungen an Arbeitnehmer	other long-term employee benefits	IAS 19
Änderung einer rechnungslegungsbezogenen Schätzung	change in accounting estimate	IAS 8
Änderung eines Leasingverhältnisses	lease modification	IFRS 16
Änderungsgewinne oder -verluste	modification gain or loss	IFRS 9
anfängliche direkte Kosten	initial direct costs	IFRS 16
Anhang	notes	IAS 1
Ansatz	recognition	IAS 1
Anschaffungs- oder Herstellungskosten	cost	IAS 16, IAS 38, IAS 40
Anteil an einem anderen Unternehmen	interest in another entity	IFRS 12
anteilsbasierte Vergütung	share-based payment transaction	IFRS 2
anteilsbasierte Vergütung mit Ausgleich durch Eigenkapitalinstrumente	equity-settled share-based payment transaction	IFRS 2
anteilsbasierte Vergütung mit Barausgleich	cash-settled share-based payment transaction	IFRS 2
anteilsbasierte Vergütungsvereinbarung	share-based payment arrangement	IFRS 2
assoziiertes Unternehmen	associate	IAS 28
aufgegebener Geschäftsbereich	discontinued operation	IFRS 5
Ausbuchung	derecognition	IFRS 9
Ausfallrisiko	credit risk	IFRS 7
Ausfallrisiko-Ratingklassen	credit risk rating grades	IFRS 7
Ausgaben für Exploration und Evaluierung	exploration and evaluation expenditures	IFRS 6
ausländischer Geschäftsbetrieb	foreign operation	IAS 21
ausübbar werden	vest	IFRS 2
Ausübungsbedingung	vesting condition	IFRS 2

Glossar

Barwert einer leistungsorientierten Verpflichtung	present value of a defined benefit obligation	IAS 19
bedingt emissionsfähige Aktie	contingently issuable ordinary shares	IAS 33
bedingte Gegenleistung	contingent consideration	IFRS 3
Beginn des Leasingverhältnisses	inception date (of the lease)	IFRS 16
Begünstigte	participants	IAS 26
Beherrschung eines Beteiligungsunternehmens	control of an investee	IFRS 10
Beihilfe der öffentlichen Hand	government assistance	IAS 20
beitragsorientierte Pläne	defined contribution plans	IAS 19, IAS 26
beizulegender Zeitwert	fair value	IAS 2, IAS 16, IAS 19, IAS 20, IAS 21, IAS 32, IAS 36, IAS 38, IAS 40, IAS 41, IFRS 1, IFRS 2, IFRS 3, IFRS 5, IFRS 13, IFRS 16
belastender Vertrag	onerous contract	IAS 37
beobachtbare Inputfaktoren	observable inputs	IFRS 13
Bereitstellungsdatum	commencement date (of the lease)	IFRS 16
berücksichtigungspflichtige Ereignisse nach dem Abschlussstichtag	adjusting events after the reporting period	IAS 10
betriebliche Tätigkeiten	operating activities	IAS 7
Beurteilung von Änderungen	measurement of change	IAS 41
Bewertungsstichtag	measurement date	IFRS 2
Bilanz	statement of financial position	IAS 1
bilanzieller Gewinn oder Verlust vor Steuern	accounting profit	IAS 12
Bilanzierung von Sicherungsbeziehungen	hedge accounting	IAS 39
Bilanzierungseinheit	unit of account	IFRS 13
biologische Transformation	biological transformation	IAS 41
biologischer Vermögenswert	biological asset	IAS 41
bonitätsangepasster Effektivzinssatz	credit-adjusted effective interest rate	IFRS 9
Bruttobuchwert eines finanziellen Vermögenswerts	gross carrying amount of a financial asset	IFRS 9
Bruttoinvestition in das Leasingverhältnis	gross investment in the lease	IFRS 16
Buchwert	carrying amount	IAS 16, IAS 36, IAS 38, IAS 40, IAS 41
Cashflows	cash flows	IAS 7
Darlehensverbindlichkeiten	loans payable	IFRS 7
Darstellungswährung	presentation currency	IAS 21
Deckungsrückstellung	liability for remaining coverage	IFRS 17
Deckungszeitraum	coverage period	IFRS 17
dem Leasingverhältnis zugrunde liegender Zinssatz	interest rate implicit in the lease	IFRS 16
Derivat	derivative	IFRS 9
Dienstbedingung	service condition	IFRS 2

Glossar

Dienstzeitaufwand	service cost	IAS 19
Dividenden	dividends	IAS 39, IFRS 9
effektiver Zeitpunkt der Änderung	effective date of the modification	IFRS 16
Effektivzinsmethode	effective interest method	IFRS 9
Effektivzinssatz	effective interest rate	IFRS 9
Eigenkapital	equity	IAS 1
Eigenkapitalanteile	equity interests	IFRS 3
Eigenkapitalinstrument	equity instrument	IAS 32, IFRS 2
Eigenkapitalveränderungsrechnung	statement of changes in equity	IAS 1
eigenständiges Vehikel	separate vehicle	IFRS 11
Eigentümer	owners	IAS 1, IFRS 3
einkommensbasierter Ansatz	income approach	IFRS 13
Einzelabschlüsse	separate financial statements	IAS 27
Einzelveräußerungspreis (eines Guts oder einer Dienstleistung)	stand-alone selling price (of a good or service)	IFRS 15
Entscheidungsträger	decision maker	IFRS 10
Entwicklung	development	IAS 38
Equity-Methode	equity method	IAS 28
Erdienungszeitraum	vesting period	IFRS 2
Ereignisse nach dem Abschlussstichtag	events after the reporting period	IAS 10
Erfahrungsbedingte Anpassung	experience adjustment	IFRS 17
erfolgsbezogene Zuwendungen	grants related to income	IAS 20
erfolgswirksam zum beizulegenden Zeitwert bewertete finanzielle Verbindlichkeit	financial liability at fair value through profit or loss	IFRS 9
Ergebnis je Aktie	earnings per share	IAS 33
erlassbares Darlehen	forgivable loans	IAS 20
Erlöse	revenue	IFRS 15
Ernte	harvest	IAS 41
erste IFRS-Berichtsperiode	first IFRS reporting period	IFRS 1
erster IFRS-Abschluss	first IFRS financial statements	IFRS 1
erstmaliger Anwender	first-time adopter	IFRS 1
Ertrag	income	IFRS 15
Ertrag aus dem Planvermögen	return on plan assets	IAS 19
Erträge aus einem strukturierten Unternehmen	income from a structured entity	IFRS 12
erwarteter 12-Monats-Kreditverlust	12-month expected credit losses	IFRS 9
erwartete Kreditverluste	expected credit losses	IFRS 9
erwartete Transaktion	forecast transaction	IFRS 9
erwarteter Zahlungsstrom	expected cash flow	IFRS 13
Erwerber	acquirer	IFRS 3
Erwerbszeitpunkt	acquisition date	IFRS 3
erworbenes Unternehmen	acquiree	IFRS 3
erzielbarer Betrag	recoverable amount	IAS 16, IAS 36, IFRS 5
Eventualforderung	contingent asset	IAS 37
Eventualverbindlichkeit	contingent liability	IAS 37
Exploration und Evaluierung von Bodenschätzen	exploration for and evaluation of mineral resources	IFRS 6

Glossar

Fähigkeit zur Änderung	capability to change	IAS 41
faktische Verpflichtung	constructive obligation	IAS 37
Fehlbetrag oder eine Vermögensüberdeckung	deficit or surplus	IAS 19
Fehler aus früheren Perioden	prior period errors	IAS 8
feste Kaufverpflichtung	firm purchase commitment	IFRS 5
feste Verpflichtung	firm commitment	IAS 39, IFRS 9
feste Zahlungen	fixed payments	IFRS 16
finanzielle Garantie	financial guarantee contract	IFRS 9
finanzielle Verbindlichkeit	financial liability	IAS 32
finanzieller Vermögenswert mit beeinträchtigter Bonität	credit-impaired financial asset	IFRS 9
finanzieller Vermögenswert mit bereits bei Erwerb oder Ausreichung beeinträchtigter Bonität	purchased or originated credit-impaired financial asset	IFRS 9
Finanzierungsleasing	finance lease	IFRS 16
Finanzierungstätigkeiten	financing activities	IAS 7
Finanzinstrument	financial instrument	IAS 32
Finanzrisiko	financial risk	IFRS 17
Fondsfinanzierung	funding	IAS 26
Forschung	research	IAS 38
fortgeführte Anschaffungskosten eines finanziellen Vermögenswertes oder einer finanziellen Verbindlichkeit	amortised cost of a financial asset or financial liability	IFRS 9
Fremdkapitalkosten	borrowing costs	IAS 23
Fremdwährung	foreign currency	IAS 21
fruchttragende Pflanze	bearer plant	IAS 16, IAS 41
Funktionale Währung	functional currency	IAS 21
für Leistungen zur Verfügung stehendes Nettovermögen	net assets available for benefits	IAS 26
Gegenseitigkeitsunternehmen	mutual entity	IFRS 3
gemeinsame Vereinbarung	joint arrangement	IAS 28, IFRS 11
gemeinschaftlich Tätiger	joint operator	IFRS 11
gemeinschaftliche Führung	joint control	IAS 28, IFRS 11
gemeinschaftliche Pläne mehrerer Arbeitgeber	multi-employer plans	IAS 19
gemeinschaftliche Tätigkeit	joint operation	IFRS 11
gemeinschaftliche Vermögenswerte	corporate assets	IAS 36
Gemeinschaftsunternehmen	joint venture	IAS 28, IFRS 11
geordneter Geschäftsvorfall	orderly transaction	IFRS 13
Gesamtergebnis	total comprehensive income	IAS 1
Gesamtergebnisrechnung	statement presenting comprehensive income	IAS 1
Geschäfts- oder Firmenwert	goodwill	IFRS 3
Geschäftsbetrieb	business	IFRS 3
Geschäftssegment	operating segment	IFRS 8
Geschäftsvorfall mit nahestehenden Unternehmen und Personen	related party transaction	IAS 24
gewährtes Eigenkapitalinstrument	equity instrument granted	IFRS 2
Gewinn oder Verlust	profit or loss	IAS 1

Glossar

Gewinn- und Verlustrechnung	statement of profit or loss	IAS 1
Grenzfremdkapitalzinssatz des Leasing-nehmers	lessee's incremental borrowing rate	IFRS 16
Grundgeschäft	hedged item	IAS 39
Gruppe biologischer Vermögenswerte	group of biological assets	IAS 41
Hauptmarkt	principal market	IFRS 13
höchste und beste Verwendung	highest and best use	IFRS 13
höchstwahrscheinlich	highly probable	IFRS 5
identifizierbar	identifiable	IFRS 3
IFRS-Eröffnungsbilanz	opening IFRS statement of financial position	IFRS 1
immaterieller Vermögenswert	intangible asset	IAS 38, IFRS 3
innerer Wert	intrinsic value	IFRS 2
Inputfaktoren	inputs	IFRS 13
Inputfaktoren auf Stufe 1	level 1 inputs	IFRS 13
Inputfaktoren auf Stufe 2	level 2 inputs	IFRS 13
Inputfaktoren auf Stufe 3	level 3 inputs	IFRS 13
International Financial Reporting Standards (IFRS)	International Financial Reporting Standards (IFRSs)	IAS 1, IAS 8, IFRS 1
Investitionstätigkeiten	investing activities	IAS 7
Investmentgesellschaft	investment entity	IFRS 10
Kapitalanlagekomponente	investment component	IFRS 17
Kapitalflussrechnung	statement of cash flows	IAS 7
Kassakurs	spot exchange rate	IAS 21
Konzern	group	IFRS 10
Konzernabschluss	consolidated financial statements	IAS 27, IFRS 10
kostenbasierter Ansatz	cost approach	IFRS 13
Kreditverlust	credit loss	IFRS 9
kündbares Instrument	puttable instrument	IAS 32
Kunde	customer	IFRS 15
kurzfristig	current	IAS 1
kurzfristiges Leasingverhältnis	short-term lease	IFRS 16
kurzfristig fällige Leistungen an Arbeitnehmer	short-term employee benefits	IAS 19
kurzfristiger Vermögenswert	current asset	IFRS 5
landwirtschaftliche Tätigkeit	agricultural activity	IAS 41
landwirtschaftliches Erzeugnis	agricultural produce	IAS 41
langfristiger Vermögenswert	non-current asset	IFRS 5
latente Steueransprüche	deferred tax assets	IAS 12
latente Steuerschulden	deferred tax liabilities	IAS 12
laufender Dienstzeitaufwand	current service cost	IAS 19
Laufzeit des Leasingverhältnisses	lease term	IFRS 16
Leasinganreize	lease incentives	IFRS 16
Leasinggeber	lessor	IFRS 16
Leasingnehmer	lessee	IFRS 16
Leasingverhältnis	lease	IFRS 16
Leasingzahlungen	lease payments	IFRS 16
Leistungen an Arbeitnehmer	employee benefits	IAS 19

Glossar

Leistungen aus Anlass der Beendigung des Arbeitsverhältnisses	termination benefits	IAS 19
Leistungen gemäß dem Versicherungsvertrag	insurance contract services	IFRS 17
Leistungen nach Beendigung des Arbeitsverhältnisses	post-employment benefits	IAS 19
Leistungsbedingung	performance condition	IFRS 2
leistungsorientierte Verpflichtung	defined benefit obligation (DBO)	IAS 19
leistungsorientierte Pläne	defined benefit plans	IAS 19, IAS 26
Leistungsverpflichtung	income obligation	IFRS 15
Liquiditätsrisiko	liquidity risk	IFRS 7
Management der Änderung	management of change	IAS 41
marktbasierter Ansatz	market approach	IFRS 13
Marktbedingung	market condition	IFRS 2
marktgestützte Inputfaktoren	market-corroborated inputs	IFRS 13
Marktrisiko	market risk	IFRS 7
Marktteilnehmer	market participant	IFRS 13
marktüblicher Kauf oder Verkauf	regular way purchase or sale	IFRS 9
maßgebliche Tätigkeiten	relevant activities	IFRS 10
maßgeblicher Einfluss	significant influence	IAS 28
Methode der laufenden Einmalprämien	projected unit credit method	IAS 19
Mitarbeiter und andere, die ähnliche Leistungen erbringen	employees and others providing similar services	IFRS 2
Mitglieder des Management in Schlüsselposition	key management personnel	IAS 24
monetäre Posten	monetary items	IAS 21
monetäre Vermögenswerte	monetary assets	IAS 38
Mutterunternehmen	parent	IFRS 10
nachzuverrechnender Dienstzeitaufwand	past service cost	IAS 19
nahe Familienangehörige einer Person	close members of the family of a person	IAS 24
nahestehende Unternehmen und Personen	related party	IAS 24
Nettoinvestition in das Leasingverhältnis	net investment in the lease	IFRS 16
Nettoinvestition in einen ausländischen Geschäftsbetrieb	net investment in a foreign operation	IAS 21
Nettoschuld (Vermögenswert) aus leistungsorientierten Versorgungsplänen	net defined benefit liability (asset)	IAS 19
Nettoveräußerungswert	net realisable value	IAS 2
Nettozinsen auf Nettoschulden (Vermögenswerte) aus leistungsorientierten Versorgungsplänen	net interest on the net defined benefit liability (asset)	IAS 19
Neubewertung	revaluation	IAS 16
Neubewertung von Nettoschulden (Vermögenswerten) aus leistungsorientierten Versorgungsplänen	remeasurements of the net defined benefit liability (asset)	IAS 19
nicht beherrschende Anteile	non-controlling interest	IFRS 3, IFRS 10
nicht beobachtbare Inputfaktoren	unobservable inputs	IFRS 13
nicht garantierter Restwert	unguaranteed residual value	IFRS 16

Glossar

nicht zu berücksichtigende Ereignisse nach dem Abschlussstichtag	non-adjusting events after the reporting period	IAS 10
noch nicht realisierter Finanzertrag	unearned finance income	IFRS 16
Nutzungsdauer	useful life	IAS 16, IAS 36, IAS 38
Nutzungsrecht	right-of-use asset	IFRS 16
Nutzungswert	value in use	IAS 36, IFRS 5
öffentliche Hand	government	IAS 20
öffentliche Stelle	government	IAS 24
(einer) öffentlichen Stelle nachstehendes Unternehmen	government-related entity	IAS 24
Operating-Leasingverhältnis	operating lease	IFRS 16
Optionale Leasingzahlungen	optional lease payments	IFRS 16
Optionen, Optionsscheine und ihre Äquivalente	options, warrants and their equivalents	IAS 33
Partei einer gemeinsamen Vereinbarung	party to a joint arrangement	IFRS 11
Partnerunternehmen	joint venturer	IAS 28, IFRS 11
Pläne für Leistungen nach Beendigung des Arbeitsverhältnisses	post-employment benefit plans	IAS 19
Planvermögen	plan assets	IAS 19
potenzielle Stammaktie	potential ordinary share	IAS 33
prospektive Anwendung	prospective application	IAS 8
qualifizierender Versicherungsvertrag	qualifying insurance policy	IAS 19
qualifizierter Vermögenswert	qualifying asset	IAS 23
rechnungslegungsbezogene Schätzung	accounting estimate	IAS 8
Rechnungslegungsmethoden	accounting policies	IAS 8
rechtliche Verpflichtung	legal obligation	IAS 37
Reload-Eigenschaft	reload feature	IFRS 2
Reload-Option	reload option	IFRS 2
Restrukturierungsmaßnahme	restructuring	IAS 37
Restwert	residual value	IAS 16, IAS 38
Restwertgarantie	residual value guarantee	IFRS 16
Risiko der Nichterfüllung	non-performance risk	IFRS 13
Risikoaufschlag	risk premium	IFRS 13
Rückstellung	provision	IAS 37
Rückversicherungsvertrag	reinsurance contract	IFRS 17
rückwirkende Anpassung	retrospective restatement	IAS 8
rückwirkende Anwendung	retrospective application	IAS 8
Sachanlagen	property, plant and equipment	IAS 16
Schuld	liability	IAS 37
Schutzrechte	protective rights	IFRS 10
Sicherungsinstrument	hedging instrument	IAS 39
Sicherungsquote	hedge ratio	IFRS 9
sonstiges Ergebnis	other comprehensive income	IAS 1
sonstige Preisrisiken	other price risk	IFRS 7
Stammaktie	ordinary share	IAS 33
steuerliche Basis	tax base	IAS 12
Steueraufwand (Steuerertrag)	tax expense (tax income)	IAS 12
Stichtagskurs	closing rate	IAS 21

Glossar

strukturiertes Unternehmen	structured entity	IFRS 12
Tag der Gewährung	grant date	IFRS 2
tatsächliche Ertragssteuern	current tax	IAS 12
temporäre Differenzen	temporary differences	IAS 12
Tochterunternehmen	subsidiary	IFRS 10
Transaktionskosten	transaction costs	IFRS 9, IFRS 13
Transaktionspreis (im Rahmen eines Vertrags mit einem Kunden)	transaction price (for a contract with a customer)	IFRS 15
Transportkosten	transport costs	IFRS 13
über die Laufzeit erwartete Kreditverluste	lifetime expected credit losses	IFRS 9
Übereinkunft zur Ausgabe bedingt emissionsfähiger Aktien	contingent share agreement	IAS 33
überfällig	past due	IFRS 9
Überschussbeteiligung	participation features	IFRS 17
Umgliederungsbeträge	reclassification adjustments	IAS 1
Umrechnungsdifferenz	exchange difference	IAS 21
Umsatzkosten	cost of sales	IAS 1
undurchführbar	impracticable	IAS 1, IAS 8
Unterleasingverhältnis	sublease	IFRS 16
Unternehmensbestandteil	component of an entity	IFRS 5
Unternehmensgruppe	group	IAS 21
unternehmensspezifischer Wert	entity-specific value	IAS 16, IAS 38
Unternehmenszusammenschluss	business combination	IFRS 3
unverfallbare Leistungen	vested benefits	IAS 26
variable Leasingzahlungen	variable lease payments	IFRS 16
Veräußerungsgruppe	disposal group	IFRS 5
Veräußerungskosten	costs of disposal, costs to sell	IAS 36, IFRS 5
Verfügungsgewalt	power	IFRS 10
Vergütung	compensation	IAS 24
Verkaufskosten	costs to sell	IAS 41
Verkaufsoption	put options	IAS 33
Vermögen, das durch einen langfristig ausgelegten Fonds zur Erfüllung von Leistungen an Arbeitnehmer gehalten wird	assets held by a long-term employee benefit fund	IAS 19
Vermögensobergrenze	asset ceiling	IAS 19
Vermögenswert	asset	IAS 38
Vermögenswerte für Exploration und Evaluierung	exploration and evaluation assets	IFRS 6
verpflichtendes Ereignis	obligating event	IAS 37
Versicherer	insurer	IFRS 17
Versicherung	insurance	IFRS 17
versicherungsmathematische Gewinne und Verluste	actuarial gains and losses	IAS 19
versicherungsmathematischer Barwert der zugesagten Versorgungsleistungen	actuarial present value of promised retirement benefits	IAS 26
Versicherungsnehmer	policyholder	IFRS 17
Vertragliche Servicemarge	contract service margin	IFRS 17

Glossar

– 900 –

Verwässerung	dilution	IAS 33
Verwässerungsschutz	antidilution	IAS 33
Verwendungszeitraum	period of use	IFRS 16
Vertrag	contract	IFRS 15
Vertragsverbindlichkeit	contract liability	IFRS 15
Vertragsvermögenswert	contract asset	IFRS 9, IFRS 15
vom Eigentümer selbst genutzte Immobilien	owner-occupied property	IAS 40
vorherige Rechnungslegungsgrundsätze	previous GAAP	IFRS 1
Vorräte	inventories	IAS 2
vorteilhaftester Markt	most advantageous market	IFRS 13
wahrscheinlich	probable	IFRS 5
Währungsrisiko	currency risk	IFRS 7
Wechselkurs	exchange rate	IAS 21
Wertberichtigung	loss allowance	IFRS 9
Wertminderungsaufwand	impairment loss	IAS 16, IAS 36, IAS 38
Wertminderungsaufwand oder -ertrag	impairment gain or loss	IFRS 9
Wertminderungstest	impairment test	IAS 36
wesentlich	material	IAS 1, IAS 8
Wesentlichkeit	materiality	IAS 1
Wirksamkeit eines Sicherungsgeschäfts	hedge effectiveness	IAS 39
wirtschaftliche Nutzungsdauer	economic life	IFRS 16
Zahlungsmittel	cash	IAS 7
Zahlungsmitteläquivalente	cash equivalents	IAS 7
zahlungsmittelgenerierende Einheit	cash-generating unit	IAS 36, IFRS 5
Zeitpunkt der Reklassifizierung	reclassification date	IFRS 9
Zeitpunkt des Übergangs auf IFRS	date of transition to IFRSs	IFRS 1
Zinsänderungsrisiko	interest rate risk	IFRS 7
Zinsaufwand	interest expense	IAS 39
zugrunde liegender Vermögenswert	underlying asset	IFRS 16
zu Handelszwecken gehalten	held for trading	IFRS 9
Zu versteuernde temporäre Differenzen	taxable temporary differences	IAS 12
zu versteuerndes Ergebnis (steuerlicher Verlust)	taxable profit (tax loss)	IAS 12
Zugangspreis	entry price	IFRS 13
Zuwendung der öffentlichen Hand	government grants	IAS 20
Zuwendungen für Vermögenswerte	grants related to assets	IAS 20
Zwischenberichtsperiode	interim period	IAS 34
Zwischenbericht	interim financial report	IAS 34

Stichwortverzeichnis

A

Abgaben IFRIC 21
Abschluss
– Angabe der Rechnungslegungsmethode IAS 1.117–124
– Anhang IAS 1.77–80A, IAS 1.97–105, IAS 1.112–124
– Aufstellung der Veränderungen des Eigenkapitals IAS 1.106–110
– Berichtsperiode IAS 1.36–37
– Bestandteile IAS 1.10–14
– Darstellung IAS 1.1–138
– Darstellungsstetigkeit IAS 1.45–46
– darzustellende Informationen IAS 1.54–59
– Definitionen IAS 1.7–8
– Gliederung, Struktur und Inhalt IAS 1.47–138
– Identifizierung IAS 1.7–17
– Inhalt IAS 1.47–138
– Saldierung IAS 1.32–35
– Struktur und Inhalt IAS 1.47–138
– Übereinstimmung mit den IFRS IAS 1.15–24
– Vergleichbarkeit IFRS 1.21–22
– Vergleichsinformationen IAS 1.36–41
– Wesentlichkeit und Zusammenfassung von Posten IAS 1.29–31
– Zeitpunkt der Freigabe zur Veröffentlichung IAS 10.17–18
– Zweck IAS 1.9
– *siehe auch Bilanz; Gewinn- und Verlustrechnung; Rahmenkonzept für die Aufstellung und Darstellung von Abschlüssen*
Abschreibung
– biologische Vermögenswerte IAS 41.30, IAS 41.54–56
– Definition IAS 16.6
– finanzielle Vermögenswerte IFRS 9.5.4.4
– Leasingverhältnisse IFRS 16.31
– Sachanlagen IAS 16.43–62
Abschreibungsbetrag IAS 16.50–54
Abschreibungsmethode IAS 16.60–62A
Abschreibungsperiode IAS 16.55–59
Abschreibungsvolumen IAS 16.6, IAS 16.50–56
Absicherung
– *siehe Sicherungsgeschäfte*
Aktien
– Anleitungen zur Anwendung IAS 33.A6–9
– bedingt emissionsfähige Aktien IAS 33.24, IAS 33.52–57
– Ergebnis je Aktie IAS 33.19–29, IAS 33.36–40
– Geschäfte mit eigenen Aktien und Aktien von Konzernunternehmen IFRS 2.64
– Kontrollgröße IAS 33.A3
– Optionsscheine IAS 33.45–48
– verwässernde potenzielle Stammaktien IAS 33.41–63
– wandelbare Instrumente IAS 33.49–51
Aktienoptionen
– Ergebnis je Aktie IAS 33.45–48
  – Anleitungen zur Anwendung IAS 33.A6–10
– *siehe auch anteilsbasierte Vergütung; Mitarbeiteraktienoptionen*
aktiver Markt IFRS 13.A
als Finanzinvestition gehaltene Immobilien IAS 40
– Abgänge IAS 40.66–73
– Angaben IAS 40.74–79
– Ansatz IAS 40.16–19A
– Anschaffungskostenmodell IAS 40.53–54, IAS 40.56
  – Angaben IAS 40.74–75, IAS 40.79
– Ausbuchung IAS 40.66
– Bewertung bei erstmaligem Ansatz IAS 40.20–29A
– Bilanzierungs- und Bewertungsmethoden IAS 40.30–32
– Erfassung von Erträgen IAS 40.67
– erstmalige Anwendung der IFRS IFRS 1.18(a)
– Folgebewertung IAS 40.30–52
– Leasingverhältnisse IAS 40.40A–41, IAS 40.74
– Modell des beizulegenden Zeitwertes IAS 40.33–55
  – Angaben IAS 40.74–78
  – Unfähigkeit, den beizulegenden Zeitwert verlässlich zu ermitteln IAS 40.53–55, IAS 40.78
– Übertragungen IAS 40.57–65
– vom Eigentümer selbst genutzte Immobilien IAS 40.7, IAS 40.9, IAS 40.60–62
– Wertminderungen IAS 40.72–73, IAS 40.79(d)
Altersversorgungspläne
– Angaben IAS 26.34–36
– Bewertung des Planvermögens IAS 26.32–33
– Bilanzierung und Berichterstattung IAS 26.1–37
– deren Vermögenswerte bei Versicherungsunternehmen angelegt sind IAS 26.6
– vom Anwendungsbereich des IAS 32 ausgeschlossene Rechte und Pflichten des Arbeitgebers IAS 32.4(b)
– *siehe auch Beitragsorientierte Pläne; Leistungen nach Beendigung des Arbeitsverhältnisses; Leistungsorientierte Pläne*
Amortisationsmethode IAS 38.98
Amortisationsperiode IAS 38.97
andere Aufwendungen
– Finanzinstrumente IAS 32.2, IAS 32.35–41, IAS 32.AG37

Stichwortverzeichnis

andere Erträge
- Finanzinstrumente IAS 32.2, IAS 32.35–41, IAS 32.AG37

Änderungen von Schätzungen IAS 8.32–40
- Angaben IAS 8.39–40
- Definition IAS 8.5
- Sachanlagen IAS 16.76
- Undurchführbarkeit hinsichtlich rückwirkender Anpassung IAS 8.50–53
- Unternehmenszusammenschlüsse IFRS 3.50
- Unterschied zu einer Änderung der Bilanzierungs- und Bewertungsmethoden IAS 8.35
- Zwischenberichterstattung IAS 34.27

Angaben zu Anteilen an anderen Unternehmen IFRS 12.1–31
- Anteile an Gemeinsamen Vereinbarungen und assoziierten Unternehmen IFRS 12.20–23
- Anteile an nicht konsolidierten strukturierten Unternehmen IFRS 12.24–31, IFRS 12.B21–26
- Anteile an Tochterunternehmen IFRS 12.10–19
- Anwendungsbereich IFRS 12.5–6
- Finanzinformationen für Tochterunternehmen, Gemeinschaftsunternehmen und assoziierte Unternehmen IFRS 12.B10–17
- Verpflichtungen für Gemeinschaftsunternehmen IFRS 12.B18–B20

Anhang
- Angaben IAS 1.77–80A, IAS 1.97–105, IAS 1.112–138
- Darstellung, Struktur IAS 1.112–138
- Definition IAS 1.7
- Zwischenberichterstattung IAS 34.15–16A

Anleiheforderungen und Anleiheverbindlichkeiten IAS 32.AG4(d)

Anschaffungskosten
- Ersatz für Anschaffungs- oder Herstellungskosten IFRS 1.D8A–B
- Sachanlagen IAS 16.6, IAS 16.11–20
- Vorräte IAS 2.10–27

Anteile an assoziierten Unternehmen und Gemeinschaftsunternehmen IAS 28.1–47
- Änderungen der Eigentumsanteile IAS 28.25
- Anwendungsbereich IAS 28.2
- Ausnahmen von der Anwendung der Equity-Methode IAS 28.17–19
- Beendigung der Anwendung der Equity-Methode IAS 28.22–24
- Einstufung als „zur Veräußerung gehalten" IAS 28.20–21
- Einzelabschluss IAS 28.44
- Equity-Methode IAS 28.10–15, IAS 28.22–39
- Finanzinstrumente IAS 28.14A
- Wertminderungsaufwand IAS 28.40–43
- Ziel IAS 28.1
- *siehe Assoziierte Unternehmen; Equity-Methode; Gemeinschaftsunternehmen*

Anteile an Tochterunternehmen IFRS 10, IFRS 12.10–19

Anteilsbasierte Vergütung IFRS 2.1–64
- Angaben IFRS 2.44–52
- Angaben über nahe stehende Unternehmen und Personen IAS 24.17(e)
- Ansatz IFRS 2.7–9
- Anwendungsbereich des IFRS 2 IFRS 2.64
- Arten IFRS 2.2
- bei Unternehmenszusammenschlüssen IFRS 3.30, IFRS 3.B56, IFRS 3.B62–B62B
- bei Unternehmenszusammenschlüssen ausgegebene Eigenkapitalinstrumente IFRS 2.5
- Definitionen IFRS 2.A
- erstmalige Anwendung der IFRS IFRS 1.D2–3
- Finanzinstrument IFRS 2.6
- mit Ausgleich durch Eigenkapitalinstrumente IFRS 2.2–3, IFRS 2.10–29, IFRS 2.64, IFRS2.B44A-B44C
  - Änderungen der Vertragsbedingungen IFRS 2.26–29
  - Annullierungen IFRS 2.B42–44
  - beizulegender Zeitwert IFRS 2.6A, IFRS 2.16–25, IFRS 2.B1–41
  - Erfüllung IFRS 2.26–29
  - Geschäftsvorfälle, bei denen Dienstleistungen erhalten werden IFRS 2.14–15, IFRS 2.64
- mit Barausgleich IFRS 2.30–33D, IFRS2.B44A-B44C
- mit Nettoausgleich für einbehaltene Steuern IFRS 2.33E-33H
- Vergütungen mit wahlweisem Barausgleich oder Ausgleich durch Eigenkapitalinstrumente IFRS 2.34–43, IFRIC 11.7–11
  - Erfüllungswahlrecht bei der Gegenpartei IFRS 2.35–40
  - Erfüllungswahlrecht beim Unternehmen IFRS 2.41–43
- zwischen Unternehmen einer Gruppe IFRS 2.34A

Assoziierte Unternehmen IAS 28.1–47, IFRS 12.20–23
- abweichende Abschlussstichtage des Anteilseigners und des assoziierten Unternehmens IAS 28.33–34
- Angaben IFRS 12.20–23
- Angaben über nahe stehende Unternehmen und Personen IAS 24.19(d)
- Befreiungen von der Veröffentlichungspflicht IAS 28.17–19
- Definition IAS 28.3
- Equity-Methode IAS 28.10–15, IAS 28.22–39
- Ergebnis je Aktie IAS 33.40

Stichwortverzeichnis

- erstmalige Anwendung der IFRS IFRS 1.14–15
- Eventualschulden IAS 28.23(b)
- Finanzinstrumente IAS 28.14A
- Geschäfts- oder Firmenwert IAS 28.10
- in Übereinstimmung mit IFRS 5 zu bilanzierende Anteile IAS 28.14, IAS 28.20–21
- Joint Venture, Unterscheidung zu IAS 28.3
- Kapitalflussrechnung IAS 7.37
- zur Veräußerung gehaltene, die von der Vorschrift einer Bilanzierung nach der Equity-Methode befreit sind IAS 28.20–21
- latente Steuern IAS 12.38–45, IAS 12.81(f), IAS 12.87, IAS 12.87C
- maßgeblicher Einfluss IAS 28.3, IAS 28.5–9
- separate Einzelabschlüsse nach IFRS IAS 28.44, IAS 27.10
- Wertminderungsaufwand IAS 28.40–43

Aufgegebene Geschäftsbereiche
- Angabe des Steueraufwands IAS 12.81(h)
- Darstellung IFRS 5.31–36

Aufstellung der Veränderungen des Eigenkapitals IAS 1.106–110

Aufstellung der erfassten Erträge und Aufwendungen IAS 1.106–110

Ausfallsrisiken IFRS 7.36, IFRS 9.5.5.9-11
- Darstellung Zahlungen mehr als 30 Tage überfällig IFRS 9.5.5.11

Ausländischer Geschäftsbetrieb
- Abgang IAS 21.48–49
- Ansatz von Umrechnungsdifferenzen IAS 21.27–34
- funktionale Währung IAS 21.9–14
- Nettoinvestition IAS 21.8, IAS 21.15
- Umrechnung der Ergebnisse in die Darstellungswährung IAS 21.44–47

Ausschüttung von Sachwerten IFRIC 17

B

Barwert
- Bestimmung des Nutzungswertes IAS 36.A1–21

Beherrschung IFRS 10.5–9, IFRS 10.25–26, IFRS 10.B2–B89, IFRS 10.B97–99
- Definition IFRS 10.5–9, IFRS 10.B97–99
- nicht beherrschende Anteile IFRS 10.22–24, IFRS 10.B94–96
- Verlust der IFRS 10.25–26, IFRS 10.B97–99
- *siehe Konzernabschlüsse*

Beihilfen der öffentlichen Hand
- Angaben IAS 20.39
- Beihilfen, die sich nicht bewerten lassen IAS 20.34–36
- Definition IAS 20.3
- Infrastruktur IAS 20.38
- zinslose Darlehen IAS 20.37

Beitragsorientierte Pläne
- Angaben IAS 19.53–54, IAS 26.34–36
- Ansatz und Bewertung IAS 19.51–52
- Beitragsminderung IFRIC 14.16
- Berichtsformat IAS 26.13–16
- Bewertung des Planvermögens IAS 26.32–33
- Definition IAS 19.8, IAS 26.8
- Mindestdotierungsverpflichtung IFRIC 14.19
- Unterscheidung von leistungsorientierten Plänen IAS 19.26–31

Beizulegender Zeitwert
- abzüglich Kosten der Veräußerung IAS 36.6, IAS 36.28–29
- aktiver Markt IFRS 13.A
- als Finanzinvestition gehaltene Immobilien IAS 40.33–55
- Ausnahme bei anteilsbasierter Vergütung IFRS 2.6A
- Angaben IFRS 13.91–99
- Anwendungsbereich IFRS 13.5–8
- bei der erstmaligen Anwendung der IFRS IFRS 1.D5–8, IFRS 1.D20
- Bewertungshierarchie IFRS13.72–90
- Bewertungstechniken IFRS 13.61–66, IFRS 13.B5–34
- biologische Vermögenswerte IAS 41.8–33
- Definition IFRS 13.9, IFRS 13.A
- erstmaliger Ansatz IFRS 13.57–60
- Inputfaktor auf Stufe 1 IFRS 13.76–80, IFRS 13.B34
- Inputfaktor auf Stufe 2 IFRS 13.81–85, IFRS 13.B35
- Inputfaktor auf Stufe 3 IFRS 13.86–90, IFRS 13.B36
- Kreditrisiko IFRS 13.56
- Marktteilnehmer IFRS 13.22–26
- Marktrisiken IFRS 13.53–55
- nicht finanzieller Vermögenswert IFRS 13.27–30
- Preis IFRS 13.24–26
- Risiko der Nichterfüllung IFRS 13.42–44
- Unterschied zu Nutzungswert IAS 36.53A

Berichtspflichtiges Segment IFRS 8.11–19
- Definition IFRS 8.5

Berichtswährung *siehe Darstellungswährung*

Betriebliche Tätigkeit
- Definition IAS 7.6
- Kapitalflussrechnungen IAS 7.13–15, IAS 7.18–20

Bezugsrechte
- Ergebnis je Aktie IAS 33.45–48
- *siehe auch Kaufoptionen; Verkaufsoptionen*

Bilanz
- Darstellung IAS 1.54–80A
- darzustellende Informationen IAS 1.54–59
- Gliederung IAS 1.57

Stichwortverzeichnis

- Hochinflationsländer IAS 29.11–25, IAS 29.29
- kurzfristige Schulden IAS 1.69–76
- kurzfristige Vermögenswerte IAS 1.66–68

Bilanzielle Schätzungen *siehe Änderungen von Schätzungen; Schätzungen*

Bilanzierungs- und Bewertungsmethoden
- als Finanzinvestition gehaltene Immobilien IAS 40.30–32C
- Änderungen der IAS 8.14–31
  - Angaben IAS 8.28–31
  - Anwendung von Änderungen IAS 8.19–27
  - Einschränkungen im Hinblick auf eine rückwirkende Anwendung IAS 8.23–27
  - rückwirkende Anwendung IAS 8.19(b), IAS 8.22
- Änderungen, die die Segmentinformationen beeinflussen IFRS 8.27
- Angabe von Änderungen der IAS 8.28–31
- Angabe von Beurteilungen des Managements bei der Anwendung von IAS 1.122–123
- Angaben IAS 1.117–124
- Angaben in Kapitalflussrechnungen IAS 7.46–47
- Angaben zur bevorstehenden Anwendung neu veröffentlichter Standards IAS 8.30–31
- Auswahl IAS 8.7–12
- Definition IAS 8.5
- Einheitlichkeit IFRS 10.19
- erstmalige Anwendung der IFRS IFRS 1.7–12
- Finanzinstrumente IAS 32.60(b)–61
- Neubewertung von Vermögenswerten IAS 8.17, IAS 16.31–42
- Segment IFRS 8.23, IFRS 8.25–27
- Stetigkeit IAS 8.13
- Undurchführbarkeit hinsichtlich rückwirkender Anwendung IAS 8.50–53
- Zusammenfassung im Abschluss IAS 1.117–124
- Zwischenberichterstattung IAS 34.28–36

Biologische Transformation
- Angaben IAS 41.52
- Definition IAS 41.5
- Formen von Ergebnissen IAS 41.7

Biologische Vermögenswerte
- Abschreibung IAS 41.30, IAS 41.54–56
- Angaben IAS 41.40–57
- Ansatz und Bewertung IAS 41.10–33
- Anwendbarkeit des IAS 20 IAS 20.2(d), IAS 41.37–38
- Beispiele IAS 41.4
- beizulegender Zeitwert IAS 41.8–33
- Definition IAS 41.5
- Gewinne und Verluste IAS 41.26–29
- Unfähigkeit, den beizulegenden Zeitwert verlässlich zu ermitteln IAS 41.30–33, IAS 41.54–56
- Vorräte IAS 2.2–4, IAS 2.20
- Wertminderungsaufwand IAS 41.30, IAS 41.54–56
- Zuwendungen der öffentlichen Hand IAS 41.34–38

Belastende Verträge IAS 37.68–69

C

Cashflows IAS 7.6
- Schätzung künftiger Cashflows zur Bestimmung des Nutzungswertes IAS 36.30–57, IAS 36.A1–21

D

Darstellung des Abschlusses IAS 1.1–138
- Rahmenkonzept *siehe Rahmenkonzept für die Aufstellung und Darstellung von Abschlüssen*

Darstellungswährung
- Definition IAS 21.8
- Umrechnung in IAS 21.38–47

Dienstleistungskonzessionsvereinbarungen IFRIC 12, SIC-29
- Anwendungsbereich IFRIC 12.4–9
- Bau- oder Ausbauleistungen IFRIC 12.14
- Behandlung der Rechte (im Zusammenhang mit der Infrastruktureinrichtung) IFRIC 12.11
- beim Betreiber anfallende Fremdkapitalkosten IFRIC 12.22
- Betriebsleistungen IFRIC 12.20
- dem Betreiber zur Verfügung gestellte Gegenstände IFRIC 12.27
- Übergangsvorschriften IFRIC 12.29–30
- Vereinbarte Gegenleistung IFRIC 12.12–13
- vertragliche Verpflichtungen IFRIC 12.21

Dienstleistungslizenzen SIC-29

Dividenden
- Beschluss nach dem Abschlussstichtag IAS 10.12–13
- Dividendenausschüttung IFRIC 17
- Dividendenverbindlichkeit IFRIC 17
- ertragsteuerliche Konsequenzen IAS 12.52A, IAS 12.65A, IAS 12.82A, IAS 12.87A–87B, IAS 32.40
- Finanzinstrumente IAS 32.2, IAS 32.35–41, IAS 32.AG37, IFRS 9.5.7.1A
- Kapitalflussrechnungen IAS 7.31–34
- Sachdividenden IFRIC 17
- zur Veräußerung gestuft IFRIC 17

E

Effektivzinsmethode IFRS 9.5.4, IFRS 9.B5.4.1-7
- bonitätsangepasster Effektivzinssatz IFRS 9.5.4.1
- Definition IFRS 9.A

Stichwortverzeichnis

- Effektivzinssatz Definition IAS 39.9, IFRS 9.A

Eigene Anteile
- Angaben IAS 32.33–34, IAS 32.AG36
- Angaben über nahe stehende Unternehmen und Personen IAS 32.34

Eigenkapital IAS 32.2, IAS 32.5
- Änderungen des beizulegenden Zeitwertes IAS 32.36
- anteilsbasierte Vergütung IFRS 2.2–3, IFRS 2.10–29, IFRS 2.64
- Ausschüttungen IAS 32.35–36
- bei Unternehmenszusammenschlüssen ausgegebene IFRS 2.5
- Beispiele IAS 32.AG13–14
- Definition IAS 32.11, IAS 32.AG13–14
- Erfüllung in den Eigenkapitalinstrumenten des Unternehmens IAS 32.16(b), IAS 32.21–24, IAS 32.AG27(a)–(d)
- Geschäfte mit eigenen Aktien und Aktien von Konzernunternehmen IFRS 2.64
- keine vertragliche Verpflichtung zur Abgabe von flüssigen Mitteln oder anderen finanziellen Vermögenswerten IAS 32.16(a), IAS 32.17–20, IAS 32.AG25–26
- Tilgung finanzieller Verbindlichkeiten durch Eigenkapitalinstrumente IFRIC 19
- Transaktionskosten IAS 32.35, IAS 32.37
- Unterscheidung von einer finanziellen Verbindlichkeit IAS 32.15–20, IAS 32.AG25–26
- siehe auch Anteilsbasierte Vergütung

Eigenkapitalveränderungsrechnung IAS 1.106–107

Eingebettete Derivate IFRS 9.4.3, IFRS 9.B4.3
- hybride Verträge IFRS 9.4.3.2
- Versicherungsverträge IFRS 17.11–13

Einzelabschlüsse IAS 27.1–20
- Angaben IAS 27.15–17
- Aufstellung IAS 27.9–14
- bei assoziierten Unternehmen IAS 28.44
- bei Gemeinsamen Vereinbarungen IFRS 11.26–27, IFRS 11.C12–13, IAS 28.44
- Definition IAS 27.4
- Unterschied zu Konzernabschlüssen IAS 27.4
- Ziel IAS 27.1

Elektro- und Elektronik-Altgeräte IFRIC 6
Entsorgungsfonds IFRIC 5.1–3
Equity-Methode IAS 28.10–15, IAS 28.22–39
- Anwendung IAS 28.26–39
- Ausnahmen von der Anwendung IAS 28.17–19
- Definition IAS 28.3
- ein in der Währung eines Hochinflationslandes bilanzierendes Beteiligungsunternehmen IAS 29.20
- Einzelabschluss IAS 27.7
- Einstellung mit dem Zeitpunkt des Wegfalls des maßgeblichen Einflusses IAS 28.22–24
- Kapitalflussrechnungen IAS 7.37–38
- Übergang bei Gemeinschaftlichen Tätigkeiten IFRS 11.C7–11

Ereignisse nach dem Abschlussstichtag IAS 10.1–24, IAS 10.A1–4
- Aktualisierung der Angaben über die Bedingungen zum Abschlussstichtag IAS 10.19–20
- Annahme der Unternehmensfortführung IAS 10.14–16
- berücksichtigungspflichtige Ereignisse IAS 10.8–9, IAS 10.19–20
- beschlossene Dividenden IAS 10.12–13
- Definition IAS 10.3
- erstmalige Anwendung der IFRS IFRS 1.14–17
- nicht zu berücksichtigende Ereignisse IAS 10.10–11, IAS 10.21–22

Erfolgsbeteiligungen
- Leistungen an Arbeitnehmer IAS 19.19–24

Ergebnis je Aktie IAS 33.1–76, IAS 33.A–B
- Aktien IAS 33.19–29, IAS 33.36–40
- Aktienoptionen IAS 33.45–48, IAS 33.A6–9
- Angaben IAS 33.70–73
- aus zwei Gattungen bestehende Stammaktien IAS 33.A13–14
- Ausgabe von Gratisaktien IAS 33.26–28
- bedingt emissionsfähige Aktien IAS 33.24, IAS 33.52–57
- Bewertung IAS 33.9–63
- Bezugsrechtausgabe IAS 33.26, IAS 33.27(b), IAS 33.A2
- Darstellung IAS 33.66–69
- durchschnittlicher Marktpreis von Stammaktien IAS 33.A4–5
- Ergebnis IAS 33.12–18, IAS 33.33–35
- gekaufte Optionen IAS 33.62
- Instrumente von Tochterunternehmen, Joint Ventures oder assoziierten Unternehmen IAS 33.40, IAS 33.11–12
- Mitarbeiteraktienoptionen IAS 33.48
- Optionsscheine IAS 33.45–48, IAS 33.A6–9
- rückwirkende Anpassungen IAS 33.64–65
- teilweise bezahlte Aktien IAS 33.A15–16
- umgekehrte Unternehmenserwerbe IFRS 3.B25–27
- Unternehmenszusammenschluss IAS 33.22
- unverwässert IAS 33.9–29
- Verträge, die in Stammaktien oder liquiden Mitteln erfüllt werden können IAS 33.58–61
- verwässert IAS 33.30–63
- wandelbare Instrumente IAS 33.49–51
- Zwischenberichterstattung IAS 34.11

Stichwortverzeichnis

Erlöse aus Verträgen mit Kunden
- Ansprüche der Kunden, nicht geltend gemachte IFRS 15.B44–B47
- Aufgliederung der Erlöse IFRS 15.B87–B89
- Bill-and-hold-Vereinbarungen IFRS 15.B79–82
- Definitionen IFRS 15.A
- Entgelte, nicht erstattungsfähige IFRS 15.B48–B51
- Finanzierungskomponente IFRS 15.60-65
- Garantien und Gewährleistungen IFRS 15.B28–B33
- Identifizierung des Vertrags IFRS 15.9
- Kommissionsvereinbarungen IFRS 15.B77–B78
- Leistungsfortschritt IFRS 15.B14–19
- Leistungsverpflichtungen IFRS 15.22
  - Abnahme durch den Kunden IFRS 15.B83–86
  - Definition IFRS 15.A
  - eigenständig abgrenzbare Güter oder Dienstleistungen IFRS 15.26–30
  - Erfüllung IFRS 15.31
  - Leistungsfortschritt IFRS 15.39–43
  - über einen bestimmten Zeitraum erfüllt IFRS 15.35-37, IFRS 15.B2–B13
  - zu einem bestimmten Zeitpunkt erfüllt IFRS 15.38
- Lizenzen IFRS 15.B52–B63A
- Optionen zum Erwerb IFRS 15.B39–B43
- Prinzipal oder Agent IFRS 15.B34-B38
- Vertragsänderungen IFRS 15.18-21
- Rückerstattungsverbindlichkeiten IFRS 15.55
- Rückgaberecht IFRS 15.B20–B27
- Rückkaufsvereinbarungen IFRS 15.B64–B76
- Transaktionspreis IFRS 15.47
  - Aufteilung IFRS 15.73
  - Erwartungswertmethode IFRS 15.53
  - Wahrscheinlichster Betrag IFRS 15.53
  - Schätzung variabler Gegenleistungen IFRS 15.56
  - Prinzipal oder Agent IFRS 15.B34-B38
- Vertragserfüllungskosten IFRS 15.95
- Vertragskosten IFRS 15.91

Ernte
- Definition IAS 41.5
- *siehe auch Landwirtschaftliche Erzeugnisse*

Erstmalige Anwendung der IFRS IFRS 1.1–40
- als Finanzinvestition gehaltene Immobilien IFRS 1.18(a)
- anteilsbasierte Vergütungen IFRS 1.D2–D3
- Ausbuchung finanzieller Vermögenswerte und finanzieller Verbindlichkeiten IFRS 1.B2–B3
- ausgeprägte Hochinflation IFRS 1.31C, IFRS 1.D26–30
- Ausnahmen zur retrospektiven Anwendung anderer IFRS IFRS 1.14–17, IFRS 1.B
- Befreiungen von anderen IFRS IFRS 1.18–19, IFRS 1.C–E
- Bilanzierung von Sicherungsgeschäften IFRS 1.B4–B6
- Bilanzierungs- und Bewertungsmethoden IFRS 1.7–12
- Darstellung und Angaben IFRS 1.20–33
- Ereignisse nach dem Abschlussstichtag IFRS 1.15
- Erläuterung des Übergangs IFRS 1.23–33
- Gemeinsame Vereinbarungen IFRS 1.D31
- immaterielle Vermögenswerte IFRS 1.D7
- Leasing IFRS 1.D9–D9A
- Leistungen an Arbeitnehmer IFRS 1.D10–D11
- Schätzungen IFRS 1.14–17
- Tochterunternehmen, assoziierte Unternehmen und gemeinschaftlich geführte Unternehmen IFRS 1.D14–D17
- Umrechnungsdifferenzen IFRS 1.D12–D13
- Unternehmenszusammenschlüsse IFRS 1.C
- Vergleichsinformationen IFRS 1.21–22
- zusammengesetzte Finanzinstrumente IFRS 1.D18
- Zwischenberichterstattung IFRS 1.32–33

Ertragsteuern IAS 12.1–91
- Änderungen des steuerlichen Status eines Unternehmens oder seiner Anteilseigner SIC 25.1–4
- Angaben IAS 12.79–88D
- Ansatz IAS 12.57–68C
- anteilsbasierte Vergütung IAS 12.68A–68C
- aufgegebene Geschäftsbereiche IAS 12.81(h)
- Bewertung IAS 12.46–56
- Bilanzierung von latenten Steuerschulden und Steuererstattungsansprüchen IAS 12.15–45
- Bilanzierung von tatsächlichen Steuerschulden und Steuererstattungsansprüchen IAS 12.12–14
- Darstellung IAS 12.69–78
- Dividenden IAS 12.52A, IAS 12.65A, IAS 12.82A, IAS 12.87A–87B, IAS 32.40
- Eventualschulden IAS 12.88
- Gewinn- und Verlustrechnung IAS 12.58–60
- Kapitalflussrechnungen IAS 7.35–36
- Posten, die unmittelbar dem Eigenkapital gutgeschrieben oder belastet werden IAS 12.61–65A
- Realisierung von neubewerteten, nicht planmäßig abzuschreibenden Vermögenswerten IAS 12.51B
- Saldierung IAS 12.71–76
- Steuerliche Basis IAS 12.10
- *siehe auch Latente Steuern*

Stichwortverzeichnis

- Unsicherheit bezüglich der ertragsteuerlichen Behandlung IFRIC 23

Erzielbarer Betrag IAS 36.6
- siehe auch Wertminderungsaufwand

Euro
- Auswirkungen der Einführung auf die Bilanzierung von Fremdwährungen SIC-7

Eventualforderungen
- Angaben IAS 37.89–92
- Ansatz IAS 37.31–35

Eventualschulden
- Aktualisierung der Angaben über die Bedingungen zum Abschlussstichtag IAS 10.19–20
- Angaben IAS 37.86–88, IAS 37.91–92
- Angaben des Partnerunternehmens an einem Joint Venture IFRS 12.23
- Ansatz IAS 37.27–30
- Ansatz in einem Unternehmenszusammenschluss IFRS 3.56
- assoziierte Unternehmen IFRS 12.23
- Beziehung mit Rückstellungen IAS 37.12–13
- Definition IAS 37.10
- Erträge IAS 18.36
- Steuern IAS 12.88
- Zuwendungen der öffentlichen Hand IAS 20.11, IAS 20.39(c)

Exploration mineralischer Rohstoffe
- siehe auch Vermögenswerte aus Exploration und Evaluierung

F

Fair Value
- siehe Beizulegender Zeitwert

Fair Value-Hierarchie IFRS 13.72–90
- siehe Beizulegender Zeitwert

Fair Value Option IFRS 9.4.1.5; IFRS 9.4.2.2.

Fehler IAS 8.41–49
- Angabe von Fehlern aus früheren Perioden IAS 8.49
- Einschränkungen bei rückwirkender Anpassung IAS 8.43–48
- rückwirkende Anpassung einer früheren Periode IAS 8.42–49
- Unternehmenszusammenschlüsse IFRS 3.50
- Undurchführbarkeit hinsichtlich rückwirkender Anpassung IAS 8.50–53

Finanzgarantie IFRS 9.A

Finanzielle Verbindlichkeiten IAS 32.2, IAS 32.5
- Analyse der vertraglich vereinbarten Fälligkeitstermine IFRS 7.B11–16
- Ausbuchung und erstmalige Anwendung der IFRS IFRS 1.B2–B3
- Ausfallrisiko IFRS 9.5.7.7a)
- bedingte Erfüllungsvereinbarungen IAS 32.25, IAS 32.AG28, IAS 32.16–19
- Bewertung beim erstmaligen Ansatz IFRS 9.5.1

- Darlehensverbindlichkeiten Angaben IFRS 7.18–19
- Definition IAS 32.11, IAS 32.19
- Erfüllung in den Eigenkapitalinstrumenten des Unternehmens IAS 32.16(b), IAS 32.21–24, IAS 32.AG27
- Folgebewertung IFRS 9.5.3
- Klassifizierung IFRS 9.4.2.1
- Fair Value Option IFRS 9.4.1.5; IFRS 9.4.2.2.
- fortgeführte Anschaffungskosten IFRS 9.2.1
- Reklassifizierung IFRS 9.4.4.2
- Saldierung IAS 32.42–50, IAS 32.AG38A–39, IFRS 7.13A–13F, IFRS 7.B40–B53
- Unterscheidung von Eigenkapitalinstrumenten IAS 32.15–20, IAS 32.AG25–26
- Unterschied zwischen Ausbuchung und Saldierung IAS 32.44
- Zinsänderungsrisiko IAS 32.67–75
- siehe auch Finanzinstrumente; finanzielle Vermögenswerte

Finanzielle Vermögenswerte IAS 32.2, IAS 32.5
- Abschreibung IFRS 9.5.4.4
- Arten IAS 32.AG3–5
- Ausbuchung IFRS 9.3.2, IFRS 9.B3.2
- Angaben IFRS 7.13, IFRS 7.B29–B39
- anhaltendes Engagement IFRS 9.-213.2.16
- Risiken und Chancen mit dem Eigentum verbunden IFRS 9.B3.2.4-6
- Übertragung der Verfügungsmacht IFRS 9.B3.2.7-9
- Übertragung finanzieller Vermögenswerte IFRS 7.42A–42H, IFRS 9.3.2.10-14
- Verfügungsmacht IFRS 9.3.2.6c)
- Ausbuchung und erstmalige Anwendung der IFRS IFRS 1.B2–B3
- Bewertung beim erstmaligen Ansatz IFRS 9.5.1
- Definition IAS 32.11, IAS 32.AG3–12
- Effektivzinsmethode IFRS 9.5.4.1, IFRS 9.B5.4.1-7
- erwartete Kreditverluste IFRS 9.5.5.1-11; IFRS 7.35H-L
- Ausfalldefinition IFRS 9.B5.5.36-37
- Ausfallrisiko IFRS 9.5.5.9-11, IFRS 9.B5.7.13-15; IFRS 7.35A-42C
- beeinträchtigte Bonität IFRS 9.5.5.13
- Bemessung IFRS 9.5.5.17; IFRS 9.B5.5.28-54
- Definition IFRS 9.A
- Sicherheiten IFRS 8.B5.5.55
- Wertberichtigung IFRS 9.5.5.1
- Zahlung mehr als 30 Tage überfällig IFRS 9.5.5.11
- Folgebewertung IFRS 9.5.2
- Handels- oder Erfüllungstag IFRS 9.3.1.2

Stichwortverzeichnis

- Klassifizierung IFRS 9.4.1
- Definitionen IFRS 9.A
  - erfolgsneutral zum beizulegenden Zeitwert IFRS 9.4.1.2A
  - erfolgswirksam zum beizulegenden Zeitwert IFRS 9.4.1.4
  - Fair Value Option IFRS 9.4.1.5; IFRS 9.4.2.2.
  - fortgeführte Anschaffungskosten IFRS 9.3.1.2
- Geschäftsmodell IFRS 9.4.1.1.a), IFRS 9.B4.1.1-6
- Reklassifizierung IFRS 9.4.4.1, IFRS 9.5.6
- Saldierung IAS 32.42–50, IAS 32.AG38A–39, IFRS 7.13A–13F, IFRS 7.B40–B53
- Unterschied zwischen Ausbuchung und Saldierung IAS 32.44
- Wertminderung IFRS 9.5.5, IFRS 9.B5.5
- *siehe auch Finanzinstrumente*

Finanzierungsleasing (Leasinggeber)
- als Finanzinvestition gehaltene Immobilien IAS 40.67
- Änderung IFRS 16.79–80
- Angaben IFRS 16.89–94
- Bereitstellungsdatum IFRS 16.67
- Definition IFRS 16.62-66, IFRS 16.B53-B58
- Finanzinstrument IAS 32.AG9
- Folgebewertung IFRS 16.75–78
- Grundstücke und Gebäude IFRS 16.B55–57
- Hersteller oder Händler IFRS 16.71–74
- Nettoinvestition in das Leasingverhältnis IFRS 16.67–70
- Sale-and-leaseback-Transaktionen IFRS 16.98–103
- *siehe auch Leasingverhältnisse*

Finanzierungstätigkeit
- Definition IAS 7.6
- Kapitalflussrechnungen IAS 7.17, IAS 7.21
- Veränderungen der Verbindlichkeiten IAS 7.44A–44E

Finanzinstrumente
- Angaben IFRS 7.1–45
  - Kategorien von Finanzinstrumenten IFRS 7.8, IFRS 7.B1–3
  - Überleitungsrechung IFRS 7.6
- Angaben in der Gewinn- und Verlustrechnung oder im Anhang IFRS 7.20
- Angaben zum beizulegenden Zeitwert IFRS 7.25–30
- anteilsbasierte Vergütungen IFRS 2.6
- Ausbuchung IAS 32.44
- Ausschluss vom Anwendungsbereich des IAS 2 IAS 2.2
- bedingte Erfüllungsvereinbarungen IAS 32.25, IAS 32.AG28, IAS 32.16–19
- bilanzunwirksame Darstellung IAS 32.5
  - eigene Anteile IAS 32.33–34, IAS 32.AG36
- Verbindlichkeiten und Eigenkapital IAS 32.15–27, IAS 32.AG.25–29
- Zinsen, Dividenden, Verluste und Gewinne IAS 32.2, IAS 32.35–41, IAS 32.AG37
- zusammengesetzte Finanzinstrumente IAS 32.28–32, IAS 32.AG30–35
- Definition IAS 32.11, IAS 32.AG3–24
- Derivate IAS 32.AG15–19
- Dividenden IAS 32.2, IAS 32.35–41, IAS 32.AG37, IFRS 9.5.7.1A
- Effektivzinssatz IFRS 9.5.4.1, IFRS 9.B5.4.1–7
- eigene Anteile IAS 32.33–34, IAS 32.AG36
- Eigenkapital und Verbindlichkeiten
  - uneingeschränktes Recht auf Ablehnung der Rücknahme IFRIC 2.A2–5
- eingebettete Derivative IFRS 9.4.3, IFRS 9.B4
- Erfüllung in den Eigenkapitalinstrumenten des Unternehmens IAS 32.16(b), IAS 32.21–24, IAS 32.AG27
- Erfüllungswahlrecht IAS 32.26–27
- ermessensabhängige Überschussbeteiligungen IFRS 17.3
- erstmalige Anwendung der IFRS
  - Angaben IFRS 1.29–31
  - Ansatz und Bewertung bei der Umstellung auf IFRS IFRS 1.D18–D20
  - zusammengesetzte Finanzinstrumente IFRS 1.D18
- Genossenschaftsanteile IFRIC 2.5–9
- gleichzeitiger Ausgleich von zwei Finanzinstrumenten IAS 32.48
- Klassifizierung IAS 32.2, IAS 32.15, IAS 32.18
- Konzernabschluss, Behandlung im IAS 32.AG29
- Kreditrisiko IFRS 7.36, IFRS 7.B9
- kündbare IAS 32.16A
- latente Steuern IAS 12.23, IAS 32.39
- Liquiditätsrisiko IFRS 7.39
- Marktrisiko IFRS 7.40–42; IFRS 7.B17–28
- rechtliche Gestaltung IAS 32.18
- Risikoberichterstattung IFRS 7.31–42, IFRS 7.B6–28
  - Qualitative Angaben IFRS 7.34
  - Quantitative Angaben IFRS 7.33, IFRS 7.B7–8
- Saldierung IAS 32.44
- Saldierung eines finanziellen Vermögenswertes mit einer finanziellen Verbindlichkeit IAS 32.42–50, IAS 32.AG38A–39, IFRS 7.13A–13F, IFRS 7.B40–B53
- Sicherungsbeziehungen IAS 39.71–102, IAS 39.AG94–132, IFRS 9.6
  - Beurteilung der Wirksamkeit IAS 39.AG105–132, IFRS 9.B6.4.1-3

Stichwortverzeichnis

- Transaktionskosten IAS 32.35, IAS 32.37–39, IFRS 9.B5.4.8
- Unterscheidung eines Eigenkapitalinstruments von einer finanziellen Verbindlichkeit IAS 32.15–20, IAS 32.AG25–26; IFRIC 2
- Verluste und Gewinne IAS 32.2, IAS 32.35–41, IAS 32.AG37
- Verträge über den Kauf oder Verkauf nicht finanzieller Posten IAS 32.8–10, IAS 32.AG20–24
- Vertragsbedingungen IAS 32.60(a), IAS 32.62–63
- Warentermingeschäfte IAS 32.AG22–24
- wirtschaftliche Substanz IAS 32.18
- Zinsen IAS 32.2, IAS 32.35–41, IAS 32.AG37
- zusammengesetzte IAS 32.28–32, IAS 32.AG30–35
- *siehe auch Eigenkapitalinstrumente; finanzielle Vermögenswerte; finanzielle Verbindlichkeiten*

Finanzinvestition in ein Eigenkapitalinstrument IFRS 9.5.7.5

Fonds für Entsorgung, Rekultivierung und Umweltsanierung IFRIC 5.1–3
- Angaben IFRIC 5.11–13
- Bilanzierung eines Anteils an einem Fonds IFRIC 5.7–9

Forderungen aus Lieferungen und Leistungen IAS 32.AG4(a)

Forschung und Entwicklung
- Angabe der Aufwendungen IAS 38.126–127
- Aufwendungen in Verbindung mit einem erworbenen Entwicklungsprojekt IAS 38.42–43
- Entwicklungsphase IAS 38.57–64
- Forschungsphase IAS 38.54–56
- Geschäftsvorfälle mit nahe stehenden Unternehmen und Personen IAS 24.21(e)

Forschungskosten
- latenter Steueranspruch IAS 12.9, IAS 12.26(b)

Forward-Kontrakte IAS 32.AG15

Franchiseverträge
- Konsolidierung IFRS 10.B29–33

Fremdkapitalkosten IAS 23.1–30
- aktivierbare IAS 23.10–15
- Aktivierung IAS 23.17–25
- Angaben IAS 23.26
- Beginn der Aktivierung IAS 23.17–19
- Bilanzierung in der Währung eines Hochinflationslandes IAS 29.21
- Definition IAS 23.5–7
- Ende der Aktivierung IAS 23.22–25
- Unterbrechung der Aktivierung IAS 23.20–21

Fremdwährungsgeschäfte
- Ansatz von Umrechnungsdifferenzen IAS 21.27–34
- Bilanzierung in der funktionalen Währung IAS 21.20–37
- Bilanzierung in Folgeperioden IAS 21.23–26
- Einführung des Euro SIC-7
- erstmaliger Ansatz IAS 21.20–22
- funktionale Währung IAS 21.9–14
- im Voraus erbrachte oder erhaltene Gegenleistungen IFRIC 22

Fruchttragende Pflanze IAS 16.22A, IAS 41.1

Funktionale Währung IAS 21.9–14
- Definition IAS 21.8
- Hochinflationsländer IAS 21.14, IAS 21.43, IAS 29.5, IFRIC 7
- Wechsel IAS 21.35–37

Future-Kontrakte IAS 32.AG15

G

Gemeinsame Vereinbarungen IFRS 11.1–27
- Abgrenzung IFRS 11.14–19, IFRS 11.B12–B33
- Abschlüsse von Parteien einer gemeinsame Vereinbarung IFRS 11.20–25, IFRS 11.B34–37
- Angaben IFRS 12.20–23
- Anwendungsbereich IFRS 11.3
- Definition IFRS 11.4–19
- Einzelabschlüsse IFRS 11.26–27, IFRS 11.C12–13
- Gemeinschaftliche Führung IFRS 11.7–13, IFRS 11.B5–14
- Gemeinschaftliche Tätigkeit IFRS 11.15, IFRS 11.20–23
- Gemeinschaftsunternehmen IFRS 11.16, IFRS 11.24–25
- Vertragliche Vereinbarungen IFRS 11.5, IFRS 11.B2–4
- Zielsetzung IFRS 11.1–2

Gemeinschaftliche Führung IFRS 11.7–13, IFRS 11.B5–14
- *siehe Gemeinsame Vereinbarungen*

Gemeinschaftliche Tätigkeit IFRS 11.15, IFRS 11.20–23
- Abgrenzung von Gemeinschaftsunternehmen IFRS 11.14–19, IFRS 11.B12–B33
- Abschlüsse IFRS 11.20–23
- *siehe Gemeinsame Vereinbarungen*

Gemeinschaftsunternehmen IFRS 11.16, IFRS 11.24–25
- Befreiung von der Anwendung der Equity-Methode IAS 28.17–19
- Equity-Methode IAS 28.10–15, IAS 28.22–39
  - Abschluss eines Partnerunternehmens IFRS 12.20–23
  - Bedingungen für eine Befreiung IAS 28.17–19
- Definition IFRS 11.16
- Finanzinstrumente IAS 28.14A
- separate Einzelabschlüsse nach IFRS IAS 27, IFRS 11.26–27

Stichwortverzeichnis

- zur Veräußerung verfügbare Anteile IAS 28.20–21
- Ergebnis je Aktie IAS 33.40; IAS 33.A11–12
- Angaben über nahe stehende Unternehmen und Personen IAS 24.19(b)

Gemeinschaftliche Vermögenswerte
- Definition IAS 36.6
- Prüfung von zahlungsmittelgenerierenden Einheiten auf Wertminderung IAS 36.100–103
- siehe Gemeinsame Vereinbarungen

Genossenschaften IFRIC 2.1

Genossenschaftsanteile
- Eigenkapital und Verbindlichkeiten IFRIC 2.5–9
- Rücknahmeverbote IFRIC 2.A6–19
- Verbindlichkeiten
  - Bewertung IFRIC 2.10

Gesamtergebnisrechnung IAS 1.10
- Darstellung IAS 1.81A–105
- Darstellung des Ergebnisses je Aktie IAS 33.66–69
- darzustellende Informationen IAS 1.82–87
- Ertragsteuern IAS 12.58–60
- Hochinflationsländer IAS 29.26, IAS 29.30
- Minderheitsanteile siehe: nicht beherrschende Anteile
- nicht beherrschende Anteile IAS 1.81B

Geschäftsbetrieb IFRS 3.3, IFRS 3.B7–B11

Geschäfts- oder Firmenwert
- assoziierte Unternehmen IAS 28.10
- Ertragsteuern IAS 12.15(a), IAS 12.21, IAS 12.24(a), IAS 12.66–68
- immaterielle Vermögenswerte bei einem Unternehmenszusammenschluss IAS 38.11–12
- Latente Steuern IAS 12.15(a), IAS 12.21, IAS 12.24(a), IAS 12.66–68
- selbst geschaffener IAS 38.48–50
- Unternehmenszusammenschluss IFRS 3.32–33
  - Angabe von Änderungen des Buchwertes IFRS 3.B67
- Wertaufholung IAS 36.124–125
- Wertminderung IAS 36.80–99

Geschäftssegmente
- Berichterstattung IFRS 8.20-24
- Definition IFRS 8.5
- Zusammenfassung IFRS 8.12

Geschäftszyklus IAS 1.68

Gewährleistungen IFRS 15.B28–B33

Gewinnbeteiligungspläne
- Leistungen an Arbeitnehmer IAS 19.19–24

Gezeichnetes Kapital
- Angabe in der Bilanz IAS 1.54

Grundgeschäfte IAS 39.78–84
- Absicherung eines Währungsrisikos IAS 39.80
- Bestimmung finanzieller Posten als IAS 39.81–81A
- Bestimmung nicht finanzieller Posten als IAS 39.82, IAS 39.AG100
- Bestimmung von Gruppen von Posten als IAS 39.83–84, IAS 39.AG101
- qualifizierende Grundgeschäfte IAS 39.78–80, IAS 39.AG98–99

H

Hauptentscheidungsträger IFRS 8.5, IFRS 8.7

Herstellungskosten
- Ersatz für Anschaffungs- oder Herstellungskosten IFRS 1.D8A–B
- Sachanlagen IAS 16.6, IAS 16.11–22
- Vorräte IAS 2.10–27

Hochinflationsländer IAS 29.1–41
- Abschlüsse auf Basis der historischen Anschaffungs- oder Herstellungskosten IAS 29.11–28
- allgemeiner Preisindex IAS 29.37
- Angaben IAS 29.39–40
- Anhaltspunkte für eine Hochinflation IAS 29.3
- Anpassung der Bilanz IAS 29.11–25, IAS 29.29
- Anpassung des Abschlusses IAS 29.5–37
- ausländische Tochterunternehmen IAS 29.35
- Befreiungen bei erstmaliger Anwendung der IFRS IFRS 1.D26–30
- Beendigung der Hochinflation in einer Volkswirtschaft IAS 29.38
- Equity-Methode, Bilanzierung eines Beteiligungsunternehmens nach der IAS 29.20
- Ergänzung zum Abschluss IAS 29.7
- erzielbarer Betrag von Vermögenswerten IAS 29.19
- Fremdkapitalkosten, Aktivierung von IAS 29.21
- funktionale Währung IAS 21.14, IAS 21.43, IAS 29.8
- Gewinn aus der Nettoposition der monetären Posten IAS 29.9, IAS 29.27–28, IAS 29.31
- im Rahmen eines Vertrags mit zinsfreier Stundung erworbene Vermögenswerte IAS 29.22
- Inflationsrate IAS 29.3
- Kapitalflussrechnungen IAS 29.33
- Konzernabschluss IAS 29.1, IAS 29.35–36
- Latente Steuern IFRIC 7.4
- Maßeinheit, am Abschlussstichtag geltende IAS 29.7–8, IFRIC 7.3
- monetäre Posten IAS 29.12
- Nettoposition der monetären Posten IAS 29.9, IAS 29.27–28, IAS 29.31
- nicht monetäre Posten IAS 29.14–15
- Preisindex, nicht verfügbar IAS 29.17

Stichwortverzeichnis

- primäre Abschlussbestandteile IAS 29.6–7
- Rechnungslegung in IFRIC 7
- Sachanlagen IAS 29.15–19
- Steuern IAS 29.32
- Tochterunternehmen IAS 29.35
- Vergleichszahlen IAS 29.8, IAS 29.34
- Wechselkurse, Änderungen IAS 29.8, IAS 29.34–35

I

Immaterielle Vermögenswerte
- Abgänge IAS 38.112–117
- Angabe der Schätzungen von Vermögenswerten mit unbegrenzter Nutzungsdauer IAS 36.134–137
- Angaben IAS 38.118–128
- Ansatz und Bewertung IAS 38.18–67
- Anschaffungskostenmodell als Bilanzierungs- und Bewertungsmodell IAS 38.74
- Ausbuchung IAS 38.112–117
- Auswirkungen der erstmaligen Anwendung der IFRS IFRS 1.D7
- Beherrschung IAS 38.13–16
- Bewertung nach dem Ansatz IAS 38.72–87; IAS 38.124–125
- Definition IAS 38.9–17
- Entwicklungsphase von selbst geschaffenen IAS 38.57–64
- Erfassung eines Aufwands IAS 38.68–71
- Erwerb durch eine Zuwendung der öffentlichen Hand IAS 38.44
- Erwerb im Rahmen eines Unternehmenszusammenschlusses IFRS 3.B31–B34, IAS 38.33–43
  - Bestimmung des beizulegenden Zeitwerts IAS 38.35–41
  - nachträgliche Ausgaben für ein erworbenes laufendes Forschungs- und Entwicklungsprojekt IAS 38.42–43
- Forschungs- und Entwicklungsausgaben IAS 38.126–127
- Forschungsphase IAS 38.54–56
- gesonderte Anschaffung IAS 38.25–32
- Gruppe von Vermögenswerten IAS 38.119
- Identifizierbarkeit IFRS 3.A, IAS 38.11–12
- keine Erfassung früherer Aufwendungen IAS 38.71
- Kriterien für die Erfassung IAS 38.21–23
- künftiger wirtschaftlicher Nutzen IAS 38.17
- landwirtschaftliche Tätigkeit IAS 41.2(b)
- mit begrenzter Nutzungsdauer IAS 38.97–106
  - Abschreibungszeitraum und Abschreibungsmethode IAS 38.97–99
  - Restwert IAS 38.100–103
  - Überprüfung der Abschreibungsperiode und Abschreibungsmethode IAS 38.104–106
- mit unbegrenzter Nutzungsdauer IAS 38.107–110
  - Angabe der Schätzungen zur Bewertung von Vermögenswerten IAS 36.134–137
  - Prüfung auf Wertminderung IAS 36.10, IAS 36.15, IAS 36.24, IAS 38.108, IAS 38.110
  - Überprüfung der Einschätzung der Nutzungsdauer IAS 38.109–110
- Neubewertung von Vermögenswerten IAS 38.75–87
- nicht vertragsgebundene Kundenbeziehungen IAS 38.16
- Nutzungsdauer IAS 38.88–96
  - Beschränkungen durch vertraglich eingeräumte oder andere gesetzliche Rechte IAS 38.94–96
  - Überprüfung der Einschätzung der Nutzungsdauer IAS 38.109–110
- Prüfung eines Vermögenswertes mit einer unbegrenzten Nutzungsdauer auf Wertminderung IAS 36.10, IAS 36.15, IAS 36.24, IAS 38.108, IAS 38.110
  - Häufigkeit und Zeitpunkt der Prüfung IAS 36.10(a)
- selbst geschaffene IAS 38.51–67
  - Kosten von IAS 38.65–67
- Separierbarkeit IAS 38.11–12
- Tausch von Vermögenswerten IAS 38.45–47
  - Anwendung von IAS 38 IAS 38.131
- Websitekosten SIC-32
- Wertminderung IAS 38.111

Immobilien
- als Finanzinvestition gehaltene Immobilien IAS 40

Inputfaktoren für Bemessung des beizulegenden Zeitwerts
- *siehe Bemessung des beizulegenden Zeitwerts*

International Financial Reporting Standards (IFRS) IAS 1.11, IAS 8.5

Investitionstätigkeit
- Definition IAS 7.6
- Kapitalflussrechnungen IAS 7.16, IAS 7.21

Investmentgesellschaft IAS 28.36A, IFRS 10.4B, IFRS 10.31–33, IFRS 10.B85A-E, IFRS12.6

J

Joint Venture IFRS 11.1–27
- Angabe der Eventualschuld durch das Partnerunternehmen IFRS 12.23
- Angaben des Partnerunternehmens IFRS 12.20–23
- Angaben über nahe stehende Unternehmen und Personen IAS 24.19(e)

Stichwortverzeichnis

- assoziierte Unternehmen, Unterscheidung zu IFRS 11.14–19, IFRS 11.B12–33
- Ausschluss vom Anwendungsbereich des IFRS 3 IFRS 3.2(a)
- Bilanzierung von Anteilen im Einzelabschluss IFRS 12.26–27
- Ergebnis je Aktie IAS 33.40, IAS 33.11–12
- erstmalige Anwendung der IFRS IFRS 1. D14–D17
- Formen von IFRS 11.6
- gemeinschaftliche Führung IFRS 11.7–13, IFRS 11.B5–B11
- Geschäftsvorfälle zwischen einem Partnerunternehmen und einem Joint Venture IFRS 11.22, IFRS 11.B34–37
- Kapitalflussrechnungen IAS 7.38
- latente Steuern in Verbindung mit Anteilen an IAS 12.38–45, IAS 12.81(f), IAS 12.87, IAS 12.87C
- vertragliche Vereinbarung IFRS 11.5, IFRS 11.B2–4
- siehe auch Gemeinsame Vereinbarungen

K

Kapitalflussrechnung
- Angabe der Bilanzierungs- und Bewertungsmethoden IAS 7.46–47
- assoziierte Unternehmen IAS 7.37
- Bestandteile der Zahlungsmittel und Zahlungsmitteläquivalent IAS 7.45–52
- betriebliche Tätigkeit 7.13–15, IAS 7.18–20
- Darstellung IAS 7.10–17
- Definitionen IAS 7.6
- Dividenden IAS 7.31–34
- Hochinflationsland IAS 29.33
- Ertragsteuern IAS 7.35–36
- Erwerb und Veräußerung von Tochterunternehmen IAS 7.39–42
- Finanzierungstätigkeit IAS 7.17, IAS 7.21
- Fremdwährung IAS 7.25–28
- historische Information IAS 7.5
- Investitionstätigkeit IAS 7.17, IAS 7.21
- Joint Ventures IAS 7.38
- konsolidierte IAS 7.38
- Leasing IAS 7.17, IAS 7.44, IFRS 16.50
- nicht zahlungswirksame Transaktionen IAS 7.43–44
- saldierte Darstellung IAS 7.22–24
- Segmentinformationen IAS 7.50(d), IAS 7.52
- Tochterunternehmen IAS 7.37
- Zinsen IAS 7.31–34

Kaufoptionen IAS 32.AG13–14, IAS 32.AG17
- nicht in die Ermittlung des verwässerten Ergebnisses je Aktie einbezogene IAS 33.62

Komponenten
- Teile von Sachanlagen IAS 16.43–49

Kontokorrentkredite
- Behandlung als Zahlungsmitteläquivalente IAS 7.8

Konzernabschlüsse IFRS 10.1–26
- abweichende Abschlussstichtage des Mutterunternehmens und eines Tochterunternehmens IFRS 10.B92–93
- Angaben IFRS 12.10–19
- Anwendungsbereich IFRS 10.4–18
- ausländischer Geschäftsbetrieb IAS 21.19, IAS 21.44–49
- Befreiung von der Aufstellung IFRS 10.4, IAS 28.17–19
- Beherrschung IFRS 10.5–9, IFRS 10.25–26, IFRS 10.B2–B89, IFRS 10.B97–99
- Bilanzierungsvorschriften IFRS 10.19–21, IFRS 10.B86–93
- Hochinflationsland IAS 29.1, IAS 29.35–36
- einheitliche Bilanzierungs- und Bewertungsmethoden IFRS 10.19, IFRS 10.B
- Erwerb eines Tochterunternehmens IFRS 3
- Finanzinstrumente IAS 32.AG29
- Franchiseverträge IFRS 10.B29–33
- Kapitalflussrechnungen IAS 7.38
- konzerninterne Posten IFRS 10.B86(c)
- Minderheitsanteile siehe: nicht beherrschende Anteile
- nicht beherrschende Anteile IFRS 10.22–24, IFRS 10.B94–95
- potenzielle Stimmrechte IFRS 10.B89–91
- Renditen IFRS 10.15–18, IFRS 10.B55–85
- Stimmrechte IFRS 10.B34–50
- umgekehrte Unternehmenserwerbe IFRS 3.B21–24
- Veräußerung eines Tochterunternehmens IFRS 10.25
- Verfahren IFRS 10.B86–93
- Verfügungsgewalt IFRS 10.10–14, IFRS 10.17–18, IFRS 10.B9–10, IFRS 10.B14–B54, IFRS 10.B58–85
- Zwischenberichterstattung IAS 34.14

Krankheitstage
- Abwesenheitsvergütungen IAS 19.13–18

Kurzfristige Schulden
- Darstellung in der Bilanz IAS 1.69–76B
- Steuern IAS 12.12–14, IAS 12.46–49

Kurzfristige Vermögenswerte
- Darstellung in der Bilanz IAS 1.66–68
- Steuern IAS 12.12–14, IAS 12.46–49

L

Landwirtschaftliche Erzeugnisse
- Angaben IAS 41.40–57
- Ansatz und Bewertung IAS 41.10–33
- Beispiele IAS 41.4
- Definition IAS 41.5–6
- Gewinne und Verluste IAS 41.26–29

Stichwortverzeichnis

- Unfähigkeit den beizulegenden Zeitwert zu ermitteln IAS 41.30–33, IAS 41.54–56
- Vorräte IAS 2.2–4, IAS 2.20

Landwirtschaftliche Grundstücke
- Ausschluss vom Anwendungsbereich des IAS 41 IAS 41.2(a)
- damit verbundene biologische Vermögenswerte IAS 41.25

Landwirtschaftliche Tätigkeit IAS 41.1–59
- Definition IAS 41.5
- Immaterielle Vermögenswerte IAS 41.2(b)
- Zuwendungen der öffentlichen Hand IAS 41.34–38, IAS 41.57
- siehe auch Biologische Vermögenswerte

Langfristige Schulden
- Darstellung in der Bilanz IAS 1.69–76B
- Schulden aus Kreditvereinbarungen IAS 1.76ZA
- Erfüllung IAS 1.76A–76B

Latente Steuern
- Abzinsung IAS 12.53–56
- abzugsfähige temporäre Differenzen IAS 12.24–31
- Änderung des steuerlichen Status eines Unternehmens oder seiner Anteilseigner SIC-25
- Angaben IAS 12.79–88
- Ansatz IAS 12.57–68C
- Anteile an Tochterunternehmen, Zweigniederlassungen, assoziierten Unternehmen sowie Anteile an Joint Ventures IAS 12.38–45, IAS 12.81(f), IAS 12.87, IAS 12.87C
- anteilsbasierte Vergütung IAS 12.68A–68C
- Bewertung IAS 12.46–56
- Definitionen IAS 12.5
- Erneute Beurteilung von nicht angesetzten latenten Steueransprüchen IAS 12.37
- erstmaliger Ansatz eines Vermögenswertes oder einer Schuld IAS 12.22–23
- Finanzinstrumente IAS 12.23, IAS 32.39
- Geschäfts- oder Firmenwert IAS 12.15(a), IAS 12.21, IAS 12.24(a), IAS 12.66–68
- Gewinn- und Verlustrechnung IAS 12.58–60
- Hochinflationsländer IFRIC 7.4
- negativer Unterschiedsbetrag IAS 12.24(a), IAS 12.66–68
- noch nicht genutzte steuerliche Verluste und noch nicht genutzte Steuervorschriften IAS 12.34–36
- Posten, die unmittelbar dem Eigenkapital gutgeschrieben oder belastet werden IAS 12.61–65A
- Säule 2-Ertragsteuern IAS 12.4A, IAS 12.88A–88D
- Unternehmenszusammenschlüsse IFRS 3.66–68, IAS 12.19, IAS 12.26(c), IAS 12.66–68
- Währungsdifferenzen IAS 12.41, IAS 12.78, IAS 21.50, IFRIC 7.4

- Wertminderungsaufwand IAS 36.64
- zu versteuernde temporäre Differenzen IAS 12.5, IAS 12.15–18
- zum beizulegenden Zeitwert geführte Vermögenswerte IAS 12.20, IAS 12.26(d), IAS 12.51C
- Zuwendungen der öffentlichen Hand IAS 12.4, IAS 12.33

Leasinggeber
- Einstufung IFRS 16.61–66, IFRS 16.B53–57
- Finanzierungsleasing IFRS 16.67–80
- Operating-Leasing IFRS 16.81–87

Leasingnehmer IFRS 16.22–60

Leasingverhältnisse IFRS 16
- als Finanzinvestition gehaltene Immobilien IFRS 16.34, IAS 40.40–52, IAS 40.74
- Änderung IFRS 16.44–46
- anfängliche direkte Kosten IFRS 16.24
- Angaben des Leasinggebers IFRS 16.89–97
- Angaben des Leasingnehmers IFRS 16.51–60, IFRS 16.B48–B52
- Bereitstellungsdatum IFRS 16.22
- Darstellung des Leasinggebers IFRS 16.88
- Darstellung des Leasingnehmers IFRS 16.47–50
- Eigentumsrecht IFRS 16.B45–B47
- erstmalige Anwendung IFRS 1.D9–D9E
- erworbenes Unternehmen als Leasingnehmer IFRS 3.28A–28B
- feste Leasingzahlungen IFRS 16.B42
- Identifizierung IFRS 16.9–17, IFRS 16.B9–B33
- kurzfristige IFRS 16.5-8
- Laufzeit IFRS 16.18–21, IFRS16.B34–41
- Leasinganreize IFRS 16.24
- Leasingkomponente IFRS 16.12–17, IFRS16.B32–B33
- Leasingverbindlichkeit IFRS 16.26–28
- Leasingverbindlichkeit, Neubewertung IFRS 16.39–43
- Mietkonzession IFRS 16.46A–46B
- Nichtleasingkomponente IFRS 16.12–17, IFRS16.B32–B33
- Nutzungsrecht IFRS 16.23–25
- Nutzungsrecht, Folgebewertung IFRS 16.29–35
- Optionen IFRS 16.18, IFRS 16.20–21, IFRS16.40
- Restwertgarantie IFRS 16.27
- Sale-and-leaseback-Transaktionen IFRS 16.98–103, IFRS 15.B66, IFRS 15.B70
- Schutzrechte IFRS 16.B30–B31
- Substitutionsrechte IFRS 16.B14–B19
- variable Leasingzahlungen IFRS 16.27, IFRS 16.38

Stichwortverzeichnis

- Vermögenswert von geringem Wert IFRS 16.5–8, IFRS 16.B3–B8
- Zinssatz IFRS 16.26
- Zusammenfassung von Verträgen IFRS 16.B2
- siehe auch Finanzierungsleasing; Leasinggeber; Leasingnehmer; Operating-Leasing

Leistungen an Arbeitnehmer IAS 19.1–173
- Abwesenheitsvergütungen IAS 19.13–18
- andere langfristig fällige Leistungen und Leistungen nach Beendigung des Arbeitsverhältnisses IAS 19.153–158
  - Angaben IAS 19.158
  - Ansatz IAS 19.153–157
- Angaben zu kurzfristig fälligen Leistungen IAS 19.25
- Definitionen IAS 19.8
- Erfolgsbeteiligungen IAS 19.19–24
- erstmalige Anwendung der IFRS IFRS 1.E5
- faktische Verpflichtung IAS 19.19–22, IAS 19.28–29, IAS 19.61–62
- Gewinnbeteiligungspläne IAS 19.19–24
- kurzfristige IAS 19.9–25
- Leistungen aus Anlass der Beendigung des Arbeitsverhältnisses IAS 19.159–171
- Leistungen nach Beendigung des Arbeitsverhältnisses siehe Leistungen nach Beendigung des Arbeitsverhältnisses; Altersversorgungspläne

Leistungen aus Anlass der Beendigung des Arbeitsverhältnisses
- Angaben IAS 19.171
- Ansatz IAS 19.165–168
- Bewertung IAS 19.169–170

Leistungen nach Beendigung des Arbeitsverhältnisses
- Plan mehrerer Arbeitgeber IAS 19.32–42
- Staatliche Pläne IAS 19.43–45
- versicherte Leistungen IAS 19.46–49
- vom Anwendungsbereich des IAS 32 ausgeschlossene Rechten und Pflichten des Arbeitgebers IAS 32.4(b)
- siehe auch Beitragsorientierte Pläne; Leistungsorientierte Pläne

Leistungsorientierte Pläne
- Abgeltung IAS 19.109–112
- Angaben IAS 19.135–152, IAS 26.34–36
- Ansatz und Bewertung IAS 19.56–98
  - Abzinsungssatz und versicherungsmathematische Annahmen IAS 19.83–98
  - Barwert leistungsorientierter Verpflichtungen und laufender Dienstzeitaufwand IAS 19.66–94
  - Gehälter, Leistungen und Kosten medizinischer Versorgung IAS 19.87–94
  - nachzurechnender Dienstzeitaufwand IAS 19.99–108
  - Planvermögen IAS 19.113–115

- versicherungsmathematische Annahmen IAS 19.75–94
- versicherungsmathematische Bewertungsmethode IAS 19.67–69
- versicherungsmathematische Gewinne und Verluste IAS 19.94, IAS 19.128–129
- Zuordnung von Leistungen auf Dienstjahre IAS 19.70–74
- Berichtsformat IAS 26.28–31
- Bilanz IAS 19.63–65
- Bilanzierung faktischer Verpflichtungen IAS 19.61–62
- Bilanzierung und Berichterstattung IAS 26.17–31
- Darstellung IAS 19.131–134
  - finanzielle Kostenkomponenten IAS 19.134
  - Saldierung IAS 19.131–132
  - Unterscheidung von Kurz- und Langfristigkeit IAS 19.133
- Definition IAS 19.8, IAS 26.8
- die Risiken auf mehrere Unternehmen unter gemeinsamer Beherrschung verteilen IAS 19.40–42
- Gewinn- und Verlustrechnung IAS 19.120–121
- Häufigkeit von versicherungsmathematischen Bewertungen IAS 26.27
- Plan mehrerer Arbeitgeber IAS 19.32–39
- Planvermögen
  - beizulegender Zeitwert IAS 19.113–115, IAS 26.32–33
  - Definition IAS 19.8
- Erstattungsansprüche IAS 19.116–119
- Erträge aus IAS 19.125
- Übergangsvorschriften für die erstmalige Anwendung des IAS 19 IAS 19.172–174
- Unterscheidung von beitragsorientierten Plänen IAS 26.17–31

Leistungsorientierter Vermögenswert (die Begrenzung von), Mindestdotierungsverpflichtungen und ihre Wechselwirkung IFRIC 14
- Ansatz einer Verbindlichkeit IFRIC 14.23–26
- Anwendungsbereich IFRIC 14.4–5
- wirtschaftlicher Nutzen IFRIC 14.11–15

Liquiditätsrisiko IFRS 7.39, IFRS 7.A, IFRS 7.B10A

Lizenzen IFRS 15.B52–B63

M

Management
- Angabe der Vergütung IAS 24.17

Marktrisiko
- beizulegender Zeitwert IFRS 13.53–55
- Finanzinstrumente IFRS 7.A

Maßgeblicher Einfluss IAS 28.5–9
- Definition IAS 28.3

Stichwortverzeichnis

— *siehe Anteile an assoziierten Unternehmen und Gemeinschaftsunternehmen*
Minderheitsanteile siehe: nicht beherrschende Anteile
Mindestdotierungsverpflichtungen *siehe: Leistungsorientierter Vermögenswert*
Mindestkapitalanforderungen IAS 1.135–136
Mineralien und mineralische Stoffe
— Ausschluss vom Anwendungsbereich des IAS 2 IAS 2.3
Mitarbeiteraktienoptionen
— Auswirkungen auf die Kapitalverhältnisse IFRS 2.B38–41
— beizulegender Zeitwert IFRS 2.B4–41
— Ergebnis je Aktie IAS 33.48
— erwartete Dividenden IFRS 2.B31–36
— erwartete Volatilität IFRS 2.B22–30
— frühzeitige Ausübung IFRS 2.B16–21
— risikoloser Zins IFRS 2.B37
— *siehe auch Anteilsbasierte Vergütung*
Monetäre Posten
— Definition in IAS 21 IAS 21.8, IAS 21.16
Mutterunternehmen
— Angaben über nahe stehende Unternehmen und Personen IAS 24.13–16, IAS 24.19
— Beherrschung IFRS 10.5–9, IFRS 10.20, IFRS 10.22–26, IFRS 10.B97–99
— *siehe Konzernabschlüsse*

N

Nahe stehende Unternehmen und Personen
— Angabepflichten IAS 24.13–23
— Definition IAS 24.9
— eigene Anteile IAS 32.34
— Einzelabschlüsse IAS 24.3, IAS 27
— Geschäftsfälle mit IAS 24.21
— Leistungen für Personen in Schlüsselpositionen des Managements IAS 24.17
— einer öffentlichen Stelle nahestehende Unternehmen IAS 24.9, IAS 24.25
Negativer Geschäfts- oder Firmenwert
— latenter Steueranspruch IAS 12.24(a), IAS 12.66–68
Nettoinvestition in einen ausländischen Geschäftsbetrieb IAS 21.8, IAS 21.16
— Absicherung IFRIC 16
Nettoveräußerungswert
— Definition IAS 2.6–7
— Vorräte IAS 2.6–7, IAS 2.28–33
Neubewertung
— Bilanzierungs- und Bewertungsmethoden IAS 8.17, IAS 16.31–42
— Immaterielle Vermögenswerte IAS 38.75–87
— Angaben IAS 38.75–87
— Sachanlagen IAS 16.77, IAS 36.60
— steuerliche Zwecke IAS 12.20, IAS 12.64–65, IAS 16.42, IAS 12.51A–51E

— Wertminderungsaufwand IAS 36.61
— Wertaufholung IAS 36.119
Nicht beherrschende Anteile
— Gewinn- und Verlustrechnung IAS 1.81B
— Konzernabschluss IFRS 10.22–24, IFRS 10.B94–96
— Prüfung von zahlungsmittelgenerierenden Einheiten mit Geschäfts- oder Firmenwert auf Wertminderung IAS 36.91–99
— umgekehrte Unternehmenserwerbe IFRS 3.B23–B24
— *siehe Konzernabschlüsse*
Nicht kündbare Stammaktien IAS 32.AG13
Nutzungsdauer
— Immaterielle Vermögenswerte IAS 38.88–96
Nutzungswert IAS 36.30–57, IAS 36.A1–21
— Abzinsungssatz IAS 36.55–57
— Behandlung künftiger Kosten IAS 26.48–49
— Grundlage für die Schätzungen der künftigen Cashflows IAS 36.33–38
— künftige Cashflows in Fremdwährung IAS 36.54
— Restrukturierung, Wirkung IAS 36.46–47
— Unterschied zu beizulegendem Zeitwert IAS 36.53A
— Zusammensetzung der Schätzungen für die künftigen Cashflows IAS 36.39–53

O

Öffentliche Hand IFRIC 21.4
Operating Leasing (Leasinggeber)
— Änderung IFRS 16.87
— Angaben IFRS 16.89–92, IFRS 16.95–97
— Ansatz und Bewertung IFRS 16.81–86
— Darstellung IFRS 16.88
— Definition IFRS 16.62
— Sale-and-leaseback-Transaktionen IFRS 16.98–103
— *siehe auch Leasingverhältnisse*
Optionen IAS 32.AG15
Optionsscheine IAS 32.AG13
— Ergebnis je Aktie IAS 33.45–48, IAS 33.A6–9

P

Pensionen *siehe Altersversorgungspläne*
Periodenabgrenzung
— Darstellung des Abschlusses IAS 1.27–28
Preisindex
— allgemeiner Preisindex in Hochinflationsländern IAS 29.37
Preis IFRS 13.24–26
— *siehe Bemessung des beizulegenden Zeitwerts*
Preisrisiken IFRS 7.A
Prüfung auf Wertminderung
— Häufigkeit und Zeitpunkt IAS 36.9–11
— immaterieller Vermögenswert mit einer unbegrenzten Nutzungsdauer IAS 36.10(a), IAS 38.108, IAS 38.110

Stichwortverzeichnis

- zahlungsmittelgenerierende Einheiten mit einem Geschäfts- oder Firmenwert IAS 36.80–99
  - Zeitpunkt der Prüfungen auf Wertminderung IAS 36.96–99
- zahlungsmittelgenerierende Einheiten mit gemeinschaftlichen Vermögenswerten IAS 36.100–103

Q
Quotenkonsolidierung
- Übergang auf die Equity-Methode IFRS 1.D31, IFRS 11.C2–6

R
Rahmenkonzept für die Aufstellung und Darstellung von Abschlüssen F.1–110
Rechnungslegungsanomalie IFRS 9.4.2.2.a), IFRS 9.5.7.8
Rechnungslegungsmethoden *siehe Bilanzierungs- und Bewertungsmethoden*
Referenzzinssatz IAS 39.102A–102Z3, IFRS 7.24H–J, IFRS 9.5.4.5–9, IFRS 9.6.8–9, IFRS 16.104–106
Restrukturierungsmaßnahmen
- Auswirkungen auf die Berechnung des Nutzungswertes IAS 36.46–47
- Rückstellungen IAS 37.70–83

Restwert IAS 16.54, IAS 38.100
Risiko
- Rückstellungen IAS 37.42–44

Risikokonzentrationen IFRS 7.34(c), IFRS 7.B8
Rückstellungen
- Aktualisierung der Angaben über die Bedingungen zum Abschlussstichtag IAS 10.19–20
- Änderung der IAS 37.59–60
- Angaben IAS 37.84–92
- Ansatz IAS 37.1–26
- Barwert IAS 37.45–47
- Befreiung von der Angabepflicht IAS 37.92
- belastende Verträge IAS 37.66–69
- Bewertung IAS 37.36–52
- Beziehung zu Eventualschulden IAS 37.12–13
- Definition IAS 37.10
- Ereignis der Vergangenheit IAS 37.17–22
- Erstattungen IAS 37.53–58, IAS 37.85(c)
- Erträge aus dem erwarteten Abgang von Vermögenswerten IAS 37.51–52
- für Abfallbewirtschaftungskosten IFRIC 6.8–9
- für Entsorgungs-, Wiederherstellungs- und ähnliche Verpflichtungen IFRIC 1.1
- Bewertungsänderungen IFRIC 1.3–8
- gegenwärtige Verpflichtung IAS 37.15–16
- künftige betriebliche Verluste IAS 37.64–65
- künftige Ereignisse IAS 37.48–50
- möglicher Abfluss von Ressourcen mit wirtschaftlichem Nutzen IAS 37.23–24
- realistische Schätzung der Verpflichtung IAS 37.25–26
- Restrukturierungsmaßnahmen IAS 37.70–83
- Unterscheidung von anderen Schulden IAS 37.11
- Verbrauch von IAS 37.61–62
- verpflichtendes Ereignis IAS 37.17–22
- für Entsorgungs-, Wiederherstellungs- und ähnliche Verpflichtungen IFRIC 1.1

S
Sachanlagen IAS 16.1–83
- Abschreibung IAS 16.43–62
- Abschreibungsmethode IAS 16.60–62
- Abschreibungsvolumen IAS 16.50–56
- Änderungen von Schätzungen IAS 16.76
- anfängliche Kosten IAS 16.11
- Angabe der Neubewertung IAS 16.77
- Angaben IAS 16.73–79
- Ansatz IAS 16.7–14
- Anschaffungskostenmodell IAS 16.30
- Ausbuchung IAS 16.67–72
- Bewertung beim Ansatz IAS 16.29
- Bewertung der Anschaffungs- und Herstellungskosten IAS 16.23–28
- Bewertung nach dem Ansatz IAS 16.29–66
- Definition IAS 16.6
- Entschädigung für Wertminderung IAS 16.65–66
- Hochinflationsländer IAS 29.15–19
- Modell der Neubewertung IAS 16.31–42, IAS 36.60
- nachträgliche Kosten IAS 16.12–14
- Neubewertung für steuerliche Zwecke IAS 12.20, IAS 12.64–65, IAS 16.42, IAS 12.51B
- Umrechnungsdifferenzen IAS 21.31
- Wertminderung IAS 16.63, IAS 36.7–17
- *siehe auch Vermögenswerte*

Saldierung von Posten
- Darstellung der Ertragsteuern IAS 12.71–76
- Darstellung des Abschlusses IAS 1.32–35
- eines finanziellen Vermögenswertes mit einer finanziellen Verbindlichkeit IAS 32.42–50, IFRS 7.13A–13F, IFRS 7.B40–B53
- Globalverrechnungsvertrag für Finanzinstrumente IAS 32.50, IFRS 7.13C(d), IFRS 7.B49
- Recht auf Aufrechnung IAS 32.45–46, IAS 32.AG38A
- wenn angemessen IAS 32.49

Sale-and-leaseback-Transaktionen IFRS 16.98–103
- als Finanzinvestitionen gehaltene Immobilien IAS 40.67
- Übertragung ist kein Verkauf IFRS 16.103

Stichwortverzeichnis

– Übertragung ist Verkauf IFRS 16.100–102
Schätzungen
– Angabe der wichtigsten Quellen von Unsicherheiten im Anhang IAS 1.125–133
– Auswirkungen auf die erstmalige Anwendung der IFRS IFRS 1.14–17
– rechnungslegungsbezogene Schätzung IAS 8.32–32B
– Zwischenberichterstattung IAS 34.41–42
– *siehe auch Änderungen von Schätzungen*
Segmentberichterstattung IFRS 8.1–37
– Änderungen der Bilanzierungs- und Bewertungsmethoden IFRS 8.27
– Angaben IFRS 8.20–34
– berichtspflichtiges Segment IFRS 8.11–19
– Bilanzierungs- und Bewertungsmethoden IFRS 8.25–27
– Definitionen IFRS 8.5, IFRS 8.7
– Geschäftssegmente IFRS 8.5, IFRS 8.20–24
– Kapitalflussrechnungen IAS 7.50(d), IAS 7.52
– Schwellenwerte IFRS 8.13–19
– Überleitungsrechnungen IFRS 8.28
– Wertminderungsaufwand IAS 36.129, IAS 36.130(c)(ii), IAS 36.130(d)(i)
Segmenterträge IFRS 8.20, IFRS 8.23
Segmentmanager IFRS 8.9
Segmentschulden
– Angaben IFRS 8.21, IFRS 8.23
– Bewertung IFRS 8.25–27
Segmentvermögen
– Angaben IFRS 8.21, IFRS 8.23–24
– Bewertung IFRS 8.25–27
Sicherheiten
– ausgeübte IFRS 7.38
– gehaltene Sicherheiten
  – Angaben IFRS 7.15
– gestellte Sicherheiten IFRS 7.14
Sicherungsgeschäfte nach IAS 39
– Absicherung des beizulegenden Zeitwertes IAS 39.89–94, IAS 39.AG102
– Absicherung von Zahlungsströmen IAS 39.95–101, IAS 39.AG103
– Absicherungen einer Nettoinvestition IAS 39.102
– Absicherungen fester Verpflichtungen IAS 39.93–94
– Angaben IFRS 7.21A–25
– Anpassung der Anschaffungskosten IAS 39.97–99
– Definitionen IAS 39.9
– erstmalige Anwendung der IFRS IFRS 1.B4–B6
– Finanzinstrumente IAS 39.85–102, IAS 39.AG102–104
– nicht im Anwendungsbereich von IAS 21 IAS 21.5, IAS 21.27
– Risikomanagementstrategie IFRS 7.22A–C

– Sicherungsinstrumente
  – Bestimmung IAS 39.74–77
  – qualifizierende Instrumente IAS 39.72–73, IAS 39.AG94–97
– Zinsänderungsrisiko IAS 39.AG114–132
– Währungsrisiko von künftigen konzerninternen Transaktionen IAS 39.80
Sicherungsgeschäfte nach IFRS 9 IFRS 9.6
– Absicherung des beizulegenden Zeitwertes IFRS 9.6.5.2a); IFRS 9.6.5.8
– Absicherung von Zahlungsströmen IFRS 9.6.5.2b); IFRS 9.6.5.11
– Absicherung einer Nettoinvestition in einen ausländischen Geschäftsbetrieb IFRS 9.6.5.13-14
– Absicherung einer Gruppe von Grundgeschäften IFRS 9.6.6
– Angaben IFRS 7.21A–25
– Ausfallrisikoposition IFRS 9.6.7
– Beendigung IFRS 9.B6.5.22-28
– gesicherte Grundgeschäfte IFRS 9.6.3
– Nettoposition IFRS 9.6.6.1, IFRS 9.B6.6.1-8; IFRS 9.B6.6.1-10
– Rekalibrierung IFRS 9.B.6.5.7-21
– Risikomanagementstrategie IFRS 7.22A-C
– Sicherungsinstrumente IFRS 9.6.2
– Unwirksamkeit der Absicherung IFRS 9.B6.5.4-6
– Wirksamkeit der Absicherung IFRS 9.B6.4.1-3
Steueraufwand (Steuerertrag)
– Angaben IAS 12.79–88
– aufgegebene Geschäftsbereiche IAS 12.81(h)
– Darstellung IAS 12.77
– Definition IAS 12.5–6
Steuern
– ein in der Währung eines Hochinflationslandes bilanzierendes Unternehmen IAS 29.32
– *siehe auch Latente Steuern; Ertragsteuern*
Steuerwert IAS 12.5, IAS 12.7–11

T

Tausch
– Sachanlagen IAS 16.24–25
Termingeschäft IAS 32.AG18
Tochterunternehmen
– Angaben über nahe stehende Unternehmen und Personen IAS 24.13, IAS 24.19(c)
– Anwendbarkeit des IAS 32 auf Anteile an IAS 32.4(a)
– Cashflows aus dem Erwerb und der Veräußerung von IAS 7.39–42
– Ergebnis je Aktie IAS 33.40; IAS 33.A11–12
– erstmalige Anwendung der IFRS IFRS 1. D14–D17
– Hochinflationsländer IAS 29.35
– Kapitalflussrechnungen IAS 7.37

Stichwortverzeichnis

- Konzernabschluss bei Erwerb und Abgang IFRS 10.20
- latente Steuern IAS 12.38–45, IAS 12.81(f), IAS 12.87, IAS 12.87C

Transaktionskosten IFRS 9.B5.4.8
- Definition IFRS 9.A

U

Übereinstimmung
- mit IFRS IAS 1.16
- Angabe irreführender Aspekte der Übereinstimmung IAS 1.19–23
- Definition IAS 8.5
- Erklärung der Übereinstimmung IAS 1.15–17, IAS 34.19
- Zwischenberichterstattung IAS 34.19

Überleitungsrechnungen IFRS 8.28
Übertragung von Vermögenswerten durch Kunden IFRIC 18, IFRS 1.D24
Umgekehrte Unternehmenserwerbe IFRS 3.B15, IFRS 3.B19–B27
- Ergebnis je Aktie IFRS 3.B25–B27
- Konzernabschluss IFRS 3.B21–B22
- nicht beherrschende Anteile IFRS 3.B23–B24

Umweltberichte IAS 1.14
Ungewissheit
- Angabe im Anhang und in den ergänzenden Übersichten IAS 1.125–133
- Rückstellungen IAS 37.42–44

Unternehmensfortführung
- Aufstellung des Abschlusses IAS 1.25–26
- Ereignisse nach dem Abschlussstichtag IAS 10.14–16

Unternehmenszusammenschlüsse IFRS 3.1–68
- an denen Gegenseitigkeitsunternehmen beteiligt sind IFRS 3.66, IFRS 3.B47–49, IFRS 3.B68–69
- an denen Unternehmen unter gemeinsamer Beherrschung beteiligt sind IFRS 3.2(c), IFRS 3.B1–4
- Angaben IFRS 3.59–63
- Ansatz latenter Steueransprüche nach Fertigstellung der erstmaligen Bilanzierung IFRS 3.67
- anteilsbasierte Vergütungen als Gegenleistung IFRS 2.5
- Auswirkung einer geänderten Schätzung IFRS 3.63–64
- Berechnung des Ergebnisses je Aktie IAS 33.22
- Definition IFRS 3.A
- erstmalige Anwendung der IFRS IFRS 1.C, IFRS 1.B1–3
- Erwerb von Versicherungsverträgen durch IFRS 17.39
- Erwerbsmethode IFRS 3.4–5
- Anwendung IFRS 3.6–58
- Erwerb zu einem Preis unter dem Marktwert IFRS 3.34–36
- Eventualschulden des erworbenen Unternehmens IFRS 3.56
- Geschäfts- oder Firmenwert IFRS 3.32–33
- identifizierbare immaterielle Vermögenswerte, die als vom Geschäfts- oder Firmenwert getrennte Vermögenswerte anzusetzen sind IAS 38.11–12
- identifizierbare Vermögenswerte und Schulden des erworbenen Unternehmens IFRS 3.10–14
- Identifizierung IFRS 3.3
- Identifizierung des Erwerbers IFRS 3.6–7
- immaterielle Vermögenswerte des erworbenen Unternehmens IFRS 3.2(b), IFRS 3.14, IFRS 3.B31–B40, IAS 38.33–43
  - Bestimmung des beizulegenden Zeitwertes IAS 38.35–41
  - nachträgliche Ausgaben für ein erworbenes laufendes Forschungs- und Entwicklungsprojekt IAS 38.42–43
- Versicherungsverträge IFRS 17.39
- Kosten, mit dem Unternehmenszusammenschluss verbundene IFRS 3.53
- latente Steuern IAS 12.19, IAS 12.26(c), IAS 12.66–68, IFRS 3.B66–68
- Prüfung von zahlungsmittelgenerierenden Einheiten mit einem Geschäfts- oder Firmenwert auf Wertminderung IAS 36.80–99
- sukzessiver Unternehmenszusammenschluss IFRS 3.41–42A
- umgekehrte Unternehmenserwerbe IFRS 3.21, IFRS 3.B19–B27
- zurückerworbene Rechte IFRS 3.29, IFRS 3.54–55, IFRS 3.B35–B40

V

Veräußerungsgruppe IFRS 5.6
Verfügungsgewalt IFRS 10.10–14, IFRS 10.17–18, IFRS 10.B9–10, IFRS 10.B14–B54, IFRS 10.B58–85
- durch Stimmrechte IFRS 10.B34–50
- *siehe Konzernabschlüsse*

Vergleichbarkeit
- Abschlüsse F.39–42

Vergleichsinformationen
- Darstellung im Abschluss IAS 1.38–44
- erstmalige Anwendung der IFRS IFRS 1.21–22
- retrospektive Anpassung IAS 8.42

Vergleichszahlen IAS 1.36
- Hochinflationsländer IAS 29.8, IAS 29.34

Verkaufsoptionen IAS 32.AG17
- Berechnung des Ergebnisses je Aktie IAS 33.62–63, IAS 33.A10

Vermittlung eines den tatsächlichen Verhältnissen entsprechenden Bildes IAS 1.15

Stichwortverzeichnis

– *siehe auch Änderungen in der Vermögens- und Finanzlage*
Vermögenswerte
– Wertminderung *siehe Wertminderung*
– Wertminderungsaufwand *siehe Wertminderungsaufwand*
– aus Exploration und Evaluierung
  – Ansatz IFRS 6.6–7
  – Bewertung bei erstmaligem Ansatz IFRS 6.8
  – Klassifizierung IFRS 6.15–16
  – Angaben IFRS 6.23–25
  – Folgebewertung IFRS 6.12
– *siehe auch Finanzielle Vermögenswerte; Kurzfristige Vermögenswerte; Sachanlagen*
Versicherungsverträge IFRS 17
– Abschlusskosten IFRS 17.28A–28F
– Abzinsungssätze IFRS 17.37–37, IFRS 17.B72–85
– Änderung eines Versicherungsvertrags IFRS 17.72–73
– Angaben IFRS 17.93–132
– Ansatz IFRS 17.25–28
– Ausbuchung IFRS 17.74–77
– Ausweis IAS 1.54, IAS 1.82. IFRS 17.78–92
– Belastende Verträge IFRS 17.47–52
– Bewertung bei erstmaligem Ansatz IFRS 17.32
– Deckungsrückstellung IFRS 17.41
– Folgebewertung IFRS 17.40–42
– Gruppe von Versicherungsverträgen IFRS 17.16, IFRS 17.20–24, IFRS 17.29
– Kapitalanlageverträge IFRS 17.71
– Kombination von Versicherungsverträgen IFRS 17.9
– Komponenten eines Versicherungsvertrags IFRS 17.10–13
– Portfolio von Versicherungsverträgen IFRS 17.14
– Prämienallokationsansatz IFRS 17.18–19, IFRS 17.53–59
– Rückstellung für noch nicht abgewickelte Versicherungsfälle IFRS 17.42
– Rückversicherungsverträge IFRS 17.60–70A
– Versicherungsrisiko IFRS 17.B17–23
– Vertragliche Servicemarge IFRS 17.38, IFRS 17.43–46
Vertragliche Verpflichtung
– Definition IAS 32.AG7–8
– Finanzinstrument ohne vertragliche Verpflichtung IAS 32.16(a), IAS 32.17–20, IAS 32.AG25–26
– Rückstellungen für belastende Verträge IAS 37.66–69
Vorräte IAS 2.1–42
– Angaben IAS 2.36–39
– Anschaffungskosten IAS 2.11
– Bewertung IAS 2.9–33
– biologische Vermögenswerte IAS 2.2–4, IAS 2.20
– Definition in IAS 2 IAS 2.6–7
– Erfassung als Aufwand IAS 2.34–35
– Fremdwährungsgeschäfte IAS 21.25
– Herstellungskosten IAS 2.10–27
– landwirtschaftliche Erzeugnisse IAS 2.2–4, IAS 2.20
– Nettoveräußerungswert IAS 2.6–7, IAS 2.28–33
– unfertige Erzeugnisse im Rahmen von Fertigungsaufträgen, Ausschluss vom Anwendungsbereich des IAS 2 IAS 2.2
– vom Anwendungsbereich von IAS 2 ausgeschlossene Finanzinstrumente IAS 2.2
– Zuordnungsverfahren IAS 2.23–27
Vorzugsaktien IAS 32.AG13
– Darstellung IFRIC 2.A3, A5
– Ergebnis je Aktie IAS 33.12–18, IAS 33.A8
– Klassifizierung als finanzielle Verbindlichkeit oder als Eigenkapitalinstrument IAS 32.18(a), IAS 32.AG25–26

W

Währungsswaps IAS 32.AG15
Wandelbare Instrumente
– Ergebnis je Aktie IAS 33.49–51
Warenverträge
– Anwendung von IAS 32 IAS 32.AG22–24
Websitekosten SIC-32
Wechselforderungen und Wechselverbindlichkeiten IAS 32.AG4(b)
Wechselkurse
– Angaben IAS 21.51–57
– Ansatz von Umrechnungsdifferenzen IAS 21.27–34
– Auswirkungen von Änderungen IAS 21.1–62, IAS21.A–B, SIC-7
– Darstellungswährung IAS 21.8, IAS 21.38–47
– erstmalige Anwendung der IFRS IFRS 1.D12–D13
– funktionale Währung IAS 21.9–14, IAS 21.20–34
– Hochinflationsländer IAS 21.14, IAS 21.42–43, IAS 29.8, IAS 29.34–35, IFRIC 7
– Kapitalflussrechnungen IAS 7.25–28
– latente Steuerschulden IAS 12.41, IAS 12.78, IAS 21.50, IFRIC 7.4
– Umrechnung eines ausländischen Geschäftsbetriebs IAS 21.44–47
– Wechselkursrisiko IFRS 7.A
Wertminderung
– als Finanzinvestition gehaltene Immobilien IAS 40.72–73, IAS 40.79(d)(v)
– beizulegender Zeitwert abzüglich der Kosten der Veräußerung IAS 36.6, IAS 36.28–29

Stichwortverzeichnis

- Bewertung des erzielbaren Betrags IAS 36.18–57, IAS 36.74
- biologische Vermögenswerte IAS 41.30, IAS 41.54–56
- Entschädigung von Dritten IAS 16.65–66
- finanzielle Vermögenswerte IFRS 9.5.5
- Fremdwährungsgeschäfte IAS 21.25
- immaterielle Vermögenswerte IAS 38.111
- Leasingverhältnisse IFRS 16.33, IFRS 16.77
- Nettoveräußerungspreis IAS 36.25–29
- Nutzungswert IAS 36.30–57, IAS 36.A1–21
- Prüfung auf Wertminderung
  - Häufigkeit und Zeitpunkt IAS 36.9–11
  - immaterieller Vermögenswert mit einer unbegrenzten Nutzungsdauer IAS 36.10(a), IAS 38.108, IAS 38.110
  - zahlungsmittelgenerierende Einheiten mit einem Geschäfts- oder Firmenwert IAS 36.80–99
  - zahlungsmittelgenerierende Einheiten mit gemeinschaftlichen Vermögenswerten IAS 36.100–103
- Vermögenswerte IAS 16.63, IAS 36.7–17
- Vermögenswerte aus Exploration und Evaluierung IFRS 6.–22
- zahlungsmittelgenerierende Einheit *siehe Zahlungsmittelgenerierende Einheit*
- Zwischenberichterstattung IFRIC 10

Wertminderungsaufwand
- Angaben IAS 36.126–137
- Anhaltspunkte IAS 36.12–14
- Anhaltspunkte, Wertaufholung IAS 36.111–112
- Ansatz und Bewertung IAS 36.58–108
  - zahlungsmittelgenerierende Einheiten IAS 36.65–108
- Anteile an assoziierten Unternehmen IAS 28.40–43
- biologische Vermögenswerte IAS 41.30, IAS 41.54–56
- latente Steuern IAS 36.64
- neu bewerteter Vermögenswert IAS 36.61
  - Wertaufholung IAS 36.119–120
- Segmentberichterstattung IAS 36.129, IAS 36.130(c)(ii), IAS 36.130(d)(i)
- Wertaufholung IAS 36.109–125
  - Angaben IAS 36.126–137
  - einzelne Vermögenswerte IAS 36.109–121
  - Geschäfts- oder Firmenwert IAS 36.124–125
  - zahlungsmittelgenerierende Einheit IAS 36.122–123
- zur Veräußerung gehaltene langfristige Vermögenswerte IFRS 5.20–25

Wertschöpfungsrechnungen IAS 1.14

Wesentlichkeit

- Darstellung des Abschlusses IAS 1.7, IAS 8.5, IAS 10.21
- Zwischenberichterstattung IAS 34.23–25

Z

Zahlungsmittel IAS 7.7–9
- Definition IAS 7.6, IAS 32.AG3

Zahlungsmitteläquivalente IAS 7.7–9
- Definition IAS 7.6

Zahlungsmittelgenerierende Einheit
- Angabe des Wertminderungsaufwands oder der Wertaufholung IAS 36.130(d)–(g)
- Buchwert IAS 36.75–79
- Definition IAS 36.6
- erzielbarer Betrag IAS 36.18–57, IAS 36.74
- Verteilung des Wertminderungsaufwands IAS 36.104–108
- Zuordnung des Geschäfts- oder Firmenwertes IAS 36.80–90
  - Prüfung auf Wertminderung IAS 36.89–90
- Zuordnung von gemeinschaftlichen Vermögenswerten IAS 36.100–103

Zeitwert
- *siehe Bemessung des beizulegenden Zeitwerts*

Zinsänderungsrisiko
- Bilanzierung von Sicherungsbeziehungen IAS 39.89A, IAS 39.92, IAS 39.AG114–132

Zinsen
- Finanzinstrumente IAS 32.2, IAS 32.35–41, IAS 32.AG37
- Kapitalflussrechnungen IAS 7.31–34

Zinsrisiko IFRS 7.A

Zinsswaps IAS 32.AG15

Zur Veräußerung gehaltene langfristige Vermögenswerte
- Änderungen eines Veräußerungsplans IFRS 5.26–29
- Angaben IFRS 5.30–42
- Bewertung IFRS 5.15–29
- Wertminderungsaufwand IFRS 5.20–25
- Darstellung IFRS 5.30–42
- Gewinn oder Verlust aus fortzuführenden Geschäftsbereichen IFRS 5.37
- Klassifizierung IFRS 5.6–14
- sofortige Veräußerbarkeit IFRS 5.7
- Verkaufsabschluss erwartungsgemäß innerhalb von einem Jahr IFRS 5.8
- Verlängerung des für den Verkaufsabschluss benötigten Zeitraums IFRS 5.9, IFRS 5.B1
- zur Stilllegung bestimmte IFRS 5.13–14

Zusammenfassung
- von Posten IAS 1.29–31

Zusammengesetzte Finanzinstrumente
- Darstellung IAS 32.28–32, IAS 32.AG30–35
- Transaktionskosten IAS 32.38

Stichwortverzeichnis

Zuschüsse *siehe Beihilfen der öffentlichen Hand; Zuwendungen der öffentlichen Hand*
Zuwendungen der öffentlichen Hand IAS 20.1–41
- abschreibungsfähige Vermögenswerte IAS 20.17
- an Bedingungen geknüpfte IAS 20.19
- Angaben IAS 20.39
- Ansatz IAS 20.7–22
- Ausgleich bereits entstandener Aufwendungen oder Verluste IAS 20.20–22
- bedingte Darlehen IAS 20.3, IAS 20.10
- biologische Vermögenswerte IAS 41.30, IAS 41.54–56
  - Anwendbarkeit des IAS 20 IAS 20.2(d), IAS 41.37–38
- Darstellung von erfolgsbezogenen Zuwendungen IAS 20.29–31
- Darstellung von Zuwendungen für Vermögenswerte IAS 20.24–28
- Definitionen IAS 20.3
- Erfolgsunsicherheiten IAS 20.11, IAS 20.39(c)
- Fremdkapitalkosten IAS 23.18
- immaterielle Vermögenswerte durch IAS 38.44
- kein spezifischer Zusammenhang mit betrieblichen Tätigkeiten SIC-10
- landwirtschaftliche Tätigkeit IAS 41.57
- latenter Steueranspruch IAS 12.4, IAS 12.33
- Methode der Behandlung als Eigenkapital IAS 20.13–14
- Methode der erfolgswirksamen Behandlung IAS 20.13, IAS 20.15–17
- nicht abschreibungsfähige Vermögenswerte IAS 20.18
- nicht monetäre IAS 20.7, IAS 20.23, IAS 20.24
- Rückzahlung IAS 20.32–33

Zweigniederlassungen
- latente Steuern in Verbindung mit Anteilen an IAS 12.38–45, IAS 12.81(f), IAS 12.87, IAS 12.87C

Zwischenberichterstattung IAS 34.1–46
- Änderungen von Schätzungen IAS 34.27
- Angabe der Übereinstimmung mit den IAS IAS 34.19
- Angaben in Abschlüssen eines Geschäftsjahres IAS 34.26–27
- Anhangangaben IAS 34.15–16A
- Anpassung bereits dargestellter Zwischenberichtsperioden IAS 34.43–45
- Ansatz und Bewertung IAS 34.28–39
- Aufwendungen, die während des Geschäftsjahres unregelmäßig anfallen IAS 34.39
- Berichtsperioden, für die Zwischenabschlüsse darzustellen sind IAS 34.20–22
- Darstellung des Ergebnisses je Aktie IAS 34.11
- erstmalige Anwendung der IFRS IFRS 1.32–33
- Form und Inhalt IAS 34.9–14
- gleiche Bilanzierungs- und Bewertungsmethoden wie im jährlichen Abschluss IAS 34.28–36
- Inhalt IAS 34.5–7
- Konzernabschluss IAS 34.14
- Mindestbestandteile IAS 34.8
- saisonal, konjunkturell oder gelegentlich erzielte Erträge IAS 34.37–38
- Schätzungen IAS 34.41–42
- verkürzter Abschluss IAS 34.10
- vollständiger Abschluss IAS 34.9
- Wesentlichkeit IAS 34.23–25
- Wertminderung IFRIC 10